程千帆全集

第一辑

1

程千帆 著

校雠广义 版本编

校雠广义 校勘编

凤凰出版社

图书在版编目（CIP）数据

程千帆全集．第一辑 / 程千帆著 ； 莫砺锋主编．-- 南京 ： 凤凰出版社，2023.10
ISBN 978-7-5506-3971-3

Ⅰ．①程… Ⅱ．①程… ②莫… Ⅲ．①程千帆（1913-2000）－全集 Ⅳ．①Z427

中国国家版本馆CIP数据核字(2023)第127190号

书　　名　程千帆全集(第一辑)
著　　者　程千帆
主　　编　莫砺锋
责任编辑　孙　州　张　沫
特约编辑　莫　培
装帧设计　姜　嵩
责任监制　程明娇
出版发行　凤凰出版社(原江苏古籍出版社)
　　　　　发行部电话025-83223462
出版社地址　江苏省南京市中央路165号,邮编:210009
照　　排　南京凯建文化发展有限公司
印　　刷　苏州市越洋印刷有限公司
　　　　　江苏省苏州市吴中区南官渡路20号,邮编:215104
开　　本　652毫米×960毫米　1/16
印　　张　132.5
字　　数　1906千字
版　　次　2023年10月第1版
印　　次　2023年10月第1次印刷
标准书号　ISBN 978-7-5506-3971-3
定　　价　680.00元(全3册)
　　　　　(本书凡印装错误可向承印厂调换,电话:0512-68180638)

程千帆全集

第一辑

1

程千帆 著

校雠广义 版本编
校雠广义 校勘编

凤凰出版社

图书在版编目（CIP）数据

程千帆全集. 第一辑 / 程千帆著 ; 莫砺锋主编. --
南京 : 凤凰出版社, 2023.10
ISBN 978-7-5506-3971-3

Ⅰ. ①程… Ⅱ. ①程… ②莫… Ⅲ. ①程千帆（1913-2000）—全集 Ⅳ. ①Z427

中国国家版本馆CIP数据核字(2023)第127190号

书　　名	程千帆全集(第一辑)
著　　者	程千帆
主　　编	莫砺锋
责任编辑	孙　州　张　沫
特约编辑	莫　培
装帧设计	姜　嵩
责任监制	程明娇
出版发行	凤凰出版社(原江苏古籍出版社) 发行部电话025-83223462
出版社地址	江苏省南京市中央路165号,邮编:210009
照　　排	南京凯建文化发展有限公司
印　　刷	苏州市越洋印刷有限公司 江苏省苏州市吴中区南官渡路20号,邮编:215104
开　　本	652毫米×960毫米　1/16
印　　张	132.5
字　　数	1906千字
版　　次	2023年10月第1版
印　　次	2023年10月第1次印刷
标准书号	ISBN 978-7-5506-3971-3
定　　价	680.00元(全3册)

(本书凡印装错误可向承印厂调换,电话:0512-68180638)

1936 年大学毕业前夕，在金陵大学校园

1981年4月至5月，与当年武大老学生座谈。左起：何文白、韦其麟、程千帆、林焕标

1980 年 4 月 20 日，师生春游栖霞山。左起：徐有富、张三夕、程千帆、莫砺锋

1986年6月，答辩会后，程千帆亲自参与教学指导的最后一批硕士研究生张辉等五人与指导小组的导师们合影。前排导师左起：吴新雷、周勋初、卞孝萱、程千帆、郭维森、吴翠芬。后排学生左起：张辉、程章灿、李立扑、严杰、景凯旋

1980 年 4 月 20 日，师生春游栖霞山。左起：徐有富、张三夕、程千帆、莫砺锋

1986年6月，答辩会后，程千帆亲自参与教学指导的最后一批硕士研究生张辉等五人与指导小组的导师们合影。前排导师左起：吴新雷、周勋初、卞孝萱、程千帆、郭维森、吴翠芬。后排学生左起：张辉、程章灿、李立扑、严杰、景凯旋

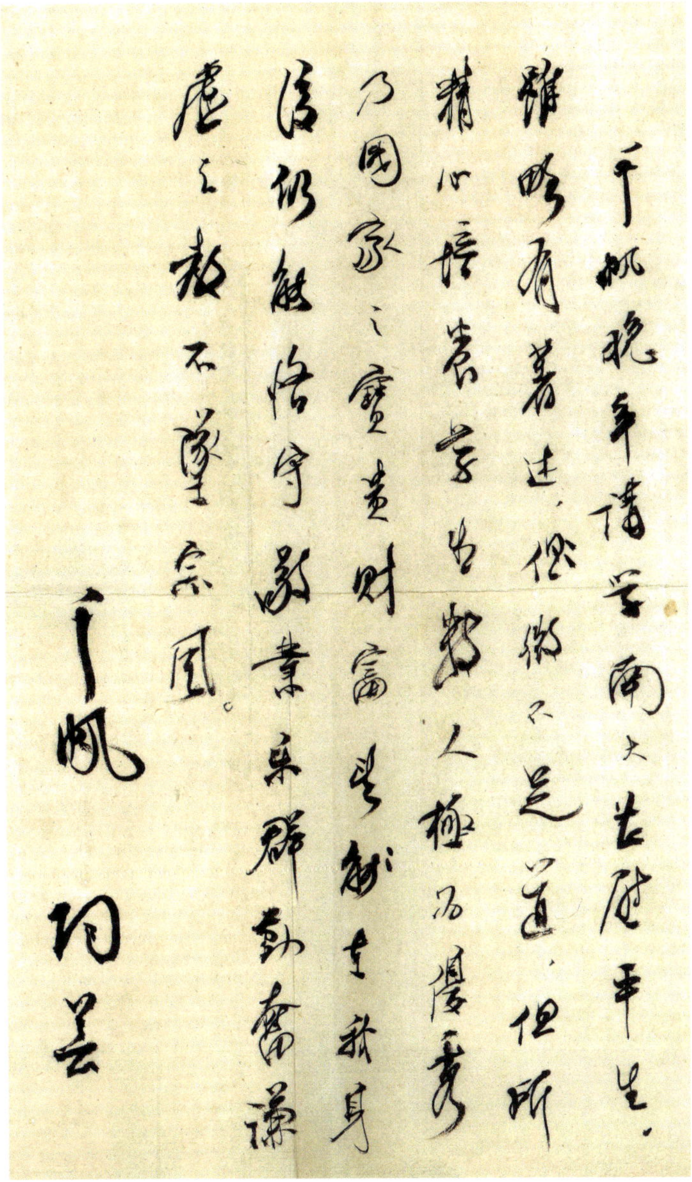

千帆晚年講學南大，[illegible][illegible]平生，雖略有著述，然殊不足道，但所精心培養博士生八人，極爲優秀，乃國家之寶貴財富，甚望於我身後仍能恪守敬業、樂群、勤奮、謙虛之教，不墜宗風。

千帆 [illegible]

1996年9月14日，手书遗嘱中对弟子们的嘱托。盛赞他们“极为优秀，乃国家之宝贵财富”，寄望他们在其身后“仍能恪守敬业、乐群、勤奋、谦虚之教，不坠宗风”

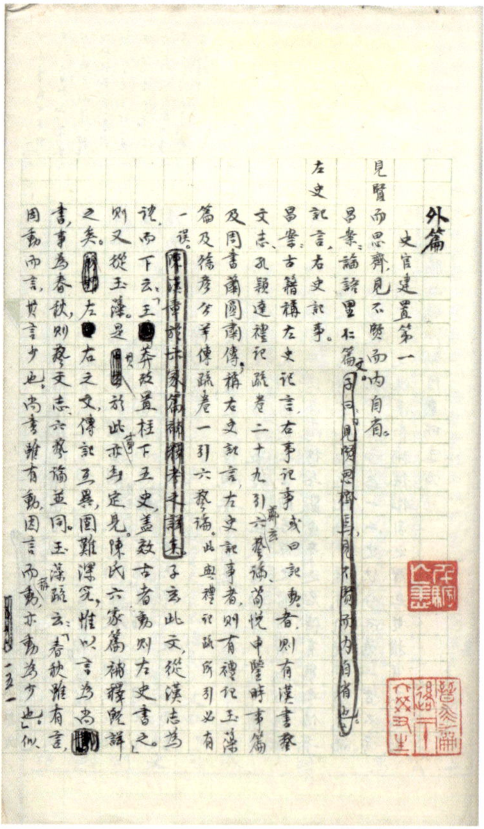

1961年冬，《史通笺记》一稿手稿

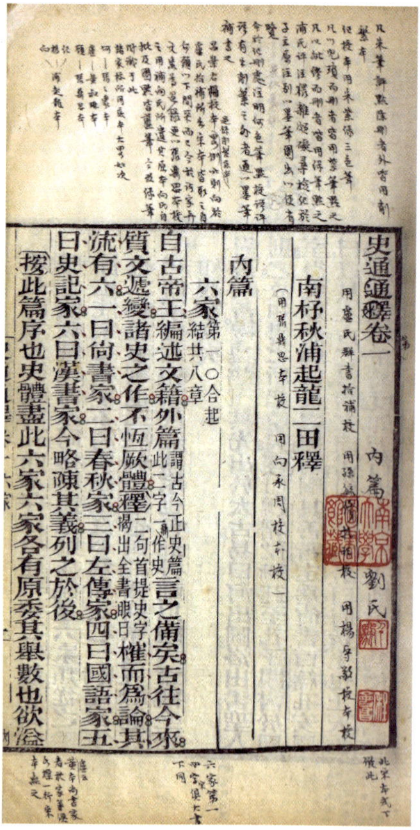

程千帆手批《史通通释》

总　　序

1997年年底，程千帆先生与河北教育出版社商妥出版《程千帆全集》事宜。当时程先生年事已高，精力欠佳，又适逢病目不能看细字，就命我编定全书。河北教育出版社且让我为《全集》写一篇总序。次年4月，我拟就"总序"，经程先生审定后交出版社付梓。由于卷帙浩繁，编纂校对与排版印刷均费时日，《全集》直到2000年12月方得问世，此时程先生已于半年前遽归道山。斗转星移，二十多年转瞬即逝。《程千帆全集》早已绝版，求购甚难，读者要求重版之呼声越来越高。今年适值程先生诞辰110周年，凤凰出版社决定重版《全集》，增收程先生的书简、日记等文字，形成一部名符其实的新版《程千帆全集》。凤凰出版社与程先生之哲嗣丽则师姐均提议仍由我承担编纂之责，我屡辞不成，乃勉强承乏。为了集思广益，特地成立《程千帆全集》学术委员会，成员有：徐有富、莫砺锋、张三夕、蒋寅、张伯伟、张宏生、曹虹、程章灿、严杰、李立朴、张辉、景凯旋、巩本栋、陈书录、曾广开、姚继舜。又成立《程千帆全集》编纂委员会，成员有：程丽则、莫砺锋、姜小青、倪培翔、史梅、徐兴无、刘重喜、董晓、倪蛟、徐雁平、童岭。在上述人员以及凤凰出版社的责编林日波、郭馨馨等人的鼎力合作下，新版《全集》业已编成付梓，出版社循旧例请我重写一篇总序。我在曾呈程先生过目且刊于旧版《全集》卷首的"总序"中说："我立雪程门已一十九年，当然很乐意有此机会以服弟子之劳，于是当仁不让地承担了核对材料、订正文字等工作。至于作序，则自惭鲁钝，未能传先生之芬芳。为人作序本易得佛头著粪之讥，况且程先生的学术墙高数仞，我怎有能力说清其中的‘宗庙之美、百官之富’呢？思之再三，只好勉为其难，先把全集中各类著作的写作经过及主要内容作些介绍，再简单地谈谈自己的体会，但愿对读者稍有裨益。”岁月荏苒，我的上述想法并无改变。由于新版《全集》增收程先生遗著数种，新版分册与旧版分卷之标准也有差异，故本序不避重复，对新版《文集》各册所收著作之写作经过及主要内容介绍如下。

第一、第二两册所收的是校雠学著作，即第一册之《校雠广义·版本编》《校雠广义·校勘编》与第二册之《校雠广义·目录编》《校雠广义·典藏编》。校雠学本是一切学术的门径和基础，程先生在就读于金陵大学时就对这门学科有强烈的兴趣，毕业后曾在金陵大学、武汉大学等校主讲这门课程，并开始写一部全面地论述校雠学各个分支内容的书。可惜这项工作在上世纪五十年代被迫中断。到了1979年，程先生在南京大学重新开始指导研究生，把校雠学定为硕士生的主要课程，亲自站在讲台上为我们讲授。我们三个同学则边听课边记录，整理成《校雠学略说》，曾以油印稿的形式在几所大学流传。程先生发现徐有富对这门课有特别强烈的兴趣，几年后便让有富代他讲授这门课，而且师生合作，对《校雠学略说》进行大幅度的扩充、改写。经历十个寒暑，终于完成皇皇四大册的《校雠广义》。全书问世后，好评如潮，获奖无数。著名学者陶敏评为“体大思精”，洵为公论。《校雠广义》的成书，有富兄做出的贡献极其重要。程先生在给舒芜的信中自述著书过程说：“弟撰《校雠广义》，合版本、校勘、目录、典藏而一之，发意在四十年代，中更世变，未成其书。已成部分，又为狂童毁其卡片。到南京后，弟子徐君不敏而好学，有‘参也鲁’之风。邀之合作，迄今又十年，居然卷帙可观。”但是此书的首创之功，当然属于程先生。自清代以来，专治校雠学的学者代有其人，有关校雠学的著作也不断出现。然而，对校雠学的四个重要部分即版本、校勘、目录、典藏进行全面系统的论述，且将论述重点由历史源流转向实际应用，则《校雠广义》堪称开创之作。读者不仅能从本书中了解这门传统学问的历史形态，而且能获得如何运用它进行文史研究的实际指导，后者也许是这部书最重要的价值。

第三册所收的是文史研究著作，即《史通笺记》《文论十笺》《唐代进士行卷与文学》三种。程先生所写的纯史学著作有《史通笺记》一种。《史通》是中国古代史学理论名著，很受史学界重视。可是此书虽经卢文弨、浦起龙等学者之整理、注释，而难解、误解之处仍然很多。程先生从青年时代起就下苦功钻研《史通》，并曾在大学开设《史通》课程。他广搜善本，博采各家校记及有关论著，以"笺记"的形式对前人研究《史通》的成果进行总结，并且提出了许多独到的见解，发前人所未发。此书实为近代《史通》研究中最重要的著作之一，程先生因此被史学名家周一良先生誉为"子玄（刘知幾）之功臣"。《文论十笺》是文学批评史著作。程先生对古代文论有深入的研究，此书从浩如烟海的典籍中精选出十篇文章，先作详赡的笺注，然后结以案语。从表面上看，此书仅是一部简要的文论读本，但它的实际意义远远溢出于此。本书所选的文章计有陆机一篇、刘知幾两篇、章学诚五篇、章炳麟一篇、刘师培一篇，选目独具手眼。其编排不按时代而依内容，也具有现代意识。十篇文章分别副以"论文学之界义""论文学与时代"等标题，事实上构成了具体而微的理论体系。文末的案语也多有精到的见解，颇能帮助读者领会文章的现代意义。正因如此，此书很受读者欢迎，自 1942 年以《文学发凡》的书名刊布以来，屡经修订，多次重版。《唐代进士行卷与文学》是文学史专题研究。程先生对陈寅恪先生的道德文章十分钦佩，在学术研究中深受陈氏的影响，本书就是借鉴陈氏倡导的诗史互证之法所取得的硕果。早在 1936 年，程先生把陈寅恪的著名论文《韩愈与唐代小说》由英文译成中文，从此对陈文中涉及的"行卷"这种历史现象进行了长期的钻研，终于写成这本专题论著。本书对行卷这种伴随着唐代科举考试的文化现象作了全面的考察，并对行卷与文学的关系作了实事求是的分析。这样，文学史界长期聚讼纷纭而不得确解的一个问题，即唐代科举对文学到底有何影响，就得到了令人信服的解答。本书篇幅不大，但内容丰富，论点新警，切切实实地解决了文学史研究中的一个难题，深受国内外学术界的重视。本册所收三种著作的性质不完全一致，但都属于广义的史学研究。程先生一向喜爱史学，即便在农村牧牛饲鸡时，仍分秒必争地通读了从晋到隋的多部史书，渊博的历史知识使他在处理古代文学的历史背景时如鱼得水，也使他在论述古代文学专题时总能“思接千载，视通万里”，从而体现出重视“长时段”的史家眼光。

第四、第五册所收的是文学史著作，因篇幅关系，第四册收《两宋文学史》一种，第五册收《元代文学史》和《程氏汉语文学通史》两种。《两宋文学史》是程先生与吴新雷教授合著的，两位作者都对宋代文学史下过很深的功夫，但相对而言，程先生对宋代的诗词古文理解得更深一些，而吴教授则对小说戏曲研究得更多一些，所以他们的合作获得了取长补短、相得益彰的效果。《两宋文学史》有两个明显的优点：一是论述了一些长期被忽略的内容，如宋代四六等；二是对于重要作家及其代表作品有更细致深辟的阐述，如吴文英词。然而更重要的则是它非常注重揭示史的线索，在突出大作家的历史作用的同时，也对形成文学潮流的中小作家群予以充分的关注。此外，它非常注意一代文学的整体风貌，在清晰地勾画各种文体内部的发展脉络的同时，也对不同文体之间的互相影响进行了论述，如宋四六对小说戏曲的影响等。虽说最后一点由于缺乏学术积累的前资而展现得不够充分，但这毕竟体现出力求创新的探索精神，格外引人注目。《元代文学史》是程先生与弟子吴志达教授合著的，此书从属稿到出版，经历了一番艰难曲折的漫长过程。此书原名《元代文学史讲义》，是程先生在武汉大学时编写的讲义。1957 年春季，程先生开始讲授元代文学史。课程尚未结束，他在一夜之间被打成“右派”，随即失去讲课的资格。在前途未卜，不知此生能否重上讲坛的情况下，程先生以高度的责任感和坚毅顽强的意志续写讲义，计划写完后即付印。可惜形势急转直下，程先生很快开始“侧身刍牧间十八年”的苦难生涯，一切写作都不再可能，付印的计划更成泡影。此时全书尚未完稿，但部分手稿幸得保存。二十多年后，程先生与当年曾听他授课的弟子吴志达谈起修订《元代文学史讲义》之事，意在嘱托弟子续完全书，然未及深谈，程先生遽归道山。三年以后，志达学长主动请缨续修此书，陶芸师母遂将遗稿交付之。志达学长本着光大师门学术的强烈意愿，仔细体会原稿的学术观念，努力回忆当年亲聆音旨所得的印象，对原稿进行修订、增补，尽经十年辛苦，终于完成全书，篇幅则从原稿的十余万字扩展到二十余万。出于谦抑，也出于对程先生的敬仰之情，志达学长将此书署作“程千帆著，吴志达修订”。考虑到志达学长所付出的辛勤劳动及实际贡献，也考虑到收入全集的另外两种文学史著作的署名通则，现将《元代文学史》改署为师生合著。程先生与志达学长泉下有知，当获俞允。《元代文学史》付梓后颇获学界好评，志达学长的高足陈文新教授之评语最称妥当：“这部由特殊的作者在特殊时代写成的特殊的文学史，在林林总总的中国文学史著述中，必将以其特殊的价值引起学术界的高度关注。”《程氏汉语文学通史》是程先生与弟子程章灿教授合著的，因师生二人都姓程，故书名冠以“程氏”二字。中国古代的史家以“通古今之变，成一家之言”为最高目标，所以最能体现中国史学精神的史学著作应是贯通古今且具有鲜明史观的通史。程先生治学文史兼擅，他的文学史研究也贯彻了上述史学精神。他认为研究文学史不应局限于某一段时期，只有贯通古今才能准确把握整个中国文学的来龙去脉，并深入理解其内在精神。上世纪四十年代末，程先生在武汉大学任教时，曾应历史系主任吴于廑先生之请，为历史系学生讲授中国文学通史。那门课由他独自承担，从上古一直讲到近代，从而留下一部通贯整个文学史的讲义，《程氏汉语文学通史》即根据该讲义为基础进行充实、提高而成。本书的论述重点不再是某些作家作品，而是中国文学从古至今的发展过程，诸如文学观念的传承演变，各种文体的兴盛衰落，文学技巧的发展变化，以及这些演变过程的社会历史背景和文化意义。与以往的文学史著作相比，本书的最大特点是它不再满足于提供文学史的许多断片或轨迹点，而是力图描绘出一条完整的线索来。以五十多万字的篇幅涵盖从上古迄现代的全部中国文学史，本书可称开创之作。

第六册所收的是关于古典诗歌的论著，即《古诗考索》《被开拓的诗世界》《杜诗镜铨批抄》《读宋诗随笔》四种，前二种是论文集，后二种是批点与品评。程先生学术研究的范围相当广阔，然而他用力最勤、创获最巨的则是古典诗歌的研究。也许可以说，关于古典诗歌的论文标志着程先生学术造诣的最高峰。《古诗考索》共收论文 39 篇，所涉内容上起汉末古诗，下迄今人所作旧体诗，而以唐诗为主。所论题旨小至一字一句意义的辨析，如《陶诗“少无适俗韵”的“韵”字说》；大至整个古典诗歌的内在规律的探讨，如《古典诗歌描写与结构中的一与多》。这些论文中最受学界称道的是从研究具体作品入手而终于导出有普遍意义的结论，也即人们通常称为“小中见大”者，如《张若虚〈春江花月夜〉的被理解和被误解》。显然，它们最重要的价值不在于解决了某些具体的问题，而在于为学界提供了方法论的启迪。《被开拓的诗世界》则是一部关于杜诗的论文集，其中部分论文是程先生指导学生莫砺锋、张宏生分别写成的，故师生三人共同署名。程先生对杜甫深为敬仰，对杜诗研究下过很深的功夫，曾在好几所大学里开设过杜诗课程。他晚年在南京大学重开此课，除了讲授杜诗学知识外，更着重启发学生进行专题研究，本书实即程先生的杜诗研究与杜诗教学的双重成果的结晶。有关杜诗的研究论著早已汗牛充栋，本书的特点是始终把杜诗置于古典诗歌史的长河中进行考察，从而为杜诗学提供了崭新的切入点和宏阔的视野。《杜诗镜铨批抄》是以传统方式对杜诗所作的批语，因所论杜诗之编次皆从《杜诗镜铨》，故有此称。原来附于《被开拓的诗世界》之后，现抽出自成一编。《读宋诗随笔》原名《宋诗精选》，因其中部分选目与《古诗今选》重复，编入全集时乃删去注释而保留解说，并改称今名。此书以“随笔”的形式来评析作品，行文有较大的自由度，故修短合度，笔随兴至，既有点到为止的三言两语，也有淋漓酣畅的大段议论。书中有许多关于宋诗的真知灼见，又出之以平易晓畅的文字，真正做到了深入浅出，也更鲜明地呈现出程先生的学术个性。

第七册所收的是古典诗歌作品选，即《古诗今选》一种。此书的属稿始于 1956 年，是程先生与沈祖棻先生合作进行的，后因沈先生不幸去世，乃由程先生独立完成。此书的内容包括八代诗、唐诗和宋诗三个部分，涵盖了五七言诗歌史上最重要的几个时期。选本是中国文学史上一种特殊的批评方式，程先生对此深有会心，所以此书从选目、注释到讲解、评析，都很有特色，充分体现了选家的诗学观点。在《古诗今选》之前，具有通代性质的古诗选本主要有三部：一是宋末元初方回所选的《瀛奎律髓》，它是一部唐、宋两代的律诗选本。二是清代王士禛所选的《古诗选》，它专选历代的五言古诗和七言古诗，五古部分上起汉代，下迄唐代；七古部分则上起汉代，下迄元代。三是清代曾国藩所选的《十八家诗钞》，它上起汉末的曹植，下迄金代的元好问。这三部古诗选本都是《古诗今选》参考的范本。然而《古诗今选》毕竟有很强的独创性，它所体现的选家眼光已经超越前人。在诗体上，《瀛奎律髓》专选五七言律诗而不选古体诗和绝句，《古诗选》则专选古体诗而不及律诗和绝句，《十八家诗钞》虽然不限诗体，但它于王维、孟浩然只选五律，于宋代的苏轼、黄庭坚、陆游三家则不取五古，仍然多有局限。《古诗今选》则各体皆收，而且在五七言诸体之外选入少量优秀的六言诗、杂言诗，以示在五七言诗成为诗体主流后仍有其他诗体的存在。这样就能让读者对古典诗歌的艺术形式有比较完整的把握。《古诗今选》的选目也有非同寻常的特点和价值。在八代诗人中，入选作品较多的诗人依次是：陶渊明 12 首，鲍照 8 首，曹植 7 首，庾信 6 首，阮籍、左思、谢灵运、谢朓皆为 4 首。如果说陶渊明高踞八代诗史的首席是从苏轼以来的传统看法，那么将鲍照列于第二位，以及将庾信列于大谢之上，显然是独到的选家眼光。在唐代诗人中，入选作品较多的诗人依次是：杜甫 33 首，李白 27 首，王维 16 首，白居易 15 首，韩愈 11 首，刘禹锡、李商隐皆为 10 首，李颀、王昌龄、元稹、杜牧皆为 7 首，孟浩然、岑参、柳宗元、李贺、温庭筠皆为 6 首，陈子昂、张九龄、高适、李益、韩偓皆为 5 首。在这份名单中，韩愈、刘禹锡、李颀、柳宗元、韩偓的地位都比一般的唐诗选本有所提升，而入选杜诗超过王维诗的一倍，尤见手眼。在宋代诗人中，入选作品较多的诗人依次是：苏轼 22 首，王安石 17 首，黄庭坚、陆游皆为 15 首，陈师道、陈与义皆为 10 首，欧阳修、范成大皆为 7 首，杨万里、林景熙皆为 6 首，梅尧臣、刘克庄、谢翱皆为 5 首。其中王安石之位居第二，黄庭坚之与陆游平起平坐，二陈之超过欧公与范成大，都是不同寻常的选法。如果从通代的角度来看，《古诗今选》中入选作品较多的大诗人名单中前五位分别是：杜甫、李白、苏轼、王安石、王维，而白居易、黄庭坚、陆游三人则并列第六。显然，这不但对那种崇唐黜宋的传统诗学观念有着摧陷廓清之功，而且体现出宏通的视野和深远的眼光。从入选作品的诗体来看，《古诗今选》也有鲜明的特点。此书对各种诗体无所轩轾，但对于各家的诗体倾向则非常关注，比如王昌龄的7首诗全是七绝，充分显示出这位“七绝圣手”的特长。又如韩愈的11首诗全是古体，充分显示出其雄奇古奥的风格。此外如李商隐的10首中选律诗8首、绝句2首，陆游的15首中选五言诗1首、七言诗14首，都充分体现出各家在诗体上的特点和优点。凡此种种，皆说明《古诗今选》是一部眼光深邃、个性鲜明的通代诗选，它体现出程先生对整个诗歌史的独特观照，也体现出复归诗歌审美本质的独特旨趣。

第八册所收的是诗文作品，即《闲堂诗文合抄》《闲堂文薮》和《桑榆忆往》三种。《闲堂诗文合抄》是程先生各体文学作品的汇总。程先生生于诗人之家，自幼即与诗结下了不解之缘。即使在那些风雨如磐的黑暗岁月中，也始终不废吟事。可惜他中年因非罪获谴，旧稿毁于一旦，所以平生的五七言诗作只残存二百余首。这些诗中不乏清丽芊绵之作，也有廉悍奥峭之篇，但其主导风格，则正如钱仲联先生在《序闲堂诗存》中所云，“于蒹葭楼主人为近”，也即近于黄节先生的诗风。黄节诗风本以陈后山为宗，故程先生的诗风也以平淡质朴为基本特征。然而它们在平淡的语言外表下蕴藏着抑塞历落、豪荡感激之情，它们通过对自身遭遇的悲欢离合的诉说而表达了儒者“能好人能恶人”的淑世情怀。程先生平生不甚作词，所存词作仅有《闲堂词存》中的十余首，但其中不乏情文并茂之佳作，例如哀悼沈祖棻先生的两首《鹧鸪天》与哀悼王瑶先生的两首《浣溪沙》，都是感人至深的传世名篇。程先生晚年颇喜用文言撰文，这些文字短小精悍，文采斐然，已臻老成之境，具有美文性质，故单独编为一辑，题作《闲堂文存》。自从新文化运动以来，文言文逐渐退出文坛。其实文言、白话各有优点，不宜偏废。《闲堂文存》所收作品，大多属于序跋及墓铭、墓表之类，当然与此类文体之历史渊源有关。但其中也有怀人、忆旧的短文，如追怀唐圭璋先生的《圭翁杂忆》，内容与收进《桑榆忆往·音旨偶闻》的《忆刘永济先生》《黄季刚老师逸事》诸篇相近。前者用文言而后者用白话，但都将前辈学人的嘉言懿行写得栩栩如生，形神兼备。春兰秋菊，各有千秋。这正体现出程先生在文体论上兼收并蓄、不拘一格的通达意识。程先生虽然以研究古代文学而知名，但他决不是埋首于故纸堆而不问窗外事的学究。他对现实非常关心，对当代文学也十分注意。他在青年时代曾热心于新诗创作，与好友孙望先生等组织了“土星笔会”，并创办新诗刊物《诗帆》。虽说他后来因专注于古代文学研究而不写新诗，但留存下来的新诗作品却是现代诗史上不可忽略的一个记录。现经整理删选，把这些作品编成《新诗少作》，附于《闲堂诗文合抄》之末。《闲堂文薮》也是程先生的论文集，所论内容较杂，有别于《古诗考索》之专论诗歌，故另编此集。程先生认为全书内容“繁如薮泽”，乃沿用唐人皮日休《文薮》之题。本书共分三辑：第一辑8篇，其中《韩愈与唐代小说》一篇，是陈寅恪先生于1936年以英文发表的论文，收入本辑的是作者的译文。其他7篇涉及散文、辞赋、词曲、小说、戏剧等各种文体。第二辑是汉魏六朝文学散论3篇，原是作者1946年在武汉大学讲授文学史的讲义，今天看来，仍有可参考之处。第三辑8篇，皆有关校雠目录学。写作时间约在1935年至1942年，是为在金陵大学和武汉大学讲课之用。后来此类课程久不设置，直至1980年后程先生为南京大学和山东大学的研究生讲授“校雠学”课程时，始由同学录音整理成为《校雠学略说》，是为日后《校雠广义》的蓝本。这8篇文章是程先生校雠学思想的滥觞之源，自然具有独立的学术史意义。《桑榆忆往》是程先生的回忆录，乃张伯伟教授所编。此书分成四个部分，第一部分是《劳生志略》，是程先生的口述自传，由张伯伟记录成文。第二部分是《音旨偶闻》，共收4篇文章，内容是程先生对刘永济、黄季刚与汪辟疆三位老师的回忆。第三部分是《书绅杂录》，共收7篇文章，内容都是程先生讲学的记录稿，记录者既有及门弟子，也有程先生的外孙女张春晓，当然，后者也是程先生的再传弟子。第四部分是《友朋评议》，共收 8 篇评议程先生学术的书评，撰者既有程先生的学界友人，也有其弟子或后辈。《桑榆忆往》内容丰富，形式多样。程先生的一生经历曲折，数次遭遇沧桑世变，时代的风风雨雨在他心中留下了不可磨灭的记忆。他年轻时及见许多学术宗师，如黄季刚、胡小石、刘衡如、胡翔冬、吴瞿安、汪辟疆等，都是他亲承音旨的前辈。又如陈寅恪、朱光潜、朱自清、庞石帚等，都是他有所请益的学者。他的夫人沈祖棻教授是当代杰出的女词人，患难夫妻，文章知己，学术上多收切磋之益。凡此种种，都成追忆。程先生诲人不倦，他常为弟子或其他后学释疑解惑，留下许多言简意赅的学术观点。程先生的学术研究深受学界重视，友朋及弟子对其学术成就的评论皆从某个侧面体现其人其学的特点。总体看来，这部回忆录不仅是程先生个人生平事迹的记录，而且是时代的一个缩影，从中可见几代学人的嘉言懿行和歌哭悲欢，具有学术史的意义。

第九册所收的是书简，即《闲堂书简》一种。初版《程千帆全集》于 2000 年问世以后，师母陶芸先生认为程先生写给亲朋友好的书信中有许多商讨学术的内容，可以作为其著作的补充，应予整理成书。在程先生的后人和学生的帮助下，经过征集、誊录、编次等步骤，陶先生终于将近千封书简整理成书，并于 2004 年由上海古籍出版社出版。十年以后，此书漏收的书简陆续出现，所收书简的系年等方面也发现了一些错误，在程门弟子及程丽则师姐等人的共同努力下，于 2013 年出版了增订本。其后我们又收集到遗简三百余通，于是重加增订，收入全集。程先生是一位真正的学者，他好学深思，终生不倦，他的书信中最常见的内容便是商讨学问。由于是书信，不可能发表长篇大论，但是那些简约的三言两语往往闪耀着真知灼见。试举一例：《致张三夕》之二七中纠正学界关于陈寅恪的一种误解："陈先生说'寅恪平生为不古不今之学'，汪荣祖竟然认为这是指他专攻中古史，即魏晋六朝、隋唐五代。这不但与事实不合，也完全不解陈先生的微旨。'不今不古'这句话是出在《太玄经》，另外有句话同它相配的是'童牛角马'，意思是自我嘲讽，觉得自己的学问既不完全符合中国的传统，也不是完全跟着现代学术走，而是斟酌古今，自成一家。表面上是自嘲，其实是自负。根据他平生的实践，确实也做到了这一点，即不古不今、亦古亦今、贯通中西、继往开来。”程先生还常常在书信中为学生或其他年轻学人答疑解难，或指示治学门径。也举一例：《致余恕诚》之四曰："承问课题，我觉得唐代文学是一座很大的富矿，到现在还有很多领域没有开发，特别是文学与文化和政治的关系，陈寅恪虽提出唐代内乱与外患的连环性，这个题目在文学上的表现就很少人涉及过，如果先生有兴趣，是否将这个问题作一个比较彻底的清理。这可能在文学上表现的不多，但间接上可以开发的不少。”书信是最纯粹的“个人化写作”，它最能体现作者的真性情。程先生的书信大多直抒胸臆，在毫无修饰的文字中洋溢着真情实感，例如《致万业馨》之二三云：“千帆自到南大后，得可传业者数人，著述得诸友生之助，亦大体完成。残年八十有六，耳聋目盲，自然之数，故终日枯坐，亦无可埋怨处。惟偶然细数平生，虽经忧患似若无可悲者，然为国为民，亲情友谊，则愧负实多。朱古微晚年词云，‘忠孝何曾尽一分’，‘可哀惟有人间世’，每一念及，辄忉怛不能去怀。出版社多劝录音，说平日可念之事。但每一念及，则泪如泉涌，岂尚有心及于文字?”此种文字，真乃尼采所谓“以血书者”的天地间至文。程先生的书信忠实地记录了一个正直的知识分子走过的人生道路及其心路历程，也记录了大量关于文坛和学林的珍闻、掌故，活跃着许多著名人物的身影，全书具有极高的史料价值。

第十、第十一册所收的是日记，即《闲堂日记》一种。日记是古已有之的一种文体，原属史官之职责，如汉人刘向《新序》云：“司君之过而书之，日有记也。”其后文人逐日记事之文亦称“日记”，宋人陆游谓“黄鲁直有日记，谓之‘家乘’，至宜州犹不辍书”(《老学庵笔记》)。及至晚清，遂出现以李慈铭《越缦堂日记》为代表的“四大日记”，成为影响颇巨的特殊著作。一般来说，日记的主要优点是逐日记事与始终不辍，从而具备较高的史料价值。程先生的日记，始于少时在家塾有恒斋中读书之时。他进入金陵大学后，还曾将日记中有关《礼记》的部分整理成文公开发表。可惜程先生后来屡遭动荡，已无法每日作记，即使作记也难以妥善保存。所以现存的程先生日记，竟是始于 1979 年 3 月 15 日，其时他年近七旬，已臻暮年。虽然如此，这部日记仍然多达 13 册，前 12 册主要由程先生手记，少数地方由陶芸先生代记。后 1 册则全由陶芸先生代记。日记记录了程先生晚年生活的主要内容，举凡教学、著述、出差开会、亲友交往等，应有尽有，细大不捐。虽然残缺不全，仍如吉光片羽，价值非凡。试看徐有富教授所编《程千帆沈祖棻年谱长编》，全书篇幅为 900 页，自 1909 年至 1978 年仅有 283 页，而从 1979 年迄 2000 年则多达 617 页，主要得益于日记之功。程先生晚年目昏手抖，日记之字迹相当潦草，难以辨认，整理者程丽则师姐与程门再传弟子许勇付出了辛勤的劳动，厥功甚伟。

第十二册所收的是附录四种，其中《治学小言》一书曾于 1986 年由齐鲁书社出版，前有王仲荦先生之序，后有陶芸先生之后记，正文则为短文 19 篇，内容以治学方法为主，兼及大学文科与中学语文等问题。依照程先生本人的意见，初版《全集》未收此书。如今在程先生身后重编《全集》，理应补收，因其篇幅短小，内容又不易归类，故附于本册。《古诗讲录》一书原题《程千帆古诗讲录》，张伯伟教授编，人民文学出版社 2020 年出版。程先生晚年移砚南京大学后，曾先后为 1976 级本科生讲授“历代诗选”，历时一年；为 1977 级本科生讲授“古代诗选”，历时一学期；为 1979 级硕士生讲授“杜诗研究”，历时一学期。当时没有留下音像资料，令没有机会“亲承音旨”的后学倾想不已。幸亏三门课程分别留存徐有富、张伯伟、曹虹三位弟子的记录，第一门课程的上半部分则有进修生陈治群的记录，张伯伟据之整理编纂，遂成此书。张伯伟教授在编后记中说：“三门课程，‘历代诗选’以时间为序，讲解汉魏晋宋齐梁陈隋唐宋诗歌；‘古代诗选’则以专题为单元，范围也还是八代唐宋诗歌；‘杜诗研究’属于专家诗，是以问题为中心展开。虽然三门课程各有重心，但都是围绕具体的诗歌作品。传统的文学研究范围，包括文学理论、文学批评、文学史，但核心是文学作品。没有作品，就没有文学的理论和历史；不深入理解作品，文学的历史与理论就只能停留在表象的描绘和空泛的议论。这是千帆师的一向主张，不仅体现在研究工作中，也贯彻在教学实践上。”评价此书的价值，言简而意赅。《逸稿》专收程先生的逸稿。程先生曾在各类报刊发表文字甚多，年代久远，或存或佚。今将近年来发现之逸稿汇成一编，附录于此。《学术年表》乃专为此次重版《全集》而编，乃由徐有富率徐雁平、丁思露、杨珂等人合作而成。有富兄曾撰《程千帆沈祖棻年谱长编》，掌握谱主资料极为丰赡，由他亲率弟子编制此表，定能删繁就简，驾轻就熟，必有可观，遂附于此，以为《全集》之压卷。

从以上的粗略介绍可以看出，程先生的学术视野十分宏阔，研究领域相当广泛，从而取得了多方面的研究成果。这部六百多万字的全集，就是他一生上下求索的结果，是他六十年心血的结晶。那么，程先生的学术研究，有没有一以贯之的精神呢？我以为是有的，那就是沈祖棻先生在《古典诗歌论丛》的后记中所揭橥的，“将考证与批评密切地结合起来”，“将批评建立在考据基础上”。考证与批评是中国传统的文学研究的两翼，前代的优秀学者本是两者兼通的。可是到了现代，随着学术成果积累的日益丰厚和学术研究分工的日益细密，这两项工作渐渐分道扬镳，学者或精于此，或长于彼，互相隔膜，绝少往来。甚者至于互相轻视，唯我独尊。精于考证的学者常常觉得专事批评的人流于空疏，而长于批评的学者则往往认为专攻考证的人陷于烦琐。在古代文学研究界大声疾呼且身体力行地把两者结合起来的学者，程先生当是当代第一人。

一般说来，文学研究，尤其是古代文学研究，主要有四个层次。一是文献学的研究，即对浩如烟海的典籍进行校勘、辑佚、整理，力求提供确实可靠的文本。二是历史学的研究，即对千头万绪的文学史实进行考订、甄别、梳理，力求掌握文学史长河中每个环节的真实面目及其来龙去脉。三是美学的研究，即对古代文学作品的自身价值进行解读、阐释、评析，力求最充分地实现现代人对古代作品的审美接受。四是哲学的研究，即从哲学思辨的高度对古代文学进行宏观的把握，力求揭示其根本规律及其在民族文化乃至世界文化中的特殊地位和普遍意义。从程先生的著述及日常言论来看，他所说“考证”包含着前两项内容，而“批评”则包含着后两项内容。由此可见,程先生所倡导的方法实际上就是对古代文学作全面的、多层次的研究,是由表及里、由浅及深的学术门径。应该指出,在现代的学术环境中,分工是不可避免的,一部分学者把精力集中于某一个层次的研究是完全合理的。程先生对此并无异议,他对同辈乃至后辈学人专攻某一层次的研究而得到的成就都深表赞许。但是,就整个学术界而言,必须有部分学者兼通考证与批评,而专攻其一的学者也不能与另类研究隔膜、疏离,这才能够融会贯通,真正达到较高的学术境界。程先生的研究工作正是在这种思想的指导下进行的,这部文集正是他运用这种方法的范例。

程先生重视文献整理,他亲自主编《全清词》和《中华大典·文学典》,而且下大功夫钻研校雠学。他重视史实考订,为了弄清唐代行卷之风的真相,曾在史料中钩沉索隐达数十年。他具有卓异的审美能力,在艺术体会和风格辨析方面尤见功力。他也善于从纷繁杂乱的现象中抽象出理论来,曾对古典诗歌的一些普遍规律有所揭示。更重要的是,程先生并不把考证和批评视为各自独立、畛域分明的两类工作,而把它们看作互相依存、不可割裂的一个整体。他的文学史著作和文学史专题论著固然是兼有考证与批评的综合研究,他的许多单篇论文也同样是融考证与批评于一体的范文,例如《张若虚〈春江花月夜〉的被理解和被误解》《一个醒的与八个醉的》等文,都是从对史实的精密考证和对作品的细致分析入手,双管齐下,然后推导出重要的结论。程先生在古代诗歌的研究中所以能触手生春,独得圣解,除了天性颖悟和思力强劲等因素,正确的方法论无疑是重要的原因。

读者很容易注意到以下事实:这部《全集》的总字数不是很多,而且有好几种著作是程先生与他人合作的,这是特殊的时代所造成的结果。1957年,像同时代的许多学者一样,正当盛年的程先生因直言而获罪,从此被剥夺了近二十年的工作时间。等到阴霾散尽,大地春回,程先生重返课堂和书斋时,他已年过花甲。妄加的罪名可以平反,贬损的待遇可以恢复,但是被耽误的时间却是无法挽回的。从45岁到65岁的二十年光阴,正是从事文史研究的学者一生中的黄金阶段。尽管复出后的程先生夜以继日地努力工作，尽管他的才思依然十分敏锐，但要想亲手完成计划中的全部学术课题，毕竟力不从心。况且重执教鞭的程先生视教学为第一要务，为培养后辈而倾注了大量的时间和精力！于是程先生的好几种著作采取了与人合作的方式，合作者中有他的同事，更多的则是他亲自指导的学生。应该说，这些合作实际上也是程先生培养后辈的一种方式，合作者通过实际操作而获得了方法训练，也通过讨论质疑而锻炼提高了思辨能力，所以它们具有薪尽火传的特殊意义。然而毋庸讳言，如果程先生没有丧失二十年时间，如果他一生的学术活动没有中断，那么他完全可以在年富力强的时候从容不迫地独自完成这些著作，并使它们的学术水准更上一层楼，他也一定能够写出更加卓越的其他著作。可惜历史是不能假设的，于是这部《全集》只能以目前的状态呈现在读者面前。希望后来的读者看到这部《全集》时，千万不要忘记它是一位生活在20世纪历经坎坷的学者的学术记录，是一部忧患之书。

2023年7月20日

受业莫砺锋谨序

目　　次

校讎廣義・版本編

校讎廣義・校勘編

校讎廣義叙録

叙曰：

治書之學，舊號校讎。比及今世，多稱目録。核其名實，歧義滋多。《文選》卷六《魏都賦》李善注引《風俗通》云："案劉向《别録》，'讎校'，一人讀書，校其上下，得繆誤，爲校。一人持本，一人讀書，若怨家相對，爲讎。"（"爲讎"二字據胡克家《考異》補）蓋校讎本義，惟在是正文字。然觀《國語·魯語》載閔馬父之言曰："昔正考父校商之名頌十二篇於周太師，以《那》爲首。"則次第篇章，亦稱校矣。此一歧也。而鄭樵《通志序》謂其《校讎略》之作，乃"欲三館無素餐之人，四庫無蠹魚之簡，千章萬卷，日見流通"。詳所論列，求書、校書之外，兼及類書、藏書。是此諸業，亦歸校讎。此又一歧也。逮章學誠撰《校讎通義》，自叙其書，以爲"校讎之義，蓋自劉向父子部次條别，將以辨章學術、考鏡源流。非深明於道術精微、群言得失之故者，不足與此。後世部次甲乙，紀録經史者，代有其人；而求能推闡大義，條别學術異同，使人由委溯源，以想見於墳籍之初者，千百之中，不十一焉"。則雖求之、校之、類之、藏之，猶未足以盡校讎之能事。必也明系統、精類例，使人得由書籍之部居類别，以見道術之源流異同。此又一歧也。

校讎歧義，具如上述。還語目録，何莫不然。《〈文選〉注》嘗引《别録·列子目録》，其文今存，蓋即劉向校書，隨竟奏上，合《漢書·藝文志》所指“條其篇目”之目與“撮其指意”之録而成之篇。是目録之始，在爲一書條篇目，撮指意，俾覽者得於籀讀之先，知其大較，其事甚明也。嗣班固《漢書·叙傳》述其志藝文，有“劉向司籍，九流以别，爰著目録，略序洪烈”之語。持是以稽《漢志》體例，則班氏之所謂目録，已引申條一書篇目之義爲定群書部類；撮一書指意之義爲别學術源流。後來承響，遂有以爲治學涉徑之學者。如王鳴盛《十七史商榷》云：“目録之學，學中第一緊要事，必從此問塗，方能得其門而入。”即是此義。此一歧也。而黄丕烈《汪刻〈郡齋讀書志〉序》曰：“余從事於此，逾二十年。自謂目録之學，稍窺一二，然閲歷既久，知識愈難。曾有《所見古書録》之輯，卒不敢以示人者，以所見之究未遍也。”考丕烈昔人列之賞鑒家，其精詣獨在版本，旁及校藏；於類例出入，學術派别，初未聞有所甄明。兹亦以目録爲言，則賞鑒校藏諸端，皆此學所有事矣。此又一歧也。然語及目録學界義之恢宏，近人張爾田之言，尤爲極致。其序孫德謙《劉向校讎學纂微》曰：“目録之學，其重在周知一代學術，及一家一書之宗趣，事乃與史相緯。而爲此學也，亦非殫見洽聞，疏通知遠之儒不爲功。乃世之號目録家者，一再傳後，寖失其方，百宋千元，標新炫異。其善者爲之，亦不過如吾所謂緦緦於寫官之異同，官私著録之考訂而止；剖析條流，以爲綱紀，固未之有聞。”詳張氏此所謂目録，即前引章氏之所謂校讎，蓋籠括一切治書之學，而以辨章學術、考鏡源流者爲之主。此又一歧也。

由上可知，蓋始有校讎目録之事，繼有校讎目録之名，終有校讎目録之學。其始也相别，其繼也相亂，其終也相蒙。若夫目録之名，昉諸漢也，目録稱學，則盛有清。雖徵之載籍，宋蘇象先《丞相魏公譚訓》嘗記乃祖頌“謁王原叔，因論政事。仲至侍側，原叔令檢書史，指之曰：‘此兒有目録之學。’”可據以遠溯宋初，然固未甚通行也。故自鄭樵而後，治書之學，統被校讎之名，其正詁遂轉晦。逮於乾、嘉，異書間出，小學尤精，古籍脱訛，多所改定。校讎本義，復顯於時。彼以類例部次爲主者，乃不得不别號其學爲目録。其在初興，章學誠嘗持異議，見意於《信摭》之篇。其言曰：“校讎之學，自劉氏父子，淵源流别，最爲推見古人大體；而校訂字句，則其小焉者也。絶學不傳，千載而後，鄭樵始有窺見，特爲《校讎》之略，而未盡其奥，人亦無由知之。世之論校讎者，惟争辯於行墨字句之間，不復知有淵源流别矣。近人不得其説，而於古書有篇卷參差、叙例同異當考辨者，乃謂古人别有目録之學，真屬詫聞，且摇曳作態以出之。言或人不解，問伊：書只求其義理足矣，目録無關文義，何必講求？彼則笑而不言。真是貧兒賣弄家私，不值一笑矣。”章氏云云，乃已習於固有之名，遂致譏於新興之學。然言雖駿利，殊鮮和人。則以校讎一詞，沿用最久，疊經變易，義陷模糊。不獨目録之學，拔幟樹幟，即專事是正文字者，且或改稱校勘之學，以自殊異。夫以偏概全，既涉淆混，求其副實，更造新名，此學術史中公例，無足驚奇，而況宋代已有此稱乎？此其所論不免拘虚之見矣。其後若朱一新《無邪堂答問》云：“劉中壘父子成《七略》一書，爲後世校讎之祖。班《志》掇其精要以著於篇。後惟鄭漁仲、章實齋能窺斯旨，商榷學術，洞澈源流，不獨九流諸子各有精義，即詞賦、方技亦復小道可觀。目録校讎之學所以可貴，非專以審訂文字異同爲校讎也。……世徒以審訂文字爲校讎，而校讎之途隘；以甲乙簿爲目録，而目録之學轉爲無用。多識書名，辨别板本，一書估優爲之，何待學者乎？”所言雖推衍鄭、章，而已校讎、目録二名交舉。張氏《〈劉向校讎學纂微〉序》又云：“《隋書·經籍志·簿録篇》云：‘古者，史官既司典籍，蓋有目録以爲綱紀。……漢時劉向《别録》、劉歆《七略》，剖析源流，各有其部，推尋事迹，疑則古之制。’知校讎者，目録之學也。”而德謙以鄭氏校讎一略備論編次，因亦言：“夫《校讎略》中而備論編次之事，則校讎者，乃目録之學，非僅如後世校讎家但辨訂文字而已，是可知也。”則均徑以校讎即是目録。諸家之説，皆相亂相蒙之證，此二者之同異，與夫所以同異之故，胥治斯學所當先知者也。

至名稱而外，範疇若何，自來學人，亦有數説。“藏書家有數等。得一書必推求本原，是正缺失，是謂考訂家，如錢少詹大昕、戴吉士震諸人是也。次則辨其板片，注其錯譌，是爲校讎家，如盧學士文弨、翁閣學方綱諸人是也。次則搜采異本，上則補石室金匱之遺亡，下可備通人博士之瀏覽，是謂收藏家，如鄞縣范氏之天一閣、錢塘吴氏之瓶花齋、崑山徐氏之傳是樓諸家是也。次則第求精本，獨嗜宋刻，作者之旨意縱未盡窺，而刻書之年月最所深悉，是謂賞鑒家，如吴門黄主事丕烈、鄔鎮鮑處士廷博諸人是也。又次則於舊家中落者，賤售其所藏；富室嗜書者，要求其善價。眼别真贋，心知古今。閩本蜀本，一不得欺；宋槧元槧，見而即識，是謂掠販家，如吴門之錢景開、陶五柳，湖州之施漢英諸書估是也。"此洪亮吉《北江詩話》之説一也。"自劉、班志藝文，而後人得考天府之儲存；自晁、陳傳書目，而學者藉見私家之著述。海内流傳，或鈔或刻，不下百十種，然亦分爲兩派：一則宋刊明鈔，分别行款，記刻書之年月，考前賢之圖記，此賞鑒家也。一則包括四部，交通九流，蓄重本以備校讎，鈔新帙以備瀏覽，此收藏家也。"此繆荃孫《〈古學匯刊〉序目》之説二也。"而近人言藏書者，分目録、板本爲兩種學派。……然二者皆兼校讎，是又爲校勘之學。"此葉德輝《書林清話》之説三也。"綱紀群籍、簿屬甲乙者，則目録家之目録是也。辨章學術、剖析源流者，則史家之目録是也。鑒别舊槧、校讎異同者，則藏書家之目録是也。提要鉤玄、治學涉徑者，則讀書家之目録是也。"此汪辟疆師《目録學研究》之説四也。嘗試考之，洪氏所言，乃就藏書者流立論，非一指治書之學。所謂掠販之輩，直書估之精於鑒别者爾，奚足名家？若考訂一項，則治書雖不廢考訂，然考訂之學，又非治書之學所能包，是二者但交相爲用而已。故所標舉，獨校讎、收藏、賞鑒三家可稱治書之學，而不及書籍部次。繆氏所陳，又隘於洪，蓋與黄丕烈同以鑒藏爲主。葉氏舉目録、版本爲藏書家之兩派，謂皆兼校勘。然藏書亦自有其道，非目録版本而兼校勘即可盡者。至汪先生持論，殆以目録爲宗，其所云目録家、史家、讀書家者，皆目録學之流派爾，餘則併入之藏書家。見仁見智，廣狹之殊，抑又如此。

竊意四家所云，各存微尚，局通雖異，專輒無嫌。而今欲盡其道，則當折中舊説，别以四目爲分。若乃文字肇端，書契即著；金石可鏤，竹素代興，則版本之學宜首及者一也。流布既廣，異本滋多。不正脱訛，何由籀讀？則校勘之學宜次及者二也。篇目旨意，既條既撮，爰定部類，以見源流，則目録之學宜又次者三也。收藏不謹，斯易散亡；流通不周，又傷錮蔽，則典藏之學宜再次者四也。蓋由版本而校勘，由校勘而目録，由目録而典藏，條理始終，囊括珠貫，斯乃向、歆以來治書之通例，足爲吾輩今兹研討之準繩。而名義紛紜，當加釐定，則“校讎”二字，歷祀最久，無妨即以爲治書諸學之共名；而别以專事是正文字者，爲校勘之學。其餘版本、目録、典藏之稱，各從其職，要皆校讎之支與流裔。庶幾尚友古人，既能遞溯而明家數；啓牖來學，並免迷罔而失鑒衡，其亦可也。

余以顓蒙，嘗攻此道，熏習既久，利鈍粗知。閒覽古今著述，其治斯學也，或頗具深思，而零亂都無條理；或專精一事，而四者鮮有貫綜。其極至主版本者，或忘其校勘之大用，而陷於横通；主校勘者，或詳其底本之異同，而遺其義理；主目録者，或侈談其辨章考鏡，而言多膚廓；主典藏者，或矜秘其一廛十駕，而義乏流通。蓋甚矣，通識之難也！今輒以講授餘閒，董其綱目，正定名義，釐析範疇，截取舊文，斷以律令，明其異同得失，詳其派别源流，成書四編，命名廣義。俾治書之學，獲睹其全，入學之門，得由斯道。方聞君子，幸垂教焉。辛巳六月。

附　校讎學範疇諸家論列異同表

<table>
<tr><th>洪説</th><th>繆説</th><th>葉説</th><th>汪説</th><th>程説</th></tr>
<tr><td>(3) 收藏家</td><td>(2) 收藏家</td><td></td><td rowspan="3">(3) 藏書家</td><td>(4) 典藏之學</td></tr>
<tr><td>(4) 賞鑒家</td><td>(1) 賞鑒家</td><td rowspan="2">(2) 版本派</td><td>(1) 版本之學</td></tr>
<tr><td>(2) 校讎家</td><td rowspan="5"></td><td>(2) 校勘之學</td></tr>
<tr><td rowspan="3">(1) 考訂家</td><td>(3) 目録派</td><td>(1) 目録家</td><td rowspan="3">(3) 目録之學</td></tr>
<tr><td rowspan="3"></td><td>(2) 史　家</td></tr>
<tr><td>(4) 讀書家</td></tr>
<tr><td>(5) 掠販家</td><td></td><td></td></tr>
</table>

這篇叙録，是一九四一年寫的，距今已有四十多年了。

三十年代初，我考入南京金陵大學學習。劉衡如（國鈞）老師正在爲大學生講授目録學，爲研究生講授《漢書・藝文志》。我有幸得與門人之列。同時，也常向汪辟疆（國垣）老師請教詩學和校讎學方面的問題，因之對於這門科學發生了强烈的興趣。爲了鞏固自己的學習，也曾寫過幾篇文章。

一九四二年秋，我就母校之聘。那時，衡如先生仍然擔任着文學院長。工作非常忙，因爲知道我在繼續學習校讎學，並且計劃寫一部比較全面的書，就將這門功課派我擔任。這對我來説，當然是既求之不得又誠惶誠恐的事。於是就一邊講，一邊寫下去。一九四五年，我改到武漢大學工作，擔任的課程當中，仍然有這一門。積稿也隨之逐漸充實。一九四九年以後，進行教學改革，這門課被取消了。隨後我又因人所共知的原因，離開了工作崗位近二十年，對這部没有完成的稿子，更是理所當然地無暇顧及了。

一九七八年，我重新出來工作，在南京大學指導研究生。考慮到如果要他們將來能够獨立進行科學研究，則校讎學的知識和訓練對他們仍然是必要的，於是就從十年浩劫中被搶奪、被焚燒、被撕毁、被踐踏的殘存書稿中去清查那部未完成的《校讎廣義》，結果是校勘、目録兩部分還保全了若干章節，至於版本、典藏兩部分，則片紙無存。但因爲工作需要，也只好倉促上馬，勉力講授。這就是後來由南京大學研究生徐有富、莫礪鋒、張三夕和山東大學研究生朱廣祁、吴慶峰、徐超等同志記録整理的《校讎學略説》。由於這類書籍的缺乏，這個紕漏百出的油印講稿近年來還一直在流傳，使我再一次地感到惶恐。

徐有富同志畢業之後，留校任教。和當年我隨劉、汪兩位先生學習這門科學時深感興趣一樣，他也對校讎學有强烈的愛好，並且有對之進行深入研究的决心。因此，我就不僅將這門功課交給了他，並且將寫成這部著作的工作也交給他了。年過七十的我，體力就衰，對於校讎之學已經力不從心，難以有所貢獻，現在有富同志能够認真鑽研，總算是薪盡火傳，這也使我稍爲減輕了未能發揚光大劉、汪兩位老師學術的内疚。

根據我國民族傳統文化而建立的包括版本、校勘、目録、典藏四個部分的校讎學，也許這是第一次得到全面的表述。我們將重點放在這門科學的實際應用的論述方面，而省略其歷史發展的記載。因爲，照我們的理解，校讎學與校讎學史屬於兩個不同的範疇。

寫好這樣一部著作，顯然不是有富同志和我所能勝任的。因此，這只是"知其不可爲而爲之"。我們期待着教正。

一九八五年十二月一日　程千帆附記於南京大學

附記

這次修訂主要做了兩件事。一是糾錯。《校讎廣義》一九八八年由齊魯書社出版後，二〇〇〇年由河北教育出版社重印了一次。當時我在韓國東國大學任教，遂由武秀成先生組織研究生做了該書的校訂工作，糾正了不少文字訛誤。此後博士生許净瞳細讀全書，遼寧大學文學院李樹軍細讀《校勘編》、南京師範大學文學院兩位研究生細讀《版本編》，分別寫出了校勘記。張宗友先生、潘素雅女史、北大博士劉貝嘉、高樹偉特地爲《版本編》配製了圖版。這次修訂便以河北教育出版社所出《程千帆全集》本爲底本，充分吸收了以上校訂成果，特借此機會向他們致謝。二是增訂。重點爲《目録編》。《校讎廣義》原書一百四十萬字，而應用廣泛的《目録編》只有二十五萬字，内容略顯少了些。該書出版後，目録學理論與實踐都得到了長足的發展。我們對該書内容作了相應的增加與調整，如《目録的著録事項》一章，我們增寫了附注、提要、案語三項内容，而將真僞、輯佚兩項不能算作著録事項的内容改寫成《辨僞書目録》《闕書目録》兩節，調整到《特種目録》一章。這樣，不僅内容豐富了，而且體例也更加經得起推敲。

《校讎廣義》出版後，文獻學得到了蓬勃發展，我也主編了《中國古典文學史料學》，與徐昕合寫了《文獻學研究》，還出版了《治學方法與論文寫作》《鄭樵評傳》《目録學與學術史》《文獻學管窺》，並應卞孝萱先生之邀，撰寫了《新國學三十講・典藏學》。這次修訂，我便將他人與自己的一些新觀點與新材料，增加到《校讎廣義》的各編之中。

《校讎廣義》的出版合同到期後，一些出版社要重印此書，我都以需要修訂而拒絶了。但是修訂工作却進展得非常緩慢，於是我便時常回想起與程千帆先生合著《校讎廣義》的日子，我感到程先生温暖的目光一直在關注着和鼓勵着我，使我不敢懈怠。當時全靠手工操作，需要不斷地跑圖書館去搜集與核對資料，由於有程先生的指導與督促，進展得十分順利。但是，我們再也不能回到從前，此書的修訂工作，斷斷續續做了好多年，如今終於告一段落，遺憾的是程先生再也不能爲我把關了，謹以此書的修訂本向程先生表達深深的懷念之情。在本書修訂過程中,張宗友先生、責任編輯潘素雅女史,還有幾位校對,付出了辛勤勞動,他們的敬業精神與深入細緻的作風令人感動,特向他們致以深切的謝意。希望此書能在原有的基礎上朝前邁進一步。期待着繼續獲得批評指正。

二〇一九年七月　徐有富於南京大學

校讎廣義·版本編

程千帆
徐有富
撰

第一章　版本學的名稱與功用

第一節　版本與版本學

古代用以書寫的木片通稱爲版或板。漢王充云："斷木爲槧，析之爲板，刀加刮削，乃成奏牘。"①許慎也説："牘，書版也。"②

因爲供書寫用的木片呈方形，所以又稱方。《莊子・天下篇》："惠施多方，其書五車。"《儀禮・聘禮》："百名以上書於策，不及百名書於方。"鄭玄注云："名，書文也，今謂之字。策，簡也；方，板也。"③

方、板作爲書寫工具有時也連稱，故賈公彦疏又釋鄭注云："云方板者，以其百名以下，書之於方，若今之祝板。不假連編之策，一板書盡，故言'方，板也'。"④直到唐代，還用方板記事，如李賀《感諷五首》之一云："越婦未織作，吴蠶始蠕蠕。縣官騎馬來，獰色虯紫鬚。懷中一方板，板上數行書。"⑤

同簡比起來，方版容納的字數要多一些。《春秋序》云："大事書之於策，小事簡牘而已。"孔穎達疏曰："簡之所容，一行字耳。牘乃方版，版廣於簡，可以並容數行。凡爲書，字有多有少。一行可盡者，書之於簡；數行

---

① 《論衡》卷一二《量知》。

② 《説文解字》第七上。

③④ 《儀禮注疏》卷二四。

⑤ 《全唐詩》卷三九一。

乃盡者，書之於方；方所不容者，乃書於策。"①對於方版與簡策的使用繫於文字之多寡，説得十分清楚。

雕版印書之法通行以後，版或板的含義逐漸演變爲經雕刻後供印書用的版片。如唐馮宿《禁版印時憲書奏》云："準敕，禁斷印曆日版。劍南兩川及淮南道，皆以版印曆日鬻於市。每歲司天臺未奏頒下新曆，其印曆已滿天下，有乖敬授之道。"②宋代以後，雕版印刷事業日益興盛，版或板作爲供印書用的版片的含義更加明顯。宋王應麟稱："自太祖平定四方，天下之書悉歸藏室。太宗、真宗訪求遺逸，小則償以金帛，大則授之以官。又經書未有板者，悉令刊刻。由是大備，起秘閣，貯之禁中。"③這種板片隨着印刷事業的發展，也就可以作爲公私財産進行移交或出售。如陸心源《皕宋樓藏書志》卷三十二載有元馮福京《昌國州圖志》七卷，福京跋後有字數行云："《昌國州圖志》板五十六片，雙面五十四，單面二，計印紙一百零十副，永爲昌國州官物，相沿交割者。大德二年（一二九八）十一月長至日畢工。"版片作爲私有財産，當然會出現易主現象。杜信孚曾指出：《吴越春秋音注》十卷"目録後有'萬曆丙戌（一五八六）之秋武林馮念祖重梓於卧龍山房'三行牌記。該書版片易主，轉給楊爾曾。楊氏重印時，將牌記改爲'萬曆辛丑（一六〇一）之秋楊爾曾重梓於卧龍山房'"。④

因爲板雕好後，在印刷時需要上墨，所以又稱墨板。宋朱翌云："雕印文字，唐以前無之。唐末，益州始有墨版。後唐方鏤九經，悉收人間所收經史，以鏤版爲正。"⑤宋《國史藝文志》也指出："唐末，益州始有墨板，多術數、字學小書。"⑥

本的原義爲樹根。許慎云："木下曰本，從木，一在其下。"⑦引申其

---

① 《春秋左傳注疏》卷一。

② 《全唐文》卷六二四。

③ 《玉海》卷五二。

④ 《明代版刻綜録》卷五。

⑤ 《猗覺寮雜記》卷下。

⑥ 王應麟《困學紀聞》卷八《經説》引。

⑦ 《説文解字》第六上。

義，則據以校書的書的原本也可稱本。《北齊書·樊遜傳》：

(天保)七年(五五六)，詔令校定群書……遜乃議曰："按漢中壘校尉劉向受詔校書，每一書竟，表上，輒言：臣向書、長水校尉臣參書，太史公、太常博士書、中外書合若干本以相比校，然後殺青。"①

這"合若干本"的"本"就是用來校書的原本。《隋書·經籍志》總序亦云："隋開皇三年(五八三)，秘書監牛弘，表請分遣使人搜訪異本。每書一卷，賞絹一匹，校寫既定，本即歸主。"②顯然，這裏的"本"也指據以校寫的原本。

在通常情況下，本即指書。《顏氏家訓·書證篇》："《漢書》：'田肎賀上。'江南本皆作'宵'字。沛國劉顯博覽經籍，偏精班《漢》，梁代謂之'《漢》聖'。顯子臻，不墜家業，讀班史呼爲田肎。梁元帝嘗問之，答曰：'此無義可求，但臣家舊本以雌黃改"宵"爲"肎"。'元帝無以難之。吾至江北，見本爲'肎'。"③這段話中的"江南本"，指流傳在江南的《漢書》；"江北本"，指流傳在江北的《漢書》；"臣家舊本"，指劉臻先世所收藏的《漢書》。其義甚明。

因爲本即指書，所以書、本二字往往連用。《顏氏家訓·書證篇》復云：

《後漢書》：酷吏樊曄爲天水郡守，涼州爲之歌曰："寧見乳虎穴，不入曄城寺。"而江南書本，"穴"皆誤作"六"，學士因循，迷而不寤。夫虎豹穴居，事之較者，所以班超云："不探虎穴，安得虎子。"寧當論其六七耶？④

又《漢書·賈鄒枚路傳》有云："路温舒……爲山邑丞，坐法免，復爲郡

① 《北齊書》卷四五。
② 《隋書》卷三二。
③ 王利器《顏氏家訓集解》卷六。下同。顏引《漢書》見卷一下《高帝紀》。
④ 樊曄事見《後漢書》卷七七《酷吏列傳》。中華書局點校本，下引正史同。

吏。”師古曰:“山邑不知其處,今流俗書本云常山石邑丞,後人妄加‘石’字耳。”[1]皆其證。

隨着印刷術的發達,本與書本的含義逐漸同於版本。例如南宋岳珂撰《相臺書塾刊正九經三傳沿革例》專設《書本》一例,並列舉了唐石刻本、晉天福銅板本、京師大字舊本、紹興初監本等二十三本。岳珂所謂“書本”實即版本。

宋代雕版印書盛行,“版本”二字從北宋以來便被用來專指雕版所印之書。正如葉德輝所說:“雕板謂之板,藏本謂之本。藏本者,官私所藏,未雕之善本也。自雕板盛行,於是板本二字合爲一名。”[2]如《宋史·邢昺傳》云:景德二年(一〇〇五),“上幸國子監閲庫書,問昺經版幾何,昺曰:‘國初不及四千,今十餘萬,經、傳、正義皆具。臣少從師業儒時,經具有疏者,百無一二,蓋力不能傳寫。今板本大備,士庶家皆有之。’”[3]又沈括指出:“板印書籍,唐人尚未盛爲之。自馮瀛王始印《五經》,已後典籍,皆爲板本。”[4]葉夢得亦云:

> 五代時,馮道始奏請官鏤六經板印行。國朝淳化中,復以《史記》、前後《漢》付有司摹印。自是書籍刊鏤者益多,士大夫不復以藏書爲意。學者易於得書,其誦讀亦因滅裂。然板本初不是正,不無訛誤。世既一以板本爲正,而藏本日亡,其訛謬者遂不可正,甚可惜也。[5]

邢、沈北宋人,葉南宋人,可見版本之稱在宋代已確立,且其含義乃對寫本而言。

作爲版本學的專有名詞,則版本是指同一部書在寫作、編輯、傳抄、刻

---

① 《漢書》卷五一。
② 《書林清話》卷一《板本之名稱》。
③ 《宋史》卷四三一。
④ 《夢溪筆談》卷一八。
⑤ 《石林燕語》卷八。

版、排版、裝訂乃至流通過程中所產生的各種形態的本子。正如王欣夫所説:“所謂版本,並不限於雕版印刷的書籍,而實際上包括没有雕版印刷以前的寫本和以後的鈔本、稿本在内。”①

早在漢代,劉向等就已經注意到版本的差别,並且利用各種不同的版本爲校書服務。從劉向《别録》所僅留的幾篇書録中,可以看出他們在校書時就已利用了中書、太常書、太史書、臣向書、臣參書、大中大夫卜圭書、射聲校尉立書等各種不同的版本。《漢書・河間獻王傳》云:“河間獻王德,以孝景前二年立。修學好古,實事求是。從民得善書,必爲好寫與之,留其真,加金帛賜以招之。繇是四方道術之人,不遠千里,或有先祖舊書,多奉以奏獻王者,故得書多,與漢朝等。”②這是藏書重視舊本的最早事例。在讀書時,人們也早就注意到了版本的差别。《顔氏家訓・書證篇》:“《詩》云:‘有杕之杜。’江南本並木傍施大。……而河北本皆爲夷狄之狄,讀亦如字,此大誤也。”曹丕在贈書時也因人而異其本。《三國志・魏書・文帝紀》注引胡冲《吴曆》云:“帝以素書所著《典論》及詩賦餉孫權,又以紙寫一通與張昭。”③可見人們早就運用版本知識從事校書、讀書、藏書乃至贈書活動了。

什麽叫版本學?葉德輝認爲:“私家之藏,自宋尤袤遂初堂,明毛晉汲古閣,及康、雍、乾、嘉以來各藏書家,斷斷於宋元舊鈔,是爲板本之學。”④很顯然,這個定義是太窄了。所以顧廷龍補充説:

> 講究宋、元舊刻,固然是“版本之學”的一項内容。但是在雕版以前的簡策、縑素,一寫再寫,不也就是不同版本嗎?現代鉛印和影印的出版物,一版再版,不也又是不同版本嗎?依我看來,版本的含義實爲一種書的各種不同的本子,古今中外的圖書,普遍存在這種現象,並不僅僅限於宋、元古籍。

---

① 《古文獻學要略》第三章《版本》一《版本的起源和發展》。

② 《漢書》卷五三。

③ 《三國志・魏書》卷二。

④ 《書林清話》卷一《板本之名稱》。

> 在九世紀以前,經過不斷的傳寫,在印刷術發明以後,經過不斷的刻印,因而產生了各種不同本子。有了許多不同本子,就出現了文字、印刷、裝幀等各方面的許多差異。研究這些差異,並從錯綜複雜的現象中找出其規律,這就形成了"版本之學"。①

他還指出:"版本學的內容實在是相當豐富的,如關於圖書版本的發生和發展,各個本子的異同優劣,製版和印刷的技術,版本的鑒别,裝訂的演變以及研究版本學的歷史等等,應該可以成爲一門專門的科學。"②顧廷龍對版本學的認識已比葉德輝全面得多,而在傳播媒介日益發達的今天,推而廣之,則以録音帶、録像帶形式所構成的音像型書籍,也未嘗不可以包括在版本學範圍之内。至於本書的研究對象,則以古籍版本爲主,其主要内容是探討古籍的版本源流,研究古籍版本的異同優劣,鑒定古籍版本的真僞等問題。

總的説來,版本學所研究的内容無不與書的物質形態有關,因此可以概括地説版本學是研究書的物質形態的科學,是校讎學的起點。

第二節　版本學的功用

版本學的功用是多方面的,概括起來有以下幾點:首先,讀書應擇善本。

張之洞《書目答問·略例》有云:"諸生好學者來問:應讀何書?書以何本爲善?"爲什麽呢?他自己回答説:"讀書不知要領,勞而無功;知某書宜讀而不得精校精注本,事倍功半。"③

讀書應當選擇版本的最主要的理由是:書在長期流傳過程中,因各種原因産生了一些不同版本,而這些版本之間從文字到編次又往往存在着很大差别。這種差别又往往可以决定讀者從書中所獲得的知識是否正確。清顧廣圻談到過這個問題:

---

①② 《版本學與圖書館》,載《圖書館》一九六二年第一期。

③ 《書目答問》卷首。

蓋由宋以降，板刻衆矣。同是一書，用較異本，無弗夐若徑庭者。每見藏書家目録，經某書、史某書云云，而某書之爲何本，漫爾不可别識。然則某書果爲某書與否，且或有所未確，又烏從論其精粗美惡耶？①

余嘉錫對版本的差異及其原因分析得更加透徹：

蓋書籍由竹木而帛，而紙；由簡篇而卷，而册，而手抄，而刻版，而活字，其經過不知其若干歲，繕校不知其幾何人。有出于通儒者，有出于俗士者。於是有斷爛而部不完，有删削而篇不完，有節鈔而文不完，有脱誤而字不同，有增補而書不同，有校勘而本不同。②

正因爲一本書的不同版本往往有很大差别，所以讀書不注意版本，就會鬧出一些笑話。《顔氏家訓·勉學篇》曾舉一例："江南有一權貴，讀誤本《蜀都賦》注，解'蹲鴟，芋也'，乃爲'羊'字。人饋羊肉，答書云：'損惠蹲鴟。'舉朝驚駭，不解事義。久後尋迹，方知如此。"③因讀誤本給工作造成損失的也不乏其例。如宋朱彧《萍洲可談》卷一載，哲宗元符初年，杭州府學教授姚祐有次考學生《易經》，題目是"乾爲金，坤亦爲金，何也"。學生們都無從下手，因爲《易經》的原文是"乾爲金，坤爲釜"。有的學生問他是否所據版本錯了，他便取監本來看，果然是"坤爲釜"，顯得十分尷尬。明陸深《金臺紀聞》也載有類似的事例：

金華戴元禮，國初名醫，嘗被召至南京，見一醫家迎求溢户，酬應不間。元禮意必深於術者，注目焉。按方發劑，皆無他異，退而怪之，日往觀焉。偶一人求藥者既去，追而告之曰："臨煎時下錫一塊。"麾之去。元禮始大異之，念無以錫入煎劑法，特叩之。答曰："是古方

① 《思適齋文集》卷一二《石研齋書目序》。

② 《目録學發微·目録書之體制四·板本序跋》。

③ 《顔氏家訓集解》卷三。

> 爾。”元禮求得其書,乃“錫”字耳。元禮急爲正之。嗚呼!不辨“鍚”“錫”而醫者,世胡可以弗謹哉!

可見引書不注意版本,有時就會産生不良的後果。

讀書不擇本是一種偏向,把好的版本僅當作古董收藏欣賞,而不將其作爲研究資料加以利用,也是一種偏向。清陳其元云:

> 今人重宋板書,不惜千金、數百金購得一部,則什襲藏之,不特不輕示人,即自己亦不忍數翻閲也,余每竊笑其癡。崑山令王鼎臣刺史定安,酷有是癖,嘗買得宋槧《孟子》,舉以誇余。余請一睹,則先負一櫝出,櫝啓,中藏一楠木匣,開匣,乃見書。書紙、墨亦古。所刊字劃,究無異于今之監本。余問之曰:“讀此可增長知慧乎?”曰:“不能。”“可較别本多記數行乎?”曰:“亦不能。”余笑曰:“然則不如仍讀我監本,何必費百倍之錢購此耶?”王恚曰:“君非解人,不可共君賞鑒。”急收弆之。余大笑去。①

王欣夫曾指出:這個故事正可説明,人們對於版本有兩種不同的認識:一種是讀書而不重視版本,另一種是重視版本而不讀書。因爲陳其元對那部宋刊《孟子》略加省視,便説是“紙墨亦古”,但“所刊字劃,究無異於今之監本”;而王定安又把它“什襲藏之,不輕示人”。實質上,兩人都將古書僅僅看作文物或古董。王定安所藏宋版《孟子》,不知是宋朝的哪一個刻本,也不知是不是真的宋版。不過陳其元將它比作監本,可見是《四書》中的《孟子集注》了。世傳宋版《四書》有淳祐丙午泳澤書院刻本(實爲元代至元刻本,淳祐二字係剜改,但前人相承爲宋刻),它與包括明監本在内的普通讀本不同之處正多得很,不弄清楚是無法認真進行研究工作的。②

讀書不重視版本與重視版本而不讀書都是偏向,正確的態度應當是

① 《庸閑齋筆記》卷八。

② 詳《古文獻學要略》第三章《版本》二《版本的重要》。

“讀書宜求善本”①。宋歐陽修云：

陳公（陳從易）時偶得杜集舊本，文多脱誤，至《送蔡都尉》詩云“身輕一鳥□”，其下脱一字。陳公因與數客各用一字補之。或云“疾”，或云“落”，或云“起”，或云“下”，莫能定。其後得一善本，乃是“身輕一鳥過”。陳公嘆服，以爲雖一字，諸君亦不能到也。②

這則詩話雖然旨在贊美杜詩用字之妙，然而也表明了善本對讀書的重要性。一些藏書家從有利於讀者出發，也十分注意對版本的辨别與善本的搜聚。如宋陳振孫爲郭氏《杜工部詩集注》所作解題云：

蜀人郭知達所集九家注，世有稱東坡《杜詩故事》者，隨事造文，一一牽合，而皆不言其所自出，且其辭氣首末若出一口，蓋妄人依託以欺亂流俗者，書坊輒勦入集注中，殊敗人意，此本獨削去之。福清曾噩子肅刻板五羊漕司，最爲善本。③

讀書宜求善本，那麽什麽是善本呢？從讀書治學的角度看，同符或接近原稿的書就是善本。張之洞《輶軒語・語學篇》云：“善本之義有三：一、足本（無闕卷，未删削）；二、精本（一精校，一精注）；三、舊本（一舊刻，一舊鈔）。”首先要是足本，因爲不完整就不能反映原作的全貌，當然也就談不上與原稿相同或接近了。商務印書館出的《四部叢刊》、百衲本《二十四史》之所以受到學術界的重視，就在於編者做了許多艱苦細緻的工作，使它們都成爲儘可能完整的本子。顧廷龍指出：

近人張元濟輯印《四部叢刊》和百衲本《二十四史》，盡力搜集舊本以校正今本，有很多新的發現。例如：《四部叢刊續編》中《愧郯録》

① 《輶軒語・語學篇》。

② 《歐陽文忠全集》卷一二八《詩話》。

③ 《直齋書録解題》卷一九。

各本都缺十葉，後得祁氏澹生堂鈔本半部，其中就有此十葉，得以彌補了向來的缺憾。①

其次是精本，精校的目的是使書接近原貌，精注的目的是使讀者更好地理解書的內容。清高宗嘗云："朕披覽《十三經注疏》，念其歲月經久，梨棗日就漫漶，爰敕詞臣重加校正，其於經文誤字以及傳注箋疏之未協者，參互以求其是，各爲考證附於卷後，不紊舊觀，刊成善本。"②陳振孫云："(《元和姓纂》)絶無善本，頃在莆田，以數本參校，僅得七八。後又得蜀本校之，互有得失，然粗完整矣。"③又如王國維跋《雅雨堂叢書》本《文昌雜録》云：

戊午(一九一八)臘月，國維復讀一過，訂正十餘字。

庚申(一九二〇)六月朔，又讀一過，訂正十餘字。

辛酉(一九二一)穀日，以南林蔣氏藏舊鈔本校前所校正處，舊鈔多不誤。又增改數十字，足爲善本矣。④

由此可見，凡經名家精校過的書皆可視爲善本，所以張之洞《輶軒語·語學篇》云："善本非紙白板新之謂，謂其爲前輩通人用古刻數本，精校細勘付刊，不譌不闕之本也。此有一簡易之法，初學購書，但看其序，是本朝重校刻，而密行細字、寫刻精工者，即佳。"

名家的精注本往往博徵繁引、精校細核，對我們閱讀和理解原書極有幫助。唐顔師古注《漢書》，有《敘例》一篇，談到了他這方面的工作。今録二則爲例：

《漢書》舊文，多有古字，解説之後，屢經遷易。後人習讀，以意刊

---

① 《版本學與圖書館》，載《圖書館》一九六二年第一期。

② 《御製文初集》卷一一《重刻十三經序》。

③ 《直齋書録解題》卷八。

④ 北京圖書館善本組輯録《觀堂題跋選録》(子集部分)，載《文獻》第十輯。

改，傳寫既多，彌更淺俗。今則曲覈古本，歸其真正，一往難識者皆從而釋之。

古今異言，方俗殊語，末學膚受，或未能通，意有所疑，輒就增損，流遯忘返，穢濫實多。今皆删削，克復其舊。

此外，作者還"隨其曲折，剖判義理""各依本文，敷暢厥指""窮波討源，構會甄釋"①。正因爲如此，人們在研討《漢書》時，都得用顔師古注本。古籍注本歷代多有，學者研討，所當慎擇。

再次是舊本。舊本在時間上距離原書較近，因此在一般情況下會更接近原貌些。盧文弨説：

書所以貴舊本者，非謂其概無一訛也。近世本有經校讎者，頗賢於舊本，然專輒妄改者，亦復不少。即如《九經》小字本，吾見南宋本已不如北宋本；明之錫山秦氏本又不如南宋本；今之翻秦本者，更不及焉。以斯知舊本之爲可貴也。②

近人陳乃乾也談到了舊本的可貴：

嘗謂古書多一次翻刻，必多一誤。出於無心者，"魯"變爲"魚"，"亥"變爲"豕"，其誤尚可尋繹。若出於通人臆改，則原本盡失。宋、元、明初諸刻，不能無誤字。然藏書家爭購之，非愛古董也，以其誤字皆出於無心，或可尋繹而辨之，且爲後世所刻之祖本也。校勘古書，當先求其真，不可專以通順爲貴。古人真本，我不得而見之矣；而求其近於真者，則舊刻尚矣。③

應當注意的是，從書的文物價值和收藏價值看，古本就是善本，但從

① 《漢書》卷首。

② 《抱經堂文集》卷一二《書吴葵里所藏宋本〈白虎通〉後》。

③ 《與胡樸安書》，載《國學匯編》第一集。

讀書治學的角度看，古本就未必都是善本。清郭麐云：

書貴善本，可以是正謬誤，然亦有古未必是而今未必非者。《文選》謝靈運《游赤石》詩“終然謝先伐”，用直木先伐之義，宋本作“天伐”爲無解矣。曹子建《箜篌引》“生存華屋處，零落歸山邱”，“生存”“零落”偶字也，宋本作“生在”，疑誤。①

這些例子説明：我們讀書應擇善而從，但不要一味迷信古本。

讀古書要注意版本，讀現代書也要注意版本。例如姚名達的《中國目録學史》一九三六年由商務印書館出版過，一九五七年又由商務印書館重印。在重印前，由王重民校閲過，他在重印本《後記》中寫道：

我在校閲過程中，只做了下列兩件事：

一、原書文字上的錯誤不少，有的是引用上的錯誤，有的是排印上的錯誤。我一共修正了一百零六處，另外還改正了標點斷句二十九處。

二、姚先生在書内還保留了一些問題，没有得到解决。這些問題，有的是由於當時所掌握的資料不够，有的是由於用錯了資料。我這次就其中的六個問題提供了一些新資料。但不敢補入原書，因作爲這次翻印本的後記。

顯然，我們讀《中國目録學史》最好采用一九五七年重印本。

其次，校書應備衆本。

廣搜異本，進行比較，擇善而從，是校書所應當首先采用的基本方法。孫德謙云：

校書之事，必備有衆本乃可以抉擇去取。近世如阮文達之校《十

① 《靈芬館詩話》卷八。

三經》，有所謂單經本、經注本、單疏本；謝墉之校孫卿子，有所謂影鈔大字宋本，元刻纂圖互注本，明虞氏、王氏合校刻本，明世德堂本，明鍾人傑本是也。姑舉一二，此外無不皆然。

又說：

欲校一書，須備衆本，有斷然者。蓋不備衆本，書之或有缺佚，或有謬誤，其義皆不可通，此讀者之大憾也，故既得一别本矣，足與此本對校，又當兼備衆本，如是則異同得失始能辨别而有所折衷。①

汪辟疆先生也認爲："顧校理之業，必廣徵衆本，參證互勘，乃可藉手。"②

章學誠指出，備衆本以供校讎始於劉向：

校書宜廣儲副本。劉向校讎中秘，有所謂中書，有所謂外書，有所謂太常書，有所謂太史書，有所謂臣向書、臣某書。夫中書與太常、太史，則官守之書不一本也；外書與臣向、臣某，則家藏之書不一本也。夫博求諸本，乃得讎正一書，則副本固將廣儲以待質也。③

今節録劉向《管子書録》爲例：

護左都水使者、光禄大夫臣向言：所校讎中管子書三百八十九篇，大中大夫卜圭書二十七篇，臣富參書四十一篇，射聲校尉立書十一篇，太史書九十六篇，凡中外書五百六十四篇。以校，除復重四百八十四篇，定著八十六篇。殺青，而書可繕寫也。④

---

① 《劉向校讎學纂微・備衆本》。
② 《水經注與水經注疏》，載《中國文學》第一卷第四期。
③ 《校讎通義》卷一《校讎條理第七》。
④ 《四部叢刊》景宋本《管子》卷首。

劉向利用衆本校定群書的經驗産生了深遠影響。例如北齊樊遜校理秘府書籍時就説過："向之故事，見存府閣，即欲刊定，必藉衆本。"[①]廣聚衆本是校書質量的可靠保證，顔師古校定《五經》就是一個典型例子：

太宗以經籍去聖久遠，文字訛謬，令師古於秘書省考定《五經》。師古多所釐正，既成，奏之。太宗復遣諸儒重加詳議。于時諸儒傳習已久，皆共非之。師古輒引晉、宋已來古今本，隨言曉答，援據詳明，皆出其意表，諸儒莫不嘆服。於是兼通直郎、散騎常侍，頒其所定之書於天下，令學者習焉。[②]

隨着印刷術的日益普及，宋以後的公私出版事業都得到了蓬勃發展。凡是在古籍出版事業方面做出突出貢獻的，往往都是廣儲副本、精心校勘的結果。宋岳珂刊正九經三傳即其例。其《相臺書塾刊正九經三傳沿革例·書本》有云：

今以家塾所藏唐石刻本、晉天福銅板本、京師大字舊本、紹興初監本、監中見行本、蜀大字舊本、蜀學重刻大字本、中字本。又中字有句讀附音本、潭州舊本、撫州舊本、建大字本(俗謂無比九經)、俞韶卿家本。又中字凡四本、婺州舊本、並興國于氏、建余仁仲，凡二十本。又以越中舊本注疏、建本有音釋注疏、蜀注疏，合二十三本，專屬本經名士，反覆參訂，始命良工入梓，固自信以爲盡善。正恐掃塵隨生，亦或有之，惟通經先達，不吝惠教。

現代，上海商務印書館出版的《四部叢刊》之所以受到學者的信賴，主要也是由於編者在廣儲副本、精心校勘方面下了很多功夫。《四部叢刊例言》云：

---

① 《北齊書》卷四五《樊遜傳》。
② 《舊唐書》卷七三《顔師古傳》。

版本之學，爲考據之先河，一字千金，於經史尤關緊要。兹編所采録者，皆再三考證，擇善而從。如徐氏仿宋刻本《三禮》，明人繙宋岳珂本《九經》。徐刻《周禮》不如岳本之精，岳刻《儀禮》又不如徐本之善；皆非逐一細校，不能辨其是非。其他北宋本失傳之書，賴有元、明人翻本，轉出南宋本之上者。若僅以時代先後論之，則不免於盲人道黑白矣。兹編於此類，頗用苦心，非泛泛侈言存古也。

書無論鈔刻，雖大體完善，欠葉闕文，總不能免。今兹所依，矧多古本，影印之際，不加參訂，則郭公、夏五①，所在皆是，學人得之，殊費推尋，故每印一書，恒羅致多本，此殘彼足，藉得補正。②

整理出版書籍固然需要備衆本以資校勘，而讀書治學也得備衆本，也應掌握版本知識。許多學者都强調讀書必須校書。清王鳴盛云："嘗謂好著書不如多讀書，欲讀書必先精校書，校之未精而遽讀，恐讀亦多誤矣。"③張之洞《輶軒語・語學篇》也指出："讀書先宜校書。"葉德輝《藏書十約》甚至説："書不校勘，不如不讀。"④因爲隨讀隨校，所以前人往往稱讀書爲校讀，他們在利用衆本校勘方面下了很大功夫。如宋葉夢得説："余在許昌，得宋景文用監本手校《西漢》一部，末題用十三本校，中間有脱兩行者，惜乎今亡之矣。"⑤清初錢曾跋《洛陽伽藍記》云：

清常道人（趙琦美）跋云："歲己亥，覽吴琯刻《古今逸史》中《洛陽伽藍記》，讀未數字，輒齟齬不可句。因購得陳錫玄、秦西岩、顧寧宇、孫蘭公四家鈔本，改其訛者四百八十八字，增其脱者三百廿字。丙午又得舊刻本，校於燕山龍驤邸中，復改正五十餘字。凡歷八載，始爲

① "郭公"見《春秋左傳》莊公二十三年，杜預注云："無傳，蓋經闕誤也。""夏五"見同書桓公十四年，杜預注云："不書月，闕文。""郭公、夏五"在這裏指欠葉闕文。

② 《縮本四部叢刊初編書録》卷首。

③ 《十七史商榷》卷首《自序》。

④ 《觀古堂所著書》第二集。

⑤ 《石林燕語》卷八。

完善。"清常言校讎勘之難如此。①

清邵懿辰在《四庫全書簡明目録》上標注版本，其目的主要也是爲了便於日後校讀。故葉名澧《橋西雜記》稱："澧嘗見邵蕙西案頭置《簡明目録》一部，所見宋元舊刻本、叢書本及單行刻本、鈔本，手記於各書之下，以備他日校勘之資。"

可見，不論是整理出版圖書，還是讀書治學，凡需要校勘，就應廣搜衆本，具備一定的版本學知識。

再次，購藏書籍應鑒異本。

藏書一般要從購書開始，而購書就必須有版本知識，要能精於鑒别。孫慶增云：

> 夫藏書而不知鑒别，猶瞽之辨色，聾之聽音。雖其心未嘗不好，而才不足以濟之，徒爲有識者所笑，甚無謂也。如某書係何朝何地著作，刻於何時，何人翻刻，何人鈔録，何人底本，何人收藏，如何爲宋元刻本，刻於南北朝何時何地(案，此云"南北朝"，當指宋、金、元之間)，如何爲宋元精舊鈔本，必須眼力精熟，考究確切。再於各家收藏目録、歷朝書目、類書總目、讀書志、敏求記、經籍考、志書、文苑志、書籍志、二十一史書籍志(《零拾》本"書"作經)、名人詩文集書序跋文内，查考明白，然後四方之善本秘本或可致也。②

同書第一則《購求》亦云："與能識古本今本之書籍者，並能道其源流者，能辨原板翻板之不同者，知某書之久不刷印，某書之止有鈔本者，或偕之閑訪於坊家，密求於冷鋪，於無心中得一最難得之書籍。"都强調了采購應具版本知識。

采購新出的古籍同樣也有個版本問題。顧廷龍説：

---

① 《讀書敏求記》卷二。

② 《藕香零拾》本孫慶增《藏書紀要》第二則《鑒别》。

> 采購工作者,必須熟悉版本。就古籍説,某書歷來傳世者有多少版本,現在某本稀見,某本習見,某本校勘精善,某本粗疏,某本由某本出,辨其源流。例如章學誠的《文史通義》和《校讎通義》兩書鈔本十餘種,刻本十餘種,現在最通行的兩本:一爲商務印《遺書》本(商務尚有《萬有文庫》本),一爲中華印《四部備要》本。商務本出於劉氏嘉業堂刊《遺書》本(劉刻印本亦有二:初印不足本三十二册,後有增刻本四十册),而劉本係出沈復粲藏鈔本最足本;中華則出於湖南菁華閣本,與《文史通義》之文字及篇目頗有出入,應以劉刻爲善,是商務本勝於中華本。一九五六年古籍出版社出版的劉公純標點本《文史通義》根據劉本,比舊刻本增内篇一卷、補遺八篇,後附補遺續五篇,則較商務本爲尤勝。掌握了這些複雜情況,采購起來就心中有數。①

魏隱儒也曾就此點舉例道:

> 清曹霑(雪芹)的名著《紅樓夢》,一百二十回活字本,初版是乾隆五十六年辛亥(一七九一)排印的,稱程甲本(程偉元字小泉),乾隆五十七年壬子再版排印的爲程乙本。兩者都是活字本,因排印時間不同,内容有出入……正是因爲同一種書,刻印有好壞、先後,内容有正誤,它的價值價格也就有了高低差異。如同一種書,某本有名家藏章或名人題跋,價值就隨之提高;同是手寫本,稿本與傳鈔本價值不同,舊鈔本與新鈔本不同,叢書本與單刻本不同,初印本與再版本不同。既有區别差異,所以我們從事這一專業工作人員,就必須學習它、研究它。②

實踐證明,没有版本知識的人,往往會將珍本當作廢紙;而經驗豐富的人却有時會從廢紙堆中發現珍本。如"一九六四年,中國書店從廢品收

① 《版本學與圖書館》,載《圖書館》一九六二年第一期。

② 《古書收售業務知識·概説》,載河北省文化局一九六二年編印本《古舊圖書業務知識》。

購站發現的明覆宋板《古今注》,是商務印書館《四部叢刊》的底本,與北京大學圖書館所藏的明末刻本《崔豹古今注》相對校,對出明末本有多處不妥,誤字很多"①。

藏書當然也離不開版本學知識。顧廷龍曾指出:"保管工作者,必須熟悉版本,根據不同版本的情況來掌握不同的保管方法,如稀見本、加工本(批校、題跋)、僞裝本、特裝本等等,應該和一般的版本書有區别的。"②事實上,中國歷代主持國家藏書工作的人都較好地運用了版本學知識從事搜訪與典藏工作。《隋書·經籍志》總序介紹隋代國家藏書情況有云:

> 隋開皇三年(五八三),秘書監牛弘,表請分遣使人,搜訪異本。每書一卷,賞絹一匹,校寫既定,本即歸主。於是民間異書,往往間出。及平陳已後,經籍漸備,檢其所得,多太建時書,③紙墨不精,書亦拙惡。於是總集編次,存爲古本,召天下工書之士京兆韋霈、南陽杜頵等,於秘書内補續殘缺,爲正、副二本,藏于宫中,其餘以實秘書内、外之閣,凡三萬餘卷。煬帝即位,秘閣之書,限寫五十副本,分爲三品:上品紅瑠璃軸,中品紺瑠璃軸,下品漆軸。於東都觀文殿東西廂構屋以貯之,東屋藏甲乙,西屋藏丙丁。④

由此可見隋代對國家藏書,很注意其異本、古本的搜訪典藏,還做了"校寫""補續殘缺"和"總集編次"等工作。這項工作,到了清代更爲完善。國家藏書設有專門的善本書庫,按分類和不同的版本進行收藏,對於一書的不同刻本、一版的前後印本也兼收並蓄。如《欽定天禄琳琅書目》就證明了這一點,詳見本編第七章第一節。

最後,學術研究也應注意版本。

---

① 魏隱儒《古籍版本鑒定叢談·緒言》,山西省圖書館一九七八年印本。

② 《版本學與圖書館》,載《圖書館》一九六二年第一期。

③ 太建(五六九至五八二),陳宣帝年號。

④ 《隋書》卷三二。

圖書出版工作同政治、經濟、文化有着十分密切的關係。因此，我們從對版本的研究中，可以瞭解某個時期或某個地區的政治、經濟、文化的發展情況。

以宋刊《大藏經》爲例，宋代公私雕印《大藏經》共有六部：即《開寶藏》《崇寧萬壽大藏》《毗盧大藏》《思溪圓覺藏》《思溪資福藏》《磧砂藏》，共三萬五千一百八十一卷。宋代多次大規模地雕印《大藏經》不是偶然的，它一方面説明了當時佛教文化對我國的巨大影響，另一方面也説明了宋代統治者很會利用佛教來鞏固自己的政權。大家都知道，五代十國時期，吴越、南唐、後蜀這些封建割據的獨立王國，朝野都崇信佛教。宋太祖用武力統一這些獨立王國不久，便於開寶四年（九七一）派高品、張從信等前往成都監雕《大藏經》，顯然是爲了收買人心。《開寶藏》是我國歷史上雕印的第一部佛教全書，全藏有一千零七十六部，五千零四十八卷。共刻十三萬多版片。宋太祖爲此可謂不惜工本了。[①]

再以蜀刻本爲例。顧廷龍《唐宋蜀刻本簡述》所附《蜀刻書目》根據傳本和文獻記載，計收唐刻三種、宋刻七十四種。[②] 四川成都一帶成爲唐宋刻書中心之一，是與其政治、經濟、文化地位密切相關的。安史之亂時，成都一度成爲唐代臨時首都。自肅宗至德二年（七五七）分劍南爲東西兩川後，成都長期爲西川治所。唐末黄巢起義後，全國政治、經濟中心再次移向成都，名家世族也多避亂入蜀，所以中原文化不可避免地給四川以較大的影響。此後，前、後蜀國又皆定都成都。北宋初在成都刊刻《開寶藏》，客觀上也爲四川培養了大批雕印工人。另外四川素稱天府，盛産木材與紙張，這也爲蜀本的興盛奠定了物質基礎。所以説，版本學與各個時期的政治、經濟、文化有着十分密切的關係，研究版本學也有助於研究各個時期各個地區的政治、經濟、文化。

各種版本的出現，與學術的發展變化息息相關。因此，從對版本的研究中，可以看出學術發展變化的脉絡，從而深化我們的學術研究。譬如從

---

① 參看于乃義《古籍善本書佛、道教藏經的版本源流及鑒别知識》，載《四川圖書館學報》一九七九年第三期。

② 載《四川圖書館學報》一九七九年第三期。

對杜甫詩集版本的研究中,我們可以發現,杜詩在宋代受到特別重視,是有一個過程的,而這個過程是同政治形勢的變化緊密相關的。

北宋前期,杜詩似乎没有受到格外重視。所以蘇舜欽在《題杜子美别集後》中稱:"杜甫本傳云:有集六十卷。今所在者纔二十卷,又未經學者編輯,古律錯亂,前後不倫,蓋不爲近世所尚,墜逸過半,吁,可痛憫也!"① 經過王洙、王安石、王琪等人的不斷搜集整理,直到嘉祐四年(一〇五九)終於在蘇州鏤版印行了《杜工部集》的第一個定本。王琪於嘉祐四年四月望日寫的《杜工部集·後記》云:

> 原叔(王洙)雖自編次,余病其卷帙之多,而未甚布,暇日與蘇州進士何君瑑、丁君修得原叔家藏及古今諸集,聚於郡齋而參考之,三月而後已。義有兼通者,亦存而不敢削,閱之者固有淺深也。而又吴江邑宰河東裴君煜,取以覆視,乃益精密,遂鏤於板,庶廣其傳。②

仇兆鰲引《吴郡志》也談及此事:

> 嘉祐中,王琪以知制誥守郡,大修設廳,規模宏壯,假省庫錢數千緡。廳既成,漕司不肯除破。時方貴杜集,人間苦無全書,琪家藏本讎校素精,既俾公使庫鏤板,印萬本,每本爲直千錢,士人争買之。既償省庫,羨餘以給公厨。③

這都説明杜詩在北宋越來越受到重視的情况。

南宋雖然處於兵火戎馬之間,杜甫詩的整理和研究反而深入了,出了編年本、注釋本、集注本、評點本,甚至還出現了作僞的現象。如郭知達於淳熙八年(一一八一)自序其《九家集注杜詩》云:"杜少陵詩,世號詩史。自箋注雜出,是非異同,多所牴牾,致有好事者掇其章句,穿鑿傅會,設爲

① 《蘇學士文集》卷一三。

② 見仇兆鰲《杜詩詳注》卷末《附編》。

③ 《杜詩詳注》卷末《附編》。

事實，託名東坡，刊鏤以行，欺世售僞。有識之士，可爲浩嘆。”①

所有這些杜詩版本的出現，都反映了南宋人對杜詩的愛好同北宋人相比有過之而無不及。這是什麽原因呢？李綱《校定杜工部集序》道出了秘密：

> 蓋自開元、天寶太平全盛之時，迄於至德、大曆干戈亂離之際，子美之詩凡千四百四十餘篇，其忠義氣節、羈旅艱難、悲憤無聊，一寓於此。句法理致，老而益精。時平讀之，未見其工，迨親更兵火喪亂，誦其詞如出乎其時，犂然有當於人心，然後知爲古今絶唱也。②

杜甫所經歷的安史之亂同北宋末及南宋初年的政治動亂、人民流離有相同之處，隨着當時局勢的發展，杜詩越來越受到人們的重視和欣賞，就很容易理解了。

從對新書版本的研究中，也可以窺見文化學術的發展變化。例如劉大杰的《中國文學發展史》即是一例。其上海人民出版社一九七三年版《前言》説：

> 《中國文學發展史》是我的舊作，原爲上下兩册。上册成於一九三九年，一九四一年出版；下册成於一九四三年，一九四九年出版。……建國後，我將本書作過一些修改，分爲上中下三册，於一九五七年、一九六二年兩次印行。印行以後，各方垂教甚殷，使我得益不少。……學術領域裏對於資産階級思想的批判，使我進一步認識到在本書中所存在的一些歷史唯心主義觀點，現在我又作了一些修改。

該書的這一版充塞着所謂評法批儒的内容。如其《柳宗元與古文運動》一

---

① 《杜詩詳注》卷末《附編》。關於《老杜事實》的辨僞，詳見程千帆《古詩考索·杜詩僞書考》。

② 《杜詩詳注》卷末《附編》。

章中《古文運動及其分野》一節聲稱：

在古文運動中形成了兩派的鬥争。一派是革新，一派是保守。前派較富於尊法非儒的精神，後派則强調"徵聖""宗經"的傳統。這兩派同樣提倡散文，反對駢體；同樣强調内容，反對浮艷，但他們的政治態度和文學内容是不同的。兩派的對立，形成革新與保守，唯物與唯心，法家思想與儒家思想在古文運動中的鬥争。

這顯然是對歷史事實極爲荒謬的塗抹。同時，它對作家也作了很不公正的評價。如其評論韓愈，不僅取消了這位作家的詩歌在文學史上的貢獻，而且對他的散文也妄加貶損，甚至還不恰當地越出文學史的範圍，用大量篇幅對韓愈進行人身攻擊，如云：

韓愈在寫《論佛骨表》時，似乎理直氣壯，一到潮州就上表求情，並以封禪諛帝。後來又祭鰐魚，宣揚迷信思想。這都表明，他爲了要升官發財，到了不擇手段的地步。《舊唐書》本傳説他："觀諸權門豪士如僕隸焉，瞪然不顧。"這真是笑話。……韓愈不但愛官如命，也愛錢如命。……劉禹錫《祭韓吏部文》説："公鼎侯碑，誌隧表阡；一字之價，輦金如山。"可見其稿酬之高。韓愈在這方面利用他的官名、文名，在死人身上賺到了不少的錢。

從一九七三年版《中國文學發展史》中，我們可以清楚地看到十年浩劫不僅扼殺了正常的學術研究，而且嚴重敗壞了學風。同時，如果要理解劉大杰對古代文學史的觀點的變化，我們就不能不將《中國文學發展史》的幾個版本加以對照。

我們從事學術研究也理所當然地應當辨别版本，引用文獻，如各本有異同，也應載明所據版本。余嘉錫在論目録應載版本時，曾概括地指出：

使不載明爲何本，則著者與讀者所見迥異。叙録中之論説，不能不根據原書。吾所舉爲足本,而彼所讀爲殘本,則求之而無有矣。吾所據爲善本,而彼所讀爲誤本,則考之而不符矣。吾所引爲原本,而彼所書爲别本,則篇卷之分合、先後之次序,皆相剌謬矣。……反是,則先未見原書,而執殘本、誤本、别本以爲之説,所言是非得失,皆與事實大相徑庭,是不惟厚誣古人,抑且貽誤後學,顧廣圻所謂"某書之爲某書,且或未確,烏從論其精粗美惡"也。①

就拿《紅樓夢》來説,現存不同的版本有一百多種。在研究時,理應選擇某種版本作爲依據,並將它同其他版本作些必要的比較。何其芳的《論〈紅樓夢〉》正是這樣做的。作者在注釋中指出:"本文所引《紅樓夢》原文均根據庚辰本(引者案:指乾隆庚辰秋《脂硯齋重評石頭記》。有一九五九年文學古籍刊行社朱墨影印本、一九七四年人民文學出版社影印本)。庚辰本有脱誤,以有正本(引者案:指《國初鈔本原本紅樓夢》。上海有正書局有一九一二年石印大字本、一九二〇年石印小字本。一九五八年人民文學出版社出版的《紅樓夢八十回校本》即以有正本爲底本)或通行本校改。"②文中還引用了下面這段話爲例:"原來王夫人自那日着惱之後,王善保家的就趁勢告倒了晴雯。本處有人和園中不睦的,也就隨機趁便下了些話。王夫人皆記在心中,故今日特來親自查人。"並注曰:"有正本把這句話改爲'原來王夫人自那日着惱之後,王善保家的趁勢治倒了晴雯。他合園中不睦之人,他也就隨機趁便下了些話説在王夫人耳中……'。把這些讒言都歸在王善保家的一人身上,不如原來的寫法近情理。通行的一百二十回本更删去了這段話。"③從這兩條注釋也可以看出,科學研究注意版本乃是獲得正確的事實和結論的必要手段。

從事古代學術研究需要注意版本,從事現代學術研究也是如此。嚴家炎曾指出:

---

① 《目録學發微·目録書之體制四·板本序跋》。

②③ 見人民文學出版社一九六二年版《紅樓夢》卷首。

> 我個人認爲現代文學研究中同樣應該注意這個問題(引者案:指應注意版本)。例如郭沫若的《女神》,一九二一年八月的初版本和一九二八年的修改本就有很大的不同。有的同志説郭沫若"五四"時期已經是一名"具有初步共産主義思想的知識分子",依據的就是一九二八年的修改本。其實,在初版本中,《匪徒頌》並無對馬克思、恩格斯的歌頌(原句是對羅素、哥爾棟這兩個資産階級人物的歌頌),《巨炮之教訓》也没有"爲階級消滅而戰"等字樣(原句是"爲自由""爲人道""爲正義"而戰)。因此,要真正考察"五四"時期郭沫若的思想實際,我們當然只能依據《女神》的初版本。①

綜上所述,讀書、校書、藏書、科學研究都必須注意版本;换句話説,研究版本學將有助於讀書、校書、藏書和科學研究工作。

① 《現代文學研究方法答問》,載《怎樣學習語言文學》,中國青年出版社一九八三年版。

第二章　文獻載體

記録書面語言的物質，就我國來説，先後有龜甲、獸骨、金、石、竹、木、帛、紙等。這些總稱文獻載體。它們各具特色，並在漫長歷史的某一階段中各自起過保存和傳播文化的作用。其發展趨勢是越來越普及、簡便，而記録知識的容量則越來越大。今將其大致分爲五類，簡述如次。

第一節　甲　骨

文獻載體是和文獻同時出現的，而由文字發展成爲文獻則有一個漫長的過程。中國從什麼時代開始有文字，考古學界還有争論。建國後發現過夏代文化遺址，却没有發現夏代文字。我們現在見到的商代甲骨文，已經是相當完整、相當成熟的文字，而且已具有文獻的性質了。這説明漢族的文字産生於商代以前，而中國從商代開始就有了原始狀態的文獻。當時文化壟斷在貴族手中，主要由巫和史兩種人掌握文化。巫的職責是溝通神人關係，他們用文字記載所謂神的啓示，以神道設教，從而鞏固貴族統治。史的主要任務是記載貴族言行，積累統治人民的經驗，供統治者借鑒參考。記言記行，各有所司，所謂"動則左史書之，言則右史書之"。①這樣便形成了我國的早期文獻。現今可能見到的最早古代文獻實物是刻

① 《禮記注疏》卷二八《玉藻》。關於左、右史的分職，古籍記載各異，可參看程千帆《史通箋記·外篇·史官建置第一》。

在龜甲獸骨上的文字，即甲骨文。甲，指龜甲的腹板〔參見本編末圖版一〕。骨，主要指牛的肩胛骨或脛骨〔圖版二〕，也有羊、猪的肩胛骨。

甲骨文是清光緒二十五年（一八九九）由王懿榮發現的。其最初的出土地點在河南省安陽市的小屯村殷墟。光緒二十九年（一九〇三），劉鶚選拓所藏部分出版，題云《鐵雲藏龜》，這是記録甲骨文的第一部書。此後不斷有拓本及研究著作出版。一九五九年，中國科學院歷史研究所綜合諸家之書編爲《甲骨文合集》十三册，由中華書局於一九七八年十月至一九八二年十月全部出齊。該書經過剪裁書刊、重新墨拓、恢復原形、校對重出、拼合斷片、同文類聚、去僞存真、去粗取精等一系列綜合整理工作，然後選存文句完整或比較完整，以及文句雖有殘缺但内容較爲少見的甲骨四萬一千九百五十六片，爲進一步研究甲骨文提供了可靠的依據。

殷商時代，人們很迷信，統治階級凡進行與祭祀、征伐、狩獵、農事、氣候等有關的活動，都得先占卜。甲骨文就是當時記録的卜辭。龜卜之事，先秦典籍已有記載。如《詩·大雅·緜》云："爰始爰謀，爰契我龜。"《周禮》亦稱："若有祭祀，則奉龜以往。旅亦如之，喪亦如之。"①其用甲骨占卜的方法，則如容庚所述：

> 龜甲用腹甲而棄背甲，獸骨用肩胛及脛骨。卜時削治甲骨，於其裏鑿一橢圓之渠，上博而下狹；復於圓旁鑿一小窪，如形。以火在窪處灼之，則坼縱橫見於表，如形，所謂兆也。……其兆側刻卜辭，有兩面刻者、有未卜而刻卜辭者。②

甲骨文雖然是卜辭，但是它在客觀上反映了我國上古社會的若干層面。《甲骨文合集》將甲骨文分成四大類，二十二小類：

> 四大類是：一、階級和國家；二、社會生産；三、科學文化；四、其

① 《周禮注疏》卷二四《龜人》。

② 《甲骨文字之發見及其考釋》，載北京大學《國學季刊》一卷四期。

他。二十二小類是：一、奴隸和平民；二、奴隸主貴族；三、官吏；四、軍隊，刑罰，監獄；五、戰争；六、方域；七、貢納；八、農業；九、漁獵，畜牧；十、手工業；十一、商業，交通；十二、天文，曆法；十三、氣象；十四、建築；十五、疾病；十六、生育；十七、鬼神崇拜；十八、祭祀；十九、吉凶夢幻；二十、卜法；二十一、文字；二十二、其他。①

從這些分類中可以看出，甲骨文的内容是十分豐富的，所反映的社會生活面也是相當廣闊的。郭沫若在談到甲骨文對古代社會的意義時説："得見甲骨文字以後，古代社會之真實情況燦然如在目前。得見甲骨文字以後，《詩》《書》《易》中的各種社會機構和意識纔得到了它們的泉源，其爲後人所粉飾或僞託者，都如撥雲霧而見青天。"②從一八九九年到現在，一百多年，甲骨學已成爲古文字學、古史學中很大的一個學術分支。

甲骨文對書史研究也是非常重要的，《尚書・多士》云："惟殷先人，有册有典。"但誰也没有見到過殷代典册是什麽樣子。而安陽出土的實物，有的是許多片放在一起，排列得很整齊，這顯然是龜策，亦即使用過了的卜辭整理排列而成的早期檔案。當然，就本質來看，卜辭只能算作神權檔案，還不是我們所謂的書。書的内容或抒情，或記事，或總結經驗、傳播知識，總之是希望别人讀的，甲骨文却並非如此，然而它確實爲書的出現創造了條件。

第二節　金　石

《墨子・貴義》篇稱："聖王欲傳其道於後世，是故書之竹帛，鏤之金石，傳遺後世子孫，欲後世子孫法也。"故羅振玉《愙齋集古録序》云：

金石文字者，古載籍之權輿也。古者大事勒之鼎彝，故彝器文

① 胡厚宣《甲骨文合集序》，載《甲骨文合集》卷首。

② 《郭沫若全集》歷史編第一卷《中國古代社會研究・卜辭中的古代社會・卜辭出土之歷史》。

字,三代之載籍也。唐以前無雕板,而周秦兩漢有金石刻,故周秦兩漢之金石刻,雕板以前之載籍也。載籍愈遠,傳世愈罕,故古彝器之視碑版爲尤重焉。①

金,指青銅器。青銅是銅和錫的合金。它的主要成分是銅,因爲加了一定分量的錫,鑄造出來的器物呈青灰色,所以有青銅器之稱。鑄在青銅器上的文字,稱爲金文。

從發掘出來的殷墟青銅器作坊遺址裏,人們發現了許多用陶土做的模子。可見青銅器是先民將陶模刻上花紋及文字,燒硬以後,再用熔化了的青銅澆鑄而成的。我國青銅器出現很早,公元前一千三百多年前,即商代後期,人們就已熟練地掌握青銅器的鑄造技術,如安陽出土的司母戊鼎,是商王祭祀他的母親戊用的一個四隻脚的大方鼎,重約八百七十五公斤,鼎身以雷紋爲地,上有龍紋盤繞,四角爲饕餮紋。這種精品,没有熟練的技術是鑄造不出來的。

青銅器主要是奴隸主階級的生活用品:有酒器,如尊、爵、盉;炊器,如鼎、鬲、敦;食器,如簠、簋、盤;樂器,如鐘、鎛等,三十餘種。這些器物也可用作祭祀用的禮器,被稱爲吉金。上海博物館藏曾子斿鼎,其銘文云:"曾子斿擇其吉金,用鑄□彝。惠於烈且匕(祖妣)……。"②而鐵則被稱爲惡金。《國語·齊語》有云:"美金以鑄劍戟,試諸狗馬;惡金以鑄鉏夷斤欘,試諸壤土。"郭沫若認爲這美金和惡金的區别,也就是青銅和生鐵的區别③。在煉鋼術還没有發明以前,生鐵當然不及青銅之堅韌耐用。

阮元《商周銅器説》云:

三代時,鐘鼎爲最重之器,故有立國以鼎彝爲分器者。武王有分器之篇,魯公有彝器之分是也。有諸侯大夫朝享而賜以重器者,周王予虢公以爵,晉侯賜子産以鼎是也。有以小事大而賂以重器者,齊侯

① 《愙齋集古録》卷首。

② 郭沫若《曾子斿鼎·無者俞鉦及其它》,載《文物》一九六四年第九期。

③ 《郭沫若全集》歷史編第一卷《青銅時代·青銅器時代》。

賂晉以地而先以紀甗，魯公賄晉卿以壽夢之鼎，鄭賂晉以襄鐘，齊人賂晉以宗器，陳侯賂鄭以宗器，燕人賂齊以斝耳，徐人賂齊以甲父鼎，鄭伯納晉人以鐘鎛是也。①

青銅器既是當時極爲貴重的器物，因而也就被當作統治權力的象徵。在春秋戰國時代，如果甲國消滅了乙國，總要做兩件事：一是"毁其宗廟"，一是"遷其重器"②。《漢書・郊祀志》云："禹收九牧之金，鑄九鼎。……夏德衰，鼎遷於殷；殷德衰，鼎遷於周；周德衰，鼎遷於秦；秦德衰，宋之社亡，鼎乃淪伏而不見。"此即遷其重器之事例。又如《左傳》宣公三年："楚子伐陸渾之戎，遂至於雒，觀兵於周疆。定王使王孫滿勞楚子。楚子問鼎之大小輕重焉。"楚子詢問周鼎的重量，就暗示有取周而代之的野心。

青銅器既極貴重，又可長久保存，所以到了周代，鐘和鼎就被貴族刻上文字用來記載他們認爲重要的事件。這種鑄或刻在青銅器上的文字也就稱爲鐘鼎文，成爲金文的一稱。《説文・序》即已指出："郡國亦往往於山川得鼎彝，其銘即前代之古文，皆自相似，雖叵復見遠流，其詳可得略説也。"③例如一九五四年出土的周初青銅器夨簋，簋上有銘文一百二十餘字，記載了周成王把一個奴隸主貴族夨封到宜，賞給了他大量的土地和奴隸④。還有舊在陝西眉縣出土的大盂鼎，鼎上有銘文二百九十一字，首先説"文王受天有大命"，接着比較了周之所以興和殷之所以亡，乃由於用酒的節制與放縱之别，要大奴隸主貴族盂禁酒。末敘周康王一次就賞給盂成千奴隸。銘上還有"文王受天有大命""受民受疆土"等語，説明統治者爲了維護自己的統治，竭力宣傳君權神授的觀點。⑤ 在現存一萬多件有銘文的青銅器中，銘文最長的要算毛公鼎〔圖版三〕，共四百九十七字。首先追述宗周開國盛時君臣之相得；次説策命毛公及所以策命毛公之意，並

---

① 《揅經室三集》卷三。
② 《孟子注疏》卷二下《梁惠王》下。
③ 《説文解字》第十五上。
④ 參見郭沫若《夨簋銘考釋》，載《考古學報》一九五六年第一期。
⑤ 見陳夢家《西周銅器斷代》，載《考古學報》一九五六年第一期。

標往事以爲龜鑒,使之儆戒;最後確定毛公權限,並錫以秬鬯、服御、車馬、兵器等物①。青銅器在我國一直沿用到西漢。

"圖書是以傳播知識爲目的而用文字或圖畫記録於一定形式的材料之上的著作物。"②如果用這種標準衡量青銅器銘文,其中一部分記載財産、疆界等,顯然是檔案資料,而另一部分已經具備了書的性質。就以上引的幾段銘文來説,有的宣傳君權神授的觀點,目的在於鞏固自己的統治權;有的總結了歷史教訓,要人們引以爲誡;有的是周王發布的誥命,要臣屬遵守。總之,它們都是有意識地要人讀的。

特别應當提到的是出現於公元前五三六年及前五一三年的鑄有法律條文的刑鼎。《左傳》昭公六年:"三月,鄭人鑄刑書。"杜預注曰:"鑄刑書於鼎,以爲國家之常法。"又昭公二十九年:"冬,晉趙鞅、荀寅,帥師城汝濱,遂賦晉國一鼓鐵,以鑄刑鼎,著范宣子所爲刑書焉。"接着《左傳》還記載了孔子對晉國作刑鼎一事的批評:

> 仲尼曰:晉其亡乎,失其度矣。夫晉國將守唐叔之所受法度,以經緯其民。卿大夫以序守之,民是以能尊其貴,貴是以能守其業。貴賤不愆,所謂度也。文公是以作執秩之官,爲被廬之法,以爲盟主。今棄是度也,而爲刑鼎。民在鼎矣,何以尊貴?貴何業之守?貴賤無序,何以爲國?

無論從這兩部刑書的製作目的,還是從它們已經産生的實際效果看,都可以算是書,雖然其文獻載體和後世通行的書不同。

金石並稱。我國將石作爲文獻載體的歷史也是相當早的,《墨子·明鬼》篇就有"琢之盤盂,鏤之金石"的話。《史記·封禪書》:"管仲曰:古者封泰山,禪梁父者七十二家,而夷吾所記者十有二焉。"桓譚《新論》亦云:"泰山之上有刻石凡千八百餘處,而可識知者七十有二。"③

---

① 參見郭沫若《金文叢考·毛公鼎之年代》。

② 劉國鈞著、鄭如斯訂補《中國書史簡編》第一章《圖書的社會意義》。

③ 《太平御覽》卷五三六《禮儀部》引。

現陳列於北京故宫博物院的秦刻石鼓,是今存最早的石刻文字〔圖版四〕,舊在陝西鳳翔。學者多謂乃周宣王時物,宋鄭樵獨認爲秦刻。其《通志·金石略·金石序》云:"三代而上,惟勒鼎彝,秦人始大其制而用石鼓。"郭沫若指出:"石鼓之年代,近人馬衡著《石鼓爲秦刻石考》論之甚詳①。石刻於秦,已成不刊之論,唯刻於秦之何世,則尚是問題。"②關於石鼓文的價值,郭沫若又説:

石鼓剛好是十個,所刻的詩剛好是十首,這和《小雅》《大雅》以十首爲"一什"的章法恰恰相同,這也恐怕不是偶合。故從文學史的觀點來看,《石鼓詩》不僅直接提供了一部分古代文學作品的寶貴資料,而且更重要的貢獻是保證了民族古典文學的一部極豐富的寶藏《詩經》的真實性。③

秦代除石鼓外,還有秦始皇所刻石。這位皇帝從二十八年(前二一九)至三十七年(前二一〇)期間,巡行天下,每到一地,都要把他滅六國、統一天下的功德,刻在石上,曉示百姓。所刻石約有嶧山、泰山、瑯琊臺、芝罘、東觀、碣石、會稽山七處,其文都載在《史記·秦始皇本紀》中。現在只有瑯琊臺刻石還有殘石留存下來。因爲秦代刻石是公然要人去讀的,其所具備的書籍性質頗爲明顯,所以在書史上有重要意義。

東漢末年刻的熹平石經則是真正的石頭的書〔圖版五〕。《後漢書·蔡邕傳》云:

邕以經籍去聖久遠,文字多謬,俗儒穿鑿,疑誤後學。熹平四年(一七五),乃與五官中郎將堂谿典,光禄大夫楊賜,諫議大夫馬日磾,議郎張馴、韓説,太史令單颺等,奏求正定六經文字,靈帝許之。邕乃自書丹於碑,使工鐫刻,立於太學門外,於是後儒晚學咸取正焉。及

① 馬衡《石鼓爲秦刻石考》,載《凡將齋金石叢稿》卷五《石刻》。
② 《郭沫若全集》考古編卷九《石鼓文研究》。
③ 《郭沫若全集》考古編卷九《石鼓文研究·重印弁言》。

碑始立,其觀視及摹寫者,車乘日千餘兩,填塞街陌。

自漢以後,歷代都有重刻石經之舉。馬衡《石經詞解》述其略云:

當熹平之立石經也,祇就立於學官之五經,各刻其一家之章句,而以諸家異同列爲校記,刻於各經之後。此所謂諸家者,即學官所立之十四博士,皆今文也。其時古文經雖未得立,但其説已盛行,傳今文者多兼通古文,故至魏正始中,又刻古文經於石,以應學者之需求,與熹平石經並立於太學。古文不易識,則以篆隸二體列於古文之下以銓釋之,世謂之"三體石經"。又以正始中立,謂之"正始石經"。其實漢爲今文經,魏爲古文經耳。……自是之後,唐有"開成石經",後蜀有"廣政石經",宋有"嘉祐石經",清有"乾隆石經",皆準熹平故事,踵而行之。①

其中《開成石經》與《乾隆石經》今存。

從上面的引文中可以清楚地看到蔡邕等人早已認識到經書傳本存在着很大差異,他們經過精心校勘,確定了一個善本。這一工作,不僅受到了漢靈帝的重視,而且也受到了廣大知識分子的歡迎,產生了深遠影響。可見《熹平石經》作爲一種特殊的文獻載體,在版本學上有着重要地位。它既説明讀書應注意版本,又説明善本需精心校勘。故馬衡《石經詞解》復云:

熹平刊立石經之用意,爲正誤訂訛,樹立準則,使學者有所取正。其後歷代之繼踵,亦同此意。是則在教育上之意義,固甚顯著。既收效於當時,亦冀以垂示於久遠。蓋六經爲儒家學説之淵源,章句文字之異同關乎思想之純駁,是故經學家對歷代石經,雖片言隻字,亦皆視爲瑰寶。唐以後之石經與今本經籍差異者尚少,然顧炎武尚據唐

① 《凡將齋金石叢稿》卷六《石經》。

石經以補萬曆北監本《儀禮》之脱文若干處，則漢魏石經之有裨經學更無論矣。①

第三節　竹　木

《尚書・多士》："惟殷先人，有册有典。"何謂册？《説文》云："象其札，一長一短，中有二編之形。"復云："古文册從竹。"②何謂典？《説文》云："五帝之書也，从册，在丌上，尊閣之也。莊都説：典，大册也。古文典從竹。"③典爲大册，而册與策通。按《説文》的説法，似乎商代以前就已經使用竹木作爲文獻載體了，但迄今發現的實物，最早的簡策只出於戰國時代，漢以來則已通行〔圖版六〕。

策由簡編成，簡有竹製的，也有木製的，當然是由於就地取材，故《論衡・量知篇》云："竹生於山，木長於林，未知所入。截竹爲筒，破以爲牒，加筆墨之迹，乃成文字，大者爲經，小者爲傳記。斷木爲槧，析之爲版，刀加刮削，乃成奏牘。"《説文》："牒，札也。"④孔穎達云："單執一札謂之簡。"⑤所以，牒、札也就是簡了。不過把竹子加工成簡，尚須殺青。應劭《風俗通》："劉向《别録》曰'殺青'者，直治竹作簡書之耳。新竹有汁，善朽蠹，凡竹簡者，皆於火上炙乾之，陳楚間謂之汗。汗者，去其汁也。吴越曰殺，殺亦治也。"⑥

《説文》稱："槧，牘樸也。"⑦顯然，槧是牘的原料。牘以指版，故《説

① 《凡將齋金石叢稿》卷六《石經》。顧炎武據唐石經補萬曆北監本《儀禮》脱文若干處，見《日知録》卷一八《監本二十一史》。

② 《説文解字》第二下。

③ 《説文解字》第五上。

④ 《説文解字》第七上。

⑤ 《左傳注疏》卷一《春秋序》疏。

⑥ 《太平御覽》卷六〇六引。按此數語前人多誤認爲劉向《别録》文，實則應劭釋"汗青"一詞之語耳，辨詳《余嘉錫論學雜著・書册制度補考・殺青繕寫》。

⑦ 《説文解字》第六上。

文》又云:“牘,書版也。”①孔穎達亦謂:“牘乃方版。”②也可指木簡,如《漢書·昌邑哀王髆傳》注:“版,木簡也。”由於牘的長度相當於漢尺一尺,常用來寫信,所以書信又稱尺牘。如《漢書·陳遵傳》云:“與人尺牘,主皆臧去(弆)以爲榮。”這也爲出土文物所證實。一九七二至一九七四年在甘肅居延漢代遺址的出土文物中有竹尺、木尺各一件。“竹尺長二十三點六釐米,邊緣刻十等分,屬昭、宣時期。木尺長二十三點二釐米,墨綫界格,屬西漢晚期”。③ 而一九七二年在甘肅武威漢墓出土的“牘版,現存十四片,寬度由一點一至四釐米左右不等,長度爲二十二點七至二十三點九釐米,合漢尺一尺左右,故可稱爲尺牘”。④ 如果版做得大一些,則稱爲“業”,《爾雅·釋器》:“大版謂之業。”《禮記·曲禮》上:“請業則起。”鄭玄注:“業,謂篇卷也。”現在在學校上學叫做“肄業”,完成了某一階段的學習任務稱畢業,就是這種現象的遺留。“肄業”的本義是讀大版子,“畢業”則是大版子讀完了。可見簡兼竹木,而版牘則專用木〔圖版七〕。

簡有長短之别。杜預《春秋序》:“大事書之於策,小事簡牘而已。”孔穎達疏曰:“《春秋》二尺四寸書之,《孝經》一尺二寸書之,故知六經之策皆稱長二尺四寸。”⑤古稱法律爲“三尺法”,亦與其文獻載體有關,王國維《簡牘檢署考》云:

> 周末以降,經書之策皆用二尺四寸。……禮制法令之書亦然。《後漢書·曹褒傳》:“褒撰天子至於庶人冠昏吉凶終始制度,以爲百五十篇,寫以二尺四寸簡。”則禮書之制也。《鹽鐵論》下《貴聖篇》:“二尺四寸之律,古今一也。”則律書之制也。此上所云尺寸,皆漢尺,

---

① 《説文解字》第七上。

② 《左傳注疏》卷一《春秋序》疏。

③ 甘肅居延考古隊《居延漢代遺址的發掘和新出土的簡册文物》,載《文物》一九七八年第一期。

④ 甘肅省博物館、甘肅省武威縣文化館《武威旱灘坡漢墓發掘簡報》,載《文物》一九七三年第十二期。

⑤ 《春秋左傳注疏》卷一。

非周尺。周尺二種：一以十寸爲尺，一以八寸爲尺。其以八寸爲尺者，漢之二尺四寸正當周之三尺。故《鹽鐵論》言“二尺四寸之律”，而《史記·酷吏傳》稱“三尺法”、《漢書·朱博傳》言“三尺律令”，蓋猶沿用周時語也。①

簡策的長度，從現有實物看，似無定例。如一九七五年十二月在湖北睡虎地十一號秦墓出土的記載秦代法律條文的竹簡長度，按二十三點三釐米爲一漢尺計算的話，只合一尺二寸。一九七二年四月山東臨沂銀雀山二號漢墓出土的《漢元光元年曆譜》，其竹簡長六十九釐米，將近漢尺三尺，而以前敦煌出土的西漢木簡，還不到前者長度的一半。屬於西漢早期馬王堆三號墓所出二百枚竹木簡，有三種長度：二十二點四釐米，二十三釐米和二十九點八釐米。它們是同地同墓出土的，内容又同是醫書，差別却相當大。這些例子説明現存的簡，不管内容如何，其長度總與文獻記載不盡相符，②也説明簡册長度在古代並没有完全標準化。

每簡的字數也是多少不一，例如一九五三年夏長沙仰天湖第二十五號墓出土的“竹簡，計有四十二片。完整的長二十二、寬一點二釐米，四角爲方形。寫字的一面修治得很平整，每片字數不一致，由二個多到二十一個，内容是記載隨葬品的名稱與數量”。③ 又《山東臨沂西漢墓發現〈孫子兵法〉和〈孫臏兵法〉等竹簡的簡報》亦稱：“每簡的字數多少不等，整簡每枚多達四十餘字。”④一九五九年甘肅武威出土的《儀禮》，有枚木簡多達一百二十三字。⑤

---

① 《王國維遺書》第九册《簡牘檢署考》。

② 詳見王紅元《三十年來的考古發現與書史研究》，載《文獻》一九七九年第一期；高大倫《簡册制度中幾個問題的考辨·出土簡書分類及長度(今長、漢長)簡表》，載《文獻》一九八七年第四期。

③ 湖南省文物管理委員會《長沙出土的三座大型木椁墓》，載《考古學報》一九五七年第一期。

④ 載《文物》一九七四年第四期。

⑤ 中國科學院考古研究所、甘肅省博物館編《武威漢簡·由實物所見漢代簡册制度》。

一部書或一篇文章往往需要有許多簡,把若干簡編在一起就成爲策。《儀禮·聘禮》:"百名以上書於策。"賈公彦疏曰:"簡謂據一片而言,策是編連之稱。是以《左傳》云:南史氏執簡以往。是簡者,未編之稱。此經云:百名以上書之於策。是其衆簡相連之名。"孔穎達也指出:"單執一札謂之爲簡,連編諸簡乃名爲策。故於文,策或作册,象其編簡之形。"①〔圖版八〕

其連綴之法,則如王紅元所云:

> 一般的簡册大多是兩道編綸,尤其遣策如此。如江陵鳳凰山八、九號漢墓所出。② 甘肅居延新出土簡册的編綸有兩道也有三道,其他如銀雀山《漢元光元年曆譜》有四道編綸。睡虎地秦簡《孫臏兵法》、馬王堆醫簡等,都有三道編綸。相反,還有少於兩道的,江陵鳳凰山一六七號漢墓的七十四枚木簡,只有距簡首七釐米處有一道編綸。③ 可見《説文》指的二編之形,僅指其通常情況而言,而編綸的多少是依簡的長度而定的。④

爲了便於固定,有的簡上還刻有小缺口,例如一九七二年在甘肅武威縣旱灘坡出土了兩種竹簡:

> 簡寬約一釐米者,現存四十一枚……每簡容字一般三十五字左右。簡的上、中、下編聯處右側,有用刀削製的三角形小缺口,以容編繩,使其穩固而不易脱失。
>
> 簡寬約零點五釐米者,現存三十六枚,每簡容字一般三十七字左右,此種窄簡片除二枚在編連處有三角形缺口外,其餘三十四枚均無

① 《春秋左傳注疏》卷一。

② 《湖北江陵鳳凰山西漢墓發掘簡報》,載《文物》一九七四年第六期。

③ 《江陵鳳凰山一六七號漢墓發掘簡報》,載《文物》一九七六年第十期。

④ 《三十年來的考古發現與書史研究》,載《文獻》一九七九年第一期。

缺口，而上、中、下三端有明顯的三道綸編痕迹。①

從出土實物看，編簡成策用的是麻繩、絲繩或帛帶。②

簡册經過編連，爲了便於保存，把它卷在一起，叫做收卷。即以最後一簡爲中軸，有字的一面在内，無字的一面在外，從左至右卷起來，使簡策的首簡在最外層。爲了便於檢索，往往在首簡的背面寫上標題。甘肅武威旱灘坡出土的醫簡中，編連在最前面的有兩枚空白簡，叫做贅簡，同今天的封面或扉頁一樣，顯然是爲了保護以下有字的竹簡。③還有一種情況可能是以首簡爲軸，從右至左卷起來，爲了便於檢索，在末簡正面寫上標題。許荻《略談臨沂銀雀山漢墓出土的古代兵書殘簡》云："《禽龐涓》《客主人分》《月戰》《陳忌問壘》《將敗》諸篇之題，題在簡背，應該是長篇。每篇各自爲一卷，故題於篇首的簡背，卷束起來，篇題外露，一見便知。有些則題在篇末的正面，末行有空白，低幾格題篇名，有些還計字數。"④也有題在末簡簡背的，如秦簡《語書》《日書》等。⑤ 還有既在首簡簡背題了篇名，又在末簡題篇名的，如山東臨沂出土的《孫臏兵法》殘簡中的《將義》《八陣》兩篇。⑥ 無論是題在首簡的簡背，還是題在篇末，都是著作完成後所加，目的是爲了便於檢索。

戰國直到漢代，簡策是書籍最主要的物質形態。簡策制度一直延續到晉代。《桓玄僞事》説晉桓玄曾下令道："古無紙，故用策，非主於敬。今諸用簡者，宜以黄紙代之。"⑦可見東晉時人們還在使用簡，不過它的地位

---

①③ 《武威旱灘坡漢墓發掘簡報》，載《文物》一九七三年第十二期。

② 《史記·孔子世家》稱"孔子晚而喜《易》……讀《易》，韋編三絶"。前人多釋韋爲柔皮，謂以皮繩編簡，但今出土之簡無以皮繩編者，故中山大學中文系古文字研究室楚簡整理小組《戰國楚竹簡概述》謂："韋編，即緯編，也就是竹簡上的横編。"詳見《中山大學學報》一九七八年第四期，今從其説，參看圖版八器物册上的編綸。

④ 見《文物》一九七四年第二期。

⑤ 《雲夢睡虎地秦墓》第二章《隨葬器物》。

⑥ 《山東臨沂西漢墓發現〈孫子兵法〉和〈孫臏兵法〉等竹簡的簡報》，載《文物》一九七四年第二期。

⑦ 《初學記》卷二一引。

正處在被紙取代之中。

第四節　帛

竹木製成的簡策同龜甲、金石比起來，具有取材容易、書寫便利的優點，但也還有一個明顯缺點就是仍很笨重，閱讀不便。如《史記・秦始皇本紀》云："天下之事無小大皆决於上，上至以衡石量書，日夜有呈，不中呈，不得休息。"裴駰《集解》云："石，百二十斤。"張守節《正義》云："衡，秤衡也。言表牋奏請，秤取一石，日夜有程期，不滿不休息。"[①]又《史記・東方朔傳》云："朔初入長安，至公車上書，凡用三千奏牘。公車令兩人共持舉其書，僅然能勝之。"[②]均其例證。

正因爲簡策笨重，所以人們早就開始用帛也即絲織品來代替它了。《論語・衛靈公》云："子張問行。子曰：'言忠信，行篤敬，雖蠻貊之邦，行矣。言不忠信，行不篤敬，雖州里，行乎哉？……'子張書諸紳。"[③]《説文》："紳，大帶也。"[④]這也許是以織物作文獻載體的最早例子。《墨子・明鬼》："古者聖王必以鬼神爲其務，又恐後世子孫不能知也，故書之竹帛，傳遺後世。"[⑤]《晏子春秋》記載了齊景公對晏子講的一段話："昔吾先君桓公，予管仲狐與穀，其縣十七，著之於帛，申之以策。"[⑥]這些例子説明春秋時期竹帛就已並用。而到了戰國時期，用帛書寫的現象則更加普遍，如《越絶書》在記載了范蠡對勾踐説的一段話後接着寫道："越王曰：'善。'以丹書帛，置之枕中，以爲邦寶。"[⑦]進入漢代，帛書就相當盛行了。《風俗通》載："劉向爲孝成皇帝典校書籍二十餘年，皆先書竹，爲易刊定。可繕

---

① 《史記》卷六。

② 《史記》卷一二六。

③ 《論語注疏》卷一五。

④ 《説文解字》第十三上。

⑤ 《墨子》卷八。

⑥ 《晏子春秋》外篇《重而異者第七》。

⑦ 《越絶書》卷一三。

寫者,以上素也。"①顔師古爲《急就篇》作的注説:"素謂絹之精白者,即所用寫書之素也。"②東漢宫廷所藏似多爲帛書,《後漢書・儒林傳》云:"初,光武遷還洛陽,其經牒秘書載之二千餘兩,自此以後,參倍於前。及董卓移都之際,吏民擾亂,自辟雍、東觀、蘭臺、石室、宣明、鴻都諸藏典策文章,競共剖散,其縑帛圖書,大則連爲帷蓋,小乃制爲縢囊。及王允所收而西者,裁七十餘乘。"③可見帛書之多。直到唐代,帛書仍在流行,還有用帛來寫信的。如李白《寄東魯二稚子》云:"裂素寫遠意,因之汶陽川。"④

帛雖然有輕便、經久耐用、易於保管等優點,但比較貴,故一直同竹木長期共存,如《風俗通》云:"光武車駕徙都洛陽,載素、簡、紙經凡二千兩。"⑤

帛書的流行也爲出土文物所證實,早在一九四二年九月,長沙戰國楚墓曾出土一件馳名世界的帛書。商承祚先生《戰國楚帛書述略》對已流落國外的這一瑰寶作了如下描述:

> 戰國楚帛書是用古文字寫在絲織品上,爲字最多而又保存較爲完整的一件重要楚文物。它不僅有墨書的"小楷",而且周圍以三色顔料(朱、絳、青)繪出各種神怪的形象,又是一張最古老的采畫。……
>
> 帛書發現的確實年月及地點爲一九四二年九月,墓地在東郊子彈庫的紙源冲(又名王家祖山)。……帛書八摺(帛書八摺並不等齊,當中部分摺迹縱約十七點五釐米,横約十一點五釐米),放在一個竹匣中〔圖版九〕。⑥

---

① 《太平御覽》卷六〇六。
② 《急就篇》卷二。
③ 《後漢書》卷七九上。
④ 《全唐詩》卷一七二。
⑤ 《意林》卷四引《風俗通》佚文。
⑥ 《文物》一九六四年第九期。

一九七三年十二月,長沙又出土了一批古代帛書。根據同時出土的一件紀年木牘,可以斷定該墓下葬的年代是漢文帝前元十二年(前一六八),説明這批寶物埋藏在地下已經有二千一百五十多年了。《長沙馬王堆二、三號漢墓發掘簡報》對出土的帛畫帛書介紹道:

> 這次出土的帛畫共有四幅。一幅是覆蓋在内棺上的"T"字形的帛畫,兩幅張挂在棺室的東西兩壁上,另一幅則藏在東邊箱出土的57號長方形漆奩内。
>
> 帛書出於東邊箱的57號長方形漆奩的下層。大部分疊成長方形,放在漆奩的一個格子裹,少部分壓在兩卷竹簡的下面。由於年久粘連,有殘損。
>
> 帛的寬度約18釐米。字的行列與緯絲方向一致,每行寬6—7毫米。有的先用朱砂劃好直行,即所謂"朱絲欄",然後寫字;有的未劃行格。字體除個别爲篆書外,絶大部分是早期隸書,有的書寫十分工整,有的則較潦草,看來並非出自一人之手。
>
> 這批帛書的内容,經初步整理,有《易經》《老子》和《戰國策》,有天文、曆法、五行、雜占等數術方面的文籍,還有兩幅地圖,共計二十餘種,總字數在十萬字以上。過去有傳本存世的幾種先秦文獻,與今本對比都有不同程度的出入,其中《老子》保存最多〔圖版十〕。①

這批帛書的出土爲戰國、秦漢時期的哲學、歷史、地理、天文、醫學、軍事、語言等方面的研究提供了豐富的資料。同時,我們也可以從中清楚地看到帛書物質形態上的若干特點。曉菡《長沙馬王堆漢墓帛書概述》描述道:"帛書中有一種寫在通高48釐米的寬幅帛上,折疊成長方形,放在漆盒下層的一個格子裹,折疊的邊緣已有斷損;另一種通高24釐米,卷在長條形木片上,壓在兩卷竹簡下邊,年久粘連,破損比較嚴重。"②漢代帛書

① 《文物》一九七四年第七期。

② 《文物》一九七四年第九期。

卷在長條形木片上的這種方式，顯然是書籍卷軸制度的先驅，如在帛上用朱砂畫行格，則對後代卷軸裝書籍的烏絲欄、朱絲欄的形成有明顯影響。唐李肇云："宋亳間，有織成界道絹素，謂之烏絲欄、朱絲欄。"①這説明唐代帛書還在流行，帛上的行格越來越考究。敦煌卷子上的鉛灰色界行，當然也與此一脉相承。

關於帛書的長短，唐徐堅《初學記》云："古者以縑帛，依書長短，隨事裁之也。"②意思是説書的長短與帛的長短是一致的。葉德輝提出了新的看法：

> 吾嘗謂《吕氏春秋》每卷《月令》十二紀後，雜入他文四五篇，其義絶不可曉。後始悟所書《月令》後有餘幅，故以他文接鈔，迨改爲刻本，遂仍其舊。又悟大、小二戴《記》之分析，初本無所去取，特兄弟分執數卷，習之日久，各自爲學。而小戴先列學官，大戴遂微。然觀大戴三十九篇中，又雜出《曾子》十篇，益信古人鈔書，取便誦習。自卷并爲本，此義益無可考見矣。③

葉德輝的意見是書的長短與帛的長短不一定完全一致，如帛有餘幅，也可鈔上其他文章以便誦習。這一設想已爲帛書所證實，例如在馬王堆漢墓所出帛書《老子》甲本卷後、《老子》乙本卷前、《周易》卷後皆鈔有其他文章，如《經法》《十大經》《稱》等，還有一些文章無篇題。

許慎云："著於竹帛謂之書。"④帛同竹木都是中國古代極其重要的文獻載體。帛書的大批發現不僅爲研究古代著作提供了新資料，而且也爲我們對帛這種文獻載體及卷軸這種書籍形式的研究提供了實證。

---

① 《國史補》卷下。

② 《初學記》卷二一。

③ 《書林清話》卷一《書之稱卷》。

④ 《説文解字》第十五上。

第五節　紙

作爲文獻載體，竹木的優點是便宜，缺點是形體笨重；帛的優點是輕便，缺點是價格昂貴。紙却兼有兩者的優點，而無兩者的缺點，所以它就必然地取代了竹木與帛。

中國紙的出現很早，在東漢元興元年（一〇五）蔡倫把他所製造的紙獻給皇帝之前，人們就已經使用紙了。《三輔故事》云："衛太子嶽鼻，太子來省疾，至甘泉宮，江充告太子勿入，陛下有詔，惡太子鼻嶽，當以紙蔽其鼻。充語武帝曰：'太子不欲聞陛下膿臭，故蔽鼻。'武帝怒太子，太子走還。"[①]《漢書·趙皇后傳》還談到元延元年（前一二），皇后趙飛燕之妹趙昭儀爲害死後宫的曹偉能，派獄臣籍武送給她裹藥二枚，赫蹏書曰："告偉能，努力飲此藥，不可復入，汝自治之。"唐顔師古注引應劭曰："赫蹏，薄小紙也。"又引孟康云："蹏猶地也，染紙素令赤而書之，若今黄紙也。"[②]到了東漢，紙便用來寫書了。《風俗通》曾云：光武帝徙都洛陽，載素、簡、紙經凡二千輛，已見前引。《後漢書·賈逵傳》亦載：章帝建初元年（七六）"令逵自選《公羊》嚴、顔諸生高才者二十人，教以《左氏》，與簡、紙經傳各一通"。[③] 同書《皇后紀》載有永元十四年（一〇二）和帝鄧皇后命令禁絶方國貢獻珍麗之物，"歲時但貢紙墨而已"[④]。可見以紙寫書已通行上下。

這些記録雖然在時間上都比蔡倫造紙要早，但蔡倫的功績仍然是偉大的。《後漢書·宦者列傳》云：

> 蔡倫字敬仲，桂陽人也。……永元九年（九七），監作秘劍及諸器械，莫不精工堅密，爲後世法。自古書契多編以竹簡，其用縑帛者謂之爲紙。縑貴而簡重，並不便於人。倫乃造意，用樹膚、麻頭及敝布、

---

① 《太平御覽》卷三六七引。

② 《漢書》卷九七下。

③ 《後漢書》卷三〇六。

④ 《後漢書》卷十上。

魚網以爲紙。元興元年(一〇五)奏上之,帝(和帝)善其能,自是莫不從用焉,故天下咸稱"蔡侯紙"。①

蔡倫的功勞在於他總結了勞動人民造紙的經驗,擴大了造紙原料,降低了造紙成本,從而使紙得到了普遍使用,"天下咸稱蔡侯紙"就是對他的成就所作的肯定。

漢人能以植物纖維造紙也已爲出土文物所證實。如近年居延新出土的文物中有"麻紙二種。紙Ⅰ,出土時團成一團,經修復展平,最大一片長寬二十一乘十九釐米,色澤白净,薄而勻,一面平整,一面稍起毛,質地細密堅韌,含微量細麻綫頭。顯微觀察和化學鑒定,只含大麻纖維。同一處出的簡最晚年代是宣帝甘露二年(前五二)。紙Ⅱ,長寬十一點五乘九釐米。暗黄色,似粗草紙,含麻筋、綫頭和碎麻布塊,較稀鬆。出土地層屬於平帝建元(公元一)以前"②。

由於紙價廉物美,作爲文獻載體,它出現以後就逐漸取代簡與帛的地位。崔瑗《與葛元甫書》云:"今遣送《許子》十卷,貧不及素,但以紙耳。"③可見東漢末年帛書還在盛行時,紙就以它廉價的優點被用來鈔書了。王隱《晉書》云:"陳壽卒,詔河南尹華澹下洛陽令張泓遣吏賫紙筆,就壽門下寫取《三國志》。"④足證晉代用紙鈔書已比較普遍,以用紙鈔書爲不敬的觀念逐漸淡化。

南北朝以後的書基本上是以紙作爲文獻載體的。《隋書・經籍志》總序云:"宋武入關,收其圖籍,府藏所有,才四千卷,赤軸青紙,文字古拙。"又稱隋文帝平陳以後,所得"多太建時書,紙墨不精,書亦拙惡"⑤。

到了唐代,更是紙書一統天下。《舊唐書・經籍志》序云:"凡四部庫

---

① 《後漢書》卷七八。

② 甘肅居延考古隊《居延漢代遺址的發掘和新出土的簡册文物》,載《文物》一九七八年第一期。

③④ 《北堂書鈔》卷一〇四引。

⑤ 《隋書》卷三三。

書,皆以益州麻紙寫。”[①]《新唐書·藝文志》序也稱:“太府月給蜀郡麻紙五千番,季給上谷墨三百三十六丸,歲給河間、景城、清河、博平四郡兔千五百皮爲筆材。”[②]

宋代以後,造紙水平提高了,增加了許多紙料來源。北宋蘇易簡云:“蜀中多以麻爲紙,有玉屑、屑骨之號,江浙間多以嫩竹爲紙,北土以桑皮爲紙,剡溪以藤爲紙,海人以苔爲紙,浙人以麥莖、稻稈爲之者脆薄焉,以麥藁、油藤爲之者尤佳。”[③]宋以後印書、裝書用紙主要是麻紙、竹紙和皮紙,此外還使用還魂紙即再生紙。明宋應星云:“其廢紙洗去朱墨污穢,浸爛,入槽再造,全省從前煮浸之力,依然成紙,耗亦不多。南方竹賤之國不以爲然,北方即寸條片角在地,隨手拾取再造,名曰還魂紙。”[④]宋以來印書、裝書紙,根據原料、産地、特點、用途等,有許多不同品種。如白麻紙、黄麻紙、楮皮紙、桑皮紙、藤皮紙、椒紙、繭紙、綿紙[⑤];澄心堂紙、由拳紙、開化紙、常山紙、麻沙紙、鉛山紙、清江紙、宣紙、東昌紙、蒲圻紙、英山紙、鷄林紙、高麗紙;羅紋紙、鵠白紙、連四紙、連七紙、毛邊紙(又名官堆)、連史紙、毛太紙、桃花紙;藏經紙、榜紙、奏本紙、册子紙等。[⑥] 關於宋以後書籍用紙情況,我們將在本編第四章第一節中加以介紹。

紙的發明與應用,不僅促進了書籍物質形態的巨大變化,而且也有力地推動了中國文化乃至世界文化的發展。

---

① 《舊唐書》卷四六。

② 《新唐書》卷五七。

③ 《文房四譜》卷四《紙譜》。

④ 《天工開物》卷中《殺青第十三》。

⑤ 繭紙與綿紙並非以蠶繭和絲綿造成,而是兩種精美的皮紙。

⑥ 詳見潘吉星《中國造紙技術史稿》第五章《宋元時期的造紙技術》、第六章《明清時期的造紙技術》。

第三章　紙書的裝式

人們對於文獻載體期其輕便，終於發明了紙書，而紙書也先後有卷軸裝、旋風裝、梵夾裝、經摺裝、蝴蝶裝、包背裝、綫裝等多種不同的裝幀形式，使得它越來越便於閱讀。現將其衍變過程簡述如下。

第一節　卷軸裝

初期紙書在形式上模仿帛書，把鈔成了書的紙粘成長卷，用木或竹作軸，粘於最後一幅紙上，卷成一束，合若干卷爲一帙。這種書籍裝幀形式稱爲卷軸裝。

南朝以來，紙書逐漸取代帛書，但下及隋、唐、五代，書皆仍爲卷軸裝。梁阮孝緒在《七録序》中説他編撰《七録》時“儻欲尋檢，内寡卷軸”①。此以卷軸爲書籍的代稱，正證明了卷子本在這一時期的普遍存在。卷軸日益流行，使得這種裝式日趨考究。如《隋書・經籍志》序云：“煬帝即位，秘閣之書限寫五十副本，分爲三品：上品紅瑠璃軸，中品紺瑠璃軸，下品漆軸。”②唐代宫廷藏書又進了一步，能注意到用不同顔色和質地的軸、褾、帶、簽來區分不同類别的書。《唐六典》注云：唐玄宗時集賢院藏書，“其經庫書鈿白牙軸，黄帶，紅牙籤；史庫書鈿青牙軸，縹帶，緑牙籤；子庫書雕紫

① 《廣弘明集》卷三。

② 《隋書》卷三二。

檀軸，紫帶，碧牙籤；集庫書緑牙軸，朱帶，白牙籤，以爲分别”①。由南朝至五代書籍用卷軸已爲敦煌卷子所證明。斯坦因説：“就卷尾以及文書中間所記載的正確年代，這些卷子的年代大概自第五世紀的最初以迄於第十世紀的終了。”②

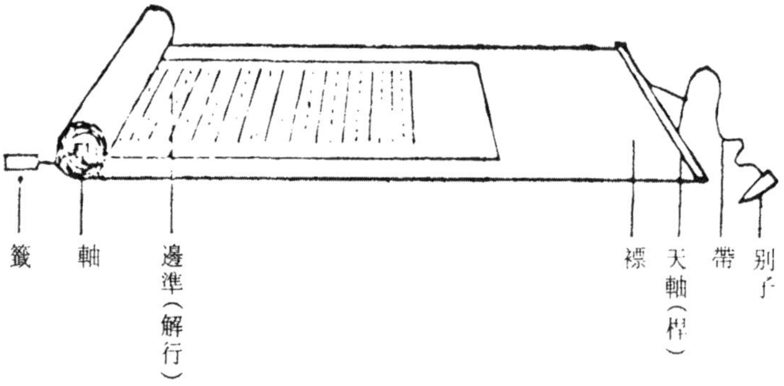

采用卷軸裝的手寫紙書，一般稱爲卷子。我們現在見到的卷子，其形製大體如上圖所示：

軸是一根棍子，兩端可涂漆，考究的則鑲嵌珊瑚、玳瑁、琉璃、象牙、金等。軸的作用是用來把卷子卷起，如同現在經過裝裱的字畫下端或終端的軸一樣。卷就是用來鈔了書的紙或帛，它是卷軸裝書籍的主體。從敦煌所提供的實物看，紙卷的長短不同，長的有二三丈，短的僅二三尺，以糊粘接而成。短卷少的只有兩張紙，長卷則幾幅乃至幾十幅紙不等。敦煌卷子③雖至斷爛，而粘連之處未有脱落者，可見當時的粘連之法還是相當高明的。其接縫之處如有鈐印或署名者，則謂之印縫，或曰押縫，或曰款縫。

一般的書多用單層紙卷卷成卷軸，貴重的則要裝背。余嘉錫云：“今敦煌所得六朝、唐人手寫書卷，皆單層紙無裝褾者，論者遂謂古紙厚於今

---

① 《唐六典》卷九李林甫注。

② 向達譯《斯坦因西域考古記》第十三章《秘室中的發見》。

③ 清光緒二十六年（一九〇〇），甘肅敦煌發現了大量古代卷軸裝鈔本書籍，世稱敦煌卷子。我們現在之所以能見到唐及先唐的這種書籍，主要靠敦煌卷子的發現。關於敦煌卷子及其發現經過，海内外學人已有專著論述，這裏不再贅及。

紙，故不須裝背，其實不然。唐秘書省崇文館皆有裝潢匠。所謂裝者，必兼裝背言之，不僅接縫褾軸也。且唐人摹書之紙較寫經紙尤爲硬厚，書畫尚須裝背，豈書籍獨不可裝背乎？……特今敦煌所得書皆民間通行之本，初非珍異，故僅用單紙耳。”①明胡應麟云：“自漢至唐猶用卷軸，卷必重裝一紙，表裏常兼數番。”②都説明貴重的書需要裝背。

從敦煌卷子看，唐代紙張有一定的尺寸，一般長爲四十到五十公分左右，高約二十五到二十七公分，也有少數比一般尺寸更大或更小的紙。敦煌寫本，每卷幾乎都劃有淺淡的上下横綫與直行。唐人稱上下横綫爲邊欄，直行則稱爲邊準，相當於帛書中的烏絲欄或朱絲欄。每行寫的字數也大不相同。宋程大昌云：“唐人舉進士，必行卷者，爲緘軸録其所著文以獻主司也。其式見李義山集《新書・序》(卷七)，曰：治紙工率一幅以墨爲邊準(今俗呼解行也)，用十六行式(言一幅解爲墨邊十六行也)，率一行不過十一字(此式至本朝不用)。”③宋趙彦衛云：“釋氏寫經，一行以十七字爲準，故國朝試童行誦經，計其紙數，以十七字爲行，二十五行爲一紙。”④據程氏、趙氏所説，行數字數各有定式，今所見敦煌卷子似不盡相同，惟釋氏寫經多爲每行十七字，然也有每行二十幾字、三十幾字的。

關於書寫的格式，劉國鈞先生説：

> 每卷起首空兩行，這是“贅簡”的遺迹，預備寫全書總名的。然後開始寫本篇的名稱(小題)和卷次。此下空數字，再寫全書名稱(大題)。也有起首不留空行，徑寫小題的。然後寫正文。正文寫完，隔一行，再寫本篇篇名和卷次，這空着一行是爲了填寫鈔書年、月和鈔書人姓名而用的。但也有不寫的。有時卷尾還寫上用紙的數字，裝潢人、校正人的姓名。如果是寫經，還要寫上鈔經的目的、願望或經文、注文的數字。……

---

① 《余嘉錫論學雜著・書册制度補考・裝背》。

② 《少室山房筆叢》甲部《經籍會通》卷四。

③ 《演繁露》卷七。

④ 《雲麓漫鈔》卷三。

一九六九年新疆吐魯蕃唐墓中出土的寫本《論語鄭氏注》殘篇，是一位小學生卜天壽於中宗時代景龍四年（七一〇）所鈔寫。篇後就注有鈔寫的年、月，鈔寫人姓名、年齡。這爲我們瞭解唐代書寫方式，又提供了新的例證。①

關於褾和帶，馬衡先生指出："縑帛或紙之一端既卷入軸内，而他端則以其他材料黏連之，裹於卷外，以爲防護，今俗稱包首，古謂之褾。褾字之本義爲領袖之緣飾，此裝於卷端，故亦謂之褾。褾首繫絲織品以縛之，其名謂之帶。"②

另外，"卷子在書架上排架時，總是以軸頭向外，這樣就便於抽出和插入，所以稱爲'插架'。軸頭上往往繫上一根籤子，在上面寫簡單的書名和卷數，以便於尋找"③。這，古人稱之爲籤。貴重者多以象牙製成，故稱牙籤，如明彭大翼云："唐李鄴侯泌起書樓積書三萬餘卷。經用紅牙籤、史用緑牙籤、子用青牙籤、集用白牙籤。韓退之詩云：'鄴侯家多書，插架三萬軸。一一皆牙籤，新若手未觸。'"④

一部書往往有許多卷，爲了免於將某部書和别的書混在一起，同時也爲了防止卷軸弄臟受損，卷軸裝的書常以帙包裹。《説文》云："帙，書衣也。……袠，帙或從衣。"⑤顯然，簡册就已經用帙來包裹了。帙的原料用布或絲織品。晉荀勖《中經簿》云："盛書有縑袠、青縑袠、布袠、絹袠。"⑥爲了便於統計，每帙多爲十卷。馬衡曾舉例説：

---

① 《中國書史簡編》第三章《從公元二世紀到八世紀的中國書》第四節《寫本書的極盛時期》。

② 《凡將齋金石叢稿》卷七《書籍制度》：《中國書籍制度變遷之研究》。

③ 《中國書史簡編》第三章《從公元二世紀到八世紀的中國書》第四節《寫本書的極盛時期》。

④ 《山堂肆考》角集卷二八。韓愈詩題爲《送諸葛覺往隨州讀書》，載《全唐詩》卷三四二。

⑤ 《説文解字》第七上。

⑥ 《太平御覽》卷六〇六引。

晉葛洪《西京雜記·序》曰:"(劉)歆欲撰《漢書》,編録漢事,未得締構而亡。故書無宗本,止雜記而已。失前後之次,無事類之辨,後好事者以意次第之,始甲終癸爲帙,帙十卷,合爲百卷。"此後漢之以十卷爲帙也。梁《昭明太子集》前有劉孝綽序曰:"謹爲一帙十卷,第目如次。"《隋志》有"《周易》一帙十卷,盧氏注"。此六朝之以十卷爲帙也。唐陸德明《經典釋文·序》曰:"合爲三帙三十卷,號曰《經典釋文》。"魏徵《群書治要·序》曰:"凡爲五帙,合五十卷。"此唐之以十卷爲帙也。宋李清照《金石録·後序》曰:"裝卷初就,芸藏縹帶,束十卷爲一帙。"此宋之以十卷爲帙也。①

以十卷爲帙也不是絶對的,特别是當一部書不足十卷時,爲了避免同其他書相雜,也自成一帙。

第二節　旋風裝

卷軸裝是寫本書的主要裝幀形式,但它也有明顯缺點,即不便尋檢。胡應麟云:"自漢至唐,猶用卷軸。卷必重裝,一紙表裏,常兼數番。且每讀一卷,或每檢一事,紬閲卷舒,甚爲煩數,收集整比,彌費辛勤。"②爲了克服這個缺點,在綫裝書出現之前,人們進行了不斷的探索,較早出現的一種形式是旋風裝,亦稱龍鱗裝。

吴彩鸞寫本《唐韻》是今存這種形式的唯一實證。它大約起於唐代而盛於北宋。歐陽修云:"唐人藏書皆作卷軸,其後有葉子,其制似今策子。凡文字有備檢用者,卷軸難數卷舒,故以葉子寫之,如吴彩鸞《唐韻》、李郃《彩選》之類是也。"③張邦基亦云:"裴鉶《傳奇》載:成都古仙人吴彩鸞,善書小字,嘗書《唐韻》鬻之。……今世間所傳《唐韻》猶有,皆旋風葉,字畫

① 《凡將齋金石叢稿》卷七《書籍制度》;《中國書籍制度變遷之研究》。

② 《少室山房筆叢》甲部《經籍會通》卷四。

③ 《歸田録》卷二。

清勁,人家往往有之。”①吴彩鸞所書《唐韻》,黄庭堅也見過,其《跋張持義所藏吴彩鸞〈唐韻〉》云:“右仙人吴彩鸞書孫愐《唐韻》,凡三十七葉,此唐人所謂葉子者也。按彩鸞隱居在鍾陵西山下,所書《唐韻》,民間多有。余所見凡六本,此一本二十九葉,彩鸞書,其八葉後人所補。”②

爲了克服卷軸裝的缺點,旋風裝有兩個特點。一是紙的正反兩面皆書寫,可以節省紙張縮小卷軸的體積,也就是擴大了書的容量。黄庭堅所談到的張持義收藏的吴彩鸞《唐韻》,清初尚流傳,卞永譽《式古堂書畫彙考》卷八曾著録。又同卷載有明項元汴舊藏的彩鸞楷書《四聲韻帖》(即孫愐《唐韻》),注云:“徽宗御書籤題《韻帖》,共六十葉,每葉面背俱書,帖内小字自注。”

旋風裝的第二個特點是逐葉錯開一定距離粘在卷底上。元王惲説:

> 吴彩鸞龍鱗楷韻後,柳誠懸題云:“吴彩鸞,世傳謫仙也。一夕書《唐韻》一部,即鬻於市,人不測其意。稔聞此説,罕見其書,數載勤求,方獲斯本。觀其神全氣古,筆力遒勁,出於自然,非古今學人可及也。時泰和九年九月十五日題。”其册共五十四葉,鱗次相積,皆留紙縫。(天寶八年製。)③

現故宫博物院還保留着一卷旋風裝的實物,卷端題《刊謬補缺切韻》,其裝式如馬衡所述:

> 一九四七年秋,故宫博物院收得唐王仁昫《刊謬補缺切韻》一卷,爲海内佚書。其裝潢雖爲卷子,而内涵散葉二十四葉。蓋以兩紙裱成一葉,故兩面有字。其裝爲卷子也,則以第一紙裱於卷内。自第二葉起,僅以葉之一端黏著卷上,以次錯疊,如魚鱗然,卷之則成卷軸,

---

① 《墨莊漫録》卷三。
② 《山谷别集》卷一一。
③ 《玉堂嘉話》卷二。

不見散葉之迹。……蓋即龍鱗裝也。①

李致忠《古書"旋風裝"考辨》一文談得更詳細：

一九八〇年九月，有幸在故宫博物院見到《唐寫本王仁昫刊謬補缺切韻》一件，其裝幀形式，對研究古書的旋風裝，是一件十分難得的實物資料。

《唐寫本王仁昫刊謬補缺切韻》，卷端題《刊謬補缺切韻》。前人多題爲唐吴彩鸞書《唐韻》。因吴彩鸞書無確據可考，故改稱《唐寫本王仁昫刊謬補缺切韻》。

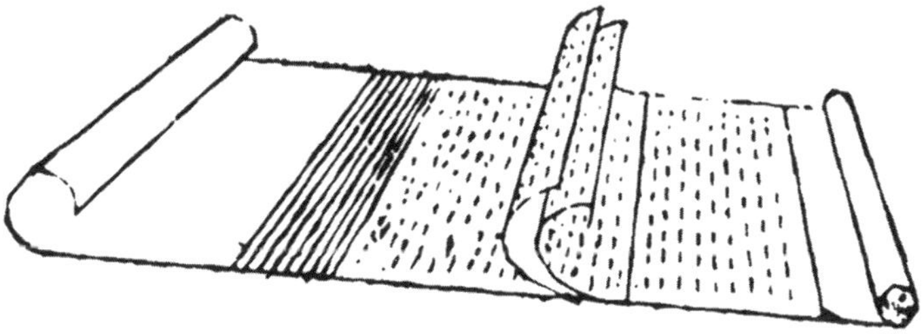

《唐寫本王仁昫刊謬補缺切韻》，全書共五卷，凡二十四葉。除首葉單面書寫文字外，其餘二十三葉均兩面書寫，所以共四十七面。每面三十五行，自四十"耕"起，每面三十六行。每葉高二十五點五、長四十七點八釐米。以一長條卷紙作底，除首葉因單面書寫，全幅裱於卷端外，其餘二十三葉因雙面書寫，故以每葉右邊無字空條處，逐葉向左鱗次相錯地粘裱在首葉末尾的卷底上，看去好似龍鱗，錯疊相

① 《凡將齋金石叢稿》卷七《書籍制度》：《中國書籍制度變遷之研究》。

積。收藏時,從首至尾卷起,外表完全是卷軸的裝式;但打開來時,除首葉全裱於卷底,不能翻閲外,其餘均能逐葉翻轉。其裝幀形式獨具風格,世所罕見,當是古書旋風裝的實物證據。①

旋風裝的書葉兩面書寫,鱗次相錯地粘在卷底上,這樣既擴大了卷子的容量,又縮短了卷子的長度,翻閲起來也比較方便,因此爲需要經常查檢的韻書所采用。但是它没有改變卷軸制度,因而也就不會徹底改變卷舒之難,所以這種形式後來並没有被普遍采用。

第三節　經摺裝與梵夾裝

旋風裝(龍鱗裝)仍然保留了卷軸的形式,因此不可能真正克服卷軸裝書籍卷舒困難的缺點。爲了克服這一明顯缺點,人們終於創造並采用了新的形式。

北宋初年孫光憲云:"盧光啓策名後,敭歷臺省,受知於租庸張濬。清河出征并汾,盧每致書疏,凡一事别爲一幅,朝士至今效之,蓋八行重疊别紙,自公始也。"②盧光啓,《新唐書》有傳,係唐末人。他創造的"重疊别紙"的奏摺形式一直爲後世普遍采用。既然寫信可以將紙折疊起來,書籍當然也可以這樣做。宋羅璧云:"唐末年猶未有摹印,多是傳寫,故古人書不多而精審。作册亦不解綫縫,只疊紙成卷,後以幅紙概粘之(原注:猶今佛老書),其後稍作册子。"③所謂册子即由紙幅摺疊而成,因爲這種裝幀形式便於誦讀,爲佛、道二教經典普遍采用,所以通稱經摺裝。

一九七五年,香港中文大學出版了錢存訓的《中國古代書史》,錢先生在該書圖版二十五中介紹了一種唐代經摺本《入楞伽經疏》,計二百十一葉,左右相連摺疊爲經摺裝。如下圖所示。美國學者卡特談到斯坦因在

① 載《文物》一九八一年第二期。
② 《北夢瑣言》卷四。
③ 《羅氏識遺》卷一。

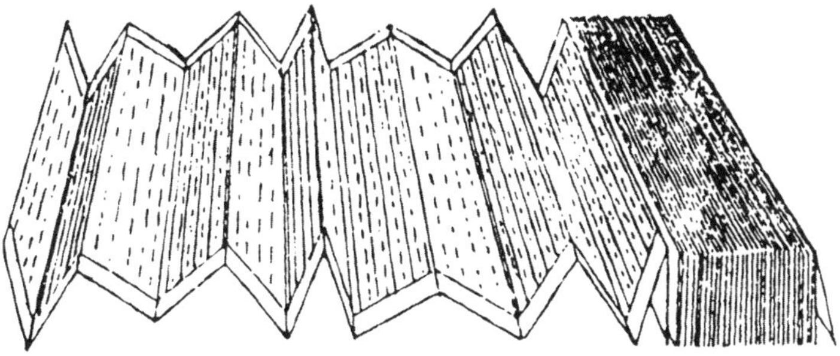

敦煌獲得一部刻印簡陋的小佛經，也是一本小小的摺疊而成的書。他分析道：

> 中國的載籍告訴我們，紀元前一二世紀開始在縑帛上作書時，書是手卷式的。這種形式，在紙張發明以後，仍舊保持，直到唐末受了印刷的影響，才開始出現逐頁裝訂的書籍。在手卷和逐頁裝釘成册之間，有一個過渡階段，就是摺疊成册，即把一張連續不斷的紙摺成書的樣子，好像現代鐵路行車時刻表一樣。這本小經就是這樣的摺疊册子。全書共有八葉，也像所有的雕版印刷一樣，只印一面，經摺疊以後，一邊用漿糊粘牢，就可以像現代書籍一樣的逐頁翻閱。在外頁的裏封，明白印有印刷者的姓名和年代（九四九），這種格式更增加了我們的現代感。①

有的經摺裝書後來可能經過改裝，昌彼得介紹道："敦煌所出的玄奘法師譯《般若波羅蜜多心經》殘卷一卷，每行十七字。此殘卷現在雖作卷子式，但其中每隔六行，有一顯然的摺痕，因之推測它原來必定是作摺疊式的。此經就字體觀之，約寫於唐中葉以後。"②

他山之石，可以攻玉。在我國書籍制度由卷軸裝向綫裝轉變的過程中，印度貝葉經的輸入起了相當大的作用。葉德輝說："吾嘗疑葉名之緣

---

① 卡特（T・F・Carter）著，吴澤炎譯《中國印刷術的發明和它的西傳》第二編《中國的雕版印刷》第八章《最早的雕版書——咸通九年金剛經》。

② 《版本目録學論叢》（一）：《唐代圖書形制的演變》。

起，當本於佛經之梵貝書。釋氏書言西域無紙，以貝多樹葉寫經，亦稱經文爲梵夾書。此則以一翻爲一葉，其名實頗符。不然，草木之葉，於典册之式何涉哉？"[①]明末潘之恒在《葉子譜》題辭中也認爲："葉子，古貝葉之遺制。"[②]他們的看法是有根據的。唐玄奘云："恭建那補羅國王宫城北不遠，有多羅（貝多）樹林，周三十餘里。其葉長廣，其色光潤，諸國書寫，莫不采用。"[③]唐段成式亦云："貝多出摩伽（揭）陀國，長六七丈，經冬不凋。此樹有三種……西域經書用此三種皮葉。"[④]

隨着佛教的傳入，用貝多葉書寫的佛經也傳入了我國。《大慈恩寺三藏法師傳》卷六曾記載玄奘宣講佛經的情況説："法師方操貝葉，開演梵文。"《宋史·天竺國傳》亦稱："僧道圓自西域還，得……貝葉梵經四十夾來獻。"敦煌石室遺書中的實物也證明了這一點，《斯坦因西域考古記》云："梵文寫本中有一篇大貝葉本，就材料上證明，毫無疑義是來自印度的，應算現存最古的印度寫本之一。"[⑤]

李致忠説："梵夾裝，本指古印度用梵文將經文書寫在貝多樹葉上的裝幀，而後依次將貝葉經順好，每葉穿一圓孔，用兩塊長條形竹板或木板上下相夾，然後用繩穿過板上圓孔，再逐葉穿過每葉圓孔，最後穿過另一板圓孔。繩頭打起比圓孔大的疙瘩，以防脱出。閲讀時從首逐葉翻閲，穿繩總要擦磨葉孔，故葉孔常有磨痕。收藏時，勒緊一頭，再繞過上下兩板捆緊。這種裝幀由於是兩板相夾，又是梵文書寫，故中國人把它稱爲梵夾裝。"[⑥]梵夾裝在唐五代時期頗流行。李賀《送沈亞之歌》云："白藤交穿織書笈，短策齊裁如梵夾。"[⑦]

梵夾裝有兩個特點：一是以板夾之，一是所夾爲散葉。《資治通鑒》卷二十五唐懿宗咸通三年説，唐懿宗"奉佛太過，怠於政事。嘗於咸泰殿築

---

① 《書林清話》卷一《書之稱葉》。
② 《續説郛》卷三九。
③ 《大唐西域記》卷一一。
④ 《酉陽雜俎》卷一八《廣動植之三》。
⑤ 向達譯《斯坦因西域考古記》第十三章《秘室中的發見》。
⑥ 《英倫閲書記》（下），載《文獻》一九八七年第四期。
⑦ 《全唐詩》卷三九〇。

壇，爲内寺尼受戒，兩街僧尼皆入項；又於禁中設講席，自唱經，手録梵夾”。胡三省注云：“梵夾者，貝葉經也。以板夾之，謂之梵夾。”正因爲如此，所以計算采用這種裝式的佛經，其量詞爲夾。如《續高僧傳》卷二載：“那連提黎耶舍，天保七年居於京鄴，文宣皇帝安置天平寺中，請爲翻經……殿内梵本千有餘夾，敕送於寺。”此類梵夾，我國至今尚有遺存。如浙江圖書館即藏有二夾：一夾三百二十片，一夾二百二十六片，都是巴利文寫的。①

由於采用梵夾裝的書，所夾是散葉，如未經繩穿，便常會出現丢失書葉的現象。梁釋慧皎等撰《高僧傳》卷五《玄逸傳》稱：玄逸喟然嘆曰：“若犍度失其夾葉，猶《禮記》脱落先後。”唐釋道宣《續高僧傳》卷三十七《法聰傳》云：“貞觀二十一年（六四七），海鹽縣鄱陽府君神因常祭降祝曰：爲請聰法師講《涅槃經》，道俗奉迎，旛花相接。遂往就講，餘數紙在。”法聰講完《涅槃經》後，還遺落數紙，可見這數紙即所持講的《涅槃經》。由於梵夾裝經書不便尋檢和保存，所以這種裝幀形式也未被廣泛采用。爲了克服梵夾裝的缺點，人們很自然地會想到將書的散葉用糊粘或用綫縫成一册。故梵夾裝這種外來形式的輸入，對於下面要談到的蝴蝶裝和綫裝是起了某種促進作用的。

綜上所述，經摺裝與梵夾裝是有區别的。經摺裝由卷軸裝發展而來，它是由紙摺疊而成的；梵夾裝則是由印度傳入的，書本身原來就是一些散葉。然而不少談版本的著作都把經摺裝與梵夾裝等同了起來。如有的著作説：“有人把一幅長卷一反一正地摺疊起來，成爲長方形的一疊，在這疊紙的前後，各加上一張硬紙，以便保護。這就出現了一種新的書籍形式，稱爲‘經摺裝’或‘梵夾裝’，這可能受印度‘貝葉經’形式的影響。”②新版《辭海》亦誤認爲：“經摺裝，也稱‘梵夾裝’。”③這或許因爲采用梵夾裝的書現存較少，而經摺裝、梵夾裝都爲佛教經書所采用因

① 見毛春翔《古書版本常談·如何鑒别版本》。

② 《中國書史簡編》第三章《從公元二世紀到八世紀的中國書》第四節《寫本書的極盛時期》。

③ 新版《辭海》系部“經摺裝”條。

而産生誤會。①

第四節　蝴蝶裝與包背裝

經摺裝同卷軸裝比起來有了很大改進,但是它也有個缺點,就是摺縫容易裂開。裂開之後,書便成了散葉,也會和梵夾裝一樣造成散亂現象。爲了克服這個缺點,人們便創造了一種新的册葉制度。元吾丘衍《閑居録》云:"古書皆卷軸,以卷舒之難,因而爲摺;久而摺斷,復爲部帙。"當然普遍采用印刷術也爲新的册葉制度的産生奠定了物質基礎,明胡應麟云:"至唐末宋初,鈔録一變而爲印摹,卷軸一變而爲書册。"②

馬衡介紹書册的初級形式蝴蝶裝的形成過程説:

> 蓋卷軸爲長幅,無從割裂,自有葉子而後,每葉有一定字數,由一葉以至於十葉百葉,自爲篇幅,而遞相銜接,以一葉爲一版,而編次其數。積行而成葉、積葉而成册、積册而成部,而後書籍之制日臻於進化,至今日而未變。其裝訂之法,最初以每葉反摺之,黏其版心之背,使兩旁之餘幅向外,不用綫釘,謂之蝴蝶裝。謂攤書之時,中有黏著,兩旁各半葉,如蝴蝶之有兩翼也。③

葉德輝給蝴蝶裝下了一個定義:"蝴蝶裝者,不用綫釘,但以糊粘書背,夾以堅硬護面。以板心向内,單口向外,揭之若蝴蝶翼然。"④其裝式略如下圖:

---

① 辨詳李致忠《古書經摺裝、梵夾裝、旋風裝考辨》,載《文獻》一九八六年第二期。

② 《少室山房筆叢》甲部《經籍會通》卷四。

③ 《凡將齋金石叢稿》卷七《書籍制度》:《中國書籍制度變遷之研究》。

④ 《書林清話》卷一《書之稱本》。

書葉

其裝幀過程是將印好的書葉，按版心的中縫正面對正面地摺起來，以硬紙（有的還用帛）作裹背紙，並將書葉背面的摺縫處粘在裹背紙上即成。

馬氏又述蝴蝶裝的特點云：

宋時初改册葉，多爲蝴蝶裝。書版之左上角，往往於闌外刻書之篇題一小行，爲便於翻檢而設。今之裝法，既以版心向外，而刻書者猶於此處刻字，殊可笑也。蝴蝶裝所以有版心者，一以誌書之名目卷第，使印刷或裝釘時不致紊亂，一以留黏貼之餘地，使讀者不致礙目。故書名之在二三字以上者，往往摘取其一二字以著之，絶無意義可言也。其庋置之法，乃以書背向上，書口向下，排比植立，不似綫裝之壘置者。何以知之，以北平圖書館藏原裝宋本《歐陽文忠公集》《册府元龜》等書，其書根上皆寫書名卷第，自書背到書口，一行直下，而書口餘幅之邊際，皆曾受摩擦也。其分卷之法，不必以一卷爲一册。有一册之中容數卷者，則以異色之紙或帛，黏貼於每卷首葉之書口，以爲識别，如西文字典之標 AB 等字母之法，爲其便於檢尋也。北平圖書館藏《文苑英華》爲宋景定元年（一二六〇）裝背，其每卷首葉即有黄帛標識，可以爲證。①

① 《凡將齋金石叢稿》卷七《書籍制度》:《中國書籍制度變遷之研究》。

蝴蝶裝早在唐末五代時就已出現了，向達《記倫敦所藏的敦煌俗文學》一文說："倫敦所藏《季布駡陣詞文》，我一共看到五卷，其二爲卷子，三爲蝶裝小本。"①到了宋元時代，蝴蝶裝成了書籍裝幀形式的主流，《明史・藝文志》序云："文淵閣藏書，皆宋元所遺，無不精美。書背倒摺，四周向外，此即蝴蝶裝也。"采用蝴蝶裝的書保存至今的還相當多。錢基博《版本通義・歷史第二》曾舉北京圖書館所藏爲例，並云："蓋蝶裝書之多，未見有如北京圖書館之夥頤沉沉者，可謂洋洋乎大觀也哉！"

蝴蝶裝流行了一個相當長的歷史時期，但是它也有一個明顯的缺點，就是翻閱起來很不方便，因爲第一葉的後半葉的背面和第二葉前半葉的背面没有字，又不相黏連，讀下去必須連翻兩葉，因此就有人將印好的書葉按版心的中縫背面對背面地摺起來，然後再裹以護葉，這樣就産生了包背裝。大略如下圖：

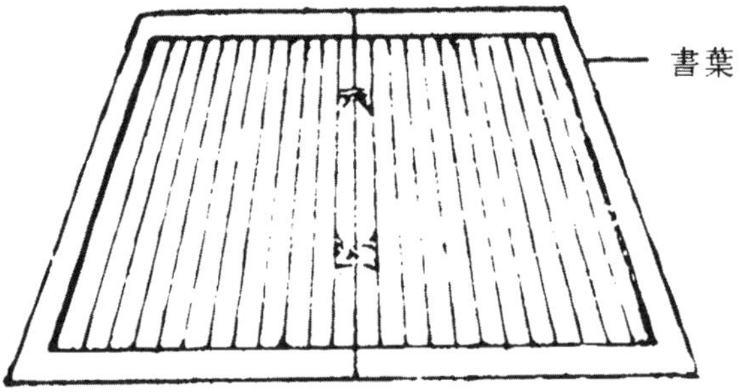

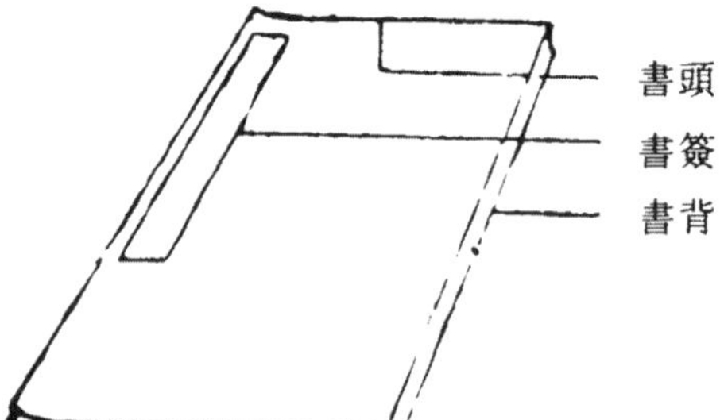

① 見向達《唐代長安與西域文明》。

包背裝有兩種裝訂方法。一種是將背面對摺的書葉黏連在裹背紙上，這種方法除背面對摺外，同蝴蝶裝没有多大差别。另一種方法是考慮到書葉黏連費事，且易散落，糊多生霉生蟲，由於需黏連的這一邊尚有餘紙，於是有人便在邊欄外的餘紙上打兩個或三個孔，用紙捻成綫穿訂起來，再黏上裹背紙。明代的包背裝大部分采用第二種方法。錢基博説："明則盛行包背裝，始由糊黏而改綫裝，版心向外，而以綫緝單口，用厚紙或綾絹等包之，以滅鍼綫之迹，如今之和裝然。世所傳之《永樂大典》殘本及清纂《四庫全書》，咸用黄綾包裱者，是也。"①

采用包背裝的書閲讀方便了，但排架時直立容易磨損書口，使書葉斷裂，因此改爲平放。既然平放，就不必用硬封面，因此就有了軟面的書。

陳國慶曾專門介紹過現存采用包背裝的書，他説：

> 現今存世的這種裝訂的書，以元明版本爲最多。如北京圖書館所藏的元刊本《漢書》《文獻通考》等書，都是元刊元裝，其包背雖有破損，尚可看出當初裝訂的痕迹。其屬於明本的，如《明太祖御製詩集》《遼金元三史》《永樂大典》等書，全是朱絲欄寫本，黄綾包背裝。清代的包背裝，則以《四庫全書》爲最著。現今尚存四部②，各三萬六千餘册，一色包背形式。
>
> 到了清代，包背裝的技術，可以説已達到頂點。在其所謂内府寫本之中，除《四庫全書》外，還有一種所謂《玉牒》——皇室的家譜。每册長約九十公分以上，寬約五十公分以上，其最厚的可在五十公分以上。一律用宣紙畫朱絲欄，端楷寫成。其最重的，一册約可百五六十市斤。每當庋藏上架，須要二人力舉，方能移動。裝訂方法，就是采用包背形式。結束極爲堅固，二百年來，雖屢經遷動，至今毫無綻裂痕迹，這在裝訂史上，可以算是一個奇觀。③

① 《版本通義·歷史第二》。

② 引者案：文瀾閣本有補配。

③ 《古籍版本淺説》第四章《書籍裝訂的演進》四《紙書的裝訂》。

蝴蝶裝、包背裝比以前的書籍形式進步，但是它們也存在着一些缺點。葉德輝指出："蝴蝶裝如褾帖，糊多生霉而引蟲傷。包背則如藍皮書，紙豈能如皮之堅韌？若仿爲之，既費匠工，又不如綫裝之經久。"①正由於此，所以它們最終又被綫裝代替了。

第五節 綫 裝

綫裝的方法，基本上同包背裝一樣，但不用整紙裹背，而是前後各加一張護葉，用綫連同正文訂在一起。

蔣元卿《中國書籍裝訂術的發展》一文，詳細介紹了綫裝的各道工序，現鈔録如下：

> 摺頁　書葉印成之後，首先摺葉。"摺書葉須看版心正中，勿隨手亂摺，恐致歪斜。遇破碎及首尾不全者，即斬補完全，薄漿細粘，勿纍前後葉。將油板細麻用力夾緊，置潔處。"摺書葉的方法有二："一曰復摺，即每葉對齊版口之綫而復摺之，佳本書多如此。二曰捻摺，亦曰提摺，即用手捻書葉之版口，纍數葉而傾摺之，故所摺不無摺差，此於次等書多用之。"總之，"摺書葉，要摺得直，壓得久，捉得齊，乃爲高手"。
>
> 分書　"摺葉之後，再依次排之，是曰分書，亦曰排書。但書數少者，類多先分後摺。"因爲我國書籍，大部分爲卷數，印刷和摺葉時，難免有此先彼後的。紙張柔薄，不便檢取，恐夾雙張，所以須將卷數、葉碼，分别理清，從末帖排起。如先排一百本的，就攤成一百椿，然後依次堆疊之。
>
> 齊綫　分好的書葉，天頭地脚不一定整齊，必須逐葉對準中縫，使其整齊，所以又曰"齊欄"。"約十餘日，取書齊綫，齊畢，照前法夾放净處一二日。"齊綫法有二：就是挨齊與撒齊。"挨齊者，葉與葉挨綫而齊也，此匯摺成之書葉，以左手傾書葉之角，以右手移書葉，挨綫

---

① 《觀古堂所著書》第二集《藏書十約》。

而齊之,大都由上葉而齊至下葉。撒齊者,將摺成書葉匯之,撒開如扇,用指挑書葉而齊,大都由下葉而齊至上葉。但齊綫恒以下脚爲標準,蓋木版書籍,版心類多不一,而書之下脚又較天頭爲小,若盡齊其上,則版心大之書葉,其下脚之短顯而易見,既不美觀,又難裝訂,故不如齊下而使其上雖有參差,在天頭空位長處尚不覺也。書有無邊欄者,則依書口之字齊之。"

添副葉　所謂"副葉"就是每册書衣内的空白葉,"每本前後添副葉二三張"。"副葉用太史連,前後一樣兩張。"也可以用"單宣或汀貢(汀州所造竹料厚者),或潔净官堆"。按副葉的功用有二:第一可以保護書葉不受損傷,所以又名"護葉"。其次可避免潮濕,我國南方裝訂的書,有用萬年紅紙的,紅白相間,鮮艷異常。

草訂　書葉經過齊綫,添副葉以後,就要草訂,免使走動,"草訂,每本用綿紙訂三條,每條要挽一結,不用糊"。

加書面　書面位於副葉之外,所以也稱"書衣",現在稱封面。"書面有用宋箋者,亦有用墨箋灑金書面者。明人收藏書籍,講究裝訂者少,總用棉料古色紙書面,襯用川連者多。錢遵王述古堂裝訂書面,用自造五色箋紙,或用洋箋書面,雖裝訂華美,却未盡善。不若毛斧季汲古閣裝訂書面,用宋箋藏經紙、宣德紙染雅色,自製古色紙更佳。至於松江黄緑箋書面,再加錦套,金箋貼簽,最俗。"按書面有布、紙兩種,現在最通行的書面紙有二,"一栗色,用毛邊紙刷以栗色裱成,普通書籍多用之。二瓷青色,用太史連(又稱杭連),施以瓷青色裱成者,佳本書籍多用之"。

裱書面的方法"書面紙以細文宣紙,染古銅色,内標以雲南皮紙。"也可"用涇縣連,或上好太史連紙,染荔枝或荔枝殻色,再摺帖紙一層(須有根者佳),棉紙一層襯之。將花椒煎湯,下白芨、白礬末少許,調乾麵打成糊,候天氣晴明,杉木板上裱之。如遇陰雨,發霉點,不可裱。裱後一二月方可裝書,如早用,紙性未定,後來必致短縮"。所以裱書面要"挺足候乾,揭下壓平,最好夏天做,秋天用"。

截書　書面加上,就進一步截書,"截書時,上下天地頭及書腦毛邊要放展,以闊且長爲貴,用力一刀截下"。"截要刀快,然後方平而光。"按明人截書,往往一本爲一本,所以一部書的各本刀口不齊。徐康《前塵夢影録》説:"在玉峰得《鴻慶居士大全集》,刀口不齊,據江湖書友云,明代人裝訂書籍,不解用大刀,逐本裝訂。"葉德輝《書林清話》卷七,也舉出很多例子,證明"明人截書,一本爲一本,推而至於宋元,亦莫不然"。證以北京圖書館所藏宋元殘册,可知確是事實。近時用切刀機,按照規定尺寸切成,大小一致,無參差不齊的毛病。

打磨　切好的書,難免或有刀紋,還要"砂紙磨光,勿要參差毛糙"。在打磨時,"用力須輕而匀,則書根光而平。否則不妥"。

包角　珍貴的書籍,多有用綾絹包角的,取其堅固,並增美觀。又有一種"鑲包角",就是包角時遺去上下副葉數張,驟視之,好似鑲的白邊。大概"北方書喜包角,南方殊不相宜。包角不透風,則生蟲,糊氣三五年尚在,則引鼠"。

釘眼　磨光或包角之後,在靠近書背之處,隨書本的闊狹,確定打眼的距離。"打眼時,須與草訂之孔一綫筆對,勿出於參差。""訂書眼要細,打得正而小。草訂眼亦然。又須少,多則傷書腦,日後再訂,即眼多易破,接腦煩難。"所以"通常四眼或六眼",有用八眼的。主要的是應視書本大小、書背寬狹而定。

穿綫　穿綫又叫訂綫,"用上好清水絹綫左手捻成者。約每本書,綫經七本書長,方可長條雙扣。書本薄者,綫經六本足矣。極厚者再加"。訂的時候,"要訂得牢,嵌得緊,方能不脱而緊"。

貼簽　書簽是書的衣飾,古人十分注意。"書簽用宋箋藏經紙,古色爲上。"用深古色裱一層,但仍要視書衣的顔色而定。貼書簽時,要款貼、整齊,不可長短、闊狹、上下、歪斜。

以上就是綫裝書籍的裝訂過程和方法(當然前五項也適用於包背裝)。[①]

---

① 載《圖書館學通訊》一九五七年第六期。其中引文均見其所據《古今秘苑》《藏書紀要》《藏書十約》及《圖書館組織與管理》等書,不再一一注明。

綫裝書出現也很早，李致忠在大英圖書館東方部所藏的敦煌遺書中，見到了不少綫裝書。如唐寫本《金剛般若波羅蜜經》，尾有“時天復五年（九〇五）歲次乙丑三月一日寫竟。信心受持，老人八十有三”兩行，該書“原來用綫縫繢的孔眼猶存，凡三眼，表明當年是一本綫裝書。這一事實表示，早在唐代末期，綫裝形式的書就已出現”。又如五代寫本《開蒙要訓》，卷尾有“顯德五年（九五八）十二月十五日大雲寺學郎”一行，該書“右邊有裝訂遺孔，裝訂綫已佚。證明此件當時是綫裝形式”。再如北宋寫本《金剛般若波羅蜜經》，卷尾有“于時大宋乾德七年（九六九）己巳歲四月十五日，大乘賢者兼當學禪録，何江通發心敬寫大小經三築子，計九卷。晝夜念誦，一心供養，故記之耳”題記四行。“此經裝幀，亦是將雙面書字的單葉對摺，形成四面有字。凡五十二葉，一百零四面。首葉背面右半葉，末葉背面左半葉均不書字，以爲前後封面。前封面居中豎題‘金剛般若波羅蜜經’，對摺好書葉依次排完，摺邊朝右，戳齊，做爲書脊，而後沿右邊上中下等距離鑿四個洞，用雙股擰好的絲綫繩横索豎穿，最後在中孔書背處打繫蝴蝶結。迄今雖已歷一千餘年，裝幀宛在，裝綫猶存，且還相當堅實牢固。這又是一本典型的綫裝書。”①一九七四年七月在山西應縣佛宫寺木塔内發現的遼代寫經、雜鈔中，《大方廣佛華嚴經隨疏演義鈔卷第一並序》《大方廣佛華嚴經隨疏演義鈔序》《大方廣佛華嚴經隨疏演義鈔玄鏡記卷第三》上半、《大乘雜寶藏經及唱詞》等四件均爲綫裝成册。② 宋張邦基也談到某些宋本書已采用了綫裝的形式：

王洙原叔内翰常云：作書册，粘葉爲上。久脱爛，苟不逸去，尋其次第，足可鈔録。屢得逸書，以此獲全。若縫繢，歲久斷絶，即難次序。初得董氏《演繁露》數册，錯亂顛倒，伏讀歲餘，尋繹綴次，方稍完復，乃縫繢之弊也。嘗與宋宣獻談之，宋悉令家所録者作粘法。予嘗

① 《英倫閱書記》（下），載《文獻》一九八七年第四期。

② 見國家文物局文物保護科學技術研究所、山西省古代建築保護研究所、山西省雁北地區文物工作站、山西省應縣木塔文物保管所《山西應縣佛宫寺木塔内發現遼代珍貴文物》表二，載《文物》一九八二年第六期。

> 見舊三館黄本書及白本書,皆作粘葉。上下欄界出於紙葉,後在高郵借孫莘老家書,亦如此法。又見錢穆父所蓄亦如此……蓋前輩多用此法。予性喜傳書,他日得奇書,不復作縫繢也。①

文中"粘葉"指的是蝴蝶裝,而"縫繢"顯然指的是綫裝了。從這段記載可知綫裝在當時還是一種不成熟的裝訂方法。大約在明代才爲人們所普遍接受,然後從清代一直風行到現在。②

綫裝書是現存古書的主要形式,現在大量的雕版印刷書籍多爲綫裝。其單葉形式與包背裝略同,整本則各異。今分别附圖。

首先,我們依據下面的附圖介紹一下一本書版面上的有關術語:

版面　紙面上印版所占有的面積叫版面。

版框　版面的四周叫版框。

邊欄　版框的邊綫叫邊欄,也叫欄綫。上邊的邊欄叫上欄,下邊的邊欄叫下欄,左邊的邊欄叫左欄,右邊的邊欄叫右欄。上下左右爲單綫的叫四周單邊,上下左右爲雙綫的叫四周雙邊,上下爲單綫、左右爲雙綫的叫左右雙邊。

天頭、地脚、邊　上欄以外的空白餘紙叫天頭,下欄以外的空白餘紙叫地脚。天頭、地脚也合稱天地頭。左欄、右欄以外的空白餘紙都叫邊,供裝訂用。

書耳　邊欄的左上方,刻有長方形的欄格用來記書名或篇名的叫書耳。

界行　劃分版面的直綫叫界,兩條直綫之間部分叫行。一葉書有幾行,每行有幾個字通常按半葉計算,稱爲半葉幾行幾字,有時將"半葉"二字省掉。這幾行幾字又叫行格。

---

① 《墨莊漫録》卷四。

② 參看蔣元卿《中國書籍裝訂術的發展》。

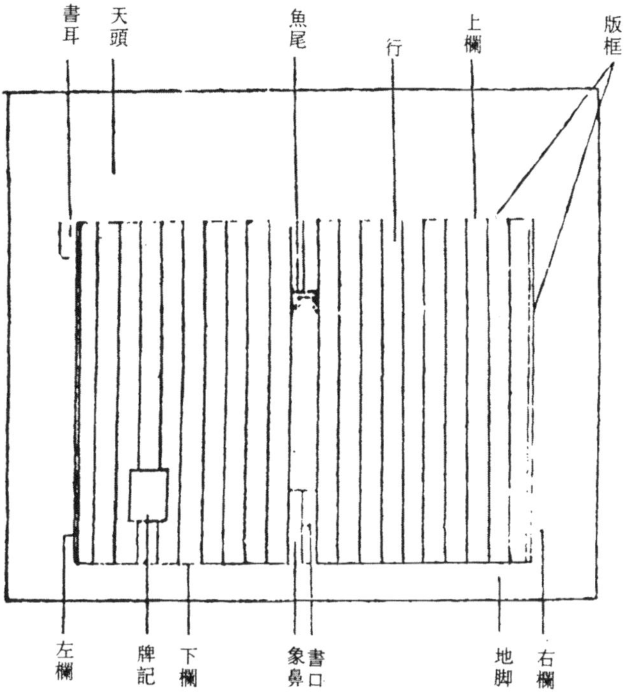

版心(書口)　版面中間不刻正文的那一行叫版心,也稱版口或書口。版心中間不印黑綫的叫白口,印有黑綫的叫黑口。黑綫細窄的叫小黑口,黑綫長寬的叫大黑口或闊黑口。黑綫刻在版心上方的叫上黑口,黑綫刻在版心下方的稱下黑口。版心上、下都刻黑綫的叫上下黑口。白口中間印有書名的稱花口。

魚尾　在版心刻有"◥◤"記號,按其形狀叫魚尾。魚尾分叉處,正當版面中心,是摺疊書葉的標準點。版心中有一個"◥◤"記號的叫單魚尾,版心上下各有一個"◥◤"記號的叫雙魚尾。版心中刻有三個"◥◤"記號的稱三魚尾,如明初刻本《春秋書法鈎玄》即是,但不多見。

象鼻　多數版心上下各有一道横綫,版心中的上下横綫至上下邊欄形成上下各一個空格叫象鼻。象鼻中往往刻有該葉字數、刻工或書名。

牌記　有的綫裝書往往在序目、卷末以及其他空白處刻上出版單位的標記、廣告等,統稱牌記。

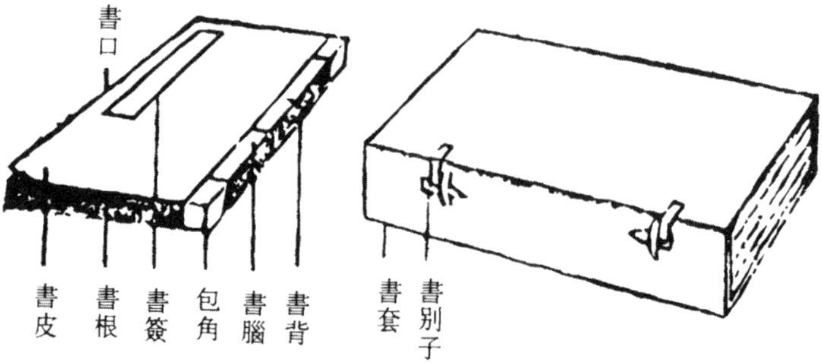

下面，再介紹一下一册綫裝書的有關術語：

書腦　書葉左右邊欄以外錐眼訂綫的地方叫書腦。

四眼針裝、六眼針裝　一般在書腦上打四個孔的裝式叫四眼針裝。厚一點、書頁大一點的書有時在上下角各多打一個孔，其裝式稱六眼針裝。

書背　書葉裝訂縫合之處與書口相對的側面，稱爲書背，也叫書脊。

書根、書頭　一册書的最下端稱爲書根。書根上每寫明書名和册數以便檢索。書的最上端稱爲書頭。

書皮　書籍的最外層，起保護書的作用，或稱書衣，也叫書面。

書簽　書皮上黏附的簽條，記有書名和卷數，或題名書款等，也叫作書皮題簽。

副葉　在書皮的裏面，另襯兩三張空白紙稱爲副葉，一般都是前三、後二，或前後各二葉。它的作用主要是保護書葉，使之不受損傷，因此也叫護葉；也可供寫跋語題識。

封面　古書的封面位於副葉的後面。封面上印有書名、撰書人姓名和刊版地點等。現在常稱爲書名葉，與封皮加以區別，又稱内封面。

這些術語都是辨别和記載版本時所必須知道的。

綫裝是我國古書册葉制度發展的最高階段。它主要是用來裝刻印本及活字印本書的，但對鈔本書也同樣適用。直到今天，綫裝書在出版物中仍占有一定數量，雖然它已逐步被平裝、精裝等現代形式所替代了。

第四章　雕印本的品類

現存古籍絶大部分是雕印本，而雕印本又因雕印的時代、地域、刻書單位，以及版本形式、刻印情況、流通情況等具體條件的不同，具有不同的特點和價值。將雕印本的品類加以區分和研究，對於我們鑒定和使用各種版本是十分重要的。陳寅恪先生《隋唐制度淵源略論稿》一《叙論》云："此書微仿天竺佛教釋經論之例，首章備致詳悉，後章則多所闕略。"此章亦效之，故第一節論證甚詳者，其後更不細述。

第一節　按時代區分

一　唐　本

印刷術發明於中國並非偶然，它是在我國古代一些原始印刷方法的啓發下産生的。

清李元復云："書籍自雕鐫板印之法行，而流布始廣，亦藉以永傳。然創之者必不甚難，以自古有符璽可師其意，正無待奇想巧思也。"①我們祖先有用印章的習慣，它一直保持到現在。將印章鈐在紙上，這就同雕版印刷近似。值得注意的是元陶宗儀曾紀述漢人佩帶的一種用來逐鬼辟邪的大印：印長三寸，廣一寸，四方，或用玉，或用金，或用桃木，因其作於正月

① 《常談叢録》卷一。

卯日,故名剛卯,又謂之大堅。上面刻着銘文,長的達六十餘字。[①] 晉葛洪云:“古之人入山者,皆佩黄神越章之印,其廣四寸,其字一百二十,以封泥[②]著所住之四方各百步,則虎狼不敢近其内也。”[③]顯然這數十字乃至一百二十字的印文,已經是一篇短文。紙流行以後,道家就不僅在入山時,把這種黄神越章之印印在封泥上,而且平時也印在紙上送給信徒,這就更容易使人們産生利用這種方法來印書的聯想。

此外拓碑也給雕版印刷術的發明以啓發。《後漢書·蔡邕傳》談到熹平四年(一七五)蔡邕書丹刻石而立石經之事,已見本編第二章第二節。石經既可拓印,一般碑文當然也可拓印。有的石碑因年長日久經風化而看不清了,或者在天災兵燹中毁掉了,可是拓印本還在,人們自然會想到利用拓印本復刻石碑,並且會進一步想到也可以利用木板根據拓印本來復製原碑文。杜甫《李潮八分小篆歌》就提到了人們用木板復刻李斯所書嶧山碑的情況:“嶧山之碑野火焚,棗木傳刻肥失真。”[④]一般碑文利用木板傳刻再被人們轉拓,這又朝印刷術的發明邁進了一步。

雕版印刷術發明於何時,學術界尚無一致看法。明胡應麟稱:陸深“《河汾燕閒録》云:‘隋文帝開皇十三年十二月八日敕廢像遺經,悉令雕板。此印書之始。’據此説,則印書實自隋朝始”[⑤]。當然,這還需要研究證實。有人認爲唐太宗貞觀十年(六三六)開始雕版印書[⑥],主要依據是明邵經邦的一段話:“太宗后長孫氏,洛陽人。……崩,年三十六,上爲之慟。及宫司上其所撰《女則》十篇,采古婦人善事……帝覽而嘉嘆,以后此書足垂後代,令梓行之。”[⑦]清鄭機引用並肯定了邵經邦的觀點,指出:“可

① 《南村輟耕録》卷二四《剛卯》。

② 古人簡牘、書函等用繩穿連,卷起後以丸泥封之,泥上加蓋印章,以防偷拆。其泥稱封泥。

③ 王明《抱朴子内篇校釋》卷一七《登涉》篇注:“方術家以爲黄神越章能避虎狼,亦能殺鬼。《善齋吉金録·璽印録》具載黄神越章之印數圖。”

④ 《全唐詩》卷二二二。

⑤ 《少室山房筆叢》甲部《經籍會通》卷四。

⑥ 張秀民《中國印刷術的發明及其影響》—《印刷術的起源》之二《雕板的發明》。

⑦ 《弘簡録》卷四六。

見梓行書籍，不始於馮道。”①

唐馮贄《雲仙散録》引《僧園逸録》云：“玄奘以回鋒紙印普賢像，施於四方，每歲五馱無餘。”玄奘法師於貞觀三年（六二九）西游印度，十九年（六四五）歸國，麟德元年（六六四）圓寂。所以這應是七世紀中葉的事。雖然《雲仙散録》已被公認是一部僞書②，這條資料不盡可靠，但唐代佛教徒爲了傳教常把佛像刻在紙上施於四方却是事實，敦煌遺書中就有不少印有佛像的卷子。這也可説是雕版印刷術的先驅。

九世紀，雕版印刷術已經流行。元稹《白氏長慶集序》云：

> 《白氏長慶集》者，太原人白居易之所作。……二十年間禁省觀寺，郵候牆壁之上無不書，王公妾婦、牛童馬走之口無不道，至於繕寫模勒，衒賣於市井，或持之以交酒茗者，處處皆是（揚、越間多作書模勒樂天及余雜詩，賣於市肆之中也）。……長慶四年冬十二月十日（八二五年一月二日）微之序。③

清人趙翼首先注意到這條材料，指出：“‘摹勒’即刊刻也，則唐時已開其端歟？”④王國維認爲：“夫刻石亦可云摹勒，而作書鬻賣，自非雕板不可，則唐之中葉吾浙亦已有刊板矣。”⑤這樣理解是符合實際情況的。當時民間雕印日常應用圖書的現象已相當普遍，故馮宿《禁版印時憲書奏》有云：“準敕：禁斷印曆日版。劍南兩川及淮南道皆以版印曆日鬻於市，每歲司天臺未奏頒下新曆，其印曆亦已滿天下，有乖敬授之道。”⑥大概馮宿的意見被采納了，所以《舊唐書·文宗紀》載：“大和九年（八三五）十二

---

① 《師竹齋讀書隨筆彙編》卷一二。

② 參看《四庫全書總目》卷一四〇《雲仙雜記》提要、余嘉錫《四庫提要辨證》卷一七《雲仙雜記》。

③ 《元氏長慶集》卷五一。

④ 《陔餘叢考》卷三三《刻書書册》。

⑤ 《王國維遺書》第十二册《兩浙古刊本考》。

⑥ 《全唐文》卷六二四。

月……丁丑,敕諸道府不得私置曆日板。”然而政府的這道禁令似乎收效甚微。[①] 現在尚存有乾符四年(八七七)和中和二年(八八二)出的曆書,都是僖宗時期的出版物,後者還有“劍南西川成都府樊賞家曆”字樣,顯係民間雕印的。這兩部曆書現均存倫敦。[②] 值得注意的是這個時期雕印的書,内容相當豐富並且呈現出民間實用的特色。唐柳玭《家訓序》云:“中和三年(八八三)癸卯夏,鑾輿在蜀之三年也,余爲中書舍人。旬休、閲書於重城之東南,其書多陰陽雜説、占夢相宅、九宫五緯之流,又有字書小學,率雕板印紙,浸染不可盡曉。”[③]根據這段記載,説明唐末成都書鋪出售的,大部分已經是雕印本了。

我們還應當注意到:道教徒、佛教徒在進行宗教宣傳時,客觀上也爲印刷術的發明與推廣作出了貢獻。唐范攄云:“紇干尚書泉苦求龍虎之丹十五餘稔,及鎮江右,乃大延方術之士。乃作《劉宏傳》,雕印數千本,以寄中朝及四海精心燒煉之者。”[④]張秀民指出:“雁門人紇干泉做江南西道觀察使,是在宣宗大中元年(八四七)至三年(八四九)……這是有關道教徒印書的最早記載。”[⑤]唐代佛教徒雕印的書籍似乎更多,今舉司空圖一文爲例:

> 爲東都敬愛寺講律僧惠確化募雕刻律疏(印本共八百紙)……今者以日光舊疏,龍象弘持,京師盛筵,天人信受,□迷後學,競扇異端。自洛城罔遇,時交乃焚,印本漸虞散失,欲更雕鎪。惠確無愧專精,頗嘗講受,遠欽信士,誓結良緣,所希龜鏡益昭,津梁靡絶,再定不刊之典,永資善誘之方。必期字字鐫銘,種慧牙而不竭;生生親眷,遇勝會

---

① 宋王讜《唐語林》卷七云:“僖宗入蜀,太史曆本不及江東。而市有印貨者,每參互朔晦,貨者各徵節候,因争執,里人拘而送公。執政曰:‘爾非争月之大小盡乎?同行經紀,一日半日殊是小事!’遂叱去。”可證。

② 書影見張秀民《中國印刷術的發明及其影響》圖九、圖十。

③ 《舊五代史・唐書・明宗紀》注引,兩《唐書》本傳及《全唐文》所載《家訓》均無此序。

④ 《雲溪友議》卷下《羨門遠》。

⑤ 張秀民《中國印刷術的發明及其影響》一《印刷術的起源》之二《雕板的發明》。

而同聞。敢期福報之微,願允標題之請。謹疏。[1]

向達認爲司空圖此文"必作於咸通末第一次入洛時,距宣宗大中復修佛寺不遠,故'洛城罔遇,時交乃焚'云云,當指會昌廢佛之禍而言。……迄大中時佛教復興,敬愛寺亦亟圖恢復,重雕律疏,故圖文所云'自洛城罔遇,時交乃焚'以下四語,其爲特指會昌毁佛之事而言,蓋確然有據。而會昌、咸通時之即有印本,亦於斯可見"[2]。另外,疏題附注載明要印八百紙,可見當時印書規模已很可觀。

一般認爲我們現在能見到的最早的雕印本,是在唐懿宗咸通九年(八六八)印的《金剛經》〔圖版十一〕。它由七張紙粘成一卷,全長十六尺,完整無缺。卷首,還有一幅釋迦牟尼佛在祇樹給孤獨園的説法圖,妙相莊嚴,鏤刻精美,是一幅技法成熟的作品。卷末,有"咸通九年四月十五日王玠爲二親敬造普施"一行。這一本書被英籍匈牙利人斯坦因竊取,現收藏在大英博物院。一九五三年,在四川成都東門外望江樓附近唐墓中發現的,唐成都府成都縣龍池坊卞家刻印的《陀羅尼經咒》,上刻古梵文經咒和小佛像。這可以説是國内現存最古的印刷品。

不過本世紀六十年代又發現了更早的刻經。美國富善(L·C·Goodrich)説:

最近,有一項新的發現,如果證實是確鑿的話,它將把木板印刷術的歷史推前十五年左右,甚至更早一些。一九六六年十月,一些朝鮮學者在慶州〔位於朝鮮東南部,古老的新羅王朝(六六八至九三五)的首都〕佛國寺内,發現一座名叫釋迦塔的石塔(Stupa——是一種塔形結構,用於保存佛教宗教物品)遭到破壞。經過調查,他們發現在石塔的内部藏有一卷印刷的佛經。……

① 《一鳴集》卷九。

② 向達《唐代長安與西域文明》:《唐代刊書考》。

> 新發現的經卷,是厚桑皮紙卷軸形式,軸心是竹制的,兩端都涂以光漆。經文長約六百三十釐米,闊六釐米,印刷部分爲五點三釐米闊。由於經軸的保存情況較差,不能把它全部展開,因而無法决定它的準確長度。實際上,經軸的大約三分之一已遭到嚴重的蟲蛀;然而,其餘部分的情況尚佳。經過進一步檢查,發現經文是用一組木板進行印刷的,木板共十二塊,每塊約二十到二十一吋長,經過印刷,然後將紙張粘連起來,成爲連續不斷的經卷。①

胡道静爲該文所作的注釋説:

> 由於建塔是在公元七五一年,所以這件印刷品的印成年代,下限是公元七五一年。
>
> 《無垢净光大陀羅尼經》的漢字譯本是彌陀山留居唐王朝首都長安的最後一年譯成的,也就是此經的第一個漢字譯本。所以這件印刷品的印成年代,上限是公元七〇四年。印品不能超越譯成的年代。

富善還説:"我認爲,所有這一切,仍然説明中國是最早開始發明印刷術的國家,印刷術是從它那裏傳播到四面八方的,而佛教是主要傳播媒介之一。"如果上述這件印刷品是可靠的話,那麽它的出現比咸通九年(八六八)雕印的《金剛經》還要早一百多年。現存的東西未必就是首先出現的東西,所以印刷術的發明年代實際上應當更早。有人説印刷術出現於唐代以前,這種可能性是有的,不過還没有實物作證。

綜上所説,從現有材料看,印刷術至遲出現於唐代。唐雕印本有日曆、佛經、字書、小學、詩集,以及陰陽雜説、占夢相宅、九宫五緯、道家著述等。刻書地點可考者有四川、江蘇、浙江、洛陽、敦煌等處。

---

① 梁玉齡譯《關於一件新發現的最早印刷品的初步報告》,載《書林》一九八〇年第三期。下列富善文及胡道静注均出此。

二　五代本

五代雕印圖書較唐代有了很大發展，比較突出的是國子監雕印的九經。《册府元龜》云：

> 後唐宰相馮道、李愚重經學，因言漢時崇儒有三字石經，唐朝亦於國學刊刻。今朝廷日不暇給，無能别有刊立。嘗見吴蜀之人鬻印板文字，色類絶多，終不及經典。如經典校定雕摹流行，深益於文教矣。乃奏聞。敕下儒官田敏等考校經注。敏於經注，長於詩傳，孜孜刊正，援引證據，聯爲篇卷，先經奏定，而後雕刻。①

《舊五代史》亦載後唐長興三年（九三二）二月，"中書奏請依石經文字刻九經印版。從之"②。

九經是指《易經》《詩經》《書經》《春秋左氏傳》《春秋公羊傳》《春秋穀梁傳》《儀禮》《周禮》《禮記》。其中有四部是在後漢時才開始雕印的。宋王溥云："乾祐元年（九四八）閏五月，國子監奏：'見在雕印板九經内，有《周禮》《儀禮》《公羊》《穀梁》四經未有印本。今欲集學官校勘四經文字鏤板。'從之。"直到後周太祖廣順三年（九五三）六月，九經才全部印完，一共用了二十年時間。故王溥復云："廣順三年六月，尚書左丞兼判國子監事田敏進印板九經書、《五經文字》、《九經字樣》各二部一百三十册。"③此外，後周國子監還雕印了一部《經典釋文》，亦見《會要》同卷。由於這些書籍是由國子監主持刊刻的，書版也藏在國子監，所以稱爲五代監本，其九經稱爲監本九經。

五代監本曾經宋人收藏並加珍視。邵博云："予曾大父遺書，皆長興年刻本，委於兵火之餘，僅存《儀禮》一部。"④洪邁亦云：

---

① 《册府元龜》卷六〇八學校部《刊校》。

② 《舊五代史》卷四二《唐書・明宗紀》。

③ 《五代會要》卷八《經籍》。

④ 《河南邵氏聞見後録》卷五。

予家有舊監本《周禮》，其末云："大周廣順三年癸丑五月，雕造九經書畢。"前鄉貢三禮郭嵠書。列宰相李穀、范質、判監田敏等銜於後。《經典釋文》末云："顯德六年己未三月，太廟室長朱延熙書。"宰相范質、王溥如前，而田敏以工部尚書爲詳勘官。此書字畫端嚴有楷法，更無舛誤。①

南宋陳振孫還提到他收藏過《九經字樣》："《九經字樣》一卷，往宰南城，出謁，有持故紙鬻於道者，得此書，乃古京本，五代開運丙午（九四六）所刻，遂爲家藏書籍之最古者。"②

五代監本今已無存，王國維研究過它的行款及影響。他説：

監本行款據日本室町氏所刊《爾雅》（《古佚叢書》有復刊本）末有"將仕郎守國子四門博士臣李鶚書"一行，其本避南宋諱，當是南渡後重翻五代監本或翻宋時遞翻之本（觀《釋草》"椴、木、槿"注"日及"不作"白及"，是經宋人修改之證）。其書每半葉八行，行大十六字，小二十一字，與唐人卷子本大小行款一一相近，竊意此乃五代南北宋監中經注本舊式。他經行款固不免稍有出入，然大體當與之同。如吴中黄氏所藏《周禮·秋官》二卷，昭文張氏所藏《禮記》殘卷，内府所藏《孟子章句》十四卷，皆與李鶚本《爾雅》同一行款，亦疑宋時監本。若翻監中之本，又後來公私刊本，若建大字本、興國軍本、盱江寥氏及相臺岳氏本，凡八行十七字之本，殆皆淵源於此。③

後唐明宗十分重視經書的雕印工作，使五代國子監雕印經書有了一個良好的開端。他曾下詔説：

朕以正經事大，不同諸書，雖以委國學差官勘注，蓋緣文字極

① 《容齋續筆》卷一四《周蜀九經》。
② 《直齋書録解題》卷三《九經字樣》。
③ 《王國維遺書》第十一册《五代兩宋監本考》卷上。

多，尚恐偶有差誤，馬縞以下皆是碩儒，各專經業，更令詳勘，貴必精研，宜委國子監於諸色選人中召能書人謹楷寫出，旋付匠人雕刻。①

王溥還詳細介紹了後唐國子監刻書的具體情況：

後唐長興三年（九三二）二月，中書門下奏請依石經文字刻九經印板，敕令國子監集博士儒徒，將西京石經本，各以所業本經句度鈔寫注出，仔細看讀，然後雇召能雕字匠人，各部隨帙刻印板，廣頒天下。如諸色人要寫經書，並須依所印敕本，不得更使雜本交錯。其年四月，敕差太子賓客馬縞、太常丞陳觀、太常博士段顒、路船、尚書屯田員外郎田敏充詳勘官。兼委國子監，於諸色選人中，召能書人端楷寫出，旋付匠人雕刻，每日五紙。②

從這一系列的嚴格措施中，可以看出五代監本的質量是相當高的。將校勘者、書寫人的姓名附於書後，也體現了當時國子監刻書的負責態度。

五代時期還開了封建士大夫私家刻書的風氣。宋王明清云："毋丘儉貧賤時，嘗借《文選》於交游間，其人有難色，發憤：'異日若貴，當板以鏤之，遺學者。'後仕王蜀爲宰，遂踐其言。"③此毋丘儉當爲毋昭裔之誤。《宋史·毋守素傳》云："昭裔性好藏書，在成都令門人勾中正、孫逢吉書《文選》《初學記》《白氏六帖》鏤板，守素賫至中朝行於世。"④在宋滅蜀時，他家的書板曾被運到汴京，宋朝政府考慮到這些書板是毋家私財自造，仍將書板發還。毋氏書遍銷海内，其子孫也因而致富。⑤《愛日齋叢鈔》卷一云："自唐末以來，所在學校廢絶，蜀毋昭裔出私財百萬營學館，

① 《册府元龜》卷六〇八學校部《刊校》。
② 《五代會要》卷八《經籍》。
③ 《揮麈録》:《揮麈餘話》卷二。
④ 《宋史》卷四七九。
⑤ 焦竑《焦氏筆乘》續集卷四《雕板印書》。

且請板刻《九經》，蜀主從之，由是蜀中文學復盛。”吴則虞認爲：毋昭裔請蜀主孟昶雕印的《九經》“即蜀大字本《九經》也，其刻在馮氏《九經》刊成之後”。①

除毋昭裔外，五代私人還有刻自家集子的。和凝在後唐爲翰林學士，後晉初爲端明殿學士兼判度支，天福五年（九四〇）爲相，後周顯德二年（九五五）卒。《舊五代史・和凝傳》稱他“平生爲文章，長於短歌艷曲，尤好聲譽，有集百卷，自篆於板，模印數百帙，分惠於人”②。又貫休《禪月集》有王衍乾德五年（九二三）曇域後序，稱其“檢尋稿草及暗記憶者，約一千首，乃雕刻成都，題號《禪月集》”。再如宋黄伯思《東觀餘論》卷二《跋何水部集》稱該集爲“天福本，但有詩二卷”。於此可見，五代監本多爲儒家經典，私家刻本則更及類書、集部等。

五代刻本傳世甚少。羅振玉《鳴沙山石室秘録・雕版第二》稱：“石室出《唐韻》《切韻》二種，爲五代細書小板刊本。”〔圖版十二〕《秘録》還著録有：“《金剛經》梵夾小本，③每本葉七行十四字。經後題：‘弟子歸義軍節度使特進檢校太傅兼御史大夫譙郡開國侯曹元忠普施受持’，後晉天福十五年（九五〇）己酉歲五月十五日記，雕板押衙雷延美。”曹元忠在後晉開運四年（九四七）還請匠人雕印過觀世音菩薩像與大聖毘沙門天王像，這些單篇佛像下均刻有文字。如觀世音菩薩像下所刻文字有云：“特進檢校太傅譙郡開國侯曹元忠雕此印板，奉爲城隍安泰，闔郡康寧。”下署“時大晉開運四年丁未歲七月十五日紀。匠人雷延美”。④

國内現存五代雕印本當推杭州雷峰塔所出《一切如來心秘密全身舍利寶篋印陀羅尼經》。毛春翔介紹道：

> 一九二四年八月二十七日，杭州雷峰塔忽然倒塌，發現經卷，乃吴越國王錢俶刻的《陀羅尼經》，時在宋太祖開寶八年，論時代，已入

---

① 《版本通論》卷三《五代刻書》。

② 《舊五代史》卷一二七。

③ 在這裏，羅振玉將經摺裝混稱爲梵夾裝。下面所引文獻也間有這種情況。

④ 《中國印刷術的發明及其影響》圖十六。

宋朝，而其時錢氏猶未納土，視作五代刊物亦可。經卷長七尺六寸，高二寸五分，卷端題曰："天下兵馬大元帥吴越國王錢俶造此經八萬四千卷舍入西關磚塔永充供養。"經文共二百七十一行，每行十字，皮紙印，墨色淡而無香氣。因經卷塞在磚空内，年久受潮，不免霉爛，首尾完具中無破空的少極。浙館所藏一卷，首尾皆有缺佚；惟浙江博物館藏的一卷，首有供養佛圖及錢俶題字。①

在此之前，一九一七年，吴興天寧寺經幢被毁，幢中也發現同樣經卷，其題記云："天下都元帥吴越國王錢弘俶印《寶篋印經》八萬四千部在寶塔供養，顯德三年（九五六）丙辰歲紀。"②但是這次發現的經卷下落不明。

綜上所述，五代雖然只有五十多年時間，而且政權頻繁更迭，但是在中國雕版史上却是一個十分重要的階段。首先，國子監雕印儒家經書是五代刊本的主流；其次，家刻本蓬勃興起在五代本中也占有相當大的比重；再次則是公私雕印佛經都相當普遍，這三個方面對宋刻本都有巨大影響。

三　宋　本

宋是我國雕版印刷事業的昌隆時代。宋章俊卿云："景德二年（一〇〇五）五月戊申，（真宗）幸國子監閲書庫，問祭酒邢昺：'書版幾何？'昺曰：'國初不及四千，今十餘萬，經史正義皆具。'"③蘇軾也説："余猶及見老儒先生，自言其少時欲求《史記》《漢書》而不可得，幸而得之，皆手自書，日夜誦讀，惟恐不及。近歲市人轉相摹刻諸子百家之書，日傳萬紙。學者之於書，多且易致如此。"④可見北宋公私雕印圖書事業發

---

① 《古書版本常談·唐五代刻本》。王國維《兩浙古刊本考》稱該經"共二百七十行，每行十字許"。

② 《王國維遺書》第十二册《兩浙古刊本考》引。

③ 《山堂先生群書考索》後集卷二六。

④ 《蘇東坡全集》卷一一《李氏山房藏書記》。

展都很迅速。

宋代刻書事業空前繁榮是與宋代統治階級大力提倡,以及社會經濟發展、刻書能力提高等原因密切相關的。爲了鞏固政權,太祖、太宗采取了中央集權的方法,州縣長官由文士擔任,而大批官員則由科舉産生。和唐代科舉名額限制甚嚴不同,宋代科舉向文人廣泛開放,只要文章合格,不分門第、鄉里,都可録取。地主階級知識分子通過科舉考試就可以當官,這在相當大的程度上造成了宋人喜歡讀書、藏書、刻書的社會風氣。仁宗時又開始在各州縣設立學校,逐步進展爲公立學校和私設書院都可講學。講學之風大盛,也刺激了儒家典籍的出版工作。

提倡佛道也是宋代統治者鞏固政權的措施之一。宋太祖統一後,對佛教采取保護政策,以争取南方地主階級的支持,同時也爲了麻痹人民的思想。同樣,朝廷也重視道教。仁宗曾命徐鉉校正道書,真宗復命王欽若主持續修道藏,搜編道書四千三百多卷。全國各地還大修道觀,道教得以廣泛流行。這就是宋代大量雕印佛道經書的社會背景。

宋代還編了《太平御覽》《太平廣記》《文苑英華》《神醫普救》《册府元龜》《彤管懿範》等大型類書和總集。其目的固然是爲了粉飾太平、籠絡人才以鞏固政權,但在客觀上也推動了宋代刻書事業的發展。

總之,公元九六〇年宋朝建立後,社會日益安定,經濟日益發達,爲刻書印書事業之興旺提供了條件,而四川、浙江在五代已逐步形成了兩個刻書中心,也爲宋代出版業的繁榮奠定了基礎。

宋代刻書大抵分公私兩大系統,現將宋代官方刻書單位及現存書籍舉例列表如下:

<table>
<tr><th colspan="3">刻書單位</th><th>書名</th><th>卷數</th><th>時間</th><th>出處</th><th>附注</th></tr>
<tr><td rowspan="4">官府刻</td><td rowspan="4">中央官府刻</td><td>國子監</td><td>脉經</td><td></td><td>一〇九六</td><td>書林清話</td><td></td></tr>
<tr><td>秘書監</td><td>張邱建算經</td><td>三</td><td>一〇八四</td><td>書林清話</td><td></td></tr>
<tr><td>崇文院</td><td>吴志</td><td>三〇</td><td>一〇〇〇</td><td>書林清話</td><td></td></tr>
<tr><td>左廊司局</td><td>春秋經傳集解</td><td>三〇</td><td>一一七六</td><td>書林清話</td><td></td></tr>
</table>

續表

刻書單位				書名	卷數	時間	出處	附注
官府刻	地方官府刻	州(府、軍)		漢官儀	三	一一三九	國　圖	臨安府
		縣		資治通鑒	二九四	一一三二	書林清話	餘姚縣
		各路臺、使、司	計　臺	春秋繁露	一七	一二一一	國　圖	江右計臺
			倉　臺	隸續	二	一一八〇	書林清話	江東倉臺
			公使庫	禮記鄭注	二〇	一一七六	國　圖	舒州公使庫
			漕　司	吕氏家塾讀詩記	三二	一一八二	國　圖	江西漕臺
			茶鹽司	資治通鑒	二九四	一一三三	國　圖	兩浙東路茶鹽司
			轉運司	臨川先生文集	一〇〇	一一五一	國　圖	兩浙西路轉運司
			提刑司	容齋隨筆	一六	一二一二	書林清話	江西提刑司
			安撫司	建康實録	二〇	一一四八	國　圖	湖北路安撫使司
學校刻(郡、縣、齋刻附)	州(府、軍)學	書　院		袁燮挈齋家塾書鈔	一二	一二三一	書林清話	象山書院
		學　舍		吕祖謙大事記	一二	一二一二	書林清話	吴郡學舍
		頖　宫		論語集説	一〇	一一七九	國　圖	湖州頖宫
		學　宫		渭南文集	五〇	一二二〇	國　圖	溧陽學宫
		郡　齋		洪氏集驗方	五	一一七〇	國　圖	姑孰郡齋
		郡　庠		通鑒紀事本末	四二	一一七五	國　圖	嚴陵郡庠
		州(府、軍)學		群經音辨	七	一一三九	國　圖	臨安府學
	縣學	縣學		漢雋	一〇	一一八三	國　圖	象山縣學
		縣齋		乖崖先生文集	一二	一二六九	國　圖	崇縣縣齋

宋代官府刻書十分注意爲政治服務，就其出版圖書的内容言，明顯偏重經史。太宗淳化五年（九九四）兼判國子監李至上言："五經書疏已板行，惟二傳、二禮、《孝經》、《論語》、《爾雅》七經疏義未備，豈副仁君垂訓之意！今直講崔頤正、孫奭、崔偓佺皆勵精强學，博通經義，望令重加讎校，

以備刊刻。從之。"同年,李至又建議"國子監舊有印書錢物所,名爲近俗,乞改爲國子監書庫官"。① 於是"始置書庫監官,以京朝官充,掌印經史群書,以備朝廷宣索賜予之用,及出鬻而收其直以上於官"。② 這説明國子監不僅是宋朝的最高學府,而且還是國家的主要出版機構,其雕印的重點則爲經史群書。到真宗時,經傳正義皆具,而到北宋末年,正史也全部由國子監鏤版頒行了。晁公武云:

> 嘉祐中,以宋、齊、梁、陳、魏、北齊、周書舛謬亡闕,始詔館職讎校。曾鞏等以秘閣所藏多誤,不足憑以是正,請詔天下藏書之家悉上異本。久之,始集。治平中,鞏校定《南齊》《梁》《陳》三書上之、劉恕等上《後魏書》、王安國上《周書》,政和中始皆畢,頒之學官。③

南宋時國家雖遭禍亂,經濟方面也困難重重,但國子監仍然出版了大量的經史圖書。李心傳云:

> 監本書籍者,紹興末年所刊也。國家艱難以來,固未暇及。九年(一一三九)九月,張彦實待制爲尚書郎,請下詔諸道州學,取舊監本書籍,鏤板頒賜。從之。然所取諸書多殘缺,故舊監刊六經無《禮記》,三史無《漢書》。二十一年(一一五一)五月,輔臣復以爲言。上謂秦益公曰:"監中其他闕書,亦令次第鏤板,雖重有費,不惜也。"由是經籍復全。④

爲了改變唐末五代武裝割據政權的混亂局面,太祖在開國以後不久便組織人員編輯刊行法律方面的書籍。李燾云:太祖乾德元年(九六三)"己卯,判大理寺事竇儀等上《重定刑統》三十卷,《編敕》四卷,詔刊板模印

① 《宋史》卷二六六《李至傳》。
② 《宋史》卷一六五《職官志》。
③ 《郡齋讀書志》卷五《宋書》。
④ 《建炎以來朝野雜記》卷四。

頒天下”。[①]《重定刑統》係根據後周的《大周刑統》删訂，而《大周刑統》又繼承了《唐律疏義》，所以《重定刑統》是研究北宋以前法律的重要文獻。所附《編敕》則是皇帝臨時下達的有關法律規定的文獻彙編。《重定刑統》和《編敕》的印行，對當時國家政權的鞏固顯然起了不可替代的作用。

宋代雕印佛經達到了空前絶後的程度，公私所刊佛藏共有六部，凡三萬五千一百八十一卷。于乃義作過介紹，現節録如次：

(一) 開寶藏

北宋開寶四年(九七一)宋太祖趙匡胤派高品、張從信等人主持，在益州(今成都)監雕大藏經，至太平興國八年(九八三)大部刻成。此種佛藏，係根據唐代智昇和尚的《開元釋教録》編排，大部分在益州刊刻，刻成移到汴京。據記録，全藏有一千零七十六部，五千零四十八卷，經版十三萬多片。

此書框高二二・五釐米，每版二十二行，每半葉五行、行十四字或十六、十七字。硬黄紙、卷軸裝，用《千字文》編號(即天、地、玄、黄……)。就現存殘卷看，版心刻經名、頁次及編的字號，卷尾有“大宋開寶某年某歲奉敕雕造”及刻工姓名，也有印刷的經過及年月。

此書現僅有零殘本，國家圖書館藏開寶藏《阿惟越致遮經》上卷，國内和日本也還存其他零卷。此本字體仿歐書，整齊有稜角，但仍具疏落之致。

(二) 崇寧萬壽大藏

宋神宗元豐三年(一〇八〇)，福州城外白馬山的東禪寺冲真、普明、咸暉等和尚發起刻印佛藏，至宋徽宗政和二年(一一一二)畢成，但在南宋紹興、乾道以及元至治、泰定年間，還多次修補。據記録，全藏六千四百三十四卷，開始用梵夾裝，計五百九十五函，《千字文》編號，始“天”字，終“號”字。

此書框高二三・八釐米，每半頁六行，每行十七字。其所以稱之

---

① 《續資治通鑒長編》卷四。

爲"崇寧萬壽大藏",是根據主持人普明題記:"福州等覺禪院住持普明收印經版頭錢,恭爲今上皇帝祝延聖壽……雕造大藏經,印版計五百餘函,時崇寧元年日謹題。"(案:"崇寧"是宋徽宗趙佶第二次改元的年號)"等覺禪院"即東禪寺。

此本現有零册存國家、南京、上海等圖書館,字體仿效柳公權書,易於鑒别。

(三) 毗盧大藏

此藏也是福州版。北宋政和二年(一一一二)開雕,至南宋乾道八年(一一七二)告成。主持人爲本明、宗鑒、行宗、了一和尚及蔡俊臣、馮檝、陳詢、陳靖、劉漸等人。此本框高二四·三釐米,每半頁六行,行十七字,六千一百一十七卷,也是梵夾本,五百六十七函。有刻工姓名。現存的一卷,卷末有一段題記:"福州開元禪寺住持傳法賜紫慧通大師了一謹募衆恭爲今上皇帝祝延聖壽文武官僚資崇禄住圓成雕造毗盧大藏經版一副,時紹興戊辰閏八月□日謹題。"(案:"毗盧大藏"即以此得名)

現國家圖書館和日本存有少數零本,字體仿歐陽詢書,爲宋刻的標準體。

(四) 思溪圓覺藏

宋紹興二年(一一三二)湖州歸安縣松亭鄉思溪王永從闔家舍資開雕此藏,勸緣住持圓覺禪院懷深及净梵和尚協助,因此得名《思溪圓覺藏》(案:湖州今屬浙江省)。此藏的刻印反映南宋初年浙江省已流行刻書事業。全本一千四百二十一部,五千四百八十卷,梵夾本裝爲五百五十函,《千字文》編號,始"天"終"合"。

此本框高二四·二釐米,每半葉六行,行十七字,卷尾刻有王永從的題識,也是爲"祝延今上皇帝"的。並刻有"雕經作頭李孜、李敏,印經作頭金紹,掌經沙門覺清,幹雕經沙門法祖,對經沙門仲謙、行堅、静仁、道能、修敏,都對證宗鑒"。等於列舉了編輯(掌經)、校對(對經)和刻工領班(作頭)等姓名。

字體仍效歐書,但已兼虞世南的筆法(葉恭綽介紹説是蘇東坡體，與實際對證不符)。國家圖書館有《大智度論》，是清末楊守敬自日本取回的。

(五) 思溪資福藏

此藏也是浙江刻本，記録爲“安吉州思溪法寶資福禪院開雕”。自淳熙二年(一一七五)始工，何時竣工不詳。此書與思溪圓覺藏同在一個地區雕刻，湖州在宋寶慶元年(一二二五)改名安吉州，可能此書刊刻於此時或再後一些時。清末楊守敬自日本購得此本四千多卷，現藏國家圖書館，惜均無年月地址姓名可考(前面的記録是根據日本收藏引録的)。此本板框及行數，均與《思溪圓覺藏》相同，所編《千字文》字號亦全同，但延長到“最”字，數量計五千七百四十卷，梵夾本五百九十九函。

(六) 磧砂藏

此藏係宋代平江府磧砂延聖院在乾道年間(一一六五至一一七三)創始，紹定四年(一二三一)才開設了經坊，一名大藏經局，開雕全藏。主持人爲法忠和尚，直至元至治二年(一三二二)才完成，共歷時九十多年。計一千五百三十二部，六千三百六十二卷，梵夾裝，五百九十一函。《千字文》編號，始“天”終“煩”。

案：平江府即今蘇州，此時刻印事業不斷發展，磧砂藏雖然經歷的年代甚長，但全屬民間募刻。字體初效柳書，入元後，又兼有趙子昂秀麗的筆意。西安開元、卧龍兩寺收藏此部藏經約十分之八(今歸陝西省圖書館)。抗日戰爭前曾據以影印，改爲綫裝。云南省圖書館收藏原刻本曾借以補印兩百多册，成爲全部。日本《昭和法寶總目録》曾收録《磧砂藏目録》，核對缺元以後所刻部分，全目當以影印本爲準。①

宋代官府還刻了不少醫書，如《新編金匱要略方論》三卷、《傷寒論》十

① 《古籍善本書佛、道教藏經的版本源流及鑒別知識》，載《四川圖書館學報》一九七九年第三期。

卷。據王國維所引當時公文,知宋代政府對這項工作比較重視。其文云:"敕中書省勘會:下項醫書册數重大,紙墨價高,民間難以買置,八月一日奉聖旨令國子監别作小字雕印。内有浙路小字本者,令所屬官司校對,别無差錯,即摹印雕板,並候了日廣行印造,只收官紙工墨本價,許民間請買,仍送諸路出賣。"①

宋代私人刻書事業也十分發達,今就現存舉例列表如下。

刻書單位	書　　名	卷數	時間	藏　所
建安劉日新三桂堂	童溪王先生易傳	三〇	一二〇五	國　　圖
婺源市門巷唐宅	鄭玄注周禮	一〇		國　　圖
鶴林于氏家塾	春秋經傳集解	三〇		國　　圖
建安余仁仲萬卷堂	春秋公羊經傳解詁		一一九一	國　　圖
建溪三峰蔡夢弼東塾	史記集解索隱	一三〇	一一七一	國　　圖
建安黄善夫家塾之敬堂	史記集解索隱正義	一三〇		國　　圖
錢塘王叔邊	後漢書注	九〇		國　　圖
趙與簄	通鑒紀事本末	四二	一二五七	國　　圖
畢萬裔宅富學堂	李侍郎經進六朝通鑒博議	一〇		國　　圖
劉通判宅仰高堂	纂圖分門類五臣注揚子法言	一〇		國　　圖
王氏取瑟堂	中説注	一〇		國　　圖
臨安府榮六郎家書籍鋪	抱朴子内篇	二〇		遼寧省圖書館
金華雙桂堂	梅花喜神譜	二		上海圖書館
杭州猫兒橋開箋紙馬鋪鍾家	文選	三〇		國　　圖
廖瑩中世綵堂家塾	昌黎先生集	四〇	一二六五至一二七四	國　　圖

① 《王國維遺書》第十一册《五代兩宋監本考》卷中。

續表

刻書單位	書　名	卷數	時間	藏　所
吉安周必大	歐陽文忠公集	一五三	一一九六	江西省圖書館
建安虞平齋務本堂	東坡詩	二五		國　圖
婺州王宅桂堂	三蘇先生文集	七〇		國　圖
陳仁玉	趙清獻公文集	一六	一二六〇	國　圖

從内容上看,官刻本側重正經正史,而私刻本遍及四部,却明顯偏重於子、集,正好彌補了官刻本的不足。可見宋代刻書事業的隆盛,是官私共同努力的結果。

下面我們談談宋刻本在形式上的一般特徵。從版式方面看,由於受到古卷子本的影響,前期多白口,四周單邊,書之首行小題在上,大題在下,序文、目録和書之正文不分開。後期多白口,左右雙邊,上下單邊,少數四周雙邊。這種變化是人們追求版面活潑美觀的結果。爲了便於計算勞動成果,便於裝訂,也爲了表示負責,版心上方常鎸刻大小字數,下方常鎸刻刻工姓名或出版單位簡稱,上下魚尾之間常鎸刻書名、卷次、頁碼。官刻本多在卷末鎸刻校勘人銜名,私刻本多在卷末鎸刻刻書題記或牌記。

從字體方面看,宋刻本多采用唐代著名書法家歐陽詢、柳公權、顔真卿諸家楷體。如臨安府陳宅書籍鋪雕印的《唐女郎魚玄機詩》用的就是歐體,建安黄善夫家塾之敬堂刊的《史記集解索隱正義》用的就是柳體,四川《眉山七史》用的就是顔體。這是因爲歐、柳、顔諸家楷體筆畫有棱角,便於施刀,爲刻工們所樂用,而北宋前期宋朝自己的書法大家如蘇、黄、米、蔡還尚未出現,因此未造成影響。當然也有的書其字體的特點不够鮮明,這是我們在鑒定版本時應當注意的。

再從裝幀形式方面看,宋本多用蝴蝶裝與包背裝。《明史》稱:"秘閣書籍皆宋元所遺,無不精美。裝用倒折,四周向外,蟲鼠不能損。"[①]這段話中的"裝用倒折,四周向外"指的就是蝴蝶裝。李致忠指出:"今天北京圖書館所藏宋刻本《文苑英華》即保留着宋代包背裝的原様,卷末有'景定

① 《明史》卷九六《藝文志・序》。

元年十月廿五日裝背臣王潤照管訖’字様,説明南宋包背裝已很流行,並有專人管理了。”①

此外,宋本避諱已嚴。避帝諱、家諱的習俗反映在刻書上,就出現了許多諱字,這對我們鑒定版本是大有好處的。但是一些私刻本在避諱方面也不是很嚴格的。所以我們不能單憑避諱來鑒定版本〔圖版十三〕。②

從宋本書價的不斷提高,可以看出它越來越受到人們重視。在宋代,刻本書並不貴。《藕香零拾》本《藏書紀要》繆荃孫跋云:

> 宋王禹偁《小畜集》影宋鈔本,有紹興十七年(一一四七)校刊開列紙墨工價云:“今得舊本,計一十六萬三千八百四十八字,一部共八册,計五百三十二板。書紙並副板五百四十八張,表背碧青紙共一十一張,大紙八張,共錢二百六文足。賃板棕墨錢五百文足。裝印工食錢四百三十文足。除印書紙外,共計錢一貫一百三十六文足。見成出賣每部錢五貫文省。”

但是到了明代就出現了宋刻本按葉論價的現象③。清黄丕烈云:“近日書直昂貴,聞有無錫浦姓書賈,即浦二田之後,持殘宋本《孟東野集》,索直每葉元銀二兩。”④

清孫慶增《藏書紀要·鑒别》云:“宋刻本書籍傳留至今,已成希世之寶,其未翻刻者及不全者,即翻刻過而又不全者,皆當珍重之,吉光片羽,無不奇珍,豈可輕放哉!”這段話表達了明清以來人們重視宋本的心理。

人們特别重視宋本,首先由於它刻印時間早,比較接近書的原貌。黄丕烈云:“校勘群籍,始知書舊一日,則其佳處猶在,不致爲庸妄人删潤,歸

---

① 《宋代刻書述略》,載《文史》第十四輯。

② 請注意圖版十三第七行末“恒”字闕筆,宋真宗名恒。關於宋刻特徵,請參看其他宋代書影。餘可類推。

③ 見《書林清話》卷七《明毛晋汲古閣刻書之二》引滎陽悔道人《汲古閣主人小傳》,後論明本具詳。

④ 《蕘圃藏書題識》卷四。

於文從字順，故舊刻爲佳也。”①其次則由於當時重視這項工作，傳世宋本多數經過認真的校勘。王國維《五代兩宋監本考》卷中曾録北宋監本《春秋左傳正義》校勘經進銜名，現摘鈔如下：

> 承奉郎守光禄寺丞臣趙安仁書
> 勘官承奉郎守國子禮記博士賜緋魚袋臣李覺
> 勘官承奉郎守國子春秋博士賜緋魚袋臣袁逢吉
> 都勘官朝請大夫守國子司業柱國賜紫金魚袋臣孔維
> 詳勘官登仕郎守高郵軍高郵縣令臣劉若納
> 詳勘官登仕郎守將作監丞臣潘憲
> 詳勘官朝奉大夫太子右贊善大夫臣陳雅
> 詳勘官朝奉郎守大理正臣王炳
> 登仕郎守大理評事臣王焕再校
> 文林郎守大理寺丞臣邵世隆再校
> 中散大夫守國子祭酒兼尚書工部侍郎柱國會稽縣開國男食邑三百户賜紫金魚袋臣孔維都校
> 淳化元年(九九〇)庚寅十月　日

從引文中可以看出北宋國子監刻書，委著名書法家寫様，經過專家反覆校勘，才付雕版。國子監這様做當然會對宋代刻書事業産生廣泛而深遠的影響。宋代的家刻本也非常注重校勘。清錢泰吉云：

> 宋岳倦翁刊九經三傳，以家塾所藏諸刻，並興國于氏、建安余仁仲本，凡二十本。又以越中舊本注疏，建本有音釋注疏、蜀注疏合二十三本，專屬本經名士，反覆參訂，始命良工入梓。其所撰《相臺書塾刊正九經三傳沿革例》於書本、字畫、注文、音釋、句讀、脱簡、考異皆

① 《士禮居藏書題跋記續》卷上《武林舊事六卷》跋。參看本編第一章第二節。

羅列條目,詳審精確,不可不家置一編也。①

可見,岳氏爲了保證圖書質量,做了三項工作,即廣集異本、延用專家、確定校勘程序。他刻印的書無怪乎要受到人們的重視了。即使坊刻本,有的也經過認真校勘,如余仁仲爲其新刻《春秋公羊經傳解詁》所作後記云:

《公羊》《穀梁》二書,書肆苦無善本,僅以家藏監本及江浙諸處官本參校,頗加釐正。惟是陸氏釋音字或與正文字不同,如此序"釀嘲",陸氏"釀"作"讓";隱元年"嫡子"作"適","歸含"作"哈","召公"作"邵";桓四年"曰蒐"作"廋"。若此者衆,皆不敢以臆見更定,姑兩存之以俟知者。紹熙辛亥(一一九一)孟冬朔日建安余仁仲敬書。②

這篇文字雖然是書坊的廣告,但也反映了其主持人嚴肅認真的態度。

宋刻本的水平也是不平衡的。清杭世駿云:"今之挾書以求售者,動稱宋刻。不知即宋亦有優有劣,有太學本、有漕司本、有臨安陳解元書棚本、有建安麻沙本,而坊本則尤不可更僕以數。"③蘇軾、陸游都曾對當時"以意改書"④"略不校讎"⑤的現象提出過尖鋭的批評。錢大昕云:"今人論宋槧本書,謂必無差誤,却不盡然。陸放翁《跋歷代陵名》云:'近世士大夫所至,喜刻書板,而略不校讎。錯本書散滿天下,更誤學者,不如不刻之爲愈也。'是南宋初刻本已不能無誤矣。"⑥顧千里還專門對南宋建本提出過批評:

若夫南宋時建陽各坊刻書最多,惟每刻一書必倩雇不知誰何之

① 《甘泉鄉人稿》卷七《曝書雜記》。
② 《中國版刻圖録》三七頁。參看本章第二節論坊刻本及圖版三十三。
③ 《道古堂全集》卷一九《欣託齋藏書記》。
④ 十二卷本《東坡志林》卷五。
⑤ 《渭南文集》卷二六《跋歷代陵名》。
⑥ 《十駕齋養新録》卷一九《宋槧本》。

人任意增删换易，標立新奇名目，冀自衒價，而古書多失其真。逮後坊刻就衰而浮慕之敝起。其所刻也，轉轉舛錯脱落殆不可讀者有之，加以"牡丹""水利"觸目滿紙[1]，彌不可讀者有之，又甚而奮其空疏白腹，敷衍謬談，塗竄創疻，居之不疑；或且憑空揣造，詭言某本。變亂是非，欺紿當世，陽似沽名，陰實盗貨，而古書尤失其真，若是者刻一書而一書受其害而已矣。[2]

那麽，怎樣認識前人對宋本所作的這些批評呢？陸貽典跋所校宋本《管子》云："古今書籍，宋板不必盡是，時板不必盡非。然較是非以爲常，宋刻之非者居二三，時刻之是者無六七，則寧從其舊也。"[3]此言近乎佞宋，但從實踐的結果看，却大體可信。

再次，宋刻爲世所共寶，還因爲它刊印精美，足爲後世刻書的模範，同時還應將其作爲一種珍貴歷史文物而予以重視和保存。孫慶增《藏書紀要》第二則《鑒别》云："若果南、北宋刻本，紙質羅紋不同，字畫刻手，古勁而雅，墨氣香淡，紙色蒼潤，展卷便有驚人之處。所謂墨香紙潤，秀雅古勁，宋刻本之妙盡之矣。"這乃是從文物的角度來肯定宋本書的價值。也是我們所贊同的。

宋本情況及其可貴之處大體如此。

四　遼、金、元本

關於遼本。

一九七四年七月二十八日，國家文物局等單位在山西應縣佛宫寺木塔内釋迦塑像中發現遼代珍貴文物一百六十件，其中有遼刻經四十七件；

---

① 顧炎武《日知録》卷一八《别字》云："山東人刻《金石録》，於李易安《後序》'紹興二年，元黓歲，壯月朔'，不知'壯月'之出於《爾雅》，而改爲'牡丹'。"《勘書》云："偶見《焦氏易林》舊刻，有曰……'井堙水刊'，乃'木刊'之誤；注云'刊，疑當作利'，失之遠矣。'隨山刊木'見於《尚書·禹貢》。"

② 《思適齋集》卷十《重刻古今説海序》。

③ 《書林清話》卷六《宋刻書多訛舛》條引。

寫經、雜抄共三十件;刻書與雜刻八件;繪畫、版刻印刷佛像七件。① 這批遼代文獻的發現,使我們窺見了遼刻本的大概。

其值得注意的是十二卷契丹藏的發現。契丹藏有五百七十九帙,是我國繼北宋初開寶藏之後雕印的第二部大藏經。② 在十二卷《契丹藏》中,《稱贊大乘功德經》卷尾有"燕臺聖壽寺慈氏殿主講法華經傳菩薩戒懺悔沙門道撰,時統和貳拾壹祀癸卯歲(一〇〇三)季春月蓂生五葉記。弘業寺釋迦佛舍利塔主沙門智雲書,穆咸寧、趙守俊、李存讓、樊遵四人同雕"題記,可以推知契丹藏是在遼聖宗耶律隆緒統和年間用漢字書寫雕印於遼之燕京。閻文儒等人將契丹藏的一般情況,歸納爲以下幾點:

一、全部用漢字書寫雕版,大字楷書,工整有力。未見契丹字。

二、每版印成一整紙,由數紙至數十紙粘連成一卷,每卷各紙行數、每行字數基本一樣。

三、全部爲卷軸裝,圓木軸,竹製杆,縹帶爲絲織品。其中三卷爲原軸,兩卷杆和縹帶爲原物。

四、每卷用《千字文》編號。

五、每卷有譯者名,其中六卷卷首殘缺,不見譯者名。

六、行格疏朗,排列整齊,版式統一。

七、十卷經在開頭或前幾行行格間用一行小字注明經名、版碼及《千字文》編號。另外兩卷,一卷刻有小字"第二"及版碼,一卷只有小字版碼。

八、均爲硬黄紙。紙質極好,光潔堅韌,入潢避蠹,未見蟲蛀。

① 詳見國家文物局文物保護科學技術研究所、山西省古代建築保護研究所、山西省雁北地區文物工作站、山西省應縣木塔文物保管所《山西應縣佛宫寺木塔内發現遼代珍貴文物》等六篇文章,均載《文物》一九八二年第六期。鄭恩淮《應縣木塔發現的七件遼代印刷品》,載《文獻》一九八六年第一期。本文所引有關遼本資料,皆據此數文,不再一一注明出處。

② 見王昶《金石萃編》卷一五三《暘臺山清水院創造藏經記》。遼代自聖宗統和元年(九八三)至道宗清寧十年(一〇六四)的八十二年中,以契丹爲國號,故雕印於這個時期的遼藏稱爲契丹藏。

九、不避諱，與其他遼刻經不同。

十、其中三卷經卷首有精美的木刻佛畫，一卷僅存殘畫邊。知《契丹藏》經卷卷首多有精緻的佛畫。

十一、有三卷經背面蓋有戳記。《大方廣佛華嚴經卷第四十七》每紙背面均有長方形陽文楷書“寶嚴”戳記；《大法炬陀羅尼經卷第十三》和《中阿含經卷第三十六》兩卷，每紙背面均蓋有長方形雙邊陽文楷書“神坡雲泉院藏經記”朱印。①

還有唐代李翰編撰的兒童啓蒙課本《蒙求》，新發現的遼版是該書現存最早的版本，也是目前僅存的除佛經以外的遼刻本圖書〔圖版十四〕。

錢大昕説“遼人謹於避諱”②，這在新發現的遼刻本中得到了證實。在六十一件雕版印刷品中，有七件避遼諱。其中光字避遼太祖耶律德光諱；明字避遼穆宗耶律璟諱，因爲他後來改名爲明；賢字避遼景宗耶律賢諱，因爲他小字明扆，故亦諱明；真字避遼興宗耶律宗真諱。同宋本一樣，遼本不但避本字，而且也避同音字，其方法也用缺筆的方式。如《蒙求》一書中的甄、鎮、明、真、慎等字都缺末筆。③

就版式而言，遼刻本中四周單邊、左右雙邊、四周雙邊兼而有之。其中大部分是四周單邊，《蒙求》係左右雙邊。有七種佛經及《燕臺大憫忠寺新雕諸雜贊一策》是四周雙邊。一般認爲魚尾都刻在版心，是供摺葉用的，而《燕臺大憫忠寺新雕諸雜贊一策》中的兩個魚尾不在版心，而被分别刻在兩行烏絲欄中，其作用顯然是爲了醒目和美觀。《燕臺大憫忠寺新雕諸雜贊一策》係細黑口，這對我們研究細黑口産生的時間頗有參考價值。

就裝幀形式而言，這次發現的遼刻經絶大部分爲卷軸裝，計有四十二

---

① 閻文儒、傅振倫、鄭恩淮《山西應縣佛宫寺釋迦塔發現的〈契丹藏〉和遼代刻經》，載《文物》一九八二年第六期。

② 《十駕齋養新録》卷八《壽隆年號誤》。

③ 詳見畢素娟《世所僅見的遼版書籍——〈蒙求〉》，載《文物》一九八二年第六期。

卷;蝴蝶裝四件。此外《妙法蓮華經卷第一》(Ⅲ式)原爲卷軸裝,爲了閱讀方便,改爲經摺裝。這些裝幀形式都與北宋相一致。值得我們重視的是在新發現的寫經、雜鈔中,有四件綫裝成册。遼政權終於北宋末年,遼的書籍制度直接受到北宋的影響,因此遼本的發現對於我們研究北宋刻本也有十分重要的意義。

新發現的遼代文獻表明燕京是遼代的刻書中心。首先,契丹藏刻於燕京。該藏《稱贊大乘功德經》卷尾題記有刻工趙守俊之名,而從《妙法蓮華經卷第四》(Ⅰ式)卷首畫題記也可見契丹藏雕印於遼之燕京。其次,遼國政府還組織了燕京的一些寺廟雕印過其他經書。例如《釋摩訶衍論通贊疏》卷第十與《釋摩訶衍論通贊疏科》卷下之卷尾均有下面這段題記:"咸雍七年(一〇七一)十月□日,燕京弘法寺奉宣校勘雕印流通。殿主講經覺慧大德臣沙門行安勾當,都勾當講經詮法大德臣沙門方矩校勘,右街天王寺講經論文英大德賜紫臣沙門志遠校勘,印經院判官朝散郎守太子中舍驍騎尉賜緋魚袋臣韓資睦提點。"從題記中可以看出遼代專門設有印經院,同北宋國子監一樣,遼印經院組織刻經,分工明確,態度認真。此外,寺中印經的紙也是由政府供給的。如《釋摩訶衍論通贊疏科》卷下第十四紙背面即有"宣賜燕京"朱印。燕京有些寺廟自己也雕印了一些佛教宣傳品。例如《燕臺大憫忠寺新雕諸雜贊一策》,其首行云:"燕臺大憫忠寺常住院内新雕諸雜贊隨名各列如後。"再次,遼代燕京私人書坊也很興旺。例如《妙法蓮華經卷第四》(Ⅲ式)的題記云:"攝大定府文學龐可昇書,同雕造孫壽益、權司展、趙從業、弟從喜雕。燕京檀州街顯忠坊南頰住馮家印造。"此外,《佛説八師經》題記爲"大昊天寺福慧樓下成造"。《上生經疏科文》卷尾題記云:"時統和八年(九九〇年)……燕京仰山寺前楊家印造。"

關於金本。

由於受到漢族文化的影響較深,金人的刻書事業同遼人比較,又有明顯的發展。金世宗於大定二十三年(一一八三)八月,"以女真字《孝經》千部,付點檢司分賜護衛親軍"。同年九月,"譯經所進所譯《易》《書》《論語》《孟子》《老子》《揚子》《文中子》《劉子》及《新唐書》。上謂宰臣曰:'朕所以令譯《五經》者,正欲女真人知仁義道德所在耳。'命頒行之"。① 顯然,金世宗很會利用漢族的傳統文化來加强思想統治。金章宗十分喜愛漢人詩歌,史載明昌二年(一一九一)四月,"學士院新進唐杜甫、韓愈、劉禹錫、杜牧、賈島、王建,宋王禹偁、歐陽修、王安石、蘇軾、張耒、秦觀等集二十六部"。② 吴則虞認爲這些書是"金之官本之可考見者"。③

金代官刻本發達與其推行科舉制度以吸引漢族地主階級知識分子有關。《金史》還記載了當時學校用書情况:

> 凡經:《易》則用王弼、韓康伯注;《書》用孔安國注;《詩》用毛萇注、鄭玄箋;《春秋左氏傳》用杜預注;《禮記》用孔穎達疏;《周禮》用鄭玄注、賈公彦疏;《論語》用何晏集注、邢昺疏;《孟子》用趙岐注、孫奭疏;《孝經》用唐玄宗注。《史記》用裴駰注;《前漢書》用顔師古注;《後漢書》用李賢注;《三國志》用裴松之注,及唐太宗《晉書》、沈約《宋書》、蕭子顯《齊書》、姚思廉《梁書》《陳書》、魏收《後魏書》、李百藥《北齊書》、令狐德棻《周書》、魏徵《隋書》、新舊《唐書》、新舊《五代史》。《老子》用唐玄宗注疏,《荀子》用楊倞注,《揚子》用李軌、宋咸、柳宗元、吴秘注。皆自國子監印之,授諸學校。④

這些書係金國子監出版印行,但是否全爲金代所刻,或者也包括北宋公私刻版在内,歷史記載不詳。但金國子監刻印過《東坡奏議》與《山林長語》等書,則確實有據。⑤

金代私人刻書風氣也很盛行,《中國版刻圖録》著録有《壬辰重改證吕太尉經進莊子全解》《南豐曾子固先生集》《重編補添分門字苑撮要》《新修累音引證群籍玉篇》《蕭閑老人明秀集注》〔圖版十五〕《劉知遠諸宫調》《重

① 《金史》卷八《世宗紀》下。
② 《金史》卷九《章宗紀》一。
③ 《版本通論》卷三《遼之刻書》。
④ 《金史》卷五一《選舉志》一。
⑤ 張秀民《金源監本考》,載《圖書季刊》二卷一期。

修政和經史證類備用本草》《增節標目音注精義資治通鑒》等。這些都是平陽(一名平水,今山西臨汾市堯都區一帶)的出版物。國家圖書館即藏有崇慶元年(一二一二)河北寧晉荆珍刻印的《崇慶新雕改併五音集韻》。該書半葉十三行,行二十字,注文雙行,行四十一字,白口,雙魚尾,左右雙邊,則證明其他地方也有私人刻書之事。

金刻本最著名的要算皇統八年(一一四八)開始雕版,大定十八年(一一七八)完成的一部大藏經。這部大藏經爲當時佛教女信徒崔法珍斷臂募捐,由解州天寧寺開雕,大藏經版會主持刻印,原庋山西趙城縣東南四十里的廣勝寺内,因稱趙城藏,又稱金藏。它是國内外從未著録的孤本。李致忠曾介紹了它的發現過程,可以參閲。① 國務院古籍整理出版規劃小組决定出版的《中華大藏經》,就以這部趙城金藏爲底本。

金刻本在内容和形式上都明顯受到宋刻本的影響。金代官刻本同宋代官刻本一樣,多爲正經正史和一些文集。金代的私刻本在内容上充分體現了民間色彩,已如上所舉列。當時民間盛行説唱諸宫調,平水書肆也適應大家需要而刻版流通。國家圖書館現藏《劉知遠諸宫調》五卷四十二頁,即爲金時平水坊本。這些民間文藝創作的傳播,對我國説唱文學和戲劇的發展起了不小作用。金刻本在形式上與宋刻本没有明顯差别,而且也有避諱現象。例如《蕭閑老人明秀集注》"堯""曉"缺筆顯然是避世宗父親睿宗宗堯諱,"恭""供"缺筆顯然是避章宗父親顯宗允恭諱。清趙翼説:"金一人二名,其國語之名,便於彼此相呼;漢名則用之詔令章奏。其避諱之法,則專避漢名,而國語之名不避,蓋國語本有音無正字也。"②《蕭閑老人明秀集注》等金刻本還出現了一些簡體字,如竜(龍)、处(處)、斈(學)、礼(禮)、迁(遷)、乱(亂)、尽(盡)、尘(塵)等,爲現代文字改革工作所取資。這個特點在元刻本中表現得更加鮮明。

關於元本。

元代刻書可媲美宋代,所以言版本者,至今宋元並稱。爲了鞏固政

① 李致忠《略談建國以來北京圖書館入藏的善本書》,載《文獻》第二十一輯。
② 《廿二史劄記》卷二八《金一人二名》。

權,元代統治者十分重視吸收漢族文化。明陳邦瞻云:元"自太祖、太宗即知貴漢人,延儒生講求立國之道"。① 因而也重視出版工作。如大德十一年(一三〇七)八月,"中書左丞孛羅鐵木兒以國字《孝經》進,(武宗)詔曰:'此乃孔子微言,自王公達於庶民,皆當由是而行。'其命中書省刻版模印,諸王而下皆賜之"。② 至大四年(一三一一)"帝(仁宗)覽《貞觀政要》,諭翰林侍講阿林鐵木兒曰:'此書有益於國家,其譯以國語刊行,俾蒙古、色目人誦習之。'"③再如"仁宗延祐四年(一三一七)四月以《大學衍義》譯國語。先是帝爲太子時,有進《大學衍義》者,命詹事王約等節而譯之。帝曰:'治天下此一書足矣。'因命與圖象《孝經》《列女傳》並刊以賜臣下。至是翰林學士承旨和搭拉都里默色、劉賡寺譯《大學衍義》以進。帝復令翰林學士阿琳特穆爾譯以國語。五年(一三一八)八月,復以江浙省所印《大學衍義》五十部賜朝臣"。④

正因爲元朝統治者充分認識到文化典籍對加强思想統治的重要性,所以歷朝都特别重視圖書的搜羅與印行。如太宗八年(一二三六)六月,"耶律楚材請立編修所於燕京、經籍所於平陽,編集經史"⑤。世祖至元十二年(一二七五)九月,"以玉昔帖木兒爲御史大夫,括江南諸郡書版及臨安秘書省《乾坤寶典》等書"。⑥ 至元十五年(一二七八)四月,"以許衡言,遣使至杭州等處取在官書籍版刻至京師"。⑦ 元朝國家中央級的刻書機構有秘書監的興文署、藝文監的廣成局、太史院的印曆局、太醫院的廣惠局或醫學提舉司。元王司點、商企翁《秘書監志》卷八云:

> 至元十年(一二七三)十一月初七日,太保大司農奏過事内一件,興文署掌雕印文書,交屬秘書監。……本署元設官三員、令一員、丞

---

① 《元史紀事本末·自序》。

② 《元史》卷二二《武宗紀》一。

③ 《元史》卷二四《仁宗紀》一。

④ 《續文獻通考》卷一四一《經籍》一。

⑤ 《元史》卷二《太宗紀》。

⑥ 《元史》卷八《世祖紀》五。

⑦ 《元史》卷十《世祖紀》七。

> 二員、校理四員、楷書一員、掌紀一員。事故:官一員,楊時煦(身故);校理二員,今改大都儒學教授孫奐、劉震;見任官二員,署令馬天昭,署丞王鼎;校理二員,李嘉、古申;楷書吕朂;掌紀趙謙;雕字匠花名計四十名,作頭一名;匠三十九名;印匠一十六名。

至元十三年(一二七六),興文署雖曾併入翰林院,但刻書活動並未中斷。至元二十七年(一二九〇)正月,"復立興文署,掌經籍板及江南學田錢穀"。① 清丁丙亦云:"至元二十七年正月,立興文署,召集良工刊刻諸經、子、史,以《通鑒》爲起端。"②葉德輝謂:"興文署本。至元二十七年刻《資治通鑒》二百九十四卷,見瞿《目》、陸《跋》、莫《録》;刻胡三省《通鑒釋文辨誤》十三卷,見陸《跋》。"③除興文署外,屬於藝文監的廣成局也"掌傳刻經籍及印造之事"。④ 廣成局所刻,惜無傳本。見於著録的其他官刻本尚有國子監本、太醫院本等。此外,地方官醫提舉司也刻了不少醫書。

元代出版的書籍,數量多、質量高的要推學校刻本。而這與元朝統治者對學校的重視是分不開的。在他們看來,"興舉學校,乃王政之先"。⑤所以"元世學校之盛,遠被遐荒,亦自昔所未有"。⑥ 據至元二十三年(一二八六)大司農司的統計,元朝建立不到二十年,"諸路學校凡二萬一百六十六所,儲義糧九萬五百三十五石,植桑棗雜果諸樹二千三百九萬四千六百七十二株"。⑦ 於此可見元代學校既多且富,因而刻書印書事業也隨之發達。今據《書林清話》將元代各路儒學、書院刻本舉例列表如後:

① 《元史》卷一六《世祖紀》十三。
② 《善本書室藏書志》卷七《資治通鑒二百九十四卷》。
③ 《書林清話》卷四《元監署各路儒學書院醫院刻書》。
④ 《元史》卷八八《百官志》四。
⑤ 《大元聖政國朝典章》卷二《興學校》。
⑥ 《元史紀事本末》卷二。
⑦ 《元史》卷一四《世祖紀》十一。

出版單位	書名	卷數	出版時間
中興路儒學	沈棐春秋比事	二〇	至元十六年
贛州路儒學	南軒易説	三	至元二十九年
太平路儒學	漢書	一二〇	大德九年
寧國路儒學	後漢書	一二〇	大德九年
瑞州路儒學	隋書	八五	大德九年
建康路儒學	新唐書	二二五	大德九年
池州路儒學	三國志	六五	大德十年
紹興路儒學	越絶書	一五	大德十年
信州路儒學	北史	一〇〇	大德十年
嘉興路儒學	陸宣公集	二二	至大四年
武昌路儒學	大易緝説	一〇	皇慶二年
臨江路儒學	春秋集傳	二二	延祐元年
龍興路儒學	唐律疏義	三〇	泰定元年
集慶路儒學	修詞鑒衡	二	至順四年
漳州路儒學	北溪先生大全文集	五〇	(後)至元元年
婺州路儒學	論孟集注考證	一〇	(後)至元三年
揚州路儒學	馬石田文集	一五	(後)至元五年
杭州路儒學	遼史	一六〇	至正三年
饒州路儒學	金石例	一〇	至正三年
撫州路儒學	道園類稿	五〇	至正五年
江北淮東道本路儒學	勤齋集	八	至正六年
福州路儒學	禮書	一五〇	至正七年
江浙省本路儒學	燕石集	一五	至正八年
平江路儒學	吴師道校正鮑彪注國策	一〇	至正二十五年
贛州路府學	南軒易説	三	無年號
無錫郡學	白虎通德論	一〇	大德九年
婺郡學	六書故	三三	延祐七年

續表

出版單位	書名	卷數	出版時間
嘉興郡學	易裨傳	二	至正四年
三山郡庠	通志	二〇〇	至治二年
吴郡庠	通鑒總類	二〇	至正二十二年
吉水郡庠	申齋劉先生文集	一五	無年號
興賢書院	滹南遺老集	四五	至元二十年
廣信書院	稼軒長短句	一二	大德三年
宗文書院	經史證類大觀本草	三一	大德六年
梅溪書院	千金翼方	三〇	大德十一年
圓沙書院	大廣益會玉篇	三〇	延祐二年
西湖書院	文獻通考	三四八	泰定元年
蒼巖書院	標題句解孔子家語	三	泰定元年
武溪書院	新編古今事文類聚前集	六〇	泰定三年
龜山書院	李心傳道命録	一〇	至順四年
建安書院	蜀漢本末	三	至正九年
屏山書院	止齋先生文集	五二	至正二十年
豫章書院	豫章羅先生文集	一七	至正二十五年
南山書院	廣韻	五	至正二十六年
臨汝書院	通典	二〇〇	大德十一年
桂山書院	孔叢子	七	無年號
梅隱書院	書集傳	六	無年號
雪窗書院	爾雅郭注	三	無年號

在學校書刻中，以九路分刻的十七史爲最有名。大德九年（一三〇五），江東建康道肅政廉訪司副使伯都以爲："浙西十一經已有全板，獨十七史未也。職居風憲，所當勉勵。"①因而發起刊印。太平路儒學教授曲

① 元建康路刊《新唐書》跋。

阜孔文聲爲太平路新刊《漢書》所寫的題記述九路分刻十七史的經過云：

> 江東建康道肅政廉訪司以十七史書艱得善本，從太平路學官之請，遍牒九路。今本路以《西漢書》率先，俾諸路咸取而式之。置局於尊經閣，致工於武林。三復對讀者，耆儒姚和中輩十有五人；重校修補者，學正蔡泰亨。版用二千二百七十五面，工費具載學記，兹不重出。始大德乙巳（一三〇五）仲夏六日，終是歲十有二月二十四日。……承務郎太平路總管府判官劉尊督工，江東建康道肅政廉訪副使伯都提調。①

據此可見，九路儒學刻印十七史，指導思想是明確的，組織是落實的，刻印工作也是非常認真的。但只有太平、寧國、瑞州、建康、池州、信州等七路儒學，刻印了《漢書》《後漢書注》《隋書》《新唐書》《晉書》《新五代史》《三國志》《北史》《南史》等，其餘諸史均未付梓。其中《漢書》《後漢書》《隋書》《南史》《北史》等，國家圖書館至今均有珍藏。②

顧炎武總結過書院刻書的優點。他認爲："聞之宋元刻書，皆在書院。山長主之，通儒訂之，學者則互相易而傳布之。故書院之刻有三善焉：山長無事而勤於校讎，一也；不惜費而工精，二也；板不貯官而易印行，三也。"③此外，元代學校刻書有雄厚的物質基礎，也是一種優越條件。明陸深云："勝國時，郡縣俱有學田，其所入謂之學糧，以供師生廩餼，餘則刻書，以足一方之用。工大者則糾數處爲之，以互易成帙，故讎校刻畫頗有精者，初非圖鬻也。"④〔圖版十六〕

元代的私刻本也相當可觀。太宗八年"置編修所於燕京、經籍所於平陽，由是文治興焉"。⑤ 置經籍所於平陽顯然是承認、管理和利用那裏從

① 見丁丙《善本書室藏書志》卷六《明重刊元大德太平路學本前漢書一百卷》。
② 李致忠《元代刻書述略》，載《文獻》第十輯。
③ 《日知録》卷一八《監本二十一史》。
④ 《金臺紀聞》。
⑤ 《元史》卷一四六《耶律楚材傳》。

金代開始就興盛起來的私人刻書事業。太宗十三年(一二四一),大臣姚樞棄官隱居輝縣,"又汲汲以化民成俗爲心,自版小學書、《語孟或問》、《家禮》,俾楊中書版《四書》、田和卿版《尚書》、《聲詩折衷》、《易》程《傳》、《書》蔡《傳》、《春秋》胡《傳》,皆脱於燕。又以小學書流布未廣,教弟子楊古爲沈氏活板,與《近思録》《東萊經史論説》諸書,散之四方"。[①] 這是元朝定鼎之前私家刻書的記録。世祖中統二年(一二六一)平陽道參幕段子成刻印的《史記集解索隱》一百三十卷,現藏國家圖書館,這是元朝定鼎之前,有實物流傳的最早的家刻本。《書林清話》卷四《元私宅家塾刻書》共著録三十九家刻印的書六十餘種。並指出:"以上各家多者刻數種,少者或一二種,皆極鏤板之工。"其中"劉君佐翠巖精舍,始元延祐至明成化","西園精舍,始元至正迄明永樂","梅軒蔡氏,始元至元迄明弘治","此其世業近者百年,久者百五六十年,子孫繼守書香"。可見由於元代文化政策相對穩定,私家刻書事業也獲得了持續不斷的發展。

葉德輝還認爲:"元時書坊所刻之書,較之宋刻尤夥。蓋世愈近則傳本多,利愈厚則業者衆,理固然也。"所著録有書坊四十家,書約九十種。葉氏還分析了元代坊刻本的特點:"大抵有元一代,坊行所刻,無經史大部及諸子善本,惟醫書及帖括經義淺陋之書傳刻最多。由其時朝廷以道學籠絡南人。士子進身儒學,與雜流並進。百年國祚,簡陋成風,觀於所刻之書,可以覘一代之治忽矣。"[②]對此,王欣夫發表了不同的看法,他認爲:"前人説,書坊目的在謀利,所以没有刻大部經史,而多刻醫書和帖括、小説、戲曲,不知這正是面向大衆,符合人民的需要,並且保存了不少民間的優秀文學作品,絶對不能加以輕視。"[③]時代不同,故觀點各異,是很清楚的。

葉德輝還談到元本"有名爲書院而實則私刻者",如方回虚谷書院、茶陵東山陳仁子古迂書院、詹氏建陽書院、潘屏山圭山書院、平江路天心橋南劉氏梅谿書院、鄭玉師山書院等,"皆私宅坊估之堂名、牌記而託於書院之名。以元時講學之風大昌,各路各學官私書院林立,故習俗移人,争相

---

① 姚燧《牧庵集》卷一五《中書左丞姚文獻公神道碑》。

② 《書林清話》卷四《元時書坊刻書之盛》。

③ 《古文獻學要略》第三章《版本》六《遼金元版本的概述》。

模仿,觀其刻本流傳,固可分别得其主名矣”。[①]

元刻本在形式上也呈現出一些鮮明的特點:從版式方面看,元刻本絶大多數是粗黑口。將宋朝出現的細黑口改變爲粗黑口的原因是出版單位與刻工爲了節省工時。這種風氣對明初刻本還有較大影響。從字體方面看,元刻本多用趙體。趙孟頫是亡宋宗室,入仕新朝,爲元世祖所寵,所以趙體在元代極爲流行。清徐康《前塵夢影録》卷下云:“元代不但士大夫競學趙書……其時官本刻經史、私家刻詩文集,亦皆摹吴興體。”[②]元刻本還有一個特點是基本上不避諱。其諱例只限於全用御名。而元代諸帝的名字又多是音譯長名,這樣,在前代舊籍以及當代人的著述中,碰上觸犯御名的地方幾乎没有。加之蒙古族來自漠北,禮制觀念和文字禁忌都比較薄弱,查禁不嚴,所以在元代的刻書中很難見到諱字。

元刻本,特别是元坊刻本愛用簡化字。刻書用簡體,南宋已經開始,例如羅振玉在日本影印的南宋臨安中瓦子張家雕印的《大唐三藏取經詩話》中,“過獅子林及樹人國”一章裏有“一個驴兒吊在厅前”及“到山西王長者兒处”,其中“驴”“厅”“处”三字都是簡體。元朝中葉以後,坊間刻本使用簡體字就非常普遍了。如“無”作“无”、“龐”作“庞”、“鹽”作“盐”、“雙”作“双”、“隱”作“隐”、“氣”作“气”、“馬”作“马”等等。建本的《樂府新編陽春白雪》《古今翰墨大全》《古今源流至論》,虞氏務本堂刻《全相平話五種》,簡體字更多。[③]

五 明 本

明代官私刻書的數量和品種都遠超宋、元。究其原因,首先是明太祖朱元璋在奪取政權以後,爲了鞏固政權,一方面大興文字獄,一方面又在中央和地方大力興辦學校,培養維護封建統治的人才。洪武二年(一三六九)旨云:

---

① 《書林清話》卷四《元監署各路儒學書院醫院刻書》。

② 趙孟頫是吴興人,吴興體亦即趙體。

③ 參看魏隱儒《中國古籍印刷史》第二編《古籍雕版印刷發展史》第十二章《元代的刻書事業》第四節《元代刻書的特點》。

> 朕恒謂治國之要,教化爲先;教化之道,學校爲本。今京師雖有大學,而天下學校未興。宜令郡縣皆立學,禮延師儒,教授生徒,以講論聖道,使人日漸月化,以復先王之舊,革污染之習,此最急務,當速行之。①

既重視辦學,也就必然重視書籍的出版和流通。如洪武十四年(一三八一)"頒《五經》《四書》於北方學校"。② 十五年(一三八二)太祖指出:"今國子監所藏舊書板多殘缺,其令諸儒考補,命工部督修治之,庶有資於學者。"③都是當時的具體措施。

其次,明初實行簡約商税、扶持工商的政策,也促進了出版事業的發展。明代官私兩方都形成了一些組織嚴密、分工細緻的出版機構。例如嘉靖初司禮監内有刊字匠三百十五名、印刷匠一百三十四名、摺配匠一百八十九名、裱背匠二百九十三名,及筆匠、墨匠各數十名。④ 再如無錫顧起經、顧起綸兄弟的奇字齋於嘉靖三十四年(一五五五)刻的《類箋王右丞詩集》〔圖版十七〕後面,即附有全部開局氏里〔圖版十八〕。可見顧氏奇字齋已是一個頗具規模的出版社。

復次,宋元以來,通俗文藝日趨發達,明初統治者和宫廷宦官不少人文化水平不高,喜歡這類作品,這也導致了明代刻書數量的明顯增長。清梁清遠云:"洪武初年,親王之國,必以詞曲一千七百本賜之。"⑤當時有二十餘位藩王,則賜書總數約在四萬本左右。這些書當然有宋元舊本,但也必有不少明刊新本。又明宦官劉若愚説:"皇城中内相學問讀《四書》《書經》《詩經》;看《性理》《通鑑節要》《千家詩》《唐賢三體詩》;習書柬活套,習作對聯,再加以《古文真寶》《古文精粹》,盡之矣。"又云:"《三國志通俗演

① 見《南雍志》卷一。

② 《明史》卷二。

③ 《南雍志》卷一。

④ 見《大明會典》卷一八九。

⑤ 《雕丘雜録》卷一五。

義》《韻府群玉》皆樂看愛買者也。”①所以像北京都察院這樣的衙門竟然也刻了《三國志演義》《水滸傳》是不足爲怪的。明中葉後，隨着手工業和商業的發展，都市日趨繁華，市民階層日益活躍，通俗讀物較前就更多了。爲了適應廣大讀者的需要，明代的插圖本與套印本也得到了長足的發展。

明周弘祖《古今書刻》上編記載了明代官私出版的書籍約二千五百種，爲我們研究明刻本提供了依據。錢亞新曾編《古今書刻》刻書統計表，②今轉載如下：

《古今書刻》刻書統計表

中央		地方																	總計（種數）
刊者	種數	省	布政司		按察司		府		州		藩邸		書坊		其他		合計		
			刊者	種數	刊者	種數	刊者	種數	刊者	種數	刊者	種數	刊者	種數	刊者	種數	刊者	種數	
内府	83	北直隸					8	78									8	78	
禮部	5	南直隸					15	445	3	6							18	451	
兵部	4	浙江	1	8	1	6	11	159									13	173	
工部	1	江西	1	21	1	16	13	230			3	60					18	327	
都察院	33	福建	1	18	1	10	7	53	1	2			1	366	3	21	16	470	
國子監	41	湖廣	1	7	1	17	12	51	1	1	3	24					18	100	
欽天監	1	河南	1	21	1	3	5	30			2	3					9	57	
太醫院	3	山東	1	20	1	6	5	13			2	10			1	3	10	52	
隆福寺	2	山西	1	21	1	3	4	13			1	2			1	2	8	41	
南京國子監	273	陝西	1	35			8	58			3	15			1	1	13	109	
南京提學察院	1	四川	1	13	1	3	5	20	4	4	1	28					12	68	

① 《酌中志》卷一八《内板經書紀略》。

② 見《談談〈古今書刻〉上編的意義和作用》，載《廣東圖書館學刊》一九八二年第一期。

續表

中央		地方																		總計（種數）
刊者	種數	省	布政司		按察司		府		州		藩邸		書坊		其他		合計			
			刊者	種數	刊者	種數	刊者	種數	刊者	種數	刊者	種數	刊者	種數	刊者	種數	刊者	種數		
		廣東	1	17	1	2	9	31									11	50		
		廣西	1	2	1	3	2	4									4	9		
		雲南	1	25	1	6	3	11									5	42		
		貴州	1	7			1	1									2	8		
合計	447	合計	13	215	11	75	108	1197	9	13	15	142	1	366	6	27	165	2035	2482	
百分比	18			8.7		3		48.3		0.6		5.6		14.6		1.1		82	100	

《古今書刻》上編大致反映了隆慶三年（一五六九）以前明代刻書概況。從表中可以看出中央有十一個單位刻了四百四十七種書，這説明中央部門刻書是比較普遍的現象。其中内府刻八十三種，占相當大的比重。《明史·藝文志》序云："明御製書文，内府鏤版，而儒臣奉敕修纂之書，及象魏布告之訓，卷帙既夥，文藻復優，當時頒行天下。"[①]内府刻書由司禮監主管。司禮監設有漢經廠、繙經廠、道經廠。漢經廠刻印一般經、史、子、集，繙經廠刻佛經，道經廠刻道藏，因此後人又將明内府刻本稱爲經廠本。《四庫全書總目》卷八十七著録《經廠書目》一卷，其提要云：

> 明内府所刊書目也。黄虞稷《千頃堂書目》有此書，亦作一卷。經廠即内繙經廠，明世以宦官主之。書籍刊版，皆貯於此。所列書一百十四部，凡册數頁數，紙幅多寡，一一詳載。蓋即當時通行則例，好事者録而傳之。然大抵皆習見之書，甚至《神童詩》《百家姓》亦厠其中，殊爲猥雜。今印行之本尚有流傳，往往舛错、疑誤後生。蓋天禄、石渠之任，而以寺人領之。此與唐魚朝恩判國子監何異？明政不綱，此亦一端。

① 《明史》卷九六。

這種經廠本，因爲校勘不精，後人不甚重視。

從《古今書刻》刻書統計表中還可以看出，在中央刻書的十一個單位中，以兩京的國子監刻書較多，共三百一十四種，占中央部門所刻總數四百四十七種的百分之七十，占全國所刻總數二千四百八十二種的百分之十二。《南雍志・經籍考》分制書、經、史、子、文集、類書、韻書、雜書、石刻九類，共著録了三百零一種書。於此可見南京國子監刻書的盛況。南京國子監的書版多自舊國子學而來，還有不少是各地送繳的，而這在《南雍志》中也有明確的記載，兹舉二例：

> 《史記》中字七十卷　存者一千六百面，缺者二百一十九面，本集慶路儒學梓，見《金陵新志》。
>
> 《懷麓堂藁》一百二十卷　板完，計二千一百零五面，有模糊。少師兼華蓋殿大學士李東陽撰，徽州張昕所刻，正德十年以板送監。①

南京國子監持續不斷地補刻了許多書，而且經過比較認真的校勘，質量比内府刻本當然要高些。明永樂十九年（一四二一）遷都北京後，又建立了北京國子監。《古今書刻》著録北監刻書四十一種，成化《國子監通志》卷九載北監書版四十七種，可見北監書版比南監少得多。其中最重要的要算翻刻南監校刊的《十三經注疏》與《二十一史》。丁丙云："北監《二十一史》奉敕重修者，祭酒吴士元、司業黄錦也，自萬曆二十四年（一五九六）開雕，閲十有一載，至三十四年（一六〇六）竣事，皆從南監本繕寫刊刻，雖行款較爲整齊，究不如南監之近古，且少訛字。"②張秀民也認爲："北監本板式淩雜，字體時方時圓，校對魯莽，訛舛較多。遼、金諸史缺文動至數葉，《儀禮》脱誤尤多。"③看來北監本在數量和質量上皆不如南監本。

另外明代都察院也刻了不少書，《古今書刻》著録了三十三種，有《算

① 《南雍志》卷一八《經籍考》下篇《刻梓本末》。

② 《善本書室藏書志》卷六《明北監二十一史》。

③ 《明代北京的刻書》，載《文獻》第一輯。

法大全》《千金寶要》《史記》《文選》《杜詩集注》《千家注蘇詩》《盛世新聲》《太平樂府》《三國志演義》《水滸傳》等。從内容上看,所刻同民間坊本已經没有多大差别了。

從《古今書刻》中,還可以看出明代地方官府刻書之風非常盛行。清袁楝《書隱叢談》云:"官書之風,至明極盛。内而南北兩京,外而道學兩署,無不盛行雕造。官司至任,數卷新書與土儀並充餽品。"清王士禎也稱:"明時翰林官初上,或奉使回,例以書籍送署中書庫,後無復此制矣。又如御史、巡鹽茶、學政、部郎、榷關等差,率出俸錢刊書,今亦罕見。"①由此可見明代地方官府曾掀起過一個刻書高潮。但由於把書籍當禮品,便不免草率從事,敷衍塞責。清顧炎武云:"今學既無田,不復刻書,而有司間或刻之,然袛以供餽贐之用,其不工反出坊本下,工者不數見也。"②葉德輝也説:"明時官吏奉使出差,回京必刻一書,以一書一帕相贈,世即謂之書帕本。……按明時官出俸錢刻書,本緣宋漕司郡齋好事之習,然校勘不善,訛謬滋多。至今藏書家,均視當時書帕本比之經廠、坊肆,名低價賤,殆有過之。然則昔人所謂刻一書而書亡者,明人固不得辭其咎矣。"③

明本中最有特色的要算藩刻本。明代實行分封皇子到外地爲藩王的制度。爲了防止藩王篡奪政權,建文帝、明成祖都對他們采取了嚴厲的抑制政策。明成祖即位後,藩王逐漸喪失了地方軍政大權。於是有的以聲色狗馬自娱,有的則把閑散精力用在校刻書籍方面。由於藩王具有雄厚的財力,既有善本可供繙雕,又有碩儒幫助校勘,所以藩刻本的質量是有保證的。昌彼得曾介紹過明藩刻書概況:

明藩刻書,今可知者,無慮卅家。明初則有周、蜀、慶、寧、楚諸府。周府自洪武間刻《千金方》,以迄萬曆,屢經傳刻,《金丹正理》,其著者也。其支裔博平,亦有刻本傳世。蜀府恒多賢王,自明初迄萬曆,傳本不絶,四部之籍,皆曾槧雕,尤爲著稱。慶藩纂刻,皆在明初,

① 《居易録》卷七。

② 《日知録》卷一八《監本二十一史》。

③ 《書林清話》卷七《明時書帕本之謬》。

多屬總集。寧藩多獻王權所自纂刻，自洪武以迄正統，據其目所載，凡百餘種，今傳世亦最夥。楚府刻書，自明初以迄萬曆，《説苑》《新序》，至今傳誦，支裔武岡，亦有詩集傳世焉。成弘以降，槧雕尤廣。淮、唐諸府，多刻總集；吉府多刻子書，以迄萬曆；益府多刻小學譜録，迄於崇禎，活字印書，媲美蜀藩。秦府《史記》、魯府《抱朴子》，咸稱善本；遼藩《昭明文選》，人争寶之。嘉靖間當推晉、趙二府最著，晉府多刻重集，卷帙爲諸藩之冠；趙康王於四部之籍，無不繙雕，尤爲淹雅。他如德藩之《漢書》、瀋藩之《易林》、徽藩之《萬花谷》、崇府之《包公奏議》、靖江之李杜集，並爲士林所重，而萬曆間鄭藩之通音律，所刻《樂律全書》尤爲審音家所推重，不獨以雕版著聲藝苑也。其他諸藩如漢、衡、伊、榮、襄、潞、代、岷、汝等府，或繙雕舊籍，或自刻詩文。稽古右文，於焉爲盛。此諸藩刻書之梗概也。①

在許多藩王中，寧藩朱權和晉藩朱鍾鉉較爲突出。朱權爲太祖第十七子。《四庫全書總目》卷八十七著録《寧藩書目》一卷，其提要云："初，寧獻王權以永樂中改封南昌，日與文士往還，所纂輯及刊刻之書甚多。"《寧藩書目》"所載書凡一百三十七種，詞曲、院本、道家煉度、齋醮諸儀俱附焉"。晉藩朱鍾鉉是太祖的曾孫，博古善法書，曾刻《寶賢堂法帖》。他的子孫也都好學嗜古，代有刻書。今傳世的刻本有總集《文選》《唐文粹》《宋文鑒》《元文類》等有系統的巨編。總之，明藩都各隨所好地刻了一些有特色的書，而又校勘精當，刻工細緻，所以爲後世藏書家所珍視。

明代家刻本也非常盛行。早在洪武十年（一三七七），就出現了浦江鄭濟所刻劉基編選的《宋學士文粹》十卷。由鄭濟、鄭洧兄弟約會同門劉剛、林静、樓璉、方孝孺等共同手寫上版。他們都是宋濂的學生，對本師著作非常尊重；書寫認真，字體娟秀，刻工版式也極精雅。半葉十六行，每行二十七字，左右雙邊，黑口，無魚尾。卷十末有洪武丁巳七月十日鄭濟題記，略云："右翰林學士潛溪宋先生《文粹》十一卷，青田劉公伯温丈選定者

① 《版本目録學論叢》—《明藩刻書考》。

也。濟及同門等相與繕寫成書，以字計之，約計十二萬二千有奇，於是命工十人鋟梓以傳。自今夏五月十七日起至七月九日畢工，凡歷五十二日。”[①]

明代中葉，前後七子掀起了一個聲勢浩大的復古運動，反映在刻書事業上便是私家大量覆刻宋本與仿刻宋本。世人推重嘉靖本，即由於此，例如金臺汪諒、震澤王延喆都影刻了宋黄善夫本《史記》；吴縣袁褧嘉趣堂影刻了宋本《大戴禮記》和《六臣注文選》；錫山安國桂坡館刻宋紹興本《初學記》；吴縣顧春世德堂刻《六子全書》；蘇州徐時泰東雅堂影宋刻《昌黎先生集》、郭雲鵬濟美堂影宋刻《河東先生集》。[②]

在覆刻宋本中，袁褧刻《六臣注文選》堪稱這一時期的代表。其跋云：“余家藏書百年，此本甚稱精善，因命工翻雕。匡郭字體，未少改易，計十六載而完。用費浩繁，梓人艱集。今模搨傳播海内，覽兹册者，毋徒曰開卷快然也。”正因爲刻得與宋本没有多少差别，所以書估常常利用袁刻《文選》作僞。葉德輝指出：“合計内府所藏《文選》十部，而作僞居八九，此可見袁本雕刻之精。”[③]此云“内府”係指清廷。此外，這個時期錢塘洪楩的清平山堂刻印了不少文學書籍，如《六臣注文選》《唐詩紀事》，特别是《清平山堂話本》保存了若干篇宋元人短篇小説，對文學史的發展有重要意義。

萬曆以後，雕版事業呈現出更加繁榮的景象。這一時期的著名刻書家吴勉學、陳仁錫、胡文焕、毛晉等相繼出現。特别是毛晉的汲古閣在中國刻書史上占有突出地位。毛晉初名鳳苞，晚更名晉，字子晉，世居虞山東湖。平生專意校書刻書，僅據《汲古閣校刻書目》統計，所刻《十三經注疏》《十七史》《津逮秘書》《漢魏六朝一百三家集》《列朝詩集》《宋名家詞》《六十種曲》等約有十萬多板片。毛氏刻書是建築在豐富的藏書的基礎上的。滎陽悔道人《汲古閣主人小傳》云：

---

① 參看魏隱儒《中國古籍印刷史》第二編《古籍雕版印刷發展史》第十三章《明代的刻書事業》。

② 參看《書林清話》卷五《明人刻書之精品》。

③ 《書林清話》卷十《坊估宋元刻之作僞》。

　　晉少爲諸生，蕭太常伯玉特賞之，晚乃謝去。以字行，性嗜卷軸。榜於門曰："有以宋槧本至者，門内主人計葉酬錢，每葉出二佰。有以舊鈔本至者，别家出一千，主人出一千二百。"於是湖州書舶雲集於七星橋毛氏之門矣。邑中爲之諺曰："三百六十行生意，不如鬻書於毛氏。"前後積至八萬四千册，構汲古閣、目耕樓以庋之。子晉患經史子集率漫漶無善本，乃刻《十三經》、《十七史》、古今百家及二氏書，至今學者寶之。①

毛晉刻書不少，質量却不甚高，曾受到孫從添、黄丕烈、陳鱣、顧廣圻、段玉裁等人的批評。② 如孫從添云："毛氏汲古閣《十三經》《十七史》校對草率，錯誤甚多，不足貴也。"又云："毛氏汲古閣所刻甚繁，好者亦僅數種。"③葉德輝甚至批評毛刻本説："略舉黄、顧、陳、段諸家所糾，則其刻書之功，非獨不能掩過，而且流傳謬種，貽誤後人。今所刻《十三經》《十七史》《説文解字》傳本尤多，淺學者不知，或據其本以重雕，或奉其書爲秘笈。昔人謂明人刻書而書亡，吾於毛氏不能不爲賢者之責備矣。"④這種批評未免苛求，葉氏後來又産生了後悔之情。他感嘆道："毛刻書余幸當年隨意獲之，又悔當年等夷視之。今雖備數而未得選購初印之本，是亦失之眉睫之事也矣。"⑤那麼怎樣評價毛刻本，怎樣看待專家們對毛刻本的批評呢？王欣夫曾對此作過全面而中肯的分析：

　　我以爲毛氏藏書既多善本，重刻時不能一一據以詳校；又有既據宋本，不纖悉照摹，而用己意校改，當然是個缺點，但也許有其它原因存在。譬如原書的刊刻在先，而善本的收得在後，就發現底本與刻本的不同了。他既得善本之後，因爲刻書太多，勢不能一一修改，但他

① 《汲古閣校刻書目》卷首。
② 參看《書林清話》卷七《明毛晉汲古閣刻書之一》。
③ 《藏書紀要》第二則《鑒别》。
④ 《書林清話》卷七《明毛晉汲古閣刻書之一》。
⑤ 《書林清話》卷七《明毛晉汲古閣刻書之三》。

> 的主觀是要求精益求精的,只好選擇幾種來改正和重刻,如陸游《南唐書》的重刻便是。也有他並没有見過宋本,只得根據别本傳刻,這就不應該根據宋本來攻擊他的錯誤。如《李群玉集》,毛氏以體分統前後併爲三卷,究竟作了一番整理工作,倘是他見到了宋本,自然不必多此一舉。至於毛晉和毛扆的校刻《説文》,前後共經過五次的校改。段玉裁説他謬戾多端,也是事實。但是我們應該看一看毛氏的時代,明代對於《説文》之學,除了趙宧光外,本來是很少有人注意的,所以連《説文》這部書也幾乎失傳。以顧炎武的博學,他生平就没有見過《説文》原本,經毛氏重刻了才家有其書,蔚成了清代許學的盛況,他的功績就在這裏。至於毛氏父子治學的水平,受條件的限制,是無可奈何的。但主觀也是要精益求精,所以不憚煩地校改至五次之多,他的成就怎能與段玉裁這樣的大專家來比呢?把許學極盛時的準繩來衡量萌芽時的版本,是不符實際的。毛氏刻了十餘萬的版片,當然有不少缺點,對這些缺點嚴肅地指出來,使後人不被所誤,也是必要的。但决不能强調了部分缺點,而否定了全部成績。①

毛氏所刻各書,版心下端鎸"汲古閣"或"緑君亭"。清龐鴻文等撰《毛鳳苞傳》稱其"所用紙歲從江西特造之,厚者曰毛邊,薄者曰毛太,至今猶沿其名不絶"。②

明代私家刻書還在彩色套印方面做出了突出貢獻。套版印刷雖然在十四世紀已經出現,但到十七世紀才得到廣泛應用。這是和吴興(湖州)凌氏、閔氏的努力分不開的。葉德輝指出:"朱墨套印,明啓、禎間有閔齊伋、閔昭明、凌汝亨、凌濛初、凌瀛初,皆一家父子兄弟刻書最多者也。"③套印本的蓬勃發展,顯然與明代盛行評點式的文學批評方式有關。

此外,"餖飯"與"拱花"兩種方法在此時期也得到了成功的運用。胡正言在崇禎末年用這兩種方法編印的《十竹齋畫譜》《十竹齋箋譜》,由於

---

① 《古文獻學要略》第三章《版本》七《明代版本的概述》。

② 《常昭合志稿》卷三二。

③ 《書林清話》卷八《顔色套印書始於明季盛於清道咸以後》。

刊版工緻、設色妍麗，它所達到的水平直到現在還難以超過。

明代坊刻本，出版單位多，分佈地域廣，呈現出一派異常繁榮的景象。家刻本、坊刻本都是私刻本，都要出售，並無本質差别。所以《書林清話》卷五《明人私刻坊刻書》將兩者合在一起介紹。

明人喜歡爲自己的出版機構取美名：有稱書院的，如紫陽書院、九峰書院；有稱精舍的，如建溪精舍、詹氏進德精舍；有稱書堂的，如古杭勤德書堂、書林魏氏仁實書堂；有稱書屋的，如南星書屋、前山書屋；有單稱堂的，如梁氏安定堂、鰲峰熊宗立種德堂；有單稱館的，如翠巖館、潘元度玉峰青霞館；有單稱齋的，如書户劉洪慎獨齋、顧起經奇字齋；有稱山房的，如徐熫萬竹山房、喬世寧小丘山房；有稱草堂的，如椒郡伍氏龍池草堂、玉蘭草堂；有稱書林的，如書林劉寬、書林余氏；此外還有稱書鋪的，如正陽門内巡警鋪對門金臺書鋪；稱書室的，如蔣德盛武林書室；稱書齋的，如衆芳書齋；稱紙鋪的，如杭州錢塘門裏橋南大街郭宅紙鋪；稱藥室的，如劉氏博濟藥室；稱别墅的，如東里董氏茭門别墅；有稱寓舍的，如龍邱桐源舒伯仁梁溪寓舍；有稱鋪的，如國子監前趙鋪；稱亭的，如尹耕瘵鶴亭；稱樓的，如贛郡蕭氏古翰樓；稱屋的，如芙蓉泉屋；稱閣的，如吴興花林東海居士茅一相文霞閣；稱軒的，如清夢軒等等。①

從《古今書刻》統計表中可以看出福建書坊刻了三百六十六種，在地方刻書中可謂首屈一指。其中四書類十三種、五經類五十八種、制書類十三種、理學類十三種、史學類三十四種、雜書類六十二種、刑書類九種、兵戎類八種、詩文類六十種、醫卜星相堪輿玄修等類九十五種。可知福建坊刻側重於科舉考試、文史與民間實用之類的書。福建坊刻主要集中在建寧一處，約有六十家，②通稱建本。詳本章第二節。

明代南京是政治、經濟、文化中心，同時也是刻書中心。明胡應麟云：

---

① 參看《書林清話》卷五《明人私刻坊刻書》。

② 張秀民《明代南京的印書》注十四："拙文《明代印書最多的建寧書坊》（《文物》一九七九年第六期），舉出了四十七家，但有不少書坊雖未標明建陽、潭陽，而爲閩建書林，多至二三十家，故實際上建陽書坊應有六十家左右，當時爲慎重計，未算入。"載《文物》一九八〇年第十一期。

> 吴會、金陵擅名文獻，刻本至多，巨帙類書咸會萃焉。海内商賈所資二方十七，閩中十三，燕、越弗與也。然自本坊所梓外，他省至者絶寡，雖連楹麗棟，蒐其奇秘，百不二三，蓋書之所出，而非所聚也。①

張秀民考證明代南京書坊有五十七家，其中唐姓十二家，周姓七家。萬曆間唐氏各家除刻醫書、經書、文集、尺牘、琴譜外，又刻了很多戲曲。尤以唐對溪富春堂爲最多，現存《管鮑分金記》《三顧草廬記》《吕蒙正破窑記》等約三十種。其刻書有一特色，即在版框四周有花紋圖案，稱爲"花欄"，改變了宋元以來單調的單邊、雙邊。南京書坊除大批出版戲曲外，也多刻小説，其著名的有金陵萬卷書樓刻李卓吾訂正《三國志傳》、金陵榮壽堂刻《西游記》、唐氏世德堂刻《出像官板大字西游記》，又刻《唐書志傳通俗演義》，金陵兼善堂則刻了《警世通言》。爲迎合讀者的愛好，一般戲曲小説都有插圖。過去建陽坊本多爲上圖下文，圖畫扁形横幅，南京本改爲整版半幅，或前後頁合拼成一大幅，圖像放大，綫條粗放，頗饒古趣。南京書坊也刻了不少醫書，如嘉靖間雷鳴刊《濟生産寶方》、趙君耀刻《胎産須知》等。大致金陵坊刻醫書、雜書、小説，不及建陽書坊之多，而戲曲則超過建刻。兩處刻書均以萬曆時爲最盛。嘉靖以後，安徽歙縣的刻書工藝急遽發達，作品精美。萬曆、崇禎間歙縣刻工多移居南京、蘇州一帶。這説明除南京外，明中期以後蘇州地區刻書之盛。但是人們更重視蘇州地區的家刻本②。《書林清話》卷五《明人刻書之精品》所列，大部分出自蘇州地區，如吴郡沈辨之野竹齋、崑山葉氏菉竹堂、江陰涂禎、錫山安國桂坡館、震澤王延喆恩褒四世之堂、吴郡金李澤遠堂、吴門龔雷、吴郡袁褧嘉趣堂、顧春世德堂、蘇獻可通津草堂、東吴郭雲鵬濟美堂、東吴徐氏、東吴徐時泰東雅堂、吴郡杜詩。葉德輝甚至認爲這些出版家"皆刻書有根據，不啻爲宋槧作千萬化身者也"。③

明代北京書坊可考的有七八家：北京永順堂、金臺魯氏、國子監前趙

① 《少室山房筆叢》甲部《經籍會通》卷四。

② 參看張秀民《明代南京的印書》，載《文物》一九八〇年第十一期。

③ 《書林清話》卷五《明人刻書之精品》。

鋪、正陽門内大街東下小石橋第一巷内金臺岳家、正陽門内西第一巡警更鋪對門汪諒金臺書鋪、刑部街住陳氏、北京宣武門裏鐵匠胡同藥鋪、隆福寺。一九六七年上海嘉定縣城東公社平整土地時，在明代宣姓墓中發現成化七年至十四年（一四七一至一四七八）永順堂用竹紙刊印的十一種説唱詞話和一種南戲《白兔記》。在《唐薛仁貴跨海征遼故事》封面上端横書《北京新刊》四字。書名前多冠"新刊全相説唱"字樣，書名頁上刻着"全相説唱詞話"，主要爲七字唱句，有《説唱石郎駙馬傳》《説唱包待制出身傳》《包龍圖斷烏盆傳》《斷曹國舅公案傳》等。《包龍圖斷白虎精傳》長達九百多句，全部爲七言唱句，没有説白，但書名仍題"説唱"。這是後來鼓詞、彈詞的先河。成化間金臺魯氏刊有《四季五更駐雲飛》是我們今日所能見到的最早的明代時調小曲唱本。國子監前趙鋪，弘治丁巳（一四九七）刻《陸放翁詩集》。金臺岳家弘治戊午（一四九八）季冬重刊印行《奇妙全相注釋西廂記》。刑部街住陳氏新刊《律條便覽直引》封面書簽印《大明律》三字。金臺書鋪汪諒於嘉靖元年（一五二二）刻《文選注》，目録後附鬻書廣告，載其所刻十三種圖書的書名，實際上是我國現存較早的鬻販書目。鐵匠胡同葉鋪以"麒麟爲記"，萬曆十二年（一五八四）新刊《真楷大字全號縉紳便覽》一卷（今存藍印本），同年又刊《南北直隸十三省府州縣正佐首領全號宦林便覽》二卷（中央與地方官員名録），開清代琉璃廠書鋪刊《縉紳録》之先河。隆福寺爲東城第一大廟，與西城的白塔寺、護國寺，攤肆林立，舊均有廟會。隆福寺明代刊有《詞林摘艷》《五音篇海集韻》。北京書坊刻書雖無建陽、南京之盛，但在刻民間實用書籍與通俗文藝作品方面，各地書坊都是一致的。①

明代杭州刻書之盛不及宋、元，故謝肇淛云："今杭本不足稱矣，金陵、新安、吴興三地，剞劂之精者，不下宋板。"②但是由於杭州刻書有悠久的歷史和雄厚的基礎，坊間還是刻了不少的書，其中比較突出的是一些小説和戲劇。例如杭州容與堂刻《李卓吾先生批評幽閨記》二卷，版心下刻"容

① 詳見張秀民《明代北京的刻書》，載《文獻》一九七九年第一輯。

② 《五雜俎》卷一二。

與堂”三字，並題“虎林容與堂梓”，有圖二十幅，甚精；《李卓吾先生批評琵琶記》二卷，有圖十幅，兩書行款悉同；《李卓吾先生批評紅拂記》二卷，有圖二十幅，卷端下題“虎林容與堂梓”一行。又有《李卓吾先生批評浣紗記》二卷，王重民先生説：“此本無校刻人姓氏及題記，以版式、行款及刀迹觀之，頗似虎林容與堂校刻李評《幽閨記》，因疑此亦容與堂校刻本也。”①容與堂還刻有《李卓吾先生批評忠義水滸傳》一百卷，卷七、卷八版心下間刻“容與堂藏板”五字，刻印俱精。明萬曆間杭州還有一位楊爾曾，刻過不少的書，其中部分出於自撰。王重民《新鐫海内奇觀》提要云：“爾曾事迹無考，然以編刻小説及刻書知名。據是書自序，爾曾字聖魯，號臥游道人，浙江錢塘人。所居曰夷白堂。”②此書即爲其自刻，美國國會圖書館藏《新鐫海内奇觀》十卷書封面記云：“武林楊衙夷白堂精刻，各坊不許翻刊。”此外見於著録的有武林坊間所刻楊爾曾《新編東西晉演義》十二卷，五十回，前有附圖，刊印極精細。武林書坊人文聚刻楊爾曾撰《新鐫批評出相韓湘子》三十回，有天啓三年（一六二三）烟霞外史序和十六頁插圖，封面題：“武林人文聚藏板。”坊刻比較重視版權，如杭州李氏静常齋刻有《月露音》四卷，“是書寫刻極精，圖尤雅緻，具徽工之輪廓，擅蘇刻之纖遒，在版畫群中，尤居上品”③。其藍印封面題：“静常齋藏板，不許翻刻。”封面右下角鈐一朱文長方印，文曰：“杭城豐樂橋三官巷口李衙刊發，每部紋銀八錢，如有翻刻，千里究治。”④

明代書坊在普及和提高插圖本方面做出了突出貢獻。爲了滿足廣大人民群衆，特别是市民階層的需要，大量的小説、戲劇及其他通俗讀物都附有插圖，明萬曆以後插圖本空前繁榮。顧廷龍序《明代版本圖録初編》云：“繡像圖籍，流衍説部，而傳奇雜劇，點綴景物，名實工緻，妙擅絶藝。隆、萬以還，斯業特盛，金陵之富春堂、文林閣、繼志齋，其最著者也。版刻嬗變，於斯爲極。”唐對溪富春堂所刻插圖本著名的有《新刻重訂出像附釋

①③ 《中國善本書提要》集部曲類。

② 《中國善本書提要》史部地理類。

④ 參看魏隱儒《中國古籍印刷史》第二編《古籍雕版印刷發展史》第十三章《明代的刻書事業》第三節《坊刻本》。

標注琵琶記》《新刻出像音注花欄韓信千金記》《新刻出相音注勸善目連救母行孝戲文》等。唐錦池文林閣所刻插圖本著名的有《全像包龍圖公案》《新刻全像易鞋記》《新刻全像觀音魚籃記》《新刻牡丹亭還魂記》等。陳大來繼志齋刻有《旗亭記》《折桂記》《重校五倫傳香囊記》等。建陽坊刻插圖本更加普遍，肖東發《建陽余氏刻書考略》云：

> 隨着雕版手工業的發展，到了明朝萬曆、崇禎年間，插圖本無論就數量而言還是就質量而言，都達到了極盛時期，尤其是通俗小説和雜書幾乎無書不附插圖。這些插圖，格調新穎，形式多樣，有每回卷首插一頁版畫的萃慶堂《大備對宗》、三臺館《三臺便覽通書正宗》；有同一書頁，上半欄爲圖像，下半欄爲書文的三臺館《全漢志傳》《南北兩宋志傳》《唐虞志傳》《有夏志傳》；有的刊本則是上評、中圖、下文，如雙峰堂《全像水滸志傳評林》《全像批評三國志》；還有更新穎的是圖嵌文中，如余新安的《荔鏡記》、三臺館的《武功名世英烈傳》和萃慶堂的《呂仙飛劍記》；有的一部書插圖幾十幅，如永慶堂的《梁武帝傳》。這些余氏插圖本雖不如徽派精緻，但古樸簡潔，自饒風趣。①

北京書坊與杭州書坊都刻有不少插圖本。前者的例子如弘治十一年（一四九八）金臺岳家刻《新刊大字魁本全像參增奇妙注釋西廂記》，係兩節版，上圖下文，半葉十二行，行十八字，四周雙邊，黑口，雙魚尾，卷末牌記云："弘治戊午季冬金臺岳家重刻印行。"可見這是《西廂記》的較早刻本。後者的例子如楊爾曾夷白堂的《新鐫海内奇觀》十卷，其《凡例》云："繪圖係今時名士鐫刻，皆宇内奇工，筆筆傳神，刀刀得法，覽者當具隻眼。"王重民指出："是書特點，誠在山各有圖，於都、何、慎三家書後，爲能另闢一新境界，而開後來諸名山記有圖之端。此本剞劂頗工，凡例後題：'錢塘陳一貫繪，新安汪忠信鐫。'"②

---

① 《文獻》一九八五年第一期。
② 《中國善本書提要》史部地理類。

在談到明代插圖本時,我們應當特別重視徽州刻工的傑出貢獻,其中尤以黄、汪兩姓獨步一時。他們的代表作有黄鏻、黄應泰刻的《程氏墨苑》;黄應瑞刻的《女範編》《大雅堂雜劇》;黄應光刻的《琵琶記》《新校注古本西厢記》六卷附圖一卷、《元曲選》;黄一楷刻的《北西厢》;黄一彬刻的《青樓韻語》《西厢五劇》;黄應組刻的《坐隱圖》等,都已達到了木刻畫的高峰。汪忠信刻《海内奇觀》、汪文宧刻《仙佛奇踪》、汪士珩刻《唐詩畫譜》作風也和諸黄相近。此外《水滸傳》《金瓶梅》的插圖也出自歙縣刻工之手。明謝肇淛云:"《水滸》《西厢》《琵琶》及《墨譜》《墨苑》等書,覃精聚神,窮極要妙,以天巧人工爲傳奇耳目之玩。"①安徽歙縣刻工們鎸刻的插圖,一般説來無不精雅絶倫。萬曆初年的作品,如黄鋌刻《新編目蓮救母勸善戲文》插圖四十餘幅,雖然是一種大刀闊斧的作風,有時不免草率粗糙,但綫條精健、豪放有力,富有木板鏤刻趣味。萬曆中期以後的作品,由粗豪變爲雋秀,由質直變爲婉麗,形成精密細巧、俊逸秀麗的徽派風格。特别是當時的名畫家,都熱心於版畫底本的創作,如丁雲鵬繪《列女傳》和《程氏墨苑》;陳洪綬繪《水滸》葉子和《博古》葉子;程起龍繪《女範編》;吴門王文衡繪《西厢五劇》等等。由於畫家與刻工的密切合作,各窮技巧,二妙匯流,因而形成了空前絶詣的徽州版畫。它們的特點是流麗工緻,柔潤有澤,剛勁處寓以婉約,典雅中顯出樸實,毫無板滯現象和刻劃痕迹。其運用刀法,能掌握剛柔輕重、疾遲轉换的技巧,使之具有節奏感的轉折頓挫。傳統繪畫中向背起伏的布局以及皴擦拂披等筆法,表現無遺,從而使畫面的遠近離合,千態百容生動逼真地呈露出來。②

明刻本也曾遭到學者們的嚴厲批評,其意見主要集中在兩個方面:一是校勘不精,一是逞臆妄改。

校勘不精的例子是監本史書,葉德輝曾批評道:

> 明兩監書板,尤有不可爲訓者。如南監諸史,本合宋監及元各路

---

① 《五雜俎》卷一三。

② 參看蔣元卿《徽州黄姓刻工考略》,載《江淮論壇》一九八〇年第四期;馬彬《徽派版畫》,載一九五七年一月十九日《安徽日報》。

> 儒學板湊合而成,年久漫漶,則罰諸生補修,以至草率不堪,並脱葉相連亦不知其誤。北監即據南本重刊,謬種流傳,深可怪嘆。吾不知當時祭酒司業諸人,亦何尸位素餐至於此也。或謂當時監款支絀,不得不借此項收入略事補苴,且於節用之中而見課士之嚴肅,其立法未爲不善。雖然,南監板片,皆有舊本可仿,使其如式影寫,雖補板亦自可貴,乃一任其板式凌雜,字體時方時圓,兼之刻成不復細勘,致令譌謬百出,然則監本即不燬於江寧藩庫之火,其書雖至今流傳,亦等於書帕坊行,不足貴重矣。①

地方官刻的書帕本質量更差,葉氏《書林清話》卷七《明時書帕本之謬》論之甚詳,已見前引。

臆改的原因有的是出於無知,有的則由於坊估射利。魯迅説:"明末人好名,刻古書也是一種風氣,然而往往自己看不懂,以爲錯字,隨手亂改。不改尚可,一改,可就反而改錯了,所以使後來的考據家爲之摇頭嘆氣,説是'明人好刻古書而古書亡'。"②早在明代,郎瑛就已談到坊估射利妄改舊書的問題,他説:

> 我朝太平日久,舊書多出,此大幸也,惜爲福建書坊所壞。蓋閩專以貨利爲計,但遇各省所刻好書,聞價高,即便翻刊。卷數目録相同,而於篇中多所減去,使人不知,故一部止貨半部之價,人争購之。近徽州刻《山海經》,亦效閩之書坊,只爲省工本耳。③

但是對明刻本也要具體情況具體分析。從時間上看,明刻本各個時期的風格是不同的。從洪武到弘治,刻本基本上沿襲元代的風氣,刊刻的精美程度可比元刊,雖有例外,但一般來説質量是比較高的。明中葉的覆宋本,則更可媲美宋本。嘉靖以後,特别是萬曆以後,私意删改書籍的現

---

① 《書林清話》卷七《明南監罰款修板之謬》。
② 《準風月談》:《四庫全書珍本》。
③ 《七修類稿》卷四五《書册》。

象比較嚴重,遭到的非議就較多。

從刻書地區來看,各地的水平也不平衡。胡應麟云:“凡刻之地有三:吴也,越也,閩也。蜀本,宋最稱善,近世甚稀。燕、粤、秦、楚,今皆有刻,類自可觀,而不若三方之盛。其精,吴爲最;其多,閩爲最;越皆次之。其直重,吴爲最;其直輕,閩爲最;越皆次之。”復云:“天下印書,以杭爲上,蜀次之,閩最下。余所見當今刻本,蘇常爲上,金陵次之,杭又次之。近湖刻、歙刻驟精,遂與蘇、常争價。蜀本行世甚寡,閩本最下,諸方與宋世同。”①前人的這些分析還是符合實際情況的。

就刻書單位説,藩刻本、家刻本一般都比較精,特别是不少翻宋刻本幾乎達到了亂真的程度。清王士禛云:

> 明尚寶少卿王延喆,文恪少子也。其母張氏,壽寧侯鶴齡之妹,昭聖皇后同産。延喆少以椒房入宫中,性豪侈。一日,有持宋槧《史記》求鬻者,索價三百金。延喆紿其人曰:“姑留此,一月後可來取直。”乃鳩集善工,就宋版本摹刻,甫一月而畢工。其人如期至索直,故紿之曰:“以原書還汝。”其人不辨真贋,持去,既而復來曰:“此亦宋槧,而紙差不如吾書,豈誤耶?”延喆大笑,告以故,因取新雕本數十部散置堂上,示之曰:“君意在獲三百金耳,今如數予君,且爲君書幻千萬億化身矣。”其人大喜過望。今所傳有震澤王氏摹刻印,即此本也。②

這則逸聞未必實有其事,但是它却充分地證實了王延喆嘉靖六年(一五二七)所刻《史記集解索隱正義》一百三十卷之精。明刻本中,經廠本、書帕本、坊本名聲不佳。但是對於這些書也不能一概而論。就拿坊刻本來説,“金陵富春堂刻的戲曲,都是很好的”。③ 商務印書館影印《四部叢刊》采用了不少明刻本作爲底本。葉德輝起草的《印行四部叢刊緣起及例言》肯

---

① 《少室山房筆叢》甲部《經籍會通》卷四。
② 《池北偶談》卷二二。
③ 毛春翔《古書版本常談·明刻本》引趙萬里語。

定了明刻精本的價值：

宋、元舊刻，盡善盡美，但閲世既久，非印本模糊，即短卷缺葉，在收藏家固不以爲疵纇，而以之影印，則於讀者殊不相宜。明嘉、隆以前，去宋、元未遠，所刻古書，儘多善本。昔顧亭林已甚重之，況今更閲三四百年，宜求書者珍如拱璧矣。兹之所采，多取明人覆刻宋本，喜其字迹清朗，首尾完具。學者得之，引用有所依據，非有宋、元本不貴，貴此明刻本也。①

顧廷龍《明代版本圖録初編》序亦云：

明本之於今日，其可貴誠不在宋元之下，蓋清初之去北宋末葉與今日之距洪武紀元，其歷年相若，一也；經史百家之中，若鄭注《周禮》、《儀禮》、《紀年》、《周書》、《家語》、《孔叢》等書，無不以明覆宋本爲最善，賴其一脉之延，二也；又以前明掌故之作，特盛往代，後世鮮有重刻之本足以訂補史乘之未備，而晚明著述，輒遭禁燬，其中正多關繫重要者，三也；槧刻舊本，維妙維肖，虎賁中郎，藉存真面，四也。②

明刻本在形式上的特點也隨時代的不同而呈現出明顯的差異。就版式而言，葉德輝云：

明初承元之舊，故成弘間刻書尚黑口。嘉靖間多從宋本繙雕，故尚白口，今日嘉靖本珍貴不亞宋、元，蓋以此也。大抵此類版心，書名只摘一字，下刻數目。其白口、小黑口空處上記本葉字數，下記匠人姓名，不全刻書名也。全刻書名在萬曆以後，至我國初猶然。③

---

①③　《書林餘話》卷下。

②　《明代版本圖録初編》卷首。

魏隱儒對明刻本的版式也作了類似的描述：

> 洪武至弘治年間，一般多是四周雙邊，粗黑口，少數細黑口。經廠本、藩刻本，行寬字大，開本也大。從正德起，風氣逐漸改變，以宋本爲模範，黑口變爲白口，版心刻字數，下刻刊工姓名，有的也將寫工姓名刻上，卷末書尾或序目後邊多刻有牌記。萬曆以後，白口爲多，黑口較少，單邊雙邊兼而有之。①

就字體而言，弘治以前刻本，多用趙孟頫體。清徐康《前塵夢影録》卷下云：

> 昔在申江書肆得《黄文獻公集》二十二卷，狹行細字，筆筆趙體。……元代不但士大夫競學趙書，其時如官刻經史，詩家刊詩文集，亦皆摹吴興體。至明初，吴中四杰高啓、楊基、張羽、徐賁，尚沿其家法。即刊版所見，如《茅山志》、周府《袖珍方》，皆狹行細字，宛然元刻，字形仍作趙體。

明初經廠本基本上用趙體字。正德中葉以後，覆刻宋本之風漸盛。當時風氣最重詩文，而南宋臨安陳氏書籍鋪所刻唐人詩集最多，故正嘉間覆刻唐人詩集，率祖書棚本。書棚本字爲歐陽詢體，翻刻本也采用歐體。刻工爲便於施刀，又將這種字體演變爲横平豎直、撇捺直挺、整齊方正的匠體字，也即今人所謂宋體字。萬曆以後，流行兩種字體：一是楷體，字形變長，筆畫横細豎粗，缺少生氣，也即今人所謂長宋體；二是行書體，字擬董其昌手筆，圓潤流暢，婉轉秀麗，金陵、建陽坊刻民間通俗讀物多用這種字體。

明刻本的用紙，胡應麟論之甚詳，今略舉如下：

---

① 《古籍版本鑒定叢談》第七章《雕印本的鑒定》第八節《版刻時代特點》。

凡印書，永豐綿紙上，常山柬紙次之，順昌書紙又次之，福建竹紙爲下。綿貴其白且堅，柬貴其潤且厚。順昌堅不如綿，厚不如柬，直以價廉取稱。閩中紙短窄黧脆，刻又舛訛，品最下而直最廉。余筐篋所收，什九此物，即稍有力者弗屑也。

餘他省各有産紙，余弗能備知。大率閩、越、燕、吴所用刷書，不出此數者。燕中自有一種紙，理粗麓質擁腫而最弱，久則魚爛，尤在順昌下，惟燕中刷書則用之。

惟滇中紙最堅。家君宦滇，得張愈光、楊用修等集。其堅乃與絹素敵，而色理疏慢蒼雜，遠不如越中。①

此就産地而言，如就原料而言，則苦竹齋主指出：

明刻用紙，亦分黄白兩種。白紙復分白棉與白皮。白棉紙色純白，質堅而厚，表面不如開花之光滑；白皮紙白中微帶灰黄，頗似米色，不如白棉之細密，亮處照之，常見較粗之纖維盤結於簾紋間。黄紙復分黄棉與竹紙。黄棉與白棉略同，而色帶灰黄，竹紙則類多脆薄易碎，故藏家購求明版，必以白紙爲貴。又有所謂黑棉紙者，余所見明馮天馭所刻《文獻通考》及嘉靖刻薛應旂《四書人物考》兩書用之，其色灰白，似經薰染。蓋明人喜翻刻宋元舊槧，書法版式，一仍其舊。黠估即將紙色薰染，冒充舊刻出售，非精於鑒别者，不易辨識也。②

同宋元本相比，明刻本用墨較差。毛春翔説：

明人印書，用墨佳者罕見（據張閬聲先生説自萬曆始）。萬曆以後，多用煤和以麵粉，以代墨汁（明萬曆刻本《南京禮部編定印藏經號簿》，首列條約，中有一條云："作料：烟煤五簍，銀壹兩；麵伍百斤，銀

① 《少室山房筆叢》甲部《經籍會通》卷四。
② 《書林談屑》四《談紙》。

叁兩。"這是明萬曆時用煤、麵調和印書之確證),取其價廉,成本輕。這種代用墨水,烟煤易於脱落,書葉成爲大花臉。明季刊本,往往見之,醜惡異常,令人一見生厭。惟萬曆年徽板書,墨色有極精者,如所見《淮南鴻烈解》、程幼博《墨苑》、方於魯《墨譜》之類,真所謂墨色青純,可愛之至。①

以上是明本的大略情況。

六 清 本

清朝統治者重視利用漢族文化爲奪取政權和鞏固政權服務,視元有過之而無不及。嘉慶朝禮親王昭璉説:

崇德四年(一六三九),文廟(清太宗)患國人不識漢字,命巴克什達文成公海翻譯國語《四書》及《三國志》各一部,頒賜耆舊,以爲臨政規範。定鼎後,設繙刻房於太和門西廊下,揀旗員中諳習清文者充之,無定員。凡《資治通鑒》《性理精義》《古文淵鑒》諸書,皆翻譯清文以行。

康熙、乾隆等皇帝還以欽定、御纂的名義編撰了一批書籍供士子學習,以加强思想統治。對此,禮親王也指出:"列聖萬機之暇,乙覽經史,爰命儒臣,選擇簡編,親爲裁定,頒行儒宫,以爲士子仿模規範,實爲萬世之巨觀也。"②《四庫全書總目》與《嘯亭雜録續録》著録的欽定書約一百五十種,這些書的刊刻造成了中央官刻本的盛況。陶湘《清代殿版書始末記》一文對此述之甚詳,兹録於後:

清代殿版書,實權輿於明代經廠本。惟明以司禮監專司,清則選詞臣從事耳。順治一朝,纂刻書籍,均經廠原有工匠承辦,故其格式,

① 《古書版本常談·明刻本》。

② 均見《嘯亭雜録續録》卷一。

與經廠本小異而大同。康熙一朝,刻書極工,自十二年(一六七三)敕廷臣補刊經廠本《文獻通考》脱簡,冠以御序。此後刻書,凡方體均稱宋字,楷書均稱軟字(見《大清會典》),雖雜出衆手,必斠若劃一。於武英殿設修書處,校對官員,寫刻工匠,咸集於兹。又敕刻銅字(非鑄),活板擺印(初印曆算等書,繼印《圖書集成》),其書均稱内府本。兩淮鹽監政曹寅以鹽羨刻《全唐詩》,軟字精美,世稱揚州詩局刻本,以奉敕亦稱内府本。雍正一朝,精刻内典,别規格式,字體力求方整,刀法力求匀净。乾隆一朝,四年(一七三九)詔刻《十三經》《二十一史》(内典停刻),於武英殿設刻書處,特簡王、大臣總裁其事,殿板之名遂大著(凡前稱内府本,後亦統稱殿本)。十二年(一七四七)刻《明史》《大清一統志》,次刻"三通",再次刻《舊唐書》。凡在十二年前刊印者,其寫刻之工緻,紙張之遴選,印刷之色澤,裝訂之大雅,莫不盡善盡美,斯爲極盛時代。十三年(一七四八),開三禮館,刻《三禮義疏》,與《易》《詩》《書》《春秋傳説彙纂》合裝,總名《御纂七經》,而《三禮義疏》即遜於《四經彙纂》。揚州詩局,於曹寅故後,工亦中綴。……自此以後,敕纂各書之寫刻印裝,每下愈況。試舉三十年(一七六五)後所刻之"六通",四十年(一七七五)後所刻之《舊五代史》,五十年(一七八五)後所刻之《續纂大清一統志》,與十二年(一七四七)前所刻諸書,校其優劣,判若霄壤。嘉慶一朝,四年(一七九九)刻《續纂八旂通志》,工料逾遜。九年(一八〇四),敕纂《熙朝雅頌集》,特諭阮元刊進,亦不如乾隆初年諸殿本。十九年(一八一四)敕纂《全唐文》,仍由揚州詩局承辦,然亦不如《全唐詩》。道光、咸豐兩朝,天下多故,稽古右文,萬機無暇。同治一朝,大亂甫定,天子冲齡,此事遂廢。八年(一八六九)夏,武英殿災,凡康熙二百年來之藏書儲板,一炬蕩然,幸大内宫廷殿閣、奉天陪都、熱河行宫陳設書籍,尚有存者。武英殿災,纂修協修之官猶在,寫刻印裝之工匠未撤,而刊書之事,終同治一朝,闃寂無聞,此爲極衰時代矣。①

① 載《武進陶氏書目叢刊》。

清代初年,地方官刻本遠不如宫廷刻本之多。乾隆四十一年(一七七六)九月,曾頒發武英殿聚珍版書於東南各省,並准許雕刊通行,於是江寧、浙江、江西、福建、廣東等省均翻刻了若干種。此後最有名的是嘉慶二十年(一八一五)阮元在南昌府學所刻的《十三經注疏》。清代地方官刻本最有特色的,是清代後期各省蓬勃興起的官書局刻本。錢基博述其緣起云:

> 同治二年(一八六三),曾國藩刻《船山遺書》;三年,置局於南京鐵作坊;四年,《船山遺書》竣工。李鴻章與獨山莫友芝子偲、南匯張文虎嘯山等議刻經史諸書,於是因其人其地而爲金陵書局。七年,移局冶城山之飛霞閣。局制,官督而紳佐,一時學者雲集。而刊本之最著者,《四書》、《十一經》、《史記》、《漢書》、《三國志》、《文選》、漁洋山人《古詩選》、王氏《讀書雜志》諸書,皆文虎所手校;而《毛詩》《春秋穀梁傳》《後漢書》,則出德清戴望子高之手;而《史記集解索隱正義》一書,文虎用力尤勤。當時京朝大官索局刻書者紛起,蓋以其校刊之精,突過殿本也。至光緒初,乃改名江南官書局。自江南官書局之興,踵之起者,杭州、蘇州、武昌三官書局。江南先刊《四史》,武昌踵刻史書,因有分任《二十四史》之議。江南官書局任十五史,直至《隋書》而止。淮南官書局與江南官書局相輔翼,分其《隋書》,江都薛壽矸伯所校,極爲精核。此外又有道州何紹基子貞校《毛詩注疏》,亦爲淮南局刻之佳者。杭州局刻《二十二子》,多出名家藏校本,亦爲精善。而蘇州局繙宋本《資治通鑒目録》,武昌局重刻明震澤王氏本《史記》,古刻精繙,其來皆有自云。①

此外長沙、濟南、成都、太原、福州、廣州等地的官書局也刻了不少古籍。官書局刻書的目的顯然是爲了維護清朝的封建統治,所以它們刻的多是一些符合正統觀念的典籍。但局刻本中,有不少選擇較好的底本,經過專

① 《版本通義·歷史第二》。

家們認真的校勘，所以在客觀上也起了一定的保存和流傳古書的作用。

清初的統治者實行文化專制政策。他們一方面利用八股文和科舉制度來籠絡和限制知識分子，另一方面又制造文字獄來迫害具有民族意識的人，許多有氣節的知識分子不願意被籠絡，又害怕受迫害，便埋頭從事整理和出版古籍的工作，這使得清代家刻本在質量和數量上都很突出。

康熙年間，徐乾學代納蘭成德校輯宋、元人的經學書一百三十九種爲《通志堂經解》，刻工就非常精細。無錫秦鏷刻的巾箱本《九經》白文，也深爲王士禎所贊嘆，其《分甘餘話》卷三云："近無錫秦氏摹宋刻小本《九經》，剞劂最精，點畫不苟，聞其版已爲大力者負之而趨。余曾見宋刻於倪檢討雁園（粲）所，與秦刻方幅正同，然青出於藍而青於藍矣。"又吴郡張士俊刻《廣韻》《玉篇》《佩觿》《字鑒》《群經音辨》爲《澤存堂五種》也很有名，葉德輝云："……張士俊《澤存堂五種》，摹仿宋刻，極肖極精。自明至國朝，刻工如此之精研者，蓋亦尠矣。"①

乾嘉以來，清代私家刻書呈現出兩個特點：一是大量刻印叢書，一是請名家寫樣上版。刻叢書特别注意校勘的代表人物是鮑廷博與盧文弨。鮑廷博字以文，號渌飲，安徽歙縣人，寄寓杭州，是乾隆年間大藏書家。四庫館采訪遺書時，鮑氏曾以家藏秘籍六百餘種進呈。他校輯所藏秘籍刻成《知不足齋叢書》三十集，計一百九十八種，許多幾被湮没的著作，都賴他付刻才得以保存流傳，不單是校勘和刻印精良而已。

盧文弨，字召弓，號磯魚，晚號弓父，餘姚人，是乾隆年間著名校勘學家。清段玉裁云：

> 公好校書，終身未嘗廢。在中書十餘年，及在上書房，歸田後主講四文書院，凡二十餘年，雖耄，孳孳無怠。早昧爽而起，繙閲點勘，朱墨並作，几間闤闠，無置茗碗處。日且暝，甫出户散步庭中，俄而篝燈如故，至夜半而後即安，祁寒酷暑不稍間。官俸脯修所入，不治生産，僅以購書，有舊本必借鈔之，聞有善説必謹録之；一策之間，分别

---

① 《書林清話》卷九《納蘭成德刻通志堂經解》之一。

迻寫諸本之乖異,字細必工,今抱經堂藏書數萬卷皆是也。①

清嚴元照《書盧抱經先生札記後》也説:“先生喜校書,自經傳子史,下逮説部、詩文集,凡經披覽,無不丹黄,即無别本可勘同異,必爲之釐正字畫然後快。嗜之至老愈篤,自笑如猩猩之見酒也。”②盧文弨將自己編著與校勘的書十九種匯刻爲《抱經堂叢書》。他所校勘的書均有校記,因受經濟條件的限制,又將未能全部付刊的三十八種書的校語匯刻爲《群書拾補》。

刻叢書特别注意版本的代表人物是黄丕烈與顧廣圻。黄丕烈字蕘圃,吴縣人。王芑孫《陶陶室記》云:

今天下好宋版書,未見如蕘圃者也。蕘圃非惟好之,實能讀之。其於版本之後先、篇第之多寡、音訓之異同、字畫之增損,及其授受源流、繙摹本末,下至行幅之疏密廣狹、裝綴之精粗敝好,莫不心營目識,條分縷析。積晦明風雨之勤,奪飲食男女之慾,以沉冥其中,蕘圃亦時自笑也,故嘗自號佞宋主人云。③

黄丕烈在鑒藏的基礎上,精選自己所得的宋元佳槧,並由著名校勘學家顧廣圻爲之刊定,然後照原樣覆刻,附以札記,於嘉慶二十三年(一八一八)匯成可與宋、元本等價的《士禮居叢書》。

顧廣圻,字千里,號澗薲,深有取於邢子才“日思誤書,更是一適”④之語,自號思適居士。因爲出身寒士,自己無力刻書,就幫助當時著名的學者和藏書家從事校刻工作。李兆洛爲顧廣圻所作的墓志銘説:“孫淵如(星衍)觀察、張古餘(敦仁)太守、黄丕烈孝廉、秦敦夫(恩復)太史、吴山尊(鼒)學士,皆深入校勘之學,無不推重先生,延之刻本。”⑤凡顧氏校刻的

① 《經韻樓集》卷八《翰林院侍讀學士盧公墓志銘》。

② 《悔庵學文》卷八。

③ 《淵雅堂全集》卷七。

④ 《北齊書》卷三六《邢卲傳》。

⑤ 《思適齋集》卷首。

書,大都據宋、元善本精摹覆刻,並各附考異於後,質量很高。

清代私家所刻叢書,大都出自名家之手,數量多、質量高、範圍廣。除上面提到的外,他如經部有錢儀吉的《經苑》,史部有李桓的《耆獻類徵初編》,子部有梅文鼎後人所刻之《勿庵曆算全書》,集部有涇縣潘錫恩所刊之《乾坤正氣集》。影仿善本的有蔣鳳藻的《鐵華館叢書》,輯佚的有馬國翰的《玉函山房輯佚書》,薈萃一地文獻的有盛宣懷《常州先哲遺書》,匯集一姓所著書的有王念孫、王引之《高郵王氏遺書》,匯集一人所著書的有顧炎武《顧亭林先生遺書》。上海圖書館編的《中國叢書綜録》,收叢書二千多種,清代佔了一大半。

清代家刻本還有一個特點是喜歡請名家寫樣刻版。武英殿和曹寅主持的揚州詩局喜用軟體字手寫上版,在其影響下,私家刻書也興起了請名家寫刻的風氣。清代有許多以善於寫版著稱的專家,如林佶、黄儀、余集、許翰屏等。這些人多數是清貴的官吏,知名的學者。像康熙進士,曾官内閣中書,著有《樸學齋集》的林佶曾手寫汪琬《堯峰文鈔》、陳廷敬《午亭文編》、王士禛《古夫于亭稿》和《漁洋山人精華録》付刻,被書林和藏書家稱爲"林佶四寫"〔圖版十九〕,極負盛名。黄儀則是很精博的地理學家,曾與閻若璩、顧祖禹同修《清一統志》。王士禛《漁洋續集》付梓時,擬仿宋槧,專門請他寫版。爲周密《志雅堂雜鈔》等書寫版的余集,曾以與修《四庫全書》聘入翰林,累遷侍讀學士。書法家許翰屏爲人寫様更多,徐康《前塵夢影録》卷下云:"乾嘉時,有許翰屏以書法擅名,當時刻書之家,均延其寫様。如士禮居黄氏、享帚樓秦氏、平津館孫氏、藝芸書舍汪氏以及張古餘、吴山尊諸君,所刻影宋秘籍,皆爲翰屏手書。一技足以名世,洵然。"在清代寫刻本中,還有一部分是手寫個人撰述或所輯作品的。乾隆時著名的畫家、詩人金農曾自書其《冬心先生集》,汪士慎曾自書其《巢林集》,鄭燮曾自書其《板橋全集》,皆爲藝林所重。稍後則許槤也以善於寫版著稱,他除爲李文仲《字鑒》、吴玉搢《金石存》以及自編的《六朝文絜》寫版外,還曾寫刻自己輯録的《古均閣寶劍録》。其書钩摹工細,紙潤墨香,一向被認爲是當時吴中版刻的傑作。另外如江聲以篆體自書所撰的《尚書集注音疏》和《釋名疏證》,張敦仁以草體自書所撰《通鑒刊本識誤》,則在版刻中别樹一幟。這類自己書刻的古籍,都是既有文物價值,又有藝術價值的。

清代坊刻本的成就爲官刻本、家刻本所掩,其實它不僅數量多,而且在内容上也表現出了自己的特色。其最著名的是蘇州的掃葉山房。張静廬云:

據葉九如君述:上海未開商埠前,書叢盛在蘇閶,而以掃葉山房歷史最久,遠在明萬曆間,松江席氏買下有名的毛氏汲古閣《二十二史》等書板,與蘇人洪、謝、陸三人合資在松江開辦掃葉山房,不久移設蘇州閶門内,同治間設分店於上海彩衣街,並設木版印刷所於東唐家弄。①

掃葉山房刻書最有名的有《十七史》、《四朝别史》、《百家唐詩》、《元詩選》癸集等。到同光間,掃葉山房刻書行銷大江南北,常見的有《毛聲山評點繡像金批第一才子書三國演義》、《繡像評點封神榜全傳》、《千家詩》、《龍文鞭影》初、二集附《童蒙四字經》。清末民初,掃葉山房出版各書,多用新法石印,逐步代替了刻版印刷。除掃葉山房外,在許多蘇州書坊中,較有特色的是書業堂,刻書以小説爲重點,如乾隆四十四年(一七七九)刻《説呼全傳》十二卷,四十回;乾隆四十六年(一七八一)刻艾衲居士編《豆棚閑話》十二卷;乾隆五十八年(一七九三)刻《新刻批評繡像後西游記》四十回;嘉慶十年(一八〇五)刻《英雲夢傳》八卷。

南京是清代坊刻中心地區之一,從清初到清末一直很興盛,最有名的要算李光明莊。據所刻《書經》附載的刻書目録,知其刻印了一百六十七種,計經部四十一種、史部六種、子部三種、集部五十二種、啓蒙類二十四種、閨範類四種、醫算雜學類二十四種、善書類十三種。尤以四書五經、《三字經》《百家姓》《千字文》《史鑒節要》等私塾課本的影響爲最大。

北京爲清代首都,是政治文化中心,更是書坊林立。其著名的有乾隆時陶氏五柳居、嘉慶時謝氏文萃堂,道光以後的老二酉堂、聚珍堂、善成堂

---

① 王漢章《刊印總述》注釋五引,載《中國近代出版史料》二編。

等。北京書坊所刻大部分爲村塾課本與啓蒙讀物以及醫、卜、星相、佛經、善書、類書、小説等。[1]

清代後期坊刻本遍及全國，兹不贅述。總之，許多大衆讀物，兒童、婦女讀物，以及小説、戲劇、唱本、日用雜字都是由這些書坊出版的。許多反映人民日常生活、風俗習慣的資料，也只有在書坊的出版物中才可以找到。因此清代坊刻本對於繁榮文化教育事業是有着不容否認的功績的。然而清代書坊所刻各書，因力求降低成本，所以采用的紙墨工料不如官刻、家刻之精也是事實。

清刻本在形式上也有其特點。就版式而言，清代比較尊重古刻本，影宋刻本的風氣頗盛，所以在形式上受宋本影響比較明顯，一般左右雙欄，也有四周雙欄或單欄的；大部分是白口，也有少數黑口。值得注意的是字行横竪都排列得比較整齊，書前不少都刻封面。封面一般爲三行：中間一行是書名，字略大，右行是編著者，左行是刻版者或藏版者。封面多用薄薄的黄色、緑色、粉紅色紙印。

清代刻書，由於文字獄的殘酷，特别是莊廷鑨《明書》案發，刻工也被處死，所以刻工多不敢在書上留名，但嘉道以後，禁網稍疏，刻工在所刻書上留名者漸多。如乾隆至道光年間，金陵劉氏著名刻工劉文奎、劉文楷、劉文模、劉覲宸、劉仲高、劉漢洲等就在他們所刻書的卷尾留下了名字。

就字體而言，清代内府刻書字體有一定格式：方體的稱宋字，楷體的稱軟字，已見前。如《康熙字典》《佩文韻府》《十三經注疏》《二十四史》等，則用宋字，疏行大字，最宜老眼；《御纂七經》《全唐詩》《全金詩》等，則用軟字，密行端楷，酷肖宋鎸。影響所及，清刻本主要就采用這兩種字體。宋字，也叫仿宋體或硬體字，這種字體在清刻本中最爲普遍〔圖版二十〕。道光前刻的横細竪粗，撇長而尖，捺拙而肥，還比較美觀；道光以後，字體更顯呆板，世稱匠體。[2] 軟體字也即手寫體。清代手寫上版的名家除我們介紹過的林佶等人外，清初爲毛氏汲古閣寫樣的周榮起也很著名。陸心

① 參見魏隱儒《中國古籍印刷史》第十四章《清代的雕版印書事業》第三節《坊刻本》。

② 參看圖版四十二、四十三。

源《皕宋樓藏書志》卷一〇七著録《梧溪集》七卷,卷末有王士禎跋云:"壬申歲,門人楊庶常名時所貽、江陰老儒周榮起硯農氏手録本也。書學鍾太傅,稍雜八分,終卷如一。硯農壽八十有七,乃卒。"他如浄雨《清代印刷史小紀》所稱:"黄丕烈爲季振宜寫《季滄葦書目》,江元文爲王芑孫寫《碑版文廣例》,顧蒓爲錢大昕寫《元史藝文志》,其初刻初印直駕宋元而上之。"①可見清代寫刻本也是舉不勝舉的。

就用紙而言,苦竹齋主云:

> 清代印書,上焉者用開花紙,色白而堅韌細密,表面光滑,清康熙殿版《御製詩文集》及《性理精義》等書,即其一例。武進陶蘭泉氏在世時,藏書甚富,陶氏最醉心於清初精刻初印之開花紙書,故世人常以"陶開花"呼之。嘉道間殿版書,多用白榜紙,較之開花,質鬆而稍厚,嘉慶《御製全史詩》及道光《欽定新疆識略》等書均用之。宣紙多用於印譜、畫譜,普通書用之者極鮮,惟雍正十三年所刻《陝西通志》一百卷,其最初印本全用宣紙,同光以後,宣紙印書,乃漸盛行。又有所謂太史連與粉連、綿連等名目,色白質鬆,類似宣紙。竹紙色黄,上焉者堅韌光滑,如康熙殿版《淵鑒類函》及《佩文韻府》,其初印本用紙,與今日江西所出之玉版、官堆無異;下焉者質鬆脆薄,直與毛邊等耳。②

普通印本則竹紙較多。

由於清代實行文化專制主義,所以清刻本避諱很嚴,除避廟諱御名外,往往還從種族歧見出發,刻書時避胡、虜、夷、狄等字。其方法每作空白,或改易形聲,如以夷爲彝,以虜爲鹵之類。這也是我們在研究清刻本時應當注意的。

---

① 載《中國近代出版史料》二編。

② 《書林談屑》,載《中國現代出版史料》丁編。

第二節　按地域區分

一　浙　本

浙江地區的刻本稱爲浙本。浙江自然環境優越，經濟富庶，文化發達，宋以來一直是我國刻書中心之一。

據前引文獻，早在唐代中葉，浙江就已刊印元稹和白居易的詩在市肆出賣。五代時，吴越王刻印了大量佛經，其中有一部雕造了四萬八千卷，置入磚塔内，永充供養。這在客觀上造就了一批良工巧匠，提高了浙江地區的雕版印刷水平，爲宋代浙江地區刻書事業的高速發展創造了條件。王國維云：

> 及宋有天下，南併吴越，嗣後國子監刊書，若《七經正義》、若《史》《漢》三史、若南北朝七史、若《唐書》、若《資治通鑒》、若諸醫書，皆下杭州鏤板，北宋監本刊於杭者殆居泰半。南渡以後，臨安爲行都，胄監在焉，板書之所萃集。①

南宋奠都臨安，浙本也隨之進入了黄金時代。除國子監外，德壽殿修内司廊司局、太醫局、浙西轉運司和臨安府也都刻書。京城内私人設立的書鋪林立，今可知者有如下十六家：

> 臨安府棚北睦親坊南陳宅書籍鋪，或作臨安府睦親坊陳宅經籍鋪
>
> 臨安府棚北大街陳解元書籍鋪，或作臨安府棚北睦親坊巷口陳解元宅
>
> 臨安府洪橋子南河西岸陳宅書籍鋪

---

① 《王國維遺書》第十二册《兩浙古刊本考》。

臨安府鞔鼓橋南河西岸陳宅書籍鋪

臨安府太廟前尹家書籍鋪,或作太廟前尹家父子文字鋪

臨安府衆安橋南街東開經書鋪賈官人宅,或作臨安衆安橋南賈官人經書鋪

臨安府修文坊相對王八郎家經鋪

錢塘門裏車橋南大街郭宅經鋪

保佑坊前張官人經史子文籍,或簡稱中瓦子張家

行在棚南街前西經坊王念三郎家

杭州沈二郎經坊

杭州猫兒橋河東岸開箋紙馬鋪鍾家

太學前陸家

臨安府中瓦南街東開印經史書籍榮六郎家

錢塘俞宅書塾

錢塘王叔邊①

其中影響最大的當推字宗之號芸居的陳起及其子續芸所開設的臨安府棚北大街睦親坊陳宅書籍鋪。葉德輝云:

> 南宋臨安業書者,以陳姓爲最著。諸家藏書志、目、記、跋,載睦親坊棚北大街陳解元,或陳道人,或陳宅書籍鋪刊行印行者,以唐宋人詩文小集爲最多。……大抵臨安府棚北大街睦親坊陳宅書籍鋪,爲陳起父子所開。其云陳道人者,當屬之芸居,其云陳解元者,當屬之續芸。②

葉氏又云:"蓋續芸所刻多説部、宋人集,起所刻多唐人集。"③《兩浙古刊

① 張秀民《南宋刻書地域考》,載《圖書館》一九六一年第三期。

② 《書林清話》卷二《南宋臨安陳氏刻書之一》。

③ 《書林清話》卷二《宋陳起父子刻書之不同》。參看本章第三節論坊刻本及圖版三十一。

本考》亦稱:“宋季臨安書肆,若陳氏父子遍刊唐宋人詩集,有功於古籍甚大。”

南宋浙本中的家刻,在數量上遠不如官刻、坊刻多,但質量一般都相當高。譬如杭州廖瑩中家塾世綵堂所刻的《昌黎先生集》和《河東先生集》刻印精妙,堪稱宋浙本及家刻本的代表作〔圖版二十一〕。

浙本除杭州本外,還有越州本、婺州本、明州本、衢州本、嚴州本等。越州本又有紹興府本及浙東轉運司本之分。紹興府刻有《論衡》《越絶書》《嘉泰會稽志》等,浙東轉運司刻有《五經正義》《事類賦》《蘭亭考》等。婺州書坊頗衆,有婺州市門巷唐宅,婺州義烏青口吴宅桂堂,義烏縣酥溪蔣宅崇智齋,婺州東陽胡倉王宅桂堂,東陽崇川余四十三郎宅。婺本經書與監本、建本、蜀本齊名。浙江各州州學也刻了不少書,如婺州州學刻有蘇洵《嘉祐集》,嚴州州學刻有《唐柳先生集》,台州州學刻有《天台前集》,温州州學刻有《大唐六典》等。

原先設在杭州的南宋國子監,元代改爲西湖書院。元黄溍《西湖書院義田記》云:“西湖書院,實宋之太學,規制尤盛,舊所刻經史群書,有專官以掌之,號書庫官,宋亡學廢,而版庫具在。”①泰定元年(一三二四)立了一塊《西湖書院重整書目記》的碑刻,所列經史子集書版一百二十一種,有拓本流傳,吴昌綬曾刻入《松鄰叢書》。西湖書院本中絶大多數是南宋國子監遺留下來的,但是西湖書院有刻書基礎,杭州仍萃集了許多良工,因此宋、遼、金三史和其他要籍,皆奉旨發西湖書院刊行,刻工甚精。如至元五年(一三三九)刻成的《文獻通考》二百四十卷,今國家圖書館尚有藏本,書品精雅,堪爲元刻本之代表作。浙江各路、府、州、縣等設立的儒學也刻了不少書。如大德十年(一三〇六)紹興路儒學刻《越絶書》十五卷、《吴越春秋》十卷、徐天祜《吴越春秋音注》十卷;至大四年(一三一一)嘉興路儒學刻《陸宣公集》二十二卷;至治二年(一三二二)嘉興路儒學刻《王秋澗先生全集》一百卷;至元三年(一三三七)婺州路儒學刻金履祥《論孟集注考證》十卷;至元四年(一三三八)嘉興路儒學刻元沙克什《河防通議》二卷;

① 《元西湖書院重整書目記》。

至正九年(一三四九)嘉興路儒學刻劉因《静修先生文集》三十卷;至正十四年(一三五四)嘉興路儒學刻《大戴禮記》十三卷。[①] 元代浙江的家刻、坊刻似不如書院、儒學刻本之盛。

明代浙江仍是刻書中心地區之一,其官刻本以布政使司所刊爲最多,據萬曆《杭州府志》所載,有《浙江通志》等二十七種。他如浙江轉運司、浙江提學司等,均有刻版。私家刻書在萬曆間特盛,如餘姚聞人詮、嘉禾項篤壽萬卷堂、嘉禾項德棻宛委堂等,都聞名當世。此外還有古杭勤德書堂、浙江葉寶山堂、武林馮紹祖觀妙齋、武林馮念祖卧龍山房、吴興花林東海居士茅一相文霞閣、三衢近峰夏相、義烏沈氏楚山書屋等私人刻書和書坊刻書。明中葉以後,湖州刻書,可謂後起之秀。謝肇淛云:“今杭本不足稱矣,金陵、新安、吴興三地剞劂之精者,不下宋板。”[②]湖州刻書以閔、凌兩家爲代表,世稱閔刻本和凌刻本。兩家喜用彩色套印,墨色印正文,彩色印評語圈點,所印書籍自經史子集、戲曲小説等一百三十餘種。有些書,如凌氏套印的宋王十朋《會稽三賦》、明高明《琵琶記》等,並附插圖,多延名家繪刻,筆劃工緻,神態秀逸。

清代浙江官私刻書都十分發達。乾隆三十八年(一七七三),清高宗命金簡把從《永樂大典》中輯出來的珍本秘籍用活字排印,定名爲“武英殿聚珍版”書[③],凡一百三十八種,並令東南各省照式刊行,以廣流傳。浙江翻刻三十九種,是袖珍本,行格字數都依原版。

官刻本成就最突出的是浙江書局本。浙江書局是浙江省布政使楊昌濬、按察使王凱泰於同治三年(一八六四)設立的,首刻《欽定七經》及《御纂通鑒輯覽》等書。宣統元年(一九〇九),巡撫增韞設立浙江圖書館,附官書局,又更名官書印售所。當時在書局任職的譚獻、黄以周、張大昌、張顔、王治壽等都是一時人選。他們選用底本都要經過研究,校勘也很精當。爲使貧寒學子容易購求,在刻版時縮小版式,增多行字,以儘量減低成本。字體也相當秀麗。據統計,浙江書局自同治六年(一八六七)到光

---

① 參看《書林清話》卷四《元監署各路儒學書院醫院刻書》。

② 《五雜俎》卷一三。

③ 參看圖版四十七。

緒十一年(一八八五),先後刊書達二百多種,刻工多時達一百多名。總計浙局在清末以前所雕刻的版片,凡十二萬八千一百零八片。①

清代浙江的私家刻書盛於前明,這與當時浙江人才之盛及考據、輯佚、校勘之學的興起密切相關。有些著名文人往往自刻所作詩文,或由親友學生出資刊行。有的人則依據宋元善本影摹上版,或者重新校訂付印,也陸續出版了許多質量較高的叢書,如杭州盧文弨的《抱經堂叢書》;吴興陸心源的《十萬卷樓叢書》《湖州叢書》等,編刊叢書是清代家刻本的一大特色,浙江在這方面的成績尤爲顯著。②

在浙刻本中,官刻實爲主流,家刻、坊刻在一定程度上受到了官刻的影響,都注重校勘,質量較好。就形式而言,宋浙本多用歐陽詢體,絶大多數是白口,單魚尾,魚尾在書口上方,魚尾之上的象鼻内多記本葉字數,魚尾之下常刻書名卷次,多用簡稱。書口下端每有刻工名,或姓或名或姓名全稱。版框多左右雙邊。書品寬大,多用麻紙、皮紙。宋浙本避諱較嚴。元浙本形式上的特點,略同宋浙本,惟字體受趙孟頫的影響較大。也出現了一些細黑口書。明、清兩代浙本形式大體仍宋、元之舊,有的則因出版事業日益發達,版刻流派互相影響,特色不似前此之顯著。

二　蜀　本

安史之亂及黄巢起義,使得唐代政治經濟文化中心兩次移向成都,加上四川盛産麻紙,都爲刻書事業的發展創造了有利條件。早在公元九世紀,四川成都就刻印了曆書、字書及陰陽雜説、占夢相宅之類的書。如咸通六年(八六五)來我國留學的日本和尚宗叡攜帶回國的漢籍就有四川刻印的《唐韻》一部五卷、《玉篇》一部三十卷。③ 五代時孟蜀建都成都,宰相毋昭裔先刻石經,不久又令門人寫定《九經》,鏤版行世,以後還刻了《文

① 見洪焕椿《浙江文獻叢考》:《浙江雕版印書雜識》。

② 參見劉實《浙江古籍刻印管窺》,載《浙江師範學院學報(社會科學版)》一九八〇年第一期。

③ 參看張秀民《中國印刷術的發明及其影響》—《印刷術的起源》之二《雕板的發明》。

選》《初學記》《白氏六帖》等,從而使蜀本在刻書的範圍和規模上向前發展了一大步,爲宋蜀本的興盛奠定了基礎。

開寶四年(九七一),宋太祖派高品、張從信等人在成都監雕《大藏經》,至太平興國八年(九八三)大部刻成。全藏有一千零七十六部,五千零四十八卷,經版共十三萬多片。這項工程的完成充分説明了當時四川技術力量和經濟基礎的雄厚。此後,四川又承擔了像《太平御覽》《册府元龜》這樣卷帙浩大的大型類書的刻印任務。

南宋初年,四川又出了一個致力於收書刻書的人,對蜀刻本的發展作出了一定的貢獻,他就是在紹興十一年至十四年(一一四一至一一四四年)任四川轉運使的井憲孟。著名的"眉山七史"就是在他的主持下刻印的。晁公武記其事云:

> 嘉祐中,以《宋》《齊》《梁》《陳》《魏》《北齊》《周書》舛謬亡缺,始詔館職讎校。曾鞏等以秘閣所藏多誤,不足憑以是正,請詔天下藏書之家悉上異本,久之始集。治平中,鞏校定《南齊》《梁》《陳》三書上之,劉恕等上《後魏書》,王安國上《周書》。政和中,始皆畢,頒之學官,民間傳者尚少。未幾,遭靖康丙午(一一二六)之亂,中原淪陷,此書幾亡。紹興十四年(一一四四)井憲孟爲四川漕,始檄諸州學官求當日所頒本。時四川五十餘州皆不被兵,書頗有存者,然往往亡闕不全,收合補綴,獨少《後魏書》十許卷,最後得宇文季蒙家本,偶有所少者,於是七史遂全,因命眉山刊行。①

在井憲孟的倡導下,眉山地區還出版了《周禮》《春秋》《禮記》《孟子》和《史記》《三國志》等,都是以監本爲底本刊行的。蜀刻的中心由成都移向眉山大約就在這個時期。

四川也有書坊,而且大多集中在眉山。如刻《新編近時十便良方》的萬卷堂,刻《國朝二百家名賢文粹》的書隱齋。現存蜀小字本唐人别集數

① 《郡齋讀書志》卷五《宋書一百卷》。

量較多，有一套是十一行本，現存《駱賓王文集》《李太白文集》《王摩詰文集》三種。有一套是十二行本，現存《孟浩然詩集》《劉文房集》《陸宣公集》《新刊權載之文集》《昌黎先生文集》《孟東野文集》《李長吉文集》《劉夢得文集》《張文昌文集》《皇甫持正文集》《歐陽行周文集》《新刊元微之文集》《姚少監詩集》《許用晦文集》《張承吉文集》《孫可之文集》《鄭守愚文集》《司空表聖文集》《杜荀鶴文集》等完缺共十九種。從采用小字本的形式與有"新刊"的標題看，這些唐人别集可能係坊刻本。①

十三世紀中葉，元兵南下，首先攻占四川。四川經濟文化遭到浩劫，書版大都毁於戰火，再加上明清以來東南沿海日趨發達，蜀地較偏，所以元後蜀本名聲不顯。

蜀本傳世較少，多爲經史類書、唐人詩文集。其形式上的特點比較顯著。就版式而言，一般爲白口，單魚尾，左右雙欄，無書耳〔圖版二十二〕。版心下端一般都有刻工姓名。刻工中且多一族同姓之人，如單氏、任氏、文氏等。蜀本字體多似顔體，字劃肥勁樸厚，正文、小注字體統一。就大字而言，字大如錢，版式疏朗，讀來賞心悦目。一般采用麻紙，紙張潔白。校勘精審，翻刻監本也一絲不苟，故一向爲人們所推重。但刻書序跋及坊刻本的牌記都很少見，因此不易判定刻書年月及刻書人姓名。

三　建　本

早在宋代，福建特别是建寧府建安、建陽兩縣就已成了當時的刻書中心。宋朱熹説："建陽版本書籍，上自六經，下及訓傳，行四方者，無遠不至。"②宋祝穆亦云："建寧麻沙、崇化兩坊産書，號爲圖書之府。"③葉德輝也曾指出："閩中造紙印書，宋時極盛，岳珂《九經三傳沿革例》即有建本之名。"對建安、建陽兩縣書坊主人有名姓可考者，張秀民作了統計：

① 參看顧廷龍《唐宋蜀刻本簡述》及所附《蜀刻書目》，載《四川圖書館學報》一九七九年第三期。

② 朱彝尊《經義考》卷二九三引。

③ 《方輿勝覽》卷一一。

建寧府黄三八郎書鋪
建寧書鋪蔡琪純父一經堂,或作建安蔡純父
建安萬卷堂
建安曾氏家塾
建安王懋甫桂堂
建安劉元起家塾
建安劉日新宅三桂堂
建安劉叔剛
建安劉之問
建安江仲達群玉堂
建安魏仲立宅
建安魏仲舉家塾
建安陳彦甫家塾
建安黄善夫家塾
建安蔡子文東塾
建安虞平齋務本書堂
建安虞氏家塾
建安慶有書堂
建溪三峰蔡夢弼傅卿家塾(建溪或作建安)
建陽崇化書坊陳八郎家(或作建寧府陳八郎書鋪)
建寧府麻沙鎮虞叔異宅
麻沙鎮南齋虞千里
麻沙鎮水南劉仲吉宅
麻沙劉仲立
麻沙劉智明
麻沙劉將仕宅
麻沙劉通判宅
建安余恭禮宅
夏淵余氏明經堂(或作建安余唐卿宅)

建安余彦國勵賢堂
余氏廣勤堂
建安余仁仲萬卷堂
余靖安勤有堂

並云："以上三十三家書坊各刻了不少書，經、史、子、集、日用、迷信都有。他們編刊的考試用書，更是'日輯月刊，時異而歲不同'。其中蔡夢弼、黄善夫各刊《史記》〔圖版二十三〕，蔡琪、劉之問、劉元起均雕《漢書》，劉仲立梓前、後《漢書》以及魏仲立本《唐書》、魏仲舉本《昌黎集注》等在學術上較有價值。"①這些書坊中，尤以余氏最爲有名。國家圖書館尚藏有南宋余仁仲萬卷堂刊《春秋公羊經傳解詁》十二卷、《禮記注》二十卷、《周禮注》十二卷。

建陽、建安成爲南宋刻書中心是由於地處閩北山區，受戰禍影響較小，且盛産竹木，書版與造紙原料都非常充足。宋葉夢得論刻書云："蜀與福建多以柔木刻之，取其易成而速售，故不能工。福建本幾遍天下，正以易成故也。"②此外，兩地水陸交通十分方便，除爲省内貨物集散地外，還可直達蘇、杭、江西，這就爲刊本速售創造了條件。

元建本同宋建本相比，在數量上有過之而無不及，兹將其出版單位名稱羅列於下：

建安鄭明德宅
余彦國勵賢堂
麻沙劉通判宅仰高堂
建安蔡氏
建安劉承父
建安詹璟

① 張秀民《南宋刻書地域考》，載《圖書館》一九六一年第三期。
② 《石林燕語》卷八。

劉君佐翠巖精舍
劉錦文日新堂
高氏日新堂
建安陳氏餘慶堂
建安朱氏與耕堂
建安同文堂
建安萬卷堂
麻沙萬卷堂
董氏萬卷堂
李氏建安書堂
雙桂書堂
麻沙劉氏南澗書堂
建陽劉氏書肆
建陽書林
建安虞氏務本書堂
建安鄭天澤宗文書堂
建安葉氏廣勤堂
建安余氏勤有堂①

除一般的經史子集外,元建本中還有一些通俗讀物,最有名的是一套建安虞氏刊刻的講史話本,現存《新刊全相平話武王伐紂書》《新刊全相平話樂毅圖齊七國春秋後集》《新刊全相秦并六國平話》《新刊全相平話前漢書續集》《至治新刊全相平話三國志》五種。所謂全相,就是每葉都有插圖。此外建陽書坊還刻了一些元散曲選本,現存《朝野新聲太平樂府》《梨園按試樂府新聲》《樂府新編陽春白雪》。其中《陽春白雪》還有初編、重編兩種刻本,可見頗受時人歡迎。

① 見《書林清話》卷四《元私宅家塾刻書》《元時書坊刻書之盛》《元建安葉氏刻書》。

明建本是沿着宋元遺風發展下來的，不少書坊經營刻書事業持續了相當長的時間。方品光指出：

如勤有堂由北宋幾經轉折一直延續至明初，日新堂從元至元戊寅（一三三八）延續到明嘉靖八年（一五二九）前後共一百九十一年，翠巖精舍從元延祐元年（一三一四）到明成化己丑（一四六九）共一百五十五年，宗文堂從元大德壬寅（一三〇二）至明萬曆二十八年（一六〇〇）營業達二百九十八年，安正堂從明弘治甲子（一五〇四）至萬曆三十九年（一六一一）共一百零七年，清江書堂從明宣德六年（一四三一）到嘉靖三十二年（一五五三）共一百二十二年等等。[①]

此外，比較著名的建陽書坊還有朱氏尊德書堂、劉氏敬善書堂、詹氏進德書堂、劉氏慎獨齋、楊氏歸仁齋、江氏宗德堂、熊氏忠正堂、楊氏清白堂、熊氏誠德堂、熊氏種德堂、余氏三臺館、余氏雙峰堂、書林楊敏齋、書林劉求茂、書林劉龍田、書林鄭以楨、書林詹秀閩等[②]。從現有傳本情況來看，明建本遠遠超過宋元。故葉德輝云："自宋至明六百年間，建陽書林擅天下之富，使有史家好事，當援貨殖傳之例增書林傳矣。"[③]

明建本同樣也受到官府重視，嘉靖五年（一五二六）朝廷曾特派專使到建陽監督坊本刻售工作。[④] 十一年（一五三二），福建提刑按察司又牒建寧府云："照得五經四書，士子第一切要之書，舊刻頗稱善本，近時書坊射利，改刻袖珍等版，款制褊狹，字多差訛。……該本司看得書傳海内，板在閩中，若不精校另刊，以正書坊之謬，恐致益誤後學。議呈巡按察院詳允會督學道選委明經師生，將各書一遵欽頒官本，重複校讎。……再不許故違官式，另自改刊。如有違謬，拿問重罪，追版劃毁，决不輕貸。"葉德輝

① 《福建刻書考略》，載《中國圖書館學會第一次討論會文件》（一九七九）。

② 參看魏隱儒《中國古籍印刷史》第二編《古籍雕版印刷發展史》第十三章《明代的刻書事業》第三節《坊刻本》。

③ 《書林清話》卷五《明人私刻坊刻書》。

④ 見朱彝尊《經義考》卷二九三。

據此説:"足見明時法制之嚴,刻書之慎。而建寧匠人之盛,自宋以來至明五六百年,流風不墜。觀於此牒,亦可想其專精雕鏤矣。"①

建本書自明後期漸趨衰落,到了清代仍無起色,主要原因是明末清初福建受到戰爭的影響,建安、建陽幾成廢墟,刻工紛紛外逃,書版損失殆盡,致使刻書事業一蹶不振。其次是江蘇、安徽等地刻書事業在明中葉以後蓬勃興起,逐步取代了建本的地位。故清初王士禛云:"今則金陵、蘇、杭書坊刻板流行,建本已不復過嶺。"②

坊刻是建本的主流。無論内容還是形式,建刻坊本都有鮮明的特色。就内容而言,書坊爲了適應歷代官府的需要,也刻了不少經書、史書,特别是明代萬曆以前,所刻經史尤多。但是建陽所刻經書大部分都是爲科舉考試服務的。正如宋岳珂所説:"場屋編類之書,建陽書肆日輯月刊,時異而歲不同,四方傳習。"③此外,建安、建陽書肆刻了大量民間實用的書和通俗文藝作品,許多小説都是書坊主人自編的或請人編的。如明代書林熊大木,就曾自編《全漢志傳》《大宋中興英烈傳》等小説。萬曆年間建陽雙峰堂主人余文臺所刻《新刊京本編輯二十四帝通俗演義西漢志傳》也是自編的,卷一首題"書林仰止山人編集,余氏文臺重梓"。

就形式而言,建本也勇於創新。從版式上看,宋浙本和蜀本多白口,左右雙欄,建本則多黑口,早期爲細黑口,後來轉爲黑口,四周雙欄,這種刻風開了元代雕版之先河。有一些宋建本還在欄外左上角刻上書耳,書耳内刻篇名或小題,頗便讀者查找。建本書喜用具有廣告性質的題識與牌記,而不喜歡用長篇序跋,這或許與書坊主人文化水平高者不多有關。爲了謀利,建本千方百計降低成本,浙本與蜀本一般都書品寬大,版式疏朗,而建本字刻得較密,紙多用竹紙,質地較薄,顔色發暗。校勘不精,喜歡删改也是出於這個原因。爲了吸引讀者,宋、元、明建本都愛用插圖。至於字體,代有不同,宋建本多似柳體,起落頓筆,結構方正,字畫嚴謹不苟。爲了減少篇幅,增加版面容量,建本還采用一種特有的筆劃很細的瘦長字體。

---

① 《書林清話》卷七《明時官制書只準翻刻不準另刻》。

② 《居易録》卷一四。

③ 《愧郯録》卷九。

關於建本,還有一點應當説明的就是建陽麻沙鎮所刻書,由於粗製濫造,當時及後世都獲得了不好的名聲。麻沙本幾乎成了劣本的代稱。我們在本編第一章第二節介紹過杭州府學教官姚祐據麻沙本《易經》出錯考題的事,宋周煇《清波雜志》卷八也説:"麻沙本之差舛,誤後學多矣。"但事實上,麻沙鎮書坊也刻過一些好書,不能一概而論。

四 平水本

平水即今山西臨汾,因處平水之陽,故又稱平陽,金、元兩朝都曾在此設立出版書籍的管理機構。《金史》稱"平陽府……有書籍"。[①] 繆荃孫《平水板本考》亦云:"平水,鎮名,元太宗八年(一二三六)用耶律楚材言,立經籍所於平陽,當是因金之舊。"[②]葉德輝認爲平水成爲北方的刻書中心是由於"金源分割中原不久,乘以干戈,惟平水不當要衝,故書坊時萃於此"。[③] 平水歷來爲晉南經濟、政治、文化的中心,又未受戰争破壞,國家圖書館《中國版刻圖録·序》云:"北宋亡後,平陽代替了汴京成了黄河以北地區的出版中心。"又云:"其地盛産紙張,質地堅韌,私人開設的書坊很多。"現國家圖書館藏金平水本有《南豐曾子固先生集》《壬辰重改證吕太尉經進莊子全解》《重編補添分門字苑撮要》《新修累音引證群籍玉篇》《蕭閑老人明秀集注》等。其他平水書籍如王文鬱撰《增注禮部韻略》爲金大定六年(一一六六)平水刻本。王文鬱併舊韻二百零六部爲一百零六部,在音韻發展史上頗有影響。金大定二十六年(一一八六)平水書軒陳氏印行的《銅人俞穴針灸圖經》歷來爲醫學界所珍重。清末貴池劉世珩已影刻,日人涉園山崎子政亦曾據以重雕。此外,著名的平水本尚有李子文於大定二十九年(一一八九)所刻王明壽《重刊增廣分門類林雜説》。這是一部内容廣泛、具有實用價值的類書,現有清代翻刻本行世。又《中國版刻圖録·序》云:

---

① 《金史》卷二六《地理志》下。

② 《藝風堂文漫存》卷三。《元史》卷一四六《耶律楚材傳》:"置編修所於燕京,經籍所於平陽,由是文治興焉。"

③ 《書林清話》卷四《金時平水刻書之盛》。

> 當時民間盛行諸宫調説唱,平水書肆適應大衆需要也刻版流通。……《劉知遠諸宫調》就是平水坊本。……這些民間文藝創作的及時傳播,對後代説唱文學和戲劇的發展,具有深遠的影響。平水書肆又曾刻印民間招貼畫……甘肅張掖古塔内發現的平陽徐氏刻印的關羽像,和平陽姬氏刻印的王昭君等四美人像,畫面生動美麗,是兩幅巨大的富有藝術價值的版畫傑作。

元代仍以平陽爲刻書中心,人們將至元八年(一二七一)使用大元國號之前的元初刻本稱爲蒙古本。蒙古本分量最重的要算太宗九年(一二三七)開雕,乃馬真后三年(一二四四)完成的道藏七千八百餘帙,因爲該藏爲宋德方刻於平陽玄都觀,故又稱宋德方藏或玄都寶藏。由於釋、道二教鬥争激烈,元世祖信佛排道,於至元十八年(一二八一)下令銷毁道藏經版,這部玄都寶藏也就被付之一炬。現僅有《雲笈七籤》《太清風露經》二種,藏於國家圖書館。玄都寶藏雖然被燒了,但是這次巨大的出版工程,却將平水刻工的雕版技術提高到前所未有的水平。稍後,平水書肆晦明軒主人張存惠刻印的《重修政和經史證類備用本草》《增節標目音注精義資治通鑒》《丹淵集》《滏水集》等,紙墨刻工比過去平水本更爲精美。又《史記集解附索隱》一百三十一卷,係平陽道參幕段子成中統二年(一二六一)刊,也爲蒙古本。

元刻平水本還有平陽府梁宅元貞二年(一二九五)刻《論語注疏》二十卷;平水許宅大德十年(一三〇六)刻《重修政和經史證類備用本草》三十卷、目録一卷;平水曹氏進德齋大德三年(一二九九)刻巾箱本《爾雅郭注》三卷,至大三年(一三一〇)刻《翰苑英華中州集》十卷,《中州樂府》一卷;平水高昂霄尊賢堂皇慶二年(一三一三)刻《河汾諸老詩集》八卷;平陽司家頤真堂至元三十年(一二九三)刻《御藥院方》;平陽曹輾刻《遺山詩集》二十卷[1]。

明清平水刻本的成就爲其他地區所掩,不如金、元時代那麽知名,但

---

① 參看《書林清話》卷四《元私宅家塾刻書》。

是也持續不斷地刻了不少書，如平陽吕氏冰玉堂成化年間刻《管窺外編》一卷；平陽陳宣弘治年間刻《二程全書》六十五卷；平陽府吕柟嘉靖四年（一五二五）刻《司馬文正公集略》文集三十一卷，詩集七卷；平陽府張松刻《藝文類聚》一百卷；平陽萬曆二十九年（一六〇一）刻《針灸大全》十卷；臨汾桑拱陽松風書院在崇禎年間刻有自著《四書則》《松風草》《家禮維風》。其《四書則》，乾隆時經山西巡撫呈進，收入《四庫全書》。其餘平陽府明刊本尚有《銅人針灸集》七卷、《新編西方子明堂灸經》八卷。清代平水刻本較著名的有劉組曾百禄堂於乾隆九年（一七四四）刻《司馬文正公文集》八十二卷，乾隆十六年（一七五一）刻《蓮洋詩鈔》十卷。清代臨汾坊間還刻了不少四書五經及啓蒙讀物，但其刻書質量較差，不足深論。①

平水刻本似以私人刻書爲主，多醫書、類書、詩文集，在内容上顯示出民間注重實用的特色。在形式上，金、元平水本皆爲白口，但版式不盡統一，金本的魚尾或單或雙，邊欄或左右雙邊或四周雙邊，各書每半葉行數、每行字數多不同，因此横看過去字是不整齊的。書名、卷次、葉次的位置同宋本。元本多爲雙魚尾，四周雙邊，其餘大致同金本。金本缺少序跋和牌記，元本則多有之。例如蒙古憲宗三年至五年（一二五三至一二五五），平水張存惠刻《增節標目音注精義資治通鑒》，卷首有序〔圖版二十四〕，序後有“泰和甲子下癸丑歲平陽張宅晦明軒”刻書牌記，目録後有“平陽府張宅印”琴形牌記、“晦明軒”鐘形牌記。卷末還有“泰和甲子下乙卯歲季秋工畢，堯都張宅”題識。這就爲版本的鑒定工作帶來了極大的方便。平水本多用桑皮紙，紙墨瑩潔，字體瘦勁挺拔，一般來説不避諱。

由於近古文化事業日益發達，刻書事業也由幾個中心而逐漸向全國各地拓展，地區特色及影響也有所淡化，所以我們以上僅舉幾個最有代表性的地區爲例，來顯示從這一角度區分版本的情況。

此外，中國古代文化對比鄰諸國産生過深遠影響，朝鮮、日本、越南在古代都刻印過漢文古籍，這些書我國收藏單位在著録時，往往分别稱爲高麗本、日本本、越南本，其中越南本鮮見。清孫從添云：“外國所刻之書，高

① 參看劉緯毅《山西古代刻書考略》，載《圖書館通訊》（山西）一九八〇年第二期。

麗本最好。五經、四書、醫藥等書皆從古本。凡中夏所刻，向皆字句脱落，章數不全者，而高麗竟有完全善本。”①於此可見，外國刊本是很有價值的。但關於外國刊行漢籍的版本情況，事涉專門，我們所知極少，因此未敢述論。

第三節　按刻書單位區分

如按刻書單位分，則雕印本大體上可區别爲官刻本、家刻本和坊刻本三種。它們又往往因具體主持的官府、私家書坊各異而有不同名稱，今擇要列舉如下，其已見前第一節者，此不復出。

一　官刻本

甲、監本　各朝國子監所刻印的書，稱爲監本。五代國子監即已刊刻圖書，惜五代監本、北宋監本、金監本，今皆不傳。南宋屢經戰亂，國家艱難，故世傳南宋監本也多非國子監自刻。王國維云：

> 北宋監本經史既爲金人輦之而北，故南渡即有重刊經疏者，如日本竹添氏所藏《毛詩正義》，乃紹興九年（一一三九）九月十九日紹興府雕造，此事是否奉行是月七日詔書，抑或先已刊刻，别無可考。又刊經疏者，紹興之外尚有婺州所刊《春秋左傳正義》，温州所刊《爾雅疏》，雖未審在何時，至紹興十五年（一一四五）令臨安府雕造群經義疏未有板者，則高宗末年經疏當盡有印板矣。此種州郡刊板當時即入監中，故魏華父、岳倦翁均謂南渡監本盡取諸江南諸州。蓋南渡初監中不自刻書，悉令臨安府及他州郡刻之。此即南宋監本也。②

錢基博云：

① 《藏書紀要》第二則《鑒别》。
② 《王國維遺書》第十二册《兩浙古刊本考》。

宋監刻之僅有存者：國立北京圖書館藏有監本《春秋穀梁注疏》殘册；南京國學圖書館藏有監本《纂圖重言重意互注禮記》殘册，有監本《纂圖春秋經傳集解》三十卷（有鈔配），有監本《附音春秋公羊注疏》二十八卷（有元、明修補葉），有監本《附音春秋穀梁傳注疏》二十卷（有元、明修補葉）。①

這些書即使全爲南宋監本，也所剩無幾。

元代中央機關掌管刻書的有興文署和藝文監。國子監刻書不多，《書林清話》卷四《元監署各路儒學書院醫院刻書》僅提到元祐三年（一〇八八）刻小字本《傷寒論》十卷。但元國子監却通過中書省讓各路儒學代刻了不少書。李致忠《元代刻書述略》云：

後至元六年（一三四〇），國子監牒呈中書省批准，下浙東道宣慰使司都元帥府，分派慶元路儒學召工鐫刻《玉海》二百卷、《辭學指南》四卷、《詩考》一卷、《地理考》六卷、《漢藝文志考證》十卷、《通鑒地理通釋》十四卷、《漢制考》四卷、《踐阼篇集解》一卷、《周易鄭康成注》一卷、《姓氏急就篇》二卷、《急就篇補注》四卷、《周書王會補注》一卷、《小學紺珠》十卷、《六經天文篇》二卷、《通鑒答問》五卷。此爲國子監通過中書省下各路儒學刻書的實例。北京圖書館也有所珍藏，其中部分版本爲明初遞修。②

到了明朝，南、北兩京皆刻經史，因此又有南監本和北監本的區别。已見前。

乙、經廠本　明内府刻書由司禮監負責，司禮監下設經廠庫，明宦官劉若愚云："凡司禮監經廠庫内所藏祖宗累朝傳遺秘書典籍皆提督總其事，而掌司監工分其細也。""掌司四員或六員，在經廠居住，只管一應經書

① 《版本通義·歷史第二》。

② 載《文獻》第十輯。

印板及印成書籍，並佛藏、道藏、番藏皆佐理之。"①故司禮監經廠刻的書被稱爲經廠本。經廠本多刻制書、五經、四書、《性理大全》以及宫女、太監們的讀本，一般認爲經廠本出於宦官之手，故校勘不精，但它在形式上却十分美觀。版式寬闊、行格疏朗，大黑口、雙魚尾、大黑雙邊。正文小注，斷句加圈。趙體字，字大如錢。紙潔白、墨色如漆。多大本，包背裝。故太平老人《袖中錦》云："監書、内酒、端硯、浙漆、吴紙，皆爲天下第一。"此監書乃指司禮監經廠本，而非國子監本〔圖版二十五〕。

丙、藩府本　明代藩府刻書情況，已如前述。錢基博云：

> 藩府刻本，亦稱名貴，而吉府其一。其他見著録者，曰蜀府、代府、崇府、肅府、唐府、晉府（寶賢堂，亦稱志道堂，亦稱虚益堂，又稱養德書院）、益府、秦府、伊府、魯府（敏學書院，亦稱承訓書院）、趙府（居敬堂，亦稱味經堂）、楚府、寧藩、周藩、沈藩、德藩（最樂軒）、潞藩。吉府刻多諸子，晉府刻多總集，益府刻多茶書。而北京圖書館藏有嘉靖秦藩刊《史記》一百三十卷，國學圖書館藏有嘉靖魯藩刊晉葛洪撰《抱朴子》七十卷，嘉靖秦藩刊鮑雲龍撰《天原發微》五卷，嘉靖益府刊明《理學類編》八卷，萬曆益藩《新刊增修大廣益會玉篇》三十卷，《篇韻指南》一卷，《總目》一卷。《四部叢刊》景印者，則有國學圖書館藏魯藩刊《抱朴子》，及涵芬樓藏趙府居敬堂刊《靈樞經》十二卷焉。②

葉德輝《書林清話》著録藩府本頗夥，可參看。他還指出："諸藩時有佳刻，以其時被賜之書，多有宋元善本可以繙雕，藩邸王孫又頗好學故也。"③藩王財力雄厚，自有碩儒協助校勘，又不必像其他官刻本那樣專刻制書和經史，所以藩刻本在内容上有其特色，在形式上又相當精美，歷來爲藏書家所珍視〔圖版二十六〕。

丁、書帕本　明代授官上任，或奉差出使回京，例刻一書，以一書一帕

---

① 《酌中志》卷一八。

② 《版本通義·歷史第二》。

③ 《書林清話》卷五《明時諸藩刻書之盛》。

相饋贈，當時稱這種書爲書帕本。地方官吏刻書作爲禮品是明代的社會風氣，明陸深《金臺紀聞》云：

> 勝國時州、縣皆有學田，所入謂之學租，以供師生廪餼，餘則刻書，工大者合數處爲之，故讎校刻畫頗有精者。洪武初，悉收上國學，今南監《十七史》諸書，地理歲月，勘校後並存可識。今學既無田，不復刻書，而有司間或刻之，然只供饋贐之用，其不工反出坊本下，工者不數見也。明隆萬間，承嘉靖古學盛興之後，皆喜刻書，然大率皆爲好名起見，刻而不校，又或妄加删削，都無古意。饋遺當道，附之一帕，有一書一帕之稱，此類書世謂書帕本。

葉德輝《書林清話》曾對明代書帕本進行過嚴厲的批評，本章第一節已引用，可參看。但是也應當看到書帕本的刻書水平是不平衡的，其中不乏精心校勘之作，也曾流布稀見之書，所以對書帕本也應具體對待，未可全盤否定。

戊、内府本、殿本　明、清兩朝宫廷内部刻印的書通稱内府本。明代内府本刻自司禮監所屬經廠，故稱經廠本。清代内府所刻欽定各書稱内府本，①其中包括曹寅主持的揚州詩局所刻的欽定書。聖祖玄燁於康熙十二年（一六七三）命廷臣補刻了明經廠本《文獻通考》的漫漶殘版，在武英殿設修書處，由翰林院詞臣總領其事。從此清内府本就改稱武英殿本了。清吴長元云："武英殿在北京皇城之熙和門，西南向，崇階九級，環繞御河，跨石橋三……殿宇前後二重，皆貯書板；北爲浴德堂，即修書處。"②殿本多刻欽定書籍，注重校勘。其寫刻工緻，紙墨精良，裝訂典雅，都是一般刻本難以企及的。

己、局本　清末各地官書局刻本稱爲局本。況周頤云："咸豐十一年（一八六一）八月，曾文正克復安慶，部署粗定，命莫子偲大令采訪遺書，既

---

①　參看圖版三十五。

②　《宸垣識略》卷二《大内》。

復江寧,開書局於冶城山……此江南官書局之俶落也。”①此後各地繼之而起,兹列各局名稱如次:

江南書局(江蘇江寧)
江楚書局(江蘇江寧)
淮南書局(江蘇揚州)
蘇州書局(江蘇蘇州)
浙江書局(浙江杭州)
崇文書司(湖北武昌)
思賢講舍(湖南長沙)
江西書局(江西南昌)
存古書局(四川成都)
皇華書局(山東濟南)
山西書局(山西太原)
福州書局(福建福州)
廣雅書局(廣東廣州)
雲南書局(雲南昆明)②

此外還有安徽的敷文書局、河北的直隸書局。

這些書局的著名刻本有:金陵書局(即江南官書局)刻的《史記》《漢書》《三國志》《王船山遺書》《讀書雜志》;淮南書局刻的大字本《毛詩注疏》;蘇州書局刻的《資治通鑒》;浙江書局刻的《二十二子》《九通》《玉海》;思賢講舍刻的王先謙《漢書補注》、孫詒讓《墨子閒詁》;廣雅書局刻的《廣雅叢書》等。

官書局所刻多爲傳統的經史子集,新的東西不多。各局刻書水平亦不一致,影響大的書一般都注意選擇底本,精心校勘,有些書的成績超過

---

① 《蕙風簃二筆》卷一。

② 見净雨《清代印刷史小紀》,載《中國近代出版史料》二編。

了殿本。由於局本出現得比較晚，注意降低成本，校勘又比較精審，因此受到了讀者歡迎，流傳比較廣泛。

庚、書院本　書院初爲官設教育機構。書院刻書發端於宋。葉德輝嘗著録書院刻本，大略如下：

婺州麗澤書院紹定三年（一二三〇）重刻司馬光《切韻指掌圖》二卷，無年號刻吕祖謙《新唐書略》三十五卷。象山書院紹定四年（一二三一）刻袁燮《絜齋家塾書鈔》十二卷。泳澤書院淳祐六年（一二四六）刻大字本朱子《四書集注》十九卷。龍溪書院淳祐八年（一二四八）刻陳淳《北溪集》五十卷、《外集》一卷。竹溪書院寶祐五年（一二五七）刻方岳《秋崖先生小藁》八十三卷。環溪書院景定五年（一二六四）刻《仁齋直指方論》二十六卷、《小兒方論》五卷、《傷寒類書活人總括》七卷、《醫學真經》一卷。建寧府建安書院咸淳元年（一二六五）刻《晦庵先生朱文公文集》一百卷、《續集》十卷、《别集》十一卷。鷺州書院無年號刻《漢書》一百二十卷。[①] 元代書院刻書掀起高潮，已詳本章第一節〔圖版二十七〕。明代書院没有學田，失去財源，因此也就不大刻書了。

書院刻書一般有通儒校訂，再加上書院刻書目的不在賺錢，所以校勘工作相當認真。書院本歷來比較受到重視。

辛、其他　在官刻本中，根據刻書單位的不同，還有各色各樣的名稱。如宋有崇文院本、秘書監本、德壽殿本、左廊司局本、茶鹽司本、安撫使本、庾司本、漕司本、轉運司本、轉運使本、倉臺本、計臺本、漕臺本、漕廨本、漕院本、公使庫本〔圖版二十八〕、州軍學本、郡齋本〔圖版二十九〕、郡庠本、郡府學本、縣齋本、縣學本、學宫本、頖宫本、學舍本、太醫局本等；元有興文署本、各路儒學本、郡學本、郡庠本、府學本、儒司本、太醫院本、官醫提舉本等。

總之，官刻書一般都由於有明確的政治目的，刻了大量正經正史、制書和御纂欽定書。因爲財力雄厚，官刻本多半雕印精審，形式美觀。但無論内容和形式，都比較保守，缺乏創新精神。其中明經廠本和書帕本則因

---

① 《書林清話》卷三《宋司庫州軍郡府縣書院刻書》。

校勘不精,不免爲當時及後世所詬病。

二　家刻本

家刻本與坊刻本都是私人刻印的書,它們之間有時很難區别。大體上説,家刻本多由學者或藏書家主持其事,其目的主要是爲了流傳善本、保存自己或親友的著作,而不是專門爲了贏利,刻印的書一般都質量較高。坊刻本則由書坊主人主持其事,其目的主要是爲了贏利,因此刻印的書,質量高低差别很大。

家刻本往往刻於家塾,如宋黄善夫刻《史記正義》一百三十卷,其列傳第一卷末有"建安黄善夫刊於家塾之敬室"牌記。[①] 元花谿沈氏家塾刻趙孟頫《松雪齋集》十卷、《外集》一卷、《附録》一卷,目録後有"至元後己卯,花谿沈氏伯玉刻於家塾"等字,所以這些刻本又稱家塾本。但是某些坊刻本也混用家塾的名義,以便行銷,這就造成了鑒别時的困難。

家刻本多冠以室名,如宋廖瑩中刻《昌黎先生集》《河東先生集》稱世綵堂本,明袁褧刻《大戴禮記》《世説新語》《文選注》稱嘉趣堂本,清黄丕烈刻的書稱士禮居本。也有以姓名相稱的,如宋周必大本《歐陽文忠公集》、元丁思敬本《元豐類稿》。還有單稱姓的,如明萬曆間吴興閔氏刻本稱閔刻本,凌氏刻本稱凌刻本,清秦鏷刻的書稱秦刻本,阮元刻的書稱阮刻本。

宋元家塾刻書情況,詳見葉德輝《書林清話》。[②] 宋代突出的要算廖氏世綵堂。廖瑩中,號藥洲,是權相賈似道的門客。他替賈鑒定圖書,自己也喜歡刻書。宋周密説廖氏所刻"《九經》本最佳,凡以數十種比校,百餘人校正而後成。以撫州萆草紙、油煙墨印造,其裝池至以泥金爲籤。然或者惜其删落諸經注爲可惜耳,反不若韓、柳文爲精妙"。[③] 現存《昌黎先生集》《河東先生集》刻印尤爲精工,堪稱宋刻本的代表作。[④] 此外特别值得一提的是陸子遹於嘉定十三年(一二二〇)刻其父陸游《渭南文集》五十

---

① 參看圖版二十三。

② 參看該書卷三《宋私宅家塾刻書》及卷四《元私宅家塾刻書》。

③ 《癸辛雜識》後集《賈廖刊書》。

④ 參看圖版二十一。

卷，游字缺末筆以避家諱。該書刊印皆精。

關於元家刻本，需要注意的是帶有“相臺岳氏刻梓荆谿家塾”牌記的經注。現存《周易》《周禮》《春秋經傳集解》《論語》《孟子》《孝經》六種，過去認爲是岳飛孫珂在南宋時刻印的，經今人張政烺研究，實係在今江蘇宜興落户的岳浚據廖瑩中刻本覆刻的，傳世的《相臺書塾刊正九經三傳沿革例》也是岳浚覆刻廖本時，根據廖氏舊有的凡例增修而成，和岳珂無關。①《中國版刻圖録》肯定了張的觀點。這樣《春秋經傳集解》等岳氏荆溪家塾本，當爲元家刻本的代表作。此外，丁思敬於大德八年（一三〇四）在江西南豐州刻的《元豐類稿》五十卷，版式寬大，字劃精整，結構嚴謹，也爲元刻本的上品。

明家刻本的傑作不勝枚舉，可參見《書林清話》卷五《明人刻書之精品》及《明人私刻坊刻書》，本章第一節也作了比較詳細的介紹。這裏再强調幾點：其一是明家刻本的精品大都出現於嘉靖年間，是與當時伴隨着文學上的復古運動而掀起的覆刻本之風密切相關的。其二是明代私家已經形成了像顧氏奇字齋、毛氏汲古閣這樣具有相當規模的出版機構了。我們已經引用過顧氏刻《類箋王右丞詩集》的奇字齋開局氏里表，②而萬曆元年（一五七三）顧起綸刻自編的《國雅》二十卷，書末也附有刻工、寫工氏里表：

> 梓授：吴郡顧植、顧賢、羅鑒、張璥、方之善，同邑何鑰、何鎡、何釗、邵埴、王伯才。
>
> 筆授：吴郡顧檈、施雲、侯愚、家産子顧相、戴卿、朱謨。

又有姚咨題記云：“校是編者周天球、童珮、朱在明、俞淵、葉之芳、成淳、從子道瀚、子祖源、祖河、祖漢偕余也。”題記後又有萬曆元年（一五七三）顧起綸覆校識語。這些在一定程度上反映了明代家刻的謹嚴工作態度以及其能力、水平。至於毛氏汲古閣則規模更大。楊紹和《楹書隅録》卷一著

① 參看《張政烺文集·文史叢考·讀〈相臺書塾刊正九經三傳沿革例〉》。

② 參看圖版十八。

録影宋精鈔本《五經文字》三卷，有毛扆跋云："吾家當日有印書作，聚印匠二十人，刷印經籍。扆一日往觀之，先君適至，呼扆曰：'吾縮衣節食，遑遑然以刊書爲急務。今板逾十萬，亦云多矣。竊恐秘册之流傳尚十不及一也。'"毛晉刻板十萬餘片猶不滿足，這就難怪汲古閣本傳遍天下了。其三是明萬曆、天啓間，吴興閔、凌兩家爲套印本做出了貢獻。其共同特點是用彩色套印，紙白、行疏、無界。閔刻本多經、史、子、集，[①]凌刻本多戲曲小説。這都證明了明家刻本的價值。

清代的家刻本，亦已詳前。它大致有以下幾個特點：一是繼承明代家刻本的風氣，刻了不少覆宋本，如清初秦鏷摹宋刊巾箱本《九經》，以及稍晚一些的張士俊摹宋刻《澤存堂五種》，都是極負盛譽的。清代私家摹刻宋、元本，四部皆有。就經、史而論，著名的如黄丕烈影宋嚴州本《儀禮鄭注》，汪士鐘影宋景德本《儀禮》單疏和元泰定本《孝經疏》，臧庸仿元雪窗書院本《爾雅注疏》，以及胡克家覆元刊本《資治通鑒》等，均爲書林稱道。就子、集而論，像吴鼒影刻宋乾道本《韓非子》，繆日芑仿宋本《李太白集》，項絪翻宋本《韋蘇州集》以及陸鍾輝碧筠草堂覆元刊《笠澤叢書》等，也都是名重一時的。在清代官刻本中，覆宋元版本的書很少，這就更顯出清家刻覆宋元本的可貴。另一清家刻本比較注重出版自己的著作和前人未經刊印的著作，而且都精寫細刻，其中多爲學術專著、詩文集、筆記、小説、戲曲等，在刻書内容方面顯示出了新的特色。如清康熙三十年（一六九一）西園書屋刊汪琬撰《堯峰文鈔》，係林佶手寫，吴郡良工程濟生所雕；乾隆十四年（一七四九）刻本《板橋集》，由鄭燮自己書寫，由其門徒司徒文膏刻字；康熙五十年（一七一一）商丘宋氏刊清宋犖所撰《西陂類稿》五十卷也十分精工，堪稱善本。前人的作品如白樸《天籟集》，元明兩代，向未梓行，清初楊希洛始據抄本釐爲二卷，並掇拾他書所收小令、套數附於編末，於康熙四十九年（一七一〇）由環溪王皓寫版付刻。又姜夔《白石道人歌曲》，舊有明初陶宗儀寫本，至乾隆十四年（一七四九），方由松江張氏松桂讀書堂刻版以傳。明代沈啓所撰《南船記》，内容翔實，圖文並茂，爲瞭解

① 參看圖版三十七。

古代船舶製造提供了資料，其書成於嘉靖年間，作者的八世孫吴江沈守義終於在乾隆六年（一七四一）將其刻印行世。該書書寫精勁，鎸刻工整，紙白墨香，令讀者悦目怡神〔圖版三十〕。關於清代家刻本精校、寫刻、多印叢書的特點，前已論及，此不復詳。

葉德輝在《書林清話》卷三列舉了一批宋私宅家塾刻本之後説："大抵槧刻風行，精雕細校，於官刻本外儼若附庸之國矣。"宋元家刻本在内容和形式上都與官刻本相一致，但不如官刻本之盛，把它視爲官刻的附庸是恰當的。明清家刻本特别重視詩文集的雕印，在校勘的精工方面同官刻本相比，有過之而無不及。無論内容和形式，明清家刻本都呈現出生氣與活力。它們在官刻本外，已逐步自立門户，蔚爲大國。

三　坊刻本

坊刻本指書商爲贏利而刻印的書。各朝代、各地區凡刻書出售的，不論其字號是書坊、書棚、書堂、書林、書肆，還是冒充書院、家塾，或采用其他雅致的名稱，其所刻書，統稱爲坊刻本。

葉德輝曾介紹過我國書肆的發展簡史，今録於後：

> 《揚子法言·吾子》二："好書而不要諸仲尼，書肆也；好説而不要諸仲尼，説鈴也。"此"書肆"二字見於文士著述之始。《後漢書·王充傳》："常游洛陽市肆，閲所賣書，一見輒能誦憶。"此後漢時有書肆也。梁任昉《答劉居士詩》："才同文錦，學非書肆。"此六朝時有書肆也。唐柳玭《訓序》言其在蜀時嘗閲書肆，云"字書、小學，率雕板印紙"。又吕温《衡州集》中《上官昭容書樓歌》："君不見洛陽南市賣書肆，有人買得《研神記》。"此唐時有書肆也。馬令《南唐書·魯崇範傳》："崇範雖窶，九經子史世藏於家。刺史賈皓就取之，薦其名，不報。皓以己緡償其直。崇範笑曰：'典墳天下公器，世亂藏於家，世治藏於國，其實一也。吾非書肆，何估直以償耶？'却之。"此五代時有書肆也。至宋則建陽、麻沙之書林、書堂，南宋臨安之書棚、書鋪，風行一時。迄今如乾嘉間錢景開萃古齋，陶正祥、珠、琳父子五柳居，以及李文藻

《琉璃廠書肆記》中韋氏瑞錦堂(舊名鑒古堂)、劉氏延慶堂,一經文人品題,遂得附名千古。章學誠《文史通義》援周長發之言,目此輩爲橫通,著《橫通》篇以寓諷焉,亦可謂善於題目也已。[①]

歷代坊刻本的情況,前亦略述。其中如臨安陳氏所刻唐人小集尤爲世人所重。黄丕烈云:"《唐山人詩》一卷、《女郎魚元機詩》一卷、《甲乙集》十卷、《許丁卯集》二卷、《朱慶餘集》一卷,每半頁十行,每行十八字,皆臨安府棚北大街睦親坊南陳宅書籍鋪印行,所謂書棚本是也。"[②]〔圖版三十一〕但其影響之大、歷祀之久,還不及建安余氏。葉德輝云:"夫宋刻書之盛,首推閩中,而閩中尤以建安爲最,建安尤以余氏爲最。"[③]孫毓修也認爲建陽余氏"歷宋、元、明未替,爲書林之最古者"。[④] 建陽余氏是我國古代書坊刻書當之無愧的代表。今人肖東發《建陽余氏刻書考略》一文,論述這家古代出版商的情況甚詳,[⑤]今據以爲例。

余氏刻書曾引起乾隆皇帝的注意,他曾派人專門調查過余氏刻書情況,王先謙《東華續録》云:

乾隆四十年(一七七五)乙未正月丙寅諭軍機大臣等:"近日閲米芾墨迹,其紙幅有'勤有'二字印記,未能悉其來歷。及閲内府所藏舊板《千家注杜詩》向稱宋槧者,卷後有'皇慶壬子余氏刊於勤有堂'數字。皇慶爲元仁宗年號,則其板是元非宋。繼閲宋板《古列女傳》,書末亦有'建安余氏靖庵刊於勤有堂'字樣,則宋時已有此堂。因考之宋岳珂相臺家塾論書板之精者,稱建安余仁仲。雖未刊有堂名,可見閩中余板在南宋久已著名。但未知北宋時即行勤有堂名否?又,他書所載明季余氏建板猶盛行,是其世業流傳甚久,近日是否相沿?並

① 《書林清話》卷二《書肆之緣起》。
② 《百宋一廛賦注》。
③ 《書林清話》卷二《宋建安余氏刻書》。
④ 《中國雕版源流考》。
⑤ 載《文獻》第二十一輯及《文獻》一九八五年第一期。

其家刊書始自何年？及勤有堂名所自？詢之閩人之官於朝者，罕知其詳。若在本處考查，尚非難事，著傳諭鍾音於建寧府所屬，訪查余氏子孫，現在是否尚習刊書之業？並建安余氏自宋以來刊印書板源流，及勤有堂昉於何代何年？今尚存否？或遺迹已無可考，僅存其名？並其家在宋曾否造紙，有無印記之處？或考之志乘，或徵之傳聞，逐一查明，遇便覆奏。此係考訂文墨舊聞，無關政治。鍾音宜選派誠妥之員，善爲詢訪，不宜稍涉張皇，猶不得令胥役等借端滋擾。將此隨該督奏摺之便，諭令知之。"尋奏："據余氏後人余廷勷等呈出族譜，載其先世自北宋遷建陽縣之書林，即以刊書爲業，彼時外省板少，余氏獨於他處購選紙料，印記'勤有'二字，紙板俱佳，是以建安書籍盛行。至勤有堂名相沿已久，宋理宗時有余文興號勤有居士，亦係襲舊有堂名爲號。今余姓見行紹慶堂書集，即勤有堂故址，其年已不可考。報聞。"①

建陽余氏歷代刻書現在可見可知者約如下表：

分類　種數　朝代	宋	元	明	清	合計
易　類	1	2	3		6
書　類	3	3	3		9
詩　類		5	2		7
禮　類	4	1	4		9
春　秋	3	1	1	1	6
五經總義			3		3
四　書		3	5		8
小　學		2	5		7
經部合計	**11**	**17**	**26**	**1**	**55**

① 《東華續録》卷八一，亦見《清高宗實録》卷九七五。

續表

種數 分類 \ 朝代	宋	元	明	清	合計
紀傳類		1	3		4
編年類			5		5
傳記類		2	3		5
史　抄			3		3
政　書		1	1		2
史　評			6		6
地　理		1	1		2
史部合計	**0**	**5**	**22**	**0**	**27**
子部總類			2		2
儒　家			2		2
兵　家			1		1
法　家		1	3		4
醫　家	3	4	6		13
天文算法			2		2
術　數			6		6
宗　教			2		2
類　書	2	3	26		31
子部合計	**5**	**8**	**50**	**0**	**63**
總　集		1	27	1	29
別　集	1	3	5		9
小　説			28	1	29
曲　類			2		2
集部合計	**1**	**4**	**62**	**2**	**69**
叢　部			1		1
總　計	17	34	161	3	215

此表反映出余氏刻本中比重最大的主要是三類書：一是科舉應試之書，即四書五經、小學、史評、總集等。經史名著在官刻、私刻中並不少見，然而它們大都因仍舊貫，而余氏刻本却不拘一格，在刻印這些書時，往往進行不同程度的加工，如添製插圖、增印匯刻各種注本等。僅《四書》就有集注、大全、精義、會解、講義、説苑、圖解、句意句訓、名物考等多種名目。遼寧省圖書館藏有一部余應虬刊的《酉陽探古奇編》，從書名上看不出該入何類，一翻内容，即是《四書人物考》。再如史部的《通鑒》《綱要》《綱目》，集部的《文章軌範》等均屬此類。王重民在余氏雙桂書堂刊《周易傳義大全》提要中指出："是書爲明代功令書，學子所必讀，除《五經大全》本外，坊間翻刻必多，乃諸家絶少著録。或因坊刻差訛，見棄大方，今則有志搜訪者，已不易得矣。"①

二是民間與日常生活有關的實用書籍。余氏在宋、元、明三代都刻了不少醫書、類書。這些書爲廣大中下層民衆所重視和歡迎。尤其是廣收博采、包羅萬象的類書，更是他們日常生活中所不可缺少的。其中有社會交際的參考用書，如《博聞勝覽考實全書》《萬用正宗不求人全編》；還有啓蒙普及讀物，如《故事啓牘》《藝林尋到源頭》《小學日記故事》等〔圖版三十二〕。這類書不僅在當時的社會生活中起過重要的普及文化的作用，就是在今天，仍有一定的參考價值。正如鄭振鐸説："斯類通俗流行之作，爲民間日用的兔園册子，②隨生隨滅，最不易保存……研討社會生活史者，將或有取於斯。"③

三是通俗文學之書。此類書未見余氏所刊宋、元本。明代余氏刻印通俗小説的有余彰德的萃慶堂，余成章、余象斗的三臺館和雙峰堂，余鬱生的永慶堂等。其中尤以余象斗最爲著名，不僅刊行數量大、品種多，本人還編寫了不少神魔公案小説。後世的《楊家將演義》《説岳全傳》等演義

① 《美國國會圖書館藏中國善本書目》經部易類。

② 兔園册子爲唐代一種通俗類書，並用作啓蒙讀本。宋王應麟《困學紀聞》卷一四《考史》云："《兔園册府》三十卷，唐蔣王李惲令僚佐杜嗣先仿應科目策，自設問對，引經史爲訓注。惲，太宗子，故用梁孝王'兔園'名其書。"

③ 《西諦書目》附《西諦題跋》：《新鍥翰府素翁雲翰精華》六卷。

小説也是在余氏三臺館所刊行的《北宋志傳通俗演義》《大宋中興英烈傳》基礎上發展起來的。余象斗編印的《皇明諸司公案傳》對後來的《三俠五義》等義俠公案小説也有啓發和影響。馮夢龍《警世通言》卷四十的《旌陽宫鐵樹成妖》直接取材於余氏萃慶堂刊的《許仙鐵樹記》。萬曆丙午年(一六〇六)余象斗梓《全像列國志》,後來馮夢龍依據余邵魚本,參采史鑒,把西周一段腰斬,分爲一百零八回,定名《新列國志》。蔡元放評定後,又稱《東周列國志》,即現在的通行本。《三國志演義》《水滸傳》《西游記》等著名長篇小説,余氏均有刻本,有的甚至一版再版,多次印行。

爲了吸引讀者,擴大銷路,書坊刻本在圖書形式上也時有創新,形成了一些特點。

一是使用黑口與書耳。最早使用黑口和書耳的是南宋建陽書坊。余仁仲萬卷堂所刻的幾部經書均爲左右雙邊,細黑口,欄外刊小題。余志安勤有堂刊本發展爲粗黑口,有些欄外有耳,題記篇目。有了黑口就有了中綫,便於折疊、裝訂,有了書耳便於翻檢書中内容,既提高了效率,又方便了讀者。

二是喜刻彙注本,即把各家不同注釋彙編在一起,刻成一部書,有利於讀者對各家注釋進行比較,對水平不高的初學者尤爲方便。唐五代之前的經史典籍,其正文與注、疏是分開的,印本書出現之初亦是如此。從南宋開始,出現了多種合刊本,即把經、注、疏、音義、釋文等刻在一起,有些還加上了句讀(圈點)。其中最著名的是建安黄善夫的《史記》和劉叔剛的《禮記》等。余仁仲也刻了諸如《春秋公羊經傳解詁》〔圖版三十三、三十四〕①、《禮記》和《尚書注疏》一類的作品,每卷末均標出經、注、傳、音義若干字。勤有堂的《分類補注李太白集注》和《集千家注分類杜工部詩》《書集傳輯纂注》,萬卷堂的《纂圖互注重言重意周禮》等也都頗受歡迎。所謂"重言"就是把同一書中重複出現的詞,注明曾在哪一篇中出現過;"重意"就是把語句不同而意思相同的語句也注明出處。這種做法增加了上下文的聯繫,便於讀者查考,也便於舉子應試。

① 注意圖版三十三《公羊傳解詁》序文的句讀。

三是多刊插圖本。插圖是幫助理解記憶正文内容，增加圖書通俗性、趣味性的有效方式。余氏勤有堂刊印的《古列女傳》的插圖十分精美，歷來受到重視。隨着雕版手工業的發展，到了明朝萬曆、崇禎年間，插圖本無論就數量而言還是就質量而言，都達到了極盛時期，尤其是通俗小説和雜書，幾乎無書不附插圖。這些插圖，格調新穎，形式多樣，有每回卷首插一頁版畫的，如萃慶堂的《大備對宗》、三臺館的《三臺便覽通書正宗》；有同一書頁，上半欄爲圖像，下半欄爲書文的，如三臺館的《全漢志傳》《南北兩宋志傳》《唐虞志傳》《有夏志傳》；有的刊本則是上評、中圖、下文，如雙峰堂的《全像水滸志傳評林》①《全像批評三國志》；還有更新穎的是圖嵌文中，如余新安的《荔鏡記》、三臺館的《武功名世英烈傳》和萃慶堂的《吕仙飛劍記》等；有的一部書插圖幾十幅，如永慶堂的《梁武帝傳》。這些余氏插圖本雖不如徽派精緻，但古樸簡潔，自饒風趣。

四是普遍附刻刊記。早期的刊記反映了刻書者對本書負責，作了一些搜輯和校勘工作，當然主要目的還是爲了争取商業信譽，競售産品。到了後來，純商業性的宣傳廣告特點愈發明顯，如余象斗刻《明律正宗》刊記云：

> 坊間雜刻《明律》，然多沿襲舊例，有瑣言而無招擬，有招擬而無告判，讀律者病之。本堂近鋟此書，遵依新例，上有招擬，中有音釋，下有判告瑣言，井井有條，鑿鑿有據，閲者瞭然。買者可認三臺爲記，雙峰堂余文臺識。

明代余氏刻本中，此類廣告不勝枚舉，雖多爲自詡之詞，但從另一方面，我們也不難看出這些書坊當時的發達和競争的程度。書坊主人善於抓住讀者心理，不斷改進圖書内容，從形式上也不斷變换花樣，千方百計地招攬生意，使産品暢銷。

以上這幾點説明坊刻本在形式上較官刻、私刻更具有創新精神。從

---

① 參看圖版四十。

主觀上分析,書坊主人這樣做,無非是爲增强競争能力,謀取更多利潤。但從客觀上分析,坊刻所受的思想束縛較少,接近下層,瞭解並注重民間需要,敢於標新立異,也是重要原因。這就促進了圖書事業的發展,也加强了文化的傳播。

然而書坊刻書的目的總是爲了營利,因此不可避免地會産生一些局限性,余氏自不能例外:一是刻本質量參差不齊,有的書籍内容庸俗,價值低下。如所刻的類書、小説中往往有一些宣揚因果報應、鬼神迷信、色情淫穢内容的篇章。《柳莊麻衣相法》等書,當年就曾成批生産、推銷。二是有些書刻印技術很差,紙墨粗劣,字迹不清。這種情況在余氏刻本中雖不多見,但到了明末,質量明顯下降,如余應虬刻的《詩學會海大成》,余寅伯刻的《四民捷用注解翰墨駿》等書,紙黄墨淡,刻版粗陋,有的書葉甚至模糊一片,無法卒讀。三是文字校勘水平較低,錯誤較多。如余象斗三臺館刻的《南北兩宋志傳》卷首序中竟把熊大木的"木"字刻成"本"字。四是喜歡弄虚作假。如余彰德萃慶堂刊的《藝林聚錦故事白眉》目録中卷九地理部,有都邑、市肆、鄉村、關隘等目,而書中却找不到市肆一類的内容,都邑、鄉村内容也不完整。再如《大宋中興岳王傳》《唐國志傳》這兩部小説,本是熊鍾谷(大木)所編,而三臺館在翻刻時,却赫然寫上"紅雪山人余應鰲編次",把熊大木的序跋改署"三臺館主人言"。雖花費了不少心機,但仍露出了馬脚。如《唐國志傳》卷一第七則《李密擁衆》章有"鍾谷演義至此,亦筆七言絶句"之語即漏而未改。

建陽余氏刻本内容和形式上的特點和缺點,與其他坊刻本大體上是一致的,舉一可以反三。

第四節　按形式區分

一　巾箱本(袖珍本)

書型小,便於携帶的書稱巾箱本或袖珍本。巾箱本早在漢魏時代就以手鈔本的形式出現了。葉德輝云:

> 巾箱本之名，不始於有刻本時也。晉葛洪集《西京雜記》二卷《序》云："劉子駿《漢書》一百卷，無首尾。始甲終癸，爲十袟，袟十卷，合爲百卷。今鈔出爲二卷，以裨《漢書》之闕。爾後洪家遭火，書籍都盡，此二卷在巾箱中，嘗以自隨，故得猶在。"《南史》：齊衡陽王鈞手自細書寫《五經》，部爲一卷，置於巾箱中，以備遺忘。諸王聞而爭效爲巾箱《五經》。此蓋小袠，便於隨行之本。南宋書坊始以刻本之小者爲巾箱本。①

因爲巾箱本這種形式便於科舉考試時挾帶作弊，所以宋以後一直很盛行。宋戴埴云："今巾箱本無所不備。嘉定間，從學官楊璘之奏，禁燬小板，近又盛行。第挾書，非備巾箱之藏也。"②這種挾帶之風一直延續到清末，因而巾箱本也仍然流行不衰。周越然云："當清末科舉時代，書肆中有所謂銅版《四書》者，高約三寸，廣約二寸，可謂書本之至小者矣。此種書專爲場屋之用，字小如蟻，非用顯微鏡不能讀其正文或注釋。"③

較有名的巾箱本有宋本白文《九經》，版框高十五點五釐米；宋婺州本《點校重言重意互注尚書》，版框高僅十點五釐米。元本有大德十一年（一三〇七）麻沙坊刻《新編事文類聚翰墨全書》，版框高十五點五釐米；又《詳注東萊先生左氏博議》，版框高十四釐米。明刻有萬曆三十年（一六〇二）玄覽齋刊唐趙崇祚編西吴温博補《花間集》十二卷、《補》二卷，版框高十點六釐米。④ 清乾隆年間，武英殿雕印經史所剩餘材，高宗弘曆不令遺棄，命仿古人巾箱本之意刻武英殿袖珍本書，即後來所稱《古香齋十種》。《中國版刻圖録》著録的《樂善堂全集》，清高宗弘曆撰，清乾隆元年（一七三六）内府刻本。《圖録》云："框高六點三釐米、廣四釐米。七行，行十八字。白口，四周雙邊。此書較現存宋刻巾箱本《荀子》，開本尤小。開化紙精印。在刻版中爲别開生面之作。"〔圖版三十五〕

---

① 《書林清話》卷二《巾箱本之始》。

② 《鼠璞》下。

③ 《書・書・書》之六《小版書籍》。

④ 參見施廷鏞《中文古籍版本簡談》二《版本的種別》之四《刻本・巾箱本》。

現代印書,開本小的仍稱袖珍本。

二　大字本、中字本、小字本

一些宋元版書,可按每半葉行格的多少及每行字的多少與大小分爲大字本、中字本、小字本。《相臺書塾刊正九經三傳沿革例》就有京師大字舊本、蜀大字舊本、蜀學重刻大字本、中字本、中字有句讀附音本、建大字本等版本稱謂。關於大字本、中字本、小字本的區别,顧廷龍《唐宋蜀刻本簡述》談得較爲具體,他説:

> 所見蜀本有八行、九行、十行、十一行、十二行、十三行、十四行諸種行格。其中尤以八行、九行的大字本最爲著名,且最易辨認。著名的眉山七史、《蘇文忠公集》、《蘇文宣公集》、《淮海先生閑居集》,上海圖書館藏有一部蜀刻《元包經傳》,都是八行十六字,真是字大如錢,版式疏朗,讀來賞心悦目。此外,十行、十一行本中也有開板弘朗者,如《新刊經進詳注昌黎先生文》和《資治通鑒》等。而一般的十一行、十二行本,自不能與八、九行的大字本相比,可以稱爲中字本,十三、十四行的則應以小字本名之。所以世稱蜀本"欄豁字大",特指大字本而已,不能統而言之。①

大字本、中字本、小字本也是相對而言,一般來説,紙幅寬大,版式疏朗,每半葉八、九行以内,每行至多不超過十七八字,稱大字本。如《中國版刻圖録》著録之《春秋經傳集解》,框高二三・五釐米,廣一六・五釐米。八行,行十六字。注文雙行,行二十一字,字大如錢。② 而普通中字本,框高二十釐米左右,廣十三、四釐米,每半葉十一、二行,行二十字左右。如元刻《周易傳義》,每半頁十一行,每行二十一字;注文雙行,每行二十五字。小字本的版框不一定比中字本小,主要是每半葉在十三行以上,每行

① 《四川圖書館學報》一九七九年第三期。
② 參看圖版二十二。

字在二十三四以上，顯得行緊字密，被稱爲小字本。如宋刻《東坡應詔集》，半葉十四行，行二十五字；《類編增廣黄先生大全文集》，半葉十五行，行二十六、二十八字不等。

大字本的優點是適宜於老人閲讀，所謂“字大宜老”；小字本係指受珍視的宋元刻本而言。明清刻本則一般無大、中、小字本的稱謂。

三　寫刻本

由作者或書法家手寫上版刻印而成的書稱爲寫刻本。葉德輝介紹宋寫刻本云：

> 宋時刻書，多歐、柳、顔體字，故流傳至今，人争寶藏。然當時有本人手書以上版者。瞿《目》（引者按：指瞿鏞《鐵琴銅劍樓藏書目録》）有宋刊本吴説編《古今絶句》三卷，後自跋云：“手寫一本，鋟木流傳，以與天下後世有志於斯文者共之。”陸《志》（引者按：指陸心源《皕宋樓藏書志》）有宋岳珂《玉楮詩稿》八卷，後自記云：“此集既成，遣人謄録，寫法甚惡，俗不可觀。欲發興自爲手書，但不能暇。二月十日，偶然無事，遂以日書數紙。至望日，訪友過海寧，携於舟中，日亦書數紙，迨歸而畢，通計一百零七版。肅之記。”按肅之，珂字也。又有楊次山《歷代故事》十二卷云：“宋刊宋印本，其書乃次山手書付刊，書法娟秀可喜。”張《志》（引者按：指張金吾《愛日精廬藏書志》）有《文苑英華》一千卷，後有記云：“吉州致政周少傅府，昨於嘉泰元年（一二〇一）春，選委成忠郎新差充筠州臨江軍巡轄馬遞鋪權本府使臣王思恭，專一手鈔《文苑英華》，並校正重複，提督雕匠，今已成書，計一千卷。其紙札工墨等費，並係本州印匠承攬，本府並無干預。今申説照會，四年八月一日權干辦府張時舉具。”此以一人之力寫千卷之書，較之肅之自書己集，尤爲難得。①

---

①　《書林清話》卷六《宋刻本一人手書》。

又介紹元寫刻本云：

元刻字體有倩名手書者……元刊楊桓《六書統》二十卷、《六書溯源》十三卷，瞿《目》云："桓夙工篆籀，全書皆其手寫，故世特重之。"又元刊本元吴萊淵穎《吴先生集》十二卷，云刻於至正二十六年（一三六六），末有"金華後學宋璲謄寫"一行。璲工四體書，此書爲其手寫，古雅可愛，尤足珍也。又元刊本劉大彬《茅山志》十五卷，云明永樂刻本，胡儼序謂原本爲張雨所書，至爲精潔，即此本也。此類元刻，其工者足與宋槧相頡頏，特以時代論，不免有高下之見耳。至陸《志》有元本俞琰《周易集説》，不分卷，上下經彖傳，後跋所載，皆其孫貞木、貞植繕寫，謹鋟梓於家之讀易樓。此家寫家刻本，尤爲千古佳話，宋元以來刻書中所罕見也。[①]

又介紹明寫刻本云：

瞿《目》先文莊菉竹堂刻《雲仙雜記》十卷，云倩友俞質夫寫而刻之。質夫名允文，工書。黄《續記》（引者按：指黄丕烈《士禮居藏書題跋記續》）舊刻本《文温州集》，云相傳爲其子徵明手書以付剞劂者，故於明人集中最爲珍重。繆《續記》（引者按：指繆荃孫《藝風堂藏書續記》）崇禎庚辰葉益蓀春晝堂刻《陶靖節集》六卷，版心有春晝堂三字，葉益蓀、林異卿手書上版。其他楊慎《升庵全集》、王世貞《弇州山人四部稿》，字體雅近歐柳，首尾如一筆書，意當時必覓工楷法者爲之。惜如此巨編，而不著其姓氏名字。[②]

清代的寫刻是其家刻本的特色之一，我們在前論清刻本時已述及。[③]寫刻本一般書寫精美，刊刻細緻，訛誤極少，它們既有學術價值，又有

---

① 《書林清話》卷七《元刻書多名手寫》。

② 《書林清話》卷七《明人刻書載寫書生姓名》。

③ 參看圖版十九、三十。

歷史文物價值和藝術欣賞價值，所以一向被人珍視。

寫刻本之外的大量雕印本都是由能書工匠寫樣上版的，宋元寫工多模仿歐、柳、顔體及趙字，呈現出鮮明的時代特徵，前文已述。下面附帶談一下明清寫工普遍采用的仿宋體字的形成及變化。

明隆慶、萬曆以後模仿宋本字體刻的書稱仿宋本。清錢大鏞《明文在・凡例》云："古書具係能書之士各隨其字體書之，無所謂宋字也。明季始有書工專寫膚廓字樣，謂之宋體。"這種字體由宋匠體發展而來。南宋臨安書棚所刻唐宋詩集，多采用歐陽詢體字，書工爲便於刻工施刀，把每個字都寫得整齊方正，因而失去歐體原有的靈氣，被稱爲匠體。但宋代匠體仍帶有楷書風味。[①] 明中葉伴隨文學上的復古運動出現了覆刻宋本之風，書工們很自然地模仿起宋匠體字來。爾後梓人爲便於刻寫，進一步將宋匠體演變成爲横細豎粗、方正板滯的宋體字。這種字體因爲寫刻便利、清晰易辨，所以一直流行不衰。[②] 因爲這種字體出於坊間寫工之手，缺乏書法藝術的美感，因此不受人們的重視。明清寫刻本之所以盛行，主要也是針對這種所謂仿宋本的缺點而産生的一種現象。需注意的是有些人常把這種仿宋本同覆宋本這兩個術語混同起來使用。有些文章提到仿宋本時，其含義可能是指覆宋本。

四　朱印本、藍印本

用紅色刷印的書稱朱印本〔圖版二十六〕，用藍色刷印的書稱藍印本。

葉德輝認爲朱印本、藍印本始於明季，其作用在便於校對。《書林清話》卷八《顔色套印書始於明季盛於清道咸以後》云：

> 其一色藍印者，如黄《記》(引者按：指黄丕烈《士禮居藏書題跋記》)：《墨子》十五卷；陸《志》：《李文饒集》二十卷、《别集》十卷、《外集》四卷；邵注《四庫簡明目》：張登雲刻《吕氏春秋》二十六卷、明萬曆

---

① 參看圖版三十一。

② 參看圖版二十、四十二、四十三。

丁亥刻張佳胤《崌崍集》二十七卷。此疑初印樣本,取便校正,非以藍印爲通行本也。

盧前《書林别話》説得更明白:"板成,印樣。紅樣爲多,亦有用藍色者,或逕刷黑色。紅樣可改藍、黑;而藍、黑色則不可重印紅樣。"[①]謝興堯《書林逸話》還談到在用朱色刷印以後,再用墨色刷印,有的印本呈紫褐色:

刊成後先以紅色印刷,次乃用墨,以紅印本分贈師友,墨印本送各地出售。初印即指紅印本,或墨色中尚帶紅色,成深紫褐色,且字劃鼓厲,無缺筆斷綫,從美術上言,確有古色古香之致。但印刷愈多,字漸漶漫,年久板裂,文亦殘缺,故後印者,常有字迹模糊不清之病。[②]

有的書倒是習用朱色或藍色印刷,例如印譜、符籙等書,普通全用朱色印刷,明末不少志書喜用藍色印刷。

大體説來,朱印本、藍印本主要是用作初印樣本,便於校對。因爲是初印本,一般都很清晰,所以藏書家也樂於收藏。

五　朱墨本、套印本

用不同顔色,分幾次印刷的書稱爲套印本,其中用朱墨兩色套印的書稱爲朱墨本。

木刻套印本,淵源於多色寫本。我國古代一直把經書當作教科書,經的正文並不多,但各種各樣解釋性著作却汗牛充棟。人們爲了把經文同注釋區别開來,往往用墨筆寫經文,以朱筆寫傳注。如唐陸德明在《經典釋文》的《序録·條例》中規定:"以墨書經本,朱字辨注。"其他著作有的也采用這種方法。如宋周煇《清波雜志》卷十一談到宋太宗淳化五年(九九

① 《中國現代出版史料》丁編。
② 載《中國出版史料補編》。

四），翰林學士張洎獻《重修太祖紀》一卷，以朱墨雜書，凡躬承聖問及史官采摭事，即以朱别之。元王好古《湯液本草後序》引唐劉禹錫的話説："《神農》本經以朱書，名醫别録以墨書，傳寫既久，朱墨錯亂，遂令後人以爲非神農書。"[①]特别是明代盛行評點式的文學批評。有的書經過許多人之手，他們往往用不同顏色的筆留下自己的批語，將這種批本付刊時，通行的墨印本就無法清晰地表現出來，因而有人就想到用不同的符號來代替不同顏色。如明萬曆二十一年（一五九三）梅慶生刻楊慎批點的《文心雕龍》就以◎代紅圈，代紅點，⊙代黃圈，代黃點，▭代緑圈，△代緑點等等。但仍然很不醒目，因而人們便想到在一張紙上印出不同顏色從而出現了套印本。就現存實物而言，元代就出現了朱墨本，至元六年庚辰（一三四〇）中興路（今湖北江陵）資福寺刻無聞和尚注解《金剛經》，卷首靈芝圖及經注出現了朱墨二色（經文、圈、靈芝圖，朱色；注，墨色）。這是現在所知最早的木刻套印本，它比歐洲第一部帶色印的《梅因兹聖詩篇》(Mainz Psalter)早一百七十年。[②] 到明代本朱墨本、套印本繼續發展，明胡應麟云："凡印有朱者，有墨者，有靛者；有雙印者，有單印者，雙印與朱必貴重用之。"[③]此所謂"雙印者""雙印與朱必貴重用之"，顯然指套印本。萬曆末年，吴興閔氏、凌氏爲朱墨本、套印本的發展做出了傑出的貢獻。葉德輝云：

> 閔昭明刻《新鐫朱批武經七書》，閔齊伋刻《東坡易傳》《左傳》，《老》《莊》《列》三子，《楚辭》，陶靖節、韋蘇州、王右丞、孟浩然、韓昌黎、柳宗元諸家詩集，蜀趙崇祚《花間》詞，凌汝亨刻《管子》，凌濛初、瀛初刻《韓非子》《吕氏春秋》《淮南子》，皆墨印朱批，字頗流動。[④]

---

① 《東垣十書》本《湯液本草》卷首。

② 參看張秀民《中國印刷術的發明及其影響》一《印刷術的起源》之三《活字板的發明》。

③ 《少室山房筆叢》甲部《經籍會通》卷四。

④ 《書林清話》卷八《顏色套印書始于明季盛于清道咸以後》。

朱墨本、套印本没有實質差别,用朱墨二色套印稱朱墨本,其餘則稱三色套印本、四色套印本、五色套印本〔圖版三十七〕、六色套印本等。葉氏復舉例云:

> 他如三色套印,則有《古詩歸》十五卷、《唐詩歸》三十六卷,其間用朱筆者,鍾惺;用藍筆者,譚元春也。四色套印,則有萬曆辛巳(一五八一),凌瀛初刻《世説新語》八卷,其間用藍筆者劉辰翁,用朱筆者王世貞,用黄筆者劉應登也。五色套印,明人無之。道光甲午,涿州盧坤刻《杜工部集》二十五卷,其間用紫筆者明王世貞,用藍筆者明王慎中,用朱筆者王士禎,用緑筆者邵長蘅,用黄筆者宋犖也,是並墨印而六色矣。斑斕彩色,娱目怡情,能使讀者精神爲之一振。然刻一書而用數書之費,非有巨貲大力,不克成功。故虞山二馮評點《才調集》,其從子武刻之,以重圈細圈分别,又以三角尖點劃明。是亦節省工貲之道,但一經翻刻,則易混淆,固不如套印之易於區别也。①

"至清代,在殿版書中,亦有用套版印的書,如兩色印的《詞譜》《曲譜》;三色套印的《唐宋文醇》;四色套印的《唐宋詩醇》;五色套印的《古文淵鑒》等。"②

套印本的版式特點是周圍有版框、中間無行綫,以便在行間套印評點批注。套印本代表版刻印刷藝術的高度發展,又起着一書而備衆本的作用,所以頗受珍視。

六　插圖本

凡有插圖的雕印本書籍稱插圖本。冀淑英《中國書籍展覽介紹》對雕印本中的木刻插圖發展史作過簡要的介紹,其説云:

---

① 均見《書林清話》卷八《顔色套印書始於明季盛於清道咸以後》。惟葉氏"五色套印,明人無之"之説可商。圖版三十七所示即明刊五色套印本。

② 施廷鏞《中文古籍版本簡談》二《版本的種別》之四《刻本・套印本》。

中國木刻畫的歷史也是很久的，現存公元八六八年刻的《金剛經》，前面扉頁上的佛像，雕板技術已非常純熟①。敦煌出現的五代刻版佛經，卷首都有精美生動的宗教畫。另外，有關應用科學、考古學之類的書，如《證類本草》《宣和博古圖》《三禮圖》等也附有精緻的木刻插圖。元代的版畫更爲發展，如小説和其他通俗讀物，幾乎都附有木刻圖。此外醫書、佛經等書有插圖的也不少。這風氣一直傳到明代，明代刻板的大量佛經以及小説戲曲，很多帶有插圖，尤其是十六七世紀以來，木刻畫更爲盛行，當時南京著名的書肆如世德堂、富春堂、繼志齋等所出版的大量戲曲小説，都因附有版畫插圖，著名於世。當時徽州木刻家們的創作，尤其獨具風格，如徽州刻工黄鏻等刻有《程氏墨苑》，細緻精美，是當時卓越的作品。黄應光等刻的《元曲選》，也很有名。還有《歷代名公畫譜》《唐詩畫譜》等書，專以版畫爲主。這時許多畫家都與木刻家合作，供給木刻家以藝術水平較高的畫稿，如明末名畫家陳老蓮曾畫《水滸》葉子，清初蕭尺木畫《離騷圖》等。②

中國雕版插圖本之所以盛行，與寫本書即有插圖的傳統有關。葉德輝云：

吾謂古人以圖、書並稱，凡有書必有圖。《漢書・藝文志》論語家，有《孔子徒人圖法》二卷，蓋孔子弟子畫像，武梁祠石刻七十二弟子像，大抵皆其遺法。而《兵書略》所載各家兵法，均附有圖。《隋書・經籍志》禮類，有《周官禮圖》十四卷，又注云："梁有《郊祀圖》二卷，亡。"又載鄭玄及後漢侍中阮諶等《三禮圖》九卷，論語類有郭璞《爾雅圖》十卷，又注云："梁有《爾雅圖讚》二卷，郭璞撰，亡。"晋陶潛詩云："流觀《山海圖》。"是古書無不繪圖者。③

① 參看圖版十一。
② 載《圖書館工作》一九五七年第三期。
③ 《書林清話》卷八《繪圖書籍不始於宋人》。

説“古書無不繪圖”未免絶對,説古書有插圖的傳統大致符合實際情況。再則現存中國最早刊本多爲佛經,而這些佛經又多有插圖,説明佛教徒是很會利用圖畫來進行宗教宣傳的,這對插圖本的盛行當然也有影響。而最主要的原因還是書坊爲了招徠讀者刻了大量插圖本書。凡書名中有繡像、出像、繪像、全像、出相、畫圖、畫意、附圖等詞者,皆爲插圖本。插圖的方式主要有兩種:一是冠於卷首,二是插於葉中〔圖版三十八〕。

七　兩節版、三節版

凡版面分爲上下兩部分的刻本稱兩節版,凡版面分爲上、中、下三部分的刻本稱三節版。書坊爲了吸引讀者,節省篇幅,往往將版面分刻成兩欄,上欄是圖,下欄爲文〔圖版三十九〕。采用這種形式的多半爲小説、戲劇等民間通俗讀物,以及《孝經》《千字文》《列女傳》等兒童和婦女讀本。也有上下欄都是文字的,如明王世懋所著《仕學懸鏡》,下欄是該書的本文,上欄是與此書有關的故事。分三欄的例子如明建陽余氏雙峰堂刻的《全像水滸志傳評林》,下欄爲小説本文,中欄爲插圖,上欄爲評語〔圖版四十〕。

第五節　按刻印情況區分

一　祖本(原刻本)

一種書在不同時期或地區常有幾種刻本,其最初刻印者爲後刻諸本的依據,稱爲祖本或原刻本。祖本或原刻本是針對重刻本、翻刻本而言的。它同符或接近原稿,所以可貴。黄丕烈藏宋本《魏鶴山集》一百二十卷,其題識云:

> 凡書以祖本爲貴,即如此集,卷一失一葉,有二行題爲《寄題雅州胥園》,而目録仍存其舊。明刻並目録刻削之,是可嘆也。且明刻不但此卷不遵宋刻,餘卷亦任意分併,有有書而目録反無者,是又可嘆

也。就此書而論，目録二卷，已屬至寶，矧通體耶？①

謝國楨也談道：

書之所以重祖本者，若經部之書，宋本注與疏分刻，自南宋以來，注與疏乃合刻，疏分隸於各章節之下，頗有删節，而彌失其真，此單注與單疏所謂正義本之可貴也。楨素昧於讀經，故就史部言之，《史記》一書，在宋黄善夫本以前，裴駰集解、司馬貞索隱、張守節正義，本自單行，自合刻本以後，正義頗多删節，如《項羽本紀》"項王自立爲西楚霸王"句下，有正義云："舊名江陵爲南楚，吴爲東楚，彭城爲西楚。"注明三楚之意義，今本脱去此十六字。《史記正義》中如此例者，不勝枚舉，見於邵晉涵《南江文鈔》。②

正因爲如此，所以藏書家很注意鑒藏祖本，或利用祖本來做鑒藏工作。如黄丕烈於明刻本《中論》二卷題識云：

此明刻《中論》二册，余友顧千里藏書也。重其明初刻，且爲馮氏藏本，故以售余。余初不甚重視此本，因舊有此書刻本，約略相似。及取出對勘，知舊有者已繙刻，非特行款不同，且多墨釘，其字亦多錯誤，乃信書以初刻爲住，即明一代已然矣，遂以番錢二枚易之。③

又錢曾於韓鄂《歲華紀麗》七卷題識云："此是舊鈔，卷中闕字數行，又失去末葉，無從補入。後見章丘李中麓宋刻本，脱落正同，知是此本之祖。蓋因歲久，墨敝紙渝，字迹不可捫揣，故鈔本仍之耳。"④此例略同。

---

① 《蕘圃藏書題識》卷八。

② 《自莊嚴堪善本書目・序》，載《文獻》第二十一輯。按《史記正義》今本脱文，日本瀧川龜太郎《史記會注考證》頗據日本古本掇拾，不下數千條，彌可珍貴。

③ 《蕘圃藏書題識》卷四。

④ 《讀書敏求記》卷二。

書估也知祖本可貴，他們在出售之前往往録副以備他日再行出售，黄丕烈於鈔本《詩説》十二卷的題識對這一現象作了比較全面的分析：

> 坊友射利，往往以祖本售人，先於未售之前録副，以爲别售之計。此其初心止爲射利起見。然余謂此法良善，使一本化爲無數之本，則其流傳廣矣。唯流弊有不堪言者，録副時豈能纖悉無誤，"烏焉""帝虎"從此日多，且源流斷不肯明以示人。[①]

我們在進行古籍整理時，當然應當儘量覓取祖本進行校勘工作。王重民云："匯集諸善本，從事校勘，必更追溯其板本之遞嬗，而以原本爲主，翻刻本爲副。不然，如王蘭泉校《老子》，以明皇御注本校明皇御注本，未有不遺笑大方者也。"[②]

二　修補本、遞修本（三朝本）、邋遢本（大花臉本）

書版在刷印和保存過程中，因殘缺漫漶而需修補。凡用經過修補的書版刷印的書稱修補本。有的書版屢經修補，用屢經修補的書版印的書稱遞修本。[③]

《中國善本書提要》經部小學類著録的《書學正韻》三十六卷即爲元刻明修本，王重民按："此本卷末有'二年八月江浙等處儒學提舉余謙補修'一行，按二年上當有'元統'二字，蓋元統二年（一三三四）謙奉廷命刊行於江浙者。"又同書史部紀傳類著録國家圖書館藏殘存《晉書》三十二卷係宋刻明印本。王重民云："此本當爲明代入南雍後所印，補版幾有三分之二。原版白口，記刻工；明代補版皆黑口。"

在遞修本中最有名的是南宋監本。當時國子監所藏各種書版多有殘缺，入元後，版片轉歸西湖書院，繼續修補刷印；明洪武八年（一三七五）又移至南京國子監，再次修補刷印。這部分書版，遞經宋、元、明三朝刊刻修

① 《蕘圃藏書題識》卷一。

② 《史記板本和參考書》，載《圖書館學季刊》第一卷第四期。

③ 參看圖版十三。

補，言版本者往往稱這種印本爲三朝本。這部分書版清代尚存在江南布政使衙門庫中，直到嘉慶年間才遭火災燒燬，歷時七百餘年。

用模糊不清的書版印的書稱邋遢本，如南宋所刻《七史》，到了元代，雖經修補，印本仍不清晰，因爲《七史》版片每半葉九行，所以人們稱之爲九行邋遢本〔圖版四十一〕。大花臉本是舊書業的行話，它指遞經元、明修補的宋版所印的書。這種書墨色深淺不一，字體大小不同，印得又模糊不清，因得此名。

修補本各葉的版心、版框和字體，因修補的時代、刻工不同，往往呈現出明顯的差異。有的修補時就在書版上注明修補的年代，所以這種版本還是易於鑒別的。修補本保留了不同時代刻書的痕迹，有些部分還保留了書籍的原始面貌，因此也自有它的價值。

三　翻刻本（重刻本）、影刻本（覆刻本）

以原刻本爲底本，如式刻版再印，稱翻刻本或重刻本。翻刻本采用影摹寫樣上版的方法，刻印得同原刻本一模一樣稱影刻本或覆刻本。照宋版影刻的，稱影宋刻本或覆宋本；照元版影刻的，稱影元刻本或覆元本。

翻刻之風從宋代就開始形成了。宋紹聖元年（一〇九四）開雕《千金翼方》《金匱要略方》《王氏脉經》《補注本草》《圖經本草》等五部醫書，前有公牒，略云：

> ……今有《千金翼方》《金匱要略方》《王氏脉經》《補注本草》《圖經本草》等五件醫書，日用而不可闕，本監（引者按：指國子監）雖見印賣，皆是大字，醫人往往無錢請買，兼外州軍尤不可得。欲乞開作小字，重行校對出賣，及降外州軍施行。①

國子監欲用小字重刻醫書的目的，顯然是希望這些醫書能得到廣泛的流傳。而一些書商爲了贏利則反對翻刻。葉德輝曾舉兩例：

---

① 《書林清話》卷六《宋監重刻醫書》。

書籍翻板,宋以來即有禁例。吾藏五松閣仿宋程舍人宅刻本王偁《東都事略》一百三十卷,目録後有長方版記云:"眉山程舍人宅刊行,已申上司,不許覆板。"……吾藏元陳寀刊黄公紹《古今韻會舉要》三十卷。前有長方木牌記云:"寀昨承先師架閣黄公在軒先生委刊《古今韻會舉要》,凡三十卷。古今字畫音義,瞭然在目,誠千百年間未睹之秘也。今繡諸梓,三復讎校,並無訛誤,願與天下士大夫共之。但是編係私著之文,與書肆所刊見成文籍不同,竊恐嗜利之徒,改换名目,節略翻刻,纖毫争差,致誤學者。已經所屬陳告乞行禁約外,收書君子,伏幸藻鑒。後學陳寀謹白。"①

這兩則不準翻刻的告白,恰恰説明宋、元翻刻書的現象十分盛行。

書多一次翻刻必然多一次出現訛誤的機會,所以藏書家重視原刻本,而對一些質量低劣的翻刻本特别是明代翻刻本則認爲價值不大。如葉德輝云:

吾嘗言明人好刻書,而最不知刻書,郎瑛《七修類稿》云:"世重宋版詩文,以其字不差謬。今刻不特謬,而且遺落多矣。"予因林和靖詩而嘆之,舊名止曰漫稿,上下兩卷,今分爲四卷,舊題如《送范寺丞仲淹》,今改爲《送范仲淹寺丞》者最多,已非古人之意矣。②

黄丕烈於《宋提刑洗冤録》五卷亦云:"明人喜刻書而又不肯守其舊,故所刻往往戾於古,即如此書,能翻刻之,可謂善矣,而必欲改其卷第、添設條目,何耶?"③

但總的來説翻刻本還是功大於過。首先,許多古籍只有憑藉翻刻本才得以流傳。有不少書在宋元時雖曾付雕,惟以年代久遠,原版已毁,那麽現存較早的重刻本,其意義也就不在原刊本之下了。如北宋朱長文《樂

---

① 《書林清話》卷二《翻板有例禁始於宋人》。

② 《書林清話》卷七《明人不知刻書》。

③ 《蕘圃藏書題識》卷四。

圃餘稿》，據《四庫全書總目》知其全集本爲百卷，刻成後版毁於兵，南宋時其從孫朱思輯得部分佚作，編爲《餘稿》十卷付梓。但現在南宋刊本又不可見，傳世者惟康熙五十一年（一七一二）朱岳壽重刻本爲最早。此外如康熙三十七年（一六九八）震澤徐惇復校刊的《蘇學士文集》，康熙五十五年（一七一六）石鍵據漁洋書庫藏本重刻的《徂徠石先生全集》都是各書現存最早最佳的刊本。蘇集已爲《四部叢刊》采作底本。而且清代校勘之學大興，凡依古本重刊的書，其精審程度往往不在原刊本之下。這一情況也是我們不可忽視的。

特别受到人們重視的是明清私家影刻本，它們不僅在内容上，而且在形式上也保存了宋元本的面貌。如屈萬里、昌彼得介紹明影刻本云：

> 明正、嘉間，覆刻宋本之風頗盛，而以吴中爲最著，且大率出於私家。蓋吴中富庶，人文蔚起，刻者有求精之力，而不必期於牟利也。其流傳至今，而爲藏家所重者，則有吴郡沈辨之野竹齋之《韓詩外傳》，錫山安國桂坡館之《顔魯公文集》，震澤王延喆之《史記》，吴郡金李澤遠堂之《國語》，吴郡袁氏嘉趣堂之《大戴禮記》《文選》《世説新語》，顧春世德堂之六子，南平游居敬之韓柳文，餘姚聞人詮之《舊唐書》，東吴郭雲鵬濟美堂之《李太白詩集》《曹子建集》，俞憲鴸鳴館之《西溪叢語》，東吴徐時泰東雅堂之《韓昌黎集》，錫山顧氏文房之《四十家小説》等。大都仿舊本精刻，且多刻於嘉靖年間。以較並時及隆萬以後坊本之逞臆妄改者，直有天淵之判。①

黄永年嘗舉一例："有一部元虞集的《道園學古録》是明景泰時刻本，但字體、版式完全同於元建陽刻本，前人定爲據元刻本覆刻，並認爲是用元刻印本直接貼到書板上覆刻。這是很可能的，因爲在明代前朝，元刻本還不像後來那麽珍貴，爲了刻書，犧牲一部元刻本不見得會怎麽心痛。"②

---

① 《圖書板本學要略》卷二《源流篇》之七《明代刻書狀況》。

② 《古籍整理概論・影印・源流・影印的先驅覆刻古籍》。

葉德輝介紹清影刻本云：

乾嘉以來，黄蕘圃（丕烈）、孫伯淵（星衍）、顧澗薲（廣圻）、張古餘（敦仁）、汪閬源（士鐘）諸先生影刊宋、元、明三朝善本書。模印精工，校勘謹慎，遂使古來秘書舊槧，化身千億，流布人間。其裨益藝林，津逮來學之盛心，千載以下，不可得而磨滅也。①

四　百衲本（配本）

用不同的版本湊成的一部書或一套叢書稱爲百衲本或配本。清初錢曾即將所藏的一部《史記》錫以此名，其言云：

唐尊老子爲玄元皇帝，開元二十三年（七三五），敕升於《史記》列傳之首，處伯夷上。予昔藏宋刻《史記》有四，而開元本亦其一焉。今此本乃集諸宋版共成一書，小大長短各種咸備。李沂公取絲桐之精者，雜綴爲一琴，謂之"百衲"，予亦戲名此爲"百衲本《史記》"，以發同人一笑焉。②

章鈺爲此跋寫的案語細述了百衲本名稱的來歷：

鈺案：《鐵圍山叢談》："唐李汧公號善琴，乃自取靈材爲之，曰百衲琴。"王隱《晉書》："董威輦於市，得殘繒輒結爲衣，號曰百衲衣。"此百衲二字之最初見者。又蔡君謨書《畫錦堂記》，每字一紙，擇其不失法度者連成碑形，當時謂百衲本。見董逌《廣川畫跋》。③

《四庫簡明目録標注》卷五《史記正義一百三十卷》稱"錢氏百衲本内，有抄補十餘卷。所集宋板止四種：一種小字十二行；一種大字十行；一種

① 《書林餘話》卷下。
② 《讀書敏求記》卷二《史記》一百三十卷。
③ 《錢遵王讀書敏求記校證》卷二之上。

中字十二行；一種小字十三行。其十行、十三行本單《集解》，十二行本兼有《索隱》”。

此外，明末毛晉也集有這種《史記》，名曰百合錦；清初宋犖也合宋版二種、元版三種，集得百衲本《史記》八十卷；又清諸城劉燕庭亦輯藏一部，後爲端方所得。近人傅增湘印行之《資治通鑒》也係百衲本。傅氏題其藏書處曰雙鑒樓，其一指元興文署本《資治通鑒》，其二即指此百衲本《資治通鑒》。

商務印書館一九三〇年至一九三七年印行了百衲本《廿四史》，兹將其選用的不同版本列表如下：

書　名	卷數	撰者	版　　本
史記	一三〇	漢司馬遷	宋慶元黄善夫刻本
漢書	一二〇	漢班固	宋景祐刻本
後漢書	一二〇	南朝宋范曄	宋紹興刻本，原缺五卷，以元覆宋刻本配補
三國志	六五	晉陳壽	宋紹興刻本，原缺《魏志》三卷，用新發現之宋紹興本配補
晉書	一三〇	唐房玄齡等	宋本，原缺《載記》三十卷，以他宋本配補
宋書	一〇〇	梁沈約	宋蜀大字本，缺卷以元明遞修本配補
南齊書	五九	梁蕭子顯	宋蜀大字本
梁書	五六	唐姚思廉	宋蜀大字本，缺卷以元明遞修本配補
陳書	三六	唐姚思廉	宋蜀大字本
魏書	一一四	北齊魏收	宋蜀大字本
北齊書	五〇	唐李百藥	宋蜀大字本，缺卷以元明遞修本配補
周書	五〇	唐令狐德棻	宋蜀大字本，缺卷以元明遞修本配補
隋書	八五	唐魏徵	元大德刻本
南史	八〇	唐李延壽	元大德刻本
北史	一〇〇	唐李延壽	元大德刻本
舊唐書	二〇〇	後晉劉昫	宋紹興刻本，缺卷以明聞人詮覆宋本配補

續表

書　名	卷數	撰者	版　　本
新唐書	二二五	宋歐陽修	宋嘉祐刻本，缺卷以他宋本配補
舊五代史	一五二	宋薛居正	原輯《永樂大典》有注本
新五代史	七五	宋歐陽修	宋慶元刻本
宋史	四九六	元託克託	元至正刻本
遼史	一一六	元託克託	元至正刻本，缺卷以元覆本配補
元史	二一〇	明宋濂	明洪武刻本
明史	三三六	清張廷玉	乾隆武英殿原刻本附王頌蔚編集考證捃逸

人們之所以重視百衲本，是因爲在原本不全的情況下，畢竟匯集了一些舊刻善本，既使其書完整無缺，也因補配了善本而錯誤較少，質量較高。用商務印書館百衲本《二十四史》同清武英殿本《二十四史》比較，就會發現百衲本《史記》的注文比殿本多出一百多條；《南齊書》《魏書》《宋史》等對殿本所缺之頁有所增補；殿本《元史》中的錯簡、缺文，也因用了洪武原刻本而恢復了舊觀。

從事古籍整理，當然要力求足本，但是在足本難求的情況下，努力將殘本配齊也是有功於祖國的文化事業的。百衲本《二十四史》的底本即有十多種是配本。就以《魏書》而論，王重民云："明南監所藏唐以前諸史版，《魏書》最爲刓敝，萬曆間馮夢禎欲求一善本，已不可得。今涵芬樓輯印百衲本《二十四史》，於是書用涵芬樓、北京圖書館、雙鑒樓及嘉業堂四家藏本配成。"其中的雙鑒樓本也是配本。王重民指出該書"自卷三至十九，凡十七卷，九册爲鈔配，然鈔配本上鈐季氏印，則猶爲明末清初所寫，亦三百年前物也"。①

藏書家爲配齊一書往往要花費很多精力，鄭振鐸在其藏書題跋中不乏這方面的記載。如鄭氏所藏百衲本《南北宫詞紀》跋云：

① 《中國善本書提要》史部紀傳類。

> 這部百衲衣似的《南北宫詞紀》乃終於成爲一部完整無缺的本子了。像這樣完整的《南北宫詞紀》，恐怕是很少見的，可能是人間無上的本子也。不講版本之學的人，其能想像得到一書之求全求備，乃艱苦至此乎？
>
> 研究元明文學者能舍散曲不談麽？談散曲者能不備這部《南北宫詞紀》麽？作爲科學研究的必備之書，其能没有最完整不缺的好本子作爲研究的根據麽？把這部書好不容易地拼湊成爲完整的一部，當不是什麽没甚意義玩弄版本的事……①

鄭氏還藏有一部《古柏堂十四種曲》，雖屬清人之作，全者亦不多見。《西諦書目》中的一部也係配本，跋稱：

> 偶檢架上古柏堂傳奇，見只有十四種，憶昨晚在隆福寺大雅堂，睹其從山東購來書中有《鐙月閑情》第十五種《雙釘案》一册，因即驅車至大雅堂，携此册歸，恰好配成全書，大是高興。一書之全，其難如此，豈坐享其成之輩所能瞭然乎？②

可見，百衲本或配本一般都凝聚着學者及藏書家的心血，有較高的學術價值，值得珍惜。

五　叢書本

凡叢書中的刻本稱叢書本，凡叢書以外的一般刻本可稱單刻本。同單刻本一樣，叢書本的質量也是參差不齊的。由著名的版本學家、校勘學家主持刻印的叢書，其質量是可以信賴的。如黄丕烈輯印的《士禮居叢書》、盧文弨輯印的《抱經堂叢書》、孫星衍輯印的《岱南閣叢書》、黎庶昌輯印的《古逸叢書》等。但在有些叢書中，删節改易的現象相當嚴重。例如

---

①　《西諦書目》附《西諦題跋》:《新鎸古今大雅北宫詞紀六卷南宫詞紀六卷》。

②　均見《西諦書目》附《西諦題跋》。

《説郛》,清周亮工云:

余幼時在金陵,聞舊曲中老寇四家有《説郛》全部,以四大橱貯之。近見虎林刻本,才十六套,每一種爲數少者尚全鐫,多者咸爲逸去,甚至每一集有存不四五葉者。陶氏當時即有去取,未必如是之簡。此刻未出時,博古之士多有就寇氏鈔録者,及此刻出,不知者以爲《説郛》盡於此,更不知求其全。余常言,自刻本《説郛》出,而《説郛》亡矣。①

我們將叢書本同單刻本相比較,發現句删字易的現象更爲普遍。但是叢書本的優越性也是十分明顯的。首先是有的叢書輯印較早,某些著作賴之以傳。其次有些書並無單刻本,只有在叢書中才能找到。

六　初印本、後印本

木版雕成後,最初刷印的書稱初印本。其特點是版面整潔,字迹清朗。及至印刷既久,字迹漫漶,常有修補痕迹,且墨色亦較初印本淡,這種印本便被稱爲後印本。如今人傅增湘所撰《分類補注李太白詩》二十五卷書録云:

此書傳世尚多,南北所見數矣。余家亦藏一帙,然率皆明修晚印,字畫模糊。此本初印精湛,墨色濃厚,生平所未見也。②

正因爲初印本與後印本有如此差别,所以藏書家多珍視初印本。如錢曾稱所藏元刻本《石田先生文集》十五卷云:"是書雕造精妙,爲元刻中之上駟,楮墨簇新,古香可愛。"③鄭振鐸也曾對初印本《無雙譜》贊不絶口:

① 《書影》卷三。
② 《藏園群書經眼録》卷一二。
③ 《讀書敏求記》卷四。

金古良《南陵無雙譜》,予曾收得數本,皆不愜意。此本雖爲兒童所塗污,猶是原刊初印者,紙墨絶爲精良。一九五六年十月十八日午後,陽光甚佳,驅車至琉璃廠。於富晉書社得李時珍校刊之《食物本草》,於邃雅齋得此書,皆足自怡悦也。①

七 節本

對原書進行删節以後的本子稱節本。葉德輝對節本的流變論之甚詳,兹録於後:

古書無刻本,故一切出於手鈔,或節其要以便流覽。如《隋志》所載梁庾仲容《子鈔》,其書雖佚不傳,而唐魏徵《群書治要》、馬總《意林》,固其流派也。宋有曾慥《類説》、無撰人之《續談助》;元有陶九成《説郛》;明有陸楫《古今説海》,其體例頗相類,而於卷帙少者,無所湝删。《四庫全書提要》入之子雜家雜纂、雜編之屬,蓋本《隋志》之例。至刻本書之節鈔者,宋坊行有《十七史詳節》,託名於吕祖謙,然未有及於他書者。魏了翁節録《五經正義》爲《五經要義》,是爲節鈔義疏之始,正以義疏過繁,故摘其要以便省覽,然未有及於經文者。乃周密《癸辛雜識》云:"廖群玉《九經》本最佳,凡以數十種比校、百餘人校正而後成,然或者惜其删落諸經注,反不若韓、柳文爲精妙。又有《三禮節》《左傳節》《諸史要略》,及建寧所開《文選》,其後又欲開《手節十三經注疏》、姚氏《戰國策》、注坡詩,皆未及入梓,而國事異矣。"竊謂吾人讀書,正苦浩博,鉤玄提要,如魏氏之節鈔《五經正義》,亦未始不可爲課程,若删節三《禮》、《左傳》並及其他古書,此三家村學究之所爲,而不謂南宋末已有此陋習。然則明人如胡文煥、陳繼儒之流,又何責焉?②

① 《西諦書目》附《西諦題跋》。
② 《書林清話》卷二《書節鈔本之始》。

節本的出現,除嫌原書内容浩博、文字冗長外,也還有其他原因。例如魯迅的著作呈送國民黨政府内政部審查,因爲政治原因,他的《壁下譯叢》删改達三分之一,《三閑集》中之《太平歌訣》《鏟共大觀》兩文全部被删。《頭》《現今的新文學概觀》均被删去一段。《華蓋集》中之《十四年的讀經》也被删去。此類例子舉不勝舉。近年人民文學出版社出的《金瓶梅》删去色情描寫部分,也是一種節本。

節本也自有它的作用與價值,但從版本的角度看,就比足本差遠了,所以也有書估以節本冒充全本的。屈萬里、昌彼得嘗舉《三國志詳節》爲例:

> "中央圖書館"所藏宋刊《十七史詳節》本《三國志詳節》一書,書名原題《東萊先生標注三國志詳節》。書賈欲充足本,將各卷前後書名標題中"詳節"二字皆挖去。"詳節"二字下原有卷若干等字,復將其字移上,與《三國志》之"志"字相接,不細審則不能見其挖補之痕。此以節本充足本者也。①

第六節　按流通情況區分

一　通行本

《四庫全書總目·凡例》云:"其坊刻之書,不可專題一家者,則注曰通行本。"通行本有兩個含義:一是普遍,坊間流行甚多,隨時可以得到;二是普通,雕刻平常,不值得特别珍藏。不過這是前人的看法,而現在古籍日少,許多圖書館即使是清刊本也很愛惜了。

二　舊刻本

刻印得比較早的書可籠統地稱爲舊刻本。這裹舊刻本的概念顯然是

---

① 《圖書板本學要略》卷三《鑒别篇》。

針對晚近刊本而言的。

有不少人即把舊刻本當作善本。如張之洞所稱善本即包含舊刻本在內，丁丙《善本書室藏書志》卷末編例列舉四點，其"一曰舊刻：宋元遺刊，日遠日尠，幸傳至今，固宜球圖視之"。爲什麽從事古籍整理工作的人都特別重視舊刻本呢？一般來説是因爲它們刻印時間比較早，較多地保留了書的原貌。屈萬里、昌彼得舉例云：

> 宋王楙所撰《野客叢書》本三十卷，而商氏《稗海》及《寶顔堂秘笈》所刻者，皆僅十二卷。凡精核之處，多遭删削，倘不見嘉靖王穀祥刊本，幾何不以此十二卷本爲全書？

正因爲舊刻本比較符合書的原貌，所以是校勘工作的重要依據。屈、昌二氏復舉例云：

> 又如《漢書》，明以來刻本率多脱漏舛誤。清館閣諸臣，以宋劉之問刻本校明監本，明監本於顔師古注十删其五，於慶元所附諸家之説，十僅存一。武英殿本遂一一補闕訂訛，然瞿中溶以宋嘉定蔡琪刻殘本八卷校殿本，復多出殿本所無及不全者三十餘條。錢泰吉以蔡刻殘本十四卷校汲古閣本，其改正乃不下數十百處。①

如是未經後世重刻的舊刻本，那就更寶貴了。

另外，圖書館著録圖書的時候，凡未鑒定出其所屬時代的刻本也統稱舊刻本。

三　殘本、焦尾本

凡不完整的書稱爲殘本。

殘本的價值當然不如足本，但是在足本難求的情况下，殘本也非常可

---

①　均見《圖書板本學要略》卷三《鑒别篇》。

貴。《中國古籍善本書總目收録範圍》前兩條對此曾加論及,見下引。如南京大學圖書館藏有宋寶祐五年趙與簠刻元補修本《通鑒紀事本末》,僅殘存兩卷。卷十末有常熟翁斌孫題識云:"此南宋本也,雖僅有第四、第十兩卷,且亦殘闕,然吉光片羽,彌可寶貴。"

有的書雖是殘本,但其學術價值仍然相當高。如鄭振鐸云:

壬午(一九四二)秋日,北平邃雅齋書友許奇亮南來收書,告予曰:"嘗於揚州某家見《秦詞正訛》二本,爲嘉靖黑口本,以中縫有挖補,疑其不全,故未收。"予聞之驚喜,力囑其爲予購之。其時猶以爲是秦淮海詞之明刊黑口本。予藏明刊本詞不多,故甚欲得之。數日後許君北上,半月後復至滬,示予《秦詞正訛》云:"果是不全書。凡四十五翻,書名下亦有挖去痕迹,當是二卷而僅存其半者。"予略一翻閲,即驚爲奇書。蓋是秦時雍作者,非淮海詞也。雖僅存半部,亦是未見難得之書,因亟收得之。予之藏曲得此,大是生色矣。時雍號復庵,其曲僅見於諸明人選本中,不過寥寥數闋耳。不意今仍獲其曲集,且復是嘉靖黑口本,誠奇遇也。可見凡事須留心,求書尤須不厭其瑣瑣求詳。如以爲淮海詞不全本而不收,則必失之交臂矣。復庵曲生辣活潑,寫情入骨,不類沈寧庵派之浮爛,實是明代南曲之最上品,無意得之,欣喜無已,亦劫中杜門索居時一樂也。①

書在流通過程中情況複雜,常常會發生這樣的情況,有一部分在甲圖書館,而另一部分則在乙圖書館。分散多年以後,有的書還會珠聯璧合。因此只要是好書,不論它是否殘本,都應注意收藏。周叔弢《弢翁藏書題識》中有一些很有意思的記載,今選録一組如次:

庚午(一九三〇)春,余從文友堂先得《春秋年表》及《名號歸一圖》,是年秋從藻玉堂得是書卷十二、十三,卷廿七至卅,計六卷。越

① 《西諦書目》附《西諦題跋》。

歲辛未(一九三一)冬復從肄文堂得卷二至十一、卷十四至廿六,計廿三卷,舊裝未改,居然璧合。聞卷一前十年歸嘉定徐氏,因急訪之北平,乃前數日爲一龔姓用六百圓買去,故都人海,渺不可追矣。延津之合,或有所待耶?每展卷興嘆,殊不能自已也。壬申(一九三二)十二月弢翁。

龔氏所得首册,頃聞已毁於上海閘北之難,不在人間,因從沅叔三丈乞所藏宋撫州本第一卷,以補此書之闕,而記其歲月於此,癸酉(一九三三)三月三日叔弢記。

宋岳刻《左傳》,自臨清徐氏散出後,予於庚午、辛未之際,辛勤搜集,竟獲廿九卷,僅缺首册,予前跋已詳之矣。甲申(一九四四)十二月廿六日北平書友陳濟川以函來告云:"嘉定徐氏藏岳刻《左傳》一卷,近在謝剛主先生處求售。"予聞之,不禁驚喜過望,此正予本所逸,曩日傳爲毁於兵燹者,今巋然猶在人間也。因馳書剛主爲我謀之。書甫發,剛主已介徐氏子於小除夕携書至津,開函神怡,惟索價出人意表,留齋中五日,乃復還之。此二年中,時時諧價,與日俱增,皆不能成。丙戌(一九四六)十二月姐丈孫靜厂卒爲我以黄金一兩易得之。珠還劍合,缺而復完,實此書之厚幸,豈僅予十餘年好古之願一旦得償爲可喜哉!丁亥(一九四七)正月弢翁志　男一良書

丁亥(一九四七)春,余既獲岳刻首册作延津之合,遂檢前得宋撫州本《左傳》二卷、宋汀州本《群經音辨》二卷,歸之故宫。此二書紙墨精美,宋刻上乘,《群經音辨》猶毛氏舊裝,所謂"宣綾包角藏經箋"者,宛在目前,然故宫所佚,得此即爲完書,余豈忍私自珍秘,與書爲仇耶!去書之日,心意惘然,因記其端委於此。弢翁[①]

殘本的價值不如足本,所以書估常用挖改目録,移綴卷次的方法以殘本冒充全本。例如黄丕烈舊藏宋嘉泰二年(一二〇二)淮東倉司刊本《施顧合注東坡先生詩》卷四十一及四十二兩卷,爲和陶詩之全部。其書後歸

---

① 載《文獻》一九八〇年第三輯。

海源閣,楊紹和跋云:"此本將原卷第四十一、第四十二數目字俱挖改作上下,板心亦然,則俗賈所爲,欲充完帙耳。"①屈萬里、昌彼得亦云:

"中央圖書館"所藏明原刊本《諸史將略》存卷一至卷四(按《千頃堂書目》著録此書全十六卷),書賈欲充完本,乃將卷五以後之目録抽除(在目録第五葉後面以下),將目録之第四、五兩葉(四卷之目録)之書口燒殘,更將原目録最後之編刊人姓名半葉(原當在目録第十六卷之後),移於第五葉之後半面,緊接目録第四卷子目之後,一若此書原止四卷者。此以殘本充全本者也。②

又毛春翔也曾舉一例:

袁刻《文選》,寧波蔡氏墨海樓藏本,缺卷四十一至五十,凡十卷。書估改補卷數,將卷五十一至六十改爲四十一至五十,充足本,又將袁氏牌記悉行割去,在書口上方,補上"淳祐三年善本校刊"兩行小字篆書,充宋刊本。蔡氏作宋本購進,後轉歸李氏萱蔭樓,又作宋本什襲珍藏。殘本充足本,明版充宋版,一書兩作假,而購者竟辨不出,作僞之巧妙如是。③

《後漢書·蔡邕傳》云:"吴人有燒桐以爨者,邕聞火烈之聲,知其良木,因請而裁爲琴,果有美音,而其尾猶焦,故時人名曰焦尾琴焉。"④藏書家不幸遭火,焚餘之書略受損傷,稱焦尾本。張紉庵校《道德真經指歸》七卷,有錢氏跋云:"絳雲樓餘燼亂帙中得之,囑遵王遣人繕寫成善本。"張紉庵跋云:"此書亦胡氏所刻,從絳雲樓燼餘本補抄,案此亦焦尾本。"⑤焦尾

① 《楹書隅録》卷五。
② 《圖書板本學要略》卷三《鑒别篇》。
③ 《古書版本常談·如何鑒别版本》。
④ 《後漢書》卷六〇下。
⑤ 《古籍版本鑒定叢談》第三章《古籍版本的類型》。

本可説是另一種情況的殘本。

四　校本、批本、過録本

凡經讀者校勘過的書稱校本。

許多學者都在校勘上下過扎扎實實的工夫。趙萬里曾專門爲他的老師王國維編過《王静安先生手校手批書目》，今録一目爲例：

千頃堂書目三十二卷　適園叢書本　清黄虞稷撰

烏程蔣氏藏吾鄉陳仲魚舊藏抄本。陳本較此本多出數百條，均於眉端録之。又以《明史·藝文志》校之，其見於《藝文志》者，以朱筆爲識。後據烏程蔣氏密韻樓所藏書比勘其書名、卷數異同。丹黄滿卷，自爲先生手校書中之最精者。①

下面我們再以王氏手校本爲例，看看他校書的具體情況：

輶軒使者絶代語釋别國方言十三卷、校正補遺一卷
清乾隆盧文弨刻抱經堂叢書本

丁巳（一九一七）季冬，以釋玄應《一切經音義》所引勘一過。國維。

是月復以慧琳《一切經音義》所引勘一過。二書誤引者不盡著，然大有佳處。

丁巳季冬初九、初十二日，以盛意園所藏宋李孟傳本校於永觀堂。李本每半葉八行，行十七字，刊於慶元庚申（一二〇〇），今歸蜀中某氏。盧氏校記補遺，所載李文授本異同，與今所見本，同者廿八事，不同者十七事，殊不可解。或盧所見非原刊歟？國維。

凡宋本異同校於行間，他書所引校於書眉。次日復以原本《玉篇》所引校於書眉，此與釋氏二種音義皆戴、盧二君所未見也。又記。

---

① 載《國學論叢》第一卷第三期。

> 二十日，復以李文授本再勘一過。此本分音與注，大誤。因郭氏强半爲注中字注音，非爲正文作也。子雲時音讀，至景純時已不可知，故但注晉時之音以擬之，此景純之微意也。抱經先生校此書，極有功，然於此事未可了。郭注《爾雅》亦有音雜注内，後爲妄人删去。然善本約尚未删此，亦音注不可分之一證。此本音注必須改從舊本。
>
> 盧校屢云宋本，不知曹毅本歟，抑其所謂李文授也。①

於此可見，王國維能儘量搜集各種不同的版本及其他有關資料一校再校，然後對盧文弨校本的是非功過作出了明確的判斷，從而對《方言》的校勘作出了超越前人的貢獻。

顯然，校本對我們從事古籍整理與科學研究工作有極高的參考價值，所以清孫慶增説："書籍不論鈔刻好歹，凡有校過之書，皆爲至寶。"②

凡經讀者加過批評（包括箋注批評等）的書稱批本或評本。

許多學者都喜歡在自己所讀過的書上留下批語。如殷孟倫在《國學大師黄侃的治學態度和方法》一文中説：

> 他讀書一定要動筆或加批語。現在看到他存下的批點過的書有百餘種，輯録下來，一定對後學啓發不少。他批過《文選》，他的學生曾傳鈔過。所批郝懿行的《爾雅義疏》，幾乎等於替郝氏改文。《説文》也批得密密麻麻。《廣韻》也是如此。這三部分整理出來就是三部很可傳世的名著。他又批過《資治通鑒》，顧頡剛在主持《二十四史》斷句時，曾通過齊燕銘同志在陸宗達處借去一部分采入標點本。③

加批是我國文學批評的一種方式，甚至批評一詞也由此而來。許多批本、評本的學術價值都是相當高的，如脂硯齋評本《石頭記》、文龍批本《金瓶

---

① 《觀堂題跋選録》，載《文獻》第九輯。

② 《藏書紀要》第四則《校讎》。

③ 載《怎樣學習語言文學》，中國青年出版社一九八三年版。

梅》等。而有的批語集中起來加以整理就是很有價值的著作。例如：

義門讀書記五十八卷

國朝何焯撰，其門人蔣維鈞編。焯文章負盛名，而自選刻時文以外，無所著作。焯没之後，維鈞乃蒐輯其所評所校之書，録其題識，共爲一編。凡經十二卷，史十七卷，集二十九卷。①

凡既經校勘又加批語的書稱批校本〔圖版四十二〕，凡既經圈點又加批語的書稱批點本。圈點的方式可以用筆圈，也可以用細管鈐印。

凡照樣移録名家批校文字或兼及其所施句讀圈點的書稱過録本〔圖版四十三〕。實踐證明過録名家批語、校語乃至句讀圈點是學習的好方法，許多學者都這樣做過。如殷孟倫《國學大師黄侃的治學態度和方法》一文説：

當我在一九三一年隨從先生避寇北上，與先生同住北京前門外上巷上四條時，適聞父喪之訊，不能即歸，哀慟無已。先生因以所批郝懿行《爾雅義疏》一書命我迻録，我朝夕從事，歷時五月方了。每卷末都特記年月，以示不忘。我在迻録時得到許多啓發，不獨專治訓詁而已。後於一九三四年，在南京，先生又命我過録清十三家校本《經典釋文》。其書批注，朱墨爛然，我也一點一畫，照樣過録，經半年之久方始蕆事，以呈先生審閲。先生翻檢後，並在封面上題了如下的一段話：

"劉履芬過録衆家本，比孫毓修據葉寫本參校段、臧諸人校本所作校勘記尤詳密。乙亥（一九三五）七月六日，孟倫携其所迻録劉本就予復勘，因翻孫記，乃知劉本之佳。予與孟倫殷殷謄寫，功不唐捐也。量守居士書。"②

---

① 《四庫全書簡明目録》卷一三。

② 載《怎樣學習語言文學》，中國青年出版社一九八三年版。

五　善本、珍本、孤本

從讀書治學的角度看，善本就是接近原稿的書。本編第一章第二節對善本的涵義已作了闡述，此不復及。

我們認爲凡具有歷史文物性、學術資料性、藝術代表性而又流傳甚少的書可視爲珍本，今録《中國古籍善本書總目收録範圍》以資參考：

一、元及元以前刻印、鈔寫的圖書（包括殘本與零頁）。

二、明代刻印、鈔寫的圖書（包括具有特殊價值的殘本與零頁）。但印版模糊，流傳尚多者不收。

三、清代乾隆以前流傳較少的刻本、鈔本。

四、辛亥革命前在學術研究上有獨到見解，或有學派特點，或集衆説較有系統的稿本，以及流傳很少的刻本、鈔本。

五、辛亥革命前反映某一時期、某一領域或某一事件資料方面的稿本，以及流傳很少的刻本、鈔本。

六、有名人學者親筆批校、題跋、評論的刻本、鈔本。

七、在印刷上能反映我國古代印刷技術發展，代表一定時期技術水平的各種活字印本，或有較精版畫、插圖的刻本。

八、太平天國及歷代農民革命政權所刊行的圖書。

九、印譜明代的可全收，清代的集古印譜、名家篆刻的印譜，有特色又係足本，或有親筆題記的收，一般不收。

世間僅存的書稱孤本，國内僅存的書稱海内孤本。

孤本人皆知珍重，周叔弢能不惜重金從日本購回錢謙益校宋本《東觀餘論》，表現出愛國主義精神，尤爲可貴。今録其藏書題識如下：

癸酉（一九三三）正月獲見日本《文求堂書目》，著録宋、元、明本凡百餘種。其中多沅丈舊藏，余嘗於雙鑒樓中得摩娑者，尤以北宋本《通典》、紹興本《東觀餘論》爲最罕秘，蓋海内孤本也。《通典》索價一萬五千元，余力不能贖，乃以日金一千元購此書歸國，聊慰我抱殘守缺之心。獨念今者邊氛益亟，日蹙地奚止百里，當國者且漠然視之而無動於中，余乃惜此故紙，不使淪於異域，書生之見亦淺矣，恐人將笑我癡絶而無以自解也。噫！二月十二日弢翁記。[①]

判斷一部書是否孤本，最方便的方法是查聯合目録，例如查《中國地方志聯合目録》就會知道南京大學圖書館藏的清順治《攸縣志》、康熙《攸縣志》皆爲孤本。如果没有聯合目録，那就要多查各家藏書目録。周叔弢原藏明正德六年（一五一一）徐興刻本《毅齋詩集别録》一卷、《家傳》一卷，其題識云："此書傳世甚稀，諸家書目皆未著録，阮文達曾録以進呈。今藏故宫之宛委别藏，比阮氏所著録者闕十三種，《家傳》即其一也，則此書或爲人間孤本矣。"[②]《中國古籍善本書目》的出版，爲我們判定孤本提供了極大的方便。

①② 《弢翁藏書題識》，載《文獻》一九八〇年第四輯。

第五章　雕印本的鑒定

鑒定雕印本通常從書籍的形式入手，而書籍形式上的特點又是通過牌記、刻工、諱字、版式、紙墨、字體等個别事項表現出來的，因此需要對這些個别事項逐一加以研究。書籍的内容同形式一樣，不可避免地也打上了時代的烙印，所以研究書的序跋和正文的具體内容也是鑒定古籍版本的重要途徑。此外，前人的研究成果，書籍的題記與藏印，及其在各種目録中的著録情況，也同樣爲我們鑒定版本提供了可靠的依據。而由於作僞等因素增加了鑒定版本的複雜性，企圖僅憑個别事項作出精確的鑒定，有時是不可能的，這就需要我們進行異本比勘與綜合考辨的工作。現分别敘述如次。

第一節　牌　記

現代出版的書多有版本記録頁，它對書籍版本情況作了詳盡的介紹。早在一九一四年，當時政府公布的《出版法》第二條就已規定：

> 出版之文書圖畫，應將左列各款記載之：一、著作人之姓名、籍貫；二、發行人之姓名、住址及發行之年月日；三、印刷人之姓名、住址及印刷之年月日，其印刷所有名稱者，並其名稱。①

① 載《中國近代出版史料》初編卷五《有關出版的各種法令》。

這項規定一直被沿用着。一九七二年國務院出版口所修訂的《關於圖書版本記録的規定》指出：

> 圖書版本記録包括以下項目：
>
> 一、書名
>
> 二、著作者(或繪製者)、編輯者、翻譯者的姓名(或筆名、單位名稱)
>
> 三、出版者、印刷者和發行者的名稱
>
> 四、出版年月、版次、印次、印數
>
> 五、統一書號、定價①

版本記録頁爲我們識别版本提供了可靠的依據。可惜古書没有版本記録頁，所以要鑒定書的版本，需運用許多其他手段，辨别書的牌記即其一種。如《中國版刻圖録》著録的《重修政和經史證類備用本草》，卷首有"泰和甲子下己酉晦明軒刻書"螭首龜座牌記，目録後有"平陽府張宅印"琴形牌記，又有"晦明軒記"鐘形牌記。認真探索古書牌記的使用規律，對我們鑒定古書的版本是有益的。

牌記俗稱書牌子，也叫木記。葉德輝云："宋人刻書於書之首尾或序後、目録後，往往刻一墨圖記及牌記。其牌記亦謂之墨圍，以其外墨闌環之也，又謂之碑牌，以其形式如碑也。元明以後，書坊刻書多效之。"②

牌記實質上是古書出版單位的標記，形狀一般呈長方形，也有的上下墨闌呈弧形，又有作鐘式、鼎式、琴式的。《中國版刻圖録》著録的《大明一統志》書末牌記呈蓮龕狀，中間分兩行，刻作"大明嘉靖己未孟秋吉旦書林楊氏歸仁齋重梓行"。又同書著録的《大唐益會玉篇》的牌記，中間是一幅版畫，上爲"三峰精舍"四字，右爲"弘治壬子孟夏之吉"八字，左爲"詹氏進德書堂重刊"八字。簡單的則並無圖形或墨闌，僅刻一行或幾行字，其功

① 載《中國一九八〇出版年鑒》。

② 《書林清話》卷六《宋刻書之牌記》。參看圖版二十一、二十三。

用也與牌記相同。①

牌記在書中的位置無定。有在封面的，有在扉頁的，有在序後、跋後、目録後、凡例後、校刊姓氏後、音圖後、附録後的，有在卷端的、卷一末的、逐卷末的、書末的。特别值得注意的有兩點：一是有的牌記在書中某卷之後；一是書中好幾個地方有不同的牌記。前者的例子如《明代版刻綜録》卷三著録的《諸史會編大全》一百十二卷，卷七十七後有"嘉靖律年歲次己酉仲春望日鎮江府金壇縣刊"牌記；後者的例子如《明代版刻綜録》卷四著録的《何氏語林》三十卷，卷一後有"清森閣梓"牌記，卷三後有"嘉靖庚戌華亭柘湖何氏清森閣雕梓"牌記，卷十八後有"何氏清森閣梓"牌記。

有的書牌記内容還可能前後矛盾，如肖東發説：

> 有意作僞，以假亂真。在衆多的余氏刻書家中，書賈氣味最濃的當數余象斗，僅三臺館本就可舉出幾例，如明《萬用正宗不求人》一書，書後牌記題"萬曆歲次丁未潭陽余文臺梓"，然而在卷十六末又有"萬曆新歲喬山堂劉少崗繡"。原來是余象斗把劉氏這一卷全部編入己書，匆忙間，連喬山堂牌記都忘了剜去，粗心至此，却在卷端告白中把"坊間諸書雜刻"貶低一通，然後大肆自我吹噓，結果成了自我諷刺。②

顯然，這些牌記對我們全面認識版本、瞭解版本的嬗變是極有價值的。它的文字雖然較少，但是所透露的有關版本的信息却很多，因此我們在檢查牌記時要十分仔細。

牌記通常能反映出書的出版單位、時間和地點。如《中國版刻圖録》著録的《國朝名臣事略》，目録後有"元統乙亥余志安刊於勤有書堂"一行，即説明了該書的出版時間、出版單位、出版方式。而勤有書堂是福建建陽名肆，所以也告訴了我們出版地點。

---

① 《中國版刻圖録》著録的宋書棚本《唐女郎魚玄機詩》，卷末有"臨安府棚北睦親坊陳宅書籍鋪印"一行十四字牌記。參看圖版三十一。

② 《建陽余氏刻書考略》下，載《文獻》一九八五年第一期。

有的牌記還爲進一步研究版本提供了綫索。如《中國版刻圖録》著録的《文選五臣注》卷三十後有"錢塘鮑洵書字,杭州猫兒橋河東岸開箋紙馬鋪鍾家印行"二行,編者案:

> 紹興三十年(一一六〇)刻本釋延壽《心賦注》卷四後有"錢唐鮑洵書"五字,與此鮑洵當是一人。如此鮑洵一生可有三十年左右工作時間計算,則此書當是南宋初年杭州刻本。猫兒橋本名平津橋,在府城小河賢福坊内,見《咸淳臨安志》。卷中宋諱桓、構等字均不缺筆,則因南宋初年避諱制度未嚴之故。紹興初思溪王氏刻《新唐書》,北宋英宗以下諱均不避,即其一例。又考建炎三年(一一二九)升杭州爲臨安府,因推知此書之刻當在建炎三年前。總之,此書雖未必爲北宋本,定爲南宋初年刻,當無大誤。

此外,有的牌記反映了刻書過程,如南京大學圖書館藏《杜韓詩句集韻》的牌記稱"康熙歲次丙戌中秋日開雕,丁亥立夏日告竣"。

有的牌記記載了所刻字數,如《中國版刻圖録》著録的《禮記注》卷三後有"經伍阡柒拾肆字,注肆阡捌伯玖拾捌字,音義貳阡玖伯壹拾陸字,余仁仲刊于家塾"四行。

有的牌記反映了用紙情況,如《天禄琳琅書目》著録的宋本《春秋經傳集解》後有牌記云:"奉敕用棗木椒紙各造十部。"

有的牌記印有刻書部數及售價,如《中國版刻圖録》著録的《甫里逸詩》姓氏後有"印一百部,五十分送四方,五十待售,紋銀貳錢"一行。

有的牌記强調了版權,如葉德輝藏五松閣仿宋程舍人宅刻本《東都事略》目録後有長方牌記云:"眉山程舍人宅刊行,已申上司,不許覆板。"①國家圖書館藏明萬曆刊本《月露音》封面鈐朱文長方牌記云:"杭城豐東橋三官巷口李衙刊發,每部紋銀捌錢,如有翻刻,千里究治。"

有的牌記顯示了版本的類型,如《中國版刻圖録》著録的《泥版試印初

---

① 《書林清話》卷二《翻板有例禁始於宋人》。

編》封面後有“猷州翟西園自造泥門板”牌記一行，可見該書爲泥活字印本。

有的牌記反映了版本的源流，如《明代版刻綜録》卷三著録的《新刻蔡中郎伯喈文集》，序後有“嘉靖甲申孟冬月宗文堂鄭氏新刊”，目録後有“此書原係正德乙亥春三月錫山華氏堅允剛銅板印行，今鄭氏得之繡梓”牌記。

坊刻本不少牌記都是廣告，其中也包含許多有用的資料。如《中國版刻圖録》著録的《抱朴子》卷二十後鎸有廣告五行：“舊日東京大相國寺東榮六郎家，見寄居臨安府中瓦南街東，開印經史書籍鋪，今將京師舊本《抱朴子》内篇校正刊行，的無一字差訛，請四方收書好事君子幸賜藻鑒，紹興壬申歲(一一五二)六月旦日。”從中我們可以看出榮六郎書鋪的變遷，本書是宋紹興二十二年(一一五二)在紹興翻刻的，所據爲京師舊本，而且經過校勘。

正因爲牌記是古書出版單位的標記，所以學者在鑒定版本時都十分重視對牌記的研究，如葉啓勳《拾經樓群籍題識・李太白詩集跋》云：

> 《分類補注李太白詩》二十五卷，唐李白撰，宋楊齊賢集注，元蕭士斌補注，前後無序跋，無刊刻年月可考，惟尾卷末標云“庚辰孟冬月安正堂新刊”兩行長方木牌記。……既未注明廟號，亦無各家志目可以參證其刊於何帝庚辰，因檢舊藏安正堂刊《集千家注分類杜工部詩》散帙尾卷末葉，有長方木牌記云“正德己卯十四年(一五一九)仲夏月劉氏安正堂刊”兩行，知此庚辰爲正德十五年，當時與杜詩合刊者也。①

又如《中國版刻圖録》著録的《漢書集注》，編者按云：

> 卷首《後儒辨論》後，有“甲申歲刊於白鷺洲書院”兩行。據《吉安

① 載《圖書館學季刊》第一卷第四期。

府志》，白鷺洲書院宋淳祐辛丑(一二四一)吉州郡守江萬里建，至正間重修。因推知甲申當是元世祖至元二十一年(一二八四)，此書爲元初吉州白鷺洲書院刻本。前人肯定甲申爲宋嘉定十七年(一二二四)，恐非事實。

這些都是通過牌記鑒定版本的例子。

但我們在利用牌記時也有需要注意的地方：

一是後人翻印本照刻原牌記。如《明代版本圖録初編》卷六著録的《東觀餘論》二卷，係明萬曆中嘉禾項氏萬卷堂刊本。按語云："是書宋有建安漕司本，明項篤壽據以重雕即此本也，其源蓋從宋出，推爲佳槧，序及卷末均有'建安漕司刻梓'兩木記，毛氏《津逮秘書》本即從之出。"該書同時刻上兩個牌記爲我們鑒别版本提供了方便。如果翻版時照樣翻刻原牌記而不加刻翻刻單位的牌記，就容易導致混淆了。毛春翔説：

鑒别宋刻，牌記最爲可靠了，然而翻版也有照樣刻的，如五峰閣翻的《東都事略》，也有"眉山程舍人宅刊行，已申上司不許覆板"兩行牌記。宋刻最普通的版式，是版心上記字數，下記刻工姓名，書中多諱字，而五峰閣刻的一一照樣刻。此在老眼，一看紙色便知是翻雕，但初學遇此，就不免要被騙了。①

二是版本易主後，牌記常被挖改。例如元代建安余氏勤有堂刻了一部《千家注分類杜工部詩集》，後來書版爲建安葉氏廣勤堂所得。葉氏便將"皇慶壬子余氏"木記剷去，别刻"廣勤堂新刊"木記。後來葉氏又將書版轉售金臺汪諒。汪諒又削去廣勤堂木記，改刻"汪諒重刊"四字。稍不注意，鑒定版本時就會出現差錯。丁丙就曾根據汪諒重刊的牌記，誤判自己所藏的元刊《集千家注分類杜工部詩集》是明汪諒翻刻本，其《善本書室藏書志》云："行款字數與元刊無異，惟筆畫稍肥。"但筆畫肥是由於久印磨

---

① 《古書版本常談·如何鑒别版本》。

損的緣故,並非因爲翻刻。①

三是書賈作僞,故意挖改牌記。施廷鏞對此曾舉一例:

《天禄琳琅書目後編》卷七宋版集部著録之《六臣注文選》六十卷,在核對天禄琳琅存目時,發現這書有挖改痕迹,它的方法是從牌記四周的邊欄换以宋朝“紹興乙亥萬卷堂鐫”八字,四周邊欄絲毫未動,所以不易爲人覺察。按書之字體,似係明本,但還不敢判定,經取明刻《文選》相對,乃知是明嘉靖十四年(一五三五)吴郡袁褧嘉趣堂倣宋陸放翁守新定時郡齋刻本。②

書賈牟利挖改版記的現象很普遍,稍不留心就會上當。王欣夫説:

乾隆時内府所刻《四書章句集注》,稱爲覆刻宋淳祐本,因爲朱熹序後的牌子有云:“於是補其殘缺,置諸泳澤書院,嘉與學者共之。淳祐丙午(一二四六)秋八月識。”後來孫家鼐重刻,當然毫不懷疑。至陶湘得見據刻的原本,始知“學者共之淳祐丙午”八字有割裂填寫痕迹。其實泳澤書院始建於元代,宋朝何來此書院。淳祐二字爲至正二字所挖改,今故宫善本書影中明顯可據,當時不加考訂、疏於鑒别,遂被書賈所欺。類此的很多,應該特别注意的。③

總之,牌記是古書出版單位的標記,它是我們鑒别版本的重要依據,在檢查時應特别留心。而由於書賈作僞等原因,我們還必須注意對牌記加以甄别,方可據信。林申清《宋元書刻牌記圖録》,有北京圖書館出版社一九九九年版,共收牌記一百零四幅,並撰有解題目録,卷首載《宋元書刻牌記述略》一篇,可參看。

---

① 參看《書林清話》卷四《元建安葉氏刻書》。

② 《中文古籍版本簡談》四《版本的鑒别》之六《辨僞》。

③ 《古文獻學要略》第三章《版本》十一《鑒别版本的方法》。

第二節　刻　工

古代刻書工匠爲了肯定自己的勞動成果，往往在所刻書版中附刻自己的姓名，或姓名中的一兩個字。後晉開運四年（九四七）曹元忠雕造的觀世音菩薩像及願文，末有"匠人雷延美"字樣，這雷姓刻工是現今所知最早在自己刻的雕版上留名的人。宋、元刊本除坊刻外，大部分有刻工姓名，而且多刻於書口下端，上端則刻每版的大小字數。明刻本有的有刻工名，有的没有。而且出現在版面地方也不一致，有在書口的，也有在序跋後、目録後、凡例後、牌記中的。如《中國善本書提要》子部儒家類著録的明隆慶間刻本《孔子家語》十卷，《考證凡例》及陸治《題辭》後，並刻"長洲顧檈寫、章掖刻"；下書口所記刻工有章右之、方瑞先等名。同書史部傳記類著録的明成化間刻本《程氏貽範集》三十卷，自序後有牌記云："婺源大畈汪道全、休寧西門汪克正繕寫；歙仇村黄文敬、文希、文達、文漢、文通、永暹、永昇、王充、仇以興、以茂、以忠、以森刊。"明嘉靖年間刻的《張氏統宗世譜》，書中《會脩職名》之後，甚至列了一張刻工表，與奇字齋刻《王右丞詩集》略同[①]，現照録如下：

鐫刻	祁邑城西匠氏	徐廣
	歙邑仇村匠氏	黄琥
	歙邑仇村匠氏	黄珀
	歙邑仇村匠氏	黄球
	歙邑仇村匠氏	黄琰
	歙邑仇村匠氏	黄珪
	歙邑仇村匠氏	黄瑶
	歙邑仇村匠氏	黄珏
	歙邑仇村匠氏	仇元

① 參看圖版十八。

	歙邑仇村匠氏	黄珣
	歙邑仇村匠氏	黄瑜
	歙邑仇村匠氏	黄琇
	歙邑仇村匠氏	黄鑾
	歙邑仇村匠氏	仇釗
	歙邑仇村匠氏	仇顯
印刷	祁邑城西	黄昂元
	祁邑城南	黄榮
	歙邑岩鎮	謝恕
裝訂	祁邑城東	謝泗
	祁邑城東	謝壽
	祁邑城東	胡四

清代前期因懼怕文字獄,許多刻工都不敢在書版上留名。陳登原曾叙述了莊廷鑨《明書》案禍及刻工的慘狀:

> 是獄發於辛丑之春(順治十八年),决獄在癸卯(康熙二年)。當時罹戮者,莊廷鑨已死,則戮其屍而誅其弟與諸子。其題名諸士,俱罹重辟,凡刻書之工、販書之賈、列名參校之名士,死者達二百二十一人之多。……蓋所以戮及無辜之刻印工人者,正欲殺一儆百,藉此示威,使人間知禁書之莫可一觸,因以斷絶其流傳也。①

而事實上,康熙、乾隆年間仍有一些刻本留下了刻工姓名,嘉慶、道光後,刻工在書版留名者更多。

刻工留名主要是便於考核勞動成果,計算工錢。《禮記·月令》云:"物勒工名,以考其誠。"鄭氏注曰:"勒,刻也。刻工姓名於其器,以察其

① 《古今典籍聚散考》卷一《政治卷》第六章《清代文字之獄與典籍聚散》。

信,知其不功致。"[1]書版上留有刻工姓名,即古代物勒工名的遺風。葉德輝專門介紹過刻工按勞取酬的情况:

明時刻字工價有可考者:陸《志》、丁《志》有明嘉靖甲寅(一五五四)閩沙謝鸞識、嶺南張泰刻《豫章羅先生文集》,目録後有"刻板捌拾叁片,上下二帙,壹佰陸拾壹葉,繡梓工貲貳拾肆兩"木記。以一版兩葉平均計算,每葉合工貲壹錢伍分有奇,其價廉甚。至崇禎末年,江南刻工尚如此。徐康《前塵夢影録》云:"毛氏廣招刻工,以《十三經》《十七史》爲主。其時銀串每兩不及七百文,三分銀刻一百字,則每百字僅二十文矣。"今湖南刻書,光緒初元,每百字並寫刻木版工貲五六十文。中葉以後,漸增至八九十文,元體字小者百五十文,大者二百文。篆隸每字五文。至宣統初,已增至百三十文,以每葉五百字出入,每錢銀直百六十文計,每葉合銀叁錢畸零,視明末刻書已增一倍。然此在湖南永州一處則然。永州刻字多女工,其坊行書刻價每百字僅二三十文。江西、廣東亦然。價雖廉而訛謬不可收拾矣。[2]

爲了審核勞動成果而留下的刻工姓名,在客觀上爲後人鑒定版本提供了依據。這是因爲如果一位刻工刻了兩種以上的書,已知一種書刊刻的時間、地點,則其他書刊刻的時間、地點也可從而證知。冀淑英對此曾有詳盡的説明:

比如建國後,在南京發現了一部宋刻本《金石録》,這部書究竟是什麼年代、什麼地區刻的呢?從文獻上看,洪邁《容齋四筆》卷五曾提到《金石録》,原文説:"東武趙明誠德甫著《金石録》三十篇……其妻易安李居士,平生與之同志,趙没後愍悼舊物之不存,乃作後序,極道遭罹變故本末。今龍舒郡庠刻其書,而此序不見取。"這部《金石録》

① 《禮記注疏》卷一七。
② 《書林清話》卷七《明時刻書工價之廉》。

三十卷俱全,也没有李易安後序;再看書中刻工,有胡珏、胡剛、徐亮等人,和故宫天禄琳琅藏《大易粹言》相同。《大易粹言》是公元一一七六年(南宋淳熙三年)舒州(今安徽舒城)官刻本。龍舒即是舒州,和《容齋四筆》所記合。有了這個證據就可以肯定説《金石録》是南宋淳熙年間舒州刻本了。

又如宋刻《劍南詩藁》和《鉅鹿東觀集》,二書刻工有相同的,應該是同地同時刻本,至少刻書時期相近。《劍南詩藁》的刻工又與公元一一七五年(南宋淳熙二年)嚴州州學(浙江嚴州)刻本《通鑒紀事本末》同,並且《景定嚴州續志》卷四《書籍門》著録有《劍南詩藁》和《鉅鹿東觀集》,因此,這兩書的刻版時間與地點問題也都可以解决了。①

利用刻工鑒定版本也有幾點值得注意。

首先,有的刻工活動時間可能較長,如明代歙縣的黄鋑十二歲便跟着他的父親黄士瑄參加《徽州府志》的雕刻工作了,而清代金陵刻工穆大展活到八十多歲,所以我們據刻工鑒定版本時不能將他們的工作時間估計得太短,或只據某一因素來斷定版刻年代。魏隱儒舉例説:

南宋紹興年間(一一三一至一一六二)杭州刻本《廣韻》,版心有刻工陳錫、包正、徐杲、徐茂、徐升、陳明仲、陳詢、孫勉、徐政等人;而《樂府詩集》一書,也刻有徐杲、徐升、陳詢等四十餘人。此本雖然没有序跋、牌記、年月,從刻工姓名即可證明,也是南宋杭州地區所刻。

宋刻本《經典釋文》,前人因其卷七後有乾德三年(九六五)、開寶二年(九六九)校勘官銜名,定爲北宋監本,但在本書版心下也刻有孫勉、徐茂、徐升、陳明仲、徐政、徐杲、包正等刊工姓名。根據刊工姓名,可以判定此書當爲南宋紹興年間杭州地區所刻,並非北宋監本。②

① 《談談版刻中的刻工問題》,載《文物》一九五九年第三期。

② 《古籍版本鑒定叢談》第七章《雕印本的鑒定》五《刻工姓名》。

這段分析很有道理。但《廣韻》一書避諱至"昚"字止，當爲孝宗時所刊，而非南宋紹興年間刻本。

其次，某些刻工爲了謀生經常到外地刻書，我們據刻工確定某書爲某地區刻本時也應取慎重態度。冀淑英曾説：

> 嘉靖四年（一五二五）秦鉞刻《慈湖先生遺書》，萬曆十九年（一五九一）劉一焜刻《咸賓録》，都是蘇州寫刻工與江西寫刻工合作。《慈湖先生遺書》卷後題"江西高安藍糾寫，蘇州章景華刻"，《咸賓録》題"吴郡錢世傑書，熊升三刻"，或"鄒邦傑刻"。鄒邦傑又見於萬曆三十一年（一六〇三）張鼎恩刻本《本草綱目》，此書刻於江西，鄒邦傑當是江西刻工。由此可見，蘇州刻工足迹所至，不限一地。還有嘉靖《浙江通志》，寫工與刻工並列，寫工都題"布政司吏"，刻工則是無錫的；萬曆《通州志》刻工也是蘇州的（江蘇之通州，非北方通州），這些地方志則可能是成書後或寫好帶到蘇州去刻的，也可能是刻工應邀到外地去刻的。①

所以我們不能機械地認爲某地刻工刻的書就一定是某個地區的版本。

第三，明清覆刻宋元本，有並刻工也照樣翻刻的，因此鑒定版本不能只憑檢驗刻工一種方法。

最早注意研究刻工的是日本學者長澤規矩也，他於一九三四年發表了《宋元刊本刻工名表初稿》②。鄧衍林當年即將其譯成中文。③ 該表根據宋刻本一百三十種、元刻本七十三種編成，共收宋代刻工約一千五百人、元代刻工約七百五十人，爲鑒定版本提供了方便。風氣所及，後來編寫善本書志、圖録的，對於刻工也多加以詳細記載。

冀淑英進一步對刻工進行了斷代及分地區研究。作者將安徽徽州地區和江蘇蘇州、無錫一帶兩個明代刻書較多的文化區域的刻本，各取五十

---

① 《談談明刻本及刻工》，載《文獻》第七輯。

② 載《書誌學》第二卷第二、四期。

③ 載《圖書館學季刊》第八卷第二期。

種,將其刻工分别列表。其中有些書是知道確實刻版年代的,這樣排列起來,刻工的時代先後,也就看得比較清楚了。這張刻工表曾作爲《談談版刻中的刻工問題》一文的附録發表,①近年冀淑英又編出了《明代中期蘇州地區刻工表》作爲《談談明刻本及刻工》一文的附録。② 作者就明代中期蘇州地區一百零九種刻本,對其中六百多位刻工進行了系統的整理,頗有功於版本的研究。

王重民撰《中國善本書提要》所附《刻工人名索引》共收六百餘位刻工。該索引使用方便,而且同善本提要聯繫在一起,能使讀者因而瞭解到更多的版刻情況,可以説是較有特色的。

此外尚有何槐昌編《宋元明刻工表》,③所收宋元刊本基本上是日本長澤規矩也《宋元刊本刻工名表初稿》未收的。此表收宋刻本一百七十多種、元刻本五十多種、明刻本一百餘種,共收刻工六千餘人,此表是目前所收刻工最多的刻工表。魏隱儒、王金雨編著的《古籍版本鑒定叢談》也附有《宋至清各代部分刻本所見刻工及寫書人姓名簡表》,收録了一百四十種圖書的刻工。此後,王肇文編《古籍宋元刻工姓名索引》,有上海古籍出版社一九九〇年版,録宋元善本書三六九種,刻工四五〇〇人。張振鐸編《古籍刻工名録》,有上海古籍出版社一九九六年版,録五代至民國三十一年(一九四二)古籍書一二三一種,刻工六五〇四人(含單名)。李國慶編《明代刻工姓名索引》,有上海古籍出版社一九九八年版,録明代刻本、影刻本、影印本一一三二種,刻工五七〇〇餘人(含書工、印工、繪工、裝訂工)。

鑒定版本時,這些刻工表皆足供檢索。

第三節　諱　字

在古代文獻載體中,爲避免直接提到君、父或其他尊者之名而將文字用某些方法加以改變或回避,以表示尊敬,稱爲避諱。一般認爲避諱之例

① 載《文物》一九五七年第三期。

② 載《文獻》第七輯。

③ 載《圖書館學研究》一九八三年第三期。

始於周，行於秦漢，盛於隋唐，嚴於宋，直至民國改元，才廢此舊習。

《左傳》云："周人以諱事神。名，終將諱之。"杜預注曰："君父之名固非臣子所斥。"孔穎達正義曰："君父之名固非臣子所斥，謂君父生存之時，臣子不得指斥其名也。"①

除君父外，也有避后妃諱的。如漢高祖吕后名雉，故《漢書·杜鄴傳》改雉爲野雞；晉簡文帝鄭太妃名春，故凡春字地名，悉以陽字易之，如富春曰富陽，宜春曰宜陽②。

六朝士族，極重家諱，③唐人承之。如白居易祖父名鍠，與宏字同音，白居易不應宏辭科，改應書判拔萃科。李賀父名晉肅，不能應進士試，韓愈專門寫了一篇《諱辯》爲他辯護，也不解決問題。因爲不但不能犯國諱，也不能犯家諱，已由法律明文規定了，《唐律·職制篇》：

"諸府號官稱，犯祖父名，而冒榮居之者，徒一年。"疏義云："府有正號，官有名稱。府號者，假若父名衛，不得於諸衛任官。或祖名安，不得任長安縣職之類。官稱者，或父名軍，不得作將軍，或祖名卿，不得居卿任之類，皆須自言，不得輒受。"④

兩宋避諱尤嚴，亦著於功令。《淳熙重修文書式》云：

諸犯聖祖名、廟諱、舊諱（舊諱内貳字者連用爲犯，若文雖連，而意不相屬者非）、御名，改避。餘字（謂式所有者）有他音（謂如角徵之類）及經傳子史有兩音者，許通用（謂如金作贖刑，其贖字一作石欲切之類），正字皆避之。若書籍及傳録舊事者，爲字不成，御名易以他字。

---

① 《春秋左傳正義》卷六桓公六年。

② 參看陳垣《史諱舉例》卷八《晉諱例》。

③ 《顔氏家訓·風操篇》云："吾親識中有諱襄、諱友、諱同、諱清、諱和、諱禹，交疏造次，一座百犯，無僇賴焉。"

④ 長孫無忌等《唐律疏義》卷下《職制》。

> 諸犯濮安懿王諱者,改避。若書籍及傳録舊事者,皆爲字不成,其在真宗皇帝謚號内者,不避,應奏者以黄紙覆之。諸文書不得指斥援引黄帝名,經史舊文則不避(如用從車從干,冠以帝字,或繼以后字,合行回避。自餘如軒冕、軒輊、轘轅、車轅之類,即不合回避)。[①]

宋洪邁亦云:"本朝尚文之習大盛,故禮官討論,每欲其多,廟諱遂有五十字者。舉場試卷,小涉疑似,士人輒不敢用,一或犯之,往往暗行黜落。"[②]

遼、金起自朔漠,其始本無文字,無所謂避諱。後來受到漢族文化影響,遼偶亦避諱,參見第四章第一節對遼刻本的介紹。關於金,陳垣云:

> 金自滅遼而後,與宋人接觸頻繁,適當宋人避諱極盛之時,故金亦受其薰染,其避諱遂比遼爲盛。《大金集禮》廿三載:"大定九年(一一六九)正月省奏,檢討到《唐會要》云:古不諱嫌名,後世廣避,故諱同音。今御名同音,已經頒降餘救切二十八字,合回避。"所謂餘救切者,世宗初名褎也。然此猶爲御名同音及漢名。據《金史·章宗紀》:泰和元年(一二〇一)三月,乃並避始祖以下廟諱小字。七月,又禁廟諱同音字。……不意宋人避諱之毒,乃中於金人。[③]

元代也曾規定避一百六十多個諱字,但是"延祐元年(一三一四)十一月,行省准中書省咨……送禮部約會翰林院官議得擬作稱賀表章,元禁字様太繁,今擬除全用御名廟諱不考外,顯然凶惡字様,理應回避。至於休祥極化等字,不須回避。都省請依上施行。""延祐三年(一三一六)八月……中書省劄付禮部呈翰林國史院議得:表章格式除御中廟諱,必合回避,其餘字様,似難定擬。都省仰欽施行。"[④]可見元代避諱不嚴,元刻本

---

① 載《附釋文互注禮部韻略》卷首。濮安懿王諱讓,真宗謚號有讓德二字。

② 《容齋三筆》卷一一《帝王諱名》。

③ 《史諱舉例》卷八《遼金諱例》。

④ 《大元聖政國朝典章》卷二八《禮制一》。

除沿用宋本諱字，基本上不避諱。

明初幾代皇帝的名字，避諱的例子極少，萬曆以後，避諱稍嚴，顧炎武云：

> 崇禎三年（一六三〇），禮部奉旨頒行天下，避太祖、成祖廟諱，及孝、武、世、穆、神、光、熹七宗廟諱，正依唐人之式。惟今上御名亦須回避，蓋唐宋亦皆如此。然止避下一字，而上一字天子與親王所同則不諱。①

錢大昕注曰："明季刻本書，太常寺作太嘗，常熟作嘗熟。汲古閣《十三經》，於'由'字皆作'甴'。"②因爲光宗名常洛，所以常字改作嘗，洛字改作雒；熹宗名由校，所以由字缺筆，校字或改作較。如胡正言刻《精選古今詩餘醉》即題"海陽胡正言較"。

清代避諱極嚴與清統治者特别强調這一點有關。高宗於乾隆四十二年（一七七七）十月初七日云：

> 四庫全書館進呈李廌《濟南集》，其《詠鳳凰臺》一首有"漢徹方秦政，何乃誤至斯"之語，於理不順，因檢查《北史·文苑傳》叙，亦有"頡頏漢徹、跨躡曹丕"之句，《韻府》因而録入，均屬未協。……朕於異代之臣，尚不欲直呼其名，乃千古以下之臣轉將千古以上之君稱名不諱，有是理乎？朕命諸臣辦理《四庫全書》親加披覽，見有不協於理者，如關帝舊謚之類，即降旨隨時釐正。惟準以大中至正之道，爲萬世嚴褒貶，即以此衡是非。此等背理稱名之謬，豈可不爲改正，以昭示方來。著交武英殿，將《北史·文苑傳》叙改爲"漢武"，《韻府》内删去此條，酌爲改刊。所有陳設之書，悉行改補，其李廌集亦一體更正。並諭四庫全書館臣等，於校刊書籍内遇有似此者，俱加簽擬改，聲明

① 《日知録》卷二三《已祧不諱》。
② 《日知録》卷二三《已祧不諱》條注。

進呈，毋稍忽略。①

清代避諱的規定相當繁瑣苛刻。如康熙名玄燁，據張之洞《輶軒語·敬避字》可知，玄字要用元字恭代，但元德、元黄、元鳥等詞皆不可用；弦、絃、炫、眩、衒、率等字中的玄字須敬缺末點，但慉、蓄、鄐、畜等字中的玄字不須敬缺末點。今兹之兹從艸，上半不得寫作丷。《輶軒語·磨勘條例摘要》第二條云："不諳禁例直書廟諱御名及先師孔子諱者均罰停四科。凡停科者，舉人停會試，貢士停殿試。"甚至興起文字之獄，如陳垣云：

> 清之避諱，自康熙帝之漢名玄燁始，康熙以前不避也。雍乾之世，避諱至嚴，當時文字獄中，至以詩文筆記之對於廟諱御名，有無敬避，爲順逆憑證。乾隆四十二年，江西舉人王錫侯《字貫》案，即因凡例中列康、雍兩朝廟諱及乾隆御名，未將其字分析，如所云"上一字從弓從厶，下一字從厤從日"者，固已照例缺筆矣；又因廟諱御名，列在孔子諱後，以此大遭乾隆之忌，遽興大獄焉。當時上諭有曰："閱其進到之書，第一本敘文後凡例，竟將聖祖、世宗廟諱及朕御名字樣開列，深堪髮指。此實大逆不法，爲從來未有之事，罪不容誅，即應照大逆律問擬，以申國法而快人心。"以諱殺戮多人，真從來未有之事。……道咸而後，諱例漸寬。②

避諱的方法大致有以下幾種：

一曰改字。陳垣云：

> 改字之例顯於秦，《史記·秦始皇本紀》："二十三年，秦王復召王翦使將擊荆。"《正義》曰："秦號楚爲荆者，以莊襄王名子楚，諱之，故言荆也。"又《秦楚之際月表》端月注，索隱曰："秦諱正，謂之端。"琅邪

① 《四庫全書總目》卷首。

② 《史諱舉例》卷八《清諱例》。

臺刻石曰"端平法度""端直敦忠",皆以端代正也。①

二曰缺筆。陳垣云:"乾封元年贈泰師孔宣公碑,兩引'生民以來',俱作生人。'愚智齊泯',泯作汦。此爲唐碑避諱缺筆始見,以後缺筆之字漸多。"例如《四部叢刊》景印涵芬樓藏北宋刊司馬光撰《資治通鑒目録》三十卷,宋帝諱如殷、敬、鏡、玄、弘、貞、徵、讓、頊、桓、完等字皆缺筆。②

三曰空字,或用代稱詞。陳垣云:

有因避諱,空其字而不書,或作空圍,或曰"某",或徑書"諱"字,其例亦古。《書·金縢》曰:"惟爾元孫某。"孔傳:"元孫,武王。某,名。臣諱君,故曰某。"《史記·孝文本紀》:"子某最長,請建以爲太子。"某謂景帝啓也。《史記》《漢書》於漢諸帝紀皆不書名。許氏《説文》於禾部光武諱、艸部明帝諱、火部章帝諱、戈部和帝諱、示部安帝諱,皆注曰"上諱",空其字不注。

四曰删字。唐高祖李淵祖父名虎,唐初修《隋書》把韓擒虎改稱韓擒,去"虎"字。此外還要避嫌名,即避與避諱字讀音相同或相近的字。《禮記·曲禮》云:"禮不諱嫌名。"鄭玄注曰:"嫌名,謂音聲相近,若禹與雨、丘與區也。"③陳垣説:"嫌名之諱,起於漢以後。《三國·吴志》二:'赤烏五年,立子和爲太子,改禾興爲嘉興。'此諱嫌名之始也。"④宋代有的嫌名多達五十四字。今録當時功令如下:

淳熙重修文書式

玄,胡涓切。懸、縣、泫、訇、胘、眩、獧等二十字。

---

① 《史諱舉例》卷一《避諱所用之方法》。下引陳説均出此。秦人諱正者,因始皇名政。

② 參見圖版十三。其第七行末恒字缺筆。宋真宗名恒。

③ 《禮記正義》卷一《曲禮上》。

④ 《史諱舉例》卷五《避諱學應注意之事項》。

朗,盧黨切。悢、烺、閬、浪等二十字。

匡,去王切。筐、眶、恇、劻、廷等十八字。

胤,羊晉切。酳、靷、引等十七字。

炅,古迥切。熲、炯、耿、扃、憬等十六字。

恒,胡登切。峘、姮等四字。

禎,陟盈切。楨、貞、偵、徵、旌、癥等十三字。

曙,常恕切。署、抒、藷、薯、樹(殊遇切)、豎、澍、贖、屬等二十六字。

頊,呼玉切。旭、勖等七字。

煦,吁句切。昫、酗、休、呴、咻等十三字。

佶,極乞切。姞、郅、鮚、吉(其吉切)、咭等十一字。

桓,胡官切。瓛、完、丸、院、洹、汍、紈、綄、芄、莞、萑、鸛、萈、狟、皖、垣等四十九字。

構,古候切。遘、媾、覯、購、篝、韝、姤、詬、逅、鴝、句、雊、鉤、岣、彀、彀、够等五十五字。

眘,時認切。慎、蜃等七字。

惇,都昆切。敦、墩、邨、鶉、錞等二十四字。内鶉、錞二字,並係殊倫切,與淳字同音,不合回避。若作都昆切,即係與今廟諱同音,合各從經傳子史音義避用。

擴,闊鑊切。廓、郭、鞹、鞟等十七字。

昀,俞倫切。勻、畇、馴、巡(《尚書》巡狩徐邈讀)等七字。①

避諱是爲了加强封建統治者權威而形成的一種陋習。但是各朝代避諱寬嚴程度不同,諱字也不一樣,人們正可利用這一點來鑒定版本。今略舉數例。如清錢大昕《答盧學士書》云:

讀閣下所校《太玄經》云:向借得一舊本,似北宋刻,末署右迪功郎,充兩浙東路提舉茶鹽司幹辦公事張寔校勘。大昕案:宋時寄禄官

① 載《附釋文互注禮部韻略》卷首。

> 分左右，唯東都元祐、南渡紹興至乾道爲然。蓋以進士出身者爲左，任子爲右也。而建炎初避思陵嫌名，始改勾當公事爲幹辦公事。此結銜有幹辦字，則是南宋刻，非北宋刻矣。宋史遇勾當字，多易爲幹當，此南渡史臣追改，非當時本文也。①

再如涵芬樓影印《百衲本二十四史》中《後漢書》，"桓"字作"淵聖御名"；而"構"字則作"今上御名"，知爲高宗時刊本。

通過避諱字還可以發現書的補版情況。清錢大昕又論宋本《東家雜記》云："卷中管勾之勾皆作勹，避思陵嫌名。間有不缺筆者，元初修改之葉。辨宋板者當以此決之。"②

利用諱字鑒定版本同樣有一些需要注意的地方。一是書估往往剔除某些字的末筆，使人覺得原是避諱闕筆。其無闕筆者，則甚至另刻書頁或僞刊年號以作僞。如清郭麐云：

> 近時貴宋板書，於是作僞滋多，有以明人及近時初印本仿宋刻之精好者，以物染紙作舊色，其無缺筆者或另刻一二頁，或僞刊年號以實之，而鑒別收藏家争考偏傍字畫斷斷如也。③

二是各個時代避諱的寬嚴程度和方式不盡相同，同是宋代，家刻本、坊刻本就没有官刻本那麽嚴，有的字避，有的字不避。如繆荃孫指出："宋刻避諱，監本、官本最爲慎重，家刻、坊刻多不拘，近人專求避諱以辨宋刻，往往貽誤。"④王國維在《詩人玉屑》二十一卷的題跋中就談到過這種情況："宋本於宋諱，唯貞字皆缺末筆，餘如曙、桓、構、眘、惇等均未嘗避。然如十九卷第五頁姬缺筆，乃避度宗嫌名，則剞劂當在咸淳、德祐間，或竟在

① 《潛研堂文集》卷三四。

② 《十駕齋養新録》卷一三。

③ 《靈芬館詩話續》卷六。

④ 《藝風堂文漫存·癸甲稿》卷三《五代史平話跋》。

宋亡以後。於故主之外,但避貞字,仁宗德澤入人之深如此!”①偶然還有全不避諱的,如《寶禮堂宋本書録》所著録《四明續志》,即其一例。

三是翻刻古書照様翻刻諱字,或者後朝人刊刻前朝人的著作,也故意避前朝之諱。如明張志淳云:“元滅宋後,元刻諸史,如殷、敬、恒、桓、構之類皆諱,又如恒字省下一畫,至今不改。”②再如明嘉靖丙午(一五四六)武進蔣孝刻的《陶靖節集》,殷、敬缺末筆,而且每卷末記字數,也和宋刻相同,若單憑諱字鑒定版本,將會誤明刻爲宋刻了。魯迅在《關於三藏取經記等》一文中,認爲某朝諱字缺筆即爲某朝刻本的觀點是形式主義的版本研究方法。他指出直到民國十五年(一九二六),而遺老們所刻的書,儀字還“敬缺末筆”;非遺老們所刻的書,寧字、玄字也常常缺筆,或者以寗代寧,以元代玄。這些都是在民國而諱清諱不足爲清刻本的證據。他還從内容的考證上訂正了著名版本學家單從形式上下功夫而造成的判斷錯誤:“京師圖書館所藏的《易林注》殘本(《四部叢刊》已影印),恒字、構字都缺筆的,紙質、墨色、字體都似宋,而且是蝶裝,繆荃孫氏便定爲宋本。但細看内容,却引用着陰時夫的《韻府群玉》,而陰時夫則是道道地地的元人。”③

所以,在鑒定版本時,除注意避諱字外,還應兼用其他方法,綜合考辨。但檢查避諱字畢竟是鑒定版本的有效方法之一。今製宋至清歷代帝王諱字簡表,以備檢查:④

帝號	名諱	諱字及諱例
宋		
太祖	匡胤	匡、眶、框、筐、劻、胤、酳、靷、引 匡城縣改鶴丘,胤山縣改平蜀

① 《觀堂題跋選録》(子集部分),載《文獻》第十輯。

② 《南園漫録》卷一《避諱》。

③ 載《華蓋集續編》:《續編的續編》。

④ 參見清杭世駿《訂訛類編》卷三《歷朝避諱字宜改正》;張之洞《輶軒語・敬避字》;陳垣《史諱舉例》卷八《歷朝諱例》;張惟驤《歷代諱字譜》;屈萬里、昌彼得《圖書板本學要略》卷四《年表(附避諱字)》等。

續表

帝　號	名　　諱	諱字及諱例
始祖	玄朗	玄、弦、眩、絃、畜、縣、懸、朗、悢、浪、狼、壤、閬 玄改爲元，朗山縣改確山縣
遠祖	軒轅	軒、轅
高祖	朓	朓、姚、洮、祧
曾祖	珽	珽 《唐書》姚珽，缺筆誤作姚班
祖	敬	敬、竟、境、鏡、警、擎、驚、儆 鏡改爲鑒，敬州改爲梅州
父	弘殷	弘、泓、紭、殷、溵 弘農縣改恒農縣、殷改爲商、爲湯
太宗	炅初名匡乂改名光義	炅、熲、炯、耿、憬、扃、光、義 義興縣改宜興縣，楊美本名光美
真宗	恒	恒、峘、姮、佷 恒改爲常，恒山改爲鎮山
仁宗	禎	禎、貞、偵、湞、徵、癥、懲、正（音征）、蒸 禎改爲真，謚文貞者稱文正
英宗	曙	曙、署、暑、豎、薯、蜀、贖、杼、樹、裋、侸、澍 曙改爲曉、爲旭，簽署改簽書
父	允讓	讓 讓改爲遜，或爲避
神宗	頊	頊、旭、勖 頊改爲玉，勖改爲勉
哲宗	煦	煦、昫、朐、酗、休、咻
徽宗	佶	佶、吉、黠、咭、郅、姞
欽宗	桓	桓、垣、恒、完、莞、梡、紈、丸、巘、瑗、源、鸛、萑、狟、皖 桓改爲亘、爲威，齊桓公改威公
高宗	構	構、篝、覯、媾、遘、冓、購、韝、鴝、岣、彀、溝、夠、勾、鈎、姤、詬、逅 勾當改幹當，管勾改管幹

續表

帝號	名諱	諱字及諱例
孝宗	昚	昚、慎、蜃 慎改爲謹,慎縣改梁縣
光宗	惇	惇、敦、弴、錞、鶉、墩、村 惇改爲崇,或爲孝
寧宗	擴	擴、郭、廓、槨、鞹、霍、鞟
理宗	昀	昀、匀、馴、畇、巡
度宗	禥	
恭宗	㬎	
遼		
太祖	耶律億	億 丁億更名意
太宗	耶律德光	光 改光禄大夫爲崇禄大夫
世宗	耶律阮	
穆宗	耶律璟 後更名明	明 以昭代明
景宗	耶律賢	賢 改賢順爲恭順
聖宗	耶律隆緒	
興宗	耶律宗真	真、鎮、慎 改女真爲女直
道宗	耶律洪基	基 以本代基
天祚帝	耶律延禧	禧、熙 改年號"重熙"爲"重和"
金		
太祖	完顔旻	旻、閔、憫、岷 宋紹興十二年改岷州爲西和州
太宗	完顔晟	

續表

帝　號	名　　諱	諱字及諱例
熙宗	完顔亶	
父徽宗 宗峻	完顔宗峻	峻、浚 皇統八年改浚州爲通州
海陵王	完顔亮	
太子 光英	完顔光英	英、鷹 改鷹坊爲馴鷙坊
世宗	完顔雍	雍 改雍丘縣爲杞縣，雍國爲唐國
父睿宗 宗堯	完顔宗堯	宗 改宗氏爲姬氏
章宗	完顔璟	璟、景、燝 張燝改名煒，改景州爲觀州
父顯宗 允恭	完顔允恭	允、恭 衛紹王允濟更名永濟，恭改爲敬
衛紹王	完顔永濟	永、濟 改永興縣爲德興縣，永濟縣爲豐閏縣
宣宗	完顔珣	珣、詢、郇 改郇國爲管國
太子 守忠	完顔守忠	忠 張行忠改名行信
哀宗	完顔守緒	守 賈守謙改名益謙
明		
太祖	元璋字國瑞	瑞 胡廷瑞易名胡美
惠帝	允炆	
成祖	棣	棣 改滄州之無棣曰慶雲，樂安州之無棣曰海豐
仁宗	高熾	
宣宗	瞻基	

續表

帝　號	名　　諱	諱字及諱例
英宗	祁鎮	鎮 正統丁卯，山西鄉試經題“維周之楨”，犯諱，教官罰俸
代宗	祁鈺	
憲宗	見深初名見濬	
孝宗	祐樘	
武宗	厚照	
世宗	厚熜	熜、璁 張璁正德十六年登第，嘉靖十年始避嫌改名孚敬
穆宗	載垕	
神宗	翊鈞	鈞 鈞州改名禹州
光宗	常洛	常、洛 常作甞，洛作雒
熹宗	由校	由、校 由字缺筆，校作較
思宗	由檢	由、油、檢 以“繇”代“由”，檢作簡
清		
世祖	福臨	
聖祖	玄燁	玄、炫、弦、眩、鉉、率、牽、兹、燁、曄，畜字不避 “玄”以“元”代，或缺末點；燁缺末筆
世宗	胤禛	胤、禛、真、貞 “胤”或缺末筆，或以“允”、“嗣”、“裔”代；“禛”或缺末筆，或以“正”代
高宗	弘曆	弘、曆、紭、強 改明弘治年號爲宏治，改時憲曆爲時憲書
仁宗	顒琰	顒、琰 “顒”作“永”，或缺末筆，改“宋俞琰”爲“俞琬”

續表

帝　號	名　　諱	諱字及諱例
宣宗	旻寧	寧 寧缺末筆,或以"甯"代
文宗	奕詝	詝、佇
穆宗	載淳	淳 淳作湻,或缺末筆;或醇作醕
德宗	載湉	湉 湉缺末筆或以"恬"代
宣統	溥儀	儀 儀缺末筆,或改作彝、怡

關於歷代諱字,詳見王彦坤編著之《歷代避諱字彙典》,有中華書局二○○九年版。

第四節　版　式

版式指書版的樣式,可大致分爲邊欄、行款、書口三部分。首先,不同時代雕刻的書,其版式有着不同的特點。其次,同一種書,各種版本的版式也有許多是各不相同的。因此,研究版式也是我們鑒定版本的方法之一。

一　邊　欄

關於邊欄,日本島田翰云:"宋之初,去古未遠,其刊四部之書,以其多出於卷子本,界欄尚是則烏絲欄界之舊,大抵用單邊畫。其非觀美也,則有左右雙邊。宋之南渡,流風既遠,古法幾乎息矣,於是始有四周雙邊。其南宋刻本如岳本《五經》、巾箱本《周禮》、景德本《儀禮疏》及巾箱本《周易》、七十卷本《禮記注疏》,則界用四周雙邊。而秘府《尚書正義》則汴時刻本,則畫以左右雙邊,而修版則多四周雙邊。是四周雙邊固非古法,而左右雙邊亦未可謂得舊樣也。《考槃餘事》云:宋本無四周雙邊之書。不知宋中葉已有之,故舉以正之。”[1]據其所考四周單邊、左右雙邊、四周雙邊這三種形式在宋代皆已出現。就現存宋、元本書來看,宋本多左右雙邊,元本多四周雙邊。正因爲從宋代開始,邊欄的三種形式都有,所以不能以此作爲鑒定版本的可靠依據。

但有一點却是可以作爲可靠依據的,那就是版框的高廣。翻刻本與原刻本行款往往相同,但它們版框高廣的長度一般都有差别,據此即可判斷出它們是不同的版本。首先記録書籍版框高廣尺寸的是繆荃孫編纂的《學部圖書館善本書目》。此後,不少版本學家踵而效之。如涵芬樓影印《四部叢刊》,也以營造尺爲度量單位,在每書的扉葉後面特記原書版框高廣各若干寸若干分。營造尺是清代工部營造所用的尺,合零點三二米,爲當時的標準長度單位。

王重民《中國善本書提要》采用公制長度計量單位記録版框的高廣,就更加精確、方便。例如《中國善本書提要》經部詩類著録的三種《詩緝》均爲三十六卷,行款皆九行十八字,印記、牌記、序相同處亦多。但其高廣一爲十九點五乘十三點六,一爲十九點一乘十三點六,一爲十九點二乘十三點六。再校核其他不同之處,即可證明它們並非同一版本。

二 行 款

行款是指每葉雕版書的版面有多少行,每行有多少字,通常以半葉計算。

書有行款,源遠流長。殷滌非、羅長銘介紹一九五七年在安徽壽縣出土一件鄂君啓金節道:“鄂君啓金節是用青銅製成,它的形體極像今日文具中的竹製臂擱,中間有一個竹節,分器面爲兩段,上長下短。器面上鏤刻八條陰文直綫,以爲錯金字的直格。”[2]王欣夫説:“考金文中有格綫的,如克鼎有陽識方格,宗婦鼎有陰識方格,與此金節的八條陰文直格,都爲了鏤錯文字的方便,而這八條陰文直格,已創造了後來版本行格的先例,

① 《古文舊書考》卷二《吕氏家塾讀詩記三十二卷》。
② 《壽縣出土的鄂君啓金節》,載《文物參考資料》一九五八年第四期。

談版本學的不可不知。"[1]一九七三年十二月，長沙馬王堆三號漢墓出土的帛書大部分畫有朱色行格。這是現存最早的朱絲欄。敦煌發現的唐卷子本絕大多數有類似今天鉛筆所畫的行格。雕印本繼承了寫本的傳統，大多數皆有行格。

從表面上看，各朝代刻書的行款是無規律可尋的，據江標《宋元本行格表》，宋本每半葉四行至十六行皆有，甚至有十九行、二十行的。然正如屈萬里、昌彼得所說：

> 官府及各家所刻書，其行款亦往往各有其定式。如北宋單疏本（南宋覆本同）群經義疏，每半葉皆十五行。小字本正史，每半葉皆十四行。中字本者皆十行。蜀刻七史（今傳本是否蜀刻，尚待論定）半葉九行。宋浙東茶鹽司所刻諸經注疏皆八行，建刻注疏則十行。書棚本唐人詩集及宋人江湖小集，皆十行十八字。元九路所刻諸史，皆十行二十二字。[2]

此外，每書的各種版本，其行款可能是各不相同的。例如百衲本《史記》，傅增湘云：

> 其版刻凡六種：其一曰蜀大字本三十九卷，半葉九行，行十六字，注雙行，二十二字，白口雙闌，版心上記字數，下記刊工姓名；其二曰宋黄善夫本，四卷，半葉十行，行十八字，注雙行，二十三字，細黑口，雙闌，版心上方記字數，避諱至桓字止，右闌外記篇名，每卷後記史若干字，注若干字；其三曰中統本，四卷，半葉十四行，行二十五字，注雙行同，白口，四周雙闌，宋諱不避，版心下方間記人名一字，左闌外記篇名；其四曰元彭寅翁本七卷，半葉十行，行二十一字，注雙行同，黑口雙闌，版心上記大小字數，左闌外記篇名；其五曰大德九路本，二十

---

① 《古文獻學要略》第三章《版本》三《版本前的文獻材料》。
② 《圖書板本學要略》卷三《鑒别篇》。

> 六卷,半葉十行,行二十一字,注雙行同,黑口,四周雙闌,版心記字數及刊工姓名,上魚尾上記饒學、番學、番江路學、樂平、錦江等字;其六曰南監本,半葉十行,行十九字,注雙行二十七字,白口,四周雙闌,版心上記大小字數,下記刊工姓名。①

有時同一種書的不同版本,其行數相同,字數也可能會出現差異。例如《中國善本書提要》經部詩類所載《韓詩外傳》十卷,明嘉靖間刻本爲九行十八字,明野竹齋刻本爲九行十七字,《漢魏叢書》本爲九行二十字。

正因爲某時某地所刻書在行款上大體有規律可尋,而一書多刻,行款也常有差異,所以人們往往通過對行款的研究來鑒定版本。如葉啓勳《論上海涵芬樓影印四部叢刊》云:"《歐陽居士集》,目載爲元刊本。此非元刻,其行款、字體、墨欄均同余家藏天順六年(一四六二)錢溥序刊本。蓋經書估割去錢序僞充,沿《天禄琳琅》之誤,定爲元本。亟宜補入錢序,以還其真。"②又王重民《跋萬玉堂本太玄經》云:

> 此本已印入《四部叢刊》。《四部叢刊書録》引何義門云:"嘉靖中郝氏所刊。"按嘉靖甲申郝梁翻宋本十行十八字,與此本行款不同(此本八行十七字),蓋何氏誤以兩本爲一本也(陸氏《儀顧堂續跋》卷九誤同)。此本《釋文》末葉下書口刻"海虞周潮書",則當爲常熟所刻。③

此外,宋刻每行字數往往多寡不一,是仿古卷子本體式。宋元刻本的字豎看整齊,横看常不整齊,而明清刻本因爲雕印水平的提高,其所刻字豎看横看基本上都是整齊的。

正因爲研究行款對鑒定版本十分有用,清末江標因而創作了記録宋本和元本行格的專著《宋元本行格表》。葉德輝云:"宋板書,行少者每半

① 《藏園群書題記》續集卷一《題百衲本史記》。

② 載《圖書館學季刊》第一卷第四期。

③ 《中國善本書提要》附録《中國善本書題跋》。

葉四行,行八字(如寶祐五年陳蘭森所刻《干禄字書》)。行多者每半葉二十行,行二十七八字至三十字不等(宋刻《九經》白文)。吾友江建霞標,著有《宋元行格表》二卷,余爲校補,刻於長沙,言版片者奉爲枕中鴻寶也已。”①

由於行款可爲鑒定版本提供依據,故藏書家著録宋元刻本必詳記行款,已成爲定例。

三　書　口

書版中央不刻正文的部位稱版心或書口,因爲宋元時代通行蝴蝶裝,此部位朝裏,故名版心,宋元以後書籍改爲包背裝、綫裝,此部位朝外,故改稱書口。關於書口的名詞術語,已見本編第三章第五節。

人們早就注意到了書口的時代特徵,如明初葉盛云:“宋時所刻書,其匡廓中摺行上下不留墨牌,首則刻工私記本版字數,次書名,次卷第數目,其末則刻工姓名以及字總數,余所見當時印本如此。”②葉德輝復日本松崎鶴雄書所論尤詳:

> 大抵雙綫白口多宋版。單綫黑口,南宋末麻沙本多有之,至元相沿成例。明初承元之舊,故成弘間刻書尚黑口,嘉靖間多從宋本繙雕,故尚白口。今日嘉靖本珍重不亞宋元,蓋以此也。大抵此類版心,書名祇摘一字,下刻數目。其白口、小黑口空處,上記本葉字數,下記匠人姓名,不全刻書名也。全刻書名在萬曆以後,至我國初猶然。魚尾有雙有單,雙者上下同;單者上刻一魚尾,下則祇刻一横綫紋。亦有版心全係黑口者,則魚尾以外,皆粗黑綫,如元張伯顔本《文選》,及明刻宋章如愚《山堂考索》之類。此則匠人以意爲之,不爲定

---

① 《書林清話》卷六《宋刻書行字之疏密》。吴則虞云:“江標著《宋元本行格表》實際上是從廣州登雲閣書店老板駱浩泉處買來的帳本,從中找材料編寫出來的。”見所撰《古典哲學書籍的收購和發行工作》,載河北省文化局一九六二年編印的《古舊圖書業務知識》。其説真僞尚待考證。

② 《水東日記》卷一四。

> 式也。耳子以識書之篇名,始宋岳珂之刻九經三傳,今武英殿之仿刻五經本,其式猶存,他書則罕見。①

葉氏所論,尚有可商之處,如書耳的出現,就還要早些,但總的來説很有參考價值。

此外,翻刻本同原刻本相比,版心常有變化。毛春翔説:"明馮紹祖校刻《楚辭章句》,原刻版心下方有'杭州郁文瑞書'六字,翻版没有此六字。萬曆本《龍谿王先生語録》卷一第一頁,版心下方題:'秣陵楊應時書,梅仕見刻',翻版照樣刻下。經核對,則翻板板匡高半字,而刀法笨拙異常。"②

正因爲書口具有時代特徵,翻刻本在書口上往往有變化,人們便可以利用書口來從事版本鑒定工作。如葉啓勳《論上海涵芬樓影印四部叢刊》云:"《古文苑》,目載明成化刊本。此實嘉靖重刊白口本。余家藏成化壬寅張世用刊本爲大黑口,字體墨欄極其古樸,首有張琳序。"③又杜信孚自序其《明代版刻綜録》云:

> 《梅巖胡先生文集》十卷,宋胡次焱撰,明嘉靖十八年(一五三九年)胡璉刊;又有嘉靖二十三年胡陞刊本。前人往往定爲一個版本,其實不然。胡璉本之排列:一賦,二樂章、詩,三序,四記,五論議,六説、銘,七跋,八啓、札,九附録、詩、跋、啓、告文,十書,書名在魚尾上方。胡陞本之順序:一序,二記,三論,四説、銘,五賦,六樂章、詩,七跋,八書、啓、札,九附録、詩、跋、傳、啓、告文,十書,書名在魚尾下方。兩者判然有别。

利用書口鑒定版本有兩點應加注意。一是書口雖具時代風格,但也有例外。例如一般認爲大黑口本爲元代或明初所刊,其實南宋末年與明

---

① 《書林餘話》卷下。

② 《古書版本常談·如何鑒别版本》。

③ 載《圖書館學季刊》第一卷第四期。

嘉靖以後也有黑口本。黄丕烈跋《新定續志》云：

啓包見板口闊而黑，視之則《新定續志》是也。心疑爲非宋刊，即持示同人。賣書人如錢聽默，藏書家如周香巖，皆素稱識書者，然但詫爲未見書，而宋刻與否，初不敢以意定也。惟西賓顧澗蘋，與余賞析，謂非宋刻而何？因思余所藏《中興館閣録續録》，有咸淳時補版，皆似此紙墨款式，間有闊黑口者。可知宋刻書，非必定白口或細黑口也。①

又元刻黑口是最常見的形式，如孫慶增《藏書紀要》第二則《鑒别》云："元刻不用對勘，其字脚、行款、黑口，一見便知。"但元代也並非没有白口本，如元刻《玉海》、元官刊大字本《大元一統志》、元至正四年（一三四四）集慶路儒學溧陽州學溧水州學刻《金陵新志》皆爲白口。② 所以我們要注意例外的現象。二是要謹防書估在書口上作僞。《天禄琳琅書目》卷七著録明覆宋相臺岳氏本《春秋經傳集解》云：

此本寬行大字，槧刻極精。書賈得之，遂僞作"咸平辛丑刊"五字，補印於板心上方，以當宋槧。不知墨色濃淡，一望可知。且其中有不能容五字者，其咸字已印出邊欄之外，而刊字復縮其結體，用筆墨補填於下，心勞日拙，此之謂也。

葉德輝也認爲"《天禄琳琅》後編所載宋版書，不如前編之可據。如……卷五之《重廣補注黄帝内經素問》二十四卷第四部，每板心有'紹定重刊'四字。宋版亦無此體式，且有元號無年月。即元、明兩監補修宋本諸史不如此含糊。蓋板心四字必書估僞造，加印其上，斷然可知"。③

---

① 《士禮居藏書題跋記》卷二。
② 參看圖版十六。
③ 《書林清話》卷十《大禄琳琅宋元刻本之僞》。

第五節　紙　墨

印書所用之紙具有時代性和地域性，所以對紙進行研究也是鑒定版本的手段之一。

唐代用來鈔書的主要是四川麻紙。宋、元時代，四川仍用麻紙，北方則兼用桑皮紙，浙江地區的官刻多用皮紙或麻紙。潘吉星説："經國子監校勘的書多在杭州雕版，用浙江桑皮紙印刷。""南宋臨安府刻《漢官儀》（一一三九）用皮紙"，"元代浙江官刻本《重校聖濟總録》（一二九九至一三〇〇）是用樹皮麻料的混料紙。"①而經藏與坊刻本則漸用竹紙。福建盛産竹紙，清郭柏蒼《閩産録異》云："延、建、邵、汀皆做紙，凡篁竹、麻竹、綿竹、赤梘竹，其竹穰皆厚，擇其幼稚者制。"復云："建陽扣土人呼爲書紙，宋元麻沙板書，皆用此紙。"②潘吉星又説：

> 建本幾乎絶大部分是用竹紙，如北京圖書館藏南宋乾道七年（一一七一）《史記集解索隱》、紹興戊辰（一一四八）《毗盧大藏》、元代至元六年（一二六九）建陽鄭氏積誠堂刻《事林廣記》、元天曆庚午（一三三〇）《王氏脉經》、至順壬申（一三三二）《唐律疏議》等建本，其用紙經筆者鑒定，都是竹紙。而北宋明道二年（一〇三三）兵部尚書胡則印施的《大悲心陀羅尼經》則是傳世較精良的竹紙刻本。又咸淳二年（一二六六）磧砂藏本《波羅蜜經》，也用較好的竹紙刊印。③

明、清時的造紙槽坊大多分佈在江西、福建、浙江、安徽等省。因爲南方各省盛産竹材，所以所造多爲竹紙，其中以江西、福建的毛邊紙與連史紙最爲普遍。

對紙可以采用化學方法或物理方法來鑒定。晉、唐古紙，紙面大多呈

① 《中國造紙技術史稿》第五章《宋元時期的造紙技術》。

② 載《郭氏叢刻》。

③ 《中國造紙技術史稿》第五章《宋元時期的造紙技術》。

現因老化和多次裝裱而引起的自然泛黄和發灰現象；宋紙間亦有之，但程度稍淺些；元、明、清紙則程度更淺，甚至有白度不減當年的。作僞的紙，正反面和表裏顔色不匀，老化程度甚淺。將作僞的紙和有年代可查的古紙在高倍放大鏡下對照觀察，是可以識别出來的。如潘吉星説：

據筆者作物理檢驗，如北京圖書館藏北宋開寶藏《佛説阿維越致遮經》（九七三年刻，一一〇八年刊行），就是用高級的桑皮紙，雙面加蠟，染黄。南宋中期廖氏世綵堂刻《昌黎先生集》是細薄白色桑皮紙。南宋景定元年（一二六〇）江西吉州刻《文苑英華》、咸淳《臨安志》（約一二七〇）及元代茶陵刻本《夢溪筆談》，則用的是楮皮紙。①

有的再生紙也能鑒定出來，譬如潘吉星鑒定國家圖書館藏南宋嘉定年間（一二〇八至一二二四）江西刻本《春秋繁露》，是楮皮紙，紙漿中含有故紙，顯然是用廢紙加工而成的。

其次可以看紙的簾紋。簾紋分簾條紋和編織紋兩種。簾條一般用細竹條，無竹條可用芨芨草或萱草莖代替，通常用生絲或馬尾把簾條編織在一起。研究簾紋應當從竹條紋的寬度、編織紋的間距入手。有的宋紙簾紋中的編織紋間距是相等的，約爲一點八至二釐米。魏隱儒説：

白麻紙正面潔白光潤，背面略顯粗糙，有草棍紙毛粘附，質地細薄，堅韌耐久。如不着潮水濕，經久不會變質。黄麻紙色略黄，有的比白麻紙略厚，其性能與白麻紙仿佛，看起來似稍粗糙。無論白、黄，紙紋（也稱簾子紋）都比較寬，約一指半左右。也有紙紋不太明顯的②。宋代印書多用這兩種紙。遼、金和元代初期印書，與宋代末年用紙大致相同。據傳本所見，使用黄麻紙漸多。到元代後期，印本大

---

① 《中國造紙技術史稿》第五章《宋元時期的造紙技術》。

② 《中國造紙技術史稿》第五章《宋元時期的造紙技術》説："這種紙較厚，由幾層粘起，故可揭開，又因爲已加蠟，故簾紋不顯。"

多用黄麻紙。這時紙紋變窄，約一指左右。①

此外，地域不同簾紋也不同，例如福建紙簾紋間距小於江西紙。中國紙與外國紙簾紋也可能不同，如宋和宋以後的高麗紙是從朝鮮進口的，這種紙多是粗條簾紋，編織紋間距比國産桑皮紙要大。

再次是檢查紙背。黄丕烈於《蘆川詞》二卷題識云：

宋本每葉紙背大半有字迹，蓋宋時廢紙多値錢也。此詞用廢紙刷印，審是册籍。偶閲之，知是宋時收糧案，故有更幾石、需幾石，下注秀才、進士、官户等字，又有縣丞、提舉、鄉司等字，户籍、官銜略可考見。粳、糯省文皆從便易。雖無關典實，聊記於此，以見宋刻宋印，古書源流多有如是者。紙角截殘，印文模糊，不可辨識矣。古色古香，不徒在本書楮墨間也。②

又其跋《北山小集》有云："書友胡益謙持《北山小集》示余，欲一决其宋本與否。余開卷，指示紙背曰：'此書宋刻宋印，子不知宋本，獨不見其紙爲宋時册子乎？'"③葉德輝也指出了這一點："每見宋板書多以官府文牒翻其背印以行。如《治平類篇》一部四十卷，皆元符二年及崇寧五年公私文牒、牋、啓之故紙也。其紙極堅厚，背面光澤如一，故可兩用，若今之紙不能也。"④明初也喜用廢紙印書，黄丕烈跋幽蘭居士《東京夢華録》云：

楮墨古雅，板大而字細，人皆以爲宋刻；余獨謂不然。書中惟祖宗二字空格，餘字不避宋諱，當是元刻中之上駟。至於印本，當在明初。蓋就其紙背文字驗之，有本班助教廖，崇志堂西二班，學正翁深，學正江士魯考訖，魏克讓考訖，正義堂，誠心堂西二班，民生黄刷卷，

① 《古籍版本鑒定叢談》第六章《歷史上古籍的用紙》。
② 《蕘圃藏書題識》卷十。
③ 《士禮居藏書題跋記》卷五。
④ 《書林清話》卷六《宋人鈔書印書之紙》。

遠差易中等,《論語》《大誥》云云,雖文字不可卒讀,而所云皆國子監中事,知廢紙爲監中册籍也。①

有些紙背還鈐有紙張生産單位與使用單位的印記,這也爲鑒定版本提供了依據。據日本《圖書寮漢籍善本書目》載宋福州開元禪寺刻的佛經,如《阿毗達磨大毗婆娑論》,紹興戊辰年刻,紙背捺有"開元經局染黄紙"大方印,這是宋刻宋印的大好證據。②

我們在利用紙張鑒定版本時,也要注意書估作僞。明高濂《遵生八箋·燕閒清賞箋》云:

近日作假宋板者,神妙莫測,將新刻摹宋板書,特鈔微黄厚實竹紙,或用川中繭紙,或用糊褙方簾綿紙,或用孩兒白鹿紙,筒卷,用槌細敲過,名之曰刮,以墨浸去臭味印成。或將新刻板中,殘缺一二要處;或濕霉三五張,破碎重補;或改刻開卷一二序文年號;或貼過今人注刻名氏,留空,另刻小印,將宋人姓氏扣填兩頭角處;或用沙石磨去一角;或作一二缺痕;或置蛀米櫃中,令蟲蝕作透漏蛀孔;或以鐵綫燒紅,鎚書本子,委曲成眼,一二轉折,種種與新不同。用紙裝襯綾錦套殼,入手重實,光膩可觀。初非今書彷佛,以惑售者。或札夥囤,令人先聲,指爲故家某姓所遺,百計蠱人,莫可窺測。

可見紙是書估作僞的重點。《四庫全書總目》卷一百七十四《斜川集》提要云:

此集乃近時坊間所刊。其本但有邊闌,而不界每行之烏絲。此本染紙作古色,每葉補畫烏絲,而僞鎸虞山汲古閣毛子晉圖書一印,印於卷末。蓋欲以宋版炫俗。……案劉過《龍洲集》中所載之詩與此

① 《士禮居藏書題跋記》卷二。

② 參見《古書版本常談·如何鑒别版本》。

盡同。蓋作僞者因二人同名爲過，而鈔出冒題爲《斜川集》，刊以漁利耳。

此外，如屈萬里、昌彼得所說：“舊版流傳既久，後人重印，自用後世之紙張，如三朝本者，固比比皆是。而後世仿宋之本，以故宋紙或特仿造宋紙印行者，亦往往而有。”①因此在鑒定版本時，注意用紙的情況只是方法之一。

各時代印書用墨不同，因此有的版本學家也將對墨的分析，作爲鑒定版本的輔助手段之一。

宋本用墨質料精良。其特點是顔色黑，有香味，雖經水濕而無浸染之迹。明高濂《遵生八箋·燕閒清賞箋》云：“藏書以宋刻爲善，宋人之書，紙堅刻軟。字畫如寫，格用單邊，間多諱字，用墨稀薄，雖著水濕燥無湮迹，開卷一種書香，自生異味。”宋墨亦如後世，用松煙或油煙製造，但工藝精良。明屠隆云：“北墨多用松煙，色清而淺，不和油臘。……南紙，其紋豎，墨用油煙。”②人們在鑒賞宋本的時候，總是特别注意到它的古色古香的紙和墨。如《天禄琳琅書目》卷二論宋版《南華真經》云：“此書版高不及半尺，而字畫倍加纖朗，紙質墨光亦極瑩緻。乾隆御題云：‘蠅頭細書，紙香墨古，誠寶迹也。’”又卷三論宋版《唐文粹》云：“北宋寶元二年臨安孟琪刻。乾隆御題云：‘字畫工楷，墨色如漆。’觀此知有宋一代文化之盛，物力之豐，與其工藝之精，斷非元以後所能得其彷彿。”

元代用墨比宋略遜。故高濂《燕閒清賞箋》云：“元刻仿宋，單邊，字畫不分粗細，較宋邊條闊多一綫。紙鬆刻硬，中無諱字，開卷了無臭味。”

明代用墨較差，尤劣者多以煤和麵粉代墨汁印書，色淺，易浸染脱落，使版面模糊成爲大花臉，見本章第一節。清代製墨原料較精，因此書籍用墨也較明刻本爲勝。盧前《書林别話》述近代製印書用墨之法云：

---

① 《圖書板本學要略》卷三《鑒别篇》。

② 《考槃餘事》卷一《帖箋南北紙》。

> 印書始於製墨。製墨之法，取炭窑之窑煙，化牛皮膠爲水，和之，成厚粥狀，調之以酒，儲之半月，成稀麵糊，將墨粥揉匀，盛入缸藏之。至時霉天，則臭氣四溢，然必經三四時霉天，始能用也。倘即用之，則墨色必浮，觸之則糊。是墨愈久而愈佳。印書時，必先用馬尾篩破水瀝之。渣滓可以傾去，取其餘印書。①

正因爲墨色有時代的差别，而且新印本的墨色也不同於古舊圖書，所以版本學家往往也利用墨色來鑒定版本。如施廷鏞説："明崇禎癸酉吴郡趙均得宋嘉定時陳玉父本《玉臺新詠》摹刻以傳，刻寫精雅，楮墨明湛，當時稱爲佳槧。一九二二年壬戌南陵徐乃昌影寫趙本，付黄岡陶子麟精刻傳世，有以明版書之空白附頁，捺去牌記印充趙刻以惑人。這在紙張、字體均不易鑒别出它是捺印本，但墨色猶新，還是可以看出的，若知徐氏刻有此書，取以對勘，更可確定了。"②

第六節　字　體

古代刻書的字體受到時代風氣與傳統習慣的影響，不同時代不同地區所刻的書，其字體往往呈現不同的特色，前已略述梗概。

北宋刻本現存不多，從《中國版刻圖録》所著録的北宋刻遞修本《漢書注》③及臺灣"中央圖書館"所藏北宋刻本《後漢書》的書影來看，其字體方正，筆畫匀稱，多祖歐陽詢體，可與歐書《九成宫醴泉銘》等傳世石刻對照。

南宋刻書通行歐陽詢、顏真卿、柳公權諸家之體，但各地區刻書所用字體不盡相同。杭州地區刻書可以説是清一色的歐體。這是因爲北宋監本多送杭州雕版，北宋本采用歐體對浙本自有影響，而歐體布局整齊，字劃瘦勁，棱角分明，便於施刀，也受到了刻工們的歡迎。浙本早期所用歐體字稍肥，陳氏書棚本等中後期出版物筆劃轉瘦，字形略長，廖瑩中家刻

---

① 載《中國現代出版史料》丁編。

② 《中文古籍版本簡談》四《版本的鑒别》之六《辨僞》。

③ 參看圖版十三。

韓、柳集清瘦而秀發。[1] 宋代閩本的字體也具有鮮明的特色。總的看來,它是在柳體的基礎上改造而成。其大字吸收了柳體結構匀齊、用筆挺拔、筆鋒鮮明的長處,但爲了便於雕刻,其筆劃又明顯地改爲橫細豎粗。其小字所有筆劃皆一樣纖細,少有變化,雖不甚美觀,却相當清晰。閩本字體仿柳公權,可對照柳書《玄秘塔碑》。[2] 蜀本的大字本與小字本的字體不同。《中國版刻圖録》著録的蜀大字本《春秋經傳集解》,間架開闊,點畫偏肥,顯得雄渾樸厚,是比較典型的顏體,而且其正文大字與注文小字字體完全一致,[3]不像建本那樣有明顯的區别。而今傳宋蜀廣都費氏進修堂刊本《資治通鑒》,宋眉山程舍人宅刊本《東都事略》,其字體則在顏、柳之間。值得注意的是有些宋本字體並非酷肖一家,而是兼采諸家。錢基博云:

> 儻有參以他種筆意者,則尤名貴。如王世貞跋元趙孟頫松雪齋班、范二《漢書》云:"有歐、柳筆法。"《皕宋樓藏書志》載宋禮部官書《六韜》六卷,云"字畫方勁,有歐、顏筆意"。北京圖書館藏有宋淳熙三年刊小字本《通鑒紀事本末》殘册,書法秀整,體兼顏柳,皆罕品也。[4]

就一般情況而言,元代及明初刻本字多采用趙孟頫體,[5]但也有幾點值得注意:一是元代初期,書法猶是宋金遺風,刻書字體近似,因此人們從字體去鑒定版本時,常把元初刻本誤作宋本著録。二是各地區刻本可能仍保留原有字體的風格,如元至正五年(一三四五)建安余氏勤有堂刊本《書蔡氏傳旁通》、元泰定元年(一三二四)麻沙吴氏友於堂刊本《新編事文類聚翰墨全書》即參有柳體特點。三是覆刻本自然保留原書字體,如相臺

---

① 參看圖版二十一。
② 參看圖版二十三。
③ 參看圖版二十二。
④ 《版本通義·歷史第二》。
⑤ 參看圖版十六、二十五。

岳氏本經注係覆刻廖瑩中本，所以全作歐體。此外，元刻通俗文藝作品常有簡體字。

明刻本字體，大致可分爲明初、明中葉、晚明三個階段。明初是指正德以前的一段時期，在這段時期，字體仍宗趙孟頫，已如前述。明中葉是指正德、嘉靖、隆慶和萬曆前期。關於這個時期明刻本字體，屈萬里、昌彼得認爲：

> 正德中葉以後，覆刻宋本之風漸盛。而爾時習尚，最重詩文。唐人詩集，宋時以臨安陳氏書籍鋪所刻最多，故正嘉間覆刻唐人詩集，率祖書棚本。① 書棚本字爲率更體，翻刻時亦效其體，於是風氣一變。正德十二年震澤王氏所刻《孫可之文集》，嘉靖間朱警所刻《唐百家詩》可證也。爾後梓人爲便於施力，漸變而成横輕豎重、板滯不靈之匠體字，即今人所謂宋體字者。此類字體，始於隆、萬之際，後乃通行。②

萬曆以後稱晚明。明中葉所形成的宋體字，越變越呆板，但是由於它既呆板便於雕刻，又清晰便於閲讀，所以在晚明得到了普遍采用。由中葉到晚明有部分家刻本和坊刻本以寫體上版，筆意頗似董其昌，如趙均刻《玉臺新詠》、金陵世德堂刻《西游記》、繼志齋刻《雷轟薦福碑》等，均顯得流麗生動。

清刻本的字體沿晚明舊規多用宋體字。③ 康熙、雍正以後，覆刻宋元本之風復盛，於是自刻詩文集喜精楷上板，這種與宋體字相對的字體在清初被稱爲軟體字。④

因爲不同時代、不同地區、不同單位刻的書，其字體往往是不同的，所以人們往往利用字體來鑒定版本。如清錢謙益《跋坡書陶淵明集》云："北

---

① 參看圖版十七。

② 《圖書板本學要略》卷三《鑒别篇》。

③ 參看圖版二十、三十五、四十二、四十三。

④ 參見圖版十九。

宋刻《淵明集》十卷，文休承定爲東坡書，雖未見題識，然書法雄秀，絶似司馬温公墓碑，其出坡手無疑。鏤版精好，精華蒼老之氣，凛然於行墨之間，真稀世之寶也。"[1]這是通過字體鑒定版本的例子。有的版本學家還利用字體來識别僞本。魏隱儒曾舉一例：

> 《類編標注文公先生經濟文衡》前集二十五卷，後集二十五卷，續集二十二卷，宋馬括編。半葉十三行，行二十三字，四周雙邊，上下黑口，雙魚尾。前有淳祐辛亥黄晷序，總目後有長方雙行牌記題："時景定甲子春刊於梅溪書院。"按此牌記而定版刻年代，理應可靠，當係宋本無疑。若按字體却又不像。查《四庫簡明目録標注》著録有元刻明印本、元刻巾箱本、正德辛巳本、萬曆丙午本等，與此亦不相合。再查《書林清話》梅溪書院條，梅溪書院創於元大德間，因而發生疑惑，發現牌記右上方鈐一長方朱印，按藏家習慣，在牌記上鈐印無甚道理，絶少前例。經細審，玄虚就在此處，識别出係挖"泰"字補"景"字，用鈐印法以作迷霧，障人眼目，混爲宋本。景定甲子爲宋理宗景定五年（一二六四），泰定甲子爲元也孫鐵木兒泰定元年（一三二四）。挖補工巧，又覆蓋閑章，如此作僞，把刻年提前八十年，由元入宋。若不從字體、印章的疑點着眼，孤立地相信牌記，是靠不住的。[2]

魏隱儒還見過一部《楚辭章句》，從牌記、諱字等情況看應是宋本，但在審閲過程中感到牌記字體不是宋人筆意，似是挖補嵌上的。經過仔細研究，發現它是明隆慶年間夫容館刻本。

我們對歷代刻本字體的介紹僅就一般情況而言，而實際上不少刻本的字體同時代風尚、地區特點往往有一定的差别。因此我們不能單就字體判定版本，還要輔以其他方法，做些必要的考訂工作。毛春翔云：

---

① 《初學集》卷八五。

② 《古籍版本鑒定叢談》第十章《古籍版本中僞本的鑒定》。

明板書字體，嘉靖、萬曆截然不同，這是就江南本説的；若北方刻本，則不相類。如嘉靖初年，山東濟南刻的《黄帝内經》，書中無刻版年代，僅卷端有"歷城教諭田經校刊"一行，字作趙體，很像元板樣子；若書商挖去田經一行，冒充元刊，很容易被瞞過。後經查山東志書，知田經任歷城教諭，在明嘉靖初年，刻書時代乃定。論其字體，校之江南嘉靖本字體，相去甚遠。又如祝允明《懷星堂集》，萬曆三十七年（一六〇九）刻，字體風格，極類嘉靖本，若抽去前序，則皮相之談者必以爲嘉靖刻。同爲江南本，也有這樣情況。又葉子奇《草木子》，正德刊本，董傳性《詩史》，萬曆本，字體皆與常見嘉靖本同。這類刊本，如有遇見，不可不慎爲區別。①

版本學家常利用字體來鑒定版本，書估自然也會利用字體來作僞。魏隱儒曾舉例對此有所説明：

《史記》一百三十卷，漢司馬遷撰、宋裴駰集解、唐司馬貞索隱、唐張守節正義。明嘉靖六年（一五二七）王延喆翻刻宋本，刻印俱佳，頗有名氣，世稱"王本史記"。又有明嘉靖十三年（一五三四）秦藩朱惟焯鑒抑軒翻刻宋本《史記》。兩者同出一源，皆覆宋建安黄善夫本。……書商常將此二本作僞，手法多是抽掉刻序，挖去牌記，以其字體很像宋刻。最近發現幾册殘本，藏家著録爲宋本，實則震澤王氏本冒宋。鑒定《史記》一書，尤宜審慎。②

可見，字體雖然可以鑒定版本，但還必須綜合運用其他方法，才能獲得可信的結論。

---

① 《古書版本常談·如何鑒别版本》。

② 《古籍版本鑒定叢談》第十章《古籍版本中僞本的鑒定》。

第七節　原書序跋

一般古書都有序跋。序通常刻在卷首，跋則在卷末。序跋除叙述該書内容、編著意圖外，往往還介紹書的版本源流、修訂情況以及刊印過程，末署序跋作者的姓名和撰寫時間。序跋的撰寫時間同書的刻印時間往往相差不遠，因此序跋對鑒定版本具有重要的參考價值。

北京大學圖書館藏明初王璲撰《青城山人詩集》八卷，該書有王鎧後序一篇，即爲鑒定版刻年代提供了確切的依據，兹録於下：

> 右《青城詩集》若干卷，先大父文靖公之所著也。大父自幼以詩文名，接交當時海内儒碩非一，往來倡酬，靡不見之賦詠。自入國朝，登仕籍，洎升翰林，聲光益著。其製作特盛，然兩爲回禄所虐，稿皆殘缺。所幸别或收貯，得十之二。閲歲既久，鎧以菲才宦游古汴，束以自隨，公暇因掇拾分類，繕寫一帙，有外集者附之，藏之篋中，家居以來，罔敢失墜。偶姻好華君彦謀過而見之，三復嗟嘆，遂於内各删百首，命工刊次。嗚呼！大父文名蓋一世，著述布天下，而遺稿灰滅無幾，又弗克傳世，豈造物者不使有於後哉？實子孫不肖，不能繼述先業之所致也。今大父殁餘三十年，而一旦幸表而出之，是明珠寶劍之起於重淵，必有待其時歟？彦謀讀書好義，嘗輯其族譜諸集行世，足羨故家子孫，立志超卓，不屑細故如是。時正統十二年嘉平望日孫鎧謹識。

讀此，我們不僅知道該書爲明正統十二年（一四四七）原刊本，而且還知道它寫作、編輯、刻印的大致情況。

跋的作用也類此。如《中國版刻圖録》著録的《古三墳書》，卷末有三衢沈斐刻書跋文四行："余家藏此《古三墳書》，而時人罕有識者，恐遂湮没不傳於世，乃命刻於婺州學中，以與天下共之。紹興十七年歲次丁卯五月重五日三衢沈斐書。"《圖録》遂據跋文將該書定爲"宋紹興十七年婺州州學刻本"。

根據序跋鑒定版本有時也要經過一番考證。屈萬里、昌彼得云：

"中央圖書館"藏有元刊本《滄浪嚴先生吟卷》三卷，卷首有黄公紹序，序末但署"歲尚章攝提十月之望"，不著元號。其字體則筆畫清勁，約在宋元之間。按公紹咸淳元年(一二六五)進士，入元不仕。而序中云"余幼時見東鄉諸儒，藏嚴詩甚多，恨不及傳"云云，則知此序乃黄氏中年以後之作。尚章攝提格爲庚寅，而元代第一庚寅爲前至元二十七年，此序當是此年所作。公紹以宋人而入元，故但題干支，不著胡元年號也。序作於前至元二十七年，板式字體，又似宋末元初風尚，則此本即當刻於是年矣。

又如吴縣潘氏《滂喜齋藏書記》著録有《音點周禮詳節句解》，云爲宋刊本。記謂卷首有武夷勿軒居序，云"雲坡陳君以魯齋二禮句解屬序"，不著年代。按勿軒居士即熊禾，熊氏號勿軒，建陽人，咸淳十年(一二七四)進士(去宋亡僅五年)，授寧武州司户參軍。宋亡不仕，教授鄉里以終。其稱武夷勿軒居士，當爲入元後，以宋遺民隱居閩之武夷，故名。序此書時，亦當在元初，故不著胡元年號。則此書之刻在元初，亦無可疑也。魯齋二禮乃《周禮》《禮記》。"中央圖書館"藏有《音點禮記詳節句解》十六卷，與《周禮》同時所刻。其本刊刻頗精，故潘氏以爲宋刊而未深考耳。①

通過序跋，我們不僅能知道版刻年代，而且還能瞭解到版本源流及質量。清錢曾云：

昔者陸孟鳧先生有影鈔宋刻《水經注》，與吾家藏本相同，後多宋板題跋一葉，不著名氏，余因録之。其跋云："《水經》舊有三十卷，刊於成都府學官。元祐二年(一〇八七)春，運判孫公始得善本於何聖從家，以舊編校之，才三分之一耳。乃與運使晏公委官校正，募工鏤

① 《圖書板本學要略》卷二《鑒别篇》。

板，完缺補漏。比舊本凡益編一十有三，共成四十卷，其篇帙小大，次第先後，咸以何氏本爲正。元祐二年八月初一日記。”詳觀跋語，是本在當時蓋稱完善，惜後人無翻雕之者，余故備録此跋，以告世之藏書家。①

利用序跋鑒定版本有幾點需要注意：

一是如果一書有好幾篇序跋，在通常情況下，刻版時間當以最後一篇爲准。潘承弼、顧廷龍《明代版本圖録初編》卷一著録《歐陽修撰集》八卷，指出：

> 《郘亭知見傳本書目》作永樂丙申（一四一六）刊本，是據唐光祖跋文紀年，不知尚有王克義序撰於永樂十五年（一四一七）六月朔者，讀吴溥後序有云“今其十世孫齊，復手自謄寫，鋟梓以傳”。是必寫梓稽時，至洪熙元年（一四二五）而畢工，當以最後一序爲準也。

因此編者將該書定爲明洪熙元年乙巳（一四二五）十世孫永康丞歐陽齊刊本。

但是，也有利用原版重印而另刻一篇序的情況。毛春翔説：“宋刻書有元人序，須細心研究。如《文苑英華纂要》八十四卷，宋刻。張氏《愛日精廬藏書志》，因是書有趙文序，遂定爲元刊，其實書中諱字甚多，元人序乃後加，非元刻也。”②再如南京大學圖書館藏《攸縣志》六卷，卷首載有康熙庚申（一六八〇）攸縣知事張潛序，明言用順治己亥（一六五九）刻本重印，只不過是另刻一序而已，故不應定爲康熙本。

二是翻刻本往往將原序也照樣翻刻了，如僅依序跋鑒定版本，也易致誤。施廷鏞曾舉一例：

---

① 《讀書敏求記》卷二《酈道元注水經四十卷》。

② 《古書版本常談·如何鑒別版本》。

遼刻書籍據宋沈括《夢溪筆談》裏説:“契丹書禁甚嚴,傳入中國者,法皆死。”無怪其極爲罕見,但是《天禄琳琅書目後編》卷八遼版經部著録有《龍龕手鑒》一部,當爲希世之珍。《筆談》又説:“幽州僧行均集佛書中字爲《切韻》訓詁凡十六萬字,分四卷,號《龍龕手鏡》。燕僧智光爲之序,甚有詞辨。契丹重熙二年(一〇三三)集。”此本書名與原題有鏡與鑒一字之差别,這是何原故?因鏡字是宋太祖趙匡胤祖父的嫌名,爲避諱而改爲同義的鑒字。此證還不足,再考是書内容,其序中鏡字闕末筆,金部並不載鏡字,木部並不載桓字,宀部完字闕筆。構字闕筆,餘如殷、敬、讓、恒、樹、慎、擴、昀等諱字皆刊落。若真爲遼刻,斷無避宋諱之理,而今本《龍龕手鑒》,題有統和十五年丁酉智光序。統和十五年(九九七)適當宋至道三年,恒、樹、桓、構、慎、擴、昀等字,皆宋太宗趙光義以後各統治者之諱,更無預避之理,此彰明較著之鐵證,編者不察,即謂“書雖不載刊刻年月,而智光序稱統和十五年丁酉七月癸亥,當即是時所刊本”,豈不大謬?此《龍龕手鑒》刻於何時?以書中諱字來看,止於宋理宗趙昀的昀字,當是其時重刊本。①

三是要注意序跋是否佚失。原位於書前後的序跋,有的因爲古籍流傳既久,偶致破損遺落,有的則是因爲書估故意抽去,僞充古本。序跋佚失後往往導致鑒定版本的錯誤。如張之象在萬曆間刻的《文心雕龍》十卷,有萬曆七年(一五七九)張之象的序文,而《四部叢刊》影印本所據的本子因缺少這篇序,便誤題爲嘉靖年的刻本。又如《三國志通俗演義》二十四卷,有弘治七年(一四九四)庸愚子序和嘉靖元年(一五二二)修髯子序,商務印書館影印所據本適缺嘉靖元年序文,故誤將嘉靖本題爲弘治本。王重民撰《中國善本書提要》經部春秋類附録《春秋繁露》十七卷,按語云:

葉氏《郎園讀書志》卷二著録此本云:“明初黑口本,猶有宋、元遺

---

① 《中文古籍版本簡談》二《版本的種别》之四《刻本·遼刻本》。

風,非萬曆、天啓以下妄改臆補之比也。”此本有嘉靖甲寅(一五五四)趙維垣序,知爲嘉靖間四川布政司所校刻。葉氏謂爲明初,誤也。此本舊題爲“宋板”,尤誤。

葉氏之所以致誤,主要因爲没有看到嘉靖甲寅趙維垣序。

書估作僞抽去序跋是常見現象,我們應格外留心。毛春翔深有體會地説:

書估往往抽去序跋,以元版充宋版者,不可不謹防。如海源閣藏《大戴禮記》,紙極薄而有羅紋,四周邊闌極粗,左右雙邊,板心上記大小字數,下記刻工姓名,惟宋諱敦、慎、讓、敬皆不缺筆,字係趙體,傅沅叔先生審定爲宋刊,且云:“最爲罕秘,恐世無二本。”一九五八年十月,我到北京,看到是書,審其字體,疑非宋刊。老友陳君恩惠示我另一部同樣書,核對,則另一部前有元至正甲午(一三五四)劉真刻於嘉興路儒學序。海源閣藏本,此序已佚,遂誤定爲宋本。[①]

還有的書估作僞更加隱蔽,他們往往保留原序,而將原序所署時間挖改。屈萬里、昌彼得舉例云:

嘉靖間姚安府刊本《檀弓叢訓》,前有楊慎無年月序,卷末有弘治十五年(一五〇二)張志淳跋,書賈見其黑口,字近松雪體,乃將張跋“弘”字剜去,别於書中割一“至”字,以補其空缺,於是“弘治”變爲“至治”,欲以充元板;而卷前楊序,開首即曰“楊慎曰”云云。書賈之無識,真可笑也!

又如明吕柟所著《横渠張子釋》,前有嘉靖己丑(一五二九)葛澗序,開卷第二行低八格題“後學吕柟鈔釋”。紙質綿而薄,字仿鷗波(引者按:趙孟頫室名鷗波館)。估人欲以充元刻,遂將序文“嘉靖”二

① 《古書版本常談・如何鑒别版本》。

字挖去，另於他處取“大德”二字填補之。復將葛澗“澗”字之右邊挖去，另於他處取“徑”字之右邊“巠”字補之；將吕枏之“枏”字挖去，另於他處移一“元”字補之。於是“葛澗”遂成“葛涇”，“吕枏”遂成“吕元”。挖補處以僞印鈐之，幾若天衣無縫。倘不細審，直以爲元刊之罕見秘笈矣。①

綜上所述，在通常情況下，版刻時間應當同最後一篇序或跋所署時間相一致。但翻刻本一般都保留原序跋；利用原版重印時常常另刻序跋；因書估作僞等原因，序跋往往佚失或被挖改，所以我們在利用序跋鑒定版本時應詳加審究，有條件的最好能用同書别本來核對。

第八節　内　容

除據書籍物質形態的特徵外，還可以根據書籍的内容來鑒定版本的同異、真僞、優劣、是非。前人在這方面也積累了不少經驗，今舉例綜述如下：

一　據書名例

後人翻刻書籍往往改變書名，如唐劉肅的《大唐新語》被改爲《唐世説新語》，宋葉夢得的《巖下放言》被改爲《蒙齋筆談》。還有在原書名上增字的，如漢韓嬰的《詩外傳》被改爲《韓詩外傳》，宋姚鉉的《文粹》被改爲《唐文粹》。還有在原書名上減字的，如漢班固的《白虎通德論》被改爲《白虎通》，宋馬永卿的《嬾真子録》被改爲《嬾真子》。施廷鏞指出：“這些書，大部分出自明刻。”②

有些刻本，在書名上常冠以“國朝”“皇朝”“昭代”等字樣，以示對當時政權的尊重。而刻有“聖宋”“皇元”“大明”“皇清”等字的，其刊刻時代就

① 《圖書板本學要略》卷三《鑒别篇》。

② 《中文古籍版本簡談》三《版本的辨别》之一《在書名方面》。

更明确。同一書,如果後一朝代再刻,就不再用上述字樣,而改爲某朝。如《聖宋名賢五百家播芳大全文粹》《聖宋文選》,宋陳均編《皇朝編年備要》等,從書名冠詞來測定,必是宋刻。如《宋季三朝政要》《宋史全文續資治通鑒》《重刻宋朝十將傳》,從書名看則知其不出宋代。又如《宋元通鑒全篇》,則從書名可以推知,既非宋刻也非元刻,細審乃是明嘉靖刻本。元孫存吾編《皇元風雅》、元蘇天爵撰《國朝文類》《國朝名臣事略》、元蔡柄編校《類編皇朝大事記講義》,從冠詞看,應是元刻本。明李賢等撰《大明一統志》、明余象斗撰《新刻皇明諸司廉明奇判公案》,則明刻無疑。《英烈傳》冠"皇明"者是明代刻本,清代刻本就改稱爲"明朝"了。清代刻印的《皇清經解》《國朝先正事略》《昭代叢書》等,都是當代刻當代人著作。①

但也有例外,佟鎮凱云:"曾見過一部《皇明通紀直解》的書,原定爲明末刻本,書板的形式特徵全是明末之物,而且書名又題爲'皇明',應當説是無疑的了。可是細心翻檢一下,文中有'甲申殉主忠臣'字樣。'甲申'爲崇禎滅國之年,顯然該書刻於'甲申'之後。歷史告訴我們,清朝入關初期,其統治力量尚未擴及全國,一些明末逸民多有刻這類書以寄託他們懷念故國之幽思的。"②

二　據卷數例

一種書的不同版本,其卷數往往互有差異。傅增湘校《宛丘集》跋云:

《宛丘集》世傳卷數,最爲參差:聚珍本《武英殿聚珍版全書》題《柯山集》,五十卷;明嘉靖本(嘉靖甲申龍渠山人郝梁刊本)題《文潛集》,十三卷;鈔本題《張右史集》,有八十二卷者,有六十五卷者,有六十卷者,而《四庫》著録又爲七十六卷。至汪藻所編《張龍閣集》三十卷本,周紫芝所稱《譙郡先生集》百卷本,今已不可得見。蓋編刻之時

① 參看《古籍版本鑒定叢談》第七章《雕印本的鑒定》三《書名冠詞》及《目録編》第三章第一節。

② 《從古書的版本鑒定看版本學的形式主義傾向》,載《河北省圖書館學會第一次科學討論會文件》。

地不同,傳録之源流遂異。①

正因爲一種書不同的版本卷數往往有差異,所以人們能够利用卷數來鑒别版本。例如《四庫全書總目》卷四十八將《少微通鑒節要》與《歷代通鑒纂要》混爲一談,並在提要中説:"《纂要》當即《節要》,蓋史偶異文。"其實《歷代通鑒纂要》九十二卷,《少微通鑒節要》五十卷,兩書判然有别。② 通過篇、卷、册數是可以審查一部書的完缺分合、版本差異以及被改易的情况的。③

三　據目録例

後人在翻刻或覆刻前人著作時,其差異往往從目録中反映出來,例如國家圖書館藏宋慶元六年(一二〇〇)華亭縣刻本《陸士龍文集》十卷,爲現存陸雲集子的最早刻本,此後又有明正德十四年(一五一九)陸元大刻《晉二俊文集》本,萬曆十一年(一五八三)南城翁文麓刻《漢魏諸名家集》本等等。薛殿璽云:

> 後世刻本與慶元本多有異處,僅就目録而言,以明刻《漢魏六朝諸家文集》本校之,計有下列不同:慶元本卷第二目録,《征東大將軍京陵王公會射堂皇太子見命作一首》《大將軍宴會被命作一首》《太尉王公以九贈命大將軍將軍讓公將還京邑祖餞贈一首》《大安二年夏四月大將軍出祖三羊二公於城南堂皇被命作一首》,明刻本"一首"皆作"此詩"。《從事中郎張彦明爲中護軍一首》《贈顧驃騎後二首》,明刻本《贈顧驃騎後二首》在前。卷第三,慶元本《贈鄭曼季往返八首》無細目,明刻本在總題之下,列有"鄭答""陸贈"等八目;《贈顧尚書一首》等六首,明刻本均無"一首"二字;《答吴王上將軍顧處微一首》,明刻本無"上將軍"三字;《贈鄱陽府君張仲鷹一首》,明刻本"鷹"作

---

① 《藏園群書題記》續集卷四。

② 見《中國善本書提要》史部編年類《歷代通鑒纂要》。

③ 參看《目録編》第三章第二節。

> “膺”。卷第六“頌、贊、嘲”,明刻本無“贊、嘲”二字。卷第七《九愍》題下,慶元本無細目,明刻本列有“九愍、修身、涉江、悲郢、行吟、紆思、考志、感逝、征”等目。卷第八《書》,明刻本無“書”字。卷第九《國起西園第表啓》,明刻本作《國啓西國第表啓》。卷第十《與張光禄書三首》,明刻本無“三首”;《車茂安書》,明刻本“車”前有“附”字。①

目録中反映出來的諸如此類的差異,對我們鑒别版本是很重要的。

此外,還要注意挖改目録的現象。《説郛》有多種版本,清順治四年(一六四七)陶珽姚安重編刊本流傳較廣。施廷鏞説:

> 陶珽重編刊本,曾見有幾種,卷數未改變,子目則互有差異,各與其總目相校,又都脗合,有以爲這是版本的不同,但版式、行款、字體無毫髮的區别,這是何故?經審各本子目變化之迹,如卷十三原爲《演繁露》《學齋呫嗶》《李氏刊誤》《孔氏雜説》四種,因《演繁露》已闕,則挖移《孔氏雜談》以補之;如卷二十五中第四《因論》、第五《晉問》兩種已缺,則挖移卷二十四末兩種《緯略》《鈎玄》以補之;如卷十八末兩種原爲《墨娥漫録》《三水小牘》,因其已缺則鏟去其目,但餘痕猶存,可以證之。諸如此類,不悉列舉。從這可知各本子目之有差異,是由於每次重印時,版有殘闕,則就原刻總目,挖移子目或剷除之,以掩其失,並非版本的不同,於此可以瞭然。②

另一種情況是書估爲了將殘本充足本故意將目録割去。例如北京大學圖書館藏有兩部《新刻瓊琯白先生集》,皆爲明萬曆二十二年(一五九四)劉雙松安正堂刻本。但是一部爲十四卷,另一部爲八卷。細審八卷本,“係書商按殘存正文挖目作僞,冒充全書”。③ 美國國會圖書館藏有一部明世德堂刻本《冲虚至德真經》,王重民指出:“此本僅存前四卷,因割去

① 《北京圖書館藏善本書叙録(三)》,載《文獻》一九八五年第三期。
② 《中文古籍版本簡談》三《版本的辨别》之三《在卷數和種數方面》。
③ 《古籍版本鑒定叢談》第十章《古籍版本中僞本的鑒定》。

《仲尼》以下篇目，並劉向《叙録》，以圖欺售者。”[1]由此可見仔細檢查目録對我們辨别殘本、足本也是大有幫助的。

四　據人名例

通過對書籍編撰者、校刻者、作序者以及書中出現的其他人所生活時代的考證，也可以鑒定版本。今舉二例：

王重民《中國善本書提要》子部雜家類《括蒼二子》六卷云：

> 卷端有《刻括蒼二子序》云：“二先生之書，今學士大夫多能言之，而合梓以傳者，則羅源令楊君意也。楊君括蒼人，固亦橐奇櫝異者，今且爲令，以高第稱。”謂此合刻爲楊君之意。卷内題：“郡後學文林郎楊瑞校梓。”……考《羅源縣志》，瑞知縣事在萬曆三年（一五七五），則是書蓋刻於閩，時爲萬曆三年與九年（一五七五至一五八一）之間也。《北京圖書館善本書目》題“明正德刻本”，誤。

又杜信孚《明代版刻綜録》附《明代版刻淺談》云：

> 余曾在鎮江市圖書館見有《宋朝道學名臣言行録》一書，書衣上有康有爲的親筆題跋，鑒定此書爲宋本；再看此書總目下第二行有“張鰲山校正重刊”字樣。查張鰲山字仁沕，安福縣人，正德進士，官浙江道御史。從刻者生平，顯而易見此書爲明刻本，而非宋刻本。

五　據地名例

地名隨時代發展而有所沿革，正因爲它具有時代的烙印，所以也可據以鑒定版本。例如今傳世有宋本新編《方輿勝覽》一書，宋祝穆撰，凡七十卷。卷首有嘉熙三年（一二三九）吕午序，一般都根據吕序定爲嘉熙三年

---

① 《中國善本書提要》子部道家類。

刻本,《四庫全書總目》卷六十八即謂"是書前有嘉熙己亥吕午序,蓋成於理宗時"。楊守敬辨之云:

此本標題於浙西之嚴州,改稱建德府;浙東路之温州,改稱瑞安府;廣西路之宜州,改稱慶遠府;夔州路之忠州,改稱咸淳府。按和父(祝穆字)自序,書成於嘉熙己亥(一二三九);而改嚴、温、宜、忠等州爲府,在咸淳元年(一二六五),相去二十六年,其爲後人改編可知。①

《天禄琳琅書目》,亦著有此書七十卷本,云:"有咸淳丁卯(一二六七)祝洙跋。"又云:"洙稱先君子《方輿勝覽》,行於世者三十餘年,版老字漫,遣工新之;重整凡例,分爲七十卷。……元本拾遺,各入本州之下,新增五百餘條。"②顯然此書果如楊守敬所説是重編重刻之本。一般藏書家因爲未見到書後祝洙跋文,又未細審地名沿革,所以誤認爲嘉熙刻本。

因避諱而改地名反映在著作裏,當然也有助於鑒定版本。清錢大昕云:"《寶刻類編》,不著撰人姓名,考其編次,始周秦,訖唐五代,其爲宋人所撰無疑。宋寶慶初避理宗嫌名,改江南西路之筠州爲瑞州。此編載碑刻所在,有云瑞州者,又知其爲宋末人也。"③

六　據年代例

書籍内容中所涉及的年代對我們鑒定版本尤爲有用。魏隱儒曾舉一例:

《家禮集説》,不分卷,題錫山後學馮善編集。半葉八行,行十八字,四周雙邊,上下粗黑口,單魚尾。薄棉紙,四册。此書流傳極少,各家多不著録,若按字體,頗似元末風格,擬定爲元本。經細審内容,文中有"……維宣德幾年某月甲子朔……"等字樣,當爲明宣德刻本。

---

① 《日本訪書志》卷六。
② 《天禄琳琅書目》卷二。
③ 《潛研堂文集》卷二五《寶刻類編序》。

此書藏瀋陽故宫博物館。①

在版本鑒定的過程中，人們都十分注意書籍記事到哪一年止。因爲記事訖止時間一般同書籍編撰出版時間相差不遠。前地名舉例，亦可兼證此點。

七　據官名例

歷代官制不盡相同，官名時有改易，這當然不可避免地要反映在著作中，所以人們往往能通過官制、官名鑒定版本。如清錢大昕記所藏《顔氏家訓》云："淳熙中，高宗尚在德壽宫，故卷中構字，皆注太上御名，而闕其文。前序後有墨長記云：'廉臺田家印。'宋時未有廉訪司，元制乃有之。意者元人取淳熙本印行，間有修改之葉。"②又屈萬里、昌彼得云：

> "中央圖書館"藏有明劉氏慎獨齋刻本《山堂先生群書考索》一書。劉氏刻書，多在正德年間；版式字體，猶略似元本。書賈遂將此本劉氏慎獨齋木記挖去，以充元本。然卷中有"教諭譚璋校正"等題署。而教諭之官，始於明初；據此，即不識板本者，亦必能斷其非元刻也。③

八　據體例例

書籍的編纂體例代有不同，所以人們也能據以鑒定版本。清錢曾《讀書敏求記》於卷一經類所著録《春秋公羊經傳何休解詁》十二卷《釋文》一卷云："此北宋槧本之精絶者，故附釋文於經傳後。若南宋人鏤刻，便散入逐條注下矣。"於卷二時令類宗懔《荆楚歲時廣記》四卷云："杜公瞻注：流

---

① 《古籍版本鑒定叢談》第十章《古籍版本中僞本的鑒定》。

② 《十駕齋養新録》卷一四《顔氏家訓》。

③ 《圖書板本學要略》卷三《鑒別篇》。據《元史》卷八一《選舉志》，元代已設教諭之官。此説可商。

俗本正文與注混淆，此則舊本也。”清錢大昕也注意到了這個問題，指出：

> 唐人撰九經疏，本與注别行，故其分卷亦不與經注同，自宋以後刊本，欲省兩讀，合注與疏爲一書，而疏之卷第遂不可考矣。……嘗見北宋刻《爾雅疏》，亦不載注文，蓋邢叔明奉詔撰疏，猶遵唐人舊式，諒《論語》、《孝經》疏亦當如此，惜乎未之見也。日本人山井鼎云：足利學所藏宋板《禮記注疏》，有三山黄唐跋云：“本司舊刊《易》《書》《周禮》，正經、注、疏，萃見一書，便於披繹。它經獨闕。紹興辛亥，遂取《毛詩》《禮記》疏義，如前三經編彙，精加讎正，乃若《春秋》一經，顧力未暇，姑以貽同志。”所云本司者，不知爲何司，然即是可證北宋時正義未嘗合於經注，即南宋初尚有單行本，不盡合刻矣。紹興初所刻注疏，初未附入陸氏釋文，則今所傳附釋音之注疏，大約光、寧以後刊本耳。今南、北監本，唯《易》釋文不攙入經注内，《公羊》《穀梁》《論語》俱無釋文。①

焦桂英、沙莎於上海古籍出版社二〇〇八年版《平津館鑒藏書籍記》卷首《標點説明》稱：“在判斷元版《奇效良方》時，孫星衍即根據元人書中‘詔’‘敕’‘上’‘命’等字俱提行寫的經驗，斷定該書爲元時所刊。”

九　據史實例

檢查史實與版刻時代是否相符也是鑒定版本的方法之一。謝國楨爲王重民《中國善本書提要》寫的序説：“有三兄（王重民）讀書，做事皆極爲認真，所以他著的提要，對於書籍的内容，主要的篇章，當時社會政治經濟的情況與所交往的人物，所談的都是確鑿有據，言之成理。尤其是有三兄湛深精思，考訂事物版本具有真知灼見。如我藏有一本繆荃孫批校宋朱彧著《萍洲可談》，經他和覺民兄（向達）審閲，認定是一個僞本，但確是宋人所著的另一部筆記。這樣，既糾正了前人之失，又在宋人筆記中多發現

① 《十駕齋養新録》卷三《注疏舊本》。

了一部新的著述，實在是一件發潛彰幽的益事。”下面我們就看看王重民是怎樣將《萍洲可談》鑒定爲僞本的。他説：

卷端有無惑(引者案：朱彧字無惑)自序，首句云：“嘉祐五年(一〇六〇)，餘解紹倅歸。”餘當爲余字之誤。考《宋史》卷三百四十七，無惑父服熙寧間始成進士，則嘉祐五年，服僅二十上下，無惑或尚未出世，焉得有“解紹倅歸”之事？及檢閲全書，如記李易安卒後事，則又覺太晚(自嘉祐五年至易安之卒約近百年)，而最末一條，記寶祐四年(一二五六)事，自著書至記事所止，相距約二百年，爲必無可能之事，遂不得不疑其僞作矣。①

書賈也常采用掩蓋事實的方法來作僞。屈萬里、昌彼得云：

書賈欲將後代編刊之書，以充舊刻，往往將書中所叙後代史事或人名割裂挖改。如“中央圖書館”明初建刊黑口本《歷代道學統宗淵源問對》，前題“後學臨川恕軒黎温編集”。卷二叙孔子襲封之裔，至五十九代孫孔彦縉。而於五十七代孫孔希學，五十八代孫孔鑒兩節，均多所割裂。按彦縉襲封，已逮永樂年間。希學之襲封，殆亦已入明。希學、鑒、彦縉等襲封之年，原書必曾明著；上文於宋元所封各衍聖公，均明著襲封年代，可證。書賈欲充元刻，故將希學等襲封年代挖去。②

十　據科研價值例

學者們往往根據科研價值來鑒定版本，其眼光常高於一般藏書家。如盧文弨《題賈長江詩集後》云：

---

① 《中國善本書提要》子部小説類。
② 《圖書板本學要略》卷三《鑒别篇》。

明海虞馮鈍吟有評本,長洲何義門得之稱善。其字句蓋遠出俗本之上,如云:"十年磨一劍,霜刃未曾試。今日把示君,誰爲不平事。"今本作"誰有不平事"。鈍吟云:"誰爲不平,便須殺却,此方見俠烈之概,若作誰有不平,與人報讎,直賣身奴耳。"一字之異,高下懸殊,舊本之可貴類若是,余得此本,因臨寫之,令後生知讀書之法。①

又鄭振鐸談到他一九五七年六月二日,農曆端午節,驅車到中國書店訪書,"見有嘉靖本《萬首唐人絶句》,大喜欲狂,即以半月糧購之"。並説:"此書常見者爲萬曆趙宧光刊本,然多所改易,與原本面目全非。此嘉靖本是從宋本翻雕者,最爲罕見。近來影印本即借北京圖書館所藏此本付照。予方從事唐詩版刻考證,乃不能不收入之。"②亦從科研角度判斷版本價值之一例。

第九節　題識與藏印

這裏所謂題識,是指藏書家或其他人在一些書籍的卷首卷末或書的前後副葉上所寫的題跋識語,③其内容一般介紹書的版刻時代、内容正誤、收藏源流並獲書經過。因爲這些藏書家及其他題識撰寫者一般都具有豐富的目録版本學知識,他們鑒定的成果歷來爲言版本者所重視。

繆荃孫《蕘圃藏書題識序》云:"其題識於版本之後先,篇第之多寡,音訓之異同,字畫之增損,授受之源流,繙摹之本末,下至行幅之疏密廣狹,裝綴之精粗敝好,莫不心營目識,條分縷析,跋一書而其書之形狀如在目前。"謝國楨序王重民《中國善本書提要》也説:

故友趙萬里先生嘗對我説:顧(廣圻)批、黄(丕烈)校、鮑(廷博)

① 《抱經堂文集》卷一三。

② 《西諦書目》附《西諦題跋》。

③ 這和書商所撰、内容近乎廣告、刻在書的前後的題識不同。後者葉德輝將其歸入牌記,見《書林清話》卷二《翻板有例禁始於宋人》。

鈔的書籍和他們所著的題識之所以可貴，因爲書籍經他們考定版刻的年代，評定真僞和當時獲得此書的情況，則此書的源流全都表現出來，給後人讀書或校刻書籍以不少的便利。

正因爲如此，所以人們都十分珍視名家的題識，周叔弢曾談到他獲得已佚的黄丕烈題跋的欣喜之情：

宋刻《監本纂圖重言重意互注點校毛詩》，士禮居舊藏，原有黄蕘圃手跋，不知何時佚去。江劍霞氏曾見原跋於趙静涵家……今年春正月北平書友王搢青忽郵寄黄氏《毛詩》手跋兩通，蠹痕宛然，正此書所佚者，其徒喬景熹新得之蘇州，當從趙氏散出。合浦珠還，爲之大喜過望，亟命工補綴，裝之首册；雖索值奇昂，亦不遑諧價矣。①

今録黄丕烈題識一則爲例：

唐女道士《魚玄機詩集》，陳氏《書録解題》載其名，其書則未之聞也。癸亥（一八〇三）閏餘之月，五柳主人以書棚本《朱慶餘詩集》易余番錢十圓而去，謂是蘭陵繆氏物，且聞其多宋刻小種，皆善本，惜遲遲散出，大都爲居奇計。余亦利其有，故於其始出也，不惜以重直艷之。既而五柳主人云有《魚玄機集》，亦宋本也。余聞其名，急欲一睹，適五柳主人出弔海寗，遷延不獲見所謂魚玄機者，方悵然若有所失，忽從他處遇之，即此《唐女郎魚玄機詩集》也。書僅十二葉耳，索白銀八金，惜錢之癖與惜書之癖交戰而不能决，稽留者數日矣。至是始許以五番售余，可云快甚。而後乃令《百宋一廛》又添一名書，好事之譏，余竊自哂。此集無别本可對，偶取洪邁《唐人絶句》，韋縠《才調集》本證之，題句亦互異。蓋洪、韋本俱宋刻，而彼有不同於此者，可知宋時亦非一本，烏能執而同之耶？遂用别紙條載其後。是本出項

① 《弢翁藏書題識》，載《文獻》一九八〇年第三輯。

墨林家,尤爲可寶。朱承爵字子儋,據《列朝詩集小傳》,知爲江陰人,世傳有以愛妾换宋刻《漢書》事,其人也好事之尤者。唐女郎何幸而爲其所珍重若斯。沈勁寒不知何人。茶僊一印,更不知其姓與名,俟博訪之。嘉慶八年(一八〇三)三月望春盡日挑燈讀畢書。黄丕烈。

茶僊一印,是義門先生圖章,辛未仲冬獲觀,因附誌於此。①

這則跋文寫得極有情致,讀來頗覺親切,也使人感到藏書家聚書之不易。

再如南京大學館藏《新城縣新志》十册,未著纂修者姓名。其第一册末葉有施廷鏞題識云:

《新城縣新志》,稿本,無纂修人姓名及年份。此稿《詩徵》後,附有全書目録,共十八卷。……現存有職官、選舉、人物、列女、金石、藝文六門,已非完書矣。經與民國廿四年乙亥(一九三五)王樹枏纂之《新城縣志》相校,如金石門《特建紀伽藍功德幢記》末句,初爲"洵有保存價值云",復易爲"若有鬼神呵護者,後之人其善爲保存焉",而王《志》悉如所易之文。……原有《五次修志録》,在此稿《詩徵》後,批有"由此處將五次修志姓名序跋各篇取出"之句,是此段不存之因。王《志》卷首有新城王樹枏序,在序後附有識語謂:"《新城續修縣志》,初爲雄縣劉君崇本所纂輯。去歲書成,衆論紛紜,教育局長宋樂山仁齡持其稿就正於余,堅請重新編纂以成巨製。"據此種情況,可以斷定爲王《志》所據之稿本。王《志》纂於民國廿四年,識語謂劉君崇本纂輯,去歲書成,則此稿當爲民國廿三年(一九三四)劉崇本所纂矣。

這篇識語考出了該志的作者、寫作時間、版本性質,幫助人們認清了它的本來面貌。

名家題識不僅有助於我們鑒定版本,而且也提高了書籍本身的價值。國家圖書館善本組輯《觀堂題跋選録》,序云:

① 《蕘圃藏書題識》卷七。參看圖版三十一。

王國維先生一生對史學、詞曲、文字學、考古學以及古書版本學等,都有很深的造詣。先生去世以後,他的一部分藏書歸於北京圖書館。先生生前,對這部分書曾用過許多本子手自勘校,並從學術體系、版本源流等多方面,對各書做了考證,親手寫成題跋,識於書後,因使這部分圖書的學術價值、資料價值以及版本價值,都顯得格外珍貴。①

王氏題識,本編第四章第六節論校本已録一例,可參看。又如南京大學圖書館藏紅格舊鈔校本《澹生堂書目》,鈔寫的字比較差,但首頁有"觀古堂"鈐印,並有顧千里、鈕樹玉的識語。顧千里識語云:"此吾亡友袁壽階家物也,丙子(一八一六)春見之揚州坊間,慨嘆購歸,因漫記帙首。思適居士。"鈕樹玉識語云:

嘉慶丙子夏自吴門來廣陵,澗蘋(引者案:顧千里號)出示此本云:"於市肆購得,係故友袁綬階家藏書也。"適有别本,屬對一過。别本甚疏略,不若此本之詳備,兹悉録於上,以見此本遠勝也。六月十六日清晨校畢。鈕樹玉識。

觀古堂是葉德輝藏書樓,顧廣圻、鈕樹玉、袁壽階、葉德輝皆爲清代著名學者和版本專家。此本經它們鑒定和收藏過,其價值立顯。

藏書家還有一個傳統,就是喜歡在自己所購書的卷端或卷内鈐上藏書印。② 此事起源甚早,唐王建《宫詞》云:"集賢殿裏圖書滿,點勘頭邊御印同。真迹進來依數字,别收鎖在玉函中。"③從藏書印中,我們可以瞭解到該書曾被哪些藏書家鑒藏過,版本的時間下限當早於藏書家收藏時間,因此人們往往也通過藏書印來鑒定版本。

黄丕烈於所藏《唐求詩集》一卷題識云:

---

① 載《文獻》第九輯。

② 参看圖版十三、二十九。

③ 《全唐詩》卷三〇二。

泰興季振宜滄葦氏珍藏。此宋刻《唐求詩集》與宋刻《茅亭客話》同得於友人顧千里,云是桐鄉金謌嚴家物而散入他人手者也。從前諸藏書家目録不多見,惟延令季氏書目於唐詩八家條下列其名,今卷中有"季振宜字詵兮號滄葦"一印,"季振宜藏書印",又有"泰興季振宜滄葦氏珍藏"墨書一行,其即延令季氏書目中物無疑。卷端有長方印甚古,惜其文莫辨,似三字,僅末"山"字可識。此外如"危氏大樸與之印""陶盧顧湄之印"共四印,皆表表可見者。惟"紫薇館"印不知誰氏。通卷僅八葉,而收藏自元明以來皆知寶貴,宜其珍秘如斯。①

黄氏從藏書印判定該書爲季振宜書目所著録,並爲元明以來歷代藏書家所珍藏,因此該宋本書的價值得到了確認。

正因爲識語與藏書印對鑒定版本十分重要,所以也出現了書估僞造識語與藏書印的現象,藏書家稍不留心就會受騙上當。例如:

《巴西文集》,不分卷,元鄧文原撰。此書不見刻本傳世,各家所藏皆鈔本。上海圖書館藏有清鮑廷博批校本,而其他藏本也多著鮑氏校字,並在卷尾題識云:"前借鈔振綺堂所藏《巴西文集》,頃觀新倉帶經樓本,計八十餘篇,始悉汪氏藏本未稱完善,尚有缺憾。今託友人重借帶經樓本付手民補録,庶後之庋藏家得窺全豹,豈非快事?乾隆四十年(一七七五)乙未夏四月,以文鮑廷博謹識。"並鈐"以文"朱文長方印,正文首鈐"遺稿天留"朱文方印,"知不足齋鈔傳秘册"方印。題識並非鮑氏手迹,而印章皆係僞作。知見藏有此作僞鈔校題識本者,有科學院圖書館、歷史研究所、考古研究所、清華大學、北京師範大學、南開大學、中山大學等十餘處。紙格全同,字亦同出一家鈔工之手,文字略有出入。有的另有金德輿跋,也是僞造。證假爲真,而皆金鑲玉裝,當爲書估所爲。當時曾獲高利。各家都按鮑氏校

① 《蕘圃藏書題識》卷七。

跋著録，采進時似已受騙，鑒定此類題跋校抄本，尤感費力。①

再如陳乃乾所談的一則書林軼事：

光緒末年，杭州文元堂主人楊耀松以六十元從塘棲購得舊書兩大簏。啓簏檢視，但見每册皆蠅頭小字批注滿幅，而無一棉紙書，大爲失望，以爲無利可獲矣。他日試以數册示京估，每册索十元，京估欣然受之。嗣後北京人相繼追踪而來，索購有蠅頭小字之書；傅沅叔亦派專人來杭，所獲較多，兩月之間，銷售一空，獲利兩萬餘金，楊氏以此起家。事後，始有人告耀松曰："爾所售去蠅頭小字書，皆勞季言批校本也。若持至京滬，每册當值百元以上。"耀松大爲悔恨，因僞刻勞氏藏印，苟得刻本稍舊而有批校者皆鈐之，如是數年，鈐僞印者皆得善價。②

陳乃乾還記載："古書流通處亦嘗僞刻抱經樓③等藏印，且雇鈔胥三人，每日以舊棉紙、桃花紙等傳鈔各書，鈐印其上，悉售善價。"④由此可見我們在利用題識與藏印鑒定版本時，也存在着一個辨僞問題。

第十節　著録情況

前人在鑒定版本方面做過大量工作，並運用版本目録的形式總結了他們的鑒定成果。版本目録除著録書名、卷數、册數、作者、版本外，往往還兼記牌記、刻工、諱字、版式、序跋、藏印等。⑤ 像這樣的目録對我們鑒定版本當然具有很高的參考價值，今舉王重民《中國善本書提要》經部易類一目爲例：

---

① 《古籍版本鑒定叢談》第十章《古籍版本中僞本的鑒定》。

②④ 《上海書林夢憶録》，載《中國現代出版史料》甲編。

③ 抱經樓，清鄞縣盧址書樓名。

⑤ 詳見目録編第二章第二節及第七章第五節。

周易玩辭十六卷

八册(《四庫總目》卷三)(北圖)

宋刻本〔十行二十字(二十點三乘十四點九)〕

宋項安世撰。按是書今惟有通志堂刻本,通志堂本翻元大德本,大德本當即從此本出。余持校通志堂本數葉,見其差誤甚多,益知此本之善。卷内有“延古堂李氏珍藏”“讀易樓圖書記”“醒齋真監”“白石山房書畫之印”等印記。

自序〔慶元四年(一一九八)〕

人們在鑒定版本時都十分注意前人目録著録情況,略見本編第一章第二節引孫慶增之説。吴焯曾記朱彝尊竊録錢曾《讀書敏求記》的經過云:

錢遵王(曾)此《記》六百有一種,皆紀宋板元鈔及書之次第完缺,古今不同……書既成,扃置枕中,出入每自携。靈蹤微露,竹垞謀之甚力,終不可見。竹垞既應召,後二年,典試江左,遵王會於白下。竹垞故令客置酒高宴,約遵王與偕。私以黄金、翠裘予侍書小史啓鑰,預置楷書生數十於密室,半宵寫成而仍返之。①

這一傳説不盡可信,但却證明《讀書敏求記》的受到重視,而這又是因爲“遵王此書,述著作之源流,究繕刻之同異,留心搜討不遺餘力,於目録書中洵爲佳著”②,被當時人視爲“好古者之梯航”③。繆荃孫序《四庫簡明目録標注》也説,光緒丙子(一八七六),他見到《四庫簡明目録標注》“大喜捧歸,覓人録副,小小訛脱,見即訂正,並就所見書目,添注眉頭,藏諸篋中,以作枕秘”④。學者們搜集目録並加批注的目的之一是便於鑒定版本。

① 《讀書敏求記》吴焯跋。

② 《讀書敏求記》阮福序。

③ 《讀書敏求記》沈尚傑序。

④ 載《增訂四庫簡明目録標注》卷首。

曾經目録著録是版本鑒定的依據之一。謝國楨《春明讀書記》於國家圖書館藏南宋大字本《詩集傳》二十卷云：

按是書爲南宋刻大字本，每半頁七行，行十五字，注同。白口，上有大小字數，下有刻工姓名，白麻紙印，紙白版新，大字悦目，爲海寧吴騫舊藏，後有吴兔床拜經樓識。陳振孫《直齋書録解題》及《宋志》俱作《詩集傳》二十卷，《詩序辨説》一卷。此書自元延祐定科舉法，用以取士，遂有元延祐重刻本，流傳至廣，坊間翻刻本始多，併二十卷爲八卷，並删去《詩序辨説》不載，已失其原書面貌，此爲宋刊，極爲可珍。①

按語除提到該書在書口、紙張等方面具有宋版特徵外，還特别從收藏和著録情況確定它爲極可珍貴的宋刊本。

書估作僞往往也能利用目録識别出來。苦竹齋主《書林談屑·吴門訪書》有云：

文學山房在護龍街，從外表觀之，尚能保持舊書店之本來面目，惟營業亦極清淡。聞近日售書與無錫江南大學，稍獲濟窘之資。主人江姓，沉默寡言，應對謙謹，惟店夥喜僞作舊刻，私造古今藏書家名章，薰染紙色，改頭换面，矇混顧客。凡與往還者，咸懷戒懼之心。……余訪該肆，主人出示目録一本，首列宋板《諸儒校正唐書詳節》六十卷，黑口，黄紙，每半頁十四行，行二十四字，欄綫上有每事標題，又帝紀、列傳俱記其名位於欄綫之左，宋諱缺筆，有海源閣楊氏藏書印，余試細審其紙質與書法，即疑非宋刻，及查海源閣楊氏書目，果無此書，藏書印記顯屬僞造。從各家目録考之，可斷其爲元刻《十七史詳節》本也。②

---

① 載《文獻》第一輯。
② 載《中國現代出版史料》丁編。

從目録的著録情況還可以看出書籍流傳的多寡，從而判定書的價值。周叔弢於所藏《牧萊脞語》二十卷、《二藁》八卷題識云：

臨清徐梧生祭酒，以藏書之富聞於世，平居矜惜，不輕示人，其書之存定興者，歿逾十年，丁卯秋悉爲書估李文傑所得，凡數千種，乃皆尋常習見之書，惟《牧萊脞語》二十卷、《二藁》八卷，影元精鈔，諸家書目多未著録，只見《四庫全書存目》（知不足齋藏書），及曹氏《静惕堂書目》（作陳仁子《叢脞語》，蓋誤）而已。余遂以重值收之。沅叔三丈聞此書歸余，亟假傳録，亦可見其難得而可貴矣。①

特别是那些有解題的善本目録對鑒定版本的價值尤大。黄丕烈在一則題識中談到他曾受到錢曾《讀書敏求記》的啓發：

孟子注疏解經十四卷　舊鈔本

是書於辛亥（一七九一）歲，從學餘書肆中得來，始余於肆中見是書，携歸繙閲，見有殘缺，心不甚喜，因還之。復偶檢錢曾《讀書敏求記》，其所載《孟子注疏》十四卷，"是叢書堂録本。簡端五行爲匏翁手筆。古人於注疏皆命侍史繕寫，好書之勤若是，間以建本、監本校對踳謬脱落，乃知匏翁鈔此爲不徒也"云云。方悟所見之本爲也是翁家故物，亟往索之，云已携至玉峰書籍街去矣。迨至書船返棹而是書依然在焉，甚喜。携之歸，其爲叢書堂録本無疑。至卷中鈔寫不全，想係照宋刻録出之故，容俟暇日取他本校對以徵此本之善。噫，遵王所藏，曾幾何時而已入書賈之手，豈不可惜！然猶幸余之因《敏求記》中語而知是書而寶之，不亦快哉。壬子（一七九二）九月四日，命工重裝，書此數語於後。黄丕烈。②

---

① 載《文獻》一九八〇年第四輯《弢翁藏書題識》。

② 《蕘圃藏書題識》卷一。

需要注意的是目録著録也有不盡可據的，這是因爲有的版本鑒定有誤，有的則由於某些藏書家爲了提高自己藏書的聲價而故意將明清刻本著録爲宋元刻本。葉德輝云：

《天禄琳琅後編》所載宋版書，不如《前編》之可據。如卷四之《史記集解索隱正義》一百三十卷，目録後印校對宣德郎秘書省正字張耒八分書條記，因定爲元祐時槧。此書不見於各家書目，宋時官刻書又無此體式。其用八分而不用真書，正以掩其詐耳。①

魏隱儒、王金雨也説：

《選編省監新奇萬寶詩山》三十八卷，明葉景逵編，明宣德四年（一四二九）葉氏廣勤堂刻。陸心源皕宋樓舊藏。書商將前序"宣德四年"四字挖去，而保留末題"著雍作噩重九日"的莆陽佘性初序。按干支推算，著雍在戊，作噩在酉，戊酉不相值，著雍和屠維字形相近。屠維作噩爲己酉，即宣德四年（一四二九）。僅僅憑序斷年，不去考慮字體、紙張等其他條件，往往發生問題。錢謙益《絳雲樓書目》、季振宜《秘本書目》、郁松年《宜稼堂目》、潘祖蔭《滂喜齋藏書記》、莫友芝《宋元本經眼録》、陸心源《皕宋樓藏書志》等都著録爲宋本。於是以訛傳訛，貽誤後人。②

藏書家爲了提高自己藏書的聲望，在著録時故意升高版本時代的代表人物要算陸心源。葉德輝云：

藏書固貴宋元本以資校勘，而亦何必虚僞。如近人陸心源之以皕宋名樓，自誇有宋本書二百也。然析《百川學海》之各種，强以單本

---

① 《書林清話》卷十《天禄琳琅宋元刻本之僞》。
② 《古籍版本鑒定叢談》第十章《古籍版本中僞本的鑒定》。

> 名之,取材亦似太易。況其中有明仿宋本,有明初刻似宋本,有誤元刻爲遼金本,有宋版明南監印本,存真去僞,合計不過十之二三,自欺欺人,毋乃不可。①

由此可見,我們在鑒定版本時需要查考目録,但又不應迷信目録。

書籍的各種情況當然主要是由目録來著録,其版本情況則主要由版本目録來著録,但除此之外,它如題跋、日記、書信、札記、詩文集及詩話中也每有涉及書籍版本的。它們可以作爲版本目録的補充,鑒定版本時也應廣泛搜采,加以利用。②

第十一節　别本比勘

在鑒定版本的過程中,用别一相同或相關的本子比勘是最可靠、最有説服力的方法。杜信孚在《明代版刻綜録·自序》中云:

> 清丁丙《善本書室藏書志》《盋山書影》,其中將《四書輯釋通義大成》定爲元刻本;余見《中庸》序後有挖改痕迹,經反復研究,定爲明正德(案:當作"正統")庚申年熊氏進德堂刊本。嗣後覓得同書比對,争議始息。甚矣,版本鑒定之難也。

比勘之法,用途甚廣,大體説來,有下列各點:一是可知某本源流。如錢曾云:

> 韓諤歲華紀麗七卷
>
> 此是舊鈔,卷中闕字數行,又失去末葉,無從補入。後見章丘李中麓藏宋刻本,脱落正同,知是此本之祖。蓋因歲久,墨敝紙渝,字迹

① 《書林清話》卷十《近人藏書侈宋刻之陋》。

② 參看本編第七章第四節、第五節。

不可捫揣，故鈔本仍之耳。①

又王重民《中國善本書提要》史部編年類於《新刊憲臺考正宋元通鑒全編》二十一卷云：

原題："巡撫四川都察院右副都御史宛陵徐元太，巡撫四川監察御史天雄赫瀛、豫章陳瑠同校。"題銜版式，均與曹樓校刻《少微通鑒》相同，知爲同時所刻者。余曾取《少微通鑒》舊本校之，文字與評語不盡相同，然疑大致本於正德間司禮監校刻本。今於《宋元通鑒》，余既得北京圖書館藏景泰間所刻劉剡原本，又有美國國會圖書館藏司禮監原本，並置案上，而始真知司禮監百分之九十九用劉剡原本，而此本注語評語，增於司禮監本者甚多，史文則幾無增損也。

二是可知某本之優劣。錢曾《讀書敏求記》卷四於《笠澤叢書》二卷《補遺》一卷云：

《叢書》爲陸魯望卧病松陵時雜著。元符庚辰（一一〇〇）樊開序而鏤諸板。政和改元，毗陵朱衮又爲後序刊行，止分上下二卷，補遺一卷。今人所抄元時刻本，已釐爲甲、乙、丙、丁四卷，詮次紛亂，兼少《憶白菊》《閑吟》二絶句，非經讎勘，無復知此本之善矣。

又傅增湘《藏園群書經眼録》卷一於明嘉靖十八年（一五三九）薛來芙蓉泉書屋刊本《韓詩外傳》十卷的按語云：

此書通津草堂所刻最稱善本，刊手亦最精。然余曾臨黄蕘圃校元本，則通津本誤字最多，而此本乃往往與元本合。乃知古書非比勘不知其優劣，未可據耳食爲定論也。

---

① 《讀書敏求記》卷二。

三是可知某本之真僞。施廷鏞云：

有書估以《振雅雲編》來售，驟見之，是一部從未見著録的叢書，亟欲收之，即以全書與其卷端總目相對，種數悉合，但總目與書内字體差别很大，而版心上魚尾下"振雅雲編"四字，顯然是用木戳加蓋，墨色濃淡也不一，疑非真本。按它總目所列各書，均見於《百川學海》，而字體又似明弘治十四年(一五〇一)無錫華珵仿宋刻本，經檢書相對，乃知係華刻《百川學海》的殘本。若不細加審察，則受其欺騙了。①

又秦更年於《楚辭章句》題識云：

《楚辭章句》十七卷，明隆慶辛未豫章夫容館重刻宋本，最爲精善，而傳世甚稀。往日在湘中見一本，爲葉郎園從子定侯購去。余後十年客居上海，始求得之，亦可謂難矣。……葉氏所得本，頃定侯來申，携在行篋，因從借歸，對讀一過。彼本首有王弇州(世貞)序，無書刻人姓名，宋諱皆缺筆，驟觀之，似若迥異，及驗其字之點畫，與夫邊欄格綫、自首徹尾無一不合，但印本彼略在後耳。然後知此書初印本，無序，有刻書人姓名，宋諱不缺筆，迨後增入王序，鏟去刻書人姓名，又將宋諱字末筆鏟去。惟沅、元等字亦缺筆，非以偏旁嫌也。似"沅""元"字無所用其闕避，殆鏟削之誤歟？要之，兩本實係一版，非有二刻也。森立之兩本並載，而不知爲一版，當係先後寓目，非若余之同几對勘，此版本之所以貴驗目也。②

有些人將他人著作改頭换面，攫爲己有，這也是一種作僞，經過比勘同樣能發現。王重民《中國善本書提要》史部傳記類於《聖門志》六卷云：

---

① 《中文古籍版本簡談》四《版本的鑒别》之六《辨僞》。

② 《古籍版本鑒定叢談》第十章《古籍版本中僞本的鑒定》。

原題:"海鹽吕元善纂輯,上海杜士全、江寧顧起鳳參考,兄吕元美、侄吕濬編次,男吕兆祥、孫吕逢時訂閲。"卷一附啓、禎間請崇祀吕元善名宦鄉賢等案牘,及孔胤植撰《吕公墓誌銘》、孔貞叢撰《墓表》、賀萬祚撰《行狀》、岳元聲撰《吕兩公傳》等。按是書蓋纂成於天啓間,刻入《鹽邑志林》。原刻六卷,後印本删改爲五卷。此本亦就《志林》本删改而成,然其刷印時間尚在五卷本之前。此本所改换者,僅每卷卷端一兩葉,字體瘦小,行款亦與《志林》本異,而未改换葉,則字體行款莫不相同。《志林》本刻成於天啓四年(一六二四),其改换版片似在崇禎三年(一六三〇)以後,故此本竄入天啓四年至崇禎三年事迹。蓋刻《志林》之樊維城氏,自謝縣職以後,書版仍留縣署,吕氏爲海鹽望族,兆祥因得改换題銜,另印單本,謂爲家刻矣。

四是能發現目録著録版本的錯誤。魏隱儒、王金雨云:在古籍版本鑒定工作中,除常遇到的由於舊時坊肆書估牟利做些手脚的僞本而外,還會遇到由於歷史上藏家的疏忽或見聞所限而著録致誤,以致相沿很久未能糾謬。建國以後,不少個人藏書歸藏國家,因而有條件對照勘查,從而發現歷來著録錯誤之處。[①] 瞿冕良也説:

行款歧異,不見原本,固不能武斷其爲誰是也。應雲鸑刻王安石《臨川王先生荆公文集》一百卷,《邵目標注》(引者案:指邵懿辰《四庫簡明目録標注》)稱十一行二十一字,然《明代版本圖録初編》書影乃十二行二十字,吾於是知邵目之誤。尹家書籍鋪刻徐度《却掃編》,《藝風藏書續記》卷二注十行十八字,然《古書叢刊》影印本乃九行十八字,吾於是知繆氏之誤。但黄省曾刻陶宏景《貞白先生陶隱居文集》二卷,《邵目標注》稱八行十六字,《杭州大學善本書目》稱九行二十字……非目擊原書或其書影,此疑終不能釋然於懷也。[②]

---

① 參看《古籍版本鑒定叢談》第十章《古籍版本中僞本的鑒定》。

② 《版刻質疑·行款》。

五是通過比勘還能發現相似版本的細微差别,從而有助於鑒定工作。如《紅樓夢》一百二十回,有乾隆五十六年出的程甲本和乾隆五十七年出的程乙本。"乙本後印,傳世較多,售價較低;甲本傳世日稀,售價較昂。書肆好利者,嘗將乙本《引言》抽掉,冒充甲本出售,以索高價,牟取厚利。甲、乙兩本雖然多處不同,檢查起來亦感吃力。經驗中認爲區别處最容易而確切的根據是:第一回的回字,程甲本作'囬',程乙本作'回'。又如目次第七回程甲本作'寧國府寶玉會秦鍾';程乙本作'宴寧府寶玉會秦鍾'。正文第十四回,程甲本作'林如海捐館揚州城';程乙本作'林如海重返蘇州郡'。以此參照,辨明甲、乙則不難矣。"①

正因爲比勘是鑒定版本最科學的方法,所以我們在鑒定版本時應儘可能找相同版本,或影印本、書影以及其他有關版本來進行比勘。

第十二節　綜合考辨

爲什麽要綜合運用各種方法來鑒定版本呢?

首先,古籍浩如烟海,經過了漫長的累積和發展過程,存在着各種各樣的複雜情况,又從無統一的記録版本的制度和規定,這在客觀上給鑒定版本造成了困難。

其次是書估作僞,人爲地給鑒定版本增加了許多麻煩。他們常用的伎倆有改牌記、抽序跋、换年號、挖目録、易書名、重裝訂、染紙使呈舊色、僞造名家題識、剔除筆劃以僞造諱字、在書口扣填年號等。連一些經驗豐富的藏書家都難免上當。"如葉德輝刻覆宋本《南嶽總勝集》,賈人染色改裝,以繆荃孫這樣的大賞鑒家,也竟誤識爲真宋版,一時傳爲笑柄。"②所以我們鑒定版本不能不時刻注意,多方研究。

再次是我們介紹過的鑒定版本的方法,任何一種都有局限。就拿利用牌記鑒定版本來説,坊刻本、家刻本多有牌記,而官刻本一般没有牌記;

① 《古籍版本鑒定叢談》第十章《古籍版本中僞本的鑒定》。

② 王欣夫《古文獻學要略》第三章《版本》十《鑒别版本的方法》。

翻刻本照樣覆刻原有牌記，書估作僞往往挖改牌記。

鑒於以上情况，我們只有綜合運用各種鑒定版本的方法，才能做出正確的判斷。不少人根據自己的實際經驗談到過這一點，如毛春翔説：

> 鑒別宋刻，我始終認爲要每一特點都要注意到，一點對了，再看另一點；另一點對了，更看其他各點；各點都對頭，再參考名家書跋，才能作出最後决定。例如字體刀法對了，看紙色；如果竹紙印的，其簾紋是否有兩指寬；如爲羅紋紙印的更好；若爲皮紙印的，看紙是否厚實；若是紙背印的，那就最爲可靠了；又據明陳繼儒《太平清話》説："宋紙於明處望之，無簾痕。"是辨宋紙之一法。墨色是否香淡，一聞便悉；墨如點漆的，總是極少遇到的。字體、刀法、紙張、墨色都對了，再看版式行款；又都對了，再看前後序跋，及有無牌記，或校勘銜名，有無前人藏書印記等等。這樣一步一步的審閲之後，再參考前人書目題跋，乃下斷語，大概不會錯了。日本人僞作的延喜十三年（九一三）本《文選》，唐天祐二年（九〇五）本《歸去來辭》，紙用寫經故紙，字樣集寫經舊字，活字排印，做得很巧妙，我國傅雲龍、黎庶昌都被他騙過（《古文舊書考》）。我以爲即據活字排印一點，亦可判知其僞，因活字發明在宋仁宗時，唐人尚未知活字印書法。傅雲龍一見寫經紙、經生體字，便驚喜欲狂，宜乎被騙。單憑一點或幾點審別舊刻，鮮有不被騙的。①

下面就前人綜合考辨之法略舉二例。黄丕烈於《玄珠密語》十七卷題識云：

> 乙亥（一八一五）秋余養疴杜門，時郡中有託余轉購古書者，故書友之蹤迹日盈我門矣。託購者惟是宋元舊刻，一切舊鈔、名校，故余亦得藉是收得一二焉。七月小盡日，有書友告余曰：某收有舊鈔《玄

---

① 《古書版本常談·如何鑒別版本》。

珠密語》曾送閲乎？余曰："未也。"遂爲余言其詳，余即往購之。明晨，物主果以此書來，索番餅八枚，並爲余言某坊曾還直若干。又曾以新鈔本參閲，知彼爲十卷，而此爲十七卷。其書較全，又末缺失處僅少一葉零。書估之博識如是，而於此書之何本、鈔手之何時、藏弆之何人，皆未有以知之，但知其舊鈔而已矣，舊鈔之必争高價而已矣。及一入余手，而本則定其爲《道藏》也，驗諸卷一、卷二同卷而已矣。時則定其爲成弘也，驗諸欄格之闊黑口而已矣。人則定其爲名家也，驗諸書中之藏書圖記而已矣。及出《讀書敏求記》證之，知十七卷爲全。又驗諸《道藏》本目録，知卷一至十七共十三卷，蓋一、二同卷，五、六同卷，十一、十二同卷，十四、十五同卷，故又云十三卷。惟是坊間新鈔改爲十卷不知其由，文義亦微不同，故用他紙録此缺失者，本書仍以空格存其舊云。至於每篇敘次，此五行類《應紀篇》已下三篇，《道藏》目録在《地合運勝紀篇》後，似又歧異矣。①

黄丕烈爲了鑒定此書，采用了審内容、驗書口、辨圖記、查目録以及同别本比勘等多種方法，故能確定其版本。

又傅增湘《宋刊巾箱本八經書後》云：

宋巾箱本諸經正文，今存者，經凡《周易》二十二葉、《尚書》二十八葉、《毛詩》四十葉、《禮記》九十三葉、《周禮》五十五葉、《孝經》三葉、《論語》一十六葉、《孟子》三十四葉，蓋九經三傳之廑存者耳。每半葉二十行，每行二十七字，細黑口，左右雙闌，板心下方記刊工姓名，一、二、三字不等。補板則標明係刊换某板字。宋諱貞、恒、桓、慎、惇皆缺末筆，廓字不缺，寧宗以前刻板也。世傳宋巾箱本諸經正文，各家目録多載之，其行格正與此同，所謂"行密如檣、字細如髮"者。然簡端加闌上注字者，與此本異，且筆劃板滯，以視此本精麗方峭，真如婢學夫人矣。昔人指爲明靖江王府翻刻，殆非無見也。

① 《蕘圃藏書題識》卷四。

憶十年前述古於賈得此書於山左舊家，余偶得瞥見，詫其板式有異，即知爲延令書目冠首之帙。嗣爲寒雲（袁克文）公子所收，闢八經室以儲之。於時董君綬金、張君庾樓、徐君森玉特爲欣賞，展轉假得，留此影本，緘之篋中，匆匆數年，世事遷移，風飛雨散，原書流失，渺不可追。爰屬陶君蘭泉覆板行世，而諉余記其顛末，得已見書，如逢故人，益不勝中郎虎賁之感矣。

考景定《建康志·書籍門》，載五經正文有四：曰監本、曰建本、曰蜀本、曰婺本。歸安陸氏剛甫得世行小帙，即斷爲婺州刊本，謂與婺本重意《尚書》《周禮》相似。今此本結體方峭，筆鋒犀鋭，是閩工本色，决爲建本無疑。明靖江本即據以覆本，而加上闌焉，故行格尺寸同，避諱之字亦無不同。至秦氏刻《九經》，則改爲半葉十八行，而面目迥異矣。此巾箱本諸經正文相傳遞嬗之大略，願與海内識者共證之。丙寅十月，鳳阿丙舍書。①

在這則題記中，傅增湘通過計葉數、驗版式、檢諱字、徵目録、校版本、審字體、述源流等手段，將這部書的版本特徵描述得清清楚楚。余嘉錫云：

藏園先生之於書，如貪夫之籠百貨，奇珍異寶，竹頭木屑，細大不捐，手權輕重，目辨真贋，人不能爲毫髮欺。蓋其見之者博，故察之也詳。吾嘗聞其談板本異同，如數家珍。有以書來者，望而知爲何時何地所刻，幾於暗中摸索，能别媸妍者。②

讀了《藏園群書題記》，我們也有同感。

因爲書估作僞時總要利用那些與宋、元刻本相似的書，所以在辨别僞本時綜合運用各種方法尤爲必要。下面我們就舉一個辨别以明初刻本僞作元刻本的例子。魏隱儒、王金雨云：

① 《藏園群書題記》卷一。
② 《藏園群書題記續集》序。

《增修附注資治通鑒節要續編》十卷,題"宋禮部員外郎兼國史院編修官臣李燾編,書林增入音釋批點校正重刊,大德甲寅朱氏尊德堂印行"銜名三行。前有元大德序,半葉十四行,行二十一字。字體、紙張略似元末風氣。在著録時若憑序斷年而不細審其他,則著爲元大德刻本。經查年表,大德並無甲寅干支紀年,從字體紙張看,又絶非大德刻本,可以肯定,確像明初刻本。再查宣德,確有甲寅干支,爲宣德九年(一四三四),繼而一再仔細審閱,發現銜名大德的"大"字是"宣"字所挖改,改後上鈐一閑文印章以資掩飾,僞裝巧妙,稍一疏忽即被瞞過。鑒定這樣本子是頗吃力的,此本現藏武漢大學圖書館。①

由於書籍不可避免地在許多方面表現出自己的時代、地區,乃至出版單位的特徵,所以綜合運用各種方法科學地鑒定版本,不僅是必要的,而且也是可能做到的。當然,要真正做到這一點,必須付出辛勤的勞動。

① 《古籍版本鑒定叢談》第十章《古籍版本中僞本的鑒定》。

第六章　非雕印本的區分與鑒定

古書可大分爲雕印本與非雕印本兩類。非雕印本又可分爲寫本與印本兩種。寫本包括稿本與鈔本，印本包括各種活字本與影印本。本章着重介紹非雕印本特有的一些鑒定方法，雕印本的鑒定方法可通於非雕印本者則從略。

第一節　稿　本

書的原稿稱稿本。作者親筆寫的稿本稱手稿本，稿本經他人代爲繕清，又經著者校定，基本上不再更定的稱爲清稿本。有的文獻使用這些概念時，含義略有差異。如《中國古籍善本書目徵求意見説明》云："本目中著録'手稿本'，係作者親筆手寫，如原書係他人代鈔，而經作者親筆校改、删補者，著録爲'稿本'，其無作者筆迹者，著録爲'鈔本'。"

稿本的可貴之處在於它是書中文字的原始形態，是校勘工作最可靠的依據。清吴振棫云："嘉靖間，錫山吕氏所藏朱子《論語·先進》一篇《注》稿真迹，凡二十五章，裝成四十二幅，筆勢迅疾，而遒勁如屈鐵。其塗竄處，與今本不同。"① 可見通行本往往與稿本有差異。爲了理解著作的原始思想和面貌，我們在校勘時當然應當儘可能地依據稿本。吴則虞舉例説：

① 《養古齋叢録》卷七。

章太炎著《葑漢微言》(《章氏叢書》中有)稿本的發現,作用就很大。章太炎是反對袁世凱的,這本書是他被袁世凱關在錢糧胡同時寫的。有許多寫袁世凱的話,(刻本)都已删改,鬥争劇烈的語句也都被改頭换面。稿本可幫助我們瞭解當時他的真實思想。①

所以從事校勘工作最理想的是能發現原稿。

從稿本中我們還可以看到作品修改的情況,從而能够瞭解作品思想性、藝術性提高的過程。例如魯迅《爲了忘却的記念》中有兩句詩,手稿原作"眼看朋輩成新鬼,怒向刀邊覓小詩"。後來將"眼"改爲"忍";"邊"改爲"叢"。這兩字之改更加生動地説明了當時白色恐怖的嚴重性,從而深刻地表現了作者的愛憎。再如宋洪邁介紹過的王安石改詩的故事:"吴中士人家藏其草,初云'又到江南岸',圈去'到'字,注曰'不好',改爲'過',後又圈去而改爲'入',旋改爲'滿',凡如此十許字,始定爲'緑'。"②從王安石手稿中,人們發現他經過反復推敲,終於找到了一個既能起動詞作用,又能收到形容詞效果的"緑"字,它給千里江南帶來了盎然春意。

以上是稿本對刻本所具有的校勘價值。至於未經刊刻的稿本,如果出自名家,或具有一定的學術水平,則價值尤高。例如清代著名學者焦循的未刊稿《毛詩草木鳥獸蟲魚釋》就是作者近二十年的研究結晶。其自序云:

辛丑(一七八一)、壬寅(一七八二)開始讀《爾雅》,又見陸佃、羅願之書,心不滿之,思有所著述以補兩家之不足,創稿就而復易者三。丁未(一七八七)館於壽氏之鶴立堂,復改訂之,至辛亥(一七九一)改訂訖爲三十卷。壬子(一七九二)至乙卯(一七九五)又改一次,未愜意也。戊午(一七九八)春更芟棄繁冗,合爲十一卷,以考證陸璣疏一卷附於末,凡十二卷,蓋自辛丑至己未(一七九九)共十有九年,稿易

① 《古舊圖書業務知識·古典哲學書籍的收購和發行工作》。

② 《容齋續筆》卷八《詩詞改字》。

六次。①

這樣的稿本無疑是十分有用的。再如南京大學圖書館藏清徐衡撰《東海公年譜》稿本〔圖版四十四〕，對研究清代著名人物徐乾學當然是難得的資料。

有些名家的稿本往往采用統一的自印稿紙，例如南京大學圖書館藏清錢國祥撰《式古堂詞譜證異》五卷，稿本五册，其稿紙爲十行緑格，白口，四周單邊，版心有"式古堂稿"四字；又藏清時銘撰《掃落葉齋詩稿》一卷，稿本一册，其稿紙爲十一行墨格，白口，四周單邊，墨格下有"掃落葉齋詩稿"六字。這爲我們鑒定稿本提供了依據。武西山曾據汪辟疆先生稿紙等特徵購得先生手稿《方湖日記》一册，其跋云：

此册日記，無作者姓名，亦無圖章，係一九六六年十月二十四日以一角錢之代價購於莫愁路文雅書店。文雅主人俞弼臣君告我：此册日記係以廢紙之價購於挑高籮者。此册筆迹頗類《唐人小説》編者汪辟疆先生，又以日記多記與黄季剛師交往，詩酒酬倡之樂。再者，汪先生别號方湖，此日記魚尾處印有"方湖日記"數字，故審之爲汪辟疆先生所記。②

稿本多有署名，無署名者則更有賴於序跋。不少稿本往往有作者自己或其他人寫的序跋。例如南京大學圖書館藏清錢國祥《乙仲氏詩集》稿本三册，即有清葉廷琯、潘鍾瑞、汪芑、劉禧延跋；清張祖同《湘雨樓詩抄》稿本三册，即有王先謙題詩、陳三立跋；清施浴升撰《金鐘山房詩存》稿本二册，書前有光緒壬午(一八八二)楊峴、汪芑、潘鍾瑞跋。人們正是根據這些序跋進一步確認稿本的主名的。有的稿本還鈐有印記足資鑒定，毛春翔云：

① 見沈津《鈔本及其價值與鑒定》，載《四川圖書館學報》一九八二年第三期。
② 載《文教資料簡報》一九八一年第十二期。

> 清稿本必須以印記爲憑，印記或用姓名，或用别號，或用齋名，其例不一。一九六〇年，浙館收到一部殘本鈔本書。收購時，憑卷端"律詩"二字作爲書名；不知律詩二字，僅僅是書中詩的分體的標題，而不是書名。此書的書名是《陶庵集》，全書有二十二卷，浙館只購得殘本一册。著者爲明末極有名的抗清殉國的英雄黄淳耀，而書中題名爲黄金耀，是年輕時的名字，後更名淳耀。淳耀，知道的人多，金耀，知道的就不多了。他號陶庵，書中有陶庵二字陰文印記，故審定爲清稿本。
>
> 又如明岳凌霄著的《緑蘿堂詩草》二册，書中無著者姓名，只鈐有印記二方：一"廣霞"二字，一"凌霄私印"四字。因著者曾官寧國，查《寧國府志·職官表》有岳凌霄其人，因此著者姓名乃得肯定；又和書中印記對勘，知道是書爲清稿本，紙墨極舊，古香古色，至爲可愛。①

此外，還可以通過驗字迹的方式來鑒定稿本。稿本一般都有塗改的痕迹，如上海圖書館藏清顧千里撰《釋梧溪集訂訛》稿本，行間圈改處甚多；清孫星衍校集《漢官儀》稿本，眉上有批語，行間也有修改的符號。鈔本與稿本的差别，往往也會從字迹上反映出來。施廷鏞云：

> 曾有以明秀水馮夢禎《快雪堂日記》來售，説是馮氏手稿本。察其紙張，是用茶水漬染；審其内容，文義間有不暢者。因無别本據以校之，未能即斷其非手稿本，但其中訛誤之字，如"相待于錢塘門"之"于"字，寫爲"千"字；"偶日爲雌"之"爲"字，末無四點；"能呼茶留客"之"茶"字，寫爲"荼"字；"宋板文選"之"板"字，寫爲"扳"字；"桃花片"之"桃"字，寫爲"挑"字；又如"禪"字，寫成"襌"字……諸如此類，比比皆是。果係馮氏手迹，豈有如此訛誤之理，顯然是不大識字，不通文義的鈔手轉録，並非馮氏手稿，以之作爲轉鈔本，亦非佳者。類此情

① 《古書版本常談·如何鑒别版本》。

況，若不詳加審察，則受其愚。①

從上面的例子中也可看出，人們在實際鑒别稿本的過程中，常常兼及内容並綜合運用各種方法。

第二節　鈔　本

除稿本外，凡手寫的書統稱鈔本。

鈔本可以根據鈔寫時代區分爲唐寫本、宋鈔本、元鈔本、明鈔本、清鈔本〔圖版四十五〕。民國以後的鈔本習慣上稱爲新鈔本。那些年代難以確定的古代鈔本則籠統地稱爲舊鈔本。

將紙蒙在刻本上，照式摹寫，不差分毫，這樣的鈔本稱爲影鈔本。以宋刻本爲底本的影鈔本則稱爲影宋鈔本，以元刻本爲底本的影鈔本則稱爲影元鈔本。

明、清宫廷所鈔的書稱内府鈔本。明清私家鈔的書，可以姓氏爲稱，如毛晉汲古閣鈔的書可稱爲毛鈔本或簡稱毛鈔。

凡鈔本之書法工整而精緻的稱爲精鈔本。

在雕版印刷術發明以前，古書基本上是鈔本。我們介紹過的簡書、帛書就是鈔本的最初形式。例如在山東臨沂西漢墓發現的簡書《孫子兵法》《孫臏兵法》和在長沙馬王堆三號漢墓發現的帛書《老子》就是這種鈔本的現存實物。②

現存紙鈔本既早又有突出價值的是晉代人手鈔的《三國志》殘卷。晉以後，特别是隋、唐時期，我國的古書可以説是紙鈔本一統天下。從晉末至宋初紙鈔本的盛況，我們從現存三萬卷左右的敦煌卷子中可見一般。

宋以來雕印本盛行，但藏書家仍以鈔本彌補不足。如南宋著名目録學家陳振孫即藏有大量鈔本，宋周密云："近年惟直齋陳氏書最多，蓋嘗仕

---

① 《中文古籍版本簡談》二《版本的種别》之七《稿本》。

② 參看圖版八、十。

於莆,傳録夾漈鄭氏、方氏、林氏、吴氏舊書至五萬一千一百八十餘卷。”[1]元人也喜鈔書,但正如施廷鏞所説:

> 宋元鈔本見於藏書家目録者寥寥無幾。《蕘圃藏書題識》有宋鈔《楊太后宫詞》,《錢竹汀日記鈔》有《司馬温公集注楊子太玄》,《曝書雜記》有《天文會元占》,故宫博物院藏有宋許道瑄書《大方廣圓覺修多羅了義經集注》。元人鈔本,《蕘圃藏書題識》著録有《書經補遺》《圖書見聞録》《策選》《刑統賦疏》《翰林珠玉》,故宫博物院藏有元趙孟頫書《心經》,並附仇英補像。[2]

明鈔本最重要的是《永樂大典》,全書正文二萬二千八百七十七卷,凡例、目録六十卷,裝成一萬一千零九十五册。參與其事的有兩千多人。此書當時僅鈔一部,嘉靖、隆慶間又録副一部。正本早已無存,何時散失,不詳。副本在乾隆間僅存九千六百七十七册,後又陸續散失不少。至光緒二十六年(一九〇〇)八國聯軍侵入北京時,大部分遭焚毁,剩下的多被帝國主義者劫走。後經國家圖書館歷年搜集,再加各方面贈送的共有二百十五册,此外還從國外圖書館和私人徵集到一部分複製本和照片,共得七百三十卷,於一九五九年由中華書局影印出版。

明代私家鈔書特别受到人們重視的是毛氏汲古閣。近人王文進《明毛氏寫本書目》著録了毛晉、毛扆父子兩代鈔書二百四十種,當時有人贈毛晉詩云“入門僮僕盡鈔書”[3],信非虚語。在毛鈔中,最受人們稱贊的還是影宋鈔本。《天禄琳琅書目》特辟影宋鈔本一類,並稱:“毛晉藏宋本最多。其有世所罕見,而藏諸他氏,不能得者,則選善手,以佳紙墨影鈔之,與刊本無異,名曰影宋鈔。一時好事家皆争倣效。而宋槧之無存者,賴以傳之不朽。”在毛氏影響下,清初錢曾述古堂、黄丕烈士禮居、徐乾學傳是樓、汪士鐘藝芸書舍的影宋鈔本、影元鈔本質量也很高。

---

① 《齊東野語》卷一二《書籍之厄》。

② 《中文古籍版本簡談》二《版本的種别》之六《鈔本》。

③ 滎陽悔道人《汲古閣主人小傳》,載《汲古閣校刻書目》卷首。

現存鈔本中最重要的莫過於清代編纂的《四庫全書》。據中華書局《四庫全書總目》影印組仔細統計，“收入《四庫全書》中的有三千四百六十一種，七萬九千三百零九卷；存目中的有六千七百九十三種，九萬三千五百五十一卷。這些書籍，基本上包括了乾隆以前中國古代的重要著作(尤以元代以前的書籍收輯更爲完備)”。[①]《四庫全書》曾繕寫八部，雖經兵火，至今猶存四部。臺灣商務印書館及上海古籍出版社已將文淵閣本《四庫全書》全部影印出版，將更好地發揮它應有的作用。國家圖書館所珍藏的文津閣《四庫全書》之影印本，也由商務印書館於二〇〇八年一月一日出版。

明清不少藏書家都有大量鈔本，因爲距今時間近，所以留存多，影響也比較大，我們將在下文中提到。

許多學者和藏書家都認爲鈔本之貴重僅次於宋本。如明胡應麟云：“凡本，刻者十不當鈔一，鈔者十不當宋一。”[②]黄丕烈跋《李群玉詩集》云：“大凡書籍安得盡有宋刻而讀之，無宋刻，則舊鈔本貴矣。舊鈔本而出自名家所藏，則尤貴矣。”[③]下面我們就來談談鈔本的價值。

首先，許多著作賴鈔本以存。譬如王梵志詩、韋莊的《秦婦吟》就是在敦煌卷子中發現的，王重民等在敦煌卷子中還找到了不少唐人詩集殘卷，從而彌補了《全唐詩》之不足。[④] 再如清代修《四庫全書》時，從《永樂大典》中輯出不少失傳的古書。計經部六十六種，史部四十一種，子部一百零三種，集部一百七十五種，凡四千九百二十六卷。後人續輯者也很不少。又如明趙清常道人脉望館鈔校本《古今雜劇》，是對中國文學史及社會文化史研究的極其重要的文獻，其中鈔本達一百七十五種，多爲世人所不易見的秘籍。

其次，不少鈔本比刻本完整，因而可補刻本之不足。佚名撰《楓窗小牘》卷下云：“余家藏《春秋繁露》中缺兩紙，比從藏書家借對，缺紙皆然，即

① 《四庫全書總目》卷首《出版説明》。

② 《少室山房筆叢》甲部《經籍會通》卷四。

③ 《蕘圃藏書題識》卷七。

④ 見《全唐詩外編》:《補全唐詩》。

館閣訂本亦復爾爾……後從相國寺資聖門買得鈔本，兩紙俱全，此時歡喜，如得重寶。”又如《愧郯録》一書，清代藏書家黄丕烈謂原書及以後刻本皆缺去十頁，但是近人周越然購得澹生堂鈔本半部，所缺適在其中。張元濟輯印《四部叢刊》續編時，便據以補全了。[①]

另外，鈔本往往是校勘的絶好資料。譬如長沙馬王堆出土的《老子》甲、乙本是目前所能見到的《老子》一書的最古本子。張舜徽説：

> 依據這兩種最古的《老子》寫本去校勘今本《老子》，便大有不同。首先在編次方面，帛書甲、乙兩本，都是《德經》在前，《道經》在後，和今本《道經》爲上卷、《德經》爲下卷的編寫次第完全不同。其次，在章段方面，今存的《老子》河上公本、王弼本、傅奕本等等都分八十一章；帛書甲、乙本，都没有分章。説明《老子》原書，本不分章，而後世分章，大約出於注家所爲。因分章而引起的錯誤，確也不少。有些上下文意應連在一起講的，被割裂爲兩章；有些各自爲義的，反被合爲一章，這便導致注釋的分歧和不必有的争辯。照原文不分章，自可避免這一類的問題。就拿分了章的今本《老子》和帛書甲、乙本相對，第四十、四十一章次序顛倒；第八十、八十一章在六十七章之前；第二十四章在第二十二章之前。[②]

帛書《老子》甲、乙本與通行本《老子》在文字上也有許多歧異。張舜徽還舉例説明：一、可據甲本以訂乙本與通行本之誤；二、可據乙本與通行本以訂甲本之誤；三、可據甲、乙本以訂通行本之誤。

敦煌卷子校勘價值也很大。羅振玉云：“殘卷中各詩，今集本雖存而異同至多，篇題亦有異同，殆每篇中有數字。其尤甚者爲李昂、李白與高適三家。如《全唐詩》載李昂《戚夫人楚舞歌》，以殘卷校之，中間少四句。李白《胡無人》篇殘卷無末三句，《瀑布水》（今本題作《望廬山瀑布》）則卷

---

① 《四部叢刊》續編《愧郯録》張元濟《跋》。

② 《中國文獻學》第三編第三章《雕版印書以前的古寫本》。

集全異者四句。”①

宋、元以後的鈔本校勘價值同樣也很大。清孫慶增云：“明板坊本、新鈔本，錯誤遺漏最多，須覓宋元板、舊鈔本、校正過底本，或收藏家秘本細細讎勘，反覆校過，連行款俱要照式改正，方爲善本。”②

當然也不是所有的鈔本都可貴，施廷鏞分辨説：

> 鈔本之可貴，不在它是鈔本，而在它不同於常本。大率鈔本之可貴者，須具有幾項要素：一、名人手鈔，確認是某人真迹；二、其非名人手鈔，但經名手校正，而校正之字，勝於刻本；三、字句與刻本不同，其不同處，較刻本爲佳；四、通行本之字句，有爲鈔本所缺者，而所缺之字句，反足以證明刻本中文字有非撰者原文；五、刊本久佚，存者僅此鈔本，則此鈔本之價值，實與孤本或稿本無異；六、有名人手跋，或收藏印記。③

鑒定鈔本除和鑒定雕印本、稿本相同的方法之外，其突出之點是明清名家鈔本多用統一格式的紙。這是辨認和鑒定各家鈔本的重要依據之一。今據《書林清話》卷十《明以來之鈔本》，將明名家鈔本用紙的特點叙述如次：

> 吴鈔　長洲吴寬（匏庵）叢書堂鈔本。用紅格紙，版心有“叢書堂”三字。
>
> 葉鈔　崑山葉盛（與中）賜書樓鈔本。用緑、墨二色格紙，版心有“賜書樓”三字。
>
> 文鈔　長洲文徵明（衡山）玉蘭堂鈔本。格欄外有“玉蘭堂録”四字。
>
> 王鈔　金壇王肯堂（宇泰）鬱岡齋鈔本。版心有“鬱岡齋藏書”

---

① 《鳴沙石室佚書·唐人選唐詩》跋。

② 《藏書紀要》第四則《校讎》。

③ 《中文古籍版本簡談》二《版本的種别》之六《鈔本》。

五字。

沈鈔　吴縣沈與文(辨之)野竹齋鈔本。格欄外有“吴縣野竹齋沈辨之製”九字,或在版心刻“吴郡沈氏野竹齋校録”九字。

楊鈔　常熟楊儀(夢羽)七檜山房鈔本。版心有“嘉靖乙未七檜山房”八字,或“萬卷樓雜録”五字。

姚鈔　無錫姚咨(舜咨)茶夢齋鈔本。用藍格紙,版心有“茶夢齋鈔”四字。

秦鈔　常熟秦四麟(酉巖)致爽閣鈔本。版心有“致爽閣”三字,或“玄覽中區”四字,或“又玄齋”三字,或“玄齋”二字。

祁鈔　山陰祁承㸁(爾光)澹生堂鈔本。用藍格紙,版心有“澹生堂鈔本”五字。

毛鈔　常熟毛晉(子晉)汲古閣鈔本。用墨格,或不印格紙,版心有“汲古閣”三字,格欄外有“毛氏正本汲古閣藏”八字。毛氏又有緑君亭、目耕樓等室名。

謝鈔　長樂謝在杭(肇淛)小草齋鈔本。用墨格,半葉九行紙,版心有“小草齋鈔本”五字。

馮鈔　常熟馮舒(已蒼)、馮班(定遠)、馮知十(彦淵)兄弟空居閣鈔本。馮定遠鈔本,格闌外有“馮氏藏本”四字;馮彦淵鈔本,格闌外有“馮彦淵藏本”五字。

錢鈔　常熟錢謙益(牧齋)絳雲樓鈔本。用墨格、緑格紙,版心有“絳雲樓”三字。

葉鈔　常熟葉樹廉(石君)樸學齋鈔本。版框外有“樸學齋”三字。

以上是僅見《書林清話》的明代名家鈔本,他如明文徵明云:“吾蘇朱性甫存理,聞人有奇書輒從以求,以必得爲志,或手自繕録,動盈筐篋,群經諸史下逮稗官小説無所不有,尤精楷法,手録前輩詩文積百餘家。”①而朱氏

① 《甫田集》卷二九《朱性甫先生墓志銘》。

鈔本就不在葉氏所列之内。

至於清代名家鈔本用紙特點，則據同書有如下列：

錢遵王鈔本　用墨格紙，格闌外有“虞山錢遵王述古堂藏書”十字。錢遵王名錢曾，室名述古堂，常熟人。

錢履之鈔本　版心有“竹深堂”三字。履之名謙貞，室名竹深堂，常熟人。

曹潔躬鈔本　版心有“檇李曹氏倦圃藏書”八字。潔躬名溶，室名倦圃，秀水人。

徐健庵鈔本　版心有“傳是樓”三字。健庵名徐乾學，室名傳是樓，崑山人。

惠定宇鈔本　格闌外有“紅豆齋藏書鈔本”七字。定宇名棟，室名紅豆齋，吴縣人。

趙功千鈔本　格闌外有“小山堂鈔本”五字。功千名昱，室名小山堂，仁和人。

吴尺鳧鈔本　用緑格紙，版心有“繡谷亭”三字，或“西泠吴氏繡谷亭鈔書”九字，有的在左闌外刻“繡谷亭鈔本”五字，尺鳧名焯，室名繡谷亭，錢塘人。

朱竹垞鈔本　用毛泰紙，無格闌。竹垞名彝尊，室名潛采堂，秀水人。

吴槎客鈔本　用毛泰紙，無格闌。槎客名騫，室名拜經樓，海昌人。

鮑以文鈔本　用毛泰紙，半葉十行，版心有“知不足齋正本”六字。以文名廷博，室名知不足齋，歙縣人。

何元錫鈔本　何元錫，别號夢華，室名夢華館，錢塘人。

金檀鈔本　用墨格紙，版心有“文瑞樓”三字。金檀别號星軺，室名文瑞樓，桐鄉人。

王宗炎鈔本　格闌外有“十萬卷樓鈔本”六字。王宗炎，字以除，室名十萬卷樓，蕭山人。

顧芸美鈔本　有"塔影園客"朱色印。芸美名顧苓,室名雲陽草亭,長洲人。

此外,據錢基博《版本通義·餘記第四》所介紹,還有:

錢雪枝鈔本　用緑格紙,半葉十二行,格闌外有"守山閣鈔本"五字。雪枝名熙祚,室名守山閣,金山人。

姚彦侍鈔本　用緑格紙,半葉十三行,版心有"咫進齋"三字。彦侍名覲元,室名咫進齋,歸安人。

厲太鴻鈔本　用墨格紙,半葉八行。太鴻名鶚,室名樊榭山房,錢塘人。

鈕匪石鈔本　用緑格紙,半葉十行。匪石名樹玉,吴縣人。

魏隱儒《古籍版本鑒定叢談》第九章《批校、鈔本的鑒定》對上列又有所補充:

常熟葉奕苞,室名小有堂。鈔書用紙印墨格,版心刻"崑山葉氏小有堂鈔"八字。

錢塘吴城(吴焯之子),室名瓶花齋。鈔書用紙印墨格,版心刻"瓶花齋"三字。

錢塘汪憲,室名振綺堂。鈔書格紙版心下刻"振綺堂"三字。

休寧汪森,室名裘杼樓。鈔書格紙版心下刻"裘杼樓"三字。

南昌彭元瑞,室名知聖道齋。鈔書格紙版心下刻"知聖道齋鈔校書籍"八字。半葉十行。

蕭山陸芝榮,室名三間草堂。鈔書用紙印藍格,半葉十行,左欄外下方刻"陸香圃三間草堂藏書"九字。

吴縣黄丕烈,室名士禮居、百宋一廛。鈔書用紙印墨格。

吴縣袁廷檮,室名貞節堂。鈔書用紙印緑格,版心下刻"貞節堂鈔本"五字。

潁川陳焯，室名湘管齋。鈔書用紙印墨格，左欄外上刻“潁川中子書”，下刻“湘管齋珍秘”。

望江倪模，室名經鉏堂。鈔書用紙印緑格，左欄外刻“經鉏堂重録”五字。

諸城劉喜海，室名嘉蔭簃、味經書屋。鈔書用紙印緑格，半葉十一行。版心下刻“東武劉氏味經書屋”八字；或在左欄外刻“燕庭校書”四字，或刻“嘉蔭簃藏書”五字。

海南孔繼勛，室名岳雪樓。鈔書用毛泰紙，版心下刻“岳雪樓”三字。

鄞縣全祖望，室名雙韭山房。鈔書用紙印墨格，版心下右刻“雙韭山房”四字。

鄞縣徐時棟，室名城西草堂。鈔書用紙印墨格，版心刻“城西草堂”四字。

獨山莫友芝，室名影山草堂。鈔書用紙印緑格或不印格，欄外刻“影山草堂”四字。

江陰繆荃孫，室名藝風堂。鈔書用紙印墨格，版心刻“藝風堂”三字。

顯然，這些著名藏書家鈔書紙的特徵，就像雕印本的牌記和版式那樣，爲我們鑒定版本提供了依據和綫索。

此外，人們也常通過研究序跋、識語、諱字、藏書印、字體以及比勘等與鑒定雕印本相同的方法來鑒定鈔本，今就王重民《中國善本書提要》集部唐人别集類略舉數例：

項斯詩集一卷　　　　　　　　　　一册　　　（北圖）

鈔本　　〔十行十八字〕

唐項斯撰。卷内有“石君”“寶研堂”“胥江”等印記，卷末有樸學齋老人題記。按葉樹蓮一名萬，字石君，藏書處曰樸學齋，事迹具徐乾學所撰傳中。（《憺園文集》卷三十四葉石君傳）録其題記如左：

《項子遷集》,亦從林宗藏本鈔謄。辛亥之冬,底本在林宗舊鄰人處,余從而購得,此爲重本,因置案頭,常爲展閲。康熙十五年樸學齋老人識於安定谷芳館。

從印記和題識中可以看出這一鈔本的大致年代。

白香山詩集二卷　　六册　　(國會)

鈔本　〔十一行二十二字〕

……書眉有音注,詩後有評釋,簡稱:"立名按。"考清汪立名編注《白香山詩集》四十卷,持校不盡相同,未審立名别撰此本,抑好事者從立名注節來?康熙諱皆避,爲顯出於汪本之證也。

從諱字可以看出這一鈔本所從出。

李校書集三卷　　一册　　(北圖)

明鈔本　〔十行十八字〕

原題:"趙郡李端正己著。"按此爲明鈔本而黄丕烈手校者。卷末題"時萬曆肆拾捌年正月初六日鈔完",卷内有"東昌楊氏海源閣藏書記""楊紹和審定""楊氏海源閣藏"等印記。兹録黄氏題記於下方:

《李端集》三卷,見諸《書録解題》,藏書如《述古》未列於目,想傳本稀也。余於唐人集,遇本即收,不下數十餘種,而此集亦無。頃揚州估人攜此求售,喜爲得未曾有。本係舊鈔,校者之筆亦是明人。前後所鈐圖記止一印,而印文印色皆非近時,則此本誠可寶矣。裝成並記,蕘翁。

從題記、印記、著録情況可以看出此書爲明鈔、明校,傳本稀見。

劉隨州詩集十卷文集一卷外集一卷　　一册　　(國圖)

明鈔本　〔十二行三十字〕

原題："隨州刺史劉長卿。"驗以《四部叢刊》影印明正德刻本，卷一《送宣尊師醮畢歸越》第四句："登刀入白雲。"①入字誤接《酬張夏》首句，在正德本中間適隔二葉，而影印本已鈔補之，則此鈔本與正德本所闕正相同，疑當同出一源也。然其異文，往往此勝於彼。此本卷十一爲文集，蓋正德本删之，此尤其可貴處。卷内有"葉文莊公家世藏""葉印子寅""葉德榮甫世藏""松靄藏書""盛昱之印""伯羲父""宗室文慤公家世藏""寒雲秘笈珍藏之印"等印記。附題記數條：

光緒己丑宗室伯兮鬱華閣藏。

己未二月寒雲樓重裝珍藏。

《劉隨州文集》十一卷，明人寫本，字甚拙古，惟間有脱誤。歷經葉文莊、周松靄、盛伯兮諸家藏，其珍貴可知。編次與宋本及宏治繙棚本悉合，惟古活字本以五古居首爲獨異，詩次亦不同。此册皆宋紙，頗足玩賞，客京師時所得。己未二月寒雲。

從印記、題記、字體，特别是經過比勘以後，可以看出此書係明鈔本，較明正德刻本多文集一卷，其異文，往往此勝於彼，且歷經名家收藏，極可珍貴。

以上諸例皆綜合運用了多種方法，從中我們也可以看出如何鑒别鈔本。

鈔本同樣也存在着辨僞問題，書估往往采用僞造題跋、鈐蓋假印的方法將一般鈔本冒充名家鈔本，將新鈔本冒充舊鈔本。兹舉沈津所考訂二例如次：

《竇氏聯珠集》一卷，清袁氏貞節堂鈔本。書中有朱筆校語，題清黄丕烈跋。黄跋云："朱筆校勘乃義門手筆……"有了黄跋，且又認爲朱筆所校乃何焯所爲，那此書的價值不問而知。然而文字牽强，筆墨

① "刀"一作"山"。

呆滯,雖貌似而神離,此其一也。何焯生於清順治十八年(一六六一),卒於康熙六十一年(一七二二)。貞節堂即袁廷檮,其鈔本所鈔時代當在乾、嘉間。廷檮生於乾隆二十九年(一七六四),卒於嘉慶十五年(一八一〇),豈有何氏卒後年月尚存之理? 此其二也。黄丕烈(一七六三至一八二五)爲版本目録之大家,況時代與袁氏同時,一生都是和書打交道,自稱爲"老眼",豈能寫出如此跋語,書賈原想在袁氏貞節堂鈔本上僞造黄跋,又通過黄跋來説明書中所校爲何焯之筆,這種"一箭雙雕"的伎倆却爲"聰明"所誤。……

在鈔本上鈐上名藏書家和學者的僞印,是作僞者經常使用的故伎。曾有《周易守》一卷,佚名撰,書中各本首葉均鈐有"王守仁印"方形圖記,末頁鈐有"彝尊私印"。按守仁,明嘉靖大名士,彝尊爲朱彝尊,清康熙間著名收藏家。此鈔本中"弘"字缺筆,當避弘曆諱,因此爲乾隆鈔本,而書中出現明人和清初人的印記,豈不怪哉! 這説明書賈得一鈔本後,出於牟利的目的,隨意鈐上王、朱印記,以充明鈔,實在可笑。①

第三節 活字本

凡用活字排印的書皆稱活字本。根據製造活字的原料又可分爲泥活字本、磁活字本、木活字本、銅活字本、鉛活字本等。

一 泥活字本

雕版印刷比手寫效率高多了,但要印一頁書必須雕一塊版,如刻一部大書,則不僅需要很多時間,而且耗費大量財力物力,於是人們又發明了活字印書法。

首先采用這種方法並有可靠文字記載的是北宋慶曆年間(一〇四一至一〇四八)的平民畢昇。宋沈括《夢溪筆談》卷十八詳細記載了畢昇製

① 《鈔本及其價值與鑒定》,載《四川圖書館學報》一九八二年第四期。

作泥活字並用其印書的過程，世所共知，此不贅述。

宋代泥活字印書雖無傳本，[①]但是其影響是深遠的。忽必烈的謀士姚樞（一二〇一至一二七八）隱居河南輝縣時，竭力提倡文化，自己除雕印小學書、《語孟或問》、《家禮》外，又因"小學書流布未廣，教弟子楊古爲沈氏活版，與《近思録》《東萊經史論説》諸書，散之四方"。[②] 元王禎對泥活字印書的經驗作了進一步總結：

> 後世有人别生巧技，以鐵爲印盔，界行内用稀瀝青澆滿，冷定，取平，火上再行煨化，以燒熟瓦字排於行内，作活字印板。爲其不便，又有以泥爲盔，界行内用薄泥，將燒熟瓦字排之，再入窑内燒爲一段，亦可爲活字板印之。[③]

可見畢昇發明泥活字印書法以後，人們又對它進行了改進。

明有泥活字版《韋蘇州集》，已見上注。

清道光九年（一八二九），蘇州李瑶曾用自製膠泥活字排印了清温睿臨《南疆繹史勘本》三十卷《摭遺》十卷。此書封面鐫"道光九年秋借吴山廟開局，暨陽程文炳排版"行書雙行十八字。道光十二年（一八三二），李瑶又用這套泥活字版印了其所校補的《校補金石例四種》，封面背葉題"七寶轉輪藏定本，仿宋膠泥版印法"篆文十四字。序云：

> 此書原刻精當，而微嫌夾注叢列，坊本則魚豕之病雜陳矣。余乃慨然思廣其傳，即以自治膠泥板統作平字擕之，且以近見吴江郭氏祥

---

① 葉德輝《書林清話》卷八《宋以來活字板》稱其所藏《韋蘇州集》十卷，即宋泥活字本，並説："其書紙薄如細繭，墨印如漆光。惟字畫時若齧缺，蓋泥字不如銅鉛之堅，其形製可想而知也。"但是張秀民却否定了這一點，指出："近人有藏《韋蘇州集》，以爲北宋膠泥活字本，字畫有齒痕，不避宋諱，半頁九行，行十七字。其實是明活字本唐人集之一種，所以行款、字數完全相同。"見《中國印刷術的發明及其影響》—《印刷術的起源》之三《活字板的發明》:《宋元泥活字》。

② 姚燧《牧庵集》卷一五《中書左丞姚文獻公神道碑》。

③ 《農書》卷末附《造活字印書法》。

伯之《金石例補》補之。……因别署其編曰《校補金石例四種》,都十七卷。庶使操觚家之有志於古者,如獲指南車焉。道光十有二年冬嘉平既望,吴郡李瑶子玉氏序於杭州吉羊里寓樓。

清道光二十四年(一八四四),安徽涇縣翟金生用泥活字排印了自著《泥版試印初編》〔圖版四十六〕。卷端題"涇上翟金生西園氏著並自造泥字",還注明其子發曾、一棠、一傑、一新同造泥字,孫家祥、内侄查夏生檢字,學生左寬等校字,外孫查光鼎等歸字,自己刷印。該書還附有五言絶句詠活字印刷,兹並録於下:

《自刊》:一生籌活版,半世作雕蟲。珠玉千箱積,經營卅載功。
《自檢》:不待文成就,先將字備齊。正如養兵足,用武一時提。
《自著》:舊吟多散佚,新作少敲推。爲試澄泥版,重尋故紙堆。
《自編》:明知終覆甕,此日且編成。自笑無他技,區區過一生。
《自印》:雁陣行行列,蟬聯字字安。新編聊小試,一任大家看。

翟金生還於道光二十七年(一八四七)用泥活字排印了友人黄爵滋《仙屏書屋初集》;道光二十八年(一八四八)排印了族弟翟廷珍《修業堂集》二十卷;道光三十年(一八五〇)排印了黄爵滋撰《仙屏書屋初集詩録》十六卷、《後録》二卷;咸豐七年(一八五七)又排印了《水東翟氏宗譜》。看來,自北宋畢昇以來,用泥活字印刷可謂綿延不絶了。

二 磁活字本

在泥活字的基礎上,人們也曾探索用磁活字印書。清王士禛云:"益都翟進士某,爲饒州府推官,甚暴横。一日,集窑户造青瓷《易經》一部,楷法精妙,如西安石刻十三經,式凡數易然後成。蒲城王孝齋官益都令曾見之。"①一九六一年夏,北京中國書店訪得一部磁版印本《周易説略》。該

① 《池北偶談》卷二三《瓷易經》。

書封面欄上題"泰山磁版"四字。卷首有徐志定序，略云："戊戌冬，偶創磁刊，堅緻勝木，因亟爲次第校正，逾己亥春而《易》先成。"末署"康熙己亥四月泰山後學徐志定書於七十二峰之真合齋"。序中説"《易》先成"，是因爲除《周易説略》外，還用磁版印過張爾岐著的《蒿庵閒話》二卷，今藏國家圖書館。該書題濟陽張爾岐輯，真合齋校正。卷一末有"真合齋磁版"五字一行，訂成二册。清金埴云："康熙五十六七(一七一七至一七一八)年，泰安州有士人，忘其姓名，能鍛泥成字，爲活字版。"①而據《民國重修泰安縣志》卷七《人物志》載，徐志定恰爲泰安人，雍正元年舉人，曾官泰安知縣。他用磁版印《周易説略》爲康熙己亥年，正好是康熙五十八年(一七一九)。究其時間、地點、行事皆與金埴所記相合，所以兩書提到的"磁版"爲磁活字版無疑。此外，行綫歪斜，行字有不整齊的現象，行格與邊欄有間隔，也都説明它們是用磁活字版印的書。②

三　木活字本

用木活字印的書稱木活字本。北宋沈括《夢溪筆談》卷十八《技藝》談到活字"不以木爲之者，文理有疏密，沾水則高下不平，兼與藥相粘，不可取"。可見早在北宋時期，人們就已經嘗試着用木活字印書，只是技術上還没有過關。

在元代，王禎不僅成功地用木活字印了《大德旌德縣志》，而且還在其名著《農書》中總結了製作木活字印書的經驗。據《康熙奉化縣志》卷十一、《至正四明續志》卷七記載，在王禎以後二十多年，浙江奉化知州馬稱德"鏤活書板至十萬字"，並於至治二年(一三二二)用"活字書板印成《大

---

① 《巾箱説》，見《不下帶編》《巾箱説》合訂本。

② 魏隱儒《中國古籍印刷史》第三編《活字印刷術的發明和活字印書業的發展》第二十章《清代的活字印本書和磁版書》云："經細加考究，發現《周易説略》卷一第四十八葉、卷七第十葉；《蒿庵閒話》卷一第二十二、二十三葉，書版斷裂情況顯著。按活字印書，係印前拼排成爲版面，不會斷裂，行綫也不會彎成弓形，分明是燒鍛時火候所致，因此我主張是磁版印本而不是活字印本。"此亦一家之説，録以備考。不過我們認爲正因爲燒鍛整塊磁版容易變形，而這種變形又不會只出現於一個平面上，因此燒鍛整塊磁版來印書似乎是不大可能的。

學衍義》等書”，其中“《大學衍義》一部，計二十册”。可見元代安徽、浙江一帶用木活字印書已比較流行。

用木活字排印圖書數量多、質量高的首推清武英殿聚珍版書。從乾隆三十八年（一七七三）十月起，迄乾隆五十九年（一七九四），武英殿用木活字印書一百二十四種。[①] 金簡於乾隆四十一年（一七七六）十二月對用木活字印書的經驗加以總結，寫成《武英殿聚珍版程式》一書，利用圖式對成造木子、刻字、字櫃、槽版、夾條、頂木、中心木、類盤、套格、擺書、墊板、校對、刷印、歸類、逐日輪轉辦法等作了詳細介紹〔圖版四十七〕。

清代私家用木活字印書也蔚然成風。葉德輝云：

嘉道以來，民間則有吴門汪昌序嘉慶丙寅（一八〇六）印《太平御覽》一千卷。璜川吴志忠嘉慶辛未（一八一一）印五代丘光庭《兼明書》五卷、元迺賢《河朔訪古記》二卷、《洛陽伽藍記》五卷。朱麟書白鹿山房嘉慶壬申（一八一二）印《中吴紀聞》六卷、高似孫《緯略》十二卷。張金吾愛日精廬嘉慶己卯（一八一九）印宋李燾《續資治通鑒長編》五百二十卷。成都龍變堂萬育嘉慶十四年（一八〇九）印《天下郡國利病書》一百二十卷，道光三年（一八二三）印《讀史方輿紀要》一百三十卷、《形勢紀要》九卷。京師琉璃廠半松居士印《南疆繹史》二十四卷、《摭遺》十八卷、《邮謚考》八卷、《南略》十八卷、《北略》二十四卷；留雲居士印明季稗史十六種，共二十七卷。咸同間則有仁和胡珽琳琅秘室印《琳琅秘室叢書》五集。江夏童和豫朝宗書屋印明嚴衍《資治通鑒補》二百九十四卷、附刊誤二卷，宋袁樞《資治通鑒紀事本末》四十二卷，明陳邦瞻《宋史紀事本末》二十六卷，《元史紀事本末》四卷，谷應泰《明史紀事本末》八十卷，馬驌《左傳事緯》十二卷、附録八卷，《陳思王集》十卷。光緒間，則有董金鑒重印《琳琅秘室叢書》四集，吴門書坊印日本《佚存叢書》全集。光緒戊子（一八八八）姚覲元印《北堂書鈔》七十餘卷，功未竟而覲元殁，板遂散佚。余見一殘本，

① 見陶湘編《武英殿聚珍版叢書目録》。

前有"光緒己丑集福懷儉齋以活字印行"字兩行。凡此皆以木刻活字印書者也。①

清代木活字印本當然遠不止此。譬如《紅樓夢》的最早印本,乾隆五十六年的程甲本和乾隆五十七年的程乙本皆爲木活字排印。程乙本序後引言云:

是書前八十回,藏書家鈔録傳閲幾三十年矣。今得後四十回合成完璧。緣友人借鈔争睹者甚夥,鈔録固難,刊板亦需時日,姑集活字印刷,因急欲公諸同好,故初印時不及細校,間有紕繆,今復聚集各原本,詳加校閲,改訂無訛,惟識者諒之。

又如北京隆福寺街東口路南有一家書坊,坊名就叫聚珍堂,用木活字排印了許多文藝作品。其所印《兒女英雄傳》,附有排印書目,計有《繡像王評紅樓夢》《濟公傳》《紅樓夢影》《批評兒女英雄傳》《忠烈俠義傳》(又名《三俠五義》)《紅樓夢賦》《續紅樓夢》《艾虎》《續聊齋志異》《蟋蟀譜》《聊齋志異拾遺》《藝菊新編》《御製悦心集》《想當然耳》等十四種。可見木活字本在清代出版物中是占有一定比重的。

四　銅活字本

五代天福時期(九三六至九四四)就可能用銅版印書了。明楊守澄云:"魏太和有石經,晉天福有銅板《九經》,皆可紙墨摹印,無庸筆寫。"②宋岳珂撰《相臺書塾刊正九經三傳沿革例》,談到他家塾所藏《九經》即有"晉天福銅板本"。問題是這"晉天福銅板本"不知是用整塊銅版刻成的,還是用銅活字排成的。

宋代雕刻銅版,用以印刷是有實物爲證的,一九五二年上海博物館陳

① 《書林清話》卷八《宋以來活字板》。

② 朱彝尊《經義考》卷二九三引。

列品説明書説：

> 在宋代，除了雕木板印刷圖書以外，也已能雕銅版，以便大量印刷之用。例如商店廣告和國家紙幣的印行，往往是用銅版的。這裏陳列的是濟南劉家針鋪印廣告所用的雕銅版，上列刻“濟南劉家功夫針鋪”，中間刻有一兔，兩旁刻“認門前白兔爲記”，下列刻“收買上等鋼條，造功夫細針……”①

元人文獻涉及銅版的有黄溍給智延和尚所作的《塔銘》，其中談道：

> 英宗皇帝以禪師先朝舊德，每入見，必賜坐，訪以道要。命於永福寺與諸尊宿校勘。三歲，將鏤銅爲板以傳。後因眉金書藏經，慮前賢撰集之書，或有僞濫，復命之删定焉。②

文中“將鏤銅爲板以傳”雖然是一種打算，但是也反映了元代工藝已有鏤銅爲版印刷的能力。中國科學院還藏有元代用銅版印刷的殘鈔。這種銅版上除了圖樣、花紋之外，還鑄有九十個漢字和“至元寶鈔諸路通行”八個蒙古字。③

銅活字印刷術到明弘治、正德年間（十五、十六世紀之交）終於在江蘇無錫、常州、蘇州、南京一帶盛行了起來。著名的有無錫華燧會通館印本，明邵寶《會通君傳》云：

> 會通君，姓華氏，諱燧，字文輝，無錫人。少於經史多涉獵，中歲好校閲同異，輒爲辨證，手録成帙，遇老儒先生，即持以質焉。既而爲銅字版以繼之，曰：“吾能會而通矣！”乃名其所曰會通館。人遂以會

---

① 見《中國近代出版史料》初編卷四《銅刻小記》按語。

② 《金華黄先生文集》卷四一《榮禄大夫大司空大都大慶壽禪寺住持長老佛心普慧大禪師北溪延公塔銘》。

③ 見蔡美彪《銅活字印刷術起源問題》，載《史學》一九五四年第二十一號。

通稱，或丈之，或君之，或伯仲之，皆曰會通云。①

據《書林清話》卷八《明錫山華氏活字板》介紹，會通館印書見於著録的有：《容齋隨筆》十六卷、《續筆》十六卷、《三筆》十六卷、《四筆》十六卷、《五筆》十卷，《古今事類前集》六十三卷，《文苑英華辨證》十卷，《錦繡萬花谷》前集四十卷、後集四十卷、續集四十卷，《諸臣奏議》一百五十卷。多爲弘治八年（一四九五）至弘治十一年（一四九八）出版的。此外又有華堅的蘭雪堂。錢基博云："華堅，字允剛，無可考；然燧三子曰塤、奎、壁，五行之次火生土，皆取土旁爲名，則堅從土旁，殆燧之猶子歟?"②據《書林清話》卷八《明錫山華氏活字板》記載，蘭雪堂印書見於著録的有《春秋繁露》十七卷、《藝文類聚》一百卷、《蔡中郎文集》十卷、《外傳》一卷、《元氏長慶集》六十卷、《白氏長慶集》六十卷。多爲正德十年（一五一五）、十一年（一五一六）出版。無錫華氏以銅活字印書著名的還有華珵。其活字印本見於著録的有《渭南文集》五十卷，《四部叢刊》有影印本，此外還有《百川學海》，然"改竄宋本舊第，爲世所譏"。③ 此外用銅活字印書而著名的還有無錫人安國。《常州府志》稱安國"嘗以活字銅版印《吴中水利通志》"。④ 安氏銅活字印本傳世者還有《顔魯公文集》十五卷、《重校鶴山先生大全文集》一百一十卷、《石田詩選》十卷等。其他明銅活字印本傳世尚多，難以枚舉。

對於明銅活字本，葉德輝曾給予較高的評價，他説：

明人活字板，以錫山華氏爲最有名，活字擺印，固不能如刻印之多，而流傳至今四五百年，蟲鼠之傷殘，兵燹之銷燬，愈久而愈稀。此藏書家所以比之如宋槧名鈔，争相寶尚，固不僅以其源出天水舊槧，可以奴視元明諸刻也。⑤

---

① 《容春堂後集》卷七。

② 《版本通義·歷史第二》。

③ 《書林清話》卷八《明華堅之世家》。

④ 《常州府志》卷二五《孝友》。

⑤ 《書林清話》卷八《明錫山華氏活字板》。

但同時也指出了華氏銅活字印本校勘不精的缺點。

清代銅活字本最重要的要推《古今圖書集成》。經始於康熙三十九年(一七〇〇)畢功於雍正四年(一七二六)的《古今圖書集成》一萬卷,是中國從未有過的大百科全書,當時用銅活字印成六十四套〔圖版四十八〕。後來還用這批銅活字印了《律吕正義》《數理精藴》等。可惜的是後來竟將這批銅活字銷毁,用來鑄了錢。清高宗《題武英殿聚珍版十韻》有云:"毁銅昔悔彼,刊木此慙予。"自注:"康熙年間編纂《古今圖書集成》,刻銅字爲活版,排印蒇功,貯之武英殿。歷年既久,銅字或被竊缺少,司事者懼干咎,適值乾隆初年京師錢貴,遂請毁銅字供鑄。從之。所得有限而所耗甚多,已爲非計,且使銅字尚存,則今之印書不更事半功倍乎?深爲惜之。"①

清代其他銅活字印本還有康熙二十五年(一六八六)吹藜閣出的錢陸燦《文苑英華律賦選》,前有封面,左題"吹藜閣同板"五字②。再就是康熙五十二年(一七一三)用銅活字排印的陳夢雷《松鶴山房詩集》九卷。顧炎武所著《音學五書》,其中《音論》上中下三卷、《詩本音》十卷,也是用銅活字排印的。兩種書前各有封面,題"福田書海銅活字板,福建侯官林氏珍藏"四行十六字。《詩本音》後有鎸刻銅版姓氏"古閩三山林春祺怡齋捐鎸,兄季冠癡石校刊,長子永昌正書,次子毓昌辨體"四行,但無刻印年月。

五　錫活字本

錫的鎔點低,容易鎔化鑄造。早在元代,人們就已嘗試用錫活字印書。元王禎云:"近世人又鑄錫作字,以鐵條貫之,作行,嵌於盔内,界行印書;但上項字樣,難於使墨,率多印壞,所以不能久行。"③

潘天禎認爲明代無錫會通館印書不是銅活字而是錫活字本。他的依據是華燧的四篇傳記。如明末清初人華渚《三承事南湖公、會通公、東郊公傳》云:"會通公,少於經史多涉獵,中歲好校閲異同,輒爲辨證,手録成

① 《武英殿聚珍版叢書》卷首。

② "同"當爲"銅"字之誤植。

③ 《農書》末附《造活字印書法》。

帙，遇老儒先生，即持以質焉。或廣坐通衢，高誦琅琅，旁若無人。既乃範銅板、錫字。凡奇書艱得者，悉訂證以行。”又明喬宇撰《會通華處士墓表》也稱華燧“復慮稿帙汗漫，乃範銅爲版，鏤錫爲字，凡奇書艱得者，皆翻印以行”[①]。另兩篇傳記内容大致相同，不俱引。潘天禎分析道：

> 華燧所印的書，一般在版心上印有出版年，在版心下印有出版室名和印刷方法，有的序文裏也提到印刷方法。例如華燧印的《容齋隨筆》，版心上印“弘治歲在旃蒙單閼”兩行，旃蒙單閼即是乙卯。弘治乙卯即是弘治八年（一四九五）。版心下印“會通館活字銅版印”兩行。上下連續即是弘治八年會通館活字銅版印。華燧所撰《會通館印正容齋隨筆序》説：“燧生當文明之運，而活字銅版樂天之成。”這些原書上的記載，無疑是識别版本的可靠依據。可惜會通館所印原書上的記載，都是“活字銅版”，没有説明是銅活字還是錫活字。上引四篇華燧傳文的記載都是“錫字”，自以理解爲錫活字爲是。如不聯繫傳文研究，很容易把“活字銅版”理解爲“銅活字版”。一字不加，稍微變易字的順序，製造活字的原料也就變了。這可能是把華燧錫活字印書誤爲銅活字的重要原因。其實，銅版是指擺活字所用之版，字和版在我國古代活字印刷工藝上從來是兩個不同的組成部分，製造的材料也往往不同。……把華燧印書的“活字銅版”理解爲“銅活字版”，既不符合文獻記載，也不符合我國古代活字印書法的實際。[②]

潘説言之成理。其實物則如施廷鏞所舉：“道光三十年（一八五〇），廣州佛山有個唐姓書商，用木刻的字印在澄泥上，做成字模，以錫澆鑄成錫字。用它排印的書，有元馬端臨《文獻通考》一百二十册。”[③]

---

① 載華方、華察輯《華氏傳芳集》卷一五。

② 《明代無錫會通館印書是錫活字本》，載《江蘇圖書館工作》一九八〇年第一期。

③ 《中文古籍版本簡談》二《版本的種别》之五《活字本》。

六 鉛活字本

早在明代弘治、正德間,我國便用鉛活字印書了。明陸深《金臺紀聞》云:"近日毗陵人用銅、鉛爲活字,視板印尤巧便,而布置間訛謬尤易。"文中"近日"指弘治、正德間。陸氏自序其書云"成於乙丑之夏(弘治十八年,一五〇五),訖於戊辰九月(正德三年,一五〇八)"可證。惜明常州鉛活字本未見。

中國首先發明包括活字印刷術在内的印刷術,對世界文明做出了偉大的貢獻;到了清代,外國人又將鉛活字印刷術反饋給我國,推動了我國印刷術的發展。净雨《清代印刷史小紀》云:

> 嘉慶十二年(一八〇七)春,倫敦布道會遣馬禮遜(Robert Morrison)來華傳教。……馬氏初編輯華英辭典及文法,又譯《新約》爲中文,遂有以西洋印刷術布印之意,秘雇匠人製字模,謀泄於有司,刻工恐罹禍,舉所有付諸丙丁,以滅其迹。是役,雖事敗受損,而華文改用西式字模鑄鉛,當以此爲嚆矢矣。①

此後繼續有所發展,到了一八七二年,英人美查(F·Major)才在創辦《申報》的同時,用鉛活字大量印書。胡道静《申報六十六年史》云:

> 《申報》鉛字聚珍板書,始於該報創刊不久。至一八九五年(光緒二十一年)申昌書局繼承此業,《申報》遂不續刊。其間刊印各書凡一百六十餘種,蔚爲大觀。在一八七七年(光緒三年)曾有《申報館書目》一册,著録所印書籍五十四種;一八七九年(光緒五年)又印有《申報館續書目》一册,著録六十四種,尚未盡將所刊各書完全著録也。②

① 載《中國近代出版史料》二編。
② 蔡爾康《申報館書目》序注一引,載《中國出版史料》補編。

在這以後，鉛字排印逐漸取代了傳統的雕印，成爲我國出版的主要方法。其間值得一提的，有集成圖書局用鉛字排印的《圖書集成》與《二十四史》。此外，丁三在用自製仿宋體鉛字來排印古籍也起過很大的作用。中華書局曾用丁氏仿宋體鉛字排印《四部備要》二千餘册。①

七 活字本之鑒定

活字本可以用鑒定雕印本、寫本的某些方法來鑒定，而它本身的特徵也爲我們提供了對之進行辨識和鑒定的依據。概括起來約有六點：

一、活字本有的字排得不整齊，且有倒置、卧排現象。魏隱儒曾舉一例：

> 雍正三年（一七二五）武水陳唐重訂本宋陳師道《後山居士詩集》六卷，正集目録一卷、後山先生逸詩五卷，逸詩目録一卷、詩餘一卷。字用軟體，排版整齊匀平，無傾斜歪扭之感，如不細審，多誤以爲精刻本。書中卷二第三葉第三行《次韻蘇公兩湖徙魚三首》的末首"缾懸甃間終一碎"的"碎"字；卷六第九葉右面末行末一字的"天"字，二字均排倒，這是活字本的有力證據。但與另一同樣印本相互比對，其"碎""天"二倒字已糾正，由此説明前本爲初印，後者爲校訂後重印。兩本行款、版式、字體皆同，半葉九行，行二十一字，左右雙邊，上下黑口，單魚尾。②

二、活字本邊欄的四角，以及上下欄綫同行綫的連接處多有距離，行格間距離也每不相等。版心的魚尾因係拼排，故與左右行綫常有間隔。惟武英殿聚珍版例外，因爲它采用了套格的形式。清金簡《欽定武英殿聚珍版程式》介紹套格云：

---

① 參看陸費逵《六十年來中國之出版業與印刷業》，載《中國出版史料》補編。

② 《中國古籍印刷史》第三編《活字印刷術的發明和活字印書業的發展》第二十章《清代的活字印本書和磁版書》。

> 用梨木版,每塊面寬七寸七分、長五寸九分八釐,與槽版裹口畫一,周圍放寬半分爲邊,按現行書籍式樣,每幅刻十八行格綫,每行寬四分,版心亦寬四分,既將應擺之書名、卷數、頁數暨校對姓名,先另行刊就,臨時酌嵌版心。

因爲套格是整板刻成,所以邊欄、行綫、魚尾之間的銜接處都是一個整體,没有間隔。

三、活字本字的大小不一致,筆劃粗細不均匀。因爲雕印本統一寫樣,整板雕刻,所以字體筆劃容易統一,而活字係一字一刻,故難統一。例如嘉慶二十四年(一八一九),張金吾愛日精廬印的《續資治通鑒長編》五百二十卷,排版不精,行列傾斜,界欄多未印上,字個大小不一,粗細不等。又如明嘉靖活字本《欒城集》卷首《蘇文定公謚議》一文首半葉中的兩個"二"字、三個"三"字、七個"之"字彼此都有差異。

四、活字本墨色輕重不均,行格界綫時有時無。因爲排的字有時凸凹不平,所以印出來的字,墨色就輕重不匀;活字往往高於行格,所以行格往往不着墨。如北京市中國書店《關於活字版(初稿)》稱:

> 乾隆間武英殿聚珍本,爲當時風行的一般匠人字體,横細豎粗,字個大小均匀,筆道粗細不一。乾隆五十六年、五十七年程偉元印的《紅樓夢》比聚珍本字略小,字體相似,惟字個大小不一,行格界綫拼排不正,高低不平,曲折歪斜,時有時無。①

五、活字本字與字之間筆劃絶不交叉。一般雕印本寫稿上版,爲了字體結構美觀,在書寫時上下字之間,撇鈎豎捺有時交叉,但活字本則每字一刻,各自獨立,故字與字之間絶不交叉。例如:"明刻本《水東日記》,欄綫上下接連處有隔離現象,字有歪斜,墨色不匀,貌似活字印本。但經仔細翻閲檢查,發現上下字間有的交叉,而且有數處斷版裂版,據此可以

① 載河北省文化局編《古舊圖書業務知識》。

斷定其非活字本。"①

六、活字本無斷版裂版現象。一般雕版印本,有的因書版刻成太久,或多次刷印,或風吹日曬,書版可能會出現斷裂現象。活字印書,印完即拆版,再印再排,所以無此情況。魏隱儒、王金雨述其鑒定影刻活字本云:

> 《蔡中郎集》,影華堅蘭雪堂活字本,刻印、字體、版式、行格一仍其舊,惟書口"蘭雪堂"三字未刻,僅在卷六第十葉版心上端刻"蘭雪堂"三字,版心下端刻一"慶"字,書尾目後之"錫山蘭雪堂華堅允剛活字銅版印行"牌記二行未刻,書中有斷版處,曾經眼兩部對照皆如此,究係何人影刻不詳。②

如此所舉例,鑒定活字本特别應當注意將活字本同那些按照活字本的原樣影刻的所謂影刻活字本區分開來。因爲影刻活字本的字個大小不一、行字不齊、欄綫與行綫不銜接等情況都依活字本的原樣照刻。如不細加審辨,很容易被誤認爲活字本。例如鄧邦述曾在一部影刻活字本《蔡中郎集》上題識云:"《中郎集》此本爲最古,目後有'正德乙亥春三月錫山蘭雪堂華堅允剛活字銅版印行'二行,今已爲市儈挖去,世之作僞者皆由無識目之,甲子三月檢記。"可見鄧氏仍把它當作活字本,而未察覺到它是影刻活字本③。但是既然影刻活字本是一種雕印本,它當然具有一般雕印本的特點,譬如其墨色較活字本均勻,且欄綫、行綫之間通常没有錯落離縫現象。下面再舉一個例子,看看人們是怎樣將活字本同影刻活字本區分開來的。

《武英殿聚珍版叢書》出版以後,蘇州、杭州、江西、福建和廣東都進行了翻刻,前三處翻刻本卷端也有"武英殿聚珍版"六個字,但開本都很小,被稱爲巾箱本,容易識别。而福建、廣東皆照原樣影刻,開本同原本也差不多,所以很相似。姚海泉《武英殿聚珍版及其識别問題》談到了兩者的不同之處:

---

①②③ 《古籍版本鑒定叢談》第八章《活字本的鑒定》。

> 一、字體：武英殿聚珍版的字體方正、生動，有如鈐上去的一般，字體結構疏朗，筆劃粗細匀稱，看上去較爲美觀悦目，翻刻本字形不够方正，或肥大，或瘦長，筆劃呆板，刻鋒畢露。
>
> 二、墨色：武英殿聚珍版墨色雖略有濃淡不一現象，但覺有光澤，而翻刻本即使墨色一致，但缺乏光澤。
>
> 三、文字的行列：武英殿聚珍版的文字排列，不够整齊，從横向看去，錯落現象十分明顯，翻刻本則比較整齊。
>
> 四、紙張：武英殿聚珍版書用太史連和竹紙（較厚實）印刷，竹紙簾紋較窄，約半公分寬，福建翻刻本用的竹紙簾紋較寬，約一公分，紙色較淡，廣東翻刻本用黄色的山貝紙和白色的本槽紙。
>
> 五、文字與界行的重合問題：武英殿聚珍版書的文字常常與界行或邊欄重合，壓綫出綫的情况甚多，翻刻本絶無此種現象。例如《牧庵集》卷一第四頁第四、七至九行下面或出綫或壓綫。《牧庵集》卷二十六第十八葉第二面上邊各字全部出綫，其他重合處甚多，不及備載。①

可見書籍一經翻刻，就有差異；既有差異，就爲版本的鑒定工作提供了依據。

第四節　影印本

采用照相製版等工藝使原書或原稿再現的復製本稱爲影印本。根據印版原料和技術的不同，印出來的書可分爲石印本、膠印本、珂羅版印本、鋅版印本等。中國近現代用石印的方法印了很多古籍，我們就着重介紹一下石印本。

賀聖鼐介紹中國石印書籍的歷史云：

① 載《圖書館工作》一九七九年第六期。

> 石印書籍以上海點石齋石印書局爲最先。該局爲英人美查(F·Major)所設。……開辦之初,即聘土山灣印刷所之邱子昂爲石印技師,最初印刷《聖諭詳解》一書。姚公鶴《上海閒話》:"聞點石齋石印第一獲利之書爲《康熙字典》,第一批印四萬部,不數月而售罄;第二批印六萬部,適某科舉子北上會試,道出滬上,率購五六部以作自用及贈友人之需,故又不數月即罄。"書商見其獲利之鉅且易,於是至光緒七年(一八八一)粵人徐裕子(鴻復)有同文書局之設,購備石印機十二架,雇用職工五百名,專事翻印古之善本,《二十四史》《康熙字典》及《佩文齋書畫譜》等書尤其著者。寧人則有拜石山房之開設。當時石印書局三家鼎立,盛極一時。
>
> 石印術翻印之古本,文字原形,不爽毫釐,書版尺寸又可隨意縮小,蠅頭小字,筆劃清楚,在科舉時代頗得考生之歡迎。故於上海之外,武昌、蘇州、寧波、杭州、廣東等處亦相繼開設石印書局,以《萬年曆》或《致富全書》爲開場印品(取其長發吉祥之意)。然其出品,則多不如上海之精美。①

在晚清石印本中,以同文書局影印的《古今圖書集成》和《二十四史》爲最有名。該局"於京師寶文齋覓得殿板白紙《二十四史》全部、《圖書集成》全部,陸續印出,不下數十萬部,各種法帖,大小題文府等十數萬部,莫不惟妙惟肖,精美絕倫,咸推爲石印之冠。迨光緒十七年辛卯(一八九一),内廷傳辦石印《圖書集成》一百部,即由同文書局承印。壬辰年(一八九二)開辦,甲午年(一八九四)全集告竣進呈,從此聲譽益隆"②。

其後商務印書館也利用石印的方法影印了大量叢書,其最有名的有《四部叢刊》、百衲本《二十四史》、武英殿本《二十四史》及《影印四庫全書未刊珍本初集》。張元濟《印行四部叢刊啓》云:"雕板之書,卷帙浩繁,藏之充棟,載之專車,平時翻閱,亦屢煩乎轉换;此用石印,但略小其匡,而不

① 《三十五年來中國之印刷術》,載《中國近代出版史料》初編。

② 《上海石印書籍之發展》注二,載《中國出版史料》補編。

併其葉,故册小而字大。册小而便庋藏,字大則能悦目。”[①]此外,該館一九三五年出齊的《影印四庫全書未刊珍本初集》選書二百三十一種,計十一萬餘葉,分裝一千九百六十册,是一項很大的工程。

當代影印古籍極爲普遍,其中比較突出的有中華書局影印的《永樂大典》、臺灣商務印書館及上海古籍出版社影印的《四庫全書》。這兩項出版工程對學術研究和古籍整理工作已經發揮了很大作用,並將産生深遠影響。

影印本的優點是能够保留書的原貌[②]、印刷迅速、出版周期短、成本低、價格比較便宜。但是如果所選底本不善,影印本也會出現一些問題。錢基博云:

> 光緒間,泰西石印法初傳至中國時,粤之徐氏創同文書局,印精本書籍。最著名者爲覆印武英殿《二十四史》,皆全張付印。徒以所得非初印本,字迹漫漶,乃延人描使明顯,便於付印;又以書手非通人,遇字不可解者,輒改以臆,訛謬百出!尤可笑者,自云所據四年本,而不知四年所刻,固無《舊五代史》;又未見乾隆四十九年殿本,輒依殿板行款,别寫一通,版心亦題乾隆四年,書估無識有如此者,然世乃以其字迹清朗,稱爲佳本。竹簡齋印《二十四史》遂用同文書局本,故錯字一仍其舊;而以合兩行爲一行,有錯行者,有應另行而圖省紙與前行迸爲一者,至諸表則强以次葉附於前葉之下,乖舛不可究詰。[③]

所以影印本也有鑒定版本問題,一要看它所用底本善否,二要注意出版單位對底本加工過程中出現的錯誤。由於影印本是依據雕印本、寫本、活字本而産生的,所以鑒定雕印本、寫本、活字本的各種方法,自然也同樣適用於鑒定影印本。

---

① 《四部叢刊書録》卷首。

② 版面一般均縮小,亦有按原大者。

③ 《版本通義·讀本第三》。

第七章　版本的變異與傳承

書籍在傳鈔、編印、典藏、流通的過程中都會造成版本的變異。一種書的不同版本雖然存在着差異，但是它們在演變過程中，也都有着一定的傳承關係。研究版本的變異與傳承關係，對於我們鑒别與利用版本無疑是必要的。

第一節　版本的變異

版本的變異主要反映在内容增損、篇卷分合、字句差異等方面，各有其原因，今分述如下。

一　内容增損

我國早期圖書是以鈔本形式流傳的，印刷術發明並廣泛使用之後，鈔本仍然是圖書的一種重要形式。由於鈔寫比較自由，人們往往又各取所需，所以對原書進行删節是經常發生的。如劉向在《列子》書録中説："所校中書《列子》五篇，臣向謹與長社尉臣參校讎太常書三篇、太史書四篇、臣向書六篇、臣參書二篇，内外書凡二十篇。以校，除複重十二篇，定著八篇。"①如果《列子》原爲八篇，則可見劉向所見到的各種鈔本内容都不全。後世鈔本删節原書内容的現象也很普遍，如南宋徐夢莘的《三朝北盟會

① 《快閣師石山房叢書》本《七略别録佚文》引宋本《列子》。

編》二百五十卷,由於篇幅大、字數多,長期以鈔本的形式流傳,於是有的鈔本就删去了不少内容,如華東師範大學圖書館所藏鈔本即存在着以下問題:

(一)有選擇地鈔録。如卷一五二“劉嶸上萬言書”,各刊本共有七策,而此摘鈔本只存録其中有代表性的三策。

(二)大量删削無關緊要的記載。有的甚至將整卷原書删去,如删卷五五、卷一〇九、卷一一四等。又卷二二—四七整整二六卷,也都統統被删去了。

(三)對原書中重要或比較重要的章節或事件,則全部鈔録或詳細摘録,如卷六二、六三叙述宋金交涉及交割三鎮之事,卷一一〇傅芳使金談判,請求金承認高宗在南京繼位之合法及送回二帝的問題等等,均予照録。

可見華東師大所藏摘鈔本,大體上是大事詳、小事略;宋廷事詳,金國事略;外交事詳,内政事略。①

印本書也存在着删節問題,特别是坊刻本,書商爲了降低成本,獲取厚利,往往大量删去原書内容,此類現象,明代尤爲突出。如屈萬里稱:

“明人刻書而書亡”,清代的校刊家常常有這種感嘆。的確明代萬曆以後的刻本,多半是一塌糊塗。他們任意改字,任意删節,甚至任意改换書名。商濬所刻的《稗海》、陳繼儒所刻的《寶顔堂秘笈》,算是比較好一些的叢書了,然而仍舊免不了任意删改的毛病。譬如宋人王楙作的《野客叢書》本來是三十卷,可是《稗海》本和《寶顔堂秘笈》本,都只有十二卷,精核的地方多被删削。假若没有嘉靖年間王轂祥的刻本存在着,人們就很少能知道這書是三十卷了。②

① 仲偉民《新見〈三朝北盟會編〉摘鈔本及其價值》,載《文獻》一九九二年第一期。

② 《讀古書爲什麽要講究板本》,載《大陸雜志》第二卷第七期。

政治因素也是導致某些圖書内容被删的一個重要原因，如清高宗組織人編纂《四庫全書》時，銷燬抽燬大量圖書就是一個顯著例子。四庫館正總裁英廉在奏摺中談到他根據乾隆四十五年（一七八〇）四月十三日旨意，至乾隆四十七年（一七八二）二月二十一日爲止，在不到兩年的時間内，曾派十三名官員“將各省解送之明代以後各書，逐一覆加檢閲，詳細磨勘，務將誕妄字句删燬净盡，不致稍有遺漏。兹據各該纂修等已全行閲竣，共看出應行銷燬書一百四十四部，應酌量抽燬書一百八十一部”。①在被抽燬的書中，不少是與受到政治迫害者有關的著作。如四庫館《奏繳咨禁書目條款》稱：

> 錢謙益、吕留良、金堡、屈大均等，除所自著之書俱應燬除外，若各書内有載入其議論、選及其詩詞者，原係他人所采録，與伊等自著之書不同，應遵照原奉諭旨，將書内所引各條簽明抽燬，於原板内剷除，仍各存其原書，以示平允，其但有錢謙益序文而書中並無違礙者應照此辦理。②

由於政治原因而删削圖書的問題，本書《校勘編》第三章《書面材料發生錯誤的原因》第二節《致脱的原因》十五《因政治原因而删》、《典藏編》第四章《書籍亡佚》第一節《禁燬》有詳細介紹，可參看。

圖書在流通過程中因爲禁燬、兵燹、自然災害等原因，許多書亡佚了，許多書變成了殘本。所以在流傳過程中散失也是導致不少圖書部分内容殘損的一個重要原因。如魯迅《嵇康集》序云：“魏中散大夫《嵇康集》，在梁有十五卷，《録》一卷。至隋佚二卷。唐世復出，而失其《録》。宋以來，乃僅存十卷。”③再如北宋曾鞏去世後，時人爲其編集，收集頗全，其弟曾肇在曾鞏《行狀》中稱其“既殁，集其稿爲《元豐類稿》五十卷、《續元豐類

① 《辦理四庫全書檔案》上册八二頁。

② 《辦理四庫全書檔案》上册六〇頁。

③ 《魯迅全集》卷十《古籍序跋集》。

稿》四十卷、《外集》十卷”。[①] 然而宋南渡後，《續元豐類稿》和《外集》已逐漸散佚，晁公武《郡齋讀書志》著録《元豐類稿》五十卷，陳振孫《直齋書録解題》除著録《元豐類稿》五十卷外，還有建昌守趙汝勵、建昌郡丞陳東重行刊校的《續稿》四十卷。元末兵燹，《續稿》又亡佚了，傳世的仍僅剩下《元豐類稿》五十卷。[②]

圖書的内容除删損外也會增益。早期的書籍鈔寫者尚未形成著作權觀念，他們往往根據自己的需要，把内容相近的其他人的著作鈔在一起。如劉向校定的《晏子》共八篇，而宫廷所藏《晏子》十一篇、臣參藏《晏子》十三篇。就在劉向校定的八篇中，有兩篇被列爲外篇，即不一定是晏子的作品。他在《晏子》書録中解釋道：“其書六篇，皆忠諫其君，文章可觀，義理可法，皆合六經之義。又有複重，文辭頗異，不敢遺失，復列以爲一篇；又有頗不合經術，似非晏子言，疑後世辯士所爲者，故亦不敢失，復以爲一篇，凡八篇。”[③]我國先秦古籍真贋雜糅，這是一個重要原因。

後世學者在整理出版前人著作時，常做搜亡輯佚的工作。將所輯佚作編入集中，當然會在原有的基礎上增加新的内容。例如陳師道的集子是他的學生魏衍在他去世十四年後編成的。魏衍《彭城陳先生集記》云：“受其所遺甲乙丙稿，皆先生親筆，合而校之，得古、律詩四百六十五篇，文一百四十篇。詩曰五七，雜以古、律；文曰千百，不分類。衍今離詩爲六卷，類文爲十四卷，次皆從舊，合二十卷，目録一卷，又手書之。”[④]而宋蜀刻有謝克家序之《後山居士文集》二十卷，詩文卷數與魏衍編本同，但詩多收二百一十八首，文多收二十九篇。多出的二百一十八首詩則散附在一、二、四、六卷後。可見宋蜀刻有謝克家序本在魏衍編本的基礎上，又將在社會上流傳的陳師道的詩文編入了集中。[⑤]

---

① 《曾鞏集》卷末《附録一》，中華書局一九八四年版。

② 參見陳杏珍《談曾鞏集的流傳和版刻》，載《文獻》第二十一輯。

③ 《四部叢刊》影印明活字本《晏子春秋》卷首。

④ 商務印書館《四部叢刊》縮印江安傅氏雙鑒樓藏高麗活字本《後山詩注》卷首。

⑤ 參見徐小蠻《陳後山集版本源流考》，載《文獻》第十九輯。

需要注意的是輯佚如果只求全備而不重視鑒别真僞,則會混入不少僞作。如清趙殿成於乾隆二年(一七三七)刻印的《王右丞集箋注》,其《箋注略例》云:“自十四卷以前之詩皆須溪本所有者,其别本所增及他籍互見者,另爲外編一卷。”萬曼指出:

> 這一卷共詩四十七首,除了蜀本系統所羼入的王涯、張仲素詩三十首外,其餘大抵都是根據顧元緯本編入的,止最後一首係據《事文類聚》補。這些詩除應歸之王涯、張仲素外,還有王昌齡、張子容、孫逖、宋之問、孟浩然、鄭谷以及失名的作品,可以視爲王維佚詩的不過二三首,這是應該斟别一下的。《全唐詩》全部删去,甚是。[①]

古書傳世每有續作,這也是書籍内容有所增加的一個原因。劉知幾《史通·古今正史》嘗云:“《史記》所書,年止漢武太初,以後闕而不録。其後劉向、向子歆及諸好事者,若馮商、衛衡、揚雄、史岑、梁審、肆仁、晉馮、段肅、金丹、馮衍、韋融、蕭奮、劉恂等,相次撰續,迄於哀平間,猶名《史記》。”總集與類書也有這種現象。如徐陵所纂《玉臺新詠》,其自序、《隋書·經籍志》、《新唐書·藝文志》、《郡齋讀書志》等皆著録十卷,但是明嘉靖十九年(一五四〇)鄭玄撫刻本却爲十五卷。其跋云:

> 徐陵世膺陳爵,恒猷厥酬,乃進《新詠》十卷,以備宫體。陵没,摛藻之徒取以爲則,播之宫商,幾四百餘年。俗瀧風下,靈秘莫珍,予夙悼之,博求世家,幸獲塵幾,篇殘簡亂,憑證無由。嘉靖己亥(一五三九),方子敬明購諸金陵,歸而畀予。予始删其餘篇,理其落翰,進儷陳隋,演爲十五卷,乃揖敬明,與之校梓。

此書所增五卷實爲徐陵身後陳隋時代的作品。[②] 又,宋葉大慶指出:“《藝

① 《唐集叙録·王維文集》。
② 參見躍進《〈玉臺新詠〉版本研究》,載《中國古籍研究》第一卷。

文類聚》唐太宗時歐陽詢所編也,而有蘇、李、沈、宋之詩,是皆後人所加。"並自注曰:"正月十五日有蘇味道《夜游》詩,洛水門有李嶠游洛詩,寒食門有沈佺期、宋之問詩,四子皆後人,歐陽安得預編之也。"①

後人對書做注釋,從而出現的各類注本,即在原書的基礎上增加了注釋部分,這也是圖書增加内容的一個原因。如蕭統編《文選》,唐李善爲之作注,並於顯慶三年(六五八)九月上《文選注》表。開元六年(七一八)又有吕延祚將吕延濟、劉良、張銑、吕向、李周翰等五臣注《文選》進表呈上。後來又有人將李善注與五臣注合成了六臣注。

後人對古書進行批評與校勘,那些附在原書上的批語與校勘記,也都使原書增加了新的内容。南宋劉辰翁在詩文的評點上下了很大功夫,明人曾匯刻《劉須溪批評九種》,包括《班馬異同評》《老子》《莊子》《列子》《世説新語》《李長吉歌詩》《王摩詰詩》《杜工部詩》《蘇東坡詩》。此外,《孟浩然集》《孟東野集》《王荆公詩文》《放翁詩選》等也有劉辰翁的評點。南宋興起的評點之風到了元明清仍然盛行,批評的對象從詩文經史發展到了小説戲曲。金聖嘆批評《水滸》《西厢記》就頗有影響。學者讀書在書的天頭地脚行間或采用簽條的方式留下批語、校勘記是十分普遍的現象,知名學者的批校本通常被當作善本。經過校勘的書籍出版時,校勘記通常附書以行,如清代由阮元主持校刻的《十三經注疏》。經文本來是單獨傳播的,宋人在經文的基礎上加注加疏,使原書内容不斷有所增加。"嘉慶二十有一年(一八一六)秋八月,南昌學堂重刊宋本《十三經注疏》,成卷四百十六,並附校勘記,爲書萬一千八百一十葉。"②原書附校勘記不但豐富了書的内容,也提高了書的價值。

此外爲圖書做補正工作,自然也會使原本增加新的内容。如張之洞的《書目答問》自光緒二年(一八七六)出版後,産生了廣泛的影響,後來范希曾又做了補正工作,並於一九三一年在柳詒徵的大力支持下,由國學圖書館印了《書目答問補正》。該書補録圖書一千二百種左右,在一定程度

① 《考古質疑》卷一。

② 胡稷《重刊宋本十三經注疏後記》,載中華書局影印本《十三經注疏》卷首。

上反映了自《書目答問》至《書目答問補正》這五十年間學術研究的主要成就。此外《書目答問補正》還補足或糾正了《書目答問》漏落或訛誤的書名、卷數、作者姓氏、刻書年代等近百處。①

總之，版本間内容有增損是十分普遍的現象，這也導致了版本的優劣與特色。我們在利用圖書時，當然要注意各種版本的特點及内容增損情況。

二　篇卷分合

版本在形式上的變化尤爲明顯，同一種書的不同版本，其版式、紙墨、字體、裝幀等許多方面都可能是各不相同的，我們在本編的有關章節已經作了論述，現僅就涉及文獻内容的篇卷分合問題作些説明。

我國古書多以竹木、帛、紙爲載體。文獻載體不同，圖書篇卷可能會有分合。如《管子》一書，劉向經過校讎定爲八十六篇，爲《漢書·藝文志·諸子略·道家》所著録，然《隋書·經籍志·子部·法家》却著録爲十九卷。顯然紙書比簡書的容量大，一卷紙書可以容納好幾篇文章。關於因爲載體不同而導致篇卷分合的詳細情況，可參見本書《目録編》第三章《目録的著録事項》第二節《篇卷》。

編輯體例不同也會導致一書各本間篇卷的分合。毛晉嘗云：

> 余藏襄陽詩甚多，可據者凡三種：一宋刻三卷逐卷意編，不標類目，共計二百一十首；一元刻劉須溪評者，亦三卷，類分游覽、贈答、旅行、送别、宴樂、懷思、田園、美人、時節、拾遺凡十條，共計二百三十三首；一弘治間關中刻孟浩然者，卷數與宋元相合，編次互有異同，共計二百一十八首。②

孟浩然集宋刻、元刻、明弘治刻雖均爲三卷，但是宋刻逐卷意編，元刻分類

---

① 參見上海古籍出版社一九八三年版《書目答問補正》前言。

② 《隱湖題跋·跋孟襄陽集》。

編排,明弘治刻編次與宋元本又有異同,故三個版本各卷内容不同,所收詩篇總數也互異。

還有的詩文集的編輯體例有分體、不分體和編年、不編年之别,各本之間的卷數也許相同,相應卷數的内容却有分有合。如杜荀鶴詩集,明末毛晉汲古閣刻本《唐風集》三卷,是分體編次的;而清初席啓寓刻《唐詩百名家全集》本《杜荀鶴文集》三卷,却統稱爲雜詩,不分體。兩本各卷的内容自然不同。一些按體裁排列的版本,如何分體,彼此也可能有别。如《全唐詩》本《杜荀鶴集》,卷一爲五律,卷二爲七律(僅有一首係七言八韻),卷三爲五、七言絶句。而《全五代詩》本《杜荀鶴集》,卷一爲五律,卷二爲九十六首七律,卷三爲四十四首七律外加五、七言絶句。[①] 再如《李商隱詩集》,《新唐書·藝文志》《直齋書録解題》《宋史·藝文志》均著録爲三卷,馮浩的《玉谿生詩集箋注》雖然也作三卷,由於采用了編年的方法,每卷的内容與過去的版本當然是不同的。其《玉谿生詩箋注發凡》稱:"舊本皆作三卷,而凌亂錯雜,心目交迷,其分體者更不免割裂之病。余定爲編年詩二卷、不編年詩一卷。行藏遞考,情味彌長,所不敢全編者,慎之也。"

出版叢書要求各叢書本在形式上保持一致,因此某些書在篇卷分合上往往要作些調整。據《舊唐書·王維傳》可知,《王維集》最初由其弟王縉編成,共十卷。其中六卷爲詩,四卷爲文,因此單行的《王維詩集》多爲六卷,但是明張遜業輯校《十二家唐詩》本,每家均分上、下兩卷,故《王摩詰集》也爲二卷。明楊一統刊《唐十二家詩》本,每家皆一卷,所以《王維集》也爲一卷。此外,明凌濛初刊朱墨二色套印本《王摩詰詩集》,五古、七古、五律、七律、五排、五絶、七絶各一卷,故共分七卷。王維的詩集雖有一卷、二卷、六卷、七卷之别,但是所收詩篇却大抵一致,不過有所分合而已。[②]

有些鈔本原就不全,爲了湊足卷數,往往對各卷内容進行分合。如南

---

① 參見汪長林《杜荀鶴詩集版本源流初探》,載《古籍研究》一九九六年第三期。

② 參見陳鐵民《〈王維集〉版本考》,載《古籍整理與研究》第五期。

京圖書館藏原丁丙家清鈔本《誠齋集》之卷首吴城題記云："余近見宋氏賓王、汪氏秀峰兩家所藏，俱一百三十三卷，始知插架舊本卷帙前後頗有錯亂，甚至以一卷分而爲二者，亦有以兩卷併而爲一者，妄行增損，欲謂之無心之誤，可乎？"試以國家圖書館藏原盧址家清鈔本《誠齋集》爲例，其文集部分闕失較多，最末一卷爲卷一二二《墓表》，卷一二三《墓志銘》並以下盡脱。即今存者，也殘損不完，如《四部叢刊》本之卷六六、六七爲《書》，共二十二首，此本竟無之。而以卷六九、七〇各分爲二，補足卷數。《四部叢刊》本卷八七至八九爲《千慮策》共十二篇，此本脱去其中的《論相》《論將》《論兵》《馭吏》四篇，而以其餘析爲三卷，補齊卷數。①

在刻本中也有分合篇卷以充全本的現象，例如《太平廣記》現存有殘宋本、明沈與文野竹齋鈔本、嘉靖隆慶之際的談愷刻本、萬曆間許自昌刻本等。殘宋本的總目録基本完整，總目録中全卷失佚者，僅有第一四一卷。遺憾的是，殘宋本第一四一卷的正文也殘缺了。今人所見《廣記》諸本之一四一卷，已經不是宋本之原來面目。明鈔本取宋本一四二卷後半截，充作一四一卷。而將宋本的一四三卷一分爲二，變作一四二、一四三卷。談本則將宋本一四二卷一分爲二，變作一四一、一四二兩卷。許本則一如談本處理。②

對原書加工整理，不僅會使原書内容有增減，而且也會使原書篇卷分合有明顯變化。如宋宋敏求《李太白文集後序》談到了唐宋李白集編纂情況：

> 唐李陽冰序李白《草堂集》十卷，云"當時著述，十喪其九"。咸平中，樂史别得白歌詩十卷，合爲《李翰林集》二十卷，凡七百七十六篇。史又纂雜著爲《别集》十卷。治平元年（一〇六四），得王文獻公溥家藏白詩集上中二秩，凡廣一百四篇，惜遺其下帙。熙寧元年（一〇六八），得唐魏萬所纂白詩集二卷，凡廣四十四篇。因裒唐類詩諸編，洎

① 參見吴鷗《誠齋詩集版本述略》，載《國學研究》第二卷。

② 參見張國風《試論〈太平廣記〉的版本演變》，載《文獻》一九九四年第四期。

> 刻石所傳，别集所載者，又得七十七篇，無慮千篇，沿舊目而釐正其彙次，使各相從，以别集附於後，凡賦、表、書、序、碑、頌、記、銘、讚文六十五篇，合爲三十卷。①

近人王國維《人間詞話》的版本，也因整理者不斷增加内容而在篇幅上逐步有所增加。徐調孚在《重印後記》中寫道：

> 王國維的《人間詞話》，最初祇有上卷，刊載在一九〇八年的《國粹學報》上，分三期登完。到了一九二六年，才有俞平伯先生標點、樸社出版的單行本。一九二七年，趙萬里先生又輯録他的遺著未刊稿，刊載於《小説月報》上，題爲《人間詞話未刊稿及其他》。一九二八年羅振玉編印他的《遺集》，便一併收入，分爲上下兩卷，以原來的爲上卷，趙輯的爲下卷。從這時候起，始有兩卷本。一九三九年開明書店要重印這書，我就《遺集》中再輯集他有關論詞的片段文字，作爲補遺附後：這便是現在印行的本子。其中署名山陰樊志厚的《人間詞》甲乙稿兩序，據趙萬里先生所作《年譜》，實在是王國維自己的作品，所以也一併收入附録中。這本小册子出版後，陳乃乾先生又從王氏舊藏各家詞集的眉頭，抄録他手寫的評語給我，我在一九四七年印第二版的時候再補附在最後。書中的注，一部分是周振甫先生所搜集的，一部分是我加的，全部都經過我的校訂。②

可見各本之間篇卷分合的情況也相當複雜，因載體、編輯體例、書商以殘本充全本，以及加工整理的方式與深度，都可能導致篇卷的分合與内容的增損。有的版本卷數相同，内容可能有異；有的版本卷數有異，内容可能相同。凡此種種都應引起讀者的注意。

---

① 《李太白全集》卷三一《附録一》。

② 載《蕙風詞話》《人間詞話》合訂本卷末，人民文學出版社一九六〇年版。

三　文字差異

版本之間存在着文字差異是十分普遍的現象。

我國幅員遼闊，各地方言頗不相同，因此各地鈔本之間很容易造成文字上的差異。如《楚辭·九章·惜往日》："妬佳冶之芬芳兮，嫫姆姣而自好。"洪興祖本云："佳，一作娃。"洪補注曰："娃，於佳切，吴楚之間謂好曰娃。"左思《吴都賦》："幸乎館娃之宫。"劉淵林注："吴俗謂好女爲娃。"①由此可見，娃與佳實際上是由方言的不同而造成的差異。再如《離騷》："憑不厭乎求索。"洪興祖本云："憑，一作馮。"王逸注："憑，滿也。楚人名滿曰憑。"馮，《説文解字》："馬行疾也。"段玉裁注："馮也，馬蹄着地堅實之貌。因之引申爲盛也，大也，滿也，懣也。"可見憑、馮同義，也僅是方言造成的差異。②

古今字體的變化也是導致版本之間文字差異的一個重要原因。如《左傳》襄公二十四年經文"秋七月甲子朔，日有食之。既"下，孔穎達《疏》云：

> 此與二十一年，頻月日食，理必不然，但其字則變古爲篆，改篆爲隸。書則縑以代簡，紙以代縑，多歷世代，年數遥遠喪亂，或轉寫誤失其本真，先儒因循，莫敢改易，執文求義，理必不通，後之學者宜知此意也。③

本書《校勘編》第三章《書面材料發生錯誤的原因》第一節《致訛的原因》—《因形近而訛》，詳細論述過這個問題，可參看。

在傳鈔編印的過程中，因疏忽、妄改導致文字上的差異也是十分普遍的現象，如惠棟跋宋本《禮記正義》云：

---

① 中華書局一九七七年影印胡克家刻本。

② 參見江林昌《〈楚辭〉異文考例》，載《文獻》一九九一年第三期。

③ 《春秋左傳正義》卷三五。

> 先是孔穎達奉詔撰《五經正義》，法周秦遺意，與經注别行。宋以來始有合刻，南宋後又以陸德明所撰《釋文》增入，謂之附釋音。《禮記注疏》編爲六十三卷。監板及毛氏所刻，皆是本也。歲久脱爛，悉仍其闕。今以北宋本校毛本，訛字四千七百有四，脱字一千一百四十有五，闕文二千二百一十有七，文字異者二千六百二十有五，羡文九百七十有一。①

再如宋蜀刻本《後山居士文集》第十四卷的九篇《記》，脱誤達七十六處。總共十四卷文集，脱五個字以上的地方竟有二十四處，最多的是第十六卷《送邢居實序》末尾，脱三百零二字，這一篇和另一篇脱題目和開頭六十字的《章善序》，兩篇風馬牛不相關的文章硬湊成一篇，使人不能卒讀。②

避諱與政治因素，同樣也是導致版本間文字差異的重要原因，如張元濟跋傳鈔本《崇山文集》云：

> 卷中遇"構"字稱"今上御名"，"慎"字稱"今上御名"，其他廟號，及語涉宋帝，皆空格，或提行，仍宋刻舊式，是必出自乾道刊本。……《四庫》著録亦二十卷，編次悉同，惟館臣泥於時忌，遇原書詆斥金人詞句，無不竄改，甚至顛倒序次，變易意義，其不易更動者，則故作闕文，或加以删削，有多至數百字者。③

再如明歸有光著《震川先生集》版本甚多，《四部叢刊》影印的康熙常熟刊本，經歸莊親手勘定，優於别本。由於該本刻於康熙前期，文字忌諱甚嚴，所以凡遇與皇上有關字樣一律空格，"夷""狄""胡""虜"等字均用墨釘迴避。④

---

① 載《涉園所見宋版書影》。

② 參見徐小蠻《陳後山集版本源流考》，載《文獻》第十九輯。

③ 《涉園序跋集録》，古典文學出版社一九五七年版頁二二一。

④ 參見《震川先生集》周本淳《前言》，上海古籍出版社一九八一年版。

本書《校勘編》第三章《書面材料發生錯誤的原因》，對文字出差異的原因做出了較爲詳細的論述，亦可參看。

第二節　版本的傳承

版本在内容、篇卷、文字上雖然常有很大差别，但是各種版本都由原著發展而來，理清版本源流，瞭解各本的特點與價值，對於讀書治學、從事古籍整理與出版工作，無疑也是必要的。

研究與揭示版本的傳承關係，首先應從諸家目録、有關記載，以及現存版本中查考明白，然後再按時代先後將各本逐一叙録。如郭紹虞的《陶集考辨》，作者先將陶集各種版本按時代先後分成：一、梁以前本；二、宋以前本；三、北宋本；四、南宋本上；五、南宋本下；六、元本；七、明本上；八、明本中；九、明本下；十、清本上；十一、清本下；十二、近代本。對於已佚的版本，根據文字記載，也一一作了分析。如其關於梁以前六卷本《陶潛集》的考辨稱：

> 《隋書·經籍志》云："宋徵士《陶潛集》九卷。"注云："梁五卷，録一卷。"是梁以前本原衹五卷。陽休之《序録》云："其集先有兩本行於世：一本八卷，無序；一本六卷，並序目。"是六卷本即梁五卷本，梁氏《陶集考證》所言是也。橋川氏《陶集版本源流考》謂此"六卷本隋時已佚，新、舊《唐志》所著録之五卷本，並蹈襲《隋志》所録而存其目"，其所推測亦不謬。大抵昭明本、陽休之本既行之後，此"編比顛亂兼復闕少"之書，固宜歸於淘汰。①

郭紹虞在考辨現存陶集時，頗注意分析諸本特點與價值。如其介紹近代古直《陶靖節詩箋定本》四卷道：

① 載《燕京大學學報》一九三六年十二月第二十期，梁氏指梁啓超，橋川氏指日人橋川時雄。

> 古直舊爲《述酒詩箋》，載《華國》月刊二期七册，此册出版之時，雖在一九二五年五月，而古氏作箋實在一九二四年夏旅居廬阜之時。一九二六年撰成《陶靖節詩箋》四卷，輯入《隅樓叢書》中，二十五年復寫爲定本，爲《層冰室五種》之一。古氏箋陶用力頗勤，前此雖有諸家箋注，古注不求備摭，汰棄殊多。其自爲注，頗能發明陶詩用事之長。竊以爲陶詩用事，真所謂水中著鹽，雖有鹽味不見鹽質者。古氏詳爲鈎稽，以發潛幽，不特可明陶詩用事之處，即於陶公學術思想，亦可爲印證之助。朱自清君有書評，載《清華學報》十一卷二期。

吴則虞考辨《清真詞》版本大抵采取了同樣辦法。他首先將《清真詞》版本可考者按時代分爲：宋刻得十有一種、元有二、明有五、清有八、近人校印者十、不詳者二，並一一羅列其名稱。接着又擇其要者，作了考辨。如關於《清真詞》之祖本，他考證道：

> 《宋史·藝文志》有《清真集》十一卷，《攻媿集》及《郡齋讀書志》有《清真先生文集》二十四卷，《直齋書録解題》有《清真雜著》三卷，書皆不傳。王灼《碧雞漫志》云："美成集中多新聲。"《直齋書録解題》云："《清真雜著》，在溧所作文記詩歌。"二者之中俱有長短句在内，盧炳、陳允平、强焕所據之本，疑從此出，此第一本也。《嚴州續志》有《清真詩餘》，此《清真詞》最早别行之本，黄昇《花庵詞選》即據以選録，《清真詩餘》收詞若干不可知，然《花庵》所選各詞，方、楊皆有和，似亦只九十餘首，後之《三英集》及毛晉所見不滿百闋之《美成長短句》與《清真集》，似俱從此出，此第二本也。祭海先河，後來各本，要皆此二者之支裔耳。①

對於各本淵源及優缺點，作者也作了考證與總結，如其考辨四印齋刻元巾

---

① 《清真詞版本考辨(附版本源流表及清真集考異)》，載中華書局一九八一年版《清真集》。方指方千里，楊指楊澤民，皆有和《清真詞》。

箱本《清真集》二卷集外詞一卷云：

元巾箱本《清真集》二卷，實即元龍之十卷本也，惟分卷編次不同。此分爲上下兩卷，上卷收詞四十七首，下卷收詞八十首（共一百二十七首，與注本同），四印齋刻本悉依從之。其集中所無而見於毛刻者凡五十四闋，别爲集外詞一卷，置列於後（共百八十一首）。半塘翁一代詞宗，號爲精審，然此集之刻，殊有三失：毛本之九十四闋，其《鎖陽臺》等三首及補遺十首，王氏悉删去，或取或舍，欲全反缺，其失一也。又五十四闋中，《水調歌頭》"今夕月華滿"乃何大圭詞，《感皇恩》"小閣倚晴空"乃晁冲之詞，《鬢雲鬆》亦贋品，半塘翁欲去僞存真，而真僞雜糅，其失二也。《清真詞》分卷雖亂於元龍，而本來面目，猶髣髴見之，元巾箱本釐爲二卷，宋本堂廡，從此全毀，半塘翁既見陳注，而棄宋從元，舍刻從鈔，其失三也。所喜者，《清真詞》自宋以來，注本與强本分道揚鑣者已久，此刻而後，兩本漸匯而爲一，林大椿復事綜集，牉以合矣。①

爲了一目瞭然，有人還采用表格的形式記録版本，如徐小蠻的《陳後山集版本源流考》。今録其詩集各種爲例：

書　名	卷數	版　本	編校序者	備　注
後山詩注	六	宋蜀刻本	宋魏衍"集記" 王雲題記 許尹序 任淵編注並序	每卷各分上下
後山詩注	十二	元刻本		
後山詩注	十二	明弘治本	明楊一清跋	

① 《清真詞版本考辨(附版本源流表及清真集考異)》，載中華書局一九八一年版《清真集》。半塘翁指王鵬運，毛本指汲古閣刻《片玉詞》二卷。王氏指王鵬運，陳注指《詳注周美成片玉集》十卷陳元龍注，强本指强焕序《清真詞》二卷本。

續表

書名	卷數	版本	編校序者	備注
後山詩注	十二	明嘉靖本		
後山詩注	十二	高麗活字本		據明弘治本排印,《四部叢刊》初編本據此影印
後山詩注	十二	清武英殿聚珍本		
後山詩集	十二	清雍正活字本	清陳唐編 吴淳還序	正集六卷,後集五卷,詩餘一卷
後山詩注箋補	十四	商務排印本	近人昌廣生箋	正集十二卷,逸詩上、下卷①

從表中可知陳師道的詩集版本雖多,但都源自任淵編注的《後山詩注》,他依據的本子是王雲所傳,而王雲得之魏衍的親授本。任淵的本子雖然只有六卷,但增加了注,每卷各分上下,等於十二卷。清雍正活字本,正集六卷、後集五卷、詩餘一卷,似有很大不同,其實其正集六卷是據《後山詩注》編次去掉任淵注而已,後集五卷是搜集正集外作品編集而成,所以仍然是由《後山詩注》演變而來。《後山詩注箋補》雖然爲十四卷,其中十二卷同《後山詩注》,另二卷爲逸詩。②

有的書版本相當複雜,研究者除對重要版本不斷進行介紹外,還采用圖表的形式揭示版本傳承關係,顯得尤爲明晰。吴則虞《清真詞版本考辨(附版本源流表及清真集考異)》就是這麼做的,因爲篇幅大,難以引證。兹以陳鐵民的《岑嘉州詩版本源流考》爲例,作者首先對現存岑參詩集的主要版本作了叙録:

(一)《岑嘉州詩》,八卷,存前四卷,宋刊本。每半頁十行,行十八字。前有杜確序。現藏北京圖書館。

(二)《岑嘉州詩集》,八卷,明鈔本。半頁十行,行二十字。有杜

① 載《文獻》第十九輯。

② 參見徐小蠻《陳後山集版本源流考》,載《文獻》第十九輯。

確序及目録。原係黄丕烈藏書，現存北京圖書館。

（三）《岑嘉州集》，八卷，明銅活字本。半頁九行，行十七字。有杜確序，現藏北京圖書館。

（四）《岑嘉州集》，二卷，明張遜業輯《十二家唐詩》本。嘉靖三十一年（一五五二）江都黄埻東壁圖書府刊。每半頁九行，行十九字。無杜確序，書藏北京圖書館。

（五）《岑參集》，一卷，明楊一統刊《唐十二家詩》本。萬曆十二年（一五八四）刊。半頁九行，行二十字。有目録，無杜確序。書藏北大圖書館。

（六）《岑嘉州集》，二卷，明許自昌輯《前唐十二家詩》本。萬曆三十一年（一六〇三）刊。半頁九行，行十九字。無杜確序，書藏北大圖書館。

（七）《岑嘉州集》，八卷，明刊《唐十二家詩》本。半頁十行，行十八字。有杜確序，書藏北大圖書館。

（八）《岑嘉州集》，八卷，明刊本。半頁十行，行十八字。有杜確序。有吴慈培校並補目，周叔弢校並跋。書藏北京圖書館。

（九）《岑嘉州集》，二卷，明鄭能刊《唐十二家詩》本。每半頁九行，行十九字。無杜確序。原爲鄭振鐸藏書，現存北京圖書館。

（十）《岑嘉州詩》，七卷，明正德十五年（一五二〇）熊相濟南刊本。半頁十行，行十七字。前有杜確序，後有邊貢、熊相二序。《四部叢刊》影印，北京圖書館藏有原刊本。

（十一）《岑嘉州詩》，七卷，明刊黑口本。半頁十行，行十七字。無杜確序，書藏北大圖書館。

（十二）《岑嘉州詩》，八卷，明正德十五年謝元良嘉州刊本。半頁十行，行二十字。無杜確序，有安磐《新刊岑嘉州詩引》，書藏北京圖書館。

（十三）《岑嘉州詩》，四卷，明正德十五年沈恩蜀中刊本。半頁十一行，行二十字。無杜確序，前有楊慎《新刊岑嘉州詩序》，後有沈恩跋。《四部叢刊》初編影印，北京圖書館藏有原刊本。

作者又就上述諸本的相互關係作了考述，並用圖表展示了版本源流：

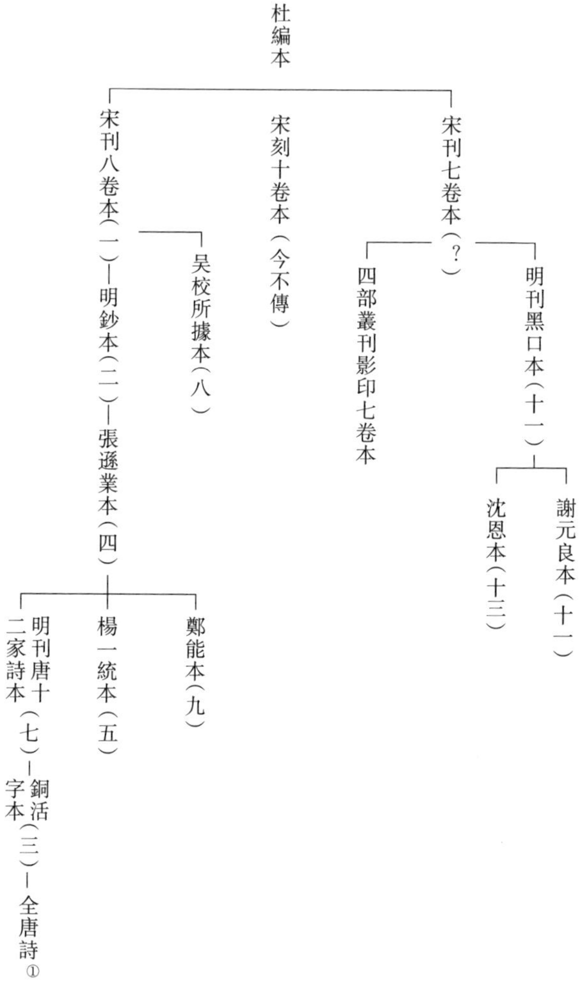

研究版本的變異與傳承，不僅使我們在讀書治學時，能够選擇可靠的版本，吸收各本的長處，而且還能使我們瞭解一部書的出版史與研究史。

① 載《文史》第六輯。

第八章　對版本的記録和研究

從劉向、劉歆父子校書以來，學者們就一直注意對書籍版本進行研究和記録。我國古籍基本上見於各種目録的著録，此外人們還利用書影、行格表、刻工表、題跋、論文等形式對圖書版本進行更加深入細緻的描述和探討。一些學者的日記、書信、札記中，涉及圖書版本的論述也不少。對前人在這方面的豐富遺産進行探索，不僅便於我們借鑒前人的研究成果，更重要的是其記録和研究版本的方式方法也是值得我們效法的。

第一節　目録著録

版本是目録應有的著録事項之一，如果專門着重版本的記録，則成爲版本目録。在目録編第七章第五節中，我們曾對此作過論述，現在僅將目録著録對版本研究的必要性略作説明。

版本的目録著録大抵可分兩類：先是側重於對版本的記録，繼而發展爲對版本的研究。

最早記録鈔本的，可追溯到劉向《别録》，如《管子書録》云："所校讎中管子書三百八十九篇，大中大夫卜圭書二十七篇，臣富參書四十一篇，射聲校尉立書十一篇，太史書九十六篇，凡中外書五百六十四篇。"①顯然

---

① 《四部叢刊》影印宋刊本《管子》卷首。

“中管子書”等指的都是管子的不同鈔本。最早記録雕印本的當推南宋尤袤的《遂初堂書目》。它在經總類、正史類、雜史類三類中標明了版本。明嘉靖間，晁瑮《晁氏寶文堂書目》分别按出版時間、地點、出版者、書籍形式著録了各類版本，比較全面地反映了明代的版刻源流與出版情況。此後，明人李鵬翀在他編的《得月樓書目》中，常注明某書是宋版、某書是元版、某書是鈔本、某書是活字本等。明末清初著名的藏書家錢曾的《述古堂書目》也往往運用附注的方法標明版本。但這幾種目録都只是記録了一部分書的版本。

對所著録的書全面記録版本的，要算清初季振宜編的《季滄葦藏書目》。然該目兼用分類、標目、附注等方法記録版本，顯得不够清晰。嘉慶十年(一八〇五)，秦恩復編的《石研齋書目》統一用附注方法記録版本，受到了人們的稱贊，顧廣圻云：“今先生此目，創爲一格，各以入録之本詳注於下，既使讀者於開卷間目憭心通，而據以考信，遂不啻燭照數計。於是知先生深究《録》《略》，得其變通，隨事立例，惟精惟當也。特拈出之，書於後，爲將來撰目録之模範焉。”①

還有一些版本目録是采用分類的方式來記録版本的。此類目録中編得最有條理的，當推聊城楊氏《海源閣藏書目》。該目按經、史、子、集四部編排，每部又分宋本、元本、校本、鈔本四條，頗爲清晰。

至於側重對版本研究的版本目録，似萌芽於南宋陳振孫的《直齋書録解題》，如《高氏小史》一百三十卷，解題云：“此書舊有杭本，今本用厚紙裝褙夾面，寫多錯誤，俟求杭本校之。”②又如《杜工部詩集注》三十六卷，解題云：

蜀人郭知達所集九家注，世有稱東坡《杜詩故事》者，隨事造文，一一牽合，而皆不言其所自出，且其辭氣首末若出一口，蓋妄人依託以欺亂流俗者，書坊輒勦入集注中，殊敗人意，此本獨削去之。福清

① 《思適齋集》卷一二《石研齋書目序》。

② 《直齋書録解題》卷四。

曾噩子肅刻板五羊槽司，最爲善本。①

此類解題雖不多，但對後世研究版本的書目的發展，其作用無疑是很大的。

明末清初錢曾的《讀書敏求記》，特別注意從牌記、序跋、版式、字體、紙墨、裝幀、印章、校勘等方面來確定版本的年代和價值。清阮福在重刻此書所寫的序中説："遵王此書述著作之源流，究繕刻之同異，留心搜討，不遺餘力，於目録書中洵爲佳著。"②

清乾隆四十年（一七七五年），大學士于敏中奉敕編撰《天禄琳琅書目》十卷，是爲官書言版本之始。該目按宋版、元版、明版、影宋鈔本分類，每類又各以經、史、子、集爲次。各書刻於何時何地、何人收藏、鈐有何印，都一一記載，加以考證，爲以後側重於研究版本的目録提供了一個成功的模式。

此後，私家藏書目録多側重於對版本的研究，其中編製規範而又産生深遠影響的，是張金吾的《愛日精廬藏書志》。近人喬衍琯爲該書所撰叙録云：

昭文張氏愛日精廬世代藏書，多到八萬餘卷。宋元舊本、明刻精本和舊鈔、精鈔、精校部分，計七百六十五部。其中經部一百三十四部，續編十二部；史部一百七十八部，續編十二部；子部一百三十一部，續編四部；集部二百七十二部，續編二十六部。撰成《愛日精廬藏書志》三十六卷，續編八卷。各書著録書名、卷數、版本、撰人外，並迻録古人序跋、名家題識，且別擇頗嚴，不遺不濫，比《經義考》的體例要精審得多。其取舍標準，詳見書前凡例。後來楊紹和的《楹書隅録》、陸心源的《皕宋樓藏書志》，以及近人王文進《文録堂訪書記》、張元濟

① 《直齋書録解題》卷一九。《杜詩故事》，《四庫全書總目》提要引稱《東坡事實》，當即《老杜事實》。

② 《讀書敏求記》附録序跋。

《寶禮堂宋本書録》,都依照張氏的辦法。①

兹舉一例:

史記一百三十卷宋乾道蔡夢弼刊本　懷古堂藏書

漢司馬遷撰、宋裴駰集解、唐司馬貞索隱。目録後有"建谿蔡夢弼傅卿校正"一行。《三皇本紀》後有"建谿蔡夢弼傅卿親校刻梓於東塾,時歲乾道七月(當是年字)春王正上日書"兩行。《五帝本紀》後有"建谿三峰蔡夢弼傅卿親校,謹刻梓於望道亭"兩行。每葉二十四行,行二十二字,注二十八字。字畫精朗,古香可愛,蓋宋版中之絶佳者。

卷末有題識云:"共計三十本,辛丑年孟春重裝,懷古堂識。"又有題識云:"泰興縣季振宜滄葦氏珍藏。"蓋錢求赤藏本後歸季滄葦者。

史記集解序

補史記序

史記索隱序

史記索隱後序②

此後,晚清繆荃孫所撰《清學部圖書館善本書目》還注意到著録書的高廣尺寸及邊欄,在前人的基礎上又朝前邁進了一步。今舉一例:

詩集傳二十卷

宋朱子撰。宋刊大字本。每半葉七行,行大、小十五字,高五寸九分、廣四寸六分。白口,上有大、小字數,有刻工姓名。蝶裝。首行題"詩卷第幾,朱熹集傳"。今存小雅《鹿鳴》至《四月》,爲卷九之十二;大雅《蕩》至商頌《長發》,爲卷十八之二十。於宋諱

① 《愛日精廬藏書志》卷首,文史哲出版社一九八二年影印本。

② 《愛日精廬藏書志》卷八。

玄、畜、匡、樹、殷、恒、徵、慎、敦、鄭、覯等字皆缺筆，蓋寧宗時刊本也。楮墨大雅，字畫端好。又每册簽題"《詩朱氏傳》幾之幾"，殆宋槧之極精者。朱熹《詩集傳》二十卷，見《宋史·藝文志》、《玉海》藝文類。今四庫所收，尚是通行八卷之本。此雖殘帙，藉見坊刻未并以前廬山真面，豈非至寶。陳鱣《經籍跋文》所見即此本，亦闕。①

近人王重民的《中國善本書提要》認真吸取前人成功經驗，著録國内外藏弆的古籍善本四千四百餘種，對版本的記録與研究相當周詳精當。此外，全面反映我國收藏古籍善本實際情況的《中國古籍善本書目》對版本的記録和研究也頗具特色。例如：

朱慶餘詩集一卷　唐朱慶餘撰　宋臨安府陳宅經籍鋪刻本　清季振宜題款　黄丕烈、瞿中溶跋　十行十八字　白口，左右雙邊

一二七一

朱慶餘詩集一卷　唐朱慶餘撰　清初抄本　十行十八字，無格

一二七二

朱慶餘詩集一卷　唐朱慶餘撰　清康熙席氏琴川書屋刻《唐詩百名家全集》本　傅增湘校並跋　十行十八字　白口，左右雙邊

一二七二②

可見，《中國古籍善本書目》對一種書的不同版本皆分開著録，每種版本又對書名、卷數、著作時代、作者、著作方式、出版時代、出版單位、出版方式、題跋及版式等最重要、最能説明問題的項目進行了記録和描述。每書之下並附有編號，根據編號還可以在書目後藏書情況表中找到藏書單位。因此顯得特别謹嚴明晰，切實有用。

通過上述各家目録特别是版本目録的著録情況，我們大體可以知道

① 《清學部圖書館善本書目》經部詩類。

② 《中國古籍善本書目》集部别集類。

如何通過這一手段記録和研究版本。

第二節　書影留真

不少版本目録雖然對版刻特徵作了詳細的描述，但是人們仍然希望見到原書，因爲只有這樣才能對書的版式、字體等特徵有真切的瞭解，而古籍善本又不是很容易見到的，於是就想到采用影刻或影印的方式，再現其中的一二葉，以顯示書的原貌，以便與其他相同或相近的版本進行比較。此類作品稱爲書影。

最早的書影是楊守敬於清光緒辛丑年（一九〇一）刻印的《留真譜》，傅增湘曾對其作過公允的評價：

……楊氏惺吾乃廣采群籍，上起六朝，下逮朱明，旁及外邦，舉凡古鈔、舊刻、銅木活字、世間稀見之本咸入網羅，或影首篇，或采序跋，或録其校刻公牒銜名，或勒其官私牖鼎牌式，多則數葉，少乃數行，咸著其有關考訂者。至光緒辛丑刊成，判成初、二編，題曰《留真譜》，俾覽者一展卷而行款格式、版刻風氣粲然呈露，既省記録之繁，兼獲比較之益，於是著録家遂闢此一塗，後有作者莫之能廢焉。顧其爲書，取類過博，偶涉濫收，又緣惜費省工，字緣四周而匡中空白，未爲雅觀，然篳路藍縷開創之功，烏可泯耶！①

此後陸續出版了不少書影，例如：

宋元書式　有正書局輯　民國間上海有正書局影印本

寒雲書影　袁克文輯　一九一七年上海倉聖明智大學影印本

鐵琴銅劍樓宋金元本書影　瞿啓甲輯　一九二二年常熟瞿氏影印本

① 《嘉業堂善本書影》序。

故宫善本書影初編　故宫博物院圖書館輯　一九二九年故宫博物院圖書館影印本

盋山書影　南京國學圖書館輯　一九二九年南京國學圖書館影印本

嘉業堂善本書影　劉承幹輯　一九二九年吴興嘉業堂劉氏影印本

重整内閣大庫殘本書影　故宫博物院文獻館輯　一九三三年故宫博物院文獻館影印本

宋本書影　日本長澤規矩也輯　一九三三年日本東京書誌學會影印本

善本影譜　日本長澤規矩也、川瀨一馬輯　一九三四年日本東京書誌學會影印本

涉園所見宋本書影　陶湘輯　一九三七年武進陶氏影印本

文禄堂書影　王文進輯　一九三七年北京文録堂影印本

這些書影的共同點是都采用了影印的方法，從而克服了《留真譜》影刻可能失真的缺點。除《宋元書式》無目録外，其餘皆編了目次，撰有提要。今録二例：

南軒文集殘本二十八卷

宋張栻撰，朱熹編。宋刊本。宋諱避至擴字。楮墨瑩潤，宋槧之上乘也。惜原書四十四卷，此已佚其少半，計闕卷一至四，卷三十三至末共十六卷。經前人剜改卷二十九至三十二爲一至四卷，蓋僞作全書耳。然即此二十八卷中，較通行本已多詩文數首，是正訛脱，不可勝記。卷中間有鈔補之葉。有曲阿孫氏收藏印記。原藏昭仁殿。①

吕氏家塾讀詩記三十二卷　宋刊本

① 《故宫善本書影初編》集部。

前有朱子序，後有尤袤序，俱題淳熙壬寅九月。爲邱宗卿所刻。前序後有條例五則。宋諱朗、殷、匡、筐、恒、楨、貞、樹、勖、桓、構、菁、慎等字皆有闕筆，而惇、敦字不闕，蓋爲孝宗時刻本也。卷首、末俱有毗陵周氏九松迂叟藏書記、周良金印、周笈私印諸朱記。①

顯然，這些提要對我們瞭解書影，乃至全書都是極有幫助的。此外，這些書影所影印的對象基本上限於宋元善本。特别值得一提的，是日本人三澤安一於一九三五年編輯的《論語秘本影譜》，同年由東京斯文會影印。該譜分集解本、義疏本、注疏本、集注本、單經本、宋元注釋本六類，共收二十三種有關《論語》的珍本書影，並附《論語秘本影譜解説》加以説明。這説明書影越編越細。

此後將書影的編製工作提高到一個嶄新水平的是潘承弼、顧廷龍編的，並於一九四一年由上海開明書店出版的《明代版本圖録初編》。兹録其凡例數則以見其編纂宗旨與特點：

一、本録網羅明代所刻書籍，留真面以存一代雕槧之程式；

二、本録以圖版爲主，撰附略説，藉明原委，約分十二類以綜其要；

三、每一書采正文景片一幀，或遇本書有特點可資參考者增攝一二幀不等；

……

十二、末附人名書名室名索引一卷，藉便檢索。

該圖録共分分代、監本（官刻附）、内版、藩府、書院、家刻、毛刻、書林、活字、套印、繪圖、附録等十二卷。編者還對每類的版刻源流及特點作了精闢的論述。例如論内版云：

---

① 《鐵琴銅劍樓宋元本書影識語》卷一。

明内府雕版，閹寺主其事，發司禮監梓之，納經廠庫儲之，凡所刊者即稱之爲經廠本。沿習既久，莫溯厥源，而内府之名遂微。考之《宫史》云，經廠只管一應經書印版及印成書籍，佛藏、道藏、番藏皆佐理之。集賢宏業，託諸刑餘，傳本當不爲重，然其書版寬、行疏、字大、體勁，具有蜀刻遺意。煌煌鉅編，宜所甄録。①

又如對藩府刻本的介紹也顯示了編者對版本的深邃理解：

明時藩邸王孫襲祖宗餘蔭，優游文史，雕槧之業邁軼前朝。今可溯者殆十數家：蜀府最先，自洪武迄萬曆，傳本不絶。寧藩自號臞仙，所刊多道家養性保命諸籍。他如唐藩之《文選》、吉府之《賈子》，於今傳誦。餘則代、崇、肅三府各有垂典，並爲世睹。此成化以前藩邸之概略也。嘉靖以下，晉府最著淹雅，奕世載美，光啓前業。其所署有寶賢堂、志道堂、虚益堂、養德書院諸稱，循名可覘其實。其所刊有《文選注》《唐文粹》《宋文鑒》《元文類》《初學記》諸書。浩瀚卷帙，爲諸藩之冠。次則秦藩之《史記》、德藩之《漢書》、趙府之《詩輯》、益府之《玉篇》，並得擅美濟武。而鄭藩之通音律，所刊《樂律全書》尤爲審音家所推重，不獨以雕版著藝苑也。其他諸藩曰周、曰徽、曰瀋、曰伊、曰魯、曰楚、曰遼、曰潞。一二精槧，更僕難數，河間、衡陽無與爲盛。彙而録之，黼黻人平，具見一代之宏業云。②

本書於圖版皆附略説，這些叙録文字雖然不長，但參考價值頗高，堪稱版本鑒定的力作。兹舉一例：

寶庵集二十四卷　八册

明吴郡顧紹芳實甫撰

① 《明代版本圖録初編》卷三。

② 《明代版本圖録初編》卷四。

明萬曆四十年壬子(一六一二)刊本

匡高一九・四公分　寬一四公分

按此書版心有"崑山唐伯誠刻"六字,知刊成於崑山者。

字體精勁,爲萬曆本中之別面目。紹芳爲亭林之本生祖,集中有胡虜之語,故禁燬不傳。①

此外,該圖録根據不同情況,分别按書的出版時代、出版單位、出版地區來編排,這對我們瞭解明代版刻的演變及各單位、各地區刻書的特點是大有幫助的。值得一提的是日本人長澤規矩也於一九四二年編印了《明清插圖本圖録》,共影印了六十種圖書中的部分插圖,且附有解説,也是一種很有特色的書影。

書影的集大成之作,爲北京圖書館編著的《中國版刻圖録》,一九六〇年由文物出版社出版,次年又出了第二版。卷首有序言一篇,論述了我國雕版印書史。《圖録》分三部分:第一部分爲刻版,計四百一十種;第二部分爲活字版,計四十種;第三部分爲版畫,計五十種。三部分皆按年代順序編排,但在刻版部分中的宋、金、元刻本則依刻版地區順序編排。這種編排方法,不僅用圖録的方式,向人們明確地展現了中國印書發展史,而且也便於人們瞭解和研究宋元時期各地區版刻的風貌,以及活字本、版畫的各自特點。《圖録》所收五百種書影皆有叙録,這些叙録反映了編者對版本所進行的深入研究。今舉一例:

申鑒注　明黄省曾撰　明正德十四年黄氏文始堂刻本　蘇州

圖版三九八

匡高一九・八釐米,廣一二・七釐米。九行,行十七字。細黑口,四周雙邊。版心下鎸"文始堂"三字。《兩京遺編》本即據此翻刻,行款版式同,版心鎸"文始堂"三字亦同,瞿氏《鐵琴銅劍樓書目》遂誤認爲黄氏原本,應予糾正。此本寫工周潮,刻工李澤、

① 《明代版本圖録初編》卷一。

李清、章悦、李經、李樸，皆正、嘉間蘇州地區良工。此外刻工單字署名，全不相同，一望可辨。①

總的來説，迄今爲止，《中國版刻圖録》堪稱書影的典範著作。

此後，陳堅、馬文大編輯之《宋元版刻圖釋》，二〇〇〇年由學苑出版社出版，二〇〇八年還出了第二版。該書《凡例》稱："本書爲研究、檢閲、鑒定宋、元版刻圖籍的圖録性工具書，共輯入宋代版本書影六百六十餘種，遼、西夏、金版本書影五十五種，元代版本書影三百七十餘種，另輯録宋元版畫九十九種、一百三十幅。"該圖釋亦足資參考。

書影爲我們瞭解圖書版式之異同、字畫之形體、行幅之疏密廣狹提供了依據，所以一直爲言版本者所重視。②

第三節　行格表、刻工表

同一書的不同版本，其行款可能是不同的，因而研究版本者往往將行款作爲鑒定版本的依據之一，許多版本目録、題跋乃至書影都記録了版本的行款。如黄丕烈《百宋一廛賦注》《士禮居藏書題跋記》、張金吾《愛日精廬藏書志》、吴騫《拜經樓藏書題跋記》、陳鱣《經籍跋文》、錢泰吉《曝書雜記》《甘泉乡人稿》、陸心源《皕宋樓藏書志》《儀顧堂題跋》《儀顧堂續跋》、瞿鏞《鐵琴銅劍樓書目》、楊紹和《楹書隅録》、孫星衍《平津館鑒藏書籍記》、丁日昌《持静齋書目》、莫友芝《宋元舊本書經眼録》、朱緒曾《開有益齋讀書志》、日人澁江全善、森立之《經籍訪古志》、邵懿辰《四庫全書簡明目録標注》，以及顧廣圻《思適齋集》、洪頤煊《讀書叢録》、錢大昕《竹汀先生日記鈔》《十駕齋養新餘録》、楊守敬《留真譜》等。

但是，這些著作對行款的記載，分散各處，難於稽考，不便利用，於是清末江標根據上面所提到的著作著《宋元本行格表》，並讓其弟子劉肇隅

① 《中國版刻圖録》一《刻版・明》。

② 參看劉奉文、魏芳華《中國古書書影小史》，載《古籍整理研究學刊》一九八七年第三期。

協助編校。劉氏叙云：

> 肇隅既手自編寫，間亦拾遺補闕，私以例隱括之。其四行至二十行，與四部分列之數及行字先少後多，悉依師説，詳主引用之書。其稱景宋鈔本、景元鈔本、明繙宋本、明仿宋本者，苟非塙有取證，概附卷末，以示矜慎，亦師旨也。編成質之吏部師（引者案：指葉德輝），師以爲完善無恨。①

此書優點有三：一是書名按半葉行數與經史子集四部編次，頗便檢索核對；二是詳注引用之書，徵信可靠；三是附注版本其他特徵，利於驗證。兹舉八行經之屬、九行史之屬各一目爲例：

> 宋殘本中字春秋經傳集解行十七字
>
> 《百宋一廛賦注》《皕宋樓藏書志》云：士禮居相臺殘本，小字雙行，每卷末有"相臺岳氏刊梓荆溪家塾"十字篆文橢圓木記。左綫標某公幾年，版心有字數及刊工姓名，版心魚尾全墨，上魚尾之上、下魚尾之下有細墨，即世稱小黑口也。
>
> 宋蜀大字殘本漢書行十六字小字雙行二十字存卷六十四上、下，六十五至六十七，六十九上、中
>
> 版心有刻工姓名，玄、朗、匡、殷、敬、殼、竟、境、完、桓、貞、徵、慎、恒、讓等字缺避，桓注淵聖御名，構注今上御名，蓋紹興初蜀中刊本而孝宗時修改。《儀顧堂續跋》又見《皕宋樓藏書志》。

顯然，《宋元本行格表》實際上也是一種版本目録。

行格表之外，將各書刻工列表也是記録和研究版本的方法之一。這項工作開創於日本長澤規矩也的《宋元刊本刻工名表初稿》，以後續作者

---

① 《宋元本行格表》卷首。葉德輝清末曾官吏部主事。

不乏其人，其内容方法均已詳本編第五章第二節，今不重述。

第四節　題　跋

宋代用題跋的形式來考訂金石字畫已蔚然成風，如歐陽修的《六一題跋》、董逌的《廣川書跋》、蘇頌的《魏公題跋》等；蘇軾、黄庭堅、晁補之、朱熹等的題跋除考訂金石字畫外，還用來寫讀書心得或隨想。

廣泛運用題跋來記録版本研究成果的，當首推明代閩縣徐𤊹。清繆荃孫輯《重編紅雨樓題跋》二卷，收録徐𤊹自萬曆十三年（一五八五）至崇禎十五年（一六四二）所撰題跋二百二十二篇。這些題跋除記述收藏始末外，還從書籍的内容、形式、印記、識語等方面對版本作了鑒定工作。兹録一例：

左傳

建安楊讓，字允謙，文敏公之仲子也。少從潛習禮、李時勉游，造詣甚深，所著有《澹庵集》。此書前有印章謙卦，余得之建州書肆，知爲讓家所存也。腦後有“丙戌”字，當是時成化二年（一四六六）。卷末題曰“淳熙柔兆涒灘閩山阮氏種德堂”，當是宋孝宗淳熙三年丙申（一一七六）也。古本書不易得。卷首又有《春秋諸國地理圖》《世次圖》《名號歸一圖》《傳授次序圖》，皆古本所無者也。天啓乙丑（一六二五）初秋，送南中丞公至建州，購於開元寺，書以誌喜。東海徐興公識。①

清初林佶曾録徐𤊹題跋一卷，跋云：“興公題跋最精確。”繆荃孫也曾手鈔徐𤊹題跋，“時時檢閲，奉爲導師”。② 可見其深受重視。

宋、元、明私家刻本，每附識語。這些識語具有廣告性質，頗與牌記混淆，其中也往往言及版本。而把刻書跋語匯集成書的則以明末毛晉的《隱

① 《重編紅雨樓題跋》卷一。
② 均見《重編紅雨樓題跋》卷首。

湖題跋》爲最早。崇禎癸酉(一六三三)春,拂水山樵李毅叙云:"子晉自甲子(一六二四)以來校刻經、史、子、集及唐、宋、元名人詩詞凡二百餘種,每刻必求宋元善本而折衷焉,或争勝於前哲,或兼俟之後人,輒跋數語於篇終,俾讀者考其世,知其人,非僅僅清言泠語,逞詞翰之機鋒已也。"[1]今亦録一例:

跋孟襄陽集

余藏襄陽詩甚多,可據者凡三種:一宋刻三卷,逐卷意編,不標類目,共計二百一十首;一元刻劉須溪評者,亦三卷,類分游覽、贈答、旅行、送别、宴樂、懷思、田園、美人、時節、拾遺凡十條,共計二百三十三首;一弘治間關中刻孟浩然者,卷數與宋元相合,編次互有異同,共計二百一十八首。至近來《十二家唐詩》及王、孟合刻等,或一卷,或二卷,或四卷,詮次寡多,本本淆訛,予悉依宋刻,以元本、關中本參之,附以拾遺,共得二百六十六首,間有字異句異先後倒者,分注元刻、今刻某,不敢臆改云。

從跋文中我們略可窺見《孟襄陽集》版本的流變。

清乾隆年間,彭元瑞曾奉敕撰《天禄琳琅書目》十卷,所見秘本甚多,曾作韻語自述云:"一領文淵,再校天禄。善和千卷,尚未能讀。幼即焚膏,老猶秉燭。有見輒書,璅綴末幅。過此以往,庶幾日續。"[2]他所撰《知聖道齋讀書跋》對版本源流的介紹頗具參考價值。如《昭明文選》跋云:

古今書籍版行之盛者,莫如《文選》,予所見宋本夥矣。細校字畫、款式、題識,確然無疑者凡四:其一,有國子監準敕序文云:"五臣注《文選》,傳行已久,竊見李善《文選》,援引該贍,典故分明,若許雕印,必大段流布。欲乞差國子監説書官員校定净本後,鈔寫版本,更

① 《隱湖題跋》卷首。
② 《知聖道齋讀書跋》卷一。

切對讀後,上版就三館雕造,候敕旨。"奉敕:"宜依所奏施行。"是爲國子監本。其一,每卷末刊校對、校勘、覆勘銜名三四人。其覆勘,贛州學教授張之綱、贛州司户參軍李盛、贛州石城縣尉蕭倬、贛州觀察推官鄒敦禮,皆章貢僚屬,是爲贛州本。其一,有識云:"右《文選》版歲久漫滅殆甚,紹興二十八年(一一五八)冬十月,直閣趙公來鎮是邦,下車之初,以儒雅飾吏事,首加修正,字畫爲之一新,俾學者開卷免魯魚亥豕之訛,且欲垂斯文於無窮云。右迪功郎明州司法參軍兼監盧欽謹書。"是爲明州本。其一,有識云:"此集精加校正,絶無舛誤,見在廣都縣北門裴宅印賣。"又識云:"河東裴氏考訂諸大家善本,命工鍥於宋景定辛酉(一二六一)季夏,至咸淳甲戌(一二七四)仲春工畢。把總鍥手曹仁。"是爲廣都本。彙記之,以資識别。今坊間間有大字白紙闕宋諱本,乃明袁褧尚之影廣都本重雕。始嘉靖甲午(一五三四),成於己酉(一五四九),計十有六年之工力。自識云:"匡郭字體,未少改易,尤足亂真也。"①

利用題跋來記録和研究版本,最爲人們稱道的是乾嘉時期黄丕烈的藏書題跋與刻書題跋,前已論及。今舉其題識一則爲例:

劉子新論　校宋明鈔本

宋本

裝潢　二册根號乾坤

題簽　劉子新論宋板神品

圖書　第一册副葉上　子儋　鑒定法書之印　在明刻補缺目録第一葉一行上　季印振宜藏書　滄葦　在明刻補缺目録第一葉一二行上　沈子僑印　在宋刻卷五第十三葉末行　菰谿草堂　在第二册副葉上　良惠堂沈九川印　鑒定法書之印　在宋刻鈔補卷六第一葉第一二行之中　季振宜藏書　菰谿　在宋刻第六卷第十葉後三行　志雅齋　在宋刻第七卷第一葉前二行　九龠　趙氏子昂　在宋刻第八卷第一葉前二行

① 《知聖道齋讀書跋》卷二。

竹塢　在宋刻第十卷　第十葉不計行　宗伯　沈文私印　御史振宜之印

葉數　目録二葉　卷一八葉　卷二九葉　以上皆明刻　卷三計十葉内脱第八葉　卷四計十葉内脱第四第五葉　卷五計十三葉全　卷六計十葉内鈔補首二葉　卷七計八葉全　卷八計九葉内脱第六葉　卷九計八葉内脱第二第三第四葉　卷十計十葉全無鈔補

版心　白口上記大小字數

小耳　記每章章名於每葉葉尾欄外上方　實存宋刻六十八葉　内鈔半葉　校宋刻畢復記宋刻面目　如右　在卷首

余好古書,無則必求其有,有則必求其本之異,爲之手校,校則必求其本之善,而一再校之。此余所好在是也。……復翁,時癸酉五月二十有六日,三男生有一載矣,能讀父書者賴此子。①

這是一個突出的例子,從中我們可以清楚地看到黄丕烈對版本的研究是何等細緻精密。繆荃孫稱黄丕烈"跋一書而其書之形狀如在目前"②,信非虚語。後人非常重視黄丕烈的題跋,喬衍琯《愛日精廬藏書志・叙録》云:"黄丕烈既富於收藏,亦精於鑒賞,所留下的題識也很多。身後藏書散出,多歸汪士鐘藝芸精舍。汪氏收購時,凡有黄氏手跋,每册要多付十元書價。因爲這些題識等於是各書的鑒定證明書。"③黄丕烈鑒定古書的題跋,有一八八二年潘祖蔭編輯的《士禮居藏書題跋記》六卷,一八九六年繆荃孫編輯的《士禮居藏書題跋記續》一卷,一九一一年繆荃孫編輯的《士禮居藏書題跋再續記》二卷,一九一七年孫祖烈編輯的《士禮居藏書題跋記續編》五卷,一九一九年繆荃孫編輯的《蕘圃藏書題識》十卷、《蕘圃刻書題識》一册,以及一九三三年王大隆編輯的《蕘圃藏書題識續録》四卷。此後屠友祥將黄丕烈藏書題識彙編成《蕘圃藏書題識》一書,並做了校注,由上海遠東出版社於一九九九年出版。題跋這種記録研究版本成果的形式,

① 《蕘圃藏書題識》卷五。
② 《蕘圃藏書題識》卷首。
③ 《愛日精廬藏書志》卷首,文史哲出版社一九八二年影印本。

經黄丕烈運用以後，産生了廣泛而深遠的影響。

與黄丕烈同時的顧千里的題跋也很有名，除《思適齋集》所載數十篇外，王大隆輯有《思適齋書跋》四卷，蔣祖詒、鄒百耐輯有《思適齋集外書跋輯存》一卷。舉例如次：

詩外傳十卷　元刊本

此綬階袁君三硯齋書也，無刊刻序跋歲月，袁君定之爲元本。近從借歸，以勘程榮、毛晉諸刻，實遠勝之。如稱《詩》，與載王伯厚《詩考》者不異，字句與諸子書每相出入，亦與唐宋人注書及類書所引往往有同者，且其標目分條以至佚字脱句皆未失古意，足正後來不能闕疑之非，即宋本之善，應不過是也。内失葉二十餘翻，他本無足中補寫考。予謂宜但作烏絲闌虚以待焉。想袁君亦必以爲當也。乙卯九月，澗薲顧廣圻書。①

此後，吴騫撰、吴壽暘編《拜經樓藏書題跋記》五卷，陳鱣撰《經籍跋文》一卷，陸心源撰《儀顧堂題跋》十六卷，《儀顧堂續跋》十六卷也皆有名。這些題跋都比較注重研究書的行款、序跋、版本源流，還常記録校勘成果，今僅舉一例：

宋耿秉槧本《史記》跋

《史記》一百三十卷，宋槧本，每頁二十二行，行二十五字，版心有字數及刊工姓名。淳熙丙申（一一七六），張杅介父守桐川，以蜀小字本《史記》改爲中字，刊於郡齋，而削褚少孫所補。趙山甫爲守，取褚少孫書别刊爲一帙。淳熙辛丑（一一八一），耿秉爲郡，復以褚書依次第補，刊之集解之後，繼以索隱，而無正義。校以王延喆、柯維熊、毛子晉及官刊本，頗有勝處。《殷本紀》“炮格”，“格”不誤“烙”；《高祖本紀》“司馬𡰥”，“𡰥”不誤“尼”…… 皆較諸

---

① 《思適齋集外書跋輯存》經類。

本爲勝。至集解、索隱字句異同足以正今本之失者,更不勝枚舉耳。①

葉德輝也愛用題跋的形式來記録版本研究的成果。他自稱:"余於所讀之書,必於餘幅筆記數語,或論本書之得失,或辨兩刻之異同,故能刻骨銘心,對客瀾翻不竭。"②其題跋的特點是"合考訂、校讎、收藏、賞鑒爲一家言"。③ 今録一則爲例:

辛稼軒長短句十二卷　厲樊榭先生手書本

辛稼軒詞,宋時有二本,陳振孫《直齋書録解題》著録爲四卷本。又云信州本十二卷,視長沙本爲多。然則《直齋》著録之四卷本當是長沙本。明毛晉汲古閣刻《六十家詞》中有《辛稼軒長短句》四卷,後跋不言出自何本,而目録注原本十二卷,則是信州本矣。《宋史·藝文志》云十二卷,必據信州本入載。明嘉靖丙申(一五三六)王詔所刊,及近時桂林王氏四印齋重刊元大德信州書院本,皆此本也。黄丕烈《士禮居題跋記》有元本十二卷,今歸聊城楊氏海源閣,桂林王氏假以重刊。王跋謂"毛氏汲古閣本之四卷,即十二卷之合併",是固然矣。特未考原目,當時已注明耳。士禮居又有校元本,即以信州本校於王詔本之上。其本亦歸聊城楊氏。黄跋云:"卷十《爲人慶八十席上戲作》有云:'人間八十最風流,長貼在兒兒額上。'校者云:'下兒字當作孫。'顧澗蘋以爲'兒兒'或是'奴家'之稱。二語之意以八字作眉字解,如此則可改'兒'爲'孫',豈不可笑。今按毛晉、王詔兩刻皆已改'兒'爲'孫',可見通人難遇,古今同慨。"此本八卷,爲厲樊榭徵君鶚手鈔真迹,卷數較毛本爲多,較信州本爲少,而詞則無所缺佚,"兒兒"未改"兒孫",知所據必是善本。全謝山撰徵君墓碣,稱其詞

---

① 《儀顧堂題跋》卷二。

② 劉肇隅《郋園讀書志》序引,載《郋園讀書志》卷首。

③ 劉肇隅《郋園讀書志》序,載《郋園讀書志》卷首。

深入南宋諸家之勝，王述庵《蒲褐山房詩話》稱其詞直接碧山、玉田。今觀此册，知徵君用力之勤，嗜書之篤，宜其與朱竹垞並爲浙西一代詞宗，豈僅書法古拙足供清玩已哉！光緒丙午（一九〇六）夏六月初又日，葉德輝識。①

現代運用題跋記録研究版本成果的力作有莫伯驥的《五十萬卷樓群書跋文》。容肇祖序其書云：

余校讀一過，以爲先生之書五述而有三長，擬於今人則有二似可得言焉。五述者：一曰述人，著書者之小傳，書之序跋人，有可述者述之。刻書、鈔書、藏書亦必明考其人，連類附及。二曰述事，著書之緣起以至書林掌故，談之覼縷，不厭其詳。三曰述考，文字、史迹、典故可資考證者詳述之。四曰述學，專門之學，經、史、理學、文學等間有闡述。史學如遼、金、蒙古、滿洲，以及色目人之漢化、西北之地理、社會生活風俗、文學史料等有裨學者之取益。五曰述文，文書之佚篇佚句、新奇雋永之文，以及傳奇志怪足資談助者，間亦援引。三長者：一曰博徵，以科學之法治舊學，事必舉證，語必求因，此一長也。二曰讎校，校傳本之誤，必求善本，一字之得，冰釋理順，此二長也。三曰明通，説古而不泥於古，理有獨得，必求通今，此三長也。至於二似，余以爲先生治學有似於陳援庵師垣，而目録之學則略似余季豫先生嘉錫。

現亦録一篇，以見其例：

漢書一百二十卷後漢書一百二十卷　明汪文盛刊本

《漢書》，漢班固撰；《後漢書》，宋范曄撰。此爲明汪氏文盛刊本。文盛字希周，崇陽人，正德間進士，歷官僉都御史，巡撫雲南，進

① 《郋園讀書志》卷一六。

大理卿。《明史》附見毛伯温傳中,有《節愛府君遺詩》二卷,見清《四庫總目》集部附存卷三,吾家藏明刻《鄭善夫詩集》十二卷,亦汪氏編集,是汪氏固好詩者,故朱氏《明詩綜》亦録其詩。汪氏生當正嘉之間,爲前明刻書最盛之時,所刻兩《漢書》、《五代史》均有盛名。徐氏康《前塵夢影録》稱:"明汪文盛等覆刊兩《漢書》,祖本爲湖廣鹺務官校刻。予於劫後游虞山,見於楊濠叟案頭,卷首有元人字及葉石林墨迹,紙薄而韌,極可愛玩。聞之老輩云,汪文盛尚有《史記》及《三國志》,惜罕見矣。"是其校讎之本,久爲前人所重。拜經樓吴氏藏宋刻《漢書》殘本十四卷。盧氏抱經跋云:"誤字不多。今所通用者,顔注尚有脱落,何論蕭該、子京、三劉,而此獨全,可寶也。"杭氏世駿《欣託齋藏書記》云:"宋刻兩《漢書》,板縮而行密,字畫活脱,注有遺落,可以補入,此真宋字也,汪文盛猶得其遺意。"盧蓋謂其淵源之善,杭氏則謂其板刻之精矣。半葉十二行,行二十二字,注雙行,二十八字。①

此外,張元濟、傅增湘也在用題跋形式記録版本研究成果方面做出了突出貢獻。張元濟先生自一九一五年初至一九五九年逝世,爲商務印書館主持編校影印百衲本《二十四史》、《四部叢刊》、《續古逸叢書》、《孤本元明雜劇》等大部叢書。其所校印之書,往往各撰跋文一篇。這些跋文曾由顧廷龍編爲《涉園序跋集録》,由古典文學出版社於一九五七年出版。傅增湘,字沅叔,晚號藏園居士,一九二二年退職家居,校勘古籍,研究版本目録之學。其平生校書近八百種,過目珍本極多,曾於一九三一年至一九三三年將自己的校書題跋編印出版,有《藏園群書題記》初集八卷、續集六卷。他的孫子熹年又根據他的手稿整理出一部《藏園群書經眼録》,一九八三年由中華書局出版。今舉傅氏跋文一則爲例:

① 《五十萬卷樓群書跋文》史部一。

韋蘇州集十卷　唐韋應物撰

宋刊本,半葉十行,行十八字,白口,左右雙闌。版心魚尾上記字數,下方間記刊工姓一字,有余、何、應等字,惟第二卷首記"余同甫刁"四字。宋諱貞、恒、徵、構、完、樹皆爲字不成。

每卷首尾有"乾隆御覽之寶"及"天禄琳琅"小璽。又有"張用禮印""周印子重""鄞人周琬""青瑣仙郎""濂溪後裔""清白傳家"諸印。又"嘉興雔湖戴氏家藏書畫印記"朱文大長方印。

按:明刻韋集十行十八字者,世皆稱爲翻宋本,然比較此本則有三異:宋本目録皆兩排並列,明本則改爲每題占一行。宋本卷一擬古詩十二首皆銜接而下,明本每首加"其二""其三"等字,則行第全移,非復舊觀矣。宋本卷八《詠露珠》下脱去原詩二行,又脱下《詠水精》題一行,於是《詠露珠》題而接《詠水精》詩矣,明本從而改正之,則行次又異矣。又卷八《仙人祠》一首,宋本在一、二葉間,明本則附在卷八之尾,於是結題又不得不移前三行矣。至卷中字爲明刊訛謬者又不可計。其卷首沈明喆補傳,宋本無之,則爲明人所補,蓋顯然可見,又不足論也。頗疑明本所翻宋本與此同出一源,惟目録及卷一行次有異,餘亦大段相同。沅叔(丁巳)。①

近人鄭振鐸、李一氓也有《西諦題跋》《一氓題跋》之作。這些自編或由他人代編的題跋專集,同版本目録没有本質上的差别。還有一些旨在研究版本的題跋散見於各人的文集中,我們就不再在這裏爬梳了。總之,題跋是前人常用來處理版本研究成果的一種較爲靈活的形式。

第五節　日記、書信、札記、論文

有些學者還在日記中記録版本研究的成果。比較突出的例子是清何元錫編的《竹汀先生日記鈔》。此類著作雖然不拘一格,但散金碎玉隨處

① 《藏園群書經眼録》卷一二。

可見。兹舉二例,以見一般:

> 黄蕘圃出示宋小字《説文》,與述庵(引者案:王昶號述庵)家藏本無異,唯卷末多一行,有十一月江浙等處儒學字,殆元翻刻也。

> 讀《歐陽文忠公集》五十卷,每卷首題"臨江後學曾魯得之考異",卷末題"熙寧五年(一〇七二)秋九月男發等編定,紹興二年(一一三二)三月郡人孫謙益校正",最後卷末題"柔兆攝提格縣人陳斐允章重校訛謬"。此書於宋諸帝不跳行,知爲元刻矣。①

學者們對版本的見解還往往見於他們的往來書信中。② 這方面的代表作,當推商務印書館一九八三年出版的《張元濟傅增湘論書尺牘》。兹録一九一八年三月十四日張元濟致傅增湘一函爲例:

> 宋本《資治通鑒》全書業已寄到。印本尚不錯,惜缺去序目及校勘銜名,鈔補凡二百餘葉,損破者亦數葉。避諱至寧宗嫌名,與常熟瞿氏藏本相同。江蘇書局所刊校勘記爲常熟張君所撰,不明言所據宋本爲何氏所藏,然料必爲瞿氏之物。取以對校,間有歧異,亦有宋本似誤,而此本已經改正者,則此本似當在後。第二百五十八卷末卷第行後有鏟去字迹,辨是"至元"二字,其餘不可復識。此外尚有數卷末葉卷第行後亦有剜補痕迹。又有數處桓、恒、敦等字原爲缺筆,後經鑲補完成者,痕迹顯然(此事似未經前人道及)。豈此版至元時尚存,不欲留前朝之諱,故滅其迹耶?然鑲補處極少,又何以不盡滅之耶?書中戊字多有作戍者,此字似非宋諱,若謂與曙字同聲,則此外同聲者多不缺筆,殊不解。公聞見多,敢祈見教。

---

① 均見《竹汀先生日記鈔》卷一。

② 參見本編附録楊鳳苞《與許青士書》。

葉德輝的《書林清話》,是用札記形式記録版本研究成果的傑作。其序云:"吾家累代楹書,足資取證,而生平購求之所獲,耳目之所接,既撰《藏書十約》,挈其大綱。其有未詳者,隨筆書之,積久成帙,逾十二萬言,編爲十卷。引用諸家目録題跋,必皆注明原書。"①《書林清話》的成就在於突破了版本目録及題跋等對一書版本研究的範圍,而對於版本源流,各種名稱術語,歷代刻書的規格、材料、工料價值,以及印刷、裝訂、鑒別、保存等方法都進行了廣泛而深入的探討,並且還叙述了古代活字印刷、彩色套印的創始和傳播,各時代特出的著名刻本,刻書、鈔書、賣書、藏書的許多掌故。葉啓崟《書林清話》跋云:

> 是書之作,蓋因宗人鞠裳講學撰《藏書紀事詩》,唯采掇歷來藏書家遺聞佚事,而於鏤版緣始,與夫宋元以來官私坊刻三者派别,莫得而詳,於是檢討諸家藏書目録、題跋,筆而録之。於刻本之得失,鈔本之異同,撮其要領,補其闕遺,推而及於宋、元、明官刻書前牒文校勘諸人姓名,版刻名稱,或一版而轉鬻數人,雖至坊估之微,如有涉於掌故者,援引舊記,按語益以加詳。凡自來藏書家所未措意者,靡不博考周稽,條分縷析。此在東漢劉、班,南宋晁、陳以外,别自開一蹊徑也。②

《書林清話》及其續編《書林餘話》爲言版本者不可缺少的參考書,是世所公認的。

對某個時代、某個地區、某個單位的刻本,對某部書的版本源流、某種版本現象進行深入研究以後,還可以寫成學術論文。如王國維的《五代兩宋監本考》③《兩浙古刊本考》④、顧廷龍的《唐宋蜀刻本簡述》⑤、張秀民的

① 《書林清話》卷首。
② 《書林清話》卷末。
③ 載《王國維遺書》第十一册。
④ 載《王國維遺書》第十二册。
⑤ 載《四川圖書館學報》一九七九年第三期。

《南宋刻書地域考》①、蔣元卿的《中國書籍裝訂術的發展》②、冀淑英的《談談版刻中的刻工問題》③等等都是極有參考價值的。

前人對於版本的記録和研究，大體不外上列幾種方式，我們既可據以探討版本學中的各種問題，也可加以仿效，將自己的記録或心得用適當的方式發表。

① 載《圖書館》一九六一年第三期。
② 載《中國現代出版史料》丁編下卷。
③ 載《文物》一九五九年第三期。

參考書目舉要

《書林清話》 附《書林餘話》 葉德輝 古籍出版社 一九五七年

《中國雕版源流考》 孫毓修 商務印書館 一九三四年

《中國書史》 陳彬龢 查猛濟 商務印書館 一九三一年

《版本通義》 錢基博 古籍出版社 一九五七年

《中國印刷術的發明和它的西傳》 (美)卡特(T·F·Carter)著 吴澤炎譯 商務印書館 一九六二年

《圖書板本學要略》 屈萬里 昌彼得 中華文化出版事業委員會 一九五五年

《古籍版本淺説》 陳國慶 遼寧人民出版社 一九五七年

《中國印刷術的發明及其影響》 張秀民 人民出版社 一九五八年

《中國圖書史略》 昌彼得 文史哲出版社 一九七六年

《中國書史簡編》 劉國鈞著 鄭如斯訂補 書目文獻出版社 一九八二年

《古書版本常談》 毛春翔 上海人民出版社 一九七五年

《古文獻學要略》 王欣夫 南京大學中文系油印本 一九八三年

《中國古代書史》 錢存訓 香港中文大學 一九七五年

《中文古籍版本簡談》 施廷鏞 南京大學圖書館油印本 一九七三年

《版本通論》 吴則虞 《四川圖書館》一九七八年第四期,《四川圖書館學報》一九七九年第一、二、三、四期

《中國古籍印刷史》 魏隱儒 印刷工業出版社 一九八四年

《古籍版本鑒定叢談》 魏隱儒 王金雨 印刷工業出版社 一九八四年

《中國古代書籍史》 李致忠 文物出版社 一九八五年

附　録

楊鳳苞與許青士書注

龐　俊[1]

癸酉之春,余方養疴家居,有諸生詣余,持問《目録學》中數事。《目録學》者,雙流劉君咸炘教於大學所纂之課本也。卷末附録龔自珍《家塾策問》一道,楊鳳苞《與許青士書》一首。以謂教科書末,例有習題,今録此二篇,能答上篇之所問,則目録學有成矣;能注下篇之出處,則版本學有成矣。此生疑滯,即在於是。余謂龔氏所問,經涉廣漠,世人既多宣究,綜薈爲書,慮非十數萬言之所罄也。楊書出處,庶可盡得。於時八表同昏,倚席不講,俯仰頹檐,精神遐漂。既答問已,聊以暇日,漫爲之注。版本之學,既非所知,翰墨亂思,賢於博弈云爾。

注曰:此文見《湖州叢書》:《楊秋室先生集》。陸心源序云:"先生名鳳苞,字傳九,號秋室,又號萸沜。自稱小玲瓏山樵,晚號西圃老人。歸安學稟生,世家烏程之南潯鎮。早工詞章,以《西湖秋柳詞》知名。後務爲證經推史之學,尤留心明季遺事。嘗病温氏《南疆逸史》體例未純,事多訛漏,擬另撰一書,未就,其大凡見十三跋中。阮文達督學浙江,欲拔以貢成均,因母病不赴試。嘉慶二十一年卒,年六十四。"

---

① 龐俊(一八九五—一九六四),字石帚,綦江人,曾任四川大學、華西大學教授,著有《國故論衡疏證》《養晴室筆記》。本篇原載《國立四川大學季刊》第一期文學院專刊。

承詢宋刻書籍，前時倉猝，未有報也。緬夫熹平一字，以刻石肇端；長興諸經，實刊本始作。開運乃其繼起，顯德又爲後時。昔陳鶚工率更之法，梓本多其所書；振孫寶元度之編，《字樣》存其初造。《宋史·藝文》，志始於周；《十國春秋》，歸美於蜀，非定論也。

注曰：此敘雕版之緣起也。

《後漢書·靈帝本紀》："熹平四年春三月，詔諸儒正五經文字，刻石立於太學門外。"

《蔡邕傳》："邕字伯喈，陳留圉人。拜郎中，校書東觀，遷議郎。邕以經籍去聖久遠，文字多謬，俗儒穿鑿，疑誤後學。熹平四年，乃與五官中郎將堂谿典，光禄大夫楊賜，諫議大夫馬日磾，議郎張馴、韓説，太史令單颺等，奏求正定六經文字。靈帝許之，邕乃自書丹於碑，使工鐫刻，立於太學門外。於是後儒晚學，咸取正焉。碑始立，觀視及摹寫者，車乘日千餘輛，填塞街陌。"

按熹平石經，有一字、三字之説（一字謂隸書，三字謂隸、篆、古文），自來聚訟。朱彝尊《經義考》、王昶《金石萃編》並列衆説。朱氏則以爲一字，王氏則以爲三字。然今世所傳，實惟一字。王氏謂邕以隸書名世，故隸獨傳，而篆與古文並没，此説亦未必然也。今録朱説於此，餘姑略焉。《經義考》卷二百八十九曰："漢立石經，蔡邕所書本一字，惟因范史《儒林傳》云爲古文、篆、隸三體書法，以相參檢，樹之學門，而楊衒之《洛陽伽藍記》、《北史·劉芳傳》因之。唐竇蒙，宋郭忠恕、蘇望、方匋、歐陽棐、董逌、姚寬等，均仍其誤，獨張演謂邕以三體參檢其文，而書丹於碑則定爲隸，其義爲允。載考衛恒及江式傳、酈道元《水經注》，皆以一字爲漢石經。迨趙明誠《金石録》、洪適《隸釋續》辨之甚詳，足以徵信。其載一字石經遺文，後列堂谿典、馬日磾等姓名。使一字石經出於魏，當更列正始中正字諸臣姓名，亦何取仍列典、日磾等諸人於經文之後哉？又史家體例，以時代爲前後，《隋·經籍志》列一字石經於前，次魏文帝《典論》，然後叙三字石經於後，是一字屬漢，而三字屬魏，不待解説始明。其曰魏正始中又立一字石經,相承以爲七經正字。蓋雕本相沿,偶訛三字爲一爾。今漢石經遺字,猶有搨本存者。余嘗見宛平孫氏所藏,定爲漢隸無疑也。"

《舊五代史·唐書·明宗紀》:"長興三年二月辛未,中書奏請依石經文字刻《九經》印版,從之。"又《周書·馮道傳》:"唐明宗時,以諸經舛謬,與同列李愚委學官田敏等取西京鄭覃所刻石經雕爲印板,流布天下,後進賴之。"

王溥《五代會要·經籍類》:"長興三年二月,中書門下奏請依石經文字刻九經印板。敕國子監集博士儒徒,將西京石經本,各以所業本經句度,鈔寫注出,仔細看讀,然後召雇能雕字匠人,各部隨帙刻印板,廣頒天下。如諸色人要寫經書,並須依所印刻本,不得更使雜本交錯。"

陳振孫《直齋書録解題》:"《九經字樣》一卷:往宰南城,出謁,有持故紙鬻於道者。得此書,乃古京本,五代開運丙午所刻也,遂爲家藏書籍之最古者。"

《五代會要》:"顯德二年二月,中書門下奏:國子監祭酒尹拙狀稱,敕准校勘《經典釋文》三十卷,雕造印板。"

洪邁《容齋續筆》:"予家有舊監本《經典釋文》,末云顯德六年己未三月,太廟室長朱延熙書,列宰相范質、王溥名,而田敏以禮部尚書爲詳勘官。此書字畫端嚴有楷法,更無舛誤。"

王應麟《玉海·藝文類》:"周顯德中,詔刻序録《易》《書》《儀禮》《周禮》四經《釋文》,皆田敏、尹拙校勘。自是相繼校勘《禮記》、三《傳》、《毛詩音》,並拙等校勘。又《古文尚書音義》,周顯德六年田敏等校勘,郭忠恕覆定古文並書刻板。"

"陳鶚工率更之法","陳"當作"李",字之誤也。王明清《揮麈録》:"後唐平蜀,明宗命太學博士李鍔(他書均作鶚,鍔字蓋誤,詳下)書五經。仿其制作,刊板於國子監。明清家有鍔書五經印本存焉,後題長興二年也。"《玉海》:"景德二年九月,國子監言:《尚書》《孝經》《論語》《爾雅》四經訛舛,請以李鶚本别雕。"趙明誠《金石録》:"唐汾陽王《真堂記》,李鶚書。鶚五代時仕至國子丞,九經印板多其所書,前輩頗貴重之。余後得此記，其筆法蓋出歐陽率更，然窘於法度，而韻不能高，非名書也。”按日本室町氏所刊《爾雅》，黎氏《古佚叢書》有復刊本，其末有將仕郎守國子四門博士臣李鶚書一行，猶可以仿佛見其書體。

唐唐元度著《九經字樣》一卷，陳振孫得其初本，已見上注。

《宋史·藝文志》：“周顯德中始有經籍刻板，學者無筆札之勞，獲睹古人全書。”

《舊五代史·唐書·明宗紀》注引唐柳玭《家訓序》（葉夢得《石林燕語》引作《訓序》）：“中和三年，癸卯夏，鑾輿在蜀之三年也，余爲中書舍人，旬休，閲書於重城之東南。其書多陰陽雜記、占夢、相宅、九宫五緯之流，率雕板印紙，浸染不可曉。”又朱翌《猗覺寮雜記》：“雕印文字，唐以前無之，唐末益州始有墨版。”按《十國春秋》之説蓋即祖此。

逮《釋文》繼雕於開寶，《易》《書》重梓於祥符，景祐定兩漢之書，嘉祐刊七朝之史。凡杜鎬等之覆讎，趙安仁之留寫，曾、王存校上之文，余、宋察館中之本，經史大備矣。

注曰：此叙宋代校刻經史之事也。

《玉海》：“開寶五年，判監陳鄂與姜融等四人，校《孝經》《論語》《爾雅》釋文，上之。二月，李昉知制誥，李穆、扈蒙校定《尚書》釋文。原注，德明《釋文》用《古文尚書》，命判監周惟簡與陳鄂重修定，詔並刻板頒行（周顯德中已校刻《釋文》，蓋尚未畢，此繼續其事也，已見上注）。又祥符七年九月，《易》《詩》重刻板本，仍命陳彭年、馮元校定。自是《九經》及《釋文》有訛誤者，皆重校刻板。”

大德本《漢書》有一文云：“景祐元年九月，秘書丞余靖上言，國子監所印兩《漢書》（淳化時先已校刻，見《玉海》），文字舛訛，恐誤後學。臣謹參括衆本，旁據他書，列而辨之，望行刊正。詔送翰林學士張觀等詳定聞奏，又命國子監直講王洙與余靖偕赴崇文院讎對（中略）。

靖、洙悉取館閣諸本參校。二年九月校書畢,凡增七百四十一字,損二百一十二字,改正一千三百九字。"《後漢書》亦有此文,末云:"凡增五百一十二字,損一百四十三字,改正四百一十一字。"

《玉海》:"景祐元年九月癸卯,詔選官校正《史記》,前、後《漢書》,《三國志》,《晉書》。二年九月壬辰,詔翰林學士張觀刊正前(前下當有後字)《漢書》,下冑監頒行。秘書丞余靖請刊正前(前下當有後字)《漢書》,因詔靖盡取秘閣古本校對。逾年,乃上《漢書刊誤》三十卷,至是改舊摹板。"

晁公武《郡齋讀書志》:"以《宋》《齊》《梁》《陳》《魏》《北齊》《周》書舛謬亡缺,始命館閣讎校。曾鞏等以秘閣所藏本多誤,不足憑以是正,請詔天下藏書之家悉上異本,久之始集。治平中,鞏校定《南齊》《梁》《陳》三書上之,劉恕等上《後魏書》、王安國上《周書》,政和中始皆畢。"

《玉海》:"嘉祐六年八月庚申,詔三館秘閣校理《宋》《齊》《梁》《陳》《後魏》《周》《北齊》七史,書有不全者訪求之。又嘉祐七年十二月,詔以七史校本四百六十四卷,送國子監鏤板頒行。"

《宋史·儒林傳》:"判監李至言:'本監先校定諸經疏,其間大字訛謬尚多,深慮未副仁君好古誨人之意也。蓋前所遣官多專經之士,或通《春秋》者未習《禮記》,或習《周易》者不通《尚書》。至於旁引經史,皆非素所傳習,以是之故,未得周詳。伏見國子博士杜鎬,直講崔頤正、孫奭,皆苦心强學,博貫九經,問義質疑,有所依據。望令重加刊正,冀除舛謬。'從之。"

《宋史·趙安仁傳》:"安仁雍熙二年登進士第。會國子監刻五經正義板,以安仁善楷、隸,遂奏留書之。"曾鞏、王洙、余靖、宋祁,並詳《宋史》各本傳。其校上序録及敕牒,並見其所校諸書中。

故景德庫藏,漆板逾萬;天禧降詔,書價禁增。或看詳於秘省,乃充坊行;或下詔於臨安,再令雕造。此宋刻之可貴也。

注曰：此言宋代國子監刻書讎勘精審，足資考證，故可貴也。

《玉海》："咸平元年正月丁丑，劉可名上言，諸經板本多誤，上令擇官詳校。景德二年五月一日戊申，幸國子監歷覽書庫，觀群書漆板。問祭酒邢昺曰：'板數幾何？'昺曰：'國初印板，止及四千，今僅至十萬，經史義疏悉備。'帝曰：'非四方無事，何以臻此！'因益書庫十步，以廣所藏。又詔褒之。九月辛亥，命侍講學士邢昺與兩制詳定《尚書》《論語》《孝經》《爾雅》文字。先是國子監言群經摹印歲深，字體誤缺，請重刻板。因命崇文檢詳杜鎬、諸王侍講孫奭詳校，至是畢。又詔昺與兩制詳定而刊正之。"

又曰："天禧元年九月癸亥，詔國子監群書更不增價。"

又曰："景德三年五月庚辰，求逸書；十月甲寅，命知制誥王舉正看詳。"

又曰："景祐元年閏六月，以三館秘閣所藏有謬濫不全之書。辛酉，命翰林學士張觀，知制誥季淑、宋祁將館閣正副本書看詳，定其存廢。僞謬重複，並從删去。内有差漏者，令補寫校對。倣《開元四部録》，約《國史藝文志》著爲目録。仍令翰林學士盛度等看詳（清内府藏宋本《漢書》有景祐元年余靖上言，嘉祐六年陳澤重校、歐陽修看詳雕印字樣。見《天禄琳琅》）。"

又曰："紹興九年九月七日，詔下諸郡索國子監元頒善本校對鏤板。十五年閏十一月，博士王之望請群經義疏未有板者，令臨安府雕造。"

夫正脱簡、訂訛字、存舊式，其所長也；字或臆改，注多妄增，又其短也。

注曰：此言宋刻亦有長短，佞宋之徒，不問是非，專奉宋槧爲金科玉律，亦是一蔽。此數語提挈維綱，以下分别論之。

《禮記》諸家，疏多闕失；《詩譜》弁首，文竟佚亡。脱杜預之叙，未發冢出書之由;滅郭璞之辭,失就注作音之例。《史記》亂守節之舊次,《正義》復《集解》皆删;後漢去劉昭之序文,范書與司馬相混。此脱簡之失也。

注曰:以上言正脱簡,宋本之善一事。

阮元《禮記注疏校勘記》序:"《禮記》七十卷之本,出於吴中吴泰來家。乾隆間惠棟用以校汲古閣本,識之云:'訛字四千七百有四,脱字一千一百四十又五,闕文二千二百一十有七,文字異者二千六百二十有五,羨文九百七十又一。點勘是正四百年來闕誤之書,犂然備具,爲之稱快。'"

《毛詩注疏》前有鄭玄《詩譜》序一篇,阮元《校勘記》云:"毛本此序文並《正義》悉脱,閩本、明監本有。案毛本即據明監本重刻,乃其本偶失此序,更不知補,誤甚(監本乃用閩本重雕,閩本又出於宋本)。"

杜預《左傳》後序云:"大康元年三月,吴寇始平,余自江陵還襄陽,解甲休兵,乃申抒舊意,修成《春秋釋例》及《經傳集解》始訖。會汲郡汲縣有發其界内舊冢者,大得古書,皆簡編科斗文字,發冢者不以爲意,往往散亂。科斗書久廢,推尋不能盡通。始者藏在秘府,余晚得見之。所記大凡七十五卷,多雜碎怪妄,不可訓知。《周易》及《紀年》最爲分了。《周易》上、下篇,與今正同,别有《陰陽説》,而無《彖》《象》《文言》《繫辭》。疑於時仲尼造之於魯,尚未播之於遠國也。其《紀年篇》起自夏、殷、周,皆三代王事,無諸國别也。惟特記晉國,起自殤叔,次文侯、昭侯,以至曲沃莊伯。莊伯之十一年十一月,隱公之元年正月也,皆用夏正建寅之月爲歲首,編年相次。晉國滅,獨記魏事,下至魏哀王之二十年,蓋魏國之史記也。推校哀王二十年,大歲在壬戌,是周赧王之十六年,秦昭王之八年,韓襄王之十三年,趙武靈王之二十七年,楚懷王之三十年,燕昭王之十三年,齊湣王之二十五年也。上去孔丘卒百八十一歲,下去今大康三年五百八十一歲。哀王於《史記》,襄王之子,惠王之孫也。惠王三十六年卒而襄王立,立十六年卒而哀王立。古書《紀年篇》,惠王三十六年改元,從一年始，至十六年而稱惠成王卒，即惠王也。疑《史記》誤分惠成之世以爲後王年也。哀王二十三年乃卒，故特不稱謚，謂之今王。其著書文意，大似《春秋經》。推此足見古者國史策書之常也。文稱魯隱公及邾莊公盟於姑蔑，即《春秋》所書邾儀父，'未王命，故不書爵，曰儀父，貴之也'。又稱晉獻公會虞師伐虢滅下陽，即《春秋》所書'虞師晉師滅下陽。先書虞，賄故也'。又稱周襄王會諸侯於河陽，即《春秋》所書'天王狩於河陽，以臣召君，不可以訓也'。諸若此輩甚多，略舉數條，以明國史皆承告據實而書時事。仲尼修《春秋》，以義而制異文也。又稱衛懿公及赤翟戰於泂澤，疑泂當爲泂，即《左傳》所謂熒澤也。齊國佐來獻玉磬紀公之甗，即《左傳》所謂賓媚人也。諸所記多與《左傳》符同，異於《公羊》《穀梁》。知此三書，近世穿鑿，非《春秋》本意審矣。雖不皆與《史記》《尚書》同，然參而求之，可以端正學者。又别有一卷，純集疏《左氏傳》卜筮事，上下次第及其文義，皆與《左傳》同，名曰《師春》。師春似是鈔集者人名也。《紀年》又稱殷仲壬即位居亳，其卿士伊尹。仲壬崩，伊尹放太甲於桐，乃自立也。伊尹即位放太甲，七年，太甲潛出自桐殺伊尹。乃立其子伊陟、伊奮，命復其父之田宅而中分之。《左氏傳》：伊尹放太甲而相之，卒無怨色。然則太甲雖見放，還殺伊尹，而猶以其子爲相也。此爲大與《尚書》叙説太甲事乖異。不知老叟之伏生，或致昏忘？將此古書亦當時雜記，未足以取審也？爲其粗有益於左氏，故略記之，附《集解》之末焉。"《左傳注疏校勘記》云："宋本《正義》、淳熙《經注》本、明萬曆監本注疏，並載此序。十行本、閩本失刊，毛本仍之。"

《爾雅校勘記》："明吴元恭仿宋刻《爾雅》，絶無私意竄改處，不附《釋文》，而郭《注》中之某音某，完然無闕。爲經注本之最善者，必本宋刻無疑。如《釋詁》注云：'嗟，咨嗟也。'注云：'音兔罝。'明陳深《十三經解詁》本删此三字，不若吴本之可據也。"

《四庫提要》："《史記正義》，唐張守節撰。守節始末未詳，據此書所題，則其官爲諸王侍讀、率府長史也。是書自序三十卷，晁公武、陳振孫二家所録則作二十卷。蓋其標字列注，亦必如《索隱》。後人散入句下，已非其舊。至明代監本采附《集解》《索隱》之後，更多所删節，失其本旨。注地理脱十七條，故實注脱二十五條，音注脱二十三條。其他一兩字之出入，殆千有餘條，尤不可毛舉。苟非震澤王氏刊本具存，無由知監本之妄删也。”又曰：“《史記集解》，江蘇巡撫采進本。自明代監本，以《索隱》《正義》附入，其後又妄加删削，訛舛遂多。如《五帝本紀》‘昔高陽氏有才子八人’句下，‘高辛氏有才子八人’句下，俱脱‘名見《左傳》’四字。《秦始皇本紀》‘輕車重馬東就食’句下，脱‘徐廣曰：一無此重字’八字。《項羽本紀》，其‘九月會稽守’句下，脱‘徐廣曰：爾時未言太守’九字。《武帝紀》‘祀上帝明堂’句下，脱‘徐廣曰：常五年一修耳，今適二年，故但祀明堂’十八字。‘然其效可睹矣’句下，脱‘又數本皆無可字’七字。《河渠書》‘岸善崩’句下，脱‘如淳曰：河水岸’六字。《司馬相如傳》‘徬徨乎海外’句下，此引郭璞云：‘青邱山名，上有田，亦有國，出九尾狐，在海外。’《太史公自序》‘《易大傳》’句下，此引‘張晏曰：謂《易・繫辭》’。監本均誤作《正義》。又如《夏本紀》‘灃水所同’句下，引‘孔安國曰：灃水所同，同於渭也’。坊本闕一‘同’字。《項羽本紀》‘乃封項伯爲射陽侯’句下，脱‘徐廣曰：項伯名纏字伯’九字，是又出監本下矣。惟《貨殖傳》‘蘖麴煮鹽豉千甔’句下，監本引‘孫叔敖云：甔，瓦器，受斗六升爲甔’。當是孫叔然之誤。此本亦復相同，是校讎亦不免有疏，然終勝明人監本也。”

明汪文盛刊《後漢書》，有梁劉昭《注補續漢書八志》序云：“臣昭曰，昔司馬遷作《史記》，爰建《八書》，班固因廣，是曰《十志》。天人經緯，帝政紘維。區分源奥，開廓著述。創藏山之秘寶，肇刊石之遐貫，誠有繫於《春秋》，亦自敏於改作。至乎永平，執簡東觀，紀傳雖顯，書志未問，推檢舊記，先有《地理》，張衡欲存炳發，未有成功。《靈憲》精遠，《天文》已焕。自蔡邕大宏鳴條，實多紹宣。協妙元卓，《律曆》已詳。承洽伯始，《禮儀》克舉。郊廟社稷，《祭祀》該明。輪騑冠章，《車服》贍列，於是應譙纘其業，董巴襲其軌，司馬續其書，總爲八志。《律曆》之篇，仍乎洪、邕所構；《車服》之本，即依董、蔡所立。《儀》《祀》得於社制,《百官》就乎故簿,並藉據前修,以濟一家者也。王教之要,國典之源,粲然略備,可得而知矣。既接繼班書,通其流貫,體裁淵深,雖難逾等,序致膚約,有傷懸越。後之名史,弗能罷意。叔駿之書,是紹十典,矜緩殺青,竟亦不成。二子丕業,俱稱麗富。華轍亂亡,典則偕泯。雅言邃義,於是俱絶。沈《宋》因循,尤鮮功創。時改見句,非更搜求。加藝文以矯前棄,書流品采自近録。初平、永嘉,圖籍焚喪,塵消煙滅,焉識其限。借南晉之新虚,爲東漢之故實,是以學者亦無取焉。范曄《後漢》良史,誠跨衆氏;序或未周,志遂全闕。國史鴻曠,須寄勤閑;天才富贍,猶俟改具。若草昧厥始,無相憑據。窮其身世,少能已畢。還有承考之言,固深資父之力。太初以前,班用馬史。十《志》所因,實多往制。升入校部,出二十載。續志昭表,以助其間。成父述者,夫何易哉!況曄思雜風塵,志撓成毁。弗克員就,豈以兹乎?夫辭潤婉贍,可得起改。覈求見事,必應寫襲。故序例所論,備精與奪,及語八志,頗褒其美。雖出拔前群,歸相沿也。又尋本書,當作《禮樂志》,其《天文》《五行》《百官》《車服》,爲名則同,此外諸篇,不著紀傳。《津曆》《郡國》,必依往式。曄遺書自序,應編作諸志,前漢有者,悉欲備製。卷中發論,以正得失。書雖未明,其大旨也。曾臺雲構,所闕過乎榱桷;爲山霞高,不終逾於一壚。鬱絶斯作,吁可痛哉!徒懷纘緝,理慙鈎遠。迺借舊志,注以補之。狹見寡陋,匪同博遠。及其所值,微得論列。分爲二十卷,以合范史。求於齊工,孰曰文類。比兹闕恨,庶賢乎已。昔褚先生補子長之削少,馬氏接孟堅之不畢。相成之義,古有之矣。引彼先志,又何猜焉?而歲代逾邈,立言湮散,義存廣求,一隅未覿。兼鐘律之妙,素揖校讎;參曆算之微,有慚證辨。星候秘阻,圖緯藏嚴。是須甄明,每用疑略。時或有見,頗邀旁遇。非覽正部,事乖詳密。今行禁止,此書外絶。其有疏漏,諒不足誚(此文他本皆闕載,惟見汪本)。"何焯《義門讀書記》曰:"《八志》,司馬紹統之作,本漢末諸儒所傳,而述於晉初。劉昭補注,别有總叙。緣諸本或失載劉《叙》,故孫北海《藤陰劄記》亦誤出蔚宗志《律曆》之文。"《四庫提要》曰:"洪邁《容齋隨筆》,已誤以八志爲范書,則其誤不自孫承澤始。”

《士冠》訛建作捷，誤讀夫德明音注之文；《天官》亂玉於王，研辨於倦翁校經之例。《檀弓》之子路、子貢，過泰山者似兩人；《釋草》之卷施、卷施，解拔心者有二物。修脩字異，《詩》則蜀越之體殊；尸戶形疑，《傳》惟淳熙之本正。至於弖文謬亞，韋賢之《傳》從疑；婁縣訛安，吴郡之名難考。誤尾作危，誤軫作井，分野之度失，而《地理志》鮮通；以宣爲寧，以平爲年，封國之號殊，而《百官表》失讀。此訛字之失也。

注曰：以上言訂訛字，宋本之善二事。

錢大昕《潛研堂答問》：“問：‘《士冠禮》，冠者以柶祭醴，興，坐，晬醴，捷柶，《唐石經》作建，顧氏以《石經》爲誤，然否？’曰：‘《士昏禮》，婦受醴，亦有“以柶建醴”，“坐，晬醴，建柶”之文，則《石經》作建爲是，敖總公本亦與《石經》同。是宋時猶未誤也。今本所以誤者，乃緣陸氏《釋文》有捷柶二字，疑爲經文，遂妄改建爲捷爾。鄭注本云：建柶扱柶於醴中，陸所見本扱柶作捷柶，故云本又作插，或作扱。要是注文，非經文有捷字也。《經典釋文》本單行之書，今注疏本以《釋文》散入各經注下，頗有舛訛，而《儀禮》一經尤多芟削，甚至以《釋文》溷入注中。讀者不察，乃謂鄭君注經已有反切，校刊之不謹，貽誤後生多矣。’”案錢氏《十駕齋養新録》卷二亦説此條，自注云：“余見小字宋本《儀禮》經注俱是建字。”

宋岳珂《九經三傳沿革例》云：“天官小宰贊王幣爵之事，諸本‘王’皆作‘玉’。惟越注疏及建大字本作‘王’。大宰贊玉幣爵，上文有贊王牲事，則玉幣爵不得再言王。小宰職卑，不獲贊牲事，且此上文未有王字，故言王幣爵。注所謂從大宰助王，其義甚明。”案珂字肅之，號倦翁，湯陰人，居於嘉興，鄂忠武王飛之孫也。

《禮記·檀弓》：“孔子過泰山側，有婦人哭於墓者而哀，夫子式而聽之，使子路問之。”《禮記校勘記》云：“惠棟校宋本，‘路’作‘貢’，石經、宋監本、岳本同。”《石經考文提要》云：“案《九經三傳沿革例》云：

實使子貢，而興國本及建諸本皆作子路，疏亦不明言何人。及考石本、舊監本、蜀大字本、越上注疏本，皆作子貢，以《文選》李善注及《藝文類聚》《白孔六帖》《太平御覽》《孔子家語》所引證之，則作子貢是也。"

《爾雅·釋草》："卷施草拔心不死。"《爾雅校勘記》云："唐《石經》、單疏本、雪牎本同。《釋文》'施'或作'葹'同。"《石經考文提要》引至善堂九經本亦作'施'，注疏本'施'誤'旆'。

《詩·豳風》："予尾翛翛。"《九經三傳沿革例》曰："監、蜀、越本皆作'消消'，以疏爲據。興國本及建寧諸本皆作'翛翛'，以《釋文》爲據也。"

宣公十二年，《左傳》："屈蕩尸之。"錢大昕跋余仁仲《校刻左傳》云："家藏淳熙《九經》，及長平游御史本、巾箱小本，俱作'户'字。"《左傳校勘記》曰："石經、宋本、淳熙本、岳本'尸'作'户'，是也。《漢書·王嘉傳》注、李善《文選》注、范尉宗《宦者傳論》注，引並同。"

《漢書·韋賢傳》："黼衣朱紱。"注："朱紱爲朱裳，畫爲亞文也。亞，古弗字。"宋祁曰："亞當作亞（案亞當作於弫）。"錢大昕《廿二史考異》曰："亞當作於弫，兩已相背也，與亞次字音義全别。此朱紱諸侯之服，當訓爲韠，不當作黼黻講，師古誤。"

《十駕齋養新録》卷六曰："《續漢書·郡國志》：'吴郡有安縣。'考《前書》及晉、宋《志》皆無之。此志亦不載何年置，前無所承，後無所併，疑即婁之壞字。因'婁'訛爲'安'，校書家不能是正，疑有脱漏，又增婁於無錫之後，並改十二城爲十三。盧熊《蘇州府志》謂東漢省錢唐而增安縣，又謂建安中孫權以安縣屬屯田典農校尉，當在無錫以西。然沈約《志》初無以安屬屯田典農校尉之説，未審盧氏何據，大約後人臆造耳。監本無婁字，新刊本依宋本增之，其實宋本未必是，監本未必非也。《漢志》婁縣下云：'有南武城，闔閭所築以備越。'《續志》安縣下注：'《越絶》云：有西岑冢，越王孫開所立，以備春申君，使其子守之。子死，遂葬城中。'兩縣俱有備越遺迹，益信安與婁非二地矣。"

又曰:"《地理志》:'自東井六度至亢六度謂之壽星之次。''東井'當作'軫'。'自危四度至斗六度,謂之析木之次。''危'當作'尾'。"

又曰:"予撰《漢書考異》,謂《哀帝紀》:'元壽二年春正月。''元壽'二字衍文。《景武昭宣元成功臣表》:'孝成五人。''成鄉'當作'成都'。樂成下衍'龍'字。《百官公卿表》:'寧平侯張歐','寧'當作'宣'。'俞侯樂賁','樂'當作'欒'。'安年侯王章','年'當作'平'。'平喜侯史中','喜'當作'臺','廣漢太守孫實','實'當作'寶'。《五行志》:'能者養之以福。''之以'當作'以之'。《地理志》:'逢山長谷,諸水所出。''諸'當作'渚'。'博水東北至鉅定','博'當作'時'。《張良傳》:'景駒自立爲楚假王,在陳留。''陳'字衍。《枚乘傳》:'凡可讀者不二十篇。''不'當作'百'。《韓安國傳》:'梁城安人也。''城'當作'成'。《韋賢傳》:'畫爲亞文。''亞'當作'弫'。《佞倖傳》:'龍雒思侯夫人。''雒'當作'額'。向見北宋景祐本,此十數處,皆與予説合(原注:景祐本後題:二年九月,校書畢,凡增七百四十一字,損二百一十三字,改一千三百三字)。"

南宋始行兼義,則先時疏乃别行;古籍皆首小題,則開卷發端已失。《貨殖傳》失於跳行,而班掾以濫載貽譏;《律曆志》失於排列,而劉歆之遺法難考。《釋文》附經,不兩讀者必至牽改;《索隱》合《史》,其更定者難考本來,年表删徐廣之字,而史公以甲子紀年,是當以後表正之;列傳有郭泰之稱,而范氏以家諱載筆,是當於分注求之。此舊式之亡也。

注曰:以上言存舊式,宋本之善三事。

宋本、閩、監本《周易注疏》,卷首並題云《周易兼義》。阮元《周易校勘記》曰:"兼義字乃合刻注、疏者所加,取兼並注疏之意也。蓋其始注疏無合一之本,南北宋之間,以疏附於經注者,謂之某經兼義。至其後則謂之某經注疏,此變易之漸也。"《十駕齋養新録》卷三曰:"唐人撰《九經》疏,本與注别行,故其分卷亦不與經注同。自宋以後刊本,欲省兩讀,合注與疏爲一書,而疏之卷第遂不可考矣。予嘗見宋本《儀禮疏》,每葉三十行,每行二十七字,凡五十卷。惟卷三十二至三十七闕。末卷有大宋景德元年校對、同校、都校諸臣姓名,及宰相吕蒙正、李(原注:不署名,蓋李沆也)、參政王旦、王欽若銜名。又嘗見北宋刻《爾雅疏》,亦不載注文。蓋邢叔明奉詔撰疏,猶遵唐人舊式,諒《論語》《孝經》疏亦當如此,惜乎未之見也。"日本人山井鼎云:"足利學所藏宋板《禮記注疏》有黄唐跋云:'本司舊刊《易》《書》《周禮》,正經、注、疏,萃見一書,便於披繹,它經獨闕。紹興辛亥,遂取《毛詩》《禮記》疏義,如前三經編彙,精加讎正。乃若《春秋》一經,顧力未暇,姑以貽同志。'所云本司者,不知爲何司,然即是可證北宋時正義未嘗合於經注。即南渡初,嘗有單行本,不盡合刻矣。"

《養新餘録》云:"古書多大題在下。陸氏《經典釋文》云:'《毛詩》故大題在下。案馬融、盧植、鄭元注《禮記》,並大題在下。班固《漢書》、陳壽《三國志》亦然。'予案唐刻《石經》皆大題在下,如《詩經》卷首《周南詁訓傳第一》列於上,《毛詩》兩字列於此行之下,所謂大題在下也。宋元以來,刻本皆移大題於上,而古式遂亡。今讀者且不知何語矣。予曾見《史記》宋大字本,亦大題在下(原注:淮南轉運司監雕本)。"

盧文弨《鍾山札記》亦論古書大題多在小題下,亦引陸氏《釋文》,謂今人率意紛更。《釋文》所云,並未寓目,題與説兩相矛盾,而亦不自知也。《漢書》《三國志》,汲古閣版行者猶存舊式,他本則不盡然云。

又《鍾山札記》曰:"《貨殖》等傳,以事名篇,與《八書》差相類,固未嘗一一標姓名也。乃譏《漢書》者謂范蠡、子貢、白圭非漢人而入《漢書》,以爲失於限斷,其實班氏何嘗爲范蠡諸人立傳,即彼蜀卓、宛孔,閭里猥瑣之流,亦豈屑屑爲之標目,與夫因人立傳者同哉?"案盧説甚是。《貨殖》等傳,每多跳行,一若人各爲傳者,故有濫載之疑。向令舊式俱存,連屬勿斷,必無此譏矣。

劉歆《三統曆》遺法,見《漢書·律曆志》。王先謙《補注》曰:"錢大昕、李鋭皆謂今本行列失次,古本三統,每統各八十一章,每九章當爲一列(原注:自甲子元首至丙寅孟止爲一列)。每章又分三行(原注:自甲子元首至丙午爲一行,甲辰二統至丙戌爲一行,甲申三統至丙寅爲一行)。以孟、仲、季三字依次分注各行之下,是也。”

《養新録》曰:“《春秋正義》自隱公至昭公,皆言某公以周某王某年即位,是歲在某次。定公以敬王十一年即位,脱‘是歲歲在某次’句。哀公則不載《正義》本文,但於白文《疏》下出同上兩字。謂與陸氏《釋文》相同,不復重出也。《釋文》與《正義》各自爲書,宋初本皆單行,不相殽亂,南宋後乃有合正義於經注之本。又有合《釋文》與《正義》於經注之本,欲省學者兩讀,但以注、疏之名標於卷首,則當以《正義》爲主。即或偶爾相同,亦當並存,豈有删《正義》而就《釋文》之理。況以前十一公考之,皆《正義》詳於《釋文》。《正義》之例,每公皆引《魯世家》,皆有以某王某年即位之語,而《釋文》無之。獨哀公《釋文》多‘敬王二十八年即位’一句,此必校書者以意竄之。謬妄相承,蔑有悟其非者,可三嘆也。”又曰:“紹興初所刻注疏,初未附入陸氏《釋文》,則今所傳附釋音之注疏,大約光、寧以後刊本耳。今南北監本,惟《易》《釋文》不攙入經注内。《公羊》《穀梁》《論語》俱無釋文。”

《四庫提要》云:“《索隱》本於《史記》之外别行,及明代刊刻監本,合裴駰、張守節及此書散入句下,恣意删削。如《高祖本紀》母媪、母温之辨。有關考正者,乃以其有異舊説,除去不載。又如《燕世家》啓攻益事,貞注曰:‘經傳無聞,未知其由。’雖失於考據《竹書》,亦當存其原文。乃以爲冗句,亦删汰之。此類不一,漏略殊甚,然至今沿爲定本。此單行之本,爲北宋秘省刻板,毛晉得而重刻者,録而存之,猶可以見司馬氏之舊,而正明人之疏舛焉。”

《養新録》曰:“史記諸年表,皆不記干支,注干支出於徐廣。《六國表》周元王元年,‘徐廣曰乙丑’。《秦楚之際月表》秦二世元年,‘徐廣曰壬辰’,是也。《十二諸侯年表》,共和元年,亦當有‘徐廣曰庚申’字。今刊本乃於最上添一格書干支,而删去徐廣注,遂疑爲史公本文。曾不檢照後二篇,亦太疏矣。考徐注之例,惟於每王之元年注干支,此表(《十二諸侯年表》)每十年輒書甲戌、甲申、甲午、甲辰、甲寅、甲子字，不特非史公正文，並非徐氏之例。其爲後人羼入，鑿鑿可據。且史公以太陰紀年，故命太初之元爲閼逢攝提格，依此上推，共和必不值庚申。則庚申爲徐注，又何疑焉?”

又曰:“《後漢書·郭太傳》，‘初太始至南州’以下七十四字，本章懷注引謝承《後漢書》之文，今誤作大字，溷入正文。予嘗見南宋本及明嘉靖己酉福建本，皆不誤。蔚宗書避其家諱，於此傳前後皆稱林宗字，不應忽爾稱名，且其事已載《黄憲傳》，毋庸重出也。”

不得最先之本，孰正後來之失? 然而嚮壁虚造，妄正是非者，謬也;專己守殘，不能别白者，又固也。蘇子瞻謂近人以意改書，鄙淺之人，從而和之;陸放翁謂近世喜刻書版，略不校讎，錯本散滿。觀張淳《識誤》之編，岳珂《沿革》之例，所舉各本，未盡同原。而況搜遺於麻沙市中，訪舊於睦親坊下，經或别爲纂圖，史每珍爲詳節，又宋本之至下者乎!

注曰:宋本有三善，校書者據以爲質，固其宜矣。然宋本自有多種，豈可盡據，其有嚮壁虚造，憑臆妄改者，此固宋人之謬，而今人惟知專己守殘，貴遠賤近，本不誤者，反因宋本而誤，斯亦可謂固陋也已。

蘇軾《仇池筆記》謂:“近世人輕以意改書，鄙淺之人，好惡多同，故從而和之者衆。遂使古書日就訛舛，深可忿疾。”

陸游《渭南文集·跋歷代陵名》云:“近世士大夫所至喜刻書版，而略不校讎。錯本書散满天下，更誤學者，不如不刻之爲愈也，可以一嘆。”

張淳《儀禮識誤》所據有周廣順三年及顯德六年刊行監本、汴京巾箱本、杭細字本、嚴重刊巾箱本、湖北漕司本。

岳珂《九經三傳沿革例》所據有唐石刻本、晋天福銅版本、京師大字舊本、紹興初監本、監中現行本、蜀大字舊本、蜀學重刻大字本、中字本、中字有句讀附音本、潭州舊本、撫州舊本、建大字本(原注:俗稱無比九經)、俞紹經家本，又中字凡四本，婺州舊本，並興國于氏、建余仁仲凡二十本，又越中注疏舊本、建有音釋注疏本、蜀注疏本，合二十三本。

祝穆《方輿勝覽》:"建寧府土産書籍行四方。"原注云:"麻沙、崇化兩坊産書,號爲圖書之府。"朱熹《嘉禾縣學藏書記》云:"建陽麻沙板本書籍行四方者,無遠不至。"觀此足知麻沙板本流傳之廣,然實板刊不精。陸游《老學庵筆記》有云:"三舍法行時,有教官出《易》義題云:乾爲金,坤又爲金,何也?諸生乃懷監本至簾前請曰:先生恐是看了麻沙版,若監本則坤爲釜也。"葉夢得《石林燕語》亦載此事。又曰:"今天下印書,以杭州爲上,蜀本次之,福建最下也。"

葉德輝《書林清話》云:"南宋臨安業書者,以陳姓爲最著。諸家藏書志、目、記、跋載:睦親坊棚北大街陳解元或陳道人,或陳宅書籍鋪刊行。印行者以唐宋人詩文小集爲最多。"方回《瀛奎律髓》注云:"陳起,字宗之,睦親坊賣書開肆。予丁未至行在所,至辛亥,凡五年,猶識其人,且識其子。今近四十年,肆燬人亡,不可見矣。"(葉氏考臨安書估事極詳,見《清話》卷二)

戴表元《剡源集·題孫過庭書譜後》云:"杭州陳道人印書,書之疑處,率以己意改令諧順,殆是書之一厄。"案戴氏之言如此,則陳道人書亦不盡善矣。惟其人頗知文學,又好名喜事,故當時江湖詩人多與之交,並詳見葉氏《清話》。

《書林清話》云:"宋刻經子有纂圖、互注、重言、重意標題者,大都出於坊刻,以供士人帖括之用。經有南宋刻巾箱本《纂圖附釋音重言重意互注周易》九卷,《略例》一卷,見森《志》(日本森立之《經籍訪古志》)。《纂圖附釋音重意重言互注尚書》十三卷,見《天禄琳琅後編》。婺州本《點校重言重意互注尚書》十三卷,見陳《跋》(陳鱣《經籍跋文》)、瞿《目》(瞿鏞《鐵琴銅劍樓書目》)、黄《書録》(黄丕烈《百宋一廛書録》)。監本《纂圖重言重意互注點校尚書》十三卷,見繆《續記》(繆荃孫《藝風堂藏書續記》)。監本《纂圖重言重意互注點校毛詩》二十卷,見《天禄琳琅》、陳《跋》、黄《續記》(黄丕烈《士禮居藏書題跋記續》)、楊《録》(楊紹和《楹書隅録》)。宋麻沙本《附釋音纂圖重言重意互注毛詩》二十卷,附《毛詩舉要圖》《毛詩篇目》,見張《志》(張金吾《愛日精廬藏書志》)。京本《附釋音纂圖互注重言重意周禮》十二卷,見《天禄琳琅》、吴《跋》（吴壽暘《拜經樓藏書題跋記》）、陳《跋》、黄《記》、瞿《目》、陸《續跋》（陸心源《儀顧堂續跋》）。宋巾箱本《纂圖附音重言重意互注周禮鄭注》十二卷，見森《志》。《原本點校附音重言重意互注禮記》二十卷，見森《志》、楊《譜》（楊守敬《留真譜》）。監本《纂圖重言重意互注禮記》二十册，見丁《志》（丁丙《善本書室藏書志》）。南宋麻沙本《纂圖互注禮記》二十卷，《禮記舉要圖》一卷，見陸《志》（陸心源《皕宋樓藏書志》）。京本《纂圖附音重言重意互注春秋經傳集解》三十卷，見《天禄琳琅》、陳編《廉石居記》（陳宗彝編《廉石居藏書記》）、莫《録》（莫友芝《宋元舊本書經眼録》）。監本《纂圖春秋經傳集解》三十卷，見丁《志》。監本《纂圖重言重意互注論語》二十卷，見楊《譜》。大氐經有七種，《儀禮》《孟子》非場屋所用，故置之。”

《續文獻通考·經籍考》：“《十七史詳節》二百七十三卷，吕祖謙撰。”

夫若網在綱，田敏不無妄改；未死而謚，伯厚猶滋誤讀。《漢表》始元，明允見爲元始者，非善本也；武王十亂，原父疑爲稱臣者，循衍文也。況乎壺矢壹闕，師古存疑；竇力竇刀，之推致誚。誶訊不辨，憯慘同音，《釋文》之謬也；雝雍互更，敺毆失考，《石經》之舛也。以及箕子荄滋，見疑於孟喜之傳；柳穀昧谷，駁難於虞翻之書。《酒誥》俄空，《彼都》誌佚，漢魏以前，尚難徧信。何必執建寧之遺刻，據宋世所刊行，秘在枕中，奉爲圭臬。則必金根白及，字字可遵；淮別銀鐺，孜孜必究。是執削者之長，非操觚者之正矣。

注曰：此節更申上文之意，宋本不無訛舛，蘇子瞻、陸放翁亦既言之。更求其證，則宋之通人名士，且不免誤校誤讀之累，從是上溯，則雖漢唐諸儒，尚難徧信。豈得獨據宋槧，以爲依歸，訛字脱文，猶相沿襲，不其惑歟！若徒賞字畫之精妍，而不顧義理之當否，此爲匠人執削者之所夸，誠非學士操觚者之正軌也。

《宋史·儒林傳》：“田敏雖篤於經學，亦號爲穿鑿。所校九經，頗以獨見自任。如改《尚書》'若網在綱'爲'若綱在綱',重言'綱'字。又《爾雅》:'椵木槿。'注曰'日及'改爲'白及'。如此之類甚衆。世頗非之。"

《困學紀聞》卷六:"衛侯賜北宫喜謚曰貞子,賜析朱鉏謚曰成子,是人臣生而謚也。"何焯評云:"杜氏注云:'皆未死而賜謚及墓田,傳終言之。'近得不全宋槧本作'皆死而賜謚及墓田,傳終言之'。少'未'字,而義尤協,意尤明,似勝王氏所據之本。"閻若璩評云:"何屺瞻告余,頃得宋槧本不全《左傳》,恰有昭二十年衛賜北宫喜事,杜注云:'皆死而賜謚及墓田,傳終言之。'較近刻少'未'字,意尤明,義尤協,似勝王氏所據之本。王氏本與吾輩今日同。余擊節曰:'若果未死賜謚,是豫凶事,非禮也,杜當以爲譏,不應云終言之。一字之增,何啻霄壤,宋槧本真寶也。'"

《漢書·王子侯年表》下:"始元五年。"殿本作"元始",引劉攽曰:"當爲'始元'。"錢大昕曰:"劉説是也。蘇氏謂此卷皆元始之際,王莽僞襃宗室而侯者。正由讀此誤本,不能校正耳(案蘇氏語見《嘉祐集·史論中篇》)。"

《養新録》云:"'予有亂十人。'《尚書》《論語》各一見。《春秋傳》兩見(襄廿八年、昭廿四年)。唐《石經》皆無臣字。今石刻旁添'臣'字者,宋人妄作耳。陸氏《釋文》亦同,云本或作'亂臣十人',非。五代國子監校刻九經,始據誤本添入'臣'字。邢昺《論語疏》亦承監本,於是劉原父有子無臣母之疑,蘇子瞻《太皇太后輓詞》,亦有'允矣才難十亂臣'之句。"

《漢書·薛宣傳》:"掾宜從衆歸對妻子,設酒餚,請鄰里,壹关相樂。"應劭曰:"以壺矢相樂也。"晉灼曰:"'書篆形壹关字象壺矢,因曰壺矢。'此説非也。"師古曰:"晉説是也。壹关謂一爲歡关耳,关,古笑字也。"

《顔氏家訓·勉學篇》:"《書》曰:'好問則裕。'《禮》云:'獨學而無友,則孤陋而寡聞。'蓋須切磋相起明也。見有閉門讀者,師心自是,稠人廣坐,謬誤差失者多矣。《穀梁傳》稱'公子友與吕挐相搏,左右呼曰孟勞’。孟勞者，魯之寶刀名，亦見《廣雅》。近在齊時，有姜仲岳謂：‘孟勞者，公子左右姓孟名勞，多力之人，爲國所寶。’與吾苦諍。時清河郡守邢峙，當世碩儒，助吾證之，赧然而伏。”

戴震《毛鄭詩攷正》曰：“《陳風・墓門》二章，‘歌以訊止’。‘訊’乃‘誶’字轉寫之訛，《毛詩》云：‘告也。’《韓詩》云：‘諫也。’皆當爲‘誶’，誶音碎，故與萃韻。訊音信，問也，於詩義及音韻咸扞格矣。屈原賦《離騷》篇：‘謇朝誶而夕替。’王逸注引《詩》‘誶予不顧’。又《爾雅》：‘誶，告也。’《釋文》云：‘沈音粹，郭音碎。’則郭本‘誶’不作‘訊’明矣。今轉寫亦訛。《張衡傳》：《思元賦》注引《爾雅》仍作誶。《釋文》於此詩云：本又作誶，音信。徐：息粹反。蓋於誶、訊二字未能决定也。”

《養新録》云：“誶訓告，訊訓問，兩字形聲俱别，無可通之理。六朝人多習草書，以卒爲卆，遂與卂相似。陸元朗不能辨正，一字兩讀，沿訛至今。《詩》陳風：‘歌以訊之。’‘訊予不顧。’陸云：‘本又作誶，言信。徐：息悴反，告也。’《小雅》：‘莫肯用訊。’陸云：‘音信。徐：息悴反，告也。’按此兩詩本是誶字，王逸注《楚辭》引‘誶予不顧’，其明證矣。徐仙民兩音息悴反，是徐本亦從卒也。陸氏狃於韻緩不改字之説，讀誶爲信，豈其然乎？《大雅》：‘執訊連連。’此正訊問字，陸音信是也。而又云：‘字又作訊，又作誶，並同。’《禮記・王制》：‘以訊馘告。’陸云：‘本又作誶。’《學記》：‘多其訊。’陸云：‘字又作誶。’則真以訊誶爲一字矣。《爾雅》：‘誶，告也。’陸引沈音粹，郭音碎，當矣。而又云：‘本作訊，音信。’其誤亦同。今《毛詩正義》《石經》皆作訊，又承陸氏之誤。”

又曰：“唐《石經》俗體字，如‘雝’作‘雍’（《詩》）、‘櫜’作‘橐’（《周禮》《爾雅》）、‘敺’作‘毆’（《周禮》）、‘齎’作‘賫’（《儀禮》）、‘總’作‘揔’（《春秋傳》）、‘督’作‘晵’（《爾雅》）、‘横’作‘撗’（《爾雅》）。”

《漢書・儒林傳》：“蜀人趙賓好小數書，後爲《易》，飾《易》文。以爲箕子明夷，陰陽氣無箕子，箕子者，萬物方荄兹也。賓持論巧慧，《易》家不能難，皆曰非古法也。云受孟喜，喜爲名之。後賓死，莫能持其説。

喜因不肯伆,以此不見信。”師古曰:“《易·明夷卦》彖曰:‘内文明而外柔順,以蒙大難,文王以之。利艱貞,晦其明也,内難而能正其志,箕子以之。’而六五爻辭曰:‘箕子之明夷,利貞。’此箕子者,謂殷父師説《洪範》者也。而賓妄爲説耳。荄兹,言其根荄方滋茂也。”

《吴志·虞翻傳》注:《翻别傳》云:“又奏鄭玄解《尚書》違失事因,古大篆丣字讀當爲柳,古柳丣同字,而以爲昧。”臣松之案:“翻云‘古大篆丣字讀當爲柳,古柳丣同字’。竊謂翻言爲然,故劉、留、聊、柳同用此字,以從聲故也。”

惠棟《九經古義》曰:“《今文尚書》云:‘度西曰柳穀。’伏生《書傳》云:‘秋祀柳穀。’康成云:‘柳,聚也。’賈公彦云:‘柳者,諸色所聚,日將没,其色赤,兼有餘色,故云柳穀。’今鄭注《尚書》從古文作‘昧谷’,故虞仲翔奏鄭解《尚書》違失云云。”

《法言·問神篇》云:“昔之説《書》者《序》以百,而《酒誥》之篇俄空焉。”

《彼都誌佚》,“誌”當爲“詩”,字之誤也。《小雅·都人士》篇,襄十四年《左傳》引首章“行歸於周,萬民所望”。服虔注曰:“逸《詩》也。”《禮記·緇衣》篇引首章六句,鄭注曰:“此詩《毛詩》有之,三家則亡。”《毛詩》孔疏云:“今《韓詩》實無此首章,時三家列於學官,《毛詩》不得立,故服以爲逸。”

李綽《尚書故實》云:“昌黎子昶,性闇劣,爲集賢校理。史傳有金根車,昶以爲誤,乃悉改根爲銀字。”

田敏改“日及”爲“白及”,已見上注。

《文心雕龍·練字》篇云:“《尚書大傳》:‘别風淮雨。’《帝王世紀》云:‘列風淫雨。’‘别’‘列’‘淮’‘淫’,字似潛移。‘淫’‘列’義當而不奇;‘淮’‘别’理乖而新異。傅毅制誄,已用‘淮雨’,固知愛奇之心,古今一也。”

《顔氏家訓·文章篇》云:“《後漢書》:‘囚司徒崔烈以鋃鐺鏁。’鋃鐺,大鏁也。世間多誤作金銀字。武烈太子亦是數千卷學士,嘗作詩云:‘銀鏁三公脚,刀撞僕射頭。’爲俗所誤。”

圖　版

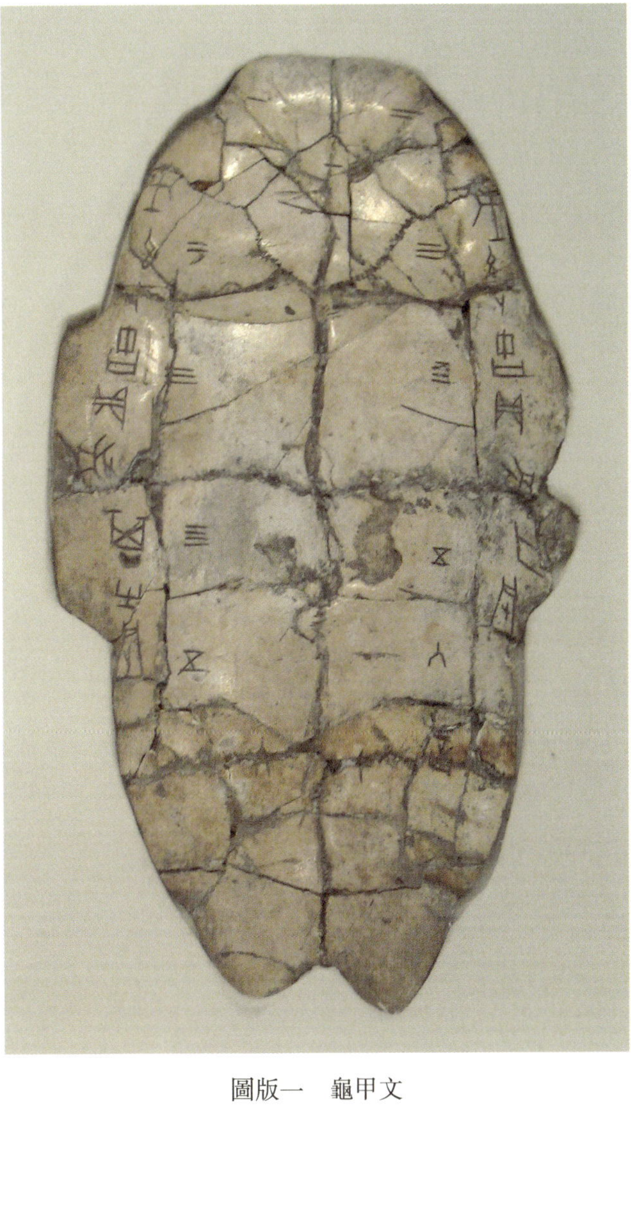

圖版一　龜甲文

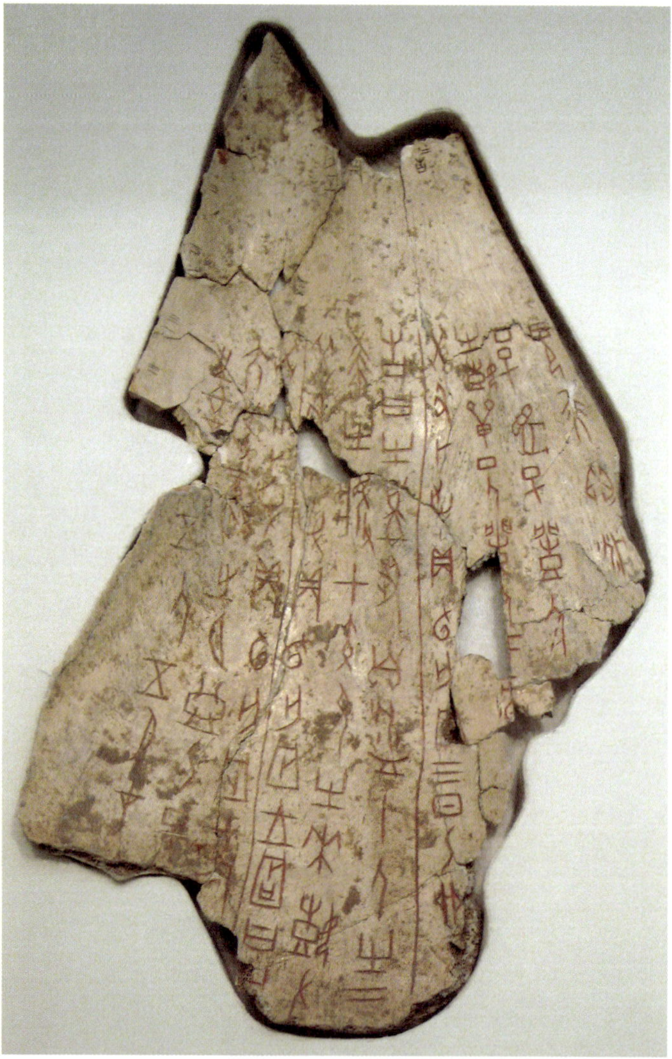

圖版二　獸骨文

圖版三　西周青銅器毛公鼎及其銘文

圖版四　石鼓文

圖版五　《熹平石經》殘石

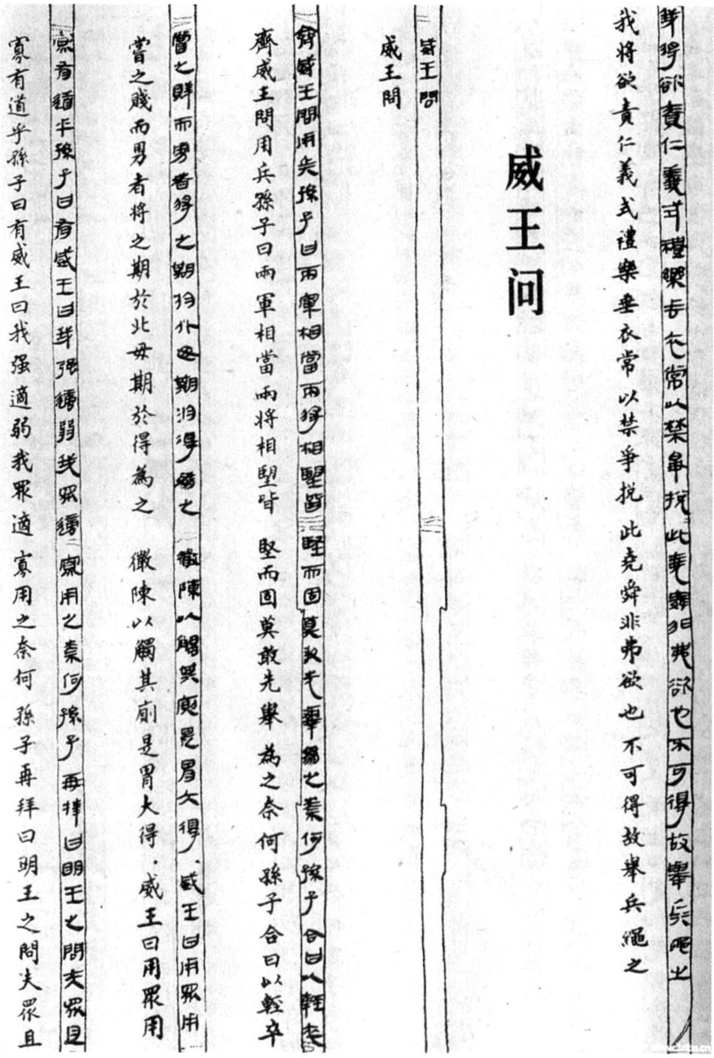

圖版六　臨沂銀雀山西漢墓出土《孫臏兵法》竹簡

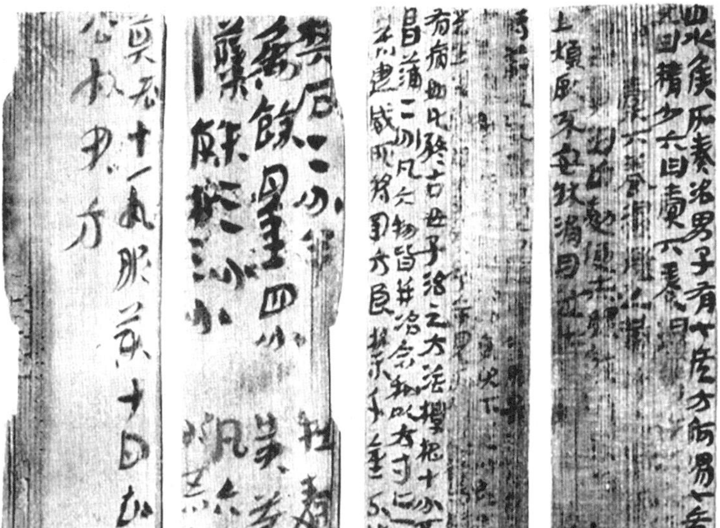

圖版七　武威旱灘坡漢墓出土漢代木牘

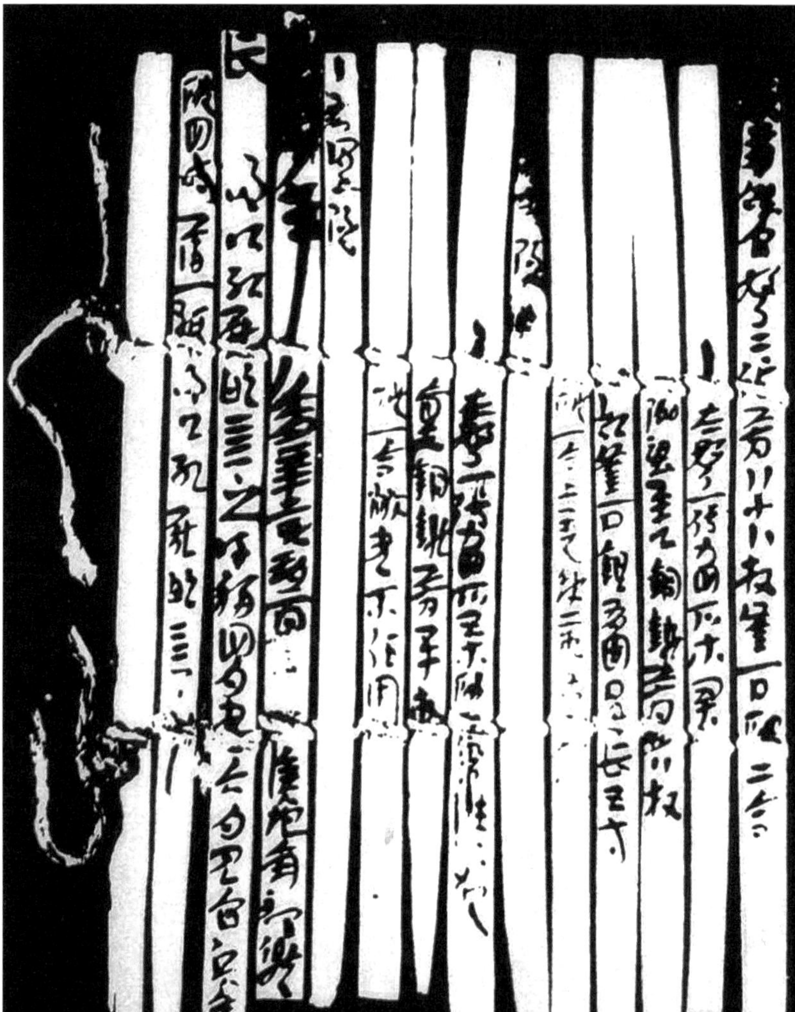

圖版八　居延出土東漢永元五年至七年（九三至九五）間用木簡所寫器物册

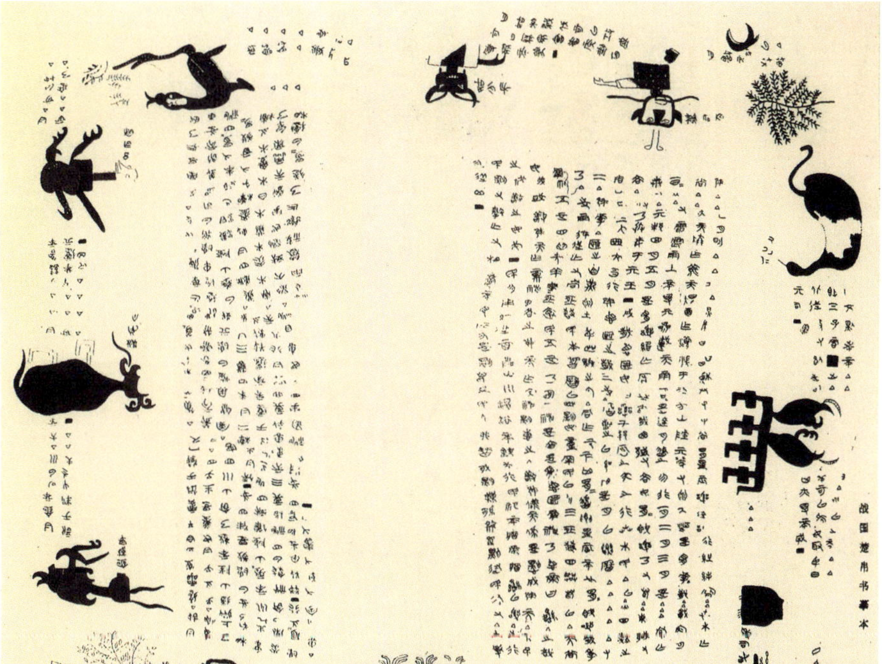

圖版九　長沙出土戰國繒書陳槃摹本

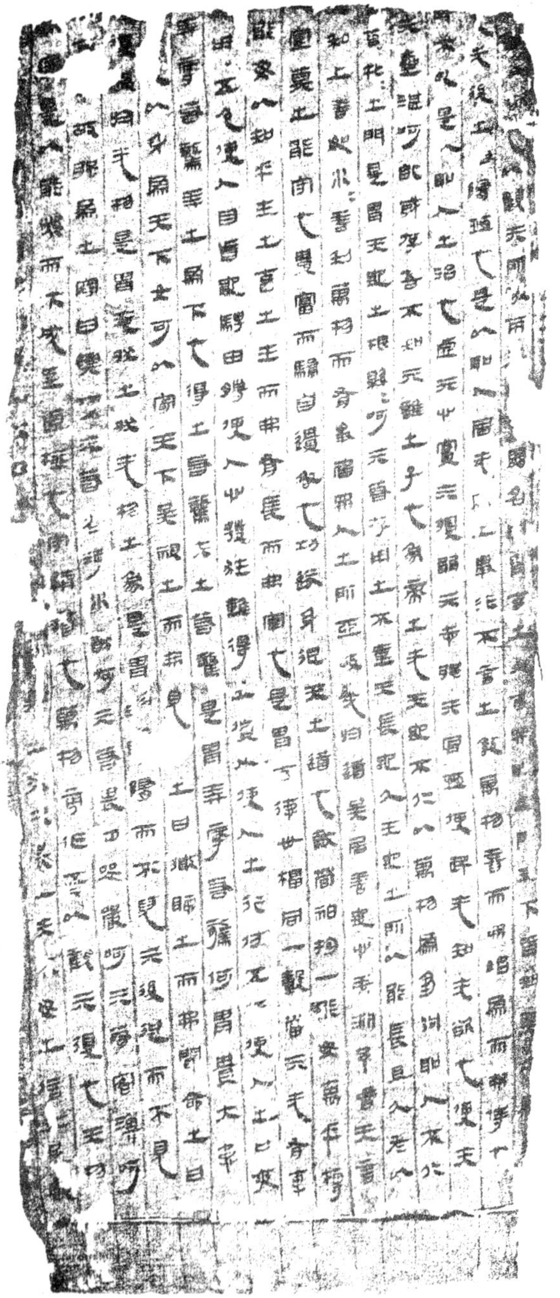

圖版十　長沙馬王堆漢墓出土帛書《老子》乙本

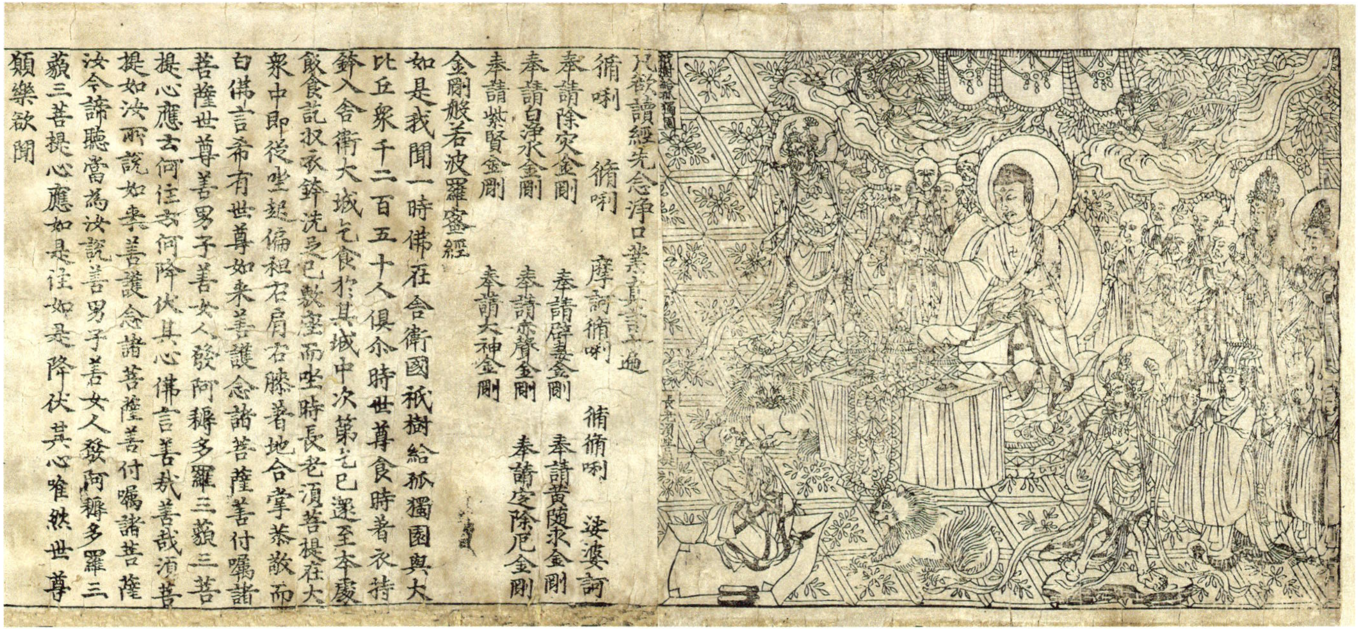
凡欲讀經先念淨口業真言一遍
修唎修唎　摩訶修唎　修修唎　娑婆訶
奉請除災金剛　奉請辟毒金剛　奉請黃隨求金剛
奉請白淨水金剛　奉請赤聲金剛　奉請定除厄金剛
奉請紫賢金剛　奉請大神金剛
金剛般若波羅蜜經
如是我聞一時佛在舍衛國祇樹給孤獨園與大
比丘衆千二百五十人俱尒時世尊食時着衣持
鉢入舍衛大城乞食於其城中次第乞已還至本處
飯食訖收衣鉢洗足已敷座而坐時長老須菩提在大
衆中即從座起偏袒右肩右膝著地合掌恭敬而
白佛言希有世尊如來善護念諸菩薩善付囑諸
菩薩世尊善男子善女人發阿耨多羅三藐三菩
提心應云何住云何降伏其心佛言善哉善哉須菩
提如汝所說如來善護念諸菩薩善付囑諸菩薩
汝今諦聽當為汝說善男子善女人發阿耨多羅三
藐三菩提心應如是住如是降伏其心唯然世尊
願樂欲聞

圖版十一　唐咸通九年（八六八）刻本《金剛經》

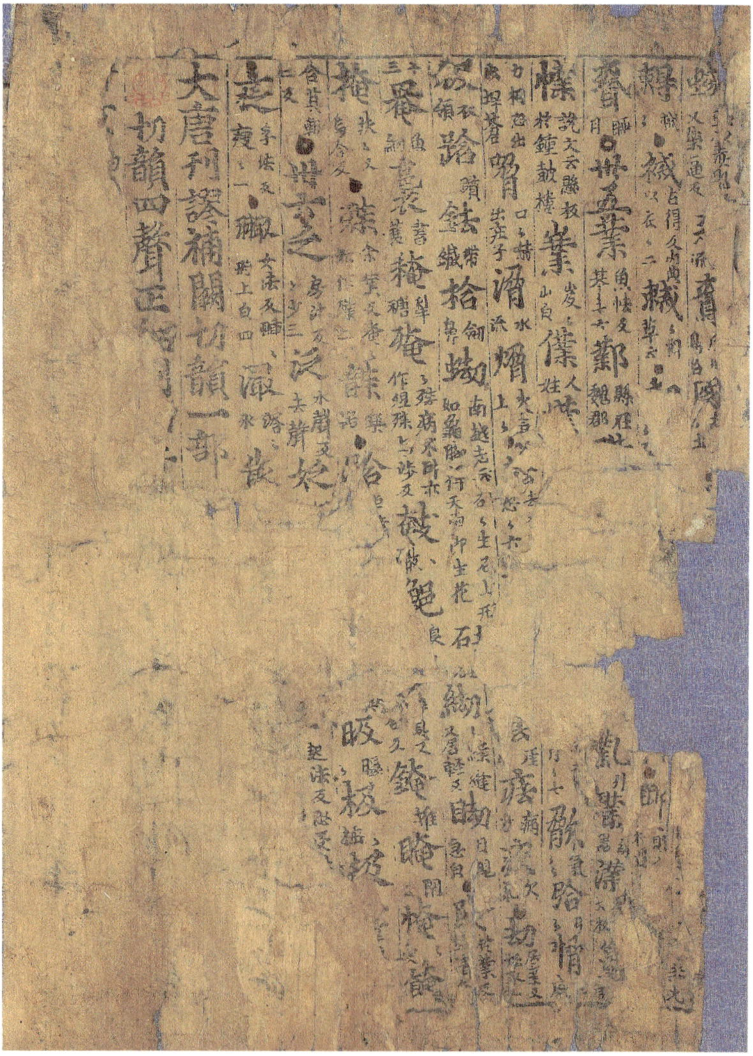

圖版十二　敦煌發現五代刻本大唐刊謬補闕《切韻》

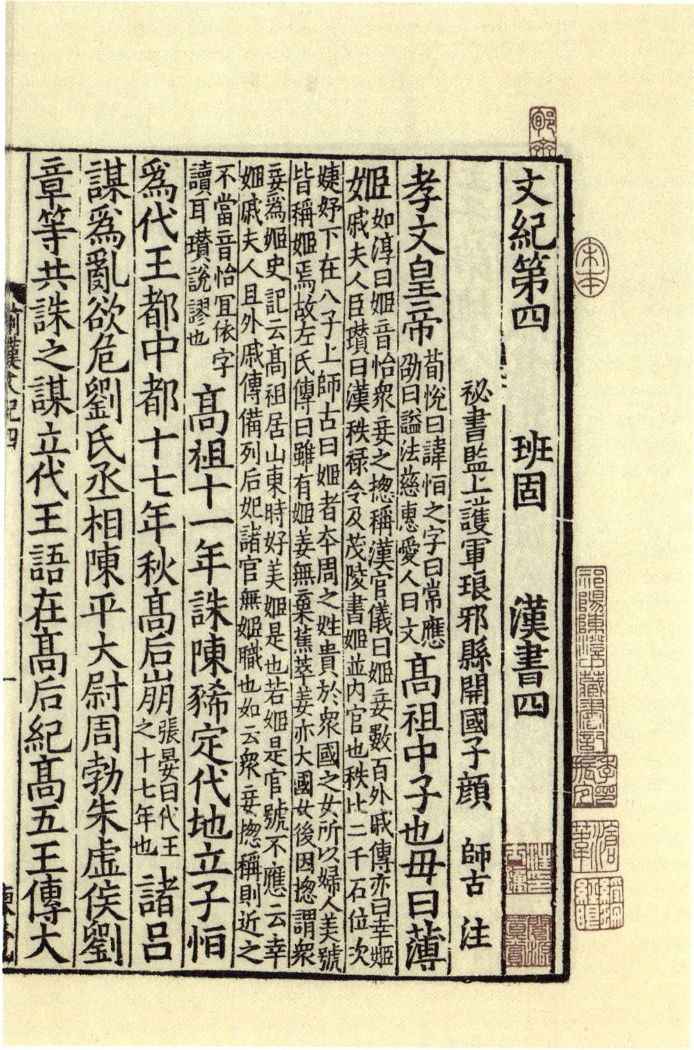

文紀第四　班固　漢書四

秘書監上護軍瑯邪縣開國子顔師古注

孝文皇帝荀悅曰諱恒之字曰常應劭曰謚法慈惠愛人曰文高祖中子也母曰薄姬如淳曰姬音怡衆妾之揔稱漢官儀曰姬妾數百外戚傳亦曰幸姬戚夫人臣瓚曰漢秩祿令及茂陵書姬竝內官也秩比二千石位次婕妤下在八子上師古曰姬者本周之姓貴於衆國之女所以婦人美號皆稱姬焉故左氏傳曰雖有姬姜無棄蕉萃姜亦大國女後因揔謂衆妾爲姬史記云高祖居山東時好美姬是也若姬是官號不應云幸姬戚夫人且外戚傳備列后妃諸官無姬職也如云衆妾揔稱則近之不當音怡宜依字讀耳瓚說謬也高祖十一年誅陳豨定代地立子恒爲代王都中都十七年秋高后崩張晏曰代王之十七年也諸呂謀爲亂欲危劉氏丞相陳平大尉周勃朱虛侯劉章等共誅之謀立代王語在高后紀高五王傳大

前漢文紀四

圖版十三　北宋刻遞修本《漢書注》

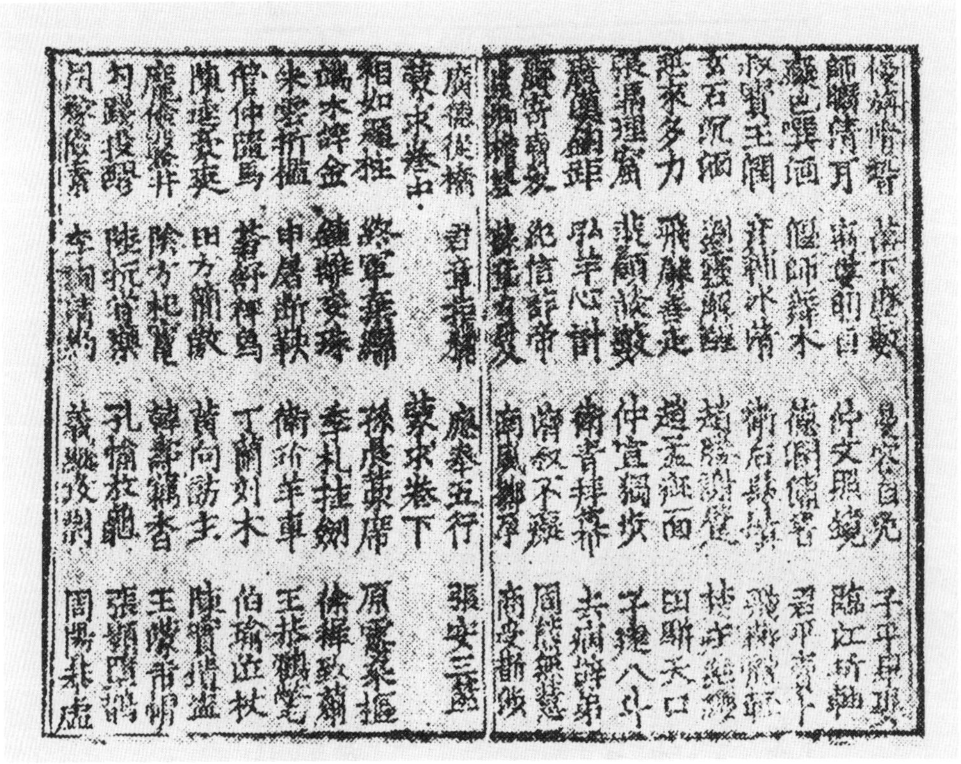

圖版十四　應縣木塔藏遼刻本《蒙求》

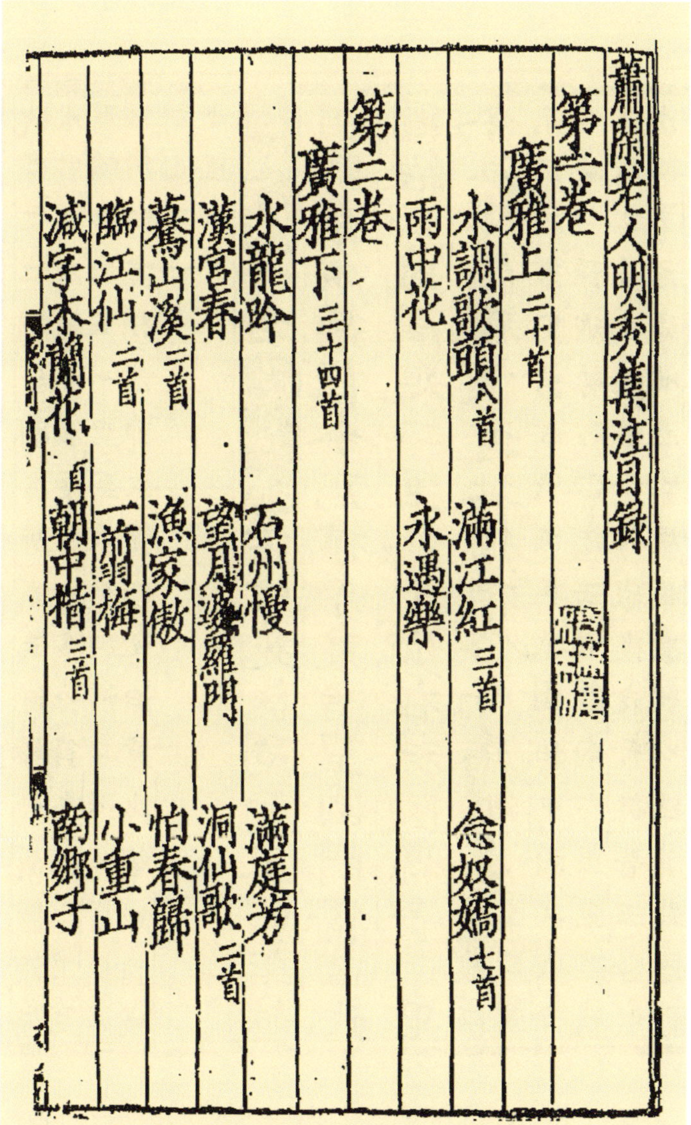
蕭閑老人明秀集注目錄

第一卷

廣雅上 二十首

水調歌頭 八首　滿江紅 三首　念奴嬌 七首

雨中花　永遇樂

第二卷

廣雅下 三十四首

水龍吟　石州慢　滿庭芳

漢宮春　望月婆羅門　洞仙歌 二首

驀山溪 二首　漁家傲　怕春歸

臨江仙 二首　一翦梅　小重山

減字木蘭花 首　朝中措 三首　南鄉子

圖版十五　金刻本《蕭閑老人明秀集注》

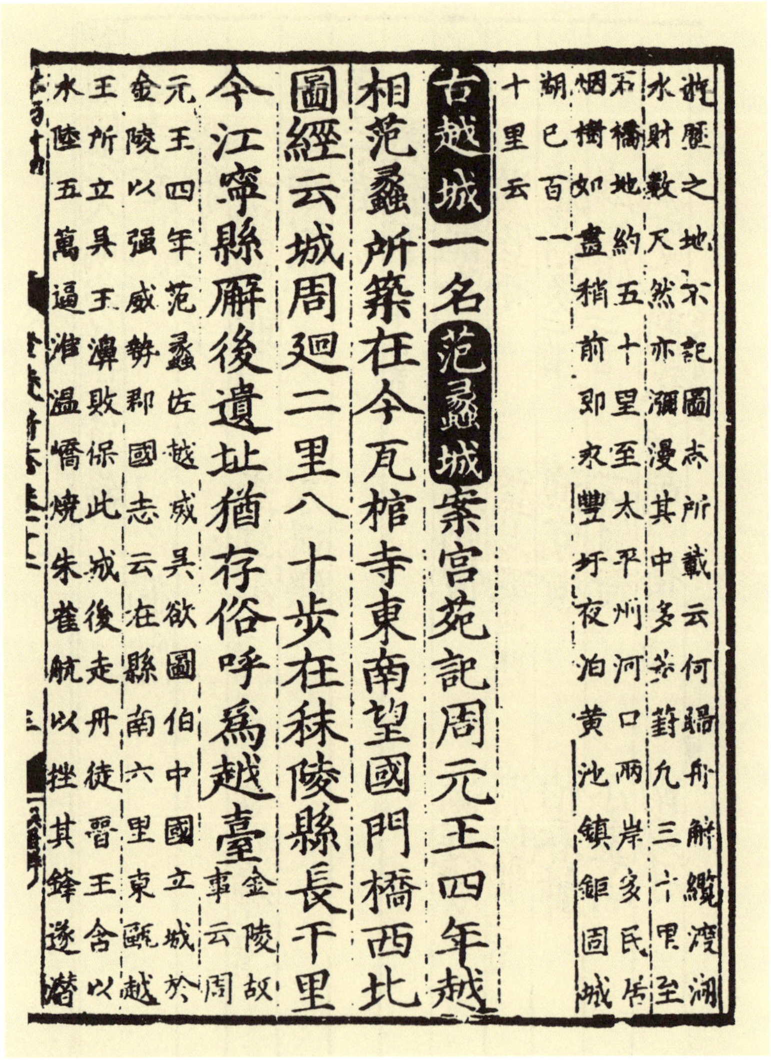

圖版十六　元至正四年（一三四四）集慶路儒學溧陽州學溧水州學刻本《金陵新志》

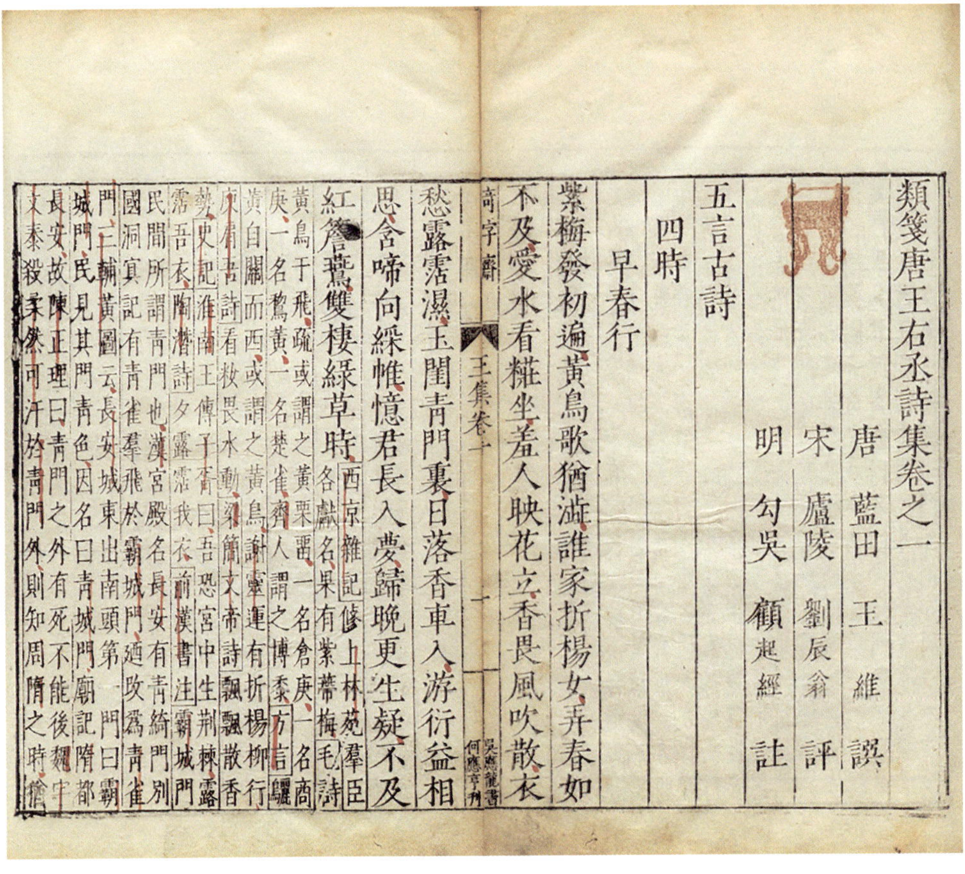
類箋唐王右丞詩集卷之一
唐 藍田 王 維 譔
宋 廬陵 劉辰翁 評
明 勾吳 顧起經 註
五言古詩
四時
早春行
紫梅發初遍黃鳥歌猶澀誰家折楊女弄春如
不及愛水看糚坐羞人映花立香畏風吹散衣
奇字齋 王集卷一 一 吳應龍書 何應亨刊
愁露霑濕玉閨青門裏日落香車入游衍益相
思含啼向綵帷憶君長入夢歸晚更生疑不及
紅簷鷰雙棲綠草時西京雜記脩上林苑羣臣
各獻名果有紫蔕梅毛詩
黃鳥于飛疏或謂之黃栗留一名倉庚一名商
庚一名鵹黃一名楚雀齊人謂之摶黍方言鸝
黃自關而西或謂之黃鳥謝靈運有折楊柳行
庾肩吾詩看妝畏水動梁簡文帝詩飄飄散香
勢史記淮南王傳子胥曰吾恐宮中生荊棘露
霑吾衣陶潛詩夕露霑我衣前漢書注霸城門
民間所謂青門也漢宮殿名長安有青綺門別
國洞冥記有青雀羣飛於霸城門遂改爲青雀
門三輔黃圖云長安城東出南頭第一門曰霸
城門民見其門青色因名曰青城門廟記隋都
長安故陳正理曰青門之外有死不能後魏宇
文泰殺柔然可汗於青門外則知周隋之時旛

圖版十七　明嘉靖三十五年（一五五六）顧氏奇字齋刻本《類箋唐王右丞詩集》

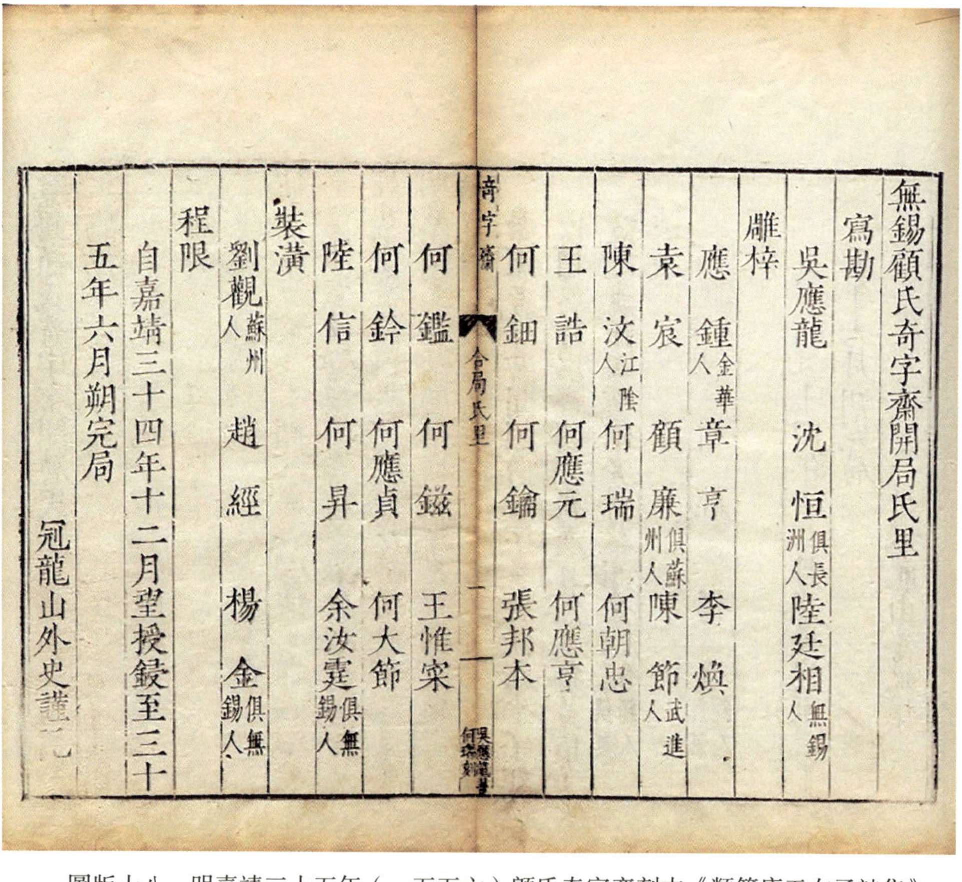

圖版十八　明嘉靖三十五年（一五五六）顧氏奇字齋刻本《類箋唐王右丞詩集》附無錫顧氏奇字齋開局氏里

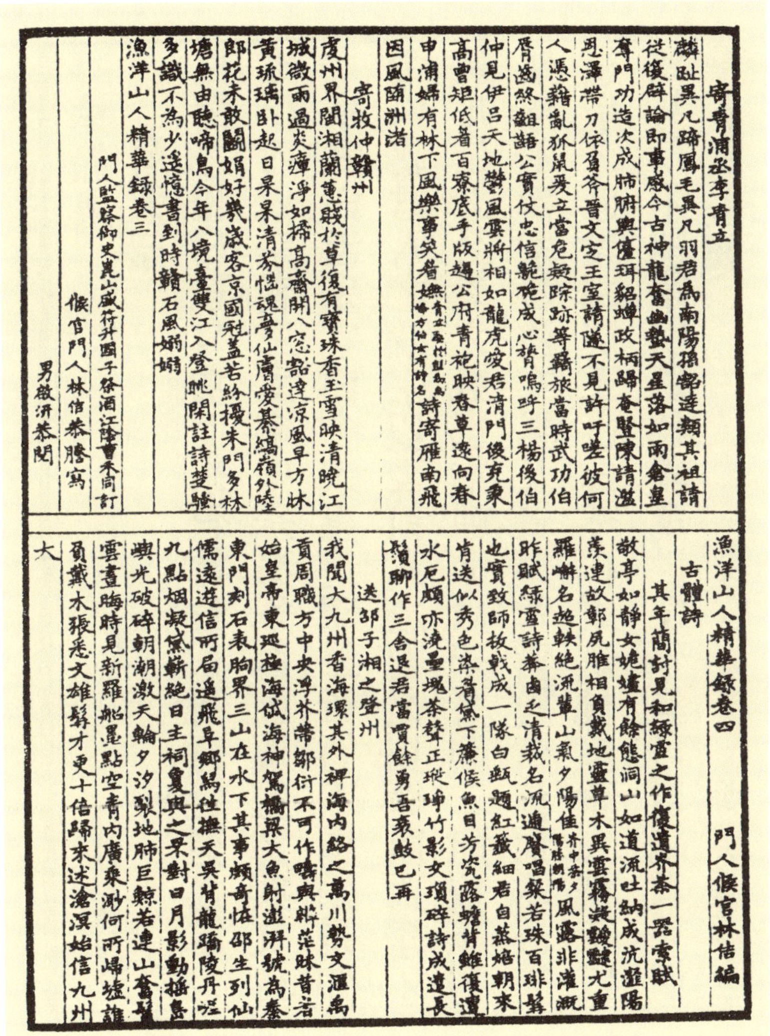
寄青浦丞李青立
麟趾異凡蹄鳳毛異凡羽君爲南陽孫鄴遠稱其祖請
從復辟論即事感今古神龍奮幽蟄天星落如雨倉皇
奪門功造次成胇腑興儘珥貂蟬政柄歸奄豎陳請謚
忠澤帶刀係負斧晋文定王室請隧不見許吁嗟彼何
人憑藉亂狐鼠爰立當危疑踪跡等羇旅當時武功伯
胥逃祭雞豚公實仗忠信艱危成心膂嗚呼三楊後伯
仲見伊呂天地鬱風雲將相如龍虎受君清門後克秉
高曾矩低着百寮底手版趨公府青袍映春草遠向春
申浦婦有林下風樂事笑看燕（青立□□□□□□女有詩名）詩寄雁南飛
因風隨洲渚
寄牧仲贛州
虔州界閩湘蘭蕙賤於草復有寶珠香玉雪映清曉江
城微雨過炎瘴淨如掃高齋開八窗豁達涼風早方林
黃琉璃卧起日杲杲清芬愜魂夢仙廣受綦鴻嶺外陸
郎花未敢鬭娟好幾歲客京國冠蓋若紛擾朱門多林
塘無由聽啼鳥今年入境臺雙江入登眺閑註詩楚騷
多識不爲少遥憶書到時贛石風嫋嫋
漁洋山人精華録卷三
門人監察御史崑山盛符升國子祭酒江陰曹禾同訂
候官門人林佶恭謄寫
男敬洴恭閱

漁洋山人精華録卷四　門人候官林佶編
古體詩
其年蘭封見和綠雪之作復遣芥茶一器索賦
敬亭如靜女婥嫿有餘態洞山如道流吐納成沆瀣陽
羨連故鄣夙雅相負戴地靈草木異雲霧發靉靆尤重
羅嶰名逸軼絶流輩山氣夕陽佳（芥中茶夕陽時）風露非灌溉
昨賦綠雪詩搴芳之清裁名流遍屬唱粲若珠百琲璀
也實致師挑戰成一隊白甄題紅籤細君自蒸焙朝來
肯送似秀色染黛黛下簾候魚目芳瓷露蟾背雖復遣
水厄頗亦澆壘塊茶聲正瑽琤竹影交瑣碎詩成遣長
鬚聊作三舍退君當賈餘勇吾衰鼓已再
送邵子湘之登州
我聞大九州香海環其外裨海内絡之萬川勢文滙爲
貢周職方中央浮芥蔕鄒衍不可作疇與晰茫昧昔者
始皇帝東巡極海岱海神駕橋梁大魚射巀嶭號爲秦
東門刻石表胸界三山在水下其事頗奇怪邵生列仙
儒遠遊信所届遥飛阜鄉舄往撫天吳背龍蹻陵丹涯
九點烟凝黛嶄絶日主祠冥與之界對日月影動摇島
嶼光破碎朝潮激天輪夕汐裂地肺巨鯨若連山奮鬣
雲晝晦時見新羅船𣆶點空青内廣乘渺何所歸墟誰
負戴木狠悉文雄髯才更十倍歸來述滄溟始信九州
大

圖版十九　清林佶寫刻本《漁洋山人精華録》

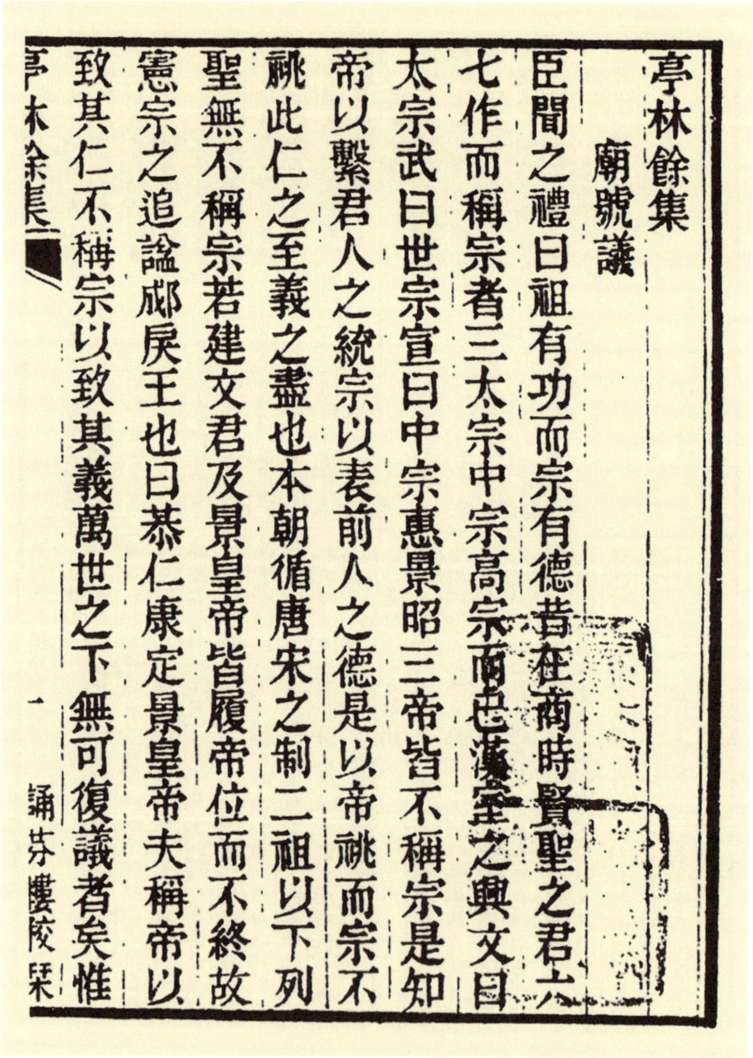
亭林餘集
廟號議
臣聞之禮曰祖有功而宗有德昔在商時賢聖之君六七作而稱宗者三太宗中宗高宗而已漢室之興文曰太宗武曰世宗宣曰中宗惠景昭三帝皆不稱宗是知帝以繫君人之統宗以表前人之德是以帝祧而宗不祧此仁之至義之盡也本朝循唐宋之制二祖以下列聖無不稱宗若建文君及景皇帝皆履帝位而不終故憲宗之追謚郕戾王也曰恭仁康定景皇帝夫稱帝以致其仁不稱宗以致其義萬世之下無可復議者矣惟
亭林餘集 一 誦芬室叢栞

圖版二十　清光緒年間誦芬室刻本《亭林餘集》

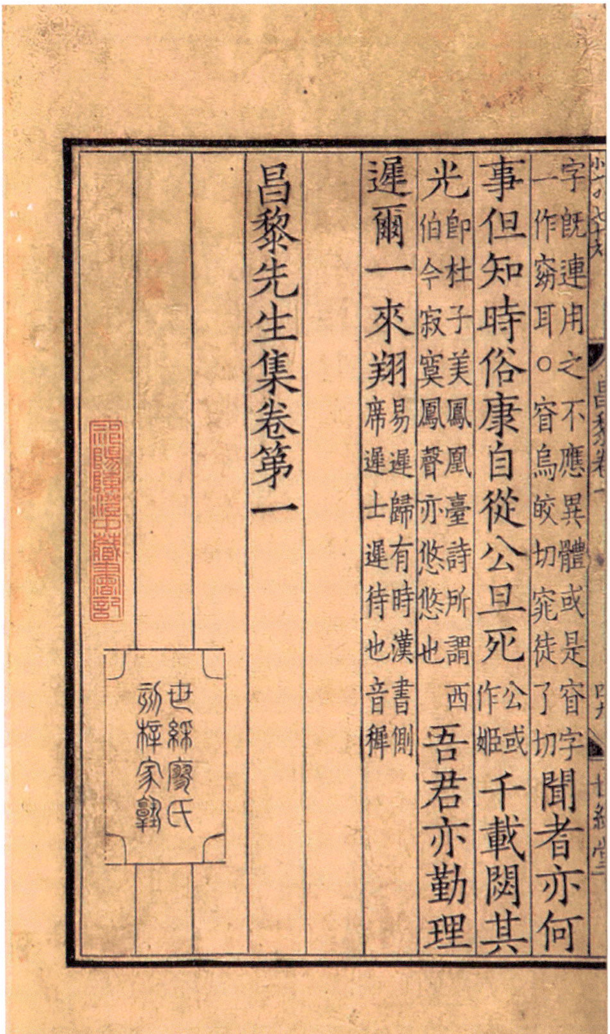
字既連用之不應異體或是窅字一作窈耳○窅烏皎切窕徒了切聞者亦何
事但知時俗康自從公旦死公或作姬千載闕其
光卽杜子美鳳凰臺詩所謂西伯今寂寞鳳聲亦悠悠也吾君亦勤理
遲爾一來翔易遲歸有時漢書側席遲士遲待也音稺

昌黎先生集卷第一

世綵廖氏刻梓家塾

圖版二十一　宋咸淳浙刻廖氏世綵堂本《昌黎先生集》

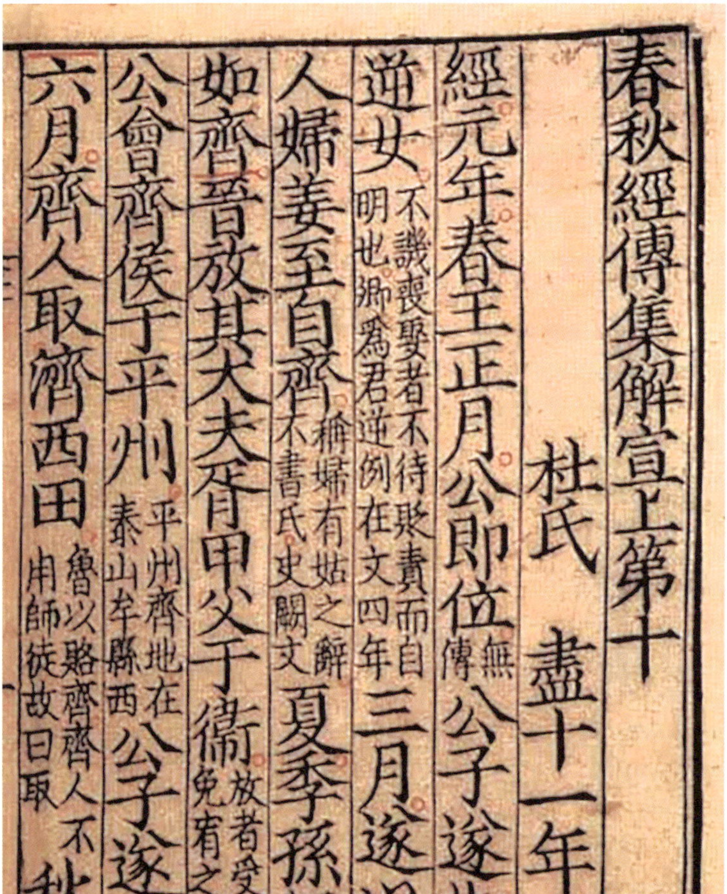
春秋經傳集解宣上第十

杜氏　盡十一年

經元年春王正月公即位無傳公子遂如齊逆女不譏喪娶者不待貶責而自明也卿爲君逆例在文四年三月遂以夫人婦姜至自齊稱婦有姑之辭不書氏史闕文夏季孫行父如齊晉放其大夫胥甲父于衛放者受罪黜免宥之以遠公會齊侯于平州平州齊地在泰山牟縣西公子遂如齊六月齊人取濟西田魯以賂齊齊人不用師徒故曰取秋邾

圖版二十二　宋蜀刻本《春秋經傳集解》

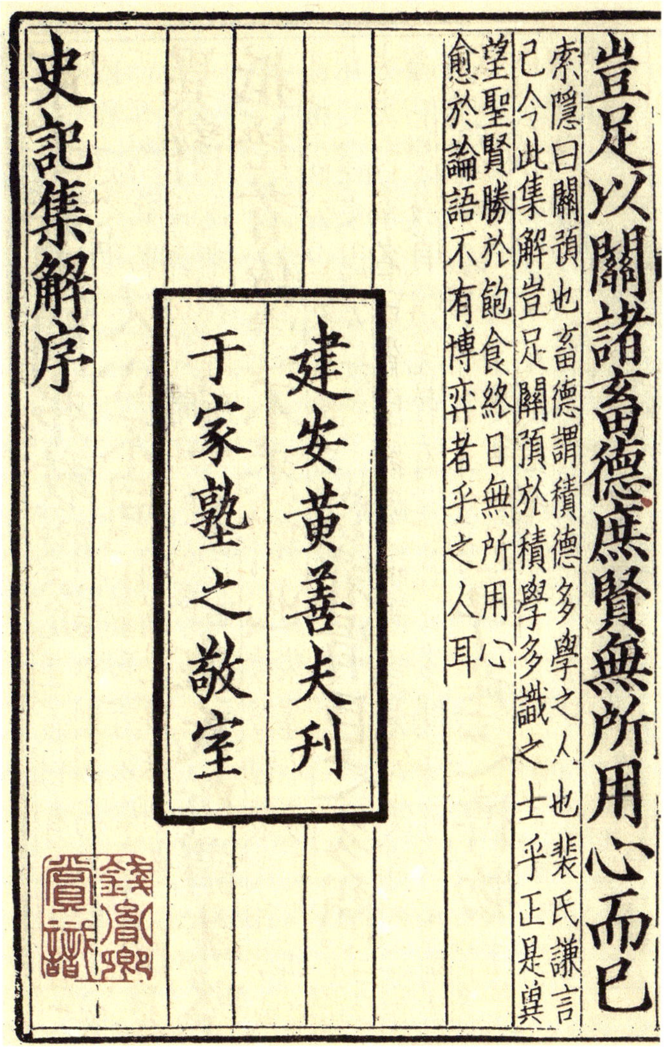

豈足以關諸畜德庶賢無所用心而已

索隱曰關預也畜德謂積德多學之人也裴氏謙言已今此集解豈足關預於積學多識之士乎正是冀望聖賢勝於飽食終日無所用心愈於論語不有博弈者乎之人耳

建安黃善夫刋
于家塾之敬室

史記集解序

圖版二十三　宋建刻黃善夫《史記集解索隱正義》

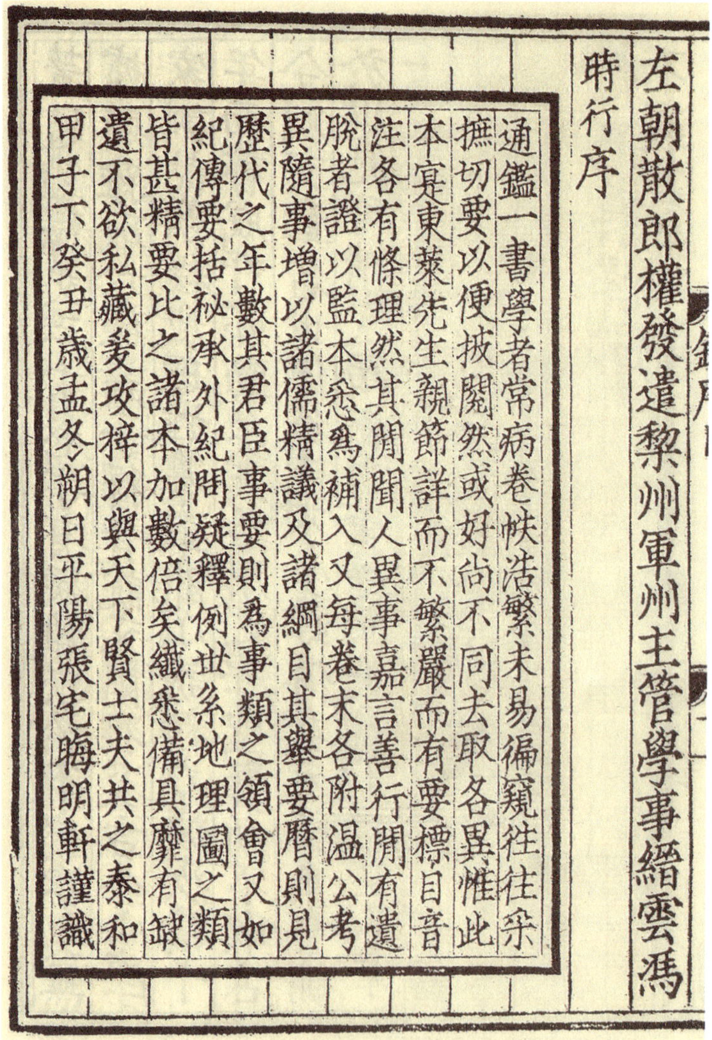

左朝散郎權發遣黎州軍州主管學事縉雲馮
時行序
通鑑一書學者常病卷帙浩繁未易徧窺往往采
摭切要以便披閱然或好尚不同去取各異惟此
本㝡東萊先生親節詳而不繁嚴而有要標目音
注各有條理然其閒閭人異事嘉言善行閒有遺
脫者證以監本悉爲補入又每卷末各附温公考
異隨事增以諸儒精議及諸綱目其舉要曆則見
歷代之年數其君臣事要則爲事類之領會又如
紀傳要括祕承外紀問疑釋例世系地理圖之類
皆甚精要比之諸本加數倍矣纖悉備具靡有缺
遺不欲私藏爰攻梓以與天下賢士夫共之泰和
甲子下癸丑歲孟冬朔日平陽張宅晦明軒謹識

圖版二十四　蒙古憲宗三年至五年（一二五三至一二五五）平水刻張宅晦明軒本《資治通鑑》

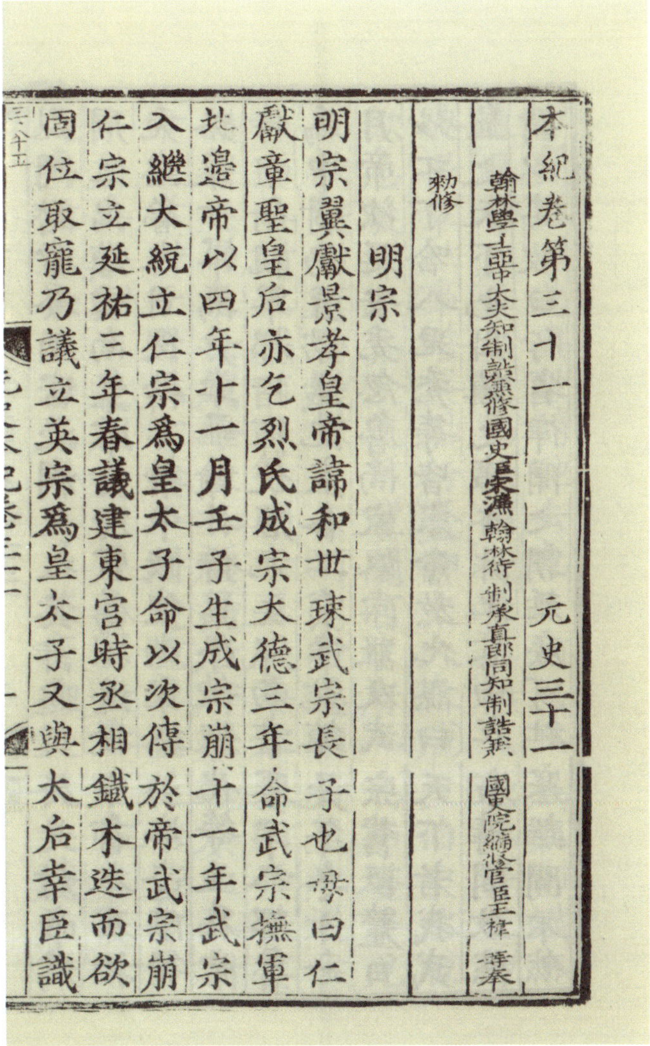
本紀卷第三十一　元史三十一

翰林學士亞中大夫知制誥兼修國史臣宋濂　翰林待制承直郎同知制誥兼國史院編修官臣王禕　奉

勑修

明宗

明宗翼獻景孝皇帝諱和世㻋武宗長子也母曰仁獻章聖皇后亦乞烈氏成宗大德三年命武宗撫軍北邊帝以四年十一月壬子生成宗崩十一年武宗入繼大統立仁宗爲皇太子命以次傳於帝武宗崩仁宗立延祐三年春議建東宮時丞相鐵木迭而欲固位取寵乃議立英宗爲皇太子又與太后幸臣識

圖版二十五　明洪武三年（一三七〇）經廠刻本《元史》

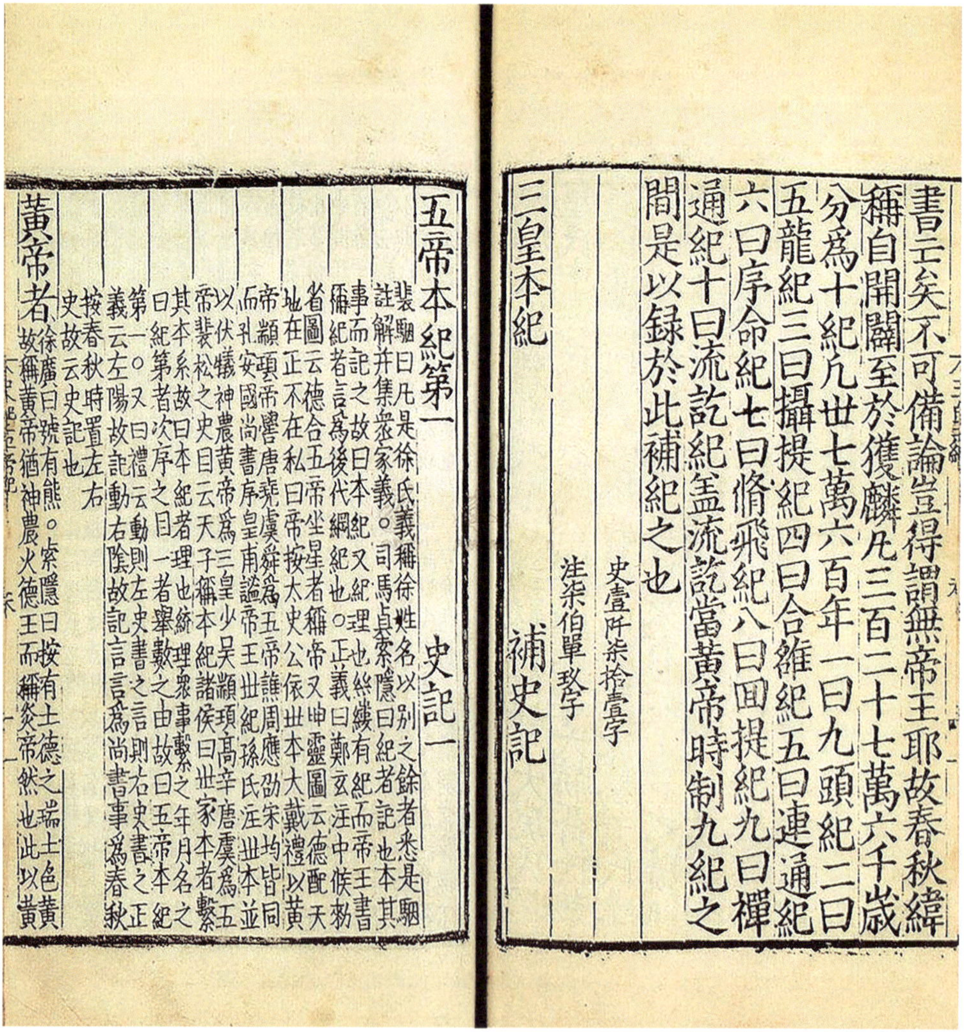

書云矣不可備論豈得謂無帝王耶故春秋緯稱自開闢至於獲麟凡三百二十七萬六千歲分為十紀凡世七萬六百年一曰九頭紀二曰五龍紀三曰攝提紀四曰合雒紀五曰連通紀六曰序命紀七曰脩飛紀八曰回提紀九曰禪通紀十曰流訖紀蓋流訖當黃帝時制九紀之間是以錄於此補紀之也

史壹阡柒拾壹字

注柒伯單玖字

三皇本紀　補史記

五帝本紀第一　史記一

裴駰曰凡是徐氏義稱徐姓名以別之餘者悉是駰註解并集衆家義。司馬貞索隱曰紀者記也本其事而記之故曰本紀又紀理也絲縷有紀而帝王書稱紀者言為後代綱紀也。正義曰鄭玄注中候敕省圖云德合五帝坐星者稱帝又坤靈圖云德配天地在正不在私曰帝按太史公依世本大戴禮以黃帝顓頊帝嚳唐堯虞舜為五帝譙周應劭宋均皆同而孔安國尚書序皇甫謐帝王世紀孫氏注世本並以伏犧神農黃帝為三皇少昊顓頊高辛唐虞為五帝裴松之史目云天子稱本紀諸侯曰世家本者繫其本系故曰本紀者理也統理衆事繫之年月名之曰紀第者次序之目一者舉數之由故曰五帝本紀第一。又曰禮云動則左史書之言則右史書之正義云左陽故記動右陰故記言言為尚書事為春秋按春秋時置左右史故云史記也

黃帝者徐廣曰號有熊。索隱曰按有土德之瑞土色黃故稱黃帝猶神農火德王而稱炎帝然也此以黃

圖版二十六　明嘉靖十三年（一五三四）秦藩刻本《史記集解索隱正義》重修本

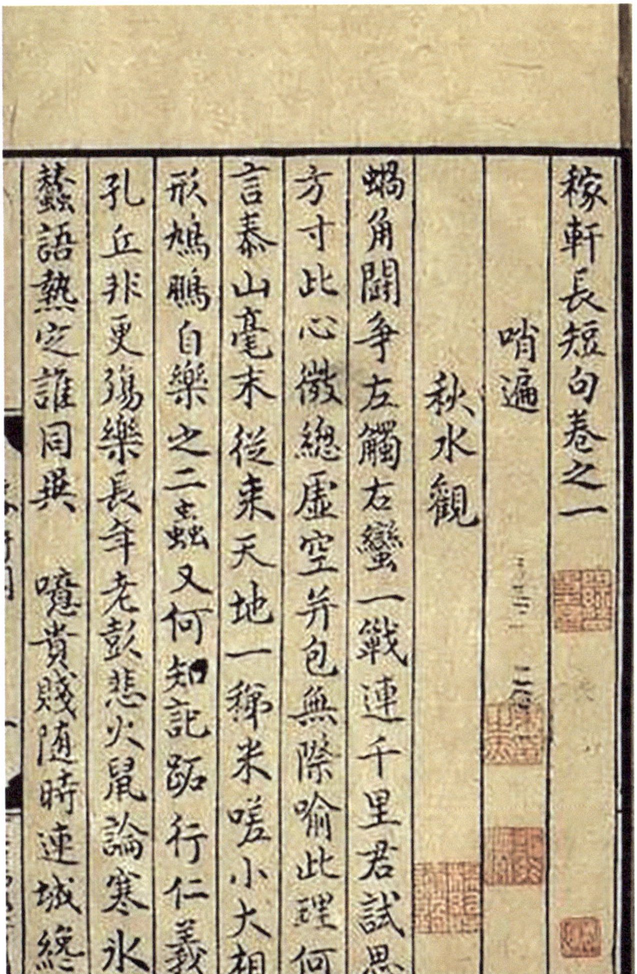

稼軒長短句卷之一

哨遍

秋水觀

蝸角鬬爭左觸右蠻一戰連千里君試思
方寸此心微總虛空並包無際喻此理何
言泰山毫末從來天地一稊米嗟小大相
形鳩鵬自樂之二蟲又何知記跖行仁義
孔丘非更殤樂長年老彭悲火鼠論寒氷
蠶語熱定誰同異　噫貴賤隨時連城纔

圖版二十七　元大德三年（一二九九）廣信書院刻本《稼軒長短句》

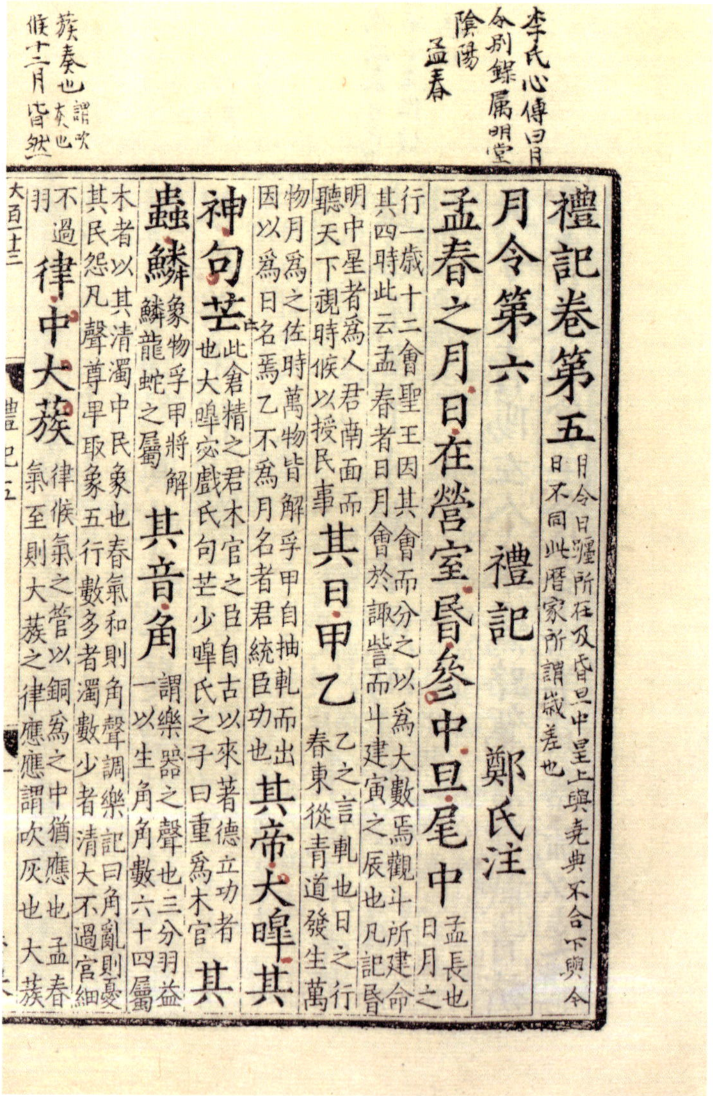

李氏心傳曰月令別錄屬明堂陰陽 孟春

蔟奏也 謂吹灰也 候十二月皆然

禮記卷第五 月令日躔所在及昏旦中星上與堯典不合下與今日不同此曆家所謂歲差也

月令第六　禮記　鄭氏注

孟春之月日在營室昏參中旦尾中 孟長也日月之行一歲十二會聖王因其會而分之以爲大數焉觀斗所建命其四時此云孟春者日月會於諏訾而斗建寅之辰也凡記昬明中星者爲人君南面而聽天下視時候以授民事 其日甲乙 乙之言軋也日之行春東從青道發生萬物月爲之佐時萬物皆解孚甲自抽軋而出因以爲日名焉乙不爲月名者君統臣功也 其帝大皡 其神句芒 此蒼精之君木官之臣自古以來著德立功者也大皡宓戲氏句芒少皡氏之子曰重爲木官 其蟲鱗 象物孚甲將解鱗龍蛇之屬 其音角 謂樂器之聲也三分羽益一以生角角數六十四屬木者以其清濁中民象也春氣和則角聲調樂記曰角亂則憂其民怨凡聲尊卑取象五行數多者濁數少者清大不過宮細不過羽 律中大蔟 律候氣之管以銅爲之中猶應也孟春氣至則大蔟之律應應謂吹灰也大蔟

大百一十三　禮記五

圖版二十八　宋淳熙四年（一一七七）撫州公使庫刻本《禮記》

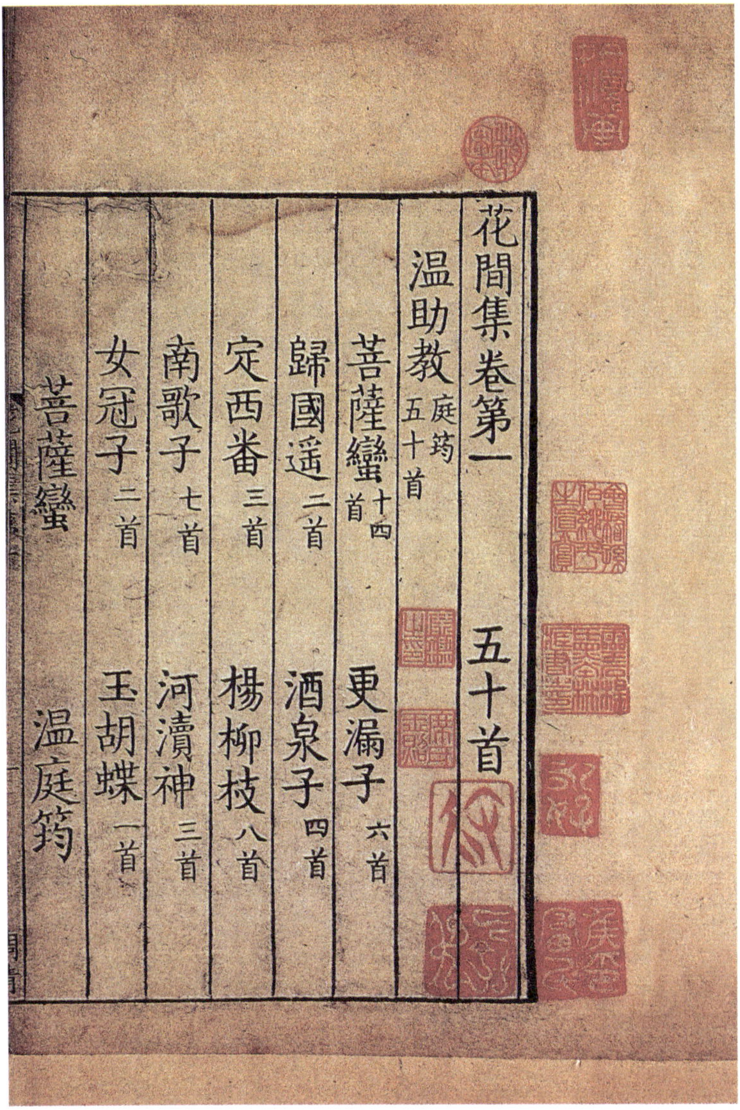

圖版二十九　宋紹興十八年（一一四八）建康郡齋刻本《花間集》

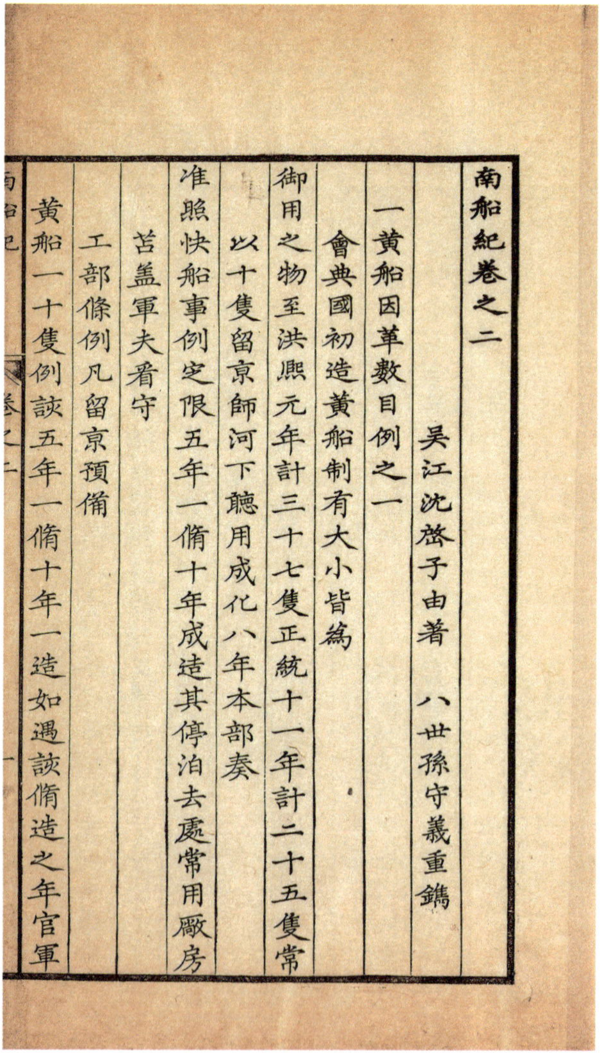
南船紀卷之二

吴江沈啓子由著　八世孫守義重鐫

一黄船因革數目例之一

會典國初造黄船制有大小皆爲

御用之物至洪熙元年計三十七隻正統十一年計二十五隻常

以十隻留京師河下聽用成化八年本部奏

准照快船事例定限五年一脩十年成造其停泊去處常用廠房

苫盖軍夫看守

工部條例凡留京預備

黄船一十隻例該五年一脩十年一造如遇該脩造之年官軍

圖版三十　清乾隆六年（一七四一）寫刻本《南船紀》

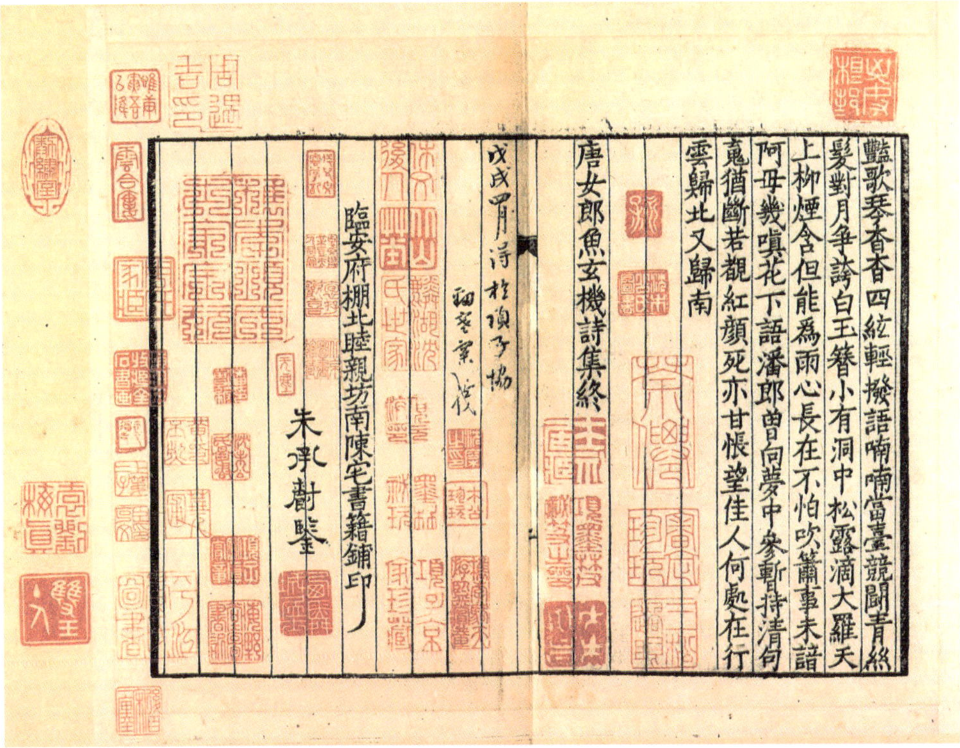
豔歌琴杳杳四絃輕撥語喃喃當臺競鬬青絲
髮對月爭誇白玉簪小有洞中松露滴大羅天
上柳煙含但能爲雨心長在不怕吹簫事未諳
阿母幾嗔花下語潘郎曾向夢中參暫持清句
蒐猶斷若覩紅顔死亦甘悵望佳人何處在行
雲歸北又歸南
唐女郎魚玄機詩集終
戊戌四月得於項子協
臨安府棚北睦親坊南陳宅書籍鋪印
朱承爵鑒

圖版三十一　宋臨安府陳宅書籍鋪刻本《唐女郎魚玄機詩集》

一座稱顏回

晉謝尚字仁祖年八歲父鯤常携之送賓客或

曰或人言此兒一座顏回也此尚如孔門之顏回答曰座無

尼父焉別顏回尚言座中无孔子在焉何以別有顏回乎席賓莫不

感嘆感其賢也

展書指字

唐白居易字樂天人生七月能展書[illegible]指之無

二字雖百試不差

提戈取印

宋曹彬字國華事宋三朝有武功[illegible]始生周歲日週一年也父

母以百玩器具羅列於前觀其所取以卜之兆也彬

左手持干戈武具右手取俎豆祭器斯須取一印

[illegible]無所視[illegible]後果為樞密使去

圖版三十二　明後期刻本《日記故事》

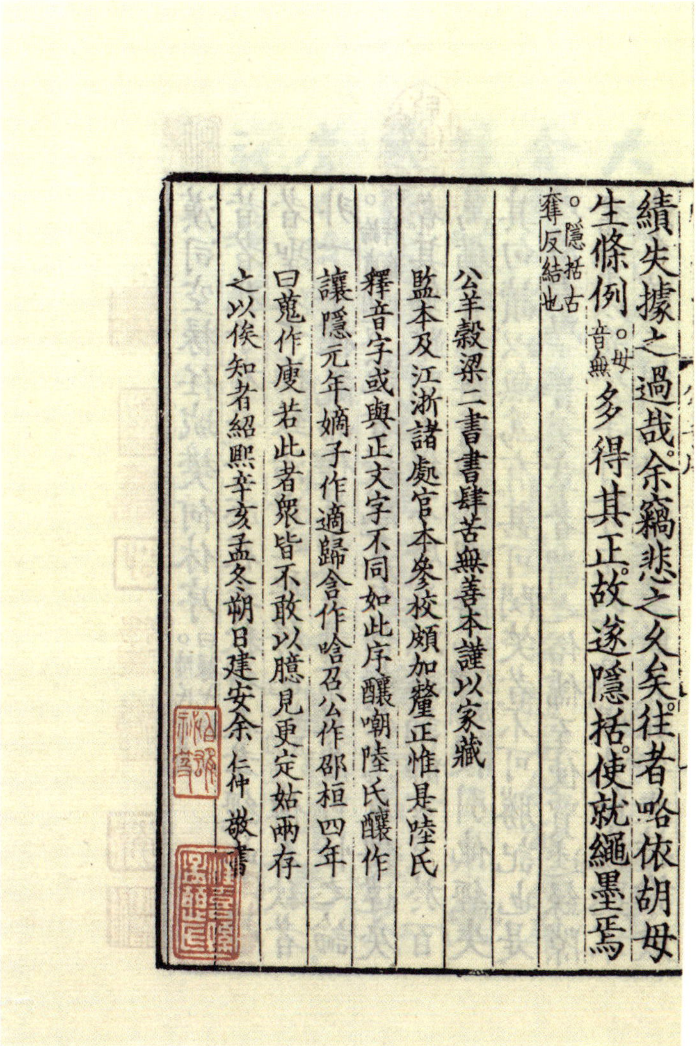
績失據之過哉余竊悲之久矣往者略依胡毋
生條例（毋音無）多得其正故遂隱括使就繩墨焉
○隱括古奪反結也

公羊穀梁二書書肆苦無善本謹以家藏
監本及江浙諸處官本參校頗加釐正惟是陸氏
釋音字或與正文字不同如此序釀嘲陸氏釀作
讓隱元年嫡子作適歸含作唅召公作邵桓四年
曰蒐作廋若此者衆皆不敢以臆見更定姑兩存
之以俟知者紹熙辛亥孟冬朔日建安余仁仲敬書

圖版三十三　宋紹熙二年（一一九一）余仁仲萬卷堂刻本《春秋公羊經傳解詁》（一）

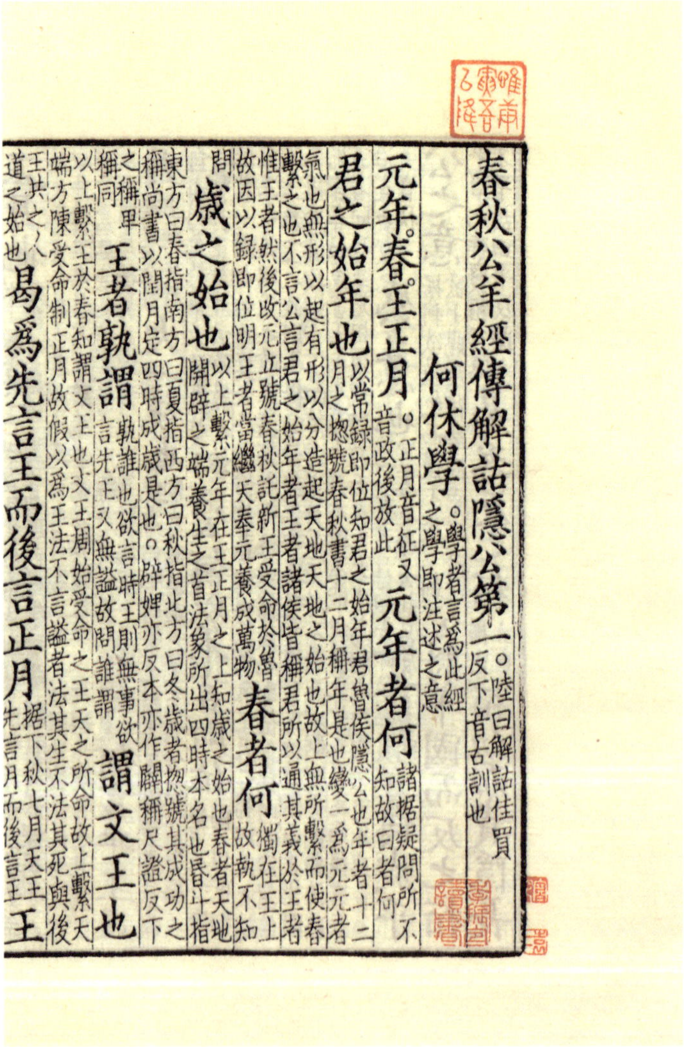

春秋公羊經傳解詁隱公第一。陸曰解詁佳買反下音古訓也

何休學。學者言爲此經之學即注述之意

元年。春。王正月。正月音征又音政後放此 元年者何 諸據疑問所不知故曰者何

君之始年也 以常錄即位知君之始年君魯侯隱公也年者十二月之揔號春秋書十二月稱年是也變一爲元元者氣也無形以起有形以分造起天地天地之始也故上無所繫而使春繫之也不言公言君之始年者王者諸侯皆稱君所以通其義於王者惟王者然後改元立號春秋託新王受命於魯故因以錄即位明王者當繼天奉元養成萬物 春者何 獨在王上故執不知問

歲之始也 以上繫元年在王正月之上知歲之始也春者天地開辟之端養生之首法象所出四時本名也昏斗指東方曰春指南方曰夏指西方曰秋指北方曰冬歲者揔號其成功之稱尚書以閏月定四時成歲是也。辟婢亦反本亦作闢稱尺證反下之稱畢稱同

王者孰謂 孰誰也欲言時王則無事欲言先王又無謚故問誰謂 謂文王也 以上繫王於春知謂文王也文王周始受命之王天之所命故上繫天端方陳受命制正月故假以爲王法不言謚者法其生不法其死與後王共之人道之始也

曷爲先言王而後言正月 據下秋七月天王先言月而後言王 王

圖版三十四　宋紹熙二年（一一九一）余仁仲萬卷堂刻本《春秋公羊經傳解詁》（二）

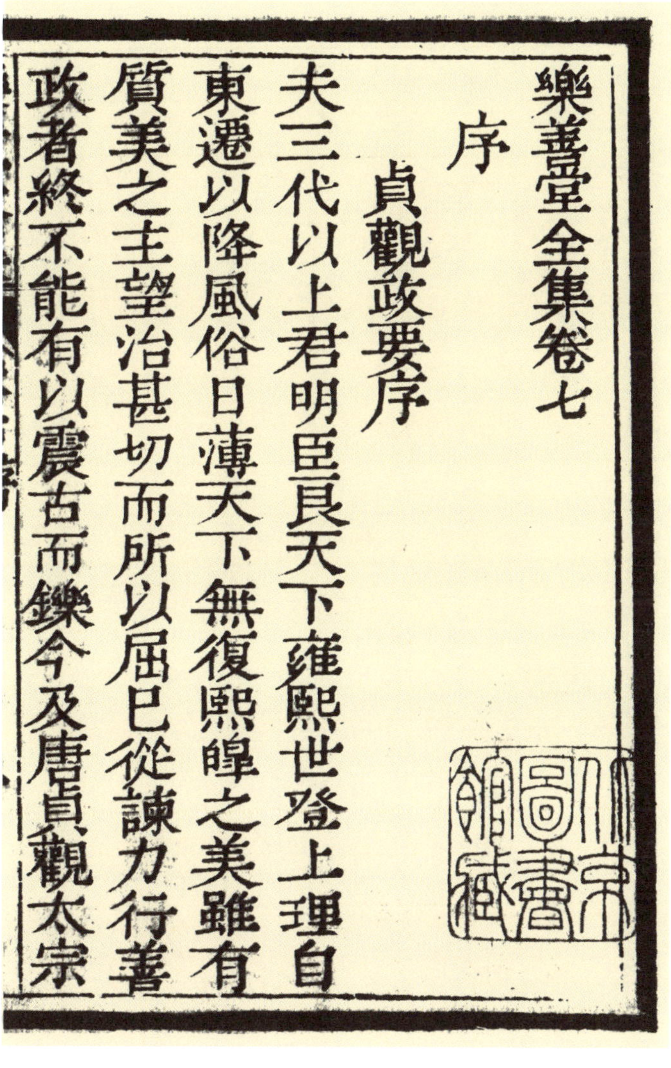

樂善堂全集卷七

序

貞觀政要序

夫三代以上君明臣良天下雍熙世登上理自東遷以降風俗日薄天下無復熙皡之美雖有質美之主望治甚切而所以屈已從諫力行善政者終不能有以震古而鑠今及唐貞觀太宗

圖版三十五　清乾隆元年（一七三六）内府刻本《樂善堂全集》

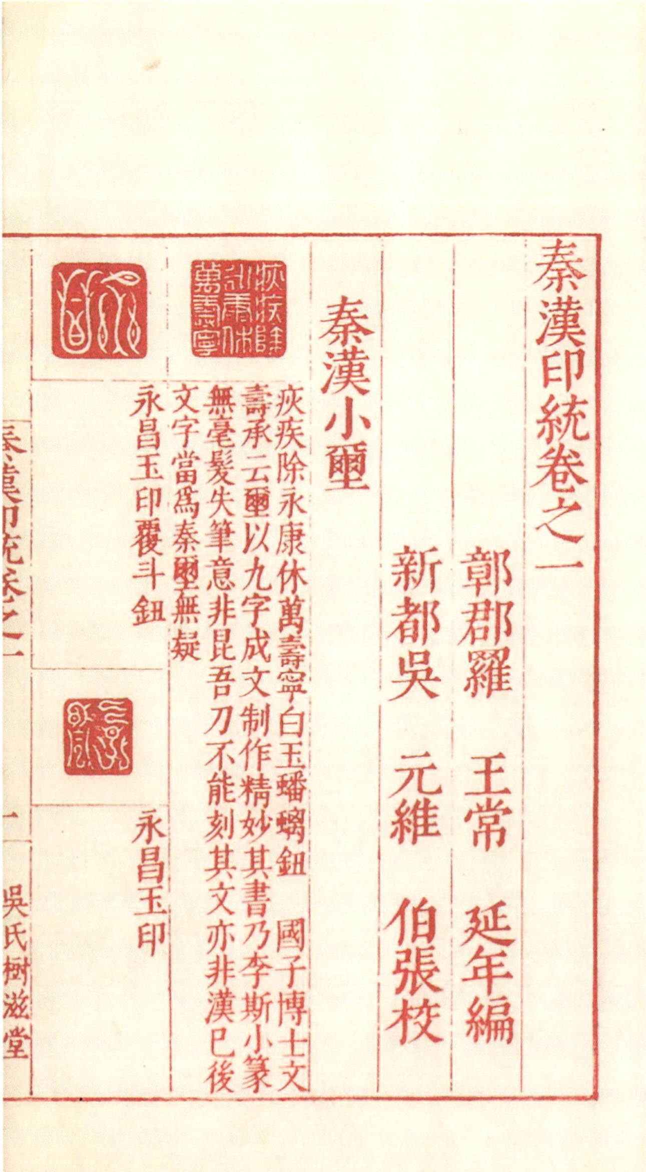

秦漢印統卷之一

鄣郡羅　王常　延年編

新都吳　元維　伯張校

秦漢小璽

疢疾除永康休萬壽寧白玉蟠螭鈕　國子博士文壽承云璽以九字成文制作精妙其書乃李斯小篆無毫髮失筆意非昆吾刀不能刻其文亦非漢巳後文字當爲秦璽無疑

永昌玉印覆斗鈕

永昌玉印

秦漢印統卷之一　一　吳氏樹滋堂

圖版三十六　明萬曆三十四年（一六〇六）新都吳氏樹滋堂刊朱印本《秦漢印統》

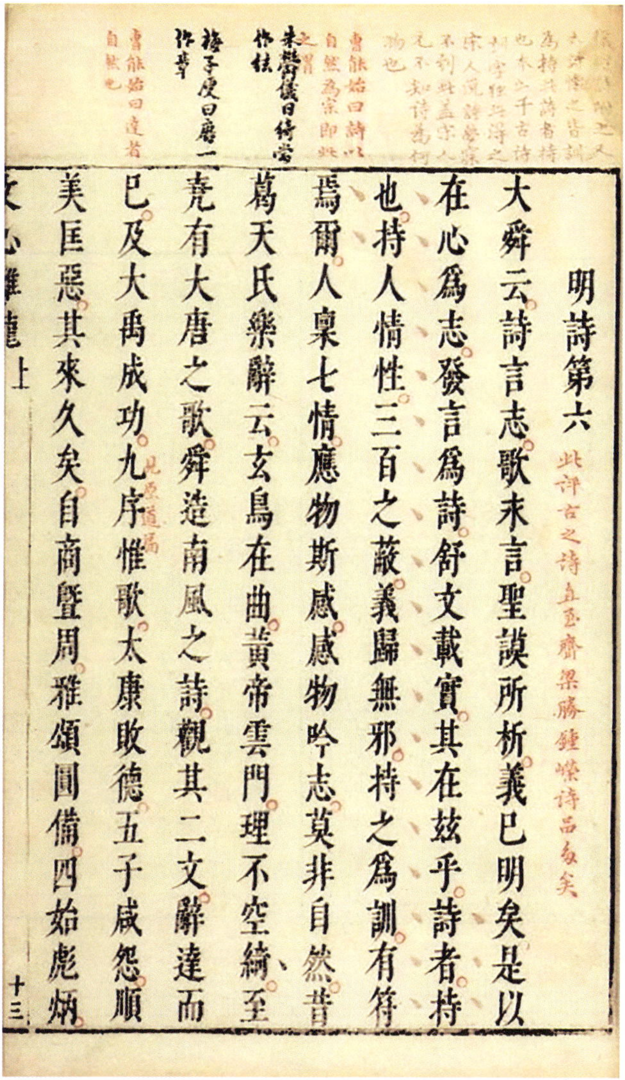

明詩第六　此評古之詩且至齊梁勝鍾嶸詩品多矣

大舜云詩言志歌永言聖謨所析義已明矣是以在心爲志發言爲詩舒文載實其在玆乎詩者持也持人情性三百之蔽義歸無邪持之爲訓有符焉爾人稟七情應物斯感感物吟志莫非自然昔葛天氏樂辭云玄鳥在曲黃帝雲門理不空綺至堯有大唐之歌舜造南風之詩觀其二文辭達而已及大禹成功九序惟歌太康敗德五子咸怨順美匡惡其來久矣自商暨周雅頌圓備四始彪炳

朱鬱儀曰待當作持

曹能始曰詩以自然爲宗即此之謂

梅子庚曰唐一作章

曹能始曰達者自然也

文心雕龍上　十三

圖版三十七　明閔繩初五色套印本《文心雕龍》

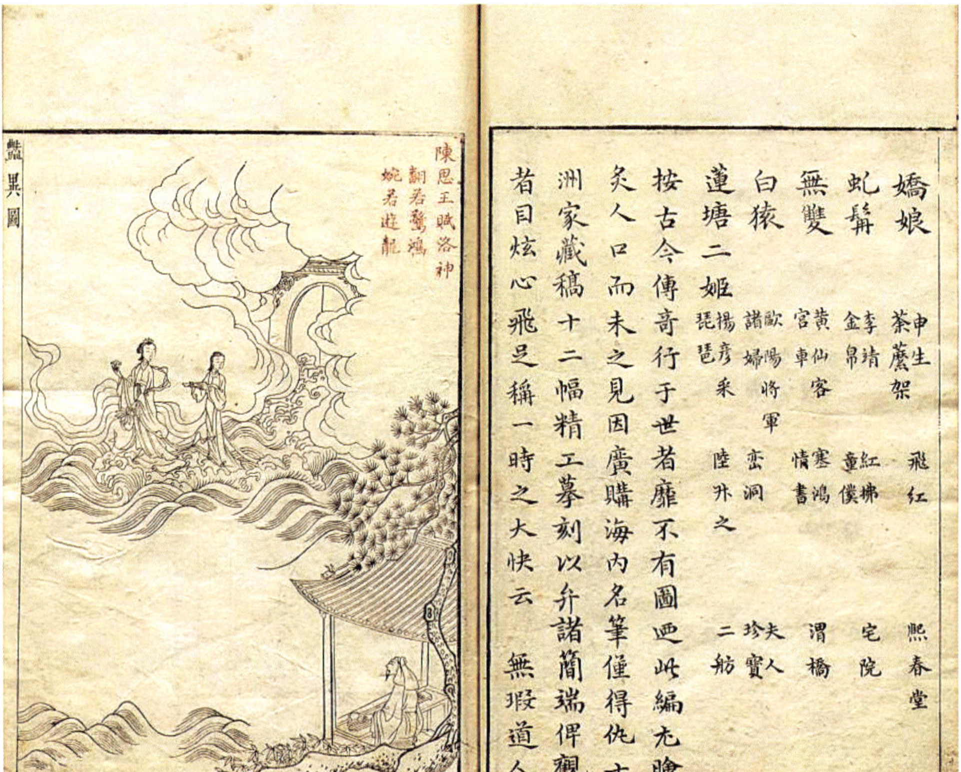

圖版三十八　明末閔氏朱墨套印本《玉茗堂摘評王弇州先生艳异豔異編》

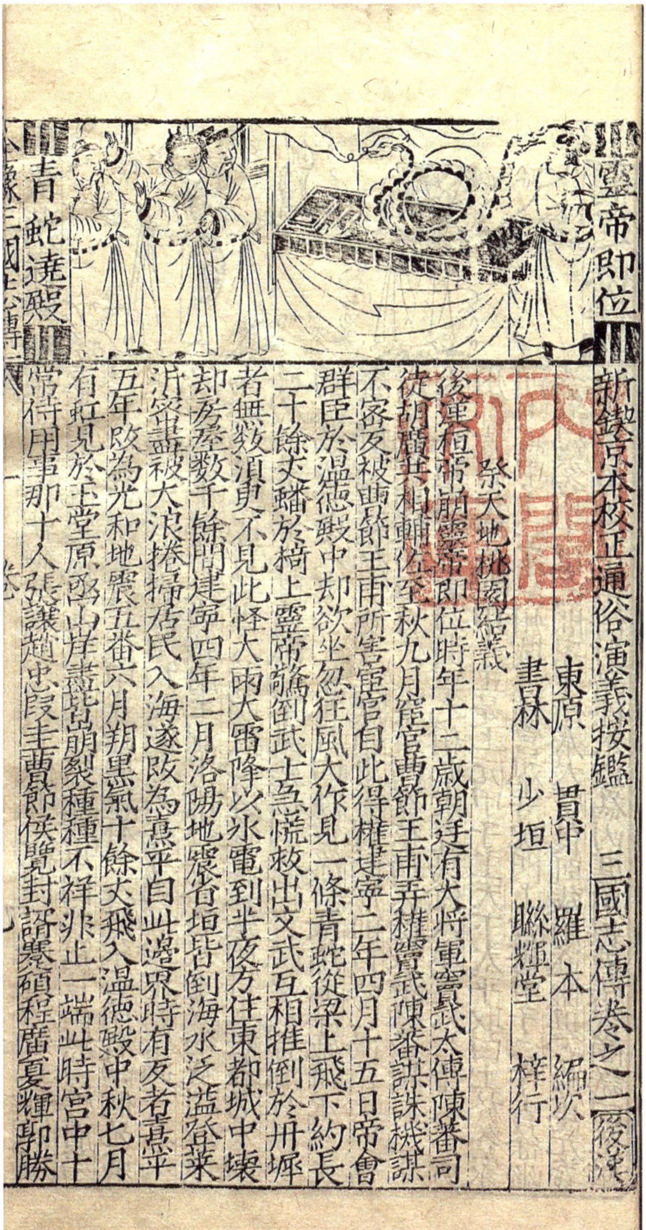

新鍥京本校正通俗演義按鑑三國志傳卷之一

東原　貫中　羅本　編次

書林　少垣　聯輝堂　梓行

祭天地桃園結義

後漢桓帝崩靈帝即位時年十二歲朝廷有大將軍竇武太傅陳蕃司徒胡廣共相輔佐至秋九月宦官曹節王甫弄權竇武陳蕃謀誅機謀不密反被曹節王甫所害宦官自此得權建寧二年四月十五日帝會群臣於溫德殿中卻欲坐忽狂風大作見一條青蛇從梁上飛下約長二十餘丈蟠於椅上靈帝驚倒武士急慌救出文武互相推倒於丹墀者無數須臾不見此怪大雨大雷降以冰雹到半夜方住東都城中壞卻房屋數千餘間建寧四年二月洛陽地震省垣皆倒海水泛溢登萊沂密盡被大浪捲掃居民入海遂改為熹平自此邊界時有反者熹平五年改為光和地震五番六月朔黑氣十餘丈飛入溫德殿中秋七月有虹見於玉堂原郡山岸盡皆崩裂種種不祥非止一端此時宮中十常侍用事那十人張讓趙忠段圭曹節侯覽封諝蹇碩程曠夏惲郭勝

圖版三十九　明萬曆三十三年（一六〇五）鄭氏聯輝堂三垣館刊本《京本通俗演義按鑑三國志傳》

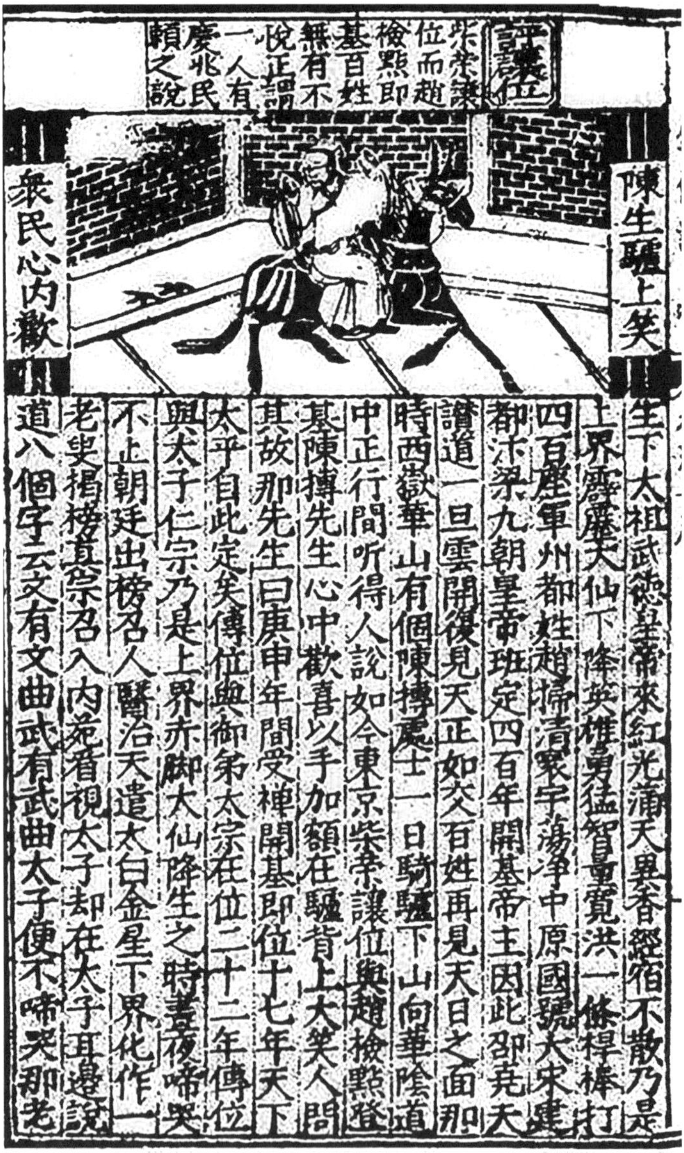
評讓位

柴崇讓位而趙檢點即基百姓無有不悅正謂一人有慶兆民賴之說

生下太祖武德皇帝來紅光滿天異香經宿不散乃是上界霹靂大仙下降英雄勇猛智量寬洪一條桿棒打四百座軍州都姓趙掃清寰宇蕩淨中原國號大宋建都汴梁九朝皇帝班定四百年開基帝主因此邵堯夫讚道一旦雲開復見天正如人百姓再見天日之面那時西嶽華山有個陳摶處士一日騎驢下山向華陰道中正行間听得人說如今東京柴帝讓位與趙檢點登基陳摶先生心中歡喜以手加額在驢背上大笑人問其故那先生曰庚申年間受禪開基即位十七年天下太平自此定矣傳位與御弟太宗在位二十二年傳位與太子仁宗乃是上界赤脚大仙降生之時晝夜啼哭不止朝廷出榜召人醫治天遣太白金星下界化作一老叟揭榜直奏召入內苑看視太子却在太子耳邊說道八個字云文有文曲武有武曲太子便不啼哭那老

圖版四十　明萬曆甲午年（一五九四）余象斗雙峰堂刻本《京本增補校正全像忠義水滸志傳評林》

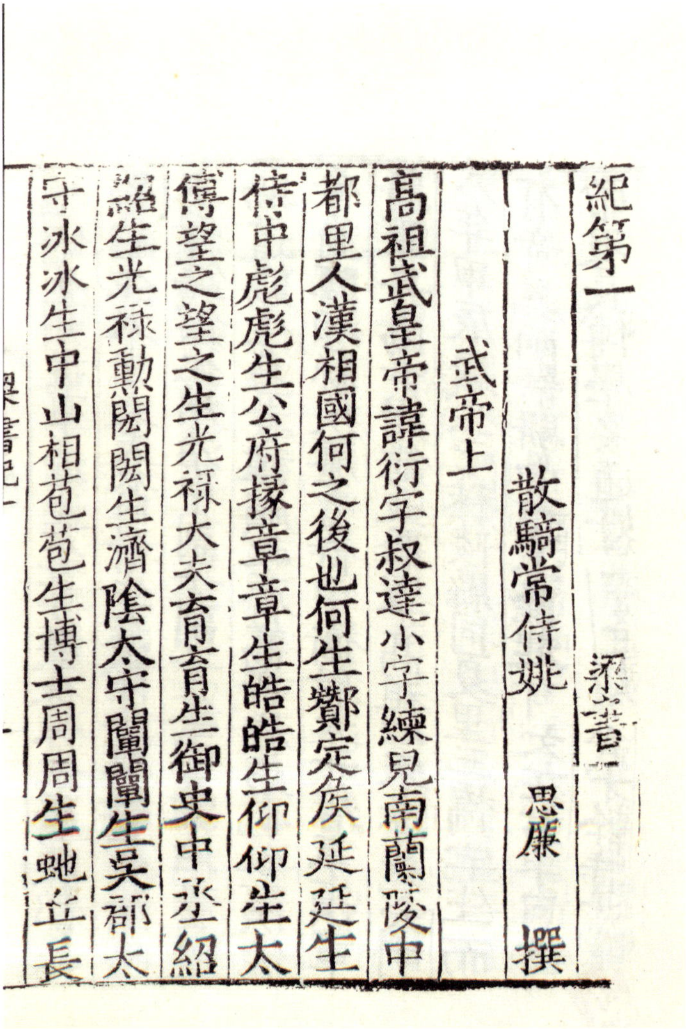
紀第一　梁書一
散騎常侍姚　思廉　撰
武帝上
高祖武皇帝諱衍字叔達小字練兒南蘭陵中
都里人漢相國何之後也何生酇定侯延延生
侍中彪彪生公府掾章章生皓皓生仰仰生太
傅望之望之生光祿大夫育育生御史中丞紹
紹生光祿勳閎閎生濟陰太守闡闡生吳郡太
守冰冰生中山相苞苞生博士周周生蛇丘長
梁書紀一

圖版四十一　南宋刻元修本《梁書》

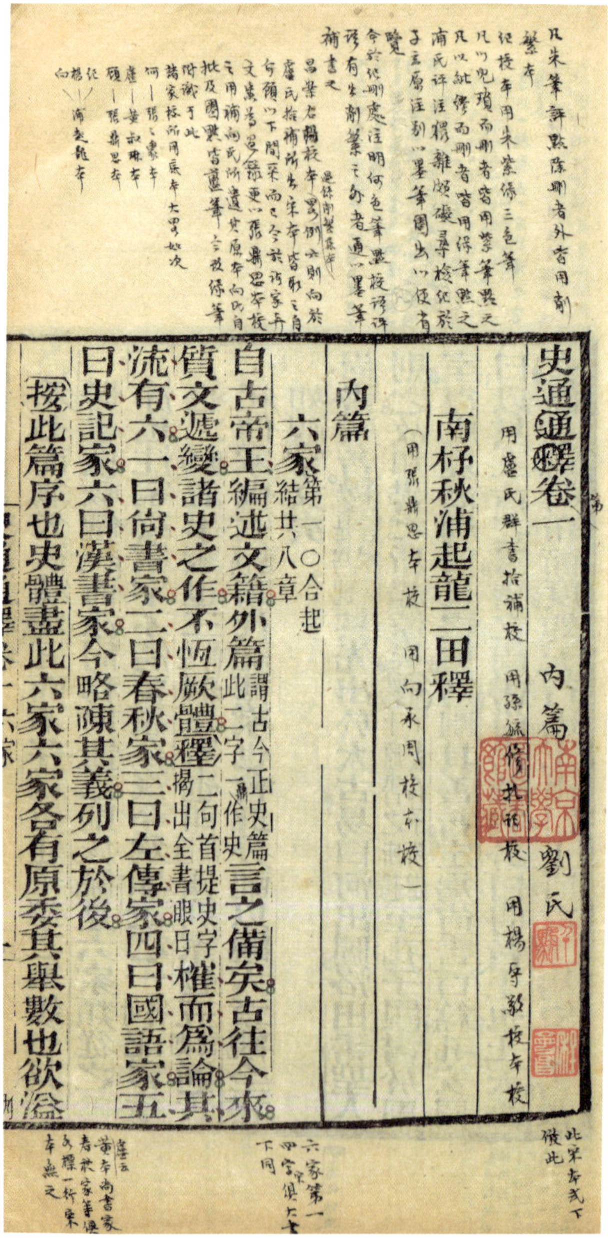

圖版四十二　程千帆批校本《史通通釋》

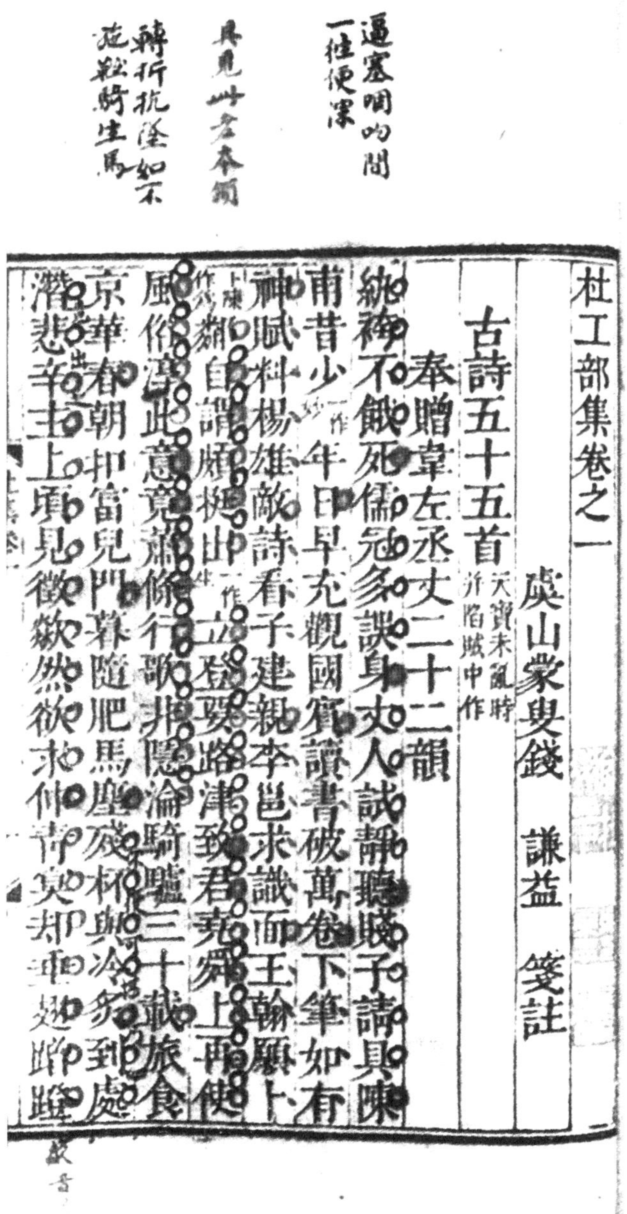
逼塞咽吶間
一往便深

具見此老本領

轉折抗墜如不
施鞍騎生馬

杜工部集卷之一

虞山蒙叟錢謙益箋註

古詩五十五首 天寶未亂時并陷賊中作

奉贈韋左丞丈二十二韻

紈袴不餓死，儒冠多誤身。丈人試靜聽，賤子請具陳。甫昔少年日，早充觀國賓。讀書破萬卷，下筆如有神。賦料揚雄敵，詩看子建親。李邕求識面，王翰願卜鄰。自謂頗挺出，立登要路津。致君堯舜上，再使風俗淳。此意竟蕭條，行歌非隱淪。騎驢三十載，旅食京華春。朝扣富兒門，暮隨肥馬塵。殘杯與冷炙，到處潛悲辛。主上頃見徵，欻然欲求伸。青冥却垂翅，蹭蹬

圖版四十三　清張行忠過録查他山、陸冰修批點《錢注杜工部集》

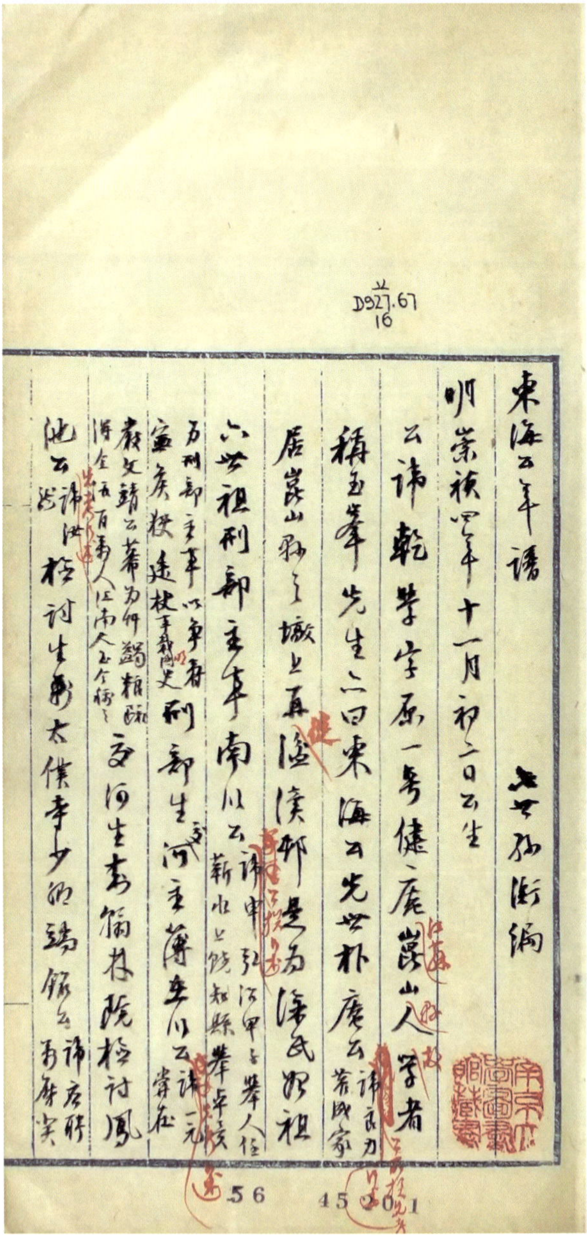

圖版四十四　徐衡稿本《東海公年譜》

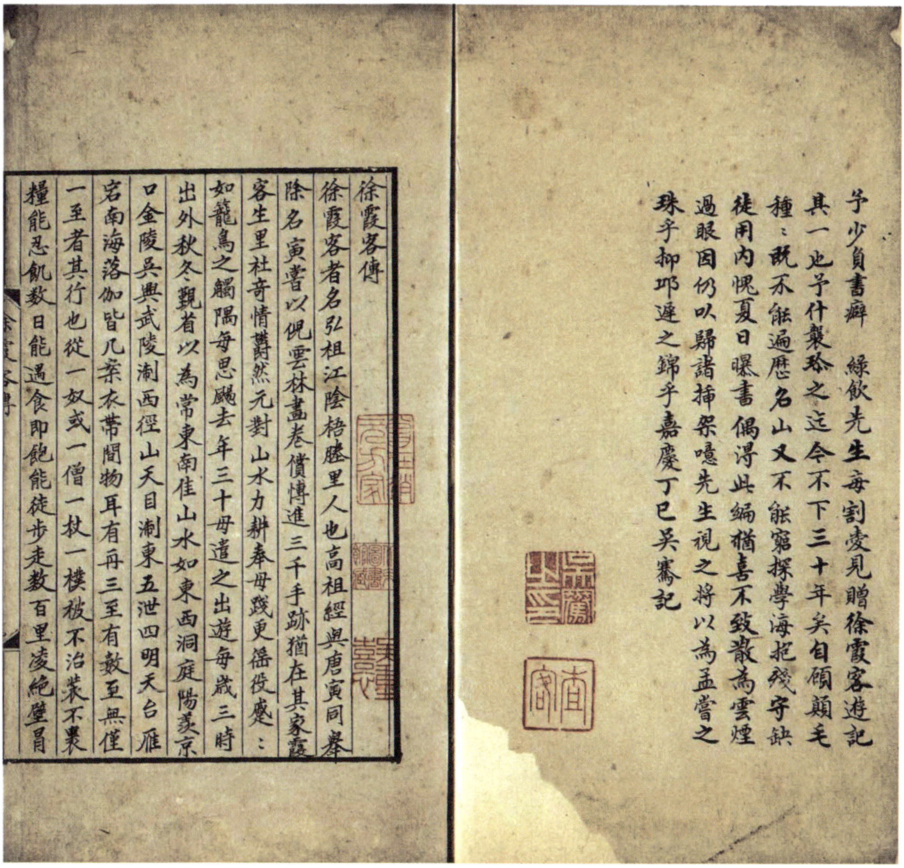
予少負書癖　綠飲先生每割愛見贈徐霞客遊記
其一也予什襲珍之迄今不下三十年矣自傾頹毛
種種既不能遍歷名山又不能窮探學海抱殘守缺
徒用内愧夏日曝書偶得此編猶喜不致散為雲煙
過眼因仍以歸諸插架噫先生視之將以為孟嘗之
珠乎抑邛遲之錦乎嘉慶丁巳吳騫記

徐霞客傳
徐霞客者名弘祖江陰梧塍里人也高祖經與唐寅同舉
除名寅嘗以倪雲林畫卷償博進三千手跡猶在其家霞
客生里社奇情鬱然元對山水力耕奉母踐更繇役處處
如籠鳥之觸隅每思颺去年三十母遣之出遊每歲三時
出外秋冬覲省以為常東南佳山水如東西洞庭陽羨京
口金陵吳興武陵浙西徑山天目浙東五泄四明天台雁
宕南海落伽皆几案衣帶間物耳有再三至有數至無僅
一至者其行也從一奴或一僧一杖一襆被不治裝不裹
糧能忍飢數日能遇食即飽能徒步走數百里凌絕壁冒

圖版四十五　清鮑廷博知不足齋鈔本《徐霞客游記》

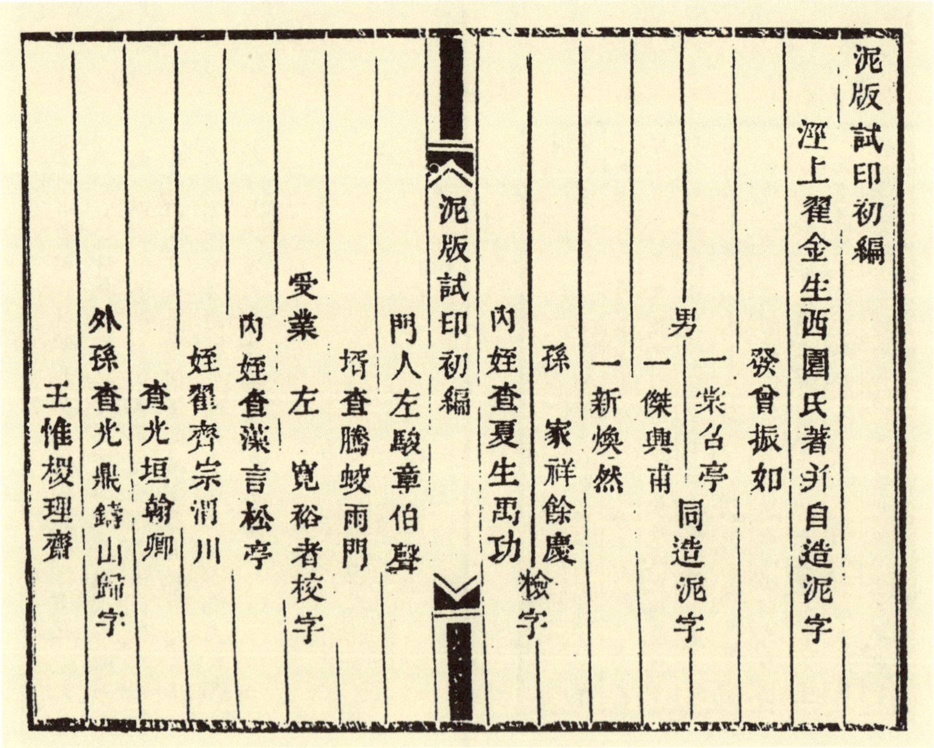
泥版試印初編
涇上翟金生西園氏著并自造泥字
發曾振如
一棠名亭
男一傑輿甫　同造泥字
一新煥然
孫　家祥餘慶　檢字
內姪查夏生禹功
泥版試印初編
門人左駿章伯舉
埒查騰蛟雨門
受業左　寬裕者校字
內姪查藻言松亭
姪翟齊宗渭川
查光垣翰卿
外孫查光鼎鑄山歸字
王惟櫻理齋

圖版四十六　清道光二十四年（一八四四）泥活字印本《泥版試印初編》

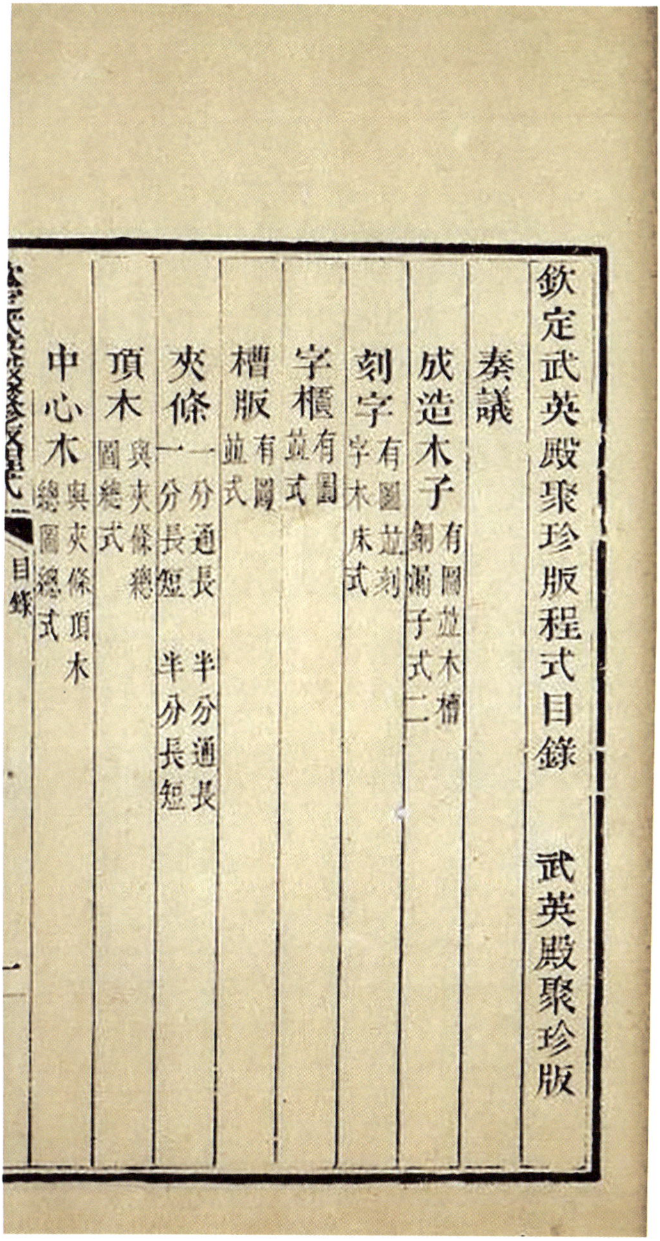

圖版四十七　清乾隆四十一年（一七七六）武英殿聚珍版印本《欽定武英殿聚珍版程式》

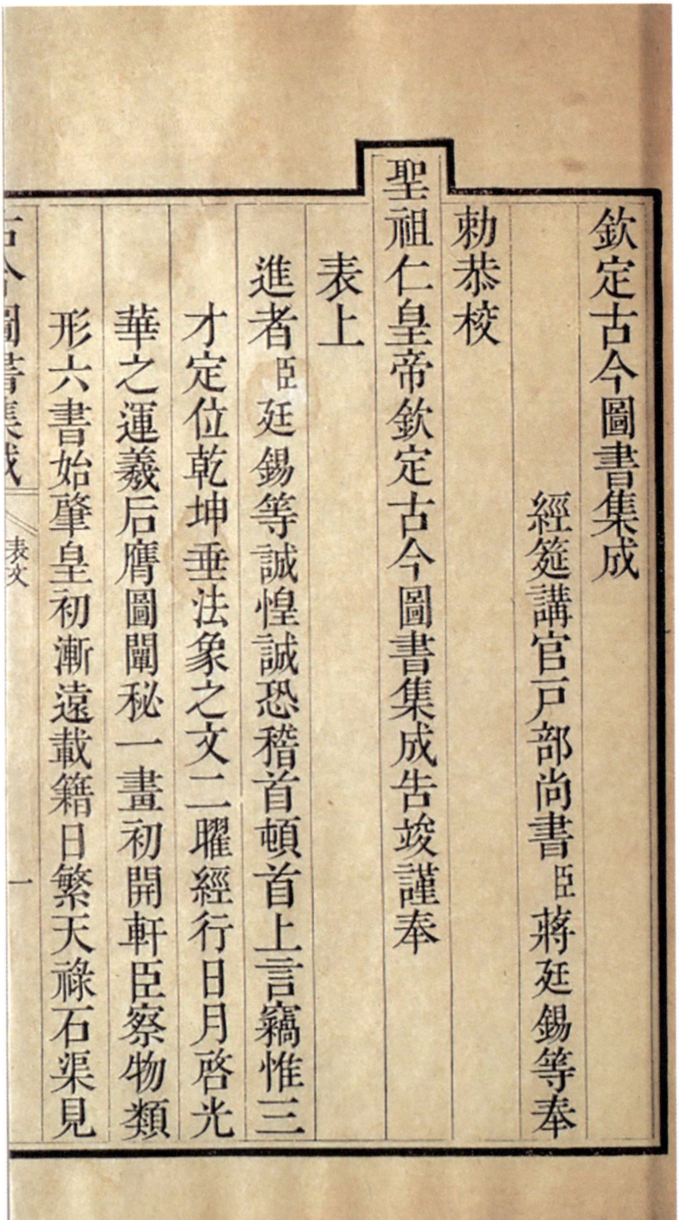

欽定古今圖書集成

經筵講官戶部尚書臣蔣廷錫等奉

勅恭校

聖祖仁皇帝欽定古今圖書集成告竣謹奉

表上

進者臣廷錫等誠惶誠恐稽首頓首上言竊惟三

才定位乾坤垂法象之文二曜經行日月啓光

華之運羲后膺圖闡秘一畫初開軒臣察物類

形六書始肇皇初漸遠載籍日繁天祿石渠見

古今圖書集成　表文　一

圖版四十八　清雍正四年（一七二六）内府銅活字本《古今圖書集成》

校讎廣義·校勘編

程千帆
徐有富
撰

第一章　校勘學的界義與功用

第一節　校勘與校勘學的發展

校的本義是犯人帶的木枷。許慎云:“校,木囚也。”[①]一副木枷由兩片組成,而兩片大小必須大體一致,才便於上鎖,因此事先要將它們放在一起加以比較。這樣,校字用作動詞時便有比勘核對的意思。後來人們又引申其義指校正書面材料的文字異同。《國語·魯語下》云:“昔正考父校商之名頌十二篇,以《那》爲首。”鄭玄《詩譜》也引用了這段話,孔穎達《商頌譜》疏加以解釋説:“韋昭云:‘名頌,頌之美者。’然則言‘校’者,宋之禮樂雖則亡散,猶有此詩之本。考父恐其舛謬,故就太師校之也。”[②]這裏的校字顯然是指校正文字錯誤。

又徐鉉《説文》新附云:“勘,校也。”[③]勘亦作刊。清鈕樹玉考證道:“古書用竹簡,故校勘字作刊。《廣雅》刊訓定。《玉篇》:‘刊,削也,定也,除也。’義並與勘合。”[④]勘或刊有削除覆定的含義,與中國早期圖書利用竹木作載體有關。漢應劭云:“劉向爲孝成皇帝典校書籍二十餘年,皆先

---

① 《説文解字》第六上。

② 《毛詩正義》卷二〇之三。

③ 《説文解字》第十三上。

④ 《説文新附考》卷六。

書竹，爲易刊定。可繕寫者，以上素也。”①可見古人整理圖書是先寫在竹簡上的。這便於發現錯誤時削除改正。待校訂無誤後，再寫在帛上。唐韓愈《秋懷》詩中“不如覷文字，丹鉛事點勘”②的勘字，也指校正文字錯誤。

校勘一詞可能出現於南北朝時期，梁沈約《上言宜校勘譜籍》云：“宜選史傳學士諳究流品者爲左民郎、左民尚書，專供校勘。”③又《北史・崔光傳》云：“光乃令國子博士李郁與助教韓神固、劉燮等勘校石經。”這一術語歷唐宋而更流行。如唐元和年間，詩人王初即有《送陳校勘入宿》詩④。校勘當即校書郎。唐制，弘文館設校書郎二人，“掌校理典籍，刊正錯謬”。⑤ 宋代，校勘一詞的使用尤爲普遍。歐陽修《書春秋繁露後》云：“董生之書流散而不全，方俟校勘。”⑥李清照《金石録後序》亦云：“每獲一書，即同共校勘，整集籤題。”⑦皆其例證。

簡而言之，所謂校勘就是改正書面材料上由於種種原因而形成的字句篇章上的錯誤，使之恢復或接近本來面目。唐顔師古《漢書注》首有叙例一篇，其中談及了他的校勘工作，似爲將校勘工作條理化的較早文獻，今録兩例，以見一般：

> 《漢書》舊文，多有古字，解説之後，屢經遷易。後人習讀，以意刊改，傳寫既多，彌更淺俗。今則曲覈古本，歸其真正，一往難識者，皆從而釋之。
>
> 古今異言，方俗殊語，末學膚受，或未能通，意有所疑，輒就增損，流遯忘返，穢濫實多。今皆删削，克復其舊。⑧

---

① 《風俗通義・古制》佚文，據王利器《風俗通義校注》輯本。

②④ 《全唐詩》卷三三六。

③ 《全梁文》卷二七。

⑤ 《舊唐書》卷四三《職官志二》。

⑥ 《歐陽文忠公文集》卷七三。

⑦ 王仲聞《李清照集校注》卷三。

⑧ 《漢書》卷首，中華書局點校本。

可見顔師古在注解《漢書》時，也作了必要的校勘，其要旨就是“克復其舊”、“歸其真正”。清段玉裁在《與諸同志論校書之難》中也說：“校經之法，必以賈還賈，以孔還孔，以陸還陸，以杜還杜，以鄭還鄭。”①也就是說研注群經，必須恢復賈公彦、孔穎達、陸德明、杜預、鄭玄等先儒注釋它們時所依據的底本的本來面目。

校勘亦稱校讎。此詞最早見於劉向《孫卿新書書録》。唐卷子本《玉篇》言部引《别録》，也有“讎校中經”之文。應劭《風俗通義》解釋道：“一人讀書，校其上下，得繆誤，爲校。一人持本，一人讀書，若怨家相對，故曰讎也。”②可見校讎的原始意義就是校勘。但校讎事業並不限於校正文字，它逐步發展成爲一種系統全面的治書之學，即校讎學。因此校讎自來就有廣狹兩個界義。狹義的僅指改正書面材料上的文字錯誤，廣義的則兼指研究書籍的版本、校勘、目録、典藏等方面的問題。如宋鄭樵的《校讎略》、清章學誠的《校讎通義》所討論的範圍，都涉及廣義的校讎。爲了便於區分，後人往往將狹義的校讎稱爲校勘。本編討論的是狹義的校讎，故以校勘名編。

校勘的目的是改正書面材料上的錯誤，而校勘學則是研究和總結校勘規律的一門科學。我國的校勘事業起源很早，周、秦時代已有從事校勘的實例。如《吕氏春秋·慎行論·察傳》云：“子夏之晉，過衛，有讀史記者，曰：‘晉師三豕涉河。’子夏曰：‘非也，是己亥也，夫己與三相近，豕與亥相似。’至於晉而問之，則曰：‘晉師己亥涉河也。’”己字的古文作，缺去兩“丨”，便誤爲三。古文亥作，豕作，非常近似，《説文解字》指出：“古文亥爲豕，與豕同。”故子夏得據文義及字形加以校勘，從而糾正其錯誤。顯然，這則故事已顯示了校勘學的萌芽。

從劉向等進行大規模的校書活動以來，人們就對校勘規律進行了不斷地探索。學者們在這方面最具體的成就，就是總結出不少錯誤的形態

① 《經韻樓集》卷一二。

② 《文選》卷六《魏都賦》注引《風俗通》曰：“案劉向《别録》：‘讎校，一人讀書，校其上下，得繆誤，爲校；一人持本，一人讀書，若怨家相對。’”末脱“故曰讎也”四字，兹據《太平御覽》卷六一八補。

和改正的方法。

就現存《别録》佚文來看,劉向等人在校勘實踐中已經認識到了書面材料發生錯誤的一些規律。如《尚書古文經》五十八篇書録云:"古文或誤以見爲典,以陶爲陰,如此類多。"所指當爲因形近而誤。《列子》八篇書録云:"或字誤以盡爲進,以賢爲形,如此者衆。"所指當爲因音近而誤。又《戰國策》三十三篇書録云:"本字多誤脱爲半字,以趙爲肖,以齊爲立,如此字者多。"[①]所指當爲因字形殘闕而誤。《漢書·藝文志》書類序也指出:"劉向以中古文校歐陽,大、小夏侯三家經文,《酒誥》脱簡一,《召誥》脱簡二,率簡二十五字者,脱亦二十五字;簡二十二字者,脱亦二十二字。"[②]則所指當爲由於綴繫時竹簡之脱落導致書寫時文字之脱落。

陸德明撰於陳朝的《經典釋文》,卷首《條例》對經和注出現文字錯誤的情況和原因作了比較系統的概括,今節引其語如次:

> 世變人移,音訛字替,如徐仙民反易爲神石,郭景純反餤爲羽鹽,劉昌宗用承音乘,許叔重讀皿爲猛。……鄭康成云:"其始書之也,倉卒無其字,或以音類比方,假借爲之,趣於近之而已。受之者非一邦之人,人用其鄉,同言異字,同字異言,於兹遂生矣。戰國交争,儒術用息;秦皇滅學,加以坑焚,先聖之風,埽地盡矣。漢興,改秦之弊,廣收篇籍,孝武之後,經術大隆。然承秦焚書,口相傳授,一經之學,數家競爽。章句既異,踳駁非一。……"班固云:"後世經傳既已乖離,傳學者又不思多聞闕疑之義,而務碎義逃難,便詞巧説,安其所習,毁所不見,終以自弊,此學者之大患也。……"《爾雅》本釋墳典,字讀須逐五經,而近代學徒,好生異見,改音易字,皆采雜書,唯止信其所聞,不復考其本末。

宋彭叔夏《文苑英華辨證》十卷,在前人的基礎上又朝前邁進了一步。

① 《快閣師石山房叢書·七略别録佚文》。

② 歐陽指歐陽高,大、小夏侯指夏侯勝和他的侄子夏侯建。他們都是西漢今文《尚書》學派的代表人物。

他將自己和周必大、胡柯等人共同校勘《文苑英華》過程中有關校勘方面的成果歸納爲十類四十五子目：

用字一：凡字有本之前人，不可移易者。
用字二：凡字因疑承訛，當是正者。
用字三：凡字有兩存，於義亦通者。
用韻一：凡前人用韻，有兩音而不可輒改者。
用韻二：唐賦韻數，平側次序初無定格，今略舉一二。
事證：凡用事可以證他本之非者。
事誤一：事有訛誤當是正者。
事誤二：前人用事元自舛誤，而《文苑》有襲之者。
事疑：事有可疑或兩存者。
人名一：凡用事有人名與他本異，不可輕改者。
人名二：其有訛舛當是正者。
人名三：人名有與經傳集本異，不可輕改者。
人名四：其有訛舛，質於史傳，當是正者。
人名五：其有與史、集異同，當並存者。
官爵一：凡官職封爵有與史、集異，不可輕改者。
官爵二：其有訛舛當是正者。
官爵三：其或有疑當兩存者。
郡縣一（地名附）：凡郡縣名及地名有不可以他本而輕改者。
郡縣二：其有訛舛當是正者。
郡縣三：其或有疑當兩存者。
年月一：凡年月與他本異，不可輕改者。
年月二：其或訛舛當是正者。
年月三：其有他本原誤，《文苑》因而襲之者。
年月四：其有與史全異所當考者。
名氏一：凡撰人名氏，或有以甲爲乙，當以《文苑》爲正者。
名氏二：其有舛誤當是正者。

名氏三:其有可疑及當兩存者。
題目一:凡題目有訛舛當是正者。
題目二:又有題目是而文則非者。
門類:凡門類混淆當是正者。
脱文一:凡有脱文見於他本者。
脱文二:又
脱文三:其有他本節略而《文苑》有全篇者。
脱文四:其有原本脱逸而《文苑》因而襲之者。
同異:凡詩文與他本有題同而詞異者。
離合:凡詩有一篇析而爲二,二篇合二爲一者。
避諱:凡避諱而易以他字者。
異域:異域國名有與史傳異者。
鳥獸:凡鳥獸名有訛舛及與他本異者。
草木:凡草木有訛舛及與他本異者。
雜録一至五①

由於其條理的精密與清晰度越前人,故爲學林所推重。如四庫館臣認爲:"叔夏此書,考核精密,大抵分承訛當改;别有依據,不可妄改;義可兩存,不必遽改三例。…… 其用意謹嚴,不輕點竄古書,亦於是可見矣。"②顧廣圻亦云:"此書乃校讎之模楷,豈獨讀《英華》者資其是正哉!"③

清代學者王念孫對誤例的總結達到了嶄新的水平,其《讀書雜志·淮南内篇》後序列舉各種誤例凡六十二事:

一　　有因字不習見而誤者
二　　有因假借之字而誤者
三　　有因古字而誤者

---

① 《文苑英華辨證》卷首《目録》及各卷小標題。
② 《四庫全書總目》卷一八六《文苑英華辨證》提要。
③ 《思適齋集》卷一五《書文苑英華辨證後》。

四　　有因隸書而誤者
五　　有因草書而誤者
六　　有因俗書而誤者
七　　有兩字誤爲一字者
八　　有誤字與本字並存者
九　　有校書者旁記之字而闌入正文者
十　　有衍至數字者
十一　　有脱數字至十數字者
十二　　有誤而兼脱者
十三　　有正文誤入注者
十四　　有注文誤入正文者
十五　　有錯簡者
十六　　有因誤而致誤者
十七　　有不審文義而妄改者
十八　　有因字不習見而妄改者
十九　　有不識假借之字而妄改者
二十　　有不審文義而妄加者
二十一　有不識假借之字而妄加者
二十二　有妄加字而失其句讀者
二十三　有妄加數字至二十餘字者
二十四　有不審文義而妄删者
二十五　有不識假借之字而妄删者
二十六　有不識假借之字而顛倒其文者
二十七　有失其句讀而妄移注文者
二十八　有既誤而又妄改者
二十九　有因誤字而誤改者
三十　　有既誤而又妄加者
三十一　有既誤而又妄删者
三十二　有既脱而又妄加者

三十三　有既脱而又妄删者
三十四　有既衍而又妄加者
三十五　有既衍而又妄删者
三十六　有既誤而又改注文者
三十七　有既誤而又增注文者
三十八　有既誤而又移注文者
三十九　有既改而又改注文者
四十　　有既改而復增注文者
四十一　有既改而復删注文者
四十二　有既脱且誤而又妄增者
四十三　有既誤且改而又改注文者
四十四　有既誤且衍而又妄加注釋者
四十五　有因字誤而失其韻者
四十六　有因字脱而失其韻者
四十七　有因字倒而失其韻者
四十八　有因句倒而失其韻者
四十九　有句倒而又移注文者
五十　　有錯簡而失其韻者
五十一　有改字而失其韻者
五十二　有改字以合韻而實非韻者
五十三　有改字以合韻而反失其韻者
五十四　有改字而失其韻又改注文者
五十五　有改字而失其韻又删注文者
五十六　有加字而失其韻者
五十七　有句讀誤而又加字以失其韻者
五十八　有既誤且脱而失其韻者
五十九　有既誤且倒而失其韻者
六十　　有既誤且改而失其韻者
六十一　有既誤而又加字以失其韻者

六十二　有既脱而又加字以失其韻者

彭叔夏《文苑英華辨證》的誤例主要是從書面材料的内容（如人名、地名、年月、官爵等）角度來分類總結的，而王念孫的誤例主要從書面材料發生誤、脱、衍、倒等錯誤類型的角度來分類總結的，因此具有更加普遍的意義，標誌着對校勘條例的概括進入了一個新階段。

俞樾《古書疑義舉例》卷五至卷七，又在王念孫的基礎上增加了不少誤例，汰除與王氏所舉誤例重複及與校勘無關者，尚有二十四例：

五十二　兩字義同而衍例
五十三　兩字形似而衍例
五十四　涉上下文而衍例
五十六　涉注文而誤例
五十七　以注説改正文例
六十　　因誤衍而誤倒例
六十五　重文作二畫而致誤例
六十六　重文不省而致誤例
六十七　闕字作空圍而致誤例
六十八　本無闕文而誤加空圍例
六十九　上下兩句互誤例
七十　　上下兩句易置例
七十一　字以兩句相連而誤疊例
七十二　字以兩句相連而誤脱例
七十三　字句錯亂例
七十九　文隨義變而加偏旁例
八十　　字因上下相涉而加偏旁例
八十一　兩字平列而誤倒例
八十二　兩文疑複而誤删例
八十三　據他書而誤改例

八十五　分章錯誤例
八十六　分篇錯誤例
八十七　誤讀夫字例
八十八　誤增不字例

俞氏誤例晚出，作者博採群書，"刺取《九經》諸子"①，繼王氏之後又發現不少新的誤例，並能舉出豐富的實證，因此產生了較大影響，有不少仿其體例的補充之作。如中華書局一九五六年出版的《古書疑義舉例五種》，即收有劉師培的《古書疑義舉例補》、楊樹達的《古書疑義舉例續補》、馬叙倫的《古書疑義舉例校録》、姚維鋭的《古書疑義舉例增補》等。這些著作雖涉及古書疑義的各個方面，但對校勘學都或多或少有所貢獻。

近人在總結誤例方面取得突出成績的是陳垣的《校勘學釋例》。其自序云："余以元本及諸本校補沈刻《元典章》②，凡得謬誤一萬三千餘條，其間無心之誤半，有心之誤亦半，既爲札記六卷，闕文三卷，表格一卷，刊行於世矣。乃復籀其十之一以爲之例，而疏釋之，將以通於元代諸書，及其他諸史，非僅爲糾彈沈刻而作也。"今録其目次如左：

卷一　行款誤例
第一　有目無書有書無目例
第二　條目訛爲子目例
第三　非目録誤爲目録例
第四　誤連上文例
第五　錯簡例
第六　闕文例
第七　字體殘闕逕行删去例
第八　空字誤連及不應空字例

① 《古書疑義舉例序》。
② 沈刻，指沈家本刻本。

第九　　正文訛爲小注小注訛爲正文例
第十　　擡頭遺迹改革未盡例
第十一　　表格誤例
卷二　通常字句誤例
第十二　　形近而誤例
第十三　　聲近而誤例
第十四　　因同字而脱字例
第十五　　因重寫而衍字例
第十六　　因誤字而衍字例
第十七　　重文誤爲二字例
第十八　　一字誤爲二字例
第十九　　妄改三例
第二十　　妄添三例
第二十一　　妄删三例
第二十二　　妄乙三例
卷三　元代用字誤例
第二十三　　不諳元時簡筆字而誤例
第二十四　　以爲簡筆回改而誤例
第二十五　　不諳元時譯音用字而誤例
第二十六　　用後起字易元代字例
第二十七　　元代用字與今不同例
卷四　元代用語誤例
第二十八　　不諳元時語法而誤例
第二十九　　不諳元時用語而誤例
第三十　　因元時用語而誤例
第三十一　　因校者常語而誤例
第三十二　　用後代語改元代語例
第三十三　　元代用語與今倒置例
卷五　元代名物誤例

第三十四　不諳元時年代而誤例
第三十五　不諳元朝帝號廟號而誤例
第三十六　不諳元時部族而誤例
第三十七　不諳元代地名而誤例
第三十八　不諳元代人名而誤例
第三十九　不諳元代官名而誤例
第四十　不諳元代物名而誤例
第四十一　不諳元代專名而誤例
第四十二　不諳元時體制而誤例

卷六　校例

第四十三　校法四例
第四十四　元本誤字經沈刻改正者不校例
第四十五　元本借用字不校例
第四十六　元本通用字不校例
第四十七　通用字元本不用例
第四十八　從錯簡知沈刻所本不同例
第四十九　從年月日之增入疑沈刻别有所本例
第五十　一字之誤關係全書例

《校勘學釋例》的突出貢獻是通過對《元典章》一書的解剖,總結出"一代語言特例,並古籍竄亂通弊"。[1] 陳垣在此書的《重印後記》中曾説明他所以要用《元典章》一書作校勘例子的理由:"要找一本好而又重要又錯誤多的書,莫如沈刻《元典章》。《元典章》係一部内容豐富而又極通俗的書,通俗的書難得板本好,寫刻精,沈刻《元典章》不然,寫刻極精,校對極差,錯漏極多,最合適爲校勘學的反面教材,一展卷而錯誤諸例悉備矣。同人以爲便於初學。"

其次,因爲《元典章》有特點,所以總結出來的誤例,如卷一《行款誤

① 《校勘學釋例序》。

例》、卷三《元代用字誤例》、卷四《元代用語誤例》、卷五《元代名物誤例》等都可以彌補前人所舉他書誤例之不足，因而也具有普遍意義。例如卷五《元代名物誤例》第四十一《不諳元代專名而誤例》云：

一時代有一時代所用之專名，校書者對於本書時代所用之專名，必須有相當之認識，此《方言》《釋名》所由作也。

“腹裏”爲元代專名，謂中書省所統山東西河北之地也。沈刻既誤爲“腸裏”，又誤爲“服裏”：

吏六三	腸裏已有貢舉定例	元作“腹裏”。
刑七十六	服裏犯奸刺配	元作“腹裏”。

例子雖然是特殊的，而其提出的原則對校勘工作却具有普遍的指導意義。

此外，作者還注意舉例分析錯誤産生的原因，使讀者能一目瞭然。例如卷二《通常字句誤例》第十三《聲近而誤例》云：

聲近而誤，有由於方音相似者，有由於希圖省筆者。

何謂方音相似？如“吏”、“例”，“記”、“繼”，“程”、“陳”，“點”、“典”諸字，以廣州音讀之，不相混也，今沈刻《元典章》多混之，知必與鈔者之方音相似也。

何謂希圖省筆？廣州音“黄”“王”不分，今沈刻《元典章》多誤“黄”爲“王”，但不見誤“王”爲“黄”，則不過希圖省筆而已，蓋以爲吏人姓名無關重輕也。

再如卷四《元代用語誤例》第二十九《不諳元時用語而誤例》云：

凡一代常用之語言，未必即爲異代所常用，故恒有當時極通用之語言，易代或不知爲何語，亦校者所當注意也。

最顯著者爲元代“他每”、“人每”之“每”字，其用與今之“們”字同，而沈刻《元典章》輒改爲“每每”，是不知“每”之用與“們”同也。

> 其次爲“您”字。“您”是元時第二人稱之多數,蒙古汗對大臣恒用之。《元秘史》單數稱“你”,多數稱“您”。今沈刻《元典章》輒改“您”爲“你”,非當時語意。

《校勘學釋例》卷六《校例》還對校勘的方法和原則進行了概括和總結,對校勘學理論與校勘實踐都産生了較大影響,我們將在下文論及。

除對書面材料發生錯誤的規律進行不斷的總結外,人們還對校勘的作用、方法、據以校勘的資料、校勘者應具備的條件、校勘成果的處理形式等,都進行過不斷的探索,從而在校勘實踐的基礎上逐步形成了校勘學。校勘之事雖然源遠流長,但校勘之學一般認爲確立於清代。梁啓超云:“清儒之有功於史學者,更一端焉,則校勘也。古書傳習愈希者,其傳鈔踵刻訛謬愈甚,馴致不可讀,而其書以廢。清儒則博徵善本以校勘之。校勘遂成一專門學。”①

清代文網密布,學者們往往被迫遺棄世務,考究古籍,因而導致了考據之風的盛行。故柳詒徵云:“前代文人受禍之烈,殆未有若清代者,故雍、乾以來,志節之士,蕩然無存。有思想才力者,無所發洩,惟寄之於考古,庶不干當時之禁忌。”②在這種學風影響下,清代校勘古籍的工作遂蓬勃興起,出現了一大批著名的校勘學家。僅據張之洞《書目答問·國朝著述諸家姓名略》的不完全統計,以校勘名家者達三十一人之多。而爲張氏歸入他家者,也多精通校勘之學。

這門學術的出現和發達使得清代出現了大批古籍精校本,此外還産生了一些理論性著作。而且由於清人對文字、音韻、訓詁、版本、目録等相關學科的知識同樣有着深入的研究,故清代學者在校勘理論與實踐方面,都有許多新的建樹。

隨着校勘學的發展,清代也出現了校勘學這一專門術語。如謝章鋌

---

① 《飲冰室合集》本《清代學術概論》十六。

② 《中國文化史》第三編《近世文化史》第八章《康乾諸帝之於文化》。

云:“校勘之學,宋儒所不廢。”①朱一新云:“國朝人於校勘之學最精。”②清末葉德輝亦云:“近人言藏書者,分目録、板本爲兩種學派。大約官家之書,自《崇文總目》以下,至乾隆所修《四庫全書總目》提要,是爲目録之學。私家之藏,自宋尤袤遂初堂、明毛晉汲古閣,及康雍乾嘉以來各藏書家,斷斷於宋元舊鈔,是爲板本之學。然二者皆兼校讎,是又爲校勘之學。”③

人們從校勘的實踐中發現了它們的規律,而規律的發現又促進了校勘工作的發展。孫詒讓云:“詒讓學識疏譾,於乾嘉諸先生無能爲役,然深善王觀察《讀書雜志》及盧學士《群書拾補》,伏案研誦,恒用檢覈,間竊取其義法以治古書,亦略有所寤。”④孫詒讓明言自己在校勘方面的成就,是學習王念孫、盧文弨“義法”的結果。陳垣在《校勘學釋例》的序文中,談到他的這部書“以較彭叔夏之《文苑英華辨證》,尚欲更進一層”。不言而喻,他的校勘實踐與校勘學理論是借鑒了彭叔夏的《文苑英華辨證》的。正是在這種不斷的繼承、探求與進步中,系統嚴密的校勘學逐步建立起來。

第二節　校勘與校勘學的功用

胡適云:“校勘之學起於文件傳寫的不易避免錯誤。文件越古,傳寫的次數越多,錯誤的機會也越多。校勘學的任務是要改正這些傳寫的錯誤,恢復一個文件的本來面目,或使他和原本相差最微。”⑤因此,它最主要的作用便是爲人們讀書治學提供符合或接近原稿的書面材料。王叔岷對此曾加以發揮,他説:

> 校書雖爲愚事,而實治學之本也。何以明之?我國古籍,秦火以後,代有散亡,即或求而復出,得之先後不同,存者多寡亦異,雖經先

---

① 《課餘偶録》卷三。

② 《無邪堂答問》卷三。

③ 《書林清話》卷一《板本之名稱》。

④ 《札迻·自序》。

⑤ 《胡適文集》第五册《校勘學方法論》。

> 儒整理，又難免改文從意，其間錯雜竄亂，曷可勝紀？即未經散亡之書，亦以鈔刊流傳，展轉致訛。如篆、隸、正、草、俗書之相亂，六朝、隋、唐寫本之不同，宋、元、明刻本之各殊。淄澠並泛，準的無依。鼠璞同呼，名實相悖。夫研讀古籍，必先復其本來面目。欲復其本來面目，必先從校讎入手。昔人有謂盧文弨者曰：他人讀書，受書之益；子讀書，則書受子之益。已失其本來面目之書，經校讎而復其舊觀，豈非使書受其益哉？書受其益，然後可以進而明至論之旨。治學當有本末，求之有漸。字句未正，是非未定，惡足以言至論之旨哉！①

幾乎所有的樸學家都在校勘上下過苦功，上面提到的清代著名校勘專家盧文弨即一例，其《群書拾補序》云："文弨於世間技藝，一無所能。童時喜鈔書，少長漸喜校書。在中書之日，主北平黄崑圃先生家，退值之暇，兹事不廢也。其長君雲門，時爲御史，謂余曰：人之讀書，求己有益耳，若子所爲，書並受益矣。余灑然！知其非譽而實諷也。……然余手校之書，將來必有散於人間者，則雖無益於己，寧不少有益於人乎？"孫詒讓還談了自己從事校勘工作的具體感受："每得一佳本，晨夕目誦。遇有鉤棘難通者，疑牾纍積，輒轖轖不怡。或窮思博討，不見耑倪，偶涉它編，迺獲塙證，曠然昭寤，宿疑冰釋，則又欣然獨笑，若陟窮山，榛莽霾塞，忽覯微徑，竟達康莊。"②

我們再舉一些實例來説明校勘對讀書治學的作用。例如《漢書・藝文志》云："《古文尚書》者，出孔子壁中。武帝末，魯共王壞孔子宅，欲以廣其宫，而得《古文尚書》及《禮記》《論語》《孝經》凡數十篇，皆古字也。……孔安國者，孔子後也，悉得其書，以考二十九篇，得多十六篇。安國獻之。遭巫蠱事，未列於學官。"但《史記・孔子世家》的末尾説："安國爲今皇帝博士，至臨淮太守，蚤卒。"這兩條記載顯然是矛盾的。既然司馬遷在寫《史記》時已稱孔安國早死，那麼他怎麼能在死後獻《古文尚書》並遭巫蠱

---

① 《校讎通例》，載《歷史語言研究所集刊》第二十三本下册。

② 《札迻・自序》。

事呢？對此清初閻若璩解釋説：

> 予嘗疑安國獻書，遭巫蠱之難，計其年必高，與馬遷所云蚤卒者不合。信《史記》早卒，則《漢書》之獻書，必非安國；信《漢書》獻書，則《史記》之安國，必非早卒。然馬遷，親從安國游者也，記其生卒必不誤也。竊意天漢後，安國死已久，或其家子孫獻之，非必其身，而苦無明證。越數載，讀荀悦《漢紀·成帝紀》云："魯恭王壞孔子宅，得《古文尚書》多十六篇。武帝時，孔安國家獻之，會巫蠱事，未列於學官。"於安國下，增一"家"字，足補《漢書》之漏。①

朱彝尊也説：

> 《史記·孔子世家》稱："安國爲今皇帝博士，至臨淮太守，早卒。"《自序》有云："予述黄帝以來，至太初而迄。"又云："卒述陶唐以來，至於麟止。"是安國之卒，本在太初以前。若巫蠱事發，乃征和二年，距安國之没，當已久矣。《漢紀》：孝成帝三年，劉向典校經傳，考集異同，於《古文尚書》云："武帝時，孔安國家獻之。"則知安國已没，而其家獻之。《漢書》《文選》録本流傳，偶脱去"家"字耳。②

閻若璩、朱彝尊通過校勘，根據荀悦《漢紀》，補上《漢書》脱去的一個"家"字，從而使這個疑問涣然冰釋。

下面我們再舉一個文學方面的例子。敦煌卷子中有一首《菩薩蠻》詞：

> 枕前發盡千般願，要休且待青山爛。水面上秤槌（錘）浮，直待黄河徹底枯。白日參辰現，北斗回南面，休即未能休，且待三更見日頭。

① 《尚書古文疏證》卷二。
② 《曝書亭集》卷五八《尚書古文辨》。

潘重規校以倫敦不列顛圖書館所藏斯坦因敦煌第四三三二號寫本,指出:

> 這首詞,王重民《敦煌曲子詞集》、任二北《敦煌曲校録》都已收入。王重民曾見原卷,任二北看過照片,但"日頭"都誤作"月頭"。三更見日頭,乃不可能之事,與水面秤錘浮,青山爛,黄河枯,參辰日現,北斗南回等同類。通俗稱月,或云月亮、月兒、月子、月姐,似乎没有稱"月頭"的。可見"月頭"之"月",必是錯字。我讀此詞時,注意到原卷確作"日頭","日"字寫得特别工整清楚,不知任、王何以致誤。如果作月字,那全篇的統一性,便遭到破壞。這首詞情意的真摯,想像的恢詭,設譬的精奇,屬辭的頓挫,可與漢樂府鐃歌《上邪》一首並駕齊驅。《上邪》的歌辭説:"上邪! 我欲與君相知,長命無絶衰! 山無陵,江水爲竭,冬雷震震,夏雨雪;天地合,乃敢與君絶!"雖然兩首的風格、情意、用詞異常相似,也都没有作者的姓名,但可斷言,絶非摹擬的複制品。……樂府《上邪》,後世久無嗣響,賴敦煌《菩薩蠻》一詞,炳爍聯華,後先輝映,成爲我國歌曲中的並蒂奇葩,爲文藝界添一段異彩。惟"日"誤爲"月"字,一字之差,便損傷了全體真美。我有幸得見原卷,證明了一個"差之毫釐,謬以千里"的關鍵字,省去後人不必要的揣測和猜疑,似乎對優美作品也有了一分"參與感",心中自然充滿無限喜悦。但一計算這次在倫敦小住,旅館日租二十英鎊,竟用去臺幣一萬元。"一字萬金",只説明我獲見作品真面目的代價。至於文章本身,縱然是倒海量珠,傾山獻玉,也不足評估它的身價了!①

如果我們讀誤書而不能校正,相反地還曲爲之説,那就不免要鬧笑話。如《新唐書》"《藝文志》僞史類蕭方《三十國春秋》三十卷、《宋史·藝文志》史部霸史類同。蕭方當爲蕭方等之誤。方等,梁元帝世子,以釋氏《方等經》命名。《隋志》:'《三十國春秋》三十卷,蕭方等撰'可證。修《唐

① 《敦煌詞話·一字萬金》。

書》者誤以等字爲等類之等而删之，昔人謂歐九不學，洵然。《宋志》亦承其誤"。①

再如段玉裁《戴東原先生年譜》末附戴震語録云："《水經注》：'水流松果之山。'鍾伯敬本'山'訛作上，遂連圈之，以爲妙景。其可笑如此。松果之山見《山海經》。"

由此可見，讀書治學只有依據符合或接近原貌的書面材料，方能得出正確或較爲正確的結論；而這種材料的獲得往往又非通過精審的校勘手段不可，因爲古代文籍中存在着訛誤，幾乎是無可避免的。

其次，讀書宜求善本，善本的意義已詳本書《版本編》，其最基本的條件就是符合或接近原稿，而校勘不但是使今本符合或接近原稿的一種特定手段，而且也是鑒定其是否符合或接近原稿的一種可靠方法。所以它又是有益於鑒藏書籍的。

例如錢曾在談到《王右丞文集》十卷時指出："此刻是麻沙宋板，集中《送梓州李使君》詩，亦如牧翁所跋，作'山中一半雨，樹杪萬重泉'。知此本之佳也。"②丁丙在論及元刊本《藍田王摩詰詩》六卷時也説：

> 《書録解題》云：建昌本與蜀本次序不同，顧廣圻謂題摩詰者蜀本也，題右丞集者，建昌本也。建昌本前六卷詩，後四卷文，自是寶應二年表進之舊。黄丕烈云：不知何時僅梓得六卷。又云：嘉慶癸酉借得元刻劉須溪評點王摩詰詩，與宋刻對，其序次悉同。錢遵王云：右丞集，麻沙宋板《送梓州李使君》詩"山中一半雨"，據蒙叟跋，"一夜"作"一半"。蓋言其風土，深山冥晦，晴雨相半，故曰"一半"，此本亦作"半雨"。又趙松谷《右丞集箋注例略》：摩詰詩所見者，廬陵劉氏須溪、武陵顧氏元緯、句吴顧子可久、吴興凌氏初成，凡四家。而須溪、

---

① 沈濤《銅熨斗齋隨筆》卷六《蕭方》。案胡仔《苕溪漁隱叢話》前集卷三四引《西清詩話》載王安石論《楚辭》有"歐九不學之過"語。《宋稗類鈔》卷五《博識》亦載劉敞云："好個歐九，極有文章，可惜不甚讀書。"

② 《讀書敏求記》卷四。牧翁指錢謙益。其《跋王右丞集》見《牧齋初學集》卷八二。

句吴皆作六卷。吴興、武陵二本所載游春詞三十餘首是王涯作，此本獨不誤入，益可知其善矣。①

再如顧千里於元刊本《韓詩外傳》十卷跋云："此綬階袁君三硯齋藏書也。無刊刻序跋歲月，袁君定之爲元本。近從借歸以勘程榮、毛晉諸刻，實遠勝之。如稱《詩》與載王伯厚《詩考》者不異，字句與諸子書每相出入，亦與唐宋人注書及類書所引往往有同者，且其標目分條以至佚字脱句皆未失古意，足正後來不能闕疑之非，即宋本之善應不過是也。"②又傅增湘於一明鈔本《鮑溶詩集》題記云：

此明鈔本，出天一閣舊藏，不分卷第，其式甚古，疑即歐公相傳之本，第其詩較毛刻又少六首，或歷世既久，更有脱佚耶。取汲古閣本校之，訂正凡一百四十四字，兹取前兩卷異字述之，如："宫鴉叫赤光"，不作"宫鷄"；"夢神本無迹"，不作"不無迹"；"萬里隨人去"，不作"萬事"；"迴首九天門"，不作"九仙"；"北築秦民冤"，不作"秦氏"；"萬里防禍源"，不作"禍根"；"宫闕□千門"，不作"啓千"；"一念皎之詩"，"詩"不作"時"；"一望客人還"，不作"容人"；"開閉秦北門"，"秦"不作"奏"；"青塚入内地"，不作"清塚"。其詞旨均勝原本。尤異者，第三卷《憶舊游》詩"幾世身在夢"下，多"百年雲無根，悠悠竟何事"二句，檢閲席本，亦缺，則此本淵源之古可知矣。③

以上例子説明，許多著名學者和藏書家都把校勘當作鑒别古書是否善本的有效方法。

爲了提高文獻的可靠性，藏書家往往都對所藏書籍進行校勘工作。《新唐書・韋述傳》稱其"蓄書二萬卷，皆手校定，黄墨精謹，内秘書不逮也"。在古代的文獻記載中，這種事例幾乎俯拾即是。清初孫從添總結藏

① 《善本書室藏書志》卷二四。蒙叟也指錢謙益。
② 《思適齋集外書跋》經類。
③ 《藏園群書題記》卷五。

書經驗撰成《藏書紀要》一卷，其第四則爲《校讎》，略云：

> 古人每校一書，先須細心紬繹，自始至終，改正字謬錯誤，校讎三四次，乃爲盡善。至於宋刻本，校正字句雖少，而改字不可遽改書上，元板亦然。須將改正字句，寫在白紙條上，薄漿浮簽，貼本行上，以其書之貴重也。凡校正新書，將校正過善本對臨可也。倘古人有誤處，有未改處，亦當改正。明板坊本、新鈔本，錯誤遺漏最多，須覓宋元板、舊鈔本、校正過底本或收藏家秘本細細讎勘，反覆校過，連行款俱要照式改正，方爲善本。若古人有弗可考究無從改正者，今人亦當多方請教博學君子善於講究古帖之士，又須尋覓舊碑版文字，訪求藏書家秘本，自能改正。然而校書非數名士相好聚於名園讀書處，講究討論，尋繹舊文，方可有成，否則終有不到之處。所以書籍不論鈔刻好歹，凡有校過之書，皆爲至寶。

所論校勘應當注意之處，頗爲詳盡，足資矜式。

藏書家精於校勘在客觀上保留了許多古籍善本的原貌，爲科學研究提供了可靠的依據，其成就也應予以充分肯定。校勘工作是從事學術研究，特别是古代典籍研究的起點。而且審慎精密的校勘成果往往可以防止和杜絶許多望文生義的無稽之談，爲獲得正確的結論準備了條件。清管庭芬曾談到陳鱣"晚客吴門，聞黄蕘圃主政百宋一廛，九經三傳各藏異本，於是欣然定交，互携宋鈔元刻，往復易校。校畢，並繫以跋語，以疏其異同，兼誌刊版之歲月、册籍之款式、收藏之印記，莫不精審確鑿，俾經生家如見原書，不至爲俗刻所誤，其功與考定石經無以異"。① 王欣夫也盛贊黄丕烈云："其鑒别精，搜羅富，每一得書，必丹黄點勘，孜孜不倦，務爲善本留真，以待後人研討，存古之功，自不可没。"②這些評價都是符合實際的。

---

① 《經籍跋文跋》。

② 《蕘圃藏書題識再續録跋》。

再次，它也有益於書籍的整理與出版。

書面材料出現錯誤是極其普遍的現象，如王念孫《廣雅疏證》自序云："蓋是書之訛脱久矣，今據耳目所及，旁考諸書以校此本，凡字之訛者五百八十，脱者四百九十，衍者三十九，先後錯亂者百二十三，正文誤入音内者十九，音内字誤入正文者五十七。"陳垣《校勘學釋例》自序亦云："余以元本及諸本校沈刻《元典章》，凡得謬誤一萬二千餘條。"

正因爲書面材料出現錯誤是普遍現象，所以從劉向開始，校勘就成了整理和流布書籍的基本環節。孫德謙《劉向校讎學發微》將劉向等整理書籍的工作歸納爲二十三項内容，其中備衆本、訂脱誤、删複重、辨異同、增佚文、存别義等六項都屬於校勘工作。西漢成帝之前，特别是先秦的古書經過劉向等的精心校勘，保留了一大批定本，爲我國的文化事業作出了巨大貢獻。

唐五代以後，雕版印書盛行，人們仍然把校勘當作整理和出版書籍的基礎工作。在這方面，五代國子監的刻書工作開了一個好頭，當時朝廷專門委派了學有所長的碩儒充當詳勘官。北宋國子監繼承了五代國子監刻書重視校勘的優良傳統。王國維《五代兩宋監本考》卷中《北宋監本》曾録《毛詩正義》校勘經進銜名如下：

廣文館進士臣韋宿書
鄉貢進士臣陳元吉書
承奉郎守大理評事臣張致用書
承奉郎守光禄寺丞臣趙安仁書
勘官承奉郎守大理評事臣秦奭
勘官徵事郎守太子右贊善大夫臣胡令問
勘官承事郎守太子左贊善大夫柱國臣解貞吉
勘官中散大夫國子博士同判國子學柱國臣解損
都勘官朝請大夫守國子司業柱國賜紫金魚袋臣孔維
詳勘官將仕郎守開封府雍丘縣主簿臣孫俊
詳勘官許州觀察支使登仕郎大理寺丞兼監察御史臣王元貞

詳勘官登仕郎守將作監丞臣尹文化

詳勘官登仕郎守光禄寺臣牛韶

詳勘官儒林郎大理寺丞臣畢道昇

朝請郎守國子學丞臣劉弼再校

奉直郎守太子右贊善大夫臣畢道昇再校

朝請郎守殿中丞賜緋魚袋臣胡令問再校

中散大夫守國子祭酒兼尚書工部侍郎柱國會稽縣開國男食邑三百户賜紫金魚袋臣孔維都再校

宣德郎守尚書水部員外郎直史館兼判國子監學賜緋魚袋臣李覺都再校

淳化三年壬辰四月　日朝散大夫給事中參知政事柱國賜紫金魚袋臣李沆等進①

可見刻書時除首先選擇具有一定專業知識的官員寫樣上版外，還設有勘官、詳勘官、都勘官、再校、都再校等多人參與此項工作。一書的刻成，前後需要校勘多遍，以期無誤。

我國古代私家刻書，爲了使所刊書籍臻於完善，也同樣重視校勘，清鮑廷博刻《知不足齋叢書》就是一個例子。其《凡例》有云：

一　是編諸書有向來藏弆家僅有傳鈔而無刻本者，有時賢先輩撰著脱稿而未流傳行世者，有刻本行世久遠舊板散亡者，有諸家叢書編刻而訛脱略未經人勘正者，始爲擇取校正入集。若前人已刻，傳世甚廣，而卷帙更富，概未暇及。

一　舊本轉寫，承訛襲謬。是編每刻一書，必廣借諸藏書家善本參互校讎。遇有互異之處，擇其善者從之，義皆可通者兩存之，顯然可疑而未有依據者仍之，而附注按語於下，從未嘗以己見妄改一字。蓋恐古人使事措辭後人不習見，誤以致疑，反失作者本來也。詳慎於

① 又見島田翰《古文舊書考》卷二。

寫樣之時,精審於刻竣之後,更番鉛槧,不厭再三,以期無負古人。間有未盡,則几塵風葉之喻,前人已難之矣,尚期同志隨時指示,以便刊正。

朱文藻稱鮑廷博"一編在手,廢寢忘食,丹鉛無已時。一字之疑,一行之缺,必博徵以證之,廣詢以求之。有得則狂喜如獲珍貝;不得,雖積累歲月不休。溪山薄游,常携簡策自隨,年幾五旬,精明不憊,懃懃懇懇,若將終身"。① 顧千里亦云:

嘗論刻書之難有三:所據必善本而後可,一難也;所費必多貲而後可,二難也;所校必得人而後可,三難也。此三者不具,終無足與刻書之數,豈非難乎?今之具此三難而以之刻書者,其莫如吾友鮑君以文也。君收儲特富,鑒裁甚精,壯歲多獲兩浙故藏書家舊物。偶聞他處有奇文秘册,或不能得,則勤勤假鈔厥副,數十年無懈倦。其稱説一書,輒舉見刻本,若鈔本、校本凡幾,及某刻本如何,某鈔本如何,不爽一二也。……每定一書,或再勘、三勘,或屢勘、數四勘。祁寒毒暑,舟行旅舍,未嘗造次鉛槧去手也。②

顯然,歷代私家刻書,不少人精於校勘,爲我國典籍的保存與傳播作出了自己應有的貢獻。

現代商務印書館出版的《四部叢刊》之所以享有盛譽,原因之一也是在校勘方面下過很大功夫。例如不少書的底本缺行少頁,編者都作了搜亡補闕的工作。張元濟《重印四部叢刊刊成記》曾舉例説明其事,略云:

古籍傳世遼遠,斷簡闕文、短篇欠葉,恒所不免。至於序跋,詳載鐫印源流,言簿録者尤所珍尚。重印每涉一書,必羅致多本,參考互

---

① 《知不足齋叢書》卷首朱氏《知不足齋叢書序》。

② 《知不足齋叢書》卷首顧氏《知不足齋叢書序》,亦見《思適齋集》卷一二。

證，挹彼注兹，藉得補正。《管子》原闕《重令》篇一葉，今補全；《白虎通德論》今改用初印元本，增目後第四葉；《李賀歌詩編》無外集，今補以宋本；《權載之文集》《李衛公文集》，今各補佚文若干首；《元氏長慶集》卷十，闕第五、六葉，今據宋本補；《白氏長慶集》卷三十一，闕七十三行，今據錫山華氏活字本補；《李義山文集》卷一，遺四百餘字，今據徐氏箋注本補；《遺山先生文集》卷二十二第五葉後有所殘闕，今據靈石楊氏本補《陽曲令周君墓表》半首；《有學集》據金匱山房重訂本補詩文百餘首；《抱經堂文集》卷三十三，據別本補《盧雅雨墓誌銘》一首；《唐詩紀事》卷三十八、《詩話總龜》卷二十均有闕葉，今各補完。他若《春秋經傳集解》之杜預前後序，《春秋繁露》之樓郁序……漏略雖出原本，究爲全書之玷，今復廣搜舊刊，旁考他籍，爲之裒輯，俾成完璧。①

如果整理出版書籍不事校勘，或校勘不精，甚至妄改，那將會給讀者造成損失。校勘不精之弊以某些坊刻本最爲嚴重，顧廣圻云："南宋時，建陽各坊刻書最多。惟每刻一書，必倩僱不知誰何之人，任意增删换易，標立新奇名目，冀以衒價，而古書多失其真。"②妄改的風氣到了明代越演越烈，顧炎武指出：

萬曆間人，多好改竄古書，人心之邪，風氣之變，自此而始。且如駱賓王《爲徐敬業討武氏檄》，本出《舊唐書》。其曰"僞臨朝武氏"者，敬業起兵在光宅元年九月，武氏但臨朝而未革命也。近刻古文改作僞周武氏，不察檄中所云"包藏禍心，睥睨神器"，乃是未篡之時，故有是言。（越六年，天授元年九月，始改國號曰周）其時，廢中宗爲廬陵王，而立相王爲皇帝，故曰"君之愛子，幽之於别宫"也。不知其人，不論其世，而輒改其文，繆種流傳，至今未已。又近日盛行《詩歸》一書，

---

① 《涉園序跋集録》。

② 《思適齋集》卷十《重刻古今説海序》。

尤爲妄誕。魏文帝《短歌行》:“長吟永嘆,思我聖老。”聖考,謂其父武帝也,改曰“聖老”,評之曰:“聖老字奇。”《舊唐書》,李泌對肅宗言:天后有四子,長曰太子宏,監國而仁明孝悌。天后方圖稱制,乃鴆殺之,以雍王賢爲太子。賢自知不免,與二弟日侍於父母之側,不敢明言,乃作《黄臺瓜辭》,令樂工歌之,冀天后悟而哀愍。其辭曰:“種瓜黄臺下,瓜熟子離離。一摘使瓜好,再摘使瓜稀,三摘猶尚可,四摘抱蔓歸。”而太子賢終爲天后所逐,死於黔中。其言四摘者,以況四子也。以爲非四之所能盡,改爲“摘絶”。此皆不考古而肆臆之説,豈非小人而無忌憚者哉?①

清黄廷鑑也認爲:“妄改之病,唐宋以前,謹守師法,未聞有此。其端肇自明人,而盛於啓、禎之代,凡《漢魏叢書》,以及《稗海》《説海》《秘笈》中諸書,皆割裂分併,句删字易,無一完善,古書面目全失,此載籍之一大阨也。”②某些明刻本的缺點還在於任意改變書名、删削卷數、攙入其他資料。清杭世駿云:

古集皆手定,人不一集,集不一名。東坡七集、欒城四集、山谷内外集,明人妄行改竄,第曰東坡、欒城、山谷集而已。朱子集多至三百餘卷,明人編定止四十卷。李綱《梁谿集》多至百三十餘卷,《建炎進退志》及《時政記》附焉。閩中改刻,題曰《李忠定集》,亦止四十卷。前後互易,古人之面目失矣。宋刻兩《漢書》,板縮而行密,字畫活脱,注有遺落可以補入,此真所謂宋字矣。汪文盛猶得其遺意,元大德版,幅廣而行疏。鍾人傑、陳明卿輩稍縮小之,今人錯呼爲宋字,拘板不靈,而紙墨之神氣薄矣。甚至《説文》而儳入《五音韻譜》,《通典》而儳入宋人議論,《夷堅志》而儳入唐人事迹,與元書迥不相謀,明人之

① 《日知録》卷一八《改書》。案顧氏所引《舊唐書》分見卷六七《李勣傳》附《孫敬業傳》及卷一一六《承天皇帝倓傳》。《詩歸》明鍾惺撰。其説分見《古詩歸》卷七、《唐詩歸》卷一。

② 《第六絃溪文鈔》卷一《校書説二》。《秘笈》,指陳繼儒編《寶顔堂秘笈》。

妄如此！[1]

當代出版社如果無知妄改也會受到批評。例如黄世仲的《洪秀全演義》是近代小説史上一部有一定價值的著作，清末先在香港的《新中國報》上連載，《新中國報》被迫停刊後，由《少年報》連載。光緒末年，上海即出版了石印的單行本。一九八一年，上海古籍出版社翻印此書，在出版説明中聲稱對石印本的明顯錯誤“徑予改正，取其文從句順，不另出校記”。結果，嚴重地損害了書的原貌。陳新特撰《還須手下留情》一文提出批評，並舉例道：該書卷首原有一詩：“漢家正統自英雄，百戰如何轉眼空。憑弔金陵天子氣，啼痕猶灑杜鵑紅。”“這是作者追懷太平天國，揭櫫寫作這部小説的主旨，傾向性十分鮮明。就形式來説，是模仿演義小説的格局，《三國演義》即有類似的卷首詞。而八一年本却把這首詩移到了第一回，把卷首詩改成回前詩。這樣，性質就完全變了，不僅隱晦了全書的主題，且這首詩和第一回毫無瓜葛。”[2]

以上所舉正反兩方面的書證可以説明校勘有益於書籍的整理和出版，認真校勘就能爲文化事業作出貢獻，反之則會造成損害。

---

① 《道古堂集》卷一八《欣託齋藏書記》。汪文盛，明嘉靖間校刻有《漢書》《後漢書》等；鍾人傑，明嘉靖間校刻有《唐宋叢書》等；陳明卿，明人，批注有《南華經》等。

② 載《讀書》一九八二年第二期。

第二章　書面材料錯誤的類型

如前所述,由宋至清,學者們已初步總結了書面材料的錯誤情况。在此基礎上,我們將書籍文字的錯誤歸納爲四種類型:訛——原有文字寫錯了;脱——原有文字弄丢了;衍——增加了原來没有的文字;倒——原有文字變换了位置。有的書面材料只出現一種錯誤類型,我們稱之爲單項錯誤;有的書面材料同時出現兩種或三種錯誤類型,我們稱之爲多重錯誤。以下將分别舉例説明。王念孫爲清代校勘學大師,所著《讀書雜志》集中反映了他校《逸周書》《戰國策》《史記》《漢書》《管子》《晏子春秋》《墨子》《荀子》《淮南内篇》的成果,内容極爲豐富。梁啓超曾指出:其“校法最精最慎,隨校隨釋,妙解環生,實爲斯學第一流作品”。① 因此我們舉例主要依據此書,而以他家輔之。

第一節　單項錯誤

一　訛

訛亦稱誤,是書面材料最常見的錯誤現象。晉葛洪已云:“書字,人知

---

① 《中國近三百年學術史》十四《清代學者整理舊學之總成績(二)——校注古籍辨僞書 輯佚書》。

之，猶尚寫之多誤，故諺曰：‘書三寫，魚成魯，虛成虎。’此之謂也。”①

書中訛誤，以錯一、二字爲較多。如《漢書・禮樂志》有云：“音聲足以動耳，詩語足以感心。”王念孫認爲“詩語”原文應爲“詩歌”，他説：

> 自漢以前，無以詩語二字連文者，詩語當爲詩歌，字之誤也。上文曰：“和親之説難形，則發之於詩歌詠言，鐘石管弦。”又引《堯典》：“詩言志，歌詠言，聲依詠，律和聲，八音克諧。”此文“音聲足以動耳”，承上聲、律、八音而言；“詩歌足以感心”，承上詩、歌而言，則“語”爲“歌”字之誤明矣。《漢紀・孝惠紀》正作“詩歌足以感心”。②

前章所引《吕氏春秋》“三豕涉河”之例，則連錯了兩個字。

還有一句話或一段話錯好幾個字的。例如宋洪邁《容齋四筆》卷二有一段記載：

> 周益公以《蘇魏公集》付太平州鏤版，亦先爲勘校。其所作《東山長老語録序》云：“側定政宗，無用所以爲用；因蹄得兔，忘言而後可言。”以上一句不明白，又與下不對，折簡來問。予憶莊子曰：“地非不廣且大也，人之所用容足爾。然而廁足而墊之致黄泉，知無用而後可以言用矣。”始驗“側定政宗”當是“廁足致泉”，正與下文相應，四字皆誤也。

再如宋周必大《二老堂詩話・陶淵明山海經詩》云：

> 江州《陶靖節集》末載：宣和六年，臨溪曾紘謂靖節《讀山海經詩》其一篇云：“形夭無千歲，猛志固常在。”疑上下文義不貫，遂按《山海經》，有云：“刑天，獸名，口銜干戚而舞。”以此句爲“刑天舞干戚”，因

① 《抱朴子内篇》卷一九《遐覽》。唐馬總《意林》卷四《抱朴子四十卷》引此作：“諺云：‘書三寫，魚成魯，帝成虎。’”

② 《讀書雜志・漢書第四・禮樂志・詩語》。

筆畫相近,五字皆訛。岑穰晁詠之撫掌稱善。①

以上例子中的誤字都連在一起,但在多數情況下,誤字倒是不連在一起的。《墨子》卷九《非儒下》有云:"昔大以治人,小以任官;遠施用偏,近以循身。"王念孫云:

此文本作"皆大以治人,小以任官;遠施周偏(與徧同),近以脩身"。言君子之行仁義,皆大以治人,小以任官,遠則所施周徧,近則以脩其身也。今本"皆"作"昔","周"作"用","脩"作"循"(隸書脩、循相亂,説見《管子·形勢》篇),則義不可通。②

此例三個誤字皆不相連。

二 脱

書面文字在傳寫中脱去一字或數字稱脱文,亦稱奪文或闕文。孔子已云:"吾猶及史之闕文也。"③可見脱文現象出現甚早。古代簡書因編繩斷爛,在重編時失去一簡或數簡稱爲脱簡,後世因而也稱脱文較多的現象爲脱簡。

脱去一字或數字的現象較爲常見。《戰國策·秦策》有云:"商君治秦,法令至行,公平無私。孝公行之八年,死。惠王代後莅政。"宋姚宏《戰國策注》云:"一本'八'上有'十'字。"王念孫指出:"一本是也。"其説云:

《史記·秦本紀》:孝公元年,衛鞅入秦;三年,説孝公變法;五年,爲左庶長;十年,爲大良造;二十二年,封爲商君;二十四年,孝公卒。

---

① 案此詩異文,歷來有不同看法,參見逯欽立校注《陶淵明集》卷四及王孟白《關於陶集校勘問題》,載《齊齊哈爾師院學報》一九八三年第一期。

② 《讀書雜志·墨子第三·非儒下·昔 用偏 循身》。隸書脩、循相亂的情況詳見《讀書雜志·管子第一·形勢·循誤爲脩》。

③ 《論語注疏》卷一五《衛靈公》。

計自爲左庶長，至孝公卒時，已有二十年。又《商君傳》：商君相秦十年而孝公卒。《索隱》曰：案《戰國策》云，孝公行商君法十八年而死。與此文不同者，蓋連其未作相之年説耳。據此則策文本作十八年明矣。①

此脱一字之例。周祖謨云："《洛陽伽藍記》卷一《永寧寺》條：'時太原王（爾朱榮）位極心驕，功高意侈，與奪臧否肆意。''與奪'下脱漏'任情'二字。見《魏書·孝莊帝紀》。"②此脱二字之例。《莊子·天地》篇有云："夫道，覆載萬物者也。"王叔岷認爲這句話脱去了四字，他説：

古書無言"道，覆載萬物"者，《鶡冠子·學問》篇注引"覆載"下有"天地"二字。《大宗師》篇言至道"覆載天地"（又見《天道》篇），《淮南子·原道》篇亦云："夫道，覆天載地，化生萬物者也。"疏："虛通之道，包羅無外，二儀待之以覆載，萬物待之以化生。"是其明證。今本脱"天地化生"四字，則文不成義矣。③

也有脱去一句或數句的。如《晏子春秋》外篇云："子胥忠其君，故天下皆願得以爲子。"王念孫校曰："此文原有四句，今脱去中二句，則文不成義。《秦策》云：'子胥忠其君，天下皆欲以爲臣；孝己愛其親，皆欲以爲子。'文義正與此同。下文今爲人子臣云云，正承上四句言之。"④

有的古書在傳寫中甚至脱去數句、數十字。如《莊子·天運》篇有云："孔子曰：吾乃今於是乎見龍。"王叔岷指出：

《藝文類聚》九十引，"曰"下有"人如飛鴻者，吾必矰繳而射之"十二字；九六引有"人用意如飛鴻者，爲弓弩射之。如游鹿者，走狗而逐

---

① 《讀書雜志·戰國策第一·秦·八年》。

② 《古籍校勘述例》，載《中國語文》一九八〇年第二期。

③ 《校讎通例》四六《傳寫誤脱》，載《歷史語言研究所集刊》第二十三本下册。

④ 《讀書雜志·晏子春秋第二·外篇重而異者·子胥忠其君二句》。

之。若游魚者,鉤繳以投之"三十字;《御覽》六一七引有"吾與汝處於魯之時,人用意如飛鴻者,吾走狗而逐之。用意如井魚者,吾爲鉤繳以投之"三十四字;《天中記》五六引有"吾與汝處於魯之時,人用意如飛鴻者,吾爲弓弩射之。如游鹿者,吾走狗而逐之。用意若井魚者,吾鉤繳以投之"四十三字。據諸書所引,今本"孔子曰"下,蓋脱"吾與汝處於魯之時,人用意如飛鴻者,吾爲弓弩而射之。用意如游鹿者,吾爲走狗而逐之。用意如井魚者,吾爲鉤繳以投之"四十八字。①

詩詞當然也存在着脱句現象,如《文選·洛神賦》注引《定情詩》尚有"何以消滯憂?足下雙遠游"二句。有人據此認爲:"則唐以來,此詩之有訛奪,蓋可見矣。"②又如唐圭璋指出:

《玉京秋》爲周密自度曲,宋詞無第二首可校。原詞云:"烟水闊。高林弄殘照,晚蜩淒切。碧砧度韻,銀床飄葉。衣濕桐陰露冷,採涼花,時賦秋雪。嘆輕别。一襟幽事,砌蛩能説。　客思吟商還怯。怨歌長、瓊壺暗缺。翠扇陰疏,紅衣香褪,翻成消歇。玉骨西風,恨最恨、閑却新涼時節。楚簫咽。誰倚西樓淡月。"《欽定詞譜》卷二十四據《詞緯》引周密《蘋洲漁笛譜》此詞,"晚蜩淒切"下尚有"畫角吹寒"一句四字。③

也有脱簡脱葉的,屈萬里曾指出:

家傳户誦的十七史,明以後所流傳的本子,就有許多闕葉。例如《南齊書》,清武英殿本於志第七州郡下,缺十八行。傳第十六,缺十四行又三十字。傳第二十五,缺十四行又四字。傳第二十九,缺十五行又七字。明北監本和汲古閣本,缺處和殿本完全相同。核計這四

① 《校讎通例》四六《傳寫誤脱》,載《歷史語言研究所集刊》第二十三本下册。
② 《游國恩學術論文集·居學偶記》。《定情詩》爲東漢詩人繁欽的作品。
③ 《詞學論叢·讀詞三記》。

處的闕文，應當各佔宋本的一葉。商務印書館影印百衲本二十四史時，好容易找到一個宋本，補起了兩葉（州郡下第三葉和列傳十六第十葉）；其餘兩葉，仍舊没能補起。

又如《魏書·廣平王懷傳》"廣平王懷"下，宋本就注了一個"闕"字，可見在宋時已有殘闕，但究竟闕了多少字，現在已無法知道。《樂志》劉芳上言"先王所以教化黎元，湯武所以"下，明以後的本子，都缺了三百多字，恰合宋本的一葉，而這一葉的闕文，却被陳援庵從《册府元龜》和《通典》分别找出來（詳見《輔仁學誌》第十一卷第一、二合期葉德禄君所作《魏書缺葉補》一文）。《周書》第六卷本紀闕八十八字，也由陳援庵據《册府元龜》補足。①

還有脱篇、脱卷的。例如《漢書·藝文志·六藝略》著録《太史公百三十篇》，注云"十篇有録無書"，可見司馬遷的《史記》在漢代就有十篇已經亡佚。三國魏張晏《漢書注》云："遷没之後，亡《景紀》《武紀》《禮書》《樂書》《兵書》《漢興以來將相年表》《日者列傳》《三王世家》《龜策列傳》《傅靳蒯列傳》。元、成之間，褚先生（少孫）補缺，作《武帝紀》《三王世家》《龜策》《日者》，言辭鄙陋，非遷本意也。"②再如《文心雕龍·隱秀》篇脱去一頁，後人所補，已非原文。近人黄侃指出："此紙亡於元時，則宋時尚得見之。惜少徵引者。惟張戒《歲寒堂詩話》引劉勰云：'情在詞外曰隱，狀溢目前曰秀。'此真《隱秀》篇之文。今本既云出於宋槧，何以遺此二言？然則贋迹至斯愈顯，不待考索文理而亦知之矣。"③顧千里嘗舉一例："鈐庵殿撰重刊《宋名臣言行録》成，屬爲覆校，因悉心細勘一過，底本有全葉落去者，如《後集》十二卷之十及十三卷之十三、十四是也，皆據别本補之。"④

至於書前脱序及目録，書後脱跋文附録，也往往有之。這些除了無意之脱，還有有意之删；不但有有意之删，而且有有意之增，如張元濟《校史

① 《讀古書爲什麽要講究板本》，載《大陸雜志》二卷七期。援庵，陳垣字。
② 參看《余嘉錫論學雜著·太史公書亡篇考》。
③ 《文心雕龍札記·隱秀第四十》。
④ 《顧千里集》卷九《宋本名臣言行録後序》。

隨筆·宋史·闕葉錯簡彌縫之謬》云：

> 錢大昕《廿二史考異》：孝宗紀淳熙七年十二月，以新除成都府路提點刑獄禄東之權四川制置使應。（成化本卷三十五第七葉尾）監本此下誤以第三十三卷之第十一葉攙入。按錢氏之言，尚微有誤，監本行款與成化本不同，成化本第十五卷第八葉，監本全脱，即以第九葉直接第七葉，文義雖不貫，猶不甚顯，而其所攙入之第三十三卷之第十一葉，亦爲成化本一全葉，乃以列入第三十五卷第九葉之次。其末句爲九月己酉楊存，與第三十五卷第十葉首句甲寅以謝廓然同知樞密院事，文義太不聯接。此葉文字，前見於第三十三卷，相去僅四十七葉，乃全已忘却，漫將楊存二字，改爲地震，以泯其迹，闕葉錯簡，事所恒有，而其謬乃在於不加尋究，擅改原文。猶不止此。成化本第七葉末所載爲七年十二月事，其誤接之第九葉，不及一行，即爲夏四月云云。其中失去八年春季之事，何以全不覺察，一也。第九葉所載，爲夏四月至八月之事，其下誤攙第三十三卷之第十一葉，又復見秋七月，八月之後復見七月，仍不覺察，二也。萬曆重刊監本時，去南監補修廣東刻本，爲時甚近，遇有疑義，何竟不取之一校，且任意作僞以自欺欺人。武英殿本校刊之日，成化舊本，館臣豈一無弆藏，乃亦絶不措意，任其以訛傳訛，官事之不可信如此。

則更是歧中有歧，非細心考索，難以明其究竟了。

三　衍

原稿本無而傳寫中誤增的文字稱衍文，亦稱羡文、衍字。《禮記·檀弓上》云："天子之哭諸侯也，爵弁絰，紂衣。"鄭玄注曰："天子至尊，不見尸柩，不弔；服麻，不加於采。此言絰，衍字也。"可見漢師解經，已注意到這一現象。

衍一字或數字較常見，如《後漢書》卷六十五《鄭玄傳》所録鄭玄《戒子書》云："吾家舊貧，不爲父母昆弟所容。去厮役之吏，游學周秦之都，往來幽、并、兖、豫之域。獲覲乎在位通人、處逸大儒，得意者咸從奉手，有所授焉。”乾隆六十年（一七九五），阮元在山東學政任内，特地到鄭玄故鄉拜謁他的祠墓，並在積沙中找到了一塊金承安重刻唐萬歲通天史承節撰後漢大司農鄭公碑，發現“《傳》‘不爲父母群弟所容’，碑無‘不’字”。① 後來陳鱣見到元大德本《後漢書》，“不爲父母昆弟所容”一句也無“不”字。② 顯然鄭玄在給兒子的信中説自己不樂爲吏，“爲父母昆弟所容”，比較符合這位漢代大儒的品格和口吻，“不”字當爲衍文。再如《淮南子・氾論》云：“誦先王之詩書，不若聞得其言；聞得其言，不若得其所以言。”王念孫校云：

“誦先王之詩書”，“詩”字因上文《詩》《春秋》而衍。先王之書泛指六藝而言，非《詩》《書》之書也。“不若聞得其言，聞得其言”，兩“得”字皆因下句“得”字而衍。高注云：“聞聖人之言，不如得其未言時之本意。”則聞下無得字明矣。《文子・上義》篇正作“誦先王之書，不若聞其言；聞其言，不若得其所以言”。③

也有衍一句或數句的，如《淮南子・天文》篇云：“天有九野、五星、八風、二十八宿、五官、六府。注曰：‘二十八宿，東方角亢氐房心尾箕，北方斗牛女虚危室壁，西方奎婁胃昴畢觜參，南方井鬼柳星張翼軫也。’”王引之校曰：

“二十八宿”四字，及注二十八宿云云，皆後人所加也。下文於九野、五星、八風、五官、六府皆一一釋之，而不及二十八宿，但於所説九野中，附以其星角亢氐云云，使有二十八宿四字，下文不應不爲解釋，且不應以二十八宿併入九野條内，使綱目不相當也。然則此處原文

---

① 《小滄浪筆談》卷四《封泰山論》。

② 《簡莊綴文》卷三《元大德本後漢書跋》。

③ 《讀書雜志・淮南内篇第十三・氾論・詩書　聞得其言》。高注指《淮南子》高誘注。

無二十八宿四字明矣。[①]

再如《史記·司馬相如列傳》有云:"揚雄以爲靡麗之賦,勸百風一,猶馳騁鄭衛之聲,曲終而奏雅,不已虧乎?"這幾句話出自《漢書·司馬相如傳》末贊語,用在這兒顯然是衍文。宋王應麟已指出:"《司馬相如傳》贊:揚雄以爲勸百而風一。江氏(³)曰:雄後於遷甚久,遷得引雄辭何哉!蓋後人以《漢書》贊附益之。"[②]《古詩爲焦仲卿妻作》"新婦初來時,小姑始扶床;今日被驅逐,小姑如我長"四句中也有衍文,清馮舒指出:

此四句是顧況《棄婦》詩,宋本《玉臺》無"小姑始扶床,今日被驅逐"十字。《樂府詩集》、左克明《樂府》亦然。其增之者,蘭雪堂活字《玉臺》始也。初看此詩,似覺少此十字不得。再四尋之,知竟是後人妄添。何以言之?逋翁一代名家,豈應直述漢詩,可疑一也。逋翁詩云"及至見君歸,君歸妾已老",則扶床之小姑,何怪如此?此詩前云"共事二三年,始爾未爲久",則何得三年未周,長成遽如許耶?正是後人見逋翁詞,妄增入耳,幸有諸本可以確證。今蘇郡刻左氏《樂府》,反據《詩紀》增入,更隔幾十年,不可問矣。[③]

還有因校刻裝訂者的疏忽造成的複葉重文現象,如清武英殿本《新唐書·方鎮表八》多出第六頁,與第三、四頁重複;《宋史·孝宗紀三》第八頁與《孝宗紀一》第十頁至十二頁重複四百字;《元史·文宗紀五》第九頁與《順帝紀三》第六至七頁重複四百字。[④] 這也是校書時所當留意的。

四　倒

倒指原稿文字具存,並無訛誤、缺脱或衍羨,但在流傳過程中,文字的

---

① 《讀書雜志·淮南内篇第三·天文·二十八宿》。

② 《困學紀聞》卷一一《考史》。案:王氏所謂"附益之"者,蓋後人讀《史記》此文時,録《漢書》贊語於其旁以資參證,而轉寫者不知,遽以之入正文,遂傳於後世也。

③ 《詩紀匡謬·新婦初來時小姑始扶床今日被驅逐小姑如我長》。

④ 參看張元濟《涉園序跋集録》:《新唐書》《宋史》《元史》。

先後次序却被弄顛倒了的現象。先後次序被弄顛倒了的文字稱倒文，糾正則稱爲乙正或乙轉。字數較多的倒文習慣上稱錯簡。這其中又有字倒、句倒、篇章倒等不同情況，甚至目録、表格也有錯亂現象。今分類各舉一二例以明之。

甲　字例

最簡單的就是上下兩字被調换了位置。如《淮南子·人間》篇云："家富良馬。"王念孫指出："良馬本作馬良，與家富相對爲文。《漢書》《後漢書注》《藝文類聚》《太平御覽》引此並作'家富馬良'。"①王叔岷補證道："王校是也，《記纂淵海》九八、《事文類聚後集》三八、《天中記》五五引，亦並作'家富馬良'，今本'馬良'二字誤倒。"②再如《史記·秦始皇本紀》云："收天下兵，聚之咸陽，銷以爲鍾鐻，金人十二，重各千石，置廷宫中。"王念孫指出："此當作'置宫廷中'，今本廷字誤在宫字之上，則文不成義。《文選·過秦論》注、《太平御覽·皇王部》引此並作'置宫廷中'，《通鑑·秦紀二》同，'庭'、'廷'古字通。"③

有的倒文則彼此相隔一兩個字或好幾個字。如《莊子·秋水》篇云："於是逡巡而却，告之海曰：夫千里之遠，不足以舉其大；千仞之高，不足以極其深。"王叔岷認爲"海"字當在"曰夫"二字之下。他指出："《藝文類聚》八，《御覽》六十、九三二，《事類賦》六《地部》一，《天中記》九，引'海'字並在'曰夫'二字之下，今本誤錯在'曰夫'二字上，不詞。"④再如《荀子·非相》篇云："談説之術，矜莊以莅之，端誠以處之，堅强以持之，分别以喻之，譬稱以明之。"王念孫認爲"分别"與"譬稱"的位置弄顛倒了。他道：

> "分别"當在下句，"譬稱"當在上句。譬稱所以曉人，故曰"譬稱以喻之"；分别所以明理，故曰"分别以明之"。今本"譬稱"與"分别"互易。《韓詩外傳》及《説苑·善説》篇，引此並作"譬稱以喻之"，"分

---

① 《讀書雜志·淮南内篇第十八·人間·良馬》。

② 《校讎通例》五十《誤倒》，載《歷史語言研究所集刊》第二十三本下册。

③ 《讀書雜志·史記第一·秦始皇本紀·置廷宫中》。

④ 《校讎通例》四五《傳寫誤錯》，載《歷史語言研究所集刊》第二十三本下册。

别以明之”。①

乙　句倒

文句間,特别是並列的文句間常發生相互顛倒的現象。如《老子》第十四章有“迎之不見其首,隨之不見其後”兩句。周祖謨指出:“漢代帛書《老子》乙本作‘隋而不見其後,迎而不見其首’。唐廣明元年焦山《道德經幢》作‘隨之不見其後,迎之不見其首’,與帛書合。今本誤倒。”②再如《淮南子·俶真》篇云:“勢利不能誘也,辯者不能説也,聲色不能淫也,美者不能濫也,智者不能動也,勇者不能恐也。”俞樾認爲:“‘聲色’句當在‘辯者’句前,則聲色貨利以類相從;辯者、美者、智者、勇者,亦以類相從矣。《文子·九守》篇正如此,可據以訂正。”③

丙　錯簡

整段文字被挪動了位置的現象也不乏其例。如今本《管子·七法·爲兵之數》云:“舉之如飛鳥,動之如雷電,發之如風雨,莫當其前,莫害其後,獨出獨入,莫敢禁圉。”同篇《選陣》復云:“有風雨之行,故能不遠道里矣;有飛鳥之舉,故能不險山河矣;有雷電之戰,故能獨行而無敵矣。”而在一九七二年於山東臨沂銀雀山一號漢墓出土的《管子》殘簡中,上面的這兩段話却是連在一起的,作:“動如雷神(電),起如蜚(飛)鳥,往如風雨,莫當其前,莫害其後,獨出獨入,莫能禁止。有風雨之疾,則不莫(難)遠道;有蜚(飛)鳥之起,則□□山河;有雷神(電)之威,則能獨制而無適(敵)。”周祖謨認爲“這些文句的層次很順,今本因簡册錯亂而傳録有誤”。④

下面我們再舉一個通過校勘發現大批錯簡的有名例子。據今本《史記·屈原列傳》,至少有三個問題難以解釋:一、屈原作《騷》之時;二、屈原被放之時;三、子蘭所怒何事。劉永濟經過深入研究,發現《傳》中有錯簡,

① 《讀書雜志·荀子第二·非相·分别　譬稱》。

②④ 《古籍校勘述例》,載《中國語文》一九八〇年第二期。

③ 《古書疑義舉例》卷六《上下兩句易置例》。

如將錯簡加以調整，上述三個問題皆可迎刃而解。因而其所作《史記屈原列傳發疑》一文很受推重，今全録如下：

屈子事迹，僅載於司馬遷《史記・屈原列傳》，而屈傳中有可疑者數處，前人亦曾指出，今即據以立論，略以己意疏通證明之。

一、作騷之時　史遷於“王怒而疏屈平”下，接以“屈平疾王聽之不聰也，讒諂之蔽明也，邪曲之害公也，方正之不容也，故憂愁幽思而作《離騷》”云云，故王逸以來，多以屈子作《騷》在懷王之世。惟梁玉繩《史記志疑》謂《離騷》之文刺子蘭，宜在懷王末年，頃襄王世。今按以本傳此段考之，王逸之説，原無可疑。惟史遷《報任安書》又有“屈原放逐，乃賦《離騷》”之言。然則作騷之時，究在被疏之後，抑在被放之時，史遷一人亦有兩説，理不可通。郭焯瑩作《屈子紀年》，乃謂史公叙賦《騷》之旨於怒疏之後，推本《騷》之繇作，非即賦《騷》於是時也。蓋亦見其難通而爲此揣度之辭也。此可疑者，一也。

二、被放之時　顧炎武《日知録》曰：“《屈原傳》‘雖放流，睠顧楚國，繫心懷王，不忘欲反’。‘卒以此見懷王之終不悟也’。似屈原放流於懷王之時。又云：‘令尹子蘭聞之大怒，卒使上官大夫短屈原於頃襄王，頃襄王怒而遷之。’則實在頃襄王之時矣。放流一節當在此文之下。太史公信筆書之，失其次序。”今按上文曰“王怒而疏屈平”，曰“屈平既絀”，曰“屈平既疏，不復在位”，皆無放流之文，獨於“屈平既嫉之”下曰“雖放流”云云，文義不順，且下文始曰“頃襄王怒而遷之”，故梁玉繩亦以爲“雖放流”至“豈足福哉”一段，當在“頃襄王怒而遷之”下也。此可疑者，二也。

三、子蘭所怒何事　子蘭之怒，爲屈子被放之因。今按本傳於“豈足福哉”下，忽接“令尹子蘭聞之大怒”，不知子蘭之怒爲聞屈子作騷邪？抑爲聞國人咎之，屈子嫉之邪？如曰爲聞作騷，則本傳叙作《騷》在懷王怒而疏屈平之後，時不相及。如曰爲聞國人咎之，屈平嫉之，則中插雖放流一節二百有六字，亦文不相蒙。此可疑者，三也。

總按上舉三疑，皆於屈子行誼文章所關至鉅，學者所當深究。亭林但以史公信筆所書説之,亦恐未允。後世文士以史遷文章奇瑋,遂處處以奇求之,謂此等處爲史公妙筆,尤爲妄説。竊嘗反復尋繹,頗疑史遷之文,初不如此。其間次序,苟非錯簡,必中有脱文。今考"屈平既絀"一段,加"令尹子蘭聞之大怒"至"頃襄王怒而遷之"數句,共四百四十九字,皆述屈子行誼之文,"屈平疾王聽之不聰也"一段,加"雖放流"一段共四百七十六字,皆論屈子行誼文章之文,字數大略相當,其間是否錯簡,惜無古本質正。今姑依顧、梁二氏之説,就今本文句,更定次序如後,而附著鄙見以釋所疑。

"屈原者"至"王怒而疏屈平"。"屈平既絀"至"屈平既嫉之"。"令尹子蘭聞之大怒"至"頃襄王怒而遷之"。"屈平疾王聽之不聰也"至"雖與日月争光可也"。"雖放流,睠顧楚國"至"豈足福哉"。"屈原至於江濱"至"過湘水投書以弔屈原"。

如右所更文次觀之,上舉三疑,皆可通貫。第一,被放之因,乃子蘭聞國人咎之,屈子嫉之也。第二,被放之時,頃襄王即位之元年,秦師壓境取楚十六城之後也。第三,賦騷之時,又當在被放江南之先也。何以言之?觀《離騷》之文,多往復自白之辭,其情致宛轉纏綿,不如《九章》之決絶,而於去留之際,猶再三審度,冀望復用,意殊深切,皆與流放之人情事不合。蓋頃襄爲齊所立,齊者與楚締結從約之國,而己又主從親齊之人也。頃襄内惑子蘭之言,外迫强秦之兵,疏視屈子,日甚一日,此在屈子觀之,或非頃襄本意,今雖不爲所親信,未嘗不可觀時待勢,委曲求全,以申其救國之志也。惟子蘭與己異趣,子蘭一日不與己合,則國事無可爲之望。故《騷》辭每不能忘情於子蘭,一則曰:"予以蘭爲可恃兮,羌無實而容長。"再則曰:"覽椒蘭其若兹,又況揭車與江離。"惋惜之意,溢於言表。以理推之,頃襄即位之初,朝政紛紜必甚,此時屈子之危疑可知。《騷》辭之中,於此種情緒,表示最顯。至子蘭之於屈子,必出於放流,亦勢之不得不然。蓋懷王入秦,屈子所力阻,而子蘭所力勸也。入秦而懷王竟不得反國,國人之怨子蘭可知。此史遷所以有"楚人既咎子蘭以勸懷王入秦"之文,而《項羽本紀》又有"自懷王入秦不反,楚人憐之至今",《楚世家》

敘秦歸懷王之喪於楚，亦有“楚人皆憐之，如悲親戚”之語也。國人憐王之情既深，則其咎子蘭者必至切，咎子蘭者既切，則傾心於屈子者亦必至衆。屈子一旦得衆，則子蘭誤國之罪益不可得免。當此之時，苟令屈子韜光養晦，已在必斥之列，況復嫉之之言，流於道路，子蘭聞之，安得不大怒哉！且其時秦兵壓境問罪。屈子者，秦之所惡也。放流屈子，當亦緩禍之一策。當此之時，使子蘭獨以國家利害爲言，頃襄已不得不從，況更激之使怒邪？以此觀之，其先後事迹，固已憭若黑白矣。

復次，《騷》辭曰“老冉冉其將至兮”，曰“予既不難夫離别兮”，曰“願依彭咸之遺則”，曰“伏清白以死直”，皆與懷王十六年時事不合。若爾時初被疏絀，不在高位，不應便以死自矢如此。且懷王十六年屈子年約過三十，不應曰老將至。叔師敘《騷》，亦沿史誤。故上文曰“王乃疏屈原”，下文又曰“言已放逐離别，中心愁思，猶依道徑以諷諫君”。後人疑其難通，故或本改“疏”作“逐”，李善注《文選》，引此文又作“流”。劉師培《楚辭考異》轉謂作“流”爲長。不知此文之誤，不在“疏”字，乃在敘賦《騷》於懷王疏之時也。然王氏《騷》注中又有“己雖見放流，猶蒔衆香”之語，又有“懷襄二世不明，故群下好蔽忠正之士”之言，足證王氏亦未嘗不謂賦《騷》在頃襄即位之後，其序文之誤，蓋沿遷史也。今以《騷》辭求之，以當時事勢證之，定放流在頃襄即位之後，賦《騷》在被放至江南之前，其文中“濟沅湘”、“就重華”等辭，乃設想如是耳，與《涉江》所言爲親歷者不同。學者幸明辨之，不可以本傳文疑而信之也。

復次，史遷此傳，多採淮南王之文。班固稱武帝愛《騷》，命淮南作傳（傳本作傅，同賦）。王逸稱淮南王安作《離騷章句》，大義粲然。本傳“國風好色而不淫，小雅怨悱而不亂”數句，孟堅序《騷》，彦和辨《騷》，皆以爲淮南王所作傳或章句，皆近理之説。且就行文體勢而論，“屈子疾王聽之不聰”，及“雖放流”兩節，顯然與他處不同，又皆論屈子行誼文章之文，非叙事之筆。或謂史公之文，往往叙事中夾議論，此文何獨不然。按《索隱》於“人君無智愚賢不肖”下注曰：“此以下太史公傷楚懷王之不任賢,信讒而不能反國之論也。”則是以此下爲太史公之文,所取淮南王文當盡於“卒以此見懷王之終不悟也”句,説亦近理。此段之後,復叙原事,則仍是叙事中夾議論也。雖别無可質正,以文義求之,要如右所更定者差能貫通。至今本《太史公書》,非盡史遷之舊,爲自來學者所公認。然則予於本文發此三疑,自異鑿空之談矣。

又按作《騷》之時,予别有專條詳論,以爲在懷王二十八年至頃襄王元年,四年之中,非懷王十六年張儀詐楚之時,亦非放逐江南之後。此文係舊作,但就史公屈傳研究,將史公叙作《騷》一段移置於“子蘭聞之大怒”“頃襄王怒而遷之”之後,庶可免後人認作《騷》在懷王十六年之誤。至究在懷王三十年入秦以後,頃襄王即位之初,抑在懷王入秦以前,都無確據,要非可早在十六年,遲到放逐江南以後也。又傳中於“屈平屬草”下至“豈足福哉”,皆稱屈平,其前後則稱屈原,正足爲史公取材他人之證,附記於此。①

丁　篇章倒

在古籍中整篇整章的文字也可能被調换位置。人們早就注意到了這種現象,如漢鄭玄《詩譜·邶鄘衛譜》云:“《載馳》序云:‘懿公爲狄所滅,露於漕邑。’則戴公詩也,在文公下者,後人不盡得其次第,闌於下耳。”《詩譜·豳譜》復云:“召公爲保,周公爲師,相成王,爲左右。周公致政之後,留爲大師。是《狼跋》之作在致政之後也。計此七篇之作,《七月》在先,《鴟鴞》次之,今《鴟鴞》次於《七月》,得其序矣。《伐柯》《九罭》與《鴟鴞》同年,《東山》之作在《破斧》之後,當於《鴟鴞》之下,次《伐柯》《九罭》《破斧》《東山》,然後終以《狼跋》。今皆顛倒不次者,張融以爲簡札誤編,或者次詩不以作之先後。”

再如一九七三年十二月在長沙馬王堆漢墓出土的《老子》帛書甲、乙兩本都是《德經》在前,《道經》在後,而今本《老子》皆《道經》在前,《德經》

① 《屈原賦通箋》附《箋屈餘義·史記屈原列傳發疑》。

在後。張政烺説:“關於帛書《老子》中《德經》在前的問題,我以爲古本本來如此,傳世的材料也可以説明這一點,不過久不爲人注意而已。《韓非子》中《解老》《喻老》兩篇,都是先‘德’後‘道’。今天所見最早的《老子》注解,是西漢嚴遵的《道德真經指歸》,開卷就是《德經》的‘上德不德’篇。”①此外,帛書《老子》甲、乙兩本皆不分章,而今本《老子》都分爲八十一章,其次序也頗有不同。高亨、池曦朝指出:“如果也按今本分章,則甲、乙兩本章次相同(與今本章次有不同之處,今本第二十四章,在甲、乙兩本爲第二十二章。今本第四十一章,在乙本爲三十九章,甲本没有此章,大概是抄寫時漏掉了。今本第八十章及八十一章,在甲、乙兩本爲第六十七章及六十八章)。”②

在傳世的其他古書中,也有這種情況。例如一九七二年在山東臨沂銀雀山的漢墓中出土的《孫子兵法》簡書二千多枚,二千四百餘字。與竹簡伴出的,還有一枚記載《孫子兵法》篇題的木牘。其篇次與今本就有一些差别,如今本《虚實》在《軍争》之前,而簡本在《軍争》之後;今本《行軍》在《軍争》之後,而簡本在《軍争》之前;今本《火攻》在《用間》之前,而簡本在《用間》之後。③

戊　目録錯亂

前後兩詩或兩文的標題往往會出現倒置現象,唐圭璋曾舉一例:

稼軒《漢宫春》詞,題作《會稽秋風亭觀雨》云:“亭上秋風,記去年裊裊,曾到吾廬。山河舉目雖異,風景非殊。功成者去,覺團扇、便與人疏。吹不斷,斜陽依舊,茫茫禹迹都無。　千古茂陵詞在,甚風流章句,解擬相如。只今木落江冷,眇眇愁余。故人書報,莫因循、忘却蓴鱸。誰念我、新涼燈火,一編太史公書。”按此首題作“觀雨”,詞中却無雨中景象。但在此首前一首,亦有一首《漢宫春》,題作《會稽

① 《座談長沙馬王堆漢墓帛書》,載《文物》一九七四年第九期。

② 《試談馬王堆漢墓中的帛書〈老子〉》,載《文物》一九七四年第十一期。

③ 參看《銀雀山漢墓竹簡〈孫子兵法〉》,文物出版社一九七六年版及李零《〈孫子〉篇題木牘初論》,載中華書局一九八三年版《文史》第十七輯。

> 蓬萊閣懷古》云:"秦望山頭,看亂云急雨,倒立江湖。不知雲者爲雨,雨者雲乎?長空萬里,被西風、變滅須臾。回首聽,月明天籟,人間萬竅號呼。　　誰向若耶溪上,倩美人西去,麋鹿姑蘇。至今故國人望,一舸歸歟。歲云暮矣,問何不、鼓瑟吹竽。君不見、王亭謝館,冷烟寒樹啼烏。"上片正寫雨中景象。由此可知,《漢宫春》"亭上秋風"一首,當題作《會稽秋風亭懷古》。詞題"觀雨"與"懷古"前後顛倒,當係錯簡。①

一組詩文的目録標題出現錯亂的現象也偶然能見到,如蔣禮鴻、任銘善曾指出:"晉代文學家陸雲寫了一篇《九愍》,是摹仿屈原《九章》的,也是篇題居首,章的小題記於每章之末。但是宋代編刻《陸士龍文集》時,不知道這個道理,把最後一章的題目給删掉,把第一章記在章末的題目誤認爲第二章的題目,第二以下各章附在章末的題目都認爲下章的題目。"②

己　表格内容錯亂

唐顔師古給《漢書》作注時,就已發現表格内容容易錯亂,指出:"諸表列位,雖有科條,文字繁多,遂致舛雜。前後失次,上下乖方,昭穆参差,名實虧廢。今則尋文究例,普更刊整,澄蕩愆違,審定阡陌,就其區域,更爲局界,非止尋讀易曉,庶令轉寫無疑。"③陳垣也説:"表格之用,最重位置,位置一亂,則失其效用。然位置之所以能不亂者,全在横直綫,横直綫一失,而欲位置不亂,難矣。"④例如明徐𤊹《紅雨樓書目》集部宋集部分,用表格排列,甚便觀覽,但往往有書名與姓氏錯置現象。像《安陽集》應在韓琦名上,却安在范鎮名上;《傳家集》應在司馬光名上,却安在周敦頤名上,又把周敦頤的《濂溪集》安在程顥名上。好在一九五七年古典文學出版社的新版,這些錯誤已經得到了糾正。

---

① 《詞學論叢·讀詞續記》。

② 《古漢語通論》第十九章《目録學知識》五《古書體制》。

③ 《漢書》卷首《叙例》。

④ 《校勘學釋例》卷一《行款誤例》第十一《表格誤例》。

第二節　兩重錯誤

《春秋公羊傳》昭公十二年："春，齊高偃帥師，納北燕伯于陽。伯于陽者何？公子陽生也。子曰：我乃知之矣。"漢何休認爲這段話中的"公子陽生"四字，"公誤爲伯，子誤爲于，陽在，生刊滅，闕"。① 可見古人早就注意到了書面材料的多重錯誤。如果將錯誤情況排列組合，除相疊的情況如一訛再訛之外，兩重錯誤有六種，今述之如次：

一　既訛且脱

《莊子・秋水》篇有云："願以竟内累矣。"王叔岷指出："《文選》潘安仁《秋興賦》注、《藝文類聚》九六、《御覽》九三一、《事類賦》二八《鱗介部》一，引'累矣'並作'累子'。疑'累矣'本作'累夫子'，今本'夫'既誤爲'矣'，又脱'子'字，文意遂不完矣。《御覽》八三四引，正作'累夫子'。"②

《漢書・五行志》有云："宣帝地節四年十月，大司馬霍禹宗族謀反，誅，霍皇后廢。"王念孫認爲這段話中的"十"字當爲"七"字，並脱"八月"二字，他分析道：

> "十月"當爲"七月"，《宣紀》《百官表》及《漢紀》《通鑑》，載誅霍禹事，皆在七月。《太平御覽・咎徵部五》引此志，亦作七月。其"霍皇后廢"上，原有"八月"二字，後人以爲"八月"不當在十月後，故删此二字，而不知"十月"爲"七月"之訛也。《宣紀》及《漢紀》《通鑑》載廢霍后事，皆在八月。《太平御覽》引此志亦云："八月，霍皇后廢。"③

《論衡・超奇》篇有云："孫叔敖決期，令君之兆著。"孫詒讓指出："'期'下當捝'思'字，'君'當爲'尹'。《淮南子・人間訓》云：'孫叔敖決期

① 《春秋公羊傳注疏》卷二二注。

② 《校讎通例》四八《既誤且脱》，載《歷史語言研究所集刊》第二十三本下册。

③ 《讀書雜志・漢書第五・五行志・十月　霍皇后廢》。

思之水，而灌雩婁之野，莊王知其可以爲令尹也。’”①

吴孟復指出：“《全唐詩外編》中收入某一補輯本，中有褚亮《梁父吟》，仔細一看，却是諸葛亮的《梁父吟》中六句。從《藝文類聚》到王士禎《古詩箋》皆標爲諸葛亮作。大約由‘諸’與‘褚’形近而訛，又脱葛字，輯者便認作另有一褚亮了。”②

二　既訛且衍

《戰國策・楚策》有云：“黄雀俯噣白粒，仰棲茂樹，鼓翅奮翼，自以爲無患，與人無争也。不知夫公子王孫，左挾彈，右攝丸，將加乎十仞之上，以其類爲招，晝游乎茂樹，夕調乎酸鹹。倏忽之間，墜於公子之手。”王念孫認爲其中“類”係“頸”之誤字，“倏忽之間，墜於公子之手”爲衍文。其説云：

> “以其類爲招”，“類”當爲“頸”字之誤也。招，的也。言以其頸爲準的也。(《吕氏春秋・本生》篇曰：“萬人操弓，共射一招。”高注：“招，埻的也。”《别類》篇曰：“射招者，欲其中小也。”)《文選》阮籍《詠懷》詩注，引此作“以其頸爲的”。《藝文類聚・鳥部》《太平御覽・羽族部》並引此云：“左挾彈，右攝丸，以加其頸。”姚曰：“《春秋後語》云‘以其頸爲的’，的或爲招。”(以上姚校本語)招、的古聲相近，故字亦相通也。(凡從勺聲之字，古音皆屬宵部，故的從勺聲而通作招。《説文》：杓，從木，勺聲，甫摇切。尥，從尢，勺聲。《玉篇》：平交、力弔二切，皆其例也。)“倏忽之間，墜於公子之手。”姚云：《三同集》無此十字，曾云一本有。念孫案：無此十字者，是也；一本有者，後人妄加之耳。夕調乎酸鹹，謂烹之也。既烹之矣，何又言倏忽之間，墜於公子之手乎！下文説黄鵠之事，至晝游乎江河，夕調乎鼎鼐，以下更不贅一語。此獨於“夕調乎酸鹹”之下加二語以成蛇足，甚無謂也。《文

① 《札迻》卷九《論衡・超奇篇》。

② 《古籍點校疑誤彙録》三《古詩古文校注得失例談》。案：此見《全唐詩外編》第四編童養年《全唐詩續補遺》卷一。

選》詠懷詩注，及《藝文類聚》《太平御覽》引《戰國策》，並無此十字。《新序·雜事》篇亦無此十字。①

《燕丹子》卷下有云："民氏日，太子置酒請軻。"孫星衍校曰："'民氏'，疑'昬昬'之訛。"孫詒讓指出：

> "民氏日"固不可通，孫疑作"昬昬日"亦未安，疑"民"乃"后"之訛，"氏"則衍文也。"后"與"後"同。後文云："後日，與軻之東宫，臨池而觀。"又云："後日，軻從容曰。"可證。②

繆元朗云："近讀上海古籍出版社出版的校點本《開元天寶遺事十種》，輯校者在《開元天寶遺事》的《後記》中説是'以《顧氏文房小説》本爲底本，参校《五朝小説大觀》本、《唐代叢書》本'校點而正今本的。因爲所據版本不多，故在校勘、標點中不免疏失。"如《鬥花》有云："長安王士安，春時鬥花，戴插以奇花多者爲勝，皆用千金市名花植於庭苑中，以備春時之鬥也。"繆氏指出：

> 此處"王士安"應爲"士女"，"王"與"士"形近而衍，"安"與"女"形近而誤。鬥花就是賽花，不是個人的活動，否則何辨勝負，而且王士安一人"用千金市名花植於庭苑中"，前面就不該再有"皆"字了。所以"王士安"應據《唐人説薈》《説庫》本，改爲"士女"。③

此亦既訛且衍之一例。

三　既訛且倒

《説苑·善説》篇有云："今夕何夕兮，搴中洲流。"盧文弨《群書拾補》

① 《讀書雜志·戰國策第二·楚·以其類爲招　倏忽之間墜於公子之手》。高指東漢高誘，姚指南宋姚宏。

② 《札迻》卷七《燕丹子》卷下。

③ 《古籍點校疑誤彙録》四《〈開元天寶遺事〉校點商榷》。

校曰："'中洲'，《御覽》作'舟中'，《書鈔》無'洲'字。"孫詒讓指出："《玉臺新詠》亦作'搴舟中流'是也。今本'舟'誤作'洲'，又倒著'中'下，遂不可通。"①

《漢書・五行志》有云："成帝建始三年十月丁未，京師相驚言大水至。渭水虒上小女陳持弓，年九歲，走入横城門，入未央宫。尚方掖門、殿門門衛户者莫見，至句盾禁中而覺得。"王念孫認爲"十月"當爲"七月"，"門衛户者"當爲"門户衛者"，"而覺得"當爲"覺而得"，他分析道：

> "十月"當爲"七月"，字之誤也。《成紀》曰：建始三年秋，關内大水。七月，虒上小女陳持弓，聞大水至，走入横城門云云，是其證。《開元占經・人占》篇引《五行志》，正作七月也。又案"門衛户者"當作"門户衛者"，言門户之衛者，皆莫之見也。今作"門衛户者"，則文不成義。《開元占經》引此，正作"門户衛者"。又"至句盾禁中而覺得"，師古曰："覺得，事覺而見執得也。"案此當作"至句盾禁中(句)覺而得(句)"即師古所謂事覺而見執也，今作"而覺得"，亦文不成義。《漢紀・孝成紀》正作"覺而得"。②

胡迎建曾指出：宋邵雍的詩"《首尾吟》'車穩如茵草上歸'，宋本作'草嫩如茵車上歸'。明本'草'訛爲'車'，復改'嫩'爲'穩'，又將'車'誤爲'草'，遂使文義不通。證之以《南園晚步思亡弟》'南園之南草如茵'，可知明本誤"。③ 顯然，宋本這句詩中的"草""車"兩字被弄顛倒了，"嫩"字又被訛作"穩"字。

四　既脱且衍

《吕氏春秋・忠廉》篇有云："摯執妻子。"王叔岷認爲此句脱一"其"字、衍一"摯"字或"執"字。其説云："此當作'摯其妻子'，或作'執其妻

① 《札迻》卷八《説苑・善説》。

② 《讀書雜志・漢書第五・五行志・十月　門衛户者　而覺得》。

③ 《新發現的宋刻本邵堯夫詩集》，載《古籍整理出版情況簡報》第一九三期。

子’。摯、執古通。今本作‘摯執妻子’,蓋一本‘摯’作‘執’,寫者誤合之,又奪‘其’字耳。《文選》鄒陽獄中上書注引,正作‘執其妻子’。”①

《史記・滑稽列傳》云:“女雖長,何益?幸雨立。我雖短也,幸休居。”王念孫認爲“‘幸雨立’本作‘雨中立’,今本‘雨’上‘幸’字,涉下‘幸休居’而衍,又脱去‘中’字,遂致文不成義。《太平御覽・天部》引此作‘幸雨立’,亦後人依《史記》改之。《初學記・人部》,《御覽》人事部、樂部引此並作‘雨中立’”。②

宋周邦彦《清真詞》卷下《迎春樂》有云:“人人艷色明春柳。”大鶴山人鄭文焯校曰:“元本‘艷色’作‘花艷’。”蔣禮鴻肯定了鄭的意見,並申論云:

> 上卷十九頁後《玉樓春》云:“大堤花艷驚郎目。”本卷四頁前《六么令》云:“華堂花艷對列,一一驚郎目。”陳元龍於《六么令》注引梁武帝《襄陽歌》:“大堤諸女兒,花艷驚郎目。”是則花艷爲美成所常用,且有所本,此當從元本。③

可見《迎春樂》中花艷之誤爲艷色,乃脱一“花”字,衍一“色”字所致。

五　既脱且倒

《莊子・天地》篇云:“厲之人,夜半生其子,遽取火而視之,汲汲然唯恐其似己也。”王叔岷指出:“‘夜半生其子’,元纂圖互注本無‘其’字,《記纂淵海》五十引同。有‘其’字不詞。《白帖》七、《御覽》三八二引,亦並無‘其’字,子下有‘其父’二字,屬下讀,當從之。今本‘其’字誤錯在‘子’字上,又脱‘父’字也。”④

《莊子・山木》篇云:“功成者墮,名成者虧,孰能去功與名,而還與衆

① 《校讎通例》四二《兩字誤合入一句》,載《歷史語言研究所集刊》第二十三本下册。

② 《讀書雜志・史記第六・滑稽列傳・幸雨立》。

③ 《懷任齋文集・大鶴山人校本〈清真詞〉箋記》。

④ 《校讎通例》四七《既錯且脱》,載《歷史語言研究所集刊》第二十三本下册。

人?”奚侗指出:“《管子·白心》篇:‘功成者隳,名成者虧,孰能去名與功,而還與衆人同?’房玄齡注:‘君棄功名,則與衆不異。’《管子》以隳、虧爲韻,功、同爲韻,本書‘功’、‘名’二字誤倒,人下又捝‘同’字,既失其義,又失其韻矣。當據《管子》訂補。”①

以上皆既脱且倒之灼然可見者。

六　既衍且倒

《墨子·大取》篇云:“愛衆衆也,與愛寡也相若。兼愛之有相若。愛尚世與後世,一若今之世人也。”王引之云:“‘愛衆衆也’,下‘衆’字衍,當作‘愛衆也,與愛寡也相若’。‘今之世人’,當作‘今世之人’。‘今世’與‘尚世’(尚與上同)、‘後世’相對爲文也。”②

《晏子春秋·内篇問下》云:“吾聞之,莫三人而迷,今吾以魯一國迷慮之,不免於亂,何也?”王念孫指出:

> 既言迷,不當更言亂,此迷字蓋涉上迷字而衍。魯字當在“不免於亂”上。“今吾以一國慮之,魯不免於亂”者,“以”,猶與也。言吾與一國慮之,而魯猶不免於亂也。《韓子·内儲説》作“今寡人與一國慮之,魯不免於亂”,是其證。今本“迷”字重出,“魯”字又誤在“一國”上,則文不成義。③

第三節　三重錯誤

除重疊現象外,若將錯誤情況排列組合,三重錯誤有二十四種可能;但在一段話中,同時發生三重錯誤,在古書流傳中出現較少,改正較難,因而其準確率也不高。今僅就有代表性的四種情況各舉數例,以見一斑。

---

① 《莊子補注》卷三。

② 《讀書雜志·墨子第四·大取·愛衆衆也　一若今之世人也》。

③ 《讀書雜志·晏子春秋第一·内篇問下·今吾以魯一國迷慮之不免於亂》。

一　既譌且脱又衍

《管子·明法解》云:“明主之治國也,案其當宜,行其正理。”王念孫指出:“《群書治要》作‘案賞罰行其正理’是也。下文‘當賞’、‘當罰’即承此句而言。今本‘賞’字作‘其當’二字,涉下文‘其當賞者’而誤,又脱一‘罰’字,衍一‘宜’字。”①

《墨子·經説下》云:“論誹誹之可不可,以理之可誹,雖多誹,其誹是也。其理不可非,雖少誹,非也。”王引之認爲這段話“當作‘論誹之可不可,以理之可誹不可誹。理之可誹,雖多誹,其誹是也;其理不可誹,雖少誹,非也。’今本‘論誹’下,衍‘誹’字,‘以理之可誹’下,脱‘不可誹,理之可誹’七字,‘其理不可誹’,‘誹’又譌作‘非’”。②

《史記·越王句踐世家》云:“吾不貴其用智之如目見豪毛而不見其睫也。”王念孫指出:“此文本作‘吾患其用智之如目,見豪毛而不自見其睫也’。只因‘患’譌作‘貴’,後人不得其解,遂於‘貴’上加‘不’字耳。”王氏還指出:“不自見其睫,今本脱‘自’字。《太平御覽·人事部七》引此有‘自’字。”③

二　既譌且脱又倒

《管子·心術下》云:“是故内聚以爲原,泉之不竭,表裏遂通。泉之不涸,四支堅固。能令用之,被服四固。是故聖人一言解之,上察於天,下察於地。”王念孫校曰:

> “以爲原”,當依《内業》篇作“以爲泉原”。下文“泉之不竭”,即承此句言之。劉以爲缺“泉”字,是也。“表裏遂通”,“通”當爲“達”,“達”與“竭”爲韻。“被服四固”當爲“被及四圄”。據尹注,但言“被及”而不言“被服”,則正文本作“被及”明矣。服字右半與及相似,故

① 《讀書雜志·管子第十·明法解·案其當宜》。
② 《讀書雜志·墨子第四·經説下·論誹誹之可不可》。
③ 《讀書雜志·史記第三·越王句踐世家·不貴　不見》。

及誤爲服。“圕”與“固”亦相似,又涉上文“堅固”而誤耳。圕即圍字也。孫炎注《爾雅》曰:“圍,國之四垂也。”此言被及四圕,察於天地。《内業》篇言“窮天地,被四海”,其義一也。不言四海,而言四圕者,變文協韻耳。“一言解之”,當依《内業》篇,作“一言之解”。解與地爲韻,尹注皆非。①

《淮南子·脩務》篇云:“今鼓舞者,繞身若環,曾撓摩地,扶於猗那,動容轉曲,便媚擬神,身若秋葯被風,髮若結旌,騁馳若騖。”高誘注曰:“扶轉周旋,更曲意更爲之。”王念孫指出:

高注傳寫脱誤,當作“扶於周旋也。轉,更也。曲竟更爲之”。今本脱去“於”字、兩“也”字,“轉”字誤在“周旋”上,“竟”字又誤作“意”,遂致文不成義……《太平御覽·樂部十二》引高注作:“轉,更也。曲竟,更爲之。”是其證。②

三 既訛且衍又倒

《荀子·君道》篇云:“以天下之王公莫好之也,然而于是獨好之;以天下之民莫欲之也,然而于是獨爲之。好之者貧,爲之者窮,然而于是獨猶將爲之也。”王念孫曰:

三“于是”皆義不可通,當依《外傳》作“是子”。“是子”二字,對上文“王公”與“民”而言。下文曰:“非于是子莫足以舉之,故舉是子而用之。”是其證。今本作“于是”者,“是子”訛爲“是于”,後人因改爲“于是”耳。“莫欲之”亦當依《外傳》作“莫爲之”。“莫好之”與“獨好之”相應,“莫爲之”亦與“獨爲之”相應,今本作“欲之”,則既與“爲之”不相應,又與“好之”相複矣。“于是獨猶將爲之”當作“是子猶將爲

---

① 《讀書雜志·管子第六·心術下·以爲原 表裏遂通 被服四固 一言解之》。劉指劉績,尹指尹知章。

② 《讀書雜志·淮南内篇第十九·脩務·扶於 便媚 若騖》。

之”，言雖好之者貧，爲之者窮，而是子猶將爲之也。“猶”上不當有“獨”字，蓋涉上文兩“獨”字而衍，《外傳》無。①

《淮南子·説林》篇云：“屠者羹藿，爲車者步行，陶者用缺盆，匠人處狹廬。”王念孫指出：

“羹藿”本作“藿羹”，“藿羹”與“步行”相對爲文，諸書多言“藿羹”，無言“羹藿”者，此寫者誤倒也。“爲車者步行”本作“車者步行”，古者百工各以其事爲名，故《考工記》曰：“攻木之工，輪輿弓廬匠車梓。”此言車者，猶《考工記》言車人也。後人誤以車爲車馬之車，故又加“爲”字耳。“陶者”本作“陶人”，與“匠人”相對爲文，今本人作者，因上二句而誤。“盧”與“廬”同。道藏本、劉本均作盧，莊改“盧”爲“廬”，未達假借之義。《太平御覽·器物部三》引此正作：“屠者藿羹，車者步行，陶人用缺盆，匠人處狹盧。”②

《論衡·治期》篇云：“吏百石以上，若升食以下。”孫詒讓指出：“此當作‘吏百石以下，斗食以上’，今本‘下’‘上’互易，又訛‘斗’爲‘升’，遂不可通。《漢書·百官公卿表》云：‘縣百石以下，有斗食佐史之秩，是爲少吏。’顔《注》引《漢官名秩簿》云：‘斗食月俸十一斛。’是也。”③

四　既脱且衍又倒

《淮南子·説山》篇云：“信有非禮而失禮。”王念孫指出：“當作‘信有非而禮有失’。下文‘此信之非，此禮之失’，皆承此句言之。今本‘而禮’二字誤倒，又脱一‘有’字，衍一‘禮’字，遂致文不成義。”④

---

① 《讀書雜志·荀子第四·君道·于是 莫欲之 獨猶將爲之》。

② 《讀書雜志·淮南内篇第十七·説林·羹藿 爲車者 陶者 狹盧》。劉本，指明劉績本。莊指清莊逵吉。

③ 《札迻》卷九。

④ 《讀書雜志·淮南内篇第十六·説山·禮而失禮》。

又《淮南子·人間》篇云："夫走者，人之所以爲疾也；步者，人之所以爲遲也。今反乃以人之所爲遲者反爲疾。"王念孫校曰："此當作'今乃反以人之所以爲遲者爲疾'。上文曰：'此衆人所以爲死也，而乃反以得活。'即其證。今本'乃反'二字誤倒，又脱一'以'字，衍一'反'字。"①

一九八二年中華書局版《東京夢華録注》卷八《秋社》云："人家婦女皆歸外家，晚歸即外公姨舅皆以新葫蘆兒、棗兒，俗云宜良外甥。"劉益安認爲這段話"文字晦澀，很難理解。查《歲時廣記》，引文作：'人家婦女皆歸外家，晚即歸；外公姨舅皆以新葫蘆兒、棗兒爲遺。俗云：是日歸寧，宜外甥。'據此，至正本'歸即'爲'即歸'之誤，脱'是日歸寧'，衍一良字，致使原文不可卒讀"。②

---

① 《讀書雜志·淮南内篇第十八·人間·今反乃以人之所爲遲者反爲疾》。
② 《對新版〈東京夢華録〉注本質疑》，載《河南師大學報》一九八三年第四期。

第三章　書面材料發生錯誤的原因

書面材料發生錯誤的原因大致有兩種：一種是由客觀因素造成的，如風吹、日曬、火燒、水浸、蟲蛀等自然現象導致書面材料的亡佚、殘缺或模糊不清；一種是由主觀因素造成的。後者又有無心之誤與有心之誤兩種情況，如王念孫《讀淮南雜志叙》云："凡所訂正，共九百餘條。推其致誤之由，則傳寫訛脱者半，憑意妄改者亦半也。"陳垣《校勘學釋例・序》也稱沈家本刻《元典章》，"其間無心之誤半，有心之誤亦半"。無心之誤是由疏忽、錯覺等心理因素造成的，有心之誤則出於誤改。我們將於以下各節作進一步的探討。

第一節　致訛的原因

致訛的原因主要是人們在傳寫或刊印書籍時，對原稿或底本的字形、字音、詞義等的誤解。誤解導致誤改，其原因和呈現的形態也很複雜。今略述如次：

一　因形近而訛

不少漢字的字形相近，極易混淆。前引《抱朴子・遐覽》篇："書三寫，魚成魯，虚成虎。"説的就是這個問題。

如《淮南子・説林》云："褰衣涉水，至陵而不知下，未可以應變。"王念孫指出："陵當爲陸，字之誤也。陸與水相對，作陵則非其指矣。《意林》引此正作陸。"①

司馬遷《報任少卿書》首句云:"太史公牛馬走司馬遷再拜言。"宋吴仁傑指出:"牛當作先,字之誤也。《淮南書》曰:'越王勾踐親執戈爲吴王先馬走。'"②"先馬走"猶後世所謂馬前走卒。劉向《晏子書録》就已指出了以"先"爲"牛"的現象。此外牛與午之間也易寫錯。張鷟曾判唐給事中楊珍奏狀以崔午爲崔牛之誤,斷笞三十,徵銅四斤。③

《王利器論學雜著》之《杜集校文釋例》二十三《形近之誤》云:"宋本卷第十五《寒雨朝行視園樹》:'丹桔黄甘此地無。'錢鈔本'此地'作'北地',是。按:此爲夔州詩,前《暮春題瀼西新賃草屋五首》方云:'此邦千樹桔。'何得遽云'此地無'呢?則作'此地無'者,決知其誤。"

二　因偏旁而訛

在因形近而訛的現象中,因偏旁而訛占的比重相當大。

甲　因誤增偏旁而訛

《新論·九流》篇云:"農者,神農、野老、宰氏、范勝之類。"孫詒讓指出:"'范'當爲'氾'。《漢志》農家《氾勝之》十八篇。"④

中華書局標點本《舊唐書》卷一八八《羅讓傳》謂讓"累遷至福建觀察使兼御史中丞,甚著仁惠。有以女奴遺讓者,讓問其所因。曰:本某等家人。兄姊九人,皆爲官所賣,其留者唯老母耳。讓慘然,焚其券書,以女奴歸其母"。修月云:

> 該女奴自謂"本某等家人","某等"是複數,一個女奴怎能分屬數人?故扞格不通。按《太平御覽》卷五百人事部《奴婢》條所載謂:"有以女奴遺讓者,讓訪其所自,曰:'本某寺家人,兄姊九人,皆爲官所鬻,其留者唯老母耳。'讓慘然,焚其丹書,以歸其母。"因知《舊唐書》

---

① 《讀書雜志·淮南内篇第十七·説林·至陵》。

② 《兩漢刊誤補遺》卷七《太史公》四。

③ 見《龍筋鳳髓判》卷一。

④ 《札迻》卷十。

本傳"某等"爲"某寺"之誤。①

胡迎建《新發現的宋刻本邵堯夫詩集》云:"《觀棋大吟》:'竇鄧緣中饋','饋'宋本作'貴',指顯貴内臣。李白《古風》:'中貴多黄金'。明本增'食'旁。"②

乙　因誤減偏旁而訛

《論衡·累害》篇云:"是故魏女色艷,鄭袖鼻之。"孫詒讓指出:"'鼻'當爲'劓'。事見《戰國策·楚策》及《韓非子·内儲説下·六微篇》。"③

《淮南子·詮言》篇云:"生有以樂也,死有以哀也。"蔣禮鴻指出:"生宋本作性,是也,當據改。死字衍。性有以樂也有以哀也作一句讀。下云:'今務益性之所不能樂,而以害性之所以樂,故雖富有天下,貴爲天子,而不免爲哀之人。'正承此句而言,豈云死而後哀哉? 性誤作生,校者乃輒加死字耳。"④

丙　因誤换偏旁而訛

《史記·殷本紀》云:"於是紂乃重刑辟,有炮烙之法。"段玉裁云:"炮烙本作炮格。江鄰幾《雜志》引陳和叔云:'《漢書》作炮格。'今案《索隱》引鄒誕生云:'格,一音閣。'又云:'爲銅格,炊炭其下,使罪人步其上。'又楊倞注《荀子·議兵》篇,音古責反。觀鄒楊所音,皆是格字無疑。鄭康成注《周禮·牛人》云:'互,若今屠家縣肉格。'意紂所爲亦相似。庋格、庋閣,兩音皆可通。《吕氏春秋·過理》篇云:'肉圃爲格。'高氏注:'格以銅爲之,布火其下,以人置上,人爛墮火而死。'《列女傳》所説亦相類。是其爲格顯然,而不但以燔灼爲義。今諸書皆爲後人改作炮烙矣。"王念孫補充道:"段説是也。韓子《喻老》篇曰:'紂爲肉圃,設炮格,登糟邱,臨酒池。'肉圃、炮格、糟邱、酒池,皆相對爲文。今改炮格爲炮烙,則文不相對矣。《難勢》篇又云:'桀紂爲高臺深池,以盡民力,爲炮格以傷民性。'言設言

① 《〈舊唐書〉勘誤一例》,載《中國史研究》一九八四年第一期。

② 載《古籍整理出版情況簡報》第一九三期。

③ 《札迻》卷九。

④ 《懷任齋文集·〈淮南子〉校記》。

爲,則必有所設所爲之物。今改炮格爲炮烙,則不知爲何物矣。”①

胡迎建《新發現的宋刻本邵堯夫詩集》云:“《觀棋大吟》:‘今日之所强,明日之或嬴。’‘嬴’,宋本作‘羸’,與‘强’義相反而對仗,明本改‘羸’下部‘羊’爲‘女’,義不通。”②

三　因字體變化而訛

漢字字體始終處於發展變化之中,書面材料當然也會隨之不斷地有所改易,這在客觀上也會造成一些新的錯誤。誠如孫詒讓《札迻・自序》所説:“秦漢文籍,誼恉奥博,字例文例多與後世殊異,如荀卿書之‘案’,墨翟書之‘唯毋’,晏子書之以‘敚’爲‘對’,淮南王書之以‘士’爲‘武’,劉向書之以‘能’爲‘而’,驟讀之,幾不能通其語。復以竹帛梨棗,鈔刊婁易,則有三代文字之通叚,有秦漢篆隸之變遷,有魏晉正艸之輥淆,有六朝唐人俗書之流失,有宋元明校槧之羼改,逵徑百出,多歧亡羊,非覃思精勘,深究本原,未易得其正也。”下面我們就對因字體變化造成的訛誤作些分析。

甲　因古字而訛

《戰國策・趙策》云:“夫用百萬之衆,攻戰踰年歷歲,未見一城也。”王念孫云:“見當爲㝵。㝵,古得字,形與見相近,因訛爲見。下句曰‘今不用兵而得城七十’,即其證也。《史記・趙世家》正作‘未得一城’。”③

《晏子春秋・内篇雜下》云:“名山既多矣,松柏既茂矣,望之相相然,盡目力不知厭。”王念孫校云:“相相二字,於義無取。相當爲榾(音忽)。《説文》:‘榾,高貌,從木㫚(音忽)聲。’故山高貌亦謂之榾。榾與相字相似,世人多見相,少見榾,故榾誤爲相。此言‘望之相相然’,下言‘登彼相相之上’,則相爲榾之誤明矣。”④

對此,王念孫還在《讀書雜志・淮南内篇第二十二》後序中説:“有因

---

① 段説見盧文弨《鍾山札記》卷二《炮格》。王説載《讀書雜志・史記第一・殷本紀・炮烙》。

② 載《古籍整理出版情況簡報》第一九三期。

③ 《讀書雜志・戰國策第二・趙・未見一城》。

④ 《讀書雜志・晏子春秋第二・内篇雜下・相相然》。

古字而誤者。《時則》篇:‘孟秋之月,其兵戉’,‘戉’,古鉞字也,而各本乃誤爲戈矣。《齊俗》篇:‘煎敖燎炙,齊咊,萬方。’‘齊’讀爲劑,‘咊’即甘受和之和。咊與味字相似,而各本遂誤爲味矣。《脩務》篇:‘感而不應,攺而不動。’‘攺’,古迫字也,而各本乃誤爲攻矣。”

乙　因籀文而訛

《莊子·山木》篇云:“舜之將死,真泠禹曰:女戒之哉。”陸德明指出:“真,司馬本作直。泠音零。禹,司馬云:‘泠,曉也。謂以直道曉禹也。’泠,或作命,又作令。命猶教也。”①王引之云:“直當爲𠧟。𠧟,籀文乃字,隸書作迺。𠧟形似直(繹山碑:“乃今皇帝”,乃字作𠧟,形似直字),故訛作直,又訛作真。命與令古字通。作命作令者是也。𠧟令禹者,乃命禹也。”②

丙　因篆文而誤

《商子·境内》篇云:“内通則積薪,積薪則燔柱。”孫詒讓云:“‘内’當爲‘穴’,篆文相似而誤。《墨子·備穴》篇云:‘古人有善攻者,穴土而入,縛柱施火,以壞吾城。’即穴攻之法也。”③

《戰國策·秦策》云:“秦王愛公孫衍,與之間有所立。”王引之云:“‘間有所立’四字,文不成義。立當爲言,間私也,謂與之私有所言也,故下文即云:‘因自謂之曰:寡人且相子。’篆文言字作言,隸作言,因訛而爲立。《韓子·外儲説》右篇,正作‘間有所言’。”④

丁　因隸書而誤

《史記·秦始皇本紀》云:三十三年,“西北斥逐匈奴。自榆中並河以東,屬之陰山,以爲三十四縣,城河上爲塞。又使蒙恬渡河,取高闕、陶山、北假中,築亭障以逐戎人”。王念孫以爲:“陶山之名不見於各史志。陶當爲陰,隸書陶字或作陶,陰字或作陰,二形相似,故陰訛陶。《水經·河水

① 《經典釋文》卷二七。“司馬本”批司馬彪《莊子注》。

② 《讀書雜志》餘篇上《莊子·真泠禹曰》。

③ 《札迻》卷五。

④ 《讀書雜志·戰國策第一·秦·間有所立》。

注》:'秦始皇逐匈奴,並河以東,屬之陰山。'今本陰訛作陶,即其證也。"①

《論衡·謝短》篇:"服革於腰,佩刀於右,舞劍於左,何人備?"孫詒讓指出:"'舞'當作'帶',隸書'帶'字或作'帶',又變作'帶'(《禮記·雜記》'率帶',《釋文》云:'本又作帶。'漢孟郁脩《堯廟碑》《張壽碑》'帶'並作'帶'),與'舞'形近而誤。"②

戊　因草書而訛

《淮南子·原道》篇:"是故鞭噬狗、策蹏馬而欲教之,雖伊尹、造父弗能化,欲寅之心亡於中,則飢虎可尾,何況狗馬之類乎?"王念孫校云:

> "欲寅之心","寅"當爲"宍",字之誤也。宍與肉同。(《干禄字書》云:"宍,肉。上俗下正。"《廣韻》亦云:"肉俗作宍。"《墨子·迎敵祠》篇:"狗彘豚鷄食其宍。"《大元元數》:"爲食爲宍。")欲肉者,欲食肉也。諸本及莊本,皆作欲害之心,害亦宍之誤。(害字草書作宍,與宍相似)《文子·道原》篇亦誤作害,劉績注云:"古肉字。"則劉本作宍可知,而今本亦作害。蓋世人多見害,少見宍,故傳寫皆誤也。(《吴越春秋·句踐陰謀外傳》:"斷竹續竹,飛土逐宍。"今本宍誤作害。《論衡·感虚》篇"厨門木象生肉足",今本《風俗通義》,肉作害。害亦宍之誤。)③

顧廣圻復指出:"欲宍之心亡於中,宋本宍未誤寅。"④從而證實了王念孫所校不誤。

又,《陳垣史源學雜文·書十七史商榷第一條後》亦舉一例:"李勉百衲琴事,出唐人李綽撰《尚書故實》,韋絢《劉賓客嘉話録》亦載之。今《學海類編》本《劉賓客嘉話》作李汧公勉取桐絲之精者雜綴爲琴。桐絲當作桐孫,草書相似而訛也,《寶顔堂秘笈》本《尚書故實》正作桐孫。桐孫者,桐之幼枝。《太平御覽》九五六引《風俗通》云:'梧桐生於嶧山陽岩石之

① 《讀書雜志·史記第一·秦始皇本紀·陶山》。

② 《札迻》卷九。

③ 《讀書雜志·淮南内篇第一·原道·欲寅之心》。

④ 《讀書雜志·淮南内篇補》。

上，采東南孫枝爲琴，聲甚清雅。'《庾子山集》五《詠樹》詩'楓子留爲式，桐孫待作琴'，以孫對子，是也。"

己　因俗字而訛

所謂俗字是指在民間流行的通俗字體。潘重規曾將敦煌俗寫的習慣歸納成："字形無定、偏旁無定、繁簡無定、行草無定、通假無定、標點無定等條例。字形無定，如雨、兩不分，人、入不分等；偏旁無定，如木、扌不分，忄、巾不分等；繁簡無定，如佛作仏、蘭作蘭等；行草無定，如風作、通作等；通假無定，如知麽作知磨、今宵作金宵等；標點符號也和現代通用符號大不相同，如删除符號作'卜'等。"①

俗字當然也會反映在書面材料中，宋岳珂已云："開元所書《五經》，往往以俗字易舊文，如以頗爲陂，以便爲平之類更多。"②對俗字缺乏了解，同樣會使書面材料出現訛誤。

《逸周書・大聚》篇云："闢閈修道。"王念孫指出："闢閈修道，文不成義。閈本作關。闢關修道，皆所以來遠人。故下文言'遠旅來至，關人易資'也。俗書關字作閞，閈字作閞，二形相似而誤。《玉海》二十四、六十引此並作辟關。"③

郭在貽、張涌泉亦曾就此舉例云：

《敦煌變文集・百鳥名》："花没鴿，色能姜，一生愛踏伽藍地。"（頁八五三）文中的"能"相當於"恁"，表"如此"的意思。（詳《敦煌變文字義通釋》）如同篇下文："青雀兒，色能青。""能"字義同。但"色能青"好懂，而"色能姜"則費解，顯然文字上有錯誤。蔣禮鴻先生在《敦煌變文字義通釋》"能"條下引了這句話，校"姜"爲"美"，但没有説明理由。考"美"字俗書或作"羙"（慧琳《一切經音義》卷十："美，《説文》從羊從大，經從父作羙，非也。"），如《敦煌變文集・父母恩重經講經

① 《敦煌卷子俗寫文字與俗文學》，載《"中研院"國際漢學會議論文集》，一九八一年十月。

② 《九經三傳沿革例・字畫》。

③ 《讀書雜志・逸周書第二・大聚・闢閈修道》。

文》:“長大了擇時騁與人,[①]六親九族皆歡美。”(頁六八六)原卷伯二四一八“美”作“羙”,是其例。“羙”“姜”形至近,“色能姜”之“姜”顯然就是“羙”字形近之誤,“羙”則又是美的俗書。[②]

庚　因簡化字而訛

一九六四年五月,中國文字改革委員會編出《簡化字總表》,作爲使用簡化字的規範,共計二千二百三十八個簡化字,一共簡化了二千二百六十四個繁體字。一九七七年十二月,中國文字改革委員會又公布了《第二次漢字簡化方案》(草案)。書面材料在繁體字轉换爲簡化字、簡化字轉换爲繁體字的過程中,往往會出現一些訛誤。如:

江西人民出版社一九八三年版《周邦彦集》附有清真集詩文輯佚一卷,其中《楚村道中之一》云:“果逢南使還,冯寄好消息。”謝思煒指出:“‘冯’爲‘馮’的簡化字,‘馮’的本字應是‘憑’,即憑借的憑,選用簡化字當選用‘凭’字,不可用‘冯’字。”[③]

同恕《榘庵集》卷十二《壽趙翁九十》詩:“正大天興事不遺,白閒春染黑絲絲。……緑酒辦誰留此日,青山能我對當時。”第二句裏的“閒”字,《全元詩》初校者把它看作“閑”字的異體,並依現在規範化的漢字,改閒作“閑”。李知文指出:“‘閒’字在這裏有其特定的讀音與釋義,可改作現在規範化的‘間’(间),讀 jiān。如果寫成‘閑’(闲),則音義俱失,變得不可解了。‘白閒春染黑絲絲’,謂趙翁心有春意,精神愉快,白髮的間隙中生出纖細的黑髮,意即越活越年輕。”[④]這裏也可看出簡化字有其局限性,增加了整理與閲讀古書的困難。

中華書局點校本《穀山筆麈》云:“處士以虚名被徵爲世所譏者,代有一人焉。漢之樊英、唐之田游岩、宋之種放、國朝之吴與弼是也。”王邁指出:“此誤以种爲種之簡體,排版或過録,誤翻爲種。按《姓源》,种爲仲山

---

① 案騁爲聘之誤字。
② 《俗字研究與古籍整理》,載《古籍整理與研究》第五期。
③ 《周邦彦集點校失誤舉例》,載《古籍整理簡報》第一七五期。
④ 《略論校異文與校是非》,載《古籍整理出版情況簡報》第一九七期。

甫之後，避仇改爲种。望出河南。种放雖爲時人所譏，但其兄子世衡以下，世出名將，亦可欽之族姓也。小説《水滸》亦有老种經略相公。种非稀姓，不應有誤。”①

四　因重文作二畫而訛

明楊慎云：“古鐘鼎銘文‘子二孫二’，字皆不複書，漢石經改篆爲八分，如《易》之‘乾二’、《書》之‘安二’，亦如之，今行草皆然，竟不知其何義也？嘗質之李文正公，公曰：‘二乃古文上字，言字同於上，省複書也。千古書流，習而不察，關係雖小，亦所當知。’”②

清俞樾於此亦曾舉例云：“古人遇重文，止於字下加二畫以識之，傳寫乃有致誤者。如《詩・碩鼠》篇：‘逝將去女，適彼樂土；樂土樂土，爰得我所。’《韓詩外傳》兩引此文，並作‘逝將去女，適彼樂土；適彼樂土，爰得我所’。又引次章亦云：‘逝將去女，適彼樂國；適彼樂國，爰得我直。’此當以韓詩爲正。《詩》中疊句成文者甚多。如《中谷有蓷》篇疊‘慨其嘆矣’兩句，《丘中有麻》篇疊‘彼留子嗟’兩句，皆是也。毛、韓本當不異。因疊句從省不書，止作‘適二彼二樂二土二’，傳寫誤作‘樂土樂土’耳。下二章同此。”③

重文符號還有作其他形式的，也可能産生訛誤。如中華書局一九八三年版《王梵志詩校輯》第二五一首詩云：“生促死路長，久住何益當。”郭在貽指出：“原文當爲‘生促死路長，長住何益當’。下句‘長’字寫一個重文符號‘々’，《校輯》誤録爲‘久’。”④

陳垣也曾指出：“古書遇重文，多作二畫。元刻《元典章》重文多作兩點，沈刻既改爲工楷，故有兩點變成‘二’字者：吏五三二‘止於本等官上許進一階，二滿者更不在封贈之限’。‘二滿’應作‘階滿’。”又云：“元刻《元典章》重文有作‘又’字者，元小字旁寫，沈刻改爲正寫，義遂不明。”如：“刑

---

① 《古籍整理中出現的字誤》，載《古籍整理出版情況簡報》第一八一期。

② 《升庵文集》卷六三《篆書重疊字》。李文正公指李東陽。

③ 《古書疑義舉例》卷五之六五《重文作二畫而致誤例》。

④ 《〈工梵志詩校輯〉誤校示例》，載《占籍整理出版情況簡報》第一八四期。

十一七:'三犯徒者流,又而再犯者死。'應作'流而再犯者死'。"①

重文符號尚有表示句子重複的,忽略此點也會導致書面材料訛誤,如上海文藝出版社一九八二年版《中國十大古典悲劇集》本李玉《清忠譜》第五折有句唱詞:"滔滔怒浪生生是英英伍相靈。"徐沁君指出:"《古本戲曲叢刊》第三集影印清順治年間樹滋堂刻本在'浪'字斷句,誤,今標點之誤即承此。原刻本'生'字原有一個重文符號,是表示疊句,不是表示疊一個字。按律,'滔滔怒浪生'常疊句,'生'字押韻。所以應點作'滔滔怒浪生,滔滔怒浪生,是英英伍相靈'。"②

五　因闕字作空圍而訛

周亮工云:"古逸書,如《穆天子傳》《汲冢周書》類,凡闕字類作□。武王几銘'皇皇惟敬,□□生垢,□戕□'亦闕文也。鍾、譚目□爲口字。友夏云:四口字疊出,妙語不以爲纖。伯敬云:讀口戕口三字,竦然骨驚。不知几銘與四口字何涉,可發一噱。"③這段話介紹了一些人不知道空圍是闕字的標誌,而誤當成口字所鬧出的笑話。而書面材料也確有因闕字作空圍而致誤的現象,俞樾曾就同一事例分析道:

> 校書遇有缺字,不敢臆補,乃作□以識之,亦闕疑之意也。乃傳寫有因此致誤者。大戴記《武王踐阼》篇:"几之銘曰:'皇皇惟敬,口生㖃,口戕口。'"盧注曰:"㖃,恥也。言爲君子榮辱之主,可不慎乎?㖃,㖃詈也。"孔氏廣森《補注》曰:"㖃有兩訓,疑記文本作'㖃生㖃',故盧意謂君有㖃恥之言,則致人之㖃詈也。"按:此説是也。惟其由㖃生㖃,故謂之"口戕口"。今作"口生㖃"者,蓋傳寫奪"㖃"字,校者作空圍以記之,則爲"□生㖃",遂誤作"口生㖃"矣。④

① 《校勘學釋例》卷二第十七《重文誤爲二字例》。沈指沈家本。

② 《〈清忠譜〉整理本校點的失誤》,載《古籍整理出版情況簡報》第一五四期。

③ 《書影》卷二《古逸書闕字作□》。鍾惺、伯敬及譚元春、友夏評語並見《古詩歸》卷一。

④ 《古書疑義舉例》卷五之六七《闕字作空圍而致誤例》。盧指北周盧辯。

《管子·地數》篇云:“請刈其莞而樹之,吾謹逃其蚤牙。”孫詒讓云:“‘吾’當爲‘五’,下又挩‘穀’字。‘請刈其莞而樹之五穀’,言芟艸而蓺穀也,傳本挩‘穀’字,校者於五下著一□,寫者不審,遂並爲‘吾’字矣。”①

下面一例也屬於這種情況。張元濟《校史隨筆·南齊書·地名脱誤》云:“《州郡志》上,南徐州南平昌郡安丘縣下,有新樂、東武、高密三縣。又越州齊寧郡開城縣下,有延海、新邑、建初三縣,明監本、汲古本均有之,而殿本均佚。又末行齊隆郡,殿本注先屬交州,中改爲關州,永泰元年改爲齊隆,還屬關州。按是本無兩‘關’字,惟原文漫漶不可辨,三朝本同,汲古本各空一格,明監本則各注‘闕’字,殿本遂誤闕爲關,郡名無改稱爲關之理,且當時亦無所謂關州也。”

六　因字形缺壞而訛

《戰國策·宋策》云:“(宋康王)射天笞地,斬社稷而焚滅之……罵國老諫曰。”鮑改“諫曰”爲“諫臣”(見吴校本)。王念孫指出:“‘曰’與‘臣’形聲俱不相近,若本是臣字,無緣誤爲曰。考《太平御覽·人事部》引此作‘罵國老諫者’。《賈子·春秋》篇、《新序·雜事》篇,並作‘罵國老之諫者’。則舊本‘曰’字乃‘者’字脱去上半耳,且諫者即指國老而言,蓋群臣莫敢諫,唯國老尚有諫者,而康王罵之也。鮑不達而以意改之,斯爲妄矣。”②

又錢大昕嘗云:“《續漢書·郡國志》:吴郡有安縣。考前書、晉宋志皆無之。此《志》亦不載何年置,前無所承,後無所並,疑即婁之壞字。因婁訛爲安,校書家不能是正,疑有脱漏,又增婁於無錫之後,並改十二城爲十三。盧熊《蘇州府志》謂東漢省錢唐而增安縣,又謂建安中孫權以安縣屬屯田典農校尉,當在無錫以西。然沈約《志》初無以安屬屯田典農校尉之説,未審盧氏何據?大約後人臆造耳。監本無婁字,新刊本依宋本增之。其實宋本未必是,監本未必非也。《漢志》‘婁縣’下云:有南武城,闔閭所

① 《札迻》卷四。

② 《讀書雜志·戰國策第三·宋·罵國老諫曰》。吴校本,指吴師道校本。

築以備越。續《志》安縣下注:《越絶》云,有西岑冢,越王孫開所立,以備春申君,使其子守之。子死,遂葬城中。兩縣俱有備越遺迹,益信安與婁非二地矣。"①

七　一字訛爲兩字

《戰國策·秦策》云:"范雎至秦,王庭迎,謂范雎曰:'寡人宜以身受令久矣。今者義渠之事急,寡人日自請太后。今義渠之事已,寡人乃得以身受命。'"王念孫云:"既云今義渠之事已,則上文義渠之事急二句,乃追叙之詞,不得言今者。《史記·范雎傳》作'會義渠之事急'是也。言適會義渠之事急,故寡人不得以身受命耳。今者二字,即一會字之訛。"②

《國語·晉語》云:"吾觀晉公子,賢人也。其從者,皆國相也。以相一人,必得晉國。"俞樾云:"僖二十三年《左傳》曰:'吾觀晉公子之從者,皆足以相國;若以相,夫子必反其國。'疑此文'一人'二字乃'夫'字之誤。'以相'絶句,即《左傳》所謂'若以相'也。'夫必得晉國'絶句,即《左傳》所謂'夫子必反其國'也。'夫'者,指目其人之辭,説詳襄二十三年《左傳正義》。今誤作'一人'二字,義不可通矣。"③

八　兩字訛爲一字

《戰國策·趙策》云:"太后明謂左右:'有復言令長安君爲質者,老婦必唾其面。'左師觸讋願見太后,太后盛氣而揖之。"元吴師道曰:"觸讋,姚云:'一本無言字,史亦作龍。'案《説苑》(《敬慎》篇):'魯哀公問孔子,夏桀之臣,有左師觸龍者,諂諛不正。'人名或有同者,此當從讋以别之。"④王念孫糾之云:

> 吴説非也,此策及《趙世家》,皆作"左師觸龍言願見太后",今本

---

① 《十駕齋養新録》卷六《安縣即婁縣之訛》。

② 《讀書雜志·戰國策第一·秦·今者》。

③ 《古書疑義舉例》卷五之六三《一字誤爲二字例》。

④ 《戰國策校注》卷六《趙》。

龍言二字誤合爲讋耳。太后聞觸龍願見之言,故盛氣以待之,若無言字,則文義不明。據姚云,一本無言字,則姚本有言字明矣,而今刻姚本亦無言字,則後人依鮑本改之也。《漢書·古今人表》正作左師觸龍。又《荀子·議兵》篇注曰:"《戰國策》:'趙有左師觸龍。'"《太平御覽·人事部》引此策曰"左師觸龍言願見",皆其明證矣。又《荀子·臣道》篇曰:"若曹觸龍之於紂者,可謂國賊矣。"《史記·高祖功臣侯者表》有臨轅夷侯戚觸龍;《惠景閒侯者表》有山都敬侯王觸龍。是古人多以觸龍爲名,未有名觸讋者。①

一九七三年十二月在長沙馬王堆三號漢墓出土的帛書《戰國縱横家書》作"左師觸龍言願見"②,從而證實了王説的正確。

又,張元濟《校史隨筆·南齊書·舌中血出》云:"殿本《紀》第一:'秉弟遐坐通嫡母殷氏養女,殷舌中血出,衆疑行毒害。'三朝本、汲古本均作'殷言中血出'。言字不可通,明監本改爲舌字。然其人生存,僅僅舌中血出,何足以云毒害,是本乃作'殷亡,口中血出',原板'亡口'二字略小,墨印稍溢,遂相混合。由'亡口'而誤爲'言',由'言'而變爲'舌',愈離愈遠矣。按《宋書·長沙景王道憐傳》:'義宗子遐,字彦道,與嫡母殷養女雲敷私通,殷每禁之。殷暴卒,未大殮,口鼻流血。'與是本'殷亡口中血出'云云相合,殿本沿監本之訛,而案情輕重,相去不可以道里計矣。"③

九　因假借字而訛

字音相同或相近是書面材料致訛的主要原因之一。陸德明《經典釋文序》引鄭玄云:"其始書之也,倉卒無其字,或以音類比方,假借爲之,趣於近之而已。受之者非一邦之人,人用其鄉,同言異字,同字異言,於兹遂生矣。"今舉例略述如下:

---

① 《讀書雜志·戰國策第二·趙·觸讋》。姚指宋姚宏。
② 《戰國縱横家書》,文物出版社一九七六年版。
③ "是本"指宋治平二年(一〇六五)刻本。

甲　因音同而訛

《論衡·案書》篇云:"韓非著書,李斯採以言事;楊子雲作《太玄》,侯鋪子隨而宣之。非、私同門,雲、鋪共朝。"孫詒讓指出"'私',當作'斯'",音同而誤。①

一九七五年,在江西星子縣横塘鄉開挖排水溝時,出土了一座宋墓,墓中發現兩部宋本邵堯夫詩集:一部題爲《重刊邵堯夫擊壤集》,一部題爲《邵堯夫先生全集》。胡迎建取之與今傳明刊本《擊壤集》相校,發現集中《年老逢春》詩有云:"故宅廢功除瓦礫,新畦加意種蘭薰。""'廢',宋本作'費'。'費'與'加'俱爲動詞,對仗。明本字以同音而誤。"②

乙　因音近而訛

《禮記·禮運》云:"大夫死宗廟,謂之變。"鄭玄注:"變當爲辯,聲之誤也。辯猶正也。"孔穎達疏曰:"讀爲辯,辯即正也。以聲相近,故致字誤。"③又,《禮記·大學》云:"見賢而不能舉,舉而不能先,命也。"鄭玄注曰:"'命'讀爲'慢',聲之誤也。舉賢而不能使君以先己,是輕慢於舉人也。"④

又,胡静《〈明史·李自成傳〉勘誤一則》云:"《明史·李自成傳》載,清順治二年,'自成走延寧、蒲圻,至通城,竄於九宫山'。李自成是否到過通城,本文不願涉及。但至於延寧一名,查《明史·地理志》《寰宇通志》及《讀史方輿紀要》,皆無蹤影。按:'延寧'爲'咸寧'之誤,即今湖北咸寧縣。延寧、咸寧音近而誤。據《綏寇紀略》卷九:'自成將東下,遇風雹,乃以四月二十四日改由金牛、保安走咸寧、蒲圻至通城,竄九宫山。'光緒十一年重修《武昌縣志》卷八:'李自成主武昌,謀奪舟南下,改由金牛、保安,走咸寧、蒲圻過通城。'即是咸寧誤爲延寧的確證。"⑤

此外,古代漢語裏同音或音近的字的通用或假借,即所謂古音通假,

---

① 《札迻》卷九。

② 《新發現的宋刻本邵堯夫詩集》,載《古籍整理出版情況簡報》第一九三期。

③ 《禮記正義》卷二二。

④ 《禮記正義》卷六〇。

⑤ 載《史學月刊》一九八四年第四期。

已見前引鄭玄之説。不了解這種情況，或缺少這方面的知識，也會導致書面材料的訛誤。如中華書局一九八三年版張錫厚《王梵志詩校輯》第七十九首詩云："東西無濟着，到處即安居。"校記："安居，原作女居，據文義改。"郭在貽指出："'女'即'汝'字通假，不必改。"①

丙　因希圖省筆用同音字而訛

陳垣説："何謂希圖省筆？廣州音'黄''王'不分，今沈刻《元典章》多誤'黄'爲'王'，但不見誤'王'爲'黄'，則不過希圖省筆而已，蓋以爲吏人姓名無關重輕也。"並舉例道："刑九十一庫官王慶，元作'黄慶'。刑十六廿六王喜兒，元作'黄喜兒'。"②

十　因字習見與否而訛

書面材料中的不習見字爲習見字所代替，這也是經常出現的錯誤原因之一。如《淮南子·説山》篇云："視日者眩，聽雷者聾。"王念孫校云："人視日則眩，聽雷則未必聾也。《玉篇》：'聵，女江切。'《淮南子》曰：'聽雷者聵。'注云：'耳中聵聵然。《埤蒼》云：耳中聲也。'（《廣韻》與《埤蒼》同）據此則古本作'聽雷者聵'，今本'聵'作'聾'，而無'耳中聵聵'之注，則後人以意删改之耳。"③這顯然是因爲人們習見聾而少見聵。

不習見的多音節詞中的某個字，往往也會被習見的多音節詞中的某個字所代替。如《淮南子·覽冥》篇云："鳳皇之翔至德也，雷霆不作，風雨不興，川谷不澹，草木不摇。而燕雀佼之，以爲不能與之争於宇宙之間。"《注》："宇，屋簷也。宙，棟梁也。《易》曰：上棟下宇。"王叔岷曰：

"宇宙"當作"宇棟"，高《注》本作："宇，屋簷也。棟，梁也。《易》曰：上棟下宇。"釋宇棟之義後，又引《易》以證之也。世人習見宇宙連文，罕見宇棟連文，傳寫遂誤爲宇宙，又於《注》文"棟"上妄加"宙"字耳。燕雀所適，在於宇棟，故輕侮鳳皇，以爲不能與之争於宇棟之間

① 《〈王梵志詩校輯〉誤校示例》，載《古籍整理出版情況簡報》第一八四期。

② 《校勘學釋例》卷二第十三《聲近而誤例》。

③ 《讀書雜志·淮南内篇第十四·説山·聽雷者聾》。

也。若作宇宙,則不倫矣。①

不習見人名往往也會被習見人名所代替。如《管子·小匡》篇云:“故使鮑叔牙爲大諫。”王念孫指出:“鮑叔牙本作東郭牙。下文管仲曰:‘犯君顔色,進諫必忠,不辟死亡,不撓富貴,臣不如東郭牙,請立以爲大諫。’是其證。《晏子春秋·問》篇、《吕氏春秋·勿躬》篇、《韓子·外儲説》左篇、《新序·雜事》篇並同。世人多聞鮑叔牙,寡聞東郭牙,故以意改之耳。”②

十一　因上下文而訛

甲　因上文而訛

《管子·形勢》篇云:“蛟龍得水,而神可立也;虎豹得幽,而威可載也。”王念孫曰:“得幽,當依明仿宋本及朱東光本作託幽,此涉上句‘得’字而誤,後《形勢解》正作‘託幽’。”③

又,《漢書·張馮汲鄭傳》云:“河内失火,燒千餘家。上使黯往視之。還報曰:家人失火,屋比延燒,不足憂。臣過河内,河内貧人傷水旱萬餘家,或父子相食。臣謹以便宜持節,發河内倉粟,以振貧民。”王念孫以爲:“《史記》‘臣過河内’及‘河内貧人’、‘河内倉粟’,三‘河内’並作‘河南’,唯上文‘河内失火’作‘河内’。”並分析道:

> 《史記》是也。蓋河内失火,武帝使黯往視,道經河南,見貧民傷水旱,因發倉粟振之。是黯未至河内,先過河南,故曰“臣過河南”。若黯已至河内,而發粟振民,則當云“臣至河内”,不得言“過”矣。《漢書》後三“河内”,皆因上文“河内失火”而誤。④

---

① 《校讎通例》八八《習見連文之誤》,載《歷史語言研究所集刊》第二十三本下册。

② 《讀書雜志·管子第四·小匡·鮑叔牙》。

③ 《讀書雜志·管子第一·形勢·得幽》。

④ 《讀書雜志·漢書第九·張馮汲鄭傳·河内》。

乙　因上文偏旁而訛

《莊子·外物》篇:"魚不畏網,而畏鵜鶘。"王叔岷云:"鶘當作胡,此因鵜字而誤加鳥旁也。《六帖》九八引無鶘字。《劉子新論·去情》篇'魚不畏網,而畏鵜',即用此文,亦無鶘字。唐寫本,鵜鶘作鵜胡。此鳥本單呼鵜,以其頷下胡大能抒水(詳《詩·曹風·候人》正義引陸璣疏),故又名鵜胡,則作鵜鶘者,非也。舊鈔卷子本原亦作鵜胡,後又將胡字塗去,而改爲鶘,反失古本之舊矣。"①

又,王利器《杜集校文釋例》三十一《涉上下偏旁而誤》云:"宋刊門類增廣十注本卷第四《别李義》:'憶惜初見時。'宋刊本作'憶昔初見時'。此涉上文而妄沾偏旁也。"②

丙　因下文而訛

《吕氏春秋·適音》篇:"觀其音而知其俗矣,觀其政而知其主矣。"王叔岷謂:"上觀字當作聽,《淮南子·主術》篇:'聽其音則知其俗'(《文字·精誠》篇作'聽其音則知其風'),即本此文,字正作聽。今本作觀,蓋涉下觀字而誤。《先初》篇:'是故聞其聲而知其風。'(《注》:風,俗。)聞猶聽也,可爲旁證。"③

又,《吴越春秋·吴太伯傳》云:"古公曰:'君子不以養害害所養。'"孫詒讓云:"此文不可通,當作'君子不以養者害所養'。徐《注》引《孟子》可證。此'者'字涉下'害'字而誤。"④

丁　因下文偏旁而訛

《詩經·周南·關雎》云:"悠哉悠哉,輾轉反側。"王引之指出:"展字因轉字而誤加車(《説文》車部無輾字。尸部:'展,轉也。'則展與轉同義,故以展轉連文。《釋文》:'輾,本亦作展。'是舊本尚有不誤者)。"⑤

又,《管子·輕重》篇云:"絏繑而踵相隨。"王念孫以爲:"繑與屩同

① 《校讎通例》九《因偏旁而誤加》,載《歷史語言研究所集刊》第二十三本下册。
② 載《王利器論學雜著》。
③ 《校讎通例》三《涉上下文而誤》,載《歷史語言研究所集刊》第二十三本下册。
④ 《札迻》卷三《吴越春秋》。徐指徐天祐。
⑤ 《經義述聞》卷三二《通説》下《上下相因而誤》。

(《集韻》:'屬,或作繑。'),紬當作曳。曳,引也。言引屬而踵相隨也。今作紬者,因繑字而誤加糸耳。"①

十二　因注文而訛

《韓非子・外儲説》左篇云:"吾父獨冬不失袴。"舊注曰:"刖足者不衣袴,雖終其冬夏,無所損失也。"俞樾云:"正文本作'吾父獨終不失袴',故注以'終其冬夏無所損失'釋之。今作'冬不失袴',即涉注文而誤'終'爲'冬'。"②

《淮南子・覽冥》篇云:"羽翼弱水,暮宿風穴。"王念孫云:"'羽翼弱水'四字,文不成義。'羽翼'當爲'濯羽',故高《注》云:'濯羽翼於弱水之上。'今本作'羽翼',即涉注内羽翼而誤也。舊本《北堂書鈔・地部二・穴下》引此正作'濯羽弱水,暮宿風穴'。(陳禹謨本删去)《文選・辯命論》注、《白帖》九十四並同。《説文》'鳳濯羽弱水,莫宿風穴',即用《淮南》之文。"③

十三　因誤改而訛

古人校書,因誤改致訛見譏,《顏氏家訓・書證》篇多有其例。唐初顏師古《漢書叙例》已謂:"《漢書》舊文多有古字,解説之後,屢經遷易。後人習讀,以意刊改,傳寫既多,彌更淺俗。"蘇軾《東坡志林》復云:"近世人輕以意改書,鄙淺之人,好惡多同,從而和之者衆,遂使古書日就訛舛,深可忿疾!"顧炎武亦稱:"三代《六經》之音,失其傳也久矣。其文之存於世者,多後人所不能通;以其不能通而輒以今世之音改之,於是乎有改經之病,始自唐明皇改《尚書》,而後人往往效之。然猶曰舊爲某,今改爲某,則其本文猶在也。至於近日,鋟本盛行,而凡先秦以下之書,率臆輕改,不復言其舊爲某,則古人之音亡而文亦亡,此尤可嘆也。"④顧千里亦云:"予性素

① 《讀書雜志・管子第十二・輕重戊・紬繑》。
② 《古書疑義舉例》卷五之五六《涉注文而誤例》。
③ 《讀書雜志・淮南内篇第六・覽冥・羽翼》。
④ 《亭林文集》卷四《答李子德書》。

好鉛槧,從事稍久,始悟書籍之訛,實由於校。據其所知,改所不知,通人類然,流俗無論矣。”①今將誤改書面材料的情況分類舉例如下:

甲　因不明詞義而改

《戰國策·趙策》云:“魯連見辛垣衍,辛垣衍曰:‘吾視居此圍城之中者,皆有求於平原君者也。今吾視先生之玉貌,非有求於平原君者,曷爲久居若圍城之中而不去也。’”王念孫指出:“鮑據上文及《史記·魯仲連傳》,改‘若’爲‘此’,吴云:‘若’,疑‘居’字訛衍。”並分析道:

> 鮑之改,吴之疑,皆非也。若,猶此也。隱四年《公羊傳》“以子翬恐若其言聞乎桓”,謂此其言也。莊四年《傳》“有明天子,則襄公得爲若行乎”,謂此行也。《論語·公冶長》篇“君子哉若人”,謂此人也。古字或兼數義,後人不能徧識,或改之,或删之,而古義寖亡矣。②

不明詩文中所用成語典故,也可能導致誤改。佚名《漫叟詩話·黄山谷用船官事》:“‘王侯文采似於菟,洪甥人間汗血駒。相將問道城南隅,無屋止借船官居。’或云當作‘官船居’,非也。庾子山賦云‘風吹雲夢,凍合船官’,注:‘船官,官船也。’凡讀人詩,不可以臆見擅改字。”③郎瑛亦云:“東坡《跋和靖詩集》:‘詩如東野不言寒,書似西臺差少骨。’蓋西臺乃南唐李建中,今因不知李而改爲西施,謬解遠矣。”④

乙　因不明通假而改

蔣禮鴻云:“周邦彦《漁家傲》詞:‘賴有蛾眉煖客,長歌屢勸金杯側。’各本都作‘煖客’,鄭文焯疑‘煖’是錯字,據《西泠詞萃》本改作‘緩’,‘緩客’反而不可通了。他不知道‘煖、暖、輭’都是‘餪’的假借字,唐宋以來有輭脚、暖房、煖女、暖壽等説法,是以酒食餉人的意思。《集韻》上聲二十四

---

① 《思適齋集》卷一五《書文苑英華辨證後》。

② 《讀書雜志·戰國策第二·趙·久居若圍城之中》。鮑指鮑彪,吴指吴師道。

③ 《宋詩話輯佚》卷上。

④ 《七修類稿》卷四二《和靖詩刻》。案:蘇詩原文作“差少肉”,此肉作骨,蓋郎瑛誤記也。

緩韻：‘饌，乃管切(作者按：這正與“煖”同音)，《博雅》：“饌、餫，饋也。”一曰：女嫁三日後餉女曰饌女。’宋代學者宋祁曾改正兒媳家裏送食物書的‘煖父’爲‘饌女’，見邵博《邵氏聞見後録》卷二十九。由此可知，‘煖客’和‘饌女’一樣，都是以酒食餉人之意，所以周詞下句是‘長歌屢勸金杯側’。鄭氏不知宋人俗間常語，也不知溯源於《博雅》的‘饌’，輕信《詞萃》，以誤改不誤，其所以然之故，就是不通訓詁。”①

又張錫厚《王梵志詩校輯》録王梵志詩云：“人有七貧時，七富還相報。從財不顧人，且看來時道。”校曰：“從，原作‘徒’，據大藏本改。”袁賓指出：“‘從財’不辭，改‘徒’作‘從’，誤。‘徒’係‘圖’的同音借字。敦煌卷子中常見借‘徒’爲‘圖’例，如《捉季布傳文》：‘爲立千金搜季布，家家圖賞罷耕耘。’(《敦煌變文集》六十七頁)例中‘圖’字，原卷即作‘徒’，係據他本校改。(參《變文集》原校記)又梵志詩《夫婦擬百年》：‘入户圖衣食，不肯知家事。’(一百八十五頁)‘圖’原亦作‘徒’，《校輯》校改爲‘圖’，是，可作本例之證。”②

丙　因不審文義而改

没有把詩文意思弄明白而誤改的現象，也常常出現。如《逸周書·明堂》篇云：“天子之位，負斧扆南面立，率公卿士，侍於左右。”王念孫校云：

> “率公卿士”本作“群公卿士”。“侍於左右”，謂侍於周公之左右也。今本作“率公卿士”者，後人不曉文義而改之耳。上文既言“周公攝政，君天下，大朝諸侯於明堂之位”，則此“負扆南面立”者，即周公也。乃又言“率公卿士，侍於左右”，則“率公卿士”者，果何人耶？此理之不可通者也。《玉海》九十五引此正作“群公卿士”。③

又，蔣禮鴻指出：

---

① 《懷任齋文集·誤校七例》。

② 《〈王梵志詩校輯〉校釋補正》，載《社會科學》一九八五年第六期。

③ 《讀書雜志·逸周書第三·明堂·率公卿士》。

沈括《夢溪筆談·雜志一》:“嘉祐中,蘇州崑山縣海上,有一船,桅折,風飄抵岸。……蓋東夷之臣屬高麗者。……時贊善大夫韓正彦知崑山縣事,召其人,犒以酒食。食罷,以手捧首而䮰,意若歡感。”王秉恩校“䮰”爲“驒”,他的意思是“驒然”是笑貌,同“歡感”相應。然而他没有考慮到,假如是笑,那明明是“歡”了,“意若”這兩個字豈非多餘?他也没有考慮到船上來的是殊方異俗之人,自有其表示歡喜和感激的動作方式。這個“䮰”就是打滚。洪邁《夷堅丁志·閻四老》:“方城縣鄉民閻四老,得疾已亟,忽語其子曰:‘吾且爲驢,試視我打䮰。’即翹足仰身,翻復作勢,其狀真與驢等。”王氏没有從異域情調設想,隨便改字,未免把文章看得簡單了。①

不明詩意、詞意而改字的現象也不少。楊慎嘗云:“古人詩句,不知其用意用事,妄改一字,便不佳。孟蜀牛嶠《楊柳枝詞》:‘吴王宫裏色偏深,一簇烟條萬縷金。不分錢唐蘇小小,引郎松下結同心。’按古樂府《小小歌》有云:‘妾乘油壁車,郎乘青驄馬。何處結同心,西陵松柏下。’牛詩用此意詠柳而貶松,唐人所謂尊題格也。後人改‘松下’作‘枝下’,語義索然矣。”②蔣禮鴻也指出:“文章的意義要通貫,文字中間自然也有脈絡可尋,不審察文字中間的脈絡,就難免有輕易改竄或割裂的危險。例如周邦彦《蝶戀花》詞:‘不見長條低拂酒,贈行應已輸先手。’各本都作‘先手’,勞巽卿抄校本作‘纖手’,鄭文焯從勞氏改‘纖’。按:古人折柳贈别,‘不見長條’,是因爲已被先前送行的人折掉,現在再要折贈,已經遲了。‘先手’和‘不見’,正是一因一果的關係,改作‘纖手’,這個關係就被破壞了。這也是‘纖手’太爲人所熟悉,所以不顧文脈所輕易改竄。”③

丁　因不知修辭手段而改

爲了加强語言的表達效果,作者往往在行文中運用一些修辭手段,稍有忽視,即會出現誤改之弊。

---

① 《懷任齋文集·校勘略説》。

② 王仲鏞箋證本《升庵詩話》卷五《松下》,上海古籍出版社一九八七年。

③ 《懷任齋文集·誤校七例》。

有不知對偶而改者。如《淮南子・覽冥》篇云:"當此之時,禽獸蝮蛇,無不匿其爪牙,藏其螫毒。"王念孫指出:"此後人妄改之也,禽獸蟲蛇,相對爲文,所包者甚廣,改'蟲蛇'爲'蝮蛇',則舉一漏百,且與禽獸二字不類矣。《文子・精誠》篇正作禽獸蟲蛇,《韓子・五蠹》篇亦云人民不勝禽獸蟲蛇。"①

有不知排比而改者。如楊慎指出:"孟東野詩:'花嬋娟,泛春泉。竹嬋娟,籠曉烟。雪嬋娟,不長妍。月嬋娟,真可憐。'其辭風華秀艷,有古樂府之意。'雪嬋娟',今本或作'妓嬋娟',非也。余嘗令繪工繪此爲四時嬋娟圖,以花當春,以竹當夏,以月當秋,以雪當冬也。"②

有不知叶韻而改者。爲了便於記憶、誦讀,並形成一定的藝術效果,古書中除詩歌以外也有用韻的。不了解這一點,也會産生誤改現象。如《列子・説符》篇云:"爵高者,人妒之;官大者,主惡之;禄厚者,怨逮之。"俞樾云:"《淮南子・道應》篇作'禄厚者,怨處之'。是也。'怨處之',謂怨讎之所處也。猶曰:爲怨府也。處與妒、惡爲韻,若作逮,則失其韻矣。蓋由淺人不達處字之義而臆改。"③王重民謂"俞説是也,《御覽》四百五十九引逮正作處"。④ 王叔岷也提出了補證:"《册府元龜》七八八引《韓詩外傳》、《藝文類聚》三五引《文子》,亦並作'禄厚者,怨處之'。"⑤

有不知互文而改者。在引文中,詞句間的含義相互包容、相互補充的現象稱爲互文。不熟悉這種修辭手法,也會誤改,如《荀子・王霸》篇:"國危者,無樂君;國安者,無憂民。亂則國危,治則國安。今君人者急逐樂而緩治國,豈不過甚矣哉?"蔣禮鴻指出:

顧廣圻以爲"無憂民"應作"無憂君"。用今人作文的眼光來看,

---

① 《讀書雜志・淮南内篇第六・覽冥・蝮蛇》。

② 《升庵詩話》卷九《四嬋娟》。王仲鏞箋證云:"《四部叢刊》本影印明弘治本《孟東野詩集》即作'妓嬋娟'。"

③ 《諸子平議》卷一六《列子・説符》。

④ 《列子校釋》,載《國立北平圖書館月刊》第三卷第二號。(一九二九年八月)

⑤ 《校讎通例》七九《改字而失韻》,載《歷史語言研究所集刊》第二十三本下册。

“樂君”和“憂君”豈不是一氣貫串，十分確當嗎？其實這裏的“樂君”、“憂民”就是互文見義的一例。因爲國危無樂君，當然也不會有樂民；國安無憂民，當然更不會有憂君。以君包民，以民包君，這就是互文。説國安無憂民，就能表現治國的利益之大，也就反襯了逐樂的爲害之甚，比之象顧氏那樣改字，意義豐富多了。①

有不知語氣之爲反問而誤改者。王梵志詩云：“爲人何必樂，爲鬼竟何怨？”張錫厚《王梵志詩校輯》校記云：“何必樂，原作‘可必樂’，據文義改。”蔣紹愚糾正道：“‘可必樂’不誤，唐代可有豈義（見張相《詩詞曲語辭匯釋》），‘可必樂’即‘豈必樂’，改爲‘何必樂’反而不妥。”②

戊　因誤據本書而改

《淮南子·精神》篇云：“其生也天行，其死也物化。静則與陰俱閉，動則與陽俱開。”王念孫指出：“‘與陰俱閉，與陽俱開’，本作‘與陰合德，與陽同波’。後人以《原道》篇云‘與陰俱閉，與陽俱開’，故據彼以改此也。不知‘波’與‘化’爲韻，若如後人所改，則失其韻矣。《文子·九守》篇‘静即與陰合德，動即與陽同波’，即用《淮南》之文。《莊子·天道》篇‘其生也天行，其死也物化。静而與陰同德，動而與陽同波’（《刻意》篇同），又《淮南》所本也。”③

己　因誤據他書而改

《史記·孔子世家》云：“詩有之，高山仰止，景行行止。”王念孫指出：“宋本‘行止’作‘行之’，王應麟《詩考》引此，亦作‘行之’。今本仍作‘行止’者，後人依詩文改之也。案《小雅·車舝》，《釋文》曰：‘仰止，本或作仰之’，又《表記》引《詩》‘高山仰止，景行行止’，《釋文》曰：‘仰止，本或作仰之；行止，《詩》作行之。’是陸本《毛詩》，上句作‘止’，下句作‘之’也。《詩》正義曰‘仰之’、‘行之’，則上下句皆作‘之’，未可輒據今本《毛詩》以改《史記》也。《三王世家》載武帝《制》曰：‘高山仰之，景行嚮之，朕甚慕焉。’雖

① 《懷任齋文集·誤校七例》。顧校原文見《讀書雜志·荀子補遺》。
② 《〈王梵志詩校輯〉商榷》，載《北京大學學報》一九八五年第五期。
③ 《讀書雜志·淮南内篇第七·精神·静則與陰俱閉動則與陽俱開》。

‘嚮’與‘行’異文，而上下句亦皆作‘之’。”①

楊慎論古書不可妄改，舉例云：“曹子建《名都篇》：‘膾鯉臇胎蝦，寒鱉炙熊膰。’此舊本也。五臣妄改作‘炰鱉’。蓋‘炰鱉膾鯉’，《毛詩》舊句，淺識者孰不以爲‘寒’字誤而從‘炰’字邪？不思‘寒’與‘炰’字形相遠，音呼又別，何得誤至於此？《文選》李善注云：‘今之時餰謂之寒，蓋韓國饌用此法。’《鹽鐵論》：‘羊淹鷄寒。’《崔駰傳》亦有‘鷄寒’，曹植文‘寒鵠蒸麑’，劉熙《釋名》‘韓鷄爲正’，古字‘寒’與‘韓’通也。”②

庚　因據誤本而改

書面材料出現各種錯誤現象後，校讀者没有發現，反而進行了誤改，也是有的。今舉數例如下：

因本有訛文而改。王念孫《讀書雜志·淮南内篇》後序云：“有因誤字而誤改者。《道應》篇：‘孔子亦可謂知化矣。’知化，知事理之變化，化誤爲礼，而後人遂改爲禮矣。”

因本有脱文而改。《淮南子·時則》篇云：“若或失時，行罪無疑。”王叔岷指出：“《吕氏春秋·仲秋紀》作：‘無或失時，行罪無疑。’《月令》作：‘毋或失時，其有失時，行罪無疑。’此文‘若或失時’當作‘無或失時’，‘時’下更當有‘其有失時’四字，蓋由後人不知‘時’下有脱文，乃妄改‘無’爲‘若’耳。”③

因本有衍文而改。《韓非子·詭使》篇云：“名之所以成，城池之所以廣者，戰士也。”俞樾校曰：“‘池’乃‘地’字之誤，‘名之所以成’、‘地之所以廣’，相對成文，不當有城字，‘城’即‘成’字之訛而衍也。”④案：“城”字蓋涉上文“成”字而衍，校讀者不知，遂改“城地”爲“城池”。

因本有倒文而改。《史記·高祖功臣侯者年表》云：“棘蒲剛侯陳武，以將軍，前元年，率將二千五百人起薛。”王念孫以爲“‘率將二千五百人’，當依《漢表》作‘將卒二千五百人’。上文‘陽夏侯陳豨，以特將將卒五百

---

① 《讀書雜志·史記第三·孔子世家·景行行止》。

② 《升庵詩話》卷五《古書不可妄改》。

③ 《校讎通例》十七《因脱而妄改》，載《歷史語言研究所集刊》第二十三本下册。

④ 《古書疑義舉例》卷五之五三《兩字形似而衍例》。

人’即其證。今本‘將卒’二字誤倒,‘卒’字又誤作率”。其説可信。①

十四　因避諱改字而訛

甲　因避諱而改

因避諱而改字是我國古代書面材料的普遍現象,如錢大昕指出:“唐石經《毛詩》:‘洩洩其羽’、‘桑者洩洩兮’、‘無然洩洩’、‘是緤絆也’、‘俾民憂洩’,避世旁。‘甿,刺時也’,‘甿之蚩蚩’、‘甿六章’,避民旁。”②這段話是説唐石經《毛詩》中的“泄”、“紲”、“氓”字,之所以分別被改寫成“洩”、“緤”、“甿”諸字,是因爲避唐太宗李世民的諱。

因避諱而改字在一定程度上造成了書面材料的混亂。如陳垣云:“《漢書·藝文志》,儒家有莊助四篇、縱横家有莊安一篇、賦有莊忽奇賦十一篇、嚴助賦三十五篇。師古曰:‘上言莊忽奇,下言嚴助,史駁文。’蓋莊爲漢諱,故列傳改作嚴助、嚴安、嚴忽奇。《志》之或莊或嚴,則録自《七略》避改有未盡,或後人回改也。”③

對避諱改字現象,也容易産生誤會。陳垣復云:“《後漢書·儒林傳》:孔僖因讀吴王夫差時事,廢書嘆曰:‘若是所謂畫龍不成反爲狗者。’劉攽注曰:‘按古語皆云畫虎不成,此誤。’《野客叢書》三十謂:‘此非誤,蓋章懷太子避唐諱所改爾。正如令狐德棻《後周書》引韋祐語,古人稱不入獸穴、焉得獸子同意。亦避虎字,非誤也。’”④

乙　因不識諱字而改

《詩·小雅·無將大車》云:“無將大車,祇自塵兮。無思百憂,祇自疧兮。”陳垣指出:“‘疧’本作‘痻’,與‘塵’爲韻。唐人避諱,缺筆爲氏,遂誤爲‘疧’。《小雅·白華》篇:‘有扁斯石,履之卑兮;之子之遠,俾我疧兮。’此‘疧’字正從氏,與卑爲韻。痻字缺筆,則與疧字混。”⑤

《後漢書·張奂傳》云:“敦煌酒泉人也。”注:“酒泉,縣名,地多泉水。

---

① 《讀書雜志·史記第二·高祖功臣侯者年表·率將》。

② 《十駕齋養新録》卷三《石經避諱改字》。

③⑤ 《史諱舉例》卷四《因避諱而生之訛異》。

④ 《史諱舉例》卷六《不講避諱學之貽誤》。

今永州晉昌縣東北。"(陳垣案:考《新唐書·地理志》,晉昌縣屬瓜州,永字誤。)陳垣指出:"酒泉,郡名,非縣名,當作淵泉。胡三省注《通鑑》云:'奂,敦煌淵泉人。'胡所見本,尚未訛也。《漢志》敦煌郡有淵泉縣,《晉志》作'深泉',蓋避唐諱。章懷本亦當作深,後人習聞酒泉之名,妄改爲酒耳。"①

對此,前於陳垣的楊慎也曾舉例道:"李太白詩:'昔日繡衣何足榮,今朝貰酒與君傾。且就東山賒月色,酣歌一夜送泉明。'泉明即淵明,唐人避高祖諱,改淵爲泉也。今人不知,改泉明作泉聲,可笑。"②

十五　因政治原因而改

秦始皇焚書、禁書,書不能且不必盡焚、盡禁,乃有竄改之法。

甲　爲迎合人主而改

陳寅恪《元白詩箋證稿》第三章《連昌宫詞》論詩中誤字云:"其最可異者,莫如'爾後相傳六皇帝,不到離宫門久閉'之句下注云'肅代德順憲穆'六字。據詩中文義,謂'今皇'平吴蜀,取淮西(《連昌宫詞》此數句,可與《元氏長慶集》貳壹《代嚴綬諭淮西書》參證),則'今皇'自是指憲宗而言,自玄宗不到離宫之後,順數至'今皇'即憲宗,只有五帝,何能預計穆宗或加數玄宗而成'六皇帝'? 嘗徧考諸本,俱作'六',無作'五'者,可知此誤字相傳已久。頗疑微之於本朝君主傳代之數,似不應訛誤至此,而諉爲野老記憶不真之言。如《元氏長慶集》伍貳《沂國公魏博德政碑》所云:'五紀四宗,容受隱忍。'其'四宗'自指肅代德順四宗而言,所言既無訛舛,以彼例此,則應亦不致誤述也。或者此詩經崔潭峻之手進御於穆宗,閹椓小人,未嘗學問,習聞當日'消兵'之説,圖復先朝巡幸之典,殊有契於'老翁此意深望幸,努力廟謨休用兵'之句,遂斷章取義,不顧前後文意,改'五'爲'六',藉以兼指穆宗歟?"陳氏推斷似屬可信。此字當是宦官爲了取悦時主,迎合其政治意圖而改。

---

① 《史諱舉例》卷六《不講避諱學之貽誤》。

② 《升庵詩話》卷七《泉明》王仲鏞箋證云:"杜甫《王兵馬使二角鷹》詩'崑崙虞泉人馬蹄',用《淮南子·天文》篇'日至於虞淵,是謂黄昏'事,亦改淵爲泉。"

乙　因迫於壓力而改

書面材料中，有些文字的改動是迫於政治壓力造成的。黄侃《日知録校記序》云："《録》中《論古文未正之隱》曰：文信國《指南録序》中，'北'字者'虜'字也；後人不知其意，不能改之。"其實，顧炎武的《日知録》在清代出版時，爲避文網，不少文字都遭到過改動。章炳麟《日知録校記序》説：

昔時讀《日知録》，怪顧君仕明至部郎，而篇中稱明，與前代無異，疑爲後人改竄。又《素夷狄行乎夷狄》一條有録無書，亦以爲乾隆抽毁也。後得潘次耕初刻，與傳本無異，則疑顧君真迹已然，結轖不怡者久之。去歲聞友人張繼得亡清雍正時寫本，其缺不書者固在，又多出"胡服"一條，纚纚千餘言；其書"明"則"本朝"，涉明諱則用之。信其爲顧君真本，曩之所疑，於是砉然凍解也。

清人刻書，爲避清朝滿族統治者種族之諱而改字的現象，也屬這種情況。如王利器《杜集校文釋例》四十三《清人避諱改字》云：

宋本卷第十六《有感五首》之五："胡滅人還亂。"玉句草堂本作"盜滅人還亂"，此清人避諱改字也。宋本卷第二《塞盧子》："胡行速如鬼。"《全唐詩録》"胡行"改"寇行"；宋本卷第七《八哀詩》之三《贈左僕射鄭國公嚴公武》："胡騎忽縱横。"《全唐詩》"胡騎"改"賊騎"；《八哀詩》之七《故著作郎貶台州司户滎陽鄭公虔》："胡塵昏坱莽。"《全唐詩》"胡塵"改"邊塵"；同一"胡"字，恣意改之，竟一爲"寇"，一爲"賊"，一爲"邊"也。①

丙　爲蒙蔽讀者而改

爲了蒙蔽讀者，封建社會的統治者也常改動書面材料，乾隆四十六年（一七八一）圖明阿的一份奏摺即可説明這一點。其奏摺云："奴才圖明阿跪奏，爲恭録勘辦劇本，進呈御覽事。竊照查辦劇曲，昨奴才擬請凡有關

---

① 載《王利器論學雜著》。

涉本朝字句,及宋、金劇本扮演失實者,應遵旨删改抽掣,另繕清本,同原本粘簽進呈;其餘曲本,有情節乖謬,恐其誑惑愚民者,亦照此辦理;若但係字句違礙,則止將原本粘簽改正進呈等情具奏。奉到原硃批:'好,知道了。此亦正人心之一端,但不可過於滋擾耳。欽此。'"①乾隆批語中"正人心"三字恰可作爲蒙蔽讀者的注脚。

魯迅曾指出:"單看雍正、乾隆兩朝的對於中國人著作的手段,就足够令人驚心動魄。全毁、抽毁、剜去之類也且不説,最陰險的是删改了古書的内容。乾隆朝的纂修《四庫全書》,是許多人頌爲一代之盛業的,但他們却不但搗亂了古書的格式,還修改了古人的文章;不但藏之内廷,還頒之文風頗盛之處,使天下士子閲讀,永不會覺得我們中國的作者裏面,也曾經有過很有些骨氣的人。"他還舉例道:"《四部叢刊》續編裏的影明抄本宋晁説之《嵩山文集》在這裏,卷末就有單將《負薪對》一篇和四庫本相對比,以見一斑的實證,現在摘録幾條在下面,大抵非删則改,語意全非,仿佛宋臣晁説之已在對金人戰栗,囁嚅不吐,深怕得罪似的了。"如舊鈔本"金賊以我疆埸之臣無狀,斥堠不明,遂豕突河北,蛇結河東"。被四庫本改成"金人擾我疆埸之地,邊城斥堠不明,遂長驅河北,盤結河東"。舊鈔本"彼金賊雖非人類",被四庫本改成"彼金人雖甚强盛"。舊鈔本"忍棄上皇之子於胡虜乎?"被四庫本改成"忍棄上皇之子於異地乎?"②

十六　爲方便讀者而改

爲了便於讀者閲讀理解,古人常對引文中深奥的詞語進行改寫。今人張鈞才對這個問題作過研究,他認爲司馬遷《史記》引《尚書》有"以訓詁字代經文例",指出:

> 《尚書》文義之艱深,甚於他經,經士傳説,多已改爲簡明之字,史公作史,尤貴明易,故每以訓詁字代之。

① 《元明清三代禁毁小説戲曲史料》(增訂本):《乾隆四十六年圖明阿奏遵旨查辦戲劇違礙字句》。

② 《且介亭雜文・病後雜談之餘》。

《五帝本紀》曰:"敬順昊天。"《堯典》篇曰:"欽若昊天。"案《爾雅·釋詁》曰:"欽,敬也。"《釋言》曰:"若,順也。"

張鈞才認爲《史記》引《尚書》還有"以通用及義近之字代經文例":

史引經文,往往以通用字及義近字代之,此或所據本不同,或任意更改,求其義明者耳。

《五帝本紀》曰:"盲者子。"《堯典》篇曰:"瞽子。"案"盲"、"瞽"二字義相近。《説文》目部曰:"盲,目無牟子。""瞽,目但有眹也。"段氏曰:"用於散文則通,用於對文則别。"①

又,張元濟曾舉出:"《元史·泰定帝紀一》即位詔書,原爲口語譯文,改作文言。"②同樣也是爲了便於讀者閱讀。

十七　因提高文字水平而改

爲提高文字水平而改字的現象出現甚早。今本《尚書大傳·周傳》有云:"别風淮雨。"《後漢書·南蠻西南夷列傳》作"烈風雷雨",注曰:"别風淮雨。"劉勰指出:"《尚書大傳》有'别風淮雨',《帝王世紀》曰:'列風淫雨。''别'、'列','淮'、'淫',字似潛移。'淫'、'列'義當而不奇,'淮'、'别'理乖而新異。傅毅制誄,已用'淮雨',固知愛奇之心,古今一也。"③

再如高彦休《唐闕史》卷上引鄭畋題馬嵬詩云:"肅宗迴馬楊妃死,雲雨雖亡日月新。終是聖明天子事,景陽宫井又何人。"陳寅恪校云:

吴曾《能改齋漫録》捌《馬嵬詩》條載臺文此詩,"肅宗"作"明皇","聖明"作"聖朝"。計有功《唐詩紀事》伍陸亦載此詩,惟改"肅"字爲"玄"字(又"聖明"作"聖朝"),今通行坊本選録臺文此詩,則並改"雖

① 《史記引尚書文考例》,載《金陵學報》第六卷第二期。

② 《涉園序跋集録·影印百衲本二十四史序》。

③ 《文心雕龍·練字》。

亡”爲“難忘”，此後人逐漸改易，尚留痕迹者也。但臺文所謂“肅宗迴馬”者，據《舊唐書》拾《肅宗紀》略云：

於是玄宗賜貴妃自盡。車駕將發，留上(肅宗)在後宣諭百姓。衆泣而言曰，請從太子收復長安。玄宗聞之，令〔高〕力士口宣曰，汝好去。上(肅宗)迴至渭北，時從上惟廣平、建寧二王，及四軍(寅恪案，此言四軍，可與《舊唐書》伍壹《后妃傳·楊貴妃傳》參證)將士纔二千人，自奉天而北。

蓋肅宗迴馬及楊貴妃死，乃啓唐室中興之二大事，自宜大書特書，此所謂史筆卓識也。“雲雨”指楊貴妃而言，謂貴妃雖死而日月重光，王室再造。其意義本至明顯平易。今世俗習誦之本易作：

玄宗迴馬楊妃死，雲雨難忘日月新

固亦甚妙而可通，但此種改易，必受《長恨歌》此節及玄宗難忘楊妃令方士尋覓一節之暗示所致，殊與臺文元詩之本旨絶異。[1]

後人將“肅宗”改爲“玄宗”，“雖亡”改爲“難忘”，從而表現了玄宗舊地重游，見到物是人非所産生的無限情思。這樣做雖然大大提高了原詩的感染力，但是也改變了原詩的本來面目。

順便提及，有的作者對自己的作品被改動，還表示了贊賞。如李東陽《麓堂詩話》云：“《唐音遺響》所載任翻《題台州寺壁》詩曰：‘前峰月照一江水，僧在翠微開竹房。’既去，有觀者取筆改‘一’字爲‘半’字。翻行數十里，乃得‘半’字，亟回欲易之，則見所改字，因嘆曰：‘台州有人。’”但這已經不屬於校勘學而屬於修辭學範疇的事了。

第二節　致脱的原因

致脱的原因，有自然因素，也有人爲因素。在人爲因素中，有無意而脱，也有有意而删。今分别舉例如下：

① 《元白詩箋證稿》第一章《長恨歌》。

一　因書籍缺損而脱

書面材料因爲火燒、水浸、蟲蛀、霉爛，或在流傳過程中散佚、磨損等原因都會出現缺脱現象。

唐弢説過："建國初期，我在華東文化部文物處工作，由於廢紙破書集中城市，曾經發動書商，從堆棧裏檢出不少珍貴古籍和革命文獻。今存北京圖書館的三十卷本五臣注《文選》殘本，就是當時收獲之一。這部書最後印有一行牌記：'杭州猫兒橋河東岸開箋紙馬鋪鍾家印行。'"[①]蕭新祺進一步介紹了這部書的情況："一九六四年春，中國書店專家服務部從安定門内國子監孔廟遷到琉璃廠海王村營業。開業前，將歷年收進的宋元明諸善本，已售於各圖書館及學術單位的佳本古籍，借了回來，舉辦善本書展，内有宋刻本《文選五臣注》，南宋初年杭州猫兒橋開箋紙馬鋪鍾家刊本，清王懿榮題簽，季振宜舊藏。原書三十卷，惜僅存二十九、三十兩卷。每半頁十二行，行十九字，注文雙行，行二十七字，左右雙欄，白口，單魚尾，字歐體。第二十九卷售予北京大學圖書館，第三十卷售予北京圖書館。"[②]顯然，這部宋刻五臣注《文選》所缺二十八卷是在流傳過程中亡佚的。另外，歷史上大量出土的簡書、帛書、紙書，由於斷裂、腐爛，不少已變得殘缺不全，也極爲可惜。

脱文一般用墨釘或空圍來表示。例如一九七三年十二月長沙馬王堆漢墓出土的《老子》甲、乙本皆有闕文。經整理後，其中有一段甲本作："天下有道，□走馬以糞；天下無道，戎馬生於郊。罪莫大於可欲，禍莫大於不知足，咎莫憯於欲得，□□□□□，恒足矣。"[③]

脱文較多可約計脱文字數，空出一定的行格。如顧廣圻於元刊本《詩外傳》十卷跋云："此綏階袁君三硯齋書也……其標目分條以至佚字脱句，皆未失古意，足正後來不能闕疑之非。即宋本之善，應不過是也。内失葉二十餘翻，他本無足中補寫者，予謂宜但作烏絲闌虚以待焉，想袁君亦必

① 《晦庵書話·書城八記·版本》。

② 《宋刻本〈文選五臣注〉殘帙簡介》，載《古籍整理出版情況簡報》第二〇三期。

③ 《馬王堆漢墓出土〈老子〉釋文》，載《文物》一九七四年第十一期。

以爲當也。"①

校勘家對脱文常以"闕"、"下闕"、"疑闕"、"以下脱若干字"等字樣表示。如《晏子春秋》内篇《諫下》云:"梁邱據死。景公召晏子而告之曰:'據忠且愛我,我欲豐厚其葬,高大其壟。'晏子曰:'敢問據之忠與愛於君者,可得聞乎?'公曰:'吾有喜於玩好,有司未能我共也,則據以其所有共我,是以知其忠也。每有風雨,暮夜求必存,吾是以知其愛也。'晏子曰:'嬰對則爲罪,不對則無以事君,敢不對乎? 嬰聞之,臣專其君,謂之不忠;子專其父,謂之不孝;妻專其夫,謂之嫉。事君之道,導親於父兄,有禮於群臣,有惠於百姓,有信於諸侯,謂之忠。爲子之道,以鍾愛其兄弟,施行於諸父,慈惠於衆子,誠信於朋友,謂之孝。爲妻之道,使其衆妾皆得歡忻於其夫,謂之不嫉。今四封之民,皆君之臣也。而維據盡力以愛君。'"盧文弨注云:"疑闕。"②王念孫注云:"此下各本脱去九十九字。"③據《群書治要》,此九十九字爲:"何愛者之少邪? 四封之貨,皆君之有也,而維據也以其私財忠於君,何忠者之寡邪? 據之防塞群臣,壅蔽君,無乃甚乎! 公曰:'善哉! 微子,寡人不知據之至於是也。'遂罷爲壟之役,廢厚葬之令,令有司據法而責,群臣陳過而諫,故官無廢法,臣無隱忠,而百姓大説。"再如屈萬里指出:"《魏書・廣平王懷傳》'廣平王懷'下,宋本就注了一個'闕'字,可見在宋時已有殘闕,但究竟闕了多少字,現已無法知道。"④

有些書面材料的脱文没有標明,少數人甚至還設法泯滅脱文的痕迹。如王重民在談到明嘉靖間刻本《臨川王先生荆公文集》一百卷時説:"及持嘉靖間翻臨川本相較,脱詩每均在一整葉上,而此本既不標明脱葉,反將脱葉抹煞,連接其葉數,以泯其真迹。葉相接矣,而詩不相接,爲此本舊主所發覺,因用嘉靖本校補之。安正堂刻書頗多,於是集乃竟草率若是,此坊本所以不見重於學人也。"⑤再如張元濟在校勘《宋史》時指出:"傳第一

---

① 《思適齋集外書跋》經類。

② 見黄以周《晏子春秋校勘》上《内篇諫下第二》。

③ 《讀書雜志・晏子春秋第一・内篇諫下・脱文九十九》。

④ 《讀古書爲什麽講究板本》,載《大陸雜志》二卷七期。

⑤ 《中國善本書提要》集部别集類。

百八十八《張栻傳》,元本末葉爲第二十五葉,前葉末句爲'卒年四十有'。成化本行款已改,然於'有'字下猶留墨板,爲待訪補刻之地。至北監本,則於'有'字下增八字,足成語氣,以掩其不全之迹。"①

需要注意的是,書面材料中對脱文的標注可能有錯誤。詳見本章第三節《致衍的原因》十六《本無闕文而誤加空圍》。

二　因重文而脱

《列子·仲尼》篇云:"孤犢未嘗有母,非孤犢也。"俞樾指出:"此本作'孤犢未嘗有母,有母非孤犢也'。《莊子·天下》篇釋文引李云'言孤則無母,孤稱立則母名去',是其義也。因兩'有母'字相連,誤脱其一。"②

《吕氏春秋·審爲》篇云:"不能自勝則縱之,神無惡乎!"畢沅校曰:"'縱之'下當再疊'縱之'二字,《文子·下德》篇、《淮南子·道應》篇俱疊作'從之,從之'。"王叔岷補證云:"畢氏謂'縱之'二字當疊,是也。《注》:'言人不能自勝其情欲則放之,放之,神無所憎惡。'以'放'詁'縱',而疊'放之'二字,則正文本疊'縱之'二字明矣。"③

又,《春秋繁露·身之養重於義》篇云:"今握棗與錯金以示嬰兒,必取棗而不取金也。握一斤金與千萬之珠以示野人,野人必取金而不取珠也。"孫詒讓指出:"《日鈔》引,疊'嬰兒'二字是也,當據校補。下文亦疊'野人'二字,文例正同。"④

三　因忽略重文符號而脱

古書中的重文符號在傳鈔轉刻的過程中,可能被寫錯了,也可能被寫脱了。如《漢書·霍光傳》云:"先是,後元年,侍中僕射莽何羅與弟重合侯通謀爲逆,時光與金日磾、上官桀等共誅之,功未録。"管吉指出:

① 《校史隨筆·宋史·張栻傳補闕一葉》。
② 《古書疑義舉例》卷六之七二《字以兩句相連而誤脱例》。"李"指晉李頤。
③ 《校讎通例》五三《誤不疊》,載《歷史語言研究所集刊》第二十三本下册。
④ 《札迻》卷二。《日鈔》指黄震《黄氏日鈔》。

> “後元年”句有脱漏。“後元”乃漢武帝年號,共二年。此指何年,甚不明確。今查同書《武帝紀》,當爲後元元年。該年六月條記載:“侍中僕射莽何羅與弟重合侯通謀反,侍中駙馬金日磾、奉車都尉霍光、騎都尉上官桀討之。”古人書寫重字,但於字下作小“二”,疑本條“後元元年”即如此,流布過程中,重字符號被傳抄者脱去。現當據《武帝紀》補上。①

有的重文符號還表示句子的重複,稍有疏忽就會造成句子或字詞的脱漏。如《説苑·反質》篇云:“故上不禁技巧,則國貧民侈,國貧窮者爲奸邪,而富貴者爲淫佚,則驅民而爲邪也。”王利器云:

> 這段文章,義不相屬,敦煌本作“故上不禁技巧則國二貧二民二侈二則貧窮者爲奸耶,而富足者爲淫泆,則驅民爲耶也”。《群書治要》作“故上不禁技巧,則國貧民侈;國貧民侈,則貧窮者爲奸邪,而富足者爲淫泆,則驅民而爲邪也”,正和敦煌本同。因爲今本都脱小“二”,於是就搞不通了。②

又,《論衡·語增》篇云:“凡天下之事,不可增損。考察前後,效驗自列。自列,則是非之實有所定矣。”裘錫圭校曰:

> 此文本當作“考察前後,效驗自列。效驗自列,則是非之實有所定矣”。古人於重複之字句皆用重文符號表示。如此文,於漢時必書作“考察前後,效二驗二自二列二,則是非之實有所定矣”。蓋“效驗”二字後之重文符號因傳寫脱落,遂成今本之文。《論衡》中脱落重文之例頗爲常見,《校釋》《集解》皆曾屢加舉正,可參閲。③

---

① 《漢書校記二則》,載《史學月刊》一九八三年第六期。

② 《王利器論學雜著》:《校讎學方法論》四《重文與疊語》。

③ 《論衡札記》,載《文史》第五輯。案:《校釋》,黄暉《論衡校釋》也。《集解》,劉盼遂《論衡集解》也。

如前所述,重文符號是多種多樣的,其他形式的重文符號,稍不留心也會造成脱文。潘重規曾舉一例:

倫敦藏斯坦因五五四〇號敦煌卷子鈔寫了《山花子》四行。王重民《敦煌曲子詞集》、任二北《敦煌曲校録》、饒宗頤《敦煌曲》都收録了這一首絶妙好詞,但都顯示出殘缺不全的面貌。現在先將他們記録的詞句寫下:

去年春日長相對,今年春日千山外。落花流水東西路,離期會。　　西江水竭南山碎,憶得終日心無退。當時只合同携手,悔□□。

任二北《校録》云:"'悔'字下,王《集》注'下缺',乃缺二字,待補。'悔'亦可能爲韻,則所缺二字在'悔'字之上。"饒著《敦煌曲》"悔"字下同樣作缺字符號。(據黄建基先生見告,一九七四年九月一日香港中文大學《新亞學報》第十一卷上册,饒宗頤先生《〈長安詞〉〈山花子〉及其他》已將缺文補出。)王重民、饒宗頤兩先生久居歐陸,親見原卷,任二北教授或許只看見照片。三人都出同樣的紀録,使得一首美妙無比的名作,到最後戛然打斷,令人心頭綁上一個死結,非常的不舒服。今年雙十"國慶",我在倫敦圖書館,把原卷借出,原來是一本蝴蝶裝册子,共三葉,每半葉八行,鈔寫了《百行章》《燕子賦》等。第三葉就是這首《山花子》詞。由於歲隔千年,紙墨顔色非常黯淡。仔細辨認,"悔"字下正中有分開相當距離的兩點,作"悔、、"。……寫本使用標點符號的慣例,不但兩點"、、"表示重文,有時一點也表示重文。所以這兩個單點即是兩個重文。而且這首詞抄寫的人增加句號,每一斷句處都有一圓點"·","悔、、"的最後一點的旁側,也加了一個斷句的圓點"·",可見這一句是"悔悔悔"三個字。既不是"悔"字下缺兩個字,也不是"悔"字上缺兩個字。……這首詞情思的婉轉,設想的恢奇,開闢了後代詞家新境界。南宋朱淑真有名的《生查子》詞,以"去年元日"、"今年元日"兩兩對比,正是此詞"去年春日"、"今年春日"的翻版。陸放翁有名的《釵頭鳳》,在"一懷愁緒,幾年離索",無可奈何之餘,不禁吐出了"錯! 錯! 錯!"的哀音,文情體態,不正是《山花子》"悔! 悔! 悔!"的同調嗎? 失去了這個精彩的結尾,玉缺便不成其爲完璧了!①

四 因上下文而脱

這種現象是由傳鈔者的錯覺造成的。脱文的末一字或末數字往往與上下文的末一字或末數字相同。陳垣曾論之云:

> 鈔書脱漏,事所恒有,惟脱漏至數字或數十字者,其所脱之末一二字多與上文同,在沈刻《元典章》中此爲通例,因鈔書之人,目營手運,未必顧及上下文理,一時錯覺,即易將本行或次行同樣之字句誤認爲已經鈔過,接續前鈔,遂至脱漏數字數行而不知。此等弊端,尤以用行款不同之鈔格者爲易犯。
>
> 其脱漏三數字者,其末字多與上文同:
>
> 吏二十五"立嫡長子"下　脱"若嫡長子"四字。
>
> 兵一三七"大小軍官"下　脱"首領官"三字。
>
> 兵一五三"萬户千户"下　脱"百户"二字。
>
> 其脱漏數十字以上者,其末一二字亦多與上文同:
>
> 吏六六五一行"吏目"下　脱五十四字。末二字亦爲"吏目"。
>
> 刑十九四十十行"的人"下　脱七十八字。末二字亦爲"的人"。②

又,《論衡·卜筮》篇云:"又試使人駡天而卜,敺(毆)地而筮,無道至甚,亦得兆數。苟謂兆數天地之神,何不滅其火,灼其手,振其指,而亂其數,使之身體疾痛,血氣湊踊?"裘錫圭指出:

---

① 《敦煌詞話·完整無缺的山花子曲子調》。

② 《校勘學釋例》卷二第十四《因同字而脱字例》。

“兆數”不得謂爲“天地之神”。下文有“兆數非天地之報”語，此文“苟謂兆數天地之神，何不滅其火……”，本當作“苟謂兆數天地之報，天地之神何不滅其火……”。蓋鈔書者誤將“之報”前之“天地”，與“之神”前之“天地”混而爲一，遂致脱去“之報天地”四字。①

五　正文誤入注文

前人早已注意到古書中正文注文互相闌入這種現象。唐人郭京著有《周易舉正》，自序云：“得王輔嗣、韓康伯手寫真本，比校今所習者，或將經入注，用注作經。”正文誤入注文，對正文來説是脱，對注文來説則是衍，我們在這兒僅從正文的角度來談這個問題。如《淮南子·説林》篇云：“栗得水濕而熱，甑得火而液。水中有火，火中有水。疾雷破石，陰陽相薄。”注曰：“自然之勢。”王念孫指出：“‘自然之勢’四字，乃是正文，非注文，言疾雷破石，此陰陽相薄，自然之勢也。《太平御覽·火部》二引此，四字在正文内，是其證。”②又同篇有云：“行者思於道，而居者夢於床。慈母吟於巷，適子懷於荆。”注曰：“精相往來也。”王念孫云：

“巷”當爲“燕”，字之誤也。“道”與“床”相對，“燕”與“荆”相對，今本“燕”作“巷”，則非其指矣。“精相往來也”五字，乃是正文，非注文。《吕氏春秋·精通》篇：“身在乎秦，所親愛在於齊，死而志氣不安，精或往來也。”高彼《注》曰：“《淮南》記曰：‘慈母在於燕，適子念於荆，言精相往來也。’”《太平御覽·人事部》十九：“《淮南子》曰：‘適子懷於燕，慈母吟於荆，情相往來也。’”詞雖小異，而字皆作“燕”，且精相往來句，皆與上二句連引。③

---

① 《論衡札記》，載《文史》第五輯。

② 《讀書雜志·淮南内篇第十七·説林·自然之勢》。案：《二十二子》本《淮南子》，“自然之勢”四字即在注中。

③ 《讀書雜志·淮南内篇第十七·説林·吟於巷 精相往來也》。高謂高誘。

六　因字體殘闕而删

陳垣《校勘學釋例》卷一第七《字體殘闕逕行删去例》對這個問題作過分析,今節録如下:

> 鈔刻書籍,遇有殘闕字體,應爲保留,以待考補,不得將殘闕字句逕行抹去。今沈刻《元典章》目録禮部門内,殘闕多條,尚留空位待補,是也。然亦有將殘闕字句逕行删去,不留空位者:
>
> 目録三六　望講經史　應作"朔望講經史例"。
>
> (中略四條)
>
> 舉程式條目　應作"科舉程式條目"。
>
> ……
>
> 右六條,每條之上,皆殘闕一字,緣吴氏繡谷亭本(即涵芬樓藏本)此數葉紙有殘闕也。由此可知沈刻此卷實由繡谷亭本出,特未知是直接是間接耳。然所闕者目録,本可用本書校補,即未及校補,亦應預留空位,今乃逕行删去,疏忽之誚,似不能辭。又書中標目,亦有似此殘闕逕行抹去者。
>
> 兵三五十　馳驛　"馳"上應有"枉道"二字。
>
> 刑七十四　犯姦出舍　"犯"上應有"舍居女"三字。
>
> 右目二條,因元刻上有殘闕,本可據卷首目録校補,即未及校補,亦應預留空位,不應逕行抹去,致令人疑爲無闕也。

又,户八六三"提調官歸縣達魯花赤","'歸'上元有一字殘闕,據汲古閣藏本尚殘留'禾'字,當是秭歸"。户八八一"大字直書鹽不得犯界","'鹽'上元有一字殘闕,據汲古閣藏本尚殘留'厶'字,當是私鹽"。

七　因不識假借字而删

《戰國策·齊》云:"衛鞅謀於秦王曰:夫魏氏,其功大而令行於天下,有十二諸侯而朝天子,其與必衆。"王念孫曰:"'有十二諸侯',有下當有從字，有讀爲又(《戰國策》通以有爲又，《史記》《漢書》及諸子並同)。上文云'又從十二諸侯朝天子'是也。下文亦云'今大王之所從十二諸侯'。今本無從字者，後人誤讀有爲有無之有，則與從字義不相屬，因删去從字耳。"①

《淮南子・人間》篇："此何遽不爲福乎?"王念孫校云："'何遽不爲福'本作'何遽不能爲福'，能與乃同('乃'、'能'古字通，説見《漢書・谷永傳》'能或滅'之下)。言何遽不能爲福也。下文曰：'此何遽不能爲禍乎?'即其證。此及下文兩'何遽不爲福'，《藝文類聚・禮部》《太平御覽・禮儀部》，並引作'何遽不乃爲福'。又'何遽不能爲禍'，亦引作'何遽不乃爲禍'。"②王氏還進一步指出，這是"有不識假借之字而妄删者。《人間》篇：'此何遽不能爲福乎?'能，讀曰乃。言何遽不乃爲福也。後人不知能與乃同，遂删去能字矣"。③

八　因不明詞義而删

《淮南子・道應》篇："敖幼而好游，至長不渝。"王念孫曰："此本作'至長不渝解'，今本無解字者，後人不曉渝解二字之義而削之也。不知渝與解同義。《太元・格次三》：'裳格鞶鉤渝。'范望曰：'渝，解也。'字亦作愉。《吕氏春秋・勿躬》篇'百官慎職而莫敢愉綎'，高注曰：'愉，解也；綎，緩也。'又《方言》：'揄，脩，脱也；解，輸，脱也。'郭璞曰：'挩，猶脱耳。'《文選・七發》：'揄棄恬怠，輸寫淟濁。'李善注引《方言》：'揄，脱也。'脱亦解也。渝、愉、揄、輸，並聲近而義同。《太平御覽》引作'至長不渝解'，《蜀志》注引作'長不喻解'，《論衡》作'至長不偷解'，字雖不同，而皆有'解'字。"④

《淮南子・道應》篇復云："得其精而忘其粗，在内而忘其外。"王念孫指出："'在'下本有'其'字，後人以意删之也。《爾雅》曰：'在，察也。'察其

① 《讀書雜志・戰國策第一・齊・有十二諸侯》。

② 《讀書雜志・淮南内篇第十八・人間・何遽不爲福》。

③ 《讀書雜志・淮南内篇》後序。

④ 《讀書雜志・淮南内篇第十二・道應・不渝》。

内即得其精也,忘其外即忘其粗也。後人不知在之訓爲察,故删去'其'字耳,《蜀志·郤正傳》注引此,正作'在其内而忘其外',《列子》同。《白帖》引作'見其内而忘其外',雖改'在'爲'見',而'其'字尚存。"①

九　因不審文義而删

書面材料中常有校讀者没有弄清詩文的整體含義,誤認爲其中某些字句、段落是衍文而删去的現象。蔣禮鴻曾舉一例論之云:

> 已故的羅根澤、戚法仁兩先生的《先秦散文選注》選録《荀子·天論》,終於"故錯人而思天,則失萬物之情"句,注道:"本文下面還有兩段,都與《天論》無關,疑他篇竄入,茲不録。"近來選録《天論》的大多這樣處理,這實在是錯誤的。《荀子》這一篇"故錯人而思天,則失萬物之情"這一段的開頭説:"在天者莫明於日月,在地者莫明於水火,在物者莫明於珠玉,在人者莫明於禮義。故日月不高則光輝不赫,水火不積則暉潤不博,珠玉不睹(睹)乎外則王公不以爲寶,禮義不加於國家則功名不白。故人之命在天,國之命在禮。"很明顯,"禮義不加於國家則功名不白"、"國之命在禮"是這段文章裏的主要意思,而"在人者"的"禮義"也正是"錯人而思天"的"人"的命根。那麽請看羅、戚兩先生認爲是他篇竄入的第一段裏的話:"水行者表深,表不明則陷;治民者表道,表不明則亂。禮者,表也。非禮,昏世也;昏世,大亂也。"這裏的"明"豈不是"在人者莫明於禮義"的"明","禮"豈不也是"在人者莫明於禮義"、"國之命在禮"的"禮"嗎?要是羅、戚兩先生認爲"在人者莫明於禮義"、"國之命在禮"與《天論》有關,那麽憑甚麽斷言"治民者表道,表不明則亂。禮者,表也"與《天論》無關呢?再者,在這個"他篇竄入"的第一段裏又提到了"道貫"和"道",説道:"故道之所善,中則可從,畸則不可爲,匿則大惑。"楊倞注以爲"言禮可以爲道之條貫也",又説:"畸者,不偶之名,謂偏也。"這是不錯的。而"他

① 《讀書雜志·淮南内篇第十二·道應·在内》。

篇竄入”的第二段的開頭就説:“萬物爲道一偏,一物爲萬物一偏,愚者爲一物一偏,而自以爲知道,無知也。”這不是“畸者不可爲”的申説嗎? 這裏所説的“道”,不就是“治民者表道”的“道”嗎? 就這兩段被删去的本文和這兩段的前一段的本文加以尋繹,就足以證明這三段文章脈絡貫通,不容割裂。①

中華書局編輯部《史記點校後記》也曾論及這種情況:“我們發見金陵局本有兩處是删得不妥當的。一處是《周本紀》‘夫獸三爲群,人三爲衆,女三爲粲。王田不取群,公行不下衆,王御不參一族’。張文虎據《國語》韋昭注及曹大家説,删去‘公行不下衆’的‘不’字。其實按上下的語氣,這個‘不’字是不應該删的。《國語》無‘不’字,顯然是脱誤,正好據《史記》來校正《國語》。朱駿聲也認爲應作‘公行不下衆’。他説:‘蓋公行則人宜下車以避,有三人則下車較緩,且恐仍不及避以致罪也,此曲體人情也。’(《經史答問》卷二)一處是《高祖本紀》‘忽聞漢軍之楚歌’,張文虎據梁玉繩説删去‘之’字。其實有個‘之’字也講得通,吴汝綸更認爲删去了倒反‘失史文之神理’。這兩處我們都把它改回來了。”

又,中華書局一九八八年版《宋東京考》卷十一《望京樓》云:“望京樓,即汴城西門樓也。樓舊無名,唐令狐綯登樓詩有‘因上此樓望京國’,便名樓作望京樓。”下有校記云:“便名樓作望京樓,此句下原有‘句因名’三字,於文義不通,係爲衍文,今删。”崔文印指出:

“句因名”三字並非衍文,點校者所以誤認作衍文,是把令狐綯的兩句詩,誤認作一句所致。令狐綯的《登望京樓賦》收在《全唐詩》卷五六三,全詩四句:“夷門一鎮五經秋,未得朝天不免愁。因上此樓望京國,便名樓作望京樓。”

需要指明的是,《宋東京考》大部分都是因襲《汴京遺迹志》而來,《汴京遺迹志》卷八《望京樓》條云:“即汴城西門樓也,樓舊無名,唐令

① 《懷仁齋文集·誤校七例》。

狐綯登樓詩有'望京'字，因名。"《宋東京考》的作者，只是移録了令狐綯的兩句詩，連《汴京遺迹志》的原句式都没有改變，其因襲之迹是不待辨而自明的。準此，更可證明"句因名"三字非衍，正確的標點應該是："樓舊無名，唐令狐綯登樓詩有'因上此樓望京國，便名樓作望京樓'句，因名。"①

十 因據他書而删

《荀子·勸學》篇云："蓬生麻中，不扶而直。"王念孫指出："此下有'白沙在涅，與之俱黑'二句，而今本脱之。《大戴記》亦脱此二句。今本《荀子》無此二句，疑後人依大戴删之也。楊不釋此二句，則所見本已同。今本此言善惡無常，唯人所習，故'白沙在涅'與'蓬生麻中'義正相反，且'黑'與'直'爲韻，若無此二句，則既失其義，而又失其韻矣。《洪範》正義云：'荀卿書云：蓬生麻中，不扶自直；白沙在涅，與之俱黑。'褚少孫續《三王世家》云：'傳曰：蓬生麻中，不扶自直；白沙在泥，與之皆黑者，土地教化使之然也。'《索隱》曰：'蓬生麻中以下，並見《荀卿子》。'案上文引傳曰：青采出於藍云云；下文引傳曰：蘭根與白芷云云，皆見《荀子》，則此所引傳亦《荀子》也。然則漢唐人所見《荀子》，皆有此二句，不得以大戴無此二句而删之也。又案《群書治要》：'《曾子·制言》篇云：故蓬生麻中，不扶乃直（《燕禮》注：乃猶而也）；白沙在泥，與之皆黑（大戴同）。'考《荀子》書多與《曾子》同者，此四句亦本於《曾子》，斷無截去二句之理。"②

又，《史記·刺客列傳》云："故嘗事范、中行氏。"王念孫校曰："'范、中行氏'，本作范氏及中行氏。今本無'氏及'二字者，後人依《趙策》删之也。不知古人屬文，或繁或省，不得據彼以删此。下文言'范、中行氏'者，前詳而後略耳，亦不得據後以删前。《索隱》本出'事范氏及中行氏'七字，解云：'范氏，謂范昭子吉射也。中行氏，中行文子荀寅也。'則有'氏及'二字

---

① 《宋東京考誤删一例》，載《古籍整理出版情況簡報》第二五三期。

② 《讀書雜志·荀子第一·勸學·蓬生麻中不扶而直》。

明矣。《群書治要》引此，亦作'范氏及中行氏'。"①

十一　因據誤本而删

書面材料産生各種錯誤後，校讀者没有發現，爲了文從字順，往往會出現據誤本之文更加删削，以致形成錯上加錯的現象。

甲　因訛文而删

《大戴禮記·曾子立事》篇云："君子既學之，患其不博也；既博之，患其不習也；既習之，患其無知也；既知之，患其不能行也；既能行之，貴其能讓也。"王念孫校云："'貴其能讓也'，本作'患其不能以讓也'。篇内五患，其文義相承，此句不當獨異。'患'與'貴'上半相似，因訛而爲'貴'。後人不得其解，因删去'不'字、'以'字耳。盧注本作'患其以己能而競於人'，今本作'貴不以己能而競於人'，亦是後人據已誤之正文改之。《群書治要》引《曾子》，正作'患其不能以讓也'。《説苑·説叢》篇：'既能行之，患其不能以讓也。'即用《曾子》之文。今依阮氏芸臺《曾子注釋》訂正。"②

乙　因脱文而删

《莊子·天道》篇云："廣廣乎其無不容也。淵乎其不可測也。"王叔岷校云："《道藏》褚伯秀《義海纂微》本廣字不疊，與下句作'淵乎'相耦。陳碧虚《闕誤》引江南古藏本疊淵字，與上句作'廣廣乎'相耦，江南古藏本是也，褚本蓋不知下句脱一'淵'字，乃於上句妄删一'廣'字耳。"③

王念孫《讀書雜志·淮南内篇》後序也指出："有既脱而又妄删者，《天文》篇：'天地之偏氣，怒者爲風；天地之合氣，合者爲雨。'藏本上句脱'地'字，劉本又删去下句'天'字，則是以風屬天，雨屬地，其失甚矣。"④

丙　因衍文而删

俞樾云："凡有衍字，宜從删削，乃有删削不當，反失其本真者。《周

---

① 《讀書雜志·史記第五·刺客列傳·范中行氏》。

② 《經義述聞》卷一一《大戴禮記》上《貴其能讓也》。盧注本指北周盧辯注本。

③ 《校讎通例》三三《因脱而妄删》，載《歷史語言研究所集刊》第二十三本下册，褚本，指宋褚伯秀《南華真經義海纂微》。

④ 劉本，指明劉績本。

易・升》象傳:'君子以順德,積小以高大。'《釋文》曰:'以高大,本或作以成高大。'按:此本作'積小以成大',《正義》所謂'積其小善以成大名'也。後誤衍'高'字而作'積小以成高大',則累於辭矣。校者不知'高'字之衍而誤删'成'字,此删削不當而失其本真者也。"①

丁　因倒文而删

《淮南子・主術》篇:"堯舜禹湯文武,王皆坦然天下而南面焉。"王念孫校云:"次句當作'皆坦然南面而王天下焉'。今本顛倒,不成文理。劉本删去'王'字,尤非。(莊本同)"②

十二　寫工闕鈔

也有因寫工疏忽導致闕鈔的現象,如毛扆于《宋名家詞》第三集周必大《近體樂府》一卷題識云:"宋詞六十家,從收藏家遍借舊録本校勘,鎮廿年矣。惟益公詞,昔年以家藏集本付梓,先君所謂句錯字淆者是也,未借别本一校,挂懷不釋。己巳正月廿四日,因往崑山,從含經堂借得集本,即日返棹,到家已夜分矣。次早比較一過,《點絳脣》前一首脱後段,後一首脱前段,蓋因二首皆是一韻,抄書者但看底字韻,便接後去。所以抄書,必當影寫,方無此失,即此可以爲戒。"查原文,周必大《點絳脣》共四首,第一首、第二首的最後一個字均爲"翠",頗易看錯。

寫工闕鈔造成的脱文多爲闕篇,故意少寫字句者較少見。周煇談到王荆公與宋次道同爲三司判官時,"次道出其家藏唐詩百餘編,託荆公選其佳者。荆公乃簽出俾吏鈔録,吏每於長篇字多倦於筆力,隨手削去。荆公醇德,不疑其欺也。今世所傳本,乃群牧吏所删者"。③

陳垣也曾指出:"沈刻《元典章》闕文甚多,其所闕最巨者,爲吏部卷三,闕倉庫官等六門,凡三十六葉,在方氏等半葉十行本則爲四十七葉,蓋所據將此卷分裝二册,而闕鈔其下册也。其餘所闕,則刑部卷内爲多,且

① 《古書疑義舉例》卷五之五九《因誤衍而誤删例》。

② 《讀書雜志・淮南内篇第九・主術・王皆坦然天下而南面焉》。劉本指明劉績本。莊本指清莊逵吉本。

③ 《清波雜志》卷八。

每在一類之末一二條，似有意刊落，而非偶然脱漏者。"如在繫獄類末就少抄了"孕囚出禁分娩"三條。①

又，潘景鄭云："陶岳《五代史補》世鮮善本，汲古閣本亥豕滿目，爲世所鄙。嘗讀《蕘圃藏書題識》，著録校鈔本《五代史補》一書，有徐駿跋，蓋蕘翁亦過録徐校者。徐校原本，不可蹤迹，而蕘翁所校一本，亦不知存在何處。頃賈人携示鄉先輩張巽夫先生手校本一册，卷末附徐駿跋語，與蕘翁所録，當同出一源，得之狂喜。按徐氏跋於雍正三年，有云：'王明清《揮麈餘話》所録毋昭裔刊書一事，載陶岳《五代史補》，此編獨遺其事，想未爲全書，或繕寫人手倦删去，鈔本書最患此病，每爲廢卷嘆息，可見此書早無完本矣。'"②

十三　出版單位刊落

書面材料的某些闕文也有的是由出版單位無意或有意刊落造成的，約有以下三種類型：

甲　漏刻

如明嘉靖三十年高翀、吴鳳刊《重校鶴山先生大全文集》一百十卷，杜信乎指出其中"卷四《豢龍詩》、卷六十七《賀帥子長啓》、卷七十《教授彭子遠墓志銘》，均不見於目"。③ 這顯然是在無意中漏刻造成的。

乙　誤删

唐圭璋云："毛氏既誤補名詞，亦有誤删名詞者。復舉一例明之。如歐公《清商怨》云：'關河愁思望處滿。漸素秋向晚。雁過南雲，行人回淚眼。　　雙鸞衾裯悔展。夜又永、枕孤人遠。夢未成歸，梅花聞塞管。'此詞見宋人《歐陽文忠公近體樂府》，原無可疑。乃毛氏據《庚溪詩話》，以爲確是晏殊之作，乃删歐集而增入晏《珠玉詞》。但予復按《庚溪詩話》，原文云：'紹興庚午歲，余爲臨安秋賦考試官。同舍有舉歐陽公長短句詞曰："雁過南雲，行人回淚眼"，因問曰："南雲其義安在？"余答曰："嘗見江總

---

① 《校勘學釋例》卷一第六《闕文例》。

② 《著硯樓書跋・張巽夫校五代史補》。

③ 《明代版刻綜録》卷四。

詩:'心逐南雲去,身隨北雁來。故園籬下菊,今日見花開。'恐出於此耳。"'此又分明言'雁過南雲'一首乃歐公之作。毛氏誤記,因而誤删。吾人閲《六十名家詞》,凡毛氏所增所删,皆須考訂,切不可信之不疑。"①

丙 故削

明郎瑛指出:"我朝太平日久,舊書多出,此大幸也,惜爲福建書坊所壞。蓋閩專以貨利爲計,但遇各省所刻好書,聞價高,即便翻刊。卷數目録相同,而於篇中多所減去,使人不知,故一部止貨半部之價,人争購之。近徽州刻《山海經》,亦效閩之書坊,只爲省工耳。"②清周亮工曾舉一例:"故老傳聞羅氏爲《水滸傳》一百回,各以妖異語引其首。嘉靖時,郭武定重刻其書,削其致語,獨存本傳。金壇王氏《小品》中亦云:'此書每回前各有楔子,今俱不傳。'予見建陽書坊中所刻諸書,節縮紙板,求其易售,諸書多被刊落。此書亦建陽書坊翻刻時删落者。"③

十四 因避諱而删

陳垣《史諱舉例》卷四《因避諱空字後人連寫遂脱一字例》云:"《南》《北史》於官名治書侍御史及治中從事,多脱去'治'字,今本有'治'字者,皆後人增入也。《四庫全書通志考證》於梁吴平、侯景傳及梁伏曼容傳,均云:'治書侍御史,刊本沿唐諱,删治字,今據《梁書》增。'疑當時實係空而不書,後人連寫,遂脱一字耳。後晉天福八年,義成軍節度使匡翰碑,匡翰,建瑭之長子也。碑於建字下,空文以避石敬瑭諱,此其例也。《容齋三筆》卷十:'鄂州興唐寺鐘題誌云"唐天祐二年鑄"。勒官階姓名者兩人,一曰金紫光禄大、檢校尚書左僕射,兼御史大陳知新;一曰銀青光禄大、檢校尚書右僕射,兼御史大楊琮。大字之下,皆當有夫字,而悉削去。楊行密父名怤,怤與夫同音。是時行密據淮南,故將佐爲之諱。'於'夫'字皆空而不書。其後建國曰吴,乃改大夫爲大卿。因此,疑避諱去人名一字者,亦多元本空字,特後人連寫耳。"

---

① 《詞學論叢·讀詞札記·毛晉誤删名詞》。

② 《七修類稿》卷四五《書册》。

③ 《書影》卷一。

十五　因政治原因而删

有些書面材料的字句、段落、篇章，往往因爲政治原因而遭到删削，有些書面材料甚至還因此遭到查禁焚毁。今略舉數例分别述之如下：

甲　删字句

此類現象在清代尤爲普遍，如傳世的王建詩集有八卷本和十卷本之别。十卷本除宋本外，尚有清康熙四十一年洞庭席氏琴川書屋刻《唐詩百名家全集》本。沈津指出："席刻多有墨釘，而宋本則小有數處，可補席刻之缺。如卷一第一首《涼州行》中'邊頭州縣盡胡兵'、'洛陽家家學胡樂'，'胡'字在席刻中被墨釘隱去。"①王重民《中國善本書提要》楊殿珣序引王氏説云："余持《大典》本《兩朝綱目備要》，以校《四庫》輯本卷十三之前十葉，發現差誤之處甚多。……因避清代忌諱而删節者，如'六月丁亥。韃靼之先與女真同種，蓋皆靺鞨之後也'。《四庫》本删節爲'塔坦蓋靺鞨之後'。'方金人盛時，韃靼歲時入貢。'《四庫》本删節爲'方金人盛時入貢'。如此則失其本來意義矣。"

國民黨政府對魯迅的雜文，也曾采用過删削的手段。後來魯迅在編雜文集時，將删去的部分一一補上，並用黑點在旁邊標明，一覽可知。如《過年》中的一段話："中國的可哀的紀念太多了，這照例至少應該沉默；可喜的紀念也不算少，然而又怕有'反動分子，乘機搗亂'，所以大家的高興也不能發揚。"②孫用指出："'反動分子'四字被删，編者只好添一'人'字。"③《過年》中下面這段話被删去得更多：

> 在實際上，悲憤者和勞作者，是時時需要休息和高興的。古埃及的奴隸們，有時也會冷然一笑。這是蔑視一切的笑。不懂得這笑的意義者，只有主子和自安於奴才生活而勞作較少，并且失了悲憤的奴才。

① 《跋宋刻本王建詩集》，載《文史》第二十六輯。

② 《魯迅全集》第五卷《花邊文學》。

③ 《魯迅全集校讀記·花邊文學校讀記》。

乙　删段落

如魯迅一九三六年寫的《"這也是生活"……》曾説過:"記得前年,也在病後,做了一篇《病後雜談》,共五節,投給《文學》,但後四節無法發表,印出來只剩了頭一節了。"①現將魯迅的另一篇雜文《同意和解釋》中全文被删的兩段鈔録於下:

> 據説現在的世界潮流,正是龐大權力的政府的出現,這是十九世紀人士所夢想不到的。意大利和德意志不用説了;就是英國的國民政府,"它的實權也完全屬於保守黨一黨"。"美國新總統所取得的措置經濟復興的權力,比戰争和戒嚴時期還要大得多。"大家做動物,使上司不必徵求什麽同意,這正是世界的潮流。懿歟盛哉,這樣的好榜樣那能不學?
>
> 不過我這種解釋還有點美中不足,中國自己的秦始皇帝焚書坑儒,中國的韓退之等説:"民不出米粟麻絲以事其上則誅。"這原是國貨,何苦違背着民族主義,引用外國的學説和事實——長他人威風,滅自己志氣呢?②

這種删節書面材料的做法,在"文革"期間也不乏其例,例如中華書局一九七七年印行的陳邦瞻《宋史紀事本末》,有的段落就被砍掉了,王樹民曾指出:

> 原書還有一段正文:"陳邦瞻曰:交州在宋世凡再叛,初以儂仁寶,後以沈起。仁寶死,起竄,足爲邊臣不務安輯而生事者之戒。雖然,交州小丑,再勤王師,卒無成功,宋之不振甚矣。"排印時因其無關紀事,且有"放毒"之嫌,全文删去,破壞了全書的完整性。③

---

① 《魯迅全集》第六卷《且介亭雜文附集》。

② 《魯迅全集》第五卷《准風月談》。

③ 《標點本〈宋史紀事本末〉正誤》,載《河北師範學院學報》一九八四年第一期。

丙　刪篇章

金聖嘆腰斬《水滸傳》就是一個著名的例子，魯迅指出："至於刊落之由，什九常因於世變。胡適(《文存》三)說：'聖嘆生在流賊遍天下的時代，眼見張獻忠、李自成一班强盜流毒全國，故他覺得强盜是不能提倡的，是應該口誅筆伐的。'故至清，則世異情遷，遂復有以爲'雖始行不端，而能翻然悔悟，改弦易轍，以善其修，斯其意固可嘉，而其功誠不可泯'者，截取百十五回本之六十七回至結末，稱《後水滸》，一名《蕩平四大寇傳》，附刊七十回之後以行矣。"①鄭振鐸也説：

> 他又刪去了不少詩詞。其中有些是不應該刪去的。特别像第十回裏面的《恨雪》詞："廣莫嚴風刮地，這雪兒下的正好，扯絮撏綿，裁幾片大如栲栳，見林間竹屋茅茨，争些兒被他壓倒。富室豪家，却道是'壓瘴猶嫌少'，向的是獸炭紅爐，穿的是棉衣絮襖，手捻梅花，唱道'國家祥瑞'，不念貧民些小。高卧有幽人，吟詠多詩草。"這和大家都知道的白日鼠白勝在炎夏的時候所唱的歌："赤日炎炎似火燒，野田禾稻半枯焦。農夫心内如湯煮，樓上王孫把扇摇。"同樣充滿了被壓迫者的怨和怒。金聖嘆刪去這一類的詩詞，顯然是從他那反動的政治思想出發的。②

魯迅的作品被國民黨政府整篇刪去的也很多，他在一九三四年十一月二十八日致劉煒明的信中説："《二心集》我是將版權賣給書店的，被禁之後，書店便又去請檢查，結果是被刪去三分之二以上，聽説他們還要印，改名《拾零集》，不過其中已無可看的東西，是一定的。"③魯迅逝世後，許廣平將編好的《魯迅全集目録》呈送内政部審核登記，結果：

> 完全禁止發行的，有：《毁滅》(係法捷耶夫長篇小説譯本，三閑書

① 《魯迅全集》第九卷《中國小説史略》第十五篇《元明傳來之講史》下。
② 《水滸全傳》卷首《水滸全傳序》，人民文學出版社一九五四年版。
③ 《魯迅書信集》下卷。

屋印行)《二心集》(一九三〇—三一年雜文,合泉書店出版)《僞自由書》(一九三二—三三年作短評集)《南腔北調集》(一九三二—三三年的雜文,聯華書局印行)四種。

必需改名的,是:《准風月談》改爲《短評七集》,《花邊文學》改爲《短評八集》。

部分删改的最多。《壁下譯叢》(譯俄國及日本作家與批評家之論文集)删改達三分之一。《三閑集》中之《太平歌訣》《鏟共大觀》兩文均删去。《頭》《現今的新文學概觀》均删去一段。《華蓋集》中之《十四年的讀經》,也被删去。《壞孩子》(譯本)部分删。《小小十年小引》删一段。①

又,建國後中華書局重印高步瀛《唐宋詩舉要》,原引有曾國藩評語,因范文瀾《中國近代史》上編第一分册從一九四五年在延安草成時,即附有《漢奸劊子手曾國藩的一生》一文。直至一九五一年這部書已發行七版,此文仍未改動,影響很大,所以中華書局也將曾氏評語全部删去。其實所評對唐宋詩篇頗有見解,不應以人廢言。

第三節　致衍的原因

致衍的原因,多爲無意之增,也有有意之加,細加分析,約有以下幾種類型:

一　因形似而衍

俞樾《古書疑義舉例》卷五有《兩字形似而衍例》,舉了不少的例子。如《墨子·天志》下篇云:"而況有踰人之牆垣,抯格人之子女者乎?"俞樾指出:"'抯'字衍文,'格人之子女'與'踰人之牆垣'相對成文,'抯'即'垣'

① 沈鵬年輯《魯迅研究資料編目》附録六《關於國民黨反動政府内政部所命令通過、禁止和删改魯迅全集的記載》。

字之誤而衍者。”此外，他還舉例道：

> 《商子·兵守》篇：“四戰之國，好舉興兵以距四鄰者，國危。”“舉”字即“興”字之誤而衍。《管子·事語》篇：“彼壤狹而欲舉與大國爭者。”“舉”字即“與”字之誤而衍。《吕氏春秋·異寶》篇：“其主，俗主也，不足與舉。”“舉”字亦即“與”字之誤而衍。《淮南子·泰族》篇：“夫欲治之主不世出，而可與興治之臣不萬一。”“興”字亦即“與”字之誤而衍。

再如《莊子·徐無鬼》篇云：“是以一人之斷制利天下。”王叔岷指出：“‘斷制’下有‘利’字，不詞。蓋即‘制’字之誤而衍者也。唐寫本正無‘利’字。《注》：‘則其斷制不止乎一人。’《疏》：‘恣其鴆毒，斷制天下。’是正文原無‘利’字明矣。”①

二　因殘字而衍

《莊子·山木》篇：“此木以不材得終其天年。夫子出於山。”《釋文》本無子字，云：“夫者，夫子，謂莊子也。本或即作夫子。”王叔岷指出：

> 今本並作“夫子”。《藝文類聚》九一、《意林》、《御覽》九一七、《事類賦》十九《禽部》二、《天中記》五八引，並無“夫子”二字。《釋文》本無“子”字，是也。惟“夫”乃“矣”之壞字，當屬上絶句，“此木以不材得終其天年”下，《御覽》九五二引有“矣”字，是其明證。因“矣”壞而爲“夫”，後人遂於“夫”下妄加“子”字，以之屬下讀矣。《吕氏春秋·必己》篇正作：“此以不材得終其天年矣（‘此’下疑脱‘木’字）。出於山。”當據正。②

---

① 《校讎通例》十《由誤而衍》，載《歷史語言研究所集刊》第二十三本下册。

② 《校讎通例》五六《因壞而妄加他字》，載《歷史語言研究所集刊》第二十三本下册。

三　因不明通假字而衍

《莊子·讓王》篇云:"今周見殷之亂,而遽爲政,上謀而下行貨,阻兵而保威。"王念孫以爲:"'上謀而下行貨','下'字後人所加也。'上'與'尚'同,上謀而行貨,阻兵而保威,句法正相對。後人誤讀'上'爲上下之上,故加'下'字耳。《吕氏春秋·誠廉》篇正作'上謀而行貨,阻兵而保威'。"①

《淮南子·人間》篇云:"戰武士必其死。"王念孫云:"'戰武',戰士也。'必'與'畢'同,言戰士皆致死也。《淮南》一書,通謂士爲武,後人不達,又於武下加士字,必下加其字矣。"②指出《太平御覽·疾病部》四、《刑法部》五,引此句並作"戰士畢死"。

又,《史記·范雎蔡澤列傳》云:"吾聞先生相李兑曰:百日之内,持國秉政,有之乎?"王念孫云:

> "政"字後人所加,《索隱》本出"持國秉"三字而釋之曰:"案《左傳》云:'國子實執齊秉。'(見哀十七年傳,今本秉作柄)服虔曰:秉,權柄也。"據此,則"秉"下本無"政"字,"持國秉"即"持國柄"也。《絳侯世家》:"許負相條侯曰:君相三歲而侯,侯八歲爲將相,持國秉。"是其明證矣。(《説文》,柄或作棅。書傳通作秉。《齊語》:"治國家不失其柄。"《管子·小匡》篇作秉。《史記·天官書》:"二十八舍,主十二州,斗秉兼之。"《周官·鼓人》注:"鐃如鈴,無舌有秉。"並讀與柄同。)後人不知秉爲柄之借字,故妄加政字。《太平御覽·方術部》引此作"持國秉政",亦後人依《史記》加之。《人事部》引此正作"持國柄"。③

---

① 《讀書雜志》餘編上《莊子·讓王·上謀而下行貨》。

② 《讀書雜志·淮南内篇》後序。

③ 《讀書雜志·史記第四·范雎蔡澤列傳·持國秉政》。

四　因兩字義同而衍

俞樾云:"古書有兩字同義而誤衍者。蓋古書未有箋注,學者守其師説,口相傳受,遂以訓詁之字誤入正文。"①

如《國語·晉語》云:"若無天乎? 云若有天,吾必勝之。"王念孫校曰:"'若無天乎云'文不成義,且與下二句不相聯屬。'云'字當在下文'若'字下,而以'若無天乎'爲一句,'若云有天'爲一句。"②俞樾補充道:

> 王説是矣,而未盡也。古本蓋止作"若無天乎? 若云天,吾必勝之"。云,即有也。《廣雅·釋詁》曰:"云,有也。"文二年《公羊傳》曰:"大旱之日短而云災,故以災書。此不雨之日長而無災,故以異書也。""云災"、"無災",相對爲文。云災,即有災也。此以"無天"、"云天"相對爲文,正與彼同。"云"、"有"二字同義而誤衍,傳寫又誤倒之耳。③

《墨子·備城門》篇:"令吏民皆智知之。"俞樾謂:"'智'、'知'義同。《釋名·釋言語》曰:'智,知也。'《墨子》原文本作'令吏民皆智之'。傳其學者謂此'智'字乃知識之'知',因相承而衍'知'字矣。《淮南子·人間》篇:'曉然自以爲智知存亡之樞機,禍福之門户。''知'字亦誤衍,與《墨子》同。"④

又《荀子·仲尼》篇云:"能耐任之,則慎行此道也;能而不耐任,則恐失寵,則莫若早同之,推賢讓能,而安隨其後。"楊倞注"能耐任之"曰:"耐,忍也。言人有賢能者,雖不欲用,必忍而用之。"又注"能而不耐任"曰:"有能者,不忍急用之。"王念孫指出:

> "能耐任之"、"能而不耐任",兩"能"字皆衍文,"耐"即"能"字也。

---

①③④　《古書疑義舉例》卷五之五二《兩字義同而衍例》。

②　《經義述聞》卷二一《國語》下《若無天乎云》。

(《禮運》:"故聖人耐以天下爲一家,以中國爲一人者。"鄭注曰:"耐,古能字。傳書世異,古字時有存者,則亦有今誤矣。"《樂記》:"故人不耐無樂。"鄭注曰:"耐,古書能字也。後世變之,此獨存焉。"成七年《穀梁傳》:"非人之所能也。"《釋文》能亦作耐。《管子·入國》篇:"聾盲喑啞,跛躄偏枯,握遞不耐自生者。"耐即能字。)"耐任之則慎行此道"者,言能任國家之大事(此承上"理任大事"而言),則慎行此道也。今作"能耐任之"者,後人記"能"字於"耐"字之旁,而傳寫者因誤合之也。"而不耐任"云云者,"而"讀爲"如",言如不能任其事,則莫若推賢讓能也。今作"能而不耐任"者,傳寫者既"能"、"耐"並録,而"能"字又誤在"而不"二字之上也。楊氏不得其解,故曲爲之詞。①

五　因不明詞義而衍

詞義是發展變化的,只知詞的今義而不知詞的古義,或不知某時代的特殊用語,不知詞所涉及的名物典章制度,反以爲書面材料有錯誤,爲了文從字順而增字的現象,也不乏其例:

甲　不知古義而衍

《漢書·西南夷兩粵朝鮮傳》云:"獨左將軍並將戰益急,恐不能與。"如淳曰:"不能與左將軍相持也。"師古曰:"此説非也。不能與,猶言不如也。"《史記》"恐不能與"下有"戰"字。王念孫論之云:

如、顔皆未曉"與"字之義。《史記》"與"下有"戰"字,則後人妄加之也。"與",猶敵也,言左將軍並將兩軍,而戰益急,恐不能敵也。古者謂相敵曰與。《匈奴傳》曰"單于自度,戰不能與漢兵",言不能敵漢兵也。襄二十五年《左傳》曰:"閭丘嬰與申鮮虞乘而出,行及弇中,將舍。嬰曰:'崔慶其追我。'鮮虞曰:'一與一,誰能懼我?'"懼,病也。言狹道之中,一以敵一,雖崔慶之衆,不能病我也。哀九年《傳》曰:

① 《讀書雜志·荀子第二·仲尼·能耐任之　能而不耐任》。

"宋方吉,不可與也",言宋不可敵也。《越語》曰"彼來從我,固守勿與",《老子》曰"善勝敵者不與",皆謂兩軍相敵也。《管子·輕重戊》篇曰:"即以戰鬥之道與之矣。"與之,敵之也。《秦策》曰"以此與天下,天下不足兼而有也",言以此敵天下也。《淮南·人間》篇曰:"大之與小,强之與弱也,猶石之投卵,虎之啗豚。"言以大敵小,以强敵弱也。《史記·燕世家》曰"龐煖易與耳";《白起傳》曰"廉頗易與";《淮陰侯傳》曰:"吾平生知韓信爲人易與耳"。"易與",皆謂易敵也。《高祖紀》曰:"上自東往擊陳豨,聞豨將皆故賈人也。上曰:'吾知所以與之。'"言吾知所以敵之也。後人不知"與"之訓爲敵,故或曰"不能與左將軍相持",或曰"不能與猶言不如",又或於《史記》"恐不能與"之下,妄加"戰"字,蓋古義之失其傳久矣。(杜預注《左傳》"不可與"曰"不可與戰"。韋昭注《越語》"固守勿與"曰"勿與戰"。王弼注《老子》"善勝敵者不與"曰"不與争"。蓋誤釋"與"爲"與共"之"與",而以戰字、争字,增成其義,不知"與"訓爲"敵",即是戰争之義也。如淳曰"不能與左將軍相持",亦是增字以成其義。而讀《史記》者,遂於"與"下加"戰"字矣。[①])

乙　不知某時代特殊詞義而衍

《顔氏家訓·風操》云:"昔侯霸之子孫,稱其祖父曰家公。"盧文弨校曰:"《王丹傳》:'丹徵爲太子少傅。時大司徒侯霸,欲與交友,及丹被徵,遣子昱候於道。昱迎拜車下,丹下答之。昱曰:家公欲與君結交,何爲見拜?丹曰:君房有是言,丹未之許也。'案:此'孫'字、'祖'字或誤衍。"[②]王利器補證云:

趙與旹《賓退録》四引此文,並云:"之推,北齊人,逮今七百年,稱家祖者,復紛紛皆是,名家望族,亦所不免。家父之稱,俗輩亦多有

① 《讀書雜志·漢書第十四·西南夷兩粤朝鮮傳·恐不能與》。
② 《抱經堂叢書》本《顔氏家訓》卷二《風操》盧文弨補注。

之，但家公家母之名少耳。山簡謂‘年三十不爲家公所知’（案見《晉書·山簡傳》），蓋指其父，非祖也。”左暄《三餘偶筆》十：“《孔叢子》：‘子高以爲趙平原君，霸世之士，惜其不遇時也。其子子順以爲衰世好事之公子，無霸相之才也。申叔問子順曰：子之家公，有道先生，既論之矣；今子易之，是非安在？’是對子而亦稱其父爲家公也。”

誠如錢玄所説：“舊校者不知當時稱‘家公’即指家父，而誤以‘公’是祖輩之稱，故妄增‘孫’、‘祖’兩字。”①

丙　不明詞中所涉名物制度而衍

《淮南子·覽冥》篇云：“夫陽燧取火於日，方諸取露於月。”王念孫指出：

“夫陽燧”本作“夫燧”，今本有“陽”字者，後人所加也。彼蓋誤以“夫”爲語詞，又以《天文》篇“陽燧見日則然而爲火，方諸見月則津而爲水”，故加入“陽”字。不知夫燧即陽燧也。“夫燧”與“方諸”相對爲文，《周官》“司烜氏掌以夫遂取明火於日”。（“遂”與“燧”同）鄭注曰：“夫遂，陽遂也。”下文云“夫燧之取火，慈石之引鐵”，並以“夫燧”二字連文，故高注云：“夫，讀大夫之夫。”則“夫”非語詞明矣。②

《晉書·阮瞻傳》：“舉止灼然。見司徒王戎……戎咨嗟良久，即命辟之。”勞格《晉書校勘記》曰：“孫志祖云‘止’字疑衍。‘灼然’者，晉世選舉之名，於九品中正爲二品。”③見《温嶠傳》《鄧攸傳》。余嘉錫也指出：“余考《書鈔》六十八引《續漢書》云：‘陳寔字仲躬，舉灼然，爲司徒屬，大丘長。’則灼然爲科目，自後漢已有之，不起於魏之中正也。”④顯然，校者不知灼然爲科目之名，而把“舉灼然”改成了“舉止灼然”。

① 《校勘學》第一章《字句校勘》第二節《衍文》四《不審詞義而妄增》。

② 《讀書雜志·淮南内篇第六·覽冥·夫陽燧》。

③ 《晉書校勘記》卷二《阮瞻傳》。

④ 《世説新語箋疏》中卷下《賞譽第八》。

陳垣《校勘學釋例》卷五爲《元代名物誤例》。其第三十四《不諳元時年代而誤例》云："元年號有至大，有大德，而沈刻《元典章》有至大德，其中必有一字係衍文：吏二三一'近睹至大德二年'，'德'字衍。""又元時大德年號祇有十一年，今乃有十六年：吏五廿七'大德十六年'，'六'字衍。"第三十五《不諳元朝帝號廟號而誤例》云："元世祖不稱高皇帝，而沈刻《元典章》有世祖高皇帝，蓋清人習聞清朝帝號，乃以加之元帝也。新刑五三'世祖高皇帝'，'高'字衍。"第三十七《不諳元代地名而誤例》云："刑十四八'河南行省咨陝州路'，元作'峽州'，陝州元時不稱路。""新刑六十'婺州路蘭州溪州同知'，元作'蘭溪州同知'，'蘭'下'州'字衍。若蘭州，則不屬婺州路。"第四十一《不諳元代專名而誤例》云："一時代有一時代所用之專名，校書者對於本書時代所用之專名，必須有相當之認識，此《方言》《釋名》所由作也。"如"'係官公廨''係官房舍'爲元代專名，沈刻輒改爲'係是官員房舍'，有同蛇足矣。工二十八'委實係是官員公廨'，元作'委是係官公廨'。工二二十'禁賣係是官員房舍'，元作'禁賣係官房舍'。"第四十二《不諳元時體制而誤例》云："元制，皇帝聖旨稱'欽此'，皇太后懿旨及太子令旨稱'敬此'。""刑十五四五'麼道懿旨了也敬此欽此'，'欽此'二字衍。""又元制，笞杖始於七，止於百七，朝綱一五'諸杖罪一百七十以下'，'十'字衍。"

六　因不明文義而衍

没有弄清詩文的含義，爲了符合自己對書面材料的理解而加字的現象也是常有的。如《戰國策·趙策》云："士爲知己者死，女爲悦己者容，吾其報知氏之讎矣。"王念孫曰：

> "之讎"二字，後人所加也。"吾其報知氏"者，承上文"爲知己者死"言之，謂報知氏之恩，非報知氏之讎。下文曰："知伯以國士遇臣，臣故國士報之。"又曰："而可以報知伯矣。"並與此句同義。後人以下文多言爲知伯報讎，故加"之讎"二字。不知彼自言報讎，此自言報恩也。《史記·刺客傳》曰："今智伯知我，我必爲報讎而死，以報智伯。"

此雖兼報讎言之，而“報智伯”三字，仍謂報恩，非謂報讎也。《太平御覽·人事部》引此策有“之讎”二字，則所見本已誤。《文選·報任少卿書》注引此正作“吾其報知氏矣”。①

《莊子·山木》篇：“昨日山中之木，以不材得終其天年；今主人之鴈，以不材死。”王叔岷校云：“上文所言木與鴈，皆昨日之事，則‘主人之鴈’上，不當有‘今’字，蓋淺人妄加也。《文選》盧子諒《贈劉琨詩》注、《藝文類聚》九一、《意林》、《御覽》九一七、《事類賦》十九《禽部》二、《事文類聚後集》四六、《合璧事類别集》六六引，皆無‘今’字。《吕氏春秋·必己》篇同。當據删。”②

七　因不明句讀而衍

不明句讀而衍實際上也就是不明文義而衍的一種，因爲這種情況是限於斷句方面，所以單列一例。

《戰國策·趙策》云：“秦攻趙於長平，大破之，引軍而歸，因使人索六城於趙而講。趙王與樓緩計之曰：與秦城何如？不與何如？”王念孫指出：“此以‘與秦城’爲句，‘何如不與’爲句。‘不與’下本無‘何如’二字。《齊策》：‘田侯召大臣而謀曰：救趙，孰與勿救？’猶此言‘與秦城，何如不與’也。後人誤讀‘與秦城何如’爲句，因於不與下加‘何如’二字，而不知其謬也。《太平御覽·人事部》引此作‘與秦地，何如勿與？’”③

《淮南子·覽冥》篇云：“以治日月之行，律治陰陽之氣，節四時之度。”王念孫引陳觀樓説云：“‘律’下本無‘治’字，‘律陰陽之氣’與上下相對爲文，讀者誤以‘律’字上屬爲句，則‘陰陽之氣’四字文不成義，故又加‘治’字耳。高注‘律，度也’三字，本在‘律陰陽之氣’下，傳寫誤在‘律’字之下，‘陰陽’之上，隔斷上下文義，遂致讀者之惑。”並補證道：“《文子·精誠》篇

① 《讀書雜志·戰國策第二·趙·報知氏之讎》。

② 《校讎通例》二三《不審上下文而妄加》，載《歷史語言研究所集刊》第二十三本下册。

③ 《讀書雜志·戰國策第二·趙·與秦城何如不與何如》。

作‘調日月之行，治陰陽之氣’，此用《淮南》而改其文也。後人不知‘律’字之下屬爲句，故依《文子》加‘治’字耳。”①

又，《漢書・酷吏傳》云：尹齊“以刀筆吏，稍遷至御史，事張湯，湯素稱以爲廉武。帝使督盜賊。”王念孫指出：“‘帝’字後人所加，此言張湯素稱尹齊之廉武，使之督盜賊。非謂武帝使督盜賊也。《史記》‘使督’上無‘帝’字，是其明證矣。後人誤以‘廉’字絶句，而以‘武’字屬下讀，因妄加‘帝’字耳。下文曰：‘上以爲能，拜爲中尉。’方指武帝言之。”②

八　注文誤入正文

古書在傳寫時，注文即於正文之下，而字體大小相差也往往不够分明，鈔録時稍不留心，注文即會混入正文。如《莊子・天運》篇云：“夫至樂者，先應之以人事，順之以天理，行之以五德，應之以自然；然後調理四時，太和萬物。”王叔岷指出：

> 唐寫本、趙諫議本、道藏成玄英本、王元澤本、林希逸本，皆無此三十五字，乃疏文誤入正文者也。見道藏本成疏“故曰：汝近自然也”下。上文“吾奏之以人，徵之以天，行之以禮義，建之以太清”，與下文“四時迭起，萬物循生，一盛一衰，文武倫經”云云，本爲韻文，意亦一貫。《書鈔》一百五、《玉海》一百三引，亦並無此三十五字，宣穎本删之，是也。③

《淮南子・人間》篇云：“非其事者勿仞也，非其名者勿就也，無故有顯名者勿處也，無功而富貴者勿居也。”王引之曰：“‘無故有顯名者勿處也’，義與上句無别，當即是上句之注，而今本誤入正文也。下文云：‘夫就人之名者廢，仞人之事者敗，無功而大利者後將爲害，’皆承上文言之，而此句

---

① 《讀書雜志・淮南内篇第六・覽冥・律治陰陽之氣》。

② 《讀書雜志・漢書第十四・酷吏傳・湯素稱以爲廉武帝使督盜賊》。

③ 《校讎通例》六一《注疏誤入正文》，載《歷史語言研究所集刊》第二十三本下册。趙諫議本指宋蜀中安仁趙諫議宅本《南華真經注》十卷。趙諫議無考。

獨不在内,則非正文明矣。"①

錢大昕《十駕齋養新録》卷六《後漢書注攙入正文》也指出:"《郭太傳》'初太史'至'南州'以下七十四字,本章懷注引謝承《後漢書》之文,今誤作大字,溷入正文。予嘗見南宋本及明嘉靖己酉福建本,皆不誤。蔚宗書避其家諱,於此傳前後皆稱林宗字,不應忽爾稱名。且其事已載《黄憲傳》,毋庸重出也。"②該書同卷尚有《三國志注誤入正文》一篇可參看。

九　校者旁記之字誤入正文

王念孫曾指出:"書傳多有旁記之字誤入正文者。"③如《晏子春秋》内篇《問》下云:"《詩》云'高山仰止,景行行止之'者其人也。"盧文弨指出:"下止字衍",並分析道:"今《詩》作'景行行止',而古來所引,每作'行之'。王伯厚《詩考》引《史記·孔子世家》作'行之',今《史記》改作'行止'矣。《禮記·表記》釋文又云:'行止,《詩》作行之',又互異也。此書必本作'行之',後人以今《詩》'止'字注其旁,遂誤入正文耳。"④

《淮南子·時則》篇云:"始雨水,桃李始華,倉庚鳴。"王念孫引其子引之説云:

> 次句内本無"始"字,今本有者,後人據《月令》,旁記"始"字,因誤入正文也。高注曰:"自冬冰雪,至此春分穀雨(案:'春分穀雨'四字,乃後人所改。《逸周書·時訓》篇:'雨水之日桃始華',則非春分穀雨時也。《吕氏春秋》注作'自冬冰雪至此,土發而耕'),故曰始雨水。"是首句有"始"字也。又曰:"桃李於是皆秀華",是次句無"始"字也。《月令》:"桃始華,倉庚鳴。"皆三字爲句,若無"始"字則句法參差矣。此文"桃李華,倉庚鳴"亦三字爲句,若加一"始"字,則句法又參差矣。

---

① 《讀書雜志·淮南内篇第十八·人間·無故有顯名者勿處也》。

② 范曄字蔚宗,其父名泰。郭泰字林宗。范曄爲避家諱,改郭泰爲郭太,遇泰名皆稱林宗。

③ 《經義述聞》卷三二。

④ 《群書拾補》:《晏子春秋》内篇《問》下第四。

故桃李華不言始，而桃華則言始；倉庚鳴不言始，而蟬鳴則言始；蟬鳴言始，而寒蟬鳴則不言始。皆變文協句也。《吕氏春秋·仲春》篇，正作"桃李華"。①

校讀者旁記之字有涉及詞義的，也有涉及名物、諱字的，今分别舉例如下。《史記·司馬相如列傳》云："相如乃與馳歸，家居徒四壁立。"王念孫指出：

"家居徒四壁立"本作"居徒四壁立"。居即家也。（家、居二字，古聲義並相近，故《説文》曰："家，居也。"《周官·典命》注曰："國家，國之所居。"）《索隱》引孔文祥云："家空無資儲，但有四壁而已。"家字正釋居字，故《漢書》作"家徒四壁立"。宋本及各本皆作"家居徒四壁立"，則文不成義。此後人依《漢書》旁記家字，而寫者因誤入正文也。汲古閣單行《索隱》本，本作"居徒四壁立"，後補入"家"字，而字形長短不一，補刻之迹顯然。《文選·詠史》詩注，引作"居徒四壁立"。《六帖》二十二曰："司馬相如，居徒四壁。"則無家字明矣。②

《史記·曆書》云："端旃蒙者，年名也。"王念孫謂："《爾雅》之'旃蒙'，《史記》作'端蒙'。此作'端旃蒙'者，後人旁記'旃'，因誤入正文耳。"③又，陳垣亦曾就此舉例云：

《史記·酈生傳》："王者以民人爲天，而民人以食爲天。"《索隱》引《管子》云："王者以民爲天，民以食爲天。"今本正文，皆作民人，蓋唐人避太宗諱，民作人，後人於人旁注民，其後遂將民人二字連寫，致衍人字。

《通典·食貨》篇："荆河豫州，厥土惟壤。"豫，唐代宗諱。代宗時

① 《讀書雜志·淮南内篇第五·時則·桃李始華》。

② 《讀書雜志·史記第六·司馬相如列傳·相如乃與馳歸家居徒四壁立》。

③ 《讀書雜志·史記第二·曆書·端旃蒙》。

改豫州爲蔡州。杜佑於古豫州不得改爲蔡州,又不得直稱爲豫州,於是用《禹貢》"荆河惟豫州"一語,稱古豫州爲荆河州。後人於荆河旁注豫字,鈔書者遂並荆河豫三字連寫,成此衍文。①

又,王重民《午風堂叢談跋》云:"《遺書》本卷三《歐陽文忠集考異》條云:'此本尚是元刻,余於書攤得此,藏書家不多見也。此明洪武五年刻。''此明洪武五年刻'七字,殊爲贅疣,檢原本無之,必讀者注語誤入正文者。甚矣,校刻書之難也!"②此亦一特例。

此外,有的讀者將可參考的文字寫在所讀書旁,也會被後人鈔入正文。如《史記・司馬相如列傳》云:"相如雖多虚辭濫説,然其要歸引之節儉,此與《詩》之風諫何異。"爲了加以比較,讀者將《漢書・司馬相如傳》末贊語中的一段話鈔在旁邊,後人將其混入了正文。

十　涉上下文而衍

涉上下文而衍的字皆與上下文中的某個字或某些字相同,這顯然是傳鈔不慎造成的。

甲　涉上文

《史記・孝景本紀》云:"二年秋,衡山雨雹,大者五寸,深者二尺。"王念孫云:"'深者二尺','者'字因上句而誤衍也。雹有大小,故言'大者五寸',若深二尺,則平地皆然,不得言'深者二尺'也。《秦始皇紀》:'二十一年,大雨雪,深二尺五寸。'《漢書・五行志》:'宣帝地節四年五月,山陽濟陰雨雹如鷄子,深二尺五寸。'皆不言深者二尺五寸也。又《五行志》:'元帝建昭二年十一月,齊楚地大雪,深五尺',不言深者五尺也。《初學記》《太平御覽・天部》引《史記》,並無'者'字。"③

又,《史記・商君列傳》云:"孝公既用衛鞅,鞅欲變法,恐天下議己。衛鞅曰:'疑行無名,疑事無功。'"王念孫指出:"'鞅欲變法','鞅'字因上

① 《史諱舉例》卷四。
② 《中國善本書提要》附録《中國善本書題跋》。《遺書》指《常州先哲遺書後編》。
③ 《讀書雜志・史記第二・孝景本紀・深者二尺》。

文而衍。此言孝公欲從鞅之言而變法,恐天下議己也。孝公恐天下議己,故鞅有疑事無功之諫。若謂鞅恐天下議己,則與下文相反矣。《商子·更法》篇:'孝公曰:今吾欲變法以治,更禮以教百姓,恐天下之議我也。公孫鞅曰:疑行無成,疑事無功。君亟定變法之慮,殆無顧天下之議之也。'是其明證矣。《新序·善謀》篇同。"①

乙　涉下文

《管子·樞言》篇云:"衆人之用其心也,愛者,憎之始也;德者,怨之本也。唯賢者不然。"王念孫謂:"此六句,皆涉下文而衍。下文云:'衆人之用其心也:愛者,憎之始也;德者,怨之本也。其事親也,妻子具,則孝衰矣;其事君也,有好業,家室富足,則行衰矣。唯賢者不然。'此則重出而脱其太半矣。又下文尹氏有注,而此無注,若果有此六句,則尹氏何以注於後而不注於前?然則尹所見本無此六句明矣。"②

又如中華書局編輯部《史記點校後記》云:"《楚世家》'於是靈王使棄疾殺之',《左傳》作'王使速殺之'。疾速同義,'疾殺之'就是'速殺之',只因下文有'公子棄疾',就衍了一個'棄'字,如果不删去,'棄疾'二字連讀,那就變成人名了,所以我們標點作'於是靈王使(棄)疾殺之'。"③

丙　涉上下文

《爾雅·釋地》云:"北方有比肩民焉,迭食而迭望。"郭璞注:"此即半體之人,各一目、一鼻、一孔、一臂、一脚,亦猶魚鳥之相合。"周祖謨《爾雅校箋》卷中曰:"'各有一目、一鼻、一孔',唐寫本作'各有一目、一鼻孔'。《文選》王元長《曲水詩序》注,引作'人各有一目、一鼻孔'。案:《山海經·海外西經》云:'一臂國,一目、一鼻孔。'即此注所本。今本'鼻'下衍'一'字,當據唐寫本改正。"錢玄亦就此謂:"'一鼻'則與常人無異,'一孔'則其義不明。此因上下均有'一'字而誤衍。"④

---

① 《讀書雜志·史記第四·商君列傳·鞅欲變法》。

② 《讀書雜志·管子第二·樞言·衍文六句》。尹氏指唐尹知章。

③ 中華書局點校本《史記》卷末。

④ 《校勘學》第一章《字句校勘》第二節《衍文》。《山海經》原文作"一臂國在其北,一臂一目一鼻孔"。

《淮南子・人間》篇云："事或欲以利之，適足以害之；或欲害之，乃反以利之。利害之反，禍福之門户，不可不察也。"王念孫指出："或欲利之，或欲害之，相對爲文。'利'字上不當有'以'字，此因下句'以'字而誤衍也。《太平御覽・學部》三引此無'以'字。'禍福之門户'，'户'字亦因上文'禍福之門户'而衍。利害之反，禍福之門，相對爲文，則'户'字可省。《覽冥》篇'利害之路，禍福之門'即其證。《太平御覽》引此無'户'字，《文子・微明》篇同。"①

十一 誤 疊

因字詞誤疊而衍，實際上是涉上下文而衍的一種特殊形式。如《莊子・天運》篇云："故西施病心而矉其里，其里之醜人見而美之，歸亦捧心而矉其里。其里之富人見之，堅閉門而不出；貧人見之，挈妻子而去之走。"俞樾校曰："兩'其里'字，皆不當疊，'病心而矉'、'捧心而矉'，文義甚明，若作'矉其里'，則不可通矣。皆涉下句而衍。"②王叔岷補證云："俞説是也。唐寫本上'其里'字不疊，《御覽》三九二、七四一，《記纂淵海》五五、《事文類聚》前集一二、别集二四、《合璧事類》續集四四、《錦繡萬花谷》後集一五，引兩'其里'，字皆不疊。"③周祖謨也分析道："此處'其里'二字傳寫誤重，當删。'矉'是蹙額的意思，字亦作'嚬'。它是個自動詞，後面不能帶賓語。"④

《淮南子・地形》篇云："鳥魚皆生於陰，陰屬於陽。"王念孫指出："下'陰'字蒙上而衍，此謂鳥魚皆屬於陽，非謂陰屬於陽也。《大戴禮》《家語》並作'鳥魚皆生於陰，而屬於陽。'盧辯曰：'生於陰者，謂卵生也；屬於陽者，謂飛游於虚也。'則無下'陰'字明矣。《文選・辯命論》注、《太平御

① 《讀書雜志・淮南内篇第十八・人間・欲以利之　門户》。

② 《諸子平議》卷一八《莊子》二《天運》。

③ 《校讎通例》七二《因誤疊而失句讀》，載《歷史語言研究所集刊》第二十三本下册。

④ 《古籍校勘述例》，載《中國語言》一九八〇年第二期。

覽・羽族部》一引《淮南》,皆無下'陰'字。"①

又,上海古籍出版社版《中吴紀聞》云:"洞與潘閬、錢易爲友,狂放不羈。閬坐盧多遜黨,亡命,乃變姓名,僧服入中條山。洞密贈之詩曰:'潘逍遥,平生才氣如天高。倚天大笑無所懼,天公嗔汝口呶呶。罰教臨老頭,補衲歸中條。我願中條山,山神鎮長在。驅雷叱電,依前趕出這老怪。'"王邁指出:"'我願中條山,山神鎮長在',應删去一'山'字,兩句合爲一句,作九字句。點校者已校出兩種讀法,但采取了錯誤讀法,也未下斷語應作九字句。丁傳靖《宋人軼事彙編》'我願'句,亦作九字。"②

陳垣認爲此類錯誤"有以已鈔爲未鈔而誤衍者",有的甚至重鈔了十多字。如沈家本刻《元典章》:"兵一三七'照依樞密院條畫禁的事理不得違犯仰樞密院條畫禁的事理不得違犯仰樞密院',衍'條畫'至'樞密院'十四字。""新吏四'本部呈先准中書省劄付本部呈先准中書省劄付',衍'本部'至'劄付'十字。"③

十二　涉注文而衍

前已論及,古書一般都是正文注文連寫,而以大小字區别之。這也會出現正文受注文影響而增字的現象。

如《荀子・仲尼》篇云:"任重而不敢專,財利至則言善而不及也,必將盡辭讓之義然後受。"楊倞注曰:"'善而不及',而,如也。言己之善寡如不合當此財利也。"元刻正文無"言"字。王念孫指出:"無'言'字者是也,據楊注云:'善而不及',而,如也。'則善上無言字明矣。注又云:'言己之善寡如不合當此財利也。'此'言'字乃申明正文之詞,非正文所有也。宋本有'言'字,即涉注文而衍。"④

《淮南子・脩務》篇云:"禹沐浴霪雨,櫛扶風。"高誘注曰:"禹勞力天下,

① 《讀書雜志・淮南内篇第四・地形・陰屬於陽》。

② 《古籍整理中出現的字誤》,載《古籍整理出版情況簡報》第一八一期。

③ 《校勘學釋例》卷二第十五《因重寫而衍字例》。

④ 《讀書雜志・荀子第二・仲尼・財利至則言善而不及也必將盡辭讓之義而後受》。

不避風雨,以久雨爲沐浴。扶風,疾風。以疾風爲梳櫛也。"王念孫指出:

> "沐"下本無"浴"字,此涉高《注》"沐浴"而誤衍也。沐霪雨、櫛扶風,相對爲文。多一"浴"字,則句法參差矣。(劉本又於'櫛'上加'梳'字以對沐浴,尤非)《藝文類聚・帝王部》一、《太平御覽・皇王部》七、《文選》謝朓《和王著作八公山詩》注,引此皆無"浴"字。《莊子・天下》篇"禹沐甚雨,櫛疾風",此即《淮南》所本。①

《禮記・曲禮》上云:"前有塵埃,則載鳴鳶;前有車騎,則載飛鴻;前有士師,則載虎皮。"王引之指出:"'飛'字涉注文而衍。《注》云:'鴻,取飛有行列也。'此釋'載鴻'之義,非經文有'飛'字也。下載'虎皮'注云:'虎,取其有威勇也。'亦是釋'載虎皮'之義,經文豈有威勇字邪?《正義》釋'載鳴鳶'云:'不直言鳶而云鳴者,鳶不鳴則風不生,故畫作開口如鳴時。'此專釋鳴字之義也。若'鴻'上有'飛'字,則《正義》亦必專釋之。而《正義》云:'前有車騎則載鴻者,鴻,鴻鴈也。鴈飛有行列,與車騎相似。若軍前遥見有車騎,則畫鴻於旌首而載之,使衆見而爲防也。'但言畫鴻而不言畫飛鴻,則所見本無'飛'字可知。……案郭璞注《爾雅》'錯革鳥曰旟'云:'此謂全剥鳥皮毛置之竿首,即《禮記》云載鴻及鳴鳶。'是古本無'飛'字也。鈔本《北堂書鈔・武功部》八引作'則戴鴻'('戴'與'載'同),《車部》上引作'則載鴻',足證隋唐間舊本尚不誤。唐石經始衍'飛'字。"②

十三 因據誤本文字而加

書面材料有錯誤,讀不通,人們未經認真校勘,相反地却根據自己的理解而增字的,也不乏其例:

甲 因訛文而加

《淮南子・俶真》篇:"雲臺之高,墮者折脊碎腦,而蟁蝱適足以翶翔。"

① 《讀書雜志・淮南内篇第十九・脩務・沐浴霪雨》。

② 《經義述聞》卷一四《禮記》上《載飛鴻》。

高誘注曰:“蟁蝱微細,故翺翔而無傷毁之患。”王念孫校曰:

“適足以翺翔”當作“適足以翾”。高注“翺翔而無傷毁之患”,當作“翾飛而無傷毁之患”。《説文》:“翾(許緣反),小飛也。”《原道》篇曰:“跂行喙息,蠉飛蝡動。”蠉與翾同。下文曰:“飛輕微細者,猶足以脱其命。”“飛輕”二字,正承“翾”字言之。若翺翔則爲鳥高飛之貌。蟁蝱之飛,可謂之翾,不可謂之翺翔也。又下文“雖欲翺翔”,高注曰:“翺翔,鳥之高飛,翼上下曰翺,直刺不動曰翔。”而此注不釋翺翔之義,則正文本無翺翔二字明矣。隸書翺字或作翶(見漢唐公房碑),形與翾相近,故翾誤爲翺。後人不知翺爲翾之誤,因妄加翔字耳。《藝文類聚·蟲豸部》引此正作“蟁蝱適足以翾”。①

又,《漢書·匈奴傳》云:“朕與單于,俱由此道,順天恤民,世世相傳,施之無窮,天下莫不咸嘉使。”王念孫指出:“‘天下莫不咸嘉使’本作‘天下莫不咸便’。便,安也。言順天恤民,天下咸安之也。下文‘漢與匈奴鄰敵之國’,乃起下之詞,非承上之詞。‘便’與‘使’相近,因誤爲‘使’。後人不得其解,遂於‘咸’下增‘嘉’字。……《史記》作‘天下莫不咸便’是其證。”②

陳垣總結校《元典章》經驗時也説:“有誤字不知爲誤,而疑爲脱,仍將誤字録存,另加他字者,則又誤又衍矣。”如:“吏三十八‘歷一任者即陞教授’,元作‘歷一考即陞教授’,‘考’誤爲‘者’,遂加‘任’字。”③

乙　因脱文而加

《莊子·至樂》篇:“吾安能棄南面王樂,而復爲人間之勞乎?”王叔岷指出:“陳碧虚《闕誤》引張君房本,‘人間’作‘生人’,據上文‘諸子所言,皆生人之累也’則作‘生人’者是也。《疏》:‘誰能復爲生人之勞,而棄南面王之樂邪?’是成本亦作‘生人’。今本作‘人間’,蓋由‘人’上脱‘生’字,後人

---

① 《讀書雜志·淮南内篇第二·俶真·翺翔》。

② 《讀書雜志·漢書第十四·匈奴傳·天下莫不咸嘉使》。

③ 《校勘學釋例》卷二第十六《因誤字而衍字例》。

乃於'人'下妄加'間'字耳。"①

《淮南子・主術》篇:"是故十圍之木,持千鈞之屋。五寸之鍵,制開闔。"王念孫云:"'制開闔'三字,文義未足。《説苑・説叢》篇作'而制開闔'。《文子》作'能制開闔'。能亦而也。二書皆本於《淮南》,則《淮南》原文本作'五寸之鍵,而制開闔'明矣。道藏本脱'而'字,劉績不能考正,乃於'制開闔'下加'之門'二字,而諸本及莊本皆從之,謬矣。"②

《大戴禮記・曾子立事》篇云:"多知而無親,博學而無方,好多而無定者,君子弗與也。"俞樾謂:"下文云:'君子多知而擇焉,博學而算焉,多言而慎焉。'據此,則本文'好多'二字亦當作'多言',校者因奪'言'字而誤補'好'字,此校補之不當者也。"③

丙　因衍文而加

《淮南子・氾論》篇云:"履天子之圖籍,造劉氏之貌冠。"王念孫云:"'履天子之圖籍,造劉氏之貌冠。'本作'履天子之籍,造劉氏之冠。'《史記・高祖紀》曰:'高祖爲亭長,以竹皮爲冠。及貴,常冠,所謂劉氏冠乃是也。'故曰'造劉氏之冠'。今本作'履天子之圖籍,造劉氏之貌冠'者,'貌'字涉高注'委貌冠'而衍。後人又誤以籍爲圖,遂於'籍'上加'圖'字,以與'貌冠'相對,而不知'貌'爲衍文,且圖籍不可以言履也。"④

又,《史記・周本紀》云:"幽王以虢石父爲卿。用事,國人皆怨。石父爲人佞巧,善諛好利。王用之,又廢申后,去太子也。申侯怒,與繒西夷犬戎攻幽王。"王念孫指出:

> 廢申后去太子一事,已見上文,此處不應重見。"王用之"三字,亦與上文用事相複。今案:"王用之,又廢申后去太子也"本作"王之廢申后去太子也",乃復舉上文,以起下文申侯與犬戎攻周之事,與虢

---

① 《校讎通例》二六《因脱而妄加》,載《歷史語言研究所集刊》第二十三本下册。成指成玄英。

② 《讀書雜志・淮南内篇第九・主術・制開闔》。莊指莊逵吉。

③ 《古書疑義舉例》卷五之六一《因誤奪而誤補例》。

④ 《讀書雜志・淮南内篇第十三・氾論・貌冠》。

石父之事各不相涉。祇因王之廢申后去太子，“王”下衍一“用”字，遂致不成文理。後人不得其解，遂於“廢申后”上加一“又”字，以曲爲彌縫耳。《群書治要》引此，作“王之廢后去太子也”。《太平御覽·皇王部》十引作“幽王之廢申后去太子也”。今據以訂正。①

丁　因倒文而加

《晏子春秋》内篇《諫》上云：“夫陽生而長，國人戴之。”孫星衍校本於“而長”上加“生”字，云：“今本脱一‘生’字，以意增。”王念孫正之曰：“孫加‘生’字非也。此文本作‘夫陽生長而國人戴之’。言陽生長於荼，而爲國人所戴也。今本‘長而’誤作‘而長’，又加‘生’字於其上，則贅矣。《群書治要》正作‘夫陽生長而國人戴之”。②

《史記·張耳陳餘列傳》云：“外黄富人女甚美，嫁庸奴亡其夫去抵父客。”《集解》於“亡其夫”下注曰：“一云其夫亡也。”王念孫指出：

一本是也。“嫁”字後人所加，“亡”字本在“其夫”下。“庸奴其夫”爲句，“亡去”爲句，“抵父客”爲句。《漢書》作“外黄富人女甚美，庸奴其夫（師古曰：言不恃賴其夫，視之若庸奴）。亡邸父客（如淳曰：父時故賓客也）”是其證也。因“亡”字誤在“其夫”之上，遂與“庸奴”二字義不相屬。後人不得其解，輒於“庸奴”上加“嫁”字，而讀“嫁庸奴”爲句（《廿二史劄記》謂“所嫁者乃庸奴，故逃之”。非也，既爲富人女，而又甚美，則無嫁庸奴之理）。“亡其夫”爲句，其謬甚矣。③

十四　因誤據他篇而加

《史記·秦始皇本紀》云：“更爲書賜公子扶蘇、蒙恬，數以罪，其賜死。”王念孫指出：“‘賜死’上本無‘其’字，後人據《李斯傳》加之耳。不知

---

① 《讀書雜志·史記第一·周本紀·王用之又廢申后去太子也》。

② 《讀書雜志·晏子春秋第一·内篇諫上·而長》。

③ 《讀書雜志·史記第五·張耳陳餘列傳·嫁庸奴亡其夫去》。

彼言‘其賜死’，乃趙高所爲始皇書語；此言‘賜死’，乃史公記事之文，不當有‘其’字也。《太平御覽·皇王部》引此無‘其’字。”①

《漢書·景紀》云：“丞相屈氂下獄，要斬妻子梟首。”王念孫校云：“‘妻’下‘子’字，乃後人依《劉屈氂傳》加之也。（《劉屈氂傳》云：‘妻子梟首華陽街。’）景祐本無‘子’字。宋祁亦曰：‘舊本無子字。’據鄭氏《注》云：‘妻作巫蠱，夫從坐，但要斬也。’則鄭所見本無‘子’字明矣。《五行志》曰：‘屈氂坐祝禮要斬，妻梟首。’《漢紀》曰：‘屈氂妻坐爲巫蠱祝詛，屈氂要斬，妻梟首。’‘妻’下皆無‘子’字。”②

十五　因誤據他書而加

《墨子·七患》篇云：“一穀不收謂之饉，二穀不收謂之旱，三穀不收謂之凶，四穀不收謂之餽，五穀不收謂之饑。”畢沅於此下增“五穀不孰謂之大侵”，並説：“八字舊脱，據《藝文類聚》增。”王念孫糾之云：“既言‘五穀不收謂之饑’，則不得又言‘五穀不孰謂之大侵’。《藝文類聚·百穀部》引《墨子》‘五穀不孰謂之大侵’者，乃涉上文引《穀梁傳》‘五穀不升謂之大侵’而衍。故《太平御覽·時序部》二十、《百穀部》一引《墨子》皆無此八字。《墨子》所記本與《穀梁傳》不同，不可强合也。”③

又，《史記·曹相國世家》云：“北救東阿。”王念孫指出：“‘阿’上本無‘東’字，此後人依《漢書》加之也。東阿故城，在今陽穀縣東北，本戰國時阿邑，《田完世家》所謂‘齊威王烹阿大夫’者也。漢始置東阿縣，故《史記》中或謂之阿，或謂之東阿。《索隱》本出‘北救阿’三字，注云：‘阿即東阿也。’《正義》曰：‘今濟州東阿也。’則正文内無‘東’字甚明。今本既加‘東’字，又删去《注》内‘阿即東阿也’五字，其失甚矣。《絳侯世家》‘擊秦軍阿下’，亦不稱東阿。”④

---

① 《讀書雜志·史記第一·秦始皇本紀·其賜死》。

② 《讀書雜志·漢書第一·景紀·妻子》。

③ 《讀書雜志·墨子第一·七患·五穀不孰謂之大侵》。畢沅校語見畢沅校本《墨子》卷一。

④ 《讀書雜志·史記第三·曹相國世家·東阿》。

十六　本無闕文而誤加空圍

《逸周書·本典》篇云:"能求士□者,智也;與民利者,仁也。"王念孫指出:"能求士者,智也;與民利者,仁也。句法上下相同,則上句不當有闕文。下文'士有九等,皆得其宜',正所謂'能求士者,智也'。其無闕文明矣。《玉海》六十七引此無闕文。"①

《逸周書·官人》篇云:"有知而言弗發,有施而□弗德。"王念孫校曰:"此文本作'有知而弗發,有施而弗德','發'讀曰'伐'。高注:'《淮南·修務》篇曰:伐,自矜大其善也。'有知而弗發,有施而弗德,皆五字爲句,上句本無'言'字,下句亦無闕文。後人於'弗發'上加'言'字(後人不知'發'與'伐'同,而誤以爲發言之'發',故加'言'字),則上句多一字矣。校書者不知'言'字爲後人所加,而以爲下句少一字,遂於下句内作空圍,以對'言'字,此誤之又誤也,《大戴記》正作'有知而不伐,有施而不置'('置'與'德'同,《繫辭》傳:'勞而不伐,有功而不德。'《釋文》:'德,鄭、陸、蜀本作置。'鄭云:'置當爲德。'《荀子·哀公》篇:'言忠信而心不德,仁義在身而色不伐。'《大戴記·哀公問五義》篇,'德'作'置')。"②

又,孔凡禮《全宋詞校補》載沈伯文《望海潮》云:"山連嵩岱,疆分齊魯,濟南自古多奇月。魄墮英星,芒剪瑞□(按此處脱一字,補□),來參漢主龍飛。"劉凱鳴指出:

> 查詞譜,《望海潮》上片第三句爲六字句,非七字句,當至"奇"字句斷,孔校誤將"月"字從上,遂從而誤判"脱一字"。"月"爲韻脚,與"龍飛"以下"枝、龜、蹊、旗、扉、歸、嘶、衣、池"等韻字不叶,且導致割裂"月魄"、"星芒"。今謂實無脱文。"濟南自古多奇",奇,奇士,猶名士。沈詞蓋化用杜甫《陪李北海宴歷下亭》"濟南名士多"句意。奇,上平聲支韻字,與"飛、枝……衣、池"等支韻、微韻字并屬詞韻第三

---

① 《讀書雜志·逸周書第三·本典·能求士□者智也》。

② 《讀書雜志·逸周書第三·官人·言弗發□弗德》。

部。而“月”入聲字,屬第十八部,自不能與第三部通押。①

十七　爲牟利而加

在古籍傳播中,爲了牟利而故意加字的情況是很少的,任繼愈曾舉一例:“如《房山雲居寺石經》可謂善本,其中有些石刻佛經體現了《遼藏》的面貌,但其中也有刻工貪圖省工,出現許多上下文不相連屬的‘一’字,從一般校勘原理看,這與字形、字音、字義或上下的錯簡毫無關係,只是由於刻工按版計酬,爲了省力,又能占滿版面,才出現了不應出現的許多‘一’字,漢字中只有一字筆劃最少,刻起來又省力,用來充字數最方便。”②

十八　爲説明自己的觀點而加

汪辟疆云:“余家舊藏明黄正色活字本《御覽》,《文部》五百八十六引鍾嶸《詩品》。其上品十二家之末,下有‘陶潛’二字,分注平列,張海鵬、鮑崇城二本同。頗疑元明間人不滿記室平品,因除去古詩一家不計外,擅移中品之陶公於小注,以足十二人之數。此明人妄改古書之明證也。今日偶取涵芬樓景印宋本《御覽》覆按之,果無陶潛,而以《詩品》評陶一條,别行引之,益足取證也。”③

蔣禮鴻亦曾舉一例:“《樂府詩集》卷五十九所引的唐人劉商《胡笳曲序》説:‘蔡文姬善琴,能爲離鸞、别鶴之操。胡虜犯中原,爲胡人所掠。入番爲王后,王甚重之。武帝與邕有舊,敕大將軍贖以歸漢。胡人思慕文姬,乃卷蘆葉爲吹笳,奏哀怨之音。後董生以琴寫胡笳聲爲十八拍,今之《胡笳弄》是也。’序中的董生是誰,有人以爲是唐代著名琴師董庭蘭,有一位名家則以爲就是文姬歸漢後所嫁的董祀,而序中‘董生’前頭應補上個‘嫁’字。因爲他老人家認爲現傳的《胡笳十八拍》曲辭確是蔡文姬所撰而不是像很多人那樣認爲的僞作(或擬作),如若不補這個‘嫁’字,那麽胡笳

① 《〈全宋詞補輯〉校語辨正》,載《文史》第二十八輯。

② 《任繼愈學術論著自選集·關於編輯〈中華大藏經〉(漢文部分)的意義》。

③ 《汪辟疆文集·讀常見書齋小記·明人妄改詩品》。

曲的琴譜就是‘董生’所作而非文姬所作，‘如果胡笳聲都不是蔡文姬譜出的，那麽《胡笳十八拍》的辭更不是蔡文姬作的了’。這就是所以要補字的原由。但是頗有疑竇。大凡校書補字，或者上下文有過這個缺文，或者見於别的書或類書所稱引，才算有憑有據。現在補上這個字，兩種根據都没有，僅因文姬曾嫁過董祀，這祇能説是想當然的揣測，不能算作科學的論斷。董生是否董庭蘭，也還要找證據。但是元稹的《小胡笳引》却給了我們一些材料。這篇樂府歌辭的題注道：‘桂府王推官出蜀匠雷氏琴，請姜宣彈。’歌辭道：‘哀彈慢指董家本，姜生得之妙思忖。’這是有個姓董的人制作了胡笳的琴曲而爲姜宣所學習所彈奏的確證。這個人當然不是文姬，也更不可能是董祀。那麽劉序的‘後董生’應補成‘後嫁董生’的説法更加動摇了。元稹和劉商同是唐人，我們有理由設想元詩所説那個姓董的人就是劉序的董生。再按劉序的文字，‘卷蘆葉爲吹笳，奏哀怨之音’出於胡人，是文姬歸漢以後的事，文姬何從知道而寫之以琴呢？《胡笳十八拍》曲辭的著作權問題可以再討論（有人説‘曲以拍名，起於唐代’，至少漢代尚無拍名，這是值得注意的），但爲肯定著作權屬於蔡文姬而在劉序中加字，這是淺昧所未以爲安的。”①

十九　爲便於閲讀而加

古文簡奥，後人爲便於閲讀，往往在書面材料中改字或加字。如李零云：“在《孫子》一書的校勘上，銀雀山簡本的發現對我們有很多的啓發。首先，我們發現今本之間的差異與簡本相比，往往微不足道，簡本與今本之間的差異要比這大得多。這種差異可分爲三種情況，一種是屬於换字，如簡本《實虚》‘膠其所之也’，‘膠’是‘繆’的借字，今本改爲‘乖’，《九地》‘輕地吾將使之僂’，‘僂’是‘遱’的借字，今本改爲‘屬’，都是把難懂的字换成易懂的字。一種是填字，如簡本‘善者’，今本都改爲‘善用兵者’，也是爲了便於讀懂。還有一種是變散文爲對句，如簡本《刑》‘善守者，臧

① 《懷任齋文集·誤校七例》。名人，指郭沫若，其《談蔡文姬的〈胡笳十八拍〉》云：“序文裏的‘後董生’應該是‘後嫁董生’，董生即陳留董祀。”文載《郭沫若全集》文學編卷八《蔡文姬》附録。

(藏)九地之下,動九〔天之上〕',今本在'動九〔天之上〕'前加'善攻者'。這種差異在古書流傳中應當是一種帶有普遍性的現象。"①

陳垣校沈家本刻《元典章》也發現有類似現象,指出:"刑部卷内有一句添至三四字者,頗似經生之添字解經,有時或較元文意義顯明,然實不可爲訓,假令别有所本,亦當注明出處也。"如:"刑十九四,'召其親人認識領去完聚',元作'召親完聚',四言成句,而六字妄添。""刑十九八,'此實古今之通論也',元作'古今通論也',五言成句,而四字妄添。"②

第四節　致倒的原因

古籍文字顛倒,有的出自無心,有的則出於有意乙正。因爲人們對古書的理解有深淺,故校者乙正之文,也有是有非。今就其求是反非的情況詳加分析,以見讀古書之不易。校書時,妄乙也和妄改、妄删、妄補一樣,都是不負責任的表現,學者所應特别注意。

一　因上下字相關聯而倒

上下兩個字或幾個字相連或相隔不遠,傳鈔者稍有疏忽,就可能産生相互顛倒的現象。

甲　兩字平列而倒

《禮記·月令》篇云:"制有小大,度有長短。"王念孫指出:"'長短'本作'短長',與裳、量、常爲韻,今作'長短',則失其韻矣。此蓋涉下文'視長短'而誤。《正義》作'長短',亦後人依已誤之經文改之。唐《月令》已删此二句,無從考正,唯宋撫州本及岳本皆作'短長',《吕氏春秋·仲秋》篇同,足正今本之失。"③《禮記·月令》篇復云:"量小大,視長短。"俞樾指出:

---

① 《關於〈孫子兵法〉研究整理的新認識》,載《古籍整理與研究》一九八七年第一期。

② 《校勘學釋例》卷二第二十《妄添三例》。原文"而四字妄添"當爲"而三字妄添"。參看《經義述聞》卷三二《通説》下《增字解經》。

③ 《經義述聞》卷一四《禮記》上《長短》。

"'小大'當依衛湜《集説》本作'大小'。上文云:'制有小大,度有短長。'則'小'字當在'大'字之前,以下句'短'字在'長'字之前,'小大''短長'各相當也。此云:'量大小,視長短',則大字當在小字之前,以下句長字在短字之前,'大小'、'長短',亦各相當也。《正義》曰:'大,謂牛、羊、豕成牲者;小,謂羔、豚之屬也。'先釋大字,後釋小字,是其所據本不誤。此類宜悉心訂正,庶不負古人文理之密察也。"①俞樾説:"平列之字,本無順倒,雖有錯誤,文義無傷;然亦有不可不正者。"②上述兩例涉及叶韻、對偶、文章内容,當然是應當糾正的。

乙　字相連不平列而倒

書面材料中,字相連基本上都不平列,故此類錯誤較多。

如《國語·周語》云:"若貪陵之人來而盈其願,是不賞善也。"王念孫指出:"'不賞善',《左傳》成十三年《正義》引作'賞不善'是也。貪陵之人,不善之人也,而如其願以予之,則是賞不善也。今本'賞'、'不'二字倒轉,則義不可通。"③

《商子·更法》篇云:"愚者笑之,智者哀焉;狂夫之樂,賢者喪焉。"孫詒讓指出:"'笑之',《新序》作'之笑',與下文'狂夫之樂'正相對,是也,當據正。'哀',《新序》作'憂',義亦較長。"④

《淮南子·精神》篇云:"是故視珍寶珠玉猶石礫也,視至尊窮寵猶行客也,視毛嫱、西施猶頬醜也。"王引之云:"'石礫'本作礫石。《説文》:'礫,小石也。'《逸周書·文傳》篇云:'礫石不可穀。'《楚辭·惜誓》:'相與貴夫礫石。'王注云:'相與貴重小石也。'《韓詩外傳》云:'太山不讓礫石,江海不辭小流。'皆其證也。'石'與'客'、'魄'爲韻,若作石礫,則失其韻矣。'頬醜'本作'倛魄',此'魄'誤爲'醜',後人又改'倛'爲'頬'耳。"⑤

丙　字相近而倒

字不相連,但相距甚近,也容易形成誤倒現象。如《逸周書·官人》篇

---

①② 《古書疑義舉例》卷七之八一《兩字平列而誤倒例》。

③ 見王引之《經義述聞》卷二〇《國語》上《不賞善》。

④ 《札迻》卷五。

⑤ 《讀書雜志·淮南内篇第七·精神·石礫》。

云:"以其隱觀其顯。"王念孫指出:"此本作以其顯觀其隱。人之聲顯而易見,其心氣則隱而不可見,故曰'以其顯觀其隱',即上文所云'聽其聲,處其氣'也。今本'顯'、'隱'二字互易,則義不可通。《大戴記》作'以其見占其隱','見'亦'顯'也。"①

再如《漢書·李廣蘇建傳》云:"武罵律曰:'女爲人臣子,不顧恩義,畔主背親,爲降虜於蠻夷,何以女爲見?'"師古曰:"言何用見女爲也。"王念孫謂:"'見'字當本在'女'字上,'何以見女爲',猶《論語》言'何以文爲'、'何以伐爲'耳。若云'何以女爲見',則文不成義矣。《漢紀·孝昭紀》作'何用見女爲兄弟乎','爲'下加'兄弟'二字,遂失其指,然據此知《漢書》本作'何以見女爲'也。"②

丁　詞組平列而字倒

《老子》二十一章云:"自古及今,其名不去,以閱衆甫。"馬叙倫校曰:"各本作自古及今,非是。古、去、甫,韻。"③帛書《老子》甲、乙本及王弼注皆作"自今及古"。④

《莊子·山木》篇云:"一上一下,以和爲量。"俞樾指出:"此本作'一下一上,以和爲量',上與量爲韻;今作一上一下,失其韻矣。《秋水》篇:'無東無西,始於元冥,反於大通。'亦後人所改。《莊子》原文本作'無西無東',東與通爲韻也。王氏念孫已訂正。'上下''東西',人所恒言,後人口耳習熟,妄改古書,由不知古人倒文協韻之例耳。"⑤

《逸周書·大聚》篇:"具百藥以備疾災,畜五味以備百草。"王念孫校云:"下句當作'畜百草以備五味'('百草'與'百藥'對文)。今本'百草'與'五味'互易,則義不可通。"⑥

---

① 《讀書雜志·逸周書第三·官人·以其隱觀其顯》。

② 《讀書雜志·漢書第十·李廣蘇建傳·何以女爲見》。

③ 《老子校詁》卷二。

④ 參見《馬王堆漢墓出土老子釋文》,載《文物》一九七四年十一期。

⑤ 《古書疑義舉例》卷一之一三《倒文協韻例》。王念孫説見《讀書雜志餘篇》上《莊子·秋水·無東無西》。

⑥ 《讀書雜志·逸周書第二·大聚·畜五味以備百草》。

戊　兩句平列而字倒

俞樾説:“古書有上下兩句平列,而傳寫互誤其字者。”如《論語·季氏》篇云:“不患寡而患不均,不患貧而患不安。”他指出:“‘寡’、‘貧’二字,傳寫互易,此本作‘不患貧而患不均,不患寡而患不安。’‘貧’以財言,‘不均’亦以財言,不均則不如無財矣,故‘不患貧而患不均’也。‘寡’以人言,‘不安’亦以人言;不安則不如無人矣,故‘不患寡而患不安’也。《春秋繁露·度制》篇引孔子曰‘不患貧而患不均’,可據以訂正。”①

《晏子春秋》内篇《問》下云:“從重不爲進,從輕不爲退。”王念孫以爲:“當作‘從輕不爲進,從重不爲退’。輕,易也(見《吕氏春秋·知接》篇注);重,難也(見《漢書·元帝紀》注)。謂不見易而進,不見難而退也。今本‘輕’、‘重’互易,則義不可通。《家語·三恕》篇作‘從輕勿爲先,從重勿爲後’。注曰:‘赴憂患,從勞苦,輕者宜爲後,重者宜爲先。’語意正與此同。”②

《莊子·大宗師》篇云:“故曰:天之小人,人之君子;人之君子,天之小人也。”奚侗校曰:“此文四句義複,下二句‘人’字、‘天’字互誤。”③王叔岷補證云:“奚説是也,舊鈔本《文選》江文通《雜體詩》注引下二句正作‘天之君子,民之小人’。今本‘民’作‘人’,唐人避太宗諱改。”④

己　句相連不平列而字倒

書面材料中,句相連但不平列的現象居絶大多數,故此類錯誤也不少。

《漢書·何武王嘉師丹傳》云:“事下將軍中朝者,光禄大夫孔光、左將軍公孫禄、右將軍王安、光禄勳馬宫、光禄大夫龔勝,劾嘉迷國罔上不道,請與廷尉雜治。勝獨以爲嘉備宰相,諸事並廢,咎由嘉生;嘉坐薦相,罪微薄,以應‘迷國罔上不道’,恐不可以示天下。”王念孫論此文之誤曰:

---

① 《古書疑義舉例》卷五之六九《上下兩句互誤例》。

② 《讀書雜志·晏子春秋第一·内篇問下·從重　從輕》。

③ 《莊子補注》卷一。

④ 《校讎通例》五一《互誤》,載《歷史語言研究所集刊》第二十三本下册。

> “劾嘉”之上，不當有“光禄大夫龔勝”六字，下文“勝獨以爲”上，當有“光禄大夫龔”五字。此謂諸臣皆“劾嘉迷國罔上”，而光禄大夫龔勝獨以爲不然，故師古曰：“孔光以下，衆共劾嘉，而勝獨爲異議也。”若“劾嘉”上有“光禄大夫龔勝”六字，則與“勝獨以爲”之語相反。校書者不知此六字之爲衍文，反删去下文之“光禄大夫龔”五字，斯爲顛倒矣。《漢紀·孝哀紀》云：“事下將軍中朝者，皆劾嘉迷國罔上不道，光禄大夫龔勝獨以爲嘉坐薦相等罪微薄，應以迷國罔上不道，不可以示天下。”足正今本之誤。又《龔勝傳》云：“左將軍公孫禄、司隸鮑宣、光禄大夫孔光等十四人，皆以爲嘉應迷國不道法。勝獨曰：嘉舉相等過微薄。”尤足與此傳互相證明。①

《淮南子·主術》篇云：“所謂亡國，非無君也，無法也；變法者，非無法也。有法者而不用，與無法等。”王念孫指出：“‘有法者而不用’，‘者’字當在上文‘所謂亡國’下，與‘變法者’相對爲文，今誤入此句内，則文不成義。”②

二　因上下句相關聯而倒

上下兩句或數句相連，意思相關，傳鈔者稍有疏忽，便可能造成句子間相互顛倒的現象。

甲　兩句平列而倒

就此俞樾曾以《論語》爲例云：“《論語·公冶長》篇：‘朋友信之，少者懷之。’《韓詩外傳》引作‘少者懷之，朋友信之’。《雍也》篇：‘知者樂水，仁者樂山。’李鼎祚《周易集解》引作‘仁者樂山，知者樂水’。《泰伯》篇：‘啓予足，啓予手。’《魏書·崔光傳》引作‘啓予手，啓予足’。‘巍巍乎其有成功也，焕乎其有文章。’《後漢書·馬融傳》注引作‘焕乎其有文章，巍巍乎其有成功’。‘菲飲食而致孝乎鬼神，惡衣服而致美乎黻冕。’《文選·東京

---

① 《讀書雜志·漢書第十三·何武王嘉師丹傳·光禄大夫龔勝 勝獨以爲》。

② 《讀書雜志·淮南内篇第九·主術·所謂亡國 有法者》。

賦》注引作‘惡衣服而致美乎黻冕，菲飲食而致孝乎鬼神’。《鄉黨》篇：‘與下大夫言，侃侃如也；與上大夫言，誾誾如也。’《史記·孔子世家》作‘與上大夫言，誾誾如也；與下大夫言，侃侃如也’。《先進》篇：‘言語，宰我、子貢；政事，冉有、季路。’《鹽鐵論》作‘政事，冉有、季路；言語，宰我、子貢’。‘有民人焉，有社稷焉。’《論衡·問孔》篇作‘有社稷焉，有民人焉’。《顔淵》篇：‘非禮勿視，非禮勿聽，非禮勿言，非禮勿動。’《禮記·曲禮》正義引作‘非禮勿動，非禮勿言，非禮勿視，非禮勿聽’。《子路》篇：‘父爲子隱，子爲父隱’。《韓詩外傳》引作‘子爲父隱，父爲子隱’。《憲問》篇：‘晉文公譎而不正，齊桓公正而不譎。’《風俗通義·皇霸》篇引作‘齊桓公正而不譎，晉文公譎而不正’。《季氏》篇：‘危而不持，顛而不扶。’《後漢書·安帝紀》引作‘顛而不扶，危而不持’。《子張》篇：‘仕而優則學，學而優則仕。’《玉篇·人部》‘仕’下引作‘學而優則仕，仕而優則學’。以上並見翟氏灝《論語考異》。按：即《論語》一書，而它書所引上下倒置者已不可勝計，則群經可知矣。雖於義理無甚得失，亦讀古書者所宜知也。”①

乙　數句平列而倒

俞樾云：“古書凡三四句平列者，其先後本無深義，傳寫或從而易置之。”②但其中有涉及文章内容和形式者，則校勘時也當注意糾正，不可疏忽。

《老子》第二十一章云：“道之爲物，惟恍惟惚。惚兮恍兮，其中有象；恍兮惚兮，其中有物。”俞樾指出：“‘惚兮恍兮’兩句，當在‘恍兮惚兮’兩句之下。蓋承上‘惟恍惟惚’之文，故先言‘恍兮惚兮，其中有物’，與上文‘道之爲物，惟恍惟惚’四句爲韻。下云‘惚兮恍兮，其中有象’，乃始轉韻也。王弼注曰：‘萬物以始以成，而不知其所以然，故曰“恍兮惚兮，惚兮恍兮，其中有象”也。’注文當是全舉經文，而奪‘其中有物’四字，可知王氏所據本猶未倒也。”③

《淮南子·俶真》篇：“勢利不能誘也，辯者不能説也，聲色不能淫也，美者不能濫也，智者不能動也，勇者不能恐也。”俞樾謂：“‘聲色’句當在

---

①②③　《古書疑義舉例》卷六之七〇《上下兩句易置例》。

‘辯者’句前，則聲色貨利以類相從；辯者、美者、智者、勇者，亦以類相從矣。《文子·九守》篇正如此，可據以訂正。”①

丙　句相連相近而倒

句子雖不對仗、平列，但相連、相近也易造成互倒現象，此類錯誤在詩歌中出現較多。仇兆鰲《杜詩詳注·凡例·杜詩刊誤》云：“至於上下錯簡，句法顛倒者，如《古柏行》‘君臣已與時際會’二句，當在‘雲來’、‘月出’之下。如《姜少府設鱠》‘偏勸腹腴愧年少’二句，當在‘落碪’、‘放筯’之下。如《過吴侍御宅》‘仲尼甘旅人’二句，當在‘閉口’、‘嘆息’之下。如《郭代公故宅》‘精魄凛如’二句，當在顧步涕落之下。如《夢李白》《贈蘇涣》《呈聶耒陽》諸詩，各有顛錯之句，今皆訂正，文義方順。”

句相連而倒，如《古柏行》：“孔明廟前（一作階）有老柏，柯如青銅根如石。霜（一作蒼）皮溜雨（一作水）四十圍，黛色參天二千尺。雲來氣接巫峽長，月（一作日）出寒通雪山白。（二句舊在‘愛惜’之下，今依須溪改正）君臣已與時際會，樹木猶爲人愛惜。（首詠夔州柏，而以君臣際會結之。銅比幹之青，石比根之堅。霜皮溜雨，色蒼白而潤澤也。四十圍，二千尺，形容柏之高大也。氣接巫峽，寒通雪山，正從高大處想見其聳峙陰森氣象耳。君臣際會，即起下先主武侯。）”②此爲《古柏行》之第一段，正如仇氏所分析的那樣，寫了古柏之柯、之根，之大、之高，之氣勢、之影響，以“老柏”開頭，以“樹木”作結，並以君臣際會引起下文，顯得相當自然而貼切。若原先的倒文未加乙正，則詩人的構思難以體現，詩意也會受到很大影響。

句相近而倒，如《夢李白二首》其一：“死别已吞聲，生别常惻惻。江南瘴癘地，逐（一作遠）客無消息。故人入我夢，明我長（一作常）相憶。君今在羅網，何以（一作似）有羽翼。（‘君今’二句，舊在‘關塞黑’之下，今從黄生本移在此處，於兩段語氣方順。）恐非平生魂，路遠（一作迷）不可測。魂來楓林（一作葉）青，魂（一作夢）返關塞黑。落月滿屋梁，猶疑照（一作見）

---

① 《古書疑義舉例》卷六之七〇《上下兩句易置例》。

② 《杜詩詳注》卷一五。

顔色。水深波浪闊,無使蛟龍得。”仇氏指出:“此章次序,當依黄氏更定,分明一頭兩脚體,與下篇同格。”①

散文中當然也會有此類現象,如《法言·學行》篇云:“吾不睹參辰之相比也,是以君子貴遷善。遷善者聖人之徒也。百川學海而至於海,丘陵學山而不至於山,是故惡夫畫也。頻頻之黨,甚於鷽斯,亦賊夫糧食而已矣。”俞樾云:“‘遷善’與‘參辰’不相比,意不相承;‘頻頻之黨’與‘惡畫’之義,亦不相承,此兩節疑傳寫互易。當曰:‘吾不睹參辰之相比也,頻頻之黨,甚於鷽斯,亦賊夫糧食而已矣。百川學海而至於海,丘陵學山而不至於山,是故惡夫畫也。是以君子貴遷善,遷善者聖人之徒也。’兩節傳寫互易,而其義皆不可通。”②乙正之後就説得通了。

三　因錯簡錯葉而倒

書籍在流傳的過程中,簡書中的一簡或數簡改變了原來的次序即造成了錯簡現象;紙書中的一葉或數葉改變了原來的次序即造成了錯葉現象。帛書初由簡書傳寫,某些部分當然也會出現顛倒現象。錯簡、錯葉及其他文字較多、距離較遠的倒文現象,一般可統稱爲錯簡。

錯簡現象多數是在編連、裝訂過程中疏忽造成的。王念孫《讀書雜志·淮南内篇》後序云:“有錯簡者,《天文》篇:‘陽氣勝,則日脩而夜短;陰氣勝,則日短而夜脩。其加卯酉,則陰陽分,日夜平矣。’各本‘其加卯酉’三句,錯簡在下文‘帝張四維,運之以斗’一節之下,則既與上文隔絶,又與下文不相比附矣。”③

明吕兆禧《吕錫侯筆記》云:“宋刻陸賈《新語·辨惑第五》,其末云‘權歸於三家邑土單於彊’,下便云‘無以制其剛’,文理甚不接。嘗與友人王季常讀之,得其脱簡於《慎微第六》‘人不堪其憂’之下,‘齊夫用人若彼’至‘不操其柄者則’凡二百二十七字。考之閩浙新本皆然。如南雍《子匯》、河北《西京遺編》,俱名公校讎,亦復仍誤,當是千慮一失耳。”李偉國云:

① 《杜詩詳注》卷七。

② 《古書疑義舉例》卷六之七四《簡策錯亂例》。

③ 參看《讀書雜志·淮南内篇第三·天文·其加卯酉三句》。

查今《四部叢刊》本及《諸子集成》本《新語·辨惑第五》末云:“……而定公拘於三家,陷於衆口,不能卒用孔子者,内無獨見之明,外惑邪臣之黨,以弱其國而忘其身,權歸於三家,邑土單於彊,無以制其剛。”此叙述孔子和魯國之事未完,且“邑土單於彊”不成語,亦無法與下句連接。

又《慎微第六》有云:“顔回一簞食,一瓢飲,在陋巷之中,人不堪其憂。齊夫用人若彼,失人若此,然定公不覺悟,信季孫之計,背貞臣之策……夫言道因權而立,德因勢而行,不在其位者,則無以齊其政,不操其柄者,則回也不改其樂……”開頭説的是顔回,中間突然涉及魯國國政,至“不操其柄者”,語實未完,又轉到了顔回之事,難以理解。

如從吕兆禧的説法,第五篇末了的文字應爲:“而定公拘於三家……邑土單於彊齊。夫用人若彼……不操其柄者,則無以制其剛。”第六篇述顔回的一段則應爲:“顔回一簞食,一瓢飲,在陋巷之中,人不堪其憂,回也不改其樂,禮以行之,遜以出之。”無論從整段的意思,還是從語句的銜接來看,都相契合,證明吕説是正確的。①

再如《漢書·百官公卿表》云:“地節三年七月壬辰,大司馬禹下獄要斬。”王念孫校云:“此十二字,當在四年下。‘七月’二字與上文相複,則其爲四年之七月可知。《宣紀》《外戚表》《五行志》及《漢紀》《通鑑》載誅禹事,皆在四年。”②

除正文外,目録也有這種現象。王利器曾指出:“漢人稱《吕氏春秋》爲《吕覽》,以當時傳本篇次爲《八覽》《六論》《十二紀》故也。古書往往以首篇爲大名,而以序文爲全書大尾;今《序意》篇在《十二紀》之末,正是古書舊式。但《序意》篇有‘一作《廉孝》’之説,此與《序意》全無干涉;當是由以《有始覽》所缺之篇目錯入者;當於《序意》篇出之,而於《有始覽》入之,

① 《陸賈〈新語〉的一處錯簡》,載《中華文史論叢》一九八二年第四輯。

② 《讀書雜志·漢書第三·百官公卿表·錯簡十二字》。

如是，則《有始覽》所缺者不缺，而《序意》篇所錯入者得歸原位，庶幾毫無遺憾矣。”①又張元濟跋《西村翁詩集》云：“徐君曉霞贈余一部，與此同出一板。目録第一、二葉，因斷板致錯簡，此未訂正。”②

還有的錯簡則是由書籍編輯整理時疏忽造成的，例如《全金元詞》所録程文海詞，有三首的部分句子彼此淆亂，現將王鍈《〈全金元詞〉刊誤》的有關内容録之於下：

第七九二至七九四頁程文海詞三首彼此淆亂，兹以江刻宋元名家詞《雪樓樂府》比勘於下：

《全金元詞》

臨江仙　壽聰山

海鶴松間襟韻，梅花雪後精神。皇家蓍蔡老元臣。彝常千載事，品物四時春。　人道聰山毓秀，秀如嵩岳帝京賢牧守，人世妙神仙。　年甲偶同人却别，我今早已華顛。羡君福禄正如川。印章金磊磊，階樹玉娟娟。

《雪樓樂府》

臨江仙　壽聰山

海鶴松間襟韻，梅花雪後精神。皇家蓍蔡老元臣。彝常千載事，品物四時春。　人道聰山毓秀，秀如嵩岳生申。壽身壽國壽斯文。三階明紫極，一氣轉洪鈞。

《全金元詞》

臨江仙　壽尹留守

六月灤陽天似水，月弓初上新弦。一篇來壽我同年。物爲春，向挲斂中間寓至仁。是紱麟盛旦，黄鐘應候，一陽方動，萬彙俱萌。億兆蒼生，鈞陶繫命，壽國端如壽此身。梅花遠，倩新詞描寫，來侑芳尊。

① 《王利器論學雜著·訪日講學記》引其《吕氏春秋釋名》講稿大旨。
② 《涉園序跋集録·西村翁詩集》。

《雪樓樂府》

臨江仙　壽尹留守

六月灤陽天似水，月弓初上新弦。一篇來壽我同年。帝京賢牧守，人世現神仙。　　年甲偶同人却别，我今早已華顛。羡君福禄正如川，印章金磊磊，階樹玉娟娟。

《全金元詞》

沁園春　壽李秋谷平章　十一月朔

河漢無雲，淡月疏星，玉宇初澄。漸金仙掌上，露華高潔，西風陣裏，霜氣崚嶒。浪蕊浮花，狂茨怪蔓，此日紛紛一掃平。誰歟似，有天公錫號，秋谷山人。須知與生申。壽身壽國壽斯文。三階明紫極，一氣轉洪鈞。

《雪樓樂府》

沁園春　壽李秋谷平章　十一月朔

河漢無雲，淡月疏星，玉宇初澄。漸金仙掌上，露華高潔，西風陣裏，霜氣崚嶒。浪蕊浮光，狂茨怪蔓，此日紛紛一掃平。誰其似，有天公錫號，秋谷山人。　　須知與物爲春，向揫斂中間寓至仁。是紱麟聖旦，黄鐘應候；一陽方動，萬彙俱萌。億兆蒼生，鈞陶繫命，壽國端如壽此身。梅花遠，倩新詞描寫，來侑芳樽。

由右列《雪樓樂府》三詞的結構可知：一、《全金元詞》之《臨江仙·壽聰山》中加點部分，應接《臨江仙·壽尹留守》未加點部分。二、《臨江仙·壽尹留守》中加點部分，應接《沁園春》之未加點部分。三、《沁園春》中加點部分，應接《臨江仙·壽聰山》未加點部分。此外，二者字詞尚有小異，可存而不論。①

還有的錯簡是由傳鈔及刊行時疏忽造成的。如陳垣指出："沈刻《元典章》錯簡之例有三：曰單錯，曰互錯，曰衍漏錯。單錯者，本處有闕文，錯簡在他處是也。互錯者，本處有闕文，錯簡在他處，他處亦有闕文，錯簡在

① 載《古籍整理出版情況簡報》第九九期。

本處,所謂彼此互錯也。衍漏錯者,本處有闕文,而重出他處之文於此,又衍又漏是也。”其中以互錯之例最能説明問題,如:“吏七六,四行‘公出疾病在假即日’八字,應在五行‘長官’下;五行‘掌判其行用印信’七字,應在四行‘長官’下。户三七,五行‘因而在外另籍或’七字,應在七行‘漏籍人口’下;七行‘各年軍籍内’五字,應在五行‘附籍人口’下。”①由於錯簡處上面兩三個字完全相同,可見爲傳鈔者竄行所造成。

四　因不明字音而乙

《史記·太史公自序》云:“惠之早賈,諸吕不台;崇彊禄、産,諸侯謀之;殺隱幽友,大臣洞疑,遂及宗禍。”王念孫指出:“‘諸侯謀之’,本作‘諸侯之謀’。之,是也(若《詩》言‘先君之思’、‘嬿婉之求’、‘維子之好’之類)。言吕后崇彊禄、産而謀劉氏,故下文即云‘殺隱幽友’也。後人以‘謀’與‘台’、‘疑’韻不相協,故改‘之謀’爲‘謀之’。而不知‘謀’字古讀若‘媒’(詳見《唐韻正》),正與‘台’、‘疑’爲韻。且吕后稱制之時,諸侯未敢謀之也。”②

《荀子·解蔽》篇:“《詩》曰:‘鳳皇秋秋,其翼若干,其聲若簫。有鳳有皇,樂帝之心。’”王念孫指出:“‘有鳳有皇’,本作‘有皇有鳳’。‘秋’、‘簫’爲韻,‘鳳’、‘心’爲韻。《説文》,鳳從凡聲,古音在侵部,故與心爲韻也。鳳從凡聲,而與心爲韻,猶風從凡聲,而與心爲韻也。後人不知古音,而改爲有鳳有皇,則失其韻矣。王伯厚《詩考》引此已誤。《藝文類聚》祥瑞部,《太平御覽》人事部、羽族部引此並作有皇有鳳。”③

又,楊慎《升庵詩話》卷三《梁宫人前溪歌》云:“‘當曙與未曙,百鳥啼前窗。獨眠抱被嘆,憶我懷中儂,單情何時雙。’用韻甚古。窗,粗叢切;雙,疎工切。今《樂府》刻倒其字作‘窗前’,失其音矣。”④

---

① 《校勘學釋例》卷一第五《錯簡例》。

② 《讀書雜志·史記第六·太史公自序·諸侯謀之》。

③ 《讀書雜志·荀子第七·解蔽·有鳳有皇》。

④ 詩見《樂府詩集》卷四五,題爲《前溪歌》,作者爲包明月。該句作“百鳥啼窗前”。中華書局點校本。

五　因不明假借字而乙

《墨子·尚賢中》云:"故(一本作胡)不察尚賢爲政之本也。"盧文弨校曰:"當云'尚賢之爲政本'。"①王念孫辯之云:"盧説非也。下文曰:'胡不察尚賢爲政之本也。且以尚賢爲政之本,亦豈獨墨子之言哉。'與此文同一例,則不得倒'之'字於'爲政'上矣。'故'與'胡'同,故下文又曰:'故不察尚賢爲政之本也。'(今本脱'爲'字)《管子·侈靡》篇:'公將有行,故不送公。'亦以'故'爲'胡'。"②顯然,盧氏没有注意到"故"爲"胡"之假借字,而將原句"之"字倒在"爲政"上,從而將原來的反問句改成了陳述句。

《吕氏春秋·愛類》篇云:"且有不義。"王叔岷指出:"'且有'當作'有且','有'讀爲'又'。《淮南子·脩務》篇作'又且爲不義',是其塙證。本書《觀世》篇'有且以人言',《壅塞》篇'有且先夫死者死',並與此同例。今本作'且有',蓋淺人不知'有'與'又'同,而妄乙之耳。"③

又,王念孫《讀書雜志·淮南内篇》後序云:"有不識假借字而顛倒其文者。《人間》篇:'國危不而安,患結不而解,何謂貴知?'而,讀曰能。言危不能安,患不能解,則無爲貴智也。後人不知'而'與'能'同,遂改爲'國危而不安,患結而不解'矣。"④

六　因不明詞義而乙

人們不知詞涉古語、方言、名物制度的特殊含義,爲了讀通書面材料而誤乙的現象也時有發生,今略述如下:

甲　不知詞涉古語方言而乙

《漢書·食貨志》云:"枯旱蝗蟲相因。"王念孫校曰:"'蝗蟲'本作'蟲

---

① 見畢沅校本《墨子》卷二《尚賢中》。

② 《讀書雜志·墨子第一·尚賢中·故不察尚賢爲政之本》。

③ 《校讎通例》三六《不識假借字而妄乙》,載《歷史語言研究所集刊》第二十三本下册。

④ 參看《讀書雜志·淮南内篇第十八·人間·而不》。

蝗’。枯旱、蟲蝗相對爲文。後人不解蟲蝗二字之義,故改爲蝗蟲。案:蟲蝗猶言蟲螟(見《月令》),亦猶《禮》言草茅,《傳》言鳥烏,《荀子》言禽犢,今人言蟲蟻耳。《五行志》引京房《易》傳曰:‘厥風微而温,生蟲蝗,害五穀。’《月令》曰:‘孟夏行春令,則蟲蝗爲災。’(今本改爲‘蝗蟲’,辨見《經義述聞》)①《説文》曰:‘禽獸蟲蝗之怪謂之蠥。’皆其證也。又《荆燕吴傳》:‘蝗蟲起’(《史記》亦誤作‘蝗蟲’),《夏侯勝傳》:‘蝗蟲大起。’皆本作‘蟲蝗’,而後人改之。凡言蟲蝗者,非獨蝗爲災也,他蟲亦有焉。考《五行志》,自武帝元光五年,至征和四年,兼有螟蝗之災,故夏侯勝總而言之曰:‘蟲蝗大起。’不得改‘蟲蝗’爲‘蝗蟲’也。”②

陳垣也指出沈家本刻《元典章》有“不知古語而妄乙,失其意義者”。如:“户七八,‘依添上答價值’,元作‘依上添答價值’,不諳‘添答’方言,妄乙爲‘添上’。”“户七十八,‘今年後銷糧内’,元作‘今後年銷糧内’,不諳‘年銷’用語,妄乙爲‘今年’。”③

乙　不知詞涉名物制度而乙

楊慎云:“杜子美詩:‘近來海内爲長句,汝與東山李白好。’流俗本妄改作‘山東李白’。按樂史序《李白集》云:‘白客游天下,以聲妓自隨,效謝安石風流,自號東山,時人遂以東山李白稱之。’子美詩句,正因其自號而稱之耳,流俗不知而妄改。近世《大明一統志》,遂以李白入山東人物類,而引杜詩爲證,近於郢書燕説矣。噫!寡陋一至此哉?”④

又陳垣指出,沈家本刻《元典章》,“户八八三,‘路府州縣司’,元作‘司縣’,不諳‘路府州司縣’等第,妄乙爲‘州縣’”。“户九二十,‘勸司農官吏’,元作‘勸農司官吏’,不諳‘勸農司’官制,妄乙爲‘司農’。”“新兵十一

---

① 見《經義述聞》卷一三《禮記》上《蝗蟲》。

② 《讀書雜志・漢書第四・食貨志・蝗蟲》。

③ 《校勘學釋例》卷二第二二《妄乙三例》。

④ 《升庵詩話》卷七《東山李白》。王仲鏞《箋證》云:“樂史《李翰林别集序》無此語。李陽冰《草堂集序》云:‘公乃浪迹縱酒,以自昏穢,詠歌之際,屢稱東山。’魏灝《李翰林集序》云:‘間携昭陽金陵之妓,迹類謝康樂,世號爲李東山。’則太白嘗有東山之號,故升庵以此爲説也。由於長處謫戍,升庵著書,每憑腹笥,偶有疏誤,誠所難免。”

‘整治赤站(本葉二見)’元作‘站赤’,不諳‘站赤’專名,妄乙爲‘赤站’。”①亦屬此類。

七　因不明文義而乙

中華書局編輯部《史記點校後記》云:“有幾處文字前後倒置,把它移正比較方便的,我們就移正了。例如《夏本紀》:‘予辛壬娶塗山癸甲生啓予不子’,《尚書》作‘娶于塗山,辛壬癸甲,啓呱呱而泣,予弗子’。裴駰《集解》引僞《孔傳》只增一‘四’字,説‘辛日娶妻,至於甲四日,復往治水’,張守節《正義》也只據《集解》爲説,可見他們所見的本子都作‘予娶塗山,辛壬癸甲’,而别本傳寫偶誤,把‘辛壬’錯在‘塗山’上了。我們把它移正,標點作:‘予(辛壬)娶塗山,〔辛壬〕癸甲,生啓予不子。’這一移正很重要,否則就得讀爲‘予辛壬娶塗山,癸甲生啓,予不子’,那就講不通了。司馬貞也説‘豈有辛壬娶妻,經二日生子,不經之甚’。”②

因不明文義而誤讀,誤讀往往也會導致誤乙。如《漢書·韓彭英盧吴傳》云:“願君留意臣之計,必不爲二子所禽矣。”王念孫指出:

> “必不爲二子所禽矣”,本作“不(句),必爲二子所禽矣。”不與否同,言若不用臣之計,則必爲二子所禽也。《史記》作“否,必爲二子所禽矣”,是其證。後人不知“不”字自爲一句,而以“不必”二字連讀,遂不得其解,而改“不必”爲“必不”,以爲陳餘用李左車之計,則必不爲二子所禽,不知上文明言兩將之頭,可致戲下,豈特不爲所禽而已乎?弗思甚矣。(《通典·兵》十三作:“不然,必爲所禽矣。”《通鑑·漢紀二》作:“否,則必爲二子所禽矣。”)③

---

① 《校勘學釋例》卷二第二二《妄乙三例》。

② 中華書局點校本《史記》卷末。

③ 《讀書雜志·漢書第八·韓彭英盧吴傳·必不爲二子所禽矣》。

八　因不明修辭手法而乙

爲了增强語言的表達效果，古書常采用一些修辭手法，傳鈔轉刻者或有忽略，也往往會出現誤乙現象，出現較多者有以下兩種情況：

甲　不明對偶而倒

《墨子·非儒下》云："夫仁人事上竭忠，事親得孝，務善則美，有過則諫。"俞樾指出："'得'字、'務'字傳寫誤倒，本作'事親務孝，得善則美'。'務孝'與'竭忠'，'得善'與'有過'，皆相對成文。"①

有的對句字數較多，易於出現倒文，而且頗難發現。如《墨子·魯問》篇云："翟慮耕天下而食之人矣。"王念孫將其改爲："翟慮耕而食天下之人矣。"並注明："舊本'而食'二字在'天下'之下，今據下文乙正。"②案畢沅校本《墨子》原云："翟慮耕天下而食之人矣盛，然後當一農之耕分諸天下，不能人得一升粟，籍而以爲得一升粟，其不能飽天下之饑者，既可睹矣；翟慮織而衣天下之人矣盛，然後當一婦人之織分諸天下，不能人得尺布，籍而爲得尺布，其不能煖天下之寒者，既可睹矣。"顯然這是一個對句，上下兩句各個部分之間的句法應當是一致的，所以王念孫根據"翟慮織而衣天下之人矣"，而將這段話的開頭十字乙正爲"翟慮耕而食天下之人矣"，就文同一律，更加通順了。

詩歌也有這種現象，如《全唐詩》卷七九三載皮日休、陸龜蒙聯句詩《獨在開元寺避暑頗懷魯望因飛筆聯句》有云："煙重迴蕉扇，輕風拂桂帷。"陳漢英指出："《甫里集》作'風輕'。案'風輕'是，《全唐詩》應予乙正，與'煙重'對偶。"③

乙　不明叶韻而倒

《管子·宙合》篇云："可淺可深，可沈可浮，可曲可直，可言可默。"王引之指出："'可沈可浮'，當從上文作'可浮可沈'。'深'、'沈'爲韻，'直'、

① 《古書疑義舉例》卷六之七三《字句錯亂例》。

② 《讀書雜志·墨子第四·魯問·倒文四》。

③ 《點校陸龜蒙集所見全唐詩之誤》，載《古籍整理出版情況簡報》第一八八期。

‘默’爲韻。”①

《莊子·秋水》篇:“無南無北,奭然四解,淪於不測。無東無西,始於元冥,反於大通。”王念孫云:“‘無東無西’,當作‘無西無東’,‘北’、‘測’爲韻,‘東’、‘通’爲韻。”②

《淮南子·俶真》篇云:“若夫真人,則動溶於至虛,而游於滅亡之野,騎蜚廉而從敦圄,馳於外方,休乎宇内,燭十日而使風雨,臣雷公,役夸父,妾宓妃,妻織女,天地之間何足以留其志。”王念孫指出:“馳於外方,休乎内宇,宇與野、圄、雨、父、女爲韻。各本作‘宇内’,則失其韻矣。”③

九　因習見詞語而乙

《莊子·山木》篇云:“純純常常,乃比於狂。削迹捐勢,不爲功名。”王叔岷指出:“‘功名’當作‘名功’,功(古音讀如冏)與上文‘常’、‘狂’爲韻,今本誤倒,遂失其韻矣。唐寫本正作‘不爲名功’。”④又,《莊子·庚桑楚》篇云:“能抱一乎,能勿失乎,能無卜筮而知吉凶乎。能止乎,能已乎,能舍諸人而求諸己乎。”王念孫指出:“‘吉凶’當爲‘凶吉’,‘一’、‘失’、‘吉’爲韻,‘止’、‘已’、‘己’爲韻。《管子·心術》篇:‘能專乎,能一乎,能毋卜筮而知凶吉乎。’是其證。”⑤這兩段話中的“名功”、“凶吉”之所以被誤乙爲“功名”、“吉凶”,顯然是因爲“功名”、“吉凶”常見,“名功”、“凶吉”不常見。

陳垣也指出沈家本刻《元典章》有“習見常語而妄乙,失其意義者”。如:“臺綱二四‘所用飲食火油紙札’,元作‘油火’,因習見‘火油’二字而妄乙之。”“吏二十六,‘親賚文解及祖父原受的宣敕’,元作‘父祖元受的宣敕’,‘父祖’謂父與祖,妄乙爲‘祖父’,則單指祖父矣。”“户八廿六,‘場官知情賣貨者’,元作‘貨賣者’,因習見‘賣貨’二字而妄乙之。”⑥

---

① 《讀書雜志·管子第二·宙合·可沈可浮》。

② 《讀書雜志·餘編上·莊子·無東無西》。

③ 《讀書雜志·淮南内篇》後序。

④ 《校讎通例》七七《誤倒而失韻》,載《歷史語言研究所集刊》第二十三本下册。

⑤ 《讀書雜志·餘編上·莊子·吉凶》。

⑥ 《校勘學釋例》卷二第二二《妄乙三例》。

十　因據誤本而乙

不知所讀之書文字本有訛、脱、衍、倒，爲讀通而誤乙之，也是致倒的一個原因，今分别述之如下：

甲　因訛文而乙

《列子·力命》云："臣奚憂焉？"王重民校曰："吉府本'臣'作'詎'，疑本作'奚巨憂焉？'奚巨複詞，讀者不達其義，遂以意移巨於奚字之上也。"①王叔岷補證云："《道藏》白文本'臣'亦作'詎'。林希逸本作'巨'，云：'巨與詎同'，是也。'奚巨'誤爲'奚臣'，後人乃妄乙爲'臣奚'耳。"②

《荀子·君道》篇云："以天下之王公莫好之也，然而于是獨好之；以天下之民莫欲之也，然而于是獨爲之。好之者貧，爲之者窮，然而于是獨猶將爲之也。"王念孫校曰："三'于是'皆義不可通，當依《外傳》作'是子'。'是子'二字，對上文'王公'與'民'而言。下文曰'非于是子莫足以舉之，故舉是子而用之'是其證。今本作'于是'者，'是子'訛爲'是于'，後人因改爲'于是'耳。"③

乙　因脱文而乙

《逸周書·周祝》篇云："石有玉而傷其山，萬民之患在□言。"王念孫指出："此闕文本在'在'字上，今在'在'字下，誤也。考其原文，本作'石有玉而傷其山，萬民之患固在言'。言山之所以受傷者，以其有玉，人之所以致患者，故在言也（'故'今通作'固'）。上文云：'文之美而以身剥，自謂智者故不足。'文義正與此同。《文子·符言》篇：'石有玉，傷其山，黔首之患固在言。'即用《周書》之文。"④

《大戴禮記·帝繫》篇："顓頊娶於滕氏，滕氏奔之子，謂之女禄。"王念孫云：此文"當作'顓頊娶於滕奔氏，滕奔氏之子，謂之女禄'。今本上'滕

---

① 《列子校釋》，載《國立北平圖書館月刊》第三卷第二號。

② 《校讎通例》三七《因誤而妄乙》，載《歷史語言研究所集刊》第二十三本下册。

③ 《讀書雜志·荀子第四·君道·于是》。

④ 《讀書雜志·逸周書第四·周祝·在□言》。

奔氏'脱'奔'字,下'滕奔氏','奔'字又倒在'氏'字下,今訂正"。① 顯然,下"滕奔氏"的"奔"字之所以倒在"氏"字下,是因爲上"滕奔氏"脱去"奔"字造成的。

丙 因衍文而乙

俞樾云:"校古書者鹵莽滅裂,有遇衍字不加删削,而以意移易使成文理者。《大戴記·哀公問於孔子》篇:'君何以謂已重焉?'此本作'君何謂以重焉'。'以重'即'已重','以'、'已'古字通也。後人據《小戴記》作'已重',旁記'已'字,因而誤入正文,校者不知删削,乃移'以'字於'謂'字之上,使成文理。此因誤衍而誤倒者也。"②

《大戴禮記·曾子大孝》篇云:"加之如此謂禮終矣。"王念孫指出:"此本作'如此之謂禮終矣'。今本'加'字即'如'字之誤而衍者,'之'又倒在'如此'上,則文不成義。《祭義》作'此之謂禮終'是其證。"③可見這段話在衍一"加"字之後,文理不通,後人就又將"之"字倒在"如此"上,與"加"字構成"加之"一詞,遂錯上加錯。

又,揚子《太玄·玄瑩》篇云:"嘖情也,抽理也,瑩事也,昭君子之道也。"俞樾校云:"上文云:'陰陽所以抽嘖也,從横所以瑩理也,明晦所以昭事也。'此當云'抽嘖也,瑩理也,昭事也',方與上合。今'抽嘖'誤作'嘖情','情'字蓋即'嘖'字之誤而衍者。於是移'抽'字以易下句'瑩'字,而'瑩理'誤作'抽理'矣。又移'瑩'字以易下句'昭'字,而'昭事'誤作'瑩事'矣。至'昭'字無可易,乃移置下句之首,而'君子之道也'誤作'昭君子之道也'。蓋因一字之誤衍,而遂使諸字以次而疊降,以此校書,亦可云不憚煩矣。"④

丁 因倒文而乙

書面材料中出現了倒文,實際上就導致一處出現了衍文,一處出現了脱文,糾正的方法是加以乙正,如果乙正錯了就會出現新的倒文。王念孫

① 《經義述聞》卷一一《大戴禮記上·滕氏》。

②④ 《古書疑義舉例》卷五之六〇《因誤衍而誤倒例》。

③ 《經義述聞》卷一一《大戴禮記上·加之如此》。

所校正的《墨子》錯簡六條，大抵屬於這種情况，今録其一：

《尚賢》下篇：是故昔者堯有舜，舜有禹，禹有皋陶，湯有小臣，武王有閎夭、泰顛、南宫括、散宜生，而天下和，庶民阜。是以近者安之，遠者歸之，日月之所照，舟車之所及，雨露之所漸，粒食之所養，（自"而天下和"至此凡三十七字，舊本誤入下文"國家百姓之利"之下，今移置於此。）得此莫不勸譽。且今天下之王公大人士君子，中實將欲爲仁義，求爲上士。上欲中聖王之道，下欲中國家百姓之利。（自"得此莫不勸譽"至此，凡四十五字，舊本誤入上文"而天下和之"上，今移置於此。"得此莫不勸譽"，舊本脱"莫"字，今補。"求爲上士"，舊本脱"上"字，今據各篇補。）故尚賢之爲説，而不可不察此者也。①

還有史表，如果一格出現了倒文，以下幾格將會出現錯亂現象。如《漢書・景武昭宣元成功臣表》云："江陽康侯蘇息。"王念孫指出：

此條第三格内，當有"四月壬申封三年薨"八字。（四月者，景帝六年四月也。至中元年凡三年，而康侯息薨。其中二年，則爲懿侯盧之元年。）史表云："六年四月壬申，康侯蘇嘉元年。"是其證。其"中二年懿侯盧嗣"云云，則當在第四格内，今本第三格内脱去八字，而第四、第五、第六三格内之字，皆以次移上一格，當改正。②

此外，古書正文出現了倒文，注文往往也會因之出現倒文。王念孫曾舉《漢書・張騫李廣利傳》文爲例，今録之如下：

圍其城，攻之四十餘日，其外城壞，虜宛貴人勇將煎靡，（師古曰：宛之貴人爲將而勇者，名煎靡也。煎音子延反。）宛大恐，走入中城，

---

① 《讀書雜志・墨子第六・雜守・錯簡六條》。
② 《讀書雜志・漢書第三・景武昭宣元成功臣表・脱八字》。

相與謀曰：漢所爲攻宛，以王毋寡，(自"其外城壞"至此，凡三十二字，又注文師古曰"宛之貴人"云云，凡二十一字，舊本並誤入下文"共殺王"之下，今依《史記・大宛傳》移置於此。)匿善馬，殺漢使，(師古曰：毋寡，宛王名。)今殺王而出善馬，漢兵宜解，即不，迺力戰而死，未晚也。宛貴人皆以爲然，共殺王，(自"匿善馬"至此，凡三十七字，又注文"師古曰毋寡宛王名"八字，舊本並誤入上文"其外城壞"之上，今依《史記》移置於此。舊本"匿善馬"之上，又衍"宛貴人謀曰王毋寡"八字，今依《史記》删。)持其頭，遣人使貳師。①

十一　因誤據他書而乙

《左傳》宣十八年云："楚莊王卒，楚師不出，既而用晉師，楚於是乎有蜀之役。"俞樾指出："此二十一字，本在上文'夏，公使如楚乞師，欲以伐齊'之下，編次者因經書'甲戌楚子旅卒'，在'邾人戕鄫子于鄫'之後，遂割傳文而綴諸此，使經事相次耳，非左氏之舊。"②

《吕氏春秋・觀世》篇云："此吾所以不受也。其卒，民果作難殺子陽。受人之養，而不死其難，則不義。死其難，則死無道也。死無道，逆也。"王叔岷校曰：

"其卒，民果作難殺子陽"九字，當在下文"死無道，逆也"下，"受人之養"云云，正承上文"此吾所以不受也"而言，仍是《列子》之辭，《新序》作："此吾所以不受也。且受人之養，不死其難，不義也。死其難，是死無道之人，豈義也哉？('也'字據《册府元龜》八百五引補。)其後，民果作難殺子陽。"是其明證。今本"其卒，民果作難殺子陽"九字，錯在"此吾所以不受也"下，疑後人據《莊子》《列子》《高士傳》諸書所妄乙，不知《莊子》《列子》《高士傳》諸書，本無"受人之養"以下之文也。③

---

① 《讀書雜志・漢書第十一・張騫李廣利傳・錯簡正文六十九字注文二十九字》。

② 《古書疑義舉例》卷六之七四《簡策錯亂例》。

③ 《校讎通例》三八《依他書妄乙》，載《歷史語言研究所集刊》第二十三本下册。

十二　因政治原因而顛倒原書

較爲突出的例子是唐代李姓皇帝爲了提高自己的地位，冒認老子爲祖先，並封之爲玄元皇帝。爲了提高老子的地位，還將他列爲《史記》列傳之首，張文虎指出：

> 《伯夷列傳》，王、柯本題《老子伯夷列傳第一》。别行注云："《正義》本，老子、莊子、伯夷居列傳之首。《正義》曰：'老子、莊子，開元二十三年奉敕升爲列傳首，處夷、齊上。然漢武之時，佛教未興，道教已設。道則禁惡，咸致正理，制禦邪人，未有佛教可導，故列老、莊於申、韓之上。今既佛道齊妙，興法乖流，理居列傳之首也。'今依《正義》本。"凌本亦有此注，而無末五字。蓋《正義》止"老子"以下至"首也"七十九字，首尾皆合刻者語。王、柯本皆依《正義》次序，以老子居列傳首。凌本雖亦用宋人合刻本，而不依其次，故删去末五字。其餘各本，本無《正義》，悉依史公舊次。《索隱》本成書在《正義》前，未奉開元敕改，更無論矣。今校刊本亦依凌本之次，並删去此條，恐讀《正義》者以爲不備，故附列於此。①

錢曾也説過："唐尊老子爲玄元皇帝，開元二十三年敕升於《史記》列傳之首，處伯夷上。予昔藏宋刻《史記》有四，而開元本亦其一焉。"②

此外，《唐會要》卷五十云："天寶元年二月二十日敕曰：'《古今人表》玄元皇帝升入上聖。'"宋吴曾也談道：徽宗"政和八年詔：'《史記》老子升於列傳之首，自爲一袟。《前漢·古今人表》，引於上聖，其舊本並行改正。'"③

---

① 《校刊史記集解索隱正義札記》卷五。王指明王延喆，柯指明柯維熊，凌指明凌稚隆。

② 《讀書敏求記》卷二《史記一百三十卷》。

③ 《能改齋漫録》卷一三《詔史記升老子傳爲列傳首》。

第四章　校勘的資料

校勘目的既然是糾正書面材料中的各種錯誤，使之恢復或接近本來面目，那就必須掌握一批可以用來比勘、佐證的資料。

校勘的取資範圍是相當廣泛的，王鳴盛在談到自己長期從事校勘工作時，曾“購借善本，再三讎勘。又搜羅偏霸雜史、稗官野乘、山經地志、譜牒簿録，以暨諸子百家、小説筆記、詩文别集、釋老異教，旁及於鐘鼎尊彝之款識、山林冢墓祠廟伽藍碑碣斷闕之文，盡取以供佐證”。①

校勘的資料雖然十分廣泛，但基本上可分爲本書的異本，他書的引文，其他有關資料等三類，現分述如下：

第一節　本書的異本

早在西漢劉向校書時，就十分注意對異本的搜集。清章學誠指出：“校書宜廣儲副本，劉向校讎中秘，有所謂中書，有所謂外書，有所謂太常書，有所謂太史書，有所謂臣向書、臣某書。夫中書與太常太史，則官守之書不一本也；外書與臣向臣某，則家藏之書不一本也。夫博求諸本，乃得讎正一書，則副本固將廣儲以待質也。”②廣搜異本的傳統一直被我國校勘家保持着，清葉名澧的《橋西雜記》在介紹邵懿辰《四庫簡明目録標注》

① 《十七史商榷序》。

② 《校讎通義》卷一《校讎條理第七》。

的編寫情况時説："位西[1]居京師，購書甚富，案頭置《簡明目録》一部，所見宋元舊刻本、鈔本，手記於各書之下，以備校勘之資。"此書廣求各書異本，分别加以著録，以便按圖索驥，就很適應校勘工作的需要，至今爲學者所重視。下面我們就對各種異本作些介紹。

一　稿本

稿本一般指作者成書時的最初文字記録，亦即此書的本來面目，因此它是校勘最可靠的依據。從一些零星記載來看，前人已注意到這個問題。如《洪駒父詩話》十《樂天詩草》指出："世傳樂天詩云：'文誇蓋世徒爲爾，命壓人頭不奈何。'予見李侍郎家收得樂天墨迹詩草，乃云'病壓人頭'。"[2]宋曾季貍也曾記載：

> 荆公《定林》詩云："定林修木老參天，横貫東南一道泉。五月杖藜尋石路，午陰多處弄潺湲。"嘗見許子禮吏部云："渠親見定林題壁，不云'修木'云'喬木'，不云'石路'云'去路'，不云'弄潺湲'云'聽潺湲'。"又《試院中》詩云："白髮無聊病更侵，移床向竹卧秋陰。"子禮云見荆公真本，不云"向竹卧秋陰"，却云"卧竹向秋陰"。皆與印本不同。[3]

當然，時代較早的稿本，我們現在已經很難見到了。但是一些時代較近因而得以保存至今的稿本，我們在校勘時還是應當充分利用的。如近年來發現的蒲松齡《聊齋志異》手稿雖然只有半部，仍舊是校勘《聊齋志異》諸刻本最原始、最珍貴的資料。像《聊齋志異·仇大娘》下面這段文字："時有巨盜，事發遠竄，乃誣禄寄資，禄依令徙口外。"讀起來很通順，似乎毫無問題，但用稿本對校，才知道本作"魏又見絶，嫉妒益深。恨無瑕之可蹈，乃引旗下逃人誣禄寄貲。國初立法最嚴，禄依令徙口外"。顯然，今

---

① 位西，邵懿辰字。
② 《宋詩話輯佚》卷下。
③ 《歷代詩話續編·艇齋詩話》。

傳刻本的文字是因爲怕觸犯滿族統治者的忌諱而竄改了的。

再如,清陳廷焯《白雨齋詞話》稿本原有十卷,光緒二十年(一八九四)夏,始由其門人許正詩等删并成八卷問世。嗣後,竟相翻印。如果將八卷本同原稿相比,就會發現原稿被删去三十五條,另有一條删五字,一條删兩句,兩條各删一段,一條删兩段,一條删三段,此外還被改動十九處。校勘此書,這個稿本當然是最珍貴的資料①。

潘景鄭《著硯樓書跋》還專門介紹了《説文解字音韻表》稿本的校勘價值:

> 此江子蘭先生《説文解字音韻表》稿本,存十六、十七兩部,都二卷。全書已刻入《續經解》中,此猶是先生手筆。卷前並録段懋堂先生序語,及先生自撰弁言,爲《經解》本所無。卷末有道光二十九年先生孫光煒跋語,云:"先生以三十年之精力,得成此編,欲募刊而罕有顧問者,因出篋中所存録副未竟者數卷,先出以問諸當世。"則此本雖非全帙,當募刊時,即以此本爲號呼者,惜未有所成,至刻入《經解》,其間訛奪益復不可勝計矣。此册猶是先生手筆,楷書精整,版心鎸明《説文解字音韻表》七字,署名猶稱江沅略疏。蓋先生虚受之懷,不敢居爲撰述也。取《經解》本略校一過,文字移易處甚多。如"㛿"字,稿本在卷首,而《經解》本移在"企"字下,其後來傳刻之誤,可概見也。②

但用稿本校勘時要注意,某些稿本可能是作者的初稿而非定稿。古人著書態度極爲嚴肅,往往多次修訂,方成定稿。故用稿本校勘時,特别要注意將各種稿本的是非優劣問題與異同多寡問題分别處理,其出作者手定之稿,或經删改而更能代表作者的見解,或因完備而更有資料價值,這是使用稿本特别是手稿時所必須注意的。詩文稿本尤其如此,例如歐陽修寫文章喜歡反復推敲,其定稿的校勘價值自然要超過初稿。朱熹曾

---

① 《白雨齋詞話》十卷本,現已由其後人交由上海古籍出版社印行。

② 《著硯樓書跋・説文解字音韻表稿本》。

指出:"《醉翁亭記》稿,初説'滁州四面有山',凡數十字。末後改定,只曰'環滁皆山也'五字而已。"①朱自清曾將歐陽修《吉州學記》的初稿與定本加以比較,指出:"初稿繁,定本簡,是一望而知的。細加比較,定本似乎更得體些,也更扼要些。"②可見初稿的校勘價值往往不如定本。初稿當然是重要的校勘資料之一,但如果不加別擇,遥據初稿修改定本,那將會違背作者意願。

宋沈作喆云:"歐陽公晚年嘗自編定平生所爲文,用思甚苦。其夫人止之,曰:'何自苦如此? 尚畏先生嗔耶?'公笑曰:'不畏先生嗔,却怕後生笑。'"③這又産生了一個新問題,文章經過反復修改,當然會改變它公開發表産生社會影響時的面貌。校勘工作究竟以何本爲據,的確是一個複雜的問題,需要分别具體對待。

二　鈔　本

稿本爲數甚少,留存無多。在雕版印刷術發明之前,書籍是以鈔寫的方式流傳的;即在雕版印刷術發明之後,特别是其初期,鈔本仍不失爲書籍的一種主要形式。因此,鈔本,特别是舊鈔本的校勘價值是相當高的。如《舊唐書·顏師古傳》云:"太宗以經籍去聖久遠,文字訛謬,令師古於秘書省考定《五經》。師古多所釐正,既成奏之。太宗復遣諸儒重加詳議。於時諸儒傳習已久,皆共非之。師古輒引晉、宋已來古今本,隨言曉答,援據詳明,皆出其意表,諸儒莫不嘆服。於是兼通直散騎常侍,頒其所定之書於天下,令學者習焉。"今録顏師古利用鈔本校勘一例:

> 孔安國《古文尚書序》云:"先君孔子,生於周末,覩史籍之煩文,懼覽者之不一,遂乃定禮樂,明舊章。""覽者"謂習讀之人,猶言學者爾。蓋思後之讀史籍者,以其煩文,不能專一,將生異説,故删定之。

---

① 《朱子語類大全》卷一三九。

② 《朱自清古典文學論文集·剪裁一例》。《吉州學記》定本見於歐陽修手定的《居士集》卷三九,初稿見於《外集》卷十三。

③ 《寓簡》卷八。

> 凡此數句,文對旨明,甚爲易曉。然後之學者,輒改“之”字居“者”字上,云“覽之者不一”。雖大意不失,而顛倒本文,語更凡淺,又不屬對,亦爲妄矣。今有晉、宋時書不被改者,往往而在,皆云“覽者之不一”。①

鈔本種類甚多,現依文獻載體,分别述之如下:

甲　簡書

現存簡書,可以説基本上是舊鈔本,較多地保留了書的原貌,是極可珍貴的校勘資料。早在北宋時代,黄伯思就利用漢簡校勘過《後漢書》,並撰有《漢簡辨》一文,今録於此:

> 近歲關右人發地,得古甕,中有東漢時竹簡甚多,往往散亂不可考。獨永初二年《討羌符》文字尚完,皆章草書,書迹古雅可喜。其詞云:“永初二年六月丁未朔二十日丙寅,得車騎將軍幕府文書,上郡屬國都中二千石守(此五字古本缺)丞廷義縣令三水,十月丁未到府受印綬,發夫討畔羌,急急如律令。”案范曄《後漢書·安紀》,永初元年夏,先零種羌畔,遣車騎將軍鄧隲、征西校尉任尚討之。二年正月,隲爲羌所敗於冀西。七月戊辰詔,有“羌貊畔戾,夙夜克己”之語。其年十月庚寅,任尚與羌戰於平襄。十一月辛酉,拜隲大將軍,召還。則此簡所謂車騎將軍者,即鄧隲也。所討畔羌者,即先零也。然以《紀》所書日月及漢簡參考之,簡云六月丁未朔,則二十日正得丙寅,而戊辰乃此月二十二日也。六月末既有戊辰,則七月不應復有之。而《安紀》是年復有戊辰之詔,蓋《紀》誤也。又據《安紀》,是年七月之後,繼書閏月。閏月有辛丑,九月有庚子,亦當復有辛丑,即是年閏當在七月。據漢簡六月丁未朔,則後百二十日得兩丁未,故簡又云十月丁未正合也。而據《紀》於七月閏,則丁未當在九月矣,又與簡不相合,亦《紀》誤也。又《紀》書永初元年夏,羌畔,遣隲討之,二年冬始召還。

---

① 《匡謬正俗》卷二《尚書》。

而騭本傳云:"永初元年夏,羌畔,於是詔騭將左右羽林北軍五校及諸部兵擊之。西屯漢陽。冬,召騭班師。"據《紀》,討羌在元年夏,召騭在二年冬,漢簡亦有二年之文,正與《紀》合,而傳云元年詔還班師者,亦誤也。簡書甚明,乃當時文字,又日月首尾相應,非如史之先後差謬,宜以簡所書爲正。於戲! 千載之下,幸是簡偶存,得以考正范史所書之誤,是以君子貴乎博學而多識也。①

關於簡書,在中國歷史上有許多次重大發現,每次發現都給校勘工作提供了許多重要資料。例如清光緒三十四年(一九〇八),英人斯坦因在新疆、甘肅一帶所得漢朝至晉代木簡有九百九十一枚之多,現存英國倫敦博物院。其中有許多關於邊防的文書檔案,還有語言學著作《蒼頡》《急就篇》等。近人羅振玉、王國維利用這批材料編成《流沙墜簡》。羅氏序云:

遺文所記,裨益甚宏,如玉門之方位,烽燧之次第,西域二道之分歧,魏晉長史之治所。部尉曲候,數有前後之殊;海頭樓蘭,地有東西之異。並可補職方之記載,訂史氏之闕遺。若夫不觚證宣尼之嘆,馬夫訂墨子之文;字體别搆,拾洪丞相之遺;書迹遞遷,證許汶長之説。此又名物藝事,考鏡所資。如斯之類,僂指莫罄。②

下面我們再舉兩個利用簡書進行校勘的實例。一九七二年,山東臨沂銀雀山漢墓出土了大量竹簡,其中有《孫子兵法》,又有《孫臏兵法》,這就解決了從漢代以來懸而未決的《孫子兵法》著作權問題,同時也爲校勘今本《孫子兵法》提供了依據。許荻指出:

《孫子兵法》殘簡雖僅存千餘字,對於校訂今本是十分有益的。僅舉一個例子:今本《虚實》篇:"出其所不趨,趨其所不意。"漢殘簡:

① 《東觀餘論》卷上。
② 《流沙墜簡》卷首。

"出於所必"(下缺)。"必"下所缺自是"趨"字。今本作"不趨",漢殘簡作"必趨",兩意相反。無論從理論上看,或者從旁證來看,漢殘簡是正確的。今本,縱是宋刊本(中華書局有影印本和排印本)、明刊本(即《四部叢刊》本)都作"不趨",顯然是錯誤的。理論上,上文是講敵佚(逸)而我能勞之,我要先處戰地以待敵,以逸待勞。則我出兵,是求敵人來犯。若敵人不趨,我豈不撲空?自應作"必趨"。旁證是曹操注:"攻其所必愛,出其所必趨。"李筌注:"出其所必趨,擊其所不意。"由此看來,魏、唐人所據本也作"必趨"。孫星衍校本(《岱南閣叢書》本,以後《諸子集成》本)也用它改"不"爲"必",是有理由的。由此也可見漢殘簡的可貴之處。①

一九七五年,湖北省雲夢縣睡虎地十一號秦墓出土了一千多枚竹簡,其中有秦國的《編年紀》,對校勘《史記·秦本紀》也極有參考價值。安平秋指出:

中華點校本無論在校勘上,還是在標點上,都存在一些錯誤。如:《秦本紀》有"王齕將伐趙(武安)皮牢,拔之"(中華點校本第一册第二一四頁)。原有"武安"二字,中華點校本删去,所依據的是張文虎在《校刊史記集解索隱正義札記》裏説的"蓋'武安'二字涉上而衍"(中華書局一九七七年版第六四頁),即認爲上面有"武安君"三字,此處又有"武安",必是衍文;而梁玉繩也曾説過:"《白起傳》言齕攻拔皮牢,不言武安……二字宜衍。"(《史記志疑》,中華書局一九八一年版第一五九頁)即認爲并無拔武安事。但一九七五年,湖北雲夢睡虎地出土的秦簡中有秦國的《編年紀》,其中有秦昭襄王"卌八年,攻武安",可見攻武安確有其事,删去"武安"二字不妥。②

---

① 《略談臨沂銀雀山漢墓出土的古代兵書殘簡》,載《文物》一九七四年第二期。
② 《〈史記〉版本述要》,載《古籍整理與研究》一九八七年第一期。

乙　帛書

帛書也是一種舊鈔本，其校勘價值與簡書同。一九七三年十二月，在長沙馬王堆三號漢墓中出土了一批古代帛書，中有《易經》《老子》《戰國策》等。其中《老子》保存較多，且有兩種鈔本。一種不避漢高帝劉邦的諱，可證它是劉邦稱帝以前鈔寫的，被稱爲甲本；一種獨避劉邦的諱，而不避惠帝劉盈和文帝劉恒的諱，可證它是劉邦稱帝以後，劉盈、劉恒爲帝以前鈔寫的，被稱爲乙本。這批帛書皆可用作校勘之資。

以《老子》爲例，帛書甲、乙本均不分章，可見不分章是《老子》書的原樣。而今本《老子》的某些錯誤則是由分章引起的。高亨、池曦朝校云：

> 有的本是一章而誤分爲兩章，例如第十八章："大道廢，有仁義。慧智出，有大僞。六親不和，有孝慈。國家昏亂，有忠臣。"第十九章："絶聖棄智，民利百倍。絶仁棄義，民復孝慈。絶巧棄利，盜賊無有。此三者以爲文不足，故令有所屬，見素抱樸，少私寡欲。"依文意，這兩章本是一章，是老子反對儒家所講的仁義忠孝等德目教條。先講有這些東西，都是亂的現象，後講拋棄這些東西，才有治的結果。今本分爲兩章是錯誤的。有的把上章的語句誤劃入下章，例如第十九章的末句，今本列爲第二十章的首句。第二十章的原文是："絶學無憂。唯之與阿，相去幾何？善之與惡，相去何若？人之所畏，不可不畏。……"很明顯，"絶學無憂"一句，與第十九章"見素抱樸，少私寡欲"文意并列關聯，與第二十章"唯之與阿"等語絶不相關。那麽，這一句應當劃入第十九章，而今本劃入第二十章，是錯誤的。①

帛書《老子》甲、乙本對糾正今本《老子》段落間的錯亂現象也是有幫助的。如果我們將今本《老子》和帛書相對照，就會發現第二十四章在第二十二章之前，第四十、四十一章次序顛倒，第八十、八十一章在第六十

① 《試談馬王堆漢墓中的帛書〈老子〉》，載《文物》一九七四年第十一期。

七章之前[1]。過去有關《老子》某些章節的争論,也因帛書的發現而得到解決。所以洪誠以爲:"古鈔本之可貴,在於能定校勘之是非,決疑文之真僞。如王弼本《老子》第三十一章,或疑非老子作,或以爲注文雜入正文。今漢初帛書本出土,全章文字赫然俱在,一切臆説皆破滅無餘。"[2]

據帛書《老子》還可糾正今本字句上的一些錯誤,如今本《老子》第十章云:"滌除玄覽,能無疵乎?"高亨、池曦朝指出:

> "滌除玄覽"四字講不圓通。"覽"字當讀爲鑒,"鑒"與"鑑"同,即鏡子。《淮南子·脩務》:"執玄鑒於心,照物明白。"《太玄·童首》"修其玄鑒",都是此義。老子是説:洗去内心的塵垢,即清除内心的私欲等,則觀察事物就能没有錯誤了吧?現在我們一查帛書,"覽"字甲本作"藍",乙本作"監"。"監"字即古"鑒"字。《説文》作"[illegible]",古銅器銘文作"[illegible]"(頌鼎)、作"[illegible]"(頌壺),乃從人、從目(不是臣)、從皿,中有一點像水。古人用盆裝上水,當做鏡子,以照面孔,稱它爲"監",所以"監"字像人張目以臨水盆之上。《尚書》記周公姬旦引古人的話:"人無於水監,當於民監。"(《酒誥》)即古人用水盆做鏡子的明證。以後才有銅鏡,再後才有玻璃鏡。乙本作"玄監",自是《老子》原文。後人不懂"監"字本義,改作"覽"字是錯誤的。甲本作"藍",則以同聲借用。[3]

---

① 參看張舜徽《中國文獻學》第三編《整理古代文獻的基礎知識之一——版本》第三章《雕版印書以前的古寫本》。

② 《訓詁學》第二章《與訓詁有關的書面上的基本情況》第三節《傳寫有訛誤》。洪誠原注道:董恩靖《太上老子道德經集解》(《叢書集成》五三九册)三十一章:"王弼云:'此章疑非老子所作',然此語蓋因時而發也。"晁説之《道德經跋》也謂王弼知"佳兵"章非老子語。晁氏跋作於公元一一一五年,董氏序作於公元一二四六年,二人之言相同如此。董氏且謂王弼之語因時而發,則王弼注中確有此語可知。今傳本無有,殆爲後人刪去。畢沅云:"今所傳王弼本獨此章無注,故晁氏云爾。然王弼未嘗明指其非是也。"畢説非晁氏意。蘇轍《老子解》割"君子居則貴左"至章末列入注文。焦竑《老子翼》(《叢書集成》五四一册)引明人王純甫云:"此章自兵者不祥之器以下,似古之義疏混入經者。"日人島田翰《古文舊書考》亦謂全章係注文雜入正文。

③ 《試談馬王堆漢墓中的帛書〈老子〉》,載《文物》一九七四年第十一期。

其他帛書同樣具有校勘價值。如吴楓云:"《戰國縱横家書》寫於漢初,共二十七章三百二十五行一萬一千多字。其中有十一章内容見於《戰國策》和《史記》,文字大體相同。另外十六章是久已失傳的佚書。帛書與《戰國策》《史記》的有關篇章相對照,可以補充或糾正後者的一些錯誤。西漢末年劉向編輯《戰國策》時未見此書,因而把公元前三世紀的蘇秦事迹,推到四世紀末,把張儀、蘇秦的時序改爲蘇秦、張儀。把五國伐秦錯成了六國合縱,還推早了四十五年(前二八八至前三三三)。帛書《戰國縱横家書》的重要文獻價值,在於保存了已被埋没兩千多年的真實可信的關於蘇秦的書信和談話十四章,既可以糾正有關蘇秦歷史的許多錯誤,又可校補這段戰國時代的歷史記載。"①

丙　紙鈔本

簡書、帛書畢竟留存不多,比較豐富的當然還是六朝以來各個時期的紙鈔本。北齊顔之推就已談到他和當時的一些人利用紙鈔本進行校勘的情況,兹舉二例:

《詩》云:"將其來施施。"毛《傳》云:"施施,難進之意。"鄭《箋》云:"施施,舒行皃也。"《韓詩》亦重爲施施,河北《毛詩》皆云施施。江南舊本悉單爲施,俗遂是之,恐爲少誤。

《漢書》:"田肯賀上",江南本皆作宵字,沛國劉顯博覽經籍,偏精班《漢》,梁代謂之漢聖。顯子臻不墜家業,讀班史呼爲田肯。梁元帝嘗問之,答曰:"此無義可求,但臣家舊本以雌黄改宵字爲肯。"元帝無以難之。吾至江北,見本爲肯。②

既云"以雌黄改宵字",可見《顔氏家訓》中提到的江北本、江南本、臣家舊本等皆爲紙鈔本。

紙書不易保存,所以流傳至今的古鈔本多爲出土文物,其時代最早的

---

① 《中國古典文獻學》第二章《古典文獻的源流與分類》第二節《甲骨、金文、簡牘與帛書》。

② 《顔氏家訓》卷六《書證》。

紙鈔本當推一九二四年在新疆鄯善縣發現的東晉寫本《三國志・吴書》殘卷。張元濟介紹道:“友人有得新疆鄯善古寫本《國志》者,起《吴書・虞翻傳》‘權於是大怒’句‘怒’字,訖《張温傳》‘臣自入遠境’句‘境’字,凡八十行,中有蠹損,存字一千九十許,用校此本,頗有異同。”如宋本《吴書・張温傳》云:“便欲大搆於蜀”,古寫本“搆作構,蜀作丕”。他又指出:

> 其“大搆於丕”一句,友人謂足以糾正宋本之非。按張温使蜀,爲吴黄武三年,是時魏以兵力迫吴,曹休、曹仁、曹真等先後進擊,權以揚越蠻夷多未平集,内難未弭,不得不屈意求和,然外託事魏,而非誠服也,故與蜀釋嫌修好,先以鄭泉往聘,逮蜀以鄧芝來報,邦交漸復。吴是時實有聯蜀圖魏之意,故於後來黄龍元年與蜀所立盟辭,痛斥操、丕,且有“今日滅叡,禽其徒黨,非漢與吴,將復誰在”之語。若如宋本原文,“便欲大搆於蜀”,則與前後事實均不相應,且果欲搆蜀,權何必以“恐諸葛孔明不知吾所以與曹氏通意”之語語温?温到蜀後,又何敢爲稱美蜀政之辭?是可知宋本“蜀”字實訛,而寫本“丕”字爲正,誠可謂一字千金矣。①

敦煌卷子的發現爲我們打開了古代紙鈔本的寶庫,給我們提供了極爲豐富而可靠的校勘資料。例如敦煌寫本《文心雕龍》雖然所存僅占全書百分之二十六,但專家們比較一致的意見,認爲可據以校正今本誤字四百七十餘。趙萬里指出:“據以迻校嘉靖本,其勝處殆不可勝數。又與《太平御覽》所引及黄本所改輒合;而黄本妄訂臆改之處,亦得據以取正。彦和一書,傳於人世者殆遍,殆未有如此卷之完勝者也。”②楊明照也説以敦煌寫本“比對諸本,勝處頗多。吉光片羽,確屬可珍”。③ 敦煌卷子對校訂唐代詩歌,作用也十分明顯。孫欽善曾舉一例:

---

① 《校史隨筆・三國志・古寫本之異同》。此本指宋紹興刻本《三國志》。

② 《唐寫本〈文心雕龍〉殘卷校記》,載《清華學報》第三卷第一期。

③ 《文心雕龍校注拾遺》附録《版本第八》—《寫本》:《唐人草書殘卷本》。

《高適詩集》,伯三八六二,凡三十六題,四十八首,爲敦煌殘卷保存高詩較多者,訂訛補遺之價值亦很高。如其中有後世傳本佚詩三首:《雙六頭賦送李參軍》《遇崔二有别》《奉寄平原顔太守》。第三首思想藝術成就尤高,又是考證高適身世的重要資料。《武威作》二首即後世傳本之《登百丈峰》二首,可據以訂正後人嚴重妄改之訛誤。如《其一》首句,諸本均作"朝登百丈峰",此本作"朝登百尺烽"。以"百尺烽"爲是,"烽"即烽火臺,古時烽火臺甚高,西北地區至今仍有遺迹。"烽"因形近誤作"峰"(或後人不解古時烽燧之制而妄改),遂又將"百尺"妄改爲"百丈"。其他可資訂訛之處尚多,此不贅述。①

敦煌卷子的内容涉及面甚廣,對他類著作同樣也具有很高的校勘價值。如劉俊文《談談〈唐律疏議〉的點校經過》云:

我一共校讀過四遍,每遍各有重點。……第二遍是用敦煌、吐魯番出土的唐人寫本校讀,重點是通過比較寫本與版本形式和内容的異同,考查《唐律疏議》的原貌。在這方面,我獲得了較大的成功。例如在形式上,滂喜齋本疏文前作"'疏'議曰",而至正本等則作"疏議曰",二者究竟哪個更接近原貌呢?從敦煌、吐魯番出土的六件律疏殘卷來看,其疏文前皆作"議曰",根本没有"疏"字。因知"疏"字乃後人傳刻時所加,滂喜齋本把"疏"字括在"議曰"的外面更接近原貌。又如在内容上,滂喜齋本卷六有三處疏文,末尾又出現"議"云云,而至正本、文化本等只有其中一處。從"議"云云的文字來看,並不是在疏解律文,且與上下疏文語意不屬。這究竟是怎麽回事呢?經過核查吐魯番出土律疏殘卷,根本没有"議"云云,因知各種版本出現之"議"云云乃是後代傳刻時妄增,並非《唐律疏議》原有之内容。這就爲校改提供了堅實有力的依據。②

---

① 《高適集版本考》,載《文獻》第十一輯。

② 載《書品》一九八七年第三期。文化本指日本文化二年刻本。

舊鈔本的"舊"主要指鈔書時間與著書的時間較近,亦即與作者原稿時間較近,所以《聊齋志異》《紅樓夢》的清代鈔本當然也就算舊鈔本了。例如:"《聊齋志異》在作者生前就有不少鈔本流傳,但後來都已失傳。乾隆十六年(一七五一),歷城張希傑根據濟南朱氏殿春亭鈔本過録了一個本子,是爲《鑄雪齋鈔本聊齋志異》。殿春亭本是雍正元年(一七二三)根據蒲松齡的原稿本鈔録的,此本久已亡佚。蒲氏的原稿本建國後雖已發現,但只剩半部。還有半部的面目如何,只能從現存最早而又保存最完整的鑄雪齋鈔本中去窺其端倪。"①則該鈔本在校勘方面的價值當然是不言而喻的。例如我們在上文論及稿本時曾引用過《聊齋志異·仇大娘》中的一段話,該刻本爲避清諱進行了删改,而鑄雪齋鈔本則同稿本一樣,保持了原貌。

國外,特别是日本和朝鮮保存着不少我國古書鈔本,也可取資。如日本京都高山寺藏有兩種六朝鈔本《史記》殘卷,一九一八年曾以《古寫本史記殘卷》名義影印刊出。其中之一爲《史記集解酈生陸賈列傳》全卷,安平秋指出它可以勘正今本的一些訛誤:

> 如:中華點校本有"酈生食其者,陳留高陽人也。好讀書,家貧落魄,無以爲衣食業,爲里監門吏。然縣中賢豪不敢役,縣中皆謂之狂生"。(第八册,第二六九一頁)張守節《正義》爲:"《戰國策》云:齊宣謂顔斶曰:'夫監門閭里,士之賤也。'"里閭的監門這個職務,是個賤職,不屬吏,説"爲里監門吏",於義理不通。而鈔卷後半句作"爲里監門然吏縣中賢豪不敢役縣中皆謂之狂生",與今本相比,"然"、"吏"二字順序相倒。按鈔卷文字,斷句則爲:"好讀書,家貧落魄,無以爲衣食業,爲里監門,然吏、縣中賢豪不敢役。"這即是説酈食其雖身任里監門這個低賤的小職務,但官吏及縣中賢豪都不敢役使他。鈔卷較今本文義明白、合理。②

① 上海古籍出版社版《鑄雪齋抄本聊齋志異》卷首《出版説明》。
② 《〈史記〉版本述要》,載《古籍整理與研究》一九八七年第一期。

前此，錢曾也説過：

童年讀《史記·孔子世家》，引子貢曰："夫子之文章，可得聞也；夫子之言天道與性命，弗可得聞也已。"又讀《漢書》列傳四十五卷贊引子貢云："夫子之言性與天道，不可得而聞已矣。"竊疑古文《論語》與今本少異，然亦無從辨究也。後得高麗鈔本何晏《論語集解》，檢閲此句，與《漢書》適合，因思子貢當日寓嗟嘆意於不可得聞中，同顔子之"如有所立，卓爾"。故以"已矣"傳言外微旨，若脱此二字，便作了語，殊無低徊未忍已之情矣。他如"與朋友交言而不信乎"等句，俱應從高麗本爲是。此書乃道蕭公諱應宫監軍朝鮮時所得。甲午初夏，予以重價購之於公之乃孫，不啻獲一珍珠船也。①

王利器《文鏡秘府論校注》據以校勘的資料，以日本的鈔本和刻本爲主。他介紹道"本書整理，係以日本京都藤井佐兵衛版行本爲底本，而校以日本東方文化學院影印宫内省圖書寮所藏古鈔本、日本古典保存會影印觀智院所藏《地卷古鈔本》，及《弘法大師全集》本《文筆眼心鈔》"等。他在談到宫内省圖書寮所藏古鈔本的校勘價值時指出：

本書所引用資料，足以參證古本之真，糾正傳本之失者，亦復所在多有。北卷《帝德録》云："或可引南方越常國，侯無别風淮雨。"案《文心雕龍·練字》篇："《尚書大傳》有'别風淮雨'，《帝王世紀》云：'列風淫雨。'"保存《尚書大傳》之"别風淮雨"，除《文心》而外，惟有《隋書·虞綽傳》所載《大鳥銘序》和本書，足以互證，尤爲足珍。又《帝德録》載黄帝業績，兩言"侚齊"，《説文繫傳》卷十《人部》："侚，疾也。從人旬聲。臣鍇案：《史記》曰：'黄帝幼而侚齊。'猶疾也，蘇侚反。"《群書治要》卷十一引同。今本《史記·五帝本紀》則誤作"徇齊"了。南卷《定位》篇引陸機《文賦》全文，今取以與《文選》相校，則佳字

① 《讀書敏求記》卷一經類何晏《論語集解》十卷。

勝義,層出不窮。如“或本隱以末顯”,與李善注引或作合;“或鉏鋙而不安”,與李善注引《楚辭》合;“思按之而愈深”,與李善合,今本則通作“逾”了;“吾亦以濟夫所偉”,今本脱“以”字;“猶弦緩而徽急”,“緩”“急”對言,其義自明,今本則誤作“弦么”了;“是蓋輪扁之所不得言”,今本脱“之”字;“故亦非華説之所能明”,今本“明”誤作“精”,則與上文“後精”韻復緟了;“踸踔於短韻”,今本“韻”誤作“垣”,李注又從而爲之辭,則其誤久矣。又南卷《定位》篇引《詩序》“政得失”,與《釋文》言“本又作”合。這些,猶如吉光片羽,更爲覺得珍貴了。至如天卷《四聲論》言“洛陽王斌撰《五格四聲論》”,詳著其里貫,當必有所本,而《南史》及《南齊書·陸厥傳》則俱言“王斌不知何許人也”,此更足以補史之缺文了。①

當然也不是説舊鈔本就一定比刻本可靠。鈔本與刻本互有異同,是可以互益互補的。郭沫若論《再生緣》前十七卷校訂本的鈔本和刻本云:“鈔本和刻本是互有出入的。有的固然是刻本的奪誤,這所占的百分比很大;但有的却是鈔本的奪誤,這是由於刻本所據的鈔本有所不同。既然互相出入,因而相得益彰。在核校時,既可以依據鈔本來更正刻本,也可以依據刻本來裁奪鈔本。這樣核校的結果,可以説是綜合了鈔本和刻本的好處,而削減了鈔本和刻本的壞處。”②這可以説是一個通例,對其他書也適用。但有一前提,即刻本所據的鈔本有所不同,而非原稿。

三　拓　本

爲了使某些資料能够長期保存,人們便將它們刻在石上。爲了使這些刻在石上的資料能够廣泛傳播,人們又用紙墨將它們摹拓下來,於是便成了拓本。拓本自然也可供校勘者取資。

我國有將經書刻石的傳統,先後有漢熹平石經、魏正始石經、唐開成

---

① 《文鏡秘府論校注》卷首《前言》。

② 《序再生緣前十卷校訂本》,載《光明日報》一九六一年八月七日。

石經等。其中唐石經不僅時間早，而且至今還比較完整，因此最有校勘價值。嚴可均云：

> 若漢，若魏，若唐，若宋嘉祐、紹興，各立石經。今僅嘉祐四石、紹興八十七石，皆殘本。而唐大和石壁二百廿八石巍然獨存，此天地間經本之最完最舊者。……取今本與石經對校，審知今本遜宋版本，宋版本遜石經，而石經又非善之善者。……然而後唐雕版，實依石經句度鈔寫。歷宋、元、明轉刻轉誤，而石經本幸存。以之復古則不足，以正今誤則有餘。世間無古本，石經即古本矣。①

早在宋代，就有人利用石經從事校勘，如《相臺書塾刊正九經三傳沿革例・注文》曾指出："《尚書・召誥》注'今天其命哲'，末曰'雖説之，其實在人'。'雖説之'三字，亦不可曉。考《石經》則曰：'雖説之於天。'添'於天'二字，意始明。"②

明末清初的顧炎武在利用唐石經進行校勘方面成績突出，《九經誤字》爲其代表作，他在該書自序中説："余至關中見唐石壁九經，復得舊時摹本讀之，雖不無踳駁，而有足以正今監本之誤者，列之以告後學，亦庶乎離經之一助云。"③他還指出：

> 十三經中《儀禮》脱誤尤多，《士昏禮》脱"壻授綏姆辭曰未教不足與爲禮也"一節十四字（賴有長安石經據以補此一節，而其注疏遂亡），《鄉射禮》脱"士鹿中翿旌以獲"七字，《士虞禮》脱"哭止告事畢賓出"七字，《特牲・饋食禮》脱"舉觶者祭卒觶拜長者答拜"十一字，《少牢・饋食禮》脱"以授尸坐取簞興"七字。此則秦火之所未亡，而亡於監刻矣。④

① 《鐵橋漫稿》卷五《唐石經校文叙》。

② 關於《沿革例》一書的作者，參見《版本編》第四章第三節。

③ 《亭林先生遺書彙輯・九經誤字》。

④ 《日知録》卷一八《監本二十一史》。

錢大昕也撰有《唐石經考異》,兹舉其所校《爾雅》兩例:

《釋草》:"蒙,王女。"《注》:"蒙,即唐也,女蘿别名。"案:女蘿之大者謂之王女,猶王蔧、王芻,魚有王鮪、鳥有王睢也。今本訛王爲玉,唯唐石經不誤。①

《釋草》:"孟,狼尾。"今本孟作盂。"澤,烏蕵。"今本蕵作蘾。《釋鳥》:"燕,白脰烏。"今本烏作鳥。"鸉,白鷢。"今本分楊鳥爲二字。"鳶,烏醜,其飛也翔。"今本烏作鳥。《釋獸》:"麐,大麠。"今本麠作麕。此皆轉寫之訛,唯唐石經字畫分明可信。顧寧人《金石文字記》轉據流俗本,指爲石刻之誤,毋乃憒憒不分皂白乎?《釋木》:"桑辧有葚、梔。"辦,俗字,當從唐石經作辧。②

同樣,人們也早就注意到利用石經以外的各種石刻及其拓本從事校勘工作。如王安石的曾孫王玨談到他整理王安石文集的情況時説:

曾大父之文,舊所刊行,率多舛誤。政和中門下侍郎薛公,宣和中先伯父大資皆被旨編定,後罹兵火,是書不傳。比年臨川、龍舒刊行,尚循舊本。玨家藏不備,復求遺稿於薛公家,是正精確,多以曾大父親筆石刻爲據,其間參用衆本,取舍尤詳。至於斷缺則以舊本補校足之,凡百卷,庶廣其傳云。③

後來方崧卿校勘韓愈集,特别注意利用拓本。其《韓集舉正叙録》首列石本,共著録《汴州東西水門記》《燕喜亭記》《鄆州谿堂詩》《送李愿歸盤谷序》等一十七種。此外,在宋人筆記雜著中也載有利用拓本進行校勘工作的心得。如袁文指出:"蘇東坡詩云:'關右玉酥黄似酒',碑本乃作'土酥'。土字是也,況末句又云:'明朝積玉高三尺',無用兩玉字之理,則是

① 《十駕齋養新録》卷三《王女》。
② 《十駕齋養新録》卷三《今本爾雅誤字》。
③ 見《王國維遺書》第十二册《兩浙古刊本考》卷上《臨川王先生文集一百卷》。

‘土’字無疑。”[1]下面我們再舉一個現代利用拓本從事校勘的實例。胡適云：

> 坊間石印《聊齋文集》附有張元所作《柳泉蒲先生墓表》，其中記蒲松齡“卒年八十六”，這是“卒年七十六”之誤，有《國朝山左詩鈔》所引墓表及原刻碑文可證。但我們若單讀“卒年八十六”之文，而無善本可比較，決不能引起疑難，也決不能發見錯誤。又《山左詩鈔》引這篇墓表，字句多被删節，如云：“‘先生’少與同邑李希梅及余從父歷友結郢中詩社。”此處無可引起疑難，但清末國學扶輪社鉛印本《聊齋文集》載墓表全文，此句乃作：“與同邑李希梅及余從伯父歷視友，旋結爲郢中詩社。”（甲本）依此文，“歷視”爲從父之名，“友”爲動詞，“旋”爲“結”之副詞，文理也可通。石印本《聊齋文集》即從扶輪社本出來，但此本的編校者熟知《聊齋志異》的掌故，知道“張歷友”是當時詩人，故石印本墓表此句改成下式：“與同邑李希梅及余從伯父歷友親，旋結爲郢中詩社。”（乙本）最近我得墓表的拓本，此句原文是：“與同邑李希梅及余從伯父歷友、視旋諸先生結爲郢中詩社。”（丙本）視旋是張履慶，爲張歷友（篤慶）之弟，其詩見《山左詩鈔》卷四十四。他的詩名不大，人多不知道“視旋”是他的表字，而“視旋”二字出於《周易・履》卦“視履考祥，其旋元吉”，很少人用這樣罕見的表字。甲本校者竟連張歷友也不認得，就妄倒“友視”二字，而删“諸先生”三字，是爲第一次的整理。乙本校者知識更高了，他認得“張歷友”而不認得“視旋”，所以他把“視友”二字倒回來，而妄改“視”爲“親”，用作動詞，是爲第二次的整理。此兩本文理都可通，雖少有疑難，都可用主觀的論斷來解決。倘我們終不得見此拓本，我們終不能發見甲乙兩本的真錯誤。[2]

---

① 《甕牖閒評》卷五。

② 《胡適文集》第五册《校勘學方法論》。

四 印 本

總的來説,稿本、鈔本和拓本都不多,所以從事校勘主要還得依靠各種印本。印本包括刻本和活字本。各種注本、選本和校本也多采用印本形式,但它們皆各有特點,我們將在下面逐一討論。

《叢書集成初編》本署名爲岳珂的《相臺書塾刊正九經三傳沿革例・書本》,列舉了據校的二十三種不同的版本,其中至少有二十一種係印本。① 隨着時間的推移,校勘家越來越重視對印本的搜聚,今録盧文弨所刻《新書》卷首臚列的據校書目爲例:

> 建本　是宋時刻本。明毛斧季、吴元恭皆據以改近世之本,宋即有謬誤,亦悉仍之。前失去序文,故不知是何年所梓。惟目録後有"建寧府陳八郎書鋪印"一行,故今稱爲建本。
>
> 潭本　宋淳祐八年長沙刻,即從淳熙八年程漕使本重雕者,題《賈子》。
>
> 吴郡沈頡本　明弘治十八年刻,毛斧季就謄宋建本於此本上。其吴元恭所用之本,雖無沈頡名而實不異,當是沈名後來刊去也。其第七卷中缺《退讓》篇,吴據宋本鈔補,而毛本則仍缺此篇。
>
> 李空同本　明正德八年刻,亦名《賈子》。後有欽遠猷者,不知何時人,合郴陽何燕泉本、長沙本、武陵本合校是書。何本於文義不順者,頗加竄改。又於《過秦論》後,補《審取舍》一篇,乃録《大戴禮記・禮察》篇全文,今不用。
>
> 陸良弼本　明正德九年爲長沙守時刻。
>
> 程榮本　刻《漢魏叢書》内。
>
> 何允中本　二本皆同出陸本。
>
> 江陰趙曦明敬夫校。
>
> 餘姚盧文弨召弓父合衆本校。

---

① 參看本書《版本編》第一章第二節所引原文。

可見盧氏不僅爲校《新書》搜集到了衆多刻本，而且對各本的源流與價值作了研究和評介。

在刻本中，校勘家又特别重視那些既早而又可靠的本子。陸敕先校《管子》二十四卷跋云："古今書籍，宋板不必盡是，時板不必盡非。然較是非以爲常，宋刻之非者居二三，時刻之是者無六七，則寧從其舊也。余校此書，一遵宋本，再勘一過，復多改正。後之覽者，其毋以刻舟目之。康熙五年歲次丙午五月七日，敕先典再識。"①黄丕烈也説："校勘群籍，始知書舊一日，則其佳處猶在，不致爲庸妄人删潤，歸於文從字順。故舊刻爲佳也。"②顧千里在《韓非子識誤序》中對此亦有所論：

前人多稱道藏本，其實差有長於趙用賢刻本者耳，固遠不如宋槧也。宋槧首題"乾道改元中元日黄三八郎印"，亦頗有誤。通而論之，宋槧之誤，由乎未嘗校改，故誤之迹往往可尋也。而趙刻之誤，則由乎凡遇其不解者，必校改之，於是而並宋槧之所不誤者，方且因此以至於誤，其宋槧之所誤又僅苟且遷就仍歸於誤，而徒使可尋之迹泯焉，豈不惜哉！③

人們早就注意利用舊刻本來進行校勘工作，如宋陳振孫在《高氏小史一百三十卷》的解題中説："此書舊有杭本，全本用厚紙裝禙夾面，寫多錯誤，俟求杭本校之。"④宋錢佃校《荀子注》，撰《荀子考異》，其跋云：

舊嘗患此書無善本，求之國子監，亦未嘗板行。比集諸家所藏，得二浙西蜀本凡四。增寡同異，莫適取正。末乃於廬陵學官藏書中，得元豐國子監刻者，遂取以爲據，然猶有謬誤。用諸本參校，凡是正一百五十有四字。其有疑而未決者，并世俗所習熟而未定，如青出於

---

① 《皕宋樓藏書志》卷四二《兵家類》。敕先名貽典。

② 《士禮居藏書題跋記續》卷上《武林舊事六卷跋》。

③ 《思適齋集》卷九。

④ 《直齋書録解題》卷四别史類。

藍而青於藍者;監本所出而文義或非,如美善相樂者。皆不敢没其實,著之卷末,又一百二十有六條。雖未敢以爲盡善,然耳目所及,已特爲精好。謹刻之江西計臺,俾學者得以考訂而誦習焉。淳熙八年六月丙午,吴郡錢佃謹識。①

錢佃校刻的《荀子注》在當時就受到了肯定,陳振孫云:"淳熙中,錢佃耕道用元豐監本參校,刊之江西漕司,其同異著之篇末,凡二百二十六條,視他本最爲完善。"②他如方崧卿校韓愈集,其《韓集舉正》卷首有《叙録》一篇,對據校各本一一作了介紹,兹舉"祥符杭本"提要爲例:

杭州明教寺大中祥符二年所刊本,時尚未有外集,與閣本多同。洪慶善謂劉統軍碑,傳本作"反柩於京師",後得祥符間印本乃作"反机",蓋此本也。劉碑世有石本,實作"反机",則知此本最爲近古。頃嘗於姜秘監補之家得校韓文一秩,考訂頗密,亦以此本爲正,而參之己見。又李漢老本,每字皆注閣本、舊本二語。所謂舊本亦此本也。信知前輩取與之不繆。③

宋以後,凡有成就的校勘家,皆注意用舊刻本作爲校勘的依據。如清錢大昕云:

予撰《漢書考異》,謂《哀帝紀》"元壽二年春正月","元壽"二字衍文。《景武昭宣元成功臣表》孝成五人,"成鄉"當作"成都","樂城"下衍"龍"字。《百官公卿表》"寧平侯張歐","寧"當作"宣";"俞侯樂賁','樂"當作"欒";"安年侯王章","年"當作"平";"平喜侯史中","喜"當作"臺";"廣漢太守孫實","實"當作"寶"。《五行志》"能者養之以福","之以"當作"以之"。《地理志》"逢山長谷諸水所出","諸"

① 載《對雨樓叢書》本《荀子考異》卷末。

② 《直齋書録解題》卷九。

③ 影印《四庫全書》集部别集類二。

當作“渚”;“博水東北至鉅定”,“博”當作“時”。《張良傳》“景駒自立爲楚假王,在陳留”,“陳”字衍。《枚乘傳》“凡可讀者,不二十篇”,“不”當作“百”。《韓安國傳》“梁城,安人也”,“城”當作“成”。《韋賢傳》“畫爲亞人”,當作“弜”。《佞幸傳》“龍雒思侯夫人”,“雒”當作“額”。頃見北宋景祐本,此十數處,皆與予説合。(景祐本後題“二年九月校書畢,凡增七百四十一字,損二百一十二字,改一千三百三字”。)①

古舊印本雖然可貴,但也不應偏信盲從;晚近印本的校勘價值雖然不高,但也可能有可取之處。總之,對據校的各種版本,要根據具體情況,進行具體分析。黄丕烈的下面這段話是可供校勘家參考的:

今人校書多據宋本,亦有高下之别。即如《説文》,汲古閣校刊據北宋本,而錢君(景開)所據以校汲古閣者又爲麻沙本。是二本者,安知不有瑕瑜耶? 金壇段君玉裁,爲今之名儒,取錢君校本於宋本之謬者旁抹之,誠爲有識。然余將近時傳本展閲,亦有一二可據,何必過信汲古閣之本而没其善也。②

五　注　本

對古書加以解釋發揮,舊有傳、注、説、故、訓、記、解、箋、章句等多種名稱。凡按原書結構次序加以解釋的,無論其爲附在原書之後的,或脱離原本而單行的,③都可稱之爲注本。其中少數是手稿和鈔本,多數爲刻本。注本也是很重要的校勘資料,它可以用作校勘工作的底本,也可用作比勘的異本。

人們早就注意利用注本來從事校勘工作。如《詩經・關雎》篇“君子

---

① 《十駕齋養新録》卷六《漢書景祐本》。

② 《蕘圃藏書題識》卷一《説文》。

③ 如唐宋注疏有離經單刻的稱單疏本,後人補注校勘古籍,亦每别行,不附在原著之後。

好逑”，鄭玄箋云：“怨偶曰仇。”據此，唐陸德明指出：“本亦作‘仇’，音同，鄭云：‘怨偶曰仇。’”[①]屈原《離騷》云：“曰黄昏以爲期兮，羌中道而改路。”宋洪興祖指出：“一本有此二句，王逸無注。至下文‘羌内恕己量人’，始釋‘羌’義。疑此二句後人所增耳。《九章》曰：‘昔君與我誠言兮，曰黄昏以爲期。羌中道而回畔兮，反既有此他志。’與此語同。”[②]

後來人們更加自覺地利用注本進行校勘。如夏炯在《書抱經堂叢書後》深有體會地説：“據注以校經，據疏以校注，據他經之注疏以校本經之注疏，如是，不可通者少矣。”[③]王念孫《讀書雜志》二《史記序》亦云：“太史公書，東漢以來，注者無多，又皆亡逸，今見存者，唯裴駰《集解》、司馬貞《索隱》、張守節《正義》而已。……余鼒好此學，研究《集解》《索隱》《正義》三家訓釋，而參考經史諸子及群書所引，以釐正訛脱。”兹舉一例。《史記·五帝本紀》云：“北至於幽陵，南至於交阯，西至於流沙，東至於蟠木。”王氏云：“‘西至’本作‘西濟’，此涉上下三‘至’字而誤也。《正義》曰：‘濟，渡也。’則本作濟明矣。唐魏徵《群書治要》，引此正作‘濟’。《大戴禮·五帝德》篇同。”[④]

注本之所以能被有效地用作校勘之資，主要是因爲它的正文與注文之間存在着對應關係。下面我們就看看人們是怎樣利用這種關係，來糾正書面材料中的錯誤的。

《逸周書·大戒》篇云：“無□其信，雖危不動。”王念孫校曰：“闕文是轉字。轉者，移也。上守信而不移，則下親其上，雖危而不可動矣。故曰：‘無轉其信，雖危不動。’孔注曰：‘轉，移。’是釋正文‘轉’字也。下文曰：‘上危而轉，下乃不親。’正與此文相應。”[⑤]

《管子·心術》篇云：“毋代馬走，使盡其力；毋代鳥飛，使弊其羽翼。”周祖謨校曰：“這裏‘羽’字誤衍。‘使盡其力’與‘使弊其翼’文例相同。尹

① 《經典釋文》卷五《毛詩音義》上。
② 《楚辭補注》卷一。
③ 《夏仲子集》卷三。
④ 《讀書雜志·史記第一·五帝本紀·西至於》。
⑤ 《讀書雜志·逸周書第二·大戒·無□其信》。孔指晉孔晁。

注云：‘能走者，馬也；能飛者，鳥也。今不任鳥馬之飛走，而欲以人代之，雖盡力弊翼，而終竟不能盡。’據此可證‘羽’爲衍文。”①

《吕氏春秋・重己》篇云：“是其所謂非，非其所謂是，此之謂大惑。”陶鴻慶校曰：“‘非’、‘是’二字當互易。原文注云：‘是其所謂是，非其所謂非。’上文云：‘其所謂是者，未嘗是。’是‘是其所謂是’也。又云：‘其所謂非者，未嘗非。’是‘非其所謂非’也。今本互易，則非其旨。高注云：‘是己之所是，非己之所非，而以此求同於己者也，故謂之大惑。’是其所見本不誤。”②

王利器校杜甫詩云：“宋刊分門集注本《舟中出江陵南浦奉寄鄭少尹審》：‘别燕赴秋菰。’注言：‘别之而起去。’則‘赴’當從注作‘起’，宋本卷第十七正作‘起’。元刊集千家注分類本注引李充：‘别燕背人去，雙起秋浦菰。’此正少陵所本。”③“《秋日夔府詠懷奉寄鄭監審李賓客之芳一百韻》，宋千家本、宋分類本、元千家本、元分類本‘潮海蹴旲天’，注俱以‘江、漢朝宗於海’爲言，則‘潮’當作‘朝’，毛、錢抄本，趙本正作‘朝’，不誤。”④

我們還可利用一書的其他注本作爲校勘資料。如孫詒讓校《莊子》郭象注就用了陸德明的《經典釋文》。《莊子・盜跖》篇：“穴室樞户。”他指出：“《釋文》云：‘樞户，尺朱反；徐，苦溝反。司馬云：“破人户樞而取物也。”’案：依徐音，則‘樞’當爲‘摳’。殷敬順《列子釋文》云：‘摳，探也。’‘樞’、‘摳’聲類同，形亦相近。”⑤

當然，他書之注也可據以校勘。關於這個問題，下文將專門探討，這裏僅略提一下。蔣禮鴻云：

現在舉一個利用箋注本校勘的例，以見一斑：《淮南子・天文

① 《古籍校勘述例》，載《中國語文》一九八〇年第二期。尹指尹知章。

② 《讀諸子札記》卷五。高指高誘。

③ 《王利器論學雜著》：《杜集校文釋例》五十六《正文與注文不應》。

④ 《王利器論學雜著》：《杜集校文釋例》五十八《以注文校正文》。

⑤ 《札迻》卷五《莊子郭象注》。

訓》[①]"青女乃出,以降霜雪"句的高誘注道:"青女,天神,青霄玉女,主霜雪也。"宋本霄字作媄。我疑心霄字應作䙅字,因爲道家書裏(如《靈飛經》)多講青䙅玉女,而䙅和媄又是同音。但没證據。後來讀宋李壁《王荆文公詩集箋注》二十七裏王荆公《雪》詩"神女青腰寶髻鵶"的注:"《淮南子》:'至秋三月…青女乃出,降以霜雪。'青女,青腰玉女也,主霜雪。"可見宋本《淮南子》的確是作青䙅,䙅和腰祇是一個字的兩種寫法而已。附帶説一句,這個䙅字,即使没有李壁明引《淮南子》注的文字,從王荆公的詩句來看,也可以證明其確鑿。(宋人陳元靚《歲時廣紀》三引《淮南子》注:"青女乃天神青腰玉女,主霜雪也。"也是作"腰"的確證。)這説明校勘取材的途徑應該廣闊一些,光靠版本是不够的。[②]

值得注意的是,注文同正文一樣,也會出現各種錯誤,除無心之誤外,也有不少是被後人誤改造成的。王引之云:

經典譌誤之文,有注、疏、《釋文》已誤者;亦有注、疏、《釋文》未誤而後人據已誤之正文改之者。學者但見已改之本,以爲注、疏、《釋文》所據之經已與今本同,而不知其未嘗同也。如《易·繫辭傳》"莫善乎蓍龜",唐石經"善"誤爲"大",而諸本因之,後人又改《正義》之"善"爲"大"矣(説見《周易》下)。《小雅·十月之交》篇"山冢卒崩",唐石經誤依《釋文》"卒"作"崒",而諸本引之,後人又改《箋》及《正義》之"卒"爲"崒"矣(説見《毛詩》中)。……凡此者,皆改不誤之注、疏、《釋文》以從已誤之經文,其原本幾不可復識矣。然參差不齊之迹終不可泯,善學者循其文義,證以他書,則可知經文雖誤,而注、疏、《釋文》尚不誤,且據注、疏、《釋文》之不誤以正經文之誤可也。[③]

---

① 訓指高注,當作篇。

② 《懷任齋文集·校勘略説》。

③ 《經義述聞》卷三二《通説》下《後人改注疏釋文》。

王念孫《讀書雜志·淮南内篇》後序，曾對注文被改的情況作過分析歸納，今摘録如下：

有既誤而又改注文者。《原道》篇："夫萍樹根於水。"高注："蘋，大萍也。"正文"蘋"字誤作"萍"，後人遂改注文之"蘋，大萍"爲"萍，大蘋"，以從已誤之正文矣。

有既誤而又增注文者。《俶真》篇："辯解連環，辭潤玉石。"高注："潤，澤也。"正文"辭"字涉注文而誤爲"澤"。後人又於注文"潤，澤也"上加一"澤"字，以從已誤之正文矣。……

有既誤而又移注文者。……《詮言》篇："蘇秦善説而亡身。"高注："蘇秦死於齊也。"正文"亡身"誤爲"亡國"。後人又移注文於"亡"字之下，"國"字之上，則是以"亡"字絶句，而以已誤之"國"字下屬爲句，其失甚矣。

有既改而又改注文者。《原道》篇："干越生葛絺。"高注："干，吴也。"劉本改"干越"爲"于越"，并改高注，而不知"于"之不可訓爲"吴"也。……

有既改而復增注文者。《道應》篇："吾與汗漫期於九垓之上。"高注："九垓，九天也。"後人改"之上"爲"之外"，又於注文"九天"下加"之外"二字矣。《詮言》篇："三關交争，以義爲制者，心也。"高注："三關謂食、視、聽。"後人改"三關"爲"三官"，又於注文"三關"上，加"三官"二字，其失甚矣。

有既改而復删注文者。《時則》篇："迎歲於西郊。"高注："迎歲，迎秋也。"後人依《月令》改"迎歲"爲"迎秋"，又删去注文矣。《繆稱》篇："甯戚擊牛角而歌，桓公舉以爲大田。"高注："大田，田官也。"後人改"大田"爲"大政"，又删去注文矣。

可見古書注本的確存在着不少問題，我們在用注本進行校勘時，也應持慎重態度。清人盧文弨指出："大凡昔人援引古書，不盡皆如本文。故校正群籍，自當先從本書相傳舊本爲定。況未有雕版以前，一書而所傳各異者,殆不可以偏舉。今或但據注書家所引之文,便以爲是,疑未可也。”①

六　選　本

總集是按一定體例將兩家以上的文字作品匯編在一起的書。《四庫全書總目》集部總集類叙云:“文籍日興,散無統紀,於是總集作焉。一則網羅放佚,使零章殘什,並有所歸;一則删汰繁蕪,使莠稗咸除,菁華畢出。是固文章之衡鑒,著作之淵藪矣。”可見總集基本上分兩大類:一類是全集性總集,另一類是選集性總集,也稱選本。兩類總集皆可作爲校勘之資。其中不少選本,由於編輯時間較早,校勘價值尤大,因此我們在這裏着重討論一下選本。

因爲選本是選録群書而自成一書的,所以對於那些入選的書來説,也算是異本的一種。選本中文字與原書不同,或者是選家所改,或者是選家當時别有根據,經過彼此互校,往往可以使得某些文獻更接近本來面目。如羅振玉輯《鳴沙石室佚書》敦煌卷子本《唐人選唐詩》提要云:

詩選殘卷,其存者凡六家。前三首,撰人名在斷損處,不可見,今據《全唐詩》,知爲李昂。其名存者:曰王昌齡、曰邱爲、曰陶翰、曰李白、曰高適。都計詩數完者七十一篇,殘者二篇。今以諸家集本傳世者校之:李昂詩,《全唐詩》載一篇,而佚其二;王龍標詩,卷中十七篇,見於集本者僅三篇;邱爲詩六篇,陶翰詩三篇,今載於《全唐詩》者各一篇;太白詩三十四篇,又《古意》以下九篇誤羼入陶翰詩後,共得四十三篇,則悉載集中;高常侍詩二篇,則今集本一存一佚。其卷中諸詩,今集本雖存,而異同至多,篇題亦有異同,殆每篇中必有數字,予既録入《群書點勘》中。其尤甚者,爲二李與高常侍三家。《全唐詩》載李昂《戚夫人楚舞歌》,以此卷校之,中間少四句。太白《胡無人》篇,卷本無末三句。《臨江王節士歌》《陌上桑》《魯中都有小吏逢七朗以斗酒雙魚贈余於逆旅因鱠魚飲酒留詩而去》三篇中,卷本亦較集本

① 《抱經堂文集》卷二〇《與丁小雅進士論校正方言書》。

各少二句。《古意》篇(今集題作《效古》),則卷多末二句。《瀑布水》篇(今集題作《望廬山瀑布》),則卷集全異者四句。《贈趙四》篇(今本題作《贈人》),異者且過半。《千里思》篇,集本八句,卷本則四句,而四句中之第三句亦全異,第四句與校注中之一本合。《獨不見》篇,則除末二句但異一字外,其餘均不同。高常侍《信安王出塞》篇(集本題作《信安王幕府詩》),以卷本校集本,則後半先後錯列者四句。太白集在生前已家家有之(見唐劉全白《李君碣記》),或傳寫異同,或中間改訂,卷集互岐,理所應有。若高詩,卷中但存一篇有半耳,而以校正集本,得益已如此之巨。至李、王、邱、陶、高諸佚篇,可據以補今本之缺,則尤可喜也。①

再如,《四庫全書總目》卷一八六《才調集》提要,也稱其所録"頗有諸家遺篇,如白居易《江南贈蕭十九》詩、賈島《贈杜駙馬》詩,皆本集所無。又沈佺期《古意》,高棅竄改成律詩;王維《渭城曲》'客舍青青楊柳青'句,俗本改爲'柳色新';賈島《贈劍客》詩'誰爲不平事'句,俗本改爲'誰有'。如斯之類,此書皆獨存其舊,亦足資考證也"。

宋太宗時期編纂而成的《文苑英華》一千卷,其中唐代作品約占十分之九,由於時代較早,所以也是校唐人詩文集的重要依據。如《四庫全書總目》卷一四九《陳拾遺集》提要指出:

此本(引者案:指内府藏本)傳寫多訛脱,第七卷闕兩葉。據目録尋之,《禡牙文》《禜海文》在《文苑英華》九百九十五卷,《祭孫府君文》在九百七十九卷。又送崔融等序之後,據目録尚有《餞陳少府序》一篇,此本亦佚,《英華》七百七十九卷有此文。今並葺補,俾成完本。《英華》八百二十二卷收子昂《大崇福觀記》一篇,稱武士彠爲太祖孝明皇帝,此集不載其目,殆偶佚脱,今併補入。

---

① "逢七朗",原卷影印本作"逄七朗"。

再如錢謙益云：

> 《文苑英華》載王右丞詩，多與今行槧本小異，如"松下清齋折露葵"，"清齋"作"行齋"。"種松皆作老龍鱗"作"種松皆老作龍鱗"。並以《英華》爲佳。《送梓州李使君》詩"山中一半雨，樹杪百重泉"，作"山中一半雨"，尤佳。蓋送行之詩，言其風土，深山冥晦，晴雨相半，故曰"一半雨"，而續之以楚女巴人之聯也。①

錢曾據此判斷所藏《王右丞文集》十卷爲宋刻佳本，他説："寶應二年正月七日，王縉搜求其兄'詩筆'十卷，隨表奉進。此刻是麻沙宋板，集中《送梓州李使君》詩，亦如牧翁所跋，作'山中一半雨，樹杪萬重泉'。知此本之佳也。"②

某些編輯稍晚的選本，由於所據資料時代較早或源出兩途，往往也可用作校勘之資。如陳伯君所撰《阮籍集校注》，就利用了清人陳元龍編的《歷代賦匯》。孫通海談到陳氏在從事校注工作時，"凡清末以前諸大家之選本均校之。如《東平賦》'□土惟中'一句，諸本皆然，通過檢校陳元龍等輯《歷代賦匯》及張惠言《七十家賦鈔》，則此句作'厥土惟中'，於是缺字迎刃而解。注者在校勘時遇可疑之處，是極爲審慎的，非有一種版本作爲根據是決不臆斷的。如《亢父賦》之'亢'字，諸本皆作元，遍查有關史地書籍實無'元父'這一地名，顯然'元'爲'亢'之字誤，但注者直待檢得梅鼎祚本正作'亢'，又《歷代賦匯》'元'字下注'一作亢'後，始據以校改"。③

應當説明選本也不盡可據，由於選者的目的、態度、識見、所依據的資料來源不同，不少選本甚至會造成一些新的異文。如隋樹森指出："元人曲書大部分刊刻不精，脱字脱句，誤字衍文，所在多有。同一首曲子，在不同的選本裏，文字上常有很大的出入，題目和作者也往往不一致。就文字

---

① 《初學集》卷八三《跋王右丞集》。

② 《讀書敏求記》卷四《王右丞文集十卷》。

③ 《阮籍集校注》，載《古籍整理出版情況簡報》第一八八期。

來説，例如馬致遠有八首描繪八景的《落梅風》小令，見《陽春白雪》，而《梨園樂府》中也有這八首小令，未注作者。兩書的文字差異很大，其中《遠浦帆歸》《平沙落雁》《漁村夕照》三首，僅末句全同，前四句皆異。《瀟湘夜雨》《江天暮雨》兩首，竟然完全不同。如果因此便説兩本書裹的這八首曲子根本不是一個人作的，那又不一定對。明人編的《盛世新聲》《詞林摘艷》《雍熙樂府》等曲選裹所收的元人散曲，往往與元人曲書裹的同一作品文字上有很大的差異。”①可見我們在利用選本進行校勘時，同樣需要做一番考訂工作。

七　校　本

凡經校勘的書稱校本。從事校勘當然應當充分利用前人的校勘成果，而校本則是保存校勘成果的一種重要形式。

前人讀書十分强調校勘工作，如王鳴盛云：“欲讀書必先精校書，校之未精而遽讀，恐讀亦多誤矣。”②葉德輝甚至説：“書不校勘，不如不讀。”③學者們讀書勤於校勘的例子是屢見不鮮的，宋葉夢得云：“余在許昌得宋景文用監本手校西漢一部，末題用十三本校。中間有脱兩行者。惜乎，今亡之矣。”④錢曾藏《洛陽伽藍記》有趙琦美跋云：“歲己亥（一五九九），覽吴琯《古今逸史》中《洛陽伽藍記》，讀未數字，輒齟齬不可句。因購得陳錫玄、秦西巖、顧寧宇、孫蘭公四家鈔本，改其訛者四百八十八字，增其脱者三百二十字。丙午又得舊刻本，校於燕山龍驤邸中，復改正五十餘字。凡歷八載，始爲完書。”⑤

有的校本還特别注重迻録他人的校勘成果，萬曼在談到《沈下賢文集》時指出：

---

① 《全元散曲・自序》。

② 《十七史商榷・序》。

③ 《藏書十約・校勘》。

④ 《石林燕語》卷八。

⑤ 《讀書敏求記》卷二《楊衒之洛陽伽藍記五卷》。

> 沈集宋元以來,向無刊本,僅賴傳鈔,流布未廣。鈔本中瞿氏《鐵琴銅劍樓藏書目録》著録一種,云係稽瑞樓藏本,揚州吴葵生彙各本校過,有吴氏翌鳳跋云:"余傳此本於青芝張氏閲八年矣,壬寅春復借毛衷藏本對校一過,又二年復從《文苑英華》對讀一過。"後來黄丕烈又從周香嚴家得一舊鈔綿紙本,時吴氏已去世,黄氏乃從其子借得録校語於周本上。黄氏跋云:"此舊鈔綿紙本,爲故人周香嚴藏書,於其身後得之其家者,蓋後人各房分散,故去之而得之,因思借本讎校。惟吴大枚庵曾有是書,惜枚庵云逝,請假爲難,幸其子晉齋允其請,仍啓篋出示,俾得對勘一過,兹悉校於上方不改。本文云作者,枚庵録本,即青芝張氏本也。云校者,即枚庵借毛衷藏本對校存參數字者也。云《英華》者,即枚庵復校《英華》本也。己卯十一月望日校畢,復翁黄丕烈。"(《蕘圃藏書題跋》七)最後陳子準又用這個本子託吴景恩臨校一過,吴景恩跋云:"此本爲吾友陳子準所藏,舊有紅筆校勘頗精審,今年秋子準從錢塘何夢華假得黄復翁所校周氏本,屬余臨校,余爲對勘一過。云張本者,即枚庵所録青芝堂本;云毛本者,即毛衷本;或但稱吴校者,亦是枚庵所校毛衷本也;云周本者,即香嚴藏本,黄復翁所校者也;或但稱作某字無某字,亦具是香嚴本也。周本、張本異字悉爲標明;其不標張本者,周本、張本同者也。舊校與周本異字,亦悉爲標明;其不標周本者,舊校與周本同者也。諸本參錯,校例不一,故詳具之,庚辰秋七月校完志。"(《鐵琴銅劍樓目》十九)瑣瑣録此,可以看出三個本子,經過七八個人,幾十年的工夫反覆校勘,爲之無已,說明前人讀書的認真和辛苦。①

上述例子説明校本確是藴藏豐富的校勘資料寶庫。校本還有兩個優點:一是前人據以校書的某些版本及有關資料可能已經亡佚,某些版本及有關資料雖未亡佚,往往被藏家視爲珍秘,難以見到。而這些資料却常能在校本中覓得。再是凡勤於校勘者多爲專家學者,他們的校勘成果當然

① 《唐集叙録·沈下賢文集》。

具有較高的參考價值。因此，凡從事校勘者都非常注意利用前人的校本。如宋沈揆有《顔氏家訓考證》一卷，其跋云：

揆家有閩本，嘗苦篇中字訛難讀，顧無善本可讎。比去年春來守天台郡，得故參知政事謝公家藏舊蜀本，行間朱墨細字，多所竄定，則其子景思手校也。迺與郡丞樓大防取兩家本讀之。大抵閩本尤謬誤，五皓實五白，蓋博名而誤作傳，元嘆本顧雍字，而誤作凱。《喪服經》自一書，而誤作絰。馬牝曰騲，牡曰騭，而誤作驒駱。至以吴趨爲吴越，桓山爲恒山，僮約爲童幼，則閩、蜀本實同。惟謝氏所校頗精善，自題以五代宫傅和凝本參定，而側注旁出，類非取一家書。然不正童幼之誤，又秦權銘文劓實古則字，而謝音制，亦時有此疏舛。讎書之難如此！於是稍加刊正，多採謝氏書，定著爲可傳，又别列考證二十有三條爲一卷，附於左。若其轉寫甚訛與音訓辭義所未通者，皆存之，以竢洽博君子。淳熙七年春二月，嘉興沈揆題。[①]

顯然，沈揆校《顔氏家訓》充分考慮了謝景思的校勘意見。王念孫校《荀子》也儘可能地吸收了各家校本的可取之處。其《荀子補遺序》云：

余昔校《荀子》，據盧學士校本而加案語。盧學士校本則據宋吕夏卿本而加案語。去年陳碩甫文學以手録宋錢佃校本異同郵寄來都，余據以與盧本相校，已載入《荀子雜志》中矣。今年顧澗蘋文學又以手録吕、錢二本異同見示，余乃知吕本有刻本、影鈔本之不同。錢本亦有二本，不但錢與吕字句多有不同，即同是吕本，同是錢本，而亦不能盡同，擇善而從，誠不可以已也。時《荀子雜志》已付梓，不及追改，乃因顧文學所録而前此未見者，爲《補遺》一編，並以顧文學所考訂，及余近日所校諸條，載於其中，以質於好古之士云。道光十年五

① 此書在《知不足齋叢書》第十一集。

月二十九日,高郵王念孫敘,時年八十有七。①

近人校勘古籍也非常注意吸取前人的校勘成果。如郭沫若的《管子集校》,除所據十七種《管子》宋明版本外,還引用了校釋書四十二種,特别是利用了許維遹、聞一多的校勘成果《管子集釋》。

需要注意的是,就校本而言,因爲後人可以吸取前人的校勘成果,所以後出轉精是正常現象。我們從事這項工作,當然要充分利用已有成果,尤其是近人著作。如張舜徽云:

一部《漢書》,從宋代劉敞、劉攽(敞弟)、劉奉世(敞子)作《刊誤》以來,清代學者繼起校勘。其中以錢大昕的《漢書考異》、錢大昭的《漢書辨疑》、王念孫的《漢書雜志》、沈欽韓的《漢書疏證》、周壽昌的《漢書注校補》最爲專門。清末王先謙,便薈萃群言和其他筆記、專著中闡明《漢書》舊義的見解,再加以自己數十年間鑽研校訂的心得,寫成《漢書補注》一百卷,精刊行世。照理講,今天閲讀《漢書》,自以王氏《補注》爲最完備了。但是近人楊樹達,一生讀《漢書》最爲精熟,在王氏《補注》的基礎上,復有所訂正。早年寫成《漢書札記》,一九二四年復由商務印書館出版《漢書補注補正》。近年又有所增益,刊行了《漢書窺管》。有些地方,較過去學者們用心更細、校勘更密了。②

但張氏所説,只是問題的一方面;另一方面,今人學力和學風也頗有不及古人的,因而主觀臆斷、誤解妄改之處亦復不少。所以也不一定都是“今是而昨非”。《荀子・正名》篇所説的“以仁心説,以學心聽,以公心辨”,始終是我們做人爲學的準繩,從事校勘之學,當然也應如此。

---

① 《讀書雜志》。

② 《中國古代史籍校讀法》第二編《分論上——關於校書》第二章《校書的依據》第六節《儘量利用近人校書的成果》。

第二節　他書的引文

校勘古籍，除了用本書的各種異本外，還可利用其他古書的引文。引用各書較多的有古類書、古書注及書鈔。由於這些書的輯注者所見古書年代較早，傳刻次數較少，比較接近古書原貌，所以這些書的引文是僅次於本書異本的重要校勘資料。

一　古類書的引文

類書原來是廣搜群籍，分類或按照字順編排，以便人們在寫作及研究時查考成語、故事的。其中多係節録各書原文，有時甚至將整部書籍完全收入，而較古的類書如《北堂書鈔》《藝文類聚》《太平御覽》《册府元龜》等，還是在書籍刻本大量流行以前編成的，其所收材料大體上是直接從古鈔本轉録，因此用古類書引文校勘，往往比用同書的後出版本校勘更爲近真，獲益更多。

利用類書來進行校勘，宋人就已開始了。如王應麟云："《太平御覽》引《戰國策》曰：吴子問孫武曰：'敵人保山據險，擅利而處，糧食又足，挑之則不出，乘間則侵掠，爲之奈何？'武曰：'分兵守要，謹備勿懈，潛探其情，密候其怠，以利誘之，禁其牧采，久無所得，自然變改，待離其故，奪其所愛。'今本無之。"①

明人利用類書校勘也不乏其例。如楊慎云："《梁鴻傳》載鴻詩二首，'麥含含兮方秀'，刻本皆如此。《藝文類聚》引之，作'麥含金'爲是。'金'與'含'相似而衍爲二字也，此當表出之。"②楊氏復云："《古歌銅雀詞》：'長安城西雙貝闕，上有一雙銅雀宿。一鳴五穀生，再鳴五穀熟。'此詩《文選注》所引有缺字，今考《太平御覽》，足之。"王仲鏞箋證云："《文選》卷五十六陸佐公《石闕銘》李善注引此作《魏文帝歌》，首句作'長安城西有雙圓闕'，

① 《困學紀聞》卷一一《考史》。

② 王仲鏞箋證本《升庵詩話》卷一《麥含金》。

次句‘宿’字缺，餘同。《太平御覽》引作‘員’，次句‘銅雀’下注‘或有宿字’，即升庵所據。然則歌辭中‘貝闕’當是‘員闕’之誤，員、圓古字通。”①

廣泛運用古類書的引文來從事校勘工作，則從清乾嘉時代開始，尤以高郵王念孫、王引之父子成績最著。汪辟疆云：

> 類書品格最下，通人恒不重視。然閱時既久，古籍日亡，而前代類書，反爲考訂輯佚所取資，其重視又不亞於經史。此可怪也。今《皇覽》《華林遍略》《修文御覽》，皆已久佚。唐宋間類書之獲存者，如《北堂書鈔》《藝文類聚》《初學記》《白孔六帖》《太平御覽》《册府元龜》《山堂考索》《事文類聚》《海録碎事》《玉海》等，乾嘉諸公，皆以此爲考證大輳。高郵王氏之學，卓絶千古，嘉道之間頗有傳其訂正群書，皆先檢古本類書，及馬總《意林》《群書治要》諸書所引用經子原文，如遇異文，條記座右，然後詳稽音詁，力求貫通，再證以宋以前類書群籍引用異文，定爲某宜作某，或衍或奪，每下一義，確不可易，皆類書之助也。②

乾嘉諸老利用類書從事校勘而獲得正確結論的實例，已屢見前文。

此後，人們將古類書引文用於校勘，皆有創獲。陳垣云：“道光間，劉文淇諸人爲岑氏校勘《舊唐書》，即大用《册府》，成績甚著，亦以《册府》所採唐五代事，不獨用劉、薛二家之書。當其修《册府》時，唐五代各朝實録存者尚衆，故今《册府》所載，每與舊史不盡同也。”③陳氏還談到他曾據《册府元龜》校補《魏書》一頁：

> 《册府》材料豐富，自上古至五代，按人事人物，分門編纂，凡一千一百餘門，概括全部十七史。其所見史，又皆北宋以前古本，故可以

---

① 王仲鏞箋證本《升庵詩話》卷一《古歌銅雀詞》。

② 《汪辟疆文集・工具書之類别及其解題》。

③ 影印明本《册府元龜》卷首《影印册府元龜序》。岑指岑建功，劉指劉昫，薛指薛居正。

校史，亦可以補史。《舊唐》《舊五代史》無論，《魏書》自宋南渡後即有缺頁。嚴可均輯《全後魏文》，其三十八卷劉芳上書言樂事，引《魏書·樂志》僅一行，即注“原有闕頁”；盧文弨撰《群書拾補》，於《魏書》此頁認爲“無從考補”，僅從《通典》補得十六字。不知《册府》五百六十七卷載有此頁全文，一字無闕。盧、嚴輯佚名家，號稱博洽，乃均失之交臂，致《魏書》此頁埋没八百年。①

以上所舉爲用《册府元龜》一書改正舊文之例，其他類書也莫不爲名家校書所取資。王欣夫嘗舉劉師培所校書爲例，其《墨子拾補·所染》篇云：“子墨子言，見染絲者而嘆曰。案《閒詁》曰：言字似衍。今考《群書治要》、《後漢書·馮衍傳》注、《黨錮傳》注、《太平御覽》八百十四所引，並無言字，則言字碻爲羨文。”又《非儒下》篇云：“孔丘窮於蔡陳之間，藜羹不粈。案畢校云：《藝文類聚》引作藜蒸不粈。今考《書鈔》一百四十四、一百四十五，並引作藜蒸。《御覽》八百五十九亦引作藜蒸不粈。是古本羹字作蒸，羹則後人所改。”又《荀子校補·勸學》篇：“故不積蹞步，無以至千里。不積小流，無以成江海（元本作河）。案元本非也。《初學記》六、《事類賦注》六，引此文並作江海。《文選·海賦》注、《白帖》六並引作河海。海與里叶韻，若作江河，失其韻矣。”又《大略》篇：“子夏貧，衣若懸鶉。案《書鈔》一百二十九、《事類賦注》十二、《御覽》六百八十九所引貧上並有家字，當據補。又《初學記》十八引子夏家貧，徒有四壁，疑亦此處捝文。”②王氏云：“以上各條，都是據古類書所引以校本文。《群書治要》爲唐魏徵撰，《太平御覽》爲宋李昉等撰，《藝文類聚》爲唐歐陽詢撰，《北堂書鈔》爲唐虞世南撰，《初學記》爲唐徐堅撰，《白孔六帖》爲唐白居易和宋孔傳撰，《事類賦注》爲宋吴淑撰，此處多用簡稱。凡宋以前類書都可以據校。明人類書雖多，而多出臆改，不可信，故不宜引據。”③但王氏之説也不盡然，

① 影印明本《册府元龜》卷首《影印册府元龜序》。

② 劉師培校語分别見《劉申叔遺書》中《墨子拾補》卷上《所染第三》、卷下《非儒下第三十九》；《荀子斠補》卷一《勸學第一》、卷四《大略第二十七》。

③ 《古文獻學要略》第四章《校讎》四《校讎學根據的材料》（七）《據古類書校例》。

如明《永樂大典》的校勘價值就很高。唐圭璋云:"朱本《竹山詞》一卷,係用黄蕘圃藏元鈔本,缺《謁金門》《菩薩蠻》《卜算子》《霜天曉角》《點絳唇》十四首及下半首之《憶秦娥》,上半首之《昭君怨》。毛本并缺。間閲《永樂大典》,得上半首之《昭君怨》,意極欣然,惜其他缺處,未能盡補也。"①復云:"《彊村叢書》本《水雲詞》二十九首,係用趙氏小山堂鈔《湖山類稿》本。其中《水龍吟》'對漁燈一點,羈愁一搦','羈'下原缺一字,兹據知不足齋《湖山類稿》刊本補一'愁'字。《鶯啼序》'鹿豕銜枯薺'下,原缺二字,但水雲此詞,原爲變格,句法與諸家不同,未可斷爲缺字也。又'吹入鍾山,幾重蒼翠'之'重'字下,原缺一字,兹據《欽定詞譜》補一'蒼'字。至據《永樂大典》補《柳梢青》一首,亦有脱誤。趙斐雲檢得《大典》原文補正,彌覺可貴。斐雲又據《大典》補得二首,尤令人稱快不置(今《詩淵》又多二十五首)。"②

但是,引用類書需要特别慎重。古人編輯類書時,常常根據内容的需要及篇幅的限制,對引用之書有所删節改易,所以校勘時對之不能完全信賴。近人劉文典已談到過這個問題:

> 清代諸師校勘古籍,多好取證類書,高郵王氏尤甚。然類書引文,實不可盡恃,往往有數書所引文句相同,猶未可據以訂正者,蓋最初一書有誤,後代諸書亦隨之而誤也。如宋之《太平御覽》,實以前代《修文御覽》《藝文類聚》《文思博要》諸書參詳條次修纂而成。其引用書名,特因前代類書之舊,非宋初尚有其書,陳振孫言之詳矣。若《四民月令》一書,唐人避太宗諱,改"民"爲"人",《御覽》亦竟仍而不改。書名如此,引文可知,故雖隋、唐、宋諸類書引文並同者,亦未可盡恃。講校勘者,不可不察也。③

---

① 《詞學論叢》:《〈全宋詞〉跋尾·蔣捷竹山詞》。

② 《詞學論叢》:《〈全宋詞〉跋尾續録·汪元量水雲詞》。

③ 《三餘札記》卷一《類書》。陳振孫《直齋書録解題》卷一四稱《太平御覽》乃"以前代《修文御覽》《藝文類聚》《文思博要》及諸書參詳條次修纂。本號《太平總類》,太平興國二年受詔,八年書成,改名《御覽》。或言國初古書多未亡,以《御覽》所引用書名故也,其實不然,特因前諸家類書之舊爾。以《三朝國史》考之,館閣及禁中書總三萬六千餘卷,而《御覽》所引書多不著録,蓋可見矣"。

又裴學海曾專就虚字一端舉例，以明校勘不應全據類書。此類失誤雖王念孫也在所不免。其《類書引古書多以意改説》云：

古書多古言古義，而虚字爲尤甚。讀之者不能盡解，恒覺其文不成義，於是於稱引時，輒以意改。類書所引之古書，其語詞之文，多與其原書不同者，即此故也。不然，我國文體變遷之公例，由深而淺；果類書所引者爲本來面目，則自當多古言古義，深奥難通，何以反較今所存之原書多文從字順乎？《左傳》隱四年："夫兵，猶火也，弗戢，將自焚也。"《漢書・武五子傳》贊引"將"作"必"。《孟子・公孫丑》篇："舍我其誰也？"《論衡・刺孟》篇引"其"作"而"。何晏本《論語・憲問》篇："君子恥其言而過其行。"皇侃本"而"作"之"。姚本《戰國策・秦策》："乃復悉卒乃攻邯鄲，不能拔也。"鮑本下"乃"字作"以"。此四例，雖作"將""其""而""乃"者之於義難通，作"必""而""之""以"者之爲文甚順；然究其實際，則"將"有"必"義，"其"有"而"義，"而"有"之"義，"乃"有"以"義，班、王、皇、鮑諸人之皆爲以意改字；而非今本《左傳》《孟子》之有訛，何本《論語》、姚本《國策》之失其舊也。類書引古書之以意改字，與班、王、皇、鮑之改無以異；乃清代諸樸學大師之校勘古書，不知實事求是，反多據類書所引，以訂正不誤之原書(此就關於語詞者而言)，不亦謬乎？此予之所以不敢盲從也，此本書之所由作也。兹將類書引古書之以意改者，略舉數例於左；至於其詳，則散見於本書之各條注語中，兹不贅焉。

一、《吕氏春秋・制樂》篇："故成湯之時，有穀生於庭，昏而生，比旦其大拱。"("比"，及也)《御覽》引"其"作"而"。畢沅謂作"而"者是。(見畢本《吕氏春秋》)按"其"有"而"義，畢説未允，説詳本書"其"字條。

二、《墨子・貴義》篇："今爲義也君子"，《御覽》引"也"作"之"。畢沅本《墨子》從《御覽》改"也"爲"之"，孫氏《墨子閒詁》亦然。按"也"有"之"義，畢改孫因皆非。説詳本書"也"字條。

三、《韓非子・難三》篇："夫六晉之時，智氏最强，滅范中行，而從韓魏之兵以伐趙。"《御覽》引"而從"作"又率"。王氏《韓非子集解》從《御覽》改"而從"爲"又率"。按"而"有"又"義,"從"有"率"義,王改未允。説詳本書"而"字條。

四、《晏子春秋·襍》篇:"景公游於紀,得金壺,發其視之。"《御覽》引,"其"作"而"。

五、《晏子春秋·問》篇:"昔三代之興也,謀必度其義('度'與'宅'同,'居'也)。事必因於民。"《群書治要》引"其"作"於"。

六、《管子·戒》篇:"期而遠者莫如年。"《群書治要》引"而"作"之"。

七、《淮南子·氾論》篇:"使鬼神能玄化,則不待户牖之行。"《御覽》引"之"作"而"。

八、《荀子·榮辱》篇:"傷人之言,深於矛戟。"《藝文類聚》引"之"作"以"。

此上五例,《讀書雜志》皆謂類書所引者爲是。按"而"有"之"義,"其"有"而"義及"於"義,"之"有"而"義及"以"義,王説皆未允。

此外值得注意的是,類書也存在由於傳寫而發生的錯誤。如《太平御覽》卷三百六十九和卷七百八十八都引録了竺芝《扶南記》所述騫毗國王事,兩條不但文字繁簡不同,即騫毗王的身長也不一,一條説是一丈二尺,一條説是三丈。顯然,至少有一處是不正確的。

所以清朱一新説:"高郵王氏父子之於經,精審無匹。顧往往據類書以改本書,則通人之蔽。若《北堂書鈔》《太平御覽》之類,世無善本;又其書初非爲經訓而作,事出衆手,其來歷已不可恃,而以改數千年諸儒斷斷考定之本,不亦慎乎!然王氏猶必據有數證而後敢改,不失慎重之意。若徒求異前人,單文孤證,務爲穿鑿,則經學之蠹矣。"①汪辟疆也説:"如宋《太平御覽》,至明而始有重刊,黄正色活字本已多臆改,黄蕘圃、顧千里又

① 《無邪堂答問》卷二。

累竄易，務求其通。它日據此以校經傳子史，將謂《御覽》作某爲可信乎？”①

上述意見是有道理的，但以王氏父子爲例却未必恰當。孫詒讓云：“乾嘉大師，唯王氏父子郅爲精博，凡舉一誼，皆塙鑿不刊。其餘諸家，得失間出。”②郭沫若《〈管子集校〉引用校釋書目提要》亦稱《讀書雜志》“乃清代考證學之白眉，博洽精審，至今尚無人能出其右者”。③ 這都是經過深入研究之後得出的結論，絶非泛泛而談。王氏父子所校難免有疏忽之處，但總的來説是精審的。

首先，王氏父子校勘的態度非常謹嚴，如王引之云：“吾用小學校經，有所改，有所不改。周以降，書體六七變，寫官主之，寫官誤，吾則勇改。孟蜀以降，槧工主之，槧工誤，吾則勇改。唐、宋、明之士，或不知聲音文字而改經，以不誤爲誤，是妄改也，吾則勇改其所改。若夫周之末，漢之初，經師無竹帛，異字博矣，吾不能擇一以定，吾不改。假借之法，由來久矣，其本字什八可求，什二不可求，必求本字以改假借字，則考文之聖之任也，吾不改。寫官槧工誤矣，吾疑之，且思得之矣，但群書無佐證，吾懼來者之滋口矣，吾又不改。”④

其次，王氏父子所依據的校勘資料十分豐富，並不只是依靠類書的引文。而且，王氏父子對類書的引文也是加以鑒别有所去取的。如《淮南子·俶真》篇云：“夫牛蹏之涔，無尺之鯉；塊阜之山，無丈之材。所以然者何也？皆其營宇狹小，而不能容巨大也。”莊氏伯鴻校本自叙云：“《太平御覽》（地部三）引作‘牛蹄之涔，無徑尺之鯉；魁父之山，無營宇之材’。無下‘營宇’二字，足證今本之脱訛。”王念孫論之云：

> 此《御覽》誤，非今本誤也。尺之鯉、丈之材相對爲文；若作“營宇

---

① 《汪辟疆文集·工具書之類别及其解題》。

② 《札迻》卷首《自序》。

③ 《郭沫若全集》歷史編卷五《管子集校》。

④ 《高郵王氏遺書》：《王氏六葉傳狀碑誌集》卷一龔自珍《工部尚書高郵王文簡公墓表銘》。

之材”，則文不成義，且與上句不對。管宇狹小，所以不能容巨大，若無管宇二字，則文義不明。鈔本《御覽》作“牛蹄之涔，無徑尺之鯉；魁父之山，無丈之材，管宇狹小，而不能容巨大也”。“尺”上有“徑”字，乃後人不識古文辭而妄加之。（後人以“尺之鯉”文義未足，故加一“徑”字，此未識古人句法也。《原道》篇曰：“聖人不貴尺之璧，而重寸之陰。”《吕氏春秋·舉難》篇曰：“尺之木，必有節目；寸之玉，必有瑕讁。”屬句並與此同，加一“徑”字，則與下句不對矣。《御覽·鱗介部》八引此又作“無盈尺之鯉”，“盈”字亦後人所加。）其“無丈之材”及“管宇狹小”，則皆與今本同。刻本《御覽》作“無管宇之材”，而下文無“管宇”二字，此皆後人妄改，不足爲據。《藝文類聚·山部》上引作“牛蹄之涔，無尺之鯉；魋府之山，無丈之材。皆其管宇狹小，而不能容巨大也”。正與今本同，足證刻本《御覽》之誤。“尺”上無“徑”字，并足證鈔本《御覽》之誤。①

王氏父子當然也清楚地知道類書引文不盡相同，如王念孫指出《晏子春秋》内篇《諫下》有一處脱了九十九字，並據《群書治要》補足，説明道：“《太平御覽·禮儀部》三十七作‘晏子曰：不可。公遂止’。乃取《晏子》原文而約取之，故與《治要》不同。”②對於類書中的引文，王氏父子也是注意校勘訂正的。如《逸周書·王會》篇云：“文馬，赤鬣，縞身，目若黄金，名古黄之乘。”盧文弨校曰：“古黄，《説文》作吉黄，《海内北經》注引作吉黄。此從舊本作古黄，與《初學記》所引亦合。”王念孫却認爲：

作“吉黄”者是也。王本作“吉黄”，與《説文》《山海經》注合。《山海經》圖讚亦作吉黄。《文選·東京賦》注引《瑞應圖》云：“騰黄，神馬，一名吉光。”光黄古同聲。“吉光”即“吉黄”也。《海内北經》作“吉量”，下字雖不同，而上字亦作“吉”，則作“吉黄”者是也。《藝文類

① 《讀書雜志·淮南内篇第二·俶真·尺之鯉 丈之材 管宇狹小》。
② 《讀書雜志·晏子春秋第一·内篇諫下·脱文九十九》。

聚·祥瑞部》下、《初學記·獸部》引此並作"古黄",乃類書相沿之誤,不可從。①

所以,我們對王氏父子用類書引文校勘也要具體分析,對於其個別失誤,當然應予糾正,而於其總體成果,則不應輕易否定。本書引用校例以王念孫的《讀書雜志》爲基礎,也是基於這一認識。

二　古書注的引文

某些古書注本,由於注者知識豐富、方法謹嚴,在作注時往往博引群書原文,以求作者措辭所本、用意所在,這些引文的本書又出自較早的鈔本或刻本,比較接近書的原貌,因此也常被用作校勘之資。如《四庫全書總目》卷四五陳壽《三國志》提要稱該書裴松之注"網羅繁富,凡六朝舊籍今所不傳者,尚一一見其厓略。又多首尾完具。……故考證之家,取材不竭,轉相引據者反多於陳壽本書焉"。《總目》卷一四〇《世説新語》提要復云:"孝標所注,特爲典贍,高似孫《緯略》亟推之。其糾正義慶之紕繆,尤爲精核。所引諸書,今已佚其十之九,惟賴是注以傳,故與裴松之《三國志注》、酈道元《水經注》、李善《文選注》,同爲考證家所引據焉。"

王念孫校《漢書》就特别注意利用《史記》《後漢書》的注釋,《水經注》也是常用的資料。如《漢書·高惠高后文功臣表》云:"使黄河如帶,泰山若厲。"王氏校云:

> "黄"字乃後人所加,欲以黄河對泰山耳。不知西漢以前,無謂河爲黄河者,且此誓皆以四字爲句也。《北堂書鈔》《藝文類聚·封爵部》引此皆有"黄"字,則所見本已誤。《漢紀》及《吴志·周瑜傳》有"黄"字,亦後人依誤本《漢書》加之。《史》表無"黄"字,如淳注《高紀》引《功臣表》誓詞云:"使河如帶,大山若厲。"此引《漢》表,非引《史》表也(《史》表作"如厲",《漢》表作"若厲")。而亦無"黄"字,則"黄"字爲

① 《讀書雜志·逸周書第三·王會篇·古黄》。

後人所加甚明。①

王氏父子校勘其他資料，同樣也注意利用古書注的引文，如《禮記・曲禮》云："前朱鳥而後玄武。"王念孫指出："'朱鳥'本作'朱雀'，此後人以他書改之也。自開成石經已然，而各本皆從之。開成以前書引此有作'朱鳥'者，亦是後人所改。"王引之進而分析道：

《正義》述經文正作"朱雀"。又"朱雀"字，《正義》凡三見，"雀"字一見。又引崔靈恩説亦作雀。又《堯典》"日中星鳥"，《正義》引《曲禮》"前朱雀後元武"而釋之云："雀即鳥也"，則《曲禮》自作"朱雀"明矣。《後漢書・張衡傳》注，《北堂書鈔・帝王部》十三、十六，《武功部》五，《太平御覽・兵部》三十七引此並作"朱雀"。（衛湜《禮記集説》作"朱雀"，則宋時本尚有不誤者。）②

後人校勘依據古書注引文者也不乏其例，如《韓詩外傳》卷四云："士不信焉又多知，譬之豺狼與，其難以身近也。《周書》曰：'爲虎傅翼也，不亦殆乎！'"孫詒讓指出：

《後漢書・翟酺傳》李注引《外傳》云："無爲虎傅翼，將飛入邑，擇人而食。夫置不肖之人於位，是爲虎傅翼也。"今本"《周書》曰"下，語氣未完，蓋挩"無爲"至"位是"二十二字，當據李引補。"無爲虎傅翼"三句，《逸周書・寤儆》篇文。（《法言・淵騫》篇宋咸注引此書亦有"將飛入邑"二語，疑北宋本尚未挩。）③

古書注的引文也可據以作推理的校勘，如《漢書・王子侯表》云："淯侯不疑。"王念孫指出：

---

① 《讀書雜志・漢書第二・高惠高后文功臣表・黄河》。

② 二王説並見《經義述聞》卷一四《禮記》上《朱鳥》。

③ 《札迻》卷二《韓詩外傳》。李指李賢。

“淯”當依《史》表作“涓”。《水經·濰水》注云:“涓水出馬耳山北,注於濰水。”馬耳山在今青州府諸城縣西南,涓水出於其陰,北過諸城縣西,又北入濰水。此侯封於涓,蓋鄉聚之以水得名者。若淯水則在南陽,此侯爲城陽頃王子,不當遠封南陽也。俗書“涓”字作“涓”,與“淯”相似而誤。師古音育,失之矣。①

又《漢書·地理志》云:“南陽郡宛縣南有北筮山。”王念孫指出:“宛縣故城,爲今南陽府治,其地無北筮山。‘山’當爲‘聚’,‘筮’即‘澨’字也。《水經·淯水》注曰:‘淯水左右,舊有二澨,所謂南澨北澨。’澨者,水側之瀆。(《楚辭·九歌》注:澨,水涯也。)聚在淯陽之東北,下文‘育陽有南筮聚’,則此當爲北筮聚明矣。”②

但是,也應當注意古人撰寫注釋,爲了節省篇幅,往往對引文加以删節;此外,爲了遷就所注正文,往往對引文的個别地方加以改動,因此古書注的引文往往同原書有差異。例如酈道元的《水經注》問題就比較多。清沈炳巽指出:“道元博覽群書,掇其精華以注《水經》,誠從來所未有,但注中所引頗多訛誤。”③其《水經注集釋訂訛》指出《水經注》引文訛、脱、衍、倒現象甚夥。如《水經注·河水一》云:“積石圃南頭,昔西王母告周穆王:去咸陽三十六萬里。”沈炳巽指出:“《十洲記》作‘王母告周穆王云:咸陽去此四十六萬里。’”④又《水經注·河水二》云:“《後漢·西羌傳》曰:羌無弋爰劍者,秦厲公時,以奴隸亡入三河,羌爲神,推以爲豪。河湟之間多禽獸,以射獵爲事,遂見敬信,依者甚衆,其曾孫忍因留湟中,爲湟中羌也。”沈炳巽指出:

此節《後漢·西羌傳》,殊未明白,因附録原文於後:“羌無弋爰劍者,秦厲公時,爲秦所拘執,以爲奴隸。後得亡歸,而秦人追之,急藏

---

① 《讀書雜志·漢書第二·王子侯表·淯》。
② 《讀書雜志·漢書第六·地理志·北筮山》。
③ 《水經注集釋訂訛》卷首《凡例》。
④ 《水經注集釋訂訛》卷一。

> 於巖穴中得免。羌人云爰劍初藏穴中,秦人焚之,有景象如虎爲其蔽火,得以不死,遂亡入三河間。諸羌見其被焚不死,怪其神,共畏事之,推以爲豪。河湟間少五穀,多禽獸,以射獵爲事。爰劍教之田畜,遂見敬信。羌人謂奴爲無弋,以爰劍嘗爲奴隸故,因名之。其後世世爲豪,至爰劍曾孫忍時,秦獻公初立,欲復穆公之迹,兵臨渭,首滅狄,豲戎諸羌畏徙,忍及弟舞,獨留湟中。"①

所以盧文弨云:"大凡昔人援引古書,不盡皆如本文,故校正群籍,自當先從本書相傳舊本爲定。況未有雕版以前,一書而所傳各異者殆不可遍舉,今或但據注書家所引之文,便以爲是,疑未可也。"②

事實上,一些嚴肅的校勘家,往往廣收古書注的引文,並結合其他校勘資料,經過認真的分析研究,然後才判定底本是非的。如《禮記·月令》云:"仲秋之月,雷始收聲。"王引之指出:

> "雷始收聲"本作"雷乃始收"。古人多以"乃始"二字連文。《初學記·歲時部》及《周官·韗人》疏引《月令》皆作"雷乃始收",《淮南·時則》篇同,是經文"始"上有"乃"字,而"收"下無"聲"字。後人以仲春雷乃發聲,又以注云"雷始收聲在地中",遂於正文内加入"聲"字。若山井鼎考文所引古本、足利本及《吕氏春秋》,並作"雷乃始收聲"是也。(案高誘注曰:"雷乃始收,藏其聲不震也。"則正文本無"聲"字明矣。)又或嫌其句法之累,則删"始"字,而存"乃"字,唐《月令》作"雷乃收聲"是也。(鈔本《北堂書鈔·歲時部》三:"雷始收。"注引《禮記》云:"雷乃收聲。"案正文曰"雷始收",則注内引《禮記》,亦當作"雷乃始收",今作"雷乃收聲",後人據俗本《月令》改之也。)或删"乃"字而存"始"字,宋撫州本以下諸本《禮記》及今本《逸周書》,並作"雷始收聲"是也。(鈔本《北堂書鈔·天部》四曰:"春分發聲,秋分乃

---

① 《水經注集釋訂訛》卷二。

② 《抱經堂文集》卷一二《與丁小雅進士論校正〈方言〉書》。

收。"注引《周書》曰:"秋分雷乃收聲。"又《歲時部》二曰:"雷始收。"注引《周書》曰:"秋分之日,雷乃收聲。"案正文曰"秋分乃收",又曰"雷始收",皆本《周書》,則注内引《周書》,亦當作"雷乃始收"。今作"雷乃收聲",皆後人據俗本《月令》改之也。《藝文類聚·歲時部》上引《周書》曰:"秋分之日,雷乃始收。雷不收,諸侯淫汏。"是其明證矣。《易通卦驗》"秋分雷始收",亦無聲字。他書引《月令》或有"聲"字者,皆是後人所改。)無者加之,有者滅之,而原本幾不可見。幸賴引者參差不齊,改之未盡,得以求其蹤迹耳。①

對於注文中的錯誤,治學謹嚴的校勘家也能綜合參稽同書或他書注中的引文,以及其他資料,予以糾正。如《漢書·高惠高后文功臣表》云"槀祖侯陳鍇",師古曰:"槀音公老反,鍇音口駭反。"《史記》作"槀祗侯陳錯"。王念孫指出:

槀當爲橐,字之誤也。《水經·泗水》注曰:"泗水又南逕高平縣故城西。縣,故山陽之橐也。漢高帝七年,封將軍陳錯爲橐侯。"《漢書·五行志》:"山陽橐茅鄉,社有大槐樹。"師古曰:"橐,縣名也,音拓。"《地理志》:"山陽郡橐",薛瓚曰:"音拓。"則其字本作橐。師古此注"音公老反",失之矣。《史記索隱》曰"漢志橐縣屬山陽",則司馬所見本正作橐,故引《漢志》爲解,而今本《索隱》亦作槀,則後人以師古注改之也。古無以祖爲謚者,"祖"當依《史記》作"祗",亦字之誤也。蔡邕《獨斷》説謚法曰:"治典不殺曰祗。"是其證。師古不解祗字,蓋所見本已訛爲祖矣。"鍇"與"錯"未知孰是,《史記索隱》亦云"錯",《漢》表作"鍇",引《三蒼》云:"九江人名鐵曰鍇。"②

總之,古書注的引文可用作校勘之資。但古書注的引文不盡同原文,

① 《經義述聞》卷一四《禮記》上《雷始收聲》。
② 《讀書雜志·漢書第二·高惠高后文功臣表·槀祖侯陳鍇》。

所以對之不應偏信盲從。我們在利用古書注的引文進行校勘時,應儘可能地參稽其他資料進行綜合考辨。

三　其他古書的引文

除古類書、古書注外,我們還可利用其他古書的引文。其他古書的引文雖然情況複雜,檢索不易,使用起來有一定困難,但它們仍然是校勘時值得重視的參考資料。

其中特別值得注意的是書鈔。汪辟疆云:“書鈔在六朝唐初最盛,但鈔而不類,故與類書不同。今存者如《群書治要》《意林》,皆可看。亦因其保存古書至多也。”[①]《群書治要》,唐魏徵等奉敕撰。清阮元《四庫未收書目提要》稱其“所采各書,并屬初唐善策,與近刊多有不同”。《意林》爲唐馬總編,其引用書目見洪邁《容齋續筆》卷十六《計然意林》條。《四庫全書總目》卷一二三《意林》提要云:“今觀所採諸子,今多不傳者,惟賴此存其概。其傳於今者,如《老》《莊》《管》《列》諸家,亦多與今本不同。”

由於《群書治要》所引之書於原文皆無所增損,較接近原貌,所以特別受到王氏父子的重視。如王念孫《讀書雜志·晏子春秋序》談到他校《晏子春秋》,曾“合諸本及《群書治要》所引,詳爲校正”。其《讀書雜志·墨子序》復云:“《墨子》書舊無注釋,亦無校本,故脱誤不可讀。至近時盧氏抱經、孫氏淵如,始有校本,多所是正。乾隆癸卯,畢氏弇山重加校訂,所正復多於前,然尚未該備,且多誤改誤釋者。予不揣寡昧,復合各本及《群書治要》諸書所引,詳爲校正。”王念孫校其他書也利用了《群書治要》,如《逸周書·芮良夫》篇云:“烏呼!□□□如之。”孔注曰:“人養之則擾服,不養則畏人,治民亦然也。”王校云:

> 今本“烏呼”下闕三字,考其原文,本作“烏呼!野禽馴服於人,家畜見人而奔,非禽畜之性,實惟人,民亦如之”。注文本作“雖野禽,人養之則擾服,雖家畜,不養則畏人,治民亦然也”。今本正文脱去二十

---

① 《汪辟疆文集·讀書説示中文系諸生》。

二字，僅存“烏呼如之”四字，則與注文全不相應。注首脱去“雖野禽”三字，則文義不明。《群書治要》注文已與今本同，而正文則一字不闕。①

再如《晏子春秋·諫上》云：“景公將觀於淄上，與晏子閒立。”王氏云：“‘將’字後人所加，與晏子閒立，即謂立於淄上也。則上句本無‘將’字明矣。《群書治要》及《太平御覽·人事部》六十九，皆無‘將’字。”②又《管子·形勢解》云：“使人有禮，遇人有理。”王氏云：“《群書治要》上作‘理’下作‘禮’是也。使人有理，謂使之必以道也；遇人有禮，謂待之必以禮也。《賈子·階級》篇曰‘遇之有禮，故群臣自喜’，是也。今本‘理’、‘禮’二字互易，則非其指矣。”③

此外，古代小學工具書，由於引文較夥，也可用作校勘的資料。賴炎元《高郵王念孫王引之父子的校勘學》一文指出：“《爾雅》《説文》《方言》《釋名》《廣雅》《玉篇》《類篇》《廣韻》《集韻》等文字、聲韻和訓詁學等專書，也是他們校勘時經常運用的資料。”④如《廣雅·釋詁一》云：“疛，病也。”王念孫校曰：

疛，音肘。《説文》：“疛，小腹痛也。”《玉篇》云：“心腹疾也。”《小雅·小弁篇》：“我心憂傷，惄焉如擣。”毛傳云：“擣，心疾也。”釋文：“擣，韓詩作疛。”《吕氏春秋·盡數》篇：“鬱處腹則爲張爲疛。”高誘注云：“疛，跳動也。”各本疛字訛作痳。曹憲音内肘字又訛作曹。考《説文》《玉篇》《廣韻》《集韻》《類篇》俱無痳字。《説文》云：“疛，讀若紂。”《玉篇》《廣韻》《集韻》及《詩》釋文，疛字並與肘同音。《集韻》引《廣雅》：“疛，病也。”今據以訂正。⑤

① 《讀書雜志·逸周書第四·芮良夫·脱文二十二》。
② 《讀書雜志·晏子春秋第一·諫上·將觀於淄上》。
③ 《讀書雜志·管子第十·形勢解·使人有禮遇人有理》。
④ 載《中國學術年刊》第十期，臺北一九八九年版。
⑤ 《廣雅疏證》卷一上《釋詁》。

又《廣雅·釋詁三》云:“友愛,親也。”王氏校曰:“愛,各本訛作受。《衆經音義》卷十四引《廣雅》:‘友愛,親也。’今據以訂正。”①

方志博引群書,也可供校勘時參考。如《水經注》卷十八《渭水》經文“又東逕武功縣北”下注云:“太白山南連武功山,於諸山最爲秀傑,冬夏積雪,望之浩然。渭水又東,温泉水注之。水出太一山,其水沸涌如湯。(杜彦達曰:可治百病,世清則疾愈,世濁則無驗。)其水下合溪流,北注十三里入渭。”其文中夾注,各本多同,惟康熙《隴州志》所引爲:“《水經注》,杜彦達曰:‘可治百病,然水清則愈,濁則不驗。’”②這兩句異文的内容比較合理,因此也可備一説。

當然,其他古書中,那些引用或取材故書的資料,校勘價值往往更高。古人著書同今人著書一樣,同時代的作者之間常彼此引用成説,後代學者尤喜援引前人的作品以闡明自己的觀點。由於古人著作權的觀念比較淡薄,這種現象甚爲普遍。章學誠曾指出:“諸子之書,多與史部相爲表裏。如周官典法,多見於《管子》《吕覽》;列國瑣事,多見於《晏子》《韓非》。”③梁啓超也説:

> 本書文句和他書互見的,例如《荀子·勸學》篇前半和《大戴禮記·勸學》篇全同,《韓非子·初見秦》篇亦見《戰國策》,《禮記·月令》篇亦見《吕氏春秋》。《淮南子》《韓詩外傳》和《新序》《説苑》往往有相重之條,乃至《史記》之録《尚書》《戰國策》,《漢書》之録《史記》。像這類,雖然本書没有别的善本,然和他書的同文便是本書絶好的校勘資料。(例如《荀子·勸學》篇據《大戴記》,可以校出脱句訛字七、八處。)④

---

① 《廣雅疏證》卷三下《釋詁》。

② 見康熙《隴州志》卷一《方輿志·山川·温泉》。

③ 《章氏遺書》卷一三《論修史籍考要略》。

④ 《中國近三百年學術史》十四《清代學者整理舊學之總成績(2)——校注古籍 辨僞書 輯佚書》。

這些被援引的文字，由於時代較早，一般來説更多地保留了書的舊貌，故常被校勘家用之於校勘。如清劉毓崧就非常注意利用他書引文來從事校勘工作，今録其具有總結性的《校刻〈漢書〉凡例》數則爲例：

一、荀氏《漢紀》，雖改紀傳爲編年，而根柢實在《漢書》。所據之本，猶是漢時舊帙。所當取校，以存古本之遺。

一、類書中時代近古者，如《北堂書鈔》《藝文類聚》《初學記》之類，所引《漢書》，皆唐以前舊本。《太平御覽》雖時代較後，然其書多取材於北齊《修文殿御覽》，所引《漢書》，容有六朝舊本。所當取校，以溯宋本之源。

一、《册府元龜》作於宋真宗景德、祥符之際，其敘事依據正史。西漢一朝，大都出自《漢書》，真北宋初年之本。諸家所列宋本，皆在其後。所當取校，以從宋本之朔。

一、林鉞《漢雋》，作於南宋初年，婁機《班馬字類》，徐天麟《西漢會要》，皆作於南宋中葉；其所見《漢書》，皆兩宋舊本。所當取校，以擇宋本之長。

一、《史記》敘漢初事，爲《漢書》所本；《通鑑》敘漢時事，多本於《漢書》。推之《集解》《索隱》《正義》，以及倪思《班馬異同》，胡三省《通鑑注》，凡與《漢書》有關者，所當取校，以考各本之異。

一、《文選》所録西漢人文，或採《漢書》，或採本集，其字句均可參稽。他如賈長沙、董江都、司馬長卿、揚子雲諸集，其文載入《漢書》者，所當取校，以定各本之殊。

一、各書紀載，可印證《漢書》者：經學如《韓詩外傳》《春秋繁露》之類；小學如《急就篇》《方言》之類；正史如《後漢書》之類；別史如《東觀漢紀》之類；地理如《三輔黄圖》《水經注》之類；政書如《漢官儀》《通典》之類；金石如《隸釋》《隸續》之類；儒家如《新書》《鹽鐵論》《説苑》《新序》之類；術數家如《京氏易傳》《焦氏易林》之類；雜家如《淮南子》之類。所當參校，以求原本之真。

、前代校《漢書》者，小宋、三劉以外，臭著於吴氏之《兩漢刊誤補遺》。近時校《漢書》者，錢氏《考異》《拾遺》以外，莫著於王氏之《商榷》。若夫群書考證，涉及《漢書》者，後漢人如《論衡》《獨斷》等書；六朝人如《顔氏家訓》等書；唐人如《史通》等書；宋人如《夢溪筆談》《容齋隨筆》《野客叢書》《困學紀聞》等書；明人如《丹鉛雜録》等書；國朝人如《日知録》等書。所當詳校，以正今本之誤。①

下面我們舉兩個校勘實例，《史記・淮陰侯列傳》云："項王所過，無不殘滅者。天下多怨，百姓不親附，特劫於威彊耳。"王念孫指出：

"彊"讀勉彊之彊，"彊"下當有服字，"劫於威"三字連讀，"彊服"二字連讀，言百姓非心服項王，特劫於威而彊服耳。下文云："今楚彊以威王此三人，秦民莫愛也。"語意正與此同。今本脱去服字，則當以"威彊"連讀，而讀"彊"爲"彊弱"之"彊"，非其指矣。《漢書》及《新序・善謀》篇"彊"下皆有服字。顔師古曰："彊音其兩反。"是其證。②

又《淮南子・原道》篇云："上游於霄雿之野，下出於無垠之門。"王念孫指出：

"無垠"下有鄂字，今本正文及注皆脱去。《漢書・揚雄傳》"紛被麗其亡鄂"，顔師古曰："鄂，垠也。"垠鄂與霄雿相對爲文。《文選・西京賦》："前後無有垠鄂。"李善注："《淮南子》曰：'出於無垠鄂之門。'許慎曰：'垠鄂，端崖也。'"(《七命》注同)是許本有鄂字。《太平御覽・地部》二十："《淮南子》曰：'下出乎無垠鄂之門。'高誘曰：'無垠鄂，無形之貌也。'"是高本亦有鄂字。③

---

① 《通義堂文集》卷五。小宋謂宋祁，三劉謂劉敞、劉攽、劉奉世，錢氏指錢大昕，王氏指王鳴盛。

② 《讀書雜志・史記第五・淮陰侯列傳・特劫於威彊耳》。

③ 《讀書雜志・淮南内篇第一・原道・霄雿 無垠》。

故書既爲新書引用,則人們既可以用故書校勘新書,也可以用新書校勘故書,兩者之間的關係是相互的。前者的例子如《漢書·韓彭英盧吴傳》云:"願君留意臣之計,必不爲二子所禽矣。"王念孫指出:

《史記》作"否,必爲二子所禽矣"。①

關於後者,我們可舉宋王讜的《唐語林》爲例。這部書是博採五十種書中的材料分門别類編成的。校勘《唐語林》,可以利用這五十種書的現存資料;反之,校勘這五十種現存資料,也可利用《唐語林》。如周勛初《唐語林校證·前言》云:

拿《唐語林》中的文字和原書對校,二者之間時見差異,人們總是認爲原書可靠,《唐語林》中出現了改錯的字或傳誤的字。大體説來,校勘之時應該尊重原書,但這並不是説原書定然可靠。因爲筆記小説少有善本傳世,而後人又常是隨意改動文字,因此有些單刻傳世的原書也並不可信。《唐語林》成書較早,王讜能够見到各種原書的祖本,因此經他採入的文字,有的反而比原書更可信。這裏可舉《因話録》爲例以説明之。《唐語林》卷三,三〇六條叙柳元公杖殺神策小將事,中有"不獨試臣"一句,此文原出《因話録》卷二商部,此句作"不獨侮臣"。乍一看來,"試"字似爲誤字,然而《資治通鑑》卷二三九《唐紀》五五憲宗元和十一年《考異》引《因話録》此文,正作"不獨試臣",可知《唐語林》中文字不誤,而《因話録》中的文字却已經過後人改動。又如《唐語林》卷二,一九一條言代宗獨孤妃薨,郭子儀欲致祭,下屬反對,"子儀曰:'此事須柳侍御裁之。'時殿中侍御史柳弁,字伯存,掌書記,奉使在邠,即急召之"。此文原出《因話録》卷一宫部,内云"時予外伯祖殿中侍御史",注曰:"諱芳,字伯存。"讀者如果不作細究,一定認爲原書可靠,因爲柳芳是當時的著名文士,又是趙璘本人的戚

① 《讀書雜志·漢書第八·韓彭英盧吴傳·必不爲二了所禽矣》。

屬，記載上不可能有什麽問題。殊不知這裏也已經後人妄改，出現了錯誤。《新唐書》卷二〇二《文藝中·柳并傳》曰："柳并者，字伯存。大曆中，辟河東府掌書記，遷殿中侍御史。"這人纔真是爲郭子儀草祭文的柳伯存，而非字仲敷的柳芳，查齊之鸞本、《歷代小史》本《唐語林》，此人正作"柳并"，可見聚珍本作"柳弁"，乃形近致誤，原書作"柳芳"，乃後人無識而妄改。於此可見，齊之鸞本、《歷代小史》本中的異文不容忽視，《唐語林》在校勘上有重要的價值，而它所依據的原書不見得都可靠，有時反而應該用王讜的引文來糾正今本之誤。

需要説明：古人引書的方式是多種多樣的，如楊慎云："凡傳中引古典必曰《書》云、《詩》云者，正也。《左傳》中最多。又有變例：如子産答子皮云：'子於鄭國，棟也。棟折榱崩，僑將壓焉。'此乃引《周易》'棟橈凶'之義，而不明言《易》。魯穆叔論伯有不敬曰：'濟澤之阿，行潦之蘋藻，寘諸宗室，季蘭尸子，敬也。'此乃引'有齊季女'全詩之義，而不明言《詩》。蓋一法也。又引《書·泰誓》所謂'商兆民離，周十人同者，衆也'。據《泰誓》原文云：'受有億兆夷人，離心離德；予有亂臣十人，同心同德。'省二十字作八字，而語益矯健，此蓋省字，又一法也。郤至聘楚，辭享云：百官承事，朝而不夕，此公侯所以干城其民也。故《詩》曰：'赳赳武夫，公侯干城。'及其亂也，諸侯貪冒，侵欲不已，争尋常以盡其民，略其武夫以爲己腹心。故《詩》曰：'赳赳武夫，公侯腹心'，此先言《詩》意，而後引《詩》辭，又一法也。"①再加上文獻在傳鈔轉刻的過程中所産生的一些新錯誤。所以他書引文不完全符合原文並非罕見的現象，我們在利用其他古書引文校勘時，理應採取謹慎態度。清朱一新説得好："國朝人於校勘之學最精，而亦往往喜援他書以改本文。不知古人同述一事，同引一書，字句都有異同，非如今之校勘家，一字不敢竄易也。今人動以此律彼，專輒改訂，使古書皆失真面目，此甚陋習，不可從。凡本義可通者，即有他書顯證，亦不得輕

① 《丹鉛雜録》卷九《古文引用》。

改。古書詞義簡奥，又不當以今人文法求之。”①

第三節　其他資料

除本書異本、他書引文外，其他有關資料如甲骨、金石文字、諸家雜記等，皆可用作校勘資料。不過，此類資料和原書的關係往往是間接的。援用時必須更爲審慎，才能避免主觀武斷的弊病，今亦略述如次。

一　甲骨文

甲骨文的時代雖然久遠，但它畢竟是我國文獻的源頭，同後世的典籍有着千絲萬縷的聯繫，因此也可用作校勘之資。如殷人有卜日不吉則改期再卜的習慣，孫詒讓指出：“龜文易日字恒見，義蓋皆如是。其字作、作、作、作，皆易之象形字也。舊釋爲彤日，形義並未合。今考金文錫字多作、作，即借易爲錫。此字形與義正同，而讀則當如字。易日猶言更日也。……蓋皆吉則不易日，不吉則易日也，若釋爲彤日則於文齟齬難通矣。”②據此可知《尚書》裏出現的“彤日”二字，可能是“易日”之訛。再如古書中多説湯名天乙，羅振玉《殷商貞卜文字考》云：“以殷初諸王大丁、大甲、大庚、大戊例之，則‘天乙’爲‘大乙’之訛，殆無可疑。”後來羅氏又考證道：“《史記》作‘天乙’，《索隱》引譙周説：‘天亦帝也，殷人尊湯，故曰天乙。’案‘天’與‘大’形近易訛，故大戊卜辭中亦作天戊，以大丁、大甲諸名例之，知作‘大’者是，譙周爲曲説矣。”③王國維《殷卜辭中所見先公先王考》亦云：“湯名天乙，見於《世本》(《書・湯誓》釋文引)及《荀子・成相》篇，而《史記》仍之。卜辭有大乙，無天乙。羅叄事謂天乙爲大乙之訛。觀於大戊，卜辭亦作天戊。卜辭之大邑商，《周書・多士》作天邑商。蓋‘天’、‘大’二字形近故互訛也。且商初葉諸帝，如大丁、如大甲、如大庚、如大戊，均冠以大字，則湯自當稱大乙。”玆後，郭沫若也注意用甲骨文來

① 《無邪堂答問》卷三。

② 《契文舉例》卷上《日月第一》。

③ 《殷虚書契考釋・帝王第二》。

從事校勘工作。如《管子・形勢》篇云:"飛蓬之問,不在所賓;燕雀之集,行道不顧。"郭氏指出:"'飛蓬之問'、'燕雀之集'兩'之'字均當讀爲是。言輕微不足道之物是問是集,即所謂'逋逃主,萃淵藪'也。'不在所賓','在'當爲'才',墨寶堂宋本作'不',亦'才'之誤。凡甲骨文、金文'在'字多以'才'爲之。'不才'者《左傳》文十八年舉'四凶'之名均斥爲'不才子'。'不才所賓'即《書・牧誓》篇'惟四方之多罪逋逃,是崇是長,是信是使,是以爲大夫卿士'。'道行不顧'則與之相反,言道德行義在所不顧。"①經郭沫若用甲骨文、金文校勘後,《管子》這段話的文理變得通暢易懂了。

二 金 文

同樣,人們也早就注意運用金文來從事校勘工作。如南北朝時期的顔之推指出:

> 《史記・始皇本紀》:二十八年,丞相隗林、丞相王綰等議於海上。諸本皆作山林之林。開皇二年五月,長安民掘得秦時鐵稱權,旁有銅涂鐫銘二所。其一所曰:"廿六年,皇帝盡并兼天下,諸侯、黔首大安,立號爲皇帝,乃詔丞相狀、綰,法度量,鼎不壹,歉疑者皆壹明之。"凡四十字。其一所曰:"元年,制詔丞相斯、去疾法度量,盡始皇帝爲之,皆刻辭焉。今襲號,而刻辭不稱始皇帝,其於久遠也,如後嗣爲之者,不稱成功盛德。刻此詔於左,使毋疑。"凡五十八字,一字磨滅,見有五十七字,了了分明。……見此稱權今在官庫。其丞相狀字,乃爲狀貌之狀,爿旁作犬,則知俗作隗林非也,當爲隗狀耳。②

宋歐陽修編《集古録》,已用金石刻辭訂正史書。之後趙明誠又編《金石録》,其《自序》云:"《詩》《書》以後,君臣事迹,悉載於史。……若夫歲

---

① 《管子集校・形勢篇第二》。

② 《顔氏家訓》卷下《書證》。

月、地理、官爵、世次，以金石考之，其牴牾十常三四。蓋史牒出於後人之手，不能無失，而刻辭當時所立，可信不疑。”顯然，作者已從理論上指出了金石文字作爲校勘資料的可靠性。清末羅振玉也云：“往嘗與友人言古之典籍，掌之史氏，民間不獲傳流。孔子轍環列邦，觀百二十國之寶書，乃修《春秋》。吾人對三代列邦古彝器，是不啻不下堂而觀三古列國之寶書也。生三千年之後，而神游三千年以前，得據以補《詩》《書》之所遺佚，訂許、鄭諸儒之訛誤，豈非至可快之事哉！”①

下面我們再舉一個利用金文校勘的實例。《尚書·大誥》篇中“寧王”、“寧武”、“寧考”、“前寧人”等詞語頻繁出現。舊時多把這些“寧”字理解爲安寧之寧，如僞孔傳注《大誥》“寧王”說：“安天下之王，謂文王也。”又把“寧武”解釋爲“撫安武事”，牽强難通。清末金石學家王懿榮根據金文首先指出上述“寧”字當爲“文”字之誤。陳介祺於同治十三年（一八七四）十月十三日致潘祖蔭的信中，介紹了王氏說法，並作了補充說明：

> 《尚書》至今日無從得確據以定之。其理之至者，固可以孔、孟、程、朱之說定之。其文之古者，則唯吉金古文可以定之。吉金之文亦唯《尚書》可以通之。福山王廉生農部懿榮書來，謂《大誥》“寧王”、“寧武”皆古“文”字作、作之訛。②

後吴大澂《字説·“文”字説》也持同樣觀點。孫詒讓接受了吴氏觀點，並作了簡明論述：“蓋秦漢間諸儒，傳讀經典，已不能精究古文，如古多假忞爲文，與寧形近（金文‘文’多作，與‘寧’作絶相似）；而《書·大誥》曰‘寧考’、‘寧王’、‘前寧人’、‘寧武’，則皆‘文’之訛也。”③

三　石　刻

石刻文字往往出現較早，比較接近文獻的原始面貌，所以頗爲校勘家

---

① 《愙齋集古録序》。
② 載陳敬第輯《陳簠齋尺牘》第一册。
③ 《籀廎述林》卷五。

所重視。我們在本章第一節，已經對石經及其他詩文拓本的校勘價值作了介紹，此外如碑、誌、記、碣、銘、頌、表等各類石刻文字，也皆可供校勘工作者參考。誠如清葉昌熾所指出："以碑版考史傳，往往牴牾，年月、官職、輿地，尤多異同。"①足供比勘。宋洪邁云："今人書'二十'字爲'廿'、'三十'字爲'卅'、'四十'爲'卌'，皆《説文》本字也。廿，音入，二十并也。卅，音先合反，三十之省便，古文也。卌，音先立反，數名，今直以爲四十字。按秦始皇凡刻石頌德之辭，皆四字一句。《泰山辭》曰'皇帝臨位，二十有六年'；《琅玡臺頌》曰'維二十六年，皇帝作始'；《之罘頌》曰'維二十九年，時在中春'；《東觀頌》曰'維二十九年，皇帝春游'；《會稽頌》曰'德惠修長，三十有七年'。此《史記》所載，每稱年輒五字一句。嘗得《泰山辭》石本，乃書爲'廿有六年'，想其餘皆如是，而太史公誤易之，或後人傳寫之訛耳，其實四字句也。"②

歐陽修早就注意到石刻對韓愈集的校勘價值，指出："自天聖以來，古學漸盛，學者多讀韓文，而患集本訛舛。惟余家本屢更校正，時人共傳，號爲善本。及後集録古文，得韓文之刻石者，如《羅池神》《黄陵廟碑》之類，以校集本，舛謬猶多，若《田弘正碑》，則又尤甚。蓋由諸本不同，往往妄加改易。以碑校集印本，與刻石多同，當以爲正。"③

後人用石刻校勘也不乏其例，如《風俗通義・十反》篇云："司徒梁國盛允字子翩爲議郎。"孫詒讓指出：

> 《後漢書・桓帝紀》李《注》云"允字子代"，與此不同。《水經・獲水注》云："盧城城東有漢司徒盛允墓碑，允字伯世，梁國虞人也。"酈引碑文，最爲可據。《後漢書》注"世"作"代"者，唐人避太宗諱改耳。此作"翩"者，實當爲"嗣"字，"嗣"與"世"音正相近也。漢隸"嗣"或作"𤔲"(見《隸釋》漢石經《尚書》殘碑)，與"翩"形近，故傳寫易誤。前《愆禮》篇"河南尹太山羊翩祖"，《後漢書・羊陟傳》作"字嗣祖"，"翩"

① 《語石》卷六《輯録碑文一則》。

② 《容齋隨筆》卷五《廿卅卌字》。

③ 《集古録跋尾》卷八《唐田弘正家廟碑》。

亦“嗣”之誤，是其證矣。①

又《舊唐書·牛僧孺傳》云：“祖紹，父幼簡，官卑。”傅璇琮等指出：“《新唐書》卷七五上《宰相世系表》五上載孺父幼聞，鄭尉。一作簡，一作聞。今查唐李珏《故丞相太子少師贈太尉牛公(僧孺)神道碑》(《文苑英華》卷八八八)載‘父幼聞，華州鄭縣尉’，與《新表》同。則《舊書》作幼簡誤，應作幼聞。”②

再如《文選·洛神賦》序云：“黄初三年，余朝京師。”李善注云：“《魏志》及諸詩序並云四年朝，此云三年，誤。”爲甚麽會出現這樣的錯誤呢？因爲篆文的“四”寫作“亖”，缺一横即是三字。把“四”字寫成“亖”字見於商承祚《石刻篆文編》。同時，距曹植較近的天册元年(二七五)，孫皓《禪國山碑》中的“四表”即寫成“亖表”。在古書中四經常誤爲三。如《春秋》云：“三軍萃於王卒，必大敗之。”《左傳》襄二十六年曰：“吾乃四萃於其王族，必大敗之。”《正義》曰：“楚語云：三萃以攻其王族，必大敗之。”王引之校云：“‘三軍萃於王卒’，‘三萃以攻其王族’，‘三’皆當爲‘亖’。《説文》曰：‘亖，籀文四。’鄭注《覲禮》曰：‘古書作三四，或皆積畫，字相似，由此誤也。’晉之四軍，合而攻楚之中軍，故曰四軍萃於王卒。又曰四萃於其王族，不得言三也。學者多見三，少見亖，故亖字誤書作三，幸有襄二十六年‘四萃’之文，足以證之耳。”③

上述諸例子説明，石刻文字較爲原始，較少傳訛，是較可依據的校勘資料。

四　古印、封泥

清馮桂芬云：“鼎彝尊卣槃敨之屬，往往可資以訂經史之訛，而補所不及，故治樸學者有取焉，印章亦其類。”④羅振玉云：“古璽印文字，其在周

① 《札迻》卷十《風俗通義》。

② 《兩唐書校勘拾遺》，載《文史》第十二輯。

③ 《經義述聞》卷一八《春秋左傳》中《三軍萃於王卒》。

④ 《二百蘭亭齋古印考藏序》。

季者爲古文之一體，專以摹印，故與古文或異。及漢兩京官私印信，則易篆勢之婉曲繁縟而爲簡直方正。其體又近古隸書，往往省變違六書之正，然太半在許祭酒作《説文解字》之前，故可以考古文，可以證許書。”①馬衡更爲詳盡地説明道：“封泥之名，始見於《續漢書·百官志》，掌於少府官屬之守宫令，蓋古用簡牘，封以璽印，非泥不可。後世易之以紙帛，泥不適用，乃改用朱印，相沿既久，幾不知朱印之前，尚有封泥之事。”②因爲古印與封泥屬原始文獻，多涉及官名與地名，因此對校勘古書中的官名與地名特别有用。前人已注意用古印、封泥從事校勘工作，今略舉數例如下。

清錢大昕云：“《史記·王子侯年表》有石洛侯劉敬，《漢》表作原洛侯敢。頃歲諸城李仁煜書山於縣南鄉得古印一，文曰‘石洛侯印’。以太史公書考之，知爲城陽頃王子，諸城與城陽國不遠，或石洛侯封即在其境邪？《漢書》‘原’字必是轉寫之訛。”③瞿中溶在《集古官印考證》中進一步證實了錢氏的觀點：“石洛侯印，《史記·王子侯年表》：石洛侯劉敬，城陽頃王子，元狩元年四月戊寅封。參校《漢書》表，其世系及始封月日皆合，以‘石洛’爲‘原洛’。據此印足證‘原洛’之誤。”王獻唐亦曾舉一例：

> 臨淄西南，舊有晝邑。《孟子·公孫丑》篇：“孟子去齊，宿於晝。”即在其地。曲阜孔氏、安邱韓氏刻本，“晝”均作“畫”。劉熙注：“晝音獲。”獲爲畫之古音，知劉氏原本正作畫，朱子《集注》：“或曰晝當作畫。”是宋本亦或如此。《後漢書·耿弇傳》：“進軍畫中。”李注：“畫中邑名，故城在今西安城東，南有澅水，因名焉。”畫爲澅之初文，《水經注》“澅水”下，引《孟子》作澅。《史記·惠景間侯者年表》：“澅清侯。”《索隱》：“音獲，水名，在齊，亦即畫也。”綜上各證，知《孟子》“晝”當作“畫”，以形近而誤。《廣韻》四十九“宥”，“晝”字下云：“又姓，晝邑大夫之後。”以字入“宥”，彼時已早作“晝”。證以朱子《集注》，知天水以來即有“晝”、“畫”二本之不同。毛西河《經問》乃爲調停之説，謂晝、

① 《古璽文字徵序》。

② 《封泥存真序》。

③ 《十駕齋養新餘録》卷中《漢書王子侯誤字》。

畫二邑，前在臨淄西北，燕封王歜於此；後在臨淄西南，爲孟子所宿之處。不知酈引《孟子》出澅，正即王歜封地，毛説殊未審諦。自後趙一清解《水經》，謂當作"畫"，阮芸臺《孟子》校勘記，又以畫爲非，諸説紛紛，迄不能定。今本編收有"畫鄉"封泥，正爲畫中之鄉，字與《史記》《漢書》《水經注》並天水一本相合，知本爲"畫"，可解諸家之争議矣。①

近人楊樹達利用古印、封泥校《漢書·地理志》約二十處，成績突出，今略舉兩例。《地理志》有"臨淄"，楊氏指出：

《封泥考略》卷四有臨菑卒尉，又卷七有臨菑二字封泥，《齊魯封泥集存》有臨菑丞印、臨菑市丞、臨菑左尉、臨菑右尉各印。《續封泥考略》卷三有臨菑市丞、臨菑鐵丞印，又卷五有臨菑尉印、臨菑左尉、臨菑右尉各印。《再續封泥考略》卷一有臨菑丞相。字皆從艸作菑，不作淄。陳介祺云：今傳世漢器及印，臨淄、淄川皆作菑，則《志》作淄者誤也。②

再如《地理志》有"劇"，楊氏云："《齊魯封泥集存》有勮丞之印，周明泰《續封泥考略》卷四有勮丞印，字皆從力，不從刀。《地志》此文及前北海郡劇侯國皆從刀作劇。按《説文》有勮無劇，從刀乃從力之誤寫也。"③

五　其他書籍中的有關資料

事實上，可以用來校勘古籍的資料是極爲廣泛的，四部群書，皆可互校。兹舉數例如次：

以經校經，如《大戴禮記·五帝德》篇云："使禹敷土。"王引之指出："本作傅，此後人依《禹貢》改之也。作'敷土'者，古文《尚書》；作'傅土'

① 《臨淄封泥文字叙目·臨淄封泥文字叙》。

②③ 《漢書窺管》卷二《地理志第八上之二(漢書二十八)》。

者,今文《尚書》也,《大戴》與今文同,故作'傅土'。"①

以史校史,如《吴越春秋・句踐歸國外傳第八》云:"陵門四達,以象八風。"孫詒讓指出:"《越絶書・外傳記越地傳》云:'陸門四,水門一。'則'陵'當爲'陸'之誤。前《闔閭内傳記吴城制》云:'陸門八,以象天八風;水門八,以象地八聰。'亦其證也。"②

以子校子,如《荀子・致士》篇云:"人主之患,不在乎不言用賢,而在乎誠必用賢。"盧文弨校曰:"當作'而在乎不誠用賢'。"王念孫進一步指出:"當作'而在乎不誠必用賢',言用賢之不誠不必也。《管子・九守》篇曰:'用賞者貴誠,用刑者貴必。'《吕氏春秋・論威》篇曰:'又況乎萬乘之國,而有所誠必乎?'《賈子・道術》篇曰:'伏義誠必謂之節。'《淮南・兵略》篇曰:'將不必誠必,則卒不勇敢。'枚乘《七發》曰:'誠必不悔,決絶以諾。'皆以'誠必'連文,則必字不可删。"③

以集校集,如《李太白全集》卷五《東海有勇婦》詩云:"何慚蘇子卿。"王琦注曰:"蘇子卿無報讎殺人事。以此相擬,殊非倫類。按曹植《精微篇》:'關東有賢女,自字蘇來卿。壯年報父仇,身没垂功名。'是知'蘇子卿'乃'蘇來卿'之誤也。"

經史子集之間的材料當然也可用來互校,兹也略舉數例,以見一般。

以史校子,如《世説新語》上卷下《文學》注云:"裴頠疾世俗尚虚無之理,故著《崇有》二論以折之。"王利器指出:"《三國志・魏志・裴潛傳》注引陸機《惠帝起居注》:'頠理具淵博,贍於論難,著《崇有》《貴無》二論,以矯虚誕之弊。'這裏《崇有》下當有《貴無》二字。"④

以子校史,如吴樹平指出:"殿本《梁書・元帝紀》載討侯景檄文,有一句話説:'家有隕山之泣。'誰也不知道是甚麽意思。百衲本、明南監本作'家隕□山之泣',墨丁是表示缺空,文義也不可知。但經過校訂,新本《梁書》改爲:'家隕桓山之泣。'這是完全正確的。據《孔子家語》記載:顔回聞

① 《經義述聞》卷一二《大戴禮記》中《敷土》。

② 《札迻》卷三《吴越春秋》。

③ 《讀書雜志・荀子第五・致士・誠必》。

④ 《王利器論學雜著・宋本〈世説新語〉校勘記》。

哭聲,'非但爲死者而已,又有生離别者也。……桓山之鳥,生四子焉,羽翼既成,將分於四海,其母悲鳴而送之,哀聲有似於此'。梁元帝正是用了這個典故,説侯景暴虐多端,使江南人民有生死離别的愁苦。長期懸而未決的疑案,被細心的整理者解決了。"①

以集校史,如《明史》卷一八八《周廣傳》云:"周廣,字克之。"官大梁指出:"'克之'誤,應作'充之',形近而訛。歸有光《震川先生文集》卷二《玉巖先生文集序》:周廣,'字充之。'古人名與字往往有意義上的聯繫。廣,大也;充,長也,高也(克,又疑作克,爲俗充字)。"又,《明史》卷二五八《成勇傳》:"成勇,字仁有,安樂人。"官氏又云:"'安樂'誤,明代没有安樂這一縣名,'安樂'應爲樂安之誤。樂安,隸山東青州府。徐作肅《偶更堂集・成御史傳》《明清進士題名碑録》均云:成勇,樂安人。"②

書籍中的有關資料面廣量大,只要我們善於運用,常能收到比較好的校勘效果。如《千唐志齋藏志》有《大唐故蒲州猗氏縣令□府君(隆基)墓志銘并序》。張忱石指出:"因此志文字漫漶,故姓氏空缺。然據墓志内容及文獻史料,可得知其姓氏。墓志云'隆基爲渤海蓨人',又云'高祖德政,北齊侍中、左僕射、儀同三司、冀州刺史。……曾祖伯堅,北齊司徒東閤祭酒'。《北齊書》卷三〇有《高德政傳》(《北史》卷三一作'高德正'),傳云高德政,渤海蓨人,北齊尚書右僕射兼侍中,'其子司徒東閤祭酒伯堅',與墓志基本相合,故墓志所泐姓氏當是'高'字,圖版説明可據補。"③此類例子甚多,餘不備述。

六　專家學者的意見

我們從事校勘工作,除廣泛搜集本書異本、他書引文,以及各種有關的文獻資料外,還應博訪通人,傾聽專家學者的意見。清孫慶增云:"若古人有弗可考究無從改正者,今人亦當多方請教博學君子,善於講究古帖之士,又須尋覓舊碑版文字,訪求藏書家秘本,自能改正者。然而校書非數

---

① 《新本〈二十四史〉的校勘》,載《讀書》一九七九年第九期。

② 《〈明史〉校記三則》,載《史學月刊》一九八三年第五期。

③ 《千唐志齋藏志圖版説明訂誤》,載《古籍整理出版情況簡報》第一六五期。

名士相好聚於名園讀書處，講究討論，尋繹舊文，方可有成，否則終有不到之處。所以書籍不論鈔刻好歹，凡有校過之書，皆爲至寶，至於字畫之誤，必要請教明於字學聲韻者，辨別字畫音釋，方能無誤。”①

許多著名的校勘家都非常注意徵求專家學者的意見。如錢大昕云：“盧抱經先生，精研經訓，博極群書，自通籍以至歸田，鉛槧未嘗一日去手。奉廩修脯之餘，悉以購書。遇有秘鈔精校之本，輒宛轉借録。家藏圖籍數萬卷，皆手自校勘，精審無誤。凡所校定必參稽善本，證以他書，即友朋後進之片言，亦擇善而從之。”②盧文弨就曾經向錢大昕請教過在校勘後漢應劭《風俗通》中碰到的問題。錢氏記之云：

> 盧學士召弓嘗寓書問《愆禮篇》載“徐孺子負�峅涉齎一盤醊”，“笭峅”二字何義？予答曰：此必箅字之訛。《史記・鄭當時傳》：“其饋遺人，不過算器食。”徐廣云：“算，竹器也。”算與匴同，《説文》：“匴，渌米籔也。”《士冠禮》：“爵弁，皮弁，緇布冠各一匴。”注：“匴，竹器名。”本算字，誤分爲兩字，遂不可識矣。③

王念孫在校勘方面是一代名家，但是他仍虛心地與專家學者們進行討論，如其《讀書雜志・管子叙》云：“曩余撰《廣雅疏》成，則於家藏趙用賢《管子》詳爲稽核，既又博考諸書所引，每條爲之訂正。長子引之亦屢以所見質疑，因取其説附焉。余官山東運河兵備道時，孫氏淵如採宋本與今不同者，録以見示。余乃就曩所訂諸條，擇其要者，商之淵如氏。淵如見而韙之，而又與洪氏筠軒稽合異同，廣爲考證，誠此書之幸也。”

阮元在乾隆五十六年充石經校勘官，分得《儀禮》十七篇，撰《儀禮石經校勘記》四卷。焦循爲作後序，稱其“博訪通儒，務從人善。如得以爲昏姻之故爲庶子適人者，則用戴東原編修説。賓服鄉服卿大夫，則用劉端臨教諭説。脊脅胳胏，則用王伯申明經説。《喪服》傳刊去四十字，則用金輔

① 《藏書紀要》第四則《校讎》。

② 《潛研堂文集》卷二五《盧氏群書拾補序》。

③ 《十駕齋養新録》卷一四《風俗通義》。

之修撰説。又錢辛楣宫詹,王懷祖給諫,亦曾執手問故”。可見其虚懷若谷、博採通人的良好學風。

可供校勘的各類資料甚多,難以備説,今舉其重要者略述如上。此外,本書的有關文字也可供校勘時參考,我們將在下文第六章本校時專門論及。

第五章　從事校勘所應具備的知識

從表面上看，校勘似乎是一種很機械的工作，但要做得精確，却需要具備多方面的知識，今擇其尤爲重要者，略述如次。

第一節　語言學知識

校勘主要是糾正書面語言的錯誤，所以成就突出者，大抵得力於語言學知識的豐富精深。王引之云："吾治經，於大道不敢承，獨好小學。夫三代之語言，與今之語言，如燕越之相語也。吾治小學，吾爲之古人焉。其大歸曰：用小學説經，用小學校經而已矣。"①俞樾序《札迻》云："孫詒讓仲容以所著《札迻》十二卷見示，讎校古書共七十有七種，其好治閒事，蓋有甚於余矣。至其精孰訓詁，通達假借，援據古籍以補正訛奪，根柢經義以詮釋古言，每下一説，輒使前後文皆怡然理順。阮文達序王伯申先生《經義述聞》云：'使古聖賢見之，必解頤曰：吾言固如是。數千年誤解，今得明矣。'仲容所爲《札迻》，大率同此。然則，書之受益於仲容者，亦自不淺矣。"可見具有豐富的語言學知識是從事校勘工作的基本功。

一　文　字

漢字形體自甲骨文以來已屢經變化，並且出現了古今字、異體字、繁

① 龔自珍《定盦續集》卷四《高郵王文簡公墓表銘》。

簡字等複雜現象。人們在傳鈔、刊刻古籍的過程中,因不識字而產生了許多錯誤,我們在本編第三章第三節已經作了較爲詳細的分析。反之,如果我們具有厚實的文字學知識,當然也會糾正書面材料的不少錯誤。如宋岳珂云:

字學不講久矣。今文非古,訛以傳訛。魏晉以來,則又厭樸拙,嗜姿媚,隨意遷改,義訓混淆,漫不可考。重以避就名諱,如"操"之爲"摻","昭"之爲"佋",此類不可勝舉。唐人統承西魏,尤爲謬亂。至開元所書五經,往往以俗字易舊文,如以"頗"爲"陂",以"便"爲"平"之類更多。五季而後,鏤版傳印,經籍之傳雖廣,而點畫義訓訛舛自若。今所校本之以許慎《説文》、張參《五經文字》、唐玄度《九經字樣》、顔魯公《干禄字書》、郭忠恕《佩觿集》、吕忱《字林》、秦昌朝《韻略分毫補注字譜》,參以毛晃《韻略》及其子居正所著《六經正誤》,其有甚駭俗者,則通之可識者(如"亙"之爲"宜","晉"之爲"晉"之類,皆取之石經遺文),非若近世眉山李肩吾從周所書《古韻》及文公《孝經刊誤》等書純用古體也。凡此者實與同志之精於字學者逐一探討折衷,不使分毫差誤,雖注字、偏旁、點畫必校,庶幾聖經賢傳不墮於俗學之陋,當爲世所善也。①

可見書面文字的謬亂由來已久,改正不易。下面舉兩則校勘實例。《漢書》卷八十三《薛宣傳》云:"掾宜從衆,歸對妻子,設酒肴,請鄰里,壹关相樂,斯亦可矣!""壹关"二字,注家各有所釋。應劭曰:"以壺矢相樂也。"晉灼曰:"書篆形'壹关'字象壺矢,因曰壺矢。此説非也。"師古曰:"晉説是也。壹关,謂一爲歡关耳。关,古笑字也。"顯然,應劭的注釋係誤解。晉灼指出了應劭產生誤解的原因,但未提供正確答案。最後,顔師古指明关就是古笑字,才文意通暢,解決了問題。再如《史記·魯仲連鄒陽列傳》云:"食人炊骨,士無反外之心。"王念孫校曰:

① 《相臺書塾刊正九經三傳沿革例·字劃》。文公指朱熹。

“外”當爲北。北,古背字。(《説文》:“北,乖也。從二人相背。”韋昭注《吴語》曰:“北,古之背字。”《管子·君臣》篇:“爲人君者,倍道棄法,而好行私,謂之亂;爲人臣者,變古易常,而巧宦以諂上,謂之騰。亂至則虐,騰至則北。”北即此所謂反北也。)言雖至食人炊骨,而士卒終無反背之心也。《齊策》作“士無反北之心”是其證。隸書外字或作夘(見漢司隸校尉魯峻碑),形與北相近,故北誤爲外。《漢書·劉向傳》“孝文皇帝居霸陵,北臨廁”,《張釋之傳》“北”誤作“外”。《方言》:燕之北鄙,今本“北”誤作“外”,是其證。①

校勘應識古文字,也應識俗文字。潘重規云:“凡欲研某一時代的作品,必須通曉那一時代人寫字的習慣,必須通曉那一時代人用字的習慣,才不會斫傷作品的真面目。”他在研究敦煌卷子中俗字時談道:“我把敦煌俗寫的習慣,歸納成:字形無定,偏旁無定,繁簡無定,行草無定,通假無定,標點無定等條例。字形無定,如雨、兩不分,人、入不分等;偏旁無定,如木、扌不分,忄、巾不分等;繁簡無定,如佛作仏,蘭作蘭等;行草無定,如風作、通作等;通假無定,如知麽作知磨,今宵作金宵等;標點符號也和現代通用符號大不相同,如删除符號作‘γ’等。……唐以後書籍雕版,對文字有很大的整齊作用。但後世刻本的前身,仍然是寫本,其中不免有沿襲寫本遺留下來的俗寫文字。如能加以探索,或可於校讎、訓詁方面開辟一條新途徑。”並引《文心雕龍·諧隐》篇“至魏大因俳説以著笑書”爲例,加以説明道:

敦煌寫本“代”“大”往往互用,“魏大”當即“魏代”。蔣禮鴻《敦煌變文字義通釋》云:“四代即四大,佛家謂地水火風四大和合成身體,四大即指身體。王昭君變文:‘五神俱總散,四代的危危’,代和大同音通用。李陵變文:‘陵家曆大爲將軍,世世從軍爲國征。’曆大,《變文集》校記作歷代,極確。唐人崔令欽《教坊記》:‘大面,出北齊蘭陵

① 《讀書雜志·史記第四·魯仲連鄒陽列傳·反外》。

王長恭，性膽勇而貌若婦人，自嫌不足以威敵，乃刻木爲假面，臨陣著之。'刻木爲假面，就是代面。《舊唐書·音樂志》二記此事，正作代面。可見唐時大、代二字通用。"是《文心》"魏代"作"魏大"，乃唐時俗寫慣例，"魏大"即"魏代"，則文辭事義，無不愜當，庶幾可以解向來紛紜不決的疑誤了。①

再如《王梵志詩校輯》第一一四首："女聘待好俅。"校記："待好俅，原作'帀好仇'，據文義改。"郭在貽指出："此改誤。原文帀是希的形訛，仇是仇的俗别字（見《碑别字新編》第四頁），通'逑'（段玉裁謂'仇與逑古通用'，是也），有配偶義。'希好仇'即希望得到好的配偶。《校輯》此條之誤，涉及不辨形訛、不識俗體、不明通假等多種因素。"②

以上例子説明，從事校勘要通曉古今文字，無論正俗諸體，都應究心。

二　音　韻

語音也同樣因時代和地區的不同而有差異，這種差異同樣會導致書面材料的錯誤。顧炎武云：

三代六經之音，失其傳也久矣。其文之存於世者，多後人所不能通，以其不能通，而輒以今世之音改之，於是乎有改經之病。始自唐明皇改《尚書》，而後人往往效之。然猶曰：舊爲某，今改爲某。則其本文猶在也。至於今日，鋟本盛行，而凡先秦以下之書，率臆輕改，不復言舊爲某，則古人之音亡，而文亦亡，此尤可嘆者也。……故愚以爲讀九經自考文始，考文自知音始。以至諸子百家之書，亦莫不然。③

顯然，音韻知識是從事校勘工作的利器。一些卓有成就的校勘學家都具有豐富的音韻學知識。如孫詒讓云：

① 稿本復印件《敦煌卷子俗寫文字之研究》。

② 《〈王梵志詩校輯〉誤校示例》，載《古籍整理出版情況簡報》第一八四期。

③ 《亭林文集》卷四《答李子德書》。

> 近代鉅儒,修學好古,校刊舊籍,率有記述。而王懷祖觀察及子伯申尚書、盧紹弓學士、孫淵如觀察、顧澗蘋文學、洪筠軒州倅、嚴鐵橋文學、顧尚之明經及年丈俞蔭甫編修,所論著尤衆。風尚大昌,覃及異域,若安井衡、蒲阪圓所箋校雖疏淺,亦資考證。綜論厥善,大抵以舊刊精校爲據依,而究其微恉,通其大例。精思博考,不參成見。其是正文字訛舛,或求之於本書,或旁證之它籍及援引之類書,而以聲類通轉爲之鈐鍵。故能發疑正讀,奄若合符。①

王念孫還在《淮南雜志》後序中,專門從音韻學的角度總結出"有錯簡而失其韻者,有改字而失其韻者"等十多條誤例。下面我們再舉一些運用音韻學知識校正書面材料錯誤的實例。

詩歌要求押韻,根據詩歌是否符合其寫作時代的押韻要求,往往能糾正一些書面材料的錯誤。如郭璞《游仙詩》云:"朱門何足榮,未若託蓬萊。"王念孫指出:

> 蓬萊本作蓬藜。後人以此是游仙詩,故改蓬藜爲蓬萊也。不知此章但言仕不如隱,未及神仙之事,"朱門何足榮"承上"京華游俠窟"而言,"未若託蓬藜"承上"山林隱遯棲"而言。蓬藜,隱者所居。《鹽鐵論·毁學》篇云"包丘子飯麻蓬藜,脩道白屋之下"是也。下文"靈溪可潛盤,安事登雲梯。漆雲有傲吏,萊氏有逸妻"仍是此意。此章藜字與棲、荑、梯、妻、羝、齊爲韻,於古音屬脂部。第六章"高浪駕蓬萊",與災、臺、杯、頤、垓、孩、才爲韻。於古音屬之部,二部不相通用,此非精於周秦兩漢之音者,不能辨也。②

---

① 《札迻·自序》。懷祖,念孫字。伯申已見。紹弓,文弨字。淵如,星衍字。澗蘋,廣圻號。筠軒,頤煊號。鐵橋,可均號。尚之,觀光字。蔭甫,俞樾字。

② 《讀書雜志餘編》卷下《文選·未若託蓬萊》。案程瑶田《通藝録·釋草小記·釋藜》略云:"萊藜一聲之轉。今不治之地多生藜。藜萊相通,故治荒薉之地曰辟草萊也。……三神山其一曰蓬萊,以其人迹罕至,望之有蓬萊諸草而已。因遂以蓬萊名之。"其説與王異,録以備參。

再如武英殿聚珍本宋祁《景文集》卷十五有首《和晏相公夜歸遇雪》詩:“孝王臺下糅花飛,草草歸驂驟碧蹄。斗作暝寒凌冒絮,更回餘舞拂鄣泥。城連迴闕迷蒼鳳,人度長橋壓素槐。頮玉正酣天幕静,不妨清思入新題。”其中“素槐”的“槐”字,《佚存叢書》本《景文集》卷二十七,此詩作“蜺”。據當時通行的《集韻》,“槐”爲皆韻,而此詩的其餘韻脚“題”“蹄”“泥”三字均爲齊韻,而“蜺”字也屬齊韻。可見“蜺”字正確,“槐”字誤①。

此外,通過詩律也可校出某些詩歌作品中的錯誤,朱彝尊《寄查德尹編修書》引李天生之論而申述之云:

> “少陵自詡‘晚節漸於詩律細’,曷言乎細?凡五七言近體,唐賢落韻,共一紐者不連用,夫人而然。至於一三五七句,用仄字上去入三聲,少陵必隔别用之,莫有疊出者,他人不爾也。”蒙聞是言,尚未深信,退與李十九武曾共宿京師逆旅,挑燈擁被,互誦少陵七律,中惟八首與天生所言不符:其一,《鄭駙馬宅宴洞中》云:“主家陰洞細烟霧,留客夏簟青琅玕。春酒杯濃琥珀薄(入),水漿碗碧瑪瑙寒。誤疑茅堂過江麓(入),已入風磴霾雲端。自是秦樓壓鄭谷(入),時聞雜佩聲珊珊。”疊用三入聲字。其一,《江村》云:“清江一曲抱村流,長夏江村事事幽。自去自來梁上燕,相親相近水中鷗。老妻畫紙爲棋局(入),稚子敲針作釣鈎。多病所須惟藥物(入),微軀此外復何求。”疊用二入聲字。其一,《秋興》云:“昆明池水漢時功,武帝旌旗在眼中。織女機絲虚夜月(入),石鯨鱗甲動秋風。波漂菰米沉雲黑(入),露冷蓮房墜粉紅。關塞極天惟鳥道,江湖滿地一漁翁。”疊用二入聲字。其一,《江上值水》②云:“爲人性癖耽佳句(去),語不驚人死不休。老去詩篇渾漫興(去),春來花鳥莫深愁。新添水檻供垂釣(去),故著浮查替入舟。焉得思如陶謝手,令渠述作與同游。”疊用三去聲字。其一,《題鄭縣亭子》云:“鄭縣亭子澗之濱,户牖憑高發興新。雲斷岳蓮臨

① 參看王瑞來《古籍校勘與音韻》,載《古籍整理研究學刊》一九八七年第三期。

② 原題作《江上值水勢如海聊短述》。

大路(去),天晴宫柳暗長春。巢邊野雀群欺燕(去),花底山蜂遠趁人。更欲題詩滿青竹,晚來幽獨轉傷神。"疊用二去聲字。其一,《至日遣興》云:"去歲兹辰奉御床,五更三點入鵷行。欲知趨走傷心地(去),正想氤氲滿眼香。無路從容陪語笑(去),有時顛倒著衣裳。何人錯憶窮愁日,愁日愁隨一綫長。"疊用二去聲字。其一《卜居》云:"浣花流水水西頭,主人爲卜林塘幽。已知出郭少塵事(去),更有澄江銷客愁。無數蜻蜓齊上下(去),一雙鸂鶒對沈浮。東行萬里堪乘興(去),須向山陰入小舟。"疊用三去聲字。其一,《秋盡》云:"秋盡東行且未回,茅齋近在少城隈。籬邊老却陶潜菊(入),江上徒逢袁紹杯。雪嶺獨看西日落(入),劍門猶阻北人來。不辭萬里長爲客(入),懷抱何時得好開。"疊用三入聲字。此八詩者,識於懷不忘,久而睹宋、元舊雕本,及《文苑英華》證之,則"過江麓"作"出江底","江"不當言"麓",作"底"良是。"多病"句作"賴有故人分禄米","夜月"作"月夜","漫興"作"漫與","大路"作"大道","語笑"作"笑語","上下"作"下上","西日落"作"西日下",合之天生所云,八詩無一犯者。由是推之,"七月六日苦炎熱",下文第三句不應用"蠍"字,作"苦炎蒸"者是也,"謝安不倦登臨賞",下文第七句不應用"府"字,作"登臨費"者是也。循此説以勘五言,雖長律百韻,諸本字義之異,可審擇而正之;第恐聞之時人,必有訕其無關重輕者。然此義,昔賢所未發,出天生之獨見,善不可没也。①

朱、李之説指明可從詩律的角度糾正書面詩歌材料的錯誤,這當然也離不開音韻學知識。

詩、詞、曲押韻,散文爲了讀起來朗朗上口,便於記憶,往往也押韻,或攙雜一些押韻的文句,人們同樣可以根據這一特點對散文進行校勘工作。如《大戴禮記·武王踐阼》篇云:"枉者滅廢,敬者萬世。"王念孫指出:

① 《曝書亭集》卷三三《寄查德尹編修書》。

滅廢本作廢滅，後人不通古音，故改爲“滅廢”以與“世”字爲韻，不知世字古又讀設，故與滅爲韻。《大雅・蕩》篇“在夏后之世”，與揭、害（讀若曷）、撥爲韻。《莊子・大宗師》篇“所以行於世也”，與殺爲韻，皆其證也。王應麟曰：“《學記正義》《尚書・帝命驗》‘滅廢’作‘廢滅’。”是王所見《學記正義》本作“廢滅”，而今本《正義》作“滅廢”，則又後人依俗本《大戴》改之也。唯《史記・周本紀正義》引《帝命驗》作“廢滅”，則至今未改。①

再如《史記・太史公自序》云：“聖人不朽，時變是守。”《漢書・司馬遷傳》“朽”作“巧”，顔師古曰：“無機巧之心，但順時也。”王念孫指出：

《史記》原文蓋亦作“聖人不巧”。今本作朽者，後人以“巧”與“守”韻不相協而改之也。不知“巧”字古讀若糗，正與“守”爲韻。《韓子・主道》篇：“不自操事，而知拙與巧。”《素問・徵四失論》“更名《自巧》”，并與咎爲韻。《參同契》“非種難爲巧”，與酒爲韻，皆其證也。上文云：“以虚無爲本，以因循爲用。”“以虚無爲本”即所謂“聖人不巧”也。“以因循爲用”即所謂“時變是守”也。又云：“有法無法，因時爲業；有度無度，因物與舍。”亦是此意。此皆言道家無爲之術，故顔師古曰：“無機巧之心，但順時也。”《韓子・揚榷》篇亦云：“聖人之道，去智與巧。”若改爲“聖人不朽”，則與“時變是守”之義迥不相涉矣。《索隱》本出“聖人不朽”四字，《正義》云“言聖人教迹不朽滅”，則所見本皆誤。②

由於各地的語音不盡相同，所以校勘往往還用到方音知識。《四庫全書總目》卷一九八《山谷詞》提要云：“陸游《老學庵筆記》辨其《念奴嬌》詞：‘老子平生，江南江北，愛聽臨風笛’句，俗本不知其用蜀中方音，改笛爲曲

---

① 《經義述聞》卷一二《大戴禮記》中《枉者滅廢》。

② 《讀書雜志・史記第六・太史公自序・聖人不朽》。

以叶韻。今考此本,仍作'笛'字,則猶舊本之未經竄亂者矣。"[①]敦煌文獻與唐五代西北方言有密切關係,因而借助方音從事校勘往往頗見成效,張金泉曾專撰《校勘變文當明方音》一文以明其事。其論《葉浄能詩》"皇帝見其樹,高下莫惻(測)其涯,枝條直赴三千大千世界"(《敦煌變文集》二二五頁)。以"赴"代"覆",云:"這是月宫的娑羅樹,我們想象成桂花樹的,赴即覆的同音借字,再也明白不過的了,《變文集》似可加個旁注。無獨有偶,赴、覆又見於敦煌曲子詞。有一首寫松的《生查子》詞裏,借字'赴'同本字'覆'并存,校勘學上叫做有衍字。原來這樹高聳參天,赴、覆二字必有一誤(《敦煌曲子詞集》四九頁)。詞律此調爲五言四句,雙疊,決没有六字句的。所以,《敦煌曲校録》删去赴字,定作'鬱鬱覆云霞'(六三頁),從而,從另一個側面證明方音的存在以及它與校勘的密切關係。"[②]

三 訓 詁

詞義與文字、音韻相同,也往往隨着時代的推移而有所變化,後人不知道前人的詞義而誤改書面材料的現象甚爲普遍,因此從事校勘工作,訓詁學知識是不可缺少的。

戴震云:"詁訓、聲音,相爲表裏。詁訓明,六經乃可明。後儒語言文字未知,而輕憑臆解以誣聖亂經,吾懼焉。"[③]顯然,校勘古籍應當知道古詞古義。如《韓非子·説林下》有兩句:"弱子扞弓,慈母入室閉户。"王引之認爲:

其"弱子扞弓"之扞,當作扜,字從于,不從干,扜弓,引弓也。《説文》:"弙,滿弓有所鄉也。"字或作扜。《大荒南經》:"有人方扜弓射黄蛇。"郭注曰:"扜,挽也,音紆。"《吕氏春秋·雍塞》篇:"扜弓而射之。"高注曰:"扜,引也。"《淮南·原道》篇:"射者扜烏號之弓。"高注曰:

---

① 參看《老學庵筆記》卷二。

② 一九八三年全國敦煌學術討論會文集《文史·遺書編》下册,甘肅人民出版社一九八七年版。

③ 《戴東原集》卷十《六書音韻表序》。

“扜，張也。”弱子扜弓，則矢必妄發，故慈母入室閉户。若作扞禦之扞，則義不可通。①

校勘中古以後的文獻，同樣也需要訓詁學知識，蔣禮鴻論之甚詳，今舉一例：

如《黄鸝繞碧樹》：“争如盛飲流霞，醉偎瓊樹？”鄭文焯校曰：“‘盛飲流霞’，汲古作‘剩引榴花’四字，并以音近訛。注云：《清真集》作‘盛飲流霞’。元本正同，從之。”蔣禮鴻指出：

> 汲古本是也。凡作“盛飲流霞”之本者，以爲此四字言盛飲酒也。彼特不知“剩”字之義，又不知“榴花”之爲酒耳。唐宋以“剩”爲多，説見張相《詩詞曲語辭匯釋》及余《敦煌變文字義通釋》，無煩舉證。白居易《詠家醖》詩云：“猶嫌竹葉爲凡濁，始覺榴花不正真。”榴花爲酒名，灼然無疑。凡美成之言飲酒，如下卷二頁前《鎖陽臺》云：“别時無計，同引離觴。”十二頁後《瑞鶴仙》云：“有流鶯勸我，緩引春酌。”上卷三十四頁前《丹鳳吟》“痛飲澆酒”，元本作“痛引澆愁酒”，余既以愁字必不可少，著之本條之下矣；乃若痛飲痛引，以《鎖陽臺》《瑞鶴仙》校之，則亦引字爲是。彼三引字，與此闋剩引字而爲四，其語出於古之引滿。《漢書・叙傳》云：“引滿舉白。”又杜甫《晚宴左氏莊》詩：“看劍引杯長。”其義皆同。然則剩引榴花，字字可解，字字允愜，且榴花與瓊樹相對切，而乃謂爲訛文，得乎？大鶴未知俗語剩之爲多，於榴花又失考，遂踵前人之謬。校詞雖細事，猶有甚難者在夫！②

其次，對詞匯的時代特色與時代斷限應當有所了解。因爲隨着時間的推移，有些詞匯可能不用了，而有些新的詞匯却代替了它們。明白了這一點對我們進行校勘工作當然是有益的。如《漢書・酈陸朱婁叔孫傳》

---

① 《讀書雜志餘編》卷上《韓子・説林下・扜弓》。
② 《懷任齋文集・大鶴山人校本清真詞箋記》。

云:"於是沛公輟洗起衣,延食其上坐,謝之。"師古注曰:"起衣,著衣也。"王念孫指出:

> 古無謂著衣爲起衣者。此文本作"輟洗起(句)攝衣。延食其上坐。"鄭注《士冠禮》曰:"攝,猶整也。"謂整衣而延之上坐也。師古所見本脱攝字,遂以起衣連讀,而訓爲著衣,誤矣。《史記》正作攝衣。《文選》王粲《七哀詩》注、傅元《雜詩》注、班彪《王命論》注、《太平御覽・人事部》一百四引《漢書》皆作攝衣,是所見本與師古不同也。《高紀》亦云:"於是沛公起攝衣謝之。"①

蔣禮鴻也曾就唐代文獻舉過一例:

> 任二北先生校《敦煌曲》,有一首儒生和武人争辯的《定風波》詞説:"三尺張良飛(非)惡弱,謀略,漢興楚滅本由他。"任先生看到"謀略"兩字,就把"三尺"改成"三策"(《敦煌曲校録》六四頁)。其實,"三尺"是唐人用來形容文人的用語,王勃在《滕王閣序》裏就自稱"三尺微命,一介書生",可見不能改成"三策"。又如敦煌的《歸西方贊》:"急手專心念彼佛,彌陀浄土法門開。"任先生改爲"撒手",説:因"撒"作"煞",又省而爲"急"。其實"急手"就是急急的意思,是六朝以來就有的用語,敦煌所出的《三身押座文》説:"念佛急手歸舍去,遲歸家中阿婆嗔。"更早則見於《洛陽伽藍寺記・白馬寺條》:"大竹箭,不須羽;東厢屋,急手作。"②

此外,陳垣《校勘學釋例》卷三第二十七《元代用字與今不同例》也談到過這個問題,他説:

---

① 《讀書雜志・漢書第九・酈陸朱婁叔孫傳・輟洗起衣》。

② 《懷任齋文集・校勘略説》。

有字非後起，而用法與古不同，翻刻古籍，不應以後來用法之字用之古籍也。

元時稱人之多數輒曰“他每”，猶今稱“他們”也。浦本《史通·雜説》云：“渠們底箇，江左彼此之辭。”似“們”字古已有之。南宋人用“們”，或用“懣”，然元時實通用“每”，今沈刻《元典章》恒改爲“們”，不睹元刻，幾疑“們”字爲元時通用也。

聖政一五　　將他們姓名申臺者

户八五八　　若拏住他們做賊説謊的呵

刑八十　　只依舊交管着他們的上頭　“他們”元均作“他每”。

户十十三　　有的俺們宫觀裏住的先生每　元作“俺每”。

刑十一十五　依着您門商量來的文書者　“您門”元作“您每”。

新朝綱五　　要肚皮的歹人們厮俲俲著　元作“歹人每”。

新朝綱七　　教百姓們哏生受　元作“百姓每”。

原免之“原”，與元來之“元”異，自明以來，始以“原”爲“元”，言板本學者輒以此爲明刻元刻之分，因明刻或仍用“元”，而用“原”者斷非元刻也。今沈刻《元典章》，“元”多改爲“原”，古今用字混淆，不幾疑明以前已有此用法耶！

户三十　　原議養老女公　元作“元議”。

户四二十　　所據倪福一原下財禮　元作“元下”。

刑八四　　親隨受錢著落原主　元作“元主”。

“抄”“鈔”二字古通用，然元時以楮幣爲鈔，習久遂以鈔爲楮幣專名，抄爲謄寫專名，凡元代公牘上抄到某年劄付，均作“抄”，不作“鈔”，今沈刻輒改“抄”爲“鈔”，意義不殊，面目全失。

新户五四　　鈔到大德十年八月中書省劄付

新兵十五　　鈔到延祐五年云云　元均作“抄”。

又現代之“現”，古皆作“見”，近世借“現”爲“見”，乃以“見”爲視專名，“現”爲現代、現時等專名，習慣自然，忘其假借，然元時此等用法尚未通行，翻刻古籍，應存其舊。

户三廿五　　𪣻充軍户　元作“見充”。

戶九十三　　親舊現在切恐怠惰　元作“新舊見在”。

再次,要明假借。古書中借用音同或音近的字來代替本字是常見的現象。王念孫云:“詁訓之指,存乎聲音,字之聲同聲近者,經傳往往假借。學者以聲求義,破其假借之字而讀以本字,則涣然冰釋。如其假借之字而强爲之解,則詰䶖爲病矣。”①如《淮南子·本經》篇云:“異貴賤,差賢不肖;經誹譽,行賞罰。”王氏指出:“‘差賢不’下本無肖字。不與否同,貴賤賢不,誹譽賞罰,皆相對爲文,後人不知不爲否之借字,故又加肖字耳。”②又,《漢書·張馮汲鄭傳》云:“吾獨不得廉頗、李牧爲將。”王氏校曰:

《群書治要》引此,“牧”下有“時”字,是也。今本無“時”字者,後人不解其義而删之耳。“時”讀爲“而”,言吾獨不得廉頗、李牧而爲將也。“而”、“時”聲相近,故字相通。《賈誼傳》:“故自爲赤子,而教固已行矣。”《大戴記·保傅》篇“而”作“時”。《聘義》曰:“然而用財如此甚厚者。”《大戴記·朝事》篇“而”作“時”。《史記·太史公自序》:“專决於名,而失人情。”《漢書·司馬遷傳》“而”作“時”,是其證。③

在校勘的過程中,還可以通過對詞義的深入研究發現錯誤並予以指正。如《淮南子·天文》篇云:“日至於昆吾,是謂正中;至於鳥次,是謂小還;至於悲谷,是謂餔時;至於女紀,是謂大還。”王念孫指出:

小還大還,當爲小遷大遷,字之誤也。遷之爲言西也,日至昆吾,謂之正中;至鳥次則小西矣,故謂之小遷;至女紀則大西矣,故謂之大遷。《漢書·律曆志》曰:“少陰者西方。西,遷也。陰氣遷落物。”《白虎通義》曰:“西方者,遷方也。”萬物遷落也,是遷與西同義,若作小還大還,則義不可通矣。舊本《北堂書鈔·天部一》及《藝文類聚》《初學

① 《經義述聞》王引之序。

② 《讀書雜志·淮南内篇第八·本經·賢不肖》。

③ 《讀書雜志·漢書第九·張馮汲鄭傳·爲將》。

記・天部上》《太平御覽・天部三》引此并作小還大還。①

當然，我們在校勘時還需要對詞義進行全面的把握，否則也難以獲得正確的結論。例如蔣禮鴻曾指出：

要是你衹知道"空"是空洞無物，而不知道"空"字也有誠實一類的意義，那你自然會同意把《淮南子》"知機械而空衰"的空字改成"實"字，而不知道這個改法却正是錯的。再可以舉一個同樣的例子：《韓非子・外儲説左下》篇："墾草仞邑。"俞樾説："仞當作刱(創)，謂刱造其邑也。作仞者，字之誤。《新序》載此事正作刱邑，當據以訂正。"俞氏的説法，好象有憑有據。其實仞是牣同音通用字，仞邑就是使城邑充實繁盛的意思。《史記・殷本紀》："益收狗馬奇物充仞宫室。"可以證明作"仞"并不錯，俞氏要根據《新序》改字，實在是多事。這也是他不了解仞字除了當長度以外另有假借義的緣故。好多古書被改錯的原因大概也就在此。②

四　語　法

利用語法知識也有助於校勘，今略舉數例：《史記・魯仲連傳》云："魯仲連曰：'吾將使秦王烹醢梁王。'新垣衍快然不悦曰：'噫嘻！亦太甚矣，先生之言也！'"王若虚校曰："多'先生言'字。必欲存之，當在'太甚'字上。"③洪誠指出："王若虚不懂感嘆句謂語先出爲古今語言同有之例，所以妄云'先生之言也'爲冗複而欲删之，不删就要把它提前。《史記》這段文字出於《戰國策・趙策》，不是司馬遷自造的語言。"④對古代白話文著作的校勘也同樣存在着語法問題，項楚撰《五燈會元點校獻疑三百例》之

① 《讀書雜志・淮南内篇第三・天文・小還 大還》。
② 《懷任齋文集・校勘略説》。俞説見《諸子平議》卷二一。
③ 《滹南遺老集》卷一五《史記辨惑七》。
④ 《訓詁學》第二章《閱讀必須掌握的基本規律》第七節《句法規律》。

五十五云：

和尚恐某甲不實邪？（二三一頁）校記："邪，原作'那'，據續藏本改。"按原本"那"字不誤，"那"是疑問語氣詞，本書習見，如二六〇頁："曰：'雖在彼中，且不曾上他食堂。'師曰：'口喝東南風那。'"四四八頁："師曰：'汝實不會那！'曰：'學人實不會。'""那"下皆應改問號。三〇四頁："你不肯我，那但裝香來。"亦應以"那"屬上，作："你不肯我那？"①

此外，各時代非漢族人使用漢語時，也可能將其本民族語言中某些語法特點移植到漢語中來，在校勘時也應注意，陳垣曾指出："《元典章》語體聖旨，多由蒙古語翻譯而成，故與漢文法異，其最顯著者，常以'有'字或'有來'爲句。沈刻輒誤乙之，或竟删去，皆不考元時語法所致也。"如"刑八九：'撇下軍逃走'，元作'逃走了有'，今妄删去'了有'二字。"②所以，我們在校勘時，也非掌握語法學知識不可。

五　修　辭

爲了增强語言的表現力，人們在行文中往往使用某些修辭手段。這些手段在書籍中的存在，往往有助於文字校勘。其中對偶與排比對校勘的價值尤大。

關於對偶。如《墨子·非樂上》云："食飲不美，面目顔色，不足視也；衣服不美，身體從容醜羸，不足觀也。"王念孫指出：

醜羸二字，後人所加也。《楚辭·九章》注曰："從容，舉動也。"（古謂舉動爲從容，説見《廣雅疏證·釋訓》）身體從容不足觀，謂衣服不美，則身體之一舉一動，皆無足觀也。後人乃加入"醜羸"二字。夫

① 載《古籍整理出版情況簡報》第一七二期。

② 《校勘學釋例》卷四第二八《不諳元時語法而誤例》。

衣服不美，何至羸其身體？且身體從容不足觀與面目顔色不足視對文，加"醜羸"二字則與上文不對矣。鈔本《北堂書鈔·衣冠部三》引此作"身體從容不足觀"，無"醜羸"二字。《太平御覽·服章部十》《飲食部七》所引並同。①

又，《漢書·酈陸朱婁叔孫傳》云："馬上得之，寧可以馬上治乎？"王念孫云："'治'下亦當有'之'字，與上'得之'對文。《太平御覽》人事部一百七、治道部四引此並作'治之'。《史記》《漢紀》《通鑑》同。"②再如《全唐詩》卷七九三載陸龜蒙詩《獨在開元寺避暑，頗懷魯望，因飛筆聯句》："烟重回蕉扇，輕風拂桂帷。""輕風"，《甫里集》作"風輕"。陳漢英校云："'風輕'是。《全唐詩》應予乙正，與'烟重'對偶。"③

關於排比。《逸周書·官人》篇："醉之酒，以觀其恭；從（與縱同）之色，以觀其常。"王念孫指出：

"酒"、"色"二字，後人所加也。"醉之以觀其恭"，文義已明，無庸更加酒字。若"縱之以觀其常"，則非止一事，但言色則偏而不具矣。且喜之、怒之、醉之、縱之、遠之、昵之，六者相對爲文，則原無"酒"、"色"二字可知。《群書治要》作"醉之以觀其失，縱之以觀其常"。《大戴記》作"醉之以觀其不失，縱之以觀其常"。皆無"酒"、"色"二字。④

又，王氏《讀書雜志》十六《餘編》下《簫鐘兮瑶簴》所校亦屬此類：

《九歌》："緪瑟兮交鼓，簫鐘兮瑶簴，鳴䶵兮吹竽。"簫一作蕭。簫鐘句，王氏無注。洪補曰："瑶簴，以美玉爲飾也。"洪邁《容齋續筆》曰："洪慶善注《東君》篇簫鐘，一蜀客過而見之曰：'一本簫作潚。'《廣

① 《讀書雜志·墨子第三·非樂上·醜羸》。
② 《讀書雜志·漢書第九·酈陸朱婁叔孫傳·馬上治》。
③ 《點校陸龜蒙集所見全唐詩之誤》，載《古籍整理出版情況簡報》第一八八期。
④ 《讀書雜志·逸周書第三·官人·醉之酒 從之色》。

韻》訓爲擊也，蓋是擊鍾，正與絙瑟爲對耳。”念孫案：讀簫爲攡者是也。《廣雅》曰：“攡，擊也。”《玉篇》音所育切，《廣韻》又音蕭。攡與簫、蕭，古字通也。瑶讀爲摇。摇，動也。《招魂》曰：“鏗鐘摇簴。”王注曰：“鏗，撞也；摇，動也。”《文選》張銑注曰：“言擊鐘則摇動其簴也。”義與此同，作瑶者借字耳。“絙瑟”以下三句，皆相對爲文。若以瑶爲美玉，則與上下文不類矣。①

再如人民文學出版社本《西游記》第一回《靈根育孕源流出　心性修持大道生》中有一段話：“參老天，拜菩薩；扯葛藤，編草帓；捉虱子，咬又掐；理毛衣，剔指甲。”其中“咬又掐”三字，張書紳《新説西游記》乾隆刻本及光緒石印本作“咬圪蚤”。對此，梅季認爲以上所引“全是動賓詞組，獨‘咬又掐’爲動詞并列，顯然不相對，張本校改是”。②

王念孫根據古書中相對爲文的特點來進行校勘，姚永概曾批評道：“古人屬辭，意偶而辭不必偶，往往有一字而偶二三字者，王氏每以句法參差不齊爲疑，據類書以改古本，不知類書多唐以後人作，其時排偶之文務尚工整，故其援引隨手更乙使之比和，況古人引書但取大義，文句之多寡，字體之同異，統不計焉。從王氏之説，是反以今律古，失之遠矣。”③我們認爲既然古人有相對爲文的特點，利用這一特點來進行校勘是不應否定的。王氏利用這一特點來進行校勘時，一般都廣博地引用證據，經過認真的分析，然后才下斷語，態度是嚴謹的，也是不應持否定態度的。當然姚氏的一些看法也可供我們在校勘時參考。至於如何全面地認識類書的校勘價值，前文已論及，這裏就不重複了。

在校勘實踐中，往往需要綜合運用各種語言學知識。如《讀書雜志餘編》卷上《老子·夫佳兵者不祥之器》云：

三十一章：“夫佳兵者不祥之器，物或惡之，故有道者不處。”《釋

---

① 慶善，宋洪興祖也，著《楚辭補注》。

② 《〈西游記〉校點注問題商榷》，載《古籍整理出版情況簡報》第一八〇期。

③ 《慎宜軒文》卷二《書經義述聞·讀書雜志後》。

文》："佳，善也。"河上云："飾也。"念孫案："善"、"飾"二訓皆於義未安。古所謂兵者，皆指五兵而言，故曰兵者不祥之器。若自用兵者言之，則但可謂之不祥，而不可謂之不祥之器矣。今案佳當作隹，字之誤也。隹，古唯字也。唯兵爲不祥之器，故有道者不處。上言夫唯，下言故，文義正相承也。八章云："夫唯不争，故無尤。"十五章云："夫唯不可識，故强爲之容。"又云："夫唯不盈，故能蔽不新成。"二十二章云："夫唯不争，故天下莫能與之争。"皆其證也。古鐘鼎文唯字作隹，石鼓文亦然。又夏竦《古文四聲韻》載《道德經》，唯字作。據此，則今本作唯者，皆後人所改。此隹字若不誤爲佳，則後人亦必改爲唯矣。

王氏首先從訓詁學的角度指明該字若爲佳字則於義未安，接着又從語法學的角度，並運用大量例證説明該字若爲隹字正合文義。最後又從文字學的角度證明隹即古唯字。文中的隹字誤爲佳，顯然是因爲形近而訛。從而證明了其結論的精確。再如《廣雅疏證》卷三上《釋詁三》"䀛，竟也"。下云："䀛，各本皆作盵，䀛字俗書作[目几]，因訛而爲盵，惟影宋本不訛。《説文》：'䀛，竟也。'䀛、疆、竟，古聲并相近。"王念孫首先采用對校的方法發現了影宋本同各本之間的差異。接着從訓詁學、音韻學的角度説明了"䀛"字對，"盵"字誤，又從文字學的角度分析了致誤之由。其審慎精密與前條同。

第二節　校讎學知識

從事校勘，應具備衆本，而訪求衆本，又須披尋目録，這是非常自然的事，所以在歷史上，幾乎所有的校勘名家也往往是版本、目録學家。關於版本學、目録學知識，我們在本書《版本編》《目録編》已經作了詳細介紹，這兒僅談一下人們是怎樣運用版本、目録知識來從事校勘工作的。

一　版　本

陳垣指出："凡校一書，必須先用對校法，然後再用其他校法。"[①]所以爲了確保校勘工作的質量，首先就得廣搜異本，還要弄清它們的源流，並對其異同優劣作出判斷。在這個基礎上，先確定底本、主要校本、參考校本，然後才能着手校勘。上述每一道工序都離不開版本學知識。

以吴文治等校點《柳宗元集》爲例，他們首先對宋元明清各代出現的柳集不同版本進行了調查研究，認爲："留傳至今比較好的柳集版本，只有《新刊增廣百家詳補注唐柳先生文集》（簡稱百家注本）、《五百家注柳先生文集》殘本（簡稱五百家注本）、《重校添注音辯唐柳先生文集》殘本（簡稱鄭定本）、世綵堂本《河東先生集》（簡稱世綵堂本）、《增廣注釋音辯唐柳先生集》（簡稱音辯本）、《新刊詁訓唐柳先生文集》（簡稱詁訓本）以及永州本《柳柳州外集》（簡稱永州本外集）等數種。"接着，他們又分析了版本的源流，認爲世綵堂本是鄭定本的改頭换面。而鄭定本則是五百家注本的重校添注本。五百家注本則來源於百家注本。然後他們選出了最恰當的底本。吴文治在《校點後記》中寫道：

> 經過反復比較，我們決定以百家注本爲校點《柳宗元集》的底本，主要是因爲考慮到：（一）百家注本是現存柳集宋刻本中時代較早而又較爲完整的本子。北京圖書館所藏原海源閣楊氏舊藏百家注本，正集四十五卷，均完好無缺，經鑒定爲宋刻蜀本，現在已經是海内孤本。北京圖書館所藏宋刻世綵堂本雖然也比較完整，但時代至少要比百家注本晚出七八十年；且建國後已經排印出版，流傳比較廣泛。而其他南宋刻本，都已經殘缺不全。如五百家注的南宋原刻本，現僅存十一卷（卷十六至二十一、卷三十七至四十一），《四庫全書》文津閣本及文淵閣本亦僅存正集前二十一卷、外集三卷、附録四卷；鄭定本則僅存五卷（卷十八至二十、卷四十三至四十四）。永州本《柳柳州外

---

① 《校勘學釋例》卷六第四三《校法四例》。

> 集》是現存宋刻柳集中最早的版本(宋乾道元年永州郡庠刻),但一共只收録柳文四十三篇。此外,音辯本、詁訓本的南宋原刻本均已亡佚。北京圖書館所藏音辯本,經鑒定爲元刻建本,詁訓本則只有文津閣《四庫全書》本。(二)百家注本的注文比較詳細,而且在注文中保留了原注釋者的姓氏,便於讀者研究。五百家注本、鄭定本和世綵堂本的注文,基本上都是從百家注本沿襲下來的。世綵堂本對原有注文雖略有增删,但差别不大。而它把注文中原注者的姓氏一律删去,這就使書中的某些注文造成了不應有的混亂,給讀者研究柳文也帶來不便。至於音辯本和詁訓本,它們的注文雖也有一些自己的特點,但都遠没有百家注本豐富。(三)百家注本在注文中保存了前人沈晦、任淵、孫汝聽、劉崧、韓醇、童宗説、張敦頤、文讜、陳顥等人對柳文的訓詁、考證。他們的原著多已亡佚,我們從百家注本中尚能獲見一二。①

由於標點者對柳集各本的優缺點及源流進行了細致的研究,這就保證了新版《柳宗元集》的校點工作得以順利進行,並且取得了可觀的成績。反之,如果缺乏版本學知識,就會給校勘工作造成一定損失。黄永年曾以近年校印的幾部古籍爲例談道:“所謂‘評法批儒’時出版的《劉賓客集》,用題有‘中山集’字樣的明刻本影印,這個明刻本只有三十卷文集,没有外集,而董康影印日本藏宋本以及《四部叢刊》影印董本之外集丨卷完足者,却没有被采用。《舊唐書》現存較早的刻本是南宋紹興時兩浙東路茶鹽司刻本,殘存六十九卷,其次是明嘉靖時聞人詮據宋本重刻的本子,清乾隆時殿本則是根據聞人本又加以竄改後刊刻的,若干地方失去了原書的本來面目,道光時岑建功本則用殿本重刻,近年出版的新點校本却用岑本爲底本,而不用較能保存原書面目的影印宋本配聞人本的百衲本。前幾年出版了《貞觀政要》的標點本,用《四部叢刊續編》影印的明成化經廠刻元戈直注本爲底本,其實戈注本已將原本的篇章竄亂,並非吴兢原書的真面

① 中華書局一九七九年版《柳宗元集》卷末。

目,而未經竄亂的明洪武刻本,北京圖書館先後入藏了兩部,標點者却不知利用。”黄氏對此,不無惋惜地認爲:“底本選用的確當與否對古籍整理是起着决定性作用的。在這個問題上出現了失誤,則其他工序做得再努力也難於補救。”①

不少古書的版本非常多,校勘時如果不加區别地一一注其異同,將不勝其煩,也没有必要。所以主校本與參校本的確定也非常重要,而對它們的確定當然也離不開版本學知識。例如由阮元主持校刻的《十三經注疏》中的《春秋左傳正義》,以阮元所藏十行宋本爲底本,此外還選擇了十三種參校本,其《春秋左傳注疏校勘記序》介紹慶元間吴興沈中賓刻本云:

> 宋本《春秋正義》三十六卷,宋慶元間吴興沈中賓所刊。案《新唐書·經籍志》載《春秋正義》三十六卷,與此合。宋王堯臣《崇文總目》、晁公武《郡齋讀書志》、陳振孫《書録解題》并同。分卷行款與俗本亦異……與唐石經合。無附釋音,字無俗體,是宋刻正義中之第一善本。每半頁八行,經傳每行十六字,注及正義每格雙行,行廿二字,經傳下載注不標注字,正義總歸篇末,真舊式也。今《校勘記》依此分卷。

再如陳杏珍、晁繼周校《曾鞏集》,除底本外,還選了主要校本十種,參校本四種。此外還將丁思敬刻本確定爲最主要的校本,並介紹道:“現存《元豐類稿》最早也最完整的刻本是元大德八年東平丁思敬刻本。這個刻本紙質細潤,版式寬大,字畫精整,是元刻本中的代表作。尤爲可貴的是,它校勘精審,比之明刻諸本,較能反映曾鞏著作的原貌。如第七卷《水西亭書事》詩一首,第四十七卷《太子賓客致仕陳公神道碑銘》中的四百六十八字,明刻諸本俱闕,而此本保存完整。綜觀全書,訛誤也較少。”②以上二例表明,校勘者在選擇校本時,通過查目録、驗版式、審紙質、衆本比勘

---

① 《古籍整理概論·底本·選擇》。

② 中華書局一九八四年版《曾鞏集》卷首《前言》。

等方法，對版本的校勘價值作了較爲正確的評價。

至於據善本以定文是非從違之例，前已多見，此不更舉。這當然也離不開版本學知識。

二　目　録

從事校勘工作也離不開目録學知識，這是因爲目録可以爲我們搜集校勘資料提供綫索。例如我們要了解某部古書有哪些異本，即可利用邵懿辰、邵章編的《增訂四庫簡明目録標注》、中國古籍善本書目編輯委員會編的《中國古籍善本書目》、上海圖書館編的《中國叢書綜録》、中國版本圖書館編的《全國總書目》《全國新書目》、古籍整理出版規劃小組編的《一九四九—一九八一古籍整理編目》等。有些書目還爲我們指明了藏書處所，則更爲方便。章學誠云："板刻之書，流傳既廣，訛失亦多。其所據何本，較訂何人，出於誰氏，刻於何年，款識何若，有誰題跋，孰爲序引，板存何處，有無缺訛，一書曾經幾刻，諸刻有何異同。惜未嘗有人倣前人《金石録》例而爲之專書者也。如其有之，則按録求書，不迷所向。嘉惠後學，豈不遠勝《金石録》乎？"①應當説，後來出現的許多版本目録和記載版本的題跋彙編基本上做到了這一點。②

其次是如何將他書中的引文和有關資料找出來，這也需要目録學知識。如現存重要的古類書與古書注已有不少今人編的引用書目録。馬念祖編的《水經注等八種古籍引用書目彙編》已將《水經注》《三國志注》《世説新語注》《文選注》《藝文類聚》《一切經音義》《太平御覽》《太平廣記》中所引用的書編成這個目録，我們就可以從此書中提供的綫索有目的地去檢索。有的書還編有專門的引書索引，如李劍雄等編《藝文類聚索引》中的第二部分《藝文類聚書名篇名索引》（上海古籍出版社一九八二年版）、許逸民編《初學記索引》中的第二部分《初學記引書索引》（中華書局一九八〇年版）、洪業等編《太平御覽引得》的第二部分《太平御覽引書引得》

---

① 《章氏遺書》卷一三《論修史籍考要略》。

② 請參看本書《版本編》第七章《對版本的記録和研究》及《目録編》第七章《特種目録》第五節《版本目録》。

(哈佛燕京學社一九三五年版)、段書安編《史記三家注引書索引》(中華書局一九八二年版)、《文選注引書引得》(哈佛燕京學社一九三五年版)等等。現舉中華書局一九八二年版《太平廣記索引》中的《引書索引》中的一條款目爲例:

搜神記
董永妻　五九/三六八
天台二女　六一/三八三
白水索女　六二/三八七
……

斜綫前的數字代表卷數,斜綫後的數字代表頁數。索引將《太平廣記》中引用的《搜神記》都找了出來,並一一指明了它們在《太平廣記》中的位置。如果我們要用《太平廣記》中的引文校勘《搜神記》,只要按圖索驥就行了。顯然,利用引書索引來做校勘工作,效果將會更好。類書是分門别類排列的,如果没有引書索引,我們不妨查一查有關門類。當然,爲了不至漏掉有用的資料,最可靠的方法還是將該類書或該古書注,從頭到尾細核一遍。

尋找古書中的引文和有關資料,查一查目録也是大有好處的。因爲我國古代目録基本上是按學術分類編排的,有關的圖書當然會被編排在相同的或相關的類目中。此外,我們還可以借用各種索引來找到不同書中的相關資料。例如我們要校勘《新唐書》中某個人物傳記,就應當查一查傅璇琮等編的《唐五代人物傳記資料綜合索引》(中華書局一九八二年版),這樣不僅能找到《舊唐書》中同一人物的傳記,而且還能從《全唐文》等書中找到更爲原始的資料。

從劉向《别録》開始,人們常把校勘成果記録在書目提要中,這對校勘工作當然也有參考價值。例如《四庫全書總目》卷四五《史記正義》一百三十卷提要云:"是書據自序三十卷,晁公武、陳振孫二家所録則作二十卷。蓋其標字列注,亦必如《索隱》,後人散入句下,已非其舊。至明代監本,採附《集解》《索隱》之後，更多所删節，失其本旨。”接着以震澤王氏刊本相校，詳細記録了明監本妄删的情況。再如《太平御覽》一書，有明倪炳刻本、有周堂活字本、有《四部叢刊三編》影印宋刻本。王重民《中國善本書提要》云：

余因持此三本，以校卷第四十一會稽山十條，其優劣立判。第一條《吴越春秋》云“脩國之道”，宋本、活字本同，刻本國上有“治”字。第二條“又曰禹巡行天下”，宋本、活字本同，刻本脱“行”字；又“觀中州諸侯”，宋本、刻本同，活字本觀作“覲”。第五條引《九土文括略》“有一石穴”，宋本、活字本同，刻本脱“有”字。第六條引孔靈符《會稽記》，刻本竟誤符爲“之”，誤記爲“志”；又“禹夢玄夷倉水使者”，宋本、活字本同，刻本作“禹夢玄夷會蒼水使”。第八條引《夏侯曾先志》，宋本、活字本並提行，刻本不提行；又“湧石亘山”，宋本、刻本同，活字本石作“出”，又“下有懸巖”，宋本、活字本同，刻本下誤爲“六”。第九條引《郡國志》“人死覆之便活”，宋本、活字本同，刻本覆作“佩”。第十條引《山海經》“會稽之山”，宋本、活本同，刻本會誤“分”；又“上有禹冢”，宋本、刻本同，活字本冢誤“家”。總此十條，三本異同者十餘事，然十之八九活字本與宋本同，僅第十條活字本誤冢爲“家”，至第二條之“覲中州諸侯”，宋本作觀，亦不如活字本較善。

最後，王氏得出結論，認爲：“其異者往往較宋本爲尤善。”

此外，書目資料也可作校勘的依據。如楊守敬云：“今世所傳《論語注疏》，以十行本爲最古。如《序解》疏中少府朱畸，十行本以下皆同。據《漢書・藝文志》《釋文叙録》并作宋畸，此本正作宋畸，若無此本，則宋、朱二字，竟不能定爲誰誤。”[①]宋畸的歷史别無可考，《漢書・藝文志》所載算是最原始的資料了。再如中華書局標點本《明史・藝文志》載：“戴詵《易州志》三十卷。”王宏凱指出：

---

① 《日本訪書志》卷二元槧本《論語注疏十卷》。

“詵”誤，應作“銑”，形近而訛。戴銑，字寶之，江西婺源人，弘治九年進士。《明史》卷一八八有傳。據天一閣藏弘治年間刻本《易州志》二十卷，卷首有弘治十五年，征仕郎、兵科給事中、前翰林院庶吉士、婺源戴銑《新葺易州志序》。明朱睦㮮《萬卷堂書目》卷二、《中國地方志綜録》十九頁、《中國地方志聯合目録》五十五頁均作“戴銑《易州志》二十卷”。①

綜上所述，可知目録學知識也是從事校勘工作不可缺少的。

第三節　相關的專業知識

漢成帝“詔光禄大夫劉向校經傳諸子詩賦，步兵校尉任宏校兵書，太史令尹咸校數術，侍醫李柱國校方技”②，就已注意到校書者應具備專業知識，章學誠説明道：

《七略》以兵書、方技、數術爲三部，列於諸子之外者，諸子立言以明道，兵書、方技、數術，皆守法以傳藝，虛理實事，義不同科故也；至四部而皆列子類矣。南宋鄭寅《七録》，猶以藝、方技爲三門，蓋亦《七略》之遺法。然列其書於子部可也，校書之人，則不可與諸子同業也，必取專門名家，亦如太史尹咸校數術，侍醫李柱國校方技，步兵校尉任宏校兵書之例，乃可無弊，否則文學之士，但求之於文字語言，而術業之誤，或且因而受其累矣。③

後世校書也注意到了這個問題，如編纂《四庫全書》，在分工時也注意到了校書者的專業知識。如李慈銘指出：“《四庫總目》，雖紀文達、陸耳山

① 《〈明史・藝文志〉正誤三則》，載《史學月刊》一九八七年第四期。
② 《漢書》卷三〇《藝文志》。
③ 《校讎通義》卷一《校讎條理第七》。

總其成,然經部屬之戴東原,史部屬之邵南江,子部屬之周書昌,皆各集所長。”①

也有人荒謬地認爲校勘工作可以不要專業知識。如宋韓淲曾談到:宋哲宗時,“秘書監王欽臣奏差真靖大師陳景元校黄本道書。范祖禹封還之,以爲諸子百家,神仙道釋,蓋以備篇籍,廣異聞,以示藏書之富,本非有益於治道也。不必使方外之士讎校,以從長異學也。今館閣之書,下至稗官小説,無所不有,既使景元校道書,則他日僧校釋書,醫官校醫書,陰陽卜相之人校技術,其餘各委本色,皆可援例,豈祖宗設三館之意哉! 遂罷景元”。② 范祖禹由於看不起他心目中的異端而發此謬論,當然是站不住脚的。還有一些從事校勘工作的人既缺乏專業知識,又不負責任,勢必無所成就。沈括曾説:“舊校書官多不恤職事,但取舊書,以墨漫一字,復注舊字於其側以爲日課。”③這簡直是笑話了。

下面我們試舉一個校勘文學作品應當有專門的文學知識的例子。蔣禮鴻云:

> 史達祖《梅溪詞》裏一首詠春雪的《東風第一枝》,裏面有“怕鳳鞵挑菜歸來,萬一灞橋相見”的句子,有一個本子作“鳳韡”,鞵就是鞋字,韡就是靴字,這兩個字從意義上都説得過去,究竟哪一個對呢?研究詞曲的人告訴我們:鞵字對,韡字不對。原來詞和曲中間有所謂“短柱韻”,即一句句子裏幾個小的停頓的地方用一個韻,這樣唱起來念起來很好聽。鞵、菜、來正是用的同一個韻:“怕鳳鞵挑菜歸來”正和上半首裏“料故園不卷重簾”一句的地位相同,那裏“園”、“卷”、“簾”三個字也是用的同一個韻。(園、卷兩個字舌音收聲,簾字唇音收聲,本來不能算同韻。但詞曲常不用官韻而用口音押韻,這裏的“簾”也已用舌音收聲,和現在普通話的讀法没有分别了。)這就是專

① 《孟學齋日記》丙集上。文達,紀昀謚。耳山,陸錫熊號。東原,戴震號。南江,邵晉涵號。書昌,周永年字。

② 《澗泉日記》卷下。

③ 《夢溪筆談》卷七。

業知識有助於校勘的例證。①

由於一部書不可避免地要涉及多方面的專業知識,因此我們在校勘某部書時還應具有相關的專業知識。現略舉數例如下:

校勘古籍應懂地理,因爲任何人都生活在一定的空間範圍内,任何事件都發生在一定的空間範圍内,而表示空間的地名及行政區劃也處於不斷地變化之中,缺乏地理學知識往往會造成書面材料的某些錯誤,而具有豐富的地理學知識,則往往會糾正書面材料的某些錯誤。如楊慎云:

> 甯戚《飯牛歌》:"康浪之水白石爛。"康浪水在今山東,見《一統志》,可考。今《樂府》誤作滄浪之水。滄浪在楚,與齊何干涉也。駱賓王文云:"觀梁父之曲,識卧龍於孔明;聽康浪之歌,得飯牛於甯戚。"此可以證。近書坊刻駱集,又妄改"康浪"作"康衢",自是堯時事,與甯戚何干涉也。②

又,沈家本刻《元典章・吏部》卷四有云:"浙江行省。"陳垣校云:"元作'江浙行省',元時無'浙江省'之名也。此誤極多,不勝舉。"《刑部》卷十六有云:"貴縣縣尹。"陳垣指出:"元作'貴池縣尹',元時無'貴縣'之名也。"③再如黄永年談道:"我讀過《大慈恩寺三藏法師傳》的民國十二年南京支那内學院刻本,其校勘夙稱精善,但卷一〇講玄奘之死時却出現了'房州刺史竇師倫奏法師已亡'的話。案玄奘死於玉華宫,而玉華宫在坊州不在房州,這裏的'房州刺史'顯係'坊州刺史'之誤,而這個本子未能勘

---

① 《懷任齋文集・校勘略説》。

② 《升庵詩話》卷五《康浪》。王仲鏞箋證云:"《樂府詩集》卷八三雜歌謡辭載《商歌》二首,其第一首起句云:'南山矸,白石爛。'第二首起句云:'滄浪之水白石粲。'前見《史記・鄒陽傳》裴駰《集解》引應劭説'甯戚疾擊其牛角商歌曰'云云;後見《藝文類聚》卷四三,題作《扣牛角歌》。易'粲'爲'爛',或升庵混記;今傳《類聚》亦作'滄浪之水'也。甯戚飯牛事,《吕氏春秋・舉難》《淮南・道應篇》及《説苑・善説》《新序・雜事》皆載之。《康衢謡》,相傳爲堯時歌謡,見《列子》。"

③ 《校勘學釋例》卷四第三二《用後代語改元代語例》。

正，其原因就在於校勘者雖是佛學專家，但對唐代史地尚欠熟悉。"①

校勘古籍還應具備典章制度方面的知識，典章制度涉及面甚廣，今僅就職官、避諱、謚法三者舉例説明之。

中國歷代官制既有所繼承，又不斷變化，情況特别複雜，而古代文獻同官制又密切相關，所以了解古代官制對校勘來説是必要的。張元濟校《遼史》時指出：

> 《志》第三十一《刑法志》："皇妹秦國公主生日，帝幸其第，伶人張隋，本宋所遣沟者。大臣覺之以聞，召詰款伏。"按《周禮·秋官》："掌士之八成：一曰邦汋。"鄭氏注："斟汋，盗取國家密事，若今時刺探尚書事。"張隋爲宋遣至遼之間諜，汋者取義，蓋本於此。明人覆刻不加深究，竟認爲殘缺之"的"字，妄補數筆，而文義遂不通，殿本亦沿其誤。②

陳垣校《元典章》時也指出："總把元代官名、把總清代官名，校者習聞清官制中之把總，以總把爲誤，倒而乙之也。"如《吏部》卷三"元帥招討總管把總"、《户部》卷四"張把總妻阿李"，元均作"總把"。③ 陳垣還談道："元制，京府州縣官員，每日早聚圓坐，參議公事，理會詞訟，謂之圓坐署事，其所議謂之圓議，其所簽押謂之圓籤，謂之圓押，頗似近時所稱之圓桌會議。今沈刻《元典章》'圓'多誤'圖'，又誤'原'，又誤'元'，不諳元時圓議之制也。"④

關於避諱學知識，我們已經在本書《版本編》第五章《雕印本的鑒定》第三節《諱字》中作過介紹，這里僅舉例説明它在校勘工作中的作用。如瞿鏞《鐵琴銅劍樓藏書目録·元大德本南史》云："《謝瀹傳》：瀹嘗與劉悛飲，久之，悛曰：'謝莊兒不可云不能飲。'瀹曰：'苟得其人，自可流湎千

① 《古籍整理概論·校勘·理校·史學和理校》。

② 《校史隨筆·遼史·汋者》。

③ 《校勘學釋例》卷五第三九《不諳元代官名而誤例》。

④ 《校勘學釋例》卷五第四二《不諳元時體制而誤例》。

日。'悛甚慚。案悛爲劉勔子,流湎音與劉勔同,瀟以悛斥其父名,故引張景陽《七命》之文以報之,是以悛慚。汲古刻本誤流爲沈,遂致不解所謂矣。"陳垣也談道:"《北齊書・神武紀》:高歡考名樹。《北史・齊紀》及《魏書・高湖傳》作名樹生。二史不同,何所適從? 據《北齊・杜弼傳》:相府法曹辛子炎諮事,云須取署,讀署爲樹。高祖大怒,杖之。弼進曰:'禮,二名不偏諱,孔子言徵不言在,言在不言徵。子炎之罪,理或可恕。'若單名樹,則弼言爲無稽矣。唯名樹生,故弼言此。此可因犯諱而知其有脱文也。"①

古代貴族死後,據其生平善惡給予謚法,這是漢族特有的規定。因此謚法知識也有助於古籍的校勘工作。如《史記・吕不韋列傳》中有段話:"始皇十九年,太后薨,謚爲帝太后,與莊襄王會葬芷陽。"隋代王劭在其《讀書記》中説:"秦不用謚法,此蓋號耳,其義亦當然也,始皇稱皇帝之後,故其母號爲帝太后。"(《史記》卷八十五《吕不韋列傳》索隱引)顯然"謚"字乃是"號"字之誤。再如《元史》卷一五六《張弘範傳》云:弘範"端坐而卒,年四十三,贈銀青榮禄大夫、平章政事,謚武略"。而任何謚法書中都没有"略"字謚。讀虞集《道園學古録》卷十四《張弘範廟堂碑》和姚燧《牧庵集》卷一《張弘範贈齊國忠武公制》,才知道張弘範初謚武烈,《元史》誤書烈爲略。② 又,中華書局點校本《金史》卷六三《后妃傳》載:"肅宗靖宣皇后蒲察氏。太祖將舉兵,入告於后。后曰:'汝邦家之長,見可則行。吾老矣,無貽殘憂,汝亦必不至是。'"講的是完顔阿骨打在反遼出征之前,禀請孀居的嬸母的事。可是,這一史實,在《金史》卷二《太祖紀》却記載爲"乃入見宣靖皇后,告以伐遼事"。究竟是"靖宣"還是"宣靖"? 劉肅勇説:"近查《大金集禮》卷三得知'申情見貌曰穆,博聞多能曰憲,柔德合衆曰靖,聖善周聞曰宣',因而'穆憲皇帝,廟號肅宗,妣曰靖宣皇后'。由此,可判明《后妃傳》載靖宣皇后爲是。"③

校勘還應懂得曆算知識,因爲任何人都生活在一定的時間範圍内,任

---

① 《史諱舉例》卷七《避諱學之利用》。

② 汪受寬《謚法之學與歷史文獻研究》,載《歷史文獻研究》,北京燕山出版社一九九〇年版。

③ 《是靖宣不是宣靖》,載《社會科學輯刊》一九八五年第四期。

何事件都發生在一定的時間範圍内,而表示時間的方法各個時代是不盡相同的,稍有疏忽,便會出錯。其實人們早就利用曆算知識來糾正書面材料中的錯誤了。如襄公九年,《春秋左傳》云:"十二月,癸亥,門其三門。閏月,戊寅,濟於陰阪,侵鄭。"杜預注云:

以長曆參校上下,此年不得有閏月戊寅。戊寅是十二月二十日。疑"閏月"當爲"門五日"。"五"字上與"門"合爲"閏",則後學者自然轉"日"爲"月"。晉人三番四軍更攻鄭門,門各五日。晉各一攻,鄭三受敵,欲以苦之。癸亥去戊寅十六日。以癸亥始攻,攻輒五日,凡十五日,鄭故不服而去。明日戊寅,濟於陰阪,復侵鄭外邑。

又,中國古代自西漢武帝劉徹開始,長期采用帝王年號紀年法。由於年號繁多,不少年號用字接近,如果缺乏這方面知識,出現訛誤也難以發現。如中山大學出版社一九八五年版《南海康先生口説》第九十頁,有"元祐六年定科舉,爲尊朱子之始"一句。王潔玉糾正道:"《口説》鈔本爲'元延祐六年'。脱一'延'字。元祐爲宋哲宗年號,元祐六年爲公元一〇九一年;延祐爲元仁宗年號,延祐六年爲公元一三一九年。脱了一個'延'字,錯了一個朝代,把'定科舉'、'尊朱子'提前了二百多年。朱熹生於公元一一三〇年,元祐六年尚未降生,何以有'尊朱子'之説?"①

校勘還須具有古代名物知識。如敦煌曲子詞中有一首《浪濤沙》,其首句,王重民《敦煌曲子詞集》、饒宗頤《敦煌曲》均作"五里竿頭風欲平",任二北的《敦煌曲校録》改作"五里灘頭風欲平"。潘重規分析道:

第一句"五里竿頭風欲平",文義不通,任二北没有看到原卷,所以將"竿"字改作"灘";但是改作"灘"後,仍然和第二句文義不能貫串。其實倫敦斯二六〇七號作"五雨(兩)竿頭風欲平",敦煌寫本"雨"和"兩"往往不分,如《雲謡集·内家嬌》"兩眼"作"雨眼","兩足"

① 《南海康先生口説校點芻議》,載《古籍整理研究學刊》一九八七年第三期。

作"雨足",故"五雨竿頭風欲平"即是"五兩竿頭風欲平"。《文選》郭璞《江賦》云:"覘五兩之動静",李善注云:"兵書曰:'凡候風法,以鷄羽重八兩,建五文旗,取羽繫其巔,立軍營中。'許慎《淮南子》注曰:'綜,候風也。楚人謂之五兩。'"原來古人測候風力的儀器叫做五兩,而五兩是繫在旗竿之顛,所以這句詞應作"五兩竿頭風欲平"。王重民、饒宗頤皆未校出,實是疏忽。任二北看不到原卷,只好根據王、饒的錯本來加以改正;但他萬想不到"五里"係"五兩"之誤。現在把原本校正後,這兩句詞也豁然貫通。①

校勘還需要對文獻内容進行考訂,這就要求校勘者具有更爲豐富的史學知識,我們將在下一章談理校時涉及這個問題。可以説,一切的專業知識對校勘都有其作用,但一個人要全部掌握它們是不可能的。這就需要懂得目録學,學會運用各種工具書,以期借助别人的研究成果,來彌補自己的缺陷。

---

① 《敦煌詞話·天真質樸的敦煌曲子詞》。

第六章　校勘的方法

葉德輝云："書不校勘，不如不讀。……今試言其法：曰死校、曰活校。死校者，據此本以校彼本，一行幾字，鈎乙如其書，一點一畫，照録而不改，雖有誤字，必存原本，顧千里廣圻、黄蕘圃丕烈所刻之書是也。活校者，以群書所引改其誤字，補其闕文，又或錯舉他刻，擇善而從，别爲叢書，板歸一式，盧抱經文弨、孫淵如星衍所刻之書是也。斯二者，非國朝校勘家之秘得，實兩漢經師解經之家法。鄭康成注《周禮》，取故書、杜子春諸本，録其字而不改其文，此死校也。劉向校録中書，多所更定；許慎撰《五經異義》，自爲折衷，此活校也。其後隋陸德明撰《經典釋文》，臚載異本；岳珂刻《九經》《三傳》，抉擇衆長：一死校、一活校也。明乎此，不僅獲校書之奇功，抑亦得著書之捷徑也已。"①

死校現在一般稱對校，在清代衆多的校勘家中，偏重這種方法的，可以顧廣圻爲代表；活校現在一般稱理校，偏重這種方法的，可以段玉裁爲代表。嘉慶十二年（一八〇七）左右，段、顧雙方就校勘問題，展開過一場著名的争論，從中正可看出對校、理校的不同特點。顧氏强調校勘應"存真"，以古本舊槧作爲校勘的主要依據，校勘成果的處理形式應"悉依元書而别撰考異以論其是非得失"。② 段氏强調校勘應"求是"，校勘時"當改則改之，不必有左證"。"故有所謂宋版者，亦不過校書之一助，是則取之，

① 《藏書十約・校勘》。

② 《思適齋集》卷一四《禮記考異跋》。

不是則却之。宋版亦必是耶?”關於校勘成果的處理形式,他强調“其學識無憾,則折衷爲定本以行於世”。① 段氏復云:“凡宋版古書,信其是處則從之,信其非處則改之。其疑而不定者,則姑存以俟之。不得勿論其是非,不敢改易一字。意欲存其真,適滋後來之惑也。”②其實,争論雙方在實踐中都兼用了對校、理校兩種方法,不過在思想上各有偏重而已。下面我們試對校勘方法諸問題作些探討。

第一節　對　校

對校就是用本書異本、本書上下文、他書引文來進行對比,從而發現並改正書面材料錯誤的方法。對校又可細分爲對校、本校、他校三種,其共同特點是對書面材料的校正,都有文字依據。

一　對　校

對校,或稱爲底本的校勘,乃是校勘工作的基本方法。這個方法是先擇定一個合用的底本,再用其他異本逐頁逐行逐字逐句地同它對校,先記録其異同,再判斷其是非。從劉向校書時就已采用了這種方法,他在校讎《管子》時就利用“中管子書三百八十九篇,大中大夫卜圭書二十七篇,臣富參書四十一篇,射聲校尉立書十一篇,太史書九十六篇,凡中外書五百六十四篇以校”。③

對校法的長處主要有兩點:一是易於發現古書中的錯誤。陳垣校沈家本刻《元典章》時指出:

> 有非對校決不知其誤者,以其文義表面上無誤可疑也:
>
> 吏三十六　元關本錢二十定　元作“二千定”。
>
> 刑一七　大德三年三月　元作“五月”。

---

① 《經韻樓集》卷一一《答顧千里書》。

② 《經韻樓集》卷四《與黄蕘圃論孟子音義書》。

③ 《四部叢刊》影印宋刊本《管子》卷首。

有知其誤，非對校無以知爲何誤者：

吏七九　常事五日程中事十日程大事十日程　元作“中事七日程”。①

對校法另一個長處是可以找到改正錯誤的依據。如《嵇康集·難宅無吉凶攝生論》“占成居而知吉凶，此爲宅自有善惡，而居者從之”諸句之下，突接以“則當吉之人，受災於凶宅；妖逆無道，獲福於吉居”。文氣總覺不甚銜接，用叢書堂鈔本對校，才知道中間脱落了“故占者觀表，而得内也。苟宅能制人使從之”，共十七字。如果没有這個鈔本對校，讀者雖然發現了問題，却無從解决它。②

總之，對校法的優點是一切發現和改正的錯誤，都有其他版本作爲直接依據，這就在很大程度上避免了主觀武斷、妄改舊文的弊病；而且，校者若將所有的異文彙集在一處，編爲校勘記，則讀者手此一編，就等於掌握了許多版本，如阮元的《十三經注疏校勘記》就如此。

對校不論采用何種方式，其第一步工作都應當是廣收異本，因爲只有這樣才能抉擇去取。凡著名的校本，皆以衆多的異本爲前提。如陳振孫介紹洪興祖撰《楚辭考異》的情況説：

興祖少時從柳展如得東坡手校《楚辭》十卷，凡諸本異同，皆兩出之。後又得洪玉父而下本十四五家參校，遂爲定本，始補王逸《章句》之未備者。書成，又得姚廷輝本，作《考異》，附古本《釋文》之後；其末，又得歐陽永叔、孫莘老、蘇子容本於關子東、葉少協，校正以補《考異》之遺。洪於是書用力亦以勤矣。③

待我們搜集到一書的各種異本後，還要對各種版本進行鑒定，以便確定校勘的底本，並按各本的校勘價值分爲可供對校的主校本、輔校本、參

① 《校勘學釋例》卷六第四三《校法四例》。

② 參看魯迅校本《嵇康集》。

③ 《直齋書録解題》卷一五。

校本等。[1] 有的書異本較多,還應弄清它們的源流。今據王仲鏞《唐詩紀事校箋·前言》及所附各本序跋,略述宋計有功《唐詩紀事》版本源流如下:

有功撰成《唐詩紀事》以後,據宋嘉定懷安初刻本王禧識語,知其於慶元辛酉年(一二〇一)從有功幼子次陽處得稿本,"立命數十吏傳録,其間不能無魯魚亥豕之誤。繙閲累年,手自讎校,十是正其七八,餘則傳疑,不敢妄加損也。……乃鋟之懷安郡齋"。

明嘉靖錢塘洪氏本孔天胤序:"《唐詩紀事》若干卷,舊叙是臨邛灌園居士計敏夫字有功所集,而爲懷安假守王禧字慶長鋟置郡齋,時記嘉定甲申。年代既遠,印板磨滅,或無再刻之者,故其書罕存,既有傳者,但鈔本爾。嗜文之士,意恒闕如也。嘉靖乙巳,錢塘洪子美氏,釋宫寀玉絳之班,理家園竹素之業,得笥藏懷安初本,遂爲雕繕,久之成書。"洪本既據原刻翻雕,故於字之錯訛,版之殘闕,以至佚文脱簡,皆仍其舊,未加訂正。商務印書館曾據洪本影印,收入《四部叢刊初編》,一九三六年上海雜志公司亦曾據洪本排印,收入《中國文學珍本叢書》,但均未經整理,錯訛依然。一九六五年中華書局上海編輯所將此書整理重印,其出版説明云:"這次整理,考慮到洪楩本年代較早,所以用它作底本,而以汲古閣本及《全唐詩》《全唐文》和有關唐人詩文别集、筆記、小説等參校;特别對紀事部分,我們儘可能從兩《唐書》和各種唐宋筆記、雜著中找出所引原文,據以校正。"

明嘉靖東黄張氏本張子立序末署作序時間爲"嘉靖乙巳春正月既望",可見張子立本與洪楩本同時出版。王仲鏞云:張子立"序未言所據何本,而自稱曾事校讎。然觀其書,不特錯訛多未得刊正,且臆改妄補之處,比比皆是"。可知"張子立所據之本,與洪本所據之'懷安初本',同出一源,其殘缺處乃相同也"。

明崇禎汲古閣本毛晉識語云:"第嘉定有王慶長(引者案:禧字)本子,已不可得,迄國朝,一刻於嘉靖乙巳,再刻於萬曆甲午,其有遺逸淆訛,讀

---

① 詳前第五章第二節論版本。

者不能意逆。或一人重見,如十三卷、十九卷王熊之類是也;或一詩重見,如第四卷、第九卷《淩朝浮江旅思》之類是也。或脱去本詩,如賀知章'江皋聞曙鐘'、趙冬曦'上月令朝減'之類是也。或誤入他詩,如虞世南'豫游欣勝地'、韋承慶'萬里人南去'之類是也。甚至有幾人溷作一人,幾題溷作一題,或一人一詩反分析幾首者。"故王仲鏞亦云:"萬曆甲午(一五九四)本,又出張本,無善可述。"

毛晉識語雖然提到了嘉靖乙巳張子立本及萬曆甲午本,但没有明確説明所據何本,一九六五年中華書局上海編輯所出版説明稱:"毛晉在明崇禎壬申(一六三二)的翻刻本可能是據張本(毛刊卷首有張序可證),即今流傳的汲古閣本。明崇禎汲古閣毛晉識語云:'余參之本集及《御覽》《英華》《文粹》《弘秀》諸書二百餘種,一一釐正,庶幾無遺恨矣。'"

近代值得注意的有一九一三年重慶羅元黼校存古書局刻本。他以汲古閣本爲底本,主要依據張子立本,參之以《全唐詩》等書,校正文字,力求"文意俱通"。每卷之末,附證誤若干條,亦即校記,説明去取刊正之由。卷末附《宋本(實即張子立本)、毛本唐詩紀事詩字異同表》。一九一六年,丁福保在上海文明書局所引《唐詩紀事》,襲用羅本,却不一提羅氏之名,只是去掉了羅本每卷所附證誤和異同表而已。後來通行的《萬有文庫》本,大抵出自丁福保。

據上所述,《唐詩紀事》版本源流略如下表:(見次頁)

王仲鏞作校箋,是要在一九六五年中華新校本的基礎上,把工作做得更深更細一些。通過分析,他采用明嘉靖錢塘洪楩本作爲底本,而以汲古閣本及《全唐詩話》參校,並認爲汲古閣本以下,一般就不用作校讎依據了。由此例可見,對本書異本作出鑒定,並弄清它們的來龍去脈,對校勘工作是必要的。

選擇底本是校勘工作的起點。校勘底本的選擇標準,我們可以參照張之洞《輶軒語·語學》篇中提出的有關善本的三條標準而稍加變通:一、舊本;二、足本;三、精本。

舊本是指在時間上接近原稿的本子,因爲它少經傳鈔轉刻,總的來説比較符合或接近書的原貌。胡適説:"改定一個文件的文字,無論如何有理，必須在可能的範圍之内提出證實。凡未經證實的改讀，都只是假定而已，臆測而已。證實之法，最可靠的根據是最初底本，其次是最古傳本，其次是最古引用本文的書。”①如上海古籍出版社一九七九年版《楚辭集注》以一九五三年人民文學出版社影印宋端平本爲底本。鄭振鐸曾指出：

宋朱熹（一一三〇—一二〇〇）所定《楚辭集注》八卷，《辯證》二卷，《後語》六卷，爲熹孫朱鑑於宋理宗端平乙未（一二三五）所刊本。這是今日我們所見《楚辭》的最古和最完整的一個刻本。黎庶昌嘗於日本獲見一元刊本的朱氏《集注》，已驚爲秘笈，亟爲之覆刻，收入《古逸叢書》中。今得此宋本，又遠勝於《古逸》了。我曾把這兩個本子初步對讀了一下，即發現元刊本有不少錯誤失真之處。如宋本朱熹序中“世不復傳”四字，元本作“世復不傳”，一字顛倒，語氣便大有出入。又宋本《辯證》卷上中“然其《反騷》，實乃屈子之罪人也”一句，元本佚去“然”字作空格。“楚辭卷第一”下，宋本僅有“集注”二字，元本則增爲“朱子集注”四字。又宋本《後語》之末，附有鄒應龍、朱在、朱鑑的

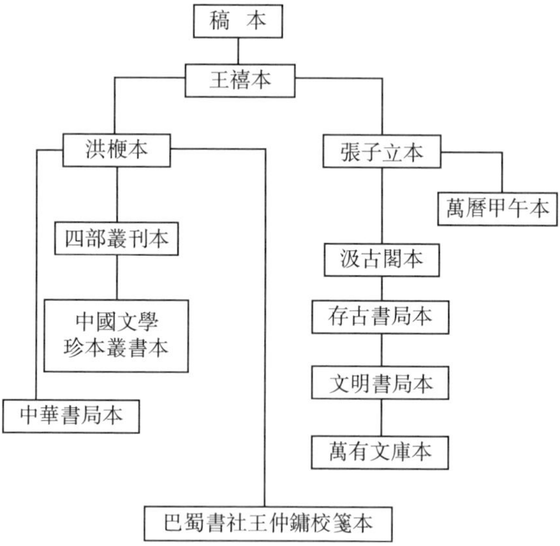

① 《胡適書評序跋集·校勘學方法論》。

三篇跋文，元本均佚去，令人無從知道《後語》成書與印行的經過，以及朱在刊書的始末。可見書貴古本，不僅因其古而貴之，實在是爲了實事求是，要得到一個最準確、最無錯誤的本子，作爲研究的依據，以免因一字之差，而引起誤會，甚至不正確的論斷。①

足本指文字篇卷無殘缺脱落、内容完整的本子。例如宋晁公武《昭德先生郡齋讀書志》卷第三下小説類著録《唐語林》十卷，稱其“效《世説》體，分門記唐世事，新增《嗜好》等十七門，餘仍舊云”。陳振孫《直齋書録解題》卷十一小説家類則著録《唐語林》八卷，稱其爲“長安王讜正甫撰。以唐小説五十家，倣《世説》，分門三十五，又益十七，爲五十二門”。王應麟《玉海》卷五五《藝文著書》稱“《唐語林》，宋朝王讜以唐小説五十家，取其要者，倣《世説》，分五十二門，爲《唐語林》十一卷。今本起《德行》，訖《俚俗》，自《故事》以下五門闕（一本八卷）”，可見此書宋人所見，均爲五十二門，但今已不傳。現存最早的《唐語林》刻本，是明代嘉靖二年（一五二三）桐城齊之鸞刻的兩卷殘本，自《德行》至《賢媛》，止十八門。稍後有豐城李栻刻的《歷代小史》本。此書係節録本，起訖同齊之鸞本。清《四庫全書》館臣從《永樂大典》中輯出今輯本的後半部分，且用聚珍版印行之後，此書才有所謂足本傳世。《四庫全書總目》卷一四一《唐語林》提要稱：齊本“字畫漫漶，篇次錯亂，幾不可讀。今以《永樂大典》所載參互校訂，删其重複，增多四百餘條，又得原序目一篇，載所採書名及門類總日，當日體例尚可考見其梗概，蓋明初全書猶存也。惟是《永樂大典》各條散於逐韻之下，其本來門目，難以臆求，謹略以時代爲次，補於刻本之後，無時代者又後之，共爲四卷。又刻本上下二卷，篇頁過繁，今每卷各析爲二，仍爲八卷，以還其舊。此書久無校本，訛脱甚衆，文義往往難通，謹取新、舊《唐書》及諸家説部一一詳爲勘正；其必不可知者，則姑仍原本，庶不失闕疑之義焉”。可見四庫館臣在爲《唐語林》復原方面做了大量工作，是今天所可能見到的保存原書内容最多的本子，因此周勛初撰《唐語林校證》，以武英殿聚珍本爲底本。

① 人民文學出版社影印本《楚辭集注》卷末。

精本指精校、精刻本,也是底本選擇的主要標準之一。中華書局新印本《史記》點校後記云:"《史記》版本甚多,史文及注文往往各本大有出入。我們不用比較古的如黄善夫本,也不用比較通行的如武英殿本,而用清朝同治年間金陵書局刊行的《史記集解索隱正義》合刻本(簡稱金陵書局本)作爲底本。"主要就因爲它是一個精校本。其出版説明云:"清朝同治年間,金陵書局刊行《史記集解索隱正義》合刻本一百三十卷(以下簡稱'金陵局本')。這個本子經張文虎根據錢泰吉的校本和他自己所見到的各種舊刻古本、時本加以考訂,擇善而從,是清朝後期較好的本子。"

爲了便於校勘工作,還應適當注意選擇版面清晰的精刻本。陳垣校《元典章》之所以選沈家本刻本作爲底本,就是考慮到了沈刻《元典章》"寫刻極精"①。陳杏珍、晁繼周在整理《曾鞏集》時,也考慮到清康熙五十六年長洲顧崧齡刻本《南豐先生元豐類稿》校刊精、流傳廣、影響大,因而選用顧崧齡刻本作爲底本。②

以上講的是底本的選擇。至於參校本的選擇,首先需要注意的仍然是舊本。胡樸安、胡道静説:"底本校勘實爲重要之事,抑乃爲校勘之初步工夫,蓋古書竹帛梨棗,鈔刊屢易,訛文奪字,轉而益厲。必得古本,而後可比勘以復其舊。如《禮記》一書,惠氏棟據吴中吴泰來家所藏之七十卷本,用以校汲古閣本,得訛字四千七百有四,脱字一千一百四十有五,闕文二千二百一十有七,字異者二千六百二十有五,羨文九百七十有一。《水經注》一書,戴氏震據《永樂大典》本校朱謀㙔本,則朱文不惟字句之訛,層出屢見,其中脱簡錯簡,有自數十字至四百餘字者。既經校過,凡補其闕漏者二千一百二十八字,删其妄增者一千四百四十八字,正其臆改者三千七百一十五字。是知流俗古書,訛誤羨奪,不用舊本校勘,正其是非,則所讀書,悉非真書。從而以誤解誤,思入非非,是所讀之書,庸有益哉!況可定其立説之是非乎?"③

當然,我們對古本也不能迷信,因爲它同樣也存在着訛舛與擅改現

---

① 《校勘學釋例》卷末《重印後記》。

② 中華書局一九八四年版《曾鞏集》卷首《前言》。

③ 《校讎學》卷下《校讎方法》。疑"朱文"爲"朱本"之訛。

象。宋張淏云:“近時閩中書肆刊書,往往擅加改易,其類甚多,不能悉記,今姑取一二言之。睦州,宣和中始改爲嚴州,今所刊《元豐九域志》乃逕易睦州爲嚴州。又《廣韻》桐字下注云:‘桐廬縣在嚴。’然易去舊字,殊失本書之旨。將來謬亂書傳,疑誤後學,皆由此也。”①王欣夫闡明説:“元豐爲宋神宗年號,比徽宗的宣和要早三四十年,書名《元豐九域志》,怎麽會有三四十年以後所改的嚴州呢?這因刻書在宣和以後,那時人只知有嚴州,而不知以前是名睦州,反以爲睦州是誤而就改作嚴州了。”②

其次,我們要注意版本源流。一些時間較早,而與底本來源不同的版本,校勘價值就比較大。例如周祖謨校《洛陽伽藍記》,首先對傳本情況進行了一番調查研究,指出:

> 《洛陽伽藍記》之刻本至多,有明刻本及清刻本。明刻本主要有三種:一、如隱堂本,二、吴琯所刻《古今逸史》本,三、毛氏汲古閣所刻《津逮秘書》本。如隱堂本不知何人所雕,板刻似出於嘉靖間;《逸史》本則爲萬曆間所刻也。二者來源不同,文字有異。《津逮》本刊於崇禎間,據毛斧季言,原從如隱堂本出,而有改竄。蓋據《逸史》本校改者。至於清代刻本,則有四種:一、乾隆間王謨輯校之《漢魏叢書》本,二、嘉慶間張海鵬所刊《學津討原》本,三、嘉慶吴志忠《真意堂叢書》活字本,四、道光吴若準《洛陽伽藍記集證》本。考《漢魏》本乃出自《逸史》本,《學津》本即據《津逮》本翻雕,而小有更易。《真意堂》本,則又參取《津逮》《漢魏》兩本以成者。至於吴氏《集證》本,雖云出自如隱,然亦略有删改。凡别本有異者,均於《集證》中詳之。綜是而言,《伽藍記》之傳本雖多,惟如隱堂本及《古今逸史》本爲古。後此傳刻《伽藍記》者,皆不出此兩本。故二者殆爲後日一切刻本之祖本也。校《伽藍記》,自當以此二者爲主。如振裘挈領,餘皆怡然理順。苟侈陳衆本,而不得其要,則覽者瞀亂,勞而少功矣。

---

① 《雲谷雜記》卷四。

② 《古文獻學要略》第四章《校讎》二《校讎學的重要》。

在弄清各本異同、源流之後，周祖謨又進一步説明了他具體的工作情況：

> 今之校本，以如隱堂爲主，而參用《古今逸史》本，校其同異，定其是非。凡義可兩通者，注曰"《逸史》本作某"。《逸史》本誤，概從如隱本。如隱本誤字較多，皆取《逸史》本校正。原書俱在，可覆案也。至於《津逮》《漢魏》以下各本，亦均在校讎之列。如有可採，必擇善而從。若《津逮》同於如隱本，《漢魏》同於《逸史》本，正其淵源所自，不復言之，以免淆亂。斯所謂振裘挈領也。若《津逮》不同於如隱，《學津》又不同於《津逮》，蓋據《逸史》本或《漢魏》本而改，故亦不備舉。或出一二，以見其源流而已。①

顯然，那些時間較晚，而又來源相同的版本，校勘價值則不大。如王重民指出："彙集諸善本從事校勘，必更追溯其板本之遞嬗，而以原本爲主，翻刻本爲副；不然，如王蘭泉校《老子》，以明皇御注本校明皇御注本，未有不遺笑大方者也。"王昶之所以遺笑大方，是因其所撰《金石萃編》在"易州《御注道德經碑》下，附有以邢州《御注道德經碑》、易州《景龍碑》等校文。邢、易二碑，皆係明皇御注，則其經文除筆誤外，必無異同；因王氏誤以遂州碑爲邢州碑，故有異同耳"。②

此外，本書已有的他家校本，自然也應加以利用。過去許多學者讀書，校語即批在天地頭或行間。這種批本往往有人傳鈔，從清代以來，諸家校書，很少有不用這種珍貴材料的，而那些手校原本又往往已經亡佚，所以這種過録舊校的書，更是我們從事進一步工作的重要資料。一方面，其校勘成果可供吸收；另一方面，它也爲我們搜尋原始資料提供了綫索。如這些校本所引用的某些原始資料今已不存，則其參考價值就更大了。

下面我們就舉一兩個對校的實例。宋方崧卿曾用唐令狐氏本、南唐保

① 《洛陽伽藍記校釋・敘例》，中華書局一九六三年版。

② 《史記板本和參考書》，載《圖書館學季刊》第一卷第四期。

大本、秘閣本、祥符杭本、嘉祐蜀本、謝克家本、李漢老本等十餘種舊本校勘過韓愈詩文集,作《韓集舉正》十卷,今録卷二《孟生詩》首兩則校勘記如下:

嘗讀(閣本、蜀本同上,校本多作常)窅然(唐、謝校、杭、蜀皆作"冥默",李習之與張建封書,嘗引公此語亦用"窅"字,則知杭、蜀本果訛也)。

《韓集舉正》後有淳熙己酉(一一八九)崧卿自跋,稱右《昌黎先生集》四十卷,外集一卷,附録五卷,增考年譜一卷,復次其異同爲《舉正》十卷。可見方崧卿先將其校勘成果以定本的形式肯定下來,然後再注異同,並適當分析其是非。再如阮元校《十三經注疏》也采用了對校法,《毛詩注疏校勘記》談到他校《毛詩正義》引據各本有經本二:唐石經二十卷、南宋石經殘本。經注本三:孟蜀石經殘本二卷、宋小字本二十卷、重刻相臺岳氏本二十卷。注疏本四:十行本七十卷、閩本注疏七十卷、明監本注疏七十卷、汲古閣毛氏本注疏七十卷。引用諸家有陸德明《毛詩音義》三卷、山井鼎《考文毛詩》六册、浦鏜《毛詩注疏正誤》十四卷等七種。阮元采用宋十行本《毛詩正義》爲底本,凡是與其他各本有異文需校勘的地方均加○表示,世界書局改用▲號,然後於《校勘記》中説明之。如《毛詩・魏風・園有桃》有云:"不我知者,謂我士也驕。"鄭玄箋:"士,事也,不知我所爲歌謡之意者,反謂我於君事驕逸故。"《毛詩注疏校勘記》曰:

不我知者(唐石經、小字本同;相臺本作"不知我者",閩本、明監本、毛本同。按相臺本非也。箋倒經作"不知我者",正義依之耳,不可據以改經。下章同)。

二　本　校

廣收異本,進行對校,擇善而從,乃是校勘所應當首先采用的基本方法。另外,將本書的上下文進行對比,找出它在思想上、文字上的異同,從而改正錯誤,或稱本校,其實也是一種對校,而且往往很有效果。這也就是前人所説的本證。陳垣將其稱之爲本校法,並作了極爲明晰的論述:

本校法者,以本書前後互證,而抉摘其異同,則知其中之繆誤。吴縝之《新唐書糾繆》、汪輝祖之《元史本證》即用此法。此法於未得祖本或别本以前,最宜用之。予於《元典章》曾以綱目校目録,以目録校書,以書校表,以正集校新集,得其節目訛誤者若干條。至於字句之間,則循覽上下文義,近而數葉,遠而數卷,屬詞比事,牴牾自見,不必盡據異本也。①

一本書的各個組成部分之間,在語言形式和思想内容方面,都會不可避免地相互聯繫着,本校法正是利用這個特點來進行工作的。

其一,據相同詞句校勘。同一詞彙、同一文句,有時一書屢見,因而可以相互參照,校正訛誤。如王利器《文心雕龍校證·序録》云:"《詔策》篇:'符采炳耀。''采'原作'命',《御覽》五九三作'采'。案作'采'是。《原道》《宗經》《詮賦》《風骨》諸篇俱有'符采'語,今據改。"②蔣禮鴻《梨園按試樂府新聲校記》亦云:"關漢卿〔雙調喬牌兒〕套〔碧玉簫〕:'昏晚相催,日月走東西。'(三頁)按:昏晚應作昏曉。十頁〔雙調新水令〕套〔豆葉黄〕:'昏曉相催,斷送了愁人多多少少。'可證。"③再如揚州廣陵古籍刻印社一九八〇年刊《成化新編劉知遠還鄉白兔記》七十七頁有云:"〔旦〕唱:怎知今日子母團圓,□□□和(賀)喜,百歲效于飛。"胡竹安指出:

校補本校"和"爲"賀",甚是,但闕文未補。根據下一頁兩處文字,甲、〔貼〕唱:"怎知今日子母團圓,大家齊賀喜,□□□□□。"(七八頁,正一行)乙、〔浄〕唱:"怎知今日子母團圓,大家□□□,□□效于飛。"(七八頁,正四行)知三者實是同文。校補者曾據這一點,把後

---

① 《校勘學釋例》卷六《校法四例》。

② 載《王利器論學雜著》。

③ 載《懷任齋文集》。

兩處的闕文補全，但此例未補，顯然疏忽。闕文應作“大家齊”。①

其二，據相同句式校勘。作者行文往往有時代的或自己的習慣和特點，這往往表現爲常采用相同或相近的句式，據此也可校正書面材料中的某些錯誤。如屈原《離騷》有云：“乃年歲之未晏兮，時亦猶其未央。”聞一多指出：“‘猶其’二字當互乙。上文‘雖九死其猶未悔’，‘唯昭質其猶未虧’，‘覽余初其猶未悔’，‘覽察草木其猶未得兮’，並作‘其猶未’可證。王注曰‘然年時亦尚未盡’，正以‘尚未’釋‘猶未’，是王本未倒。”②又《史記·五帝本紀》云：“黄帝居軒轅之邱，而娶於西陵之女。”王念孫校曰：“西陵下脱氏字。下文昌意娶蜀山氏女，帝嚳娶陳鋒氏女。皆有氏字。《太平御覽》皇王部、皇親部引此並作西陵氏。《大戴禮·帝繫》篇亦作西陵氏。”③

其三，據對文校勘。如《荀子·成相》篇云：“上能尊主愛下民。”王念孫云：“愛下民當作下愛民，與‘上能尊主’對文。《不苟》《臣道》二篇並云：‘上則能尊君，下則能愛民。’是其證。”④再如《淮南子·要略》云：“原道之心，合三王之風。”顧千里指出：“道下疑當有德字，與下句對文也。《精神》篇‘深原道德之意’亦可證。”⑤

其四，據文義校勘。《晏子春秋》内篇《諫上》云：“男女群樂者，周觴五獻，過之者誅。”孫詒讓校云：

> “周”當爲“酬”之假字。（《儀禮·鄉飲酒禮》注云：“酬之言周。”）“五”疑當爲“三”。前《景公飲酒酣願大夫無爲禮晏子諫》章云：“觴三行，遂罷酒。”外篇重而異者，《景公飲酒命晏子去禮晏子諫》章亦云“用三獻”，是不得過三獻也。（宣二年《左傳》云：“臣侍君宴，過三爵，

---

① 《校補本成化新編劉知遠還鄉白兔記補正》，載《中國語文》一九八四年第四期。

② 《聞一多全集·楚辭校補》。

③ 《讀書雜志·史記第一·五帝本紀·西陵》。

④ 《讀書雜志·荀子第八·成相·愛下民》。

⑤ 《讀書雜志·淮南内篇補·要略》。

非禮也。")①

這是根據一部書中不同的地方涉及同一個内容來進行校勘的例子。又如《史記·陳丞相世家》云:"平爲人長美色。"王念孫指出:"當從《漢書》作'長大美色'。下文人謂陳平何食而肥,肥與大同義,若無大字,則與下文義不相屬。《太平御覽·飲食部》引《史記》正作'長大美色'。"②這是根據上下文内容是否一致來進行校勘的例子。再如《新序·善謀》篇云:"拘世之議,人心不之疑矣。"孫詒讓云:"《商子》作'拘世以議,寡人不之疑矣'。此'人'上蓋挩'寡'字。上文衛鞅兩言'君無疑',故秦孝公答云'寡人心不疑',若作'人心不疑',則與上文不相應,足知其誤。"③這是根據上下文的呼應關係來進行校勘的例子。

此外,我們還可以據目録校正文,據正文校目録,因爲目録與正文當然是相互聯繫的。如吴企明說:

《全唐詩》卷六七一載唐彦謙《贈孟德茂》一詩,題下自注云:"浩然子。"筆者以爲這首詩的題目原爲《贈應德茂》,是被後代編詩者誤改的。理由是:一、這首詩的尾聯云:"平生萬卷應夫子,兩世功名窮布衣。""應夫子"之"應",即是德茂的姓。同書同卷有唐彦謙《聞應德茂先離棠溪》可證。二、"浩然子"中的浩然,並不是孟浩然,乃是應德茂的父親應浩然。《贈應德茂》詩的前一首,題爲《過浩然先生墓》,即是應浩然的墓。詩的首聯云:"人間萬卷龐眉老,眼見堂堂入草萊。"孟浩然卒於開元二十八年,距唐彦謙生活的時代,已過百餘年,當然不能眼見"浩然"入草萊的,唐、孟二人也不可能成爲"故交"。這兩句詩和《贈德茂》詩的尾聯"平生萬卷應夫子,兩世功名窮布衣"是呼應的,應浩然和應德茂,都是飽讀詩書的人,然而兩代人都是"窮布衣"。

---

① 《札迻》卷四《晏子春秋》内篇《諫上》。

② 《讀書雜志·史記第三·陳丞相世家·長美色》。

③ 《札迻》卷八《新序》卷九《善謀》。

詩既是贈給浩然子應德茂的，也懷念着已故的老友——應德茂的老父。①

需要説明的是，有的古籍不出自一手，有的古籍可能有不同的資料來源，其内容和文字出現矛盾往往在所難免，因而采用本校法時宜特别謹慎，以免以此律彼，增加新的錯誤。張舜徽曾指出古代歷史書籍中，有並存異説、變易舊文之例。如《史記》叙述箕子和比干的行事，也有兩種不同的記載：《殷本紀》："微子數諫不聽，乃與太師、少師謀，遂去。比干曰：'爲人臣者，不得不以死争。'迺强諫紂。紂怒曰：'吾聞聖人心有七竅。'剖比干觀其心。箕子懼，乃詳狂爲奴，紂又囚之。"《宋微子世家》："紂爲淫泆，箕子諫，不聽。人或曰：'可以去矣。'箕子曰：爲人臣諫而不聽，是彰君之惡而自説於民，吾不忍爲也。乃被髮佯狂而爲奴。遂隱而鼓琴以自悲，故傳之曰《箕子操》。王子比干者，亦紂之親戚也。見箕子諫不聽而爲奴，則曰：'君有過而不以死争，則百姓何辜！'乃直言諫紂。紂怒曰：'吾聞聖人之心有七竅，信有諸乎？'乃遂殺王子比干，剖視其心。"張氏云："照《殷本紀》的説法，是比干死而後箕子奴；照《宋世家》的説法，是箕子奴而後比干死；二者好像完全不合。然而《本紀》所載，和《韓詩外傳》相同；《世家》所載，又和《論語·微子》篇相合。可知司馬遷也還是各有根據，勢不得不兩説並存。"②對同一史實的叙述尚且有這樣大的差别，那麽因爲資料來源不同而造成語言文字方面的不統一，當然是可以理解的。這也説明用本校法有其困難，應當特别注意。

三　他　校

除了本書異本外，用選本、類書、注釋以及其他書中引用的本書文字來校正本書，或稱他校，其實也是一種對校。但用此法更需要慎重一些，

---

① 《唐音質疑録·劉師培讀全唐詩發微榷證》。參看傅璇琮《唐代詩人考略》，載《文史》第八輯。

② 《中國古代史籍校讀法》第三編《分論下——關於讀書》第二章《認識古人著述體要》第二節《古代歷史書籍中，有並存異説、變動舊文之例》。

因爲人們引用材料時，是各取所需的，所以或删節以省篇幅，或改動以就文義，皆所難免，不能一概以他書所引爲是，本書現存文字爲非。

清代學者已相當成功地將這種方法運用於校勘中。如《淮南子・原道》篇有兩句話："上游於霄雿之野，下出於無垠之門。"胡適説：

王念孫校，"無垠"下有"鄂"字。他舉三證：一、《文選・西京賦》"前後無有垠鄂"的李善注："《淮南子》曰：'出於無垠鄂之門。'許慎曰：'垠鄂，端崖也。'"二、《文選・七命》的李善注同。三、《太平御覽・地部》二十："《淮南子》曰：'下出乎無垠鄂之門。'高誘曰：'無垠鄂，無形之貌也。'"這種證實，雖不得西漢底本，而可以證明許慎、高誘的底本如此讀，這就可算是第一等的證實了。①

一望即知，被胡適譽爲"第一等證實"的三條證據，皆爲他書引文。

陳垣將這種方法稱之爲他校法，並説明道："他校法者，以他書校本書。凡其書有採自前人者，可以前人之書校之；有爲後人所引用者，可以後人之書校之；其史料有爲同時之書所並載者，可以同時之書校之。此等校法，範圍較廣，用力較勞，而有時非此不能證明其訛誤。丁國鈞之《晉書》校文，岑刻之《舊唐書》校勘記，皆此法也。"他接着還舉了《元典章》中的一個例子：

吏一廿七　蕁麻林納尖尖　元刻亦作"納尖尖"

吏一三四　蕁麻林納失失　元刻亦作"納失失"

欲證明此"納尖尖"、"納失失"之是非，用對校法不能，因沈刻與元刻無異也。用本校法亦不能，因全部《元典章》關於"納失失"、"納尖尖"止此二條也。則不能不求諸《元典章》以外之書。《元史》卷七七《祭祀志・國俗舊禮》條："輿車用白氈青緣，納失失爲簾，覆棺亦以納失失爲之。"卷七八《輿服志・冕服》條："玉環綬，制以納石失。"注："金

① 《胡適文集》第五册《校勘學方法論》。

錦也。"又："履，制以納石失。"《輿服志》中"納石失"之名凡數見，則《元典章》"納失失"之名不誤，而"納尖尖"之名爲元刻與沈刻同誤也。①

我們既然可以用被他書引用的書來校正原書，當然也可以用原書來校正被引用的他書。譬如《册府元龜》是根據各種史書編成的，我們可以利用《册府元龜》中的引文來校正各種史書。反之，我們當然也可以利用各種史書來校正《册府元龜》。陳垣也談到過這個問題，他道：

《册府》可以校史，亦可以史校之。昔傅沅叔增湘以宋本《册府》殘卷校明本，至五百十七卷十四頁一行，發見有錯簡，宋明本皆誤，馳書詢余。余審上下文義，上半係晉天福五年竇貞固奏國忌事，"勳舊"下缺文五十八字，可以本書三十一卷十六頁《奉先門》互見之文補足之。下半"加冠"一段，有王奂等十四人議，係《南齊書・禮志》之文；"伏曼容"一段，亦採自《南齊書・輿服志》。由"加冠"至十七行"軍容"，係本書五百七十七卷九頁十四行《奏議門》"司徒"下脱文，正可補其闕。至"軍容"下之"是月"究係何月，據《五代會要》十七卷"知班"條載賈玭此狀，係周廣順三年三月，知其前一條亦必是周廣順三年三月事，故承上文言"是月"也。以此覆沅叔，沅叔大喜，以爲問一得三，知宋本亦未盡善，要在讀者以校勘學之"他校法"校之。陸心源亦曾校此二卷，未能校出，蓋對校易，他校難也。②

當然，我們有必要對用於他校的資料的可靠程度作出判斷，一般來説，時代越早，越接近原始面貌，也就越可靠。如傅璇琮等云：

《新唐書》卷五八《藝文志》二，乙部史録儀注類，著録"裴瑾《崇豐

① 《校勘學釋例》卷六《校例》第四三《校法四例》。

② 中華書局一九六〇年影印明本《册府元龜》陳序。

二陵集記》”，小注云：“瑾字封叔，光庭曾孫，元和吉州刺史。”按同書卷七一上《宰相世系表》一上載有裴墐，儆子，吉州刺史。時代相同。《新志》作瑾，《新表》作墐。按柳宗元有《唐故萬年令裴府君墓碣》，云：“公諱墐，字封叔，河東聞喜人。……大理卿府君諱儆，實父。”文中還具體述及裴墐的撰著《二陵集記》，謂：“司空杜公聯奉崇陵、豐陵禮儀，再以爲佐。離紛尨、導滯塞，闢百執事，條直顯遂，司空拱手以成。自開元制禮，諱去國恤章，累聖陵寢，皆因事擘綴，取一切乃已，有司卒無所徵。公乃撰《二陵集禮》，藏之南閣。”（中華書局一九七九年十月點校本；世綵堂本《柳河東集》與此同）今按裴墐之後夫人柳氏爲柳宗元之姊，墐於元和十二年卒於吉州刺史，柳宗元時爲柳州刺史，他對於裴墐的事迹，當然是知之詳確的。據此，則《新表》作裴墐是，《新志》作裴瑾誤。①

在原始資料難求的情況下，不得已而求其次，則較晚的資料也可用作校勘之資。如傅璇琮等復云：

《舊唐書》作爲封建社會官修的史書，它成於衆手，而且不少地方又直鈔唐時的實録、國史，未經認真的整理和統一，前後失去照應之處不少。如《舊唐書》卷七《中宗紀》，景龍四年四月乙未，“幸隆慶池，結綵爲樓，宴侍臣，泛舟戲樂，因幸禮部尚書竇希宅”。這裏是説中宗景龍時禮部尚書爲竇希。但同書卷六一《竇威傳》載孝慈子希玠，“中宗時爲禮部尚書，以恩澤賜實封二百五十户”。《新唐書》卷七一下《宰相世系表》一下，《姓纂》卷九，以及《唐詩紀事》卷十二，都載竇希玠中宗時爲禮部尚書，竇氏世爲外戚，恩隆極盛。從這些例證，可以確定《舊唐書·中宗紀》的“因幸禮部尚書竇希宅”句於“希”字下脱“玠”字。②

①② 《兩唐書校勘拾遺》，載《文史》第十二輯。

此外，還應注意古人引書不謹嚴，有的撮述其大意，有的删節其原文，而且所據也並非盡屬善本，所以采用他校法也要特别慎重。關於這個問題，我們在本書第四章《校勘的資料》第二節《他書的引文》已作了論述，可參看。

下面我們再舉運用他校法的若干實例。如《史記·李斯列傳》云："夫以秦之彊，大王之賢，由竈上騷除，足以滅諸侯，成帝業。"王念孫指出："《太平御覽·人事部》引此，竈字上有老嫗二字。"並認爲："《索隱》曰：'言秦欲并天下，若炊婦埽除竈上之不净，不足爲難。'據此，則正文内有老嫗二字明矣。"[①]又，胡應麟云："張祜字承吉，刻本大半作祐，覽者莫辨。緣承吉字，祐、祜俱通耳。一日偶閲雜説，張子小名冬瓜，或以譏之，答云：'冬瓜合出瓠子。'則張之名祜審矣。"[②]按：此雜説指馮翊《桂苑叢談》、錢易《南部新書》丁卷。再如《四庫全書總目》卷一五一《韓内翰别集》提要云："唐韓偓撰，《唐書》本傳謂偓字致光，計有功《唐詩紀事》作致堯，胡仔《漁隱叢話》謂字致元。毛晉作是集跋，以爲未知孰是。案劉向《列仙傳》稱：'偓佺堯時仙人，堯從而問道。'則偓字致堯於義爲合。致光、致元皆爲字形相近誤也。"

但是有的校勘結果却尚需斟酌。如《荀子·非相》篇云："觀人以言，美於黼黻文章；聽人以言，樂於鐘鼓琴瑟。"王念孫認爲："觀本作勸。勸人以言，謂以善言勸人也，故曰美於黼黻文章。若觀人以言，則何美之有。楊注云'謂使人觀其言'，則所見本已訛作觀。《太平御覽·人事部》三十一所引亦然。《藝文類聚·人部》十五正引作勸人以言。"[③]對此，鍾泰却持相反觀點，他説："不知下文曰'聽人以言，樂於鐘鼓琴瑟'。'觀人'、'聽人'，文正相對。且惟言'觀'，故曰'美於黼黻文章'。若言'勸人'，則何爲以黼黻文章相喻乎？"[④]蔣禮鴻申鍾屈王，他分析道：

---

① 《讀書雜志·史記第五·李斯列傳·竈上騷除》。

② 《詩藪》内編卷四《近體》上《五言》。

③ 《讀書雜志·荀子第二·非相·觀人以言 聽人以言》。

④ 《荀子訂補序》。

> 王氏衹着眼於“觀”和“言”聯繫不上,不知道“觀”是比喻的説法。鍾先生則從“觀”和“聽”的聯繫、“觀”和“黼黻文章”的聯繫來看,當然比王氏正確了。《藝文類聚》的引文是不足爲據的。梁元帝《金樓子·立言》篇:“觀人以言,美於黼黻文章。”《文心雕龍·章表》篇:“荀卿以爲觀人美辭,麗於黼黻文章。”可見六朝人所見的本子還是作“觀”的。①

再如《新論·九流》篇云:“名者,宋鈃、尹文、惠施、公孫捷之類也。”孫詒讓案:“此篇所説,悉本《漢·藝文志》。檢《志》,無‘公孫捷’,疑當作‘公孫、捷子’。公孫謂公孫龍,捷子自爲一人。《漢志》,《公孫龍》十四篇,在名家,《捷子》二篇,在道家。”②我們查《漢書·藝文志》,發現尹文、公孫龍、惠施均在名家,師古曰:“劉向云:尹文與宋鈃俱游稷下。”既然《新論·九流》篇悉本《漢書·藝文志》,則公孫捷當爲公孫龍之誤,而非公孫、捷子之誤。因爲捷子屬道家,不應混入名家行列。可見他校法實非易事,即使校勘名家,也可能會有千慮一失。

四 對校、本校、他校相結合

爲了叙述方便,我們將對校、本校、他校三種方法分别作了一些説明。其實,在校勘過程中,它們是緊密聯繫在一起的,有時爲了糾正一處錯誤,不得不同時運用多種方法,才能取得可信的證據,得出正確的結論。如戴震曾作《方言疏證》一書,指出揚雄《方言》自“宋元以來,六書故訓不講,故鮮能知其精覈,加以訛舛相承,幾不可通。今從《永樂大典》内得善本,因廣搜群籍之引用《方言》及注者,交互參訂,改正訛字二百八十一,補脱字二十七,删衍字十七,逐條詳證之”。③ 王念孫父子也注意兼用各種方法,如王念孫校《淮南子》内篇,其後序云:“余未得見宋本,所見諸本中,唯道藏本爲優,明劉績本次之。其餘各本,皆出二本之下。兹以道藏本爲主,

① 《懷任齋文集·校勘略説》。

② 《札迻》卷十《新論袁孝政注》。

③ 《戴東原集》卷十《方言疏證序》。

參以群書所引，凡所訂正共九百餘條。”王念孫終以未見宋本爲憾，特地與顧千里聯繫，“求其詳識宋本與道藏本不同之字，及平日校訂是書之訛，爲家刻所無者，補刻以遺後學”。① 其《淮南内篇補》即包含顧校《淮南子》各條。可見王氏不僅對他校法運用自如，而且對對校法也是異常重視、得心應手的。

顧廣圻强調對校，也同樣兼用他校法、本校法，乃至理校法。其《校殘宋尤袤槧本文選跋》云：“廣圻由宋本而知近本之謬，兼由勘宋本而即知宋本亦不能無謬。意欲準古今通借以指歸文字，參累代聲韻以區别句逗。經史互載者，考其異；專集尚存者，證其同；而又旁綜四部，雜涉九流；援引者，沿流而溯源，已佚者，借彼以訂此。”②余嘉錫對之也作了較高的評價，其言云：

> 千里讀書極博，凡經史、小學、天算、輿地、九流、百家、詩文、詞曲之學，無所不通。於古今制度沿革、名物變遷，以及著述體例、文章利病，莫不心知其意，故能窮其要旨，觀其匯通。每校一書，先衡之以本書之詞例，次徵之於他書所引用，復決之以考據之是非。一事也，數書同見，此書誤，參之他書，而得其不誤者焉。一語也，各家並用，此篇誤，參之他篇，而得其不誤者焉。文字、音韻、訓詁，則求之於經。典章、官制、地理，則考之於史。於是近刻本之誤、宋元刊本之誤，以及從來傳寫本之誤，罔不軒豁呈露，瞭然於心目，躍然於紙上。然後臚舉義證，殺青繕寫，定則定矣。故曰“誤書思之，更是一適”。斯言也，豈徒日執誤書，向壁冥想云爾哉！③

下面我們就舉一個兼用對校、本校、他校方法的具有典型性的實例。《史記·周本紀》云：“命南宫括散鹿臺之財，發鉅橋之粟，以振貧弱萌隸。”

① 《讀書雜志·淮南内篇第二十二》。

② 《思適齋集外書跋輯存》集類《文選六十卷》。

③ 《余嘉錫論學雜著》下册《黄顧遺書序》。“誤書”二語，見《北齊書·邢邵傳》，詳下本章第四節《校勘宜慎》。

王念孫指出：

散鹿臺之財，本作散鹿臺之錢。今作財者，後人依晚出古文《尚書》改之也。請以十證明之：

晚出《尚書·武成》篇："散鹿臺之財。"《正義》引《周本紀》曰："命南宫括散鹿臺之錢。"又曰："言鹿臺之財，則非一物也。《史記》作錢，後世追論，以錢爲主耳。"是《史記》本作錢，不作財，一也。

《群書治要》引《史記》，亦作"散鹿臺之錢"。是唐初人所見本皆作錢，二也。

《齊世家》曰"散鹿臺之錢，發鉅橋之粟"，三也。

《留侯世家》曰"發鉅橋之粟，散鹿臺之錢"，四也。

《逸周書·克殷》篇曰："命南宫忽振鹿臺之錢，散巨橋之粟。"《周本紀》即本於此，五也。

《管子·版法解》篇曰"決鉅橋之粟，散鹿臺之錢"，六也。

《淮南·主術》篇、《道應》篇並曰"發鉅橋之粟，散鹿臺之錢"，七也。

《殷本紀》曰"帝紂厚賦税以實鹿臺之錢"，是紂作鹿臺，本以聚錢，故《周本紀》言散鹿臺之錢，八也。

《吕氏春秋·慎大》篇曰："發巨橋之粟，賦鹿臺之錢，以示民無私。出拘救罪，分財棄責，以振窮困。"是分財不專在鹿臺，而賦錢則專在鹿臺，故曰"賦鹿臺之錢"，九也。

《説苑·指武》篇曰："武王上堂見玉，曰：'誰之玉也？'曰：'諸侯之玉也。'即取而歸之於諸侯。天下聞之曰：'武王廉於財矣。'入室見女，曰：'誰之女也？'曰：'諸侯之女也。'即取而歸之於諸侯。天下聞之曰：'武王廉於色矣。'於是發巨橋之粟，散鹿臺之金錢以與士民。"是玉與女皆在宫中，而金錢則在鹿臺，故曰"散鹿臺之金錢"，十也。[1]

---

① 《讀書雜志·史記第一·周本紀·散鹿臺之財》。

在王念孫羅列的十條證據中，一、二、五、六、七、九、十條屬他校；三、四、八條屬本校。

第二節　理　校

理校，即推理的校勘，是校勘工作的補充方法。當我們發現了書面材料中的確存在着錯誤，可是又没有足够的資料可供比勘時，就不得不采用推理的方法來加以改正。例如王國維跋《四部叢刊》影明本《李文饒文集》二十卷《别集》十卷《外集》四卷云："辛酉冬日讀一過，恨無别本可校，以意改正訛字數百，又更定錯簡兩處，至爲快意。"①王國維在這裏就是采用的理校法。

學識很高的人用理校之法，往往能够達到和對校同樣正確的程度。如錢大昕云：

> 予撰《漢書考異》，謂《哀帝紀》"元壽二年春正月"，元壽二字衍文。《景武昭宣元成功臣表》"孝成五人"，成鄉當作成都，"欒成"下衍龍字。《百官公卿表》"寧平侯張歐"，寧當作宣；"俞侯樂賁"，樂當作欒；"安年侯王章"，年當作平；"平喜侯史中"，喜當作臺；"廣漢太守孫實"，實當作寶。《五行志》"能者養之以福"，之以當作以之。《地理志》"逄山長谷，諸水所出"，諸當作渚；"博水東北至鉅定"，博當作時。《張良傳》"景駒自立爲楚假王，在陳留"，陳字衍。《枚乘傳》"凡可讀者不二十篇"，不當作百。《韓安國傳》"梁城安人也"，城當作成。《韋賢傳》"畫爲亞人"，亞當作豇。《佞倖傳》"龍雒思侯夫人"，雒當作頟。頃見北宋景祐本，此十數，皆與予説合。②

再如《文選》所載孔稚珪《北山移文》云："鍾山之英，草堂之靈，馳烟驛

① 北京圖書館善本組輯録《觀堂題跋選録（子集部分）》，載《文獻》第十輯。
② 《十駕齋養新録》卷六《漢書景祐本》。

路,勒移山庭。”徐復説:

> 往年黄季剛先生講授《文選》,疑“驛路”蓋本作“驛霧”,馳、驛詞性相同,驛亦馳也。謂王勃《乾元殿賦》“尋出絓嶺,驛霧馳烟”,即本於此。其説爲前人所未發,亟録之以俟更證。嗣在重慶時,閲影宋本《太平御覽》卷四一引《金陵地記》,所舉孔文首句,正作“馳烟驛霧”,知宋人所見本,尚有不誤者,可用以證成師説,洵屬快事。①

人們使用理校法,主要是從語言、體例、史實三個方面着手的。今分別舉例説明如次。

一　語　言

在文籍中,如發現確有錯誤而又無别本可據以校正時,則可以根據字形、字音相近的情況來推斷其錯誤原因,進行改正。在段玉裁《説文解字注》,嚴可均、姚文田《説文校議》中,就有這種情況。莫友芝《唐寫本説文解字木部箋異》識語云:

> 其説解殊别之善:楗,歫門,與李善引合,今本歫作限;栅,編豎木,與《玉篇》合,今本豎作樹;㯷,關西謂之㯷,與《方言》合,今本㯷作㰀。棁,大杖,與李賢、玄應引合;柷,樂木椌,與《詩》毛傳合;柿,削木朴,與玄應引合;㯽,積木燎之,與《玉篇》《五經文字》合。今本大誤木,椌誤空,朴誤札樸,木誤火。段玉裁《注》、嚴可均《校議》,博徵精訂,上舉諸端多與闇契。

例如段玉裁《説文解字注》篇六上木部云:“柿,削木朴也。”注曰:“各本作‘削木札樸也’。今依玄應書卷十九正。朴者,木皮也;樸者,木素也。

① 《讀文選札記》,載《南京師範學院學報》一九七九年第一期。

柹安得有素，則作朴是矣。”①

陳垣校沈家本刻《元典章》也曾采用理校法，如吏部卷五頁四“合無滅半支俸”，陳謂“‘滅半’當作‘減半’”。吏部卷六頁三七“年高不任部書”，陳謂“‘部書’當作‘簿書’”。户部卷五頁三一“亡宋淳佑元年”，陳謂“‘淳佑’當作‘淳祐’”。刑部卷一頁四“江西省行准中書省咨”，陳謂“‘省行’當作‘行省’”②。其説皆是。

如果是因字音變化造成的錯誤，則可以運用音韻學的知識來進行校正。王念孫在這方面成就突出。如《韓非子·主道》篇云：“去好去惡，臣乃見素；去舊去智，臣乃自備。”王氏云：

> “去舊去智”本作“去智去舊”，惡、素爲韻，舊、備爲韻。舊，古讀若忌。《大雅·蕩》篇“殷不用舊”與“時”爲韻；《召閔》篇“不尚有舊”與“里”爲韻。《管子·牧民》篇“不恭祖舊”與“備”爲韻，皆其證也。後人讀“舊”爲巨救反，則與“備”字不協，故改爲“去舊去智”，不知古音“智”屬支部，“備”屬之部，兩部絶不相通，自唐以後，始溷爲一類，此非精於三代兩漢之音者，不能辨也。③

此外，我們還可以根據詩文的叶韻情況來進行校勘。如《詩經·漢廣》云：“南有喬木，不可休息；漢有游女，不可求思。漢之廣矣，不可泳思；江之永矣，不可方思。”毛亨《傳》曰：“喬，上竦也；思，辭也。漢上游女無求思者。”孔穎達《正義》曰：“以泳思、方思之等，皆不取思爲義，故爲辭也。經求思之文在游女之下。傳解喬木之下，先言思辭，然後始言漢上，疑經休息之字作休思也。何則？詩之大體，韻在辭上，疑休、求字爲韻，二字俱作思，但未見如此之本，不敢輒改耳。”④再如《楚辭·離騷》有：“曰黄昏以

① 《仿唐寫本説文解字木部》《唐寫本説文解字木部箋異》均收入《影山草堂叢書》。

② 《校勘學釋例》卷六《校法四例》。

③ 《讀書雜志·餘編上·韓子·去舊去智》。

④ 《阮刻十三經注疏·毛詩正義》卷一之三。

爲期兮,羌中道而改路。"

> 洪興祖曰:一本有此二句,王逸無注,至下文"羌内恕己以量人"始釋羌義,疑此二句後人所增耳。《九章》曰:"昔君與我誠言兮,曰黄昏以爲期。羌中道而回畔兮,反既有此他志。"與此語同。
>
> 閔齊華曰:"黄昏""爲期"二語,《選》本原無,況於韻亦不協。
>
> 王邦采曰:王之不注此二句者,蓋併此二句而無之也。若此下脱兩句,則王當注云:疑有闕文矣。且少此二句,於文氣未嘗不貫,宜從洪説。
>
> 屈復曰:此二句與下悔遁有他意重,又通篇皆四句,此多二句,明係衍文。
>
> 朱琦曰:觀前文"來吾道夫先路",路與度韻。"既遵道而得路",路與步韻。此處路亦當與故韻,乃屬他化爲韻,云叶若羅,非也。洪説云云,則以爲誤入者近之。①

通觀《離騷》韻例,都是雙進的,如有這兩句,就是武、怒、舍、故、路五字相叶,成爲單數了。這是和全篇形式不一致的,所以諸家一致推斷這兩句是衍文,没有這兩句的本子是正確的。

某些因不明詞義而造成的錯誤,可以通過訓詁來校勘。如顔之推云:"古樂府歌百里奚詞曰:'百里奚,五羊皮。憶别時,烹伏雌,吹扊扅。今日富貴忘我爲。''吹'當作炊煮之炊。案蔡邕《月令章句》曰:'鍵,關牡也,所以止扉,或謂之剡移。'然則當時貧困,並以門牡木作薪炊耳。"②再如《逸周書·謚法》篇云:"仁義所在曰王。"孔晁注曰:"民往歸之。"盧文弨曰:"在,《史記正義》作往,非。"王念孫糾盧説云:

> "往"字是也,後人不解"仁義所往"之語,故改"往"爲"在"。予謂

① 諸説見游國恩主編之《離騷纂義》,中華書局一九八〇年版。洪著《楚辭補注》,閔著《文選瀹注》,王著《離騷彙訂》,屈著《楚辭新注》,朱著《文選集釋》。

② 《顔氏家訓》卷下《書證》。

《廣雅》:歸,往也。迋,歸也。(迋與往同)"仁義所往"猶言天下歸仁耳。古者王、往同聲而互訓,故曰"仁義所往曰王"。若云"仁義所在",則非古人同聲互訓之旨。①

有時我們還可以從語法的角度,發現並改正書面材料中的錯誤。如《莊子·天運》篇云:"故西施病心而矉其里。其里之醜人見而美之,歸亦捧心而矉其里。其里之富人見之,堅閉門而不出;貧人見之,挈妻子而去之走。"周祖謨指出:

此處"其里"二字疊見。"病心而矉其里"與"捧心而矉其里"的"其里"二字傳寫誤重,當删。"矉"是蹙額的意思,字亦作"嚬"。它是個自動詞,後面不能帶賓語。《太平御覽》卷三九二、七四一引,並不重上面兩處"其里"二字。唐寫本上一"其里"二字亦不重出,足證當删。②

再如沈家本刻《元典章》刑部卷十九頁四十云:"至元鈔一百兩正。"陳垣指出:"'正'字妄添。數目之末加一'正'字,近世通行,實非當時習慣。"③

從修辭的角度來從事校勘也是行之有效的。我國古代作品不論散文還是韻文,爲了增强語言的表達效果,都愛用對偶與排比等修辭手法。某些詞句原來運用了對偶、排比的手法,後來變得不對偶、不排比了;或者原來不對偶、不排比,後來又變得對偶、排比了,往往能够用推理的方法判斷出來。如《墨子·尚賢中》云:"豈必智且有慧哉。"王念孫校云:"智且慧,與前貴且智、愚且賤,文同一例。慧上不當有'有'字,蓋後人所加。"④再如《淮南子·脩務》篇云:"禹沐浴霪雨,櫛扶風。"王氏指出:

---

① 《讀書雜志·逸周書第三·謚法·仁義所在》。

② 《古籍校勘述例》,載《中國語文》一九八〇年第二期。

③ 《校勘學釋例》卷二第二十《妄添三例》。

④ 《讀書雜志·墨子第一·尚賢中·有慧》。

> 沐下本無浴字,此涉高注沐浴而誤衍也。沐霪雨,櫛扶風,相對爲文,多一浴字,則句法參差矣(劉本又於櫛上加梳字,以對沐浴,尤非)。《藝文類聚·帝王部》一、《太平御覽·皇王部》七、《文選》謝朓《和王著作八公山詩》注,引此皆無浴字。《莊子·天下》篇:"禹沐甚雨,櫛疾風。"此即《淮南》所本。①

二　體　例

古書通常都有一定體例,因此我們可以根據書的體例來從事校勘。正如阮元所説:"經有經之例,傳有傳之例,箋有箋之例,疏有疏之例,通乎諸例而折衷於孟子'不以辭害志',而後諸家之本可以知其分,亦可以知其一定不可易者矣。"②《讀書雜志·淮南内篇補》收有顧廣圻校《淮南子》各條,王引之評價道:"其心之細,識之精,實爲近今所罕有,非熟於古書之體例,而能以類推者,不能平允如是。"③顧廣圻校書確實非常重視書的體例,曾指出:"凡一書有一書之例,校一書必先求其書之例,否則必以不誤爲誤。"④可見了解古書體例對於校勘工作的重要性。

然而不少古書的體例並未在卷首加以説明,而是貫穿在行文中,需要我們去發現。朱一新曾經指出過這一點:

> 古書自有體例,但古人著書,其例散見書中,非若後人自作凡例冠於簡端之陋也。經傳不必言,即史部、子部諸書之古雅者,莫不如是。不通其書之體例,不能讀其書,此即大義之所存,昔人所謂義例也。校勘字句,雖亦要事,尚在其後。此其大綱,校勘其細目,不通此

---

① 《讀書雜志·淮南内篇第十九·脩務·沐浴霪雨》。
② 《十三經注疏·毛詩注疏校勘記序》。
③ 《讀書雜志·淮南内篇補序》。
④ 上海圖書館藏稿本《釋〈梧溪集〉訂訛》卷七《吴仲圭山水爲李原復題》之《訂訛》。

則愈校愈誤。①

清戴震校《水經注》是勾稽和發現書的體例並利用書的體例進行校勘的成功例子之一。其《水經酈道元注序》云:"審其義例,按之地望,兼以各本參差,是書所由致謬之故,昭然可舉而正之。"②他的弟子段玉裁將他所審定的《水經注》中經文注文相互區別的體例歸納爲三條:

《水經注》自北宋以來無善本,不可讀。先生讀此書既久,得經注分别之例有三:一則《水經》立文,首云某水所出,已下無庸再舉水名,而注内詳及所納群川,加以採摭故實,彼此相雜,則一水之名不得不更端重舉。一則經文敘次所過州縣,如云又東過某縣之類,一語實賅一縣;而注則沿溯縣西以終於東,詳記所逕委曲。經據當時縣治,至善長作注時,縣邑流移,是以多稱故城,經無有言故城者也。一則經例云過,注例云逕,不得相淆。得此三例,迎刃分解,如庖丁解牛,故能正千年經注之互訛。俾言地理者,有最適於用之書。《大典》本較勝於各本,又有道元自序。鉤稽校勘,凡補其缺漏者二千一百二十八字,删其妄增者一千四百四十八字,正其臆改者三千七百一十五字。③

根據體例進行校勘,此事也有規律可尋。首先,不同的文體具有各自的特點,據此即可校出一些錯誤。如《墨子·非攻中》云:"詩曰:魚水不務,陸將何及乎?"王念孫指出:"陸將何及乎,不類詩詞,乎字蓋淺人所加。"④再如《全唐詩》卷六二〇收陸龜蒙《重憶白菊》,陳漢英校曰:

此詩《全唐詩》題下注"一本作二絶句"。《甫里集》作七律,《叢書》作二絶句。案:律近是。統魯望七絶,其押韻多在一二四句;七律

① 《無邪堂答問》卷五。
② 《戴東原集》卷六。
③ 《戴東原集》附《戴東原先生年譜》。
④ 《讀書雜志·墨子第二·非攻中·乎》。

多在一二四六八句。此詩韻脚爲一芳、二堂、四香、六妝、八霜，符合陸詩七律一般情況。若作二絶句，則前四句爲一二四押韻，後四句爲二四押韻，有違陸詩七絶常例，且上下兩首亦不相同，故“一作”疑非。其實，此詩無論平仄、對仗、押韻，抑或上下文義相貫，均合七律要求。卷六二八有《憶白菊》七絶一首，是否與其相比連類而誤？或是爲切題中“重”字而拆一爲二？金元好問編《唐詩鼓吹》，元郝天挺注云：“此憶故園白菊而作。首言我愛此菊之貞白寒芳，夾生於小堂之前後，爲可觀賞也。惟貞白，故如月之無艷態；惟寒芳，故迎風而有奇香。是以比之雪詠而無愧，雖有梅妝而不羡也。然而更有憶者，西窗凝夢之夜，村落正有新霜，蓋以菊必冒霜而開，故憶菊兼憶此耳。”此即重憶之謂。(附録原詩：“我憐貞白重寒芳，前後叢生夾小堂。月朵暮開無絶艷，風莖時動有奇香。何慚謝雪清才詠，不羡劉梅貴主妝。更憶幽窗凝一夢，夜來村落有微霜。”)①

其次，古書中的正文與注釋特别容易混淆，但正文與注釋的體例是不同的。據此也可校出一些訛誤。如錢大昕云：

《史記》諸年表皆不記干支，注干支出於徐廣。《六國表》，周元王元年，徐廣曰“乙丑”；《秦楚之際月表》，秦二世元年，徐廣曰“壬辰”是也。《十二諸侯年表》共和元年，亦當有徐廣曰“庚申”字，今刊本乃於最上添一格書干支，而删去徐廣注。讀者遂疑爲史公本文，曾不檢照後二篇，亦太疏矣。考徐注之例，唯於每王之元年記干支，此表每十年輒書甲戌、甲申、甲午、甲辰、甲寅、甲子字，不特非史公正文，並非徐氏之例，其爲後人羼入，鑿鑿可據。且史公以太陰紀年，故命太初之元爲閼逢攝提格，依此上推，共和必不值庚申，則庚申爲徐注又何疑焉。②

---

① 《點校陸龜蒙集所見全唐詩之誤》，載《古籍整理出版情況簡報》第一八八期。
② 《十駕齋養新録》卷六《十二諸侯年表》。

錢氏於分析《三國志》注誤入正文時復云：

《魏志·王肅傳評》末云："劉寔以爲肅方於事上而好下佞己，此一反也；性嗜榮貴而不求苟合，此二反也；吝惜財物而治身不穢，此三反也。"陳少章謂："劉寔以下，當是裴氏注。《譙周傳評》後注引張璠以爲云云，與此正同。肅爲晉武帝外王父，史臣於本傳略無貶詞，豈應於評中更摭其短乎？"予考承祚諸評，文簡而要，從未引他人説，少章之言是也。①

此外，由於古代文籍所用語言往往含有某種特定義例，也可據此校出某些錯誤。例如《左傳》凡諸侯即位，必書立。而《春秋》僖公二十三年傳云："九月，晉惠公卒，懷公命無從亡人。期期而不至，無赦。"王念孫校曰：

懷公下脱立字，則與上句不相承，唐石經已然，而各本皆沿其誤。凡諸侯即位，必書某公立。此不書立，亦與全書之例不符。《太平御覽·人事部》五十九、《治道部》二兩引此文，皆作"懷公立，命無從亡人"。則宋初本尚有未脱立字者。《史記·晉世家》云："九月，惠公卒，大子圉立，是爲懷公，乃令國中諸從重耳亡者與期，期盡不到者，盡滅其家。"其文皆出於《左傳》。《史記》之大子圉立，即《左傳》之懷公立也。則傳文原有立字明矣。②

再如《三國志·魏志·趙儼傳》云："（李）通曰：'紹與大將軍相持甚急，左右郡縣背叛乃爾。'"紹指袁紹，大將軍指曹操。周國林指出：

通觀《三國志》，陳壽於紀事之文中，稱曹操之例尤爲嚴謹，《蜀志》《吴志》中皆稱"曹公"；《魏志》於《武帝紀》中，建安元年九月前稱

① 《十駕齋養新録》卷六《三國志注誤入正文》。陳少章名景雲，著《三國志辨誤》三卷，有《守山閣叢書》本。

② 《經義述聞》卷一七《春秋左傳》上《懷公命無從亡人》。

"太祖",是年十月後至二十一年三月前稱"公",二十一年五月後稱"王"(是年四月無紀事之文),於其他紀傳中稱"太祖",間有稱"武帝"者。即《夏侯惇傳》,《趙儼傳》亦然,前者稱"太祖"凡九處,後者稱"太祖"凡七處,絶不可能突然以"大將軍"相稱,淆亂全書體例。據以上所述史實史例,"大將軍"中"將"字爲衍文。①

此外,行文還要受到語言環境的制約。如《史記·扁鵲倉公列傳》云:"臨菑氾里女子薄吾病甚,臣意診其脈曰:蟯瘕,病蟯得之於寒濕。"王念孫指出:

病蟯之蟯因上文而誤衍也。凡篇内稱病得之於某事者,皆不言其病名(並見上下文),以病名已見於上文也。又下文"臣意所以知寒薄吾病者",寒字亦因上文而衍。凡篇内稱所以知某之病者,皆不言其致病之由(亦見上下文),亦以致病之由已見上文也,或謂寒字當在薄吾下,非也,宋本無寒字。②

再如《漢書·賈鄒枚路傳》云:"人性有畏其景而惡其迹者,却背而走,迹愈多,景愈疾。不知就陰而止,景滅迹絶。"王念孫指出:

知當爲如,字之誤也。"不如"二字,與下文兩"莫若",一"不如",文同一例。"不如就陰而止"與下文"不如絶薪止火而已"亦文同一例,若作"不知",則與下文不合矣。

此文之下面還有王氏的一條注釋:

或曰:《莊子·漁父》篇:"人有畏景惡迹而去之走者,舉中愈數,

① 《三國志校讀札記》,載《華中師範大學學報》一九八七年第五期。

② 《讀書雜志·史記第五·扁鵲倉公列傳·病蟯》。

而迹愈多，走愈疾，而景不離身。不知處陰以休景，處静以息迹，愚亦甚矣。”“不知”二字，正與此同。曰：否。《莊子》上言“不知”，故下言“愚甚”。若作“不如”，則與下文不合矣。此文上言“不如”，故下言“景滅迹絶”。言與其愈走而迹愈多，景愈疾，不如就陰而止，則景自滅，迹自絶也。若作“不知”，則又與下文不合矣。下文云“不如絶薪止火而已”，若改作“不知”，其可乎？①

王氏從文勢與文例的角度，經過正面闡述與反面論證，指明《漢書》原文爲“不如”而非“不知”，最後還引用了“《文選》正作‘不如’”這條材料，從而鑄成了鐵案。由此可見，根據古代文籍的行文體例，確能解決部分校勘問題。

三 史 實

這種方法就是從書籍的内容方面檢查，看文字是否符合歷史事實。如果不符合，可能有兩種情況：一種是原稿本身就有錯誤，一種是原稿本身没有錯誤，其錯誤是在傳播的過程中造成的。校勘的任務，主要是糾正第二種錯誤。

由於史實主要是由特定的人物在特定的時間和空間内造成的，有産生的原因和形成的結果，所以我們可以從這幾個角度來檢查書面材料是否符合史實。當然這些因素又往往是融合在一起的，爲了叙述的方便，我們在分析時不得不有所側重。

首先可以看看人物是否符合實際情況。如《風俗通義》卷一《皇霸》云：“到王遷，信秦反間之言，殺其良將李牧而任趙括，遂爲所滅。”盧文弨《群書拾補》校引錢大昕云：“括與牧不同時，此應氏誤。”孫詒讓指出：“代李牧者，《史記·趙世家》作‘趙忽’，《李牧傳》及《戰國策·趙策》又作‘趙葱’，疑應氏本‘葱’，或作‘總’，‘總’俗書作‘摠’，與‘括’形近，因誤而爲‘括’。此傳寫之失，非仲遠之誤也。”②再如《文心雕龍·時序》篇云：“及

① 《讀書雜志·漢書第九·賈鄒枚路傳·不知》。

② 《札迻》卷十《風俗通義》。

明帝疊耀,崇愛儒術。"劉永濟指出:"'帝'乃'章'誤。此稱兩朝,故曰'疊耀'。下文肄禮璧堂,明帝事也;講文虎觀,章帝事也。"①又,《三國志·魏書·方技傳》云:"(管)輅隨軍西行,過毌丘儉墓下,倚樹哀吟,精神不樂。人問其故,輅曰:'林木雖茂,無形可久;碑誄雖美,無後可守。玄武藏頭,蒼龍無足。白虎銜尸,朱雀悲哭。四危以備,法當滅族。不過二載,其應至矣。'卒如其言。"方兆辰校曰:

據《毌丘儉傳》,儉興兵淮南反抗司馬師,敗,被殺,夷三族。則儉死與族滅在同時。今上文言管輅相墓後又二年毌丘氏方滅族,則所相者必非毌丘儉之墓明矣。考儉傳言其父名興,官至將作大匠,先儉死。管輅所見,蓋爲興之墓。可知"毌丘儉"三字後必有脱文,當脱一"父"字。②

其次可以看看時間是否符合實際情況。如《三國志·蜀書·向朗傳》云:"初,朗少時雖涉獵文學,然不治素檢,以吏能見稱。自去長史,優遊無事垂三十年。"裴松之注曰:"朗坐馬謖免長史,則建興六年中也。朗至延熙十年卒,整二十年耳,此云'三十',字之誤也。"③

此外,還可以看看地點是否符合實際情況。如清趙執信《談龍録》云:"孟浩然詩(引者案:指《夜渡湘水》)'行侣時相問,涔陽何處邊?'涔訛潯,涔陽近湘水,潯陽則遼絶矣。"又李白詩《憶舊游寄譙郡元參軍》云"行來北涼歲月深",王琦注曰:

北涼,即張掖郡。按漢武帝始置張掖郡,魏晉時隸涼州。及沮渠蒙遜立國於此,號爲北涼,以涼州五郡,張掖在其北也。唐時爲甘州,又謂之張掖郡。然上文言并州太行,下文言晉祠,中間忽言北涼,不

① 《文心雕龍校釋》,中華書局一九六二年版。

② 《三國志校勘拾遺》,載《古籍整理出版情況簡報》第一七二期。

③ 《三國志》卷四一《向朗傳》注。

合。當是北京之訛耳。蓋天寶之初，號太原爲北京也。①

瞿蜕園、朱金城指出："王氏的考證很精辟，今天我們看到的《李白集》，包括最早的宋本在内，都誤作'北涼'，可是《河嶽英靈集》和流傳到現在的《黄山谷李太白詩卷墨迹》都作'北京'，翁方綱《復初齋文集》卷二九《跋黄山谷書太白詩卷》一文，也認爲應作'北京'。"②再如中華書局一九五八年版《梨園按試樂府新聲》卷中云："盧疎齋〔折桂令〕夷門懷古：想鄒枚千古才名。覺苑文辭，氣壓西京。"蔣禮鴻指出：

覺苑，《樂府群珠》同，誤。覺字應作菟，系形近之誤。章樵注《古文苑·枚乘〈梁王菟園賦〉》云："孝王築東苑，方三百里。爲復道，自宫連屬於平臺，三十餘里。菟園，苑名。"菟苑就是菟園，鄒陽、枚乘，都是游於菟園的辭賦家。③

看看名物是否符合實際情況，也是我們校勘時應注意的對象。如唐《中興間氣集》載朱灣《詠玉》詩云："獻玉屢招疑，終朝省復思。既哀黄鳥興，還復白圭詩。請益先求友，將行必擇師。誰知不鳴者，獨下仲舒帷。"錢曾《讀書敏求記》卷四總集類載《中興間氣集》二卷，云：

此本從宋刻摹寫，字句絶佳，即如朱灣《詠三》詩首句"獻玉屢招疑"，三獻玉也。次云"終朝省復思"，三省三思也。領聯"即哀黄鳥興，還復白圭詩"，三良，三復也。頸聯"請益先求友，將行必擇師"，益者三友，三人行也。結云"誰知不鳴者，獨下仲舒帷"，三年不鳴，三年不窺園也。後人不解詩義，翻疑"三"爲訛字，妄改題曰《詠玉》，凡元板至明刻本皆然。不知唐人戲拈小題，偶吟一律，便自雋永有味，非若今之人詩成而後著題也。

---

① 王注本《李太白全集》卷一三。

② 見《李白集校注》瞿蜕園、朱金城《後記》，上海古籍出版社一九八〇年。

③ 《懷任齋文集·梨園按試樂府新聲校記》。

又,《四庫全書總目》卷一五三著録李壁撰《王荆公詩注》五十卷,提要云:"考《宋史》及諸刊本,壁或從玉作璧。然壁爲李燾第三子。其兄曰垕,曰塾,其弟曰堲,名皆從土,則作璧誤也。"因爲古人常用名字來表示在家族中的行輩,例如蘇軾、蘇轍兄弟名共用偏旁"車"表示同輩,明神宗的兒子朱常洛、朱常瀛、朱常洵,第二字共用"常",第三字共用三點水旁,表示兄弟關係。這種習俗,今天也還存在。

當然,我們着眼於史實時還應當看看前因後果,以及書面材料中的其他内容是否符合實際情況。如屈原《離騷》云:"聊假日以媮樂。"顔師古校曰:"此言遭遇幽阨,中心愁悶,假延日月,苟爲娛樂耳。今俗猶言'假日度時',故王粲云'登兹樓以四望,聊假日以消憂',取此義也。今之讀者,不尋根本,改'假'爲'暇',失其意矣。原其辭理,豈閑暇之意乎?"①再如周邦彦《蝶戀花》詞:"不見長條低拂酒,贈行應已輸纖手。"大鶴山人鄭文焯校曰:"纖手,汲古閣諸本並作先手,勞氏舊鈔本先作纖,今從之。"②蔣禮鴻指出:"古人折柳贈别,'不見長條',是因爲已被先前送行的人折掉,現在再要折贈,已經遲了。'先手'和'不見',正是一因一果的關係;改作'纖手',這個關係就被破壞了。這也是'纖手'太爲人所熟悉,所以不顧文脈所輕易改竄。"③

檢查一下書面材料中所涉及的典章制度是否符合實際情況也有益於校勘工作。這在本編第五章《校勘的條件》第三節《校勘應有相關的專業知識》,已經作了介紹,請參看。

第三節　對校與理校相結合

爲了便於説明問題,我們將校勘方法分成對校和理校,理校又從語言、體例、史實諸方面作了申述。但在校勘實踐中,這些方法往往都是綜合地加以使用的。特别是理校,必須同時從各種角度來考慮,才能取得近

---

① 《匡謬正俗》。

② 參看《懷任齋文集・大鶴山人校本清真詞箋記》。勞氏指勞權。

③ 《懷任齋文集・誤校七例》。

真的結果。

北齊顏之推在校勘時，就已注意集合衆本加以比較，同時采用各種校勘方法。《顏氏家訓・書證篇》云：

> 太史公論英布曰："禍之興自愛姬，生於妬媚，以至滅國。"又《漢書・外戚傳》亦云："成結寵妾妬媚之誅。"此二"媚"并當作"媢"。媢亦妬也。義見《禮記》《三蒼》。且《五宗世家》亦云："常山憲王后妬媢。"王充《論衡》云："妬夫媢婦生，則忿怒鬬訟。"益知"媢"是妬之别名。原英布之誅爲意賁赫耳，不得言媚。

此例同時運用了他校、本校與理校法。唐顏師古從事校勘，也將理校與對校緊密結合在一起，其《匡謬正俗》卷二《尚書》條云：

> 孔安國《古文尚書序》云："先君孔子，生於周末，覩史籍之煩文，懼覽者之不一，遂乃定禮樂，明舊章。"覽者，謂習讀之人，猶言學者爾。蓋思後之讀史籍者，以其煩文，不能專一，將生異説，故删定之。凡此數句，文對旨明，甚爲易曉。然後之學者，輒改"之"字居"者"字上，云"覽之者不一"。雖大意不失，而顛倒本文，語更凡淺，又不屬對，亦爲妄矣。今有晉、宋時書不被改者，皆云"覽者之不一"。

朱熹《韓文考異》自序談到他校韓愈集，"悉考衆本之同異，而一以文勢義理及它書之可證驗者決之。苟是矣，則雖民間近出小本不敢違。有所未安，則雖官本、古本、石本不敢信"。清代學者在校勘學方面所取得的豐碩成果，也都是理校與對校相結合的産物，下面我們試舉一個現代人綜合運用各種方法進行校勘而頗爲成功的例子，羅聯添云：

> 張籍《贈王建》七絶一首云："自君去後交游少，東野亡來箧笥貧。賴有白頭王建在，眼前猶是詠詩人。"
>
> 這首詩見《四部叢刊》景明刊本《張司業集》卷六，開頭"自君"兩

字,《全唐詩》(卷十四張籍五)本作“白君”,而清代黎庶昌《古逸叢書》景宋本《張司業集》作“于君”。鄭因百先生認爲“自君”、“白君”均誤,應該作“于君”纔是。其《永嘉室札記》有“張籍贈王建詩”一條云:“晏小山《臨江仙》詞云:‘東野亡來無麗句,于君去後少交親。追思往事好沾巾。白頭王建在,猶見詠詩人。……’前半全用張詩。……于君,于鵠也,爲張籍摯友。《四部叢刊》本《張司業集》于君作自君,《全唐詩》作白君,均誤。《古逸叢書》影刻宋本不誤。”(見《書目季刊》七卷一期二五頁)

案:張籍贈詩的對象是王建,如作“自君”,“君”則必指王建。這跟第三句“白頭王建在”連貫不起來,當然不對。如作“白君”,則當指白居易。白居易亦張籍摯友,曾推許張籍“尤工樂府詩,舉代少其倫”。(《白氏長慶集》卷一《讀張籍古樂府詩》)白卒於武宗會昌五年(八四五),年七十五。元和十年(八一五)白以論事——論宰相武元衡遇刺事,貶爲江州司馬(詳陳振孫《白香山年譜》及新、舊《唐書・白居易傳》),而張籍此詩大約作於元和十年(八一五)前後。(據華忱之《孟郊年譜》:東野以元和九年八月卒。張籍詩有“東野亡來”之語,可推其撰作應在元和九年冬以後。)“白君去後”,指白居易離去以後到江州,義亦可通,但“白君”跟第三句“白頭”重用白字,似非高明之作。北宋晏幾道《臨江仙》詞用“于君去後”四字正跟《古逸叢書》景刻宋本合,可證宋本作“于君”最爲正確。于君名鵠,與張籍有厚交,張有《傷于鵠》五言古詩一首。(《張司業集》卷七)其中云:“良玉沈幽泉,名爲天下珍。”又云:“今來弔嗣子,對隴燒斯文。”可知所謂“于君去後”是指于鵠去世以後,與“東野亡來”正相儷。又東野卒於元和九年(八一四),于鵠之去,與東野之亡,相並而言,于鵠去世應在元和時代。南宋計有功《唐詩紀事》,稱于鵠是“大曆貞元間人”,據此可證其謬。①

① 《唐代文學論集・唐代詩文集校勘問題》八《自君去後交游少》,臺灣學生書局一九八九年版。

陳垣在談到理校法時説:“最高妙者此法,最危險者亦此法。”①理校與對校相結合,則可增强校勘的可靠性。例如王念孫雖以理校見長,但他在校勘時仍十分重視引證各種資料,從而取得精湛的成果。如《逸周書・文政》篇云“位長以遵之”,王氏云:“位長本作伍長。下文‘什長以行之’,什長與伍長文正相對。《大聚》篇曰:‘五户爲伍,以首爲長;十夫爲什,以年爲長。’此之謂也。今本伍長作位長,則文義不明,蓋以伍、位字形相似而誤。《玉海》六十七引此正作伍長。”②

陳垣在談到對校法時説:“其主旨在校異同,不校是非,故其短處在不負責任,雖祖本或别本有訛,亦照式録之;而其長處則在不參己見,得此校本,可知祖本或别本之本來面目。”③采用對校與理校相結合的方法,則可保存對校法的長處,並能克服其短處。如《管子・牧民》篇云:“地辟舉則民留處”,郭沫若等集校曰:

> 宋楊忱本作“地辟舉則民留處”,古本、劉績本、朱東光本均作“地舉辟則可留處”。
>
> 尹知章云:舉,盡也,言地盡闢,則人留而安居處也。
>
> 猪飼彦博云:舉,謂耕種也。《臣乘馬》曰:“起一人之繇,百畝不舉。”
>
> 戴望云:朱東光本作“地舉辟則可留處”,據尹《注》似亦作“地舉辟”。舉、處爲韻。上下文皆協韻,此不宜獨異。《輕重甲篇》曰“地辟舉則民留處”,《事語》《地數》二篇並曰“壤辟舉則民留處”,是其明證。朱本“可”字誤。
>
> 維遹案:戴説是也。《廣雅・釋詁》一“發,舉也”,則“舉”亦可訓發。辟、闢同。“地辟舉”猶言地開發也。④

---

① 《校勘學釋例》卷六《校法四例》。

② 《讀書雜志・逸周書第二・文政・位長》。

③ 《校勘學釋例》卷六《校法四例》。

④ 《郭沫若全集》歷史編《管子集校・牧民篇第一》。許維遹乃《管子集校》作者之一。

《集校》首先列舉了各本的異同,即對校;接着又列舉了猪飼彦博、戴望、許維遹的校勘記,他們從音韻與訓詁的角度進行了分析,認爲"地辟舉"是而"地舉辟"非,即理校。此外,猪飼彦博、戴望還舉了《管子》他篇的有關内容來印證自己的推理,頗有説服力。校記此條將對校與理校結合在一起,既使我們知道了各本的本來面目,又分析了孰是孰非,頗便於讀者參考和抉擇。所以説,實行對校與理校相結合的校勘方法,不僅是可能的,而且也是必要的。

第四節　校勘宜慎

人們在校勘實踐中深刻地認識到,書面材料中的不少錯誤都是由誤校造成的。如顧廣圻云:"予性素好鉛槧,從事稍久,始悟書籍之訛,實由於校。據其所知,改所不知。通人類然,流俗無論矣。"①段玉裁强調理校,但是也認爲:"校定之學,識不到則或指瑜爲瑕,而疵纇更甚;轉不若多存其未校定之本,使學者隨其學之淺深以定其瑕瑜,而瑕瑜之真固在。古書之壞於不校者固多,壞於校者尤多。壞於不校者,以校治之;壞於校者,久且不可治。"②孫德謙還談道:"若不善校書,全無依據而率意改更,抑或强書就我,妄援假借之例,以便其改字。形聲不通者,則歸其罪於傳寫。尤甚者,勇於改書,義所難解者,則悍然去之,無復有所顧慮。吾恐書之幸而獲傳於今,其間文字歧異,經校讎之手,私相删改當不可勝算矣。"③

古今因臆改致誤的例子甚多,其突出的有韓愈的兒子韓昶改金根車爲金銀車的笑話。宋劉昌詩記其事云:

> 崔豹《古今注》云:金根車,秦制也。秦併天下,閲三代之輿服,謂殷得瑞山車,一曰金根,故因作爲金根之車。秦乃增飾而乘御,漢因不改。《晉·輿服志》載金根車,天子親耕所乘,置耒耜於軾上,乃知

① 《思適齋集》卷一五《書文苑英華辨證後》。

② 《經韻樓集》卷八《重刊明道二年國語序》。

③ 《劉向校讎學纂微·待刊改》。

是車蓋耕車也。及考《東京賦》,有農輿輅木。薛綜注曰:此所謂耕根車。然則金根、耕根,其名又異矣。唐莊懿公主下嫁田緒,德宗幸望春樓餞之,厭翟敝不可乘,以金根車代之。公主出降乘金根車,自此始。豈非去古遠而意愈失邪?韓昶爲集賢校理,史傳中有説金根車處,皆臆斷之曰:"豈其誤歟?必金銀車也。"悉改"根"爲"銀"。至除拾遺,果爲諫院不受。昶,文公之子也,而不知古,抑又可嘆。①

近人誤改者也屢見不鮮,潘重規云:

任二北教授是近代詞曲大師,所著《敦煌曲校録》《敦煌曲初探》《唐戲弄》,都是煌煌鉅著,備受國際學者的重視,由於敦煌寫本文字叢殘,卷紙損泐,任氏出其所學,往往有精確的訂正,嘉惠士林,裨益學術,貢獻不可謂不大。但有時自出手眼,也造成了失誤。現在姑舉一例,以明治學之難。巴黎伯三二五一號卷子,鈔寫《菩薩蠻》詞四首,前二首云:

清明節近千山緑,輕盈士女腰如束。九陌正花芳,少年騎馬郎。羅衫香袖薄,佯醉抛鞭落。何用更迴頭,謾添春夜愁。

朱明時節櫻桃熟,卷(捲)簾嫩笋(筍)初成竹。小玉莫添香,正嫌紅日長。　　四支(肢)無氣力,鵲語虚消息。愁對牡丹花,不曾君在家。

這兩首詞,第一首寫芳春郊游的艷情,第二首寫初夏幽閨的愁思。任氏《敦煌曲校録》依據第一首"清明節近"改第二首"朱明時節"作"清明時節",造成了很大的錯誤。因爲櫻桃成熟,嫩筍成竹,紅日嫌長,都是夏日的景色。《禮記·月令》説:"仲夏之月,天子羞以含桃,先薦寢廟。"含桃就是櫻桃。《漢書·叔孫通傳》説:"惠帝出離宫,叔孫通曰:'古者春嘗果,方今(按謂仲夏之月)櫻桃熟可獻,願陛下出,因取櫻桃獻宗廟。'上許之。"杜工部《野人送朱櫻》詩云:"西蜀櫻

① 《蘆浦筆記》卷六《金根車》。

桃也自紅，野人相贈滿筠籠。數迴細寫愁仍破，萬顆匀圓訝許同。憶昨賜霑門下省，退朝擎出大明宫。金盤玉筯無消息，此日嘗新任轉蓬。”寫出了唐代宫内獻櫻桃後頒賜臣下的情況。而且“朱明”本來就是指的夏天，《爾雅·釋天》説：“夏爲朱明。”用朱明爲夏日紀時，在敦煌寫本中仍然可以看到，巴黎伯二七二一號卷子的背面鈔寫了舜子至孝變文，末尾有題記云：“天福十五年歲當己酉朱明蕤賓之月蓂生拾肆寫畢記。”天福是後晉高祖的年號，己酉（九四九）已經到了後漢隱帝乾祐二年，偏遠地方消息不靈，寫本紀年常有此種現象。朱明是夏，蕤賓之月是五月，《禮記·月令》：“仲夏之月，律中蕤賓。”蓂是蓂莢，“堯時瑞草”（《集韻》），“月一日一莢生，十五日畢；至十六日，一莢去”。（《白虎通·封禪》）蓂生十四莢，即是月之十四日。换句話，這個題記是天福十五年己酉五月十四日寫畢的。筍是竹萌。《毛詩草木蟲魚疏》：“筍，竹萌也。皆四月生。”所以這首詩寫的是夏景，朱明指的是夏日。把朱明改作清明，那真是天大的錯誤！①

正因爲輕改容易致誤，所以嚴肅的學者在校勘時都採取慎重態度，而且形成了一個優良傳統。《漢書·藝文志》云：“古制，書必同文，不知則闕，問諸故老。至於衰世，是非無正，人用其私。故孔子曰：‘吾猶及史之闕文也，今亡矣夫。’蓋傷其寖不正。”②於此可見，妄改書面材料與反對妄改書面材料，皆早已有之。孔子是反對輕改書面材料的。如《春秋》昭公“十有二年，春，齊高偃帥師納北燕伯于陽”。《公羊傳》云：“伯于陽者何？公子陽生也。子曰：‘我乃知之矣。’在側者曰：‘子苟知之，何以不革？’曰：‘如爾所不知何？’”何休《公羊解詁》曰：“子，謂孔子。乃，乃是歲也。時孔子年二十三，具知其事，後作《春秋》，案史記，知‘公’誤爲‘伯’，‘子’誤爲‘于’，‘陽’在，‘生’刊滅闕。”又曰：“如，猶奈也。猶曰：‘奈汝所不知何，寧可强更之乎？’此夫子欲爲後人法，不欲令人妄億錯。‘子絕四：毋意，毋

① 《敦煌詞話》五《敦煌詞不可輕改》。

② 《漢書》卷三〇。“吾猶及”云云，見《論語·衛靈公》。

必,毋固,毋我。’”①元吴師道也説:“事莫大於存古,學莫善於闕疑。夫子作《春秋》,仍‘夏五’殘文;漢儒校經,未嘗去本字,但云‘某當作某’,‘某讀如某’,亦謹重也。古書字多假借,音亦相通,鮑直去本文,徑加改字,豈傳疑存舊之意哉?”②

最值得稱道的是宋人彭叔夏校《文苑英華》的慎重態度。他在《文苑英華辨證》的自序中説:“叔夏年十二三時,手鈔《太祖皇帝實録》。其間云‘興衰治□之源’,闕一字,意謂必是‘治亂’,後得善本,乃作‘治忽’。三折肱爲良醫,信知書不可以意輕改。”《四庫全書總目》卷一八六《文苑英華辨證》提要云:“叔夏此書,考核精密,大抵分承訛當改、別有依據不可妄改、義可兩存不必遽改三例。中如杜牧《請追尊號表》,以高宗伐鬼方爲出《尚書》,顯然誤記,而叔夏疑是逸《書》,未免有持疑不決之處,然其用意謹嚴,不輕點竄古書,亦於是可見矣。”顧廣圻《書文苑英華辨證後》也稱贊道:“叔夏自序云:‘三折肱爲良醫,知書不可以意輕改。’何其知言也!此書乃校讎之楷模,豈獨讀《英華》者資其是正哉!”③

清代王念孫父子雖精於訓詁,長於理校,但也不輕改古書。王念孫《讀書雜志》十五《淮南内篇第二十二》,在總結了六十二條誤例後感嘆道:

> 嗟乎!學者讀古人書,而不能正其傳寫之誤,又取不誤之文而妄改之,豈非古書之大不幸乎?至近日武進莊氏所刊藏本,④實非其舊,其藏本是而各本非者,多改從各本,其藏本與各本同誤者,一概不能釐正,更有未曉文義而輒行删改,及妄生異説者,竊恐學者誤以爲藏本而從之,則新刻行而舊本愈微,故不得不辯。

校勘的目的是存真,因此不應輕改古書,但是爲了恢復古書的本來面目又不得不改,王引之經過深入研究提出了一些改與不改的原則,從中也

---

① 《春秋公羊傳注疏》卷二二。“子絶四”云云,見《論語·子罕篇》。

② 《戰國策校注序》,鮑謂宋鮑彪。

③ 《思適齋集》卷一五。

④ 莊氏指莊逵吉。

可看出他的謹慎態度。引文詳見本編第四章《校勘的資料》第二節《他書的引文》—《古類書的引文》。

顧千里甚至提出了“不校校之”的理論。此説最早出於邢邵。邵字子才,《北齊書》本傳稱其“雅有才思,聰明彊記,日誦萬餘言,博覽文籍,無不通曉。有書甚多,而不甚讎校。見人校書,常笑曰:‘何愚之甚?天下書至死讀不可徧,焉能始復校此?日思誤書,更是一適。’妻弟李季節,才華之士,謂子才曰:‘世間人多不聰明,思誤書何由能得?’子才曰:‘若思不能得,便不勞讀書。’”顧千里很欣賞邢邵的觀點,把自己的室名叫做思適齋。其《思適寓齋圖自記》曰:“以思適名齋者何?顧子有取於邢子才之語也。史之稱子才曰‘不甚校讎’。顧子役役以校書,而取之者何?謂顧子之於書,猶必不校校之也。子才誠僅曰不校乎哉?則烏由思其誤,又烏由而有所適也!故子才之不校,乃其思。不校之誤,使人思。誤於校者,使人不能思。去誤於校者而存不校之誤,於是日思之,遂以與天下後世樂思者共思之。此不校校之者之所以有取於子才也。”①顧千里還對“不校校之”理論的提出及其含義解釋道:

> 顔黄門有言:“校定書籍,亦何容易,自揚雄、劉向方稱此職耳。”蓋以校書之弊有二:一則性庸識闇,彊預此事。本未窺述作大意,道聽而塗説,下筆不休,徒增蕪累。一則才高意廣,易言此事,凡遇所未通,必更張以從我,時時有失,遂成瘡疻。二者殊塗,至於誣古人,惑來者,同歸而已矣。廣圻竊不自量,思救其弊。每言書必不校校之。毋改易其本來,不校之謂也;能知其是非得失之所以然,校之之謂也。今古餘先生重刻撫本《禮記》,悉依元書而别撰考異,以論其是非得失,可云實獲我心。②

他代張古餘撰《重刻儀禮注疏序》復云:“《儀禮》經鄭注賈疏,前輩每言其

---

① 《思適齋集》卷五。

② 《思適齋集》卷一四《禮記考異跋》。顔指顔之推,曾官北齊黄門侍郎。其言見所撰《顔氏家訓·勉學篇》。

文字多誤者，予因徧搜各本而參稽之，知經文尚存唐開成石刻，可以取正。注文則明嘉靖時所刻頗完善，其疏文之誤，自陳鳳梧本以下約略相同。比從元和顧千里行篋所見所用宋景德官本手校疏，凡正譌補脱去衍乙錯無慮數千百處，神明焕然爲之改觀。千里又用宋嚴州本校經及注，視嘉靖本尤勝。……嚴州本之經，較諸唐石刻或有一二不合，今猶仍之者，著異本之所自出也。注與疏兩宋本非必全無小小轉寫之譌，不欲用意見更易者，所以留其真，慎之至也。”①清黄廷鑑也持同樣觀點。其《校書説》云：“客有問於余曰：子之校書，以不改爲主。如此又曷取於校乎？余應之曰：是乃所謂校書也。……校書之體，不可易也。惟應據諸本異同，考其得失，擇善而從。倘諸本皆同，而其義絶不可通者，迺證於所引之本書；本書既佚，不得已迺證之唐代類書，及子史各注。其實有形聲脱誤之迹，屬後人傳鈔之誤者，乃可改之。否則明知其誤，無寧闕疑，蓋不當改者，固不可改；即不可不改者，必慎之又慎。如是則改者自少，以云不改，不亦可乎！”②近代校勘大家孫詒讓也强調一字不略過，一字不輕改。嘗自序其《札迻》云：“凡所考論，雖復簡絲數米，或涉瑣屑，於作述閎恉未窺百一，然匡違茜佚，必有誼據，無以孤證肊説，貿亂古書之真，則私心所遵循，而不敢越者。”於此可見，在中國校勘學史上，凡卓有成就者，都是那些不輕改古書的人。

就具體的校勘工作而言，通假字一般是不應校改的。《顔氏家訓·書證》篇早已明言：“古無二字，又多假借，以‘中’爲‘仲’，以‘説’爲‘悦’，以‘召’爲‘邵’，以‘閒’爲‘閑’，如此之徒，亦不勞改。”唐陸德明《經典釋文·序録》亦云：“經籍文字，相承已久，至如‘悦’字作‘説’，‘閑’字爲‘閒’，‘智’但作‘知’，‘汝’止爲‘女’，若此之類，今並依舊音之。”張守節《史記正義·論字例》也肯定了前人的做法，指明：“《史》《漢》文字，相承已久，若‘悦’字作‘説’，‘閑’字作‘閒’，‘智’字作‘知’，‘汝’字作‘女’，‘早’字作‘蚤’，‘後’字作‘后’，‘既’字作‘溉’，‘敕’字作‘飭’，‘制’字作‘剬’，此之

① 《思適齋集》卷七。鄭指漢鄭玄，賈指唐賈公彦。

② 《第六絃溪文鈔》卷一。

般流,緣古少字通共用之。……如此之類,並即依行,不可更改。"

此外,陳垣《校勘學釋例》也談到過這個問題。"始予之校《元典章》也,見'札'作'劄','教'作'交','應副'作'應付',以爲元代用字與今不同也,後發見元刻本本身亦前後互異,乃知非元代用字與今不同,實當時之二字通用。沈刻校改,固爲多事,即今回改,亦屬徒勞。"並指出:

"教""交"通用	"札""劄"通用
"呈""承"通用	"整""拯"通用
"格""革"通用	"您""恁"通用
"驅""軀"通用	"疋""匹"通用
"翼""奕"通用	"杖""仗"通用
"卓""棹"通用	"毆""歐"通用
"駮""駁"通用	"礙""碍"通用
"只""止"通用	"後""后"通用

"應付"與"應副"通用

"駙馬"與"附馬"通用

"守制"與"守志"通用①

第五節　校勘的程序與注記

我們已經對各種校勘方法進行了介紹,下面再談談改正書面材料、撰寫校勘記的具體做法。

漢應劭云:"劉向校書籍,皆先書竹,爲易刊定。可繕寫者以上素。"②這説明劉向等在校書的時候有一定的程序和模式:先將文字寫在竹簡上,如果發現錯誤就削去,以便改正。改定後,再寫在帛上。當紙書盛行以

① 《校勘學釋例》卷六第四六《元本通用字不校例》。

② 《太平御覽》卷六〇六引《風俗通》。

後，人們曾嘗試着用各種方法消除誤處，一般以雌黄塗抹爲最佳。沈括介紹宋代館閣校書情況時説："館閣新書浄本有誤書處，以雌黄塗之。嘗校改正之法，亂洗則傷紙，紙貼又易脱，粉塗則字不没，塗數遍方能漫滅。唯雌黄一漫則滅，仍久而不脱，古人謂之鉛黄，蓋用之有素矣。"①清初孫慶增也談道："古用雌黄校書，因古時皆用黄紙寫，裝成卷軸，故名黄卷，其色相同，塗抹無痕迹也。後人俱用白紙鈔刻，又當用白色塗抹。今之改字，用淡色青田石磨細和膠，做成錠子，磨塗紙上，改字最妙。用鉛粉終要變黑，最不可用。"如果是善本，則不應輕易在書上塗抹，故孫氏復云："古人每校一書，先須細心紬繹。自始至終，改正字謬錯誤，校讎三四次，乃爲盡善。至於宋刻本，校正字句雖少，而改字不可遽改書上。元版亦然。須將改正字句寫在白紙條上，薄漿浮簽貼本行上，以其書之貴重也。"②

爲了同原文有所區别，人們早就注意利用不同顔色的筆墨來做校勘工作。如唐郭京撰《周易舉正》三卷，其自序稱："曾得王輔嗣、韓康伯手寫真本，比校今世流行本及國學鄉貢人等本，舉正其謬。凡所改定，以朱墨書别之。"這種方法也爲後世所普遍采用。

人們在校勘作注記時，使用染色筆和校改符號也有一些條例可循，如宋陳騤介紹南宋館閣校書之條例云：

諸字有誤者，以雌黄塗訖，别書。或多字，以雌黄圈之；少者，於字側添入；或字側不容注者，即用朱圈，仍於本行上下空紙上標寫。倒置，於兩字間書"乙"字。諸點語斷處，以側爲正。其有人名、地名、物名等，合細分者，即於中間細點。

諸點發字，本處注釋有音者，即以朱抹出，仍點發。其無音而别經傳子史音同有可參照者，亦行點發。或字有明音如：傳記之"傳"（柱戀切）爲郵傳之傳（株戀切），又爲傳習之傳（重緣切）。……雖本處無音，亦便行點發。點有錯誤，却行改正，即以雌黄蓋。朱點應黄

---

① 《夢溪筆談》卷一。

② 《藏書紀要》第四則《校讎》。

點處並不爲點。

點校訖，每册末各書臣某校正。①

南宋方崧卿的《韓集舉正叙録》有《校例》四則，對校勘的注記也作了明確規定：

誤字當刊
衍字當削
脱字當增
紛次當乙

並解釋道："此書字之當刊正者，以白字識之。當删削者，以圈毁之。當增者，位而入之。當乙者，乙而倒之。字須兩存而或當旁見者，則姑識於其下，不復標出。"

從漢代開始，學者們就已對校勘使用的術語逐步達成共識，從而形成規範，爲後學從事校勘時所遵循。段玉裁云：

鄭君之學，不主於墨守，而主於兼綜；不主於兼綜，而主於獨斷。其於經字之當定者，必相其文義之離合，審其音韻遠近，以定衆説之是非，而以己説爲之補正。凡擬其音者，例曰讀如、讀若，音同而義略可知也。凡易其字者，例如讀爲、讀曰，謂易之以音相近之字而義乃瞭然也。凡審知爲聲相近、形相似二者之誤，則曰當爲，謂非六書假借而轉寫紕繆者也。漢人作注，皆不離此三者，惟鄭君獨探其本原。②

段氏還進一步解釋道："'當爲'者，定爲字之誤、聲之誤，而改其字也，爲救正之詞。形近而訛，謂之字之誤；聲近而訛，謂之聲之誤。字誤聲誤而正

① 《南宋館閣録》卷三。案："朱點應黄點處並不爲點"一語，其義未詳。

② 《經韻樓集》卷八《經義雜記序》。鄭君指鄭玄。

之，皆謂之‘當爲’。凡言‘讀爲’者不以爲誤，凡言‘當爲’者直斥其誤。三者分，而漢注可讀，而經可讀。”①

此外，學者們還常用或爲、或作、本作、本或作、本亦作、本又作、一本作、某本作等術語來注記文字異同。如《禮記·曲禮》云：“宦學師事，非禮不親。”鄭玄注：“‘學’或爲‘御’”。《淮南子·本經》篇云：“昔者蒼頡作書而天雨粟，鬼夜哭。”高誘注：“鬼恐爲書文所劾，故夜哭也。鬼或作兔，兔恐見取毫作筆，害及其軀，故夜哭。”《禮記·曾子問》篇云：“命毋哭。”陸德明《經典釋文》：“毋，本作無。”《詩·召南·摽有梅》小序云：“男女及時也。”《經典釋文》：“本或作‘得以及時’者，從下而誤。”《詩·周南·關雎》云：“君子好逑。”《經典釋文》：“逑，音求。毛云：‘匹也。’本亦作‘仇’，音同。鄭云：‘怨耦曰仇。’”《周易·繫辭下》：“來者信也。”《經典釋文》：“信也，本又作伸。”《周易·乾·文言》：“處終而能全其終。”《經典釋文》：“能全，一本作能令。”《周易·訟卦》：“終朝三褫之。”《經典釋文》：“褫，鄭本作拕。”②此類用於注記的術語，爲數甚多。今人張舜徽曾將注記形式約略歸納爲十條，今録之於下：

一、凡文字有不同者，可注云：“某，一本作某。”（或具體寫明版本名稱）

二、凡脱一字者，可注云：“某本某下有某字。”

三、凡脱二字以上者，可注云：“某本某下有某某幾字。”

四、凡文字明知已誤者，可注云：“某當作某。”

五、凡文字不能即定其誤者，可注云：“某疑當作某。”

六、凡衍一字者，可注云：“某本無某字。”

七、凡衍二字以上者，可注云：“某本某字下無某某幾字。”

八、字倒而可通者，可注云：“某本某某二字互乙。”

九、字倒而不可通者，可注云：“某本作某某。”

---

① 《清經解》卷八八《周禮漢讀考序》。

② 參看周大璞主編《訓詁學初稿》第四章《訓詁條例》第三節《常用的術語》。

十、文句前後倒置者，可注云："某本某句在某句下。"

上述情况之一，有前後數見者，但於首見時注明"下同"或"下仿此"等字樣。①

關於這個問題，本編第七章《校勘成果的處理形式》還將涉及，讀者可以互參。

① 《中國古代史籍校讀法》第二編第四章《怎樣進行校書》第四節《校書的具體方法》。

第七章　校勘成果的處理形式

由於校勘目的、校勘方法、讀者對象以及出版條件的不同，人們對校勘成果也就采用不同的處理形式。今分别述之如下：

第一節　定　本

書籍經過校勘，分别同異，判斷是非，然後將自己認爲正確的文字紀録下來，即成定本。

凡重新整理編排的書常采用定本的形式。漢劉向等校書時就是這麽做的。其《晏子》書録云："護左都水使者、光禄大夫臣向言：所校中書《晏子》十一篇，臣向謹與長社尉臣參校讎太史書五篇、臣向書一篇、臣參書十三篇，凡中外書三十篇，爲八百三十八章。除複重二十二篇，六百三十八章，定著八篇，二百一十五章。外書無有三十六章，中書無有七十一章，中外皆有以相定。"①

最初的定本如劉向等所撰，是不出校記的。後來的定本則多附校記於定本之後，以便復按。但間或也有采用了定本的形式而不出校記的。如魯迅的《唐宋傳奇集》，即是如此。其書序例有云："本集所取文章，有復見於不同之書，或不同之本，得以互校者，則互校之。字句有異，惟從其是。亦不歷舉某字某本作某，以省紛煩。倘讀者更欲詳知，則卷末具記某

① 《四部叢刊》影印明活字本《晏子春秋》卷首。

書出於何書何卷，自可復檢原書，得其究竟。”

直接采用定本的長處是簡單明瞭，便於閱讀。人們若非爲了從事研究，讀書時是很少看所附校勘記的。它的短處是所定正文未必一定正確。段玉裁云：“凡校書者，欲定其一是，明賢聖之義理於天下萬世，非如今之俗子誇博贍，誇能考核也。故有所謂宋版者，亦不過校書之一助，是則取之，不是則却之，宋版豈必是耶？故刊古書者，其學識無憾，則折衷爲定本以行於世，如東原師《大戴禮記》《水經注》是也。”①段氏之説，言之易而行之難。就以戴震訂正《水經注》而言，連他是否鈔襲趙一清的《水經注釋》尚且是一大疑案，②怎麽能判定他訂正《水經注》已經學識無憾了呢？事實上，從戴震到晚清楊守敬，對《水經注》的校勘工作，一直有人在不斷進行，可見戴校絶非如段氏所稱定本。

第二節　定本附校勘記

在寫成定本以後，附以校勘記，説明其所校定的根據或理由，是較爲審慎的方式。朱希祖云：

> 校讎之法有二：一則羅列各本，擇善而從；其不善者，棄而不言。然必擇一本爲主，若他本、他書有善者，據以校改此本，必注云：原本作某，今據某本或某書改。否則必犯無徵不信之譏，且蹈無知妄改之戒。原本不誤而校改反誤者，皆由於此。一則擇一本爲主，而又羅列各本之異同，心知其善者，固當記注於上；即心知其誤者，亦當記注於上，以存各本之真面。使後世讀此書者，得參校其異同，斟酌其是非，擇善而從，抑亦校書之善法也。然主前法者，或譏後法爲蕪纇而無所發明；主後法者，或譏前法爲專擅而妄改古書。其實各得其法，不偭其矩，皆有益於學者。③

① 《經韻樓集》卷一一《答顧千里書》。

② 參見《汪辟疆文集》：《〈水經注〉與〈水經注疏〉》注釋三十二。

③ 南京圖書館藏稿本《酈亭藏書題跋記・校本意林跋》。

顯然,朱氏所説的第一種方法指定本附校勘記,第二種方法指底本附校勘記。這裏先介紹前者。

定本附校勘記可以郭沫若的《鹽鐵論讀本》爲例。其書序云:“爲了便於閱讀起見,我把《鹽鐵論》標點了,定名爲《鹽鐵論讀本》。對於難解或者經過校改的字句,我加了一些簡單的注釋。”他所謂的讀本,實際上就是定本;他所謂的注釋,實際上就是校勘記。如該書《本議第一》云:“陛下垂大惠,哀元元之未贍,不忍暴士大夫於原野,縱無被堅執鋭者北面復匈奴之志〔注一〕,又欲罷鹽鐵、均輸,用損武略〔注二〕,無憂邊之心。於其義(議)未便也。”郭氏注一云:“‘縱無’原作‘縱然’,‘者’作‘有’,不可通,以意改。”注二云:“‘憂邊用損武略’,‘憂邊’二字,涉下文而衍。”王樹民《廿二史劄記校證》也采用了這種形式。其《前言》云:“《甌北全集》於嘉慶初年以湛貽堂名義印行,其後《廿二史劄記》一書翻刻甚多,以光緒二十六年(一九〇〇)廣州廣雅書局及二十八年湖南新化西畬山館二種爲最佳。湛貽堂本雖爲原刻本而校刻欠精,廣雅與西畬二本不僅多作文字校正,於内容疏略之處亦間爲校補,尤以西畬本補正者爲多。本書即以三本互校,擇善而從,凡原刻本誤而經二本改正者,皆從之,並在校證中注明;如原刻本不誤而二本誤改者,則從原刻本而不出校。”如卷一《史漢不同處》云:“劉辰翁有《班馬異同》。”《校證》曰:“按,劉辰翁之‘辰’字,原刻本誤作‘仁’,西畬本已改正。”

這種方法的長處是既有定本之簡明,又不至於使人不知定本文字所從出;既便於閱讀,又在相當大的程度上保留了各本的面目。如清同治五年金陵書局刊本《史記集解索隱正義合刻本》一百三十卷附張文虎《札記》五卷就屬於這種類型。張氏《札記》卷末識語有云:“新刊史文及注皆不主一本,恐滋讀者疑,請於刊竣之後附記各本同異及所以去取意。文正頷之。”復云:“所記異同,大半取資於錢校本。其外兼採諸家緒論,則梁氏《志疑》、王氏《雜志》爲多。間附文虎與唐君管見所及,不復識别。其有偶與前賢暗合者,悉歸之前賢,以避攘善之譏。”①如金陵書局本《史記·老

① 金陵書局本《史記》據校各本詳見《校刊史記集解索隱正義札記》卷一。文正,曾國藩謚。錢校本指錢泰吉校本。梁氏《志疑》指梁玉繩《史記志疑》。王氏《雜志》指王念孫《讀書雜志》。唐君指唐仁壽。

子韓非列傳》云:“始秦與周合,合五百歲而離,離七十歲而霸王者出焉。”《校刊史記集解索隱正義札記》卷五云:“各本作‘始秦與周合而離,離五百歲而復合,合七十歲而霸王者出焉。’毛本‘七十’下有‘餘’字。《雜志》云:此後人依周、秦本紀改。《索隱》曰:‘紀與此傳離合正反’。若此,則何反之有? 今依《雜志》從所引宋本改。《索隱》本出‘秦與周合五百歲而離’,則較宋本同少一‘合’字。”①可見局本文字是張文虎等依據單刻《索隱》本所標出的《史記》原文並參照王念孫説改定的,而所改依據在《札記》中均作了説明。潘重規的《敦煌雲謡集新書》也屬於這種情況。其《雲謡集雜曲子新書》即爲《雲謡集》定本。潘氏《緒言》云:“今欲使千年未睹之秘籍,成爲人人可讀之新書,自必舍原卷行款體式,正其題目,施以句讀,釐定片闋,改訂誤字,然後用通行字體,别爲新本,乃克有濟。竊不自揆,姑據校箋考訂所得,重寫一通,名曰《敦煌雲謡集新書》,以供學子吟諷誦習之用。”其《雲謡集校箋》即爲校勘記。《緒言》復云:“《雲謡》問世以來,尚未有人將原卷全部影印。得見真本者,海内不過數人。是以高才碩學,發爲宏論,雖或詞擅雕龍,不免議同摸象。讀者徒惑群言之淆亂,而無從斷其是非。因博攬諸家之説,薙其榛蕪,擷其精粹,正其訛誤,補其缺漏,詳究敦煌卷子文字書寫之慣例,探求唐季俗文學詞語之正詁,撰成《雲謡集校箋》一卷,期能恢復《雲謡》本來面目,不悖作者原意,以廓清杜撰臆説妄改之蒙蔽。惟所見或不圓周,取舍慮難允當,故影印原卷照片,俾讀者得衡量各家之説,目驗卷子,加以抉擇,庶不致茫然無所適從。”

清黄廷鑑的《校書説》對這個問題也進行過闡述,他在説明校書以不改爲主的道理之後,接着寫道:

> 同學張子問曰:先生之説,證之漢人解經之法,固有合矣。信好如朱子,於《大學》則定章句矣,於《孝經》則有刊誤矣,或重定篇次,或删易字句,至今遵行,豈朱子亦可非乎? 余曰:朱子之删定,豈後人改書之比,如《大學》傳首三四章下,皆注云:舊本在某句下;《孝經》經一

① 毛本指毛晉刻《史記集解》本。

章下注云：舊分爲幾章，衍去引《詩》引《書》者幾，凡所更定，必詳注舊本云云，則雖改而本書之舊仍存，即謂之未改可也。①

這種方法的短處則仍然是定本文字，對於讀者，不免先入爲主，但又不能保證其必無錯誤。如宋蔡寬夫云：

今世所傳子美集本，王翰林原叔所校定，辭有兩出者，多並存於注，不敢撤去。至王荆公爲《百家詩選》，始參考擇其善者定歸一辭，如"先生有才過屈宋"，注："一云先生所談或屈宋"，則舍正而從注。"且如今年冬，未休關西卒"，注："一云如今縱得歸，休爲關西卒"，則刊注而從正。若此之類，不可概舉。其採擇之當，亦固可見矣。惟"天闕象緯逼，雲卧衣裳冷"，闕字與下句語不類。"隅目青熒夾鏡懸，肉駿碨礧連錢動"，肉駿，於理若不通，乃直改闕作閲，改駿作騣，以爲本誤耳。②

中華書局一九八三年版《王梵志詩校輯》也采用了定本附校勘記的形式，但據文義改處過多而又不盡正確，因而不爲學者們所重視。此類例子甚多，我們就不舉了。

第三節　底本附校勘記

選擇一個作爲校勘基礎的底本來和其他資料互校，工作完成後，連同底本和校勘記一併發表出來，這乃是發表校勘成果的主要形式。

學者們對這種形式作了充分的肯定。如焦循云："校讎者：六經傳注，各有師授。傳寫有訛，義蘊乃晦。鳩集衆本，互相糾核。其弊也，不求其端，任情删易，往往考者之誤，失其本真。宜主一本，列其殊文，俾閲者參

① 《第六絃溪文鈔》卷一。

② 《蔡寬夫詩話・王荆公校改杜集》。案：王洙原叔本杜集，今有影印宋刻鈔配本，在《續古逸叢書》中。

考之也。"[1]盧文弨也曾探討過這個問題,他在《與王懷祖庶常論校正大戴禮記書》中説:

> 讀所校《大戴禮記》,凡與諸書相出入者,並折衷之以求其是,足以破注家望文生義之陋。然舊注之失,誠不當依違,但全棄之,則又有可惜者;若改定正文,而與注絶不相應,亦似未可。不若且仍正文之舊,而作案語繫於下,使知他書之文固有勝於此之所傳者。觀漢魏以上書,每有一事至四五見而傳聞互異,讀者皆當用此法以治之,相形而不相掩,斯善矣。[2]

所謂"相形",是指在校勘記中羅列各本異文;所謂"不相掩",是指不改底本原文。盧氏又説:"凡傳古人書,當一仍其舊,慎勿以私見改作。如《蔡中郎集》有宋天聖元年歐静所輯本,雖未必盡合於隋唐之舊,然在今日已爲最古,後日重刻,便可悉依舊式;或有當補者,可别附於後;當刊者,可著其説於篇下,斯得之矣。"[3]阮元也是主張底本附校勘記這種方式的,其《江西校刊宋本十三經注疏書後》云:"刻書者,最患以臆見改古書。今重刻宋板,凡有明知宋板之誤字,亦不使輕改,但加圈於誤字之旁。而别撰校勘記,擇其説附載於每卷之末。俾後之學者,不疑於古籍之不可據,慎之至也。"[4]不過,南京師範大學古典文獻專業二〇一四年郎文行碩士論文《阮刻本〈禮記注疏〉校讀札記》稱:阮刻本還存在大量的據校勘記校改底本的現象。

在校勘實踐中,漢熹平石經就已采用了這種方式,王國維指出:"漢石經後,各有校記,蓋盡列學官所立諸家異同。《隸釋》謂石經有一段二十餘字,零落不成文,惟有《叔于田》一章及'女曰鷄'八字可讀,其間有齊、韓字,蓋叙二家異同之説。是漢石經用魯詩本,而兼存齊、韓二家異字也。

---

① 《雕菰集》卷八《辨學》。

② 《抱經堂文集》卷二〇。

③ 《鍾山札記》卷一《蔡中郎集》。

④ 《揅經室集》三集卷二。

又《隸釋》所録《公羊》哀十四年《傳》，後有三行，皆有顏氏有無語，是漢石經《公羊》用嚴氏本而兼存顏氏異字也。《論語》後有包、周及盇、毛、包、周字，是《論語》亦用某本而兼存盇、毛、包、周諸本異字也。"[①]這種方式爲後世普遍采用，如《士禮居叢書》影刻宋本《國語》《戰國策》，均附有黄丕烈撰《札記》，即是其例。其代表作當推阮元刻《十三經注疏》，兹舉兩例。《毛詩正義》以阮元家藏十行宋本爲底本，其卷一《野有死麕》有"白茅包之"句，《校勘記》云：

唐石經、小字本、相臺本同。案《釋文》云："苞，逋茆反。"段玉裁《詩經小學》云："苞、苴字皆從艸。《曲禮》注云：'苞苴裹魚肉，或以葦，或以茅。'《木瓜》箋云：'以果實相遺者，必苞苴之。'引《書》'厥苞橘柚'，今《書》作'包'，訛。"今考《木瓜》正義，引此經作苞，是正義本當亦是苞字，與《釋文》本同。此《正義》作苞者，南宋合併時依經注本改之也。[②]

《孟子注疏》也以阮元家藏十行宋本爲底本，其卷一《梁惠王章句上》："百畝之田，勿奪其時，數口之家，可以無饑矣。"《校勘記》云："監本、毛本同。宋本、岳本、咸淳衢州本、孔本、韓本、閩本'饑'作'飢'。按飢餓之字當作'飢'，'饑'乃饑饉字，此經當以'飢'爲正。"

這種方式的優點是存真，它既没有以意改動正文，又没有以意取舍異文，而是先詳盡地搜集有關資料，再加以判斷，甚至不加判斷，留待讀者自己思考和決定。從上面舉的兩個例子中可以看出阮元所刻《十三經注疏》附校勘記，既保留了十行本的原貌，又臚列了各善本的異同，而且還判定了是非。其參考價值當然是相當大的。正因爲附有校勘記，校勘者的誤校也易於發現。如上海古籍出版社一九八〇年版《徐霞客游記》卷二《浙游日記》："初九日，早起，天色如洗，與王敬川同入蘭溪西門，即過縣前。"

---

① 《魏石經考》卷上《漢魏石經經本考》。

② 阮氏校《詩經》援據各本情況詳見《毛詩注疏校勘記序》。下校《孟子》援據諸本亦見《孟子注疏校勘記序》。

依上下文,此處之"縣"即爲金華縣城無疑。然則何以稱金華城西門爲"蘭溪西門"?《游記》校勘者在此篇《校勘記》中云:"與王敬川同入蘭溪西門,'蘭溪'應爲'金華'之誤。"徐建春指出:

> 霞客記載正確,校勘者誤也。光緒《金華縣志》卷四《城池》:"舊門十有一,今存者七,南曰清波,俗呼柴埠;東南曰八詠,《趙志》舊名元暢;東曰赤松,俗呼梅花;西南曰長仙,俗呼水門;曰通遠,俗呼望門;西曰迎恩,《戚志》曰朝天,俗呼蘭溪;北曰旌孝,俗呼義烏。"可見,至清代金華城幸存的七座舊城門,皆有别名,而西門更是三名並稱。之所以稱其爲蘭溪門,蓋因出此門往西北即可達蘭溪縣城。如今雖其城牆、城門已蕩然無存,但當地仍將西城門舊址稱爲"蘭溪門",又因其原爲城西之門,故也有稱"蘭溪西門"者。①

顯然,如果校勘者逕改原文,這一誤校是很難發現的。

但是采用這種方式也有缺點,那就是遍記各本異同,文字過於繁多。爲了克服這一缺點,需要精心選擇底本、主校本、參校本及其他有關資料。如何選擇底本?我們可以根據張之洞關於善本的定義提出三條標準:一是舊本,二是足本,三是精本。如何掌握這三條標準,還得根據具體情況,進行具體分析。如唐圭璋云:

> 在底本的比勘選擇上,尊重舊本而不迷信舊本,擇善而從。例如北京圖書館藏陸貽典、毛扆手校的《宋名家詞》,陸、毛二人所據校的本子都是舊本,今天已經看不到了。而從校勘記的實際情况來考察,他們所據校的本子確乎勝過現存的本子,因此這一部分的底本我們基本上選擇了陸、毛的校本。然而他們所據的舊本也決不是完美無缺的,如盧祖皋的《蒲江詞》,汲古閣本只二十餘首,陸、毛的校本也没

① 《徐霞客日記·浙游日記一處勘誤》,載《浙江師範大學學報》一九八六年第四期。

有增補，但《彊村叢書》本所據的是明鈔本《蒲江詞稿》，縱然其中雜有個別僞詞，但在數量上比汲古閣本多出七十餘首。對這種情況，我們當然選用了《彊村叢書》本。又例如黄庭堅的詞集，現有宋本《山谷琴趣外編》，但《彊村叢書》本的《山谷琴趣外編》是經朱孝臧校過的，我們把兩本比勘以後，也選用了《彊村叢書》本。①

底本的選擇標準同善本的標準不完全相同，除了要求錯誤較少外，還要求刻印較精，流傳較廣。陳垣校勘《元典章》之所以選擇清沈家本刻本作爲底本，原因之一就在於它刻印得相當精美。陳氏《校勘學釋例》重印後記云："《元典章》系一部内容豐富而又極通俗的書，通俗的書難得板本好、寫刻精。沈刻《元典章》不然，寫刻極精，校對極差，錯漏極多，最合適爲校勘學的反面教材，一展卷而錯誤諸例悉備矣。"我們校勘古籍通常是不會把它當作校勘學的反面教材的，所以在選擇底本時，既要考慮刻印精好，又要考慮錯誤較少。關於底本、主校本、參校本以及其他校勘資料的選擇問題，我們在本書第五章《從事校勘所應具備的知識》第二節《校讎學知識》一《版本》、第六章《校勘的方法》第一節《對校》、第四章《校勘的資料》中，都已經作了較爲詳細的説明，請參看。

第四節　單行的校勘記

單行校勘記的出現，或由於底本繁重，或由於底本習見易得，所以發表時就只摘録有校文的部分。宋代已經普遍采用這種方式了，如毛居正所撰《六經正誤》就是一部單行的校勘記。岳珂稱其"取六經三傳諸本，參以子、史、字書、選粹、文集，研究異同。凡字義音切，毫釐必校，儒官稱嘆，莫有異詞。刊修僅及四經，猶以工人憚煩、詭竄墨本以紿有司，而誤字實未嘗改者什二三，居正乃裒所校正之字，補成此編。"②其書今佚，而觀岳

① 《全宋詞》卷首《編訂説明》。
② 《相臺書塾刊正九經三傳沿革例・書本》。

珂所述,實開此種校記之先河。

清代此類校記之作甚多,最有名的如盧文弨的《群書拾補》,其作於乾隆五十二年(一七八七)的書前《小引》云:

> 文弨於世間技藝,一無所能。童時,喜鈔書,少長,漸喜校書。在中書日,主北平黄崑圃先生家,退直之暇,兹事不廢也。其長君雲門,時爲侍御史,謂余曰:人之讀書求己有益耳,若子所爲,書並受益矣。余灑然知其匪譽而實諷也。友人有講求性命之學者,復謂余:此所爲玩物喪志者也,子何好焉?斯兩言也,一則微而婉,一則簡而嚴。余受之,皆未嘗咈也。意亦怦怦有動於中。輟之,遂覺闕然有所失。斯實性之所近,終不可以復反。自壯至老,積累漸多,嘗舉數册付之剞劂氏矣。年家子梁曜北語余曰:所校之書,勢不能皆流通於世,其藏之久,不免朽蠹之患,則一生之精神虚擲既可惜,而謬本流傳,後來亦無從取正,雖自有餘,奚裨焉?意莫若先舉缺文斷簡訛謬尤甚者,摘録以傳諸人,則以傳一書之力分而傳數書,費省而功倍,宜若可爲也。余感其言,就余力所能,友朋所助,次第出之,名曰《群書拾補》。即一書之訛,而欲悉爲標舉之,又復累幅難罄,約之又約,余懷終未快也。然余手校之書,將來必有散於人間者,則雖無益於己,寧不少有益於人乎?後有與余同好者,而且能公諸世,庶余之勤爲不虚也已。

單行的校勘記的發表形式一般有兩種:一是每種校勘記自爲一書,如張敦仁的《資治通鑑刊本識誤》三卷、張瑛的《資治通鑑校勘記》七卷、熊羅宿的《胡刻資治通鑑校字記》四卷,以及章鈺的《胡刻通鑑正文校宋記》三十卷、附録三卷。章鈺《胡刻通鑑正文校宋記述略》云:

> 鈺自宣統辛亥以後、僑寄津郊,以校書遣日。丙辰冬日,江安傅君沅叔用鉅金得宋槧《通鑑》百衲本,約鈺同用鄱陽胡氏翻刻興文署本校讀,並約各校各書,校畢互勘,以免脱漏,閲今已一星終矣。比以上海涵芬樓《四部叢刊》中有宋刻一種,出百衲本之外,逐字比勘可供

佐證。又以明孔天胤刊無注本，源出宋槧，先後從沅叔借校，亦多佳處，始知張敦仁《識誤》，及常熟張瑛《校勘記》功未及半，辜較二百九十四卷中脱、誤、衍、倒四者，蓋在萬字以上。内脱文五千二百餘字，關係史事爲尤大。初擬彙集衆説，統加考定。頭白汗青，逡巡縮手。阮文達序山井鼎《七經孟子考文》，呰其但能詳記同異，未敢決擇是非，皆爲才力所限。若爲鈺也言之。顧以桑海餘生，得見老輩所未見，業已耗日力於此，亦安忍棄而置之。爰手寫校記七千數百條，編爲三十卷，備列所見，不厭其詳，以便覆案。讀涑水書者，或有取焉。

二是合多書的單行的校勘記爲一書，如王念孫的《讀書雜志》，包含有《逸周書》《戰國策》《史記》《漢書》《管子》《晏子春秋》《墨子》《荀子》《淮南》内篇，以及《後漢書》《老子》《莊子》《吕氏春秋》《韓子》《法言》《楚辭》《文選》等書的校勘記。孫詒讓的《札迻》則集録了他校勘秦漢至齊梁間七十八種古書的成果。張元濟的《校史隨筆》雖然寫得比較活潑，但也屬於這種類型。其自序云：

曩余讀王光禄《十七史商榷》、錢宫詹《廿二史考異》，頗疑今本正史之不可信，會禁網既弛，異書時出，因發重校正史之願。聞有舊本，展轉請託，就地攝影。影本既成，隨讀隨校。有可疑者，輒録存之。每畢一史，即摘要以書於後。商務印書館既覆印舊本行世，先後八載，中經兵燹，幸觀厥成。余始終其事，與同人共成校勘記百數十册，文字繁冗，亟待董理，際兹世變，異日能續印否，殊未敢言。友人傅沅叔貽書屬先以諸史後跋别行，余重違其意，取閲原稿，語較詳盡，更摘如干條用活字集印，備讀史者之參證。管蠡所及，詎敢望王、錢二子之什一，亦聊師其意而已。①

① 王光禄，指王鳴盛，著《十七史商榷》，曾官光禄寺卿。錢宫詹，指錢大昕，著《廿二史考異》，曾官少詹事。

這種校勘記的寫法主要有兩種：一種是記録各本異同，基本上不判斷是非。今摘《胡刻通鑑正文校宋記》卷一數條示例如次：

六葉十一行　美鬢（胡注通鑑、俗傳寫者多作美鬚，非也。國語作美鬢，今從之。十二行本正作鬢，孔本同。乙十一行本作鬚）

十四葉十八行　曰既已（十二行本曰下有不可二字，乙十一行本同，孔本同，張校同，退齋校同）

廿一葉十五行　百溢（胡注二十四兩爲溢。孔本溢作鎰，退齋校同）①

還有一種是不但記録各本異同，而且還判斷是非。這種方式帶有一定的考證和研究性質，對讀者也更有裨益。上述有名的校勘記大都做到了這一點。本書引據《讀書雜志》甚多，可參看。今舉張元濟《校史隨筆·遼史·鈎魚》一則爲例：

鈎魚二字，凡二十二見。殿本全作釣。檢南監本亦同。北監本獨見"國語解"一條作鈎，餘亦均作釣。按本史《營衛志》："秋冬違寒，春夏避暑，隨水草就畋漁，歲以爲常。"又云"春捺鉢曰鴨子河濼，皇帝正月上旬起牙帳，約六十日方至。天鵝未至，卓帳冰上，鑿冰取魚"。按鴨子河即混同江，於聖宗太平元年改名，捺鉢爲畋漁所在之地。長江大河，形勢宏闊，亦非投竿垂綸之區，頗疑釣字不協。及檢《遼史拾遺》引程大昌《演繁露》，糾正其誤，語焉甚詳。其言曰："《燕北雜録》載契丹興宗重熙年間衣制、儀衛、打圍、射鹿、鈎魚等事，於景祐五年十月撰進。又曰：達魯河鈎牛魚，虜中盛禮，意慕中國賞花釣魚，然非

① 十二行本指傅增湘百衲本《資治通鑑》中每半葉十二行、行二十四字者。孔本指明孔天胤本。乙十一行本指涵芬樓影印宋本半葉十一行、行二十一字者。張校指張敦仁《資治通鑑刊本識誤》。退齋校指張瑛《資治通鑑校勘記》。胡注指《資治通鑑》胡三省注。詳見《胡刻通鑑正文校宋記述略》。

釣也,鉤也。又曰:其鉤是魚也。虜主與其母皆設次冰上,先使人於河上下十里間,以毛網截魚,令不得散逸,又從而驅之,使集虜帳。其床前預開冰竅四,名爲冰眼,中眼透,旁三眼環之不透,第斲減令薄而已,薄者所以候魚,而透者將以施鉤也。"又曰:"魚之將至,伺者以告虜王,即遂於斲透眼中,用繩鉤擲之,無不中者。"據此,可以證元本之正,及監本、殿本之非,然則書顧不貴初刻乎?

采用這種方式的長處是能集中反映校勘成果,並能節省開支,其缺點是人們在閱讀原書時不便當下檢閱。

第五節　與注釋混合的校勘記

學者們爲某一古書作注時,往往要牽涉到校勘的問題,因爲正確的文字乃是正確解釋的前提。正因爲這樣,文字的校訂和注釋便經常混合在一起了。

漢唐學者注釋群經的如鄭玄、陸德明、孔穎達、賈公彦等,注釋史籍的如裴駰、司馬貞、張守節、顔師古、李賢、裴松之等,注釋子書的如高誘等,注釋文學作品的如李善等。他們的注釋工作都常常與校勘工作密切結合在一起,其注釋中保存了豐富的校勘資料。

例如陸德明的《經典釋文》是一部訓詁學名著,同時也是一部校勘學名著。自序中説他"研精六籍,採摭九流,搜訪異同,校之《蒼》《雅》,輒撰集五典、《孝經》《論語》及《老》《莊》《爾雅》等音,合爲三袟三十卷,號曰《經典釋文》"。本書《條例》復云:"余既撰音,須定紕謬,若兩本俱用,二理兼通,今並出之,以明同異。其涇渭相亂,朱紫可分,亦悉書之,隨加刊正。復有他經别本,詞反義乖而又存之者,示博異聞耳。"由此可見陸德明不僅將校勘工作視爲注釋音義的先決條件,而且在注釋中對校勘成果的處理也是非常謹慎的。下面我們再舉幾個先儒校注經史的實例。

《詩·邶風·緑衣》,《序》云:"《緑衣》,魏莊姜傷己也。"鄭玄《箋》曰:"緑,當爲褖。故作褖,轉作緑,字之誤也。"孔穎達《正義》曰:"必知緑誤而褖是者,此綠衣與《内司服》綠衣字同,内司服掌王后之六服,五服不言色,唯綠衣言色,明其誤也。《内司服》注引《雜記》曰:'夫人復稅衣揄翟。'又《喪大記》曰'士妻以褖衣',言褖衣者甚衆,字或作稅。此綠衣者,實作褖衣也。以此言之,《内司服》無褖衣而《禮記》有之,則褖衣是正也。彼綠衣宜爲褖衣,故此綠衣亦爲褖衣也。"①

又,《漢書》卷十八《外戚恩澤侯表第六》云:"右孝平二十二人,邛成、博陸、宣平、紅、舞陽、秺、樂陵、都成、新甫、爰氏、合陽、義陽、章鄉、信成、隨桃、褒新、賞都十七人,隨父繼世,凡三十九人。"師古曰:"據《功臣表》及《王子侯表》,平帝時無紅侯,唯周勃玄孫恭,以元始二年紹封絳侯。疑紅字當爲絳,轉寫者誤。又《功臣表》作童鄉侯,今此作章鄉,二表不同,亦當有誤也。"

采用這種方式的優點是對於撰者叙述和讀者閲讀都很方便,今人作注,有時也穿插着做一些校勘工作,讀來饒有興味。如胡小石的《杜甫羌村章句釋》中的兩段:

柴門鳥雀噪,歸客千里至。

二語初到門所見。仇注:"雀當爲鵲。"非也。仇改字,蓋取鵲噪行人至之義。然鵲巢樹,不集門。此言日暮時,群雀將歸棲人屋下,故先集於門。鳥雀噪門者,門久不開,主人未歸已久,雀噪門無所畏,其淒涼可知。言"鳥雀"猶言"鳥鳥"。但是雀耳,鳥乃足句之字。

兵革既未息,兒童盡東征。

東征意指收京。"兒童",一作"兒郎",今不取。二語差異甚大。言兒郎可以該"丁",尚未盡兵禍之慘酷。言兒童則壯丁盡而未成年者亦執戈而赴戎行。杜《新安吏》作於乾元二年九節度相州潰師之後。詩云:"客行新安道,喧呼聞點兵。借問新安吏,縣小更無丁。府帖昨夜下,次選中男行。中男絶短小,何以守王城?"事與此正

① 《毛詩正義》卷二之一。

同。……凡朝野太平，則成丁之歲亦較晚。今丁已盡遣，乃及中男或更幼者，故云“兒童盡東征”也。至《垂老别》，則徵及老翁。《石壕吏》索老翁不得，並老嫗亦往應徵，爲狀更慘。①

用這種方式整理過的書往往徑題爲校注，如元吴師道的《戰國策校注》。《四庫全書總目》卷五一該書提要云：

師道以鮑彪注《戰國策》，雖云糾高誘之訛漏，然仍多未善，乃取姚宏續注與彪注參校，而雜引諸書考正之。其篇第注文，一仍鮑氏之舊。每條之下，凡增其所闕者，謂之補；凡糾其所失者，謂之正。各以“補曰”、“正曰”别之，復取劉向、曾鞏所校三十三篇四百八十六首舊第爲彪所改竄者，别存於首。蓋既用彪注爲稿本，如更其次第則端緒益棼，節目皆不相應；如泯其變亂之迹，置之不論，又恐古本遂亡，故附録原次以存其舊。孔穎達《禮記正義》，每篇之下附著《别録》第幾，林億等新校《素問》亦每篇之下附著全元起本第幾，即其例也。前有師道自序，撮舉彪注之大紕繆者凡十九條，議論皆極精審。其他隨文駁正，亦具有條理。古來注是書者，固當以師道爲最善矣。

當然，這種方法只適用於注釋與校勘相結合的情況。如果專門從事校勘，這種與注釋相結合的校勘記形式就無法采用了。

第六節　載於筆記中的校勘記

前人讀書，多隨文作記，如宋王應麟《困學紀聞》、清顧炎武《日知録》所論就遍及群書；王引之《經義述聞》、錢大昕《廿二史考異》則專究某一類書。其餘就某一部書寫下自己鑽研心得的，則爲數更多，不勝枚舉。在這些筆記中，不涉及校勘工作，不刊載一些校勘成果的，爲數極少。用筆記

① 見《胡小石論文集》，上海古籍出版社一九八二年版。

的形式來發表校勘記,在成果較少,不能獨立成書時,是比較適合的。

人們早就在一般著作中記録校勘成果了。如北齊顔之推的《顔氏家訓》是一部分類雜記作者對世事、學術各方面的見解以示子孫的書,其中有《書證》一篇,就頗有涉及文字校勘的。兹舉二例:其一、"《詩》云:'將其來施施。'①毛《傳》云:'施施,難進之意。'鄭《箋》云:'施施,舒行皃也。'韓詩亦重爲施施,河北毛詩皆云施施,江南舊本單爲施,俗遂是之,恐爲少誤。"其二、"太史公記:'高漸離變名易姓,爲人庸保,匿作於宋子。久之,作苦,聞其家堂上有客擊筑,伎癢,不能無出言。'②案:'伎癢'者,懷其伎而腹癢也。是以潘岳《射雉賦》亦云:'徒心煩而伎癢。'今《史記》並作'徘徊',或作'徬徨不能無出言',是爲俗傳寫誤耳。"唐顔師古的《匡謬正俗》雖爲小學著作,但是采用了札記的形式,其中也反映了他校勘經史的成果,如其卷七《假》條曰:"《楚辭》云:'聊假日以媮樂。'此言遭遇幽阨,中心愁悶,假延日月,苟爲娱耳。今俗言'假日度時'。故王粲云:'登兹樓以四望,聊假日以消憂。'取此義也。今之讀者,不尋根本,改'假'爲'暇',失其意矣。原其辭理,豈閑暇之意乎?"

宋人所撰筆記甚多,北宋沈括《夢溪筆談》、南宋洪邁《容齋隨筆》、王應麟《困學紀聞》等皆收有不少校勘成果。如沈括云:

> 韓退之集中《羅池神碑銘》有"春與猿吟兮秋與鶴飛",今驗石刻乃"春與猿吟兮秋鶴與飛"。古人多用此格,如《楚詞》"吉日兮辰良",又"蕙肴蒸兮蘭籍,奠桂酒兮椒漿"。蓋欲相錯成文,則語勢矯健耳。杜子美詩"紅豆啄餘鸚鵡粒,碧梧棲老鳳凰枝"。此亦語反而意全,韓退之《雪詩》"舞鏡鸞窺沼,行天馬度橋",亦效此體,然稍牽强,不若前人之語渾成也。③

王應麟也指出:《荀子》"《勸學》篇'青出之藍'作'青取之於藍';'聖心

① 《詩・王風・丘中有麻》。

② 見《史記》卷八六《刺客列傳》。

③ 《夢溪筆談》卷一四《藝文》一。

循焉’作‘備焉’；‘玉在山而木潤’作‘草木潤’；‘君子如嚮矣’作‘知嚮矣’。《賦》篇‘請占之五泰’作‘五帝’。監本未必是，建本未必非，餘不勝紀。（今監本乃唐與政台州所刊，熙寧舊本亦未爲善，當竢詳考。‘五泰’注云：‘五泰，五帝也。監本改爲五帝而删注文。’”）①

明人以擅改古書聞名，在校勘學上的成就不高，但是在明人的筆記中仍有一些校勘成果可供參考，如楊慎的《丹鉛録》。《四庫全書總目》卷一一九該書提要云：“慎博覽群書，喜爲雜著，計其平生所叙録，不下二百餘種。其考證諸書異同者，則皆以《丹鉛》爲名。”兹舉一例：《詩・大雅・緜》云“自土沮漆”，毛傳云：“土，居也。”朱熹《詩集傳》云：“土，地也。”楊慎認爲“土”當作“杜”，他談道：“《詩》曰：‘生民之初，自土沮漆。’齊詩作‘自杜沮漆’，言公劉避狄而來居杜與漆、沮之地。杜，水名，即杜陽也。據文義作杜爲長。”②其後王引之也指出：“土，當從齊詩讀爲杜，古字假借耳。杜，水名，在漢右扶風杜陽縣南，南入渭。今屬麟游、武功二縣。”③可見楊説不失爲灼見。

清代爲校勘學的鼎盛時期，名家輩出，載有校勘成果的筆記尤多，其中特别爲人們所稱道的當推錢大昕的《十駕齋養新録》，阮元《十駕齋養新録序》云：“《十駕齋養新録》廿卷，乃隨筆札記經史諸義之書，學者必欲得而讀之，乞刻於版。凡此所著，皆精確中正之論，即瑣言剩義，非貫通原本者不能，譬之折杖一枝，非鄧林之大不能有也。”兹舉其中二例，以見一斑。卷一《脩脩》云：

“予尾翛翛”，唐石經及宋光堯御書本，皆作“脩脩”。岳珂《九經三傳沿革例》云：監本、蜀本、越本皆作“脩脩”，興國本及建寧本作“翛翛”，是宋刻脩、翛二字各本互異。朱文公，閩人，所據必建寧本。自朱《傳》行，而世遂不復知有“脩脩”之本矣。《説文》羽部無翛字，當以脩爲正。臧在東云：《正義》本作“消消”，云定本“消消”作“脩脩”。今《正義》本改脩爲翛。唯岳氏《九經三傳沿革例》所引不誤。

---

① 《困學紀聞》卷十。

② 《升庵外集》卷二八經説部《毛詩・自土沮漆》。

③ 《經義述聞》卷六《毛詩》中《自土沮漆》。

又《十駕齋養新餘録》卷上《蜀石經毛詩》云："《江有汜》三章，皆有'之子歸'句，蜀石經'歸'上並有'于'字，予考三百篇中，云'之子于歸'者不少矣。'之子于征'、'之子于苗'、'之子于狩'、'之子于釣'，皆四字句，此篇亦當依蜀本有'于'字。"

利用筆記記録校勘成果，不拘類例，不拘多寡，範圍廣泛，形式活潑，缺點是散見各書，難以稽檢，因而也就難以充分利用。專門從事一書或群書校勘工作的，一般都不采用這種方式。

第七節　用單篇文章發表的校勘記

用單篇文章的形式來總結校勘工作的規律，對校勘學某些理論問題進行探討乃是校勘學深入發展的標誌和必然結果。人們在總結規律、探討理論問題時，通常都要運用校勘實例來説明問題，例如段玉裁《與諸同志書論校書之難》就是通過對是"下地"還是"不地"，是"四郊"還是"西郊"，是"鄉大夫"還是"卿大夫"等五個典型例子的詳細分析，説明了"校經之法，必以賈還賈，以孔還孔，以陸還陸，以杜還杜，以鄭還鄭，各得其底本，而後判其義理之是非，而後經之底本可定，而後經之義理可以徐定。不先正注、疏、《釋文》之底本，則多誣古人，不斷其立説之是非，則多誤今人"的道理，所以説它是一種特殊形式的校勘記。這種形式也爲今人所普遍采用，如蔣禮鴻的《校勘略説》《誤校七例》，周祖謨的《古籍校勘述例》，王利器的《杜集校文釋例》等。當然，大量的單篇文章還是對書面材料中的文字異同發表具體的校勘意見，國務院古籍整理出版規劃小組編的《古籍點校疑誤彙録》，就有許多這樣的文章。本編兩篇附録，乃是古代和近代學者通論校書之難的結論性論文，與以前引用過的單篇論文《箋屈餘義·屈原列傳發疑》、①《唐代詩文校勘問題》之八《自君去後交游少》、②《敦煌詞話》之五《敦煌詞不可輕改》③諸篇，均可視爲微型的單篇論文，是

① 見本編第二章《書面材料錯誤的類型》第一節《單項錯誤》四《倒》丙《錯簡》。

② 見本編第六章《校勘的方法》第三節《對校與理校相結合》。

③ 見本編第六章《校勘的方法》第四節《校勘宜慎》。

校勘成果的發表形式之一。

除論文外，人們還常用序跋的方式總結與發表自己的校勘成果，最著名的例子莫若王念孫《讀書雜志·淮南内篇·後序》。胡適所撰《校勘學方法論》則本是爲陳垣《元典章校補釋例》寫的一篇序。此外，題跋也是人們常用來記録校勘成果的一種形式。如《思適齋集外書跋》集類有《毛斧季陸敕先校汲古閣本松陵集十卷跋》云：

> 蕘圃借此書於抱沖家，及還時，抱沖已下世半載矣。語予曰："所校精妙處當細爲摘出，俾抱沖遺孤成立，讀之益加明瞭。"予嘗謂卷一"誰可征弄楝"，"弄楝"，漢縣。許叔重謂之"弄楝"者，訛爲"梁楝"。卷二"王樂成虚言"，"王樂"是《莊子·至樂》篇語，訛爲"三樂"。卷四"君看杖製者"，此用《左哀廿七年傳》而微誤耳，訛爲"荷製"者。卷五"遠帆投何處"，"帆"字本去聲，讀訛爲棹。卷八"箬下斬新醒處月"，"斬新"唐人習用語，訛爲"漸新"。又斥候之候，嗤妍之嗤，彫龍之彫，遂古之遂，苞羅之苞，底下之底，鈴閤之閤，步綱之綱，負檐之檐，蕭灑之蕭，楊州之楊，楊雄之楊，三茆之茆，查頭之查，飱霞之飱，常娥之常，戟支之支，用字皆極古雅。"遂古"出《天問》，"戟支"出《吕布傳》，皆有明證也。斧季曾修改此書，自言已精，何仲子亦以爲更無訛誤，然以上皆未依宋刻更正，爰承蕘圃命舉出之於此。其已修改者悉弗復論。嘉慶丁巳九月廿有三日書於王洗馬巷之上禮居，廣圻。①

書信也是人們用來討論辯駁校勘問題的一種形式。顧千里曾在嘉慶十二年、十三年(一八〇七至一八〇八)間，給段玉裁連續寫過三封信。段玉裁也給顧千里寫過不少信探討校勘問題，如其《與顧千里書》云：

> 孫頤谷志祖據《北史·劉芳傳》證《王制》"虞庠在國之西郊"，西當作四，尊校以爲不然。《祭義》"天子設四學當入學而大子齒"注云：

---

① 蕘圃爲黄丕烈號，抱沖爲顧之逵字，斧季爲毛扆字，何仲子爲何煌號。

“四學謂周四郊之虞庠也。”尊意謂此四當作西以合《王制》。今按:唐孔氏釋《祭義》:四學爲四代之學,入學謂入四學中之西郊虞庠。以一承四,於文義不安。鄭之以四釋四,絶無矯强,然則四學不如孔所云四代之學也。況《王制》注云:“上庠右學,大學也,在西郊。下庠左學,小學也,在國中王宫之東。東序東膠亦大學,在國中王宫之東。西序虞庠亦小學也。西序在西郊,周立小學於西郊。”此西郊必四郊之誤。何以言之?倘鄭本西郊,則依上文“下庠左學,小學也”之例,云“西序虞庠,小學也,在西郊”足矣,何必分别夏之西序、周之虞庠所在之不同乎?惟夏之西序在西郊,周之虞庠,則四郊皆有之,故必分别言之耳。以是言之,《祭義》無訛字,《王制》經注皆有訛字,鄭本必然作四,劉芳、崔靈恩、杜佑所據《王制》《祭義》經注作四,皇侃云“四郊皆有虞庠”,皆不誤。孔穎達於《王制》,據誤本,不解鄭意,西序在西郊,周立小學於西郊,不成文理;於《祭義》又不用鄭注本義,援引四代之學,而入學爲入西郊虞庠,皆未妥協。先師東原云:凡考一事勿以人之説蔽我,勿以我之説自蔽,故不敢閟而不言,暇即面談爲屬。①

顧千里在覆信中重申了自己的觀點,指出:“鄙人之指,在《思適齋筆記》,不過以西郊還之自古相傳至唐賈、孔所受之經與注而已;不過以四郊還之劉芳、皇侃、崔靈恩而已。至於芳引肅注,即在表中,皇氏時乖鄭義久經論定者,皆非鄙人所能空造,不過據此欲聽其不同,而不容輕用彼以改此而已。”②接着段玉裁又寫了《答顧千里書》,進一步闡述了自己的看法。③他們在争鳴中都明確地提出了各自的校勘理論,並用實例證明之,這對清代校勘學的發展當然起了推動作用。

校勘成果的處理形式略如上述,我們應當根據校勘的目的、要求和具體情況,選擇最合適的處理形式。

---

①③ 《經韻樓集》卷一一《與顧千里書》。

② 《經韻樓集》卷一一《與顧千里書》附《顧千里第二札》。

參考書目舉要

《校勘學釋例》 陳垣 中華書局 一九五九年

《校讎學》 胡樸安 胡道静 商務印書館 一九三一年

《中國古代史籍校讀法》 張舜徽 中華書局上海編輯所 一九六二年

《校勘學概論》 戴南海 陝西人民出版社 一九八六年

《校勘學大綱》 倪其心 北京大學出版社 一九八七年

《校勘學》 錢玄 江蘇古籍出版社 一九八八年

《斠讎學 斠讎别録(補訂本)》 王叔岷 中華書局 二〇〇七年

《古籍點校疑誤彙録》 國務院古籍整理出版規劃小組編印 一九八四年

《古籍點校疑誤彙録(二)》 國務院古籍整理出版規劃小組編印 一九八五年

《古籍點校疑誤彙録(三)》 國務院古籍整理出版規劃小組編 中華書局 一九八九年

《古籍點校疑誤彙録(四)》 國務院古籍整理出版規劃小組編 中華書局 一九九〇年

《古籍點校疑誤彙録(五)》 國務院古籍整理出版規劃小組編 中華書局 一九九〇年

《古籍點校疑誤彙録(六)》 國務院古籍整理出版規劃小組編 中華書局 二〇〇二年

附 録

段玉裁與諸同志論校書之難篇疏證

李　笠①

文見《經韻樓集》原刻本及學海堂《經解》六百六十六卷選録本。作者段玉裁，字若膺，一字懋堂，金壇人，清乾隆庚辰舉人，官四川巫山縣知縣。受業戴震，與王念孫同門，學問亦極相似。自《經韻樓集》外，著《古文尚書撰異》三十二卷，《毛詩故訓傳》三十卷，《周禮儀禮漢讀考》各六卷，《春秋左氏古經》十二卷附五十凡一卷，《戴東原年譜》一卷，並已刊入《經韻樓叢書》中。此外更有《説文解字注》並《六書音韻表》共三十二卷，單行本，《清經解》本；《詩經小學》四卷，《清經解》本。行略附見江藩《漢學師承記·戴震傳》、李元度《先正事略》三十五、《戴東原先生事略》下，可參。

校書（疏一）之難，非照本改字，不訛不漏之難也；定其是非之難。是非有二：曰底本之是非，曰立説之是非。必先定其底本之是非，而後可定斷其立説之是非；二者不分，轇轕如治絲而棼，如算之淆其法實而瞀亂乃至不可理。何謂底本？著書者之稿本是也；何謂立説？著書者所言之義理是也。

《周禮·輪人》："望而視其輪，欲其幎爾而下迆也。"（疏二）自唐石經

① 李笠（一八九四—一九六一），字雁晴，瑞安人，曾任之江大學、中央大學、南開大學等校教授，著有《殷契探釋》《墨子閒詁訂補》《史記訂補》《三訂國學用書撰要》等。本篇原載《國文月刊》第二十二期。

以下各本，皆作“下迆”。唐賈氏作“不迆”，故疏曰：“不迆者，謂輻上至轂(疏三)，兩兩相當，正直不旁迆，故曰不迆也。”文理甚明。今各本疏文皆作“下迆”(下迆者，謂輻上至轂，兩兩相當，正直不旁迆，故云下迆也)，其語絶無文理，則非賈氏之底本矣。此由宋人以疏合經注者，改疏之“不”字，合經之“下”字，所仍之經，非賈氏之經本也。然則經本有二：“下”者是與？“不”者是與？曰：“下”者是也。“望而視其輪”，謂視其已成輪之牙。(疏四)輪圜甚，(疏五)牙皆向下迆邪；非謂輻與轂正直兩兩相當。經下文“縣之以視其輻之直”，自謂輻；“規之以視其圜”，自謂牙。輪之圜在牙。上文“轂、輻、牙，爲三材”；(疏六)此言“輪、輻、轂”，輪即牙也。然則唐石經及各本經作“下”是，賈氏本作“不”，非也；而義理之是非定矣。倘有淺人校疏文“下迆”之誤，改爲“不迆”；因以疏文之“不迆”，改經文之“下迆”，則賈疏之底本得矣，而於義理乃大乖也。

《王制》：“虞庠在國之四郊。”注云：“周立小學於四郊。”唐孔氏本經、注皆作“西郊”。(疏云：西序在西郊，周立小學於西郊。)《祭義》：(疏七)“天子設四學，當入學而大子齒”，注云：“四學，謂周有四郊之虞庠。”孔氏本改注作“西郊”，故疏云：“天子設四代之學：周學、殷學、夏學、虞學也。天子設四學，以有虞庠爲小學，設置於西郊，當入學之時，而大子齒於國人。”今本疏文作“設置於四郊”，文理不可通，則非孔氏之底本矣。此由宋人以疏合經注者，(疏八)改疏之“西郊”，合注之“四郊”，所仍之注，非孔氏之注本也。然則《祭義》注本有二：“四郊”是與？“西郊”是與？曰：“四郊”是也。鄭注以“周有四郊虞庠”，釋經“四學”，文理一直，並無轉折。“周有四郊虞庠”，即《王制》之“虞庠在國四郊”，注之“周立小學於四郊”也。故皇侃(疏九)云：“四郊皆有虞庠。”《通典》云：“周制，大學爲東膠，小學爲虞庠。”引鄭注《祭義》“周有四郊之虞庠”，又引崔靈恩説亦云：“鄭注《祭義》曰：周有四郊之虞庠。”《北史・劉芳傳》，芳表曰：“《禮記》云：‘周人養庶老於虞庠，虞庠在國之四郊。’又云：‘天子設四學，當入學而大子齒。’注云：‘四學，謂周四郊之虞庠也。’”劉、崔、皇、杜所見《祭義》注，皆作“四郊”，王肅雖好駁鄭，而劉芳表云：“王肅《禮記注》，天子四郊有學，去都五十里，鄭氏則不知遠近。”案：鄭注《王制》“移之郊”云：“爲習禮於郊學。”郊在鄉界之外，則鄭謂“郊學在遠郊百里”。肅則云“近郊五十里”，惟此爲小異，而小學在四郊無異。故盧辯注《大戴禮》，(疏十)亦言四郊之學，劉芳表曰：“大學在國，四小學在郊。”引《保傅》篇(疏一一)帝入東學、帝入西學、帝入南學、帝入北學、帝入大學，而總之曰“周之五學”，於此彌彰，崔靈恩亦曰：“凡立學之法，有四郊及國中：四郊並方名之，國中謂之大學。”然則四郊小學絶無可疑。再證以《王制》注：“習禮於郊學，在六鄉之外，六遂之内。”則斷不專在西郊一處亦可證。或以《祭義》“祀先賢於西學”爲疑，不知此即《保傅》篇：“帝入西學，尚賢而貴德。”祭先賢專在西郊也。西學者，四郊之一，别辭也；四學者，合四郊言之，都辭也。孔氏於《王制》依誤本“西郊虞庠”，因改此注亦作“西郊之虞庠”，而經文故作“四學”，因用《儀禮》注“周立四代之學”，釋經之“設四學”，以四學中有西郊虞庠，釋注“謂周西郊之虞庠”；是不思《儀禮》四代之學，謂立大學於國中，不得與郊之小學糅合爲四也，且以一承四，甚費周折，是孔氏二疏作“西郊”，皆非也，而義理之是非定矣。倘有淺人校《祭義》疏，改“四”爲“西”，因並改《祭義》注之“四”爲“西”，《王制》經、注、疏之“西郊”，皆沿誤不改，則孔疏之底本雖得，而於義理乃大乖也。

《春秋左傳》：“衛侯賜北宫喜謚曰貞子，賜析朱鉏謚曰成子，而以齊氏之墓與之。”(疏一二)杜注曰：“皆死而賜謚及墓田，傳終言之。”宋本亦或作“皆未死而賜謚及墓田傳終而言之”，二者皆出於宋本，孰爲是與？曰：“皆死而賜”者是也。二人時未死也，既死而賜，故要其終而言之。若云“皆未死而賜”，則“傳終言之”句不可接，而爲贅辭矣。是一本作“未死而賜”者非也。然則“死而賜”，於説經是與？曰：《春秋》常事不書，書者爲其未死而賜也。云“死而賜”，則杜注之底本得矣，而於義理實非也。云“未死而賜”，則杜注之底本失矣，而於義理有合也。(證一)

毛《詩》：“涇以渭濁。”(疏一三)《箋》云：“涇水以有渭，故見謂濁。”《正義》曰：“涇水言以有渭，故人見謂已濁，猶婦人言以有新婚，故君子見謂已惡也。”引定本箋作“涇水以有渭，故見其濁”。《釋文》曰：“故見渭濁，舊本如此；一本‘渭’作‘謂’，後人改耳。”案：同一字而《正義》作“見謂”，師古定本作“見其”，《釋文》作“見渭”，三者孰是？曰：《正義》作“謂”是也。如《釋文》作“見湑”，則不可通；定本作“見其”，亦因舊作“湑”不可通，而改之耳。作“見謂濁”文理易憭，陸德明反説“見謂”爲非，“見湑”爲是，苟知孔氏疏文底本作“見謂”不誤，而義理之是非亦定矣。倘有必據《釋文》以改《正義》，則孔疏之底本失，而於義理乃大乖也。

《士冠禮》：（疏一四）“以摯見於鄉大夫、鄉先生。”《冠義》同。（疏一五）上“鄉”字，《釋文》作“鄉”，云“二鄉並音香”。二經疏皆作“卿大夫、鄉先生”，賈云“經言卿大夫不言士”，孔云“謂在朝之卿大夫也”。“鄉”、“卿”果孰是與？曰“鄉大夫”是也，作“卿”者非也。凡言鄉大夫有二義：一則《周禮》之本鄉鄉老、鄉大夫，（疏一六）關以下州長、黨正、族師、閭胥也。（疏一七）鄉大夫，卿也；鄉老，公也；舉鄉大夫以上關公、下關士也。一則本鄉之仕爲大夫在朝者，亦舉大夫以關卿士也。《鄉射禮》（疏一八）注云：“遵者鄉之人仕至大夫者。”又曰：“鄉先生、鄉大夫致仕者也。”此“鄉大夫”三字，所謂同一鄉之人仕至大夫者。同一鄉而仕至大夫曰“鄉大夫”，每鄉卿一人者，亦即大夫之一也；同一鄉仕至大夫，致仕者曰“鄉先生”，即“上老坐於右塾，庶老坐於左塾，鄉飲鄉射則謂之遵者”是也。鄭於《儀禮》《禮記》，皆釋鄉先生不釋鄉大夫者，《禮記》言“鄉先生同鄉老而致仕者”，則鄉大夫之爲同鄉現仕者可知矣。《儀禮》言“鄉先生鄉中老人爲卿大夫致仕者”，則鄉大夫爲鄉中大夫未致仕者可知矣。必重同鄉者，死徙無出鄉，百姓親睦。相保、相受、相葬、相救、相賙、相賓。欲使一鄉之人，相好如一家，六鄉六遂皆然，而後仁義著、教化行。本鄉之外，恐太廣而不浹；本鄉之内，不甚遠而易相親；故有冠者，必見其鄉之已仕致仕者，聖人教民之深意也。如賈、孔作“卿大夫”，則在朝之卿大夫，其可全見與？是以陸是，而賈、孔非也。今若依賈、孔之底本，改陸氏音香之説，改二經作“卿大夫”，則賈、孔之底本得矣，而於義理乃大乖也。（證二）

就五事論之：依今疏作“下弛”，而賈不受也；依賈作“不弛”以改經，而《考工》經不受也。依《祭義》今疏“四郊虞庠”，而孔不受也；依孔作“西郊”，而《祭義》《王制》經注不受也。依“皆未死而賜謚”，而杜元凱不受也；依“皆死而賜謚”，又恐左、公之不受也。依疏作“見謂濁”，而陸不受也；依《釋文》作“見湑濁”，而鄭《箋》不受也。改二疏作“鄉大夫”，而賈、孔不受也;依疏以改經及《釋文》作"卿大夫",而經、《釋文》不受也。故校經之法,必以賈還賈,以孔還孔,以陸還陸,以杜還杜,以鄭還鄭,各得其底本,而後判其義理之是非,而後經之底本可定,而後經之義理可以徐定。不先正注、疏、《釋文》之底本,則多誣古人;不斷其立説之是非,則多誤今人。(證三)自宋人合《正義》《釋文》於經注,(證四)而其字不相同者,一切改之使同,使學而不思者,白首茫如;其自負能校經者,分别又無真見;故三合之注疏本,(疏一九)似便而易惑,久爲經之賊,而莫之覺也。如近者顧千里校《祭義》疏,改四郊爲西郊,孔氏之底本得矣;而遂欲改注之"四郊爲西郊",且云"《王制》經注之'西郊不誤'"。是知孔氏之底本,而不知鄭氏之底本也。鄭氏之底本失,則經之底本亦失,而周制四郊小學遂不傳矣。千里又竊余曩時辨劉端臨、盧紹弓據二疏改經"鄉大夫"爲"卿大夫"之説,著於《禮記考異》,而未知其詳;且又因宋本之訛字,謂賈作"鄉"不誤,是又知經之底本,而不知賈疏之底本也。知之者,所以辨其非而歸於一是也。東原師云:"鑿空之弊有二:其一,緣辭生訓也;其一,守訛傳謬也。緣辭生訓者,所釋之義非其本義;守訛傳謬者,所據之經并非其本經。"如孔氏虞庠在國西郊,所謂"所據之經非其本經"也;而緣之立説,則"所釋之義非其本義"矣。經文之不誤者,尚懼緣辭生訓,所釋非其本義;況守訛傳謬之經耶?孔氏守唐時訛謬之本,千里又守孔氏所守,至於古本之是者確有可據而不之信,信孔以誣鄭,誣鄭以誣經,不大爲經之害也哉?凡校經者,貴求其是而已;以《祭義》注"四郊虞庠謂之四學",正《王制》經注之"西郊爲四郊",考之《大戴禮》王肅、劉芳、皇侃、崔靈恩、杜佑諸家,而無不合,以排孔氏之疏謬,所謂求其是也。執事以爲何如?

〔疏〕

疏一　劉向《别録》:"校讎者,一人讀書,校其上下,得繆誤,爲校;一人持本,一人讀書,若怨家相對,爲讎。"(《文選·魏都賦》注引《風俗通》《太平御覽》卷六百十八)笠案:"校",俗或從手作挍,非。説詳錢大昕《十駕齋養新録》三。

疏二　《考工記·輪人》疏云:"幎,均致貌也。"(孫詒讓《周禮正義》七十五)《廣雅·釋詁》云:"幎,覆也。"此輪牙之均平致密,如物之下覆不偏邪也。致即緻字。

疏三　錢坫云:"《説文》車部:'轂,輻所湊也。'言轂外爲輻所湊,而中空虚受軸以利轉爲用。"

疏四　鄭司農云："牙讀如'跛者訝跛者'（公羊成二年傳文）之訝，謂輪輮也。世間或謂之罔，書或作輮。"（孫氏《周禮正義》）徐養元云："《車人》云：'渠三柯者三。'鄭司農云：'渠謂車輮，所謂牙。'《説文》木部：'枒，木也，一曰車輞會也。'又車部：'輮，車輞也。輞，礙車木也。'如司農説，則牙、輮同物而異名；如許君説，則牙輮異物。"案徐據《説文》宋本，今段玉裁校本據《玉篇》《廣韻》，改車輞爲車網，則亦以輮與枒爲一物，但枒訓車會。會爲會合衆枒，而輞則外匡之總名。許於枒訓，分析甚明，而輮訓則又渾舉不别，義微異耳。《釋名·釋車》云："輞，罔也；罔流周輪之外也。關西曰輮，言曲揉也。"《廣雅·釋器》云："輮，輞也。"案輮亦作柔、揉。《鹽鐵論·散不足》篇云："古者椎車無柔。"又云："郡國縣吏素桑揉。"是也。阮元云："輞非一本，其曲須揉，其合抱之處，必有牡齒以相交固，爲其象牙，故謂之牙。《説文》曰：'牙，牡齒。象上下相錯之形。'于車牙牙，字則加木作枒，曰：'車輞會也。'蓋枒本車輞會合處之名，本義也；因而車輞通謂之枒，此餘義也。"王宗涑云："一木之屈曲曰輮；輮，煣也，言木經煣屈也。合衆輮以大圜曰輞；輞，罔也；言如罔之結繩聯綴也。而輮交合之牡齒曰牙，此其本義也。三字，經典亦通用。"案阮、王説是也。牙、枒分言之，則曰牙，或曰輮，舉其大圓，則曰輞；輞與牙微異。漢時俗語通稱牙爲輞，故先鄭以爲釋。

疏五　《説文》囗部："圜，天體也。圓，全也。"則圜爲方圓之本字。

疏六　《考工記》云："輪人爲輪，斬三材必以其時。"注云："三材，所以爲轂、輻、牙也。斬之以時：材在陽中則冬斬之，在陰中則夏斬之，今世轂用雜榆，輻以檀，牙以橿也。"

疏七　《王制》《祭義》，並《禮記》篇名。

疏八　錢大昕云："唐人撰九經疏，本與注别行，故其分卷亦不與經注同，自宋以後刊本，欲省兩讀，合注與疏爲一書，而疏之卷第遂不可考矣。予嘗見宋本《儀禮》疏，每葉卅行，每行廿七字，凡五十卷，唯卷卅二至卅七闕。末卷有大宋景德元年校對，同校都校諸臣姓名，及宰相吕蒙正、李（不署名，蓋李沆也）參政、王旦、王欽若銜名。又嘗見北宋刻《爾雅疏》，亦不載注文，蓋邢叔明奉詔撰疏，猶遵唐人舊式。諒《論語》《孝經》疏亦當如此，惜乎未之見也。日本人山井鼎云：足利學所藏宋版《禮記注疏》，有三山黄唐跋云：'本司舊刊《易》《書》《周禮》，正經、注、疏，萃見一書，便於披繹，它經獨闕。紹興辛亥，遂取《毛詩》《禮記》疏義，如前三經編彙，精加讎正，乃若《春秋》一經，顧力未暇，姑以貽同志。'所云本司者，不知何司，然即是可證北宋時正義未嘗合於經注，即南渡初尚有單行本，不盡合刻矣。紹興初所刻注疏，初未附入陸氏《釋文》，則今所傳附釋音之注疏,大約光、甯以後刊本耳。今南北監本,惟《易》《釋文》不攙入經注内,《公羊》《穀梁》《論語》俱無《釋文》。"(《十駕齋養新録》三)

疏九　《隋書・經籍志》一:"《禮記義疏》九十九卷(皇侃撰)。"《四庫總目》二十一《禮記正義》提要云:"……爲之義疏者,唐初尚存皇侃、熊安生二家,貞觀中敕孔穎達等修《正義》,乃以皇氏爲本,以熊氏補所未備。"笠案:皇侃,梁人。

疏十　《四庫總目・大戴記》提要云:"書有注者八卷,餘五卷無注,疑闕逸,非完本。朱子引《明堂》篇鄭氏注云:'法龜文。'殆以注歸之康成。考注内徵引,有康成、譙周、孫炎、宋均、王肅、范甯、郭象諸人,下逮魏晉之儒,王應麟《困學紀聞》指爲盧注。據《周書》,辯字景宣,官尚書右僕射,以《大戴禮》未有解詁,乃注之。其兄景裕謂曰:'昔侍中注小戴,今注大戴,庶纘前修矣。'王氏之言,信而有徵。"

疏一一　案在《大戴記》中。

疏一二　案事在《昭公二十年傳》。

疏一三　見《詩・邶風》。

疏一四　《儀禮》篇名。

疏一五　《禮記》篇名。

疏一六　案:《周禮・地官》:"鄉大夫之職,各掌其鄉之政教禁令。……三年則大比,考其德行道藝,而興賢能者。鄉老及鄉大夫帥其吏與其衆寡,以禮賓之。"孫氏《正義》二十一:"此經鄉老無專職,惟大比興賢能,鄉老與焉。"

疏一七　案:四官職掌並詳《地官》中,參看《周禮正義》二十一。

疏一八　《儀禮》篇名。

疏一九　案:謂注、疏、釋文也。詳上。

〔證〕

證一　《困學紀聞》云:"衛侯賜北宫喜謚曰貞子,賜析朱鉏謚曰成子,是人臣生而賜謚也。"何義門云:"頃得宋槧本不全《左傳》,恰有昭二十年衛侯賜北宫喜謚,杜注云:'皆死而賜謚及墓田,傳終言之。'較近刻少'未'字,而字意尤明,義尤協,似勝王氏所據之本。"志祖案:"注'皆未死'句絶,言二人皆未死也。即從今本有'未'字,亦非厚齋生而賜謚之説,玩傳'終而言之'句,語意自明。宋槧不全本《左傳》四卷,今藏揚州阮氏文選樓。"(相臺岳本有"未"字)(孫志祖《讀書脞録・生賜謚》條)

證二　《冠義》:"奠摯於君,遂以摯見於鄉大夫、鄉先生。"《釋文》:"鄉大夫、鄉先生並音香。"石經《儀禮・冠禮》亦皆作鄉。敖氏云:"鄉大夫,鄉之異爵者。或云:主治一鄉者。”歷觀前人之説，未有疑鄉大夫之鄉爲誤者。高郵劉端臨謂：“《冠禮》《冠義》皆當作卿大夫，此謂見爲卿大夫者；鄉先生謂已爲卿大夫而致仕者，見君之次徧見卿大夫，如《晉語》：‘趙文子冠，徧見六卿。’是也。鄭解鄉先生爲卿大夫致仕者，蓋蒙上爲釋。賈疏云：‘先生亦有士，鄭不言者，經云卿大夫不言仕，故先生亦略不言。據此，知賈所見《儀禮》本作卿大夫也。’孔疏云：‘見於卿大夫，謂在朝之卿大夫也。’是孔所見《禮記》本亦作卿大夫。孔以在朝對致仕者，文義甚明，而今本《正義》亦並改作鄉，並不誤者亦誤矣。劉名台拱，今爲丹徒校官，考訂禮經至爲精細，余常就以取正焉。”(《讀書脞録・冠義鄉大夫……》條)注云：“鄉先生同鄉老而致仕者。”《正義》云：“見於鄉大夫，謂在朝之鄉大夫也。”以注疏推之，經文鄉大夫當作卿大夫，而疏之兩鄉字亦卿之訛。見大夫不當遺卿，注於鄉先生始釋爲同鄉。則上本不作鄉字可見，若指地官之鄉大夫，則益偏矣。此字沿誤已久，陸氏亦不能辨，而云並音香，更使後人不復致疑矣。(抱經堂刊《經典釋文・禮記・音義四・考證》)

證三　《左哀十八年傳》引《夏書》曰“官占，惟能蔽志，昆命於元龜。”陸德明《釋文》云：“《尚書》能作克，克亦能也。”孔穎達《正義》則云：“夏《大禹謨》之篇也。唯彼能作先爾。”據此，則陸氏所見本與今異，孔氏所見本與今同；陸、孔並在唐初，而經文已互異若此。《釋文》本單行，後人附入注疏，往往改陸以就孔，頗疑此克字，《釋文》近得其真，先字後人以意改也。(孫志祖《讀書脞録・尚書釋文本異》條)《詩》“東門之池”箋：“孔安國云：停水曰池。”見《秦誓》傳。《儀禮・士昏禮》注：“壻，悉計反，從士從胥，俗作聟。女之夫。”案：此皆陸氏《釋文》語，誤刻作箋注者。閻百詩《尚書古文疏證》，乃據此謂康成曾見孔傳，又云：“鄭作反語有此一條。”以百詩之精博，猶不免爲俗刻所誤，予於此益信讀書之難也。(同上，《釋文誤入注》條)左、公、穀三傳經文多有互異，後人明白注明，今《史記》三家之注亦多異同，今若不依三傳之例，於正文先注明，則必有改易遷就之失。即如《五帝本紀》“暘谷”，《正義》作“陽谷”；“南訛”，《索隱》作“南爲”。《殷本紀》“羑里”，《正義》作“牖里”。《周本紀》“居易無固”，《索隱》作“居易”。其他義同而字異者尤多。後若重梓此書，宜有以别白之。其《索隱》之注，尤多猥併，有非注而亦繫於注者，謂之反足以致惑。汲古閣有單行《索隱》本，殊自井然。凡小司馬欲以己意更定者，不以入注，附刻全書之後，乃爲善耳。(盧文弨《鍾山札記・史記集解索隱正義》條)

證四　《春秋正義》：隱公以平王四十九年即位，是歲歲在豕韋。桓公以桓王九年即位，是歲歲在元枵。莊公以莊王四年即位，是歲歲在鶉火。閔公以惠王三十六年即位，是歲歲在大梁。僖公以惠王十八年即位，是歲歲在鶉首。文公以襄王二十六年即位，是歲歲在降婁。宣公以匡王五年即位，是歲歲在壽星。成公以定王十七年即位，是歲歲在降婁。（今刊本無此字，當是傳刻脱去）襄公以簡王十四年即位，是歲歲在壽星。昭公以景王四年即位，是歲歲在大梁。定公以敬王十一年即位，脱是歲歲在某。次句哀公則不載《正義》本文，但於白文疏字下出"同上"兩字，謂與陸氏《釋文》相同，不復重出也。（以昭三十二年歲在星紀推之，則定元年歲在元枵，哀元年歲在大梁也）《釋文》與《正義》各自一書，宋初本皆單行，不相殽亂；南宋後，乃合《正義》於經注之本，又有合《釋文》與《正義》於經注之本，欲省學者兩讀，但既以注疏之名標於卷首，則當以《正義》爲主，即或偶爾相同，亦當並存，豈有删《正義》而就《釋文》之理。況以前十一公考之，皆《正義》詳於《釋文》。《正義》之例，每公皆有引《魯世家》，皆有以某王某年即位之語，而《釋文》無之；獨哀公《釋文》多"敬王二十八即位"一句，此必校書者以意竄入，謬妄相承，蔑有悟其非者，可三嘆也。（錢大昕《十駕齋養新録・正義本妄改》條）經史當得善本。今通行南北監及汲古閣本《儀禮》正文多脱簡，穀梁經傳文亦有溷錯，《毛詩》往往以《釋文》混入鄭《箋》，《周禮》《儀禮》亦有《釋文》混入注者。《禮記》則《禮器》《坊記》《中庸》《大學》疏，殘缺不可讀。……（同上，《經史當用善本》條）

廣段玉裁論校書之難①

李　笠

段玉裁《經韻樓集》有《與諸同志論校書之難》一文，以"底本之是非"與"立説之是非"區爲二事，曰："必先定其底本之是非，而後可斷其立説之是非。"條貫不棼，可謂得校書之窔奥矣。惟義理是非瞀亂，

① 本篇原載中山大學《語言文學專刊》一卷二期。

底本致難區别,校書困難之一端耳。兹更廣而論之如次。

顔之推云:"校定書籍亦何容易,自揚雄、劉向方稱此職耳。觀天下書未遍,不得妄下雌黄。或彼以爲非,此以爲是;或本同末異;或兩文皆欠,不可偏信一隅也。"(《顔氏家訓·勉學》篇)此言特形容校書之難耳。其實天下書何能徧觀?以此爲鵠,豈非過當乎?校勘之事,學識之準備雖爲必要條件,然亦有不在學識範圍之内者。雖以揚、劉之博學,亦不能必校書之無訛也。但持一端,以該其餘,豈非猶未徹底乎?鮑彪云:"校書如塵埃風葉,隨掃隨有。"(《戰國策序》)此豈盡屬學識不濟,蓋吾人體力有强疲,心神有愉憂,倘注意偶不能周,心理忽起變化,則將視而無覩,或竟是非倒置。(如一字誤分爲二,二字誤合爲一之類,有屬於幻覺錯覺者,説另詳余所撰《校勘學·誤文之原因》篇。)此塵埃風葉之喻所由來也。

校勘古書既不盡依學識定是非,而學識無窮又有不在書本範圍之内者,兹舉二例爲證。

杭人食蚌肉謂之食淡菜。予嘗思之,命名不通。如以淡爲啖,固通,而菜字義亦不通。又嘗見昌黎集載孔戣爲華州刺史,奏罷明州歲貢淡菜,亦是淡字,竟不能通。後見廣人云"南海取珠者名曰蜑(今作蛋)户"。蓋以蚌肉乃取珠人所常食者耳,賤之如菜也,其義始通。(郎瑛《七修類稿》卷十九。笠案:淡菜之名見《唐書》,近人以爲曝乾不加食鹽,味淡,因名。未確,郎説頗近理。惟淡菜係蚌之一種,非任何蚌肉俱名淡菜也。又蜑户係種族名,非取珠者率名蜑户也。《後山叢談》云:二廣居山谷間,不隸州縣,謂之猺人;舟居謂之蜑人;島上謂之黎人。可參。蜑户業漁,以海貝爲常食,自可加以菜喻,不必因蚌而聯想及珠也。郎氏對淡菜及蜑户尚有誤會之處,因爲補正如此。)

陸機曰:"千里蓴羹,未下鹽豉。"人皆以蓴羹不減於鹽豉之意也。東坡之詩亦曰:"每憐蓴菜下鹽豉。"又曰:"肯將鹽豉下蓴羹。"殊不知"未下","末下"也。當時誤寫"未"字,並"千里"皆蘇州地名。(原注:出《因話録》《七修類稿》卷二十一。)

如以右説爲不謬,則未聞蜑户之名者,將不知"淡菜"當作"蜑菜";未諳蘇州地名者,將不知"未下"爲"末下"之訛。此與書本若即若離,可知"持本""讀書"雖爲校勘之正矩,而尚有未盡"正謬訛"之能事也。(劉向《别録》佚文:"一人讀書,校其上下,得謬誤,爲校;一人持本,一人讀書,若怨家相對,故曰讎也。")

勘誤之事,既有涉於書本之外,可知僅云徧觀天下之書,寧能無餘憾乎?且學業有專攻,工作有界域。天下之圖籍雖多,古今之學識雖繁,而校書家所尤需要者,校勘之學識與有界域之圖籍耳。可知不惟不必徧觀天下之書,亦正不必徧通一切學識也。就其研治之學科,處以分工之限制。就其工作之部分,責以專門之探討。集中識力,不致有學非所用之譏。正訛之責雖或未盡,事屬例外,亦不能謂之失職矣。若以徧觀天下書爲斤斤,既不可能,實亦無的而放矢耳。《漢書·藝文志》叙云:"詔光禄大夫劉向校經傳、諸子、詩賦,步兵校尉任宏校兵書,太史令尹咸校術數,侍醫李柱國校方技。"則顔氏所舉最高標準之校勘家劉向亦只能校書三門。豈非劉氏亦不能徧讀天下之書乎?豈非校勘事業萌芽時代已知分工之事乎?能分工然後能專門,能專門然後學識之準備能充分也。假如我以一時代書籍爲研究之對象,則某代之語例、文例、名物、制度……皆範圍以内之學識也。吾知先秦以"不"爲語助詞,則《詩·棠棣》篇之"鄂不韡韡","不"非"柎"之誤與叚音。(鄭《箋》云:"不當爲柎,古聲同。")當與《車攻》篇之"徒御不警,大庖不盈"一律,然後《論語》之"四體不勤,五穀不分",《孟子》之"志士不忘在溝壑,勇士不忘喪其元",皆可迎刃而解。吾知漢以前"焉"有用於句首,義同"於是"者,然後《禮記·鄉飲酒義》"焉知其能和樂而不流也"、"焉知其能弟者而無遺矣"、"焉知其能安燕而不流也",《孟子·離婁》"聖人既竭目力,焉繼之以規矩準繩,以爲方圓平直不可勝用也。既竭耳力,焉繼之以六律五音,不可勝用也。……"不致竄改句讀,以焉字屬上讀矣。(略本《古書疑義舉例》卷四《助語用不字例》及《句首用焉字例》)此以時代爲界域對於語例研究之一例也。又如我以一書或一人著作爲研治之對象,則某書某人之字例、文例……尤所當詳。如荀卿書之"案"、墨翟書之"唯毋"、晏子書之以"敚"爲"對"、淮南王書之以"士"爲"武"、劉向書之以"能"爲"而"(據孫詒讓《札迻叙》),皆不能以義難通曉,而輕易改竄，此以著作爲界域，對於字例探討之一例也。總之，吾人欲任校勘之役，如於工作界域内之對象無深刻之認識者，不可妄下雌黄，此校勘之所以不易，而非徧觀天下之書之謂也。

校勘學家應具二種學識，一曰常識，二曰特識。常識者，即前所謂校勘學識，無工作界域之區别，一切校書家俱用之，如“誤文例”與“誤文疑似例”之認識（余撰校勘例將脱稿），以及校勘方法與規律之演習皆屬之。特識者，從事工作時特殊對象之鑒别。如上所舉某時某書之誤文例字例，不必一切校勘家皆用之也。將來學術發達，校勘之工具亦將隨而演進。所謂常識之辭例……特識之辭例……將有綜合之書、索引之册，案圖索驥，不難綱舉而目張。今日之視爲畏境者，將來或可漸成坦途，故此種機械式學識之準備，未足爲至難也。惟書籍之舛訛，千奇百怪，僅藉通例通則之應用，或不足以發現幽隱，知訛文之所在，或雖知之，無徵不信，疑莫能定。或可藉訛文疑似例爲護符，令人目眩。舉此種種，俱須有待於實證，而實證搜集之困難，辨認之困難，以及應用之困難，又有出於意料之外者焉。兹爲列舉如次：

一　證據搜集之困難

（一）本證亡佚　經典傳述有文句舛亂、字形乖訛，須藉史迹或實物以資證明者，而世無此迹此物焉，則亦惟有永遠存疑而已。此關於實物者一也。（另詳余所著《校勘之材料》篇）六經有今古文之别，今文《易》有施、孟、梁邱之學。《詩》有齊、魯、韓之分。……降及後世，復有鄭、王學派之争，河朔與江南板本之異，是以同一書也，文不必同，文人操觚，注疏引據，自亦所見各有不同。如原書已亡，何從證其得失？雖有訛文，亦無如之何矣。例如《毛詩》“衡從其畝”，《釋文》引《韓詩》作“横由其畝”。《禮·坊記》引《詩》“横從其畝”，知其據《韓詩》而誤“由”爲“横”。（説見《古書疑義舉例》卷七《據他書而誤改例》）此本書雖亡，尚有佚文可證者。假如無此佚文，必從《毛詩》改“横”爲“衡”矣。此關於原書者三也。昔諺云：“書三寫，魚成魯，帝成虎。”（見《抱朴子·遐覽篇》）古籍流傳迄今，豈止三寫。加以文字變遷，籀篆隸楷，展轉迻譯，寧無差失。《左傳》明云：“於文反正爲乏。”而今書“乏”並不從反正。此尚可曰依隸楷傳寫,形體未舛。更有經典僻字,但見一處,無復旁證,字形是非,終在然疑之間者。例如《史記·景帝紀》:“後三年十二月晦雷。”《集解》徐廣曰:“一作晝,又作圖,未詳。”《墨談》云:“疑雷,雷字之誤。十二月晦日而雷,紀異也。”郎瑛曰:“此説固是。但不知雷字古文,非誤也。惜徐廣亦不識耳。近時所刻《古字便覽》,收亦廣矣,然止得靁□□需畕五字,又未有前字也。”(《七修類稿》二十四卷)蓋明以前字書未載雷字,所以疏率者改其字,慎重者又疑其誤也。此關於字形者三也。

(二)迹象毁滅　書本之所以貴舊鈔舊刻者,因傳寫複刻之多訛,藉此可以正定也。然人心詭譎,廬山真面往往長隱雲霧,可勝嘆哉!兹舉二端示例。顧炎武《論鈔書八弊》云:“……六、抄寫有誤,恐被對出,返將原稿塗改。七、欲記起止,輒將原稿加圈加勾……”(《菰中隨筆》)此以僞亂正,出於鈔胥者一也。范曄記漢世賄改漆經事云:“亦有私行金貨,定蘭臺漆書經字以合其私文。”(《後漢書·儒林傳序》)此以私亂真,出於賄賂者二也。上述二事皆破壞性之改易原證,令校讀者竟委窮源之莫從。其事固可恨也。亦有字體偶異,原出無心,而結果則離真象愈遠,校正轉難。事雖不同,亦毁滅迹象之類也。例如《周書·謚法》篇:“純行不忒曰定。”“貳”同“忒”,後人不識,傳寫誤作“貳”,複寫者以“二”代“貳”,遂成“純行不二……”(依俞樾校,説見《古書疑義舉例》五《因誤字而誤改》條)夫“貣”誤作“貳”,形近易於校正,轉改爲二,致誤之由不易知矣。此雖非竄亂原證,亦可謂變更原形,亦亡失實證之漸也。

(三)書册變相　書有名亡而實存者,一曰易名,二曰寄生。易名者,如《淮南九師書》,《七略》稱《淮南九師道訓》,《漢志》稱《淮南道訓》(見余所著《漢書藝文志箋評·六藝略·易類》),《漢志》“《太史公》”,今稱《史記》(見《漢志·六藝·春秋類》)是也。後世更有因翻刻書籍而易名者,如唐劉肅《大唐新語》,明馮夢禎刻本改爲《唐世説新語》,郎奎金刻《釋名》改作《逸雅》之類是也(見《書林清話》卷七)。有因違禁避諱而易名者,如清人刻文秉《甲乙事案》,改稱《聖安本紀》,並改作者爲顧炎武(見《中央歷史語言研究所集刊》第二本第二分册朱希祖《甲乙事案跋》),唐司馬貞《史記索隱》引《世本》改稱《系本》之類是也。寄生者，如《名醫别録》雖亡，陶隱居已收入《本草》，《李氏本草》雖亡，唐慎微已收入《證類》（見鄭樵《通志·校讎略》）是也。他如原書雖亡，而佚文見於古書援引者，雖不能全，亦寄生之類也。上舉二類，或眩惑視聽，莫綜名實；或散見錯出，鈎稽爲難，亦求證者之一僻境也。

二　證據辨認之困難

（一）文人好奇而沿僞　夫書有同文相證，校勘家之快事也。然亦有沿襲僞文，别有用意者，苟不深察，易受其蒙。蓋文人好奇，語以新爲貴，而不以真爲尚也。劉勰云："《尚書大傳》有'别風淮雨'，《帝王世紀》云'列風淫雨'（列同烈）。'别'、'列'、'淮'、'淫'字似，'淫'、'列'義當而不奇，'淮'、'别'理乖而新異。傅毅制誄，已用'淮雨'，固知愛奇之心，千古一也。"（《文心雕龍·鍊字》篇）苟以傅文上證《大傳》，似"别"、"淮"非誤，而實則以誤證誤，失鑒别之職矣。

（二）注家信古而飾非　校注古籍，原以輕易改字爲戒，然媚古太深，則有明知其誤而不敢校改，且有掩護僞文從而爲之説者。不改僞文，其害尚淺；掩護僞文，貽誤後人，斯大蔽也。顏之推云："簡策字，竹下施朿。末代隸書，似杞宋之'宋'，亦有竹下遂爲'夾'者。猶如刺字之傍應爲朿，今亦作夾。徐仙民《春秋》《禮音》，遂以'筴'爲正字，以'策'爲音，殊爲顛倒。《史記》又作悉字，誤而爲述；作妬字，誤而爲姤。裴、徐、鄒皆以悉字音述，以妬字音姤，既爾則亦可以'亥'爲'豕'字音，以'帝'爲'虎'字音乎？"（《顏氏家訓·書證》篇）夫訛文既不易校，今又加以掩護，讎對之事益生荆棘矣。

（三）主客倒置而迷訛　文人與注家之掩護訛文，雖爲求證之障礙，然主賓固自分明也。至若僞書，原爲剽竊佚文而成，所謂主文即旁證之化身也。以此互證，何異形影争妍乎？例如僞《古文尚書·太甲上》："自周有終相亦維終。""周"爲"君"之訛，因君古作[illegible]，與周相似，金氏履祥之言甚是也。但《禮記·緇衣》引此文亦作周，未免令人生疑。不知梅氏僞書，原多採綴《尚書》佚文之見於古書者以迷後人。本文亦即採自《緇衣》，康成注《禮》時，此文已誤，作僞者亦承襲之耳。故如明僞書鈔襲《緇衣》，則其沿襲誤文正作僞之破綻也。如以《緇衣》語爲援引僞《尚書》，則反主爲客，誤文亦得掩護矣。

三　證據應用之困難

（一）貌異而實同者吸合之難　形況之詞，僅取聲音，字形舛異，可不拘也。如細雨霢霂，亦作溟沐，亦作彌漫。大雨滂沛，亦作霶霈。注者因其異而爲之辭，是曰望文生訓，校者因異文或注説而加勘改，是曰妄下雌黄。如美好謂之"娥媌"，譯爲娥眉。説者遂以爲眉如蠶蛾，是望文也。因蠶蛾之説，疑《大招》作"娥眉"爲形訛，是臆説也。所以校勘之事，如無聲韻學之準備，雖有證據，或不能用。孫詒讓論校書之方法，謂"以聲類通轉爲之鎋鍵"（《札迻序》），蓋經驗之談，此關於聲音者一也。《大戴記・誥志》："於時冰泮發蟄，百艸權輿。"權輿，始也，見於《雅》詁（《爾雅・釋詁》），而《史記・曆書》作"百艸奮興"，文字懸殊，似難牽合矣。然《方言》十二云："奮，始也。"與《雅》訓合，則《史記》之"奮興"爲"奮輿"之訛文明矣（説詳余所著《史記訂補》中）。今《漢書》多古字，而《史記》率改從今文，此則因誤字可覘《史記》舊本，豈非快事？勘書之人倘不明文字沿革，雖《戴記》之文明在，將不爲我用矣。此關於字形者二也。

（二）貌同而實異者離析之難　一字有相反之義，一詞有美惡之别，倘不辨析，易因誤會而竄改。例如亂有治、亂二義。《列子・仲尼》篇"不治而自亂"，亂正訓治。今本作"不治而自不亂"，因校者誤據叛亂之訓而加"不"字也。"豈弟君子，民之父母"，詩人之所美也，而《齊風》云："魯道有蕩，齊子豈弟！"傳曰："言文姜於是樂易然。"則"豈弟"又爲不美矣。鄭箋拘執"豈弟君子"之義，因改其文爲闓闡（説本《古書疑義舉例》卷七《誤增不字例》及卷三《美惡同詞例》）。此種形似之字文，一經誤涉，便入迷途，不可不慎。此關於訓詁者一也。俞正燮云："江休復《雜志》云：'廛俗呼野人爲沙塊，永叔戲長文披沙揀金，又戲馬遵曰：舊沙而不俏，今俏而不沙。吴長文言：沙於面，不沙於心。皆以沙爲迂樸。'韓彦直《橘録》則云：'物小甘美者曰沙，如沙橘、沙瓜、沙塘、沙密之類。'是南以沙爲美俏，北以沙爲不美俏，語言不同如此。"(《癸巳存稿》卷三《莜字》條)假以南稱，持較北語，則乖戾難通，校書滅裂，能不妄改乎？此關於方語者二也。王國維云："物名有雅俗，有古今，《爾雅》一書，爲通雅俗古今之名而作也。……凡雅俗古今之名，或同實而異名，或異實而同名。雅與雅同名而異實，則别以俗，如：葝，山巔；葝，鼠尾之類。俗與俗異名而同實，則同以雅。如薜，山蘄；薜，白蘄之類。雅與雅異名而同實，則同以俗，如櫬，木堇，椴，木堇之類……"(《觀堂集林》卷五《爾雅草木蟲魚鳥獸名釋例》)校者倘不明此，見同文歧出，或連或間，非疑爲誤文不可也。然此尚同在《釋草》一部，或同名，或同實，尚易知也。更有動植殊科，禽蟲異類，而名則同者，如《釋草》有果贏，《釋蟲》亦有果贏。《釋草》有蒺藜，《釋蟲》亦有蒺藜。《釋鳥》有天鷄，《釋蟲》亦有天鷄，凡此同名，亦如前例，非有誤字也。而今本《釋蟲》之果贏，從蟲作蠃，亦校者以同字爲嫌而改之也。唐石經從果可證。是則《釋草》之莪蘿與《釋蟲》之蛾羅，其初蓋亦同文，後人改從草、從蟲，皆不能離析貌同而强使之異狀耳。此關於名物者三也。

是故證據之搜集畢而有真僞之問題，證據之是非定而有使用之問題。倘無豐富之經驗，相當之學識，甯能應付不窘哉！此我之所謂校勘之難也。

從證據和學識方面，固足知校勘之不易，而有時雖不遇上述之難境，就歧訛之程度與分量觀之，亦足令人生畏。《家語》："子夏返衛，見讀史志者云：'晉師伐秦，三豕渡河。'了夏曰：'非也，己亥耳。'讀史志者問諸晉史，果曰己亥。"(《弟子解》)一經傳述，四字之中，二字傳訛。顔之推云："……至如'仲尼居'三字之中，兩字非體。《三蒼》尼旁益丘，《説文》尸下施几。"(《家訓・書證》篇)是則旁證愈繁，紛舛亦甚。何去何從，豈易核定？此屬於歧誤之分量者也，直接之訛文易知，間接之訛文難曉；單純之訛文易知，複雜之訛文難曉。間接訛文如《荀子・非相》篇："傳者久則論略，近則論詳。"俞樾云："兩論字皆俞字之誤，俞讀爲愈，古字通用，見本書《榮辱》注。《韓詩外傳》正作'久則愈略，近則愈詳'。可證也。'俞'字誤作'侖'，校者又誤改作'論'。"(《古書疑義舉例》五《因誤字而誤改例》)此字形之展轉舛誤者一。《史記・張儀列傳》："偏守新城，存民苦矣。"崔適云:“存字不甚可解,疑誤。”(《史記探源》)笠案:“存”爲“則”之間接誤字,“則”聲誤爲“在”,“在”又形誤爲“存”耳。(説又見武大《文哲季刊》第一卷第一期《史記訂補之餘》)舛誤之程度既深,故崔氏亦莫能明其所以然。此聲形遞誤者二。複雜誤文如《尸子·大道下》“乃實對”,宋本作“人實對”。《太平御覽》四百五引作“人以實對”。此文以《御覽》爲正。宋本脱“以”字,今本又誤“人”爲“乃”,迹象顯然。此“脱”而兼“誤”,複雜訛之一例也。觀上所舉,則就舛訛之程度方面言,亦豈不可以覘校勘之難歟!此外就舛訛之性質言,如文字之外尚有“書式問題”、“符號問題”等,舉足以見校勘之不易,依此隅反,不待辭贅矣。

程千帆全集

第一辑

2

程千帆——著

校雠广义 目录编

校雠广义 典藏编

凤凰出版社

目　次

校讎廣義·目録編

校讎廣義・典藏編

校讎廣義·目録編

程千帆
徐有富
撰

第一章　目録與目録學

第一節　什麽是目録

目字的本義是眼睛。眼睛是複數，所以人們便用它來標誌複數的事物。如《論語》："顔淵問仁。子曰：'克己復禮爲仁。'……顔淵曰：'請問其目？'子曰：'非禮勿視，非禮勿聽，非禮勿言，非禮勿動。'"①孔子的回答就是克己復禮的項目。録字是录字的或體，原指刻木時發出的聲音，引申就有記録之義。如《周禮》："職幣掌式灋以斂官府都鄙，與凡用邦財者之幣，振掌事者之餘財，皆辨其物而奠其録，以書楬之。"②末二句是説政府財物都要登記，寫在牌上。

這兩個詞用在目録學中，目指一書的篇名或群書的書名，録指叙録，即對一篇詩文或一部書的内容所作的提要。兩者合在一起，就是目録。但它們在古代著作中，有時分指，有時也通用和兼包。凡是開列一書的篇名，並對此書中每篇各作一提要，或僅對此書全書作一提要者，我們稱之爲一書之目録。凡是開列許多書名，而以或簡單或複雜的形式編寫出來的，則爲群書之目録，儘管後者是目録學的主要研究對象，但前者却出現得更早，爲後者所繼承和發展。

---

① 《論語注疏》卷一二《顔淵》。

② 《周禮注疏》卷七《天官・職幣》。

《隋書・經籍志》史部目録類序云:"古者史官既司典籍,蓋有目録以爲綱紀,體制堙滅,不可復知。孔子删《書》,别爲之序,各陳作者之所由。韓、毛二《詩》,亦皆相類。漢時劉向《别録》、劉歆《七略》,剖析條流,各有其部,推尋事迹,疑則古之制也。"這段話指出古代史官通過目録來管理典籍,目録包括《書序》《詩序》等一書之目録,也包括《别録》《七略》等群書之目録,而群書之目録是由一書之目録發展來的。余嘉錫曾明確指出:"目録之學,由來尚矣!《詩》《書》之《序》,即其萌芽。"①並指出:"目録之體,起於《詩》《書》之《序》。"②

漢劉歆《七略》云:"《尚書》有青絲編目録。"③可見,早在西漢,獨立成篇的《尚書》目録確實在流行着。《周禮・春官・外史》云:"外史掌書外令,掌四方之志,掌三皇五帝之書,掌達書名于四方。若以書使于四方,則書其令。"可見"書名"與"書"還是有區别的,該"書名"顯然指書的目録,而非書本身。宋林之奇説:"《書序》本自爲一篇,蓋是歷代史官相傳以爲書之總目。吾夫子因而討論是正之……其文多因史官之舊。"④故清朱彝尊稱:"《周官》外史之職,掌達書名于四方,此《書》必有《序》,而今百篇之《序》,即外史所以達四方者,其由來也古矣。"⑤現存《書序》還存在着一些問題,説它就是"外史所以達四方者"顯然不够準確,説它是《尚書》目録大體上是不錯的。

《漢書・藝文志》六藝略詩類序云:"古有采詩之官,王者所以觀風俗、知得失,自考正也。"周代的采詩之官就是太師,《禮記・王制》云:"天子五年一巡狩。歲二月,東巡狩……命大師陳詩以觀民風。"《漢書・食貨志》亦云:"孟春之月,群居者將散,行人振木鐸徇于路,以采詩獻之大師,比其音律,以聞於天子。故曰:'王者不窺牖户而知天下。'"太師不僅負責采詩,還要負責爲每首詩確定篇名,以利於相互區别,還要"比其音律",確定

---

① 《目録學發微》卷一《目録學之意義及其功用》。

② 《目録學發微》卷一《目録釋名》。

③ 《文選》卷三八《爲范始興作求立太宰碑表》李善注引《七略》。

④ 《尚書全解》卷一四《湯誓》。"夫子"指孔子。

⑤ 《曝書亭集》卷五五《書論二》。

篇章數;爲便於瞭解詩的内容,還要爲各詩寫一句簡單的内容提要;還要對所采集到的詩進行篩選,並進行分類編排。這樣便形成了《詩》的最初的一書之目録。而保存至今的《詩序》則經過了魯國的太師、孔子,以及毛亨、毛萇、衛宏等人的加工,已不符合原貌,但是稱其爲《詩經》一書之目録,也還是適合的。①

一書之目録作爲本書的組成部分,是附本書以行的。古書以簡或帛寫,編簡爲篇,卷帛成卷,都不能太長,所容納的字數也就有限。每部較大的著作,都必須分成若干篇或卷。全書完成,然後編定目録,所以它們都在全書之末。今本《周易》經文後有《序卦》一篇,説明六十四卦相次相承之義,可能是現存最早的一書之目録。所以清人盧文弨説:"吾以爲:《易》之《序卦傳》非即六十四卦之目録歟?《史》《漢》諸序,殆昉於此。"②所謂"《史》《漢》諸序",是指《史記》末篇《太史公自序》和《漢書》末篇《叙傳》。在這兩篇序中,司馬遷和班固不但叙述了自己的家世,還將全書各篇名目,按次序逐一排列,並對其内容與評議作了簡要的提示。今據二書各録一例如次:

> 桀、紂失其道而湯、武作,周失其道而《春秋》作。秦失其政,而陳涉發迹,諸侯作難,風起雲蒸,卒亡秦族。天下之端,自涉發難。作《陳涉世家》第十八。③

> 虙羲畫卦,書契後作。虞夏商周,孔纂其業,篹《書》删《詩》,綴《禮》正《樂》,彖系大《易》,因史立法。六學既登,遭世罔弘,群言紛亂,諸子相騰。秦人是滅,漢修其缺,劉向司籍,九流以别。爰著目録,略序洪烈。述《藝文志》第十。④

---

① 詳見徐有富《〈詩序〉考》,載《中國韻文學刊》二〇〇八年第一期。
② 《鍾山札記》卷四。
③ 《史記》卷一三〇《太史公自序》。
④ 《漢書》卷一〇〇下《叙傳》。

古書的目録，本位於全書之後，隨着印刷術的發明，印刷條件的進步，書册制度的變化，爲了便於翻檢，人們便將其由後移前，成爲今天通行的樣子。（與每部書編著完成之後才編定全書目録相同，古代每篇詩文也是在完成後才加題目的，所以也在正文後面。今天之在前面，同樣是出於後人的改動。但如《詩經》，則仍保留着本來面目）關於這一點，盧文弨也説明道：

《史記》《漢書》書前之有目録，自有版本以來即有之，爲便於檢閲耳。然於二史之本旨，所失多矣。夫《太史公自序》即《史記》之目録也，班固之《叙傳》即《漢書》之目録也。乃後人……誤認書前之目録，即以爲作者所自定，致有據之妄訾謷本書者。①

以上介紹的是一書之目録的一種形態，即開列篇名，每篇都作提要。還有一種形態則是雖然開列篇名，但並不給每篇作提要，而只是爲全書作一篇總的提要。前一種多爲古書原有，出自作者之手，有如上述；後一種則爲校編此書者所加，並非原書的有機組成部分。這後一種，今天所能見到的，最早的是劉向奉漢成帝之命校理群書時附在每書之後的書録。現在也舉一例如下：

天瑞第一
黄帝第二
周穆王第三
仲尼第四（一曰極知）
湯問第五
力命第六
楊朱第七（一曰達生）
説符第八

① 《鍾山札記》卷四。

右新書定著八篇。護左都水使者、光禄大夫臣向言：所校中書《列子》五篇，臣向謹與長社尉臣參校讎太常書三篇，太史書四篇，臣向書六篇，臣參書二篇。内外書凡二十篇以校，除復重十二篇，定著八篇。中書多，外書少，章亂布在諸篇中，或字誤以'盡'爲'進'，以'賢'爲'形'，如此者衆。及在新書有棧，校讎從中書已定，皆以殺青書，可繕寫。

列子者，鄭人也，與鄭繆公同時，蓋有道者也。其學本於黄帝、老子，號曰道家。道家者，秉要執本，清虚無爲。及其治身接物，務崇不競，合於六經。而《穆王》《湯問》二篇，迂誕恢詭，非君子之言也。至於《力命》篇，一推分命，《楊子》之篇，惟貴放逸，二義乖背，不似一家之書；然各有所明，亦有可觀者。孝景皇帝時，貴黄老術，此書頗行於世。及後遺落，散在民間，未有傳者。且多寓言，與莊周相類。故太史公司馬遷不爲列傳。謹第録。臣向昧死上。護左都水使者、光禄大夫臣向所校《列子》書録，永始三年八月壬寅上。①

據上文可知，此種一書之目録與《史》《漢》目録有别。它不是將每篇的提要與篇目寫在一起，而是前列全書篇目，後作全書提要。前者爲目，後者爲録，兩者結合而後成爲目録。它先定著篇目，然後説明整理經過，闡述内容，評介作者，以便人們在閲讀本書之前，知道它的大概。所以《漢書・藝文志》説劉向等校書，"每一書已，向輒條其篇目，撮其指意，録而奏之。"②《隋書・經籍志》也説："每一書就，向輒撰爲一録，論其指歸，辨其訛謬，叙而奏之。"③"條其篇目"指目的部分，也就是按照一定順序，將一書之篇目編排在一起；"撮其指意"和"論其指歸，辨其訛謬"指録的部分，也就是對書的作者、内容及整理情況加以介紹。

群書之目録是繼一書之目録而出現的。它記載群書，並按一定的邏輯次序，主要是按學術分類加以排列。在它的發展過程中，産生了或繁或

① 《快閣師石山房叢書》本《七略别録佚文》引宋本《列子》。
② 《漢書》卷三〇《藝文志》。
③ 《隋書》卷三二《經籍志》。

簡的三種基本形態:第一種是分類記録書名,大小各類有序,每書有提要,如《四庫全書總目》。第二種是分類記録書名,大小各類有序,但每書無提要,如《漢書・藝文志》。第三種是僅分類記録書名,類序、提要均闕①。這種目録,由於不能辨章學術,早就受到過批評。如《隋書・經籍志》史部簿録類小序説:"漢時劉向《别録》、劉歆《七略》,剖析條流,各有其部,推尋事迹,疑則古之制也。自是之後,不能辨其流别,但記書名而已。"②然而由於編製目録的宗旨、時間、能力等因素的限制,這種單記書名的目録還是普遍存在着。因此,所謂目録實際上就是按照一定次序編排的篇名或書名。它是一部書或一批書的内容和形式的集中反映。

目録一詞最早見於《七略》,其佚文云:"《尚書》有青絲編目録。"③此似指一書之目録,但如前引《漢書・叙傳》,班固自稱其述《藝文志》是爲劉向所校之書編著目録,那就顯然是指群書之目録了。總之,這個專有名詞是在西漢末年劉向、劉歆父子校書的實際工作中,應實際需要而産生的④。它隨着體式的演變,也出現過一些不同的名稱。如明胡應麟《經籍會通引》云:"凡前代校録墳典之書,漢有略,唐有録,宋有目,元有考,志則諸史共之,肇自西京,迄於勝國。"⑤

劉氏父子所撰一書之目録,本稱書録,以録賅目。但因録前有目,所以也可稱爲目録。如《列子》書録,《文選》李善注即稱"劉向《列子》目録"⑥。後人仿效劉氏寫作,體式或稍有變更,録在目前,有的就改稱序録而略去目稱,如陸德明的《經典釋文序録》。也有稱爲録目的,如釋智昇的《開元釋教録》有《歷代所出衆經録目》一篇。還有單稱目的,如王堯臣的《崇文總目》;有單稱録的,如阮孝緒的《七録》。此外班固的《漢書・藝文志》稱志,荀勖的《中經新簿》稱簿,李充的《晉元帝四部書目》稱書目,毋煚

① 參閲余嘉錫《目録學發微・目録學之意義及其功用》。

② 《隋書》卷三三《經籍志》。

③ 《文選》卷三八任彦昇《爲范始興作求立太宰碑表》李善注引《七略》。

④ 《四庫全書總目》卷八五史部目録類小序:"鄭元(玄)有《三禮目録》一卷,此名所昉也。"以目録之名起於東漢之末,非是。

⑤ 《少室山房筆叢》甲部《經籍會通》卷首。

⑥ 《文選》卷二二王康琚《反招隱詩》注。

的《古今書録》稱書録①，陳振孫的《直齋書録解題》稱書録解題，朱彝尊的《經義考》稱考，錢曾的《讀書敏求記》稱記……總之，凡按一定次序編排的篇名或書名，均可視爲目録，而不在於它是否用了目録這一名稱。

第二節　什麽是目録學

我們知道，科學研究的區分是根據科學對象所具有的特殊的矛盾性。目録所要解决的是不斷增長着的文獻與人們對它的特定需要之間的矛盾。目録學就是研究目録的産生和發展規律的科學，或者説就是研究如何更好地解决不斷增長着的文獻與人們對它的特定需要之間的矛盾的一門學問。它着重研究如何編製和利用各種目録。

中國目録學的發展源遠流長。距今約兩千年的劉向所著《别録》、劉歆所著《七略》已爲中國目録學奠定了堅實的基礎。漢代不少統治者很重視圖書的收聚。《史記・蕭相國世家》載："沛公至咸陽，諸將皆争走金帛財物之府分之，何獨先入收秦丞相、御史律令圖書藏之。……漢王所以具知天下阸塞，户口多少，彊弱之處，民所疾苦者，以何具得秦圖書也。"劉歆《七略》也談到了西漢藏書的盛况："武帝廣開獻書之路，百年之間，書積如丘山。故外有太常、太史、博士之藏，内有延閣、廣内、秘室之府。"②從漢武帝元朔五年（前一二四）下詔令禮官勸學，到漢成帝河平三年（前二六）任命光禄大夫劉向校中秘書，約一百年。在這約一百年間，國家積累了豐富的藏書，也做過圖書整理編目工作，如《漢書・藝文志》兵書略序云："漢興，張良、韓信序次兵法，凡百八十二家，删取要用，定著三十五家。諸吕用事而盜取之。武帝時，軍政楊僕捃摭遺逸，紀奏《兵録》。"至於其他圖書，似未經整理編目，難以發揮它們的作用。成帝"好經書"③，"精於《詩》《書》，觀古文"④，組織了一次大規模的校書工作。其結果便産生了彙編

① 這是稱群書之目録爲書録，和劉向稱一書之目録爲書録不同。

② 《太平御覽》卷二三三引劉歆《七略》。

③ 《漢書》卷一〇《成帝紀》。

④ 《漢書》卷三六《楚元王傳》。

各書提要而成的《别録》,與將群書分類列目,各類分别撰序加以説明的《七略》,對於這次校書的經過及其歷史背景,《漢書·藝文志》的序文作了簡要的敘述:

昔仲尼没而微言絶,七十子喪而大義乖。故《春秋》分爲五,《詩》分爲四,《易》有數家之傳。戰國從衡,真僞分争,諸子之言紛然殽亂。至秦患之,乃燔滅文章,以愚黔首。漢興,改秦之敗,大收篇籍,廣開獻書之路。迄孝武世,書缺簡脱,禮壞樂崩,聖上喟然而稱曰:"朕甚閔焉!"於是建藏書之策,置寫書之官,下及諸子傳説,皆充秘府。至成帝時,以書頗散亡,使謁者陳農求遺書於天下。詔光禄大夫劉向校經傳、諸子、詩賦,步兵校尉任宏校兵書,太史令尹咸校數術,侍醫李柱國校方技。每一書已,向輒條其篇目,撮其指意,録而奏之。會向卒,哀帝復使向子侍中、奉車都尉歆卒父業。歆於是總群書而奏其《七略》,故有輯略,有六藝略,有諸子略,有詩賦略,有兵書略,有術數略,有方技略。

於此可見《别録》與《七略》正是克服不斷增長的文獻與人們對它的特定需要之間的矛盾的産物。

《别録》《七略》的編纂是爲讀者,首先是爲漢代最高統治者服務的。現存《别録》佚文可以清楚地説明這一點。如《説苑》二十篇的書録云:

其事類衆多,章句相溷,或上下謬亂,難分别次序,除去與《新序》復重者,其餘者淺薄不中義理,别集以爲百家。後(案:當爲復)令以類相從,一一條别篇目,更以造新事十萬言以上。凡二十篇,七百八十四章,號曰《新苑》,皆可觀。①

這"皆可觀"三字即説明《説苑》經過整理,對統治者很有參考價值。

① 《四部叢刊》影印明鈔本《説苑》卷首。

雖然從漢代開始，中國目録學著作就已相當成熟，但“目録學”却成詞於北宋時代。宋人蘇象先《蘇魏公譚訓》中有一段故事説：蘇頌“謁王原叔（洙），因論政事。仲至（王原叔之子）侍側，原叔令檢書史，指之曰：‘此兒有目録之學。’”①從中可以看出早在北宋初年，人們就已經把使用目録當作專門的學問了。

起初，人們往往通過書目的序言來探討與總結目録學理論。如現存梁阮孝緒所撰《七録序》就是我國早期研究目録學理論的重要文獻。它既比較詳細地總結了《七録》之前的目録學發展史，又比較深入地探討了目録分類的原理，而這正是該序的精華所在。

首先，它强調了分類應當根據學術發展、文獻保存的實際情況來進行。如他指出：“劉（歆）、王（儉）並以衆史合于《春秋》。劉氏之世，史書甚寡，附見《春秋》，誠得其例。今衆家記傳，倍於經典，猶從此志，實爲繁蕪。且《七略》詩賦不從六藝詩部，蓋由其書既多，所以别爲一略。今依斯例，分出衆史，序記傳録爲内篇第二。”“兵書既少，不足别録，今附於子末，總以子兵爲稱，故序子兵録爲内篇第三。”“釋氏之教，實被中土，講説諷味，方軌孔籍，王氏雖載於篇而不在志限，即理求事，未是所安，故序佛法録爲外篇第一。”

其次，它還强調了分類應當注意文獻内容，便於檢索利用。如云：“王氏圖譜一志，劉《略》所無。劉數術中雖有曆譜，而與今譜有異，竊以圖畫之篇，宜從所圖爲部，故隨其名題，各附本録。譜既注記之類，宜與史體相參，故載于記傳之末。”

此外，《七録序》還注意到類目的名稱既要醒目，又要能科學地概括該類的文獻内容。如云：“今所撰《七録》，斟酌王（儉）、劉（歆）。王以六藝之稱不足標榜經目，改爲經典，今則從之。”②這些類目名稱比魏晉時期宫廷藏書目録以甲乙丙丁標目當然是一大進步，同時對後世經史子集的形成也有很大影響。特别是二級類目的名稱對《隋書・經籍志》以後分類表的

① 《蘇魏公譚訓》卷四。
② 《廣弘明集》卷三《七録序》。

影響非常大。

《舊唐書·經籍志》序所保存的毋煚《古今書録序》也是中國目録學史上的一篇重要文獻。

首先,它專門論述了目録學的作用。該序論述了書目有辨章學術、考鏡源流的功能。書目是讀書的嚮導,有文獻檢索作用。書目還能用來報道與瞭解書的内容。該序云:

> 夫經籍者,開物成務,垂教作程,聖哲之能事,帝王之達典。而去聖已久,開鑿遂多,苟不剖判條源,甄明科部,則先賢遺事,有卒代而不聞;大國經書,遂終年而空泯。使學者孤舟泳海,弱羽憑天,銜石填溟,倚杖追日,莫聞名目,豈詳家代?不亦勞乎!不亦弊乎!將使書千帙於掌眸,披萬函於年祀,覽録而知旨,觀目而悉詞,經墳之精術盡探,聖哲之睿思咸識,不見古人之面,而見古人之心,以傳後來,不其愈已!

其次,該序對《群書四部録》作了全面而深入的批評。毋煚參加過《群書四部録》的編撰工作,因此對其缺點比較清楚,並且在《古今書録序》中作了總結:

> 于時秘書省經書實多亡闕,諸司墳籍不暇討論,此則事有未周,一也。其後周覽人間,頗睹闕文,新集記貞觀之前,永徽已來不取;近書採長安之上,神龍已來未録,此則理有未弘,二也。書閲不徧,事復未周,或不詳名氏,或未知部伍,此則體有未通,三也。書多闕目,空張第數,既無篇題,實乖標榜,此則例有所虧,四也。所用書序,咸取魏文貞;所分書類,皆據《隋經籍志》;理有未允,體有不通,此則事實未安,五也。

毋煚批評《群書四部録》的目的是爲了改進自己的工作,這在該序中也作了説明:"永徽新集,神龍近書,則釋而附也;未詳名氏,不知部伍,則論而補也。空張之目，則檢獲便增；未允之序，則詳宜别作。紕繆咸正，混雜必刊。改舊傳之失者，三百餘條；加新書之目者，六千餘卷。”

此外，該序還介紹了《古今書録》與《開元内外經録》的體例與收録文獻的數量。僅以後者爲例：“釋氏經律論疏，道家經戒符籙，凡二千五百餘部，九千五百餘卷。亦具翻譯名氏，序述指歸，又勒成目録十卷，名曰《開元内外經録》。若夫先王秘傳，列代奥文，自古之粹籍靈符，絶域之神經怪牒，盡載於此二書矣。”

宋代鄭樵的《通志·校讎略》是一部目録學理論專著，其目的是爲了改善國家的圖書事業，使圖書能够被充分利用。他在《通志總序》中明確談到了這一點：“册府之藏，不患無書；校讎之司，未聞其法。欲三館無素餐之人，四庫無蠹魚之簡，千章萬卷，日見流通，故作《校讎略》。”

《校讎略》的核心是主張通過科學分類來辨章學術、考鏡源流。其《編次必謹類例論》云：

> 類例既分，學術自明，以其先後本末具在。觀圖譜者，可以知圖譜之所始；觀名數者，可以知名數之相承。讖緯之學，盛於東都；音韻之書，傳於江左。傳注起於漢魏，義疏成於隋唐。睹其書可以知其學之源流，或舊無其書而有其學者，是爲新出之學，非古道也。

他認爲圖書分類也有利於圖書保存，其《編次必謹類例論》復云：“士卒之亡者，由部伍之法不明也；書籍之亡者，由類例之法不分也。類例分，則百家九流各有條理，雖亡而不能亡也。”

就收録範圍而言，《校讎略》的突出優點是强調編次必記亡書，而且略古詳今。其理由一是有利於求書，二是有利於究學。其《編次必謹亡書論》云：“自唐以前，書籍之富者，爲亡闕之書有所繫，故可本所繫而求。所以書或亡於前而備於後，不出於彼而出於此。”復云：“古人編書，必究本末，上有源流，下有沿襲，故學者亦易學，求者亦易求。”正因爲鄭樵主張編次必記亡書，所以他的《通志·藝文略》共著録圖書一萬零九十二部，十一萬零九百七十二卷，基本上做到了記有又記無。

鄭樵對書目的著録項目與著録方法也作了深入探討。有些目録對文獻名稱的著録是不够規範的。他主張統一以書名標目,而不是以作者名標目。其《不類書而類人例》批評了以作者爲標目的做法,指出以作者爲標目不僅使某些書難以按内容分類編目,而且會令人産生誤解。該文批評道:

> 《唐志》以人置于書之上而不著注,大有相妨。如管辰作《管輅傳》三卷,《唐》省文例去"作"字,則當曰《管辰管輅傳》,是二人共傳也。如李邕作《狄仁傑傳》三卷,當去"作"字,則當曰《李邕狄仁傑傳》,是二人共傳也。又如李翰作《張巡姚誾傳》三卷,當去"作"字,則當曰《李翰張巡姚誾傳》,是三人共傳也。

關於提要與附注項,鄭樵特撰《泛釋無義論》一篇,肯定了《隋書・經籍志》"于疑晦者則釋之,無疑晦者則以類舉"的做法。他認爲究竟加不加提要與附注要視具體情況而定,其所撰《書有應釋論》一篇云:

> 蓋有應釋者,有不應釋者,不可執一概之論,按《唐志》有應釋者而一概不釋,謂之簡;《崇文》有不應釋者而一概釋之,謂之繁。今當觀其可不可。

編目究竟需要不需要撰寫提要與附注,要看書目的性質與體例,如善本書目需要對版本的特徵進行描述,當然要撰寫提要或附注,否則會缺乏説服力。而史書中的藝文志是没有篇幅給你撰寫提要的,必要時寫寫附注還是可以的。

著録完畢,形成款目,尚須按照分類表加以排列,方能形成目録。對款目如何歸類問題,鄭樵也作了深入探討。他主張同類書應當集中編在一起,其《校讎略・編次之訛論》云:"一類之書當集中在一處,不可有所間也。"同樣,他也主張儘量把學科内容不同的書區分開來,歸入不同的類别。譬如類書類,鄭樵《編次之訛論》談道:

歲時自一家書,如《歲時廣記》百十二卷,《崇文總目》不列於歲時而列於類書,何也?類書類,謂總衆類不可分也。若可分之書,當入别類。且如天文有類書,自當列天文類,職官有類書,自當列職官類,豈可以爲類書而總入類書類乎?

爲了正確無誤地做好圖書分類工作,他還强調應當深入瞭解書的内容,其《校讎略·見名不見書論》云:

編書之家,多是苟且,有見名不見書者,有看前不看後者。《尉繚子》,兵書也,班固以爲諸子類,置於雜家,此之謂見名不見書。隋、唐因之,至《崇文目》始入兵書類。顔師古作《刊謬正俗》,乃雜記經史,惟第一篇説《論語》,而《崇文目》以爲論語類,此之謂看前不看後。應知《崇文》所釋,不看全書,多只看帙前數行,率意以釋之耳。按《刊謬正俗》當入經解類。

款目歸類完畢,同類之書在排列時,仍應按照一定順序排列,方能做到有條不紊,便于檢索。鄭樵也探討過這個問題。其《校讎略·編次有叙論》云:

《隋志》每於一書而有數種,學者雖不標明,然亦有次第,如《春秋》三傳雖不分爲三家,而有先後之列,先《左氏》、次《公羊》、次《穀梁》、次《國語》,可以次求類。《唐志》不然,三《傳》、《國語》可以渾而雜出,四家之學猶方圓冰炭也,不知《國語》之文可以同於《公》《穀》,《公》《穀》之義可以同於《左氏》乎?

鄭樵認爲目録編制完畢,還應認真做好校勘工作,儘可能避免因疏忽而導致的錯誤。《校讎略·編次之訛論》曾舉例談道:

陶弘景《天儀説要》,天文類中兩出。趙政《甲寅元歷序》,歷數中

> 兩出。《黄帝飛鳥歷》與《海中仙人占災祥書》，五行類中兩出。庾秀才《地形志》，地里類中兩出。凡此五書，是不校勘之過也。以《隋志》尚且如此，後來編書出於衆手，不經校勘者可勝道哉！

鄭樵《通志・校讎略》對圖書編目的每一個環節都進行了探討。正如明胡應麟所説："鄭漁仲於文史考核最精，《經籍略》後别著《校讎略》一卷，皆前人未發，後學當熟參者。"①

明胡應麟的《經籍會通》《九流緒論》《四部正訛》也對目録學理論作過一些論述。首先，他系統地研究了歷代書目，並依據歷代書目著録，論述了歷代藏書情況及所遭到的厄運，指出："觀此，則圖籍廢興大概關係國家氣運，豈小小哉！"②

該書還對書目作了分類。嘗云："書之有目，體制雖同，詳厥品流，實分三種。吴、尤諸氏，但録一家之藏也；隋、唐諸史，通記一代之有者也；《古今書録》《群書會記》，並收往籍之遺者也。"③"吴"指唐人吴兢，撰有《西齋書目》；"尤"指宋人尤袤，撰有《遂初堂書目》，此類顯然指私家藏書目録。"隋、唐諸史"，指當時所有的五部正史藝文志或經籍志，此類顯然指史志。《古今書録》爲唐人毋煚等纂，《群書會記》爲宋人鄭樵撰。陳振孫稱其"大略記世間所有之書，非必其家皆有之也"④。《群書會記》如此，《古今書録》也是這樣。此處，胡應麟依收録範圍將書目分成了三類。作者還比較留意闕書目録，嘗云："前代懸購遺書，咸著條目，隋有《闕書録》，唐有《訪書録》，宋有《求書録》，異時人主留意若此。"⑤胡應麟還特别重視圖書辨僞工作，並編制了辨僞目録《四部正訛》。

《經籍會通》還重點論述了圖書分類。認識到圖書分類與學術盛衰、文獻多寡，以及藏書的實際情況密切相關，他也注意從這些角度來考察歷代書目的分類問題。關於劉歆《七略》，他説："詳其類例，六藝，經也；諸

① 《少室山房筆叢》卷二《經籍會通二》。"《經籍略》"當爲"《藝文略》"。

②⑤ 《少室山房筆叢》卷一《經籍會通一》。

③ 《少室山房筆叢》卷二《經籍會通二》。

④ 《直齋書録解題》卷八《群書會記》。

子、兵書、術數、方技四略，皆子也；詩賦一略則集之名，所由昉；而司馬氏書尚附《春秋》之末，此時史籍甚微，未足成類也。”①關於阮孝緒《七録》，他説：一經典、二紀傳、三子兵、四文集、五技術、六佛、七道。“史書至是漸盛，與經、子並列，而佛、道二家之言大行中國矣。”“蓋秦、漢軍書最盛，故劉、王特列兵家，而術數、方技條流繁衍，至析爲二。梁世稍減，因以兵、子同條，術、數共貫。唐、宋以後益微，遂皆統於子矣。”②

他還注意到綜合性圖書類書的分類問題，宋人鄭寅《鄭氏書目》依據自家藏書的實際情況，將書目分爲七大類，最後一類爲類録。此後明人陸深《陸文裕藏書目》也設有類書類，其序云：“山包海匯，各適厥用，然妍媸錯焉，類書之謂也，故録類書第八。”③胡應麟案曰：“惜余生晚，不獲前輩而質之，惟類書另録最當，與余《山房書目》同。”④他在《九流緒論下》還作了説明：“類書鄭《志》另録，《通考》仍列子家，蓋不欲四部之外别立門户也。然類書有數種，如《初學》《藝文》兼載詩詞則近於集，《御覽》《元龜》事實咸備則鄰於史，《通典》《通志》聲韻、禮儀之屬又一二間涉於經，專以屬之子部恐亦未安。余欲别録二藏及贋古書及類書爲一部，附四大部之末，尚俟博雅君子商焉。”胡應麟在探討辨僞理論與方法、編製辨僞書目録方面成績突出，我們將在辨僞書目録一節專門介紹。

《經籍會通》對書目的著録項目也作了探討。關於書名項，他指出要注意同名異書現象：“陸賈有《新語》，顧譚亦有《新語》；賈誼有《新書》，虞喜亦有《新書》；桓譚有《新論》，夏侯湛、華譚、劉書各有《新論》；崔寔有《政論》，王肅亦有《政論》；仲長統有《昌言》，王滂亦有《昌言》；賈山有《至言》，崔靈亦有《至言》。六朝好學漢，類如此。”⑤關於著者項，他指出“戰國諸子往往有姓存名缺者，西京諸子又往往有名在姓亡者”“先秦兩漢間子書，名同者甚衆，蓋皆以姓爲稱故爾”⑥。其中尤以同名異人現象值得注意。關於稽核項，作者指出：“凡書，唐以前皆爲卷軸，蓋今所謂一卷即古之一

① 《少室山房筆叢》卷二《經籍會通二》。“司馬氏書”指司馬遷所著《史記》。

②④ 《少室山房筆叢》卷二《經籍會通二》。

③ 《少室山房筆叢》卷二《經籍會通二》引。

⑤⑥ 《少室山房筆叢》卷三《經籍會通三》。

軸。至裝輯成帙,疑皆出於雕板之後,然六朝已有之,阮孝緒《七録》大抵五卷以上爲一帙,前代書帙之製僅此足徵。”[①]六朝書籍當爲鈔本,而非雕版印刷品,稱帙出現在雕版之後,胡應麟所論有誤,但是他已注意到書籍的稽核項問題。《經籍會通》論文獻典藏也頗有成就,我們就不在這裏討論了。

古代目録學理論成就最高的當推清人章學誠的《校讎通義》。其目録學理論的核心與精華在於“辨章學術,考鏡源流”,指出:“校讎之義,蓋自劉向父子。部次條别,將以辨章學術、考鏡源流,非深明於道術精微群言得失之故者,不足與此。”[②]他還强調指出目録的主要功能在於“欲人即類求書,因書究學”:“古人著録,不徒爲甲乙部次計。如徒爲甲乙部次計,則一掌故令史足矣,何用父子世業,閲年二紀,僅乃卒業乎?蓋部次流别,申明大道,敘列九流百氏之學,使之繩貫珠聯,無少缺逸,欲人即類求書,因書究學。”[③]編目録爲讀者讀書治學着想,道出了目録的實質。

在編目方面,章學誠要求首先要能在學術上進行分類。他説:“夫著録之例,先明家學。同列一家之中,或從人次,或從時次可也。豈有類例不通,源流迴異,概以意爲出入者哉!”[④]他批評道:“焦竑以《漢志》《周書》入《尚書》爲非,因改入於雜史類。其意雖欲尊經,而實則不知古人類例。按劉向云,‘周時誥誓號令,孔子所論百篇之餘’,則《周書》即《尚書》也”。“蓋類有相仍,學有所本,六藝本非虚器,典籍各有源流,豈可尊麒麟而遂謂馬牛不隸走部,尊鳳凰而遂謂燕雀不隸飛部耶?”[⑤]

章學誠還肯定了目録中敘録也即提要的寫作,並指出其頗受《史記》中列傳的影響,指出:“《藝文》雖始於班固,而司馬遷之列傳實討論之。觀其敘述,戰國秦漢之間,著者諸人之列傳,未嘗不於學術淵源、文詞流别,反復而論列焉。劉向、劉歆蓋知其意矣,故其校書諸敘論,既審定其篇次,

---

① 《少室山房筆叢》卷一《經籍會通一》。

② 《校讎通義》卷一《敘》。

③ 《校讎通義》卷一《互著第三》。

④ 《校讎通義》卷三《漢志詩賦第十五》。

⑤ 《校讎通義》卷二《焦竑誤校漢志第十二》。

又推論其生平，以書而言，謂之敘録可也。”[①]《四庫全書總目》就采用了敘録的體裁來撰寫提要，它代表了古代書目提要的最高水平。

章學誠在目録學上的一個突出貢獻是總結並提倡在分類著録時采用互著和别裁的方法。他在《和州志藝文書序例》中就已説過：“夫篇次可以别出，則學術源流無闕間不全之患也；部目可以互見，則分綱别紀無兩歧牽掣之患也。”[②]他在《校讎通義》中進一步闡述了互著與别裁的重要意義。我們將在本書第八章《目録的編製》第三節《别裁與互著》中作專門介紹，兹不贅述。

此外，他還認識到由於學術的發展變化，分類也必然會隨之改變，指出：“《七略》之流而爲四部，如篆隸之流而爲行楷，皆勢之所不容已者也。史部日繁，不能悉隸以《春秋》家學，四部之不能返《七略》者一。名墨諸家，後世不復有其支别，四部之不能返《七略》者二。文集熾盛，不能定百家九流之名目，四部不能返《七略》者三。鈔輯之體，既非叢書，又非類書，四部之不能返《七略》者四。評點詩文，亦有似别集而實非别集，似總集而又非總集者，四部不能返《七略》者五。凡一切古無今有，古有今無之書，其勢判如霄壤，又安能執《七略》之成法以部次近日之文章乎？”[③]

在如何著録的具體問題上，《校讎通義》也有不少好的見解，兹不繁述。需要特别一提的是，他明確提出了索引編製法，我們將在本書第八章《目録的編製》第四節《序例與索引》中作專門介紹，可參看。

目録學是研究目録産生和發展規律的科學，那麽目録的産生和發展會受到哪些規律制約呢？

首先，在階級社會裏，目録學不可避免地要受到時代的局限和影響，打上一定的階級烙印，爲一定的階級利益服務。例如董仲舒《賢良對策》云：“臣愚以爲諸不在六藝之科、孔子之術者，皆絶其道，勿使並進。”[④]漢

---

① 《校讎通義》卷三《漢志六藝第十三》。

② 《文史通義》外編一《和州志藝文書序例》。

③ 《校讎通義》卷一《宗劉第二》。

④ 《漢書》卷五六《董仲舒傳》。

武帝接受了他“推明孔氏,抑黜百家”①的主張,於是“絀黄老、刑名百家之言,延文學儒者數百人,而公孫弘以《春秋》,白衣爲天子三公,封以平津侯。天下之學士靡然嚮風矣”②。所以劉歆在《七略》中也獨尊儒術,把六藝略列於各類書籍之首。而且在諸子略中,儒家被放在第一位。整個封建社會,儒家思想的内涵雖時有變化,但儒家思想作爲封建統治階級的指導思想,始終處於獨尊的地位,因此儒家經典、儒家學術著作在古代目録子部中首屈一指的地位也始終没有動摇過。

對於其他類目的設置與安排往往也出於政治上的需要。《隋書・經籍志》總序就説過:“夫仁義禮智所以治國也。方技、數術,所以治身也。諸子爲經籍之鼓吹,文章乃政化之黼黻,皆爲治之具也。故列之于此志云。”劉國鈞稱:“四庫分類序次之原理,一言以蔽之,即由六朝時遺傳來之衛道觀念。申言之則曰尊儒重道觀念。經爲載道之書,故列之于首,其餘皆其支流也。”③

明代一些書目在四部之前增加制書一類顯然也是出於維護封建統治者利益的需要。如焦竑編的《國史經籍志》分制書和經、史、子、集五大類,而且將制書放在首位。其《序》云:“今之所録,亦準(荀)勖例,以當代見存之書統于四部,而御製諸書則冠其首焉。”④制書類下分御製、中宫御製、敕修、記注時政等四個二級類目。制書類的設置目的顯然在於尊崇皇權,該類序竭盡歌功頌德之能事,説什麽“我聖祖投戈講藝,間有撰造,朝出九重,暮行四海”“迹其震撼、輝煌、魁奇、碩大,雖以凌夸百代而軼駕三王,其何讓之有? 列聖代興,著作相望,今備列首篇”⑤。

對於圖書的評價,劉向等也奉行了以是否符合經義爲準的原則。如其《晏子》書録云:

---

① 《漢書》卷五六《董仲舒傳》。
② 《史記》卷一二一《儒林列傳》。
③ 《四庫分類法之研究》,載《圖書館學季刊》第一卷第三期。
④ 《明代書目題跋叢刊》本《國史經籍志》卷首。
⑤ 《明代書目題跋叢刊》本《國史經籍志》卷一《制書》。

其書六篇皆忠諫其君,文章可觀,義理可法,皆合六經之義。又有復重,文辭頗異,不敢遺失,復列以爲一篇。又有頗不合經術,似非晏子言,疑後世辯士所爲者,故亦不敢失,復以爲一篇。凡八篇,其六篇可常置旁御觀。①

至於清代的乾隆皇帝,那更是自覺地通過編《四庫全書總目》來達到他的政治目的。他一方面借此宣傳他的文治之盛,另一方面則乘機銷毁許多具有民族思想的典籍。這是可以從他的兩次上諭中看得一清二楚的。乾隆三十七年(一七七二)正月初四日上諭云:"朕稽古右文,聿資治理……今内府藏書,插架不爲不富。然古今來著作之手無慮數千百家,或逸在名山,未登柱史,正宜及時采集,彙送京師,以彰千古同文之盛。"②乾隆三十九年(一七七四)八月初五日上諭則云:"詆觸本朝之語,及此一番查辦,盡行銷燬,杜遏邪言,以正人心而厚風俗,斷不能置之不辦。"③

他的觀點也鮮明地體現在《四庫全書總目》的編纂中,該目卷首《凡例》稱:"今所采録,惟離經叛道、顛倒是非者,掊擊必嚴,懷詐挾私、熒惑視聽者,屏斥必力。"例如明著名思想家李贄的《焚書》被列入了《全燬書籍清單》④,其《藏書》六十八卷也僅被列在《四庫全書總目》别史類存目中,而且受到了嚴厲的批評,該書提要稱:

贄書皆狂悖乖謬,非聖無法。惟此書排擊孔子,别立褒貶。凡千古相傳之善惡,無不顛倒易位,尤爲罪不容誅。其書可毁,其名亦不足以汙簡牘。特以贄大言欺世,同時若焦竑諸人,幾推之以爲聖人。至今鄉曲陋儒震其虚名,猶有尊信不疑者,如置之不論,恐好異者轉矜創獲,貽害人心,故特存其目,以深暴其罪焉。

---

① 《師石山房叢書》本《七略别録佚文》。
② 《四庫全書總目》卷首《聖諭》。
③ 《纂修四庫全書檔案》一七七條《寄諭各督撫查辦違礙書籍即行具奏》。
④ 《纂修四庫全書檔案》一四四〇條《軍機大臣奏遵旨將閲看應毁各種違礙書籍黏簽進呈片(附清單一)》。

其次,目録的編製是學術發展狀況的反映,因此不能不受到學術盛衰的制約。譬如《漢書·藝文志》第一部分名爲六藝略,實際上却包括了九種著作,原因何在?張舜徽解釋道:

照理論講,六藝略内只列《易》《書》《詩》《禮》《樂》《春秋》便够了,爲什麽定要加以《論語》《孝經》《小學》,序六藝爲九種呢?這是由於《論語》《孝經》《小學》是漢代學童共同誦習之書,是進一步閲讀六經的基礎。加以《論語》《孝經》,漢人稱爲"傳記",傳記所以解經,也是經學入門的課本。所以標名雖稱六藝,而收書並不限於六類,且變成了九種。①

其實,《漢書·藝文志》已在小類之序中談到了這三種書的重要性。如論語類序云:"《論語》者,孔子應答弟子、時人及弟子相與言而接聞於夫子之語也。當時弟子各有所記。夫子既卒,門人相與輯而論纂,故謂之《論語》。"漢代獨尊儒術,《論語》無疑是儒家學派的代表作。孝經類序云:"《孝經》者,孔子爲曾子陳孝道也。夫孝,天之經、地之義、民之行也。舉大者言,故曰《孝經》。"孝道是鞏固封建統治的思想基礎,漢代以孝治天下,從漢文帝開始,皇帝的謚號中都有個"孝"字,如漢孝文帝、漢孝景帝等。漢武帝元光元年初,令郡國舉孝、廉各一人,後來合稱"孝廉"。歷代因之,州舉秀才,郡舉孝廉。這樣做當然會大大提高孝經類著作的地位,《孝經》教育因而得到重視與普及。《漢書·藝文志》小學類序云:"古者八歲入小學,故《周官》掌養國子,教之六書,謂象形、象事、象意、象聲、轉注、假借,造字之本也。漢興,蕭何草律,亦著其法,曰:'太史試學童,能諷書九千字以上,乃得爲史。又以六體試之,課最者以爲尚書御史、史書令史。吏民上書,字或不正,輒舉劾。'"可見,掌握小學知識是成爲封建統治階級接班人的必備條件。正因爲《論語》《孝經》、小學在漢代備受重視,所以被列入六藝略也是很恰當的。

---

① 《中國古代史籍校讀法》第一編第二章第二節《古書的部類》。

某類著作在目録分類體系中的排列順序也與學術發展狀況有關，《易》排在《七略》六藝略中的首位就説明了這一點。《易》學本來的地位並不高，但是在秦始皇焚書坑儒以後起了巨大變化。《詩》《書》、諸子百家等著作都被燒掉了，但是《易》作爲卜筮之書被保留了下來。劉歆在寫給太常博士的信中説："天下唯有《易》卜，未有它書。"①在這種情況下，《易》的地位獲得了極大的提高，也引起了人們學習與研究的興趣。如《漢書·劉歆傳》就談到"歆及向始皆治《易》"。《漢書·劉向傳》還談道："向三子皆好學，長子伋，以《易》教授，官至郡守。"可見劉向父子都是研究《易》的專家。這也反映了漢人學《易》的盛況。當然，易類被置於六藝略以及經部的首位，也與其爲哲學著作的性質有關。如《四庫全書總目》經部易類序云："聖人覺世牖民，大抵因事以寓教。《詩》寓于風謡，《禮》寓于節文，《尚書》《春秋》寓于史，而《易》寓于卜筮，故《易》之爲書，推天道以明人事者也。""《易》道廣大，無所不包，旁及天文、地理、樂律、兵法、韻學、算術，以逮方外之爐火，皆可援《易》爲説。"《四庫全書總目》於春秋類序復云："六經之中，惟《易》包衆理，事事可通。"這就充分説明《易》爲哲學著作。所以，當六藝略在目録中演變爲經部後，《易》類仍居經部首位，而且這樣做是非常正確的。

再如，統治者喜歡看戲，對戲劇的評價却不高。但是，當雜劇成爲元代標誌性文學體裁後，在目録中不可避免地也得到了反映，甚至出現了元代戲劇專科目録《録鬼簿》。該目著録元代雜劇多達四百五十八種。作者在至順元年（一三三〇）寫的序中説："余因暇日，緬懷故人，門第卑微，職位不振，高才博識，俱有可録，歲月彌久，湮没無聞，遂傳其本末，吊以樂章；復以前乎此者，叙其姓名，述其所作。冀乎初學之士，刻意詞章，使冰寒于水，青勝于藍，則亦幸矣，名之曰《録鬼簿》。"②近人傅惜華編《元代雜劇全目》著録元人雜劇七百餘種。正是蓬勃發展的元人雜劇爲這些戲劇專科目録奠定了基礎。

---

① 《漢書》卷三六《楚元王傳》附《劉歆傳》。

② 《中國古典戲曲論著集成》本《録鬼簿》卷首。

翻譯西方著作從明代晚期就開始了,諸宗元《譯書經眼録・序》作了概括的叙述:"域外文字譯行於我國,傳播於現今者,如象教經論則始於晉;歐西典籍則始於明。蓋利瑪竇之來我國爲明萬曆九年(一五八一),居廣州二十載乃入京師。其後如龐迪我、艾儒略、熊三拔、鄧玉函、湯若望、南懷仁遂先後繼至,然所譯述大都以宗教、曆數、農學之書爲多。"①大規模、全方位翻譯國外著作則是鴉片戰争失敗之後的事。一些有識之士充分認識到落後挨打的教訓,於是大力提倡翻譯與學習先進國家的著作。正如梁啓超在《西學書目表》自叙中所説:"國家欲自强,以多譯西書爲本;學子欲自立,以多讀西書爲功。"随着譯書活動的蓬勃開展,譯書目録也大量涌現。其代表作有王韜的《泰西著述考》,康有爲的《日本讀書志》,梁啓超的《西學書目表》及《東籍月旦》,徐維則的《東西學書録》及顧燮光的《增版東西學書録》、沈兆禕等的《新學書目提要》,顧燮光的《譯書經眼録》,還有《江南製造局譯書提要》等。由於圖書内容發生了巨大變化,所以譯書目録的分類體系徹底擺脱了四部分類法的束縛,如《西學書目表》共分三大類二十八小類:

一、西學:1. 算學　2. 重學　3. 電學　4. 化學　5. 聲學　6. 光學　7. 汽學　8. 天學　9. 地學　10. 全體學　11. 動植物學　12. 醫學　13. 圖學

二、西政:1. 史志　2. 官志　3. 學制　4. 法律　5. 農政　6. 礦政　7. 工政　8. 商政　9. 兵政　10. 船政

三、雜類:1. 游記　2. 報章　3. 格致總　4. 西人議論之書　5. 無可歸類之書

可見,學術的發展狀況不可避免地要影響着目録的編撰工作。

第三,目録的編製是以文獻作爲基礎的,因此也要受到文獻發展情況的制約。學術的盛衰與文獻的多寡密切相關。如兵書在《七略》中之所以

① 《譯書經眼録》卷首《序》,杭州金佳石好樓一九三四年石印本。

單列一略，是因爲從春秋戰國到漢代戰争頻繁，研究軍事的著作甚多，也頗受重視。張良、韓信曾專門整理過，漢武帝時的楊僕還編了部《兵録》。而此後兵書相對地變少了，也就不再單獨成爲一大類。如梁阮孝緒《七録序》所稱："兵書既少，不足别録，今附於子末，總以子兵爲稱，故序子兵録爲内篇第三。"①

特别是藏書目録均根據藏書的實際情況來分類編目。公藏如明楊士奇等於英宗正統六年（一四四一）編的《文淵閣書目》。天字共五厨三百二十二號，收藏的是明帝御製、敕撰、政書、實録等書，因此乾脆設"國朝"一類。文淵閣收藏的地方志特别多，其中來字一厨共一百六十八號，暑字三厨共五百八十四號，往字三厨共五百六十八號，因此《文淵閣書目》新設"古今志""舊志""新志"三類。私藏如明徐𤊹《紅雨樓書目》，雖按經、史、子、集四部分類，但是在子目的設置上却考慮到藏書的實際情況，設了一些新的類目。例如卷二史部專設"本朝世史彙"一類收録了八十五種有關明代的史書。同卷還專設"總志""分省"二目，收了約三百五十種明代方志。

私人藏書自然會體現藏書家的個人興趣與愛好，譬如不少藏書家愛好收藏文學作品。這些文學作品自然會在私家藏書目録中有所反映。這些文學作品會依據編目者不同的理解著録在不同的類目中。有的被著録在已有的傳記、古史、小説等類目中，如高儒《百川書志》卷五史部傳記類收録了李公佐《謝小娥傳》、蔣防《霍小玉傳》等短篇小説，卷八子部小説家類也著録了《剪燈奇録》等短篇小説集多部。此外，有些編目者還新設了傳奇、野史、外史、小史、詞曲等新的類目來著録這些文學作品。就拿《百川書志》來説，其卷六野史類收録了《三國志通俗演義》《忠義水滸傳》兩部長篇小説；外史類著録了不少戲曲、傳奇、雜劇，如《玉簫女兩世姻緣》一卷、《關雲長義勇辭金傳奇》一卷、《蔡伯喈琵琶記》二卷、《王十朋荆釵記》二卷等。小史類著録明代小説多部，有提要稱："以上六種皆本《鶯鶯傳》而作，語帶煙花，氣含脂粉，鑿穴穿墻之期，越禮傷身之事，不爲莊人所取，

① 《廣弘明集》卷三《七録序》。

但備一體,爲解睡之具耳。"[1]徐𤊹是閩中著名詩人,特别注意收集文學作品。其《藏書屋銘》云:"詩詞集説總兼,樂府稗官咸備。藏書非稱汗牛,考核頗精亥豕。"[2]如其在子部小説類收小説、筆記五百七十六種,傳奇類收元明雜劇和傳奇一百四十種。

第四,目録的編製還受到人們對文獻的特定需要的制約。既然目録是爲了解决不斷增長着的文獻與人們對它的特定需要之間的矛盾,所以爲了滿足人們不同的需要,人們必然會編製出各種不同要求的目録。這些目録一般都體現了實用性的原則。如汪辟疆先生説:

彼夫但記書名,略存篇卷、作者,而爲之整齊其類例,詳審其出入;因時損益,無泥於前規;本書立論,無取乎偏激。不標辨章道術之旨,自能神其紬繹寸心之用。如《漢志》删存劉《略》,釐定類例,而書名之排比整齊,卷篇之記述詳盡,俾後人展卷瞭然,檢尋自易。此目録家之目録也。

立論必探其源,擇言必準諸史;是非同異,具存於叙論;淵源授受,分疏於書名。如《漢志·總序》之折衷孔子,《諸子略》分論,推言某家出於古之某官,其流爲某家之學;與夫書名下略注授受,如《胡非子》下注云"墨翟弟子",《蔡公》下注云"事周王孫"之類。分疏雖只數語,而書中旨意,與其學派之所出,略可考見。其可與史傳互參,或書或不書,要能與史互爲表裏。如是,則所謂辨章學術、考鏡源流者,本史家志藝文之天職;溺其職者,則非良史。此史家之目録也。

若夫鑒别舊槧,考訂異同,《漢志》雖啓其先,後人踵其製作。故編纂目録,於其書之爲宋爲元,或批或校,尋行數墨,皆待注明。甚則收藏之圖記,題記之年月,分行標記,纖悉靡遺,徒供鑒賞之資,兼侈收藏之富。追求本旨,非不云廣求舊本,取便校讎,實則於其書之宗旨不遑辨别,徒以典籍爲玩好之具。洪亮吉嘗目此爲賞鑒家,列之五

① 《百川書志》卷六《小史》。

② 《徐氏紅雨樓書目》卷首《藏書屋銘》。

類之末者是已。是爲藏書家之目録。

自《班志》分疏大旨於書名之下，而後世解題、提要之作遂多。唐宋以後勒爲專書者，如晁公武之《郡齋讀書志》，陳振孫之《直齋書録解題》。每書之下，詳加考證。或述作者之略歷，或陳書中之要旨，或明學派之淵源，或定糾紛之異説。他如篇章之真僞，析理之純駁，亦必反覆證明。使承學之士，得所繩準。洵爲目録學之鉅製矣。然其奮臆見之私，抒悱憤之語，恣乖隔而違大道，如清《四庫全書總目》提要之踵例成書者，亦未能免，然體例足以成家法也。是爲讀書家之目録。①

汪先生將目録分爲四家，就是從其功能出發的。而姚名達從讀書治學的角度給目録學所下的定義："目録學者，將群書部次甲乙，條别異同，推闡大義，疏通倫類，將以辨章學術、考鏡源流，欲人即類求書，因書究學之專門學術也。"②也具有實用精神。此外如館藏目録之著録索書號以便借閲，鬻販目録之注明定價以便購置，聯合目録著録參加館代號並附録各種索引以便檢索。凡此種種皆體現了人們對文獻的特定需要。

最後，編目者的專業知識對圖書分類編目也會産生一定影響。《漢書·藝文志》序云："至成帝時，以書頗散亡，使謁者陳農求遺書於天下，詔光禄大夫劉向校經傳、諸子、詩賦，步兵校尉任宏校兵書，太史令尹咸校數術，侍醫李柱國校方技。"③後來劉歆總群書而爲《七略》時，就以劉向所校編爲六藝略、諸子略、詩賦略，任宏所校編爲兵書略，尹咸所校編爲術數略，李柱國所校編爲方技略。鄭樵專門指出："《七略》惟兵家一略，任宏所校，分權謀、形勢、陰陽、技巧爲四種書，又有圖四十三卷，與書參焉。觀其類例，亦可知兵，況見其書乎？其次則尹咸校數術、李柱國校方技，亦有條理。"④可見，編目者的專業知識對分類編目的影響是十分明顯的。再如

① 《目録學研究·目録與目録學》。

② 《中國目録學史·叙論篇·目録學》。

③ 《漢書》卷三〇《藝文志》。

④ 《通志·校讎略·編書不明分類論》。

《七録序》談道:"齊末兵火,延及秘閣,有梁之初,缺亡甚衆,爰命秘書監任昉,躬加部集,又於文德殿内别藏衆書,使學士劉孝標等重加校進,乃分數術之文,更爲一部,使奉朝請祖暅撰其名録。"①祖暅是祖沖之的兒子,著名天文曆算學家,故請他編《梁文德殿五部目録》②中的數術部分,顯然是爲了發揮他的專業知識。

至於編學科目録當然更需要專業知識,例如明代醫生殷仲春編的《醫藏目録》,全書分二十類,每類冠以小序。作者若非精通醫學知識,是很難做到這一點的。古代佛經目録通常都由佛教徒編撰而成,也説明了這一點。在同類目録中,有的水平高,有的水平低,顯然與編目者的專業水平有關。

這都是我們在研究目録學,運用和使用各種目録的時候應當注意的。

---

① 《廣弘明集》卷三《七録序》。

② 《目録學研究》附《漢唐以來目録統表》附説:"據《隋志》阮《録》並云:分術數之書更爲一部,故又稱《五部目録》。"

第二章　目録的結構及其功用

上面已經説過，有一書之目録，主要由一書的篇目及此書之叙録組成；有群書之目録，主要由分類的書目和它的各類之序組成。當一書叙録編入群書目録時，它就成爲各書的提要。書的叙録（提要）和書目的序對於辨章學術是非常重要的，而篇目及書目則更是其基本的組成部分。没有叙録和各類之序，仍然不失爲目録，可是任何目録却不能没有篇目或書目。今將篇目、書目、書的叙録、書目的序四者分别論述如下：

第一節　篇　目

篇目的作用可以概括爲以下幾點：

一是顯内容。章學誠説："古人著書，往往不標篇名，後人校讎，即以篇首字句名篇。"①章氏的話是對的。《論語》頭一篇稱《學而》，因爲它第一句是"學而時習之"；《詩經》頭一篇稱《關雎》，因爲它第一句是"關關雎鳩"。像這樣的篇名是不大能反映内容的。

以後，人的知識進步了，編書的技術也進步了，有許多人著述的時候，知道要確立一個主題，並在篇名中表達出來。因此，有些子書就開始用篇名來表示主題。這樣，主題和篇名就統一了。比如《荀子》第一篇叫《勸學》，通篇内容談學習的重要性，學習的方法，勉勵大家好好學習。再如

① 《文史通義》内篇《繁稱》。

《韓非子》有一篇叫《説難》,專門講游説的困難:要考慮怎樣把别人説服,怎樣掌握别人的心理狀態等等。他如《墨子》中的《非攻》,《吕氏春秋》中的《察傳》等都如此。像這樣的一些篇目可以在一定程度上顯示作品的内容,對我們就很有幫助。

二是便稽檢。篇目是稽檢的基礎,有篇目則便於稽檢。這一點,大家都清楚,問題是篇目的編排方法。如《史記》分成十二本紀、十表、八書、三十世家、七十列傳,是依史體分類,爲讀者的稽檢提供了很大的方便。如果方法不當,讀者就仍會感到困難。如張相的《詩詞曲語辭匯釋》雖然分爲六卷,每卷又分列了條目,但其先後排列並無一定的次序,這必然使讀者感到不便。所以中華書局在出版此書時,就爲它編了一個《語辭筆畫索引》作爲附録,以資補救。

篇目的編排,有的按照某種自然次序,如《左傳》就是按照魯國十二公時代先後編年記事的。但絶大多數則依人爲的次序,根據一定的標準來編次。或按分類,或按專題,或按特定的檢索方法,總之是爲了便於稽檢。

三是免錯亂。宋以前印刷術不流行,主要靠傳鈔來流通。一部以簡寫的竹書要分成許多篇,帛書的長度也有限。宋以後刻板印刷的書多起來了,一本綫裝書可以容納好幾卷。如果没有篇目,或者雖有篇目而未編定次序,那就很容易錯亂。從劉向《别録》中可以清楚地看出這一點,如《戰國策》書録云:"所校中《戰國策》書,中書餘卷,錯亂相糅。"有的書有"復重",有的書又"篇少不足",而且同是一部書,名稱也不相同,如《戰國策》"中書本號或曰《國策》,或曰《國事》,或曰《短長》,或曰《事語》,或曰《長書》,或曰《修書》"①。可見《戰國策》在整理前是多麽混亂。其他書也有這種現象,譬如《列子》"中書多,外書少,章亂布在諸篇中"②。所以劉向等在校書時不但確定了書名、篇名,而且還編定了篇次,後人寫書校書,仿此而行,這就大大克服了錯亂的現象。即使可能發生錯亂,因爲有了篇

① 《四部叢刊》影印元至正本《戰國策》卷首。

② 《快閣師石山房叢書》本《七略别録佚文》,引自宋刊本《列子》。

目,人們也容易發現,並有機會提出疑問加以討論。所以孫德謙説:

> 夫編次而偶或不謹,必將有他人所著誤入此書之中,使其人沈冤千古者。何以言之?韓非之書爲韓而作,蓋憤其國刑賞不明將致危亡,此其用心,固韓之忠臣義士也。觀其《存韓》一篇,則非雖身入於秦猶以存韓爲念。惓惓故國之思爲足敬矣!今首篇爲《初見秦》,勸秦滅韓,是豈非所願出此。幸有《國策》,知爲張儀之議。考古者猶可爲之辨誣,然吾不能不責編次者之過,而使非至於今尚未昭白也。此篇之編入其書,不知出於何人,當非向所爲。《國策》亦向編次,豈有明知是儀而録入非書者?如使果向所編,其失匪淺。甚矣!編次之不可不謹也。①

四是防散佚。没有篇目,書籍就容易散佚。劉向《晏子》書録介紹其整理《晏子》時,"凡中外書三十篇,爲八百三十八章。除復重二十二篇,六百三十八章,定著八篇二百一十五章。外書無有三十六章,中書無有七十一章,中外皆有以相定"②。從書録中可見有的章節中書没有,有的章節外書没有,顯然有散佚。而明載篇目正是防止散佚的重要方法,所以《晏子》書録不僅條其篇目,而且還注明了章數。如:

> 内篇諫上第一凡二十五章
> 内篇諫下第二凡二十五章

再如《説文解字》,許慎除標目外,還在卷末的序中明確寫道:"此十四篇,五百四十部,九千三百五十三文,重一千一百六十三,解説凡十三萬三千四百四十一字。"③作者的用心顯然也是爲了防止散佚。

有了篇目、篇次,甚至篇數、字數,檢查一部書,就能比較容易地發現

---

① 《劉向校讎學纂微・謹編次》。
② 《師石山房叢書》本《七略别録佚文》。
③ 《説文解字》第十五下《叙》。

它是否完整無缺。如果缺了,還可以知道缺了哪幾篇。譬如《詩經·小雅》裏有《南陔》《白華》《華黍》《由庚》《崇丘》《由儀》六首詩的篇目,但是有目無辭。這或者由於其辭已經散佚,或者本來就没有。《史記》也是這樣,作者在自序中説有一百三十卷,而其中有十卷有録無書,後經褚少孫續補,因此知道今傳《史記》並非全出司馬遷之手。由此可見,篇目對瞭解古籍的完缺是很有用的。

五是考分合。别裁是書籍著録的重要手段之一。所謂别裁,就是裁篇别出,即將一部整書中某些具有獨立性、獨立價值的部分抽出來作爲一部獨立的書處理。古書别裁是常見的。如將《管子》中的《弟子職》單獨行世就是一例。這種辦法現在也偶爾使用,如范文瀾曾將其《中國通史簡編》中論述唐代佛教的那兩節抽出來,前面加一個序,後面加一個年表,另成《唐代佛教》一書。遇到這種情況,就可以從一部書的篇目中考出其分合關係。南宋朱熹編了部《四書》,其中的《論語》《孟子》原是獨立的著作,而《大學》《中庸》却是從小戴《禮記》中别裁出來的。它們被别裁出來以後又同《論語》《孟子》合編成一部儒家哲學小叢書。因爲《禮記》的篇目裏仍有《大學》《中庸》,這就使我們得以考見它們的分合情況。

再舉一例,《禮記》裏有一篇《樂記》,孔穎達疏引鄭玄《三禮目録》云:

> 名曰《樂記》者,以其記樂之義。此於《别録》屬《樂記》,蓋十一篇合爲一篇。謂有《樂本》、有《樂論》、有《樂施》、有《樂言》、有《樂禮》、有《樂情》、有《樂化》、有《樂象》、有《賓牟賈》、有《師乙》、有《魏文侯》。今雖合此,略有分焉。①

這裏説明《樂記》是把原來十一篇文章合爲一篇的,並列舉了十一篇原目,使人可以知道它是怎樣分合的。如無篇目,則不能瞭解這一點。

六是辨真僞。古書的篇目,往往能提供辨僞的綫索。古人編書是很謹慎的。如宋人重編杜甫的詩集,其次序及篇目主要依據唐人舊本。如

---

① 《禮記注疏》卷三七《樂記》孔穎達疏引鄭玄《三禮目録》。

果又發現了被認爲是他所寫的詩，就采取慎重的方式，編在書末，稱爲“新附”或“附録”，而不和原有的篇章統一編次。這樣，既不至於遺落真的作品，又爲後人留下了重新辨别真僞的餘地。這一事例説明，篇目的排列與辨僞有關。

還有一種情況，即作品亡佚了，篇目却保留着。後來作品重出，真僞有待考定。篇目對於這一工作，也是有幫助的。如《泰誓》本是周初一篇重要文章，《國語》《左傳》《墨子》《孟子》等都曾引用過，後來却遺失了。西漢武帝或宣帝時，發現了這篇佚文，就將它編入《尚書》，流行於世。但東漢學者馬融却著文指出，這篇後出《泰誓》是假的。其《書序》云：

> 《泰誓》後得，案其文似若淺露。又云：“八百諸侯不召自來，不期同時，不謀同辭。”及“火復於上，至於王屋，流爲雕。至五，以穀俱來，舉火。”神怪得無在子所不語中乎！又《春秋》引《泰誓》曰：“民之所欲，天必從之。”《國語》引《泰誓》曰：“朕夢協朕卜，襲于休祥，戎商必克。”《孟子》引《泰誓》曰：“我武惟揚，侵于之疆；取彼凶殘，我伐用張，于湯有光。”孫卿引《泰誓》曰：“獨夫受。”《禮記》引《泰誓》曰：“予克受，非予武，惟朕文考無罪。受克予，非朕文考有罪，惟予小子無良。”今文《泰誓》皆無此語。吾見書傳多矣，所引《泰誓》而不在《泰誓》者甚多，弗復悉記。略舉五事以明之，亦可知矣。①

馬融主要是舉出周漢古書所引《泰誓》之文爲河内女子所得後出本所無，以證明這個本子出於僞造。如各古書所引之文原無篇目，就無從比勘，這是顯而易見的。

七是便輯佚。書散失了，有篇目在，也許可以知其大致内容，且便於從事輯佚工作。從宋朝到清朝，中國的文獻學或目録學有一個分支，就是輯佚學。輯佚就是輯録已經佚亡了的書，簡言之，就是使殘缺及佚亡了的

---

① 《尚書注疏》卷一一《泰誓》疏引。案：今本《尚書·泰誓》也與漢時發現的《泰誓》一樣，不是真《泰誓》。參看《章太炎先生國學講演録·經學略説》、吴承仕《經典釋文序録疏證·注解傳述人·〈尚書〉·〈泰誓〉佚文》。

古書還原。明祁承㸁曾較爲具體地談過輯佚的方法：

> 如書有著於三代而亡於漢者，然漢人之引經多據之；書有著於漢而亡於唐者，然唐人之著述尚存之；書有著於唐而亡於宋者，然宋人之纂集多存之。每至檢閱，凡正文之所引用，注解之所證據，有涉前代之書而今失其傳者，即另從其書名爲録出。如《周易坤靈圖》《禹時鈎命訣》《春秋考異郵》《感精符》之類，則於《太平御覽》間得之；如《會稽典録》、張璠《漢紀》之類，則於《北堂書鈔》間得之；如《晉簡文談疏》《甘澤謡》《會稽行賢傳》《渚宫故事》之類，則於《太平廣記》間得之。諸如此類，悉爲裒集。又如漢唐以前，殘文斷簡，皆當收羅，此不但吉光片毛，自足珍重，所謂舉馬之一體而馬未嘗不立於前也。①

總之，從漢代開始出現的古書注釋中，從漢魏之際開始出現的類書中，從六朝時期出現的"合本子注"書中，都保留了大量古書片斷。此外，一些詩文總集、地方志，乃至筆記小説等等裏面，也都保存着一些散佚了的古書中的某些部分。把這些散在各書中的某一部書的殘餘部分集中在一起，使之復原，當然有利於古代文化的研究。

輯佚工作，可以説從劉向校書時就萌芽了。到了清朝則大規模地進行着，並取得了很大的成績。最有名的是馬國翰的《玉函山房輯佚書》，輯得五百八十餘種；王謨的《漢魏遺書鈔》也輯得四百餘種，黄奭的《漢學堂叢書》輯有二百五十餘種。此外像湯球輯諸家晉史、任大椿的《小學鈎沉》、魯迅的《古小説鈎沉》等，專輯某類著作，也很有名。孫啓治、陳建華編有《古佚書輯本目録》可參看。

古書篇目有助於輯佚是很明白的。如東漢桓譚寫過十六篇《新論》，後來散失了，但這十六篇的題目却保留在《後漢書》本傳李賢注中。清人輯此書佚文，因爲它的篇目具存，據以復原，就較爲方便。

---

① 《澹生堂藏書約·藏書訓略》。

第二節　書　目

書目指群書目録。它是目録學研究的主要對象,我們説明群書目録的功用,也就等於説明目録學的功用。它主要有三點:

一是讀書治學的指南。唐代目録學家毋煚早就認識到不編目録、不懂目録學給讀書學習造成的困難。我們在第一章第二節《什麽是目録學》中,已經引用過他的論述,可參看。清王鳴盛也説:"目録之學,學中第一緊要事,必從此問途,方能得其門而入。"①近人汪辟疆明確指出:"目録學者,提要鈎玄,治學涉徑之學也。學術萬端,詎能遍識? 亡書佚籍,無補觀摩。故必有目録爲之指示其途徑,分别其後先,使學者得此一編,而後從事於四部之書,不難識其指歸,辨其緩急。此目録學之本旨也。"②

讀書治學最好有良師指導,由於不是每人都有幸遇到良師,所以有的學者往往向初學推薦一些導讀書目。張之洞就曾極力推薦過《四庫全書總目》提要,指出:

> 泛濫無歸,終身無得;得門而入,事半功倍。或經,或史,或詞章,或經濟,或天算地輿。經治何經,史治何史,經濟是何條,因類以求,各有專注。至於經注:孰爲師授之古學,孰爲無本之俗學? 史傳:孰爲有法,孰爲失體,孰爲詳密,孰爲疏舛。詞章:孰爲正宗,孰爲旁門,尤宜抉擇分析,方不致誤用聰明。此事宜有師承,然師豈易得? 書即師也。今爲諸生指一良師,將《四庫全書總目》提要讀一過,即略知學術門徑矣。③

當然這些話現在看來也有不足之處:首先,《四庫全書總目》提要也有錯,如余嘉錫就專門寫過《四庫提要辨證》二十四卷,以糾其誤,補其闕。其

① 《十七史商榷》卷一《史記集解分八十卷》條。

② 《目録學研究·目録與目録學》。

③ 《輶軒語·語學·論讀書宜有門徑》。

次，此書是十八世紀的產物，此後兩百年的學術成果未能吸收進去。第三，主編《四庫全書總目》提要的紀昀重漢學輕宋學，學術觀點上有偏見。但即使如此，現在也還没有一部著作能够代替它。它仍不失爲一部研究中國古代文化的入門著作。所以魯迅在開給許世瑛的書單中，也説《四庫全書總目》的節本《四庫全書簡明目録》“其實是現有的較好的書籍之批評，但須注意其批評是‘欽定’的”①。

目録書打開了我們的眼界，使我們能够瞭解學術的概況。卞孝萱引用吕思勉《自述》云：“至予之學術，則初能讀書時，先父即授以《四庫書目提要》。此爲舊時講究讀書者常用之法，俾於問津之初，作一鳥瞰，略知全體學科之概況及其分類也。”②我們還能從書目中找到自己所需要讀的那些書，並知道在我們所需要讀的那些書中，哪些是基本的，哪些應當先讀，哪些可供參考。比如《説文解字》是治語言文字之學的必讀書，對研究中國古代文化的人也很有參考價值。清人研究《説文》的著作很多，有所謂《説文》四大家。在這些研究著作中，哪一種是最基本的，初學又應先讀哪一種呢？目録學著作會告訴我們：段玉裁《説文解字注》最精詳，應看作研究《説文》的基本著作。他如桂馥《説文義證》，王筠《説文釋例》《説文句讀》，朱駿聲《説文通訓定聲》等各有獨到之處，可供參考。而對於初學者，先讀王筠《説文句讀》比較易於入門③。

即使同一書籍，可能有很多種版本，有的版本經過精心校勘，錯誤較少；有的版本未經校勘，錯誤百出。目録書也會爲我們指出讀哪些本子好，讀哪些本子不好。譬如《書目答問》，有關《十三經注疏》列舉了“乾隆四年武英殿刻附考證本、同治十年廣州書局覆刻殿本、阮文達公元刻附校勘記本、明北監本、明毛晉汲古閣本”。並指出：“阮本最於學者有益，凡有關校勘處旁有一圈，依圈檢之，精妙全在於此。四川書坊繙刻阮本訛謬太多，不可讀；且削去其圈，尤謬。明監、汲古本不善。”④

① 《亡友魯迅印象記》第二十三節《和我的友誼》。

② 《現代國學大師記・吕思勉的自述》。

③ 《汪辟疆文集・讀書舉要》下篇《文字學之部》。

④ 《書目答問》卷一《經部》。

還是王鳴盛在《十七史商榷》中説得好："凡讀書最切要者，目録之學。目録明，方可讀書；不明，終是亂讀。"①許多有成就的學者都將目録當成讀書治學的嚮導，並獲得了成功。譬如黄侃被譽爲乾嘉小學的集大成者，他就在閲讀與研究小學書目方面下過苦功，如他在一九二五年一月二十七日日記中寫道："閲謝藴山（啓昆）《小學考》（浙江書局），書計廿册五十卷，往者嘗翻檢之，兹擬點勘一過。"此後多日日記均有閲《小學考》的記載。直到二月十日至二月十四日的日記説："皆閲《小學考》。十四日人定閲竟，共費十一日。"他在研讀史學著作時，則更加自覺地從目録學入手。如他在一九二五年二月七日的日記中寫道："搜集讀正史參考書目録，别有草稿，明當迻録之。"二月十二日日記復云："搜集正史參考書目略備，遂治全史。"他研究其他文獻大抵也是這麽做的，如他在一九二九年正月的日記中寫道："宋人金石書予略備矣，擬依次閲之，次如下：《集古録》《考古圖》《嘯堂集古録》《金石録》《隸釋》《隸續》、王復齋《鐘鼎款識》《歷代鐘鼎彝器法帖款識》。"顯然，這是黄侃爲自己制訂的一份宋代金石文獻導讀書目，而且在這份目録中，絶大部分都是宋代金石目録。

著名目録學家余嘉錫也是一個典型例子，他在《四庫提要辨證序録》中説："余至略知學問門徑，實受《提要》之賜。"他從十七歲開始研讀《四庫全書總目》提要，經過五十多年的努力，終於完成了《四庫提要辨證》這部九十多萬字的巨著。他深有體會地説："目録之學爲讀書引導之資，凡承學之士，皆不可不涉其藩籬。"②

二是辨章學術源流。汪辟疆指出："目録學者，辨章學術、剖析源流之學也。不僅爲綱紀群籍簿屬甲乙而設，要必在周知一代之學術，與夫一家一書之宗旨，而後乃可以部次類居，無凌亂失紀、雜而寡要之弊。"③復云："目録之學，與史相緯；其重在周知一代之學術源流，及一家一書之宗趣。"④並指出："目録者，綜合群籍，類居部次，取便稽考是也。目録學者，

---

① 《十七史商榷》卷七《漢書叙例》條。

② 《目録學發微》卷一《目録學之意義及其功用》。

③ 《目録學研究・目録與目録學》。

④ 《汪辟疆文集・讀書舉要》上篇《綱領之部・校讎學纂微》。

則非僅類居部次,又在確能辨明源流,詳究義例,本學術條貫之旨,啓後世著述之規,方足以當之。”①

書目的辨章學術、考鏡源流功能,在很大程度上是通過分類來實現的。宋人鄭樵《通志·校讎略·編次必謹類例論》云:“類例既分,學術自明。”明胡應麟《經籍會通》二也説:“觀其類例,而四部之盛衰始末亦可以概見矣。”

首先,分類是學術發展狀況的反映。正如《四庫全書總目·凡例》所説:“文章流别,歷代增新。古來有是一家,即應立是一類。”關於這一點,詩文評類的逐步確立,就是一個典型的例子。《漢書·藝文志》中没有這一類,因爲當時没有這方面的專著。梁代出現了劉勰的《文心雕龍》與鍾嶸的《詩品》,因爲此類著作比較少,所以被附在《隋書·經籍志》集部總集類。唐代又出現了劉知幾《史通》等史評類著作,於是唐人吴兢《吴氏西齋書目》特設文史類,兼收詩文評與史評著作,此後許多書目都照此辦理。直到《四庫全書總目》將文史類分爲史評與詩文評兩類,前者屬史部,後者屬集部,就相當科學了。朱自清《詩言志辨·序》指出:“詩文評的系統的著作,我們有《詩品》和《文心雕龍》,都作於梁代。可是一向只附在總集的末尾,宋代才另立文史類來容納這些書。這文史類後來演變爲詩文評類。著録表示有地位,自成一類表示有獨立的地位,並如何獲得一般的承認。”可見“詩文評”類的形成過程也是中國文藝理論不斷發展,人們的文藝理論觀念不斷明確、不斷完善的結果。

其次,學術變化了,分類也會隨之變化。孟子類圖書的分類情況清楚地説明了這一點。北宋前的書目,孟子類圖書都被列入子部儒家類。自從宋代元祐年間將《孟子》列入科舉考試内容,因此《孟子》的地位大爲提高,於是南宋尤袤的《遂初堂書目》將孟子類圖書附於論語類,這樣該類著作在書目中也就由子部升入了經部。稍後的陳振孫《直齋書録解題》則乾脆將經部的論語類改名爲語孟類,這樣,孟子類書取得了與論語類書並列的地位。元馬端臨《文獻通考·經籍考》在經部專門設立了孟子類,這表

---

① 《目録學研究·目録與目録學》。

明孟子類圖書在元代的地位進一步提高。南宋孝宗淳熙年間,朱熹替《禮記》中的《大學》《中庸》做了章句,替《論語》《孟子》做了集注,並且將它們合在一起稱爲《四書》。據《元史・選舉志・科目》可知,《四書》成了元代科舉考試内容,這對明清兩代的科舉考試産生了深遠影響。這樣,明代與清初的一些公私目録就進一步將經部論語類、孟子類或語孟類,改爲四書類了。這一改變,也爲《四庫全書總目》所接受。孟子類圖書在目録分類中的變化,清楚地反映了《孟子》一書在封建社會越來越受到重視的過程。

再次,某類文獻在分類體系中的位置也能反映該類文獻的學術存在狀況。最突出的例子當然是六藝略,也就是後來的經部,始終處於首位,因爲這部分著作是專門用來培養統治階級接班人的。"六藝"原指統治階級接班人應當具有的六種技藝,即禮、樂、射、御、書、數。劉國鈞分析道:"四庫分類序次之原理,一言以蔽之,即由六朝時遺傳來之衛道觀念。申言之則曰尊儒重道。經爲載道之書,故列之於首。其餘皆其支流也。"①因爲作者討論四庫分類法,所以追溯到六朝。其實《七略》將六藝略放在全目首位,將儒家放在諸子略首位,當然也充分體現了重儒衛道的觀念。

最後,類目名稱的變化也能反映學術的流變。如《漢書・藝文志》有詩賦略,因爲賦是漢代特别發達的文體,也爲漢武帝所愛好。武帝時還專門設立樂府以采歌謡,所以取名"詩賦略"來涵蓋這兩類文學作品是非常恰當的。但是到了魏晉南北朝時期,文學創作得到了肯定,誠如曹丕《典論・論文》所説:"蓋文章,經國之大業,不朽之盛事。"文體也有了很大的發展,即以梁代蕭統所編《文選》爲例,該書文體大分爲三十八類。而且作者們普遍將自己的作品編輯成集,希望能够流傳下去,以致出現了梁元帝所説的"家家有制,人人有集"②的局面。在這種情況下,書目再用"詩賦"爲名來指稱文學作品,顯然是不够準確的。於是南朝時宋人王儉的《七

① 《四庫分類法之研究》,載《圖書館學季刊》第一卷第三期。

② 《金樓子・立言》。

志》將之改爲文翰志，梁阮孝緒《七録》又將之改爲文集録。阮孝緒的《七録序》還作了解釋："王以詩賦之名，不兼餘制，故改爲文翰。竊以爲傾世文詞，總謂之集，變'翰'爲'集'，于名尤顯，故序文集録爲内篇第四。"①後來《隋書·經籍志》肯定了《七録》的做法，將文集録改爲集部，遂成定制。

再如，在《漢書·藝文志》中，兵書略爲一大類，下面還分兵權謀、兵形勢、兵陰陽、兵技巧四個二級類目。但是在梁阮孝緒編的《七録》中，將諸子略與兵書略合併成子兵録，而且還取消了原兵書略中的四個二級類目。《七録序》解釋道："兵書既少，不足别録，今則附于子末，總以子兵爲録，故序子兵録爲内篇第三。"②類名的變化鮮明地反映了兵書在新的時代不受重視的情況。從此以後，兵書不再成爲一級類目，在四部分類法中僅爲子部的一個二級類目。

書目的著録情況也清楚地反映了某個時期學術發展的狀況與某類學術的發展變化。我們知道西漢前期盛行黄老之術，其關鍵人物，一個是曹參，一個是竇太后。司馬遷於《史記·曹相國世家》贊曰："參爲漢相國，清静極言合道。然百姓離秦之酷後，參與休息無爲，故天下俱稱其美矣。"《史記·外戚世家》復云："竇太后好黄帝、老子言，帝及太子、諸竇不得不讀黄帝、老子，尊其術。"這種情況在《漢書·藝文志》中也得到了鮮明的反映。在諸子略、兵書略、數術略、方技略中都有許多託名爲黄帝的著作。據胡適統計："黄帝一人名下有十二類，四百五十二篇書；又託名他的臣子的書八十七篇。黄帝的君臣共計五百三十九篇。"③漢代出現了許多託名黄帝君臣的書恰恰是漢代前期崇尚黄老之術的反映。

統計數據也很能説明問題，如果我們將目録中的相關類目所著録的文獻統計一下，也能反映該類學術的大致面貌。如《清史稿·藝文志》史部目録類著録目録書一三八部；《清史稿藝文志補編》史部目録類著録目録書九六部；《清史稿藝文志拾遺》史部目録類著録目録書七六一部。三部目録共著録清代目録九九五部，可見目録學是清代的顯學。

---

①② 《廣弘明集》卷三《七録序》。

③ 《胡適文集》第五册《中國中古思想史長編》。

如果我們將兩部以上的目録相關類目的著録情況加以比較，就能更清楚地看到某類學術的發展變化。例如我們將《漢書·藝文志》與《隋書·經籍志》中所著録的縱横家圖書加以比較，就會發現縱横家急劇衰落的命運。《漢書·藝文志》諸子略著録“縱横十二家，百七篇”。而《隋書·經籍志》子部著録縱横家“二部，合六卷”。這兩部書，均爲《鬼谷子》。柳宗元云：“《鬼谷子》要爲無取，漢時劉向、班固録書無《鬼谷子》。”①明胡應麟《四部正訛》中也指出：“《鬼谷》，縱横之書也。余讀之，淺而陋矣，即儀、秦之師，其術宜不至猥下如是。柳宗元謂劉氏《七略》所無，蓋後世僞爲之者，學者宜其不道。”可見，《漢書·藝文志》所著録的縱横家著作在《隋書·經籍志》中一部都不剩了。這説明秦漢以後，國家統一了，縱横家著作也就没有市場了。

書目所著録的資料也有助於我們對一些學術現象做全面而客觀的認識。譬如《隋書·經籍志》所著録的書雖然絶大多數已經亡佚了，但是《隋書·經籍志》本身却保存了大量文獻信息。就拿南朝人編的總集來説，我們現在見到的只有《文選》與《玉臺新詠》兩部，難道它們是孤立的現象嗎？我們查一下《隋書·經籍志》集部總集類，發現“共有一百七部，二千二百一十三卷，通計亡書，合二百四十九部，五千二百二十四卷”。而這些總集絶大多數都出現於南朝時期。由此可見，《文選》與《玉臺新詠》正是在如此大量的總集的基礎上所産生的佼佼者。

此外，書名、篇卷數、作者、版本、附注、提要等著録項目也透露了大量信息，與學術的發展狀況息息相關。就卷數而言，例如據《隋書·經籍志》記載，注《史記》的只有三家，共九十五卷，而注《漢書》的却有二十一家，共六百二十卷。爲什麽會有這樣大的差别呢？原來《史記》行文偏用單筆，而《漢書》行文偏用複筆。因爲漢代以後寫文章的風氣是由單筆走向複筆，所以在漢魏六朝時，研究《漢書》的人多於研究《史記》的人。再如宋人鄭樵《通志·校讎略·闕書備於後世論》説：“《陶潛集》梁有五卷，隋有九卷，唐乃有二十卷。”陶淵明的詩在南朝時不甚受到重視，鍾嶸的《詩品》僅

① 《柳河東集》卷四《辯〈鬼谷子〉》。

將其列爲中品,劉勰的《文心雕龍》甚至没有提到過他。但是從他的集子的卷數不斷增多可以清楚地看到,隨着時間的推移,陶詩的價值逐步被人們所認識,越來越受到讀者的喜愛。

在著録項目中,特别值得重視的是提要,因爲它往往會對圖書的學術思想與學術淵源作出評價。譬如有人將荀子定爲法家,而劉向所撰《孫卿書録》却説:"孫卿善爲《詩》《禮》《易》《春秋》。……孫卿道守禮義,行應繩墨,安貧賤。……楚有尸子、長盧子、芋子皆著書,然非先王之法也,皆不循孔氏之術。唯孟軻、孫卿能爲尊仲尼。"這些話對我們正確認識荀子的學術淵源顯然大有幫助。

提要除對某書某人進行學術評價外,往往也會對某種、某類學術或文化現象的源流進行梳理,如陳振孫《直齋書録解題》卷十八於汪藻《浮溪集》提要云:

> 四六偶儷之文,起於齊梁,歷隋唐之世,表章、詔、誥多用之。然令狐楚、李商隱之流號爲能者,殊不工也。本朝楊、劉諸名公猶未變唐體。至歐、蘇始以博學富文爲大篇長句,叙事達意,無艱難牽强之態;而王荆公猶深厚爾雅,儷語之工,昔所未有。紹聖後置詞科,習者益衆,格律精嚴,一字不苟措。若浮溪尤其集大成者也。

"楊、劉諸公"指北宋初年楊億、劉筠、錢惟演等。此提要介紹了駢體文的發展簡史,改變了我們的一些習慣看法,作者爲宋人,於宋代駢體文的發展狀況,説得尤爲親切而透徹。

三是科學研究的良伴。由於書目具有指導閲讀,辨章學術源流的功能,這就决定了它同科學研究結下了不解之緣。

首先,編製高質量的目録本身就是極有價值的科研工作。通過書目,我們可以瞭解各個歷史時期文獻的著述、收藏、流傳、存佚的狀況,從而可以窺見各個時代文化學術的盛衰。所以范文瀾對《七略》作了極高的評價,他説:"《七略》綜合了西周以來主要是戰國的文化遺産……是一部完整的巨著。它不只是目録學、校勘學的開端,更重要的還在於它是一部極可珍貴的古代文化史。”①

其次，目録學同從事版本學、校勘學、情報學等學科的科學研究密不可分。例如《西諦書目》中，目録書就占二百九十五種之多。爲什麽鄭振鐸如此重視目録書的收聚呢？一方面因爲目録書可爲科學研究提供重要的綫索，如他在“《録鬼簿》二卷《續編》一卷”的跋中談到了他發現該書時的驚喜心情：“爲余輩所最驚心動魄、相視莫逆於心者，乃是明藍格鈔本《録鬼簿》一書，後附無名氏《續録鬼簿》一卷，爲研究元明間文學史最重要之未發現史料。”②另一方面，檢索其書是否已有目録著録，乃是鑒定版本及其價值的重要手段之一。如鄭振鐸在《石倉歷代文選》二十卷的跋中説：“此《石倉國初文選》二十卷，未見諸家藏書著録。來薰閣主人陳濟川從鄞大西山房林集虚處得之，我一見即驚爲秘笈，亟挾之而歸。價百金殊昂，然不遑計及之矣。”③校勘需要廣聚衆本，相互比較，没有目録學的知識就會寸步難行。此外，目録學同情報學也緊密地聯繫在一起。現在全國、全世界每年都要召開許許多多各種各樣的科學討論會。討論會上所提交的各種論文，不少雖然是以手稿、打印本的形式發表的，也應編成目録供人們檢索、搜尋，如果等待出版社或報刊印出來，那就慢了，落後了。

再次，目録學是各門科學研究的輔助學問。科學研究總是在前人研究的基礎上繼續朝前邁進的。在自己所要研究的領域裏，前人已經取得了哪些成果，一定要心中有數，否則會鬧出“第二次發現新大陸”的笑話。爲了避免這樣的笑話，就必須借助於目録學知識，查閲有關的目録和索引。如果我們從事科研工作而没有一點目録學知識，那就會走彎路，事倍而功半。

四是文獻工作的基礎。目録學是開展與文獻有關的各項工作，如圖書館、圖書的出版與發行、博物館、檔案館等工作的基礎知識。施廷鏞先生説：“書目之於圖書，猶利濟之舟航也。故欲圖書館之克著其效，關於書目的纂輯，不可不求其周備。”④圖書館工作的每一個環節，如采購、編目、

① 《中國通史簡編》第二編第二章第九節《史學》。

②③ 《西諦書目》附《西諦題跋》。

④ 《國立清華大學圖書館中文書目甲編一》卷首《序》。

典藏、流通,無一項能離開群書目録和目録學知識。譬如有人拿一套《四聲猿》求售,本圖書館要不要買,首先應當查一下館藏目録,看一看本館是否已經藏有此書,以免重複收購此書。經查藏書目録,發現本館未藏該書單行本,再查《中國叢書綜録》,發現《誦芬室叢刊》二編等四種叢書裏收有此書。而這些叢書本館均有。如果購書經費緊張,這套書便可以不買了。如果想買,還應當對其版本加以鑒定。經與傅惜華所編《明代雜劇全目》核對,發現該書與該目所描述的明刻本《四聲猿》版本特徵一模一樣,因此可以斷定這套書爲明刻本,屬於善本的範疇。如果考慮善本難得,以免失諸交臂,應將該書買下來。對圖書如何著録、分類、編目,也可以參考已有書目進行。此外像檔案管理、圖書出版與發行、情報收集與利用,以及其他與文獻有關的工作,也都必須掌握和運用目録學知識。

第三節　書的叙録

叙録,或稱提要,或稱解題。目録中凡功用在於幫助讀者瞭解一書内容、價值及作者生平事迹等的介紹性文字都可稱爲叙録或提要。我們將在《目録的著録事項》一章對提要的體例與寫作方法作專門介紹。爲避免重複,此處將側重介紹提要的功用。因爲以《别録》與《四庫全書總目》爲代表的叙録體提要,内容比較全面,所以標題采用了"叙録"一詞。叙録約有以下功用:

一是介紹書的篇目。從劉向《别録》開始,叙録的一個重要内容就是條其篇目。如《孫卿新書》十二卷三十二篇叙録云:"勸學篇第一,修身篇第二,不苟篇第三,榮辱篇第四,非相篇第五,非十二子篇第六,仲尼篇第七……賦篇第三十二。"[①]我們即使没有讀過《孫卿新書》,也會從篇目中瞭解到各篇的大致内容。一些書亡佚或部分亡佚後,我們也能從書目叙録所條列的篇目中,對其内容略有所知。如孫德謙云:

---

① 《師石山房叢書》本《七略别録佚文》,以下所引《别録》均出自該書,不再作注。

> 吾讀《樂記正義》，又知向所條篇目與今本不同者，《正義》云：劉向校書得《樂記》二十三篇著於《别録》。今《樂記》所斷取十一篇，餘有十二篇。其名案《别録》十一篇，餘次《奏樂》第十二、《樂器》第十三、《樂作》第十四、《意始》第十五、《秦穆》第十六、《説律》第十七、《季札》第十八、《樂道》第十九、《樂義》第二十、《昭本》第二十一、《昭頌》第二十二、《竇公》第二十三是也。則向校定《樂記》尚有此十二篇。今無其目者，後儒所删也。①

有了這些篇目，我們不僅能較爲完整地知道劉向所校定之《樂記》的内容，也知道該《樂記》與今傳本《樂記》之間的差異，對我們科研工作當然是有幫助的。

條其篇目，作爲一書之目録，一般都置於卷首附書以行。後世書目提要，也有録其篇目的，如《郡齋讀書志》卷十《説苑》二十卷提要云："漢劉向撰。以《君道》《臣術》《建本》《立節》《貴德》《復恩》《政理》《尊賢》《正諫》《法誡》《善説》《奉使》《權謀》《至公》《指式》《談叢》《雜言》《辨物》《修文》爲目。"我們雖未讀過《説苑》，通過這些篇目，也就知道了該書的屬性。

後人在編目時，遇到一些稀見圖書，也會采用記載篇目的方式來揭示書的内容。如江蘇省社會科學院明清小説研究中心編《中國通俗小説總目提要·凡例》稱："内容提要後，附全書回目，不同版本回目稍有不同者，可在主要版本回目之後注明；差異甚大者，則應分録全目，以資對照。"該書卷首《編輯説明》復云：

> 比起内容提要之經過主觀加工提煉（不論撰稿人如何努力做到客觀、準確），小説之回目則是最爲確定、客觀的材料。根據回目，可見小説的内容、結構，與内容提要，可以相互參證，相輔相成。且回目之增删、歸併、分割，以及文字的更改，又可見不同版本之差異與流變，價值是很大的。孫楷第《日本東京所見小説書目》、譚正璧《古本

① 《劉向校讎學纂微·條篇目》。

稀見小説匯考》都有附全書回目之先例,學者稱便。本書名爲“總目”,除了小説之總目之外,又收録每一小説之總回目,似益名實相副。

可見,在叙録中記録一些珍稀圖書的篇目或回目,對讀者瞭解圖書的内容是有幫助的。

二是介紹書的整理情況。從劉向《别録》開始,就在叙録中介紹圖書整理情況。首先介紹版本收集情況。因爲這是整理圖書的必備條件,如《管子》書録云:“所校讎中管子書三百八十九篇,大中大夫卜圭書二十七篇,臣富參書四十一篇,射聲校尉立書十一篇,太史書九十六篇,凡中外書五百六十四篇以校,除復重四百八十四篇,定著八十六篇,殺青而書,可繕寫也。”於此可見,劉向等在收集一書的不同抄本方面下了很大功夫。

其次介紹除復重的情況。張爾田《劉向校讎學纂微·删復重》云:“劉向於《荀子》諸書,其序録中皆云除復重若干篇,固謂諸本之中有相同者,留其一而删其餘矣。吾謂一書之中苟有復重,亦必當删除之。”此外,漢代以前,人們著作權觀念淡薄,各書間相互傳抄也會出現内容重複現象。所以除去重複的内容,整理出一個定本來,是圖書整理的基礎工作。劉向在《别録》中往往對此作出交待,上面所引《管子》書録也説明了這一點。如果整理成定本後,還有内容重複現象,劉向也會在《别録》中加以説明,如《晏子》書録云:“又有復重,文辭頗異,不敢遺失,復列以爲一篇。”從中可見劉向在整理圖書時所采取的謹慎態度。

此外,還要介紹圖書的校勘工作。劉向《别録》對此也舉例作了介紹,可貴的是往往還涉及校勘規律。如《尚書歐陽經》三十二卷叙録云:“臣向以中古文校歐陽、大小夏侯三家經文,《酒誥》脱簡一,《召誥》脱簡二。率簡二十五字者,脱亦二十五字;簡二十二字者,脱亦二十二字。”如《尚書古文經》五十八篇叙録云:“古文或誤以‘見’爲‘典’,以‘陶’爲‘陰’,如此類多。”所説顯然指因形近而誤現象。如《列子》八卷叙録云:“或字誤以‘盡’爲‘進’,以‘賢’爲‘形’,如此者衆。”所説顯然指因音近而誤現象。如《戰國策》三十三篇叙録云:“本字多誤脱爲半字,以‘趙’爲‘肖’,以‘齊’爲

‘立’,如此者多。”所説顯然指因壞字致誤現象。

後世目録也有在提要中介紹圖書整理情況的,如《郡齋讀書志》别集類於《沈亞之集》十卷提要云:“此本之後有景文宋公題字,稱得之于端明李學士,編次無倫,蓋唐本也。予頗愛其能造語,然其本極舛誤,頗是正之。且哀其遺闕者數篇,及賀、牧、商隱三詩附于後。”《直齋書録解題》卷十五總集類《文苑英華》一千卷提要談了該書的編纂過程:“太平興國七年,命學士李昉、扈蒙、徐鉉、宋白等閲前代文學,撮其精要,以類分之。續又命蘇易簡、王祐等。至雍熙三年,書成。”

《四庫全書總目・凡例》則明文規定其提要“次考本書之得失,權衆説之異同,以及文字增删,篇帙分合,皆詳爲訂辨,巨細不遺”。如集部别集類十三著録宋張鎡《南湖集》十卷,提要云:“其集久佚不傳,楊士奇《文淵閣書目》雖載有張約齋《南湖集》一部五册,藏弆家亦皆未見。今檢《永樂大典》各韻中,收入鎡詩尚多。評其格律,大都清新獨造,於蕭散之中特見雋永之氣,以視嘈雜者流,可謂翛然自遠。詩固有不似其人者,鎡之謂歟?鎡又工長短句,有《玉照堂詞》,選本多見采録,而原本亦久散佚,謹裒集編次,以類相從,釐爲詩九卷、詞一卷,用存其略。《永樂大典》所載,多題曰《湖南集》,以諸書參考,知爲傳寫之誤,今亦並從改正焉。”這些提要對讀者瞭解圖書的整理情況及其内容與特點都是有幫助的。

三是介紹書的作者。《孟子・萬章下》云:“頌其詩,讀其書,不知其人,可乎?是以論其世也。”我們瞭解作者的生平事迹,對我們理解他的作品當然是有幫助的,所以從劉向《别録》開始,就十分重視介紹書的作者。如《雅琴趙氏》七篇叙録云:“趙氏者,勃海人趙定也。宣帝時,元康、神爵間,丞相奏能鼓琴者勃海趙定、梁國龍德,皆召入見温室,使鼓琴待詔。定爲人尚清静,少言語,善鼓琴,時閒燕爲散操,多爲之涕泣者。”《雅琴趙氏》七篇雖然亡佚了,但是通過這段作者介紹,也可大致知道該書的形成時間、宫廷宴樂的情況、當時的審美觀點,以及趙定鼓琴的藝術成就。叙録間有考證,往往具有參考價值,如《墨子》叙録云:“太史公曰:墨翟,宋之大夫。或曰並孔子時,或曰在其後。今案《墨子》書有文子。文子,子夏之弟子,問於墨子。如此,則墨子者在七十子後也。”

還有對作者作出評價的,如《别録》於《賈誼》五十八篇叙録云:“賈誼言三代與秦治亂之意,其論甚美,通達國體,雖古之伊、管未能遠過也。使時見用,功化必盛,爲庸臣所害,甚可悼痛。”

後世書目提要也多有作者介紹,有些作者介紹還頗有史料價值。如不少人都不願意接受李清照改嫁的事實,但《郡齋讀書志》别集類《李易安集》十二卷提要稱其爲“皇朝李格非之女,幼有才藻名。先嫁趙誠之,其舅正夫相徽宗朝,李氏嘗獻詩曰:‘炙手可熱心可寒。’然無檢操,後適張汝舟,不終晚節。流落江湖間,以卒。”由於晁公武與李清照都生活於北宋末、南宋初,他所説的情況是可信的。李清照的改嫁並離婚,正表現了她對封建禮教的蔑視與反抗,而不必諱言。

古代的戲劇家是没有什麽社會地位的,一般的史籍也不會爲他們作傳記,而元代戲曲家鍾嗣成所編《録鬼簿》及明初無名氏所著《録鬼簿續編》,不僅將元明戲曲作品編爲目録,還爲不少元明戲曲家撰寫了傳記。整理者於前者提要稱:“《録鬼簿》一書豐富的記載了中國戲曲最稱繁盛時的元代的書會才人、‘名公士夫’的戲曲、散曲作家的生平事迹和作品目録。全書包括作家小傳一百五十二人,作品名目四百餘種;這是今日研究古典戲曲與金元文學的寶貴的歷史材料。”①整理者於後者稱:“全書著録作家從鍾嗣成起,至戴伯可,共七十一人;雜劇作品七十八種;又失載名氏的雜劇作品七十八種。這些珍貴難得的記載,確是今天研究元末明初時北曲雜劇的發展的唯一重要史料。”②今録一例,睢景臣的《高祖還鄉》是著名的套曲,《録鬼簿》在提要中介紹了作者及其寫作情況:“大德七年,公自維揚來杭州,余與之識。自幼讀書,以水沃面。雙眸紅赤,不能遠視。心性聰明,酷嗜音律。維揚諸公,俱作《高祖還鄉》套數,惟公《哨遍》製作新奇,皆出其下。”③可以説,這是有關該套曲唯一的原始資料。

四是評介書的内容。提要一個重要任務是介紹書的内容。如《别録》六藝略佚文於《世本》十五篇書録云:“《世本》,古史官明於古事者之所記

---

① 《中國古典戲曲論著集成》二《録鬼簿提要》。
② 《中國古典戲曲論著集成》二《録鬼簿續編提要》。
③ 《中國古典戲曲論著集成》二《録鬼簿》卷下《睢景臣》。

也。録黄帝已來帝王諸侯及卿大夫系謚名號，凡十五篇，與左氏合也。”於《戰國策》三十三篇書録云：“其事繼《春秋》以後，訖楚漢之起，二百四十五年間之事。”

後世目録也繼承了這一傳統，如《直齋書録解題》卷五《華陽國志》二十卷提要云：該書“志巴蜀地理、風俗、人物，及公孫述、劉焉、劉璋、先後主以及李特等事。末卷爲《序志》，云肇自開闢，終乎永和三年。”再如《四庫全書總目》子部儒家類著録宋司馬光《家範》十卷，提要稱該書“首載《周易・家人》卦辭，及節録《大學》《孝經》《堯典》《詩・思齊》篇語以爲全書之序。其後自《治家》至《乳母》凡十九篇，皆雜采史事可爲法則者，亦間有光所論説。與朱子《小學》義例差異，而用意略同。其節目備具，簡而有要，似較《小學》更切於日用，且大旨歸於義理”。所以，要知道一書之内容，讀一讀該書提要是個好方法。

從劉向《别録》開始就注意對書作出學術評價了。他當時特别注意區分學術流别，如《列子》八卷書録云：“其學本於黄帝、老子，號曰道家。道家者，秉要執本，清虚無爲。及其治身接物，務崇不競，合於《六經》。”《申子》六篇書録云：“申子學號曰刑名。刑名者，循名以責實，其尊君卑臣，崇上抑下，合於《六經》也。宣帝好觀其《君臣》篇。”

後世書目提要也有討論學術源流的，如《直齋書録解題》卷二十詩集類下《后山集》六卷《外集》五卷提要云：“陳師道無己撰。亦於正集中録出，入《詩派》。江西宗派之説，出于吕本中居仁。前輩固有議其不然者矣。后山雖曰見豫章之詩，盡棄其學而學焉，然其造詣平澹，真趣自然，寔豫章之所缺也。”“《詩派》”指詩歌總集《江西詩派》，《直齋書録解題》卷十五總集類著録。吕本中字居仁，嘗撰《江西詩社宗派圖》，尊黄庭堅爲詩派之祖，又將陳師道列爲二十五名江西詩派詩人之首。“后山”爲陳師道號，“豫章”指江西，黄庭堅是江西人，“豫章之詩”指黄庭堅寫的詩。再如《直齋書録解題》卷二丨一歌詞類《樂章集》十卷提要對柳永詞的評價：“其詞格固不高，而音律諧婉，語意妥帖，承平氣象形容曲盡，尤工於羈旅行役。若其人則不足道也。”

五是介紹書的版本。如前所述，劉向《别録》注意對版本的記録。有所謂中書、中秘書、太史書、太常書等,顯然爲不同的官府抄本。有所謂臣向書、臣富參書、大中大夫卜圭書、射聲校尉立書等,顯然爲不同的私家抄本。後世的書目提要記録版本則更加深入,如《郡齋讀書志》卷十七别集類上著録《陶潛集》十卷,其提要云:

> 今集有數本:七卷者,梁蕭統編,以序、傳、顔延之誄載卷首。十卷者,北齊陽休之編,以《五孝傳》、《聖賢群輔録》、序、傳、誄分三卷,益之詩,篇次差異。按《隋經籍志》潛集九卷,又云梁有五卷,録一卷。《唐藝文志》潛集五卷。今本皆不與二志同。獨《吴氏西齋書目》有潛集十卷,疑即休之本也。休之本出宋庠家云。江左名家舊書,其次第最有倫貫,獨《四八目》後《八儒》《三墨》二條,似後人妄加。

該提要已經對版本的特徵進行了研究與描述,而且具有版本鑒定的成分,再如《郡齋讀書志》卷十八别集類中著録《劉綺莊歌詩》四卷,提要云:

> 唐《四庫書目》有《綺莊集》十卷,今所餘止四卷,詩三十二,啓狀四十四而已,惜其散落大半。其本乃南唐故物,紙墨甚精,後題"昇平四年重題",印其文曰"建鄴文房",本内"密"字皆闕其畫,而"超"字不闕,蓋吴時所繕寫也。

作者從目録、紙墨、題識、鈐印、諱字等方面,對該抄本時代作了鑒定。"昇平"似爲"昇元",爲南唐李昪年號。"建鄴文房"爲南唐徐鍇藏書室名。五代吴王追尊太祖武皇帝楊行密,"密"字闕筆,當避吴諱。

清于敏中等於乾隆年間編撰而成的《天禄琳琅書目》是我國第一部官修善本書目。該目對版本的著録已趨向規範化。該書《凡例》規定:"每書首舉篇目,次詳考證,次訂鑒藏,次臚闕補,至考證於鋟刻加詳,與向來志書目者少異,則是體例宜然爾。""至舊人題跋亦爲附録。其用印記,則仿《清河書畫舫》之例,皆用真書摹入,以資考據。"《四庫全書總目》於該書提要亦云:"每書各有解題,詳其鋟梓年月,及收藏家題識、印記,並一一考其時代、爵里，著授受之源流。”今即以《天禄琳琅書目》卷一宋版經部《周易》提要爲例：

是書不載刊刻年月，而字法圓活，刻手精整，且於宋光宗以前諱皆缺筆。又每卷末詳記經、注、音義字數，宋版多此式。其爲宋刊本無疑。琴川毛晉藏書類以甲乙爲次，是書於“宋本”印記之下，復加“甲”字印，乃宋槧之最佳者。（下略）

該提要通過字體、諱字、版式、藏書印等角度加以鑒别，斷定該書爲宋刊本無疑，頗有説服力。

此後，不少版本書目對版本特徵的著録日趨程式化，陳乃乾在《上海書林夢憶録・蠹魚篇》中曾總結並記載繆荃孫對版本著録的格式，今録之如下：

××××幾卷

××撰（撰人上有籍貫或官銜須照原書卷首抄寫）××刊本（何時刊本須略具鑒别力）每半葉×行，行××字，白（或黑）口，單（或雙）邊，中縫魚尾下有×××幾字，卷尾題××××（此記校刻人姓名或牌子），前有××幾年×××重刻序，後有××幾年×××跋。××字××，××人，××年進士，官至××××（撰人小傳可檢本書序跋或《四庫》提要節抄），書爲門人××所編集（或子侄所編或自編），初刻于××幾年，此則××據××刻本重刻者，×氏××齋舊藏，有××印。

此外繆荃孫在所編《清學部圖書館善本書目》等目録中，還依據當時的標準長度單位，清代工部營造所使用的營造尺來記録書籍版框的高廣尺寸。後來王重民《中國善本書提要》采用公制長度計量單位記録版框的高廣，就更加精確、方便了。

六是辨别書的真僞。從《别録》開始，叙録中就有圖書辨僞的内容，如現存《晏子》書録云"又有頗不合經術,似非晏子言,疑後世辨士所爲者,故亦不敢失,復以爲一篇",並且將其區别對待,編爲外篇。《漢書・藝文志》約有十五條附注涉及辨僞問題,其辨僞資料顯然録自劉歆《七略》以及劉向《别録》。劉向父子的辨僞方法側重於内容與語言風格,主觀色彩較爲明顯。

後世書目提要繼承了劉向父子辨僞傳統,不過在辨僞方法上豐富多了,並加强了考訂工作。即以宋晁公武《郡齋讀書志》爲例。作者注意利用目録著録情況來作辨僞工作,如卷一易類著録《坤鑿度》二卷,提要云:"右題曰包羲氏先文,軒轅氏演,古籀文,蒼頡修。按:隋、唐《志》及《崇文總目》皆無之,至元祐《田氏書目》始載焉,當是國朝人依託爲之。"晁氏還注意將一書的内容與他書相關内容加以對照來做辨僞工作,如卷十一道家類著録《鶡冠子》八卷,提要云:

> 至唐韓愈稱愛其《博選》《學問》篇,而柳宗元以其多取賈誼《鵩賦》,非斥之。按《四庫書目》:《鶡冠子》三十六篇,與愈合,已非《漢志》之舊。今書乃八卷,前三卷十三篇,與今所傳《墨子》書同。中三卷十九篇,愈所稱兩篇皆在。宗元非之者,篇名《世兵》,亦在。後兩卷有十九篇,多稱引漢以後事,皆後人雜亂附益之。今削去前、後五卷,止存十九篇,庶得其真。其辭雜黄老刑名,意皆鄙淺,宗元之評蓋不誣。

晁公武往往通過對圖書作者的考訂來辨僞,如卷十三小説類著録《稽神異苑》十卷,所題作者爲南齊焦度。晁公武按曰:"焦度,南安氏也,質訥樸憨,以勇力事高帝,决不能著書。又,卒於建元四年,而所記有梁天監中事,必非也。"晁公武還注意通過對圖書内容的考訂來辨僞,如卷十八别集類中著録《白居易長慶集》七十一卷,提要云:"獨集中載《聞李崖州貶》二絶句,其言淺俗,似幸其禍敗者,余固疑非樂天之語。及考之編年,崖州貶時,樂天没將逾年,或曰浮屠某所作也。"

當然,晁公武也注意從語言角度來辨僞,除語言的時代風格外,他還注意通過對謚號、諱字、地名的考證來做辨僞工作，如卷十儒家類著録《趙岐孟子》十四卷，晁公武認爲其中外書四篇似非孟子作，提要云："今考其書載孟子所見諸侯，皆稱謚，如齊宣王、梁惠王、梁襄王、滕定公、滕文公、魯平公是也。夫死然後有謚，軻無恙時所見諸侯，不應即稱謚。且惠王元年至平公之卒凡七十七年，軻始見惠王，目之曰叟，必已老矣，决不見平公之卒也。後人追爲之，明矣。"晁公武往往還分析作僞的動機，這樣就更有説服力。如卷十五醫書類著録《脉訣》一卷，提要云："題曰王叔和撰。皆歌訣鄙淺之言，後人依託者，然最行於世。"王叔和是西晉太醫令，著有《脉經》等醫書，影響很大，所以《脉訣》託名王叔和撰，當然有利於流傳。

陳振孫《直齋書録解題》在辨僞方面也頗有貢獻，他已注意綜合運用多種方法來作圖書辨僞工作。如該書卷一易類著録《子夏易傳》十卷，提要云："考《漢志》，初無此書。有孫坦者，爲《周易析藴》，言此漢杜子夏也，未知何據。使其果然，何爲不見於《漢志》？其爲依託明矣。隋、唐時止二卷，已殘缺，今安得有十卷？且其經文、彖、象、爻辭相錯，正用王弼本。决非漢世書。以陸德明所引求之今傳，則皆無之，豈惟非漢世書，亦非隋、唐所傳書矣。其文辭淺俚，非古人語，姑存之以備一家。"作者綜合運用查目録、查體例、查引文、查語言、借鑒已有辨僞成果等方法，還是挺有説服力的。宋人的辨僞成果爲明胡應麟的辨僞目録《四部正譌》的産生創造了條件。對胡應麟及其以後的辨僞成就，我們將在下文《辨僞書目録》中作專門介紹，兹不贅述。

第四節　書目的序

叙録用以介紹一書之大要，書目之序則用以介紹群書之概略。今大分爲三種説明如下：

一、全目之序。這是介紹整個目録的説明性文字，通常置於書目卷首。書目普遍具有全目之序，如《漢書・藝文志》序、《七録》序、《隋書・經籍志》序等。後世目録如《四庫全書總目》，書前無序而有凡例，其凡例性質也與之略同。

全目之序起源於劉歆《七略》中的輯略。《七略》事實上只分六類，前面另有一個稱爲“輯略”的總論。故阮孝緒《七録》序云：“（向）子歆撮其指要，著爲《七略》，其一篇即六篇之總最，故以輯略爲名。”①《漢書・藝文志》顏師古注云：“輯與集同，謂諸書之總要。”②所謂總要，就是概論。後世目録，或無大、小類序，但多有全目之序及凡例，即本《輯略》。全目之序往往具有總述經籍功用、文運狀況、學術源流、編纂義例，以及編目緣起的功用。

先談談泛論經籍之功用。因爲是圖書目録，通常會介紹一下經籍的作用。如《隋書・經籍志》序云：

> 夫經籍也者，機神之妙旨，聖哲之能事，所以經天地，緯陰陽，正紀綱，弘道德，顯仁足以利物，藏用足以獨善，學之者將殖焉，不學者將落焉。……
>
> 夫經籍也者，先聖據龍圖，握鳳紀，南面以君天下者，咸有史官，以紀言行。言則左史書之，動則右史書之。故曰“君舉必書”，懲勸斯在。……
>
> 夫仁義禮智，所以治國也，方技數術，所以治身也，諸子爲經籍之鼓吹，文章乃政化之黼黻，皆爲治之具也。故列之於此志云。③

從這幾段引文中，我們可以看出，古人編目録，自有其政治立場，目的極爲明確。他們的工作是在正統的儒家思想支配下進行的，是爲統治階級服務的。

再談談闡述文運之狀況。圖書目録通常都是整理圖書的結果，與圖書收藏的情況息息相關。所以一些目録都會在全書之序中總結一下我國古代圖書事業發展的歷史與現狀，從中可以看出歷代文化學術的盛衰。

---

① 《廣弘明集》卷三《七録序》。

② 《漢書》卷三〇《藝文志》。

③ 《隋書》卷三二《經籍志》。

《隋書・經籍志》序就是一個典型的例子，因文長不録。今以《宋史・藝文志》序爲例：

歷代之書籍，莫厄於秦，莫富於隋、唐。隋嘉則殿書三十七萬卷。而唐之藏書，開元最盛，爲卷八萬有奇。其間唐人所自爲書，幾三萬卷，則舊書之傳者，至是蓋亦鮮矣。陵遲逮於五季，干戈相尋，海宇鼎沸，斯民不復見《詩》《書》《禮》《樂》之化。周顯德中，始有經籍刻板，學者無筆札之勞，獲睹古人全書。然亂離以來，編帙散佚，幸而存者，百無二三。①

有些全目之序還會介紹某類文獻的學術源流。如《七録》特别設了《佛法録》與《仙道録》作爲外篇，阮孝緒在序中解釋道：

釋氏之教，實被中土，講説諷味，方規孔籍，王氏雖載於篇而不在志限，即理求事，未是所安，故序《佛法録》爲外篇第一。仙道之書，由來尚矣。劉氏神仙陳於方伎之末，王氏道經書于《七志》之外，今合序《仙道録》爲外篇第二。王則先道而後佛，今則先佛而後道，蓋所宗有不同，亦由其教有深淺也。②

"王氏"指王儉，他曾編撰了《七志》。阮孝緒的這段文字談了《七録》收録佛教著作與道教著作，以及"先佛而後道"的原因。蔣禮鴻還專門分析過《七録》收録佛教著作與道教著作的學術價值，指出：

學術流派錯綜複雜，隨社會與時代而異，這在目録書中就不能無所反映。好的目録學著作也就有學術史的作用。……如梁人阮孝緒的《七録》有佛、道兩録，這就是佛法東來和古代的道家演變成迷信的

① 《宋史》卷二〇二《藝文志》。
② 《廣弘明集》卷三《七録序》。

道教的反映，爲以前的目録書和《漢書·藝文志》所没有。《漢書·藝文志》裏的道家爲哲學家，而以後的目録書中的道家則有實指神仙家和道士者。①

有些全目之序還要介紹書目體例。也就是介紹所編目録，如何分類，有哪些著録項目，怎樣編排等。例如梁釋僧祐在《出三藏記集序》中談到該目"一撰緣記，二銓名録，三總經序，四述列傳。緣記撰則原始之本克昭，名録銓則年代之目不墜，經序總則勝集之時足徵，列傳述則伊人之風可見"。

還有些目録專門設有《凡例》來交待書目的編撰體例，《四庫全書總目》卷首《凡例》就是一個典型例子。其内容涉及編目的各個方面，今以談款目編排順序一則爲例：

> 諸書順序雖從其時代，至於箋釋舊文則仍從所注之書而不論作注之人。如儒家類明曹端《太極圖述解》以注周子之書，則列於《張子全書》前；國朝李光地注解《正蒙》以注張子之書，則列於《二程遺書》前是也。他如《史記疑問》附《史記》後，《班馬異同》附《漢書》後之類，亦同此例，以便參考。

有了這條凡例，在編排款目時就容易操作了。

全目之序通常還要交待編目緣起。這對我們瞭解與利用書目是大有幫助的。今以晁公武《郡齋讀書志·序》爲例：

> 南陽公天資好書，自知興元府至領四川轉運使，常以俸之半傳録。時巴、蜀獨不被兵，人間多有異本，聞之未嘗不力求，必得而後已。歷二十年，所有甚富。既罷，載以舟，即以廬山之下居焉。宿與公武厚。一日，貽書曰："某老且死，有平生所藏書，甚秘惜之。顧子

① 《目録學與工具書·目録學·目録學涉及學術流派問題》。

孫稚弱，不自樹立。若其心愛名，則爲貴者所奪；若其心好利，則爲富者所售；恐不能保也。今舉以付子，他日其間有好學者，歸焉。不然，則子自取之。”公武惕然從其命。書凡五十篋，合吾家舊藏，除其複重，得二萬四千五百卷有奇。今三榮僻左少事，日夕躬以朱黄讎校舛誤。終篇，輒撮其大旨論之。豈敢效二三子之博聞，所期者不墜家聲而已。書則固自若也。倘遇其子孫之賢者，當如約。

“南陽公”名井度，字憲孟，嘗任四川轉運使，主持刊刻過眉山七史。此序讓我們獲知南陽公贈書佳話，顯然也成就了《郡齋讀書志》這部不朽的目録學傑作。

現代所編書目，往往既有序言，又有凡例。如上海圖書館編的《中國叢書綜録》卷首有《前言》一篇，論述了叢書、叢書目録，以及《中國叢書綜録》所要達到的目標與編纂情況。接着又有《編例》十四條，簡明扼要地介紹了《中國叢書綜録》的編纂體例。

二、大類之序。這是介紹目録中一級類目的説明性文字。《漢書・藝文志》《隋書・經籍志》《四庫全書總目》等均有大類之序。大類之序主要任務是介紹每大類書的學術發展歷史。如《漢書・藝文志》將所著録的書分爲六略，每略之後皆有一序。其《詩賦略》序云：

傳曰：“不歌而誦謂之賦，登高能賦，可以爲大夫。”言感物造耑，材知深美，可與圖事，故可以爲列大夫也。古者，諸侯卿大夫交接鄰國，以微言相感，當揖讓之時，必稱《詩》以諭其志，蓋以别賢不肖而觀盛衰焉。故孔子曰“不學《詩》，無以言”也。春秋之後，周道寖壞，聘問歌詠不行於列國，學《詩》之士逸在布衣，而賢人失志之賦作矣。大儒孫卿及楚臣屈原，離讒憂國，皆作賦以風，咸有惻隱古詩之義。其後宋玉、唐勒，漢興枚乘、司馬相如，下及揚子雲，競爲侈麗閎衍之詞，没其風諭之義。是以揚子悔之，曰：“詩人之賦麗以則，辭人之賦麗以淫。如孔氏之門人用賦也，則賈誼登堂，相如入室矣，如其不用何！”自孝武立樂府而采歌謡，於是有代趙之謳，秦楚之風，皆感於哀樂，緣事而發,亦可以觀風俗,知薄厚云。序詩賦爲五種。[1]

此序扼要地叙述周漢詩賦流别。春秋時代,賦詩言志是一種外交禮節,又是一種外交手段[2]。戰國時代,這種外交禮節和外交手段逐漸取消了,代之而起的是像蘇秦、張儀這樣一些人的長篇辯論。因爲聘問歌詠不行於列國,所以學《詩》之士逸在布衣。也就是王官之學流爲私門之學。他們既然具有這樣一種表達能力,又有失職不平的感慨,因此就由爲國家賦詩而變成自己的創作。接着序文談到楚辭變爲漢賦,同時還講了民間歌謡的徵集。總之,它概括了古代詩歌發展的過程。

再如《隋書·經籍志》經部序實際上是一部經學發展簡史,着重介紹了各時期經學的特點。文中談到西漢人搞繁瑣考證,東漢人喜歡以讖解經,晉人喜歡在經學中融入玄學的成分;而到了南北朝時期,又不重視家法與師承,喜歡翻新出奇,所介紹各時期經學的特點都是缺點,可見一部經學發展史,實際上是人們爲了現實的利益對經書進行曲解的歷史,這對我們認識各時期經學的本質是很有參考價值的。這類例子大致足以顯示出大類之序是怎樣叙述的。

三、小類之序。這是介紹目録每小類(種、類)的説明性文字。《漢書·藝文志》於六略之下,又將所著録的書分爲三十八種,除詩賦略五種外,每種之後均有一序(後來也和大類之序一樣,移到前面)。小類之序針對性更强,也更有參考價值。小類之序注重説明該類學術之流别、特點與得失。如《漢書·藝文志》諸子略縱横家類小序云:

---

① 《漢書》卷三〇《藝文志》。這段話開頭的"傳曰"應該在"不歌而誦謂之賦"的後面。因爲這裏的所謂"傳"是指《詩經》的毛傳。《詩經·鄘風·定之方中》的傳裏講到君子有九能,方可以爲大夫。九能之一是"升高能賦",《詩經》毛傳裏卻没有"不歌而誦謂之賦"這句話,而《文心雕龍·詮賦篇》裏却提到"故劉向明不歌而誦",可見這句大概是劉向《别録》裏的話,而劉歆將它用在《七略》裏面,班固把它保存了下來,傳寫時却顛倒了次序。所以,《漢書·藝文志》原文應該是:"不歌而誦謂之賦。傳曰:登高能賦,可以爲大夫。"

② 關於這一點,朱自清先生的《詩言志辨》研究得比較詳備,可參看。

從横家,者流蓋出於行人之官。孔子曰:"誦《詩》三百,使於四方,不能專對,雖多亦奚以爲?"又曰:"使乎,使乎?"言其當權事制宜,受命而不受辭,此其所長也。及邪人爲之,則上詐諼而棄其信。

這裏講了縱横家出於王官,介紹了孔子對外交提出了什麽要求和標準,然後據以評論了它的長處和短處。很短的一段話,就把縱横家基本的東西概括進去了。

後世一些著名的目録,小類之序不甚完整,如衢本《郡齋讀書志》二十五個類目之前有小類之序。現存《直齋書録解題》九個類目前有小序。《文獻通考・經籍考》於每個類目前均設有小序,雖多輯成文,但是頗有參考價值。《四庫全書總目・凡例》稱其"四十三類之首亦各冠以小序,詳述其分併改隸,以析條目"。其餘書目我們就不再一一列舉了。

編目者往往都是專家與學者,他們距離所評論的圖書時間較近,因此他們所寫小類之序頗有參考價值。譬如一提到道家,人們便很自然地將其與没落的奴隸主階級思想聯繫起來。任繼愈曾説過:"老子代表没落奴隸主利益,對新的封建制度的一切都感到不滿,妄想歷史向後倒退。他的社會思想和歷史發展潮流是背道而馳的,因而是落後的、反動的。""針對新興的封建地主階級積極有爲的政治思想,老子提出'無爲而治',實際上就是反對封建地主階級積極地從奴隸主手裏奪取政權,希望大家'無爲',從而爲奴隸主保留一定的地位。"[①]而《漢書・藝文志》諸子略道家類小序的論述則大不相同:

道家,者流蓋出於史官,歷記成敗禍亡之道,然後知秉要執本,清虚以自守,卑弱以自持,此君人南面之術也。合於堯之克攘,《易》之嗛嗛,一謙而四益,此其所長也。及放者爲之,則欲絶去禮學,兼棄仁義,曰獨任清虚可以爲治。

---

① 《中國哲學史簡編》第二章第四節《小國寡民的反動社會思想》。

應當説此序對道家的闡述是符合實際情況的。試以《老子》爲例,其三章云:"無爲則無不治。"三十七章云:"道常無爲而無不爲。"四十八章云:"無爲而無不爲,取天下常以無事。"五十七章云:"我無爲而民自化,我好静而民自正,我無欲而民自樸。"可見强調無爲的目的還是爲了"治",爲了"取天下",爲了化民、正民、富民,使老百姓淳樸,好管理。可見《老子》研究的確實是統治術。應當説西漢前期運用老子的學術管理國家,實踐效果還是比較好的,自從漢武帝獨尊儒術,進入大有爲時期以後,西漢政權就開始走下坡路了。

如果該小類的學術内容發生了變化,編目者也會在小類之序中加以説明。如先秦時代諸子書很多,後來漢武帝罷黜百家,獨尊儒術,諸子百家的書就很少了。後代目録家只好將一些書籍特少的家合併,統稱爲雜家。《四庫全書總目》子部雜家類小序談到了這一點:

> 衰周之季,百氏争鳴,立説著書,各爲流品,《漢志》所列備矣。或其學不傳,後無所述;或其名不美,人不肯居;故絶續不同,不能一概著録。後人株守舊文,於是墨家僅《墨子》《晏子》二書,名家僅《公孫龍子》《尹文子》《人物志》三書,縱横家僅《鬼谷子》一書,亦别立標題,自爲支派。此拘泥門目之過也。黄虞稷《千頃堂書目》於寥寥不能成類者併入雜家。雜之義廣,無所不包,班固所謂合儒墨兼名法也。變而得宜,於例爲善,今從其説。

於此可見,從部類的分併中還可看出學術的盛衰。

總之,目録諸序每每論述了經籍功用,闡述了文運源流,討論了學術異同、目録義例,這使它成爲目録結構中的不可缺少的部分。

第三章　目録的著録事項

編製和使用群書之目録，必須注意兩件事：一是每一部書在目録中的著録事項，二是每一部書在目録中的分類位置。前者使人們獲得有關某書的若干知識；後者使人們知道，在學術體系中，某書性質如何。

關於著録事項，有繁簡之别，極簡者僅載書名，即只著録書名一項。較完備者，書名之外，兼及篇卷及版本，而且還有附注、提要與案語。這些項目不僅可以記載和研究一書的書名、篇卷、版本，討論其真僞，考訂其存佚完缺，而且對著者之生平與學術也能作出簡要的介紹和評價。現在將這些項目分别説明如次：

第一節　書　名

書名是目録不可缺少的項目，没有書名就没有目録。

早期的古書原都没有書名，現有書名是在文獻整理的過程中産生或確定的。章學誠説："古人著書，往往不標篇名，後人校讎，即以篇首字句名篇；不標書名，後世校讎，即以其人名書。"①章氏的話是對的，例如《論語》的全部篇名幾乎都摘自開頭兩字，而《漢書·藝文志》所著録的《伊尹》《太公》《墨子》等，則都以作者名爲書名。

這種命名習慣保持了很久。如顧炎武説："五言之興，始自漢、魏，而

① 《文史通義》内篇四《繁稱》。

《十九首》並無題。《郊祀歌》《鐃歌曲》各以篇首字爲題。”“杜子美詩多取篇中字名之。如‘不見李生久’，則以《不見》名篇；‘近聞犬戎遠遁逃’，則以《近聞》名篇；‘往在西京時’，則以《往在》名篇……皆取首二字爲題，全無意義，頗得古人之體。”①至於徑用作者名作爲書名的，直到今天仍然是普遍現象，如《魯迅全集》《郭沫若文集》等。

當然，隨着時間的推移，命名方法也逐步考慮揭示論著的内容，並注意宣傳效果。如《莊子》的《逍遥游》《齊物論》，《墨子》的《兼愛》《貴義》，《荀子》的《勸學》《修身》等。張舜徽稱：“若夫諸子自著之文，競立美題以相炫耀者，又未可相提並論也。今以莊周之書論之，自外篇以下，或舉事名篇，或以義標目，或借物立名，或因人爲號，陸氏《釋文》逐篇注明，例固可曉。獨内篇之文，論者謂爲周自著，而七篇皆别立三字爲題，與往世名篇之例絶殊。其意蓋欲立異標新，以震赫天下之耳目。行文既華夸若彼，名篇宜奇詭如此矣。斯又著述升降之機也。”②

劉向等校理群書，定著其篇名和書名，也是一項很重要的工作，前引《列子》書録，可見一斑。再如劉向在《戰國策》書録中説：“中書本號，或曰國策、或曰國事、或曰短長、或曰事語、或曰長書、或曰修書，臣向以爲戰國時游士輔所用之國，爲之筴謀，宜爲《戰國策》。”③可見《戰國策》原有不少書名，而劉向在整理後，却給它取了一個與其内容最適合的名字。

書名是我們瞭解圖書時首先接觸到的，是認識圖書性質和所屬學科門類的最重要的事項。書名往往概括地反映了一部書的内容、體裁與作者。如：

從《説文解字》《歷代茶馬奏議》《攸縣志》《種樹書》《金石録》《元曲選》《詩品》這些書名，我們就可以知道這些書的内容。

從《五經白文》《十三經注疏》《建炎以來繫年要録》《戰國策校注》《鹽鐵論》《小山詞》《欽定曲譜》這些書名，我們就可以知道這些書的著作形式。如果書名在體裁的反映上可能有誤，行家就會提出疑問。如錢曾的

① 《日知録》卷二一《詩題》。

② 《史學三書平議・文史通義平議》内篇三《繁稱》。

③ 《四部叢刊》影印元至正本《戰國策》卷首書録。

《讀書敏求記》關於《杜荀鶴文集》即云:"余藏九華山人詩是陳解元書棚宋本,總名《唐風集》。後得北宋本,繕寫乃名《杜荀鶴文集》,而以《唐風集》三字注於下。竊思荀鶴有詩無文,何以集名若此,殊所不解。"①

書名反映作者的情況要複雜一些:

有反映本名的。如《盧照鄰集》《駱賓王文集》。

有反映字的。如《陳伯玉文集》(陳子昂字伯玉)、《蘇子美集》(蘇舜欽字子美)。

有反映號的。如《清真集》(周邦彦號清真居士)、《白石道人四種》(姜夔號白石道人)、《洪焱祖杏庭摘稿》(錢曾云:"焱祖字潛夫,仕元爲休寧縣尹,著《續新安志》十卷、《爾雅翼音注》三十二卷。所居有銀杏大百圍,故以杏庭爲號,遂名其集。此則其摘稿也。"②)有反映謚號的。如《歐陽文忠公集》(歐陽修謚號文忠)、《宗元集》(唐代吴筠死後,弟子謚他爲宗元先生)。有反映封號的,如《誠意伯文集》(劉基封號爲誠意伯)、《陳思王集》(曹植曾封爲陳王,死後又謚曰思,故史稱之爲陳思王)。

有反映室名的。如《尊白堂集》(尊白堂爲宋虞儔敬慕白居易,因而把自己的書房題名爲尊白堂)、《絳雲樓書目》(絳雲樓爲清初常熟錢謙益藏書樓名)。

有反映官名的。如《高常侍集》(高適官至散騎常侍)、《杜工部集》(杜甫曾任檢校工部員外郎)。

有反映居官所在的。如《韋蘇州詩集》(韋應物曾任蘇州刺史)、《劍南詩稿》(陸游曾在四川擔任地方官、軍官約十年)。

有反映籍貫的。如《河東先生文集》(柳宗元,河東即今山西永濟市)、《王臨川集》(王安石,臨川即今江西撫州)。

有反映寫作和出版時間的。如《元氏長慶集》《白氏長慶集》(元稹和白居易的集子都編纂於唐穆宗長慶年間)。

關於書名,還有兩種錯綜的情況值得注意:一是同書異名,一是同名異書。同書異名是非常普遍的現象,如朱彝尊《經義考》卷一七一《春秋

---

①② 《讀書敏求記》卷四《詩集》。

四》著録《春秋决事》,附注:"《漢志》作《公羊治獄》,《七録》作《春秋斷獄》,新、舊《唐書》作《春秋决獄》,《崇文總目》作《春秋决事比》。"再如《紅樓夢》有《金玉緣》《大觀瑣録》《石頭記》《金陵十二釵》《風月寶鑒》《情僧録》等不同名稱。同書異名的情況大致有以下幾種:

一、文質互易。古代多數書名原是很樸素的,後來被改文雅了。先秦子書像《老子》《莊子》《列子》,即用作者名爲書名。因爲《老子》這部書多半是講道德的,漢末邊韶寫了一篇《老子銘》,稱《老子》爲"道德之經",所以後人就將《老子》改稱爲《道德經》。唐玄宗爲了推崇道教,又依順道教徒將先秦道家算成道教祖師的意見,就把《老子》改稱《道德真經》,《莊子》改稱《南華真經》,《列子》改稱《沖虚真經》。這些是"古人稱名樸,而後人入於華"①的例子。反過來也有原來比較文雅,後來改得質樸的。如漢淮南王劉安集門客著《淮南鴻烈》,《漢書·藝文志》將其改稱爲《淮南子》,而現代學者劉文典所撰此書注釋稱《淮南鴻烈集解》,仍用舊名。再如漢初説客蒯通著書,名爲《雋永》,見《漢書》本傳。顔師古解釋説:"雋,肥肉也;永,長也。言其所論甘美而義深長也。"②這個書名有點廣告性質,而劉歆的《七略》却把《雋永》改稱爲《蒯子》,《漢書·藝文志》因之。

二、偏全互代。以偏概全的,如吕不韋著《吕氏春秋》共分十二紀、八覽、六論,而司馬遷《報任少卿書》云"不韋遷蜀,世傳《吕覽》"③,用《吕覽》代替《吕氏春秋》。還有,漢魏六朝時人經常用《離騷》一篇來代替《楚辭》。如《文選》中有一類收入了屈原、宋玉等人作品,但它不叫楚辭類,却稱騷類。《文心雕龍》有《辨騷篇》,實際上却討論了全部《楚辭》。晋人郭璞注《山海經》常常引用《楚辭》,却説"《離騷》曰"云云,但我們核對原文,所引往往不在《離騷》裏,而在《天問》裏,或《遠游》裏。這些都是以偏代全的例子。也有以全代偏的,例如"史記"本來是個通用的名稱,漢朝人提到史記,往往泛指史官所記文獻,並非專指司馬遷的《太史公書》。但是到了東漢末年,這個通行的名字就逐漸成爲《太史公書》的代稱了。

---

① 《校讎通義》卷一《辨嫌名第五之二》。
② 《漢書》卷四五《蒯通傳》顔師古注。
③ 《文選》卷四一《報任少卿書》。

三、删、增、改易。删的例子，如應劭《風俗通義》、班固《白虎通德論》，後來被省稱爲《風俗通》《白虎通》。增的例子，如《詩》《書》《易》，後人爲了尊經，就稱之爲《詩經》《書經》《易經》。而在書名前加上各種冠詞，如皇明、國朝、昭代……；增訂、增集、增修……；校正、校補、校輯……；批評、批點、批注……；評定、評點、評選……；類編、類輯、類纂……；改定、改訂、改修……；欽定、御定、御選……；古本、新刊、續刻……更屬常見。改易的例子，如把《詩經》改稱爲《葩經》（韓愈《進學解》稱："《詩》正而葩。"），把《春秋》改稱爲《麟經》（孔子修《春秋》，絶筆於獲麟）。一度受到關注的南明史料，改名現象更多，朱希祖舉例説：

> 如《明末五小史》之改爲《五藩實録》，《殘明紀事》之改爲《安龍逸史》，《南疆逸史》之改爲《南天痕》，《甲乙事案》之改爲《聖安本紀》，稍易序跋，改題篇目，增損字句或一字不易，即可以誑耀淺學之徒。《見聞隨筆》之改爲《劫灰録》，亦猶是也。①

爲什麼會出現同書異名現象呢？

一是避複求新。一種新版本的出現，出版者都要另取書名，以資别異。如文天祥，自號文山，江西吉水（舊稱廬陵）人，曾擔任過丞相，被封爲信國公，後人又尊稱其爲忠烈公，因此他的集名就有《文山集》《文文山先生全集》《文丞相全集》《廬陵文丞相全集》《文信國公全集》《文忠烈公全集》等各種不同的名稱。

二是書賈射利，隨意妄造。舊時出版商爲了擴大銷售量，故意把一部舊書改個名字，人家錯以爲是新書就會來買。比如"三言二拍"裏的《喻世明言》原名《古今小説》，後來出了《警世通言》《醒世恒言》，書坊就把《古今小説》改稱《喻世明言》合爲"三言"。黄丕烈在談到《北堂書鈔》被改名時説："獨恨書賈欺人，好改易古書名目，一變而爲《大唐類要》，再變而爲《古

---

① 《明季史料題跋（外二種）·劫灰録跋》。

唐類範》,輾轉滋謬,致失其名。"①葉德輝也指出:

明人刻書有一種惡習,往往刻一書而改頭換面,節删易名。如唐劉肅《大唐新語》,馮夢禎刻本改爲《唐世説新語》。先少保公(指葉夢得)《巖下放言》,商維濬刻《稗海》本改爲鄭景望《蒙齋筆談》。郎奎金刻《釋名》,改作《逸雅》,以合《五雅》之目。全屬臆造,不知其意何居!②

刻本之外,鈔本也有這種情形,汪辟疆先生曾講過一個故事:

北齊《修文御覽》三百六十卷,書久亡佚。曩居南京,有言金陵大學購得《修文御覽》全帙者,余大驚詫,以爲人間瓌寶也。一日訪劉衡如索觀之,確爲明人舊鈔,凡百許册。展卷則大失望,全書固宋修《文苑英華》也;卷首李昉表文與《英華》全同,但表内書名則易《文苑英華》爲《修文御覽》耳。明人好古,書坊及士人每喜取古書改頭换面,以欺貴官之附庸風雅者,此當是一例。③

又書名前加上許多冠詞往往也是出於贏利的需要。陳源曙也曾舉例説明這一現象:

刻書者爲了抬高書的表面價值而牟利於市,常常在書名之前冠上"新刻""重校""繡像"等。如金陵書坊唐對溪刻《白兔記》,卷端題爲《新刻出像音注五代劉智遠白兔記》,説明書中有插圖及音注以吸引讀者;爲了表明該書的重要性在書名前冠"欽定""御批""御纂"等;爲了誇耀本書爲名人所著、所注、所評而在書名之前冠撰者姓、名、字、號、室名、官職、籍貫、地名、謚號、廟號等,或"某某名家評定""某

---

① 《蕘圃藏書題識》卷六《古唐類範》一百六十卷。

② 《書林清話》卷七《明人刻書改换名目之謬》條。

③ 《汪辟疆文集·讀常見書齋小記·修文御覽》。

某增批”一類詞。①

劉咸炘還談到這樣一種情況:“常見書肆中簿記箋題,書名皆爲三字,本四字以上者則減之,本兩字者,則加紙色地名一字以足之,割裂不通,殊堪笑噱。因知《白虎通》《風俗通》之稱,正是此類。坊賈固不足言,乃著録家亦不免此弊!”②梁釋僧祐嘗云:“安《録》誠佳,頗恨太簡,注目經名,撮題兩字,且不列卷數,行間相接,後人傳寫,名部混糅。”③也指出了這個問題。

三是受到編纂體例制約。古人在編目時,標目體例要大致統一,譬如《漢書・藝文志》諸子略,凡知道作者的大體上以作者爲標目,常常因此對原有書名作了改動。如《七略》“《晏子春秋》七篇”,《漢志》削去“春秋”二字,變成“《晏子》八篇”;《七略》“《新語》二卷,陸賈撰”,《漢志》變成“《陸賈》二十二篇”;《七略》“《孫卿新書》十二卷”,《漢志》變爲“《孫卿子》三十二卷”。

再就是人們在編叢書的時候,也會依據叢書的編纂體例,對某些書名加以改變。如北宋江休復嘗作小説一卷,《續百川學海》丁集作《鄰幾雜誌》一卷,鄰幾是江休復的字。《寶顏堂秘笈》彙集作《江鄰幾雜誌》一卷,因爲作者姓江。《四庫全書》子部小説家類作《嘉祐雜誌》二卷,《四庫全書總目》提要稱“休復歿於嘉祐五年,而是書屢記己亥秋冬之事,即休復未歿之前一年。年月亦皆相應。”“晁公武《讀書志》亦以爲《嘉祐雜誌》即《江鄰幾雜誌》。”宋陳振孫《直齋書録解題》卷十一小説家類、《宋史・藝文志》卷五小説類著録此書,皆作《嘉祐雜誌》三卷。可見《四庫全書總目》編者通過考證,依據該書原始面貌,將該書名爲《嘉祐雜誌》。

四是出於忌諱。忌諱的例子如宋吴曾的《能改齋漫録》,是一部筆記考訂書,一九四九年後重印過。吴曾是個博學的人,這部書還是有參考價值的。但他政治上依附秦檜,聲名很臭。後人重刻此書,就將其書改名

① 《古本書卷端題識》,載《圖書情報知識》一九八二年第三期。

② 《目録學》上編《名目第四》。

③ 《出三藏記集》卷三《新集安公失譯經録第二》。“安”指釋道安,“《録》”指《綜理衆經目録》。

《復齋漫録》,作者姓名則改爲王氏。避諱也是造成同書異名的原因之一,如顔師古《匡謬正俗》,《宋史・藝文志》爲避太祖諱,改“匡”爲“刊”或爲“糾”,結果既著録了《刊謬正俗》,又著録了《糾謬正俗》。

五是由於著録疏忽。汪辟疆先生曾舉一例:

> 唐韋絢《劉賓客嘉話録》一卷,《宋志》既載韋絢《劉公嘉話》一卷,又重出《賓客嘉話》一卷。《劉公嘉話》當即韋氏書。《賓客嘉話》,則諸家著録皆無之,當由他書引用。或稱《劉公嘉話》,或稱《劉賓客嘉話》,《宋志》不及細察,故誤一書爲二書,又脱去劉字耳。①

與同書異名相反,同名異書的現象在古書中也很普遍。同是《敝帚録》,有宋黄庭堅著的,有明吴中蕃著的、陳益著的,有清周慶森著的、趙秉忠著的、陳祚明著的。有些帶共同性的書名,那使用的就更多了。譬如以《宫詞》爲書名的作者就有十餘家之多,習見的有:一、唐王建,二、後晉和凝,三、後蜀花蕊夫人,四、宋王仲修,五、宋張公祥,六、宋宋白,七、宋胡瑋,八、宋周彦質,九、宋徽宗,十、宋王珪,十一、明王叔承,十二、明朱權,十三、清徐昂發等②。如果我們單看書名而不弄清作者,就難免發生誤會。

産生同名異書現象的原因比較簡單。一是偶合,如漢王褒同北周王褒的字都叫子淵,他們的集名都稱《王子淵集》。二是故同,如清孔尚任與劉廷璣是知己朋友,他倆的詩集同時刻於康熙年間,皆爲寫刻本,二集行款版式如一,都命名爲《長留集》③。三是内容相同不宜改名,如許多地方志,它們在不同時期雖有好幾個刻本,但往往用同一個書名,像《高淳縣志》就有明嘉靖刻本、清乾隆刻本、光緒刻本,以及民國七年刻本,四次刻本的修纂者都不同,但書名却一樣。

既然古書名有如此複雜的情況,那麽我們在認識和揭示文獻時,怎樣對待這個問題呢?

---

① 《目録學研究・論唐宋元明四朝之目録》注二十五。

② 《古書同名異稱舉要》同名部分《宫詞》條。

③ 參見《中國版刻圖録》第八四頁《長留集》書影。

最可靠的方法是不但看書名，而且看本書。這是因爲有些書僅從書名是看不出書的内容與體裁的。例如清人陳本禮爲李賀詩作注，由於李賀曾做過協律郎的官，所以取名《協律鈎元(玄)》。再如宋車若水因病脚氣，作書自娱，因名所撰文集爲《脚氣集》。這些書名都不能準確地反映書的内容，因此最可靠的方法還是看本書。鄭樵説：

> 編書之家，多是苟且。有見名不見書者，有看前不看後者。《尉繚子》，兵書也。班固以爲諸子類，置於雜家。此之謂見名不見書。隋唐因之，至《崇文目》始入兵書類。顔師古作《刊謬正俗》乃雜記經史，惟第一篇説《論語》，而《崇文目》以爲論語類。此之謂看前不看後。應知《崇文》所釋，不看全書，多只看帙前數行，率意以釋之耳。按《刊謬正俗》當入經解類。①

此確係經驗之談，而章學誠"看名不看書，誠有難於編次者矣"②的感嘆，也非虚語。

但把每一部書從頭到尾看一遍再行分類編目也是比較困難的，甚至是不必要的。要想正確地認識和反映一部古書，除考查著者、序跋、篇目、牌記等外，還應充分利用工具書，特别是各種目録。例如我們在編目時遇到過一部《新校本聖武親征録》。該書封面及書名頁題《聖武親征録校本》，書口題《親征録》。在《中國叢書綜録》中，發現此書又有《聖武親征録》《聖武親征録校注》《元親征録》《校正元親征録》等名。根據該書卷首《綴言》知《四庫全書總目》著録過，於是我們在《四庫全書總目》卷五十二史部雜史類存目一中查得《皇元聖武親征録》，經過核對，才知道正是此書。《總目》對此書的評介，對我們認識和反映它當然是大有好處的。

需要注意的是書名在古書中可能出現的地方很多，如封面、書名頁(即内封面)、目録前後、卷端、卷末、書口、書根、序、跋、牌記等處。新書通

---

① 《通志·校讎略·見名不見書論》。

② 《校讎通義》卷三《漢志諸子第十四之二十二》。

常以版本記録頁所題爲準，而古書名一般以原書卷端所題爲準。因爲卷端上的書名一般爲編撰者自題，而其他地方的書名往往爲他人（如名人、書賈、刻工、藏書家）所爲，時有删增差異。如果卷端無書名，或書名不適合，也可采用變通方法，但應在附注中説明。例如《唐詩始音一卷正音六卷唐音遺響四卷》各卷題名不同，《序》及《凡例》題作《唐音》，故可著録《唐音》十一卷，附注："書名據《序》及《凡例》著録。"又如《皇明二祖十四宗增補標題評斷實紀》，書名過於冗長，可據書口所題著録爲《皇明實紀》，而附注云："卷端題《皇明二祖十四宗增補標題評斷實紀》。"

不斷提高文化修養對判斷書名和書無疑是必要的。汪辟疆先生講過這樣一個故事：

> 前清顯宦，如翁叔平、張孝達、端午橋輩頗好古學、喜收藏，一時都中古籍、金石、碑刻，蒐羅殆盡。外省屬吏欲藉内僚爲援引，往往以金石書翰代土儀，頗投時好。聞某太守至京師，携《欽定四庫全書提要》一部，送某相國，外自署《宋板四庫全書》六字，付琉璃廠裝潢。及呈時，某相國笑曰："《提要》爲本朝著作，君從何得此宋板也？此乃無價瓌寶，實不敢收。"某大慙而去，一時傳爲笑談。①

這個例子告訴我們一定的文化修養對我們正確地認識文獻和科學地反映文獻是多麽重要。

總之，瞭解書名的種種情況，對我們認識、著録、檢索古書都是必要的。

第二節　篇　卷

《全國古籍善本書總目著録條例》規定："書名項：包括書名、卷數、附録等。"例如《金史》一百三十三卷目録二卷，其中《金史》爲書名，一百三十三卷爲卷數，目録二卷爲附録。這就完整地反映了該書的内容、形式和分

---

① 《汪辟疆文集·小奢摩館脞録·宋板四庫全書》。

量。所以篇卷數在古書著録中是很少被省略的項目。

篇、卷，是古代計算書籍起訖的單位。這個單位有兩層含義：一是表示意義的起訖，一是表示這些意義所依附的物質的起訖。文字的載體先是竹簡，所以稱篇；然後用帛，所以稱卷。後來又用紙，所以今天通稱爲册或本。近人曾樸曾概括地説："古書著之簡册者爲篇，寫之絹素者爲卷。"①章學誠對目録著録上由篇而卷曾作過較詳的説明："後世文字繁多，爰有校讎之學，而向、歆著録多以篇、卷爲計，大約篇從竹簡，卷從縑素，因物定名，無他義也。而縑素爲書，後於竹簡，故周、秦稱篇，入漢始有卷也。……訖於隋、唐，書之計卷者多，計篇者少。"②順便説一下，簡册爲了便於保管也是卷在一起的，這也爲出土文物所證實，如甘肅居延考古隊簡册整理小組説："'候粟君所責寇恩事'册，出土於居延漢代甲渠候官遺址編號第二十二號房屋内，共三十六枚。出土時，分兩部分卷在一起，1—20 號爲一束，裹在裏面，21—35 號爲一編，卷在外面；36 號出於附近。原編繩已朽爛脱落。"③將簡册卷在一起是便於存放，與書籍制度關係不大，因此不能説簡書也可以稱卷。而帛書稱卷顯然與其裝幀形式有關。

篇在最初既是物質材料上的起訖單位，又是意義上的起訖單位。到用帛做書寫材料以後，篇漸漸失去作爲物質材料上的起訖單位的意義，而逐步變爲只代表内容上的起訖，卷却往往只代表物質材料上的起訖了。這是因爲一卷容納的文字内容往往要多於一篇。當然，詳加分别，也有各種情況：有時一篇文章正好寫在一卷帛上，例如《列子》，《漢書・藝文志》著録八篇，而《隋書・經籍志》著録八卷，一篇恰好是一卷。有時一卷帛寫的文章不只一篇，例如《孫卿新書》，劉向所撰書録作三十二篇（《漢書・藝文志》，《孫卿子》作三十三篇，當是附書録一篇），而《隋書・經籍志》作十二卷，可見三十二篇（或三十三篇）只寫在十二卷帛上。《詩經》三百篇，大部分都不長，所以《漢書・藝文志》著録的《詩經》僅二十八卷，平均一卷帛約鈔十篇詩。葉德輝對這個問題談得比較詳細，他説：

---

① 《補後漢書藝文志》卷首《叙録》。

② 《文史通義》内篇三《篇卷》。

③ 《"建武三年候粟君所責寇恩事"釋文》，載《文物》一九七八年第一期。

吾嘗謂《吕氏春秋》,每卷月令十二紀後,雜入他文四五篇,其義絶不可曉,後始悟所書月令後有餘幅,故以他文接鈔。迨改爲刻本,遂仍其舊。又悟大、小二戴《記》之分析,初本無所去取,特兄弟分執數卷。習之日久,各自爲學,而小戴先列學官,大戴遂微。然觀大戴三十九篇中,又雜出《曾子》十篇,益信古人鈔書,取便誦習。自卷併爲本,此義益無可考見矣。①

關於篇與卷的關係,余嘉錫還作過進一步的分析:

凡以事與義分篇者,文之長短自著書時既已固定,雖僅數簡,亦可自爲一篇。其他則編次之時,大抵量其字之多寡,度絲韋之所能勝,斷而爲篇。及縑帛盛行,易篇爲卷,一幅所容,與簡篇約略相當,故多以一篇爲一卷。然古人手著之文,其始不能規定字數,故有篇幅甚短者,則合數篇而爲卷。蓋過短則不能自爲一軸,過長則不便卷舒,故亦有分一篇爲數卷者,但大抵起於漢以後耳。②

但是,隨着文字載體的變化,卷也由代表物質上起訖的單位,逐步演變爲可以代表意義上起訖的單位。章學誠曾論及這個變化的過程:

篇之爲名,專主文義起訖,而卷則繫乎綴帛短長,此無他義,蓋取篇之名書,古於卷也。故異篇可以同卷,而分卷不聞用以標起訖。至班氏《五行》之志,《元后》之傳③,篇長卷短,則分子卷;是篇不可易,而卷可分合也。嗣是以後,訖於隋、唐,書之計卷者多,計篇者少,著述諸家所謂一卷,往往即古人之所謂一篇,則事隨時變,人亦出於不自知也。④

---

① 《書林清話》卷一《書之稱卷》。
② 《目録學發微・目録書之體制・篇目》。
③ 案:元后當作王莽。這是章氏誤記。
④ 《文史通義》内篇三《篇卷》。

當雕版印書，綫裝成册以後，每册仍然分成幾卷，於是，代表書籍物質上起訖的，卷之外又有册，變爲多少兩個層次，而篇則始終代表意義上的起訖。章學誠也談到了這個問題："自宋以來，分卷遂長，以古人卷從卷軸，勢自不能過長。後人紙册爲書，不過存卷之名，則隨其意之所至，不難鉅册以載也。以紙册而存縑素爲卷之名，亦猶漢人以縑素而存竹簡爲篇之名，理本同也。"①章氏還認爲：

> 今既不用縑素而用紙册，自當量紙册之能勝而爲之界，其好古而標卷爲名，從質而標册爲名，自無不可。不當又取卷數與册本，故作參差，使人因卷尋篇，又復使人挾册求卷，徒滋擾也。……卷非一定而不可易，既欲包篇以合之，又欲破册而分之，使人多一檢索於離合之外，又無關於義例焉，不亦擾擾多事乎？故著書但當論篇，不當計卷。必欲計卷，聽其量册短長，而爲銓配可也。不計所載之册，而銖銖分卷，以爲題籤著録之美觀，皆是泥古而忘實者也。②

章氏所説，雖言之成理，可是這種歷史上遺留的卷册參差現象，却仍然一直保存下來了。

總之，在以竹簡爲載體的書中，篇既是意義上的起訖單位，又是物質上的起訖單位。在以帛爲載體的書中，篇是意義上的起訖單位，理所當然地失去了作爲物質上的起訖單位的意義；卷爲物質上的起訖單位，但是不少書一篇即爲一卷，而且在通常情況下，作者也會考慮到内容上的起訖與物質上的起訖的一致性，因此卷在客觀上有時也含有作爲内容上的起訖的意義。在以紙爲載體的綫裝書中，篇爲意義上的起訖單位，册（或稱本）爲物質上的起訖單位，卷則可兼有兩者的性質。

作爲起訖單位，根據物質條件的進步，大體上講，篇最短，卷一般比篇長，所以一卷可以容納幾篇；本又比卷容量大，所以一本可以容納幾卷。比如《四庫全書總目》二百卷，一般綫裝書有好幾十册，商務印書館《萬有

①② 《文史通義》内篇三《篇卷》。

文庫》本也裝成四十册，而另一種精裝本只有四册，一九六五年中華書局印的精裝本只有一册。所以編目録或者做解題的人，應對這些分合變遷關係適當寫明，以便讀者。《全國古籍善本書總目著録條例》規定卷數作爲書名項著録，這是考慮到在一般的古籍中，卷保存着較早的物質上的起訖單位的面貌，同時也往往是意義上的起訖單位；册數作爲稽核項著録，這是考慮到在一般的古籍中，册是物質上的起訖單位。這樣規定是合於古籍篇卷流變的實際的。

目録之要記録篇卷册數，首先是因爲這樣可以審查一部書的完缺分合，版本差異。如晁公武《郡齋讀書志》這部書，《宋史・藝文志》傳記類著録《晁公武讀書志》二十卷，目録類著録《晁公武讀書志》四卷，正是由於《宋志》所記卷數的不同，才使我們看到了該書有不同版本。如果進一步研究，就會發現：

> 其書在宋時有兩本：其一爲四卷本，淳祐十年（一二五〇）番陽黎安朝知袁州，刊之郡齋；又取趙希弁家藏書續之，謂之《附志》，所謂袁州本也。其一爲二十卷本，則晁之門人姚應績所編。淳祐九年（一二四九），南充游鈞知衢州所刊，所謂衢州本也。袁、衢二本，卷數差異，其後希弁得衢本參校，爲《後志》二卷，以補其缺，蓋已非完書矣。馬端臨《經籍考》所引晁説，皆據衢本。如《京房易傳》《宋太祖實録》《太宗實録》《建康實録》之類，其文多至數倍，悉與衢本合。近代王先謙取衢、袁二本合校刊行，而衢本之向稱罕見者，至是乃可讀也。①

據此，我們今天使用《郡齋讀書志》，在一般情況下，只要讀王氏刊本即可。當然孫猛《郡齋讀書志校證》"以衢本爲底本，合校以袁本，參校以現存《讀書志》善本、《文獻通考・經籍考》、前人著述徵引《讀書志》文字、《讀書志》解題所本之史傳序跋以及有關書目"②，質量有了很大提高，且頗便使用。

---

① 《目録學研究・論唐宋元明四朝之目録》。

② 《郡齋讀書志校證》卷首《凡例二》。

由於著録的卷數不同，還可發現後人改易原書的現象，從而判斷書的價值。黄丕烈《楊仁齋直指方論》十三卷（舊鈔本）題識云：

> 郡中有外科醫生高某，家多秘本醫學書。相傳有《仁齋直指》，外間皆未之見。及去歲某故，所遺少妾幼子，家中書半皆散佚，而此書亦出。余得寓目，因徧檢藏書家目，皆云《仁齊直指方論附遺》二十六卷，與此十三卷不合。雖曰明人附遺共二十六卷，與十三卷所以異同之故未經剖析，故目録家但知有二十六卷，曾不知有十三卷也。及十三卷之書出，而人反疑其卷帙之少，未敢信爲善本，不之重也。今兹歲初偶於坊間獲明刻本二十六卷者，乃又追踪十三卷之鈔本，始悉改十三卷爲二十六卷者，出於明人。其目録之大小字，或照原、或更改，盡出臆斷，而本書面目盡失。因嘆目録之學爲甚難，苟非博聞廣見，難以置喙。書必原本方爲可貴也。余既收刻本矣，不得不復置鈔本之原書爲如此。①

古書有的卷數甚多，後人刻書任意縮減，這也可以從卷數的著録中暴露出來。清杭世駿指出："《朱子集》多至三百餘卷，明人編定止四十卷。李綱《梁溪集》多至百三十餘卷，《建炎進退志》及《時政記》附焉，閩中改刻，題曰《李忠定集》，亦止四十卷。前後互易，古人之面目失矣。"②在讀書時，碰到這類書，最好要另尋别本，加以比較。

我們還可以根據卷數來判斷著録上的訛誤。劉咸炘説："數目之字，最易訛誤，三脱一畫，則爲二矣，十四之倒，便爲四十。簿目之書，徒列名數，又人多厭觀而易忽者，故歷代簿目篇卷多有歧異，必須目檢本書，互相校正，四庫所録，於此頗詳，若懸據舊文，妄生異論，大不可也。"③這就告訴我們同一書的卷數在著録上的歧異，往往是著録時的疏忽造成的。《四庫全書總目》吴韋昭注《國語》二十卷提要稱："昭所注本，《隋志》作二十二

---

① 《蕘圃藏書題識續録》卷二《楊仁齋直指方論》十三卷。

② 《道古堂全集》卷一九《欣託齋藏書記》。

③ 《目録學》上編《篇卷》。

卷,《唐志》作二十卷,而此本首尾完具,實二十一卷,諸家所傳南北宋板,無不相同。知《隋志》誤一字,《唐志》脱一字也。"[①]除目驗本書,互相校正外,把幾種目録加以比較也可發現篇卷在著録上的錯誤。例如《吕氏春秋》,在《漢書·藝文志》《隋書·經籍志》《舊唐書·經籍志》《新唐書·藝文志》《通志·藝文略》《郡齋讀書志》《宋史·藝文志》乃至《四庫全書總目》中均著録爲二十六卷,惟有《文獻通考·經籍考》著録爲二十卷,《直齋書録解題》著録爲三十六卷。這兩目可能弄錯了,前者也許脱去了六字,後者也許把二字訛成了三字。

當然古書著録篇卷的情況是複雜的,是不應一概而論的。劉咸炘曾指出某些書的異刻卷數雖少,而内容不減或反而多些的情況:

> 商維濬《稗海》中之《雲溪友議》十二卷,反不及三卷本之足,此豈易知乎?《孔叢子》七卷併爲三卷,《易林》十六卷併爲四卷,卷大減而文固無損也。朱氏《八朝名臣言行録》世傳宋本乃李衡《纂要》,文大減而卷固無省也,此豈易知乎?[②]

所舉雖然是一些比較特殊的現象,但也告訴我們在編目或使用目録時,應采取審慎的態度,最好是進行多本比較。

目録記録篇卷數還有一個重要意義是可以作爲科學研究的依據,並能給讀者以啓發。就拿《漢書·藝文志》來説,六藝略著録"《詩經》二十八卷,魯、齊、韓三家","《毛詩》二十九卷"。這説明三家詩均爲二十八卷,《毛詩》也應當是二十八卷,多出來的一卷可能是《詩序》。此外《詩》類各書的稽核項全都是卷,這説明《詩》類著作確實都被秦始皇燒掉了,流傳下來的《詩》都是漢人根據記憶補寫的,而詩比較簡短,所以特别適合寫在卷子上。再如數術略形法類共著録"六家,百二十二卷"。惟有《山海經》十三篇用的是"篇",其餘各書的稽核項均爲"卷",這表明《山海經》有可能是

① 《四庫全書總目》卷五一《國語》二十卷。
② 《目録學》上編《篇卷》。

先秦流傳下來的古書,而其餘的書有可能全是漢人的作品。

如果我們將某些稽核項的數據加以比較,也很能説明問題。如諸子略中“儒五十三家,八百三十六篇”,“道三十七家,九百九十三篇”,“陰陽二十一家,三百六十九篇”,“法十家,二百一十七篇”,“名七家,三十六篇”,“墨六家,八十六篇”,“從横十二家,百七篇”,“雜二十家,四百三篇”。顯然,在九流中,儒家、道家在漢代爲顯學,其餘各家都在走下坡路了。再如鄭樵談道:

> 古之書籍,有不足於前朝而足於後世者。觀《唐志》所得舊書,盡梁書卷帙,而多於隋。蓋梁書至隋,所失已多,而卷帙不全者又多。唐人按王儉《七志》、阮孝緒《七録》搜訪圖書,所以卷帙多於隋,而復有多於梁者。如《陶潛集》,梁有五卷,隋有九卷,唐乃有二十卷。諸書如此者甚多,孰謂前代亡書不可備於後代乎?①

這段話告訴我們,梁代文化事業還是比較發達的,書籍的卷帙甚多。此後由於朝代頻繁更迭,社會動亂,文化事業受到影響,書籍損失已多,而且書籍的卷帙又多不全。唐代文化空前繁榮,所以書籍的卷帙超過了前代。所舉陶集卷數增多之例,雖因古本已亡,不能證實九卷本、二十卷本内容比五卷本多,但前代亡書後世復出的事例,確實是不少的。再如漢代兩部最傑出的史書,文體有所不同,《史記》偏於用單筆,《漢書》偏於用複筆。因爲從漢以來文章由單筆走向複筆,所以在漢魏六朝時,研究《漢書》的人多於研究《史記》的人。據《隋書·經籍志》,注《漢書》者二十一家,共六百二十卷,而注《史記》的只三家,共九十五卷,可以爲證。那個時候,《漢書》研究得好,可以稱爲“漢聖”②——研究《漢書》的聖人。可是没有哪個被稱爲“史聖”的。所以把各種書的卷數統計一下,就可以看出某個歷史時期,孰爲顯學。這也是篇卷所能起的一種作用。

---

① 《通志·校讎略·闕書備於後世論》。

② 《隋書》卷七六《劉臻傳》:“精於兩《漢書》,時人稱爲‘漢聖’。”

第三節　版　本

顧廷龍指出:“版本的含義實爲一種書的各種不同的本子,古今中外的圖書,普遍存在這種現象。”①在目録中著録版本是讓讀者認識圖書的主要手段之一。中華人民共和國國家標準《古籍著録規則》在著録項目中專門設有版本項。

目録對版本的記録與研究可以追溯到劉向的《别録》。如《管子書録》云:“所校讎中管子書三百八十九篇,大中大夫卜圭書二十七篇,臣富參書十一篇,射聲校尉立書十一篇,太史書九十六篇。凡中外書五百六十四篇以校,除復重四百八十四篇,定著八十六篇。”②其中“中管子書”“臣富參書”等就是指公私各種不同的抄本。故章學誠指出:

> 校書宜廣儲副本,劉向校讎中秘,有所謂中書,有所謂外書,有所謂太常書,有所謂太史書,有所謂臣向書、臣某書。夫中書與太常、太史,則官守之書不一本也;外書與臣向、臣某,則家藏之書不一本也。夫博求諸本,乃得讎正一書,則副本固宜廣儲以待質也。夫太常領博士,今之國子監也;太史掌圖籍,今之翰林院也;凡官書,不特中秘之謂也。③

國家標準《古籍著録規則》指出版本項的著録内容包括版本年代、刻寫主持者、刻書地、版本類型。這在梁釋僧祐著《出三藏記集》的類目、提要、附注中均有反映。如《四十二章經》一卷提要云:“漢孝明帝夢見金人,詔遣使者張騫、羽林中郎將秦景到西域,始於月支國遇沙門竺摩騰,譯寫此經還洛陽,藏在蘭臺石室第十四間中。”④從中不難看出譯本的年代、譯

① 《版本學與圖書館》,載《圖書館》一九六二年第一期。

② 《四部叢刊》影印宋刊本《管子》卷首。

③ 《校讎通義》卷一《校讎條理第七》。

④ 《出三藏記集》卷二《新集撰出經律論録第一》。

經主持者、譯經地點以及版本類型。再如《照明三昧經》一卷附注云："太安三年二月一日出。"①交待了譯經的準確時間。再如《出三藏記集》卷三《新集安公涼土異經録第三》與《新集安公關中異經録第四》,類目明確交待了譯經的地點。可見,《出三藏記集》對版本的記録是相當充分而準確的。

宋代雕版印刷術得到了蓬勃發展,同一書不同版本之間的差異,也反映在雕印本中,宋代的私家藏書目録已經敏鋭地注意到這一點,並且作了記録。葉德輝指出:

> 自鏤板興,於是兼言板本。其例創於宋尤袤《遂初堂書目》。目中所録,一書多至數本。有成都石經本、秘閣本、舊監本、京本、江西本、吉州本、杭本、舊杭本、嚴州本、越州本、湖北本、川本、川大字本、川小字本、高麗本。此類書以正經正史爲多,大約皆州郡公使庫本也。同時岳珂刻《九經三傳》,其《沿革例》所稱,有監本、唐石刻本、晉天福銅版本、京師大字舊本、紹興初監本、監中現行本、蜀大字舊本、蜀學重刻大字本、中字本,中字有句讀附音本、潭州舊本、撫州舊本、建大字本、俞紹經家本,又中字凡四本;婺州舊本,併興國于氏、建余仁仲凡二十本;又越中注疏舊本、建有音釋注疏本、蜀注疏本,合二十三本。知辨别板本,宋末士大夫已開其風。②

宋尤袤的《遂初堂書目》在經總類、正史類、雜史類的一些款目中鮮明地標明了版本,如"川本《史記》""嚴州本《史記》""川本《前漢書》""越州本《漢書》""舊杭本《舊唐書》""川本小字《舊唐書》""川本大字《舊唐書》"等。但是,説目録兼言版本,"其例創於宋尤袤《遂初堂書目》"還不够準確。如前所説,劉向《别録》已涉及版本問題。而宋代在《遂初堂書日》之前,晁公武的《郡齋讀書志》就已注意著録圖書的版本了,石經幾乎都在標目中得

① 《出三藏記集》卷二《新集撰出經律論録第一》。
② 《書林清話》卷一《古今藏書家紀板本》。

到了反映,如《石經周易》十卷、《石經尚書》十三卷、《石經毛詩》二十卷等。一部書有許多注本,通常也會在標目中得到反映,如《郭象注莊子》十卷、《成玄英莊子疏》三十三卷、《吕吉甫注莊子》十卷等。有些版本的特點也會在標目中有所反映,如《點注孟子》十四卷,可見其爲標點與注釋本,晁公武解釋道:"右皇朝熙寧中,蜀州張簡點節經注,附以釋文,以教童子。"①再如《智永千字文》一卷,可見該卷《千字文》爲大書法家智永抄本。

《郡齋讀書志》已運用了"善本"、"唐本"、"古本"、"舊本"、"今本"、"世行本","蜀本"、"夔本"、"吉本"、"泉本"、"高麗本"、"監本"、"史館本"、某某"家本"等概念。晁公武對版本的記録與研究主要是通過《郡齋讀書志》的提要來實現的。如關於《司馬文正公傳家集》八十卷,《郡齋讀書志》云:

> 集乃公自編次。公薨,子康又没,晁以道得而藏之。中更禁錮,迨至渡江,幸不失墜。後以授謝克家,劉嶠刻版上之。②

晁公武已經注意通過目録、題跋、諱字、引文、體例、版本比勘、内容考證等各種方法來鑒定版本,下面即以《劉綺莊歌詩》四卷的讀書志爲例:

> 右唐劉綺莊,未詳其人。唐《四庫書目》有《綺莊集》十卷,今所餘止四卷,詩三十二、啓狀四十四而已,惜其散落大半。其本乃南唐故物,紙墨甚精,後題曰"昇平四年重題",印其文曰"建鄴文房",本内"密"字皆闕其畫,而"超"字不闕,蓋吴時所繕寫也。其詩如《置酒》《揚州送人》,皆不凡,而樂府格調尤高。然史逸其行事,詩中亦不可考。

---

① 《郡齋讀書志》卷十《點注孟子》十四卷。
② 《郡齋讀書志》卷一九《司馬文正公傳家集》八十卷。

“昇平”從未用作年號，當爲“昇元”，“昇元”乃南唐李昪年號。“建鄴文房”爲南唐徐鍇藏書室名。“密”字避五代吴國太祖楊行密諱，當爲五代抄本。作者綜合運用查目録、審紙墨、考題識、驗鈐印、核諱字、檢詩文、徵史籍等方法，可見他對版本的鑒别還是很細緻的。

時間稍晚的《直齋書録解題》也在版本的記録與研究方面做出了成績。它記録了一些書的出版時間、地點與出版者，如《古易》十二卷《音訓》二卷提要云：“朱晦庵刻之於臨漳、會稽。”朱熹《古禮經傳通解》二十三卷《集傳集注》十四卷提要云：“其子在刻之南康。”漢鄭康成《孝經注》一卷提要云：“乾道中，熊克子復從袁樞機仲得之，刻於京口學宫。”陸佃《爾雅新義》二十卷提要云：“其曾孫子遹刻於嚴州。”等等。這對我們瞭解書的版本，研究宋代出版史是很有幫助的。有的提要還較爲細緻地介紹了書的編輯與出版過程，如《六一居士集》一百五十二卷《附録》四卷《年譜》一卷提要云：

> 其集徧行海内而無善本，周益公解相印歸，用諸本編校，定爲此本，且爲之《年譜》。自《居士集》《外集》而下，至於《書簡集》凡十，各刊之家塾。其子綸又以所得歐陽氏傳家本乃公之子棐叔弼所編次者，屬益公舊客曾三異校正，益完善無遺恨矣。《居士集》，歐公手所定也。①

有些提要已具有版本鑒定與研究的成分，如卷十六别集類上《唐太宗集》三卷提要云：

> 唐太宗皇帝本集四十卷。《館閣書目》但有詩一卷六十九首而已。今此本第一卷賦四篇、詩六十五首，後二卷爲碑銘、書詔之屬，而訛謬頗多。世所傳太宗之文見於石刻者，如《帝京篇》《秋日效庾信體

① 《直齋書録解題》卷一七《六一居士集》一百五十二卷《附録》四卷《年譜》一卷。

詩》《三藏聖教序》，皆不在。又《晉書》紀、傳論稱“制曰”者四，皆太宗御製也。今獨載宣、武二紀論，而陸機、王羲之傳論不預焉。宣紀論復重出，其他亦多有非太宗文者雜厠其中，非善本也。

作者采用查目録、校勘、查對石刻資料與《晉書》中的唐太宗文章等方法對之作了版本鑒定，發現藏本訛謬頗多，遺漏不少，且多有非太宗文混入，因此得出“非善本也”的結論。

陳振孫對版本的記述有時還融入散文筆調，如卷三經解類《九經字樣》一卷提要云：“往宰南城出謁，有持故紙鬻於道者，得此書，乃古京本，五代開運丙午所刻也，遂爲家藏書籍之最古者。”再如卷十七别集類中《蔡忠惠集》三十六卷提要：

端明殿學士忠惠莆田蔡襄君謨撰。近世始刻於泉州。王十朋龜齡爲之序。余嘗官莆，至其居，去城三里。荔子號“玉堂紅”者，正在其處。矮屋欲壓頭，猶是當時舊物。歐公所撰《墓誌》，石立堂下。真迹及諸公書帖多有存者。京、卞同郡晚出，欲自附於名閥，自稱族弟，本傳云爾。襄孫佃，唱名第一，京時當國，以族孫引嫌，降第二，佃終身恨之。

此類提要對明徐𤊹《紅雨樓題跋》、清錢曾《讀書敏求記》，以及近人鄭振鐸《西諦題跋》的寫法當有一定影響。

到了明清時代，目録著録版本之風更盛。如明嘉靖年間《晁氏寶文堂書目》，分别按出版時間、地點、出版者、書籍形式於書名下著録了各類版本。一書多本，也一一注明。如《文獻通考》書名下注曰：“内府刻一、閔刻一、南監舊刻一、新刻一。”[①]此後，明人李鶚翀《得月樓書目》，於書名下常注明宋版、元版、鈔本、活字本等。明末清初著名藏書家錢曾編的《述古堂書目》，也常用附注的方法標明版本。但以上幾種目録都只是記録了部分

① 《晁氏寶文堂書目》卷中《類書類》一百二十卷。

書的版本。

對所著録的書全面記録版本的要算清初季振宜的《季滄葦藏書目》。黄丕烈於嘉慶十年(一八〇五)寫的《季滄葦藏書目跋》云:"今春閒居無聊,檢敝簏中有《季滄葦藏書目》一册,其詳載宋元板刻以至抄本,幾于無所漏略。……于今,滄葦之書已散失殆盡,而每從他處得之,證諸此目,若合符節。方信藏書不可無目,且書目不可不詳載何代之刻、何時之抄,俾後人有所徵信也。"①然該目兼用分類、標目、附注等方法記録版本,顯得不够清晰。同年,秦恩復編《石研齋書目》統一用附注方法記録版本,受到了人們稱讚,顧廣圻云:"今先生此目,創爲一格,各以入録之本詳注于下,既使讀者于開卷間目憭心通而據以考信,遂不啻燭照數計。於是知先生深究《録》《略》,得其變通,隨事立例,惟精惟當也。特拈出之,書于後,爲將來撰目録之模範焉。"②

明末清初,錢曾所撰《讀書敏求記》則是一部有提要的版本目録,從多方面鑒定了版本的源流與價值。這在前人的基礎上又朝前邁進了一大步。它除評介作者和書的内容外,特别注意從牌記、序跋、板式、字體、紙墨、裝幀、印章等方面來確定版本的年代和價值,同時還指出了祖本、子本、原版、修版的不同。清阮福重刻此書序云:"遵王此書述著作之源流,究繕刻之同異,留心搜討,不遺餘力,於目録書中洵爲佳著。"③

目録著録版本,起自私家,其後官書也考究版本。清于敏中等撰《天禄琳琅書目》十卷與清彭元瑞等撰《天禄琳琅書目後編》二十卷,也是兩部有提要的版本目録。葉德輝云:

乾隆四十年(一七七五),大學士于敏中奉敕編《天禄琳琅書目》十卷,分列宋板、元板、明板、影宋等類,於刊刻時地、收藏姓名、印記一一爲之考證。嘉慶二年(一七九七),以前編未盡及書成以後所得,敕彭元瑞等爲後編二十卷(光緒甲申長沙王先謙合刻前後編),是爲

① 《蕘圃刻書題識·季滄葦藏書目跋》。
② 《思適齋集》卷一二《石研齋書目序》。
③ 《讀書敏求記》卷末《附録》,書目文獻出版社。

官書言板本之始。①

中華書局編輯部《影印説明》稱《天禄琳琅書目》"以經、史、子、集爲類，每類之中，宋、元、明刊版及影鈔宋本各按時代先後爲次排列，一至三卷爲宋版，著録七十種，附録金版一種；四卷爲影宋鈔本，著録二百零八種，五至六卷爲元版，著録八十一種；七至十卷爲明版，著録二百五十一種"。稱《天禄琳琅書目後編》"體例一依《天禄琳琅書目》，每書首舉篇目，次詳考證，次訂鑒賞，次臚補缺，前人題跋亦爲附録，其印記用真書摹入。共著録宋、遼、金、元、明版書六百六十三部"②。王先謙在刊印兩書《後跋》中稱兩書提要"於刊印流傳之時地、鑒賞采擇之源流，並收藏家生平事略、圖記真僞，研討弗遺"③。

此後，私家藏書目録多注重對版本的研究，其中編制規範而又産生深遠影響的是張金吾的《愛日精廬藏書志》。近人喬衍琯爲該書所撰敘録云："昭文張氏愛日精廬，世代藏書，多到八萬餘卷。……撰成《愛日精廬藏書志》二十六卷，續編四卷。各書著録書名、卷數、版本、撰人外，並迻録古人序跋、名家題識，且别擇頗嚴，不遺不濫，比《經義考》的體例要精審得多。其取舍標準，詳見書前凡例。後來楊紹和的《楹書隅録》、陸心源的《皕宋樓藏書志》，以及近人王文進《文禄堂訪書記》、張元濟《寶禮堂宋本書録》，都依照張氏的辦法。"④

還有一些目録是學習《天禄琳琅書目》采用分類的方式來記録版本的。此類目録中編得最有條理的當推聊城楊氏《海源閣藏書目》。該目按經、史、子、集四部編排，每部又分宋本、元本、校本、抄本四類，顯得非常清晰。

在古籍版本目録中，刻意記録一書不同版本的力作是邵懿辰的《四庫簡明目録標注》。邵氏在案頭置《四庫全書簡明目録》一部，將所見各種版

---

① 《書林清話》卷一《古今藏書家紀板本》。

② 《清人書目題跋叢刊》十《天禄琳琅書目》等卷首。

③ 《天禄琳琅書目》卷末，清光緒十年長沙王氏刊本。

④ 《愛日精盧藏書志》卷首，文史哲出版社一九八二年影印本。

本都記在有關的標目之下。孫詒讓等許多學者也都將自己所見到的不同版本添注在其稿本或抄本上。邵懿辰子邵伯絅曾於一九一一年將《四庫簡明目録標注》刊版印行。一九五九年,中華書局上海編輯所又出版了邵懿辰孫子邵章加以續録的《增訂四庫簡明目録標注》,且附書名索引及著者索引,使用起來尤爲方便。今舉一例:

王右丞集注二十八卷附録二卷　唐王維撰　清趙殿成箋注

乾隆元年趙氏刊本。抱經云:"其校正遠勝舊本,但不得人覆校,故誤字尚多。"有翻刻本。明正德仿宋本,十卷,無注,二十行十八字。昭文張氏有何義門校本。黄氏丕烈有宋麻沙刊十卷本,十一行二十字。明東壁圖書府刊詩集二卷本。弘治甲子吕夔刊六卷本。明嘉靖二十四年顧佃子刊本。明刊套板本七卷,與《孟浩然集》合刊。汪立名刊王孟韋柳本二卷。項氏玉淵堂仿宋刊本六卷,佳,十一行,行二十一字,與韋集合刊。【續録】宋蜀本十卷,題《摩詰集》。汪氏有宋刊十卷本,徐季有鈐記。《天禄目》有影宋刻本十卷,琴川毛氏所鈔。建昌本,題《王右丞集》,與蜀本次序不同。大抵蜀刻六十家集,多異於他處,而此編大無倫次。趙殿成云:"須溪本雖不免誤,較他本爲善,王涯游春辭亦未竄入。"涵芬樓藏劉評元刊本六卷。傅沅叔藏元刊本,首題《須溪先生校本唐王右丞集》,八行二十字。明奇字齋本。明嘉靖丁酉南陽府陳鳳刊本,十行十八字,與孟集同刻。明顧可久注説本六卷,九行十七字,附劉須溪評點,表後有"嘉靖己未歲季冬月幾望洞陽書院梓行"二行。《四部叢刊》本。①

類似的目録還有莫友芝編的《郘亭知見傳本書目》,如其卷二經部詩類《毛詩正義》四十卷標目下,即著録了"閩本、監本、毛本、殿本、江西本,明有程應衢刊本二十卷"等不同版本。傅熹年説:"先祖逐年南北訪書時,必攜帶筆記和一部莫友芝《郘亭知見傳本書目》。所見善本詳記載筆記

① 《增訂四庫簡明目録標注》卷一五集部二《王右丞集注》二十八卷附録二卷。

上,題名爲《藏園瞥録》或《藏園經眼録》。又把各書行款、牌記、序跋摘要記在《書目》上,題名爲《雙鑒樓主人補記郘亭知見傳本書目》。”①其通行本有中華書局二〇〇九年出版之清莫友芝撰、傅增湘訂補、傅熹年整理的《藏園訂補郘亭知見傳本書目》。同樣,傅增湘撰《藏園群書經眼録》也是一部資料豐富的版本目録書。

張之洞的《書目答問》及范希曾的《書目答問補正》注重記録常見而實用的版本。《書目答問略例》云:“多傳本者,舉善本;未見善本者,舉通行本;未見近刻者,舉近日見存明本。”又云:“此編所録,其原書爲修四庫書時所未有者十之三四,四庫雖有其書,而校本、注本晚出者十之七八。”今舉《書目答問補正》卷四集部别集一例:

曹子建集十卷

魏曹植。明仿宋刻附《音義》本。明安氏活字本。漢陽朝宗書室活字版本。補:《四部叢刊》影印明活字本。涵芬樓《續古逸叢書》影印宋大字本。吴興蔣汝藻《密韻樓叢書》覆宋刻本。丁晏《曹集詮評》十卷附年譜,江寧局本。上元朱緒曾《曹子建集考異》□卷,民國間江寧傅春官刻《金陵叢刻》本。順德黄節《曹子建詩注》,商務印書館排印本。②

此後,晚清繆荃孫所撰《清學部圖書館善本書目》注意著録書的高廣尺寸及邊欄,在前人的基礎上又朝前邁進了一步。今舉其經部詩類一目爲例:

詩集傳二十卷

宋朱子撰。宋刊大字本。每半葉七行,行大、小十五字,高五寸九分、廣四寸六分。白口,上有大、小字數,有刻工姓名。蝶裝。首行

① 《藏園群書經眼録》卷首《藏園群書經眼録整理説明》。

② 《書目答問補正》卷四《曹子建集》十卷。

題“詩卷第幾，朱熹集傳”。今存小雅《鹿鳴》至《四月》，爲卷九之十二；大雅《蕩》至商頌《長發》，爲卷十八之二十。於宋諱玄、畜、匡、樹、殷、徵、慎、敦、鄭、覯（以上諱字皆闕末筆）等字皆缺筆，蓋寧宗時刊本也。楮墨大雅，字畫端好。又每册簽題“《詩朱氏傳》幾之幾”，殆宋槧之極精者。朱熹《詩集傳》二十卷，見《宋史·藝文志》。今四庫所收，尚是通行八卷之本。此雖殘帙，藉見坊刻未並以前廬山真面，豈非至寶！陳鱣《經籍跋文》所見即此本，亦闕。

近人王重民的《中國善本書提要》認真地吸取了前人的成功經驗，著録國内外藏弆的古籍善本四千四百餘種。傅振倫《序》云：

綜覽全書的特點：第一，收録之書，凡《四庫全書總目》已有提要者即不再編寫，惟於所缺者補充之，錯誤者釐正之。此書提要還側重於圖書版刻或文字增删的學術價值。第二，每書詳其卷數，每半葉的行數、每行字數、版框的高下大小。第三，書卷首葉詳記作者姓名、籍貫、别號、編者、校者以及子孫、友好與刻印主人的姓名、籍貫、字號、堂名之牌記，牌記之挖改者亦記之；書口刻工姓名亦詳列。第四，每書經一次再印或翻刻，則歷詳其編者、校者、刊印主人及刻工。第五，詳記收藏家的印章及校語。第六，歷次版本必詳作者、編校者、翻刻者的序跋、題識，重要者則録其全文或摘要。從以上六項特點，讀者可以考知圖書刊刻經過，流傳情況，並可考知一書的原本或翻刻本、鈔本、影鈔本孰精孰劣，何去何從。

該書卷末還附有書名索引、撰校刊刻人名索引、刻工人名索引、刻書鋪號索引，以便檢索。

此外，全面反映我國圖書館等公共單位收藏古籍善本實際情況的《中國古籍善本書目》對版本的記録也頗具特色。例如：

朱慶餘詩集一卷　唐朱慶餘撰　宋臨安府陳宅經籍鋪刻本　清

季振宜題款　黄丕烈、瞿中溶跋　十行十八字，白口，左右雙邊

一七四七

朱慶餘詩集一卷　唐朱慶餘撰　清康熙席氏琴川書屋刻唐詩百名家全集本　傅增湘校並跋　十行十八字，白口，左右雙邊

一七四八

朱慶餘詩集一卷　唐朱慶餘撰　清初抄本　十行十八字，無格

一七四九

可見，《中國古籍善本書目》對一種書的不同版本皆分開著録，每種版本又對書名、卷數、著作時代、作者、著作方式、出版時代、出版單位、題跋及版式等最重要、最能説明問題的項目進行了記録與描述，因此顯得特别清晰。條目之下附有編號，根據編號還可以在卷末所附藏書單位代號表和藏書單位檢索表中找到藏書單位。

目録著録版本的一個重要目的是提供異本以備校勘之資。備衆本以供校讎，這是從劉向、劉歆開始就已形成了的傳統。古代學者認爲欲讀書就得先校書。王鳴盛曾説過："嘗謂好著書不如多讀書，欲讀書必先精校書，校之未精而遽讀，恐讀亦多誤矣。"因此，他讀書總是"購借善本，再三讎勘。"①錢大昕《盧氏群書拾補序》稱：

盧抱經先生，精研經訓，博極群書，自通籍以至歸田，鉛槧未嘗一日去手。奉廪修脯之餘，悉以購書。遇有秘鈔精校之本，輒宛轉借録。家藏圖籍數萬卷，皆手自校勘，精審無誤。凡所校定，必參稽善本，證以他書，即友朋後進之片言，亦擇善而從之。②

又清錢泰吉在談到岳珂校刻《九經三傳》的情況時説：

① 《十七史商榷》卷首《自序》。

② 《潛研堂文集》卷二五《盧氏群書拾補序》。

宋岳倦翁刊《九經三傳》，以家塾所藏該刻，並興國于氏、建安余仁仲本，凡二十本；又以越中舊本注疏、蜀注疏，合二十三本。專屬本經名士反復參訂，始命良工入梓。其所撰《相臺書塾刊正九經三傳沿革例》，於書本、字畫、注文、音釋、句讀、脱簡、考異皆羅列條目，可見其詳審矣。①

王鳴盛的理論，盧文弨、岳珂的實踐，都説明了這一點。

著録及引用書籍載明版本對治學著書尤爲重要，余嘉錫論之甚詳：

蓋書籍由竹木而帛，而紙；由簡篇而卷，而册，而手鈔，而刻版，而活字，其經過不知其若干歲，繕校不知其幾何人。有出於通儒者，有出於俗士者，於是有斷爛而部不完，有删削而篇不完，有節鈔而文不完，有脱誤而字不同，有增補而書不同，有校勘而本不同。使不載明爲何本，則著者與讀者所見迥異。叙録中之論説，不能不根據原書。吾所舉爲足本，而彼所讀爲殘本，則求之而無有矣。吾所據爲善本，而彼所讀爲誤本，則考之而不符矣。吾所引爲原本，而彼所讀爲别本，則篇卷之分合、先後之次序皆相剌謬矣。目録本欲示人以門徑，而彼此所見非一書，則治絲而棼，轉令學者瞀亂而無所從，此其所關至不細也。反是，則先未見原書，而執殘本誤本别本以爲之説，所言是非得失，皆與事實大相徑庭，是不惟厚誣古人，抑且貽誤後學，顧廣圻所謂"某書之爲某書，且或未確，烏從論其精確美惡"也。② 然善本不易得，且或不之知，況人之所見不同，善與不善，亦正未易論定。以四庫館聚天下之書，而提要所據，尚不能無誤。著書之人，類多寒素，豈能辦此？惟有明載其爲何本，則雖所論不確，讀者猶得據以考其致誤之由，學者忠實之態度固應如此也。③

① 《甘泉鄉人稿》卷七《曝書雜記》。

② 顧説見《思適齋集》卷一二《石研齋書目序》。

③ 《目録學發微·目録學之體制四·板本序跋》。

目録著録版本對采購及收藏書籍的作用也是極爲明顯的。葉德輝曾舉例説:“明毛扆《汲古閣珍藏秘本書目》(一卷,黄丕烈《士禮居叢書》刻本)注有宋本、元本、舊抄、影宋、校宋本等字。此乃售書於潘稼堂(耒),不得不詳爲記載,以備受書者之取證。”①凡著録爲善本的,現在較大的圖書館都有專門的善本書庫加以妥善保管。

關於版本的著録,明清以來,除見於叙録(提要)中外,也常見題跋中。它們都對書的行款、印記、源流、諱字等詳加記載,今亦舉二篇爲例:

方言十三卷江安傅氏雙鑒樓藏宋刊本

漢揚雄撰。首題“輶軒使者絶代語釋别國方言第幾”。前載郭璞序,及宋慶元庚申李孟傳、朱質刻書兩跋。書中避諱至廓字止。每葉十六行,行大、小均十七字,雙邊、白口。上魚尾上雙行記大、小字數,下魚尾下記刻工姓名。《讀書敏求記》云:“舊藏宋刻本《方言》,牧翁爲予題跋,紙墨絶佳,後歸之季滄葦。”即此本也。有朱大韶、季滄葦等印記。②

孟東野詩集十卷唐孟郊撰

宋刊本,半葉十一行,行十六字,白口,左右雙闌。版心上間記字數,下間記刊工姓名。上魚尾下記“孟詩幾”。原版記葉數,通卷長號,凡一百六十七葉。補版間記卷數,而移葉數於下魚尾下。卷末有“泰興季振宜滄葦氏珍藏”題識一行。黄丕烈跋。鈐有“錢氏敬先”“錢氏家藏子子孫孫永寶用”朱文大印,又清季振宜、徐乾學、黄丕烈、汪士鐘及海源閣楊氏父子印。又有安岐、唐良士諸印。

按:此書書版斷爛已甚,一百六十七頁中,原版只十許葉,餘均補版。審其刀法筆勢,當爲江右刊本。海源閣佚書,今歸李木齋師。頃陶君蘭泉已影刊行世,此不詳記。(丁卯十月見於李木齋先生家)③

---

① 《書林清話》卷一《古今藏書家紀板本》。

② 《四部叢刊初編書録》經部《方言》十三卷。

③ 《藏園群書經眼録》卷一二《孟東野詩集》十卷。

《全國古籍善本書總目著録條例》對古籍目録如何著録版本，作了明確規定。版本項包括出版年、出版地、出版者、版刻，並附注題跋校注者。這一事項的著録通常以封面、牌記或書尾所題爲準，但須參考序、跋、名家目録以及有關資料決定。

由上可知，書有異本即有優劣異同。在目録中注明版本，有利於收藏和使用。所以它是一個不可忽略的項目。

第四節　著　者

孟子曰："誦其詩，讀其書，不知其人，可乎？"①顯然，人們早就認識到瞭解作者，對認識其所著書的性質，判斷書的價值是非常必要的，所以從漢代劉向父子撰寫《别録》《七略》開始，中國目録學家就非常注意對著者的著録與介紹。

目録著録著者主要爲了明確著作權的歸屬，也有利於區别同名異書現象。如《漢書・藝文志》六藝略樂類著録"《雅琴》趙氏七篇""《雅琴》師氏八篇""《雅琴》龍氏九十九篇"，再如《漢書・藝文志》六藝略小學類著録"揚雄《蒼頡訓纂》一篇""杜林《蒼頡訓纂》一篇"。書名相同，因爲著録了作者，就將它們彼此區分了開來。《漢書・藝文志》詩賦略中凡未署著者名的往往具有總集的性質，除雜賦類外，他如歌詩類中的"《周謡歌詩》七十五篇"。

目録中著者這個項目也是在編纂過程中形成的。較古老的典籍，往往不題作者姓名，譬如《詩經》大多數的作者是誰，至今無人知道。甚至編者究係何人，也難確認。遲至戰國時代，甚至更晚一些的西漢，有些作者也没有想到在作品上署名。譬如《史記・韓非列傳》説："人或傳其書至秦，秦王見《孤憤》《五蠹》之書，曰：'嗟乎！寡人得見此人，與之游，死不恨矣！'李斯曰：'此韓非之所著書也。'"②可見，《孤憤》《五蠹》等作品，在流

① 《孟子注疏》卷十下《萬章章句下》。

② 《史記》卷六三《老子韓非列傳》。

傳中,是未題作者姓名的。又如《史記・司馬相如列傳》説:“蜀人楊得意爲狗監,侍上。上讀《子虚賦》而善之,曰:‘朕獨不得與此人同時哉!’得意曰:‘臣邑人司馬相如自言爲此賦。’上驚,乃召問相如。”①如果司馬相如在《子虚賦》中署名,漢武帝當然也不會發出這種感嘆了。

還有,許多古書雖有署名,却是出於後人所加。如《管子》一書經劉向整理,除復重四百八十四篇,定著八十六篇,加以第録。書的作者當然是管子了,然而書中的《小稱篇》却記載了管仲之死,可見《管子》一書是後人編定的,其作者也係後人所加。所以嚴可均説:“近人……謂此書多言管子後事,乃後人附益者多,余謂先秦諸子皆門生弟子或賓客或子孫撰定,不必手撰。”②《荀子》也屬於這種情況,楊倞爲《荀子》作注就指出《大略篇》是“弟子雜録荀卿之語”③。此皆足以説明不少古書的作者是由後人所擬定加上的,其中多半是由編目者確定的。

漢代以來,古書經過整理,有了目録。加上私門著述的興盛,個人意識的覺醒,書籍署名現象逐漸增多。有些書名本身就顯示了作者。例如《抱朴子》乃晉葛洪所撰,因爲他自有此號,即以名書。其外篇《自叙篇》云:“洪期於守常,不隨世變。言則率實,杜絶嘲戲。不得其人,終日默然。故邦人咸稱之爲抱朴之士。是以洪著書,因以自號焉。”④關於書名與作者的關係,我們在《書名》一節已經談過,此不贅述。

現代古籍編目已趨標準化,如中華人民共和國國家標準《古籍著録規則》規定:“著者著録内容及順序爲:著者時代或國别、著者名稱、著作方式。”“著者時代一般以卒年爲準,按下列朝代名稱著録:周,春秋,戰國,秦,漢,魏、蜀、吴,晉,南朝宋、齊、梁、陳,北魏、東魏、西魏、北齊、北周,隋,唐,五代,宋、遼、西夏、金,元,明,清。”“著作方式一般依原題著録;未題時可參照以下方式著録。撰:著述。編:將多種著作整理、編排爲一種書。輯:收集他人的著述或零散文字,匯集爲一種書。注:對一部書的内容、文

① 《史記》卷一一七《司馬相如列傳》。

② 《鐵橋漫稿》卷八《書管子後》。

③ 《荀子》卷一九《大略篇》楊倞注。

④ 《抱朴子》外篇卷五〇《自叙篇》。

字進行解釋。譯:將一種文字翻譯成另一種文字。修、纂:主要指官修書的著作方式。主持其事爲‘修’,實際編寫爲‘纂’。繪:插圖、畫譜的創作。書:書法作品的創作。篆刻:璽印的創作。”“一般按卷端所題的著者姓名著録;以字號行世的著者按卷端所題的字號著録;僧尼按卷端所題的法名著録。有關情況可在附注項説明。”如:《資治通鑒》二百九十四卷,(宋)司馬光撰。

古代書目的著者著録當然不會如此規範,我們在古籍編目實踐中也會遇到不少困難,劉國鈞曾指出:

> 凡書必有著作之人,故圖書編目必先確定著者之姓名而著之於目,所以判明此書之責任,亦所以便於專研某一人著述者之檢閲。然其事亦非易易,蓋書有僞託者,有嫁名者,有一人而前後更名者,有不著撰人姓氏者,有用别署者,凡此種種皆不能徑照原書迻録,其理甚顯。而一遇此等情形,則不能不參稽考核,以求一致。此編目時所特宜注意者也。①

僞託的目的多半是借名人以傳世。《淮南子·脩務》曾指出:“世俗之人,多尊古而賤今。故爲道者必託之於神農、黄帝而後能入説。亂世闇主,高遠其所從來,因而貴之。爲學者蔽於論而尊其所聞,相與危坐而稱之,正領而誦之,此見是非之分不明。”②例如《易經》必託名於伏羲、文王,《本草》必託名於神農,醫經必託名於黄帝,《周禮》必託名於周公,都説明了這一點。這種風氣漢代以後仍然普遍盛行。《晉書·陸機傳》附載陸喜的著述情況道:“其書近百篇。吴平,又作《西州清論》傳於世。借稱諸葛孔明以行其書也。”③

嫁名往往出於政治鬥争的需要。我們曾舉《周秦行紀》爲例。梁啓超也舉過一例:

---

① 《中文圖書編目條例草案》上編《著者》。
② 《淮南子》卷一九《脩務》。
③ 《晉書》卷五四《陸機傳》。

> 《涑水記聞》向稱宋時司馬光作。原書雖是真的,許是未定稿。後代的人因爲司馬光聲名大,易於欺世駭俗,於是抽些出來,加些進去,以爲攻擊造謡的工具。其中對王安石造謡特别多,攻擊得特别厲害。平常人駡王安石,無足重輕,若是司馬光駡王安石,那就很有力量了。實則光書雖有,已非原物,光之孫司馬伋曾上奏書,稱非其祖父所作,其故可以想見。現存的《涑水記聞》,攻擊陰私之處頗多。司馬光與王安石政見雖不相合,最少他的人格不會攻人陰私,這是我們可以當保的。後人利用他的聲名,把攻人陰私的話硬派到他身上,這就是因爲造假,使得是非錯亂。①

還有的爲了泄私憤,匿名或嫁名他人以施行人身攻擊。例如唐初歐陽詢不獨書法好,有盛名於當時;學問文章,也爲時人所推許。但有和他懷私怨的人,寫了《補江總〈白猿傳〉》,對他大肆污辱。胡應麟指出:"《白猿傳》,唐人以謗歐陽詢者。詢狀頗瘦削,類猿猱,故當時無名子造言以謗之。此書本題《補江總〈白猿傳〉》,蓋僞撰者託總爲名,不惟誣詢,兼以誣總。"②宋代魏泰也喜著書而嫁名他人。他既假梅聖俞的名字,造《碧雲騢》一書以譏詆當世,又陸續寫書多種借他人之名以行於時。陳振孫《直齋書録解題》引王銍《跋范仲尹墓誌》云:"近時襄陽魏泰者,場屋不得志,喜僞作他人著書,如《志怪集》《括異志》《倦游録》,盡假武人張師正。又不能自抑,出其姓名作《東軒筆録》,皆用私喜怒,誣衊前人。"③

還有一種情況是有些作者,特别是文藝作品的作者,不願列出真名實姓。如《醒世姻緣傳》是蒲松齡著而署名西周生,《花月痕》是魏子安著而署名眠鶴主人,《老殘游記》是劉鶚著而署名洪都百煉生。這當然給著者項的著録造成了一定的困難。

---

① 《古書真僞及其年代·總論》。案:今人鄧廣銘先生對此書真僞有辨正,見《略論有關〈涑水記聞〉的幾個問題》,載中華書局一九八九年版《涑水記聞》卷首。

② 《少室山房筆叢》卷三二《四部正訛》下。

③ 《文獻通考》卷二一七《碧云騢》一卷引《直齋書録解題》卷一一《碧云騢》書録,上海古籍出版社一九八七年版《直齋書録解題》無此條。

此外中國古書署名的複雜還在於一個人的本名、字、號、官名、官所、籍貫等皆可用來署名。有的人别字别號尤多，如宋代朱熹有幾十個别名。如果我們不細加考究就會發生著録上的錯誤。聶崇岐曾舉出了許多例子，他説：

> 藝文志中，凡舉著書人，皆宜以其本名爲主；不得已時，方可改易其名，或以字稱；不可於一志中對一人既稱名，又稱字，前後不侔合也。諸志於修撰時，每以疏略而有一人名字歧出之事。如孔衍字舒元，《隋志》既有孔衍，又有孔舒元；徐廣字野民，《隋志》既有徐廣，又有徐野民……陶弘景一稱陶隱居，《隋志》既有陶弘景，又有陶隱居；商播本姓殷，《宋志》既有商播，又有殷播；章懷太子即李賢，《宋志》既有章懷太子，又有李賢；王正範即王貞範，《宋志》既有王正範，又有王貞範；宋庠本名郊，《宋志》既有宋庠，又有宋郊……釋溥光俗姓李，《補元志》既有釋溥光，又有李溥光。此僅就易知者而言，其不易知者，尚不知凡幾也。①

著録著者姓名同樣應以正文卷端所題爲準，如有版權頁應以版權頁所題者爲準。例如《史記》卷端題爲“漢太史令司馬遷撰、宋中郎外兵曹參軍裴駰集解、唐國子博士弘文殿學士司馬貞索隱、唐諸生侍讀率府長史張守節正義”。其中漢、唐、宋爲著者所處的時代；撰、集解、索隱、正義爲著作方式。《史記》卷端題名清楚地告訴我們司馬遷是作者，裴駰、司馬貞、張守節是注釋者。

新出的古籍多有版權頁，這給我們著録作者帶來了極大的方便。古舊書一般没有版權頁，因此除卷端題名外，還要參照序跋、正文及其他目録、工具書。例如《讀易易知》三十二卷首一卷，卷端題名爲“海虞單恩蘭魁香解”，其餘各卷卷端還有題名爲“海虞宛里山人單恩蘭解”“海虞單恩蘭魁薌輯”，而序言末署“海虞單恩蘭自序”，顯然單恩蘭應爲著者姓名。

---

① 《藝文志二十種綜合引得》卷首《序》。

有的書未署明作者,還得進行必要的考訂工作。例如清宣統元年(一九〇九)修《鎮番縣志》稿本未署纂修者姓名,但據一九二〇年石印本《續修鎮番縣志》卷首載有《光緒三十四年奉文纂修縣志姓氏》,知該志爲常孝義修、彭汝翼纂,而且從《續修鎮番縣志》的《職官表》《宦績列傳》中,我們還可進一步瞭解到常孝義與彭汝翼的生平事迹。當然有些書的著作權問題屬於專題研究的範圍,而且意見又分歧,著録時如果能够根據較爲可信的結論,也就行了。

第五節　附　注

我國國家標準《文獻著録總則》將附注列爲目録的著録項目,指出:"附注項對著録正文進行補充和説明","附注項著録内容必須是著録正文的各項目中没有被反映的材料"①。

附注項古已有之,《四庫全書總目》於《崇文總目》提要云:"考《漢書·藝文志》本劉歆《七略》而作,班固已有自注。《隋書·經籍志》參考《七録》,互注存佚,亦沿其例。《唐書》於作者姓名不見紀傳者,尚間有注文,以資考核。後來得略見古書之崖略,實緣於此。"

我國現存第一部史志目録《漢書·藝文志》是依據《七略》編纂成的,由於受到體例與篇幅的限制,不可能將原書提要著録於篇,所以采用附注的形式保留了一些必不可少的内容。據徐昕統計,"《漢志》總計款目六七七條。其中二二五條有附注,約占總數的三分之一"②。此後,《隋書·經籍志》等史志目録也多有附注。現存第一部佛典目録《出三藏記集》中含有附注的款目也非常多。附注了不同譯本的書名、卷數、譯者、譯經時間、地點,以及對節譯、節抄現象都作了説明。現存宋代兩部私家藏書目録《郡齋讀書志》與《直齋書録解題》是以撰有提要而著稱的,但是其中許多提要實際上都是附注。明代的私家藏書目録,則更加自覺、更加鮮明地利

① 《文獻工作國家標準彙編》(一)《文獻著録總則·著録項目·附注項》。

② 《文獻學研究·論〈漢書·藝文志〉附注的價值》。

用附注對著録項目作補充説明，如高儒的《百川書志》利用附注對書名、篇卷及殘缺情況，作者及著作方式，圖書内容及評價，都作了必要的説明。清以後，附注的撰寫越加規範，清初黄虞稷所著《千頃堂書目》的附注非常豐富，涉及圖書内容與形式的方方面面。此後丁日昌的《持静齋書目》也十分重視撰寫附注。近年所編《中國古籍善本書目》也將附注列爲著録項目。直到今天，中華人民共和國國家標準《古籍著録規則》，在著録項目中還有附注，並對附注項著録的内容與方法作了規定。下面，我們就討論一下附注的内容及著録方法。

一、附注書名。書名若有疑問，當通過考證，予以説明。如張舜徽指出：《漢書・藝文志》諸子略"儒家有《高祖傳》十三篇，注云：'與大臣述古語及詔策也。'《孝文傳》十一篇，注云：'文帝所稱及詔策。'此二書而必注明者，蓋恐後人顧其名而視同傳記耳。"①再如《出三藏記集》卷二《新集撰出經律論録第一》著録《内藏百品經》一卷，附注："舊録云：《内藏百寶經》。遍校群録，並云'内藏百寶'，無'内藏百品'，故知即此經也。"如果書内出現不同的書名，應當出注，如《出三藏記集》卷二《新集撰出經律論録第一》著録《阿彌陀經》二卷，附注："内題云，《阿彌陀三耶三佛薩樓檀過度人道經》。"顯然，《出三藏記集》用的是經名的簡稱。

如果一書有不同的名稱，應當注明。章學誠《校讎通義》卷一《避嫌名第五》指出："校書著録，其一書數名者，必當歷注互名于卷帙之下。"事實上我國古代書目也是這麽做的。如《漢書・藝文志》諸子略儒家著録《王孫子》一篇，附注："一曰《巧心》。"《隋書・經籍志》集部總集類著録《詩評》三卷，附注："鍾嶸撰，或曰《詩品》。"佛經有不同的譯本，所以同書異名現象比較突出，如《出三藏記集》卷四《新集續撰失譯雜經録第一》著録《泥洹後諸比丘經》一卷，附注："或云《小般泥洹經》，或云《泥洹後變記經》，或云《泥洹後比丘世變經》，或云《佛般泥洹後比丘世變經》。"再如《出三藏記集》卷三《新集安公失譯經録第二》著録《十夢經》一卷，附注："舊録云：《舍衛國王十夢經》，或云《波斯匿王十夢經》，或云《舍衛國王夢見十事經》，或

① 《廣校讎略》卷末附《漢書藝文志釋例・注記第五・書名易混者加注例》。

云《國王不黎先泥十夢經》,悉同一本。”

如果書名容易引起誤解,最好加個附注。如《漢書・藝文志》六藝略易類著録《古五子》,附注:“自甲子至壬子,説《易》陰陽。”如無此注,我們也許會誤認爲這本書是古代五位先生寫的十八篇文章。如果書名的含義不够明確,加個附注會幫助我們理解。如《隋書・經籍志》史部古史類著録《淮海亂離志》四卷,附注:“蕭世怡撰,叙梁末侯景之亂。”再如《出三藏記集》卷二《新集撰出經律論録第一》著録《合維摩詰經》五卷,附注:“合支謙、竺法護、竺叔蘭所出《維摩》三本,合爲一部。”有了這兩個附注,我們對二書的内容就清楚了。

書名簡潔,若能附注要點,則更有利於讀者對圖書内容與性質的瞭解。如《漢書・藝文志》六藝略春秋類著録《世本》十五篇,附注:“古史官記黄帝以來訖春秋時諸侯大夫。”可見它是我國以人物爲中心、以時間爲序,最古老的史書之一。再如《隋書・經籍志》史部地理類著録《黄圖》一卷,附注:“記三輔宫觀陵廟明堂辟雍郊畤等事。”可見是一部記載漢代長安地區古迹的書。其中對宫殿苑囿記述尤詳。

二、附注篇卷。古籍目録通常要載明篇卷數,用以反映書的内容、形式與篇幅。如《漢書・藝文志》六藝略書類著録《尚書古文經》四十六卷,附注:“爲五十七篇。”可見這部古文《尚書》,有五十七篇文章,被寫成四十六卷。再如《漢書・藝文志》諸子略道家類著録《太公》二百三十七篇,附注:“吕望爲周師尚父,本有道者。或有近世又以爲太公術者所增加也。《謀》八十一篇,《言》七十一篇,《兵》八十五篇。”讀了這條附注,我們對這部書的作者、内容與篇幅,也就有了大致的瞭解。

自從書籍以紙爲載體以後,特别是在普遍使用雕版印刷術以後,書籍的裝幀形式也起了很大變化,一般都采用本或册作爲稽核單位,所以書目中自然會注明本數或册數。明趙用賢撰《趙定宇書目》已普遍附注了書的本數,如總文集類著録了《徽板文選》,附注“三十本”,還著録了《瀛奎律髓》,附注“十六本,一套”。到了清代,有的書目已將本數作爲著録項目,如馬瀛《唫香僊館書目》與趙宗建《舊山樓書目》。前者如經部詩經類著録:“《詩總聞》二十卷,宋王質撰,鈔本,六本。”後者如甲部著録:“殿板《十三經注疏》,壹百念本。”

書有附録,也應注明。如《漢書·藝文志》諸子略兵書類著録《吴孫子兵法》八十二篇,附注:“圖九卷。”這條附注告訴我們《孫子兵法》不僅有文章,而且有圖,圖是畫在帛上的,而且有九卷之多,可見圖在兵書中是多麼重要。還有注明目録的,如《隋書·經籍志》史部正史類著録《史記》一百三十卷,附注:“目録一卷,漢中書令司馬遷撰。”還著録《三國志》六十五卷,附注:“叙録一卷,晉太子中庶子陳壽撰。”今本《史記》卷一百三十爲《太史公自序》,《三國志》未見《叙録》,則此《目録》與《叙録》何指還是個值得研究的問題。

如果一部書的篇卷數不同,這表明其版本也是不同的,當然應在附注中説明。如《隋書·經籍志》子部雜家類著録《類苑》一百二十卷,附注:“梁征虜刑獄參軍劉孝標撰。梁《七録》八十二卷。”這説明後人可能依據新的材料對原書有所附益。當然卷數減少的情況則更多,如《隋書·經籍志》集部别集類著録《魏文帝集》十卷,附注:“梁二十三卷。”卷數不同的情況在佛經譯本中更加普遍,如《出三藏記集》卷二著録:《增一阿含經》三十三卷,附注:“秦建元二十年夏出,至二十一年春訖。定三十三卷,或分爲二十四卷。”

圖書亡佚現象非常嚴重,殘缺指書籍部分亡佚的情況。爲了更好地保管與使用圖書,目録首先要注意附注殘缺的情況。如《漢書·藝文志》六藝略春秋類著録《太史公》百三十篇,附注:“十篇有録無書。”《隋書·經籍志》史部正史類著録《吴書》二十五卷,附注:“韋昭撰。本五十五卷,梁有,今殘缺。”

有些書全部亡佚,某些書目也會著録,並在附注中加以説明。如《漢書·藝文志》六藝略春秋類著録《夾氏傳》,附注:“有録無書。”《出三藏記集》非常重視對經書譯本存佚的記録,專門編有闕書目録,此外也在附注中加以説明,如卷二《新集撰出經律論録第一》著録《道意發行經》二卷,附注:“今闕此經。”再如卷三《新集安公古異經録第一》著録的第一部書爲《道地經中要語章》一卷,附注:“今有此經。自此已下,不稱有者,並闕本。”該録共著録九十二部經書,只有十一部注明“今有此經”,可見佛經的古舊譯本亡佚現象是多麽嚴重。

目録記載亡書是極有史料價值的,如《隋書・經籍志》集部别集類著録"晉江州刺史王凝之妻《謝道韞集》二卷",附注:"梁有婦人晉司徒王渾妻《鍾夫人集》五卷、《晉武帝左九嬪集》四卷,晉太宰賈充妻《李扶集》一卷,晉武平都尉陶融妻《陳窈集》一卷,晉都水使者妻《陳玢集》五卷,晉海西令劉臻妻《陳珍集》七卷,晉劉柔妻《王邵之集》十卷,晉散騎常侍傅伉妻《辛蕭集》一卷,晉松陽令鈕滔母《孫瓊集》一卷,晉成公道賢妻《龐馥集》一卷,晉宣城太守何殷妻《徐氏集》一卷,亡。"這些東晉婦女的詩文集雖然全都亡佚了,卻有力地證明了東晉知識女性從事文學創作,並且編輯成集蔚然成風,其社會背景與意義都是值得研究的。

三、附注作者。書目通常以書名爲標目,如果書名没有涉及作者,那麽附注作者對我們瞭解圖書當然是大有好處的。如《漢書・藝文志》六藝略小學類著録《蒼頡》一篇,附注:"上七章,秦丞相李斯作;《爰歷》六章,車府令趙高作;《博學》七章,太史令胡母敬作。"再如《漢書・藝文志》諸子略雜家類著録《荆軻論》五篇,附注:"軻爲燕刺秦王,不成而死,司馬相如等論之。"有些附注雖未説明確切的作者,仍有參考價值。如《漢書・藝文志》六藝略易類著録《淮南道訓》二篇,附注:"淮南王安聘明《易》者九人,號九師説。"再如《隋書・經籍志》經部周易類著録《周易義疏》十九卷,附注:"宋明帝集群臣講。"可見歷代統治者都注意意識形態,注意用經書來統一人們的思想。

書名涉及作者一般都非常簡單,還要通過附注來補充説明。如《漢書・藝文志》六藝略樂類著録《雅琴趙氏》七篇,附注:"名定,勃海人,宣帝時丞相魏相所奏。"該書諸子略儒家類還著録《子思》二十三篇,附注:"名伋,孔子孫,爲魯繆公師。"如果再介紹點生平事迹,那參考價值就更大了。如《漢書・藝文志》法家類著録《申子》六篇,附注:"名不害,京人,相韓昭侯,終其身諸侯不敢侵韓。"可見申不害以法治國還是挺有效果的,該書當是他的經驗總結。再如《漢書・藝文志》諸子略雜家類著録《尸子》二十篇,附注:"名佼,魯人,秦相商君師之。鞅死,佼逃入蜀。"可見商鞅還有個老師爲他出謀劃策,四川先秦就是避難之所,《尸子》一書的思想内容也就可想而知了。對某些作者的情況不甚瞭解，即使在附注中介紹一下作者生活的地區與時代也有參考價值，如《漢書・藝文志》諸子略道家類著録《鶡冠子》一篇，附注："楚人，居深山，以鶡爲冠。"住在深山，還能寫文章，可見是位隱士。該類還著録《鄭長者》一篇，附注："六國時。先韓子，韓子稱之。"這是通過引文考證作者生活時代的例子。

如果作者不可靠，還要通過附注做辨僞工作。如《漢書・藝文志》諸子略道家類著録《文子》九篇，附注："老子弟子，與孔子並時，而稱周平王問，似依託者也。"周平王是東遷的第一位天子，而孔子是春秋末年的人。如果文王與孔子同時，那麽周平王就不可能去問他，所以班固懷疑《文子》似依託。這是從史實的角度去辨僞。再如該書諸子略小説家類著録《天乙》三篇，附注："天乙爲湯，其言非殷時，皆依託也。"這是從語言風格的角度去辨僞。佛經也存在着作僞現象，《出三藏記集》卷五《新集安公疑經録第二》與《新集疑經僞撰雜録第三》實即辨僞目録，有的款目還在附注中作了説明，如後者著録《比丘應供法行經》一卷，附注："此經前題云羅什出。祐案，經卷舊無譯名，兼羅什所出又無此經，故入疑録。"

此外，《漢書・藝文志》往往在附注中注明"有列傳"，也就是指引我們參考《史記》中有關該書作者的傳記，這對我們深入瞭解該書當然是大有幫助的。姚明煇在《漢書藝文志注解》卷三《晏子》八篇提要中説："《藝文》雖始於班固，而司馬遷之列傳實討論之，觀其叙述戰國秦漢之間著書諸人之列傳，未嘗不於學術淵源、文詞流別反覆而論次焉。是以諸子、詩賦、兵書諸略，凡遇史有列傳者，必注'有列傳'於其下，所以使人參互而觀古人師授淵源，口耳傳授不著竹帛者，實爲後代群籍所由起，蓋參觀於列傳，而後知其深微也。"

章學誠在《校讎通義》卷一《避嫌名第五》指出："一人而有多字號者，亦當歷注互名于姓名之下，庶乎無嫌名歧出之弊矣。"如《漢書・藝文志》六藝略儒家類著録《宓子》十六篇，附注："名不齊，字子賤，孔子弟子。"有些同書異名現象就是因爲字號造成的，附注作者的字號，對我們瞭解圖書也是有好處的。如清馮浩撰《李義山詩文評注》又名《玉谿生詩文評注》，如果附注："李商隱，字義山，號玉谿生"，就很容易讓人想到它們是指同一種書。

四、附注版本。版本項要求注明版本年代,出版單位、出版地區,以及圖書在傳播過程中的名家收藏、題跋情況。

附注版本年代。如《出三藏記集》卷二《新集撰出經律論録第一》著録《光讚經》十卷,附注:“太康七年十一月二十五日出。”清丁日昌《持静齋書目》經部詩類著録:《毛詩要義》三十八卷,附注“宋刊本”;《詩經義疏》二十卷,附注“元刊本,不甚精”;《六家詩名物疏》五十四卷,附注“明萬曆乙巳刊本”。寫序的時間,往往與版本形成的時間密切相關,因此也會見諸附注,如《千頃堂書目》經部詩類著録《孫鼎詩義集説》四卷,附注:“(孫鼎)字公宜,廬陵人,永樂舉人,應天提學御史,正統十二年丁卯序。”附注一些文件的頒布時間,具有同樣的意義,如《千頃堂書目》史部政刑類著録《御製武臣敕諭》一卷,附注:“洪武二十一年頒行,凡八條。”

附注出版單位。早期圖書都是以抄本的形式出現的,所以出版單位也包括抄寫者,如《出三藏記集》卷五《新集抄經録第一》著録了不少南齊蕭子良抄本佛經,附注:“從《華嚴經》至《貧女爲國王夫人》凡三十六部,並齊竟陵文宣王所抄。凡抄字在經題上者,皆文宣所抄也。”該録還著録《般若經問論集》二十卷,附注:“廬山沙門釋慧遠以論文繁積,學者難究,故略要抄出。”雕印本普及以後,抄本依然大量存在,抄本的價值因抄寫者的水平不同而有很大差别,因此名家抄本一般都會在附注中寫明。如清馬瀛《唫香僊館書目》子部小説類著録《歸潛志》十四卷,附注:“抱經堂寫本弓父手跋。”抱經堂是清盧文弨藏書室名,弓父是盧文弨的號。他以校勘精審無誤著稱,則該抄本當然是非常可貴的。該目集部别集類還著録《李文賓文集》五卷,附注:“唐李觀撰,盧弓父跋,鮑氏知不足齋精抄本。”鮑氏指鮑廷博,知不足齋是其藏書室名。鮑氏知不足齋一向以精抄精校聞名於世。

雕印本與活字本的質量也與出版單位密切相關,如果書目未著録版本,那麽最好在附注中加以説明。如馬瀛《唫香僊館書目》經部群經類著録《十三經注疏》一百二十本,附注“明毛氏汲古閣刊”;集部别集類著録《蔡中郎集》十卷《外傳》一卷,附注“明錫山華氏蘭雪堂活字銅板印本”。外國刊本比較罕見,往往也會在附注中寫明,如《唫香僊館書目》經部論語類著録《論語集解義疏》十卷，附注"日本寬政七年根遜志校刊"。

附注名家校本。無論是印本還是抄本，凡是經過名家校勘過的，都堪稱善本，因此書目比較重視附注名家校本。如《唫香僊館書目》史部載記類著録《華陽國志》十二卷，附注："顧澗蘋校本。"顧廣圻，字千里，號澗蘋，被譽爲清代校勘第一人，其校本自然十分珍貴。該類還著録《復社紀事》八卷，附注："長洲沈德潛校。"沈德潛是清代著名學者，著作等身，長洲（今江蘇吴縣）人，熟於復社掌故，所校《復社紀事》當然是相當可靠的。該目史部政書類還著録《大金集禮》四十卷，附注："錢竹汀先生依金抄本校"，錢大昕號竹汀，是乾嘉時期學者的代表人物，著有《廿二史考異》《元史藝文志》《諸史拾遺》等著作，又有金抄本作爲校本，則該本價值可想而知。

附注圖書出版的地區，頗有利於瞭解版本的質量與特色，還能反映一個地區的政治、經濟、文化狀況。如《出三藏記集》卷三有《新集安公涼土異經録》與《新集安公關中異經録》，這説明早期涼州地區與長安地區地處中外文化交流要道，自然也就成了佛經翻譯的中心，這在附注中也有鮮明反映。如《出三藏記集》卷二《新集撰出經律論録第一》著録《新大品經》二十四卷，附注："僞秦姚興弘治五年四月二十三日於逍遥園譯出，至六年四月二十三日訖。"後面還小結道："右二十五部，凡二白九十四卷。晉安帝時，天竺沙門鳩摩羅什以僞秦姚興弘治三年至長安，於大寺及逍遥園譯出。"依據明晁瑮嘉靖間所撰《晁氏寶文堂書目》附注的出版地點，以閩刻本爲最多，可見直到明嘉靖年間，福建之建安、建陽依然是刻書中心。由於南京是明代政治、經濟、文化中心之一，所以明代江蘇地區的刻書事業得到了蓬勃發展，南京、蘇州、無錫、揚州、常州、松江等地都刻了不少書，其總數遠遠超過了閩刻本。南宋以後，杭州不再是政治中心，由於具有優越的地理位置與自然環境，明代杭州的經濟與文化依然繁榮，所以杭州刻本不少。在該書目的附注中難以見到蜀刻二字，這説明蜀刻本遭到元軍的摧殘後，一直未得到恢復。我們發現雲南、貴州、甘肅、廣西等偏遠地區均有刻本，這表明明代雕版印刷術的普及率是很高的。

附注圖書的傳播情況。名家在書上鈐印、題跋、批評的都應當在附注中説明，以期引起讀者的注意。如清丁日昌《持静齋書目》史部政書類著録《五代會要》三十卷,附注:"聚珍版本,陳鱣假吴楓周氏明人舊鈔本校過,並補録慶曆、乾道二跋。卷末有鱣朱筆手跋,述此書原委甚詳。卷首有陳鱣圖像及仲魚手校諸印。""聚珍板"指清乾隆時期武英殿聚珍版書,在清代也不是特别的珍貴。陳鱣字仲魚,是清代著名學者與藏書家,由他借明人舊鈔本校過,其版本價值當然提高了許多,而且該書還有他的圖像、藏書印及親筆題跋,這也大大提高了該版本的可靠程度。該書目史部地理類還著録《玉峰志》三卷《續志》一卷,附注:"黄丕烈依祝允明寫本過鈔。此書甚核而該,爲崑山考文獻最古之帙。卷後丕烈手跋者三則,其珍重可知矣。"祝允明號枝山,明代著名書法家,黄丕烈據其寫本過録,價值不菲。黄丕烈題跋被譽爲版本的鑒定書,此書有其三跋,當然是值得珍惜的。

評介圖書内容是提要項的任務,如果書目没有提要,附注中略加評介,也頗有參考價值。有的比較簡單,如《漢書・藝文志》諸子略著録《公孫固》一篇,附注:"齊閔王失國,問之,固因爲陳古今成敗也。"《隋書・經籍志》史部正史類著録《東觀漢記》一百四十三卷,附注:"起光武,記注至靈帝。"後世書目對内容的介紹要詳細一些,如《千頃堂書目》經部詩類著録《汪克寬詩集傳音義會通》三十卷,附注:"引古今之書凡百餘家,疑者辨之,缺者補之,朱子之欲更定而未及者,從而正之。"從中可知該書的寫作方法與體例。再如《百川書志》子志農家類著録《齊民要術》十卷,附注:"後魏高陽太守賈思勰撰。旁搜經史,遠摭異聞,人力所成,方物自産,花果蔬草之屬,栽種修溉之法,靡不該載,凡九十二篇。"從中可知該書的大致内容。再如《百川書志》卷七子志一雜家類著録《困學紀聞》二十卷,附注:"王應麟著。蓋九經諸子之旨趣,史傳制度名物之詳,及詩文議論當後學者,各以類聚,考訂評論,皆出己意,發前人之未發,辭理明達,該邃淵綜,非讀書萬卷,何以能之? 凡二十五門。"從中不僅能瞭解該書的内容,還能瞭解該書的特點與價值。

總之,附注是靈活多樣的著録項目,頗有利於我們對書名、篇卷、作者、版本諸項的瞭解,也便於我們瞭解書的内容與特點。

第六節　提　要

國家標凖《古籍著録規則》所述著録項目有提要項。提要也有叙録、解題等不同提法，通常指編目者對書的作者、内容、形式所作的描述性、評價性文字。《四庫全書總目》卷首《凡例》對提要内容作了大致説明："每書先列作者之爵里以論世知人。次考本書之得失，權衆説之異同，以及文字增删，篇帙分合，皆詳爲訂辨，巨細不遺。"這一標凖通常是難以做到的，所以國家標凖《古籍著録規則》還談道："本項著録内容可根據編目要求和書籍情況自由擬定，以簡明扼要爲原則。"這對我們理解與撰寫各類提要是有幫助的。

提要大分爲叙録之體與輯録之體兩類。余嘉錫指出："叙録之體，源於《書》序。劉向所作書録，體制略如列傳，與司馬遷、揚雄《自序》大抵相同。其先，淮南王安作《離騷傳叙》，已用此體矣。"[①]余氏指出劉向書録的淵源是很正確的，但劉向在總結前人經驗的基礎上又有所發展。他一書整理完畢後，先列全書篇目，後作全書提要。其提要説明了書的整理情況，介紹了書的作者，對書的内容除概括性的叙述外，還作了分析和評價。所以説彙集每書提要而成的《别録》實乃後世提要之始。後來書目提要遂循劉氏遺規，有的對所叙録之書作全面介紹，也有的着重介紹書的内容，或着重介紹書的作者，或着重介紹書的版本以及校勘情況，雖有偏重，但無一不是由《别録》演變而來。

劉向、劉歆父子整理圖書與編寫目録是同時進行的，一部書校訂好了就寫一篇提要，編纂目録時，"又别集衆録，謂之《别録》"[②]。這樣頗便讀者，直到十八世紀紀昀等編纂《四庫全書》時還是這麽做的，每部書都寫一篇提要擺在各書的前面，同時又將所有提要集中在一起編成《四庫全書總目》。

---

① 《目録學發微・目録書之體制二・叙録》。

② 《廣弘明集》卷三《七録序》。

但是後來也出現了另一種情況:校定書籍並不一定同時編寫目録,兩者於是分工。這樣,某一部書的提要同某一部書的叙録(後人一般稱爲序、跋)就没有必然的聯繫了。分工以後,目録學家在寫某書提要時,就必然要參考原書的序跋,譬如晁公武的《郡齋讀書志》、陳振孫的《直齋書録解題》都已注意使用各書序跋和其他有關資料了。從唐朝起,一直到明清,讀書人都愛寫筆記。筆記無所不談,其中會談到某一部書,或者議論它的真僞、版本的好壞、作家的思想、某人的身世等等。這些散在各種不同書籍裏的材料,對撰寫提要都有參考價值。

由於上述情況,從劉向以來就使用的提要,經過發展,大體可以分爲兩種類型,即鎔鑄材料、獨立成文的綜述之體,與編次材料、述而不作的輯録之體。①

傅增湘對劉向所采用綜述體提要的基本内容曾作過簡要的叙述:"昔者劉向奉詔校書,所作書録,先言篇目之次第,言以中書、外書合若干本相讎校,本書多脱誤以某爲某,然後叙作者之行事以及著書之旨意。"②

可見,綜述體提要除條其篇目外,大致包括三個部分。第一部分談該書的校讎概況,如《晏子》八篇的提要説:

> 右《晏子》凡内外八篇,總二百十五章。護左都水使者、光禄大夫臣向言:所校中書《晏子》十一篇。臣向謹與長社尉臣參校讎太史書五篇,臣向書一篇,參書十三篇,凡中外書三十篇,爲八百三十八章。除復重二十二篇六百三十八章,定著八篇二百一十五章。外書無有三十六章,中書無有七十一章,中外皆有以相定。中書以夭爲芳,又爲備,先爲牛,章爲長,如此類者多。謹頗略椾,皆已定,以殺青書,可繕寫。③

第二部分介紹書的作者,如《晏子》提要復云:

---

① 參閲來新夏《古典目録學淺説》第一章第三節《古典目録學的體制》。

② 《藏園群書題記》卷首《序》。

③ 《四部叢刊》影印明活字本《晏子春秋》卷首。

> 晏子，名嬰，謚平仲，萊人。萊者，今東萊地也。晏子博聞彊記，通於古今。事齊靈公、莊公、景公，以節儉力行，盡忠極諫，道齊國君得以正行，百姓得以附親。不用則退耕於野，用則必不詘議，不可脅以邪，白刃雖交胸，終不受崔杼之劫。諫齊君，懸而至，順而刻，及使諸侯，莫能詘其辭。其博通如此，蓋次管仲。内能親親，外能厚賢。居相國之位，受萬鍾之禄，故親戚待其禄而衣食五百餘家，處士待而舉火者亦甚衆。晏子衣苴布之衣，麋鹿之裘，駕敝車疲馬，盡以禄給親戚朋友，齊人以此重之。①

有些提要在介紹作者的生平時，往往同時介紹作者的學術思想與學術淵源，這對讀者當然很有參考價值。譬如有人把荀子定爲法家，而劉向所撰孫卿書録却説："孫卿善爲《詩》《禮》《易》《春秋》。""孫卿道守禮義，行應繩墨，安貧賤。""楚有尸子、長盧子、芋子皆著書，然非先王之法也，皆不循孔氏之術。唯孟軻、孫卿爲能尊仲尼。""至漢興，江都相董仲舒，亦大儒，作書美孫卿。"②這些話對我們正確認識荀子的學術淵源顯然大有幫助。

余嘉錫先生曾以《别録》佚文爲例，指出劉向叙述作者生平有三種方式③：

一是徵史。劉向作目録時，正式的歷史書只有一部《史記》。如果《史記》有傳，他就不重做了，而直接把《史記》中有關的傳記抄進《别録》。如《管子書録》叙管仲生平就幾乎全用《史記》原文。《四庫全書總目》每言事迹具某史本傳，也師此意。

二是補傳。如果《史記》記載不詳，不合他的要求，或者這部書出於司馬遷之後，那他就另找材料補寫。如《史記》中荀卿的傳記，寥寥數語，且不載其名。《孫卿新書》的書録則云其名况，且增益至數倍。又如尸子，《史記》無傳，《别録》則云："楚有尸子，疑謂其在蜀。今按《尸子書》，晉人

---

① 《四部叢刊》影印明活字本《晏子春秋》卷首。

② 《四部叢刊》影印《古逸叢書》本《荀子》卷末。

③ 參見《目録學發微·目録書之體制二·叙録》。

也,名佼,秦相衛鞅客也。衛鞅商君謀事畫計,立法理民,未嘗不與佼規之也。商君被刑,佼恐並誅,乃亡逃入蜀。”①

三是辨誤。有些材料提到作者的生平有錯誤,劉向遇到這種情況,就特别提出來加以辨正。如先秦子書中,《荀子》《吕氏春秋》都記載鄭國子産殺死了鄧析子,而《别録》中的《鄧析》書録則根據《春秋左氏傳》的記載指出:“子産卒後二十年而鄧析死,傳説或稱子産誅鄧析,非也。”②

顯然,在提要中介紹的作者生平,不論采取何種方式,對讀者都富有參考價值。特别是那些名不見經傳的作者,其生平事迹往往僅保留在目録中。元鍾嗣成在《録鬼簿序》中説:“今因暇日,緬懷古人,門第卑微,職位不振,高才博藝,俱有可録,歲月縻久,湮没無聞,遂傳其本末,弔以樂章,使水寒乎冰,青勝於藍,則有幸矣。”③正因爲《録鬼簿》着意爲戲曲家立傳,所以成爲研究元代戲曲極珍貴的史料。無名氏《録鬼簿續編》也是如此。如其介紹羅貫中云:“羅貫中,太原人,號湖海散人。與人寡合。樂府、隱語,極爲清新。與余爲忘年交,遭時多故,各天一方。至正甲辰復會,别來又六十餘年,竟不知其所終。”④這是有關羅貫中的較早的和罕見的資料。

提要在介紹作者時往往注意介紹作者所處的時代,這也是我們應當注意的。古代常有這種情況:知道作者的名字不一定知道作者是哪個時代的人。而如果僅僅知道作者姓名,對其他情況一無所知,那我們還是不能準確地瞭解某書。相反,如果我們雖然不知道作者的姓名,但是知道該書産生的時代,也即作者所處的時代,那麽就會對我們大有幫助。在這個意義上,同時也只是在這個意義上,推定一部古書的時代往往比確定它的作者更爲重要些。

余嘉錫總結了劉向父子介紹作者時代的四種方式,可供我們參考:

---

① 《史記》卷七四《孟子荀卿列傳》集解引《别録》。

② 《快閣師石山房叢書》本《七略别録佚文》。

③ 《録鬼簿(外四種)》本《録鬼簿》卷首《序》。

④ 《録鬼簿(外四種)》本《録鬼簿續編》。

一曰，叙其仕履而時代自明。如《别録》《管子》録叙其事齊桓公，《晏子》録叙其事齊靈公、莊公、景公，《孫卿》録叙其齊宣王、威王時始來游學及春申君以爲蘭陵令，是也。

二曰，作者之始末不詳，或不知作者，亦考其著書之時代。《别録》《七略》及《漢志》所謂"近世""六國時""武帝時"之類皆是，後之目録家多未留意。

三曰，叙作者之生卒，並詳其著書之年月。此僅見於《七略》之紀揚雄，後來絶無沿用之者。

四曰，不能得作者之時，則取其書中之所引用，後人之所稱叙，以著其與某人同時，或先於某人，在某人後，以此參互推定之。其法亦創於劉向，《漢志》多用之。王儉及晁、陳書目亦頗有類此者，然不能多也。①

第三部分是評介書的内容，如《晏子》提要最後寫道：

其書六篇，皆忠諫其君，文章可觀，義理可法，皆合六經之義。又有復重，文辭頗異，不敢遺失，復列以爲一篇。又有頗不合經術，似非晏子言，疑後世辨士所爲者，故亦不敢失，復以爲一篇。凡八篇，其六篇可常置旁，御觀。②

書的内容涉及方方面面，有的解釋了書名，如《直齋書録解題》卷二十著録《丁卯集》二卷，爲唐代詩人許渾撰，解題云："'丁卯'者，其所居之地有丁卯橋。"該卷還著録《甘棠集》一卷，爲宋代詩人孫僅撰，解題云："以所賦詩集而序之，首篇曰'甘棠思循吏'，故以名集。"有的評介了書的内容，如衢本《郡齋讀書志》卷八著録《洛陽伽藍記》三卷，爲元魏羊衒之撰，讀書志云："後魏遷都洛陽，一時王公大夫多造佛寺，或舍其私第爲之，故僧舍之

① 《目録學發微·目録書之體制二·叙録》。
② 《四部叢刊》影印明活字本《晏子春秋》卷首。

多,爲天下最。衔之載其本末及事迹甚備。”該書卷十著録《新序》十卷,爲漢劉向撰,《讀書志》除介紹編撰緣起、内容及流傳情况外,還評價道:“自秦之後,綴文之士有補於世者,稱向與揚雄爲最。雄之言,莫不步趨孔、孟;向之言,不皆概諸聖,故議者多謂雄優於向。參其行事,則反是。何哉?今觀其書,蓋向雖雜博,而自得者多,雄雖精深,而自得者少故也。然則向之書可遵而行,殆過於雄矣。學者其可易之哉?”

《别録》叙録體提要對後世書目提要的撰寫産生了深遠影響,一些國家藏書目録也撰寫了提要,遺憾的是這些古代國家藏書目録提要多已亡佚,現以尚存一些書目提要殘篇的《崇文總目》爲例,《四庫全書總目》提要對該目的編撰情况作了簡要的介紹:

> 景祐元年,以三館及秘閣所藏,或謬濫不全,命翰林學士張觀、知制誥李淑、宋祁等看詳,定其存廢。訛謬者删去,差漏者補寫。因詔翰林學士王堯臣、史館檢討王洙、館閣校勘歐陽修等校正條目,討論編次,定著三萬六百六十九卷,分類編目,總成六十六卷,於慶歷元年十二月己丑上之,賜名《崇文總目》。

鄭樵在《通志·校讎略·泛釋無義論一篇》中説:“《隋志》於疑晦者則釋之,無疑晦者則以類舉。今《崇文總目》出新意,每書之下必著説焉。據標類自見,何用更爲之説?且爲之説也已自繁矣,何用一一説焉?則於無説者,或後書與前書殊者則强爲之説,使人意怠。”從這段話中,我們可以清楚地看出,《崇文總目》每書都撰有提要,朱彝尊曾明確指出:

> 《崇文總目》當時撰定諸儒皆有論説,凡一書大義必舉其綱,法至善也。其後若《郡齋讀書志》《書録解題》等編咸取法於此,故雖書有亡失,而後之學者覽其目録,猶可想見全書之本末焉。①

① 《經義考》卷二九四《著録》。

《崇文總目》的提要後來亡佚了，但是歐陽修《文忠集》卷一二四《崇文總目叙釋》還保留着三十篇二級類目的類序，馬端臨的《文獻通考·經籍考》還引用了不少《崇文總目》的提要，《四庫全書》即據以輯補成《崇文總目》十二卷。從中還略可窺見《崇文總目》提要的面貌。

由《別録》發軔的叙録體提要，至《四庫全書總目》可謂發展到了頂峰。《四庫全書總目》卷首《凡例》云："今於所列諸書，各撰爲提要，分之則散弁諸編，合之則共爲總目。每書先列作者之爵里以論世知人，次考本書之得失，權衆説之異同，以及文字增删、篇帙分合，皆詳爲訂辨，巨細不遺，而人品學術之醇疵，國紀朝章之法戒，亦未嘗不各昭彰癉，用著勸懲。"《四庫全書總目》提要好在語言簡練，有話則長，無話則短，既有一定形式，又不千篇一律。在體裁上十分嚴整，在寫法上又相當活潑。歷來受到很高評價，如余嘉錫《四庫提要辨證》卷首《序録》云："漢唐目録盡亡，提要之作，前所未有，足爲讀書之門徑，學者舍此，莫由問津。"

需要附帶述及的是，有的提要偏重作者傳記而不及其他。如《隋書·經籍志》序稱：王儉《七志》"不述作者之意，但於書名之下每立一傳"①。《七志》已佚，但是有些文獻還引用過它的傳記資料，如《文選》卷二十九張季鷹《雜詩》注引《七志》云："張翰，字季鷹，吴郡人也。文藻新麗，齊王辟爲東曹掾，睹天下亂，東歸，卒于家。"《晉書·張翰傳》的記載明顯不同，略云：張翰在洛陽做官，因見秋風起，乃思吴中菰菜（茭白）、蒓羹、鱸魚膾，曰："人生貴得適志，何能羈官數千里，以要名爵乎？"人們一般都對《晉書·張翰傳》津津樂道，其實《七志》所説政治原因才符合實際情況。所以王儉《七志》的傳記頗有參考價值。

其後如余嘉錫所説："阮孝緒《七録》，大略相同。及釋僧祐、道宣、智昇之徒爲佛書作目録，皆爲譯著之人作爲傳記。蓋其體制摹擬儒家，故與王、阮不謀而合矣。"②此後《新唐書·藝文志》也偶於書名下附注作者小傳，如其於《丘爲集》下云：

① 《隋書》卷三二《經籍志》。

② 《目録學發微·目録書之體制二·叙録》。

蘇州嘉興人。事繼母孝,嘗有靈芝生堂下。累官太子右庶子,時年八十餘,而母無恙,給俸禄之半。及居憂,觀察使韓滉以致仕官給禄所以惠養老臣,不可在喪爲異,惟罷春秋羊酒。初還鄉,縣令謁之,爲候門磬折,令坐,乃拜。里胥立庭下,既出,乃敢坐。經縣署,降馬而趨。卒,年九十六。①

鍾嗣成《録鬼簿》及無名氏編《録鬼簿續編》每於作家名下叙其小傳。明徐𤊹《徐氏紅雨樓書目》特於明詩選部分詳注作者的履歷,皆爲研究元明藝文的學人所特别重視。如《徐氏紅雨樓書目》卷四《明詩選姓氏》有云:"袁凱,景文,華亭人。洪武中徵爲御史。永樂僞狂疾。放歸。有《海叟集》行世。"這種形式的提要比起兼重評介圖書内容及作者生平學術之作來當然相差很遠,但能在目録中保留一些作者生平史料也是難能可貴的。

輯録體提要萌芽於佛經目録。上面説過,書的序跋通常要介紹書的作者與内容,那些撰寫提要的目録學家,自然要參考原書的序跋,而有的目録學家則乾脆把所編目的書的序跋匯集在一起。這就發展了劉向原有的叙録之體。梁僧祐編撰的佛經目録《出三藏記集》共十五卷,其中六至十二卷爲"總經序",即把各經的序文彙集在一起。唐釋道宣編的《大唐内典録》,智昇編的《開元釋教録》也都采用了這個辦法。因爲佛經翻譯過來,譯經的人寫序做了介紹,把這些序抄在一起,附在目録之中,人們看了,就能大致瞭解這些經書的内容及由來。當然,這些佛經目録采用了輯録資料的方法,還不是輯録體提要。

宋高似孫《史略》著録宋以前史書六百餘種,提要輯録相關資料,實開輯録體提要之先河。此後,宋王應麟的《漢藝文志考證》,已將所輯資料彙編在相關標目之下,堪稱典型的輯録體提要,如該書六藝略易類著録《淮南道訓二篇》,提要云:

《七略》曰:"《九師道訓》者,淮南王安所造。"張平子《思玄賦》:

---

① 《新唐書》卷六〇《藝文志》。

"文君爲我端蓍兮,利飛遁以保名。"注云:"遯,上九曰:'飛遯,無不利。'《淮南九師道訓》曰:'遁而能飛,吉孰大焉。'"曹子建《七啓》"飛遯離俗"注亦引之。蓋以"肥"爲"飛"。劉向《别録》:"所校讎中《易》傳《淮南九師道訓》,除復重,定著十二篇。淮南王聘善《易》者九人,從之采獲,故中書著曰《淮南九師書》。"《文中子》謂"九師興而《易》道微"。《隋志》已亡其書。

該提要共彙編了六條引文,並加了兩條注釋,談了書的作者、書名的由來、該書的引文、對該書的評價以及該書的存佚情況。此外,作者的《玉海·藝文》大致也采用了輯録相關資料的方法,如卷二十總集文章類著録《梁文心雕龍》,提要云:

《南史·文學傳》:劉勰字彦和。天監中,兼東宫通事舍人。撰《文心雕龍》,論古今文體。其序略云:云云。沈約謂深得文理。《隋志》總集類:《文心雕龍》十卷,梁劉勰撰。《唐志》文史類　《史通》:詞人屬文,其體非一,譬甘辛殊味,丹素異彩。後來祖述,識昧圓通,家有詆訶,人相掎摭,故劉勰《文心》生焉。　五十篇,《原道》至《序志》。末各系贊。

《玉海》是一部類書,《玉海》中的《藝文》部分以著録圖書爲主,輔之以文獻資料的編題①,還不是一部典型的書目。

大規模采用輯録方法,並將輯録範圍擴大到一切有關資料的書目是元馬端臨的《文獻通考·經籍考》。《文獻通考·自序》介紹其《經籍考》説:

今所録,先以四代史志列其目,其存於近世而可考者,則采諸家書目所評,並旁搜史傳、文集、雜説、詩話。凡議論所及,可以紀其著

① 編題,文獻學術語,指以一個或幾個主題詞爲著録單位來收録相關資料。

作之本末，考其流傳之真僞，訂其文理之純駁者，則具載焉。俾覽之者如入群玉之府，而閱木天之藏，不特有其書者稍加研窮，即可以洞究旨趣。雖無其書，味兹題品，亦可粗窺端倪。蓋殫見洽聞之一也，作《經籍考》第十八。

輯録體提要對於專家學者讀書治學尤爲方便，因此在目録學史上也産生了深遠影響，清朱彝尊的《經義考》，謝啓昆的《小學考》都輯録了原序及各家考訂文字。近人姚振宗所撰《漢書藝文志條理》《隋書經籍志考證》也是如此。張心澂編著的《僞書通考》與鄭良樹編著的《續僞書通考》均采用了這種方法。因爲他們都使用了原始材料，而且態度謹慎，因此比較可靠。一九四九年後出版了一系列研究古代作家作品的資料彙編，也是這種方法的擴大。

孫詒讓對這種方式作了較高的評價，他説："至於篇題之下，旮迻序跋，目録之外，采證群書，《通考》經籍一門，實創兹例。朱氏《經義考》祖述馬書，益恢郛郭，觀其撢撢群藝，研覈臧否，信校讎之總匯，考鏡之淵藪也。"①

姚名達説："我國古代目録學之最大特色爲重分類而輕編目，有解題而無引得。……其優於西洋目録者，僅恃解題一宗。"②中國古代目録學辨章學術、考鏡源流的優良傳統，確實主要是通過提要及書目的序表現出來的，所以自來非常重視運用這種方式來揭示文獻的内容，並把目録是否有這一部分及其水平的高低，作爲衡量一部目録質量的主要標志之一。

第七節　案　語

案，也作按，是查考的意思，如《戰國策》卷十九《趙二》云："臣竊以天下地圖案之。"因爲古代目録，特别是《四庫全書總目》中，使用"案語"，所以本書在行文中統一用"案語"。如果原文用"按語"，我們也將照録不改。

① 《温州經籍志》卷首《序例》。

② 《中國目録學史·結論篇》。

在書目中案語指編撰者對圖書中的某些方面所做的考證與論述。案語並不是書目必備的著録項目,但是一些高質量的書目往往通過案語來表達編撰者的研究所得與獨到的見解,是書目中的精華所在,所以我們也對案語略作介紹。

梁釋僧祐著《出三藏記集》已經出現了案語,如卷二《新集撰出經律論録第一》著録《總持經》一卷,祐案:"出《生經》,或云《佛心總持》。"這條案語交代了《總持經》一卷譯自何處,以及不同的譯名。再如卷五《新集疑經僞撰雜録第三》著録《比丘應供法行經》一卷,祐案:"經卷舊無譯名,兼羅什所出又無此經,故入疑録。"此案將該經歸入疑僞經録的理由,已開案語重在説明分類理由的先河。

宋人晁公武的《郡齋讀書志》約有四十條案語,如卷四小學類著録《龍龕手鏡》三卷,僧智光爲之序,後題云"統和十五年丁酉"。案曰:

> 《紀年通譜》:邪律隆緒嘗改元統和。丁酉,至道三年。沈存中言:"契丹書禁甚嚴,傳入中國者,法皆死。熙寧中,有人自虜中得此書,入傅欽之家。蒲傳正帥浙西,取以刻板,其末舊題云'重熙二年序,蒲公削去之'。"今本乃云統和,非重熙,豈存中不見舊題,妄記之耶?

這條案語考明了智光序的寫作時間,這對我們瞭解《龍龕手鏡》的寫作年代是大有幫助的。文中還引用沈括《夢溪筆談》卷十五中的一段話,介紹了該書在北宋境内的刊刻情況。晁公武還對之作了辨正。

宋人陳振孫的《直齋書録解題》,原本五十六卷,全本已不可見。今所傳二十二卷本,爲清四庫館臣從《永樂大典》中輯出重編而成。其案語有的爲陳振孫所撰,有的爲輯録者所加,前者約有一百七十條。這些案語對圖書的書名、卷數、作者、版本往往有深入的分析,如卷一易類著録《周易正義》十三卷,案曰:

> 《五經正義》,本唐貞觀中穎達與顔師古等受詔撰《五經義贊》,後改爲《正義》,博士馬嘉運駁正其失。永徽二年,中書門下于志寧等考

正增損,書始布下。其實非一手一足之力,世但稱"孔疏"爾。

這條案語對我們客觀地瞭解《五經正義》的編撰者與成書過程,當然是大有幫助的。再如卷十六著録《宋玉集》一卷、《枚叔集》一卷、《董仲舒集》一卷、《劉中壘集》一卷、《揚子雲集》五卷,案曰:

宋玉而下五家,皆見唐以前《藝文志》,而《三朝志》俱不著録,《崇文總目》僅有董集一卷而已,蓋古本多已不存,好事者於史傳、類書中鈔録,以備一家之作,充藏書之數而已。

即以《董仲舒集》一卷爲例,其案曰:

隋、唐《志》皆二卷,今惟録本傳中《三策》及《古文苑》所載《士不遇賦》《詣公孫弘記室書》二篇而已。其叙篇略本傳語,亦載《古文苑》。仲舒平生著書,如《玉杯》《繁露》《清明》《竹林》之類,其泯没不存多矣。所傳《繁露》,亦非本真也。

從中可知,先唐别集亡佚現象是多麽嚴重,現今所見到的傳本多爲輯佚的産物。

《直齋書録解題》的案語最有新意的是對某部書或某些書的分類原因作了説明。如卷五典故類著録了不少通典、會要之類的書,作者云:"凡通典、會要,前志及《館閣書目》皆列之類書。案通典載古今制度沿革,會要專述典故,非類書也。"[①]再如卷六時令類序云:"前史時令之書,皆入'子部農家類',今案諸書上自國家典禮,下具里閭風俗悉載之,不專農事也。故《中興館閣書目》别爲一類,列之史部,是矣。今從之。"此類案語,對《四庫全書總目》案語的寫作産生了明顯的影響。

元馬端臨《文獻通考·經籍考》繼承了晁、陳二書的傳統,非常重視利

① 《直齋書録解題》卷五《國朝通典》二百卷。

用案語來表達自己的研究所得。他在《文獻通考・自序》中說:“其載諸史傳之記録而可疑,稽諸先儒之論辯而未當者,研精覃思,悠然有得,則竊著己意附其後焉。”所指爲整個《文獻通考》的案語,當然也包括《經籍考》的約三百六十條案語。這些案語在前人的基礎上,又朝前邁進了一步。

作者對圖書的學術分類作了廣泛而深入的探討,對於具體圖書的分類作了具體分析。如經部儀注類著録了《考古圖》等四部著作,案曰:“《考古圖》諸書,晁氏以入小學門,陳氏以入書目門,皆失其倫類。既所考者,古之禮器,則禮文之事也。故釐入儀注門。”再如子部雜藝術類著録《古畫品録》一卷,案曰:

> 晁、陳二家書録,以醫、相牛馬及茶經、酒譜之屬俱入雜藝術門,蓋仍前史之舊。今以醫、相牛馬之書名附醫方、相術門,茶、酒經譜附種植入農家門,其餘技藝則自爲此一類云。

凡此皆表現了馬端臨獨立思考的精神,以及依據圖書的學術内容進行分類的追求。

馬端臨作爲一位著名的目録學家,他對學術源流是有着比較深入的瞭解的,如他在子部神仙家類的案語中指出:

> 道家之術雜而多端,先儒之論備矣。蓋清净一説也,煉養一説也,服食又一説也,符籙又一説也,經典科教又一説也。黄帝、老子、列禦寇、莊周之書,所言者清净無爲而已,而略及煉養之事,服食以下所不道也。至赤松子、魏伯陽之徒,則言煉養而不言清净。盧生、李少君、欒大之徒,則言服食而不言煉養。張道陵、寇謙之之徒,則言符籙,而俱不言煉養、服食。至杜光庭而下,以及近世黄冠師之徒,則專言經典科教,所謂符籙者,特其教中一事,於是不惟清净無爲之説略不能知其旨趣,雖所謂煉養服食之書,亦未嘗過而問焉矣,然俱欲冒以老氏爲之宗主而行其教。

短短的一段話就將道教的内涵、發展史,以及各階段的特點介紹得一清二楚,説明作者對道家與道教的瞭解還是非常深入的。

作者對一書内容之介紹,往往也能通過案語進行學術分析,如集部總集類著録《揚州詩集》二卷,案曰:

《禹貢》:“淮海惟揚州。”則江湖之間盡其地。自漢以來,既置刺史,於是稱揚州者,往往指其刺史所治而已。漢以來刺史無常治,或歷陽、壽春、曲阿、合肥、建業,而江左復以會稽爲東揚州。自隋以後,始治廣陵。此集之作,自魏文帝詩而下,在當時雖非揚州而實今之廣陵者,皆取之。其非廣陵而當時爲揚州者,皆不復取云。

揚州的歷史沿革非常複雜,案語梳理以後就清楚多了,其所述收録範圍尤其明確。此案語據秦觀《淮海集》卷三十九《揚州集序》節録改寫而成。撰寫案語利用已有資料是常見現象。

《文獻通考·經籍考》的案語還注意做書評工作,而且頗多獨到見解。如經部春秋類著録《春秋決事比》一書,寫的是董仲舒依據《春秋》斷案的情況,反映了漢代通經致用的學風,對此學者們多持肯定態度,馬端臨却在案語中提出了嚴厲的批評:

《決事比》之書與張湯相授受,度亦《災異對》之類耳。帝之馭下以深刻爲明,湯之爲獄以慘酷爲忠,而仲舒乃以經術附會之。王、何以老、莊宗旨釋經,昔人猶謂其罪深於桀、紂,况以聖經爲緣飾淫刑之具,道人主以多殺乎?其罪又深於王、何矣。

《四庫全書總目》提要稱《文獻通考》“案語亦多能貫穿古今,折衷至當”①。該評價當然包括《經籍考》的案語。《文獻通考·經籍考》對後世目録産生了深遠影響,朱彝尊嘗云:“見近日譚經者,局守一家之言,先儒

① 《四庫全書總目》卷八一《文獻通考》三百四十八卷。

遺編失傳者十九，因仿鄱陽馬氏《經籍考》而推廣之，自周迄今，各疏其大略。微言雖絶，大義間存，編成《經義考》三百卷。”①《文獻通考・經籍考》對《經義考》的影響，除采用輯録方法編纂提要外，也包括撰寫案語。《四庫全書總目》提要稱《經義考》“每一書前，列撰人姓氏、書名卷數。其卷數有異同者，則注某書作幾卷。次列存、佚、闕、未見字。次列原書序跋，諸儒論説，及其人之爵里。彝尊有所考正者，即附案語於末”。據張宗友統計，“《經義考》全文共有 978 則按語”②。該書從輯佚、考辨、解説三個方面論述了《經義考》案語的内容，可以參看，我們就不做介紹了。

下面我們就以《四庫全書總目》爲例，談談案語的内容與體例。《四庫全書總目・凡例》指出：“四部之首各冠以總序，撮述其源流正變，以挈綱領。四十三類之首各冠以小序，詳述其分並改隸，以析條目。如其義有未盡，例有未該，則或於子目之末，或於本條之下，附注案語，以明同變之由。”於此可見，《四庫全書總目》的案語，側重於對分類的研究，其置於子目之末的案語，主要討論某類書的分類問題，如子部小説家類雜事之屬末附案語云：

> 紀録雜事之書，小説與雜史最易相淆。諸家著録，亦往往牽混。今以述朝政軍國者入雜史。其參以里巷閒談、詞章細故者，則均載此門。《世説新語》古俱著録於小説，其明例矣。

其置於本條之下的案語，則往往討論該書的分類問題。如子部小説家類瑣語之屬著録《穆天子傳》六卷，案曰：

> 《穆天子傳》舊皆入起居注類，徒以編年紀月，敘述西游之事，體近乎起居注耳。實則恍惚無徵，又非《逸周書》之比。以爲古書而存之可也，以爲信史而録之，則史體雜，史例破矣。今退置於小説家，義求其當，無庸以變古爲嫌也。

---

① 《曝書亭集》卷三三《寄禮部韓尚書書》。

② 《〈經義考〉研究》第五章《論〈經義考〉按語》。

經過如此細緻的辨析,《四庫全書總目》在圖書分類方面總的來説,是相當準確的。

除分類外,《四庫全書總目》案語在辨章學術、考鏡源流方面也下了不少功夫,頗有參考價值。如經部春秋類末所附案語論《春秋》三傳之短長:

《春秋》三傳,互有短長。世以范甯所論爲允,甯實未究其所以然也。左氏説經,所謂君子曰者,往往不甚得經意。然其失也,不過膚淺而已。公羊、穀梁二家,鉤棘月日以爲例,辨别名字以爲褒貶,乃或至穿鑿而難通。三家皆源出聖門,何其所見之異哉?左氏親見國史,古人之始末具存,故據事而書,即其識有不逮者,亦不至大有所出入。公羊、穀梁則前後經師,遞相附益、推尋於字句之間,故憑心而斷,各徇其意見之所偏也。然則徵實迹其失小,騁虚論者其失大矣。後來諸家之是非,均持此斷之可也。

《四庫全書總目》案語也注意辨别一書之學術源流,如《孟子音義》二卷的案語,論述《孟子》由子部入經部的原因與過程,就極具參考價值:

宋《禮部韻略》所附條式,自元祐中即以《論語》《孟子》試士,是當時已尊爲經。而晁氏《讀書志》,《孟子》仍列爲儒家,至陳氏《書録解題》,始與《論語》同入經部。……考趙岐《孟子》題詞,漢文帝時已以《論語》《孝經》《孟子》同置博士。而孫奭是編,實大中祥符間奉敕校刊《孟子》所修,然則表章之功,在漢爲文帝,在宋爲真宗。訓釋之功,在漢爲趙岐,在宋爲孫奭。

再如《漱玉詞一卷》的案語,對李清照詞集的版本源流作了清晰的論述,對李清照的成就與地位也作了充分的肯定:

陳振孫《書録解題》載清照《漱玉詞》一卷,又云"别本作五卷"。黄昇《花庵詞選》則稱《漱玉詞》三卷,今皆不傳。此本僅詞十七闋,附以《金石録序》一篇，蓋後人裒輯爲之，已非其舊。其《金石録後序》與刻本所載詳略迥殊，蓋從《容齋五筆》中鈔出，亦非完篇也。清照以一婦人，而詞格乃抗軼周、柳。張端義《貴耳集》極推其元宵詞《永遇樂》、秋詞《聲聲慢》，以爲閨閣有此文筆，殆爲間氣，良非虚美。雖篇帙無多，固不能不寶而存之，爲詞家一大宗也。

《四庫全書總目》案語對該目的收録範圍也有所交待。如經部孝經類存目僅著録十一部十七卷，案語作了如下解釋："《孝經》文義顯明，篇帙簡少，注釋者最易成書。然陳陳相因，亦由於此。今擇其稍有精義者，略録數家，以見梗概，故所存獨少。"

文獻作者對我們瞭解文獻非常重要。《四庫全書總目》在考訂作者方面頗下工夫，有時也用案語來記録考證成果。如《三餘集》四卷的作者，《永樂大典》《宋史·藝文志》《國史經籍志》《前賢小集拾遺》《歷代名臣奏議》《宋詩紀事》等書或題黄次岑，或題黄次山，或題黄季岑。《四庫全書總目》編撰者查了《豐城縣志》，才發現該書作者爲黄彦平，案曰：

彦平，字季岑，號次山，登宣和進士，建炎初仕至吏部郎中，出提點湖南刑獄。載其世系名字科第仕履，皆一一條晰。然則撰此書者乃黄彦平，所謂次岑、次山、季岑者，或傳寫訛異，或偶以字行耳。至其集名《三餘》，當取三國董遇三餘讀書之意。

考證作者與文獻形成的時代，與文獻辨僞密切相關，《四庫全書總目》編撰者在這方面也做了大量工作，並在案語中也有所記録，如《古三墳》一卷案曰：

三墳之名見於《左傳》，然周秦以來經傳子史從無一引其説者。不但漢代至唐咸不著録也。此本晁公武《讀書志》以爲張商英得於比陽民舍，陳振孫《書録解題》以爲毛漸得於唐州，蓋北宋人所爲。

此案告訴我們,《四庫全書》本《古三墳》一卷未被引用過,漢唐目録也未見著録,北宋時出現但來路不明,因而判斷其爲僞書。再如《太公兵法》一卷案曰:"此書首列天陣、地陣、人陣之名,其説出於《六韜》。而風雲、日星等占,皆以七言詩句爲歌訣,辭甚鄙俚,其僞託不待辨也。"太公是周初人,而七言詩出現已晚,再加上"辭甚鄙俚",所以斷定其爲後人僞託。

《四庫全書總目》的案語還對圖書在目録中的編排順序問題,作了説明與規定。其中涉及某類圖書,如僞書、輯佚書的排序問題,如《子夏易傳》十一卷案曰:

> 託名之書有知其贋作之人者,有不知其贋作之人者,不能一一歸其時代,故《漢書·藝文志》仍從其所託之時代爲次。今亦悉從其例。

再如《周易鄭康成注》一卷案曰:

> 前代遺書後人重編者,如有所竄改增益,則從重編之時代,曾子、子思子之類是也。如全輯舊文,則仍從原書之時代。故此書雖宋人所輯,而列於漢代之次。後皆仿此。

顯然,這些規定,既有利於編目,也有利於檢索。

如果某部書在排序問題上有疑問,《四庫全書總目》也會在案語中加以説明。如南唐徐鍇撰《説文繫傳》四十卷案曰:"是書在徐鉉校《説文》之前,而列其後者,鉉校許慎之原本,以慎爲主,而鉉附之。此書鍇所論著,以鍇爲主,故不得而先慎也。"

《四庫全書總目》約有一百八十條案語。大致分爲三種情況,一種是置於某類圖書的提要之後。以"案"字開頭,每行空四格排列,還是非常醒目的。此類案語主要是論述該類圖書的分類原因,如集部别集類圖書後案曰:

> 諸史著録,但有别集、總集之分。《文獻通考》始於别集之内析出

詩集、歌詞、奏議三門。考奏議皆關國政，宜與詔令並爲一類，不宜列之於集。詩集亦屬别集，必欲區分，則有文無詩者將又列文集一門，彌滋繁碎。今移奏議入史部，而别集、詩集則不復區分。惟歌詞體卑而藝賤，則從馬氏之例，别列詞曲一門焉。

如果編撰者對某類圖書的研究有心得體會，也會利用案語來進行説明，如經部四書類圖書後案語分析四書講章的編輯目的、方法、價值，及其旋生旋滅的原因，真是洞若觀火，入木三分：

蓋講章之作，沽名者十不及一，射利者十恒逾九。一變其面貌，則必一獲其贏餘。一改其姓名，則必一趨其新異。故事同幻化，百出不窮。取其書而觀之，實不過陳因舊本。增損數條，即别標一書目，别題一撰人而已。如斯之類，其存不足取，其亡不足惜，其剽竊重複不足考辨，其庸陋鄙俚亦不足糾彈。今但據所見，姑存其目，所未見者，置之不問可矣。

這條案語對我們認識現今各類考試復習資料，仍然具有參考價值。

再如叢書是極其重要的文獻類型，許多難以找到的單本圖書，往往都可以在叢書中找到。《四庫全書總目》子部雜家類雜編之屬圖書後案語談到叢書之祖及其發展與分類情況，就很有參考價值：

古無以數人之書合爲一編而别題以總名者，惟《隋志》載《地理書》一百四十九卷《録》一卷，注曰："陸澄合《山海經》以來一百六十家以爲此書。澄本之外，其舊書並多零失，見存别部自行者，惟四十二家。"又載《地記》二百五十二卷，注曰："梁任昉增陸澄之書八十四家以爲此記。其所增舊書亦多零失。見存别部行者惟十二家。是爲叢書之祖，然猶一家言也。左圭《百川學海》出，始裒諸家雜記。至明而卷帙益繁，《明史・藝文志》無類可歸，附之類書，究非其宜。當入之雜家，於義爲允。今雖離析其書，各著於録，而附存其目，以不没蒐輯之功者,悉别爲一門,謂之雜編。”

第二種是置於某書的提要之後,以“案”字開頭,每行空四格排列,當然也非常醒目。此類案語主要是論述該圖書的分類問題。如子部小説家類著録《南唐近事》一卷,提要後案曰:

> 偏霸事迹,例入載記,惟此書雖標南唐之名,而非其國記,故入之小説家。蓋以書之體例爲斷,不以書名爲斷,猶《開元天寶遺事》不可以入史部也。

類似的例子還有子部小説家類存目著録的《飛燕外傳》一卷,案曰:“此書記飛燕姊妹始末,實傳記之類。然純爲小説家言,不可入之於史部,與《漢武内傳》同一例也。”

如果某書有些需要説明的問題,也會在該書案語中闡述之。譬如《國語》存在着同書異名問題。史部雜史類於該書提要後案語云:

> 《國語》二十一篇,《漢志》雖載《春秋》後,然無《春秋外傳》之名也,《漢書・律歷志》始稱《春秋外傳》。王充《論衡》云:“《國語》,左氏之外傳也。左氏傳經,詞語尚略,故復選録《國語》之詞以實之。”劉熙亦云:“《國語》亦曰《外傳》。《春秋》以魯爲内,以諸國爲外,外國所傳之事也。”

有了這條案語,對我們瞭解《國語》一名《春秋外傳》當然是有幫助的。

第三種情況同提要一樣,在標目之後一行,以“案”字開頭,同提要一樣每行空兩格書寫。編撰者徑以案語代替提要,是因爲案語的寫作方法不像提要寫作那樣統一而規範,如先介紹書的作者,再介紹書的内容,然後對書作出評價。案語的寫作往往突出某一個方面,如子部兵家類存目《古今將略》四卷案語重點討論了該書作者問題,指出《明史・藝文志》《千頃堂書目》載此書,皆作馮孜撰,然浙江巡撫采進刊本題馮時寧撰,前有李維楨序，亦稱時寧所作。但是馮孜六世孫馮浩有此書跋，稱時寧妄竊此書。“其語出馮氏子孫，當必有據。然則此書實孜所撰。刊本及序皆僞作，不足信也。”再如集部别集類存目二《明宣宗詩文》一卷案語重點討論了該書的版本：

> 《明史·藝文志》載宣宗文集四十四卷，今未見傳本。此册僅《廣寒殿記》一篇，《玉簪花賦》一首，詩歌詞曲三十九首，非其全帙也。朱彝尊《明詩綜》所録宣宗詩，多此册所未載，意者彝尊尚及見其集歟？

案語的寫作體例不同於提要，不少款目只有案語没有提要，就幫助我們瞭解圖書而言，其作用往往也不在提要之下。如子部雜家類一著録《鶡冠子》三卷，其案語論述了《鶡冠子》一書在《漢書·藝文志》等書目中的著録情況，劉勰、韓愈、柳宗元對其評論情況，以及其版本的演變情況。其中案語的作者對柳宗元《鶡冠子辨》謂其《世兵篇》多同《鵩鳥賦》，據司馬遷所引賈誼二語，以决其僞，提出了不同看法，指出：

> 古人著書，往往偶用舊文。古人引證，亦往往偶隨所見。如“谷神不死”四語，今見《老子》中，而《列子》乃稱爲黄帝書。“克己復禮”一語，今在《論語》中，《左傳》乃謂仲尼稱《志》有之。“元者善之長也”八句，今在《文言傳》中，《左傳》乃記爲穆姜語。司馬遷惟稱賈生，蓋亦此類。未可以單文孤證，遽斷其僞。

既然書目著録項目中有提要，案語就應當側重寫自己的研究所得，而不必面面俱到，作一般化的叙述。案語不是書目編纂中的必備項目，因此有研究心得就寫，没有研究心得就不寫。

第四章　目録的分類沿革

我國先民早已形成了對客觀事物分類的觀點，如《周易·繫辭》就有“方以類聚，物以群分”①的名言，而《荀子·正名》篇説得尤爲透徹：

> 同則同之，異則異之。單足以喻則單，單不足以喻則兼，單與兼無所相避則共。雖共，不爲害矣。知異實者之異名也，故使異實者莫不異名也，不可亂也。猶使同實者莫不同名也。故萬物雖衆，有時而欲遍舉之，故謂之物。物也者，大共名也。推而共之，共則有共，至於無共然後止。有時而欲偏舉之，故謂之鳥獸。鳥獸也者，大别名也。推而别之，别則有别，至於無别然後止。②

同書《王制》篇還談到“以類行雜，以一行萬”③這種邏輯思維上的類推方式。

這種分類的觀點應用於目録的編製上特别重要。首先，它可以把汗牛充棟的典籍按照不同的層次有機地組織起來，做到綱舉目張，執簡馭繁。鄭樵説得好：“士卒之亡者，由部伍之法不明也；書籍之亡者，由類例之法不分也。類例分則百家九流各有條理，雖亡而不能亡也。”“類書猶持軍也。若有條理，雖多而治；若無條理，雖寡而紛。類例不患其多也，患處

① 《周易注疏》卷七《繫辭》。
② 《荀子》卷一六《正名》。
③ 《荀子》卷五《王制》。

多之無術耳。”①

其次，書籍分類本身具有辨章學術、考鏡源流的功能。所以章學誠説：“校讎之義，蓋自劉向父子。部次條别，將以辨章學術、考鏡源流，非深明於道術精微群言得失之故者，不足與此。”②“由劉氏之旨，以博求古今之載籍，則著録部次，辨章流别，將以折衷六藝，宣明大道，不徒爲甲乙紀數之需，亦已明矣。”③又説：“蓋部次流别，申明大道，叙列九流百氏之學，使之繩貫珠聯，無少缺逸，欲人即類求書，因書究學。”④

鄭、章兩家所説，十分明確具體。下面，我們就將古代目録的分類沿革略加論述，使人們知其大概，便於檢索。

第一節 由《七略》到《隋志》

在目録中給群書分類自劉歆《七略》始，《漢書》劉歆傳云：“歆乃集六藝群書，種别爲《七略》，語在《藝文志》。”⑤其文已見前引。《七略》已經亡佚，但據《漢書·藝文志》所載，《漢書》此篇係班固采《七略》而略加增補，《七略》雖亡，而《漢志》俱在，故其分類部次仍是全然可知的。現據《漢志》將《七略》的分類列表如下：

輯略

六藝略

易　書　詩　禮　樂　春秋　論語　孝經　小學

諸子略

儒家　道家　陰陽家　法家　名家　墨家　縱横家　雜家　農家　小説家

① 《通志·校讎略·編次必謹類例論》。

② 《校讎通義》卷一《叙》。

③ 《校讎通義》卷一《原道》。

④ 《校讎通義》卷一《互著》。

⑤ 《漢書》卷三六《楚元王傳》附。

詩賦略

屈賦之屬　陸賦之屬　荀賦之屬　雜賦　歌詩

兵書略

兵權謀　兵形勢　兵陰陽　兵技巧

數術略

天文　曆譜　五行　蓍龜　雜占　形法

方技略

醫經　經方　房中　神仙

略是領域的意思。其《輯略》相當於後世目録的敘例,與分類無關,所以劉歆的《七略》實將書分爲六大類,是一種六分法。

六藝略主要是儒家的經典著作以及學習經書的基礎讀物。六藝略共分九種,前六種爲經,後三種爲傳。章學誠解釋道:

> 六經之文,皆周公之舊典,以其出於官守而皆爲憲章,故述之而無所用作;以其官守失傳而師儒習業,故尊奉而稱經。……至於《論語》《孝經》《爾雅》,則非六經之本體也,學者崇聖人之緒餘而尊以經名,其實皆傳體也(非周公舊典,官司典常),可以與六經相表裏,而不可以與六經爲並列也。蓋官司典常爲經,而師儒講習爲傳,其體判然有别,非謂聖人之書有優有劣也。是以劉歆《七略》、班固《藝文》,敘列六藝之名,實爲九種,蓋經爲主而傳爲附,不易之理也。①

後來,他還進一步解釋道:"六經皆周官掌故,《易》藏太卜,《書》《春秋》掌於外史(掌三皇五帝之書,四方之志),《詩》在太師,《禮》歸宗伯,《樂》屬司成,孔子删定,存先王之舊典,所謂述而不作。故六藝爲經,群書爲傳,劉向敘六藝爲九種,則《孝經》《論語》《爾雅》以傳而附經者也。"②王重民分

① 《校讎通義》卷三《漢志六藝第十三》。

② 《校讎通義》卷四《和州志藝文書輯略》。

析道:"這就是説,劉、班用六藝標題,正是以'經爲主而傳爲附',因爲六經是本體,故以六經爲名;《論語》、《孝經》、小學三類爲附,故總的標題在名稱上可以不包括它們,而在分類和計數上則可以分别計入,表現了本體和附體的關係,這正是標題和分類最精微的地方。"①

漢武帝獨尊儒術,六藝略因而被列於六略之首,而且儒家也被列於諸子略之首。諸子略包括中國古代哲學、政治、經濟、法律等方面的著作。賦是漢代特别發達的文體,也爲武帝所愛好,武帝時又曾專門設立樂府以采歌謡,所以詩賦單列一略,並僅次於諸子略。兵書略收軍事著作。在戰争頻繁的年代,軍事學對於擴充勢力、鞏固政權很有作用,春秋戰國以來此類書也較多,所以列於數術、方技二略之前。數術略主要是天文曆法、占卜星相方面的書。方技略主要是醫藥衛生方面的書。這兩略反映了自然科學和應用科學方面的著作。但由於古人對科學認識的局限性,其中也摻雜着一些封建迷信的書籍。

《七略》爲什麽要分成六類呢?

首先是學術有不同。《六藝略》的主要部分是王官之學。《諸子略》所收爲個人以及他那個學派著的書,是私門之學。詩賦、兵書、數術、方技則因各有專門,必加分列。

其次是校書有分職。劉向是這次校書工作的主持人,他負責校理經傳、諸子、詩賦,而他不熟悉的兵書則由步兵校尉任宏分校,數術則由太史令尹咸分校,方技則由侍醫李柱國分校。

再次是篇卷有多寡。群經、諸子,性質不同,當然應當分開,至於後世史書出於《春秋》,詩賦出於三百篇,然而《七略》却將史書附在《春秋》之後,而詩賦却自成一略。源流雖同而處理各異的原因就在於篇卷多寡不同。史家之書,自《世本》以下,僅八家四百十一篇,不足成略,如明胡應麟所説:"司馬氏書尚附《春秋》之末,此時史籍甚微,未足成類也。"②而詩賦自屈賦以下,達百六家千三百十七篇,非單獨自成一略不可,如清章學誠

① 《校讎通義通解》卷三《漢志六藝第十三》。

② 《少室山房筆叢》卷二《經籍會通二》。

所説:“詩賦自爲一略,不隸《詩經》,則以部帙繁多,不能不别爲部次也。”①

《七略》的好處有三點:第一,它包括了當時所有的學術,要知道先秦學術的大體情況,除此别無他途。所以王鳴盛引金榜的話説:“不通《漢書·藝文志》不可以讀天下書。《藝文志》者,學問之眉目,著述之門户也。”②第二,它有比較嚴密的分類系統,通過分類,能够反映學術的變遷,横觀可以看出學術的異同,縱觀可以看出學術的發展,這就顯示了中國古典目録學辨章學術、考鏡源流的特點,並給後代建立了模式。第三,《七略》全書分類皆以義(書籍包涵的内容)爲凖,而不同時采用體(書籍組織的形態)與義兩個標凖。後來的目録,在這點上往往不統一。如《四庫全書總目》的集部,其中《楚辭類》《詞曲類》《詩文評類》是按義分的,而《總集類》《别集類》又是按體分的。體與義在同一級别上並用是不合邏輯的,而《七略》則大體按義分類,没有牴牾。

魏晉時期目録學的最大特點是改《七略》和《漢書·藝文志》的六分法爲四分法。目録是文獻内容和形式的集中反映,文獻的成分變化了,目録的分類勢必也要發生相應的變化。漢、魏、晉以來文學創作日益增多,史學也得到了蓬勃發展,而子書與兵書却相對地減少了。整理圖書的多由秘書郎、秘書監、著作佐郎等擔任,這些人對數術、方技方面的著作既不一定内行,也不一定重視,因此四部分類法應運而生,並對後世産生了深遠的影響。

梁阮孝緒《七録序》概括地總結了魏晉時期四部分類産生的情況:

> 魏晉之世,文籍逾廣,皆藏在秘書中、外三閣。魏秘書郎鄭默删定舊文,時之論者,謂爲朱紫有别。晉領秘書監荀勖因魏《中經》更著《新簿》,雖分爲十有餘卷,而總以四部别之。惠懷之亂,其書略盡,江左草創,十不一存,後雖鳩集,淆亂已甚。及著作佐郎李充始加删正,

---

① 《文史通義》卷七外篇二《永清縣志文徵序例·詩賦叙録》。

② 《十七史商榷》卷二二《漢藝文志考證》。

> 因荀勖舊簿四部之法,而換其乙丙之書,没略群篇之名,總以甲乙爲次。自時厥後,世相祖述。①

關於鄭默編撰魏《中經簿》的情況,王隱《晉書》説:"鄭默,字思元,爲秘書郎,删省舊文,除其浮穢,著魏《中經簿》。"②《晉書》鄭默傳引用中書令虞松的話稱贊《中經簿》説:"而今而後,朱紫别矣。"③孔子説:"惡紫之奪朱也。"④用"朱紫别矣"來比喻《中經簿》能够把性質相近而實不同的書區分開來,可見鄭默在分類上下了很大工夫。

《中經簿》雖已亡佚,但它對荀勖的《中經新簿》却發生了直接影響。《隋書·經籍志》云:

> 魏氏代漢,采掇遺亡,藏在秘書中、外三閣。魏秘書郎鄭默,始制《中經》。秘書監荀勖,又因《中經》,更著《新簿》,分爲四部,總括群書。一曰甲部,紀六藝及小學等書;二曰乙部,有古諸子家、近世子家、兵書、兵家、術數;三曰丙部,有史記、舊事、皇覽簿、雜事;四曰丁部,有詩賦、圖讚、汲冢書,大凡四部二萬九千九百四十五卷。⑤

對晉《中經新簿》四部分類的構成,余嘉錫作過中肯的分析,他説:

> 勖之甲部,即《七略》《漢志》之六藝,後世之經部。蓋歷代惟經學著述極富,未嘗中輟,舊書雖亡,新製復作,故惟此一部,古今無大變更。其乙部則合《漢志》之諸子、兵書、數術爲一部(四部中皆無方伎,蓋已統於術數之中),爲後世子部之祖。考漢諸子十家,惟儒、道、陰陽三家有西漢末人之著作(儒家有劉向、揚雄,道家、陰陽並有近世不

① 《廣弘明集》卷三《七録序》。
② 《初學記》卷一二引王隱《晉書》。
③ 《晉書》卷四四《鄭默傳》。
④ 《論語注疏》卷一七《陽貨》第十七。
⑤ 《隋書》卷三二《經籍志》。

知作者),餘若縱横、雜家,皆至武帝時止,農家至成帝時止,小説家至宣帝時止。而名、墨二家,則祇有六國人書。可以見當前漢時諸子之學,已在若存若亡之閒。由漢至晉,中更王莽、董卓之亂,其存焉者蓋寡矣。《中經》著録之古諸子凡若干家,今無可考。《七録》子兵録中陰陽部、農部各止一種(此所謂一種即一家,非《漢志》三十八種之種),墨部四種、縱横部二種而已。儒、道、雜三部最多,恐有大半是晉以後之新著。以此推之,晉時子部之書,當亦無幾。此所以合《漢志》四略之書歸於一部也。

《中經新簿》之類例,以分古諸子家、近時子家爲最有條理。蓋自漢而後,不獨名法之學失其傳,即他家亦多無師法,非復周秦之舊。取後世之書强附九流,按門分隸,是猶吕奪嬴宗,牛繼馬後,問其名則是,考其實則非也。張之洞《書目答問》以周秦諸子自爲一類,昔嘗詫爲特識,今乃知源出於勖耳。至兵書之外,又有兵家,不知以何爲别。豈以《漢志》著録者爲兵書(用《七略》之舊名),近世爲兵家耶?然立名未安,此則勖之疏也。[①]

丙部的史書本附於《春秋》,析出單獨成部,是《中經新簿》的一大成就。漢魏以下,史體日興,史書日多,紀傳編年之外,還有舊事也即故事,雜事略同雜史,卷帙繁多,自不能不單獨成一大類,於是史部就成立了。《皇覽》是類書之祖,當時尚未定其性質,因而在編目時也無法單獨成類,所以附於史部。

丁部包括詩賦、圖讚、汲冢書,相當於《漢書·藝文志》中的詩賦略,即後世之集部。但將汲冢書歸入集部,不少學者認爲是不妥當的,余嘉錫解釋道:

汲冢所得書,《晉書·束皙傳》詳載其目,其中四部之書皆有。

① 《目録學發微·目録類例之沿革》。

《中經》不使之各歸其類，而並附於丁部。王鳴盛以爲不可解[1]，趙翼以爲失當[2]，余謂此無不可解，亦無所謂失當也。蓋當時官收得汲冢竹書，武帝以付秘書，雖以今文寫之，而其簡策必仍藏秘府。以其皆科斗字，不與他書同，故不可以相雜厠，以取原書與所寫之本併貯一處，以便相校讎。以其自爲一類也，故附諸四部之末。猶後世藏書目以宋、元本别著於録，而今之圖書館有善本書庫之比耳。[3]

這裏解釋一下荀勖所撰《中經新簿》以甲、乙、丙、丁分四部的含義。古代人發明了干支，十干與十二支相配合，用來紀年、月、日。所以甲、乙、丙、丁有時具有與數字相同的概念，在使用時往往可以互相代替。許多事物如果在無固定名稱，或不想給它一個固定的名稱，或原來的名稱已亡佚時，往往就用甲、乙、丙、丁來代替。荀勖將《晉中經簿》分成甲、乙、丙、丁四部，説明他在新的書籍分類上構思還不成熟，一時還没有能用經、史、子、集四字來概括各部内容。

總而言之，荀勖及他的《晉中經簿》的主要成就是進行了圖書分類體系的變革，較好地反映了《七略》成書以後三百年内，由於文化學術的興衰所帶來的書籍性質及數量的變化情況，開闢了四部分類法的道路。其中突出的有兩點：一是將史部從經部中離析出來，形成了專門性質最顯著的一個部類。這對以後目録的分類産生了深遠影響。王儉《七志》雖曾將史書同經書重行合併成《經典志》，但没有扭轉史部獨立的趨勢。二是把當時數量減少了的兵書、兵家、數術（也許遺有方技）併爲子部。這樣做也爲後代目録子部内容龐雜開了一個先例。

晁公武的《郡齋讀書志》序談到了荀勖《中經新簿》的分類及其深遠影響，特録之如下：

勖之《簿》蓋合兵書、術數、方技於諸子，自春秋類摘出史記，别而

---

① 見《十七史商榷》卷六七《經史子集四部》條。

② 見《陔餘叢考》卷二二《經史子集》條。

③ 《目録學發微·目録類例之沿革》。

爲一,六藝、諸子、詩賦,皆仍歆舊。其後歷代所編書目,如王儉、阮孝緒之徒,咸從歆例;謝靈運、任昉之徒,咸從勖例。唐之分經、史、子、集,藏於四庫,是亦祖述勖而加詳焉。歐陽公謂其始於開元,誤矣。今公武所録書,史集居其半,若依《七略》,則多寡不均,故亦分之爲四焉。①

李充《元帝四部書目》對後代的最大影響,如阮孝緒所説,是“因荀勖舊簿四部之法,而换其乙丙之書”②。《文選》注引臧榮緒《晉書》云:“李充,字弘度,爲著作郎。於時典籍混亂,充删除煩重,以類相從,分爲四部,甚有條貫,秘閣以爲永制。五經爲甲部,史記爲乙部,諸子爲丙部,詩賦爲丁部。”③從此以後甲乙丙丁四部的内容就確定爲經史子集,一直沿用到現在了。

四部分類法雖然在它産生以後爲多數官修書目普遍采用,但也還有一些學者在探尋新法。《七志》《七録》就是六朝時期在這方面的代表著作。

《隋書·經籍志》序簡要地介紹了王儉《七志》的産生經過及内容:

宋元嘉八年,秘書監謝靈運造《四部目録》,大凡六萬四千五百八十二卷。元徽元年,秘書丞王儉又造《目録》,大凡一萬五千七百四卷。儉又别撰《七志》:一曰《經典志》,紀六藝、小學、史記、雜傳;二曰《諸子志》,紀今古諸子;三曰《文翰志》,紀詩賦;四曰《軍書志》,紀兵書;五曰《陰陽志》,紀陰陽圖緯;六曰《術藝志》,紀方技;七曰《圖譜志》,紀地域及圖書。其道、佛附見,合九條。然亦不述作者之意,但於書名之下,每立一傳,而又作九篇條例,編乎首卷之中。文義淺近,未爲典則。

① 《郡齋讀書志》卷首序。

② 《廣弘明集》卷三《七録序》。

③ 《文選》卷四六《王文憲集序》李善注引臧榮緒《晉書》。余嘉錫《目録學發微·目録類例之沿革》引此文,疑“五經爲甲部”以下乃李善語。此説可從。

《七志》中的前六志恢復了《漢書·藝文志》也即《七略》的分類法，是保守的。突出的例子是它仍將史書收録在《經典志》内，而無視當時書籍的實際情況。但其新增的與附録的部分却很值得重視。

首先，它將圖譜單獨立爲一類，是具有開創性的構思和實踐。這曾受到了宋代目録學家鄭樵的贊揚。他説：

> 古之學者，爲學有要，置圖於左，置書於右，索象於圖，索理於書，故人亦易爲學，學亦易爲功，舉而措之，如執左契。後之學者，離圖即書，尚辭務説，故人亦難爲學，學亦難爲功。雖平日胸中有千章萬卷，及置之行事之間，則茫茫然不知所向。……漢初，典籍無紀，劉氏創意，總括群書，分爲七略，只收書，不收圖，藝文之目，遞相因習。……後之人將慕劉、班之不暇，故圖消而書日盛。惟任宏校兵書一類，分爲四種，有書五十三家，有圖四十三卷，載在《七略》，獨異於他。宋齊之間，群書失次，王儉於是作《七志》以爲之紀，六志收書，一志專收圖譜，謂之《圖譜志》，不意末學而有此作也。①

但對鄭樵的話也要一分爲二，他强調圖對某些學術的重要性無疑是對的。但是第一，並不是所有的書都必需而且能够配上圖的；第二，圖和書往往是不能分割的，爲了使用的方便，似不應將其分别著録。因此王儉、鄭樵將圖譜和書分離，單獨設立一大類的主張，並没有能被後來的目録學家所接受。

其次，《七志》還有三個附録，如《七録序》所云："其外又條《七略》及兩漢《藝文志》②、《中經簿》所闕之書，並方外之佛經、道經，各爲一録。"由漢以來的各家目録，當時就有囿於聞見以至失收的，而後世新發現的古籍，漏列就更屬必然了。廣事訪求，輯補前録，就使得人們能够更全面地瞭解某一特定範疇的文獻，這當然是極好的事。事實上，這就是後世闕書目録

---

① 《通志·圖譜略·索象篇》。

② 兩漢《藝文志》是指班固《漢書·藝文志》和袁山松《後漢書·藝文志》，後者已佚。

（待訪書目）的先驅，也給後來的續補諸史藝文志等工作以啓發。至於附録道經、佛經目録，也是一個特點。在此以前，道經和佛經都各有其單獨的目録。將世俗的和宗教的書編爲一録，王儉是第一次嘗試。

《七志》之後，有創造性的目録是梁阮孝緒的《七録》。《七録》已佚，唐釋道宣的《廣弘明集》卷三收録了它的序（附古今書最），現摘其類目如下：

經典録内篇一

易部　尚書部　詩部　禮部　樂部　春秋部　論語部　孝經部　小學部

記傳録内篇二

國史部　注曆部　舊事部　職官部　儀典部　法制部　僞史部　雜傳部　鬼神部　土地部　譜狀部　簿録部

子兵録内篇三

儒部　道部　陰陽部　法部　名部　墨部　縱横部　雜部　農部　小説部　兵部

文集録内篇四

楚辭部　别集部　總集部　雜文部

術伎録内篇五

天文部　緯讖部　曆算部　五行部　卜筮部　雜占部　形法部　醫經部　經方部　雜藝部

佛法録外篇一

戒律部　禪定部　智慧部　疑似部　論記部

仙道録外篇二

經戒部　服餌部　房中部　符圖部

《七録》把内篇分爲五部，主要根據《梁天監四年文德正御四部及術數書目録》，該目録的作者爲劉孝標與祖晅。《七録序》云：

齊末兵火，延及秘閣，有梁之初，缺亡甚衆，爰命秘書監任昉躬加

> 部集，又於文德殿内别藏衆書，使學士劉孝標等重加校進，乃分數術之文，更爲一部，使奉朝請祖暅撰其名録。

至其外篇佛法、仙道兩録，則根據王儉《七志》中關於佛經、道經的兩個附録。

《七録》分類上很突出的一個特點是務實，即從當時學術發展、書籍數量的實際出發，例如他以佛、道作爲外編，是依據《七志》之以道、佛爲附録。而《七志》併甲乙即經史兩部爲《經典志》，恢復劉歆《七略》之舊，《七録》却未追隨。不但如此，他還把《記傳録》細分爲十二類，就使在《七録》中部帙最多的史書的面貌更爲清晰①。《七録》將《七略》中的《詩賦略》《七志》中的《文翰志》更名爲《文集録》也反映了當時的實際情況，章學誠指出："魏晉之間，專門之學漸亡，文章之士以著作爲榮華，詩賦、章表、銘箴、頌誄，因事結構，命意各殊，其旨非儒非墨，其言時離時合，裒而次之，謂之文集。"②這種務實精神，對目録分類顯然起了積極作用。

阮孝緒對目録分類理論也很有貢獻，其《七録序》是我國早期研究目録分類理論的非常重要的文獻。我們在第一章第二節《什麽是目録學》中作了重點介紹，可以參看。

在現存目録中，以四部分類，出現較早，影響深遠的當推《隋書·經籍志》。《隋志》序總結了從《七略》到《七録》的分類發展史，《隋志》所確立的四分法，正是吸取前人經驗而有所發展的結果。其序稱：

> 今考見存，分爲四部，合條爲一萬四千四百六十六部，有八萬九千六百六十六卷。其舊録所取，文義淺俗、無益教理者，並删去之。其舊録所遺，辭義可采，有所弘益者，咸附入之。遠覽馬《史》、班《書》，近觀王、阮《志》《録》，挹其風流體制，削其浮雜鄙俚，離其疏遠，合其近密，約文緒義，凡五十五篇，各列本條之下，以備《經籍志》。

---

① 據阮氏自己的統計，《記傳録》收史書一千二十種，一萬四千八百八十七卷，於《七録》中爲最多。

② 《校讎通義》卷四《和州志藝文書序例》。

《隋志》明確談到它大類的劃分是據《漢書・藝文志》分合而成的，其經部序説："班固列六藝爲九種，或以緯書解經，合爲十種。"其史部序説："班固以史記附春秋，今開其事類，凡十三種，别爲史部。"子部序説："《漢書》有諸子、兵書、數術、方技之略，今合而叙之爲十四種，謂之子部。"集部序説："班固有詩賦略，凡五種，今引而伸之，合爲三種，謂之集部。"此皆可證明其與《漢書・藝文志》的相承關係，同時也説明它在《漢志》的基礎上有很大發展。

由《七略》《漢志》的六分變爲四分，關鍵在於從經部裹析出史部，又把兵書、數術、方技併入子部。而在這兩方面，前人都爲《隋志》做了開闢道路的工作。例如荀勖的晉《中經簿》的丙部就包括史記、舊事、皇覽簿、雜事；其乙部就包括古諸子家、近世子家、兵書、兵家、術數。又如阮孝緒的《七録》，其記傳録即專收史書，其子兵録，諸子就同兵書合在一起。

《隋志》分爲四部，以經、史、子、集取代甲、乙、丙、丁，是受到魏晉時期目録的暗示殆無疑問。至於在細類的劃分上，則取資於《七録》爲多。姚振宗曾指出：

> 晉、宋以來爲四部書目者多矣，至唐初而總覈會歸定爲四十篇，名之曰《經籍志》。以《七録》叙目校之，唯史部之《正史》《古史》《雜史》《起居注》四篇不用阮例，餘或合併篇目、或移易次第，大略相同。①

許世瑛對此作了進一步的分析：

> 凡言目録者，莫不以《隋書・經籍志》爲四部目録不祧之祖，於是遂多以爲《隋志》濫觴於荀勖、李充之書。殊不知《隋志》之分四部，固可視爲受荀、李以降撰南朝秘閣書目諸氏之啓示；然此不過空洞之外形耳。究其内容，則《隋志》之四十種，原無大異於《七録》之四十六部（佛道九部除外）。試一較其異同，僅移緯讖入經部，改《記傳録》爲史

① 《隋書經籍志考證・叙本志體製》。

部，删鬼神而增雜史，析注曆爲古史、起居注，併子兵、術技二録爲子部，删雜藝，併卜筮、雜占、形法入五行，合醫經、經方爲醫方，屏道經、佛經目録於志外，如是而已。①

需要説明的是，《隋志》除四部外，還附有道、佛二録，然作者對於道、佛著作，僅分類統計種數、部數、卷數，附於四部之末，而未細列書名，並無實際作用，所以《隋志》實際上仍分四部。

以上就是我國古代目録分類第一階段的大概情形，余嘉錫總結由《漢書·藝文志》到《隋書·經籍志》分類的變化道：

合而觀之，七略之變而爲四部，不過因史傳之加多而分之於《春秋》，因諸子、兵書、數術、方伎之漸少而合之爲一部，出數術、方伎則爲五，益之以佛、道則爲七，還數術、方伎則爲六，併佛、道則復爲四，分合之故，大抵在諸子一部。互相祖述，各有因革。雖似歧出枝分，實則同條共貫也。②

《隋書·經籍志》以後，四分法即成了我國古典目録分類法的主流。但是如何用它來範圍包括道、佛著作在内的全部書籍，如何將古代所無之新出書籍按其性質分别隸屬四部，仍然是有待解決的問題。

第二節　四部分類法形成以後的内部調整

四部分類法形成以後便成了中國古代目録分類的主流。史志如《舊唐書·經籍志》《新唐書·藝文志》《宋史·藝文志》《明史·藝文志》，國家書目如《崇文總目》《四庫全書總目》，私家書目如《郡齋讀書志》《遂初堂書

① 《中國目録學史·四部分類法之確立·隋書經籍志與七録之關係》。
② 《目録學發微·目録類例之沿革》。

目》《直齋書録解題》《文獻通考·經籍考》等現存著名目録都采用了四部分類法。

在中國古典目録的分類中,始終由四部分類法統治着,這主要有兩個原因。首先,用四部代替《七略》的六分法是學術發展變化的必然結果。章學誠説:

> 《七略》之流而爲四部,如篆隸之流而爲行楷,皆勢之所不容已者也。史部日繁,不能悉隸以《春秋》家學,四部之不能返《七略》者一;名墨諸家,後世不復有其支别,四部之不能返《七略》者二;文集熾盛,不能定百家九流之名目,四部之不能返《七略》者三;鈔輯之體,既非叢書,又非類書,四部之不能返《七略》者四;評點詩文,亦有似别集而實非别集,似總集而又非總集者,四部之不能返《七略》者五。凡一切古無今有、古有今無之書,其勢判如霄壤,又安得執《七略》之成法,以部次近日之文章乎?①

其次,四部分類法自魏晉的國家書目到清代修《四庫全書總目》,行之既久,人以爲便,余嘉錫説:

> 夫部類之分合,隨宜而定。書之多寡及性質既變,則部類亦隨之而變。《七略》之易爲四部,亦勢使然也。四部之法行之既久,人以爲便。其間雖有李淑、鄭樵之徒,紛紛改作,取四部之書離析之爲若干類。然一家之言,人所不用。經史子集之名,遂相沿至今不廢。②

對於比較熟悉古代目録學的人來説,四部分類法是易於編目也是便於尋書的。在經史子集四部中,經部歷代因襲,少有變化,史部專科性强,集部收詩文集也比較明確,其餘統歸子部,再輔以二級類目、三級類目,以免分

---

① 《校讎通義》卷一《宗劉》。

② 《目録學發微·目録類例之沿革》。

類上的粗疏，也自有它的優越性。所以一九四九年後編的《中國叢書綜録》，其子目仍以四部排列，而《中國古籍善本書目》，除叢書外，也按四部分類。這些目録按四部分類排列，再加上書名和作者索引，無論是從分類的角度，還是從書名或作者的角度，檢索起來，都是相當方便的。

四部分類法形成以後，爲了更符合學術發展和文獻存在的實際情況，其内部也不斷地作了一些調整，現將其最主要的條列如下：

首先是佛道著作逐步得到了比較合理的反映。《隋書・經籍志》没有解決如何著録佛道著作的問題。《舊唐書・經籍志》乙部史録雜傳類收仙靈二十六家、高僧十家，丙部子録道家類收道釋著説四十七家。《新唐書・藝文志》丙部子録道家類，收“神仙三十五家，五十部，三百四十一卷。失姓名十三家，自《道藏音義》以下不著録六十二家，二百六十五卷”“釋氏二十五家，四十部，三百九十五卷。（失姓名一家，玄琬以下不著録七十四家，九百四十一卷。）”①兩《唐志》這種處理方式的優點是將道佛著作併入子部或史部，成了真正的四部，缺點是没有賦與道佛著作以獨立地位，因而未能鮮明反映出它們的學術特點。所以《四庫全書總目》釋家類序云：“梁阮孝緒作《七録》，以二氏之文别録於末。《隋書》遵用其例，亦附於志末，有部數卷數而無書名。《舊唐書》以古無釋家，遂併佛書於道家，頗乖名實。”②

將道佛經書併入子部，並讓它們獨立成類的，是北宋的國家書目《崇文總目》。《崇文總目》雖未標經史子集之名，不過仍然是按經史子集四部排列的。其六十六卷中，有十二卷爲道書類與釋書類。它們都獨立成類，再不像在兩《唐志》中那樣處於從屬的地位。特别是道書，不僅著録多，而且分類細。因此，鄭樵贊美它極有條理：

> 《崇文總目》，衆手爲之。其間有兩類極有條理，古人不及，後來無以復加也。道書一類有九節，九節相屬，而無雜糅。③

---

① 《新唐書》卷五九《藝文志》。
② 《四庫全書總目》卷一四五釋家類序。
③ 《通志・校讎略・崇文明於兩類論》。

此後,《郡齋讀書志》《直齋書録解題》《文獻通考・經籍考》皆仿《崇文總目》將道佛著作各專設一類於子部。而《遂初堂書目》《明史・藝文志》《四庫全書總目》皆設釋家一類於子部,而將道書附於道家。道書復又附於道家,顯然是道家哲學與道教、神仙家等逐步融合的結果。如《四庫全書總目》道家類序所云:

後世神怪之迹,多附於道家,道家亦自矜其異,如《神仙傳》《道教靈驗記》是也。要其本始,則主於清净自持,而濟以堅忍之力,以柔制剛,以退爲進。故申子、韓子流爲刑名之學,而《陰符經》可通於兵。其後長生之説與神仙家合爲一,而服餌導引入之,房中一家,近於神仙者亦入之;鴻寶有書,燒煉入之;張魯立教,符籙入之;北魏寇謙之等又以齋醮章咒入之。世所傳述,大抵多後附之文,非其本旨。彼教自不能别,今亦無事於區分。①

其次是一些類目的學術地位變化了,在分類上也不能不作出相應的調整。例如《孟子》及其注釋等書,北宋以前的目録,如《漢志》《隋志》兩《唐志》《崇文總目》,都列入子部儒家。但是據宋人丁度《禮部韻略》所附《貢舉條式》可知,元祐年間曾將《孟子》列爲科舉考試内容,此後的《貢舉條式》一再重申了這項規定,因此《孟子》的地位大爲提高,所以南宋尤袤的《遂初堂書目》將《孟子》及其相關圖書附入論語類,這樣該類著作在書目中也就由子部升入了經部。稍後的陳振孫《直齋書録解題》則乾脆將經部論語類改名爲語孟類,表明《孟子》不但升入經部,而且取得了與《論語》相提並論的地位。作者在該類小序中説:

前志,《孟子》本列於儒家,然趙岐固嘗以爲則象《論語》矣。自韓文公稱孔子傳之孟軻,軻死不得其傳,天下學者咸曰《孔孟》。孟子之書固非荀、楊以降所可同日語也。今國家設科取士,《語》《孟》併列爲

① 《四庫全書總目》卷一四六道家類序。

經，而程氏諸儒訓解二書，常相表裏，故今合爲一類。①

南宋孝宗淳熙年間，朱熹替《禮記》中的《大學》《中庸》做了章句，替《論語》《孟子》做了集注，並且將它們合在一起稱爲《四書》，影響越來越大。

據《元史・選舉志・科目》可知，《四書》成了科舉考試内容，就依據朱熹的《大學章句》《論語集注》《孟子集注》《中庸章句》，所以馬端臨《文獻通考・經籍考》從《直齋書録解題》例，將《論語》《孟子》合爲一類。明代《四書》地位更高，《四庫全書總目》於《四書大全》提要云：

明永樂十三年，翰林學士胡廣等奉敕撰。成祖御製序文，頒行天下。二百餘年，尊爲取士之制者也。其書……初與《五經大全》並頒，然當時程式，以《四書》義爲重，故《五經》率皆庋閣，所研究者惟《四書》，所辨訂者亦惟《四書》。後來《四書》講章浩如烟海，皆是編爲之濫觴。蓋由漢至宋之經術，於是始盡變矣。②

這樣，明代與清初的一些公私目録就進一步將古代目録中的論語類或語孟類改標四書類了。如明晁瑮的《晁氏寶文堂書目》、清初黄虞稷的《千頃堂書目》、姚際恒的《好古堂書目》以及《明史・藝文志》等。這一改變，也爲《四庫全書總目》所接受。其類序云：

《論語》《孟子》，舊各爲帙；《大學》《中庸》，舊《禮記》之二篇。其編爲《四書》，自宋淳熙始，其懸爲令甲，則自元延祐復科舉始，古來無是名也。……元邱葵《周禮補亡序》稱聖朝以六經取士，則當時固以《四書》爲一經。前創後因，久則爲律，是故難以一説拘矣。今從《明史・藝文志》例，别立《四書》一門，亦所謂禮以義起也。……元明以來之所解，皆自《四書》分出者耳。《明史》併入《四書》，蓋循其實，今

① 《直齋書録解題》卷三語孟類序。

② 《四庫全書總目》卷三六《四書大全》。

亦不復强析其名焉。①

《孟子》及其相關圖書在目録分類中的變化,清楚地反映了《孟子》一書在封建社會越來越受到重視的過程。

讖緯之學的盛衰也從目録的分類上反映了出來。《隋書·經籍志》將《七録》術伎録中的讖緯書改隸經部,姚名達對此產生了疑問:"既非聖人之書,何以混列一部?"②其實《隋志》叙録曾介紹過讖緯同經書的密切關係:"起王莽好符命,光武以圖讖興,遂盛行於世。漢時,又詔東平王蒼正五經章句,皆命從讖。俗儒趨時,益爲其學,篇卷第目,轉加增廣。言五經者,皆憑讖爲説。"③此後,《舊唐書·經籍志》《新唐書·藝文志》《直齋書録解題》《文獻通考·經籍考》就都循例設讖緯類於經部了。《直齋書録解題》讖緯類序談到了讖緯的盛衰:

> 讖緯之説起於哀、平、王莽之際,莽以此濟其簒逆,公孫述效之,而光武紹復舊物,乃亦以赤伏符自累,篤好而推崇之,甘與莽、述同智。於是佞臣陋士從風而靡。賈逵以此論左氏學,曹褒以此定漢禮,作《大予樂》。大儒如鄭康成,專以讖言經,何休又不足言矣。二百年間,惟桓譚、張衡力非之而不能回也。魏、晉以革命受終,莫不傅會符命,其源實出於此。隋、唐以來,其學寖微矣。考《唐志》,猶存九部八十四卷,今其書皆亡,惟《易》緯僅存如此。及孔氏《正義》,或時援引,先儒蓋嘗欲删去之以絶僞妄矣。使所謂七緯者皆存,猶學者所不道,况其殘闕不完,於僞之中又有僞者乎?姑存之以備凡目云爾。④

隨着讖緯書的衰微,其餘書目,如《宋史·藝文志》《明史·藝文志》《四庫全書總目》也就理所當然地將其摒除了。

---

① 《四庫全書總目》卷三五四書類序。

② 《中國目録學史·分類篇·五代史志之經籍志》。

③ 《隋書》卷三二《經籍志》。

④ 《直齋書録解題》卷三讖緯類序。

再次是將一些不好分門别類的著作併入雜家。這類書大致有三種情況：一種如名、法諸家，所存著作寥寥無幾，已難自成一類；二是有些著作性質特殊，不能屬於某類；三是某些新興學科的著作起初數量較少，不足成類。雜家在圖書分類中有特别複雜的内藴，它也是經過許多變化而逐漸形成的。《漢書・藝文志》諸子略雜家序云：

> 雜家者流，蓋出於議官。兼儒、墨，合名、法，知國體之有此（師古曰："治國之體，亦當有此雜家之説。"），見王治之無不貫（師古曰："王者之治，於百家之道無不貫綜。"），此其所長也。及蕩者爲之，則漫羨而無所歸心。

這是雜家的最初含義。顧實《漢書藝文志講疏》認爲雜家之學興盛於秦國。他説："夫秦本無儒，異國之士，輻湊於秦，形成帝業，於是雜家之學大盛。《由余》《尉繚》《尸子》《吕覽》先後踵輝，此亦一時之奇觀也。"就拿《吕氏春秋》來説，汪中序《吕氏春秋》云：

> 周官失其職，而諸子之學以興。各擇一術，以明其學，莫不持之有故，言之成理，及比而同之，則仁之與義，敬之與和，猶水火之相反也。最後《吕氏春秋》出，則諸子之説兼有之。①

所以説："雜家者，百家所從入，期於爲治最切，蓋秦學也。"②這是雜家的本來面貌。

我們將《隋志》與《漢志》雜家的序相較，會發現兩者的論點是一致的。但是，如果我們研究《隋志》雜家所著録的圖書，就會發現它們名同實異。《隋志》雖總號雜家，實暗分四目，將内容大大地擴允了。姚振宗曾指出：由《尉繚子》五卷迄《金樓子》十卷，則"諸子之屬爲一類，《四庫提要》所謂

---

① 《述學》補遺。

② 《閑堂文藪・雜家名實辨證》。

雜學之屬是也”。由《博物志》十卷至《論集》八十六卷,則“雜家之不明一體者爲一類,其中亦略有分别,以類相從。故撰人如沈約、盧辯皆前後兩見。《四庫提要》所謂雜考、雜説、雜品、雜纂之屬皆有之”。由《皇覽》一百二十卷迄《書抄》一百七十四卷,則“爲類事之屬,至《唐經籍志》始别爲一類”。由《釋氏譜》十五卷迄《玄門寶海》一百二十卷,則“皆釋家之屬,兩《唐志》皆附於道家之後”①。其中所謂雜考、雜説、雜品、雜纂之屬,類事之屬,釋家之屬皆《漢志》雜家所無。可見諸子雜家之義,漢後已亡。《隋志》已開始將雜家作爲容納不好分類的書籍的淵藪。同名異實,這是雜家的第一大變化。

《舊唐書·經籍志》雜家所著録的内容同《隋書·經籍志》相比,除於子部特立類書一家,出釋家諸雜著附道家之後外,餘仍舊貫。而《舊唐書·經籍志》序云:“雜家以紀兼叙衆説。”②雜家在新的範疇中做到了名實相符,這是它的第二大變化。在這以後,如《新唐書·藝文志》《崇文總目》《通志·藝文略》《郡齋讀書志》《直齋書録解題》《國史·經籍志》之流,就都照此辦理了。

到了明朝,雜家又發展爲兼容諸子。祁承㸁《澹生堂書目》諸子類已包含墨、法、名、縱横、雜五家,到了黄虞稷編《千頃堂書目》,子部十二類,其二曰雜家,注云:“前代藝文志列名、法諸家,後代沿之。然寥寥無幾,備數而已。今削之,總名曰雜家。”這一方法也爲《明史·藝文志》所采用。清人修《四庫全書總目》,亦併名、墨、縱横三家於雜家,其類序云:

> 衰周之季,百氏争鳴,立説著書,各爲流品。《漢志》所列備矣。或其學不傳,後無所述;或其名不美,人不肯居。故絶續不同,不能一概著録。後人株守舊文,於是墨家僅《墨子》《晏子》二家之書;名家僅《公孫龍子》《尹文子》《人物志》三書;縱横家僅《鬼谷子》一書。亦别立標題,自爲支派。此拘泥門目之過也。黄虞稷《千頃堂書目》於寥

① 《隋書經籍志考證》卷三〇子部七雜家。

② 《舊唐書》卷四六《經籍志》。

> 寥不能成類者併入雜家。雜之義廣，無所不包，班固所謂合儒、墨，兼名、法也。變而得宜，于例爲善。今從其説：以立説者，謂之雜學；辨證者，謂之雜考；議論而兼叙述者，謂之雜説；傍究物理，臚陳纖瑣者，謂之雜品；類輯舊文，途兼衆軌者，謂之雜纂；合刻諸書，不名一體者，謂之雜編。凡六類。①

所謂雜學，即舊目雜家和學已衰微因而傳書甚少的諸子，雜考以下四家，書是從《隋志》就已經著録了，但一直到了《總目》，其在目録分類中的地位才明確起來。雜編就是叢書，《澹生堂書目》將其在子部單列一類，張之洞《書目答問》將其單列一部。這樣，雜家就兼包了諸子，這是雜家的第三大變化。總之，它由諸子中的雜家逐步變成了容納許多不好單獨分類的著作的雜類。

最後，我們需要着重介紹的一點是四部分類形成以後内部所出現的一些新類目。《四庫全書總目・凡例》説得好："文章流别，歷代增新。古來有是一家，即應立是一類。"②譬如史評類即創設於《郡齋讀書志》，其《史通》提要云："前世史部中有史鈔類，而集部中有文史類。今世鈔節之學不行，而論説者爲多，故自文史類内摘出論史者爲史評，附史部，而廢史鈔云。"③《文獻通考・經籍考》將史評、史鈔合併爲一類。在《四庫全書總目》中，史評復又單獨列爲一類。

再如類書，《隋志》將其附入子部雜家類。唐代類書得到蓬勃的發展，於是《舊唐書・經籍志》設類事一類，收書二十二部，凡七千八十四卷，《新唐書・藝文志》又改類事爲類書，收"二十四部，七千二百八十八卷。（失姓名三家，王義方以下不著録三十二家，一千三百三十八卷。）"④此後各家目録相沿不改，《四庫全書總目》類書類序云：

---

① 《四庫全書總目》卷一一七雜家類序。
② 《四庫全書總目》卷首《凡例》。
③ 《郡齋讀書志》卷七《史通》。
④ 《新唐書》卷五九《藝文志》。

類事之書,兼收四部,而非經非史,非子非集,四部之内,乃無類可歸。《皇覽》始於魏文,晉荀勖《中經簿》分隸何門,今無所考。《隋志》載入子部,當有所受之。歷代相承,莫之或易。明胡應麟作《筆叢》始議改入集部。然無所取義,徒事紛更,則不如仍舊貫矣。①

此外,《四庫全書總目》將集部中的文史類變爲詩文評類,反映了清人對文藝理論著作的範疇與作用的認識更加清晰。其類序云:

文章莫盛於兩漢,渾渾灝灝,文成法立,無格律之可拘。建安、黄初,體裁漸備,故論文之説出焉,《典論》其首也。其勒爲一書傳於今者,則斷自劉勰、鍾嶸。勰究文體之源流,而評其工拙。嶸第作者之甲乙,而溯厥師承。爲例各殊。至皎然《詩式》,備陳法律。孟棨《本事詩》,旁采故實。劉攽《中山詩話》、歐陽修《六一詩話》,又體兼説部。後所論著,不出此五例中矣。宋明兩代,均好爲議論,所撰尤繁。雖宋人務求深解,多穿鑿之詞,明人喜作高談,多虚憍之論,然汰除糟粕,采擷菁英,每足以考證舊聞,觸發新意。《隋志》附總集之内,《唐書》以下則並於集部之末,别立此門,豈非以其討論瑕瑜,别裁真僞,博參廣考,亦有裨於文章歟?②

朱自清也指出:

詩文評的系統的著作,我們有《詩品》和《文心雕龍》,都作於梁代。可是一向只附在總集的末尾,宋代才另立文史類來容納這些書。這文史類後來演變爲詩文評類。著録表示有地位,自成一類表示有獨立的地位,這反映着各類文學本身如何發展,並如何獲得一般的承認。③

---

① 《四庫全書總目》卷一三五類書類序。
② 《四庫全書總目》卷一九五詩文評類序。
③ 《朱自清古典文學論文集・詩言志辨序》。

文史類實際上爲唐代吴兢私家藏書目録《吴氏西齋書目》首創，馬端臨《文獻通考・經籍考》集部文史類序云：

> 宋《三朝藝文志》："晉李充始著《翰林論》，梁劉勰又著《文心雕龍》，言文章體制。又鍾嶸爲《詩評》，其後述略例者多矣。至於揚榷史法，著爲類例者，亦各名家焉。前代志録散在'雜家'或'總集'，然皆所未安。惟吴兢《西齋》有'文史'之别，今取其名而條次之。"

《吴氏西齋書目》所開創的"文史類"，被《崇文總目》《遂初堂書目》《直齋書録解題》以及《文獻通考・經籍考》《宋史・藝文志》《明史・藝文志》所繼承，産生了比較大的影響。至《四庫全書總目》在史部設史評類，在集部設詩文評類，就更加科學了。

還有雜曲歌詞，由於在封建社會長期受到鄙視，一般都不登大雅之堂。由於其迅速發展，它們在某些目録中仍然取得了一席之地。如《遂初堂書目》集部有樂曲類，《直齋書録解題》《文獻通考・經籍考》集部有歌詞類，《四庫全書總目》集部設詞曲類。《總目》詞典類序最能説明封建社會正統觀念對詞曲的看法：

> 詞曲二體在文章、技藝之間，厥品頗卑，作者弗貴，特才華之士以綺語相高耳。然三百篇變而古詩，古詩變而近體，近體變而詞，詞變而曲，層累而降，莫知其然。究厥淵源，實亦樂府之餘音，風人之末派。其於文苑，同屬附庸，亦未可全斥爲俳優也。今酌取往例，附之篇終。①

隨着學術日新月異的發展，一些目録雖然想繼續維持四部，但最終不得不突破四部的樊籬，如張之洞的《書目答問》五卷，除經史子集四部外，新設叢書一部。在這以前，明祁承㸁《澹生堂書目》已在子部中創立叢書

---

① 《四庫全書總目》卷一九八詞曲類序。

一類，其《庚申整書略例》云：

> 叢書之目，不見於古，而冗編之著，疊出於今。既非旁搜博采以成一家之言，復非别類分門以爲考覽之助，合經史而兼有之，采古今而併集焉。如後世所刻《百川學海》《漢魏叢書》《古今逸史》《百家名書》《稗海》《秘笈》之類，斷非類家所可併收，故益以叢書者四。①

柳詒徵曾談到清初姚際恒的《好古堂書目》"又於四部外立經史子集總一類，則近世目録家别立叢書部類之濫觴也。"②

《書目答問》進一步將叢書與經史子集並列，獨成一部。它説明道："叢書最便學者，爲其一部之中可該群籍。蒐殘存佚爲功尤鉅。欲多讀古書，非買叢書不可。其中經史子集皆有，勢難隸於四部，故别爲類。"③姚名達對《書目答問》的分類作了評價，他説：

> 《書目答問》在分類史上之地位，不在創造，而在對《四庫總目》加以他人所不敢爲之修正。以張之洞之權威，《答問》之流行，適值東、西洋譯書日多，四部分類法正苦不能容納之時，纂新書目録者遂得借口另起爐竈，不復依傍《四庫總目》。張氏雖絶對無意於打倒《四庫》，而《四庫》之敗壞自此始萌其朕兆也。④

基本上守四部之舊壘，而在分類上同時作出了新的突破的還有《江蘇國學圖書館圖書總目》。它除經、史、子、集四部外，又新設了地志、圖、叢書三大部。其特點是散新書以歸舊類，其無類可歸者，則立新類以納之。以子部爲例，它除傳統的子部類目外，又新加了工家類、商業類、交通類、耶教類、回教類、東方各教類、哲學類、社會科學類、自然科學類等二級類

---

① 《澹生堂書目》卷首《庚申整書略例》。

② 《姚際恒好古堂書目跋》，載《中央大學國學圖書館第二年刊》第二八頁。

③ 《書目答問》卷五叢書目序。

④ 《中國目録學史・分類篇・對於隋志部類之修正與補充》。

目。所設全新的三級類目則更多,如自然科學類下設總論、物理、化學、生物學、物礦學、地學等。在維持舊的四部分類傳統上,這個書目作了很大的努力。但它也預示着隨着社會的發展、科學的進步,四部分類法爲新的分類法所代替乃是必然的趨勢。

第三節　不守四部成規的分類法

乾隆皇帝曾説:"從來四庫書目,以經史子集爲綱領,裒輯分儲,實古今不易之法。"①其實並非如此。《隋志》以後,四部分類雖已定於一尊,但公私目録仍時有不守四部成規之分類法出現。現擇要介紹如下:

宋晁公武《郡齋讀書志》著録《邯鄲圖書志》十卷,其提要云:"右皇朝李淑獻臣撰。……載其家所藏圖書五十七類,經史子集通計一千八百三十六部,二萬三千一百八十六卷,其外又有藝術志、道書志、書志、畫志,通爲八目。"②《邯鄲圖書志》今已失傳,但其較早地大膽突破了四部分類法則是顯而易見的。

南宋初年,鄭樵撰《通志》,其《藝文略》盡列古今公私目録所收之書目於一編,今録其分類表於下:

經類第一

易　古易　石經　章句　傳　注　集注　義疏　論説　類例　譜　考正　數　圖　音　讖緯　擬易

書　古文經　石經　章句　傳　注　集注　義疏　問難　義訓小學　逸篇　圖　音　續書　讖緯　逸書

詩　石經　故訓　傳　注　義疏　問辨　統説　譜　名物　圖音　緯學

春秋　經　五家傳注　三傳義疏　傳論　序　條例　圖　文辭　地理　世譜　卦繇　音　讖緯

春秋外傳國語　注解　章句　非駁　音

① 《四庫全書總目》卷首載乾隆三十八年二月十一日上諭。

② 《郡齋讀書志》卷九《邯鄲圖書志》。

孝經　古文　注解　義疏　音　廣義　讖緯
論語　古論語　正經　注解　章句　義疏　論難　辨正　名氏　音釋　讖緯　續語
爾雅　注解　圖　義　音　廣雅　雜爾雅　釋言　釋名　方言
經解　經解　謚法

禮類第二

周官　傳注　義疏　論難　義類　音　圖
儀禮　石經　注　疏　音
喪服　傳注　集注　義疏　記要　問難　儀注　譜　圖　五服圖儀
禮記　大戴　小戴　義疏　書鈔　評論　名數　音義　中庸　讖緯
月令　古月令　續月令　時令　歲時
會禮　論鈔　問難　三禮　禮圖
儀注　禮儀　吉禮　賓禮　軍禮　嘉禮　封禪　汾陰　諸祀儀注　陵廟制　家禮祭儀　東宫儀注　后儀　王國州縣儀注　會朝儀　耕籍儀　車服　國璽　書儀

樂類第三

樂　樂書　歌辭　題解　曲簿　聲調　鐘磬　管弦　舞　鼓吹琴　讖緯

小學類第四

小學　小學　文字　音韻　音釋　古文　法書　蕃書　神書

史類第五

正史　史記　漢　後漢　三國　晉　宋　齊　梁　陳　後魏　北齊　後周　隋　唐　通史
編年　古魏史　兩漢　魏　吴　晉　宋　齊　梁　陳　後魏　北齊　隋　唐　五代　運曆　紀録
霸史　上　下
雜史　古雜史　兩漢　魏　晉　南北朝　隋　唐　五代　宋朝
起居注起居注　實録　會要
故事
職官　上　下
刑法　律　令　格　式　敕　總類　古制　專條　貢舉　斷獄　法守

傳記　耆舊　高隱　孝友　忠烈　名士　交游　列傳　家傳　列女　科第　名號　冥異　祥異

地理　地理　都城宫苑　郡邑　圖經　方物　川瀆　名山洞府　朝聘　行役　蠻夷

譜系　帝系　皇族　總譜　韻譜　郡譜　家譜

食貨　貨寶　器用　豢養　種藝　茶　酒

目録　總目　家藏總目　文章目　經史目

諸子類第六

儒術

道家　老子　莊子　諸子　陰符經　黄庭經　參同契　目録　傳記　論　書　經　科儀　符籙　吐納　胎息　内視　道引辟穀　内丹　外丹　金石　藥　服餌　房中　修養

釋家　傳記　塔寺　論議　詮述　章鈔　儀律　目録　音義　頌贊語録

法家

名家

墨家

縱横家

雜家

農家

小説

兵家　兵書　軍律　營陣　兵陰陽　邊策

天文類第七

天文　天象　天文總占　竺國天文　五星占　雜星占　日月占　風云氣候占　寶氣

曆數　正曆　曆術　七曜曆　雜星曆　刻漏

算術　算術　竺國算法

五行類第八

五行　易占　軌革　筮占　龜卜　射覆　占夢　雜占　風角　鳥情　逆刺　遁甲　太一　九宫　六壬　式經　陰陽　元辰　三命　行年　相法　相笏　相印　相字　堪餘　易圖　婚嫁　産乳　登壇　宅經　葬書

藝術類第九

藝術　藝術　射　騎　畫録　畫圖　投壺　弈碁　博塞　象經　樗蒲　彈碁　打馬　雙陸　打毬　彩選　葉子格　雜戲格

醫方類第十

醫方　脉經　明堂針灸　本草　本草音　本草圖　本草用藥　采藥　炮炙　方書　單方　胡方　寒食散　病源　五藏　傷寒　脚氣　嶺南方　雜病　瘡腫　眼藥　口齒　婦人　小兒　食經　香薰　粉澤

類書類第十一

類書　上　下

文類第十二

文　楚辭　别集　總集　詩總集　賦　贊頌　箴銘　碑碣　制誥　表章　啓事　四六　軍書　案判　刀筆　俳諧　奏議　論　策　書　文史　詩評

鄭樵曾全面地介紹過《通志・藝文略》的分類系統,指出:

欲明書者,在於明類例。噫!類例不明,圖書失紀,有自來矣,臣於是總古今有無之書,爲之區别。凡十二類:經類第一,禮類第二,樂類第三,小學類第四,史類第五,諸子類第六,星數(案:《藝文略》實作天文)類第七,五行類第八,藝術類第九,醫方類第十,類書類第十一,文類第十二。經一類分九家,九家有八十八種書,以八十八種書而總爲九種書,可乎?禮一類分七家,七家有五十四種書,以五十四種書而總爲七種書,可乎?樂一類爲一家,書十一種。小學一類爲一家,書八種。史一類分十三家,十三家爲書九十種。朝代之書,則以朝代分,非朝代書,則以類聚分。諸子一類分十一家;其八家爲書八種。道、釋、兵三家書差多,爲四十種。星數一類分三家,三家爲書十五種。五行一類分三十家,三十家爲書三十三種。藝術一類爲一家,書十七種。醫方一類爲一家,書二十六種。類書一類爲一家,分上下二種。文類一類分二家,二十二種。别集一家爲十九種書,餘二十一家二十一種書而已。總十二類,百家,四百二十二種(案:《藝文略》實際分類與此有異),朱紫分矣。散四百二十二種書,可以窮百家之學,斂百家之學,可以明十二類之所歸。①

在《通志》中,《校讎略》專門探討了分類理論,而《藝文略》則是他的分類理論的應用。所以我們可以先討論一下鄭樵的分類理論,然後再談談他是怎樣把這一理論運用於《藝文略》中的。

鄭樵首先闡明了我國古典目録學的基本理論,認爲通過科學的分類能够辨章學術、考鏡源流。他説:

類例既分,學術自明,以其先後本末俱在。觀圖譜者,可以知圖譜之所始。觀名數者,可以知名數之相承。讖緯之學,盛於東都。音韻之書,傳於江左。傳注起於漢魏,義疏成於隋唐。睹其書,可以知其學之源流。或舊無其書而有其學者,是爲新出之學,非古道也。②

鄭樵還論述了編次必謹類例,因爲謹嚴的分類有明學與存書兩大功用,因此類例必須依據不同的分類層次把性質不同的學術區分開來,使之各有專門,以便保存和流傳:

學之不專者,爲書之不明也;書之不明者,爲類例之不分也。有專門之書,則有專門之學;有專門之學,則有世守之能。人守其學,學守其書,書守其類。人有存没而學不息,世有變故而書不亡。以今之書校古之書,百無一存,其故何哉?士卒之亡者,由部伍之法不明也;書籍之亡者,由類例之法不分也。類例分,則百家九流各有條理,雖亡而不能亡也。巫醫之學,亦經存没,而學不息;釋老之書,亦經變故,而書常存。觀漢之《易》書甚多,今不傳,惟卜筮之《易》傳。法家之書亦多,今不傳,惟釋老之書傳。彼異端之學能全其書者,專之謂矣。③

①②③　《通志・校讎略・編次必謹類例論》。

因此,他特别贊賞任宏所校録的兵書,認爲:"《七略》惟兵家一略,任宏所校,分權謀、形勢、陰陽、技巧爲四種書,又有圖四十三卷,與書參焉。觀其類例,亦可知兵,況見其書乎?"①而對於《舊唐書・經籍志》併道家、道書、釋氏爲一類的做法提出了批評:

> 舊類有道家,有道書,道家則老莊是也。有法家,有刑法,法家則申韓是也。以道家爲先,法家次之。至於刑法、道書,别出條例。刑法則律令也,道書則法術也。豈可以法術與老莊同條,律令與申韓共貫乎?不得不分也。《唐志》則併道家、道書、釋氏三類爲一類,命以道家,可乎?②

下面我們看看鄭樵在《藝文略》中是怎樣實踐他的分類理論的。首先,在大類的設置上突破了《七略》與四部的模式。鄭樵認爲:"《七略》所分,自爲苟簡;四庫所部,無乃荒唐。"③他將《藝文志》分爲十二大類,雖然仍置經類爲第一,但却把禮、樂、小學分出,各立一類,與經類並列,反映了他想衝破經部傳統範圍的傾向;雖然仍保存了諸子類,却將天文、五行、藝術、醫方及類書分出,各成一類,與諸子並列,反映了他企圖嚴格按學術立類的努力。對於各類的收録範圍,鄭樵也作了一些探討,譬如類書類,他説:

> 歲時自一家書,如《歲時廣記》百十二卷,《崇文總目》不列於歲時,而列於類書,何也?類書者,謂總類不可分也。若可分之書,當入别類。且如天文有類書,自當列天文類,職官有類書,自當列職官類。豈可以爲類書而總入類書類乎?④

① 《通志・校讎略・編書不明分類論》。
② 《通志・校讎略・編次不明論》。
③ 《通志・校讎略・編次必謹類例論》。
④ 《通志・校讎略・編次之訛論》。

可見作者認定，類目的區分，著録的範疇都應當以學術爲標準，而不應以書籍體制爲依據。

其次，鄭樵十分重視二級類目與三級類目的設置，對於容易混淆的學科，他都努力從分類上加以區别。他説："編年一家，而有先後；文集一家，而有合離。日月星辰，豈可與風雲氣候同爲天文之學？三命元辰，豈可與九宫太一同爲五行之書？"①因此他在編年一家下分古魏史、兩漢等十五種，在天文一家下分雜星占、日月占等八種，在五行一類下分元辰、三命等三十種。他還指出："古今編書，所不能分者五：一曰傳記，二曰雜家，三曰小説，四曰雜史，五曰故事。凡此五類之書，足相紊亂。又如文史與詩話亦能相濫。"②所以，他於史類設雜史、故事、傳記三家，於諸子類設雜家、小説兩家，又於文類分設文史、詩評二種。而且他還於雜史、傳記二家之下復分若干種。這樣周密的分類，顯然能使圖書的處理更爲合理。

《通志・藝文略》雖不免牴牾訛謬，但是確如章學誠所説：

> 鄭樵生千載而後，慨然有會於向、歆討論之旨，因取歷朝著録，略其魚魯豕亥之細，而特以部次條别，疏通倫類，考其得失之故，而爲之校讎。蓋自石渠天禄以還，學者所未嘗窺見者也。③

鄭樵在分類的理論和實踐方面所取得的創造性成果是應當充分肯定的。到了清代，章學誠著《文史通義》和《校讎通義》，又修撰《史籍考》等巨型目録，成績和貢獻雖然超過了鄭樵，但鄭樵却爲章學誠開闢了先路。

南宋端平（一二三四至一二三六）間，"莆田鄭寅子敬，以所藏書爲七録：曰經、曰史、曰子、曰藝、曰方技、曰文、曰類"。④ 此或因家藏有限，併《通志・藝文略》十二類而成。禮、樂、小學三類重入經類，天文、醫方二類重入方技類。藝術、方技、類書三類則不入子，而與經、史、子、集四部並

---

① 《通志・校讎略・編次必謹類例論》。

② 《通志・校讎略・編次之訛論》。

③ 《校讎通義》卷首《自序》。

④ 《直齋書録解題》卷八《鄭氏書目》解題。

列,自有其合理的因素。因《鄭氏書目》久佚,無法詳論。

官書目録不守四部成規的代表當推明代的《文淵閣書目》。該目由楊士奇等據文淵閣藏書於英宗正統六年(一四四一)編成。姚名達曾概括地指出它有如下一些特色和優缺點:

> 其分類法雖陋,然能不守四部之成規,實開有明一代之風氣。首曰國朝,特録明帝御製、敕撰、政書、實録等項。此例一開,陸深(《江東藏書目》)、沈節甫(《玩易樓藏書目録》)、葉盛(《菉竹堂書目》)、焦竑(《國史經籍志》)、孫能傳(《内閣書目》)皆仿行勿違,幾成明代衆録之共同特色。次曰《易》《書》《詩》《春秋》《周禮》《儀禮》《禮記》、禮書、樂書、諸經總類、《四書》、性理、經濟。並無經部總名,其善一。禮書、樂書皆後世之作,不雜入禮經,不冒充樂經,其善二。特闢性理、經濟二類,其善三。惟諸經總類實兼收無類可歸之經書,義兼總雜,失之渾沌。次曰史、史附、史雜,漫無界限。次曰子書、子雜、雜附,弊與史同。次曰文集、詩詞,劃出散文,與韻文對立,可稱特識,較之衆録但分總集、别集者精善多矣。次則類書不附於子,韻書不附於經,姓氏、法帖、畫譜(諸譜附)、政書、刑書、兵法、算法、陰陽、醫書、農圃、道書、佛書,各各獨立,不相比附,亦頗合理。尤以政、刑分門,譜、帖異類,爲他録所不及。又因地方志特多,故特分爲古今志(雜志附)、舊志、新志三類。綜其全目,本無深意。較之四部舊法,固如上述,偶有所長,而劣點更多,不足相掩。然有明一代,除高儒(《百川書志》)、朱睦㮮(《萬卷堂書目》)、胡應麟(《二酉山房書目》)、焦竑(《國史經籍志》)、徐𤊹(《紅雨樓書目》)、祁承㸁(《澹生堂書目》)六家仍沿四部之稱而大增其類目外,私家藏書,多援《文淵目》爲護符,任意新創部類,不復恪守四部成規。此在分類史中實爲一大解放,而摧鋒陷陣之功要不能不歸《文淵目》也。[①]

---

① 《中國目録學史·分類篇·隋志以後闖出四部牢籠之十幾種分類法》。

清代孫星衍撰《孫氏祠堂書目》是在《四庫全書總目》編成以後不久出現的。它首先打破了權威性的四分法，而創造性地采用了十二分法，今録其分類表如下：

經學第一

易　書　詩　禮　樂　春秋　孝經　論語　爾雅　孟子經義

小學第二

字書　音學

諸子第三

儒家　道家　法家　名家　墨家　縱横家　雜家　農家　兵家

天文第四

天部　算法　五行術數

地理第五

總編　分編

醫律第六

醫學　律學

史學第七

正史　編年　紀事　雜史　傳記　故事　史論　史鈔

金石第八

類書第九

事類　姓類　書目

詞賦第十

總集　別集　詞　詩文評

書畫第十一

説部第十二

孫星衍在《孫氏祠堂書目·序》中還對這部目録設類緣由和收録範圍逐一作了説明，今録二例：

曰小學第二:先以字書,次及聲韻。六義不明,則説經不能通貫。或且望文生義。文字之變,隸楷遞改,滋生日多。既集漢魏字書,亦及後世,以盡其變。聲音反切,雖起六朝,或推本讀若舊音而作,且引古字書,足資校證,亦宜兼列。

曰地理第五:先以統志,次以分志,或總記區宇,或各志封域。《禹貢》古文説及周地圖之言,存於歷代地志及《水經注》《括地志》諸書。宋元方志多引古説證經注史,得所依據,宜存舊説。地名更易,今古殊目,兼載今志,以資博考。①

《孫氏祠堂書目》列説部爲一大類雖不盡合理,但也反映了明清小説創作的繁榮與孫氏藏書的實際情況。此目配隸失當之處甚多,較其類目,亦不够詳細,然確如姚名達所説:

其劃小學於經學之外,出天文於諸子之中,析地理與史學爲二,不强戴四部於各類之上,而新設數類以容性質獨立之書,此皆有得於明人諸録之遺意。雖誤合醫、律爲一,大失專門别類之理;而不懾於《四庫總目》之權威,膽敢立異,勇壯可嘉,不愧爲别派之後勁矣。②

總之,四部分類法自《隋書·經籍志》采用以後,由於它系統分明,類目繁多,所以爲官目、史志、私目普遍接受,從而形成了我國古代目録分類的主流。隨着學術的發展變化,一些目録雖然運用了四部分類法,但是在其内部也作了相應的調整,而鄭樵、孫星衍等人在他們所編製的一些目録中,則乾脆衝破了四部分類法的樊籬,他們的努力在古代編目工作中雖未被廣泛采用,却説明了按經史子集分類,並非一成不易之法,到了近代,就被更先進的分類法代替了。

---

① 《孫氏祠堂書目》卷首《序》。

② 《中國目録學史·分類篇·隋志以後闖出四部牢籠之十幾種分類法》。

第五章　綜合目録

據汪辟疆先生《目録學研究》一書的統計，從漢魏迄明末，計官書目録六十種，私家目録七十七種，史家目録十四種，共一百五十一種。《清史稿・藝文志》史部目録類著録目録一百三十八部，《清史稿藝文志補編》史部目録類著録目録書九十六部，《清史稿藝文志拾遺》史部目録類著録目録書七百六十一部。三書共著録清代目録九百九十五部。據上述統計數字，可知從漢代至清末，共有目録一千一百四十六種，實際數字當然遠不止此。

如何對數量巨大、内容廣泛的目録進行科學的分類，是一個重要而又複雜的問題。不少人對這個問題進行了探討。如清人湯紀尚曾把目録書分爲三類，他説："目録之書，權輿中壘（案：劉向曾官中壘校尉），流派有三：曰朝廷官簿，曰私家解題，曰史家著録。"[①]這是根據目録編纂者及編目對象的不同來加以區分的。

余嘉錫則按結構的繁簡，也分目録爲三類。他説："目録之書有三類：一曰部類之後有小序，書名之下有解題者；二曰有小序而無解題者；三曰小序解題並無，祇著書名者。昔人論目録之學，於此三類，各有主張，而於編目之宗旨，必求足以考見學術之源流，則無異議。"[②]

汪辟疆先生以功用爲標準，將目録分成四類。他認爲："有目録家之

---

① 《槃邁文乙集》卷下《周鄭堂别傳》。

② 《目録學發微・目録學之意義及其功用》。

目録,有史家之目録,有藏書家之目録,有讀書家之目録。目録之爲用不同,故界義亦因之而各異。"①

此外姚名達從各種不同的角度歸納了八種目録的分類方法②。

根據編製目的和收録範圍,並參酌以往各家的意見,在本書中,我們將反映我國古籍的目録分成綜合目録、學科目録與特種目録三大類。綜合目録就是以某時期、某地區、某類型的所有的書爲對象而編製的目録。它可以使人知道某時期、某地區、某類型書籍的整個面貌。其收録範圍包括多學科書籍,它可以給不同讀者以多方面的取資。綜合目録主要有國家藏書目録、史志、叢書目録、地方文獻目録、私人藏書目録、聯合目録。其中國家藏書目録、私人藏書目録、聯合目録均係藏書目録。在藏書目録中,某些特藏目録以劃歸學科目録或特種目録的範圍更爲合理。前者如瞿宣穎的《方志考稿》(甲集)即據天津任振采的藏書寫成,作者《序》云:"今兹所録,但以任氏天春園所藏者爲限。"③則可歸入史學書目録。後者如《天禄琳琅書目》乃清代秘府善本書目録,其《凡例》稱:"宋、元、明板書各從其代,每代各以經、史、子、集爲次。金槧僅止一種(案:指金大定本《貞觀政要》),正如吉光片羽,增重書林。至明影宋鈔,雖非剞氏之舊,然工整精確,亦猶昔人論法書以唐臨晉帖爲貴,均從選人。"④則可歸入版本目録。

學科目録專門著録某學科的書籍,可以依據學科的廣狹而定著録的範圍,像經學、史學、諸子學、文學等方面都有各種不同的專科目録。特種目録是爲某種特定需要而編纂的,與學科目録之爲專收某種專門學科的著作而編的目録不同,它可以爲同一的目的把不同學科的文獻目録都組織在一起。特種目録名目繁多,主要的有推薦書目録、禁燬書目録、鬻販書目録、闕書目録、引用書目録、版本目録、辨僞書目録、個人著作目録、目録之目録等。如前所述,某些目録可以兼屬兩類,甚至三類,我們在討論時僅有所側重而已。

---

① 《目録學研究・目録與目録學》。

② 《中國目録學史・叙論篇・目録之種類與目録學之範圍》。

③ 《方志考稿》(甲集)卷首《序》。

④ 《天禄琳琅書目》卷首《凡例》。

第一節　國家藏書目録

國家藏書目録，一稱官修目録，即官簿，是由政府主持對國家藏書進行整理後所編製的一種目録。我國從西漢開始，幾乎每個朝代都有過在政府主持下進行的規模較大的圖書整理工作。整理完畢，將藏書記録下來，就是國家藏書目録。汪辟疆先生《目録學研究》附有《漢唐以來目録統表》，其《官書目録表》共列漢魏至明末的官書目録有三十二家。主要有：

漢《别録》二十卷，西漢劉向著，佚（案：《别録》今存八篇，這裏説佚是因所存過少之故。）

漢《七略》七卷，西漢劉歆著，殘

魏《中經》十四卷，魏鄭默著，佚

晉《中經新簿》，晉荀勖著，佚

晉《元帝四部書目》，東晉李充著，佚

宋《元嘉八年四部目録》，宋謝靈運著，佚

宋《元徽元年四部目録》四卷，宋王儉著，佚

齊《永明元年四部目録》，齊王亮、謝朏著，佚

梁《文德殿四部目録》四卷，梁劉孝標著，佚

隋《開皇四年四部目録》四卷，隋牛弘著，佚

唐《群書四部録》二百卷，唐元行沖、殷踐猷等著，佚

唐《古今書録》四十卷，唐毋煚著，佚

宋《崇文總目》六十六卷，宋王堯臣著，殘

宋《中興館閣書目》七十卷，宋陳騤著，佚

宋《中興館閣續書目》三十卷，宋張攀著，佚

明《永樂大典目録》六十卷，明解縉等著，存

明《文淵閣書目》十四卷，明楊士奇著，存

明《内閣藏書目録》八卷，明孫能傳、張萱等著，存

下列兩種,也是國家藏書目録:

清《四庫全書總目》二百卷,清紀昀等著,存
清《四庫全書簡明目録》二十卷,清紀昀等著,存

其中《四庫全書總目》是這類目録書中最出色的代表作。

中國古代國家藏書目録的基本特點是所著録的圖書全面而豐富,代表了國家的藏書水平,當然這也是由宫廷圖書館所處的地位决定的。上面所列舉的國家藏書目録所著録的圖書,多在萬卷以上。就拿《四庫全書總目》來説,中華書局影印組一九六四年十二月寫的《出版説明》稱:

《總目》著録的書,據我們這次整理時的仔細統計,收入《四庫全書》中的有三千四百六十一種,七萬九千三百零九卷,存目中的有六千七百九十三種,九萬三千五百五十一卷。這些書籍,基本上包括了乾隆以前中國古代的重要著作(尤以元代以前的書籍收輯更爲完備)。

它對我們瞭解古代各類著作當然提供了不少方便。而歷代國家藏書目録在客觀上也反映了當時文化事業發展的狀況。晉《元帝四部書目》僅著録圖書三千零一十四卷,説明西晉末年的戰亂對文化事業的摧殘是多麽嚴重。而唐《群書四部録》著録圖書八萬二千三百八十四卷,又説明開元盛時文化事業非常繁榮。

中國古代國家藏書目録的另一個特點是絶大多數采用了四部分類法,而這同魏晉以後國家藏書按四部陳列是一致的。魏晉時期的幾部國家藏書目録就已采用四部分類法了,其中東晉初期李充編的《元帝四部書目》影響尤爲深遠。由於李充創始用四部分類法來部勒當時國家藏書,並且編成目録,這就爲國家藏書目録使用四部分類法的傳統奠定了基礎。

國家藏書目録采用四部分類法對私人藏書目録的編製産生了廣泛影響。特别是在《四庫全書總目》刊布以後,許多藏書家在編目時基本上都

是按照《四庫全書總目》分類表進行的。如一八〇八年，范氏後人在阮元指導下編成的《天一閣書目》，一八二〇至一八二六年間，張金吾編的《愛日精廬藏書志》，都是基本上按照《四庫全書總目》的體系分類的。再後來的瞿氏《鐵琴銅劍樓藏書目録》、陸氏《皕宋樓藏書志》、丁氏《善本書室藏書志》，那就更是亦步亦趨，在分類編排上，不敢有一點和《四庫全書總目》不同了。

中國古代的國家藏書目録在著録方面也比較詳細，幾部重要的國家藏書目録如《别録》《崇文總目》《四庫全書總目》均有提要。《四庫全書總目・凡例》云：

> 劉向校理秘文，每書具奏；曾鞏刊定官本，亦各製序文。然鞏好借題抒議，往往冗長，而本書之始末源流轉從疏略。王堯臣《崇文總目》、晁公武《郡齋讀書志》、陳振孫《書録解題》稍具崖略，亦未詳明。馬端臨《經籍考》薈萃群言，較爲賅博，而兼收並列，未能貫串折衷。今於所列諸書，各撰爲提要。分之則散弁諸編，合之則共爲總目。每書先列作者之爵里以論世知人。次考本書之得失，權衆説之異同。以及文字增删，篇帙分合，皆詳爲訂辨，巨細不遺。而人品學術之醇疵，國紀朝章之法戒，亦未嘗不各昭彰癉，用著勸懲。

《四庫全書總目》的作者們總結了前人的經驗，使各書提要的撰寫達到了規範化。像《四庫全書總目》這樣的提要對讀書治學是極有價值的，因此即便它有許多缺點和錯誤，還是一直受到學者們的重視。所以張之洞曾説："將《四庫全書總目》提要讀一過，即略知學術門徑矣。"①余嘉錫談到《四庫全書總目》也稱："漢唐目録書盡亡，提要之作，前所未有，足爲讀書之門徑。學者舍此，莫由問津。"②

《四庫全書總目》提要多出當時巨儒之手，學術價值很高，但不免有值

① 《輶軒語・語學・論讀書宜有門徑》。

② 《四庫提要辨證》卷首《序録》。

得商榷之處。不少學者爲它做了匡謬補闕的工作,成就突出的有兩家。一爲胡玉縉撰的《四庫全書總目提要補正》六十卷,補遺一卷,未收書目補正二卷。此書輯録了清人至近人校訂《四庫全書總目》提要的文字,頗爲詳備。作者還常常通過案語的形式表示自己的看法,這就使該書的内容更加充實,其所訂正書籍,共二千三百餘種。一爲余嘉錫撰《四庫提要辨證》二十四卷,它極其謹嚴地考辨了《四庫全書總目》中各篇提要的乖錯違失,並對所論述的許多種古籍,從内容、版本到作家生平,都作了翔實的研究。前列原文,後出辨證,對照之下,是非自明,體例也很便於學者。可惜僅得四百九十一篇。兩書各有特色,是閲讀《總目》時必須參考的。今各舉一例:

明會典一百八十卷

其後嘉靖八年,復命閣臣續修《會典》五十三卷,萬曆四年,又續修《會典》二百二十八卷。今皆未見其本,莫知存佚。

案:丁氏《藏書志》有明内府刊本《大明會典》二百二十八卷,即萬曆本,其嘉靖間雖經校輯,實未刊頒。觀萬曆本載弘治、正德、嘉靖、萬曆四朝詔諭,又載弘治、正德、萬曆各御製序,而嘉靖獨無序,可見提要以爲嘉靖亦有刊本,非也。①

子略四卷目録一卷　宋高似孫

其有題識者,凡《陰符經》《握奇經》……凡三十八家,其中《説苑》《新序》合一篇,而《八陣圖》附於《握奇經》,實共三十六篇,惟《陰符經》《握奇經》録其原書於前,餘皆不録,似乎後人删節之本,未必完書也。

嘉錫案:高氏此書,乃子部目録之書,自不當録其全文,《陰符經》《握奇經》二書,以篇葉無多,變例録之耳。若此三十八家,皆具録原書,則卷帙當至數十百卷,是叢書而非目録矣。高所撰尚有

① 《四庫全書總目提要補正》卷二四《明會典》一百八十卷。

《史略》六卷，其書久佚，光緒時黎庶昌從日本得之，刻入《古逸叢書》，體例與《子略》相同，知其原本固當如此，提要乃疑爲後人刪節之本，誤矣。①

像《四庫全書總目》這樣的國家藏書目録，當然是竭力維護封建統治階級利益的，但是如果剔除其封建性的糟粕，仍舊是我們讀書、治學、著述的極有用的參考資料。同時這種書目也爲其他書目的編製提供了條件。

一九四九年後我國出版的國家書目，有中國版本圖書館編的《全國新書目》《全國總書目》兩種，前者爲月刊，後者逐年編印。它們既是國家藏書目録，又是國家出版目録。它們的著録項目包括：書名、作者、出版地、出版者、出版年月、頁數、開本、定價等。對於圖書版本情況，根據中國版本圖書館專有資料，也作了某些必要的説明。《全國新書目》還有圖書内容提要。今舉一例：

後山居士文集（綫裝本、六册）　（宋）陳師道撰

上海古籍出版社　一九八二・五　六開　一般綫裝本四十五元函裝七十元

［陳師道（一〇五三至一一〇二），號後山居士，是北宋後期的重要作家，江西詩派的代表人物之一。後山詩文集的刻本現存以宋蜀刻大字本《後山居士文集》爲最早。全書共二十卷，其中詩六卷，文十四卷。現據北京圖書館藏宋刻本影印。］②

《全國新書目》的主要作用是及時反映和報導國家出版事業的成就，借以全面瞭解我國文化科學發展的現狀和便利對外文化交流。同時，它也是圖書館掌握、宣傳和利用新出圖書的工具，是搜集原始資料和掌握圖書情報的重要來源之一。《全國總書目》的主要作用是記録和反映每年全

---

① 《四庫提要辨證》卷九《子略》四卷《目録》一卷。

② 《全國新書目》一九八三年第一期。

國各地出版社公開出版和發行圖書的基本情況，可供出版發行部門擬定選題、協調出版計劃、檢查備貨和改進圖書供銷工作的參考；並可供圖書館補充圖書、進行分類編目和書目參考工作的參考。隨着信息量的成倍增長，《全國新書目》與《全國總書目》在科學研究中所發揮的作用將會越來越大。

古代國家藏書與今天的國家圖書館的藏書差可比擬，所以國家圖書館的藏書目録亦可視爲我國當代國家藏書目録。但是由於歷史的原因，加上各個國立圖書館的藏書也都具有自己的特色，因此即使如國家圖書館也很難像古代國家圖書館那樣，真正代表着國家藏書的實際水平。這是我們應當知道的。

第二節　史　志

我國古代史家著書，力圖全面反映歷史面貌，所以書中每有關於文化學術的内容，《史記》八書、《漢書》十志就是這些方面的記録。班固著《漢書》，删取劉歆《七略》爲《藝文志》，是史籍中有目録部分、目録中有史志體制的開始，後世遵循不衰。經過發展，它又可細分爲三類。

第一類，正史裏原有的《藝文志》或《經籍志》，共七家：

《漢書・藝文志》一卷

《隋書・經籍志》①四卷

《舊唐書・經籍志》二卷

《新唐書・藝文志》四卷

---

① 漢、隋兩志著録的都是先唐古籍，對研究古代文化學術極爲重要，而且其中許多問題非注不明。所以有許多學者爲之作注，今舉其重要者如下。有關《漢志》的有宋王應麟《漢藝文志考證》十卷、清姚振宗《漢書藝文志條理》八卷、姚明輝《漢書藝文志注解》七卷、顧實《漢書藝文志講疏》、陳國慶《漢書藝文志注釋彙編》、孫德謙《漢書藝文志舉例》、張舜徽《漢書藝文志釋例》。有關《隋志》的有清章宗源《隋書經籍志考證》十三卷、清姚振宗《隋書經籍志考證》五十二卷。

《宋史·藝文志》八卷

《明史·藝文志》四卷

《清史稿·藝文志》四卷

《漢志》所著録的書，有“六略三十八種，五百九十六家，萬三千二百六十九卷”①。由於它是據《七略》寫成，《七略》雖佚，但通過《漢志》能窺見其大略，從而可以瞭解到戰國直至西漢社會學術思想和文化典籍的狀況。因此，學者們對之評價極高。如清杭世駿説：“今夫蘭臺（案：班固嘗官蘭臺令史）志漢，何嘗不因向、歆，然秦火之後，非此不彰。”②姚振宗也説：“今欲求周秦學術之淵源，古昔典籍之綱紀，舍是志無由津逮焉。”③

《隋書·經籍志》是我國現存的第二部史志目録，原屬《五代史志》④。清人姚振宗在談到它的作者時指出：“大抵是志初修於李延壽、敬播，有網羅匯聚之功；删訂於魏鄭公，有披荆翦棘之實。舊本題魏徵等撰，徵實可信也。”⑤《隋志》收録了唐初見存的隋以前典籍“凡四部經傳三千一百二十七部，三萬六千七百八卷”⑥。對於亡佚書目，則以夾注方式，依類附入。所以《隋志》既記載了隋朝一代藏書，又反映了六朝時代圖書的變動情況。它還繼承了《漢志》的優點，有全目及各類之序，書名下每有附注，從中可以考見唐代以前的學術源流與文獻概況。

《舊唐書·經籍志》係後唐劉昫等據唐毋煚等的《古今書録》編成，其序云：“煚等《四部目》及《釋道目》並有小序及注撰人姓氏，卷軸繁多，今並略之；但紀篇部以表我朝文物之大。”又云：“臣以後出之書，在開元四部之外，不欲雜其本部，今據所聞，附撰人等傳。其諸公文集，亦見本傳，此並

---

① 《漢書》卷三〇《藝文志》。

② 《道古堂集》卷六《黄氏書録序》。

③ 《漢書藝文志條理》卷首《叙例》。

④ 《史通·古今正史篇》：“初（唐）太宗以梁、陳及齊、周、隋氏並未有書，乃命學士分修。……書成……惟有十志。……其篇第雖編入《隋書》，其實别行，俗呼爲《五代史志》。”

⑤ 《隋書經籍志考證·叙録·叙本志撰人》。

⑥ 《隋書》卷三五《經籍志》。

不録。”[①]由於《舊唐志》所著録的書籍，依《古今書録》斷自開元，開元以後的著作皆未著録，不能完整地反映唐代所有典籍情況，所以宋歐陽修等修《新唐書·藝文志》又加增訂。其突出成就是將開元書目已著録的五萬三千九百一十五卷，與唐之學者自爲之書二萬八千四百六十九卷合在一起加以整理，共著録圖書三千二百七十七部，五萬二千零九十四卷。新加唐人著作一千三百九十部，二萬七千一百二十七卷。這樣，就較全面地反映了唐代的藏書情況與著述情況。

宋代十分注重修撰本朝歷史，即所謂國史，而且每種國史又都有《藝文志》，即《國史藝文志》。這就開創了寫當代史志目録的先例。宋朝的《國史藝文志》元代尚存四部：

呂夷簡等撰《三朝國史藝文志》(太祖、太宗、真宗)
王珪等撰《兩朝國史藝文志》(仁宗、英宗)
李燾等撰《四朝國史藝文志》(神宗、哲宗、徽宗、欽宗)
不著撰人之《中興國史藝文志》(高宗、孝宗、光宗、寧宗)

這四部目録現已不存，但其前三部著録的卷數却還見於《宋史·藝文志》的序裏：

嘗歷考之，始太祖、太宗、真宗三朝，三千三百二十七部，三萬九千一百四十二卷。次仁、英兩朝，一千四百七十二部，八千四百四十六卷。次神、哲、徽、欽四朝，一千九百六部，二萬六千二百八十九卷。三朝所録，則兩朝不復登載，而録其所未有者；四朝於兩朝亦然。最其當時之目，爲部六千七百有五，爲卷七萬三千八百七十有七焉。[②]

---

① 《舊唐書》卷四六《經籍志·序》。
② 《宋史》卷二〇二《藝文志·序》。

南宋《中興國史藝文志》的體例如趙士煒所説："《國史志》每類有小序，每書有解題，此異於歷朝史志者。"①四部《國史藝文志》曾爲《玉海》《文獻通考》所引用，爲《郡齋讀書志》《直齋書録解題》所著録，特别是爲《宋史・藝文志》所采納，所以其書雖佚，而面貌還大體可見。趙士煒輯有《宋國史藝文志輯本》與《中興國史藝文志》，其《序》云："《玉海》所引，名曰《國史志》，未有區别，不悉其爲《三朝志》，抑《兩朝志》，故今所輯録，合前三《志》於一編，統曰《國史志》。其已明言某朝《志》者，亦予注明，庶便觀覽。《中興志》别析爲一卷。"

元脱脱主持編撰的《宋史・藝文志》八卷，主要根據這四部《國史藝文志》，並采用《新唐書・藝文志》補充《舊唐書・經籍志》的方法，補録一些史館所存宋寧宗嘉定以後的新書匯輯而成。其序云：

> 宋舊史，自太祖至寧宗，爲書凡四。志藝文者，前後部帙，有亡增損，互有異同。今删其重復，合爲一志，益以寧宗以後史之所未録者，仿前史分經、史、子、集四類條列之，大凡爲書九千八百十九部，十一萬九千九百七十二卷云。②

該志實際爲記載宋代藏書情況及宋代著述的史志總目。然而咸淳以後新出之書尚多闕略，如汪辟疆先生所批評的那樣："諸史藝文志，惟《宋志》最爲草率，且重出尤多。"③故後人又做了一些增補工作。如清黄虞稷、倪燦輯有《宋史藝文志補》。

明焦竑曾撰《國史經籍志》六卷。《明史・文苑傳》云："（萬曆）二十二年，大學士陳于陛建議修國史，欲竑專領其事，竑遜謝，乃先撰《經籍志》。其他率無所撰，館亦竟罷。"④焦竑《國史經籍志・序》稱該目"以當代見存之書統於四部，而御製諸書則冠其首焉"。清宋定國、謝星纏還纂有《國史

---

① 《宋國史藝文志輯本・序》。

② 《宋史》卷二〇二《藝文志・序》。

③ 《目録學研究・論唐宋元明四朝之目録》注二十五。

④ 《明史》卷二八八《文苑傳》。

經籍志補》,卷首有宋定國題識云:

> 雍正元年夏,從金星軺借鈔焦先生《國史經籍志》訖,適錢子柱西見遺《菉竹堂》《絳雲樓書目》兩種。檢閲之頃,多焦《志》所無,因啓增補之思。翻案頭諸家藏目,以玉峰健庵先生傳是樓爲首,取焦《志》之所無者而增廣之,互相校勘,訂正卷册。其次補諸家目,雖互有焦氏所無,然同於徐本者,則不再録。此蓋補焦氏所未逮,非會粹諸藏書目云爾。

因此,我們要瞭解明代的藏書情況,可以看一下《國史經籍志》及《國史經籍志補》。

王鴻緒修《明史·藝文志》没有依據《國史經籍志》,並且還在序中批評它道:"明萬曆中,修撰焦竑修國史,輯《經籍志》,號稱詳博。然延閣、廣内之藏,竑亦無從徧覽。則前代陳編,何憑記録,區區掇拾遺聞,冀以上承《隋志》,而贋書錯列,徒滋訛舛。"①《四庫全書總目》的提要甚至説:"顧其書叢鈔舊目,無所考核;不論存亡,率爾濫載。古來目録,惟是書最不足憑。"②《國史經籍志》的優點是十分注重分類,末附糾繆一卷,駁正了一些前人在分類上的錯誤。

清順治五年(一六四八),傅維鱗借纂《明史》之便,據《文淵閣書目》,核以昭仁殿、文淵閣、皇史宬等處所藏書,編成《明書經籍志》三卷,著録明代國家藏書四千六百七十部,釋道書不具載。該目所收,除卷首制書類外,到明正統(一四三六至一四四九)爲止,但多載宋元舊本,至於明人新作,反而寥寥無幾。所以雖然題爲《明書經籍志》,實際上和明代並不相關③。清康熙年間,黄虞稷進入明史館時,也曾撰《明史·藝文志》稿。此稿與後來傳抄刊印的黄氏所編《千頃堂書目》,内容基本相同。至於今本

---

① 《明史》卷九六《藝文志·序》。

② 《四庫全書總目》卷八七《國史經籍志六卷》。

③ 《中國目録學史·史志篇·明〈國史經籍志〉、〈千頃堂書目〉及〈明史·藝文志〉之演變》。

《明史·藝文志》,則是康熙末年王鴻緒任明史館總纂時,根據黄虞稷志稿删去前朝著作改編而成的。其序云:"明季秘書已亡,則前代陳編,無憑記載。第就二百七十年各家著述,足成一志。爰取士大夫家藏目録,稍爲釐次。凡卷數莫考,疑信未定者,寧闕而不詳云。"①盧文弨《題明史藝文志稿》也説:"此志稿,傳是溫陵黄虞稷俞邰氏所纂輯,今以頒行《明史》校之,所分門類,多有删併移易之處,《史》於書不甚著及無卷數者,俱削之。黄志中小注,爲《史》所采入者,亦無幾耳!"②《明史·藝文志》的缺點是將黄虞稷原稿所録一萬二千多種書,僅删存四千六百三十三部,而且未注意保存原注撰人略歷。其特點是開創史志記一代著述之例。倪燦撰《明史藝文志序》也明確指出了這一點:

> 前代史志,皆録古今之書,以其爲中秘所藏,著一代之所有。今文淵之目,既不可憑。且其書僅及元季,三百年作者缺焉,此亦未足稱記載也。故特更其例,去前代之陳編,紀一朝之著述。③

仿《明志》紀一朝之著述的還有《清史稿·藝文志》。其序云:"兹志著録,取則《明史》,斷自清代。"而清人輯集的古佚書却不在此例。所以序中又説:"前朝群書,例既弗録。清代輯佚,異乎斯旨,裒纂功深,無殊撰述,故附載焉。"④

關於《清史稿·藝文志》的作者,據朱師轍《清史稿紀志表撰人詳考表》所載,乃是"吴士鑑(長編九本)、章鈺(分類)、朱師轍(改編整理)"⑤等三人。可見此志的形成,經過了三個階段:先由吴士鑑搜集書目,編爲長編;再由章鈺在長編的基礎上進行分類排比;最後由朱師轍加工定稿。

《清史稿·藝文志》共著録九千六百三十三種,十三萬八千零七十八

---

① 《明史》卷九六《藝文志·序》。

② 《抱經堂文集》卷七《題明史藝文志稿》。

③ 《明史藝文志·補編·附編》本《明史藝文志》卷首《序》。

④ 《清史稿·藝文志》卷首《序》。

⑤ 《清史述聞》卷二《清史稿紀志表撰人詳考表》。

卷,不無網羅收聚之功。但它在分類著録方面存在不少問題,而其最明顯的缺陷是脱漏嚴重,許多重要的著作都没有收録。如“康有爲書,楊守敬書,一無所載,脱漏也。王闓運、繆荃孫書,各載一部,亦脱漏也”①。

第二類,正史原書本無,後人補撰的,及原書雖有,後人又補編的《藝文志》或《經籍志》。今摘其要者叙録如次:

增補《漢書・藝文志》的一家:

姚振宗《漢書藝文志拾補》六卷

作者以《史記》《漢書》等文獻爲基礎,並以後世發現的汲冢竹書,原藏於蘭臺、石室和民間的讖緯書,以及詩賦等材料,旁徵《風俗通義》《元和姓纂》《廣韻》《古今姓氏書辨證》等書,以補《漢志》佚缺。共補二百八十五家,三百一十七部。

補後漢藝文志的主要有六家:

錢大昭《補續漢書藝文志》二卷
侯康《補後漢書藝文志》四卷
陶憲曾《侯康補後漢書藝文志補》一卷
顧櫰三《補後漢書藝文志》十卷
姚振宗《後漢書藝文志》四卷
曾樸《補後漢書藝文志》一卷

補《三國志》藝文志的主要有三家:

侯康《補三國藝文志》四卷
陶憲曾《侯康補三國藝文志補》一卷
姚振宗《三國藝文志》四卷

① 《清史稿藝文志及補編》附録一《范希曾評清史稿藝文志》。

其中姚振宗所補兩種，著録均逾千種，收羅既富，考證亦精，成就遠在他家之上。

補《晉書》藝文志的主要有五家：

秦榮光《補晉書藝文志》四卷
丁國鈞、丁辰《補晉書藝文志》四卷（補遺、附録、刊誤各一卷）
文廷式《補晉書藝文志》六卷
吴士鑒《補晉書經籍志》四卷
黄逢元《補晉書藝文志》四卷

五家之書，各有所長。秦志據隋唐《經籍志》及史傳、類書中所載有關晉人的著作，收書一千七百四十七部，每書著録其卷數、姓名和出處，對作者多有考證；丁志創立黜僞、存疑二類，收書一千七百五十四部，輯自隋唐志書的，占十分之六七，輯自其他書的占十分之三四，全部注明出處，並加以考證，按四部排列，釋、道二家附於卷末；文志也據隋唐志及類書中的晉人著述匯編而成，收書二千二百九十六部；吴志獨名經籍志，收書二千一百二十六種，多輯自隋唐志、《經典釋文》、《晉書》及《通志》等書中關於晉人的著述；黄志采集《晉書》紀傳，各家目録，兼及金石遺文、類鈔，編成此志，凡四十家，一千二百八十八部，一萬一千九百九十三卷，仿照《漢志》，各類皆撰有小序，書名下有簡注。

補南北史藝文志的主要有十家：

王仁俊《補宋書藝文志》一卷
聶崇岐《補宋書藝文志》一卷
高桂華、陳鴻儒、閻枕泉《補南齊書經籍志》四卷
陳述《補南齊書藝文志》二卷
王仁俊《補梁書藝文志》一卷
徐仁甫《補陳書藝文志》二卷
李正奮《補魏書藝文志》四卷

徐仁甫《補北齊書藝文志》二卷
徐仁甫《補周書藝文志》四卷
徐崇《補南北史藝文志》三卷

以上十志,均收入《二十五史藝文經籍志考補萃編》第十二卷。其中聶崇岐《補宋書藝文志》卷末有總計數字云:經七十四部,史一百一十四部,子六十部,集二百四十一部,釋典一百七十一部,“共六百六十部,六千五百一十九卷,不知卷數者三十九部”。陳述《補南齊書藝文志》卷首《序》稱其“就《南齊》紀、傳,遇有撰著,隨手録出,大抵以其人没於齊代者爲斷,凡得數十家。又中、外沙門譯述亦頗繁夥,因就釋家目録摘取排入。仍就《隋志》、新、舊《唐志》及官、私書目核檢,都凡三千餘卷,謹取《明史·藝文志》斷代之例,略依《隋志》分類,稍事排比,並爲考證,寫成二卷。書雖多佚,亦略可窺見一代獻章之盛也”。李正奮《補魏書藝文志》,每書附注資料來源以及存佚情況,頗有參考價值。徐崇《補南北史藝文志》三卷,據《隋書·經籍志》及南北史紀傳所載,參照宋、南齊、梁、陳、魏、北齊、周書等,考證其異同,補編爲此志,按四部分類,收書一千二百三十八部,内有八百零六部爲《隋志》所未收,著録的南北朝人著述較爲齊備。

增補《隋書·經籍志》的主要有四種:

張鵬一《隋書經籍志補》二卷
汪之昌《隋書經籍志校補》四卷
李正奮《隋代藝文志輯證》十卷
李正奮《隋代藝文志》四卷

張鵬一《隋書經籍志補》自《魏書》《南齊書》《北齊書》《周書》《隋書》《北史》列傳,以及《舊唐書·經籍志》《律曆志》等,搜集《隋志》所未載者,計經説九十二部,史録六十部、子類五十五部,專集七十二家、雜文三十篇,依《隋志》例,分類補入。汪之昌《隋書經籍志校補》自《宋書》《南齊書》《梁書》《陳書》列傳中搜集《隋書·經籍志》未著録之圖書,分四部排列之。李正奮《隋代藝文志輯證》以隋人著述爲限，上自開皇元年，下迄大業十四年，究其三十八年間之著述，逐一輯出，得三百七十二家，計六百五十五部，釐爲一萬一千八百六十四卷。標目下輯録相關資料，頗有參考價值。李正奮《隋代藝文志》爲簡目，偶有附注，所録圖書與《隋代藝文志輯證》不盡相同，仍值得參考。

補《五代史》藝文志的主要有四家：

陳鱣《續唐書經籍志》四卷
顧檁三《補五代史藝文志》一卷
徐炯《五代史記補考藝文考》四卷
宋祖駿《補五代史藝文志》一卷

此外，清汪之昌《補南唐藝文志》與唐圭璋《南唐藝文志》也屬此期。陳鱣《續唐書經籍志》序云："《舊五代史》不志經籍一門，《新修五代史記》並不作志。雖爾時歷年甚少，又當兵戈擾攘之際，作者寥寥，然如明宗之好文，及南唐主之風雅，其臣下亦有工於著述、斐然可觀者，倘使文獻無徵，寧非缺典？因網羅散失，補志經籍。"此論補《五代史》藝文志的原因，頗具代表性。

增補《宋史・藝文志》的主要有一家：

黄虞稷、倪燦、盧文弨《宋史藝文志補》一卷

該書著録六百七十八家，一萬二千七百四十二卷。然對宋人著録，所收尚未全備；對舊志疏謬，也未加匡正。

補遼、金、元三史藝文志的，主要有十家：

繆荃孫《遼史藝文志》一卷
王仁俊《遼史藝文志補證》一卷
黄任恒《補遼史藝文志》一卷

厲鶚《補遼史經籍志》一卷
龔顯曾《金史藝文志補録》一卷
孫德謙《金史藝文略》六卷
錢大昕《補元史藝文志》四卷
張錦雲《元史藝文志補》一卷
黄虞稷、倪燦、盧文弨《補遼金元藝文志》一卷
金門詔《補三史藝文志》一卷

此外,王仁俊《西夏藝文志》也屬此期。

以上各志除《西夏藝文志》外,均收入商務印書館一九五八年出版的《遼金元藝文志》中,該書共收三朝典籍一萬八千二百五十餘條,不過其中有一半的書名、作者是互見重出的。此書基本上反映了三朝文獻的歷史情況。此外,王承略、劉心明主編之《二十五史藝文經籍志考補萃編》尚印有王仁俊《西夏藝文志》、楊復吉《補遼史經籍志》、鄭文焯《金史補藝文志》、錢大昕《元史藝文志》、張繼才《補元史藝文志》、吴騫《四朝經籍志補》等,也足資參考。

增補《明史・藝文志》的主要有三家:

尤侗《明史藝文志》五卷
金門詔《明史經籍志》一卷
蔣孝瑀《明史藝文志史部補》一卷

此外值得注意的是萬斯同撰《明史藝文志》底本。其《叙》云:"然有明一代,君臣頗尚文雅,一時作者,亦自彬彬,正學多以濂洛爲宗,詞章亦以班揚爲志,故其繁富,遠過前人。雖不無蕪蔓,然亦有可采。今並萃爲一編,列之四部,用傳來兹,俾觀者得窺標目,以著一代之盛。"若將萬斯同《明史藝文志》底本與《明史・藝文志》相比較,兩者有很大差别。首先分類有不同,如前者史部分十八類,後者只分十類。前者集部分八類,後者只分三類。而且類目的名稱也有所改變,前者經部有論語類、孟子類,後者經部

將它們合併爲四書類。其次，萬斯同《明史藝文志》所著録的圖書被大量删去，如經部易類，前者著録三百五十九部，而後者只著録二百二十二部，而且排列的順序也有所不同。再就是萬斯同《明史藝文志》有大量介紹圖書作者、内容，以及編撰情況的附注，在《明史·藝文志》中都被删掉了。因此就史料價值而言，萬斯同的《明史藝文志》底本要遠遠高於《明史·藝文志》。

增補《清史稿·藝文志》的主要有三家：

武作成《清史稿藝文志補編》
彭國棟《重修清史藝文志》
王紹曾等《清史稿藝文志拾遺》

武著共增補四部書一萬零四百三十八種，九萬三千七百七十二卷。如果除去其中重複著録的書籍，收書種數與《清史稿·藝文志》大體相等。彭著參考全國公私書目，收書比《清志》原稿約增一倍。王著如顧廷龍序所説："全書網羅清人著述爲《清史稿·藝文志》及武氏《補編》所未收者，竟達五萬四千餘種，以類相從，釐然有緒，且各著版本，兼明出處，元元本本，得未曾有。"①

第三類，其他史籍裏的目録，主要有七家：

宋鄭樵《通志·藝文略》八卷
清嵇璜等《續通志·藝文略》八卷
清嵇璜等《清朝通志·藝文略》八卷
元馬端臨《文獻通考·經籍考》七十六卷
清乾隆十二年敕編《續文獻通考·經籍考》五十八卷
清乾隆十二年敕編《清朝文獻通考·經籍考》二十八卷
清劉錦藻《清朝續文獻通考·經籍考》二十六卷

---

① 《清史稿藝文志拾遺》卷首《顧序》。

《通志·藝文略》,我們在第四章第三節中已經介紹過。《文獻通考·經籍考》,我們在第二章第三節中也介紹過。關於兩者,姚名達曾加以比較説:

> 馬端臨於宋末元初撰《文獻通考》,中有《經籍考》七十六卷。大體雖據晁公武、陳振孫二家之書,而宋世館閣之書亦備,除盡録二家解題外,兼引漢、隋、新唐三志及宋三朝、兩朝、四朝、中興各《國史藝文志》《崇文總目》《通志·藝文略》,各史列傳,各書序跋及文集、語録之有關係文字。每書皆有解題,每類各述小序。凡各種學術之淵源,各書内容之梗概,覽此一篇而各説俱備。雖多引成文,無甚新解;然徵文考獻者,利莫大焉。較諸鄭樵(《藝文略》)之僅列書目者,有用多矣。①

續作的二《通志》、三《通考》,大抵遠不如前編,姚名達對之也有評論:

> 《續文獻通考》《皇朝文獻通考》《續通志》《皇朝通志》,幾於完全抄撮《提要》,所不同者,惟沿襲馬、鄭之例,《通考》則稍取清初少數學者論考古籍之語,《通志》則惟録書目而删去提要。其分類亦依違於馬、鄭、《四庫》之間,不值一顧。《續》《清》之别,一則繼馬、鄭而迄明末,一則衹記乾隆以前之清人撰述耳。②

其中劉錦藻《續皇朝文獻通考·經籍考》輯自私家著述,有些參考價值,然也如姚名達所説"取舍任情,不能完備"③。

史志也有鮮明特點。國家藏書目録一般由政府組織當代人編纂而成,因此能較全面而準確地反映當時的國家藏書情況。而史志則往往是由後代史官根據以前的國家藏書目録及其他文獻資料編纂而成的,所以

---

① 《中國目録學史·史志篇·通志與文獻通考》。

②③ 《中國目録學史·史志篇·四庫全書總目提要及三通考·二通志·清史稿》。

並非嚴格的藏書目録。其著録大致有兩種情況：一種是通記本朝與前代的著作，如漢、隋及兩唐志。第二種是只記本朝的著作，如《明史·藝文志》《清史稿·藝文志》。至於後人所撰補志，主要依據各種文獻資料編成，就與歷代國家藏書並無關係了。

其次是史志有着辨章學術、考鏡源流的優良傳統。這可以從《漢志》《隋志》的結構看出。它們皆先按學術流别分類，然後撰全書之序一篇以爲綱領，並於每一大類（略、部）及每一小類（種）之後又各爲一序以叙源流、明得失。又於各書之下，看具體情況加些附注，以加强加深讀者對於此書及其作者的瞭解。此外，鄭樵《通志·藝文略》與馬端臨的《文獻通考·經籍考》在辨章學術、考鏡源流方面也各有成就。鄭樵認爲"類例既分，學術自明"①，所以《藝文略》主要是通過分類來顯示學術的異同源流的。至於某些書名之下偶有或略或詳的附注，並非其措意所在。馬端臨的《經籍考》則把各家的提要、序跋，以及一切有關的資料都輯録在一起，給讀者提供了極大的便利。所以，其後不少補志也沿用了這個辦法。

學者們在彙編史志方面做了不少工作。日本學人於文政八年，即道光五年（一八二五）合刊《漢書·藝文志》《隋書·經籍志》《舊唐書·經籍志》《新唐書·藝文志》《宋史·藝文志》以及明黄虞稷、倪燦、清盧文弨等《補宋史藝文志》《補遼金元藝文志》、清金門詔《補三史藝文志》、清錢大昕《補元史藝文志》、清張廷玉《明史·藝文志》爲一書，因爲這十種經籍志或藝文志涉及八個朝代，所以稱爲《八史經籍志》。我國清光緒間有張壽榮翻刻本。三十年代，葉聖陶先生主持開明書店工作，編印了《二十五史補編》，把絶大部分研究二十五史的學者所補的志表及考證匯爲一書，增補的歷代經籍、藝文諸志也在其内，極便參考。從一九五五年開始，商務印書館又編印了十史藝文經籍志，其中包括《漢書藝文志》《隋書經籍志》《唐書經籍藝文合志》《宋史藝文志·補·附編》《遼金元藝文志》《明史藝文志·補編·附編》《清史稿藝文志及補編》，至一九八二年已全部出齊。其中如兩《唐志》係分上下欄對照排印，非常便於檢查。

① 《通志·校讎略·編次必謹類例論》。

王承略、劉心明主編的《二十五史藝文經籍志考補萃編》在前人的基礎上,又朝前邁進了一大步,全書分二十七卷,分裝三十一册,收史志目録八十四部,都經過了標點與校勘工作,在一定程度上摸清了中國古代文獻典籍的家底,客觀地反映了各個時代各種學術的興起、發展與演變,是我們瞭解與研究歷代著述、藏書,以及社會發展狀況的重要依據。如該書第二十二卷所收清張繼才編《補元史藝文志》集部詞曲類,不僅著録了不少詞曲别集、詞曲總集,還著録了一百三十五部雜劇作品。此外還著録了元代戲曲作家鍾嗣成編著的《録鬼簿》二卷,而該目録記載了一百五十二位元代戲曲作家的生平事迹及四百餘種戲曲作品的目録,這些均反映了元代雜劇創作的盛況。該書第二十一卷所收清龔顯曾《金藝文志補録》集部詞曲類收曲書八種,孫德潛《金史藝文略》集部詞曲類收曲書五種,其中包括《董解元西厢記》。它們著録的曲書雖然不多,但清楚地説明了元曲的興盛由金代發端。

史志雖然與國家藏書目録不完全一致,但是也略可考見各個朝代文化學術的盛衰。後人對原來没有經籍或藝文志的諸史一一補作,已有的又加增訂,正説明了它是很有用的。

第三節　叢書目録

叢書是按照一定的原則(如或屬同一作者,或屬同一學科,或屬同一時代,或屬同一地區),采用相同的物質形式(如一樣的版面,一樣的裝訂形式),用同一書名,把一些著作匯刊在一起的系列書籍。

早在戰國時代,人們就已經按照一定的原則把一些書組織在一起了。譬如儒家學派把《詩》《書》《易》《禮》《樂》《春秋》總稱之爲六藝或六經。傳説它們都是經過孔子編定的,都是儒家學派的教材。如果單從這一點講,六藝或六經就是我國最早的叢書。據《後漢書·蔡邕傳》記載,熹平四年(一七五),蔡邕等"奏求正定六經文字,靈帝許之。邕乃自書丹於碑,使工鐫刻,立於太學門外,於是後儒晚學咸取正焉。及碑始立,其觀視及摹寫者,車乘日千餘兩,填塞街陌。"熹平石經包括《周易》《尚書》《魯詩》《儀禮》《春秋》《公羊傳》《論語》等七種經書，統稱爲《六經》，可以説是比較典型的叢書。

在《漢書・藝文志》諸子略儒家中，班固增補了《七略》之書，著録“劉向所序六十七篇”，注云：“《新序》《説苑》《世説》《列女傳・頌・圖》也。”又著録“揚雄所序三十八篇”，注云：“《太玄》十九，《法言》十三，《樂》四，《箴》二。”劉向、揚雄的思想，屬於儒家，但所著如汪辟疆先生所説：“蓋《新序》《説苑》者，史部之古史類也；《列女傳》者，史部之傳記類也；《世説》者，子部之小説類也；而同稱爲劉向所序書。《太玄》者，子部之術數類也；《法言》者，子部之儒家類也；《樂》則不入經部之樂類，即當入子部之藝術類；《箴》則集部別集中之一體耳，而同列爲《揚雄所序書》。”①這顯然不合劉氏父子的分類原則，但這種處理，無意之中却開了個人自著叢書之先聲。由此可見，叢書的萌芽是較早的。

隨着紙張的普及，圖書的製作與傳播越來越容易，這也爲大型叢書的産生創造了條件。《四庫全書總目》卷一二三於子部雜家類七雜編之屬的案語稱：

> 古無以數人之書合爲一編而別題以總名者，惟《隋志》載《地理書》一百四十九卷録一卷，注曰：“陸澄合《山海經》以來一百六十家以爲此書。澄本之外，其舊書並多零失，見存別部自行者，惟四十二家。”又載《地記》二百五十二卷，注曰：“梁任昉增陸澄之書八十四家，以爲此記。其所增舊書亦多零失。見存別部行者，惟十二家。”是爲叢書之祖。

我們今天所能查到的最早的完整的雕印本叢書是南宋寧宗嘉泰年間（一二〇一至一二〇四）俞鼎孫、俞經輯刻的《儒學警悟》。此書現在尚存，共輯《石林燕語辨》、《演繁露》、《嬾真子》、《考古編》、《捫蝨新語》上下集、《螢雪集説》等七種四十一卷，距今近八百年的歷史了。該書堪稱我國第一部雕印本綜合性叢書。宋咸淳九年（一二七三）左圭刻《百川學海》，其

① 《目録學研究・叢書之源流類別及其編索引法》。

書計分十集收書百種一百七十七卷,多爲唐宋以來短書小品。該書的出現標誌着我國古代綜合性叢書體例已經定型,明人有《續百川學海》《再續百川學海》《三續百川學海》《廣百川學海》,可見其影響之大。

《儒學警悟》《百川學海》的刊行,表明了叢書在晚宋已實際存在,而叢書之名却出現得更早。唐陸龜蒙的文集即名《笠澤叢書》。《郡齋讀書志》云:“笠澤者,松江地名也。其自序云:‘自乾符六年(八七九)春卧病笠澤,遇體中不甚羸耗時,亦隱几著書。詩、賦、銘、記,往往雜發,不類不次,混而録之,故曰叢書。’”①所以《笠澤叢書》雖有叢書之名,但實爲一部文集,並非今天所説的叢書。真正名實相副的叢書是明萬曆中程榮所輯《漢魏叢書》。此書搜集匯刊了漢魏時代的著作多種。從此,名實相副的叢書就不斷出現了。

明代是叢書蓬勃發展的時期。包羅四部的綜合性叢書如《漢魏叢書》《唐宋叢書》《格致叢書》《寶顔堂秘笈》等相繼刊行。同時《子彙》《二十子》《古今逸史》《五朝小説》等專門性的叢書,也陸續出現了。第一部郡邑叢書《鹽邑志林》,刊行於天啓(一六二一至一六二六)年間。如果再加上《儼山外集》《孫文恭公遺書》等個人著作叢書,那麽明代所輯的叢書,可以説是各體具備了。

到了清代中葉,輯刻叢書之風更盛,不但種類多,而且内容精。正、續《皇清經解》的編纂,綜合了當時整理經籍的成果;《玉函山房輯佚書》《漢學堂叢書》等的編刊,顯示了輯佚工作的興盛;《史學叢書》《荆駝逸史》的問世,反映了史籍考訂工作已遠邁前代;《麓山精舍叢書》《浙江圖書館叢書》的傳布,説明了方輿地志和中外交通已成爲新的學術研究課題。明季以來,顧炎武、王夫之等著名學者輩出,著述宏富,於是有《亭林全集》《船山遺書》等五百多家獨撰叢書的輯印,叢書的内容就更加豐富了。此外,很多翻刻的古書,也有用叢書的形式而流傳的。其注重版本的如《士禮居叢書》《古逸叢書》,仿刻精美,無異宋元舊本;注重校勘的如《抱經堂叢書》《經訓堂叢書》《岱南閣叢書》,考析詳明,訂正了古籍中不少訛誤。叢書發

---

① 《郡齋讀書志》卷一八《陸龜蒙笠澤叢書》四卷。

展到這個階段，各類重要的學術著作，已大都收入。這樣，從事學術研究的人，可方便地從叢書裏擷取所需要的資料，它的用處就愈來愈廣泛，因而對於叢書目録的需要，也就日益迫切①。

由於刊印叢書之風大盛，叢書目録的編纂也就應運而生。先是在一些綜合目録中出現了叢書類目。如明祁承㸁《澹生堂書目》就在子部新設叢書一類。接着便出現了專門的叢書目録。嘉慶四年（一七九九），顧修編《彙刻書目初編》是第一部叢書目録。此書隨手摘録叢書二百六十一種，體例不嚴。光緒二年（一八七六），傅雲龍續編、胡俊章補遺成《續彙刻書目》，才按四部分類收録叢書五百種。此後，朱記榮、朱學勤、楊守敬、李之鼎、劉聲木、孫殿起等都采用分類排列法編過叢書目録，其中一九一八年李之鼎的《增訂叢書舉要》，收叢書一六〇五種。一九二八年，沈乾一輯《叢書書目彙編》，收書二〇八六種，改按分類排列爲按書名字順筆劃排列，較前易於檢索。這些叢書目録都是列子目於叢書書名之後，還只能檢索每種叢書所收書名與種數，而難以檢索某書或某人所著書究竟在何種叢書之内。

一九三一年，浙江省圖書館金步瀛編成《叢書子目索引》，並由浙江圖書館印行。後來又編成《增訂叢書子目索引》，一九三五年由上海開明書店印行。後者收浙江圖書館所藏叢書約四百種。一九三五年，金陵大學圖書館曹祖彬編成《叢書子目備檢著者之部》，收叢書三百六十一種。前者只要知道書名，即可查知它是否收在浙江省圖書館所藏四百種叢書之中；後者只要知道書的作者，即可查知他所著的某書是否收在金陵大學圖書館原藏三百六十一種叢書之中。兩者都是就本館所藏叢書編輯而成，雖比前人之作易於檢索，但收書不豐。一九三六年，清華大學圖書館施廷鏞編成《叢書子目書名索引》，收書一二七五種，在數量上朝前大大邁進了一步。同年，楊家駱編成《叢書大辭典》，抱寧濫無闕的態度，收書六千種，采叢書書名、各書書名、撰書人名爲綱，互注其關係名目於下，以四角號碼檢字法混合編排，讀者可以從多方面查尋所需資料。然該書存佚不分，每條子注較簡略，没有反映書藏何處，尋書也頗感不便。

---

① 參見《中國叢書綜録》卷首《前言》。

體制完備，極便使用的叢書目録，要推上海圖書館編的《中國叢書綜録》。此書分三册，共收全國四十一個大圖書館現藏叢書二七九七種。第一册是《總目分類目録》，附《全國主要圖書館收藏情况表》；第二册是《子目分類目録》；第三册是《子目書名索引》《子目著者索引》。其書優點頗多，舉要言之：一是蒐羅比較完備，儘可能反映了我國叢書的全貌；二是便於檢閲者，無論從總目、分類、書名、作者等任何一種角度去檢尋，都可一索即得；三是反映了叢書的收藏情況，以便研究者即目求書，就近借閲。當然，此書也有失收及誤載等缺點，但它的優點仍然是主要的。作爲一部目録學的空前巨著，《中國叢書綜録》一出，前此出版的絶大多數叢書目録就完成了自己的歷史使命。

爲了彌補《中國叢書綜録》之不足，南京大學圖書館與歷史系資料室將施廷鏞的《叢書綜合目録》稿本與《中國叢書綜録》對照，選取《中國叢書綜録》没有的叢書，經過適當補充，編爲《中國叢書目録及子目索引彙編》由南京大學出版社於一九八二年出版，收録叢書九七七種。施廷鏞去世後，其子施鋭又將施廷鏞在叢書方面的遺稿整理成《中國叢書綜録續編》《中國叢書題識》《中國叢書知見録》，由北京圖書館出版社出版，均有參考價值。此外，陽海清還編撰了《中國叢書廣録》，由湖北人民出版社於一九九九年出版。據該書《前言》，"共收録各類叢書三千二百七十九種，含子目五萬零七百八十種，汰去復出亦有四萬零二百二十七種。"該書雖爲知見目録，亦可供參考。

張之洞説："叢書最便學者，爲其一部之中，可該群籍；蒐殘存佚，爲功尤鉅。"①叢書目録使叢書的優點得到了充分的發揮。

第四節　地方文獻目録

地方文獻目録是以某一地區有關的書籍爲對象而編製成的一種目録，它包括方志中的目録。地方文獻通常有兩方面含義：一是内容關係到

① 《書目答問》卷五《叢書目》。

某個地區的著作，一是籍貫屬於某個地區，或長期居住在某個地區的作者的著作。劉知幾《史通·書志篇》説："近者宋孝王《關東風俗傳》亦有《墳籍志》。其所録皆鄴下文儒之士，校讎之司；所列書名，惟取當時撰者。"宋孝王是由齊入周的，可見早在北朝就已有了專録一方人士著作的目録了。

據《千頃堂書目》記載，明萬曆間祁承㸁撰《兩浙著作考》四十六卷，明末曹學佺撰《蜀中著作記》十二卷，前者現存黄裳處，爲澹生堂藍格寫本，凡十四册。後者尚存殘本四卷①。在地方文獻目録中可稱典範的名著是清孫詒讓的《温州經籍志》。其書體例全仿朱彝尊《經義考》，每書注明存、佚、闕、未見，輯録序跋及其他有關資料，並注明出處，而且還附有相當多的案語。它不僅對於檢查温州的文獻是不可缺少的一部書，而且其著録方法也很值得我們借鑒。該書"凡爲卷三十有三，外編二卷，辨誤一卷附焉，著於録者一千三百餘家"②。今録二例，以見一斑：

姜氏準東嘉書目考《慎江文徵》三十八

佚

自序……夫告朔廢而羊存，夫子猶欲藉存羊以復禮。矧典章殘缺，書目足徵。有如後起之士，循名求書，因書求理，則涉獵荒遠，轉接精魂，俛仰感興於風簷夜案者，未知其淺深也。將謂餼羊非禮之存，而書目非道之寄歟？取舊志之渾列者，析經子史集彙而爲四，或傳其故序，或録其制行，或稽其撰輯顛末、品騭臧否，庸綴諸目之下。其亡可考者，缺之不敢誣也。嗚呼，識道有人，文武不墜；文獻稱足，夏殷能言。是編也，自審於古之作者示今傳後之志，庶幾無負矣。《慎江文徵》三十八。③

姜準《東嘉書目考》雖佚，録此一序也可窺見其體例。又如：

① 《圖書館學季刊》第三卷一、二、三期，第四卷一期。

② 《温州經籍志》卷首《叙例》。

③ 《温州經籍志》卷一三《目録類》。

周氏家偉水中雁字詩《羅陽詩始》一　乾隆《温州府志》二十詩下有集字。

未見

乾隆《温州府志》二十：周家偉生平多所著作，因兵燹散失，今僅存《水中雁字詩》集行世。

《羅陽詩始》一：周主政舉於鄉，後五年而明社遂屋。所著有《水中雁字詩》三十首，其音哀以思，蓋以亡國之遺響也。

案周主事家偉，雍正《泰順縣志·宦業傳》有傳。①

從這篇叙録中可見《水中雁字詩》的數量、内容及作者傳記在何處。

在現代地方文獻目録中，以有關邊疆的地方文獻目録的成就較爲突出。如一九四九年前王文萱編的《西北問題圖書目録》，丁實存、陳世傑編的《新疆書目》、吴玉年編的《西藏圖籍録》、薩士牙編的《臺灣史料書目》都是比較有價值的。而金陵大學中國文化研究所於一九三七年出版的李小緣編的《雲南書目》，是一部高質量的大型綜合性地方文獻目録。現對其特點作一簡要介紹。

一是目的性强。李小緣在《西人論華書目》的序中説："古人云：知己知彼，百戰百勝。帝國主義過去對我國陰謀破壞，吾人言之切齒痛恨，但語焉不詳，此目若能完成，將有關書籍能一一入藏，則窺測其根源，揭發其底細，我們可以加以探索。"②對國家命運的關心，促使他注意對我國邊疆資料的搜集；而三十年代的雲南是英法帝國主義者激烈争奪和蠶食的對象，則是他首先要編出《雲南書目》的直接原因。

二是資料全。《雲南書目》注意收録了從漢代一直到二十世紀三十年代有關雲南的資料約三千種。收録範圍十分廣泛，從文獻的類型看，除通史、斷代史、地方志、叢書、傳記外，還旁及年譜、筆記、通信、講演詞、考察報告、政書、奏議、檔案、會議記録。報刊中包括公報、校刊、會刊、報紙。特殊類型資料包括地圖、圖譜及碑刻拓本。此外還收録了大量的外文資

① 《温州經籍志》卷三〇《别集類》。

② 李小緣《西人論華書目序》，載《文教資料簡報》一九八二年三、四期合刊。

料,其中英文資料約三百六十種,法文資料近三百種,其他還收有日、德、荷蘭、意大利等文種的資料。

三是體例實用。爲便於使用,《雲南書目》專門制訂了一個新的分類表。玆録其一級類目如下:壹、總録;貳、歷史;叁、地理;肆、地質;伍、礦産;陸、動物;柒、植物;捌、社會;玖、文化·教育·衛生;拾、經濟;拾壹、交通;拾貳、民族;拾叁、軍務。該分類表反映了雲南文獻的特點與實際情況,是非常實用的。《雲南書目》以分類編排爲主,又照顧到分類與主題的適當結合。在每個子目下,還根據具體情况,分别按地區、年代或主題排列,充分發揮了各種編排方法的特點。作者還普遍采用了互著與别裁的方法以彌補分類之不足。文獻資料的著録項目也比較齊全,重要文獻還寫了提要,列出子目、版本、校勘記和書評,對文獻的章節、著者生平、作序人等有時也加以著録或考證。《雲南書目》在一定程度上代表了同類書目所取得的成就。

一九四九年後,地方文獻目録出現了兩個新特點:一是編出了一些專題目録,如浙江省圖書館編印的《浙江礦藏資料目録》、廣東省中山圖書館編印的《海外華僑革命資料》。還有一個特點是編出了一些聯合目録,如東北地方文獻聯合目録編輯組編的《東北地方文獻聯合目録》,其第一輯爲東北地方文獻的報刊聯合目録,第二輯爲東北地方文獻的圖書聯合目録,第三輯爲東北抗日聯軍及東北抗日武裝鬥争史料索引。

改革開放以後,地方文獻目録獲得了蓬勃發展,不少省市都編了地方文獻目録,試以編纂較早的趙國璋主編之《江蘇藝文志》與江慶柏主編之《江蘇地方文獻目録》爲例。前者著録的是江蘇人寫的書,共收録中華人民共和國成立前江蘇籍作者二萬七千五百二十九人的著作。該書依行政區劃,共分南京、鎮江、常州、無錫、蘇州、揚州、南通、鹽城、淮陰、徐州、連雲港等十一卷。每卷著録各書依經、史、子、集、叢書五大類排列。每條款目除作者小傳外,還於書名下注明卷數、四部類目、存佚。現存書注明版本,稀見本還注明收藏單位。佚書注明出處。各卷末附該卷人名索引。

後者著録的是新中國成立前寫江蘇的書六千餘種。該書依據江蘇地方文獻的實際情況,按歷史文獻、地理文獻、政治法律文獻、社會文獻、經濟文獻、軍事文獻、教育文獻、科舉文獻、傳記文獻、金石文獻、文學文獻、語言文獻、藝術文獻、科技文獻、宗教文獻、藏書文獻、圖書出版文獻、家族文獻、綜合文獻等十九大類編排。不少大類下面還設有二級甚至三級類目。這對文獻編目與即類求書都是大有幫助的。每條款目基本著録項目包括書名、卷數、版本、册數、館藏單位及索書號。每書均寫有内容提要,介紹作者、書的基本内容與特點,並注明提要撰寫者姓名。末附書名索引與作者索引,頗便利用。主編在後記《去尋找》中談了自己到省内外各圖書館訪書的歷程,並深有體會地説:"事實表明,我們通過到圖書館實地去調查資料,而不僅僅是依據書目編寫書目,這一决定是完全正確的。正是在調查中,我們發現了許多珍貴的,現有各種書目都没有著録的地方文獻。"

方志中的藝文志有兩種不同的内容:一種體例全同正史的藝文志,這就是地方文獻目録。還有一種,雖然也叫藝文志,但並不是書籍目録,而是一些與該地有關的詩文選録。

方志裏有藝文志來源也很早。例如南宋嘉定七年(一二一四),高似孫撰《剡録》,卷五裏有書有文。其所謂書,實際上指戴逵、阮裕、王羲之、謝玄、孫綽、許詢、支遁、秦系、吴筠、靈澈、鄭言、謝靈運、顧歡、葛仙翁十四人著作,以及阮、王、謝三氏家譜之目録,共四十二種,各有卷數。其所謂文者,則移鈔謝安、戴逵等人有關剡(今浙江嵊州市)的單篇文章,實開地方志著録文獻的風氣。明清志家,多鈔詩文而少撰目録,然也有仿《剡録》而兩者兼收的。如《吴興備志》之分録經籍遺書,康熙《嘉興府志》之分録經籍書籍,康熙《錢塘縣志》之分録經籍藝文皆是。《圖書館學季刊》七卷二號載李濂鏜撰《方志藝文志彙目》將書目部分彙編在一起,頗便尋索。

方志的組成部分——藝文志固然是地方文獻目録,而方志本身也是地方文獻,所以方志目録也可以算是地方文獻目録,而且是範圍更大的地方文獻目録。

方志就是地區史,可以溯源於《禹貢》和《山海經》。《隋書・經籍志》史部地理類説:"晉世摯虞,依《禹貢》《周官》作《畿服經》,其州郡及縣分野、封略、事業、國邑、山陵、水泉、鄉、亭、城、道里、土田、民物、風俗、先賢、舊好，靡不具悉，凡一百七十卷，今亡。”如《隋志》所述，《畿服經》門類甚廣，卷帙也多，已開後世撰述地方志的風氣了，此外尚有《華陽國志》十二卷，是東晉人常璩所撰，也與摯著相類。

隋代出現了由國家組織編纂的全國範圍的志書。《隋書·經籍志》史部地理類序云：“隋大業中（六〇五至六一七），普詔天下諸郡，條其風俗物産地圖，上於尚書，故隋代有《諸郡物産土俗記》一百三十一卷，《區宇圖志》一百二十九卷，《諸州圖經集》一百卷。”在這以後，唐代李吉甫修了《元和郡縣志》，宋代樂史修了《太平寰宇記》，元、明、清三朝各自修了《一統志》。它們的出現，不但使得地理書籍體例日趨規範化，而且促進了地方上各類方志的修纂，以及方志目録的編製。

方志早就爲藏書家所重視，明嘉靖年間晁瑮《寶文堂書目》卷下已著録方志二百五十八部，又萬曆年間祁承㸁《澹生堂書目》史部圖志類共著録方志五百三十五部，都可算是方志目録的先驅。

瞿宣穎《方志考稿》據天津任鳳苞私人藏書編纂而成，是一部有提要的方志目録。瞿氏自序談到了該書的體例：“大抵每書必首嚴其名稱，次述其纂修之年月與纂修者之姓名，次述其舊志之沿革，次述其類目，次辨其體例，最後評其得失。尤注意於所苞之特殊史料。將使讀者開卷而了然於其源流所自與内容所涵。”①《方志考稿》（甲集）對舊直隸、奉天、吉林、黑龍江、山東、河南、山西、江蘇等八省的方志進行了考録。

朱士嘉編著的《中國地方志綜録》在方志目録學方面成就突出。其凡例説：

> 本篇係根據國内外各公立圖書館與各私人搜藏之中國地方志目編成。著録方志五千八百三十二種，九萬三千二百三十七卷，以現存者爲限。自宋熙寧起，至民國二十二年止，經歷八百餘載。賅括二十八行省，又西藏、蒙古二地。其散見於《四庫全書》及各叢書中者，亦

① 《方志考稿》（甲集）卷首《自序》。

一併收録,其無遺焉。①

顧頡剛爲此書作序,也作了公允的評價:

朱君……竭五年之力,博采旁羅,得國内外現存方志五千餘,作此《綜録》,以示大凡。蓋直接爲目録學家創一新例,間接爲史地學者開一大道,可謂盛事矣!②

此書於一九三五年出版後,一九五八年,又出了《中國地方志綜録》的增訂本,所收現存方志增至七千多部。一九七八年九月中國天文史料普查整編組在朱先生指導下編印的《中國地方志聯合目録》,共著録一百九十個圖書館、博物館、文史館、檔案館等入藏的現存方志約有八千二百餘種。該目録一九八五年已由中華書局出版。

張國淦編著的《中國古方志考》對元代以前的方志作了全面的總結。其《叙例》云:

《中國古方志考》,爲古代方志書之綜合書録,其體例略仿朱彝尊《經義考》。凡屬方志之書,不論存佚,概行收録。因係資料性質,故只輯録舊文,有删無改,分析論斷,多出前人,編者間抒己見,則附著案語之中。

本編所録,自秦漢至元代止。首列總志,即全國性之志書。次分省排纂,省縣區劃,並以一九五六年爲準。每省前爲通志類,即全省地志,後爲府縣志類。

凡屬不傳之書,於標目下注一"佚"字。如係現存,則注明版本,只就編者所見言之。標目之後,列舉作者時代、姓名、簡歷。無撰人者,則藉所標地名,或佚文所記事實,或來源書之年代,於成書時期作

① 《中國地方志綜録》卷首《凡例》。

② 《中國地方志綜録》卷首《序》。

> 大略之推定。原書序跋及目録，於佚書，則有可考者皆録之，於現存之書，則擇其有關内容及修志故實者節録之，而於著名方志則加詳焉。①

洪焕椿先生的《浙江地方志考録》是一部全面總結某一地區方志的力作。其《前言》説：

> 這一部《浙江地方志考録》，主要是對浙江全省所有的地方志，從全省性的通志起一直到很細小的專志，不論它是現存的或已佚的，已刊的或未刻的，將它作一個全面的考察。除了分類記載其書名、卷數、纂修者、纂修年代和流傳情況之外，並作一些必要的提要説明和考訂工作。對於現存的地方志，皆注明幾個比較重要的庋藏處所。學術工作者當需要利用浙江地方志進行科學研究工作時，有了這一部參考書，基本上可以掌握浙江地方志的纂修源流及存佚情況。②

此外，上海師範學院圖書館編的《上海方志資料考録》，也是這方面較好的參考資料。

地方文獻目録，反映了地方學術文化發展的狀況，爲搜集、整理地方文獻，進而建立地方文獻體系提供了便利。從中可能會發現重要人物的遺佚著作，或非重要人物的有價值著作。地方文獻目録是從事學術研究的非常重要的工具書。

① 《中國古方志考》卷首《叙例》。

② 《浙江地方志考録》卷首《前言》。一九八四年浙江人民出版社又出版了作者的《浙江方志考》。《浙江方志考》對《浙江地方志考録》作了訂正、增補和重寫，可參看。

第五節　私人藏書目録

我國歷史上的私人藏書,起源甚早。《莊子·天下篇》已稱"惠施多方,其書五車"。漢初私人求書藏書的風氣已很盛行。如"河間獻王(劉)德……修學好古,實事求是。從民得善書,必爲好寫與之,留其真,加金帛賜以招之。繇是四方道術之人,不遠千里,或有先祖舊書,多奉以奏獻王者。故得書多,與漢朝等。"①西漢末年,劉向父子等校書,也利用過大量的私人藏書,今傳《别録》遺篇可證。

最早編寫私人藏書目録的,當推任昉。《梁書》云:"自齊永元(四九九至五〇〇)以來,秘閣四部,篇卷紛雜。昉手自讎校,由是篇目定焉。昉墳籍無所不見,家雖貧,聚書至萬餘卷,率多異本。昉卒後,高祖使學士賀縱,共沈約勘其書目,官所無者,就昉家取之。"②又阮孝緒《七録序》云:"凡自宋齊以來,王公縉紳之館,苟能蓄聚墳籍,必思致其名簿。"③這裏所説的名簿即指目録,於此可見南朝藏書家多有藏書目録。

雕版印刷術發明以後,書籍易得,私人藏書風氣日盛,私人藏書目録也就越來越多了。汪辟疆《目録學研究》所附《漢唐以來目録統表·私家目録表》作了詳細統計。其中唐代三家均佚:

吴兢《西齋書目》一卷
蔣彧《新集書目》一卷
杜信《東齋集籍》二十卷

宋代現存三家:

晁公武《郡齋讀書志》二十卷(袁本爲四卷)

① 《漢書》卷五三《河間獻王傳》。
② 《梁書》卷一四《任昉傳》。
③ 《廣弘明集》卷三《七録序》。

陳振孫《直齋書録解題》二十二卷
尤袤《遂初堂書目》一卷

據《昭德先生郡齋讀書志序》，知晁公武曾得井度所贈書凡五十篋，加上舊藏並除其複重，得二萬四千五百多卷，據以撰成《郡齋讀書志》。該志分經、史、子、集四部，每部有序一篇。四部又分四十五類，其中二十五類有類序，但類序没有標明，往往包含在那一類第一部書的提要之内。

《郡齋讀書志》於每書之下均有提要，或述作者略歷，或論其書要旨，或明學術淵源，其特點是偏重考訂。今録二篇爲例。《陶潛集》提要云：

右晉陶淵明元亮也，一名潛（先謙案：袁本作"右晉陶淵明也"），潯陽人。蕭統云："淵明，字元亮。"《晉書》云："潛，字元亮。"《宋書》云："潛，字淵明，或云字深明，名元亮。"按集（案：《通考》有中字）《孟嘉傳》與《祭妹文》，皆自稱淵明，當從之。晉安帝末，起爲州祭酒。桓元篡位，淵明自解而歸。州召主簿，不就，躬耕自資。劉裕舉兵討元，誅之，爲鎮軍將軍。淵明參其軍事。未幾改爲建威將軍。淵明見裕有異志，乃求爲彭澤令，去職。潛少有高趣，好讀書，不求甚解，著《五柳先生傳》以自況，世號靖節先生。今集有數本：七卷者，梁蕭統編，以序、傳、顔延之誄載卷首。十卷者，北齊陽休之編，以《五孝傳》、《聖賢群輔録》、序、傳、誄分三卷，益之詩，篇次差異。按《隋經籍志》："潛集九卷。"又云："梁有五卷，録一卷。"《唐藝文志》："潛集五卷。"今本皆不與二志同，獨吴氏《西齋書目》有潛集十卷，疑即休之本也。休之本出宋庠家云。江左名家舊書，其次第最有倫貫，獨《四八目》後八儒、三墨二條，似後人妄加。①

又《王勃集》提要云：

① 《郡齋讀書志》卷一七《陶潛集》十卷。

右唐王勃子安也,通之孫。麟德(六六四至六六五)初,劉祥道薦其才,對策高等,授朝散郎。沛王召署府修撰,以戲爲諸王(先謙案:袁本有作字)《鬬雞檄》,高宗怒斥出府。父爲交趾令,勃往省,溺海卒。勃屬文,初不精思,先磨墨數升,酣飲,引被覆面卧,及寤,援筆成篇,不易一字,時人謂之腹稿。有劉元濟序。①

《郡齋讀書志》在四川的最初原刻本是四卷,約於一一五七年由杜鵬舉校刻。後有姚應績重編的二十卷本,曾否在四川付梓,無考。一二四九年,黎安朝翻刻四卷本於宜春郡齋,這就是現在所稱的"袁本"。黎安朝命趙希弁校刻,希弁因就家藏書中爲晁志所未收的,編爲《附志》一卷(實分爲上下兩卷),共刻爲五卷。也就在這一年,游鈞將姚編二十卷本刻於信安郡齋,就是現在所稱的"衢本"。次年(一二五〇),衢本傳到了袁州,黎安朝又命趙希弁把衢本中多出的四三五種、八二四五卷編爲《後志》二卷,附刻於五卷之後。一八八四年,王先謙以袁本校衢本,著其異同,仍依衢本爲二十卷,並附趙希弁《附志》於後。王先謙校刻本和《四部叢刊》三編影印的宋袁州刻本,一度頗爲流行。

現在通行的是孫猛《郡齋讀書志校證》,由上海古籍出版社於一九九〇年出版。作者對原書作了標點、校勘、疏證、考訂工作。作者在卷首《前言》與《凡例》中對《郡齋讀書志》的作者生平、版本源流、成就與不足,以及自己所做的整理工作,均作了清晰的闡述。卷末還附有《晁公武傳略》《歷代著録及研究資料彙編》《現存諸本叙録》《郡齋讀書志衢袁二本的比較研究》,以及《書名索引》與《著者索引》。顯然該書是迄今爲止《郡齋讀書志》最可靠、資料最翔實,且最便於使用的版本。

趙希弁的《附志》共著録了圖書四八六種,多是當時通行的刻本書,正好補充了《郡齋讀書志》刊印後近一百年間新出的書。《郡齋讀書志》連同《附志》共著録了一九三七部古籍,均有提要,爲後人瞭解宋代及宋代以前的各類古籍提供了依據;特別是其中有相當數量已經全部或部分佚失,現

① 《郡齋讀書志》卷一七《王勃集》二十卷。

在只有憑《郡齋讀書志》的介紹來瞭解了。陳振孫評《郡齋讀書志》説："其所發明有足觀者。"①這一意見是不錯的。

陳振孫勤於聚書，如他在《九經字樣》的解題中説："往宰南城，出謁，有持故紙鬻於道者，得此書，乃古京本，五代開運丙午（九四六）所刻也，遂爲家藏書籍之最古者。"②接着他做了興化軍的通判，收藏的書更多。周密説："近年惟直齋陳氏書最多，蓋嘗仕於莆，傳録夾漈鄭氏、方氏、林氏、吴氏舊書至五萬一千一百八十餘卷。"③《直齋書録解題》即據所藏編成，原有五十六卷，著録圖書三〇九六種。惜其流傳不廣，原刊本已失傳。直到乾隆間修《四庫全書》時，方由《永樂大典》中輯出，校定爲二十二卷。

輯本《直齋書録解題》共五十三類，雖無經、史、子、集之名，然仍以四部次序排列。僅存類序九篇，但也反映了學術的變化，並説明了分類的日趨細密，我們曾引用過其語孟類序，又如其詩集類序云："凡無他文而獨有詩，及雖有他文而詩集獨行者别爲一類。"④可見其收録範圍非常明確。

其書評述典籍，時有卓見。如《史記》解題云："竊嘗謂著書立言，述舊易，作古難。六藝之後有四人焉：摭實而有文采者，左氏也；憑虚而有理致者，莊子也；屈原變國風、雅、頌而爲《離騷》，及子長易編年而爲紀傳，皆前未有其比，後可以爲法。非豪傑特起之士，其孰能之？"⑤不失爲知言之選。

除介紹書籍内容及版本外，作者對學術淵源、文學流變也相當注意。如有幾則解題即談到了唐代律詩問題。《杜必簡集》解題云："唐初沈、宋以來，律詩始盛行，然未以平側失眼爲忌。審言詩雖不多，句律極嚴，無一失粘者。甫之家傳有自來矣。"⑥《韋蘇州集》解題云："詩律自沈、宋以後日益靡嫚，鎪章刻句，揣合浮切，雖音韻諧婉，屬對麗密，而閑雅平淡之氣

① 《直齋書録解題》卷八《晁氏讀書志》二十卷。

② 《直齋書録解題》卷三《九經字樣》一卷。

③ 《齊東野語》卷一二《書籍之厄》。

④ 《直齋書録解題》卷一九詩集類序。

⑤ 《直齋書録解題》卷四《史記》一百三十卷。

⑥ 《直齋書録解題》卷一九《杜必簡集》一卷。

不存矣。獨應物之詩,馳驟建安以還,得其風格云。”①

《四庫全書總目》提要在提到《直齋書録解題》的參考價值時説:“古書之不傳於今者,得藉是以求其崖略;其傳於今者,得藉是以辨其真僞、核其異同,亦考證之所必資,不可廢也。”②

值得注意的是,基於政治上的偏見,陳振孫對程朱一派著作評價過高,對王安石的著作抑之過甚。如《熙寧日録》解題云:“丞相王安石撰。本朝禍亂萌於此書,陳瓘所謂尊私史而壓宗廟者。其彊愎堅辯,足以熒惑主聽,鉗制人言。當其垂死,欲秉畀炎火,豈非其心亦有所愧悔歟?既不克焚,流毒遺禍,至今爲梗。悲夫!”③

尤袤的《遂初堂書目》是我國最初記載版本的目録之一,我們將在《版本目録》一節談到。從現存的三部宋代私人藏書目録可見,它們的質量已經超過了當時的官修目録,説明私人藏書目録已經進入相當成熟的階段。

明人得書之易超過宋元,明代私人藏書目録得到了蓬勃發展,現存主要有十三家:

朱勤美《西亭中尉萬卷堂書目》十六卷
李廷相《李蒲汀家藏書目》二卷
陳第《世善堂藏書目》二卷
晁瑮《寶文堂分類書目》三卷
高儒《百川書志》二十卷
李如一《得月樓書目》一卷
祁承㸁《澹生堂書目》八卷
祁承㸁《澹生堂明人集部目録》不分卷
徐𤊹《紅雨樓書目》七卷
趙用賢《趙定宇書目》不分卷
趙琦美《脉望館書目》不分卷

① 《直齋書録解題》卷一九《韋蘇州集》十卷。
② 《四庫全書總目》卷八五《直齋書録解題》二十二卷。
③ 《直齋書録解題》卷七《熙寧日録》四十卷。

錢謙益《絳雲樓書目》四卷

黄虞稷《千頃堂書目》三十二卷

今舉三家爲例。高儒《百川書志》成書於一五四〇年,其序稱自己對於圖書"鋭意訪求,或傳之士大夫,或易諸市肆。數年之間,連床插架,經籍充藏,難於檢閲。閑中次第部帙,定立儲盛。又恐久常無據,淆亂逸志,故六年考索,三易成編,損益古志,大分四部,細列九十三門,裁訂二十卷"①。書成後,黄虞稷《千頃堂書目》、王士禎《居易録》都曾稱引,可見當時已爲士大夫所推重。

該志所著録的書,絶大部分撰有簡明提要,這些提要有解釋書名的,如《郁離子》提要云:"郁離者何? 離火文明之象。用之,其文郁郁然爲盛世文明之治,故曰《郁離子》。"②有介紹書的内容的,如《使琉球録》提要云:"皇朝給事中陳侃、行人高澄使琉球所録。前載制諭、祭文、賫物,次載日記道塗、山川、風俗、人物之實,起居、日用、飲食之細,耳目親及者備録之。考證諸書夷語附於卷末。"③有評論學術的,如《初唐詩》提要云:"初唐詩如池塘春草,又如未放之花,含蓄渾厚,生意勃勃。大曆以後,鋤而治之矣。"④

《百川書志》的一個顯著特點是著録了許多被人認爲不能登大雅之堂的文學作品。例如卷五史部傳記類收録李公佐《謝小娥傳》、蔣防《霍小玉傳》等短篇小説;卷六野史類收録了《三國志通俗演義》《忠義水滸傳》兩部長篇小説;外史類著録了不少戲曲,如《玉簫女兩世姻緣雜劇》《關雲長義勇辭金傳奇》;小史類著録明代短篇小説集多部。在《雙偶集》的提要中,作者明言:"以上六種皆本《鶯鶯傳》而作,語帶烟花,氣含脂粉,鑿穴穿牆之期,越禮傷身之事,不爲莊人所取,但備一體,爲解睡之具耳。"⑤此外,

---

① 《白川書志》卷首《序》。

② 《百川書志》卷七《郁離子》十卷。

③ 《百川書志》卷四《使琉球録》三卷。

④ 《百川書志》卷一九《初唐詩》三卷。

⑤ 《百川書志》卷六《雙偶集》三卷。

卷八小説家類也著録了《剪燈奇録》等短篇小説集。卷十八集部詞曲類專記元、明詞曲。多記元、明人著作是《百川書志》的優點。例如集部有三卷著録詩集,其中兩卷爲明人著作,這對考見明代詩歌創作的情況是很有意義的。

《百川書志》的缺點是分類不够精確,著録次序也較紊亂。上面所舉文學作品多被列入史部、子部,即可説明這一點。

《紅雨樓書目》的作者徐𤊹是明代閩中著名詩人,特别注意收集文學作品。他在《藏書屋銘》中説:"詩詞集説總兼,樂府稗官咸備。藏書非稱汗牛,考核頗精亥豕。"①如其卷三子部小説類收小説、筆記五百七十種,傳奇類收元明雜劇和傳奇一百四十種。特别可貴的是作者在卷四集部《明詩選姓氏》部分共著録了三百一十五位明代詩人,其中二百七十人皆注明了生平簡歷,是研究明代文學的寶貴資料。潘景鄭也説:其"分類壹本四部,所收多明代藝文。其爲世所不經見者,無慮數百十種,雖不逮《千頃堂書目》之富,以之互勘,當得補苴什一也。又其所收刻本應皆啓、禎以前,在今日視之,不當與天水、蒙古本同珍耶?"②

《紅雨樓書目》雖按經史子集四部分類,但是在子目的設置上,却考慮到藏書的實際情況,作了一些變動。例如卷二史部專門設了本朝世史彙一類,收録了八十五種有關明代的史書。同卷還設總志、分省二目,約收三百五十種明代方志。其宋集部分,還用表格排列,甚便觀覽。此皆反映了私人藏書目録注重實際、强調實用的特點。

如汪辟疆先生所説:"有明一代,私家之目録雖多,其最有典則可以取法者,《千頃堂書目》其巨擘也。"③張鈞衡爲此書作跋,曾介紹黄虞稷生平及書目分類云:

虞稷,字俞邰,先世泉州人。其父居中,字明立,官南京國子監丞,遂居南京户部街,有《千頃齋集》。少好讀書,老而彌篤,千頃齋

① 《徐氏紅雨樓書目》卷首《藏書屋銘》。

② 《徐氏紅雨樓書目》卷末《叙録》。

③ 《目録學研究・論唐宋元明四朝之目録》。

中,藏書亦萬餘卷。俞邰博雅好學古,時值南都傾覆,天府之寶藏,故家之插架,盡力搜羅以益之。此目所録,皆有明一代之書。經部十一門:爲易、爲書、爲詩、爲三禮、爲春秋、爲孝經、爲論語、爲孟子、爲經解、爲四書、爲小學;史部十八門:爲國史、爲正史、爲通史、爲編年、爲别史、爲霸史、爲史學、爲史鈔、爲地理、爲職官、爲典故、爲時令、爲食貨、爲儀注、爲政刑、爲傳記、爲譜系、爲簿録;子部十二門:爲儒家、爲雜家、爲小説家、爲兵家、爲天文家、爲曆數家、爲五行家、爲醫家、爲藝術家、爲類書、爲釋家、爲道家;集部八門:爲别集、爲制誥、爲表奏、爲騷賦、爲詞曲、爲制舉、爲總集、爲文史也。……每類之末各附以宋、金、元人之書。①

《千頃堂書目》的特點是體例嚴、著録富。如《四庫全書總目》提要云:"其别集以朝代科分爲先後,無科分者則酌附於各朝之末,視唐、宋二志之糅亂,特爲清晰,體例可云最善。"又云:"焦竑《國史經籍志》既誕妄不足爲憑,傅維鱗《明書經籍志》、尤侗《明史藝文志稿》尤冗雜無緒,考明一代著作者,終以是書爲可據。所以欽定《明史·藝文志》頗采録之。略其舛駁而取其賅贍可也。"②其所録皆明一代之書,並附以宋、金、元人著作,可謂創例。

清代私家藏書風氣更盛,私人藏書目録益多,今舉著名的十七種爲例:

錢曾《述古堂書目》四卷

錢曾《也是園藏書目》十卷

錢曾《讀書敏求記》四卷

毛扆《汲古閣珍藏秘本書目》一卷

徐乾學《傳是樓書目》八卷

① 《千頃堂書目》卷末《張鈞衡千頃堂書目補遺跋》。

② 《四庫全書總目》卷八五《千頃堂書目》三十二卷。

阮元《文選樓藏書記》六卷
吴壽暘《拜經樓藏書題跋記》六卷
黄丕烈《士禮居藏書題跋記》六卷,《續編》五卷
黄丕烈《蕘圃藏書題識》十卷,《續録》四卷
孫星衍《孫氏祠堂書目》内編四卷,外編三卷
張金吾《愛日精廬藏書志》三十六卷,《續志》四卷
丁日昌《持静齋書目》五卷
汪誠《振綺堂書目》六卷
瞿鏞《鐵琴銅劍樓藏書目録》二十四卷
楊紹和《楹書隅録》五卷,《續編》四卷
陸心源《皕宋樓藏書志》一百二十卷,《續志》四卷
丁丙《善本書室藏書志》四十卷,附録一卷

現代著名藏書家多編有目録,今舉五家爲例:

葉德輝《郎園讀書志》十六卷
鄧邦述《群碧樓善本書録》六卷
傅增湘《雙鑒樓善本書目》四卷
張元濟《海鹽張氏涉園藏書目録》四卷
潘宗周《寶禮堂宋本書録》四卷

清代以後私人藏書的明顯趨勢是注意版本鑒定,重視收聚善本,因此這一時期著名的私人藏書目録多爲版本目録,主要是善本目録。我們將在第七章第六節專門介紹版本目録,這裏就不詳談了。

私人藏書目録也有一些值得珍視的特點。首先,許多私人藏書目録著録詳細,而且多有提要,這對讀書治學大有幫助。私人藏書目録中的書跋與題識,往往都詳細記載了書的序跋、鈐印、牌記、行款、字體、紙墨、避諱字,並且還注意敘述書的流傳經過,而這在其他種類的目録中是很少見到的。其次,私人藏書目録,雖然不如國家藏書目録、史志那麽完備宏富,

但由於藏書家往往衝破正統觀點的束縛，所藏率多異本，常可補國家藏書目録與史志之缺。這些特點決定了私人藏書目録在各類目録中占有自己獨特的地位。

私人藏書目録一般是藏書家自編的，但也有的出於他人之手。著名的天一閣藏書，其書目除范氏自編的外，黄宗羲曾編過，其《天一閣藏書記》云："司馬殁後，封閉甚嚴。癸丑（一六七三），余至甬上，范友仲破戒引余登樓，悉發其藏。余取其流通未廣者鈔爲書目。"[①]此後，清嘉、道間（十九世紀前期）的劉喜海也編有一部十二卷本的《天一閣書目》。該目"係劉喜海服官浙中時，登閣覽書，所輯成者"[②]，即其一例。

第六節　聯合目録

所謂聯合目録，就是聯合若干圖書館及其他藏書單位的藏書目録而編成的統一目録。

聯合目録是近代圖書館蓬勃興起以後的産物，古代是没有的。一九四九年以前編的聯合目録約十種。北平圖書館（今國家圖書館）在這方面做了不少工作，如一九三一年出版的《北平各圖書館入藏歐洲文字書籍聯合目録》共收録北平市二十九個單位入藏的圖書三二五一六種，期刊五六九四種。一九四九年以前出的質量最高、影響最大的聯合目録要推朱士嘉編著的《中國地方志綜録》，我們在本章第四節中已作了介紹。

據統計，從一九四九年至一九五七年，全國總共出版二十五種聯合目録[③]。一九五八年至一九六七年出版了各種聯合目録三百餘種[④]。在"文革"期間，聯合目録工作全部陷於停頓。近年來隨着科研、生産的需要，在全國不少地區陸續恢復了聯合目録的編輯工作。一九四九年後出版的聯

① 《天一閣書目》卷首《天一閣藏書記》。

② 《浙江藏書文獻》，載《文瀾學報》第二卷第三、四期。

③ 《目録學概論》第七章第一節《聯合目録概述》。

④ 見彭鵬《我國聯合目録工作進展情況和有待解決的問題》，載《北圖通訊》一九七八年第二期。

合目録總數在四百種以上。

聯合目録的大量出現反映了社會主義制度的優越性，黨和政府一貫重視聯合目録的編製工作。一九五一年三月，西南人民圖書館（今重慶市圖書館）根據西南軍政委員會文教部的指示，編出了一九四九年後第一部聯合目録《西南各圖書館室藏化學工業書刊目録》。同年，上海新聞圖書館（今併入上海圖書館）也編印了一部《上海各圖書館藏報調查録——附新聞學圖書目録》，反映了上海市五十六個圖書館所藏一八六八至一九五〇年中外報紙六百餘種。

一九五六年七月文化部召開了全國圖書館工作會議。文化部社會文化事業管理局在會上作了《明確圖書館的方針和任務，爲大力配合向科學進軍而奮鬥》的報告，指出："當前最迫切需要的是各種專題聯合書目。各種專題聯合書目的編製，必須靠各有關圖書館的聯繫工作，應該就地區或全國的範圍采取一館負責、各館補充的辦法來進行。"①

同年十二月，高等教育部也召集了高等學校圖書館工作會議。當時的高教部副部長黄松齡在總結發言中要求全國高等學校圖書館"開展館際交流、互借、分工、合作的辦法，編製聯合目録"，並指出："全國有二百多所高等學校，如果專業圖書館能够交流互借，特别是外文書刊和重要的昂貴書刊，讓每個學校都買一套是很不經濟的，采用交流互借、分工合作的辦法，就可以發揮潛力，花較少的錢辦更多的事了。爲了推廣這個辦法，要求各省市先搞出聯合目録，再進一步搞全國性的聯合目録。"②

一九五八年十月在北京舉行了全國聯合目録工作會議。一九八〇年三月復又在北京召開了全國聯合目録工作會議。會議討論並同意《建立全國聯合目録指導體系的初步方案》《全國聯合目録工作協調委員會組織章程》及《一九八〇至一九八五年全國聯合目録選題規劃（草案）》。

有領導、有組織、有計劃地開展聯合目録的編製工作，這是一九四九

① 《明確圖書館的方針和任務，爲大力配合向科學進軍而奮鬥》，原載《圖書館工作》一九五六年第四期。

② 《高等學校圖書館工作會議總結發言》，原載《高等學校圖書館工作會議專刊》。

年後聯合目録得以迅速發展的關鍵。

聯合目録之所以受到重視，是與它本身所具有的優越性分不開的。全國圖書聯合目録編輯組《我國聯合目録事業的發展》一文曾總結了五個方面的作用：

（一）揭示全國書刊的分布情況，便於廣大讀者和科研工作者參考和利用。

（二）便利各圖書館間開展館際互借和複製工作，發揮全國藏書的高度利用率。

（三）協調各圖書館間書刊選購工作，避免采購上不必要的重複。尤其在采購國外書刊上，可爲國家節約外匯。

（四）在編製聯合目録工作中，加强了館際合作關係，推動各館進一步聯繫，交流經驗，改進工作方法。

（五）促成圖書目録事業的現代化和計劃化，在黨和政府的領導下，集中各館力量，分工合作，爲國家總書目工作創造有利的基礎。①

同研究和整理古籍有關又比較實用的聯合目録有：

《圖書館學書籍聯合目録》　李鍾履編

《中國古農書聯合目録》　北京圖書館編

《中國叢書綜録》　上海圖書館編

《中醫圖書聯合目録》　中醫研究院、北京圖書館編

《中國地方志聯合目録》　中國天文史料普查整編組編

《一八三三—一九四九全國中文期刊聯合目録》　全國圖書聯合目録編輯組編

《中國古籍善本書目》　中國古籍善本書目編輯委員會編

《中國古籍總目》　中國古籍總目編纂委員會編

① 《我國聯合目録事業的發展》，載《圖書館》一九六四年第三期。

聯合目録實際上也是一種藏書目録,我們不僅可以查到有没有某本書,而且還可以查到能够在什麽地方借到這本書,所以特别有用。例如《一八三三——九四九全國中文期刊聯合目録》共收録了我國五十個省市級以上圖書館所藏一九四九年前出版的中文期刊近兩萬種。其《編例》稱:

在著録方面,一般包括以下十二項:(1) 刊名,(2) 刊期,(3) 編輯者,(4) 出版地,(5) 出版者,(6) 創刊卷期,(7) 停刊卷期,(8) 創刊年月,(9) 停刊年月,(10) 注釋,(11) 總藏,(12) 館藏。但在排版時,爲了節約篇幅,根據各項的性質,又歸併爲以下五大項:(1) 刊名刊期,(2) 編輯出版,(3) 創刊停刊,(4) 注釋,(5) 館藏。

顯然要將近兩萬種期刊的這些著録項目一一準確反映出來,需要做大量的考訂工作。所以該目的出版,爲我們檢索一九四九年前期刊提供了方便,對科研具有很大的參考價值。

第六章　學科目録

學科目録是將某一專門學科的書籍彙編而成的一種目録。早在公元前二世紀，我國就出現了第一部有文字可考的學科目録——《兵録》。《漢書·藝文志·兵書略》序云："漢興，張良、韓信序次兵法，凡百八十二家，删取要用，定著三十五家；諸吕用事而盗取之。武帝時，軍政楊僕捃摭遺逸，紀奏《兵録》，猶未能備。"①學科目録的産生，適應了人們的專門需要，而且隨着科學研究的發展，學科目録也就越來越發達了。下面我們就經史子集四個方面，擇其要者加以論述。

第一節　經學書目録

經書在古代一直極受尊重，經學也一直處於首要地位，所以經學目録的出現比較早。汪辟疆先生説："東漢末年，鄭玄作《三禮目録》一卷，僅就三禮篇目，爲之提要。名雖本於子政，義則專釋禮經。"②《三禮目録》雖已亡佚，但是唐賈公彦《周禮疏》引其提要六篇，《儀禮疏》引其提要十七篇，孔穎達《禮記疏》引其提要四十九篇，清人頗多輯本，以黄奭所輯《三禮目録》一卷爲佳，從中可見《三禮目録》提要在介紹書的篇名、篇次、内容，並且在考存佚、辨真僞方面做了不少工作。《宋史·藝文志》所著録的歐陽

① 《漢書》卷三〇《藝文志·兵書略·序》。
② 《目録學研究·唐以前之目録》。

伸《經書目録》,顯然也是一部經學書專目。明嘉靖年間,朱睦㮮撰《經序録》,取諸家説經之書,各采篇首一序,編爲一集,也是一部有特色的經學目録書。

經學書目録的代表作應推清初朱彝尊的《經義考》。朱彝尊從康熙中歸隱後,就仿馬端臨《文獻通考·經籍考》的體例,並加以發展,經過近二十年的努力,撰成《經義存亡考》三百卷,列存亡二例,後又增闕和未見二例,於乾隆二十年刊行時定名爲《經義考》。《四庫全書總目》述其體例云:

> 每一書前,列撰人姓氏,書名卷數。其卷數有異同者,則注某書作幾卷。次列存、佚、闕、未見字。次列原書序跋、諸儒論説,及其人之爵里。彝尊有所考正者,即附列案語於末。……上下二千年間,元元本本,使傳經原委,一一可稽,亦可以云詳贍矣。①

今録一例:

> 魏氏伯陽《周易參同契》
>
> 《唐志》二卷　《崇文總目》一卷　《通考》三卷　存
>
> 《三洞珠囊》:魏伯陽撰《參同契》,其説以《周易》爻象論作丹之事,而儒者不知神丹之事,多作陰陽注之,殊失其旨。(引者案:下面輯録了《中興書目》、彭曉《序》、晁公武、朱子、范成大、黄震、劉辰翁、俞琰、胡一桂、陸深、羅欽順等的有關論述,今從略。)
>
> 按《參同契》本道家之言,不當列於經義,然朱子嘗爲之注,且謂無害於《易》,故附載之,是書諸家注解頗衆,則概略而不記也。②

《經義考》的缺點是引用原始材料時有删改,這種做法可能使文字通

① 《四庫全書總目》卷八五《經義考》三百卷。

② 《經義考》卷九魏氏伯陽《周易參同契》。

順一點，却失去了原書的本來面貌，所以孫詒讓批評道："馬、朱兩《考》，凡録舊文，不詳典據，沾媮塗竄，每異本書。"[①]另外《經義考》所注佚、闕、未見，由於見聞所限，也往往與事實不符，所以翁方綱又撰《經義考補正》十二卷，加以訂正。

其次，值得注意的是近代學者吕思勉的《經子解題》，介紹了群經和諸子，是一部比較通俗的讀物。此書雖然篇幅不大，却很精彩，讀來可以增加常識。吕氏在經學方面，比較偏重於今文家，但一般説來還是很客觀的。如作者對《論語》的介紹：

> 《論語》有魯論、齊論及古論之别。魯論篇次與今本同。齊論别有《問王》《知道》二篇。二十篇中，章句亦頗多於魯論。古論云出孔壁，分《堯曰》後半"子張問"以下别爲一篇，故有兩《子張》。篇次亦不與齊、魯論同。張禹受魯論於夏侯建，又從庸生王吉受齊論。擇善而從，號曰《張侯論》，已亂齊、魯之别；鄭玄就魯論篇章，考之齊、古爲之注，則並齊、魯、古三者之别而泯之矣。魏何晏集諸家之説，並下己意爲《集解》，盛行於世，即今《十三經注疏》所采之本也。梁時皇侃爲之作疏，宋邢昺疏即係據皇疏删其支蔓，附以義理者。梁疏後亡佚，迄清代乃得之日本焉。古論云有孔安國注，今見《集解》所引，蓋亦王肅所僞，其後此注亦亡。清時，歙縣鮑氏云得其書於日本，重刻之，則又六朝以來僞物也。《論語》一書，皆記孔子及孔門弟子言行，説頗平易可信。書係雜記，無條理。《正義》篇篇皆言其總旨及章次，殊屬不必也。清儒作新疏者，有劉寶楠《論語正義》。[②]

專録一經之書的目録，有清人全祖望的《讀易别録》，近人蔣復璁的《易經集目》《四書集目》《論語集目》《孟子集日》《孝經集日》等。特别值得一提的是鄭振鐸編的《關於詩經研究的重要書籍介紹》。全目分四類：第

---

① 《温州經籍志》卷首《叙例》。

② 《經子解題·論語　孟子　孝經　爾雅》。

一類是關於《詩經》的注釋及見解的;第二類是關於《詩經》的音韻名物研究及異文校勘的;第三類是關於《詩經》書籍的輯佚的;第四類是附録。該目有兩個優點:一是收書均係作者所知見,也就是一般都能找到的;二是書名下有提要,每類書後又有序加以總結,甚至在幾部内容相近的書後也有辨章學術、考鏡源流的文字。如《毛詩指説》一卷的提要説:"唐成伯璵撰。《通志堂經解》本。此書頗重要,蘇轍以詩序首句爲子夏所作,後爲毛萇所續,其論在伯璵此書中已見其端。"又如在十一部研究《詩經》音韻的書名後寫道:

> 《詩經》音韻的研究,與字義的訓詁同時開始。最初僅知以今音讀古音,其後則進而以今韻來叶古音,到了陳第、顧炎武諸人出來,才發現古音的本質,知道古今音的不同。這個發現,無論在《詩經》研究上,或在文字學上,都是極有價值的。其後又經孔廣森、夏炘諸人的繼續研究,成績更爲精密。①

目前比較實用的關於《詩經》的目録當推寇淑慧的《二十世紀詩經研究文獻目録》,有學苑出版社二〇〇一年版。作者《編輯説明》稱:"本目録著録二十世紀(一九〇一至二〇〇〇)中國大陸境内和香港地區正式出版及發表的有關《詩經》研究之專著和論文,旨在爲讀者提供一份比較完備的二十世紀《詩經》學文獻索引。"

上編爲《詩經通論》,下編爲《分類分篇研究》,分類標目非常詳細,我們可以從中瞭解各個問題的研究現狀。譬如《史記》有不少地方引用了《詩經》中詩句,這個問題有没有人研究過呢?我們在"上編八《詩經解釋學史》(二)《歷代詩經學》2《兩漢》之《司馬遷》"中找到了《史記所引詩經係魯詩説》《試談〈史記〉引詩》《〈史記〉稱〈詩〉平議》等好幾篇文章,這對我們瞭解這個問題當然有幫助。

小學就是語言文字之學。小學書籍從《七略》起,就被看作經書的附

---

① 《中國文學研究》上册《關於詩經研究的重要書籍介紹》。

庸,所以我們也將其附述於經學之後。

朱彝尊《經義考》亦收小學書籍,然止詳於《爾雅》,而未及《説文》以下。其後謝啓昆作《小學考》,才把語言文字學的書,按照朱書的體例加以著録,成就很大。其序云:

> 秀水朱氏撰《經義考》有功經學甚鉅,但止詳《爾雅》,餘並闕如。吾師翁學士覃谿先生作《補正》,又欲廣小學一門,時爲予言之。……乾隆乙卯(一七九五),啓昆官浙江按察使,得觀文瀾閣中秘之書,經始采輯爲《小學考》。後復由山西布政使移任浙江,從政之暇,更理前業,成書五十卷。卷首恭録敕撰,次訓詁,則續《經義考》《爾雅》類而推廣於《方言》《通俗文》之屬也;次文字,則《史篇》《説文》之屬也;次聲韻,則《聲類》《韻集》之屬也;次音義,則訓讀經史百氏之書。訓詁、文字、聲韻者,體也;音義者,用也。體用具而後小學全焉。①

《小學考》原無總目,以後羅福頤編《小學考目録》一卷,王振聲補録《小學考目録》二卷,可備查檢。今録《小學考》一例如下:

> 郭氏璞《爾雅注》　《隋志》五卷《唐志》一卷、《釋文序録》、《宋志》三卷
>
> 《晉書》列傳曰:郭璞,字景純,河東聞喜人也。好經術,博學有高才,而訥於言。好古文奇字,妙於陰陽曆算。終尚書郎記室參軍,贈弘農太守。注釋《爾雅》,别爲音義、圖譜。
>
> 璞自序曰:夫《爾雅》者,所以通訓詁之旨歸,敘詩人之興詠,總絶代之離詞,辨同實而殊號者也。誠九流之津涉,六藝之鈐鍵,學覽者之潭奥,摛翰者之華苑也。若乃可以博物不惑,多識於鳥獸草木之名者,莫近於《爾雅》。……
>
> 陸德明《釋文序録》曰:先儒於《爾雅》多爲億必之説,乖蓋闕之義,惟郭景純洽聞强識,詳悉古今,作《爾雅注》爲世所重。

① 《小學考》卷首《序》。

(引者案:下面輯録了任昉《述異記》、祝穆《方輿勝覽》、郭子章《郡縣解詁》、錢曾《讀書敏求記》、《四庫全書總目》等的有關論述,今從略。)

按《經義考補正》引丁杰曰:《晉書·郭璞傳》無入蜀之文,王象之《輿地碑記目》嘉定府下有郭璞《移水記》,蘇轍詩指其注《爾雅》於此。考《記》中有嘉州二字,而嘉州之名實始後周,不應預見郭璞文中。又考嘉州在漢爲犍爲郡,諸書所云爾雅臺者,疑是犍爲舍人之遺迹,與璞無涉。①

黎經誥撰《許學考》二十六卷,收書二百四十餘部,清人研究《説文》的著述大體具備。其體例是除書名、卷數外,下注版本,撰寫作者傳記,輯録書的序文。如:

説文解字校録三十卷　蘇州局刻本

清鈕樹玉纂。樹玉字匪石,一字非石,江蘇吴縣人,居湖庭山。少孤家貧,隱於賈,博極群書,誦習不輟,道途旅次間,常挾書而行。年三十得謁見錢竹汀、江艮庭兩先生,又時與顧千里、段玉裁、瞿鏡濤漸磨切磋,每有所見聞,輒爲筆録成日記、雜文。尤精深小學,爲一時所欽服,並著有《説文新附考》《説文段注訂》(見後),校定皇象本《急就章》。詩文清峭拔俗,亦當代之畸士焉。《校録》一書,初名《考異》,吴人潘氏祖蔭搜得於其家而屬刻焉。(引者案:下面輯録了鈕樹玉自序及例言,今從略。)②

隨着學術研究的日益深入,專科目録的選題也漸趨專門。如胡元玉有《雅學考》、崔驥有《方言考》,專爲《爾雅》《方言》做了目録。

近年廖序東編有《語言學閲讀書目》,共分八個部分:一、語言和語言

① 《小學考》卷三郭氏璞《爾雅注》。

② 《許學考》卷三《説文解字校録》三十卷。

學;二、漢語和方言;三、漢語語音;四、漢語文字;五、漢語詞匯;六、漢語語法;七、漢語修辭、詩詞格律;八、字典、詞典。該書目所收古今主要語言學著作大致齊備。南京師範大學中文系於一九八二年編印的《中文系學生閲讀書目提要》語言學部分,又進一步介紹了所列語言學著作的内容和特點。今舉一例:

廣雅疏證(清)王念孫著　商務　一九三六

《廣雅》是《爾雅》的續書,分二十卷十九類,收一八一五〇字,魏張揖著。書中有些詞與《爾雅》重複,是偶然疏忽所致。王念孫注此書,每日注三字,積十年而成。校訂原書凡字之訛者五百八十,脱者四百九十,衍者三十九,先後失次者一百二十三,正文誤入音内者十九,音内誤入正文者五十七。其疏證精而且博,有以下特點:一、能從古音求古義,如"降,大也",因降與洪古聲相同也。二、能探求語源,如"夸、訏、芋"並從于得聲而義同。三、能引《廣雅》以改正古書舊注。《疏證》一書是清代訓詁學中的典範著作。

這樣的提要淺顯明瞭,對初學者是能起到一定的導讀作用的。

曹先擢、陳秉才還主編了《八千種中文辭書類編提要》,將所收每種辭書立一條目,條目著録書名、卷册、著譯者、出版地、出版者、出版時間、版次、版本等,對書的内容、檢索方法等有扼要的介紹。少數書也有不附提要的。該書分傳統辭書、近現代辭書兩個部分。前者有字書、韻書、訓詁書、專科及百科詞典、類書、其他等類目;後者有字典、語文詞典、哲學社會科學專科詞典及百科詞典、自然科學專科詞典、百科全書等類目。

此外,中國科學院語言研究所編的《中國語言學論文索引》事實上是中國語言學論文的索引式目録。該書分甲、乙兩編。甲編收一九四九年以前發表的有關語言學論文五千餘篇,乙編的增訂本收一九五〇至一九八〇年發表的有關語言學的文章一萬二千餘篇,也極便稽檢。另外,上海辭書學會、辭書研究編輯部還專門編了《中國辭書學論文索引(一九一一至一九八九)》,共收録篇目約三九〇〇條。其《編者的話》稱:"本書收録範圍自二十世紀初至一九八九年底止。著録項目包括:篇名、作者、文章出處。全書分辭書學通論、語文詞典、專科辭典、綜合性辭典、百科全書、其他工具書、辭書史、辭書排檢法等八部分,有的部分中再分小類,小類中按所收篇目的發表日期排列。相關文章、連載性文章及商討性文章相對集中,以便查檢。書後附有辭書學專著介紹。"

第二節　史學書目録

現存最早的史學目録是宋高似孫的《史略》六卷。卷一録《史記》及有關《史記》之書;卷二録《漢書》迄《五代史》的斷代史書;卷三録《東觀漢記》、實録、起居注、會要、玉牒之類;卷四録史典、史表、史略、史鈔、史評、史贊、史草、史例、史目、通史、通鑒之類;卷五録霸史、雜史、《七略》中古書、東漢以來書考、歷代史官目、劉勰論史;卷六録《山海經》《世本》《三蒼》《漢官》《水經》《竹書》。作者序稱其"綱羅散軼,稽輯見聞,采菁獵奇,或標一二,仍依劉向七録(引者案:當爲《别録》或《七略》)法,各彙其書,而品其指意"①。但實際上却比《别録》《七略》差遠了。姚名達指出:"其體例龐雜,有似書目者,有似提要者,有盡鈔名文者,有移録舊事者,然其大體既近目録,且其對象純爲歷代史籍,集中有關史籍之書目於一處,以備學者之研究,頗爲有功。"②持論可算平允。

更重要的一部史學目録書是章學誠的《史籍考》。乾隆五十二年(一七八七),章學誠借河南巡撫畢沅之力,於開封集衆撰修此書。其後屢作屢輟。直至嘉慶三年(一七九八),章學誠始得浙江巡撫謝啓昆之助,在杭州再行編輯。次年謝啓昆調任廣西巡撫,其事又停頓了下來。又過了四十六年,即道光二十五、六年(一八四五至一八四六),南河河道總督兼漕運總督潘錫恩,駐節袁浦,又招集更多的學者增訂《史籍考》,終於完成了該書的定稿工作。道光二十八年(一八四八),潘錫恩辭職回家鄉涇縣,把

① 《史略》卷首《序》。
② 《中國目録學史·專科目録篇·歷史目録》。

《史籍考》的增訂稿清寫本和畢、謝的原稿本都藏在家中。這部書在七十年的時間内，先後經過章學誠、畢沅、洪亮吉、凌廷堪、武億、謝啓昆、錢大昭、陳鱣、胡虔、袁鈞、張彦聞、潘錫恩、許瀚、劉毓崧、包慎言、吕基賢等十多位學者之手才終於完成，却不幸於咸豐六年（一八五六）燬於火災，這是非常可惜的①。

《史籍考》雖然不幸被燬，但章氏所撰《論修史籍考要略》《史籍考釋例》《史籍考總目》尚存。從中可知《史籍考》分制書、紀傳、編年、史學、稗史、星曆、譜牒、地理、故事、目録、傳記、小説等十二部，下面又分五十五目，分類頗爲精密，而論述也頗多發明。如《論修史籍考要略》第三條"翦裁宜法"云：

> 史部之書，倍於經部。卷帙多寡，約略計之，僅與朱氏《經考》相去不遠。蓋一書之中，但取精要數語，足以概括全書矣。篇目有可考者，自宜備載。其序論題跋，文辭浮泛，與意義複沓者，概從删節，但記作序作跋年月銜名，以備參考而已。按語亦取簡而易明，無庸多事敷衍。庶幾文無虚飾，書歸有用。

這樣既收到了輯録資料的效果，又節省了篇幅。

第五條"嫌名宜辨"云：

> 《史記》之名，起於後世，當時止稱《司馬遷書》②。《漢書》因東京而横加"前漢"，固俗稱也。五代之書，薛氏稱《五代史》，歐陽則稱《新五代史記》。至於《漢記》之有"東觀"，異乎劉、賈之所叙録③。曹氏自有《魏書》④，異於陳壽之分子目。古人之書，或一書歧名，或異書

① 參見《乾坤正氣集》卷末潘駿文《校印乾坤正氣集跋》。

② 案：當云《太史公書》。《漢書・藝文志》春秋家著録《太史公》百三十篇。

③ 劉謂劉珍，賈謂賈逵。關於《東觀漢記》成書經過及其與劉、賈二人的關係，可參閲余嘉錫《四庫提要辨證》卷五《東觀漢記》篇。

④ 《隋書》卷三三《經籍志》著録《魏書》四十八卷，附注："晉司空王沈撰。"

同名者多矣。皆於標題之下,注明同異名目,以便稽檢。仍取諸書名目,仿《佩文韻府》之例,依韻先編檔簿,以俟檢覈。庶幾編次之時,乃無遺漏複疊之患。

注意到古書中同書異名、同名異書現象,並要求在目録中反映出來,這正是以前的目録所普遍忽略的。作者主張采用先進的索引方法,這樣做當然會提高工作的質量與效率。

其他如"經部宜通""子部宜擇""集部宜裁"諸條,作者看到了經部、子部、集部的書與史部書的密切關係,打破史部界限,廣泛采集與史有關的典籍,從而擴大了史源,是極有眼光的。

又第十二條"板刻宜詳"云:

朱氏《經義考》後有刊板一條,不過記載刊本原委;而惜其未盡善者,未載刊本之異同也。金石刻畫,自歐、趙、洪、薛以來,詳哉其言之矣。板刻之書,流傳既廣,訛失亦多。其所據何本,校訂何人,出於誰氏,刻於何年,款識何若,有誰題跋,孰爲序引,板存何處,有無缺訛,一書曾經幾刻,諸刻有何異同,惜未嘗有人仿前人《金石録》例而爲之專書者也。如其有之,則按録求書,不迷所向。嘉惠後學,豈不遠勝《金石録》乎?如有餘力所及,則當補朱氏《經考》之遺,《史考》亦可以例仿也。

我們看到一些版本目録,它們的著録往往不是嚴格而統一的,章學誠在這裏提出了規範化的要求。

第十五條"采摭宜詳"云:

現有之書,鈔録敘目凡例;亡逸之書,搜剔群書紀載,以及聞見所及,理宜先作長編。序跋、評論之類,鈔録不厭其詳。長編既定,及至纂輯之時,删繁就簡,考訂易於爲力。仍照朱氏《經考》之例,分别存、軼、闕與未見四門，以見徵信。①

無論是編輯目録還是著述歷史，在寫作之前，先作長編，實在是切實而可靠的方法。

僅此數例，即可看出《史籍考》是一部極有價值的巨著，不幸被毁，實在是學術上難以彌補的損失。

此外尚有一些考録斷代史書的目録，其中最有名的是現代學者謝國楨編著的《晚明史籍考》與《清開國史料考》。這兩部書是姊妹篇，前者一九六四年還出過增訂本。二書考證翔實，大體取法朱彝尊《經義考》、謝啓昆《小學考》、孫詒讓《温州經籍志》，而將有關資料與作者案語鎔鑄成篇則和《四庫全書總目》相同，文字簡練，甚便讀者。今舉一例：

盧司馬殉忠實録一卷　明季史料叢書本

原題：同里許德士雪城父著，胞弟盧象觀幼哲父訂。

按：明崇禎戊寅，清太宗皇太極既併插汗之後，清兵得以長驅直入腹地。宣大聞警，畿輔震動，盧大司馬象昇墨絰臨戎，抗敵殉難。德士爲其幕下僚屬，目睹其變，義憤填胸，爲哀輯其事：首樞督相左機緣，次戎車日記，次盧公遺事，次疏稿，次祭文。祭文中有云："公不忍坐視覆轍，而奮不顧身以明《春秋》之意，絶城下之盟，公爲社稷死，正爲社稷生也。"象觀南都起義，不屈死節，亦節烈之士也。②

更細緻一些的又有專書目録，如賀次君著的《史記書録》，作者《自序》説：

爲了把《史記》現傳的各種情況作一系統的叙述，使研究《史記》

① 《章氏遺書》卷一三《論修史籍考要略》。

② 《增訂晚明史籍考》卷一四《盧司馬殉忠實録》一卷。

的人知道《史記》版本遺存的大概,以及各種版本主要的不同,這裏共收集了鈔本、刻本六十多種,依時代先後排列,除詳細記載各本的行款幅式和現存的卷數外,試爲探尋它們之間的淵源,再把各本的文句作一比較考覈;從此可以看出所有本子都有或多或少的差異,互有得失,並知所謂古本的宋、元、明本,也不一定部部都精好。這主要在提供一些版本的資料,以便讀者參考。①

這部書雖着眼於版本的比較,但所著録皆係現存親見,對研究《史記》顯然較富實用價值。今亦舉一例。

史記集解索隱一百三十卷

明正德十六年(一五二一)書户劉洪刊本

今見者爲北京圖書館藏,卷首殘缺,有司馬貞《史記索隱序》一篇,爲後人鈔補;有《目録》,《目録》後有"正德十六年劉洪刊"字樣,大題在第一行,小題在第二行,第三行空,第四行即正文。每半頁十行,行二十字;注雙行,行二十字。白口。四周雙邊。版心上題"《史記》卷之一",魚尾下題"五帝本紀"四字,又魚尾下記本卷頁數。《集解》《索隱》注全,由於翻刻不精,故多魚魯之訛。此本不言所從出,正德十三年有建寧郡守張文麟刊本,即沿吴節南監本之舊,以司馬貞補《三皇本紀》冠諸《五帝本紀》之上,分爲上下兩篇,劉洪此本亦然,其行款幅式悉同建寧官刊本,並有索隱,蓋就建寧本所翻刻無疑。建寧本已不可多得,此本尚易見,亦足使人快意者。……且當時講求時文之風大盛,所刻《史記》,多尚評論,劉洪獨能取建寧本翻刻,不載評語浮辭,是亦書賈中略有識見者矣。②

今日研究《史記》,當參考張大可、俞樟華、梁建邦所編《史記論著提要與論

① 《史記書録》卷首《自序》。

② 《史記書録》第一三四頁《史記集解索隱》一百三十卷。

文索引》,該書二〇一五年由商務印書館出版。該目録由《史記》論著提要與論文及相關資料索引兩部分組成。所收資料自《史記》問世直至二〇一二年底。

在史學目録中,陳乃乾的《共讀樓所藏年譜目》首先爲年譜作了專科目録。一九四九年後,李士濤編《中國歷代名人年譜目録》,杭州大學圖書館資料組編《中國歷代人物年譜集目》都有所增益,而以楊殿珣編的《中國歷代年譜總録》爲更詳。其《編例》稱:

> 年譜是個人的編年體傳記。本總録所著録的,除名爲年譜者外,凡按年譜體例編制的,不論題爲編年、年紀、述略、繫年等,都包括在内。至於著述編年,雖與年譜有别,但可供研究者參考,所以亦一併入録。
>
> 入録的年譜以編者個人親自查閲的爲主,部分是友人代查的。凡只見著録未見原本的,列入待訪年譜簡目。
>
> 本總録共收年譜三〇一五種,反映譜主一八二九人,附録參考書或文章二七七條。

其著録項目有譜主名、生卒年、譜名、作者時代及作者名、版本,間有案語,略加考證。如:

> 孔丘　周靈王二十一年生　敬王四十一年卒(前五五一至前四七九)
>
> 孔子編年五卷
>
> 宋·胡仔編　清嘉慶年金紫家祠刊本　清同治年刊本　朝鮮晉州硯川道統祠刊本
>
> 〔按〕舊本題宋胡舜陟撰,書首有紹興八年舜陟序,云:乃自静江罷歸之日,命其子仔所撰,非舜陟自作。

謝巍編撰的《中國歷代人物年譜考録》晚出,在内容的豐富實用方面,又朝前邁進了一步,今録其《凡例》數則,以見一斑:

一、本書收録，以一九八三年之前全國各主要圖書館及文物保管單位收庋中國歷代人物年譜爲主，兼收海外及私人所藏年譜。並鈎輯歷代文獻所著録之年譜，以存其目，而備參考、查訪。

二、凡與年譜體例相同之書，雖不稱年譜，如：年表、年略、歲略、時事略、編年、紀年、繫年等等，也予收録。年譜之别體，如：詩譜（用詩譜事）、圖譜（用圖畫譜事），也收録。對各家所撰年譜之評論，或考證譜主生卒、事迹之文章，著録其篇目，列入備考項内，以供參考。

八、本書所收年譜，其版本不論單行、合刊、合編，或類書及叢書中所收，詩文集中所附，方志、家譜、筆記等雜著中所輯，報刊上所載，以及稿本、抄本、油印本、縮微本等，均一一收録，並著録版本特點。

九、凡經本書筆者過目之年譜，在該譜版本項之後標以〈見存〉。凡承各方友好見告，或見之當今書目著録，而未寓目，或者早年曾親見而失録藏家者，標以〈待訪〉。凡見之書籍著録，而不知其存佚，標以〈著録〉，並注明所據之書名，凡見之古人記載，經考查已佚者，標以〈佚失〉。凡見之書目著録，疑其誤載錯收，或爲贋書，或不能斷其體例爲年譜者，標以〈存疑〉，即姑存以待質疑。

此外，該書所收年譜，凡稀見之善本、孤本，或稿本、鈔本等均注明收藏者，以便讀者查索。年譜中如有眉批、校語、手跋等訂補文字，著録於版本項内；如有譜主肖像、遺照，以及可資參考之圖片，著録於備注項内。

斷代的年譜目録可以來新夏的《近三百年人物年譜知見録》爲代表。該録好在有提要，一人有數譜者，都分篇著録，眉目清晰。其内容有譜名、撰者、刊本、著録情況、譜主事略、史料、編譜情況、藏者等八項。例如：

《（寶應）劉楚楨先生年譜》　劉文典編

《輔仁學志》第四卷第一期

李士濤：《中國歷代名人年譜目録》著録。

杭州大學圖書館：《中國歷代人物年譜集目》著録。

譜主劉寶楠，字楚楨，小字寶十，别號念樓，江蘇寶應人。清乾隆五十六年(一七九一)生,咸豐五年(一八五五)卒,年六十五歲。道光二十年(五十歲)進士。歷任直隸文安、固安、元氏、三河等縣知縣。

譜主爲清代著名經學家,尤精於《論語》,著有《論語正義》。

是譜係譜主侄曾孫所編,按年敘列綱要,並低格附引資料以明其事,間附編者按語,訂其異同,補其不足。所引資料均注出處,頗便參稽。記交游、家事及著述等,間附譜主有關議論。内容頗稱詳贍,可供研究譜主學術成就之參考。

(北京圖書館藏)①

一九四九年後,出過一些史學要籍介紹之類的書,如王樹民著《史部要籍解題》、李宗鄴著《中國歷史要籍介紹》、柴德賡著《史籍舉要》,張舜徽主編的《中國史學名著題解》是其中重要的一部。這部書分古史、編年、紀傳、紀事本末、實録、制度史、學術史、傳記、地理方志、雜史、史評史論、史考、金石甲骨考證、歷史研究法、筆記、類書叢書、文編、書目、表譜、索引辭典等二十類,對約二百部史學名著進行了介紹。該書對於史籍的歸類,强調從"辨章學術,考鏡源流"的角度出發,辯證地處理問題。譬如將鄭樵的《通志》歸入紀傳體通史類,而後來續修的《清通志》,取消了紀傳部分,只談制度,則入於制度史類。這樣,可使讀者按類求書,並明瞭每書的内容。在題解的寫作過程中,作者儘量吸取最近研究成果,删繁就簡,務求明晰,所以這部書對青年讀者來説,顯然是比較全面而又適用的。

含有索引性質,易於找到,便於使用的史學目録有中國社會科學院歷史研究所資料室編的《七十六年史學書目》(一九〇〇至一九七五)。它收集了中國人著譯的有關古代史的史學著作九千種。中國科學院歷史研究所第一、二所與北京大學歷史系合編的《中國史學論文索引》及中國社會科學院歷史研究所編的《中國史學論文索引》第二編收録一九〇〇至一九四九年國内發表的史學論文較全。

中國社會科學院歷史研究所明史研究室專門編了《中國近八十年明

① 《近三百年人物年譜知見録》卷三《(寶應)劉楚楨先生年譜》。

史論著目録》。編者《説明》説：

> 本目録收録了從一九〇〇年到一九七八年國内所發表的有關明代歷史的論文和著作目録(包括近三十年臺灣、香港所發表的有關明代歷史的論文和著作目録,以及我國學者在外國中文刊物上發表的部分論文目録),約一萬條。其中論文約九千四百篇,著作約六百本。

該目分類細密,共分十二個類目。類目下設項目,項目下設子目。個别子目包含較多者,在子目下設細目。此後,該研究室又編了《百年明史論著目録》,由安徽教育出版社於二〇一二年八月出版,該目除對原有條目進行增補和重新分類外,重點收集了一九七九年至二〇〇五年明史研究論著資料。分類也由原來的十二個類目增加爲十八個類目。該目在數量與質量方面,均較前有了明顯提高。

此外復旦大學歷史系資料室編有《中國近代史論著目録》(一九四九至一九七九)。編者《説明》説：

> 本目録共分爲三個部分:(1) 報刊論文資料索引,收録報刊上公開發表的有關中國近代史的論文篇目一萬餘條。(2) 論文集篇目分類索引,根據論文集中有關中國近代史的文章編成,引用了論文集八十多種,其中有著名學者個人的專集,如《范文瀾歷史論文選集》等,也有專題的論文集或綜合性論文集,如《辛亥革命五十周年紀念論文集》和《中國近代史論文集》等,可與上述報刊論文資料索引相互補充,參照使用。(3) 書目,收録了中國近代史書籍一千二百餘種。

最近出版的斷代史學論文索引還有張傳璽、胡志宏、陳柯雲、劉華祝編的《戰國秦漢史論文索引》與中國社會科學院歷史研究所清史研究室、中國人民大學清史研究所合編的《清史論文索引》。

這些目録索引在資料的選擇上都采用了兼收並蓄的原則,因此都比較豐富而齊全。

第三節　諸子學書目録

宋高似孫除《史略》外，還撰有《子略》四卷。《子略》先著録書名，其次聚集諸家評論，作者也偶附己見，共著録三十七家。可算是諸子學書目録之始。今舉一例：

王充《論衡》

《論衡》者，後漢治中王充所論著也。書八十五篇，二十餘萬言。其爲言皆敘天證、敷人事、析物類、道古今，大略如仲舒《玉杯》《繁露》，而其文詳。詳則理義莫能覈而精，辭莫能肅而括，幾於蕪且雜矣。……袁山松《後漢書》云："充作《論衡》，中土未有傳者，蔡邕入吴始見之，以爲談助。"①

晚清王仁俊《周秦諸子序録》搜羅子書比較完備。胡韞玉也編有《周秦諸子書目》一卷。陳鐘凡曾編《諸子書目》，共輯録周秦至元明各代諸子書目一百四十四家，尤爲詳審。其書於每家著作，首列書名卷數，次列各種版本，並有考訂，按著作時代序列。如：

晏子七卷

《漢志》儒家著録《晏子》八篇。隋、唐《志》："《晏子春秋》七卷。"陳振孫謂："卷數不同，未知果本書否？"姚際恒謂："後人以篇爲卷，又合《雜》上、下二篇爲一，則爲七卷，見《七略》及隋、唐《志》。宋析十四卷，見《崇文總目》。實劉向本，非僞書也。"

孫星衍校本，《經訓堂叢書》中。吴鼒刊顧廣圻、王念孫校本。孫星衍《音義》二卷，《經訓堂叢書》本，附刊孫校本後。蘇輿《集釋》七卷，湖南思賢書局本。黄以周《校勘記》二卷，附浙刻孫本後。

---

① 《子略》卷四王充《論衡》。

參校盧文弨《群書拾補》、王氏《雜志》、俞氏《平議》、黄以周《校勘記》、孫氏《札迻》。

專爲某類子書編目的可以張偉仁主編的《中國法制史書目》爲代表。該書將我國傳統的法學著作分爲五大類：

一、規範：收録歷代(自先秦至清末)各種規範及其注譯，如規定户婚、田土、錢債、刑名、行政、經濟、軍事、教育等等事件的法令、典章，及規定鄉黨、保甲、宗教、家族等等事件的約法、規則。

二、制度：收録關於歷代立法、司法以及與之協同運作的行政、軍事、經濟、社會、教育等等制度的記述。

三、理論：收録關於歷代各種規範、制度的理論及詮釋。

四、實務：收録歷代各種規範、制度的實際施行和運作的紀録。

五、綜合：收録内容涉及上述諸類二者以上的各種書籍。①

其著録項目約有書名、作者名、册卷數、最早版本、作者生平、重要内容、各圖書館書號、其他版本等八項。兹舉一例。

漢律考

程樹德著

[初版]四册，七卷。書前有民國七年(一九一八)著者序及方樞序，另有八年(一九一九)王式通序。同年京師方樞刊印。

[著者]著者民國人。

[内容]本書自《尚書》《禮記》《周禮》《漢書》《史記》《漢書儀》《東漢會要》《晉書刑法志》《唐六典》《唐律疏義》《北堂書鈔》《大學衍義補》《寄簃文存》《太平御覽》《鹽鐵論》《東觀漢記》《賈誼新書》《玉海》藝文類聚等多種書中，采輯已亡佚之漢律，並爲之考證。

① 《中國法制史書目》卷首《分類的標準與方法》。

内分律名考、刑名考、律文考、律雜考、律沿革考、《春秋》决獄考、律家考等七目。

［書號］央××（普六〇頁）①

還有專爲一部子書編輯的書目，如王重民的《老子考》。此書專考《老子》一書的版本，附存目、通論札記略目、日本老子著述略目、老子譯書略目、老子傳記略目、《道德經》碑幢略目。其《凡例》云："本書體例，概仿朱彝尊《經義考》、謝啓昆《小學考》，惟於存者著其有何種刻本或叢書本。""每書之下，首著其存佚、刻本，次自序，次他人代序，次題跋記、讀書記，次按語。他人代序、題跋記、讀書記等，亦略以時代爲順序。"如：

司馬光《道德論述要》二卷

存。道藏本。得上。刊本。

［晁公武《郡齋讀書志》］　温公《道德論述要》二卷。右皇朝司馬光撰。謂道德連體，不可偏舉，故廢《道經》《德經》之名，而曰《道德論》。墓誌載其目。"無，名天地之始；有，名萬物之母。常無，欲以觀其妙；常有，欲以觀其徼。"皆於"無"與"有"下斷句，不與先儒同。［陳振孫《直齋書録解題》］《老子道德論述要》二卷，司馬光撰。太史公曰：老子著書，言道德意。後人以其篇首之文，名上篇曰《道》，下篇曰《德》。夫道德連體，不可偏舉，合從本名。温公之説如此。其不曰經而曰論，亦公新意也。

按陸心源《儀顧堂續跋》："所采司馬温公、王荆公、葉石林、程文簡諸家之説，今皆不傳，賴是書存其涯略。"②是陸氏謂司馬温公書已不傳。按白雲霽《道藏目録詳注》："《道德真經論》卷一之四，司馬氏某簡略。"又檢

① 據《凡例》，知該書號的含義是指《漢律考》一書載國立中央圖書館普通本綫裝書的第六十頁。《凡例》規定：没有任何編號的書，只記該館代字和"××"符號。

② 《儀顧堂續跋》卷一一《元槧道德經集解跋》。

> “得”字號,原書亦題“司馬氏注”,而不著名;惟次行低四格附字云:“太史公曰:老子著書上下篇,言道德之意。後人因其篇首之文,名上篇曰《道》,下篇曰《德》。夫道德連體,不可偏舉,今從本名。”正與陳氏《書録解題》所引同。又《文獻通考》引晁氏《讀書志》,“道德連體,不可偏舉”句上,亦有“太史公曰”以下三十一字,是晁氏、陳氏所見,正是此書,陸氏以爲不傳,誤矣。①

兵書在《七略》中屬《兵書略》,在《七録》中屬《子兵録》,在《隋書·經籍志》以後的古代目録中屬子部。目前收兵書最多的目録當推許保林編的《中國兵書知見録》。該書收録範圍是一九一一年以前的兵書,以及一九一一年前後對這些兵書的研究、注釋、校勘、翻譯、解説、影印、翻刻等著作,共著録兵書三三八〇部,二三五〇三卷(九五九部不知卷數,未計在内),其中存世兵書二三〇八部,一八五六七卷(七三一部不知卷數,未計在内),存目兵書一〇七二部,四九三六卷(二二八部不知卷數,未記在内)。凡確知藏書地點者,注明藏書地點;不知藏書地點者,注明資料來源。藏書地點用代號,書末附有《藏書單位代號表》。今録一例:

> 督師紀略十二卷
>
> (明)茅元儀撰
>
> 明末刻本(〇一〇一)
>
> 注:清初抄本作十六卷,有章炳麟跋

查書末《藏書單位代號表》知“〇一〇一”爲北京圖書館的代號。

還有技術、藝術,四部分類也屬於子部。今將這些方面的專科書目也略述於此:

中國古代醫學專科書目相當發達。宋紹興年間(一一三一至一一六

---

① 《老子考》卷四《司馬光〈道德論述要〉》二卷。

二)的《秘書省續編到四庫闕書目》已載《醫經目録》《大宋本草目》二書。現存最早的醫學書目爲明代醫師殷仲春編的《醫藏目録》。全書分二十函也即二十類,每類冠以小序,下列書目。例如:

　　機在函

機在者,集目科數十種而便於治焉也。人之機在目乎?人胸中正不正猶能察人瞭髦,況病不見秋毫乎?此病分五輪、八廓、表裏、寒熱。世有得一方即通治,豈不誤人乎?佛祖曰:"金屑雖貴,入眼成塵。"

　　機在函目

鴻飛集七十二問田日華

簡易便覽眼目方四卷彭用光

……

日本人丹波元胤編著的《醫籍考》也是一部有關中國古代醫書的有價值的目録。丹波元胤的胞弟丹波元堅於仁孝天皇天保二年(一八三一)所撰《醫籍考序》述《醫籍考》之體例云:

仿朱錫鬯《經義考》之體,每書先揭其名,次以卷第,次以存、佚、未見,次以諸家序跋、撰人履歷,而次以考語、尋端竟委、訂訛闢謬。義例詳密,援據精覈,凡八十卷,析爲九類,於是堂構方成,燦爲鉅觀矣。①

今亦舉一例:

素問逸篇

　一卷

① 《醫籍考》卷首《序》。

存

施沛跋曰:一日獨坐静寄軒下,有羽士顧予而問所讀何書,答以《素問》,乃備晰疑義。因出逸篇二,以授予曰:此長生訣,神現方也。隨謝去。後訪之,不可踪迹,始知異人也。

按是書所載,支離不經,實無足取者。蓋施沛所託而作,徒供有識者之一噱耳。考沛始末未詳。據《四庫全書總目》史部職官類存目,有沛《南京都察院志》四十卷,曰"沛修此時,則爲南京國子監生"。①

稍後有清曹禾編著《醫學讀書志》二卷、附志一卷,有咸豐元年(一八五一)刊本,所收醫書依著作人的時代編排(帝王在前),包括列朝敕撰書七十一部,三八四四卷,歷代名醫書四一六部,三八七三卷。收入著者一百餘人,撰寫提要九十九篇。在這方面,成績卓著的要推丁福保。一九一八年,他編出了《歷代醫學書目提要》,後又與周雲青合編了《四部總録醫藥編》。

一九四九年後,中醫研究院與北京圖書館合編的《中醫圖書聯合目録》於一九六一年九月由北京圖書館出版。其《前言》説:

本目録共有五十九個圖書館參加,包括省、市、自治區、省轄市的公共圖書館,以及醫藥研究機構、高等醫藥院校和中國科學院、北京大學的圖書館。此外還收入了兩位藏書家(孟河丁氏思補山房在上海,湯溪范氏棲芬室在北京)的特藏。

該目共收書七千六百六十一種,在很大程度上反映了祖國醫藥文獻的基本情況。又因爲是聯合目録,所以頗便使用。此後,中國中醫研究院圖書館編出了《全國中醫圖書聯合目録》,於一九九一年一月由中醫古籍出版社出版。該目共收録一百一十三個圖書館所藏中醫圖書一二一四種,在

① 《醫籍考》卷二《素問逸篇》。

前人基礎上又朝前邁進了一步。

在農學書目方面。金陵大學圖書館的毛雝，曾從七十三種舊有目録中，摘出有關中國古代農業之書名或篇名，纂成《中國農書目録彙編》，收書目、篇目三千餘條，共分二十一類，采用表格式，分書名及篇名、卷數或册數、著作人、見於何書、附注等項著録。該館陳祖槼等同時還編了《農業論文索引》（一八五八至一九三一），羅致中文雜誌三百一十二種、叢刊八種，在我國出版的西文雜誌及叢刊三十六種，收有關農業的論文，中文三萬多條，西文六千多條，采用主題法編爲索引。一文涉及數題者則互見之，一題與他題有關者則互注之。

其書共九百頁，在現代各項論文索引中是較爲翔實的。過了幾年，朱耀炳等又編出了《農業論文索引續編》（一九三二至一九三四），復得中文一萬三千八百條，西文一千六十餘條。一九四九年後，王毓瑚編著了《中國農學書録》。其《凡例》云："本編的任務是依新的標準編出一個中國傳統農學著作的總目。""對每一部書的作者，成書年代以及書的主要内容，都作簡單的介紹，並各視需要，略作考訂。成書之年可以確指者，都加注公曆年數。一書而有各種版本者，儘量列舉。""本編著録各書，統依成書年代先後排列，並不分類。爲了彌補這一缺陷，另在後面附上分類索引，此外還編成書名和著者索引，以便檢尋。"分類索引於書名下注明存佚，頗便讀者。近年犁播編《中國農學遺産文獻綜録》收現存各種文獻七千五百餘條，其《凡例》説："不論是屬於古代文獻還是現代文獻，也不論是圖書目録還是報刊論文索引，都一律統一混合排列依類編次。""圖書目録分别著録書名、編著者、出版單位、出版年月，並儘可能注明其頁數；古籍綫裝稿本、鈔本與刊本，除著録其版本外，還著録其卷數。""報刊論文索引，則分别著録篇名、著者、報刊名稱、年月卷期，並儘可能著録所在的頁數。"因此該書非常實用。在農書中，某些學科還有專門的目録。如萬國鼎的《中國蠶業書籍考》《茶書總目提要》，沙玉清的《中國水利舊籍書目》，茅乃文的《中國河渠書提要》等。

記録古代科技文獻的目録，以數學方面較爲發達。清康熙年間，梅文鼎將其所著曆學書六十二種、算學書二十六種，編爲《勿庵曆算書目》，並撰有提要。如：

古算器考一卷　已刻

今有筆算，今之籌算，亦是筆書；遂以珠盤爲古，不知古用籌策，故曰持籌。其用珠盤，蓋起元末明初。制度簡妙，天下習用之，而遂忘古法，故爲之考。

近代則有劉鐸編《著水齋古今算學書録》七卷、附録一卷。又丁福保也編有《算學書目提要》三卷，並與周雲青合編了《四部總録算法編》。裘沖曼一九二六年發表的《中國算學書目彙編》，收書約一千種，以明清二代有傳本者爲限，但不包括通行之洋裝本。一九四九年後，李儼撰有《近代中算著述記》。其書參考各藏書家，各圖書館所藏算書，旁及縣志、書目、文集、碑傳、論文所引，以人名筆劃多寡爲序，收及六百餘人的書目。

在記録古代藝術書方面，也有幾部目録值得一提。一九二八年，袁同禮發表過《中國音樂書舉要》；一九三二年，杜境發表過《知見音樂書草目》。常見而實用的有中央音樂學院中國音樂研究所編《中國古代音樂書目》。[①] 該目所收係一八四〇年以前的我國音樂書籍，除存見者外，還包括待訪和已經散佚的書，共約一千四百種。編者《説明》稱："存見部分中，每種書的著録項目是：書名、作者、成書或出版年代、版本及藏處、索書號五項。……凡版本後不注藏者的，一律是本所的藏書。注明'顯'字的是本所的顯微影片；有'V'字樣的，是本所的善本書。"如：

樂典三十六卷

(1) 明刊本　明黄佐撰　一五四四自序　12—5 / 41　V 1.2 / HZ

① 沈玉成先生告知：此書"實係王世襄先生所編。王公當時尚在右籍，竟不能署名"。見南京大學檔案館藏《程千帆友朋詩札輯存》第七本，該函寫於一九八九年七月十八日。

(2) 康熙壬戌(一六八二)重刊本　1.2 HZ

在美術方面,余紹宋的《書畫書録解題》爲空前之作。是編分史傳、作法、論述、品藻、題贊、雜識、叢輯、僞託、散佚等十類,每類又分若干小類。其《序例》云:“本編必曾見其書者始行收入,其未見各書因不能確知其屬於何類,故别輯一篇列於十類之後以俟續補。”“一書而跨兩類以上者,用互見之例入其重者之類,其他類中則於後低一格書之。”除著録書名、卷數、版本、作者外,每書俱有解題、介紹内容、略加評論,並節録最有關係之序、跋。散佚及未見者,注明見於何處,或何處徵引。或未見全文,並考證其疑義,徵引其佚文。今録一例:

玉臺書史

不分卷　《昭代叢書》本　賜硯堂本　《述古叢鈔》本　《翠琅玕館叢書》本

清厲鶚撰　鶚字太鴻,號樊榭,錢塘人。舉人。乾隆時曾舉鴻博,不遇。

是書輯歷代婦女之能書者爲一編,各具一傳,有書迹者附之,並録及題跋,各注所出,無一字無來歷。内分宫闈、女仙、名媛、姬侍、名伎、靈異、雜録七門。宫闈得四十九人,女仙得七人附尼一人,名媛得一百四人,姬侍得十二人,名妓得三十三人,靈異得二人、雜録三人,頗爲該備。惟前後無序跋,又未分卷,疑爲未定之稿,或太鴻將有所撰著而此爲其長編邪?①

該書末附著書時代一覽表,分著者、年略、書名、成書年分、類别五格。最後附有著者索引。其體例可謂精詳。

① 《書畫書録解題》卷一《玉臺書史》。

按照傳統學科分類,佛教和道教的書籍目録也應在這裏叙述,不過我們缺乏這些方面的知識,就只能恪守“不知爲不知”的古義,暫付闕如。果欲尋讀此類書門徑,不妨讀一讀陳垣所撰《中國佛教史籍概論》。其《中國佛教史籍概論緣起》云:

> 中國佛教史籍之範圍,略依《閱藏知津》,將此土撰述中之目録、傳記、護教、纂集、音義等各類,順撰著時代,每書條舉其名目、略名、異名、卷數異同、版本源流、撰人略歷及本書内容體製,並與史學有關諸點。初學習此,不啻得一新園地也。

可見此書實際上是一部高質量的中國佛教史籍的導讀書目。陳國符所著《道藏源流考》雖然不是一部目録書,但是其中的《歷代道書目》《引用傳記提要》等,具有目録的性質。試以《引用傳記提要》中的首條款目爲例:

> 晉葛洪《神仙傳》十卷,見葛洪《抱朴子·自叙篇》,又見《隋志》雜傳類、《舊唐志》史録雜傳、《新唐志》子録神仙類、《太平御覽經史圖書綱目》、晁《志》傳記類。《道藏闕經目録》卷上著録。《通志略》諸子類道家作“《列仙傳》十卷,晉葛洪撰”,蓋誤。今通行本亦十卷,但非全帙。佚文見《三洞珠囊》《仙苑編珠》。

本書的其他部分也能以豐富的資料介紹道藏源流,對我們瞭解與閱讀道教文獻,自有參考價值。此外,丁培仁編著之《增注新修道藏目録》也可供參考,該書有巴蜀書社二〇〇八年版。作者將道書分爲教理教義類、戒律清規類、科範禮儀類、符籙道法類、術數圖像類、修煉攝養類、仙境宫觀類、神譜仙傳類、文學藝術類、總類等十大類,頗有參考價值。

第四節　文學書目録

從《七略》開始即專有詩賦一略記載文學作品。曹魏以後，個人文集大量涌現，這種現象必然在目録中有所反映。因爲《漢書・藝文志》所載僅有詩賦，不足以概括後來不斷出現的文學樣式，所以南朝劉宋時，王儉編《七志》把《漢書・藝文志》中的詩賦略改成了文翰志，從而反映了新時期文學文獻的特點，而梁阮孝緒的《七録》又明確命名爲文集録，並在《七録序》中説："王以詩賦之名，不兼餘制，故改爲文翰。竊以頃世文詞，總謂之集。變翰爲集，於名尤顯，故序文集録爲内篇第四。"①至《隋書・經籍志》徑稱文學書籍類目爲集部，從此以後相沿不改。

除綜合目録中的集部外，我們還可以利用斷代的集部目録。明人張溥曾編《漢魏六朝百三名家集》，同時給每部集子寫了一篇題辭，評述作者的生平及其創作，具有書目提要性質。殷孟倫將題辭别裁而出，加以注釋，單獨成書。這部《漢魏六朝百三家集題辭注》雖然並非文學書目録，但却與之近似。

我們今天要瞭解先唐文學文獻的概況，有胡旭著《先唐别集叙録》，該書二〇一一年由中國社會科學出版社出版。卷首《凡例》稱："本書以著録先唐别集最爲集中的《隋書・經籍志》《舊唐書・經籍志》《新唐書・藝文志》爲基礎，以《通志・藝文略》《文獻通考・經籍考》《宋史・藝文志》等爲參照，旁及百家書目、地方史志，凡有集者，無論成於古今，一概予以叙録。"總計著録先唐别集一千零二十四家。作者還爲每一别集作者立一小傳，置於叙録之前。今以《徐淑集》爲例，小傳不録：

《隋書・經籍志》著録《丁廙集》下有注："梁又有婦人後漢黄門郎秦嘉妻《徐淑集》一卷，亡。"

《全後漢文》輯徐淑文三篇。《俄藏敦煌文獻》(上海人民出版社

① 《廣弘明集》卷三《七録序》。

一九九六年出版)第一二二一三號收録《後漢秦嘉徐淑夫妻往還書》,爲北朝手寫卷,較嚴氏所收更完整,文獻價值更高。

《先秦漢魏晉南北朝詩》輯徐淑詩一首,即《答秦嘉詩》。

萬曼的《唐集叙録》是一部較好的文學書目録,該書《出版説明》云:

《唐集叙録》著録有傳本的唐人詩集、文集、詩文合集共一百零八家。作者對這些唐人别集的著者、書名、卷數、成書年代、編輯者、刊刻者、收藏者等各項均按時代先後作了較爲詳盡的介紹。其間,對於各集的版本源流、編次體例以及該書在唐、宋、元、明、清各朝直至近代的流傳、演變(存、佚、闕、未見)等情況考述尤多……對於研治唐代文學史、目録版本學以及從事文學古籍整理的讀者來説,是一部資料豐富、使用方便的參考書。

今録一例:

張祜詩

《新唐書·藝文志》:《張祜詩》一卷。注云:"字承吉,爲處士,大中中卒。"《郡齋讀書志》同,但《直齋書録解題》作《張祜集》十卷。

海昌吴壽暘虞臣《拜經樓藏書題跋記》五著録舊抄本《張承吉集》。記云:"首題《張處士詩集》,凡六卷,無序目。按晁《志》作一卷。"《北京圖書館善本書目》:"《唐張處士詩集》六卷,唐張祜撰。明末葉奕抄本,葉奕校,吴壽暘跋,二册。"當即此本。

錢塘丁丙《善本書室藏書志》二十五:《唐張處士詩》五卷。明正德依宋刊本,劉蓉峰藏書。丁氏云:"宋臨安棚北陳氏書肆刊唐人小集,大率半葉十行,行十八字,此爲明正德間所刊,行款悉同,當出書棚本,且有'彭城伯子''空翠閣藏書印'兩記,可寶也。"

祝尚書的《宋人别集叙録》,一九九九年由中華書局出版,《凡例》稱:

“本書考述現存宋人别集(詩集、詩詞集、文集、詩文集、詩文詞集。奏議集依宋人著録例視爲文集)版本源流,並簡要評述各主要傳本之優劣得失。”每集於篇首撰寫簡明扼要的作家小傳。叙録後有參考文獻,羅列宋、元人版本序跋,明以後主要傳本刊版序跋,以及前人所作重要收藏、鑒定、校勘題跋等版本史料之目録。書末附有《宋人别集叙録綜合索引》。顯然這是一部瞭解現存宋人版本源流的重要目録。

瞭解明代别集的情况,我們可以檢閲崔建英輯,賈衛民、李曉亞整理的《明别集版本志》,有中華書局二〇〇六年版。崔建英在《前言》中稱其在參與編輯《中國古籍善本書目》時,接觸到明代别集一萬一千種,他們“在審校中删除叢書和總集零種,合併複本(含批校題跋本),約得三千五百餘種。此後又在美國普林斯頓大學葛思德圖書館發現一些就當時所知中國大陸尚未見著録的明别集複製品,亦予審録,併入此志,遂增至三千六百餘種”。

張舜徽著《清人文集别録》也是一部斷代集部目録的力作。作者自序云:

> 清人文集夥矣。以舜徽之陋,所得寓目者,才一千一百餘家。……顧每集讀畢,輒好考作者行事,記書中要旨,究其論證之得失,核其學識之淺深,各爲叙録一篇。妄欲附於校讎流别之義,以推見一代學術興替。然三十年來泛濫群籍,未克專意於此,時作時輟,論述難周,亦有其書未厭人意,等諸自鄶,存而不論者。故撰定之稿,僅得六百七十餘篇。頃以暇日略加删汰,姑録存六百家,彙爲一書,命之曰《清人文集别録》。雖未足以概有清一代文集之全,然而三百年間儒林、文苑之選,多在其中矣。

該别録成篇雖出以鎔鑄,但引據却都一一注明出處,甚便讀者覆案。如:

孟亭居士文稿五卷嘉慶七年刻本

桐城馮浩撰。浩字養吾,號孟亭,乾隆十三年進士。入翰林,充國史館纂修,嘗與續修《文獻通考》,承纂帝系、封建二門。其後典試江南,旋升御史。以病告歸,不復出,先後主常州、龍城、浙東西、崇文、蕺山、鴛湖諸書院講習。浩治經不輕斥舊説……解《詩》亦多引申序説,曲得風人之旨(卷四有《詩經解》二十一條)。……一生喜治古人詩文,於李商隱一家尤所肆力,故所撰玉谿詩、樊南文《詳注》,論者服其精博。自謂徵之文集、參之史書,不憚悉舉而辨釋之。詩集既定,文集迎刃以解,鮮格而不通者。乃次其生平,改訂年譜,使一無所迷混。(卷一《玉谿生詩詳注・自序》)要其精力既有專注,故於經史樸學,所造較淺。是集爲其子集梧所輯刻。前四卷爲雜文,末卷爲賦,卷首有阮元、秦瀛二序。①

收録清人别集較全的當推柯愈春著《清人詩文集總目提要》,該書收清代有詩文别集傳世者一萬九千七百餘家,四萬餘種。諸集作者上起明末,下迄民初,全書按作者生年排列。諸集皆以各大中型圖書館所藏爲主,見於諸家著録而估計此書尚存者,亦酌情收録,生平有集而未見傳世者另輯佚目,書末附有著者姓名索引、書名索引、人物索引等。

專爲一家集子編目的,可以周采泉所著《杜集書録》爲代表。該書《凡例》云:

本書仿照清朱彝尊《經義考》及謝啓昆《小學考》體例,將歷代有關杜詩著作彙成一系統簿録,是供杜詩研究者和愛好者使用的一部工具書。其中"内編"以存書之書録解題爲主,"外編"以存目及參考資料爲主。各分若干類,每類之編纂要旨,分别於該類卷端説明之。

每書大體包括如下欄目:

[著録]説明本書之出處記載及存佚情况。

[板本]對本書板刻情况作全面介紹。宋元刻本經多次覆刻者,

① 《清人文集别録》卷七《孟亭居士文稿》五卷。

每種刻本之收藏題識，分别繫於各該刻本下，藉便尋檢。一書經翻刻有重大校正，已非原來面目者，作另一書處理。稀見板本並注明收藏單位，以利訪求。

[序跋]詳載本書原序跋及提要(《四庫總目》所録者，並注明"存書""存目")，並引各家考訂、評語。原文有訛奪者用[]號並加"編者注"説明之。

[編者按]説明對全書之評價；需補充説明者，則表以"又按"。至編者對某一具體問題之討論，於各有關欄目中所加按語，不在此列。

顯然，作者爲撰寫此書下了很大功夫。

此外，詩歌、小説、戲曲各科，都有專門目録，現揀重要的作些介紹。

就詩歌方面來説，關於《詩經》我們已經在經學目録中談到了。關於《楚辭》，有姜亮夫編著的《楚辭書目五種》："計包括五個部分，也就是五種有關《楚辭》研究的書目：(一)《楚辭書目提要》，(二)《楚辭圖譜提要》，(三)《紹騷隅録》，(四)《楚辭札記目録》，(五)《楚辭論文目録》。"①由於作者是研究《楚辭》的專家，所以他在提要中除輯録資料外，還能提出自己的見解。缺點是在著録方面，限於個人的力量，仍有不周到的地方，今天看來所搜集的資料還不够全。崔富章《楚辭書目五種續編》，恰可彌補其不足，該書由上海古籍出版社於一九九三年出版。此外，一九五七年上海人民圖書館編印過一本《楚辭概説與讀物要目》，此目於書名下附有詳略不同的提要，頗有參考價值。今舉一例：

楚辭新注八卷　清屈復撰　清乾隆三年居易堂刊本

又名《楚辭新集注》。屈氏對前代舊注常以新意疏解，雖有臆斷之處，頗能打破成見。最後附有《楚懷襄二王在位事迹考》。

一九八四年湖北人民出版社出版的《楚辭要籍解題》由洪湛侯主編。

① 《楚辭書目五種》卷首《序》。

該書解題部分擇選歷代價值較高、影響較大的《楚辭》要籍六十二種,逐一介紹其作者生平、成書經過、書的基本内容與評價及版刻、館藏情況等。書後附《楚辭專著目録》部分收録歷代《楚辭》研究專書二百三十五種,注明書名、卷數、作者、館藏諸項。該書對《楚辭》研究工作頗具實用價值。

二〇〇三年湖北教育出版社出版的《楚辭著作提要》由潘嘯龍、毛慶主編。該書收集從古至今研究《楚辭》結集成書的著作,諸如《楚辭》校注、譯著、作者評傳、專題論著,以及有關楚文化、神話、文物考古、《楚辭》研究史等方面的著作二百餘種,一一撰寫提要。提要内容包括作者生平、著述體例、主要見解、學術評論及版刻情況、重要傳本等。

二〇〇八年學苑出版社出版的《二十世紀楚辭研究文獻目録》,白銘編著。該書收録我國大陸、香港、臺灣地區在二十世紀正式出版或發表的《楚辭》學文獻資料。《編輯説明》稱:"對於著作,先列出書名、作者、出版社、出版年月,再客觀地介紹著作的分章情況,各章節的具體内容。不針對此書的優缺點評價。對於論文,列出題目、作者,發表的報刊名稱及年代、期數(或年月日)。"

關於樂府詩有王運熙《樂府詩論叢》附録的《漢魏六朝樂府詩研究書目提要》。該目將有關樂府詩的書籍分作四大類進行介紹:(一)正史及政書樂志類;(二)歌辭之編集、選録、注釋;(三)樂府研究專著;(四)一部分論述樂府之著作。提要寫得比較詳細,不少都相當於書評。

關於唐詩則有陳伯海、朱易安編撰的《唐詩書録》,有齊魯書社一九八八年版。該書《凡例》云:

> 本書收采歷代有關唐詩的總集、合集、别集、評論及資料書目,起自唐代,訖於一九八五年底,一一標明書名、卷數、朝代、編撰者及版本。稀見善本及有前人批校、題跋者,則標明館藏。
>
> 本書正文所收,限於現存著作。凡見載於各種史籍、書目、詩話而今已不傳,或存逸難明者,均列入正文後之附録。
>
> 本書各書目後附有備考一欄,適當摘録歷代典籍和重要書目記載的有關資料,爲讀者提供查考的綫索。

書末附《備考引用書目》《唐詩書録書名索引》。此後，編撰者又在此基礎上編撰了《唐詩書目總録》，收録範圍迄於二〇〇〇年底，由上海古籍出版社於二〇一五年出版。陝西師範大學中文系資料室編印的《唐詩研究專著論文索引》也可資查檢。該索引輯録内容爲一九四九至一九八一年唐詩研究的專著和全國報刊論文。欲瞭解中國古代各個時期詩歌創作與評論的作品可參考龍沐勛的《中國韻文史簡要書目》，原載作者的《中國韻文史》，但因出版較早，近數十年出版書籍未能收入。

小説書目有孫楷第的《中國通俗小説書目》，該目《凡例》云：

> 本書所收，以語體舊小説爲主。凡已佚、未見及見存諸書，都凡八百餘種。……魯迅先生《小説史略》録通俗小説自宋起至清季止，今亦從此例。
>
> 本編於書名後亦摘録有關斯書之筆記瑣聞，但取切要與他書所未曾載者，若繁文考證之語，一概不録。
>
> 本編見存各書，其題記力求簡要，不多徵引。……蓋前人苦心著書，不幸散佚，若其崖略而不存，則負前人；且使留心小説文獻者無所考稽，或舊聞因此日就湮没，則又負來者，故於此加詳也。
>
> "本書除已佚及未見外，並注明某某本，其舊本善本且及於行款圖相。""本編於孤本珍本，皆記收藏之地與人。其應屬善本而尚非罕見與非善本而近冷僻之書，則亦間注收藏之處。""今於書同名異之本，並存其名，比原書低一格書之。"
>
> 附録存疑目，以書之已佚未見，不能知其文體内容者入之。

書末有《書名索引》《著者姓名及别號索引》。

江蘇省社會科學院明清小説研究中心、文學研究所編的《中國通俗小説總目提要》，有中國文聯出版公司一九九〇年版。該書在前人的基礎上又有提高。《提要》以收唐代至清末的通俗白話小説爲主，計一千一百六十四部。其中有不少未見著録的珍本、孤本。該書款目由書名、作者、版本、内容提要和回目五個部分組成。書末附有同書異名通檢，筆畫、音序索引和作者姓名及别號索引。中國文聯出版公司一九九七年重印本附録增加了《本書未收〈中國通俗小説書目〉著録之書目一覽》《〈中國通俗小説書目〉補編》《〈晚清小説目〉補編》。苗懷明所撰之《〈中國通俗小説總目提要〉補訂》,載《文教資料》一九九八年第四期,也可資參考。石昌渝主編之《中國古代小説總目·白話卷》,有山西教育出版社二〇〇四年版,著録一九一二年前白話小説作品一二五一種,所撰提要内容,大致分爲作者生平、情節梗概、學術評價、版本情況、海外影響五部分。

著録文言小説的有袁行霈、侯忠義編的《中國文言小説書目》,有北京大學出版社一九八一年版。其《凡例》云:

> 凡古代以文言撰寫之小説,見於各正史藝文志、經籍志,各官修目録、重要私人撰修目録,及主要地方藝文志者,不論存佚,儘量搜羅,共計兩千餘種。收録各書,以時代詮次,先列書名、卷數、存佚,再列時代、撰者、著録情況、版本,並附以必要之考證説明。檢閲本書,庶幾可知中國文言小説之總貌,及歷代編撰、著録、版刻、流傳之大概。欲知一書之存佚、卷數、時代、撰人、版本等,亦可備查。研究中國文學、中國歷史、目録學、文獻學及其他社會科學之工作者,均可參考使用。

《書目》分五編,第一編:先秦、漢、魏晉、南北朝、隋;第二編:唐、五代;第三編:宋、遼金元;第四編:明;第五編:清。

寧稼雨編撰之《中國文言小説總目提要》,有齊魯書社一九九六年版。該目收録先秦至一九一九年的單篇文言小説、文言小説集、文言小説叢書、文言小説類書等作品二一八四種。石昌渝主編之《中國古代小説總目·文言卷》,有山西教育出版社二〇〇四年版,著録一九一二年前文言小説二九〇四種。以上二書,均撰有提要。

朱一玄、寧稼雨、陳桂聲編著之《中國古代小説總目提要》,有人民文學出版社二〇〇五年版。該書收録範圍上起先秦,下至清末。分上下兩編。上編收文言小説二五四二種,下編收白話小説二一四八種,合計四六九〇種，是迄今收古代小説最多的一部書目。

魏紹昌主編之《民國通俗小説書目資料彙編》，有上海書店出版社二〇一四年版。該書輯録民國時期出版的通俗小説近二千種，按著譯編者的筆畫爲序編排。每條款目依次著録書名、類型、叢書名、異名、著者、譯者、編者署名，出版狀況、篇幅、題詞、序跋情況、章回數、目次等。書後還附有五十一篇有關民國通俗小説的評介賞析文章。

在小説方面還有一些專書目録，如馬蹄疾編著有《水滸書録》。該書分上編、下編和外編。上編著録《水滸傳》的各種版本；下編著録《水滸傳》的研究專著、專集和報刊散論；外編著録有關水滸故事的各種文藝作品。胡文彬編著有《金瓶梅書録》，遼寧人民出版社一九八六年版。内容大略分爲：版本類（内分抄本、詞話本、繡像批評本、第一奇書本、譯本）、續書類（包括續書譯本）、評論類（内分專著、匯編、辭書、文學史、解説、論文）、文獻類、書目類、改編類、繪圖類，末附《著譯者索引》。有關《紅樓夢》的專書目録則比較多。首先有一粟編著的《紅樓夢書録》，上海古典文學出版社一九五八年版。其《例言》説："它搜集了從《紅樓夢》問世直到一九五四年十月以前爲止的有關作品九百種，酌加提要或摘録。"該書有上海古籍出版社一九八一年增訂本，各種文藝形式的作品增至九七〇種。其次是胡文彬編的《紅樓夢叙録》，有吉林人民出版社一九八〇年版。其《前言》云："所録資料上迄《紅樓夢》問世，下至一九七八年十二月。報刊文章目録，接《紅樓夢書録》，起於一九五四年。"附録：香港《紅樓夢》版本知見目録，港臺《紅樓夢》研究論著知見目録，《紅樓夢》研究外文論著知見目録。又有上海師範學院圖書館於一九八二年編印的《〈紅樓夢〉研究資料目録索引》（一九七六年十月至一九八二年八月）。其《序言》説："由我館編輯了這份《〈紅樓夢〉研究資料目録索引》，銜接着一粟編《紅樓夢書録》及胡文彬編《紅樓夢叙録》。"三者共收録紅學專書八百餘種，文章近四千篇。

有關戲劇的專科目録成就突出。元代戲曲作家鍾嗣成即編著《録鬼簿》二卷，記載了一百五十二位元代戲曲作家的生平事迹及四百餘種戲曲作品的目録。它是研究我國古典戲曲與金元文學的極爲珍貴的資料。明永樂年間（十五世紀初葉），山東人賈仲明讀了鍾氏原著，以其對關漢卿等尚無弔辭,便按前曲對八十二個作家補撰了弔曲。接着,有無名氏(一説就是這個賈仲明)繼鍾氏之作,又叙元代後期迄明初的戲曲作家及作品目録,爲《録鬼簿續編》。

明初,朱權著《太和正音譜》雖然不是目録書,但是其《群英所編雜劇》部分按作者著録了元代雜劇五百三十五種,明初雜劇三十三種,古今無名氏雜劇一百一十種,娼夫不入群英者四人共十一種。該部分是一部典型的雜劇目録,爲我們研究元代至明初雜劇提供了豐富史料。

明吕天成著《曲品》二卷"不僅是一部評論明代戲曲作家、作品的著作,而且是現存最早的一部傳奇作家略傳和目録。書中記載了戲曲作家九十人,散曲作家二十五人,戲曲作品一百九十二種"①。凡是明代嘉靖以前的作家、作品,分爲四品;隆慶、萬曆以來的作家、作品分爲九品。明末祁彪佳所撰《遠山堂曲品》"是就吕天成《曲品》加以擴展的。體例大致同於吕書,而分爲妙、雅、逸、艷、能、具六品;此外又有雜調一類,專收弋陽諸腔劇本。吕《品》所收不到二百種,祁《品》只此殘稿,已達四百六十六種;又吕《品》評語,多偏於讚揚,祁《品》則抒己見以論優劣,不失之空泛,也較吕書爲勝"②。此外,《中國古典戲曲論著集成》還著録了清高奕《新傳奇品》、清無名氏《古人傳奇總目》、清無名氏《傳奇彙考標目》等戲曲目録,可參看。

其後王國維在一九〇六年編成《曲録》六卷,著録完備,考證精詳,並在此基礎上,於一九一二年寫成了《宋元戲曲史》這部名著。此外,董康根據自己的《檀板陽秋》、黄文暘的《曲海》以及前人的《樂府考略》加工編纂而成的《曲海總目提要》四十六卷,也極有價值。該提要考作者,叙劇情,加案語,頗有益於讀者。今舉一例:

鬧門神　雜劇

近時人作。(按:此劇爲明茅維撰。維字孝若,號僧曇,浙江歸安

① 《中國古典戲曲論著集成》本《曲品》卷首《曲品提要》。

② 《中國古典戲曲論著集成》本《遠山堂曲品》卷首《遠山堂曲品提要》。

人。所作雜劇有《雙合歡》《鬧門神》《蘇園翁》《秦庭筑》《金門戟》《醉新年》等六種,今均存。)言除夕换桃符,新門神已至,而舊門神不肯去,互相争嚷,醜態百出,宅神、和合神、竈君、鍾馗、五路財神等並爲解紛。其意蓋以譏守令官有新舊交代者,新官已至,而舊官不肯去,以致喧争不息也。明沈周《門神》詩云:"莫向新郎訴恩怨,明年今夜自分明。"隱寓此指。《兩生天》内采取此折,以補入《一文錢》劇,爲盧至家之門神,更增幻矣。①

其後北嬰又編著了《曲海總目提要補編》。而莊一拂《古典戲曲存目彙考》後出,更爲完備。其書計收戲文三百二十餘種,雜劇一千八百三十餘種,傳奇二千五百九十餘種,共四千七百五十餘種。其於作者介紹與版本記録較詳。例如:

關漢卿 號已齋叟,大都(今北京市)人。由金入元,約元定宗初年前後在世。

金末解元,曾爲太醫院尹,金亡不仕。所作雜劇六十餘種,《太和正音譜》評其詞曰"瓊筵醉客",並推爲雜劇之始,卓以前列,爲世所稱。其作品數量之豐富,亦爲元代第一。其雜劇作品一空倚傍,自鑄偉詞,故其言曲盡人情,字字本色。趙萬里於《析津志·名宦傳》中,發現漢卿史料,傳云:"關一齋,字漢卿,燕人。生而倜儻,博學能文,滑稽多智,蘊藉風流,爲一時之冠。"按"一"原爲"乙"字之簡筆。據此"已齋"或係"乙齋"訛誤。吴曉鈴有《關漢卿雜劇全目》。附刊於《關漢卿戲曲集》,叙述較詳,可作參閱。②

今録關漢卿戲曲一目爲例:

---

① 《曲海總目提要》卷一三《鬧門神》。
② 《古典戲曲存目彙考》卷四《關漢卿》。

感天動地竇娥冤

《録鬼簿》著録。《新續古名家雜劇》本、脉望館校《古名家雜劇》本、《元曲選》本。《酹江集》本題目作"湯風冒雪没頭鬼",簡名《竇娥冤》。《太和正音譜》《元曲選》俱作簡名。本事出《漢書·于定國傳》及《搜神記》所載東海孝婦事迹加以編演。叙寡婦竇娥伏冤被刑,行刑時血逆流濺白練,六月飛霜。後其父爲廉訪使,竇娥魂訴其冤,覆讞前案,娥冤乃白。明袁于令《金鎖記》傳奇全本於此。此劇爲元曲悲劇第一傑作。有法文、日文譯本,流傳海外。①

戲曲斷代專目則有傅惜華編的《元代雜劇全目》《明代雜劇全目》《明代傳奇全目》《清代雜劇全目》。它們分别收録了元代雜劇七百三十七種、明代雜劇五百二十三種、明代傳奇九百五十種、清代雜劇約一千三百種。這幾部目録,在著録時,每種作品,列舉出它的名目、版本、存佚、現在收藏的地方、作家小傳等,並附以《引用書籍解題》《作家名號索引》以及《劇目索引》等。阿英編的《晚清戲曲録》頗有特色。該書《例言》稱:

反映晚清政治社會諸戲曲,大都爲石、鉛印本子,藏家注重版本,多不收録。本書意在補闕,故所録以石、鉛印本爲主,必要時兼及木刻本、未刊稿。

本書所收戲曲,以出版在晚清者爲限,略及民初。在後刊行者,雖與晚清政治社會有關,亦不收録。

本書順序,首傳奇、雜劇,次劇文,再次話劇。當時戲劇趨向,藉以概見。

……本書所録,以已收得者爲限,僅知其名者不録。

民間文學資料也有一些目録可供查檢參考。清代就已出現了此類目録。傅惜華藏有一册百本堂抄本《子弟書目録》,他介紹道:

---

① 《古典戲曲存目彙考》卷四《感天動地竇娥冤》。

百本堂的主人張姓,名號不詳。他是清代北京一家專門鈔寫各種戲劇——崑曲、高腔、皮黄、梆子、影戲,各種曲藝——子弟書、大鼓、八角鼓、時調小曲、蓮花落等唱本的職業者。每逢北京隆福寺、護國寺東西兩廟會的日期,長期設攤售賣唱本的一種發行書籍的特殊營業。他從清代乾隆年間起,到民國初年止,世世相傳的個體營業,自稱爲“百本張”。此本目録就是他售賣“子弟書”的總目……著録的“子弟書”共計二百九十三種。我們今天所知所見的“子弟書”總數約有四百餘種,其中重要的代表作品,多半盡收於此目録了。此目録編製的體例,是先列每種“子弟書”的名目,有時還附注别名。在每種名目下,有的題着極簡略的説明文字,例如《出塔》一本,下注云:“青兒救主。”那就是説明此本内容是演述青兒搭救白娘子出雷峰塔的故事;又《永福寺》一本注云:“李瓶兒上墳遇春梅,《遣梅》以後《池館》以前。”這是《金瓶梅》故事裏,李瓶上墳遇着春梅,是《遣梅》以後《池館》以前的一段情節。有時在簡略情節的下面還標着“笑”“苦”等字樣,例如:《劉高手探病》一本,標“笑”字,這是説明此曲的情節是富有滑稽性的可笑的故事;《斬竇娥》一本標“苦”字,説明此曲是具有悲劇性的苦痛的情節。每種名目情節注文的最下面,一律標明原本的回數和售賣的價錢,如《孟子見梁惠王》一本,書價作“四佰”,那便是當時的四文錢。此本《子弟書目録》,確是今曲藝研究方面的一本最重要的珍貴的資料。①

子弟書是民間曲藝的一種,是鼓詞的一個支流。這種曲藝的來源是從唐代的變文與宋元以來的彈詞發展而成的。專收子弟書的有傅惜華編的《子弟書總目》。該書根據公私所藏,收子弟書四百餘種,約計一千數百部之多,每書注明來源。書前有引用書解題。

劉復、李家瑞等合編的《中國俗曲總目稿》附《補遺》,一九三二年中央歷史語言研究所出版。此目著録河北、江蘇、廣東、四川、福建、山東、河

① 《子弟書總目·引用書解題·百本張(子弟書目録)》。

南、雲南、湖北、安徽、江西等十一個省的各種曲藝,六千餘種。其中河北省四千一百零九種,江蘇省七百一十八種,廣東省五百二十五種。其體例是先著録每種的曲名和調名,以次是流傳地區、印刷版本、原本頁數,最後節録每種曲文的開首兩行文字。

李豫、李雪梅、孫英芳、李巍編著的《中國鼓詞總目》,有山西古籍出版社二〇〇六年版。該書包括中國傳統鼓詞總目、子弟書單唱鼓詞總目、抗日解放戰爭時期鼓詞總目、共和國時期鼓詞總目。末附漢語字頭音序與筆畫索引。《凡例》稱:"著録每條鼓詞所含項目有鼓詞名、作者(或搜集整理者)、出版社、出版年、開本、印刷形式、裝幀形式、册數、卷數、回數、頁數、收藏地或著録來源、異名、有關問題考證十四項内容。"兹録一例:

> 0096 包公奇案
>
> 春明印書館(新昌路 481 弄 2 號)印刷,上海沈鶴記書局(上海白克路長沙路口)1954 年 2 月鉛印本,32 開,平裝,1 册,16 回,57 頁。書末有書局徽樣。山西大學文學院藏。又名《説唱包公奇案》。

欲知我國民間歌謡資料的綫索,可查中國民間文藝研究會資料室編的《中國歌謡資料參考書目》。該目附在作家出版社一九五九年出版的《中國歌謡資料》之後,收録範圍爲該書徵引過的書籍,著録項目有書名、編者、出版年和出版者。

譚正璧、譚尋編的《彈詞叙録》,上海古籍出版社一九八一年版,是迄今爲止質量最高的一部彈詞目録,收作者所見作品二百種,每種寫有叙録,介紹故事梗概,兼及作者、版本、成書年代、本事源流、同題材其他文學作品等。

收録某一地區曲藝作品的目録可以傅惜華編《北京傳統曲藝總録》爲例,有中華書局上海編輯所一九六二年版。《總録》將元、明、清以來到一九四九年前爲止在北京地區流行的各種傳統曲藝作品編成目録,主要有八角鼓、石派書、鼓詞小段、蓮花落、時調小曲等。《總録》詳細説明各種曲本的版本源流、收藏處所,並對每曲的内容、題材來源作了簡要介紹。書末附有曲名索引。

老彭編纂的《民間文學書目匯要》有重慶出版社一九八八年版。該書晚出，内容豐富而廣泛。全書分上、中、下三編及附編四大部分。上編總匯中外民間文學總論書目，中編總匯中外各體民間文學的論著和作品書目，下編是一九四九年前後出版的民間文學期刊名目録，附編收入民俗學等相鄰學科的書目。

查文藝理論資料，可利用南京大學中文系文藝理論教研室一九六四年編印的《中國歷代文學理論批評重要專著篇目索引》。該書款目按歷史發展階段分爲先秦兩漢、魏晉南北朝、隋唐五代、遼金元、明清、晚清六個部分。該書具有推薦目録的性質，因此著録與編排頗有特點，如用"○"號標明該目重要，用"＊"號表明該文已選入郭紹虞編的《中國歷代文論選》，可查閱。將易得的版本著録在前面，以便讀者尋找。編者還列出與某文有關資料的出處，以便讀者參閱。款目的編排略依時間先後爲序，但是又注意把論點相近或相反的作品歸在一起，以便讀者學習。該書末附《〈歷代詩話〉〈歷代詩話續編〉和〈清詩話〉目録》《〈詞話叢編〉目録》《〈中國古典戲曲論著集成〉總目》。

山東大學中文系古代文藝理論史編寫組編《中國古代文藝理論資料目録彙編》，齊魯書社 1981 年版。該書彙編了古代文學批評專著和散見於各種古籍中的有關論述及序跋、題辭、傳叙、筆記等，分爲文論、詩論、小説評論；樂論；畫論；戲曲理論；書法理論；篆刻理論等六個部分。各部分以時代爲序，所引資料注明版本與出處。

吴文治主編的《中國古代文學理論名著題解》也頗有參考價值。該書對一百四十六部文論、詩話、詞話、戲曲理論、小説理論名著的作者、版本、内容作了評介。

由喬默主編的《中國二十世紀文學研究論著提要》，有北京大學出版社一九九四年版。也是一部有份量、有特色的文藝理論書録，内容包括文論、詩話、詞話、戲曲理論等。該書《凡例》稱：

> 本書是一部資料性、專業性工具書，收録二十世紀（一九〇〇至

一九九二)中國大陸學者(包括一九四九年前在大陸,以後離開者)研究中國文學、外國文學、文藝理論、民間文學和少數民族文學的論著一二〇〇種,並作出簡明的提要,力求反映出各類别文學研究在二十世紀發展的基本綫索、重要成果和總體水平。

本書所收論著的提要,大致包括下列内容:一、論著題目、作者姓名、出版單位和出版時間、字數、頁數。二、論著的基本面貌(如全書章節安排、學術背景等);論著的宗旨、重要學術觀點;適當介紹作者運用的研究方法及其特點。一般不作評價。

專爲某類文學體裁的理論著作編目的作品,可以傅曉航、張秀蓮主編的《中國近代戲曲論著總目》爲例。該目有北京文化藝術出版社一九九四年版,收録一八四〇年至一九九四年間有關戲曲的專著書目共四七四種,附有詳細的章節目録或款目;專業的或有關戲曲的報紙雜志共三六二種,收五九四〇餘篇文章篇目,附有詳細分類索引。有戲曲史、戲曲文學、戲曲改良(革)、國劇運動與現狀研究、戲劇理論、表導演藝術、戲曲音樂、戲曲舞臺美術、戲曲科班與人才培養、劇場與劇場變遷、戲曲常識、其他等類目。

專門爲某類文藝理論著作編目,可以陳玉堂《中國文學史書目提要》爲例,有黄山書社一九八六年版。該書著録清代末年至一九四九年前各類文學史專著三百餘種。其《編寫略例》云:

本書目所收範圍以中國文學史書、史論、史評著作爲主,其他與文學史有關的著作也酌量編入。本書目分爲"通史""斷代史"和"分類史"三個部分。"分類史"中包括韻文、美文、詩、賦、曲、散文、駢文、小説、民間文學、戲劇、音樂、民族文學、抗戰文學、婦女文學及宗教文學等。

每條款目分兩個部分:"其一是介紹原著的版本和成書簡況,並稍加評述;其次是詳録原著的章節,重要處並摘録其内容要點,或另加簡注,使讀者能瞭解各書的基本面貌。”

專爲某一文藝理論著作有關資料編目的，可以戚良德編《文心雕龍學分類索引》爲例。該索引有上海古籍出版社二〇〇五年版，收録近百年來有關《文心雕龍》學的論文、注釋、序跋、書評、通訊、索引等單篇文章（統稱爲“論文”）六一四三條和專著、專書等單行本（統稱爲“專著”）三四八條，西文論著二十六條。大致反映了二十世紀《文心雕龍》學的成就。

最後，可以附帶介紹一下古典文學論文的索引式目録。這主要有《文學論文索引》，陳璧如、張陳卿、李維垿編，共收羅一九〇五至一九二九年中國雜志報章一百六十二種。《文學論文索引續編》，劉修業編，共收羅一九二八至一九三三年中國雜志報章一百九十三種。《文學論文索引三編》，劉修業編，共收羅一九三三至一九三五年十二月中國雜志報章二百二十餘種。以上三種索引，通行本皆有臺灣學生書局一九七〇年三月版。《中國古典文學研究論文索引》（一九〇五至一九七九），北京師範學院中文系一九八一年九月編印。《中國古典文學研究論文索引》增訂本（一九四九至一九六六年六月），河北北京師範學院中文系資料室、中國社會科學院文學研究所圖書資料室編，有中華書局一九八二年五月第一版。《中國古代文學資料目録索引》（一九四九至一九七九），遼寧大學中文系古代文學研究生編。該索引除論文目録外，還收録了一九四九年後所出各種版本的古典文學作品及研究專著。近年來隨着中國知網《中國期刊全文數據庫》《中國重要報紙全文數據庫》，以及上海圖書館《全國報刊索引》數據庫、《人大報刊複印資料》數據庫的廣泛運用，人們對編紙質論文索引已經漸漸失去興趣。

第七章　特種目録

特種目録是依據特定目的或用途而編成的目録，它們是多種多樣的。現將一些最主要的特種目録介紹如下。

第一節　推薦書目録

推薦書目録，亦稱舉要目録或導讀目録，是針對一定的讀者對象，圍繞一個專門目的，對有關文獻加以選擇，推薦給讀者的一種目録。

清道光二十七年（一八四七），湖北學政龍啓瑞爲指導諸生參加科舉考試所編撰的《經籍舉要》是一部現存最早的、成熟的，以獨立形式出現的推薦書目。他在《復邵蕙西書》中談到該目的編撰情況："某今擬一書目，凡學者應看之書，皆爲分門别類，使之欲從何處用功，便有何等書可讀。爲目百有餘種，凡過于浩博者及無關正業者不録。此爲鄉曲秀才開一用功之路，凡考居優等及新進諸童，各給一本與之。楚北書肆，可因此生色矣。"①龍啓瑞於該書卷末跋云："右所舉各書，皆於諸生有益，所宜置之案頭，以備觀覽。其爲目多而不繁，簡而不漏，由此擴而充之，可進於博通淹雅之域，即守此勿失，亦不至爲鄉曲固陋之士。"

《經籍舉要》作爲推薦書目的特點，也體現在分類方面。作者考慮到培養人才的實際需要，大膽突破了四部分類法的藩籬，除經史子集外，還

① 《經德堂文集》卷五外集《書十七首》。

設立了約束身心之書、擴充學識之書、博通經濟之書、文字音韻之書、詩古文詞之書、場屋應試之書等類。新增類目都有很强的針對性，爲了束縛學生們的思想，他推薦了約束身心之書十一種，並在案語中説："右十一種書常置案頭，可以束身寡過，雖不能遽至于聖賢之域，而不流于不肖决矣。"爲了拓寬學子們的知識面，他特設"擴充學識之書"一類，推薦了《四庫全書總目》《困學紀聞》《日知録》《十駕齋養新録》等七種圖書，其案語稱："學者讀書最忌見聞荒陋，用以作文，必無精彩，安能出人頭地？苟于此融會貫穿，庶可無村秀才之誚矣。"

《經籍舉要》的收録範圍依據推薦書目的性質與特點，貫徹了少而精的原則。僅收一百四十二種書，對每一種書都作了精心挑選。如場屋應試之書僅收三種，他在該類案語中解釋道："諸生今日莫不以場屋應試之功爲急務，而所載之書止于三種者，以根柢之學在經史之中，經史既明則醞釀深厚焉。有用以爲應試之學而無不工者，故登此數者以爲學業之準繩。"

就著録項目而言，《經籍舉要》最有成就，最能體現推薦書目特點的當推附注與提要兩項。其附注項往往對書的作者、版本、内容、分類作了補充説明。其中附注版本頗能給讀者以參考，如於《説文解字》條下注明："汲古本、朱刻本、藤花榭本、五松園本"，並在提要中説："讀書而不讀《説文》，是雖識字而不識字也。以孫淵如氏《平津館叢書》内仿宋刻本爲勝。"

該書提要從指導閲讀出發，着重評價了書的内容、特點、價值與學習方法，成績尤爲突出。如段玉裁《説文解字注》的提要云："《説文》之所以可貴者，以其於讀經有益也。段氏此書，於經義融洽貫串，而講求聲音形體之處，亦爲精確得當，在《説文》家可爲空前絶後之作。特好以意擅改，恐終失許氏之舊，是其一病耳。"有的提要還談到了學習方法，如宋司馬光《資治通鑒》的提要説：

愚謂今日諸生，讀史必須手邊置一劄記，隨其所得，分類記之。記古人之嘉言懿行，則足以檢束其身心；記古人之善政良謀，則足以增長其學識；以至名物象數，片語單辭，無非有益於學問文章之事，當時記録一過,較之隨手繙閲,自當久而不忘,且偶爾憶及與蓄疑思問,其檢查亦自易易。此爲讀史要訣,諸生所宜盡心。

龍啓瑞的《經籍舉要》雖有時代局限,仍不失爲一部成功的推薦書目,爲以後推薦書目的蓬勃發展奠定了基礎。影響很大又非常典型的推薦書目録是張之洞的《書目答問》。《書目答問》是清同治十二年(一八七三),張之洞就任四川學政時,仿龍啓瑞《經籍舉要》而作,繆荃孫爲撰寫該書初稿做出了貢獻。張之洞的學生,繆荃孫的同學,光緒五年(一八七九)貴陽版《書目答問》的校訂者王秉恩嘗云:

藝風京卿爲余五十餘年成都舊友,時余爲諸生,與君同受業陽湖湯秋史師門下,君時即爲目録版本學。丁卯,君寄籍華陽,中式後改歸江南。吴勤惠公督川,延君入幕。吾師張文襄公督學川中,君乃執贄,文襄知君熟于目録版本,命君草創《書目答問》稿。①

張舜徽談道:"蓋《書目答問》屬稿之始,乃繆氏秉筆;迨稿成,由之洞審定訂正,成爲定本;終題之名以刊布之。此種事古代多有,不足怪也。"②

《書目答問》初刊於光緒二年(一八七六)。一九二九年,范希曾《書目答問補正·跋》説《書目答問》"書成以來,繙印重雕不下數十餘次。承學之士視爲津筏,幾於家置一編"。

《書目答問略例》談了該書的編纂目的:"諸生好學者來問:應讀何書?書以何本爲善?偏舉既嫌絓漏,志趣學業亦各不同,因録此以告初學。"

在書籍的收録範圍上,編者采取了十分審慎的態度。其《略例》云:

凡無用者、空疏者、偏僻者、淆雜者不録,古書爲今書所包括者不録,注釋淺陋者、妄人删改者、編刻訛謬者不録。古人書已無傳本,今

① 《上海圖書館善本題跋選輯》史部續三《竹汀先生日記鈔》。

② 《愛晚廬隨筆》之一《學林脞録》卷十《繆荃孫與書目答問》。

人書尚未刊行者不録。舊槧舊鈔偶一有之,無從購求者不録。經部舉學有家法、實事求是者;史部舉義例雅飭,考證詳核者;子部舉近古及有實用者;集部舉最著者。

《書目答問》在收録標準方面約有以下特點:

首先是實用性。《書目答問略例》題下注云:"此編爲告語生童而設。"因此所選擇的書都要切合學生們的實際需要。《書目答問》附二《國朝著述諸家姓名録·經濟家》題下注强調指出:"士人博極群書,而無用于世,讀書何爲?"張之洞在《書目答問略例》中還明確談道:"凡所著録,並是要言雅記,各適其用。""凡無用者、空疏者、偏僻者、淆雜者不録。"針對被收録的某些具體的書,《書目答問》往往也是從是否有用的角度進行評價,如史部詔令奏議第九《皇朝經世文編》一百二十卷附注云:"此書最切用。"

其次是厚今薄古。《書目答問略例》云:"此編所録,其原書爲修四庫書時所未有者十之三四,四庫雖有其書而校本、注本晚出者十之七八。"可見張之洞非常重視新的研究成果。就各類而論,如其《經部序》云:"經學小學書以國朝人爲極,於前代著作擷長棄短皆已包括其中,故於宋元明人從略。"其《史部·地理類序》云:"今人地理之學詳博可據,前代地理書特以考經文、史事及沿革耳。若爲經世之用,斷須讀今人書,愈後出者愈要。"也同樣可以看出這一點。再如子部兵家類著録《新譯西洋兵書五種》,説明編者對國外學説的新近譯本也很重視。

第三是不科學者不録。如經部《列朝經注經説經本考證第二》附注云:"空言臆説,學無家法者不録。"經部《書》之屬附注云:"不知今古文之别者不録。"經部《爾雅》之屬附注云:"講《爾雅》不通小學者不録。"子部兵家第三附注云:"兵者,人事。《太白陰經》《虎鈴經》之屬,詭誕不經,不録。《登壇必究》《武備志》多言占候,所言營陳器械,古今異宜,不録。《握奇經》《三略》《心書》《李衛公問對》僞書,不録。《武編》《兵法百言》,多空談,不録。"

第四是僞書基本不録。編者於經部《詩》之屬附注云:"《子貢詩傳》《申培詩説》,皆僞書,不録。"復於經部《孝經》之屬附注:"《知不足齋叢書》

有《古文孝經孔傳》一卷、《今文孝經鄭氏注》一卷,皆僞書,不録。”對於僞書也依據具體情况作了具體分析,並未一概排斥。對於那些出現時代早,僞而近古的書也還是收了不少,如《六韜》《關尹》《鄧析》等。

《書目答問》也非常重視對版本的選擇與著録。《書目答問略例》多次談到了版本問題,如論版本重要性的:“讀書不知要領,勞而無功;知其書宜讀而不得精校精注本,事倍功半。”該目對版本的收録標準也貫徹了可靠性與實用性原則,“總期令初學者易買易讀,不致迷惘眩惑而已”“多傳本者,舉善本;未見精本者,舉通行本;未見近刻者,舉今日見存明本”。

《書目答問》在具體著録版本時也體現了這些原則,並作了分析與評價,如《十三經注疏》,著録了“乾隆四年武英殿刻附考證本,同治十年廣州書局覆刻殿本,阮文達公元刻附校勘記本,明北監本、明毛晉汲古閣本”,並評價道:“阮本最于學者有益,凡有關校勘處旁有一圈,依圈檢之,精妙全在于此。四川書坊翻刻阮本,訛謬太多,不可讀,且削去其圈,尤謬。明監、汲古本不善。”

有些版本殘缺不全也會加以説明,如子部儒家類著録《群書治要》五十卷,附注:“連筠簃本。闕三卷。”該類還著録錢大昕《十駕齋養新録》二十卷、《餘録》三卷,附注:“潛研堂本抽印單行,阮刻無《餘録》。”

某些書雖未著録版本,往往也會指明檢索途徑。如集部別集類唐至五代部分附注:“唐之詩家,如高適、岑參之類,文家如李華、蕭穎士之類,今無單行本,詳《全唐詩》《文》中。”再如集部別集類南宋部分附注:“此外宋人集,若吕陶、劉摯、彭龜年,聚珍本有之;宗澤、吕祖謙,在《金華叢書》内;永嘉四靈,在《南宋群賢小集》中。”《書目答問》的附注主要任務就是著録與推薦版本,因此《書目答問》可算作有選擇的版本目録。

《書目答問》的附注項除著録與評介版本外,也涉及其他内容,充分體現了推薦書目的特點,現也略作介紹如下:

首先是指示讀書治學的門徑,如經部小學類的附注説:“此類各書,爲讀一切經史子集之鈐鍵。”他如集部別集類國朝詩家集首先著録吴偉業《梅村集》四十卷,附注云:“欲詳知國朝詩家集者,具鄭方坤《國朝詩鈔小傳》、王昶《湖海詩傳》、張維屏《詩人徵略》中。”

其次是評介圖書内容。附注同書異名者如集部别集類南宋部分著録《李忠定公集》，附注：“原名《梁谿集》。”附注作者者如總集類文之屬著録《金元明八大家文選》五十三卷，附注：“元好問、姚燧、吴澂、虞集、宋濂、王守仁、唐順之、歸有光。”附注圖書内容者如集部詩文評類著録宋胡仔《苕溪漁隱叢話前集》六十卷《後集》四十卷，附注：“此書采北宋詩話略備”；著録宋魏慶之《詩人玉屑》二十卷，附注：“此書采南宋詩話略備。”

再次是對圖書作出評價。如經部石經之屬著録《國朝石經》，附注云：“乾隆五十八年敕刊，嘉慶八年敕改定。國子監石本。十三經皆備，文字多依古本，與通行本多異，極精核。”

作者在分類上不盡用前人書目體例，其《略例》云：

> 讀書不知要領，勞而無功；知某書宜讀而不得精校精注本，事倍功半。今爲分别條流，慎擇約舉，視其性之所近，各就其部求之，又於其中詳分子目以便類求。一類之中，復以義例相近者使相比附，再叙時代，令其門徑秩然，緩急易見。凡所著録，並是要典雅記，各適其用。總期令初學者易買易讀，不致迷罔眩惑而已。（弇陋者當思擴其見聞，泛濫者當知學有流别）

基於這種理解，他便仿祁承㸁之例，於四部之外别立叢書一部，成爲五部，並説明道：“叢書最便學者，爲一部之中可該群籍，搜殘存佚，爲功尤鉅，欲多讀古書，非買叢書不可。其中經史子集皆有，勢難隸於四部，故别爲類。”他還附立《别録》，分群書讀本、考訂初學各書、詞章初學各書、童蒙幼學各書，使《書目答問》成爲一部完整的推薦書目録。

此外編者於類目下加注，多有灼見。如其把目録分爲藏書家所貴與讀書家所需兩種，臚列了讀書家應掌握的書目，並於譜録類書目之屬下注曰：“此類各書爲讀一切經史子集之涂徑。”

《書目答問》在二級類目的設置上也作了一些探索，如《四庫全書總目》經部只設四書類，而《書目答問》於四書類外又設了論語類與孟子類，並於論語類的附注中解釋道:“《論語》《孟子》,北宋以前之名;《四書》,南宋以後之名。若統于《四書》,則無從足十三經之數,故視注釋家分合别立之。”“十三經”的概念深入人心,阮元校刻的《十三經注疏》非常流行,如果取消了論語、孟子兩類容易對“十三經”造成誤解,所以《書目答問》同時在經部設立論語、孟子、《四書》三類,不無道理。

多分三級類目也是《書目答問》在分類方面的顯著特點。如在經部小學類將《爾雅》單獨立類就是一例。《漢志》《隋志》將《爾雅》附在經部《孝經》類,顯然不恰當。《舊唐書・經籍志》將《爾雅》類著作調整到經部小學類顯然是恰當的。而《書目答問》不僅將其歸于小學,而且還單獨立爲一類,顯然是考慮到它是十三經之一,又是生童們必須學習的文獻。再如史部金石類下分金石目録、金石圖像、金石文字、金石義例四個三級類目,就非常清晰。

《書目答問》對具體圖書的歸類問題,也有一些值得借鑒的地方。首先是爲一些容易混淆的類目確定了收録範圍。如史部别史類附注云:“别史、雜史,頗難分析,今以官撰及原本正史重爲整齊,關係一朝大政者入别史,私家紀録中多雜事者入雜史。”

其次是能够依據圖書的實際情況進行分類。如經部三禮總義之屬著録《白虎通義》四卷,附注:“此書皆言禮制,故入此類。”而《四庫全書總目》將其分在子部雜家類。再如史部政書類歷代通制之屬著録《通志》二百卷,附注:“《提要》入别史類,今附于此,以便尋檢。”

再次,自覺地運用互著方法。《書目答問略例》云:“《漢書・藝文志》有互見例,今于兩類相關者,間亦互見,注其下。”如集部别集國朝詩家集提到“王昶《湖海詩傳》,互見總集類。張維屏《國朝詩人徵略》,互見詩文評類”。

對於一些難以歸類的書也作了説明,以便充分地發揮其作用,如子部法家著録了《龍筋鳳髓判》四卷,附注:“名似法家,實則詞章,無類可歸,附此,其目藉可考唐時律令公式。”再如子部藝術家著録《藝舟雙楫》六卷《附録》三卷,附注:“此編實是雜文,因内有論書二卷,附此。”

書後還附載《清代著述諸家姓名略》,雖僅列舉著名學者的姓名籍貫,

從中也可窺見清代學術流别,對於指導讀書也是有意義的。故其序云:

> 讀書欲知門徑必須有師,師不易得,莫如即以國朝著述諸名家爲師。……知國朝人學術之流别,便知歷代學術之流别。胸有繩尺,自不爲野言謬説所誤。其爲良師不已多乎?……凡卷中諸家即爲諸生擇得無數之良師也。果能循途探討,篤信深思,雖僻處深居,不患冥行矣。

如編者列舉了二十九位校勘學家的姓名,指出:"諸家校刻並是善本,是正文字皆可依據,戴、盧、丁、顧爲最。"這對我們讀書時選擇版本就有指導意義。戴指戴震,盧指盧文弨,丁指丁杰,顧指顧廣圻。

但《書目答問》畢竟是光緒初年的書,時間越久,越覺其不足,范希曾因此撰《書目答問補正》五卷。它糾正了《書目答問》原來在書名、作者、卷數、版本著録上的一些錯誤,對原書漏記及光緒二年(一八七六)以後新刊的版本進行了補注,還補收了一些和原書相近的書。這些書絕大部分是後出的,直到一九三〇年止,都記録了作者、卷數和版本。凡《書目答問》所稱的"今人",也一概補足姓名。一些書名下面,還加了案語,稍陳利弊。所以今天我們檢查《書目答問》,非用補正本不可。

來新夏、韋力、李國慶之《書目答問匯補》,二〇一一年由中華書局出版,堪稱《書目答問》自光緒二年(一八七六)問世一百三十多年來的傳播校補工作的集大成之作,作者搜集到《書目答問》的四十九種版本,匯補了葉德輝、倫明、孫人和、趙祖銘、范希曾、蒙文通、邵瑞彭、劉明陽、高熙曾、張振珮等名家的批校本以及李笠《三訂國學用書撰要》及吕思勉的《經子解題》的相關資料。書末所附《國朝著述諸家姓名略》經增訂後,讀之可當清代學術小史。此外還附録了不少相關研究資料,以及《書目答問匯補綜合索引》。顯然能更加充分地發揮其指導閲讀的作用。魯迅説:"我以爲倘要弄舊的呢,倒不如姑且靠着張之洞的《書目答問》去摸門徑去。"①這

① 《魯迅全集》第三卷《而已集·讀書雜談》。

句話直到今天還是適用的。

一九二三年,《清華周刊》記者請梁啓超與胡適選擇要籍,指示讀法。胡適寫了《一個最低限度的國學書目》。説是"最低限度",但内容太雜,收羅過多。梁啓超當時就對它提出了批評,並另寫了《國學入門書要目及其讀法》,其優點不在書目而在讀法。此外還有李笠《三訂國學用書撰要》等書目。

特别值得注意的是汪辟疆一九二五年寫的《讀書舉要》,作者在《導言》中説:"載籍極博,遍讀實難;提要鈎元,是爲急務。梁、胡論列,可謂備矣;鄙意尚嫌過多,非今日學子所能盡讀。"他針對梁啓超、胡適推薦書目數量過多的缺點,只推薦一百三十種書。胡目僅分三類:(一)工具之部;(二)思想史之部;(三)文學史之部。梁目分五類:(甲)修養應用及思想史關係書類;(乙)政治史及其他文獻學書類;(丙)韻文書類;(丁)小學書及文法書類;(戊)隨時涉覽書類。顯然都缺乏推敲,不够科學。汪辟疆將綜合性圖書分爲上篇:一、綱領之部;二、叢載之部;三、稽考之部。將專科性圖書分爲下篇:四、哲學之部;五、史學之部;六、文學之部;七、文字學之部。其類名簡潔明了,含義明確,頗便檢索,顯得科學多了。

其最大特點是爲每部書撰寫了提要,不僅告訴我們應當讀哪些書,還着重介紹讀書的方法、步驟與版本。如《詩經》提要云:

> 此書爲古代詩歌總集之第一部。訓詁名物,以陳奂《毛詩傳疏》爲最詳;詮釋要義以宋朱子《詩集傳》爲獨到。清人方玉潤有《詩經原始》,頗多新解,上海有石印本。三書可任取其一讀之,若能比較互閲,尤爲有益。

對一些版本衆多的書,該書目還注意推薦應讀的版本。簡單一點的在標目中就作了説明,如《杜樊川集》(清馮集梧注)、《玉谿生詩注》(清馮浩注),實際上告訴我們,讀杜牧的詩文集應當用清馮集梧注本,讀李商隱的詩集應當用清馮浩的注本。複雜一些的則要在提要中加以説明。如《杜工部詩集》提要稱:"杜注最多,有仇兆鰲、楊倫、錢謙益諸家注本,皆可閲。大抵仇注最繁富，楊注頗簡要，錢注多獨到。此外注本尚多，讀者但取其體例大雅者觀之可也。”在衆多的杜詩版本中，汪辟疆只推薦了三種，並指出了各自的特點。研究杜詩當然不能只讀三家注本，還得要把其他體例大雅的版本找來看看，但那已是下一步的事了。

《讀書舉要》還注意對圖書内容進行評價，雖寥寥數語，卻具有很高的學術參考價值。如論顧祖禹《讀史方輿紀要》云：“以地域爲經，而緯以史迹，最爲有系統之書。各省及州域序論，兵機地勢，了如指掌。凡讀史地書，或感枯燥，閲此書真有自得之樂矣。魏叔子稱爲數千年絶無僅有之書。”

作者還在提要中道及自己的治學經驗，這對初學當然具有指導意義。如汪先生在提要中反復强調要讀全集而不能只讀選本。如《讀書舉要》於陶澍《陶靖節詩注》云：“陶詩雖有選本可讀，其全集究不能不看。”其於《白香山集》提要復云：“香山詩不免輕率，實有時代精神，光氣究不可掩。其《與元九書》云：‘文章合爲時而著，歌詩合爲事而作。’又云：‘感人心者莫先乎情，莫切乎聲。’皆香山詩歌立足點也。選本多不能見其真面目，故全集必讀也。”

此外，章太炎、黄侃依據自己的治學經驗均爲青年學子開過一些必讀書目，徐復介紹道：

> 章先生指示青年必讀二十一書，先生以爲尚有未備，增益爲二十五書。二十五書是：經學十五書，爲十三經加《大戴禮記》《國語》；史學四書，爲《史記》《漢書》《資治通鑒》《通典》；子部二書，爲《莊子》《荀子》；集部二書，爲《文選》《文心雕龍》；還有小學，爲《説文》《廣韻》。以上青年必讀書二十五種，包括四部中最重要的典籍，可以囊括一切，也是治各門學問的根柢。當時社會上盛行梁任公、胡適之開列的《 個最低限度的國學書目》，先生認爲泛濫不切實際，没有揭示出重點，故提出二十五書以糾正此偏向。①

① 《師門憶語》，載《文教資料簡報》一九八一年第十期。

一九四九年後,推薦書目也受到了重視。一九六一年四月,高等學校文科教材編選計劃會議上提出和修改制定了一批專業教學方案,每個方案都附有一個學生閲讀書目。一九七八年六月召開高等學校文科教學工作座談會,討論制定各專業學時制或學分制教學方案時,都重新附立了各專業的學生閲讀書目。這些書目基本上以一九六一年編制的專業閲讀書目爲基礎,補充了一些有價值的新書。在教學上起着較好的輔助作用。此外還出現了一些有提要的推薦書目。中國青年出版社於一九八〇年六月編輯出版的《中國古典文學名著題解》就是其中的一部。該書《内容提要》説:

本書所介紹的二百五十多部作品,都是兩千多年來流傳廣泛,影響較大的名著:它們起自先秦,迄於近代,包括詩、詞、賦、文、戲曲、小説、神話等各種文體的原著,以及有關的選注本、今譯本和匯編本。除了概述作者生平及創作成就以外,用主要篇幅着重介紹這些名著的内容或故事梗概,對它們的思想意義和藝術特色也一一作了分析。通過閲讀本書,廣大青年讀者可以利用較爲經濟的時間,對浩如烟海的我國古典文學有個基本瞭解;文學愛好者也可由此擴大古典文學的知識領域,獲得進一步自學的綫索。

上述這些推薦書目録都可供初學者參考。但由於學術不斷發展,新書不斷出現,這個工作今後還應當繼續做下去。

第二節　禁燬書目録

統治者爲了政治原因常銷燬或禁止某些書籍。爲被銷燬或禁止的書所編製的目録稱爲禁燬書目録。

中國大規模的焚書是從秦始皇開始的。秦丞相李斯曰:

臣請史官非《秦記》,皆燒之。非博士官所職,天下敢有藏《詩》、

《書》、百家語者，悉詣守尉雜燒之。有敢偶語《詩》《書》者，棄市。以古非今者，族。吏見知不舉者，與同罪。令下三十日不燒，黥爲城旦。所不去者，醫藥、卜筮、種樹之書。若欲有學法令，以吏爲師。制曰："可。"①

宋仁宗寶元二年（一〇三九），"學士院言：奉詔詳定陰陽禁書，請除孫、吴子，歷代史、天文、律曆、五行志，並《通典》所引諸家兵外，餘悉爲禁書。從之（學士院、司天監定係禁書籍十四門，爲目録一卷）。"②《宋史·藝文志》載《禁書目録》一卷，注云："學士院、司天監同定。"③這是我國禁書目録見於記載之始。

禁書目録以清代爲最多。滿洲貴族建立清朝以後，對文化實行統治政策，乾隆時代修《四庫全書》，一方面做整理工作，另一方面也對他們認爲"違礙"的書，分别加以删、改、燒、禁。他們將這些書編成目録，發到各地去執行。這樣，就産生了許多禁燬書目録。如乾隆四十三年（一七七八）五月二十六日詔曰："前經各省將查出應燬違礙各書陸續送京，經該館開單行知各督撫一併實力查辦。"④文中所謂"開單"即指編禁燬書目。像《纂修四庫全書檔案》中收録的《撤换各書單》《應銷燬各書清單》《全燬書籍清單》，皆爲禁燬書目。根據高宗要求，此類書目越編越多。現分别説明如下：

《銷燬抽燬書目》：此目包括《全燬書目》與《抽燬書目》兩部分。卷首有四庫總裁英廉奏摺二通，末有"乾隆四十七年五月日刊發"字樣，故知其目即爲當時英廉奏准頒發各督撫應行銷燬、抽燬的書目清單。英廉於乾隆四十七年（一七八二）二月二十一日奏云：

將各省解送之明代以後各書，逐一覆加檢閲，詳細磨勘，務將誕

① 《史記》卷八《始皇本紀》。

② 《玉海》卷五二《嘉祐編定書籍》。

③ 《宋史》卷二〇四《藝文志》。

④ 《纂修四庫全書檔案》上册五〇五條《寄諭各省督撫訪查周乃祺所撰〈歷志〉一書送京銷燬》。

妄字句删燬净盡,不致稍有遺漏。兹據各該纂修等已全行閲竣,共看出應行銷燬書一百四十四部,應酌量抽燬書一百八十一部。臣同該總纂紀昀等逐加覆核,理合開具略節清單,同原書三百二十五部,二千一百二十三本,一併繳進,請旨分别銷燬。①

同年三月二十五日奏摺復云:

恐外間未奉明禁,尚有留存,臣現在開繕清單,行知各該督撫,令其遵照嚴查,解京銷燬,毋使少有遺留。其應行抽燬之本,亦將應抽各條,詳悉開明知照,令其將應燬篇頁,嚴行查抽封固,一體解燬。如有原板者,將板内一併查明鏟燬。②

《全燬書目》全爲明人著作,這反映了清朝統治者對漢族人民的恐懼。《抽燬書目》也多係明人著作,書目下每條皆附注抽燬章節及其被抽燬的原因。如《蜀國春秋》四本條下注曰:

查《蜀國春秋》,係明荀廷詔撰。書内毛鳳彩序一篇,語極狂悖。書内紀年中,"明玉珍"一條,卷十三内十一頁前一行,卷十四内第十四頁前七、八行,亦俱有偏謬處,應請抽燬。

《禁書總目》:此目卷首有乾隆五十三年(一七八八)五月初四日上諭一道及浙江巡撫羅琅覆奏一通,故知爲浙江省所彙刻應行查繳違礙書目録的清册。書目分八類:

(一)四庫館奏準頒發各省進到遺書内查出干礙全燬抽燬各書

① 《纂修四庫全書檔案》下册八五三條《大學士英廉奏遵旨派員檢閲各省解送明以後各書情形摺》。

② 《纂修四庫全書檔案》下册八六五條《大學士英廉奏覆核各省應行抽燬各書情形並開單行知各省遵辦摺》。

目(即上面提到的《全燬書目》《抽燬書目》)。

(二)軍機處奏準全燬書目,七百四十九種。

(三)軍機處奏準抽燬書目,四十種。

(四)專案查辦應燬各書,二百三十一種。

(五)浙江省查辦奏繳應燬書目,一百五十四種。

(六)各省移咨應燬各種書目,三百三十七種。

(七)有違礙謬妄感憤語句應請銷燬,十三種。

(八)有錢謙益、沈德潛序文並列龔鼎孳、金堡諸人姓氏應請抽燬,五種。

此目前有説明云:

查浙省地廣人稠,藏書紳士繁富,其中或有遠宦幕游,筐笥無人查檢,或有僻壤窮鄉,見聞未能周悉。一切干礙不經之書,恐尚有留存之本,合將前奉四庫館頒發各省進到遺書内,查出干礙、全燬、抽燬各書,並軍機處頒行各省查辦違礙書目,及浙省歷次奏解前册未載各書名目,再行彙刻,印刷成本,發交各府州縣,各省儒學教職,委員傳齊紳士、地保、坊鋪、書賈人等,廣爲散給,遍布通行,使遐陬僻壤咸得周知。凡有存留書目開載各書,即日呈出,該州縣學委員即日備文解交省局,以憑委員解京銷燬。各該紳矜士庶,務各詳細檢查舊篋行笥,斷編零帙,盡數呈繳,不使稍有遺匿,致干罪譴,其各凜遵毋違。

於此可見,清代文網密布,幾無脱漏。

《違礙書目》:此目卷首有河南巡撫署録乾隆四十三年(一七七八)十一月初四日上諭一道,後有"河南布政使榮柱敬刊"字樣,故知爲河南省所編應行查繳違礙書籍之清册。書分五類:

(一)應繳違礙書籍各種名目六百八十種。

(二)王錫侯逆書十種。

（三）徐述夔逆書七種。

（四）程嘉燧逆書一種。

（五）續奉應禁書目五十種。

以上清代禁書目録三種，均見清姚覲元《咫進齋叢書》。姚氏於光緒八年（一八八二）跋云：

> 覲元曩在東川曾刊《銷燬抽燬書目》一册，蓋先大人舊藏乾隆四十七年三月二十五日四庫奏進本也。嗣同縣吴刺史文昇、會稽章大令壽康、江陰繆編修荃孫各以藏本郵視。吴本題曰《禁書總目》。……維時舍弟凱元方承乏大官，因走書京師屬其搜訪。已而凱元果以一編至，其體式略如今行臺省例册，首録乾隆四十三年十一月初四日上諭一道，而以應繳違礙書籍各種名目暨續奉應禁書目序列於後，署曰"河南布政使榮柱敬刊"，較之館本、浙本互有詳略，因備録而並刊之。

光緒末年，鄧實得江寧官編《違礙書籍目録》一册，其中《江寧本省奏繳書目》及《各行省咨禁書目》爲姚本所無，因補遺合刊，商務印書館一九五七年出的《清代禁燬書目附補遺》即爲此書。

此外尚有江西、湖北、廣東各省《奏繳書目》及《分次奏繳總目》，爲陳乃乾所得。陳氏删併重複，校補缺失，編爲《索引式的禁書總録》。據該書統計，全燬書二千四百五十三種，抽燬書四百零二種，共二千八百五十五種，而《四庫全書總目》著録圖書也衹有三千四百七十種（不包括存目）。對比之下，禁書數量之多是相當驚人的。此外，孫殿起還編有《清代禁書知見録》。其《略例》云："本書以海寧陳氏《索引式的禁書總録》爲底本，取其較爲完備，亦少重複。"孫殿起有憾於陳《録》"僅載書名、人名，至其各書卷數、刊本、年代均付闕如"①，所以他的《知見録》"於卷數、作者、籍貫以

① 《清代禁書知見録》卷首《自序》。

及刊刻年代等，力求詳確"①。

國民黨政府查禁進步書籍，也有禁燬書目録，現略述如下：

《國民黨反動政府查禁二百二十八種書刊目録》②，該目原載一九三一年九月國民黨湖南長沙市黨務整理委員會所編的《工作報告書》中。著録項目有書報名稱、著譯者、内容及備考、出版地點。例如：

> 《兩種不同的人類》，蔣光慈編　爲普羅文學短篇作品，詆燬黨國，鼓吹階級鬥爭。　北新書局③

《國民黨反動派查禁一百四十九種文藝書目録》，該目原載一九三四年三月十四日的《大美晚報》，魯迅《且介亭雜文二集·後記》曾引用過。對於這批被查禁的文藝書，中國國民黨上海特别市執行委員會批文説：

> 查此案業準中央宣傳委員會公函並决定辦法五項：一、《平林泰子集》等三十種，早經分别查禁有案，應切實執行前令，嚴予禁燬，以絶流傳。二、《政治經濟學批判》等三十種，内容宣傳普羅文藝，或挑撥階級鬥争，或詆燬黨國當局，應予禁止發售。三、《浮士德與城》等三十一種，或係介紹普羅文學理論，或係新俄作品，或含有不正確意識者，頗有宣傳反動嫌疑，在剿匪嚴重時期内應暫禁發售。四、《創造十年》等二十二種，内容間有詞句不妥，或一篇一段不妥，應删改或抽去後，方準發售。五、《聖徒》等三十七種，或係戀愛小説，或係革命以前作品，内容均尚無礙，對此三十七種書籍之禁令，準予暫緩執行。④

《國民黨反動派查禁文藝書目補遺》，張静廬編，載《中國現代出版史

① 《清代禁書知見録》卷首《略例》。

② 該目及以下幾種國民黨反動政府禁書目録的標題均係《中國現代出版史料》的編者張静廬所擬。

③ 《中國現代出版史料》乙編第一七七頁。

④ 《中國現代出版史料》乙編第一九六頁。

料》丙編。序云：

> 一九三四年二月國民黨反動派一次查禁普羅文藝一百四十九種的書目，已刊入本書乙編；現在再從一九二九年起至一九三六年抗日戰争前夕僞國民黨中宣部的各項反動密件中，搜録先後被查禁的革命文藝書目續得三百零九種，補録於後。①

《國民黨反動派查禁六百七十六種社會科學書刊目録》，這是國民黨中央宣傳部在一九三六年八月印發的秘密文件，有凡例、目録和索引。著録項目有書刊名稱、查禁及查扣緣由、查禁及查扣日期。例如：

> 《列强在華經濟的政治的勢力及其外交政策》 宣傳共産鼓吹暴動 十九年（一九三〇）九月令各地郵檢所扣留焚燬②

《國民黨反動派查禁九百六十一種書刊目録》，這份目録是根據國民黨中央圖書雜志審查委員會一九四一年七月所印發的《取締書刊一覽》鈔録的。該目《説明》云："本《一覽》輯録書刊，起自民國二十七年（一九三八）十月本會成立之日，迄於民國三十年（一九四一）六月止。"其著録項目有書刊名稱、著譯者、出版者、取締理由、取締日期、取締辦法。例如：

> 《一年間》 夏衍 生活書店 故不審原稿 二十八年（一九三九）五月 查禁③

禁書目録是文網史的重要史料。從某個時代的禁書目録中，我們可以清楚地看出那個時代的文化政策。

---

① 《中國現代出版史料》丙編第一四四至一四五頁。

② 《中國現代出版史料》乙編第二〇七頁。

③ 《中國現代出版史料》丙編第一七三頁。

第三節　鬻販書目録

鬻販書目録是爲推銷圖書而編製的一種書目。這種目録多爲出版商人或發行單位所編。例如明汪諒在其所刻《文選注》的目録後面，即附有一篇這種目録：

金臺書鋪汪諒，見居正陽門内西第一巡警更鋪對門。今將所刻古書目録列於左，及家藏今古書籍，不能悉載，願市者覽焉。

翻刻司馬遷正義解注史記一部

翻刻梁昭明解注文選一部

翻刻黄鶴解注杜詩一部，全集

翻刻千家注蘇詩一部

翻刻解注唐音一部

翻刻玉機微義一部，係醫書

翻刻武經直解一部，劉寅進士注

　　俱宋元板

重刻名賢叢話詩林廣記一部

重刻韓詩外傳一部，十卷，韓嬰集

重刻潛夫論，漢王符撰，一部

重刻太古遺音大全一部

重刻臞仙神奇秘譜一部

重刻詩對押韻一部

重刻孝經注疏一册

　　俱古板

嘉靖元年十二月望日金臺汪諒古板校正新刊①

---

①　見《中國版刻圖録》圖版四〇六。

清代鬻販書目的編製水平有明顯提高。如乾隆時代的大藏書家黄丕烈在蘇州玄妙觀西開了一家滂喜園書籍鋪。爲了方便顧客,該書鋪略以出版時間爲序編了個《士禮居刊行書目》,著録内容有書名、册數、書價、刊年四項。今録之如下:

《國語》五册,一兩二錢,庚申
《汲古閣書目》一册,八分,庚申
《國策》九册,二兩,癸亥
《博物志》一册,一錢六分,癸亥
《百宋一廛賦》一册,六分,乙丑
《季滄葦書目》一册,一錢二分,乙丑
《梁公九諫》一册,六分,丙寅
《焦氏易林》四册,一兩,戊辰
《宣和遺事》二册,二錢六分,庚午
《輿地廣記》七册,二兩四錢,辛未
《藏書記要》一册,六分,癸酉
《三經音義》(《論》《孟》《孝經》)一册,三錢二分,癸酉
《儀禮》三册,一兩二錢,甲戌
《船山詩選》二册,四錢四分,丁丑
《周禮》九册,二兩,戊寅
《洪氏集驗方》二册,四錢四分,己卯
《夏小正(附集解)》一册,二錢,辛巳
《傷寒總病論》三册,一兩二錢,癸未
《汪本隸釋刊誤》一册,四錢四分,丙子

書目前有"書價制錢七折"六字,後有"滂喜園黄家書籍鋪""蘇州圓妙觀察院場"兩印①。就著録項目而言,《士禮居刊行書目》達到了一個新的水

① 見范鍇《花笑庼雜筆》卷三《士禮居刊行書目》,又見繆荃孫《藝風堂文續集》卷六《士禮居藏書題跋記書後》。

平。一是注明册數,便於稽核,這對儲存、陳列、銷售都是大有好處的。二是標明售價,以示毋欺,避免了討價還價,贏得了顧客的信任,還標明"書價制錢七折",這顯然是促銷的一種手段。三是注明出版年,爲讀者瞭解圖書的版本情况提供了重要依據。

鬻販書目録至晚清得到了蓬勃發展,最突出的要算各地官書局編印的銷售書目。清末統治者在鎮壓太平天國農民起義後,於省會城市普遍設立官書局大量出版圖書,顯然是出於政治需要。如光緒十九年(一八九三)江蘇書局編印的《江蘇書局重訂核實價目》,著録經書三十六種、史書六十五種、子書三十二種、集部書三十六種,末附寄售書籍十三種。經部主要是諸經讀本、群經要義、《十三經注疏附校勘記》一類書。史部除正史、諸史會要、《通鑒匯刻》外,還有吏治之書。子部多醫書、算術書、儒家啓蒙書。集部則以《唐文粹》《宋文鑒》《金文雅》《元文類》《明文粹》等總集爲最有名。可見官書局出書主要目的是爲鞏固封建統治服務。每書著録書名、本數、紙張、書價,如:"《四書讀本》,每部六本。連史紙,陸百陸拾陸文;毛邊紙,每部足制錢,伍百陸拾柒文;毛太紙,肆百陸拾捌文。"是十分典型的鬻販書目録。

一九三〇年,朱士嘉曾將江南書局、淮南書局、江楚編譯局、江蘇書局、浙江書局、山東書局、尚志堂、山西官書局、湖北官書局、廣雅書局的書目輯成《官書局書目彙編》,並於一九三三年由中華圖書館協會出版。該書所收書目大體上反映了清末官書局的出版與銷售水平,如江蘇官書局出版的書,著録二百一十種,山東官書局銷售的書,著録一千三百五十七種。江楚書局出的書,著録七十種,其中涉及自然科學的有二十三種,如《化學導源》《生理教科書》等;社會科學的有十種,如《英國警察》《政治學》等。其中值得注意的還有《欽定各學堂應用書目》一册,對清末學堂購買教科書與教學參考書,無疑會産生較大影響。

一些書商也在晚清得到了長足的發展,南京的李光明莊可作爲代表。盧前嘗云:"金陵三山街爲明代刻書者所聚,如宋時之臨安。富春堂等,則猶陳氏書棚,皆卓然有聞者也。近百年刻書業則始於洪楊事變之後,隨曾、左而起者曰李光明，江南官書局所刻皆出李氏。”①李光明莊也注意用鬻販書目來推銷圖書，它常將所出版的圖書編成目録，裝訂在一些書的卷首。如所刻《三家經注解備要》《書經集傳》《春秋左傳杜林》即附有這樣的書目。李光明莊的鬻販書目，除經、史、子、集外，還有啓蒙類、閨範類、雜學類、善書類。爲了維護摇摇欲墜的封建統治，各地官書局的出版物絶大多數爲國學圖書，李光明莊的出版物絶大多數也是國學圖書。而官書局出版的多爲大部頭的正經正史，這就爲李光明莊大量出版童蒙讀物留下了廣闊的餘地。從李光明莊的鬻販書目中，可以看出李光明莊所出版的，主要就是這類讀物。另外還出版了一些醫書、善書之類民間需求量較大的圖書。其著録項目僅有書名、定價兩項，如“《注釋千家詩》一百二十文”。

掃葉山房也是晚清負有盛名的私家書鋪，在上海棋盤街、上海彩衣街、漢口四官殿、蘇州閶門外、松江馬路橋均設有分號。現存《漢口掃葉山房書目》的書口有“民國十年重訂”六字，可見此前也編印過書目。該目在一定程度上反映了掃葉山房作爲清末民初鬻販書目所達到的水平。該目卷首《啓事》談了書目定價的原因：“至售書價目，本號自前清宣統三年起，定爲一律，照碼七折，並無二價。一以期價值公平，購閲必衆；一以期誠信相見，則受欺無虞。”《外埠函購書籍章程》對郵購圖書的具體辦法作了明確規定，因文長不録。該目的一個顯著特點是爲重點圖書撰寫提要，其提要有廣告性質。兹舉一例：重校精印《漢魏六朝百三名家集》，精裝四十八册，本紙定價十八元，洋紙定價十二元。提要在介紹了該書内容、特點、影響後，指出：“本號覓得汲古閣初印善本，復敦請名儒悉心讎校，付諸石印，早已出版，請即購取爲荷。”

此外特别值得注意的是周振鶴編的《晚清營業書目》，收有兩家官書局、十五家民營書局的營業書目，附録的《上海書業公所書底掛號》還收録了上海晚清五十七家民營書店的營業書目。前者著録項目有書名、作者、册數、紙張、定價，後者只有書名一項。這些書目真實地反映了晚清圖書

① 《東山瑣綴・書林别話》。

出版與閲讀的實際情況，頗有史料價值。該書由上海書店出版社於二〇〇五年出版。

值得一提的還有近代譯書目。一八四〇年，鴉片戰争的炮火摧毁了清政府閉關鎖國政策，統治者逐步認識到向西方學習先進的科學技術的重要性，於是産生了洋務運動。一八六五年，曾國藩支持李鴻章在上海成立了江南製造局。一八六八年六月，在局内設立翻譯館專辦譯書之事。爲便於讀者瞭解、購買圖書，江南製造局還編了幾個目録。如現存《上海製造局譯印圖書目録》二卷，分史志、政治、交涉、兵制、兵學、船、學務、工程、農學、礦學、工藝、商學、格致、算學、電學、化學、聲學、光學、天學、地學、醫學、圖學、地理等類，共著録圖書一百七十三種，此外附刻各書三十種，總計譯印圖書二〇三種。呈現出了全新面貌。著録項目有書名、册數、紙張、定價，體現了鬻販書目的特點，如工藝類著録"《照相鏤版印圖法》一卷，一本，連史，二角；賽連，一角五分"。[①]

此外，《廣學會譯著新書總目》作爲鬻販書目的特點更加鮮明。卷首有廣告詞云："本會夙以振興新學，開通民志爲己任，創辦以來譯印各書千百餘種。此乃泰西名士奉爲寶笈、人人必讀之要書也。擇其尤佳者詳録於後。"全目分天文、地理、史類、醫學、通考、政學、理財、律法、格致、電學、算學、植物學、蒙學、小説、雜著、圖畫、道學、質學、性理、礦物學、化學等類。顯然是依據譯著圖書的實際情況來分類的。著録項目有書名、裝幀形式、册數、定價，不少書還有提要。如《電學須知》提要云：

> 格致學内有一電學焉，精微甚細，奥妙無窮。小之可以試以玩娱，大之可施諸實用。如鍍金也，飾器皿以美觀；達電信也，縮千里如睹面。燃作燈燭，發光如日，照夜似晝。至於放電燃炮，有用於軍武；運機代織，有用於工藝；製針指南，有用於航海；造鐵引電，有用於防電。是皆由電學考究而出者。一册，價洋八分。[②]

---

① 《近代譯書目·上海製造局譯印圖書目録·工藝類》。

② 《近代譯書目·廣學會譯著新書總目·電學類》。

卷末稱:“如購以上書籍,望照價匯下,無不隨到隨寄,空函恕不奉覆。此致。上海河南路四百四十四號廣學會謹啓。”

北京圖書館出版社二〇〇三年編輯出版了《近代譯書目》,除上面提到的兩種譯書目録外,還有王韜編撰的《泰西著述考》,徐維則輯、顧燮光補輯的《增版東西學書録》,顧燮光編撰的《譯書經眼録》,佚名編《馮承鈞翻譯著述目録》。這些譯書目録,對於我們研究西學東漸以及出版與鬻販書目録均有參考價值。

鬻販書目録至現代才盛行並趨於完備。朱遂翔説:

> 民國五年(一九一六)上海有古書流通處之創設,主人爲海鹽陳立炎,頗有閲歷。初出書目,但無定價,仍以討價還價之方式行之;至第二期書目,各書始有定價,凡同行或熟人及圖書館訂購,可打九折,門市則無折扣。如是經營,營業大盛,購者亦稱便利。外埠郵寄往來,殆無虚日。各省内地讀者亦可購到喜愛之書。……杭州出書目最早者,爲余所設之抱經堂書局,開始即逐部標明售價,以示毋欺。……抱經堂書局尚有一種臨時書目,藉補正式書目之不足。各同業以利之所在,亦皆紛出書目,從事競争。……此後因各店均有書目,營業均好,無上門送售之必要。①

此類鬻販書目有《漢口掃葉山房書目》《上海受古書店舊書目録》《北平文奎堂書目》等。其中編得最好的現代書籍鬻販目録,當推平心的《全國總書目》。其《編例》説:

> 編纂旨趣約有以下數端:(1) 供全國讀書界、圖書館搜購書籍檢查之用(本書目内所載書籍除臨時絶版、禁售者外,生活書店均可照最經濟而便捷之辦法代辦,圖書館另有優待辦法);(2) 供全國學術界、著譯界、圖書館搜集參考資料及研究目録學之用;(3) 供全國書

① 《杭州舊書業回憶録》,載《中國現代出版史料》丁編。

業界出版圖書及推銷圖書參考之用;(4)供外國圖書館及研究中國問題者搜求中國新著作物參考之用。

在收録範圍上,《編例》强調:

所收書籍以最近尚在發售者爲主,但有價值之絶版書間或可以購到者(如上海水沫、金星、新月等書店若干出版物),亦酌量收録。編定後禁售之書則在校樣時於書名後加注"禁"字。凡在書名之後加*符號者,則表明爲難以購到之書。

在著録方面,除書名、作者外,還包括了定價、出版者、代售者、册數等項目。此外,《編例》説:

本書按所收書籍内容深淺分别繫以各種符號。加梅花符*者,爲初級讀物;加星花符★者,爲高級專門讀物;加三角符△者,爲中級及初高級通用之讀物……凡屬世界名著,書名前加有圓點●;内容有問題者,書名前加▲符。

爲了便於檢查,該目還有多種索引。

平心編《全國總書目》共收録一九一二至一九三五年間出版的新書兩萬種,堪稱出版者之總廣告,售書者之總簿録。該目在編纂目的、收録範圍、著録項目乃至索引的編製方面都體現了鬻販書目録的特色。

一九四九年後,中國版本圖書館編的《全國新書目》《全國總書目》也具有鬻販書目録的特點,我們在第五章第一節已經作了介紹。版本圖書館還專門編了《古籍目録》,它收入中華人民共和國成立起至一九七六年出版的各類古籍。除著録書名、作者、版本、定價等外,還有提要。如:

癸巳類稿　(清)俞正燮撰

商務印書館出版　一九五七·十二·三十二開　三六三千字

精裝一點九元　印一次　四千册

［本書因輯成於清道光十三年癸巳，故題爲《癸巳類稿》，是一部考據學著作，内容包括經、史、子、集、醫理、天文、釋典、道藏等方面以及古代的名物制度和社會風俗的考證。一八三三年（清道光十三年）初刻於北京，一八七九年（清光緒五年）重刊於湖北。本書以重刊本爲底本，據初刻本改正訛誤。］

國務院古籍整理出版規劃小組辦公室還專門編了《古籍整理圖書目録（一九四九至一九九一）》，所收古籍大致包括辛亥革命以前的著作、辛亥革命以後對古籍整理加工的著作（包括點校注釋）、有關古籍的工具書。該目録按圖書的出版時間順序編排，從中可以瞭解各階段古籍整理出版工作的概況。

一九四九年前，各私營出版機構均有出版目録，如商務印書館的《圖書彙報》等。一九四九年後，各出版社也都編有單獨出版或聯合出版的書目供人采購，報紙上還登載新出書目的廣告。所有這些均含有鬻販書目録的性質。

這種目録除了提供讀者以選購的方便之外，還有兩個用處：一是鬻販書目録係知見目録，因此可以確知某書雖然罕見，並未佚亡；否則即是書商改頭换面，以假亂真。二是鬻販書目録作爲歷史資料保存下來，往往具有很高的學術價值。在這方面的突出例子是《販書偶記》。一九五九年中華書局關於該書的《出版説明》説：

《販書偶記》基本上是一部清代以來的著述總目，其作用相當於《四庫全書總目》的續編。著者孫殿起先生，在北京設通學齋書店，經營古籍販賣事業數十年之久，勤勞不息地將他所目睹手經的書册逐一做下了詳細的紀録，一般地包括書名、卷數、作者的姓名、籍貫、刻版的年代等項目，如果卷數和版刻有異同，作者姓氏需要考訂以及書籍内容有待於説明的，也偶有備注。

孫殿起在《販書偶記·略例》中説："非單行本不録，間有在叢書中者，必係初刊單行之本，或是抽印之本，非泛及也。”“凡見於《四庫全書總目》者概不録，有之必卷數互異者。”“書中著作者籍貫、刊刻年代，俱詳注本書下，以備忻慕鄉哲者之甄擇。”可見《販書偶記》也是一部在收録範圍和著録版本、作者各方面都很有特色的目録。

一九八〇年，上海古籍出版社又出版了《販書偶記續編》，其《出版説明》説：

著者孫殿起在《販書偶記》於一九三六年初版刊印以後，又於販書過程中，根據目睹手經的書册，逐一做了詳細記録，積得資料六千餘條，由於著者已於一九五八年去世，近年來由他的助手雷夢水同志對這些資料進行了整理，現以《販書偶記續編》名義出版，供查閲參考。

因爲《販書偶記》及其《續編》所收古籍的單刻本一萬五千種左右，彌補了《四庫全書總目》與叢書目録的不足，所以是一部很有價值的古籍目録。

第四節　闕書目録

我國古書的亡佚現象非常嚴重，馬端臨《文獻通考・經籍考》序云：“隋、唐、宋之史，俱有藝文志，然《漢志》所載之書，以《隋志》考之，十已亡其六七，以《宋志》考之，隋、唐亦復如是。”爲了記録圖書的變化情況，爲了便於求書，中國不少傳統目録還反映或著録了古書的存佚情況，甚至專門編有闕書目録。鄭樵云：

古人編書，皆記其亡闕，所以仲尼定書，逸篇具載，王儉作《七志》已，又條劉氏《七略》及二漢《藝文志》《魏中經簿》所闕之書爲一志，阮孝緒作《七録》已，亦條劉氏《七略》及班固《漢志》、袁山松《後漢志》《魏中經》《晉四部》所亡之書爲一録，隋朝又記梁之亡書。[1]

① 《通志・校讎略・編次必記亡書論》。

現存最早的群書目録《漢書·藝文志》六藝略中，已有三處對亡書佚篇的記載，如春秋類著録《夾氏傳》十一卷，附注："有録無書。"同類著録《太史公》百三十篇，附注："十篇有録無書。"小學類著録《史籀》十五篇，附注："周宣王太史作大篆十五篇，建武時亡六篇矣。"

王儉的《七志》還專門附了一個闕書目録。梁阮孝緒《七録序》指出："其外又條《七略》及兩漢《藝文志》《中經簿》所闕之書，並方外之佛經、道經，各爲一録。"①可見《七志》中的闕書目録是以附録形式出現的見於文字記載的最早的闕書目録。

鄭氏所提到的王儉《七志》與阮孝緒《七録》今已亡佚，但梁釋僧祐著《出三藏記集》尚存，大抵能反映南朝人所編目録記載闕書的情況與成就。

《出三藏記集》常用附注來記載圖書闕失情況，如該書卷二《新集撰出經律論録第一》著録《七法經》一卷，附注："今闕此經。"有時也附注"闕""闕本""今闕"等詞語。此外，該書卷五《新集疑經僞撰雜録第三》著録《佛法有六義第一應知》一卷、《六通無礙六根净業義門》一卷，均附注："未得本。"顯然也等於附注闕本。

還有將幾部具有共同點的闕書著録在一起而附注"闕"字的，如該書卷二《新集撰出經律論録第一》分别連續著録了五部闕書、三部闕書、兩部闕書，除每條款目都附注"闕"字外，還分别在小結中解釋道："右五部，凡二十八卷。宋明帝時，天竺沙門竺法眷於廣州譯出，並未至京都。""右三部，凡二十一卷。宋明帝時，西域三藏吉迦夜於北國，以僞延興二年，共僧曇曜譯出，劉孝標筆受。此三經並未至京都。""右二部，齊武皇帝時，外國沙門大乘於廣州譯出，未至京都。"這些説明文字談到了譯書的時間、地點、翻譯者以及致闕的原因，史料價值更高。

《出三藏記集》還將一定數量的某類闕書編纂在一起，實際上就是比較典型的闕書目録了，僧祐在《出三藏記集》卷二的序中談到了編纂闕書目録的意義："至於律藏初啓，則詳書本源，審覈人代，列於上録。若經存譯亡，則編於下卷。將使傳法之緣有孚，聞道之心無惑。敬貽來世，庶在

① 《廣弘明集》卷三《七録序》。

不墜焉。”譬如該書卷四《新集續撰失譯雜經録第一》卷下開頭明確説：“條新撰目録闕經，未見經文者如左。”卷末又總結道：“右合四百六十部，凡六百七十五卷。詳校群録，名數已定，並未見其本。今闕此經。”

還有在目録中連續著録數十部闕書，實際上也具有闕書目録的性質。如該書卷二《新集撰出經律論録第一》，從《等目菩薩經》二卷至《菩薩齋法經》一卷，除首目外，均未附注“闕”字，但是有小結云：“右六十四部，凡一百一十六卷。經今闕。”類似的例子還有該書卷三《新集安公失譯經録第二》，其中《打犍椎法》一卷的附注云：“從《七車經》至《打犍椎法》凡五十部，今並闕此經。”可見這五十部佛經也具有闕書目録的意思。

《出三藏記集》還有一種情況，是將存佚佛經編纂在一起，其中現存佛經較少，也具有闕書目録的性質。如該書卷三《新集安公古異經録第一》可分爲兩部分，第二部分，從《道地經中要語章》一卷至卷末《誓佛經》一卷。卷末小結云：“右九十二部，凡九十二卷，是古典經。”該小結指的就是第二部分。在這一部分開頭《道地經中要語章》一卷的附注中説：“今有此卷。自此已下，不稱有者，並闕本。”而在這九十二部佛經中，附注“今有此經”者只有十一部，剩下的八十一部佛經均未收藏，所以這一部分也可視爲闕書目録。類似的例子還有該書卷二《新集安公涼土異經録第三》，其小結云：“右五十九部，凡七十九卷，是涼土異經。”其中注明“今有此本”者共六部七卷，其餘五十部七十二卷，均無藏本，所以卷三《新集安公涼土異經録第三》也可視爲闕書目録。

可見，《出三藏記集》十分注意附注存佚情況，並重視編纂闕書目録。從中也可大致瞭解王儉《七志》、阮孝緒《七録》附注存佚，以及編纂闕書目録的情況。

唐人編纂的《隋書·經籍志》也是我國現存較早的一部附注存佚的目録。首先，《隋志》對照阮孝緒的《七録》等梁代書目、隋代已亡佚的書便在附注中標明，然後通計每類的亡書，並在敘録中説明了原因。如經部讖緯類著録：

《孝經内事》一卷。（梁有《孝經雜緯》十卷，宋均注；《孝經元命包》一卷,《孝經古秘援神》二卷,《孝經古秘圖》一卷,《孝經左右握》二卷,《孝經左右契圖》一卷,《孝經雌雄圖》三卷,《孝經異本雌雄圖》二卷,《孝經分野圖》一卷,《孝經内事圖》二卷,《孝經内事星宿講堂七十二弟子圖》一卷,又《口授圖》一卷;又《論語讖》八卷,宋均注;《孔老讖》十二卷,《老子河洛讖》一卷,《尹公讖》四卷,《劉向讖》一卷,《雜讖書》二十九卷,《堯戒舜禹》一卷,《孔子王明鏡》一卷,《郭文金雄記》一卷,《王子年歌》一卷,《嵩高道士歌》一卷。亡。)

並統計道:"右十三部,合九十二卷。(通計亡書,合三十二部,共二百三十二卷)"其叙還談到了兩漢至隋讖諱盛衰的原因:

起王莽好符命,光武以圖讖興,遂盛行於世。漢時,又詔東平王蒼,正五經章句,皆命從讖。俗儒趨時,益爲其學,篇卷第目,轉加增廣。言五經者,皆憑讖爲説。唯孔安國、毛公、王璜、賈逵之徒獨非之,相承以爲妖妄,亂中庸之典。故因漢魯恭王、河間獻王所得古文參而考之,以成其義,謂之古學。當世之儒,又非毁之,竟不得行。魏代王肅,推引古學,以難其義。王弼、杜預,從而明之,自是古學稍立。至宋大明中,始禁圖讖,梁天監已後,又重其制。及高祖受禪,禁之逾切。煬帝即位,乃發使四出,搜天下書籍,與讖緯相涉者皆焚之,爲吏所糾者至死。自是無復其學。秘府之内,亦多散亡。今録其見存,列於六經之下,以備異説。

《隋書·經籍志》著録《魏闕書目録》一卷,這是見於記載的最早的闕書目録專書。《隋志》序云:"孝文徙都洛邑,借書於齊,秘府之中,稍以充實。"則此録可能是北魏孝文帝向南齊明帝借書而令人編寫的。《宋史·藝文志》著録《唐四庫搜訪圖書目》一卷,《舊唐書·經籍志》序云:"文宗時,鄭覃侍講禁中,以經籍道喪,屢以爲言。詔令秘閣搜訪遺文,日令添寫。"《唐四庫搜訪圖書目》或即爲唐文宗時所製。唐代佛經目録特別注意闕書目録的編製,例如道宣《大唐内典録》卷十即有《歷代衆經有目闕本録》，其提要云："勘本則無，校目便有，後獲者據現録無，便委棄之同於疑僞，是以尋閱古今諸録，校定經本有無。有則依而入藏，無則題目擬訪。庶有同舟之士，懷斯而廣集云。"①智昇《開元釋教録》卷十四、十五亦爲"有譯無本録"。

宋代爲了求書也編有闕書目録，如北宋太宗太平興國九年（九八四）正月詔曰："宜令三館所有書籍，以《開元四庫書目》比校，據見闕者特行搜訪，仍具録所少書，於待漏院榜示中外。若臣寮之家有三館闕者，許上之。"②真宗咸平四年（一〇〇一）四月，也曾下詔編闕書目録求書，詔曰："驗開元之舊目，亡逸尚多……宜令史館抄出所少書籍名目，於待漏院張掛，及遣牒諸路轉運司，嚴行告示。"③仁宗嘉祐六年（一〇六一）六月也曾下詔求書，詔曰：

> 朕聽政之暇，無廢覽觀，以今秘府之所藏，比唐開元舊録，年祀未遠，遺逸何多。宜開購賞之科，以廣獻書之路，應中外士庶之家，有收館閣所闕書籍，許詣官送納。如及五百卷，當議與文武資内安排；不及五百卷，每卷支絹一疋。令進奏院遍牒四京並逐路轉運司，指揮轄下州府軍監縣鎮，委自知州通判等，多方采訪。④

當時所編《嘉祐搜訪闕書目》尚見於《秘書省續編到四庫闕書目》《中興館閣書目》《玉海·藝文》《山堂群書考索》《通志·藝文略》等書著録。

北宋末年，館閣之書蕩然無存。宋南渡後，國家藏書得到了一些恢復。《宋史·藝文志》序云："高宗移蹕臨安，乃建秘書省於國史院之右，搜訪遺闕，屢優獻書之賞，於是四方之藏稍稍復出，而館閣編輯日益以富矣。"紹興十三年十二月，曾詔令編纂闕書目録求書，略云：

> 二十五日，權發遣盱眙軍向子固言："比降旨，令秘書省以《唐藝

---

① 《大藏經》卷五五。

②③ 《宋會要輯稿·崇儒四·求遺書》。

④ 《宋大詔令集》卷一五八《求遺書詔》。

文志》及《崇文總目》,據所闕者,榜之檢鼓院,許外路臣庶以所藏上項之書投獻。尚恐遠方不知所闕名籍,難於搜訪抄録。望下本省,以《唐藝文志》及《崇文總目》應所闕之書,注'闕'字於其下,鏤板降付諸州軍,照應搜訪。"從之。①

高宗紹興年間所頒闕書目録有三部,一爲《唐書藝文志》見闕書目,此目《郡齋讀書志》《直齋書録解題》《玉海·藝文》《山堂群書考索》著録,如《郡齋讀書志》書目類著録《藝文志見闕書目》一卷,提要云:"右《唐書·藝文志》。近因朝廷募捐遺書,刻牘布告境内,下注書府所闕,俾之訪求。"頒刻此目是爲了搜訪唐代以前的圖書及唐人著作。二爲《崇文總目》見闕書目一卷,此目現存,爲寧波天一閣所藏,有目無釋,部分圖書附注"闕"字。通行本有《四庫全書》本,分爲十二卷;錢東垣等《崇文總目輯釋》本,分爲五卷。《四庫全書》本實際收書三四一二部,其中闕書一八二三部。頒刻此目是爲了搜訪北宋慶曆以前館閣藏書。三爲《秘書省續編到四庫闕書目》,此目現存,葉德輝據所得丁氏遲雲樓抄本,並取宋代公私書目進行了考證,於光緒二十九年(一九〇三)刊入《觀古堂所著書》第一集,復又收入《觀古堂書目叢刊》,較爲通行。此外尚有一些舊抄本。該目共著録書籍三四七二部,其中有一九八二部下注"闕"字。葉德輝《刊秘書省續編到四庫闕書目序》稱:

(宋紹興)"十七年,鄭樵按秘省所頒闕書目録,集爲《求書闕記》七卷,《外記》十卷。"②陳振孫《直齋書録解題》云:"《秘書省四庫闕書目》一卷,亦紹興改定,其闕者注闕字於逐書之下。"此紹興改定秘書省闕書目之始末也。③

繆荃孫《藝風藏書再續記》著録《秘書省續編到四庫闕書目》一册,提要云:

---

① 《宋會要輯稿·崇儒四·求遺書》。
② 《玉海》卷五二《藝文·書目·紹興求書闕記》。
③ 《秘書省續編到四庫闕書目》卷首《序》。

“鈔校本。題下有‘紹興十五年改’六字，此從元人鈔本傳録。”如前所述，向子固請求編纂闕書目録搜訪圖書的時間是紹興十三年十二月二十五日，而鄭樵已於紹興十七年按秘書省所頒闕書目録，集爲《求書闕記》七卷、《外紀》十卷了，所以説《秘書省續編到四庫闕書目》爲紹興十五年改定還是可信的。而《秘書省續編到四庫闕書目》據以改定的底本當爲徽宗政和末年下詔編纂的《秘書總目》，宋王應麟云：

> 政和七年十一月十四日戊戌，校書郎孫覿奏：“四庫書尚循《崇文》舊目，頃訪求遺書，《總目》之外凡數百家，幾萬餘卷。請撰次，增入《總目》，合爲一卷。”詔覿及著作郎倪濤、校書汪藻、劉彦適撰次，名曰《秘書總目》。①

《秘書省續編到四庫闕書目》著録了《大觀學制敕令格式》等書，也符合《秘書總目》的收録範圍。頒刻此目的目的是爲了搜訪北宋元豐改制以後秘書省所收藏的典籍。

明人也利用書目搜訪過圖書，如南明王夫之《識小録》云：“翰林名讀中秘書，而實無一書可讀。惟行人司每一員出使，則先索書目以行，購書目所無者，多至數册，少亦必一册，納之司署。專設司吏一人，收貯簡矖，故行人司藏書最富云。”②《千頃堂書目》史部簿録類著録《行人司書目》二卷又《續書目》一卷，可見明代行人司是將藏書目録當作闕書目録來使用的，看來這是行之有效的辦法。《四庫全書》編成後，鄭文焯撰《國朝未刊書目》、朱記榮撰《國朝未刊遺書志略》、劉世瑗撰《徵訪明季遺書目》，也是著名的闕書目録。

此後注重記録圖書存佚情況的還有清初朱彝尊的《經義考》，其卷首《自叙》云：“此書初撰原名《經義存亡考》。”後又據“諸目所藏及同人所見，世有其本者，列未見一門，又有雜見於諸書，或一卷，或數條，列闕書一門，

---

① 《玉海》卷五二《藝文·元祐秘閣書目·政和秘書總目》。

② 《船山遺書·識小録一卷》。

於是分存、佚、闕、未見四門，删舊名之‘存亡’字，而名之曰《經義考》”。該目在著録存佚方面，增加闕、未見二門，並且爲所著録的每一部書都明確注明存、佚、闕、未見的情况。

晚清顧實的《漢書藝文志講疏》卷首《例言》云：“每書首釋存、亡、殘、疑，俾可一覽而瞭。存者篇帙未虧，亡者原書已湮。殘者流傳有自，無間多寡。疑者論證未定，以俟博考。”顧實所述與朱彝尊之四門是一致的，但是他就《漢書・藝文志》所著録的書注明存、亡、殘、疑，還是很有特點的。

著録存佚首先可以反映圖書變動情况，從中可以看出學術的盛衰變化。如《隋書・經籍志》共著録存書三一二七部，三六七〇八卷；佚書一〇六四部，一二七五九卷。亡佚書目下，注明“宋有”“梁有……今亡”等字。這樣既反映隋朝一代藏書，又表明了六朝時代書籍變動情况。什麽時候國家興盛，典籍就豐富；什麽時候國家喪亂，典籍就散亡。哪些書由於學術的昌盛而保存，哪些書由於政治的影響而亡佚，都可以從著録存佚知其大概。譬如《隋書・經籍志》經部孝經類著録：

> 古文孝經一卷孔安國傳。梁末亡逸，今疑非古本。
>
> 孝經一卷鄭氏注。梁有馬融、鄭衆注《孝經》二卷，亡。

其孝經類序云：

> 又有《古文孝經》，與《古文尚書》同出……孔安國爲之傳。至劉向典校經籍，以顔本比古文，除其繁惑，以十八章爲定。鄭衆、馬融並爲之注。又有鄭氏注，相傳或云鄭玄，其立義與玄所注餘書不同，故疑之。梁代，安國及鄭氏二家並立國學，而安國之本亡於梁亂。陳及周、齊，唯傳鄭氏。至隋，秘書監王劭於京師訪得孔《傳》，送至河間劉炫。炫因序其得喪，述其議疏，講於人間，漸聞朝廷，後遂著令，與鄭氏並立。儒者諠諠，皆云炫自作之，非孔舊本，而秘府又先無其書。

從中我們可以清楚地看到《古文孝經》的流變。

書目對圖書存佚情況的記録，還爲我們保存了豐富的史料，如果我們將兩部以上書目的同一類目的著録情況加以比較，就會更加清楚地瞭解學術的發展變化情況。如我們將《漢書·藝文志》諸子略與《隋書·經籍志》子部加以比較，就會發現諸子著作亡佚甚多，他們的學術逐漸衰落了。如《漢志》著録名家共“七家，三十六篇”，《隋志》還保留了《鄧析子》一卷、《尹文子》二卷。此外新著録魏文帝撰《士操》一卷，劉邵撰《人物志》三卷，而梁有《刑聲論》一卷、《士緯新書》十卷、《九州人士論》一卷、《通古人論》一卷均亡佚了。此外，法家、墨家、縱横家、農家、小説家著作，大抵都出現了類似情況。這表明，文獻的自然淘汰率是非常高的，真正有價值的文獻才獲得保存。西漢采用罷黜百家、獨尊儒術的政策，當然也導致諸子之學遭到冷落，以致隨時間的推移而逐漸被淘汰。東漢末年以及魏晉南北朝時期的戰亂，也給文獻造成巨大損失。

著録存佚還會對藏書建設産生直接效果。鄭樵説：“古人亡書有記，故本所記而求之。魏人求書，有《闕目録》一卷，唐人求書有《搜訪圖書目》一卷，所以得書之多也。”①宋代在藏書建設方面也是這麼做的。如前所述，宋高宗曾於紹興十三年十二月讓人編闕書目録求書。晁公武《郡齋讀書志》也談到了這件事。其《藝文志見闕書目》條下有云：“右《唐書·藝文志》，近因朝廷募遺書，刻牘布告境内，下注書府所闕，俾之訪求。”②

著録存佚的直接目的，就是便於收聚圖書。直到現在，我們也還利用闕書目録來做藏書建設工作，例如有的圖書館將自己的複本地方志編了一個目録，將自己所缺的地方志也編了一個目録，從而可以用自己所餘的同其他圖書館交换自己所無的，效果很好。個人收聚圖書往往也會利用闕書目録，《黄侃日記》中頗有這方面的記載，如一九二八年十月十三日日記：“鈔所欲買書目。”一九二九年一月二十八日日記：“與鷹若書（内附所欠書目）。”一九二九年二月十一日日記：“與榆生書，令求予所鮮書，列有詳目。”一九三五年四月十二日日記：“馮賈來，以所求叢書目示之。”“馮

① 《通志·校讎略·編次必記亡書論》。

② 《郡齋讀書志》卷九《藝文志見闕書目》。

賈”指南京文海山房書店的老版馮培基。正因爲黄侃充分利用目録學知識選購圖書,所以他讀書治學需用之書做到了大致完備。如其一九三四年六月二十八日日記:“晡遷書訖,將細檢插架,三樓計有廿七架,十二箱,吾儕需用之書,亦粗備矣。”

館藏目録記録亡佚對開展流通工作也是非常必要的。由於各種原因,館藏圖書只能儘量求其少散失,却無法杜絶這種現象。所以有目無書的現象在圖書館中是常見的,如果針對這種情況隨時編寫闕書目録(待訪書目)就可以及時采購彌補損失,從而更好地爲讀者服務。一時采購不到,也可以向讀者解釋原因,以便通過其他途徑找到自己所需要的書。

闕書目録在科學研究中也可以利用。有人將自己未見到的文獻列目,或附於其著作的引用書籍目録之後,或另行公布,這既便於别人向自己提供搜求的綫索,也可使别人知道,哪些資料是比較罕見的,應當注意搜訪、保存和流傳。

怎樣著録書的存佚呢? 朱彝尊的《經義考》創造性地運用了四柱法。“四柱法”原爲錢糧賬簿所使用的術語。“四柱者,舊管、新收、開除、實在也。各衙門造册,必歸四柱,則收放可稽。”①文獻編目中的四柱法指於每書之下分存、佚、闕、未見四類加以注明。孫詒讓説:“目録之别存佚,自唐釋智昇《開元釋教録》始也,朱氏沿厥舊規,增成四目。存佚之外,有曰闕者,篇簡俄空,世無完帙也;有曰未見者,弆藏未絶,購覓則難也。四者畛分,實便檢覈。”②如前所述,目録著録存佚起源甚早,孫氏對闕與未見的解釋尚有參考價值。章學誠在《史籍考釋例》中對朱氏四柱法作了進一步的具體説明:

存佚:必實見而著存,知其必不復存而著佚。然亦有未經目見,而見者稱述其書確鑿可信,則亦判存。又有其書久不著録,而言者有

① 《曆算全書》卷三四《錢糧四柱法》。
② 《温州經籍志》卷首《敘例》。

徵，則判未見。如《後漢》謝承之書，宋後不復録，而傅山謂其家有藏本，曾據以考《曹全碑》，雖琴川毛氏疑之，然未可全以爲非，則亦判爲未見，所以志矜慎也。又如古書已亡，或叢書刻其畸篇殘帙，本非完物，則核其著録而判闕。亦有其書情理必當尚存而實無的據，則亦判爲未見。他皆仿此。①

在四者之中，存是説書存在，能看到；闕是説書還在，但闕少了一部分。這都是容易斷定的。但闕也有兩種情況：一種是書已經著成，但有一部分内容在流傳過程中散佚了，目録學中所講的闕，就是指這種情況。還有一種情況是書本身原來没有做完，就完成的這一部分來説，已經完全印出。譬如胡適所著《中國哲學史》和《白話文學史》，都只完成了上卷，這在目録中就不必注闕了。

不好辦的是佚同未見。某書没有看到，它究竟是還存在，我們没有看到呢？還是已不存在了，我們無從看到呢？這是很難判斷的。譬如相傳章學誠做過一部《史籍考》，當時學者畢沅、謝啓昆等還向他提供了物質援助，和他同時的許多人也曾看過他的稿子。三十年代盛傳這部書稿被美國人收購了，藏在國會圖書館裏，我們在著録的時候似乎應當算作未見了。直到一九五七年，商務印書館重印姚名達的《中國目録學史》，王重民在該書《後記》裏證實《史籍考》於咸豐六年（一八五六）燬於火災，這才確定《史籍考》確係亡佚了。與此相反，明末王嗣奭所著《杜臆》，仇兆鰲的《杜詩詳注》引用了許多，但其後再也没有人看到過，似已亡佚了。一九四九年後，國運昌隆，它竟奇迹般地出現了。所以佚同未見，區别較難，著録時應當特别審慎。

無論怎麽説，目録著録存佚是必要的，是有利於讀書治學和開展圖書館采購與流通工作的。

① 《章氏遺書》外編《補遺》。

第五節　引用書目録

引用書目録是將某一著作或其注中所引用的書籍彙編而成的目録，藉以考見其史源。這種目録，有爲自己的著作編的，也有爲他人的著作編的。

引用書目録宋代就已出現。今傳宋本《太平御覽》卷首所載《太平御覽經史圖書綱目》，乃該書在宋代已有，故宋人洪邁云：

> 國初承五季亂離之後，所在書籍印板至少，宜其焚煬蕩析，了無孑遺。然太平興國中編次《御覽》，引用一千六百九十種，其《綱目》並載於首卷，而雜書、古詩賦又不及具録，以今考之，無傳者十之七八矣。①

如果包括詩、賦、銘、箴、雜書在内，《太平御覽》約"引書二千八百餘種"②，其中大部分今已失傳。後來從事學術研究的人看不到原書，還可以從它那裹尋找斷篇殘簡。如馬國翰《玉函山房輯佚書》中的許多古書，《太平御覽》是其主要來源之一。但《太平御覽》的引用書目，似非《太平御覽》成書時即有，聶崇岐《太平御覽引得序》云：

> 《綱目》之作，當在何時，後世頗少定論；唯其中並列《唐書》及《舊唐書》之名，則頗使人疑其非修書時所擬進，乃仁宗以後好事者所撰輯者。蓋修《御覽》時，《唐書》僅有劉所修一種，初無舊與不舊之别；至仁宗嘉祐五年歐陽修等重修《唐書》成，劉書始被冠以"舊"字，而歐書或冠"新"字或直稱《唐書》也。

① 《容齋五筆》卷七《國初文籍》。

② 《書目答問補正》卷三《太平御覽》一千卷。

後來周生傑又發現在《太平御覽經史圖書綱目》中,除新《唐書》外,還有《周易文言》《詩箋音義證》等十三種圖書在《太平御覽》中找不到引文。[1]這也表明《綱目》非《太平御覽》原有。但是洪邁已經見到《綱目》,則《綱目》爲宋人所編則是毫無疑問的。

《太平御覽》引書字句往往與流行的原書不同,此外還有一些問題,需要我們在利用其引用書目録時加以注意:

> (一)引用的書名往往前後不一致。如劉澄《宋永初山川古今記》就有"宋永初山川記""永初山川記""山川古今記""劉澄山川記"等五種不同的名稱……;(二)書名與篇目往往相混。如卷四十二之"滑州白馬山開山圖",卷四十五之"土地十三州志"……乍一看幾乎不知道它是什麼書,這分明是把所據類書的篇目、段節和書名都給混在一起了;(三)標列的書名往往有誤。如卷三百一十六引《論語》:"太公曰,《陰謀書》,武王伐殷,至牧野,晨舉脂燭,推掩不備……"既不見於《論語》也絶對不是《論語》的佚文,可能是緯書裏的東西。[2]

明談愷刻本《太平廣記》也附有引用書目一卷,鄧嗣禹《太平廣記引得序》云:

> 細查原書,有書目所有而書中無者十五種,有書目所無而書中實引之者,約百四十七種;合而計之,現存《太平廣記》引用之書,實有四百七十五種。……謹案原引書目,有《唐史》一書,《宋志》别史類有孫甫《唐史記》七十五卷。《宋史·孫甫傳》曰:"著《唐史記》七十五卷。"又曰:"《唐史》藏秘閣。"是《唐史記》亦可稱《唐史》。然孫甫,宋仁宗時人,遠在太宗修《廣記》之後。又有《海録碎事》一書,宋葉庭珪撰,珪爲政和五年(一一一五)進士,亦遠在太平興國二年(九七七)修《廣

① 《〈太平御覽〉研究》第四章《〈太平御覽〉基本面貌》第一節《〈綱目〉考察》。

② 《重印太平御覽前言》卷首聶崇岐《太平御覽引得序》。

> 記》之後。……由是知《廣記引用書目》,脱云原來所有,亦經後人陸續增補,蓋無疑也。①

南宋初,徐夢莘撰《三朝北盟會編》,卷首即按書目、雜考私書、全國諸録三類著録了引用書目録。《四庫全書總目》稱該書:

> 所引書一百二種、雜考私書八十四種、金國諸録十種,共一百九十六種,而文集之類尚不數焉。史所言者殊未盡也。凡宋、金通和用兵之事,悉爲詮次本末……。其徵引皆全録原文,無所去取,亦無所論斷。蓋是非並見,同異互存,以備史家之采擇,故以《會編》爲名。②

這個目録的出現,顯然受了《御覽》和《廣記》的影響。

在宋以後,清代學者也很重視編製引用書目録,如朱彝尊編《明詩綜》,同時也編了《明詩綜采摭書目》,收書一百三十九種。馮登甫跋云:"《明詩綜采摭書目》不知何人手鈔,乃先生所改定者,亦係老年筆也。"③朱氏所編《兩淮鹽策志》,也附有《兩淮鹽策書引證書目》,收書一百六十九種。馮登甫跋云:"先生年譜:康熙乙酉(一七〇五)秋之揚城,訪曹通政寅,爲輯《兩淮鹽策志》,至戊子(一七〇八)八月告成,共二十卷。此稿當爲成書時手草,先生年八十歲矣,書法老境,有自得之意。"④但這些書目的著録項目僅書名與作者兩項,比較簡單。

近人所編引用書目則精益求精。如唐圭璋編的《全宋詞》一共引用了五百三十八種著作。作者將這些著作分爲詞叢編、詞别集、詞總集、詞話類、詞譜類、史部、子部、話本小説類、類書類、釋道類、别集類、總集類、詩

---

① 《太平廣記篇目及引書引得》卷首鄧嗣禹《太平廣記引得序》。此外,北京大學研究所曾編《藝文類聚引用書目》,載《北京大學二十五週年紀念研究所國學門臨時特刊》,也是類書的引用書目,但不出於編者而出於後人之手。

② 《四庫全書總目》卷四九《三朝北盟會編》二百五十卷。

③ 《晨風閣叢書·潛采堂書目四種》之二《明詩綜采摭書目》馮登甫跋。

④ 《晨風閣叢書·潛采堂書目四種》之三《兩淮鹽筴書引證書目》馮登甫跋。

文評類、曲類……十八類，編成引用書目録。於鈔本、校本、校鈔本、罕見的刊本、活字印本皆注明收藏處。從中可以看出《全宋詞》所采用的詞集底本以善本、足本爲主。一書同時引用多種本子的也一一注明。如詞總集所著録的宋黄大輿輯《梅苑》十卷，下注曰："汲古閣景宋抄本、趙萬里先生照片、又楝亭十二種本、又武進李氏聖譯樓排印本。"唐氏續編《全金元詞》，其引用書目又進了一步，在不少條目下加了附注。如：

> 磻溪集　丘處機撰　據影印金本及道藏校補朱本。周泳先據鳴鶴餘音又補七首，原補尚有《黑漆弩》一首，乃白賁詞，不録。丘詞除補七首外，尚有《鳴鶴餘音》一首，《西游記》七首，《金蓮正宗記》一首，《清河書畫舫》一首。

附注説明了所據版本，不足之處又據什麽本子補充、校勘。

有的引用書目録稱爲參考書目，在説明資料來源方面，兩者性質相同。還有不少引用書目録采用了注釋的形式指出資料來源。這樣做的好處是更細緻，更便於當下檢索，單篇論文多采用這種方式。缺點是一部著作究竟引用了多少文獻資料，難以給讀者一個總的印象。因此有的著作既加注釋，又附引用書目。

爲古書注釋作引用書目録，在引用書目録中占有重要地位。南宋高似孫即撰有《世説注引書目》，其序云：

> 宋臨川王義慶采擷漢、晉以來佳事佳話爲《世説新語》，極爲精絶，而猶未奇也。劉孝標注此書，引援詳確，有不言之妙。如引漢、魏、吴諸史及子傳地理之書皆不必言，只如晉氏一朝史及晉諸公列傳、譜録、文章，皆出於正史之外。紀載特詳，聞見未接，實爲注書之法，今采於後。①

① 《緯略》卷九《世説注引書目・序》。

高氏此目共采録一百六十七種,僅著書名,其有異書同名的則兼及作者,以資分别。如:“朱鳳《晉書》”“沈約《晉書》”等,頗爲簡略。

至清沈家本,始在爲古書注編製引用書目録方面做出了很大的成績。他撰有《三國志所引書目》,其序云:

> 裴松之《三國志注》纂於宋元嘉(四二四至四五三)中,古書目之可考者,此爲最古矣。張氏《書目答問》言其目載在趙翼《廿二史劄記》中,乃檢《劄記》所列僅五十餘種,遺漏實多,而舛錯亦不少。……今重加編輯,依《隋書·經籍志》之例,分爲四部。計經部廿二家,史部一百四十二家,子部二十三家,集部二十三家,凡二百十家。……今觀其徵引,繁富之中時寓矜慎之意,並非蔓引濫登。且所引事迹首尾完具,不似他書之割裂翦裁,六朝舊籍賴此以存,循斯目以求之,正不勝望古遥集之思焉。①

該目每書撰有提要,注明出處、前人目録著録情況,並有案語。如:

> 衛恒《四體書勢》《武紀》　案《隋志》:《四體書勢》一卷,晉長水校尉衛恒撰。二《唐志》同。《晉書》本傳:牛巨山爲《四體書勢傳》全載其序。裴注所引亦序文也。②

沈氏還撰有《世説注所引書目》,其序云:

> 古書之存於注釋家者,裴世期爲最先,稍後即爲劉孝標之劉義慶《世説注》,其所引之書,今存者十不及一,賴之以傳。《書録解題》載汪藻云:“叙録二卷,首爲考異,繼列人物世譜、姓字異同,末記所引書目。”是此注之書目,古人曾有輯本,惜其書久佚。……今所輯之目:

① 《沈寄簃先生遺書》卷三一《三國志所引書目·序》。

② 《沈寄簃先生遺書》卷三一《衛恒〈四體書勢〉〈武紀〉》。

經部三十五家，史部二百八十八家，子部三十九家，集部四十二家，又釋氏十家，凡四百一十四家。①

沈目不僅在數量上比高似孫《世説注引書目》多出二百四十七種，而且每書撰有提要。其體例與作者的《三國志注所引書目》同。他還爲梁劉昭的《續漢書八志補注》編了引用書目録，其序云：

昭注所引多古籍，《漢官》爲最詳，張衡之《靈憲》《渾儀》惟見此書。所引《堯典》六宗之説，梁以前各家罔不采入，各有論斷，至爲詳悉，自來考古籍者多忽略而鮮稱述之者。今輯爲第三編，凡經部六十六家，史部一百十二家，子部四十二家，集部廿二家，共二百四十二家，以備古書目之一家焉。②

沈家本爲古書注編的引用書目録合稱《古書目四種》，但其中《文選注所引書目》未刊。東北師範大學圖書館藏有該書稿本。③

清汪師韓撰《文選理學權輿》，卷二爲《注引群書目録》，其自序云：

(《文選》李善)注所引書，新、舊《唐書》已多不載，至馬氏《經籍考》十存一二耳。若經之三十六緯，史之晉十八家，每一雒誦，時獲異聞。其中四部之録：諸經傳、訓，且一百餘，小學三十七，緯候圖讖七十八；正史、雜史、人物别傳、譜牒、地理、雜術藝，凡史之類，幾及四百；諸子之類百二十，兵書二十，道、釋經論三十二；若所引詔、表、箋、啓、詩、賦、頌、贊、箴、銘、七、連珠、序、論、碑、誄、哀詞、弔祭文、雜文、集，幾及八百。其即入選之文互引者不與焉。

《文選注引群書目録》總計引書一千六百多種。

---

① 《沈寄簃先生遺書》卷三二《世説注所引書目·序》。

② 《沈寄簃先生遺書》卷三三《續漢書八志補注所引書目·序》。

③ 《沈家本與〈古書目四種〉》，載《古籍整理研究學刊》一九九一年第六期。

近人馬念祖撰有《水經注引書考》四卷。其叙云：

酈道元《水經注》博徵繁引，盡六朝以上之載籍，其原書今多不存，與裴松之之注《三國志》、李善之注《文選》殆相伯仲。且裴注限於時代，未能廣采；李注則在唐之初葉，舊籍亡佚已多。以此言之，則酈《注》實更貴於裴、李注也。……《水經注》引書至三百數十餘種，時當北魏，古籍古本，多可寶貴。①

《水經注引書考》每書均撰有提要，頗資考證。如：

東方朔《十州記》

《隋志》著録一卷。又州作洲，水旁乃淺人所加。今本又題爲《海内十洲記》。其書皆神仙怳惚之説。按《漢書》朔傳歷叙朔所撰述，言凡劉向所録朔書俱是，世所傳他事皆非。其贊又言後世好事者取其奇言怪語附著之朔，則其書乃依託爲之者。而《四庫》提要謂爲六朝人所作，今以班書及善長所引觀之，則其僞當在六朝前矣。②

一九五九年，馬念祖編《水經注等八種古籍引用書目彙編》出版，其《凡例》云：

凡輯八書所引之書，計《水經注》三七五種，《三國志注》二〇三種，《世説新語注》三九五種，《文選注》一五五一種，《藝文類聚》一四三一種，《一切經音義》七八〇種，《太平御覽》二五七九種，《太平廣記》五二六種。總計七八四〇種。除去相互間重複之名，實存六〇〇一種。

---

① 《水經注引書考》卷首《叙》。

② 《水經注引書考》卷一《東方朔〈十州記〉》。

該書是幾部重要古籍的索引式綜合性引用書目録，極爲有用。

引用書目録的優點是顯示了著作的資料來源，便於讀者查檢，同時也爲讀者作進一步研究提供了綫索。引用書目録在一定程度上反映了作者在研究該專題方面所占有的資料的廣度和深度，也體現了作者在版本學和目録學方面的知識。它在一定程度上反映了著作的學術水平，往往是學術著作的有機組成部分。而有些古書、古類書、古書注引用了大量的古書，由於其中很多原書已經亡佚，因此它們就成了古籍整理，如校勘、輯佚工作的資料淵藪，爲這些書編製的引用書目録，給我們從事古籍整理和研究工作提供了方便。

附帶說一點，古人著書没有注明史料來源的習慣，要瞭解其依據，就需要進行專門研究。如楊樹達撰《漢書所據史料考》、金德建撰《太史公所見書考》。後者《自序》云："我在這《太史公所見書考》裏所探討的旨趣，是把西漢時候司馬遷的《史記》所依據的典籍和他對於這些典籍所作的評論，加以申述闡發；也就是對司馬遷著作《史記》時所憑借的各種典籍加以探討。"可見它們雖並非嚴格的書目，但在某種程度上却具有引用書目録的性質。

第六節　版本目録

版本是指一部書在寫作、製作、傳播、收藏的過程中所形成的各種形態的本子。因此人們在從事圖書整理編目工作時，不可避免地要注意版本問題。劉向《别録》已注意對版本的記録。如《北齊書·樊遜傳》談到天保七年（五五四），遜議刊定秘府書籍，稱："漢中壘校尉劉向受詔校書，每一書竟，表上，輒言臣向書、長水校尉臣參書、太史書、太常博士書，中外書合若干本，以相比校，然後殺青。"復稱："向之故事，見存府閣。即欲刊定，必藉衆本。"

梁釋僧祐著《出三藏記集》是我國現存的第一部佛經目録，同時也是我國現存的第一部版本目録。"出"是翻譯的意思，總體來說，《出三藏記集》是一部佛經譯本目録。其中卷二爲《新集條解異出經録第二》，所謂

“異出經”即同本異譯的經典,可見該卷是專門記録佛經不同譯本的目録。僧祐在該卷卷首序中說:

> 異出經者,謂胡本同而漢文異也。梵書複隱,宣譯多變,出經之士,才趣各殊。辭有質文,意或詳略,故令本一末二,新舊參差。若國言訛轉,則音字楚夏;譯辭格礙,則事義胡越。豈西傳之踳駁,乃東寫之乖謬耳。是以《泥恒》《楞嚴》,重出至七;《般若》之經,别本迺八。傍及衆典,往往如此。

再如《無量壽經》,共著録五種譯本:“支謙《阿彌陀經》二卷、竺法護出《無量壽》二卷、鳩摩羅什出《無量壽》一卷、釋寶雲出《新無量壽》二卷、求那跋陀羅出《無量壽》一卷。”

《出三藏記集》卷三著有《新集安公古異經録第一》。“安公”指東晉釋道安,著有《綜理衆經目録》。僧祐在該録序中說:“古異經者,蓋先出之遺文也。尋安録自《道地要語》迄《四姓長者》,合九十有二經,標爲古異。雖經文散逸,多有闕亡,觀其存篇,古今可辨。或無别名題,取經語以爲目,或撮略《四含》,摘一事而立卷,名號質實,信古典矣。”該録最後有結語云:“右九十二部,凡九十二卷,是古典經。”可見這一部分是古舊譯本的目録。

《出三藏記集》卷三著有《新集安公涼土異經録第三》與《新集安公關中異經録第四》。“涼土”指涼州,“關中”指長安。“異經”異在既不知譯者,又不知譯自何經。僧祐於前者小結道:“右五十九部,凡七十九卷,是涼土異經。”可見這部分是流傳在涼州地區的不知譯者與原經名的譯本。僧祐於後者小結道:“右二十四部,凡二十四卷,是關中異經。”可見這部分是流傳在長安地區的不知譯者與原經名的譯本。

《出三藏記集》卷四著有《新集續撰失譯雜經録第一》。該録有兩點值得注意,一是在序中對同書異名現象進行了總結:“或一本數名,或一名數本。或妄加游字,以辭繁致殊;或撮半立題,以文省致異。”作者在附注中對同書異名現象也予以説明,如《泥洹後諸比丘經》一卷附注:“或云《小般泥洹經》,或云《泥洹後變記經》,或云《泥洹後比丘世變經》,或云《佛般泥洹後比丘世變經》。”在通常的情況下,不同的書名就代表了不同的版本。

該録還集中著録了大量失去譯者的節抄本,其序云:“其一卷已還,五百餘部,率抄衆經,全典蓋寡。觀其所抄,多出《四含》《六度》《道地》《大集》《出曜》《賢愚》及《譬喻》《生經》,並割品截偈,撮略取義,强製名號,仍成卷軸。至有題目淺拙,名與實乖,雖欲啓學,實蕪正典,其爲愆謬,良足深誡。今悉標出本經,注之目下,抄略既分,全部自顯,使沿波討源,還得本譯矣。”如《大力士出家得道經》一卷,附注:“一名《力士跋陀經》,抄《雜阿含》。”在節抄本中也有裁篇别出現象,如《佛入甘露調意經》一卷,附注:“從《第一四門》至《甘露調意》凡四品,並是《大十二門經》一部,後人逐品寫出,遂分成四經。《生經》一部亦如此。”

《出三藏記集》卷五《新集抄經録第一》中還著録了三十六部齊竟陵文宣王抄本,該部分小結云:“從《華嚴經》至《貧女爲國王夫人(經)》凡三十六部,並齊竟陵文宣王所抄。凡‘抄’字在經題上者,皆文宣所抄也。”該録序言還對我國節譯節抄佛經的歷史與特點乃至缺點作了簡要的論述:“抄經者,蓋撮舉義要也。昔安世高抄出《修行爲大道地經》,良以廣譯爲難,故省文略説。及支謙出經,亦有《孛抄》。此並約寫胡本,非割斷成經也。而後人弗思,肆意抄撮,或棊散衆品,或苽剖正文。既使聖言離本,復令學者逐末。竟陵文宣王慧見明深,亦不能免。”

《出三藏記集》卷五《新集安公注經及雜經志録第四》還集中著録了釋道安二十三卷注本。該録開頭所録釋道安原序云:“佛之著教,真人發起,大行於外國,有自來矣。延及此土,當漢之末世,晉之盛德也。然方言殊音,文質從異,譯胡爲晉,出非一人。或善胡而質晉,或善晉而未備胡,衆經浩然,難以折中。竊不自量,敢預僧數,既荷佐化之名,何得素餐終日乎？輒以灑掃之餘暇,注衆經如左。”

總之,《出三藏記集》作爲現存的第一部佛經譯本目録,專門著録了佛經的不同譯本、古舊譯本、涼州譯本、關中譯本、節抄本、齊竟陵文宣王抄本、釋道安注本等不同版本,稱其爲現存第一部版本目録是適合的。

雕版印刷盛行以後,特别注意著録雕印本的版本目録當首推南宋尤袤的《遂初堂書目》。尤袤是一位著名的藏書家,曾對楊萬里説:“吾所鈔書今若干卷,將匯而目之,饑讀之以當肉,寒讀之以當裘,孤寂而讀之以當友朋,幽憂而讀之以當金石琴瑟。"①由於他所收藏所見聞的書甚多,意識到在目録中注明版本是必要的,所以在其《遂初堂書目》中,兼載各種不同的版本。如《雜史類》著録:

舊杭本《戰國策》
遂初先生手校《戰國策》
姚氏本《戰國策》
鮑氏注《戰國策》
《戰國策補注》

前人對《遂初堂書目》記録版本給予了充分的肯定,如清陸心源指出:

此書所載有杭本《周易》《周禮》《公羊》《穀梁》,舊監本《尚書》《禮記》《論語》《孟子》《爾雅》《國語》,京本《毛詩》,高麗本《尚書》,江西本《九經》,川本《史記》《前漢書》《後漢書》《三國志》《晉書》,嚴州本《史記》,吉州本《前漢》,越州本《前漢》《後漢》,湖北本《前漢》,杭本《舊唐書》《後唐書》,川本大字《通鑒》、小字《通鑒》,校本《戰國策》,羅列版刻,兼載校本,爲自來書目創格,延陵季氏、傳是徐氏宋元刻本書目之濫觴也。②

我們在第三章《目録的著録事項》第三節《版本》中對《郡齋讀書志》與《直齋書録解題》在版本的記録與研究方面所取得的成就作了論述,可參看,兹不繁述。

明嘉靖間晁瑮撰《晁氏寶文堂書目》也常於書名下注明版刻,從中可考明代版刻源流、出版情況。其所著録,按出版時間則有宋刻、元刻及明

① 《文獻通考》卷二〇七楊萬里《遂初堂書目序》。
② 《儀顧堂題跋》卷五。

刻，明刻中又分永樂刻、宣德間刻、景泰五年刻、成化刻、弘治刻等。按出版地點分，則有京刻、順天刻、易州刻、保定刻、山西刻、太原刻、陝西刻、秦刻、武功縣刻、臨洮刻、南安刻、南京刻、蘇刻、揚州刻、無錫刻、常州刻、松刻、高郵刻、江陰刻、徽州刻、杭州刻、嘉興刻、湖刻、蕭山刻、閩刻、建刻、江西刻、饒州舊刻、河南板、南陽舊刻、楚刻、湖廣刻、惠州刻、常德府舊刻、蜀板、廣西刻、桂州刻、貴州新刻、雲南刻等。按出版者分，則有内府刻、監刻、南監本、經廠本、禮部刻、御馬監刻；王府、趙府、宣府刻、寧府、伊府、唐府刻、蜀府刻、晉府刻、靖王府刻、周府、沈府刻；賴太監刻、沈石田家刻、劉弘毅板、張含刻、邃庵解刻等。按書籍形式分，則有宋巾箱本、元巾箱本、巾箱板、大字刻、活字大刻、蜀大板、廣西大刻、小刻、常州活字刻、華家銅板、華家大銅板、華家小銅板、常州銅板、方册、石刻、鈔本等。一書多本的也一一注明，如《文獻通考》書名下注曰："内府刻一、閔刻一、南監舊刻、新刻一。"①

晁瑮對版本的著録相當慎重，如《洪武正韻》下注曰："似南京刻，又類陝刻。"②《曆占纂要》下注曰："改名之書，再查對。"③《四庫全書總目》云："其著録極富，雖不能盡屬古本，而每書下間爲注明某刻，亦足以考見明人版本源流。"④正因爲如此，所以該書目爲明清藏書家所重視。

明末清初著名藏書家錢曾，對版本深有研究。其所編《述古堂書目》於書名下多記版本，如卷一的《鄭夾漈六經奥論》六卷一本，下注"宋板"；《晦庵改本大學》一卷，下注"抄"；《何晏論語集解》十卷十本，下注"高麗抄本"；《王肅注孔子家語》下卷四本，下注"宋本影抄"；《孔子集語》二卷，下注"吴方山藏舊抄本"；《洪景伯隸續》七卷一本，下注"元板"；《歐陽修五代史》七十四卷八本，下注"牧翁批"；《司馬光資治通鑒》二百九十四卷一百本，下注"顧伯欽校正"等等。由於此類著録較多，對研究版本自有價值。此外，他又著有《讀書敏求記》。這是一部有提要的目録。它除評介作者

① 《晁氏寶文堂書目》卷中類書類《文獻通考》。

② 《晁氏寶文堂書目》卷下韻書類《洪武正韻》。

③ 《晁氏寶文堂書目》卷下陰陽類《曆占纂要》。

④ 《四庫全書總目》卷八七《寶文堂分類書目》三卷。

和書的内容外，重在研究各書的版本。書中從序跋、印章、牌記、版式、行款、字體、刀刻、紙張、墨色、裝幀、校勘等方面來確定版本的年代和價值，同時還注意到了祖本、子本、原板、修板的不同。今略舉數例：

春秋公羊經傳何休解詁十二卷釋文一卷

此北宋槧本之精絶者，故附釋文於經傳後。若南宋人鏤刻，便散入逐條注下矣。①

顔氏家訓七卷

是書爲宋人名筆所録。淳熙七年，嘉興沈揆取閩本、蜀本互爲參定，又從天台故參知政事謝公所校五代和凝本，辨析精當，後列考證二十三條爲一卷。沈君學識不凡，讎勘此書，當時稱爲善本，兼之繕寫精妙，古香襲人，置諸几案間，真奇寶也。②

三辰通載三十四卷

《通考》云："錢如壁撰集。"此是南宋槧本，有南京解元唐寅印記並題字，知爲伯虎所藏也。③

錢曾而後，黄丕烈也十分重視版本目録，著録比錢曾更爲細密。黄丕烈鑒定古書的題跋，有一八八二年潘祖蔭編輯的《士禮居藏書題跋記》六卷，一九一七年孫祖烈編輯的《士禮居藏書題跋記續編》五卷，一九一九年繆荃孫編輯的《蕘圃藏書題識》十卷、《蕘圃刻書題識》一册，一九二九年冷雪庵叢書收有李文綺《士禮居藏書題跋補録》一卷，以及一九三三年王大隆編輯的《蕘圃藏書題識續録》四卷與一九四〇年王大隆復輯的《蕘圃藏書題識再續録》三卷。今人屠友祥以繆荃孫《蕘圃藏書題識》十卷爲骨架，將諸家所輯題跋以撰寫時間爲序，插入繆本内，並作了校注工作，已於一

---

① 《讀書敏求記》卷一《春秋公羊經傳何休解詁》十二卷《釋文》一卷。

② 《讀書敏求記》卷三《顔氏家訓》七卷。

③ 《讀書敏求記》卷三《三辰通載》三十四卷。

九九九年由上海遠東出版社出版。王芑孫《陶陶室記》云：

今天下好宋版書未見如蕘圃者也。蕘圃非惟好之，實能讀之。其於版本之後先、篇第之多寡、音訓之異同、字畫之增損及其授受源流、繙摹本末，下至行幅之疏密廣狹、帙綴之精粗敝好，莫不心營目識，條分縷析。積晦明風雨之勤，奪飲食男女之欲，以沉冥其中。蕘圃亦時自笑也，故嘗自號佞宋主人。①

這段話不僅形容了黄丕烈對古書的嗜好，而且也概括了他藏書題識的内容。繆荃孫《蕘圃藏書題識序》稱黄丕烈"跋一書而其書之形狀如在目前，非《敏求記》空發議論可比"②。版本目録出之以題跋這種形式，不但可查，而且可讀，經黄丕烈運用以後，産生了廣泛而深遠的影響。

在書目中以分類形式著録不同類别雕印本的，明代就已出現了。明趙用賢所編《趙定宇書目》分類比較雜亂，特别值得一提的是專門設有"内府板書""宋板大字""元板書"三類，這表明明代一些藏書家對雕印本的版本已經十分重視。但是其著録項目過於簡單，除書名外，少數款目著録了册數。

清乾嘉時，于敏中、彭元瑞等先後奉命編撰《天禄琳琅書目》及《天禄琳琅書目後編》，將宋版、元版、明版、影宋本、鈔本共一千零九十三部各從其類地分别叙列。每書均撰有提要，刻於何時何地、何人收藏、蓋有何印，都一一記載，加以考證。這兩部目録成爲官府藏書目録講究版本的開端，同時也使版本目録的編撰水平達到了前所未有的高度。

《四庫全書總目》是一部極有用的書，但是它有個很大的缺點就是在版本的著録上食古不化，采取了劉向在書録中標明"臣向書""臣參書""中書"的成法，在每書提要前只寫明"江蘇巡撫采進本""兵部侍郎紀昀家藏本"等，即只記載某書所從來，而不記載其究屬何本。這就給後來學者使

① 《淵雅堂全集》卷七王芑孫《陶陶室記》。

② 《蕘圃藏書題識》卷首繆荃孫《蕘圃藏書題識序》。

用此書時增加了不少麻煩，從而促使後人專門從事《四庫全書》版本的研究。由於《四庫全書總目》提要卷帙浩繁，所以當時就將其壓縮，編爲《四庫簡明目録》以便讀者。邵懿辰開始把每本書有些什麽版本都寫在《四庫簡明目録》的有關條目下面。很多有名的學者如孫詒讓等也都將自己所見到的不同本子加批其上。直到邵懿辰的孫子邵章才把該書的各家批語補充整理，編成《四庫簡明目録標注》一書，後來又出了增訂本。要知道《四庫全書》中所著録的某書有些什麽刻本，從中均可查得。

類似的書還有莫友芝的《郘亭知見傳本書目》。莫友芝，貴州獨山人，道光十一年（一八三一）考取舉人，曾長期爲曾國藩的幕僚。太平天國失敗後，遍走江南，搜訪在戰亂中散佚了的文宗閣、文匯閣、文瀾閣的藏書，生平所見古籍善本甚多，他將所見古書的不同版本標注在《四庫簡明目録》上，又將《天禄琳琅書目》所著録的清内府所藏善本，黄丕烈、汪士鐘、張金吾等著名藏書家的藏書目録中所著録的善本，以及邵懿辰《四庫簡明目録標注》中所著録的版本，也一一迻録在他的《四庫簡明目録》中。其子莫繩孫將其《四庫簡明目録》箋注本整理成《郘亭知見傳本書目》十六卷。"凡經部，四庫存目者三，四庫未收者百十八；史部存目者二十八，未收者二百有十；子部存目者十四，未收者百九十八；集部存目者一，未收者二十一。"①可見該書在收録範圍方面已突破了《四庫全書總目》的界限。接着傅增湘又對《郘亭知見傳本書目》做了訂補工作，惜未撰述成書。其孫傅熹年用了六年時間，從傅增湘十七種有關著述、手稿、日記、札記以及通信中，摘出有關諸書版本文字，依據傅增湘生前確定的體例，一一增補進了《郘亭知見傳本書目》之中，補訂後的内容約爲莫氏原書的三倍半。傅熹年《整理説明》云：

> 這個訂補本收納了先祖四十餘年間所見、所藏、所校、所跋的全部書籍，既包括本世紀以來國内及日本公私所藏善本精粹，也收入了大量目前尚未劃入善本範圍的明清重要學術著作和詩文集，前人闕

① 《郘亭知見傳本書目》卷首莫繩孫識語。

於改進擴編《郘亭書目》,使之更全面而切於實用的願望可以基本上得到滿足。此書雖以補《郘亭書目》所未備爲主,但也兼有對其校勘、訂正之處,故定名爲《藏園訂補郘亭知見傳本書目》。①

此外,專門研究《四庫全書總目》版本的還有兩部書:一部是葉啓勳的《四庫全書目録板本考》,可惜未能全部完成②。還有一部是胡玉縉的《四庫全書總目提要補正》。它補正的不完全是版本方面的問題,但也有關於版本的。

在古籍版本目録中,張之洞的《書目答問》和范希曾的《書目答問補正》注重比較常見的書,對一般讀者尤爲方便,我們在《推薦書目録》中已作介紹,兹不贅述。

四川大學古籍所編《現存宋人别集版本目録》,是一部斷代版本目録。曾棗莊在該書卷首《得門而入,事半功倍——現存宋人别集版本目録序》中,談到該書有以下特點:第一,宋人别集收録較爲完備,比較完整地反映了國内外現存宋人别集的情況。由於廣采博收,可以説本書是迄今爲止收録現存宋人别集最完整的資料。第二,著録現存宋人别集的版本較全。第三,對現存宋人别集做了必要的考訂工作。第四,儘量反映前人和今人的研究成果。第五,本書編排也較合理。全部條目按作者生年或大約生年編排,使讀者可以從一個側面瞭解宋人别集和宋代文化的發展情況。書後附引用叢書及藏書單位,藏書單位及簡稱,主要引用書目及簡稱,著者四角號碼索引,頗便檢索。今録一例:

鄭樵

夾漈遺稿三卷

清初刻本

北京

① 《藏園訂補郘亭知見傳本書目》卷首《整理説明》。

② 《四庫全書目録板本考》,載《圖書館學季刊》七卷一、三、四期,《金陵學報》三卷二期發表過一部分。

清抄本　清趙宗建校
上海
清抄本　清鮑廷博校並跋
北京
清抄本　莫棠題識
上海
清抄本　清丁丙跋
南京
張立人抄本　張立人校
日本静嘉堂文庫
夾漈遺稿不分卷
清抄本　清鮑廷博校
北京
夾漈遺稿三卷
四庫全書(抄本、影印本、縮印本)
函海(乾隆本、道光本)第九函
藝海珠塵全集(甲集)
叢書集成初編
案:據藝海珠塵本排印
夾漈遺稿一卷
宋元人詩集八十二種
夾漈遺稿
一九四一年長沙商務印書館鉛印本

善本目録也是一種版本目録,而且是版本目録中的主要組成部分,不過它的收録對象僅爲善本。什麽是善本?歷史上許多學者和藏書家的看法很不一致,今天各圖書館和博物館對善本的選擇標準也不平衡。一九七八年三月底至四月初在南京召開的《全國古籍善本書總目》編輯工作會議通過的《全國古籍善本書總目收録範圍》認爲:

《全國古籍善本書總目》收録範圍應從古籍的歷史文物性、學術資料性、藝術代表性等多方面進行考察。在現存古籍中，凡具備上述三方面特點，或雖不全備而具備其中之一二者，均可視爲善本，收入《善本總目》。

一、元及元以前刻印、抄寫的圖書(包括殘本與零頁)。

二、明代刻印、抄寫的圖書(包括具有特殊價值的殘本與零頁)，但版印模糊、流傳尚多者不收。

三、清代乾隆以前流傳較少的刻本、抄本。

四、辛亥革命前在學術研究上有獨到見解，或有學派特點，或集衆説較有系統的稿本，以及流傳很少的刻本、抄本。

五、辛亥革命前反映某一時期、某一領域或某一事件資料方面的稿本，以及流傳很少的刻本、抄本。

六、有名人學者親筆批校、題跋、評論的刻本、抄本。

七、印刷上能反映我國古代印刷技術發展，代表一定時期技術水平的各種活字印本，或有較精版畫、插圖的刻本。

八、太平天國及歷代農民革命政權所刊行的圖書。

九、印譜，明代的可全收，清代的集古印譜、名家篆刻的印譜，有特色又係足本，或有親筆題記的收，一般不收。

準此以談，則下列諸家目録，都可算是善本目録：

于敏中等《天禄琳琅書目》

彭元瑞等《天禄琳琅書目後編》

錢　曾《讀書敏求記》

毛　扆《汲古閣珍藏秘本書目》

曹　溶《静惕堂書目》

朱彝尊《潛采堂宋金元人集目録》

徐乾學《傳是樓宋元本書目》

黄丕烈《求古居宋本書目》《百宋一廛書録》

孫星衍《平津館鑒藏書籍記》(補遺、續編)、《廉石居藏書記》
孫從添《上善堂書目》
張金吾《愛日精廬藏書志》
汪士鐘《藝芸書舍宋元本書目》
瞿　鏞《鐵琴銅劍樓藏書目録》
葉昌熾《滂喜齋藏書記》
楊紹和《海源閣宋元秘本書目》
陸心源《皕宋樓藏書志》
姚覲元《咫進齋善本書目》
丁　丙《善本書室藏書志》
張鈞衡《適園藏書志》
繆荃孫《藝風藏書記》《續記》《再續記》
傅增湘《雙鑒樓善本書目》《藏園群書經眼録》
鄧邦述《群碧樓善本書録》《寒瘦山房善本書目》
潘宗周《寶禮堂宋本書録》

善本書目録比較注意對書籍版本特徵的描述,今舉《寶禮堂宋本書録》集部一則爲例:

韋蘇州集十卷　三册

唐韋應物撰。書凡十卷。卷首太原王欽臣序,序後爲目録。卷末附《拾遺》,有目記熙寧丙辰校本添四首,紹興壬子校本添二首,乾道辛卯校本添一首。全書鎸印俱精。卷六第一葉紙背,有墨書"二十七日准升縣冀萬才所關爲前事",朱書"當日行下象山縣,並下台州寧海縣"各一行,蓋爲當時官紙,惜無年月可考。或定爲南宋書棚刊本,然棚本均有某地某鋪刊行一行,此即未見。按是書刊於寧宗時,距乾道辛卯不過二十餘年,則此或爲最後校添之第一刊本。卷九《石鼓歌》"喘逶迤相糺錯"句(别本"喘"字下有墨丁),《白鶴鵁歌》"日夕夜仁全羽翼"句(别本"夜仁"作"依人")疑有訛奪,其他亦尚有誤字,然後來刊刻均從此出,雖有小疵,固是珍本。版式　每卷首行題書名,次行題蘇州刺史韋應物。半葉十行,行二十字,左右雙闌,版心白口、單魚尾,書名題韋幾,上記字數,但七卷以下不記。刻工姓名,僅記"余同甫刁"及"同甫刁"等字,尚有余、何、應數單字。宋諱,玄、絃、泫、朗、悢、殷、筐、恒、禎、貞、徵、樹、桓、完、構、搆、慎、敦、暾、廓等字闕筆。

藏印　嘉興雙湖戴氏家藏書畫印記　鄞人周琬　周氏子重　濂溪後裔　清白傳家　青瑣仙郎　光溪草堂　庭艸交翠　張用禮印　天禄琳琅　乾隆御覽之寶

鄭振鐸《西諦書話·西諦題跋·寶禮堂宋元本書目》稱:"潘氏《寶禮堂書録》四卷,收宋刊本一百有七部。經部自《周禮鄭注》以下凡二十一部,史部自蜀本《史記》以下凡二十六部,子部自《纂圖互注荀子》以下凡二十一部,集部自《陸士龍集》以下凡三十九部;末附元刊本《戰國策》《南海志》等六部。已溢出百宋一廛畢生所得之數矣。《書録》出張菊生先生手。"説《寶禮堂宋本書録》的提要爲張元濟所撰,在張元濟一九三七年九月二十六日、十月三日、十月十四日、十一月八日的日記中也有記載。正因爲如此,所以該善本目録的水平還是相當高的。

一九四九年前後各大圖書館也多編有善本書目,如《北京圖書館善本書目》《上海圖書館善本書目》《故宫所藏殿本書目》《北京大學圖書館善本書目》等。現行重要而實用的善本目録爲王重民的《中國善本書提要》,所收國内外藏弆的古籍善本有四千四百餘種。傅振倫《序》云:

綜覽全書的特點:第一,收録之書,凡《四庫全書總目》已有提要者即不再編寫,惟於所缺略者補充之,錯誤者釐正之。此書提要還側重於著録圖書版刻或文字增删的學術價值。第二,每書詳其卷數、册數,每半葉的行數,每行字數,板框的高下大小。第三,書卷首葉詳記作者姓名、籍貫、别號、編者、校者以及子孫、友好與刊印主人的姓名、籍貫、字號、堂名之牌記,牌記之剜改者亦記之;書口刻工姓名亦詳列。第四,每書經一次再印或翻刻,則歷詳其編者、校者、刊印主人及刻工。第五,詳記收藏家的印章及校語。第六,歷次版本必詳作者、編校者、翻刻者的序跋、題識,重要者則録其全文或摘要。

從以上六項特點,讀者可以考知圖書刊刻經過、流傳情況,並可考知一書的原本或翻刻本、鈔本、影鈔本,孰精孰劣,何去何從。我們可以肯定這部提要能以達到目録學"辨章學術、考鏡源流"的要求。它誠然是一部現在極有參考價值的善本書録。①

該書卷末還附有書名索引及人名(包括作者、編集者、校者、刻工、刊刻鋪號等)索引,以便檢索。後來又出版了《中國善本書提要補編》,補收史部書提要七百七十餘篇,子部書提要十篇。

此外最值得我們注意的是中國古籍善本編輯委員會編的《中國古籍善本書目》。現録其《編例》三則如下:

本編所録,包括全國各省、市、縣公共圖書館、博物館、文管會、文獻館、高等院校、中國科學院及所屬各研究所,其他科研單位等所藏古籍善本。

各書之著録,先書名、次卷數、次編著注釋者、次版本、次批校題跋者。

本編各卷條目下均有編號,卷後附有藏書單位代號表和藏書單位檢索表,藏書單位檢索表首欄爲書名編號,次欄爲該書收藏單位代號,讀者須知某書在某單位,一索可得。②

顯然,《中國古籍善本書目》是中華人民共和國成立後編輯的規模最大的

① 《中國善本書提要》卷首傅振倫《序》。

② 《中國古籍善本書目》卷首《編例》。

古籍善本聯合目録。它既是一部大型的工具書，又是一部學術性著作。它反映了我國古籍版本鑒定、著録、分類及編輯出版的最新水平。

爲了幫助人們充分利用古書題跋與版本目録，羅偉國、胡平專門編了《古籍版本題記索引》。該索引的文獻範圍包括有關古籍版本的書目、題跋記、讀書志、書影等類圖書一〇二種。

刻書目録也是一種版本目録，它又可細分爲兩類：一類是爲了擴大銷售量，由刻書單位自編的；另一種具有研究性質，往往由他人編撰而成。鄭樵《通志・藝文略》所載《國子監書目》一卷，很可能就是國子監刻書目録；《川本書籍目録》三卷，很可能就是四川地區的刻書目録。由於明代圖書出版發行業的蓬勃發展，出版了一批出版發行目録。如北京金臺書鋪刊《文選注》目録後附録的所刻古書目録，以及《酌中志・内板經書紀略》《經廠書目》《古今書刻》等。

梅鷟撰《南雍志・經籍考》著録書板三〇六種，對每種書板的情況都作了介紹，是其中最典型、水平最高的出版目録。作爲圖書出版目録，《南雍志・經籍考》附注了所著録的每一部書的書板的完缺好壞情況，以及書板的數量，體現了出版目録的特徵。因爲這樣做便於統計與保管，可爲能否刷印提供依據。如果書板完好無缺，則附注"完"字，如史類著録《前漢書》一百卷，附注"完"字。如果經過修補做到完好無缺的，也做了説明。如文集類著録《歐陽居士文集》五十卷，附注："存者四百四十七面，今補八十六面乃完。"如果有破損殘缺，也一一加以説明，如史類著録《宋史》四百九十一卷，附注："好板七千七百零四面，裂破模糊板二千零四十三面，失者一百二十七面。"

南京國子監的書板，有來自元集慶路儒學的，有南京國子監自刻的，有其他單位或個人捐送的，《南雍志・經籍考》均作了記録。如史類著録《前漢書》一百卷，案曰："集慶路儒學梓，計二千七百七十五面，見《金陵新志》，嘉靖七年重刊。"子類著録《近思録》十四卷，提要云："祭酒汪偉、司業景暘校，正德十四年刊。"如子類著録《武經七書》七卷，附注："洪武三十年（一三九七），兵部奉旨刻完《武經七書》送監。"文集類著録《懷麓堂稿》一百二十卷，附注："板完，計二千一百零五面，有模糊，少師兼華蓋殿大學士李東陽撰,徽州張昕所刻,正德十年(一五一五)以板送監。”這些記録對於我們認識圖書的版本源流與演變無疑是大有幫助的。

《南雍志・經籍考》往往通過附注、案語、提要的方式介紹與評價書的内容。有介紹書名的,如經類著録《論語旁解》二卷,提要稱:“首載何晏等序,後於本文之旁注細字以解之,故曰旁解。”有介紹圖書寫作方法的,如類書類著録《東萊先生讀書記》四卷,提要云:“吕祖謙撰。乾道、淳熙家居,日閲書,隨意筆之,或數字,或全篇。蓋偶有感發,或以備遺忘者。”有介紹圖書寫作緣起的,如制書類著録《稽古定制》一卷,提要云:“洪武二十九年十一月,我太祖以大臣多不遵定制,特命翰林斟酌唐宋制度,定到墳塋碑碣丈尺,房屋間架,及食禄之家興販禁例,編類成書。”從中可見,朱元璋是如何利用制定禮儀來鞏固政權的。有評介圖書内容的,如經類著録《孟子節文》二卷,提要云:“校《孟子》一書,中間辭氣之間抑揚太過者八十五條,其餘一百七十餘條悉頒之中外校官,俾讀是書者知所本旨。自今八十五條之内,課試不以命題,科舉不以取士。”可見,朱元璋爲了樹立自己的絶對權威,甚至連影響巨大的經書也敢於删節。

《南雍志・經籍考》在圖書分類方面也做了新的探索,其中最突出的是將制書單獨列爲一類,並置於首位,這就充分反映了南雍出書編目爲政治服務的鮮明特點。四部分類法確定之後,成了中國古代目録分類的主流,但是該分類法没有采用統一標準,還存在着一些缺點。所以也有人不斷衝破四部分類法的藩籬。譬如南宋鄭樵的《通志・藝文略》,不受四部分類法約束,在大類中設有小學與類書兩類。明正統六年(一四四一)楊士奇編撰的《文淵閣書目》也在大類中設了韻書類與類書類,而《南雍志・經籍考》專設韻書類收小學類著作,專設類書類收《玉海》《東萊先生讀書記》等綜合各類知識的圖書,也是值得稱道的。

綜上所述,南京國子監的出版事業在中國出版史上具有重要地位,《南雍志・經籍考》也是一部學術價值與史料價值都很高的明代圖書出版目録的代表作。

明代毛晉自編的《汲古閣校刻書目》,詳記書名及版片葉數。其中多大部頭書,如《十三經注疏》、《十七史》、《津逮秘書》十五集、《漢魏六朝一百三家集》、《盛唐三大家》、《唐人選唐詩》八種、《樂府詩集》、《陸放翁全集》、《詞苑英華》、《列朝詩集》、《宋名家詞》六集、《六十種曲》等等。其書版總計在十萬片以上。該目體現了刻書目録的性質，同時也反映了汲古閣刻本的内容、規模與特點。

含有研究性質的刻書目録，專門記録某一時代或某一地區出了些什麽書，則爲研究版本學與出版史提供了資料。明朝周弘祖的《古今書刻》就屬於這一類。《古今書刻》上編記載明代官私出版的書籍總計二千五百三十餘種。該目所保存的版刻資料，爲研究版刻源流、圖書存佚，以及明代的出版事業提供了依據。近代學者王國維所撰《五代兩宋監本考》及《兩浙古刊本考》更爲精密，開闢了用考證方法研究古代板刻的路子。今舉一例：

> 周易正文　尚書正文　毛詩正文　周禮正文　儀禮正文　禮記正文　春秋正經　左傳正文　公羊正文　穀梁正文　孝經正文　論語正文
>
> 右見景定《建康志·書籍類》，皆冠以"本監"二字，此南宋監本也。然北宋胄監固已有單經本。《直齋書録解題》載《春秋經》一卷，每事爲一行，廣德所刊古監本也。古監本爲汴都監本，是汴監已有，但兼及他經與否，殊無可考。宋南渡以後則編刊諸經。不獨國學，即州郡亦然。《建康志》所載九經正文，尚有蜀本、建本、婺本。新定《續志》所載書板亦有六經正文，則監中有單經本固不足怪也。①

北京圖書館善本室編的《一九一一至一九八四影印善本書目録》，是一部頗有特色而又相當實用的出版目録，收書一〇四九種，爲讀者利用這批影印善本書提供了方便。現摘兩目如下：

---

① 《五代兩宋監本考》卷下(南宋監本)。

周禮十二卷　漢鄭玄注　唐陸德明釋
　　一九三四年北京文禄堂影印宋建安刻本
白氏長慶集七十一卷　唐白居易撰
　　一九五五年北京文學古籍刊行社影印宋刻本

圖書館所珍藏的古籍善本,借閱比較困難,而古籍善本的影印本借閱起來就容易多了,該目爲我們充分利用古籍善本的影印本提供了方便。

第七節　辨僞書目録

史料真僞的含義是什麽呢?如果史料所署的責任者與該史料的實際責任者相符,則真;如果所署的責任者及形成時代與該史料,或該史料中的一部分的實際責任者不符,則全部爲僞,或部分爲僞。如下面這首樂府古辭《白頭吟》:

> 皚如山上雪,皎如雲間月。聞君有兩意,故來相决絶。今日斗酒會,明旦溝水頭。躞蹀御溝上,溝水東西流。淒淒復淒淒,嫁娶不須啼。願得一心人,白頭不相離。竹竿何裊裊,魚尾何簁簁。男兒重意氣,何用錢刀爲?

《西京雜記》卷三云:"相如將聘茂陵女爲妾,卓文君作《白頭吟》以自絶,相如乃止。"此後不少人都把這首《白頭吟》當做卓文君的作品,但是也有人認爲此詩非卓文君所爲,如清陳沆《詩比興箋》卷一指出:

> 《玉臺新詠》載此篇,題作《皚如山上雪》,不云《白頭吟》,亦不云何人作也。《宋書》他曲有《白頭吟》,作古辭,《樂府詩集》同之,亦無文君作《白頭吟》之説。且《西京雜記》僞書,始傅會文君,然亦不著其辭,未嘗以此詩當之。及黄鶴注杜詩混合爲一,後人相沿,遂爲妒婦之什,全乖風人之旨。且兩意决絶,溝水東西,文君之于長卿,何至是

乎！蓋棄友逐婦之詩，非第《小星》“逮下”之刺。“願得一心人，白頭不相離”，忠厚之至也；“男兒重意氣，何用錢刀爲”，慷慨之思也。

陳沆從詩的流傳過程、思想内容、卓文君同司馬相如之間的深厚感情，以及《西京雜記》是一部僞書等方面，有力地説明了《白頭吟》的著作權歸之於卓文君是不真實的。而我們説它是一首無名氏創作的樂府詩，則是完全符合實際情況的。

確定了史料的責任者，也就確定了史料的形成時代。當史料的責任者難以確定時，如果史料所説的形成時代與該史料的實際形成時代相符則真，不相符則僞。

張之洞曾説：“一分真僞，而古書去其半。”①因爲我國文化積累的時間長，古書中作僞的情況也比較多，比較複雜。爲了確保著録及使用古代文獻的真實性和準確性，使讀者能够正確地認識和運用，有的目録還在附注或提要中進行了辨僞工作。

《漢書・藝文志》諸子略道家類有《文子》九篇，其注云：“老子弟子，與孔子並時，而稱周平王問，似依託者也。”周平王是東遷的第一位天子，而孔子是春秋末年的人。如果文子與孔子同時，那麽周平王就不可能去問他，所以班固根據《七略》説：“似依託者也。”像這樣的例子在《漢書・藝文志》裏約有十五個。如諸子略道家有《力牧》二十二篇，注云：“六國時所作，託之力牧。力牧，黄帝相。”雜家有《大禹》三十七篇，注云：“傳言禹所作，其文似後世語。”農家，有《神農》二十篇，注云：“六國時，諸子疾時怠於農業，道耕農事，託之神農。”等等。

佛經目録對辨僞也很重視，並且將疑僞經書編纂在一起，成爲佛經目録的一個組成部分。這些疑僞經録已是辨僞書目録的雛形，但還不是獨立存在的辨僞書目録。如東晉釋道安纂《綜理衆經目録》，其中專門有一卷《疑經録》。梁僧祐《出三藏記集》卷五專門有《新集疑經僞撰雜録》，其小序云：

---

① 《輶軒語・語學・論讀書宜有門徑》。

> 昔安法師摘出僞經二十六部,又指慧達道人以爲深戒。古既有之,今亦宜然矣。祐校閱群經,廣集同異,約以經律,頗見所疑。夫真經體趣,融然深遠,假託之文,辭意淺雜,玉石朱紫,無所逃形也。今區别所疑,注之於録,並近世妄撰,亦標於末。①

從他們開始,後來編佛經目録的都很注意僞書。譬如隋沙門法經《大隋衆經録目》有《疑惑》《僞妄》二録。唐釋道宣《大唐内典録》有《歷代所出疑僞經論録》,釋智昇《開元釋教録》有《疑惑再詳録》《僞妄亂真録》等。

宋代晁公武所著《郡齋讀書志》及陳振孫所著《直齋書録解題》都能够在提要中進行辨僞工作。例如晁公武對王通的《文中子》提出了質疑:“仁壽四年(六〇四),王通始至長安,李德林卒已九年,而《文中子》有德林請見之語。關朗在太和中見魏孝文,自太和丁巳(四七七)至通生之歲開皇四年甲辰(五八四),已一百零七年,而書謂問禮於關子。”②此處從時間的矛盾上揭露《文中子》之爲僞書。又如陳振孫對《關子明易傳》一卷也發生了疑問,指出其爲“後魏河東關朗子明撰,唐趙蕤注。隋、唐《志》皆不録,或云阮逸僞作也。”③此處從前人目録未嘗著録指出其流傳之可疑。《四庫全書總目》在評論《直齋書録解題》時説:“古書之不傳於今者,得藉是以求其崖略;其傳於今者,得藉是以辨其真僞,核其異同。亦考證之所必資,不可廢也。”④利用目録以辨古書的真僞,當然也包括利用這些目録已從事的辨僞工作在内。

明胡應麟的《四部正譌》可説是一部較早的辨僞目録,同時也是一部辨僞專著。此書成於萬曆十四年(一五八六),書的開頭談到了僞書的情狀和來歷:

> 凡贋書之作,情狀至繁。約而言之,殆十數種。有僞作於前代,

---

① 《大藏經》卷五五。

② 《郡齋讀書志》卷三上《文中子》。

③ 《直齋書録解題》卷一《關子明易傳》。

④ 《四庫全書總目》卷八五《直齋書録解題》。

而世率知之者，風后之《握奇》、岐伯之《素問》是也；有僞作於近代，而世反惑之者，卜商之《易傳》、毛漸之《連山》是也；有掇古人之事而僞者，仲尼傾蓋而有《子華》，柱史出關而有《尹喜》是也；有挾古人之文而僞者，伍員著書而有《越絶》，賈誼賦鵩而有《鶡冠》是也；有傳古人之名而僞者，尹負鼎而《湯液》聞，戚飯牛而《相經》著是也；有蹈古書之名而僞者，《汲冢》發而《師春》補，《檮杌》紀而楚史傳是也；有憚于自名而僞者，魏泰《筆録》之類是也；有恥於自名而僞者，和氏《香奩》之類是也；有襲取于人而僞者，法盛《晉書》之類是也；有假重於人而僞者，子瞻《杜解》之類是也；有惡其人，僞以禍之者，僧孺《行紀》之類是也；有惡其人，僞以誣之者，聖俞《碧雲》之類是也；有本非僞，人託之而僞者，《陰符》不言三皇，而李筌稱黄帝之類是也；有書本僞，人補之而益僞者，《乾坤鑿度》及諸緯書之類是也。①

清人姚際恒曾作《古今僞書考》對九十一種古籍進行了辨僞，顧實又作了《重考古今僞書考》翻姚的案。後來，黄雲眉又作了《古今僞書考補正》，支持姚的論點。經過反復辯論後，許多問題明確了。以後搜集比較齊備的是張心澂的《僞書通考》。其書以書名爲綱，對於某一部書的辨僞之説，先集中起來，然後廣徵博引其他各書中的有關材料，匯編成一部集大成的辨僞目録，共收書一千一百零四種。引文一一注明出處，或注明轉引自某書，編者案語則列於各説之末，考證内容相當豐富，是一部很有用的辨僞工具書。

其後，鄭良樹又編成《續僞書通考》，從該書《凡例》可知，作者擴大了辨僞資料的輯録範圍："一、散見學報、學術期刊之辨僞論文，皆儘可能悉爲編入。二、新刊之古籍，書前書後涉及辨僞之序、跋等，亦儘可能悉爲編入。三、各專書内涉及辨僞之章節，或著録其書名、作者及主要之結論，或略爲剪裁編入。"該書還編了《僞書通考正續編考訂古籍索引》與《僞書通考正續編徵引資料索引》，這對我們瞭解僞書及已有辨僞成果當然是大有幫助的。

---

① 《少室山房筆叢》卷三〇《四部正譌》上。

胡應麟《四部正譌》還談到了辨僞的方法：

凡覈僞書之道：覈之《七略》以觀其源，覈之群志以觀其緒，覈之並世之言以觀其稱，覈之異世之言以觀其述，覈之文以觀其體，覈之事以觀其時，覈之撰者以觀其託，覈之傳者以觀其人。覈兹八者，而古今贋籍亡隱情矣。①

這些經驗之談告訴我們辨僞方法主要有以下數端：一要查目録。這種方法的主要任務是查一下書的源流。葉德輝《藏書十約》云："鑒别之道，必先自通知目録始。""不通目録，不知古書之存亡；不知古書之存亡，一切僞撰抄撮、張冠李戴之書雜然濫收，淆亂耳目，此目録之學所以必時時勤考也。"二要查稱引。這種方法的任務是查一查前人有没有見到過某書。如果無人稱引；所稱引的内容與傳本不合，或傳本没有；所稱引的詩文别題作者；書中稱引後人作品，可定其書爲僞或可疑。如《直齋書録解題》卷二十二著録《詩格》一卷，陳振孫指出："題魏文帝，而所述詩或在沈約後，其爲假託明矣。"三要查史實。這種方法的任務是查一下書中提到的歷史事實作者是否有可能遇到。如果不可能遇到，則其書或書中的某一部分爲僞或可疑。如宋嚴羽《滄浪詩話·考證》云："孟浩然有《贈孟郊》一首，按東野乃貞元、元和間人，而浩然終於開元二十八年，時代懸遠，其詩亦不似浩然，必誤入。"此方法可以從書中提到的人物、時間、地點、事件入手。四要查語言。這種方法的任務是從文字、詞彙、音韻、語法、語言風格等角度查一下書中的語言是否符合其時代特徵。如馬叙倫《列子僞書考》指出："《周穆王》篇記儒生治華子之疾，儒生之名，漢世所通行，先秦未之聞也。"僅抓住"儒生"一詞，就把僞書《列子》的時代之限斷在漢代以後了。

到了近代，梁啓超根據前人對古籍進行辨僞的經驗，進一步總結了十二條方法，並且舉例作了説明，今全録如下：

① 《少室山房筆叢》卷三〇《四部正譌》上。

（一）其書前代從未著録，或絶無人徵引而忽然出現者，什有九皆僞。例如《三墳》《五典》《八索》《九丘》之名，雖見《左傳》；《晉乘》《楚檮杌》之名，雖見《孟子》；然漢、隋、唐藝文經籍諸志從未著録，司馬遷以下未嘗有一人徵引。可想見古代或並未嘗有此書；即有之，亦必秦火前後早已亡佚。而明人所刻《古逸史》，忽有所謂《三墳記》《晉史乘》《楚史檮杌》等書，凡此類書，殆可以不必調查内容，但問名即可知其僞。

（二）其書雖前代有著録，然久經散佚；乃忽有一異本突出，篇數及内容等與舊本完全不同者，什有九皆僞。例如最近發現明鈔本《慎子》一種，與今行之四庫本、守山閣本全異；與隋、唐志，《崇文總目》《直齋書録解題》等所記篇數無一相符，其流傳之緒又絶無可考。吾儕乍睹此類書目，便應懷疑，再一檢閲内容，則可定爲明人僞作也。

（三）其書不問有無舊本，但今本來歷不明者，即不可輕信。例如漢河内女子所得《泰誓》，晉梅賾所上《古文尚書》及孔安國《傳》，皆因來歷曖昧，故後人得懷疑而考定其僞。又如今本《列子》八篇，據張湛序言由數本拼成，而數本皆出湛戚屬之家，可證當時社會絶無此書，則吾輩不能不致疑。

（四）其書流傳之緒，從他方面可以考見，而因以證明今本題某人舊撰爲不確者。例如今所稱《神農本草》，《漢書・藝文志》無其目，知劉向時決未有此書，再檢《隋書・經籍志》以後諸書目及其他史傳，則知此書殆與蔡邕、吴普、陶弘景諸人有甚深之關係，直至宋代然後規模大具。質言之，則此書殆經千年間許多人心力所集成；但其書不惟非出神農，即西漢以前人參預者尚極少，殆可斷言也。

（五）真書原本，經前人稱引，確有左證，而今本與之歧異者，則今本必僞。例如古本《竹書紀年》，有夏啓殺伯益、商太甲殺伊尹等事，又其書不及夏禹以前事。此皆原書初出土時諸人所親見，信而有徵者。而今本記伯益、伊尹等文，全與彼相反，其年代又託始於黄帝。故知決非汲冢之舊也。

（六）其書題某人撰，而書中所載事迹在本人後者，則其書或全僞,或一部分僞。例如《越絶書》,《隋志》始著録,題子貢撰;然其書既未見《漢志》,且書中叙及漢以後建置沿革,故知其書不惟非子貢撰,且並非漢時所有也。又如《管子》《商君書》,《漢志》皆著録,題管仲、商鞅撰;然兩書各皆記管、商死後之人名與事迹,故知兩書决非管、商自撰,即非全僞,最少亦有一部分羼亂也。

(七)其書雖真,然一部分經後人竄亂之迹既確鑿有據,則對於其書之全體須慎加鑒别。例如《史記》爲司馬遷撰,固毫無疑義,遷自序明言"訖於麟止",今本不惟有太初天漢以後事,且有宣、元、成以後事,其必非盡爲遷原文甚明。此部分既有竄亂,則他部分又安敢保必無竄亂耶?

(八)書中所言確與事實相反者,則其書必僞。例如今《道藏》中有劉向撰《列仙傳》,其書《隋志》已著録。書中言諸仙之荒誕,固不俟辯。其自序云"七十四人已見佛經",佛經至後漢桓靈時始有譯本,上距劉向之没將二百年,向何從知有佛經耶?即據此一語,而全書之僞,已無遁形。

(九)兩書同載一事絶對矛盾者,則必有一僞或兩俱僞。例如《涅槃經》佛説云:"從今日始,不聽弟子食肉。"《入楞伽經》佛説云:"我於《象腋》《央掘魔》《涅槃》《大雲》等一切修多羅中,不聽食肉。"《涅槃經》共認爲佛臨滅度前數小時間所説,既《象腋》等經有此義,何得云"從今日始"?且《涅槃》既佛最後所説經,《入楞伽》何得引之?是《涅槃》《楞伽》最少必有一僞,或兩俱僞也。

以上九例,皆據具體的反證而施鑒别也。尚有可以據抽象的反證而施鑒别者:

(十)各時代之文體,蓋有天然界畫,多讀書者自能知之。故後人僞作之書,有不必從字句求枝葉之反證,但一望文體即能斷其僞者。例如東晉晚出《古文尚書》,比諸今文之周《誥》、殷《盤》,截然殊體,故知其决非三代以上之文。又如今本《關尹子》中有"譬犀望月,月影入角，特因識生，故有月形，而彼真月，初不在角”等語，此種純是晉唐繙譯佛經文體，决非秦漢以前所有，一望即知。

（十一）各時代之社會狀態，吾儕據各方面之資料，總可以推見崖略。若某書中所言其時代之狀態與情理相去懸絶者，即可斷爲僞。例如《漢書・藝文志》農家有《神農》二十篇，自注云：“六國時諸子託諸神農。”此書今雖不傳，然《漢書・食貨志》稱晁錯引神農之教云：“有石城十仞，湯池百步，帶甲百萬而亡粟，弗能守也。”此殆晁錯所見《神農》書之原文。然石城、湯池、帶甲百萬等等情狀，决非神農時代所能有。故劉向、班固指爲六國人僞託，非武斷也。

（十二）各時代之思想，其進化階段自有一定。若某書中所表現之思想與其時代不相銜接者，即可斷爲僞。例如今本《管子》，有“寢兵之説勝則險阻不守，兼愛之説勝則士卒不戰”等語，此明是墨翟、宋鈃以後之思想。當管仲時，並寢兵、兼愛等學説尚未有，何所用其批評反對者？《素問》《靈樞》中言陰陽五行，明是鄒衍以後之思想，黄帝時安得有此耶？

以上十二例，其於鑒別僞書之法，雖未敢云備，循此以推，所失不遠矣。①

前人總結的辨僞方法也不是絶對可靠的，譬如查目録當然是重要的辨僞方法，但是任何一部目録，都不可能著録所有圖書。劉咸炘曾指出過這一點：

自《七略》校讎，止據中秘，雖叔孫之《禮》、蕭何之《律》，亦不在也。馬懷素亦言《隋志》所書，亦未詳悉。或古書近出，前志闕而未論（《舊唐志》）。唐、宋已後，遺闕猶多，豈得以修史者一時所見爲備哉？②

① 《中國歷史研究法》第五章第二節《鑒别史料之法》。
② 《目録學・真僞第三》。

就拿《漢書・藝文志》來説，它確實著録了很多古書，但是並没有把先秦所有古書都記録下來，張舜徽指出："傳記有明文可據，而《漢志》失載之書多至三百餘種。"①姚振宗《漢書藝文志拾補》就補了很多種，一九七三年十二月在長沙馬王堆三號漢墓中出土的《法經》《十大經》等帛書，在《漢書・藝文志》裏也没有記載，所以單憑查目録來確定真僞就不一定可靠。胡應麟本人就談到過這個問題：

> 南渡以還，書多端臨《通考》所未載者，余所見小説家如《西溪叢語》《癸辛雜識》等不下數十種。蓋馬氏所據，大率本晁、陳二家。自餘宋末諸人所著或未及行世，《通考》雖成於元世，其時兵革劻勷，無緣掇拾。今承平日久，故漸出人間，不得以爲僞也。②

所以，我們在文獻辨僞時，要充分考慮文獻辨僞的複雜性，綜合使用各種辨僞方法。

辨僞的目的是要確定某些文獻的價值，確定怎樣使用這些文獻。我們稱並非出自某人而僞託爲其所著，或並非出自某代而假稱著於其時的書爲僞書，但並不認爲它們全無價值。某部書經過考證，確定了它的時代乃至作者，就仍然是很有用的文獻。例如今本《列子》，經過多人考證已可斷定決非先秦之作，而是出於晉人之手。這一點確定之後，它就仍然是研究魏晉思想的重要資料。舊題牛僧孺撰的唐人小説《周秦行紀》，文學價值不高，故事也非常荒唐。經過考證，現已知道這篇東西是李德裕的門人韋瓘寫的，嫁名於牛僧孺，目的是爲了誣陷他。它在文學史上提供了一個利用文學反對政敵的例子，也是唐代黨争史很好的資料。所以我們在著録工作中，不能不注意辨僞。這正是爲了讓讀者更好地使用文獻資料。

此外，我們還要注意史料真僞的程度是有差别的。有全僞，如宋代曾出現過一部《老杜事實》，説是蘇東坡所作，在當時就有人指出它是一部僞

① 《廣校讎略》附録《漢書藝文志釋例》。

② 《少室山房筆叢》卷三《經籍會通三》。

書。宋人郭知達指出:“杜少陵詩,世號詩史。自箋注雜出,是非異同,多所牴牾,致有好事者掇其章句,穿鑿傅會,設爲事實,託名東坡,刊鏤以行,欺世售僞。有識之士,可爲浩嘆。”①宋陳振孫肯定了郭知達的論斷,指出:“《杜工部詩集注》三十六卷,蜀人郭知達所集九家注。世有稱《杜詩故事》者,隨事造文,一一牽合,而皆不言其所自出。且其辭氣首末若出一口,蓋妄人依託以欺亂流俗者,書坊輒勦入《集注》中,殊敗人意,此本獨削去之。”②

有部分僞,明胡應麟稱:“凡集,全僞者寡,而單篇别什借名竄匿甚衆。”③如《全唐詩》中一詩兩見、一詩多見的重出互見現象相當普遍。在通常情況下,一首唐詩的作者只有一位。顯然,這些重篇唐詩屬於某些詩人的作品是真的,而對於另一些詩人來説則是假的。需要指出的是有的集子可能竄入相當多的他人作品。例如《四部叢刊》影印明活字本《錢考功集》就混入了不少錢起曾孫錢珝的詩。最突出的是其卷九《江行無題一百首》皆爲錢珝所作。明胡震亨已清楚地指明了這一點:

> 錢珝,起之曾孫也。起釋褐校書,終尚書考功郎。珝官歷中書舍人,掌綸誥,後坐累貶撫州司馬。其《江行》絶句百首,正赴撫詩途中所作也。珝有他文載《英華》中,云夏六月獲譴佐郡,秋八月自襄陽浮舟而下。今其詩有“潤色非東南,官曹更建章”“去指龍沙路,徒懸象闕心”“峴山回首望,如别故鄉人”及“好日當秋半,九日自佳節”等句。其官、其謫地、其經途、其時日,無匆與珝合者,起無是也。後人重起名,借篇貽厥,爲起增美耳。④

胡氏的觀點已爲後人所接受,《全唐詩》卷七一二即據《唐音癸籤》將《江行一百首》歸在錢珝的名下。

---

① 《杜詩詳注》附録《校定集注杜詩序》。

② 《直齋書録解題》卷一九《杜工部詩集注》三十六卷。

③ 《少室山房筆叢》卷三二《四部正訛》。

④ 《唐音癸籤》卷三二《集録三》。

所以,我們還要注意圖書真僞的程度問題,不要疏忽真書中的虛假成分,因而導致誤會,給科研工作造成損失。

第八節　個人著作目録

個人著作目録是反映個人全部著作或部分著作的目録。個人著作目録的起源,可以追溯到曹魏時期。《晉書·曹志傳》曰:

> 武帝嘗閲《六代論》,問志曰:"是卿先王所作邪?"志對曰:"先王有手所作目録,請歸尋按。"還奏曰:"按録無此。"帝曰:"誰作?"志曰:"以臣所聞,是臣族父冏所作。以先王文高名著,欲令書傳於後,是以假託。"帝曰:"古來亦多有是。"顧謂公卿曰:"父子證明,足以爲審。自今以後,可無復疑。"①

南宋鄭樵有《夾漈書目》一卷,《圖書志》一卷。陳振孫《直齋書録解題》於《圖書志》一卷條下云:"鄭樵記其平生所自著之書。志者,蓋述其著作之意也。"②這樣看來,鄭樵不僅有個人著作目録,而且還爲其著録的作品撰有提要。

隨着學術研究的發展,個人著作目録越來越多。有自己做的,如晚清俞樾著書一百三十多種,他給自己的著作編了一個目録,叫做《春在堂全書録要》。其自序云:"世有未見全書而願知其目者,余亦不能悉舉以告也,因仿《四庫全書》提要之例,每種各撮舉大意或節録原序成此一編,不敢襲提要之名,古樂工進曲必録其要者曰録要,因亦以《録要》名之。"③今舉一例:

> 古書疑義舉例七卷《第一樓叢書》之五

---

① 《晉書》卷五〇《曹志傳》。

② 《直齋書録解題》卷八目録類《圖書志》一卷。

③ 《春在堂全書·俞樓雜纂五十卷·春在堂全書録要一卷》卷首《序》。

夫周秦兩漢至於今遠矣，執今人尋行數墨之文法而以讀周秦兩漢之書，執今日傳刻之書而以爲是古人之真本，此疑義之所以日滋也。余因刺取九經諸子爲《古書疑義舉例》七卷，凡爲例者八十有八，每一條各舉數事以見例，使童蒙之子習知其例有所據依，不至少所見而多所怪，或亦讀書之一助焉。

也有他人做的，例如趙萬里就給他的老師王國維編了兩個書目：《王静安先生著述目録》及《王静安先生手校手批書目》。後者頗有特色，能使人看到王國維研究學術的過程，趙萬里識語云：

静安先生逝世後，里與其公子等整理遺書，共檢得先生手校手批書一百九十餘種，録目如右，實皆先生畢生精力之所在也。蓋先生之治一學，必先有一步預備工夫。如治甲骨文字，則先釋《鐵雲藏龜》及《書契前後編》文字。治音韻學，則遍校《切韻》《廣韻》。……其他遇一佳槧，必移録其佳處或異同於先生自藏本上，間有心得必識於書之眉端。自宣統初元以迄於今，二十年間無或間斷。[①]

例如：

廣韻五卷　張氏澤存堂刻本

宋陳彭年等奉敕撰

校海鹽張氏藏宋刊本（即《四部叢刊》本）；又録烏程蔣氏藏黄蕘圃臨段茂堂校本於眉端。又據唐寫本《切韻》《唐韻》及王仁昫《刊謬補闕切韻》校之，得補訂《廣韻》誤字及可兩通者數百處。《切韻》《唐韻》、王《韻》所有字爲《廣韻》有者，則識之於其側；其所無者，則散注於眉端，先生亦時出己意以折衷之，此當爲校本書中之最精者。

---

① 《王静安先生手校手批書目》，載《國學論叢》第一卷第三號。

中華人民共和國成立前，我國學術界曾編撰我國學術發展史上有影響人物的著述考。如梁啓超撰《戴東原著述纂校書目考》、顧頡剛撰《鄭樵著述考》、王重民撰《楊惺吾先生著述考》，當然亦得視爲個人著述目録。①即以梁氏所撰爲例。作者云：

本篇依段著《年譜》（引者案：謂段玉裁《戴東原先生年譜》），以著作先後爲次，無論已成未成，已刻未刻，或存或佚，爲著爲校，獨著共著，皆列入。仿朱氏《經義考》例全録原序。有應考證論列者，則綴以案語。

例如：

原善三卷　乾隆十八九年至二十八九年，先生三十一二歲至四十一二歲著。段輯《文集》本、《遺書》本。　有自序。

自序云："余始爲《原善》之書三章，懼學者蔽以異趣也，復援據經言疏通證明之，而以三章者分爲建首，次成上中下三卷。比類合義燦然，端委畢著矣。天人之道，經之大訓萃焉。以今之去古聖哲既遠，治經之士莫能綜貫，習所見聞，積非成是。余言恐未足振兹墜緒也，藏之家塾，以待能者發之。"啓超案：此書失著作年月。據段《譜》推定爲先生三十至四十，約十年内所作也。《文集》（經韻樓本）與《遺書》兩收之，而其文不同。《文集》本即序所謂始爲三章也，别有《讀易繫辭論性》《讀孟子論性》兩篇，不入正文。《遺書》本則修改之本，序所謂成上中下三卷者也。每卷各冠以《文集》本之三章，而雜引群經之文爲左證。上卷十一章，中卷五章，下卷十六章。其每卷之首章，雖即《文集》本，而語加詳。其以下各章所引經證，亦不限於《繫辭》《孟子》。合兩本讀之，可以見先生著述之謹慎與進德之綿密也。

① 梁《考》載《飲冰室文集》卷六五。顧《考》載《國學季刊》第一卷第一、二號。王《考》載《文字同盟》第九至十一期。

個人著作目録,大致有按專題排列、按著作體制排列、按時間排列三種。其中按時間先後順序著録某人著作的目録,也稱個人著述編年書目,或某人著述繫年。這種目録特别受到學術界的重視。因爲個人著作編年目録,向讀者提供了一個作者的簡歷和著述活動的綫索,有助於讀者瞭解作者思想的發展和變化,有助於研究一個作者在某個歷史階段上的地位和影響,當然更有助於深入地理解和研究作者的作品。

清浦起龍著《讀杜心解》的目録是按詩歌體裁,即按五古、七古、五律、七律、五排、七排、五絶、七絶排列的,但是其卷首所附《少陵編年詩目譜》則是一個典型的個人著作編年目録。作者在小序中還談到了他作《編年詩目譜》的原因:

> 往近體裁,卷分各種,既不病其奪倫;遷流人事,義取互相,或頗嫌乎離立。將以還詩史之面目,厥惟寓年譜於篇題,若網在綱,其比如櫛。爲便讀計,則古、律、絶六集,居然案部就班;爲尚論資,則玄、肅、代三朝,從此發凡起例。作《編年詩目譜》。

我們認爲歷代作家别集凡按作品創作年代爲序的編年本,均具有個人著作編年目録的功用。清仇兆鰲《杜詩詳注》就是比較典型的例子。其《杜詩凡例》"杜詩編年"條云:

> 依年編次,方可見其平生履歷,與夫人情之聚散、世事之興衰。今去杜既遠,而史傳所載未詳,致編年互有同異。幸而散見詩中者,或記時,或記地,或記人,彼此參證,歷然可憑。間有渾淪難辨者,姑從舊編,約略相附。

不少年譜都在譜主的詩文繫年方面下了很多功夫,因此它們實際上也就是一種個人著作編年目録。如張采田的《玉谿生年譜會箋》。今舉一例:

開成元年丙辰　義山二十五歲

[編年詩]《有感二首》自注:"乙卯年有感,丙辰年詩成。"《重有感》《故番禺侯以贓罪致不辜事覺母者他日過其門》《東還》《箋》曰:下第東歸,借學仙寄慨。義山自太和二年應舉,至此將十年矣,故云"十年常夢采華芝"也。《五松驛》驛在長安東,《白香山集》有《自望秦赴五松驛詩》,義山東還過此所賦也。《夕陽樓》自注,"在滎陽。"是所知今遂寧蕭侍郎牧滎陽日作矣。馮氏云:"自慨,慨蕭,皆在言外,悽惋入神。"①《李肱所遺畫松詩書兩紙得四十一韻》《箋》曰:此未第時,故不稱肱爲同年。詩云:"是時方暑夏,座内若嚴冬。"蓋是年夏作也。《送從翁從東川弘農尚書幕》

[編年文]《上令狐相公狀三》《上令狐相公狀四》《别令狐綯拾遺書》《上崔華州書》②

這種著作如以考訂作品年代爲主,則亦可稱詩文繫年,如詹瑛的《李白詩文繫年》。

與個人著作目録關係密切的是個人研究書目。它一般包含兩大部分:一爲個人著作目録,一爲個人著作研究資料目録。例如沈鵬年輯《魯迅研究資料編目》,其上輯爲魯迅著譯及有關書録,中輯爲有關魯迅著譯的一些原始資料目録,下輯爲關於魯迅研究資料繫年目録。該目達到了兩個目的:一方面是把魯迅生前與死後的有關資料,儘量搜集起來,按年編排分類,使讀者可以看出魯迅研究工作是如何隨着時代的變化而進展着。另一方面也爲進一步開展魯迅研究工作提供了資料的綫索。一九四九年後,《古典文學資料彙編·陶淵明卷》在這方面做了大量工作。接着中華書局又陸續出版了《杜甫卷》《白居易卷》《柳宗元卷》《黄庭堅和江西詩派卷》《李清照資料彙編》《楊萬里范成大卷》《陸游卷》《紅樓夢卷》等。這些古典文學研究資料彙編的目録及所附引用書目,實際上即是一種個

① 馮氏指馮浩。著《玉谿生詩集箋注》。乾隆庚子重刻本馮注卷一此文作"孤鴻比蕭,末更自慨,悽惋入神"。

② 《玉谿生年譜會箋》卷一。箋文有删節。

人著作研究目録。

第九節　目録之目録

我國古代目録都采用了簿册即書籍形式，目録書多了，它本身也需要目録以便檢查。將各種目録按一定的方法編纂起來，就成了目録之目録。

凡綜合書目多有目録一類，它實際上就是目録之目録。邵瑞彭《書目長編》序云："《七録》列簿録一類，則目録之目録也。"①《隋書・經籍志》史部簿録類著録經籍目録三十部，二百一十四卷（案：其中《書品》二卷、《名手畫録》一卷、《正流論》一卷或爲書畫目録）。其類序云：

> 古者史官既司典籍，蓋有目録以爲綱紀，體制堙滅，不可復知。孔子删《書》，别爲之序，各陳作者所由。韓、毛二《詩》，亦皆相類。漢時劉向《别録》、劉歆《七略》，剖析條流，各有其部，推尋事迹，疑則古之制也。自是之後，不能辨其流别，但記書名而已。博覽之士，疾其渾漫，故王儉作《七志》，阮孝緒作《七録》，並皆别行。大體雖準向、歆，而遠不逮矣。其先代目録，亦多散亡。今總其見存，編爲簿録篇。

《舊唐書・經籍志》《新唐書・藝文志》《宋史・藝文志》史部皆有目録類，《崇文總目》《郡齋讀書志》《直齋書録解題》《文獻通考・經籍考》的目録類還有提要。今舉一例：

> 晁氏讀書志二十卷　案《宋史・藝文志》作四卷
>
> 昭德晁公武子止撰，其序言得南陽公書五十篋，合其家舊藏得二萬四千五百卷。其守榮州，日夕讎校，每終篇輒論其大指，時紹興二十一年也。其所發明，有足觀者。南陽公未知何人，或云井度憲孟也。②

---

① 《書目長編》卷首《序》。

② 《直齋書録解題》卷八《晁氏讀書志》二十卷。

宋、元時期著録目録最多的，當推《通志・藝文略》目録類，該類分總目、家藏總目、文章目、經史目四種，共著録書目七十七部，八百一十四卷。其後《四庫全書總目》史部目録類及其存目共著録經籍之屬目録二十五部，四百六十二卷（内二部無卷數）。《販書偶記》史部書目類收一百一十九種，《販書偶記續編》史部書目類收三十七種。此外《清史稿・藝文志》目録類著録較多，計一百二十三種。彭國棟《重修清史藝文志》目録類著録四百部。王紹曾《清史稿藝文志拾遺》目録類著録七百六十一部。三者共著録清代目録書九百九十五部，實際上當不止此數，從中不難看出目録學是清代的顯學。

目録之目録的專書首推周貞亮、李之鼎編的《書目舉要》。這是一册自漢至清末的各種書目的匯編，共收書目及有關書籍二百七十餘種，分爲部録、編目、補志、題跋、考訂、校補、引書、板刻、未刊書、藏書約、釋道目等十一類。每種書目，首先列出書名、卷數，其次是編撰時代和作者姓名，之後是知見的傳本和所據的書名，間附案語。如：

> 直齋書録解題二十二卷　宋陳振孫
>
> 明萬曆間武林陳氏刻本　武英殿聚珍版本　閩贛杭三省覆聚珍本　蘇州局本　江陰繆氏藏舊鈔殘本尚是陳氏原書
>
> 按邵《目》云：盧氏抱經堂有訂正此書五十六卷，次序與聚珍版本不同，係從元刊重爲校訂，似未刊。吴槎客後又增校，陳仲魚有跋。①

陳鐘凡在《書目舉要》的基礎上又纂《書目舉要補》，增自著書一類，補目一百五十餘條。但所補不盡屬於書目，有的是一些金石目録、古器物目録。

邵瑞彭、閻樹森等編了《書目長編》二卷，附補遺，補校。該編輯録的書目，有的根據知見的傳本，有的引自史志中有關各種書目的著録和一些書中的記述，共得一千三百餘條。比上列兩目超出兩倍以上。分爲貯藏、

① 邵《目》指邵懿辰撰《四庫簡明目録標注》。

史乘、徵存、評論四大類，每類再分若干小類。每種書著録其書名、卷數、編者；知見的注其版本，徵引的則注明所依據的書名。如：

> 秘書省續編到四庫闕書目二卷　宋紹興中官
>
> 昭文張氏藏舊鈔本　長沙葉氏刊考證本　京師圖書館藏鈔本　江南圖書館藏鈔本
>
> 按《直齋書録解題》有《秘書省四庫闕書目》一卷。①

反映館藏，可備查檢的有施廷鏞編《清華大學圖書館中文書目——甲編一目録類》。該目是一九三一年以前該館所藏書目的匯編，收録七百餘種。每目著録書名、卷數、編者、版本、册數、書號等項。叢書本，則注叢書名稱和書號册次；載在期刊上的，則注刊名卷期。分類序列。卷首寫有類叙，説明分類大義，卷末附書名索引與著者索引。今舉一例：

> 清朝經籍志　六卷　清黄本驥輯
>
> 在甲八〇〇 七三三八《三長物齋叢書》第四册。

還有蕭璋編的《國立北平圖書館書目——目録類》，這是以該館收藏及寄存在該館的書中，關於圖書學、圖書目録、圖書館學三部分書籍匯編而成的。所收目録書，以獨自成帙者爲限，其他如正史、類書、方志中之藝文志，雜志、文集中的目録，論文的引用書目概不采録。收録的書目共八百九十餘種，分爲三部。圖書目録部，復分爲著録與收藏兩類，每類又分若干小類。著録類有書録、叢書目録、藝文志、著述考、學術總目、學科專目、存燬書目、刊行書目、題跋及讀書記；收藏類有公藏、圖書館書目、私藏。每種書的著録項目有書名、卷數、作者、版本等。鈔本書目原未標其

---

① 《書目長編》卷下。宋王應麟《玉海》卷五二云："紹興初改定《崇文總目》，秘省續編四庫闕書。"又云："十七年，鄭樵按秘省所放《闕書目録》集爲《求書闕記》七卷，《外記》十卷。"

書名者，根據書的内容酌補，並加案語説明，一書兩名者，也加説明。一書有幾種版本，包括叢書本，都分别加以詳注。一書如屬兩種或兩種以上性質者，則用互著參見之法加以處理。前列分類表，後附書名索引與著者索引。今亦舉一例：

全唐詩未備書目　清朱彝尊編

清宣統元年番禺沈宗畸刻《晨風閣叢書》中《潛采堂書目四種》本一册（與《明詩綜采摭書目》等合訂）　互見叢刻　互見引用①

一九五八年，中華書局出版了馮秉文編的《全國圖書館書目匯編》，這是全國圖書館自一九四九年至一九五七年所編的各種書目和索引的匯編。包括正在編輯和計劃編輯的，共兩千三百餘種，基本上按照《中小型圖書館圖書分類表草案》分類編排。每種書目或索引的著録，有書名、編者、刊印年月、册數或葉數等項，間或附注收書種數。後附主題索引、館名索引。如屬正在編輯的書目索引，則在書名前標以＊號；如屬計劃編輯的，則標以〇號。需要注意的是這兩類書目，有的以後並未編成。

來新夏主編的《清代目録提要》爲有提要的斷代目録之目録，由齊魯書社於一九九七年出版，共收録清人所編目録三百八十餘種，爲清代目録中較完整、較優秀者，均爲北京、天津、上海、南京、蘇州各大圖書館所收藏，頗便借閲。所選目録反映了各種書目類型，具有代表性。每一作者均繫以三百字左右之小傳。内容提要則詳於篇卷、版本、流傳情況、編輯緣起、成書經過、收録特點、類目沿革、續補情況以及影響等，對研究目録學史與目録學理論較有參考價值。

① 《國立北平圖書館書目——目録類》學科專目（十一）文學。

第八章　目録的編製

本章涉及目録編製的選題、收録範圍、著録與編排方法，對其中的别裁與互著作了專門論述，最後還談了目録的序例與索引。

第一節　選題與範圍

從事學術研究，不但要善於使用目録，而且要學會編製目録。編製目録遇到的第一個問題是如何選題。

首先，選題要有明確目的。我國古代目録學家都一致强調目録的政治作用。這在劉歆《七略》及據《七略》編成的《漢書·藝文志》的略、總序文中表現得非常清楚。除群書目録之序外，在一書的叙録中，他們也很强調這一點。故劉向《别録》序論古籍，也往往從其可供統治者借鑒而加以肯定。其《荀卿新書》叙録云："觀孫卿之書，其陳王道甚易行……其書比於記傳，可以爲法。謹第録。"[①] 即其一例。《舊唐書·經籍志·序》稱："煚等《四部目》及釋道目，並有小序及注撰人姓氏，卷軸繁多，今並略之，但紀篇部，以表我朝文物之大。"後唐政權自認爲是唐政權的繼續，因此序文中的"我朝"顯指唐朝。這就説明了，劉昫等撰《舊唐書·經籍志》旨在爲後唐政權擴大政治影響。乾隆組織編纂《四庫全書總目》的政治目的尤

① 《四部叢刊》影印《古逸叢書》本《荀子》二十卷卷末。以下所引序文，凡見各書卷首者，不再注明。

爲鮮明，他一方面指出：將各類書"彙爲總目，以彰右文之盛。此采擇《四庫全書》本指也"。[1] 另一方面，他又强調："朕輯《四庫全書》，當采有關世道人心者。"[2]"詞意抵觸本朝者，自當在銷燬之列。"[3]康有爲、梁啓超等也曾利用目録爲戊戌變法做過思想準備。如梁啓超認爲："國家欲自强，以多譯西書爲本；學子欲自立，以多讀西書爲功。"[4]所以他在變法前後專門編製了《西學書目表》《東籍月旦》介紹西方和日本的著作。

對於一般公私藏書目録來説，最直接的目的當然是爲了便於典藏和閲覽。如楊士奇《文淵閣書目題本》云：

> 本朝御製及古今經、史、子、集之書，自永樂十九年南京取回來，一向於左順門北廊收貯，未有完整書目，近奉聖旨移貯於文淵閣東閣，臣等逐一打點清切，編置字號，寫完一本，總名曰《文淵閣書目》，合請用廣運之寶鈐識，仍藏於文淵閣，永遠備照，庶無遺失。

明代高儒《百川書志序》也談到他於書籍"鋭意訪求，或傳之士大夫，或易諸市肆，數年之間，連牀插架，經籍充藏，難於檢閲，閑中次第部帙，定立儲盛。又恐久常無據，淆亂逸志，故六年考索，三易成編。損益古志，大分四部，細列九十三門，裁訂二十卷"。

值得注意的是不同類型的目録，讀者對象也會不同，因此其編製目的會有所側重。明殷仲春《醫藏書目序》説他的目的是將醫書"列爲十數函，標爲函目，使仁人求其書，而廣濟於群生也"。董康《曲海總目提要序》則云："方今文學振興，戲曲列入同學專科，莘莘學子，不可無典麗之鉅製以資考鏡，爰爲條列作者世代先後，釐爲四十六卷。"學科目録往往注重於辨章學術、考鏡源流。如張舜徽《清人文集别録・自序》云："顧每集讀畢，輒好考作者行事，記書中要旨，究其論證之得失，核其學識之精深，各爲敘録

---

① 《四庫全書總目》卷首乾隆三十八年五月十七日上諭。

② 《四庫全書總目》卷首乾隆四十六年十一月初六日上諭。

③ 《四庫全書總目》卷首乾隆四十一年十一月十七日上諭。

④ 《西學書目表》卷首《自叙》。

一篇,妄欲附於校讎流别之義,以推見一代學術興替。”

至於特種目録,也皆有其特定的目的。如鬻販目録,主要還是爲了推銷書籍。《生活全國總書目編例》云:

> 本書目……編纂旨趣約有以下數端:(1) 供全國讀書界、圖書館采購書籍檢查之用;(2) 供全國學術界、著譯界、圖書館搜集參考資料及研究目録學之用;(3) 供全國書業界出版圖書及推銷圖書參考之用;(4) 供外國圖書館及研究中國問題者搜求中國新著作物參考之用。

爲古書、古書注、古類書編引用書目,主要目的則是爲了便於古籍整理。整理古籍需要接觸各種不同版本,而不同版本的字句可能是有所不同的,馬念祖《水經注等八種古籍引用書目彙編·序言》對此言之甚明:

> 因爲要解决這些不同的字句,就要做一番校勘的功夫,要是網羅現在没有存在的佚書,就要做一番輯佚的功夫。而要進行這些工作,首先得瞭解哪些書是在某幾種古籍中有引文的。爲此,我就有個打算,要把那幾種以繁引博證著稱的古籍,就其所引用的書目,匯編爲一個索引式的綜合目録。

其次,選題應當注意拾遺補闕,在保存和利用文獻方面做出貢獻。謝啓昆《小學考序》云:

> 秀水朱氏撰《經義考》有功經學甚鉅,但止詳《爾雅》,餘並闕如……乾隆乙卯,啓昆官浙江按察使,得觀文瀾閣中秘之書,經始采輯爲《小學考》。後復由山西布政使移任浙江,從政之暇,更理前業,成書五十卷。卷首恭録敕譔,次訓詁,則續《經義考》《爾雅》類,而推廣於《方言》《通俗文》之屬也;次文字,則《史篇》《説文》之屬也;次聲韻,則《聲類》《韻集》之屬也;次音義,則訓讀經史、百氏之書。訓詁、

文字、聲韻者,體也;音義者,用也。體用具而後小學全焉。

再如清高宗組織人纂修《四庫全書》,借以消滅漢人的民族意識,鞏固滿洲貴族的統治,晚明清初的文獻受到嚴重摧殘,所以謝國楨專門編著了《晚明史籍考》《清開國史料考》。其《增訂晚明史籍考・前言》説:"我編這部書的主要目的,是爲了搜輯明末的野史稗乘,以保存當時的文獻資料,供學者的研究。"從宋以來,學者們爲正史做了大量的補志工作,顯然也是爲了填補空白,我們曾在第五章第二節《史志》中做過介紹。爲了這個目的,有的學者還爲已經亡佚的古代目録做了不少輯佚工作。如趙士煒的《宋國史藝文志輯本》就爲我們查考宋代文獻提供了方便。其序云:

元以異族入主中華,其史官學識淺陋,故《宋史》疏略,而《藝文志》尤紕謬,重複顛倒不可枚數,《四庫》譏其爲諸史志中最叢脞者。上元倪氏有《宋藝文志補》一卷,功厪拾遺補闕,未曾是正訛舛。清世治史學者,考經籍者,均未顧及,余嘗爲之整比疏理,别爲新編,用徵一朝文獻,而彌兹闕陷。

再次,選題還應當注意藏書特點與專業特長。例如由中醫研究院和北京圖書館編輯《中醫圖書聯合目録》就發揮了這兩個單位的優勢,其《前言》云:"本目録根據北京圖書館徵集的各參加館所藏中醫圖書目録匯編成爲初稿,經各館核對,然後整理付印。編輯校訂工作,主要由中醫研究院擔任。"由中央音樂學院中國音樂研究所編輯《中國古代音樂書目》也非常恰當。個人編目注意這一點也容易奏效。如阿英編有《晚清戲曲小説目》,鄭振鐸序云:

如晦先生(引者案:魏如晦爲阿英筆名之一)收藏晚清文史資料最富,余前輯《明清文選》,深資其助。嘗勸其將歷年搜訪所得,刊爲目録,公之於世。如晦先生深感余言,乃先將所藏晚清戲曲,編爲一目印行,每書均加説明,嘉惠後學,有功於我等研究近代文史者不淺。

再如傅惜華的碧蕖館，在戲曲方面的藏書特别豐富，他本人又是研究戲曲的專家，所以他編《元代雜劇全目》《明代雜劇全目》《明代傳奇全目》《清代雜劇全目》等，當然是勝任愉快的。而我們今天選題，理應考慮利用各級公立圖書館的藏書，因爲它們遠比私人收藏爲富。

題目選好後，還要確定收録範圍。收録範圍通常是由所編目録的性質决定的，譬如公私藏書目録，當然要以公私藏書單位的實際藏書爲收録範圍；個人著作目録當然要以個人著作的作品爲收録範圍。推薦書目録的收録範圍强調精，引用書目録的收録範圍强調全。

有些書目的收録範圍，還必須通過研究制訂一個統一的標準，否則將難以把握。譬如編寫中國古籍善本目録，必然要涉及全國許多圖書館，如果對善本的範圍没有一個統一標準，要想編出一部完美的反映全國古籍善本收藏情況的目録是不大可能的。再如編地方志目録，山志、水志、寺廟志、書院志等算不算地方志，在編寫中國地方志聯合目録時，就要對這個問題有明確認識，先規定一個收録範圍，否則就不能全面而準確地反映各參加館的館藏。

書目確定明確的收録範圍，也便於讀者瞭解書目的特點和價值。如趙明誠《〈金石録〉序》云：

> 上自三代，下訖隋、唐、五季，内自京師，達於四方遐邦絶域夷狄，所傳倉史以來古文奇字、大小二篆、分隸行草之書，鐘鼎、簠簋、尊敦、甗鬲、盤杅之銘，詞人墨客詩歌、賦頌、碑志、叙記之文章，名卿賢士之功烈行治，至於浮屠、老子之説，凡古物奇器、豐碑巨刻所載，與夫殘章斷畫、磨滅而僅存者，略無遺矣。因次其先後爲二千卷。

可見《金石録》是北宋以前傳世的金石文獻目録，具有很高的史料價值。

收録範圍應當根據所編目録的性質來確定。譬如藏書目録應當全面反映藏書，儘量避免有目無書或有書無目現象。《四庫全書總目・凡例》云：

> 今詔求古籍,特創新規。一一辨厥妍媸,嚴爲去取。其上者悉登編録,罔致遺珠。其次者亦長短兼臚,見瑕瑜之不掩。其有言非立訓,義或違經,則附載其名,兼匡厥謬。至於尋常著述,未越群流,雖咎譽之咸無,要流傳之已久,準諸家著録之例,亦併存其目,以備考核。等差有辨,旌别兼施,自有典籍以來,無如斯之博且精矣。

編者根據自己的標準將典籍分成三類,自有可商之處,但其力求全面著録歷代書籍還是可取的。

事實上清政府爲了鞏固封建統治,在編纂《四庫全書總目》時,對收録範圍也是嚴加控制的。首先是將那些對清政府不滿的書摒除在《四庫全書總目》之外,並加以銷毁。如乾隆四十一年(一七七六)十一月十七日詔曰:"前因彙輯《四庫全書》,諭各省督撫遍爲采訪,嗣據陸續送到各種遺書,令總裁等悉心校勘,分别應刊、應鈔及存目三項,以廣流傳;第其中有明季諸人書集,詞意抵觸本朝者,自當在銷毁之列。"①其次,將那些有可能對清政府造成危害的書也排斥在外,如乾隆四十六年(一七八一)二月四日詔曰:"天文占驗妄言禍福之書最易淆惑人心,自未便存留在外,恐各省查辦未能搜查净盡,著傳諭各省督撫,令其詳悉搜繳解京,並查明有無板片,一併解送銷毁。"②

即使被列入《四庫全書總目》收録範圍的書,也要受到區别對待。這些書基本上分爲兩類:一類是收入《四庫全書》中的書,有三四六一種,七九三〇九卷;另一類僅存其目,有六七九三種,九三五五一卷。③ 高宗於乾隆三十八年(一七七三)五月十七日談到了兩者的區分標準:"所有進到各遺書並交總裁等,同《永樂大典》内現有各種詳加校勘,分别刊鈔,擇其中罕見之書有益于世道人心者,壽之梨棗,以廣流傳;餘則選派謄録,匯繕成編,陳之册府。其有俚淺訛謬者,止存書名,匯入總目,以彰右文之

---

① 《四庫全書總目》卷首《聖諭》。

② 《辦理四庫全書檔案》上册第七十二頁。

③ 《四庫全書總目》卷首《出版説明》。

盛。”①其着眼點仍在於“有益于世道人心”“以彰右文之盛”。紀昀等編製《總目》，遵旨照辦，將收録的書嚴分三、六、九等，得到了高宗的充分肯定。如乾隆三十九年（一七七四）七月二十五日詔曰：“《四庫全書》處進呈《總目》，于經史子集内分晰應刻、應鈔及應存書目三項。各條下俱經撰有提要，將一書原委，撮舉大凡，並詳著書人世次爵里，可以一覽了然，較之《崇文總目》搜羅既廣，體例加詳，自應如此辦理。”②

《四庫全書總目》在收録範圍方面除考慮政治因素外，在學術領域也有不够全面的地方。如《隋書・經籍志》設有“譜系”類，《舊唐書・經籍志》設有“雜譜牒”類，《新唐書・藝文志》《宋史・藝文志》《明史・藝文志》均設有“譜牒”類，其餘官私目録，絶大多數都設有此類，惟有《四庫全書總目》將該類去掉了。劉咸炘批評道：

> 譜牒之書，古今俱多，自昔著録，皆特立一門，而乾隆《四庫》則去之。年譜入于傳記總録，而《元和姓纂》《古今姓氏書辯證》《萬姓統譜》則皆入類書，此大謬也。其故不過意在選存，而私家之譜繁多猥濫，難於别擇，故竟置之……不悟著録以明學術，譜牒自是一家之學，體則史之支流，事則群之要領。近代譜學雖微，豈無精善之編，正當録存以爲模式。正使無可采録，猶當但録總譜以存其部次，況非無其書，乃以憚於閲攬，遂没此一門乎？③

唐以後，科舉制度盛行，門閥制度式微，官修譜牒幾乎絶迹，但是民間家乘一直在不斷地編寫着，此類文獻也頗有史料價值，將該類删去，使此類文獻無類可歸，顯然是不恰當的。《四庫全書總目》以後的各類古籍書目，包括《中國古籍善本書目》《北京圖書館善本書目》都設有譜牒類。實踐證明《四庫全書總目》取消譜牒類是不正確的。

有些私人藏書目録正因爲全面而真實地反映了藏書，所以才顯示出

---

①② 《四庫全書總目》卷首《聖諭》。

③ 《目録學・部類第六》。

了它們的價值。明徐𤊹《藏書屋銘》自稱“詩詞集説總兼,樂府稗官咸備”①。其《徐氏紅雨樓書目》卷三子部小説類收小説、筆記五百七十六種,傳奇類收元、明雜劇和傳奇一百四十種。特别可貴的是作者在卷四集部《明詩選姓氏》部分共著録了三百十五位明代詩人,其中二百七十位都注明了生平簡歷,是研究明代文學的寶貴資料。潘景鄭《著硯樓書跋》説《徐氏紅雨樓書目》“分類壹本四部,所收多明代藝文,其爲世所不經見者無慮數百十種,雖不逮《千頃堂書目》之富,以之互勘,當得補苴什一也。又其所收刻本應皆啓、禎以前,在今日視之,不當與天水、蒙古本同珍耶?”②

某些學科目録、地方文獻目録、個人著作目録因爲求全,把亡書也列入收録範圍,如朱彝尊的《經義考》、謝啓昆的《小學考》、孫詒讓的《温州經籍志》等,都兼載亡佚了的著作。梁啓超《戴東原著述纂校書目·序》云:“本篇依段著《年譜》(引者案:指段玉裁《戴東原先生年譜》),以著作先後爲次,無論已成未成,已刻未刻,或存或佚,爲著爲校,獨著共著,皆列入。”這對於從總體上瞭解戴震的學術成就顯然是很有用的。

總之,確定收録範圍,要注意目録性質,做到有針對性;要注意讀者對象,應具備實用性;還要力求完備,確保在提供資料綫索方面的參考性。

第二節 著録與編排

在第三章,我們已經着重分析了書名、篇卷、版本、著者、附注、提要及案語等有關中國古籍的目録著録項目。一部目録究竟選擇哪些著録項目,要根據書目的性質和任務來確定。

在封建社會,有的統治者把編製國家藏書目録當作發展文化、鞏固政權的一項重要措施,所以不少國家藏書目録都有提要。如“劉向校理秘文,每書具奏;曾鞏刊定官本,亦各製序文”③。王堯臣等編《崇文總目》,

① 《徐氏紅雨樓書目》卷首《藏書屋銘》。
② 《徐氏紅雨樓書目》卷末《叙録》。
③ 《四庫全書總目》卷首《凡例》。

各書皆有論説。《四庫全書總目·凡例》説得尤爲分明：

今於所列諸書，各撰爲提要。分之則散弁諸編，合之則共爲總目。每書先列作者之爵里，以論世知人；次考本書之得失，權衆説之異同；以及文字增删，篇帙分合，皆詳爲訂辨，巨細不遺。而人品學術之醇疵，國紀朝章之法戒，亦未嘗不各昭彰癉，用著勸懲。

關於史志的著録項目，錢亞新《鄭樵校讎略研究》曾指出：

我國史志的著録項目，大抵可分爲書名、篇卷、撰人三者。以《漢書·藝文志》而論，約有六例：一爲先著書名篇數而後繫撰人者，如"《易經》十二篇，施、孟、梁丘三家"即是；二爲先著撰人而後繫書名篇卷者，如"劉向《五行傳記》十一卷"即是；三爲僅著書名篇卷而不録撰人者，如"《荆軻論》五篇"即是；四爲即以撰人爲書名，徑繫篇卷者，如"《陸賈》二十三篇"即是；五爲以撰人的官爵爲書名，徑繫篇卷者，如"《太史公》百三十篇""《平原君》七篇"即是；六爲加文體於撰人後，即以爲書名而繫以篇卷者，如"《屈原賦》二十五篇"即是。《隋書·經籍志》的方法，却較《漢志》爲簡，僅分二例：即以書名篇卷爲項目，而以撰人爲注，如"《千字文》一卷"，而注以"梁給事郎周興嗣撰"，此其一。加文體於撰人後作爲書名，而繫於篇卷爲項目，如"《王祐集》一卷"，此其二。

由《漢書·藝文志》的六例，發展爲《隋書·經籍志》的二例，説明史志的著録日趨規範化。

各種學科目録，因爲旨在辨章學術、考鏡源流，所以除著録書名、篇卷、版本、作者外，還要加附注、撰提要、寫案語，以別存佚、辨真僞。如王重民在《老子考·凡例》中説：

本書體例，概仿朱彝尊《經義考》、謝啓昆《小學考》，惟於存者著其有何種刻本或叢書本，爲朱、謝二氏所不及。又著存佚之法：存者稱“存”，殘缺者亦稱“存”；佚者稱“佚”，佚而有輯本者，亦稱“佚”；不知其存佚者，稱未見；近人稿本稱“未刊”。

本書内容，每書之下，首著其存佚、刻本，次自序，次他人代序，次題跋記、讀書記，次按語。

爲便於讀者查考，學科目録對版本的著録也很重視。如莊一拂《古典戲曲存目彙考·例言》云：“所録劇目，有現存傳本，凡屬一書各種版本不同，不論其木刻影印，以及通行諸本，均爲序次臚列；即使是鈔本，或佚文散折，也都注明所見出處，以供研究者參考。”有些專科目録的著録項目還有一些特殊性。《全國古籍善本書總目著録條例》規定：“地理類中地方志，原書名前有纂修時代的按原書名著録，原書無纂修時代應考出時代注於方括弧内。”因爲一地往往有數部在不同時間修成的地方志，而它們的書名又幾乎完全相同，在方志前標上纂修時代，就能使人一目了然，不致誤會。

各類特種目録，對著録項目的要求是不同的。如推薦書目録爲了更好地發揮導讀作用，就應當具有概括地闡述此書内容、特點、價值和讀法的提要。今以梁啓超《西學書目表》爲例，其序例云：

目録家皆不著價值，蓋所重在收藏，無須乎此。今取便購讀，故從各省官書局之例，詳列價值。……

表下加識語，表上加圈識，皆爲學者購讀而設。體例不能雅馴，所不計也。

表後附札記數十則，乃昔時答門人問之語，略言各書之長短，及某書宜先讀，某書宜緩讀，雖非詳盡，初學觀之，亦可以略識門徑，故竊取過而存之之義，附見末簡，名曰讀書法。

今録樣例如下：

書　名	撰譯人	刻印處	本數價值	識　語
算　學	由淺入深,故先以數學;先理後法,故次以幾何,凡諸形學附焉;次代數,通行之算也。微分、積分,非深造不能語,故以終焉。			
筆算數學	狄考文 鄒立文	益智書會本	三　本 一　元	用俗語教學童,甚便。
數學啓蒙	偉烈亞力	上海排印本	二　本 六　角	《數理精藴》之節本,極便初學。
幾何原本	利瑪竇 徐光啓 偉烈亞力 李善蘭	金陵刻本	三種合二十本 二千七百	初學宜先讀前六卷。
又前六卷	利瑪竇 徐光啓	製造局本	三　本 三　角	有删改不如讀原書。

當然,這也要看對象。例如教育部爲大學文科各系開的學生閲讀書目,只包括書名、作者兩項。因爲讀者是本專業的大學生,所開的書目又都是基本的、有代表性的名著,而這些名著在大學的教科書中已有了更詳盡的介紹,因此無須再詳加著録。

善本目録一般地著録版本是不够的,還要注明行款、版式、印記、紙張、墨色、以及名人批校、題識等情況,並就序跋、牌記、前人著録情況等作必要的説明。如繆荃孫爲黄丕烈輯《蕘圃藏書題識》序云:"其題識於版本之後先、篇第之多寡、音訓之異同、字畫之增損、授受之源流、繙摹之本末,下至行幅之疏密廣狹、裝綴之精粗敝好,莫不心營目識,條分縷析。跋一書而其書之形狀如在目前。"而由於現代印刷術的發展,善本目録可以和善本書影互相參照,就更爲精密和方便了。

爲了保證善本書的著録質量,善本書提要勢必要走上程式化,確定一些編目條例與格式。繆荃孫在徐乃昌《積學齋藏書志序》中説:

積餘此目,其書必列某本舊新之優劣、鈔刻之異同,宋元本行數、字數、高廣若干,白口黑口,魚尾旁耳,展卷具在,若指諸掌,其開聚書之門徑也。備載各家之序跋,原委粲然,復略叙校讎、考證、訓詁、簿録彙萃之所得,各發解題,兼及收藏家圖書,其標讀書之脉絡也。世之欲藏書、讀書者，循是而求，覽一書而精神、形式無不具在，不勝於《敏求記》倍蓰乎？[①]

繆荃孫本人編撰的善本書目也做到了這一點，陳乃乾將其編撰之書目提要的格式作了歸納與總結，我們在第三章《目録的著録事項》第三節《版本》已引用，請參看。

按照統一格式著録，能大大提高古籍編目的質量與效率。中國古籍善本書目編輯委員會在編《中國古籍善本書目》時，特地制訂了《全國古籍善本書總目著録條例》，頗便操作。中華人民共和國國家標準，還專門制訂了《文獻著録總則》與《古籍著録規則》，當然更加科學。

此外，聯合目録要求著録收藏館代號，鬻販書目録要求著録定價，圖書館藏書目録要求著録索書號，都是一些特定的項目。總之，著録項目一般應根據目録性質與讀者對象來定，至少書名、卷册、版本、作者四項是不應缺少的。

當著録項目確定後，我們就要在卡片上或電腦中進行著録。新出古籍有版本記録頁，著録相對容易一些，而過去出版的古籍通常没有版本記録頁，所以著録古籍要困難得多。長期從事古籍編目工作者深有體會地説："木版書籍則有書名不全、卷數殘缺者，有佚姓缺名者，有無刻本時期及處所者，故每遇一問題之發生，輒費若干之時間。且同一書也，序之題名與正文題名不同；同一著者也，或用别號，或用本名；同一刻本也，或係原刻，或經修補。"[②]在著録時遇到這些問題都要一一查考明白，然後再按照國家標準《古籍著録規則》，或自己擬定的著録條例所規定的格式，將每書逐一著録完畢，形成款目。還要將款目依照一定的順序將其編排起來，才能使之成爲一個完整的目録而便於使用。

我國的傳統目録絶大多數都是按分類編排的。這種方法的優點是可以辨章學術、考鏡源流，使讀者即類求書，因書究學。鄭樵《通志·校讎

① 《藝風堂文漫存·乙丁稿》卷二《積學齋藏書志序》。

② 《奮鬥一生——紀念施廷鏞先生》第一五五頁引施廷鏞《工作報告》。

略·編次必謹類例論》專門探討了分類編排的問題。他認爲圖書再多,都可以通過分類把它們有條不紊地組織起來。所以他説:“類書猶持軍也,若有條理,雖多而治;若無條理,雖寡而紛。類例不患其多也,患處多之無術耳。”又説:“士卒之亡者,由部伍之法不明也;書籍之亡者,由類例之法不分也。”鄭樵還認爲分類的方法不僅可以用來部伍圖書,更重要的是可以用來剖析學術源流。其説本書第四章《目録的分類沿革》第三節《不守四部成規的分類法》已引。

章學誠的《校讎通義》進一步肯定了鄭樵的觀點,而且説得更加明確簡練。他指出:

> 校讎之義,蓋自劉向父子,部次條别,將以辨章學術、考鏡源流,非深明於道術精微群言得失之故者,不足與此。……鄭樵生千載而後,慨然有會於向、歆討論之旨,因取歷朝著録,略其魚魯豕亥之細,而特以部次條别,疏通倫類,考其得失之故,而爲之校讎。蓋自石渠天禄以還,學者所未嘗窺見者也。①

他還强調道:“古人著録,不徒爲甲乙部次計。如徒爲甲乙部次計,則一掌故令史足矣,何用父子世業,閱年二紀,僅乃卒業乎?蓋部次流别,申明大道,叙列九流百氏之學,使之繩貫珠聯,無少缺逸,欲人即類求書,因書究學。”②鄭、章兩家所概括的理論,是我國古代目録編排以學術分類爲最基本最通行的方法的依據。

當然,按學術分類編制圖書目録也存在着局限性,因爲我們所制訂的分類表與層出不窮的圖書不可避免地存在着矛盾。某些圖書,特别是某些新出現的圖書依據分類表難以分類,譬如《漢書·藝文志》六藝略春秋類著録的應當是《春秋》經及其研究著作,該類小序所説明的也是此類著作而未及其他。但是該類後面卻著録了《國語二十一篇》等十一部史學著

① 《校讎通義》卷一《叙》。
② 《校讎通義》卷一《互著》。

作,這是因爲在《七略》的分類表中尚無史部位置,只好采用變通的方法,將這些書附在《漢書・藝文志》六藝略春秋類之後。因爲春秋類書,除被尊爲六藝之一外,它們實際上也是史書。

再就是將一些不便分類的書附在某些大類或小類之後。例如《漢書・藝文志》詩賦略,在屈原賦之屬、陸賈賦之屬、孫卿賦之屬的後面,還著録了雜賦十二家,二百三十三篇。以上三類賦都有作者。而雜賦十二家,全都没有作者,難以歸到以上三類中的任何一類,因此以“雜賦”爲名,著録在賦類之末。其方法是將無名氏的賦作,先按同類或相近題材合併在一起,如《雜山陵水泡雲氣雨旱賦十六篇》《雜禽獸六畜昆蟲賦十八篇》等九家,再將上述九家無類可歸的無名氏賦作統統歸入第十家《大雜賦三十四篇》之中。後面還附有《成相雜辭十二篇》與《隱書十八篇》,宋王應麟《漢藝文志考證》注曰:“成相,助力之歌。”是一種三言、四言、七言互用的韻文。《文心雕龍・諧讔》云:“讔者,隱也;遁辭以隱意,譎譬以指事也。”常采用歌呼的形式。可見《成相雜辭》與《隱書》都不是典型的賦,正因爲它們不好分類,所以附著在詩賦略賦類之末。

書目編纂者對某書究竟歸於何類往往有不同的認識,這也造成了分類的困難。譬如《漢書・藝文志》諸子略儒家類著録《晏子》八篇,焦竑卻將《晏子春秋》十二卷著録在《國史經籍志》子類墨家,並説明道:“《晏子春秋》舊列儒家,其尚同、兼愛、非樂、節用、非厚葬久喪、非儒、明鬼,無一不出墨氏,柳宗元以爲墨子之徒尊著其事,以增高爲己術者,得之。今附著於篇。”《四庫全書總目》又將《晏子春秋》八卷著録在史部編年類,《四庫全書簡明目録》於該書提要云:“撰人名氏無考。舊題晏嬰撰者,誤也。書中皆述嬰遺事,實魏徵《諫録》、李絳《論事集》之流,與著書立説者迥别。列之儒家,於宗旨固非;列之墨家,於體裁亦未允。改列傳記,庶得其真。”

除按分類編排外,還可根據目録的性質與資料的多寡,按主題、時間、地區、體裁、作者、版本、檢索方法等來編排。譬如個人著作繫年目録,只能按時間編排;地方志目録,當然應按行政區劃來編排;阿英《晚清戲曲小説目》按體裁來編排;于敏中、彭元瑞《天禄琳琅書目》按版本來編排;李儼《近代中算著述記》按作者姓名筆劃順序來編排;裘沖曼《中國算學書目彙編》按書名筆劃順序來編排。在編排時,可以一種方法爲主,而輔以其他方法。這樣,使用起來就會更爲方便。

以上説的都是就簿册式目録而言,現在的圖書館爲讀者提供綜合性的卡片式目録,檢索起來更爲便利,但它只能與簿册式目録相輔而行,却不能代替簿册式目録,根據學術分類編排而成的簿册式目録始終是傳統目録的主要形式。現在各圖書館都編有館藏圖書目録數據庫,檢索起來非常方便。

第三節　别裁與互著

爲了充分發揮書籍的作用,使讀者能够即類求書,因書究學,我國古代一些目録學家創造並運用了别裁和互著的方法。劉歆的《七略》已經出現了重複著録現象。《漢書·藝文志》兵書略序云:"省十家二百七十一篇,重。"再據兵權謀、兵技巧兩類後面的統計數據,可知因爲重複而被省去的是伊尹、太公、管子、孫卿子、鶡冠子、蘇子、蒯通、陸賈、淮南王、墨子等十家的軍事著作。其中《鶡冠子》一篇,既著録於諸子略中的道家類,又重複著録於兵書略中的兵權謀類。王重民指出:"《鶡冠子》只有一篇,經班固核對,兩處著録的内容完全相同,也'省'掉了。但如果按互著法的正確意義來説,十種書中只有這一種是符合的(但不是有意識的);其餘九種,應該説是别裁而不是互著。"①

人們在編目實踐中早就運用了别裁與互著的方法,如繆荃孫《遂初堂書目》跋云:"複見之書,提要舉《大曆浙東聯句》,一入别集,一入總集。今考其中,如《焦氏易林》,一入周易,一入術數;《汲冢周書》,一入尚書,一入春秋;《天下大定録》,一入雜史,一入僞史;《皇祐平蠻記》,一入本朝故事,一入地理;《慶曆軍録》,一入本朝故事,一入兵書;《隋李文博中興書》,一入儒家,一入雜家;《瀨鄉記》,一入地理,一入道家……共十八條。"②複見

① 《校讎通義通解》卷一《互著第三》按。

② 《藝風堂全集》卷七《遂初堂書目跋》。

之書有十八種之多,顯然不是一時疏忽,而是有意爲之的。

明祁承㸁《庚申整書略例》總結了整理圖書的四種方法:因、益、通、互。前兩種是分類方面的問題,後兩種即指别裁與互著兩種著録方法。他説:

> 通者,流通於四部之内也。……如歐陽公之《易童子問》、王荆公之《卦名解》、曾南豐之《洪範傳》,皆有别本,而今僅見於文集之中。惟各摘其目,列之本類,使窮經者知所考求,此皆因少以會多者也。……而元美之《名卿迹記》、元敏之《寶善編》,即其集中之小傳者,是兩書久已不行,苟非爲之標識其目,則二書竟無從考矣。凡若此類,今皆悉爲分載,特明注原在某集之内,以便檢閲,是亦收藏家一捷法也。①

祁承㸁所謂"通",實際上就是裁篇别出,也即别裁。他又説:

> 互者,互見於四部之中也。作者既非一途,立言亦多旁及。有以一時之著述,而倏爾談經,倏爾談政。有以一人之成書,而或以摭古,或以徵今,將安所取衷乎?故同一書也,而於此則爲本類,於彼亦爲應收。同一類也,收其半於前,有不得不歸其半於後。如《皇明詔制》,制書也,國史之中固不可遺,而詔制之中亦所應入。……故往往有一書而彼此互見者,有同集而名類各分者,正爲此也。余所詮次,大略盡是。②

祁承㸁所謂"互",實際上就是互著。祁承㸁在他編的《澹生堂書目》中,就使用了這兩種著録方法。

章學誠在目録學上的突出成就之一是深入研究並大力提倡在分類著録時采用别裁、互著二例。别裁與互著這兩個術語,也是他首先提出和使用的。他在《和州志藝文書序例》中就已談道:"夫篇次可以别出,則學術

①② 《庚申整書小記》附《庚申整書略例四則》。

源流無闕間不全之患也;部目可以互見,則分綱别紀,無兩歧牽掣之患也。”①在其《校讎通義》卷一中,專門有《别裁》《互著》兩篇闡述了二者的重要意義。

關於别裁,章學誠説:

> 《管子》,道家之言也,劉歆裁其《弟子職》篇入小學;七十子所記百三十一篇,禮經所部也,劉歆裁其《三朝記》篇入《論語》。蓋古人著書,有采取成説,襲用故事者(如《弟子職》必非管子自撰,《月令》必非吕不韋自撰,皆所謂采取成説也),其所采之書,别有本旨,或歷時已久,不知所出,又或所著之篇,於全書之内,自爲一類者,並得裁其篇章,補苴部次,别出門類,以辨著述源流;至其全書,篇次具存,無所更易,隸於本類,亦自兩不相妨;蓋權於賓主重輕之間,知其無庸互見者,而始有裁篇别出之法耳。②

章學誠强調應自覺運用别裁法來反映學術源流,而且要附注别裁篇第的出處,否則不能算真正的别裁。他指出:

> 《夏小正》在《戴記》之先,而《大戴記》收之,則時令而入於禮矣。《小爾雅》在《孔叢子》之外,而《孔叢子》合之,則小學而入於子矣。然《隋書》未嘗不别出《小爾雅》以附《論語》,《文獻通考》未嘗不别出《夏小正》以入時令,而《孔叢子》《大戴記》之書,又未嘗不兼收而並録也。然此特後人之幸而偶中,或《爾雅》《小正》之篇,有别出行世之本,故亦從而别載之爾,非真有見於學問流别,而爲之裁制也。不然,何以本篇之下,不標子注,申明篇第之所自也哉!③

别裁法特别有助於編製專科目録,章學誠也談到了這一點。他説:

---

① 《文史通義》卷六外篇一《和州志藝文書序例》。

②③ 《校讎通義》卷一《别裁》。

裁篇别出之法……則欲明學術源委,而使會通於大道,舍是莫由焉。且如叙天文之書,當取《周官・保章》、《爾雅・釋天》、鄒衍言天、《淮南》天象諸篇載列天文部首,而後專門天文之書以次列爲類焉。則求天文者,無遺憾矣。①

關於互著,章學誠談道:

至理有互通,書有兩用者,未嘗不兼收並載,初不以重複爲嫌,其於甲乙部次之下,但加互注以便稽檢而已。古人最重家學,叙列一家之書,凡有涉此一家之學者,無不窮源至委,竟其流别,所謂著作之標準、群言之折衷也。如避重複而不載,則一書本有兩用而僅登一録,於本書之體既有所不全;一家本有是書缺而不載,於一家之學亦有所不備矣。②

他認爲采用互著法主要目的是便於讀者考鏡源流,所以他説:"部次群書,標目之下,詳略互載,使後人溯家學者,可以求之無弗得,以是爲著録之義而已。"他還特别强調:"書之易混者,非重複互注之法,無以免後學之牴牾;書之相資者,非重複互注之法,無以究古人之源委。""書之易混者"是指與兩類以上相關的書,如"經部《易》家,與子部之五行陰陽家相出入,樂家與集部之樂府、子部之藝術相出入。""書之相資者"是指可以利用的異類之書,如"《爾雅》與本草之書,相資爲用;地理與兵家之書,相資爲用"③。采用互著法,這些書確可充分發揮它們應有的作用。

别裁、互著都是在分類著録中,遇到理有互通、書有兩用的情況時,在兩個或兩個以上的類目中兼收並載。它們不同的地方是互著的兼收並載,是把一書同樣地著録在兩個或兩個以上的類目中;别裁的兼收並載,則是把一書著録在某類中,而把書中與他類可以互通或兩用的某些部分

---

① 《校讎通義》卷二《焦竑誤校漢志》。

②③ 《校讎通義》卷一《互著》。

裁篇别出,著録在相關的類目中。

章學誠編撰《史籍考》也運用了别裁與互著的著録方法,其《論修史籍考要略》中"經部宜通""子部宜擇""集部宜裁"三例即説明這一點。今舉"子部宜擇"爲例:

> 諸子之書,多與史部相爲表裏。如《周官》典法,多見於《管子》《吕覽》;列國瑣事,多見於《晏子》《韓非》。若使鈎章釽句,附會史裁,固非著書體要;但如《官圖》《月令》《地圓》諸篇之鴻文鉅典,《儲説》《諫篇》之排列記載,實於史部,例有專門。自宜擇取要删,入於篇次,乃使求史學者無遺憾矣。①

章學誠關於别裁與互著的理論,爲許多目録所采用,産生了深遠影響。如張之洞《書目答問略例》云:"《漢書·藝文志》有互見例,今於兩類相關者,間亦互見注其下。"②現代圖書館目録也普遍采用了這兩種著録方法。如施廷鏞《國立清華大學圖書館中文書目甲編·凡例》云:

> 某書之一部分,而與某類有關者,則裁篇别出,如《漢書·藝文志》,原從《漢書》卷之三十裁篇别出是也。凡别出者,則載明見於某書之某卷,並注其書號,以便檢閲。
>
> 凡一書意兼兩類者,則互著之,並於書名之下,載明編入某類某號。

劉國鈞先生在《中文圖書編目條例草案》《中國圖書編目條例》中確立别裁、互著二例以後,這兩個著録方法得到了更廣泛的運用。

---

① 《章氏遺書》卷一三《論修史籍考要略》。

② 《書目答問》卷首《書目答問略例》。

第四節　序例與索引

序例包括序言和編例,序言一般介紹目録的編製目的與經過,編例一般介紹編製目録所遵循的規則。讀者可以從序例中瞭解目録的特點和使用方法,因此序例也是目録不可缺少的部分。序言和編例可分開寫,也可合在一起寫。今舉孫詒讓《温州經籍志叙例》全文爲例:

郡邑之志經籍者,蓋土訓之駢枝,書録之流裔也。關東風俗之傳,墳籍成篇;嘉泰會稽之志,遺書有録。方志書目,此其蘿蒞;元明舊記,多沿兹作。厥後撰著漸繁,記載難悉,遂創專志,别帙單行。簿録之體,不淆釋地;徵文之例,斯爲宏焉。温州自唐以來,魁儒瑋學,撰述斐然。而圖經所載,僅具書名,不詳崖略,疏漏踳謬,研討靡資。今特爲補輯,勒成斯編,粗存辜較,兼拾闕遺,匪敢謂梓桑文籍盡備于斯;然唐宋而後,嘉道以前,耳目所及者,大略具矣。

中壘校書,是有《别録》,釋名辨類,厥體綦詳,後世公私書録,率有解題。自汴宋之《崇文》,逮熙朝之《四庫》,目誦所及,殆數十家,大都繁簡攸殊,而軌轍不異。至於篇題之下,晉迻叙跋,目録之外,采證群書,《通考·經籍》一門,實創兹例。朱氏《經義考》祖述馬書,益恢郛郭。觀其擇撢群藝,研覈臧否,信校讎之總匯、考鏡之淵棷也。此書之作,意存晐備,故輒遠軌鄱陽,近宗秀水,庶廣甄録,用備考稽。

劉《略》班《藝》,類分以六,厥後荀勖創四部之名,王儉樹《七志》之目,分别部居,雜而不越。勝朝地志所紀藝文,多以人次,義類紛舛,實乖史裁。蓋經藝異軌,史子殊原,不有區分,曷資參證?故此編分類,一遵四部。至于子目分合,古録多殊,惟乾隆《四庫總目》辨析最精,配隸尤當,今之編纂,實奉爲圭臬焉。

目録之别存佚,自唐釋智昇《開元釋教録》始也。朱氏沿厥舊規,增成四目。存佚之外,有曰闕者,篇簡俄空,世無完帙也。有曰未見者,弆臧未絶,購覓則難也。四者畛分,實便檢校。然存闕並憑目譣,不慮譌踳;惟未見與佚,雖著録有無,足爲左契,而時代遷易,未可刻舟。朱書之例,原始明代,逕于國初。志録所收,若偶未見,並不注佚。今去朱氏,幾二百年,上溯勝朝,尤爲遼邈,豈無瑋篇珍帙,晦而復顯,昔艱尋購,今則通行。而隱秘之書,湮没已久,傳播殆絶,無事存疑。故此編未見之書,所據臧目,斷自昭代,明人所紀,並入佚科。更有書匪目睹而傳帙塙存者,如《四庫全書》,庋儲天府,釋道兩家,各有專臧,不必經覽,即定爲存。分别觀之,是在鴻博。

網羅放失,有異鑒臧,書不盡存,目宜徵實。唐修五代《經籍志》,附注亡書,悉據梁有;朱氏《經義考》所紀卷數,多援史志。實事求是,此爲精例。是編廣意搜尋,必求審諦,凡隱篇秘笈,久無傳本者,苟著在前録,悉注行間。用楬采摭之本原,且證隃佚之時代。其見存舊帙,紀述稠疊,博引繁偁,有類旒綴。然如經籍藝文,史家專志;晁陳鄭馬,儲臧古目;以及乾隆《四庫》,提全書之綱要,晉江千頃,稡五史之闕文。並鈐鍵藝林,津逮文苑。凡卷帙異同,流傳廣狹,是實足徵,不宜從略。故今凡遇此諸目所收,無論存亡,並爲詳注也。

古書流傳寖遠,遞更鈔梓,名淆于婁刻,卷異于重編。苟不辨其原流,將至展卷茫昧。此志于見存之書,標題卷數,悉遵舊本。其有新刊重定,篇第差互,則附注下方,使先後昭晰,優劣粲然。至于亡編逸籍,敘録多歧,省易分并,尤難鉤核,今則據舊目以溯厥初,證群籍以廣其異。名期從朔,卷必徵全,附斠駁文,用資考覈。

彭城《史通》,首論限斷,地志書目,蓋亦宜然。世俗崇飾人文,恒多假借。總其凡最,厥有二端:一曰僑寄,一曰依託。蓋郡邑之人,遷徙無常,父子之間,籍貫頓異,如不有界域,則一卷之中,人殊燕越,體例蕪雜,不足取信。此編所收,文籍區别特嚴。大抵自内出者,録父而删子,以父尚温産,子則異籍也。自外入者,録子而缺父,以子已土著,父猶寓公也。至如僞作新編,嫁名前哲,研究既難,采録宜審。今凡遇鈔迻舊籍,塙有主名,並搜厥根荄,概從芟癹。其有書非襲舊,人實傳疑,則姑爲綴録,以竢參定。凡此諸類,舊存今削者,更加疏證,别爲辨誤,庶知刊剢有由,異于逞肊棄取。

叙跋之文,雅俗雜糅,宋元古帙,傳播浸希,自非繆悠,悉付掌録,明氏以來,略區存汰。大氐原流綜悉,有資考校;義旨閎眇,足共誦覽。凡此二者,並爲攈采。或有瞀士剿剽,雅馴既少;書林衒鬻,題綴猥多;則僅存凡目,用歸簡要。(張氏《臧書志》于習見之書序跋,皆僅存目,今略仿其例)若編帙既亡,孤文僅在,則縱有疵纇,不廢迻謄。復以馬朱兩《考》,凡録舊文,不詳典據,沾省塗竄,每異本書,偶涉讎勘,輒滋岐牾,今亦依張《志》之例①。凡舊編具在者,並迻寫元文,不削一字,年月繫銜,亦仍其舊。其有名作孤行,散徵它籍者,則備楬根柢,並著卷篇,庶使覽者,得以討原,不難覆檢。至于辨證之語,刺剟叢殘,實難稽覈。朱《考》概標某曰,尤爲疏略,今則直冠書名,用懲肊造,有删無改,亦殊專輒。

禄利興而經義濫,風俗敝而小説滋,剬緝藝文,别裁宜審。而《千頃書目》附制舉于總集,《百川書志》入傳奇于别史,榛楛勿翦,宏達所嗤。此編搜羅務廣,甄擇特嚴。凡此兩門,雖古帙流傳,輒從删汰,庶使野言俋説,不淆文史。至于譜諜一類,古志例收,然隋唐以前,崇尚氏族,斜上旁行,悉登官簿。自譜學陯廢,私書繁雜,前創後修,此分彼合,篇帙日增,不可殫究,故《四庫總目》不立此目,分韻編姓,帙附類書。舊志于家牒間登一二,今並削之。

詔定官書,雜成衆手,史志所著撰人或惟主監修,或僅題經進,理無專屬,達例未聞,況復斷地爲書,方隅攸限,凡在兹科,宜從蓋闕。至於游宦名賢,實多載述。如緝之《郡記》,開編譜之閎規;子温《橘録》,萃永嘉之珍産。考徵所藉,捊輯須詳,然主客之間,當有畛域,而温州舊志,並與本郡著述相厠,尤爲無例,今别録爲外編一卷,以爲搜討舊聞之助。

兩漢經儒,學有命氏,劉班所載,師法焯然。朱《考》凡所標楬,以氏繫名,例雖創立,意則同貫。此編所紀,不盡詁經之書,竊取敬鄉之

① 張《志》指張金吾編《愛日精廬藏書志》。

義，故所稱述，並沿朱例。至朱《考》薈稡群書，雖區世代，然不標明，易滋淆舛。今各加識别，俾尋覽憭如，一代之人，或有先後，則並據科第生卒之年，略爲排比。其有義士逸民，身遘易姓，苟節崇肥遁，則仍係故朝，謹遵《四庫總目》例也。至于姓氏久湮，事實不著者，則附一代之末，用竢考定，再爲叙次。

寫録之次，馬朱互異，貴與殫心舊録，故叙跋繫晁陳之後；錫鬯博綜佚聞，則傳狀冠志目之前。凡此科條，未爲允協，今之寫定，輒爲更張。大抵每書之下，叙跋爲首，目録次之，評議之語又其次也。其有遺事叢談，略綴一二。苟地志已具，則無貴繁徵。（凡通志，府、縣志有傳者，並不復詳其事迹）。至于申證精奥，規檢謌誤，一得之愚，不敢自秘，殿于末簡，以質大雅。

己巳之夏，屬稿伊始，寒暑再更，條緒粗立。凡爲卷三十有三，外編二卷，辨誤一卷附焉。著于録者，一千三百餘家，所目見者十一而已。自知徒殫匃集之勤，未窺述作之恉，紕繆奪漏，懼弗克免，用竢方聞，理而董之。

目録之前通常有序言一篇，泛論經籍之功用，闡述文運之源流，辨章學術之異同得失。如果目録未另撰凡例，全目之序也要介紹目録之義例。這些，我們在第二章第四節《書目的序》中已加討論。《温州經籍志叙例》共十三段，首尾兩段相當於序言。作者在首尾兩段中結合《温州經籍志》的性質，總結了地方文獻目録的發展過程，並説明了該志的編製目的、經過及目録概況。其餘各段爲編例。第二段介紹本書的編製體例：每書有提要，其提要“遠軌鄱陽，近宗秀水”，采用輯録之體。第三段介紹本書的分類：奉《四庫全書總目》爲圭臬。第四段介紹著録之法，每書皆對其存、佚、闕、未見分别注明。第五段介紹著録各書的依據。第六段亦介紹著録之法，每書皆對其名稱與篇卷加以辨訂。第七段介紹對作者的收録範圍。第八段介紹提要輯録資料的原則。第九段及第十段介紹書籍著録的範圍。第十一段介紹書籍的編排次序；第十二段介紹提要内容的編排次序。孫詒讓不僅對編例作了明確介紹，而且還在理論上進行了探討。除不收小説、傳奇、譜牒有可商之處外,總的來説,《温州經籍志》在目録序例方面堪稱典範。

從上例可知,一個較好的目録序例,除介紹目録的編製目的、經過及概況外,還應當説明目録的收録範圍、著録項目及編排方法。

在分量較多的目録中,無論用哪種方法來編排書目,都不能滿足讀者從不同角度檢索目録的多種要求,因爲任何一種編排方式都有一定的局限性,單靠目録正文的編排方式是不可能完全滿足讀者一系列檢索問題的需要的,因此編製各種相應的輔助索引來幫助讀者是非常必要的。

索引是將特定文獻範圍内的特定事項一一注明其所在文獻中的位置,並按一定次序編排起來的文獻檢索工具。索引同書目一樣,都是解決不斷增多的文獻同人們對它的特定需要之間矛盾的文獻檢索工具。兩者的區别在於目録是以文獻整體作爲著録和檢索單位,而索引則是以文獻内部的特定事項作爲著録和檢索單位。

我國索引出現甚早,如宋晁公武《郡齋讀書志》書目類著録《十三代史目》三卷,提要稱:"唐殷仲茂撰。輯《史記》、兩《漢》、《三國》、《晉》、《宋》、《齊》、《梁》、《陳》、《後魏》、《北齊》、《周》、《隋》史籍篇次名氏。"此外,據《郡齋讀書志》與《直齋書録解題》的記載可知,南唐徐鍇撰《説文解字韻編》十卷是將《説文解字》中的字以聲韻爲序編成的索引。據此看來,唐五代已經出現索引當不成問題。

此外,《郡齋讀書志》書目類著録《群書備檢》十卷。《直齋書録解題》目録類著録《群書備檢》三卷,解題稱:"不知名氏。皆經、史、子、集目録。"宋鄭樵《通志·藝文略》目録類著録《群書備檢録》七卷。《宋史·藝文志》目録類著録"石延慶、馮至游校勘《群書備檢》三卷"。《宋詩紀事補遺》卷四三稱石延慶爲宋紹興間進士,《續資治通鑒》卷一二九稱馮至游宋紹興時任大宗正丞,則他們都是宋代人。可見宋人利用《群書備檢》之類的工具書來提高文獻檢索的效率已是較爲普遍的現象。

現存明代索引有《洪武正韻玉鍵》一册,該書爲黄虞稷《千頃堂書目》小學類著録,稱"張士佩《洪武正韻玉鍵》一卷",附注:"萬曆甲戌(一五七四)叙,不知撰人。"據王重民《中國善本書提要》考證,知該書爲張士佩所撰，萬曆甲戌叙不知是誰寫的。《中國古籍善本書提要》所著録之北京大學藏本，爲萬曆十年南京刻本。現存明代索引還有傅山編的《兩漢書姓名韻》，此書末題“壬午（一六四二）八月傅山記”，則該書至遲在崇禎十五年（一六四二）編成。全書分爲《西漢書姓名韻》與《東漢書姓名韻》兩個部分。太原山西書局曾於一九三六年出版過。

早在十八世紀，章學誠就對編索引的理論進行過探討，他説：

> 竊以典籍浩繁，聞見有限，在博雅者且不能悉究無遺，況其下乎？以謂校讎之先，宜盡取四庫之藏，中外之籍，擇其中之人名、地處、官階、書目，凡一切有名可治，有數可稽者，略仿《佩文韻府》之例，悉編爲韻，乃於本韻之下，注明原書出處及先後篇第，自一見再見，以至數千百，皆詳注之，藏之館中，以爲群書之總類。至校書之時，遇有疑似之處，即名而求其編韻，因韻而檢其本書，參互錯綜，即可得其至是。此則淵博之儒窮畢生年力而不可究殫者，今即中才校勘可坐收於几席之間，非校讎之良法歟？①

這段話最先談到了索引的標目選擇、編排方法、特徵及作用。

據今所知，最早爲目録編製索引的，當推清紀昀輯《欽定四庫全書目録韻編》五卷，及四庫館輯《四庫全書簡明目録韻編》一卷。清范志熙於同治十年（一八七一）編的《四庫全書總目韻編》，有國立北平圖書館藏藕香簃鈔本。同類書還有陳乃乾編的《四庫全書總目索引》，係上海大東書局一九二六年版。此外尚有燕京大學引得編纂處一九三二年編印的《四庫全書總目及未收書目引得》。中華書局一九六五年版《四庫全書總目》附有《書名及著者姓名索引》，讀者可以從分類、書名、作者等角度來檢索。該索引前有《四角號碼檢字法》及《索引字頭筆劃檢字》，較便於使用。一九四九年後，古典文學出版社等出版的一批古籍目録皆編有索引。如《寶文堂書目索引》《虞山錢遵王書目匯編書名著者名綜合索引》等。

① 《校讎通義》卷一《校讎條理第七》。

集合多種目録爲之編製綜合索引的，則有燕京大學引得編纂處一九三三年編印的《藝文志二十種綜合引得》。今録其《藝文志二十種原名及略語對照表》如下（表中“同上”原作“同右”）：

種數	略語	原名	著者	版本
1	漢	漢書藝文志	班固	八史經籍志本
2	後	後漢藝文志	姚振宗	適園叢書本
3	三	三國藝文志	姚振宗	同上
4	晉	補晉書藝文志	文廷式	長沙鉛印本
5	隋	隋書經籍志	長孫無忌等	八史經籍志本
6	舊唐	舊唐書經籍志	劉昫等	同上
7	唐	唐書藝文志	歐陽修	廣雅叢書本
8	五	補五代史藝文志	顧櫰三	八史經籍志本
9	宋	宋史藝文志	託克託等	同上
10	宋補	宋史藝文志補	盧文弨	同上
11	遼	補遼金元藝文志	盧文弨	同上
12	金	補三史藝文志	金門詔	同上
13	元	補元史藝文志	錢大昕	同上
14	明	明史藝文志	張廷玉等	同上
15	禁	禁書總目		抱經堂印本
16	全	全燬書目		同上
17	抽	抽燬書目		同上
18	違	違礙書目		同上
19	目	徵訪明季遺書目	劉世瑗	鉛印本
20	清	清史稿藝文志	朱師轍	清史稿單行本

以上二十種圖書目録中的書名與作者均一一列目，用中國字庋擷法混合排列。只知書名或只知作者，均可從中查到出處。引得前附有《筆劃檢字》與《拼音檢字》，這爲不知使用中國字庋擷法的讀者提供了方便。該索引對查考歷代圖書著述情況是很有用的。

在爲叢書目録及叢書子目編製索引方面做出成績的，有浙江省圖書館金步瀛所編《叢書子目索引》,金陵大學圖書館曹祖彬所編《叢書子目備檢著者之部》,清華大學圖書館施廷鏞所編《叢書子目書名索引》。後者計收清華大學圖書館所藏叢書一千二百七十五種,子目四萬餘。書名以筆劃爲序排列,書名下注明卷數、時代、著者、所屬叢書、册次。朱自清的序文指出:"索引以檢查便利爲主,本書編者施鳳笙(廷鏞)先生在這上面費的心力最多。除《筆劃檢字表》外,並編了個《部首檢字表》,又定了許多互見的例。"既常見又便於使用的要算上海圖書館編《中國叢書綜録》第三册《子目書名索引》與《子目著者索引》。索引按《四角號碼檢字法》的順序排列。索引前附有《四角號碼檢字法》《索引字頭筆劃檢字》及《索引字頭拼音檢字》,極便讀者。陽海清編撰之《中國叢書廣録》也值得重視,其《編例》説:"本編所收,限於中國古籍叢書。凡《中國叢書綜録》已予揭示者不再收入,若有復出必定在書名、版本或子目多寡等方面有所不同。對於近四十年來,大陸、香港、澳門和臺灣地區影印或重新整理出版之古籍叢書,無分綫裝、平裝、精裝,儘量訪求收録。"可見該目恰可彌補《中國叢書綜録》之不足。該目分上、下兩册,上册爲總目,下册爲索引。包括《子目書名索引》《子目著者索引》和《子目分類索引》,可從書名、著者、分類三個角度,檢索到上册所著録的叢書子目。

此外特别值得一提的是王重民撰《中國善本書提要》所附《書名索引》《撰校刊刻人名索引》《刻工人名索引》《刻書鋪號索引》。它們擴大了一般目録索引所確立的標目範圍,從而反映出了版本目録的特點,對我們充分利用《中國善本書提要》來做版本鑒定和其他科學研究工作都是極有幫助的。毫無疑問,爲分量較多的目録編製索引,可以提高檢索效率,爲科學研究提供一條捷徑。這是我們編製目録時所不應忽略的一部分工作。

參考書目舉要

（以著作最初出版時間爲序）

《通志·校讎略》　鄭樵　商務印書館《十通》本　一九三七年
《校讎通義》　章學誠　上海古籍出版社　一九五六年
《劉向校讎學纂微》　孫德謙　元和孫氏四益宧刊本　一九二三年
《目録學》　劉咸炘　四川大學　一九二八年
《目録學研究》　汪國垣　商務印書館　一九五六年
《校讎學史》　蔣元卿　商務印書館　一九三五年
《中國目録學史》　姚名達　商務印書館　一九五七年再版
《中國目録學史》　許世瑛　中國文化大學出版部　一九八二年新版
《廣校讎略》　張舜徽　中華書局　一九六三年
《鄭樵校讎略研究》　錢亞新　商務印書館　一九四八年
《古文獻學要略》　王欣夫　南京大學中文系油印本　一九八三年
《目録學發微》　余嘉錫　中華書局　一九六三年
《古典目録學淺説》　來新夏　中華書局　一九八一年
《目録學概論》　武漢大學、北京大學《目録學概論》編寫組　中華書局　一九八二年
《中國文獻學》　張舜徽　中州書畫社　一九八二年
《中國目録學史論叢》　王重民　中華書局　一九八四年
《目録學》　徐召勛　安徽教育出版社　一九八五年
《中國目録學史》　喬好勤　武漢大學出版社　一九九二年
《中國古典文學史料學》　徐有富等　北京大學出版社　二〇〇八年
《目録學與學術史》　徐有富　中華書局　二〇〇八年

校讎廣義·典藏編

程千帆
徐有富
撰

第一章　典藏學的建立與典藏的功用

第一節　典藏學的建立

典即書籍。《尚書・五子之歌》:“明明我祖,萬邦之君,有典有則,貽厥子孫。”僞孔安國傳曰:“典謂經籍。”①許慎亦云:“典,五帝之書也。從册在丌上,尊閣之也。”②

典也有管理的含義。《禮記・文王世子》:“秋學禮,執禮者詔之;冬讀書,典書者詔之。”③司馬遷云:“司馬氏世典周史。”④阮孝緒《七録序》亦稱:“校書郎班固、傅毅並典秘籍。”⑤以上三例中的“典”字,均指管理圖書。

藏指保管。《左傳》襄公十一年:“夫賞,國之典也,藏在盟府。”《墨子・天志下》云:“書之竹帛,藏之府庫。”《莊子・天道》云:“孔子西藏書於周室,子路謀曰:由聞周之徵藏史有老聃者,免而歸居,夫子欲藏書,則試往因焉。”以上三例,藏顯然指保管書籍。

藏也可用作名詞。《周禮・天官冢宰》述宰夫之職云:“五曰府,掌官

---

① 《尚書正義》卷七。

② 《説文解字》第五上。五帝指少昊、顓頊、高辛、唐、虞。

③ 《禮記正義》卷二〇。

④ 《史記》卷一三〇《太史公自序》。

⑤ 《廣弘明集》卷三。

契以治藏。"鄭玄注:"治藏,藏文書及器物。"①治藏之"藏"泛指檔案及其他藏品。劉歆《七略》云:"武帝廣開獻書之路,百年之間,書積如丘山,故外有太史、博士之藏;内有延閣、廣内、秘書之府。"②此"藏"字則專指藏書。阮元解釋道:"藏書曰'藏',古矣。古人韻緩,不煩改字,收藏之與藏室無二音也。漢以後曰觀、曰閣、曰庫,而不名藏。隋唐釋典大備,乃有開元釋藏之目。釋道之名藏,蓋亦摭儒家之古名也。"③

綜上所述,本編"典藏"一詞專指收存保管圖書。

典藏學的内涵同現代圖書館學是一致的。劉國鈞説:"什麽是圖書館學?圖書館學便是研究圖書館的組織法、管理法和使用法的學科。"④本書所謂典藏學則是研究我國古代書籍收集、保管與利用規律的一門學問。

古代已有大量論著對書籍的保管與利用規律進行了探索,兹略述如次:

專著可以鄭樵《通志・校讎略》、祁承㸁《澹生堂藏書約》、孫慶增《藏書記要》、葉德輝《藏書十約》等爲代表。鄭樵的《求書之道有八論》系統總結了采訪圖書的途徑,對現代圖書采訪工作仍有指導意義。孫慶增的《藏書記要》對購求、鑒别、鈔録、校讎、裝訂、編目、收藏、曝書等方面的問題作了全面探討,頗獲好評。如黄丕烈跋云:"《藏書記要》言之甚詳且備,蓋亦真知而篤好者。……余因是書所記藏書之要,皆先我而言之者,遂付梓以行。"⑤譚卓垣也説:

> 孫慶增所寫的這部便覽,是整個十九世紀唯一的一部向私人藏書家交代藏書技術的參考書。令人驚奇的是,它所提出的建議一向爲收藏家所謹守不渝,直至今日還對現代中國的圖書館發生着影響。許多編纂珍本書目的術語都出自該書,更不用説後人以此書的意見

---

① 《周禮注疏》卷三。

② 《太平御覽》卷六一九引。

③ 《揅經室三集》卷二《杭州靈隱書藏記》。

④ 《圖書館學要旨》第一章《圖書館學的意義與範圍》。

⑤ 《士禮居黄氏叢書》本《藏書記要》卷末。

爲鑒别宋元版本的標準了。雖然在最近幾十年裏,出版了不少關於圖書館科學的著作,但是旨在指導私人藏書家工作的專著却未見問世。假如今後還没有著述來取代《藏書記要》的地位,那麽,中國的藏書家們還將在各方面仰仗於它。①

近人陳登原著《古今典籍聚散考》,也是一部研究古今典籍聚散規律的力作。作者搜集了豐富的史料,分隸政治、兵燹、藏弆、人事四卷而辨證之,對我們研究古代藏書理論頗具參考價值。

還有一些著作,如程俱《麟臺故事》,陳騤《中興館閣録》,逸名《中興館閣續録》,②王士點、商企翁《秘書監志》,分别論述了北宋、南宋、元代國家藏書機構的沿革、建制、職能、典章等。《四庫全書總目》卷七十九《南宋館閣録十卷續録十卷》提要云:"今考是録所載,自建炎元年至淳熙四年;續録所載,自淳熙五年至咸淳五年。皆分沿革、省舍、儲藏、修纂、撰述、故實、官秩、廪禄、職掌九門。典故條格,纖悉畢備,亦一代文獻之藪也。"這些著作爲我們進一步研究典藏學提供了原始資料。

還有一些著作,如葉昌熾《藏書紀事詩》、吴晗《江浙藏書家史略》,具有中國古代私家藏書史料匯編的性質。前者反映了五代訖於清末,各個時期私家藏書的概况;後者反映了在我國藏書史上占有重要地位的江浙兩地私家藏書面貌。兩書的共同特點是在資料的剔抉爬梳方面下了很大功夫。葉昌熾云:"竊不自揆,肄業所及,自正史以逮稗乘、方志、官私簿録、古今文集,見有藏家故實,即裒而録之。"③吴晗也稱:"暇中於考訂撰作之餘,日手録諸方志、史乘、詩文集、筆記、志狀碑帖諸有關於藏書故實者,錙積寸累,比來積稿數盈尺。"④這兩部書也爲研究典藏學創造了條件。

---

① 《清代藏書樓發展史》第三章《私家藏書樓》第二節《藏書家恪守的藏書之道》。

② 《中興館閣録》《中興館閣續録》,《四庫全書》本改名爲《南宋館閣録》《南宋館閣續録》。

③ 《藏書紀事詩・目録》。

④ 《兩浙藏書家史略・序言》。

論文可以牛弘《請開藏書之路表》、[1]高濂《遵生八箋・燕閒清賞箋・論藏書》、周永年《儒藏説》爲代表。[2] 牛《表》提出了著名的五厄論，對書籍從秦始皇到梁元帝時期所遭到的厄運進行了總結。在他的影響下，宋代的洪邁、[3]周密，[4]明代的邱浚、[5]胡應麟，[6]乃至近人錢振東、[7]祝文白等都紛紛寫出了新的書厄論。[8] 高《箋》對書估作僞手段作了具體細緻的揭露，使藏書家在收購古書時有所警惕，並注意做鑒定工作。周《説》提出建立儒藏，"務俾古人著述之可傳者，自今日永無散失，以與天下萬世共讀之"的藏書思想。至於近現代有關中國古代典藏學的論文甚多，我們就不詳加介紹了。

此外值得我們注意的是古代目録的序言，其中不少實際上就是古代典藏學的論文。如《隋書・經籍志》序除闡述經籍的作用、介紹《隋書・經籍志》的體例外，還系統總結了隋代及隋代以前中國藏書史。再如阮元《寧波范氏天一閣書目序》除論述天一閣的建築情況與藏書特點外，還歸納了天一閣藏書能够長久保存的三條原因，今録之如下：

此閣構於月湖之西，宅之東，牆圃周迴，林木蔭翳。閣前略有池石，與闤闠相遠，寬閒静閟，不使持煙火者入其中，其能久一也。又司馬没後，封閉甚嚴，繼乃子孫各房相約爲例，凡閣厨鎖鑰，分房掌之。禁以書下閣梯，非各房子孫齊至，不開鎖。子孫無故開門入閣者，罰不與祭三次；私領親友入閣及擅開厨者，罰不與祭一年；擅將書借出者，罰不與祭三年；因而典鬻者，永擯逐不與祭。其例嚴密如此，所以能久二也。夫祖父非積德則不能大其族，族大矣而不能守禮讀書，則

---

① 見《隋書》卷四九。

② 見《松鄰叢書》甲編。

③ 見《容齋續筆》卷一五《書籍之厄》。

④ 見《齊東野語》卷一二《書籍之厄》。

⑤ 見《大學衍義補・論圖籍之儲》。

⑥ 見《少室山房筆叢》卷四《經籍會通》。

⑦ 見《書厄述要》，載《坦途》一九二七年第四期。

⑧ 見《兩千年來中國圖書之厄運》，載《東方雜志》一九四五年第十九號。

不肖者多出其間。今范氏以書爲教，自明至今，子孫繁衍，其讀書在科目學校者，彬彬然以不與祭爲辱，以天一閣後人爲榮，每學使者按部必求其後人優待之。自奉詔旨之褒，而閣乃永垂不朽矣。其所以能久者三也。①

不少書目提要頗類版本鑒定書，爲我們留下了許多版本鑒定的成功經驗，如《欽定天禄琳琅書目》卷一《春秋分紀》提要云：

宋淳祐三年，程公許守宜春刻是書於郡齋。陳振孫《書録解題》盛稱之。此本卷中多有元時鈐用官印，且於首尾紙背用紅字傺記。係大德十年，江浙等處行中書省，奉中書省取備國子監書籍，令儒學副提舉陳公舉校勘申解。考《元史》世祖至元十二年括江西諸郡書板。宜春隸江西，蓋至元詔取，而大德始上，此即宋刊元印之本。

作者研究了該書的印記，並通過徵文考獻，最後下了宋刊元印的結論，使讀者感到確鑿無疑。有的提要還對某些帶有規律性的問題進行了探索，如錢曾云：

近代刊行典籍，大都率意劖改，俾古人心髓面目，晦昧沉錮於千載之下，良可恨也。嗟嗟！秦火之後，書亡有二，其毒甚於祖龍之炬：一則宋時之經解，逞私説，憑臆見，專門理學，人自名家，漢唐以來，諸大儒之訓詁注疏，一概漫置不省，經學幾幾乎滅熄矣；一則明朝之帖括，自制義之業盛行，士子專攻此，以取榮名利禄，五經旁訓之外，何從又有九經、十三經，而况四庫書籍乎？三百年來，士大夫劃肚無書，撑腸少字，皆制義誤之，可爲痛惜者也。②

---

① 《揅經室二集》卷七。

② 《讀書敏求記》卷三《顔氏家訓》。

書賈爲射利而改書作僞的現象已爲人們所熟知,此文指出爲應付科舉考試而草率編纂的大量參考資料對原書的危害是足以發人深省的。

與書目提要類似的還有藏書題識,將零散的藏書題識匯編在一起,實際上也就成了書目。這方面的著作很多,可以黄丕烈的藏書題識爲代表。傅增湘説:"夫蕘圃當乾嘉極盛之時,居吴越圖籍之府,收藏宏富,交友廣遠,於古書版刻先後異同及傳授源流,靡不賅貫,其題識所及,聞見博而鑒别詳,巍然爲書林一大宗,舉世推挹之,宜矣。"①這些題識不僅對研究版本、校勘、目録的學者們具有參考價值,同時也反映了作者的藏書思想,對研究典藏學同樣具有參考價值。繆荃孫摘其精語曰:

> 昔人不輕借書與人,恐其秘本流傳之廣,此鄙陋之見,何足語藏書之道? 又曰:識書之道在廣見博聞,所以多留重本。又曰:古書源委必藉他書以證明之。又曰:凡舊板模糊處最忌以新版填補。又曰:舉宋刻之殘鱗片甲,盡登簿録。此百宋一廛收殘本四十二種,在在爲後學開示門徑。②

當然,黄氏藏書題識在記録版本鑒定成果方面的成就尤爲令人注目。如王芑孫《黄蕘圃陶陶室記》云:

> 今天下好宋板書,未有如黄蕘圃者也。蕘圃非惟好之,實能讀之。於其板本之後先,篇第之多寡,音訓之異同,字畫之增損,及其授受源流,翻摹本末,下至行幅之疏密廣狹,帙綴之精粗敝好,莫不心營目識,條分縷析。③

有關中國古代典藏之學的史料散見各處,李希泌、張椒華編《中國古代藏書與近代圖書館史料(春秋至五四前後)》,做了許多艱苦細緻的工作,爲

① 《黄顧遺書》本《思適齋書跋》卷首《序》。

② 《蕘圃藏書題識》卷首《序》。

③ 《淵雅堂全集》卷七。

我們的叙述提供了方便。

前人在探索圖書收藏與利用的規律方面所取得的豐碩成果，不僅對典藏工作起着指導與借鑒作用，而且也爲我們進一步研究與建立典藏學創造了條件。

第二節　典藏的功用

書籍的作用在於記録與傳播人類經驗。因此，典藏與政治、讀書治學、圖書出版、文化積累的關係尤爲密切。我們研究典藏學就是爲了更好地發揮圖書的作用，今分别述之如下。

一　典藏與政治

人們早就認識到了文獻與政治的密切關係。如《禮記・中庸》云："文武之政，布在方策。"孔穎達疏曰："文武之政布在方策者，言文王、武王爲政之道皆布列在於方牘簡策。"①牛弘《請開獻書之路表》亦云："《周官》，外史掌三皇五帝之書，及四方之志。武王問黄帝、顓頊之道，太公曰：'在丹書。'是知握符御曆，有國有家者，曷嘗不以《詩》《書》爲教，因禮樂而成功也。"②

在統治者看來，保存書籍就是保存統治經驗，學習書籍就是學習統治經驗。墨子云："古之聖王欲傳其道於後世，是故書之竹帛，鏤之金石，傳遺後世子孫，欲後世子孫法之也。"③所以歷代統治者不論是收藏還是禁燬書籍，都着眼於典藏的政治作用。

不少統治者由於充分地認識到了圖書的作用，因而積極開展了藏書建設工作，如進入中央集權政治的宋代，太宗趙光義就認爲："夫教化之本，治亂之原，苟非書籍，何以取法？"④在太平興國九年（九八四）正月的詔書裏，

---

① 《禮記正義》卷五二《中庸》第三十一。

② 《隋書》卷四九《牛弘傳》。

③ 《墨子》卷一二《貴義》。

④ 《續資治通鑑長編》卷二五。

他又説:“國家勤求古道,啓迪化源,國典朝章,咸從振舉。遺編墜簡,宜在詢求。致治之先,無以加此。”①淳化三年(九九二)九月,這位皇帝視察秘閣,見到群書齊整,喜形於色,對侍臣談道:“喪亂以來,經籍散失,周孔之教將墜於地。朕即位之後,多方收拾,鈔寫購募,今方及數萬卷,千古治亂之道並在其中矣。”②南宋高宗也積極開展過徵集圖書的工作。馬端臨云:

> 高宗渡江,書籍散佚,獻書有賞,或以官。故家藏者,或命就録,鬻者悉市之。乃詔分經史子集四庫,仍分官日校。又内降詔,其略曰:“國家用武開基,右文致治,藏書之盛,視古爲多。艱難以來,網羅散失,而十不得其四五。令監司郡守,各諭所部,悉送上官;多者優賞。”又復置補寫所,令秘書省提舉掌求遺書,詔定獻書賞格,自是多來獻者。③

清代是我國封建統治制度最爲完備成熟的朝代,統治者大力開展圖書搜集整理工作,政治目的更爲明確。如高宗《文淵閣記》明言:“予蒐四庫之書,非徒博右文之名,蓋如張子所云:‘爲天地立心,爲生民立道,爲往聖繼絶學,爲萬世開太平。’”④

歷代統治者禁燬某些書籍,同樣也是爲了鞏固封建統治。在秦始皇御前的辯論會上,丞相李斯正是從這個角度主張焚書的。他説:

> 古者天下散亂,莫之能一,是以諸侯並作,語皆道古以害今,飾虛言以亂實,人善其所私學,以非上之所建立。今皇帝並有天下,别黑白而定一尊。私學而相與非法教,人聞令下,則各以其學議之,入則心非,出則巷議,夸主以爲名,異取以爲高,率群下以造謗。如此弗

① 《宋會要輯稿》卷一七四二《崇儒四》之十六。

② 《麟臺故事》卷一《儲藏》。

③ 《文獻通考》卷一七四《經籍考》。

④ 《御製文二集》卷一三。

禁，則主勢降乎上，黨與成乎下。禁之便。①

秦始皇采納了李斯的建議，實行愚民政策，指望鞏固政權，結果與他的願望相反，秦很快就滅亡了。正如章碣《焚書坑》詩所説："坑灰未冷山東亂，劉項原來不讀書。"②

統治者往往通過豐富的藏書來粉飾太平。清高宗乾隆三十八年（一七七三）五月十七日詔説得很清楚：

方今文治光昭，典籍大備，恐名山石室儲蓄尚多，用是廣爲蒐羅，俾無遺佚，冀以闡微補闕。所有進到各遺書並交總裁等，同《永樂大典》内現有各種詳加校勘，分别刊抄，擇其中罕見之書有益於世道人心者，壽之梨棗，以廣流傳，餘則選派謄録，匯繕成編，陳之册府，其中有俚淺訛謬者，止存書名，匯爲總目，以彰右文之盛，此采擇《四庫全書》之本旨也。③

至於高宗想借此機會禁燬一切對清政府不滿不利的圖書，我們將在下文論及。當時不少人認識到私家藏書樓也有點綴文治承平的作用，直至清末仍如此。如宣統二年（一九一〇）三月，山東巡撫孫寶琦奏《保護海源閣藏書摺》云："臣查保存古物定例宜遵，舊籍相傳，尤爲文明觀耀。昔韓宣子聘魯，觀書於太史氏，稱爲周禮在魯，此閣亦猶禮存於魯之一端。"④

統治者還把國家藏書機構當作儲存與培養人才的地方，《三輔黄圖》卷六稱漢"天禄閣，藏典籍之所。《漢宫殿疏》云：天禄、麒麟閣，蕭何造，以藏秘書，處賢才也"。宋程俱談到北宋統治者曾從當時國家藏書機構中選拔了大量人才，他説："國初既已削平僭亂，海寓爲一，於是聖主恩與天下

① 《史記》卷六《秦始皇本紀》。

② 《全唐詩》卷六六九。

③ 《四庫全書總目》卷首。

④ 載《圖書館學季刊》第一卷第一期，又見曹景英、馬明琴主編的《海源閣研究資料》。

涵泳休息，崇儒論道，以享太平之功。時三館之士固已異於常僚，其後簡用益高，故恩禮益異，以至治平、熙寧之間，公卿侍從莫不由此塗出。”①南宋紹興元年（一一三一）二月丙戌，丞相范宗尹等奏曰：“祖、宗以來，館閣之職所以養人才，備任使，一時名公卿皆由此塗出。崇寧以後，選授寖輕。自軍興時巡，務省冗官，秘省隨罷。今多難未弭，人才爲急，四方俊傑，號召日至，而職事官員闕太少，殆無以處事，固有若緩而急者，此類是也。謂宜量復館職，以待天下之士。”②宋高宗采納了他們的建議，指示：“復秘書省，置監若少監一人，丞、著作郎、佐郎各一人，校書郎、正字各二人。”③事實上，歷代封建文人也認識到擔任館職是進身之階，如章學誠云：“今天子右文稽古，三通四庫諸館，以次而開，詞臣多由編纂超遷，而寒士挾册依人，亦以精於校讎，輒得優館，甚且資以進身。”④

不少封建士大夫也從政治角度來認識藏書的作用，並自覺利用藏書培養封建統治階級的接班人。如元至正二十二年（一三六二）八月，陳基爲西湖書院重整書目寫的序言説：“夫經史所載，皆歷古聖賢建中立極修己治人之道，後之爲天下國家者，必於是取法焉。傳曰‘文武之道，布在方策’，不可誣也。”⑤一些藏書家還將藏書傳給子孫作爲博取功名的工具，如清初著名藏書家徐乾學即將自己的藏書樓取名爲傳是樓。汪琬《傳是樓記》云：

> 今健庵先生既出其所得於書者，上爲天子之所器重，次爲中朝士大夫之所矜式，藉是以潤色大業，對揚休命有餘矣，而又推之以訓敕其子姓，俾後先躋巍科、取膴仕，翕然有名於當世。琬然後喟焉大息以爲讀書之益宏矣哉！循是道也，雖傳諸子孫世世何不可之有。⑥

---

① 《麟臺故事》卷三《選任》。《麟臺故事》卷一《沿革》稱宋初“以昭文館、史館、集賢院爲三館”。

②③ 《麟臺故事》卷末《後序》。

④ 《文史通義新編新注》外篇三《答沈楓墀論學書》。

⑤ 《松鄰叢書》甲編《元西湖書院重整書目》卷首。

⑥ 《傳是樓宋元本書目》卷末。徐乾學號健庵。

凡藏書家將子孫培養成官員的,每爲人們所稱頌。如阮元談及宋初藏書家劉式的妻子陳夫人教子讀書的事迹説:

> 式字叔度,開寶中隨李氏入宋,官工部員外郎,判三司磨勘司,贈太保、禮部尚書。妻陳夫人既寡,以遺書教諸子,曰:"先大夫秉行清潔,有書數千卷以遺後,是墨莊也。安事隴畝?"諸子怠於學者,則爲之不食。由是,諸子皆以學爲郎官,孫廿五人,世稱墨莊夫人。①

許多藏書家都諄諄告誡子孫藏書讀書,認爲只要做到了這一點,就能進身成爲統治階級的一員。如北齊顔之推云:"自荒亂已來,諸見俘虜,雖百世小人,知讀《論語》《孝經》者,尚爲人師;雖千載冠冕,不曉書記者,莫不耕田養馬。以此觀之,安可不自勉耶!若能常保數百卷書,千載終不爲小人也。"②顔氏的觀點受到了明代藏書家祁承㸁的認同,他教導兒子説:

> 當爾之時,誠駑才矣!若能常保數百卷,千載終不爲小人。諺曰:積財千萬,不如薄伎在身。伎之易習而可貴者,無過讀書。世皆欲識人之多,見事之廣,而不肯讀書,是猶求飽而懶營饌,欲暖而懶裁衣也。之推之言,其警人者至矣,爾輩時讀一過,能無惕然。③

總之,出於鞏固政權、培養人才的需要,古人都十分重視圖書典藏工作。

二　典藏與讀書治學

豐富的藏書當然可爲讀書治學創造條件,張金吾嘗云:"人有愚、智、賢、不肖之異者,無他,學不學之所致也。然欲致力於學者,必先讀書;欲

---

① 《揅經室集二集》卷二《揚州文樓巷墨莊考》。

② 《顔氏家訓集解》卷三《勉學第八》。

③ 《澹生堂藏書約・讀書訓》。

讀書者,必先藏書。藏書者,誦讀之資,而學問之本也。”①

“欲知今古事,須讀五車書。”②讀書是人們獲取知識有效而基本的途徑。如晉袁山松云:“(王)充所作《論衡》,中土未有傳者,蔡邕入吴始得之,恒秘玩以爲談助。其後,王朗爲會稽太守,又得其書,及還許下,時人稱其才進。或曰:不見異人,當得異書。問之,果以《論衡》之益。”③《晉書·張華傳》談到張華“雅愛書籍,身死之日,家無餘財,惟有文史溢於几篋。嘗徙居,載書三十乘。秘書監摯虞撰定官書,皆資華之本以取正焉。天下奇秘,世所希有者,悉在華所。由是博物洽聞,世無與比”。《宋史·宋綬傳》稱其子“敏求家藏書三萬卷,皆略誦習。熟於朝廷掌故,士大夫疑議,必就正焉”。

上述例子説明了藏書在拓寬與加深讀者知識的廣度與深度方面的作用。因此,不少知識分子都是爲了讀書而藏書。如司馬光《獨樂園記》云:“熙寧四年(一〇七一),迂叟始家洛,六年,買田二十畝於尊賢坊北,闢以爲園,其中爲堂,聚書出五千卷,命之曰讀書堂。”④

有些藏書家藏書不僅自己讀,而且要求子孫讀,使讀書種子綿綿不絶。如南宋林霆“聚書數千卷,皆自校讎,謂子孫曰:‘吾爲汝曹獲良産矣’”⑤。清孫樹禮《善本書室記》亦云:“積財以貫計,積書以卷計。積財十萬貫,子孫日夕取求焉,不數年而用已罄;積書十萬卷,子孫日夕取求焉,終其身用之不盡,更傳諸子若孫,數十世亦不能盡也。故昔人有積財十一,積書十九之語。”⑥

古書流傳既久,屢經鈔刻,每多異文,爲了獲得正確的閲讀資料,古人讀書特别强調校勘,如王鳴盛云:“欲讀書必先校書,校之未精而遽讀,恐

---

① 《愛日精廬藏書志》卷首《自序》。

② 《邃雅堂集》續編《鳳陽府君墓志銘》。鳳陽府君指倪模。

③ 《後漢書》卷四九《王充傳》注引。

④ 《司馬文正公傳家集》卷七一。

⑤ 《宋史》卷四三六《鄭樵傳》。

⑥ 《善本書室藏書志》卷末附録。

讀亦多誤矣。”[①]葉德輝甚至説：“書不校勘，不如不讀。”[②]而豐富的藏書當然爲校勘創造了條件，許多藏書家都儘量購求善本異本。如黄丕烈云：“余好古書，無則必求其有，有則必求其本之異，爲之手校；校則必求其本之善，而一再校之。此余所好在是也。”[③]所以他特别注意收重本，嘗云：“余於古書每見必收，故一書竟有重複至三四本者。”[④]“余最喜藏書，兼購重本，取其彼此可互勘也。”[⑤]

治學當然更離不開藏書，許多著作都是利用公私豐富的藏書寫成的。例如司馬遷寫《史記》，就充分地利用了國家藏書。司馬遷於元封三年（前一〇八）正式擔任太史令，於太始元年（前九六）擔任中書令。這兩個官職都使他有條件接觸到大量的國家收藏的文獻。《史記・太史公自序》云：“遷爲太史令，紬史記石室金匱之書。”司馬貞《史記索隱》案：“石室、金匱，皆國家藏書之處。”《太史公自序》復云：“漢興，蕭何次律令，韓信申軍法，張蒼爲章程，叔孫通定禮儀，則文學彬彬稍進，《詩》《書》往往間出矣。自曹參薦蓋公言黄、老，而賈生、晁錯明申、商，公孫弘以儒顯，百年之間，天下遺文古事靡不畢集太史公。”據《初學記》載，中書令“典尚書，通掌圖書”。“以其總掌禁中書記，謂中書。漢武時，司馬遷被腐刑之後，爲中書令。”[⑥]可見漢宫廷内延閣、廣内、秘書之府裏的藏書，都由司馬遷管過。據金德建撰《司馬遷所見書考》，知司馬遷著《史記》所憑藉的典籍，今可考者不下三十種，這與他能借工作之便，利用宫廷藏書是密切相關的。

一般知識分子從事學術研究，則要依靠私家藏書，如趙明誠撰《金石録》三十卷，就是據所藏三代鼎彝及漢唐以來石刻寫成的。李清照《金石録後序》談到了他們的藏書及寫作情況：《金石録》三十卷，趙侯德父所著書也。余建中辛巳（一一〇一）始歸趙氏，侯年二十一，在太學。後連守兩

---

① 《十七史商榷》卷首《序》。

② 《藏書十約・校勘》。

③ 《蕘圃藏書題識》卷五《劉子新論十卷》。

④ 《蕘圃藏書題識》卷五《硯箋四卷》。

⑤ 《蕘圃藏書題識》卷五《麈史》。

⑥ 《初學記》卷一三《職官部下》。

郡,竭其俸入以事鉛槧。每獲一書,即同共校勘、整集籤題。得書畫彝鼎,亦摩翫舒卷,指摘疵病,夜盡一燭爲率。故能紙札精緻,字畫完整,冠諸收書家。在金人陷青州,其十餘屋藏書及古器物皆爲煨燼後,猶有書二萬卷,又金石刻二千卷。① 孫慶增著《藏書記要》,也以豐富的藏書作爲基礎,其《藏書記要》自序云:

> 余無他好,而中於書癖,家藏卷帙,不下萬數,雖極貧,不忍棄去,然聖賢之道,非此不能考證。數年以來,或持槖以載所見,或携篋以誌所聞,念兹在兹,幾成一老蠹魚矣。同志欲標其要,竊不自量,記爲八則,其當與不當,冀有識者諒之。②

在中國歷史上,學者們持續不斷地進行着文獻整理工作,無論校勘、注釋、編目,還是輯佚、匯編,都離不開公私藏書。如明永樂元年(一四〇三)七月,成祖朱棣曾對翰林侍讀學士解縉等説:

> 天下古今事物,散載諸書,篇帙浩穰,不易檢閲;朕欲悉采各書所載事物類聚之,而統之以韻,庶幾考察之便,如探囊取物。再嘗觀《韻府》《回溪》二書,事雖有統,而采摘不廣,紀載太略;爾等其如朕意,凡書契以來,經史子集百家之書,至於天文地志陰陽醫卜僧道技藝之言,備輯爲一書,毋厭浩繁。③

爲了實現這一目標,當時的國家藏書機構曾做了大量的圖書采購工作,朱棣《永樂大典序》曾談到他"命文學之臣,纂集四庫之書,及購募天下遺籍,上自古初,迄於當世,旁搜博采,彙聚群分,著爲奥典"。④ 全祖望《鈔永樂

---

① 《李清照集校注》卷二《金石録後序》。

② 《藏書記要》卷首。

③ 《明太宗實録》卷二一。

④ 《永樂大典目録》卷首。

大典記》也曾説《永樂大典》“一切所引書皆出文淵閣儲藏本”。①

豐富的藏書對文學創作也是有益的，左思作《三都賦》就參考了晉朝國家藏書，《晉書・左思傳》稱其復欲賦《三都》，“遂構思十年，門庭藩溷皆著筆紙，偶得一句，即便疏之，自以所見不博，求爲秘書郎”。及賦成，張華嘆爲班、張之流，“於是豪貴之家競相傳寫，洛陽爲之紙貴”。秘書郎在晉代正是管理國家藏書的官。

藏書除有益於讀書、治學、創作外，也豐富了藏書家的生活内容，使他們獲得高層次的精神享受。許多藏書家都把藏書、讀書當作畢生愛好，從中受到慰藉，獲得快樂。宋代尤袤就是一個例子，陳振孫曾説尤袤“家有遂初堂，藏書爲近世冠”。② 李燾云：

> 延之於書靡不觀，觀書靡不記。每公退則閉户謝客，日計手鈔若干古書。其子弟及諸女亦鈔書。一日謂予曰："吾所鈔書今若干卷，將彙而目之。饑讀之以當肉，寒讀之以當裘，孤寂而讀之以當友朋，幽憂而讀之以當金石琴瑟也。"③

尤袤的話引起了許多知識分子的共鳴。明代藏書家胡應麟也有同樣感受，嘗自言："於他無所嗜，所嗜獨書，饑以當食，渴以當飲，誦之可以當韶護，覽之可以當夷施，憂藉以釋，忿藉以平，病藉以起色。"④書對於知識分子確實是不可缺少的伴侣。

三　典藏與圖書出版

藏書與圖書出版相輔相成。許多藏書單位同時是圖書出版單位。采用手鈔的方法復製圖書是一種原始的出版形式，它的缺點是速度慢，複本内容很難保持一致。雕版印刷術發明以後，圖書出版工作得到了蓬勃發

① 《鮚埼亭集外編》卷一七。
② 《直齋書録解題》卷一八《梁溪集》。
③ 《説郛》卷十下。
④ 《弇州續稿》卷六三《二酉山房記》。

展,官府、學校、寺觀等藏書單位,都出版過不少圖書。如五代國子監就是經書雕印工作的一個光輝起點。許多藏書家同時也是出版家,如南宋初期井孟憲藏書甚豐,晁公武稱其"天資好書,自知興元府至領四川轉運使,常以俸之半傳録。時巴蜀獨不被兵,人間多有異本,聞之未嘗不力求,必得而後已。歷二十年,所有甚富"。[①] 而他對四川眉山地區出版事業的興盛也作出了貢獻,詳見本書《版本編》第四章第二節《按地域區分》二《蜀本》。

明代的大出版家往往是大藏書家,無錫華氏活字印刷業在中國出版史上占有突出地位,就拿華珵來説,曾排印過《方言》十卷、《百川學海》一百七十九卷、《渭南文集》五十卷、《石田詩選》十卷等多種圖書。華珵曾"致光禄署丞事",[②]祝允明稱其典藏與出版事業云:

> 光禄懸車鄉社,年逾七十,而好學過於弁髦。購書典帙,富若山矗。又製活字版,擇其切於學者,亟翻印以利衆,此集之所以易成也。自沈夢溪《筆談》述活版法,近時三吴好事者盛爲之。然所印有當否,則其益有淺深,惟光禄心行高古,動以益人爲志,凡所圖,類若此,與彼留情草譜禽經者迥别。[③]

(嘉慶)《無錫金匱縣志》卷二十五亦云:"華珵,字汝德,以貢授大官署丞,善鑒别古奇器、法書、名畫,築尚古齋,實諸玩好其中,又多聚書。所製活板甚精密,每得秘書,不數日而印本出矣。"

清代的張海鵬及其侄張金吾,皆爲大藏書家兼大出版家。黄廷鑑稱張海鵬:

> 家多宋元舊刻,君治經之暇,旁通子史百家言。嘗慨古今載籍幾經厄劫,歷觀史志所載及藏弆家所著録,存者百無一二。方今典籍大

① 衢本《郡齋讀書志》卷首《自序》。

② 弘治十五年(一五〇二)活字本《渭南文集》吴寬《序》。

③ (康熙)《無錫縣志》卷二二《渭南文集跋》。

> 備，不有以聚而流傳之，將日久散佚，此後生讀書者之責也。昔吾邑隱湖毛君以一諸生力，刊經史諸書，廣布海内，迄今幾二百年，經史舊板尚供摹印。前事可師，遂矢願以剞劂古書爲己任，乃檢舊藏所有，更廣購自明以來罕見之舊本，互勘去取。其中秘藏書，則倩錢唐何上舍元錫從文瀾閣中寫副儲藏，以備彙刊。以汲古所刊經史外，惟《津逮秘書》十五集爲書林鉅觀，汰之益之，黜僞崇真，廣爲二十集，名曰《學津討原》……續又於四部中取有關經史實學、名家論著而傳本將絶者，梓《墨海金壺》七百餘卷。又以其暇，取明人及時賢撰述，刊爲袖珍小品，名《借月山房彙鈔》凡十六集，又六年而畢，流布日廣，海内争睹，書林中之挾秘册懷墜簡者争集。有未經《四庫》著録者，如《兩京新記》《九國志》《琴川志》諸書，又蒐輯，次第續刊，書成將名之曰《金帚編》。惜工始而君捐館矣。居恒嘗語人曰：藏書不如讀書，讀書不如刻書，讀書衹以爲己，刻書可以澤人。上以壽作者之精神，下以惠後來之沾溉，視區區成就一己之業者，其道不更廣耶！①

阮元論張金吾云："虞山張氏金吾，世傳家學，代有藏書，不但多藏書至八萬餘卷，且撰書至二百餘卷，不但多撰書，抑且多刻書至千數百卷。其所纂著校刻者，古人實賴此與後人接見也，後人亦賴此及見古人也。"②

藏書家豐富的藏書也爲他人出版圖書創造了條件。例如鈕石溪是明代嘉靖年間會稽著名藏書家，所藏小説尤爲豐富，商維濬於萬曆年間所刻《稗海》即利用了鈕氏藏書。《稗海》初名《稗海大觀》，商序云：

> 吾鄉黄門鈕石溪先生鋭情稽古，廣購窮搜，藏書世學樓者，積至數百函，將萬卷。余爲先生長公館甥，故時得縱觀焉。每苦卷帙浩繁，又書皆手録，不無魚魯之訛。因於暇日撮其記載有體、議論的確者，重加訂正。更旁收縉紳家遺書，校付剞劂，以永其傳，以終先生惓

① 《第六絃溪文鈔》卷四《朝議大夫張君行狀》。

② 《揅經室續集》卷三《虞山張氏詒經堂記》。

惓之宿心，凡若干卷，總而名之曰《稗海大觀》。①

黄宗羲曾談到過這件事："古今書籍之厄，不可勝計。以余所見言之，越中藏書之家，鈕石溪世學樓其著也。余見其小説家目録亦數百種，商氏之《稗海》皆從彼借刻。"②

藏書單位出版圖書有一些鮮明的特點。首先，都具有明確的出版目的，官府及學校都十分重視書的教化作用。如洪武十五年（一三八二），明太祖命禮部官修治國子監舊藏書版，指示：

古先聖賢立言以教後世，所存者書而已。朕每觀書自覺有益，嘗以諭徐達。達亦好學，親儒生，囊書自隨。蓋讀書窮理於日用事物之間，自然見得道理分明，所行不至差謬。書之所以有益於人也如此。今國子監所藏書板多殘缺，其令諸儒考補，命工部督修治之，庶有資於學者。③

藏書家刻書目的主要在於傳播知識。五代時，毋昭裔有憾於貧困時借書之難，而發憤刻書，供人學習。宋委心子云：

毋公者，蒲津人也，仕蜀爲相。先是公在布衣日，常從人借《文選》及《初學記》，人多難色。公浩嘆曰："余恨家貧，不能力致。他日稍達，願刻板印之，庶及天下習學之者。"後公果於蜀顯達，乃曰："今日可以酬宿願矣。"因命工匠日夜雕板，印成二部之書。公覽之，欣然曰："適我願矣。"復雕九經諸書。兩蜀文字，由是大興。④

藏書家刻書還特別注意流傳善本秘册。在這方面，明末藏書家、出版

---

① 《稗海大觀》卷首。

② 《南雷文約》卷四《天一閣藏書記》。

③ 《南雍志》卷一《事紀》。

④ 《新編分門古今類事》卷一九《毋公印書》。

家毛晉成就突出，其子毛扆嘗云："吾家當日有書作，聚印匠二十人，刷印經籍，扆一日往觀之，先君適至，呼扆曰：'吾縮衣節食，遑遑然以刊書爲急務，今版逾十萬，亦云多矣，竊恐秘册之流傳尚十不及一也。'"①版逾十萬猶不滿足，其流傳秘册善本的抱負可謂大矣。黄丕烈刻《士禮居黄氏叢書》也抱有同樣的目的。如其《重雕曝書亭藏宋刻初本輿地廣記序》云："此本之未經重修爲宋刻初本者，尤希世之寶，予故亟欲重雕以廣其傳也。"②其《夏小正經傳集解》題識亦云："是書之刻，意在流傳舊本餉世。"③

爲了提高流傳善本的質量與效果，藏書家還采用了影鈔影刻的方法來復製圖書。葉德輝云：

> 乾嘉以來，黄蕘圃、孫伯淵、顧澗蘋、張古餘、汪閬源先生影刊宋、元、明三朝善本書，模印精工、校勘謹慎，遂使古來秘書舊槧，化身千億，流布人間。其裨益藝林、津逮來學之盛心，千載以下，不可得而磨滅也。④

現代在影印古籍、流傳善本方面，商務印書館利用公私藏書輯印《四部叢刊》可爲代表，葉德輝述其緣起云：

> 其時，常熟瞿氏鐵琴銅劍樓所藏宋元版書，甲於南北。主人瞿良士啓甲，風雅樂善，得余介紹，慨然盡出所藏，借之影印。京師圖書館之書，則因傅沅叔同年之力，得以相假。江南圖書館所藏，則光緒末年豐潤忠愍端方總督兩江時購自仁和丁氏八千卷樓者，其中亦多宋元舊本，商之齊鎮巖撫部耀琳。飭司館書者悉選其精善完整之本，在館印出。余又從日本白岩子雲龍平向其國岩崎氏静嘉堂假得宋本《説文解字》，爲孫氏平津館仿宋刻所自出者。此吾國第一孤本，爲歸安陸氏皕宋樓售出，今幸珠還，不可謂非快事也。同時，嘉興沈子培

① 《楹書隅録》卷一《影宋精抄本五經文字三卷》著録之毛扆跋。

②③ 《蕘圃刻書題識》。

④ 《書林餘話》卷下。

方伯同年曾植、江寧鄧正盦編修邦述、獨山莫楚生觀察棠、新建夏劍丞觀察敬觀,皆與其事,展轉商定。自戊午(一九一八)創議,迄壬戌(一九二二)告成,爲書二千餘册,爲卷一萬有奇,萃歷朝書庫之精英,爲古今罕有之巨帙。①

此外,許多藏書家都爲《四部叢刊》的影印出版作出了貢獻,瞿氏鐵琴銅劍樓就是一個突出例子。瞿鳳起《先父瞿良士先生事略》云:

己未(一九一九)之秋,上海商務印書館同仁……創議影印古籍……董其事者,海鹽張菊生、無錫孫星如兩先生……至罟里見訪,道使命,商請發棠,共襄盛舉。先父……遂被推爲發起人,相計就地取材,豫約次年派人來吾家攝影,藉以付印。越三載,至壬戌(一九二二)告成,顔曰《四部叢刊》,所收凡三百二十三種,出之吾家者二十五種,其數爲采自私家所藏者之冠。甲子(一九二四)……商務館……有續編之議。先父繼承舊志,盡出家藏……期年告成,全編凡七十五種,出吾家所藏者,逾半,達四十種。次年,又賡續三編之輯,共七十種,吾家占十六種。尚有待印目録,備再續者,其中吾家亦有十餘種。……此外,百衲本《二十四史》《續古逸叢書》,亦各有收録,至初、二、三各編中,遇有闕卷短葉以及序跋等,爲考訂版本、力求完整計,從而刺取者亦多。無他,先父不厭其煩,亦惟使古籍通過複印,得能止於至善之境也。②

藏書單位出版圖書,一般都能精於校讎,提供好的底本。五代國子監出版儒家經典,就曾利用豐富的藏書,組織專家認真校勘過。據《册府元龜》載:

① 《書林餘話》卷下。

② 見《鐵琴銅劍樓藏書題跋集録》三六三至三六四頁。

長興三年(九三二)四月敕:近以遍注石經,雕刻印板委國學。每經差專知業博士儒徒五六人勘讀並注,今更於朝官内别差五人充詳勘官:太子賓客馬縞、太常丞陳觀、祠部員外郎兼太常博士段顒、太常博士路航、屯田員外郎田敏等。朕以正經事大,不同諸書,雖已委國學差官勘注,蓋緣文字極多,尚恐偶有差誤,馬縞已下皆是碩儒,各專經業,更令詳勘,貴必精研。兼宜委國子監於諸色選人中,召能書人謹楷寫出,旋付匠人雕刻,每五百紙與減一選。所減等第,優與選轉官資。時宰相馮道,以諸經舛謬,與同列李愚委學官等,取西京鄭覃所刊石經,雕爲印板,流布天下,後進賴之。①

私家刻書也非常重視選擇好的底本。陳瑚在談及毛晉時說:"其所鋟諸書,一據宋本,或戲謂子晉曰:'人但多讀書耳,何必宋本爲?'子晉輒舉唐詩'種松皆老作龍鱗'爲證曰:'讀宋本然後知今本老龍鱗之誤也。'"②毛晉出版圖書還十分注重校勘工作。陳繼儒云:

吾友毛子晉負泥古之癖,凡人有未見書,百方購訪,如縋海鑿山,以求寶藏,得即手自鈔寫,糾訛謬,補遺亡,即蛛絲鼠壞,風雨潤濕之所靡敗者一一整頓之。③

今舉毛晉刻書題跋一則爲例,即可看出毛晉在刻書時據衆本進行校勘的嚴肅認真的態度:

余藏襄陽詩甚多,可據者凡三種:一宋刻三卷,逐卷意編,不標類目,共計二百一十首;一元刻劉須溪評者,亦三卷,類分游覽、贈答、旅行、送别、宴樂、懷思、田園、美人、時節、拾遺凡十條,共計二百三十三首。一弘治間關中刻孟浩然者,卷數與宋元相合,編次互有異同,共

① 《册府元龜》卷六〇八《學校·刊校》。

② 《確庵先生文鈔》卷五《爲毛潛在隱居乞言小傳》。

③ 《隱湖題跋》卷首引。

計二百一十八首,至近來十二家唐詩及王孟合刻等,或一卷,或二卷,或四卷,詮次寡多,本本淆訛,予悉依宋刻,以元本、關中本參之,附以拾遺,共得二百六十六首,間有字異句異,先後倒者,分注元刻某、今刻某,不敢臆改云。①

誠如朱彝尊云:汲古主人毛子晉"性好儲藏秘册,中年自群經、十七史以及詩詞曲本、唐宋金元别集、稗官小説,靡不發雕,公諸海内,其有功於藝苑甚鉅"。②

江西南昌學所刻《十三經注疏》利用阮元的豐富藏書,並請專家校勘,也是一個突出例子。陳康琪云:

江西南昌學所刻《十三經注疏》四百十六卷,卷末各附校勘記,阮文達公巡撫時,損資校刻者也。校勘記雖刊於江右,實成於吾浙。蓋公撫浙時,出舊藏宋版十行本十一經,及《儀禮》《爾雅》單疏本爲主,更羅致他書本,屬詁經精舍高才生分撰成書。《易》《穀梁》《孟子》屬元和李鋭,《書》《儀禮》屬德清徐養原,《詩》屬元和顧廣圻,《周禮》《公羊》《爾雅》屬武進臧庸,《禮記》屬臨海洪震煊,《春秋》《左傳》《孝經》屬錢唐嚴杰,《論語》屬仁和孫同元。惜南昌刊版時,原校諸君太半星散,公亦移節河南,刊者意在速成,遂不免小有舛誤。③

特别值得一提的是張之洞的《勸刻書説》,作者指出:

凡有力、好事之人,若自揣德業學問不足過人,而欲求不朽者,莫如刊布古書一法。但刻書必須不惜重費、延聘通人、甄擇秘籍、詳校精雕……其書終古不廢,則刻書之人終古不泯。如歙之鮑、吴之黄、南海之伍、金山之錢,可決其五百年中必不泯滅。豈不勝於自著書、

① 《隱湖題跋·跋孟襄陽集》。

② 《静志居詩話》卷二二。

③ 《郎潛紀聞》卷九。

> 自刻集者乎？……且刻書者，傳先哲之精藴，啓後學之困蒙，亦利濟之先務、積善之雅談也。①

《勸刻書説》産生了廣泛的影響，不少藏書家都作出了反映，葉德輝云："文襄倡此言，故光緒以來，海内刻書之風，幾視乾嘉時相倍。"②

總之，豐富的藏書爲圖書出版工作創造了條件，我國古代的藏書單位與藏書家，也爲圖書的出版事業作出了突出貢獻。

四　典藏與文獻保存

典藏的基本任務就是搜集圖書加以保管和利用，因而大大降低了圖書的散失率。所以，典藏及典藏學的研究在文獻保存方面是非常重要的。

我們今天能看到大量的先秦文獻，與西漢政府的典藏工作密切相關。漢朝開國以後，政府改變秦朝焚書坑儒的政策，廣開獻書之路，以至出現了圖書積如丘山的盛況。西漢末年劉向父子受命整理圖書，這才爲我們留下了許多先秦乃至西漢典籍的定本。隨着朝代的更替，國家藏書不斷地散失損壞，又不斷地積聚增加，直到清政府編成《四庫全書》，得以保存了大量的古籍善本。這些寶貴文獻至今主要由國家各級圖書館，在全國各地妥善地保存着。

在文獻保存方面，古今藏書家也作出了傑出的貢獻。有些藏書家甚至在戰火中，冒着生命危險，做搜亡存佚的工作。丁丙保護文瀾閣《四庫全書》就是一個突出例子，俞樾云：

> 丁君諱丙，字嘉魚，别字松生，晚年自號松存，浙江錢塘人。父諱英，生二子，長申，字竹舟，次即君也。粤寇陷杭，君出城，至留下市中買物，以字紙包裹，取視，皆《四庫》書，驚曰："文瀾閣書得無零落在此乎！"君之搜輯文瀾遺書，實始此矣。倉皇奔走，書籍束以巨縆，每束

---

① 《書目答問》附一《别録》。鮑指鮑廷博，黄指黄丕烈，伍指伍崇曜，錢指錢熙祚。
② 《書林清話》卷一《總論刻書之益》。

> 高二尺許,共得八百束。皆載之至滬,請陸君掬珊繪《書庫抱殘圖》紀之。①

張濬萬也談到了這件事:"初,杭州之陷也,文瀾閣燬,先生與其兄竹舟先生方跳身出危城,匿西溪農舍,深宵潛往掇拾,灰燼瓦礫之中,得萬餘册,流離轉徙,日與之俱,瀕危者數矣,卒獲全。既而茶陵譚公鍾麟撫浙,上其事於朝,復建閣還書尊藏之。"②

丁丙兄弟不僅爲收存文瀾閣《四庫全書》作出了突出貢獻,而且自家藏書也十分豐富,並且很有特色。陳登原云:"第世稱藏書之美,以宋元舊槧爲準。丁氏之書,宋槧只四十種,元刊逮百種。視百宋千元良不逮矣。然其書之可貴,亦有數者:一爲多《四庫》修書底本,可以見當時修書之法制者也;二爲多日本高麗刊本,可以見異國風光者也;三則多名儒宿學所校;四則近代校勘家收藏家所藏之書,丁氏亦有之甚夥。"③丁丙藏書後歸江南圖書館,即今南京圖書館所有。

抗日戰爭期間,鄭振鐸在淪陷的上海,爲搶救文化遺産做了大量工作,也是值得一提的。劉烜介紹道:

> 一九三七年八月十三日,日本侵略軍進攻上海。八月十四日,鄭振鐸寄藏於虹口開明書店的一百多箱古書,被燒得片紙不存。他看着紫黑色的烟雲在突突上升,心都被灼得疼。這時期,他買書,是爲保護祖國的文化遺産。有一次,他見到中國書店將五千餘本古書要論斤稱走造紙漿,便竭力勸阻。自晨至午,仍無效果。他見店主執意要論斤賣出,毅然曰:"歸予得之可也!"遂以六千金付之,而救得此七八百種書。"時予實窘困甚,罄其囊,僅足此數,竟以一家十口之數月糧,作此一擲救書之豪舉。事後,每自詫少年之豪氣未衰也。"這段生動的記載,出自《蟄居散記》。這在日記中也有反映。他在一九四三

---

① 《春在堂雜文》六編《丁君松生家傳》。

② 《善本書室藏書志》卷末《嘉惠堂八千卷樓記》。

③ 《古今典籍聚散考》第八章《清季之收藏家》。

年四月六日的日記中說："近日舊書舊報，大量的被紙商收去造紙，將來若《九朝聖訓》等大部而價廉之書，均將絶迹於世，實文化之一大浩劫也！思之，爲之感慨無已！"①

有些書流落國外，藏書家爲了保存祖國文化遺産，也不惜用重金購回。如楊守敬云：

余至日本，竭力搜訪，久之乃聞在西京大阪收藏家，余囑書估信致求之，往返數回，議價不成。及差滿歸國，道出神户，乃親乘輪車至大阪物色之，其人仍居奇不肯售。余以爲日本古籍有所見，志在必得。況此宋槧經書，爲海内孤本，交臂失之，留此遺憾，幸歸裝尚有餘金，乃破慳得之，携書歸。時同行者方詫余獨自入大阪，及携書歸舟，把玩不置，莫不竊笑癖而且癡。而余不顧也。②

楊守敬在日本竭力購求漢籍也促進了日本對我國古籍的珍惜，楊氏復云：

余之初來也，書肆於舊板尚不甚珍重，及余購求不已，其國之好事者遂亦往往出重值而争之，於是舊本日稀。書估得一嘉靖本亦視爲秘笈，而余力竭矣。然以余一人好尚之篤，使彼國已棄之肉復登於俎，自今以往，諒不至於拉雜而摧燒之矣，則彼之視爲奇貨固余所厚望也。(近日則聞什襲藏之不以售外人矣)③

藏書家在存殘補闕方面也做了大量工作，許多殘本經過他們千方百計地努力，都變得完整無缺。例如黄丕烈就提倡並注意搜集殘本，嘗稱："余佞宋，雖殘鱗片甲亦在珍藏。"④"余平生喜購書，於片紙隻字皆爲之收

① 《鄭振鐸〈日記〉手稿》，載《文獻》一九八〇年第四輯。
② 《日本訪書志》卷一《宋刊尚書注疏》。
③ 《日本訪書志》卷首《日本訪書志緣起》。
④ 《蕘圃藏書題識》卷七《浣花集十卷》。

藏,非好奇也,蓋惜字耳,往謂古人慧命全在文字,如遇不全本而棄之,從此無完日矣,故余於殘缺者尤加意焉,戲自號曰抱守老人。”①黄氏收殘本的目的在於補闕求全。他曾説過:“余抱殘守缺,喜爲古書補亡。”②“余喜蓄書,兼蓄重出之本,即破爛不全者亦復蓄之。重出者,取爲讎勘之具;不全者,或待殘缺之補也。”③“世之藏書者,當爲古書作合計。”④事實上,確有不少殘本經他之手被補全了。兹舉一例。其於明本《六朝聲偶集七卷》題識云:“物無重輕,以全爲上;事無巨細,以合爲奇。此徐獻忠《六朝聲偶集》不過總集中之一種耳,因不習見,殘帙亦收之,偶舉示書友之常所往來者,冀其或有配頭也,仲冬七日果獲殘帙五六七卷,合著前一二三四卷,適符全書七卷,是可謂巧遇矣,喜而識其緣起於卷端。”⑤而不少藏書家也都願意成人之美。黄氏嘗云:“吴中藏書家,余所及見而得友之者,昔推香嚴周氏,其顧氏抱冲、袁氏綬階,皆與余同時,彼此收書,互相評騭,倘有不全之本,兩家可以合成,必爲允易。周、顧、袁三君皆如是也,故一時頗稱盛事。”⑥

有的藏書家爲了將一書補綴完整,先後要經過數年、數十年的努力,趙琦美補全《營造法式》即是一例。錢曾云:

> 趙元度初得李誡《營造法式》,中缺十餘卷,遍訪藏書家,罕有蓄者。後於留院得殘本三册,又借得閣本參考,而閣本亦缺六、七數卷。先後蒐訪,竭二十餘年之力,始爲完書。圖樣界畫,最爲難事,用五十千,命長安良工,始能措手。今人巧取豪奪,溝澮易盈,焉知一書之難得如此。⑦

---

① 《蕘圃藏書題識》卷十《陽春白雪十卷》。

② 《蕘圃藏書題識》卷二《契丹國志十七卷》。

③ 《蕘圃藏書題識》卷八《慶湖遺老詩集九卷拾遺一卷補遺一卷》。

④ 《蕘圃藏書題識》卷六《事類賦三十卷》。

⑤ 《蕘圃藏書題識》卷十《六朝聲偶集七卷》。

⑥ 《士禮居藏書題跋記續編》卷二《石湖志略文略二卷》。

⑦ 《也是園書目》卷末《後序》。

特別值得注意的是一些藏書家傾心搜集專題文獻，爲我們留下了寶貴的精神財富。例如明代著名藏書家趙琦美於萬曆四十三年(一六一五)開始，以三年之力，鈔校雜劇三百餘種，遞經諸家收藏，一九三八年終爲政府購得，交由當時的北平圖書館典藏。鄭振鐸云：

> 這弘偉豐富的寶庫的打開，不僅在中國文學史上增添了許多本的名著，不僅在中國戲劇史上是一個奇迹，一個極重要的消息，一個變更了研究的種種傳統觀念的起點，而且在中國歷史、社會史、經濟史、文化史上也是一個最可驚人的整批重要資料的加入。這發見，在近五十年來，其重要，恐怕是僅次於敦煌石室與西陲的漢簡的出世的。①

藏書家積聚的書籍難以世守，但是常常成批地賣給另一位藏書家，最後往往又匯入了公共圖書館。譚卓垣曾談到私家藏書的鏈條是一環緊扣一環的：

> 清代私家藏書的這一鏈端可以上溯到明清之間錢謙益的藏書活動。他事實上是繼承了明代四位大藏書家——楊氏七檜山房、錢氏懸罄室、劉氏厞載閣和趙氏脈望館的全部遺書。錢謙益的專藏是宋、元版，在絳雲樓未焚以前，他已經積得了三千多種；他臨終時把焚餘遺書——幾乎全部都是脈望館的精本——傳給了族孫錢曾。錢曾也是一位愛書家，他把自己的藏書編了《述古堂書目》。一六六六年—一六六七年間，他將其所有宋版書副本轉賣給季振宜；而在絳雲樓遭火以前，徐乾學曾從那兒得到過一些珍貴的鈔本。當康熙之子怡親王的經紀人幫助建立怡府藏書時，他從季、徐兩家得到了許多善本。但是皇族藏書要想久長往往是很困難的，當他的後代因大逆罪被斬以後，怡府藏書也就散出了。於是，愛書家黄丕烈買到了這部分藏書

① 《西諦書話·跋脈望館鈔校本古今雜劇》。

中的佳構。黄丕烈逝世後，其大部分藏書又落到了宋版愛好者汪士鐘手裏；同時，汪氏也得到了一些清中葉的珍本書。然而，他的聚書活動同樣是徒勞的。因爲早在一八六〇年，他的一些珍貴藏本就已落入上海郁松年之手。太平天國以後，有一部分藏書則爲山東楊以增所得。①

楊以增，清嘉慶、道光間人，藏書室名海源閣。其子楊紹和編《楹書隅録》，收善本書二百六十餘種。其孫楊保彝輯《海源閣宋元本書目》，收善本書四百六十餘種。其藏書後散佚，一部分現藏國家圖書館。詳見本編第四章《圖書的亡佚》第二節《兵燹》。顯然，私家藏書爲公家藏書得以長久保存，也作出了貢獻。

---

① 《清代藏書樓發展史》第三章《私家藏書樓》第四節《現代傑出藏書樓及其命運》。七檜山房爲常熟藏書家楊儀（夢羽）藏書室名；懸罄室爲吴縣藏書家錢穀（叔寶）藏書室名；厞載閣爲長洲藏書家劉鳳（子威）藏書室名；脈望館爲常熟藏書家趙琦美（元度）藏書室名。怡府的經紀人或爲何焯。陸心源《宋槧婺州九經跋》稱徐健庵、季滄葦之書，“由何義門介紹，歸於怡府”。

第二章　典藏單位

我國文獻典藏單位，大體可分爲國家、私人、學校、寺觀等幾種類型，清末受外來文化影響，又出現了圖書館。今分别簡述如下。

第一節　國家藏書

國家藏書包括宫廷藏書與官府藏書兩個部分，二者往往又密不可分。宫廷藏書機構相當於今天的國家圖書館，代表了當時國家藏書水平，因此本節主要論述宫廷藏書，並兼及官府藏書。

一　先　秦

章學誠云："有官斯有法，故法具於官；有法斯有書，故官守其書。"①在各藏書單位中，以國家藏書爲最早。據文獻記載，夏代就已藏有典籍了。《國語·晉語第十》叙及晉文公二年（前六三五），南陽人猶"有夏商之嗣典"。韋昭注曰："典，法也。……言有夏、商之後嗣及其遺法。"《吕氏春秋·先識》亦云："夏太史令終古出其圖法，執而泣之。夏桀迷惑暴亂愈甚，太史令終古乃出奔如商。"圖法略同今日的文書檔案，太史令終古當爲夏代末年管理文書檔案的官員。《左傳》昭公二年（前五四〇），記晉國韓宣子出使魯國，"觀書於大史氏"，孔穎達《疏》曰："大史之官職掌書籍，必

① 《校讎通義》卷一《原道》。

有藏書之處,若今之秘閣也。”①王國維也認爲:“掌文書者謂之史,其字從又從中。又者右手,以手持簿書也……則史之職,專以藏書、讀書、作書爲事……史爲掌書之官,自古爲要職……史之本義爲持書之人。”②

商代已有相當規模的文獻典藏單位,不僅見於記載,而且已爲考古發掘成果所證實。

《尚書·多士》云:“惟殷先人,有册有典。”在河南安陽小屯村殷墟發現的大量甲骨文獻充分地説明了這一點。如一九三六年三月至六月,前中央研究院歷史語言研究所曾在小屯北地一二七坑發現了一七〇八八片龜甲。這一坑龜甲都是武丁和武丁晚期的。陳夢家談道:

> 殷代卜官如何處置他們的檔案,到今天爲止我們尚無充分的知識。地下發掘到的比較有秩序的大量堆積的甲骨,只能説是儲積。一個穴窖,倘然只包含一個朝代的甲骨,才是真正的有意的儲積,不管它是歸檔、儲藏或是埋藏,它可能是在某一個時期把同期甲骨存入的。一個穴窖,倘然包含一個以上的朝代的甲骨,那末它可能是某幾個時期由不同時期甲骨累積的。在穴窖以外的版築中、灰土中或穴窖以内零散的甲骨,它們是和别的東西一道堆積,不是專門存儲甲骨的所在。

陳夢家將出土卜甲分成儲積的、累積的、零散的三種情況,並認爲小屯北地一二七坑出土的卜甲是有意儲積的。③

那麼,這些文獻是否有專門的機構加以整理和保管呢?答案是肯定的。這個機構是殷代的宗廟。一九七三年,中國科學院考古研究所安陽發掘隊在小屯南地出土刻辭甲骨四五一一片,其中有十條關於在宗廟卜的記載,如:二七〇二號“在大甲宗卜”、三七六三號“在大庚宗卜”、四一五

---

① 《春秋左傳正義》卷四二。

② 《王國維遺書》本《觀堂集林》卷六《釋史》。

③ 《殷虚卜辭綜述》第一章《總論》第二節《甲骨的種屬及采用的部分》。

五號“在祖乙宗卜”。例中的“宗”字指宗廟。[①] 占卜完畢，一些重要的甲骨卜辭就儲存在宗廟中。一九三二年秋，前中央研究院歷史語言研究所在小屯北地發現了不少版築基址，基址之上或基礎的前邊，都有排列匀整的柱礎石。陳夢家説：“在小屯村北六百公尺的面積内，就有版築基址幾處，窴穴竇窖，散布其間。穴的形狀有渾圓、有橢圓、有心形、有長方形、有方形。有的有臺階可以上下。又有窖，可以深到七八公尺。這些地方，確爲殷代宗廟宮室的所在。”[②]

商代的典籍也由專人管理。胡厚宣曾指出小屯村北地一二七坑“甲骨中，又有一架踡曲而側置的人骨緊靠坑的北壁，大部分已被埋在甲骨中，僅頭及上軀還露出甲骨以外。這個人可能就是當時管理甲骨的人員”。[③] 而甲骨卜辭也確實被編輯整理過。如在小屯村北地一二七坑出土的卜甲中，“又有背甲製成石刀的樣子，中間穿孔，上面刻辭的”。[④] 陳夢家認爲：“這種鞋底形的改製背甲有一個不小的穿孔，可知連繫若干背甲穿扎起來，可能就是‘典册’之‘册’的象形。”[⑤]董作賓還論及卜甲經過編排的情形：

> 余整理龜骨，編號既竣，李濟之先生適來參閱，見有兩龜版猶粘著一處者，其間泥沙甚厚。蓋余將留之以存地下之原狀。李先生謂：“宜揭而視之，或有新辭奇字，亦未可知。”揭之，果得“册六”之文，吾等乃不禁狂喜，蓋所粘著之一版，爲“尾右甲”，例無文字，而不意竟有此新發現也。此版編號爲一，〇，〇四五四也。“册六”作卌∧，逼近尾甲之尖，上下左右，更無其他文字。稍上，斷處有孔，餘其半，知此

① 參見陳邦懷《〈小屯南地甲骨〉中新發現的若干重要史料》，載《歷史研究》一九八二年第二期。

② 《殷虚卜辭綜述》第一章《總論》第四節《甲骨出土地的確定與展延》。

③ 《殷墟發掘》六《第十三、十四、十五次的“平翻”工作和完整的甲骨坑及古建築的遺存》。

④ 石璋如《殷墟最近之重要發現附論小屯地層》，載一九四九年《中國考古學報》第四册。

⑤ 《殷虚卜辭綜述》第一章《總論》第二節《甲骨的種屬及采用的部分》。

甲全時,在一册中爲其表面之一版,其孔,所以貫韋編也。余既以比例算法,求得此坑(第三十六)所出之龜版,大小不同者凡十有九,則此十九版者,必與"册六"有關,蓋所謂"册六"者,猶今世書籍表面之書卷六矣。①

卜骨同樣也經過整理。一九七一年十二月八日,考古研究所安陽工作隊在小屯西地殷墟重點保護區内進行發掘,於第一號深溝内發現一堆完整的牛胛骨卜骨,共二十一枚。這二十一枚卜骨重疊着堆放在一起,井然有序,骨臼大多向東,只有三枚向北,疊壓的情况大致分爲三組:西南一組三枚,東南一組六枚,北面一組十二枚。郭沫若一九三三年初纂述《卜辭通纂》曾擬議:"每卜用三龜,一卜不吉,則再用三龜,其用骨者當亦同然。"安陽卜骨出土後,他進一步分析道:

這一擬議距今已近四十年,由此次二十一枚卜骨出土情况看來,我四十年前的揣測,似乎已由出土實物而得到證明了。即是卜骨或卜龜甲是以三枚爲一組,一次卜用三龜或三骨,卜畢後儲存,在當初想必有帛以裹之,有繩以纏之,有篋以藏之,年代既久,帛朽,繩爛,篋毁,化爲灰土,便僅剩下甲與骨。②

爲便於檢索,管理者還在卜骨的突出處骨臼上刻上標識。郭沫若云:

今案骨臼所刻之辭雖與卜辭無涉,然其事必與卜骨有關。由其所刻之地位以覘之,其性質實如後人之署書頭或標牙籤耳。蓋甲骨既經修治以待卜用,必裹而藏之。由肩胛骨之性質而言,勢必平放,平放則骨臼露於外,故恰好利用其地位以作標識。其曰"王示",曰"小臣某示",曰"帚某示",蓋其檢討時經王及王之代理者所省視。曰

① 《商代龜卜之推測·皮藏第十》,載一九二九年《安陽挖掘報告》第一期。

② 《郭沫若全集》考古編—《安陽新出土的牛甲骨及其刻辭》。

"自某川"或"川自某",蓋言卜辭之内容乃自某人所卜或所録者蟬聯而下之意,川即取其貫穿不斷也。每辭末字乃陪觀者之署名,董氏謂爲卜人或史官,其説無可易。①

商代典籍由史官管理也爲書面資料所證明,如《吕氏春秋·先識》云:"殷内史向摯,見紂之愈亂迷惑也,於是載其圖法出亡之周。"

周代流傳下來的文獻比商代更多、更豐富,除甲骨、金石文獻外,還有竹木與帛書。

周代宫廷及諸侯國的卜甲卜骨以及其他典籍仍藏於宗廟。《孟子·告子下》云:"諸侯之地方百里,不百里不足以守宗廟之典籍。"②宫廷宗廟之守藏室也稱天府。《周禮·春官·天府》云:"天府掌祖廟之守藏與其禁令。"《周禮·地官·鄉大夫》云:"群吏獻賢能之書于王,王再拜受之,登於天府,内史貳之。"鄭玄注曰:"天府,掌祖廟之寶藏者。内史副寫其書。"③《周禮·秋官·大司寇》云:"凡邦之大盟約,涖其盟書,而登之于天府。"鄭玄注曰:"天府,祖廟之藏。"④一九七七年七至八月,周原考古隊發掘岐山鳳雛村甲組基址時,在該基址内西厢房第二號房間的一個窖穴裏,共出土甲骨一萬七千餘片,其中一萬六千七百餘片爲龜的腹甲,三百餘片爲牛的肩胛骨,已清洗出有字卜甲一百七十多片。該基址初步判定爲西周初年的宗廟建築。⑤

周朝宫廷藏書處也可稱爲盟府、策府、周府、周室等。如《左傳》僖公五年云:"虢仲、虢叔,王季之穆也,爲文王卿士,勳在王室,藏於盟府。"《穆天子傳》卷二記載周穆王"北征,至於群玉之山……阿平無險,四徹中繩,

---

① 《郭沫若全集》考古編一《殷契餘論·骨臼刻辭之一考察》。

② 《孟子注疏》卷一二下。趙岐注曰:"宗廟典籍謂先祖常籍法度之文。"

③ 《周禮注疏》卷一二。

④ 《周禮注疏》卷三四。

⑤ 參見新華社《陝西周原地區發現一萬多片西周甲骨》,載一九七七年十月十七日《光明日報》;陳金方《陝西周原考古的新收獲》,載《文物與考古》第一〇七期;王宇信《周代的甲骨文》,載《中國史研究》一九七九年第三期;陝西周原考古隊《陝西岐山鳳雛村發現周初甲骨文》,載《文物》一九七九年第十期。

先王之所謂策府”。郭璞注曰:“古帝王藏策之府,則所謂藏之名山是也。”《左傳》定公四年云:“其載書……藏在周府,可覆視也。”《莊子·天道》云:“孔子西藏書於周室。”

由於工作需要,不少官府也藏有典籍,正如章學誠所說:“六藝非孔氏之書,乃周官之舊典也。《易》掌太卜,《書》藏外史,《禮》在宗伯,《樂》隸司樂,《詩》領於太師,《春秋》存乎國史。”①在這方面,《周禮》中有較系統的記載,如《周禮·天官·大宰》云:“大宰之職,掌建邦之六典,以佐王治邦國。”《周禮·地官·大司徒》云:“大司徒之職,掌建邦之土地之圖,與其人民之數,以佐王安擾邦國。”《周禮·秋官·大司寇》云:“大司寇之職,掌建邦之三典,以佐王刑邦國,詰四方。”

《隋書·經籍志》總序還對周代史官所掌典籍,作了概括的介紹,其說如次:

> 《周禮》所稱:太史掌建邦之六典、八法、八則,以詔王治;小史掌邦國之志,定世系、辨昭穆;内史掌王之八柄,策命而貳之;外史掌王之外令及四方之志、三皇五帝之書;御史掌邦國都鄙萬民之治令,以贊冢宰。此則天子之史,凡有五焉。諸侯亦各有國史,分掌其職。

應當指出,文中所提到的典、書、法、則、志、令,多爲文書檔案,而諸史實際上是政府各部門的文書工作者。《周禮·天官·小宰》云:“史掌官書以贊治。”鄭玄注曰:“贊治,若今起文書草也。”②章學誠亦云:“或問《周官》府史之史與内史、外史、太史、小史、御史之史有異義乎?曰:無異義也。府史之史,庶人在官供書役者,今之所謂書吏是也。五史則卿、大夫、士爲之,所掌圖書、紀載、命令、法式之事,今之所謂内閣六科、翰林中書之屬是也。”③

當然,周代的史官不但擔負着文書起草任務,而且也擔負着文獻保管

① 《校讎通義》卷一《原道》。

② 《周禮注疏》卷三。

③ 《文史通義》内篇《史釋》。

任務，司馬遷云："老子者，楚苦縣厲鄉曲仁里人也，姓李氏，名耳，字聃，周守藏室之史也。"司馬貞《索隱》案："藏室史，周藏書室之史也。又《張蒼傳》'老子爲柱下史'，蓋即藏室之柱下，因以爲官名。"①可以説老子是周代宫廷有名可稽的管理圖書的官員。諸侯國的文獻也有專人保管。《左傳》昭公十五年記載了周景王關於晉國籍談祖上司職典籍的一段話就是例證："昔而高祖孫伯黶，司晉之典籍，以爲大政，故曰籍氏。及辛有之二子董之，晉於是乎有董史。女，司典之後也，何故忘之？籍談不能對。賓出，王曰：籍父其無後乎，數典而忘其祖。"

周代王室及諸侯國的文獻管理機構，已經做到了根據文獻内容進行分類收藏。例如天官大宰所掌典籍，共分六類："一曰治典，以經邦國，以治官府，以紀萬民。二曰教典，以安邦國，以教官府，以擾萬民。三曰禮典，以和邦國，以統百官，以諧萬民。四曰政典，以平邦國，以正百官，以均萬民。五曰刑典，以詰邦國，以刑百官，以糾萬民。六曰事典，以富邦國，以任百官，以生萬民。"②《左傳》哀公三年記載魯國宫廷發生火災，有的官員關心御書，有的官員關心禮書，有的官員關心象魏，可見魯國府内典籍也是分類保管的。

周代國家藏書除爲實際工作服務外，還可借閲。如《史記・十二諸侯年表》稱："孔子明王道，干七十餘君，莫能用，故西觀周室，論史記舊聞。"《左傳》昭公二年記載晉國韓宣子"觀書於大史氏，見《易象》與魯《春秋》，曰'周禮盡在魯矣'"皆可爲證。

二　秦

秦國在統一六國前，就已注意收集圖書。僞《孔子家語》孔安國《後序》云："孫卿入秦，昭王從之問儒術。孫卿以孔子之語，及諸國事、七十二弟子之言，凡百餘篇與之，由是秦悉有焉。"③秦始皇在焚書前也曾大量收集過典籍。在位之三十五年（前二一二）嘗云："吾前收天下書，不中用者

① 《史記》卷六三《老子韓非列傳》。

② 《周禮注疏》卷二。

③ 《孔子家語》多源於先秦舊籍，此語所出待考。

盡去之;悉召文學方術士甚衆,欲以興太平。”①焚書坑儒不涉官學,故秦宮廷官府仍保存着不少書。

秦代及其先輩收藏典籍的地方仍爲宗廟。《史記·太史公自序》云:“周道廢,秦撥去古文,焚滅《詩》《書》,故明堂石室金匱玉版圖籍散亂。”明堂、石室均指宗廟。《史記·五帝本紀》司馬貞《索隱》引《尚書·帝命驗》曰:“五府,五帝之廟。……唐虞謂之五府,夏謂世室,殷謂重屋,周謂明堂,皆祀五帝之所也。”可證。《左傳》莊公十四年云:“典司宗祏。”杜預注曰:“宗祏,宗廟中藏主石室,言已世爲宗廟守臣。”可見石室也是宗廟之稱。根據商周傳統,重要的文書檔案藏於宗廟。《史記·封禪書》云:“秦繆公立,病卧五日不寤;寤,乃言夢見上帝,上帝命繆公平晉亂。史書而記,藏之府。”漢揚雄云:“嘗聞先代輶軒之使,奏籍之書,皆藏於周、秦之室。”②東漢應劭亦云:“周、秦常以歲八月,遣輶軒之使,求異代方言,還,奏籍之,藏於秘室。”③這兒的府與室當指宗廟中收藏文獻的處所。

秦代負責管理宫廷藏書的官員爲御史,亦稱柱下史。《史記·張丞相列傳》云:“張丞相蒼者,陽武人也。好書律曆。秦時爲御史,主柱下方書。”“張蒼乃自秦時爲柱下史,明習天下圖書計籍。”“蒼本好書,無所不觀,無所不通,而尤善律曆。”《史記·蕭相國世家》云:“沛公至咸陽,諸將皆争走金帛財物之府分之,何獨先入收秦丞相御史律令圖書藏之。沛公爲漢王,以何爲丞相。項王與諸侯屠燒咸陽而去。漢王所以具知天下阸塞,户口多少,强弱之處,民所疾苦者,以何具得秦圖書也。”這段話也説明,秦宫廷藏書爲御史負責管理。丞相府也藏有部分圖書。又,《史記·秦始皇本紀》載李斯語云:“非博士官所職,天下敢有藏《詩》《書》、百家語者,悉詣守、尉雜燒之。”《漢書·百官公卿表上》:“博士,秦官,掌通古今。”則秦博士官府也藏有圖書。

---

① 《史記》卷六《秦始皇本紀》。

② 《全漢文》卷五二《答劉歆書》。

③ 《風俗通義》卷首《序》。

三　兩　漢

西漢統治者始終重視書籍的典藏工作。《漢書・藝文志》介紹了西漢政府收集圖書情况，詳見本書《目録編》第一章《目録與目録學》第二節《什麽是目録學》所引。據《七略》所載，漢宫廷藏書“大凡三萬三千九十卷”。①

關於西漢國家藏書機構，《隋書・經籍志》作過簡要的介紹：“武帝置太史公，命天下計書，先上太史，副上丞相，開獻書之路，置寫書之官，外有太常、太史、博士之藏，内有延閣、廣内、秘室之府。”又，《漢書・百官公卿表》稱御史中丞“在殿中蘭臺，掌圖籍秘書”。《漢書・儒林傳》稱：“曲臺在未央宫。”師古注曰：“在曲臺校書著記。”則蘭臺、曲臺也是西漢内府藏書、校書處所。此外，還有石渠、天禄、麒麟等閣。《三輔黄圖・閣》云：“石渠閣，蕭何造，其下礱石爲渠以導水，若今御溝，因爲閣名，所藏入關所得秦之圖籍。至於成帝，又於此藏秘書焉。”“天禄閣藏典籍之所”，“天禄、麒麟閣，蕭何造，以藏秘書、處賢才也。劉向於成帝之末校書天禄閣”。注云：“天禄閣在大殿北，以閣秘書。”《唐六典》卷十亦云：“天禄亦尚書，劉向、揚雄典校，皆在禁中，謂之中書，猶今言内庫書也。”西漢的一些政府部門往往藏有與自己職守有關的圖書，如《漢書・禮樂志》云：“今叔孫通所撰禮儀，與律令同録，藏於理官。”顔師古注曰：“理官，即法官也。”桓譚《新論》亦云：“《連山》藏於蘭臺，《歸藏》藏於太卜。”②《歸藏》爲三《易》之一，爲太卜所藏，以便隨時取用，但《連山》何故不同藏太卜，則不詳。

西漢國家藏書由太常屬官太史令、博士，以及御史中丞等掌管。據《漢書・百官公卿表》載，太常掌宗廟、禮儀，諸陵、縣皆屬焉。太常屬官有太史令、丞。《史記・太史公自序》稱：“遷爲太史令，紬史記石室金匱之書。”可見太常、太史負責宗廟藏書處所金匱、石室的管理工作。博士，官名，隸太常。《漢書・儒林傳》稱：“博士論石渠。”内府各藏書所也有專人

---

① 此據《全漢文》卷四一《七略佚文》，其他輯本所載略有不同。

② 《北堂書鈔》卷一〇一《藝文部》引。

負責。《漢書・百官公卿表》稱:御史大夫有兩丞,“一曰中丞,在殿中蘭臺,掌圖籍秘書,外督部刺史”。西漢時已有蘭臺令史,劉攽《漢官儀》卷上云:“蘭臺令史六人,秩百石,掌書劾奏。”此外,根據需要還調集部分專家學者專門從事圖書整理工作。故《歷代職官表》卷二十五《文淵閣閣職》云:“漢以麒麟、天禄閣爲禁中藏書之所,即後世秘閣之制所由昉,而劉向、揚雄等皆以他官典校其間,則今文淵閣閣職爲内閣翰詹諸臣兼銜,正其例也。”據今推古,其言可信。

西漢國家藏書的最大成就是對圖書進行了一次大規模的收集、整理、編目工作。劉向、劉歆父子主持編撰的《别録》《七略》雖已亡佚,但是從《漢書・藝文志》中仍可清楚地看出西漢國家藏書的盛況。《七略》分六藝、諸子、詩賦、兵書、數術、方技六大類。從藏書的數量與種類上看,西漢國家藏書同過去相比,都産生了一個巨大的飛躍。司馬遷利用豐富的國家藏書,作《史記》一百三十篇,也是我國藏書史上的重大成就。

東漢諸帝亦多重視國家藏書建設工作,《隋書・經籍志》序概括地叙述了東漢前期的宫廷藏書情况:“光武中興,篤好文雅,明、章繼軌,尤重經術。四方鴻生鉅儒,負帙自遠而至者,不可勝算。石室、蘭臺,彌以充積。又於東觀及仁壽閣集新書,校書郎班固、傅毅等典掌焉。”此後國家藏書仍有較大的發展。牛弘《請開獻書之路表》云:“肅宗親臨講肆,和帝數幸書林,其蘭臺、石室、鴻都、東觀,秘牒填委,更倍於前。”①

東漢國家藏書處所較多,其著者爲蘭臺、東觀。《漢書・王莽傳》云:“讖書藏蘭臺。”顔師古注:“蘭臺,掌圖籍之所。”《魏書・釋老志》云:漢明帝“得佛經四十二章……其經緘於蘭臺、石室”。可見秘籍多藏蘭臺。東觀爲學者們經常讀書治學的地方,多藏一般圖書,影響則更大一些。《後漢書・黄香傳》云:“元和元年,肅宗詔黄香詣東觀,讀所未見書。”元《河南志》卷二引《洛陽記》云:“東觀在南宫,高閣十二間。”東漢李尤《東觀賦》云:“東觀之藝,孽孽洋洋,上承重閣,下屬周廊……道無隱而不顯,書無缺

① 《隋書》卷四九《牛弘傳》。

而不陳。覽三代而采宜,包郁郁之周文。"①

東漢前期沿西漢之舊,設蘭臺令史爲管理圖書的官員,唐杜佑稱東漢政府"於蘭臺置令史十八人"。② 鄭樵稱:"後漢明帝以班固爲蘭臺令史。"又曰:"傅毅爲蘭臺令史,與班固、賈逵共典書。"③

新設的典校圖書的官職有校書郎與校書郎中。杜佑云:後漢"選他官入東觀皆令典校秘書,或撰述傳記,蓋有校書之任而未爲官也,故以郎居其任則謂之校書郎;以郎中居其任,則謂之校書郎中。當時重其職,故學者稱東觀爲老氏藏室、道家蓬萊山焉"。④鄭樵舉例道:"以郎居其任,則謂之校書郎,楊終、竇章皆以郎爲之;以郎中居其任,則謂之校書郎中,蔡邕、馬融皆以郎中爲之。"⑤這些官員也確實在做校書工作,如《後漢書·劉珍傳》談到永初四年(一一〇),鄧太后命劉珍、馬融等"校定東觀五經、諸子、傳記、百家藝術,整齊脱誤,是正文字"。

東漢政府調整藏書機構的最大貢獻是成立秘書監,使藏書機構取得了相對獨立的地位。宋程俱云:"東觀亦在禁中也,至桓帝始置秘書監,掌禁中圖書秘記,謂之秘書。"⑥元馬端臨亦云:"後漢圖書在東觀,桓帝延熹二年,始置秘書監一人,掌典圖書、古今文字,考合異同。"⑦自東漢設秘書監專管典籍,歷代相因不改,官名則略有不同,或稱秘書監、秘書郎,或稱秘書丞、秘書令等。

東漢國家藏書有幾點值得稱道。一是東漢統治者自光武帝以下都一直重視典藏工作;二是歷朝都注意委派專家學者參預或主持典藏工作;三是國家藏書機構也是學術研究機構,留下了《白虎通義》《熹平石經》《東觀漢記》等重要作品。

---

① 《全後漢文》卷五〇。

②④ 《通典》卷二六《職官八》。

③⑤ 《通志》卷五四《職官四》。

⑥ 《麟臺故事》卷一《沿革》。

⑦ 《文獻通考》卷五六《職官十·秘書監》。

四　三國兩晉南北朝

三國時戰争頻繁,典藏事業受到了巨大影響,但魏、蜀、吴三國仍或多或少地做了一些典藏工作。

公元二二〇年,曹丕稱帝,建都洛陽,國號爲魏,開始即十分重視圖書的收集與利用工作。魏藏書機構承東漢之制爲秘書監。《隋書・經籍志》云:"魏氏代漢,采掇遺亡,藏在秘書中外三閣。"杜佑亦謂:"文帝黄初初置中書令典奏事,而秘書改令爲監,掌藝文圖籍之事。"[①]魏秘書監的主要成就是編了類書《皇覽》與藏書目録《中經》。《三國志・魏書・文帝紀》云:"初,帝好文學,以著述爲務,自所勒成垂百篇,又使諸儒撰集經傳,隨類相從,凡千餘篇,號曰《皇覽》。"王象爲撰修人之一,《魏略》云:"魏有天下,拜象散騎侍郎,遷爲常侍,封列侯。受詔撰《皇覽》,使象領秘書監。象從延康元年始撰集,數歲成,藏於秘府,合四十餘部,部有數十篇,通合八百萬字。"[②]王象領秘書監,他撰修《皇覽》當然充分地利用了秘書監的藏書。《隋書・經籍志》稱"魏秘書郎鄭默始製《中經》"。鄭默是鄭袤長子,《晉書・鄭袤傳》稱鄭默任職秘書監時"考核舊文,删省浮穢",他編的這部藏書目録質量很高,故"中書令虞松謂曰'而今而後,朱紫别矣'"。[③]

蜀與吴亦承東漢之制,設東觀,置東觀令管理秘書。如《三國志・蜀書・郤正傳》稱郤正"安貧好學,博覽墳籍,弱冠能文,入爲秘書吏,轉爲令史,遷郎,至令"。《三國志・吴書・華覈傳》稱其"遷東觀令,領右國史"。這些官員也做了不少圖書的收集與整理工作。如《蜀書・許慈傳》云:"先主定蜀,承喪亂歷紀,學業衰廢,乃鳩合典籍,沙汰衆學,慈、潛並爲學士,與孟光、來敏等典掌舊文。"《吴書・韋曜傳》亦稱吴景帝孫休"命曜依劉向故事,校定衆書"。

公元二六五年,司馬炎取代魏國建立了晉朝,自然也就承襲了魏國宫廷的全部藏書。西晉在魏國的基礎上也續有增加,在此時期,最重要的事件

---

① 《通典》卷二六。

② 《三國志》卷二三《楊俊傳》裴松之注引。

③ 《晉書》卷四四《鄭袤傳》。

是汲冢書的發現與整理。晉武帝咸寧五年(二七九),河内“汲郡人不準掘魏襄王冢,得竹簡小篆古書十餘萬言,藏於秘府”。① 太康元年(二八〇)三月壬寅,西晉王濬攻建鄴石頭城,孫皓降,於是,王濬又“收其圖籍”。②西晉秘閣藏書,據梁阮孝緒《古今書最》所載爲一八八五部,二〇九三五卷。顯然,西晉國家藏書水平要遠遠超過三國,可惜這些書盡燬於西晉末年的戰亂,東晉國家藏書並無多大起色。《隋書・經籍志》云:“惠、懷之亂,京華蕩覆,渠閣文籍,靡有孑遺。東晉之初,漸更鳩聚。著作郎李充,以勖舊簿校之,其見存者,但有三千一十四卷。”

晉代管理圖書的機構仍爲秘書監,其最大特點是將秘書之府從宫内移到了宫外,如杜佑云:“晉武帝以秘書併入中書省,其秘書著作之局不廢。惠帝永平中,復别置秘書監,並統著作局,掌三閣圖書,自是秘書之府,始居於外。”③

西晉秘書監曾認真地做過圖書整理編目工作,《晉書・荀勖傳》稱泰始十年(二七四)荀勖“領秘書監,與中書令張華,依劉向《别録》,整理記籍”。荀勖《讓樂事表》亦云:“臣掌著作,又知秘書,今復校錯誤十萬餘卷書,不可倉卒,復兼他職,必有廢頓。”④正是在他的領導下,編出了《中經新簿》。東晉秘書監藏書不豐,先後也編出了《晉元帝四部書目》與《晉義熙四年秘閣四部目録》。

同北方戰亂不已的局面相比,南朝是相對安定的,文化事業也有明顯的發展。劉宋政權除繼承東晉國家藏書外,還繳獲了後秦四千餘卷藏書。據梁阮孝緒《古今書最》記載,謝靈運編《宋元嘉八年四部目録》共著録圖書一萬四千五百八十二卷。⑤ 齊、梁兩朝的國家藏書續有增加,《隋書・經籍志》云:“齊永明中,秘書丞王亮、監謝朏,又造《四部書目》,大凡一萬八千一十卷。齊末,兵火延燒秘閣,經籍遺散。梁初,秘書監任昉躬加部集,又於文德殿内列藏衆書,華林園中總集釋典,大凡二萬三千一百六卷,而釋

①② 《晉書》卷三《武帝紀》。

③ 《通典》卷二六《職官八》。

④ 《全晉文》卷三一。

⑤ 《廣弘明集》卷三。

氏不豫焉。”此後,梁代圖書又有所增加,《隋書·經籍志》復云:“梁武敦悦詩書,下化其上。四境之内,家有文史。元帝克平侯景,收文德之書及公私經籍,歸於江陵,大凡七萬餘卷。”這些書後因戰敗而被梁元帝自己燒掉了。《隋書·經籍志》云:“陳天嘉中,又更鳩集,考其篇目,遺闕尚多。”陳代國家藏書已經難以恢復到梁代的水平。

北朝國家藏書事業遠不及南朝,《隋書·經籍志》簡要介紹道:

> 其中原則戰争相尋,干戈是務,文教之盛,苻、姚而已。宋武入關,收其圖籍,府藏所有,纔四千卷,赤軸青紙,文字古拙。後魏始都燕、代,南略中原,粗收經史,未能全具。孝文徙都洛邑,借書於齊,秘府之中,稍以充實。暨於尒朱之亂,散落人間。後齊遷鄴,頗更搜聚,迄於天統、武平,校寫不輟。後周始基關右,外逼彊鄰,戎馬生郊,日不暇給。保定之始,書止八千,後稍加增,方盈萬卷。周武平齊,先封書府,所加舊本,纔至五千。

南北朝國家藏書處所多稱秘書閣或秘閣,如宋有秘書閣,《宋書·殷淳傳》稱其“在秘書閣撰《四部書目》”。齊、梁均有秘閣,阮孝緒《七録序》云:“齊末,兵火延及秘閣。”①《梁書·蕭子顯傳》稱其“啓撰《齊史》,書成,表奏之,詔付秘閣”。梁另有文德殿、華林園,見《隋書·經籍志》,前文已引。陳有秘閣、壽安殿、德教殿、承香殿等以藏書。《隋書·經籍志》載有陳《秘閣圖書法書目録》一卷、《天嘉六年壽安殿四部目録》四卷、《德教殿四部目録》四卷、《承香殿五經史記目録》二卷。北魏則有秘閣、東觀,《魏書·高湖傳》稱其第三子高謐曾被召入禁中,“專典秘閣”。《魏書·孫惠蔚傳》稱其“入東觀”,任秘書丞。北齊有秘府、麟趾殿,見《北齊書·樊遜傳》《隋書·經籍志》。北周有麟趾殿,見《周書·明帝紀》。

南北朝時期掌管圖書的機構爲秘書監或秘書省。如前所説,兩晉爲秘書監。鄭樵云:“宋與晉同,梁曰秘書省,陳因之,後魏亦有之,後周秘書

---

① 《廣弘明集》卷三。

監亦領著作監。"①其官職則有秘書監、秘書丞、秘書郎、校書郎中、秘書正字等。《隋書·百官志》述北齊秘書省官制,從中可窺見一般:"秘書省,典司經籍,監、丞各一人,郎中四人,校書郎十二人,正字四人,又領著作省,郎二人,佐郎八人,校書郎二人。"

南北朝時期,國家藏書水平雖然不高,但是也持續不斷地做了不少收集、整理、編目工作。如阮孝緒《七録序》云:"宋秘書監謝靈運、丞王儉,齊秘書丞王亮、監謝朏等,並有新進,更撰目録。宋秘書殷淳撰《大四部目》,儉又依《别録》之體,撰爲《七志》。"②北魏的圖書整理工作也頗具規模,如《魏書·孫惠蔚傳》云:

> 臣今依前丞盧昶所撰《甲乙新録》,欲裨殘補闕,損併有無,校練句讀,以爲定本,次第均寫,永爲常式。其省先無本者,廣加推尋,搜求令足。然經記浩博,諸子紛綸,部帙既多,章篇紕繆,當非一二校書歲月可了。今求令四門博士及在京儒生四十人,在秘書省專精校考,參定字義。如蒙聽許,則典文允正,群書大集。詔許之。

北齊也繼承了劉向的傳統,做過校讎工作,如樊遜云:"向之故事,見存府閣,即欲刊定,必藉衆本。太常卿邢子才、太子少傅魏收、吏部尚書辛術、司農少卿穆子容、前黄門郎司馬子瑞、故國子祭酒李業興,並是多書之家,請牒借本參校得失。"秘書監尉瑾移尚書都坐,凡得别本三千餘卷,五經、諸史,殆無遺闕。③

五　隋唐五代

《宋史·藝文志》云:"歷代之書籍,莫厄於秦,莫富於隋。"隋代結束了政治上的長期分裂狀態,使國家藏書事業得到了比較大的發展。《隋書·經籍志》對隋代國家典藏事業作了概括的説明:

---

① 《通志》卷五四《職官四》。
② 《廣弘明集》卷三。
③ 《北齊書》卷四五《樊遜傳》。

> 隋開皇三年(五八三),秘書監牛弘表請分遣使人搜訪異本。每書一卷,賞絹一匹,校寫既定,本即歸主。於是民間異書,往往間出。至平陳已後,經籍漸備,檢其所得,多太建時書,紙墨不精,書亦拙惡。於是總集編次,存爲古本。召天下工書之士,京兆韋霈、南陽杜頵等,於秘書内補續殘缺,爲正副二本,藏于宫中,其餘以實秘書内、外之閣,凡三萬餘卷。煬帝即位,秘閣之書,限寫五十副本,分爲三品:上品紅琉璃軸、中品紺琉璃軸、下品漆軸。於東都觀文殿東西廂構屋以貯之,東屋藏甲乙,西屋藏丙丁。又聚魏已來古迹名畫,於殿後起二臺,東曰妙楷臺,藏古迹;西曰寶迹臺,藏古畫。又於内道場集道、佛經,别撰目録。

隋代官府藏書仍由秘書省負責管理,《隋書·百官志》云:隋初,"秘書省,監、丞各一人,郎四人,校書郎十二人,正字四人,録事二人,領著作、太史二曹。著作曹置郎二人,佐郎八人,校書郎、正字各二人。太史曹置令、丞各二人,司曆二人,監候四人"。煬帝即位以後,對各級官職進行了很多改革。秘書省置秘書監、增置少監一人,將校書郎減爲十人。其後又改秘書監、少監爲秘書令、秘書少令,置秘書佐郎四人,輔助秘書郎的工作,又"增校書郎員四十人,加置楷書郎員二十人,掌抄寫御書"。[①] 煬帝大量增加校書郎員、楷書郎員,顯然是爲了滿足大量校書、鈔書的需要。隋代較著名的學者,如牛弘、姚察、王劭、許善心、李文博、虞綽等都曾在秘書任職。

隋代國家藏書機構,雖然工作時間只有二十多年,但是成就突出。一是大規模地開展了文獻收集、整理、録副工作,使國家藏書量有了大幅度的增長。並在此基礎上編出了一批國家藏書目録及佛經目録,如《開皇四年四部書目》《開皇八年四部書目》《香厨四部目録》《開皇二十年書目》《七林》《大業正御書目録》及開皇十四年《衆經目録》、開皇十七年《開皇三寶録總目》、大業初《大業衆經目録》等。二是對藏書進行了深入的研究,寫出了一批著作,如王劭長期任秘書監,將校勘所得撰成《讀書記》三十卷,

① 《隋書》卷二八《百官志下》。

“時人服其精博”。[①] 現存類書《北堂書鈔》就是虞世南仕隋爲秘書郎時鈔輯而成的。[②]

唐代藏書事業較隋代又有發展，唐武德初繼承隋嘉則殿所藏，“有書八萬卷”[③]，武德五年（六二二），秘書丞令狐德棻奏請購募遺書，並增置楷書手，專令繕寫，“數年間，群書略備”。[④] 貞觀三年（六二九），秘書監魏徵“以喪亂之後，典章紛雜，奏引學者校定四部書。數年之間，秘府圖書，粲然畢備”。[⑤] 據毋煚《古今書録序》稱，開元盛時，秘閣所藏，“凡四部之録四十五家，都管三千六十部，五萬一千八百五十二卷，成《書録》四十卷。其外有釋氏經律論疏，道家經戒符籙，凡二千五百餘部，九千五百餘卷。亦具翻譯名氏，序述指歸，又勒成目録十卷，名曰《開元内外經録》”。[⑥] 此外，弘文館、集賢院、史館等處藏書也相當豐富。如《唐會要》卷六十五《弘文館》稱：武德九年（六二六）“九月，太宗初即位，大闡文教，於弘文殿聚四部群書二十餘萬卷”。

唐代秘書省仍爲管理國家藏書的主要機構，唐代秘書省有監一人，少監一人，丞一人，秘書郎四人，校書郎八人，正字四人，主事一人，令史四人，書令史九人，典書八人，楷書手八十人，亭長六人，掌固八人，熟紙匠十人，裝潢匠十人，筆匠六人。[⑦] 高宗龍朔二年（六六二）二月，秘書省曾改稱蘭臺，秘書監改稱蘭臺太史，秘書少監改稱蘭臺侍郎，秘書丞改稱蘭臺大夫，秘書郎改稱蘭臺郎。咸亨元年（六七〇）十月，恢復原名。武后垂拱元年（六八五）二月，秘書省改稱麟臺，秘書監改稱麟臺監，秘書少監改稱麟臺少監，秘書郎改稱麟臺郎。至中宗神龍元年（七〇五）二月，又恢復原名。[⑧]

① 《北史》卷三五《王慧龍傳》。
② 衢州本《郡齋讀書志》卷一四。
③ 《隋書》卷三二《經籍志》。
④ 《舊唐書》卷七二《令狐德棻傳》。
⑤ 《舊唐書》卷七一《魏徵傳》。
⑥ 《舊唐書》卷四六《經籍志》。
⑦ 《唐六典》卷十《秘書省》。
⑧ 參見《唐會要》卷六五《秘書省》。

唐代對後世産生較大影響的是新設的一些藏書機構,主要有弘文館、史館與集賢院。

武德四年(六二一)正月,在門下省設修文館,掌詳正圖籍,武德九年(六二六)三月改名爲弘文館。其後曾因避諱等原因改名爲昭文館、修文館,開元七年(七一九)九月仍定名爲弘文館。“自武德、貞觀以來,皆妙簡賢良爲學士。故事五品已上稱爲學士,六品已下爲直學士。又有文學直館,並所置學士並無員數,皆以他官兼之。儀鳳中,以館中多圖籍,置詳正學士校理。自垂拱以來,多大臣兼領。館中有四部書,貞觀初褚亮爲檢校館務學士,號爲館主。”“弘文館學士掌詳正圖籍,教授生徒,凡朝廷有制度沿革,禮義輕重得參議焉。”①可見弘文館是一個集文獻管理、教學、諮詢爲一體的機構。此外,尚有“校書郎二人,從九品上,本置名讎校,掌校典籍。開元七年,罷讎校,置校書四人。二十三年,減二人。典書二人,館中有經史子集四部之書,使典之”。另有搨書手三人,筆匠三人,熟紙裝潢匠九人。②

唐代專設史館來承擔原屬於秘書省著作局的史書編撰任務,分工的細密,體現了圖書管理工作的進步,因此對後世産生了一定的影響。鄭樵介紹了這一變化過程,略云:“唐武德初,因隋舊制,史館屬秘書省著作局,至貞觀三年閏十二月,移史館於門下省北,宰相監修,自是著作局始罷史職。”③《舊唐書·百官志》指出史館的任務是:“掌修國史,不虚美,不隱惡,直書其事。凡天地日月之祥,山川封域之分,昭穆繼代之序,禮樂師旅之事,誅賞廢興之政,皆本於起居注、時政記,以爲實録,然後立編年之體爲褒貶焉。既終藏之於府。”當然史館還肩負着撰寫前朝史的任務。爲了完成任務,史館必須保管有關的圖書檔案,如安史之亂前,史館就藏有“國史一百六卷,開元實録四十七卷,起居注並餘書三千六百八十二卷”。④根據唐代規定的“諸司送館事例”,各部門還應將有關的資料送交史館,以供修撰史書之用。除由宰相監修國史外,史館尚有判館事、修撰、直館、令

①② 《唐六典》卷八《門下省》。

③ 《通志》卷五二《職官二·中書省第四》。

④ 《唐會要》卷六三《國史》。

史、楷書、寫國史楷書、典書、亭長、掌固、熟紙匠等從事具體業務工作。唐代史館規制嚴密，成績明顯，先後撰成《周書》《五代史志》《晉書》，還有歷代皇帝的實録。

唐代的集賢院是在東都洛陽乾元殿的基礎上發展起來的。《新唐書・百官志》云："開元五年（七一七），乾元殿寫四部書，置乾元院使，有刊正官四人，以一人判事。押院中使一人，掌出入宣奏，領中官監守院門，知書官八人，分掌四庫書。"開元五年（七一七）十一月，乾元院更名麗正修書院。十三年（七二五）改麗正修書院爲集賢院，據《舊唐書・職官志》，集賢院學士的任務是："掌刊緝古今之經籍，以辨明邦國之大典。凡天下圖書之遺逸，賢才之隱滯，則承旨而徵求焉。其有籌策之可施於時，著述之可行於代者，較其才藝而考其學術，而申表之。凡承旨撰集文章，校理經籍，月終則進課于内，歲終則考最於外。"《新唐書・百官志》亦云："集賢殿書院，學士、直學士、侍讀學士、修撰官掌刊緝經籍。"此外，集賢院還有校理、刊正、校勘、校書、正字等具體從事圖書整理的官員與一些從事鈔書、裝書、造筆的工匠。開元後，集賢院成了唐代國家藏書的中心，在這裏積極開展着圖書的搜集、整理、繕寫、編目工作。如開元七年（七一九）九月玄宗詔曰：

> 比來書籍缺亡，及多错亂，良由簿歷不明，綱維失措，或須披閲，難可校尋，令麗正殿寫四庫書，各於本庫每部爲目録，其有與四庫書名目不類者，依劉歆《七略》排爲《七志》，其經史子集及人文集，以時代爲先後，以品秩爲次第，其《三教珠英》，既有缺落，宜依舊目，隨文修補。①

經過這次認真的整理，"集賢院四庫書總八萬一千九百九十卷。經庫一萬三千七白五十三卷，史庫二萬六千八百二十卷，子庫二萬一千五百四

---

① 《唐會要》卷三五《經籍》。

十八卷,集庫一萬九千八百六十九卷”。[①] 此外,集賢院還編修了《唐六典》《初學記》《大唐開元禮》等書。王建《宫詞一百首》之十二也記録了集賢殿的藏書情况:“集賢殿裏圖書滿,點勘頭邊御印同。真迹送來依數字,别收鎖在玉函中。”

唐代國家藏書機構的最大特點是在秘書省的基礎上,又建立了弘文館、史館、集賢院等典藏單位,從而形成了新的國家藏書管理體制,對五代及兩宋的國家藏書事業影響甚大。

五代沿襲唐代制度,設秘書省、弘文館、史館、集賢院等管理藏書,但因政權頻繁更疊,國家藏書事業受到了很大影響。如宋吴處厚云:“梁祖都汴,庶事草創。貞明中,始於今右長慶門東北創小屋數十間爲三館,湫隘尤甚。又周廬徼道,咸出其間。衛士騶卒,朝夕喧雜。每受詔撰述,皆移他所。”[②]即其一例。後唐明宗長興元年(九三〇)著作郎李超云:“秘書監空有省名而無廨署,藏書之府無屋一間,無書一卷。”[③]但是,五代國家藏書機構,特别是史館仍然做了不少有益的工作。如唐天祐十九年(九二二),李存審收鎮州,“遣(郭)崇韜閲其府庫,或以珍貨賂遺,一無所取,但市書籍而已”。[④] 後唐政府也做過徵集圖書的工作,如《五代會要》卷十八《史館雜録》云:

> 後唐同光二年(九二四)四月,史館奏:四庫書自廣明年後散失,伏乞許人進納,仍中書門下降敕條件。敕:進書官納到四百卷已下,皆成部帙,不是重疊,及紙墨書寫精細,已在選門未合格人,每一百卷,與減一選,無選减者,注官日優與處分。無官者,納書及三百卷特受試銜。

後唐也對國家藏書進行過整理工作,如《册府元龜・學校部・刊校》云:

---

① 《唐會要》卷六四《集賢院》。
② 《青箱雜記》卷三。
③ 《册府元龜》卷六〇四《學校部・奏議三》。
④ 《舊五代史》卷五七《唐書・郭崇韜傳》。

“後唐楊凝式，明宗天成初爲給事中。凝式精選通儒，校定三館圖書。”《宋史·張昭傳》亦稱後唐清泰二年（九三五），張昭“加判史館兼點閲三館書籍，校正添補”。五代史館還撰寫了不少實録，後晉史館則完成了《舊唐書》的寫作任務。①

六　宋　元

宋代特别重視文教事業，國家藏書機構也出現了欣欣向榮的局面。《宋史·藝文志》載歷朝國家藏書卷數云：

嘗歷考之，始太祖、太宗、真宗三朝，三千三百二十七部，三萬九千一百四十二卷，次仁、英兩朝，一千四百七十二部，八千四百四十六卷。次神、哲、徽、欽四朝，一千九百六部，二萬六千二百八十九卷。三朝所録，則兩朝不復登載，而録其所未有者。四朝於兩朝亦然。最其當時之目，爲部六千七百有五，爲卷七萬三千八百七十有七焉。

雖然蒙受靖康之難，國家藏書蕩然無存。高宗建立南宋政權之後，“屢優獻書之賞，於是四方之藏，稍稍復出，而館閣編輯，日益以富矣。當時類次書目，得四萬四千四百八十六卷。至寧宗時續書目，又得一萬四千九百四十三卷，視《崇文總目》又有加焉”。②

北宋前期的圖書管理機構，承襲了五代的三館制度，以昭文館、史館、集賢院爲三館。《宋史·職官志》云：“宋初置三館長慶門北，謂之西館。”馬端臨云：“太平興國初，太宗因幸三館，顧左右曰：若此之陋，豈可以蓄天下圖籍，延四方之士邪？即詔經度左升龍門東北，舊車路院别建三館，命中使督其役，棟宇之制皆親自規劃。”③新三館成，太平興國“三年（九七八），賜名崇文院，遷西館書貯焉。東廊爲昭文書庫，南廊爲集賢書庫，西

---

① 詳見《五代會要》卷一八《前代史》《修國史》。

② 《宋史》卷二〇二《藝文志》。

③ 《文獻通考》卷一七四《經籍考總叙》。

廊分四部,爲史館書庫”。① 太宗“端拱元年(九八八),就崇文院中堂建閣,以三館書籍真本,並内出古畫、墨迹等藏之”。②“淳化二年(九九一)五月,以史館所藏天文、曆算、陰陽、術數、兵法之書凡五千十二卷,天文圖書一百十四卷,悉付秘閣。”③

《麟臺故事·官聯》介紹了北宋國家藏書機構管理人員的設置情况,今録之如下:

> 昭文館,在唐爲弘文館,隸門下省,建隆元年(九六〇),以避宣祖廟諱改爲昭文館。大學士一人,以宰相充;學士、直學士不常置;直館以京朝官充,掌經、史、子、集四庫圖籍修寫校讎之事,判館一人,以兩省五品以上充。
>
> 史館,舊寓集賢院。監修國史以宰相充。……直館以京朝官充。又有檢閱、編修之名,不常置,掌修國史、日曆及典圖籍之事。判館事一人,以兩省五品以上充。後改官制,日曆隸國史案。每修前朝國史、實録,則别置國史、實録院。國史院以首相提舉,翰林學士以上爲修國史,餘侍從官爲同修國史,庶官爲編修官。實録院提舉官如國史,從官爲修撰,館官爲檢討。
>
> 集賢院,大學士一人,以宰相充,學士無定員,以給諫、卿、監以上充;直學士不常置,掌同昭文;判院事一人,以兩省五品以上充;或差二人。
>
> 三館通爲崇文院,别置官吏。有檢討,無定員,以京朝官充;校勘,無定員,以京朝、幕府、州、縣官充。掌聚三館之圖籍,監一人,内侍充,兼監祕閣圖書。
>
> 秘閣……直閣以朝官充,校理以京朝官充,掌繕寫、儲藏、供御典籍圖書之事;判閣一人,舊常以丞、郎、學士兼;秘書監領閣事,大中祥符九年(一〇一六)後,以諸司三品、兩省五品以上官判。國初,又置

---

①② 《宋史》卷一六四《職官四》。

③ 《文獻通考》卷一七四《經籍考總叙》。

秘閣校理，通掌閣事。咸平後者，皆不領務。

元豐五年（一〇八二），神宗實行新官制，恢復秘書省，改三館職官爲秘書省職官。馬端臨云："元豐正名，以崇文院爲秘書省，既罷館職，盡以三館職事官歸秘書省，置秘書省職事官。"①如《麟臺故事》卷四《官聯》云："元豐官制：秘書監、少監各一人，或少監二人；丞一人，秘書郎二人，通掌省事；著作郎、佐郎各二人，專修日曆；校書郎四人，正字二人，校對書籍。"

南宋仍以秘書省作爲國家圖書的管理機構。據《中興館閣録》和《中興館閣續録》，南宋秘書省的職事官有提舉秘書省、監、少監、丞、著作郎、秘書郎、著作佐郎、校書郎、正字等。南宋紹興年間設史館，下轄國史院、實録院，擔任國史、實録的撰寫工作。據《中興館閣録》卷七《官聯》可知，史館有史館修撰、直史館、史館校勘、史館檢討，以及修國史、同修國史、國史院編修官、國史院檢討官、實録院修撰、實録院同修撰、實録院檢討官等官職。宋代館閣官職有較高的社會地位，如洪邁云："國朝館閣之選，皆天下英俊，然必試而後命。一經此職，遂爲名流。"②

兩宋國家藏書機構在圖書搜集、整理、利用方面成就突出。首先是編製了許多國家藏書目録，如《乾德新定書目》《太清樓書目》《崇文書目》《龍圖閣書目》《玉辰殿書目》《秘閣四庫書目》《大宋史館書目》《秘書總目》《中興館閣書目》《中興館閣續書目》等。可見宋代三館、秘閣及各藏書處所均編有目録，藏書目録實際上反映了對藏書進行整理的成果。王應麟談及《崇文總目》的編纂情況時説：

景祐元年（一〇三四）閏六月，以三館、秘閣所藏有謬濫不全之書，辛酉命學士張觀、知制誥李淑、宋祁將館閣正副本書籍看詳，定其存廢訛謬重複，並從删去，内有差漏者，令補寫校對，仿開元四部録，約國史藝文志，著爲目録。③

① 《文獻通考》卷五六《職官十・秘書監》。

② 《容齋隨筆》卷一六《館職名存》。

③ 《玉海》卷五二《藝文・慶曆崇文總目》。

其次是充分利用藏書，具體承擔了《太平御覽》《太平廣記》《神醫普救方》《文苑英華》《册府元龜》等大型類書、總集的編纂任務。如王應麟所記：太平興國八年（九八三），“詔史館所修《太平總類》一千卷，宜令日進三卷，朕當親覽焉”。①《麟臺故事》卷三《修纂》亦云：“咸平三年（一〇〇〇）十月，命翰林學士、承旨宋白，起居舍人、知制誥李宗諤修《續通典》。以秘閣校理舒雅、直集賢院李維、石中立、王隨爲編修官，直秘閣事杜鎬爲檢討官，四年九月，成二百卷上之。詔付秘閣。”可見這些巨著，雖由翰林學士等要員牽頭，而大量的具體工作則是由國家藏書機構的工作人員來承擔的。

再次是南宋初秘書少監程俱撰寫了《麟臺故事》，南宋秘書監陳騤撰寫了《中興館閣録》，以及佚名撰寫了《中興館閣續録》，對兩宋國家藏書事業，進行了一次系統總結，它不僅對規範國家藏書工作起了巨大作用，也爲我們研究古代的典藏學留下了豐富的史料。

宋代官府多藏有業務用書，如鄭樵云：“禮儀之書、祠祀之書、斷獄之書、官制之書、版圖之書，今官府有不經兵火處，其書必有存者。”②可以概見。此外，宋代學士院、司天監奉詔同訂《禁書目録》禁燬天文、圖讖方面的書，説明這兩個單位藏有該類圖書。③ 宋代州縣官府也有藏書，南宋初建康守葉夢得所建紬書閣即一例。其《紬書閣記》云：

> 今四方取向所亡散書，稍稍鏤板，漸多好事，宜當分廣其藏，以備萬一，公厨適有羡錢二百萬，不敢他費，乃用遍售經史諸書，凡得若干卷。廳事西北隅有隙地三丈有奇，作别室，上爲重屋，以遠卑濕，爲之藏而著其籍，於有司退食之暇，素習未忘，或時以展誦。因取太史公金匱石室之意，名之曰“紬書閣”，而列其所藏之目於左方。後有同志日月增益之，愈久當愈多，亦足風示吾僚，使知仕不可不勉於學。④

---

① 《玉海》卷五四《藝文·太平興國太平御覽》。

② 《通志》卷七一《校讎略·求書之道有八論》。

③ 《宋史》卷二〇四《藝文志》。

④ 《建康集》卷四。

又,《天禄琳琅書目》卷三著録之宋版六臣注《文選》中有宋寶慶寶應州印及“官書不許借出”牌記,可見宋代州縣官府藏書還不是個别現象。

元代統治者也很重視收藏圖書,並從宋代館閣中接受了大批圖書,元王士點、商企翁曾述及其具體情况:

> 至元十二年(一二七五)九月二十九日,皇城暖殿裏,右侍俸御忽都於思、做怯裏馬赤,秘書監焦秘監、趙侍郎一同奏:“臨安秘書監内有乾坤寶典,並陰陽一切禁書,及本監應收經籍圖書書畫等物,不教失落見數呵,怎生?”奉聖旨:“伯顔行道將去者。”又奏:“江南諸郡多有經史書籍文板,都教收拾見數,不教失散呵,怎生?”奉聖旨:“您問了歸附官員呵,伯顔行道將去者。”欽此。
>
> 至元十三年(一二七六)十二月,今有樞密副使兼知秘書監事説道:今年六月十一日,内裏主廊裏有時分奏:“咱使的焦尚書江南收拾秘書省文字去來,聽得收拾聚也,教盡數起將來呵,怎生?”奉聖旨:“教將來者。”欽此。樞密院移諮南省取去來。見今焦尚書收拾到經籍書畫等物,解發南省,已運到中書省也。所據前項焦尚書收拾到一切經史子集禁書典故文字,及書畫筆墨紙硯等物,俱是秘書監合行收掌。當月初十日,樞密副使兼知秘書監事説道:近奉都堂鈞旨該欽奉聖旨:“教於大都萬億庫内分揀到秘書監合收拾經籍圖畫等物,可用站車一十輛,搬運赴監收貯。”①

元代國家典藏圖書的機構是秘書監。據《秘書監志》卷一《職制》可知,至元九年(一二七二)十一月,世祖令“設立秘書監”,次年二月,焦友直被任命爲首任秘書監。據《秘書監志》卷十一《題名》可知,其職事官主要有秘書卿、秘書監、秘書太監、少監、監丞、管勾、著作郎、著作佐郎、秘書郎、校書郎、辨驗書畫直長、令史、譯史、回回令史、知印、奏差、典書、典史等。其藏書處爲秘書庫。秘書監在整理圖書方面似無建樹,值得一提的

① 《秘書監志》卷五《秘書庫》。

是編了部《至元大一統志》，計七百八十七卷。據《秘書監志》卷十一《題名》可知，王士點於至正二年（一三四二）四月二十九日任秘書監管勾，商企翁於至正元年（一三四一）閏五月二十七日任秘書監著作佐郎。他倆合撰的《秘書監志》爲我們研究元代國家藏書創造了條件。

七　明

明代前期相當重視圖書的收聚工作，早在正式建立明朝之前，朱元璋就“命有司訪求古今書籍，藏之秘府，以資覽閱”。① “洪武元年（一三六八）大將軍徐達率軍破元大都（今北京），收其秘閣所藏圖書典籍……致之南京。”②《明史・藝文志》云：

> 永樂四年（一四〇六），帝御便殿閲書史，問文淵閣藏書。解縉對以尚多闕略。帝曰：“士庶家稍有餘貲，尚欲積書，况朝廷乎？”遂命禮部尚書鄭賜遣使訪購，惟其所欲與之，勿較値，北京既建，詔修撰陳循取文淵閣書一部至百部，各擇其一，得百櫃，運致北京。宣宗嘗親臨文淵閣，親披閲經史，與少傅楊士奇等討論，因賜士奇等詩。是時，秘閣貯書約二萬餘部，近百萬卷，刻本十三，抄本十七。

可見明代國家藏書也頗具規模。

明代國家藏書機構體制視前代有所變化，《明史・職官志》云：“洪武三年（一三七〇）置秘書監，秩正六品，除監丞一人，直長二人，尋定設令一人，丞、直長各二人，掌内府書籍。十三年（一三八〇）併入翰林院典籍。”《明會要》卷三十六《職官》亦稱：“洪武三年三月庚子置秘書監掌内府書籍。……十三年七月癸巳罷秘書監。所藏古今圖籍改歸翰林院典掌之。”從東漢末年形成的專門管理國家藏書機構秘書監（或稱秘書省）被取消，給明代國家藏書事業造成了重大損失。因爲翰林院典籍只有兩名，從八

① 《明太祖實録》卷一六。

② 《萬曆野獲編》卷一《訪求遺書》。

品，官卑人少，很難挑起管理國家藏書的重任。正如沈德符云："此輩皆貲郎幸進，雖不知書，而盜取以市利者實繁有徒。"①内府司禮監經廠庫藏書甚豐，但由宦官主持其事，所以管理也很差。如劉若愚云："凡司禮監經廠庫内所藏祖宗累朝傳遺秘書典籍，皆提督總其事，而掌司監工分其細也，自神廟静攝年久，講幄塵封，右文不終，官如傳舍，遂多被匠夫、厨役偷出貨賣。"②

在明代國家藏書的整理與利用方面，值得一提的是明初利用文淵閣藏書編成了《永樂大典》。③ 此外，正統間大學士楊士奇等對文淵閣藏書經過初步整理編成了《文淵閣書目》二十卷，其題本云：

> 本朝御製及古今經史子集之書，自永樂十九年南京取回來，一向於左順門北廊收貯，未有完整書目，近奉聖旨，移貯於文淵閣東閣，臣等逐一打點清切，編置字號，寫完一本，總名曰《文淵閣書目》，合請用廣運之寶鈐識，仍藏於文淵閣，永遠備照，庶無遺失。④

該目體例簡單，朱彝尊批評道："《文淵閣書目》有册而無卷，兼多不著撰人姓氏，至覽者茫然若失，其後藏書之家往往效之。"⑤《四庫全書總目》卷八十五該書提要也稱："士奇等承詔編録，不能考訂撰次，勒爲成書，而徒草率以塞責，較劉向之編《七略》，荀勖之編《中經》，誠爲有愧。"據《千頃堂書目》，明代國家藏書目録尚有馬愉《秘閣書目》二卷、《内閣書目》一卷、《新定内閣藏書目録》八卷、《御書樓藏書目》一卷、明《内府經廠書目》二卷、《都察院書目》、《行人司書目》二卷，在一定程度上反映了國家藏書及整理圖書的情況。總的來説，明代國家藏書機構未對藏書做過深入細緻的整理工作，主要原因是明初秘書監撤銷後，没有專門的機構與得力的人來負

---

① 《萬曆野獲編》卷一《先朝藏書》。

② 《酌中志》卷一八《内板經書紀略》。

③ 参見《鮚埼亭集外編》卷一七《鈔永樂大典記》。

④ 《文淵閣書目》卷首。

⑤ 《經義考》卷二九四《明文淵書目》。

責這項工作。對此,曹溶於鈔本《萬卷堂家藏藝文目》題詞批評道:"以二百七十年金甌無闕,而自楊文貞葺《文淵閣書目》外,未嘗一遣求書之使,設校讎之官,亦當時之闕典也。"①

八 清

清代國家藏書發展到了我國古代國家藏書的全盛時期。清政府首先承襲了明宫廷的全部藏書。康熙二十五年(一六八六)曾下詔求書,詔曰:"通都大邑,應有藏編,野乘名山,豈無善本。今宜廣爲訪輯……務令搜羅罔遺,以副朕稽古崇文之至意。"並强調:"今搜訪藏書善本,惟以經學史乘,實有關係修齊治平,助成德化者,方爲有用,其他異端稗説,概不准録。"②乾隆三十七年(一七六五)正月四日,清高宗發動了更大規模的徵書運動,據任松如《四庫全書答問》的不完全統計,各省採進本就有一萬一千零二十六種之多。

清代國家藏書管理機構承明制仍爲文淵閣。《歷代職官表》卷二十五《文淵閣閣職》介紹了其官職與職務,今節述如下:文淵閣領閣事,滿洲、漢人各一人,掌總領秘書,典司册府。以大學士、協辦大學士、掌院學士兼充。文淵閣提舉閣事一人,掌率内務府官屬以綜理閣務;文淵閣直閣事六人,掌典守釐緝之事,以時與校理輪番入直,凡春秋曝書則董率而經理之;文淵閣校理十有六人,掌注册點驗之事;文淵閣檢閱八人,掌排次清釐之事;文淵閣辦理事務,内務府司員四人,筆帖式四人,掌一切收發啓閉掃除及稽查宿直之事。《四庫全書》辦成後,首部藏弆文淵閣,又於圓明園建文源閣,避暑山莊建文津閣,盛京建文溯閣,分部庋藏。而全書中採擷精粹,别爲《薈要》萬二千册,於御花園之摛藻堂、圓明園之味腴書室各貯一部,以便省覽。復命續繕三部貯揚州大觀堂文匯閣、鎮江金山寺之文宗閣、杭州聖因寺行宫之文瀾閣。③ 此外,内閣大庫藏有前明書籍、《八旗通志》、

① 《藏書紀事詩》卷二《周定王橚、朱睦㮮灌甫》補正。

② 《東華録》卷一三。

③ 參見平步青《霞外捃屑》卷一及施廷鏞《故宫圖書記》,載《圖書館學季刊》第一卷第一期。

各省府州縣志書等,皇史宬收藏實録、玉牒等文書檔案資料,昭仁殿之天禄琳琅收藏宋、金、元、明善本圖書,武英殿是宫廷刻書處,藏有書版及殿本書籍,翰林院藏有《四庫全書》底本。

清代國家藏書管理的一個最大特點是爲了完成一個巨大的文獻編纂項目,往往由王子、大學士等貴族高官主持,再從文淵閣、翰林院、内閣、經筵日講起居官中選調專家學者成立專門機構,如辦理《四庫全書》館等來實施。因此工作起來富有成效,先後完成了《淵鑒類函》《四庫全書》《明史》《續三通》《清三通》《大清一統志》等巨著,而内閣往往總負其責,如徐中舒云:

> 修書各館有些雖然不屬於内閣,如玉牒館屬宗人府,方略館屬軍機處,武英殿屬内務府,然各書修纂,内閣大學士例得派充監修總裁官。其餘的有些完全是内閣的附屬機關,如我們在内閣檔案中,往往看見"内閣實録館"、"内閣三禮館"、"内閣三通館"(《通典》《通志》《文獻通考》)、"内閣一統志館"、"内閣明紀綱目館"、"内閣八旗滿洲氏族通譜館"等稱,這都是明白屬於内閣的。①

特别值得一提的是辦理《四庫全書》館編撰了《四庫全書總目》《四庫全書薈要總目》《四庫全書簡明目録》,這些工作大有補於對原書的檢索與利用。此外,于敏中等於乾隆四十年、彭元瑞等於嘉慶三年將昭仁殿所藏善本書編成《天禄琳琅書目》十卷、《天禄琳琅書目後編》二十卷,也反映了清代國家藏書的水平與成就。

綜上所述,歷代國家藏書有如下一些特點:

首先,列朝都設有專門的機構來從事國家藏書的管理工作。《歷代職官表》卷二十五《文淵閣閣職》作了簡要説明,今録之如下:

---

① 《再述内閣大庫檔案之由來及其整理》,載《歷史語言研究所集刊》第三本第四分。

周官外史掌三皇五帝之書,而列國亦各有典書之官,故韓宣子聘魯觀書於太史氏,而周景王亦謂籍氏司晉之典籍以爲大政。蓋簡策之藏,憲章所自,司存有在,不可不昭嚴重也。自秦火之後,經籍散亡,漢代建麒麟天禄諸閣,網羅遺佚,使光禄大夫劉向等校定群書,於是儲藏之地,典守之官制乃略具,歷朝沿襲,漸益修明。秘書監起於後漢,三館肇於唐時,無不簡召儒臣,廣置僚屬。至宋而三館秘閣咸寓於崇文院,後復改爲秘書省,設官頗爲詳備。……明初罷秘書之官,併其職入翰林院。凡書籍之職於内閣者,其篇目既不及前代,而楊士奇等所輯書目亦多舛漏,典守之事又僅委之典籍一官,不能稽核,正德以後遂多爲人盜竊,以及蠹侵鼠嚙,殘缺不完。

清代則主要由文淵閣來擔負日常的圖書管理工作,已如前述。

其次,國家藏書一般都繼承前朝國家藏書,並能采用徵集、收購、組織專人鈔寫等方法來迅速增加藏書量。藏書内容,秦代以前,多爲文書檔案,兩漢擴大爲六藝、諸子、詩賦、兵書、數術、方技等六類圖書,魏晉以後爲經、史、子、集四類,並通過部類的擴充與調整容納新出之圖書。自漢代以後,歷代多編有國家藏書目録,比較客觀地反映了國家藏書及管理水平。

再次,國家藏書事業受到政治、經濟因素的影響明顯,如果政治穩定,經濟繁榮,統治者又重視,那麽國家藏書事業就會得到蓬勃發展,編出大型類書、叢書、總集,並撰寫出一批史學著作,如宋太宗、清高宗時期就足以説明這一點;反之戰争頻仍,經濟凋弊,統治者不重視,則國家藏書事業勢必無所建樹,呈現出一派蕭條景象,元、明兩代後期,就出現了這種情況。

國家藏書的普遍缺點是難以流通,終於不免散佚,洪有豐指出其弊端主要是限制了讀者:

不能公之於群衆無論矣,即貴族亦僅最少數得以閲讀之;實不啻當時帝王之絶對私有貨産也。昏庸之主,既無學問足言;其有賢明好學者,則臨民聽政之餘,觀覽之暇幾何?是深扃秘藏,徒供朽蠹而已。……其終於散佚也。國家傾覆,兵燹之間,豈暇顧念及此?典籍淪亡,大都靡有孑遺。迨至新朝繼起,廣徵民間進獻書籍,亦僅爲粉飾承平文治之具而已。①

第二節　私家藏書

我國私家藏書已有兩千五百多年歷史,由於有廣泛的社會基礎,因此更富有特色和生命力,爲我國及全人類的文化傳播事業作出了巨大貢獻,現也略以時代先後,述之如下:

一　先　秦

我國私家藏書出現於東周後期,章學誠云:"有官斯有法,故法具於官;有法斯有書,故官守其書;有書斯有學,故師傳其學;有學斯有業,故弟子習其業。官守學業皆出於一,而天下以同文爲治,故私門無著述文字。"②這段話是説,周政權鞏固時期,學在官府,書在官府,官員只將學業傳給弟子,故私門無著述文字,也無藏書。這些觀點是比較符合古代文化知識只掌握在貴族手中的實際情況的。隨着東周王室的衰微,官司失守,官員們陸續分散到諸侯國,而諸侯國也需要大量的知識分子來爲自己服務。而且,社會的發展與需要更迅速地導致學業進入私門。私門大量地著書立説,積累與傳播文化知識,培養變革時代所需要的知識分子,因此私家藏書現象也就隨之出現。

春秋末期的墨子談及當時的私家藏書情況時説:"今天下之士,君子之書,不可勝載。"③戰國時代出現了百家争鳴、諸子騰躍的局面,私家藏

① 《清代藏書家考》,載《圖書館學季刊》第一卷第一期。

② 《校讎通義》卷一《原道》。

③ 《墨子·天志上第二十六》。

書現象更爲普遍,如《韓非子·五蠹》云:"今境内之民皆言治,藏商、管之法者家有之,而國愈貧,言耕者衆,執耒者寡也。境内皆言兵,藏孫、吴之書者家有之,而兵愈弱,言戰者多,被甲者少也。"韓非這段話是反對私家藏書的,恰恰反映了在戰國紛爭的年代,知識分子們爲求得自身的前途,努力提高自己的文化水平而藏書、讀書的情况。

先秦私家藏書的特點是多藏當時流行的諸子作品,以便學以致用。如《戰國策·秦策一》記載蘇秦游説秦國不成後,"負書擔橐,形容枯槁,面目犁黑,狀有愧色。歸至家……乃夜發書,陳篋數十,得《太公陰符》之謀,伏而誦之,簡練以爲揣摩。讀書欲睡,引錐自刺其股,血流至足"。爲了便於隨時學習和參考,當時人士外出時,往往隨身携帶着圖書。如《墨子·貴義》云:"子墨子南游,使衛、關中,載書甚多。"《莊子·天下》稱:"惠施多方,其書五車。"用車來計算藏書量,可見當時的書皆爲簡策或方版,而人們外出則往往載書以行。

二 秦

《史記·秦始皇本紀》記載了李斯有關焚書的一段建議:"臣請史官非秦記皆燒之。非博士官所職,天下敢有藏《詩》《書》、百家語者,悉詣守、尉雜燒之。有敢偶語《詩》《書》者棄市,以古非今者族。吏見知不舉者與同罪。令下三十日不燒,黥爲城旦。所不去者,醫藥、卜筮、種樹之書。"這説明秦代禁書前,私家藏有《詩》《書》、百家語;禁書後,私家仍藏有醫藥、卜筮、種樹之書。

秦代私人藏書家的突出貢獻是,爲了對付秦代焚書政策,冒着生命危險,采用壁藏的方法,保存了不少珍貴的圖書。孔子八世孫鮒(字子魚)就是這麼做的。據《孔叢子·獨治》記載,秦焚書前,"陳餘謂子魚曰:'秦將滅先王之籍,而子爲書籍主,其危矣!'子魚曰:'顧有可懼者,必欲求天下之書焚之,書不出,則危,吾將先藏之,以待其求,求至無患矣。'"孔鮒所藏,漢武帝時終被發現,《漢書·藝文志》書類序云:"《古文尚書》者,出孔子壁中。武帝末,魯共王壞孔子宅,欲以廣其宫,而得《古文尚書》及《禮記》《論語》《孝經》凡數十篇，皆古字也。”[①]采用壁藏圖書方法的還有伏生。《史記·儒林列傳》云：

伏生者，濟南人也。故爲秦博士。孝文帝時，欲求能治《尚書》者，天下無有，乃聞伏生能治，欲召之。是時，伏生年九十餘，老，不能行，於是乃詔太常使掌故朝錯往受之。秦時焚書，伏生壁藏之。其後兵大起，流亡。漢定，伏生求其書，亡數十篇，獨得二十九篇，即以教於齊魯之間。

鄭樵亦云：“陸賈，秦之巨儒也；酈食其，秦之儒生也；叔孫通，秦時以文學召待詔博士。數歲，陳勝起，二世召博士諸儒生三餘人而問其故，皆引春秋之義以對。”[②]可見，即使焚書坑儒之後，秦代仍有人收藏傳習儒家經典著作。

三　兩　漢

兩漢統治者普遍重視典藏事業，由於在一定時期内政治鞏固，經濟繁榮，不僅國家藏書事業得到了迅速發展，而且私家藏書事業也獲得了比較人的成就。

漢惠帝廢止禁私人藏書的法律後，[③]私家藏書漸盛，至漢成帝時，不少官員都有豐富的私家藏書，如劉向等在整理圖書時就利用了“大中大夫卜圭書”、“臣富參書”、“射聲校尉立書”、[④]“臣向書”等。[⑤] 劉歆就談到過他家的藏書情況：“歆雖不遘過庭，亦克識先君雅訓。三代之書，蘊藏於家，直不計耳。”[⑥]

---

① 師古注曰：“《家語》云孔騰字子襄，畏秦法峻急，藏《尚書》《孝經》《論語》於夫子舊堂壁中，而《漢紀·尹敏傳》云孔鮒所藏。二説不同，未知孰是。”

② 《通志》卷七一《校讎略·秦不絶儒學論》。

③ 《隋書》卷三二《經籍志》云：“惠帝除挾書之律。”

④ 《四部叢刊》影印宋刊本《管子》卷首劉向《管子書録》。

⑤ 《四部叢刊》影印明活字本《晏子春秋》卷首載劉向《晏子春秋書録》。

⑥ 《全漢文》卷四〇《與揚雄書從取方言》。

漢代私家藏書也出現了一些新特點。某些藏書家的典藏水平已相當高,在數量與質量兩方面都能和國家藏書相媲美。如《漢書·河間獻王傳》稱劉德"修學好古,實事求是。從民得善書,必爲好寫與之,留其真,加金帛賜以招之。由是四方道術之人,不遠千里,或有先祖舊書,多奉以進獻王者,故得書與漢朝等"。張華稱:東漢末年,"蔡邕有書萬卷"。①

漢代藏書家已逐步形成自己的特色,如河間獻王劉德比較注意收集先秦舊書,《漢書·河間獻王傳》云:"獻王所得書,皆古文先秦舊書,《周官》《尚書》《禮》《禮記》《孟子》《老子》之屬,皆經傳説記,七十子之徒所論。"而樓護家世從醫,所藏則多醫書。《漢書·游俠傳》云:"樓護,字君卿,齊人,父世醫也,護少隨父爲醫長安……護誦醫經、本草、方技數十萬言。"

漢代藏書家已經認識到舊本的價值要比新本高,所以河間獻王劉德從民間得到好書,必新鈔一本還給人家,而保存其舊本。如果藏書家得到珍本秘籍,也會倍加愛惜,如《東觀漢記》卷十三云:"杜林,字伯山,扶風人,於河西得漆書《古文尚書》經一卷,每遭困厄,握抱此經。"

四　三國兩晉南北朝

這一時期,雖然政權更迭頻繁,社會動蕩不安,經濟破壞嚴重,但是由於紙開始得到廣泛運用,私家藏書事業仍然發展很快,並呈現出一些新的特點。

因爲紙墨筆硯容易辦到,不少藏書家都愛自己鈔書。如《南齊書·沈麟士傳》稱沈氏"先有書數千卷被火燒,復鈔成二三千卷"。《北齊書·祖珽傳》稱文襄多集書之人,常詭稱買書,將書挾回家中,"一日一夜寫畢,退其本曰:'不須也。'"《周書·裴漢傳》稱裴漢"借人異書,必躬自録本"。

有的私家藏書,不僅可與國家藏書媲美,甚至還能彌補國家藏書之不足。如《晉書·張華傳》稱張華喜藏書,"身死之日,家無餘財,惟有文書溢於几篋。嘗徙居,載書三十乘。秘書監摯虞,撰定官書,皆資華本?以取

① 《博物志》卷六。

正焉。”《梁書・任昉傳》云:“昉墳籍無所不見,家雖貧,聚書至萬餘卷,率多異本。昉卒後,高祖使學士賀縱共沈約勘其書目,官所無者,就昉家取之。”梁元帝蕭繹稱帝前亦頗好藏書,其《金樓子・聚書》篇自述云:

> 初出閣在西省,蒙敕旨賫《五經》正副本。爲琅玡郡時,蒙敕給書,並私有繕寫。爲東州時,寫得《史》《漢》《三國志》《晉書》,又遣人至吴興郡就夏侯亶寫得書。爲揚州、荆州、入蜀,又寫得書。又遣州民下都市得書。又於江州江革家等得元嘉書,紙墨精良,可一千餘卷。……吾今年四十六歲,自聚書來四十年,得書八萬卷。河間之侔漢室,頗謂過之矣。

這一時期的藏書家相當重視對藏書進行校勘、整理、編目工作。如《三國志・蜀書・向朗傳》云:“朗少時雖涉獵文學,然不治素檢,以吏能見稱。自去長史,優游無事垂三十年,乃更潛心典籍,孜孜不倦。年逾八十,猶手自校書,刊定謬誤,積聚篇卷,於時最多。開門接賓,誘納後進,但講論古義,不干時事,以是見稱。”梁朝蕭静也愛校書,《梁書・太祖五王傳》云:“南平王偉孫静,有文才,而篤志好學。既内足於財,多聚經史,散書滿席,手自校讎。”《魏書・李業興傳》稱李氏“愛好墳籍,鳩集不已,手自補治,躬加題帖,其家所有,垂將萬卷”。南朝不少藏書家還對藏書做了編目工作,如梁阮孝緒云:“凡自宋齊已來,王公搢紳之館,苟能蓄聚墳籍,必思致其名簿。”①此“名簿”當指私家藏書目録。前引《梁書・任昉傳》已明確説明任昉家有藏書目録。

這一時期的藏書家借書予人蔚然成風,我們將在本編第六章《圖書流通》中加以介紹,此外,藏書家們還注意利用私家藏書爲科學研究服務。南朝姚察就是一例,《陳書・姚察傳》稱其“父上開府僧垣,知名梁武代,二宫禮遇優厚,每得供賜,皆回給察兄弟,爲游學之資,而察並用聚蓄圖書,由是聞見日博……察性至孝……終日恬静,唯以書記爲樂,於墳籍無所不

---

① 《廣弘明集》卷三。

覩……且專志著書，白首不倦，手自鈔撰，無時暫輟。尤好研覈古今，諟正文字，精采流贍，雖老不衰。兼諳識内典，所撰寺塔及衆僧文章，特爲綺密……後主所製文章，卷軸甚多，乃别寫一本付察，有疑悉令刊定……所著《漢書訓纂》三十卷，《説林》十卷……並文集二十卷，並行於世”。如果自家書不够，還可利用其他藏書家的藏書，如《北史・李大師傳》談到李延壽之父少有著述之志，將擬《吴越春秋》，編年以備南北，而“(楊)恭仁家富於書籍，得恣意披覽”。

五 隋唐五代

由於唐代曾出現過較長時間的安定局面，所以這一時期的私家藏書事業沿着原來的方向，繼續朝前發展。有些藏書家在藏書的數量，特别是在對藏書進行認真校勘方面，甚至超過了宫廷藏書，如唐代蘇弁“聚書二萬卷，手自讎定，當時稱與秘府埒”。[1] 韋述“蓄書二萬卷，皆手校定，黄墨精謹，内秘書不逮也。古草隸帖、秘書、古器、圖譜無不備”。[2]

唐五代私家藏書的一個顯著特點是許多人做了校勘工作，從而極大地提高了其藏書質量，蘇弁、韋述二例已説明了這一點。此外如前蜀孫光憲“聚書數千卷，或自鈔寫，孜孜讎校，老而不廢”。[3] 後梁孫隲，“雅好圖書，有六經、《史》《漢》，洎百家之言，凡數千卷，皆簡翰精至，披勘詳定”。[4] 後唐張憲，“喜聚圖書，家書五千卷，視事之餘，手自刊校”。[5] 吴越林鼎，“比中年，讀書必達曙，所聚圖籍悉手鈔數過，即殘編斷簡，亦校讎補綴，無所厭倦”。[6]

這一時期的藏書家對圖書的保管工作也達到了一個新的水平。首先是建藏書樓藏書，如唐田弘正“起樓聚書萬餘卷”。[7] “張建章好經史，聚

① 《新唐書》卷一〇三《蘇弁傳》。

② 《新唐書》卷一三二《韋述傳》。

③ 《宋史》卷四八三《荆南高氏世家》。

④ 《舊五代史》卷二四《孫隲傳》。

⑤ 《舊五代史》卷六九《張憲傳》。

⑥ 《十國春秋》卷八六。

⑦ 《新唐書》卷一四八《田弘正傳》。

書至萬卷，所居有書樓，但以披閲清浄爲事。”①宋魏了翁《眉山孫氏書樓記》云：“孫氏居眉以姓著，自唐迄今，人物之懿，史不絶書，而爲樓以儲書則由長孺始。樓建於唐之開成，至光啓元年僖宗御武德殿，書‘書樓’二字賜之，今石本尚存。”②

唐代私家藏書還采用宫廷藏書的辦法，用不同顔色的裝幀材料來區分藏書的類别，如唐李泌起書樓，積書三萬卷，經用紅牙籤、史用緑牙籤、子用青牙籤、集用白牙籤。③ 有的藏書家爲了保護藏書，甚至采用複本的形式。如柳公綽藏書萬卷，“經史子集，皆有三本，色彩尤華麗者，鎮庫；又一本次者，長行披覽；又一本又次者，後生子弟爲業。皆有厨格部分，不相參錯”。④ 唐代有些藏書家也爲自己的藏書編了目録，據《通志》卷六十六《藝文略四》，有吴兢的《西齋書目》、蔣彧的《新集書目》、杜信的《東齋集籍》。《舊唐書·吴兢傳》稱吴兢家“聚書頗多，嘗目録其卷第，號《吴氏西齋書目》”。

唐人很重藏書，有的甚至反對子孫出售及借人。如杜暹“聚書萬卷，每卷後題云：‘清俸寫來手自校，子孫讀之知聖教，鬻及借人爲不孝。’”⑤ 這段話反映了部分藏書家的共同心態，因此對後世産生了較大影響。當然也有將書無私地借給人閲讀的，如後晉石昂“家有書數千卷。喜延四方之士，士無遠近，多就昂學問，食其門下者或累歲，昂未嘗有怠色”。⑥ 兩種態度形成强烈對比。

六　兩　宋

兩宋統治者特别重視文教事業，當時雕版印刷術已經盛行，圖書大量出版，也爲私家藏書創造了條件，因此兩宋私家藏書事業空前繁榮。首先

---

① 《北夢瑣言》卷一三《張建章泛海遇仙》。
② 《鶴山集》卷四一。
③ 《山堂肆考》角集卷二八。
④ 《南部新書》卷丁。
⑤ 《清波雜志》卷四。
⑥ 《新五代史》卷三四《一行傳》。

是人數多,見於文獻記載的,據不完全統計有一百六十人。① 之後,范鳳書又編製了《宋代收藏萬卷以上藏書家簡表》指出:"據上表統計,宋代私家藏書達萬卷以上的大藏書家共計二百一十四人,約占宋代藏書家總數的三分之一左右,可見當時私家藏書數量之大。"②有些人雖不出名,往往也有豐富的藏書,如謝肇淛云:

> 宋人多善藏書,如鄭夾漈、晁公武、李易安、尤延之、王伯厚、馬端臨等,皆手自校讎,分類精當。又有田偉者,爲江陵尉,作博古堂,藏書至五萬七千餘卷。黄魯直謂:吾嘗校中秘書,及遍游江南名士,圖書之富,未有及田氏者,而名不甚彰,惜夫!③

其次是分布廣,除江浙爲藏書家集中的地區外,從中原到邊遠的地區皆有藏書樓。如趙安仁爲河南洛陽人,《宋史・趙安仁傳》云:"安仁嗜讀書,所得禄賜多以購書。三館舊闕虞世南《北堂書鈔》,惟安仁家有本,真宗命内侍取之。"宋綬,趙州平棘(今河北省趙縣)人,《孫公談圃》卷下云:"宋宣獻家藏書過秘府,章獻明肅太后稱制,未有故實,於其家討論,盡得之。"祁承爜云:"方漸知梅州,所至以書自隨。積至數千卷,皆手自竄定。就寢不解衣,林光朝質之,答曰:'解衣擁衾,會有所檢討,則懷安就寢矣。'增四壁爲閣,以藏其書,榜曰'富文'。"④

兩宋藏書家已經特别重視把藏書傳給子孫。這也對後來有較大影響,如李畸實,字季侔,常州晉陵人,年三十,以布衣試有司不偶,然其志益堅,其學益進,購求群書,所聚萬餘卷。嘗曰:"遺子孫黄金滿籯,不如一經。親既以是遺我,我復以是遺子,子子孫孫用之不竭,況萬卷之多乎?

---

① 參見方建新《宋代私家藏書補録》(上),載《文獻》一九八八年第一期。

② 《中國私家藏書史》第二編第一章《宋代的私家藏書》。

③ 《五雜俎》卷一三。

④ 《澹生堂藏書約・聚書訓》。林光朝,孝宗隆興元年進士及第,則方漸當爲宋朝初期人。

庶幾我之富在此而不在彼也。"①《宋史·鄭樵傳》亦云:"林霆,字時隱,擢政和進士第。博學深象數,與樵爲金石交。聚書數千卷,皆自校讎,謂子孫曰:'吾爲汝曹獲良産矣。'"正因爲如此,宋代出現了世代藏書、綿延久遠的文化景觀。如高似孫稱:"晁以道家所藏凡五世,雖不及宋氏,而校讎最爲精確。"②晁公武亦云:"公武家自文元公來,以翰墨爲業者七世,故家多書,至於是正之功,世無與讓焉。"③

兩宋藏書家在收書範圍方面,根據自己的專長與愛好,呈現出了較爲鮮明的個性,有的顯得廣,有的又顯得專,往往各具特色。如蘇過云:

> 吾里有蔡致君,隱居以求志,好古而博雅,閉門讀書,不交當世之公卿,類有道者也。余矍然異之。一日造其門,見其子,從容請交焉。其子爲余言:"吾世大梁人,業爲儒。吾祖、吾父皆不事科舉,不樂仕宦,獨喜收古今之書。空四壁,捐千金以購之,常若饑渴然。盡求善工良紙,手校而積藏之,凡五十年。經史百家、《離騷》《風》《雅》、儒、墨、《道德》、陰陽、卜筮、技術之書,莫不兼收而並取,今二萬卷矣。且吾父有德不耀,常畏人知,棄冠冕而遺世故久矣,必不能從子游。"余悵然自失,悠然而返。④

蘇振文爲蘇易簡九世孫,魏了翁稱其"聚書數萬卷,聖經賢傳,山經地志,私乘野史,以致虞初稗官,旁行敷落之書,靡不搜羅"。⑤ 而李清照則云:"自來家傳《周易》《左氏傳》,故兩家者流,文字最備。"⑥

兩宋私家藏書在校勘方面也達到了一個新的水平,如《宋史·隱逸傳》稱張塈"閉户讀書四十年,手校數萬卷,無一字舛"。葉夢得稱賀鑄"家

① 《道鄉集》卷三六《李季仲墓志銘》。
② 《史略》卷五《東漢以來書考·本朝》。
③ 衢本《郡齋讀書志》卷首自序。
④ 《斜川集》卷四《夷門蔡氏藏書目叙》。
⑤ 《鶴山集》卷八四《蘇伯起振文墓志銘》。
⑥ 《李清照集校注》卷三《金石録後序》。

藏書萬餘卷,手自校讎,無一字脱誤”。① 陸游亦稱賀鑄“喜校書,朱黄未嘗去手”。並記潘邠老贈詩云:“詩束牛腰藏舊稿,書訛馬尾辨新讎。”②

值得注意的是宋人已開始采用題跋的形式來寫讀書、藏書的感受,比較突出的是陸游。今録其祖父陸佃與其本人《跋京本家語》二則爲例:

收書之富獨稱江浙,繼而胡騎南鶩,州縣悉遭焚劫,異時藏書之家,百不存一,縱有在者,又皆零落不全。予舊收此書,得自京師,中遭兵火之餘,一日故篋中偶尋得之,而蟲齕鼠傷,殆無全幅,綴緝累日,僅能成秩。乃命工裁去四周所損者,别以紙裝背之,遂成全書。嗚呼!予老懶目昏,雖不復讀,然嗜書之心,固未衰也,後世子孫知此書得存之如此,則其餘諸書,幸而存者,爲予寶惜之。紹興戊午十月七日雙清堂書。

後五十有七年,復脱壞不可挾,子聿亟裝緝之,持以相示,方先少保書此時,某年十四,今七十矣,不覺老淚之濡睫也。紹熙甲寅閏月四日第三男中大夫某謹識。③

陸游藏書題跋記得書經過,辨書籍真僞,評版本優劣,論校勘水平,談裝幀質量,内容十分豐富,對後世藏書題跋的寫作,産生了深遠影響。

兩宋私家藏書編目成風,張邦基云:“藏書之富如宋宣獻、畢文簡、王原叔、錢穆父、王仲至家,及荆南田氏、歷陽沈氏,各有書目。宋初王文康多藏唐室舊本,至宋末書已散亡,而書目猶在,晁説之曾見之。”④兩宋私家藏書目録可考者約四十種,⑤現存晁公武《郡齋讀書志》、尤袤《遂初堂

① 《建康集》卷八《賀鑄傳》。

② 《老學庵筆記》卷八。

③ 《渭南文集》卷二八。

④ 《墨莊漫録》卷五。宋宣獻名綬,畢文簡名士安,王原叔名洙,錢穆父名勰,王仲至名欽臣,荆南田氏名田偉,歷陽沈氏名沈立。

⑤ 參見汪辟疆《目録學研究·論唐宋元明四朝之目録》附《四朝目録存佚統表》。

書目》、陳振孫《直齋書録解題》三種。其成就已經超過了國家藏書目録。這主要表現在以下幾個方面：首先是著録圖書豐富，有的爲國家藏書目録所無。如王象之云："田偉，以燕人歸朝，得江陵尉，即占籍焉，建博古堂，藏書三萬七千卷，無重複者。……政和中，詔求遺書，嘗上千卷，補三館之缺。"①其子田鎬撰有《田氏書目》六卷，袁本《郡齋讀書志·後志》卷一《坤鑿度》二卷提要云："隋、唐《志》及《崇文總目》皆無之，至元祐《田氏書目》始載焉。"衢本《郡齋讀書志》卷四《韓愈論語筆解》十卷提要云："《四庫》《邯鄲書目》皆無之，獨《田氏書目》有韓愈《論語》十卷、《筆解》兩卷。"陳振孫《直齋書録解題》著録圖書五萬一千一百八十卷，比當時的《中興館閣書目》著録的圖書還要多。其次是這些書目往往有提要或附注，介紹書的作者、内容、版本等。由於《遂初堂書目》在不少款目中專門著録了版本，産生了比較大的影響，故葉德輝云："自鏤板興，於是兼言板本，其例創於宋尤袤《遂初堂書目》。目中所録，一書多至數本，有成都石經本、秘閣本、舊監本、京本、江西本、吉州本、杭本、舊杭本、嚴州本、越州本、湖北本、川大字本、川小字本、高麗本。此類書以正經正史爲多。大約皆州郡公使庫本也。"②《郡齋讀書志》在提要中已言及版本，但是没有《遂初堂書目》這麽細密。私家藏書目録在分類上雖然也受到四部分類法的影響，但是不少藏書家根據藏書的實際情況，有的對大類有所突破，如《邯鄲圖書十志》共分八大類；③有的對小類有所調整，如《遂初堂書目》於史部國史類外，另立本朝雜史、本朝故事、本朝雜傳等類目，而將法、名、墨、縱横四家並入雜家。都對以後的目録分類産生了很大的影響。

宋代藏書家總的傾向是主張並實行借書予人的，王明清云："先祖早歲登科，游宦四方，留心典籍，經營收拾。所藏書逮數萬卷，皆手自校讎，貯之於鄉里，汝陰士大夫多從而借傳。"④陸游也稱："聞人茂德名滋，老儒也。喜留客食，然不過蔬豆而已。郡人求館舍者多就謀之。又多蓄書，喜

① 《輿地紀勝》卷六五。

② 《書林清話》卷一《古今藏書家紀版本》。

③ 參見衢本《郡齋讀書志》卷九《邯鄲圖書志十卷》。

④ 《揮麈後録》卷七。

借人。自言作門客牙，充書籍行，開豆腐羹店。”[①]這些軼事體現了當時學術文化界的良好風氣。

七 遼金元

遼金元三朝雖爲非漢族政權統治，但是在漢族文化的影響下，漢族與少數民族皆出現過一些藏書家。

遼代藏書家之尤著者爲耶律倍。《遼史·耶律倍傳》云：“倍初市書至萬卷，藏於醫巫閭絶頂之望海堂。通陰陽，知音律，工遼、漢文章，嘗譯《陰符經》。善畫本國人物。”

金代大作家元好問亦以藏書著名，其《故物譜》云：“予家所藏書，宋元祐以前物也。貞祐丙子之兵，藏書壁間，得存。兵退，予將奉先夫人南渡河，舉而付之太原親舊家。自餘雜書及先人手寫《春秋》、三史、《莊子》《文選》等，尚千餘册，並畫百軸，載二鹿車自隨。是歲，寓居三鄉。其十月，北兵破潼關，避於女几之三潭。比下山，則焚蕩之餘，蓋無幾矣。往在鄉里，常侍諸父及兩兄燕談。每及家所有書，則必枚舉而問之。如曰某書買於某處，所傳之何人，藏之者幾何年，則欣然志之。今雖散亡，其綴緝裝褙，籤題印識，猶夢寐見之。”[②]元好問藏書還有一個顯著特點，就是爲研究與著述服務。郝經《遺山先生墓銘》云：先生“以金源氏有天下，典章法度，幾及漢唐。國亡史興，己所當爲。而《國史》《實録》在順天道萬户張公府。及言於張公，使之聞奏，願爲撰述。……乃爲《中州集》百餘卷，又爲《金源君臣言行録》。往來四方，采摭遺逸，有所得，輒以寸紙細字親爲紀録……至百餘萬言。捆束委積，塞屋數楹，名之曰‘野史亭’”。[③]

元代私家藏書在宋代的影響下也頗具規模。如“元至正初，史館遺屬官馳驛求書，東南異書頗出。時有蜀帥紐鄰之孫，盡出其家資，遍游江南。四五年間，得書三十萬卷，溯峽歸蜀，可謂富矣”。[④] 元代藏書家生活在蒙

---

① 《老學庵筆記》卷一。

② 《元遺山集》卷三九。

③ 《陵川集》卷三五。

④ 《豫章漫鈔》卷四。

古政權之下，功名利禄之心較淡，多以讀書、校書爲樂，因此收書範圍較廣。如張雯，字子昭，世居蘇州，喜游錢塘山川城邑。徘徊躑躅，感嘆不能已，兼通聲律，家“臨市衢，構樓蓄書其上，上經傳子史，下逮稗官百家之言，無不備”。[①] 元代藏書家對藏書也做了一些分類、整理、編目工作。如“莊肅，字恭叔，號蓼塘，居青龍鎮，仕宋爲秘書小史，宋亡棄官，浪迹海上。性嗜書，聚至八萬卷，手鈔經史子集，下至稗官小説，靡所不具。書目以甲乙分十門。至正間，修宋、遼、金史，詔求遺書，危素購於其家，得五百卷”。[②] 再如陸友藏書也編有目録，元黄溍《陸氏藏書目録序》云：“吴郡陸君，居闤闠中，四壁之外，輒與賈區直，君殊不以爲溷。一榻蕭然，環以古今書，凡若干卷，自經史傳記，下至權謀、數術，《氾勝》《虞初》，旁行、般若、百家、衆技之文，櫛比而鱗次。入其室，如登群玉之府，而探蓬萊道家之名山焉，忘其爲居之隘也。君既第其篇帙，部分類别，爲之目録，以便覽者……”[③]可見，元代一些私家藏書也是可以供人閲覽的。

八　明

明代進入中國封建社會成熟期。雕版印刷與活字印刷已相當普及，圖書出版業十分興旺，爲明代私家藏書事業的蓬勃發展創造了條件。

明代實行分封藩王的制度，朱元璋先後將其二十四子和一個從孫封爲親王，以後各代皇帝又陸續分封了一些親王。這些藩王一般都具有雄厚的經濟實力，爲了在政治上避嫌，多愛藏書。以藏書聞名的有周府、寧府、晉府、遼府、鄭府、蜀府、衡府、徽府等。藏書最多的當推周府，尤以周定王六世孫朱睦㮮（字灌甫）最爲有名。錢謙益云：“海内藏書之富，近代推江都葛氏、章丘李氏，灌甫傾貲購之，竭四十年之力，倣唐人四部法，用各色牙籤識别，凡一萬二千五百六十卷，起萬卷堂，諷誦其中。”[④]此外，他還組織人鈔了不少書，錢謙益稱其鑒於古人經解失傳，特“訪求諸海内通

---

① 《僑吴集》卷一二《張子昭墓志銘》。

② （嘉慶）《松江府志》卷五〇《古今人傳二》。

③ 《黄文獻公集》卷五。

④ 《列朝詩集小傳》閏集《周藩宗正中尉睦㮮》。葛氏當指葛澗，李氏當指李開先。

儒，繕寫藏弆，若李鼎祚《易解》、張洽《春秋傳》，皆叙而傳之”。[①] 其《萬卷堂書目》共收録圖書四千三百一十部、四萬二千七百五十卷。能與周藩媲美的當推寧藩。張芳《徵刻唐宋秘本書例》云：“中州之西亭，豫章之鬱儀，兩王孫家藏與天府埒。”[②]《明史・諸王二》稱寧府後裔多熑、多煴“杜門却掃，多購異書，校讎以爲樂”。藩府藏書各有側重，頗多特色。其中鈔本，一般都紙墨精好，裝潢工緻。如《拜經樓藏書題跋記》卷四載元刻《圖繪寶鑑》，卷首有“廬江王書畫記”印章，吴騫跋云：“此書雖未著王名，然其裝潢極精，外用磁青花緞包裹前後，以黄緞細標卷目貼於面，款式非民間藏書可比，又豈特所謂‘宣綾包角藏經箋’而已。”

明代藏書家逐漸形成了不同的類型與流派，是私家藏書事業鼎盛的標誌。胡應麟論藏書家流派云：“畫家有賞鑒，有好事。藏書亦有二家：列架連窗，牙標錦軸，務爲觀美，觸手如新，好事家類也。枕席經史，沈緬青緗，却掃閉關，蠹魚歲月，賞鑒家類也。至收羅宋刻，一卷數金，列於圖繪者，雅尚可耳，豈所謂藏書哉？”[③]明中葉以後，浙東地區與蘇州地區的藏書家分别形成了自己的風格。前者可以范欽的天一閣、祁承㸁的澹生堂爲代表，他們並不特别注意收集宋元舊本，而是根據明代圖書出版的實際情況兼收並蓄，如天一閣閣藏精華在於明代的政書、官書、登科録、地方志書、當代詩文集以及金石碑帖，澹生堂則收集了大量的傳奇、小説、叢書、地方志等。而蘇州地區的藏書家特别注意收藏宋元舊本，太倉人王世貞不惜用一田莊購取宋本兩《漢書》，《天禄琳琅書目》卷二該書提要稱：

> 《漢書》，宋刻本，王世貞跋云：“余平生所購《周易》《禮》經、《毛詩》《左傳》《史記》《三國志》《唐書》之類，過三千卷，皆宋本精絶。最後班、范二書，尤爲諸本之冠，前有趙吴興象。余失一莊得之。”次頁繪象旁有小楷書“王弇州先生象”六字。[④]

---

① 《列朝詩集小傳》閏集《周藩宗正中尉睦㮮》。

② 《徵刻唐宋秘本書目》卷首。西亭爲朱睦㮮號。鬱儀爲朱謀㙔字。

③ 《少室山房筆叢》卷四《經籍會通四》。

④ 趙吴興指趙孟頫，王弇州指王世貞。

華亭(今上海市松江區)人朱大韶曾用一美婢换取宋本《後漢紀》,吴翌鳳云:

嘉靖中,華亭朱吉士大韶性好藏書,尤愛宋時鏤板。訪得吴門故家有宋槧袁宏《後漢紀》,係陸放翁、劉須溪、謝疊山三先生手評,飾以古錦玉籤,遂以一美婢易之。蓋非此不能得也。婢臨行,題詩於壁曰:"無端割愛出深閨,猶勝前人换馬時。他日相逢莫惆悵,春風吹盡道旁枝。"吉士見詩惋惜,未幾捐館。①

此後,重視版本之風在錢謙益、毛晉、錢曾、黄丕烈等人中越演越烈。

明代藏書家還特别重視對藏書理論的研究,並寫出了一批理論著作。如萬曆間杭州人高濂所撰《燕閒清賞箋》内有《論藏書》一節,仔細地闡述了宋元本的價值、特點,以及書賈作僞的各種手段,爲言版本者所樂道。祁承㸁《澹生堂藏書約》共分藏書約、讀書訓、聚書訓、購書訓、鑒書訓五則,作者對購書、鑒書的原則和方法進行了系統總結,在藏書理論上頗有建樹。胡應麟《少室山房筆叢》第四種《經籍會通》雖摭拾藏書故實而成,但是在論述收藏標準、藏書鑒定、印刷術的應用對私家藏書的影響等方面,均有參考價值。此外,姚士粦的《尚白齋秘笈序》專論藏書流通問題,頗有真知灼見。

明代藏書家還有一個突出優點是喜歡出版圖書。首先是藩府刻了不少書,潘承弼、顧廷龍云:

明時藩邸王孫襲祖宗餘蔭,優游文史,雕槧之業,邁軼前朝,今可溯者殆十數家。蜀府最先,自洪武迄萬曆,傳本不絶。寧藩自號臞仙,所刊多道家養性保命諸籍。他如唐藩之《文選》、吉府之《賈子》,於今傳誦;餘則代、崇、肅三府,各有垂典,並爲世睹。此成化以前藩邸之概略也。嘉靖以下,晉府最著淹雅。奕世載美,光啓前業。其所

① 《遜志堂雜鈔》庚集。

署有寶賢堂、志道堂、虚益堂、養德書院諸稱，循名可覘其實，其所刊有《文選注》《唐文粹》《宋文鑒》《元文類》《初學記》諸書，浩瀚卷帙，爲諸藩之冠。次則秦藩之《史記》、德藩之《漢書》、趙府之《詩輯》、益府之《玉篇》，並得擅美濟武。而鄭藩之通音律，所刊《樂律全書》尤爲審音家所推重，不獨以雕板著藝苑也。其他諸藩，曰周、曰徽、曰沈、曰伊、曰魯、曰楚、曰遼、曰潞，一二精槧，更僕難數，河間、衡陽，無與爲盛。①

明代著名藏書家如朱承爵、袁褧、范欽、王世貞、曹學佺、安國、徐𤊹、毛晉等都刻了不少書。試以毛晉爲例，潘承弼、顧廷龍云：

汲古閣主人常熟毛晉藏書震海内，雕槧布寰宇，經史百家秘笈琳琅，有功藝林，誠非淺少。江左文獻所繫，有明十三朝無出其右者。雖云高資有賴，固亦篤好始能。起萬曆之季，迄順治之初，歷時四十餘年，成書六百餘種，自刻、代刻皆極精工。②

明代私家在圖書保管方面的一個新特點是訂立了一些規章制度，這對防止圖書散佚有明顯的效果，詳見本編第六章《圖書流通》第三節《流通的規章制度》。明代藏書家普遍編有目録，可考者有四十餘種，現存者有二十餘種。③ 不少目録著録了豐富的小説與戲劇作品，反映了文學觀念的變遷。

九 清

清朝統治者一面大興文字獄，以壓制人民强烈的反抗意識，一面大力提倡文教事業，以緩和民族矛盾。在異族統治的背景下，漢族士大夫普遍重視學術研究，圖書出版業也十分興盛，因此清代私家藏書事業發展到了

① 《明代版本圖録初編》卷四。
② 《明代版本圖録初編》卷七。
③ 參見汪辟疆《目録學研究・論唐宋元明四朝之目録》附《四朝目録存佚統表》。

全盛時期，並形成了一些新特點。

首先，清代藏書家的愛好、特點更爲鮮明。如洪亮吉云：

> 藏書家有數等，得一書必推求本原，是正缺失，是謂考訂家，如錢少詹大昕、戴吉士震諸人是也。次則辨其板片，注其錯譌，是謂校讎家，如盧學士文弨、翁閣學方綱諸人是也。次則搜采異本，上則補石室金匱之遺亡，下可備通人博士之瀏覽，是謂收藏家，如鄞縣范氏之天一閣、錢唐吴氏之瓶花齋、崑山徐氏之傳是樓諸家是也。次則第求精本，獨嗜宋刻，作者之旨意縱未盡窺，而刻書之年月日最所深悉，是謂賞鑒家，如吴門黄主事丕烈、鄔鎮鮑處士廷博諸人是也。又次則於舊家中落者，賤售其所藏，富室嗜書者，要求其善價，眼别真贋，心知古今，閩本、蜀本，一不得欺，宋槧、元槧，見而即識，是謂掠販家，如吴門之錢景開、陶五柳、湖州之施漢英諸書估是也。①

第一種爲專家學者，他們爲讀書治學而藏書，錢大昕可爲其代表人物。阮元云："先生所著書，若《廿二史考異》《通鑑注辨正》《元史藝文志》《三統術衍》《金石跋尾》《潛研堂文集》，久爲海内學者所讀矣。别有《十駕齋養新録》廿卷，乃隨筆札記經史諸義之書。學者必欲得而讀之，迄刻於版。凡此所著，皆精確中正之論。即瑣言剩義，非貫通原本者不能。譬之折杖一枝，非鄧林之大不能有也。"②錢大昕特别注意收藏金石文字，據其手編《竹汀居士年譜》，乾隆二十二年丁丑，年三十歲，五月授翰林院編修，"公事之暇，入琉璃廠書市，購得漢唐石刻二三百種，晨夕校勘，證以史事，輒爲跋尾。收藏金石文字自此始"。遂爲終身嗜好。乾隆五十四年己酉，年六十二歲，"是冬重訂《金石録》，前後收藏，共得二千通，與趙明誠著録之數恰同"。錢氏復云："金石之學與經史相表裏。……蓋以竹帛之文久而易壞，手鈔板刻展轉失真，獨金石銘勒出於千百載以前，猶見古人真面

---

① 《北江詩話》卷三。

② 《十駕齋養新録》卷首《序》。

目,其文其事信而有徵,故可寶也”。可證錢大昕在考訂著述方面的成就,與其所藏豐富的金石文字是分不開的。

第二種藏書家特别喜歡做校勘工作,可以盧文弨爲代表。嚴元照稱:“先生喜校書,自經傳子史,下逮説部、詩文集,凡經披覽,無不丹黄者。即無别本可勘同異,必爲之釐正字畫然後快,嗜之至老愈篤,自笑如猩猩之見酒也。”①錢大昕亦云:“抱經先生精研經訓,博極群書。自通籍以至歸田,鉛槧未嘗一日去手。奉廩修脯之餘,悉以購書,遇有秘鈔精校之本,輒宛轉借録。家藏圖籍數萬卷,皆手自校勘,精審無誤。凡所校定,必參稽善本,證以它書,即友朋後進之片言,亦擇善而從之,洵有合於顔黄門所稱者,自宋次道、劉原父、貢父、樓大防諸公,皆莫能及也。”②

第三種藏書家特别重視收藏,並把豐富的藏書當作財産,希望子孫永久保存。這方面的成就當推范氏天一閣爲最大。沈叔埏《書天一閣書目後》云:“范氏之守世書也,余嘗求其故而不可得。或曰其家奉司馬公遺訓,代不分書,書不出閣。有借鈔者,主人延入,日資給之,如鄴侯父承休,聚書三萬餘卷,戒子孫,世間有求讀者,别院供饌是也。或曰閣扃鐍惟謹,司馬後人分八九宅,各司其管;一管不至,閣不能開,借書者以爲難,書得不散。”③

第四種藏書家可以説都是版本學家,他們特别注意收藏宋元舊本,並且特别善於做版本鑒定工作,此類藏書家可以黄丕烈爲代表。王芑孫云:“今天下好宋板書,未有如黄蕘圃者也。蕘圃非惟好之,實能讀之,於其板本之後先、篇第之多寡、音訓之異同、字畫之增損,及其授受源流、翻摹本末,下至行幅之疏密廣狹,裝綴之精粗敝好,莫不心營目識,條分縷析。積晦明風雨之勤、奪飲食男女之欲,以沈冥其中,蕘圃亦時自笑也。故嘗自號佞宋主人云。”④

第五種實際上爲富有經驗的書商,今人一般敬稱爲“書友”。錢景開

① 《悔庵學文》卷八《書盧抱經先生札記後》。

② 《潛研堂文集》卷二五《盧氏群書拾補序》。

③ 《頤綵堂文集》卷八。

④ 《淵雅堂全集》卷七《黄蕘圃陶陶室記》。

即是一例。嚴元照《書春秋經傳集解宋刻殘本後》云：宋刻《左傳》四卷，“萃古齋主人錢景開所貽”。“景開名時霽，湖之書估也，寓於蘇州。能詩，善鑒别宋元板刻並法帖書畫。”[①]顧千里《題清河書畫舫》：常熟錢遵王、毛子晉父子、席玉炤、陸敕先、馮定遠、曹彬侯“各家書散出，予見之最早最多，往往收其一二。乾隆年間，滋蘭堂主人朱文游三丈、白隄老書賈錢聽默……能視裝訂籤題根脚上字，便曉屬某家某人之物”。[②]

清代藏書家還持續不斷地精雕細刻了許多很有價值的書。如清吴修稱納蘭性德“康熙癸丑進士，選侍衛。愛才好客，所與游皆一時名士。嘗集宋元以來諸儒説經之書，刻爲《通志堂經解》一千八百餘卷”。[③] 鮑廷博曾校刻《知不足齋叢書》計二百零七種，七百八十一卷，盧文弨云：“吾友鮑君以文者，生而篤好書籍，於人世一切富貴利達之足以艷人者，舉無所槩於中，而惟文史是耽。所藏弆多善本，並有人間所未盡見者。進之秘省之外，復不私以爲枕秘，而欲公之。晨書暝寫，句核字讎，乃始付之梓人氏。棗梨既精，剞劂亦良，以是毁其家，不卹也。”[④]張海鵬嘗輯刻《學津討原》一百九十二種，一千零四十八卷，《墨海金壺》一百一十五種，七百二十七卷；《借月山房彙鈔》一百三十五種，二百八十三卷。

值得一提的還有黎庶昌於光緒七年、十三年兩度出使日本，竭力搜訪遺文墜典，積成巨帙，翻雕行世，名曰《古逸叢書》。其《刻古逸叢書序》云：“古籍之僅存，兵燹腐蠹之無常，其勢不日趨散亡不止……何幸復見於異邦，而自予得之且以付刊焉，予亦不自知所以然。庸詎知非天之有意斯文，而啓予贊其始也！……書凡二百卷，二十六種，刻隨所獲，概還其真。經始於壬午（一八八二），告成於甲申（一八八四），以其多古本佚編，命之曰《古逸叢書》。”[⑤]《古逸叢書》刻得與原本毫髮不爽，幾與宋槧元刊等視。

清代藏書家對藏書理論的研究也達到了一個新的水平。明末清初的

---

① 《悔庵學文》卷六。

② 《思適齋書跋》卷三《清河書畫舫十二卷》。“聽默”亦爲錢時霽字。

③ 《昭代名人尺牘小傳》卷八《成德》。

④ 《藏書紀事詩(附補正)》卷五《鮑廷博以文》引。

⑤ 《古逸叢書》卷首。

曹溶特撰《流通古書約》,專門探討了古書流通問題。作者首先對某些藏書家“以獨得爲可矜,以公諸世爲失策”的心理及不良後果進行了分析,接着提出了一個解決辦法:

> 予今酌一簡便法,彼此藏書家,各就觀目録,標出所缺者,先經注、次史逸、次文集、次雜説,視所著門類同、時代先後同、卷帙多寡同,約定有無相易,則主人自命門下之役,精工繕寫,較對無誤,一兩月間,各齎所鈔互换。此法有數善:好書不出户庭也;有功於古人也;己所藏日以富也;楚南燕北皆可行也。①

此約雖然具有較大的局限性,如僅在藏書家之間進行,只采用代鈔互换的方法,書不出户。但是對增加圖書的複本還是大有好處的。

乾隆年間孫慶增所著《藏書記要》,對私家藏書的技術問題作了全面而細緻的闡述,有很大影響,我們在本編第一章第一節已經作了介紹,兹不贅述。特别值得一提的是周永年的《儒藏説》。建立儒藏,最早是由明代藏書家曹學佺提出來的。《明史·曹學佺傳》云:曹學佺“字能始……嘗謂‘二氏有,吾儒何獨無’,欲修儒藏與鼎立。采擷四庫書,因類分輯,十有餘年,功未及竣,兩京繼覆”。周永年有感於此,特撰《儒藏説》云:

> 蓋天下之物,未有私之而可以常據,公之而不能久存者。然曹氏雖倡此議,採擷未就。今不揣譾劣,願與海内同人共肩斯任,務俾古人著述之可傳者,自今日永無散失,以與天下萬世共讀之。……果使千里之内有儒藏數處,而異敏之士或裹糧而至,或假館以讀,數年之間,可以略窺古人之大全,其才之成也,豈不事半而功倍哉?②

顯然,周永年的《儒藏説》爲近代圖書館的出現,作了輿論準備工作。

---

① 《知不足齋叢書》本《澹生堂藏書約》附録。

② 《松鄰叢書》甲編。

清代藏書家在圖書整理編目方面的突出成績是寫了大量的藏書題跋，編了許多高質量的善本目録。我們在本書《版本編》第八章《對版本的記録和研究》第四節《題跋》中，對之已經作了較爲詳細的介紹。明末清初著名的藏書家錢曾對版本深有研究，輯有《述古堂書目》《也是園書目》，收録宋元刻本和其它珍貴圖書，其《述古堂書目》每於書名下多注明版本。特别值得人們重視的是他的一部有提要的目録《讀書敏求記》，爲我們提供了許多鑒定版本的手段和經驗，堪稱我國第一部研究版本的目録專書。《四庫全書總目》提要稱其"述授受之源流、究繕刻之異同，見聞既博，辨别尤精，但以版本而論，亦可謂之賞鑒家矣"。① 其優點是記述生動活潑，頗多真知灼見；其缺點是没有統一格式，缺乏規範。其後，著名藏書家多編有善本書目，如瞿紹基的《鐵琴銅劍樓藏書目》、楊以增的《楹書隅録》、陸心源的《皕宋樓藏書志》、丁丙的《善本書室藏書志》等，而其著録格式則日趨規範化。

綜上所述，中國私家藏書有着悠久的歷史，而且必將長期延續下去。同國家藏書相比，私家藏書也有一些鮮明特點。

首先，私家藏書强調實用，往往能根據藏書家的愛好與需求，形成一些特藏。如一九七二年，在山東臨沂銀雀山漢墓中發現了不少漢簡，多爲兵家、陰陽、雜占方面的著作，可見墓主生前喜收兵書。② 鄭樵稱其"嘗見鄉人方氏望壺樓書籍頗多。問其家，乃云先人守無爲軍，日就一道士傳之，尚不能盡其書也。如唐人文集無不備。又嘗見浮屠慧邃收古人簡牘，宋朝自開國至崇觀間，凡是名臣及高僧筆迹，無不備"。③ 可見該道士特别愛收唐人文集，該和尚特别愛收宋人墨迹。鄭振鐸云："物常聚於所好，山東于氏、李氏和清代的孔氏，都是藏曲的大家。今所見的許多重要曲本，殆多數源出於山東。"④藏書家集中保管了大量專題與罕見文獻，也就

① 《四庫全書總目》卷八七《讀書敏求記四卷》。

② 參見羅福頤《臨沂漢簡概述》，載《文物》一九七四年第二期。

③ 《通志》卷七一《校讎略·收書之多論》。

④ 《西諦書話·跋脈望館鈔校本古今雜劇》。于氏指于慎行，李氏指李開先，孔氏指孔廣林。

降低了圖書的散失率。

其次是能够認真地從事校勘整理編目工作,比較注意圖書的流通。這在以上的叙述中已各舉事例作了説明。

隨着時代的進步,出版業與圖書館事業都得到了迅速發展,現代私家藏書在藏書量、分類編目水平、借閲量,以及保管的持久性方面,都無法與圖書館相比,但是私家藏書已成了十分普遍的社會現象,許多人都或多或少地購藏了自己所需要的圖書。可以説私家藏書的整體水平,乃是一個國家、一個民族、一個地區文明程度的重要標誌之一。

第三節　學校藏書

我國學校約有國子監、州府縣學、書院、私塾、新型各級學校等類型,它們都或多或少地藏有圖書,並且各有特色,今分述如下。

一　官辦學校

我國官辦學校起源甚早,《孟子・滕文公》云:"設爲庠序學校以教之。庠者,養也;校者,教也;序者,射也。夏曰校,殷曰序,周曰庠。學則三代共之,皆所以明人倫也。"學校自始即有藏書,如《史記・秦始皇本紀》載李斯之言曰:"非博士官所職,天下敢有藏《詩》《書》、百家語者,悉詣守尉雜燒之。"博士的任務之一是在官辦學校中教授生徒,可見秦代的學校出於教學需要,是藏有《詩》《書》及諸子著作的。

兩漢教育事業得到了發展,班固嘗云:"四海之内,學校如林,庠序盈門。"[①]這些學校應有一定數量的藏書。劉歆曾稱西漢政府"外有太常、太史、博士之藏"。[②] 據《漢書・武帝本紀》知建元五年置五經博士掌教弟子,則博士之藏當指西漢太學藏書。《後漢書・儒林傳》提到東漢有"辟雍、東觀、蘭臺、石室、宣明、鴻都諸藏典籍文章"。熹平石經樹立在太學門

---

① 《文選》卷一《東都賦》。

② 《太平御覽》卷六一九引《七略》。

前，可視爲太學藏書。

《宋書·禮志》稱："晉武帝咸寧二年起國子學。"南北朝各國承晉制，多設國子學。《隋書·百官志》稱："煬帝即位改爲國子監。"唐以後各代因之。讀書當然需要課本，唐代國子監采用壁經的方式爲學生們提供了標準的讀本。如劉禹錫《國學新修五經壁本記》云："大曆中，名儒張參爲國子司業，始詳定五經，書於論堂東西廂之壁。"[①]《唐會要》卷六十六云：太和七年二月五日，敕唐玄度覆定石經字體，"十二月敕於國子監講論堂兩廊創立石壁九經並《孝經》《論語》《爾雅》共一百五十九卷、字樣四十九卷"。《舊唐書·文宗紀》亦稱："開成二年十月癸卯，宰臣判祭酒鄭覃進石壁九經一百六十卷。"這些石壁經書也可視爲唐國子監藏書。

五代國子監的突出成就是雕印了大量經書，王國維云：五代監本經書，"或云九經，或云五經，實則《易》《書》《詩》、三《禮》《春秋》三傳外，尚有《孝經》《論語》《爾雅》《五經文字》《九經字樣》，皆成於晉漢之間"。[②] 此外，後周顯德年間還刻了《經典釋文》。王應麟云："周顯德中詔刻《序録》《易》《書》《儀禮》《周禮》四經釋文，皆田敏、尹拙、聶崇義校勘。自是相繼校勘《禮記》、三傳、《毛詩音》並拙等校勘。"又《古文尚書音義》，"後周顯德六年，郭忠恕定古文，刻板"。[③] 尹拙時任後周國子監祭酒，既然國子監的官員承擔了這些經書的大量校勘工作，國子監又存有這批經書的書版，可以推知五代國子監有相當數量的藏書。

兩宋國子監藏書事業得到迅速發展，據《宋史·邢昺傳》記載，真宗景德二年(一〇〇五)五月，"上幸國子監閲庫書，問昺經版幾何？昺曰：'國初不及四千，今十餘萬，經傳正義皆具。'"南宋國子監也刻了不少書，如李心傳云：紹興九年(一一三九)九月，應尚書郎張彦實之請，"取舊監本書籍，鏤版頒賜"。[④]《宋會要輯稿·選舉四》亦云：紹興二十一年(一一五一)五月，"輔臣復以爲言，上謂秦益公曰：'監中所闕之書亦令次第鏤板，

---

① 《全唐文》卷六〇六。

② 《王國維遺書》第十一册《五代兩宋監本考》卷上。

③ 《玉海》卷四三《藝文·開寶尚書釋文》。

④ 《建炎以來朝野雜記》卷四。

雖有重費亦所不惜也。'由是經籍復全"。兩宋國子監刻了大量經書、史書、諸子著作及醫書。據王國維《五代兩宋監本考》,共有一百四十種左右,實際上當不止此數。從中可以看出,國子監的藏書也是相當豐富的。宋代國子監專門設有書庫官,章俊卿云:"書庫官以京朝官充,掌印經史群書以備朝廷宣索賜予之用,及出鬻而收其直,以上於官。建炎三年省,紹興十三年復置一員,後省,三十二年詔學官兼書庫,乾道七年復置。"①

宋代地方官辦學校大量涌現,北宋真宗大中祥符四年(一〇一一)在永康設立鄉校,仁宗寶元元年(一〇三八),其他大郡也設立了學校,慶曆四年(一〇四四)詔令各州縣設立學校,並由本道使者選屬官爲教授,不足,再聘請鄉里宿學有道業者充任,同時規定不入官學不能參加科舉考試,這就大大促進了地方上官辦學校的發展。

宋代州學也有藏書。諸路州學藏書閣都以"經史"爲名,陸游指出:"大觀二年(一一〇八)九月乙丑,天子既大興學校,舉經行之士,於是詔天下州學經史閣,皆賜名稽古。"②

地方學校的部分藏書是政府頒給的,如晁公武《郡齋讀書志》於《宋書》提要稱政和中,曾以《宋》《齊》《梁》《陳》《魏》《北齊》《周書》等七部史書,"頒之學官"。③ 本書《版本編》第四章《雕印本的品類》第二節《按地域區分》二《蜀本》已引。如前所述,政府頒給諸道郡學的圖書,不少是國子監刻本。也有地方官員刻書將書版置於學宫的,如尤袤《昭明文選跋》云:"貴池在蕭梁時實爲昭明太子封邑,血食千載,威靈赫然,水旱疾疫,無禱不應,廟有文選閣,宏麗壯偉,而獨無是書之板,蓋缺典也。往歲邦人嘗欲募衆力爲之,不成。今是書流傳於世,皆是五臣注本。五臣特訓釋旨意,多不原用事所出,獨李善淹貫該洽,號爲精詳,雖四明贛上,各嘗刊勒,往往裁節語句,可恨。袤因以俸鋟木,會池陽袁使君助其費、郡文學周之綱督其役,逾年乃克成,既摹本藏之閣上,以其板寘之學宫,以慰邦人所以尊

① 《山堂先生群書考索》後集卷二六。
② 《渭南文集》卷二〇《婺州稽古閣記》。
③ 衢本《郡齋讀書志》卷五《宋書一百卷》。

事昭明之意云。”①葉德輝對宋代州軍郡學的藏書情況作過介紹，略云：

> 宋明國子監及各州軍郡學，皆有官書以供衆讀。今其事略可考見者，《天禄琳琅》一：宋版《春秋公羊傳解詁》十二卷，書中每間數紙，輒有真書木印，曰“鄂州學官書”、曰“鄂泮官書，帶去准盜”。考王應麟《玉海》，咸平四年六月，詔郡縣有學校聚徒講誦之所，賜《九經》書一部。大觀二年六月，州學藏書閣賜名稽古。則州郡學置官書，自宋初已然。李心傳《朝野雜記》載，王瞻叔爲學官，嘗請摹印諸經疏及《經典釋文》，貯郡縣以贍學，或省係錢各市一本，置之於學。是南渡後猶重其事，且有准盜之條。②

《金史·百官志》稱金國子監官職有“國子校勘，從八品，掌校勘文字”。則金代國子監不但有藏書，而且還有對藏書進行校勘整理的專職官員。

《元史·百官志》稱元國子監官職有典書一人。元國子監藏書處名崇文閣，王獻唐介紹海源閣所藏善本《鈔本春秋權衡》云：

> 鈔本《春秋權衡》十七卷八册
>
> 依元大德刻本影鈔，每半頁九行，行二十二字。首頁有刻印題記，移録於次：
>
> 《春秋權衡》係宋板，中有書犯御名者，乃是構字。此高宗時所刻，有元崇文閣印。江浙等處儒學提舉司承奉江浙等處行中書省札付准中書省文咨，置備國子監書籍奉上。依上令各學印完備校勘無差，合行申解者。

---

① 《梁溪遺稿·補遺》。

② 《書林清話》卷八《宋元明官書許士子借讀》。

大德十一年五月　日　司吏王永①

吏目王勛

吏目趙雄飛

將仕佐郎江浙等處儒學副提舉陳公舉

國子監崇文閣官書

借讀者必須愛護損壞闕失典掌者不許收受

從引文中可以清楚地看到，元代國子監的藏書不但可以借讀，而且已有相當嚴格的管理制度。

元代對地方教育事業也很重視，據《續文獻通考》卷五十《學校》記載，至元二十五年（一二八八）有郡學縣學二萬四千四百所。這些郡縣學校有的雕印收藏了不少書，集慶路儒學是一個突出的例子，所藏書版有：

十七史書板計紙二萬三千張：《史記》一千八百一十九，《前漢》二千七百七十五，《後漢》二千二百六十六，《三國志》一千二百九十六，《晉書》二千九百六十五，《南史》一千七百七十三，《北史》二千七百二十一，《隋書》一千七百三十二，《唐書》四千九百八十一，《五代史》七百七十三。雜書板：《金陵志》四百八十，《貞觀政要》二百，《朱子讀書法》一百七十，《南唐書》一百八十，《禮部玉篇》七百七十，《集慶志》一百三十五，《修辭衡鑑》五十六，《農桑撮要》五十八，《救荒活民書》一

① 《山東省立圖書館叢刊》第一種《聊城楊氏海源閣藏書之過去現在》。《蕘圃藏書題識》卷五《宋刻顔氏家訓七卷考證一卷》、卷七《姚少監文集六卷》也記載了上述印鑒，可參考。

百五十,《曹文正公詩集》二百八十五,《憲臺通紀》五百一十五,《陳子廉先生詩》二十,《魯齋先生詩解大學》一十九,《樂府詩集》一千三百八十,《厚德録》六十,《刑統賦》六十三。①

元代政府辦的地方學校的藏書,同樣可以出借,而且也有嚴格的管理制度。如葉德輝云:"陸《志》、陸《跋》:北宋刻大字本《資治通鑑》,卷中有'静江路學係籍官書'朱文長印。第六卷前有朱文木記曰:'關借官書,常加愛護,亦士大夫百行之一也。仍令司書明白登簿,一月一點,毋致久假,或省壞去失,依理追償,收匿者聞公議罰。'"②

明太祖、成祖都很重視文教事業,除創辦兩京國子監外,還在全國各地普遍辦起了府學、州學和縣學。明代國子監圖書的典藏與出版工作,具體由典籍廳的典籍管理。明郭鎜云:"典籍一人,從九品階,掌管監用書籍、書板。"③黄儒炳亦云:"典籍:掌書籍經史子雜,以類分櫝而謹藏之。刻板者貯於庫。呈代交盤,各書及各板一一檢驗。夏日督役匠曬曝、印刷各書,嚴防匠役,不許損失。"④郭鎜復云:"典籍别有廳,掌太學一應書籍板刻。藏書板庫相傳曰載道所,凡國朝御製書及頒降各經史子集,具以類分櫝而謹藏之。"⑤可見明代國子監藏書、藏版,有專人保管,藏書以類分櫝保管,還於夏日曝曬。

明代政府還常向地方學校贈書,如洪武十四年(一三八一)"頒《五經》《四書》於北方學校"。⑥ 洪武二十四年(一三九一)"命禮部頒國子監印本書籍於北方學校"。⑦ "洪武二十八年(一三九五)校正《尚書會選》《孟子

① 《金陵新志》卷九《學校志・路學》。

② 《書林清話》卷八《宋元明官書許士子借讀》。陸《志》、陸《跋》指陸心源《皕宋樓藏書志》《儀顧堂題跋》。

③ 《皇明太學志》卷一。

④ 《續南雍志》卷一一《職官表下》。

⑤ 《皇明太學志》卷八。

⑥ 《明史》卷二《太祖本紀》。

⑦ 《南雍志》卷一《事紀》。

節文》,刻板給散天下學校。”①有些官員也爲地方學校的藏書建設作出了貢獻,如明瓊山(今海口)人邱浚(謚文莊)即一例。徐紹棨《廣東藏書紀事詩·邱文莊》云:“公復於瓊山縣學辟樓藏書,顔曰‘石室’,以餉士人。”

清代國子監也有專員專管典籍,《歷代職官表》卷三十四《國子監》云:“典籍廳典籍,漢人一人(從九品),掌藏弆經史以備諸生誦習,凡書籍之刻板於監者,則主其摹印之事,以廣流傳,員額順治元年定。”清代國子監藏書豐富,有些是官員們捐送的,如國家圖書館元刻本《春秋左氏傳補注十卷》、明補修元刻本《古今韻會舉要三十卷》,均有“前分巡廣東高廉道歸安陸心源捐送國子監書籍”等印記。②

二 書 院

書院是我國古代私人或官府辦的學校,出現於唐代,書院藏書現象也隨之産生,如義門書院在江西九江府德安縣,“唐義門陳衮即居左建立,聚書千卷,以資學者,子弟弱冠,皆令就學”。③ 書院至宋得到了蓬勃發展,其名聲最著者爲應天府、嵩陽、白鹿洞、嶽麓四大書院,曾鞏云:“大中祥符二年,應天府言民有曹誠者,即同文舊居,廣舍百五十楹,聚書千餘卷,以延學者,真宗嘉之,賜名應天府書院。”④元代對書院也采取鼓勵政策,《元史·選舉志》介紹各地興辦書院盛況云:“先儒過化之地,名賢經行之所,與好事之家出錢粟贍學者,並立爲書院。”元代的書院藏書可以西湖書院爲代表,黄溍云:

> 西湖書院實宋之太學,規制尤甚,舊所刻經史群書,有專官以掌之,號書庫官。宋亡學廢,而版庫具在。至元二十八年(一三六八),承旨徐文貞公治杭,以其建置之詳,達於中書,俾書院額,立山長,書庫之所掌悉隸焉。郡人朱慶宗捐宜興州田二百七十五畝歸於書院,

① 《古今圖書集成》理學彙編《經籍典》卷六《經籍總部》。

② 見《中國善本書提要》經部春秋類、經部小學類。

③ (同治)《九江府志》卷二二。

④ 《隆平集》卷一三《侍從》。

別儲以待書庫之用。①

明洪武元年(一三六八)曾立洙泗、尼山書院,其後各地相繼建立了不少書院。清朝統治者鑒於書院影響巨大,難以壓制,於是轉而采取了公開提倡、加强控制的策略,以至全國各地都辦起了書院。清代書院藏書蔚然成風,即使一些偏遠地區的書院,往往也有豐富的藏書,如李坤《昆明經正書院藏書記》談到該書院"購書於滬、於粤、於楚、於金陵,先後凡數十萬卷,櫛庋之樓,縱人往觀。游其地者,如荒之得賑,饑之得食;又如窶人驟得珍饌,恣情啖嚼,不復計腹之彭亨也"。②

書院藏書的來源主要有以下途徑。其一是御賜。書院就其本質而言,是爲封建統治階級培養人才,所以皇帝往往以御賜圖書的方法加以鼓勵。如王應麟云:太平興國二年(九七七)"三月庚寅,知江州周述言廬山白鹿洞學徒數千人,請賜九經書肄習,詔從其請"。復云:嶽麓書院中開講堂,揭以書樓。咸平四年(一〇〇一),李元則奏:"嶽麓山書院修廣舍宇,生徒六十餘人,請下國子監,賜諸經釋文義疏、《史記》《玉篇》《廣韻》。從之。"③清代皇帝也曾多次頒賜圖書給書院,如班書閣《書院藏書考》云:

> "康熙二十五年(一六八六),頒發《御纂日講解義》、經史諸書於白鹿、嶽麓二書院。"(《皇朝文獻通考》卷六十九)"乾隆元年(一七三六)議准聖祖仁皇帝《律書淵源》應頒發直省書院。"(光緒《安徽通志》卷九十二)"乾隆十六年(一七五一)上諭,經史,學之根柢也。會城書院,聚黌庠之秀而砥礪之,尤宜示之正學。朕時巡幸所至,有若江南之鍾山書院、蘇州之紫陽書院、杭州之敷文書院,各賜武英殿新刊《十三經》《二十二史》一部,資髦士稽古之學。"(《皇朝文獻通考》卷七十一)④

① 《松鄰叢書》甲編《元西湖書院重整書目》卷首《西湖書院重整書目記》。

② 《思亭文鈔》卷一。

③ 《玉海》卷一六七宫室部《嶽麓書院》。

④ 載《國立北平圖書館館刊》第五卷第三期。

清代還允許地方官吏動用公款購買圖書頒發給書院,如“乾隆元年議准,各督撫於省會書院,應將《十三經》《二十一史》諸書,購買頒發,令士子熟習講貫。其動用存公銀兩,仍報部查核”。① 清末巡撫劉坤一頒發給瑞州府(治所在今江西高安縣)鳳儀書院的書籍有:《周易折中》二十二卷、《書經傳説彙纂》二十一卷、《詩經傳説彙纂》二十一卷、《周官義疏》二十二卷、《儀禮義疏》四十八卷、《春秋傳説彙纂》三十卷、《禮記義疏》八十二卷、《小學集解》六卷、《資治通鑑綱目》三編四十八卷、《中庸衍義》十七卷、《二十二史佐治藥言》《學治臆説》《圖民録》等。②

私人贈書給書院也不乏其例,如朱熹《跋白鹿洞書院所藏〈漢書〉》云:“熹既爲劉子和作傳,其子仁季致書,以其先人所藏《漢書》四十四通爲謝。時白鹿書院新成,因送使藏,以備學者看讀。”③地方志書所載此類甚多,如江西之成岡書院,“元邑人李幼常建以儲書”。④ 吉水縣仁山書院,“明洪武初,邑人劉惠庭建,聚古今圖書,以待來學者”。⑤廣東雷州府雷陽書院,乾隆十一年(一七四六),黄錦記曰:“雷郡地邊海徼,書籍未備。余捐俸購《二十一史》《十三經》及子集各書五千餘卷,貯於博文館,以資搜覽。”⑥

有的書院爲鼓勵人們捐書,還製訂了一些章程,如安徽省太平縣《初議公集圖書章程》云:

> 一、各省多設書局,所刻書籍,大率皆精要必備之書。而邑人在各省游宦者,既多士人,游學四方者,亦復不少。宜各就所便,集資商購書籍,寄置書院,院中不收代買書籍錢文,以免多勞往返。
>
> 一、書局刻書,各有斷限,此外精要未刻之書,未易更僕數。兵燹之餘,舊刻日愈寥落,如能購求寄送,尤當因罕見珍。

---

① (光緒)《安徽通志》卷九二。
② (同治)《瑞州府志》卷五。
③ 《晦庵先生朱文公集》卷八一。
④⑤ (光緒)《江西通志》卷八一。
⑥ (道光)《廣東通志》卷一七二。

一、書籍到院，即於書目注明送書姓名。一俟書目積成卷帙，隨時刊布，以示不忘培文重學之意。①

這個章程也對其他書院産生了一定影響，如《安徽于湖中江書院尊經閣記》所附《募捐書籍並藏書規條》云：

一、各處官紳諸公捐送書籍到皖，即於書目注明送書人姓名，仿仙源書院例也。一俟書目積成卷帙，隨時刊布，以示不忘諸公績文勸學之至意。

一、各省大憲批准巡道禀並札行頒發各書局所刻經籍，由巡道出具領紙，派員弁往領歸，分庫庋藏。收書簿上即登明書共幾部，係奉某省大憲頒發，以志名公鉅德嘉惠士林之意。

三、遠近官紳頒發捐送書籍，隨到隨登簿。官則注明某省大憲頒發，或某省某官捐送。紳則注明某地某甫先生捐送。暫不分四部目次，衹論送到先後，以便隨時刊布志謝。一俟積滿，四部十得六七，縹緗盈庫，油素分門，然後再按六略、七録分類重編，以示諸生分門肄習。②

購置當然也是書院增加藏書的重要方式，如元代四川的草堂書院就買了不少書，元李祁《草堂書院藏書銘》云："蜀都阻於一隅，去之萬里，孰云能阻，稽於版籍，詢於文獻，北燕南越，西陝東吴，有刻則售，有本則書，僕輸肩頳，車遞牛汗，厥數惟何？廿有七萬，載之以舟，入於蜀江。"③浙江瑞安心蘭書院的藏書甚至是同人湊錢買的，陳虬《擬廣心蘭書院藏書引》云："定議之初，人約二十家，家先出錢十五千，合三百千，購置書籍，續置有隔江塗田數十畝，歲近又可得息數十千，益務恢廣，自開辦以來，積二十

① 《中國古代藏書與近代圖書館史料》録自《仙源書院藏書目録初編》。
② 《中國古代藏書與近代圖書館史料》録自《安徽于湖中江書院藏書目》。
③ 《雲陽集》卷十。

一年矣，尋常文史，略可足用。饗遺甚夥，於是鄉里皆知有書社。”①

有的書院還專門訂了購書條例，如大梁書院所訂《購書略例》云：

書籍期於有用，上之研窮性理，講求經濟，次之博通考據，練習詞章，四者，其大較也。近刻種類日繁，備購匪易，先擇其最有用者購之。若此間書肆及津局暫時闕如，祇得異日續購。

所購各書，大半官局新印，紙質堅韌，可以經久。其遠年舊刊者，則紙多朽敗，擇購數種，聊補新印之闕。

各書偶有重出，或爲單行本，或爲叢刻本，或購自他處，艱於更易，故並存之。

醫卜星相及一切技藝之書，均未購置。間有一二種列入叢刻本，則未能剔除。

藏書家侈插架之富者，每種或多至十餘部，必一一注明某處刊本，藉資考證。兹則限於款項，無庸誇多鬬靡，故某處刊本大概從略。

此舉聊爲一簣之覆，殊慙簡陋，若有才力閎肆者起，增高繼長，蔚爲大觀，庶幾饜衆人之望。

捐款原啓及原購各書價值清單，皆彙存一總簿，在書院内，可隨時檢查。②

書院自己刻書也是補充藏書的一種方法。宋元書院刻書蔚然成風，據《四庫全書總目》《增訂四庫全書簡明目録標注》《書林清話》等書記載，宋代書院刻書略如下表：

書院名稱	刻印書名	卷數	刻印年號
婺州麗澤書院 （浙江金華）	司馬光《切韻指掌圖》 吕祖謙《新唐書略》	二卷 三十五卷	理宗紹定三年（一二三〇）無年號

① 《治平通議》卷八。

② 《中國古代藏書與近代圖書館史料》録自《大梁書院藏書目》。

續表

書院名稱	刻印書名	卷數	刻印年號
象山書院 （江西貴溪）	袁燮《絜齋家塾書鈔》	十二卷	理宗紹定四年 （一二三一）
泳澤書院 （浙江上虞）	朱熹《朱子四書集注》	十九卷	理宗淳祐六年 （一二四六）
龍溪書院 （福建漳州）	陳淳《北溪集》 《外集》	五十卷 一卷	理宗淳祐八年 （一二四八）
竹溪書院 （江蘇）	方嶽《秋崖先生小稿》	八十三卷	理宗寶祐五年 （一二五七）
環溪書院 （福建福安）	楊士瀛《仁齋直指方論》 《小兒方論》 《傷寒類書活人總括》 《醫學真經》	二十六卷 五卷 七卷 一卷	理宗景定五年 （一二六四）
建安書院 （福建建甌）	朱熹《朱文公文集》 《續集》 《别集》 項安世《周易玩詞》	一百卷 十卷 十一卷 十六卷	度宗咸淳元年 （一二六五）
白鷺洲書院 （江西廬陵）	顔師古《漢書集注》 李賢《後漢書注》 劉昭《後漢書·志》補注	一百卷 九十卷 三十卷	
龍山書院	杜預撰陸德明釋文《纂圖互注春秋經傳集解》 馮繼先《春秋名號歸一圖》	三十卷 二卷	

元代書院刻書之風超過宋代，所刻書難以枚舉，單是廣東東莞圓沙書院，延祐二年（一三一五）刻有董楷《周易程朱先生精義附録》二十卷、程頤《程子上下篇簡義》一卷、朱熹撰董楷輯《朱子易圖説》一卷、《周易五贊》一卷、《筮易》一卷、顧野王撰孫强增字《大廣益會玉篇》三十卷、陳彭年重修埘《玉篇廣韻指南》一卷；延祐四年（一三一七）刻有林駉、黄履翁《新箋决科古今源流至論》前集十卷、後集十卷、續集十卷、别集十卷、林駉《皇鑒箋要》六十卷；延祐七年（一三二〇）刻有《山堂先生群書考索》前集六十六卷、後集六十五卷、續集五十六卷、别集二十五卷；泰定二年（一三二五）刻

有陳彭年等撰《廣韻》五卷、潘自牧撰《纂記淵海》一百九十五卷。①

明代書院往往也藏有書版，如江寧縣尊經書院，“明代曾貯《國學經濟》及《二十一史》板”。② 此外如養德書院刻《文選》、東山書院刻《文選補遺》、白鹿洞書院刻《史記》、鰲峰書院刻《侯鯖録》、瀛山書院刻《金粟齋先生文集》、雲丘書院刻《雙江聶先生文集》、大梁書院刻《于肅愍公集》、義陽書院刻《何大復先生集》、正誼書院刻《鐵崖先生文集》。③

清代書院刻書的規模遠邁前代，如廣州的學海堂書院共刻印圖書二千三百三十四卷，其中《學海堂文集》共九十卷，收集了五百多人著作，廣州廣雅書院共刻印圖書五千七百四十六卷，江陰南菁書院共刻印圖書一千四百九十五卷。成都的尊經書院刻印的圖書行銷四川、云南、貴州等省。④

顯然，書院刻書，不僅充實了書院藏書，而且也促進了學術交流與文化傳播。

書院藏書在管理與利用方面水平較高，與國家藏書與私人藏書相比，書院藏書注重利用。它不僅對本書院的讀者開放，有的甚至對院外讀者開放。如興化文正書院《藏書凡例》云：

> 一、所藏諸書，須編目繕寫懸牌書院門首，通曉闔邑多士。
>
> 一、藏書之處，務須潔静。肄業諸生，不得擅入翻閲。
>
> 一、儲書非易，本不宜携書出院，因念寒士以館爲家，不克入院肄業。倘深藏不出，事近向隅，破格從權，故有出院之議。但觀書不能作輟，須俟肄業諸生閲竣後方准出院。
>
> 一、每月肄業諸生所閲之書，須由齋長榜示門首，使借書者一覽便知，免致相左。

① 參見談運澤《宋元書院刻書簡析》，載《湖北教育學院學報》(哲社版)第十卷第五期。

② (嘉慶)《江寧府志》卷十六。

③ 參見張秀民《中國印刷史》第一章《雕板印刷術的發明與發展：明代書院本》。

④ 參見楊建東《古代書院藏書概述》，載《四川圖書館學報》一九八五年第五期。

一、在院肄業諸生欲觀書者，須親筆書條爲憑，至齋長處登簿取給。

一、借書出院，須有保結呈縣，由縣付條至齋長處取書，還書時，憑齋長給條至縣銷結。

一、卷數繁簡不一，簡單准取全册，繁者每取十本，挨次取閲，閲畢即還。無論在院不在院，極遲以半月爲限。逾限者下次不准再取。①

書院藏書多由專人管理，並訂有嚴格的規章制度。如《白鹿書院志》卷十一云："原有書目若干，其洞志書目若干，應補若干，查明造具收管。除現有四柱清册交洞中管幹收管。其書有缺失，當事及四方紳衿願送收藏者，仍入册注日月，收於新收項下。在洞生徒借讀者，寫一票於管幹處，領出以便稽考。繳書銷票，不許耽擱延捱，致誤後來借閲。損失者勒限賠補。"其借讀藏書票式如下：

某於　月　日借洞中藏書，某樣一部，計幾本看閲。繳書銷票，損失賠還，不致久淹時日，此照。

今再録安徽于湖中江書院《募捐書籍並藏書規條》爲例，以見書院的管理水平，其規條略云：

一、尊經閣門平時出入鎖鑰，歸一人管理。每逢課期，或鈔古賦，鈔隱僻典故（習見者不鈔，上千字者，午後貼出），或查出處注於題下，書若積多，則一人不能兼顧，須添一人分任其勞，派定正辦、副辦，事有專責，若有遺失，惟正副辦是問。

一、每年曬書，歸正副辦酌請精細人陸續收曬，務須親自檢點，年底邀各首事齊赴書院公同查驗。

① 《中國古代藏書與近代圖書館史料》録自《興化文正書院藏書目》。

一、尊經閣樓下置有桌椅，欲觀書或鈔書者，祇准在此閱鈔，限至遲十日必繳還。一概不許携帶出院，違者議罰。（無論官署、世家，皆不得循情面）

一、諸生借閱，掌書者先將書頁當面數清，如有脱頁，即於書頭上蓋戳記。收還亦須當面過數，倘有缺損，須借書補鈔。（恐有懶於照鈔，將書撕下，或有忌人知之者，會課時尤宜防）若妄加圈點批評，亦須面斥，以後不准借書。

一、借書但准平時。若課期前，即未逾十日限期，亦須送繳，以備出題時查考出處。出題日但准來查，自帶筆墨來鈔，不准借出。（緣書止一部，查者衆多也）

一、《史》《漢》《三國》及各種類書，祇准偶爾翻查，不准借出。四史局價甚廉（金陵書局《史記》錢叁串貳百，兩《漢》錢陸串，《三國》錢壹串捌百），須各置一部，或數人分買傳觀亦可。若類書一查即了，不必借出。且恐常有人來查，至於孤本、鈔本，尤不准借。

一、院中書籍，公舉四人總理。另舉在院肄業生，或在院教讀者一人，專管借書，每年酌加薪水。如有遺失，總理查出，專管賠認。

一、院中書籍皆須蓋用學印，以昭信守。如有古刻珍秘之本，閱者不得以近刻之本换出，如有更鶩，罰從奪牛。

一、每月，專管須開書厨晾風一二次。每年六、七月，專管者覓精細人曬書一次，曬後邀各總理清查一次。①

三 家 塾

中國私人辦學起源甚早，孔子就是一位偉大的教育家，司馬遷云："孔子以《詩》《書》《禮》《樂》教，弟子蓋三千焉，身通六藝七十有二人。"②孔子之後，其風綿延不絶，不少家塾都有豐富的藏書。今舉數例如下。

---

① 《中國古代藏書與近代圖書館史料》録自《安徽于湖中江書院藏書目》。

② 《史記》卷四七《孔子世家》。

宋釋文瑩云:“僞吴故國五世同居者七家,先主昪爲之旌門閭,免征役,尤著者江州陳氏,乃唐元和中給事陳京之後,長幼七百口,不畜僕妾,上下雍睦。……别墅建家塾聚書,延四方學者,伏臘皆資焉,江南名士,皆肄業於其家。”①南宋蔡瑞也爲族人讀書創造了條件。葉適《石庵藏書目序》云:“蔡君念族人多貧,不盡能學,始買書置石庵,增其屋爲便房,願讀者處焉,買田百畝助之食,嗚呼! 蔡君可謂能教矣!”②可見宋代家塾藏書供人閱讀,並已初步具有公共圖書館的性質。

宋代某些家塾還喜歡刻書。如建安蔡子文東塾之敬室刻邵雍《擊壤集》十五卷、建溪三峰蔡夢弼傅卿家塾刻《史記》一百三十卷、建安陳彦甫家塾刻葉蕡《聖宋名賢四六叢珠》一百卷、梅山蔡建侯行父家塾刻《陸狀元集百家注資治通鑑詳節》一百二十卷、《李學士新注孫尚書尺牘》十六卷、建安黄善夫宗仁家塾之敬室刻《史記正義》一百三十卷、《漢書》一百二十卷、建安劉元起家塾之敬室刻《後漢書》一百二十卷、建安魏仲舉家塾刻《新刊五百家注音辨昌黎先生文集》四十卷等,建安曾氏家塾刻《文場資用分門近思録》二十卷等,建安虞氏家塾刻《老子道德經》四卷等。③

元代家塾繼承傳統,也刻了不少書,如花谿沈氏家塾刻趙孟頫《松雪齋集》十卷、《外集》一卷、《附録》一卷、古迂陳氏家塾刻《尹文子》二卷、雲坡家塾刻《類編層瀾文選前集》十卷、《後集》十卷、《績集》十卷、《别集》十卷、商山書塾刻趙汸《春秋屬辭》十八卷等。④

有些書商借書塾爲名,使其所刻書取得購書者的信任,增加銷量。然而這也説明普遍建立書塾在宋元時期是一種社會風氣,某些家塾能刻書,當然與其藏書數量相關。

清代家塾也頗好藏書,且供人閱讀。丁申曾談到乾隆年間,杭州黄樹谷先世有官少參者,黄樹谷即用少參故居辦了座廣仁義塾。“義塾在武林門外東馬塍北,少參貞父先生故第,即其居開塾,聚書其中,供四方來學者

① 《湘山野録》卷上。
② 《水心先生文集》卷一二。
③ 參見《書林清話》卷三《宋私宅家塾刻書》。
④ 參見《書林清話》卷四《元私宅家塾刻書》。

閲誦。每書全部板心折縫處,斜蓋‘廣仁義塾’四大字爲記,使人不能巧偷豪奪。書多精本,亦藏書家之變體也。”①廣仁義學翻刻的《耕織圖》卷末有錢琦跋云:“廣仁義學,聚古今圖籍,以公願學之士。創之者錢塘善士黄樹谷,成之者新安善士程鍾也。又敬刻此書於義學者,則程鍾、同里葉生以仁也。”②

孫星衍將三萬多卷藏書置於族祠,以便在家塾就讀者借閲。他還特地編了部《孫氏祠堂書目》,其《序》云:“昔之聚書者,或贈知音,或遭兵燹,或以破家散失,或爲子孫售賣。高明所在,鬼神瞰之,予故置之家祠,不爲己有。既經水患,卷帙叢殘,知免天災豪奪之咎,但捨之作宦,不能多携,懼爲蠹簡,是切遂初之志,因刊目録,略述淵源,以教家塾。”③

清代家塾藏書處所隨着時代的進步,正朝着學校圖書館方向發展,廣仁義學已初見端倪,晚清國英創辦的共讀樓則已相當成熟了。其《共讀樓書目序》云:

> 余早有購藏書籍之志,同治甲子(一八六四)勸同志諸君子共立崇正義塾。嗣屢蒙恩擢,廉俸所餘,獨以購書。光緒丙子(一八七六),於家塾構藏書樓五楹,顔曰共讀。其所以不自秘者,誠念子孫未必能讀,即使能讀,亦何妨與人共讀。成己成人,無二道也。兹以養疴在里,檢所成書,編成目録,除叢藏暫未列入,現計書三千餘種、二萬餘卷,法帖四百餘册。願嗜古者,暇輒往觀。果各就夫性之所近,諳練其才,擴充其識,將可以濟時局,挽頹俗,儲經邦,濟世安民,正俗之學,爲異日報國資,是則余之厚幸而切望也夫。④

總之,我國古代學校藏書規模不大,管理人員較少,内容側重於教學

① 《武林藏書録》卷下。

② 嚴寶善《私人藏書爲公讀——記清代廣仁義學》,載《博覽群書》一九九六年第二期。

③ 《孫氏祠堂書目》卷首。

④ 《共讀樓書目》卷首。

用書。其突出優點是可供士子借閲。此外,各類學校都出版過一些質量比較高的圖書,也爲我國的圖書出版事業作出了貢獻。

第四節　寺觀藏書

除官府、私家、學校外,佛寺、道觀也是古代重要的藏書單位。

一　佛　寺

佛寺藏書現象是伴隨佛教的傳入與寺廟的建立而出現的。漢明帝在東都建白馬寺,印度僧人攝摩騰等在此譯出《四十二章經》,説明白馬寺既藏有該書原著,又藏有其譯本,荀勗晉《中經簿》開始著録佛經,①可見當時的佛經翻譯事業已初具規模,譯本入藏秘閣,深受統治者的重視。西晉初期,洛陽、長安兩地約有佛寺一百八十所,證明已有不少佛教信徒,而這正是寺廟譯書藏書的群衆基礎。東晉太元初,名僧道安的弟子慧遠在廬山創東林寺,由於"經流江左,多有未備。遠乃命弟子法净等遠尋衆經,逾越沙雪,曠歲方還,皆獲胡本,得以傳譯。所以禪法經戒,皆出廬山,幾且百卷"。② 這説明地方佛寺也翻譯、收藏不少佛經。

"南朝四百八十寺,多少樓臺烟雨中。"③宋、齊、梁、陳四個王朝的君主都佞佛,寺廟藏書在整理編目方面又有所發展。如僧祐入建康(今南京)定林寺,曾"造立經藏,搜校卷軸"。④ 並在"總集衆經,遍閲群録"⑤的基礎上撰寫了《出三藏記集》。後來他的學生劉勰將鍾山定林寺四千餘卷藏經編爲《定林寺經藏目録》,《梁書・劉勰傳》云:"勰早孤,篤志好學,家貧不婚娶,依沙門僧祐,與之居處,積十餘年,遂博通經論,因區别部類,録而序之。今定林寺經藏,勰所定也。"梁武帝是有名的崇佛皇帝,《隋書・經

① 《廣弘明集》卷三《七録序》附《古今書最》。
② 《出三藏記集》卷一五。
③ 《全唐詩》卷五二二杜牧《江南春絶句》。
④ 《高僧傳》卷一三《齊京師建初寺釋僧祐》。
⑤ 《出三藏記集》卷首自序。

籍志》稱其“大崇佛法,於華林園中,總集釋氏經典”,於天監十四年(五一五)詔安樂寺沙門釋僧紹撰《華林佛殿衆經目録》,但“未愜帝旨”,後來又命新安寺沙門釋寶唱重撰。釋寶唱撰成《衆經目録》“一帙四卷,雅愜時望,遂敕掌華林園寶雲經藏,搜求遺佚,皆令具足。備造三本,以用供上”。①

北朝寺廟藏經事業也頗興盛,魏宣武帝命舍人洛陽李廓撰藏經之目《衆經録》、北齊後主高緯武平年間,釋法上撰藏經之目《衆經目録》,姚名達嘗云:“綜觀廓、上兩《録》分類之精,遠勝南朝諸録,且爲隋代諸録之藍本,不意末世而有此作也!”②

隋代由於文帝、煬帝均崇佛,故隋代寺廟藏書事業達到了空前的水平。《隋書·經籍志》云:“開皇元年,高祖普詔天下,任聽出家,仍令計口出錢,營造經像,而京師及并州、相州、洛州等諸大都邑之處,並官寫一切經,置於寺内;而又別寫,藏於秘閣。天下之人,從風而靡,競相影慕,民間佛經,多於六經數十百倍。”隋代釋法經撰《大隋衆經録目》、費長房撰《歷代三寶紀》、彦琮撰《崑崙經録》、智果撰《衆經目録》,反映了隋代佛經整理水平。

唐代對佛教也相當重視,釋静泰云:“貞觀九年四月,奉敕苑内寫一切經。”“貞觀十一年四月,皇太子於延興寺造一切經。”③“龍朔三年正月二十三日,敕令於敬愛道場寫一切經典。”④“麟德元年正月二十六日,敕取履味沙門十人,惠概、明玉、神察、道英、曇邃等,並選翹楚,尤閑文義,參覆量校,首末三年。又置官寮……敕使韓康、李充、盧行訥、鄭祖均等,精加檢覆。寫舊經論七百四十一部,二千七百三十一卷。又寫大唐三藏法師新譯經論七十五部,一千三百三十五卷,入藏。其有古來有目而無本者,合三百八十二部,七百二十五卷,隨訪隨寫。”⑤静泰還專門編了《大唐東京大敬愛寺一切經論目》。唐代佛經目録的編撰水平到釋道宣的《大唐内

---

① 《續高僧傳》卷一《梁楊都莊嚴寺沙門釋寶唱傳》。

② 《中國目録學史·宗教目録篇·分類甚精之李廓與法上》。

③ 《大唐東京大敬愛寺一切經論目》卷一。

④⑤ 《大唐東京大敬愛寺一切經論目》序。

典録》與釋智昇的《開元釋教録》達到頂峰。《大唐内典録》卷三爲《歷代衆經總撮入藏録》，收現存之書凡八百部，三千三百六十一卷。《開元釋教録》卷十九爲大乘入藏録，卷二十爲小乘入藏録，末附賢聖集。皆標明經名與紙數，共收入藏經書一千零七十六部，五千零四十八卷。當時佛寺藏經水平於此可見。

宋代統治者也大力提倡佛教，隨着雕版印刷術的普及，兩宋在雕印佛經方面取得了突出成就，我們在本書《版本編》第四章《雕印本的品類》第一節《按時代區分》三《宋本》中已作了介紹，可參看。宋代所刻多部大藏經多由寺院出面募捐雕梓。經版刻成後，當然允許人刷印以廣流傳。如宋釋居簡云："近世蜀之昌州不動居士馮公，以無量壽願施五千四十八卷，凡四十八藏。《般若》《寶積》《華嚴》《涅槃》合八百四十一卷。"[①]僅此一例，也可見宋代寺廟刻經藏經事業的興盛。

遼代統治者也大力提倡佛教，曾官刻大藏經兩部，一部刻成於興宗重熙七年（一〇三八），並於該年建大同（遼西京）華嚴寺薄伽教藏，藏《藏經》五百七十九帙。重熙十三年（一〇四四），契丹貴族志智和尚在燕都募錢三百萬，印裝極精。不少佛徒信士籌款捐錢印刷佛經置於佛寺中，如重熙二十二年（一〇五三）中京道興中府安德州（今遼寧朝陽縣東南）靈巖寺有寺僧潛奥等，"鳩集净財。購經一藏，用廣流通。二十四年（一〇五五）建九聖殿以龕置焉"。[②] 乾統初年（一一〇一至一一〇三）有淶水縣董生罄其家産，"構大藏一座，印内典五百餘帙，在縣西北金山演教院中龕置"。[③]

金代寺廟藏書水平可以金藏的雕印爲代表，《永樂大典》卷四千六百五十《順天府七》云：

弘法寺在舊城。金大定十八年（一一七八），潞州崔進女法珍印經一藏進於朝，命聖安寺設壇爲法珍受戒爲比丘尼。二十一年（一一八一）以經版達於京師。二十三年（一一八三）賜紫衣宏教大師。以

① 《北磵文集》卷四《江東延慶院經藏記》。
② 《遼文匯》卷八《興中府安德州創建靈巖寺碑銘》。
③ 《遼文匯》卷八《金山演教院千人邑記》。

弘法寺收貯經板及弘法寺西地與之。明昌四年(一一九三)立碑石,秘書丞兼翰林修撰趙渢記,翰林侍講學士黨懷英篆額。

金藏雕成後,有些寺院也前往刷印收藏,如大定二十九年(一一八九)濟州(今山東省濟寧市)普照寺照公禪師"聞京師弘法寺有藏經版,當往彼印之,即日啓行,遂至其寺。凡用錢二百萬有畸,得金文二全藏以歸"。①

元代所刻佛經今可知者有宋咸淳五年(一二六九)至元泰定元年(一三二四),杭州路餘杭縣大普寧寺刻普寧藏;宋紹定四年(一二三一)至至治二年(一三二二),平江府磧砂延聖院刻磧砂藏;元大德十年丙午(一三〇六),福州開元莊嚴禪寺住持沙門募緣刊補毗盧大藏經板一副;延祐二年(一三一五),福建道建寧路建陽縣後山報恩萬壽堂陳覺琳募衆雕刻過毗盧大藏;此外,福建平海道釋教總統印造龍龕法寶大藏六千二十卷,施於大顯聖寺。元時還刻有蒙文、藏文、西夏文大藏經。② 元代還大量印刷過大藏經,如至元十四年(一二七七),元世祖"命印大藏三十六藏,遣使分賜歸化方外,皆得瞻禮"。③ 文宗又敕印造《藏經》三十六部,散施禪刹,江南亦有賜者。④ 另有佛慧圓鑒雪堂禪師(名普仁),本許昌張氏子,嘗購二十藏,給河南鄭州一帶的佛寺,時間在成宗元貞二年(一二九六)。⑤ 由此可見元代寺廟藏經的盛況。

明太祖朱元璋微時曾當過和尚,即位後,於洪武五年(一三七二)在應天府(今南京)蔣山召集衆僧校刻《大藏經》,約於永樂元年(或洪武三十一)告成,⑥稱爲《大明三藏聖教南藏》,簡稱《南藏》。

明成祖於永樂庚子十八年(一四二〇)刊刻《大藏經》,於正統庚申五

---

① 《金文最》卷一一一《濟州普照寺照公禪師塔銘》。

② 參見張秀民《中國印刷史》第一章《雕板印刷術的發明與發展:元代刻本内容・宗教書》。

③ 《釋氏稽古録》卷四。

④ 《欽定日下舊聞考》卷五〇引《析津志》。

⑤ 《金石萃編補正》卷四《鄭州滎陽縣洞林大覺禪寺藏經記》。

⑥ 參見張秀民《中國印刷史》第一章《雕板印刷術的發明與發展:明代印本内容・宗教書》。

年(一四四〇)刻成。卷首冠有正統五年十一月御製序,稱:“《大藏》諸經六百三十六函,通六千三百六十一卷,咸畢刊印,式遂流布。”後來萬曆皇帝的母親慈聖皇太后又增刻四百十卷,稱《續入藏經》,總稱爲《大明三藏聖教北藏》,簡稱《北藏》。

這兩部大藏經都曾廣爲傳播。如《南藏》經版藏於大報恩寺,民間請印甚易,萬曆間廣爲印行,每年約印造二十藏,以致經板模糊。著名航海家鄭和也曾印造十部,捨於南京靈谷寺、鷄鳴寺、北京皇后寺、牛首山佛窟禪寺、天界禪寺、福建南山三峰塔寺、鎮江金山寺、静海禪寺。其家鄉雲南五華寺則捨有兩藏。鄭氏願文云:

> 累蒙聖恩,前往西洋等處公幹,率領官軍寶船,經由海洋,托賴佛天護持,往回有慶,經置無虞,常懷報答之心。於是施財陸續印造《大藏尊經》,舍入名山,流通誦讀。[①]

《北藏》印本也廣爲傳播,如正統十二年,工部右侍郎王祐言:“刊造大藏經,頒賜天下寺院。臣原籍山陰縣,柯橋禪寺乃臣家供奉香火者,伏乞賜經,俾寺僧朝夕唪誦,以祝聖壽。”英宗從之,“江南諸刹所有,皆景泰敕賜物也”。[②] 萬曆十三年(一五八五)又敕造《大藏經》,布賜天下名山,其中單是五臺山一處先後派太監送去的就有十藏。[③]

清雍正皇帝曾組織人刻過一部《大藏經》,俗稱《龍藏》。校刻地點在北京賢良寺,自雍正十三年(一七三五)開始,至乾隆三年(一七三八)結束。乾隆四年敕印一百部。經版原存武英殿,後因請印不便,移儲柏林寺。今日全部經版仍在該寺,爲北京圖書館保管。印本爲梵夾裝,半頁五行,行十七字,字體楷書精美,浙江圖書館有一部,藏南潯嘉業堂。此外,

---

① 見《骨董瑣記三記》卷六《鄭和印造大藏經》。

② 《明英宗實録》卷一五〇。

③ (康熙)《清涼山新志》卷三《崇建》。

清政府還刻過藏文、滿文、蒙文大藏。① 清代民間刻經也十分盛行,以江蘇爲例,就有金陵刻經處、江北刻經處、無錫萬松院恒記經房、揚州衆香庵法雨經房、上海頻伽精舍、蘇州瑪瑙經房、蘇州洞庭西山祇樹庵刻經處、常州毗陵刻經處等。② 這些刻經處多設在寺廟,爲清代寺廟藏書事業創造了條件。

民國期間,各地佛寺仍藏有不少佛經,這從當時山東省所作的調查中可以略窺一斑,民國二十年(一九三一)五月七日《申報》載:

> 佛藏經在山東各地藏者不少,而全本則綦鮮。據官方調查,所知者如下:
>
> 一　掖縣海南寺有明版佛藏經半部,已運到濟南省立圖書館整理。
>
> 二　掖縣千佛寺有明版佛藏經半部,現尚由彼保存。
>
> 三　濟陽縣釋迦寺有明版佛藏經全部,該處所存者,既係全豹,又且經清初大儒張爾岐手閱,最爲珍貴。省教育廳已令濟陽教育局調查,尚未呈復。
>
> 四　濟陽東關净居寺,有新版佛藏經全部,係潘復所捐贈。
>
> 五　濟陽舜井街宅某私家,藏明佛藏經半部。
>
> 六　青島嶗山太清官,據丁伯弢君調查,亦有佛藏經一部。

寺廟除收藏佛經外,往往也收藏世俗圖書。白居易藏文集於寺院世所共知,其《蘇州南禪院白氏文集記》云:"其集家藏之外,別録三本:一本置於東都聖善寺鉢塔院律庫中,一本置於廬山東林寺經藏中,一本置於蘇州南禪院千佛堂内。"③《白氏長慶集後序》復云:

---

① 參見張秀民《中國印刷史》第一章《雕板印刷術的發明與發展:清代印本内容·宗教書》。

② 參見李安《楊仁山和金陵刻經處》,載《中國哲學》第三輯。

③ 《白氏長慶集》卷七〇。

白氏前著《長慶集》五十卷,元微之爲序,後集二十卷,自爲序。今又續後集五卷,自爲記。前後七十五卷,詩筆大小凡三千八百四十首。集有五本:一本在廬山東林寺經藏院,一本在蘇州禪林寺經藏内,一本在東都勝善寺鉢塔院律庫樓,一本付龜郎,一本付外孫談閣童。各藏於家,傳於後。其日本、新羅諸國及兩京人家傳寫者,不在此記。①

儒士常與釋子交往,也常寄居寺院讀書,故不少寺廟藏有世俗圖書,文士也往往把自己的圖書寄藏在佛寺之中。如蘇軾《李氏山房藏書記》云:"余友李公擇少時讀書於廬山五老峰下白石庵之僧舍。公擇既去,而山中之人思之,指其所居爲李氏山房,藏書凡九千餘卷。"②李公擇藏書佛寺的做法産生了一定的影響,南宋洪咨夔也取法於他。魏了翁《洪氏天目山房記》云:"寶慶元年(一二二五)吾友洪舜俞自考功郎言事罷歸於潛,讀書天目山下寶福僧寺。……舜俞合新、故書得萬有三千卷,藏之聞復閣下,如李氏廬山故事。"③這種現象在明代也不乏其例,如山東省博物館藏鈔本《玉軒新纂古今書目》彭輯五題記云:

明初劉懷遠先生藏書極富,輯有《玉軒書目》二卷,都一千五百餘種,其名目多罕見,十有六七皆吾人所不知者,即各家書目亦未列舉者甚多。至於每種之版本,最晚者亦明初刊,此不必待言也。劉氏,山東德州人,書藏州城某寺内,其收藏之富爲歷代藏書家之冠,勝於天一閣、海源閣等,不過世無知者。民國紀年,不幸遭於火,其焚餘之殘篇斷簡,尚有卅餘種,經友人雪蓬君檢出藏之,亦不幸之幸也。僅將始末略志數語於端。時民國二十二年,冀南彭輯五識於濟南聚文齋。④

① 馬元調本《白氏長慶集》卷末。
② 《蘇東坡全集》卷一一。
③ 《鶴山集》卷四九。
④ 又見王獻唐《雙行精舍書跋輯存》二三五頁。

再如謝兆申,字耳伯,邵武人,萬曆中貢生,有《謝耳伯先生詩集》八卷。朱彝尊云:"晉江黄監丞明立序《耳伯集》,稱其喜交異人,購異書,摭異聞。自墳典丘索,經緯流略,稗官瑣語,靡不甄録。交游既廣,橐中裝,半以佞佛,半以市書。有三十乘留僧舍,已散佚。予嘗入閩,購其手鈔《張伯雨詩》,與世所傳者迥别。惜乎三十乘者,悉蕩爲煙塵矣。"①

此後,阮元於清嘉慶十四年(一八〇九)在杭州靈隱寺立書藏,並撰《杭州靈隱書藏記》及《書藏條例》;②復於嘉慶十八年(一八一三)在鎮江焦山立書藏,並撰有《焦山書藏記》及《書藏條例》。③ 阮元所立之靈隱書藏、焦山書藏,所藏均爲世俗圖書,阮元《焦山書藏記》云:"此藏立,則凡願以其所著、所刊、所寫、所藏之書藏此藏者,皆裒之。"可見其所有不限佛典。

綜上所述,寺廟藏書也源遠流長,面廣量大,藏書來源渠道多。首先,由於歷代統治者的重視,官譯、官鈔、官刻、官頒了大量經書;其次,寺廟采用募捐的方式譯、鈔、刻、印了大量經書;再次,一些善男信女們捐鈔、捐刻、捐印了大量經書;此外,一些官員或知識分子也捐贈或寄存了不少圖書。由於佛寺多在僻静之地,普通讀者甚少,又有專人管理,故能藏之久遠。今録阮元《杭州靈隱書藏記》所附《書藏條例》如下,以見佛寺書藏之規制及管理水平。

一、送書入藏者,寺僧轉給一收到字票。

一、書不分部,惟以次第分號,收滿"鷲"字號厨,再收"嶺"字號厨。

一、印鈐書面暨書首葉,每本皆然。

一、每書或寫書腦,或挂綿紙籤,以便查檢。

一、守藏僧二人,由鹽運司月給香鐙銀六兩。其送書來者,或給以錢,則積之以爲修書增厨之用,不給勿索。

---

① 《静志居詩話》卷一八《謝兆申》。

② 《揅經室三集》卷二。

③ 《中國古代藏書與近代圖書館史料》録自《焦山書藏書目》。

一、書既入藏，不許復出，縱有翻閲之人，但在閣中，毋出閣門。寺僧有鬻借霉亂者，外人有携竊塗損者，皆究之。

一、印内及簿内“部”字之上，分經、史、子、集填注之，疑者闕之。

一、唐人詩内複“對”、“天”二字，將來編爲“後對”、“後天”二字。

一、守藏僧如出缺，由方丈秉公舉明静謹細、知文字之僧充補之。①

二　道　觀

道教爲我國漢族的固有宗教，道士們的修道之所曰觀、曰館、曰宫、曰殿、曰堂、曰廟、曰廬，不一而足，而以觀最爲流行。今略依陳國符《道藏源流考》，對道觀藏書情况作些介紹。

道教徒藏書見於著録，當以葛洪《抱朴子・遐覽》爲最早。《晉書・葛洪傳》云：洪字稚川，句容人，究覽典籍，尤好神仙導養之法。從祖玄，以其煉丹秘術授弟子鄭隱。洪就隱學，悉得其法，博聞深洽，江左絶倫。葛洪自稱：“《遐覽》者，欲令好道者知異書之名目也。”②鄭隱藏道書甚富，葛洪録其書約一千二百卷。葛洪復云：“道書之出於黄老者蓋少許耳。率多後世之好事者，各以所知見滋長。遂令篇卷至於山積。”③可見當時道教徒著書、藏書已有相當規模，並做了編目工作。

南朝宋明帝迷信道教，曾於泰始三年(四六七)詔廬山太虚觀道士陸修静入都，泰始七年(四七一)敕令陸修静上《三洞經書目録》，陸氏稱：“道家經書並藥方符圖等，總一千二百二十八卷。云一千九十卷已行於世，一百三十八卷猶在天宫。”④此目反映了南朝宋代官修道觀藏經的情况。

北周武帝天和五年(五七〇)玄都觀道士上《玄都經目》，云有六千三

① 《揅經室三集》卷二。

② 《抱朴子内篇》卷四《遐覽第十九》。

③ 《抱朴子内篇》卷二《釋滯第八》。

④ 《法苑珠林》卷六九《破邪篇妄傳邪教第三》。

百六十三卷,二千四十卷見有其本,四千三百二十三卷云並未見。建德中,更令王延校定道書,凡八千三十卷。延並作經目《三洞珠囊》七卷。大體反映了北朝北周武帝天和、建德年間道觀的藏經水平與編目情况。[1]

唐代弘揚道教,道觀藏書水平有了明顯的提高,其最重要的工作是先天、開元間,敕京太清觀主史崇玄及京太清觀、玄都觀、東明觀、宗聖觀、東都大福唐觀、絳州玉京觀大德,昭文館、崇文館學士修《一切道經音義》。其《序》云:史崇玄等奉敕"集見在道經,稽其本末,撰其音義。然以運數綿曠,年代遷易,時有夷險,經有隱見。或劫初即下,劫末還昇。或無道之君,投以煨燼。或好尚之士,秘之巖穴。因而殘缺,紊其部伍。據目而論,百不存一。今且據京中藏内見在經二千餘卷,以爲音訓,具如目録。餘經儀傳論疏記等文,可易解者,此不詳備。其所散逸,佇别搜求,續冀修繕,用補遺闕。而經且久遠,字出靈聖,梵音罕測,雲篆難窺。或爲無識加增,或爲傳寫妄誤。或持浮詭之説,竊揉真文。或採菁華之言,將文釋典。不可齊其所見,斥以靈篇。具列如左。及今所音經目與舊經目録,都爲一百一十三卷"。[2] 開元年間,除對道經做過認真的校勘注釋工作外,也大規模地開展過整理編目工作,如馬端臨引《宋三朝國史志》云:"班志藝文,道家之外,復列神仙,在方伎中。東漢後道教始著,而真仙經誥别出焉。唐開元中,列其書爲藏,目曰《三洞瓊綱》,總三千七百四十四卷。"[3]安史之亂,兩京秘藏,多遇焚燒。肅宗上元年中所收經籙六千餘卷。至代宗大曆年,道士冲虚先生殿中監申甫海内搜揚,京師繕寫,又及七千卷。穆宗長慶之後,至懿宗咸通年之間,兩街所寫,才五千三百卷。[4] 此外,唐代各處道觀也有收藏道教經典的。如《茅山志》卷二十四著録唐檢校尚書彭濆奉敕撰《經藏碑》,是唐代茅山道觀當藏有道家經書。又《天台山志》引徐靈

① 參見陳國符《道藏源流考・歷代道書目及道藏之纂修與鏤板・北周玄都觀經目》。

② 《一切道經音義》卷首序。

③ 《文獻通考》卷二二四《經籍五十一》。

④ 參見《道藏源流考・歷代道書目及道藏之纂修與鏤板・安史之亂兩京秘藏被焚》。

符《小録》云:“道士陳寡言嘗隱居玉屑峰,號華琳。有經鐘一樓。經皆咸通十一年書。後題云:上清三洞弟子葉藏質,爲妣劉氏四娘造,永鎮玉霄藏中。”

五代道觀藏經可述者有以下數事。杜光庭曾談及他在蜀中重建道藏,略云:“真宫道宇,所在凋零。玉笈琅函,十無二三。余屬兹艱會,漂寓成都,扈蹕還京,淹留未幾,再爲搜捃,備涉艱難,新舊經誥僅三千卷。”① 吴越王錢俶也曾在天台桐柏崇道觀建有道藏,宋金允中編《上清靈寶大法》卷二十四云:“天台桐柏崇道觀,乃五代之末,吴越王錢氏所建。藏中諸經,拘集道童及僧寺行者,衆共鈔録,以實其中。碧紙銀書,悉成卷軸。”一些民間道士往往也聚書甚多,如《舊五代史・梁文矩傳》稱梁氏“喜清静之教,聚道書數千卷,企慕赤松、留侯之事,而服食尤盡其善。天福八年以疾卒”。

宋代爲道藏的整理出版收藏做了大量工作,不少官員參預其事,使整理道藏的水平大爲提高。如《混元聖紀》卷九云:“初,太宗嘗訪道經,得七千餘卷,命散騎常侍徐鉉、知制誥王禹偁校正,删去重複,寫演送入宫觀,止三千三百三十七卷。”宋真宗時宰相王欽若也領校過道藏,《混元聖紀》卷九復云:“大中祥符二年己酉,詔左右街選道士十人校定道藏經典。至三年,又令崇文院集館閣官僚詳校,命宰臣王欽若總領之。”“欽若沿舊《三洞四輔經目》增補,凡四千三百五十九卷。撰成篇目上進,賜名《寶文統録》,帝親製序。”《宋史・王欽若傳》亦稱:“欽若自以深達道教,多所建明,領校道書,凡增六百餘卷。”又有張君房修撰了《大宋天宫寶藏》與《雲笈七籤》。大中祥符初年王欽若等領校道藏,然其綱條漶漫,部分參差,與《瓊綱玉緯》之目,舛謬不同。歲月坐遷,科條未究。王欽若等共薦海寧謫官張君房主其事。五年冬,張君房除著作佐郎,俾專其事。君房於時盡得所降到道書,並續取到蘇州舊道藏經本千餘卷,越州、台州舊道藏本亦各千餘卷,及朝廷續降到福建等州道書《明使摩尼經》等。與道士依三洞綱條、四部録略,品詳科格,商較異同,以詮次之,始能成藏。都四千五百六十五

① 《太上黄籙齋儀》卷五二。

卷,起《千字文》"天"字爲函目,終於"宫"字號,得四百六十六字。題曰《大宋天宫寶藏》。至天禧三年春,寫録成七藏以進之。君房撮其精要,爲《雲笈七籤》百二十卷。①

宋徽宗尤崇道教,自號道君皇帝,復重校並刊刻道藏。南宋彭耜云:"我朝崇寧中再校定《道藏》經典。"②李璧序《四十九章經》云:"至崇觀間,大藏又增至五千三百八十七卷。"③《宋史・徽宗本紀》云:政和三年"十二月癸丑,詔天下訪求道教仙經"。宋梁克家云:福州閩縣九仙山巔,崇寧中建有天寧萬壽觀,庋"《政和萬壽道藏》:政和四年黄尚書裳請建廢(陳國符按:當作"飛")天法藏(陳國符按:即輪藏),藏天下道書,總五百四十函,賜今名,以鏤板進於京"。④

北宋因朝廷特别尊崇道教,各地道觀藏書甚夥,如宋范鎮《道藏記》云:

> 宋興,祥符天禧中,始崇起其教。而玉清昭應宫、景靈宫、會靈觀、祥源觀皆置使典領。又命其徒與諸儒裒其書,是正謬訛,繕寫以藏於其處。而以其餘賜天下宫觀,以廣其傳。獨劍南一道,未遑暇焉。嘉祐初,成都府郫縣道士姚若谷、梓州飛烏縣道士朱知善慨然欲盡讀其書而莫由得也,於是東走於鳳翔府之上清太平宫,慶成軍之太寧宫,又東至於亳州之太清宫,明道宫,凡得書二千餘卷。……治平元年,今天子既即位,若谷又與其徒仇宗正、鄧自和列言於府曰:釋氏書遍滿州縣,而道家所録,獨散落不完。願至京師,得官本以足其傳。於是端明殿學士兼翰林侍讀學士尚書户部侍郎韓公知府事,以其狀聞。且言蜀之名山秘洞,勝景爲多;而道家書不完,無以奉揚清静之

① 參見《道藏源流考・歷代道書目及道藏之纂修與鏤板・張君房修大宋天宫寶藏雲笈七籤》。

② 《道德真經集注雜記》卷上。

③ 《文獻通考》卷二二四《經籍五十一》。

④ 《淳熙三山志》卷三八。參見《道藏源流考・歷代道書目及道藏之纂修與鏤板・政和刊萬壽道藏》。

> 風。有詔即建隆觀給官本以足其傳。凡得五百帙,四千五百卷。溢於唐者,又千九百二十二卷,可謂完且備矣!若谷、宗正、自和且將益其書爲五本,藏於成都之天慶觀、郫縣之崇道觀、青城山之丈人觀、梓州飛烏縣之洞靈觀、綿州之洪德觀。①

南宋曾重建道藏,孝宗淳熙二年,令福州閩縣九仙山巔報恩光孝觀以所庋《政和萬壽道藏》五百四十函送行在所。太乙宫即鈔録一藏,四年成。其後敕寫録成數藏,六年成,尋分賜道觀。②

各地道觀也往往有道藏。據陳國符考證,臨安府的太乙宫、佑聖觀、龍翔宫、宗陽宫、四聖延祥觀、天慶觀、洞霄宫,以及武康縣昇玄報德觀、鄞縣蓬萊觀、仙居縣凝真宫、茅山元符萬寧宫、崇禧觀、毗陵州天慶觀、宜興通真觀、新建縣建德觀、奉新縣昭德觀、廬山太平興國宫、龍虎山上清正一宫、崇仁縣善修觀、武當山五龍靈應宫、紫雲山崇仙觀、龍溪縣玄妙觀等處均藏有道藏。③

金代朝廷曾讓孫明道主持刊印過《大金玄都寶藏》,魏博霄《十方大天長觀玄都寶藏碑銘》云:

> 十方大天長觀(舊址在今北京白雲觀西)新作《玄都寶藏》,提點冲和大師孫明道……曰……國家定都永安(陳國符按:《金史·地理志》,海陵王貞元元年定都燕京,改號爲中都),迄今四十餘年。天長觀實奉香火。舊貯藏經,缺而未完。住持道士,繼承非一,因仍苟簡,莫有以補綴爲意者。大定丙午(一一八六),明道始奉詔提點觀事。……後二年,會有詔以南京(今開封)道藏經板付觀。又易置玉虚觀(陳國符按:同治《畿輔通志》卷一百七十八,玉虚觀在罐兒衚衕,已頹敗)經於飛玄之閣,以備觀覽。天長舊經,還付玉虚。其舊有名籍,而玉虚不具者,聽留勿還。……其北宫第一區,並以賜觀,俾構屋

---

① (嘉慶)《四川通志》卷三八。

② 參見《淳熙三山志》卷三八。

③ 參見《道藏源流考·歷代道書目及道藏之修纂與鏤板·南宋各處新建道藏》。

列榹,以貯經板。仍置文臣二員,與明道經書參訂。即補綴完成,印經一藏。既又命選精勤道士一員住持,須及五年,若職事修舉者,賜紫衣德號。仍歲度支服勤道童二人以爲常。明道奉詔,不遑居處,分遣黄冠,訪遺經於天下。且募工鳩材。有趙道真者,願以板材自任,丐化諸方,不二年間,勝緣俱辦。瓌材會珍,良工萃巧,榹庋屹立,鏤槧具完。凡得遺經千七十四卷,補板者二萬一千八百册有畸,積册八萬三千一百九十八,列庫四區,爲楹三十有五,以架計者百有四十。明道於是倡諸道侶,依三洞四輔,品詳科格,商較異同,而詮次之,勒成一藏,都盧六千四百五十五卷,爲秩六百有二,題曰《大金玄都寶藏》。①

此外,金代一些地方的重要道觀也藏有道藏。如(光緒)《鹿邑縣志》卷十下載金胡筠《續修太清宫記》談及亳州太清宫庋有道藏。《甘水仙源録》卷二載元陳時可《長春真人本行碑》談及金代山東登州府棲霞縣太虚宫藏有道藏。元元好問《遺山文集》卷三十一《通真子墓碣銘》談到管州(今山西静樂縣)藏有道藏。

元初披雲真人宋德方於太宗九年(一二三七)倡刊道藏,令其弟子通真子秦志安於平陽玄都觀總領其事,乃設經局據管州所存金藏,搜羅遺逸道經,校讎付刊。元好問《通真子墓碣銘》云:

披雲爲言:喪亂之後,圖籍散落無幾,獨管州者僅存。吾欲力紹絶業,鋟木宣布。有可成之資,第未有任其責者。獨善一身,曷若與天下共之?通真子再拜曰:受教。乃立局二十有七,役工五百有奇,通校書平陽玄都觀以總之。其於三洞四輔萬八千餘篇,補完訂正,出於其手者爲多。仍增入《金蓮正宗記》《煙霞録》《繹仙》《婺仙》等傳附焉。起丁酉(一二三七),盡甲辰(一二四四)。②

① 《道藏源流考·歷代道書目及道藏之纂修與鏤板·金孫明道刊大金玄都寶藏》,碑銘録自《宫觀碑記》。

② 《遺山文集》卷三一。

元代各處道觀所藏道藏情況，陳國符曾作概括的介紹，略云：元代北方道藏，多罹焚經之禍。南方道藏，頗多由南宋流傳至元代者。蓋南宋末年，南方道觀，多未經兵燹；暨元末始燬於兵火。其道藏經或道經亦得傳至元代。如天台山桐柏宫吴越王所建道藏、杭州佑聖觀、茅山、廬山太平興國宫、新建建德觀、閤皂山崇真宫、廬陵玄妙觀、南豐紫霄觀、武當山五龍靈應宫、龍溪玄妙觀道藏是也。①

明永樂中，成祖敕第四十三代天師張宇初纂校《道藏》，如《皇明恩命世録》卷三載《命編進道書敕》云："敕真人張宇初：前者命爾編修道教書，可早完進來，通類刊板。故敕。永樂四年十一月十九日。"就在所編道藏快要完成付梓時，因成祖去世而耽擱了下來，仁宗、宣宗相繼嗣位而置之未理。暨英宗正統九年始刊版成功。北京白雲觀正統十三年許彬碑云：

> 臣彬仰惟太宗文皇帝臨御之日，嘗命道流合道藏諸品經，纂輯校正，將鋟梓以傳；而功未就緒，奄忽上賓。肆今皇上，以至聖之德，統承天位。體皇曾祖之心，以天下生民爲念，追尊先志，於是重加訂正，增所未備，用壽諸梓。②

正統道藏刊成後，曾印施各處宫觀，如《皇明恩命世録》卷六載《頒賜藏經旨》云：

> 皇帝聖旨：朕體天地保民之心，恭成皇曾祖考之志，刊印道藏經典，頒賜天下，用廣流傳。兹以一藏安奉龍虎山大上清宫，永充供養。聽所在道宫道士，看誦讚揚。上爲國家祝釐，下與生民祈福。務須祗奉守護，不許縱容閑雜之人，私借觀玩，輕漫褻瀆，致有損壞遺失。違者必究治之！諭。正統十二年八月初十日。

---

① 《道藏源流考·歷代道書目及道藏之纂修與鏤板·元代各處道藏》。
② 《道藏源流考·歷代道書目及道藏之纂修與鏤板·正統刊道藏》。

同時還將道藏賜給了三茅山元符宫、南京獅子山盧龍觀、長壽山朝真觀等處。① 其後明代皇帝曾繼續印造道藏經頒賜宫觀,如憲宗成化十二年二月以一藏安奉南京朝天宫,以一藏安奉南京方山洞玄觀。神宗萬曆二十七年頒賜三台縣雲臺觀一藏,龍虎山大上清宫一藏,西嶽華山西嶽廟一藏,恒山北嶽廟一藏。② 萬曆三十五年,明神宗還詔令校刊續道藏經。如《續道藏經》壁字號《漢天師世家》卷四末附識語:"大明萬曆三十五年,歲次丁未,上元吉旦,正一嗣教凝誠志道闡玄弘教大真人掌天下道教事五十代孫國祥奉旨校梓。"

自正統道藏刊就後,明清歷朝,印施各處宫觀道藏甚多,據陳國符統計,明清各處藏有道藏的寺觀有:北京白雲觀,順天府通州元靈觀,保定府唐縣清虚宫,定州曲陽縣總元觀,宣化府赤城縣靈真觀,宣化府延慶州藏經閣,山東勞山太清宫,兖州府鄒縣白雲宫,登州府寧海州昆侖山神清觀,山西省太原府陽曲縣玄通觀,渾源州恒山九天宫、岳廟,澤州府陽城縣紫微宫,蒲州府永濟縣通元觀,河南省河南府登封縣嵩山中嶽廟,河南省陝州靈寶縣道聖宫,陝西省西安府盩厔縣東南樓觀,同州府華陰縣華山太虚庵、萬壽閣,江蘇省江寧府城朝天宫、獅子山盧龍觀,江寧府上元縣長壽山朝真觀、方山洞玄觀、都城外中和橋玄真觀、郭城外東城黄鹿觀,江寧府溧陽太虚觀、泰清觀,江寧府句容縣青元觀,茅山元符宫、乾元觀,蘇州府城外西鄉穹窿山上真觀,蘇州府嘉定縣集仙宫,揚州府儀徵縣玄妙觀,浙江省杭州府城三茅寧壽觀、錢塘佑聖觀,寧波府鄞縣冲虚真觀,安徽省太平府當塗縣希彝觀,寧國府宣城縣玄妙觀,江西省南昌府南昌縣逍遥山萬壽宫,江西省南昌府新建縣建德觀,廣信府貴溪縣龍虎山大上清宫,湖北省襄陽府均州武當山玄天玉虚宫,湖南省衡山縣南嶽廟,四川省潼川府三台縣佑聖觀,盛京奉天府承德縣太清宫,上海白雲觀。③ 由此可見,明清道觀藏道藏也是相當普遍的現象。

---

① 參見《茅山志》後編及《金陵玄觀志》卷三、卷七。

② 參見《道藏源流考・歷代道書目及道藏之纂修與鏤板・正統刊道藏》。

③ 參見《道藏源流考・歷代道書目及道藏之纂修與鏤板・明清各處道藏》。

關於道藏的保管方法，《洞玄靈寶三洞奉道科戒營始》卷二《寫經品》云：

科曰：夫經皆須作藏。有二種：一者總藏，二者别藏。總藏者，三洞四輔同作一藏，上下或左右前後作重級，各安題目三洞寶經藏。别藏者，三洞四輔各作一藏。凡有七種：一者大洞真經藏，二者洞玄寶藏，三者洞神仙經藏，四者太玄經藏，五者太平經藏，六者太清經藏，七者正一經藏。皆明題目，以相甄别。若次安之。若各藏如並藏，法皆安經臺或天尊殿當陽左右間，左三洞，右四輔，每藏皆作臺舉之，不得正爾頓地。巾帕帙蕴如法。置几案香爐龍壁，燒香明燈存念，並須得所。藏之大小，皆在時之所制，不復爲常。

卷三《法具品》還對道藏的裝幀形式與藏書器具、處所作了介紹：

科曰：凡經每一部或五卷、十卷皆須著帙。凡帙有五種：一者錦綺，二者織成，三者綉作，四者純綵，五者畫繪。皆安裏及帶如法。皆書題曰某經。

科曰：經函凡有十二種：一者雕玉，二者純金，三者純銀，四者金鏤，五者銀鏤，六者純漆，七者木畫，八者彩畫，九者金飾，十者寶裝，十一者石作，十二者鐵作。大小任宜。

科曰：凡經厨有六種：一者寶裝，二者香飾，三者金銀隱起，四者純漆，五者沉檀，六者名木。大小任時。

科曰：凡經架有十種：一者玉作，二者金作，三者銀作，四者沉木，五者紫檀，六者白檀，七者黄檀，八者名木，九者純漆，十者金銀隱起。或金玉珠綵裝校。皆須作函藏舉，勿得隨意頓地。

科曰：凡造經藏，皆外漆内裝沉檀，或表裏純漆，或内外寶裝，或表裏彩畫，或名木純素，各在一時，大小多少，並隨力辦。或作上下七重，或三重；並别三間，或七間，安三洞四輔，使相區别。門上皆置鎖鑰。左右畫金剛神王。悉須作臺安，不得直爾頓地。

還有的寺觀采用輪藏的方式藏道藏經典。元虞集《龍虎山道藏銘並序》記元代龍虎山清正一宫輪藏云：

> 藏以木爲匱，置室中，高若干尺，内廣圍經若干尺，觚其隅，爲八面，面爲方格，以次盛經之函，刻木爲天上神仙地靈水官飛龍翥鳳之屬，附麗其上，皆塗以金，中立鉅木貫之，下施輪令其關以旋轉，言象天運焉。①

《洞真太上太霄琅書》卷七《受經營十事訣》第二十五也較爲詳細地談到了道藏的典藏情况，今録之如下：

> 受經之身，應營十事：
>
> 一者經箱，法用檉柏，在所或無，聽用桐梓。高六寸，廣九寸，長一尺三寸，厚四分。新净完密。洗拭盛經。登涉須輕，竹笈可用。或並合衆經，須嚴如法，小大相容，不限度數。
>
> 二者經案，局脚各五，亦七亦九。梓柏隨宜。脚亦可鐵摽搗釘。鏢漆素咸通。脚之小大，疏概令調。高應九寸，面廣一尺三寸，長二尺四寸，厚四分。以擎經箱。又檠香須一，法式皆同。
>
> 三者經過，以竹爲帙。黄繒裝之，大小取適，計容卷軸，不須廣長。裹及緑帶，亦用黄繒，無者糊紙，帶用紵麻，務存素净，不假粉華。錦繡七寶，幸有作之；不可滯着，以爲必是。是權教之末耳，慎勿經營苟爲。
>
> 四者經巾，大略須三：覆帙箱中，常應用一。出經案上，蓋覆須二。皆以玄黄絳碧及紫絹練裌裹，紋縵隨時。廣極其幅。長可五尺。直合縫之，亦可四緣。無煩綺結珠玉，莊嚴鈴佩，奢長起彼盗心。遏惡之路，用開善之門。莫過簡素，幽顯俱通矣。
>
> 五者經帊，當當（疑衍）有三兩幅，作之如巾。所用：行時須一，以

---

① 《龍虎山志》卷一六。

帊經箱。齋時須一,以覆經箱。壞則易治,無致襤褸。周事而已,不得盈長。故敗火净,勿雜用之。凡諸法物皆依此例。

六者經帳,皂絳爲之。横繞四方,周極其幅。幅下安緣,緣用縹綈,象乎宸蓋。不須垂裙,亦不假帶。無事金銀寶餝奢麗,義同巾袟。材竹爲竿,漆素適意,高下相稱,員斗隨人。

七者高座,宜有三:一以安經,一以轉讀,一以講議。材以槻楠,亦可樫柏,俱高五尺,其方亦然。亦可四尺,又加五寸,亦得六尺。高下相副,側咸隨時染素,無在華麗。若有妙畫之能,可摹存思之象。帳單及複,豐儉如前。

八者香橙,高與座齊,長亦如之,廣數局脚,略與案同,釘鏢漆素,不限其制。

九者香爐,奩合嚴净。瓦木金銀銅鐵,隨時製宜。高座之前,各備其一。又自隨行止,常須一具,小大精粗,無定制例。香燈爐奩,各依高座。高座席,席皆令厚净。法師麈尾,都講經格,几巾壺籠,四周牀席,悉使素整,慎勿闕如。貧未能備,隨急先營。

十者齋堂,法應南向。三間五間,隨所能辦。四面間架,巡繞得通。南北二户,各有兩窗。東西兩頭,窗又各一。關閉以時,不得妄敞。一間之製,大較象兹。

總之,道觀藏書雖不若佛寺藏書之盛,但是也源遠流長。道經的整理編目工作雖不若佛經整理編目工作那麼廣泛,有系統,有條理,但是也持續不斷地做了不少工作,保存了許多珍貴的史料。

第五節　近代圖書館

從鴉片戰争到五四運動時期,我國封建社會的藏書樓急劇地朝近代圖書館方向轉變。在這一轉變過程中,一些主張維新、變革的先進人士,在圖書典藏事業的理論與實踐兩個方面,都起了巨大的推動作用。

一 近代圖書館産生的背景

甲 圖書館觀念的引入

鴉片戰争與甲午戰争的炮聲唤醒了中國當時的一些先知先覺者,使他們充分認識到了中國落後挨打的現狀,而要改變這一局面,就必須向西方學習,内容之一就是建立圖書館,交流信息,開啓民智。如鄭觀應於光緒十八年(一八九二)曾向清政府建議:

宜飭各直省督、撫於各廳、州、縣分設書院,購中外有用之書,藏貯其中,(凡外國未譯之書,宜令精通西文者譯出收儲)派員專管。無論寒儒博士,領憑入院,即可遍讀群書。至於經費,或由官辦,或出紳捐,或由各省外銷款項、科場經費,將無益無名之用度,稍爲撙節,即可移購書籍而有餘。仍常年儲備專款,分派員役管理稽查所有新書,隨時添購。果能認真經理,數十年後,賢哲挺生,兼文武之資,備將相之略。或鉤元摘秘,著古今未有之奇書;或達化窮神,造中外所無之利器,以範圍天地,籠罩華夷,開一統之宏規,復三王之舊制。①

再如光緒二十二年(一八九六)五月二日,刑部左侍郎李端棻上《請推廣學校摺》,提出興辦學校以勵人才而資禦侮的五項措施,其目爲:設藏書樓、創儀器院、開譯書局、廣立報館、選派游歷。其論藏書樓一節云:

好學之士,半屬寒畯,購書既苦無力,借書又難其人,坐此孤陋寡聞無所成就者,不知凡幾。高宗純皇帝知其然也,特於江南設文宗、文匯、文瀾三閣,備庋秘籍,恣人借觀。嘉慶間,大學士阮元推廣此意,在焦山、靈隱起立書藏,津逮後學。自此以往,江浙文風甲於天下,作人之盛,成效可睹也。泰西諸國頗得此法,都會之地皆有藏書,其尤富者至千萬卷,許人入觀,成學之衆,亦由於此。今請依乾隆故

① 《盛世危言增訂新編》卷四《藏書》。

> 事，更加增廣。自京師及十八行省會，咸設大書樓，調殿板及官書局所刻書籍，暨同文館、製造局所譯西書，按部分送各省以實之。其或有切用之書，爲民間刻本，官局所無者，開列清單，訪明價值，徐行購補。其西學書陸續譯出者，譯局隨時諮送。妥定章程，許人入樓觀書，由地方公擇好學解事之人，經理其事。如此，則向之無書可讀者，皆得以自勉於學，無爲棄才矣。①

鄭觀應、李端棻强調廣搜中外圖書，選派專人管理，許人遍讀群書，可見他們所提倡的藏書樓，已經具備了圖書館的含義。

梁啓超於光緒二十五年（一八九九）五月一日發表《論圖書館與開進文化一大機關》一文，列舉了圖書館八點功用：

> 一、圖書館使現在學校教育之青年學子，得補助其知識之利也。
> 二、圖書館使凡青年志士，有不受學校教育者，得知識之利也。
> 三、圖書館儲藏宏富，學者欲查故事，得備參考也。
> 四、圖書館有使閲覽者隨意研究事物之利也。
> 五、圖書館有使閲覽者於頃刻間得查數事物之利也。
> 六、圖書館有使人皆得用貴重圖書之利也。
> 七、圖書館有使閲覽圖書者得速知地球各國近況之利也。
> 八、圖書館有不知不覺使養成人才之利也。②

羅振玉、王國維於光緒二十七年（一九〇一）四月創刊《教育世界》，常有翻譯文章介紹歐美圖書館的實況，如創刊號登載《日本文部大臣宫彦圖書館事務分掌規則》，二十七年五月登載《關於幼稚園圖書館等及私立小學校規則》，二十八年九月登載《歐美書藏紀要》，二十九年四月登載《美國輪閲圖書館》，同年五月登載《記美國少年圖書館》。③ 光緒二十八年，羅

① 《變法自强奏議彙編》卷三。
② 《清議報》第十七期。
③ 張錦郎《清末的圖書館事業》，載《"國立中央圖書館"館刊》新六卷二期。

振玉更提出新教育制度,倡導“一種全國民衆圖書館及博物館的系統”,[1]建議在全國普設公共圖書館與博物院,除在京師及各省省會設立圖書館外,並在每一府、廳、州、縣亦得設立。每一所圖書館應蒐藏中日西文書籍,並開放供民衆閱覽。

爲了更有力地實現社會改革,康有爲、梁啓超等還於光緒二十一年(一八九五)七月初成立了强學會,此後上海、湖南、廣東、天津等地也紛紛仿效,組織學會、創辦報刊、開辦學堂。這些學會無不呼吁並致力成立圖書館。如《上海强學會章程》云:

> 此會擬宏開區宇,廣集圖書。……今之聚書,務使海内學者知中國自古有窮理之學,而講求實用之意,亦未遽遜,正不必驚望而無極,更不宜畫界以自封。泰西通都大邑,必有大藏書樓,即中國圖籍,亦藏弆至多。今合中國四庫圖書,購鈔一份,而先搜其經世有用者。西人政教及各種學術圖書,皆旁搜購採,以廣考鏡而備研求。[2]

有些學會還對如何購書、分類、編目、保管、借閱,以及賠償作了明文規定,如《蘇學會簡明章程》云:

> 一、購買書籍由經理會同協理等,量會費之多寡,核要開單,公同議定。
>
> 一、書籍當依類編目,易於檢尋。寫書目三份,一存經理處,一存會中,一存管理處。俟藏書既多,再刊書目單分送同人。
>
> 一、書籍每日由協理輪查一次,如有損壞遺失等情,須由管書人追根賠補。
>
> 一、每逢五逢十爲發書之期,以五日爲一限期,能多閱者每期發書兩本,少者一本,上期取去,下期繳换。

---

① 裘開明譯《世界民衆圖書館概況專號——中國》,載《文華圖書館學專科學校季刊》六卷二期。

② 《中國古代藏書與近代圖書館史料》録自《國聞報》第三一六號。

一、會友欲看何書，須先向管書處掛號，以先後爲序，不得争執。本會發有取書印摺一扣，各人每逢發書之期，持摺取書。第一期發書幾本，第二期收回前期之書，再發書幾本，均注明摺上，鈐以管書人私印，以後準此，一期不繳，以後不發。

一、看書借書如有塗抹缺失等事，在會中本人罰繳書值，本數少者倍之，不繳者將名除去。①

可見，各學會不僅爲建立近代圖書館大造輿論，而且也提出了切實可行的具體辦法。

乙　新聞出版業的發展

鴉片戰争以後，我國新聞出版業勃興，這也爲近代圖書館在拓寬典藏内容、滿足讀者需求方面創造了條件。一八四〇年以後，香港、上海、北京、天津等城市都相繼出版了不少報導新聞時事的報刊，如《香港新聞》《申報》《時務報》《中國日報》《國聞報》《蘇報》等。隨着新聞出版業的發展，爲了滿足各類讀者的不同需要，也陸續出現了一些專業性報刊，如一八九七年出版的《實學報》《農學報》，一八九八年出版的《格致新聞》《商務報》，一九〇〇年後出版的《外交報》《東方雜志》《教育雜志》等。此外，專刊文藝小説的有《新小説》《小説林》等，專談婦女問題的有《女子世界》《中國女報》等，專以兒童爲對象的有《蒙學報》《蒙學畫報》等。還有供一般民衆閲讀的白話報刊，幾乎遍及各省，成爲白話文運動的先聲。辛亥革命後，報紙、雜志更是風起雲涌，難以枚舉。

近代出版業一個鮮明特點是翻譯出版了大量西方著作，梁啓超《西學書目表·序例》對這段時間的譯書活動的意義及成果作了總結，略云：

海禁既開，外侮日亟。曾文正開府江南，創製造局，首以譯西書爲第一義，成者百種。而同時，同文館及西士之設教會於中國者，相繼譯録，至今二十餘年，可讀之書，略三百種。……今以西人聲、光、

① 《中國古代藏書與近代圖書館史料》録自《國聞報》第三一六號。

化、電、農、礦、工、商諸子與吾中國考據、詞章、貼括家言相較，其所知之簡與繁，相去幾何矣。兵志曰："知己知彼，百戰百勝。"人方日日誉伺吾側，纖悉曲折，虛實畢見，而我猶枵然自大，偃然高卧，匪直不能知敵，亦且昧於自知，坐見侵陵，固其宜也。故國家欲自强，以多譯西書爲本的學子欲自立，以多讀西書爲功。此三百種者，擇其精要而讀之，與世界藩變之迹，國土遷異之原，可以粗有所聞矣。

中日甲午戰争的失敗，使中國知識分子看到了日本自維新以來學習西方的成功道路，於是將視野轉向日本。同時，日文與我國文字本有淵源關係，也便於我國人士學習。而且，西方許多重要著作都有日譯本，通過習日文、譯日籍也可以達到學習西方的目的，所以當時也翻譯了不少日文書，其中社會政治書比自然科技書翻譯得要多些。

清末統治者在鎮壓太平天國農民起義之後，爲了"端吏治而正人心"，[①]在各省省會及部分大城市普遍設立了官書局。官書局刻書的目的主要在於鞏固封建統治，所刻幾乎是清一色的國學圖書。由於官書局經費充裕，有專家主持其事，在底本的選擇和校勘方面都比較可靠，而且書價低廉，所以雖然不合潮流，但對保存發揚傳統文化却不無補益。

近代新聞出版業的發展，在報刊與中外圖書方面都適應了近代圖書館的需要。同傳統的藏書樓相比，近代圖書館在收藏方面有着明顯的特點，對圖書報刊一般都兼收並蓄，並且特别重視采購新出版的譯本。如梁啓超《論學會》云："七曰咨取官局群籍，概提全份，以備儲藏。八曰盡購已翻西書，收庋會中，以便借讀。九曰擇購西文各書，分門别類，以資翻譯。十曰廣翻地球各報，散布行省，以新耳目。十一曰精搜中外地圖，懸張會堂，以備流覽。"[②]《揚州醫時學會章程》云："會中以廣購書籍爲第一要義。""本會除購買書籍外，各種報章皆宜廣搜博采，以新耳目而開智慧。"[③]《皖省藏書樓開辦大略章程十二條》亦云："一，本樓購置圖籍，凡屬

① 丁日昌《丁中丞政書》卷一《設立蘇省書局疏》中語。
② 《時務報》第十册光緒二十二年(一八九六)十月初一日。
③ 《國聞報》第三六三號光緒二十四年(一八九八)九月十九日。

有益經世之學，無論古今中外，均須隨時增購，以供衆覽，庶備講求實學轉移風氣之用。二、本樓圖籍之外，旁及各報，無論旬報、日報，但非淺鄙狂妄之説，均當全年訂閲，免蹈知古昧今之弊。"①可見近代出版業與近代圖書館事業相輔相成，互相促進，爲推動我國社會的進步，作出了應有的貢獻。

丙　大力興辦新式學校的需要

鴉片戰争以後，爲了向西方學習，新式學校發展很快。同治元年（一八六二），總理衙門在北京創立同文館，招收滿族學生學習英、法、俄文；一八六三年，上海設立了廣方言館；一八六四年，廣州設立了廣州同文館。一八八〇年，在天津設北洋水師學堂，一八八五年設天津武備學堂，一八八六年設廣東陸師學堂，一八八七年設廣東水師學堂，一八九〇年設南京水師學堂，一八九三年設湖北自强學堂等。甲午戰争後，李端棻上《請推廣學校摺》，對洋務派興辦學校的舉措進行了總結，並建議廣泛推廣。略云：

> 夫二十年來，都中設同文館，各省立實學館、廣方言館、水師武備學堂、自强學堂，皆合中外學術相與講習，所在而有……臣請推廣此意，自京師以及各省、府、州、縣，皆設學堂。……臣查各省及府、州、縣，率有書院，歲調生徒入院肄業，聘師簡授，意美法良，惟奉行既久，積習日深，多課帖括，難育異才。今可令每省、每縣，各改其一院，增廣功課，變通章程，以爲學堂。②

維新派代表人物梁啓超明確指出："變化之本，在育人才；人才之興，在開學校；學校之力，在變科舉。"③光緒二十四年（一八九八），詔令所有書院改爲學校。而學校附設圖書館又成了客觀的需要。如清光緒二十四年，京師大學堂成立，《京師大學堂章程》第一章第六節云：

---

① 《匯報》第二七六號，光緒二十七年（一九〇一）。

② 《變法自强奏議彙編》卷三。

③ 《飲冰室合集》文集之一《變法通議》。

學者應讀之書甚多,一人之力必不能盡購。乾隆間,高宗純皇帝於江浙等省設三閣,盡藏四庫所有之書,俾士子借讀,嘉惠士林,法良意美。泰西各國於都城省會皆設有藏書樓,亦是此意。近張之洞任廣東,設廣雅書院,陳寶箴任湖南,所設時務學堂,亦皆有藏書。京師大學堂爲各省表率,體制尤當崇閎,今設一大藏書樓,廣集中西要籍,以供士林流覽而廣天下風氣。①

二　近代圖書館概況

隨着圖書館觀念的逐步深入人心,各種學校紛紛建立,近代新聞出版業又得到了蓬勃發展,各類圖書館也隨之産生。

甲　公共圖書館

我國第一所官辦的公共圖書館於光緒三十一年(一九〇五),由時任湖南巡撫龐鴻書奏建,正式在長沙成立。其奏文云:

查東西各國都會,莫不設有圖書館,所以庋藏群籍,輸進文明,於勸學育才,大有裨益。湘省各屬學堂,經已次第建設;然科學未備,教員所編講義,又皆各以意取;亟應詳加校訂,參酌通行教科書,及東西洋已譯各科學善本,薈萃成帙,頒行通用,以收一道同風之效。其各省新編新譯,與夫從前官私著述,苟可裨益教育,皆宜旁搜博引,以備調查編輯之需,建設圖書館萬不可緩。前撫臣趙爾巽在省垣漢長沙定王臺創設,由各紳捐置圖籍,款項無多,規模尚隘。上年撫臣端方始委員赴日本調查,並購求書籍,延訂素有名望、學識兼長者分任纂集各事,飭善後釐金局籌開辦費一萬兩,再撥常年款一千二百兩,辦理甫有端倪,適值交卸。臣接任後,疊與學務處司道籌商,以定王臺原址狹隘,非購民房另造,不足以壯觀瞻。添撥開辦費五千兩,造就

① 《中國古代藏書與近代圖書館史料》録自《國聞報》第二四八號。

藏書樓一所，計三層，縱横面積四十丈，閲覽四所，縱横二十四丈。外更有買卷繳卷處，領書處等屋，現已一律告竣。所購日本圖書，亦經運到。當飭編明書目，擬定章程，遴委監督，以董其成。添派分校繕校收掌提調各紳員，薪水銀均由善後局核實開支。刊發木質關防，文曰“湖南圖書館之關防”，俾昭信用。湘省始基初肇，仍應寬籌長款，以圖擴充。①

其後，各省相繼成立公共圖書館，②其中北京圖書館的前身京師圖書館的建立尤爲重要。羅振玉曾發表《京師創設圖書館私議》一文提倡此事，略云：“保固有之國粹，而進以世界之知識，一舉而二善備者，莫如設圖書館。方今歐、美、日各邦，圖書館之增設，與文明之進步相追逐，而中國則尚闃然無聞焉。鄙意此事亟應由學部倡率，先規畫京師之圖書館，而推之各省會。”③宣統元年（一九〇九）七月二十五日，遂由學部奏設京師圖書館，並派繆荃孫充監督，徐坊署副監督，楊熊祥任提調，原奏稱：

伏查本年閏二月，臣部奏陳預備立憲，分年籌備事宜，本年應行籌備者，有在京師開設圖書館一條，奏蒙允准，欽遵在案。自應即時修建館舍，搜求圖書，俾承學之士，得以觀覽。惟是圖書館爲學術之淵藪，京師尤繫天下觀聽，規模必求閎遠，蒐羅必極精詳，庶足以供多士之研求，昭同文之盛治。……如蒙俞允，即由臣部咨行各該衙部暨各省督撫，遵照辦理。並督飭該館監督、提調等迅速籌辦，冀得早日觀成。④

---

① 《清朝續文獻通考》卷一〇一《學校考》八《圖書》。

② 詳見教育部調查之《各省圖書館一覽表》，載《教育公報》第三年（一九一六）第十期。

③ 《中國古代藏書與近代圖書館史料》第三章《近代圖書館的産生》第一節《清末關於創設圖書館的建議》。

④ 《中國古代藏書與近代圖書館史料》録自《政治官報》第六七六號。

宣統二年(一九一〇)即有《學部奏擬定京師及各省圖書館通行章程摺》公布。原件如次:

第一條　圖書館之設,所以保存國粹,造就通才,以備碩學專家研究學藝,學生士人檢閱考證之用。以廣徵博采,供人瀏覽爲宗旨。

第二條　京師及各直省省治,應先設圖書館一所。各府、廳、州、縣治應各依籌備年限以次設立。

第三條　京師所設圖書館定名爲京師圖書館。各省治所設者,名曰某省圖書館。各府、廳、州、縣治所設者,曰某府、廳、州、縣圖書館。

第四條　圖書館地址,以遠市避囂爲合宜。建築則取樸實謹嚴,不得務爲美觀。室内受光通氣,尤當考究合度,預防潮濕霉蝕之弊。

第五條　圖書館應設藏書室、閲書室、辦事室。

第六條　圖書館應設監督一員、提調一員。(京師書籍浩繁,得酌量添設,以資助理)其餘各員,量事之繁簡,酌量設置。京師圖書館呈由學部核定。各省圖書館呈由提學使司轉請督撫核定。各府、廳、州、縣治圖書館呈由提學使司核定。(各省治暨各府、廳、州、縣治圖書館,事務較簡,圖籍較少,祇設管理一人,或由勸學所總董、學堂監督、堂長兼充)

第七條　圖書館收藏圖籍,分爲兩類:一爲保存之類,一爲觀覽之類。

第八條　凡内府秘笈、海内孤本、宋元舊槧、精鈔之本,皆在應保存之類。保存圖書,别藏一室。由館每月擇定時期,另備券據,以便學人展視。如有發明學術堪資考訂者,由圖書館影寫、刊印、鈔録,編入觀覽之類,供人隨意瀏覽。

第九條　凡中國官私通行圖書、海外各國圖書,皆爲觀覽之類。觀覽圖書,任人領取翻閲,惟不得污損剪裁及攜出館外。

第十條　中國圖書,凡四庫已經著録及四庫未經采入者,及乾隆以後所有官私圖籍,均應隨時采集收藏。其有私家收藏舊槧精鈔,亦應隨時假鈔,以期完備。惟近時私家著述有奉旨禁行及宗旨悖謬者,一概不得采入。

第十一條　海外各國圖書,凡關係政治學藝者,均應隨時搜采,漸期完備。惟宗旨學説偏駁不純者,不得采入。

第十二條　京師暨各省圖書館得附設排印所、刊印所。如有收藏秘笈孤本,應隨時仿刊發行,或排印發行,以廣流傳。

第十三條　京師圖書館書籍鈐用學部圖書之印。各省圖書館書籍由提學使鈐印。各府、廳、州、縣圖書館書籍,由各府、廳、州、縣鈐印。無論爲保存之類、觀覽之類,概不得以公文調取,致有損壞遺失之弊。

第十四條　圖書館每年開館閉館時刻收發書籍,接待士人各項細則,應由館隨時詳擬。京師圖書館呈請學部核定,各省圖書館暨各府、廳、州、縣圖書館,呈請提學使司核定。

第十五條　圖書館管理員均應訪求遺書及版本,由館員隨時購買,以廣搜羅。惟須公平給價,不得藉端强索。其私家世守不願出售者,亦應妥爲借出,分别刷印、影鈔、過録,以廣流傳。原書必應發還,不得損污勒索。

第十六條　海内藏書之家,願將所藏秘笈暫附館中擴人聞見者,由館發給印照,將卷册數目、鈔刻款式、收藏印記,一一備載。領回之日,憑照發書。管理各員尤當加意保護,以免損失。其借私家書籍版片鈔印者,亦照此辦理。

第十七條　私家藏書繁富,欲自行籌款隨在設立圖書館以惠士林者,聽其設立,惟書籍目録、辦理章程,應詳細開載,呈由地方官報明學部立案。善本較多者,由學部查核,酌量奏請頒給御書匾額,或頒賞書籍,以示奬勵。

第十八條　京師圖書館經費,由學部核定籌撥,撙節開支。各省由提學使司核定籌撥,撙節開支。各府、廳、州、縣由地方公款内籌撥,撙節開支。

第十九條　京師及外省各圖書館均須刊刻觀書券,以便稽察。

凡入館觀書,非持有券據不得闌入。

第二十條　圖書館辦事章程如有未盡事宜,應隨時增訂。在京呈由學部核定施行。在外呈由提學使轉詳督撫核定施行。①

此章程較爲全面地反映了清末公共圖書館在采購、編目、典藏、流通、閲覽、組織管理等方面所達到的水平。

民國初年,爲了滿足普通讀者讀書看報的需要,北京及其他城市曾興辦了不少通俗圖書館。一九一六年《教育公報》第三卷第十期載有《京師通俗圖書館成立之經過》一文,介紹了北京首建通俗圖書館的情況:

通俗教育以啓發一般人民普通必需之知識爲主,故通俗圖書館之設,實關緊要。其中採集之圖書,以人民所必需且易曉者爲宜。京師地面遼闊,雖由京師學務局設立公衆閲書處十餘所,然均附屬於各宣講所内,圖書無多,規模甚小。且當時各省對於此項圖書館均未設立。本部因於民國二年創設京師通俗圖書館一所,爲各省倡。委任社會司科員經理於宣武門大街租房一區,計二十一間,蒐集圖書,撰擬規程。凡三閲月,至十月下旬成立,開館閲覽,並附設公衆體育場、新聞閲覽處各一所。惟因當時國家財政困難,一切組織均極簡樸。自開辦迄今,已二年有餘。中間因經費稍裕,添設兒童閲覽室一處,續租本館後院房屋一所,計十二間,陸續增購圖書至一千四百餘種。其地既當要衝,閲覽者尚稱繁盛,計每日平均閲覽人數約六百二十餘人。民國四年一月,委任主事王丕謨兼充該館主任。由該館復修訂規則十四條,詳部批准在案。該館經費、預算每年一萬五千五百四十元,經財政部核減爲八千元。現每月祇領五百元,尚不及核減之數。所有薪資、房租、購書及雜費等項,均儘此數開支。此該館之大略情形也。②

---

① 《中國古代藏書與近代圖書館史料》録自《教育公報》第一一三期。
② 亦載《中國古代藏書與近代圖書館史料》。

在京師通俗圖書館的影響下，各省紛紛建立了通俗圖書館，據《教育公報》第三年第十期所載《各省通俗圖書館調查表》，一九一六年直隸、奉天等二十一省共有通俗圖書館二百三十七處，每日平均閱覽人數約八千人。可見通俗館受到了民衆的熱烈歡迎。林傳甲一九一七年八月十二日《呈教育部請整頓圖書館以廣社會教育文》云："前年，傳甲在黑龍江兼任通俗教育社社長，創辦通俗圖書館，比之省立圖書館，用款不及什一，閱書人數則多至數十倍。"①從《魯迅日記》中可以看出魯迅先生也經常赴通俗圖書館看書，如一九一四年十二月二十二日"午後同徐吉軒、許季上至通俗圖書館檢閱小説"。一九一五年八月八日"下午又至通俗圖書館訪王仲猷，假書數册而歸"。

乙　學校圖書館

成立於同治元年（一八六二）培養翻譯外文人才的同文館，由於教學需要，即附設有圖書館。光緒十三年（一八八七）刊《同文館題名録》所載《同文館書閣藏書》云：

> 同文館書閣存儲漢洋書籍，用資查考，並有學生應用各種功課之書，以備隨時分給各館用資查考之書。漢文經籍等書三百本，洋文一千七百本，各種功課之書、漢文算學等書一千本。除課讀之書隨時分給各館外，其餘任聽教習、學生等借閲。注册存記，以免遺失。

成立於清光緒二十四年（一八九八）的京師大學堂所設藏書樓實即圖書館，《京師大學堂章程》論及此事，本節前文已引，可參看。同年成立於上海的南洋公學也設有圖書館。《南洋公學章程》第六章有藏書、譯書二節，略云：

> 第一節，公學設一圖書院，調取各省官刻圖籍，其私家所刻及東西各國圖籍，皆分别擇要購置庋藏，學堂諸生閲看各書，照另定收發

① 《中國古代藏書與近代圖書館史料》録自《教育公報》第四年第四期。

> 章程辦理。第二節,學生本有翻譯課程,另設譯書院一所,選諸生之有學識而能文者,將圖書院購藏東西各國新出之書擇要翻譯,陸續刊行。①

在京師大學堂圖書館的影響下,北京及各地紛紛建立學校,並附設了圖書館。美國人韋棣華女士(Mary Elizabeth wood, 1862—1931)在武昌籌辦的文華公書林(Boone Library)影響尤大,嚴文郁叙其事云:

> 韋女士於光緒二十五年來華探視在武昌傳教的兄弟,正巧文華大學師資缺乏,遂受聘爲該校英文教授。而文華大學圖書館規模甚小,館藏貧乏,不敷教學需要,女士有鑒於此,除極力争取房舍,擴充館藏外,並返美就讀紐約普萊特學院(Pratt lnstitute)及波士頓西蒙斯學院(Simmons College),專攻圖書館學,以爲實際的助力。二度來華,即正式創設公書林於武昌。取名公書林,已深寓"公之於衆"的意義。該館將文華大學的中西文圖書期刊,公開陳列,凡武漢地區各機關及學校及一般民衆均可使用。同時打破舊式貯之高閣的藏書樓觀念,採取開架式,供人自由閲覽。②

又,《私立武昌文華圖書館學專科學校一覽》中之《記武昌文華公書林》一文也作了具體介紹:

> 文華公書林於光宣年間,經韋女士一手經營,其始僅少數書報散置於文華校院東區之一小八角亭内而已。現有館舍於辛亥起義時落成,民國十年間更擴大三分之一。其内部布置有編目室、參考室、閲覽室、報紙雜志室、書庫、孫公紀念室(專藏商學書籍)、羅瑟紀念室(專藏關於中國情事之西文書籍)、司徒氏紀念廳及各辦公室、本校課

① 《中國古代藏書與近代圖書館史料》録自《國聞報》第二五四號。

② 《中國圖書館發展史》第三章《萌芽時期的圖書館事業》第一節《光緒末年》。

堂、實習室、圖書館學研究室及辦公室等亦在本館内。文華公書林雖爲文華中學、文華大學、華中大學之學校圖書館，同時亦對其他學校機關與個人服務。①

丙　私人圖書館

隨着時代的進步，一些藏書樓也向公衆開放，從而具備了圖書館的性質，並爲近代圖書館的形成與發展作出了貢獻。鄭觀應於光緒十八年（一八九二）嘗云："近日則吴興陸氏之皕宋樓首屈一指，另建守先閣，請於大府，奏於朝廷，供一郡人士觀覽，其大公無我之心，方之古人，亦何多讓！"②此後安徽、浙江兩省紳士亦約集同志，創建藏書樓，以供讀者閲鈔。當時私人創辦圖書館影響最大而又最成功的當推浙江紹興徐樹蘭於光緒二十八年（一九〇二）捐資創辦，光緒三十年（一九〇四）正式開放的古越藏書樓。光緒三十年，徐樹蘭《爲捐建紹郡古越藏書樓懇請奏咨立案文》云：

近來東南各省集貲建設藏書樓者亦復接踵而起。紹興統轄八縣，綴學之士，實繁有徒。當此科舉更章之際，講求實學，每苦無書。職不揣棉薄，謹捐銀八千六百餘兩，於郡城西偏購地一畝六分，鳩工營造，名曰古越藏書樓，以爲藏書之所，參酌東西各國規制，擬議章程，以家藏經史大部及一切有用之書，悉數捐入，延聘通人，分門排比，所有近來譯本新書以及圖書標本，雅馴報章，亦復購備，共用銀二萬三千五百六十餘兩。大凡藏書七萬餘千卷，編目三十五卷。建屋凡四層，前三層皆係高樓，分藏書籍，以中層之廳事爲閲書所，桌椅器物皆備，綜共用銀三萬二千九百六十餘兩。又每年助洋一千元，禮延監督一人，總董其事，司事三人，分司其書。規模粗具，以備閤郡人士之觀摩，以爲府縣學堂之輔翼。所需開辦經費銀三萬二千九百六十

---

① 亦載《中國古代藏書與近代圖書館史料》。

② 《盛世危言增訂新編》卷四《藏書》。

餘兩，及常年經費，每年捐洋一千元，均由職自行捐備。①

其藏書宗旨與典藏範圍同傳統的藏書樓相比也有明顯的變化，如《古越藏書樓章程》云："本樓創設之宗旨有二：一曰存古，一曰開新。""學問必求貫通，何以謂之貫通，博求之古今中外是也。往者士夫之弊，在詳古略今；現在士夫之弊，漸趨於尚今蔑古。其實不談古籍，無從考政治學術之沿革；不得今籍，無以啓借鑒變通之途徑。故本樓特闡明此旨，務歸平等，而杜偏駁之弊。"②

此外，近代天主教會和一些機關團體也辦過圖書館，如上海徐家匯天主堂藏書樓、北京教育部圖書室等，我們就不再詳加論述了。

三　近代圖書館的特點

近代圖書館與古代藏書樓相比，具有一些鮮明的特點。

首先，近代圖書館具有明確的辦館宗旨，即把圖書館當作傳播知識、教育民衆、造就人才的重要機構。如《京師圖書館及各省圖書館通行章程摺》第一條云："圖書館之設，所以保存國粹，造就通才，以備碩學專家研究學藝、學生士人檢閱考證之用。以廣徵博采，供人瀏覽爲宗旨。"③《湖南圖書館暫定章程》第三章《宗旨》亦云："本館以保存國粹，輸入文明，開通智識，使藏書不多及旅居未曾携帶書籍者，得資博覽，學校教員學生得所考證爲主義。"④

其次，藏書的内容有了很大的改變，通常是古今兼容，中外並蓄，文理俱收，日報期刊皆在陳列保藏之列。如《京師圖書館及各省圖書館通行章程摺》云：

第九條　凡中國官私通行圖書、海外各國圖書，皆爲觀覽之類。

①② 《古越藏書樓書目》卷首。

③ 《中國古代藏書與近代圖書館史料》録自《學部官報》第一一三期。

④ 《中國古代藏書與近代圖書館史料》録自《學部官報》第一二期。

觀覽圖書,任人領取翻閲,惟不得污損剪裁及携出館外。

第十條　中國圖書,凡四庫已經著録及四庫未經采入者,及乾隆以後所有官私圖籍,均應隨時采集收藏。其有私家收藏舊槧精鈔,亦應隨時假鈔,以期完備,惟近時私家著述有奉旨禁行及宗旨悖謬者,一概不得采入。

第十一條　海外各國圖書,凡關係政治學藝者,均應隨時搜采,漸期完備。惟宗旨學説偏駁不純者,不得采入。①

一些地方圖書館的人士思想更加解放,選書標準更加切合實際,更加緊跟形勢。如《皖省藏書樓開辦大略章程十二條》云:

一,本樓購置圖籍,凡屬有益經世之學,無論古今中外,均須隨時增購,以供衆覽,庶備講求實學轉移風氣之用。

一,本樓圖籍之外,旁及各報,無論旬報、日報,但非淺鄙狂妄之説,均當全年訂閲,免蹈知古昧今之弊。②

某些學會還特别注意自然科學著作,如湖南《常德明達學會章程》云:"西國都邑,皆設大藏書樓,庋書數千萬卷,隨人縱覽,故異才日出,學術日新。本會擬擇中國書籍,先購其經世有用者,製造局、同文館所譯西書甚多,均採購之。然書中義理非圖不明,圖中用度非器不顯,今並購中外各種輿圖,動物、植物圖,測量、藝學各器,以資試驗而收實功。"③

第三,近代圖書館都主張並實行圖書流通。如京師圖書館於一九一二年七月製訂的《京師圖書館暫定閲覽章程》第八條規定:"學校職員、教員、學生有編輯參考之急需,由各校長函請寄贈特别普通券,俱免取券資。但每校以五卷爲限,入門時,向購券處驗明,換取領書證,與前條同。惟交

① 《中國古代藏書與近代圖書館史料》録自《學部官報》第一一三期。

② 《中國古代藏書與近代圖書館史料》録自《匯報》第二七六號。

③ 《中國古代藏書與近代圖書館史料》録自光緒二十四年(一八九八)二月二十一日《湘學報》。

證時,仍將原券領還。”第十六條規定:“本館無論士農工商軍界暨女學界,皆得入覽,限定每星期及二、三、四、五等日。”①《湖南圖書館暫定章程》第四條規定:“本館所藏各種圖書報章,凡有志嚮學者,皆得照規例入館參閱。”②《雲南圖書館章程》第一章第十一款云:“本館所藏圖書、報紙,凡政界、學界、實業界、軍事界之人,勿論本省客籍,皆得照規則入館參閱。”③

至於學校圖書館,當然更是直接爲老師與學生服務。例如國立北京大學圖書館“第一閱覽室置漢籍,第二閱覽室置雜志,第三閱覽室置各種日報,第四閱覽室置東西文籍。此外各學系均設有分閱覽室,可以隨時調取圖書館之書籍,於一定期間存置該室,以供研究之用”。④ 近代學校圖書館已實行圖書借閱制度,如清華學校圖書館一九一七年製訂的《圖書館規則》云:

> 七、職教員及學生,除中等科第一、二年級學生一科不得取書外出外,每次准取書籍雜志共二本。如教員爲教授上取用者,不在此例。
>
> 八、取出書籍雜志之期限,以兩星期爲度。倘取出之書籍雜志,適值校中需用時,雖期限未滿,亦得向取書人索還。⑤

一些機關團體圖書館的藏書也供借閱。如一九一三年九月製訂的《教育部圖書室規則》第一條云:“圖書室庋藏圖書雜志,專供本部職員閱覽之用。但本京各學校及各學會之職員或學生,持有該機關介紹書者,亦得請求閱覽。”⑥

第四,近代圖書館的管理水平有了很大提高。各圖書館通常均有專

① 《中國古代藏書與近代圖書館史料》録自《京師圖書館檔案》。
② 《中國古代藏書與近代圖書館史料》録自《學部官報》第十二期。
③ 《中國古代藏書與近代圖書館史料》録自《雲南圖書博物館一覽·規章》。
④ 《中國古代藏書與近代圖書館史料》録自《國立北京大學概略》。
⑤ 《中國古代藏書與近代圖書館史料》録自《清華學校一覽》。
⑥ 《中國古代藏書與近代圖書館史料》録自《教育公報》第七年第十二期。

人分工負責管理。如《浙江公立圖書館章程》第二條規定:“本館設館長一人,由省長遴選碩學通儒充任。管理員一人,編纂員一人,文牘一人,庶務一人,掌書四人,繕録一人,均由館長任用,並存報省長。”①學校圖書館的組織機構也相當嚴密。如清華大學前身清華學校之圖書館,除主任(對外負責)、副主任外,下設:

參考部　職員一人,由副主任兼理。
購置部　職員一人。
編目部　職員二人,用“杜威分類法”及“字典目録”。
出納部　職員二人,及學生助手一人。
登録部　職員一人,仿美國“紐渥克(Newask)借閲制度”。
裝訂部　職員二人。
除職員外,復有館役六人。②

此外,近代圖書館的各項規章制度都已相當健全。僅以京師圖書館爲例,就有《京師圖書館暫定閲覽章程》《京師圖書館暫行圖書閲覽規則》《徵求書籍簡章》《交换閲覽圖書簡則》《閲覽互借圖書暫行規則》《鈔閲書籍特許券規則》《印書免費契約》《修正京師圖書館藏書流布暫行規則》等。這些規則使圖書館工作有章可循,是圖書館工作逐步走向規範化的標誌。

近代圖書館普遍做了整理編目工作,沈紹期一九一八年三月製訂的《中國全國圖書館調查表》,在所統計的三十三個圖書館中,有二十九個圖書館編了目録。圖書目録的分類方法多種多樣,有的仍按傳統分類法分類,如北京京師普通圖書館依《四庫全書》體例,附新書目録;有的在四部分類法的基礎上作了一些改進,如河南普通圖書館目録分經、史、子、集、叢書、時務六門;有的目録改進得多一些,如無錫天上市普通圖書館目録分經、史、子、集、叢書、文學、理學、法學、醫學、教育、實業、叢書、日文等

① 《中國古代藏書與近代圖書館史料》録自《教育公報》第五年第三期。
② 《中國古代藏書與近代圖書館史料》録自《清華學校一覽》。

類。有的圖書館圖書目録兼用中外圖書分類法，如金陵大學校圖書館，漢文仿《四庫全書》分類法，西文按美國杜威十類法分；也有用自編的分類法的，如北京通俗圖書館目録，分經學、歷史、傳記、地理、教育、政法、軍事、實業、算術、經濟、理科、宗教、醫藥、小説、雜志、文牘、講演、詞曲、新舊劇、圖畫、體育、報告、雜書等類。①

所有這些特點都充分反映了我國由古代藏書樓向現代圖書館過渡時期的真實情况。近代圖書館在我國圖書館事業發展史上占有輝煌的一頁。

① 《中國古代藏書與近代圖書館史料》録自《教育公報》第五年。

第三章　圖書收集

收集是圖書保管與利用的先決條件，本章着重探討圖書收集的標準、方法，以及如何鑒定圖書的收藏價值。

第一節　收集的標準

圖書浩如煙海，任何一個藏書單位都不可能毫無選擇地收集一切圖書加以典藏。人們在收集圖書的時候，都自覺地或不自覺地執行着一定的標準。

收集圖書以適用爲最基本的標準，而一本書是否適用是由藏書單位的性質與藏書目的决定的。

如宫廷藏書的目的，一方面顯示文運之盛，而主張兼收並蓄；另一方面則爲了鞏固封建統治，而大肆焚禁對其不利的圖書。清高宗的觀點尤爲鮮明，如乾隆三十八年五月十七日詔曰："方今文治光昭，典籍大備，恐名山石室儲蓄尚多，用是廣爲搜羅，俾無遺佚，冀以闡微補闕。所有進到遺書並交總裁等，同《永樂大典》内現有各種詳加校勘，分别刊鈔，擇其中罕見之書有益於世道人心者，壽之梨棗，以廣流傳，餘則選派謄録，匯繕成編，陳之册府，其有俚淺訛謬者，止存書名，匯入總目，以彰右文之盛，此采輯《四庫全書》之本旨也。"①同時，他也要借此機會禁燬一切對清政府不

① 《四庫全書總目》卷首。

滿、不利的圖書。如乾隆三十九年八月五日詔曰:“各省進到書籍不下萬餘種,並不見奏及稍有忌諱之書。豈有裒集如許遺書竟無一字違礙字迹之理。况明季末造,野史甚多,其間毁譽任意,傳聞異詞,必有詆觸本朝之語,正當及此一番查辦,盡行銷燬,杜遏邪言,以正人心而厚風俗,斷不宜置之不辦。”①顯然,詔令搜訪遺書以彰千古同文之盛與詔令銷燬抵觸清政府的書籍,似相反而實相成,其共同目的都是爲了鞏固其政權。

封建社會的學校是爲培養統治階級接班人服務的,所以特别注重收藏經學著作。如《安徽于湖中江書院尊經閣記》云:“經之所以薰陶萬士,涵養德性,磨礲器業,别黑白而定一尊也。然經者所以立天地之心,正群倫之命,揣物輕重若權度,灼知吉凶若蓍龜,抉衆理之精義以入神,操萬事之要領以應務,猶之布帛菽粟,百姓日用衣食而不可須臾離也。”“諸不在三物六藝四術之科,孔門七十子之微言大誼,凡涉歧旁邪經,曲學阿世,紛紜雜出者,宜絶其術,勿使並進。”②而對於離經叛道的著作則嚴加排斥。如清末梁鼎芬序《豐湖書藏書目》云:“書藏意在搜羅往籍,於國朝人文集尤所加意。然如袁枚之素行無恥,得罪名教,淫書讕語,流毒海内,三五成群,成爲盗賊,成爲風氣,不可救藥;龔自珍心術至壞,生有逆子,敗亂大事,文字雖佳,不與同中國。凡此二人著述,永遠不得收藏,以示嫉惡屏邪之意。諸生其懔守之!如有違背,非吾徒也。”③都是明顯的例子。

隨着時代的進步,有些學校的負責人接受了新思想,其擇書標準也就發生了變化。如謝元洪《興化文正書院藏書序》云:“昔嘗怪漢宋兩家門户之見,鑿枘不相入,今國家中外互市,異言蜂午,則又别其目曰中學,曰西學,維新守舊,齗齗如也。竊謂學無判中西,擇取有用而已。烏喙有毒起沉痼,牖蛇有毒療拘孿(攣),西學有毒藥儒緩。吾獨太息於今之阿附西學者,適中西學毒也。去其毒,集其益,析邪正,斠純雜,決自先辨義利始。然懼其尠見寡聞也,使之瀏覽載籍,上下千百年,猶懼其泥古未通今也,使之旁涉時務書,兼采西學,以補所不足。元洪自慚譾陋,於學術曾未窺萬

① 《辦理四庫全書檔案》上册。

② 《安徽于湖中江書院藏書目》卷首。

③ 見徐紹棨《廣東藏書紀事詩・豐湖書藏》引。

一,而提倡之責,竊願與諸君子起而任之。”①

我國近代圖書館收集圖書的標準起了很大變化,特别强調實用濟時。如《蘇學會簡明章程》云:“本會所購之書分爲六門:曰史學、曰掌故學、曰輿地學、曰算學、曰農商學、曰格致學,其餘訓詁詞章概不備。”②《皖省藏書樓開辦大略章程十二條》亦云:

一、本樓購置圖籍,凡屬有益經世之學,無論古今中外,均須隨時增購,以供衆覽,庶備講求實學轉移風氣之用。

二、本樓圖籍之外,旁及各報,無論旬報、日報,但非淺鄙狂妄之説,均當全年訂閲,免蹈知古昧今之弊。

三、本樓藏書概求實用,除理學爲儒學正宗,詞章亦文人要技,此項書籍,自應備辦外,其餘瑣碎之考據,猥鄙之詞曲,古董之書畫,概不羼入。偶有捐贈,亦當璧謝,以昭劃一,而免紛歧。③

再如奉天(今遼寧)圖書館“開辦伊始,以奉省款項支絀,除撥款三千餘金購辦藏書外,復將前省學堂、前學務處購辦之書盡行撥入,上溯周秦,下迄昭代,凡承學之士所通行瀏覽之書,燦乎略備。歐美日本之譯籍及旁行斜上之原文,一切關於法治、文史、數理、農工商各科學者,亦復羅布棋列,略具概要。奉省人士,家無藏籍者,多每日至館閲覽,借此以爲求學地,亦教育輔助之一端也”。④

私家收藏圖書的目的彼此間有很大差别,所以其搜集圖書的標準也相當複雜。

一般士子都視參加科舉博取功名爲正途,而按照封建統治階級接班人的標準來要求自己,藏書也偏重正經正史。如孫慶增云:“藏書之道,先

① 《興化文正書院藏書目》卷首。

② 載光緒二十四年(一八九八)七月二十日《國聞報》第三一六號。

③ 載光緒二十七年(一九〇一)《匯報》第二七六號。

④ 《中國古代藏書與近代圖書館史料》第三章《近代圖書館的産生》第四節《各地區圖書館的創立:奉天圖書館簡史》。

分經史子集四種,取其精華,去其糠秕,經爲上,史次之,子集又次之。……所以書籍首重經史,其次子集。”①葉德輝亦云:“置書先經部,次史部,次叢書。經,先十三經;史,先二十四史;叢書,先其種類多、校刻精者。初置書時豈能四部完備?於此入手,方不至誤入歧途。”②

也有一些知識分子不以功名爲意,而以讀書、治學、寫作爲樂,他們收集圖書的標準往往突破正統觀念,或兼綜四部,或各有專藏,而這恰恰是私家藏書的特點與價值所在。如宋代藏書家蔡致君之子云:“吾世大梁人,業爲儒。吾祖、吾父皆不事科舉,不樂仕宦,獨喜收古今之書。空四壁,捐千金以購之,常若饑渴然。盡求善工良紙,手校而積藏之,凡五十年。經史百家,《離騷》《風》《雅》,儒墨、道德、陰陽、卜筮、技術之書,莫不兼收而並取,今二萬卷矣。”③明代著名藏書家祁承㸁也主張收書眼界欲寬,指出:

> 夫購書無他術,眼界欲寬,精神欲注,而心思欲巧。蓋今世所習爲文,人守一經,從博士弟子業者也。如古之著書立言,不求聞達者,千百中不一二見焉,習俗溺人,爲毒滋甚。每見子弟於四股八比之外,略有旁覽,便恐妨正業,視爲怪物。即子弟稍竊窺目前書一二種,便自命博雅,沾沾自喜,不知宇宙大矣。古今載籍,如劉氏《七略》、王儉《七志》、阮孝緒《七録》,俱在人耳目者無論已。……若金陵之焦太史弱侯,藏書兩樓,五楹俱滿,余所目睹,而一一皆經校讎探討,尤人所難;婺州胡元瑞以一孝廉,集書至四萬二千三百八十四卷。此皆近日士紳家事也,安可以鬚眉男子,竟同三家村擔板漢乎。余故略一拈出,令汝輩知曠然宇宙,自有大觀。所謂眼界欲寬者,此也。④

有的藏書家則偏重收集某類圖書,形成專藏。文學作品常常是許多

① 《藏書記要》第二則《鑒别》。

② 《觀古堂藏書十約·購置》。

③ 《斜川集》卷四《夷門蔡氏藏書目叙》。

④ 《澹生堂藏書約·藏書訓略·購書》。

藏書家收藏的對象。如宋宋次道收唐人詩集頗多。徐度云:“詩人之盛,莫如唐。故今唐人之詩集、行於世者無慮數百家。宋次道龍圖所藏最備,嘗以示王介甫,且俾擇其尤者。公既爲擇之,因書其後曰:‘廢日力於斯,良可嘆也,然欲知唐人之詩者,視此足矣。’其後此書盛行於世,《唐百家詩選》是也。”①明末清初的曹溶則收集了大量的宋元人文集。王士禛云:“曹侍郎秋岳,好收宋元人文集。嘗見其《静惕堂書目》,所載宋集,自柳開《河東集》已下凡一百八十家;元集自耶律楚材《湛然集》已下凡一百十有五家,可謂富矣。”②

還有的藏書家專門收藏某一類型文獻,譬如地方志。謝興堯曾談及我國現代對方志的收藏情况:“各省地方志,最初無人注意,民國十五六年間,如地方志之最佳者(明季清初及少見者),不過五角一本,大約一部四册六册,價僅二三元,普通者每部不過一元餘。猶憶某次於隆福寺書店,見人買方志書,不論部册,以手杖量其書堆之高矮,爲省手續,其賤可知。後因外人欲明中國各地版圖、山川、産業、風物等情,乃大購方志,國人亦漸知其重要,價值因扶摇直上。”③我國私家收藏方志可以任鳳苞、張國淦爲代表。王謇云:“任振采(鳳苞),宜興人。專收集方志,以數十年之精力,所積孤本甚多,爲南北第一。有《天香園方志目》。去秋悉以捐獻天津市文化局,時任氏年八十二矣,未幾即歸道山。任氏有老僕爲司典籍,於方志版本頗能辨别。每至書肆,娓娓而談,聞者多目爲學者。”④張國淦,湖北蒲圻人,所藏方志至一千六百九十八部,一萬八千餘册。一九五二年售歸國有,藏於湖北省圖書館,撰有《中國古方志考》。

還有人特别注意收集鄉邦文獻,(民國)《福建通志·文苑傳》卷八云:“鄭杰字昌英,侯官人,乾隆間貢生。父庭溰……積書三萬卷。……杰自弱冠爲諸生,即潛心稽古。……喜博覽肆搜,於閩中文獻,尤寶貴勿失。每獲一碑版卷軸有標題可識者,曰:‘此吾鄉先輩物也。嗚呼,幾亡之矣!’

① 《却掃編》卷中。

② 《池北偶談》卷一六《宋元人集目》。

③ 《中國出版史料補編·書林逸話》。

④ 《續補藏書紀事詩·任鳳苞》。

每獲一詩文集,或版漫漶不恒見,或稿完具而未鋟者,曰:‘此吾鄉先生之著述也。嗚呼! 幾湮没矣!’由是什襲珍藏,唯恐廢墜。”所輯《國朝全閩詩録》初集二十一卷、續集十一卷,均有刻本。

專家學者往往根據讀書治學的需要來收集圖書,嚴可均曾説:

> 余家貧,不能多聚書。顧自周秦漢,以逮北宋,苟爲撰述之所必需,亦略皆有之,南宋以下,寥寥焉。非不欲也,力不足也。四十年來,南游嶺海,北出塞垣,遇希有之本,必倩精寫;或肯售,即典衣不吝。今插架僅二萬,不全不備,以檢近代諸家書目,如世善堂、天一閣、萬卷樓、世學樓、傳是樓、曝書亭及同時同好如魯孔氏、閩張氏、漢陽葉氏、陽湖孫氏、績溪方氏,以及石刻之本、異國之本、道釋之藏,彼有而余無者多矣,彼無而余有者亦不少也。黄氏丕烈聚書多宋本,余與之交,不敢效之。書非骨董,未得宋本,得校宋本,足供撰述可耳。①

近人陳垣也持這種態度,他常對劉乃和説:“我不是藏書家,不重藏宋、元等版本,也無力購買,只藏我閱讀、實用的書籍。”②正是從讀書治學的角度看問題,顧頡剛認爲“以前人收集圖書,目光所注,至爲狹隘”。指出:

> 我們只要能够用了材料的觀念去看圖書,能够用了搜集的觀念去看圖書館的事業,我們現在真不知道有多少新的工作可做。以前人看圖書是載聖人之道的,讀書是要學做聖人,至下也是文人,所以藏書的目的是要勸人取它作道德和文章的標準的。現在我們的目的是在增進知識了,我們要把記載自然界和社會的材料一齊收來,無論什麽東西,只要我們認爲是一種材料就可以收下,不但要好的,並且

① 《鐵橋漫稿》卷八《書葛香士林屋藏書圖後》。世善堂主陳第、天一閣主范欽、世學樓主鈕石溪、傳是樓主徐乾學、曝書亭主朱彝尊,孔氏指孔昭焕,張氏指張祥雲,葉氏指葉名澧,孫氏指孫星衍,方氏指方大治。

② 《陳垣與北京圖書館》,載《文獻》第十四輯。

要壞的。這没有什麽奇怪,研究動植物的人,不但要采集翠鳥奇花,並且要采集毒蛇惡草,態度正和我們一樣。

他提出以下十六類文獻,均在搜集範圍之内:一、經史子集及叢書;二、檔案;三、地方志;四、家族志;五、社會事件之記載;六、個人生活之記載;七、賬簿;八、中國漢族以外各民族之文籍;九、基督教出版之書籍及譯本書;十、宗教及迷信書;十一、民衆文學書;十二、舊藝術書;十三、教育書;十四、古存簡籍;十五、著述稿本;十六、實物的圖像。① 顧頡剛的見解打開了我們的眼界,而中國古代的藏書家當然是難以做到這一點的。

學者們爲編纂著述需要而藏書的例子甚多,如張金吾云:"月霄十年來小大彙收,今古並蓄,合之先人舊藏,已有八萬卷。又念金源氏有中國百十餘年,著作之家,乘時蔚起,未有裒集其文者。遂矢志網羅,以補一朝之闕,故於金、元兩代遺集,更加意搜訪。中如王朋壽之《類林》、孔元措之《祖庭廣記》、蔡松年之《明秀集注》,與吴宏道之《中州啓札》,皆當世絶無僅有之書也。"②

鄭振鐸可算得上現代學者兼藏書家的典型,嘗云:"我不是藏書家,我從來没有想到爲藏書而藏書,我之所以收藏一些古書,完全是爲了自己研究方便和手頭應用需要的。"③趙萬里曾詳盡地介紹過鄭振鐸收書的範圍與重點,指出:

西諦對於歷代文學作品,總是按照中國文學發展過程,大力進行搜訪工作。從《詩經》《楚辭》,到戲曲、小説、彈詞、寶卷,面面具到,齊頭並進,四十年如一日,他不但重視作家的别集,還特别强調總集和地方藝文類書籍所起的作用。他認爲總集類書籍不但可和各家别集互相比勘,取長補短,而且還可看出各個歷史時期文學流派的特色和選家對文學批評的傾向。在解答具體問題時,兩者之間,更有着千絲

① 《購求中國圖書計劃書》,載《文獻》一九八一年第八輯。
② 《愛日精廬藏書志》卷首序。
③ 《鄭振鐸文集》卷七《劫中得書記》卷首《新序》。

萬縷的關係。①

這些藏書對鄭振鐸撰寫《插圖本中國文學史》《中國俗文學史》無疑發揮了很大的作用。

有的學者往往結合自己的個人愛好與研究課題，專門注意收集某一種書的各種版本，如倫明云："定州王鐵珊(瑚)好讀《老子》，凡《老子》異本，收之殆備。"②盧弼有《水經注》各種版本數十部。③ 我國現代著名詞曲專家吴梅嘗謂："吾十八歲即喜曲子，遇書肆中有傳奇即購歸。"④平生藏曲甚富，多明嘉靖善本，遂題藏書處曰百嘉室。王謇《續補藏書紀事詩·吴梅》云："嘗見師手寫《百嘉室藏書目》，有元刊温公《切韻指南》《歐陽公文集》、楊朝英《太平樂府》等三種，明永樂經廠巨本《佛曲》、弘治本《参同契》等八十餘種，清内府套印本《(欽定)曲譜》等五十餘種，别有元、明、清本曲目一百二十九部，四百七十六種，均百嘉室上駟。"⑤還有喜歡收藏小説的，陳繼儒説："余猶記吾鄉陸學士儼山、何待詔柘湖、徐明府長谷、張憲幕王屋皆富于著述，而又藏稗官小説，與吴門文、沈、都、祝數先生往來，每相見，首問近得何書。各出笥秘，互相傳寫，丹鉛涂乙，矻矻不去手。其架上芸裹緗襲，幾及萬簽，率類是，而經史子集不與焉。"(陳繼儒《晚春堂集》卷二《藏説小萃序》)

有些藏書家在確定收集標準時，側重形式。不少人酷愛收集宋元善本。明末清初常熟大藏書家錢謙益的藏書樓名曰絳雲樓，編有《絳雲樓書》，曹溶《絳雲樓書目題辭》稱其"所收必宋元板，不取近人所刻及鈔本，雖蘇子美、葉石林、三沈集等，以非舊刻，不入目録中"。⑥ 其族孫錢曾亦有同好，嘗云：

---

① 《西諦書目》卷首《西諦書目序》。

② 《辛亥以來藏書紀事詩·王鐵瑚》。

③ 《民國人物小傳》第六册《盧弼》。

④ 北京圖書館善本組輯録《吴梅戲曲題跋》上《四聲猿四卷》，載《文獻》第十二輯。

⑤ 千帆附識：吴先生書後歸國家圖書館，鄭西諦斡旋之力也。

⑥ 《絳雲樓書目》卷首。

竭予二十餘年之心力，食不重味，衣不完采，摒當家資，悉藏典籍中。如蠹之負版，鼠之搬薑，甲乙部居，粗有條理。憶年驅雀時，從先生長者游，得聞其緒論。逮壯有志藏弆，始次第訪求，問津知塗，幸免於冥行擿埴，然生平所嗜，宋槧本爲最。馮定遠每戲予曰："昔人佞佛，子佞宋刻乎！"相與一笑，而不能已於佞也。①

黄丕烈也是一位突出的宋元古本愛好者，嘗云："余喜蓄古籍，苟宋元舊刻，雖方伎必收焉。"②"余素不諳醫，而喜蓄醫書，非真好醫書也，好醫書之爲宋元舊刻者。"③他對宋刻本情有獨鍾，自稱："予喜聚書，必購宋刻，昔人佞宋之譏有同情焉。"④"余以求古名其居，爲藏宋刻書籍也，因自號佞宋主人。"⑤

與黄丕烈百宋一廛同時而又相匹敵的尚有吴騫的千元十架。《海昌備志》卷十八云："吴騫字槎客，號兔牀，家新倉里。篤嗜典籍，遇善本傾囊購之弗惜，所得不下五萬卷，築拜經樓藏之。晨夕坐樓中展誦摩挲，非同志不得登也。得宋本《咸淳臨安志》九十一卷、《乾道志》三卷、《淳祐志》六卷，刻一印曰'臨安志百卷人家'，其風致如此。"《東湖叢記》卷六《藏書印記》亦云："黄蕘圃主政百宋一廛，吴兔牀明經以千元十架相敵，故老風流，猶令聞者色飛眉舞。"

還有以印書紙張爲收藏標準的，近人陶湘即有此愛好。倫明《辛亥以來藏書紀事詩·陶湘》云：

武進陶蘭泉（湘）不重宋、元本，所藏明閔氏套印本、汲古閣刻本、武英殿刻本，俱完全不缺；又搜明刻附圖諸書、五色紅格醫書、《匯刻書目》所載大小叢書，各甚備。不問何類，凡開花紙所印皆收之，一時

① 《述古堂藏書目》卷首自序。
② 《蕘圃藏書題識》卷四《史載之方二卷》。
③ 《蕘圃藏書題識續録》卷二《洪氏集驗方五卷》。
④ 《蕘圃雜著·百宋一廛書録序》。
⑤ 《蕘圃雜著·求古精舍金石圖序》。

有"陶開花"之稱。其《程氏墨苑》五色本最罕見。

現代著名藏書家周叔弢收書也是從形式精美着眼的,其子周珏良説:

許多文章都提到他藏書有"五好"的標準。所謂"五好"就是:一、版刻好,等於一個人先天體格强健;二、紙張好,等於一個人後天營養得宜;三、題跋好,等於一個人富有才華;四、收藏印章好,宛如美人薄施脂粉;五、裝潢好,像一個人衣冠整齊。①

傅增湘也談到了周叔弢藏書的這一特點:

顧君之收書也,與恒人異趣,好尚雖摯而懸格特嚴。凡遇刻本,卷帙必取其周完,楮墨務求其精湛;尤重昔賢之題識與傳授之淵源。又其書必爲經子古書、大家名著,可以裨學術,供循誦者。至鈔校之書,審爲流傳之祖本或名人之手迹,必精心研考以定其真贋。不幸有俗書惡印,點污塗抹之累,則寧從割舍,不予濫收。設遇銘心絶品,孤行秘本,雖傾囊以償,割莊以易,而曾不之恤。既收之後又亟繕完補綴,存其舊裝,襲以金粟之箋,盛以香楠之匣,牙籤錦帙,芸芬麝馥,寶護周勤。故其藏書不侈閎富之名,而特以精嚴自勵。②

有的藏書家由於受到經濟條件的限制,往往以廉價實用爲標準。如明中葉藏書家陸深《江東藏書目録序》云:"余家學時,喜收書,然覶覶屑屑,不能舉群有也。壯游兩都,見載籍,然限於力,不能舉群聚也。間有殘本不售者,往往廉取之。故余之書,多斷缺。缺少者,或手自補綴,多者幸他日之偶完,而未可知也。"沈節甫《玩易樓藏書目録·自序》也説:"余性迂拙,無他嗜好,獨甚愛書。每遇貨書者,惟恐不余售。既售且去,惟恐

① 《我父親和書》,載《文獻》第二十一輯。
② 《自莊嚴堪勘書圖·序》,載《文獻》第二十一輯。

其不復來也。顧力不足，不能多致，又不能得善本，往往取其直之廉者而已。即有殘闕，必手自訂補，以成完帙。”近人范祥雍則明確提出“買舊書，少買新書；買廉價書、特價書，少買高價書、實價書；逛冷攤，少跑大書鋪”。①

有的藏書家在實踐中也體會到，用廉價收得不全之書，只要留心搜訪，往往由不全變全。李文藻《琉璃廠書肆記》云：

> 内城隆福寺，遇會期多有賣書者，謂之趕廟。散帙滿地，往往不全而價低。朱少卿豫堂，日使子弟物色之，積數十年，蓄數十萬卷，皆由不全而至於全。蓋不全者，多是人家奴婢竊出之物。其全者固在，日日待之而自至矣。②

還有的達官貴人附庸風雅，以藏書爲擺設，因此專門搜集形式華美的圖書，如大軍閥張勛即一例。倫明《辛亥以來藏書紀事詩·張勛》云：

> 辛亥後，武人擁厚貲大治宫室，以圖書供點綴。惟張少軒將軍（勛）自有宗旨，所收書以殿本爲限，殿本書又及百册者爲限。書坊覘其值，就不百册者，每頁中墊以紙，一册可分裝二、三册，張亦不細審也。自是遂成風氣。其始猶用細潔之紙，漸且用粗劣者代之矣；其始但施於貴重之書，漸且普通之書亦爲之矣。購者亦知其弊，吝不增價；而積習牢不可破，今滬、浙盡效顰。甚矣，壞習之易移人也！

可見，收集圖書的標準雖然多種多樣，然而都反映了各自的藏書目的，體現了適用的原則。

---

① 《續補藏書紀事詩·范祥雍》。

② 《南澗文集》卷上。

第二節　收集的方法

鄭樵對收集圖書的途徑作過較爲系統的總結，指出："求書之道有八：一曰即類以求，二曰旁類以求，三曰因地以求，四曰因家以求，五曰求之公，六曰求之私，七曰因人以求，八曰因代以求，當不一於所求也。"①下面就引申鄭説，陳述如次。

一　鈔　録

鈔録是圖書最原始、最基本的復製方式。在雕版印刷術發明以前，我國的圖書是靠鈔録來傳播的；在雕版、活字排版印刷術發明以後，鈔録仍然被廣泛采用。這是因爲並非所有的圖書都能够采用雕版印刷或活字排版印刷的方式廣泛傳播。有時鈔録比購買印本圖書更方便、更經濟，而且鈔書也是一種學習方法，所以鈔録始終是中國古代公私藏書的一種重要收集方式。故孫慶增云：

> 書之所以貴鈔録者，以其便於誦讀也。歷代好學之士皆用此法，所以有刻本，又有鈔本、有底本。底本便於改正，鈔本定其字劃，於是鈔録之書，比之刊刻者更貴且重焉。况書籍中之秘本，爲當世所罕見者，非鈔録則不可得，又安可以忽之哉，從未有藏書之家而不奉之爲至寶也。②

葉德輝亦云："居今日而言收藏，可以坐致百城，琳琅滿室矣！而猶有待於傳録者，蓋其書或僅有鈔本，不能常留，過目易忘；未存副録，校刻則有不給；久假復不近情。有彼此借鈔，可獲分身之術。"③

古人還把鈔書當作學習的一種方法，如東晉范汪"年十三喪母，居喪

① 《通志》卷七一《校讎略·求書之道有八論》。

② 《藏書記要》第三則《鈔録》。

③ 《觀古堂藏書十約·傳録》。

盡禮,親鄰哀之。及長,好學,外氏家貧,無以資給。汪乃廬於園中,布衣蔬食,然薪寫書。寫畢,誦讀亦遍,遂博學多通,善談名理”。① 南齊蕭鈞“好學,常手細字書《五經》,一部爲一卷,置之巾箱中。侍讀賀玠問曰:‘殿下家有墳索,何須此蠅頭細書,别藏巾箱?’答曰:‘巾箱《五經》,檢閲且易,一更手寫,則永不忘。’”②

先秦至清,鈔本在國家藏書中占有較大比重。其特點是大規模有組織有計劃地進行鈔寫。如《新唐書·藝文志》云:

> 貞觀中,魏徵、虞世南、顔師古繼爲秘書監,請購天下書,選五品以上子孫工書者爲書手,繕寫藏於内庫,以宫人掌之。玄宗命左散騎常侍、昭文館學士馬懷素爲修圖書使,與右散騎常侍、崇文館學士褚無量整比。會幸東都,乃就乾元殿東序檢校。無量建議:御書以宰相宋璟、蘇頲同署,如貞觀故事。又借民間異本傳録。及還京師,遷書東宫麗正殿,置修書院於著作院。其後大明宫光順門外,東都明福門外,皆創集賢書院,學士通籍出入。既而太府月給蜀郡麻紙五千番,季給上谷墨三百三十六丸,歲給河間、景城、清河、博平四郡兔千五百皮爲筆材。兩都各聚書四部,以甲、乙、丙、丁爲次,列經、史、子、集四庫。其本有正有副,軸帶帙簽皆異色以别之。

兩宋國家藏書機構也開展過大規模的藏書活動,如高宗紹興十五年(一一四五)五月二十八日秘書省復置補寫所,招聘書手數十人。爲便於管理,還對書手提出了一些具體要求。據《宋會要輯稿·崇儒四》記載,“楷書課程舊制每日寫二千字,遇入冬書寫一千五百字,並各置工課手歷,每日抄轉書勘點檢,月終結押”。明、清雕版印刷、活字排版印刷事業雖然十分盛行,但是《永樂大典》《四庫全書》均爲鈔本。如《四庫全書》共鈔正本七部、副本一部,每部十億字。鈔寫者是從參加科舉考試的落榜生中挑選出來

---

① 《晉書》卷七五《范汪傳》。

② 《建康實録》卷一六。

的,條件是字畫匀净,乾隆四十二年(一七七七)前後有六百餘名,後來增加到一千名。《四庫全書》館規定:"在館諸生每日限寫一千字,五年共限寫一百八十萬字。"①後來又要求每人每天寫兩千字。② 爲便於考核,還要求謄録者在所鈔書的尾頁上寫明姓名。③

鈔録也是私家收集圖書的重要方式之一。藏書家通常采用自己鈔的方式。如《梁書·袁峻傳》稱:"袁峻字孝高,早孤,志篤好學,家貧無書,從假借必皆鈔寫,自課日五十紙,紙數不登則不止。"《舊唐書·柳公綽傳》介紹了柳公綽之子柳仲郢的鈔書情況:

> 仲郢以禮法自持,私居未嘗不拱手,内齋未嘗不束帶。三爲大鎮,厩無名馬,衣不熏香。退公布卷,不舍晝夜。《九經》《三史》一鈔,魏晉已來南北史再鈔。手鈔分門三十卷,號《柳氏自備》。又精釋典,《瑜伽》《智度大論》皆再鈔。自餘佛書,多手記要義,小楷精謹,無一肆筆。

司馬光在六十八歲時還鈔成《微言》三卷,"所鈔自《國語》而下六書,其目三百一十有二,小楷端重,無一筆不謹,百世之下,使人肅然起敬"。④ 明代藏書家錢穀及其子允治均愛鈔書,錢謙益云:

> 錢穀,字叔寶,少孤貧。游文待詔門下,日取架上書讀之。以其餘功點染水墨,得沈氏之法。晚葺故廬,讀書其中。聞有異書,雖病必强起,匍匐請觀。手自鈔寫,幾於充棟,窮日夜校勘,至老不衰。子允治,酷似其父。年八十餘,隆冬病瘍,映日鈔書,薄暮不止。⑤

---

① 《辦理四庫全書檔案》上册三十六頁。

② 參見《辦理四庫全書檔案》上册九十六頁。

③ 參見《辦理四庫全書檔案》下册三十七頁。

④ 《直齋書録解題》卷十《微言三卷》。

⑤ 《列朝詩集》丁集卷八。

明末藏書家顧華亦好鈔書，彭士望《長洲舊文學顧君生壙志》稱其：

性獨好書，甚於饑渴飲食。其有裨於身心家國天下之務，足備一代之文獻者。耳目所及，輒展轉窮搜之，必購得之爲快。或書裒重及未板行而隱秘者，求之益力。得之則狂喜，神色飛動。或力有所不能得，則手自鈔寫，窮日夜可盡百十紙。夜嘗不寐，寐亦止盡數刻，而張燈披衣，往往達旦。手不釋卷，不停鈔，自以爲愉快極，雖老至不知也。凡鈔閲校讎，精審不訛一字，稍涉疑義，則盡記之，舉其辭問晰乃已。①

有條件的藏書家爲了節省時間，提高效率，還請人傳鈔。有讓家裏人鈔的，如宋代的尤袤，其《家譜本傳》云："公平居無事，日取古人書録之，家人女穉莫不識字，共録三千餘部，建萬卷藏書樓，又闢書堂於錫山之麓。"②清代藏書家陸烜常命侍妾沈虹屏鈔書，葉昌熾叙其事云：

八月十一日，又爲翰怡作張懷瓘"紛紛欣欣，心開目明"。内有《尚書義》一部，平湖陸烜子章撰。全帙皆侍妾沈虹屏所書，小楷娟秀。裝池者覯其小印，亦叙而非弁，誠爲玉臺之佳話，鎮庫之尤物。既勸翰怡藏之，亟先録之，共十二册。所見爲首尾二册，乾隆五十一年正月自序，序後署侍史沈彩書。《堯典》後有題識云："主君作《書義》，皆命彩手鈔，故嘗贈彩詩有'傳經可有粲花舌，詰屈聱牙記伏生'，又'妙筆簪花非玩物，藉傳皇極答蒼生'之句。此三易稿也。始寫於乾隆丙午十二月十七日，爲立春日。時連朝雨雪，江梅初包，天寒手顫，僅免呵凍云。胥山蠶妾沈彩識。"下鈐"沈采"印。《舜典》後題"侍妾沈彩繕寫"，下鈐"沈采"、"繡窗餘暇"二印。《吕刑》後題"女史沈彩虹屏鈔"，下鈐"簪化格"、"虹屏"二印。《文侯之命》後題"女史

① 《樹廬文鈔》卷九。
② 《梁谿遺稿》卷末《附録》。

沈彩寫",有"希衡"印。《費誓》後題"侍史沈彩書"。……末一葉鈐"飄香手裝"方印,飄香亦似侍兒小名也。①

有命僮僕鈔書的,如:"《困學齋雜録》,汝南袁表命工徐堂録於陶齋。毛汲古影宋本,有家人劉臣、斧季甥王乃玉。黄蕘圃藏書甲於海内,門僕張泰善於鈔書,有'入門僮僕盡鈔書'一印。"②

有命下屬鈔書的,如《新五代史·楊邠傳》稱後漢楊邠官至中書侍郎兼吏部尚書,"居家謝絶賓客,晚節稍通縉紳,延客門下,知史傳有用,乃課吏傳寫"。明代藏書家葉盛,謚文莊。錢大昕云:"文莊藏書之富,甲於海内,服官數十年,未嘗一日輟書,雖持節邊徼,必携鈔胥自隨。每鈔一書成,輒用官印識於卷端,其風流好事如此。"③明代藏書家項篤壽字子長,朱彝尊云:子長"性好藏書,見秘册,輒令小胥傳鈔,儲之舍北萬卷樓"。④而朱彝尊本人也曾命下屬鈔書,並因此而丢官,嘗云:"(予)中年好鈔書,通籍以後,見史館所儲,京師學士大夫所藏弆,必借録之。有小史能識四體書,日課其傳寫,坐是爲院長所彈去官,而私心不悔也。"⑤

還有冒險犯禁託人代鈔的,如錢曾云:"天啓乙丑(一六二五),牧翁削籍南還,託錦衣胡錦山於内閣典籍鈔《昭示姦黨三録》……繕寫者摇手咋舌,早晚出入閣門,將鈔書夾置褲襠中而出,丁卯(一六二七)四月始卒業,鈔寄之難如此……牧翁據此考定《開國功臣事略》。"⑥

當然,出錢請人鈔書更爲普遍,以至有人專門以鈔書爲業。這種現象起源甚早,王子年《拾遺記》曰:"張儀、蘇秦二人同志,遞剪髮以相活,或傭力寫書,行遇聖人之文,無題記則以墨畫於掌内及股裹,夜還更折竹寫

① 《緣督廬日記鈔》卷一六。

② 《骨董瑣記》卷八《鈔書僮僕》。

③ 《潛研堂文集》卷三一《紅雨軒集跋》。

④ 《曝書亭集》卷五三《書萬歲通天帖舊事》。

⑤ 《曝書亭集》卷三九《鵲華山人詩集序》。

⑥ 《讀書敏求記校證》佚文《昭示姦黨三録三卷》。

之。”①漢代以後，傭書現象更爲普遍，如《後漢書·班超傳》稱班超“家貧，常爲官傭書以供養”。《南史·朱異傳》稱朱異“以傭書爲業，寫畢便誦，遍覽經史，尤明《禮》《易》；涉獵經史，兼通雜藝”。《北史·劉芳傳》稱劉芳“晝則傭書以自資給，夜則誦經不寢”。他爲僧人“傭寫經論，筆迹稱善，卷直一縑，歲中能入百餘匹，爲此數年，賴以頗振”。陸游《跋尹耘師書劉隨州集》云：“傭書人韓文持束紙支頭而睡，偶取視之，《劉隨州集》也，乃以百錢易之。”②明范欽從子范大澈亦好聚書，鄭梁稱其“月俸所入，輒以聚書。聞人有鈔本，多方借之。長安旅中，常雇善書者謄寫，多至二三十人”。③葉德輝對清末民初湖南藏書家花錢請人鈔書的情况述之頗詳，其言云：

傳録之法，多倩傭書者，以别舍處之。以工貲計，湘省最廉。善書者一日可書五千字。凡字一千，不過七、八十文内外；若至百文一千，則謀者蠅集矣。故鈔一書，字至十萬，僅費錢七、八千，較之千金買《漢書》、貂裘賄侍史，其廉爲何如耶！鈔寫之紙以日本、高麗繭紙爲上，其紙吸墨而滑筆，但使寫手輕匀，易於增色。其次中國之潔净花胚（即官堆之高者）。杭連雖白，至爲不佳。墨乾則筆澀，墨濕則字毛，一遇積霉，或沾鼠溺，則腐碎不可觸手。此余二十年所親歷，故能言其害也。④

爲了提高鈔書的質量，一般要在鈔書紙上預畫行格。馬衡云：

古時鈔書，必以墨畫直格，唐時謂之邊準，宋時謂之解行。宋程大昌《演繁露》（卷七）引李義山集新書序曰：“治紙工率一幅以墨爲邊準（原注：今俗呼解行也），用十六行式（原注：‘言一幅解爲墨邊十六

---

① 《太平御覽》卷六〇九引。《拾遺記》是僞書，蘇、張事不可信，然亦見傭書之事出現甚早。

② 《渭南文集》卷二七。

③ 《藏書紀事詩》卷二《范欽堯卿·從子澈子宣》。

④ 《觀古堂藏書十約·傳録》。

行也'),率一行不過十一字。"而宋趙彦衛《雲麓漫鈔》(卷三)曰:"釋氏寫經一行以十七字爲準,故國朝試童行誦經,計其紙數,以十七字爲行,二十五行爲一紙。"據程氏、趙氏所説,行數、字數各有定式,今所見唐以前之卷子本,似不盡相符,惟釋氏寫經則以每行十七字爲準耳。①

鈔書預畫行格的傳統一直保持到清代,如清蔣衡曾用十二年時間鈔成十三經,其自跋云:

余矢志力書,計全經八十餘萬言。於是先其難者,以《春秋左傳》二十萬言始,凡五年訖工;繼以《禮記》十萬言,又二年;其餘《周易》《尚書》《毛詩》《周禮》《儀禮》《公羊》《穀梁》《爾雅》《孝經》《論語》《孟子》,又五年,共歷一紀乃畢。以碑洞石經爲式,用東洋紙,界烏絲欄書之。②

爲了提高鈔書的速度,做到整齊美觀統一,明清公私鈔書往往印有專用的鈔書紙,《永樂大典》《四庫全書》皆如此。張忱石云:

《永樂大典》在裝幀上也別具一格。全書采用上等白宣紙,印有朱絲欄,每半頁八行,大字占一行,小字鈔成雙行,行二十八字,用極爲端正的楷書鈔寫,墨色黝黑,微發古香。對於名物器什、山川地形等皆繪有圖形。所繪之圖,全用白描手法,形態逼真,精麗工致,是古代書籍插圖中的佳品。凡徵引書名和圈點,全用朱筆,相當醒目。版心亦爲朱色,上魚尾内標有"永樂大典卷××",下魚尾内記每卷頁碼。每册高營造尺一尺五寸六分、寬九寸三分。書面硬裱,用粗黄布連腦包過,顯得格外莊重樸實。每册三十至五十餘頁不等,有一卷一

① 《凡將齋金石叢稿》卷七《論書籍制度》。

② 錢泰吉《曝書雜記・蔣氏自跋十三經字册》。

> 册的,亦有二卷或三卷一册的,但以二卷一册者居多。每册外封左上有一長方框,内題“永樂大典”四字,其下用雙行小字注明卷幾至卷幾。右上角有一小方格,題該册所屬韻目,又低一字再注明這一册又是該韻目之第幾册。這樣“考索之便”真是“探囊取物”了。①

明清私家鈔書用自己印製的統一的鈔書紙,也十分普遍,如明吴寬鈔本,用紅格紙,版心有“叢書堂”三字;祁承煠鈔本,用藍格紙,版心有“澹生堂鈔本”五字;清錢曾鈔本,用墨格紙,格欄外有“虞山錢遵王述古堂藏書”十字。②

還有一種影鈔法,即將紙蒙在珍本上,照式摹寫。毛晉的影鈔本最有名,孫慶增《藏書記要》第三則《鈔録》云:“汲古閣影宋精鈔,古今絶作。字畫、紙張、烏絲、圖章,追摹宋刻,爲近世無有能繼其作者。”

鈔録也會出現一些弊端,顧炎武曾撰《鈔書八弊》,指出:“書手粗率,捲腦折角;墨汁蠅矢垢汙;衆手傳接,揉熟紙本;開卷不收;分手鈔謄,折釘散亂;鈔寫有誤,恐被對出,反將原稿塗改;欲記起止,輒將原稿加圈加勾;粘補錯字扯用書角片紙。”③當然,鈔本最普遍的問題是由於所依據的底本有好壞,鈔書者的能力與態度有不同,因而導致鈔書水平參差不齊,各鈔本之間的文字差異較大,因此鈔本普遍存在着校勘問題,而且工作量相當大。

二 購 買

購買圖書是豐富館藏最基本、最有效的方法。我國早在東漢就有了書肆,葉德輝《書林清話》卷二《書肆之緣起》專門介紹了書肆發展簡史,本書《版本編》第四章《雕印本的品類》第三節《按刻書單位區分》三《坊刻本》引用過,可參看。

宋代由於雕版印刷術的蓬勃發展,圖書的出版發行工作也達到了一

① 《永樂大典史話》—《〈永樂大典〉的修纂起因及經過》。

② 參見本書《版本編》第六章《非雕印本的區分與鑒定》第二節《鈔本》。

③ 《亭林先生遺書彙輯·菰中隨筆》。

個嶄新的水平。元吴澄云:"宋三百年間,鋟板成市,板本布滿乎天下,而中秘所儲,莫不家藏而人有……無漢以前耳授之艱,無唐以前手鈔之勤,讀者事半而功倍,何其幸也。"①北宋首都開封就是當時的圖書銷售中心,宋張擇端《清明上河圖》所畫書鋪前有"發兑古今書籍"字樣。開封城内相國寺東門大街尤多書籍鋪,孟元老《東京夢華録》卷三云:"相國寺每月五次開放,萬姓交易。庭中設綵幙、露屋、義鋪,賣……時果……之類。殿後資聖門前,皆書籍、玩好、圖畫之類。"北宋文學家穆修就曾在這裏賣過書,魏泰稱其"晚年得《柳宗元集》,募工鏤板,印數百帙,携入京相國寺設肆鬻之"。② 今傳宋本《抱朴子》内篇《祛惑》卷末有牌記云:"舊日東京大相國寺榮六郎家,見寄居臨安府中瓦南街東,開印輸經史書籍鋪,今將京師舊本《抱朴子》内篇校正刊行,的無一字差訛,請四方收書好事君子幸賜藻鑒,紹興壬申歲六月旦日。"③浙江的杭州、四川的成都與眉山、福建的建安與建陽也是圖書的出版與銷售中心,正如魏了翁所説:"自唐末五季以來,始爲印書。極於近世,而閩、浙、庸蜀之鋟梓遍天下。"④

宋代雖然雕印本盛行,但傭書銷售鈔本的現象依然存在,如陸游《跋尹耘師書劉隨州集》云:"傭書人韓文,持束紙支頭而睡,偶取視之,《劉隨州集》也,乃以百錢易之,手加裝褫。紹興二十五年正月八日陸某記。"⑤是一例。

明代雕版印刷、活字印刷技術更爲普及,書商的活動範圍因而更加廣泛,圖書市場的規模也更大更方便。正如曹溶所説:"近來雕板盛行,煙煤塞眼,挾資入賈肆,可立致數萬卷。"⑥全祖望稱顧炎武在游歷中,"偶有遺忘,即於坊肆中發書而熟復之";"或與平日所聞不合,則即坊肆中發書而

---

① 《吴文正集》卷三四《贈鬻書人楊良甫序》。

② 《東軒筆録》卷三。

③ 《中國版刻圖録》圖版十二。

④ 《鶴山集》卷四。詳見本書《版本編》第四章《雕印本的品類》第二節《按地域區分》。

⑤ 《渭南文集》卷二六。

⑥ 知不足齋本《澹生堂藏書約》附刊《流通古書約》。

對勘之”。[①] 胡應麟曾記載明代北京、杭州、南京等地的書肆情况,今録之如下:

> 凡燕中書肆多在大明門之右,及禮部門之外,及拱宸門之西。每會試舉子,則書肆列於場前;每花朝後三日,則移於燈市;每朔望並下澣五日,則徙於城隍廟中。燈市極東,城隍廟極西,皆日中貿易所也。燈市歲三日,城隍廟月三日,至期百貨萃焉,書其一也。凡徙,非徙其肆也。輦肆中所有,税地張幕列架而書置焉。若綦繡錯也。日昃復輦歸肆中,惟會試,則税民舍於場前,月餘試畢賈歸,地可羅雀矣。
>
> 凡武林書肆,多在鎮海樓之外,及湧金門之内,及弼教坊、清河坊,皆四達衢也。省試則間徙於貢院前,花朝後數日,則徙於天竺,大士誕辰也。上巳後月餘,則徙於岳墳,游人漸衆也。梵書多鬻於昭慶寺,書賈皆僧也。自餘委巷之中,奇書秘簡往往遇之,然不常有也。
>
> 凡金陵書肆,多在三山街及太學前。凡姑蘇書肆,多在閶門内外及吴縣前,書多精整,然率其地梓也。余二方皆未嘗久寓,故不能舉其詳。他如廣陵、晉陵、延陵、檇李、吴興,皆間值一二,歙中則余未至也。[②]

清代的書肆可以北京的琉璃廠爲代表,葉德輝嘗云:“京師爲人文薈萃之區,二百餘年,廠甸書肆如林。”[③]琉璃廠地處北京南城,東西長二里許,明清兩代在其地設窑燒製琉璃瓦件,故名。琉璃廠書肆的發展時期,是在乾隆三十八年(一七七三)組織編纂《四庫全書》之後,當時《四庫全書》館的館臣多寓居宣武城南,琉璃廠位置適中,且小有林泉,故他們經常到那裏訪求自己所需要的書。琉璃廠附近有不少外地會館,大批赴京趕考的考生寓居其中,琉璃廠也是他們常去的地方,這在客觀上促進了琉璃廠圖書、古玩、字畫等行業的發展。琉璃廠書鋪的購書環境與服務態度也

---

① 《鮚埼亭集》卷一二《亭林先生神道表》。

② 《少室山房筆叢》卷四《經籍會通四》。

③ 《書林清話》卷九《都門書肆之今昔》。

頗受顧客歡迎。郁默寫道：

> 書店門面雖然不寬，而内則曲折縱横，幾層書架，及三五間明窗净几之屋，到處皆是棐几湘簾，爐香茗碗。倦時可在暖炕床上小憩，吸煙談心，恣無拘束。書店伙計和顔悦色，奉承恐後，决無慢客舉動。買書固所歡迎，不買亦可。給現錢亦可，記賬亦可。雖是買賣中人，而其品格風度，確是高人一等。無形中便養成許多愛讀書之人，無形中也養成北京之學術空氣。所謂“民到於今受其賜”者，琉璃廠之書肆是矣。①

國家藏書除鈔録、徵集外，也要購買。今略舉數例。

武德五年(六二二)，隋末唐初的戰争已平息，於是令狐德棻“奏請購募遺書，重加錢帛，增置楷書令繕寫，數年之間，群書略備”。② “貞觀中，魏徵、虞世南、顔師古繼爲秘書監，請購天下書，選五品以上子孫工書者爲書手，繕寫藏於内庫，以宫人掌之。”③“安禄山之亂，尺簡不藏。元載爲相，奏以千錢購書一卷。又命拾遺苗發等使江淮括訪。”④

南唐烈祖李昪頗好購書，劉崇遠云：“高皇(李昪)初收金陵，首興遺教，懸金爲購墳典，職吏而寫史籍。聞有藏書者，雖寒賤必優辭以假之；或有贄獻者，雖淺近必豐厚以答之。時有以學王右軍書一軸來獻，因償十餘萬繒帛副焉。由是六籍臻備，諸史條集，古書名畫，輻湊絳帷，俊傑通儒，不遠千里，而家至户到，咸慕置書，經籍道開，文武並駕。”⑤

兩宋國家藏書也采用過購買的方式來豐富館藏，如：真宗咸平三年，詔“中外臣庶家，有收得三館所少書籍，每上一卷，給千錢”。⑥ 名爲徵集，實乃購買。李心傳云：“高宗始渡江，書籍散佚。紹興初，有言賀方回子孫

---

① 《琉璃廠書業煙雲録》，載《中國典籍與文化》一九九二年第三期。

② 《舊唐書》卷七三《令狐德棻傳》。

③④ 《新唐書》卷五七《藝文志》。

⑤ 《金華子雜編》卷上。

⑥ 《麟臺故事》卷二《書籍》。

鬻其故書於道者，上命有司悉市之。”①復云：紹興二年正月“甲子，詔平江府守臣市賀鑄家所鬻書以實三館”。②

明初朝廷也積極采取購買的方式收集圖書，如《明太宗實録》卷五十三云：

> 永樂四年夏四月……己卯，命禮部遣使購求遺書。上視朝之暇，輒御便殿閲書史，或召翰林儒臣講論。嘗問：“文淵閣經史子集皆備否？”學士解縉對曰：“經史粗備，子集尚多闕。”上曰：“士人家稍有餘資，皆欲積書，况於朝廷，可闕乎？”遂召禮部尚書鄭賜，令擇通知典籍者四出購求遺書。且曰：“書籍不可較價直，惟其所欲與之，庶奇書可得。”又顧縉等曰：“置書不難，須常覽閲乃有益。凡人積金玉皆欲遺子孫，朕積書亦欲遺子孫，金玉之利有限，書籍之利豈有窮也？”

而當時派人買書也留下了記録，如錢曾《讀書敏求記》卷二著録《古列女傳》一卷、《續列女傳》一卷，提要云：“牧翁亂後入燕，得於南城廢殿，卷末一條云：‘一本，永樂二年七月二十五日蘇叔敬買到。’當時采訪書籍，必貼進買人氏名，鄭重不苟如此。”③黄丕烈《百宋一廛賦注》亦稱殘本任淵《山谷大全詩注》“末葉有黏籤一條云：‘永樂二年七月二十五日蘇叔敬買到。’抱沖道人得南城廢殿本《古列女傳》有此，即載於《敏求記》者，其外未聞更見於他書也。予嘗携就小讀書堆驗之，字迹正出一手”。④ 又，王文進《文禄堂訪書記》卷三著録元至元刻本《析疑論》，提要稱：“卷末有條記曰：‘永樂二年七月二十五日蘇叔敬買到’一行。”⑤皆可驗證。

私家藏書主要靠購買。藏書家爲了購書往往節衣縮食，如李清照《金石録後序》談到她與趙明誠購書情况時説：“食去重肉，衣去重采，首無明

① 《建炎以來朝野雜記》卷四《中興館閣書目》。按方回賀鑄字。
② 《建炎以來繫年要録》卷五一。
③ 牧翁指錢謙益。錢謙益號牧齋。
④ 顧之逵字抱沖，藏書處名“小讀書堆”。
⑤ 詳見冀淑英《明代宮廷的圖書采訪》，載《文獻》一九八九年第四期。

珠翡翠之飾，室無塗金刺繡之具。遇書中百家，字不刓闕，本不訛謬者輒市之，儲作副本。”

有些藏書家遇到好書，往往不惜破産購之。明萬曆間胡應麟即一例，王世貞云：“余友人胡元瑞，性嗜古書籍，少從其父憲使君京師。君故宦薄，而元瑞以嗜書故，有所購訪，時時乞月俸不給，則脱婦簪珥而酬之。又不給，則解衣以繼之。元瑞之橐無所不罄，而獨其載書，陸則惠子，水則米生，蓋十餘歲，而盡毁其家以爲書，録其餘資，以治屋而藏焉。”①明末祁承㸁也如此，其《澹生堂藏書約》云：

> 余十齡背先君子時，僅習句讀，而心竊慕古。通奉公在仕二十餘年，有遺書五七架，庋卧樓上，余每入樓，啓鑰而觀閲之，尚不能舉其義，然按籍摩挲，雖童子之所喜吸笙摇鼓者，弗樂於此也。先孺人每促之就塾，移時不下樓，繼之以呵責，戀戀不能舍，比束髮就婚，即内子奩中物，悉以供市書之值。……凡試事過武林，遍問坊肆所刻，便向委巷深衢，覓有異本，即鼠餘蠹剩，無不珍重市歸，手爲補綴，十餘年來，館穀之所得，饘粥之所餘，無不歸之書者。

書商的經營方法是十分靈活的，他們經常出入藏書之家，或收購或銷售圖書，而有的藏書家爲了招徠書商，往往熱情接待，酬以善價。元代藏書家沈景春就是一例，干文傳跋《嘯堂集古録》云：

> 景春沈君，居樂圃坊，與余同游可邨賀先生之門。平生寡嗜欲，惟酷好收書。有别業在閶門，西去城僅數里，景春昔嘗居之。人有挾書求售，至必勞來之，飲食之，酬之善價，於是奇書多歸沈氏，《集古録》其一也。昔人有以千金市馬者，得駿骨予五百金，逾年而千里馬至者三。景春嗜書何以異哉！元統後元十一月。②

① 《弇州續稿》卷六三《二酉山房記》。

② 《皕宋樓藏書志》卷四。

明代藏書家沈節甫也有同樣感受，其《玩易樓藏書目録自序》云："余性迂拙，無他嗜好，獨甚愛書。每遇貨書者，惟恐不余售，既售且去，惟恐其不復來也。顧力不足，不能多致，又不能得善本，往往取其直之廉者而已。即有殘闕，必手自訂補，以成完帙。"①明末清初藏書家毛晉爲了吸引書商，甚至在門口貼出廣告，表示以高出别家百分之二十的價格購書，已見前引。②

當然，在書肆購書則是更爲普遍的方式，不少藏書家都喜歡在書店裏淘書。清初王士禛即有此愛好，朱彝尊云："先生自始仕迄今，目耕肘書，借觀輒録其副。每以月之朔望翫慈仁寺日中集，奉錢所入，悉以購書。"③王士禛亦自稱：

> 昔在京師，士人有數謁予而不獲一見者。以告崑山徐尚書健庵（乾學），徐笑謂之曰："此易耳，但值每月三五，於慈仁寺市書攤候之，必相見矣。"如其言，果然。廟市賃僧廊地鬻故書，小肆皆曰攤也。又書賈欲昂其直，必曰"此書經新城王先生鑒賞者"。鬻銅玉器，則曰"此經商邱宋先生鑒賞者"，謂今冢宰牧仲（犖）也。士大夫言之輒爲絶倒。④

孔尚任《燕臺雜興》詠其事云："彈鋏歸來抱膝吟，侯門今似海門深。御車掃徑皆多事，只向慈仁寺裏尋。"注曰："漁洋龍門高峻，人不易見。每於慈仁廟市購書，乃得一瞻顔色。"⑤王士禛還談到他嗜書達到了如醉如癡的程度，自稱："嘗冬日過慈仁寺，見孔安國《尚書大傳》、朱子《儀禮經傳通解》、荀悦、袁宏《漢紀》，欲購之。異日侵晨往索，已爲他人所有。歸來悵悵不可釋，病卧旬日始起。古稱書淫書癖，未知視予何如？自知翫物喪

① 《吴興藏書録·沈節甫玩易樓藏書目録》。

② 參見本書《版本編》第四章《雕印本的品類》第一節《按時代區分》五《明本》。

③ 《曝書亭集》卷六六《池北書庫記》。

④ 《古夫於亭雜録》卷三。

⑤ 《藤陰雜記》卷七。

志,故是一病,不能改也。亦欲使吾子孫知之。”①

乾隆間倪模藏書頗豐,王引之稱其“性嗜古書,每得秘本,手寫口誦,夜以繼日。校讎經史諸書,無慮數十種,自少至老,曾無倦時。居京師,日游書肆,不惜以重價購舊本,至於質衣以償。嘗應禮部試,不第,載古書五千餘卷以歸。其好學如此”。②

這些書癡爲購得一部善本往往念念不忘,必得之而後快,如黄丕烈題宋本《鑒誡録》云:

> 顧千里爲余言,有宋刻《鑒誡録》,爲程念鞠豪奪去,此事已逾二十年矣。念鞠秘不示人,余雖識念鞠,亦未便借觀也。近念鞠宦游江西,家中書籍,大半散佚。惟此書尚保藏,余謀諸書賈之數與往來者,久而始得其書。索白鏹三十金,余愛之甚,易以番銀三十三圓,書計五十七葉,題跋一葉,以葉論錢,每葉四錢六分。宋刻書之貴,可云貴甚;而余好宋刻書之癡,可云癡絶矣。時嘉慶九年,歲在甲子,正月丁巳日。③

采用購買的方法收集圖書的優點是能够迅速增加館藏,所購圖書一般都經過精心挑選,比較實用。

三　繼　承

繼承也是藏書建設的方法之一。大致有兩種情况:一是新朝繼承前朝的國家藏書,一是晚輩繼承前輩的家藏。先説第一種情况。

《史記·高祖本紀》云:“高帝元年(前二〇六)冬十月,蕭何盡收秦丞相府圖籍文書。”又《蕭相國世家》稱:“沛公至咸陽,諸將皆争走金帛財物之府分之。何獨先入收秦丞相御史律令圖書藏之。”

《三國志·魏書·武帝紀》記載:建安五年(二〇〇)官渡之戰,曹操打

① 《居易録》卷一四。

② 《王文簡公文集》卷四《倪教授行狀》。

③ 《士禮居藏書題跋記續編》卷下。

敗袁紹,“盡收其輜重圖書珍寶”。可見其早就注意到圖書也是戰利品。

牛弘《請開獻書之路表》云:“魏文代漢,更集經典,皆藏在秘書,内外三閣,遣秘書郎鄭默删定舊文。時之論者,美其朱紫有别。晉代承之,文籍尤廣。”①西晉除繼承了魏國的藏書外,也接受了吴國的圖籍。《晉書·王浚傳》稱咸寧六年(二八〇)晉滅吴,王浚進入建康,先“收其圖籍”,並運至洛陽。

劉裕取代東晉,接管了東晉藏書,劉宋軍隊占領姚秦首都長安後,也“收其圖籍,五經子史,纔四千卷,皆赤軸青紙,文字古拙”。②

關於隋收陳代圖書、唐收鄭國圖書的情況,詳見《隋書·經籍志》。此後各朝在繼承前朝國家藏書方面,收獲甚多,如宋程俱《麟臺故事·書籍》云:

> 建隆初,三館有書萬二千餘卷。乾德元年(九六三)平荆南,盡收其圖書以實三館。三年,平蜀,遣右拾遺孫逢吉往收其圖籍,凡得書萬三千卷。……開寶八年(九七五)冬平江南。明年春,遣太子洗馬吕龜祥就金陵籍其圖書,得二萬餘卷,悉送史館,自是群書漸備。兩浙錢俶歸朝,又收其書籍。

元代也掠奪了宋代的國家藏書。據《元史·世祖紀》可知,至元十三年(一二七六)伯顔在受宋降後,遣宋内侍王埜入宫收圖籍。又命秘書監焦友直“括宋秘書省禁書圖籍”。三月,伯顔入臨安,又命郎中孟祺籍“秘書省、國子監、國史院、學士院、太常寺圖書”。是年冬,秘書監、“兩浙宣撫使焦友直以臨安經籍、圖畫、陰陽秘書來上”。另據《元史·董文炳傳》,當伯顔命董文炳入臨安,收禮樂器及諸圖籍時,董文炳説:“國可滅,史不可没,宋十六王,有天下三百餘年,其太史所記具在史館,宜悉收以備其典禮。”當時收得宋史及各種注記共五千餘册。正如錢大昕所説:

---

①② 《隋書》卷四九《牛弘傳》。

> 元起朔漠,未遑文事,太宗八年始用耶律楚材言,立經籍所於平陽,編集經史。世祖至元四年,徙置京師,改名弘文院。九年置秘書監,掌歷代圖籍,並陰陽禁書。及大兵南伐,命焦友直括宋秘書省禁書圖籍。伯顔入臨安,遣郎中孟祺籍南宋秘書省、國子監、國史院、學士院圖書,由海道舟運至大都。秘書所藏,彬彬可觀矣。①

明洪武元年(一三六八)建都南京後,大將軍徐達破元大都,朱元璋"命大將軍收秘書監圖書,太常法服,祭器、儀象、版籍"。② 並"致之南京"。③

清代宫廷也繼承了明代内閣藏書,如清代掌管内閣典籍的官員葉鳳毛所撰《内閣小志·内閣署》云:"内閣亦謂内院,因國初内國史院、内秘書院、内宏文院之稱也。在午門内東廊之南,門西向。……稍北向東小屋爲館銀庫、向南小屋爲典籍廳。由滿票簽北去爲内閣後門,正對文華殿,出後門迤東紅牆内爲内閣藏書籍紅本庫。庫皆樓,其樓甚長,東爲儀仗樂器庫,前明書籍畫像醮檀鐘鼓諸物皆在内閣庫中。"

私家接受前輩圖書遺産,也是其藏書的一個重要來源。《後漢書·列女傳》記載,曹操接見蔡文姬時説:"聞夫人家先多墳籍。"蔡文姬答道:"昔亡父賜書四千餘卷。"此事人所共知。

正因爲後輩繼承前輩藏書是十分普遍的現象,所以在中國歷史上出現了許多以世代藏書而著名的文化景觀。如宋周密嘗云:"吾家三世積累,先君子尤酷嗜,至鬻負郭之田以供筆札之用。冥搜極討,不憚勞費,凡有書四萬二千餘卷,及三代以來金石之刻一千五百餘種,庋置書種、志雅二堂,日事校讎,居然籯金之富。"④

明代崑山葉盛及玄孫恭焕、六世孫國華,皆以藏書聞名。葉盛《書厨銘》云:"讀必謹,鎖必牢;收必審,閣必高。子孫子,惟學斅,借非其人亦不

① 《補元史藝文志》卷一。

② 《國史經籍志》卷首《序》。

③ 《萬曆野獲編》卷一《訪求遺書》。

④ 《齊東野語》卷一二《書籍之厄》。

孝。"①(乾隆)《蘇州府志》卷二十八《第宅園林》談及其世代藏書情況云:崑山"葉文莊公盛,宅在東城橋西。公生平嗜書,手自讎録至數萬卷,嘗欲作堂以藏之。取衛風《淇澳》學問自修之義,名曰'菉竹'。至公之玄孫恭焕,堂乃克成,太倉王世貞爲記。恭焕又於宅東作繭園,其孫工部國華,拓地增葺……嘗掘地得泉,味甘色白,因自號'白泉'云。恭焕曾孫,本朝刑部侍郎方藹猶居此"。王欣夫曾見舊鈔本《中吴記聞》有毛扆跋云:"中元前四日,訪崑山葉九來,以一册贈之。九來爲文莊公後人,文莊書甲天下,所傳《菉竹堂書目》者也。……葉文莊子孫不啻數世,尚能守而勿失,健羡之餘,感慨繫之矣。"②(同治)《蘇州府志》卷九十六《人物》:"葉奕苞字九來,國華次子。"葉奕苞嘗自稱:"書之難難於説部,太腐則俚,太艷則妖,然而寧腐無艷。如《御覽》《廣記》卷帙最爲浩博,不免流於蕩佚。山園藏書無幾,經史子集而外,擇唐宋以來名人雜志有助見聞者,庋置翻閲,若猥褻鄙陋之詞,未嘗寓目。敢告無坊刻小説。"③看來葉奕苞也是一位目的明確、自有主張的藏書家,葉盛菉竹堂藏書至少流傳八代。

明代以圖書傳世最久者,當推范欽天一閣。全祖望云:

> 天一閣肇始於明嘉靖間,而閣中之書不自嘉靖始,固城西豐氏萬卷樓舊物也。豐道生晚得心疾,樓上之書爲門生輩竊去,又遭大火,所存無幾。范侍郎欽素好購書。先時,嘗從道生鈔書,且求其作藏書記。至是,以其幸存之餘,歸於是閣。又稍從弇州互鈔,以增益之。雖未能復豐氏之舊,然亦雄視浙東焉。吾聞侍郎二子,方析産時,以爲書不可分。乃别出萬金,欲書者受書,否則受金。其次子欣然受金而去。今金已盡,而書尚存。④

天一閣後由范欽子孫及建國前後的政府出資修葺過,至今還妥爲保存着,

① 見《拜經樓藏書題跋記》卷三《菉竹堂書目》。
② 《藏書紀事詩(附補正)》卷二《葉文莊盛》。
③ 《經鉏堂文稿・賓告篇》。
④ 《鮚埼亭集外編》卷一七《天一閣藏書記》。

並且擁有豐富的藏書。陳登原《天一閣藏書考》、蔡佩玲《范氏天一閣研究》、駱兆平《天一閣叢談》《天一閣藏書史志》,均論之甚詳,可參看。

明末藏書家祁承㸁也繼承了他父親的藏書,並傳給了後世。其藏書銘曰:"澹生堂中儲經籍,主人手校無朝夕。讀之欣然忘飲食,典衣市書恒不給。後人但念阿翁癖,子孫益之守弗失。"①其子祁彪佳、其孫祁理孫皆爲著名藏書家。②

清代藏書家數世綿延不絶者當推常熟瞿氏。《常昭合志稿》卷三十二《人物志·藏書家·瞿鏞》云:

> 瞿鏞字子雍,罟里村人。……父紹基。……性喜購書,收藏稽瑞、愛日及士禮居諸家宋元善本,不吝重值。鏞承先志,搜羅不懈,積十餘萬卷。有齋曰恬裕,其書室也。……子秉淵字敬之,秉清字濬之,並諸生。當粤寇之難,邑中藏書大半毁失,秉淵兄弟獨不避艱險,載赴江北。寇退載歸,雖略有散亡,而珍秘之本保護未失。乃繪《虹月歸來圖》,乞人題詠以志幸,並刊《書目》十卷。

秉淵兄弟之後,瞿鏞之孫瞿啓甲頗能慎守藏書,張之洞、端方、繆荃孫等曾試圖將瞿氏藏書購歸京師圖書館庋藏,但均遭到了瞿啓甲的拒絶,故繆荃孫云:"鐵琴銅劍樓巋然獨存,爲吴中第一大家。而瞿良士兢兢保守,不爲勢屈,幸而得存。"③

晚清丁申、丁丙也繼承了父祖藏書而發展之,張濬萬《嘉惠堂八千卷樓記》云:

> 錢塘丁氏嘉惠堂八千卷樓者,松生先生築以藏書者也。丁氏世孝友,先生之祖掌六公慕先世聞人名顗者,藏書八千卷。有言曰:吾

① 《藏書紀事詩》卷三《祁承㸁爾光》。

② 祁彪佳有八求樓,所藏戲曲作品甚多,著有《遠山堂明曲品劇品校録》。祁理孫有奕慶藏書樓,並有《奕慶藏書樓書目》。

③ 《藝風堂文漫存·癸甲稿》卷三。

聚書多矣，必有能讀書者爲吾子孫。遂作小樓於梅東里，梁山舟學士題其額曰八千卷樓。考曰洛耆公，嗜學，於書無不讀，又嘗往來齊、楚、燕、趙間，遇善本輒載以歸。先生與其兄竹舟先生踵繼之，於是八千卷樓之名已歸然聞於時矣。①

采用繼承的方法獲取圖書的優點是能够迅速獲得成批圖書，從而爲自己的藏書奠定雄厚的基礎。晚輩不僅繼承了前輩的豐富藏書，而且還繼承了前輩收集、整理、利用藏書的經驗與傳統。

四　徵　集

國家藏書機構、近代圖書館，往往采用徵集的方法來搜求圖書。由於利用行政力量，並輔之以奬勵措施，這種方法是卓有成效的。下面我們就以宋代、清代、近代圖書館的徵書活動爲例，了解一下徵集圖書的具體措施及其效果。

宋太祖乾德四年（九六六）曾開展了徵書活動。李燾云：乾德四年閏八月，"詔求亡書。凡吏民有以書籍來獻者，令史館視其篇目，館中所無則收之。獻書人送學士院試問吏理，堪任職官，具以名聞。是歲三禮涉弼、三傳彭幹、學究朱載皆應詔獻書，總千二百二十八卷"。②

同兩漢、隋代相比，北宋國家徵書活動有所發展。首先是編出了闕書目録，有目的地開展徵書工作；其次是明確公布奬勵措施和標準，使徵集者與應徵者，均有章可循。如程俱云："太平興國九年（九八四）正月詔曰：國家宣明憲度，恢張政治，敦崇儒術，啓迪化源，國典朝章，咸從振舉，遺編墜簡，當務詢求；眷言經濟，無以加此。宜令三館以《開元四部書目》閲館中所闕者，具列其名，於待漏院出榜告示中外。若臣寮之家有三館闕者，許詣官進納。及三百卷以上者，其進書人送學士院引驗人材書札，試問公理，如堪任職官者，與一子出身；親儒墨者，即與量才安排。如不及三百卷

① 《善本書室藏書志》卷末《附録》。
② 《續資治通鑑長編》卷七。

者,據卷帙多少優給金帛。如不願納官者,借本繕寫畢,却以付之。自是,四方書籍往往出焉。”復云:淳化四年(九九三)三月,“詔三館所少書有進納者,卷給千錢,三百卷以上量材録用”。真宗咸平四年(一〇〇一)十月又下詔曰:“國家設廣内、石渠之署,訪羽陵、汲冢之書,法漢氏之前規,購求雖至,驗開元之舊目,亡逸尚多。庶墜簡以畢臻,更懸金而示賞,式廣獻書之路,且開與進之門。應中外臣庶家有收得三館所少書籍,每納到一卷,給千錢。仰判館看詳,委是所少之書,及卷帙别無差誤,方得收納。其所進書如及三百卷以上,量才試問,與出身,酬獎。如或不親儒墨,即與班行内安排。宜令史館抄出所少書籍名目,於待漏院張懸,及遞牒諸路轉運司,散行告示,申太平興國之詔也。”①北宋朝廷還主動派人赴外地徵集圖書。如“至道元年(九九五)六月,命内品監、秘閣三館書籍裴愈使江南兩浙諸州,尋訪圖書。如願進納入官,優給價值;如不願進納者,就所在差能書吏借本鈔寫,即時給還,仍賚御書石本所在分賜之。……先是,遣使於諸道,訪募古書奇畫及先賢墨迹,小則償以金帛,大則授之以官。數年之間,獻圖書於闕下者不可勝計,諸道又募得者數倍。”②北宋國家徵書還充分地利用了私家藏書目録。如真宗咸平二年(九九九)閏三月,“上謂輔臣曰:國家搜訪圖書,其數漸廣。臣庶家有聚書者,朕皆令借其目録,以參校内府及館閣所有,其闕少者,借本鈔填之,邇來所得甚多。非時平無事,安能及此也”。③

上有好者,下必有甚焉。由於朝廷徵集,故臣下每有獻納。如袁褧云:“國朝開獻書之路,祥符中獻書者十九人,賜出身,得書萬七百五十四卷。”④程俱云:“(天禧)二年五月,長樂郡主獻家藏書八百卷,賜錢三十萬,以書藏秘閣。”⑤王象之云:“田偉藏書三萬七千卷,無重複者。黄魯直與其子游,曰:‘文書之富,未有過田氏者。’政和中,詔求遺書,嘗上千卷,補三館之闕。”⑥

---

①②③⑤ 《十萬卷樓叢書》本《麟臺故事》卷二《書籍》。

④ 《楓窗小牘》卷下。

⑥ 《輿地紀勝》卷六五《人物》。

北宋前期的幾位皇帝持續不斷地下詔徵書，促成了國家藏書事業的興盛。南宋雖已偏安，仍十分重視圖書典藏事業，並且相當廣泛地做了圖書徵集工作。馬端臨云：

> 高宗渡江，書籍散佚，獻書有賞，或以官。故家藏者，或命就録，鬻者悉市之。乃詔分經、史、子、集四庫，仍分官日校。又内降詔，其略曰："國家用武開基，右文致治，藏書之盛，視古爲多。艱難以來，網羅散佚，而十不得其四五。令監司郡守，各諭所部，悉送上官，多者優賞。"又復置補寫所，令秘書省提舉掌求遺書，詔定獻書賞格，自是多來獻者。①

高宗十三年（一一四三）詔求遺書對當時影響較大，詔曰："朕雖處干戈之際，不忘典籍之求。雖下令於再三，十不得其四五。今幸臻於休息，宜益廣於搜尋。夫監司總一路之權，郡守寄千里之重，各諭所部，悉上送官。苟多獻於□□，當優加於褒賞。"②此詔貫徹頗力，如宋高宗紹興十三年"十二月詔：紹興府陸寘家藏書甚多，今本府取睦（引者按：當爲'陸'）録繳申秘書省，據現闕數，許本家投進，仍委帥臣關借謄寫繳奏。陸寘子孫散居它州，令守臣依此施行"。③ 孝宗淳熙十三年（一一八六）也大規模地開展過徵書活動。《中興館閣續録》卷三《儲藏》云：

> 秘書郎莫叔光言："國家崇建館閣，文治最盛，太上皇帝再造區夏。紹興之初已下借書及分校之令，至十三年詔求遺書，十六年又定獻書推賞之格，圖籍於是備矣。然至於今又四十年，承平滋久，四方之人益以典籍爲重，凡縉紳家世所藏善本，外之監司、郡守搜訪得之，往往鋟板，以爲官書。然所在各自板行，與秘書初不相關，則未必其書秘府之所遺者也。臣愚欲乞詔諸路監司，諸郡守臣，各以本路本郡

① 《文獻通考》卷一七四《經籍考總叙》。

② 《中興館閣録》卷三《儲藏》。

③ 《宋會要輯稿》第五十五册《崇儒四》。

書目解發至秘書省，聽本省以《中興館閣書目》點對，如見得有未收之書，即復移文本處，取索印本，庶廣秘府之儲，以增文治之盛。"有旨，令秘書省將未收書籍徑自關取。

元明兩朝在徵集圖書方面的措施較少。至清代乾隆皇帝辦理《四庫全書》時，發動了歷史上最大的一次徵書活動。高宗於乾隆三十七年(一七七二)一月四日下詔徵書，不僅有布置，而且有檢查。當他發現時逾九月無一人將書名奏進，又於乾隆三十七年十月十七日降旨，要求："各督撫等，其即恪遵前旨，飭催所屬速行設法訪求，無論刊本、鈔本，一一匯送備采，俟卷帙所積稍充，即開具目録，附摺奏明，聽候甄擇移取。"①乾隆三十八年三月二十九日，又特地點名向江浙著名藏書家徵書，詔書指出：

遺籍珍藏固隨地俱有，而江浙人文淵藪，其流傳較别省更多。果能切實搜尋，自無不漸臻美備。聞東南從前藏書最富之家，如崑山徐氏之傳是樓、常熟錢氏之述古堂、嘉興項氏之天籟閣、朱氏之曝書亭、杭州趙氏之小山堂、寧波范氏之天一閣，皆其著名者，餘亦指不勝屈，並有原藏書目至今尚爲人傳録者，即其子孫不能保守而輾轉流播，仍爲他姓所有，第須尋原竟委，自不至湮没人間，縱或散落他方，爲之蹤求，亦不難於薈萃。②

高宗還采取了一些獎勵措施。乾隆三十九年五月十四日，詔云：

國家當文治修明之會，所有古今載籍宜及時蒐羅大備，以光册府而裨藝林，因降旨命各督撫加意採訪，彙上於朝，旋據各省陸續奏進，而江浙兩省藏書家呈獻者種數尤多，廷臣中亦有紛紛奏進者，因命詞臣分别校勘，應刊應録以廣流傳，其進書百種以上者，並令擇其中精

① 《辦理四庫全書檔案》上册三頁。

② 《辦理四庫全書檔案》上册一三頁。

醇之本進呈乙覽，朕幾餘親爲評詠，題識簡端，復命將進到各書於篇首用翰林院印，並加鈐記，載明年月姓名於面頁，俟將來辦竣後，仍給還各本家自行收藏，其已經題詠諸本，並令書館先行録副，將原書發還，俾收藏之人益增榮幸。今閲進到各家書目，其最多者如浙江之鮑士恭、范懋柱、汪啓淑、兩淮之馬裕四家，爲數至五、六、七百種，皆其累世弆藏，子孫克守其業，甚可嘉尚。因思内府《古今圖書集成》，爲書城鉅觀，人間罕覯，此等世守陳編之家，宜俾專藏勿失，以裨留貽。鮑士恭、范懋柱、汪啓淑、馬裕四家，著賞《古今圖書集成》各一部，以爲好古之勸。又如進書一百種以上之江蘇周厚堉、蔣曾瑩，浙江吴玉墀、孫仰曾、汪汝瑮，及朝紳中黄登賢、紀昀、勵守謙、汪如藻等亦俱藏書舊家，並著每人賞給内府初印之《佩文韻府》各一部，俾亦珍爲世寶，以示嘉獎。①

乾隆皇帝的徵書活動收效甚大，如汪啓淑云："乾隆三十七年（一七七二）開四庫館徵訪天下遺書，武英殿移取九百種，在京各官進呈九百八十三種，直隸總督進呈二百三十八種，奉天府尹進呈三種，兩江總督進呈一千三百六十五種，安徽巡撫進呈五百二丨三種，江蘇巡撫進呈一千七百二十六種，浙江巡撫進呈四千五百八十八種，福建巡撫進呈二百五種，江西巡撫進呈八百五十九種，河南巡撫進呈一百十三種，山東巡撫進呈三百七十二種，山西巡撫進呈八十八種，湖南巡撫進呈四十六種，陝西巡撫進呈一百五種，湖北巡撫進呈八十四種，廣東巡撫進呈十二種，雲南巡撫進呈四種，兩淮鹽院進呈一千五百七十五種，共采訪得書一萬三千七百八十一種。"②

近代圖書館也大力采用徵集圖書的辦法來擴大藏書量，並呈現出一些新特點。如京師圖書館成立不久，即請求實行呈繳本制度。一九一六年二月，《京師圖書館呈請教育部規定全國出版圖書在内務部立案者應以

---

① 《四庫全書總目》卷首。

② 《水曹清暇録》卷五。

一部交國立圖書館庋藏文》云：

英、法各國出版法中均規定全國出版圖書報部立案者，應以一部交國立圖書館存貯。日本自明治八年（一八七五）設立帝國圖書館後，亦即沿用此制。現值本館籌備進行之時，擬懇鈞部援照各國成例，奏請於前歲所頒出版法内，酌增此項條文，以蒐圖書而彰文化，實感德便。至於離經畔道之書，有礙風俗治安者，出版法中本已懸爲厲禁，必不致羼雜其間，反滋流弊也。上陳各節，是否有當，理合詳請鈞部鑒核施行。①

此項請求得到了當時政府教育部的支持。

京師圖書館對私家藏書也做了大量徵集工作。一九一九年一月十八日《京師圖書館呈教育部謹擬徵集圖書簡章文》云：

呈爲徵集圖書，謹擬簡章，陳請鑒核施行事。竊維中國書籍自清初建設四庫搜採之後，迄今二三百年，公家久未徵求，散佚之虞，匪可縷舉。私家爲圖書建築館宇者，實屬寥寥。一遇刀兵水火之災，無力保全，最易燬滅。絳雲之禍，前車不遠，一也。私家藏書最久者，海内獨推寧波范氏，然天一閣之書今亦散佚，蓋子孫不能世世保守勿失，二也。海通以來，外人搜求中國善本孤本之書，日盛一日，售主迫於饑寒，書估但圖厚利，數年之後，勢必珍篇秘籍盡歸海外書樓，中國學者副本亦難寓目，三也。名人著作及校本未刊行者，指不勝屈，亦有子孫無力刊行尚知保守者，但數傳之後，或漸陵夷，心血一生，空箱飽蠹，四也。且當四庫搜採之時，佚書尚多，加以二百年來名臣學士項背相望，著述之多，尤當及時徵集。敝館雖限於經費不能放手購求，但鈔録校讎，或者尚易爲力。況熱心之士苟知公家保存可以長久，或且樂意捐助，亦未可知。總之，在館中能多一册書，即學術上多受一

① 《中國古代藏書與近代圖書館史料》録自《京師圖書館檔案》。

分利益，倘或再稽時日，竊恐異時徵求更屬不易。爲此謹擬簡章，仰乞鈞裁。如蒙核準，並請一面由部通咨京内外各機關，一面由本館函達各省圖書館及海内藏書家，以便廣爲搜輯。所有擬具徵書簡章各緣由，理合備文呈述，伏候訓示遵行，謹呈。

附　徵求書籍簡章

一　本館徵求之書籍如下：

甲　公家私家所藏書籍目録。

乙　名人未刊之著作。

丙　善本及名人校本。

丁　近時木刻及石印鉛印書報。

二　前條前三類書籍，有願其流通而或未印行，或係孤本，不便捐入本館者，可函知本館録副庋藏。其抄録方法臨時酌定。

三　第一條第四類書籍，無論叢書單本，皆可捐贈。譯本、講義、小説、雜志、日報亦在此列。能捐至數份，尤所欣企。

四　凡捐助本館書籍者，當永記姓名於書籍目録之内，並彙集登報，以酬高誼。

五　捐助大宗書籍，價值甚鉅者，可援照教育部捐貲興學褒獎條例分别呈部，給予褒獎。其不願援照捐貲給獎者，並得另案陳明，特予名譽褒獎。①

一九一九年一月二十一日，《京師圖書館呈教育部謹擬變通捐助圖書褒奬辦法文》復云："除捐助書籍有價可計，自願依褒奬條例分别核奬者，仍予照例辦理外，凡遇捐助善本藏書及卷帙較多，不願計貲給奬者，准予另案陳明，酌給奬章、匾額。其捐贈尤多，裨益學術教育尤鉅者，並得呈請大總

① 《教育公報》第六年第三期。

統特予褒獎,庶以見大部徵求文獻之苦心,即以助國内圖書館之發達。”①此外,京師圖書館還向全國徵集過地方志、金石搨本,《京師圖書館檔案》有一九一六年十月四日《京師圖書館呈教育部請徵集全國地志金石搨本文》、一九一六年十月五日《教育部咨各省區徵求各種著名碑碣石刻等搨本文》。

地方圖書館也積極開展過徵集圖書的活動,如《湖南圖書館暫定章程》《雲南省圖書館章程》皆有徵集圖書的條款。書院和學校也常用徵集的方法搜集圖書,我們在本書第二章《典藏單位》第三節《學校藏書》中,已作了介紹,可參看。

采用徵集的方法能够迅速而有效地補充圖書館所缺乏的珍貴藏書,藏書單位也能節省部分經費。

第三節　圖書收藏價值的鑒定

在研究了圖書收集的標準和方法之後,還要對圖書收藏價值作出正確的判斷,只有這樣,才能充分利用有限的條件,收集、保管、利用有價值的圖書,下面試對鑒定圖書收藏價值的幾個主要方面作些探討。

一　適用性鑒定

判斷一部書的收藏價值,首先要看它是否適用。胡應麟云:“有裝印紙刻絶精而十不當凡本一者,則不適於用,或用而不適於時也。有摧殘斷裂而直倍於全者,有模糊漶滅而價增於善者,必代之所無與地之遠也。夫不適於時者,遇遇則重,不適於用而精焉,亦遇也。噫!”②黄丕烈亦云:“夫書之貴賤以有用無用爲斷,並以名實相副者爲重。”③

從采購的角度來衡量一部書的價值,或是否實用,主要看該書是否符合自己搜集圖書的標準。由於人們搜集圖書的標準不同,所以購買同一

① 《教育公報》第六年第三期。

② 《少室山房筆叢》卷四《經籍會通四》。

③ 《蕘圃藏書題識》卷四《棠陰比事一卷》。

部書的迫切程度也有差別。正如胡應麟所說："今文人所急者，先秦諸書；詩流所急者，盛唐諸書；舉子所急者，宋世諸書。"①即指購書的人，各有偏重。但其文人、詩流、舉子之别，似有未當，至多亦不過指胡氏所處時代某些士人群體的觀念而已。

從讀書治學的角度看，張金吾的意見代表了傳統觀點，他說："藏書不易言矣，著録貴乎秘，秘籍不盡可珍；槧本貴乎宋，宋槧不盡可寶，要在乎審擇之而已。夫所謂審擇之者，何也？宋之舊槧，有關經史實學，而世鮮傳本者，上也。書雖習見，或宋元刊本，或舊寫本，或前賢手鈔本，可與今本考證異同者，次也。書不經見，而出於近時傳寫者，又其次也。而要以有裨學術治道者爲之斷。"②由於讀書治學的需要，一位藏書家恰好遇到了與自己的課題關係密切的書，那麽他可能志在必得。如鄭振鐸跋《萬首唐人絶句一百一卷》，稱其一九五七年六月二日於北京中國書店，"見有嘉靖本唐人萬首絶句，大喜欲狂，即以半月糧購之。此書常見者爲萬曆趙宧光刊本，然多所改易，與原本面目全非。此嘉靖本是從宋本翻雕者，最爲罕見。近來影印本即借北京圖書館所藏此本付照。予方從事唐詩版刻考證，乃不能不收入之"。③

黄丕烈自號佞宋，遇到宋元舊刻自然戀戀不捨，千方百計收購。他曾藏南宋臨安府棚北睦親坊南陳宅書籍鋪印《唐女郎魚玄機詩》一卷，跋云："此《唐女郎魚玄機詩集》也，書僅十二葉耳，索白銀八金，惜錢之癖與惜書之癖交戰而不能决，稽留者數日矣。至是始許以五番售余，可云快甚。而後乃令'百宋一廛'又添一名書，好事之譏，余竊自哂。"④又，陳鱣記丕烈事云："《周易集解》十卷，影宋寫本。……考毛扆斧季《汲古閣祕書目》，以此居首。注云宋版影鈔，定價銀五兩，以呈潘稼堂，不識幾易主後，爲漢川吴氏所有。嘉慶十一年十月，吴閶陶氏五柳居書肆，持以相視，直索十兩，余正擬購得。黄君蕘圃，已先知之。急遣人來，携首册而去。未幾，蕘圃

① 《少室山房筆叢》卷四《經籍會通四》。

② 《愛日精廬藏書志》卷首自序。

③ 《西諦書目》附《西諦題跋》。

④ 《士禮居藏書題跋記》卷五。

卧病,然猶持書不釋。余欲其速愈也,因讓之。乃竟如其值買之,病果起。遂以香楠製櫝而藏。”①這些佚聞,至今爲人樂道。

有的藏書家爲了博聞多識,開闊眼界心胸,則特别注意搜集新異之書,而對書籍裝潢的好壞倒不在意。如高濂云:“藏書者無問册帙美惡,惟欲搜奇索隱,得見古人一言一論之秘以廣心胸,未識未聞,致於夢寢嗜好,遠近訪求,自經書子史、百家九流、詩文傳記、稗野雜著、二氏經典,靡不兼收。故常景躭書,每見新異之典,不論價之貴賤,以必得爲期。”②這當然又是一種標準。

人們判斷圖書是否適用也可能隨着時間的推移而有所改變,如倫明云:“夫價之有貴賤,常也。大率舊者貴而新者賤、精者貴而粗者賤,罕者貴而多者賤,今也不然,同是一書,適時則貴,過時則賤,而‘時’之爲義又至暫。例如辛酉(一九二一)以前,宋元集部人所争得也,乃過此則竟無問之者矣;又如辛未(一九三一)以前,明清禁書人所争得者也,乃過此亦幾幾無問之者矣。”③

此外,人們還應當全面地長遠地看待書的適用價值,我們研究一個課題,與之相關的書都會程度不同的具有一定的適用價值;一部書現在看起來適用價值不大,而在未來却可能用得着,當然它也就具備了潛在適用價值。書的適用價值也是多方面的,可以用來讀書治學,也可以用來點綴昇平、附庸風雅、銷售營利、提高自己的收藏水平等等,在考慮其適用價值時,人們也應將這些方面計算在内。

二　真僞鑒定

我們在權衡了書的適用程度,並打算購買之後,還要對書的真僞作出鑒别,祁承㸁所謂“辨真僞,覈名實”④指的就是這項工作。

書的真僞問題也就是書上所署的作者、製作時間與書的實際作者、製

---

① 《經籍跋文·宋本周易集解跋》。

② 《遵生八箋》卷一四《燕閒清賞箋》上。

③ 《辛亥以來藏書紀事詩》卷首自序。

④ 《澹生堂藏書約·藏書訓略·鑒書》。

作時間是否相符的問題，如完全相符則真，完全不相符則僞，部分相符則有真有僞。關於書籍的真僞問題，我們在本書《目録編》第七章《特種目録》第七節《辨僞書目録》中，已經作了論述，而如何辨别書籍的真僞，我們在本書《版本編》第五章《雕印本的鑒定》、第六章《非雕印本的區分與鑒定》中，也有所論及，均可參看。在這裏僅將在收集典藏圖書時所采用的辨僞措施，略加叙述，以見梗概。

首先要細察書的形式。書賈作僞通常在書的形式上做手脚，如蔣光煦所云："舊刻舊鈔本之中，苕賈弊更百出。割首尾，易序目，剔劃以就諱，刓字以易名，染色以僞舊，卷有缺，剗他板以雜之，本既亡，録别種以代之。反覆變幻，殆不可以枚舉。"①因此，我們應當從形式入手，找出書賈作僞的蛛絲馬迹。"如無錫市圖書館藏朱載堉撰《樂律全書》十四種四十二卷，明萬曆刻本，此書流傳較多，售價不高，書賈爲了僞作成罕見本，把書名挖改爲《皇明樂學大成》，著者挖改爲'臣無錫王瑛'，把鄉飲詩樂譜序後的《靈星小舞譜》序後半頁割去，重新刻印一版接上，以欺騙藏書家，挖補處，因怕被人發現馬脚，均加蓋'蔡映之印'、'小漁吴郡太守'等藏書印。"②

接着應詳審書的内容。在形式上發現書賈作僞的痕迹後，還應當認真研究書的内容，找出與僞造的作者、書名、書籍製作時間相矛盾的地方，作爲辨僞的依據。如果僞書出於文化水平較高的人之手，那麼更需要通過對書籍内容的辨析才能識破。如《四庫全書總目》卷一百零九著録《靈城精義》二卷，舊本題南唐何溥撰。提要稱其説"大抵因《皇極經世》而推演之。其法出自明初寧波幕講僧，五代時安有是説。其非明以前書確矣。其注題曰劉基撰，前列引用書目凡二十二種，如《八式歌》之類，亦明中葉以後之僞書，則出於贋作，亦無疑義"。

第三要進行必要的考證。當我們從形式和内容兩個方面發現僞書的破綻之後，必須通過考證加以證實。而目録學則是我們進行考證的鋭利武器。如葉德輝云："鑒别之道，必先自通知目録始。目録以欽定《四庫全

① 《拜經樓藏書題跋記》卷末跋。

② 何槐昌《明清書籍作僞的種種手段及其識别》，載《圖書館研究與工作》一九八二年第一期。

書總目》提要、阮文達元《揅經室外集》(原注:即四庫未收書目,兹從全集原名)爲途徑,不通目録,不知古書之存亡;不知古書之存亡,一切僞撰抄撮、張冠李戴之書,雜然濫收,淆亂耳目,此目録之學,所以必時時勤考也。”①現舉無錫圖書館鑒别僞書一例如下:

館藏《東京實録》一百三十卷,曰梁溪尤袤著,查《大公圖書館捐贈書目録》,載爲宋刻本。然細加研究,書商作僞處畢現:

(一)書名:每卷原書名皆已剜去,另用紙補貼剜空處,紙張與原書不一。書名題字,是後來補上的,字體也與原書不一。如卷首“東京實録目録”六字,剜去了原書名四個字,存“目録”二字,用紙補貼剜空處,復用毛筆補寫“東京實録”四個字。書名上再鈐蓋朱色假印“御史之章”,以飾作僞痕迹。

(二)著者:同書名剜補一樣,每卷原著者皆盡剜去,另用紙補貼,紙張與原書不一,所謂“梁溪尤袤”四個字,則是刻印在補貼紙上的,此四個字下面的“上進”二字,是原書原刻原印,故上下兩者字體不一。

觀此書序,卷首有王偁的序,卷首目録末有雙行文字版記“眉山程舍人刊印,已申上司,不許覆板”十六個字。書中缺筆至“敦”,乃避宋光宗名諱。刻書字體,係清人書法筆意,與明代影宋刻本字體不同,爲清影宋刻本。

循王偁序言之綫索,查王偁,字季平,宋眉州人,曾旁搜九朝事迹,著《東都事略》。循《東都事略》查《北京圖書館善本書目》卷二紀傳類,有《東都事略》一百三十卷,宋王偁撰,清振鷺堂影宋刻本,吴騫跋,朱允達校。再查《增訂四庫簡明目録標注·别史類》,有《東都事略》,宋眉山程氏五峰閣刻本。於是知道,此書有宋代眉山程氏刻本,與書中版記、卷數相符。再核書中内容,遂知原書確係《東都事略》,《東京實録》乃作僞書名,原書著者是宋代眉州人王偁,而非宋代無錫

① 《藏書十約·鑒别》。

人尤袤。原書應有清代著名藏書家吴騫(字槎客,海寧人)的跋,現卷末不全,吴跋被書商抽掉,以清除讓人看出是清代刻本的佐證。

那麽,書商何以改换書名,托僞宋代"梁溪尤袤"所著呢？此疑不難解。"梁溪"即無錫之别名,尤袤是南宋詩壇四大家之一,無錫名流,有萬卷樓和《遂初堂書目》聞於史。大公圖書館是我國近代著名的實業家、民族資本家榮德生先生於一九一六年創辦,在江南地區頗負盛譽。書商如此這般一番手脚,便以"宋代無錫名流著作"和"宋代蜀中刻本"兩條,向榮氏獲取高價。①

作者首先發現館藏《東京實録》的書名與作者經過剜補,是一部僞書,再細審書中的牌記與諱字找到了考證的綫索,又通過目録發現了作僞對象《東都事略》,經過比勘内容,從而證實僞書《東京實録》確係清影宋刻本《東都事略》,作者還分析了書賈作僞的動機,應當説其辨僞方法具有參考價值,其辨僞結論也是令人信服的。

三　質量鑒定

當我們對圖書的適用性、真僞作出鑒定以後,還要對圖書的質量作出判斷,質量不同,其收藏價值也就不一樣。

我們首先要注意圖書的原始性。如原稿,或接近原稿的舊鈔本、初印本,文獻價值自然要高一些;反之,文獻價值則要低一些。如黄丕烈將宋元舊刻作爲選購圖書的主要目標,主要是因爲宋元舊刻更多地保存了書的原貌。他深有體會地説:"校勘群籍始知,書舊一日則其佳處猶在,不致爲庸妄人删潤歸於文從字順,故舊刻爲佳也。"②復云:

夫書之言宋槧,猶導河言積石也。……宋代官私所造遍於四部,《玉海》及馬氏《經籍考》等詳其事焉。就中即有利病,究之,上承轉

① 陶寶慶《僞書鑒别二例》,載《圖書館工作與研究》一九八五年第一期。

② 《蕘圃藏書題識》卷三《武林舊事六卷》。

> 録,此其嫡脈,故曰:貽於後而留其真,以睎於先而襲其迹也。及今遠者千年,近者猶數年,所存當日千百之一二耳,幸而得之以校後本,其有未經改竄者鮮矣。夫君子不空作,必有依據。宋槧者亦讀書之依據也,故比之以司南,謂指南之車。①

出於同樣原因,他對舊鈔本也注意收藏,曾明言:"余性嗜書,非特嗜宋元明舊刻也,且嗜宋元明人舊鈔焉。"②"大凡書籍安得盡有宋刻而讀之,無宋刻則舊鈔貴矣,舊鈔而出自名家所藏則尤貴矣。"③圖書代有作者,無論爲明爲清,我們都要注意文獻的原始性。

其次要注意書的完整性。孫慶增《藏書記要·鑒别》云:"凡收藏者須看其板之古今,紙之新舊好歹,卷數之全與缺,不可輕率。"復云:

> 各種書籍,務於舊刻、秘鈔、完全善本爲妙,又必於《稗統》《稗海》《百川學海》《眉公秘笈》《文煥叢書》《漢魏》《唐宋叢書》《夷堅志》《津逮秘書》《邱林學山》《顧氏四十小説》《皇宋四十家小説》《皇明小説》等書,擇其卷數完全刻本,與宋本、舊鈔、秘鈔本,對明卷數字句同與不同,一一記清,以便檢不全而未備者棄之,見有全而精美者收藏之。

殘本的價值當然不如足本,但是在足本難求的情況下,舊刻本、舊鈔本雖然不全,也仍然具有很高的收藏價值,故《藏書記要·鑒别》又稱:"宋刻本書籍流傳至今,已成希世之寶。其未翻刻者及不全者,即翻刻過而又不全者,皆當珍重之。吉光片羽,無不奇珍,豈可輕放哉!"事實上,有些藏書家也注意收集殘本。如祁承㸁《庚申整書小記》云:"慨遺書之難遇,殘闕必收,念物力之不充,鼠齧並採,或補綴而成鶉結之衣,或借録而合延津之劍,此又吾之收散合奔而轉弱爲强者也。"④黄丕烈亦稱:"余生平喜購

① 《百宋一廛賦注》。

② 《蕘圃藏書題識》卷二《草莽私乘一卷》。

③ 《蕘圃藏書題識》卷七《李群玉集三卷後集五卷》。

④ 南京大學圖書館藏鈔本《澹生堂書目》卷首。

書，於片紙隻字皆爲之收藏，非好奇也，蓋惜字耳。往謂古人慧命全在文字，如遇不全本而棄之，從此無完日矣，故余於殘缺者尤加意焉，戲自號曰抱守老人。”①

藏書家收殘本還有個目的是希望今後能將殘本補全。如黄丕烈云：“余喜蓄書，兼蓄重出之本，即破爛不全者亦復蓄之。重出者取爲讎勘之具，不全者或待殘缺之補也。”②明徐𤊹于家藏本《藝文類聚》跋云：“此書一百卷，余家所藏者缺四册，每有查考，輒恨其摧殘非完書也。數年前偶於官賢坊内小書鋪中見有數册混入雜書之内，將爲糊壁覆瓿之需，予以數十錢易之，正可補予之缺，然尚歉六十卷至六十六卷也。俟之數年，無從覓補。今歲，余偶從南都歸，林志尹乃拾一册見餉，遂成全書，篝燈把玩，喜而不寐，因重加裝訂，收之篋中。曾憶陸儼山先生有云：殘書亦收，以冀他日之偶全，正謂此也。”③也確有不少殘本被藏書家補全了的。錢謙益收全宋版《後漢書》即一例。《虞陽説苑》甲編《牧齋遺事》云：

> 初，牧齋得此書，僅出價三百餘金。以《後漢書》缺二本，售之者因减價也。牧翁寶之如拱璧，遍囑書賈，欲補其缺。一書賈停舟於烏鎮，買麵爲晚飡，見鋪主人於敗簏中，取書二本作包裹，諦視，則宋版《後漢書》也。賈驚，竊心喜，出數文錢買之，而首頁已缺，賈向主人求之，主人曰：“頃爲對鄰裹麵去，索之可也。”乃並首頁獲全，星夜來常，錢喜欲狂，款以盛筵，予之廿金，其書遂爲完璧。其紙質、墨色，炯然奪目，真藏書家不世寶也。

黄丕烈也補全了不少書，如其於明本《六朝聲偶集七卷》題識云：“物無重輕，以全爲上；事無巨細，以合爲奇。此徐獻忠《六朝聲偶集》不過總集中之一種耳，因不習見，殘帙亦收之，偶舉示書友之常所往來者，冀其或有配頭也，仲冬七日果獲殘帙五六七卷，合諸前一二三四卷，適合全書七卷，是

---

① 《蕘圃藏書題識》卷十《陽春白雪十卷》。

② 《蕘圃藏書題識》卷八《慶湖遺老詩集九卷拾遺一卷補遺一卷》。

③ 《重編紅雨樓題跋》卷一《藝文類聚》。

可謂巧遇矣,喜而識其緣起於卷端。"①

再次要注意書籍文字的可靠性。這主要看書籍的復製、保存者是否認真地做過校勘工作。出版者不同,其可靠程度是有差别的。古代的出版單位大致可分爲官府、私家、書坊三種類型。官刻本因爲財力雄厚,雕印精審,一般來説質量較高。如從國子監刊本的校勘經進銜名中可以看出,其職務有勘官、詳勘官、都勘官之分,其工作也有書版、校勘、再校、都校之别,經過反覆校勘,提高了宋國子監刊本的可靠性。當然官刻本的質量也是不平衡的,明代的經廠本、書帕本就不能盡如人意。家刻本多由學者或藏書家主持其事,其目的主要是爲了流傳善本,保存自己或親友的著作,而不是專門爲了贏利,刻印的書一般都校勘詳確,質量較高。書坊刻書以贏利爲目的,質量難以保證,當然這也不能一概而論,他們也出版過精刻本。

無論鈔本、印本,凡經學者與藏書家認真校勘過的書,收藏價值均大爲提高,孫慶增《藏書記要·校讎》云:"書籍不論鈔刻好歹,凡有校過之書,皆爲至寶。"葉德輝《藏書十約·鑒别》亦云:"有經名人手鈔手校者,貴重尤過於宋元。"例如經黄丕烈校勘過的書,就特别受到人們重視。傅增湘嘗云:"其手校之書尤爲世貴,稗書小集一卷,懸值百金,肆賈挾以居奇,而人且惟恐或失。甚至以藏書自鳴者,若家無蕘圃手校之書,百城爲之失色。"②王欣夫在《大藏書家黄蕘圃》一文中也稱:"他自己和代友人所刻的書籍,一向被學者們認爲最標準、最正確的善本,稱爲'清朝宋版'而不止一次的翻刻,至今還是盛行着。凡是經過他收藏或校勘的書籍,又一致認爲比較可靠而據來付印出版。這都説明對科學研究具有重大的價值。"③當然有的人在校勘時亂塗亂改,而且又不能堅持到底,這樣不但不能提高書的文獻價值,還破壞了書品,降低了書的收藏價值。故孫慶增《藏書記要·鑒别》又云:"古人尊重宋刻,弗輕塗抹,後世庸流俗子不知愛惜書籍,妄自動筆,有始無終,隨意圈點,良可嘆也。"

---

① 《蕘圃藏書題識再續録》卷三。

② 《思適齋書跋》卷首序。

③ 載《復旦大學學報》一九六二年第一期。

同樣，書中有名家題跋、藏印，也提高了書的可靠性與收藏價值。許多藏書家都充分認識到藏書題跋、校語、印記的價值。如黄丕烈於《鑒誡録十卷》題識云：

其書索白鏹卅金，余愛之甚，且恐遇此機會難以圖成，遂易以番錢三十三圓，書計五十七葉，並題跋一葉。以葉論錢，當合每葉四錢六分零。宋刻書之貴可云貴甚，而余好宋刻書之癡可云癡絶矣。時有解事者在座云：此書之可貴，不僅在宋刻而並在題跋。蓋書畫碑版往往以名公題跋爲重，其於書籍亦猶是云爾。余不覺撫掌稱快，以爲知己之言。時嘉慶九年，歲在甲子，正月丁巳日，黄丕烈書於百宋一廛。①

所以，有的藏書家還特地請名家題跋，常熟瞿氏鐵琴銅劍樓即一例，每書之尾常有鄉先輩題跋及觀後記。如黄廷鑑《書洪武蘇州府志後》云："此本錢唐何上舍元錫得之浙中，以贈稽瑞陳氏，後歸恬裕齋，今秋子雍明經鏞出以見示。余爲詳其源委，著其存佚，見此本爲佚而幸存之書，允爲鎮庫重寶。異日郡志重修，徵吴中文獻者，舍是編將奚以橐筆從事哉。道光庚子秋九月，七十九叟黄廷鑑跋。"②顯然，此跋不僅揭示了洪武《蘇州府志》的文獻價值，而且也增加了它的文獻價值。

此外，圖書的紙張、墨色、印刷、裝訂情況，也都與圖書的質量密切相關。胡應麟嘗云：

凡書之直之等差，視其本、視其刻、視其紙、視其裝、視其刷、視其緩急、視其有無本、視其鈔刻。鈔視其訛正，刻視其精粗，紙視其美惡，裝視其工拙，印視其初終，緩急視其時，又視其用，遠近視其代，又視其方。合此七者，參伍而錯綜之，天下之書之直之等定矣。③

① 《蕘圃藏書題識》卷六。
② 《第六絃溪文鈔》卷三。
③ 《少室山房筆叢》卷四《經籍會通四》。

他還認爲:“凡本,刻者十不當鈔一,鈔者十不當宋一。三者之中自相較,則又以精粗久近,紙之美惡,用之緩急爲差。凡刻,閩中十不當越中七,越中七不當吴中五,吴中五不當燕中三,(此以地論,即吴越閩書之至燕者,非燕中刻也)燕中三不當内府一,五者之中自相較,則又以其紙、其印、其裝爲差。凡印有朱者,有靛者,有雙印者,有單印者。雙印與朱必貴重用之,凡板漶滅則以初印之本爲優。凡裝有綾者,有錦者,有絹者,有護以函者,有標以號者。吴裝最善,他處無及焉,閩多不裝。”①

除胡應麟上述經驗之談外,還有一些藏書家也談到了古書的質量問題。當然,他們的有些説法並不完全符合我們今天的標準和要求,如謝肇淛云:“書所以貴宋板者,不惟點畫無訛,亦且箋刻精好若法帖然。凡宋刻有肥瘦二種,肥者學顔,瘦者學歐,行款疏密,任意不一,而字勢皆生動,箋古色而極薄,不蛀。”②葉德輝云:“最要者,無論經、史、子、集,但係仿宋元舊刻,必爲古雅之書;或其書有國朝考據諸儒序跋題詞,其書亦必精善。明刻仿宋、元者爲上,重刻宋、元者次之,有評閲者陋,有圈點者尤陋。”③

孫慶增還對如何鑒定鈔本的質量,談了自己的看法,略云:“凡書之無處尋覓者,其書少,必當另鈔底本,因無刻本故也。若鈔録精工,則所費浩繁,雖書寫不工,亦必珍之重之,留爲秘本。前輩鈔録書籍,以軟宋字小楷顔、柳、歐字爲工,宋刻字更妙,摹宋版字樣,筆墨匀均,不脱落,無遺誤,烏絲行款,整齊中帶生動,爲至精而備美。序跋圖章畫像,摹倣精雅,不可呆板,乃爲妙手。鈔書者,要明於義理者,一手書寫,無脱漏差誤,無破體字,用墨一色,方爲最善。若鈔底本,大部書,以行書爲上,草書亦可,但以不差落爲主。若字好而不明文理者,僅可印抄而已。”④

四　版本鑒定

采購收藏圖書,除對圖書的適用性、真僞、質量作出鑒別外,還要對圖

① 《少室山房筆叢》卷四《經籍會通四》。
② 《五雜俎》卷一三。
③ 《藏書十約·鑒别》。
④ 《藏書記要》第三則《鈔録》。

書的版本作出正確的判斷。孫慶增《藏書記要·鑒別》云:“如某書係何朝何地著作,刻於何時,何人翻刻,何人鈔録,何人底本,何人收藏,如何爲宋元刻本,刻於南北朝何時何地。(《藕香零拾》本注云:“此云南北朝,當指宋金元之間。”)如何爲宋元精舊鈔本,必須眼力精熟,考究確切。”

如何鑒定圖書的版本,可參看本書《版本編》第五章《雕印本的鑒定》、第六章《非雕印本的區分與鑒定》。需要補充説明的是,有些人長期同古書打交道,積累了豐富的鑒别版本的經驗,如有可能,公家應當請他們做圖書采購工作,或者在鑒定版本時傾聽他們的意見。

不少藏書家都是鑒定版本的專家,如曹溶稱錢謙益於“每一部書,能言舊刻若何,新板若何,中間差别幾何,驗之纖悉不爽,蓋於書無不讀,去他人徒好書束高閣者甚遠”。① 翁廣平稱鮑廷博“生平酷嗜書籍,每一過目,即能記其某卷某葉某訛字。有持書來問者,不待翻閲,見其板口,即曰此某氏板,某卷刊訛若干字,案之歷歷不爽”。② 因此人們在采購圖書時,往往“與能識古本今本之書籍者,並能道其源流者,能辨原板翻板之不同者,知某書之久不刷印,某書之止有鈔本者,或偕之閒訪於坊家,密求於冷鋪”。③ 又謝肇淛云:“吾友又有林志尹者,家貧爲掾,不讀書而最耽書,其於四部篇目,皆能成誦。每與俱入書肆中,披沙見金,觸日即得,人棄我取,悉中肯綮。興公數年之藏,十七出其目中也。”④不少書賈挾書求售之前,常請有經驗的藏書家先行鑒定。如何堂《顧步巖小傳》云:“君諱階升,字步巖。家故素封,獨無所慕,惟以圖籍、法書、名畫自娱。樂書齋之内,縹緗插架者萬餘卷。遇一編,實能挹其精華,並識其刊刻、鈔録、收藏所自。賈客挾册至門者,君爲審真贋、品高下,判若黑白,無不相顧愕眙以去。”⑤

還有一些書商由於成年累月與書接觸,往往也成了鑒定版本的專家,

① 《絳雲樓書目》卷首《絳雲樓書目題辭》。
② 《國朝耆獻類徵初編》卷四四一《鮑廷博》。
③ 《藏書記要》第一則《購求》。
④ 《五雜俎》卷一三。興公指徐𤊹。
⑤ 《藏書紀事詩》卷四《顧階升步巖》。

如南宋杭州的陳思，陳振孫云："都人陳思，價書於都市，士之好古博雅，蒐遺獵忘，以足其所藏，與夫故家之淪墜不振，出其所藏以求售者，往往交於其肆，且售且價，久而所閲滋多，望之輒能别其真贋。"①所以不少藏書家與一些書商關係密切，依靠書商鑒别版本、購藏圖書。如鴻山翁云："余無他嗜，惟書癖殆不可醫，臨安人陳思多爲余收攬，叩其書顛末，輒對如響。"②孫星衍介紹清代乾隆年間北京書商陶正祥，亦云：

> 君名正祥，字庭學，號瑞庵。……家貧，無以爲養，遂以價書爲業，與吴中名下士交接，聞見日廣，久之於書能知何書爲宋元佳本，有誰氏刊本，板貯何所，誰氏本善且備，誰氏本删除正文若注，或舛誤不可從。都中鉅公宿學，欲購異書者皆詣君，車轍滿户外。會開《四庫全書》館，安徽提學朱君筠言於當道，屬以搜訪秘書，能稱事焉。③

陶氏書鋪即五柳居，蘇州書商以乾隆間錢景開爲最有名，晚清侯念椿也頗爲藏書家所器重，緣裻嘗云："余幼時，侯念椿，短而僂，貌寢行賤，日登壟斷以售黎丘之技，然頗曉事。多識簿録，舊鈔、舊刻，何年何人收藏，何省何地裝訂，寫槧先後，題跋真僞，一見紙墨，輒能言之不爽，老友劉泖生丈蒿隱前輩，皆與往還，蒐遺獵忘。四方收藏家至吴門訪古者，亦無不造世經堂。"④

總之，對圖書收藏價值作出科學的鑒定，是我們采購、保管、流通、利用圖書的重要依據，也是典藏工作不可缺少的環節。

---

①② 《寶刻叢編》卷首《序》。

③ 《孫淵如先生全集·芳茂山人文集·五松園文稿·清故封修職郎兩浙鹽課大使陶君正祥墓碣銘》。

④ 《藏書紀事詩》卷七《侯駝子》引《異説披昌》。

第四章　書籍亡佚

書籍亡佚的現象自來就十分嚴重，洪邁嘗云："國初承五季亂離之後，所在書印板至少，宜其焚蕩了無孑遺。然太平興國編次《御覽》，引用一千六百九十種，其綱目並載於首卷。以今考之，無傳者十之七八矣。"①馬端臨稱："漢、隋、唐、宋之史，俱有藝文志，然《漢志》所載之書，以《隋志》考之，十已亡其六七，以《宋志》考之，隋、唐亦復如是。"②曹溶亦云："自宋以來，書目十有餘種，粲然可觀。按實求之，其書十不四五。"③所以黄宗羲"嘗嘆讀書難，藏書尤難，藏之久而不散，則難之難矣"。④ 書籍亡佚的原因，不外人爲因素與自然災害兩類。人爲因素有禁燬、兵燹、變賣、失竊、借而不還等。自然災害主要是火燒、水浸、鼠嚙、蟲咬、霉變造成的。現逐一述之如次。

第一節　禁　燬

統治者出於政治上的需要，往往禁止與焚燬一部分對之不利的藏書，從而造成了圖書的重大損失。此事由來已久，而且史不絶書。

---

① 《容齋五筆》卷七《國初書籍》。

② 《文獻通考序》。

③ 《知不足齋叢書》本《流通古書約》。

④ 《南雷文約》卷四《天一閣藏書記》。

一 秦

《孟子·萬章下》云:“諸侯惡其害己也,而皆去其籍。”趙岐注曰:“諸侯欲恣行,憎惡其法度妨害己之所爲,故滅去典籍。”可見此事起源甚早。

秦國早在孝公時就已實行禁書政策了,當時商鞅在變法的過程中,積極推行愚民政策,對於傳播知識的圖書,自然認爲不利於其統治,而要加以排斥。《商君書·農戰》云:“《詩》、《書》、禮、樂、善、修、仁、廉、辯、慧,國有十者,上無使守戰。國以十者治,敵至必削,不至必貧。國去此十者,敵不敢至,雖至必却。興兵而伐,必取;按兵不伐,必富。”孝公根據商鞅的建議,曾焚燬過《詩》《書》。《韓非子·和氏》載:“商君教秦孝公以連什伍,設告坐之過,燔《詩》《書》而明法令,塞私門之請而遂公家之勞,禁游宦之民而顯耕戰之士,孝公行之。”韓非的觀點與商鞅一脈相承,爲稍後的秦始皇大規模焚書做了輿論準備。

始皇三十四年(前二一三),在咸陽宫舉行的一場辯論會上,丞相李斯主張焚書,並得到了始皇的批准,略云:

> 今皇帝並有天下,别黑白而定一尊。私學而相與非法教,人聞令下,則各以其學議之,入則心非,出則巷議,夸主以爲名,異取以爲高,率群下以造謗。如此弗禁,則主勢降乎上,黨與成乎下。禁之便。臣請史官非秦記皆燒之。非博士官所職,天下敢有藏《詩》《書》、百家語者,悉詣守、尉雜燒之。有敢偶語《詩》《書》者棄市。以古非今者族。吏見知不舉者與同罪。令下三十日不燒,黥爲城旦。所不去者,醫藥卜筮種樹之書。若欲有學法令,以吏爲師。制曰:“可。”①

顯然,始皇焚書的目的是消滅輿論,鞏固政權,而實踐證明,這種野蠻的措施所起的作用恰好相反,不但不能鞏固政權,相反加速了其政權的滅亡。

---

① 《史記》卷六《秦始皇本紀》。

正如唐詩人章碣《焚書坑》所云："坑灰未冷山東亂，劉項元來不讀書。"①

二 晉南北朝隋

秦代以後又一次大規模禁焚圖書要算隋朝禁焚讖緯著作。讖是神秘的預言，讖書是占驗吉凶的書。緯對經而言，緯書是漢儒附會並配合《詩》《書》《樂》《易》《春秋》《孝經》等經書經義的著作。其中雜有許多妖妄成份。

由於讖緯書富有神秘色彩，可以被一些政治家用來作爲政治陰謀的輿論工具，因此曾經受到提倡，並得到了很大的發展。《隋書·經籍志》經部讖緯類序曾概括地介紹過讖緯的發展情況：

> 孔子既叙六經，以明天人之道，知後世不能稽同其意，故别立緯及讖以遺來世，其書出於前漢。……宋均、鄭玄俱有讖緯之注。然其文字淺俗，顛倒舛謬，不類聖人之旨相傳，疑後世人造爲之。或者又加點竄，非其實録。王莽好符命，光武以圖讖興起，遂盛行於世。漢時又詔東平王蒼正五經章句，皆命從讖。俗儒趨時，益從其學，篇第卷目，益加增廣。言五經者，皆憑讖爲説。

正因爲讖緯含有神秘色彩，可以被用作政治上的輿論工具，所以有些統治者爲了鞏固政權，屢加禁止。早在西晉泰始三年（二六七）十二月，武帝剛剛奪取政權不久，就明令"禁星氣讖緯之學"。② 前秦苻堅於建元十一年（三七五）下令"增崇儒教，禁《老》《莊》、圖讖之學"。③ 北魏孝文帝於太和九年（四八五）正月下過一道焚書令："圖讖之興，起於三季。既非經國之典，徒爲妖邪所憑。自今圖讖、秘緯及名爲《孔子閉房記》者，一皆焚之。留者以大辟論。又諸巫覡假稱神鬼，妄説吉凶，及委巷諸卜非墳典所

① 《全唐詩》卷六六九。
② 《晉書》卷三《武帝紀》。
③ 《晉書》卷一一三《苻堅載記上》。

載者,嚴加禁斷!"①《隋書·經籍志》經部讖緯類序曾對南朝及隋代大規模禁止讖緯書作過概括的介紹:

至宋大明中,始禁圖讖,梁天監以後,又重其制。及高祖受禪,禁之愈切。煬帝即位,乃發使四出,搜天下書籍,與讖緯相涉者皆焚之,爲吏所糾者至死。自是無復其學,秘府之内,亦多散亡。

《隋書·經籍志》曾著録讖緯之書十三部九十二卷,當爲焚禁之餘。其中梁代尚有與《孝經》有關的緯書十二部二十七卷,至《隋書·經籍志》則僅著録《孝經内事》一卷。

讖緯書雖多封建迷信、荒誕不經、牽强附會之説,然而也是當時政治、經濟、科學、文化之反映,如徐養原《緯候不起於哀平辨》云:

歐陽永叔欲删九經疏中讖緯之文,幸而其言不行。蓋因其爲僞而一概抹殺,實屬大誤特誤。善乎,昔人之言曰:"緯書之文,未必盡出妄人之手,其間謬妄,雖亦不無,要在學者擇焉而已。"又曰:"緯書起自前漢,去古未遠;彼時學者,多見古書;凡有著述,必有所本。不可以其不經而忽之。"斯可謂持平之論矣。②

其實,讖緯書中也含有不少科學道理,於天文、地理知識猶爲豐富。如張華《博物志》卷一引《考靈曜》云:"地恒動不止,譬如人在舟而坐,舟行而人不覺。"故朱一新云:"秦燔六經,隋焚圖緯。事之輕重不同,而焚書則同。有處士之横議,故有秦始之焚經;有鄙儒之信讖,故有隋煬之焚緯。渾蓋宣夜之學,往往存於緯書,緯亡,則六家之術皆亡矣。"③

緯書同經學也密切相關,漢代言五經者憑讖爲説,《隋書·經籍志》甚至將讖緯類書列在經部,故焚讖緯也給經學研究造成了重大損失。康有

① 《魏書》卷七上《高祖紀第七上》。
② 《經義叢鈔》卷二〇。
③ 《無邪堂答問》卷四。

爲認爲:“緯書雖多誕奇之説,然出西漢以前,與今文博士説合。……天監、隋煬兩次禁焚,緯書幾盡。孔子之學,一遇秦焚再遇隋焚,何不幸也?後儒忘緯書之本原,附會歆、逵之説而並黜之,致使今學之説頓盡,而不得與秦焚並嘆,豈不惜哉?”①

將讖緯與經書相提並論難稱允當,但是歷代禁燬讖緯不僅給公私藏書造成巨大損失,而且也給中國文獻、中國文化造成巨大損失,則是毫無疑問的。

三　唐五代

唐五代禁書範圍除讖緯外,還擴大到天文、曆法、兵書等方面,並懸爲禁令,著於法律。如《唐律疏議》卷九《職制》第二十款云:“諸玄象、器物、天文、圖書、讖記、兵書、七曜曆、太一、《雷公式》,私家不得有,違者徒二年。私習天文者亦同。其緯候及《論語讖》,不在禁限。”同書卷十八《賊盜》第八款復云:“諸造妖書妖言者,絞。傳、用以惑衆者,亦如之(傳,謂傳言;用,謂用書);其不滿衆者,流三千里。言無害者,杖一百。即私有妖書,雖不行用,徒二年;言理無害者,杖六十。”唐代宗大曆二年(七六七)重申:“讖緯不經,蠹深於疑衆,蓋有國之禁,非私家所藏。令各州府查禁,敕到十日内送官,本處長吏集衆禁燬。”②《唐律》中有關禁書的條文對後世影響頗大,後周廣順三年(九五三)八月,太祖郭威所頒敕令亦云:“今後玄象、器物、天文、圖書、讖記、七曜曆、太一、《雷公式法》,私家不得有及衷私傳習,有者,並須焚燬。司天臺、翰林院本司職員並不得以前代所禁文書出外借人傳寫。”③

唐人有以詩得罪者,如劉禹錫的《自朗州承召至京,戲贈看花諸君子》。孟启記其事云:

① 《新學僞經考・隋書經籍志糾謬第十一》。按,今人陳槃研究讖緯多年,富有論著,漢舊説借以略明。

② 《舊唐書》卷一一《代宗紀》。

③ 《五代會要》卷一一《雜録》。

> 劉尚書自屯田員外左遷郎（按：應爲“朗”）州司馬，凡十年始徵還。方春，作《贈看花諸君子》詩曰：“紫陌紅塵拂面來，無人不道看花回。玄都觀里桃千樹，盡是劉郎去後栽。”其詩一出，傳於都下。有素嫉其名者，白於執政，又誣其有怨憤。他日見時宰，與坐，慰問甚厚。既辭，即曰：“近者新詩，未免爲累，奈何？”不數日，出爲連州刺史。①

但尚無禁文學作品流傳者，蓋其時流行皆鈔本，雕印本流傳不廣，影響不大之故也。

四　宋

宋初繼承了隋唐五代禁燬讖緯等書的傳統，一是在《宋刑統》中繼續保留了《唐律疏議》中的兩條禁書條文，一是宋太祖於開寶五年（九七二）九月重申：“禁玄象器物、天文圖讖，七曜曆、太一、雷公、六壬、遁甲等，不得藏於私家，有犯者並送官。”②接着太宗又於太平興國二年（九七七）冬十月下詔曰：“兩京、諸道陰陽卜筮人等，向令傳送至闕，詢其所習，皆懵昧無所取，蓋矯言禍福，誑耀流俗，以取貲耳。自今除二宅及《易》筮外，其天文、相術、六壬、遁甲、三命及它陰陽書，限詔到一月送官。”③“私習者斬。”④真宗即位，復於景德元年（一〇〇四）詔令“民間天象器物、讖候禁書，並納所司禁之，匿不言者死”。⑤仁宗爲了根絶讖緯之類書，曾令司天監編製《禁書目録》一卷，詳見本書《目録編》第七章《特種目録》第二節《禁燬書目録》。利用禁書目録收繳圖書説明宋代在禁書手段上較前有了很大發展。

某些人因政治觀點不同，受到政治打擊，其著作因而遭禁，這也是宋代禁書的一個特點。蘇軾是其代表人物。宋朋九萬《東坡烏臺詩案》録

① 《本事詩·事感第二》。
② 《續資治通鑑長編》卷一三《太祖》。
③ 《續資治通鑑長編》卷一八《太宗》。
④ 《宋史》卷四《太宗本紀》。
⑤ 《宋史》卷七《真宗本紀》。

《監察御史裏行何大正劄子》云："臣伏見祠部員外郎直史館知湖州蘇軾《謝上表》，其中有言'愚不識時，難以追陪新進；老不生事，或能牧養小民'，愚弄朝廷，妄自尊大。宣傳中外，孰不嘆驚？"復録《監察御史裏行舒亶劄子》云："至於包藏禍心，怨望其上，訕讟慢罵，而無復人臣之節者，未有如軾也。蓋陛下發錢以本業貧民，則曰'贏得兒童語音好，一年强半在城中'。陛下明法以課試郡吏，則曰'讀書萬卷不讀律，致君堯舜知無術'。陛下興水利，則曰'東海若知明主意，應教斥鹵變桑田'。陛下謹鹽禁，則曰'豈是聞韶解忘味，邇來三月食無鹽'。其他觸物即事，應口所言，無一不以譏謗爲主，小則鏤板，大則刻石，傳播中外，自以爲能。其尤甚者，至遠引襄漢梁、竇專朝之士，雜取小説燕蝠争晨昏之語，旁屬大臣，而緣以指斥乘輿，蓋可謂大不恭矣。"因此蘇軾由湖州任上，被勾至御史臺推鞫，神宗降旨："蘇軾可責授檢校水部員外郎充黄州團練使，本州安置，不得簽書公事。"①徽宗復於崇寧二年（一一〇三）四月二十七日下詔焚書，詔曰："蘇洵、蘇軾、蘇轍、黄庭堅、張耒、晁補之、秦觀、馬涓《文集》、范祖禹《唐鑒》、范鎮《東齋紀事》、劉攽《詩話》、僧文瑩《湘山野録》等印版，悉行焚燬。"②這次禁書事件，蔡京起了很大作用，佚名《靖康要録》卷七云：

> 靖康元年（一一二六）右正言崔鶠奏：自崇寧以來，京賊用事。……至於蘇軾、黄庭堅之文集，范鎮、沈括之雜説，畏其或記祖宗之事，或記名臣之説，於己不便，故一切禁之，購以重賞，不得收藏；則禁士之異論，其法亦已密矣！

給公私藏書造成重大損失的，還有南宋初年的禁野史事件。此次事件以禁野史爲藉口，所禁實際上遠遠超過了野史的範圍。《宋史·秦檜傳》記載了這次禁書事件的經過及危害性，略云：

① 《東坡烏臺詩案·御史臺根勘結按狀》。

② 《資治通鑑後編》卷九五《宋紀》。

檜乞禁野史,又命子熺以秘書少監領國史,進建炎元年至紹興十二年日曆五百九十卷。熺以太后北還,自頌檜功德,凡二千餘言,使著作郎王揚英、周執高上之,皆遷秩。

自檜再相,凡前罷相以來,詔書章疏稍及檜者,率更易焚棄。日曆時政,亡失已多。是後記録,皆熺筆,無復有公是非矣。

冬十月,右正言何溥指程頤、張載遺書,爲專門曲家,力加禁約。人無敢以爲非。……

檜先禁史,(十五年)七月,又對帝言:私史害正道。時司馬伋遂言《涑水紀聞》非其曾祖光論著之書。其後李光家亦舉光所藏書萬卷焚之。

宋李心傳《建炎以來繫年要録》對此事亦有記載,如紹興十四年四月"丁亥,秦檜奏乞禁野史,上曰:'此尤爲害事,如靖康以來私記極不足信。'"紹興十五年八月"丙子,上與大臣論事……秦檜曰:是非不明久矣,圍城中失節者相與作私史,反害正道"。紹興十七年,"言者論會稽士大夫家藏野史以謗時政,於是李光家藏書萬餘卷,其家皆焚之"。①

王明清也記載了秦檜禁燬擅改史書給宫廷藏書造成重大損失的情況:

自高宗建炎航海之後,如《日曆》《起居注》《時政記》之類,初甚完備。秦檜之再相,繼登維垣,始任意自專,取其紹興壬子歲初罷右相,凡一時施行,如訓誥詔旨,與夫斥逐其門人臣僚章疏奏對之語,稍及語己者,率皆更易禁棄。由是亡失極多,不復可以稽考。②

王明清還談到迫於政治壓力,他母親把家中許多藏書都燒掉了的情況:

① 《建炎以來繫年要録》卷一五一、一五四、一五六。

② 《揮麈後録》卷二。

丁卯歲(一一四七)秦檜之擅國,言者論會稽士大夫家藏野史,以謗時政,初未知爲李泰發家議也。是時,明清以舅父曾宏父守京口,老母懼焉。凡前人所記本朝典故,與夫先人所述史稿雜記之類,悉付之回禄。每一思之,痛心疾首。後來明清多寓浙西婦家,煨燼之餘,所存不多。諸侄輩不能謹守,又爲親戚盜去。或他人久假不歸,今遺書十不存一,每一歸省,舊篋不忍復啓,但流涕而已。①

宋代擴大了禁書範圍,波及文史兩類著作,還采用編禁書目録的方法收繳圖書,爲避免不利於自己的話而對原文獻進行删改,所有這些都對後世禁書産生了惡劣的影響。

五　元

元世祖曾沿襲舊有傳統屢次焚燬天文、圖讖、陰陽等類書。如《元史・世祖紀》云:至元十年(一二七三)禁"陰陽圖讖等書",至元二十一年重申"私藏天文圖讖"的禁令,"有私習收匿者罪之"。這些禁令也見諸法律,如《元史・刑法志・大惡》云:"諸妄撰詞曲,誣人以犯上惡言者,處死。"《元史・刑法志・禁令》:"諸陰陽家天文圖讖,應禁之書,敢私藏者罪之。諸陰陽家僞造圖讖,釋老家私撰經文,凡以邪説左道,誣民惑衆者,禁之,違者重罪之。在寺觀者罪及主守,居外者所在有司察之。"值得注意的是元代禁書範圍擴大到"妄撰詞曲"與"釋老家私撰經文"。

元代禁書對私家藏書也産生了不良影響,例如莊肅仕宋爲秘書小史,宋亡,棄官浪迹海上,聚書至八萬卷,至正年間亡佚殆盡,主要原因是其家害怕觸犯藏書禁令而自焚了不少書,陶宗儀述其事云:"至正六年(一三四六),朝廷開局修宋遼金三史,詔求遺書,有以書獻者,予一官。江南藏書多者止三家,莊其一焉。繼命危學士樸特來選取。其家慮恐兵遁圖讖干犯禁條,悉付祝融氏。及收拾燼餘,存者又無幾矣。其孫群玉悉載入京,

① 《揮麈後録》卷七。

覬領恩澤,宿留日久,仍布衣而歸。書之不幸如此。"①

六 明

明初,太祖曾大興文字之獄,如徐禎卿云:"太祖多疑,每慮人侮己。杭州儒學徐一夔曾作賀表上。其詞云:'光天之下',又曰:'天生聖人,爲世作則。'帝覽之,大怒曰:'腐儒乃如此侮朕耶?生者,僧也;以我從釋氏也。光,則磨頂之謂矣。則字近賊,罪坐不敬。'命收斬之。禮臣大懼,因上請曰:'愚懵不知忌諱,乞降表式,永爲遵守。'帝因自爲文,傳播天下。"②明黄瑜《雙槐歲鈔》還記載了不少類似例子。許多慘遭文字之禍的人的作品,在政治高壓下,當然難以留存流傳。

太祖對《孟子》中"民爲貴,社稷次之,君爲輕"的思想不滿,曾命翰林學士劉三吾等删節,《南雍志》卷十八《經籍考》經類著録的《孟子節文》二卷即删節後的産物,附注云:"校《孟子》一書,中間辭氣之間抑揚太過者八十五條,其餘一百七十餘條悉頒之中外校官,俾讀是書者知所本旨,自今八十五條之内,課試不以命題,科舉不以取士。"

明成祖朱棣於建文元年七月以靖難爲名起兵,至建文四年(一四〇二)六月占領南京,即位稱帝。爲了掩蓋史實,命人焚燬建文朝史料,如明趙善政嘗云:"永樂中出建文朝封事數千通,命解縉等擇有關於農商禮樂者,存之。其有干犯'靖難'事者,焚之。既畢事,文皇笑謂縉曰:'卿等當時,應皆有之。'皆愕然不敢對。"③這位取代侄兒當了皇帝的明成祖,在爲統一思想而禁燬圖書方面做得非常突出。陳鼎云:

> 我太祖高皇帝即位之初,首立大學,命許存仁爲祭酒,一宗朱子之學。今學者非五經、孔孟之書不讀,非濂、洛、關、閩之學不講。成祖文皇帝,益張而大之。命儒臣,輯五經四書及性理全書,頒布天下。饒州儒士朱季友,詣闕上書,專詆周、程、張、朱之説。上覽而怒曰:

---

① 《輟耕録》卷三。
② 《翦勝野聞》卷二。
③ 《賓退録》卷二。

"此儒之賊也。"命有司聲罪杖遣,悉焚其所著書,曰:"無誤後人。"於是邪說屏息,迨今二百餘年。①

爲禁錮思想而焚書還有一個突出的例子是萬曆間對李贄的政治迫害。萬曆三十年,李贄七十六歲,禮科都給事中張問達上疏彈劾道:

李贄壯歲爲官,晚年削髮。近又刻《藏書》《焚書》《卓吾大德》等書,流行海内,惑亂人心。以吕不韋、李園爲智謀,以李斯爲才力,以馮道爲吏隱,以卓文君爲善擇佳偶,以司馬光論桑弘羊欺武帝爲可笑,以秦始皇爲千古一帝,以孔子之是非爲不足據,狂誕悖戾,未易枚舉,大都刺謬不經,不可不燬者也。②

神宗批示道:"李贄敢倡亂道,惑世誣民,便令廠衛五城嚴拿治罪。其書籍已刊未刊者,令所在官司盡搜燒燬,不許存留。如有徒黨曲庇私藏,該科及各有司訪參奏來,並治罪。"③神宗的指示似未得到嚴格執行。

李贄的著作始終禁而不絶,流傳至今,説明在雕版印刷已經流行的時代,采用强制的手段杜絶不利於統治階級的異説是不得人心的,也是難以奏效的。

明代中期,工商業日趨繁榮,文網逐漸鬆弛,一些離經叛道的文藝作品乘時而起,但是也引起了封建統治者的警覺,英宗正統七年(一四四二),國子監祭酒李時勉上言:

近年有俗儒,假托怪異之事,飾以無根之言,如《剪燈新話》之類,不惟市井輕浮之徒争相誦習,至於經生儒士,多捨正學不講,日夜記憶,以資談論。若不嚴禁,恐邪説異端日新月盛,惑亂人心,實非細故。乞敕禮部行文内外衙門及提調學校僉事、御史,並按察司官巡歷

① 《東林列傳》卷二。此説源於楊士奇《三朝聖諭録》,《明史·成祖紀》亦有記載。
②③ 《明神宗實録》卷三六九。

去處,凡遇此等書籍,即令焚燬。有印賣及藏習者,問罪如律。庶俾人知正道,不爲邪妄所惑。①

其尤甚者爲明末對《水滸傳》的禁燬,如《崇禎十五年四月十七日刑科給事中左懋第爲陳請焚燬水滸傳題本》云:

李青山諸賊嘯聚梁山,破城焚漕,咽喉梗塞,二京鼎沸。諸賊以梁山爲歸,而山左前此蓮妖之變,亦自鄆城、梁山一帶起。臣往來舟過其下數矣,非崇山峻嶺,有險可憑而賊必因以爲名,據以爲藪澤者,其説始於《水滸傳》一書。

同年六月詔令嚴禁《水滸傳》,兵部行文要求"大張榜示:凡坊間藏《水滸傳》並版,盡令速行燒燬,不許隱匿,仍勒石山巔,垂爲厲禁,清丈其地,歸之版籍。並通行各省直巡按及五城御史,一體欽遵,禁燬施行"。②

熹宗時還組織人編了一部《三朝要典》,對神宗、光宗、熹宗三朝的當時政治上的一些重要事件加以總結,以箝制輿論、打擊政敵,而對不利於其統治的某些史書,則加以禁燬。天啓六年(一六二六),工科給事中虞廷陛上疏曰:

《要典》集成,昭如日星。從前枝葉,斬斷葛藤;而後牽纏,統歸融釋。乃邇日相傳各類種種,有所謂《天鑒録》,又聞有《點將録》《初終録》《同心録》《石碣録》《爲鑒録》等本,不一而足。非書非傳,恣其筆端。皇上治保平明,禁嚴浮議,自今以後,悉以《三朝要典》爲憑,凡有私集如前列諸種,盡令毁絶,則僉壬反中之計窮,而臣僚公忠之益廣,於以培植正人,並力疆埸,未必無小補矣。③

①③ 《明英宗實録》卷九〇。

② 《明清内閣大庫史料》上册四二九頁。

熹宗接受了虞氏建議,詔曰:

> (《天鑒録》諸書)意在報復恩仇,傾陷異己,本當追究重處;恐致株連,姑且不究。今後凡係此等私書,一見即爲焚燬,毋得鈔傳談説,溷亂是非;有不遵的,著緝事衙門訪拏治罪。目今時事多艱,大小臣工俱當並力和衷,共圖安攘。朝廷用人,但以職業修廢課其功罪,一切葛藤,悉宜掃絶。不許妄起事端,自分畛域。①

遭到禁燬的還有曹學佺的《野史記略》,天啓六年(一六二六)八月,左副都御史劉廷元上疏曰:"皇上頃命史局輯成《三朝要典》,三案中之華衮鐵鉞已揭於天下萬世矣。……近聞有不法之臣,如廣西副使曹學佺,私撰《野史記略》,以諂上官,以惑天下。"②熹宗詔曰:"曹學佺私撰野史,本當拿問,姑奪職爲民。書板行撫按官追燬。"③熹宗於天啓七年(一六二七)病死,崇禎皇帝即位,復下詔燬《三朝要典》。④

綜上所述,明代禁書直接爲現實的政治鬥争服務的色彩更加鮮明;大張旗鼓地禁燬《水滸傳》《剪燈新話》之類的文學作品也是一大特點。

七　清

清朝禁書措施在我國古代達到了新的高度,其特點是持續時間長、涉及面廣、危害大。今略依時代先後,分别述之如下。

甲　清初文字獄

清初爲了消滅漢民族意識,在政治上采取高壓政策,大興文字之獄。康熙年間主要有莊廷鑨《明書》案、戴名世《南山集》案、方孝標《滇游紀聞》諸案,而以莊廷鑨案爲最慘烈。楊鳳苞《記莊廷鑨史案本末》云:

> 莊廷鑨字子襄,先世吴江人,其祖始遷居烏程之南潯,家巨富。

① 《明熹宗實録》卷七〇。

②③ 《明熹宗實録》卷七五。

④ 《崇禎實録》卷一稱崇禎元年"己巳燬《三朝要典》"。

父允誠，字君唯，貢生，生三子，廷鑨其長也。……其家與故相國朱文肅公家鄰，因購得文肅《史概》未刻列傳稿本，乃招賓朋群爲增損修飾而論斷，仍署朱史氏，又續纂天啓、崇禎兩朝事，其中多指斥之語，名曰《明書輯略》。①

“書中所云王某孫婿，即清之德祖；所云建州都督，即清之太祖也，而直書名。又云：‘長山衄而鋭士飲恨於沙燐，大將還而勁卒銷亡於左衽。’如此之言，散見於李如柏、李化龍、熊明遇傳中。又指孔耿爲叛，又自丙辰（一六一六年，清太祖天命元年）迄癸未（一六四三年，次年李自成陷北京）俱不書清年號，而於隆武（南明唐王年號）、永曆（南明桂王年號）之即位正朔，必大書特書，其取禍之端有如此。”②“案既定，斲廷鑨棺，灰其骸骨。其弟廷鉞及其弟子與諸人之昆弟子孫年十年以上者均斬決，妻女配瀋京披甲爲奴。”其父允誠於康熙元年冬十月“赴部刑訊，不勝毒楚，瘐死於獄，磔其屍”。③ 此外作序的、列名參閲的、刻字的、刷印的、賣過此書的、收藏過此書的，以及經辦此案而持不同態度的官員，均被處死。④

康熙五十一年（一七一二）又興起了方孝標、戴名世案。徐珂《清稗類鈔》第三册《獄訟類·戴名世南山集案》記其大略云：

桐城方孝標嘗以科第起，官至學士。……入滇，受吴三桂僞翰林承旨。吴敗，孝標先迎降，得免死。因著《鈍齋文集》《滇黔紀略》，極多悖逆語。戴名世見而喜之，所著《南山集》……集中多采録孝標所紀事。尤雲諤、方正玉爲之捐貲刊行。……又，其與弟子倪生一書，論修史之例：謂“本朝當以康熙壬寅（即永曆帝没亡之年）爲定鼎之始。世祖雖入關十八年，時三藩未平，明祀未絶，若循蜀漢之例，則順治不得爲正統”云云。時趙忠毅公申喬方爲都諫，奏其事。九卿會

---

① 《秋室集》卷五。

② 《痛史》第四種《莊氏史案》。

③ 《秋室集》卷五《記莊廷鑨史案本末》。

④ 均見《秋室集》卷五《記莊廷鑨史案本末》。

鞫，中戴名世大逆法，致寸磔，族皆棄市。未及冠笄者，發邊。……時孝標已死，以名世之罪罪之，子登嶧、雲旅、孫世樵並斬。方氏有服者皆坐死，且剉孝標屍。

雍正年間文字獄大案共五起，即吕留良案、汪景祺案、查嗣庭案、陸生枏案、謝濟世案。其中吕留良案影響最大。

吕留良，字莊生，號晚村；又名光綸，字用晦，入清不仕。雍正六年(一七二八)，湘人曾静策動陝甘總督岳鍾琪起兵反清，岳鍾琪告發，曾静被捕，招供受吕留良詩文影響所致，且與吕氏門人嚴鴻逵及嚴氏門人沈在寬等交往投契。清廷因命浙督將吕、嚴、沈三家書籍及案内人犯一併捉拿解京。當時雍正與曾静對答之語，曾刊爲《大義覺迷録》頒示天下，高宗繼位後又認爲這樣做並不明智，將其列爲禁書，收回銷燬。雍正八年十二月，刑部等衙門會議：吕留良"追思舊國，詆毁朝章，造作惡言，妄行記撰，猖狂悖亂，罪惡滔天"。決定：

吕留良剉尸梟首，財産入官。伊子吕葆中，曾叨仕籍，世惡相濟。前此一念和尚謀叛案内，連及吕葆中，逆迹彰著，亦應剉屍梟示，吕毅中應擬斬立決。伊子孫並兄弟伯叔兄弟之子及女妻妾，姊妹之子妻妾，應行文該督，查明按律完結。並行知各省府州縣，將大逆吕留良所著文集、詩集、日記及他書已經刊刷及鈔録者，於文到日出示，遍諭勒限一年盡行焚燬。

乾隆年間，著名的文字獄有三十餘起，如乾隆二十年(一七五五)，因胡中藻所著《堅磨生詩鈔》中有"一世無日月，斯文欲被蠻"等句，所出試題，又有"鳥獸不可與同群"、"狗彘食人食"等題，而被高宗認爲大逆不道。大學士等奏覆："胡中藻違天叛道，覆載不容。合依大逆凌遲處死。該犯的屬，男十六歲以上，皆斬立決。張泰開明知該犯詩鈔悖逆，乃敢助資刊版,出名作序,應照知情隱匿律,斬立决。”[1]其與逆犯酬答之鄂昌爲滿族官員,賜令自盡。[2]

再如乾隆二十二年(一七五七),發現武邑生員段昌緒藏有吴三桂檄文,且有濃圈密點,加評贊賞。因此懷疑同縣彭家屏家也藏有檄文,經再三詰問,自稱未見吴三桂檄文,而有明野史若干未燒。五月,諭軍機大臣等:“前因彭家屏供出家藏有明末野史《潞河紀聞》《日本乞師》《豫變紀略》等書。續又供出《酌中志》《南遷録》,並鈔本小字書,係天啓、崇禎年間政事等書。以上各種,該督等何並未查出一種? 甚屬草率,著將供出書目,並寄該督等,逐一詳細查明具奏。”[3]事實上,家屏之子傳笏因害怕惹禍,已將家中所藏明季野史燒掉了,而這樣做更引起高宗的懷疑。案結之日,段昌緒斬决,彭氏父子俱擬斬監候,秋後處决。

清初文字獄對私家藏書産生了巨大的影響,像彭傳笏那樣害怕惹禍而自焚藏書的事絶非僅有,朱彝尊的藏書即被焚棄,錢林云:“彝尊嗜古成癖,家藏舊本,兵後散佚。及客粤還,過豫章書肆,買書五箱,盛一櫝。又客永嘉時,方起明私史之獄;凡涉明事者争相焚棄。比還,則並櫝亡之。”[4]何焯所著書亦遭遇到了同樣命運,沈彤《義門先生行狀》稱其“所著詩、古文數百篇,皆追從唐之作者。《語古齋識小録》數册,多删取諸題識爲之。繫獄時,門人某妄意中有忌諱,悉取投諸火”。[5] 方棨如《義門墓志銘》亦云:“所著詩歌古文數百篇,《語古齋識小録》十數卷,方簿録時,門弟子恐中有棖觸語,悉付一炬成焦土云。”[6]由此可見,在當時朝廷的淫威之下,損失了不可勝紀的有價值的文獻。

乙　編《四庫全書》寓禁於徵

乾隆皇帝在三十八年(一七七三)下詔説:“以彰右文之盛,此採輯《四

---

① 雍正《東華録》卷八。

② 乾隆《東華録》卷一四。

③ 乾隆《東華録》卷一六。

④ 《文獻徵存録》卷一《朱彝尊傳》。

⑤⑥ 《義門先生集》卷末附録。

庫全書》之本旨也。"[1]事實上,他辦理《四庫全書》的另一個、或許更重要的目的是禁燬詆觸清政府的書。其三十九年(一七七四)八月初五日詔云:

各省進到書籍不下萬餘種,並不見奏及稍有忌諱之書,豈有裒集如許遺書竟無一違礙字迹之理。况明季末造,野史甚多,其間毀譽任意,傳聞異詞,必有詆觸本朝之語,正當及此一番查辦,盡行銷燬,杜遏邪言,以正人心而厚風俗,斷不宜置之不辦。[2]

當乾隆皇帝發現江浙兩省繳呈的應燬書籍還不如江西省多時,便在四十一年(一七七六)十二月十三日"傳旨嚴行申飭,並令該督撫再行嚴飭所屬加意收查,務使應燬之書盡行繳出,勿敢稍有隱匿。如此番查辦之後,民間尚有違禁潛藏者,將來别經發覺,除將本人治罪外,仍惟該督撫是問,恐不能當其罪也"。[3] 爲了迅速而有效地收繳禁書,四十三年(一七七八)年底下令定期收繳,詔曰:

蓋因查書向未定期,各督撫視爲末務,每隔數月奏繳數種塞責,如此漫不經意,何時可以竣事?而挾仇告訐騷擾欺嚇將百弊叢生。其藏書之人亦不免意存觀望,呈繳逾期,皆各督撫經理不善之故。着通諭各督撫以接奉此旨之日爲始,予限二年,實力查繳,並再明白宣諭,凡收藏違礙悖逆之書,俱各及早呈繳,仍免治罪。至二年限滿,即毋庸再查。如限滿後仍有隱匿存留違礙悖逆之書,一經發覺,必將收藏者從重治罪,不得復邀寬典,且惟於承辦之督撫是問,恐亦不能當其重戾也。[4]

---

① 《四庫全書總目》卷首。
② 《辦理四庫全書檔案》上册三一頁。
③ 《辦理四庫全書檔案》上册四五頁。
④ 《辦理四庫全書檔案》上册六〇頁。

在高宗一再催逼下，各地抓緊收繳圖書，以至鬧到逐户搜查的地步，如江蘇省督院陳咨會於四十五年（一七八〇）十二月初十日具奏云："臣仍飭屬實力購訪，併廣行出示曉諭，即殘篇斷簡稍涉違礙字句俱令及時呈繳，務使犬吠狼嗥，根株净絶。"①

爲了便於掌握禁書的標準，辦理《四庫全書》處還專門制訂了《奏繳諮禁書目録條款》。在實踐的過程中被列爲禁書的，約有以下幾種情况：

一是明末清初對清朝統治不滿的書，這是最主要的。如四十一年（一七七六）十一月十七日詔曰："明季諸人書集詞意抵觸本朝者，自當在銷燬之列。"②四十三年（一七七八）十一月初四日詔曰："前經降旨督撫查繳違礙書籍，並令明白宣示：如有收藏明末國初悖謬之書，急宜及早交出。"③

二是錢謙益、吕留良、金堡、屈大均等被高宗欽定法辦諸人的書全燬，載入其議論，選及其詩詞者需抽燬。如五十七年（一七九二）《四庫全書》館所開《全燬書籍清單》，首列《初學集》四本、《有學集》二十一本、《牧齋詩鈔》三本、《杜詩箋注》四十六本、《列朝詩集》三十八本、《牧齋尺牘》八本，均爲錢謙益撰，遭全燬。④ 有的作者因個别語句觸犯忌諱，而導致所有著作被禁燬，如五十三年（一七八八）將《讀畫録》撤换銷燬，附注云："此書係周亮工撰，因詩内有'人皆漢魏上，花亦義熙餘'語涉違礙，經文源閣詳校簽出，奏請銷燬，並將周亮工所撰各書一概查燬。"⑤

三是天文占驗之書，如四十六年（一七八一）二月初四日詔曰："閲奏繳銷燬書籍内有河南省解到之明仁宗所製《天元玉歷祥異賦》，及不知撰著名氏之《乾坤寶典》二種。此等天文占驗，妄言禍福之書，最易淆惑人心，自未便存留在外，恐各省查辦未能搜查净盡，着傳諭各督撫，令其詳悉搜繳解京，併查明有無板片，一併解送銷燬。"⑥

四是不符合正統道德觀念的書。如四十年（一七七五）十一月十七日

①⑥ 《辦理四庫全書檔案》上册七二頁。

② 《辦理四庫全書檔案》上册四二頁。

③ 《辦理四庫全書檔案》上册五九頁。

④ 《辦理四庫全書檔案》下册四一頁。

⑤ 《辦理四庫全書檔案》下册二四頁。

詔曰:"宋穆修集有《曹操帳記》,語多稱頌,謬於是非大義,在所必删。"① 又四十六年(一七八一)十一月初六日詔曰:"昨閲四庫館有朱存孝編輯《迴文類聚補遺》一種,内載《美人八詠》詩,詞意媟狎,有乖雅正。夫詩以温柔敦厚爲教,孔子不删鄭衛,所以示刺示戒也,故三百篇之旨,一言蔽以無邪。……朕輯《四庫全書》當採詩文之有關世道人心者,若此等詩句,豈可以體近香奩,概行採録,所有《美人八詠》詩,著即行撤出,至此外各種詩集内有似此者,亦著該總裁督同總校分校等詳細檢查,一併撤去,以示朕釐正詩體、崇尚雅醇之至意。"②在五十三年(一七八八)撤换銷燬的書中有《書畫記》一種,附注云:"此書係吴其貞撰,因書内所載春宵秘戲圖語涉猥褻,奏明應燬。"③

除全燬外,還有大量的書遭到撤燬、抽燬、删削。五十二年(一七八七)列有《應行撤燬、抽燬、删削各書》,今舉首二例:

一、《國史考異》係考訂明太祖、成祖兩朝國史之是非,其中引錢謙益之説甚多而不著其名,且詞相連屬,難以删削,應行撤燬。

一、《十六家詞》内,紀昀所指鄒祗謨《滿江紅》詞一首,辭意憤激,然並無謗訕之意,似可毋庸抽燬,惟書中有龔鼎孳所著詞一種。查龔鼎孳所著全集業經銷燬,不應復存此詞,應一律抽燬,改爲《十五家詞》。④

經過挖改的書當然更多,五十二年(一七八七)編有《各省督撫奏到挖改清單》:

江蘇省挖改過二百九十四部

安徽省挖改過一百八十九部

① 《辦理四庫全書檔案》上册三九頁。

② 《辦理四庫全書檔案》上册七七頁。

③ 《辦理四庫全書檔案》下册二四頁。

④ 《辦理四庫全書檔案》下册一一頁。

浙江省挖改過四百部

江西省挖改過三百十四部①

爲了便於各地搜繳禁書,四十三年(一七七八)五月二十六日,詔令四庫館編製禁書目録云:"前經各省將查出應燬違礙各書陸續送京,經該館大臣派員查辦,分别開單進呈,請旨銷燬,所有應燬各書,着該館開單行知各督撫一併實力查辦。"②四十七年(一七八二)辦理《四庫全書》總裁福隆安等奏云:

其閲過奏定之全燬抽燬各本實在共七百八十九種,應請摘開書目,各注明撰人姓名彙刊成册,通行各該省,令其遍加曉諭,庶鄉曲愚民不敢冒昧收藏,自干法禁,而按目查考搜繳,更當浄盡,無復稍有遺留矣。謹另繕清單,一併進呈,俟發下,即交與武英殿刊刻頒發,嗣後如有應燬新本,再行隨時增刊續入,合併聲明。③

《四庫全書》館及各省編了《應行撤燬、抽燬、删削各書》《應銷燬各書清單》《全燬書籍清單》等衆多禁書目録。近人陳乃乾在清代辦理《四庫全書》過程中所編各種禁書目録的基礎上,删併重複,校補缺失,編成《索引式的禁書總録》,較爲完備。據該書統計,全燬書爲二千四百五十三種,抽燬書四百零二種,而收入《四庫全書》的,不含存目也不過三千四百六十一種。④ 需焚燬的書籍由《四庫全書》館總裁"酌派軍機滿漢司員眼同監看,在武英殿字爐儘數銷燬"。⑤所繳書版有的鏟改再用,有的則作爲柴燒。如四十五年(一七八〇)十月十六日,《四庫全書》館館臣奏云:

臣等遵旨將節年各省解到應行銷燬書板,分别鏟改應用及作爲

---

① 《辦理四庫全書檔案》下册一八頁。

②⑤ 《辦理四庫全書檔案》上册五六頁。

③ 《辦理四庫全書檔案》上册九〇頁。

④ 中華書局一九六五年本《四庫全書總目》卷首《出版説明》。

柴燒兩項，共有若干數目，並節省銀兩若干之處交查武英殿。兹據覆稱：乾隆三十八年十二月起至四十五年十月，共收到應燬版片五萬二千四百八十塊，俱係雙面刊刻，僅厚四五分不等，難以鏇用，節經奏明交造辦處玻璃廠，作爲硬木燒柴，共三萬六千五百三十斤，每千斤價銀二兩七錢，計共節省銀九十八兩六錢零。又四十五年十一月起至四十六年九月，共收到板片一萬五千七百五十九塊，現在逐加揀選，如有堪用者留用，餘統俟年底匯總，仍交玻璃廠作爲燒柴。①

在朝廷大興文字獄、禁燬圖書的影響下，一些封建衛道士也賣力地從事了禁書活動，如法式善云：

石韞玉字執如，負文章盛名，而實道學中人也。嘗謂余曰："吾輩著書，不能扶翼名教，而遇得罪名教之書，須拉雜摧燒之。"家置一書庫，名曰"孽海"。蓋投諸濁流，冀弗揚其波也。一日閲《四朝聞見録》，拍案大怒。急謀諸婦，脱臂上金跳脱，質錢五十千，遍收書，得三百四十餘部。將投諸火，余過其齋，怪而問之。……卒燒之②。

可見乾隆皇帝組織辦理《四庫全書》，既爲我國圖書整理工作作出了重大貢獻，又給我國文獻造成了一場浩劫。

丙　禁燬淫詞小説

清朝禁書還有一個重要特點就是持續不斷地禁燬所謂淫詞小説。早在順治九年（一六五二），世祖就嚴令："坊間書坊止許刊行理學政治有益文業諸書。其他瑣語淫詞及一切濫刻窗藝社稿，通行嚴禁，違者從重究治。"③康熙二年（一六六三）議准："嗣後如有私刻瑣語淫詞，有乖風化者，内而科道，外而督撫，訪實何書係何人編造，指名題參，交與該部議罪。"④康熙二十六年（一六八七），刑科給事中劉楷上疏云："自皇上嚴誅邪教，異

① 《辦理四庫全書檔案》上册七〇頁。

② 《槐廳載筆》卷一四。

③④ 《學政全書》卷七《書坊禁例》。

端屏息,但淫詞小説,猶流布坊間,有從前曾禁而公然復行者,有刻於禁後而誕妄殊甚者。臣見一二書肆刊單出賃小説,上列一百五十餘種,多不經之語,誨淫之書,販賣於一二小店如此,其餘尚不知幾何。"[1]於是聖祖再次下詔强調:"私行撰著淫詞等書,鄙俗淺陋,易壞人心,亦應一體查禁,燬其刻板。如違禁不遵,内而科道五城御史,外而督撫,令府州縣官,嚴行稽察題參,該部從重治罪。"[2]但這類淫詞小説不僅屢禁不止,而且越禁越多,以至康熙四十八年(一七〇九)復下詔云:"若該地方官不實心查拿,在京或經該部查出,外省或經督撫查出,將該管官員指名題參,一並治罪。"[3]康熙五十三年(一七一四)又降旨:

朕惟治天下以人心風俗爲本,而欲正人心厚風俗,必崇尚經學,嚴絶非聖之書。近見坊肆間多賣小説淫詞,鄙褻荒唐,瀆亂倫理,不但誘惑愚民,即縉紳子弟,未免游目而蠱心,傷風敗俗,所關非細,著該部通行中外,嚴禁所在書坊,仍賣小説淫詞者,從重治罪。[4]

清代禁燬淫詞小説,還寫進了法律條文,《大清律例》卷二十三《刑律賊盗上》云:

凡坊肆市賣一應淫詞小説,在内交與八旗都統、都察院、順天府;在外交督撫轉行所屬官弁嚴禁,務搜板書,盡行銷燬。有仍行造作刻印者,係官革職,軍民杖一百,流三千里。市賣者杖一百,徒三年,買看者杖一百。該管官弁不行查出者,交與該部按次數分别議處。仍不准借端出首訛詐。

清高宗禁燬淫詞小説更加嚴格,乾隆三年(一七三八)除下令重申上述法律條文外,還指出:

---

① 《皇清奏議》卷二二。

②④ 《學政全書》卷七《書坊禁例》。

③ 《聖祖實録》卷二三八。

凡民間一應淫詞小説，除造作刻印，定例已嚴，均照舊遵行外，其有收存舊本，限文到三月，悉令銷燬，如過期不行銷燬者，照買看例治罪。其有開鋪租賃者，照市賣例治罪。該管官員任其收存租賃，明知故縱者，照禁止邪教不能察緝例，降二級調用。①

乾隆十八年（一七五三），還專門下令禁燬《西厢記》《水滸傳》的滿文譯本，聲稱："似此穢惡之書，非惟無益，而滿洲等習俗之偷，皆由於此。如愚民之惑於邪教、親近匪人者，概由看此惡書所致。"因而下令將書及書版盡行燒燬，"如有私自存留者，一經查出，朕惟該管大臣是問"。② 十九年（一七五四）復指出，"《水滸傳》一書，應直省督撫學政行令地方官，一體嚴禁"。③從高宗開始，還特别强調查禁劇本，如四十五年（一七八〇）十一月二十八日，上諭軍機大臣等：

前各省將違礙字句書籍，實力查繳，解京銷燬。現據各督撫等陸續解到者甚多。因思演戲曲本内，亦未必無違礙之處，如明季國初之事，有關涉本朝字句，自當一體飭查。至南宋與金朝關涉詞曲，外間劇本往往有扮演過當以致失實者，流傳久遠，無識之徒或至轉以劇本爲真，殊有關繫，亦當一體飭查。此等劇本，大約聚於蘇、揚等處，著傳諭伊齡阿、全德留心查察，有應删改及抽撤者，務爲斟酌妥辦。並將查出原本暨删改抽撤之篇，一並粘簽解京呈覽。但須不動聲色，不可稍涉張皇。④

四十五年（一七八〇）十一月二十八日復詔云：

前因外間流傳劇本，如明季國初之事，有關涉本朝字句亦未必無違礙之處，傳諭伊齡阿、全德留心查察，斟酌妥辦。兹據伊齡阿覆奏，

①③ 《學政全書》卷七《書坊禁例》。

② 《高宗聖訓》卷二六三。

④ 《高宗實録》卷一一一八。

派員慎密搜訪,查明應删改者删改,應抽掣者抽掣,陸續粘簽呈覽。再查崑腔之外有石牌腔、秦腔、弋陽腔、楚腔等項,江廣閩浙四川雲貴等皆所盛行,請敕各督撫察辦等語,自應如此辦理。着將伊齡阿原摺抄寄各督撫閱看,一體留心查察,但須不動聲色,不可稍涉張皇。①

嘉慶七年(一八〇二)、十五年、十八年十月,均頒布過禁燬小説的命令,十八年十二月甚至下詔禁止開設小説坊肆,詔曰:"稗官野史……最爲人心風俗之害,屢經降旨飭禁。此等小説,未必家有其書,多由坊肆租賃,應行實力禁止。嗣後不准開設小説坊肆。違者,將開設坊肆之人以違制論。"②道光十四年(一八三四)二月,宣宗下詔强調禁燬傳奇、演義等書,其詔云:

近來傳奇、演義等書,踵事翻新,詞多俚鄙。其始不過市井之徒樂於觀覽,甚至兒童婦女,莫不飫聞而習見之,以蕩佚爲風流,以强梁爲雄傑,以佻薄爲能事,以穢褻爲常談;復有假托誣妄,創爲符咒、禳厭等術,蠢愚無識,易爲簧鼓,刑訟之日繁,奸盗之日熾,未必不由於此。嗣後各直省督撫及府尹等,嚴飭地方官實力稽查,如有坊肆刊刻,及租賃各鋪一切淫書小説,務須搜取板、書,盡行銷燬,庶幾經正民興,奇邪胥靖,朕實有厚望焉。③

咸豐元年(一八五一)七月,文宗曾專門下令禁燬《水滸傳》,上諭軍機大臣等:

有人奏湖南衡、永、寶三府,郴、桂兩州,以及長沙府之安化、湘潭、瀏陽等縣,教匪充斥,有紅簿教、黑簿教、結草教、斬草教、捆柴教等名目,每教分温良恭儉讓五字號,每號總領數百人至數千人。又有

---

① 《辦理四庫全書檔案》上册七一頁。

② 《仁宗實録》卷二八一。

③ 《宣宗實録》卷二四九。

齋匪，名曰青教，皆以四川峨嵋山會首萬雲龍爲總頭目，所居之處有忠義堂名號。……又據片奏，該匪傳教惑人，有《性命圭旨》及《水滸傳》兩書，湖南各處坊肆皆刊刻售賣，蠱惑愚民，莫此爲甚。並著該督撫飭地方官嚴行查禁，將書板盡行銷燬。①

同治十年（一八七一）六月，穆宗下令嚴禁坊本小說，以至所有小說都成了禁書。② 此外，光緒十一年（一八八五）、十六年（一八九〇）、二十六年（一九〇〇）都一再聲明對造刻淫詞小說者的懲處絶不減輕，③可見此事與清朝爲終始。

丁　查禁維新革命派著作

清末，禁燬圖書的重點轉向維新、革命派著作，但由於清王朝的急劇衰落，這些著作已經禁而不止了。

明末清初學者毛奇齡著《四書改錯》一書，對經文進行了批評，對傳統的注釋也進行了駁斥，因此遭到嚴禁，光緒二十年（一八九四）德宗下詔曰：

邵松年奏請崇正學一摺，據稱"毛奇齡所著《四書改錯》，自逞才辯，詆毀先賢，近來石印盛行，高明之士惑於其説，以程、朱爲不足法，請飭嚴禁"等語。《四書改錯》一書，有違正解，於士習人心，頗有關繫。現在河南既有此書，他省恐亦不免流播。著各直省督撫，出示嚴禁，不得再行出售。④

毛奇齡這部書傳世已久，却遲至光緒年間查禁，正説明當時思想界的動蕩不安。時隔不久，又嚴禁康有爲的《新學僞經考》。光緒二十四年（一八九八）德宗諭軍機大臣等：

① 《文宗實録》卷三八。
② 《穆宗實録》卷三一三。
③ 《定例匯編》卷一三一、一三七、一四七。
④ 《德宗實録》卷三四二。

有人奏"廣東南海縣舉人康祖詒刊有《新學僞經考》一書,詆毀前人,煽惑後進,於士習文教,大有關繫,請飭嚴禁"等語。著李瀚章查明,如果康祖詒所刊《新學僞經考》一書,實係離經畔道,即行銷燬,以崇正學而端士習。原片著鈔給閲看,將此諭令知之。尋兩廣總督李瀚章奏:"查明《新學僞經考》乃辨劉歆之增竄聖經,以尊孔子,並非離經。既經參奏,即飭自行抽燬。"①

而事實上,據《新學僞經考》一九一七年重印説明,可知該書於"甲午(一八九四)奉旨燬板,戊戌(一八九八)、庚子(一九〇〇)兩次奉旨燬板"。②

上述兩次禁書的方式還是比較温和的,戊戌變法失敗後,康、梁的著作遭到了全面徹底的禁燬。如光緒二十四年(一八九八)八月詔曰:"已革工部主事康有爲,學術乖謬,大悖聖教;其所著作,無非惑世誣民、離經畔道之言。著將該革員所有書籍板片,由地方官嚴查銷燬,以息邪説而正人心。"③除康有爲外,梁啓超、譚嗣同等人的著作也遭到了禁燬。人們都知道,康有爲以經學作爲維新的思想武器是受了四川綏定府教諭廖平著作的影響,因此廖平的著作也被列爲禁書,如光緒二十九年十月詔曰:"以離經畔道,行檢不修,革四川綏定府教諭廖平職,交地方官嚴加管束,並銷燬著刊各書。"④

隨着歷史潮流的洶涌澎湃,中華民族的一些優秀分子已經不是主張維新改革,而是要實行資産階級革命,推翻幾千年的封建專制制度。光緒二十九年(一九〇三)三月,鄒容寫成了《革命軍》一書,其開宗明義第一章就説:

掃除數千年種種之專制政體,脱去數千年種種之奴隸性質,誅絶五百萬有奇披毛戴角之滿洲種,洗盡二百六十年殘慘虐酷之大恥辱,

---

① 《德宗實録》卷三四四。

② 詳見《新學僞經考·重刻僞經考後序》。

③ 《德宗實録》卷四二七。

④ 《德宗實録》卷五二二。

使中國大陸成乾净土，黄帝子孫皆華盛頓，則有起死回生，還魂返魄，出十八層地獄，升三十三天堂，鬱鬱勃勃，莽莽蒼蒼，至尊極高，獨一無二，偉大絶倫之一目的，曰革命。巍巍哉，革命也！皇皇哉，革命也！①

由革命黨人章士釗主編的《蘇報》，對《革命軍》進行了大力宣傳，該報"新書介紹"欄評介《革命軍》説："其宗旨專在驅除滿族，光復中國。筆極犀利，文極沉痛，稍有種族思想者，讀之當無不拔劍起舞，髮冲眉竪。若能以此普及四萬萬人之腦海，中國當興也勃焉。是所望於讀《革命軍》者。"②

《革命軍》引起了清政府的恐慌與仇恨，於是興起了《蘇報》案，必欲置鄒容、章炳麟於死地而後快。光緒二十九年（一九〇三）十一月初六日，由上海知縣汪瑶庭、英領事館翟比南組成的額外公堂决處章炳麟、鄒容永遠監禁。有關章炳麟、鄒容的判詞如下：

至章炳麟作《訄書》並《革命軍序》，又有《駁康有爲》之一書，污蔑朝廷，形同悖逆；鄒容作《革命軍》一書，謀爲不軌，更爲大逆不道。彼二人者，同惡同濟，厥罪惟均，實爲本國律法所不容，亦爲各國公法所不恕。查律載："不利於國，謀危社稷，爲反；不利於君，謀危宗廟，爲大逆；共謀者不分首從皆凌遲處死。"又律載："謀背本國，潛從他國爲叛，共謀者不分首從皆斬。"又律載："妄布邪言，書寫張帖，煽惑人心，爲首者斬立决，爲從者絞監候。"如鄒容、章炳麟照律治罪，皆當處决。今逢萬壽開科，廣布皇仁，援照擬減，定爲永遠監禁，以杜亂萌而靖人心。俾租界一群不逞之徒知所警惕，而不敢爲非。③

然而領事團不同意這一判决，至光緒三十年（一九〇四）四月初七日，由會審公廨改判章炳麟監禁三年，鄒容監禁二年。鄒容不堪虐待，於次年二月

① 《革命軍》第一章《緒論》。
② 載一九〇三年六月十四日《蘇報》。
③ 《蘇報案紀事》卷下。

二十九日夜半病死獄中。然而鄒容的《革命軍》、章炳麟的《訄書》《駁康有爲論革命書》,恰恰因爲遭禁而擴大了影響。歷史的潮流是不可抗拒的,滿清政府乃至整個封建社會,時隔不久也就土崩瓦解了。

第二節 兵 燹

統治者出於政治上的需要,往往禁燬對於他們不利的那部分圖書,而保留甚至提倡對於他們有利的那部分圖書。而戰争則不同,兵火之中,玉石俱焚,歷代皆然。所以兵燹對公私圖書所造成的損失,往往更普遍更慘重。

一 兩 漢

西漢統治者改變了秦代焚書坑儒政策,開獻書之路,置寫書之官,以至宫廷藏書積如丘山,並且派劉向等人花了約二十年的時間加以整理,在我國文化史上作出了傑出的貢獻。遺憾的是他們所整理著録的三萬三千九十卷圖書,"王莽之末,又被焚燒"。① 王莽於更始元年(二三)敗死後,二年,劉玄入長安,"明年夏,赤眉樊崇等衆數萬人入關,立劉盆子;稱尊號,攻更始,更始降之。赤眉遂燒長安宫室市里,害更始;民饑餓相食,死者數十萬,長安爲虚,城中無行人,宗廟園陵皆發掘"。② 經此浩劫,宫中藏書自然遭到進一步破壞,所以《後漢書・儒林傳序》云:"昔王莽更始之際,天下散亂,禮樂分崩,典文殘落。"

東漢統治者繼續實行右文政策,宫廷藏書比西漢更爲豐富,然而最終也燬於兵火。《後漢書・儒林傳》云:

> 初,光武遷還洛陽,其經牒祕書載之二千餘兩,自此以後,參倍於前。及董卓移都之際,吏民擾亂,自辟雍、東觀、蘭臺、石室、宣明、鴻

① 《隋書》卷三二《經籍志》。
② 《漢書》卷九九《王莽傳》。

都諸藏,典策文章,競共剖散。其縑帛圖書,大則連爲帷蓋,小則制爲縢囊,及王允所收而西者,裁七十餘乘。道路艱遠,復棄其半矣,後長安之亂,一時焚蕩,莫不泯盡焉。

二　魏晉南北朝

魏晉南北朝時期,戰争頻仍,宫廷藏書不斷受到損壞,《隋書・經籍志》略云:"魏氏代漢,並掇遺亡,藏在秘書中、外三閣。魏秘書郎鄭默,始製《中經》,秘書監荀勖,又因《中經》,更著《新簿》。"共著録圖書二萬九千九百四十五卷。終因"惠、懷之亂,京華蕩覆,渠閣文籍,靡有孑遺"。惠帝之時(二九〇至三〇六)有八王之亂;懷帝之時(三〇七至三一二),劉聰攻陷洛陽。這兩次戰亂,使魏晉宫廷藏書損失殆盡。

《隋書・經籍志》復云:"齊永明中,秘書丞王亮、監謝朏,又造《四部書目》,大凡一萬八千一十卷。齊末兵火,延燒秘閣,經籍遺散。""梁武敦悦詩書,下化其上,四境之内,家有文史。"其後如牛弘所説:

侯景渡江,破滅梁室,秘省經籍雖從兵火,其文德殿内書史,宛然猶存;蕭繹據有江陵,遣將破平侯景,收文德(殿)之書及公私典籍,重本七萬餘卷,悉送荆州,故江表圖書,因斯盡萃於繹矣。及周師入郢,繹悉焚之。①

《三國要略》述蕭繹焚書事云:"周師陷江陵,梁王知事不濟,入東閣行殿,命舍人高善寶焚古今圖書十四萬卷。欲自投火,與之俱滅,宫人引衣,遂及火滅盡。並以寶劍斫柱令折,嘆曰:'文武之道,今夜窮矣。'"②

《隋書・經籍志》又稱:"後魏始都燕代,南略中原,粗收經史,未能全具。孝文徙都洛邑,借書於齊,秘府之中,稍以充實,暨於尒朱之亂,散落人間。"

① 《隋書》卷四九《牛弘傳》。
② 《太平御覽》卷六一九引。

從上述記載可知，南北朝皆因易代兵燹，使朝廷圖書掃地以盡。

三　隋唐五代

這一時期的宫廷藏書也未逃脱兵燹的厄運，隋文帝、煬帝均大規模地開展過聚書活動，而且也卓有成效，但是正如《隋書·儒林傳》序所説，"煬帝外事四夷，戎馬不息，師徒怠散，盜賊群起。……空有建學之名，而無宏道之實。其風漸墜，以至滅亡。方領矩步之徒，亦多轉死溝壑。凡有經籍，自此皆湮滅於煨燼矣"。唐著作郎杜寶《大業幸江都記》云："煬帝聚書三十七萬，皆焚於廣陵，其目中並無一頁傳於後代。"①

唐代開元年間，玄宗曾大力開展過徵書活動，並對藏書進行過認真整理，撰成《群書四部録》二百卷，自後毋煚又略爲四十卷，名爲《古今書録》，著録圖書五萬一千八百五十二卷。而安史之亂與黄巢起義也給唐代文獻造成了重大損失，《舊唐書·經籍志》略云：

> 禄山之亂，兩都覆没，乾元舊籍，亡散殆盡。……開成初，四部書至五萬六千四百七十六卷。及廣明初，黄巢干紀，再陷兩京，宫廟寺署，焚蕩殆盡。曩時遺籍，尺簡無存。及行在朝諸儒購輯，所傳無幾。昭宗即位，志弘文雅。秘書省奏曰："當省元掌四部御書十二庫，共七萬餘卷。廣明之亂，一時散失。後來省司購募，尚及二萬餘卷。及先朝再幸山南，尚存一萬八千卷。竊知京城制置使孫惟晟收在本軍，其御書秘閣，見充教坊及諸軍人占住。伏以典籍國之大經，秘府校讎之地，其書籍並望付當省校其殘缺，漸令補輯，樂人乞移他所。"並從之。及遷都洛陽，又喪其半。

唐代國家典藏事業經過這兩次戰争創傷，實際上已所餘無幾，故孫光憲云："唐自廣明亂離，秘籍亡散。武宗已後，寂寞無聞，朝野遺芳，莫得遠播。"②

---

① 《揮麈後録》卷七。

② 《北夢瑣言序》。

五代時戰争頻繁，政權更迭，雖有藏書，也難逃劫火。兹舉一例，陳彭年《江南别録》云："南唐後主猶好儒學，故江左三十年文物，有貞元、元和之風。……元宗後主妙於筆札，好求古迹。宫中圖籍萬卷，鍾王墨迹猶多。城將陷，語所幸保儀黄氏曰：'此皆吾寶惜，城若不守，爾可焚之，毋使散逸。'及城陷，黄氏皆焚之，時乙亥歲（九七五）十一月也。"①

四　宋　元

胡應麟云："宋世圖史，一盛於慶曆，再盛於宣和，而女真之禍成矣。三盛於淳熙，四盛於嘉定，而蒙古之師至矣。"②北宋國家藏書多亡於靖康之難，佚名《靖康要録》卷十四稱：靖康二年（一一二七）四月二日，金人挾徽、欽二宗北去，其行甚遽，"營中遺物甚多，朝廷差户部拘收，象牙一物，至及二百擔。他不急之物稱是。秘閣圖書，狼籍泥中。書史以來，安禄山陷長安以後破京師者，未有如今日之甚。二百年來蓄積，自是一旦掃地"。③ 南宋國家藏書爲元人掠奪，我們在本編第三章《圖書收集》第二節《搜集的方法》中已述及，兹不贅言。

兵燹同樣也會給私家藏書造成重大損失，這一點在靖康之難中表現得猶爲鮮明，兹以宋代爲例。葉夢得云："吾家舊藏書三萬餘卷，喪亂以來，所亡幾半。"④晁公武云："公武家自文元公以來，以翰墨爲業者七世，故家多藏書。至於是正之功，世無與讓焉。然自中原無事時，已有大厄，及兵戈之後，尺素不存。"⑤陸游《跋京本家語》云："本朝藏書之家，獨稱李邯鄲公、宋常山公，所蓄皆不减三萬卷，而宋書校讎，尤爲精詳，不幸兩遭回禄之禍，而方策掃地矣。李氏書屬靖康之變，金人犯闕，散亡皆盡。收書之富，獨稱江浙，繼而胡騎南鶩，州縣悉遭焚劫，異時藏書之家，百不一

---

① 《南唐書》卷六《保儀黄氏傳》所載略同。

② 《少室山房筆叢》卷一《經籍會通一》。

③ 李心傳《建炎以來繫年要録》卷四亦有類似記載。

④ 《避暑録話》卷上。

⑤ 衢本《郡齋讀書志自序》。

存,縱有在者,又皆零落不全。”①周密云:“宋承平時,如南都戚氏、歷陽沈氏、廬山李氏、九江陳氏、番陽吴氏。……皆號藏書之富。邯鄲李淑五十七類二萬三千一百八十餘卷,田鎬三萬卷,昭德晁氏二萬四千五百卷,南都王仲至四萬三千餘卷,而類書浩博若《太平御覽》之類復不與焉。次如曾南豐及李氏山房亦皆一二萬卷,然其後靡不厄於兵火者。”②李清照《金石録後序》記述了自家藏書遭劫的情况,爲人所共知,兹不備引。

金國的私家藏書也因兵燹而遭到重大損失,元好問之《故物譜》記述了蒙古與金之間的戰争導致其藏書遭到焚蕩的情况,略云:

> 余家所藏書,宋元祐以前物也。貞祐丙子(一二一六)之兵,藏書壁間得存。兵退,余將奉先夫人,南渡河,舉而付之太原親舊家。自餘雜書,及先人手寫《春秋》、三史、《莊子》《文選》等,尚千餘册;並書百軸,載二鹿車自隨。是歲寓居三鄉,其年十月,北兵破潼關,避於女几之三潭。比下山,則焚蕩之餘,蓋無幾矣。③

元末的私家藏書同樣也受到了戰争的影響,如元順帝至正二十一年(一三六一),夏庭芝跋《封氏聞見記》云:“余素有藏書之癖,凡親友見借者,暇日多手鈔之。此書乃十五年前所鈔者,至正丙申(一三五六)歲,不幸遭時艱難,烽火四起,煨燼之餘,尚存殘書數百卷。今僻居深村,賴以自適,不負愛書之癖矣。”④

五　明

明代政權持續了二百七十餘年,其豐富的宫廷藏書終不免農民起義時的兵燹厄運,姜紹書記其事云:

---

① 《渭南文集》卷二八。

② 《齊東野語》卷一二。戚氏名同文,沈氏名立,李氏、陳氏、吴氏名待考,曾南豐名鞏,李氏山房爲李公擇藏書處。

③ 《元遺山集》卷三九。

④ 《雅雨堂叢書》本《封氏聞見記》附有此跋。

内閣秘府所藏書，雖殊寥寥，然宋人諸集，十九皆宋板也，書皆側疊，四周外向，故雖遭蟲鼠，喫而未損，但文淵閣製既卑狹，而牖復暗黑，抽閲者必秉炬以登，内閣輔臣，無暇留心及此；而翰苑諸君，世所稱讀中秘書者，曾未得窺東觀之藏，至李自成入都付之一炬，良可嘆也！①

全祖望也談到了明末兵火給文淵閣藏書所造成的重大損失。其《鈔永樂大典記》云："若一切所引書，皆出文淵儲藏本。自萬曆重修書目，已僅十之一。繼之以流寇之火，益不可問。聞康熙間崑山徐尚書健庵，以修《一統志》言於朝，請權發閣中書資考校，寥寥無幾。"②

明代私家藏書遭到倭寇騷擾而損失慘重是新出現的一種現象，受到損害的藏書家甚多，如顧炎武云："炎武之先家海上，世爲儒。當正德之末，而寒家已有書六七千卷。嘉靖間，家道中落，而其書尚無恙。先曾祖繼起，爲行人，使嶺表，而倭闌入江東郡邑。所藏之書，與其室廬，俱焚無孑遺焉。"③再如嘉慶《松江府志》卷五十二《古今人傳》云："黄標，字良玉，上海人，藏書甚富，翻閲不倦，叩以奥義僻事，具即響答。標輯《古今説海》一百四十二卷，選《文裕集》一百卷；所著《書學異同》二十二卷，縣志稿十卷，俱毁於倭。"

明代私家藏書受到明末戰爭的摧殘也非常嚴重。錢謙益嘗云："海内藏書之富，莫先於諸藩。今秦、晉、蜀、趙燼矣；周藩之竹居，寧藩之鬱儀，家藏與天府埒；今皆無寸蹏片紙矣。汶、洛、齊、楚之間，士大夫之所藏，又可知也。……兵火焚掠，彌亘四方，今則奇書秘册，灰飛烟滅，又不知其幾何也？世變凌遲，人間之圖書典記，日就澌滅；今日之流傳委巷，册兔園者，覆醬瓿者，安知異日不爲酉陽之典，而羽陵之蠹乎？"④鄭元慶、范鍇《吴興藏書録·後林潘氏書目》云："中丞公曾紘，有意汲古，廣儲縹緗，視

① 《韻石齋筆談》卷上。
② 《鮚埼亭集外編》卷一七。
③ 《亭林文集》卷三《鈔書自序》。
④ 《有學集》卷二六《千頃齋藏書記》。竹居爲朱勤美字，鬱儀爲朱謀㙔字。

學中州,羅致更夥,鼎革時遭劫,士兵至以書於溪中疊橋爲渡,以搬運什物,書之受厄至此,書目已不復存。"全祖望也談到了其先輩藏書的不幸遭遇:"國難作,盡室避之山中。藏書多,難挈以行;留貯里第,則爲營將所踞。方突入時,見有鉅庫,以爲貨也。發視則皆古書,大怒,付之一炬。"①也有迫於形勢而自焚藏書的。如方象英《健松齋集·項淑美傳》云:"其夫方希文,奔甲申之難。希文雅好古,圖書萬軸,悉載以往。五月四日,希文他出,兵驟至。……烈婦積書左右,坐其中,火焚書盡,烈婦死。"②這類情事,並非僅見。

六 清

清代中葉以後,宫廷藏書屢遭兵燹,在太平天國戰争中,《四庫全書》損失嚴重,揚州文匯閣書被焚,鎮江文宗閣書也遭燬,莫友芝上曾國藩書記其事云:

> 奉鈞委探訪鎮江、揚州兩閣四庫書,即留兩郡間二十許日,悉心諮問,並謂閣書向由兩淮鹽運使經管,每閣歲派紳士十許人,司其曝檢借收。咸豐二、三年間,毛賊且至揚州,紳士曾呈請運使劉良駒籌費,移書避深山中,堅不肯應。比賊火及閣,尚扃鑰完固,竟不能奪出一册。鎮江閣在金山,僧聞賊將至,亟督僧衆移運佛藏避之五峰下院,而典守書閣者揚州紳士,僧不得與聞,故亦聽付賊炬,惟有浩嘆。③

咸豐十年(一八六〇),太平軍攻占杭州,文瀾閣燬於兵,所藏《四庫全書》自然也遭到厄運,幸有丁申、丁丙兄弟等搜檢葺補,始得保全,詳見本編第一章《典藏學的建立與典藏的功用》第二節《典藏的功用》四《典藏與文獻保存》。同年英法聯軍侵占北京,火燒圓明園,藏於圓明園文源閣的《四庫

① 《鮚埼亭集外編》卷一七《雙韭山房藏書記》。

② 見俞樾《薈蕞編》卷一五。

③ 《探訪鎮江、揚州兩閣〈四庫全書〉上曾國藩書》。原函現存南京圖書館。

全書》以及其他典籍，自然也被付之一炬，焚餘之物散佚各處。葉昌熾云："咸豐庚申（一八六〇）英人焚淀園，京師戒嚴，持朱提一笏，至廠肆即可載書兼兩，仁和朱修伯先生得之最多。"①

義和團運動與八國聯軍侵占北京，清政府翰林院所藏《永樂大典》損失尤爲慘重。繆荃孫《永樂大典考》云：

原書萬餘册，恭庋（翰林院）敬一亭。蛛網塵封，無人過問。咸豐庚申（一八六〇）與西國議和，使館林立，與翰林院密邇，書遂漸漸遺失。光緒己亥（一八九九）重修翰林院衙門，庋置此書，不及五千册，嚴究館人，交刑部斃於獄，而書無著。……庚子（一九〇〇）拳匪倡亂，燬翰林院，以攻使館之背，舊所儲藏，均付一炬，大典遂一册不存。②

雷震亦云："庚子（一九〇〇）拳亂後，四庫藏書，散佚過半，都人傳言：英、法、德、日四國運去者不少。又言洋兵入城時，曾取該書之厚二寸許、長尺許者，以代磚，支墊軍用等物。武進劉葆真太史拾得數册，閱之則《永樂大典》也，此真斯文掃地矣。"③據張忱石統計，目前尚存國外的《永樂大典》，日本東洋文庫等共有一百零八卷，美國國會圖書館等共有一百零二卷，英國大英博物館等共有八十卷，德國柏林人種博物館等共有十三卷。④ 從中約略可見八國聯軍掠奪《永樂大典》的情況。

戰爭也給清代私家藏書造成了巨大的損失。首先是清初戰爭。黄宗羲嘗云："江右陳士業，頗好藏書。自然所積不甚寂寞。乙巳（一六六五）寄弔其家，其子陳澎書來，言兵火之後，故書之存者，惟熊勿軒一集而已。"⑤黄宗羲還談到了自己藏書損失的情況：

---

① 《藏書紀事詩》卷六《朱澂子清》。

② 《國粹學報》一九〇八年四卷第十八期。

③ 《新燕語》卷上。

④ 《永樂大典史話》附録二《現存〈永樂大典〉卷目表》。

⑤ 《南雷文約》卷四《天一閣藏書記》。熊勿軒一集指宋熊禾《熊勿軒先生文集》。

> 乙酉(一六四五)入山,輦載所藏書不下數萬卷。鐵騎一來,屯札於敝居石河,一勺一粒一絲一縷俱盡。而所藏書悉被割剥撏扯,裂作紙甲數千,煤痕丹點,離離駃騠之背,餘以支枕藉地。數萬縹緗,淪於一旦。平生所輯,有《明文類鈔》一書,三十年訪求於南北,詩文羅網幾盡,今亦付之流水矣。①

其次是太平天國之役。如佚名《焚書論》云:“余生不幸,雖未坑儒,業已焚書,所見者洪逆之亂,所至之地,倘遇書籍,不投之於溷厠,即置之於水火。遂使東南藏書之家,蕩然無存。”②陳登原嘗記天一閣藏書被焚情況云:

> 嘉慶十三年(一八〇八)阮元爲《天一閣書目記》,尚致其故家喬木之敬,然至光緒己丑(一八八九),薛福成編《見存書目》時,其凡例第三條即言:“閣書經兵燹後,完善者鮮。今於全者注全,缺者注缺,以副命名之意。”細案所謂見存,不及舊目十之四矣。馮孟顓先生爲余言:“同治元年(一八六二),長髮軍之占領寧波也,閣中收藏,零落可憐。鄞縣南之奉化唐墺,舊有還魂紙廠,專收破碎無用之故紙,轉製粗糙之紙,以爲市物包裹之用。離亂之時,覬覦閣書者,即得書亦無所用其賣買,於是有議斤籍兩,以故紙之價,市之於唐澳紙廠者。”案此事亦載繆荃孫《天一閣始末記》,似所陳並無失實。③

徐時棟亦云:“古今藏書之家,無不厄於兵火……余自弱冠即好購書,二十餘年亦將十萬餘卷。咸豐十一年(一八六一)遭粤寇,在煙嶼樓者,盡爲人竊掠;其在城西草堂者,尚五六萬卷。同治二年(一八六三)十一月二十九日,草堂焚如,皆灰燼矣。而奉化人有於亂後出數千金,買天一閣書,别爲

---

① 《賴古堂尺牘新鈔・宏緒與櫟園書》。宏緒姓陳,櫟園爲周亮工。

② 《紀聞類編》卷四。

③ 《古今典籍聚散考》卷二《兵燹卷》第九章《清代中葉之亂與典籍聚散》—《天一閣海源閣與咸豐兵燹》。繆荃孫文載《藝風堂文漫存》卷三。

屋藏之；亦於十一月此旬中被火。”①

山東聊城楊氏海源閣爲晚清四大藏書家之一。有《海源閣書目》六册，計經史子集四部書三千二百三十六部，二十萬八千三百卷有奇；《宋元本書目》一册，計書四百六十四部，一萬一千三百二十八卷。② 海源閣書迭遭戰爭創傷，是私家藏書深受兵燹之禍的代表，今亦略述如下。

其書首先在咸豐辛酉年（一八六一）遭到了捻軍的損害，楊紹和跋宋本毛詩云：

辛酉皖寇擾及齊魯之交，烽火亘千里，所過之處，悉成焦土。二月初，犯肥城西境，據余華跗莊陶南山館一晝夜。自分珍藏圖籍，必已盡付劫灰，及寇退，收拾燼餘，幸猶十存五六，而宋元舊槧所焚獨多，且經本尤甚。此本只存卷十八至末三卷，監本只卷首至十一而已。③

民國十八年（一九二九）土匪王金發率兵占領海源閣，造成了楊氏藏書的第二次重大損失，王獻唐述其事云：

迨去年（一九二九）七月十日，王金發復陷縣城，其司令部即設在楊氏宅内。隨帶之書記官參謀，聞有蘭山樊天民、堂邑楊道南，均係前清生員，頗知書本。將海源閣宋元秘笈及金石書畫，擇優掠去。余抵海源閣時，見其書籍零落，積塵逾寸。宋本《史記》，殘餘一册，宋本咸淳《臨安志》，殘餘二册，均散置地上，與亂紙相雜，字畫碑帖，僅餘軸木夾板，中心多被撕去，藏硯數十方，只存硯盒，所有硯石，亦無一幸免。楊至堂畫像一軸，撕裂如麻，投置几下。黄蕘圃手校宋本《蔡中郎集》，爲海源閣刻原本，第四册後頁，亦以拭抹鴉片烟簽，涂污滿紙，以鎮庫之珍籍，損壞如此，可爲痛心！其家人並謂匪徒每以閣上

① 《煙嶼樓筆記》卷六。

② 參見王獻唐《聊城楊氏海源閣藏書之過去現在》六《藏書數目》。

③ 《楹書隅録》卷一。

書籍炊火,舊書不易燃燒,憤言:誰謂宋版本書可貴?此均以毛頭紙印之,並不爇火也。[①]

民國十九年(一九三〇),海源閣再次遭到匪劫,此次損失更加慘重,王獻唐《海源閣藏書之損失與善後處理》一文作了詳細介紹:

聊城楊氏海源閣藏書,近年迭遭匪亂,以前損失情形已於曩著《聊城楊氏海源閣藏書之過去現在》小册子中,略盡梗概。當時報告,均爲實際勘查情形,其事實亦截至勘查完畢時爲止。自此小册子刊布後,一年之間,楊氏藏書,又繼續遭受匪禍,損失益多,今以調查所得,備述於下。

當予勘查回濟後,政府當局對善後處置辦法,曾有一度之决議。正在辦理,該處附近土匪蜂起,道路阻斷。既而匪徒占據聊城,即盤踞海源閣内。土匪去後,又有招撫改編之軍隊入城,此去彼來,繼續不斷,亦不能一一詳其姓字,但知攫書最多者,爲一王冠軍而已。

……土匪占據聊城時,日常以楊氏書籍出售,購者隨意予價,略不計較。有時割裂包物煮飯,或帶出作枕頭使用。但仍不及百分之一,以楊氏藏書過多故也。及王冠軍以其新收編之軍隊入城,素稔楊氏藏書美富,價值又昂;既從天津請一書籍古玩專家號稱"九爺"者來聊,盡檢善本及一切有價值之書籍碑帖字畫,囊括而北。同時以窩匪名義,窮搜城内外居民,凡私家書帖古玩,亦爲之一網打盡。並聞楊氏宋本咸淳《臨安志》八册半箧,爲土匪帶入民家枕頭。後以王軍搜查,恐遭連累,即將《臨安志》火焚,並將書箧劈碎煮飯。余前往勘查,僅見《臨安志》二册,書箧尚存;此次忽又增出四册,頗不可解。要之海源閣藏書,當以此次爲過去唯一之浩劫矣。[②]

---

① 《聊城楊氏海源閣藏書之過去現在》七《海源閣藏書之損失及其現狀》。又見《山東省立圖書館叢刊第一種》。

② 《山東省立圖書館季刊》第一期。

一九三一年一月十六日《中央日報》載該報記者報道海源閣復遭匪劫的具體情況亦云：

> 去歲王匪冠軍入據聊城，司令部即設海源閣内，爲楊氏藏書最大破壞時期。王匪除將楊氏藏書運走大批外，焚燬者尤居多數，甚至做飯用書燒火，睡覺用書作褥，吸大烟用書，擦槍、拭燈、擦桌子、擦鼻子無不以書爲之，致價逾連城之古書，幾破壞净盡，實爲摧殘中國文化之第一大罪人。

關於海源閣藏書的下落，劉文生供稿、政協文史組整理之《海源閣藏書概述》云：

> 海源閣收藏的主要宋、元珍本，於一九二七年經楊敬夫移藏天津。其所藏書，明、清板本後來移於濟南楊氏新居。其宋、元珍本若干種，一九三一年曾以八萬銀元抵押給天津某私人銀行，以後輾轉歸北京圖書館。濟南所藏明、清板本書籍，則歸山東圖書館。也有部分書籍流散到全國其他著名圖書館。①

第三節 變 賣

黄宗羲云："近來書籍之厄，不必兵火。無力者既不能聚，聚者亦以無力而散，故所在空虚。屈指大江以南以藏書名者，不過三四家。"②可見除禁燬、兵燹外，由藏書家本人及其子孫或其他人變賣，也是圖書亡佚的重

① 《聊城文史資料選輯》第一輯。欲知其詳可參見北平圖書館《本館收購海源閣遺書始末記》，載《圖書季刊》新七卷一、二合刊，及邵養軒《海源閣藏書聚散始末記》，藏《教育短波》(復刊)第一卷第六期。丁延峰《海源閣藏書研究》，商務印書館二〇一二年版。

② 《南雷文約》卷四《天一閣藏書記》。

要原因之一。出賣藏書最普遍的緣故是藏書家本人及其後人迫於經濟壓力不得已而爲之。也有藏書家身後,子孫未能充分認識藏書的價值,因而管理不善,而由自己或其他人將藏書輕易出售的,金孝章詩云:"君不見東鄰老翁富田畝,日困催科容瘠黝,盡將珍玩售塗人,尚恐愆期遭吏毆。又不見西家主人書滿屋,高弃不觀供鼠宿,子孫持賣不論錢,蟫走塵封亂繩束。"①説的就是後一種情況。今亦略依時代舉例如下。

北宋初,江正藏書甚多,惜爲子孫所敗。王明清云:"江氏名正,字元肅,江南人。太祖時,同樊若水獻策取李氏,至比部郎中。嘗爲越州刺史,越有錢氏書,正借本謄寫,遂併其本有之,及破江南,又得其逸書。兼吴越所得,殆數萬卷。老爲安陸刺史,遂家焉。盡輦其書,築室貯之。正既殁,子孫不能守,悉散落於人間。火燔水溺,鼠齧蠹棄,並奴僕盗去,市人裂之以藉物。有張氏者,所購最多;其買乃用以爲爨,凡一篋書,爲一炊飲。江氏書至此窮矣。"②

明代秀水藏書家蔣之翹因貧困而不得不售書,盛楓云:"之翹少應郡邑試,爲奸人所誘,罣誤終身。乃致力古學,游焦竑之門,注釋《離騷》,復正《晉書》訛謬,注韓、柳集行世。國破時家漸貧,授徒自給,困益盛。變而爲賈,復大折閱。乃出所藏書,售之同里侍郎曹溶。閉户不問世事,採本郡人詩爲《檇李詩乘》四十六卷。"③

明末清初,錢謙益售宋本兩《漢書》也是一個突出例子。其《致李孟芳書》談到他在崇禎十年(一六三七)欲售書毛晉,略云:"空囊歲莫,百費蝟集,欲將弇川家《漢書》絶賣與子晉,以應不時之需。"④該書後來賣給了四明(今寧波)謝象三,其《跋前後漢書》云:

趙文敏家藏前、後《漢書》,爲宋槧本之冠,前有文敏公小像,太倉王司寇(世貞)得之吴中陸太宰家,余以千金從徽人贖出,藏弆二十餘

① 《藏書紀事詩》卷三《王迺昭》引所藏鈔本《沈石田詩》黄丕烈跋中語。
② 《揮麈後録》卷五。
③ 《嘉禾徵獻録》卷一五。
④ 《錢牧齋先生尺牘》卷三。

年，今年鬻之四明謝象三，床頭黄金盡，生平第一殺風景事也。此書去我之日，殊難爲懷。李後主去國，聽教坊雜曲，揮淚對宫娥一段悽凉景色，約略相似。①

有一女子名陳坤維因厨下乏米而賣書題詩頗獲人同情。厲鶚有和女士陳坤維賣《元人百家詩》一篇，題云："桑弢甫水部買得《元人百家詩》，後有小牋黏陳氏坤維詩。蓋故家才婦以貧鬻書者，惜不知其里居顛末爾。"陳坤維原作云："典及琴書事可知，又從案上檢元詩。先人手澤飄零盡，世族生涯落魄悲。此去雞林求易得，他年鄴架借應癡。亦知長别無由見，珍重寒閨伴我時。"注云："丁巳九月九日厨下乏米，手檢《元人百家詩》付賣，以供饘粥之事，手不忍釋，因賦一律媵之。陳氏坤維題。"②此事當亦發生在明末清初。

乾隆間江藩也曾以書易米，嘗云："藩昔年聚書與太史相埒。乾隆乙亥（一七五五）、丙子（一七五六）間，頻遭喪荒，以之易米，書倉一空。自我得之，自我失之，夫復何恨？"③

清末江標，字建霞，也曾鬻書，葉昌熾稱："建霞童時讀書外家，舅氏華笛秋先生，名翼綸，家富藏弆，耳濡目染，遂精鑒别。研精許學，酷嗜鼎彝文字，所作篆籀，皆有古法，書畫篆刻，旁逮天算格致，一見輒能深造，殆有宿慧。家本寒素，不善治生，起居服御如豪貴家，屢諷之而不能改也。京秩本清苦，長安又不易居，所得古器及宋元精槧名畫，輒以易米。"④王欣夫曾見到過他的售書目録，現照鈔如下：

昔年於懸橋老書賈楊馥堂處，見建霞手書目録一紙，係當時託爲代售者。靈鶼閣著録無考，得此可窺豹一斑，兹録於下：

宋刻《通鑑》殘本七十餘卷，即常熟瞿氏所藏之半，兩匣，二百兩。

① 《初學集》卷八五。

② 《樊榭山房續集》卷三。

③ 《石研齋書目序》。太史，指石研齋主人秦恩復。

④ 《藏書紀事詩》卷七《江標建霞》。

《讀史管見》,宋刻宋印,三十本,一百兩。《古文集成》,宋刻宋印,明袁漱六藏本,亦即《四庫(全書)》所收原本,此書天下無第二部,二十本,一百兩。寶祐本《晉書》,即九行十六字本,罕見,略缺數卷,六十本,二百兩。宋本《楊子》二本,一匣,四十兩。宋本《鹽鐵論》二本,一匣,八十兩。宋本《中説》三本,一匣,三十兩。宋巾箱本《論語注疏》,即廖瑩中刻本,罕見,廿四本,四函,一匣,二百四十兩。元本《李太白集》八本,一匣,七十兩。元本《王右丞集》六本,一匣,四十兩。《華陽國志》,陳仲魚校鈔,四本;《語林》,黄校、周校,一本。《山窗小□》,黄校,一本,共一千五百兩。屈翁山《崇禎宫詞》、顧雲美《三吴舊語》、元本《廣韻》、元本《禮記集説》,共四百兩。元刻巾箱本十六卷本《禮記集説》二十本,有缺頁,銀一百兩;此刻尚在未改十卷本之前,罕見之本,刻印精緻,無異宋槧。《疑年録》一本,趙鈔校本;《吴郡志》十本,《剡録》二本;《咸淳重修毘陵志》六本,黄校明鈔;《洛陽伽藍記》一本,毛、黄校本;《書鈔閣藏書跋語》一本,鈔《書鈔閣叢鈔》本;《西畇寓目編》六本,鈔;《西溪叢語》二本,黄校鵜鳴館本;《春渚紀聞》二本,黄校;《貴耳集》一本,鈔;《唐摭言》二本、《澠水燕談録》二本,黄、顧校;《詩品》一本,明鈔黄校;《張子野詞》一本,鈔校;《稼軒長短句》二本,明刊陸校;《樂府雅詞》四本,舊鈔;《三代詞綜》十八本,王評點本。①

現代鬻書現象也屢見不鮮,倫明《辛亥以來藏書紀事詩·鄧邦述》云:“江寧鄧孝先(邦述)得黄蕘圃藏《群玉》《碧雲》二集,因自名藏書之所曰‘群碧樓’。先編《群碧樓書目》九卷,重編《群碧樓善本書目》六卷、《寒瘦山房鬻存書目》七卷。蓋君曾以書之一部歸中央研究院,得值二萬金,所鬻余者,别爲之目也。君自序稱‘昔借債以買書,今鬻書以償債’,嗜書者有同慨焉。”周叔弢亦云:

曩者江都方無隅先生常戲稱:“買書一樂,有新獲也;賣書一樂,

① 《藏書紀事詩(附補正)》卷七《江標建霞》。

得錢可以濟急也；賣書不售一樂，書仍爲我有也。"余今續之曰：購書一樂，故友重逢，其情彌親也。此中消息，故難爲外人道，惜不能起無隅先生於九泉而一證之。[1]

最令人痛心疾首的是將圖書售予國外，影響最大的要算吴興陸氏皕宋樓藏書售予日本岩崎氏静嘉堂文庫。日人島田彦楨《皕宋樓藏書源流考並購獲本末》[2]言之甚詳，董康《刻〈皕宋樓藏書源流考〉題識》略云：

今春（一九〇七）彦楨馳書相告，岩崎文庫以日金十一萬八千圓購陸氏書有成議。余初謂陸氏爲吴興旺族，剛甫觀察逝世未久，何至貨及遺書？嗣彦楨寄示《皕宋樓藏書源流考》，並屬附梓《訪餘録》内（彦楨游中國，觀瞿、楊、丁、陸四藏書家所記），始信其事果實。按陸氏《藏書志》所收，俱江浙諸名家舊本，古芬未墜。異域言歸，反不如臺城之炬，絳雲之燼，魂魄猶長守故都也。爲太息者累日。[3]

盛昱，别號伯希，清初肅親王豪格之後，丁丑（一八七七），官至國子監祭酒，邸有意園，身後圖書字畫也輾轉賣給國外，鄧之誠云：

盛伯希祭酒，自謂所藏以宋本《禮記》《寒食帖》、刁光胤《牡丹圖》最精，爲三友，身後爲其養子善寶斥賣，至今意園已爲日人中山商會所有，蓋無餘物矣。三友以壬子（一九一二）夏歸於景樸孫，後《禮記》爲粤人潘明訓所得；《寒食帖》歸於日本人菊池惺堂；《牡丹圖》初歸蔣孟蘋，復賣於美國人。有得當時善寶與景所立契約，言"今將舊藏宋板《禮記》四十本，黄蘇合璧《寒食帖》一卷，元人字册一十頁；刁光胤《牡丹圖》一軸，及《禮堂圖》一軸，情願賣與景樸孫先生，價洋一萬二千元正，絶無反悔，日後倘有親友，欲收回各件，必須倍價，方能認可，

① 《彊翁藏書題識》，載《文獻》一九八〇年第三輯。
② 載《國粹學報》一九〇八年總第四十四期。
③ 《皕宋樓藏書源流考》卷末。

恐空口無憑,立此爲據。善寶押。舊曆壬子(一九一二)年五月二十日"。蓋祭酒爲肅宗,景慮後患,故要約爲此。①

陶湘也將其所藏叢書售給了日本京都文化研究所。雷夢水《書林瑣記·涉園藏書聚散考略》云:

陶氏藏書,其間聚散只三十年左右。清末開始購藏,當時生活豐裕,不惜重金滿足所好。適至民國二十年後,又爲生活所迫,故將全部藏書陸續散出。《輟耕録》與《程氏墨苑》兩書售歸鄭西諦。一九三三年,北京文友堂書店以四萬元購妥其所藏毛氏汲古閣刊書約一百二十種及明閔齊伋、凌濛初刊本書一百二十八種和殿本開花紙書一百餘種。陶氏所藏書皆係寬大初印,書品潔净,墨色十足,裝訂古雅美觀。此後陶氏以售價太廉則不售,文友堂與其興訟。經董授經先生調解,結果只將殿板開花紙書一百數十種以原價四萬元歸文友堂,其中包括平定各省的方略二十種。經易培基介紹售歸廣東中山大學圖書館十餘種,其餘十餘種係松筠閣由日人松村太郎介紹售歸日本東洋文庫。又叢書部分則由陶氏親自售於日本京都文化研究所。該所所編之《漢籍目録》叢書部分即陶氏舊藏。陶氏餘下之汲古閣刻書以及閔、凌二氏刻書售歸滿族榮厚。榮厚字叔章,僞滿銀行總裁。榮氏因得此一批精本,特辟一室儲藏,故名其室曰"萃閔室"。其後此批書經魏麗生以萬元轉售於溥儀。聞魏氏云:日本投降後,僞滿瓦解,溥儀被逮,這批珍貴的祖國文化遺産竟告失踪,疑燬於火,令人痛惜。②

造成圖書亡佚現象,還有失竊、借而不還以及自然災害如火災、水災、鼠嚙、蟲蝕、霉爛等原因,我們將在下一章結合圖書保護措施來談這個問題。

---

① 《骨董續記》卷一《盛伯希收藏》。

② 《學林漫録》第九集。

第五章　圖書保管

爲了充分發揮藏書的作用，防止散佚，各藏書單位自來都在努力做好圖書保管工作，今分入藏、保護、建築三部分概述之。

第一節　入　藏

由入藏到陳列，還有一系列不可或缺的工作要做：

一　修　補

新書當然不需要修補，入藏圖書非皆新刊，多收舊籍。時代愈古，價值往往愈高，而古舊圖書每多破損，於是藏書家普遍重視圖書修補工作。如葉德輝《藏書十約·裝潢》云："書不裝潢，則破葉斷綫，觸手可厭。余每得一書，則付匠人裝飾。今日得之，今日裝之，則不至積久意懶，聽其叢亂。"

書籍污損殘缺的現象是會經常發生的。有的書因閱讀時不慎，留下茶水、墨水、蠟油等痕迹，或爲兒童所塗污。有的書由於經常翻閱，以致書口裂開。有的書長期受到風吹日曬，紙張，特别是一些封面變得焦脆異常，觸手即破。有的書放在空氣不流暢、陽光不充足的地方，往往會被鼠咬蟲蛀。有的書長期放在潮濕的地方，以至霉變、腐朽，或書頁粘連，無法揭閱。有的書頁鈐印部分被截去。有的書序跋等能説明版本的内容被書賈裁去，以充古本。還有的書在流通的過程中失去了一些册葉。至於斷綫,掉了封皮,壞了書簽的現象更是常見。

此外,遇到特殊情況也會造成圖書的損壞,則其修復工作更爲艱巨。如一九七四年七月二十八日,國家文物局等單位在山西應縣佛宫寺木塔内釋迦塑像中,發現了一批遼代文獻和一具黄鼠狼尸體。有的經卷粘在一起,有的又被弄得粉碎,顯然是偶入塑像内的黄鼠狼所爲。這批文獻後來終於被國家圖書館的老技工修復。① 再如山西省趙城縣廣勝寺藏有一部金代刻的大藏經,由於害怕被日本侵略軍掠走,一九四二年四月二十七日夜,我趙城縣游擊大隊奉命將其輾轉移至山勢險峻的綿上縣,藏在一座廢棄的煤窑裏,指定專人負責保管,每年前往查看一次,並搬出晾曬,但由於礦洞内滲水潮濕,部分經卷受潮發霉,粘結成塊,抗戰勝利後,將其保存在通風乾燥的地方。一九四九年四月三十日運到北京,入藏國家圖書館善本部,直到一九六四年才修復。②

藏書家一般都非常重視圖書的修補工作,收到好書,往往親自或請匠人修補,陸游在藏書題跋中常談及此事,如其《跋尹耘師書劉隨州集》云:"傭書人韓文持束紙支頭而睡,偶取視之,《劉隨州集》也,乃以百錢易之,手加裝褫。紹興二十五年正月八日,陸某記。"③陸游不僅重視圖書的修補工作,自己會修補圖書,而且也希望自己的兒子惜書愛書,甚至能修補圖書。其父陸宰同樣重視圖書的修補工作。陸宰、陸游《跋京本家語》云:

> 予舊收此書,得自京師,中遭兵火之餘。一日於故篋中偶尋得之,而蟲齕鼠傷,殆無全幅,綴緝累日,僅能成帙,乃命工裁去四周所損者,别以紙裝背之,遂成全書,嗚呼,予老懶目昏,雖不復讀,然嗜書之心,固未衰也。後世子孫知此書得存之如此,則其餘諸書幸而存

① 詳見國家文物局文物保護科學技術研究所、山西省古代建築保護研究所、山西省雁北地區文物工作站、山西省應縣木塔文物保管所專家所撰《山西應縣佛宫寺木塔發現遼代珍貴文物》等六篇文章,均載《文物》一九八二年第六期。

② 詳見童瑋《〈趙城金藏〉與〈中華大藏經〉》—《關於〈趙城金藏〉之搶救、轉移和修復》。

③ 《渭南文集》卷二六。

者，爲予寶惜之。紹興戊午十月七日，雙清堂書。

後五十有七年，復脱壞不可挾，子聿亟裝緝之，持以相示。方先少保書此時，某年十四，今七十矣，不覺老淚之濡睫也。紹熙甲寅閏月四日第三男中大夫某謹識。①

先少保指陸游之父宰。雙清是其室名。聿是陸游之子，可見其祖孫三代惜書家風不輟。明代華亭徐縉、徐玄佐父子亦好藏書，徐玄佐尤喜爲書做搜亡補闕的工作，其《才調集跋》云：

蜀韋縠《才調集》十卷，本朝所未刊，諸名公所未睹者也。先君文敏公素有此書，蓋宋刻佳本，惜分授之時，匆忙失簡，逸去其半。後逾三十年，幸交符君望雲，獲聞其親錢復正氏有鈔本家藏，因而假歸，特浼知舊馬公佐照其款制摹以配之，共計一百十有六幅，凡二千七十三行。裝池甫畢，展卷焕然，頓還舊觀矣。後之人勿視爲尋常物也。萬曆甲申臘月十日，華亭徐玄佐記。②

有人借他人藏書，發現破損也代爲修補，如顔之推云："借人典籍皆須愛護，先有缺壞就爲補治，此亦士大夫百行之一也。濟陽江禄讀書未竟，雖有急速，必待卷束整齊然後得起，故無損敗，人不厭其求假焉。或有狼藉几案，分散部帙，多爲童幼婢妾之所點汙，風雨蟲鼠之所毁傷，實爲累德。吾每讀聖人之書，未嘗不肅敬對之，其故紙有五經詞義及賢達姓名，不敢穢用也。"③顔氏的這一觀點頗有影響，有人還將他的話刻入藏書印中，葉昌熾所見宋刻《春秋經傳集解》，有"性命可輕至寶是重"鐘式印，又一橢方印，其文云："《顔氏家訓》曰：借人册籍，皆須愛護，先有缺壞，就爲補治。此亦士大夫百行之一也。"④

① 《渭南文集》卷二八。

② 《藏書紀事詩(附補正)》卷二《徐文敏縉》。

③ 王利器《顔氏家訓集解》卷一《治家第五》。

④ 《藏書紀事詩》卷二《邵文莊寶》。

藏書家對修補圖書的方法也進行了不斷的探索，如黄丕烈就特别重視裝潢，並要求工匠在裝潢時整舊如舊，他在修補裝潢圖書方面花的錢比購書的錢還要多。如其於宋本《史載之方二卷》的題識云：

> 余重其書之秘，出白金三十兩易得，重加裝潢，遇上方切去原紙處，悉以宋紙補之。尾葉原填闕字，亦以宋紙易去，命工仍録其文，想前人必非無知妄作者也。上下卷通計一百單七翻，合裝潢費核之，幾幾乎白金三星一葉矣。余之惜書而不惜錢，其真佞宋耶？誠不失爲書魔云爾。①

如果遇到闕卷少頁現象，他也要調查清楚，以素紙如數裝潢之留其迹，以待他日補全。嘗云：

> 《文苑英華纂要》八册，絳雲、滄葦兩家如此云云，此時僅存七册，失其首矣。然就其所存者核之，言其分集則甲之半矣，言其列卷則失一至十六也，言其排葉則失一至四十三也，言其裝册則失第一也，余故以素紙空白者留其迹，安知後不遇其舊以補其闕乎？②

藏書家還對修補古書的點滴經驗加以總結，也可供參考，如清人陸烜注意到了修補圖書原料的防蠹性能，嘗云：

> 凡治定書，必用雌黄，其色久而不渝。余嘗見李獻吉評杜詩，錢牧翁手批《元遺山集》，皆手澤如新。修補古書，漿黏中必入白芨，則歲久不脱。近購得宋余靖《武溪集》、趙璘《因話録》、施彦執《北窗炙輠録》，皆汲古閣物，裝訂極精緻，而於破損接尾處皆脱，蓋不用白芨

① 《蕘圃藏書題識》卷四。

② 《蕘圃藏書題識》卷十《文苑英華纂要八十四卷》。絳雲，指錢謙益。滄葦，指季振宜。

之故，亦藏書家所當知也。①

孫慶增《藏書記要》第五則《裝訂》對圖書修補的具體工作，做了較爲系統的總結。略云：

至於修補舊書，襯紙平伏，接腦與天地頭，並補破貼欠口，用最薄綿紙熨平，俱照補舊畫法，摸去一平，不見痕迹，弗覺鬆厚，真妙手也。而宋元板有模糊之處，或字脚欠缺不清，俱用高手摹描如新，看去似刻，最爲精妙。書套不用爲佳，用套必蛀，雖放於紫檀香楠匣内藏之，亦終難免，惟毛氏汲古閣用伏天糊裱，厚襯料，壓平伏，裱面用灑金墨箋，或石青、石緑、棕色、紫箋，俱妙。内用科舉連裱裏，糊用小粉、川椒、白礬、百部草細末，庶可免蛀。然而偶不檢點，稍犯潮濕，亦即生蟲，終非佳事。糊裱宜夏，摺訂宜春。若夏天摺訂，汗手並頭汗滴於書上，日後泛潮，必致霉爛生蟲，不可不防。凡書頁少者宜襯，書頁多者不必。若舊書，宋元鈔刻本，恐紙舊易破，必須襯之，外用護頁方妙，書簽用深古色紙裱一層，簽要款貼，要正齊，不可長短闊狹，上下歪斜。斯爲上耳。

值得注意的是，孫慶增還提出了樸素、古雅、實用的古書裝幀修補的美學原則，指出："裝訂書籍不在華美飾觀，而要護帙有道，款式古雅，厚薄得宜，方爲第一。"而對錢曾的書籍裝幀却提出了批評，指出："錢遵王述古堂裝訂，書面用自造五色箋紙，或用洋箋書面，雖裝訂華美，却未盡善，不若毛斧季汲古閣裝訂，書面用宋箋、藏經紙、宣德紙、染雅色自製古色紙更佳。"②

北京圖書館專家肖振棠、丁瑜二人所撰《中國古籍裝訂修補技術》一書，對修補圖書問題作了全面而系統的介紹，今録其附録《裝修書籍操作

① 《梅谷十種書·梅谷偶筆》。
② 《藏書記要》第五則《裝訂》。

規程及成品檢查標準》如下：

甲　收書和送書的手續

收到或取到一批書籍時，須當面點清，及時填寫在登記簿上。詳細注明書名、册數、日期和裝修的内容，並交專人保管。

裝修完畢送還時，也須注明送還日期，並由原發書人點清後，在登記簿上簽收。

乙　裝修書籍操作程序

一、根據每種書籍不同的裝修要求，進行研究，訂出修整措施和完成時間。詳細寫在操作單上，操作單一式兩份，一份隨書交操作人按照執行，一份由負責人保存，以備考查。

二、一般書先根據收到先後，順序修裝。但爲了照顧閲覽和急需，可按輕重緩急靈活掌握裝修的先後順序。

丙　修補操作規程

一、修補書籍所用漿糊，必須用上等麵粉作原料，提出麵筋，在夏季摻入少量明礬，製成後泡在凉水盆内。稀漿糊要每日更换。修補書籍使用漿糊時，應根據書的不同紙性，選擇不同程度的稠稀漿糊。

二、衝水去髒要適當用碱，要用清水洗净；要用潔净紙作吸水紙，夏季要勤倒書葉勤换紙，以防書葉發霉。

三、補破書葉要根據書葉紙紋用紙，使書葉和配紙的紙紋横竪一致。鈔本書或印有紅藍格的書，修補時注意防止墨色或格的顔色不要烘散。補破葉時要用配紙的紙邊補書葉的四邊，使其顔色一致。

四、修補破葉的紙須根據書的紙性和顔色使用同樣的紙，寧可稍淺，不能過深。

五、開口書葉要將兩單葉對齊，兩單葉中間可稍稍離開，使有一綫之隔，不得重疊。溜口紙條要寬窄適當，一律用竪紋紙條。白紙書用白色紙條，竹紙書用仿舊色紙條。

六、糟朽書葉須用整張棉紙裱，裱時用排筆蘸稀漿糊横竪刷匀。

七、受水濕難揭的書葉，根據水濕輕重分别采用乾揭、濕揭或用籠屉蒸揭的辦法處理。

八、書葉修補後須噴水倒乾。書口如有河欄,須用沸水燙開,乾後再摺葉。爲防止夏日發霉,要勤换紙,勤倒書葉。

九、摺書葉時,一律按舊有的摺印摺齊。溜口書或曾經裱過的書葉,要將背面紙上的小疙瘩去掉。

丁　裝訂操作規程

一、捶書時,錘落在書葉上要平,書葉不宜過多過厚。捶書石的石面要平净。如捶白紙書葉須在石面上墊一層净紙,以免將書葉玷污。過老的書葉下錘要輕,書葉要晾乾後再捶,避免將書葉粘在一起。

二、襯紙書須根據書葉破損輕重程度,采用單葉襯紙或雙葉襯紙。白紙書襯白紙、竹紙書襯竹紙。一般襯紙須將紙裁的比書稍大一些;遇到書品過小,三面不裁切的書,可將襯紙裁切成和書葉一樣大小。書口過高(厚)無法捶平的書,須將襯紙錯開摺後倒襯。

三、壓書要上下墊平整的夾板,在壓書機内放書要端正。加壓力時先輕壓,然後徐徐加重。修補過多未能捶平的書,要適當掌握壓力,不能壓的過松或過緊。

四、齊欄要直,書口要頓齊,珍貴的書儘量少用齊欄的辦法,要多用齊書的辦法,以儘量少裁書爲原則。齊欄前先將書按次序順好,以免將書訂錯(包括操作中發生的錯誤和原來舊有的錯誤)。

五、訂本,厚本書用紙鋸訂;薄本書用紙釘訂;善本書一律用紙鋸訂。襯紙書和金鑲玉裝及原來厚本書可適當分本,但須根據卷數和段落來分。下紙捻時要注意訂在書腦適當的地方。

六、裁書前先檢查天頭下脚有無批注,用機刀裁書時先將刀盤塵土擦净,比好規格,然後將書放入刀内,開閘裁切,裁畢隨手關電門,注意操作安全。無論善本書和一般書均須注意少裁,以三面裁齊爲限,否則會影響書的質量。册數多的書,裁切時要上下對齊書口。

七、打磨書時先用木銼銼平,而後用砂紙打磨平整乾净。操作時要細銼細磨,不能用力過猛以至將書銼偏。

八、包書角要根據書本大小和書腦寬窄决定書角的大小。善本書要用舊絹包書角;白紙書用淺緑色或白色絹包;竹紙書用米色仿舊色絹包。一部書册數很多時,包角必須上下整齊一致。書角要求包緊、包平,角面無鼓包。

九、修裝書皮

〔一〕使用書皮要將質量好的用在正面。一部書的書皮要求顔色一致。

〔二〕原有書皮,如果是清代乾、嘉以前時代較早者,必須一律修裱整齊,依然在原書上使用。年代不足百年的書皮,又無收藏家題字者,可以更换新皮。

〔三〕一般書可采用單面上皮,或雙葉筒皮,善本書一律用四包邊扣皮。要求天頭、下脚、書背都平整無棱。

十、打眼要正。一般書打四個眼,較寬大的書打六個眼,長形書打五個眼,厚本書前後打對眼。不得將眼打歪打斜。要多利用原眼少打新眼,以免眼多傷腦。

十一、訂綫要訂緊,兩股綫要並列,綫在眼内要分清,不得有重疊或鬆緊不匀現象。結尾綫頭要卡在書背内。厚本書和大本書用粗綫,薄本書用細綫,本大而薄者用三股細綫,一般書可用棉綫,善本書用染色仿舊絲綫。

十二、粘書簽的地位一般粘在書皮左上角。如書簽不全或改本後,書簽上的卷數與書不符時,可粘在護葉上,只粘簽的四周,要粘正粘直,不皺而牢,用漿糊不要過多過稠。

十三、金鑲玉書要將書腦上的舊眼補好,使鑲後不露舊眼。鑲出的紙要天頭大,下脚小,一般是六與四的比例。儘量采用厚紙書用厚紙鑲,薄紙書用薄紙鑲,使鑲出部分要和書的中間一律平整。

十四、包背裝一律用紙鋸訂背,一般書訂三個紙鋸,大本書訂四個紙鋸。訂後在書背面雙頭捆結,或將雙頭盤回,粘牢捶平,用稠漿糊漿背,要求將書背裹緊裹嚴。裹背書要注意避免造成書口高、書背低現象。

戊

一、每一種書完成後，除由操作人隨做隨查外，並經專人檢查，符合質量標準，始得送還原發書單位。

二、成品檢查合格的標準

〔一〕漿糊使用適當，不稠不稀。

〔二〕配紙顔色深淺，厚薄均匀。

〔三〕補破葉要平整，糟朽書葉不傷字。

〔四〕摺葉不歪不斜，書口不偏。

〔五〕捶書平整匀稱，不傷書口。

〔六〕齊欄直而不斜，書口頓齊而平整。

〔七〕裁書要齊，不傷字；册數多時，各册上下顛倒也能整齊一致。

〔八〕打磨書不發油光，不起毛茬。

〔九〕包書角緊而嚴，不起包，上下一致，大小適合。

〔十〕扣皮要四面扣齊。

〔十一〕打眼正面反面都不歪不斜。

〔十二〕訂綫，綫的粗細和顔色要協調。

〔十三〕鑲書書口齊、書葉平。

〔十四〕包背書須包平包緊。

〔十五〕蝶裝書使用漿糊適當，書口既能掀口又要粘牢。

三、檢查成品發現有不合以上標準時，須由原操作人返工重修。

修補古書特别是善本書，要注意實行整舊如舊的原則，該書對這個問題論述得頗爲詳細而實用，今也摘述如下。在修補古籍善本時，要求不補字、不描欄、畫欄，儘量保持書的原貌。古書，特别是善本書的書根字、天頭地脚的批評要儘量保留，不能切掉或磨掉。“凡具有善本書特徵的書籍，其書皮和護葉不論是否殘破，只要是原書舊物，都要隨書保存，即是剩有半頁或幾個字也不得去掉。特别是經過藏書家題字的書皮更應重視。例如清代咸、同時期的李文田藏書多有善本，但是他的書很少蓋藏書印章，而書皮多有題識或署名，看其字迹即可辨認是李氏藏書。還有清末越縵堂李慈銘的藏書,都是一些清代普通刻本,裝潢一般。但書内多有李慈銘的批注,書皮上也多有他的題字,而字體又很普通,極易被人忽視,把書皮去掉。因此,爲保持書籍的舊觀,對書皮儘可能采用揭裱辦法,先揭、再補、後裱。……書皮殘缺不全者,可選配近似的書皮補裱,殘缺過多,無法選配齊全者,可將書皮粘在裏面,外面再加一層顔色古雅的新書皮。護葉不全時,可照原樣配齊。""書皮上貼有書簽時,無論完整或殘缺,都應補好。如果書簽只寫有書名不標卷數,應將整齊的書簽粘在前幾册上面,殘破的粘在後幾册上。書簽上如標明卷數册數,則按標明的順序粘在每册書上。"修補殘破書籍要儘量使用舊紙,舊紙的選用要考慮到書籍的紙性、顔色、厚薄、簾紋等特徵,儘可能保持一致。舊紙來源於修書時撤换的護葉、襯紙,以及一些無參考價值而又多復本的書。實在找不到舊紙,可用與書籍紙張厚薄相同的新紙,染成與書籍顔色深淺一致的仿舊紙來代替。①

修補技術也在不斷地改進,南京大學圖書館一九九二年研製成功的紙漿修補技術頗有實用價值。該技術利用成紙粉碎打漿,使纖維重新浸潤、分離,並經加助懸劑等復配,製成修補紙漿,用管狀修補筆將其均勻地分布在書頁破損處,乾燥後形成紙頁,從而完成修復工作。該技術具有修復强度好;耐老化;抗蟲、抗霉能力强;成紙形態逼真,整舊如舊;修復速度快;操作簡單等優點。② 此法頗有推廣價值。

二 鈐 印

在藏書上鈐印,是表示對書擁有所有權的一種簡便而有效的方法。唐張彦遠云:"前代御府自晉宋至周隋,收聚圖畫皆未行印記,但備列當時鑒識藝人押署。"③可見當時的藏書尚未曾鈐印。

到了唐代,公私藏書均出現了鈐印現象。如張彦遠云:"太宗皇帝自

① 《中國古籍裝訂修補技術》第五章《古舊書籍的各種不同裝修法》二《整舊如舊裝修法》。

② 參見《紙漿修補技術研究鑒定證書》,(九二)蘇文科鑒字〇〇五號。

③ 《歷代名畫記》卷三《叙自古跋尾押署》。

書‘貞觀’二小字作二小印貞|觀，玄宗皇帝自書‘開元’二小字成一印‘開元’(原文豎排)，又有集賢印、秘閣印、翰林印，又有弘文之印，恐是東觀舊印印書者。”[①]《新唐書・藝文志》經部小學類著録《二王、張芝、張昶等書一千五百一十卷》。注曰：“太宗出御府金帛購天下古本，命魏徵、虞世南、褚遂良定真僞，凡得真行二百九十紙，爲八十卷，又得獻之、張昶等書，以‘貞觀’字爲印。”《唐會要》卷六十五《秘書省》云：“長慶三年四月，秘書少監李隨奏：當省請置秘書閣圖書印一面，伏以當省御書正本，開元天寶以來，前並有小印印縫。自兵難以來，書印失墜，今所寫經史都無記驗，伏請鑄造。敕旨依奏。”《唐會要》卷六十四《集賢院》亦云：“開成元年四月，集賢殿御書院請鑄小印一面，以御書爲印文。從之。”王建《宫詞一百首》之十二亦云：“集賢殿裏圖書滿，點勘頭邊御印同。”上行下效，唐代私家藏書也鈐印成風，如《歷代名畫記》卷三《叙古今公私印記》記録有“故相國鄴侯李泌印鄴侯圖書刻章”(原文分兩行豎排)、“僕射馬摠印馬氏圖書”(原文分兩行豎排)。皮日休《魯望戲題書印囊奉和次韻》一詩還描寫了私家藏書鈐印的具體情况：“金篆方圓一寸餘，可憐銀艾未思渠。不知夫子將心印，印破人間萬卷書。”[②]一九八四年十一月一日，濤文在《北京晚報》上披露，考古工作者在河南偃師發掘唐墓時，出土了一顆銅質鑄造的陽文印章，印文爲“渤海圖書”四字。這是現存唐代私家藏書印的實物。[③]

五代時南唐烈祖李昇好藏書，亦有藏書印。陳師道云：“澄心堂，南唐烈祖節度金陵之宴居也，世以爲元宗書殿誤矣。趙内翰彦若有《澄心堂書目》，才三千餘卷，有建業文房之印。”復云：“建業文房，南唐烈祖節度金陵之别室也。趙元考家有《建業文房書目》，才三千餘卷，有金陵圖書院印焉。”[④]其後世藏書印則更多，如郭若虚云：“李後主，才高議博，雅尚圖書，蓄聚既豐，尤精賞鑒。今内府所有圖軸暨人家所得書畫，多有印篆，曰：内

① 《歷代名畫記》卷三《叙古今公私印記》。

② 《全唐詩》卷六一五。

③④ 《後山談叢》卷二。

殿圖書、内合同印、建業文房之寶、内司文印、集賢殿書院印、集賢院御書印。”①

兩宋公私藏書用印風氣更盛。據《金史・禮志四》所載，宋代有内府圖書印三十八方，如“内府圖書之印”、“大觀中祕”、“政和”、“宣和御覽”、“常樂未央”等。據葉昌熾《藏書紀事詩》所載，宋代藏書家富弼、劉羲仲、樓鑰、史守之、賈似道、俞琰、俞貞木等都有一方或數方印章。如張丑云：

> 宋人小楷《史記》真本一部，原是松雪翁物。計十帙，紙高四寸，字類半黍。不惟筆精墨妙，中間絶無訛謬。……每帙用“舊學史氏”及“碧沚”二印……宋通直郎史守之所用。守之，越國公浩孫，禮部侍郎彌大子，衛王彌遠之侄。仕終朝奉大夫。中年避彌遠嫌，退處月湖，與慈湖諸公講肄爲樂，寧宗御書“碧沚”二字賜之。蓋清修好古之士也。②

元代公私藏書亦沿宋代風氣鈐有藏書印，元代秘書監還專門設有管理印章的官員，王士點、商企翁《秘書監志・職制》云：

> 設知印　元貞二年(一二九六)正月，都省准設知印一人。
> 添設知印　至大元年(一三〇八)，都省准添設知印一人。

葉昌熾《藏書紀事詩》載，元代藏書家倪瓚、陸友、張雯、趙孟頫等都有藏書印，其中以趙孟頫的藏書印爲最多，計有“水晶宫道人”、“大雅”、“天水趙氏”、“趙文敏書”等。

任康云：“古印只有姓名與字，唐宋稍著齋室名，元時尚未闌入成語，至明代則某科進士某官職，無不羼入。”③

明清藏書印所鐫文字内容甚繁，主要目的是反映藏書家對藏書擁有

① 《圖畫見聞志》卷六《李主印篆》。
② 《清河書畫舫》卷十下《趙孟頫》。
③ 《前塵夢影録》卷下。

所有權，因此仍以藏書家的各種名稱與居室名稱居多。如《百宋一廛賦》注云："《司馬公文集》八十卷，每半葉十二行，每行廿字，有朱書一行，云'洪武丁巳秋八月收'。鈐以小方章一文，云'徐達左印'，又大方章一文，云'松雲道人徐良夫藏書'。"徐達左，字良夫，號松雲道人，爲明初藏書家。再如明文徵明的居室印特多，有玉蘭堂、辛夷館、翠竹齋、梅華屋、梅溪精舍、煙條館等。① 清代張蓉鏡字芙川，妻姚畹真號芙初女史，兩人都愛藏書讀書，刻一印曰"雙芙閣"。宋刊《後村詩集》殘本有芙初題詩："墨林萬卷劫灰餘，古本流傳此絶希。八十詩翁高格調，《伊川》《擊壤》想依稀。""潑茗薰香繡懶拈，芸編珍重展瑶籤。好花明月原無主，自取猩紅小印鈐。"反映了她的生活情趣。②

有些藏書家在獲得珍本、善本後，每特製印章以作紀念。如錢曾《讀書敏求記》卷一《金石録三十卷》云："昔者，吾友馮硯祥有不全宋槧本，刻一圖記，曰'金石録十卷人家'。長箋短札，貼尾書頭，每每用之。亦藝林中一美談也。"韓華亦稱："《金石録》明以來多傳鈔，惟雅雨堂刻之。阮文達有宋槧本十卷，即《讀書敏求記》所載者。文達自撫浙至入閣，恒携以自隨。……一日書賈來售，驚喜欲狂，古色古香，真可寶貴。余得之，亦刻'金石録十卷人家'小印。"③錢泰吉記吴騫云：

> 嗜典籍，遇善本傾囊購之弗惜，或借讀手鈔，校勘精審，所得不下五萬卷，築拜經樓藏之……晨夕坐樓中展誦摩挲，非同志不得登也。同時吴門黄蕘圃丕烈多藏宋板書，顔所居曰百宋一廛。槎客欲以千元十架揭榜與之敵，得宋本咸淳《臨安志》，刻一印曰"臨安志百卷人家"，所藏書卷中多用之，其風致如此。④

也有在印文中體現個人生平的。如《天禄琳琅書目》卷二著録之宋刻

① 《藏書紀事詩》卷二《文壁徵明》。
② 《藏書紀事詩》卷五《張燮子和》。
③ 《無事爲福齋隨筆》卷上。
④ （道光）《海昌備志》卷一八《吴騫》。

《新唐書糾繆》,原爲查慎行藏,有"南書房史官"、"海寧查慎行字夏重又曰悔餘"印記。全祖望《查先生墓表》云:"先生名嗣璉,字夏重,别署查田,改名慎行,字悔餘,别署初白,浙江杭州府海寧人。……康熙壬午,聖祖東巡守……召至行在賦詩,隨入京,詔直南書房。明年,特賜進士出身,改翰林院庶吉士,授編修。"①顯然,查慎行認爲入直南書房是他人生旅途中最關鍵、最榮耀的一段日子。故著之印記。還有一些紀年印,如陸心源《紫巖易傳跋》稱該書:"每册有'秀水朱彝尊錫鬯氏'朱文方印、'我生之年歲在屠維大荒落月在橘壯十四日癸酉時'朱文方印。"②葉昌熾案:"屠維爲己,大荒落爲巳;竹垞生於崇禎二年己巳,則此亦竹垞印也。"③

有些印文還反映了藏書家的門第。如葉昌熾談到顧千里有"陳黄門侍郎三十五代孫"一印,④南朝時顧野王曾任陳黄門侍郎,著有《玉篇》。葉書還載阮元繼配孔夫人有"孔子七十三代長孫女"一印。⑤

也有反映里居的印文,如阮元曾藏宋本《金石録》十卷,鈐"家住揚州文選樓隋曹憲故里"一印,阮元《南宋淳熙貴池尤氏本文選序》云:

> 昔但得元張伯顔、明晉府諸本,即以爲秘册。嘉慶丁卯,始從昭文吴氏易得南宋尤延之本,爲無上古册矣。……元家居揚州舊城文樓巷,即隋曹憲故里,李崇賢所由傳《文選》學而爲選注者也。元既構文選樓於家廟旁,繼得此册藏之樓中,别爲校勘記以貽學者。⑥

從明代開始,有不少印章主要目的不在於强調對藏書的所有權,而是表達藏書、讀書、校書的感受。其中絶大多數是强調藏書來之不易,要子孫妥善保存。如明代蘇州藏書家錢穀字叔寶,有印云:"百計尋書志亦迂,

---

① 《鮚埼亭集外編》卷七《翰林院編修初白查先生墓表》。
② 《儀顧堂續跋》卷一《明鈔紫巖易傳跋》。
③ 《藏書紀事詩》卷四《朱彝尊錫鬯》。
④ 《藏書紀事詩》卷六《顧廣圻千里》。
⑤ 《藏書紀事詩》卷五《阮文達元》。
⑥ 《揅經室三集》卷四。

愛護不異隨侯珠。有假不返遭神誅，子孫不寶真其愚。”①晁瑮，字君石，號春陵，開州（今濮陽市）人，北京藏書家，著有《寶文堂書目》，其藏書銘楷字章云：“曹誠廣舍，真廟賜名。丁顗聚書，子孫繇興。匪學胡成，非書胡學？蓄斯貽後，珍如渾璞。龜蒙緝借，張公却鬻。咨我同志，遵此軌躅。鬻爲不孝，借亦一癡。咨我後昆，戒之敬之。春陵晁瑮藏書銘。”②明末祁承㸁，著有《澹生堂藏書目》《澹生堂藏書約》等，亦有藏書銘一印，其文曰：“澹生堂中儲經籍，主人手校無朝夕。讀之欣然忘飲食，典衣市書恒不給。後人但念阿翁癖，子孫益之守弗失。”③常熟大藏書家兼大出版家毛晉有一朱文大方印，其文曰：“趙文敏公書卷末云：吾家業儒，辛勤置書，以遺子孫，其志何如？後人不讀，將至於鬻，頽其家聲，不如禽犢！若歸他室，當念斯言。取非其有，無寧舍旃。”④清乾隆間藏書家王述庵亦有一印云：“二萬卷，書可貴；一千通，金石備。購且藏，劇勞勩。願後人，勤講肄。敷文章，明義理，習典故，兼游藝。時整齊，勿廢置。如不材，敢賣棄，是非人，犬豕類，屏出族，加鞭箠。述庵傳誡。”⑤清道光、同治間藏書家有一百九十四字長方巨印，述及藏書經過，要子孫能愛而守之，其文曰：

> 予席先世之澤，有田可耕，有書可讀，自少及長，嗜之彌篤。積歲所得，益以青箱舊蓄，插架充棟，無慮數十萬卷。暇日静念，差足自豪。顧書難聚而易散，即偶聚於所好，越一二傳，其不散佚殆盡者亦鮮矣。昔趙文敏有云：“聚書藏書，良非易事。善觀書者，澄神端慮，静几焚香，勿卷腦，勿折角，勿以爪侵字，勿以唾揭幅，勿以作枕，勿以夾刺。”予謂吴興數語，愛惜臻至，可云篤矣，而未能推而計之於其終，請更衍曰：“勿以鬻錢，勿以借人，勿以貽不肖子孫。”星鳳堂主人楊繼振手識，並以告後之得是書而能愛而守之者。⑥

---

① 《愛日精廬藏書志》卷二九《書上人集十卷》。

② 莫伯驥《五十萬卷樓群書跋文》史部二《大明實録殘本三十卷》。

③④⑤ 蔣光煦《東湖叢記》卷六《藏書印記》。

⑥ 《藏書紀事詩》卷六《楊繼振幼雲》。

當然,有的藏書家已經認識到藏書由子子孫孫永保是不可能的。這種觀點也反映在藏書印中,如《經籍訪古志》卷六云:“《文選》,袁褧刻本,卷首有‘是書曾藏蔣絢臣家’印。”王欣夫案:“《静嘉堂秘籍志》卷十元刊《韋齋集》,又有‘蔣絢臣曾經校藏’朱文長方印。”①蔣絢臣爲明末福建藏書家。孫從添,字慶增,是清代著名藏書家,著有《藏書記要》。黄丕烈《藏書記要跋》云:

孫慶增所藏書,余家收得不下數十種,其所著述,則未之聞也。此《藏書記要》言之甚詳且備,蓋亦真知篤好者。孫公去世未遠,周文香嚴幼年曾見之,時已七旬餘。兼善醫術。其所藏書,鈐尾一印曰“得者寶之”,殆守人亡人得之訓耶。②

藏書的主要目的在於閲讀,因此不少藏書家在印文中談了讀書的感受,如毛晉有“開卷一樂”印,③葉昌熾云:“明刻《元豐類稿》有‘得知千載外,正賴古人書’十字長印,與‘季振宜藏書’印均在卷首,疑亦季氏所鈐也。”④《天禄琳琅書目續編》卷三宋版經部載《班馬字類》,有“學然後知不足”朱記。葉昌熾還記載了潘祖蔭藏書中有蕭蓼亭藏書銘,略云:“潘氏滂喜齋藏明刻《劉屏山集》,前有朱文大方印,刻藏書銘曰:‘名山草堂,蕭然獨居。門無車馬,坐有圖書。沈酣枕籍,不知其餘。俯仰今昔,樂且宴如。蕭蓼亭銘。’”⑤當然不可能一天到晚埋頭讀書,清代海鹽藏書家張載華乾脆刻了枚“甚欲讀書奈嬾何”的藏書印,使人見之不禁會心一笑。⑥

還有人將治學箴言刻爲藏書印的。丁申稱勞格“藏書之所曰‘丹鉛精舍’,校書之印曰‘實事求是,多聞闕疑’”。⑦ 勞格的這八字箴言,今天看

① 《藏書紀事詩(附補正)》卷四《蔣琦絢臣》。
② 《士禮居黄氏叢書》本《藏書記要》卷末。
③ (光緒)《常昭合志稿》卷三二《人物》。
④ 《藏書紀事詩》卷四《季振宜詵兮》。
⑤ 《藏書紀事詩》卷四《蕭夢松静君》。
⑥ 《藏書紀事詩》卷四《張載華》。
⑦ 《武林藏書録》卷下《丹鉛精舍》。

來,仍然正確,具有很强的現實意義。

近代圖書館也規定在藏書上鈐印。如一九一五年十一月二十九日《教育部飭京師圖書館所藏書籍蓋印編號妥爲辦理文》明確指出:“書籍當蓋印編號也。該館所藏書籍,多係舊槧精刊,版本種類甚多,審認頗爲不易,自非悉加大字戳記,難免抽换。”①《直隸省立第二圖書館章程》第四章“圖書”第六條規定:“凡館中所列圖書,均蓋本館圖記,以防遺失。”②《浙江公立圖書館章程》附《辦事細則》第三章《庋藏》第十七條也説:“本館庋藏圖書,應均加蓋館鈐,編列號數,並黏貼書籤,標明門類。”③

藏書印一般鈐於卷端右下角空白處。卷末、空隙處也是鈐藏書印較多的地方,葉德輝曾探討過這個問題,今録之以供參考:

> 今爲言印記之法,曰去閑文,曰尋隙處。何謂去閑文?姓名表字,樓閣堂齋,於是二、三印,一印四、五字足矣。……何謂尋隙處?凡書流傳愈久者,其藏書印越多。朱紫縱横,幾無隙紙。是宜移於書眉卷尾,以免齟齬。亦或視各印之大小朱白,間别用之。小印朱文重疊,尚無不可。若白文與大印聚於一行,則令閲者生厭矣。凡書有字處,朱文、白文俱不相宜。④

藏書印如蓋得太多太亂有損書品,也會受到人們的批評。明代藏書家項元汴字子京,號墨林,即有濫鈐藏書印的癖好。姜紹書批評道:“墨林生嘉、隆承平之世,資力雄贍。出其緒餘,購求法書名畫,三吴珍秘,歸之如流。每得名迹,以印鈐之,纍纍滿幅,譬如石衛尉以明珠精鏐聘得麗人,而虞其他適,則黥面記之。抑且遍黥其體無完膚,較蒙不潔之西子,更爲酷烈矣。”⑤後來清高宗對内府所藏歷代書籍字畫絶品動輒親題惡俗不堪

① 《中國古代藏書與近代圖書館史料》録自《教育公報》第二年第十期。

② 《中國古代藏書與近代圖書館史料》録自《教育公報》第五年第十五期。

③ 《中國古代藏書與近代圖書館史料》録自《浙江公立圖書館年報》第七期。

④ 《藏書十約·印記》。

⑤ 《韻石齋筆談》卷下。

的詩，加蓋匠氣十足的御寶印，也是中國藝術史的一厄。

三 編 目

公私藏書達到一定數量後，就需要編製藏書目録。藏書目録是對藏書加以整理的結果。我們在本書《目録編》第五章《綜合目録》第一節《國家藏書目録》、第五節《私人藏書目録》中，已經對藏書目録作了詳細介紹。這裏略作補充。

藏書目録的基本作用是能够反映某處有哪些藏書，以便檢索利用。明人高儒深有體會地説：

> 書無目猶兵無統馭，政無教令，聚散無稽矣。閒居啓先世之藏，發數年之積，不啻萬卷。各以類從，少著大意，條目昭明。一覽之餘，仰見千載聖賢用心之確，非擅虚名，實資自勵，庶慰先人教子之心，以逭聚散不常之誚也。①

關於對圖書入藏整理編目情况，他談到自己“鋭意訪求，或傳之士大夫，或易諸市肆，數年之間，連牀插架，經籍充藏，難於檢閲。閒中次第部帙，定立儲盛，又恐久常無據，淆亂逸志，故三年考索，三易成編，損益古志，大分四部，細列九十三門，裁訂二十卷”。②明代藏書家陳第也談到了書目的檢索作用，略云：

> 吾性無他嗜，惟書是癖，雖幸承世業，頗有遺本，然不足以廣吾聞見也。自少至老，足迹遍天下。遇書輒買，若惟恐失，故不擇善本，亦不争價直。又在金陵焦太史、宣州沈刺史家得未曾見書，鈔而讀之。積三四十餘年，遂至萬有餘卷，縱未敢云汗牛充棟，然以資聞見，備采擇，足矣足矣。今歲閒居西郊，伏去凉生，課兒僕輩曬晾入簏，粗爲位

①② 《百川書志·自序》。

置，因成目録，得便查檢。①

祁承㸁在談到藏書目録的作用時也説："架插七層，籍分四部，若卒旅漫野而什伍井然，如劍戟摩霄而旌旗不亂，此吾之部勒法也。目以類分，類由部統，暗中摸索，惟信手以探囊，造次取觀，若執鏡而照物，此吾之應卒法也。聯寡以成衆，積少以爲多，抽一卷而萬卷可窺，事一隅而三隅在目，此吾聯絡駕馭之法也。"②黄宗羲曾舉一例，談到了祁氏藏書目的作用："祁氏曠園之書，初庋家中，不甚發視，余每借觀，惟德公知其首尾，按目録而取之，俄頃即得。"③

有了藏書目録就會對藏書瞭如指掌，這不僅對讀書治學，而且對藏書建設也是大有好處的。故顧千里序張金吾《愛日精廬藏書志》云：

> 夫書之有目，其塗每殊，凡流傳共見者，固無待論。若夫月霄之目，乃非猶夫人之目也。觀其某書，必列某本舊新之優劣，鈔刻之異同。展卷具在，若指諸掌，其開聚書之門徑也歟。備載各家之序跋，原委粲然，復略就自叙校讎、考證、訓詁、簿録彙萃之所得，各發解題，其標讀書之脈絡也歟，世之欲藏書讀書者，苟循是而求焉，不事半功倍歟。然則此一目也，豈非插架所不可無，而予樂爲之序者哉！④

藏書目録在記録版本方面的價值尤爲明顯，如《四庫全書總目》卷八十七《寶文堂書目》提要稱："其著録極富，雖不能盡屬古本，而每書下間爲注明某刻，亦足以考見明人版本源流。"

有的藏書家藏書亡佚了，而藏書目録還在，這些藏書目録仍然具有史料價值。馬端臨在編《文獻通考・經籍考》時已預見到這一點，其《文獻通考・總序》云："竊伏自念，業紹箕裘，家藏墳索，插架之收儲，趨庭之問答。

① 《世善堂藏書目録・題詞》。焦太史謂焦竑，沈刺史名待考。

② 南京大學圖書館藏鈔本《澹生堂書目》卷首《庚申整書小記》。

③ 《南雷文約》卷四《天一閣藏書記》。

④ 月霄，張金吾字。

其於文獻,蓋庶幾焉。嘗恐一旦散軼失墜,無以屬來哲,是以忘其固陋,輒加考評。"江藩爲秦恩復《石研齋書目》所作序也説了同樣的意思,並表達了自己未編藏書目録的遺憾之情:

> 太史……謂予曰:有聚必有散,吾子孫焉能世守勿替,暇日編《石研齋書目》上下二卷,以志雲煙之過眼云爾。藩昔年聚書與太史相埒,乾隆乙巳丙子間頻遭喪荒,以之易米,書倉一空。自我得之,自我失之,夫復何恨,然師丹未老,强半遺忘,所棄秘笈,至有不能舉其名者,惜未編目録以誌之也。[①]

因此,不少藏書家都十分重視編纂藏書目録,如祁承㸁要求子孫:"書目視所益多寡,大較近以五年,遠以十年一編次,勿分析,勿覆瓿,勿歸商賈手。"[②]還有些藏書家相當自覺地在目録中記録有關資料,如傅增湘一九三九年致函張元濟云:"近得善本,擬補題記,勒爲一集,諸務紛集,殊少暇晷。而二十餘年手校群書凡千餘種,爲卷至萬二三千,亦欲編定藏園校書目録,授梓行世,俾後來好學之士可以按目而求,爲之移寫校記,庶螢窗雪案不爲徒勞。"[③]其《藏園群書題記》八卷、《藏園群書題記續集》六卷,其孫依據傅氏藏書、觀書記録手稿整理而成的《藏園群書經眼録》十九卷,均爲人們讀書治學提供了豐富的資料。

編製藏書目録要依據藏書目録的特點,注意著録稽核、版本兩項内容。就稽核項而言,卷軸裝圖書要注明卷數,蝴蝶裝、包背裝、綫裝圖書要注明册數。據《明史·藝文志》可知明文淵閣藏書爲蝴蝶裝,《文淵閣書目》共著録圖書七千多部,四萬餘册。朱彝尊批評道:"《文淵閣書目》有册而無卷,兼多不著撰人姓氏,至覽者茫然若失,其後藏書之家往往效之。"[④]其實著録册數是爲了便於清點,體現了藏書目録的基本功能。明

---

① 《炳燭室雜文·石研齋書目序》。

② 《澹生堂藏書約》。

③ 《張元濟傅增湘論書尺牘》第三七四頁。

④ 《經義考》卷二九四《明文淵閣書目》。

《文淵閣書目》詳載册數仍有稽檢之便。徐乾學的《傳是樓書目》也著録了本數,若係鈔本,再加一個鈔字,如:“《周易舉正》三卷,一本”;“宋魏了翁《周易要義》十卷,鈔,二本。”①則更爲明晰。

藏書目録詳記版本,不僅是藏書的需要,也是讀書治學的需要。余嘉錫序傅增湘《藏園群書題記》云:

> 余謂欲著某書之爲何本,不當僅言宋刊本、明刊本已也。刻書之時有不同,地有不同,人有不同,則其書必不盡同,故時當記其紀元干支,地當記其州府坊肆,人當記其姓名别號。又不第此也,更當記其卷帙之分合,篇章之完闕,文字之同異,而後某書之爲某書與否,庶乎其有可考也。②

如何著録版本,我們在本書《版本編》第八章《對版本的記録和研究》第一節《目録著録》,以及《目録編》第三章《目録的著録事項》第三節《版本》,已經作了探討,可參看。不少藏書目録詳細記録版本的特徵與版本鑒定的成果,爲我們留下了豐富的版本資料。在這方面,錢曾的《讀書敏求記》産生了深遠的影響,《四庫全書總目》卷八十七存目提要稱其“述授受之源流,究繕刻之同異,見聞既博,辨别尤精,但以版本而論,亦可謂之賞鑒家矣”。其後,乾隆四十年(一七七五),于敏中等奉敕編昭仁殿所藏善本書成《天禄琳琅書目》十卷;嘉慶二年(一七九七),彭元瑞等奉敕編昭仁殿善本書成《天禄琳琅書目後編》二十卷。兩書皆在提要中詳載刊刻年月、雕印工拙、題識印記、授受源流等,又起了推波助瀾的作用。在提要中記述版本逐漸成了藏書目録的一大流派,昌彼得記其大略云:

> 是後藏書家撰藏書志更遞事踵華,嘉、道間海寧陳鱣的《經籍跋文》、吴縣黄丕烈撰《百宋一廛賦注》,又增録舊本書的版式行款,開後

① 《傳是樓書目》卷一。
② 《余嘉錫論學雜著·藏園群書題記序》。

> 來元和江標《宋元行格表》但記行格的一派。黄氏所撰寫的藏書題跋……爲書志題跋及於校勘與敘版本源流的濫觴。道光七年，虞山張金吾撰《愛日精廬藏書志》，除記版本及遞藏源流外，又仿朱彝尊《經義考》的體例抄録書中的序跋，不過僅録元代以前人所撰而且比較稀見者，至於前賢及時人手書的題跋，則備録其文。又，凡《四庫(全書)》未收的書，並介紹作者及書的内容。後來編著藏書志的，如同治、光緒間的吴縣潘祖蔭《滂喜齋藏書記》、常熟瞿鏞《鐵琴銅劍樓藏書目録》、聊城楊紹和《楹書隅録》、歸安陸心源《皕宋樓藏書志》及《儀顧堂題跋》、杭州丁丙《善本書室藏書志》、江陰繆荃孫《藝風藏書記》、豐順丁日昌《持静齋藏書記要》、宜都楊守敬《日本訪書記》、民國以來的江寧鄧邦述《群碧樓善本書録》、吴興張鈞衡《適園藏書志》、長沙葉德輝《郎園讀書志》、江安傅增湘《藏園群書題記》、東莞莫伯驥《五十萬卷樓藏書目録》等等，雖然是詳略或異，大抵皆師其法，而賞鑒之精，考訂之密，後來者居上。……清人所撰的題跋於版式不列載刻工及諱字，民國二十八年海鹽張元濟爲南海潘氏寶禮堂編撰《宋本書録》，始詳加記載。稍後北平文禄堂主人王文進《訪書記》，也沿用其例，而現代作題記圖録者，則無不詳載，體例愈臻精密。①

但昌氏也指出：這類藏書目録“在記録一書的版式、行款、刻工、避諱字、刻書牌記、裝訂、前後的序跋、收藏的印記及題識，以及紙墨字體與刊雕的工拙，如同敘録一樣。不過僅以書的版刻及外形爲記述的對象，而不以闡介書的内容爲主旨。雖有資於版刻的考訂鑒别，而無關於學術的本末源流”。②

孫從添對編製版本目録的具體方法作了系統介紹，略云：

> 藏書四庫編目最難，非明於典籍者，不能爲之。大凡收藏家編書

① 《中國目録學》第六一至六二頁。
② 《中國目録學》第六二至六三頁。

目有四則，不致錯混顛倒，遺漏草率，檢閲清楚，門類分晰，有條有理，乃爲善於編目者。

一、編大總目録，分經史子集，照古今收藏家書目行款。或照《經籍考》、連江陳氏書目，俱爲最好，可謂條分縷晰，精嚴者矣。前後用序跋，每一種書分一類寫，某書若干卷。某朝人作，該寫著者、編者、述者、撰者、録者、注者、解者、集者、纂者，各各寫清，不可混書，係宋板、元板、明板、時刻、宋元鈔、舊鈔、明人鈔本、新鈔本，一一記清，校過者寫某人校本，下寫幾本或幾册，有套無套，一種門類寫完後，存白頁，以備增寫新得之書，編成一部，末後記書若干部，共若干册總數於後，以便查閲有無，將來即爲流傳之本。其分年代不能全定，因得書先後不一，就其現在而録之可也。釋道二氏之經典、語録附於後，寫清裝成藏於家。

二、編宋元刻本鈔本目録，亦照前行款式寫，但要寫明北宋、南宋、宋印、元印、明印本，收藏跋記，圖章姓名，有缺無缺，校與未校，元板亦然，另貯一櫃，照式行款寫之，櫃用封鎖，不許擅開。精鈔、舊鈔、宋元人鈔本、秘本書目，亦照前行款式寫，但要寫明何人鈔本，記跋圖章姓名，有缺無缺，不借木，印宋鈔本，有板無板，校過者書某人校本，或底本臨本，録成一册，雖目録亦不可輕放，恐人借觀遺失，非常行書籍，皆罕有之至寶，收藏者慎之寶之。

三、編分類書櫃目録一部，以便檢查而易取閲，先將書櫃分編字號，櫃内分三隔，櫃門背左實貼書單三張，分上、中、下，各照櫃隔寫書目本數於上，以便查取，右門背貼書數目，亦分三張上、中、下，另寫一長條於傍，記書總數目，而所編之書目，照櫃字號亦分寫上中下三隔，先寫經部某字號櫃内上隔某一部若干卷，某人作，某板，共幾册，上隔共書若干部，共若干本，二三隔照寫，一櫃則結總數。都寫完，則寫大總結數於末行後頁。如有人取閲借鈔，即填明書目上，某年某月某日某人借或取閲。一月一查，取討原書，即入原櫃，銷去前注，借者更要留心。若一月不還，當使催歸原櫃，不致遺失。此本書目，最爲要緊，須託誠實君子經管，庶可無弊。

四、編書房架上書籍目録，及未訂之書，在外裝訂之書，鈔補批閲之書，各另立一目，候有可入收藏者，即歸入櫃，增上前行各款書目内可也。

寫書根用長方桌一隻，坐身處桌面中挖一塊板，中空五本書厚縫一條，挾書於中，紥緊。書與桌平，照書名行款卷數，要簡而明，細楷書寫之，用墨筆畫匀細清朗，乃爲第一。虞山孫姓行二者，寫書根最精，一手持書，一手寫小楷極工，今亦罕有能者，書上挂簽，用襻紙或細絹，摺一寸闊，照書長短，夾簽於首册内，挂下一二寸，依書厚薄爲之，上寫書卷名數，角用小圖章，已上書目，如此編寫，可以無遺而有條目矣。①

到了清末，繆荃孫又進一步將版本目録的著録方式加以程式化：

××××幾卷

××××撰（撰人上有籍貫或官銜，須照原書卷首抄寫），××刊本（何時刊本，須略具鑒别力），每半葉×行，行××字，白（或黑）口，單（或雙）邊，中縫魚尾下有××幾字，卷尾題××××（此記校刻人姓名或牌子），前有××幾年×××序，××幾年×××重刻序，後有××幾年×××跋。××字××，××人，××幾年進士，官至××××（撰人小傳可檢本書序跋或四庫提要節抄），書爲×××所編集（或子侄所編或自編），初刻於××幾年，此則據××刻本重刻者。××氏××齋舊藏，有××印。②

此外，王重民的《中國善本書提要》，以及《中國古籍善本書目》都明確地規定了著録條例，我們在本書《目録編》《版本編》的有關章節均已作過介紹，兹不贅述。

---

① 《藏書記要》第六則《編目》。

② 陳乃乾《上海書林夢憶録》，載《中國現代出版史料》甲編。

按照統一的格式對各種藏書的内容與形式特徵著録完畢，還要按照一定的綫索編成目録。我國古代藏書一般都分類編目，這可先製分類表，然後按表將書依類編入即可。分類表可參考已有的公私藏書目録或其他目録，再結合自己的藏書特點來製訂。如明徐𤊹在《徐氏紅雨樓書目序》介紹自己典藏與編目情況云：

或即類以求，或因人而乞，或有朋舊見貽，或借故家鈔録，積之十年，合先君子、先伯兄所儲，可盈五萬三千餘卷，存之小樓，堆林充棟，頗有甲乙次第。銘槧暇日，遂做鄭氏《藝文略》、馬氏《經籍考》之例，分經史子集四部，部分衆類，著爲書目四卷，以備稽覽。

《紅雨樓書目》雖按經史子集四部分類，但是在子目的設置上却考慮到藏書的實際情況作了一些變動。例如卷二史部專門設了本朝世史彙，收録了八十五種有關明代的史書，同卷還設了總志、分省二目，收了約三百五十種明代方志。卷三子部設傳奇類，收元明雜劇和傳奇一百四十種。特别可貴的是作者在卷四集部設“明詩選姓氏”類，共著録了三百一十五位明代詩人，其中二百七十位皆注明了生平簡歷，是研究明代文學的寶貴資料。

《四庫全書總目》編成後，對私家藏書目録産生了深遠影響，許多藏書目録都是依據《四庫全書總目》編製而成的，如羅槼《八千卷樓書目二十卷·叙》云：“其編目之例，頂格者爲文淵閣著録，低一格者，爲《四庫(全書)》附存，低二格者，爲《四庫(全書)》未收。每書若干卷，及某朝某人撰，一準諸家之例，其板本不同者則備載之，由此而讀善本藏書志，不翅尋落葉於故根，導渤海於黄河也。”

也有不少藏書目録突破了四部分類法的模式，我們在《目録編》第四章《目録的分類沿革》第三節《不守四部成規的分類法》已作了論述，可參看。再如現存明代晁瑮父子的《寶文堂書目》，就突破了四部分類法的傳統體系，以御製爲首，分三卷三十三目。卷上分諸經總類、易、書、詩經、春秋、禮、四書、性理、史、子、文集、詩詞等十二目。卷中分類書、子雜、樂府、四六、經濟、舉業等六目。卷下分韻書、政書、兵書、刑書、陰陽、醫書、農圃、藝譜、算法、圖誌、年譜、姓氏、佛藏、道藏、法帖等十五目。《四庫全書總目》提要稱其"編次無法,類目叢雜",但是它確實反映了曹氏父子藏書的實際情況,也在一定程度上反映了明代文獻的出版與傳播情况。

清代不少公私藏書目録是先按版本類别,再按内容類别進行編製的。如《天禄琳琅書目・凡例》云:"宋元明版書各從其代,每代各以經史子集爲次。"私家藏書目録如孫星衍的《平津館鑒藏記》,該目分三卷,卷一爲宋版、元版,卷二爲明版,卷三爲舊影寫本、影寫本、外藩本。各卷圖書再依内容分類排列。

公私藏書都是依照學科内容或版本,依次排列在書橱中或書架上。爲了便於存貯與檢索,有的藏書目録依書橱順序來編排,當然如前所述書橱裹的書也是按學科内容排列的,如明代的《文淵閣書目》,依千字文爲序,從天字到往字共分二十卷五十橱。按橱登録藏書,某橱某號(即某種),每號幾册。其優點是給每種書配上一個號碼,頗類現代圖書館所使用的排架號,該目共七千二百九十七號,也即著録了七千二百九十七種圖書,這給查找與歸還圖書帶來了方便。其後一些私家藏書目録也照此辦理,如清汪憲的《振綺堂書目》共分四卷,卷一含十橱,卷二含十橱,卷三含十五橱,卷四含八橱。各橱除用數字編號外,選用一首五言詩及振綺堂三字編號,略云:"東壁圖書府,西園翰墨林。誦詩聞國政,講易見天心。位列和羹重,恩叨醉酒深。載歌春興曲,情暢爲知音。振綺堂。"然後標明各橱在藏書樓中的位置,以及每橱每格藏些什麽書。其書橱裹的書,大體上先按版本,再按學科内容排列。所以按書橱編排的目録,實際上仍然是按學科内容或按版本再按學科内容編排的目録,其優點是鮮明地顯示了藏書位置,頗便於保管與查閲。

四　陳　列

圖書在修補、鈐印、編目後就應上架或入橱陳列。書不陳列則散漫無稽,難以保管,也難以尋檢。

甲　陳列的方法

爲便於保管與尋檢，書籍通常依藏書目録分類陳列，而分類通常是按書籍的學科内容來加以區分的。魏晉以後，國家藏書基本上都按經、史、子、集四大類來典藏的。如《隋書·經籍志》序云："煬帝即位，秘閣之書限寫五十副本，分爲三品：上品紅琉璃軸、中品紺琉璃軸、下品漆軸。於東都觀文殿東西廂構屋以貯之，東屋藏甲乙，西屋藏丙丁。又聚魏已來古迹名畫，於殿後起二臺，東曰妙楷臺，藏古迹；西曰寶迹臺，藏古畫。又於内道場集道、佛經，別撰目録。"《新唐書·藝文志》序稱唐代"兩都各聚書四部，以甲、乙、丙、丁爲次，列經、史、子、集四庫。其本有正有副，軸帶帙簽，皆異色以別之"。《麟臺故事·省舍》稱北宋秘書省，有"五間，爲子庫，内設緑厨七，藏書。次五間，爲經庫，内設緑厨七，藏書"。"五間，爲集庫，内設緑厨七，藏書。次五間，爲史庫，内設緑厨七，藏書。"

私家藏書自然也分類陳列，如明宗室朱睦㮮《萬卷堂家藏藝文自記》云：

> 余宅西乃游息之所，建堂五楹，以所儲書環列其中，倣唐人法分經史子集，用各色牙籤識別。經類凡十一：易、書、詩、春秋、禮、樂、孝經、論語、孟子、經解、小學，凡六百八十部，凡六千一百二十卷。史類凡十二：正史、編年、雜史、制書、傳記、職官、儀注、刑法、譜牒、目録、地志、雜志，凡九百三十部，凡一萬八千卷。子類凡十：儒、道、釋、農、兵、醫、卜藝、小説、五行家，凡一千二百部，凡六千七十卷。集類凡三：楚辭、別集、總集，凡一千五百部，凡一萬二千五百六十卷，編爲四部，人代姓名，各具撰述之下。①

再如清唐仲冕《此静坐齋書目序》云：

> 彭桐橋先生見善本書，必傾囊典衣購之，當幕游數千里外，必挾

① 《萬卷堂書目》卷首。

書以出，所得幕俸，必購書以歸。於是陸則汗牛馬，水則滯舟楫，行旅之費，倍於他人，比抵家而游囊無幾矣。如是三十餘年，積書數萬册，乃築此静坐齋以藏之。齋三楹南向，北向者亦三楹。齋之後層樓三楹，以國朝御製、欽定、御批諸書藏於樓之中央。樓之東西兩楹，凡各家校刊之《十三經》與夫歷代經解、五經總義、四書、小學之類，皆附焉。樓之下，凡正史、别史、編年、紀事，與夫詔令、奏議、時令、地理、職官、政事之類皆附焉。齋之中，則歷代諸子，凡儒家、墨家、醫家、兵農家、刑法家，與夫天文、算法、術數、譜録、小説之類皆附焉。北向三楹，則歷代正集、别集、總集，與夫詩文評選、詞曲評選之類皆附焉。①

《四庫全書總目》編成後，有些藏書家乾脆依《四庫全書總目》的順序陳列圖書，而將善本書、有特定意義的書，另闢專室，單獨陳列。如李宗蓮稱陸心源"十餘年來凡得書十五萬卷，而坊刻不與焉。其宋元刊及名人手鈔手校者，儲之皕宋樓中，若守先閣則皆明以後刊及尋常鈔帙，按《四庫書目》編序，而以近人著述之善者附益之"。② 再如丁丙《八千卷樓自記》言其分類藏書云：

光緒十有四年(一八八八)，拓基於正修堂之西北隅，地凡二畝有奇，築嘉惠堂五楹之上，爲八千卷樓。堂之後室五楹，額曰"其書滿家"。上爲後八千卷樓，後闢一室於西，曰善本書室，樓曰小八千卷樓，樓三楹，中藏宋元刊本約二百種有奇，擇明刊之精者，舊鈔之佳者，及著述稿本、校讎秘册合計二千餘種，附儲左右。著四庫著録之書，則藏諸八千卷樓，分排次第，悉遵欽定簡明目録，綜三千五百部，内待補者一百餘部，復以欽定《圖書集成》、欽定《全唐文》附其後，遵定制也。凡四庫之附存者已得一千五百餘種，分藏於樓之兩廂。至後八千卷樓所藏之書，皆四庫所未收採者也，以甲乙丙丁標其目，共

① 《聽鸞居文鈔·此静坐齋書目序》。亦見《藏書紀事詩》卷六《彭桐橋》。

② 《皕宋樓藏書志序》。

得八千種有奇。如制藝、釋道書，下及傳奇小説悉附藏之。計前後二樓書厨凡一百六十，分類藏儲，以後歷年所得之書，皆因類而編入矣。①

葉德輝曾對分類藏書情况作過簡單明瞭而又極富實用價值的總結，略云："編列書籍，經爲一類，史爲一類，子爲一類，集爲一類，叢書爲一類，其餘宋元舊刻、精校名抄别爲一類。單本一、二卷者，袖珍巾箱長不及五寸，大本過尺許者，以别橱庋之。"②

乙　陳列的工具

用來陳列圖書的工具，就書的總體言，則有書架、書橱、書几等，就每書的保護言，則有函套、夾板等。

在書本式圖書盛行以前，我國圖書長期采用卷軸裝的形式，簡策在不閲讀時也要卷起來放置，因此書架是古代陳列圖書常用的一種工具，所以還出現了插架一詞。如唐韓愈《送諸葛覺往隨州讀書詩》："鄴侯家多書，插架三萬軸。"③宋陳師道《絶句四首》之二云："三兩作鄰堪共話，五千插架未爲貧。"④直到清代宫廷藏書，其書雖已易卷軸爲平裝，仍用書架，施廷鏞《故宫圖書記》述及文淵閣藏書情况稱：

閣内上下，均儲書籍。下層中三楹，兩旁儲《圖書集成》十二架。左右二楹，儲經部二十架。中層儲史部三十三架。上層中儲子部二十二架，兩旁儲集部二十八架。經、史架高七尺四寸，寬四尺，深二尺；每架四槅，各十二函。子、集架高十尺八寸，每架則爲六槅，亦各十二函。總百有三架，六千一百十四函，三萬六千二百七十五册，二百二十九萬九百十六頁。⑤

---

① 《善本書室藏書志》卷末附録。
② 《藏書十約·陳列》。
③ 《全唐詩》卷三四二。
④ 《後山集》卷八。
⑤ 載《圖書館學季刊》第一卷第一期。

書架的特點是開放式,存取方便,通氣,缺點是易落灰塵,難加局鑰,保管不够謹慎。

書橱也是經常采用的一種陳列工具。宋代秘閣已用書櫃藏書,陳騤等嘗云:"舊制:秘閣書用蘗黄紙欄界書寫,用黄綾一様裝背,碧綾面簽、黄絹垂簽,編排成帙,及用黄羅夾複檀香字號牌子入櫃安頓。"①元代秘書監也用書櫃藏書,王士點、商企翁《秘書監志》卷五《秘書庫》云:"至元十一年(一二七四)正月,照得本監欽奉聖旨,見收陰陽禁書並一切回回文字,除欽依外,即目多有收到文書,未曾製造書櫃,恐經夏潤蟲鼠損壞,今擬用紅油大竪櫃六個,内各置抽匣。三層鎖簽,全常川收頓,秘書相應。"明代文淵閣也是用書橱陳列圖書的,如彭時嘗云:"文淵閣在午門内之東文華殿南面磚城,凡十間,皆覆以黄瓦,西五間,中揭文淵閣三大字牌。扁牌下置紅櫃藏三朝實録副本。前楹設凳東西坐,餘四間背後列書櫃,隔前楹爲退休所。"②

私家藏書也普遍采用書橱陳列,如白居易《題文集櫃》云:"破柏作書櫃,櫃牢柏復堅,收貯誰家集?題云白樂天。我生業文字,自幼及老年。前後七十卷,大小三千篇。誠知終散失,未忍遽棄捐。自開自鎖閉,置在書帷前。身是鄧伯道,世無王仲宣。只應分付女,留與外孫看。"③天一閣藏書也用書橱,乾隆三十九年(一七七四)寅著所見爲:"居中三間排列大橱十口,内六橱前後有門,兩面貯書,取其透風。後列中橱二口,小橱二口。又西一間排列中橱十二口。"④明末祁承㸁甚至采用了壁橱的形式藏書,他曾描寫過自己的藏書情況,略云:"藏之見壁不見書,啓而闢之,見書不見壁。方蝶舞之栩栩,何知蠹魚之爲適。"⑤清李文田也用書橱藏書,葉昌熾云:"其邸舍在北半截胡同,几榻之外惟圖籍,列櫝數十,皆啓其鐍。

① 《中興館閣録》卷三《儲藏》。
② 《紀録匯編》卷一二六《彭文獻公筆記》。
③ 《白氏長慶集》卷三〇。
④ 《乾隆東華録》卷三〇。
⑤ 《澹生堂集》卷一一《行園略》。

手題書籤,長至尺許,下垂如簾,甲乙縱横,密於櫛比。”[①]還有將書鎖在箱子中的,如徐中云:

吴興劉翰怡先生,世席豐華,雅嗜儒素。蒐羅書籍,約六十萬卷。於南潯鎮之鷓鴣溪上,建嘉業藏書樓,占地二十畝。與第宅小蓮莊毗連,四周有水,環之如帶。面南向池,池中及四圍,疊石爲小山,有亭臺花木之勝。由池而上,有樓七楹,中一楹爲大門。東三楹,爲四史齋,以置宋槧四史。西三楹曰詩萃齋,以置翰怡父子所編之《清朝正續詩萃》。齋室均北向,齋樓多舊鈔精鈔各本,室樓皆宋元槧本,再進亦有樓七楹,左右繞以兩廡,廡各六楹,樓下爲廳事,三楹分列甲乙兩部,上爲希古樓,皮殿本官印,而内府秘籍,亦在其中。樓東西上下,各兩楹,雜置書五百七十餘箱。左右廡,則各省郡縣志,廡樓均爲叢書,約二百餘種,縹緗滿架,美不勝收。[②]

用書櫥、書箱的優點是圖書不易散亂挪動,不易沾灰,不易受到鼠嚙,缺點是在檢閲時難以收到直觀的效果。

少數藏書家也曾將藏書置放在書几上,祁承㸁之子祁忠敏即如此,全祖望云:“忠敏亦喜聚書,嘗以硃紅小榻數十張,頓放縹碧諸函。牙籤如玉,風過有聲鏗然。”[③]將書放在書几上的優點是便於閲讀,缺點是數量不能過大,容易散亂,容易沾染灰塵,只能算作一種臨時措置方式。

孫慶增《藏書記要》第七則《收藏》還談到了書櫃的製作要求與安置辦法,略云:

書櫃須用江西杉木或川柏銀杏木爲之,紫檀花梨小木易於泛潮,不可用。做一封書式,樸素精雅,兼備爲妙,請名手集唐句刻於櫃門

---

① 《藏書紀事詩》卷七《李文田仲約》。

② 《宋會要研究》卷三《嘉業堂藏書樓游記》。亦見《古今典籍聚散考》卷三《藏弆卷》第八章《清季之收藏家》。

③ 《鮚埼亭集外編》卷二〇《曠亭記》。

上,用白銅包角裝訂,不用花紋,以雅爲主,可分可並,趁屋高下,置於樓上,四面窗櫺須要透風,窗小櫺大,樓門堅實,鎖要緊密,式要精工,鎖匙上挂小方牌,或牙或香,將經史子集釋道字刻於正面,字外用圓綫,嵌紅色,字嵌藍色,傍刻某字號第某書櫃,嵌緑色,下刻小圈中,反面寫宋刻、元刻、明刻、舊鈔、精鈔、新鈔等名色爲記。

葉德輝《藏書十約·陳列》還談到了書橱尺寸及内部構造,以及橱内圖書陳列方法,今亦録之如下:

單本、小本之橱,其中間以直格寬窄不一,再間以横格,高二、三寸或四、五寸不等。横格皆用活板,以便隨時抽放。叢書類少者,一部占一橱,多者一部占二橱、三橱不等,由上至下,以三橱爲一連。橱寬工部尺一尺八寸、高二尺,每橱列書三行,合三橱爲一連,高六尺,並坐架一尺二寸,共七尺二寸,取閱時不至有伸手之勞,列書依撰人時代,亦以門户相聚,如十子、七子、五子、三家、四家、八家之類,皆銜接相承,則易於查閲。……陳列既定,按橱編一草目,載明某書在某橱,遇有增省,隨時注改。體例視正目有殊,明《文淵閣書目》蓋已先爲之矣。

爲了保護圖書,同時也爲了便於陳列、取閲,綫裝書往往盛以紙糊布匣,考究一點的用木匣盛之,或者用夾板夾之,函套裝之。葉德輝《藏書十約·陳列》云:

北方多用紙糊布匣,南方則易含潮,用夾板夾之最妥。夾板以梓木、楠木爲貴,不生蟲,不走性,其質堅而輕。花梨、棗木次之,微嫌其重。其他皆不可用。二十年前,余書夾多用樟木,至今生粉蟲,無一部不更换,始悔當時考究之未精。宋、元舊刻及精鈔、精校,以檀木、楠木爲匣襲之。匣頭鎸刻書名、撰人,宜於篆隸二體。夾板繫帶,邊孔須離邊二分,其上下則凖書之大小。如書長一尺,帶離上下約二寸，以此類推，指示匠人遵守勿失。

函套的製作方法是先量一部書的長、寬、厚度，再根據相應尺寸將硬紙板切成九塊，表面用布糊之，裏面用紙裱之，再裝上紐絆即可。特別厚的書，可做兩個以上函套裝之。特別貴重的書，當然要提高用料的質地。

第二節　保　管

圖書入藏以後，還要采取一系列的保護措施，以防止人爲的散佚和各種自然災害。

一　防散佚

甲　散佚的原因

除禁燬、兵燹、變賣外，失竊與借而不還也是導致藏書散佚的重要原因。

由於管理不善，國家藏書與私家藏書均有失竊現象。就前者而言，宋代即有記載，如江少虞云："今三館秘閣凡四處藏書，然同在崇文院，其間官書多爲人盜竊去，士大夫往往得之。"[①]明代宫廷藏書失竊現象更爲嚴重，如劉若愚云：

凡司禮監經廠庫内所藏祖宗累朝傳遺秘書典籍，皆提督總其事，而掌司監工分其細也。自神廟（神宗）静攝年久，講幄塵封，右文不終；官如傳舍，遂多被匠人厨役偷出貨賣。柘黄之帖，公然羅列於市肆中，而有寶圖書，再無人敢語其來自何處者。[②]

而有些官員也趁工作之便盜竊國家藏書，楊昇庵、李繼光就是其代表人

① 《皇（宋）朝事實類苑》卷三一《藏書之府》之二十九。
② 《酌中志》卷一八《内板經書紀略》。

物，楊家麟稱：

明司禮監大藏經廠，貯列朝書籍甚富。新都楊昇庵太史挾父勢，屢至閣翻書，多所攘取。其後主事李繼光奉命查對，又復盜易宋刻精本。至熹廟(熹宗)時，已寥寥矣。嘗於六月六日奏請曬晾，玉音卒問曰：“嘉靖間，一偷書的楊姓官兒，何處人?”左右莫能對，蓋上在青宫，時與聞於光廟(光宗)也。①

清代國家藏書失竊現象也非常嚴重。如《永樂大典》共二萬二千八百七十七卷，目録六十卷，分裝成一萬九十五册，約三億七千萬字。而現存於世的《永樂大典》僅爲八百一十卷，約三百七十餘册，可謂損失慘重，而原因之一是被官員盜竊。考《辦理四庫全書檔案》，乾隆三十九年(一七七四)六月二十六日，曾奉旨查辦《四庫全書》館纂修黄壽齡携出並遺失《永樂大典》六册一事，而這六册書復於同年七月十五日夜在御河橋河沿上檢得。可見官員將國家藏書携入私門是較爲普遍的事，晚清猶爲嚴重。劉聲木云：

繆筱珊太史荃孫《藝風堂文集》所載，太史到翰林院時，已只存三百餘本，復爲同院諸公盜出，陸續售去。其盜書之法，早間入院，帶一包袱，包一棉馬褂，約如《永樂大典》兩本大小。晚間出院，將馬褂穿於身上，偷《永樂大典》兩本，包於包袱内，如早間帶來樣式。典守者見其早挾一包入，暮挾一包出，大小如一，不虞其將馬褂加穿於身，偷去《永樂大典》二本，包於包袱内而出也。久而久之，《永樂大典》三百餘本，又掃地無餘。②

秉衡居士《荷香館瑣言》也記載了類似情况，雖然册數與劉文有出入，所記

---

① 《勝國文徵》卷三。

② 《萇楚齋隨筆》卷三。繆荃孫《永樂大典考》，載《藝風堂文續集》卷四。

《永樂大典》被盜售則是一致的。其文略云：

(《永樂大典》)原書本萬餘册，陸續散出，光緒乙亥(一八七五)檢此書，不及五千册；至癸巳(一八九三)僅存六百餘册。相傳翰林入院時，使僕預携衣一包，出時盡穿其衣，而包書以出，人不覺也。又密邇各國使館，聞每大典一册，外人輒以銀十兩購之。館人秘密盜售，不可究詰，致散亡益速。及庚子(一九〇〇)大劫，翰林院劃入使館，大典尚存三百餘册，劫灰之後，散落廠肆，多爲好古者購去。①

《四庫全書》完成後，藏在翰林院裏的《四庫全書》底本，不少也爲翰林學士們所竊，趙萬里《重整范氏天一閣藏書記略》云：

《四庫全書》完成後，庫本所據之底本，並未發還范氏，仍舊藏在翰林院裏，日久爲翰林學士拿還家去的，爲數不少。前有法梧門，後有錢犀盦，都是不告而取的健者。轉輾流入廠肆，爲公私藏書家所得，我見過的此類天一閣書，約有五十餘種。②

傅增湘專門述及過錢辛盦的竊書情況，其於《元音十二卷》書録云：

此書舊爲翰林院所藏，蓋當日四庫發還之書留於院中者也。卷首有浙江巡撫三寶採進朱記可證。昔時翰林前輩充清秘堂差者得觀藏書，然往往私携官書出。泰州錢辛盦在館最久，精於鑒别，故所携多善本。宣統庚戌(一九一〇)津估張蘭亭至泰州，在錢氏家中捆載十餘笈以還，其中鈐院印者十有九，人往往争持以去，余惟得此書前六卷及方蛟峰集而已。後又自工鴻甫手得後六卷，遂爲完帙。③

① 載《人文雜志》一卷七期。

② 載《國立北平圖書館館刊》八卷一號。

③ 《藏園群書經眼録》卷一八。

除翰林院外,清内閣大庫的書甚至也被竊賣,傅增湘《南齊書五十九卷》書録云:

> 此書余壬子(一九一二)夏獲之宏遠堂書肆,詢書之所出,堅不肯言。然余見其連車入肆時,有聚珍版書多種,皆有穆彰阿印,而此書敗篋亦在焉,則此書出其家殆無疑矣。全書桑皮厚紙印,幅高至一尺二寸,字體方嚴,元補則趨圓軟,每卷首尾皆鈐"禮部官書"朱文大長印,間有鈐中縫上者,知原係蝶裝。余因疑此書必爲内閣大庫所藏,不知何時流出,改裝而歸穆氏。今北京圖書館藏内閣大庫之書所謂眉山七史者,皆厚皮紙鈐禮部官書印,與此無一不合,而獨於《南齊》乃無一册之存,疑自嘉道以來庫書盗出者當不止此一帙矣。癸丑(一九一三)春,友人章君式之(鈺)借校,爲發現志第七卷第三葉及傳第十六卷第十葉爲明以來傳本所無。蓋此書明以來缺四葉,此得其二,亦可謂孤本秘籍矣。①

私家藏書失竊現象當然更加普遍,今亦略舉數例。如魏了翁跋《遂初堂書目》云:"江元叔合江南吴越之藏凡數萬卷,爲臧僕竊去市人,裂之以藉物,其入於安陸張氏者,傳之未幾,一篋之富,僅供一炊。"②李清照《金石録後序》談及她家的藏品遭到戰争洗劫後,"惟有書、畫、硯、墨,可五七簏,更不忍置他所。常在卧榻下,手自開闔。在會稽,卜居土民鍾氏舍。忽一夕,穴壁負五簏去。余悲慟不已,重立賞收贖。後二日,鄰人鍾復皓出十八軸求賞。故知其盗不遠矣。萬計求之,其餘遂不可出。今知盡爲吴説運使賤價得之"。③ 元代藏書家袁桷,字伯長,宋知樞密院事韶之曾孫,少爲麗澤書院山長,後任翰林國史院檢閲官,累遷侍講學士,④去世後,藏書爲僕人竊賣。元孔齊云:"袁伯長學士,承祖父之業,廣蓄書卷。

---

① 《藏園群書經眼録》卷三。

② 《鶴山集》卷六三《跋尤氏遂初堂藏書目録序後》。

③ 《李清照集校注》卷二《金石録後序》。

④ 參見《四庫全書總目》卷六八《延祐四明志》提要。

國朝以來，甲於浙東。伯長没後，子孫不肖，盡爲僕幹竊去，轉賣他人，或爲婢妾所燬者過半。”①明天一閣藏書傳至民國年間被竊，要算私家藏書影響最大的一次失竊事件。繆荃孫《天一閣失竊書目·序》云：

> 天一閣藏書，自明嘉靖間至今，幾四百年。吾國藏書家當以此閣爲最久矣。民國三年（一九一四），有賊雇木工數人，夜登閣頂，去瓦與椽，縋而下，潛入閣中，爲大規模之盗書。將書藏入皮箱中，至夜間運出。如是者數十日，將閣中藏書盗出約十分之八，售於上海各藏書家。其後范氏子孫獲竊書賊根究，各書賈之買此書者，涉訟經年，一無所得。

趙萬里指出：“由於民國初年爲巨盗薛某竊去的，這一次是天一閣空前的損失，至少總有一千餘種書散落到閣外。閣中集部書，無論宋元明，損失最多。即明季雜史一項，所失亦不在少。《登科録》和地方志，去了約有一百餘部。輾轉由上海幾個舊書店，陸續售歸南方藏書家。”②陳登原《天一閣藏書考》八《天一閣之散佚》叙此事頗詳，今亦録之如下：

> 薛繼位竊天一閣書事，已不能確記歲月。大約發生於民國紀元之初，據鄞縣律師朱鄺卿先生言：鼎革以後，諸遺老隱迹滬濱，頗思以摩挲古物，排遣其日薄崦嵫之短景。有某君者，③精於鑒别，迎合風氣，時至甬上，向天一閣後裔，商購藏書，格於范家故事，以致終不成議，某君期在必得，因擇薛編《天一閣見存書目》④中名貴圖書，注明卷數册數，以油印本餌鉅竊薛繼位，令其設法盗取。繼位以夜入閣

① 《至正直記》卷二《别業蓄書》。

② 《重整范氏天一閣藏書記略》，載《國立北平圖書館館刊》八卷一號。

③ 原注：某君姓名，瓚卿謂尚有秘密之必要。蓋瓚卿所得知者，本之於前任鄞縣地方法院録事范挺武君之口。范君者，即以是案刑事被害人資格，到堂對簿者。某君曾在申杭一帶設古書店有年，且有書目刊行。其書目序中亦述及其事，第頗閃爍其詞云。

④ 薛謂薛福成。其於光緒十五年刻《天一閣見存書目》四卷。

下,穴屏後一閣板登,挾書目棗實以伏其中者旬日,晝則鼾睡,夜則燒燭,按目索藏。范氏後人之居於閣後,牆垣隔絶,然竟未之知焉。事後登閣,則燭淚滿地,遺失狼藉。薛氏存目以後之珍秘,其不翼而飛者,殆十之七八。而繼位早挾書東走上海矣。范氏後人尋出綫迹,後亦延某律師投訴於上海會審公廨,拘薛賊到案究訊。薛以受餌,終不言造意何人。某君遂以逍遥事外,案既結,薛賊判處徒刑九年,其後瘐死獄中。然范氏所失書,或爲遺老瓜分;或以無范氏藏書印記,無法鉤稽。其由公庭判還者,則御賜《平定回部得勝圖》《歷代帝皇名臣圖》《范忠宣公遺像》,及少數不甚重要之舊册而已。

讀者借而不還也是圖書亡佚的原因之一,公私藏書均有這種現象。如程俱云:

嘉祐四年(一〇五九)正月,右正言、秘閣校理吴及言:祖宗更五代之弊,設文館以待四方之士,而公相率由此而進,故號令風采,不減漢唐。近年用内臣監館閣書庫,借出書籍,亡失已多;又簡編脱落,書吏補寫不精,非國家崇鄉儒學之意。請選館職三兩人,分館閣吏人編寫書籍。其私借出與借之者,並以法坐之,仍請求訪所遺之書。①

南宋館閣仍然存在着讀者借書不還的現象,佚名《中興館閣續録》卷三《儲藏》記載秘書監葉禾言:

曩者,監臣有請嚴書之禁,以防篇帙之散失,詳印記之文,以爲圖書之辯證;模式樣於册,以虞器物之换易,條束具存,足爲永便。然人情積翫,欺僞易生,自非明示檢防,以時稽察,則前日之所申明,殆爲文具,近之士夫至有借出館書,携而去圖者,是久假不歸,惡知其非有也,有人所未見之書,私印其本,刊售於外者,是以秘府之文爲市井貨

① 《十萬卷樓叢書》本《麟臺故事》卷二《書籍》。

鬻之利也。

借私家藏書不還的現象更多，宋趙令畤云："比來士大夫借人之書，不録不讀不還，便爲己有，又欲使人之無本。潁川一士子，'九經'各有數十部，皆有題記，是爲借諸人之書不還者。每炫本多。余不欲言，未嘗不歸戒兒曹也。"①有的書借出後屢索不得，自己需要還得向人借回摹寫，如錢曾於《考古圖十卷續考古圖五卷釋文一卷》提要云：

此係北宋鏤板，予得之梁溪顧修遠，洵縹囊中異物也。後爲季滄葦借去，屢索不還，耿耿掛胸臆者數年。滄葦殁，此書歸之徐健庵。予復從健庵借來，躬自摹寫，其圖象，命良工繪畫，不失毫髮。楮墨更精於槧本，閲之沾沾自喜。②

有的書借出後屢索不得，出借者需付款方能取回的。如吴騫跋《明史稿列傳》云：

此書余藏之久，姚江邵予桐編修見而極愛之，以爲此《舊唐書》也。在西湖書局中，借閲累年，後竟携以入都，屢索不還，屬武陵友人往取之，酬以二十金，始得。昔人以借書還書等爲一癡，殆是之謂歟！然予實一片苦心，終不以是爲悔，亦可云"文章紹編槧"矣。③

有的書借出後雖然還了，但是已非原本，或者顛倒裝訂致使原書起了變化。如錢功甫《影宋鈔猗覺寮雜記跋》云：

此書乃丙辰（一六七六）九月十日借張千里本連日夜鈔完。丁巳

① 《侯鯖録》卷七。

② 《讀書敏求記》卷二。

③ 《拜經樓藏書題跋記》卷二。予桐，邵晉涵字。"文章紹編槧"爲韓愈《贈張籍》詩句，載《全唐詩》卷三四〇。

(一六七七)六月十三日,江陰李貫之借歸,至十月十二日,留住真本,以此册見還。十二月二十一日,常熟錢受之借,拆散影抄,顛倒訂。今年戊午(一六七八)閏四月初六日始還,一向怕看。七月初九日始復拆散,理清草訂如右,然其中多訛,不知無算也。借與人書,不可不慎。裝完,因書於後,七十八翁記。①

此外,還有因爲藏書家的家人、婢僕不認識書的價值,用來覆醬瓿、褙鞋幫、引火做飯,而導致藏書損失的。如元孔齊云:

吾家自先人寓溧陽,分沈氏居之,半以爲别業。多蓄書卷,平昔愛護尤謹,雖子孫未輕易檢閲。必告於先人,得所請,乃可置於外館。晚年子弟分職,任於他所,惟婢輩幾人在侍。予一日自外家歸省,見一婢執《選詩演》半卷,又國初名公柬牘數幅,皆翦裁之餘者。急叩其故,但云:某婢已將幾卷褙鞋幫,某婢已將幾卷覆醬瓿。予奔告先人,先人曰:"吾老矣,不暇及此,爾等居外,幼者又不曉事,婢妮無知,宜有此哉!"不覺嘆恨,亦無如之何矣。②

乙　防散佚損壞

防止圖書散佚的主要措施就是要有專人管理。國家、學校、寺觀、近代圖書館等單位的藏書均有專人管理,我們在本編第二章《典藏單位》中已作了介紹。其實私家藏書也常由藏書家本人,或委派他人專門負責保管。如明王世貞藏書由一老僕管理。朱國禎云:"王弇州書室中一老僕,能解公意,公欲取某書某卷某葉某字,一脱聲即檢出待用,若有夙因。余官南雍,常熟陳抱冲禹謨爲助教。其書滿家,亦有一僕如弇州。"③清代常熟的鐵琴銅劍樓也有專人管理,覺迷記之云:

---

① 《藏書紀事詩(附補正)》卷三《錢允治功甫》。

② 《至正直記》卷三。

③ 《湧幢小品》卷二〇《書僕書傭》。弇州,王世貞號。

> 平日有人管理，每歲必取出一曝，而曝書有一定時日，故所藏書因保存與曝書之得法，能歷久不蠹，又因管理有人，歷久不失；即宋元舊槧，視之一如新裝，而無一部散佚。此爲海内藏書家所未見者也。至嗜書之人，有欲觀珍秘者，瞿氏亦許入樓參閲；但不許假出，而於閲書之人，闢有專室，供人飽覽，且供茶水膳食。①

唐宋時期，國家藏書的管理人員已有明確的分工，如程俱云："直史館謝泌上言：'國家圖書未有次序。唐朝嘗分經、史、子、集爲四庫，命薛稷、沈佺期、武平一、馬懷素人掌一庫，望遵故事。'上嘉之，遂命泌與館職四人分領四庫，泌領集庫。"②他們還建立了輪流值班制度。程俱復云：

> 祖、宗朝，三館宿官或被夜召，故宿直惟謹。秘書省監、丞以下，日輪一員省宿。當宿官請急，即輪以次官、參假日補填。内長、貳五日一員，正旦、寒食、冬至節假，並入伏不輪。其後宿官請急不報，以次官止關皇城司照會。至元祐遂引例立爲法，宿官請假，更不輪以次官。政和六年（一一一六）措置秘書省官請，當宿官告假即輪以次官，候參假補填。月具直宿請假官員數、職位、姓名，報御史臺，官、吏各爲歷，長、貳點檢覺察。即吏告假，報以次人及補填，如宿官法。日輪職掌二人，孔目官、專副，至守當官通輪；楷書二人，正名、楷書，至守闕通輪。庫子二人、裝界作、翰林司厨子各一人，親事官四人，剩員五人。③

北宋館閣值班輪宿制度也爲南宋館閣所繼承，陳騤云："紹興元年（一一三一）十一月，詔秘書省依舊制日輪官一員止宿。遇請假驗實，即輪以次官止宿，長、貳五日一次點宿。"④佚名亦云："經史子集四庫，續搜訪經史子

---

① 《談鐵琴銅劍樓》，載《中國新書月報》一卷四號。

② 《麟臺故事》卷二《書籍》。"上"指宋太宗。

③ 《麟臺故事》卷二《職掌》。

④ 《中興館閣録》卷六《故實》。

集四庫,秘閣上下庫,御製、御札、名賢墨迹、圖畫庫、印板書庫、印板庫、碑石庫,各以省吏分掌。公使庫,於本省有官職掌,内選差一名兼充監庫。每日輪差庫子、軍員各一人,在庫宿直。"①

值班人員承擔着清點、出納、曝曬圖書等任務。《中興館閣録》卷十《職掌》云:"諸庫關書簿,省官取索書籍簽押,庫子掌之。"《中興館閣續録》卷三《儲藏》亦云:

> 慶元六年(一二〇〇)……三月,詔每月輪本省官一員上閣檢點。秘書丞邵文炳等札子:"契勘本省秘閣上見安奉聖政日曆、會要、寶藏、御前圖畫、御製、御札等,事體至重,欲每月輪本省官一員上閣檢點,周而復始。"詔從之。

元代國家藏書的管理人員也承擔着提調、點視、曝曬等工作。元王士點、商企翁《秘書監志》卷六《秘書庫》云:

> 延祐五年(一三一八)三月初九日,監官議得:秘書庫所藏御覽圖籍、禁秘、天文、歷代法書名畫,諒爲不輕。近年以來,凡遇出納、秘書郎等,自行開封。倘蒙上位不測取索書畫,失誤未便。今後移請監官一員,不妨本職,逐月輪流提調。如遇陰雨,點視疏漏,常例舒展曝曬,及出納書畫不測之事,直日秘書郎等計會提調府,親詣府庫,用心監視,一同開封,毋致似前違錯。仰移關監丞王奉訓依上提調,仍下秘書郎依上施行。

明代内府藏書機構由於用人不當、管理不善,給藏書造成了很大損失,謝肇淛云:

> 内府秘閣所藏,書甚寥寥,然宋人諸集,十九皆宋板也,書皆倒

① 《中興館閣續録》卷三《儲藏》。

摺，四周外向，故雖遭蟲鼠嚙，而中未損，但文淵閣制既庳狹，而牖復暗黑，抽閱者必秉炬以登，内閣老臣，無暇留心及此，徒付筦鑰於中翰涓人之手，漸以汩没，良可嘆也。①

清代内府藏書管理工作一度鬆弛，後來皇帝親自過問，並委派專人負責，方有改進，如乾隆五十三年（一七八八）詔曰：

向來文淵閣藏庋《四庫全書》，設有領閣提舉、直閣校理、檢閲等官。原未詳立條規，以專責成。所有司事收發，不免彼此推諉。是以内閣、翰林院、内務庫、奉宸院各衙門經理，即曝曬書籍，插架歸函，竟未能順叙，殊非慎重秘書之道。因思文淵閣提舉閣事一員，係由總管内務府大臣兼充。其司員以及看守掃除之人，皆其所轄，呼應較靈，即着交提舉閣事一人，專爲管理。②

國家藏書機構爲防止借而不還導致圖書散佚的一個消極而有效的方法是書不外借，如南宋嘉泰四年（一二〇四）十月，著作佐郎曾從龍奏曰：

紹興初，嘗因儒臣奏請，嚴借書之禁。紹興間又嘗申訓之，今具存也。然循習既久，士大夫視爲文具，宛轉而求借者甚衆，久假不歸，惡知非有，或遭遺漏，書不復存。此其事若緩而不切，然所關於國家文物者甚大，不可不爲之慮也。蓋今館閣之所藏，較之《崇文總目》雖亦粗備，而昔之所有，今之所無者，亦什二三，縱未暇下求遺書之詔，獨可不嚴藏書之禁乎？臣愚欲望聖慈申嚴舊制，除本省官關就省中校勘外，並不許借出；如輒借出，以違制論。仍令本省長、貳每月輪委以次官不時點視，如點閣之法，庶幾册府崇嚴，典籍森備，其於聖世右文之治，誠非小補。詔從之。③

① 《五雜俎》卷一三。
② 《乾隆東華録》卷四三。
③ 《中興館閣續録》卷三《儲藏》。

不少藏書家也采取了這一策略，如天一閣閣門左方高懸禁牌一方云："子孫無故開門入閣者，罰不與祭三次，私領親友入閣及擅開書厨者，罰不與祭一年，擅將藏書借出外房及他姓者，罰不與祭三年，因而典押事故者，除追懲外，永行擯逐，不得與祭。"這方禁牌收效明顯，吴翌鳳稱："其書不借人，不出閣，子孫有志者，就閣讀之，故無散佚之患。"①祁承㸁《澹生堂藏書約》也規定："子孫取讀者，就堂檢閲，閲竟即入架，不得入私室。親友借觀者，有副本則以應，無副本則以辭。正本不得出密園外。"葉德輝《藏書十約·收藏》對防止圖書散佚問題説得更具體、更細緻，其説云：

> 非有書可以互鈔之友，不輕借鈔。非真同志著書之人，不輕借閲。舟車行笥，其書無副本者，不得輕携。遠客來觀，一主一賓，一書童相隨，僕從不得叢入藏書之室。不設寒具，不著衣冠，清茗相酬。久談則邀入廳事。錢振箎注《義山文集》，每竊供用之書，京師書坊至今言之疾首。魏源借友人書，則裁割其應鈔者，以原書見還，日久始覺。不獨太傷雅道，抑亦心術不正之一端。凡此防範之嚴，所以去煩勞、消悔吝，正非"借書一癡，還書一癡"也。

積極的方法是預備複本，將副本借人閲讀。《隋書·經籍志》稱："煬帝即位，秘閣之書限寫五十副本，分爲三品：上品紅琉璃軸，中品紺琉璃軸，下品漆軸。"副本五十，似乎太多，不知有無訛誤？這或許是一個突出例子。唐代秘書省藏書皆有三本。王應麟在述及唐秘書省四部圖籍管理時云："秘書省：監一人、少監二人、丞一人，監掌經籍圖書之事。郎三人掌四部圖籍，以甲乙丙丁爲次。皆有三本，曰正曰副曰貯。校書郎、正字掌讎校典籍。"②直到乾隆皇帝辦理《四庫全書》時，共鈔成正本七份，另有底本一份。其中文淵閣本允許大臣、翰林、官員中嗜古勤學者赴閣觀覽。③

① 《東齋脞語》卷二四。

② 《玉海》卷五二《藝文》。

③ 詳見《辦理四庫全書檔案》上册載乾隆四十一年六月初一日上諭。

江浙三閣本允許士子到閣鈔閲。[①] 翰林院底本亦許士子鈔録。[②]

一些藏書家也采用複本來保護圖書，如錢易稱唐憲宗時之柳公綽，“家藏書萬卷，經史子集皆有三本：色彩尤華麗者，鎮庫；又一本次者，長行披覽；又一本又次者，後生子弟爲業。皆有厨格部分，不相參錯”。[③] 北宋王欽臣，字仲至，藏書數萬卷，頗多複本，宋徐度云：

> 予所見藏書之富者，莫如南都王仲至侍郎家，其目至四萬三千卷，而類書之卷帙浩博，如《太平廣記》之類，皆不在其間，雖秘府之盛無以逾之。聞之其子彦朝云，其先人每得一書，必以廢紙草傳之，又求别本參校，至無參誤，乃繕寫之，必以鄂州蒲圻縣紙爲册，以其緊慢厚薄得中也。每册不過三四十葉，恐其厚而易壞也，此本專以借人及子弟觀之。又别寫一本，尤精好，以絹素背之，號鎮庫書，非己不得見也，鎮庫書不能盡有，纔五千餘卷。蓋嘗與宋次道相約傳書，互置目録一本，遇所闕則寫寄，故能致多如此。宣和中，御前置局求書，時彦朝已卒，其子問以鎮庫書獻，詔特補承務郎，然其副本具在。[④]

南宋劉儀鳳字韶美，性喜藏書，愛置複本，陸游嘗云：“劉韶美在都下累年，不以家行。得奉專以藏書，書必三本，雖數百卷爲一部者亦然。出局則杜門校讎，不與客接。既歸蜀，亦分作三船，以備失壞。已而行至秭歸新灘，一舟爲灘石所敗，餘二舟無他，遂以歸普慈，築閣藏之。”[⑤]上述例子説明，複本在藏書出借、捐贈、遇到偶然事故後，均起到了保存圖書的作用。

爲了防止圖書身後散佚，藏書家往往立下規矩，不准子孫分割，不准出售。陳振孫《直齋書録解題》卷八著録《秦氏書目一卷》，並載：“濡須秦氏，元祐二年（一〇八七），有爲金部員外郎者，聞於朝，請以宅舍及文籍不許子孫分割。”葉昌熾案：“今世俗衰薄，祖父遺書，子孫攘奪，往往各私扃

---

①② 詳見《辦理四庫全書檔案》下册載乾隆五十五年六月初一日上諭。

③ 《南部新書》卷丁。

④ 《却掃編》卷下。

⑤ 《老學庵筆記》卷二。

鑰,不容互觀。鉅册不能分者,甚至各據其半,其後卒不能爲延津之合,良可慨嘆。秦氏此舉,法良意美,實爲藏書者百世之師。"①明范欽天一閣藏書得以長期保存,原因之一也是不許子孫分割,全祖望稱范欽"二子析産時,以爲書不可分,乃别出萬金,欲書者受書,欲金者受金。其次子忻然受金而去"。② 藏書家不准子孫出售藏書的告誡往往見於藏書印中,我們在本章第一節《入藏》二《鈐印》中已作了介紹,兹不贅述。

爲了使圖書不受損傷,不少藏書家在讀書時都非常愛惜並逐步形成了一些規章制度。宋費衮在談到司馬光讀書情況時説:

> 温公獨樂園之讀書堂,文史萬餘卷。而公晨夕所常閲者,雖累數十年,皆新若手未觸者。嘗謂其子公休曰:"賈豎藏貨貝,儒家惟此耳,然當知寶惜。吾每歲以上伏及重陽間,視天氣晴明日,即設几案於當日所,側群書其上,以暴其腦,所以年月雖深,終不損動。至於啓卷,必先視几案潔净,藉以茵褥,然後端坐看之。或欲行看,即承以方版,未嘗敢空手捧之。非惟手汗漬及,亦慮觸動其腦。每至看竟一板,即側右手大指,而襯其沿,而覆以次指,撚而挾過,故得不至揉熟其紙。每見汝輩多以指爪撮起,甚非吾意。今浮圖、老氏猶知尊敬其書,豈以吾儒反不如乎?汝當誌之。"③

明陳繼儒記趙孟頫書跋云:"聚書藏書,良非易事。善觀書者,澂神端慮,静几焚香,勿卷腦,勿折角,勿以爪侵字,勿以唾揭幅,勿以作枕,勿以夾刺,隨損隨修,隨開隨掩。後之得吾書者,並奉贈此法。"④司馬光、趙孟頫的觀點與做法産生了深遠的影響,一些藏書家還將他們的話刻在藏書印上,以督促自己與他人繼承這一優良傳統。近代許多圖書館還作出了要求讀者愛護圖書的規定,如《江蘇省立第一圖書館保存善本規則》第八條

---

① 《藏書紀事詩》卷一《濡須秦氏》。
② 《鮚埼亭集》卷一七《天一閣藏書記》。
③ 《梁溪漫志》卷三。
④ 《説郛續》卷四六《讀書十六觀》。

規定:"展視善本須加珍護,不得用手把握書腦,汗漬卷帙,亦不得用指爪揭書,觸損邊口,有違越者,得由館員隨時將原書收回。"①

二　防水火

除禁燬、兵燹、變賣、借而不還、失竊等人爲因素外,自然災害也是造成藏書亡佚的重要原因,現將各類自然災害情况及防範措施略述如下。

甲　火災

在自然災害中,以火災對圖書造成的損失最爲嚴重。國家藏書燬於火災史不絶書,可以上溯到春秋時代,《左傳》哀公三年(前四九二),"夏五月辛卯,司鐸火,火逾公宫,桓僖災,救火者皆曰'顧府'。南宫敬叔至,命周人出御書。……子服景伯至,命宰人出禮書。……季桓子至……命藏象魏,曰:'舊章不可亡也。'"這是在火災中搶救國家藏書的最早事例。

《太平御覽》卷六一九引《三國典略》叙述梁朝東宫圖書遭焚事云:"初,侯景來,既送東宫妓女,尚有數百人,景乃分給軍士,夜於宫中置酒奏樂。忽聞火起,衆遂驚散,東宫圖籍數百厨焚之皆盡。"

兩宋國家藏書也屢遭火厄,程俱云:大中祥符八年(一〇一五)"夏,榮王宫火,延燔崇文院,秘閣所存無幾"。② 馬端臨稱:"自紹興至紹定,承平百載,遺書十出八九。著書立言之士又益衆,往往多充秘府。紹定辛卯(一二三一),火災,書多闕焉。"③

明代南、北二京的國家藏書均發生過火災。姚福記南内文淵閣藏書被焚情况云:

> 前代藏書之富,無逾本朝。永樂辛丑(一四二一)北京大内新成,敕翰林院:凡南内文淵閣所貯古今一切書籍,自有一部至有百部,各取一部送至北京,餘悉封識收貯如故。時修撰陳循,如數取進,得一

① 《中國古代藏書與近代圖書館史料》録自《浙江公立圖書館年報》第七期。
② 《十萬卷樓叢書》本《麟臺故事》卷二《書籍》。
③ 《文獻通考》卷一七四《經籍考一》。

百櫃,督舟十艘,載以赴京。至正統己巳(一四四九),南内火災,文淵閣向所藏之書,悉爲灰燼。①

孫承澤談北京史館藏書遭災情况云:“萬曆間,閣臣陳於陛,請修正史,詔從之。於是開館分局,集累世之實録,採朝野之見聞。紀傳書志,頗有成緒。忽遭天災,化爲煨燼。史事益屬茫然矣!”②

清代國家藏書被焚,當以江寧藩庫所藏宋元明書板在嘉慶年間燬於一旦爲最突出,葉德輝《書林清話》卷六《宋蜀刻七史》記其事云:

宋以來藏書家稱爲蜀大字本,元時板印模糊,遂稱之爲九行邋遢本。蓋其書半葉九行,每行十八字,元以來遞有修板。明洪武時,取天下書板實之南京。此板遂入國子監,世遂稱爲南監本。洪武至嘉靖、萬曆、崇禎又疊經補修,原板所存無幾矣,入國朝,順、康、雍、乾四朝,尚存江寧藩庫,間亦出以印行。嘉慶藩庫火,與吴天發神讖碑同付祝融一炬。計自紹興刻板至嘉慶火,幾七百年。木板之存於世者,未有久於此者也。

私家藏書遭受火災則更多。如晉葛洪《抱朴子》自序即稱其家“累遭火,典籍蕩盡”。隨着時代的進步,雕版印刷術的興盛,私家藏書量大增,若不幸被火焚,則損失更大。

北宋宋綬父子以藏書聞名,《宋史·宋綬傳》云:“綬字公垂……博通經史百家,文章爲時所尚。……子敏求,字次道……家藏書三萬卷,皆略誦習,熟於朝廷掌故,士大夫疑議,必就正焉。”後來這些藏書均化爲灰燼。晁説之《劉氏藏書記》有云:“宋宣獻家四世以名德相繼,而兼有畢丞相、楊文莊二家之書,其富蓋有王府不及者,元符中,一夕災爲灰燼矣。”③

---

① 《紀録匯編》卷一二八姚福《清溪暇筆》。

② 《春明夢餘録》卷一三。

③ 《鶴山集》卷四一。

南宋藏書家遭到火焚，見於記載者頗多，如王明清云："南渡以來，惟葉少藴夢得少年貴盛，平生好收書，逾十萬卷，置之霅川弁山山居，建書樓以貯之，極爲華焕，丁卯（一一四七）冬，其宅與書俱蕩一燎。"①陳振孫云："錫山尤氏尚書袤，延之，淳熙名臣，藏書至多，法書尤富。嘗燼於火，今其存亡幾矣。"②

明胡應麟嘗記一事，説明火災往往不時發生，讓人難以預料，猝不及防。此次損失雖然不大，但是作者仍引以爲憾，難以忘懷。今亦録之如下：

> 張文潛《柯山集》一百卷，余所得僅十三，蓋鈔合類書以刻，非其舊也。余嘗於臨安僻巷中，見鈔本書一十六帙，閱之，乃文潛集，卷數正同，書紙半已漶滅，而印記奇古，裝飾都雅，蓋必名流所藏，子孫以鬻市人。余目之驚喜，時方報謁臬長，不持一錢，顧奚囊有緑羅二匹代羔雁者，私計不足償，並解所衣烏絲直裰青蜀錦半臂罄歸之。其人亦苦於書之不售，得直慨然。適官中以他事勾唤，因約明旦，余返寓，通夕不寐，黎明不巾櫛訪之，則夜來鄰火延燒，此書倏煨燼矣。余大悵惋彌月。③

明末藏書家祁承㸁則因不戒於火而損失慘重，嘗自稱："凡試事過武林，遍問坊肆所刻，便向委巷深衢，覓有異本，即鼠餘蠹剩，無不珍重市歸，手爲補綴，十餘年來，館穀之所得，館粥之所餘，無不歸之書者。合之先世，頗逾萬卷，藏載羽堂中，丁酉（一五九七）冬夕，小奴不戒於火。先世所遺及半生所購，無片楮存者。因嘆造物善幻，故欲鍛煉人性情乃爾。"④

清代藏書家不慎於火而使我國文獻造成巨大損失的，當推錢謙益。曹溶《絳雲樓書目題辭》談到了錢氏絳雲樓被焚的具體情况：

① 《揮麈後録》卷七。
② 《直齋書録解題》卷八《遂初堂書目一卷》。
③ 《少室山房筆叢》卷四《經籍會通三》。
④ 《澹生堂藏書約》。

虞山宗伯，生神廟（神宗）盛時，早歲科名，交游滿天下，盡得劉子威、錢功父、楊五川、趙汝師四家書。更不惜重資購古本，書賈聞風奔赴，捆載無虚日。用是所積充牣，幾埒内府，視葉文莊、吴文定及西亭王孫或過之。中年，構拂水山房，鑿壁爲架，庋置其中。……入北未久，稱疾告歸，居紅豆山莊，出所藏書，重加繕治，區分類聚，棲絳雲樓上，大櫝七十有三，顧之自喜，曰：我晚而貧，書則可云富矣。甫十餘日，其幼女中夜與乳媪嬉樓上，剪燭灺，誤落紙堆中，遂燃。宗伯樓下驚起，焰已彌天，不及救，倉皇走出。俄頃，樓與書俱盡。①

錢謙益自題宋本《漢書》後，也談到了這次火災所造成的重大損失：

庚寅（一六五〇）之冬，吾家藏書盡爲六丁下取……嗚呼！甲申（一六四四）之亂，天下書史圖籍之大劫也；吾家庚寅之火，江左書史圖籍一小劫也。今吴中一二藏書家，零星掇拾，不得當吾家一毛片羽。見者誇詡，比於酉陽羽陵、書生餓眼，但見錢在紙裹中，可爲捧腹。②

藏書遭焚，不僅使文獻文物造成重大損失，而且也使藏書家的精神受到重大創傷。如錢謙益《賴古堂文選序》就談到了他藏書被焚後的悲哀心情："己丑（一六四九）之春，余歸南囚返里，盡發本朝藏書，裒集史乘，得數百帙，次選古文，得六十餘帙，州次部居，遺蒐闕補，忘食廢寢，窮歲月而告成。庚寅孟冬，不戒於火，爲新宫三月之哭，知天之不假我以斯文也。息心棲神，皈依内典。世間文字，渺然如塵沙積劫矣。"③

乙　水災

就藏書而言，水災不像火災那麽頻繁嚴重，但在我國歷史上，其給公私藏書造成的重大損失，也史不絶書。如《隋書·經籍志》云："大唐武德

① 《絳雲樓書目》卷首。文莊爲葉盛謚號，文定爲吴寬謚號，西亭爲朱睦㮮號。

② 《天禄琳琅書目》卷二。

③ 《有學集》卷一七。

五年（六二二），克平僞鄭，盡收其圖書及古迹焉。命司農少卿宋遵貴載之以船，泝河西上，將至京師，行經底柱，多被漂没，其所存者，十不一二。”北宋富弼，嘗被英宗封爲鄭國公。黄伯思跋《元和姓纂》云：“富鄭公家書，甲子歲（一〇八四）洛陽大水，公第書無慮萬卷，率漂没放失，市人時得而鬻之，鎮海節度印章猶存。是書尚帙數卷，以鄭公物故致而藏之。”①明朱睦㮮，字灌甫，富藏書，惜於明末被河水淹没，錢謙益記其事云：“海内藏書之富，近推江都葛氏、章丘李氏，灌甫傾貲購之，竭四十年之力，倣唐人四部法，用各色牙籤識别，凡一萬二千五百六十卷，起萬卷堂，諷誦其中。……汴亡之後，漂蕩於洪流怒濤，可勝嘆哉。”②

黄宗羲，字太冲，清初著名學者，其藏書也曾遭水厄，全祖望《二老閣藏書記》云：“太冲先生最喜收書，其搜羅大江以南諸家殆遍。所得最多者，前則澹生堂祁氏，後則傳是樓徐氏，然未及編次爲目也。垂老遭大水，卷軸盡壞，身後一火，失去大半。”③乾隆間藏書家孫星衍也曾遭覆舟之禍。葉昌熾見元本《顔氏家訓》有孫氏跋云：“過南陽湖，舟覆，書數十簏，盡沈濕。顧千里告予，何義門家藏書亦皆沈水；此有義門跋，蓋兩經水厄矣。”④除決堤、覆舟外，連綿大雨導致房屋倒塌，也會使藏書受損。如徐湯殷叙其父徐紹棨南州書樓云：“我樓書籍來源除得吾粤各故家外，北自平、津，以逮南京、上海、杭州等地各書，均靡不采購。最盛時，藏籍達六百餘萬卷，民國壬申（一九三二）淫雨爲災，小北大水，住宅後座傾塌，内藏典籍四百餘箱悉化爲紙漿。公以此卧病累月。”⑤

丙　防水火

火能使寶貴的藏書轉眼化爲灰燼，所以防火是人們必須認真對待的

---

① 《東觀餘論》卷下。

② 《列朝詩集小傳》閏集《周藩宗正中尉睦㮮》。江都葛氏指葛欽、葛澗父子，章丘李氏指李開先。

③ 《鮚埼亭集外編》卷一七。

④ 《藏書紀事詩》卷五《孫星衍伯淵》。

⑤ 《近代中國史料叢刊續編》本《廣東藏書紀事詩・自題南州書樓》。

事。首先應當在思想上高度重視，范欽取天一生水，地六成之[①]之意，將藏書樓命名爲天一閣就説明這一點。清國家藏書樓有文淵、文津、文源、文溯諸閣，高宗《文溯閣記》云："四閣之名，皆冠以文，而若淵、若源、若津、若溯，皆從水以立義者，蓋取范氏天一閣之爲。"[②]這也反映了清政府對防火工作的重視。

其次，斷絶火源是最重要的防火措施。天一閣之所以未遭火厄，這是根本原因。在天一閣的禁牌中有一方即是"煙酒切忌登樓"。范氏嚴格地執行了這條禁規。光緒三十五年（一九〇九），繆荃孫嘗同寧波太守夏閏枝登天一閣，"范氏派二庠生，衣冠迎於太守，茶畢登閣，約不携星火。閣甚庳隘，然樸實堅固，明制宛然"。[③] 所以，吴翌鳳稱："明季藏書，浙中爲盛，而鄞縣范氏天一閣尤富，立法亦盡善……讀者不許夜登、不嗜煙草，故永無火厄。"[④]阮元《天一閣書目序》亦云："不使持煙火者入其中，其能久一也。"[⑤]

再次，要準備救火的器材與水源以防萬一。如陳騤談到秘書省專門設有潛火司。"東西偏門外設潛火大桶二十、小桶三十八、梼栳杓百柄，鐵搭鈎二、麻索二，藏於潛火司。"秘閣前有拜閣臺，"臺左右有踏道磚路通東西廊，皆有欄楯。臺東西各有冬青四株，秘書監陳騤植；柏八株，舊有。左右列水缸八"。國史院"廳堂前後皆有瓦凉棚三間。棚前植冬青九，水缸七環之"。並有水井。[⑥]

此外，江少虞稱："前世藏書分隸數處，蓋防水火散亡也，今三館秘閣凡四處藏書。"[⑦]將藏書分散保管也是一種防水火散佚措施，但不便圖書的保管與使用。

---

① 《周易·繫辭》鄭玄注："天一生水於北，地二生火於南，天三生木於東，地四生金於西，天五生土於中……地六成水於北，與天一並。"

② 《御製文二集》卷一四。

③ 《藝風堂文漫存》卷三《天一閣始末記》。

④ 《東齋脞語》卷二四。

⑤ 《揅經室二集》卷七。

⑥ 《中興館閣録》卷二《省舍》。

⑦ 《皇(宋)朝事實類苑》卷三一之二十九條。

就藏書而言,水災要比火災少得多。如果有可能決堤被水淹,應預先將藏書轉移到安全的地方去。如果用船裝運藏書,如前所説,應當像南宋劉儀鳳那樣采取預防措施,儘量避免或減少損失。如何防止房屋遭雨水冲刷倒塌,涉及藏書樓建築問題,略見下節。

三　防鼠嚙蟲蝕霉爛

鼠嚙、蟲蝕、霉爛雖然使藏書逐漸受到損壞,時間久了,其損壞程度也是非常嚴重的,所以人們都普遍重視防鼠嚙、蟲蝕、霉爛工作。

甲　受損壞情況

由於管理不善、圖書保管條件差等原因,公私藏書受到鼠嚙、蟲蝕、霉爛的事是經常發生的。如葉夢得云:“吾家舊藏書三萬餘卷,喪亂以來,所亡幾半。山居狹隘,餘地置書囊無幾。雨漏鼠嚙,日復蠹敗,今歲出曝之,閲二旬纔畢,其間往往多余手鈔,覽之如隔世事。”①劉若愚談到了明宮廷藏書由於長期無人過問而受損的情況:“庫中現貯之書,屋漏浥損,鼠嚙蟲巢,有蛀如玲瓏板者,有塵黴如泥板者,放缺虧失,日甚一日。若以萬曆初年較之,蓋已十減六七矣。”②天一閣雖管理稱善,但是所藏金石搨本却未加整理,全祖望於乾隆三年(一七三八)登閣閲碑,發現這些搨本“未及裝爲軸,如棼絲之難理,抑亦鼠傷蟲蝕,幾十之五”。③ 汪師韓仕宦在外,故居藏書長期無人過問,至晚年還故居“放塵篋,檢故籍,則其爲鼠嚙梅黴者十之三四”。④ 倫明《辛亥以來藏書紀事詩·易學清》亦舉一例:“番禺陳椿軒翰林(之鼐)家世清貴。原居鄉間,後亦買宅城西關。移書就之,大樓上列架盈百,但書被蠹食,中如蜂巢,幾不可揭視。”

乙　防損壞措施

古代公私藏書防損壞最常用的方法就是曝曬。這種方法起源甚早,如《穆天子傳》卷六云:“□蠹書於羽陵。”郭璞注:“謂曝書中蠹蟲。”這一記

① 《避暑録話》卷上。

② 《酌中志》卷一八《内板經書紀略》。

③ 《鮚埼亭集外編》卷一七《天一閣碑目記》。

④ 《上湖文編》卷中《敬行軒記》。

載表明,可能早在西周就已用曝曬的方法來保護圖書了。

兩宋館閣曝書已形成制度,並有專門的曝書會,如紹興十四年(一一四四)五月七日,秘書郎張闡言:"本省年例入夏曝曬書籍,自五月一日爲始,縋七月一日止。"①陳騤還介紹了曝書會的具體情況:

> 紹興十三年(一一四三)七月,詔秘書省依《麟臺故事》,每歲暴書會令臨安府排辦,侍從、臺諫、正言以上及前館職、貼職皆赴。每歲降錢三百貫,付臨安府排辦,從知府王晩之請也。二十九年(一一五九)閏六月,詔歲賜錢一千貫付本省,自行排辦。……是日,秘閣下設方桌,列御書圖畫。東壁第一行古器,第二、第三行圖畫,第四行名賢墨迹,西壁亦如之;東南壁設祖宗御書,西南壁亦如之。御屏後設古器琴硯,道山堂並後軒,著庭皆設圖畫,開經史子集庫、續搜訪庫,分吏人守視。②

錢穆父《和人曝書會詩》云:"天禄圖書府,芸籤歲曝頻。幡經窮藏室,賜會集儒紳。顧陸高標好,鍾王妙入神。可無丹槧吏,來預石渠賓。"③顯然,曝書會不僅曝曬了圖書,也開闊了與會者的眼界。

元代秘書監曝書特别强調需要官員監視,如王士點、商企翁云:"至元十五年(一二七八)五月十一日,秘書監照得:本監應有書畫圖籍等物,須要依時正官監視,仔細點檢曝曬,不致蟲傷浥變損壞外,據回回文書就便北臺内,令兀都蠻一同檢覰曝曬。"④

藏書家非常重視圖書的曝曬工作,孫慶增《藏書記要》第八則《曝書》總結了私家曝書經驗,頗實用,略謂:

> 曝書須在伏天,照櫃數目挨次曬,一櫃一日。曬書用板四塊,二

① 《中興館閣録》卷三《儲藏》。
② 《中興館閣續録》卷六《故實》。
③ 《宋詩紀事》卷二四。
④ 《秘書監志》卷六《秘書庫》。

尺闊，一丈五六尺長，高櫈擱起，放日中。將書腦放上面，兩面翻曬，不用收起，連板檯風口凉透，方可上樓。遇雨檯板連書入屋内擱起最便。攤書板上須要早凉，恐汗手拏書，沾有痕迹，收放入櫃亦然。入櫃亦須早，照櫃門書單點進，不致錯混。倘有該裝訂之書，即記出書名，以便檢點收拾。曝書秋初亦可。漢唐時有曝書會，後鮮有繼其事者，余每慕之，而更望同志者之效法前人也。

葉德輝《藏書十約·收藏》根據南方氣候的特點，對曝書時間問題作了較爲深入的探討，今亦録之如下：

古人以七夕曝書，其法亦未盡善。南方七月正值炎薰，烈日曝書，一嫌過於枯燥，一恐暴雨時致，驟不及防；且朝曝夕收，其熱非隔宿不退，若竟收放橱内，數日熱力不消。不如八、九月秋高氣清，時正收斂，且有西風應節，藉可殺蟲。南北地氣不同，是不可不辨者也。春夏之交，宜時時清理，以防潮濕。四、五月黄霉，或四時久雨不晴，則宜封閉。六、七月以後至冬盡春初，又宜敞開。

曝曬圖書不僅可以防霉去蠹，發現問題，及時處理，而且一邊曬書，一邊瀏覽，往往會有預想不到的收獲。如錢謙益跋汪水雲詩集云："錢塘汪元量，字大有……其詩見鄭明德、陶九成、瞿宗吉所載，僅三四首。夏日曬書，理雲間人鈔書舊册，得其詩二百二十餘首，手寫爲一帙。"①

藏書量大，曝曬圖書任務繁重，且容易造成混亂，所以也有人不主張曝曬圖書。如清高宗於乾隆五十三年（一七八八）曾指示："各書裝訂匣頁用木，並非紙褙之物，本可無虞蠹蛀。且卷帙浩繁，非一時所能翻閲。而多人抽看曝曬，易致損污；入匣時復未能詳整安儲，其弊更甚於蠹，嗣後祇須慎爲珍藏，竟可毋庸曝曬。"②

① 《初學集》卷八四。

② 《乾隆東華録》卷五三。

使用藥物也是防止鼠嚙、蟲蝕、霉爛的一種方法。今人多用樟腦丸、樟腦精、煙葉等。古人也嘗試着用過多種藥品。如沈括云:“古人藏書辟蠹用芸。芸,香草也。今人謂之七里香者是也。葉類豌豆,作小叢生,其葉極芬香,秋間葉間微白如粉污,辟蠹殊驗。南人採置席下能去蚤虱。”① 周密云:“黏經縫用生糊,乃是用生豆研極細,以水生調黏之,此是金蓀壁所傳,背書用小粉,熟作糊,爲熟鑼用,既不霉,又堅牢。且不爲蝸蟲所傷,極佳。”②屠隆云:“藏書於未梅雨之前,曬取極燥,入櫃中,以紙糊門外及小縫,令不通風,蓋蒸氣自外而入也。納芸香、麝香、樟腦可以辟蠹。”③孫慶增《藏書記要》第七則《收藏》也談到防蟲避蠹問題,略云:

> 藏書斷不可用套,常開看則不蛀,櫃頂用皂角炒爲末,研細,鋪一層,永無鼠耗。恐有白蟻,用炭屑、石灰、鍋鏽鋪地,則無蟻。櫃内置春畫辟蠹石,可辟蠹魚。供血經於中,以辟火,書放櫃中或架上,俱不可並。宜分開寸許,放後亦不可放足。書要透風,則不蛀不霉。

光緒十四年(一八八八),廣雅書院山長梁鼎芬作《豐湖書藏四約》,其三爲藏書約,言防損壞措施甚詳:

> 書箱布列,不可太密。宜疏行以通氣。箱脚宜用瓦器盛之,中藏石灰,可辟濕,可去蟻。每日清晨,看守書藏之人,開樓窗,開箱門。日落時,一一關閉完密,不得誤忽……院内墻壁,每生白蟻,最宜小心。(凡安放書架,切勿近墻)箱内書頭處,有空地,易招鼠耗。小書本尤宜留心。箱内易生蠹魚,用辟蠹散最好。否則香烈之品,亦可防禦。然終以人力爲主,能勤檢理,所勝多矣!④

---

① 《夢溪筆談》卷三。

② 《志雅堂雜鈔》卷下。

③ 《考槃餘事》卷一《書箋》。

④ 《豐湖書藏四約·藏書約》。

勤於翻書也是防蠹去濕的一種方法，謝肇淛云："書中蠹蛀，無物可辟，惟逐日翻閲而已。"①近代四川成都藏書家嚴雁峰即采用過這種方法防濕去蠹。孫恭《西南書庫——賁園》記之云：

書架和書櫃全是楠木、檀木、香樟，又經常用皂角水盥洗，没有遭過蟲蛀。珍貴的大部頭套書，都是固定的箱櫃裝置，小部頭書或單行善本，也都有木夾板和硬殻綢面、皮面封套，箱櫃内放有樟腦。負責管理的人都是專任熟手。庫外有敞房三大間，屋中端坐七、八人用手不停的把書一頁一頁的翻動，側面書籍堆如小山，一年四季都是這個單純動作。這是保護書的方法，可以防止蟲蛀和霉變。②

第三節　建　築

房屋是公私藏書不可缺少的條件。房屋的多少、大小、好壞，直接影響着藏書的安全與利用。我國古代在典藏方面卓有成就者，都十分重視房物建築。

一　建築原則

藏書房屋的建築應當注意防火、防盗、通風、采光、便於保管、利於使用諸原則。前人已探討過這個問題，如孫慶增云：

古有石倉藏書最好，可無火患，而且堅久，今亦鮮能爲之。惟造書樓藏書，四圍石砌風牆，照徽州庫樓式乃善。不能如此，須另置一宅，將書分新舊鈔刻，各置一室封鎖，匙鑰歸一經管。每一書室，一人經理。小心火燭，不致遺失，亦可收藏。若來往多門，曠野之所，或近

① 《五雜組》卷九。
② 見《金牛文史資料選輯》一九六六年第三輯。

> 城市而又無空地,接連内室、厨竈、衙署之地,則不可藏書。而卑濕之地,不待言矣。①

葉德輝所言尤爲簡明扼要:"藏書之所,宜高樓,宜寬敞之净室,宜高牆别院、與居宅相遠。室則宜近池水,引濕就下,潮不入書樓;宜四方開窗通風,兼引朝陽入室。遇東風生蟲之候,閉其東窗。窗橱俱宜常開,樓居尤貴高敞。蓋天雨瓦濕,其潮氣更甚於室中也。"②

古人在建造藏書房屋時,也考慮並體現了這些原則。例如爲了安全,人們曾用石室藏書,《史記・太史公自序》云:"紬史記石室金匱之書。"《索隱》:"石室、金匱,皆國家藏書之處。"明代嘉靖年間曾建造了石室式的檔案庫皇史宬,並爲清代所延用。阮葵生稱:"皇史宬爲明季藏本之地,則石室磚檐,穴壁爲窗。蓋以本章要區,防火爲宜。今内閣大庫之穴壁爲窗,磚檐暗室,皇史宬尤爲晦悶。則爲當日藏書之所,正與史宬制度相合。"③利用石室藏書在防火、防盗方面效果明顯;而在采光、通風方面則較差,易保管而難流通,所以未能廣泛采用。

人們在設計藏書房舍時,也每考慮防火問題。如陳騤云:

> 紹興十三年(一一四三)十二月,詔兩浙轉運司建秘書省。十四年六月二十二日遷新省。省在清河坊糯米倉西懷慶坊,北通浙坊東地,東西三十八步,南北二百步。是年四月二十九日本省札子:"新省圍牆外,見今各有空地,竊慮官私亂有侵占,欲各量留空地五步,充巡道以禦火災。"從之。④

古代藏書房舍的建築還充分地考慮到了避濕、采光、通風諸問題。如《三輔黄圖・閣》云:"石渠閣,蕭何造,其下礲石爲渠以導水,若今御溝,因

① 《藏書記要》第七則《收藏》。

② 《藏書十約・收藏》。

③ 《茶餘客話》卷二。

④ 《中興館閣録》卷二《省舍》。

爲閣名。至於成帝,又於此藏秘書焉。"葉夢得《紬書閣記》云:"廳事西北隅有隙地三丈有奇,作别室,上爲重屋,以遠卑濕,爲之藏而著其籍,於有司退食之暇,素習未忘,或時以展誦,因取太史公金匱石室之意,名之曰'紬書閣'。"[①]王世貞《二酉山房記》稱胡應麟的藏書樓,"屋凡三楹,上固而下隆其阯,使避濕,而四敞之,可就日。爲庋二十又四,高皆麗棟,尺度若一"。[②] 祁承㸁稱其密閣"就日爲庋,而四敞之,以貯古籍"。[③] 他在寫給兒子鳳佳、駿佳的信中,還談了建築藏書樓的具體設想:

> 必須另構一樓,迥然與住房、書室不相接聯,自爲一境,方好。但地僻且遠,則照管又難,只可在密園之内外截度其地。汝輩可從長酌定一處來。我意若起樓五間,便覺太費,而三間又不能容蓄。今欲分作兩層,下一層離基地三尺許,用閣栅地板,濕蒸或不能上,只三閣便有六間之用矣。前面只用透地風窗,以便受日之曬,惟後用翻軒一帶,可爲别室檢書之處,然亦永不許在此歇宿,恐有燈燭之入也。[④]

有趣的是爲了防盜,有的藏書家甚至將藏書之所建築在水中小島上。謝肇淛云:

> 胡元瑞書蓋得之金華虞參政家。虞藏書數萬卷,貯之一樓,在池中央,小木爲杓,夜則去之。榜其門曰:"樓不延客,書不借人。"其後子孫不能守,元瑞噉以重價,紿令盡室載至,凡數鉅艦。及至則曰:吾貧不能償也,復令載歸。虞氏子既失所望,又急於得金,反託親戚居間減價售之,計所得不什之一也。元瑞遂以書雄海内。[⑤]

---

① 《建康集》卷四。
② 《弇州續稿》卷六三。
③ 《澹生堂集》卷一一《行園略》。
④ 《祁承㸁家書跋》第二百六十五頁。
⑤ 《五雜俎》卷一二。虞參政指虞守愚。

此外,王士禛亦稱:"杭州孝廉高式青,説其鄉張氏藏書甚富,造樓水中庋置,甲乙悉有次第。以小舟通之,晡後即禁往來。"[①]將藏書房舍建在水中央,對防盜或許會有所幫助,但是不便利用,絶大多數藏書家也不具備這樣的條件,因此不可能推廣。

二 藏書樓建築

由於藏書樓基本符合藏書房屋建築的原則,因此爲中國古代公私藏書單位普遍采用,成了我國古代藏書房屋建築的主流。

西漢國家藏書之所有延閣、天禄閣、石渠閣、麒麟閣等,唐慧琳《一切經音義》卷三十八引《倉頡篇》云:"閣,樓也。"看來已普遍采用了藏書樓的形式。此後歷代相沿不改,國家藏書普遍用藏書樓。

我們在本編第二章《典藏單位》第二節《私家藏書》中談到私家用樓藏書見於記載的,最早爲漢代東海李谿,並且舉例談到唐代藏書家已普遍用藏書樓藏書了。至宋,藏書樓已見於偏遠地區,如宋王得臣云:"(姚)鉉謫居連州(今廣東省連州市)嘗寫所著《文粹》一百卷,好事者於縣建樓貯之。"[②]蘇軾《犍爲王氏書樓》詩云:"樹木幽翠滿山谷,樓觀突兀起江濱。云是昔人藏書處,磊落萬卷今生塵。"[③]犍爲,在今四川。

影響最大而又流傳至今的中國古代藏書樓,當首推明范欽建於嘉靖末年的天一閣。天一閣在今"寧波市中山區中山西路之南,月湖西岸中營巷裏"。[④] 乾隆三十九年(一七七四)六月,高宗曾令杭州織造寅著至天一閣調查過,今記其略:

> 丁未,諭軍機大臣等:浙江寧波府范懋柱家所進之書最多,因加恩賞給《古今圖書集成》一部,以示嘉獎。聞其家藏書處曰天一閣,純用磚甃,不畏火燭,自前明相傳至今,並無損壞,其法甚精。著傳諭寅

① 《居易録》卷二九。
② 《麈史》卷中。
③ 《東坡全集》卷二六。
④ 紀思《浙江寧波天一閣》,載《文物》一九五九年第十一期。

著親往該處，看其房間製造之法若何？是否專用磚石不用木植？並其書架款式若何？詳細詢察，燙具準樣，開明丈尺呈覽。……

尋奏：天一閣在范氏宅東，坐北向南，左右磚甃爲垣，前後檐上下俱設窗門。其梁柱俱用松杉等木。共六間。西偏一間，安設樓梯。東偏一間，以近牆壁恐受濕氣，並不貯書。惟居中三間排列大橱十口，内六橱前後有門，兩面貯書，取其透風。後列中橱二口、小橱二口。又西一間，排列中橱十二口。橱下各置英石一塊，以收潮濕。閣前鑿池。其東北隅又爲曲池。①

今人則作了更爲具體的記述：全閣面闊六間，除最西一間外，東邊五間作對稱式處理。樓下明次三間爲敞廳，未加以任何間隔。最西一間爲樓梯間。正門設在門間南向，由六抹格扇構成，北設屏壁。明稍間南北面皆設檻窗二扇，窗櫺式樣與門之槅心相同。窗櫺上部另有冰紋檽窗一槽。在明間柱上有對聯多幅。上設天花板，下鋪方磚。明次間敞廳外二稍間，則以木板間隔。最西的樓梯間設有二門，以通前廊與鄰間。閣門前懸有"天一閣"匾額一方，閣門西首，另挂范氏禁牌一方。②

天一閣對清代公私藏書樓建築産生了很大的影響，如清代國家藏書樓南北七閣即仿其制而建。高宗《文源閣記》云：

藏書之家頗多，而必以浙之范氏天一閣爲巨擘，因輯《四庫全書》，命取其閣式，以構庋貯之所。既圖以來，乃知其閣建自明嘉靖末，至於今二百一十餘年，雖時修葺，而未曾改移。閣之間數及梁柱寬長尺寸，皆有精義，蓋取"天一生水，地六成之"之意。於是就御園中隙地，一做其制爲之，名之曰文源閣。③

① 《乾隆東華録》卷七九。

② 參見蔡佩玲《范氏天一閣研究》第五章《天一閣的建築與管理》第三節《天一閣與其園林建築形制》。

③ 《御製文二集》卷一三。

天一閣對私家藏書樓建築的影響,可以盧址的抱經樓爲例。錢大昕《抱經樓記》云:"兹樓之構,修廣間架,皆摹天一閣。"①其同郡黄家鼎云:

先生懸重價以求善本,以故葉氏菉竹堂、豐氏萬卷樓、毛氏汲古閣、祁氏澹生堂、汪氏古香樓、金氏文瑞樓諸舊藏,如水歸壑。聞親知有異書,輒轉索借,鈔而後已。嘗以未得内府《圖書集成》爲憾,乃破産遣群從入都市購求。書到,衣冠迎於門,其結癖之深如此。歷三十年,得書之富,與范氏天一閣埒。乃於居旁隙地構樓,修廣間架,悉仿范氏,帷厨稍高,若取最上層,須駕短梯。四面有圃。圃外環以垣牆,略植花木以障風日。用韓昌黎贈玉川子詩語,名其樓曰抱經。②

今人還介紹了抱經樓的結構與陳設:"其書樓設於盧址宅之東:朝南六間,上下兩層,樓下中間爲大廳,靠西邊一間有步樓可登樓,步樓横裝,與天一閣稍異。樓上貯書,以書厨分間。據清末抱經樓排架草圖,可知東西兩邊靠牆處,各有單面大橱兩隻,當中是五排十隻大橱,前後可開門。朝南空隙的地方,分别放置十隻小橱。書樓前面築假山,並鑿一方池,環植竹木。"③

當然,大多數的藏書樓都因地制宜,各具特色,在建築方面達到相當高的水平,劉承幹的嘉業堂就是一個例子。周子美介紹道:

嘉業堂藏書樓是一九二四年落成的,在劉氏宗祠旁,地方二十畝,四周開河,有房屋七、八十間,費銀十二萬元,是七開間的樓廳兩進,正廳是嘉業堂,樓上爲希古樓,還有宋四史齋、詩萃室,旁邊員工

---

① 《潛研堂文集》卷二一。

② 《藏書紀事詩(附補正)》卷五。《全唐詩》卷三四〇韓愈《寄盧仝》詩有云:"春秋三傳束高閣,獨抱遺經究終始。"菉竹堂爲葉盛藏書處,萬卷樓爲豐坊藏書處,汲古閣爲毛晉藏書處,澹生堂爲祁承㸁藏書處,古香樓爲汪文柏藏書處,文瑞樓爲金檀藏書處。

③ 駱兆平、洪可堯《盧址和抱經樓》,載《圖書館雜志》一九八三年總第六期。

宿舍名抗昔居，後面有約二十間書板間，四周種植花木，前面有三個亭子，風景優美，可以説是在園林中的。①

一九五一年，樓主劉承幹爲順應時代潮流，寫信給浙江圖書館："願將書樓與四周空地並藏書、書板，連同各項設備等，悉以捐獻與貴館永久保存。"②其書遂歸國家所有。

三　藏書樓命名

西漢以後，國家藏書樓多有名稱。私家藏書樓，東漢時有李氏書樓，唐五代時有孫氏書樓，但這些名稱都不是藏書家本人取的。宋以後，藏書家多喜歡給自己的藏書處所取名，如趙明誠、李清照夫婦的藏書處名歸來堂。有的藏書處名稱還會因情事遷移而有所變化。清乾嘉時期海寧藏書家周春（字芚兮，號松靄）即一例，黄丕烈題《陶靖節先生詩注四卷》云："湯伯紀注宋刻本真本，在海寧周松靄家，相傳與宋刻禮書並儲一室，顔之曰禮陶齋。其書之得近於豪奪，故秘不示人，欲以殉葬。……賈人吴東白……談及周公先去禮書，改顔其室曰寶陶齋。今又售去，改顔其室曰夢陶齋。余聞此言，益嘆周公之好書，惓惓於心而不能去矣。並聞諸他估……去書之日，泣下數行。余雖未面詢諸吴，然屢易顔室之名，亦可想見其情矣。"③有的藏書家有好幾處藏書之所，當然要分别賜以嘉名。如張金吾嘗自稱：

詒經堂凡三楹，古今詁經之書藏焉。堂之西曰愛日精廬，則金吾讀書之所，而僅以藏先君子手澤者也。廬之南曰世德齋，則曾大父、大父詩集暨十世祖端巖公、從父若雲公校刊各書在焉。又其南曰青藜仙館，毛子晉、何義門、陸敕先諸先輩手校諸書在焉。廬之西有閣

① 《嘉業堂藏書聚散考》，載《文獻》第十二輯。

② 見黄建國《嘉業堂藏書樓全盛時期的藏書》，載《中國典籍與文化》一九九三年第三期。

③ 《蕘圃藏書題識》卷七。

曰詩史,以藏元刊《中州集》。金吾集金源一代之文,成《金文最》一百二十卷,凡金人著述及當時碑版足資采集者咸附焉。閣之南曰巽軒,昔年從錫山得活字十萬有奇,排印《長編》二百分,於焉貯之。堂之東曰求舊書莊,宋元明初刊本藏焉。莊之南曰墨香小艇,元明舊寫本藏焉。循莊而北,長廊數十步,有精舍三楹,榜曰積書,則先君子創建以貯書者,凡史子集三部通行之本咸在焉。此詒經堂藏書之大凡也。①

藏書樓的名稱往往能集中反映藏書家的藏書目的與特點,所以在此也略作分析。

有反映讀書志趣的。如北宋揚州文樓巷劉氏藏書處名墨莊、司馬光藏書處名讀書堂、南宋陸游藏書處名書巢、元孫道明藏書處名映雪齋、明楊循吉藏書處名卧讀齋、陸文裕藏書處名書窟、文徵明藏書處名惜陰齋、明末毛晉藏書處名目耕樓、清鮑廷博藏書處名知不足齋、張月霄藏書處名愛日精廬等都體現了這一點。試以陸游爲例,其《書巢記》生動地反映了他的藏書、讀書活動:

陸子既老且病,猶不置讀書,名其室曰"書巢"。客有問曰:"今子幸有屋以居,而謂之巢,何邪?"應之曰:"吾室之内,或棲於櫝,或陳於前,或枕藉於牀。俯仰四顧,無非書者。吾飲食起居,疾痛呻吟,悲憂憤嘆,未嘗不與書俱。賓客不至,妻子不覿,而風雨雷雹之變,有不知也。間有意欲起,而亂書圍之,如積槁枝。或至不得行,則輒自笑曰:'此非吾所謂巢者邪?'"乃引客就觀之,客始不能入,既入,又不能出。乃亦大笑曰:"信乎其似巢也。"②

有反映藏書數量與特點的。如宋代張葢藏書處名萬卷樓、明代鄭灦藏書處名八萬卷樓。清代藏書家特別重視版本,這也每從藏書處的名稱

---

① 《藏書紀事詩(附補正)》卷六《張海鵬若雲、侄金吾月霄》引《愛日精廬文稿·詒經堂記》。

② 《渭南文集》卷一八。

上反映了出來。如清初顧湄得宋刻《陶淵明集》，遂名其處曰陶廬。其後，黄丕烈購得宋刻百餘種，遂顔其室曰百宋一廛。吴騫有元槧千部，即自題其居曰千元十架。楊以增得宋本《詩經》《尚書》《春秋》《儀禮》《史記》、兩《漢書》《三國志》，即自稱其室四經四史之齋。

有反映藏書環境的。如明徐源藏書樓名襟帶江湖，其弟澄藏書樓名望洋書堂。明王鏊《襟帶江湖樓詩爲仲山都憲作》描寫道："三江東去五湖西，特起高樓枕碧溪。桐里波光天外小，洞庭山色雨中迷。"①吴寬《望洋書堂記》記述道："徐君季止，鄉校士之良者。家夾浦之南、瓜涇之上，而松江、陳湖皆在其目睫間。蓋將聚書數千卷，築室而藏之，因題曰望洋書堂。"②清初惠周惕藏書處名紅豆書屋，李富孫稱："硯溪所居曰紅豆書屋，在吴城東冷香溪之北。吴郡東禪寺有紅豆樹，相傳白鴿禪師所種。硯溪移一枝植階前，因自號紅豆主人。"③

有反映藏書家生活情調的。如明王履吉藏書處名小隱閣，文徵明云：君"於書無所不窺，而尤詳於群經，手寫經書，皆一再過。……少學於蔡羽先生，居洞庭三年。既而讀書石湖之上二十年，非歲時省侍不數數入城"。④ 清張敦仁字古餘，有藏書處名六一堂。彭兆蓀撰《揚州郡齋雜詩》，自注："古餘太守藏書最富，於郡廨東偏葺六一堂，奉歐陽公像，而儲圖籍其中，設小史掌之。"⑤

有反映所藏文物的。如清瞿鏞嘗得鐵琴銅劍，遂以名其藏書之樓。再如張鑑《二田齋記》："聞溪計氏曦伯，既以詩鳴於時，而又多積書籍以培其基，閒好畫以陶鑄其性靈，舊藏多沈石田、惲南田真迹，因以二田自號，並名其所居之齋。"⑥凡此種種，都從某個側面反映了許多藏書家的文心、涵養、志尚與興趣。藏書樓命名的角度是多種多樣的，我們就不再一一列舉了。

---

① 《王文恪公集》卷六。
② 《家藏集》卷三二。
③ 《鶴徵録》卷三。
④ 《甫田集》卷三一。
⑤ 《小謨觴館詩集》卷八。
⑥ 《冬青館乙集》卷四。

第六章　圖書流通

典藏的目的在於利用，藏書除供自己讀書治學外，還應利及他人。我國古代藏書家一直存在着主張流通與反對流通兩種思想。總的看來，主張圖書流通的思想起主導作用。

第一節　圖書流通思想的形成與發展

一　反對圖書流通的思想

在古代，一個人的知識與其藏書密切相關，知識分子通常擁有一定數量的藏書。他們在相互競争時，如果把書借給對方，就等於向對方提供戰勝自己的武器。在這種情况下，各自的藏書往往是難以互借的。如《三國志・蜀書・許慈傳》稱："先主定蜀，承喪亂歷紀，學業衰廢，乃鳩合典籍，沙汰衆學，慈、潛[①]並爲學士，與孟光、來敏等典掌舊文。值庶事草創，動多疑議，慈、潛更相克伐，謗讟忿争，形於聲色；書籍有無，不相通借，時尋楚撻，以相震攇。其矜己妒彼，乃至於此。"這盡管是一個很特殊的事例，但是也説明掌握書籍的重要。

在古代，藏書多屬私有財産，藏書家不願外借，也無可厚非。如宋周煇稱："唐杜暹家聚書萬卷，書末自題云：'清俸寫來手自校，子孫讀之知聖

① 潛，指胡潛。

教。鬻及借人爲不孝。'"[①]杜暹的題識影響頗大,明萬曆間上海施大經刻一藏書印云:"古人以借鬻爲不孝。"[②]張瑛《鐵琴銅劍樓藏書目録後序》亦稱:"昔唐杜暹好藏書,卷後題曰:'清俸買來手自校,子孫讀之知聖教。鬻及借人爲不孝。'舅氏每援此語爲兒輩諄諄告誡。瑛少時,往來母家。舅氏之訓,猶能略記一二。其於古書愛護之深若是。"[③]

某些藏書家不肯借書予人也有客觀原因,錢大昕分析道:"借爲不孝,過矣。然世固有三等人不可借:不還,一也;污損,二也;妄改,三也。守先人之手澤,擇其人而借之,則賢子孫之事也。"[④]黄丕烈是主張圖書流通的,但是也不輕易借書予人,他在一篇題識中談到了個中原因:

> 昔人不輕借書與人,恐其秘本流傳之廣也,此鄙陋之見,何足語於藏書之道。余平生愛書如護頭目,却不輕借人,非恐秘本流傳之廣也。人心難測,有借而不還者,有借去輕視之而或致損污遺失者,故不輕假也。同好如張君訒庵,雖交不過十年,而愛書之專,校書之勤,余自愧不及,故敝藏多有借去手校者。[⑤]

姚士粦《尚白齋秘笈序》也系統總結了書不流通的原因,指出:"不知傳布之説有四,大抵先正立言,有一時怒而百世與者,則子孫爲門户計,而不敢傳。鬥奇炫博,樂於我知人不知,則寶秘自好而不肯傳。卷軸相假,無復補壞刊謬,而獨踵還癡一諺,則慮借鈔而不樂傳。舊刻精整,或手書妍妙,則懼翻摹致損而不忍傳。"[⑥]

明清不少著名藏書家都對圖書嚴格管理,不准外借,如聊城楊氏海源閣,王獻唐談道:

---

① 《清波雜志》卷四。
② 《藏書紀事詩》卷二《施大經天卿》。
③ 《鐵琴銅劍樓藏書目録》卷末。
④ 《十駕齋養新録》卷一九。
⑤ 《蕘圃藏書題識》卷十《辛稼軒長短句十二卷》。
⑥ 《藏書紀事詩》卷三《姚士粦叔祥》引。

楊氏藏書,於匪亂之後,曷以不加整理,而任其凌亂?據聞楊氏舊例,其家中僕役,向不准其登樓。每有服役數十年不得一瞻閣上書籍作如何形狀者。現其家主楊敬夫,寓居津門,匪亂之後,從未旋里。海源閣長日封鎖,家中僕役,仍沿向不登樓之例,不敢一除積塵也。①

需要説明的是有的藏書家藏書秘不示人,有的藏書家藏書雖不外借,但是可以在藏書處閲覽。前者才是真正的圖書流通反對者。如張金吾云:

余友陳君子準藏唐以前書略備,然秘不肯示人,唐劉賡《稽瑞》者,其尤秘者也。《稽瑞》世無傳本,子準得之吴興書舶,蓋明嘉萬時刊本也。以其絶無僅有,即以名其所藏書樓,秘之十年,且要約不得借鈔,始出示金吾,蓋一見之難如此。未幾子準死,書盡散,《稽瑞》以值昂無過問者。子準嘗曰:"書貴緘秘,則流布廣而視之必輕,使是書由我而輕,我之罪實甚。"②

珍秘過甚,不但不能很好地保護藏書,反之却會因此導致湮滅,繆荃孫曾舉例云:

荃孫官京師,一鉅公藏父執手稿,珍重而篋藏之。有叩之者,則曰書固存也,欲刻久矣。有借録者,則曰刻必貽君,何不省此一鈔乎?有欲爲之刻者,則曰我之責不能諉諸人也。迨鉅公殁而書卒不傳。其心非不知寶愛,而無計流通,終至湮滅。③

後者如前所述,范氏天一閣爲了防止圖書散佚損壞,作出了書不借人的嚴

① 《聊城楊氏海源閣藏書之過去現在》七《海源閣藏書之損失及其現狀》,《山東省立圖書館叢刊》第一種本,又載曹景英、馬明琴主編《海源閣研究資料》。

② 《藏書紀事詩(附補正)》卷六《陳揆子準》引《稽瑞》跋。

③ 《藕香零拾》本《流通古書約》卷末跋。

格規定，但是正如沈叔埏《書天一閣書目》所説："其家奉司馬公遺訓，代不分書，書不出閣。有借，主人延入，日資給之。如鄞侯公承休聚書三萬餘卷，戒子孫，世間有求讀者，别院具饌是也。"①如全祖望云："是閣之書，明時無人過而問者。康熙初，黄先生太初始破例登之，于是昆山徐尚書健庵聞而來鈔。其後登斯閣者萬徵君李野。又其後則馮處士南耕。而海寧陳詹事廣陵纂《賦匯》，亦嘗求之閣中。"②之後登斯閣者當然更多。看來天一閣藏書也可借閲，只是書不出閣而已。事實上，黄宗羲、萬斯同、李杲堂、朱彝尊、袁枚、全祖望、錢大昕、汪炤、張燕昌、阮元等許多學者都赴閣讀過書、鈔過書。③

二　主張圖書流通的思想

魏晉以降，藏書家借書供人閲讀蔚然成風，史不絶書。《晉書・范平傳》稱平"家世好學，有書七千餘卷，遠近來讀者恒有百餘人，蔚爲辦衣食"。《南史・崔慰祖傳》稱南齊人崔慰祖"聚書至萬卷"，"鄰里年少好事者來從假借，日數十帙，慰祖親自取與，未嘗爲辭"。《隋書・劉焯傳》稱"劉喜海家素多墳籍，(劉)焯與(劉)炫就之讀書，向經十載，遂以儒學知名"。

北宋李公擇將自己的書藏於僧舍，供大家閲讀，並請蘇軾著文宣傳這種做法。蘇軾《李氏山房藏書記》云：

> 余友李公擇，少時讀書於廬山五老峰下白石庵之僧舍。公擇既去，而山中之人思之，指其所居爲李氏山房。藏書凡九千餘卷，公擇既已涉其流，探其源，採剥其華實而咀嚼其膏味，以爲己有，發於文詞，見於行事，以聞名於當世矣。而書固自如也，未嘗少損，將以遺來者，供其無窮之求，而各足其才分之所當得。是以不藏於家，而藏於

---

① 《頤綵堂文集》卷三。

② 《天一閣碑目記》，載薛福成《天一閣見存書目》卷首。

③ 參見蔡佩玲《范氏天一閣研究》第五章《天一閣的建築與管理》第四節《天一閣之管理制度》。

其所故居之僧舍。此仁者之心也。①

同時人王闢之也指出李公擇的做法是"思以遺後之讀者,不欲獨有其書。"②顯然,李公擇將藏書留給讀者閲覽的想法與做法深受歡迎,並且産生了較大影響。北宋末年,金華潘景憲築室藏書,"名其後之室曰共學,左則曰庶齋,右則曰省齋,二齋儲書且萬卷,以待朋友之習,市良田百畝以爲講習聚食之資"。③ 其共學二字爲點睛之筆,充分反映了室主的流通思想。

南宋藏書家主張圖書流通者則更多,如紹興年間周煇云:

借書一瓻,還書一瓻,後訛爲癡,殊失忠厚氣象。書非天降地出,必因人得之;得而秘之,自示不廣,人亦豈肯以未見者相假?唐杜暹家書末自題云:"清俸買來手自校,子孫讀之知聖道,鬻及借人爲不孝。"鬻爲不孝,可也;借爲不孝,過矣。④

《廣韻》卷一《脂第六》稱:"瓻,酒器。大者一石,小者五斗。古之借書,盛酒瓶。""借書一瓻,還書一瓻",反映了借書風氣;"借書一癡,還書一癡",則反映了不願借書的心理。周煇旗幟鮮明地贊揚了借書風氣,批評了不願借書的心理,並分析了不願借書的弊病。

特别值得一提的是在非漢族政權統治下的金朝,也有人建起了旨在供人讀書的藏書樓。如孔天監云:

(洪洞縣)雖家置書樓,人畜文庫,尚慮夫草萊貧乏之士,有志而無書,或未免借觀手録之勤,不足于採覽,無以盡發後生之才分。吾友承慶先輩,奮爲倡首,以贖書是任。邑中之豪,從而和之,歡喜施

① 《東坡全集》卷三六。
② 《澠水燕談録》卷十。
③ 韓元吉《南澗甲乙稿》卷一五《潘叔度可庵記》。
④ 《清波雜志》卷四。

捨，各出金錢，於是得爲經之書有若干，史之書有若干，諸子之書有若干，以至類書字學，凡係於文運者，粲然畢修。噫！是舉也，不但便於己，蓋以便於衆；不特用於今，亦將傳於後也。顧不偉哉！將見濡沫涸轍者，游泳於西江之水；糊口四方者，厭飫乎太倉之粟。書林學海，覽華實而探源流，給其無窮之取，而能讀其所未見之書，各足其才分之所當得，莫不推本於此。①

作者還希望他邑"視而仿之，慕而效之"。此文不僅充分地闡述了圖書流通的目的和意義，而且也説明了在南宋與金南北對峙時期，圖書流通思想已經深入人心，産生了廣泛的共識與影響。

明代部分藏書家惜秘矜奇，然主張圖書流通者也不乏其人。如葉盛於《菉竹堂書目序》後附《書厨銘》云："讀必謹，鎖必牢，收必審，閣必高。子孫子，惟學斅，借非其人亦不孝。"②這段話肯定了藏書可以借給人，但要看對象。明末馮舒還提到他與朋友相約互借圖書一事，聲稱何君立"與余最善，得一書必相通假，約日還，風雨不誤"。③ 這種做法實際上開了清人訂立流通古書約風氣之先。萬曆時期人姚士粦對圖書流通問題作過深入探討，嘗云："吾郡未嘗無藏書家，卒無有以藏書聞者，蓋知以秘惜爲藏，不知以傳布同好爲藏耳。何者？秘惜則箱橐中有不可知之秦劫，傳布則毫楮間有遞相傳之神理。此傳不傳之分，不可不察者。"他還强調指出："以傳布爲藏，真能藏書者。"④應當説他的見解道出了問題的實質，是相當深刻的。明人閔元衢《貴耳集・跋》亦稱："潘昭度中丞嘗語余曰：'古人恐無表見而著書，使不傳，何假於著？吾輩愛書，擁而不使之傳，亦豈真愛？今而後，宜以郡之藏書而不一借者爲戒。'"⑤

在圖書流通理論與實踐方面特别受到人們稱道的是明末人李如一。

---

① 《金文最》卷二八《藏書記》。

② 見《拜經樓藏書題跋記》卷三《菉竹堂書目》。

③ 《懷舊集》卷上《何大成》。

④ 《藏書紀事詩》卷三《姚士粦叔祥》引。

⑤ 《藏書紀事詩》卷三《潘曾紘昭度》引。

他將《草莽私乘》欣然借給錢謙益，錢謙益特地在上面寫了篇題識，略云：

> 如一好古嗜書，收買圖籍盡減先人之産。嘗從事三禮，從余假宋賢《禮記集説》，焚香肅拜而後啓視，其鄭重如此！每得一遺書秘册，必貽書相聞，有所求假，則朝發而夕至。嘗曰："天下好書當與天下讀書人共之。古人以匹夫懷璧爲罪，况書之爲寶尤重於尺璧，敢懷之以賈罪乎？"①

李如一認爲好書當與天下讀書人共之，不出借内心有一種負罪感，並且將流通思想付諸實踐，應當説已經達到了相當高的思想境界。李如一的觀點與做法産生了一定影響，黄丕烈見到明鈔本《草莽私乘》，亦題識云："此等心腸斷非外人所能曉其一二，余特爲拈出，知古人之好書有如是者，安得世之儲藏家盡如之，俾讀書種子緜緜不絶邪！"②

清代藏書理論發展到了一個新階段，呈現出了一些新特點。首先是對圖書流通問題進行了廣泛而深入的討論。不少人都旗幟鮮明地闡述了自己主張圖書流通的觀點。如乾嘉時期的黄丕烈《辛稼軒長短句》題識云："昔人不輕借書與人，恐其秘本流傳之廣也，此鄙陋之見，何足語藏書之道。"③又在《孟東野集》題識中説："古人藏書最重通假，非特利人，抑且利己，如予與香巖居士爲忘年交，所藏書必通假。"④

嘉慶時宋咸熙《思茗齋集》有《借書詩》，序云："藏書家每得秘册，不輕示人，傳之子孫未盡能守；或守而鼠傷蟲蝕，往往殘缺，無怪古本日就湮没也。先君子藏書甚富，生時借鈔不吝。熙遵先志，願借於人。有博雅好古者竟持贈之，作此以示同志。"詩云："金石之物亦易泐，况兹柔翰歷多年。能鈔副本亟流播，劫火來時庶不湮。""翳予老病子猶癡，過眼雲煙看幾時。

---

① 載《抱經樓藏書志》卷二二《草莽私乘》。

② 《蕘圃藏書題識》卷二。

③ 《蕘圃藏書題識》卷十。

④ 《蕘圃藏書題識》卷七。

濁酒一瓻何用報，先公泉下亦怡怡。”①作者不僅繼承了父親的藏書，而且繼承了父親的藏書思想；不僅願意借鈔，而且願意持贈；不僅遵守先志，而且還加以宣傳，使圖書流通思想能够發揚光大，可謂青出於藍而勝於藍了。

道光時張金吾也是竭力主張流通圖書的。有人向他借鈔包希魯的《説文解字補義》，他説：

> 希魯著述甚富……今皆散佚無傳，唯是書僅存。今既幸歸余手，若不公諸同好，廣爲流布，則雖寶如球璧，什襲而藏，於是書何裨？於余又何裨？且余喜藏書，不能令子孫亦喜藏書，聚散無常，世守難必。即使能守，或童僕狼藉，或水火告災，一有不慎，遂成斷種，則余且爲包氏之罪人，用倩善書者録副本以贈。余之不敢自秘，正余之寶愛是書也。

他還强調指出：“書貴通假，不通假則扃鐍固而傳本絶。使是書由我而絶，我之罪更甚。”②作者以流傳古書爲己任，認爲流傳古書正是爲了寶愛古書，若書不流傳導致亡佚，乃是犯罪。這種見解可以説是相當透徹、相當精辟的。

晚清繆荃孫《平湖葛氏書目·序》云：“昔孫承澤侍郎有喜借人書之譽；朱竹君學士亦與人借鈔，以廣流傳，前哲流風，令人嚮往。咸同以來，京師鉅公，以深藏爲旨，以獨得爲奇，不留一目，不跋一言。聞其名，已在若存若亡之間，述其事，亦在疑是疑非之列。顧千里所謂似與古人有深仇夙怨者。”③吴愷也曾引《鴻臚寺野談》痛斥藏書不流通之危害云：“關中非無積書之家，往往束置度閣，以飽蠹魚。既不假人，又不觸目，至畀諸灶下，以代蒸薪。余每恨蠹魚之不若也。”④以上兩家對藏書秘不示人現象

① 《武林藏書録》卷下。

② 繆荃孫《藝風藏書續記》卷一《説文解字補義》。

③ 《藝風堂文漫存》辛壬稿卷二。

④ 《説郛續》卷三二《讀書十六觀》。

的批評可謂痛快淋漓,對其危害性的分析,也足以發人深省。

醞釀並建立私家圖書館爲廣大讀者服務,是清代藏書家的圖書流通思想發展到了最高階段的表現。在這方面影響最大的當推乾隆年間周永年的《儒藏説》。桂馥《周先生傳》云:"先生見收藏家易散,有感於曹石倉及釋、道藏,作《儒藏説》。約予買田築借書園,祀漢經師伏生等,聚書其中,招致來學。"①這借書園三字充分説明了他們所醞釀成立的是旨在流通的私家圖書館。關於這一點,周氏《儒藏説》寫得更具體、更明顯:

> 至於窮鄉僻壤,寒門窶士,往往負超群之姿,抱好古之心,欲購書而無從,故雖矻矻窮年而限於聞見,所學迄不能自廣。果使千里之内有儒藏數處,而異敏之士或裹糧而至,或假館以讀,數年之間,可以略窺古人之大全,其才之成也,豈不事半而功倍哉?②

其《儒藏條約》復云:"書籍收藏之宜,及每歲田租所入,須共推一方老成三五人,經理其事。凡四方來讀書者,如自能供給,即可不取諸此,寒士則供其食欲。須略立規條,如叢林故事。極寒者並量給束脩,免其内顧之憂。"③可見其讀者對象爲四方能讀書之人,特别是寒士,其宗旨是充分發揮儒藏的教育職能,將讀者培養成才,對於寒士還給予經濟上的援助。

道光三十年(一八五〇),孫依言築玉海樓已具有私家圖書館性質,其《玉海樓藏書記》談到他"取古人讀書之法,及就今日藏書之意,具爲條約,揭之堂壁。鄉里後生,有讀書之才,讀書之志,而能無謬我約,皆可以就我廬,讀我書,天下之寶,我固不欲爲一家之儲也"。④

晚清主張辦私家圖書館並付諸實踐的是國英。其《共讀樓書目序》云:

---

① 《晚學集》卷七《周先生傳》。

② 《松鄰叢書》甲編《儒藏説》。

③ 《松鄰叢書》甲編《儒藏條約三則》。

④ 《遜學齋文續鈔》卷三。

余早有購藏書籍之志,同治甲子(一八六四)勸同志諸君子共立崇正義塾。嗣屢蒙恩擢,廉俸所餘,獨以購書。光緒丙子(一八七六),於家塾構藏書樓五楹,顔曰共讀。其所以不自秘者,誠念子孫未必能讀,即使能讀,亦何妨與人共讀。成己成人,無二道也。①

徐樹蘭私家創辦的古越藏書樓實質上已是一座近代公共圖書館。他於光緒三十年(一九〇四)寫的《爲捐建紹郡古越藏書樓懇請奏諮立案文》云:

紹興統轄八縣,綴學之士,實繁有徒。當此科舉更章之際,講求實學,每苦無書。職不揣棉薄,謹捐銀八千六百餘兩,於郡城西偏購地一畝六分,鳩工營造,名曰古越藏書樓,以爲藏書之所。參酌東西各國規制,擬議章程,以家藏經史大部及一切有用之書,悉數捐入,延聘通人,分門排比,所有近來譯本新書,以及圖書標本,雅訓報章,亦復購備,共用銀二萬三千五百六十餘兩。大凡藏書七萬餘千卷,編目三十五卷。建屋凡四層,前三層皆係高樓,分藏書籍,以中層之聽事爲閲書所,桌椅器物皆備,綜共用銀三萬二千九百六十餘兩。又每年助洋一千元,禮延監督一人,總督其事,司事三人,分司其書。規模初具,以備闔郡人士之觀摩,以爲府縣學堂之輔翼。所需開辦經費銀三萬二千九百六十餘兩,及常年經費每年捐洋一千元,均由職自行捐備。②

不難看出,以上數例都是以廣大讀者爲服務對象的,都已具有近代圖書館的性質,是對古代圖書典藏事業發展的巨大貢獻。

① 《共讀樓書目》卷首。

② 《古越藏書樓書目》卷首。

第二節　流通方式

圖書流通的方式主要有出借、贈送、出版與出售等形式，今分別述之如下：

一　出　借

出借是圖書流通的最基本方式。如前所述，我國有着出借圖書的優良傳統。就讀者借書的目的而言，又有借閱、借鈔、借刻與借以治學等類型。

甲　借閱

借閱最爲普遍。借閱國家藏書見於記載的，如《後漢書·黄香傳》稱黄香詣東觀讀所未嘗見書。《舊唐書·李敬玄傳》稱敬玄博覽群書，特善三禮。初，高宗在東宫，馬周薦之，召入崇賢館侍讀，借御書令讀之。

至宋，館閣藏書外借的更多，如程俱云："咸平二年（九九九）三月，點檢三館秘閣書籍。司封郎中、知制誥朱昂等言：'四部書散失頗多，今點勘爲朝臣所借者，凡四百六十卷。'"①復云：

> 政和四年（一一一四）措置點檢秘書省官言："三館秘閣，自崇寧四年（一一〇五）借出書籍未還者四千三百二十八册卷，久不拘收。"詔："自今省官取借書籍，並申本省長、貳判狀權借，依限拘收。"②

則宋代館閣不但出借圖書，而且還訂有借還書籍的規章制度。《宋史·儒林傳》稱王應麟"閉門發憤，誓以博學鴻辭科自見，假館閣書讀之"。孔齊亦稱王應麟"每以小册納袖中入秘府，凡見書籍異聞則筆録之，復藏袖中而出"。③ 這也許是《玉海》《困學紀聞》諸書準備工作的一部分。

①② 《十萬卷樓叢書》本《麟臺故事》卷二《書籍》。
③ 《至正直記》卷四《四明厚齋》。

明代館閣也出借藏書，只是管理不善，李開先《積書省悟》詩云“借抄先館閣”，自注：“内書原陳芳洲奏請，自南都移來，共八十櫥，掌以典籍。後遷代不常，因而攘竊抵换，存者無幾。例許抄覽，必先具領狀，以時繳納，世所謂讀中秘書者是也。今館中諸君，不得如前，聞只市書而已。”①

清高宗也主張國家藏書應開放流通，如乾隆四十一年（一七七六）六月初一日詔曰：

> 四庫所集多人間未見之書，朕勤加採訪，非徒廣金匱石室之藏，將以嘉惠藝林、啓牖後學，公天下之好也。惟是鐫刊流傳，僅什之一，而鈔録儲藏者，外間仍無由窺睹，豈朕右文本意乎？翰林原許讀中秘書，即大臣官員中有嗜古勤學者，並許告之所司，赴閣觀覽，第不得携取出外，致有損失。②

高宗還允許普通士子赴南方三閣閲讀與傳鈔，乾隆四十九年（一七八四）二月二十一日詔云：

> 前因江浙爲人文淵藪，特降諭旨發給内帑，繕寫《四庫全書》三分，於揚州文匯閣、鎮江文宗閣、杭州文瀾閣各藏庋一分，原以嘉惠士林，俾得就近抄録傳觀，用光文治。第恐地方大吏過於珍護，讀書嗜古之士無由得窺美富，廣布流傳，是千緗萬帙徒爲插架之供，無裨觀摩之實，非朕崇文典學、傳示無窮之意。將來全書繕竣，分貯三閣後，如有願讀中秘書者，許其陸續領出，廣爲傳寫。全書本有總目，易於檢查，祇須委派妥員，董司其事，設立收發檔案，登注明晰，並曉喻借鈔士子，加意珍惜，毋致遺失污損，俾藝林多士，均得殫見洽聞，以副朕樂育人才、稽古右文之至意。③

① 《山東藏書家史略》附《李開先有關藏書詩》。

② 《辦理四庫全書檔案》上册四一頁。

③ 《辦理四庫全書檔案》上册九七頁。

高宗對此事始終關心，乾隆五十五年（一七九〇）六月初一日復詔云：

> 江浙兩省，文宗、文匯、文瀾三閣應貯全書，現在陸續頒發藏庋。該處爲人文淵藪，嗜古好學之士，自必群思博覽，藉廣見聞，從前曾經降旨，准其赴閣檢視鈔録，以資搜討，但地方有司恐士子等翻閱污損，或至過爲珍秘，阻其争先快睹之忱，則所頒三分全書，亦僅束之高閣，轉非朕搜輯群書津逮譽髦之意。即武英殿聚珍版諸書，排印無多，恐士子等亦未能全行購覓。著該督撫等諄飭所屬，俟貯閣全書排架齊集後，諭令該省士子有願讀中秘書者，許其呈明到閣鈔閲，但不得任其私自攜歸，以致稍有遺失。至文淵閣禁地森嚴，士人等固不便進内鈔閲，但翰林院現有存貯底本，如有情殷誦習者，亦許其就近檢録，掌院不得勒阻留難，如此廣爲傳播，茹古者得睹生平未見之書，互爲鈔録，傳之日久，使石渠、天禄之藏，無不家絃户誦，益昭右文稽古、嘉惠士林盛事，不亦善乎。①

乾隆的指示似也實行過，如謝啓昆整理《史籍考》就曾借用過杭州文瀾閣的《四庫全書》，他在寫給孫星衍的信中説："畢宫保《史籍考》之稿，將以零散，僕爲重加整理，更益以文瀾閣《四庫全書》，取材頗富，視舊稿不啻四倍之。"②

乾隆皇帝流通圖書的思想對後世也産生了深遠影響，在醖釀與建立近代圖書館時，人們往往引以爲據。如鄭觀應一八九二年云："乾隆時，特開四庫，建文宗、文匯、文瀾三閣，准海内稽古之士就近觀覽，淹通博洽，蔚爲有用人才。作人養士之心，至爲優厚。"③李端棻一八九六年亦稱："好學之士，半屬寒畯，購書既苦無力，借書又難，其人坐此孤陋寡聞無所成就者，不知凡幾。高宗純皇帝知其然也，特於江南設文宗、文匯、文瀾三閣，備庋秘籍，恣人借觀。嘉慶間，大學士阮元推廣此意，在焦山、靈隱起立書

---

① 《辦理四庫全書檔案》下册二八頁。

② 《樹經堂文集》卷四。

③ 《盛世危言增訂新編》卷四《藏書》。

藏,津逮後學。自此以往,江浙文風甲於天下,作人之盛,成效可睹也。"①一八九八年《京師大學堂章程》復云:

> 乾隆間,高宗純皇帝於江浙等省設三閣,盡藏四庫所有之書,俾士子借讀,嘉惠士林,法良意美。泰西各國於都城、省會,皆設有藏書樓,亦是此意。近張之洞任廣東,設廣雅書院,陳寶箴任湖南,所設時務學堂,亦皆有藏書。京師大學堂爲各省表率,體制尤當崇閎,今設一大藏書樓,廣集中西要籍,以供士林流覽而廣天下風氣。②

如前所述,私家出借圖書的現象更加普遍,今再舉數例。宋朱弁云:"宋次道藏書皆校三五遍,世之蓄書,以宋爲善本。居春明坊時,士大夫喜讀書者多居其側,以便於借置故也。當時春明宅子比他處僦直常高一倍。"③元許有壬談道:"許下馮夢周士可,買書千卷,構堂蓄之,以待里之不能有書者,爲之約曰:凡假者恣所取,記其名,若書目讀竟,則歸而銷其籍。損者不責償,不歸者遂與之,以激其後,缺者隨補足。"④明常熟藏書家何大成亦好流通圖書,馮舒稱其"與余最善,得一書必相通假,約日還,風雨不誤"。⑤ 清代借書風氣更盛,如顧蒓《先考桐井府君行述》云:

> 受業師張白華生告不肖曰:"東莊先生遺書極富,皆善本。有借讀者絶不吝,曰:'吾父嘗言,我有書不能讀,得他人讀之,我書庶不徒具。吾今何敢吝爲?'其善承先志如此!"⑥

(民國)《鄞縣通志》卷四《人物編·歷代人物表第三文學》稱:"盧鎬執贄全

---

① 《變法自强奏議彙編》卷三《請推廣學校摺》。

② 載光緒二十四年(一八九八)五月二十三日《國聞報》第二百九十一號。

③ 《曲洧舊聞》卷四。

④ 《至正集》卷三八《馮氏書堂記》。

⑤ 《懷舊集》卷上《何大成》。

⑥ 《藏書紀事詩(附補正)》卷四《顧階升步巖、子應昌桐井》引《思無邪室遺集》。

祖望門下。祖望每歲客游,假大江南北藏書家鈔本,捆載數百册而返,鎬與諸同學遍閲之。”從中可見當時借書的風氣與規模。

清代借閲圖書還有一個特點是藏書家之間互通有無,相互通假。爲此,清初南京的丁雄飛與黄俞邰甚至訂了《古歡社約》,其文曰:

> 每月十三日,丁至黄;二十六日,黄至丁。爲日已訂,先期不約。要務有妨,則預辭。不入他友,恐涉應酬,兼妨檢閲。到時果核六器,茶不計。午後飯,一葷一蔬,不及酒。逾額者,奪異書示罰。與徒每名給錢三十文,不過三人。借書不得逾半月,還書不得托人轉致。①

藏書家之間有無通假的風氣也促進了私家典藏事業的發展,常熟黄廷鑑云:吾邑藏書,絳雲之後,“尚有汲古毛氏、述古錢氏兩家鼎峙。羽翼之者,有葉石君、馮己蒼、陸敕先諸君子。互相搜訪、有亡通假,故當時數儲藏家,莫不以海虞爲首”。②

乙　借鈔

印刷術發明前後,借鈔都是聚書的重要方法,因此將書借給人鈔録也是藏書流通的重要形式。如北宋汝陰(今合肥市)人王莘藏書甚富,其孫王明清云:“先祖早歲登科,游宦四方,留心典籍,經營收拾。所藏書逮數萬卷,皆手自校讎,貯之於鄉里,汝陰士大夫多從而借傳。”③《宋史·文苑傳》還寫了劉恕在宋次道家鈔書並受到熱情接待的情況,略云:“宋次道知亳州,家多書,枉道借覽,次道日具饌爲主人禮。恕曰:‘此非吾所爲來也,殊廢吾事,悉去之。’獨閉閣,晝夜口誦手鈔。留旬日,盡其書而去,目爲之翳。”陳振孫還通過鈔録而成了著名的藏書家。如周密云:“近年惟直齋陳氏書最多,蓋嘗仕於莆,傳録夾漈鄭氏、方氏、林氏、吴氏舊書至五萬一千一百八十餘卷。”④

---

① 此書有《藕香零拾》本。

② 《第六絃溪文鈔》卷二《愛日精廬藏書志序》。

③ 《揮麈後録》卷七。

④ 《齊東野語》卷一二《書籍之厄》。鄭氏名樵、方氏名審權、林氏名隱、吴氏名權。

明末錢謙益也好向人借鈔圖書，一般都獲得允許，如曹溶《絳雲樓書目後序》云："昔予游長安，堂上列書六、七千册，宗伯間日必來，來則遍翻架上，遇所乏，恒借鈔寫，如是數昔。"①胡震亨也稱："吾家舊藏《玉山名勝集》《草堂雅集》二書，爲友人錢受之、王淑士借去，各鈔一部，善本稍稍流傳於外矣……崇禎七年甲戌(一六三四)二月受之見還，因記。"②

清代藏書家也是樂於借書供人傳鈔的，如顧千里云："往者吾友袁君廷壽有鈔書癖，與盧學士文弨、錢少詹大昕諸先生往還，每聞秘册，必請傳其副，間邀予過五硯樓品題商榷，以爲樂事。"③錢曾記《夢粱録二十卷》云：

> 斧季從輦下還，解裝出書二百餘帙，邀予往視，皆秘本也。……嘆曰："浪迹兩年，未嘗遇一真好書人，歸而求之於子，有余師矣。當悉索以供繕寫，毋煩借書一瓻。但視世之夢夢粥粥，假牧兒之蓋，而乞鄰女之光者，我兩人好尚之異同，爲何如耶。"予因次第借歸，自春徂秋，十鈔五六。《夢粱録》亦其一焉。④

清代著名藏書家鮑廷博的許多書亦來自借抄，宋文藻云：鮑氏"三十年來，近自嘉禾、吴興，遠而大江南北，客有異書來售武林者，必先過君門。或遠不可致，則郵書求之。浙東西藏書家若趙氏小山堂、廬氏抱經堂、汪氏振綺堂、吴氏瓶花齋、孫氏壽松堂、郁氏東嘯軒、吴氏拜經樓、鄭氏二老閣、金氏桐花館，參合有無，互爲借抄，至先哲後人家藏手澤，亦多假録。一編在手，廢寢忘食，丹鉛無已時。一字之疑，一行之缺，必博徵以證之，廣詢以求之"。⑤

特别值得一提的是，爲了保證藏書得以流通，明清的一些藏書家達成

① 《絳雲樓書目》卷末。
② 《楹書隅録續編》卷四《元音遺響三卷》。
③ 《思適齋集》卷一二《雲間志跋》。
④ 《讀書敏求記》卷二《夢粱録二十卷》。
⑤ 《知不足齋叢書》第一集卷首《知不足齋叢書序》。

了互相借鈔的默契,甚至訂了一些口頭或書面的條約。祁承㸁曾探討過這個問題,嘗云:"苦於僻居海濱,聞見有限,必須相結同志者五六人,各相物色。而又定之以互易之法,開之以借録之門,嚴匿書之條,峻稽延之罰,秘本不踵而集。"①而最有名的當推明末曹溶的《流通古書約》。其文略云:

自宋以來,書目十有餘種,燦然可觀。按實求之,其書十不存四五。非盡久遠散佚也。不善藏者護惜所有,以獨得爲可矜,以公諸世爲失策也,故入常人手猶有傳觀之望,一歸藏書家無不綈錦爲衣、旃檀作室,扃鑰以爲常。有問焉,則答無有。舉世曾不得寓目,雖使人致疑於散佚,不足怪矣。

近來雕板盛行,煙煤塞眼,挾資入賈肆可立致數萬卷。於中求未見籍,如採玉深崖、旦夕莫覬。當念古人竭一生心力辛苦成書,大不易事。渺渺千百歲,崎嶇兵攘劫奪之餘,僅而獲免,可稱至幸。又幸而遇賞音者,知蓄之珍之,謂當繡梓通行,否,亦廣諸好事。何計不出此,使單行之本寄篋笥爲命,稍不致慎,形蹤永絶,祇以空名挂目録中。自非與古人深仇重怨,不應若爾。然其間有不當專罪吝惜者,時賢解借書,不解還書,改"一瓻"爲"一癡",見之往記。即不乏忠信自秉、然諾不欺之流,書既出門,舟車道路摇摇莫定,或僮僕狼藉,或水火告災,時出意料之外。不借未可盡非,特我不借人,人亦决不借我,封己守株,縱累歲月無所增益,收藏者何取焉?

予今酌一簡便法:彼此藏書家各就觀目録,標出所缺者,先經注,次史逸,次文集,次雜説,視所著門類同,時代先後同,卷帙多寡同,約定有無相易,則主人自命門下之役,精工繕寫,校對無誤,一兩月間,各齎所鈔互换。此法有數善:好書不出户庭也,有功於古人也,己所藏日以富也,楚南燕北皆可行也。敬告同志,鑒而聽許。②

① 《澹生堂集》卷一八《與徐季鷹》。

② 《知不足齋叢書》本《澹生堂藏書約》附刻。

此外,曹溶還在《絳雲樓書目·題辭》中,於批評錢謙益矜嗇藏書,不肯出借,燬於火災後重申道:“予深以爲鑒戒,偕同志申借書約,以書不出門爲期,第兩人各列其所欲得,時代先後、卷帙多寡相敵者,彼此各自覓工寫之,寫畢各以奉歸。崑山徐氏、四明范氏、金陵黄氏,皆謂書流通而無藏匿不返之患,法最便。”①錢大昕云:“予嘗讀《弇州續稿》中《答范司馬小簡》,有書籍互借互抄之約。今檢《圉令趙君碑》北面,有侍郎手書‘鳳洲送’三字,風流好事如此。”②

清代藏書家相互借鈔圖書確也蔚然成風,如錢曾云:“吾友葉林宗,篤好奇書古帖,搜訪不遺餘力。每見友朋案頭一帙,必假歸躬自繕寫,篝燈命筆,夜分不休。我兩人購得秘册,即互相傳録,雖昏夜扣門,兩家童子聞聲知之,好事極矣。”③黄廷鑑《藏書二友記》還介紹了道光間常熟藏書家陳子準、張月霄二人相互通假的情況:“張居西關,陳居稍南,相去不半里,皆面城臨水。暇則過從,各出所獲,賞奇辨疑,有無通假,相善也。”④浙江地區的藏書家也同常熟地區的藏書家一樣,樂於相互借鈔,如朱文藻稱乾隆時期,“浙東西藏書家,若趙氏小山堂、盧氏抱經堂、汪氏振綺堂、吴氏瓶花齋、孫氏壽松堂、郁氏東嘯軒、吴氏拜經樓、鄭氏二老閣、金氏桐花館,參合有無,互爲借鈔”。⑤ 顯然,借鈔是傳播知識、保存文獻、豐富藏書的一種好形式。

丙　借校

讀書必求其文字無誤,始能獲正解,而書必校勘,始能定其正訛,所以認真讀書者,没有不從事校書的。而個人藏書有限,自然需要向人借校,因此允許人借校也是圖書流通的一種方式。

清周世敬《〈小通津山房文稿〉跋》云:“清浦王司寇述庵、嘉定錢詹事竹汀、南匯吴稷堂侍郎、陽湖孫淵如觀察及同里吴中翰竹嶼、江徵君艮庭、

① 《絳雲樓書目》卷首。徐氏指徐乾學,范氏指范欽,黄氏指黄虞稷。
② 《嘉定錢大昕全集》册四《范氏天一閣碑目序》。
③ 《讀書敏求記》卷一《陸德明經典釋文三十卷》。
④ 《第六絃溪文鈔》卷二。
⑤ 《知不足齋叢書》第一集卷首《知不足齋叢書序》。

陳孝廉簡莊、黄主事蕘圃、鈕布衣匪石、顧茂才抱沖,先後與先君子訂交,出藏書互相考證,咸以博聞强識推之。故尚書秋帆畢公編《史籍考》,今制府芸臺阮公輯《十三經校勘記》,每寓書以疑義諮訪,兼假諸善本藉資採擇。蓋素稔插之富甲於吴中,所求無不備也。”①

在藏書題跋與書目提要中,常有借校的記載,如黄丕烈《蕘圃藏書題識》卷六《抱朴子内篇二十卷外篇五十卷》:“末有‘吴岫’小方印,及‘姑蘇吴岫塵外軒讀一過’小長方印。余藏《李文饒集》,爲嘉靖時人沈與文所藏,有云:‘壬戌(一五六二)五月,借方山吴上舍本校勘。’則吴亦嘉靖時人矣。”黄丕烈《蕘圃藏書題識》卷三《職官分紀五十卷》題識云:“余郡周丈香巖藏書最富,與余最爲莫逆,每請假觀,必出書相示,或假歸傳録校讎,無有不遂余所請者。”而黄丕烈本人也不吝借書與人校勘,特别是對陳鱣晚年的校勘工作幫助較大,管庭芬叙其事云:

> 吾鄉陳簡莊徵君,生平專心訓詁之學,閉户勘經,著述不倦。中年需次公車,嘗與錢竹汀宫詹、翁覃溪閣學、段懋堂大令,抽申庫之秘,質疑問難以爲樂。如綴文所載,校勘宋刻《周易本義·跋》之類,考證異同,有竹垞《經義考》所未及者。晚客吴門,聞黄蕘圃主政百宋一廛,九經三傳,各藏異本。於是欣然定交,互携宋鈔元刻,往復易校,互繫跋語,以疏其異同,兼誌刊板之歲月,册籍之款式,收藏之印記,莫不精審確鑿,俾經生家如見原書,不至爲俗刻所誤。其功與考定石經無以異!②

倫明《辛亥以來藏書紀事詩·章鈺》云:“長洲章式之(鈺)近歲居津門,以校書遣日。自言假人舊校、舊鈔本移録新本,一歲得六百餘卷。”

可見借校這種流通方式,不僅使藏書家所藏善本得以廣泛流傳,而且也提高了借校者藏書的文獻價值。

---

① 《清代詩文集彙編》本《小通津山房文稿》卷末。

② 見《經籍跋文·宋本周易集解》。

丁　借以治學

治學必須詳細占有資料，而古代又没有現代意義的圖書館，學者單靠自家有限的藏書來著書立説顯然是不够的，因此還需要向别人借自己所需要的書，藏書家將書借給人做學問，當然也是圖書流通的一種重要形式。在我國藏書史上有不少這樣的例子。

錢謙益在編《列朝詩集》的過程中，曾廣泛向藏書家們搜集過有關資料，如其與陸貽典書云：

> 選詩已及嘉隆間，近代文集繁富，放失尤多，見聞固陋，不得不求助於博雅君子，聞仁兄收藏甚富，口吟手鈔，有數十大册，何不出以見示，省弟搜訪之勞，共成此勝事，若屠赤水、胡元瑞二公集，知已評點，至再惠教，待采録過，即日完璧，不致少稽滯，有借書一癡之嘆也。①

事實上也有不少藏書家將書借給他做編著工作，如《皕宋樓藏書志》卷一百零八《九靈山房集》提要鉏菜翁題識云："我里蔣之翹隱廛市間，有藏書之癖，虞山錢宗伯編《國朝詩集》，嘗就其家借書。此卷首甲乙題字，宗伯迹也。壬戌（一六二二）上元前二日，鉏菜翁記。"②錢謙益嘗自稱："戊子（一六四八）之秋，余頌繫金陵，方有采詩之役，從人借書。林古度曰：'晉江黄明立先生之仲子守其父書甚富，賢而有文，盍假諸？'余於是從仲子借書，得閲本朝詩文之未見者。於是嘆仲子之賢，而幸明立之有後也。"③孫楷第認爲趙琦美曾將所藏部分《明實録》借給了錢謙益，其《述也是園舊藏古今雜劇》云：

> 今玉簡齋本《脈望館書目》黄字號有明太祖至武宗九朝實録一百五十本。注云："自太祖至此，並錢受之借去。"又世宗實録、穆宗實録共六十二本，注云："亦受之借去。"此注當出琦美手。《脈望館目》吕

① 《錢牧齋先生尺牘》卷三。
② 鉏菜翁爲曹溶號。
③ 《有學集》卷二六《千頃齋藏書記》。

> 字號以前，皆萬曆四十一年或四十六年前舊簿，似謙益借此書已久，至編吕字號書目時尚未歸還。今《絳雲樓書目》本朝制書類全録之。不知是書已還而復得之，抑竟未歸還。①

清初鄭元慶依靠朱彝尊藏書撰成《湖録》百廿卷，范鍇記其事云："考鄭氏名元慶，少貧力學，多識前言往行。康熙庚午（一六九〇）撤闈後，有志四方，足經萬里，卒無所遇，歸自金臺，遂閒居奉母，扃户著書，世所傳《廿一史約篇》，此其一斑也。嗣以生長吴興，惋惜唐宋圖經亡逸殆盡，擬萃一郡之山川文獻，著爲一書，復苦貧無書籍足徵也。朱竹垞太史聞而招之，下榻於曝書亭側，盡出其藏書，以佐采擇，以是山川之故迹，文獻之遺謨，莫不溯源探本，條目井然，閲數寒暑，得百廿卷，名曰《湖録》。"②

現代天津藏書家任振采在支持瞿宣穎撰《方志考稿》方面也起了巨大作用，瞿氏《方志考稿序》云：

> 今歲之春，謁宜興任振采先生於天津。任公世富藏書，近更十許年力，聚方志千五百種，分别部居，釐然不雜，且蓄志所集，久而不懈。往往有瓌異之本，爲北平圖書館所未有者。且側重近著而不虚慕好古之稱，切於實用，尤非尋常藏書家所及。聞余欲撰提要之説而躍然韙之。遂盡出其所藏，恣余檢閲，相約成書，刻日爲程，然膏不輟。余每至天津則適館授餐，隨義商榷。家居則肈書相就，郵問稠疊，雖糜金費日不惜，惟以促書之成。烏乎！懷此有年，得賢主人傾心相助而後克舉，文人相知之感，何可無也。③

這些事例表明，藏書家爲我國學術研究與文化事業的發展作出了自己的貢獻。

---

① 《述也是園舊藏古今雜劇》上篇《錢謙益》。
② 《吴興藏書録序》。
③ 《方志考序》。

二　贈　送

贈送也是圖書流通的一種重要方式。在封建社會，皇帝經常向臣民頒賜圖書，以示褒獎與恩惠。如《後漢書・竇融傳》稱光武帝賜竇融"以外屬圖及太史公《五宗》《外戚世家》《魏其侯列傳》"。《王景傳》稱明帝賜王景《山海經》《河渠書》《禹貢圖》。《劉蒼傳》稱章帝賜東平憲王劉蒼"以秘書、列仙圖、道術秘方"。王隱《晉書》稱："皇甫謐表從武帝借書，上送一車與之。謐羸病，手不釋卷，歷觀古今，無不皆綜。"[①]吴均《齊春秋》稱："蕭晉，字元卿，蘭陵人，家有賜書，志學不倦也。"[②]《陳書・江總傳》稱江總"家傳賜書數千卷"。

唐代皇帝還賜書國外，如"垂拱三年（六八七），（新羅王金）政明遣使來朝，因上表請《唐禮》一部，並雜文章，則天令所司寫吉凶要禮，並於文館詞林採其詞涉規誡者，勒成五十卷以賜之"。[③] 景龍四年（七一〇），金城公主與吐蕃贊普棄隸縮贊聯姻，開元十九年（七三一），"吐蕃使奏云：'公主請《毛詩》《禮記》《左傳》《文選》各一部。'制令秘書省寫與之"。[④] 顯然，這樣做對促進漢族與少數民族、中國與周邊地區的文化交流是有積極意義的。

宋以後，書易得，故賜書事相對減少，但也不乏其例。如《宋史・宗室傳》云：宗室"宗晟好古學，藏書數萬卷。仁宗嘉之，益以國子監書"。洪邁亦稱："榮王蓄書七萬卷，始與英宗偕學於邸，每得異書，必轉以相付。"[⑤]明代統治者頗好頒賜圖書，相傳洪武初年，"親王之國，必以詞曲一千七百本賜之"。[⑥] 永樂十五年（一四一七）"頒五經四書、《性理大全》於兩京六部、國子監及天下府、州、縣學"。[⑦] 嘉靖十年（一五三一）沈憲王朱胤栘

①② 《太平御覽》卷六一九引。

③ 《舊唐書》卷一九九《東夷列傳》。

④ 《舊唐書》卷一九六《吐蕃列傳》。

⑤ 《容齋隨筆》卷一三。

⑥ 《張小山小令》卷末李開先《張小山小令後序》。

⑦ 《明會要》卷二六。

“上疏乞内府諸書,詔以五經四書賜之”。[①] 清代前期賜書活動也較多,如雍正七年(一七二九)正月,“著大學士等將應行頒發之書奏聞,頒賜衍聖公藏之闕里,昭示來兹”。[②] 乾隆皇帝修《四庫全書》時,對獻書五百種以上的鮑士恭、范懋柱、汪啓淑、馬裕四人,各賜《古今圖書集成》一部;對於獻書百種以上的周厚堉、蔣曾瑩、吴玉墀、孫仰曾、汪汝瑮、黄登賢、紀昀、勵守謙、汪如藻等人,各賜《佩文韻府》一部。[③] 翁廣平爲鮑廷博撰《賜書堂記》云:“高宗純皇帝賜《古今圖書集成》,先生既拜受是書,闢堂三楹,分貯四大厨,顔其堂之額曰‘賜書’。”[④]

私家贈書的現象也比較多,《漢書·杜鄴傳》云:“鄴少孤,其母張敞女。鄴壯,從敞子吉學問,得其家書。”《三國志·魏書·王粲傳》寫漢末蔡邕“聞粲在門,倒屣迎之。粲至,年既幼弱,容狀短小,一坐盡驚。邕曰:‘此王公孫也,有異才,吾不如也。吾家書籍文章,盡當與之。’”此話果然實現了,《太平御覽》卷六一九引《博物志》曰:“蔡邕有書萬卷,漢末年載數車與王粲。粲亡後,相國掾魏諷謀反,粲子預焉,既被誅,邕所與粲書,悉入粲族。”當然,蔡邕也給女兒蔡琰留下了不少書,蔡琰嘗云:“昔亡父賜書四千許卷,流離塗炭,罔有存者,今所誦憶,裁四百餘篇耳。”[⑤]《太平御覽》卷六一九引《後周書》曰:“梁蔡文寶字敬仁,嘗以書干僕射徐勉,大爲勉所賞異,乃令與其子游處,所有墳籍盡以給之,遂博覽群書,學無不綜。”《陳書·孔奐傳》稱:孔奐“好學,善屬文,經史百家莫不通涉。沛國劉顯時稱學府,每共奐討論深相嘆服,乃執奐手曰:‘昔伯喈墳素悉與仲宣,吾當希彼蔡君,足下無愧王氏。’所保書籍,尋以相付”。

宋人贈書事例頗有,元陸友云:“宋宣獻公綬,楊徽之外甥。徽之無子,盡付以家所藏書。後與父皐同在館閣,每賜書,必得二本。子敏求、敏

---

① 《列朝詩集小傳》乾集下。

② 《世宗實録》卷七七。

③ 《辦理四庫全書檔案》上册二六頁。

④ 《藏書紀事詩》卷五引。

⑤ 《後漢書》卷八四《董祀妻》。

脩，並以文學見稱於世。其藏書之盛有以也。"[①]而晁公武本人的不少藏書也爲井孟憲所贈。其《郡齋讀書志序》云：

南陽公天資好書，自知興元府至領四川轉運使，常以俸之半傳録。時巴蜀獨不被兵，人間多有異本。聞之未嘗不力求，必得而後已。歷二十年，所有甚富。既罷，載以舟，即廬山之下居焉。宿與公武厚，一日貽書曰："某老且死，有平生所藏書，甚秘惜之。顧子孫稚弱，不自樹立。若其心愛名，則爲貴者所奪；若其心好利，則爲富者所售，恐不能保也，今舉以付子。他日，其間有好學者，歸焉。不然，則子自取之。"公武惕然從其命。書凡五十篋，合吾家舊藏，除其複重，得二萬四千五百卷有奇。[②]

明胡應麟曾采用互换的方式來豐富自己的藏書品種，嘗云："龍丘童子鳴家藏書二萬五千卷，余嘗得其目，頗多秘帙。余筐篋所藏往往與互易。"[③]

明末清初的錢謙益既接受過他人贈書，也曾贈書給他人。如其於崇禎辛未（一六三一）七月跋《左傳》云："宋建安余仁仲校刊《左傳》，故少保嚴文靖公所藏，其少子中翰道普見贈者……此書藏文靖家可六十年，其歸於我亦二十年矣。"[④]再如祁彪佳崇禎十二年（一六三九）三月十八日日記云："先是錢牧齋向予借書，予以先人之命不令借出，但可録以相贈，因托德公兄（祁鳳佳）簡出諸書。"同年五月初九日日記復云："作書致錢牧齋，以鈔書十種應其所索。"[⑤]而錢謙益爲了幫助朱長孺箋注唐詩，曾以書相贈，嘗云："吴江朱長孺苦學强記，冥搜有年，請爲余摭遺決滯，補其未逮，余忻然舉元本畀之。"[⑥]復稱："往吾友石林源師，好義山詩，窮老盡氣，注

① 《研北雜志》卷下。
② 衢本《郡齋讀書志序》。南陽公謂井孟憲。
③ 《少室山房筆叢》卷四《經籍會通四》。
④ 《初學集》卷八五。
⑤ 《祁忠敏公日記》。
⑥ 《有學集》卷一五《草堂詩箋元本序》。

釋不少休。乙酉歲(一六四五),朱子長孺訂補於杜詩箋。輟簡,將有事於義山,余取源師遺本,以畀長孺。"①

隨着時代的進步,人們的觀念也發生了很大的變化,中國近代許多藏書家都將豐富的藏書捐贈給圖書館,以期長期保存,並讓更多的人充分地利用它們,梁啓超便是一個突出例子。民國十八年(一九二九)七月至八月《國立北平圖書館館務報告》云:

> 去年春,前館長梁任公先生去世未久,其遺族仲策、思成、思永、思忠諸先生,曾有將梁先生全部藏書,寄存於本館之建議。本年二月,經天津黄宗法律師,代表梁氏親族會,具函證明,正式移交。兹將其經過録左:
>
> 逕啓者,關於梁任公先生口頭遺囑,願將生平所藏書籍借與貴圖書館一事,前荷惠寄善本閱覽室規則、普通閲覽室規則、借書規則,暨收受寄存圖書簡章各一份。比即鈔送任公先生之繼承人。兹承該繼承人之委託,正式函達貴圖書館,對於前述章程表示同意。並按貴館收受寄存圖書簡章第十條,内開各項,聲明如下
>
> 一　藏書人之姓氏爲梁啓超,廣東新會人。其代表人爲該氏之連續繼承人所組織之梁氏親族會。
>
> 二　關於寄存圖書之卷數,擬俟點交接受時,確定之。
>
> 三　永遠寄存,以供衆覽。
>
> 四　關於公開閲覽,及出貸之辦法,悉願遵照前述各項章則辦理。但上述之梁氏親族會,對於寄存書籍,願保留自行借用之優先權利,並願遵守一切有關係之規則。
>
> 五　關於庋藏之條件:(一)所有寄存書籍,擬請圖書館代爲保險。各項保險費,亦請圖書館代爲擔任。(二)除去前項所開之請求,五十年内,梁氏親族會,不另請求其他任何條件。五十年以後,遇有必要時,梁氏親族會,得向圖書館提相當條件。

① 《有學集》卷一五《朱長孺箋注李義山詩序》。

以上所開各節，即請查照見覆。如荷贊許，並希尅日派員來津點收，至紉公誼。此致國立北平圖書館，律師黄宗法敬啓，十九年二月二十四日。

本館當即派定館員四人，赴津點收，運送來平。除飲冰室全部藏書，共二千八百三十一種，四萬一千四百七十四册，新書一百零九種，一百四十五册外，尚有墨迹未刊稿本，及私人信札，均爲重要史料，至可寶貴。本館以事關學術，曾由委員會議决，在新建築中，另闢一室，以其書藏置於其中，藉誌永遠紀念。梁氏之建議，在國中實爲創舉，非特學術界之盛事，亦可供國人之模範者也。①

在梁氏捐書活動的影響下，瞿氏（宣穎）補書堂、朱氏（啓鈐）存素堂、王氏（孝箴）洗心精舍等，也都將豐富的藏書捐給了當時的北平圖書館。

中華人民共和國建立後，“許多收藏家自願向政府捐獻自己的珍藏，以圖書而論，如鐵琴銅劍樓瞿氏、常熟翁氏、江安傅氏、建德周氏、寶禮堂潘氏等著名的藏書家，通過文物局向北京圖書館捐贈了不少名貴的孤本秘笈”。②

三　出版與銷售

清張海鵬嘗云：“藏書不如讀書，讀書不如刻書。讀書祇以爲己，刻書可以澤人。上以壽作者之精神，下以惠後學之沾溉，其道不更廣耶？”③不少藏書單位與藏書家都非常重視采用出版與銷售的方式來傳播藏書，我們在《版本編》與本編的第一、二、三章的有關部分已經論及，現僅從圖書

① 亦見陳登原《古今典籍聚散考》卷末《芻言》。

② 冀淑英《憶念趙萬里先生》，載《文獻》第十二輯。李致忠《略談建國以來北京圖書館入藏的善本書》亦稱：“傅氏捐書倡議於前，鐵琴銅劍樓瞿濟伯仲、周叔弢、翁之熹、劉少山、刑之襄、趙世暹、趙遠方、高君箴、許廣平、郭沫若、吴梅、張芝聯、齊如山、徐祖正、聞家驷諸先生暨潘氏寶禮堂等繼之於後，紛紛以深切的愛國熱忱，慨然捐贈珍本善本圖書、手稿及藏書。……使北京圖書館的善本書不但在數量上大大增加，在質量上也大大提高。”載《文獻》第二十一輯。

③ 《第六絃溪文鈔》卷四《朝議大夫張君行狀》。

流通的角度作些補充説明。

公私刻書的目的都是爲了流通，我們在《版本編》中已經詳細介紹了五代與北宋國子監的出版成就，南宋國家藏書機構也十分重視圖書的編輯出版工作，如陳騤云：

> 紹興二十七年（一一五七）八月十五日，昭慶軍承宣使致仕王繼先上《校定大觀證類本草》。有旨令秘書省官修潤訖，付國子監刊行。至十一月進呈。一至三卷（秘書郎王佐）；四至六卷（著作佐郎楊幫弼）；七至九卷（著作佐郎陳俊卿）；十至十二卷（校書郎季南壽）；十三至十五卷（校書郎陳祖言）；十六至十九卷（校書郎胡沂）；二十至二十二卷（校書郎葉謙亨）；二十三至二十五卷（校書郎張孝祥）；二十六至二十九卷（正字汪澈）；三十至三十二卷並釋音（正字林之奇）。[1]

宋代國子監所出版銷售的圖書，不僅校勘認真，而且充分地考慮到讀者的購買能力，儘量降低成本，賣得相當便宜，如哲宗元祐初年，陳師道《論國子賣書狀》云：

> 伏見國子監所賣書，向用越紙而價小，今用襄紙而價高。紙既不迨，而價增於舊，甚非聖朝章明古訓以教後學之意。臣愚欲乞計工紙之費以爲之價，務廣其傳，不以求利，亦聖教之一助。……諸州學所買監書係用官錢買充官物。價之高下，何所損益。而外學常苦無錢，而書價貴，以是在所不能有國子之書，而學者聞見亦寡，今乞止計工紙，别爲之價，所冀學者益廣見聞，以稱朝廷教養之意。[2]

明萬曆己亥（一五九九）趙開美翻宋本《仲景全書四種》，卷首附元祐三年（一〇八八）國子監牒文云：

---

① 《中興館閣録》卷五《撰述》。

② 《後山居士文集》卷一一。案：這和今天教材定價特低用意相似。

中書省勘會：下項醫書册數重大，紙墨價高，民間難以買置。八月一日奉聖旨：令國子監别作小字雕印，内有浙路小字本者，令所屬官司校對，别無差錯，即摹印雕版，並候了日，廣行印造，只收官紙工墨本價，許民間請買。奉敕如右，牒到奉行。①

也有郡學刻書宣傳傳統文化制度的，如葉夢得《紬書閣記》："建康承平時，號文物都會。紹興初，余爲守，當大兵之後，屯戍連營，城郭鬱爲榛莽，無復儒衣冠。蓋嘗求《周易》，無所得。于是凛然懼俎豆之將墜，勉營理學校，延集諸生，得軍賦餘緡六百萬，以授學官，使刊六經。"②各地官府爲了流傳善本，也刻了不少書。淳熙十三年（一一八六），秘書郎莫叔光上言："今承平滋久，四方之人益以典籍爲重，凡縉紳家世所藏善本，外之監司郡守搜訪得之，往往鋟板，以爲官書，所在各自板行。"③

明代統治者也十分重視利用出版工作來傳布藏書。如洪武十五年（一三八二），太祖命禮部官修治國子監舊藏書版，並且説：

古先聖賢立言以教後世，所存者書而已。朕每觀書，自覺有益，嘗以諭徐達。達亦好學，親儒生，囊書自隨。蓋讀書窮理於日用事物之間，自然見得道理分明，所以不至差謬。書之所以有益於人也如此。今國子監所藏書板多殘缺，其令諸儒考補，命工部督修治之，庶有資於學者。④

永樂二年（一四〇四），成祖"命工部修補國子監經籍版"。宣德六年（一四三一），宣宗"命南京工部修補國子監書籍闕板"。⑤ 嘉靖七年（一五二八），世宗"命南京禮、工二部將南京國子監所存舊板用心翻閲修補，以便

① 《藏園群書經眼録》卷七。
② 《建康集》卷四。
③ 《南雍志》卷一《世紀》。
④ 《南雍志》卷二《世紀》。
⑤ 《宣宗實録》卷八三。

傳布”。①

清代統治者爲了流通那些有利於鞏固封建統治的圖書，也十分重視出版工作。如乾隆三十八年（一七七三）三月二十八日，高宗指示：“以翰林院舊藏《永樂大典》詳加別擇校勘其世不經見之書，多至三四百種。將擇其醇備者付梓流傳，餘亦録存彙輯，與各省所採及武英殿所有官刻諸書，統按經史子集編定目録，命爲《四庫全書》。”②並“特詔詞臣詳爲勘覈，釐其應刊應抄應存者，繫以提要，輯成總目”。③ 除《四庫全書》鈔成七份外，還要求“擇其應行刊刻，皆令鐫版通行”。④ 後來金簡奉旨用木活字排印了《武英殿聚珍版叢書》一百三十四種。與《四庫全書》並行於世，這是清代最著名的例子。清政府印書甚多，其餘就不再列舉了。

私家刻書，明清爲盛。明末清初的毛晉，是借出版來傳播藏書的代表人物。據毛晉自編的《汲古閣校刻書目》統計，他校刻《十三經注疏》《十七史》等書的書版達十餘萬片，此外據滎陽悔道人輯、顧湘校《汲古閣校刻書目補遺》尚有六十一種。近人王文進《明毛氏寫本書目》還著録了毛晉、毛扆父子兩代鈔書二百四十二種。毛晉出版圖書的目的主要是傳布秘册善本。錢謙益稱其“於經史全書，勘讎流布，務使學者窮其源流，審其津涉。其他訪佚異，搜秘文，皆用以裨輔其正學”。⑤

毛晉的藏書、刻書、鈔書事業産生了深遠的影響，也獲得了崇高的評價。潘承弼、顧廷龍纂《明代版本圖録初編》卷七專有毛刻一類，其評價已見本編第二章《典藏單位》第二節《私家藏書》九《清》所引。毛晉的鈔本，特别是他創造的影鈔本，也産生了巨大影響，我們在本書《版本編》第六章《非雕印本的區分與鑒定》第二節《鈔本》中已作了介紹，可參看。

清代乾嘉時期的黄丕烈也刻過不少書，嘗云：“余喜藏書而兼喜刻書，

① 《續南雍志》卷二《世紀》。

② 《辦理四庫全書檔案》上册一二頁。

③ 《辦理四庫全書檔案》上册一五頁。

④ 《辦理四庫全書檔案》上册二一頁。

⑤ 《牧齋有學集》卷三一《隱湖毛君墓志銘》。

欲舉所藏而次第刻之，力有所不能也。”①結果他刻了一套《士禮居黄氏叢書》，共計三十種。此外，據《蕘圃刻書題識》記載，他還幫助朋友刻過《郡齋讀書志》《墨表》《梅花喜神譜》《寒石上人倚杖吟》《普濟本事方釋義》等書。黄氏自己刻書並幫助他人刻書的主要目的在於流傳舊本、傳播知識。如孫慶增的《藏書記要》是總結我國古代藏書經驗的重要著作，最初就是由黄丕烈刊印的。黄氏跋云：“余因是書所記藏書之要，皆先我而言之者，遂付梓以行……其所藏書，鈐尾一印曰‘得者寶之’，殆守人亡人得之訓者邪。秘本不敢自私，當公諸同好，吾刻此書，亦猶斯意云爾。”②黄丕烈的刻書事業當然也受到了讀者的稱贊，王欣夫云：“他自己和代友人所刻的書籍，一向被學者們認爲最標準、最正確的善本，稱爲‘清朝宋版’而不止一次的翻刻，至今還是盛行着。凡是經過他收藏或校勘的書籍，又一致認爲比較可靠而多據來付印出版。這都説明對科學研究具有重大的價值。”③

清末黎庶昌將出使日本期間所獲古籍善本二十六種刻成《古逸叢書》傳世，其中二十四種是國内久已亡佚而見存於日本的。其出版工作始於光緒八年（一八八二），成於光緒十年，此後，商務印書館影印了《續古逸叢書》，從一九一九年至一九四九年共印出四十六種。八十年代初，國務院古籍整理出版規劃小組計劃出版《古逸叢書二編》，選目有五十餘種，現已由中華書局陸續影印出版。《古逸叢書》及續編、三編，使珍藏於國内外的稀見善本古籍得到了流通與利用。

近代圖書館對采取出版的方式流通古籍善本，也采取了積極支持的態度。如一九一九年，《京師圖書館教育部謹擬與商務印書館訂立印書免費契約文》所附《印書免費契約》云：

> 第一條　京師圖書館爲亟欲流布藏書，以期提倡學術，促進國家文化起見，故特許商務印書館免納藏書流布暫行規則第三條之費額，

① 《蕘圃刻書題識·重雕曝書亭藏宋刻初本輿地廣記緣起》。
② 《士禮居黄氏叢書》本《藏書記要》卷末。
③ 《大藏書家黄蕘圃》，載《復旦大學學報》一九六二年第一期。

得隨時請求印行所藏之書籍卷軸。

第二條　商務印書館爲酬答京師圖書館優免納費之特惠,亦願將所發行之中外圖書雜志小説,無論鉅帙小册、新書舊籍、高價廉值,凡屬有版權者,均贈送一部於京師圖書館。但發行在訂約以前者,選擇贈送,其久經斷版者,得於選擇時聲明。①

《浙江公立圖書館年報》第十五期《浙江公立圖書館章程》所附《辦事細則》第八章《印行》云:

第四十三條　本館附屬印行所,除印售前浙江官書局及本館已刻各書外,凡海内孤本,或有關學術之私家著述,經著述人允許刊印者,得呈准主管長官,酌量木刻或鉛印。

第四十四條　凡有關學術之私家版片,得呈主管長官購置印行,或代爲寄存印售。

第四十五條　印售書籍價目,由館長酌定揭示,不得折扣。但本省教育機關,經備具正式公文請購者,得照成本計算。各省圖書館得以相當圖書交换,坊間或私人購買,價在十元以上者,得照原價減十分之一。

這些條規對於珍稀古書的傳播用意極好,改革開放以來,各大圖書館都印行了大量的古籍善本,爲讀者閱讀利用提供了方便。

第三節　流通的規章制度

流通是發揮藏書作用的主要途徑,也是藏書散佚的重要原因,爲了更好地利用藏書、防止散佚,古代藏書單位通常製訂一些規章制度,以便遵照執行。

---

① 《中國古代藏書與近代圖書館史料》録自《教育公報》第六年第三期。

早期的規章制度往往通過限制流通的辦法來達到妥爲保管藏書的目的。據陳騤記載：

> 紹興元年(一一三一)四月十四日詔："秘閣書除供禁中外，並不許本省官及諸處關借，雖奉特旨，亦不許關借。"……二十七年(一一五七)十一月二十九日詔："秘書省書籍，除本省官關請就省校勘外，依舊制並不許諸處借出，長、貳常切覺察。"①

再如紹定元年(一二二八)三月，宋理宗詔秘書省："書籍非係省官毋得借書。許從監少置簿，有欲關文籍爲檢閱、校正等用，即先批簿，以憑請取，俟還本庫，隨與點收，或借出已久，亦須檢舉，以察隱遺。"②

王士點、商企翁云："至元十六年(一二七九)三月二十四日，奉監官圓議得：本監見收書畫，非奉聖旨及上位不得出監。"③則元代秘書監書不得外借，但國子監崇文閣藏書却有明文規定可以出借，如葉德輝云：

> 《天禄琳琅後編》二：宋版《大易粹言》册末，紙背印記云："國子監崇文閣官書，借讀者必須愛護，損壞闕污，典掌者不許收受。"《天禄琳琅後編》三：宋版陸德明《經典釋文》三十卷云："每册有蒙古篆官印及紙背國子監崇文閣印記，與《大易粹言》同。"考皇慶二年(一三一三)六月建崇文閣於國子監，見《元史・仁宗本紀》，此蓋當時舊藏，亦即《天禄琳琅後編》所著録之物也。(所載印文，"官書"誤作"書籍")張《志》宋刻《經典釋文》殘本，黄《賦注》淳熙臺州公使庫本《顔氏家訓》，錢《記》宋版《黄氏補千家注紀年杜工部詩史》，均有此印記，但以"闕污"爲"闕失"。此因印文篆字不明晰之故，然《顔氏家訓》今見繆《續

---

① 《中興館閣録》卷三《儲藏》。

② 《中興館閣續録》卷三《儲藏》。

③ 《秘書監志》卷六《秘書庫》。

記》，正作"闕失"，則《天禄琳琅》誤矣。①

藏書家也訂有嚴格的規章制度，我們在本編第五章《圖書保管》第二節《保管》—《防散佚》中，引用過范氏天一閣禁例與祁氏《澹生堂藏書約》，可參看。此外如湯文正要求子孫云："家中書籍用心收著，一本不可遺失。有人借，當定限取來。近來積書家，如浙之天一閣、崑山徐氏斷不肯借與人書。欲觀者，至其家觀之。欲鈔者，至其家鈔之。"②

從上述規定中可以看出，我國古代公私藏書單位有關圖書流通的規章制度，多采用聖旨與家訓的方式發布，因而是零星的不規範的，其内容偏重保管而輕視流通。

清末書院藏書機構已具有近代圖書館的性質，多訂有相應的規章制度。這些規章制度的宗旨在於做好圖書流通工作，對於如何借書與還書，一般都作了具體規定，並且公之於衆，因此顯得系統而規範，頗便執行。

如廣雅書院山長梁鼎芬訂《豐湖書藏四約》，其《借書約》云：

> 有書而不借，謂之鄙吝；借書而不還，謂之無恥。今之書藏，乃一府之公物，非一人之私有。（與藏書家不同）不借不如不藏，不讀不如不借。務使人人發憤，歷時既久，沾溉斯多，若許慈、胡潛莫相通借，是何人與？作借書約。借書之期：以每月以初二日、十二日、二十二日，三日爲限。借書者是日清晨，親到書藏携取，用潔净布巾包好，徒手者不借。繳時放回原處，勿凌亂，勿皺摺。借書之期，限以十日。如過期不繳，記其姓名，後不復借。借書不得全帙携取，五本爲一部者，許借一本，第一本讀畢，再借第二本。若一本爲一部者，許在書藏桌中翻閲，不得借出。凡書五本以上者，以四本爲限，不得多借。凡借書不得過三種，污損卷面，罰令重訂。破爛遺失，罰令賠償，後不復借。院長借書繳書，均以期限；地方官長，不得借書。公門轉折，事繁

---

① 《書林清話》卷八《宋元明官書許士子借讀》。張《志》指張金吾《愛日精廬藏書志》，黄《賦注》指黄丕烈《百宋一廛賦注》，錢《記》指錢曾《讀書敏求記》。

② 《曝書雜記》卷中《子弟保守先世藏書》。湯文正，即湯斌。

弊雜，防不勝防。各衙署幕友官親，不得借書；各學校教授等官，不得借書；監院不得借書；管理書藏之紳士及董事許其借書，此外不借。如有好學紳士，未經管理書藏者，欲借某種，可由見年董事轉借。有遺失等弊，惟董事是問。①

再如大梁書院《藏書閱書規則》云：

各項書籍，均存院長院内西偏精舍。用司書吏一人經管用，司閽役一名典守鎖鑰。

書院置一閲書簿，交司書吏收執。凡肄業生欲閲書者，必邀同齋長一人告司書吏檢取，於簿内記明某月某日取某書幾卷幾本，某生閲，齋長某人，各於名下書押。

每次取書，每人只許一種，不得過五卷。至遲十日交還，不得逾期。交還後再取。

肄業生欲閲書，如不邀同齋長於簿内分書名押，司書吏勿擅給。

取出各書交還後，司書吏即於閲書簿内注明某日交還。並查明原書有無損壞，無則歸架，有則詢明呈監院官核辦。

每月給司書吏銀三兩，司閽役銀一兩，俾資照管，如書籍損失，必分别責賠。

肄業生取閲各書，均當加意護惜，如有損失，勢須購補，否則累及齋長。

每届一季，司書吏將閲書簿呈監院官閲，年終送院長閲。

所存各書，每至伏日，酌量抖晾一次。由司書吏呈明監院官遴派數人，細心經理，勿使凌亂。

書籍年久函綫損敝，司書吏呈明監院官，酌易重裝。

每届一年，監院官將所存各書抽查一次，損失則着賠。

以上所訂規則，如有未周及日久應變通處，盡可增損更訂，惟以

① 《豐湖書藏四約·借書約》。

行之久遠,絶去弊端爲斷。①

從上述規定中可以看出,晚清書院藏書重在流通,但是借閲手續比較繁難,而近代之公共圖書館、學校圖書館所製訂的規章制度則簡明扼要,便於操作。前者如一九一七年《浙江公立圖書館章程》,後者如一九一九年清華學校之《圖書館借書規則》。今録後者爲例:

第一條　借書時間每日上午八時至下午四時。

第二條　職教員及學生向本館借書一次以二册爲限。在未經繳還以前,不得再借。惟教員爲教授上課取用參考書籍,不在此例。

第三條　借書須填寫借書卷,寫明書名、册數、閲者姓名,俟本館職員注明後,方可取去。

第四條　借書期限兩星期繳還,如逾期不繳,則每册每日罰大洋一分。

第五條　借出之書,如值校中需用時,由本館知會,應即繳還。

第六條　借出之書,如有損壞等情事,酌量輕重,須議罰或議賠。如有遺失,應按原價賠償。

第七條　最近雜志、各種課本、百科全書、參考書、各種報告及裝訂成册之雜志、教員指定備考之圖書,僅能在閲覽室内看。檢閲畢,須仍置原處,概不出借。

第八條　凡教員指定備考之圖書,如得本館主任之特别允許,可於晚間閉室後借出,但須於次晨九時前歸還,如此項圖書不克及時歸還,每小時應罰大洋一分。如違章至三次者,得於本學期内停止其借閲備考圖書之權利。

第九條　關於借書事項,如本章程未詳者,應向本館主任核商。②

① 《大梁書院藏書目》附二。

② 《中國古代藏書與近代圖書館史料》録自《清華學校一覽》。

圖書流通的規章制度也是隨着整個圖書典藏事業的發展而日益合理,便於保存和閲讀。前人在這方面所作的探索,雖或存慮未周,但篳路藍縷之功是不可没的。典藏的目的在於流通和利用,隨着信息傳播技術的不斷發展,信息資源共享的理想一定會實現。

參考書目舉要

《澹生堂藏書約》 祁承㸁 古典文學出版社 一九五七年

《藏書記要》 孫慶增 古典文學出版社 一九五七年

《藏書紀事詩(附補正)》 葉昌熾 王欣夫 上海古籍出版社 一九八九年

《藏書十約》 葉德輝 古典文學出版社 一九五七年

《天一閣藏書考》 陳登原 金陵大學中國文化研究所 一九三二年

《明清蟫林輯傳》 汪誾 《圖書館學季刊》七卷一期、八卷四期

《清代圖書館發展史》(原名 *The Development of Chinese Libraries under the Ching Dynasty, 1644 – 1911*) 譚卓垣 商務印書館 一九三五年

《古今典籍聚散考》 陳登原 商務印書館 一九三六年

《中國古籍裝訂修補技術》 肖振棠 丁瑜 書目文獻出版社 一九八〇年

《中國古代藏書與近代圖書館史料》(春秋至五四前後) 李希泌 張椒華 中華書局 一九八二年

《中國圖書館發展史:自清末至抗戰勝利》 嚴文鬱 中國圖書館學會 一九八三年

《中國圖書和圖書館史》 謝灼華主編 武漢大學出版社 一九八七年

《續補藏書紀事詩傳》 倫明 徐紹棨 王謇 遼寧人民出版社 一九八八年

《中國古代圖書事業史》　來新夏等　上海人民出版社　一九九〇年
《中國藏書通史》　傅璇琮　謝灼華　寧波出版社　二〇〇一年
《中國私家藏書史》　范鳳書　大象出版社　二〇〇一年

程千帆全集

第一辑

3

程千帆——著

史通笺记

文论十笺

唐代进士行卷与文学

凤凰出版社

目　次

史通笺记

文论十笺

上　辑

下　辑

唐代进士行卷与文学

史通箋记

程千帆
撰

序

刘子玄《史通》，史家之申、韩也。其书自浦二田《通释》出乃大体可读。象山陈伯弢先生复为《补释》三百余事，尤精审可从。其后杨君弢甫作《通释补》，彭君啸咸作《增释》，又续有所沾益。往在成都，友人赵幼文教授尝以巴县向宗鲁先生校本及向氏所过录杨惺吾校本、纪晓岚《削繁》底本见示，因并加移录。独惜幼文藏本佚去内篇《模拟》至《自叙》，外篇《史官建置》及《古今正史》，不得窥见杨、向两家识语及《削繁》底本之全为憾耳。余既搜采诸家之说与夫卢召弓、孙星如等所为校勘记，汇为一编，用便省览；其隅照所及，间有可附诸前修之后者，则别著《笺记》，以待质正。稿存行箧，逮今十有五年，而余于史学亦荒落久矣。重念壮齿之勤劬，因以暇日聊为删补写定。世之治刘书者，幸垂教焉。一九六一年十一月，宁乡程会昌千帆谨序。

凡　例

一、拾遗。自朱明以迄今兹，治《史通》者亦有多家。审厥条流，盖有三科。一者校雠，若卢召弓之为是也。二者注释，若浦二田之为是也。三者评论，若纪晓岚之为是也。今遵前修之律令，而补其所未备。此之谓拾遗。

二、订误。智者千虑，或有一失。愚者千虑，或有一得。鲰生幸生诸老先生之后，又得与并世胜流上下其议论。隅隙所窥，偶有可纠绳旧说者，不敢自秘，别而出之。此之谓订误。

二、本证。子玄此书，条理密察，铨贯有序。诸篇之说，多可互证，彼此参照，尤见圆通。而缘艾历岁月，文重思繁，亦有后先失应，自相牴牾者。今为拈出，辨其异同，定其是非。此之谓本证。

四、旁征。此书淹贯今古，用意刻深，若但循文为之诠释，或有不能尽知其志者。是必曲畅而旁通之，乃不负作者之苦心。笺记于此，匪曰能之，愿学焉。此之谓旁征。

五、穷源。吾国之史，所从来远矣。有史官史书，斯有史学。虽《史通》以前，尚无专著，然自《春秋》“凡例”以下以迄《文心·史传》之篇，一鳞一爪，何莫非子玄之所取资？治刘书者，固不容忽也。今就所知，凡涉《史通》者，悉加甄录，以明所自。此之谓穷源。

六、竟委。《史通》沾溉后人多矣，然亦颇有与之异趣者。今于异同之见，或同中有异，异中见同者，皆依所指陈，采供参稽，以见子玄学术之影响。此之谓竟委。

七、贵近。近世史学，度越前代，研治《史通》，间著专篇。而考订之业，尤称精审。若山阴姚氏、武陵余氏、海盐朱氏、义宁陈氏、长沙杨氏之所撰述，亦多关涉刘书，因博取而详著焉。若夫今人概论之文，则以与《笺记》体例不符，更不阑入。此之谓贵近。

八、崇实。《笺记》之作，盖欲省读者翻检之劳，事等胥钞，难言著述。故所引据，必核原书，别附书目，聊供覆按。此之谓崇实。

叙　　录

不遑启处

昌案:《诗·小雅·四牡》及《采薇》文,又《左传》昭三十二年文。

下笔不休

昌案:《文选》曹丕《典论·论文》载班固《与弟超书》曰:"(傅)武仲以能属文为兰台令史,下笔不能自休。"

昔汉世诸儒集论经传,定之于白虎阁,因名曰《白虎通》。予既在史馆而成此书,故便以《史通》为目。且汉求司马迁后,封为史通子,是知史之称通,其来自久。博采众议,爰定兹名。

昌案:《汉书·司马迁传》:"至王莽时,求封迁后为史通子。"颜注引应劭曰:"以迁世为史官,通于古今也。"又引李奇曰:"史通,国;子,爵也。"子玄用此,盖本应说。然称所著书曰《史通》,主旨仍在模拟《白虎通》,《叙录》语意甚明。《后汉书·儒林传序》:"建初中,大会诸儒于白虎观,考详同异,连月乃罢。肃宗亲临称制,如石渠故事,顾命史官著为《通义》。"李贤注:"即《白虎通义》是。"此事又见于《章帝纪》及杨终、丁鸿、班固诸传,书则当时讨论经学之总集也。史志著录,则《隋志》、《旧唐志》称《白虎通》,《新唐志》称《白虎通义》。《四库提要》卷一百十八论之云:"其议奏统名《白虎通德论》……固撰集后,乃名其书曰《通义》。《唐志》所载,盖其本名。……《隋志》删去义字,盖流俗省略,有此一名。故唐刘知幾《史通》序引《白虎通》、《风俗通》为说，（昌案：子玄未尝引《风俗通》，《提要》误记。）实则递相祖袭，忘其本始者也。”据此，知刘书命名，盖本《白虎通义》之省称也。

又案：《史通》书名，乃子玄自定，《叙录》言之甚明。著录诸家，亦无异称。惟《唐书》本传云：“著《史通子》二十卷，备论史策之体。”似其书亦名《史通子》。然《传》又云：“子玄至安州，无几而卒……后数年，玄宗敕河南府就家写《史通》以进，读而善之。”《新唐书》叙其事略同，亦不称《史通子》，知旧书“子”字，盖衍文也，然诸本多有之。

内　篇

昌案:《史通》二十卷,自卷一至卷十,凡内篇三十六,自卷十一至卷二十,凡外篇十三,宋本以次,均无歧异。考著书分内外篇,古多有之。成玄英《庄子疏·序》云:"内以对外立名。内则谈于理本,外则语其事迹。"《汉书·艺文志》:"《淮南》内二十一篇,《淮南》外三十三篇。"颜注:"内篇论道,外篇杂说。"晋葛洪著《抱朴子》,亦自分内外篇,《自叙》云:"内篇言神仙方药、鬼怪变化、养生延年、禳邪却祸之事,属道家。外篇言人间得失、世事臧否,属儒家。"胥子玄之所本也。据本书《叙录》"区分类聚,编而次之"之言,知篇分内外,盖出子玄手定,然其准则,初未质言。《四库提要》卷八十八云:"内篇皆论史家体例,辨别是非;外篇则述史籍源流及杂评古人得失。"其言近是。

又案:《史通》分内外篇与夫诸篇次第虽出子玄手定,然各篇成书之先后,则今不得而详。所可知者,则内外诸篇,互有后先,及其既成,始定谁属耳。如《六家》篇云:"自古帝王编述文籍,外篇言之备矣。"此外篇,盖指《史官建置》与《古今正史》二篇言之,是此二篇成于《六家》篇前。又《史官建置》篇论蜀汉置史官事云:"别有《曲笔》篇,言之详矣。"是《曲笔》又成于《史官建置》前。而《六家》今在内篇第一,《曲笔》在内篇第二十五,《史官建置》、《古今正史》乃居外篇第一、第二,此各篇皆成,乃加编次,其痕迹之显然可见者也。《提要》谓:"先有外篇,乃撷其精华以成内篇。"非是。

六家第一

自古帝王编述文籍，外篇言之备矣。

外篇，浦起龙曰："谓《古今正史》篇。"

昌案：以编述文籍系之帝王，盖本之姬、汉以来旧说。《孟子·滕文公下》篇："孔子惧，作《春秋》。《春秋》，天子之事也。是故孔子曰：'知我者，其惟《春秋》乎！罪我者，其惟《春秋》乎！'"《礼记·中庸》篇："非天子不议礼，不制度，不考文。"郑注："文，书名也。"伪孔安国《尚书序》："古者伏羲氏之王天下也，始画八卦，造书契，以代结绳之治，由是文籍生焉。伏羲、神农、黄帝之书，谓之《三坟》，言大道也。少昊、颛顼、高辛、唐、虞之书，谓之《五典》，言常道也。至于夏、商、周之书，虽设教不伦，雅诰奥义，其归一揆。故历代宝之，以为大训。"盖儒先以为文籍之兴，由古圣王。其后虽事归史官所掌，而与夺褒贬，则犹人君之权。君权，史权所本；史权，君权所分也。自孔子以下说皆如此。于此知外篇当统《史官建置》、《古今正史》言之，非仅指《正史》一篇也。

质文递变

昌案：《礼记·表记》篇："虞、夏之文，不胜其质。殷、周之质，不胜其文。"郑注："王者相变，质文各有所多。"《春秋繁露·三代改制质文》篇所说尤详。

榷而为论，其流有六。

浦起龙曰："史体尽此六家，六家各有原委。……注家认家字不清，要领全没。今为显说之。一、(《尚书》)记言家也；二、(《春秋》)记事家也。三、(《左传》)编年家也。四、(《国语》)国别家也。五、(《史记》)通古纪传家也。六、(《汉书》)断代纪传家也。"

昌案：古人著书，初无定体。后世以便于归类，强为立名。然标准不一，检括为难，则不如就其本书称之，转较明晰。子玄之所以称《尚书》家而不称记言家，称《春秋》家而不称记事家，固由推其所自出，亦未必不以记言记事之难于概括二书也。浦氏顾斤斤从而指实之，自命显说，岂谓子玄虑不及此乎？考《诗·周颂·桓》疏云："家者，承世之辞。"子玄每叙一书，即穷其流委，通论后来同体之作，此正承世之义。《汉书·艺文志》著录之例，以一书为一家。若局就本书而言，则六书亦各是一家也。

《易》曰："河出图，洛出书，圣人则之。"故知书之所起远矣。

纪昀《史通削繁》删此数语，评曰："此沿《汉志》之误。《河图》、《洛书》自是《易》家，原本与书无涉。"向承周曰："子玄引《易》，盖以《洛书》为《尚书》之源。强相附合，疏谬已甚。纪氏删去数语，而'其先出于太古'句又觉无根。"

昌案：数语《汉书·艺文志》文。《五行志》引刘歆说曰："伏羲氏继天而王，受《河图》，则而画之，八卦是也。禹治洪水，赐《洛书》，法而陈之，《洪范》是也。"《论衡·正说》篇："夫圣王起，河出图，洛出书。伏羲王，《河图》从河水中出，《易》卦是也。禹之时，得《洛书》，书从洛水中出，《洪范》九章是也。"此皆子玄疏谬之说所本。以《洪范》出于《洛书》，盖两汉今古文无异说。

推此三说，其义不同。

昌案：说《尚书》名义者，除子玄所引，尚有数家。《艺文类聚》卷五十五及《太平御览》卷六百九俱引《春秋说题辞》云："尚者，上也，上世帝王之遗书也。"《尚书序疏》引马融云："上古有虞氏之书，故曰《尚书》。"《论衡·正说》篇说："《尚书》者，以为上古帝王之书。"凡此皆与子玄所称"伪孔序"引伏生说合。《书序疏》又引郑玄《书赞》云："孔子尊而命之曰《尚书》。尚者，上也。尊而重之，若天书然，故曰《尚书》。《璇玑钤》云：'因而谓之"书"，加上以尊之。'又曰：'书务以天言之。'"与子玄所称《璇玑钤》说同。《论衡·正说》篇又称或说："以为上所为，下所书。"亦见于《须颂》篇，其言曰："或说《尚书》曰：尚者，上也。上所为，下所书也。下者，谁也？曰：臣子也。"此殆子玄所称王肃之说，今见于《经典释文·叙录》者所本。然或作上所为，或作上所言，一字之异，所关甚巨。子玄用肃说而不采充书，岂非以主《尚书》记言之故欤。

至如《尧》、《舜》二典，直序人事；《禹贡》一篇，唯言地理；《洪范》总述灾祥；《顾命》都陈丧礼；兹亦为例不纯者也。

昌案：章学诚《文史通义》内篇卷一《书教下》篇："《尚书》《典》、《谟》之篇，记事而言亦具焉；《诰》、《训》之篇，记言而事亦见焉。古人事见于言，言以为事，未尝分言事为二物也。刘知幾以《贡》、《范》诸篇之错出，转讥《尚书》义例之不纯，毋乃因后世之空言，而疑古人之实事乎？"此所纠绳，甚当于理。而汪之昌更以《尚书》之备众体，推为自余五家所从出，亦足以自成一说。其《青学斋集》卷十六《六家体例源流考》曰："《史通》首篇，署以'六家'。所谓六家者，一《尚书》家，二《春秋》家，三《左传》家，四《国语》家，五《史记》家，六《汉书》家。各为上溯其源，下别其流，罗列具见详明。后人据知幾所论著，而推各家体例所分，谓《尚书》记言而不著岁序，《春秋》记事而不详颠末，《国语》非编年非纪传而不归典式，《史记》代远而不立限断，惟《左传》则经年纬月，叙时事则铨次分明，《汉书》纪、志、表、传，举一朝则起讫完具。后来史官率祖述二家，故较四家为盛。（昌案：此浦氏说，见《通释·六家》篇案语。）尝就知幾之说而考之，六家中若《尚书》、《春秋》两家，但言出于太古三代，无从明揭源由，即所举为某家流派者，今已佚不可见居多。即此并数之，六家体例，诚非一律，要以《尚书》家为最古。世人徒见汉以后史系年断代，体例所遵守，不越《左传》、班《书》之成规，遂以《尚书》家与《春秋》、《国语》、《史记》三家等类齐观。考《汉书·艺文志》序《尚书》曰：'《书》之所起远矣，至孔子纂焉，上断于尧，下讫于秦，凡百篇。'又云：'汉兴，亡失，求得二十九篇。'是《尚书》有百篇之多。《尚书》家通行之二十九篇，不及全经三分之一。而即此二十九篇中所谓《典》、《谟》、《训》、《诰》、《誓》、《命》等文，持较《春秋》以下五家之书，体例炳然，何尝不各自名家？试为之沿流溯源。《艺文志》：'事为《春秋》，言为《尚书》。'论者以记事记言分属二家。然而《禹贡》一篇，全为纪事之作。《左传》以编年纪月为体例，而《汉律历志》引《伊训》：'维太甲元年十二月乙丑朔。'以日系月，以月系年之义了如。《国语》以列国分篇为体例，而事详八国，无异虞、夏、商、周之序次；题别一篇，犹是百篇之标目。《史记》百三十篇，终以《自序》，胪举各篇作意，与《尚书》百篇古叙正同。《汉书》断代为限，一朝之典章咸在；而《尚书》分题《商书》若干篇，《周书》若干篇。《费誓》、《秦誓》即附《周书》末。断代体例，略见于斯。然则《尚书》虽非完书，而彼五家之体例，即二十九篇中已备大概。是以体例言，《尚书》一家，实五家所同源；五家之作，莫非《尚书》之流别矣。知幾所举各书分系诸六家之支流者，其体例何一不班班可考哉。"

又案：浦氏于"为例不纯"下说诸家论左史记言右史记事云："杜预以《汉志》为误。"陈汉章谓："以《汉志》为误者，孔颖达《春秋序疏》，非杜预也。"其说是也。《礼记·玉藻》篇疏亦云："《艺文志》及《六艺论》：右史叙事，左史记言。与此正反，于传记不合，其义非也。"又陈氏举此文以证"《六艺论》见于唐人所引者互有异同"，而云见《礼记疏》卷三十，覆检乃在卷二十九，盖偶误。

又有《周书》者，与《尚书》相类，即孔氏刊约百篇之外。

昌案：《文史通义》内篇卷一《书教中》篇："《逸周书》七十一篇，多《官礼》之别记与《春秋》之外篇，殆治《尚书》者杂取以备经书之旁证耳。刘、班以谓孔子所论百篇之余，则似逸篇，初与《典》、《谟》、《训》、《诰》同为一书，而孔子为之删彼存此耳。毋论其书文气不类，醇驳互见，而如《职方》、《时训》诸解（昌案：《逸周书》称'解'者，乃指孔晁注言，犹之乎《淮南子》称'训'乃指高诱注言也。章氏以'解'为篇题之称，非也。）明用经记之文，《太子晋解》明取《春秋》时事，其为外篇别记，不待繁言而决矣。……惟《书》无定体，故《春秋》、《官礼》之别说外篇皆得从而附合之。"窃谓《艺文志》引刘向说，谓此书乃"周时诰、誓、号令"，亦举其大较言之。子玄既以《尚书》主记言，故从向说入之《尚书》家，《隋书·经籍志》固改隶杂史矣。

由是有《汉尚书》、《后汉尚书》、《汉魏尚书》，凡为二十六卷。

浦起龙曰："卷与《隋志》不合。"《汉魏尚书》之"汉"字，浦校云："衍。"

卢文弨曰:"'汉'指蜀汉,非衍字也。唐《艺文志》讹作'后'。"

昌案:《隋志》:"《魏尚书》八卷,孔衍撰,梁十卷。"《唐书·经籍志》:"《汉尚书》十卷,孔衍撰。《后汉尚书》六卷,孔衍撰。《后魏尚书》十四卷,张温撰。"《唐书·艺文志》:"孔衍《汉尚书》十卷,《后汉尚书》六卷,《后魏尚书》十四卷。"是孔衍所撰三《尚书》,稽之史志,惟《汉魏尚书》一种,其书名、著者、卷数均有异说。周中孚《郑堂札记》卷二尝举浦、卢二家之说而断之云:"晋人如陈氏《三国志》则阳尊魏而阴夷于吴、蜀之列。习氏《汉晋春秋》则显斥魏而独争蜀汉之统。此外著作,如王沈、鱼豢、孙盛、郭颁诸家,惟知有魏而已。孔氏之书,殆犹此例。即或欲载蜀事,亦必附入《后汉尚书》,断无取冠曹魏,独遗孙吴之理,故当仍以《通释》为确。(《唐·艺文志》作《后魏尚书》,《通释》又以"后"字为衍文,亦是。)"今考孔氏三《尚书》而外,又有三《春秋》之撰。《隋志》:"《汉魏春秋》九卷,孔舒元撰。"(舒元,衍字。)《唐书·经籍志》:"《汉春秋》十卷,孔衍撰。《后汉春秋》六卷,孔衍撰。《后魏春秋》九卷,孔衍撰。"《唐书·艺文志》同。章宗源《〈隋书·经籍志〉考证》卷二自《三国志注》、《文选注》、《北堂书钞》、《太平御览》辑得《汉魏春秋》十一条,皆言三国事,无题《后魏春秋》者。姚振宗《〈隋书·经籍志〉考证》卷十二据《隋志》著录及章辑佚文,因谓:"《汉魏春秋》,两《唐志》作《后魏春秋》,'后'字似'汉'字之误。孔氏既撰《汉春秋》、《后汉春秋》,而此更云'汉魏'者,殆以托始魏武,在汉献帝之世故欤?"卷十三复谓:《隋志》题《魏尚书》,两《唐志》题《后魏尚书》,"当为'汉魏',与前《汉魏春秋》之名相同。《史通》亦云《汉魏尚书》。"然则自史志著录观之,孔氏盖于西汉、东汉、汉(蜀)魏之三世者,各撰二书,一仿《春秋》以记事,一仿《尚书》以记言耳。'汉魏春秋'之名既历见《隋志》、裴《注》、李《注》、《书钞》、《御览》,'汉魏尚书'之名又明见《史通》,则'汉'非衍文,'后'为讹字,断然可知。卢、姚之说,固不可易矣。至其记三国事,而题'汉魏',则姚氏之说,理据似尚未充。窃谓舒元身当倾覆之际,亲历戎羯之祸,中兴之初,复与庾亮诸贤共事,(事具《晋书·儒林传》。)其撰述史书,固当有所感发,假托正统之义,申明夷夏之防者。其称三国曰'汉魏',列蜀魏前,或由于此。而独遗孙吴之名者,则以其尝称臣于魏,故退之,非屏其事亦不之载也。

是其书亦可谓习凿齿《汉晋春秋》之先驱。安得辄如周氏之说，跻之于王沈、鱼豢之列乎？至其著者，则三《春秋》、三《尚书》，既系系统之作，决无其一别属他人之理，《旧唐志》盖涉下"《三史要略》三十卷，张温撰"而误，故《新唐志》旋即正之。姚氏考证据《新志》以订《旧志》之误，是也。卷数，则章氏《考证》卷三云："《魏尚书》，梁十卷，合两汉十六卷，与《史通》二十六卷正符。《新唐志》十四卷，四字误增。"其说甚是。盖阮孝绪《七录》所载，原为十卷，《隋志》著录之本，佚去二卷，后又复出耳。

故舒元所撰《汉》、《魏》等书，不行于代也。

昌案：《文史通义·书教中》篇："汉儒误信《玉藻》记文，而以《尚书》为记言之专书焉。于是后人削趾以适履，转取事文之合者，削其事而辑录其文，以为《尚书》之续焉。若孔氏《汉魏尚书》、王氏《续书》之类皆是也。（昌案：王勣《王无功集》卷上《游北山赋》："察俗删诗，依经正史。"自注："有吾兄仲淹，续孔子六经近百余卷。"仲淹，通字也。）无其实而但貌古人之形似，譬如画饼饵之不可以充饥。况《尚书》本不止于记言，则孔衍、王通之所拟，并古人之形似而不得矣。"

如君懋《隋书》，虽欲祖述商、周，宪章虞、夏，观其所述，乃似《孔子家语》、临川《世说》。

浦起龙曰："谓体不类史。"

昌案：本书《补注》篇论及刘孝标《世说注》，《杂述》篇论《琐言》之属亦及《世说》，是子玄未尝不以《世说》为史籍。若准《杂述》篇例，则《家语》亦小录、逸事之流。浦云体不类史，当云不类正史，乃合。

又案：《隋书·王劭传》评议《隋书》之言，与子玄同符，浦氏已引。《北史·王慧龙传》论曰：劭"久在史官，既撰《齐书》，兼修《隋典》，好诡怪之说，尚委曲之谈，文词鄙秽，体统繁杂"。亦可为证。然子玄之论王劭，颇自牴牾，如《杂说下》篇讥其"讦以为直"，与本篇同属不足之词，而《载文》篇则美其齐、隋二史所载之文"实得去邪从正之理，捐华摭实之义"。《曲笔》篇甚至谓其"书法不隐，取咎当时，或有假手史臣，以复私门之耻"。则唐修《隋书》及《北史》之言，似又不足据信矣。《史通》类此者，尚颇有之。盖诸篇之成，艾历年载，先后所见，不无异同，而勒成一书，或乏整齐划一之功也。

可谓画虎不成，反类犬也。

陈汉章曰："按此用《后汉书·马援传》。'犬'字本作狗。故惠栋《补后汉书注》引《尔雅》'熊虎丑，其子狗'为说。"

昌案：《尔雅·释兽》："熊虎丑，其子狗。"郭注："律曰：'捕虎一，购钱三千，其狗半之。'"邢疏："丑，类也。熊虎之类，其子名狗。郭云律曰……此当时之律也。引之以证虎子名狗之义也。"然《马传》"画虎不成反类狗"之语，乃与"刻鹄不成尚类鹜"相对为文。若如惠氏依《雅诂》为说，则虎狗不过大小之殊，鹄鹜反属族类之异，与伏波书中原意无乃适相背谬乎？似不可从也。

按《汲冢琐语》，记太丁时事，目为《夏殷春秋》。

昌案：《孟子·万章上》篇："伊尹相汤以王于天下。汤崩，大丁未立，外丙二年，仲壬四年，大甲颠覆汤之典刑。"《史记·殷本纪》："太子大丁未立而卒，于是乃立大丁之弟外丙。"然则大丁既未为君，焉有时事可纪？衡以《晋书·束晳传》称引《汲冢纪年》所载启杀益，太甲杀伊尹，文丁杀季历之类，则《夏殷春秋》所载，或大丁外丙弟兄争国之事乎？其以夏、殷连称，或亦如周之管、蔡以殷叛乎？

孔子曰："疏通知远，《书》教也。属辞比事，《春秋》之教也。"

昌案：《礼记·经解》篇文，原无'之'字。

斯则《春秋》之目，事匪一家。

昌案：《国语·楚语上》篇："教之《春秋》而为之耸善而抑恶焉。"亦孔子未修以前之《春秋》，子玄未引。赵翼《陔馀丛考》卷二"《春秋》"条又引《管子·法法》篇："《春秋》之记，有弑父弑君者。"《权数》篇："《春秋》所以记成败也。”以为皆未修《春秋》。然《管子》书未必出孔子前，其所称述，似当与《琐语》、《左》、《国》所云有别。

孟子曰：“晋谓之《乘》，楚谓之《梼杌》，而鲁谓之《春秋》，其实一也。”

昌案：《孟子・离娄下》篇：“晋之《乘》，楚之《梼杌》，鲁之《春秋》，一也。”

逮仲尼之修《春秋》也，乃观《周礼》之旧法，遵鲁史之遗文。

昌案：《史记・十二诸侯年表序》：孔子“西观周室，论史记旧闻，兴于鲁，而次《春秋》。上记隐，下至哀之获麟，约其文辞，去其烦重，以制义法”。《汉书・艺文志・春秋家序》：“周室既微，载籍残缺，仲尼思存前圣之业……以鲁周公之国，礼文备物，史官有法，故与左丘明观其史记。”《左传序疏》载《严氏春秋》引《观周篇》：“孔子将修《春秋》，与左丘明乘如周，观书于周史，归而修《春秋》之经，丘明为之传，共为表里。”《公羊》隐元年疏引戴宏《春秋解疑论》：“遣子夏等求周史记，得百二十国宝书，修为《春秋》。”（《疏》引《闵因序》亦同。）此皆汉儒有关孔子修《春秋》搜采史料之传说，子玄此之所本也。故杜预《春秋经传集解・序》亦云：“其发凡以言例，皆经国之常制，周公之垂法，史书之旧章。”

又案儒者之说《春秋》也。

昌案：春秋名义，儒先说者亦复棼如。子玄引杜预之说，就今存《春秋》观之，最为平实可取。《释名・释典艺》云：“春秋，言春、秋、冬、夏终而成岁，举春秋则冬夏可知也。”《孟子・离娄上》篇赵注：“春秋以二始举四时。”所说皆与杜合。《论衡・正说》篇：“春秋者，鲁史记之名。……孔子因旧故之名，以号《春秋》之经，未必有奇说异意，深美之据。”此真通人之论也。若《正说》篇引俗儒说曰：“春者岁之始，秋者其终也。《春秋》之经可以奉始养终，故号为‘春秋’。”《左传》杜预《序疏》引贾逵曰：“取法阴阳之中。春为阳中，万物以生；秋为阴中，万物以成。欲使人君动作不失中也。”《公羊》隐元年疏引《春秋说》曰：“哀十四年春，西狩获麟，作《春秋》。

九月，书成。以其书春作秋成，故云《春秋》也。”凡此之伦，皆仲任所谓“奇说异意”，不足据信，故《史通》亦不之及。

苟如是，则《晏子》、《虞卿》、《吕氏》、《陆贾》，其书篇第，本无年月，而亦谓之“春秋”，盖有异于此者也。

昌案：数语盖致疑于司马迁也。《史记·十二诸侯年表序》于论孔子作《春秋》，左丘明作《传》，铎椒作《微》后，即续云：“赵孝成王时，其相虞卿上采《春秋》，下观近世，亦著八篇，为《虞氏春秋》。吕不韦者，秦庄襄王相，亦上观尚古，删拾《春秋》，集六国时事，以为《八览》、《六论》、《十二纪》，为《吕氏春秋》。”推迁之意，二家盖皆效法孔子之修《春秋》而有作也。纪昀云：“《春秋》本以错举四时而名。其不编年而称《春秋》者，则以褒贬之义附乎《春秋》耳。”此言盖能得马迁之意。然孔子以前，早有未修《春秋》，不闻其书为编年之体，寓褒贬之义。是纪氏之言，马迁之意，局就今《春秋经》言之，或无乖迕，而谓《春秋》之始，即以错举四时得名，则未必也。

至太史公著《史记》，始以天子为本纪。考其宗旨，如法《春秋》。

昌案：本纪取法《春秋》，亦可以班固称本纪为《春秋考纪》证之。《汉书·叙传》、《后汉书·班彪传》并云：“为《春秋考纪》、《表》、《志》、《传》凡百篇。”《汉书》颜注：“《春秋考纪》，谓帝纪也。”《后汉书》李注：“言考核时事，具四时以立言，如《春秋》之经。”

故马迁所谓整齐故事耳，安得比于《春秋》哉！

昌案：《史记·自序》载迁答壶遂之言曰：“余所谓述故事，整齐其世传，非所谓作也。而君比之《春秋》，谬矣。”

孔子既著《春秋》，而丘明受经作《传》。

昌案：《史记·十二诸侯年表序》：“孔子西观周室，论史记旧闻，兴于鲁，而次《春秋》。……七十子之徒口受其传旨，为有所刺讥褒讳挹损之文辞，不可以书见也。鲁君子左丘明惧弟子人人异端，各安其意，失其真，故因孔子史记具论其语，成《左氏春秋》。"

按孔安国注《尚书》，亦谓之传。斯则"传"者，亦训释之义乎。

昌案：夷考古籍，传之为体，有施之故事者，《春秋传》是也；有施之故训者，《毛诗诂训传》是也。伪孔《传》《盖》《毛传》之比也。

乐资……撰为《春秋后传》。

向承周曰："传者，对经立目。后传之目，义无所施。施（昌案：此字以意增。）欲续《左氏》之文，而忘传之所以为传也。"

昌案：《隋》、《唐》志复有何承天《春秋前传》十卷，《春秋前传杂语》十卷。姚振宗《〈隋书·经籍志〉考证》卷十三云："此盖记《春秋》以前事，既仿《左氏》为传十卷，复仿《国语》为《杂语》，合为一家之言。"此则又效尤乐资而有作者，其立名之失亦同。子玄未及。

至孝献帝，始命荀悦撮其书为编年体，依《左传》著《汉纪》三十篇。

昌案：姚振宗《〈隋书·经籍志〉考证》卷十二："汉、魏以来为编年史者，荀《纪》为之首。故《史通》论六家、二体，并详著之。"

《国语》家者

昌案：《国语》史籍而以语名，或缘其书记言为多。故《释名·释典艺》曰："《国语》，记诸国君臣相与言语谋议之得失也。"俞樾《湖楼笔谈》卷二云："《礼记·乐记》曰：'且女独未闻牧野之语乎？'疑古史记载，自有语名。牧野之语，乃周初史臣记载之书也。左丘明著《国语》，亦因周史之旧名。"

其先亦出于左丘明

昌案：《汉书·司马迁传》载其《报任安书》云："左丘失明，厥有《国语》。"又《传赞》云："孔子因鲁史记而作《春秋》，而左丘明论辑其本事，以为之传，又篹异同为《国语》。"

《春秋外传国语》

昌案:《四库提要》卷五十一云:"《国语》二十一篇,《汉志》虽在《春秋》后,然无'春秋外传'之名也。《汉书·律历志》始称'春秋外传'。王充《论衡》云:'《国语》,《左氏》之外传也。《左氏》传经,词语尚略,故复选录《国语》之词以实之。'刘熙《释名》亦云:'《国语》亦曰《外传》,《春秋》以鲁为内,以诸国为外,外国所传之事也。'考《国语》上包周穆王,下暨鲁悼公,与《春秋》时代,首尾皆不相应,其事亦多与《春秋》无关。系之《春秋》,殊为不类。至书中明有《鲁语》,而刘熙以为外国所传,尤为舛迕。附之于经,于义未允。"此驳王、刘旧说俱当。《国语》之称"外传",自是《左氏》既行之后,假内外之名,附经以自尊耳。其名始见《律历志》,而此《志》班固明言取之刘歆,则起于西汉之末,古文始盛之时乎。

复撰《春秋后语》

昌案:据《唐书·艺文志》,"春秋后语"乃"春秋后国语"之省称。此书敦煌卷子中有残文,上虞罗氏尝影印行世。

《九州春秋》

浦起龙引陈振孙《直斋书录解题》:"(司马)彪记汉末州部之乱,司、冀、徐、兖、青、荆、扬、凉、益、幽,凡盗贼僭叛皆记之。"

昌案:《玉海》卷四十一引《中兴书目》,谓其书"记汉末州郡之乱,司、冀、兖、徐、青、荆、扬、凉、幽九州各一篇"。姚振宗《〈隋书·经籍志〉考证》卷十三云:"按范《书》献帝本纪:'建安十八年春正月庚寅,复《禹贡》九州。'注引《献帝春秋》曰:'时省幽、并州,以其郡国并于冀州;省司隶校尉及凉州,以其郡国并为雍州;省兖州;并荆州、益州。于是有兖、豫、青、徐、荆、扬、冀、益、雍也。九数虽同,而《禹贡》无益州,有梁州,然梁、益亦一地也。'《魏志·本纪》:'十八年春正月,诏书并十四州复为九州。'汉末九州之缘起如此。陈氏《书录》言九州,复有司隶、凉、幽,无豫、雍,而其数凡十,岂本书果如是乎?而《中兴书目》所言又异。莫衷一是,要当以《献帝春秋》所言为近。"然《献帝春秋》明言"省兖州",而下九数内仍有兖州;明言“并荆州、益州”，而下九数内仍二州同列，皆不可解，必文有讹误也。张宗泰《鲁岩所学集》卷四《建安十八年省并州郡考》云：“《后汉纪》：建安十八年，省幽州、并州，以其郡国并属冀州；省司隶校尉，分属豫州；省梁州，以其郡国并属冀州。此汉末省十四州，并为九州也。考胡三省《通鉴注》云：‘割司州之河东、河内、冯翊、扶风及幽、并二州皆入冀州也。’此说未为详备。省司隶校尉，以其郡国分属豫州者，是以司州之弘农、河南入豫州也。谓省梁州，以其郡国并入冀州者，则非是；乃是省凉州所统及司州之京兆入雍州也，于冀州无涉。而梁州亦凉州之讹，当日十四州中，有凉州，无梁州也。胡《注》又言交州并入荆州，此则不曾说及。又《三国志注》引《献帝春秋》，谓省兖州，并荆州、益州，其说亦未核。当日并十四州复为九州，兖州不在省并之列。考十四州之数，为司、豫、冀、兖、青、徐、荆、扬、梁（当作凉）、益、雍、并、幽、交。省去司、凉、幽、并，故云复《禹贡》之九州。胡氏又谓：是时曹操自领冀州牧，欲广其所统以制天下，故有此举。而予更以为，十四州之中，益州自属蜀汉，交州属孙吴，荆州分属吴、蜀，均不在魏氏所统辖之内。此不过欲张大其事，如后代之遥领化外州郡耳。”其说视诸家所言为密。

《史记》家者，其先出于司马迁。

昌案：“史记”本古代史籍之共名，谓史官之所记也。《史记·周本纪》正义云：“诸国皆有史以记事，故曰‘史记’。”说最明确。而马迁之作，初无此称。钱大昕《廿二史考异》卷五“《史记·太史公自序》”条云：“班史《艺文志》：《太史公》百三十篇，冯商所续《太史公》七篇，俱入《春秋》家，而班叔皮亦称为《太史公书》。（昌案：见《后汉书·班彪传》。）盖子长未尝名其书曰《史记》也。……《周本纪》云：‘太史伯阳读史记。’《陈杞世家》云：‘孔子读史记。’《儒林列传》云：‘孔子因史记作《春秋》。’《十二诸侯年表》云：‘孔子西观周室，论史记旧闻。’又云：‘左丘明因孔子史记具论其语，成《左氏春秋》。’《老子列传》云：‘史记，周太史儋见秦献公云云。’《天官书》云：‘余观史记，考行事。’此篇云：‘史记放绝。’又云：‘细史记石室金匮之书。’皆指前代之史而言。班史《五行志》所引史记，亦非《太史公书》。”（钱氏之为此言，盖以颜师古《五行志注》云："此志凡称'史记'者，皆谓司马迁所撰。"其说考之实非，故附正之。）钱氏历举马书中言"史记"者，以证其为史籍之共名，至为精审。而《吕氏春秋·察传》篇云："有读史记者曰：'晋师三豕涉河。'子夏曰：'非也，是己亥也。'"亦"史记"之名见诸载籍之较早者。后人以此专指《太史公书》，其事盖起东汉灵、献之世。杨明照作《〈太史公书〉称"史记"考》，尝举以"史记"指迁书之见于《隶释》卷十二所载《武荣碑》、蔡邕《独断》卷上、荀悦《汉纪·孝武纪》及《孝平纪》、《太平御览》卷六百二及六百十八引颖容《春秋例》、高诱《吕氏春秋·先识览》训解者，以证明之，其说可信。至迁书何以称《太史公》，（《汉书·杨恽传》称《太史公记》，《宣元六王传》称《太史公书》。）古今异说滋多。有谓太史公乃汉武新置之官者；（见《史记·自序》集解如淳注引《汉仪注》，《汉书·司马迁传》颜注引《汉旧仪》，《史记·五帝本纪》、《自序》《正义》及《孝武纪》《索隐》引《虞喜志林》。）有谓迁自尊其父之著述故以为称者；（见《史记·自序》《索隐》及《文选·报任少卿书》李善注。）有谓迁之称公乃东方朔或杨恽所加者；（见《史记·孝武纪》《索隐》引桓谭《新论》及同篇《集解》引韦昭。）有谓书名本题《太史公》，称"公"犹古人著书称"子"者；（见俞正燮《癸巳类稿》卷十一《太史公释名》义。）有谓迁从楚俗，称"太史令"为"太史公"者；（见朱希祖《太史公解》。）有谓"太史公"乃当时官府之通称者；（见李慈铭《史记札记》。）有谓"公"乃"官"之借字，"太史公"即"太史官"者。（见吴国泰《〈史记〉解诂》。）要之，迁之本官为太史令，《自序》有"三岁而迁太史令"之明文，易"令"称"公"，殆非无故。诸家所说，李、朱似长。其详具在本书，此不备论也。

采访家人

昌案：《史记·儒林传》："窦太后好老子书，召辕固生问老子书。固曰：'此是家人言耳。'太后怒曰：'安得司空城旦书乎？'"（《汉书·儒林传》同。）《汉书》颜注："家人，言僮隶之属。"《〈史记〉集解》引徐广曰："司空，主刑徒之官也。"又引《汉书音义》曰："道家以儒、法为急，比之于律令。"俞正燮《癸巳存稿》卷七《家人言解略》云："司空城旦书，谓其时《公羊》学惨刻过申、商，而托名儒者。家人言，本意谓仁弱似妪媪语，而家人又适为宫中无位号者。……窦太后始为家人，故怒。……家人者，寻常言之，则一家之人，无贵贱；对国人言之，则臣民家私属，不立户籍，故曰家人。……宫中之家人，则后妃女侍，亦私属之通称也。”俞说是矣。然子玄用之本书，义又少异。本篇云：“鸠集国史，采访家人。”《采撰》篇云：“子长之为《史记》也，殷、周以往，采彼家人……以刍荛鄙说，刊为竹帛正言，而辄欲与五经方驾，三志竞爽。”《古今正史》篇云：“谯周以迁书周、秦以上，或采家人诸子，不专据正经。”总此三说，推校其义，则子玄盖以古先史料，大分国史正经与家人诸子两类，前者官书，后者私门著述也。辕固生鄙老子书为家人言，正缘汉世今文诸经皆尊显立于学官，老学虽盛，尚只限于民间传授，亦是官私之别，故子玄引申其义而用之。妄人不学，乃改家人为家乘，不其谬欤？

上起黄帝

昌案：《史记》以《五帝本纪》为首，上起黄帝，而其赞曰：“百家言黄帝，其文不雅驯，荐绅先生难言之。……余并论次，择其言尤雅者。”马迁之意，盖慎之也。而《后汉书・张衡传》注引《衡集》载其“条上司马迁、班固所叙与典籍不合事”云：“《易》称宓戏氏王天下。宓戏氏没，神农氏作。神农氏没，黄帝、尧、舜氏作。史迁独载五帝，不记三皇，今宜并录。”司马贞遂本之以补《三皇本纪》。子玄不取平子之说，且以迁书多采家人为恨，可谓深识矣。

因鲁史旧名，目之曰《史记》。

昌案：此语盖有二误。一者，后人以“史记”称《太史公书》，马迁所不及知。二者，杜预《春秋经传集解・序》云：“《春秋》者，鲁史记之名也。”“春秋”，别名；“史记”，共名。文义甚明。子玄以“史记”为鲁史旧名，疏矣。

自是汉世史官所续，皆以“史记”为名。

昌案：此说亦非。《汉书・艺文志》著录冯商所续《太史公》七篇。

《志》注与《张汤传》注并引刘歆《七略》云："与孟柳俱待诏，颇叙列传，未卒。"不称"史记"。《后汉书·班彪传》："武帝时，司马迁著《史记》，自太初以后，阙而不录。后好事者颇或缀集时事，然多鄙俗，不足以踵继其书。彪乃继采前史遗事，旁贯异闻，作后传数十篇。"此论续史事较详，亦未尝云以"史记"为名也。

至梁世武帝，又敕其群臣……撰成《通史》。

昌案：《通史》今佚。胡三省《新注〈资治通鉴〉序》："自荀悦《汉纪》以下，纪年书事，世有其人。独梁武帝《通史》至六百卷。侯景之乱，王僧辩平建业，与文德殿书七万卷俱西。江陵之陷，其书烬焉。"然此书两《唐志》既并加著录，而唐人史注若张守节《史记正义·五帝纪》注、李贤《后汉书·祢衡传》注又均引之，则未必佚于唐以前。胡氏之言，或由梁元焚书，加之推断，非有确据也。

其后元魏济阴王晖业又著《科录》……其编次多依仿《通史》，而取其行事尤相似者，共为一科，故以《科录》为号。

昌案：此盖本《史》、《汉》类传之体，扩而充之。然汉末以降，杂传尤盛于世。《耆旧》、《英烈》、《隐逸》、《孝友》、《高僧》、《良吏》、《文人》、《名士》之属，以逮鬼神怪异，莫不以类相从，撰为传记。章宗源、姚振宗两家《〈隋志〉考证》皆详著之。《科录》之作，固远绍《循吏》、《儒林》、《游侠》、《货殖》诸篇，似与当时杂传亦不无因缘也。

李延寿抄撮近代诸史……号曰《南》、《北》史。

昌案：章学诚《丙辰札记》："李氏《南北史》乃是集史，并非通史。通史各出义例，变通亘古以来，合为一家记载。后世如郑樵《通志》之类，足以当之。集史虽合数朝，并非各溯太古，自为家学者可比。欧氏《五代史记》与薛氏旧史是其同类，与通史判若天渊者也。盖通史各溯古初，必须判别家学，自为义例，方不嫌于并列，否则，诚不免于复沓之嫌矣。集史原有界画。李延寿行之于前，薛、欧行之于后，各为起讫，无所重复。虽一家凡例，两书可通用也。”此辨通史、集史之别，亦有可取。考集史之名，始见《新唐书·艺文志》，《旧唐书·经籍志》则谓之都史。然两《志》又以梁武帝《通史》与李氏《南北史》同归此类，是其界义与章氏所持亦不尽同。

又案：本书《古今正史》篇颇论历朝史籍源委利钝而不及《南北史》，今取赵翼之说补之。《陔馀丛考》卷八“《南》、《北》史原委”条：“《南北史》原委见于李延寿《自序》。其父大师，少有著述之志，以宋、齐、梁、陈、魏、齐、周、隋，南北分隔，南谓北为索虏，北谓南为岛夷。其史皆详于本国，而略于他国。欲仿《吴越春秋》体，编年纪之。客于侍中杨恭仁家，有宋、齐、梁、魏四代史，因渐次编辑，未毕而殁。延寿欲继先志，适在颜师古、孔颖达下佐修各史，因得齐、梁、陈等五代旧事，目所未睹者。合之家中旧本，参订编次，尚多所阙。贞观十五年，令狐德棻奏延寿同修《晋书》，因复得入内府勘究宋、齐、魏三代之事。十七年，褚遂良又奏延寿佐修《隋书》十志，因益得披寻校勘。时史局中梁、陈、周、齐、隋五代史已就，以十志未成，故未颁行。延寿不敢使人抄录，乃手自缮写。又于此正史外，参考杂史一千余卷，然后成书，前后凡十六年。既迄事，呈令狐德棻阅毕，始表上之，时已在高宗之世。此《南北史》始末也。按延寿修史时，沈约《宋书》，萧子显《齐书》，魏收、魏儋两家《魏书》皆已流布。梁、陈、齐、周、隋五史虽未颁行，而延寿同在纂修之列，故得抄录以为底本，而参考杂史以成之。删去芜词，专叙实事，大概较原书事多而文省，洵称良史。”

时采杂言

昌案：《史记·五帝本纪赞》：“百家言黄帝，其书不雅驯，搢绅先生难言之。”《刺客传赞》：“世言荆轲，其称太子丹之命，天雨粟，马生角也，太过。”《大宛传赞》：“故言九州山川，《尚书》近之矣。至《禹本纪》、《山海经》所有怪物，余不敢言之也。”《伯夷传》：“夫学者载籍极博，犹考信于六艺。”此皆司马迁自道其采撰之义例，而子玄犹以采杂言为讥者，盖文重思烦，刊落不尽，在所不免，是以谯周复作《古史考》以正之。（见《古今正史》篇。）郑樵《通志·序》云：“所可为迁恨者，雅不足也。”亦是此意。然“语饶重出”，初不全由“时采杂言”。子玄之所谓杂言，由今观之，亦未必非重要史料，此又不能一概而论也。

马迁撰《史记》，终于今上。

“今上”，浦起龙曰：“谓孝武帝，依太史公语也。”纪昀曰：“马迁可称汉武为今上，子玄安得称之？陈涉、严遵之传，尝以责人矣。”

昌案：子玄所摘班固及皇甫谧之失，见《因习》篇。其言云：“《史记·陈涉世家》称其子孙至今血食。《汉书》复有《涉传》，乃具载迁文。按：迁之言‘今’，实孝武之世也。固之言‘今’，当孝明之世也。事出百年，语同一理。即如是，岂陈氏苗裔，祚留东京者乎？斯必不然。《汉书》又云：严君平既卒，蜀人至今称之。皇甫谧全录斯语，载于《高士传》。夫孟坚、士安，年代悬隔，至今之说，岂可同云？”

改书曰志

昌案：本书《题目》篇：“子长《史记》，别创八书。孟坚既以汉为书，不可更标书号，改书为志，义在互文。”章学诚《信摭》云：“司马首创八书，不过别于纪、表诸体。班氏以百篇通名《汉书》，自不得不别体为志。”乃全本子玄之说也。

二体第二

昌案：《史通》以编年、纪传二体均属正史，观《古今正史》一篇所叙自明。道宣《广弘明集》卷三载阮孝绪《七录序》标“纪传”为“国史”，“编年”为“注历”。《隋书·经籍志》又改称为“正史”及“古史”。《旧唐志》仍取“正史”之名，别易“编年”之目。后代史志著录相沿，莫之或改。虽体式不同，应有区异，而纪传一体，独专“正史”之称，则固非无所轩轾也。自来较论二体者，每右纪传，如皇甫湜《持正文集》卷二所载《编年纪传论》，其一例也。《玉海·国史类序》亦云：“编年、国史，各有所长。编年其来最古，而皆以纪传便于披阅，号为正史。”而《四库提要·史部·编年类序》云：“刘知幾深通史法，而《史通》分叙六家，统归二体，则编年、纪传皆正史也。其不列为正史者，以马、班旧裁，历朝继作。编年一体，则或有或无，不能使时代相续，故姑置之，无他义也。”则据史籍之持续为言，亦有可采。夫纪传之体，合纪、传、表、志以为一书，自具经纬错综之方，兼包人物典章之事，虽不能掩编年之长，取而代之，然学者于焉取资，实有非编年之所及。故《史通》虽以二体同号正史，然于纪传之书及其义例，论述独详，固亦有所偏重也。

必盱衡而备言

昌案：《汉书·王莽传》："盱衡厉色。"注引孟康曰："盱衡，举眉扬目也。"

若乃同为一事，分在数篇。断续相离，前后屡出。于《高纪》则云语在《项传》，于《项传》则云事具《高纪》。

昌案：遗书本《文史通义》外篇卷一《史篇别录例议》："纪传之书，类例易求，而大势难贯，而知幾谓一事分出，或著事详某传，或标互见某篇，不胜繁琐，以为弊也。不知马、班创例，已不能周。后史相沿，皆其显而易见者耳。倘使通核全书，悉用其例，则不至纪传互殊，前后矛盾，如校勘诸家所纠举者矣。"

又案：《史记》为项羽立本纪，而此云《项传》者，一则本以为羽立纪为非，（详《本纪》篇。）二则避《高纪》"纪"字之复也。

又编次同类，不求年月，后生而擢居首帙，先辈而抑归末章，遂使汉之贾谊将楚屈原同列，鲁之曹沫与燕荆轲并编，此其所以为短也。

昌案：此论与《品藻》篇自戾。彼文云："史氏自迁、固作传，始以品汇相从。然其中或以年世迫切，或以人物寡鲜，求其具体必同，不可多得。是以韩非、老子，共在一篇；董卓、袁绍，无闻二录。岂非韩、老俱称述者，书有子名；袁、董并曰英雄，生当汉末。用此为断，粗得其宜。"

丘明自知其略也，故为《国语》以广之。

昌案：此本《论衡·案书》篇，《六家》篇笺记引《四库提要》卷五十一已引之。

或以文烦事博，难为次序。

昌案：刘向《说苑·叙录》："或上下谬乱，难分别次序。"王逸《楚辞天问章句序》："文不次序。"

阑单失力

"阑单"，纪昀曰："陶穀《清异录》曰：'阑单带，叠垛衫，肥人也觉瘦岩岩。''阑单'，破絮状；'叠垛'，补衲掩盖之多。"（此《清异录》引谚也，见卷下。据《惜阴轩丛书》本，"絮"作"裂"，纪批或传钞之误。）向承周曰："苏颋儿时诗：'兔子死阑殚，将来挂竹竿。'"

昌案：《太平广记》卷二百六十八"京师三豹"条载唐酷吏李嵩等讯囚，有"上麦索，下阑单"之法，云出《朝野佥载》，今见《佥载》卷二。又敦煌石室所出《天地阴阳交欢大乐赋》亦有云："袋阑单而乱摆，茎逼寨而深攻。"（"单"，原误"罩"，叶德辉失校。）此赋风格凡下，当非出于高才文士若白行简者之手，然实为唐人文字。合《通释》所引卢照邻《释疾文》"予独兰殚兮不自胜"之数证观之，知"阑单"为唐时俗语，无可疑者。至其义则当本以状物体之下垂，引而申之，乃亦可用以形容精神之不振。云"破裂状"者，亦谓衣带破裂下垂耳。

历代褒之

"褒"，本作"保"，浦起龙改，校云："旧作保，恐误。"纪昀曰："当是保之。保，推崇也。不应改褒。"

昌案："保"与"宝"通。《公羊》隐元年疏载《闵因叙》云："昔孔子受端门之命，制《春秋》之义，使子夏等十四人求周史记，得百二十国宝书。"《疏》释之曰："周史而言宝书者，'宝'者，'保'也。以其可世世传保以为戒，故云宝书也。"《史记·周本纪》："展九鼎保玉。"《集解》引徐广曰："保，一作宝。"是其证。浦校误，纪说亦非。

有逾本传

"本"，浦起龙校云："恐当作纪。"

昌案：姚振宗《〈隋书·经籍志〉考证》卷十二亦云："本传似当为本书，谓班《书》也。"然"本传"字不误。易"书"称"传"，所以调声，其事本书屡见。衡之上下文义，"本传"明指班《书》，亦不得泛称纪传也。

然则班、荀二体，角力争先，欲废其一，固亦难矣。

昌案：数语子玄主旨所在。盖纪传、编年二体又各有通古、断代之分。子玄意主断代，故推尊《汉书》、《汉纪》，而不及《史记》。若司马光《通鉴》早出，恐亦不为其所赞同，此固可逆知者。而溯二体之原，则固先出《春秋》、《左传》与《史记》矣。

后来作者，不出二途。

浦起龙曰："人言自袁机仲枢《纪事本末》出，史体参而三矣。余曰：亦从二体出，非别出也，且降史书为类书。法不参立。"

昌案：浦氏贬《纪事本末》，其说甚谬。《四库提要》卷四十九云："唐刘知幾作《史通》，叙述史例，首列六家，总归二体。自汉以来，不过纪传、编年两法乘除互用。然纪传之体，或一事而复见数篇，宾主莫辨。编年之法，或一事而隔越数卷，首尾难稽。枢乃自出新意，因司马光《资治通鉴》，区别门目，以类排纂。每事各详起讫，自为标题。每篇各编年月，自为首尾。……经纬明晰，节目详具，前后始末，一览了然。遂使纪传、编年，通为一贯，前古之所未见也。"所言差得其实。闵萃祥《汇刻纪事本末序》持论与《提要》全同，不具引。

异夫令升之言，唯守一家而已。

昌案：此谓干宝论史，"盛誉邱明而深抑子长"也。寻本书《叙例》篇云："令升先觉，远述邱明，重立凡例，勒成《晋纪》。"则其申左诸说，如本篇所引"能以三十卷之约，括囊二百四十年之事，靡有遗也"者，当具在《晋纪》凡例中。

载言第三

昌案：于纪传体中立制册章表书，乃子玄创议，故于论纪传时首及之。本纪以次，则向来所有，虽悉加讨论，而沿创自殊，故反列后，此见本书编次，皆有义例，非率尔为之也。

愚谓凡为史者，宜于表、志之外，更立一书。

昌案：《文史通义》外篇卷一《方志立三书议》主方志当仿《文选》、《文苑》之体而作文征，以演风诗之绪，疑有取于子玄斯篇之说。

题为制册章表书

“制册”下，浦起龙曰：“当有‘书’字。”

昌案：合“制册”“章表”为一书，即《尚书》之体也。浦氏欲增“书”字，非也。

又诗人之什，自成一家。故风雅比兴，非三传所取。

昌案：《春秋》、《左传》引《诗》多矣，不得谓非其所取也。

如谓不然，请俟来哲。

昌案：沈约《宋书·谢灵运传论》：“如曰不然，请待来哲。”

本纪第四

及司马迁之著《史记》也，又列天子行事，以本纪名篇。

昌案：王利器《〈太史公书〉体裁探原》云：“《史记·三代世表》单行本《索隐》云：‘帝廪辛，或作冯辛。《系本》纪作祖辛，误也。’《系本》即《世本》，小司马避唐讳改。《左》襄二十一年传：‘伊尹放太甲而相之。’杜注：‘太甲，汤孙也。’《正义》云：‘太甲汤孙，《世本》纪文也。’是《世本》有纪以载帝王世系，为《左氏》旧体。”考赵翼《陔馀丛考》卷五“《史记》”一条、《廿二史札记》卷一“各史例目异同”条、洪饴孙《史目表》、陈汉章《〈史通〉补释》于《史记》纪、传、表、书诸体之原，各有所说。王文后出，举证有出诸家外者，因仍节取之。其以《世本》系之《左氏》者，盖本颜之推《家训·书证篇》引皇甫谧《帝王世纪》之说也。

项羽僭盗而死，未得成君。……安得讳其名字，呼之曰王者乎？

昌案：钱大昕《十驾斋养新馀录》卷中“太史公李延寿”条：“太史公作《十二本纪》，以秦、项列于周、汉之间。后人于秦始皇无异言，而于《项羽本纪》则怪之。刘知幾谓项羽僭盗不当称王，此未达乎史公之旨者也。秦以暴并天下，虽自称帝，非人心所归向。史公初不欲以秦承周，以汉承秦。特以六国既灭，秦主命者十有余年。秦既灭，项氏主命又四五年。沛公之为汉王，亦项羽所立也。秦、项虽非共主，而业为天下主命，不得不纪其兴废之迹。秦之称帝与项之称霸王，均不得与五德之数。黜秦，所以尊汉也。于何见之？于表见之。三代之后，继以十二诸侯、继以六国。始皇虽并天下，仍附之《六国表》。及陈涉起事，即称秦楚之际。秦、楚皆周旧国，是秦未尝有天下也。班氏《汉书》始降陈胜、项籍为传。孟坚汉臣，故有意抑项。然较之史公之直笔，则相去远矣。”

而陆机《晋书》，列纪三祖，直序其事，竟不编年。年既不编，何纪之有？

昌案：《初学纪》卷二十一引陆机《晋书限断议》：“三祖实终为臣，故书为臣之事，不可不如传，此实录之谓也。而名同帝王，故自帝王之籍，不可以不称纪，则追王之义。”此论以传为体，以纪制名之理，仍是取法《项羽本纪》，故亦为子玄所诃。

逮伯起之次《魏书》，乃编景穆于本纪，以戾园虚谥，间厕武、昭，欲使百世之中，若为鱼贯。

昌案：周一良《魏收之史学》云：“今考恭宗之所以列于本纪，固以其尝监国，知万机，然非伯起破例尊崇之也。元魏一代太子未即位而殁者，追谥为帝，即列为一朝。《魏书》一四《神元平文诸帝子孙传》：'丕……世祖擢拜羽林郎。……仕历六世，垂七十年，位极公辅。……景明四年薨。'六世谓太武帝、景穆帝、文成帝、献文帝、孝文帝、宣武帝也。《魏书》此卷乃后人所补，然四八《高允传》亦云：'允历事五帝，出入三省，五十余年。'谓太武至孝文，亦并数恭宗一世。然而此史书之文，更考之当时诏令及碑碣，亦莫不尔。《魏书》五四《高闾传》：'世宗……诏曰："闾历官六朝，著勋五纪。"'六朝谓太武帝至宣武帝，此当时朝廷文书也。欧阳修《集古录跋尾》卷四跋《大代修华岳庙碑》云：'其曰"阐皇风于五叶"者，自道武、明元、太武，至于文成，才四世耳。太武之弑，南安王余立，不逾年亦被弑，不得成君。而景穆太子，文成父也，追尊为帝，立庙称宗，故以为世也。'此又当时碑碣记载也。今传世《魏墓志》皆称之为恭宗景穆皇帝，与即真者无异。当是魏国史已列恭宗为一朝而纪之，收仍其旧耳。虽是虚谥，未尝继统，然元魏之制度如此，自不能以后代律之，为伯起病也。"周氏此文，乃为伯起辩诬而作，意在释昔贤责难《魏书》之疑。其所考证，亦颇有中子玄之失者。诸如此类，兹悉取之，为读《史通》之一助云尔。

又纪者，既以编年为主，唯叙天子一人。有大事可书者，则见之于年月。其书事委曲，付之列传，此其义也。

昌案：本书《杂说中》篇："汉吕后以妇人称制，事同王者。班氏次其年月，虽与诸帝同编；纪其事迹，实与后妃齐贯。"又《鉴识》篇："时天下无王，吕宗称制。故借其岁月以寄编年，而野鸡行事，自具《外戚》。"盖《汉书》既为吕后立纪，复叙其行事《外戚传》中。此以一人而兼具纪传之显例，尤足为此篇所论佐证。

如近代述者魏著作、李安平之徒，其撰《魏》、《齐》二史，于诸帝篇，或杂载臣下，或兼言他事，巨细毕书，洪纤备录。全为传体，有异纪文。

昌案：《隋书·魏澹传》载其《魏书》序例有云："司马迁之意：纪传之体，出自《尚书》，不学《春秋》。"姚振宗《〈隋书·经籍志〉考证》卷十一引之以释《史通》此文，云："故其纪仿《尚书》，与他家别为一例。"

世家第五

于是礼乐征伐，自诸侯出。

昌案：《论语・季氏》篇："天下无道，则礼乐征伐，自诸侯出。"

故假以他称，名为世家。

昌案：王利器《〈太史公书〉体裁探原》："《史记・齐田世家》：'庄子卒，子太公和立。'《索隐》云：'今据系本系家，自成子至王建之灭，唯止十代。'《左》桓三年传：'曲沃武公伐翼，次于陉庭。韩万御戎，梁弘为右。'注：'武公，曲沃庄伯子也。韩万，庄伯弟也。'《正义》：'武公，庄伯子；韩万，庄伯弟，《世本世家》文也。'又闵二年传：'立戴公以庐于曹。'注：'戴公名申。'《正义》：'戴公名申，《世本世家》文也。'又襄十一年传：'七姓十二国之祖。'注：'实十三国，言十二，误也。'《正义》：'七姓十三国，《世本世家》文也。'又定元年传：'立炀宫。'注：'炀公，伯禽子也。'《正义》：'炀公，伯禽子，《世本世家》文。'则'世家'之名，亦出于左氏，不自史公创也。《汉书・司马迁传赞》：'故司马迁据《左氏》、《国语》，采《世本》。'(《后汉书・班彪传》作'太史令司马迁采《左氏》、《国语》，删《世本》'。)是其明征也。"

岂以自我作故

昌案：《国语・鲁语》："哀姜至，公使大夫宗妇觌用币。宗人夏父展曰：'非故也。'公曰：'君作故。'"韦昭注："言君所作则为故事。"(此条，浦氏《通释》引在后《申左》篇，今移此。)

何以责季孙之八佾舞庭，管氏之三归反坫。

昌案：《论语・八佾》篇："孔子谓：季氏八佾舞于庭，是可忍也，孰不可忍也。"何晏《集解》引马融曰："佾，列也。天子八佾。……八人为列，八八六十四人。鲁以周公故，受王者礼乐，有八佾之舞。季桓子僭于其家庙舞之，故孔子讥之。"又同篇："子曰：'管仲之器小哉！'或曰：'管仲俭乎？'曰：

‘管氏有三归，官事不摄，焉得俭？’‘然则管仲知礼乎？’曰：‘邦君树塞门，管氏亦树塞门。邦君为两君之好，有反坫，管氏亦有反坫。管氏而知礼，孰不知礼？’”《集解》引包咸曰：“三归，娶三姓女。妇人谓嫁曰归。”又引郑玄曰：“反坫，反爵之坫，在两楹之间。人君别内外，于门树屏以蔽之。若与邻国为好会，其献酢之礼：更酌，酌毕，则各反其爵于坫上。今管仲皆僭为之。如是，是不知礼。”

虽名班胙土

昌案：《左传》隐八年：“天子建国，因生以赐姓，胙之土而命之氏。”孔疏：“‘胙’‘训’‘报’也。有德之人，必有美报。报之以土，谓封之以国名，以为之氏。诸侯之氏，则国名是也。”

讵识随时之义

昌案：《易·随·彖》：“大亨贞，无咎，而天下随时。随时之义大矣哉！”

盖班《汉》知其若是，厘革前非……一概称传，无复世家。

昌案：赵翼《廿二史札记》卷一“各史例目异同”条自注：“按《班固传》，改世家为列传，系其父彪变例。”而汪之昌论之尤详。《青学斋集》卷十六“《汉书》无世家说”云：“汉人著作，最重家法。虽由于师授，直比于家传。说经者往往以不合家法见斥。经学家如是，史学家何独不然。《班彪传》：‘彪乃继采前史遗事，旁贯异闻，作《后传》数十篇。其《略论》曰：“今此后篇，慎核其事，整齐其文，不为世家，唯纪、传而已。”’彪之《后传》虽不可见，观《略论》所云，则但有纪、传而无世家显然。又云：‘又进项羽、陈涉，而黜淮南、衡山。’是彪不独于所撰《后传》不立世家，且于司马氏所撰《世家》颇有微词；是并世家于列传，彪书已有前比。《传》言：‘彪才高而好述作，遂专心史籍之间。’是彪于史学尤精，世家而果不可无，断不致轻相改省。《固传》：‘固以彪所续前史未详，乃潜精研思，欲就其业。’则《汉书》之作，虽出自固之手，实承夫彪之志。续彪之书，自当遵彪之说，恪守家法。

何必执司马氏之体裁以绳班氏一家之作述哉？且《汉书》虽无世家，而应立世家之王侯，具著于年表。于年表录其封袭，于列传详其事功，无其文者，正可核其实也。宜后来史家奉为定例矣。”

列传第六

夫纪传之兴，肇于《史》、《汉》。

昌案：赵翼《陔馀丛考》卷五“《史记》”一条据《史记·大宛传》称《禹本纪》，《卫世家》称世家言，以谓马书“本纪、世家非迁所创，而列传则创自迁”。俞樾《湖楼笔谈》卷三则以为：“《平原君传》徐广注引《魏公子传》曰：‘赵惠文王弟。’然则传之名亦有所本。”王利器《〈太史公书〉体裁探原》云：“徐广引《魏公子传》，盖亦世本之文。《史记·魏世家》：‘桓子之孙曰文侯都。’《索隐》：‘《系本》云：“桓子生文侯斯。”其《传》云：“孺子瘨是魏驹之子。”与此系代亦不同也。’是世本有传，居然可知。而《史记·伯夷列传第一》，太史公曰：‘余悲伯夷之意，睹逸诗，可异焉。其《传》曰：“伯夷叔齐云云。”’《索隐》：‘按其传，盖《韩诗外传》及《吕氏春秋》也。其《传》云云。’然则列传一科，史公盖亦本之前修。《隋书·魏澹传》载范晔之言曰：‘《春秋》者，文既总略，好失事形。今之拟作，所以为短。纪传者，史、班之所变也，网罗一代事义，周悉通之。后学者此焉为优，故继而述之。’（当出《后汉书·序例》。）盖‘古书凡记事、立论及解经者，皆谓之传，非专记一人事迹也；其专记一人为一传者，则自迁始。’（本《廿二史札记》。）蔚宗‘纪传，史、班之所变’之言，至为宏达。”

寻兹例草创

昌案：《论语·宪问》篇：“为命，裨谌草创之。”

按范晔《汉书》记后妃六宫，其实传也，而谓之为纪。

昌案：钱大昕《廿二史考异》卷十“《后汉书·皇后纪上》”条：“世讥范蔚宗创为《皇后纪》，非也。《晋书》称华峤作《汉后书》九十七卷，有《帝纪》

十二卷,《皇后纪》二卷。峤以皇后配天作合,前史作《外戚传》以继末篇,非其义也,故改《皇后纪》,次《帝纪》之下。然则皇后之纪,乃峤自出新意,蔚宗特因之不改尔。”章宗源《〈隋书·经籍志〉考证》卷一亦云:“蔚宗撰史,实本华峤,故亦易《外戚》为《后纪》。”今考范书以前,为后妃立纪者,尚有王隐《晋书》。《史记·外戚世家》《索隐》云:“《外戚》,纪后妃也。后族亦代有封爵故也。《汉书》则编之列传中,王隐则谓之纪而在列传之首。”

其同于古者,唯有附出而已。

昌案:洪颐煊《读书丛录》卷十一“《汉书》附传”条:“《霍去病传》:‘其裨将及校尉侯者九人,为特将者十五人。李广、张骞、公孙贺、李蔡、曹襄、韩说、苏建,皆自有传。’颐煊按:李蔡附见《李广传》,曹襄附见《曹参传》,韩说附见《韩王信传》。凡《汉书》有附见于各传者,其姓名皆当推此例,特表而出之。”

古人以没而不朽为难。

昌案:《左传》襄二十四年:“穆叔如晋,范宣子逆之,问焉,曰:‘古人有言曰:死而不朽,何谓也?’……穆叔曰:‘……鲁有先大夫曰臧文仲,既没其言立,其是之谓乎。豹闻之:太上有立德,其次有立功,其次有立言,虽久不废。此之谓不朽。’”

表历第七

盖谱之建名,起于周代。表之所作,因谱象形。

昌案:王利器《〈太史公书〉体裁探原》:“赵翼《廿二史札记》曰:‘《史记》作十表,昉于周之谱牒,与纪、传相为出入。’沈涛《铜熨斗斋随笔》曰:‘表犹言谱,表谱一声之转。’今按赵、沈之说皆是也。《梁书·刘杳传》引桓谭《新论》云:‘太史公《三代世表》,旁行斜上,并效周谱。’(又见《史通·表历》篇及《通志·总序》引。)是史公作表,本之周谱,汉人已言之。今考史公自言其取用之所资者。《三代世表序》云：‘余读《谍记》，黄帝以来，皆有年数，稽其《历谱谍》，终始五德之传，古文咸不同，乖异。夫子之弗论次其年月，岂虚哉！于是以五帝系谍，《尚书》集世纪黄帝以来讫共和，为世表。’《十二诸侯年表序》云：‘太史公读《春秋历谱谍》。’又曰：‘汉相张苍历谱五德。’又曰：‘谱谍独记世谥，其辞略，欲一观诸要，难。’《太史公自序》云：‘维三代尚矣，年纪不可考，盖取之谱谍，旧闻本于兹，于是略推，作《三代世表》，第一。’又云：‘幽、厉之后，周室衰微，诸侯专政。《春秋》有所不纪。而谱谍经略，五霸更盛衰，欲睹周世相先后之意，作《十二诸侯年表》，第二。’凡此，亦可以考见其材料之来源及体制之因袭者也。”

旁行邪上

昌案：梁玉绳《〈史记〉志疑》卷八：“今表有旁行而无斜上，久失其旧。”

观马迁《史记》则不然矣。天子有本纪……

“矣”，浦起龙校云：“一作夫，属下句。”卢文弨以“夫”字属下句，云：“矣讹。”

昌案：卢说是也。《史通》云某某则不然处颇有之，如《称谓》篇、《载文》篇：“至于近古则不然。”《模拟》篇：“惟夫明识之士则不然。”《惑经》篇：“唯《鲁春秋》之记其国也则不然。”句尾皆不缀虚字。

而重列之以表，成其烦费，岂非谬乎？

昌案：此论与《杂说上》篇自戾。彼文云：“观太史公之创表也，于帝王则叙其子孙，于公侯则纪其年月；列行萦纡以相属，编字戢孴而相排。虽燕、越万里，而于径寸之内，犬牙可接；虽昭、穆九代，而于方寸之中，雁行有叙。使读者阅文便睹，举目可详，此其所以为快也。”其说甚谛。故后来学者，莫不韪之。郑樵《通志·序》至云：“《史记》一书，功在《十表》，犹衣裳之有冠冕，木水之有本原。”顾炎武《日知录》卷二十六“作史不立表志”条载朱鹤龄之说曰：“太史公《史记》，《帝纪》之后即有《十表》、《八书》。表以纪治乱兴亡之大略，书以纪制度沿革之大端。班固改书为志，而年表视

《史记》加详焉。盖表所由立，昉于周之谱牒，与纪、传相为出入。凡列侯、将相、三公、九卿，其功名表著者，既系之以传；此外大臣，无积劳亦无显过，传之既不可胜书，而姓名、爵里、存殁、盛衰之迹，要不容以遽泯，则于表乎载之。又其功罪事实，传中有未悉备者，亦于表乎载之。年经月纬，一览了如。作史体裁，莫大于是，而范书阙焉。使后之学者无以考镜二百年用人行政之节目，良可叹也。其失始于陈寿《三国志》，而范晔踵之。其后作者又援范书为例，年表皆在所略。（原注：姚思廉《梁》《陈》二书、李百药《北齐书》、令狐德棻《周书》、李延寿《南北史》皆无表志。）不知作史无表，则立传不得不多。传愈多，文愈繁，而事迹或反遗漏而不举。欧阳公知之，故其撰《唐书》，有《宰相表》，有《方镇表》，有《宗室世系表》、《宰相世系表》，始复马、班之旧章云。"则更详哉其言之矣。

且表次在篇第，编诸卷轴，得之不为益，失之不为损。

昌案：清儒若万斯同、朱彝尊皆不然子玄此说。《清史稿》卷四百八十四《文苑·万斯同传》载其语云："马、班史皆有表，而《后汉》、《三国》以下无之。刘知幾谓'得之不为益，失之不为损'，不知史之有表，所以通纪、传之穷者。有其人已入纪、传而表之者，有未入纪、传而牵连以表之者。表立而后纪、传之文可省，故表不可废。读史而不读表，非深于史者也。"斯同本此意以作《历代史表》，朱彝尊序之云："易编年为纪、传，古史之法微矣。其遗意犹存者，吾于表有取焉。表或年经而国纬，或国经而年纬，或主地，或主时，或主世系。事微不著者，录而见之。刘知幾曰：'于帝王则叙其子孙，于公侯则纪其年月，列行萦纡以相属，编字戢孴而相排，使读者阅文便睹，举目可详，此其所以为快也。'乃又诎其烦费无用，'得之不为益，失之不为损'，岂笃论乎？……鄞人万斯同，字季野，取历代正史之未著表者，一一补之，凡六十篇，益以《明史表》一十三篇。揽万里于尺寸之内，罗百世于方册之间，其用心也勤，其考稽也博，俾览者有快于心，庶几成学之助而无烦费无用之失者欤？昔之论史者，每以《汉书·古今人物表》为非，然韩祐续之，犹见收于《唐志》，矧季野所编皆历代正史所必不可缺者。用以镜当世之得失，虽附诸史并颁之学宫，奚不可也。"盖自万、朱之提倡，而清人表谱之学盛，成绩斐然矣。

异哉，班氏之《人表》也！

昌案：子玄于《汉书·古今人表》，颇致讥弹，亦见《品藻》篇、《杂说上》篇。《通志·序》称："班固不通旁行邪上，以古今人物强立差等。"亦指《人表》而言。张须《通志总序笺》云："班氏创作此表，后世弹射实多，（如魏张晏，唐刘知幾，宋吕祖谦、罗泌，明杨慎等。）而刘知幾《史通》实握其枢；许与亦繁，（如唐颜师古，宋黄履翁，清何焯、钱大昕、章学诚、梁玉绳等。）而章学诚《文史通义》实居其要。《史通》谓《人表》'上自庖牺，下穷嬴氏，不言汉事，而编入《汉书》。'（内篇《表历》。）又三科九等，言高义惬，而篇中所列，不类其叙。（内篇《品藻》。）《文史通义》则谓：'固以断代为书，承迁有作。凡迁《史》所阙门类，固则补之，非如纪、传事迹，但画西京为界也。向令去其九等高下之名，而以贵贱尊卑区别品地，或以都分国别异其标题，且明著其说，取补迁书，作列传之稽检，则其立例，当为后世通史一定科律。'（《亳州志掌故例议上》。）两家所论并善，而章氏之说尤通。郑君剧论班氏，自多贬词。然其'强立差等'一语，后之学者不能难也。"

自可方以类聚，物以群分，使善恶相从，先后为次，何借而为表乎？

向承周曰："不可为表，而可类聚群分，施之史策，若为体制？此数语殆不可解。"

昌案：此疑谓既有传则不必有表也。善恶相从，若《循吏》、《佞幸》诸传是；先后为次，则列传本多以时世相次也。"方以类聚，物以群分。"《易·系辞上》篇文。

书志第八

及班马著史，别裁书志，考其所记，多效《礼》经。

昌案：《文史通义》外篇卷三《亳州志掌故例议上》："司马迁绍法《春秋》，著为十二本纪。其年表、列传，次第为篇，足以备其事之本末；而于典章制度，所以经纬人伦，纲维世宙之具，别为八书以讨论之。班氏广为十志，后史因之，互有损益，遂为史家一定法矣。昔韩宣子见《易》象、《春秋》，以谓周礼在鲁。左氏综纪《春秋》，多称《礼》经。书志之原，盖出官礼。……郑樵乃云：志之大原出于《尔雅》，（昌案：见《通志序》。）非其质矣。”刘、章二说，大体同符。然洪饴孙《史目表》云：“按：《世本》有《作篇》，记占验、饮食、礼乐、兵农、车服、图书、器用、艺术之原，即太史公八书所本，后世诸志之祖。又有《居篇》，记帝王都邑，亦后世地理志所仿。但篇目稍异耳。”史公于纪、传、世家既取法《世本》，则八书当亦有取焉。

语其通博，信作者之渊海也。

昌案：《通志序》：“江淹有言：‘修史之难，无出于志。’诚以志者，典章之所系，非老于典故者不能为也。不比纪、传，纪则以年包事，传则以事系人，儒学之士皆能为之。惟有志难，其次莫如表。所以范晔、陈寿之徒，能为纪、传，而不敢作表、志。”（昌案：范《汉》本有十志，撰述垂毕而被祸，是以后世无传焉，非不敢作也。说详《古今正史》篇笺记。）又《日知录》卷二十六“作史不立表志”条黄汝成《集释》引顾炎武《救文格论》云：“作史莫难乎志。纪、传一人之始末，表、志一代之始末，非闳览博物者不能为。其考订之功，亦非积以岁月不能遍。自东京以后，典册既阙，人趋苟且。陈寿《三国志》始不立志，姚思廉《梁》、《陈》二史，李百药《北齐书》，令狐德棻《周书》，李延寿《南北史》并因之不立志。其他诸史虽立志而纰谬特多。夫无志不得为完史；有志而不淹贯，不得为良史矣。”

蔡邕曰意

浦起龙曰：“旧作‘《东观》曰记’，非。”

昌案：浦氏考《通志》两用《史通》此文，一作“蔡邕曰意”，一作“《东观》曰记”，知其俱为宋本之旧。惟章宗源《〈隋书·经籍志〉考证》卷十三《杂传补目后》云：“《后汉书》注《蔡邕别传》，言邕作《汉记》十意，有《律历意》、《礼意》、《乐意》、《郊祀意》、《天文意》、《车服意》，是史志之新名，可补《史通·书志》篇之阙。"则其所据《史通》，乃作"《东观》曰记"之误本。夫记乃《东观》史之总称，非史中书志以记为名也，而讹误若此，疑传本有作"《东观》曰意"者，谓《东观汉记》名志以意，或人不知，又改意为记耳。《论赞》篇固有"《东观》曰序"之语也。

又案：蔡邕为《东观汉记》作志而目为意者，盖避桓帝讳也。文廷式《纯常子枝语》卷二十六云："长沙周荇农阁学（寿昌）补注两《汉书》，余为考订数十条。今附著余说者，惟《蔡邕传》作十意，余以为不作志者避桓帝讳一条耳。（此说近刻《史学丛书》钱献之说似与余同。）今阅邵二云《南江札记》云：'《五帝本纪》："诗言意。"以意易志，疑后汉人避桓帝讳所改也。'赵明诚《书孔子庙置卒史碑》云：'《华阳国志》、《后汉书》注皆云：赵戒字志伯。此碑乃作意伯。疑其避桓帝讳，故改焉。'此二条皆足为余说之证。"（陈垣《史讳举例》卷八《秦汉讳例》虽于桓帝下举"赵戒字志伯，孔庙《置守庙卒史碑》作意伯"之证，然其书但有避讳改前代书名例（见卷三），而无避讳改当代书名例。《枝语》虽晚出，而周氏《后汉书注补正》具在，殆偶失检耳。）

张勃曰录

昌案：《史记·伍子胥传》《索隐》："张勃，晋人，吴鸿胪俨之子也，作《吴录》。"《隋志》："《吴录》三十卷，张勃撰。梁有，隋亡。"然吴曾《能改斋漫录》卷十五"石首鱼"条："予偶读张勃《吴录·地理志》云云。"不言其采自类书、古注，岂其书南宋时尚有传本乎？俟更考。

又案：章宗源《〈隋书·经籍志〉考证》卷一："《水经·浪水》注引：'鳍鱼，子朝索食，暮还入母腹。'《左传》宣公《正义》：'武陵沅南县以南皆有犀。'《文选·笙赋》注：'湘东酃以为酒，有名。'谢灵运《登临海峤》诗注：'郯县有天姥峰。'张衡《七命》注：'吴兴乌程县酒有名。'《初学记·兽部》：'九真郡、庞郡多象，生山中，郡内及日南饶之。'并题《吴录·地理志》。《艺文类聚》、《太平御览》、《寰宇记》所引，其题《地理志》者尤伙。是知《史通》之言，误以《吴录》总名相混，不知《录》内分篇，实仍名志也。"考《史通》行世各本，此句皆无异文，《通志序》所引亦同，知自是子玄之偶误也。

悬象出于天文

向承周曰:“《开元占经》十引何法盛《悬象说》。《占经》引法盛书言天文者二十余条,皆此中文。上文‘何法盛曰说’,说即志也。”

昌案:章宗源《〈隋书·经籍志〉考证》卷一与向说略同,而在其前。《易·系辞上》篇:“悬象著明,莫大乎日月。”此何氏立名所本。

百官、舆服,谢拾孟坚之遗。

昌案:《汉书·百官公卿表》实兼具志、表二体。上篇但述官制、禄秩,与后史百官志无殊。故司马彪《续汉书·百官志序》曰:“唯班固著《百官公卿表》,记汉承秦置官本末,讫于王莽,差有条贯。然皆孝武奢广之事,又职分未悉。世祖节约之制,宜为常宪。故依其官簿,粗注职分,以为《百官志》。凡置官本末,及中兴所省,无因复见者,既在《汉书·百官表》,不复悉载。”是彪自以此志乃前书《百官公卿表》之续也。子玄谓班固不为百官作志,而嘉谢承之能拾遗,岂非仅循名而不责实欤?

但《史记》包括所及,区域绵长,故书有《天官》,读者竟忘其误。榷而为论,未见其宜。班固因循,复以《天文》作志。志无汉事,而隶入《汉书》,寻篇考限,睹其乖越者矣。降及有晋,迄于隋氏,或地止一隅,或年才二世,而彼苍列志,其篇倍多。流宕忘归,不知纪极。方于汉史,又孟坚之罪人也。

昌案:余嘉锡《四库提要辨证》卷三“《隋书》”条曰:“今案《汉书·天文志》为马续所作,《古今正史》篇具有明文,纵使未臻尽善,亦不当归罪孟坚。况后半篇自汉元年五星聚东井起,至哀帝元寿元年岁星入太微止,文占全志十分之四,皆记西京之天变,安得言‘志无汉事’?考其纪年,无违于断限,曾何乖越之有乎?若夫有晋初起,虽仅据中原;及太康平吴,已囊括宇内。观其星纪之分野,其地岂止一隅?《隋志》所书五代灾变,(《晋志》题天变史传验事,《隋志》题五代灾变应,皆居全志之半。)上起梁武,下尽隋炀,北括齐、周,南苞陈氏,所纪二十余君,何谓‘年才二世’?知幾之言,动成乖谬矣。至于《汉志》才及一篇,《晋》、《隋》辄盈三卷,故谓其书倍多；然《烦省》篇不云乎：‘地之偏小，年之窘迫，适使作者采访易洽，巨细无遗，耆旧可询，隐讳咸露，小国之史，所以不减大邦。’然则即令典午建国，地止一隅；普六传家，（杨坚父忠，赐姓普六茹氏。）年才二世，亦何慊于文字之多乎？盖知幾天资高迈，于书非其所喜，辄难为讽读。（见《自叙》篇。）故于史传所载之辞赋，尚嫌其交错纷扰，阅之懵然。（见《载言》篇。）而淳风撰志，喜叙源流。星占月会之文，浑图周髀之说，连篇累牍，惟恐不详。知幾多所未通，尤为厌薄，遂废书而叹，掩卷不观，因讥近史之非，并纠前书之失。故其言曰：‘国史所书，宜述当时之事。必为志而论天象也，但载其时彗孛氛祲，薄食晦明，裨灶、梓慎之所占，京房、李郃之所候；至如荧惑退舍，宋公延龄；中台告坼，晋相速祸；星集颍川而贤人聚；月犯少微而处士亡；如斯之类，志之可也。若乃体分濛澒，色著青苍，丹曦素魄之躔次，黄道紫宫之分野，既不预于人事，辄编之于策书，故曰：刊之国史，施于何代不可也。’知幾此说，固不为无理。然《汉书·天文志》，其前仅述星宿日月风雷云气，《晋》、《隋》两书，又益以天体仪象之属。此诚无与于人事，议之可也。（所议亦未是。说详于后。）至于篇末所记，无非当世之事，与知幾之言，不谋而合。傥能阅之终篇，必将抚掌称快，喜其先得我心。奈何观书如走马看花，发言似兀的放矢；徒诮人之买菜，不觉己之亡羊乎？尝试论之，自司马迁以太史公世掌天官，不治民，故其撰《史记》，作《律》、《历》、《天官》之书，（今《史记·律书》、《历书》皆后人补作，故《汉书》不用其说，与《天文志》之袭《天官书》者不同。）以明文史星历之学，所以志家传，重官守也。后世史官沿之，不废其学，既匪专门，不免违才易务。惟李淳风之于唐，以太史令兼领著作，与修两书。撰此诸志，为能才堪其任，用专其长。继轨龙门，一人而已。知幾以‘流宕忘归，不知纪极’议之，不知欲记其事，必先明其理。魏、晋以后，天文家之说，正自多途，陈寿《魏书》，阙而不志；沈约《宋史》，志而不详。傥不收拾放坠，将致湮没不传。知幾论史，重纪、传而轻表、志，遂多不满之论。《提要》因之，亦复吹毛求疵，所谓短人观场，随声附和者矣。”余氏此论，足为子玄诤友。考《史官建置》篇云：“寻自古太史之职，虽以著述为宗，而兼掌历象日月，阴阳管数。”此即史公创体，即有《律》、《历》、《天官》诸书之由来；亦犹之乎史官兼掌图籍，故班生续书，又本向、歆父子，出《艺文》一志，以补司马氏所未备也。子玄虽具知史官兼职之事，而意存颛固，识昧变通，故力诋天文、艺文诸志，宜其来后贤之纠也。

续汉已还，祖述不暇。夫前志已录，而后志仍书……

昌案：余嘉锡《目录学发微·目录学源流考上篇》云："今司马彪《续汉志》尚存，并无《艺文志》；则此'续汉'二字，盖泛指诸家《后汉书》言之，疑他家亦或有志艺文者，不止袁山松也。其云'前志已录，后志仍书'，知其体仍兼录前朝书，并不断代。《七录序》所谓'后有著述，袁山松录在其书'者，盖略言之，非谓仅录后汉人之著述也。"

而近世有著《隋书》者，乃广包众作，勒成二志，骋其繁富，百倍前修。非唯循覆车而重轨，亦复加阔眉以半额者矣。

昌案：子玄此说未安，后来颇有论之者。其关于天文志者，说已见前。其关于艺文志者，则如胡应麟《少室山房笔丛》卷三《经籍会通三》云："原夫艺文之为志也，虽义例仍乎前史，实纪述咸本当时。往代之书，存没非此无以考；今代之蓄，多寡非此无以征。故魏、晋迭兴，盛衰迥绝；齐、梁接踵，贮积悬殊。且前人制作，世日以寡；后人著述，世日以增。遍读历朝诸志，卷轴简编，靡有同者。粤自晋、唐而下，懿君贤弼，元弗究心。考文大典，意在斯乎。刘知幾《史通》以为附赘悬疣，雷同一律，而大讥《隋史》之非。此疏卤之谭，匪综核之论。即《后汉》一书，艺文无志，而东京一代典籍茫然，他可概矣。"朱彝尊《经义考》卷二百九十四《著录》篇云："班固《汉书》依《七略》作《艺文志》，诚良史用心，而史家体例之不可少者也。其后唯袁山松撰《后汉书》有《艺文志》，顾不传。自晋以下国史皆无述焉。至《隋书》始勒成《经籍志》，附著《七录》之目于下，经典借是略存。而刘知幾《史通》反讪之，谓骋其繁富，凡撰志者，宜除此篇。抑何见之褊乎？"皆足以匡其失。

其理有不安，多从沿革。

昌案：谓不安则改革之。云沿革者，犹《史记·仓公传》之言"缓急非所益”,《文选》李陵诗之言“安知非日月”,皆复词偏义也。

语曰:太岁在酉,乞浆得酒;太岁在巳,贩妻鬻子。

昌案:严可均《全晋文》卷五十五辑袁准《袁子正书》:“语曰:‘岁在申酉,乞浆得酒;岁在辰巳,嫁妻卖子。’夫盛衰更代,丰荒相半,天之常道也。”又宋人撰《五色线》卷下引唐张鷟《朝野佥载》:“太岁在午,人马食土;岁在辰巳,货妻卖子;岁在申酉,乞浆得酒。”(今本《朝野佥载》无此语。)皆与《史通》及浦注引《意林》大同小异。

探赜索隐

昌案:《易·系辞上》篇:“探赜索隐,钩深致远。”

高宗谅阴

昌案:《尚书·无逸》:“乃或亮阴,三年不言。”《论语·宪问》篇:“高宗谅阴。”《礼记·丧服四制》篇作“高宗谅闇。”谅阴之义,《论语集解》引伪孔《书》传云:“谅,信也。阴,犹默也。”邢疏:“郑玄以为凶庐。”(见《礼记》注。)两家所释绝异,三经注疏具详。要皆指天子诸侯居丧之事。惟近郭沫若撰《驳说儒》,别立新解,略谓:闇或阴即近代医学中所谓不言症。闇与阴皆假借为喑,闇喑皆从音得声,阴喑同在侵部。《文选·思玄赋》:“经重喑乎寂寞兮。”旧注:“喑,古阴字。”故皆可通。谅与亮,盖明确真正之意,谓高宗不言,非由伪饰。武丁时卜辞,每多“今夕王言”或“今夕王乃言”之卜,即殷高宗曾患不言症之明证云。

亳都实生桑穀

昌案:孙志祖《读书脞录》卷五“大戊桑穀”条:“《汉书·五行志》中之下曰:‘《书序》云:“伊陟相太戊,亳有桑穀共生。”刘向以为殷道衰,高宗承弊而起,尽谅阴之哀,天下应之,既获显荣,怠于政事,而国将危亡,故桑穀之异见。’颜师古注云:‘桑穀自大戊时生,谅阴乃高宗之事,而此云桑穀即高宗时出,其说与《尚书大传》不同,未详其义也。或者伏生差谬。’志祖案：近刻《尚书大传》亦以桑穀生朝为武丁事，与刘向说正合。岂师古误记而反以伏生为差谬乎？或注本云其说与《大传》同，传写者误衍不字尔。《容斋三笔》但讥颜注委曲为辨，亦未及细核《大传》。又案：《五行志》所引《传》曰云云，即《尚书大传》也。疑《大传》自属太戊，不应与《书序》乖违。近刻或出后人误采《说苑》之文以入伏书，更详考之。”钱大昕《廿二史考异》卷七“《汉书·五行志中之下》”条：“此自刘向差谬，非伏生误也。《郊祀志》亦以桑穀为大戊事。”

子曰：“盖有不知而作之者，我无是也。”

昌案：《论语·述而》篇文。

又曰：“君子于其所不知，盖阙如也。”

昌案：《论语·子路》篇文。

又曰：“知之为知之，不知为不知，是知也。”

昌案：《论语·为政》篇文。

谈何容易

昌案：《汉书·东方朔传》文。

驷不及舌

昌案：《论语·颜渊》篇文。

既天文有志，何不为人形志乎？

纪昀曰：“此条最悖。”浦起龙曰：“人形、方言二项是设辞特假设以决天文、艺文之当除耳。”

昌案：浦说殆得子玄之意。周中孚《郑堂札记[redacted]“〈史记·扁鹊传〉所载赵简子、虢太守、齐桓侯三[redacted]公传》齐御史成以下二十二则，乃后世医案之祖。《[redacted]医类案》因取以分列各类之前。然全传中尚多至理[redacted]

《正义》一篇，即可当刘子元所谓人形志读也。”（以子[redacted]避清圣祖讳也。）如纪、周之说，似子玄真欲于史为人[redacted]其然乎？

盖可以为志者，其道有三焉，一曰都邑志，二曰氏族志……

昌案：郑樵《通志》二十略中有《氏族略》第一，《都邑略》第六，盖即本之子玄，此亦《史通》沾丐后学之一证。而《通志序》乃自诩诸略为“汉、唐诸儒所不得而闻”，未免言大而夸矣。

虎踞龙蟠，帝王表其尊极。

昌案：庾信《庾子山集》卷二：《哀江南赋》：“昔之虎踞龙盘。”倪璠注引张勃《吴录》曰：“刘备曾使诸葛亮至京，因睹秣陵山阜，乃叹曰：‘钟山龙盘，石城虎踞，帝王之宅也。’”

代国初迁

昌案：梁章钜《浪迹丛谈》卷九“魏代兼用”条：“《魏书·道武纪》：天兴元年，群臣言，国家万世相承，启基云代，应以代为号。帝下诏，宜仍先以魏为号，似当时改号称代，帝实不从。而《崔浩传》又云：‘昔太祖道武皇帝，应天受命，开拓洪业，诸所制置，无不循古。以始封代土，后为魏，故代魏兼用，犹彼殷商。’则与本纪之言不应。今考太武二年《始平公造象记》云：‘暨于大代。’又太和七年《孙秋生造象记》亦题大代，而《修中岳庙碑》于大代又凡两见。又延昌三年《司马景和妻墓志铭》首题魏代，皆与《崔浩传》合。则恐本纪疏矣。”（焦竑《焦氏笔乘》卷二“兼称代魏”条所说大同而举证较略，不更引。）子玄此书，代魏兼用，亦仍当时之旧也。

谱牒之作，盛于中古，汉有赵岐《三辅决录》……

昌案：张澍《三辅决录辑本序》：“据其自序并昔人征引逸篇，其书不类谱谍。”（章宗源《〈隋书·经籍志〉考证》卷十三说同。）

论赞第九

《东观》曰序

昌案：由云龙辑李慈铭《越缦堂读书记》卷三“高似孙《史略》”条云：《史略》“载《东观记》中《邓禹传序》、《吴汉传序》两首，文甚完美，可补入《四库》辑本，又可证《东观记》以论为序也”。二序盖《东观汉记》论赞之仅存者。《四库》馆臣未见《史略》，故其辑本亦失收。

观过知仁

昌案：《论语·里仁》篇：“观过斯知仁矣。”

史之有论也，盖欲事无重出，文省可知。

昌案：此节当与《叙事》篇“有假赞论而自见者”一节参读。

纪论不殊，徒为再列。

浦起龙曰：“上言论，下言赞，此处分截。”

昌案：本篇前半兼二体以立言，不独论纪传，与《本纪》以次诸篇小异，以编年之史亦有论也；后半专就纪传体以立言，以赞为编年之史所无也。

既而班固变为诗体，号之曰述。

昌案：《汉书·叙传》颜注：“自‘皇矣汉祖’以下诸叙，皆班固自论撰《汉书》意。此亦依放《史记》之叙目耳。史迁则云为某事作某本纪、某列传。班固谦不言然，而改言述，盖避作者之谓圣，而取述者之谓明也。但后之学者不晓此为《汉书》叙目，见有述字，因谓此文追述《汉书》之事，乃呼为《汉书》述，失之远类。挚虞尚有此惑，其余曷足怪乎！”(今存挚虞《文章流别论》佚文无此说。惟《文心雕龙·颂赞》篇云：“至相如属笔，始赞荆轲，及迁《史》固《书》，托赞褒贬，约文以总录，颂体以论辞，又纪、传后评，亦同其名，而仲洽《流别》，谬称为述，失之远矣。”可以取证，亦从知师古之论，即本彦和。）姚范《援鹑堂笔记》卷二十六论《汉书·叙传》此文云："颜注辨此为叙目之叙，不当名述。按刘之遴所论葫芦《汉书》古本亦以此叙为述。刘子元《史通·论赞》篇亦云，班固变史迁之叙为诗体，号之曰'述'。《文选》善注《三都赋序》亦曰《汉书》述。又《后书·固传》自'汉绍尧运'至'凡百篇'，悉本其文，仅易'以述《汉书》'为'固以为'，是范《书》亦以此叙目为《汉书》述矣。又《吴志》华覈救韦曜疏亦云：'《吴书》虽已有头角，叙赞未述。'亦名此为述矣。"然"以述《汉书》"及"叙赞未述"之述，皆作动词用，与《文章流别》、《文选注》、《史通》之直以述为论赞之别名者又自殊异。以理而论，师古之说自长，子玄云云，亦所谓约定俗成耳。

寻述赞为例

昌案：据上文"班固变为诗体，号之曰述；范晔改彼述名，呼之以赞"之言，则知此以"述"、"赞"连言及《文选》列史述赞一体，次诸史论之后者，皆谓"史述"与"史赞"，盖以附之全书之末当叙目之用者为史述，附之每篇之尾申明助之功者为史赞也。是以《文选》甄录，则有《汉书》之述三首与《后汉书》之赞一首。然史述之名，究属不典，统名为"赞"，于义为长，故《文心雕龙·颂赞》篇云："及迁、固史书，托赞褒贬，约文以总录，颂体以论辞。又纪、传后评，亦同其名。而仲洽《流别》谬称为述，失之远矣。"至章学诚《文史通义》内篇卷一《诗教下》篇论《文选》分类之失，乃云："今于史论之外，别出一体为史述赞，则迁书《自序》所谓'作《五帝本纪》第一'、'作《伯夷列传》第一'者，又当别出一体为史作赞矣。"虽肆讥弹，而于"述"、"赞"二字连文之故，殆全不了了，故讥之是也，而所讥则非。

然固之总述，合在一篇……蔚宗《后书》，实同班氏，乃各附本事，书于卷末。……而后生作者，不悟其非。

昌案：赵翼《陔馀丛考》卷五《后汉书》二条："史迁于各纪、传后，有太史公论断一段。班《书》仿之，亦于各纪、传后作赞。是班之赞即迁之论也。乃范《书》论之后又有赞。赞之体用四字韵语，自谓体大思精，无一字虚设，以示独辟，实则仍仿《史记》、《汉书》末卷之叙述，而分散于各纪、传之下，以灭其踵袭之迹耳。不知《史》、《汉》之叙述，篇各有引词，所以自明作书之本意，云为此事作某本纪，为此事作某年表，为此事作某世家、列传。班《书》因之，又谦而改作为述，亦所以明作某纪某传之意。故论赞之外，以此系之于卷末，不嫌复也。范《书》之赞，则非为此，但于既论之后，又将论词排比作韵语耳。岂不辞费乎？”《文史通义》外篇卷三《答甄秀才论修志第二书》：“史迁序引断语俱称太史公曰云云，所以别于叙事之文，并非专标色目。自班固作赞，范史撰论，亦已少靡。南朝诸史（昌案：当云唐人所修南北《齐》、新《晋书》。）则于传志之末，散文作论，又用韵语仿孟坚自叙体以缀论文之后，屋下架屋，斯为多文。”二家皆本子玄之说而畅言之。

魏收称尔朱可方伊、霍。

昌案：《四库提要》卷四十五“《魏书》”条：“收以是书为世所诟厉，号为秽史。今以收传考之，如云，收受尔朱荣子金，故减其恶。其实荣之凶悖，收未尝不书于册。至论中所云，若‘修德义之风，则韩、彭、伊、霍，夫何足数？’反言见意，正史家之微词，指以虚褒，似未达其文义。”周一良《魏收之史学》亦同此说，谓：“其词是褒是贬，昭然明白，乃后人断章取义，如《史通·论赞》篇之比，谓收受荣子之金，而拟荣于伊、霍，全失史家抑扬之意，不亦疏乎？”

则五车难尽

昌案：《庄子·天下》篇：“惠施多方，其书五车。”

一言以蔽之

昌案：《论语·为政》篇：“子曰：‘《诗》三百，一言以蔽之，曰：思无邪。’”古人或以一句为一言，此文是也。或以一字为一言，《论语·卫灵公》篇：“子贡问曰：‘有一言而可以终身行之者乎？’子曰：‘其恕乎。……’”是也。本书《叙事》篇：“故应以一言蔽之者，辄足为二言。”乃以一言为一字，与本篇义别。

序例第十

窃以《书》列典、谟，《诗》含比、兴，若不先叙其意，难以曲得其情。

昌案：《诗》义非《序》不明之理，先师蕲春黄君《文心雕龙·比兴》篇札记言之甚详。若《书》则事详文内，似与《诗》有别，不可一概论也。

譬夫方朔始为《客难》，续以《宾戏》、《解嘲》；枚乘首唱《七发》，加以《七章》、《七辩》。音辞虽异，旨趣皆同。此乃读者所厌闻，老生之恒说也。

昌案：唐以前作七者四十家，然无《七章》。刘劭、应贞皆有《七华》，疑《七章》乃《七华》之误。洪迈《容斋随笔》卷七"《七发》"条："枚乘作《七发》，创意造端，丽旨腴词，上薄骚些，盖文章领袖，故为可喜。其后继之者，如傅毅《七激》、张衡《七辩》、崔骃《七依》、马融《七广》、曹植《七启》、王粲《七释》、张协《七命》之类，规仿太切，了无新意，傅玄又集之以为《七林》，使人读未终篇，往往弃诸几格。柳子厚《晋问》乃用其体，而超然别立新机杼，激越清壮。汉、晋之间诸文士之弊于是一洗矣。东方朔《答客难》，自是文中杰出。扬雄拟之为《解嘲》，尚有驰骋自得之妙。至于崔骃《达旨》、班固《宾戏》、张衡《应间》，皆屋下架屋，章摹句写，其病与《七林》同。及韩退之《进学解》出，于是一洗矣。"

浦起龙曰："已上止就篇序言。"

又案：本篇前半论篇序，但就纪传体为言。后半论例，则亦兼及二体，以全史序例为纪传、编年史所共具也。故干宝、邓粲、孙盛、檀道鸾诸家之作，皆在讨论之列。

若沈《宋》之《志序》，萧《齐》之《序录》，虽皆以序为名，其实例也。

昌案：缪荃孙《云自在龛随笔》卷一《论史》云："今沈约《志序》尚存，子显《序录》不复见矣。（案：《南齐书》今缺一卷，即《序录》也。《南史·子显传》载其自序二百余字，其即《序录》中语乎？"）

干宝、范晔，理切而多功。

昌案：干宝《晋纪》今佚。本书《书事》篇：“昔荀悦有云：‘立典有五志焉……’干宝之释五志也，‘体国经野之言则书之，用兵征伐之权则书之，忠臣、烈士、孝子、贞妇之节则书之，文诰专对之辞则书之，才力技艺殊异则书之’。”盖其书序例之仅存者。至若范《书》虽存，序例亦佚，洪颐煊尝加搜辑，略见一斑。其《读书丛录》卷二十二“《后汉书》序例”条云：“《后汉书·光武帝纪》李贤注：‘例曰：“多所诛杀曰屠。”’又注：‘臣贤案：范晔序例云：“帝纪略依《春秋》，惟孛、彗、日食、地震书，余俱悉备于志。”’《安帝纪》李注：‘序例曰：“凡瑞应，自和帝以上，政事多美，近于有实，故书见于某处；自安帝以下，王道衰阙，容或虚饰，故书某处上言。”’颐煊案：《后汉书》序例今亡。《史记·高祖本纪》《索隐》引范晔云：‘得城曰拔。’《隋书·魏澹传》，范晔云：‘《春秋》者，文既总略，好失事形。今之拟作，所以为短。纪传者，史、班之所变也，网罗一代，事义周悉，通之后代，此焉为优，故继而述之。’当亦序例之文。”《书事》篇称：“采二家之所议，征五志之所取，盖记言之所网罗，书事之所总括，粗得于兹。”刘昭《注补续汉书八志序》亦云：“范晔《后汉》良史……序例所论，备精与夺。”皆可与“理切而多功”之言互证。

而魏收作例，全取蔚宗。贪天之功，以为己力……攘袂公行，不陷穿窬之罪也？

昌案：周一良《魏收之史学》云：“收书本有序例，惜已亡佚，故其书法用意多不可晓。《史通·序例》篇谓：‘魏收作例，全取蔚宗。’《题目》篇又谓《魏书》题卷，因袭范氏。‘至范晔举例，始全录姓名。历短行于卷中，丛细字于标外。其子孙附出者，注于祖先之下。……魏收因之，则又甚矣。’今案题卷具书名姓，为便寻检，固远胜旧史之只书姓氏，不翻卷文，则不识何人也。知幾之论，无乃吹求？然亦足为伯起师法蔚宗之一证。更观《魏书》传志标目及纪传之次序，亦多合乎范氏，知伯起确尝取则于蔚宗也。然子玄《序例》全取蔚宗之言则不然，《后汉书》……《安帝纪》：‘元初三年春正月，东平陆上言木连理。’注：‘序例曰：“凡瑞应，自和帝以上，政事多美，近于有实，故书见于某处；自安帝以下，王道衰缺，容或虚饰，故书某处上言也。"'……今考《魏书·灵征志》,(《魏书》灾祥不书于本纪,皆见志,亦例之善者。)自世祖神䴥元年至静帝武定六年,盛书甘露降于某地,或书某地上言甘露降。同在世宗之世,景明三年、永平元年、延昌二年皆书甘露降于某地,而延昌三年又书'齐州上言甘露降'。同在武定六年,而三月书'甘露降于京师',四月书'太山郡上言甘露降'。同在齐州,而延昌二年书'甘露降于齐州清河郡',三年即书'齐州上言甘露降'。其言某地木连理,与某地上言木连理者,参差错杂,亦复相同,盖初无意义也。范氏谓安帝以后王道缺,故概书上言,取安帝为断。收如用其例,亦当定一区划,乃参差若此,岂王道忽然有盛衰,抑收能辨甘露、连理之虚实与否而分别书之也?子玄之诬,不待辨而明矣。"

案皇朝《晋书》例云:

昌案:钱大昕《十驾斋养新录》卷六"《晋书》叙例"条:"《晋书》纪、志、列传、载记百三十卷之外,别有叙例一卷、目录一卷。今目录犹存,而敬播所撰叙例久不传矣。其见于《史通》者,一云:'凡天子庙号,惟书于卷末。'一云:'班《汉》皇后,除王、吕之外,不为作传,(昌案:《汉书》吕后为纪,王后为传,此统举之。)并编叙行事,寄出《外戚》篇。'一云:'坤道卑柔,中宫不可为纪,今编同列传,以戒牝鸡之晨。'"考竹汀所举,一条、三条见本篇,二条载《杂说中》篇。

百药《齐书》例云:"人有本字行者,今并书其名。"

昌案:姚范《援鹑堂笔记》卷三十三云:"然则《齐书》旧有史例,今并亡矣。"

此并非言之难,行之难也。

昌案:《尚书·说命中》篇:"非知之艰,行之惟艰。"

以戒牝鸡之晨

昌案:《尚书·牧誓》:"牝鸡无晨。牝鸡之晨,惟家之索。"伪孔《传》:

“索，尽也。喻妇人知外事。雌代雄鸣则家尽，妇夺夫政则国亡。”

题目第十一

案吕、陆二氏，各著一书，唯次篇章，不系时月，此乃子书、杂记，而皆号曰“春秋”。

昌案：周中孚《郑堂札记》卷二云：“《楚汉春秋》，《汉志》列在《春秋》家，司马贞以为记项氏与汉高初起及惠、文间事。（《史记·陆贾传》《索隐》。）今虽已佚，当刘氏时，其书尚存。（颜师古注《汉书》、李善注《文选》及《太平御览》皆引之。）何得与《吕氏春秋》并目为子书杂记？岂因《新语》而误涉与？”然子玄此之所云，乃以子书与杂记分承吕、陆二书，意谓《吕氏春秋》为子书，《楚汉春秋》为杂记耳。考《史通》立名之例，或通或专，视宜而用。如此称杂记者，盖通指正史以外诸史家杂著言之，乃大共名也；而杂记之名，又或以专指“求其怪物，有广异闻”之作，若《志怪》、《搜神》、《幽明》、《异苑》，则小共名也。亦犹之乎通称正史以外诸史家杂著为偏记，乃大共名；而偏记之名，又或以专称“权记当时，不终一代”之作，若《楚汉春秋》、《山阳载记》，亦小共名也。（均见《杂述》篇。）信之此论，盖既未达《史通》词言之情，复昧于子玄撰述之例矣。

鱼豢、姚察著魏、梁二史，巨细毕载，芜累甚多，而俱榜之以略，考名责实，奚其爽欤？

浦起龙引《陈书·姚察传》察撰梁史事，云：“按史无梁略之名，而刘氏云尔，定是察稿初名。”

昌案：《隋志》：“《梁后略》十卷，姚最撰。”《周书·艺术传》：“最字士会，幼而聪敏，及长，博通经史，尤好著述……撰《梁后略》十卷，行于世。”本书《杂述》篇、《杂说下》篇亦尝论列其书。察则其兄也。章宗源《〈隋书·经籍志〉考证》卷二引《史通》此文，云：“姚察当作姚最。”（其说甚是，朱希祖《萧梁旧史考》说与章同。）当据正。浦说非。

又案：《说文》十三篇上：“略，经略土地也。”段玉裁注：“凡经界曰略。”

章太炎先生《检论》卷二《徵七略》亦曰："略者，封域之正名。"故刘歆总群书而奏《七略》。史籍称略，义取于此。子玄以粗略要略之略为训，非其本始也。

而何氏《中兴》，易志为记。

昌案：本书《书志》篇："何法盛曰说。"《开元占经》尝引何氏《晋中兴书·悬象说》，即他史之天文志，已见《书志》篇笺记。则章宗源《〈隋书·经籍志〉考证》卷一校此文云："记乃说字之讹。"是也。其称志为记者，乃王隐《晋书》，汤球辑本有《瑞异记》、《石瑞记》等是。然此记字，诸本皆同，则传写之误久矣。

董、袁群贼

昌案：本书《品藻》篇则云："袁、董并曰英雄。"此亦任情抑扬，自相矛盾，未能申藻镜而别流品也。

择善而行

昌案：《论语·述而》篇："择其善者而从之。"

至范晔举例，始全录姓名……烦碎之至，孰过于此。

昌案：此节当与《因习》篇互证。彼文云："范晔既移题目于传首，列姓名于传中，而犹于列传之下，注为《列女》、《高隐》等目。苟姓名既书，题目又显，是则邓禹、寇恂之首，当署为公辅者矣；岑彭、吴汉之前，当标为将帅者矣。触类而长，实繁其徒。何止列女、孝子、高隐、独行而已。"

断限第十二

遂相交牙

昌案：《易·大畜》："六五，豮豕之牙。"《释文》引郑康成云："牙读为互。"《汉书·谷永传》："百官盘互。"颜注："盘结而交互也。互字或作牙，言如豕牙之盘曲，犬牙之相入也。”互字形体亦作𤘘，故易与牙字混淆。阮阅《诗话总龟》前集卷二博识门载刘攽《贡父诗话》：“前世所称驵侩，今人谓之牙……世不晓所谓。道原云：‘本谓之互，即互市事尔。唐人书互作𤘘，𤘘似牙字，因转读为牙。’其理如可信。”吴曾《能改斋漫录》卷四“牙郎”条亦主《贡父诗话》所引刘恕之说，并云：“予考《肃宗实录》安禄山为互市牙郎盗羊事，然则以𤘘为牙，唐已然矣。画短为𤘘画长为牙。”徐树丕《识小录》卷三“小学不讲”条亦以“互作牙”为“今人所共昧”。皆其证也。此交牙疑亦本为交𤘘。盖下文有云：“非唯理异犬牙。”亦用《汉书·文帝纪》“犬牙相制”语。不独骈俪之文，十余行内，运典遣辞，深忌重出；且“开其首端”平起，“遂相交互”仄落，亦于文律为宜。观《六家》篇亦有“纪传𤘘出”语，字即作“𤘘”，则本书固尝用之矣。而《称谓》篇有云：“及后来作者，颇慕斯流，亦时采新名，列成篇题。”题字下注：“音第。”知子玄于声律颇复措意，亦足旁证交牙之当为交𤘘。

可谓狂简不知所裁者焉

昌案：《论语·公冶长》篇：“吾党之小子，狂简，斐然成章，不知所以裁之。”

子曰：“不在其位，不谋其政。”

昌案：《论语·泰伯》篇，又《宪问》篇文。

若《汉书》之立表、志，其殆侵官离局者乎。……纪、传所存，唯留汉日；表、志所录，乃尽牺年。……但固之踳驳，既往不谏，而后之作者，咸习其迷。《宋史》则上括魏朝，《隋书》则仰苞梁代。

昌案：余嘉锡《四库提要辨证》卷三“《宋书》”条：“夫传因人立，考其年月仕履，固可断归某朝；志以事分，举凡制度典章，孰非上承前代？《汉书》十志，虽曰继轨八书，而名既不同，体由创制。汉用秦仪，秦变周典，使不追叙沿革，何以剖判沿流？以此议班，事同胶柱。若沈约《宋史》，上括魏朝，盖因三国无志，用此补亡。斯诚史氏之良规，安可反用为讥议乎？……然约自有《晋书》一百二十卷，(《隋志》、《梁书》均作一百一十卷，此据《宋书·自序》。)而《宋书》诸志，复叙晋事。重规叠矩，未喻其理。将由晋承魏后，介在两朝，取便行文，不欲中断耶？……岂《晋》、《宋》两志，详略互见欤？今《晋书》既亡，莫由考其异同矣。”

举一反三

昌案：《论语·述而》篇：“举一隅，不以三隅反，则不复也。”

胶柱调瑟

昌案：《史记·赵奢传》：“蔺相如曰：‘王以名使括，若胶柱而鼓瑟耳。括徒能读其父书传，不知合变也。’”

既往不谏

昌案：《论语·八佾》篇：“成事不说，遂事不谏，既往不咎。”陶潜《陶靖节集》卷五《归去来兮辞》：“悟已往之不谏。”

氐羌有录

昌案：钱大昕《十驾斋养新馀录》卷中“何法盛书”条：“何法盛《晋中兴书》，名目与诸史异，本纪曰典，表曰注，志曰说，列传曰录，论曰叙，并见刘氏《史通》。……《氐羌录》当亦法盛书篇名。”钱说是也。章宗源《〈隋书·经籍志〉考证》卷一尝引何书佚文以实子玄所述。

魏本出于杂种

昌案：赵翼《陔馀丛考》卷三十八“杂种畜生王八”条：“俗骂人曰杂种……《后汉书·西羌传》：‘滇零等招集诸杂种。’《晋书·燕载记》曰：‘蠢兹杂种，奕世弥昌。’此杂种之名所由始也。”此称疑起东汉，故范《汉》屡见，如《度尚传》称“杂种诸蛮”，《马融传》称“杂种诸羌”，皆是。其始盖汉族对异族之贱称，后乃转作普通詈人之语。赵氏处清世文网甚密之代，虽知其朔义，固不敢质言，其引史文，似亦不无忌讳。

遂乃南笼典午，北吞诸伪，比于群盗，尽入传中。

昌案：周一良《魏收之史学》云："《史通·断限》篇讥《魏书》为东晋、宋、齐、梁诸帝及十六国之君立传，谓失断限。然南朝及十六国皆与魏交通，聘贡争战不绝。尽书其事于本纪，则繁冗失体；如缺不书，则事不完。而本纪之外，又无可附丽，故特为立传，详本纪之未备。子玄谓魏初服属于晋及秦、赵，列之于传为厚颜，则《后书》之传更始亦为厚颜乎？刘氏又言：'张、李诸姓，据有凉、蜀。其于魏也，校年则前后不接，论地则参商有殊，何预魏氏，而横加编载？'今考张氏、李氏传屡载朝贡事，李雄且与魏穆帝约分天下，乌得谓为无预？况自《史》、《汉》以来，皆载外国事于列传，而观其与中国之关系，多不过朝贡已耳。将尽以为无断限耶？《断限》篇又云：'魏刊水运，下列高王……越次而载，孰曰攸宜？'今考《魏书》时称齐武献王，以身仕齐朝，不得不尔。高欢之在魏末，事功固有足述者，岂可一概不载，待入齐史乎？越次之云，适同无的放矢耳！"此论诚有中《史通》之失者。然子玄《断限》之议，乃以正朔为其出发点。上文云："自五胡称制，四海殊宅，江左既承正朔，斥彼魏、胡，故氐羌有录，索虏成传。"是赞许何法盛、沈约之言。元魏以"杂种称制"，而魏收亦以南朝及十六国尽入传中，殆自忘其僭盗，所以为"厚颜之甚"也。周文于此，似偶失照。

异乎吾所闻

昌案：杜预《春秋经传集解序》："异乎余所闻。"

编次第十三

用使阅之者雁行鱼贯

昌案：《文选》鲍照《代出自蓟北门行》："雁行缘石径，鱼贯度飞梁。"

朱紫以之混淆

昌案：《论语·阳货》篇："恶紫之夺朱也。"

冠屦于焉颠倒

昌案:《汉书·贾谊传》:“履虽鲜不加于枕,冠虽敝不以苴履。”

至于龟策异物,不类肖形,而辄与黔首同科,俱谓之传,不其怪乎?且《龟策》所记,全为志体,向若与八书齐列,而定以书名,庶几物得其朋,同声相应者矣。

昌案:余嘉锡《论学杂著·太史公书亡篇考》云:“史公《龟策传》,盖叙古之卜人,与他传同科,今之全为志体者,褚先生之失也。《史通》不甚信张晏之说,(昌案:见《鉴识》篇及《古今正史》篇。)故《叙事》篇以《日者》、《龟策》为与苏、张、蔡泽、仓公传同出一手,此篇亦归罪子长,不免好为诋诃。然其说自不可废。”肖形,谓人也。《汉书·刑法志》:“夫人宵天地之貌,有生之最灵者也。”注引应劭曰:“宵,类也。头圜象天,足方象地。”宵即肖字,古者以人肖天地之形,故曰肖形。《汉书·艺文志》:“以愚黔首。”注:“秦谓人为黔首,言其头黑也。”

孟坚每一姓有传,多附出余亲。

昌案:钱大昕《十驾斋养新馀录》卷中“何法盛书”条:“李善注《文选》引何法盛《琅邪王录》、《陈郡谢录》、《济阴卞录》,此类甚多。即《晋中兴书》之一篇也。李延寿《南北史》以祖孙、父子、族属合为一篇,盖取法盛例矣。”魏、晋以降,尤重门阀,故何《书》之例,为李《史》所因。然追溯远源,则孟坚一姓有传,附出馀亲之法,殆其本始矣。

况神玺在握,火德犹存,而居摄建年,不编平纪之末;孺子主祭,咸书莽传之中。遂令汉余数载,湮没无睹,求之正朔,不亦厚诬?当汉氏之中兴也,更始升坛改元,寒暑三易;世祖称臣北面,诚节不亏。既而兵败长安,祚归高邑,兄亡弟及,历数相承。作者乃抑圣公于传内,登文叔于纪首,事等跻僖,位先不窋。夫东观秉笔,容或谄于当时;后来所修,理当刊革者也。

昌案:此论二事实皆取资张衡。《后汉书·张衡传》云:衡“以为王莽本传但应载篡事而已，至于编年月，纪灾祥，宜为元后本纪。又更始居位，人无异望。光武初为其将，然后即真。宜以更始之号，建于光武之初。书数上，竟不听。”钱大昕《潜研堂文集》卷十二《答问九》云：“问：刘知幾之论范史曰：‘更始升坛改元，世祖称臣北面。作者乃抑圣公于传内，登文叔于纪首，事等跻僖。’其信然乎？曰：南阳宗室，同时举义，非有素定之分。伯升见戮，光武势不能安；虽受更始官爵，亦犹汉高之于义帝耳。更始前无所承，后无所授，始则因人而成事，继以失道而破亡。史家恶莽之篡，黜地皇而纪更始之年，固为得之；若欲列诸本纪，则失地之君，《春秋》所贬，岂宜跻于中兴令主之上哉？范史登诸传首，篇中称字而不名，准以史法，最为得中。刘氏以兄终弟及例之，未免拟于不伦矣。”此之所论，似有得于蔚宗微旨。

寻夫本纪所书，资传乃显。表、志异体，不必相涉。旧史以表、志之帙，介于纪、传之间。降及蔚宗，肇加厘革。沈、魏继作，相与因循。既而子显《齐书》、颖达《隋史》，不依范例，重遵班法。

昌案：《四库提要》卷六十五洪迈《南北史精语》提要云：“其中所录《宋书》，本纪第一，列传第二、第三，志第四，志反在列传之后。考刘知幾《史通》曰：‘旧史以表、志之帙，介于纪、传之间。降及蔚宗，肇加厘革。沈、魏继作，相与因循。’今北监版《魏书》，志在列传后，是其显证，与《史通》合。而《宋书》则移其次第，列于纪、传之间。观迈所序，犹从古本，知幾之言不妄。”谭献《复堂日记》卷一云：“唐修诸史，《隋书》后成。作志分属专家，本名五代史志，别行；上书时附之《隋书》耳。然则今本入于纪、传间，非也。当如《后汉书》例，列志于后。”其言即本之《史通》，非别见范《汉》古本也。

闻义不徙，是吾忧也。

昌案：《论语·述而》篇：“闻义不能徙，不善不能改，是吾忧也。”

老子与韩非并列……如斯舛谬，不可胜纪。

昌案：此论与《品藻》篇自戾。彼文云：“韩非、老子，共在一篇……岂非韩、老俱称述者，书有子名……用此为断，粗得其宜。”考《南史·王敬则传》:"后与王俭俱即号开府仪同三司。时徐孝嗣于崇礼门候俭,因嘲之曰:'今日可谓连璧。'俭曰:'不意老子遂与韩非同传。'"是马迁以老、韩同传,南朝已有非之者矣。钱大昕《廿二史考异》卷五"《史记·老庄申韩列传》"条云:"申、韩之学,自谓本于老子,而实失老氏之旨。史公《自序》述其父说,道德与刑名各为一家,而于此赞又明辨之,(昌案:谓《史记·老庄申韩传赞》云:"申子卑卑,施之于名实;韩子引绳墨,切事情,明是非,其极惨礉少恩;皆原于道德之意。而老子深远矣。")言其似同而实异也。说者讥韩非不当与老子同传,盖未喻史公微旨。"王鸣盛《十七史商榷》卷一"《索隐》改补皆非"条论司马贞欲分老子与尹喜、庄周为一篇,韩非别入《商君传》末云:"老、韩同传,正以老子清虚,不有其身,故无情则必入于深刻,故使同传。今乃谓其教迹全乖,而欲移之,真强作解事。"子玄于此事是非,自相矛盾,姑不置论,而以同传之故归之"俱称述者,书有子名",全昧马《史》辨章流别之义,皮相之谈,疏亦甚矣。

称谓第十四

又曰:"名不正则言不顺","必也正名乎"。

昌案:《论语·子路》篇:"子路曰:'卫君待子而为政,子将奚先?'子曰:'必也正名乎。'子路曰:'有是哉!子之迂也。奚其正?'子曰:'野哉,由也!君子于其所不知,盖阙如也,名不正则言不顺,言不顺则事不成……'"

是知名之折中,君子所急。

昌案:《史记·孔子世家赞》:"折中于夫子。"《索隐》:"《离骚》:'明五帝以折中。'王叔师云:'折中,正也。'"("指苍天以为正,令五帝以折中。"《九章·惜诵》文。古人每以《离骚》为定辞共名也。然"折中,正也"之注,今本亦佚去。)则斯语即是知正名君子所急意也。

昔夫子修《春秋》,吴、楚称王,而仍旧曰子。

昌案:《史记·孔子世家》:孔子"乃因史记作《春秋》……约其文辞而

指博，故吴、楚之君自称王，而《春秋》贬之曰子”。

至于更始中兴汉室，光武所臣。

昌案：此节当与《编次》篇论更始语参读，彼就编次为言，此就称谓立论。

度长絜短

昌案：《文选》贾谊《过秦论》：“试使山东之国与陈涉度长絜大，比权量力，则不可同年而语矣。”

与文、襄而并霸

浦起龙曰：“比魏于晋、宋。”向承周曰：“文、襄之霸，用《左传》语，自谓晋之文、襄，与宋何涉？”

昌案：向说是也。本书《五行志杂驳》篇论晋悼公之政，亦云：“威行夷、夏，霸复文、襄。”可证。

惩恶劝善

昌案：杜预《春秋经传集解序》：“为例之情有五……五曰惩恶而劝善，求名而亡，欲盖而章，书齐豹盗、三叛人名之类是也。”

金行版荡

昌案：《诗·大雅·板》序：“凡伯刺厉王也。”又《荡》序：“召穆公伤周室大坏也。厉王无道，天下荡荡，无纲纪文章，故作是诗也。”故世乱谓之板荡。板版字通。《晋书·惠帝纪论》：“生灵版荡，社稷丘墟。”

小道可观

昌案：《论语·子张》篇：“子夏曰：‘虽小道，必有可观者焉。’”

道武追崇所及，凡二十八君……而《魏书·序纪》，袭其虚号。

昌案：子玄此论，蓝本魏澹。《隋书·魏澹传》载所撰《魏书》义例有云："魏氏平、文以前，部落之君长耳。太祖远追二十八帝，并极崇高，违尧、舜宪章，越周公典礼。但道武出自结绳，未师典诰，当须南、董直笔，越而正之。反更饰非言是，观过所谓决渤澥之水，复去堤防，襄陵之灾，未可免也。"赵翼《廿二史札记》卷十四"后魏追谥之滥"条则但论道武追崇之失，而于魏收作史，袭其虚号，未尝指摘。周一良《魏收之史学》云："追尊之二十八帝，魏澹谓'违尧、舜宪章，越周公典礼'，不当尽称其谥法。刘知幾《史通·称谓》篇亦同其说。然谥法乃道武所加，固非收为之者，苟纪其事，必如是称，否则有违元氏典制，收焉得而裁抑之乎？"此言视彦渊、子玄为平恕矣。

若王《晋》之《十士》、《寒儁》，沈《宋》之《二凶》、《索虏》……

《十士》《寒儁》，浦起龙曰："亦列传中篇名也。王隐《晋书》已亡，无可考证。"十，卢文弨校改处，云："十非。"陈汉章曰："按《采撰》篇：'至于江东五儁，始自《会稽典录》，而修晋史者征彼虚誉。'是'寒儁'本作'五儁'。"

昌案：章宗源《〈隋书·经籍志〉考证》卷一云："《太平御览·人事部》：刘叔龙赤色大唇，少言语，有大志，自县小吏至雍州刺史一事，题名《寒儁传》。《文学部》：王褒读《诗》流涕一事，题名《处士传》。'处士'与'十士'异。《史通》以二凶对言，取数相配，非'处士'之讹。"其说甚通。据此，知浦云无可考证，固非；卢改"十士"为"处士"，（张鼎思本作"处士"，或据王书佚文所改。）陈改"寒儁"为"五儁"，亦未是。疑王《晋》所纪处士适为十人，故子玄得以属对之便改为"十士"耳。

用舍之道

昌案：《论语·述而》篇："用之则行，舍之则藏。"

〔附录〕

黄家岱《读史通称谓篇》《嬹艺轩杂著》卷下

欲知史法，宜治经学。《尚书》，唐、虞、三代之史也，为后世志传体之所祖。《春秋》，东周之史也，为后世编年体之所出。自经义不明，而史例遂乖。区区称谓间，史家之小焉者耳。然名不正则言不顺，讥于《论语》；称名小而取类大，赞于《易》传。台名逃责，尚曰周王；君未系颈，且曰秦国。讵有天子而称讳？亦何有匹夫而不名？杂家或从其便，史氏毋庸少苟。刘子元作《史通》，辨称谓之多舛，至哉言乎！窃有取焉。然修一朝之史，与修历代之史有别；修一国之史，与修列国之史亦有别。孔子修鲁《春秋》，最称谨严。褒逾华衮之加，贬同斧钺之诛。而杞用夷礼，黜而为子；毁虽贤主，恶而称名，或奉王命以进退，或禀时君之爱憎。准是以推，标格自存。则戎羯称制，虽君其国；而晋臣助君，直比诸盗，揆诸古人扶中夏抑四夷之旨，讵至大相刺谬？而刘氏以为是徇私忘公之见，读者又美其无党同伐异之病。（斥纪晓岚。昌案：《史通削繁》评《称谓》篇论《晋史》对五胡各国之称谓云："此论尤公，深中世人党同伐异之病。"即此所指。）嗟乎！《春秋》之微言将绝，三传之大义其乖矣。若夫修列国之史，自可不拘一朝之制。萧方之书，（昌案：方下脱等字。梁萧方等撰《三十国春秋》，本篇及《杂说中》篇均曾论及。史志误脱等字，《通释》已加订正。然姚振宗《〈隋书·经籍志〉考证》卷十二云："《经义考》拟经类：'王应麟曰："《通鉴》晋元兴三年引方等论纲目，但云萧方，误削等字。"杨慎曰："佛氏有《方等经》，犹云平等世界也。故萧氏取以为名。"按今刊本新旧《唐书》、《宋史》、《通志》皆削去等字矣。'"又赵德麟《侯鲭录》卷三云："方等者，即周遍义。《止观论》云：'方等者，或言广平。今谓方也者，法也，如般若有四种方法，即四门入清凉地，故云方也。所契之理，即平等大慧，故云等也。禀顺方等二者而立戒坛也。既不拘禁忌，广大而平等之，故谓之广平也。'"其所释方等名义，则浦所未及。）固为合宜。吾独怪刘汉云亡，天下鼎峙，论王道则曹逆而刘顺，论国祚则魏促而吴长。陈寿意在崇晋，遂以正统与魏。岂知惩恶劝善，义将何属？凿齿意在尊汉，遂以正统与蜀，又恐刘亡曹并，年又安归？帝魏固谬，帝蜀亦非，自不若秦缪、楚庄，与文、襄而并霸；意无偏袒，事求核实。子元此论，信千古不磨矣。若谓晋康、（昌案：浦校改成，云："旧作康，非。"）穆以下诸帝，皆当削其庙号；魏道武追崇诸帝，亦当削其虚号，揆诸周人之追王及亶、季，亲庙存幽、厉，未免爱憎出于方寸，予夺由其笔端矣。盖子玄长于文史，疏于经传，心无主见，语遂两歧。故曰：欲知史法，宜治经学。

采撰第十五

子曰：“吾犹及史之阙文。”

昌案：《论语·卫灵公》篇文。邢昺疏：“史是掌书之官。文，字也。古之良史于书字有疑，则阙之，以待能者，不敢穿凿。孔子言：我尚见及此古史阙疑之文。”

何尝不征求异说，采摭群言，然后能成一家，传诸不朽。

昌案：此谓作史当以采摭始而以撰述终也。本书《史官建置》篇：“书事记言，出自当时之简；勒成删定，归于后来之笔。当时草创者，资乎博闻实录；后来经始者，贵乎俊识通才。必论其事业，前后不同；然相须而成，其归一揆。”论记注与著作之关系尤明。《史通》全书多言著作义例，而于史料之搜采别择，亦未尝不加之意，即此可见也。

观夫丘明受经立传，广包诸国，盖当时有《周志》、《晋乘》、《郑书》、《楚杌》等篇，遂乃聚而编之，混成一录。

昌案：丘明作传，采摭前史，自不待言。文二年引《周志》，襄三十年及昭二十八年两引《郑书》，此子玄所已及者也。此外若襄四年引《夏训》，文六年及成十五年引《前志》，宣十二年及昭二十一年引《军志》；襄四年又二十五年、昭元年又三年、哀十八年皆引《志》；亦古史书之属，左氏之所取资。

马迁《史记》采《世本》、《国语》、《战国策》、《楚汉春秋》。

昌案：《汉书·司马迁传赞》：“故司马迁据左氏《国语》，采《世本》、《战国策》，述《楚汉春秋》，接其后事，迄于大汉。其言秦、汉详矣。”考《史记》所用史料，班氏特举其尤大彰明较著者言之，而迁书自言其父子所取资处尤夥。试略征之。《五帝本纪》：“余观《春秋》、《国语》。”《殷本纪》：“自成汤以来,采于《诗》、《书》。"《秦始皇本纪》:"吾读《秦记》。"《三代世表》:"余读牒记,稽其历谱。"《十二诸侯年表》:"太史公读《春秋历谱牒》。"《吴太伯世家》:"余读《春秋》古文。"《卫康叔世家》:"余读世家言。"《仲尼弟子列传》:"悉取《论语》弟子问,并次为篇。"《儒林列传》:"余读功令。"此取资于简册者也。《项羽本纪》:"吾闻之周生。"《赵世家》:"吾闻之冯王孙。"《刺客列传》:"始公孙季功、董生与夏无且游,具知其事,为余道之如是。"《淮阴侯列传》:"吾如淮阴,淮阴人为余言。"此取资于亲闻于时人之所言者也。《伯夷列传》:"余登箕山,其上盖有许由冢云。"《信陵君列传》:"吾过大梁之墟,求其所谓夷门。"《太史公自序》:"二十而南游江、淮,上会稽,探禹穴,窥九疑,浮于沅、湘,北涉汶、泗,讲业齐、鲁之都,观孔子之遗风。"此取资于亲履其地之所闻见者也。《李将军列传》:"余观李将军悛悛如鄙人。"《游侠列传》:"吾观郭解状貌不如中人。"则又亲见其人而为之传者也。

至班固《汉书》,则全同《太史》。

昌案:赵翼《廿二史札记》卷一"史汉不同处"条:"一代修史,必备众家记载,兼考互订,而后笔之于书。观各史艺文志所载,各朝文士著述有关史事者,何啻数十百种,当修史时,自必尽取之,彼此较核,然后审定去取。其所不取者,必其记事本不确实,故弃之。而其书或间有流传,好奇之士,往往转据以驳正史,此妄人之见也。即如班固作《汉书》,距司马迁不过百余年,其时著述岂无别有记载?傥迁有错误,固自当据以改正。乃今以《汉书》对比,武帝以前,如《高祖纪》及诸侯王年表、诸臣列传,多与《史记》同,并有用《史记》文一字不改者,然后知正史之未可轻议也。"瓯北此论,甚多疏略,不足据信,特以子玄既有班《汉》太初以前全同《太史》之说,聊录以备参云。

自太初以后,又杂引刘氏《新序》、《说苑》、《七略》之辞。

昌案:姚振宗《汉书艺文志条理叙录》云:"班氏既取《七略》以为《艺文志》,又取《别录》以为《儒林传》。考《汉纪》又言'刘向典校经传,考集异同,《易》始鲁商瞿子木,受于孔子,以授鲁桥庇子庸’云云,与《儒林传》之文悉合,知《儒林传》亦本刘氏父子之辑略,而接其后事,终于孝平。故《史通·采撰》篇云:‘班固《汉书》,全同《太史》,太初以后,杂引刘氏《新序》、《说苑》、《七略》之辞。’今考《新序》、《说苑》载汉事无多,知所取于《七略》、《别录》者不少也。”余嘉锡《目录学发微》四《目录学之体制》二《叙录》引此文,复加案语云:“案《汉书·王褒传》所言九江被公诵楚辞,及丞相魏相奏知音善鼓雅琴者赵定、龚德事,均与《七略》、《别录》同,知《汉书》诸著述家列传多本之《别录》,所谓‘太初以后,杂引刘氏’,不独《儒林传》也。”又杨树达《积微居小学金石论丛》卷五《汉书所据史料考》考班《书》取资刘向、刘歆父子著述处尤详。其论《五行》、《艺文》两志本之刘氏,世所习知,(又《律历志》明言取之刘歆,而杨氏未及,可谓之眉睫矣。)不备引,引其考列传诸篇之本之刘氏三书者。其说曰:“按:引《七略》者,谓《艺文志》,前条已言之。近人姚振宗谓《汉书·儒林传》所载经师授受多本《七略》,(昌案:姚说见《师石山房丛书·七略别录佚文序》及《七略佚文序》。)其说亦信而有征。其杂引《说苑》今可考见者,路温舒、于定国二传出《贵德》篇,丙吉、袁盎二传本《复恩》篇,《枚乘传》本《正谏》篇,《吾丘寿王传》本《善说》篇,《霍光传》茂陵徐生事出《权谋》篇,《胡建传》本《指武》篇,《杨王孙传》本《反质》篇,凡九事。其杂引《新序》者,按《新序》本三十卷,今仅存十卷,故多不可考。然马邑诱匈奴之事,《史记·韩安国传》不载安国、王恢二人辩论之辞,而《汉书·安国传》载之独备,则全本《新序·善谋》篇也。又《赵广汉传赞》云:‘刘向独序赵广汉、尹翁归、韩延寿,冯商传王尊。’注引张晏曰:‘刘向作《新序》,不道王尊。冯商续《史记》,为作传。’按:晏为魏、晋间人,所见《新序》,自为全本。其言如此,然则赵、尹、韩三传当本《新序》之文,殆无疑义。”又自注云:“《董仲舒传赞》引向、歆父子之辞,以系评论之语,非史实,故不具述。”余嘉锡为《论丛》作序,于杨考更有所补正,其言曰:“《王褒传》:‘宣帝时,修武帝故事,讲论六艺群书,博尽奇异之好;征能为楚辞九江被公,召见诵读。’而《太平御览》卷八百五十九引《七略》曰:‘宣帝召被公见,诵楚辞。被公年衰母老,(昌案:母字当是衍文。)每一诵,辄与粥。’两相印证,知《御览》所引乃《七略》诗赋略王褒赋十六篇叙录之语。(孔广林、姚振宗辑入屈原赋条下,非是。)而《汉书·王褒传》即本之《七略》也。凡向、歆父子所作书录,皆述作者事迹,略如列传之体。《晏子春秋》、《孙卿新书》诸叙录可证。以《史通》之言推之,则凡前汉人有书著录于《七略》者,班《书》列传多采用之,盖不仅《儒林传》已也。又《贾谊传赞》曰:'刘向称:贾谊言三代与秦治乱之意,其论甚美。虽古之伊、管,未能过也。使时见用,功化必盛。为庸人所害,甚可痛悼。'《东方朔传赞》曰:'刘向言:少时问长老贤人通于事及朔时者,皆曰:朔口谐倡,辨不能持论,喜为庸人诵说,故令后世多传闻者。'此皆《别录》之辞,与《董仲舒传赞》同。虽皆非叙事之辞,然《汉书》此三传皆详于《史记》,必有采之《别录》者,犹之韦贤、翟方进、元后三传赞称司马掾班彪曰,其传即彪之文也。"

杀青不暇

昌案:今传刘向《别录》每有"已杀青,可缮写"语,应劭《风俗通》释之云:"刘向《别录》云'杀青'者,直治竹作简书之耳。新竹有汗,善朽蠹。凡作简者,皆于火上炙干之,陈、楚之间谓之汗,汗者,去其汁也;吴、越曰杀,杀亦治也。向为孝成皇帝校书籍二十余年,皆先书竹,改易刊定,'可缮写'者,以上素也。由是言之,杀青者竹,斯为明矣。"(《太平御览》卷六百六引。自李贤范书《吴祐传》注迄清人《别录》辑本,皆误以《风俗通》此文自"杀青者"起,至"去其汁也"止,为《别录》语,今从余嘉锡《论学杂著·书册制度补考》之说,定为亦应劭释《别录》"已杀青,可缮写"之文。)

而嵇康《高士传》,好聚七国寓言;玄晏《帝王纪》,多采六经图谶,引书之误,其萌于此矣。

浦起龙曰:"此节言后来杂撰益多,人情好怪,史体所必禁。而其萌自此不可遏矣。"

昌案:若以本书《杂述》篇所论史家杂著之条流衡之,则《高士传》当属别传,《帝王纪》可入逸事,皆自成一家而与正史参行之偏记小说,不得谓非史体,从而禁之。但为正史,则于此类宜慎采择耳。如《晋书》多记怪异，《南史》颇增琐言，（详《廿二史札记》卷八“《晋书》所记怪异”条、卷十一“《南史》增梁书琐言碎事”条。）自是史家之失。

至范晔增损东汉一代，自谓无惭良直，而王乔凫履，出于《风俗通》；左慈羊鸣，传于《抱朴子》。朱紫不别，秽莫大焉。

昌案：钱大昕《潜研堂文集》卷十二《答问》九：“问：刘知幾讥范蔚宗载王乔凫履、左慈羊鸣二事，以为朱紫不别。又讥《列女》篇不书徐淑而书文姬，（昌案：见《人物》篇。）是皆然矣。此外更有可议者否？曰：野王二老、汉滨陈留二老父，此子虚、亡是公之流，列诸《逸民》，可乎？向栩踪迹诡异，无善可称，列诸《独行》，可乎？《方术》一篇，如徐登、刘根、费长房以下，皆诞妄难信，不特王乔、左慈已也。”

又案：陈寅恪《天师道与滨海地域之关系》云：“蔚宗之为《后汉书》，体大思精，信称良史，独《方术》一传，附载不经之谈，竟与《搜神记》、《列仙传》无别，故在全书中最为不类，遂来刘子玄之讥评。亦有疑其非范氏原文，而为后人附益者。其实读史者苟明乎蔚宗与天师道之关系，则知此传本文全出蔚宗之手，不必致疑也。”然则范《汉》之传方术而侈谈不经，实蔚宗信仰天师道有以致之。此非子玄所及知也。至蔚宗与天师道之关系，义宁考之详矣。

遂云马叡出于牛金。原注：王劭曰：“沈约《晋书》造奇说云：……”

昌案：王应麟《困学纪闻》卷十三“沈约喜造奇说”条：“晋元帝为牛氏子，其说始于沈约，而魏收《岛夷传》因之。唐贞观史官修《晋书》，亦取焉。”何焯笺：“休文《晋书》虽不传，而《宋书·符瑞志》中尚存此说。”翁元圻注引《符瑞志》略云：“宣帝有宠将牛金，屡有功。宣帝作两口榼，一盛毒酒，一盛善酒。自饮善酒，毒酒与金饮之，即毙。景帝曰：‘金名将，可以大用，云何害之？’宣帝曰：‘汝忘石瑞马后有牛乎？’元帝母夏侯妃与琅琊小吏牛金私通而生元帝。”考王劭以马叡出于牛金之说造自沈约，其后刘子玄信之，王伯厚因之，而不知约固亦有所受之也。《太平御览》卷九十八引孙盛《晋阳秋·元帝纪》总评云：“初玄石图有牛继马后，故宣帝深忌牛氏，遂为二榼，共一口以贮酒。帝先引佳者，以毒者酖其将牛金。而恭王妃夏侯氏通小吏牛钦而生元帝，亦有符云。”其文与新《晋元纪》几乎全同，殆即后者所本。是以此奇说载之史册，实始孙盛，而沈约《晋》、《宋》二书袭之，又讹牛钦为牛金，遂若先后有二牛金耳。本篇及《杂说中》篇皆仍王说，且以为魏收但本沈约，岂其然乎？章宗源《隋书经籍志考考证》卷二“《晋阳秋》”条谓《史通》为误，是也。（沈涛《铜熨斗斋随笔》卷五“牛金牛钦”条谓“牛钦牛金之名，形声俱相近”，因而致误，甚是。然又以为始误钦为金者，乃魏收而非沈约，且云：“约未尝为《晋书》，盖《宋书》之误。”则皆非。）

又案：杭世骏《诸史然疑》“《晋书》”条：“据刘知幾云云，则牛继马后，在唐时已有传疑之论。故元行冲著《魏典》，谓：‘昭成皇帝名犍，继晋受命，独此可以当之。’”唐有天下，实承北朝之统。行冲于河西石瑞，别出新解，疑亦有为而言之，非但以己系出元魏而侈言其门阀也。元说载两《唐书》本传。

马上，张鼎思本有司字，卢文弨曰：“宋无司字，与下句相俪省文耳。”

又案：卢说是也。本书类此者尚众。《断限》篇：“臧洪、陶谦、刘虞、孙瓒。”不作公孙瓒。《曲笔》篇：“昔秦人不死，验苻生之厚诬；蜀老犹存，知葛亮之多枉。”不作诸葛亮。此文亦以“马叡出于牛金，刘骏上淫路氏”二句相俪，故不作司马叡也。俞正燮《癸巳存稿》卷十二“方朔杨意姓名”条略云：“古人文章，孙宏、方朔、马迁、马相如、松子、杨意、班婕、葛亮、刘牢，或以就对偶，或竟省举。陆机《辨亡论》云：‘施绩、范慎以威重显，丁奉、钟离裴以武毅称。’载《晋书》本传者如此。而《文选》改作丁奉、离裴以与施绩、范慎对。至有以见在之人亦用之者。祖莹为元颢与魏庄帝书云：‘朱荣为福，于卿为祸。’是以见在之人割其姓，以尔朱荣为朱荣。……亦由《左传》祝鮀称载书云：‘王若曰晋重。’谓晋文公重耳也。《天问》云：‘蓱号起雨。’谓雨师蓱翳也。礼有言征不言在，相敬之意通于常谈。非好学深思，心知其意，乌得不致疑古人，因羞成怒，而肆其diss诃哉！”

晋世杂书，谅非一族……皇朝新撰《晋史》，多采以为书。

昌案：《四库提要》卷四十五论《晋书》采撰之失云：“其所载者，大抵宏奖风流，以资谈柄。取刘义庆《世说新语》与刘孝标所注，一一互勘，几于全部收入，是直稗官耳，安得目为史传乎？”马国翰《玉函山房丛书·裴氏语林》辑本序称：“刘义庆作《世说新语》，取之甚多。”则《晋书》所采，自有裴作在内。章宗源《〈隋书·经籍志〉考证》卷十三云：“《史通》言唐修《晋书》，多取《幽明录》。今考《太平御览》所引，如《人事部》石勒问佛图澄擒刘曜兆，谢安石梦乘桓温舆行见白鸡而止，魏武帝梦三马食一槽，王茂宏梦人以百万钱买大儿长豫，此类皆《晋书》所取资。”吴士鉴《晋书斠注》于此等亦皆有所征引，可概见也。

其言乱神，宣尼所不语。

昌案：《论语·述而》篇：“子不语怪、力、乱、神。”宣尼，孔子也。《汉书·平帝纪》：“封孔子后孔均为褒成侯，奉其祀；追谥孔子为褒成宣尼公。”

至如曾参杀人，不疑盗嫂，翟义不死，诸葛犹存，此皆得之于行路，传之于众口。

浦起龙曰：“诸葛犹存，似是成语，俟再详之。”

昌案：道宣《四分律删繁补缺行事钞》卷下《三僧像致敬》篇有注云：“似刘氏重孔明等。”唐大觉《四分律行事钞批》卷二十六释之曰：“注云‘似刘氏重孔明’者，刘备也，意三国时也。谓魏主曹丕都邺，今相州是也，昔号魏都；吴主孙权都江宁，昔号吴都；刘备都蜀，昔号蜀都。世号三都，鼎足而治。蜀有智将，姓诸葛，名高〔亮〕，字孔明，为王所重。刘备每言曰：‘寡人得孔明，如鱼得水。’后乃刘备伐魏，孔明领兵入魏，魏国与蜀战，诸葛高〔亮〕于时为大将军，善然谋策，魏家唯惧孔明，不敢前进。孔明因致病垂死，语诸人曰：‘主弱将强，为彼所难，若知我死，必建〔遭〕彼我〔伐〕。吾死已后，可将一袋土，置我脚下，取镜照我面。’言已气绝。后依此计，乃将孔明置于营内，于幕围之。刘家夜中领兵退还归蜀。彼魏国有善卜者，意转判云：此人未死。何以知之？蹋土照镜，故知未死，遂不敢交战。刘备退兵还蜀，一月余日，魏人方知，寻往看之，唯见死人，军兵尽散。故得免难者，孔明之策也。时人言曰：'死诸葛怖生仲达。'仲达是魏家之将也，姓司马，名仲达。亦云：'死诸葛走生仲达。'其孔明有志量，时人号为卧龙，甚得刘氏敬重。"宋景霄《四分律行事钞简正记》卷十六所释全同，惟语较简。一粟《谈唐代的三国故事》据此，谓子玄所谓"诸葛犹存"之事，"得之于行路，传之于众口"者，即指此流传民间之三国故事而言，至确。（钞批讹字，亦一粟所校正。）

泾渭一乱，莫之能辨。

昌案：《诗·邶风·谷风》："泾以渭浊。"传："泾渭相入而清浊异。"

故作者恶道听涂说之违理。

昌案：《论语·阳货》篇："道听而涂说，德之弃也。"

观夫子长之撰《史记》也，殷、周已往，采彼家人；安国之述《阳秋》也，梁、益旧事，访诸故老。夫以刍荛鄙说，刊为竹帛正言……

昌案：此与《曲笔》篇自戾。彼文云："至于朝廷贵臣，必父祖有传；考其行事，皆子孙所为。而访彼流俗，询诸故老，事有不同，言多爽实。昔秦人不死，验苻生之厚诬；蜀老犹存，知葛亮之多枉。斯则自古所叹，岂独于今哉？"夫竹帛正书之言，刍荛野老之说，并存真伪，各有是非。撰史者要当明辨慎思，庶可去虚留实，拘执一端，未见其可。如此所举，时而以询故老为是，忽又以访故老为非，出尔反尔，安能自圆其说？吾斯之未能信矣。

而辄欲与五经方驾，三志竞爽。

陈汉章曰："上文已言《史记》采家人之失，则此文三志非谓三史，谓晋《乘》、楚《梼杌》、鲁《春秋》。"

昌案：陈说非也。《春秋》已在五经之中，安得又列三志之内；且晋《乘》、楚《杌》，其书久亡，子玄何由知其不采家人而访故老乎？本书以五经三史相对成文，屡见不一见，此处但易史字为志字耳。三志盖仍指《史记》、《汉书》、《东观汉记》之三史也。夫既指《史记》之舛误，又举《史记》为准绳，自是子玄行文粗疏失照处，不须为之回护。

载文第十六

观乎国风，以察兴亡。

昌案：《左传》襄二十九年载吴公子札聘鲁，请观于周乐事，略云："为之歌《郑》。曰：'美哉！其细已甚，民弗堪也。是其先亡乎。'为之歌《齐》。曰：'美哉！泱泱乎大风也哉！表东海者，其大公乎，国未可量也。'"即子玄此之所指。

宣、僖善政，其美载于周《诗》……读者不以吉甫、奚斯为谄。

昌案：《诗·大雅·崧高》、《烝民》、《韩奕》、《江汉》四篇，毛序并云："尹吉甫美宣王也。"此古文家说。扬雄《法言·学行》篇："正考父尝睎尹吉甫矣。"李轨注："尹吉甫，周宣王臣，作《周颂》。"此鲁《诗》说，是今文家又以《周颂》出于尹吉甫也。《文选》班固《两都赋》序："奚斯诵鲁。"李善注："韩《诗》曰：'新庙奕奕，奚斯所作。'薛君曰：'奚斯，鲁公子也。言其新庙奕奕然盛，是诗是公子奚斯所作也。'"《法言·学行》篇："公子奚斯尝睎正考父矣。"李轨注："奚斯，鲁僖公之臣，慕正考父，作《鲁颂》。"盖今文韩《诗》、鲁《诗》皆以《鲁颂》是奚斯所作如此。《鲁颂·駉》毛序："史克作是颂。"孔颖达《鲁颂谱》《正义》："广言作颂，不指《駉》篇，则四篇皆史克所作。《閟宫》云：'新庙奕奕，奚斯所作。'自言奚斯作新庙耳。而汉世文人班固、王延寿之等自谓《鲁颂》是奚斯作之，（昌案：王说见《文选》载其所撰《鲁灵光殿赋》。）谬矣。"此又古文家说也。子玄于今古之说或兼取之。

怀、襄不道，其恶存乎楚赋，读者不以……屈平、宋玉为谤者何也？

昌案：《汉书·艺文志》："屈原赋二十五篇，宋玉赋十六篇。"《史记·屈原列传》："屈原者，名平，楚之同姓也，为楚怀王左徒。……王甚任之。上官大夫与之同列，争宠，而心害其能……因谗之……王怒而疏屈平。屈平疾王听之不聪也，谗谄之蔽明也，邪曲之害公也，方正之不容也，故忧愁幽思而作《离骚》。”《汉书·地理志》:“始楚贤臣屈原被谗放流,作《离骚》诸赋以自伤悼。后有宋玉、唐勒之属,慕而述之,皆以显名。”《文选》载宋玉《高唐赋》,赋楚襄王梦遇高唐神女之事。李善注云:“此赋盖假设其事,讽谏淫惑也。”

固可以方驾南、董,俱称良直者矣。

昌案:《春秋》襄二十五年:“夏五月乙亥,齐崔杼弑其君光。”《左传》:“大史书曰:‘崔杼弑其君。’崔子杀之。其弟嗣书而死者二人。其弟又书,乃舍之。南史氏闻大史尽死,执简以往,闻既书矣,乃还。”《春秋》宣二年:“秋九月乙丑,晋赵盾弑其君夷皋。”《左传》:“大史书曰:‘赵盾弑其君。’以示于朝。宣子曰:‘不然。’对曰:‘子为正卿,亡不越竟,反不讨贼,非子而谁?’宣子曰:‘乌乎!“我之怀矣,自诒伊戚。”其我之谓矣。’孔子曰:‘董狐,古之良史也,书法不隐。赵宣子,古之良大夫也,为法受恶。惜也!越竟乃免。’”《论语·卫灵公》篇:“子曰:‘直哉史鱼!邦有道,如矢;邦无道,如矢。’”

是以虞帝思理,夏后失御,《尚书》载其元首、禽荒之歌。

昌案:元首之歌载《益稷》篇,禽荒之歌载《五子之歌》篇,皆伪古文《尚书》也。理,本为治,避唐高宗讳改。

若马卿之《子虚》、《上林》,扬雄之《甘泉》、《羽猎》,班固《两都》,马融《广成》,喻过其体,词没其义……而前后《史》《汉》皆书诸列传,不其谬乎?

昌案:章学诚《文史通义》内篇卷一《诗教下》篇:“马、班二史于相如、扬雄诸家之著赋,俱详载于列传。自刘知幾以还,从而抵排非笑者,盖不胜其纷纷矣。要皆不为知言也。盖为后世文苑之权舆,而文苑必致文采之实迹。以视范史而下,标文苑而止叙文人行略者,为远胜也。然而汉廷之赋,实非苟作,长篇录入于全传,足见其人之极思。殆与贾疏、董策为用不同,而同主以文传人也。”(《汉书·贾谊传》载《陈政事疏》、《请封建子弟疏》、《谏封淮南四子疏》,《董仲舒传》载《对贤良策》三首。)此论盖有得于马、班之意。然子玄本主于纪传体中别辟载言之篇，若“韦孟《讽谏》之诗，扬雄《出师》之颂，马卿之书《封禅》，贾谊之论《过秦》”，悉加甄录，则亦未尝不重视文苑实迹与以文传人，但不欲其载之列传耳。

自余它文，大抵犹实。

昌案：赵翼《廿二史札记》卷二“《汉书》多载有用之文”条：“晋张辅论《史》《汉》优劣，谓司马迁叙三千年事，惟五十余万言；班固叙二百年事，乃八十余万言，以此分两人之高下。然有不可以是为定评者。盖迁喜叙事，至于经术之文，干济之策，多不收入，故其文简。固则于文字之有关于学问，有系于政务者，必一一载之，此其所以卷帙多也。今以《汉书》各传与《史记》对比，多有《史记》所无而《汉书》增载者，皆系经世有用之文，则不得以繁冗议之也。”盖子玄以《史》、《汉》载文视后史为实，云菘则谓班又愈马，其说皆是也。

故尧咨尔舜，舜以命禹。

昌案：《论语·尧曰》篇：“尧曰：‘咨！尔舜，天之历数在尔躬，允执其中；四海困穷，天禄永终。’舜亦以命禹。”

若乃上出禅书，下陈让表。其间劝进殷勤，敦谕重沓，迹实同于莽、卓，言乃类于虞、夏。

昌案：此论魏、晋、南北朝禅让之政局及所施用之虚文也。《廿二史札记》卷七“禅代”条、“九锡文”条，《陔馀丛考》卷七“《梁书》多载芜词”条、“《陈书》亦多芜词”条，皆有所论列，文繁不具引。《三国志·魏书·文帝纪》注引孙盛《魏氏春秋》云：“帝升坛礼毕，顾谓群臣曰：‘舜、禹之事，吾知之矣。’”子桓快人，兼复深明世故，故能于禅让真相，一语破的。荀卿《正论》之所非，子玄此篇之所论，似尚逊其直凑单微也。

如日月之蚀焉

昌案：《论语·子张》篇文，亦见《孟子·公孙丑下》篇。二书蚀均作食。

若鸕鹚之巢苇

昌案:《荀子·劝学》篇:“南方有鸟焉,名曰蒙鸠,以羽为巢,而编之以发,系之苇苕。风至苕折,卵破子死。巢非不完也,所系者然也。”蒙鸠,注云:“鸕鹚也。”

犹螳螂之拒辙

昌案:《庄子·天地》篇:“犹螳螂之怒臂以当车轶,则必不胜任矣。”轶,辙之通假字。

古者,国有诏命,皆人主所为。

昌案:赵翼《廿二史札记》卷四“汉帝多自作诏”条:“汉诏最可观,至今犹诵述,盖皆简才学士充郎署之选。……然亦有天子自作者。武帝以淮南王安工文词,每赐安书,辄令司马相如等视草,是帝先具草而使词臣讨论润色也。哀帝策董贤为大司马,有‘允执其中’之语,萧咸谓此乃尧禅舜之文,非三公故事,长老莫不心惧。此必非代言者所敢作也。光武诏司徒邓禹曰:‘司徒,尧也;亡贼,桀也。宜以时进讨。’立阴贵人为后诏曰:‘贵人乡里良家,归自微贱。自我不见,于今三年。宜奉宗庙,为天下母。’又帝疑侯霸荐士有私,赐书曰:‘崇山幽都何可偶,黄钺一下无处所。欲以身试法耶?将杀身成仁耶?’此等文词,亦必非臣下所代作者。明帝登极诏曰:‘今上无天子,下无方伯,(本引《公羊传》之词。)实赖有德,左右小子。’章帝诏亦有云:‘上无明天子,下无贤方伯。’按:二帝方在位,而诏云‘上无天子’,人臣代草,敢为此语耶?”

下纶言

昌案:《礼记·缁衣》篇:“王言如丝,其出如纶;王言如纶,其出如綍。”郑注:“言言出弥大也。”

则辛、癸不如

昌案:《史记·殷本纪》:“帝乙崩,子辛立,是为帝辛。天下谓之纣。”

《集解》:“《谥法》曰:‘残义损善曰纣。’”《夏本纪》:“帝发崩,子帝履癸立,是为桀。”《集解》:“《谥法》:‘贼人多杀曰桀。’”

则勋、华再出。

昌案:《史记·五帝本纪》:“帝尧者,放勋。”“帝舜者,名曰重华。”《论语·尧曰》篇邢疏:“尧姓伊祁,名放勋。舜姓姚,名重华。”

可以托六尺之孤

昌案:《论语·泰伯》篇文。

凡百具寮

昌案:《尔雅·释诂》:“同官为寮。”《释文》:“寮,亦作僚。”

则比诸斗筲下才

昌案:《论语·子路》篇:“斗筲之人,何足算也。”郑注:“筲,竹器,容斗二升。”

则君尽三、五

昌案:《文选》班固《东都赋》:“事勤乎三、五。”李善注:“《史记》,楚子西曰:‘孔丘述三、五之法,明周、召之业。’(昌案:今通行本《史记·孔子世家》三五作三王,误。)《春秋元命苞》曰:伏羲、女娲、神农为三皇。《史记·五帝本纪》曰:黄帝、颛顼、帝喾、帝尧、帝舜也。”

则人皆二八

昌案:《左传》文十八年:“昔高阳氏有才子八人,苍舒、隤敳、梼戭、大临、尨降、庭坚、仲容、叔达,齐圣广渊,明允笃诚。天下之民,谓之八恺。高辛氏有才子八人,伯奋、仲堪、叔献、季仲、伯虎、仲熊、叔豹、季狸,忠肃共懿,宣慈惠和。天下之民,谓之八元。”

并吞六合

昌案：庾信《哀江南赋》文。《庄子・齐物论》："六合之外，圣人存而不论。"成玄英疏："六合，天地四方。"

夫镂冰为璧，不可得而用也。

昌案：严可均《全后汉文》卷十四辑桓谭《新论・启寤第七》佚文云："画水镂冰，与时消释。"

上下相蒙

昌案：《左传》僖二十四年文。

陈寿……颇从简约，犹时载浮讹，罔尽机要。

昌案：钱大昕《廿二史考异》卷十六"《三国志・却正传》"条："承祚《志》以简质胜。然如曹植责躬应诏之诗、却正之释讥、华覈之草文、薛莹之献诗、魏文帝策吴王九锡文、吴主罪张温之令、许靖与曹公之书、周鲂谲曹休之词、骆统理张温之表、胡综托吴质之文，事无系乎兴亡，语不闻于劝戒，准之史例，似可从删。杨戏《季汉辅臣赞》，既全录其文，而志不立传者，复注其行事于下。西州文献，借以不坠，厥功诚伟矣。然自我作古，亦非前史之例也。"

篇则贾谊《过秦》

浦起龙曰："上中下分篇，故曰篇。"

昌案：《过秦》本贾谊《新书》篇名。范晔《自序》尝自夸其《后汉书》"《循吏》以下及六夷诸序论，笔势纵放，实天下之奇作，其中合者，往往不减《过秦》篇"。盖循其本以为称。子玄此语，亦犹是也。至题"论"字，亦不始《文选》。《三国志・吴志・阚泽传》云："孙权问书传篇赋何者为美，泽欲讽喻以明治乱，因对贾谊《过秦论》最善。"是汉、魏间已有此名。盖此篇既屡经引入《史》、《汉》，(参《廿二史札记》卷一"过秦论三处引用"条。)或尝别裁单行，因有论称。浦氏辄据后起之名，妄释本来之目，其亦未达子书之体制乎。

使夫雕虫小技者

昌案：扬雄《法言·吾子》篇：“或问：‘吾子少而好赋？’曰：‘然。童子雕虫篆刻。’俄而曰：‘壮夫不为也。’”《北史·李浑传》：“尝谓魏收曰：‘雕虫小技，我不如卿；国典朝章，卿不如我。’”

补注第十七

昌案：本书内外篇出诸子玄手定；各篇先后，自具义例，前已言之。然寻绎今本次第，疑亦有为后人所颠倒者。如本篇，纪昀评云：“此篇乃史家之细务，宜退在诸篇之后，在此处叙次不论。”史注自不得谓为细务，然列之《载文》之后，《因习》之前，位置似不安妥，则纪氏之言固甚确也。再如内篇自《载言》而下八篇，皆讨论正史体例，《序传》一篇，实与同类，而列之颇后，尤属无理，故浦氏以为：“当次前《序例》《题目》之间，恐是错简。”其说亦是。要之，此等处殆非子玄之旧也。

如韩、戴、服、郑，钻仰六经；裴、李、应、晋，训解三史。

昌案：钱大昕《十驾斋养新录》卷六“三史”条：“《续汉书·郡国志》：‘今录中兴以来郡县改异及《春秋》、三史会同征伐地名。’三史，谓《史记》、《汉书》、《东观记》也。《吴志·吕蒙传》注引《江表传》：‘权谓蒙曰：“孤统军以来，省三史、诸家兵书，大有益。”’又《孙峻传》注引《吴书》：‘留赞好读兵书及三史。’《晋书·傅休奕传》：‘撰论三史故事，评断得失。’《隋书·经籍志》有‘《三史略》二十九卷，吴太子太傅张温撰’。皆指此。自唐以来，《东观记》失传，乃以范蔚宗《书》当三史之一。”周一良《敦煌写本杂钞考》谓钱说甚是，而惜其“自唐以来，《东观记》失传，乃以范蔚宗《书》当三史之一”之说，辨析犹有未至，因复为之补考曰：“徐坚《初学记》卷二一《文部·史传二》云：‘世以《史记》、班固《汉书》及《东观汉记》为三史矣。’知开元中犹承六代旧习，目此三者为三史。刘子玄之作《史通》，其心目中之三史，亦指此三书也。《史通·言语》篇、《叙事》篇、《模拟》篇皆尝以三史与五经对举，然不明究何所指。惟《叙事》篇又云：'既而马迁《史记》、班固《汉书》，继圣而作，抑其次也。故世之学者，先曰五经，次云三史。……夫班、马执简，既五经之罪人，而晋、宋杀青，又三史之不若。'《书事》篇有云：'寻班、马二史，咸擅一家。……而王隐、何法盛之徒所撰《晋书》，乃专讨州闾细事，委巷琐言，聚而编之，为鬼神传录。其事非要，其言不经，异乎三史之所书，五经之所载也。范晔博采众书，裁成汉典，观其所取，颇有奇工。至于《方术》篇及诸蛮夷传，乃载王乔、左慈、廪君、盘瓠，言唯迂诞，事多诡越。可谓美玉之瑕，白圭之玷。惜哉！无是可也。'言'晋、宋杀青，又三史之不若'，是'三史'中必无晋、宋之作。无论范晔，即谢承、华峤之书，亦不得与其列矣。《书事》篇于三史所书之下，即论范《书》之失，亦足以明蔚宗之作不在三史。于以知迄开元中，唐人犹目《东观汉记》为三史之一。《唐六典》卷四'礼部尚书'条宏文崇文馆学生下注云：'习《史记》者、《汉书》者、《东观汉记》者、《三国志》者，皆须读文精熟，言音典正。'亦不及范氏之《书》也。至穆宗长庆元年，殷侑请立三史科，见《旧唐书·穆宗纪》、《新唐书·选举志》。《会要》卷七六'贡举中·三传附三史'条载侑奏文云：'其司马迁《史记》，班固、范晔两《汉书》，音义详明，惩恶劝善，亚于六经，堪为世教。'盖当时一般已认《史记》、两《汉》为三史，殷侑因请立此科，固非侑独能排《东观记》而取《后汉书》也。侑奏又言，国朝故事，宏文馆宏文生并试以《史记》、两《汉书》、《三国志》，与上引《六典》注文不同，则范《书》取《东观记》而代之，盖亦久矣。《四库全书·东观汉记提要》谓：'自唐章怀太子集诸儒注范《书》成，行于代，此书遂微。'傥其然乎？"

又案：注《史记》者裴骃，注《汉书》者应、晋、二李，《东观记》固无注也。今以取俪六经，漫云三史，亦文章之求妍反病也。

若挚虞之《三辅决录》、陈寿之《季汉辅臣》、周处之《阳羡风土》、常璩之《华阳士女》，文言美辞，列于章句；委曲叙事，存于细书。

昌案：章宗源《〈隋书·经籍志〉考证》卷十三："挚虞之注，与陈寿等三书亦不相侔，《史通》所考未精也。《文选·王文宪集序》注引《决录》曰：

‘长安刘氏，惟有孟公，谈者取则。’《后汉书·苏竟传》注引挚虞注曰：‘惟有孟公，论可观者。班叔皮与郭季通书言：“刘孟公藏器于身，用心笃固，实瑚琏之器，宗庙之宝也。”’……此《岐录》与虞注，大抵简者为录，详者为注。又《岐录》多取韵语，如《颜氏家训·劝学》篇（昌案：当作《勉学》篇。）所引‘堂堂乎张，京兆田郎。’及《书证》篇：‘前队大夫范仲公，盐豉蒜果共一筩。’……此即《史通》所谓文言美句也。但诸书征引《录》与注不尽分晰。惟《初学记·兽部》引‘五门子孙，凡民之伍。（注曰：门在今河南四十里，马氏兄弟五人共居此，作家舍主，养猪卖豚。）民为语曰：“苑中三公，钜下二卿，五门嚄嚄，但闻豚声。”’此于虞注别作细书，最为分明。”（张澍辑本序说同，惟未举例。）今谓章、张二氏均以挚注与陈寿等书不侔，而断言《史通》所考未精，盖未细审子玄之说也。详此四书，前二为注他，后二为自注，其他种种，亦或不同，独“文言美辞，列于章句；委曲叙事，存于细书”，为四作之所共具，因聚为一族。局就兹事而论，固不得谓之不侔也。二氏又以《决录》所为韵语即《史通》所谓文言美辞，亦非。杨戏之《季汉辅臣赞》固属韵语，《决录》于韵语亦复时有征引，而于《阳羡风土记》、《华阳国志》又将何说？以是知子玄所谓“文言美辞，列于章句”者，盖就四书中之美富雅洁，成文可诵者而言，固不得以韵语为限；而韵语亦不定皆文言美辞也。

亦有躬为史臣，手自刊补。

纪昀曰：“此条亦是自注，宜在裴、陆等一条之前。”

昌案：章学诚《文史通义》内篇卷五《史注》篇亦云：“刘氏《史通》画补注之例为三条，其所谓小书人物之《三辅决录》、《华阳士女》，与所谓史臣自刊之《洛阳伽蓝》、《关东风俗》者，虽名为二品，实则一例。”二家之说，盖皆未得子玄区类之旨。细诊本篇，第一类中有为人书作注者，挚虞注赵岐《三辅决录》，陈寿注杨戏《季汉辅臣》是也；亦有自注其书者，周处之《阳羡风土》；常璩之《华阳士女》是也。然总此四书，虽有自注注他之别，而其正文与注文之关系，则同是“文言美辞，列于章句；委曲叙事，存于细书”，故以兹为准，自成一族。第二类则属“思广异闻”而为他书作注，第三类则是

“志存该博”而为己书作注。其正文与注文之关系，乃以“补阙”、“毕载”之法，附益原书，故又各成一族也。揣纪、章之意，似以第一类之四书亦皆自注也者，若然，则挚虞当作赵岐，陈寿当为杨戏矣。可乎？（挚虞，一本作赵岐，盖后人所妄改。）

■乃定彼榛楛，列为子注。

昌案：子注之兴，盖由后汉以降，佛法西来，一经间有数译，至如支愍度《合维摩诘经序》所云：“或辞句出入，先后不同；或有无离合，多少各异。”“若其偏执一经，则失兼通之功；广披其三，则文烦难究。”故以一本为正文，为母；以他本为注文，为子；合而为一，以便研寻，于是有合本子注之体也。陈寅恪《支愍度学说考》曰：“《出三藏集记》卷十一竺昙无兰《大比丘二百六十戒序》云：‘余以长鉢后事注于破下，以子从母故也。九十事中多参错，事不相对。复徙就二百六十者，令事类相对。（中略）予因闲暇为之，三部合异，粗断起尽。以二百六十戒为本，二百五十者为子，以全出常行戒全句系之于事末，而亦有永舛不相似者，有以一为二者，有以三为一者。余复分合，令事相从。’《比丘大戒二百六十事》：（三部合异二卷。）‘（中略）说戒者乃曰：僧和集会，未受大戒者出，僧何等作为？（众僧和聚会，悉受无戒，于僧有何事？）答：说戒。（僧答言：布萨。）不来者嘱受清净说。（诸人者当说，当来之净。答言：说净。）说已，那春夏秋冬日已去。（下略）’又《出三藏集记》卷十竺昙无兰《三十七品经序》云：‘又诸经三十七品文辞不同。余因戏闲，寻省诸经，撮采事备辞巧便者，差次条贯，伏其位，使经体不毁，而事有异同者，得显于义。（中略）又以诸经之异者，注于句末。（中略）序二百六十五字，本二千六百八十五字，子二千九百七十字，凡五千九百二十字。除后六行八十字不在计中。’据此，可知本子即母子。上列《比丘大戒二百六十事》中，其大字正文，母也；其夹注小字，子也。盖取别本之义同文异者，列入小注中，与大字正文互相配拟。即所谓‘以子从母’、‘事类相对’者也。六朝诂经之著作，有‘子注’之名，当与此有关。考费长房《历代三宝记》卷十五载魏世李廓《众经目录》中有《大乘经子注》十二部。‘子注’之名散见于著录者，如吴康僧会《法镜注解子注》

二卷,(《历代三宝记》卷五。)晋昙铣《维摩子注经》五卷,《三宝记》卷七。齐竟陵王萧子良《遗教子注经》一卷,(《三宝记》卷十一。)梁法朗《大般涅槃子注经》七十二卷,梁武帝《摩诃般若波罗蜜子注经》五十卷,(《三宝记》卷十一。)及隋慧远《大乘义章》卷二四'悉檀义四门分别'条所引之《楞伽经子注》,皆是其例。唐刘知幾《史通》卷五《补注》篇犹有'定彼榛楛,列为子注'之语,可知'子注'之得名,由于以子从母,即以子注母。"《文选》陆机《文赋》:"彼榛楛之勿翦,亦蒙茸于集翠。"

萧大圜《淮海乱离志》

昌案:《隋志》:"《淮海乱离志》四卷,萧世怡撰,叙梁末侯景之乱。"钱大昕《廿二史考异》卷三十四"《隋书经籍志》"条:"按《北史》,萧圆肃撰《淮海乱离志》,不云世怡所撰,刘知幾又以为萧大圜作,未审孰是。世怡本名泰,鄱阳王恢之子。圆肃者,武陵王纪之子。大圜则简文子也。"三人者,《周书》、《北史》俱有传,而浦氏以为世怡殆即大圜,误矣。姚振宗《〈隋书·经籍志〉考证》卷十二云:"按:是书撰人相传不一,窃以为《史通》与两《唐》相合,则出于大圜者多。"朱希祖《萧梁旧史考》则据《周书》、《北史》本传所载,断归圆肃。其书久亡,疑莫能明。郑樵《通志·校雠略》又题为《海宇乱离志》。姚振宗云:"此以淮海为海宇,盖其误记,非别有确据也。侯景叛于淮南,故曰淮海。"(朱希祖说同。)此则是也。

羊衒之《洛阳伽蓝记》

昌案:周祖谟《洛阳伽蓝记校释》曰:"考杨衒之《魏书》、《北史》无传。《广弘明集》卷六云:'阳衒之,北平人,元魏末为秘书监。见寺宇壮丽,损费金碧;王公相竞,侵渔百姓,乃撰《洛阳伽蓝记》,言不恤众庶也。'据是可知衒之为北平人。其书姓作阳,又与《历代三宝记》及本书等不合。考北朝以文学通显者皆北平阳氏,如阳尼、阳固并是。至于杨氏,则未之见。……颇疑衒之姓阳,且与休之同行辈。……至如刘知幾《史通·补注》篇作羊衒之者,羊为泰山姓氏,望非北平,当为传写之讹。"

又案:《洛阳伽蓝记》之本文及子注,原以大小字分写。自宋以来,具传本字之大小不分，书之本子亦混，故《四库提要》卷七十至误以为书之自注“不知何时佚脱”。逮清儒及今世学人乃稍发其覆，渐复厥旧。其发凡起例者，则有顾广圻《思适斋集》卷十四《洛阳伽蓝记跋》、《谭嗣同全集·石菊影庐笔识学篇》第四十五条、陈寅恪《读洛阳伽蓝记书后》、孙次舟《洛阳伽蓝记子注释例》等。其通校全书者，则有吴若准《洛阳伽蓝记集证》、唐晏《洛阳伽蓝记钩沉》、周祖谟《洛阳伽蓝记校释》等。

少期集注《国志》，以广承祚所遗，而喜聚异同，不加刊定，恣其击难，坐长烦芜。

昌案：裴松之字世期，此云少期，避唐太宗讳也。《四库提要》卷四十五论裴注云：“所注杂引诸书，亦时下已意，综其大致，约有六端。一曰引诸家之论以辨是非，一曰参诸书之说以核同异，一曰传所有之事详其委曲，一曰传所无之事补其阙佚，一曰传所有之人详其生平，一曰传所无之人附以同类。其中往往嗜奇爱博，颇伤芜杂。……又观其初意，似亦欲如应劭之注《汉书》，考究训诂，引证故实……盖欲为之而未竟，又惜所已成，不欲删弃，故或详或略，或有或无，亦颇为例不纯。然网罗繁富，凡六朝旧籍今所不传者，尚一一见其崖略；又多首尾完具，不似郦道元《水经注》、李善《文选注》皆翦裁割裂之文。故考证之家，取材不竭，转相引据者，反多于陈寿本书焉。”（《廿二史札记》卷六“裴松之《三国志注》”条持论不及《提要》之精，而有裴注引书一百五十余种之名目，可参看。）金毓黻《中国史学史》第四章云：“与其谓裴氏为注史，无宁谓为补史。读《三国志》裴注，应作《三国志》补编读之，与读《史记》之三家注、《汉书》之颜注、《后汉书》之章怀注大异其趣。……刘氏之世，旧典多在，可资博览，故深病裴注之繁。若在今日，转借裴注以考见古籍之鳞爪，故弥觉其可珍。此因处境之异，而见地不同，未可执此而议彼也。”

而刘昭采其所捐，以为补注，言尽非要，事皆不急。

昌案：洪颐煊《读书丛录》卷二十二“《后汉书》刘昭志补注”条：“《隋书·经籍志》：‘《后汉书》一百二十五卷，范晔本，梁剡令刘昭注。’《梁书·

刘昭传》:'昭集《后汉》同异以注范晔《书》,世称博悉。'昭《注补志序》云:'乃借旧志,注以补之,分为三十卷,以合范史。'是昭未尝注司马彪全书,唯取八志以合于范史,故《隋志》及《梁书》本传唯言注范《书》,而不别出彪书之注。"钱大昕《十驾斋养新录》卷六"司马彪《续汉书》附范史以传"条:"昭本注范史纪传,又取司马氏《续汉书》志兼注之,以补蔚宗之缺,故于卷首特标'注补',明非蔚宗原文也。厥后章怀太子别注范史,而刘注遂废。惟志三十卷,则章怀以非范氏《书》,故注不及焉。而司马、刘二家之书,幸得流传至今。"王鸣盛《十七史商榷》卷二十九"《后汉书》刘昭李贤注"条:"昭所注《续志》颇有可观,则其纪传必佳。仍旧可耳,何必改作。"又云:"就如知幾之言,则昭注似裴松之之于陈寿。松之虽少裁断,其博亦有可取。"

孝标善于攻缪,博而且精。

昌案:子玄诋诃临川之书,而颂美孝标之注,亦见《杂说中》篇。其文云:"近者,宋临川王义庆著《世说新语》,上叙两汉、三国及晋中朝、江左事。刘峻注释,择其瑕疵,伪迹昭然,理难文饰。而皇朝撰《晋史》,多取此书,遂采康王之妄言,违孝标之正说,以此书事,奚其厚颜?"高似孙《纬略》:"宋临川王义庆采撷汉、晋以来佳事佳话为《世说新语》,极为精绝,而犹未为奇也。梁刘孝标注此书,引援详确,有不言之妙。如引汉、魏、吴诸史及子、传、地理之书,皆不必言;只如晋氏一朝史及晋诸公别传、谱录、文章凡一百六十六家,皆出于正史之外。纪载特详闻见未接,实为注书之法。"《四库提要》卷一百三十九:"孝标所注,特为典赡。……其纠正义庆之缪,尤为精核。所引诸书,十佚其九,惟赖是注以传,故与裴松之《三国志注》、郦道元《水经注》、李善《文选注》同为考证家所引据焉。"

锐思于流俗短书

昌案:《孟子·尽心下》篇:"同乎流俗。"《论衡·谢短》篇:"汉事未载于经,名为尺籍短书。"章太炎先生《国故论衡》卷中《文学总略》:"《说文》训专为六寸簿,簿即手版,古谓之忽。书思对命,以备忽忘,故引申为书籍记事之称。书籍名簿，亦名为专。专之得名，以其体短，有异于经。”郑康成《论语序》云：“《春秋》二尺四寸，《孝经》一尺二寸，《论语》八寸。（昌案：此檃括《仪记·聘礼》疏引郑序之言。）此则专之简策，当复短于《论语》，所谓六寸者也。”又自注云：“古官书皆长二尺四寸，故云二尺四寸之律。举成数言，则曰三尺法。经亦官书，故长如之。其非经、律，则称短书。”

可谓劳而无功

昌案：《史记·太史公自序》：“儒者博而寡要，劳而少功。”

因习第十八

盖闻三王各异礼，五帝不同乐。

昌案：《战国策·赵策》：“圣人之兴也，不相袭而王；夏、殷之衰也，不易礼而灭。然则反古未可非，而循礼未足多也。”《史记·商君列传》：“三代不同礼而王，五伯不同法而霸。”

此略外别内之旨也。

昌案：《公羊传》隐十年：“《春秋》录内而略外。于外，大恶书，小恶不书；于内，大恶讳，小恶书。”又成十五年：“《春秋》内其国而外诸夏，内诸夏而外夷狄。王者欲一乎天下，曷为以外内之辞言之？言自近者始也。”

至今之说，岂可同云。

昌案：史家称谓不合当时情实，语其条流，盖有二端，一者误承旧文，二者追改前文。子玄此论因习，特就前者言之。顾炎武《日知录》卷二十六“史家误承旧文”条举证甚详，如云：“《宋书·武帝纪》：‘永初元年八月戊午，西中郎将荆州刺史宜都王讳进号镇西将军。’《文帝纪》：‘元嘉十三年九月癸丑，立第三皇子讳为武陵王。’……并当时臣子之辞。”又云：“《三国志·魏后妃传》注：‘甄后曰：“讳等自随夫人。”’此讳字明帝名，当时史家之文也。”此类皆子玄所未及。其追改前文者，赵翼《陔馀丛考》卷二十二"古人追叙前事文法"条考论亦精，略云："汉高祖朝太公，家令说太公曰：'高祖虽子，人主也；太公虽父，人臣也。'又高祖过赵，张敖上食。高祖箕踞慢骂。赵相贯高等说敖，请杀之。敖曰：'吾先人亡国，赖高祖得复国，秋毫皆高祖力也。'是时，高祖尚在，乃已称高祖。古人追叙前事，文法往往如此。疏节阔目，文义自明，固不如后人之密也。"此与因习无与，亦子玄所未及，然读史者所当知也，故附著之。（参《杂说下》笺记引《古书疑义举例续补》。）

何法盛《中兴书·刘隗录》称其议狱事具《刑法志》，依检志内，了无其说。

昌案：章宗源《〈隋书·经籍志〉考证》卷一云："《史通》所称《刑法志》当作《刑法说》。"若据何书本称，诚如章言。然此处连用两志字，似非子玄偶误，疑以避下文"了无其说""说"字之复，故姑循旧名，犹《二体》篇称《项羽本纪》为《项传》之比也。

注为《列女》、《高隐》等目

陈汉章曰："今范氏《后汉书·逸民传》无《高隐》之目。"

昌案：钱大昕《十驾斋养新馀录》卷中"史汉目录"条："范史本题《逸民》，此云《高隐》者，避唐讳，非误记也。"此云唐讳，谓太宗名世民。

触类而长

昌案：《易·系辞上》篇："引而伸之，触类而长之，天下之能事毕矣。"

实繁其徒

昌案：《左传》昭二十八年："实蕃有徒。"繁与蕃通。

魏收著书，标榜南国，桓、刘诸族，咸曰岛夷。是则自江而东，尽为卉服之地。

昌案：《曲笔》篇云："魏收以元氏出于边裔，见侮诸华，遂高自标举，比桑乾于姬汉之国；曲加排抑，同建邺于蛮貊之邦。”与此同意。周一良《魏收之史学》论之曰：《魏书》“本纪兼载邻国兴灭继绝等事，至详赡明析。惟于南朝及十六国使臣之来，一例书朝贡，近似夸伲。然元魏之先，本受职于司马氏，故《魏书》犹称西晋诸帝之帝号，记晋怀帝封昭帝禄官为代公，晋愍帝封穆帝猗卢为代王，皆不隐避。《卫操传》载操颂桓、穆二帝功德碑文，其中称晋室为‘王室’、‘宸极’，尊晋帝为‘晋皇’、‘天王’，深表二帝之忠于晋朝。《太祖纪》亦不灭初年受制于苻秦之迹。是岂夸大曲笔者所为乎？道武建号而后，始定一尊，于东晋、宋、齐、梁之传皆称岛夷，十六国则目为僭伪，犹沈约《宋书》之称索虏，以当时人纪当时事，固难责其不袭用此等字样也。”因谓子玄此之所云：“是误史家所采用一时一地之名称为亘古不变之事实。伯起固无是心，后人亦决不至谓江南为被发文身之地。刘氏之言，不近于深文周纳乎？”《尚书·禹贡》：“岛夷卉服。”孔疏：“《释草》云：‘卉，草。’舍人曰：‘凡百草一名卉。’”

而世有撰《隋书·经籍志》者，其流别群书，还依阮《录》。案国之有伪，其来尚矣。……扬雄撰《蜀纪》，子贡著《越绝》，虞裁《江表传》，蔡述《后梁史》，考斯众作，咸是伪书，自可类聚相从，合成一部，何止取东晋一世，十有六家而已乎？

昌案：此论史志著录史籍，亦有因习前载，未尽妥帖者也。考《越绝书》《隋志》入杂史，《蜀王本纪》《隋志》入地理。《江表传》《隋志》不著录，依《志》例当入杂传。（《新唐志》杂传记类有虞溥《江表传》三卷。）《后梁春秋》《隋志》亦不著录，依《志》例当入古史。（《旧唐史》编年类有蔡允恭《后梁春秋》十卷。）阮孝绪《七录》尝立伪史一类，以纳僭伪诸史，《隋志》因之，改题霸史。揣子玄之意，盖谓诸书阮《录》分隶杂史、地理诸类者，《隋志》当悉改入伪史或霸史中乃合也。然其讥评《隋志》之因习，乃以《隋志》所未尝著录之书为言，亦其疏也。

告诸往而知诸来

昌案：《论语·学而》篇：“告诸往而知来者。”

可以无大过矣

昌案:《论语·述而》篇文。

邑里第十九

昌案:宋本、张鼎思本《因习》第十八并作《因习上》第十八,此篇并作《因习下》第十九亦曰《邑里》。何焯云:"应作《邑里》第十九。"考本篇所论,皆属邑里之因习,疑宋本所题近于子玄之旧也。

先述本居

孙毓修校记引何小山云:"居字误,下文作土。"

昌案:何说非也。此句于文律当用平声字结,故变文作本居耳。张鼎思本作太古,则因本居形阙而误。

江左侨立州县

昌案:《宋书·州郡志》:"自夷狄乱华,司、冀、雍、凉、青、并、兖、豫、幽、平诸州,一时沦没。遗民南渡,并侨置牧司,非旧土也。"

其地皆取旧号,施之于今。原注:近代史为王氏传云:"琅琊临沂人。"为李氏传曰:"陇西成纪人。"非惟王、李二族久离本居,亦自当时无此郡县。皆是晋、魏以前旧名号。

昌案:余嘉锡《四库提要辨证》卷二十"沈下贤集"条尝举此说而论之云:"自刘知幾作《史通·邑里》篇,深言史官书人郡望之弊……宋之学者深韪其说,不独于旧史所书邑里,皆所不信;即唐人自叙其乡贯,亦以为郡望,必别求其所生之地以实之。宋祁《新唐书》如此者甚多。……夷考其实,魏、晋世族久离本居者固多,而南方大姓,子孙相传,虽越若干代而仍安处故土者,亦正不乏……如必欲改书其乡里,则矫枉过直,反为通人之蔽。"此亦读史者所不可不知。

又案:"皆是晋、魏以前旧名号"九字,盖后人批语阑入注中者,故与上文语意不甚衔接,当删。

且自世重高门,人轻寒族,竞以姓望所出,邑里相矜。

昌案:《宋书·恩幸传序》:“汉末丧乱,魏武始基,军中仓卒,权立九品。盖以论人才优劣,非为世族高卑。因此相沿,遂为成法。自魏至晋,莫之能改。州都郡正,以才品人,而举世人才,升降盖寡。徒以冯借世资,用相陵驾,都正俗士,斟酌时宜,品目少多,随事俯仰。刘毅所云:‘下品无高门,上品无贱族’者也。(昌案:《晋书·刘毅传》作‘上品无寒门,下品无势族’。)岁月迁讹,斯风渐笃。凡厥衣冠,莫非二品。自此以还,遂成卑庶。”《新唐书·儒学传·柳冲传》载柳芳论氏族:“魏世立九品,置中正,尊世胄,卑寒士,权归右姓已。其州大中正、主簿、郡中正、功曹,皆取著姓士族为之,以定门胄,品藻人物。晋、宋因之,始尚姓已。”

至于碑颂所勒,茅土定名,虚引他邦,冒为己邑。原注:今西域胡人多有姓明及卑者,如加五等爵,或称平原公,或号东平子,为明氏出于平原,卑氏出于东平故也。

昌案:文廷式《纯常子枝语》卷二十三云:“按此则知北朝文字为虏姓叙源流者同此假借,盖亦多矣。明氏至今尚有之,而卑氏已极罕见,又不知何时复加改易,此厘定氏族之难也。”卑,何校改毕,则至今亦有之,然未知所据。

言语第二十

则知饰词专对,古之所重也。

昌案:《论衡·对作》篇:“论衡者,所以诠轻重之言,立真伪之平,非苟调文饰辞为奇伟之观也。”饰词犹言修辞。《易·乾·文言》载孔子曰:“修辞立其诚,所以居业也。”《礼记·表记》篇亦载孔子曰:“情欲信,辞欲巧。”《论语·子路》篇:“子曰:‘诵《诗》三百,授之以政,不达;使于四方,不能专对,虽多亦奚以为?’”此古重饰词专对之证。

夫上古之世，人惟朴略。言语难晓，训释方通。

昌案：《文心雕龙·宗经》篇："《书》实记言，而训诂茫昧。通乎《尔雅》，则文义晓然。"盖子玄此之所本也。《周礼·春官·大司乐》："以乐语教国子，兴、道、讽、诵、言、语。"郑注："发端曰言，答述曰语。"贾疏："《诗·公刘》云：'于时言言，于时语语。'毛云：'直言曰言，答述曰语。'许氏《说文》云：'直言曰论，答难曰语。'论者，语中之别，与言不同。故郑注《杂记》云：'言，言己事。为人说为语。'"

周监二代，郁郁乎文。

昌案：《论语·八佾》篇："子曰：'周监于二代，郁郁乎文哉！吾从周。'"

大夫行人，尤重词命。

昌案：《汉书·艺文志》诗赋略序："传曰：'不歌而诵谓之赋。登高能赋，可以为大夫。'（昌案，'不歌而诵谓之赋'一句，乃班《志》本刘向《七略别录》之文，当在'传曰'之上。《文心雕龙·诠赋》篇称：'刘向明云："不歌而颂。"'又别引《传》曰：'登高能赋，可为大夫。'即本刘、班。盖齐世《别录》尚存，或彦和所见《汉书》此文犹未误倒也。）言感物造端，材知深美，可与图事，故可以列为大夫也。古者，诸侯卿大夫交接邻国，以微言相感。当揖让之时，必称《诗》以谕其志，盖以别贤不肖而观盛衰焉。故孔子曰：'不学《诗》，无以言'也。"《周礼·秋官》："大行人掌大宾之礼及大客之仪，以亲诸侯……谕言语，协辞命。……小行人掌邦国宾客之礼籍，以待四方之使者。"

战国虎争，驰说云踊。人持弄丸之辩，家挟飞钳之术。

昌案：数语全仿《文心雕龙·论说》篇。彼文云："暨战国争雄，辩士云踊，从横参谋，长短角势。《转丸》骋其巧辞，《飞钳》伏其精术。"

剧谈者以谲诳为宗

昌案：《文选》刘峻《广绝交论》："骋黄马之剧谈，纵碧鸡之雄辩。"陆机

《文赋》:“说炜晔而谲诳。”

利口者以寓言为主

昌案:《论语·阳货》篇:“恶利口之覆邦家者。”《史记·庄子列传》:“庄子著书十余万言,大抵率寓言也。”《索隐》:“其书十余万言,率皆立主客,使之相对语,故云偶言。又音寓,寓,寄也。故《别录》云:‘又作人姓名,使相与语。’是寄辞于其人,故《庄子》有《寓言》篇。”

虽有讨论润色

昌案:《论语·宪问》篇:“子曰:‘为命,裨谌草创之,世叔讨论之,行人子羽修饰之,东里子产润色之。’”

记其当世口语,罕能从实而书。

昌案:子玄论史家叙事记言,皆当从实而书,不避俚辞俗语。于旧史之怯书今语,勇效昔言,或用夏变夷,崇华损实者,抨击不遗余力,所见卓矣。亦见《叙事》、《杂说》中、下等篇。

又案:赵翼《陔馀丛考》卷十四“史传俗语”条:“史传中有用极俗语者,《唐书》以前不多见。惟《齐书》:文帝幸豫章王嶷第,须由宋长宁陵隧道过。帝曰:‘我便是入他家墓内寻人。’《薛安都传》:‘京师无百里地,若不能胜,便当拍手笑杀。’《北史》:宇文化及谓许善心曰:‘我好欲放你,乃敢如此不逊?’又化及谓李密曰:‘我与你论相杀事’。《隋书》:太子勇曰:‘阿娘不与我一好妇女,亦是可恨。’”钱大昕《廿二史考异》卷三十六“《南史·王藻传》”条:“按《南史》多俗语,如呼父为爹,(《梁始兴王憺传》。音徒我反。)又为阿爷,(《侯景传》。)呼乳母为妳,(《王藻传》。)布施为儭,(《张融传》。)举移为搁(《齐东昏侯纪》。)之类。”然持较全史,两氏所举,固皆稀如星凤也。

方复追效昔人,示其稽古。

昌案:顾炎武《日知录》卷十九“文人求古之病”条:“《后周书·柳虬

传》：时人论文体有今古之异。虬以为时有今古，非文有今古。此至当之论。夫今之不能为二汉，犹二汉之不能为《尚书》、《左氏》，乃剿取《史》、《汉》中文法以为古，甚者，猎其一二字句，用之于文，殊为不称。"又云："以今日之地为不古而借古地名，以今日之官为不古而借古官名，舍今日恒用之字而借古字之通用者，皆文人所以自盖其俚浅也。"

颠沛造次

昌案：《论语·里仁》篇："君子无终食之间违仁，造次必于是，颠沛必于是。"《集解》引马融曰："造次，急遽。颠沛，偃仆。"

被发左衽

昌案：《论语·宪问》篇："微管仲，吾其被发左衽矣。"邢疏："衽谓衣衿。衣衿向左，谓之左衽。夷狄之人，被发左衽。"

遂使沮渠、乞伏，儒雅比于元封。

昌案：钱大昕《廿二史考异》卷二十二"《晋书五·乞伏乾归载记》"条："乞伏父子生长西徼，不习华书，而史纪国仁言：'先人有夺人之心。'乾归言：'兵犹火也，不戢将自焚。'又云：'孤违蹇叔，以至于此。'词人文饰，失其本真，大率如此。"李慈铭《越缦堂读书记》卷三"《晋书》"条尝引竹汀此文，而复有所沾益，其言曰："予案自唐以前，人尚华藻，纪载修饰，大率如此。载记中若此等者，不胜偻指。如秃发兄弟，鲜卑之族；沮渠蒙逊，卢水胡雏，岂尝知有书史？而乌孤有曰：'兼弱攻昧，三者何先？'利鹿孤之饯杨桓，有曰：'鲲非溟海，无以运其躯；凤非修梧，无以晞其翼。'傉檀之谓杨桓曰：'安寝危邦，不思择木。'谓宗敞曰：'卿，鲁子敬之俦。'又引《诗》曰：'中心藏之，何日忘之。'蒙逊之谓景保曰：'昔汉祖困于平城，以娄敬为功；袁绍败于官渡，而田丰为戮。卿策同二子。'又乾归谓诸将曰：'昔曹孟德取袁本初于官渡，陆伯言摧刘玄德于白帝，皆以权略取之。'其子炽磐有曰：'此虏矫矫，所谓有豕白蹢。'其臣翟瑥之言曰：'昔项羽斩庆子（即卿子冠军。）以宁楚，胡建戮监军以成功。'乞伏昙达之言曰：'昔伯珪凭险，卒有灭宗之祸;韩约肆暴,终受覆族之诛。’后凉吕超出氐种,而其对姚兴之问宗敞,有曰:‘敞在西土,方魏之陈、徐,晋之潘、陆。琳琅出于昆领,明珠生于海频。若必以地求人,则文命大夏之弃夫,姬昌东夷之摈士。’其对吕隆有曰:‘应龙以屈伸为灵,大人以知幾为美。’又曰:‘孙权屈身于魏,谯周劝主出降。’皆动称古今,属辞典雅,出于增造,不问可知。”皆足证子玄之论。窃谓史氏修饰言语,致失本真,诸家弹射,实中其病。然金行已降,五胡君长汉化程度颇深,如匈奴刘氏、羯石氏、鲜卑慕容氏、氐苻氏、羌姚氏,博通经史,富于才艺者,不乏其人,《晋书·载记》,历历可考,固无论矣。即如越缦所斥为卢水胡雏之沮渠蒙逊,《载记》即明著其“博涉群史,颇晓天文”,是其引娄敬、田丰之事为言,殆无足异。若此之类,又当分别观之也。

犹鉴者见嫫姆多媸

昌案:《太平御览》卷一百三十五引刘向《列女传》:“黄帝妃曰嫫母,于四妃之班居下,貌甚丑而最贤,心每自退。”(今本《列女传》无此文。)

浮词第二十一

故将述晋灵公厚敛雕墙,则以不君为称……所谓说事之端也。又书重耳伐原示信,而续以一战而霸,文之教也……所谓论事之助也。

昌案:此与《叙事》篇自戾。彼文云:“然则才行、事迹、言语、赞论,凡此四者,皆不相须,若兼而毕书,则其费尤广。但自古经史,通多此颣,能获免者,盖十无一二。”窃谓《叙事》所论,实为胶执;本篇之说,庶近通方。纪述尚简,终期辞达。才行等四者,有相重而当避者,亦有相须而始成者,固难以一概论也,唯其是焉尔。

传曰:“知进退存亡者,其唯圣人乎!”

昌案:《易·乾·文言》:“知进退存亡而不失其正者,其唯圣人乎!”

必以贤为目，不其谬乎？

浦起龙曰："执论贤字滞甚。"昌案：焦竑《焦氏笔乘》卷三"《史通》"条："夫贤之为言，异于人云耳。而辄律之以儒行，责之为圣人，不已甚乎？"说与浦合而在其前。

不能绝也

昌案：此绝字当读如《庄子·田子方》篇"夫子奔逸绝尘"之绝。

非靡沮所移

浦起龙曰："靡沮或作磨涅，俱未稳。"陈汉章曰："此用《诗·大雅·云汉》篇：'靡神不举，靡爱斯牲'，及'旱既太甚，则不可沮'。六朝唐初文往往有此摘用经语式。"

昌案：《云汉》郑笺训靡为无，毛传训沮为止，若如陈说，二字连用，成何文义？疑靡沮乃仓沮之讹也。《广韵》"九鱼"引《世本》云："沮诵、仓颉作书，并黄帝时史官。"张鼎思本靡字作磨，磨字下半与仓形近，当是仓字先讹为磨，磨字上半与靡同，又转讹为靡耳。其沮字张本讹涅者，则以仓字讹磨后，校者不得其解，以为子玄乃用《论语·阳货》篇"磨而不磷"、"涅而不缁"之语，因改之也。《史官建置》篇："昔轩辕氏受命，仓颉、沮诵实居其职。"亦仓、沮连举。

若乃题目不定

昌案：此"题目"字即《世说新语·赏誉》篇："时人欲题目高座而未能。"《晋书·山涛传》："涛甄拔人物，各有题目"之题目，下文所以有"轻弄笔端，肆情高下"之语也。与本书《题目》篇之义少异。

夫词寡者出一言而已周，才芜者资数句而方浃。

昌案：《文心雕龙·熔裁》篇："思赡者善敷，才核者善删。善删者字去而意留，善敷者辞殊而意(昌案："当作言。")显。字删而意阙，则短乏而非核。辞敷而言重，则芜秽而非赡。"子玄盖有取于此说，然以侧重尚简，遂远不及彦和之圆融。

至嵇康、皇甫谧撰《高士记》，各为二叟立传。

昌案：《隋书·经籍志》："《圣贤高士传赞》三卷，嵇康撰，周续之注。"又："《高士传》六卷，皇甫谧撰。"书本名传而此以记称者，避下文传字之复也。本书类此者颇有之，如以《史记·项羽纪》为传，以《晋中兴书·刑法说》为志，皆见前。

叙事第二十二

文而不丽

昌案：《法言·吾子》篇："文丽用寡，长卿也。"

质而非野

昌案：《论语·雍也》篇："质胜文则野，文胜质则史。"

自非作者曰圣

昌案：《文心雕龙·徵圣》篇："夫作者曰圣，述者曰明。"

下终获麟

昌案：《春秋》哀十四年："春，西狩获麟。"《公羊传》："麟者，仁兽也。有王者则至，无王者则不至。有以告者曰：'有麇而角者。'孔子曰：'孰为来哉，孰为来哉！'反袂拭面，涕沾袍。颜渊死，子曰：'噫！天丧予。'子路死，子曰：'噫！天祝予。'西狩获麟，孔子曰：'吾道穷矣！'《春秋》何以始乎隐？祖之所逮闻也。何以终乎哀十四年？曰：备矣。"考《春秋》经《公》、《穀》二传止哀十四年，《左氏》止哀十六年；传则《公》、《穀》亦止哀十四年，《左氏》止哀二十七年。杜预于哀十四年《左氏》经"西狩获麟"下注云："麟者，仁兽，圣王之嘉瑞也。时无明主，出则遇获。仲尼伤周道之不兴，感嘉瑞之无应，故因鲁《春秋》而修中兴之教，绝笔于获麟之一句，所感而作，固所以为终也。”又十六年经“孔丘卒”下注云：“孔子作为《春秋》，终于获麟之一句，《公羊》、《穀梁》经是也。弟子欲记圣师之卒，故采鲁史记以续夫子之经，而终于此。丘明因随而作传，终于哀公。从此以下，无复经矣。”

然则意指深奥，诰训成义。

指，宋本作複，张鼎思本作復，浦起龙改，校云：“旧作複，误。”诰，浦校云：“一讹诂。”杨明照曰：“按：诰字非是。《汉书·艺文志·六艺略》：‘《书》者，古之号令，号令于众，其言不立具，则听受施行者弗晓。古文读应《尔雅》，故解古今语而可知也。’《后汉书·贾逵传》：‘逵数为帝言，古文《尚书》与经传、《尔雅》诂训相应。’《文心雕龙·宗经》篇：‘《书》实记言，而诂训（此依唐写本。）茫昧，通乎《尔雅》，则文意晓然。’并言书之诂训成义也。”

昌案：《孔丛子·居卫》篇：“《书》之意兼復深奥，训诰成义，古人所以为典雅也。”正子玄所本。複与復通。浦改複为指，杨以诰为诂，并非。特诰训二字当乙转耳。

虽殊途异辙，亦各有差焉。

差，本作美，浦起龙校改。

昌案：美字不误。《文心雕龙·宗经》篇：“《尚书》则览文如诡，而寻理即畅；《春秋》则观辞立晓，而访义方隐。此圣人之殊致，表里之异体者也。”又《文心雕龙·议对》篇：“亦各有美，风格存焉。”乃子玄此节所本。尤可证浦氏改美为差之谬。殊致异体，即“殊途异辙”；“亦各有美”，谓各擅其胜也。既云殊异，又谓差焉，则床上施床，不词甚矣。

才难，不其甚乎？

昌案：《论语·泰伯》篇：“才难，不其然乎？”

然则人之著述，虽同自一手，其间则有善恶不均，精粗非类。

昌案：《南齐书·陆厥传》载其与沈约书云：“《长门》、《上林》，殆非一家之赋，《洛神》、《池雁》，便成二体之作。孟坚精整，《咏史》无亏于东主；

平子恢富，《羽猎》不累于凭虚。王粲《初征》，他文未能称是；杨修敏捷，《暑赋》弥日不献。率意寡尤，则事促乎一日；翳翳愈伏，而理赊于七步。一人之思，迟速天悬；一家之文，工拙壤隔。”子玄于此，更申其理，谓文之工拙，系诸事之美恶也。

若《史记》之苏、张、蔡泽等传，是其美者。至于三五本纪、《日者》、《太仓公》、《龟策传》，故无所取焉。

昌案：本书《鉴识》篇：“张晏云：‘迁殁后，亡《龟策》、《日者传》，褚先生补其所缺，言词鄙陋，非迁本意。’案：迁所撰《五帝本纪》、七十列传，称虞舜见厄，遂匿空而出；宣尼既殂，门人推奉有若。其言之鄙，又甚于兹。安得独罪褚生，而全宗马氏也。”又《古今正史》篇：“至宣帝时，迁外孙杨恽祖述其书，遂宣布焉；而十篇未成，有录而已。（张晏《汉书注》云，十篇迁殁亡失，此说非也。）元、成之间，会稽诸先生更补其缺，作《武帝纪》、《三王世家》、《龟策》、《日者传》，辞多鄙陋，非迁本意也。”余嘉锡《论学杂著·太史公书亡篇考》云：“《史通》两引张晏褚先生补缺之语，而《叙事》篇乃以《日者》、《龟策》为与苏、张等传同自一手，似是前后矛盾，而其实非也。盖子玄本不甚信张晏之说，故谓十篇是未成而亡失。《日者》、《龟策传》皆有太史公语，亦其草创未就，而褚先生特续补之耳。”

又《汉书》之帝纪、陈、项诸篇，是其最也；至于淮南王、司马相如、东方朔传，又安足道哉！

昌案：子玄薄淮南等传之意，已详《载文》篇，盖以诸传多载文赋为病也。又本书《覈才》篇引傅玄《书事》篇云：“观孟坚《汉书》，实命代奇作。乃与陈宗、尹敏、杜抚、马严撰《中兴纪传》，其文曾不足观。岂拘于时乎？何不类之甚者也！”亦与子玄之论相发。

盖绘事以丹素成妍，帝京以山水为助。

昌案：裴松之《上三国志注表》：“绘事以众色成文，蜜蜂以兼采为味。”此仿其语。

晋楚更盟

昌案:《春秋》襄二十七年:"秋七月辛巳,豹及诸侯之大夫盟于宋。"《左传》:"晋楚争先。(杜注:'争先歃血。')晋人曰:'晋固为诸侯盟主,未有先晋者也。'楚人曰:'子言晋楚匹也。若晋常先,是楚弱也。且晋楚狎主诸侯之盟也,久矣。(杜注:"狎,更也。")岂专在晋?'叔向谓赵孟曰:'诸侯归晋之德只,非归其尸盟也。子务德,无争先。'乃先楚人。"

至若荀悦《汉纪》,其才尽于十帝。

昌案:《论衡·宣汉》篇:"孔子曰:'如有王者,必世而后仁。'……孔子所谓一世,三十年也。汉家三百岁,十帝耀德,未平如何?"此云十帝,盖本纬候之说,兼东汉光武帝、明帝言之。《后汉书·曹褒传》载章帝元和二年诏引《河图》云:"赤九会昌,十世以光,十一以宁。"李贤注:"九谓光武,十谓明帝,十一谓章帝。"是也。西汉十二帝,除平帝、孺子婴不计,明见《宣汉》篇外,余八帝未详所指。子玄此之所云,则专属西汉,与仲任不同。其意乃谓平帝以还,政归新莽,王室如毁,王室坏则美辞翳耳。然详览仲豫之文,殆无后先之异,其论似未可从。

陈寿《魏书》

昌案:周中孚《郑堂札记》卷五:"《三国志》,大名也。《魏书》、《蜀书》、《吴书》,小名也。《蜀书·杨戏传》云:'戏以廷熙四年著《季汉辅臣赞》,其所颂述,今多载于《蜀书》。'又《董允传》注论陈氏立《夏侯玄传》,亦曰:'《魏书》总名此传云,《诸夏侯曹传》。'此其证也。但自来引者,俱曰《魏志》、《蜀志》、《吴志》,岂因大名而改称与?"周说是也。考严可均《全晋文》卷一百二载陆云《与兄平原书》第七首亦有"陈寿《吴书》"之目。常璩《华阳国志·后贤志》又有云:"吴平后,寿乃鸠合国史,著《魏》、《蜀》、《吴》三书,六十五篇,号《三国志》。"其说尤明。《唐书·经籍志》于正史类著录《魏国志》三十卷,伪史类著录《蜀国志》十五卷,《吴国志》二十一卷,与《隋书·经籍志》之以《三国志》六十五卷,不加分析,著录于正史类者有别。(《吴志》本二十卷,《旧唐志》作二十一卷,一字误衍。)《隋志》又著录《魏志音义》一卷，卢宗道撰。姚振宗《考证》卷十一疑宗道即《北史·卢玄传》所载玄孙思道之弟，又云："但为《魏志音义》，而不及吴、蜀，其书亦似不全。"据此，知三书虽总名《三国志》，而亦尝单行，《魏书》或题《魏国志》、《魏志》，《吴书》、《蜀书》亦然，其事皆起先唐。卢宗道但为《魏志》作《音义》，正缘其书本尝别裁单行，亦不得即谓其非全书也。凡此皆周信之所未及致详者，因为之补证如此。李慈铭《越缦堂读书记》卷三"《三国志》"条云："陈氏本无《魏书》、《蜀书》、《吴书》之名，概题为志。后人误以标目，刻十七史、廿一史者遂皆沿之，流俗所当正也。"其说实非。胡玉缙《四库全书总目提要补正》卷十三顾取之而不加辨正，亦其疏也。

其美穷于三祖

昌案：三祖，谓魏武帝、文帝丕、明帝叡也。钟嵘《诗品》："曹公古直，甚有悲凉之句。叡不如丕，亦称三祖。"《文心雕龙·乐府》篇："魏之三祖，气爽才丽。"子玄云美穷三祖者，意谓齐王芳以次，权归司马氏，故承祚亦无以起其文，按之亦不尽然也。

又案："其才尽于十帝"，"其美穷于三祖"，才美对举，盖本之《论语·泰伯》篇："如有周公之才之美。"

夫识宝者稀

昌案：《尹文子·大道》篇："魏之田父得玉径尺，不知其玉也，以告邻人。邻人绐之曰：'怪石也。'归而置之庑下，明照一室，怪而弃之于野。"《太平御览》卷五十一引《阙子》："宋之愚人得燕石于梧台之侧，藏之以为大宝。周客闻而观焉，革匮十重，缇巾十袭。客见之，掩口卢胡而笑曰：'此特燕石也，与瓦甓同。'"《文心雕龙·知音》篇："魏氏以夜光为怪石，宋客以燕砾为宝珠。形器易征，谬乃若是；文情难鉴，谁曰易分？"

知音盖寡

昌案：《吕氏春秋·本味》篇："伯牙鼓琴，钟子期听之。方鼓琴而志在太山，钟子期曰：'善哉乎鼓琴！巍巍乎若太山。'少选之间，而志在流水，钟子期又曰:‘善哉乎鼓琴！汤汤乎若流水。’钟子期死,伯牙终身不复鼓琴。”《文选》曹丕《与吴质书》:“昔伯牙绝弦于钟期……痛知音之难遇。”《文心雕龙·知音》篇:“知音其难哉！音实难知,知实难逢。逢其知音,千载其一乎。”

君懋志存实录

昌案:《汉书·司马迁传赞》:“自刘向、扬雄皆称迁有良史之才,服其善叙事理,辨而不华,质而不俚。其文直,其事核,不虚美,不隐恶,故谓之实录。”

况于章句不节

昌案:《文心雕龙·章句》篇:“夫设情有宅,置言有位。宅情曰章,位言曰句。故章者,明也;句者,局也。”

载之兼两

昌案:《后汉书·吴祐传》:“此书若成,则载之兼两。”《尚书·牧誓》序疏:“《风俗通》说,车有两轮,故称为两;犹履有两只,亦称为两。”

至如古文《尚书》

昌案:《隋书·经籍志》《尚书》类序:“初,汉武帝时,鲁恭王坏孔子旧宅,得其末孙惠所藏之书,字皆古文。孔安国以今文校之,并依古文开其篇第,合成五十八篇,又为作传,谓之古文《尚书》之学,而未得立。后汉扶风杜林传古文《尚书》,同郡贾逵为之作训,马融作传,郑玄亦为之注。然其所传唯二十九篇,又杂以今文,非孔旧本。自馀绝无师说。至东晋,豫章内史梅赜始得安国之传,奏之。”《四库提要》卷十二“阎若璩《古文尚书疏证》”条:“古文《尚书》较今文多十六篇,魏、晋以来绝无师说。故《左氏》所引,杜预皆注曰逸《书》。东晋之初,其书始出,乃增多二十五篇。初犹与今文并立;自陆德明据以作《释文》,孔颖达据以作《正义》,遂与伏生二十九篇混合为一。唐以来虽疑经惑古如刘知幾之流,亦以《尚书》一家列之《史通》，未言古文之伪。自吴棫始有异议，朱子亦稍疑之；吴澄诸人相继抉摘，其伪益彰。明梅鷟始参考诸书，证其剽剟，而见闻较狭，搜采未周。至若璩乃引经据古，一一陈其矛盾之故，古文之伪乃大明。”

此则传之与纪

诸本皆作“纪之与传”，浦起龙改，校云：“传纪二字旧倒。”

昌案：子玄此句先纪后传，乃据史体为序，非以前举《卫传》、《文纪》为序也，不必改。

《春秋》经曰：“陨石于宋五。”夫闻之陨，视之石，数之五。加以一字太详，减其一字太略……

昌案：陈骙《文则》卷上云：“文简而理周，斯得其简也。读之有疑阙焉，非简也，疏也。《春秋》书曰：‘陨石于宋五。’《公羊传》曰：‘闻其磌然，视之则石，察之则五。’《公羊》之义，经以三字尽之，是简之难也。”即本子玄之意而敷衍之。

盖宜除跛者以下句，但云：各以其类逆。……盖于此一句之内去年及口中可矣。

昌案：魏际瑞《伯子文集》卷四《与子弟论文》：“昔人论《史记》（昌案：当作《汉书》。）《张苍传》有‘年老口中无齿’句，宜删曰‘老无齿。’《公羊传》：（昌案：当作《穀梁传》。）‘齐使跛者逆跛者，秃者逆秃者，眇者逆眇者。’宜删云：‘各以其类逆。’简则简矣，而非《公羊》、史迁（昌案：当作《穀梁》、孟坚。）之文。又于神情特不生动。”黄本骥《痴学》卷五《读文笔得》亦云：“刘子元谓《穀梁传》齐使秃者御秃者四句，当云‘各以类逆。’夫齐国之祸，起于闺中一笑，穀梁子故为繁复其辞，使千百载后读是书者犹当发笑，所以立兴戎之案也。其佳正在此处，若改为‘各以类逆’，便索然寡味。以此论文，其犹有蓬之心也夫！”盖文章无论叙事，记言，说理，抒情，皆有须繁复乃尽者，亦有以繁复成妍者。子玄尚简之论，乃以六代史籍行文浮冗，有激而言，矫枉过正，固不得视为恒规也。

盖饵巨鱼者，垂其千钓，而得之在于一筌。

昌案：《庄子·外物》篇："任公子为大钩巨缁，（昌案：当作纶。）五十犗以为饵，蹲乎会稽，投竿东海，旦旦而钓，期年不得鱼。已而大鱼食之，牵巨钩，錎没而下，骛扬而奋鬐，白波若山，海水震荡，声侔鬼神，惮赫千里。"《文选·江赋》注："筌，捕鱼之器，以竹为之。"上云垂钓，则下当云得之在于一钩，此特借用之。

捕高鸟者，张其万罝，而获之由于一目。

昌案：《尔雅·释器》："兔罟谓之罝。"此借为网毕之义，犹前文之以筌代钩。

能损之又损，而玄之又玄。

昌案：《老子》四十八章："损之又损，以至于无为，无为而无不为。"又一章："玄之又玄，众妙之门。"

夫饰言者为文，编文者为句。句积而章立，章积而篇成。

昌案：《论衡·正说》篇："文字有意以立句，句有数以连章，章有体以成篇。"《文心雕龙·章句》篇："夫人之立言，因字而生句，积句而成章，积章而成篇。"

大夫应对，以言文为主。

昌案：《左传》襄二十五年记郑入陈，子产献捷于晋，晋不能难，引仲尼曰："《志》有之：'言以足志，文以足言。'不言，谁知其志？言之无文，行而不远。晋为伯，郑入陈，非文辞不为功，慎辞也。"

秩秩德音

昌案：《诗·秦风·小戎》文。

洋洋盈耳

昌案:《论语·泰伯》篇:“师挚之始,《关雎》之乱,洋洋乎盈耳哉!”

譬夫游沧海者,徒惊其浩旷;登泰山者,但嗟其峻极。

昌案:《孟子·尽心上》篇:“孔子登东山而小鲁,登泰山而小天下。故观于海者难为水,游于圣人之门者难为言。”此用其意。

所能斥苦其说也

斥苦,旧作斥非,浦起龙据《庄子》逸篇“绋讴所生,必于斥苦”之文改之,云:“旧作斥非,于文不顺,当是斥苦之讹。”纪昀曰:“斥苦当作非斥。”

昌案:斥非不误。《后汉书·孔融传》:“拟斥乘舆。”李注:“斥,指也。”斥非犹言指责,谓后世史家不得指责《尚书》之阔略耳。本书《探赜》篇:“终不能别有异同,忤非其议。”斥非其说,忤非其议,句法意义正同,可证。

师范尼父

昌案:《礼记·檀弓上》篇:“鲁哀公诔孔子曰:‘天不遗耆老,莫相余位焉。呜呼哀哉!尼父。’”郑注:“尼父,因其字以为之谥。”

夫经以数字包义,而传以一句成言。

昌案:杜预《春秋经传集解序》:“《春秋》虽以一字为褒贬,然皆须数句以成言。非如八卦之爻,可错综为六十四也,固当依传以为断。”此摹其语,申其义,以明经传繁简之有别也。

斯皆言近而旨远,辞浅而义深。

昌案:杜预《春秋经传集解序》:“若夫制作之文,所以章往考来,情见乎辞。言高则旨远,辞约则义微。此理之常,非隐之也。”

董生乘马三年,不知牝牡。

昌案:董生,董先生也。赵翼《廿二史札记》卷三“先生或只称一字”

条："古时先生二字，或称先，或称生。《史记·晁错传》：'错初学于张恢先所。'《汉书》则云：初'学于张恢生所。'一称先，一称生。颜注云：'皆先生也。'又《晁错传》，校尉邓公，诸公皆称为邓先。颜注亦曰：'邓先生也。'《贡禹传》，禹以老乞骸骨，元帝诏曰：'朕以生有伯夷之廉，史鱼之直。'师古注：'生谓先生也。'梅福上书曰：'叔孙先非不忠也。'师古亦注：'先谓先生也。'是古时先生或称先，或称生，不必二字并称。"（桂馥《札朴》卷三"生"条略同。）

又案：严可均《全三国文》卷五十八载诸葛亮《教》："昔孙叔敖乘马三年，不知牝牡，称其贤也。"岂一事而传闻异辞，抑孔明之误记耶？

作者芜音累句

昌案：《宋书·谢灵运传论》："虽清辞丽句，时发乎篇，而芜音累气，固亦多矣。"

不知所裁

昌案：《论语·公冶长》篇："子在陈曰：'归与！吾党之小子，狂简，斐然成章，不知所以裁之。'"

是以处道受责于少期。原注：《魏书·邓哀王传》曰："容貌姿美，有殊于众，故特见宠异。"裴松之曰："一类之言而分以为三，亦叙属之一病也。"

浦起龙曰："本文句下原注……脱去'有殊于众'两言，使一类分三句无著傍……亟是正之。"卢文弨曰："元注'容貌姿美'。裴松之以为一类之言分为三句，谓容也、姿也、貌也。浦增'有殊于众'一句，（昌案：一句当作二句。）方谓三言有著，似未细会。"

昌案：卢说是也。浦本"有殊于众，故特见宠异"九字当据删。本书《点烦》篇云："《孟尝君传》曰：'冯公形容状貌甚辨。'按形容状貌，同是一说，而敷演重出，分为四言。凡如此流，不可胜载。"正与此注所指全同，足证浦氏妄增二句之失。古籍中此类句法，王引之《经义述闻》卷十八"缮完葺墙"条、俞樾《古书疑义举例》卷二《语缓例》皆尝论之。俞氏所谓"古人语急，则二字可缩为一字；语缓，则一字可引为数字”，“语缓故不嫌辞费”是也。

子升取讥于君懋。原注：……而撰《永安记》率是支言。

昌案：《隋志》地理类：“《魏永安记》三卷，温子升撰。”《唐书·艺文志》作《永安故事》。其书盖记魏孝庄帝永安纪元三年中尔朱氏之乱，亦杂史之流，故王劭得据以弹射。姚振宗《〈隋书·经籍志〉考证》卷二十一云：“此三年中洛下大乱，子升皆亲历其事。此殆所记事迹，当入杂史，不知本志何以列之于此。”

亦犹售铁钱者，以两当一，方成贸迁之价也。

昌案：《南史·到溉传》：溉“为建安太守，〔任〕昉以诗赠之，求二衫段，云：‘铁钱两当一，百代易名实。（代易二字原误倒，据《太平御览》卷六百九十三乙正。）为惠当及时，无待秋凉日。’”

鸟兽以媲贤愚，草木以方男女。

昌案：王逸《楚辞章句·离骚经序》：“屈原既执履忠贞而被谗邪，忧心烦乱，不知所诉，乃作《离骚》经，依《诗》取兴，引类譬谕。故善鸟、香草，以配忠贞；恶禽、臭物，以比谗佞；灵修、美人，以媲于君；宓妃、佚女，以譬贤臣；虬龙、鸾凤，以托君子；飘风、云霓，以为小人。其辞温而雅，其义皎而朗。”

当汉氏之临天下也，君实称帝，理异殷、周；子乃封王，名非鲁、卫。

昌案：殷、周共主皆称王，及汉承秦制，称共主为帝，其臣子乃有封王者。《白虎通·号》篇：“德合天地者称帝，仁义合者称王，别优劣也。《礼记·谥法》曰：‘德象天地称帝，仁义所生称王。’”《公羊传》成八年何休解诂略同。此皆汉儒训说，非其本真也。

而作者犹谓帝家为王室

昌案：《尚书·微子之命》：“率由典常，以蕃王室。”字亦见《诗经》、《左传》，皆指周室。汉史用王室者，如《汉书·叙传》："克伐七国，王室以定。"《后汉书·邓禹传》："委远时柄，忠劳王室。"是其例也。亦有用帝室者，如《后汉书·袁安传》："袁公、窦氏之间，乃情帝室。"是。

公辅为王臣

昌案：公辅，谓三公与辅相。《汉书·孔光传》："光为御史大夫、丞相各再，壹为大司徒、太傅、太师，历三世居公辅位。"《易·蹇》："王臣蹇蹇，匪躬之故。"字亦见《诗经》，皆指周臣。汉史用王臣者，如《后汉书·袁安传》："引义雅正，可谓王臣之烈。"亦有用帝臣者，如《汉书·叙传》："蹇蹇帝臣，匪躬之故。"则直用《易》语而改王为帝也。

异乎游、夏措词

昌案：王应麟《困学纪闻》卷六"《春秋》笔削与文辞异"条："《史记·孔子世家》：'文辞有可与人共者；至于为《春秋》，笔则笔，削则削，子夏之徒不能赞一辞。'曹子建《与杨德祖书》：'昔尼父之文辞与人通流；至于制《春秋》，游、夏之徒乃不能措一辞。'李善注引《史记》曰：'子游，子夏之徒不能赞一辞。'今本无子游二字。"此云"游、夏措词"者，即《史记》所云"可与人共"，子建所云"与人通流"也。《论语·先进》篇："文学：子游、子夏。"是二人长于文辞。

均叙元日临轩

昌案：《晋书·礼志》："《咸宁注》：先正一日，有司各宿设。夜漏未尽十刻，群臣集到，庭燎起火，上贺，起谒报。又贺皇后。还从云龙东华门入，诣东阁下便坐。漏未尽七刻，百官及受贽郎官以下，至计吏，皆入，立其次。其陛卫者，如临轩仪。漏未尽五刻，谒者、仆射、大鸿胪各奏群臣就位定。漏尽，侍中奏外办。皇帝出，钟鼓作，百官皆拜伏。太常导皇帝升御座，钟鼓止，百官起。大鸿胪跪奏请朝贺。"历代礼制，颇有因革，齐制未必悉与晋同，举此聊见其概耳。

如王隐称诸葛亮挑战，冀获曹咎之利。

昌案：浦起龙引《魏志》注载孙盛《晋阳秋》语，亦见《世说新语·方正》篇注。

崔鸿称慕容冲见幸，为有龙阳之姿。

昌案：汤球《十六国春秋辑补·前秦录》云："初，坚之灭燕，二十五年，（当作太和五年，称晋年也。二十乃太和之误。）冲姊为清河公主，年十四，有殊色，坚纳之，宠冠后庭。冲年十二，亦有龙阳之姿，（一作美。）坚又幸之。姊弟专宠，宫人莫进。长安中歌之曰：'一雌复一雄，双飞入紫宫。'咸惧为乱。王猛切谏，坚乃出冲。（此节亦见《御览》五百七十，又三百八十。）"新《晋》载记盖即本之崔氏也。

卢思道称邢邵丧子不恸，自东门吴以来，未之有也。

昌案：卢思道《隋书》有传，不言其撰史，惟《经籍志》载所著《知己传》一卷，本书《杂述》篇属之小录，今佚。此文当在传中，故唐初修《北齐书》得以采之。

妄足庸音

昌案：陆机《文赋》："放庸音以足曲。"

《礼记·檀弓》，工言物始。

杨明照曰："《梁书·处士·何胤传》：'胤曰：《檀弓》两卷，皆言物始。'"陈汉章曰："按：《礼记》于礼之变皆曰始，《曾子问》、《郊特牲》、《玉藻》、《杂记》皆有之，不独《檀弓》，说详《困学纪闻》。"

昌案：《困学纪闻》卷二十"《戴记》、《左氏》礼变著始"条："《礼记》于礼之变皆曰始。'孔氏之不丧出母，自子思始也。''士之有诔，自此始也。''邾娄复之以矢，盖自战于升陉始也。''鲁妇人之髽而吊也，自败于台骀始也。''帷殡非古也，自敬姜之哭穆伯始也。'（昌案：以上见《檀弓》。）'庙有二主，自桓公始也。''丧慈母，自鲁昭公始也。''下殇用棺衣，自史佚始也。'(以上见《曾子问》。)庭燎之百,由齐桓公始也。''大夫之奏《肆夏》,由赵文子始也。''大夫强而君杀之,义也,由三桓始也。''公庙之设于私家,非礼也,由三桓始也。'(以上见《郊特牲》。)'元冠紫绥,自鲁桓公始也。''朝服之以缟也,自季康子始也。'(以上见《玉藻》。)'夫人之不命于天子,自鲁昭公始也。''宦于大夫者之为之服也,自管仲始也。'(以上见《杂记》。)《左氏传》:'始用八佾。'(见隐五年。)'晋于是始墨。'(见僖三十三年。阎若璩案:此下脱"始用葛茀。")'始厚葬。''始用殉。'(以上见成二年。)'鲁于是乎始髽。'(见襄四年。)'魏绛于是乎始有金石之乐。'(见襄十一年。)'始用人于亳社。'(见昭十年。)'鲁于是始尚羔。'(见定八年。)亦记礼之变也。"据此,则子玄所言,虽本何胤;然工言物始,固不止于《檀弓》,亦不止于《礼记》。礼以制表,制以物显,故记物之始,即示礼之变也。

案裴景仁《秦记》称苻坚方食,抚盘而诟……及彦鸾撰以新史……乃易抚盘以推案。

昌案:《秦记》语今无考。汤球《十六国春秋辑补·前秦录》:"坚率步骑二万,讨姚苌于北地。苌众危惧,人有渴死者。俄而雨降于苌营,营中水三尺,周营百余步之外,寸余而已。于是苌军大振。坚方食,去案怒曰:'天其无心,何故降泽贼营?'(此段亦详见于《御览》三十七。")盖即子玄所指彦鸾改易景仁之言。

夫近世通无案食

昌案:案食见于故书者,陈氏《补释》已略征之。桂馥《札朴》卷四"案"条尝据《玉篇》"案,几属也,食器也"二训,分别疏证尤详。今具录其言食器者如次,以补陈所未及。"《方言》:'案,陈、楚、宋、魏之间谓之槁,自关东西谓之案。'《急就篇》:'椭、杅、槃、案、桮、閜、盌。'颜注:'无足曰槃,有足曰案,所以陈举食也。'《考工记》:'玉人之事,案,十有二寸,枣栗,十有二列。'注云:'枣栗实于器,乃加于案。'《楚汉春秋》:'淮阴侯曰:"臣去项归汉,汉王赐臣玉案之食。"'《史记》:'高祖过赵,赵王张敖自持案进食。'《汉书》:'万石君对案不食。'《贡禹传》:'见赐杯案,画文金银饰,非所以食臣下也。'《东观汉记》:'尹敏与班彪相谈,对案不食。'又云:'蔡彤在辽东,赐钱百万,下至杯案食物,大小重沓。'《盐铁论》:'今民间酒食,殽旅重叠,燔炙满案。'又云:'常民文杯画案。'又云:'垂拱持案食者,不知蹠耒躬耕者之勤也。'《燕丹子》:'太子常与荆轲等案而食。'《烈士传》:'魏公子无忌方食,有鸠入其案下。'《古文苑·僮约》:'涤杯整案。'注云:'案,以设饮食之具。孟光举案齐眉。'《吴志·步骘传》:'征羌作食,身享大案,殽膳重沓;以小盘饭与骘,惟菜茹而已。'《曹瞒传》:'及欢悦大笑,至以头没杯案中,肴膳皆沾污巾帻。'《神仙传》:'吴兴人沈羲,为仙人所迎,上见老君,玉女以金案玉杯药赐羲。'《梦书》:'梦见杯案,宾客到也。'馥谓此皆言食器也。"食案之形制,盖如今托盘,特有足耳。古人分食,故人各一案,案上复置诸器以盛殽膳酒浆。魏、晋以前,席地而坐,故案以有短足为便。其后席地而坐之风渐替,床卓之属行,故案亦易为盘。马叙伦《读书小记》卷一云:"《考工记》:'案,十有二寸。'周之十有二寸,才当今之八寸余。(清工部营造尺。)……今日本进食,犹用案。形方,面有四周,局足,高正七八寸。盖犹古之制也。"(《说文》:"檈,圜案也。")日人进食用案,亦缘席地而坐故。

直以事不类古,改从雅言,欲令学者何以考时俗之不同,察古今之有异?

昌案:章太炎先生《文学说例》曰:"夫惟官号地望,著于标题,施于传志谱录者,必用今名,而废弃、外来、新造之语,皆不得代。故崔鸿易抚盘以推案,百药变脱帽为免冠,物非所有,饰从雅言,见讥于子玄矣。今之言者,非拥旄剖符之率,而亟言击节;处髡首辫发之俗,而自述抽簪。此之宜绝,亦文辞之恒例也。若乃雅俗称名,新故杂用,是宁有厉禁耶?"

至如翼犍道武(昌案:当据浦校改昭成。)原讳,黑獭周文本名,而伯起革以他语,德棻阙而不载。

昌案:《说文》二篇上:"犗,騬牛也。"朱骏声《通训定声》:"《广雅·释兽》:'犍也。'今谓之犗,以刀去其阴。"玄应《一切经音义》卷十四引《通俗文》:“以刀去阴曰犍。”考《魏书·序纪》、《周书·文帝纪》皆著两帝之名，一无所讳。而子玄云然者，余嘉锡《四库提要辨证》卷三“《周书》”条云:“详其语意，盖谓当称名之处，则阙而不载，如所谓‘贺拔公虽死，宇文讳尚存’者，本当作宇文黑獭耳。”

盖厖降、蒯聩，字之蚩也。

昌案:厖，据《左传》文十八年当作尨。《说文》九篇下:“厖，石大也。”十篇上:“尨，犬之多毛者。”其义有别。此以同声通假。《集韵》四江引《埤仓》云:“胮肛，腹胀也。”《广韵》四江:“胮肛，胀大貌。”韩愈《昌黎先生集》卷五《调张籍》诗:“形躯顿胮肛。”尨降盖其异文。《说文》九篇上:“頯，头蔽頯。”段注:“蔽頯，叠韵字，盖古语也。(昌案:尨降亦叠韵字。)《集韵》曰:‘头痴。’钱氏大昕曰:‘春秋战国人名有蒯聩，疑即此蔽頯。’”是尨降训腹大，蒯聩训头痴，故云蚩也。

重耳、黑臀，名之鄙也。

昌案:古称目有二瞳子曰重明(《淮南子·修务》篇)、重瞳(《史记·项羽纪》)，颐卞下曰重颐。(《韩诗薛君章句》。)重耳岂即大耳或耳垂疣赘之属欤?《左传》桓六年:“公问名于申繻，对曰:‘……不以国，不以官，不以山川，不以隐疾，不以畜牲，不以器币。’”疏引郑玄云:“隐疾，衣中之疾也，谓若黑臀、黑肱矣。”

况齐丘之犊，彰于载谶。原注:杜台卿《齐记》载谶云:“首牛西入谷，逆犊上齐丘”也。

昌案:余嘉锡《四库提要辨证》卷三“《周书》”条云:“此谓翼犍。”

又案:胡应麟《少室山房笔丛》卷三十《四部正讹上》:“世率以谶纬并论，二书虽相表里，而实不同。纬之名所以配经，故自六经、《语》、《孝》而外，无复别出。……凡谶皆托古圣贤以名其书，与纬体制迥别，盖其说尤诞妄，故隋禁之后永绝。”

河边之狗，著于谣咏。原注：王劭《齐志》载谣云："獾獾头团圞，河中狗子破尔菀"也。

昌案：《四库提要辨证》"《周书》"条云："此谓黑獭。"

亦有氏姓本复，减省从单。

昌案：《魏书·官氏志》："魏氏本居朔壤，地远俗殊，赐姓命氏，其事不一。初，安帝统国诸部，有九十九姓。至献帝时，七分国人，使诸兄弟各摄领之，乃分其氏。自后兼并他国，各有本部，部中别族为内姓焉。年世稍久，互以改易，兴衰存灭，盖有之矣。"《通鉴释例》："魏之群臣出代北者，皆复姓。孝文迁洛，改为单姓。史患其烦，皆从后姓。"考北朝氏姓，有改有不改。其改者，《魏书·官氏志》具详焉。

或去万纽而留于

昌案：《魏书·官氏志》："勿忸于氏，后改为于氏。"陈毅《魏书官氏志疏证》："《唐书·宰相世系表》有萬纽于氏。案：萬勿古声本通，纽与忸亦声通，是《唐表》萬纽于即《志》之勿忸于矣。萬，本或作万。《广韵》十虞引《志》作万忸于，二十五愿称虏姓有万纽于，萬纽于之为万忸于，犹《孝庄纪》之万俟丑奴，《吠哒国传》作萬俟丑奴也。万，当依《广韵》读如墨，与《正韵》勿读为没之声相近。"

或止存狄而除库

浦起龙曰："如作'存扶而除乞'，亦可。旧作'存扶而除厚'，非。"

昌案：《魏书·官氏志》："乞扶氏，后改为扶氏。"《魏书官氏志疏证》："《尔朱荣传》有乞扶莫于。案：扶当为伏，音之轻重也。《晋书·乞伏国仁载记》云：'有一小儿，乞伏部老父养为子，年十岁，号曰乞伏可汗。'国仁本书亦有传。又《高宗纪》有乞佛成龙。乞佛亦乞伏声之变，《陆真传》正作乞伏成龙。"《官氏志》又云："库狄氏，后改为狄氏。"《疏证》："《姓解》三库作厍。《广韵》四十祃亦有厍字，音昌舍切。《能改斋漫录·记事》篇辨库厍二字，谓北朝复姓库狄之库，音赦，引库狄峙，库狄伏连及《广韵》：'厍，始夜切。'因谓本无库字,后人除一点以为库别。其说是也。"周一良云:"库狄之姓,自来皆谓当读为赦,无上边一点,然近年所出'北齐库狄回洛墓志'盖及斛律夫人志盖皆作库,未省去一点,则作库及读赦之说,或竟是后人强为区别耶?"(摘自一九八一年六月六日周先生函。)

或虚加练饰,轻事雕彩。

昌案:《文心雕龙·情采》篇:"庄周云:'辩雕万物。'谓藻饰也。韩非云:'艳采辩说。'谓绮丽也,绮丽以艳说,藻饰以辩雕,文辞之变,于斯极矣。"此用其语。

或体兼赋颂,辞类俳优。

昌案:《汉书·枚皋传》:"皋不通经术,诙笑类俳倡,为赋颂好嫚戏。自言:'为赋不如相如。'又言:'为赋乃俳,见视如倡,自悔类倡也。'"

品藻第二十三

史氏自迁、固作传,始以品汇相从。……亦有厥类众伙,宜为流别,而不能定其同科,申其异品。

昌案:《三国志·魏志·荀彧荀攸贾诩传评》裴注云:"臣松之以为:列传之体,以事类相从。张子房青云之士,诚非陈平之伦,然汉之谋臣,良、平而已。若不共列,则馀无所附。故前史合之,盖其宜也。魏氏如诩之俦,其比幸多。诩不编程、郭之篇,而与二荀并列,失其类矣。且攸、诩之为人,其犹夜光之与蒸烛乎。其照虽均,质则异焉。今荀、贾之评,共同一称,尤失区别之宜也。"子玄兹论,疑本世期而发挥之也。

又楚王过邓,三甥请杀之……

昌案:钱大昕《廿二史考异》卷六"《汉书·古今人表》"条:"刘知幾讥班表云:'其叙晋文之臣佐也,舟之侨为上,阳处父次之,士会为下。其述燕丹之宾客也,高渐离居首,荆轲亚之,秦舞阳居末。'自注云:'舟之侨在第三等,阳处父在第四等,士会在第五等。'‘高渐离在第五等,荆轲在第六等,秦舞阳在第七等。'今本阳处父与舟之侨俱在第三,士会、高渐离在第四,荆轲在第五,秦舞阳在第六。(昌案:钱氏所据《史通》未详何本。浦本高、荆、秦三人等第与今本《汉书》合。张鼎思本高在第五,荆在第六,与钱见本合,而秦亦在第六,何焯改七。)又知幾称‘邓侯入下愚之上',(第七等。)三甥‘列在中庸下流',(第六等。)今本邓祁侯在第六,骓甥、聃甥、养甥在第五,俱与刘氏所说异。盖转写讹舛,失其本真,当以刘见本为正也。"今谓竹汀据《史通》以校《汉书》,谓当以刘所见本为正,而忽忘《史通》引班,诸本亦有异同,似偶失之。

小不忍乱大谋

昌案:《论语·卫灵公》篇:"小不忍则乱大谋。"

或珍瓴甋而贱璠玙

昌案:梁章钜《归田琐记》卷一"玙璠"条:"玙璠二字,见《左传》定五年:‘阳虎将以玙璠敛。'注云:‘玙瑶,美玉。'疏云:‘一玉名。'疏必云此者,以二字皆玉旁,恐读者误为二玉耳。既是一玉名,则二字自不宜倒用。《说文》璠字下注云:‘玙璠,鲁之宝玉。孔子曰:"美哉玙璠!"'玙字注则但云:‘玙璠也。'……《三国·魏志·钟繇传》云:‘晋之垂棘,鲁之玙璠,宋之结绿,楚之和璞。'潘尼《赠陆机》诗云:‘今子徂东,何以赠旃?寸晷惟宝,岂无玙璠?'皆尚不误。至唐以后,始有误沿作璠玙者。"子玄精通《左氏》,当不致倒文为璠玙,疑后人传钞之误,当乙转。

直书第二十四

士兼百行

昌案:《诗·卫风·氓》笺:"士有百行,可以功过相除。"《世说新语·贤媛》篇:许允妇谓允曰:"士有百行,君有几许?"

或书填坑窖,无闻后代。

昌案:未详所指。或是用秦皇焚书坑儒事,即本书《杂说中》篇所云“李斯之设坑阱”意。

壮夫重气

昌案:此语及下文之“南、董仗气直书”,皆指孟子所谓“浩然之气”,所谓“至大至刚,以直养而无害,则塞于天地之间”者是也。如此方切直书之直字。若《鉴识》篇称:“法盛《中兴》,荒庄少气。”则指文气而言,故其下有“必令同文举之含异,等公斡之有逸”语,当分别观之。

人到于今称之

昌案:《论语·季氏》篇文。子玄以避唐太宗讳,改民为人。

曲笔第二十五

父父,子子,君君,臣臣。

昌案:《论语·颜渊》篇:“齐景公问政于孔子。孔子对曰:‘君君,臣臣,父父,子子。’”

子为父隐,直在其中。

昌案:《论语·子路》篇:“叶公语孔子曰:‘吾党有直躬者,其父攘羊,而子证之。’孔子曰:‘吾党有直者异于是。父为子隐,子为父隐,直在其中矣。’”

率由旧章

昌案:《诗·大雅·假乐》文。

陈寿借米而方传……盖由父辱受髡,故加兹谤议者也。

昌案:王鸣盛《十七史商榷》卷三十九“陈寿史皆实录”条:“《晋书》称寿作《三国志》:‘善叙事,有良史之才。’语气已足。其下又称:‘或云:丁仪、丁廙有名于魏，寿向其子索千斛米，不与，竟不为立传。寿父为马谡参军。谡为诸葛亮所诛，寿父亦坐髡。寿为亮传，谓将略非长，无应敌之才。议者以此少之。'《晋书》好引杂说，故多芜秽，此亦其一也。索米一说，周柳虬、唐刘允济、刘知幾皆信之。近朱氏彝尊、杭氏世骏辨其诬，谓寿于魏文士惟为王粲、卫觊五人立传。粲取其兴造制度，觊取其多识典故。若徐幹、陈琳、阮瑀、应玚、刘桢，仅于粲传附书。今粲传附书云：'沛国丁仪、丁廙，弘农杨修，河内荀纬等亦有文采。'又于《刘廙传》附见云：'与丁仪共论刑礼。'如此亦足矣，何当更立专传乎？且寿岂特不为立传而已，于《陈思王传》云：'植既以才见异，而丁仪、丁廙、杨修等为之羽翼。'于《卫臻传》云：'太祖久不立太子，方奇贵临菑侯，丁仪等为之羽翼。'是夺嫡之罪，仪、廙为大。又毛玠、徐奕、何夔、桓阶之流，皆鲠臣硕辅，仪等交构其恶，疏斥之。然则二人盖巧佞之尤，安得立佳传？然此犹陈寿一人之言也。王沈撰《魏书》，一则曰：'奸以事君。'一则曰：'果以凶伪败。'鱼豢《魏略》，称文帝欲仪自裁，仪向夏侯尚叩头求哀。张骘撰《文士传》，称廙盛誉临菑侯，欲以劝动太祖。则知寿所书仪、廙事皆实，而寿之用心，实为忠厚。毛玠，仪所谗也。玠出，见黥面其妻子没为官奴婢者，曰：'使天不雨者，盖此也。'寿不属之仪，而第曰：'后有白玠者。'白者为谁，非仪则廙，寿为之讳也，尚得谓因索米不得而有意抑之乎？街亭之败，寿直书马谡违亮节度，为张郃所破，初未尝以私隙咎亮。至谓亮将略非长，则张俨、袁准之论皆然，非寿一人之私言也。朱、杭所论，最为平允。寿入晋后，撰次亮集，表上之，推许甚至。本传特附其目录，并上书表，创史家未有之例，尊亮极矣。评中反复盛称其刑赏之当，则必不以父坐罪为嫌。廖立、李平为亮废窜，尚能感泣无怨，明达如寿，顾立、平之不若邪？亮六出祁山，终无一胜，则可见为节制之师，于进取稍钝，自是实录。"又曰："寿本传论曰：'丘明既没，马、班迭兴，奋鸿笔于西京，骋直词于东观。自斯已降，可以继明先典者，陈寿得之。江汉英灵，信有之矣。'其推许至此。索米等说，特史家好采稗野，随手缀拾，聊助谈资耳。寿史才之高，作《晋书》者固已知之，非有意抑之也。"赵翼《廿二史札记》卷六"陈寿论诸葛亮"条："《陈寿传》：'寿父为马谡参军。谡为诸葛亮所诛，寿父亦被髡，故寿为亮传，谓将略非所长。’此真无识之论也。亮之不可及处，原不必以用兵见长。观寿校定诸葛集表言：‘亮科教严明，赏罚必信，无恶不惩，无善不显，至于吏不容奸，人怀自励。至今梁、益之民，虽甘棠之咏召公，郑人之歌子产，无以过也。’又亮传后评曰：‘亮之为治也，开诚心，布公道，善无微而不赏，恶无纤而不贬，终于邦域之内，咸畏而爱之。刑政虽峻而无怨者，以其用心平而劝戒明也。’其颂孔明，可谓独见其大矣。又于《杨洪传》谓：‘西士咸服亮之能尽时人之器能也。’《廖立传》谓：‘亮废立为民，及亮卒，立泣曰：“吾终为左衽矣。”’《李平传》亦谓：‘平为亮所废，及亮卒，平遂发病死。平常冀亮在当自补复，策后人不能故也。’寿又引《孟子》之言，以为：‘佚道使民，虽劳不怨；生道杀民，虽死不怨杀者。’此真能述王佐心事。至于用兵不能克捷，亦明言：‘所与对敌，或值人杰；加以众寡不侔，攻守异体；又时无名将，故使功业凌迟；且天命有归，不可以智力争也。’寿于司马氏最多回护，故亮遗巾帼及‘死诸葛走生仲达’等事，传中皆不敢书，而持论独如此，固知其折服于诸葛深矣。而谓其以父被髡之故，以此寓贬，真不识轻重者。”此辨求米作传及父髡贬葛之诬，可谓精且详矣。尝读《魏书·毛脩之传》，知又有寿之贬葛，乃由己尝被挞之野言，而崔浩论孔明将略非长，亦足与裴松之亮传注所引袁准《袁子》、张俨《默记·述佐》篇以及陈寿之言相发，因并具录如次。传云：“浩以其中国旧门，虽学不博洽，而犹涉猎书传，每推重之，与共论说。言次遂及陈寿《三国志》有古良史风。……班史以来，无及寿者。脩之曰：‘昔在蜀中，闻长老言：寿曾为诸葛亮门下书佐，被挞百下。故其论武侯云：“应变将略，非其所长。”’浩乃与论曰：‘承祚之评亮，乃有故义过美之誉。案其迹也，不为负之，非挟恨之矣。何以云然？夫亮之相刘备，当九州鼎沸之会，英雄奋发之时，君臣相得，鱼水为喻，而不能与曹氏争天下；委弃荆州，退入巴蜀，诱夺刘璋，伪连孙氏；守穷崎岖之地，僭号边夷之间，此策之下者。可与赵他为偶，而以为管、萧之亚匹，不亦过乎？谓寿贬亮，非为失实。且亮既据蜀，恃山崄之固，不达时宜，弗量势力；严威切决，控勒蜀人；矜才负能，高自矫举；欲以边夷之众，抗衡上国；出兵陇右，再攻祁山，一攻陈仓，疏迟失会，摧衄而反；后入秦川，不复攻城，更求野战。魏人知其意，闭垒坚守，以不战屈之。知穷势尽，愤结攻中，发病而死。由是言之，岂合古之善将，见可而进，知难而退者乎？’脩之谓浩言为然。”（诸葛亮死时，陈寿方两岁，为书佐被挞事，乃流俗妄言。本篇“蜀老犹存，知葛亮之多枉”，亦非指此事，而是《史官建置》篇所言：“蜀老（今本讹志）称王崇补东观，许盖掌礼仪，又郤正为秘书郎，屡求益部书籍，斯则典校无阙，属辞有所矣。而陈寿评云蜀不置史官者，得非厚诬诸葛乎？”故续云：“别有《曲笔》篇言之详矣。”此彭仲铎《史通增释》所考，精确不移，可谓发千载之覆者也。）

虽肆诸市朝

昌案：《论语·宪问》篇：“于公伯寮，吾力犹能肆诸市朝。”《集解》引郑玄曰：“有罪既刑，陈其尸，曰肆。”

投畀豺虎

昌案：《诗·小雅·巷伯》文。

同建郍于蛮貊之邦

昌案：《论语·卫灵公》篇：“言忠信，行笃敬，虽蛮貊之邦行矣。”

无德不报

昌案：《诗·大雅·抑》文。

然必谓昭公知礼，吾不信也。

昌案：《论语·述而》篇：“陈司败问昭公知礼乎？孔子曰：‘知礼。’孔子退，揖巫马期而进之，曰：‘吾闻君子不党，君子亦党乎？君取于吴，为同姓，谓之吴孟子。君而知礼，孰不知礼？’巫马期以告。子曰：‘丘也幸，苟有过，人必知之。’”

古之书事也，令贼臣逆子惧。

昌案：《孟子·滕文公下》篇：“孔子成《春秋》，而乱臣贼子惧。”

至如朝廷贵臣，必父祖有传，考其行事，皆子孙所为。而访彼流俗，询诸故老，事有不同，言多爽实。昔秦人不死，验苻生之厚诬；蜀老犹存，知葛亮之多枉。斯则自古所叹，岂独于今哉？

昌案：此节评唐初修史曲笔，实全本赵逸之说以立言，非但用其所云厚诬苻生一事而已。《洛阳伽蓝记》卷二："（逸）云：'自永嘉已来二百余年，建国称王者十有六君。吾皆游其都邑，目见其事。国灭之后，观其史书，皆非实录，莫不推过于人，引善自向。苻生虽好勇嗜酒，亦仁而不杀。观其治典，未为凶暴。及详其史，天下之恶皆归焉。苻坚自是贤主，贼君取位，妄书生恶。凡诸史官，皆是类也。人皆贵远贱近，以为信然。当今之人，亦生愚死智，惑已甚矣。'人问其故，逸曰：'生时中庸之人耳，及其死也，碑文墓志莫不穷天地之大德，尽生民之能事。为君共尧、舜连衡，为臣与伊、皋等迹。牧民之官，浮虎慕其清尘；执法之吏，埋轮谢其梗直。直所谓生为盗跖，死为夷齐。佞言伤正，华辞损实。'当时构文之士，惭逸此言。"

岂曰能官

昌案：《左传》隐三年："岂曰能贤？"《吕氏春秋·本生》篇注："官，正也。"《史记·孝文纪》《索隐》："官，公也。"

鉴识第二十六

夫以丘明躬为鲁史，受经仲尼，语世则并生，论才则同耻。彼二家者，师孔氏之弟子，预达者之门人。才识本殊，年代又隔。安得持彼传说，比兹亲受者乎？

昌案：子玄此论，实绍刘歆。《汉书·楚元王交传》附歆传云："歆以为左丘明好恶与圣人同，（师古曰："《论语》载孔子曰：'巧言令色，足恭，左丘明耻之，丘亦耻之。匿怨而友其人，左丘明耻之，丘亦耻之。'"）亲见夫子。而公羊、穀梁在七十子后。传闻之与亲见之，其详略不同。"戴宏《春秋解疑论》述《公羊传》源流云："子夏传与公羊高，高传与其子平，平传与其子地，地传与其子敢，敢传与其子寿。至汉景帝时，寿乃共弟子胡母子都著于竹帛。”杨士勋《穀梁疏》述《穀梁传》源流云：“穀梁子名淑，字元始，鲁人，一名赤，受经于子夏，为经作传，传荀卿。卿传鲁人申公，申公传博士江翁。”此所谓“师孔氏之弟子，预达者之门人”也。

虽浚发于巧心，反受嗤于拙目也。

陈汉章曰：“二句陆机《文赋》文。嗤，本作岎。”

昌案：《文选·文赋》李善注：“岎，笑也。岎与蚩同。”薛传均《文选古字通疏证》：“按阮嗣宗《咏怀》诗：‘噭噭今自蚩。’注：‘《说文》云：“嗤，笑也。”嗤与蚩同。’盖嗤从蚩得声，故通用也。《说文》无岎字，当是欪之误。《说文》欪字下云：‘欪，戏笑也。’欪蚩皆从之得声，故通。今岎字从山者，山字即之之讹。”

必令同文举之含异

含异，浦起龙曰：“疑当作末异。魏文帝《典论》：‘文本同而末异。’”纪昀曰：“‘孔氏卓卓，信含异气。’亦文帝语，注失引。”

昌案：《文心雕龙·风骨》篇：“公幹亦云：‘孔氏卓卓，信含异气，笔墨之性，殆不可胜。’”则文举含异乃刘桢语，纪氏以涉下文“等公幹之有逸”句出子桓《与吴质书》而误记亦为魏文语也。浦校之失，更不待言。

逝将烟烬火灭，泥沉雨绝。

昌案：《文选》鲍照《芜城赋》：“皆薰歇烬灭，光沉响绝。”此仿其语。

扬名于后世者乎

昌案：《孝经·开宗明义章》：“立身行道，扬名于后世，以显父母，孝之终也。”

探赜第二十七

《诗》列《风》、《雅》，卜商通其义。

昌案：《汉书·艺文志》《诗》类序："又有毛公之学，自谓子夏所传。"陆德明《经典释文·叙录》："孔子录《诗》三百一十一篇，以授子夏，子夏遂作序焉。"

误生人之后学

昌案：徐复《校勘学中之二重及多重误例》曰："'误生人之后学'句不辞。疑后学二字当为耳目二字之误。后人以文有模糊，妄补之耳。《古今正史》篇云：'盖属辞比事，以月系年，为史氏之根本，作生人之耳目者，略尽于斯矣。'亦以生人之耳目连文，可为证矣。"

昔夫子之刊鲁史，学者以为感麟而作。……是则义包微婉，因攫莓而创词；时逢西狩，乃泣麟而绝笔。传者徒知其一，而未知其二，以为自反袂拭面，称吾道穷，然后追论五始，定名三叛。

昌案：此节盖本之杜预。《春秋经传集解序》云："据《公羊》经止获麟，而《左氏》小邾射不在三叛之数。故余以为：感麟而作，作起获麟，则文止于所起，为得其实。至于反袂拭面，称吾道穷，亦无取焉。"《史记·高祖本纪》："公知其一，未知其二。"

夫以彼聿修，传诸诒厥。

昌案：《颜氏家训·文章》篇："《诗》云：'孔怀兄弟。'孔，甚也。怀，思也。言甚可思也。陆机《与长沙顾母书》，述从祖弟士璜之死，乃言：'痛心拔脑，有如孔怀。'心既痛矣，即为甚思，何故言有如也？观其此意，当谓亲兄弟为孔怀。《诗》云：'父母孔迩。'而呼二亲为孔迩，于义通乎？"子玄此以聿修为祖，诒厥为孙，其失正同。他如以友于为兄弟，以色斯为举，赫斯为怒，此类甚多。平步青《霞外攟屑》卷五"友于色斯赫斯贻厥"条皆有举证，亦古人行文之一病也。

盖明月之珠，不能无瑕。

瑕，卢文弨校本作考，云："瑕非。《淮南子·氾论训》：'夏后氏之璜，不能无考。'考，谓瑕璺也。"

昌案：洪颐煊《读书丛录》卷十六"《淮南子》考"条："考当作耇。《说文》：'耇，老人面如点也，从老省，占声。'与玷字通用，讹脱作考。"

是则以魏为正朔之国，典午攸承；蜀乃僭伪之君，中朝所嫉。

昌案：陈寿《三国志》以正统与魏一事，后来学者著作若朱彝尊《曝书亭集》卷五十九《陈寿论》、杭世骏《诸史然疑》"《三国志》"条、赵翼《廿二史札记》卷六"三国志书法"条、《四库提要》卷四十五"《三国志》"条、《困学纪闻》卷十三"正统主蜀主魏"条翁元圻注引王縠塍说、章学诚《文史通义》内篇卷二《文德》篇等，皆尝推原其故，而以《提要》及《文德》篇所言最为融贯。《提要》云："其书以魏为正统，至习凿齿作《汉晋春秋》，始立异议。自朱子以来，无不是凿齿而非寿。然以理而论，寿之谬万万无辞；以势而论，则凿齿帝汉顺而易，寿欲帝汉逆而难。盖凿齿时晋已南渡，其事有类乎蜀。为偏安者争正统，此孚于当代之论者也。寿则身为晋武之臣，而晋武承魏之统，伪魏是伪晋矣。其能行于当代哉？此犹宋太祖篡立近于魏，而北汉、南唐迹近于蜀，故北宋诸儒皆有所避而不伪魏。高宗以后，偏安江左，近于蜀，而中原魏地全入于金，故南宋诸儒乃纷纷起而帝蜀。此皆当论其世，未可以一格绳也。"《文德》篇云："昔者，陈寿《三国志》纪魏而传吴、蜀，习凿齿为《汉晋春秋》，正其统矣。司马《通鉴》仍陈氏之说，朱子《纲目》起而正之。是非之心，人皆有之。不应陈氏误于先，而司马再误于后，而习氏与朱子之识力偏居于优也。而古今之讥《国志》与《通鉴》者，殆于肆口而骂詈，则不知起古人于九原，肯吾心服否邪？陈氏生于西晋，司马生于北宋，苟黜曹魏之禅让，将置君父于何地？而习与朱子，则固江东、南渡之人也，惟恐中原之争天统也。诸贤易地则皆然，未必识逊今之学究也。是则不知古人之世，不可妄论古人文辞也；知其世矣，不知古人之身处，亦不可以遽论其文也。”诸家之说，推究原始，要皆为子玄魏为典午攸承一语所启发。然子玄于《汉晋春秋》之帝蜀，但云：“定邪正之途，明顺逆之理。”则尚属皮相之谈，未能洞悉习氏微旨，故有待于后来者之彰阐。此又所谓前修未密，后出转精也。

不亦凭虚、亡是者耶？

昌案：《文选》张衡《西京赋》：“有凭虚公子者。”薛综注：“凭，依托也。虚，无也。言无有此公子也。”《史记·司马相如列传》述其造《子虚赋》事云：“相如以子虚，虚言也，为楚称；乌有先生者，乌有此事也，为齐难；无是公者，无是人也，明天子之义。故空借此三人为辞，以推天子诸侯之苑囿，其卒章归之节俭，因以风谏。”

与夫班彪《王命》一何异乎？

昌案：《后汉书·班彪传》：“（隗）嚣曰：‘……至如但见愚人习识刘氏姓号之故，而谓汉家复兴，疏矣！昔秦失其鹿，刘季逐而羁之，时人复知汉乎？’彪既疾嚣言，又伤时方艰，乃著《王命论》，以为汉德承尧，有灵命之符；工者兴祚，非诈力所致，欲以感之。嚣竟不寤。”

智者不惑

昌案：《论语·子罕》篇又《宪问》篇文。

模拟第二十八

故列御寇之言理也，则凭李叟。

昌案：《汉书·艺文志》：“《列子》八篇。”原注：“名圄寇。”刘向《列子叙录》：“列子者，郑人也，与郑缪公同时，盖有道者也。其学本于黄帝、老子。”然子玄所见《列子》，亦即今传晋人所造伪书，非刘、班著录之本。《史记·老子列传》：“老子姓李名耳，盖百有六十余岁，或言二百余岁，以其修道而养寿也。”《文选》赵至《与嵇茂齐书》：“昔李叟入秦，及关而叹。”

扬子云之草《玄》也,全师孔公。

昌案:《史记·孔子世家》:"孔子晚而喜《易》,序《彖》、《系》、《象》、《说卦》、《文言》。"《汉书·扬雄传》:"雄好古乐道,其意欲求文章成名于后世,以为经莫大于《易》,故作《太玄》。用心于内,不求于外,于时人皆曶之,惟刘歆、范逡敬焉,而桓谭以为绝伦。"《汉志》著录扬雄所序三十九篇,有《太玄》十九在。

盖古者列国命官,卿与大夫为别。必于国史所记,则卿亦呼为大夫。此《春秋》之例也。

昌案:《春秋》隐二年:"无骇帅师入极。"杜注:"无骇,鲁卿。"孔疏:"《春秋》之例,卿乃见经。今名书于经,传称司空,故知无骇是鲁卿。诸书名于经,皆是卿也。故于此一注,以下不复言之。又《王制》云:'上大夫,卿。'则卿亦大夫也。故注多以大夫言卿。下注云:'裂繻,纪大夫。'如此之类,皆是卿也。其名见于传,而注云大夫者,则其爵真大夫也。"

秦有天下……目宰辅为丞相。

昌案:《汉书·百官公卿表》:"丞相,秦官,金印紫绶,掌丞天子,助理万机。"

而谯周撰《古史考》,思欲摈抑马《记》,师放孔经。

昌案:《晋书·司马彪传》:"谯周以司马迁《史记》书周、秦以上,或采俗语百家之言,不专据正经;周于是作《古史考》二十五篇,皆凭旧典,以纠迁之谬误。"

其书李斯之弃市也

昌案:《释名·释丧制》:"市死曰弃市。市,众所聚,与众人共弃之也。"

而干宝撰《晋纪》,至天子之葬,必云:葬我某皇帝。

昌案:干宝以为修史宜准《左传》,本书《二体》、《载言》、《序例》诸篇皆言之。《文选》干氏《晋纪总论》李注引其书云:“镇东大将军诸葛诞贰于我。”又《世说新语·贤媛》篇注引云:“(王)经正直,不忠于我。”皆其仿《春秋》《左传》称晋为我之证。

兴亡继绝

昌案:《论语·尧曰》篇:“兴灭国,继绝世,举逸民,天下之民归心焉。”《尚书大传》:“古者诸侯始受封,必有采地。其后子孙虽有罪黜,其采地不黜,使子孙贤者守之,世世以祠其始受封之人。此之谓‘兴灭国,继绝世。’”(《韩诗外传》卷八略同。)

不失旧物也

昌案:《左传》哀元年:“祀夏配天,不失旧物。”

春秋诸国皆用夏正。鲁以行天子礼乐,故独用周家正朔。

昌案:《尚书·甘誓》:“怠弃三正。”《释文》引马融云:“建子,建丑,建寅三正也。”《尚书大传》:“夏以孟春月为正,殷以季冬月为正,周以仲冬月为正。”《史记·历书》:“夏正以正月,殷正以十二月,周正以十一月。”顾炎武《日知录》卷四“三正”条:“三正之名,见于《甘誓》……其来尚矣。《微子之命》曰:‘统承先王,修其礼物。’则知杞用夏正,宋用殷正。若朝觐会同,则用周之正朔。其于本国,自用其先王之正朔也。”据此,诸国皆用夏正之说,亦不尽然。然古之王者,易姓受命,则必改正朔,以示维新,故三王不相袭耳。《礼记·明堂位》篇:“成王以周公为有勋劳于天下,命鲁公世世祀周公以天子之礼乐,是以鲁君孟春乘大路,载弧韣旂,十有二旒,日月之章,祀帝于郊,配以后稷。天子之礼也。”

至如书“元年春王正月”者,年则鲁君之年,月则周王之月。原注:考《竹书纪年》始达此义,而自古说《春秋》者,皆妄为解释也。

昌案:《竹书纪年》今本经后人窜乱,不足据信。朱右曾、王国维所辑古本,亦丛碎之余。惟杜预《春秋经传集解·后序》云:“其《纪年》篇起自夏、殷、周，皆三代王事，无诸国别也。惟特纪晋国，起自殇叔，次文侯、昭侯，以至曲沃庄伯……皆用夏正建寅之月为岁首，编年相次。”(《隋书·经籍志》古史类序略同。)今本有称“元年春正月”者，而无王字。盖以非用周正，则王字无所附丽。或子玄所见《纪年》亦如此作。其说盖以明周时诸国，所奉正朔不一其制。若鲁者，年则鲁君之年，月则周王之月；若晋者，年则晋君之年，月则夏王之月。时当周代，则鲁史可称王正月，晋史不得称王正月，以此相证成，因谓《竹书纪年》能达此义耳。丘光庭《兼明书》卷三“刘子玄误说周王诸侯用夏正”条云：“古者，孟春之月，天子颁朔于诸侯，诸侯奉而行之。安有周代诸侯而用夏家正朔？按文十七年《左传》，郑子家与赵宣子书云：‘二年六月壬申，朝于齐。’杜注云：‘郑文公二年六月日，即鲁庄公二十三年六月二十日也。’此即诸侯用周正之明文也。而子玄不精鲁史，妄斥先儒说经典之玷，不可为训。或曰：《春秋后序》，是杜因晃所书□□□曲沃庄伯之十一年十一月，鲁隐公之元年正月也。所书是魏国史记，魏本周之诸侯，何故不用周正也？魏国之兴，在周之末。时称战国，鲁不臣周。自造史记，追书前代称王改朔用夏正。而子玄执战国之史而论春秋之制，以末正本，无乃悖乎？”(此据石印《宝颜堂秘笈》移录，中有阙误，俟更得善本补正之。)丘氏以《竹书记年》之用夏正，乃魏于战国称王后所改，无征不信。郑用周正，亦不得即谓诸侯皆用周正。其说殆未足以证子玄之为误也。

而孙盛魏、晋二《阳秋》，每书年首，必云：“某年春帝正月。”……以此而拟《春秋》，又所谓貌同而心异也。

昌案：本书《题目》篇尝论孙氏著魏史而号曰《春秋》，“虽得稽古之宜，未达从时之义”。《三国志·魏志·武帝纪》裴注云：“凡孙盛制书，多用《左氏》以易旧文……嗟乎！后之学者将何取信哉？”又《陈泰传》注云：“检盛言，诸所改易，皆非别有异闻，率更自以意制，多不如旧。凡纪言之体，当使若出其口。辞胜而违实，固君子所不取，况复不胜而徒长虚妄哉！”亦皆其食古不化，貌同心异之证。

三传并兴，各释经义。

昌案：范宁《穀梁传序》："凡传以通经为主，经以必当为理。夫至当无二，而三传殊说，安得不弃其所滞，择善而从乎？《左氏》艳而富，其失也巫。《穀梁》清而婉，其失也短。《公羊》辩而裁，其失也俗。若能富而不巫，清而不短，裁而不俗，则深于其道者也。"

作仪同

昌案：《后汉书·邓骘传》："延平元年，拜骘车骑将军，仪同三司，自骘始也。"三司者，太尉、司徒、司空。太尉，周之司马。

盖语曰："世异则事异，事异则备异。"

昌案：《韩非子·五蠹》篇："世异则事异……事异则备变。"

此韩子所以著《五蠹》之篇，称宋人有守株之说也。

昌案：其文云："宋人有耕者，田中有株，兔走触株，折颈而死，因释其耒而守株，冀复得兔。兔不可复得，而身为宋国笑。今欲以先王之政治当世之民，皆守株之类也。"

义理玄同

昌案：《老子》五十六章："塞其兑，闭其门，挫其锐，解其纷，和其光，同其尘，是谓玄同。"《文选》左思《魏都赋》："世笃玄同。"吕延济注："玄同，犹大同也。"

亦犹孔父贱为匹夫

昌案：《左传》桓十年："匹夫无罪。"杜注："庶人夫妻相匹，其名既定，虽单亦匹，故通谓之匹夫匹妇。"然检校孔子事迹，似不得谓为匹夫。

而能祖述尧、舜，宪章文、武。

昌案：《礼记·中庸》篇："仲尼祖述尧、舜，宪章文、武。"

亦何必居九五之位

昌案:《易·乾》:“九五,飞龙在天,利见大人。”王注:“龙德在天,则大人之路亨也。夫位以德兴,德以位叙,以至德而处盛位,万物之睹,不亦宜乎。”孔疏:“夫位以德兴者,位谓王位,以圣德之人能兴王位也。德以位叙者,谓有圣德之人得居王位,乃能叙其圣德。若孔子虽有圣德而无其位,是德不能以位叙也。”

处南面之尊

昌案:《论语·雍也》篇:“雍也可使南面。”何晏《集解》引包咸曰:“可使南面者,言任诸侯可使治国政也。”(据阮元校勘记引皇侃本。)

有类效颦,弥益其丑。

昌案:《庄子·天运》篇:“西施病心而矉其里。其里之丑人见而美之,归亦捧心而矉其里。其里之富人见之,坚闭门而不出;贫人见之,挈妻子而去之走。彼知矉美,而不知矉之所以美。”矉,颦之借字。

盖君父见害,臣子所耻。

昌案:《汉书·苏建传》附子武传:“臣事君,犹子事父也。”故古者皆以君父臣子连言。

太子劭使力士排徐湛、江湛僵仆,于是始与劭有隙。其后三年,有江湛为元凶所杀事。

徐湛,浦起龙曰:“二字疑衍。”又云:“按(江湛)本传及《徐湛之传》,俱无同受排仆之文,虽裴《略》不可得见,而历考时事,知是《史通》衍文也。”下江湛原作徐江,浦改。

昌案:此文徐湛下或夺之字,(如徐湛之为天师道信徒,则其名亦可略去之字,或《宋略》即如此作。说在《杂述》篇笺记。)下徐江字不误。《宋书》二传虽皆无徐、江同受排仆之文,然不得据谓《宋略》亦无此说。至二人同为劭所恶,又同时被害,则明见《元凶劭传》,(传载其语云:“不斩江湛、徐湛之,无以谢天下。”又载其弑文帝事略云:“张超之等数十人拔刀径上合殿。上其夜与尚书仆射徐湛之语,至旦,烛犹未灭。超之手行弑逆,并杀湛之。劭进至合殿,太祖已崩,遣人于崇礼闱杀吏部尚书江湛。”)亦不得云历考时事,知是衍文也。

如《左传》上言羊斟,则下曰叔牂;前称子产,则次见国侨。

昌案:王若虚《滹南遗老集》卷二十《诸史辨惑》:“《左氏》文章,所谓‘毫发无遗恨’者,惟参举人名字,颇为不惬。如郯之战,既称士会,复曰随武子,又曰随季,又曰士季;既称郤克,复曰驹伯,又曰郤献子;初称荀林父而后称桓子;初称先縠而后称彘子。大率皆然,不可殚举。一段之文,而错杂如是,向无注释,读者孰知其为一人耶?”章学诚《文史通义》内篇卷三《繁称》篇:“尝读《左氏春秋》,而苦其书人名字不为成法也。夫幼名,冠字,五十以伯仲,死谥,周道也。(昌案:此见《礼记·檀弓篇》。)此则称于礼文之言,非史文述事之例也。《左氏》则随意杂举而无义例,且名、字、谥、行以外,更及官、爵、封邑焉。一篇之中,错出互见。苟非注释相传有授受,至今不识为何如人也。是以后世史文莫不钻仰《左氏》,而独于此不复相师也。”两家之论甚是。子玄佞《左》,于此等不加针砭,反以子野之是则是效为貌异心同,亦未免于颛固矣。

又案:钱大昕《十驾斋养新录》卷二“羊斟不与”条:“宣二年,宋‘华元杀羊食士,其御羊斟不与’。据后文羊斟两见,是羊斟为人姓名。案《淮南·缪称训》云:‘鲁酒薄而邯郸围,羊羹不斟而宋国危。’则斟为斟酌之义,当以羊为其御之名,斟不与三字为句。细玩下文,其御字叔牂,正与羊名相应,则《淮南》说亦可通。传文后两斟字或后人所加。”张文虎《舒艺室随笔》卷一亦主羊为人名,传文当读为“其御羊,斟不与。”其释斟不与云:“《说文》:‘斟,勺也,分羹之器也。’古以斟分羹,(如《史记·赵世家》,襄子使厨人操铜枓行斟是也。)因即谓之斟,而叔牂不得与也。”马叙伦《读书续记》卷二:“陆继辂《合肥学舍札记》七曰:‘“其御羊斟不与。”羊斟非名也。《史记·宋世家》作羊羹。羊羹即羊斟。《方言》:“斟,汁也。”盖华元之御字叔牂,因疑羊斟为名。传羊斟非人羊斟之谓,疑皆叔牂字而后人妄改者。羊斟不及羊斟，恐无此适值之事。’（昌案：洪亮吉《晓读书斋四录》卷上所论与陆略同，不更引。）伦案：《吕氏春秋·察微篇》曰：‘宋华元率师应之大棘，羊斟御。’吕氏时盖据列国之史，未必依《左传》也，而言羊斟御与《左传》应。且羊斟非人名，则辞当曰，华元为羊斟飨士，其御不与焉；安得曰，杀羊飨士，其御羊斟不与乎？然则自是《左传》借斟为羹，或《世家》借羹为斟耳。以其字叔牂观之，则羹字是。”诸家之说，以马为长。《左传疏》引诸汉师说，皆以羊斟为名，即子玄所本。

《左氏》与《论语》有叙人酬对，苟非烦词积句，但是往复唯诺而已，则连续而说，去其对曰、问曰等字。

昌案：俞樾《古书疑义举例》卷二“两人之辞而省曰字例”：“一人之辞自为问答，则用曰字。乃有两人问答，因语气相承，诵之易晓，而曰字从省不书者。如《论语·阳货》篇：‘子曰：“由也，女闻六言、六蔽矣乎？”对曰：“未也。”“居，吾语女。”’居，吾语女，乃夫子之言，而即承对曰未也之下，无子曰字。‘子曰：“食夫稻，衣夫锦，于女安乎。”曰：“安。”“女安，则为之。”’女安，则为之，乃夫子之言，而即承曰安之下，无子曰字。”此事古书恒见，俞氏所举，尚有《孟子》、《檀弓》，而未及《左传》。今补一例如次。宣十二年：“还无社与司马卯言，号申叔展。叔展曰：‘有麦曲乎？’曰：‘无。’‘有山鞠穷乎？’曰：‘无。’‘河鱼腹疾奈何？’曰：‘目于眢井而拯之。’‘若为茅绖，哭井则己。’”

书事第二十九

体国经野之言则书之

昌案：《周礼·天官》：“惟王建国，辨方正位，体国经野，设官分职。”《地官》、《春官》、《夏官》、《秋官》并有此文。

何莫由斯

昌案：《论语·雍也》篇：“谁能出不由户，何莫由斯道也。”

子曰："于予何诛！"

昌案：《论语·公冶长》篇："宰予昼寝。子曰：'朽木不可雕也，粪土之墙，不可圬也。于予与何诛！'"

而事鬼求福，墨生所信。

昌案：《墨子》有《明鬼》篇。《汉书·艺文志》墨家类序云："宗祀严父，是以右鬼。"墨生，墨先生也，盖尊之之辞。（说在《叙事》篇笺记。）古人皆以墨子氏墨。如《通志·氏族略》卷四云："墨氏，《姓纂》云：孤竹君之后，本墨台氏，后改为墨氏。"是也。至近人始多异说。

目为鬼神传录

昌案：何法盛《晋中兴书》改传为录。故钱大昕《十驾斋养新馀录》卷中"何法盛书"条举《史通》此文，云："《鬼神录》亦法盛书之一篇。"其言是也。若《鬼神传》则王隐《晋书》之一篇。章宗源《〈隋书·经籍志〉考证》卷一尝征王书逸文云："《艺文类聚·灵异部》：王矩至长沙，见一人，自称天上京兆杜灵之。《太平广记》载苏韶、夏侯恺亡后见鬼事，（《御览·人事部》亦引苏韶事，而《广记》似全篇。）自是《鬼神传》中之词。"

可谓美玉之瑕，白圭之玷。惜哉！无是可也。

昌案：萧统《陶渊明集序》："白璧微瑕，惟在《闲情》一赋。扬雄所谓劝百而风一者。卒无风谏，何足摇其笔端。惜哉！无是可也。"此用其语意。"白圭之玷"，《诗·大雅·抑》文。

其事芜秽，其辞猥杂。

昌案：此类之失，作俑丘明。本书《烦省》篇云："若介葛辨牺于牛鸣，叔孙志梦于天压，楚人教晋以拔旆，城者讴华以弃甲，此而毕书，岂得谓之省邪？"《楚辞·离骚》："哀众芳之芜秽。"洪兴祖《补注》曰："芜，荒也。秽，恶也。"

彰善瘅恶

昌案:伪古文《尚书·毕命》篇文。

开国承家

昌案:《易·师》文。

良弓无改

昌案:《礼记·学记》篇:"良弓之子,必学为箕。"孔疏:"善为弓之家,使干角挠屈调和以成弓,故其子弟亦观其父兄世业,仍学取柳和软,挠之成箕也。"

行无闻于十室

昌案:《论语·公冶长》篇:"子曰:'十室之邑,必有忠信如丘者焉,不如丘之好学也。'"邢疏:"十室之邑,邑之小者也。"

夫记事之体,欲简而且详,疏而不漏。

昌案:《文心雕龙·熔裁》篇论文章繁简,有"繁而不可删","略而不可益"之说,可与此相参证。《老子》七十三章:"天网恢恢,疏而不失。"

人物第三十

而死之日,名无得而闻焉。

昌案:《论语·季氏》篇:"齐景公有马千驷,死之日,民无德而称焉。"此仿其语。

是谁之过欤

昌案:《论语·季氏》篇文。

或陈力就列

昌案:《论语·季氏》篇:“周任有言曰:‘陈力就列,不能者止。’”《集解》引马融曰:“言当陈其才力,度己所任以就其位,不能则当止。”

或杀身成仁

昌案:《论语·卫灵公》篇:“志士仁人,无求生以害仁,有杀身以成仁。”

无乃太简

昌案:《论语·雍也》篇:“居简而行简,无乃太简乎?”

至如皋陶、伊尹、傅说、仲山甫之流……功烈尤显,事迹居多,盍各采而编之,以为列传之始。

昌案:焦竑《焦氏笔乘》卷三“《史通》”条论子玄此说云:“夫迁书与经典并行,世多其书,辄弗论著,而复责之以编纂,不亦复乎?”窃意史公不为诸人立传者,盖缘上古事简,其功业已概见五帝、三代本纪中,则不烦重出,非以已作与经典并行,遂不作也。《史记》采《尚书》、《春秋》、《国语》、《左氏》之文,固亦多矣,何尝有世多其书,辄弗论著之事乎?

何龌龊之甚乎

昌案:《文选》张衡《西京赋》:“独俭啬以龌龊。”李善引《汉书》注曰:“龌龊,小节也。”

何桢、许询,文雅高于扬、豫……王隐《晋史》,广列诸传,而遗此不编。

昌案:余嘉锡《四库提要辨证》卷三“《晋书》”条:“今按王隐《晋书》,以成帝咸康六年奏上,(见《史通·古今正史》篇。)而许询与谢安、王羲之同时,当卒于书成之后。(《御览》所引隐书,有成帝以后事,恐系传写之误。)隐不为询立传,尚不足怪。惟今《晋书》亦无何桢、许询传,斯则可异耳。”余氏因据群书考得何、许事迹甚详,殊足补《晋书》之阙也。

如秦嘉妻徐氏，动合礼仪，言成规矩，毁形不嫁，哀恸伤生。

昌案：《太平御览》卷四百四十一引杜预《女记》：“淑丧夫守寡，兄弟将嫁之，誓而不许，为书曰：‘盖闻君子导人以德，矫俗以礼，是以列士有不移之志，贞女无回贰之行。淑虽妇人，窃慕杀身成义，死而后已。夙遘祸罚，丧其所天。男弱未冠，女幼未笄，是以僶俛求生，将欲长育二子，上承祖宗之祀，下继祖祢之礼，然后觐于黄泉，永无惭色。仁兄德弟既不能厉高节于弱志，发明德于暗昧，许我他人，逼我于上，乃命官人讼之简书。夫智者不可恶以事，仁者不可胁以死。晏婴不以白刃临颈，改正直之词；梁寡不以毁形之痛，忘执节之义。高山景行，岂不思齐。计兄弟不能匡我以道，博我以文，虽曰既学，吾谓之未也。’”严可均《铁桥漫稿》卷七有《后汉秦嘉妻徐淑传》，其遗事传于今者备载焉。

故太史公有云：“自获麟以来……”

昌案：此节取《史记·自序》所载司马谈之言。

若《汉传》之有傅宽、靳歙，《蜀志》之有许慈，《宋书》之虞丘进，《魏史》之王宪。

传，宋本脱，卢文弨云：“疑是书字。”顾广圻云：“衍文。”

昌案：二说皆非。此避与下《宋书》书字复，故易称传，亦犹下《魏书》之易称史耳。本书《覈才》篇：“班生编次汉册，沈氏勒成宋典。”而孟坚、休文之作，初不以册、典为名，可以类推。传亦史籍之通名也。

课虚成有

昌案：陆机《文赋》：“课虚无以责有。”

语曰：“君子于其所不知，盖阙如也。”

昌案：此《论语·子路》篇载孔子之言。

覈才第三十一

斯盖察其所由

昌案:《论语·为政》篇:“子曰:‘视其所以,观其所由,察其所安,人焉廋哉?’”

亦奚异观河倾之患,而不遏以堤防,方欲疏而导之,用速怀襄之害。

昌案:《汉书·沟洫志》:“哀帝初,平当使领河堤,奏言:‘九河今皆寘灭,按经义,治水有决河深川,而无堤防壅塞之文。……’”又载贾让奏云:“夫土之有川,犹人之有口也。治土而防其川,犹止儿啼而塞其口,岂不遽止,然其死可立而待也。故曰:‘善为川者,决之使道;善为民者,宣之使言。’”子玄此文,盖反其意而用之。《尚书·尧典》:“汤汤洪水方割,荡荡怀山襄陵,浩浩滔天。”

孝标持论谈理,诚为绝伦,而《自序》一篇,过于烦碎。

昌案:余嘉锡《论学杂著·读已见书斋随笔》“汪中李慈铭之自序”条:“刘孝标《自序》云:‘余尝自比冯敬通,而有同之者三,异之者四。’汪中《述学》有《自序》一篇,自比孝标,李慈铭《越缦堂骈文》亦有一篇,复自比汪中,皆以三同四异为词,不更叙平生事迹。然考《梁书》、《南史》刘峻本传,先引其《自序》云:‘黉中济济皆升堂,亦有愚者解衣裳。’《文选》卷四十三《重答刘秣陵书》下,李善注引刘峻《自序》曰:‘峻字孝标,平原人也,生于秣陵县,期月归故乡。八岁遇桑梓颠覆,身充仆圉。齐永明四年二月,逃还京师,后为崔豫州刑狱参军。梁天监中,诏峻东掌石渠阁,以病乞骸骨,后隐东阳金华山。’是则孝标《自序》全如列传,其体盖本之司马迁、扬雄。故《史通·忤时》篇曰:‘刘峻作传,自述长于论才。’(今《自序》中无此语。)《梁书》本传实即采其《自序》之文,特不能如《汉书》司马迁、扬雄传之例,叙明为峻之《自序》云尔,而但录其一节,标为《自序》,遂使人忽焉不察。然本传于‘自比冯敬通’句上固有‘峻又尝为《自序》,其略曰云云'，略之为言，明其非全篇也。《史通·覈才》篇曰：'孝标持论谈理，诚为绝伦，而《自序》一篇，过于烦碎。'若仅三同四异，简亦甚类，何烦碎之有乎？容甫、爰伯，不加深考，以为峻之《自序》；文尽于此，并其传前所引两句亦熟视无睹，遂纷纷列举同异，以为《自序》；不知自汉、魏以来，凡为自序者，未尝有此体也。摹拟古人文中之一节，首尾不具，号称名笔，可乎？"

直论文章

昌案：论，当依宋本作是。"直是文章"，即《载文》篇"非复史书，更成文集"之意，亦即本篇下文所称"文之与史，较然异辙"之意也。

自卜者审

昌案：《文选》嵇康《与山巨源绝交书》："自卜已审。"

岂所谓诵《诗》三百，虽多亦奚以为者乎。

昌案：《论语·子路》篇："子曰：'诵《诗》三百，授之以政，不达；使于四方，不能专对，虽多亦奚以为？'"

故以张衡之文，而不闲于史；以陈寿之史，而不习于文。

昌案：本书《古今正史》篇尝叙刘珍等修《东观汉记》事，而不及张衡。余嘉锡《四库提要辨正》卷五"《东观汉记》"条以《玉海》卷四十六有"安帝永初、永宁间，刘珍、騊駼、张衡、李尤等撰集为《汉记》"之说，然衡实未与其事，因为之考曰："案衡本传云：'永初中，刘珍、刘騊駼等著作东观，撰集《汉记》，因定汉家礼仪，上言请衡参论其事，会病卒。而衡常叹息，欲终成之；及为侍中，上疏请得专事东观，收检遗文，毕力补缀。书数上，竟不听。及后之著述多不详典，时人以为恨。'是珍等虽尝请衡参论，而以珍等旋卒，中辍不行；衡虽请自补缀，亦不见听，故时人以其不得秉史笔为恨。《史通·覈才》篇曰：'以张衡之文，而不闲于史。'正以衡未尝修史，犹之陈寿不常缀文也。章怀注载衡表，自称'臣仰干史职'者，谓太史令耳，（本传前已称太史令为史职。）非谓史官之职。及至元嘉中，伏无忌等奉诏撰集，则衡死已久矣。（衡卒于永和四年，下距元嘉，凡六年。）《玉海》之说非也。”余氏所考甚是。衡以无缘入东观，其于修史固或有未能闲习者。然若遽执此以为其乏史才之证，则尚有可商。观刘珍等既加推引，衡亦有意参与其事，及美志不遂，时人又以为恨，则衡不乏史才，断然可知。子玄之言，岂别有所据乎？

是以略观近代，有齿迹文章，而兼修史传，其为式也，罗含、谢客，宛为歌颂之文；萧绎、江淹，直成铭赞之序。温子升尤工复语；卢思道雅好丽词；江总猖獗以沉迷；庾信轻薄而流宕。此其大较也。然向之数子所撰者，盖不过偏记杂说、小卷短书而已。

昌案：此举八人，其撰史者，则有谢灵运尝为《晋书》三十六卷，江淹尝为《齐史》十三卷，（均见《隋志》正史类。）非子玄此之所指也。其合于子玄所云“偏记杂说、小卷短书”者，则为罗含《湘中山水记》三卷，（《隋志》不著录。）谢灵运《游名山志》一卷、《居名山志》一卷，（均见《隋志》地理类。）萧绎《孝德传》三十卷、《忠臣传》三十卷、《丹阳尹传》十卷、《怀旧志》九卷、《全德志》一卷、《同姓名录》一卷、《研神记》一卷、（均见《隋志》杂传类。）《荆南地志》二卷，（《隋志》地理类。）温子升《魏永安记》三卷，（《隋志》地理类。）卢思道《知己传》一卷。（《隋志》杂传类。）而江淹、江总、庾信此类著述则今无闻焉。

词宗丽淫

昌案：《法言·吾子》篇：“诗人之赋丽以则，辞人之赋丽以淫。”

握管怀铅

昌案：扬雄《方言》卷首载其《答刘歆书》云：“雄常把三寸弱翰，赍油素四尺，以问其异语，归即以铅摘次之于椠。”《西京杂记》卷三载刘歆曰：“扬子云好事，常怀铅提椠，从诸计吏访殊方绝域四方之语。”

连章累牍

昌案:《隋书·李谔传》载其上文帝书有云:“连篇累牍,不出月露之形;积案盈箱,唯是风云之状。”

序传第三十二

至马迁又征三闾之故事,放文园之近作,模楷二家,勒成一卷。于是扬雄遵其旧辙,班固酌其余波,自叙之篇,实烦于代。

昌案:钱大昕《廿二史考异》卷五“《史记·太史公自序》”条:“自史公有《自序》一篇,而班孟坚、司马彪、(亦称《叙传》。)华峤、(称《谱叙》,见《三国志》注。)沈约、魏收、李延寿之徒,各为叙传。承祚先世仕蜀不显,蔚宗与汉年代隔越,故不立此篇。萧子显齐豫章王嶷之子。其传赞云烈考,云我王,与他篇异,但传中竟不列己名,则又矫枉过直矣。姚思廉《陈书》于父传末略述己修史事,而不称叙传,亦不及入唐以后事,于体例最为得之。唐、宋以来,设立官局,史非一人一家之书,故无叙传之名矣。”

以《春秋》所讳,持为美谈。

昌案:《左传》成二年,楚申叔跪谓申公巫臣曰:“异哉!夫子有三军之惧,而又有桑中之喜,宜将窃妻以逃者也。”此指巫臣谋取夏姬,乃于聘齐时尽室以行事。传载之而经不书,故子玄以为“《春秋》所讳”。

必责以名教

昌案:陈寅恪《陶渊明之思想与清谈之关系》曰:“《老子》云:‘朴散则为器。圣人用之则为官长。’王弼注云:‘始制为朴散,始为官长之时也。始制官长,不可不立名分,以定尊卑,故始制有名也。’《庄子·天下》篇云:‘《春秋》以道名分。’故名教者,依魏、晋人解释,以名为教,即以官长君臣之义为教,亦即入世求仕者所宜奉行者也。其主张与崇尚自然即避世不仕者适相违反。”

又曰:“吾每自省吾身,为人谋而不忠乎?与朋友交而不信乎?”

昌案:《论语·学而》篇:“曾子曰:‘吾日三省吾身,为人谋而不忠乎?与朋友交而不信乎?传不习乎?’”

又曰:“文王既没,文不在兹乎!”

昌案:此《论语·子罕》篇载孔子之言。

又曰:“吾之先友,尝从事于斯矣。”

昌案:《论语·泰伯》篇:“曾子曰:‘以能问于不能,以多问于寡,有若无,实若虚,犯而不校,昔者吾友,尝从事于斯矣。’”钱大昕《潜研堂文集》卷九《答问》六:“问:古人引书多误,如王伯厚举《汉书·艺文志》‘小道可观’,《蔡邕传》‘致远则泥’,以子夏之言为孔子;唐《孔颖达传》‘以能问于不能’,以曾子之言为孔子。《论语》非僻书,何以舛误乃尔?曰:伯厚所举,尚有未尽。《后汉·章帝纪》引‘博学而笃志’,王充《论衡》引‘死生有命’,亦以子夏之言为孔子。刘知幾《史通》引‘吾日三省吾身’,‘昔者吾友’,以曾子之言为孔氏。《论衡》引‘纣之不善’,以子贡之言为孔子。《宋书·刘延孙传赞》引‘事君数,斯疏矣’,称子曰,不称子游,皆是也。然则古人固多误乎?非也。《汉书·艺文志》云:‘《论语》者,孔子应答弟子、时人,及弟子相与言而接闻于夫子之语也。’故汉、唐诸儒引用《论语》,虽弟子之言,皆归之孔子。’”(钱说又见《廿二史考异》卷十,惟举证较略。)

扬露己才

昌案:班固《离骚序》:“屈原露才扬己,况乎危国群小之间,以离谗贼。”

且命诸门人各言尔志,由也不让,见嗤无礼。

昌案:《论语·先进》篇:“子路、曾皙、冉有、公西华侍坐。子曰:‘以吾一日长乎尔,毋吾以也。居则曰:不吾知也。如或知尔,则何以哉?’子路率尔而对曰:‘千乘之国,摄乎大国之间,加之以师旅,因之以饥馑,由也为之，比及三年，可使有勇，且知方也。’夫子哂之。‘求，尔何如?’对曰:‘方六七十，如五六十，求也为之，比及三年，可使足民。如其礼乐，以俟君子。’‘赤，尔何如?’对曰:‘非曰能之，愿学焉。宗庙之事，如会同，端章甫，愿为小相焉。’‘点，尔何如?’鼓瑟稀，铿尔，舍瑟而作，对曰:‘异乎三子者之撰。’子曰:‘何伤乎，亦各言其志也。’曰:‘莫春者，春服既成，冠者五六人，童子六七人，浴乎沂，风乎舞雩，咏而归。’夫子喟然叹曰:‘吾与点也。’三子者出，曾皙后。曾皙曰:‘夫三子者之言何如?’子曰:‘亦各言其志也已矣。’曰:‘夫子何哂由也?’曰:‘为国以礼，其言不让，是故哂之。’”

骍角挺生

昌案:《论语·雍也》篇:“子谓仲弓曰:‘犁牛之子，骍且角，虽欲勿用，山川其舍诸?’”《集解》:“犁，杂文。骍，赤色。角者，角周正，中牺牲。虽欲以其所生犁而不用，山川肯舍之乎? 言父虽不善，不害于子之美。”

淳维、李陵，俱称拓拔之始。

昌案:本书《杂说中》篇:“崔浩谄事狄君，曲为邪说，称拓跋之祖，本李陵之胄。当时众议抵斥，事遂不行。或有窃其书以渡江者。沈约撰《宋书·索虏传》，仍传伯渊所述。凡此诸妄，其流甚多。”则此所弹射，兼及崔、沈。浦注仅引《宋书》，而不言其所本，未为审谛也。

盖谄祭非鬼

昌案:《论语·为政》篇:“子曰:‘非其鬼而祭之，谄也。’”

烦省第三十三

又张世伟著班马优劣论云:迁叙三千年事，五十万言;固叙二百四十年事，八十万言，是班不如马也。

昌案:张辅此论，世人多有异同之见。赵翼所说，已见《载文》篇笺记。他如宋赵与时《宾退录》卷十云:“《新唐书》进表，谓‘其事则增于前，其文则省于旧。’夫为文纪事，主于辞达，繁简非所计也。《新唐书》之病，正坐此两语，前辈议之者多矣。晋张辅云：司马迁叙三千年事，惟五十万言；班固叙二百年事，乃八十万言。以此为迁固优劣。殊不知司马子长追述上世，故不可得而详；班孟坚纪录近事，有不容于略。《春秋》传所谓‘所见异辞，所闻异辞，所传闻异辞’，正谓是也。”金王若虚《滹南遗老集》卷十五《史记辨惑》七云：“晋张辅论迁、固史云：迁记三千年事，而五十万言；固记二百年事，乃八十万言，繁简不同，优劣可知。此说大谬。刘子玄既辨其大节矣。抑余尝考之，迁记事疏略而剩语甚多，固记事详备而删削精当。然则迁似简而实繁，固似繁而实简也。安得以是为优劣哉？”清俞正燮《癸巳类稿》卷十一《名士论驳义》云：“张辅著《名士论》。《晋书》本传云：辅论迁叙三千年事，五十万言；固叙二百年事，八十万言，为班固不如迁三事中之一。唐张守节《史记正义》云：‘《史记》五十二万二千五百言，叙二千四百十三年事；《汉书》八十一万言，叙二百二十五年事。’此二张不平班固素轻司马耳。所谓优劣，不应以是言之。迁著于篇者，或云‘书缺有间’，或云‘论其轶事’。汉高一纪，多于五帝。不能纪远，古人之隐憾，非云优也。刘知幾《史通·杂说》云：‘迁固易地，撰成《汉书》，将恐多言费辞，有逾班固。’仍以多少为优劣，是为不达。”凡此诸说，虽所见各不尽同，胥足与子玄此篇所言相发。

普天率土

昌案：《诗·小雅·北山》：“普天之下，莫非王土；率土之滨，莫非王臣。”

无思不服

昌案：《诗·大雅·文王有声》文。

辒轩之使，月驰于郡国。

昌案：应劭《风俗通义》序：“周、秦常以岁八月，遣辒轩之使，求异代方言。”

陈平献计于天山

昌案:《太炎文录初编》卷一《征信论上篇》:“古人运而往,其籍尚在。籍所不著,推校其疑事,足以中微,而世遂质言之。虽适,谓之诬。往者,高祖困于平城,用陈平计使阏氏,围得解。其计既秘,世以为工妙踔善,故匿藏不传。独桓谭揣其必言汉有好女,今以围急,欲进之单于。内有娼者,则兵祸自沮。其量度事情,诚以眇合,虽刘子骏亦称善。然皆以为揣得其状,非质言之备故府藏录也。及应劭说《汉书》,遽骋然以为成事。(昌案:桓谭揣其情状,虽刘歆亦称善,见《史记·陈丞相世家》集解引《新论》。应劭以为成事,为颜师古所非,见《汉书·高帝纪》注。)故虑事一也。以辩议则适,以记注则诬。”子玄以《汉书》不录此事为言,盖未达辩议与记注之别也。

帝尧则天称大,《书》惟一篇。

昌案:《孟子·滕文公上》篇:“孔子曰:‘大哉!尧之为君。惟天为大,惟尧则之,荡荡乎民无能名焉。’”《尚书·尧典》序:“昔在帝尧,聪明文思,光宅天下,作《尧典》。”

周武观兵孟津,言成三誓。

昌案:《尚书·泰誓》序:“惟十一年,武王伐殷。一月戊午,师渡孟津,作《泰誓》三篇。”

伏羲止画八卦,文王加以《系辞》。

昌案:《汉书·艺文志》《易》类序:“《易》曰:‘宓戏氏仰观象于天,俯观法于地,观鸟兽之文与地之宜,近取诸身,远取诸物,于是始作八卦,以通神明之德,以类万物之情。’(师古曰:“《下系》之辞也。”)至于殷、周之际,纣在上位,逆天暴物。文王以诸侯顺命而行,道天人之占,可得而效,于是重六爻,作上下篇。孔氏为之《彖》、《象》、《系辞》、《文言》、《序卦》之属十篇。故曰:《易》道深矣,人更三圣,世历三古。”孔颖达《周易正义》序云:“其《彖》、《象》等十翼之辞,以为孔子所作,先儒更无异论。”子玄此云“文王加以《系辞》"，当作"文王重以六爻"，或"孔子加以《系辞》"乃合。此盖涉笔之误，非儒先别有文王作《系辞》之异说也。

苟嗤沈（约，字休文，梁人，著《宋书》。萧衍，字子显，著《齐书》。）之所记。（昌案：此注文从顾广圻校定。）

昌案：今本《史通》所载原注，有出自子玄之手者，亦有后人所为，因传钞而附益者，当区别观之。后者宜但称旧注，以别于子玄之原注。即如此注，竟以撰《通史》之梁武帝萧衍与撰《南齐书》之萧子显混为一人，瞀乱不学，至于此极，岂亦子玄所自为？则固不可不加之分理明矣。

杂述第三十四

《世本》辨姓，著自周室。

昌案：《世本》有《氏姓》篇。《隋书·经籍志》谱系类序："氏姓之书，其所由来远矣。《书》称别生分类；《传》曰：'天子建德，因生以赐姓。'周家小史定世系，辨昭穆，则亦史之职也。秦兼天下，划除旧迹。公侯子孙，失其本系。汉初，得《世本》，叙黄帝以来祖世所出。"

有始有卒

昌案：《论语·子张》篇："有始有卒者，其唯圣人乎。"

乐资《山阳载记》

昌案：姚振宗《〈隋书·经籍志〉考证》卷十三："按：载记之目，班氏始以系平林、新市、公孙述、隗嚣之流，即后世霸史、伪史之类。山阳公乃亦被以此名，所未喻也。"《三国志·蜀志·马超传》注："《山阳公载记》曰：'超因见备待之厚，与备言，常呼备字。关羽怒，请杀之。……'臣松之案：以为超以穷归备，受其爵位，何容傲慢而呼备字？且备之入蜀，留关羽镇荆州，羽未尝在益土也。……袁晖、乐资等诸所记载，秽杂虚谬，若此之类，殆不可胜言也。"由此观之，其书殆无足观。

王韶《晋安陆纪》

《晋安陆纪》,何焯云:"《玉海》作《晋安纪》。"陆,浦起龙、卢文弨并云:"当作帝。"

昌案:《隋志》古史类载:"《晋纪》十卷,宋吴兴太守王韶之撰。"即此书也。章宗源《〈隋书·经籍志〉考证》卷二:"《宋书·王韶之传》:'父伟之,少有志尚。当世诏命、表奏,辄自书写。泰元、隆安时事,小大悉撰录之。韶之因此私撰《晋安帝阳秋》。既成,时人谓宜居史职,即除著作佐郎,使续后事,讫义熙九年。善叙事,辞论可观,为后代嘉史。'……《南史·萧韶传》曰:'昔王韶之为《隆安纪》十卷,说晋末之乱。'……愚按:《世说》注、《初学记》所引,并题韶之《晋安帝纪》。新、旧《唐志》则称韶之《崇安记》。(新《志》入杂史,旧《志》入编年,皆十卷。)今以《初学记·天部》义熙二年彩虹出西方蔽月事,合他书征引,大抵皆安帝事,故题《晋安帝纪》。义熙改元隆安,(昌案:姚振宗《〈隋书·经籍志〉考证》卷十二云:"当云安帝改元隆安,此误。")《唐志》讳隆,(昌案:玄宗名隆基也。)故作崇。《史通》安陆,当是隆安之讹。"章说甚是。《玉海》安上盖夺隆或崇字。浦、卢校亦通。

又案:陈寅恪《崔浩与寇谦之》云:"六朝天师道信徒以'之'字为名者颇多。'之'字在其名中,乃代表其宗教信仰之意,与佛教徒之以'昙'或'法'为名者相类。东汉及六朝人依《公羊春秋》讥二名之义,习用单名。故用'之'非特专之真名,可以不避讳,亦可省略。六朝礼法士族最重家讳,如琅琊王羲之、献之父子同以'之'字为名,而不以为嫌犯,是其最显著之例证也。"(陈垣《史讳举例》卷五"南北朝父子不嫌同名例"尝举王氏父子俱以之字及僧字为名之例,而未详其故,宜以义宁之说补之。)王韶之父名伟之,是亦天师道信徒。子玄称为王韶,略去之字,盖犹仍六代之旧也。

姚最《梁昭后略》

卢文弨曰:"梁下不当添昭字。"

昌案:姚振宗《〈隋书·经籍志〉考证》卷十二云:"按:《史通》及《御览》所引,似其书起于太清侯景之乱,及元帝、王琳、萧庄之事,不知讫于何时。

《唐志》题《梁昭后略》。据《史通》及日本书目，皆无'昭'字。疑新《志》沿旧史之驳文也。"又自注云："或如蔡允恭《后梁春秋》之类。后梁为昭明太子之后，故题此名。"检张鼎思本此文无"昭"字，本书《杂说下》篇原注所引亦无之。则此字盖后人据新《唐志》所增，当删。

若戴逵《竹林名士》

昌案：《隋书·经籍志》杂传类载："《竹林七贤论》二卷，晋太子中庶子戴逵撰。"即此书也。子玄以取偭下文"汉末英雄"，辄改七贤字为名士耳。论而属之史部杂传、小录者，盖以其先序事迹，继乃加以品藻，亦兼传体。旧题陶潜《集圣贤群辅录》卷下载阮籍等七人姓字爵里，并云："右魏嘉平中并居河内山阳，共为竹林之游，世号竹林七贤，见《晋书》、《魏书》。袁宏、戴逵为传。"亦称戴论为传。（袁宏撰《竹林名士传》三卷，见《晋书·文范传》。）

王粲《汉末英雄》

昌案：《四库提要》卷六十一传记类存目有旧题魏王粲撰《汉末英雄记》一卷，云："《隋志》著录作八卷，注云：残阙。其本久佚。此本乃王世贞杂钞诸书成之。凡四十四人。大抵取于裴松之《三国志注》为多。"今《汉魏从书》有《英雄记钞》一卷，盖即《提要》所云王辑本也。

萧世诚《怀旧志》

昌案：章宗源《〈隋书·经籍志〉考证》卷三："《太平御览·人事部》：《梁太清实录》曰：'中宗讳绎，字世诚。'"《梁书》本纪同。今《史通》诸本皆作世诚，误。

又案：绎撰《金楼子》，其《著书》篇载《怀旧志》序，叙其作意，略曰："吾自北守琅台，东探禹穴；观涛广陵，面金汤之设险；方舟宛委，眺玉笥之干霄。临水登山，命俦啸侣。中年承乏，摄牧神州。……长安群公，为其延誉；扶风长者，刷其羽毛。……日月不居，零露相半……独轸魂交，情深宿草，故备书爵里，陈怀旧焉。"

卢子行《知己传》

昌案：章宗源《〈隋书·经籍志〉考证》卷十三："胡应麟《甲乙剩言》曰：'余从都下得隋卢思道《知己传》二卷，上自伊尹，下至六代，由君相、父子、妻子、友朋以及鬼神、禽畜涉于知己者皆录。第诸葛孔明与先主最相知，以为有"君自取之"一语，为大不知己，不录。盖有激乎其言之也。'按此则是书明时尚存，《宋史》志不载，自是阙漏。"

若和峤《汲冢纪年》

昌案：朱希祖《汲冢书考》："《史记·魏世家》集解：'荀勖曰：和峤云《纪年》起自黄帝，终于魏之今王。'盖《纪年》初写本成于和峤，其后束皙重定本则起于夏。其他异同尚多，故《隋书·经籍志》《纪年》十二卷，附《竹书考异》一卷也。"

葛洪《西京杂记》

昌案：此书撰人，颇滋异说。以葛洪作序，言此书乃钞自所谓刘歆《汉书》，遂有题刘歆撰者，有题葛洪撰者，《四库提要》卷一百四十则为调停之说，兼题刘、葛。《提要》又引段成式《酉阳杂俎·语资》篇云："庾信作诗，用《西京杂记》事，旋自追改，曰：'此吴均语，恐不足用。'"谓此即晁公武《郡斋读书志》"江左人——或以为吴均——依托为之"之说所由来。余嘉锡《四库提要辨证》卷十七尝博考群书，断其即为葛洪所作，谓其言"刘歆《汉书》之事，必不可信，盖依托古人，以自取重耳"。故其中间所叙之事，颇与《汉书》错互不合；至言汉文帝以太子即位，则尤误之大者。余氏又据明钞本《说郛》卷二十五所钞梁《殷芸小说》有引《杂记》者，以为芸与吴均"二人仕同朝，同以博学知名，虑无不相识者。使此书果出吴均依托，芸岂不知，何至遽信为古书，从而采入其著作中乎？"故段成式所叙庾信之语，亦不足信也。（胡玉缙《四库全书总目提要补正》卷四十一引朱亦栋《群书札记》云："庾子山诗，用《西京杂记》者，不一而足。成式所引'此吴均语不足用'者，乃其诗句偶与吴同，故旋自追改，非以《西京杂记》为吴均作也。"此亦可备一说。）《辨证》此篇探索甚精，视《提要》调停之说及卢文弨抱经堂本《西京杂记》序、姚振宗《〈隋书·经籍志〉考证》卷十六之误信葛洪依托之辞，谓此书当归之刘歆者皆确，故最其要以著于篇。

裴荣期《语林》

昌案：《世说新语·轻诋》篇注引《续晋阳秋》："晋隆和中，河东裴启撰汉、魏以来，迄于今时，言语应对之可称者，谓之《语林》。时人多好其事，文遂流行。"又《文学》篇注曰："《裴氏家传》：'裴荣，字荣期，河东人……少有风姿、才气，好论古今人物，撰《语林》数卷，号曰裴子。'檀道鸾谓裴松之以为启作《语林》，荣傥别名启乎？"考《隋志》亦题裴启，名启字荣期，盖用《列子·天瑞》篇鹿裘带索之荣启期为名字，犹唐王维字摩诘，乃以佛典之维摩诘为名字也。疑家传误。《文学》篇注又尝引《晋中兴书》载范启字荣期，名字悉与裴同，亦资旁证矣。

阳玠松《谈薮》

昌案：《隋志》小说类载："《解颐》二卷，阳松玢撰。"姚振宗《〈隋书·经籍志〉考证》卷三十二："《崇文总目》：'《谈薮》八卷，杨松玠撰。'《宋史·艺文志》：'杨松玠《八代谈薮》二卷。'陈氏《书录》史部传记类：'《谈薮》二卷，北齐秘书省正字北平阳玠松撰。事综南北，时更八代，隋开皇中所述也。'案：阳玠松当是阳休之之族人，北平无终人。或作松玠，或作松玢。《唐志》目录类有阳松珍《史目》三卷，则又作松珍。今依《史通》及陈《录》谌正。两《唐志》无《解颐》，并无《谈薮》。《史通》以《谈薮》为小说之琐言，陈氏列之史部，而《崇文目》及《宋志》皆入小说家，与本志部居合。知《解颐》即《谈薮》之异名，故《谈薮》亦不见于本志也。"

若圈称《陈留耆旧》

昌案：《隋志》杂传类："《陈留耆旧传》二卷，汉议郎圈称撰。"章宗源《〈隋书·经籍志〉考证》卷十三："《唐志》，圈称《陈留风俗传》三卷，（地理类又见。）无《耆旧》之目。《隋志》则地理类作《风俗传》，此作《耆旧传》。据《元和姓纂》，只言圈称著《风俗传》。然风俗宜入地理。《唐志》杂传类系重出，《隋志》《耆旧》名疑有误。《史通・杂述》篇曰：'若圈称《陈留耆旧》……此之谓郡书者也。'四语配词，则《陈留风俗》乃不与《益部耆旧》犯复。"姚振宗《〈隋书・经籍志〉考证》卷二十则云："案《隋志》分出《风俗传》中之《耆旧》二卷入此类，非误也。"姚说虽通，然无以解子玄行文犯复之故，疑《史通》此文仍当从章说作"陈留风俗"。

陈寿《益都耆旧》

昌案：常璩《华阳国志・后贤志》："益部自建武后，蜀郡郑伯邑、太尉赵彦信及汉中陈申伯、祝元灵、广汉王文表皆以博学洽闻，作《巴蜀耆旧传》。寿以为不足经远，乃并巴汉撰为《益部耆旧传》十篇。"

梁鸿《逸民》

逸民，浦起龙曰："二字恐误，当云高士。"又注云："《后汉书》本传：'鸿仰慕前世高士，为四皓以下二十四人作颂。'按：鸿所撰即此，不当云逸民。或因鸿在《逸民传》中，有注字句旁者，传写误耶？"

昌案：浦说非也。《逸民传》盖即本传所云为二十四高士所作颂。章宗源《〈隋书・经籍志〉考证》卷十三"《孝子图》"条云："《文苑英华》许南容、李令琛对策并言梁鸿作《逸人传》。"皇甫谧《高士传》序云："梁鸿颂逸民。"知梁书本号逸民，非称高士。特子玄当避太宗讳，此《逸民》疑本作《逸人》，今仍作《逸民》者，后人所回改耳。至或称传，或称颂者，则侯康《补后汉书艺文志》卷二云："按：本传但称为二十四人作颂，而刘知幾谓之别传，则当日每人各系以传也。"尝考《隋志》杂传类序云："后汉光武始诏南阳作风俗，故沛、三辅有耆旧、节士之序，鲁、庐江有名德、先贤之赞。郡国之书，由是而作。"书为杂传，而或曰序，或曰赞，盖以于叙述之外，复加论赞，故得偏称其一也。旧《唐志》载《兖州山阳先贤赞》一卷，仲长统撰，新《唐志》则作仲长统《山阳先贤传》一卷。亦可为证。（戴逵《七贤论》或称为传，已见前。）详厥体裁，实肇《史》、《汉》。《文心雕龙・颂赞》篇曰："迁《史》、固《书》，托赞褒贬，约文以总录，颂体以论辞；又纪传后评，亦同其名。"本书《论赞》篇亦有申论，皆可证浦说之谬。

若盛宏之《荆州记》、常璩《华阳国志》、辛氏《三秦》、罗含《湘中》，此之谓地里书者也。

昌案：杜佑《通典》卷一百七十一《州郡门》序："凡言地利者多矣。在辨区域，征因革，知要害，察风土。……如诞而不经，偏记杂说，何暇遍举。"注云："谓辛氏《三秦记》、常璩《华阳国志》、罗含《湘中记》、盛宏之《荆州记》之类，皆自述乡国灵怪，人贤物盛，参以他书，则多纰缪。既非通论，不暇取之矣。"其论盖即据子玄此之所言而发。

则有诋讦相戏，施诸祖宗。

昌案：《世说新语·言语》篇："崔正熊诣都郡，都郡将姓陈，问正熊：'君去崔杼几世？'答曰：'民去崔抒，如明府之去陈恒。'"又《方正》篇："卢志于众坐问陆士衡：'陆逊、陆抗是君何物？'答曰：'如卿于卢毓、卢珽。'士龙失色，既出户，谓兄曰：'何至如此？彼容不相知也。'士衡正色曰：'我父祖名播海内，宁有不知？鬼子敢尔！'"可以为证。

亵狎鄙言，出自床笫。

昌案：《世说新语·惑溺》篇："荀奉倩与妇至笃。冬月妇病热，乃出中庭，自取冷还，以身熨之。妇亡，奉倩少时亦卒，以是获讥于世。"又云："韩寿美姿容，贾充辟以为掾。充每聚会，贾女于青琐中看见寿，悦之，恒怀存想，发于吟咏。后婢往寿家，具述如此，并言女光丽。寿闻之心动，遂请婢潜修音问，及期往宿。寿跷捷绝人，逾墙而入，家中莫知。自是，充觉女盛自拂拭，说畅有异于常。后会诸吏，闻寿有奇香之气，——是外国所贡，一著人，则历月不歇。充计武帝唯赐己及陈细，馀家无此香。——疑寿与女通，而垣墙重密，门阁急峻，何由得尔？乃托言有盗，令人修墙。使反曰：'其余无异，唯东北角如有人迹，而墙高非人所逾。'充乃取女左右婢考问，即以状对。充秘之，以女妻寿。"可以为证。

则斯文亦丧者矣

昌案：《论语·子罕》篇："子畏于匡，曰：'文王既没，文不在兹乎。天之将丧斯文也，后死者不得与于斯文也；天之未丧斯文也，匡人其如予何？’”

且同自郐，无足讥焉。

昌案：《左传》襄二十九年载吴季札观乐于鲁，于所闻者皆有评论之辞，而云：“自郐以下无讥焉。”注：“郐第十三，曹第十四，言季子闻此二国歌，不复讥论之，以其微也。”

刍荛之言，明王必择。

昌案：《诗·大雅·板》：“先民有言，询于刍荛。”

葑菲之体，诗人不弃。

昌案：《诗·邶风·谷风》：“采葑采菲，无以下体。”

且夫子有云：“多闻，择其善者而从之，知之次也。”

昌案：《论语·述而》篇文。

辨职第三十五

若周之史佚、楚之倚相，此其下也。

昌案：焦竑《焦氏笔乘》卷三“《史通》”条：“夫史佚当盛周绾史职，与董狐、南史未知先后，而抑居丘明、子长之下，此何据乎？”今谓既无彰善贬恶之迹，复乏编次勒成之书，即其据也，奚俟他求？

强项申威所不能及

昌案：《后汉书·酷吏传·董宣传》：宣为洛阳令，格杀湖阳公主奴，帝“使宣叩头谢主。宣不从，强使顿之，两手据地，终不肯俯。主曰：‘文叔为白衣时，藏亡匿死，吏不敢至门；今为天子，威不能行一令乎？’帝笑曰：‘天子不与白衣同。’因勅强项令出，赐钱三十万。宣悉以班诸吏。由是搏击豪强，莫不震栗。京师号为卧虎，歌之曰：‘枹鼓不鸣董少平。’”

子贡欲去告朔之饩羊。子曰：“尔爱其羊，我爱其礼。”

昌案：《论语·八佾》篇文。

子长之立记也，藏于名山。

昌案：《汉书·司马迁传》及《文选》载其《报任安书》有云：“仆诚已著此书，藏之名山，传之其人通邑大都，则仆偿前辱之责，虽万被戮，岂有悔哉！”

自叙第三十六

便受古文《尚书》，每苦其辞艰琐，难为讽读。

昌案：章学诚《丙辰札记》云：“按：伪古文《尚书》文字明润。岂刘氏所习孔氏真古文至唐初犹存邪？是则益可见真古文不同于近所传也。”此说非是。余嘉锡《论学杂著·书章实斋遗书后》驳之曰：“真古文亡于魏、晋，昔人言之详矣。梅赜所献古文孔《传》，东晋已立博士，（见《晋书·荀崧传》。）梁蔡大宝等及隋刘焯、刘炫均为之作疏，（见《隋志》及孔颖达《尚书正义》序。）陈陆德明作《音义》，贞观十六年，孔颖达奉诏作《正义》。（修《五经正义》之年，见《周易正义》序。）刘知幾生于龙朔元年，（见《疑年录》一。）所读即枚传孔疏本也。伪古文内兼有伏生所传之二十八篇，知幾苦其艰琐，指周诰、殷盘言之耳。章氏据之以为真古文唐初尚存，可谓奇谈。如此说经，直不类清代人语矣。”

即为诸兄说之

为，顾广圻校云：“当是请字。”

昌案：顾说是也。请字以形近讹作谓，谓字更以音近讹作为耳。《北史·贺拔岳传》：“乃谓尔朱氏一人为元帅。”钱大昕《廿二史考异》卷三十九云：“谓当作请。”此请谓二字易淆之证。本书《史官建置》篇：“而都为著作，竟无它称。”张鼎思本为作谓，此谓为二字易淆之证。

先君奇其意

昌案：伪孔安国《尚书序》："先君孔子，生乎周末。"此先君指远祖。《左传》隐三年："先君舍与夷而立寡人。"杜注："先君，穆公兄宣公也。"则指亡兄。若子玄此之所指，即上文之家君，乃其亡父藏器也。《论衡·四讳》篇："死亡谓之先。"《说文》二篇上："君，尊也。"故祖宗父兄皆得以先君为称。

父兄欲令博观义疏，精此一经。

昌案：孔颖达《春秋左传正义》序："晋、宋传授，以至于今，其为义疏者，则有沈文何、（昌案：《隋志》作阿。）苏宽、刘炫。"

次又读《史》、《汉》、《三国志》，既欲知古今沿革，历数相承，于是触类而观，不假师训。

昌案：此子玄自明其为学之道不与章句之儒同符。其所措意者，非名物、训诂之类，而为古今沿革，作述义例，故不假师训而自能通晓也。

迄乎皇家实录

昌案：《旧唐书·职官志》："史馆：监修国史、修撰、直馆掌修国史。凡天地日月之祥，山川封域之分，昭穆继代之序，礼乐师旅之事，诛赏废兴之政，皆本于起居注、时政记以为实录。然后立编年之体为褒贬焉。既终，藏之于府。"此唐制之大略也。若唐初诸实录纂修之情况，本书《古今正史》篇具言之。

又案：周中孚《郑堂札记》卷三："《十七史商榷》（九十九。）云：'观刘知幾《史通·自叙》篇叙其少时读《左氏》、《史》、《汉》、《三国志》，迄皇家实录，窥览略周。以知幾之聪颖淹洽，所习亦仅三史、《三国》而止，乃并下及于唐之实录，而不及晋与南北朝各书，则唐人史学概可知矣。'案：刘氏于叙述读《左氏》后，本云'次又读《史》、《汉》、《三国志》，既欲知古今沿革，历数相承，于是触类而观，不假师训。自汉中兴以降，迄乎皇家实录'者，凡三国六朝各史，俱包在内，语甚明晰。乃王氏割并其语，以证其唐以前惟三史、《三国》之说，岂不眯目而道黑白乎？"

兼习揣摩

昌案:《战国策·秦策》:“简练以为揣摩。”高诱注:“揣,定也。摩,合也。”今传《鬼谷子》有《揣情》、《摩意》二篇,此借指应进士举,习为场屋之文也。

我则未暇

昌案:《论语·宪问》篇:“夫我则不暇。”

射策登朝

昌案:《汉书·萧望之传》:“望之以射策甲科为郎。”颜注:“射策者,谓为难问疑义,书之于策,量其大小,署为甲乙之科,列而置之,不使彰显。有欲射者,随其所取得而释之,以知优劣。射之言投射也。对策者,显问以政事经义,令各对之,而观其文辞,定高下也。”此子玄借言己已进士登第后出仕,授获嘉县主簿也。

故始在总角

昌案:《礼记·内则》篇:“男女未冠笄者,拂髦总角。”郑注:“总角,收发结之。”古者男子二十而冠,女子十五而笄。此谓在二十岁前。

便怪《前书》不应有《古今人表》,《后书》宜为更始立纪。

昌案:论《人表》不应有,今见本书《表历》、《品藻》诸篇;论更始当立纪,今见本书《编次》、《称谓》诸篇。

其后见张衡、范晔集,果以二史为非。

昌案:洪颐煊《读书丛录》卷二十三“《更始建号》”条云:“(《后汉书·张衡传》)‘又更始居位,人无异望。光武初为其将,然后即真。宜以更始之号,建于光武之初。’颐煊案:《前书·律历志》:‘更始帝,著纪,以汉宗室灭王莽,即位二年。赤眉贼立宗室刘盆子,灭更始。自汉元帝迄更始二年,凡二百三十岁。’更始称帝,其说正与衡同。”则帝更始者,尚有班固。

及年以过立

昌案:《论语・为政》篇:"三十而立。"此以立为三十之代词也。

德不孤,必有邻。

昌案:《论语・里仁》篇文。

天纵多能

昌案:《论语・子罕》篇:"大宰问于子贡曰:'夫子圣者与?何其多能也?'子贡曰:'固天纵之将圣,又多能也。'"

苟非命世大才

昌案:《孟子・公孙丑下》篇:"五百年必有王者兴,其间必有名世者。"赵注:"名世,次圣之才,物来能名,正于一世者。"《文选》李陵《答苏武书》:"皆信命世之才。"《广雅・释诂》:"命,名也。"命世即名世也。

三为史臣,再入东观。

昌案:三为史臣,谓以著作佐郎兼修国史,以中书舍人兼修国史,以著作郎兼修国史也。详本书《叙录》。"三为史臣"之"三"字实指,"再入东观"之"再"字虚拟,(犹云累入。)当分别观之。

多历年所

昌案:《尚书・君奭》篇文。

每与其凿枘相违,龃龉难入。

陈汉章曰:"《楚辞・离骚》:'不量凿而正枘兮。'又《九辩》:'圜凿而方枘兮,吾故知其钼铻而难入。'"

昌案:《史记・孟荀列传》:"持方枘欲内圜凿,其能入乎?"《索隐》:'方枘是筍也。(昌案:洪颐煊《读书丛录》卷十八"方枘"条:"《说文》无枘字,依字义即是簨字。")圜凿是孔也。谓工人斫木,以方筍而内之圆孔,不可入也。故《楚辞》云:‘以方枘而纳圜凿兮,吾固知其龃龉而不入’也。”小司马所引《九辩》有异文,而龃龉不作钼铻,与《史通》合。

皆与俗浮沉

昌案:司马迁《报任安书》:“故且从俗浮湛,与时俯仰。”

而美志不遂

美,浦起龙校曰:“恐当作善。善志用《左氏》郏黑肱传语。”

昌案:《文选》曹丕《与吴质书》:“德琏常斐然有述作之意,其才学足以著书,美志不遂,良可痛惜。”此自用其语意,浦校非。

又恐没世之后,谁知予者。

昌案:《论语·卫灵公》篇:“君子疾没世而名不称焉。”此用其意。

盖仲尼既殁,微言不行。

昌案:《汉书·艺文志序》:“昔仲尼没而微言绝。”

史公著书,是非多谬。由是百家诸子,诡说异辞,务为小辨,破彼大道,故扬雄《法言》生焉。

昌案:扬雄《法言》序:“雄见诸子各以其知舛驰,大氐诋訾圣人,即为怪迂,析辩诡辞,以挠世事。虽小辩,终破大道而惑众,使溺于所闻,而不自知其非也。及太史公记六国,历楚、汉,讫麟止,不与圣人同,是非颇谬于经。故人时有问雄者,常用法应之,撰以为十三卷,象《论语》,号曰《法言》。”

而流俗鄙夫,贵远贱近,传兹牴牾,自相欺惑,故王充《论衡》生焉。

昌案:《论衡·自纪》篇:“伤伪书俗文多不实诚,故为《论衡》之书。夫圣贤殁而大义分,蹉跎殊趋,各自开门。通人观览,不能订诠。遥闻传授,笔写耳取,在百岁之前。历日弥久,以为昔古之事,所言近是,信之入骨,不能自解。故作实论,其文盛,其辩争。浮华虚伪之语,莫不证定。”

传兹，浦起龙校曰："恐当作转滋。"

又案：子玄此数语乃檃括《自纪》篇意为之，览文可见。其云"传兹牴牾"者，即"遥闻传授……以为昔古之事，所言近是，信之入骨"之意也。浦校非是。

民者，冥也。

浦起龙曰："语本《晋书·刑法志》王导等议。"

昌案：《春秋繁露·深察名号》篇："民者，瞑也。"又云："民之号取之瞑也。"郑玄于《尚书·吕刑》篇"苗民弗用灵"下，《诗·大雅·灵台》篇序"民始附也"下，《论语·泰伯》篇"民可使由之"下，皆注云："民者，冥也。"是汉人故训如此。浦氏乃引《晋书》为说，失之远矣。

墙面而视

昌案：《论语·阳货》篇："人而不为《周南》、《召南》，其犹正墙面而立也与。"邢疏："人而不为，则如面正向墙而立，无所观见也。"

五常异禀

昌案：五常故训有二。《尚书·泰誓》："狎侮五常。"孔疏："五常即五典，谓父义、母慈、兄友、弟恭、子孝也。"此一说也。《论衡·问孔》篇："五常之道，仁、义、礼、知、信也。"此又一说也。

苟随才而任使，则片善不遗；必求备而后用，则举世莫可，故刘劭《人物志》生焉。

昌案：刘劭《人物志》序曰："夫圣贤之所美，莫美乎聪明；聪明之所贵，莫贵乎知人。知人诚智，则众材得其序，而庶绩之业兴矣。……圣人兴德，孰不劳聪明于求人，获安逸于任使哉？是故仲尼不试，无所援升，犹序门人以为四科，泛论众材以辨三等……训六蔽以戒偏材之失，思狂狷以通拘抗之材。……是以敢依圣训，志序人物。"

或出或处

昌案:《易·系辞上》篇文。

虽贤愚壤隔,善恶区分,苟时无品藻,则理难铨综,故陆景《典语》生焉。

昌案:严可均《全三国文》卷七十辑《典语》有云:"夫世之治乱,国之安危,非由他也。俊乂在官,则治道清;奸佞干政,则祸乱作。故王者任人不可不慎也。得人之道,盖在于敬贤而诛恶也。敬一贤则众贤悦,诛一恶则众恶惧。须当留意隐括,听其言行;验之以实,效之以事。能推事效实,则贤愚明而治道清矣。"

陈汉章曰:"按黄以周《儆季杂著》:'《典语》又作《典训》。《太平御览》又作陆景《典略》,误也。《艺文类聚》又载陆景《诫盈》,其亦《典语》之一篇欤?'"

又案:马国翰辑本序:"《初学记》卷九引陆景《典语》,《御览》七十八作陆景《典略》。又《艺文类聚》二十三引吴陆景《诫盈》,疑是《典语》中之一篇。"说与黄略同而时在其前。

盖谈经者恶闻服、杜之嗤

昌案:《唐书·元行冲传》亦载当时"宁道孔圣误,讳闻郑、服非"之谚。(《新唐书》元传同,惟闻作言。)

昔梁征士刘孝标作《叙传》

昌案:征士,谓经朝廷之征辟而不就者。《文选》有颜延之《陶征士诔》。《后汉书·黄宪传》:"初举孝廉,又辟公府。友人劝其仕,宪亦不拒之,暂到京师而还,竟无所就,天下号曰征君。"征君,即征士也。

扬雄少为范踆、刘歆所重,及闻其撰《太玄经》,则嘲以恐盖酱瓿,然刘、范之重雄者,盖贵其文彩,若《长杨》、《羽猎》之流耳。如《太玄》深奥,理难探赜,既绝窥逾,故加讥诮。

昌案:恐覆酱瓿云云,乃刘歆语,与范踆无与。然歆之积学,不下于雄，观其求《方言》书，于雄之术业倾倒甚至，讵得谓但知重其文彩哉？酱瓿之言，亦代伤知音之难遇耳，而子玄以为讥诮，虑未免失其旨也。《孟子·滕文公下》篇："钻穴隙相窥，逾墙相从。"窥逾连文本此。

而桓谭以为数百年外，其书必传。

昌案：严可均《全后汉文》卷十五辑桓谭《新论·闵友》篇："王公子问：'扬子云何人邪？'答曰：'扬子云才智开通，能入圣道，卓绝于众。……《玄经》数百年，其书必传。'"

将恐此书与粪土同捐，烟烬俱灭，后之识者，无得而观。

昌案：钱大昕《十驾斋养新录》卷十三"《史通》"条："刘氏用功既深，遂言立而不朽。欧、宋《新唐》，往往采其绪论，如受禅之诏策不书；代言之制诰不录；(昌案：本《载文》篇。)五行灾变不言占验；(本《书志》篇。)诸臣籍贯不取旧望；(本《邑里》篇。)有韵之赞全删；俪语之论都改；本《论赞》篇。宰相表世系，与志氏族何殊；地理述土贡，与志土物不异。(本《书志》篇。)丛亭之说，(《新唐书·刘知幾传》：'别撰《刘氏家史》及《谱考》，上推……彭城丛亭里诸刘出楚孝王嚣曾孙居巢侯般，不承元王，按据明审。'子玄系属丛亭，故钱氏以称之。)一时虽未施行，后代奉为科律，谁谓著书无益哉？"竹汀所论，远不足以概《史通》沾丐后学之全，然足证子玄土捐烬灭之说为过虑已。

体　统

昌案：金毓黻《中国史学史》第八章云："兹考本书内篇凡三十九篇，外篇凡十三篇，总为五十二篇。内篇之末三篇，曰《体统》，曰《纰缪》，曰《弛张》，皆亡佚已久。然《新唐书》本传，已云《史通》内外四十九篇；且考内篇之序，所亡三篇，皆在《自叙》之后，颇为不伦。或本无此三篇，抑编者之错置欤？"张蕴华《明蜀刻本史通初校记》则云："《杂说下》篇杂记十条，尤为离异。详细绎之，其一、二两条，殆即《体统》；四、五、六、七、八各条，殆即

《纰缪》；九、十两条，殆即《弛张》。岂此三篇者，惟有条记而书固未成欤？”此有关三亡篇之异说也。窃谓金氏本无此三篇之说，似不可从。盖伪造古亡书以欺世之事，固多有之，而伪造亡篇题目者盖寡。且此三篇之名目，既非别出旁记，而为宋本以来目录所固有，则其源流必有授受。云本无之，实无征验也。若张氏据《杂说下》篇之文以推证三篇仅有条记，实未成书，衡以《史通》全书义例，亦未见其可。盖子玄此著，艾历岁年，故其为书也，既集精要为专篇，亦鸠剩余为札记；时复自相牴牾，不除复重。外篇自《杂说上》至《暗惑》，凡有六篇，虽或题杂说，或标专名，而究其实际，何莫非条记之属，与内篇成文互相阑入者甚多乎？是故据《杂说下》篇以推证三篇之未成，转不如据此以证三篇本有其书，既成而佚也。至编者错置之说，其言近是，然亦未达一间。盖此三篇本来次第若何，诚不可知，而今本目录附诸《自叙》之后者，则以其书既亡，后人因移其篇题于内篇之尾，而为现存之三十六篇重编次第耳。浦起龙《通释》于三亡篇存目后附按云：“《自叙》后不应更有余篇。尝阅章宫讲（昌案：南宋章如愚也。）《山堂考索》，《纰缪》篇缀在《烦省》之下，其二篇者不复及，而先举其总曰五十余篇。则固有其文，而莫定其原次耳。”其说是也。

又案：汪之昌《青学斋集》卷三十二有拟补此三亡篇之文，辄遵先师黄季刚先生《文心雕龙札记》载所补《隐秀》篇之例，录以备参，非谓所补必符子玄原意也。

〔附录〕

汪之昌拟补《史通·体统》篇

六经之外，惟史为要。其并行而不可缺者，则以各自为书，各别其体统也。体言乎体裁，统言乎统摄。同一记事，而纪、传、表、志之攸分，仍应合而可备参稽，一有缺即体之不具；同一修词，而时、地、人、代之所系，随后先而无淆伦叙，一或舛而统已难言。是在立乎大而小不夺，举其纲而目斯张矣。观于《春秋》二百四十年事，编分隶于十二公；《史记》一百三十篇书，言综计只五十万。莫非体统，以握要归钦。晚近史书，局廨官纂，未窥此旨，辄下己意。执笔率尔，起例忽诸。或限断之未清，乃名称之不正。喜述俚言文语，军国之计转略，论者谓差长于稗官；曲避国讳时嫌，纪载之文互违，读者徒益滋其疑窦。考夫断代成书，肇始班氏，述汉货殖之阑入范蠡等传，旧贯可诿仍司马成文。乃陈寿志蜀国开基，而以焉、璋冠列传；沈约以《宋书》标目，而为羲、昊侈祥符。何解于越畔之嫌，不几于类书之辑乎？夫沛公汉王并见于《高纪》，未免读者眩惑。吾观蔚宗论赞，于隗嚣而忽号以王；习氏《阳秋》，于昭烈而间举其字。迥殊轻重，莫辨谁何。《南史》于《宋武帝纪》胪历讲堂见龙等瑞，齐《徐嗣传》特增缚刍为鬼之奇，录及锁末，当无遗漏；乃山阴湖田之议，褚贲宋末之臣，民生所重，名节攸关，率从删汰，其义何居？若沈约《陈情》之书、《郊居》之赋，刘峻《辨命》之论、《自序》之篇，大都叹老嗟卑，动辄盈篇累牍。羸于此者，势必绌于彼；采其华者，不顾失其实矣。荀济、元瑾，协谋文襄之图；王谦、尉迥，举兵宇文之代。在史官限于时会，于诸人加以叛名。乃异代之纂修，复旧文之因习，谓为实录，得勿恧颜！若此者，散漫无稽，如值流泉之溢出；参差不一，譬理乱丝而愈棼。惟法麟经之起例，扶质干以预定其基；参马氏而要删，审去取而无紊厥绪；则叙事源流，不同吏牍；亦遗文传播，无可雌黄，孰非体统之不自亵乎。爰陈其失，抒所见，以备作史者鉴别焉。

纰　缪

〔附录〕

汪之昌拟补《史通·纰缪》篇

史之为书，俾后人知所则效而鉴其纰缪者也。夫必无可瑕疵，而后不愧著作。本之于微言大义，识之为国典民坊。其大在规模，其显在文句。言必经选，信而有征，纰紊乖缪，庶几免乎。自皇运递兴，史臣必备。在后起而得所取法，惩前失而似易见长。计自马、班以降，逮夫《南北史》，咸守定式，各成一家。方自诩上驾于前贤，卒亦仅充数于当世，则以所作之纰缪，正可略举其端倪。即如本纪独系年月，借昭正朔之同；专属帝王，用别臣下之传。陈寿于蜀、吴二主，各标岁时，则传也，而于纪奚别？陆机于《晋书》三祖，但录事迹，则纪也，而实传之为。拓跋之史，魏收所著。其始于追尊二十八代之部酋，虚称帝制；其终于传序二十三年之西魏，并没孱王。此纰缪之见于体例者也。人之举动，传已详明，当居何等，了然卷内。考之马、班之旧贯，间有编次之总题，若传经者号为《儒林》，懋迁者谓为《货殖》。大抵以时代悬隔，习业符同，辑合所由，称谓斯显。鱼豢《纯固》、《清介》等号，王隐《寒儁》、《鬼神》之称，直是累屋叠床，抑亦矜奇吊鬼。至于南朝以朔漠为索虏，北方以江左为岛夷，此则割据者久已分疆，纪事者从而互诋。案南北二史之成，备后来参观之助；凡诸异代之续纂，更无下笔之嫌疑；自秉大公，概归一律。乃延寿撰夫《南史》，特著《贼臣》，岂魏、齐、周、隋，绝无悖逆罔上之辈？《魏书》成自高齐，所谓私署，若张寔、李暠，远在登国僭号之前。此纰缪之见于题目者也。更姓之际，措词颇难，然当时异世殊，何妨大书直笔。晋之易宋也，晋恭帝见禅草有言，而云逊位自甘，宛如揖让气象；零陵王以掩被告殂，而但书薨无别，直是寿考令终。殆袭徐爰之旧文，而为宋朝所深讳。萧之代刘也，诸臣之效忠宋室者，若沈攸之等，则曰举兵反；其党附萧氏者，若张敬儿等，乃曰起义兵。案之是非，尤为颠倒，不加厘订，何解沿讹？至谓马叡为牛姓之奇说，刘骏播上烝之丑声，本属道路无稽，亦复附会其事，遂为口实，秽史贻羞。此则剿说之弊，即纰缪之一端矣。史之名官，言动并记，劝惩所寓，去取适中。血流漂杵，《尚书》亦极形容；指掬争舟，《左传》以状败北。及屦剑记楚庄之闻变，废炉炭见邾子之卞急。每即琐屑，以待推详。乃《南史·后妃传》洒盐引羊车，无异晋武时事；《宋书·江敩传》移床远客坐，又见《张敷传》中。岂仿效之有心，胡前后之一辙？若起驱蚊而践笔，《魏略》志王思之躁狂；及左持螯而右杯，《晋书》录毕卓之沉湎。疮痂似鳆鱼，胪历刘邕僻嗜；无骹尊旁犬，琐述沈瓒戏言。罔非妨要之浮文，何涉经国之大计。此又记事之失，亦纰缪之一端矣。以言一句而晦奥难明，一事而后先重出，亦未可谓非纰缪者。撮举于篇，与史家商榷焉。

弛　张

〔附录〕

汪之昌拟补《史通·弛张》篇

宇宙间事，月异而岁不同，是在当之者通变因时，所谓弛张也。知此乃可以论史。夫揖让、征诛，已迥异古初之世；华夏、蛮貊，有迭为消长之机。千变万殊，环生绵密，本未限有程格，固宜具于策书。或成例所无，而未妨增益；或昔人偶用，而不必遵沿。或当时容有避嫌，正宜畅言于后；或其事本属粉饰，何蹈覆辙而书？为弛为张，此其大略。于《称谓》篇尝言史臣之无复张弛矣，《杂说》篇又谓班氏之曾无弛张矣。然班氏《汉书》，号述《史记》，称名异同，留心厘订。盖以《史记》事包八代，《汉书》限止西京。《项羽本纪》，降之为列传；《循吏》旧目，载者皆汉官。其所变更，抑亦准则。后来诸史，此例尤疏。即如何法盛所撰《中兴书》，谓刘隗议狱事具本书《刑法志》。案志并未采入，立语已自乖违；而荣绪书仍之于前，梁《通史》袭之于后。一时失检，踵谬沿讹。观于宋、齐来之易代，咸踵新莽故态，而类载禅文；宗室王之入朝，迥非呼韩请臣，而具书方策。咸在何有何无之数，止少一张一弛之宜。有似欲弛张而实未尝弛张者：班氏避《汉书》之名，八书易篇题为志，本无深意，乃更踵效。蔡邕曰意，华峤曰典，张勃曰录，法盛曰说，纷制新题，要仍旧体。犹之何法盛忽创记人以录名，无改列事之传式。有强欲弛张而率无当弛张者：班氏不立世家，而梁武《通史》若吴、蜀崛起，复被以斯名；不思割据之豪雄，初非分封之土宇。史迁创为合传，而延寿史书凡官氏高华，必联诸同卷；直以一家之谱牒，搀入当代之典章。史官识朝廷大事，而王隐乃录及鬼神；史志综中国常经，而魏收乃创为《释老》。则所弛张，转不如无矣。令狐《周书》，润色《北史》，参观所及，旧迹昭然。周文以易太祖之称，

《韦孝宽传》叠书周文、孝闵；纪年当系宇文之号，《王庆传》错出大象、开皇，则于张弛有所未尽矣。夫创守之业，流传所赖史籍之考稽；勋绩所关，晦明实系史笔之去取。夸多则无所整齐，势必滥登以充卷帙；模古而务为简洁，事辄遗漏而滋信疑。当弛者，未之弛；不可弛者，从而弛之。宜张者，不为张；不必张者，反更张之。烦省两失，心貌互违。秽史群起而诋訾，后人或为之补注。考《尚书》止廿八篇，备官家之时局，秉笔者奉为千古正宗；《春秋》历十二公，严夷夏之防闲，及门者不能一辞旁赞。斟酌尽善，增损何从？即欲弛张，正有无所施其间。然则弛张之义，洵为作者之要。特胪历而汇其概，以殿内篇焉。

外　篇

史官建置第一

见贤而思齐，见不贤而内自省。

昌案：《论语·里仁》篇文。

左史记言，右史记事。

昌案：古籍称左史记言，右史记事（或曰记动。）者，则有《汉书·艺文志》、孔颖达《礼记疏》卷二十九引郑玄《六艺论》、荀悦《申鉴·时事》篇及《周书·萧圆肃传》；称右史记言，左史记事者，则有《礼记·玉藻》篇及徐彦《公羊传疏》卷一引《六艺论》。（此与《礼记疏》所引必有一误。）子玄此文，从《汉志》为说，而下云："王莽改置柱下五史，盖效古者动则左史书之。"则又从《玉藻》。是其于此事亦无定见。陈氏《六家》篇《补释》既详之矣。左右之文，传记互异，固难深究，惟以言为《尚书》，事为《春秋》，则《艺文志》、《六艺论》并同。《玉藻》疏云："《春秋》虽有言，因动而言，其言少也。《尚书》虽有动，因言而称动，亦动为少也。"似欲沟通两家。然有当分别观之者，则《公羊传》庄七年引不修《春秋》云："雨星不及地尺而复。"《礼记·坊记》篇云："鲁《春秋》犹去夫人之姓曰吴，其死曰孟子卒。"今《春秋》经文不书其事，盖亦不修《春秋》。览其大体，皆与今《春秋》无异。《四库提要》卷二十六亦云："观晋史之书赵盾，齐史之书崔杼及宁殖，所谓载在诸侯之籍者，其文体皆与经合。”然则《春秋》之朔，似不容兼有记言之文。疏云“因动而言，其言少也”，殆未审谛。至谓《尚书》“因言而称动，亦动为少”，说自不误。是《春秋》可谓纯粹之记事，而《尚书》则不得称纯粹之记言。

至如孔甲、尹逸，名重夏、殷；史佚、倚相，誉高周、楚。

昌案：胡应麟《少室山房笔丛》卷十三《史书占毕》一：“孔甲，黄帝史也。尹佚，成王史也。刘歆《七略》、班固《艺文》昭昭载焉。而刘知幾以孔甲为夏，尹佚为商，得无剿夏帝之名，傅有熊之佐乎？尹佚曰周人也，又成世也，即史佚无可疑者。刘既误于先而复称于后，遂使二孔甲合而为一，一史佚分而为二，皆不考之故也。”胡说不及陈汉章《补释》征引之详，然其推究子玄致误之由则胜，故录之以补陈所未及。

汉兴之世，武帝又置太史公，位在丞相上，以司马谈为之。汉法：天下计书先上太史，副上丞相，叙事如《春秋》。及谈卒，子迁嗣。迁卒，宣帝以其官为令，行太史公文书而已。寻自古太史之职，虽以著述为宗，而兼掌历象、日月、阴阳、管数。司马迁既殁，后之续《史记》者，若褚先生、刘向、冯商、扬雄之徒，并以别职来知史务。

昌案：余嘉锡《太史公书亡篇考·褚先生事迹第十五》引此文而释之云：“谓武帝置太史公叙事如《春秋》者，卫宏《汉仪注》之说耳。（见《史记·自序》集解、《汉书·司马迁传》注。）《汉书·百官表》有太史令，无太史公。《续汉书·百官志》：‘太史令掌天时星历。’迁《自序》曰：‘太史公既掌天官，不治民。’又曰：‘司马氏世主天官。’其《报任安书》曰：‘仆之先人，非有剖符丹书之功，文史星历，近乎卜祝之间，固主上所戏弄，倡优畜之，流俗之所轻也。’然则迁自用古史官法著书耳。汉太史令之职，何尝叙事如《春秋》哉？太史令既掌星历，则冯商辈虽以别职奉诏修史，与太史之官初无干涉。知幾乃谓之来知史务，岂并其天时星历而亦知之耶？况褚先生自因好览观太史公之传，乃续其书，与冯商之奉诏序列传者又不同，无所谓知史务也。案：《通典》卷二十一曰：‘其修撰史事，以他官兼领，或单品而有才者亦直焉。'《史通·自叙》曰'驿徵入京,专知史事,仍迁秘书少监。'是以他职知史务,乃唐时制度,知幾误用之以说《汉书》耳。"此驳子玄所本卫宏之说诚是,然其谓以他职知史务,乃用唐制说《汉书》,则不然。彭仲铎《增释》尝历举两《汉书》中以他官职领校秘书或为校书郎者,实皆负修史之责,以证子玄之说。而《古今正史》篇云:"班固为《汉书》,其事未毕,会有上书云固私改作《史记》者,有诏京兆收系……固弟超诣阙自陈……帝意乃解,即出固,征诣校书,受诏卒业。"(范《汉·班彪传》略同。)亦其显证。(此证近在本书,而彭氏失引。)余氏殆未深考耳。

斯则兰台之职,盖当时著述之所也。

昌案:《论衡·对作》篇:"汉立兰台之言,校审其书以考其言。"又《别通》篇:"通人之官,兰台令史,职校书定字,比夫太史、太祝,职在文书,无典民之用,不可施设。"胥足证子玄所说。

自章、和已后,国籍盛于东观。凡撰《汉记》,相继在乎其中。

昌案:余嘉锡《四库提要辨证》卷五"《东观汉记》"条:"案:《后汉书·安帝纪》云:'永初四年二月乙亥,诏谒者刘珍及五经博士校定东观五经、诸子、传记、百家、艺术,整齐脱误,是正文字。'注引《洛阳宫殿名》曰:'南宫有东观。'……元《河南志》卷二引陆机《洛阳记》曰:'东观在南宫,高阁十二间。'《广弘明集》卷三阮孝绪《七录序》曰:'哀帝使歆嗣其前业,歆遂总括群篇,奏其《七略》。及后汉兰台,犹为书部;(言后汉于兰台校定群书,犹依《七略》之部分也。)又于东观及仁寿闼撰集新记。'(《隋志》序略同。)"

谢吴

昌案:钱大昕《十驾斋养新馀录》卷中"谢吴"条:"《隋经籍志》:'《梁书》四十九卷,梁中书郎谢吴撰,本一百卷。'在正史类。'《梁皇帝实录》五卷,梁中书郎谢吴撰,记元帝事。'在杂史类。刘知幾《史通·史官》篇云:'齐、梁二代,又置修史学士。陈氏因循,无所变革,若刘陟、谢吴、顾野王、许善心之类是也。’又《正史》篇云：‘《梁史》，武帝时，沈约与给事中周兴嗣、步兵校尉鲍行卿、秘书监谢吴相承撰录。’吴与昊字形相涉，未知孰是。”又云：“《谢宣城集》有《与谢洗马吴联句》。”姚振宗《〈隋书·经籍志〉考证》卷十一云：“按：日本国旧传高似孙《史略》又作谢灵。”其见之其他载籍者，则两《唐志》与《史通》同，《南史·萧韶传》与《隋志》同，两《唐书·姚思廉传》与《史略》同。朱希祖《萧梁旧史考》云：“案：昊同暤，从日从天，吴盖即昊之误。吴俗作吴，与昊形近易讹也。炅同耿，通用皆作耿，鲜作炅。谢名当从《史通》、《唐志》作昊较是，然尚俟考。”

有互乡之风焉

昌案：《论语·述而》篇：“互乡难与言。”《集解》引郑玄曰：“互乡，乡名也。其乡人言语自专，不达时宜。”

西京则与鸾渚为邻

陈汉章曰：“《唐书·职官志》：‘贞观三年始移史局于禁中，在门下省北，及大明宫成，置于门下省南。至开元二十五年，又移中书省北。’”

昌案：此言长安之史馆，以子玄时世考之，当在门下省南。然《玉海》卷一百六十五引韦述《两京新记》云：“门下省东有宏文馆，次东有史馆。”或史馆在门下省之东南，故或云东或云南欤？

高宗喟然而称曰：“朕甚憎焉。”

昌案：《汉书·艺文志序》：“圣上喟然而称曰：‘朕甚闵焉。’”此仿其语。

相须而成

昌案：《礼记·昏义》篇：“故天子之与后，犹日之与月，阴之与阳，相须而后成者也。”

古今正史第二

然自尧而往，圣贤犹述，求其一二，仿佛存焉。而后来诸子，广造奇说。其语不经，其书非圣。

昌案：崔述《考信录提要》卷下"《补上古考信录》"条："典籍之兴，必有其渐。仓颉始制文字。至于大挠，然后作甲子以记日。至于羲和，然后以日月定四时成岁以纪年。必无甫有文字即有史官之理。以情度之，亦当自唐、虞以降，然后有史书也。自《易》、《春秋传》始颇言羲、农、黄帝时事，盖皆得之传闻，或后人所追记。然但因事及之，未尝盛有所铺张也。及《国语》，《大戴礼》遂以铺张上古为事，因缘附会，舛驳不可胜纪。加以杨、墨之徒，欲绌唐、虞、三代之治，借其荒远无征，乃妄造名号，伪撰事迹，以申其邪说；而阴阳、神仙之徒，亦因以托之。（昌案：托古改制，诸子所同。东壁此说，犹未免为儒言所宥。）由是司马氏作《史记》，遂托始于黄帝，然犹颇删其不雅驯者，亦未敢上溯于羲、农也。逮谯周《古史考》、皇甫谧《帝王世纪》所采益杂，又推而上之，及于燧人、包羲。至《河图》、《三五历》、《外纪》、《皇王大纪》以降，且有始于天皇氏、盘古氏者矣。于是邪说诐辞，杂陈混列；世代族系，紊乱庞杂，不可复问。而唐、虞、三代之事，遂亦为其所淆。窃谓谈上古者，惟《易》、《春秋传》为近古，而其事理亦为近正。以此证百家之缪，或亦有不可废者。故余杂取《易》、《春秋传》文以补上古之事。司马氏曰：'学者载籍极博，犹考信于六艺。'是余之志也夫。"崔氏此论及所述《补上古考信录》，其推本子玄之说，皎灼若兹。《史通》之影响后来史学，此又其一端矣。

周监二代

昌案：《论语·八佾》篇："子曰：'周监于二代，郁郁乎文哉！吾从周。'"

闻故秦博士伏胜能传其业

昌案:《汉书·百官公卿表》:“博士,秦官,掌通古今,秩比六百石。”又《孝成纪》阳朔二年诏曰:“古之立太学,将以明先王之业,流化于天下也。儒林之官,四海渊原,宜皆明于古今,温故知新,故谓之博士。”

而十篇未成,有录而已。原注:张晏《汉书注》云,十篇迁殁后亡失,此说非也。

昌案:《史记》亡篇问题,余嘉锡所撰《太史公书亡篇考》研治独详,既于十篇之书,罗列众说,逐一寻究,复总论之,今具录其总论中申张晏,绌子玄之说者。其言曰:“《太史公》百三十篇,十篇有录无书,著于《七略》,载于本传,而张晏复胪举其篇目。其事至为明白,无可疑者。唐人刘知幾之徒,始渐持异议。宋、明以后,论说蜂起,纷然淆乱。大抵以十篇未尽亡,张晏之言不可信。余既条列之于上方,考其为说,不外五端,因复综合辩之如左。一曰:十篇之缺,特迁为之而未成,非殁后亡失也。(刘知幾、司马贞说。)案:迁遭李陵之祸,被刑之后,《报任安书》曰:‘仆窃不逊,近自托于无能之辞,网罗天下放失旧闻,凡百三十篇;草创未就,适会此祸,惜其不成,是以就极刑而无愠色。’然则其书之未成,特被刑以前事耳。既已隐忍苟活,函粪土之中而不辞,就极刑而无愠色,欲以成就其书;则出狱之后,苟不既死,尚延数年之命,安得不亟亟撰述以完成其书,而更玩时愒日,犹有未成之篇也哉?《报任安书》,王国维谓在太始四年十一月,(见《观堂集林》卷十一《太史公行年考》。)上距被刑之时六年矣,虽不言书之成否,然其《自序》曰:‘迁为太史令,紬史记石室金匮之书,五年而当太初元年。’(《集解》引李奇曰:“迁为太史公五年,适当武帝太初元年,此时述《史记》。”)又曰:‘于是论次其文,七年,(《集解》引徐广曰:“天汉三年。”《正义》曰:“案:从太初元年至天汉三年,乃七年也。”)而太史公遭李陵之祸,幽于缧绁,乃喟然而叹曰:是余之罪也夫!身毁不用矣。退而深惟曰:夫《诗》《书》隐约者,欲遂其志之思也。卒述陶唐以来,至于麟止。’(此节字句从《史记》,删节从《汉书》。)卒者,终也。终述之至于麟止,则武帝以前,(麟止有数说,然皆谓武帝时,详见王先谦《汉书补注》卷六十二。)无不成之篇。故于篇末总叙之曰:‘上记轩辕,下至于兹,著十二本纪,作十表、八书、七十列传，凡百三十篇，五十二万六千五百字。'篇数字数之详如此，是其全书皆已写定，不独无有录无书之篇，亦不当有草创未成之作矣。（赵翼已有此说，而其言未畅，故复详论之。）"自余四端，原书具详，不备录。

其后刘向、向子歆

昌案：余嘉锡《积微居小学金石论丛序》："《史通·采撰》篇止云：'太初以后，杂引《新序》、《说苑》、《七略》之辞。'不言有《续史记》。《文选·西征赋》云：'长卿、渊、云之文，子长、政、骏之史。'李善注止引《汉书》向著《疾谗》、《摘要》、《救危》及《世颂》凡八篇，又著《五行传》、《列女传》、《新序》、《说苑》，歆著《七略》，亦不言有《续史记》。是则潘安仁、刘知幾所称向、歆之史，即指《新序》、《说苑》、《七略》、《别录》言之，未尝别著一书名为《续史记》也。且司马迁书本不名《史记》，两汉人安得有《续史记》乎？"又其《四库提要辨证》卷十七"《西京杂记》"条则据《史通》此文及范《汉·班彪传》李注，（见下卫衡条引。）谓："刘知幾与章怀所叙《续史记》之文，互有不同，而皆有刘歆，是唐人相传，有此一说，然不知其所本。窃意向、歆纵尝作史，亦不过如冯商之续《太史公》，成书数篇而已。"所说自相违异。姚振宗《〈隋书·经籍志〉考证》卷十六则以为："《史记·匈奴传》末《索隐》引张晏云：'自狐鹿孤单于已下，皆刘向、褚先生所录，班彪又撰而次之，所以《汉书·匈奴传》有上下二卷。'此刘向尝续《匈奴传》也。《汉书·地理志》云：'成帝时，刘向略言其地分，丞相张禹使颍川朱赣条其风俗，犹未宣究。'此刘向撰地理分野，为《地理志》之始基。"下逮《史通》及范《书》李注之说，皆向、歆父子尝续撰汉史之明证。此视但以《新序》、《说苑》、《别录》、《七略》诸为班《书》所采摭者，当刘氏父子所撰之史，为合于情实，至成书若干篇，则今不可得而知矣。

及诸好事者

昌案：《孟子·万章上》篇："好事者为之也。"此指好为续史之事者，语本范书《班彪传》。《史通》本篇所举续汉史者，刘氏父子以下，凡十有五人。《班彪传》李贤注所举五人，又有褚少孙在《史通》十五人之外。又《论衡·别通》篇云:“兰台之史,班固、贾逵、杨终、傅毅之徒,名香文美,委积不继。”《后汉书·宗室四王三侯传》云:“临邑侯复,好学能文章,永平中,每有讲学事,辄令复典掌焉。与班固、贾逵共述汉史,傅毅等皆宗事之。”而郑樵《通志》序亦称班固撰《汉书》,“自昭帝至平帝,凡六世,资于贾逵、刘歆。”则刘复、贾逵、杨终、傅毅之徒所述,当亦撰《续史记》之伦,子玄未及。余嘉锡《四库提要辨证》卷五(引见后。)则以为刘复、贾逵所撰者《东观汉记》,而不及杨终、傅毅。然郑渔仲之言,当有所据,俟更详之。

冯商

昌案:杨树达《汉书所据史料考》:“《艺文志》《春秋》家有冯商所续《太史公》七篇。注引韦昭曰:‘冯商受诏续《太史公》十余篇,在班彪《别录》。商字子高。’师古引《七略》云:‘商,阳陵人,治《易》,事五鹿充宗,后事刘向;能属文,与孟柳俱待诏,颇叙列传,未卒,病死。’《张汤传赞》注引如淳云:‘班固《目录》:冯商,长安人;成帝时,以能属书待诏金马门,受诏续《太史公书》十余篇。’按:韦昭记商续《史记》篇数为十余篇,与《志》文违异。然昭云:‘在班彪《别录》。’则昭自当目睹其书,殆无差错。且如淳引班固《目录》亦云十余篇,知十余篇之说为信。《志》记止七篇者,班仍用《七略》之文,未及改正耳。(昌案:杨氏之意谓刘歆著《七略》时,冯商所续仅有七篇,故据以著录。其后商复有作,共成十余篇,而《七略》已成,班氏因其文而不复追改也。)今冯商之续传可推见者有二篇。其一为张汤。《汉书》卷五十九《张汤传赞》云:‘冯商称张汤之先与留侯同祖,而司马迁不言,故阙焉。’据此,商当有《张汤传》也。其二为王尊。《汉书》卷七十六《赵尹王张传赞》云:‘刘向独序赵广汉、尹翁归、韩延寿;冯商传王尊,扬雄亦如之。’注引张晏曰:‘刘向作《新序》,不道王尊。冯商续《史记》,为作传。扬雄作《法言》,亦称尊之美也。’树达按:雄既曾续《史记》,则所谓‘扬雄亦如之’者,止谓雄尝作《王尊传》也。张晏举《法言》为说,非是。周寿昌《汉书注校补》卷四谓《汉书·王尊传》当是商作原文。树达按:冯商、扬雄既皆同作《王尊传》,则班采商或采雄,或二人兼采,皆不可知,不可遽定为商一人之作也。……又所谓续《太史公》者,似当谓续《太史公》所无。若《太史公》所已有者，则不必续。然《史记》已有《张汤传》，而冯商复为之。《史记》已有《楚元王世家》，而向、歆复补之。然则据已有之文，而增补其所未备，今人当称为补者，古人亦称为续也。”

卫衡

昌案：《后汉书·班彪传》述诸家续《史记》事云：“后好事者颇或缀集时事，然多鄙俗，不足以踵继其书。”李贤注：“好事者，谓扬雄、刘歆、阳城卫、褚少孙、史孝山之徒也。”《汉书所据史料考》曰：“《史通》之卫衡与选注之阳城卫殆系一人，而文有误衍。考《太平御览》八百十五引桓谭《新论》云：‘阳城子张，名衡。’《通志》略引《风俗通》云：‘汉有议大夫阳城公衡。’假定二说无误，则李注之阳城卫当作阳城衡；《史通》之卫衡，卫乃衡之误衍，衡上又当夺阳城二字。”（杨说盖本沈钦韩《汉书疏证》。）

扬雄

昌案：《汉书所据史料考》：“《汉书》卷八十七《扬雄传》云：‘雄之《自序》云尔。’此班采扬雄明见于本书者也。又扬雄曾作《王尊传》，班或采用其文，说见前条。”又《论衡·须颂》篇云：“司马子长纪黄帝以至孝武，扬子云录宣帝以至哀、平。”本书《辨职》篇亦称：“精勤不懈若扬子云。”是子云撰录汉事多矣，惜今不可得而详也。

冯衍

昌案：《汉书所据史料考》：“《汉书》卷七十九《冯奉世传》叙冯氏世系百余言，与司马迁、扬雄《自序》绝相类。钱大昕《廿二史考异》及《三史拾遗》并云：‘窃意冯商续《太史公书》亦当有《自序》，而班史采用之，故与他传不同。’按：钱氏此说，虽具妙悟，而断案则非。冯奉世为杜陵人，而商为阳陵人，与奉世殆不相涉。据《史通·正史》篇，续《史记》者，有冯衍。衍为奉世后人。此正衍《自序》之文，而班采用之耳。传云：‘其先冯亭为上党守。秦攻上党，绝太行道，韩不能守，冯亭乃入上党于赵。’按：亭为上党守，则当守上党之任者，亭也。文乃不云亭不能守，而云‘韩不能守，乃入上党于赵’，抑若亭毫不任其责焉者。此非子孙叙其先祖，决不当有此曲笔。此又从本文细绎，可断知其为衍作者也。”尝考刘峻《自序》，比迹冯衍，有三同四异之说，盖缘衍本有《自序》，故峻得取其文以为式，复校其生平同异也。此亦可为杨说佐证。

韦融

昌案：《汉书所据史料考》：“《汉书》卷七十三《韦贤传》叙与贤相距五世之先祖韦孟事，又详载孟谏楚王戊诗及《在邹》诗，而终乃云：‘或曰：其子孙好事，述先人之志而作是诗也。’盖既采其事而又疑之。又《韦玄成传》详载毁庙奏文，与他传不类。故东汉胡广即谓此等应载入《郊祀志》，不当在《玄成传》。树达按：《史通·正史》篇续《史记》者有韦融。班之此传，盖采自融。其引或说，谓‘子孙好事，述先人之志而作是诗’，即疑其融所为也。《班彪传》称续《史记》诸人为好事者，此亦云其子孙好事者所作，尤足互相印证矣。”

作《后传》六十五篇

昌案：《论衡·超奇》篇：“班叔皮续《太史公书》，百篇以上，记事详悉，义浅理备。观读之者以为甲，而太史公乙。”与《后汉书·彪传》称“作《后传》数十篇”，本篇称“作《后传》六十五篇”者有异。岂班彪所作，本百余篇，而其后复有亡佚欤？

乃起元高皇

昌案：《春秋》隐元年：“元年春王正月。”《公羊传》：“元者何，君之始年也。”何休《解诂》：“变一为元，元者气也，无形以起，有形以分，造起天地，天地之始也。”徐彦疏：“《春秋说》云：‘元者，端也。’气泉注云：‘元为气之始，如水之有泉。泉流之原，无形以起，有形以分，窥之不见，听之不闻。’宋氏云：‘无形以起，在天成象；有形以分，在地成形也。’然则有形与无形，皆生乎元气而来，故言‘造起天地，天地之始也’。”《左传》杜预注：“凡人君即位，欲其体元以居正，故不言一年一月也。”孔颖达疏：“元者，气之本也，善之长也。人君执大本，长庶物，欲其与元同体，故称元年。”此《春秋》今古文家起元之说也。

言固续父所作

昌案：《汉书所据史料考》：“按：《汉书》百卷，除志、表不计外，以纪及传之人计数，凡得三百人之谱。其中因袭《史记》者九十余篇，（此据《班马异同》及《史汉方驾》所载计之。）合之班彪所撰六十五篇，约得百五十余篇，已占《汉书》纪、传人数之半矣。今此六十五篇可考见者，卷九《元帝纪赞》云：‘臣外祖兄弟为元帝侍中。’注引应劭曰：‘《元》、《成帝纪》皆班固父彪作，臣则彪自说也。外祖，金敞也。’卷十《成帝纪赞》云：‘臣之姑充后宫为婕妤。’注引晋灼曰：‘班彪之姑也。’又韦贤、翟方进、元后三传赞皆称‘司徒掾班彪曰’，以《元》、《成纪》例推之，则三传自为彪作。按：彪撰实六十五篇，惟此三传赞明称‘司徒掾班彪曰’，《元》、《成纪赞》则但称‘赞曰’，并未标署彪名，苟非赞文有‘臣外祖’、‘臣之姑’等文，及应劭注释说明，则人亦竟不知其为彪作矣。师古注《韦贤传赞》云：‘《汉书》诸赞，皆固所为。具有叔皮先论述者，固亦具显以示后人。而或者谓固窃盗父名，观此可以免矣。’树达按：颜籀意袒孟坚，绝非笃论。观固《叙传》中于彪续《史记》六十五篇，绝不叙及，而记己撰《汉书》事，亦绝不言秉承先志，与《太史公自序》迥乎不同，则固之攘善盗名，殆无可逭。且据颜说求之，元、成二纪赞即不署彪名，其说尤不攻自破。况彪撰《后传》有六十五篇之多，赞岂止三五首而已？此知固没而不言者甚多，彰彰明矣。”又云：“《元纪》应劭注谓彪外祖为金敞。按：敞为金日磾弟伦之孙，伦子安上之子。观安上传，记述子孙特详。日磾、安上传疑当为彪作矣。又《外戚传·班婕妤篇》疑亦彪作。”杨氏考固述汉史本诸父业之情详矣。而刘昭《后汉书注补志序》有云：“迁有承考之言，固深资父之力。”其言简而明，尤可味也。

其妹曹大家博学能属文，奉诏校叙。又选高才郎马融等十人从大家受读。其八表及《天文志》等犹未克成，多是待诏东观马续所作。

昌案：《后汉书·列女传·曹世叔妻班昭传》：“兄固著《汉书》，其八表及《天文志》未及竟而卒。和帝诏昭，就东观藏书阁，踵而成之。帝数诏入宫，令皇后、诸贵人师事焉，号曰大家。……时《汉书》始出，多未能通者。同郡马融伏于阁下，从昭受读。后又诏融兄续继昭成之。”袁宏《后汉纪》卷十九：“马融兄续，博览古今。同郡班固著《汉书》，缺其七表及《天文志》，有录无书。续尽踵而成之。”司马彪《续汉书·天文志》：“孝明帝使班固叙《汉书》，而马续述《天文志》。”刘昭《后汉书注补志序》：“太初以前，班用马《史》。十志所因，实多往制。升入校部，出二十载。续志、昭表，以助其间。成父述者，夫何易哉！”综此诸文，则《汉书·天文志》盖出马续，诸表则班昭补之而未成，续又毕其功也。

至于专门受业，遂与五经相亚。

昌案：马融从班昭受《汉书》，已见前。《晋书·孝友传》云：刘殷“有七子。五子各授一经，一子授《太史公》，一子授《汉书》。一门之内，七业俱兴。”亦可为子玄之言作证。

经五六年乃就

昌案：金毓黻《中国史学史》第三章注二十云：“据《汉纪》自序，建安三年始功，五年书成，前后凡三年，惟袁宏谓成于建安十年，其说实误，而《史通》之误亦由于此。”

在汉中兴，明帝始诏班固与睢阳令陈宗、长陵令尹敏、司隶从事孟异作《世祖本纪》，并撰功臣及新市、平林、公孙述事，作列传、载记二十八篇。

昌案：余嘉锡《四库提要辨证》卷五“《东观汉记》”条：“范书《北海靖王兴传》（齐武王缜子，附缜传后。）云：‘兴子复为临邑侯。复好学，能文章；永平中，与班固、贾逵共述汉史。’（案：贾逵曾与修汉史，仅见于此。而张澍《养素堂集》卷二十《书东观汉记后》乃曰：“和帝永和时，中郎将贾逵与谏议大夫李尤共纂；安帝永宁时，贾逵又与尚书令刘陶、谒者仆射刘珍、平望侯刘毅共纂。”不知所据何书，俟更详考。）《马严传》（援兄子。）云：‘有诏留严仁寿闼，与校书郎杜抚、班固等，杂定《建武注记》。’〔本书卷十《马严传》略同。(昌案:本书,指《四库全书》辑本《汉记》。)亦见《御览》卷一百八十四引《东观汉记》。〕《史通·覈才》篇亦引傅玄云:‘观孟坚《汉书》,实命代奇作;及与陈宗、尹敏、杜抚、马严撰中兴纪、传,(案:杜抚在《儒林传》内,不言曾与班固共定《注记》。)其文曾不足观。’是与班固等共成纪、传者,尚有刘复、贾逵、马严、杜抚四人也。”(以下所引余氏论《东观汉记》之文均出此。)

于是又诏史官谒者仆射刘珍及谏议大夫李尤杂作纪、表、名臣、节士、儒林、外戚诸传,起自建武,讫乎永初。

昌案:《隋志》:“《东观汉记》一百四十三卷,起光武记注,至灵帝。长水校尉刘珍等撰。”余嘉锡云:“尝考《隋书·经籍志》著录之例,其所注撰人,大率沿用旧本,题其著书时之官,故有一人所著书,而前后署衔不同者。此书既题长水校尉刘珍等撰,必其在东观作《汉记》之时,正居是官耳。考范晔书《文苑传》云:‘刘珍永初中为谒者仆射。邓太后诏使与校书刘騊駼、马融及五经博士校定东观五经、诸子、传记、百家、艺术。永宁元年,太后又诏珍与騊駼作建武以来名臣传。迁侍中、越骑校尉。’案:汉制,谒者仆射仅比千石,五校尉则皆比二千石。其位次之序,首屯骑,次越骑,次步兵,次长水,次射声。(见《续汉书·百官志》。前汉有八校尉,后汉省并其三。)刘珍盖以谒者仆射入东观校书,遂受诏撰《汉记》,旋迁长水校尉,书成之后,始转为越骑耳。本传不言长水之迁者,以其居此官不久,略之也。”又云:“《李尤传》云:‘召诣东观,安帝时为谏议大夫,受诏与刘珍共撰《汉记》。’《汉记》之名盖始于此。《吴志·韦曜传》载华覈上疏救曜曰:‘昔班固作《汉书》,文辞典雅。后刘珍、刘毅等作《汉记》,远不及固,叙传尤劣。’《隋志》正史类小序亦云:‘先是,明帝诏固为兰台令史,与陈宗等共成《光武帝纪》,擢固为郎,典校秘书。固撰后汉事,作列传、载记二十八篇。其后刘珍、刘毅、刘陶、(案:刘陶《后汉书》有传,不言其入东观。此当是刘騊駼之误。)伏无忌等,相次述作于东观,谓之《汉记》。’其言明白如此。然则著述东观,实自珍等始。《汉记》之称刘珍等撰,盖汉人旧本所题如此。故自三国至唐相承无异词。《提要》乃谓不可以珍等为首,讵当改汉人之旧题,以未入东观之班固为首耶?”又云:“《北海靖王兴传》又云:‘复子騊駼及从兄平望侯毅并有才学。永宁中,邓太后召毅及騊駼入东观,与谒者仆射刘珍著中兴以下名臣列士传。’(案:刘毅《文苑》有传,不言入东观撰《汉记》。)《史通·史官建置》篇云:‘按刘、曹二史皆当代所撰。能成其事者,盖惟刘珍、蔡邕、王沈、鱼豢之徒耳。而旧史载其同作,非止一家,如王逸、阮籍,亦预其列。’考范书《文苑传》不言逸曾著作东观,但云‘元初中,举上计吏,为著作郎’而已。(昌案:为著作郎,即知史务也。说详彭仲铎《增释》。)知幾所谓旧史,盖指谢承、司马彪等书言之。然则与刘珍等俱撰《汉记》者,又有刘毅、王逸二人。逸事虽不甚著,而华覈及《隋志》固以珍、毅并举。”

复命侍中伏无忌与谏议大夫黄景

昌案:余嘉锡云:“范书《邓禹传》云:‘闾妻耿氏,有节操,(邓闾,禹之祖。)养河南尹豹子嗣为后。耿氏教之书学,遂以博通称。永寿中,与伏无忌、延笃著书东观,官至屯骑校尉。’(《玉海》及张澍《书后》中均有邓嗣,盖本于此。)是与伏无忌等同著书者,又有邓嗣,《史通》偶遗其名。”

大军营司马崔寔

昌案:余嘉锡云:“大军营司马官名,殊不经见。考之范书《崔寔传》云:‘召拜议郎,迁大将军冀司马,与边韶、延笃著作东观。’盖《史通》传刻,脱一将字。浅人因不知冀为大将军名,遂妄改为营。”

杂作孝穆、崇二皇及顺烈皇后传。

浦起龙曰:“孝穆五字,传写讹脱,当作献穆、孝崇二皇后。”卢文弨曰:“孝穆皇,桓帝祖也。孝崇皇,桓帝父也。中间省一孝字耳。今乃谓‘当作献穆、孝崇二皇后’。夫献穆皇后,乃献帝曹皇后也。桓帝何由预知之,而且加于孝崇皇后之上乎?书中惟此条为大谬。”

昌案:余嘉锡云:“献穆皇后乃曹操之女,献帝之后,薨于魏景初元年。崔寔等死已久矣,安得为之作传乎?考《桓帝纪》云:本初元年闰月,即皇帝位。九月,追尊皇祖河间孝王曰孝穆皇,皇考蠡吾侯曰孝崇皇。以其位号出于追尊，故皇而不帝，且不作纪而作传也。起龙不知此事，而欲轻改旧文，妄孰甚焉。”其所考是矣。然浦氏之谬，抱经早已言之。余氏著书，竟不一检《群书拾补》，亦其疏也。

寔、寿又与议郎延笃杂作《百官表》，顺帝功臣孙程、郭願及郑众、蔡伦等传。

昌案：余嘉锡云：“按：顺帝即位时，宦者以功封侯者十九人，姓名具见范书《宦者·孙程传》，无郭願其人。此盖郭镇之误。镇延光中，（安帝末。）为尚书，及诛江京，镇率羽林士击杀卫尉阎景，封定颍侯，事迹附见《郭躬传》。（镇，躬弟子。）盖顺帝时功臣甚众，有宦者，有士人，不可胜数，故举孙程、郭镇二人以概其余耳。《提要》不知其误，而反于郑众、蔡伦之上，删去一及字，则似众、伦二人亦顺帝功臣矣。（众卒于安帝元初元年，伦卒于邓太后崩后，盖安帝之建光元年。）何其不思之甚哉！”

凡百十有四篇，号曰《汉记》。

昌案：余嘉锡云：“《史通》所谓‘凡百十有四篇’者，谓合安帝永初中刘珍、李尤等之所撰，（珍于永初中撰集《汉记》，见《张衡传》。）及桓帝元嘉中伏无忌、黄景、（无忌、景及崔寔于元嘉中奉诏，见《伏湛传》。）边韶、崔寔、朱穆、曹寿、延笃等之所作，共得百十有四篇耳。（其中兼有蔡邕、杨彪之作，说详于后。）益以班固等所撰之二十八篇，加目录一篇，（《新唐志》有《录》一卷。）正如《隋志》著录一百四十三卷之数。（古书多以一篇为一卷。）知幾生于初唐，故其所见之本，与《隋志》无以异也。所谓‘号曰《汉记》’者，总一百四十二篇言之也。”

熹平中，光禄大夫马日磾、议郎蔡邕、杨彪、卢植著作东观，接续纪、传之可成者。而邕别作《朝会》、《车服》二志，后坐事徙朔方，上书求还，续成十志。会董卓作乱，大驾西迁。史臣废弃，旧文散佚。及在许都，杨彪颇存注记。至于名贤君子，自永初已下阙续。

昌案：《四库提要》卷五十：“案：范书《蔡邕传》：‘邕在东观，与卢植、韩说等撰补《后汉记》。所作《灵纪》及十意，又补诸列传四十二篇，因李傕之乱，多不存。’《卢植传》亦称：植与邕、说，并在东观，续补《汉记》。又刘昭《补注》司马《书》引袁崧（昌案：崧当作山松，盖误合二字为一字。）《书》云：刘洪‘与蔡邕共述《律历记》’。（昌案：记当为意或志。）又引谢承（昌案：承当作沈。）《书》云：‘胡广博综旧仪，蔡邕因以为志。’又引谢沈《书》云：‘蔡邕引中兴以来所修者为《祭祀志》。’章怀太子范《书》注称邕上书云：‘臣科条诸志，所欲删定者一，所当接续者四，前志所无，臣欲著者五。’”余嘉锡云：“所谓董卓作乱西迁者，谓初平元年三月，卓挟献帝迁都长安时也。《隋书·牛弘传》云：‘孝献徙都，吏民扰乱，图书缣帛，皆取为帷囊。所载而西，裁七十余乘。属西京大乱，一时燔荡。’（《经籍志序》所言董卓之乱云云，即本于此。惟改西京为两京，非是。）蔡邕所著《汉记》之散佚，盖由于此。邕本传云：‘其撰集汉事，未见录以继后史。适作《灵纪》及十意，又补诸列传四十二篇，因李傕之乱，湮没多不存。’案：初平三年五月，兴平二年三月、十一月，皆有李傕之乱。《董卓传》言：傕、汜共追乘舆，大战弘农东涧。董承、杨奉军败。轴重御物、符策典籍，略无所遗。事在兴平二年十一月。（据《献帝纪》。）此迁都长安后，图书之又一厄也。蔡邕所著，或散于此时，亦未可知。《史通》所言，与《后汉书》年月不同，情状亦异。知幾盖别有所本，今亦莫详其孰是。要之皆在建安以前耳。邕及杨彪所著，知幾似皆未见其书，故并不言篇数，与叙班固、刘珍等异。然《灵帝纪》即邕所作，而《隋志》云：‘《东观汉记》一百四十三卷，起《光武记注》，至灵帝。’则《灵纪》尚存。邕所奏上十意之章，刘昭《律历志》注载其全篇，不遗一字。（在本志末。）邕虽有‘分别首目，并书章左’之言，实未录其篇目。而章怀注《邕传》，节录其文，末忽多出‘有《律历意》第一、《礼意》第二、《乐意》第三、《郊祀意》第四、《天文意》第五、《车服意》第六’二十九字。王先谦以为乃章怀就当时所有者言之，非邕书辞，是也。（见《集解》卷六十下校补。）知幾与章怀同时，不应所见本有异。然则邕所作纪、志并未全亡。当时虽为王允所恶，未见录以继后史，而隋、唐之际，则其残编已编入《汉记》矣。（今聚珍本有《灵帝纪》及《律历志》、《礼志》、《乐志》、《郊祀志》、《车服志》，独《天文志》全阙耳。）杨彪所注记，知幾未言其有所亡佚，《北堂书钞》卷三十四引有《东观汉记·袁绍传》,(原无传字,凡二条。一条言宾客所归,倾心折节;一条言士无贫贱,与之抗礼。今本无绍传。)及今本王允、孔融、蔡邕等传,必出彪手无疑。知幾不容不见,而竟不言其篇数,盖与蔡邕残稿,即在刘珍等所撰百十有四篇之内。知幾虽未暇检点,然亦知其中有邕、彪之作,故补叙之于后,读者勿以辞害意可也。又案:蔡邕奏上十意章(《续汉·律历志》注引作蔡邕《戍边上章》。)云:'臣自在布衣,常以为《汉书》十志,下尽王莽。而世祖以来,惟有纪、传,无续志者。不在其位,非外吏、庶人所得擅述。天诱其衷,得备著作郎,建言十志皆当撰录,遂与议郎张华等分受之。难者皆以付臣。先治律历,以筹算为本,天文为验。郎中刘洪密于用算,故臣表上洪,与共参思图牒,寻绎度数。'则与邕同撰志者,刘洪之外,尚有张华。此亦《提要》所未知者。华即邕本传所言与邕及杨赐、马日磾、单飏同被召入崇德殿,使中常侍就问灾异者也。"

乃广集学徒,穷览旧籍,删烦补略,作《后汉书》。

昌案:章宗源《〈隋书·经籍志〉考证》卷一:"蔚宗撰史,实本华峤,故亦易外戚为《后纪》。而《肃宗纪论》、《二十八将论》、《桓谭冯衍传论》、《袁安传论》、《刘赵淳于江刘周赵传序》、《班彪传论》,章怀并注为华峤之辞。《王允传论》,章怀漏注,以《魏志·董卓传》注参校,知亦峤辞。"考《文心雕龙·史传》篇历论后汉纪传而美"司马彪之详实,华峤之准当",则范《汉》虽博采诸家,而多本华氏,宜也。

其十志亦未成而死

昌案:张述祖《范蔚宗年谱》:"章怀注引《宋书·谢俨传》曰:'范晔所撰十志,一皆托俨搜撰,垂毕,遇晔败,悉蜡以覆车。宋文帝令丹阳尹徐湛之就俨寻求,已不复得,一代以为恨。其志今阙。'(王鸣盛《十七史商榷》卷二十九称俨妒贤嫉能,不欲其流传,故毁之。其说似未尽然,见下自明。)然《后汉书·后纪》云:'僚品秩事在《百官志》。'《东平王苍传》云:'语在《礼乐》、《舆服志》。'《蔡邕传》云:'事在《五行》、《天文志》。'是其志已有成者。(昌案:李慈铭《越缦堂读书记》卷三"《后汉书》"条亦尝举此三证云："乃知当日志亦俱成，章怀谓托谢俨搜撰之言，恐都未确。"盖述祖所本也。)《南齐书·百官志》序云：'蔚宗选簿梗概。'(王鸣盛《十七史商榷》卷二十九云："蔚宗又别自作《选簿》以述百官，其言无稽。"余按《选簿》即指《百官志》而言，乃史臣行文之便耳，非别有一书。)《檀超传》云：'立十志……《百官》依范晔。'则齐时其志尚有存者。及刘昭注书时，已称今缺矣。(《后汉书》刘昭《补志序》。)《俨传》所谓'蜡以覆车'者，似指先生尚未删定诸志而言也。"(洪迈《容斋四笔》卷一"范煜汉志"条："《俨传》所云，乃范纪第十卷公主注中引之。今《宋书》却无，殊不可晓。"《册府元龟·国史部·采撰门》引此文全同范《书》注所引。姚振宗《〈隋书·经籍志〉考证》卷十一述范《书》，但出《元龟》所云，而略不及李注，盖以《宋书》有无谢传为疑。姚范《援鹑堂笔记》卷三十三云："《班彪传赞》注内亦引沈约《宋书》叙谢俨事，今本《宋书》无之，惟《王景文传》有谢俨名耳。"余嘉锡《四库提要辨证》卷三据此，谓"然则约《书》当有《谢俨传》"，其说是也。胡玉缙《四库全书总目提要补正》卷十三论及此事，谓"今沈约《书》无《俨传》，当出徐爰、孙严诸书。"亦偶失之。)

又案：钱大昕《潜研堂文集》卷二十八《跋后汉书》云："《后汉书》淳化刊本止有蔚宗纪传百卷。其志三十卷，则乾兴元年准判国子监孙奭奏添入。(昌案：此事洪迈《容斋四笔》及陈振孙《直斋书录解题》已先言之。)但宣公误以为刘昭所补，故云：'范作之于前，刘述之于后。'不知志出司马彪。彪，西晋人，在范前，不在范后。刘昭本为范史作注，又兼取司马志注之，以补范之阙。题云《注补》者，注司马《书》以补范《书》也。自章怀改注范史，而昭注遂失其传。独此志以非蔚宗《书》，故章怀不注。而司马、刘二家之学流传到今，宣公实有力焉。"(《十驾斋养新录》卷六"司马彪《续汉书志》附范史以传"条略同。)竹汀此说，仍有疏误，故余嘉锡《四库提要辨证》卷三"《后汉书》"条复为之详考曰："案：《梁书·刘昭传》云：'昭集后汉同异，注范晔《书》，世称博悉。出为剡令，卒官。《集注后汉》一百八十卷。'不言曾注彪志，岂非即在集注范晔《书》一百八十卷之内乎？然则昭作注之始，则以《续后书》八志并入范《书》矣。(昌案：洪亮吉《晓读书斋四录》卷上云："昭注范史时，范志三十卷久已亡，故取司马氏《续汉志》以补之。史文简略,故只云注范史耳。《南史》所述,亦与《梁书》同。"李慈铭《越缦堂读书记》卷三"《后汉书》"条亦云:"合司马志于范《书》,乃始于昭。"而斥钱氏等以为二书合并,始自宋孙奭等之奏请为未确。二家之说,皆余氏先河也。)《隋书·经籍志》有《后汉书》一百二十五卷,注云:'范晔本,梁剡令刘昭注。'而昭所注司马彪志亦不著录。考《隋志》,范晔《后汉书》仅九十七卷,而昭所注乃有一百二十五卷,较原书增多二十八卷,是即今本之八志三十卷耳。《唐志》范《书》作九十二卷,别有刘熙注一百二十二卷。章宗源《〈隋书·经籍志〉考证》卷一引之,以熙字为昭字之讹,谓以《唐志》卷数计之,纪传九十二卷,合续志三十卷,恰符百二十二卷之数。其说尤为精核。两《唐志》又有《后汉书》五十八卷,刘昭补注。姚振宗《隋志考证》卷十一云:'五十八卷者,似即所注司马八志。百二十二卷者,为所注范氏纪传。两书合计,正合本传一百八十卷之数。其卷数分合,不可知已。'其说虽与章氏异,然无论如何算法,皆可以证明刘昭补注范《书》之中,确已将司马八志并入其内,固无以异也。以事理度之,盖自章怀注既行之后,人之言后汉事者,争用其书,而诸家之说尽废,昭注浸以不显。然章怀只注范《书》纪传,典章制度,无可考详。读者遂用昭原例,兼习昭所注续志,以补其阙。故杜佑《通典》述科举之制,以《后汉书》、《续汉志》连类而举;而《通志·选举略》亦言,唐以《后汉书》及刘昭所注志为一史,盖由于此。至宋时,昭所注范《书》纪传遂佚,而志则借此幸存。孙奭遂建议以昭所注志与范《书》合为一编。盖以前昭所注志,与章怀所注纪传,各为一书,至是始合。若夫司马彪志之与范《书》,则当刘昭作注之时,合并固已久矣。"(邵晋涵《南江书录·后汉书提要》云:"郦道元《水经注》尝引司马彪《州郡志》,疑彪之诸志,在六朝已有单行之本,故昭独为之注。杜佑《通典》述科举之制,以《后汉书》、《续汉志》连类而言,则知以司马志附见范《书》实始于唐人。陈振孙《书录解题》谓宋乾兴初,判国子监孙奭始建议勘合为一书者,考之不审也。"二云盖不知刘昭以注范《汉》而兼及马志,又不知范《汉》纪传与马志合并是一事,马志刘昭注与范《汉》李贤注合并又是一事。前者固不始唐人,后者则实始宋代也。又缪荃孙《云自在龛随笔》卷一《论史》云:"《通鉴考异》引《续汉志》云:'以建武三十二年为建武中元元年。'《纪年通谱》云:'据纪志俱出范氏,而所载不同。'此言大谬。范氏无志,今志取司马绍统之书补入,非范氏也。《纪年通谱》今不传,何涑水亦仍其误也。"据此,知范《汉》、马志之关系,早在汴宋,已不甚了了。)

世言汉中兴史者,唯范、袁二家而已。

昌案:《四库提要》卷四十七论袁氏《后汉纪》云:"其体例虽仿荀悦书,而悦书因班固旧文翦裁联络,而此书则抉择去取,自出鉴裁,抑又难于悦矣。刘知幾《史通·正史》篇称:'世言汉中兴史者,唯袁、范二家。'以配蔚宗,要非溢美也。"王鸣盛《十七史商榷》卷三十八"《后汉纪》"条:"其著述体例及论断全仿荀悦《前汉纪》为之。但悦书在班之后,全取班书,宜也。宏书则在范之前,然亦皆范书所有,范书所无者甚少,何邪?宏《自序》云:'予尝读《后汉书》,烦秽杂乱,睡而不能竟也。聊以暇日集为《后汉纪》。其所缀会,谢承《书》、司马彪《书》、华峤《书》、谢忱(昌案:他书作沈。)《书》、《汉山阳公记》、汉灵献起居注、汉名臣奏,旁及诸郡耆旧先贤传,凡数百卷。前史阙略,多不次叙。错谬同异,谁使正之?经营八年,疲而不能定。始见张璠所撰书,其言汉末事差详,故复探而益之。'据此,则宏所采者,亦云博矣,乃竟少有出范书外者。然则诸书精实之语,范氏摭拾已尽。"合此两说,知魏、晋、南朝修东汉史,其为纪传体者,虽有多家,为编年体者,亦有晋张璠《汉纪》,而行世不久,渐次亡佚,惟袁、范两书并存,且子玄自始即加推重,要非无故矣。

又案:本篇他篇颇述谢承《后汉书》,而此叙正史,顾不之及。孙志祖《读书脞录》卷二"谢承《后汉书》"条所说较详,附录如次:"谢承《后汉书》已久佚。阳曲傅征君(昌案:谓傅山青主。)自言其家有此书,为永乐时雕本,恐妄也。全谢山先生云:'即果有之,亦伪书而已。'志祖案:《隋书·经籍志》云:谢承《后汉书》一百三十卷,无帝纪。则谢《书》无本纪也。《北堂书钞》引封告事,云出谢承《后汉书·风教传》,则谢《书》有《风教传》也。《太平御览》引腊月祭祀事,云出谢书《东夷传》,则谢《书》有《东夷传》也。《史通·书志》篇云:'《百官》、《舆服》,谢拾孟坚之遗。'则谢《书》有《百官》、《舆服》志也。《杂说》篇云:'姜诗、赵壹,身止计吏,而谢《书》有传。'

则谢《书》有姜诗、赵壹传也。(范《书》姜诗事,载其妻庞氏传中。)又《论赞》篇云:'谢承曰诠。'与诸史不同,则谢《书》易论赞而为诠也。又《杂说》篇云:'谢承《汉书》,偏党吴越。'《烦省》篇云:'谢承尤悉江左,京洛事阙于三吴。'盖伟平为孙吴贵戚,容有偏私也。世有作伪者,当以此数事证之。乡先辈姚茎园(之骃)撰《后汉书补逸》,中有谢《书》。予憾其阙略,广为搜辑,得五卷,视姚本几倍之矣。"(孙氏新辑之本复经近人孙峻增补刊行,名《补订谢承后汉书补逸》,凡六卷。)姚之骃辑本序略云:"谢伟平之书,东汉第一良史也。凡所载忠贤名卿及通贤逸士,其芳言懿矩,半为范《书》所遗。"是其取舍,有殊范《汉》。今虽亡佚之余,治史者固犹有取焉。

又案:谢《书》无本纪之说,余嘉锡不以为然。其《论学杂著·读已见书斋随笔》"谢承《后汉书》"条云:"《隋志》言无帝纪者,盖隋东都所得谢承《书》传写阙其帝纪耳。然不云梁有帝纪几卷,亡,则《七录》所载已非完本,不始于隋矣。《新唐书·艺文志》有谢承《后汉书》一百三十三卷,录一卷,较《隋志》多出四卷,疑即帝纪也。(昌案:此句当作"除录一卷外,其多出之三卷,疑即帝纪也。")凡《隋志》所云亡佚残缺之书,至唐往往复出,其例正多,不足为异。若谓伟平本未作纪,则殊不然。安有无帝纪而可成一代之史者乎?刘知幾《史通》评骘诸史,持论最严,蹈瑕抵隙,无微不至。陆机之纪三祖,竟不编年;(见《本纪》篇。)陈寿之志孙、刘,呼为列传,(见《列传》篇。)苟乖体例,辄肆讥弹。使伟平果不作帝纪,独破马、班之例,安得曲从宽假,默无一言乎?以此推之,不然明矣。汪文台辑谢《书》,首列光武、灵帝、伏后诸条。(伏后条当在《献帝纪》中。)而孙志祖辑本必谓谢《书》无帝纪,灵帝及伏后条当是志、传中语,(见孙本卷五。其光武条孙辑入《朱鲔传》中,则似为得之。)似犹考之未详也。"《随笔》又别有"辨谢承《后汉书》传本之有无"条,谓据诸家记载,清世实有其书,然真伪则不可知。今又百余年,其本殆不复存云。

其后王沈独就其业,勒成《魏书》四十四卷。其书多为时讳,殊非实录。

昌案:此书《隋志》作四十八卷,《新唐志》作四十七卷,皆与《史通》异。

《太平御览》卷二百三十三引王隐《晋书》曰:“王沈为秘书监,著《魏书》,多为时讳而善叙事。”《晋书》本传云:“正元中……典著作,与荀颉,阮籍共撰《魏书》,多为时讳,未若陈寿之实录也。”子玄于沈《书》颇致讥议,亦见《载文》、《直书》、《曲笔》等篇。

魏时,京兆鱼豢私撰《魏略》。

昌案:章宗源《〈隋书·经籍志〉考证》卷一:“愚按:《魏略》有纪、志、列传,自是正史之体。《文选·景福殿赋》注引《魏略·文纪》,《初学记·天部》引《五行志》。裴松之《魏志》注言《魏略》有《佞幸传》、《游说传》、《儒宗传》、《纯固传》、《苛吏传》、《清介传》、《勇侠传》列传,《西戎传》,(昌案:章书无《西戎传》三字,乃姚氏所增补。)《梁书》又言有《止足传》。《世说·文学》篇注,《通典·边防门》亦引《魏略·西戎传》。《御览·人事部》及《寰宇记》引作《西域传》。豢之论赞,实称曰议,裴注多引其词,而《西戎传》议尤可考见。”(章氏《考证》原文较繁,兹据姚振宗《三国艺文志》卷二所节录。钱大昕《廿二史考异》卷十五“三国魏志高贵乡公纪”条述鱼豢此书略同。)

皇家贞观中,有诏以前后晋史,十有八家,制作虽多,未能尽善,乃敕史官更加纂录。

昌案:余嘉锡《四库提要辨证》卷三“《晋书》”条:“《史通·古今正史》篇叙修晋史事……不言为贞观几年,又不载修史诸人姓名。《旧唐书·房玄龄传》云:‘十八年,与司徒长孙无忌等,图形于凌烟阁。高宗居春宫,加玄龄太子太傅,仍知门下省事。寻以撰高祖、太宗实录成,赐物一千五百段。其年,玄龄丁继母忧,去职;未几,起复本官。太宗亲征辽东,命玄龄京城留守。寻与中书侍郎褚遂良受诏,重撰《晋书》。’又《令狐德棻传》云:‘十八年起为椎州刺史,以公事免。寻有诏改撰《晋书》,玄龄奏德棻,令预修撰。’余尝考之,旧传之叙事混淆不清,未可尽信。如图形凌烟阁及玄龄之加太子太傅与其丁忧起复,皆在贞观十七年。(据《旧唐书·太宗纪》。)至太宗行幸洛阳,以玄龄留守京师,始为十八年十月之事。(据《通鉴》卷一百九十七)而传以此诸事同属一年,疏舛甚矣。此下即接叙受诏重撰《晋书》云云,而终之曰:‘至二十年书成。’故浦起龙《史通通释》(卷十二)及王鸣盛《十七史商榷》(卷四十三)均以为贞观十八年受诏撰《晋书》。(浦氏引《玄龄传》,王氏引《德棻传》。)其实非也。考《唐会要》卷六十三云:‘二十年闰三月四日,诏令修史所更撰《晋书》,诠次旧闻,裁成义类。其所须可依五代史故事。若少学士,量事追取。于是司空房玄龄、中书令褚遂良、太子左庶子许敬宗掌其事。又中书舍人来济、著作郎陆元仕、著作郎刘子翼、主客郎中卢承基、太史令李淳风、太子舍人李义府、薛元超、起居郎上官仪、主客员外郎崔行功、刑部员外郎辛丘驭、著作郎刘允之、(允之当作胤之,《新唐书·艺文志》作引之,皆避讳改字。昌案:谓避宋太祖赵匡胤讳。)光禄寺主簿杨仁卿、御史台主簿李延寿、校书郎张文恭并分功撰录。又令前雅州刺史令狐德棻、太子司仪郎敬播、主客员外郎李安期、屯田员外郎李怀俨,(案以上二十一人,《新唐书·艺文志》无卢承基而有赵弘智。《旧唐书·德棻传》但言当时同修一十八人,并推德棻为首者,盖以房、褚、许三人是监修而非同列,故除之不数也。)详其条例,量加考正,以臧荣绪《晋书》为本,捃摭诸家及晋代文集。’《唐大诏令集》卷八十一有《修晋书诏》,略云:‘晋氏膺运,制有中原。上帝启玄石之图,下武代黄星之德。及中原鼎沸,江左嗣兴,并宅寰区,各重徽号。足以飞英丽笔,将美丛书。但十有八家,虽存记注,而才非良史,事亏实录。绪繁而寡要;(堵,《玉海》卷四十六引作荣绪,谓臧荣绪也。)思劳而少功;(《玉海》引思上有行字。姚振宗《隋志考证》卷十二曰:“贞观修书诏:‘行思劳而少功,’盖指谢沈。沈撰《晋书》三十余卷,见本传。行思,沈字也。”)叔宁课虚,(虞预字叔宁。)滋味同于画饼;子云学海,(萧子云。)涓滴堙于涸流;处叔不预于中兴;(王隐字处叔。)法盛莫通乎创业;(何法盛。)洎乎干(宝)、陆(机)、曹(嘉之)、邓(粲),略记帝王;鸾、(檀道鸾。)盛、(孙盛。)广、(徐广。)讼,(讼当作谦,谓刘谦之也。昌案:讼当作松,谓裴松之也。松之著《晋纪》,见《宋书》本传,《隋志》不著录。《玉海》引正作松,余氏失校。)才编载记。(晋史十八家,以上所举者十有四。其余四家,未详何指。昌案:由此可知,浦注据《隋志》及两《唐志》所著录之晋史十九家,欲除去其中习凿齿

《汉晋春秋》,以符《史通》所言十八家之数,操术未免疏略。浦氏盖未见《修晋书诏》也。)其文既野,其事罕传。遂使典午清高,韬遗芳于简册;金行曩志,缺继美于骊骠,遐想寂寥,深为叹息。宜令修国史所,更撰《晋书》,铨次旧闻,裁成义类。俾夫湮落之诰,咸使发明。'(以下尚有其所须云云,已见上引《唐会要》。)末注贞观二十年闰三月。(原作闰二月,据《玉海》引改。《旧唐书》卷三十六《天文志》云:"贞观二十年,闰三月,癸巳朔。"可以为证。昌案:《册府元龟》卷五百五十六"贞观二十年闰三月,诏修《晋书》"云云,与《唐会要》、《玉海》并同,亦足证《唐大诏令集》原作闰二月之误。)据此两书,则修书之诏,实下于二十年。《旧唐书》以为十八年者,非也。玄龄、敬宗、德棻等,虽俱乏三长之美,然颇有捃摭之劳,且数典行文,务求绮艳;不似元、明史臣,草率塞责,直等钞胥;则其表进全书,必不在期年以内。惜未见进书之表,不知究以何时奏御耳。"

又案:赵翼《廿二史札记》卷七"《晋书》"条:"唐初修《晋书》,以臧荣绪本为主,而兼考诸家成之。今据《晋》、《宋》等《书》列传所载,诸家之为《晋书》,无虑数十种。其作于晋时者,武帝时议立《晋书》限断,荀勖谓宜以魏正始起年,王瓒欲引嘉平以下朝臣尽入于晋,贾谧请以泰始为断。事下尚书议,张华等谓宜用正始,从之。(《贾谧传》。)武帝诏,自泰始以来,大事皆撰录,秘书写副。后有事即依类缀辑。(《武帝纪》。)此《晋书》之权舆也。自后华峤草魏、晋纪传,与张载同在史官。永嘉之乱,《晋书》存者五十余卷。(《峤传》。昌案:草魏、晋纪传者,乃峤之少子畅,非峤也。赵误。)干宝著《晋纪》,自宣帝迄愍帝,凡二十卷,称良史。(《宝传》。)谢沈著《晋书》三十余卷。(《沈传》。)傅畅作《晋诸公赞》二十二卷,又为《公卿故事》九卷。(《畅传》。)荀绰作《晋后书》十五篇。(《绰传》。)束皙作《晋书》帝纪、十志。(《皙传》。昌案:《皙传》二字原脱,今补。)孙盛作《晋阳秋》,词直理正。桓温见之,谓其子曰:'枋头诚为失利,何至如尊公所说。若此史遂行,自是关君门户事。'其子惧祸,乃私改之。而盛所著已有二本,以其一寄慕容隽。后孝武博求异闻,又得之,与中国本多不同。(《盛传》。)王铨私录晋事,其子隐遂谙悉西晋旧事,后与郭璞同为著作郎,撰《晋史》。时虞预亦私撰《晋史》,而生长东南,不知中朝故事,借隐书窃写之。庾亮资隐纸笔，乃成书。隐文鄙拙，其文之可观者，乃其父所撰；不可解者，隐之词也。(《王隐传》。)习凿齿作《汉晋春秋》，起汉光武，终晋愍帝。于三国之时，则以蜀为正统，魏武(昌案：式当为文。)虽承汉禅，而其时孙、刘鼎立，未能一统天下也，尚为篡逆。至司马昭平蜀，乃为汉亡，而晋始兴焉。(《凿齿传》。)其晋以后所作者，宋徐广撰《晋纪》十六卷。(《广传》。)沈约以晋一代无全书，宋泰始中，蔡兴宗奏约撰述，凡二十年，成一百十卷。(《约传》。)谢灵运亦奉敕撰《晋书》，粗立条流，书竟不就。(《灵运传》。)王韶之私撰《晋安帝春秋》，既成，人谓宜居史职，即除著作郎，使续成后事，迄义熙九年。其序王珣货殖，王嵚作乱事，后珣子和贵，韶之尝惧为所害。(《韶之传》。)荀伯子亦助撰《晋史》。(《伯子传》。)张缅著《晋钞》三十卷。(《缅传》。)臧荣绪括东西晋为一书，纪录志传共一百十卷。(《荣绪传》。)刘彤集众家《晋书》注干宝《晋纪》为四十卷。(《刘昭传》。)萧子云著《晋书》一百卷。(《子云传》。)此皆见于各传者。又《唐书·艺文志》所载晋朝史事，尚有陆机《晋帝纪》、刘协注《晋纪》、刘谦《晋纪》、曹嘉《晋纪》、邓粲《晋纪》及《晋阳秋》、檀道鸾《晋春秋》、萧景畅《晋史草》、(昌案：萧子显字景阳，畅乃阳之误。)郭季产《晋续记》、《晋录》之类，当唐初修史时尚俱在，必皆兼综互订，不专据荣绪一书也。"赵氏所考已详，然尚有未尽。如何法盛《晋中兴书》、朱凤《晋书》、郑忠《晋书》、庾铣《东晋新书》、张氏《晋书鸿烈》，皆近在《隋志》而竟不之及。《宋书·裴松之传》载松之作《晋纪》。《北史·崔宏传》称崔浩著《晋后书》未就，传世者五十余卷。又《北齐书·宋显传》述其从祖弟绘，尝依裴松之注《三国志》例，注王隐《晋书》与何法盛《晋中兴书》。瓯北亦皆失引。

又案：陈寅恪著《李唐氏族之推测》，谓太宗之重修《晋书》，盖具欲讳其系出李初古拔之隐衷，可备一说。

载记三十

昌案：王鸣盛《十七史商榷》卷五十二"《晋书》载记"条："《后汉书·班固传》，固述公孙述等僭伪事为载记若干篇。《晋书》载记之名，盖本于此。"

史佐孙冲之，表求别自创立，为一家之言。

昌案：《隋志》："《宋书》六十五卷，齐冠军录事参军孙严撰。"姚振宗《〈隋书·经籍志〉考证》卷十一："《史通》……此云史佐孙冲之表求为一家之书，似即此孙严《宋书》，冲之其字欤？《宋书·臧质传》：'孙冲之，太原中都人，晋秘书监孙盛曾孙也，官至右军将军、巴东太守。后事在《刘琬传》。'按：刘琬当为邓琬。《邓琬传》云：'大明八年，琬为晋安王子勋镇军长史。前废帝遣使赍药赐子勋死，琬乃佐子勋起兵寻阳。巴东、建平二郡太守孙冲之之郡，始至孤石。琬以冲之为子勋谘议参军，领中兵，加辅国将军，与陶亮并统前军。子勋即伪位，加左卫将军，后败还，不知所终。'岂即此孙冲之？冲之有集十一卷，见本志别集类中，又为孙盛曾孙，史学是其世业，殆即其人。或当时未及于难，入齐为冠军将军录事，未可知也。"

又命著作郎徐爰踵成前作……勒为一书。

昌案：《隋志》："《宋书》六十五卷，宋中散大夫徐爰撰。"赵翼《廿二史札记》卷九"《宋书》多徐爰旧本"条："沈约于齐永明五年奉敕撰《宋书》，次年二月即告成，共纪、志、列传一百卷。古来修史之速，未有若此者。今按其《自序》而细推之，知约书多取徐爰旧本而增删之也。宋著作郎何承天已撰《宋书》纪、传，止于武帝功臣，其诸志惟《天文》、《律历》；此外悉委之山谦之。谦之亡，诏苏宝生续撰，遂及元嘉诸臣。宝生被诛，又以命徐爰。爰因苏、何二本，勒为一史，起自义熙之初，迄于大明之末。其臧质、鲁爽、王僧达三传，皆孝武所造。惟永光以后至亡国十余年，纪载并缺。今永光以后纪传，盖约等所补也。（按《王智深传》："约多载宋明帝鄙渎事。武帝谓曰：'我昔经事明帝，卿可思讳恶之义。'于是多所删除。"可见宋明帝以后纪、传皆约所撰。）其于爰书稍有去取者，爰本有晋末诸臣，及桓玄等诸叛贼；并刘毅等与宋武同起义者，皆列于《宋书》。约以为桓元、谯纵、卢循，身为晋贼，无关后代；吴隐、郗僧施、谢混，义止前朝，不宜入宋；何无忌、诸葛长民、魏咏之、檀凭之志在匡晋，亦不得谓之宋臣，故概从删除。是约所删者，止于此数传，其余则皆爰书之旧，是以成书若此之易也。（《徐爰传》："爰虽因前作，而专为一家之书。起元义熙，为王业之始；载序宣力，为功臣之新。于是内外博议，或谓宜以义熙元年为断，或谓宜以元兴三年为断。诏曰：‘项籍、圣公，编录二《汉》，前史已有成议。桓元传宜在宋典，余如爰议。’”是可见爰旧本体例也。）余向疑约修《宋书》，凡宋齐革易之际，宜为齐讳；晋宋革易之际，不必为宋讳，乃为宋讳反甚于为齐讳；然后知为宋讳者，徐爰旧本也，为齐讳者，约所补辑也。人但知《宋书》为沈约作，而不知大半乃徐爰作也。观《宋书》者，当于此而推之。”（王鸣盛《十七史商榷》卷五十三“沈约《宋书》”条略同而不及赵说之详。）

至齐，著作郎沈约更补缀所遗，制成新史……为纪十、志三十、列传六十，合百卷，名曰《宋书》。

昌案：姚范《援鹑堂笔记》卷三十三云：“沈约《宋书》，今为百卷。按约表云：‘本记、列传，缮写已毕，合志、表七十卷。’是约书只七十卷耳。此七十卷中，今脱去表，又脱到彦之等传。又《后汉书·皇后纪》注引约作《谢俨传》……《班彪传赞》注内亦引沈约《宋书》叙谢俨事，今本《宋书》无之，惟《王景文传》有谢俨名耳。（谢嘏亦名俨，见《陈书》。）《梁书·止足传》云《宋书·止足传》有羊欣、王微。今《宋书》有欣、微传而无止足之目。又本书有《张邵传》，别有邵子张敷、邵兄子张畅传。其邵传盖亡失，后人取他书补入，故《宋书》讳裕字，独此传直书之。又补入者不知敷、畅《宋书》已有传，而此传附载敷、畅事，更不删削，遂至重复。其余讹脱尤甚。大约约作史准范晔《后汉书》体，一人传毕即加论，不待一卷之终。后人不知，妄于其论画为一卷，此七十卷之分为百卷故耶？《文选·谢灵运传论》善注云：‘沈约修《宋书》百卷。’愚意此书在唐世未必遽有脱误移改，一如今本，疑此百卷二字非善注，后人妄增入耳。”（缪荃孙《云自在龛随笔》卷一《论史》云：“如刘穆之、王弘两传论专及穆之一人，可作一人一论之证。”又《随笔》此条论沈氏《宋书》卷数缺佚情状，全袭姜坞，惟删去其中所考张邵诸传事，及《文选》李注载沈约修《宋书》百卷事，而于篇末略事补苴。艺风学人，亦偶乾没，可异也。）姚氏所考《宋书》今本缺佚之状甚是，而谓卷帙经后人妄析，《选》注经后人妄增则非。余嘉锡《四库提要辨证》卷三“《宋书》”条云：“刘知幾《史通·古今正史》篇于诸史纪、志、表、传凡若干篇，合若干卷，言之颇详。使约尝作表，不应略而不言。若谓唐以前其表已佚，知幾亦不容不知。且若果亡于唐以前，《隋志》当注曰：梁有表几卷，亡。《志》既不言有所残缺，是约《书》本无表也。《宋书·自序》载其上书表曰：'本纪、列传，缮写已毕，合志、表七十卷，臣今谨奏呈；所撰诸志，须成续上。'王鸣盛《十七史商榷》卷五十三云：'据其上书表，则纪、传先成，志系续上。令约书纪十卷，传六十卷，适合七十卷之数。外有志三十卷而无表，与《梁书》本传所云《宋书》百卷适合，则上书表中志表二字，乃衍文也。'余谓上书表既云：'合志、表七十卷，今谨奏呈。'则志、表即在七十卷中，已奏呈矣，又云：'诸志须成续上。'文义甚为不词。且若果合纪、传、志、表才七十卷，何以《梁书》、《隋志》、《史通》皆云《宋书》百卷？然则志表二字为浅人妄增，明矣。"此说足以理姚氏及《提要》以《宋书》本有表而后乃佚去之惑。又姚氏论《宋书》无《止足传》事，余氏云："《宋书》凡有四家。《梁书》所言，非必约《书》，姚说盖误。"

永明末，其书既行，河东裴子野更删为《宋略》二十卷。沈约见而叹曰："吾所不逮也。"由是世之言宋史者，以裴《略》为上，沈《书》次之。

昌案：《梁书·裴子野传》："初，子野曾祖松之，宋元嘉中受诏续修何承天《宋史》，未及成而辛。子野常欲继承先业。及齐永明末，沈约所撰《宋书》既行，子野更删撰为《宋略》二十卷。其叙事评论多善。约见而叹曰：'吾弗逮也。'"本书《杂说中》篇云："若裴氏者，众作之中，所可与言史者。"又《论赞》篇云："大抵史论皆华多于实，理少于文。必择其善者，则干宝、范晔、裴子野是其最也。"

又案：《四库提要》卷五十"许嵩《建康实录》"条："裴子野《宋略》，当时所称良史，沈约自以为不及者，今已不传。《资治通鉴》载有论赞数条，亦多首尾不具。而是书于刘宋一代，全据为蓝本，并子野论赞之词，尚存什一，是亦好古者所宜参证矣。"

又案：《遗书》本《文史通义》外篇卷二《读史通》云："世传沈休文与齐明帝赌征栗典，故少三事，退为后言，以明己之出于故让，是非不好胜者也。其著《宋书》，虽不敢希踪班、马，而文辞典雅，颇具别裁，抑亦范氏之亚匹也。史称裴子野删《宋书》为《宋略》三十卷,(昌案:当作二十卷。)约见之,叹曰:'吾不如也。'《史通》因饰之曰:'由是言宋史者,以裴《略》为上,沈《书》次之。'此岂情理之言哉?裴《略》今已不传,前人录入编年部次,是荀悦《汉纪》、袁宏《后汉纪》之属也。是与纪传之史绝不相蒙,前史谓删约《书》,固已谬矣。荀氏之《纪》,不尽出于班《书》,袁氏之《纪》,不尽由于一史。假而易编年于纪传,而止凭一书,删繁就简,乃荒陋者所为,通人不出此也。裴氏之书未必至是,而史顾侈为美谈,何其陋欤?约之叹服,大抵取其翦裁简当,至谓己所不如,不过一时推奖之辞,且亦明知己之撰述足以流传,不致为所掩也,故不妨为假借。而史氏录之,则未察其本矣。刘氏斟酌群言,扬榷史品,自宜知所别择,乃又从而实之曰:'由是言宋史者,以裴《略》为上,沈《书》次之。'后人不见裴书,而因刘氏之言,以谓裴《略》实胜沈《书》,有定品矣。姑无论子野史笔文才,未闻可驾休文而上;正使其书不愧荀、袁,亦与马、班诸书风马牛之不相及也。刘氏《二体》之篇,明言班、荀二家,缺一不可。未闻言汉事者,以荀《纪》为上,班《书》次之;言东汉之史,以袁《纪》为上,范《书》次之。何则?短长优绌,必以其类相形,体制各不相蒙,短长何自见哉?"章氏之言甚辩。然《全梁文》卷十一载简文帝《与湘东王书》已称"裴氏乃良史之才,了无篇什之美",而谓"谢朓、沈约之诗,任昉、陆倕之笔,斯实文章之冠冕,述作之楷模"。《梁书·裴传》亦云:"子野为文典而速,不尚靡丽之辞。其制作多法古,与今文体异。"观《建康实录》及《全梁文》所辑遗文,可见一斑。然则裴沈之文,原自异派,以言撰史,子野实长。休文之推挹,子玄之扬榷,固非无因。而史体虽非一途,史笔原无二致,非类相形,有何不可?至若以《宋》比《汉》,谓言汉史不闻称荀、袁为上,班、范次之,则率尔类推,纯为戏论矣。由此观之,实斋此之所论,似察而实瞀,殆不可从也。

梁天监中,太尉录事萧子显启撰齐史,书成,表奏之,诏付秘阁。起升明之年,尽永元之代,为……

以上文字旧阙,浦起龙补,云:"此八句诸本脱简,今据本传补入。宁冒妄缀之讥,不敢疏率了事也。"又云:"其为脱简,灼然无疑,故敢斗胆补入。"卢文弨于"沈约复著《齐纪》二十篇"下，校云："下有脱文。"何焯校本补"梁天监中萧子显启撰齐史为"十二字。

昌案：《史官建置》篇："蜀李与西凉二朝。"蜀李下，浦校云："义门订本有李字，他本无。"又："即今为载笔之别曹。"即下，浦校云："依义门订本。一无即字，一误作命字。"据此，浦氏曾见何焯校本，灼然无疑。余尝紬绎二家所勘，颇多相合，而标明者盖募。即如此处，义门亦既补之于前矣，虽繁简少殊，而浦氏乃略不之及，且一则云："宁冒妄缀之讥。"再则云："故敢斗胆补入。"一似其未经何氏之启迪也者，其故何欤？

又案：赵翼《廿二史札记》卷九"《齐书》旧本"条："《齐书》亦有所本。建元二年，即诏檀超与江淹掌史职，超等表上条例：开元纪号，不取宋年；封爵各详本传，无假年表；立十志，《律历》、《礼乐》、《天文》、《五行》、《郊祀》、《刑法》、《艺文》依班固，《朝会》、《舆服》依蔡邕、司马彪，《州郡》依徐爰，《百官》依范蔚宗；日蚀旧载《五行》，应改入《天文志》；帝女应立传，以备甥舅之重；又立《处士》、《列女传》。诏内外详议。王俭议以为食货乃国家本务；至《朝会》，前史不书，乃伯喈一家之说，宜立《食货》，省《朝会》；日月应仍隶《五行》；帝女若有高德绝行，当载《列女传》，若止于常美，不立传。诏日月灾隶《天文》，余如俭议。（见《檀超传》。）此齐时修国史体例也。又有豫章熊襄著《齐典》，沈约亦著《齐纪》二十卷，江淹撰《齐史》十志，吴均撰《齐春秋》，俱见各本传。今按萧子显《齐书》，但有《礼乐》、《天文》、《州郡》、《百官》、《舆服》、《祥瑞》、《五行》七志，而《食货》、《刑法》、《艺文》仍缺；列传内亦无《帝女》及《列女》，其节义可传者，总入于《孝义传》；改《处士》为《高逸》；又另立《倖臣传》。其体例与超、淹及俭所议，皆小有不同，盖本超、淹而小变之。《超传》内谓超史功未就而卒，淹撰成之，犹未备也。此正见子显之修《齐书》不全袭前人也。"（《陔馀丛考》卷七"《齐书》原本"条较略。）

合成五十九篇

昌案：《四库提要》卷四十五："章俊卿《山堂考索》引《馆阁书目》云：《南齐书》本六十卷，今存五十九卷，亡其一。刘知幾《史通》、曾巩《叙录》

则皆云八纪，十一志、四十列传，合为五十九卷，不言其有阙佚。然《梁书》及《南史》子显本传，实俱作六十卷，则《馆阁书目》不为无据。”余嘉锡《四库提要辨证》卷三“《南齐书》”条：“案：《隋志》著录此书六十卷，而《旧唐志》则止五十九卷。考《旧唐志》全录自毋煚《古今书录》。其书作于开元时，（见《志序》。）而《南齐书》已亡其一卷。然《新唐志》又作六十卷。岂其全书后来复出欤？抑此一卷即本书之《序录》，故或入卷数，或不入卷数欤？至宋代诸家书，自《崇文总目》以下，皆五十九卷矣。……《廿二史考异》卷二十五“《南齐书》目录序”条云：‘按：《史通・序例》篇云：“沈《宋》之《志序》，萧《齐》之《序录》，虽皆以序为名，其实例也。”则子显《书》当有《序录》一篇，刘知幾犹及见之。《晋书》亦有《序例》一篇，今本皆无之。’……凡序录最易亡失。故《隋志》于各书之下，往往注曰：‘梁有《录》一卷，亡。’意《南齐书》所亡者，正是《序录》。刘知幾尚及见之。以《序录》本非列传，且多不入卷数，故知幾只言五十九篇耳。”

梁史，武帝时，沈约与给事中周兴嗣、步兵校尉鲍行卿、秘书监谢昊相承撰录，已有百篇，值承圣沦没，并从焚荡。

昌案：朱希祖《萧梁旧史考》：“《梁书》百篇，沈约等四人相承撰录，明非同时并撰。盖武帝时，沈约先撰《梁书》，故约有《梁武纪》十四卷。（昌案：见《梁书》及《南史》本传，《隋志》不著录。）天监十二年，约卒。周兴嗣在天监中，已佐撰国史，沈约卒，兴嗣相承撰录。普通二年，兴嗣卒，鲍行卿、谢昊相承撰录。史载鲍行卿事，皆在武帝时，官至步兵校尉，意其人盖在武帝时卒。惟谢昊之卒，似在最后。萧韶为《太清纪》，其诸议论，多昊为之，（昌案：见《杂说中》篇。）而又为元帝撰实录，（昌案：《隋志》：“《梁皇帝实录》五卷，梁中书郎谢昊撰，记元帝事。”）明昊在梁末犹存。故此《梁书》百篇，虽席三家之业而作，然必为昊独力所完成，故后人著录此书，独标谢名。……谢昊《梁书》本百篇，刘子玄虽谓‘承圣沦没，并从焚荡’，然《隋志》著录，尚存四十九卷。盖江陵陷时，元帝虽焚古今图书十四万卷，然仓卒乱离之际，岂无有收拾余烬，以作保存之计者？牛弘谓：‘萧绎据有江陵，遣将破平侯景，收文德殿之书及公私典籍，悉送荆州。及周师入郢，绎悉焚之于外城。所收十才一二。'(《隋书·牛弘传》。)故《梁武帝集》四十卷,《简文集》九十卷,各止一本,江陵平后,并藏秘阁。(《周书·萧大圜》传。)可见当时焚余之书,或辇归关中,或散出民间。陈天嘉中,更加搜集,遂多残缺。(《隋书·经籍志序》。)其后南北秘藏,皆会粹于隋,故《隋书·经籍志》所载,梁有而当时无者,已归焚毁;梁有全书而当时已残缺者,必大都为焚余残籍。谢昊《梁书》四十九卷,盖亦为焚余残籍耳。抑承圣之后,更有所撰集欤?《梁书》无昊传,疑不能明也。此书藏于中秘,刘子玄未得见,故云:'并从焚荡。'"

又案:《太平御览》卷六百十九引《三国要略》:"周师陷江陵,梁王知事不济,入东阁行殿,命舍人高善宝焚古今图书十四万卷,欲自投火与之俱灭。宫人引衣,遂及火灭尽。并以宝剑斫柱令折,叹曰:'文武之道,今夜穷矣。'"

庐江何之元

昌案:《陈书·文学传》略云:之元,庐江灊人也,好学有才思,梁天监末解褐,历仕武陵王、王琳、萧庄。琳败入齐,复还陈。太建八年,除始兴王叔陵中卫府功曹参军事,寻迁谘议参军。"从叔陵诛,之元乃屏绝人事,锐精著述;以为梁氏肇自武皇,终于敬帝,其兴亡之运,盛衰之迹,足以垂鉴戒,定褒贬;究其始终,起齐永元元年,迄于王琳遇获,七十五年行事,草创为三十卷,号曰《梁典》。"《萧梁旧史考》:"《隋书·经籍志》:'《梁典》三十卷,陈始兴王谘议何之元撰。'《史通》、《文选注》及《太平御览》等书,征引颇多,皆属零简,惟《陈书·何之元传》载其《梁典序》一篇,《文苑英华》载何之元《高祖事论》一篇,文独完整,足以觇其书之体例……有后论以曲畅其旨,有凡例以包举其体。至其全书,尚有《总论》一篇。《文苑英华》所载《高祖事论》,文近二千言,目录称为《高祖革命论》。今观其文,通论梁代,非专论高祖,实仿干宝《晋纪总论》而作。严可均改为《梁典总论》,甚觉谛当。……《总论》自谓:'官自有梁,备观成败,昔因出轴,流寓齐都;穷愁著书,窃慕虞子。'则之元所著《梁典》,实始于寓齐之日,及叔陵之诛,乃始屏绝人事,卒成此书云。"

沛国刘璠

昌案:《周书·刘璠传》略云:“刘璠,字宝义,沛国沛人也。……天和三年卒,时年五十九。著《梁典》三十卷,有集二十卷。子祥嗣。祥字休征,以字行。初,璠所撰《梁典》始就,未及刊定而卒,临终,谓休征曰:‘能成我志,其在此书乎。’休徵始定缮写,勒成一家,行于世。”

合撰《梁典》三十篇

浦起龙曰:“按:《陈书》何之元、《周书》刘璠二传,各言撰《梁典》三十卷,《隋》、《唐》二《志》亦皆分载二《典》,而《史通》以为二人合撰,则《梁典》只是一书耳。足正二《志》之歧出。”

昌案:姚振宗《〈隋书·经籍志〉考证》卷十二:“今考刘璠卒于周武帝天和三年。其书未就,子休征为写定之。休征卒于周静帝大象二年。是其书成于大象之前,行于北朝,或未及于江左。其父子皆终于周代,与南朝之何之元亦风马牛不相及。之元之书,始作于陈后主即位之岁。因始兴王叔陵行弑伏诛,之元为其官属,幸而得免,故屏绝人事,一意著书。其时在周大象后三年,隋文帝开皇二年。刘璠《梁典》已早成书矣。实非合撰。《史通》合字,当是各字之误。浦氏云云,不足为据。”

陈史,初有吴郡顾野王、北地傅縡,各为撰史学士。其武、文二帝纪,即顾、傅所修。太建初,中书郎陆琼续撰诸篇,事伤烦杂。姚察就加删改,粗有条贯。

昌案:余嘉锡《四库提要辨证》卷三“《陈书》”条:“今《陈书》《高祖(武帝)纪》二卷,《世祖(文帝)纪》一卷。顾、傅所修,当亦同此。则《唐志》所录两家书各三卷者,当即武、文二帝纪,与知幾所言适合,知顾、傅(昌案:傅字原脱,今以意补。)书所存者,实止此数。野王本传云:‘又撰国史纪传二百卷,未就而卒。’书既未成,则所谓二百卷者,或空张篇目,或唐初已亡,不得以史志为讹舛也。……琼既续顾、傅之书,明其篇卷当多于顾、傅,(昌案:傅字原脱,今以意补。)姚察删陆书之烦杂,是其所撰,以陆为本。《旧唐书·姚思廉传》乃云:‘删益傅縡,(二字惧盈斋刻本误作博综。)

顾野王所修旧史，成《陈书》三十卷。’竟不及陆琼，则史笔之疏也。”

皇家贞观初，其子思廉为著作郎，奉诏撰成二史，于是凭其旧稿，加以新录。

昌案：王鸣盛《十七史商榷》卷五十三“姚思廉《梁》、《陈》二书”条：“姚察在陈为吏部尚书，陈宣帝太建末，即奉敕撰梁史。入隋，历太子内舍人、秘书丞、北绛公；始自吴兴迁居关中，为雍州万年人。察学兼儒史，见重于二代。当隋文帝时，尝访察以梁、陈故事，察每以所论载奏之。于是开皇九年，敕并成梁、陈二史，遣内史舍人虞世基索本上进，藏于内殿，而书犹未成。临亡，属子思廉继其业。思廉少仕陈，为扬州主簿，入隋，为汉王府参军、河间郡司法书佐；上表陈父遗言。有诏许其续成梁、陈史。后为代王侑侍读。唐高祖受禅，授秦王文学。太宗引为文学馆学士。太宗入春宫，迁太子洗马。贞观初，迁著作郎、宏文馆学士。三年，又受诏与秘书监魏徵同撰梁、陈二史。思廉采谢炅等诸家梁史，续成父书；并推究陈事，删益顾野王所修旧史，撰成《梁书》五十卷，《陈书》三十卷。魏徵虽裁其总论，其编次笔削，皆思廉之功也。以上见《陈书》第二十七察本传及《旧唐书》第七十三、《新唐书》第一百二卷思廉各本传。”赵翼《陔馀丛考》卷七“梁、陈二《书》”条：“《新唐书·姚思廉传》：其父察在陈，尝修梁、陈二史未就，以属思廉。思廉入隋，表父遗言，有诏听续。至唐，又奉诏与魏徵等修梁、陈二书，乃采谢炅、顾野王诸书以成之。《旧唐书》谓思廉采谢炅诸家书著梁史：又推究陈氏，博综顾野王所修旧史成之。（昌案：博综乃傅綧之误，说见前。赵氏失校，故改易其文如此。）今以迹推之，则察已有成绪，思廉不过取谢、顾诸家，重为订正耳。如《梁书》王茂、曹景宗、萧颖达、张宏策、韦叡等传，皆载察旧论；《陈书·武帝纪论》、《文帝纪论》，亦察原文。可见此等纪传编排卷数，亦是察所手定，则文字可知也。《姚察传》亦云：梁、陈二史，本察所撰。其中序论、纪传有缺者，临殁时以体例戒其子思廉博访续撰。此思廉自撰其父之传，盖纪实也。两朝数十卷书，经父子两世纂辑之功始就。盖作史之难，不难于叙述，而难于考订事实，审核传闻，故不能速就耳。至其文笔，亦足称良史。”朱希祖《萧梁旧史考》：“姚思廉之补撰梁、陈二史，当起于隋大业二年。《陈书·姚察传》云：'察所撰梁、陈史，虽未毕功，隋文帝开皇之时，遣内史舍人虞世基索本，且进上，今在内殿。大业二年，察终于东都。内史侍郎虞世基奏思廉踵成梁、陈二代史，自尔以来，稍就补续。'《唐书》本传亦言：思廉上表陈父遗言，有诏许其续成梁、陈史。此姚思廉第一期续修梁、陈二史之事实也。（起隋大业二年，至唐武德五年，约十六年。）《唐会要》云：'武德四年十一月，令狐德棻言于高祖曰："近代已来，多无正史，梁、陈及齐，犹有文籍，至于周、隋，多有遗阙。当今耳目犹接，尚有可凭，如更数十年后，恐事迹湮没，无可记录。"至五年十二月二十六日，诏……大理卿崔善为、中书舍人孔绍安、太子洗马萧德言修梁史……秘书监窦琎、给事中欧阳询、秦王府文学姚思廉修陈史。绵历数载，竟不就而罢。'此姚思廉第二期续修陈史之事实也。（起武德六年，至贞观三年，约七年。时崔善为、孔绍安、萧德言所修梁史，亦必略有成绩。）又云：'贞观三年，于中书置秘书内省，以修五代史。贞观十年正月二十日，尚书左仆射房玄龄、侍中魏徵、散骑常侍姚思廉、太子右庶子李百药、孔颖达、礼部侍郎令狐德棻，中书侍郎岑文本、中书舍人许敬宗等撰成周、隋、梁、陈、齐五代史，上之。'《旧唐书·魏徵传》：'初，有诏遣令狐德棻、岑文本撰周史，孔颖达、许敬宗撰隋史，姚思廉撰梁、陈史，李百药撰齐史。徵受诏总加撰定，多所损益，务成简正。隋史序论，皆徵所作，梁、陈、齐各为总论，时称良史。'此姚思廉第三期续修梁、陈二史之事实也。（起贞观三年，至贞观十年，为七年。昌案：本篇"《隋书》"条"始以贞观三年创造"下原注云："唯姚思廉贞观二年起功，多于诸史一岁。"则朱氏此处所注起贞观三年当为二年，（上自注同。）约七年当为八年。就其年次先后相衔而言，则为九年，故子玄云"弥历九载，方始毕功"也。）综观思廉所撰梁、陈二史，前后约三十年。而其父察在陈太建末已知撰梁史，讫于祯明三年陈亡之时，约八年。隋开皇九年，（即陈祯明三年。）敕成梁、陈二史，（《陈书·姚察传》。）讫于大业二年察终于东都，约十七年。察所撰梁、陈二史，前后约二十五年。是其父子撰成梁、陈二史，合约五十五年，可谓专且久矣。"朱《考》又云："姚思廉《梁书》，大半本其父所作。……《梁书》五十六卷……题姚察者二十七卷，（昌案：谓篇末称"陈吏部尚书姚察"者，则有第八、九、十、十一、十二、十三、十四、十五、十六、十七、十八、十九、二十五、二十七、三十、三十四、三十五、三十七、三十八、四十、四十二、四十八、四十九、五十、五十一、五十三各卷，称“史官陈吏部尚书姚察”者，则有第三十三卷。其余但称“史臣”而已。）疑察已成之稿，思廉或稍有增省耳。……（自余）二十九卷，疑思廉所补，然亦间有察未成之稿。如《隋志》所列姚察《梁书》帝纪七卷，思廉或稍节省以成帝纪六卷耳。综观察之所作二十六篇，（昌案：当作二十七篇。）大都关于梁之元勋宰执，及优于文学政事之人。梁之一代英华，已萃于此。思廉所补，除帝后纪传外，大抵多皇族、武臣、客卿、诸夷等传，惟袁昂、王僧辩二传较有重大关系。此其大略也。”

又案：缪荃孙《云自在龛随笔》卷一《论史》云：“姚伯审父子撰《陈书》，始于陈，终于隋，献自贞观之时，而皆奉陈三世国讳，以此知隋唐之际，古意犹存也。余尝反复兹书，而知通篇皆魏元成所参订，姚氏父子有内大恶讳之义焉。江阴之薨，不书陈志。丽华一传，不详蛊惑始末。文贞于丽华传特为补缀，可以知其体例矣。江总特与伯审相得，思廉附于总传，而不详载其谄奉后主，徒一二语约略及之，赞尤褒美过当，自‘后主之（昌案：原误三，据《陈书》改。）世’以下六十五字，总之过恶在焉，疑亦元成所增。”此论《陈书》书法，亦读者所当知。

弥历九载，方始毕功。

昌案：余嘉锡《四库提要辨证》卷三“《陈书》”条：“《会要》及《旧书·姚思廉传》均言以贞观二年奉诏，则计至十年书成时，（新旧《书》均无陈史成书年月，此据《会要》。昌案：《旧书·太宗纪》明载贞观十年春正月壬子，房玄龄等上五代史。特《会要》卷六十三称：“贞观十年正月二十日，尚书左仆射房玄龄……等，撰成周、隋、梁、陈、齐五代史上之。”多撰成二字，较为明晰，其实一也。）不足九载。《史通》又云：‘初，太宗以梁、陈及齐、周、隋氏并未有书，乃命学士分修。始以贞观三年创造，至十八年方就。’（据黄叔琳训故本。昌案：浦本同。）自注云：‘唯姚思廉贞观二年起功，多于诸史一岁。’若如所言，则首尾已十七年，又不止九载。考卢文弨用华亭朱氏影宋钞本校云:‘宋本缺十字。’(卢校有传录本,藏东莞论氏。)然则十字为后人所妄加。他史皆八年方就,思廉独以贞观二年起攻,较诸史早一年,故云‘弥历九载’耳。”盖《史通》所云“至八年方就”者,乃谓费时八年,犹云“弥历九载”,非谓至贞观八年也。

前赵刘聪时,领左国史公师彧撰《高祖本纪》及《功臣传》二十人,甚得良史之体,凌修谮其讪谤先帝,聪怒而诛之。刘曜时,平舆子和苞撰《汉赵记》十篇,事止当年,不终曜灭。

昌案:朱希祖《十六国旧史考》:“《隋书·经籍志》:‘《汉赵记》十卷,和苞撰。’案:《史通·史官》篇:‘伪汉嘉评初,公师彧以太中大夫领左国史,撰其国君臣纪传。’又《正史》篇:‘……’(昌案:凡略去者即本条正文。下引朱《考》均同。)《晋书·刘曜载记》:‘曜命起酆明观,立西宫,建凌霄台,又将营寿陵。侍中和苞上书谏。曜大悦,封苞平舆子,领谏议大夫。’汤球辑和苞《汉赵记》十条,中称曜为今上,粲为太子,与《史通》所谓‘事止当年,不终曜灭’说合。”章宗源《〈隋书·经籍志〉考证》卷四:“按:苞称刘聪名,称曜为今上,粲为太子,是其史例。”

后赵,石勒命其臣徐光、宗历、傅畅、郑愔等撰《上党国记》、《起居注》、《赵书》,其后又令王兰、陈宴、程阴、徐机等相次撰述。至石虎,并令刊削,使勒功业不传。其后燕太傅长史田融、宋尚书库部郎郭仲产、北中郎参军王度追撰二石事,集为《邺都记》、《赵记》等书。

昌案:《十六国旧史考》:“《晋书·石勒载记》:‘赵王元年,命记室佐明楉、程机撰《上党国记》,中大夫傅彪、贾蒲、江轨撰《大将军起居注》,参军石泰、石同、石谦、孔隆撰《大单于志》。’《隋书·经籍志》:‘《赵书》十卷。’(《唐书·经籍志》作《赵石记》二十卷,入编年类。)注云:‘一曰《二石集》,记石勒事,伪燕太傅长史田融撰。’(案:《史通·杂说中》自注:“田融《赵史》谓勒为前石,虎为后石。”此处石勒下疑脱石虎二字。)‘《二石传》二卷,晋北中郎参军王度撰。二石伪治时事二卷,王度撰。’(《晋书·佛图澄传》:“王度为石虎著作郎。”疑后归晋,故《隋志》称为晋北中郎参军,且于二石称伪也。)……案:《史通》所言《上党国记》、《起居注》、《赵书》撰人姓名,与《晋书·石勒载记》及《隋书·经籍志》皆不相合,未知何据。且《史通·忤时》篇又云:'刘、石僭号,方策委于和、张。'考刘氏之史,成于和苞。石氏之史,委于张某,此亦异闻。《隋志》地理类有《邺中记》二卷,晋国子助教陆翙撰;《赵记》十卷,不著撰人。与《史通》所言《邺都记》、《赵记》者,又各不同,岂《史通》别有所据欤?(《唐书·经籍志》:"《二石伪事》六卷,王度、隋翙等撰。"文廷式《补晋书艺文志》谓:隋翙为陆翙之误。是也。丁国钧《补晋书艺文志》谓:《隋志》有王度《二石伪治时事》,应即此书,云六卷者,殆四卷为隋氏书也。案:丁说误矣。隋翙即陆翙之误。陆翙撰《邺中记》二卷,王度撰《二石传》二卷、《二石伪治时事》二卷。《唐志》之《二石伪事》六卷,盖合王、陆二家三书而成者也。)《晋书·韦謏传》:'謏仕于刘曜,为黄门郎,后又入石季龙,署为散骑常侍,历守七郡,又征为廷尉。前后四登九列,六在尚书,二为侍中,再为太子太傅,封京兆公,凡所述作及集记世事数十万言。'据此,则韦謏亦必集记赵史也。又有吴笃《赵书》,记石勒事,见《太平御览》八百二十引。"又朱《考》于所引《史通》此条下注曰:"《十六国春秋·后赵录》:'徐光,字季武,顿丘人,好学有文才。勒署为参军,迁为中书令,领秘书监。及勒薨,虎命收程遐、徐光下廷尉,囚光于襄国诏狱。光在狱中,注解经史十余万言。'《晋书·傅玄传》:'畅字世道,没于石勒。勒以为大将军右司马。谙识朝仪,恒居机密。勒甚重之。作《晋诸公叙赞》二十二卷,又为《公卿故事》九卷。咸和五年卒。'案:时为勒建平元年,初称帝。《后赵录》三:'赵王元年,署傅畅领经学祭酒。'"

前燕,有起居注,杜辅全录以为《燕纪》。后燕,建兴元年,董统受诏草创《后书》……三十卷。……其后申秀、范亨各取前后二《燕》,合成一史。

昌案:《十六国旧史考》:"《隋书·经籍志》:'《燕书》二十卷,记慕容儁事,伪燕尚书范亨撰。'(《唐书·经籍志》入编年类。《魏书·崔浩传》:"神䴥二年,诏集诸文人撰录。诰及弟览、高谠、邓颖、晁继、范亨、黄铺等共参著作,叙成国书三十卷。"据此,则范亨亦终仕魏也。)案:《史通·正史》篇云:'……'据此,则《隋志》所列《燕书》二十卷,乃申秀、范亨二人共撰,(昌案：《史通》云申、范各取二《燕》合成一史，则非共撰一书，而是分撰二书，明矣。朱说误。）所记亦非专为慕容儁事，乃前后燕二代之史也。考《太平御览》及《通鉴考异》引范亨《燕书》，有《高祖武宣皇帝纪》、（慕容廆。）《太祖文明皇帝纪》、（慕容皝。）《烈祖景昭皇帝纪》、（慕容儁。）《少帝纪》，慕容暐。是为前燕；《世祖武成皇帝纪》、（慕容垂。）《献庄皇帝纪》、（慕容全。全或作令。）《烈宗惠愍皇帝纪》、（慕容宝。）《中宗昭武皇帝纪》、（慕容盛。）《昭文皇帝纪》，（慕容熙。）是为后燕。据此，则范亨《燕书》是合前后燕为一史，明矣。"章宗源《〈隋书·经籍志〉考证》卷四："《通鉴考异》所引《燕书》有《武宣记》、《文明记》、《征虏仁传》、《慕容翰传》，《太平御览·天部》所引有《烈祖后记》。此其分篇之可见者。"（记皆当作纪。）

南燕，有赵郡王景晖，尝事德、超，撰二主起居注。超亡，仕于冯氏……仍撰《南燕录》六卷。

昌案：《十六国旧史考》："《隋书·经籍志》：'《南燕起居注》一卷。'不著撰人名氏。又：'《南燕录》六卷。'（旧《唐志》入编年类。）注云：'记慕容德事，伪燕中书郎王景晖撰。'案：《十六国春秋·南燕录一》：'刘藻自姚兴而至。兴太史令高鲁遣其甥王景晖随藻送玉玺一纽，并图谶秘文。'又《南燕录五》有中书侍郎王景晖。考《史通·正史》篇：'……'据此，则《隋志》之《南燕起居注》，亦景晖所撰；而《南燕录》六卷，实成于北燕，记慕容德、慕容超二代事，《隋志》专云记慕容德事，未为核实；所称伪燕中书郎王景晖，伪燕系指北燕，中书郎乃中书令之误。《隋志》又有'《南燕录》五卷。'注云：'记慕容德事，伪燕尚书郎张诠撰。'（两《唐志》作张铨《南燕书》十卷。）'《南燕书》七卷，游览先生撰。'"

蜀，初号曰成，后改称汉。李势散骑常侍常璩撰《汉之（昌案：之字据宋本增。）书》十卷，后入晋秘阁，改为《蜀李书》。璩又撰《华阳国志》，具载李氏兴灭。

昌案：《十六国旧史考》："《隋书·经籍志》：'《汉之书》十卷，常璩撰。《华阳国志》十二卷，常璩撰。梁有《蜀平记》十卷，《蜀汉伪官故事》一卷，亡。'案:《十六国春秋·蜀录》:'李雄兴学校,置史官。'《史通·史官》篇:'蜀李、西凉二朝,记事委之门下。'是蜀李亦注重史事。颜之推《家训·书证》篇:'《蜀李书》一名《汉之书》。'《史通·正史》篇:'……'《蜀录》亦云:'常璩,字道将,蜀成都人,著《华阳国志》十篇,序开国以来,迄于李势,皆有条理。'丁国钧《补晋书艺文志》谓《蜀平记》当是记桓温平李势事。"

前凉,张骏十五年,命其西曹边浏集内外事,以付秀才索绥,作《凉国春秋》五十卷。又张重华护军参军刘庆在东苑专修国史二十余年,著《凉记》十二卷。建康太守索晖、从事中郎刘昞,又各著《凉书》。

昌案:《十六国旧史考》:"《十六国春秋·前凉录》:'儒林祭酒索绥,字士艾,敦煌人,著《凉春秋》五十卷。'(见张玄靖太始五年条。先是,张骏十五年,命西曹掾集阁内外事付索绥以著《凉春秋》。《史通·正史》篇:'……'《史官》篇亦云:'前凉张骏时,刘庆迁儒林即中常侍,在东苑撰其国书。')《隋书·经籍志》:'《凉书》十卷,记张轨事,伪凉大将军从事郎中刘景撰。'案:刘景即刘昞,避唐讳改。(昌案:唐高祖李渊之父名昞也。参下西凉史条笺记。)《隋志》又有'《凉记》八卷,记张轨事,伪燕右仆射张谘撰。'(章宗源《〈隋书·经籍志〉考证》引《世说新语·言语》篇注作张资《凉州记》。《唐书·经籍志》:'《凉记》十卷,张证撰。'误。)'《西河记》二卷,记张重华事,晋侍御史喻归撰。'(《元和姓纂》:'东晋有喻归,撰《西河记》三卷。'《唐书·经籍志》:'《西河记》二卷,段龟龙撰。'盖误。)案:《十六国春秋·前凉录》:'张重华永乐三年(晋永和五年。)九月,晋遣侍御史俞归拜重华侍中、大都督陇右诸军事、大将军、凉州刺史,领护羌校尉,假节,西平公。永乐六年,御史俞归至凉州。重华将受诏,未及而卒。'归之撰《西河记》,盖在此时。"张澍《西河记辑本序》:"《隋志》:'《西河记》二卷。'《元和姓纂》:'东晋有喻归,撰《西河记》三卷。'《广韵》作二卷,喻作谕,音树。盖记张重华事也。《十六国春秋》:晋遣侍御史喻归拜重华护羌校尉、凉州刺史,假节。重华谋为凉王,不肯受诏,使亲信人与归言。归折之。《西河记》作于此时也。"朱氏考《西河记》盖本张序。归折重华事,《晋书·张传》所载甚详。

前秦，史官初有赵渊、车敬、梁熙、韦谭，相继著述。苻坚尝取而观之，见苟太后幸李威事，怒而焚灭其本。后著作郎董谊追录旧语，十不一存。及宋武帝入关，曾访秦国事，又命梁州刺史吉翰问诸仇池，并无所获。先是，秦秘书郎赵整参撰国史，值秦灭，隐于商洛山，著书不辍。有冯翊车频助其经费。整卒，翰乃启频纂成其书，以元嘉九年起，至二十八年方罢，定为三卷，而年月失次，首尾不伦。河东裴景仁又正其讹僻，删为《秦纪》十一篇。

昌案：《十六国旧史考》："《隋书·经籍志》：'《秦书》八卷，何仲熙撰，记苻健事。《秦记》十一卷，宋殿中将军裴景仁撰，梁雍州主簿席惠明注。'《宋书·沈昙庆传》：'大明元年，昙庆为徐州刺史。时殿中员外将军裴景仁助戍鼓城，本伧人，多悉戎荒事。昙庆使撰《秦记》十卷，叙苻氏僭伪本末。其书传于世。'《旧唐志》席惠明作杜惠明，入编年类。《新唐志》亦作杜。考前秦史官亦有著作郎、著作佐郎；且有起居注。《通鉴》一百二：'秦王坚入邺，释梁琛，除中书著作郎。'又一百三：'秦以北平阳陟、田勰、阳瑶为著作佐郎。'《十六国春秋·前秦录》：'苻坚甘露十七年八月，坚收起居注及著作所录而观之。初，坚母少寡。将军李威有辟阳之宠。史官载之。坚见苟太后李威之事，惭怒，乃焚其书，而大检史官，将加其罪。著作郎赵渊、车敬已死，乃止。著作郎董朏（昌案：《史通》作董谊。朱氏于后所引《史通》本条下校云："案即董朏，或作斐。《史通》作谊，盖误。"）虽皆书时事，然十不留一。'（亦略见《晋书·苻坚载记》。）《史通·正史》篇：'……'案：《前秦录》有《赵整传》，言年十八为坚著作郎，官至秘书侍郎，后遁迹商洛山，与《史通》合。又案：《世说新语·识鉴》篇注引车频《秦书》云：'蒲洪诈称谶文，改姓苻，言己当王，应符命也。坚生背赤色，隐起若篆文。'《艺文类聚》卷八十二引裴景仁《秦记》，谓'苻洪之先居武都，家生蒲，长五丈，状如竹，咸以异之，谓之蒲家，因以氏焉。洪后以谶文艸付应王，遂改姓为苻。'《十六国春秋》及《晋书·载记》皆不取车说，从竹作符，而从裴说，从艸作苻。考唐以前有重唇音，无轻唇音，符苻皆读若蒲。虽曰改姓，实改字而不改音也。又案：《唐书·艺文志》有《苻朝杂记》，田融撰。"

后秦，扶风马僧虔、河东卫隆景并著《秦史》。及姚氏之灭，残缺者多。泓从弟和都仕魏为左民尚书，又追撰《秦纪》十卷。

昌案：《十六国旧史考》："《隋书·经籍志》：'《秦纪》十卷，记姚苌事，魏左民尚书姚和都撰。'《史通·正史》篇：'……'案：和都《魏书》无传。《晋书·姚兴载记》：'兴疾，太子泓侍疾于谘议堂。泓弟弼有夺嫡之谋，使愔与其属率甲士攻端门。太子右卫帅姚和都率东宫兵击之。愔等奔溃。'秦亡仕魏而著《秦纪》。萧子显之著《齐书》，颇与和都境遇相同。"

夏，天水赵思群、北地张渊于真兴、承光之世，并受命著其国书，及统万之亡，多见焚烧。

昌案：《十六国旧史考》："案：《魏书·赵逸传》：'逸字思群，天水人也，好学夙成，仕姚兴，历中书侍郎；为兴将齐难军司征赫连屈丐，难败，为屈丐所虏，拜著作郎。世祖平统万，见逸所著，曰："此竖无道，安得为此言乎？作者谁也？其速推之。"司徒崔浩进曰："彼之谬述，亦犹子云之《美新》。皇王之道，固宜容之。"世祖乃止，拜为中书侍郎。'据此，则魏世祖所见《夏国书》乃赵逸撰也。《魏书·张渊传》：'渊，不知何许人。自云尝仕苻坚，又仕姚兴父子为灵台令。姚泓灭，入赫连昌。昌复以渊及徐辩对为太史令。世祖平统万，渊与辩俱见获。世祖以渊为太史令。'案：《史通》所称赵思群，即《魏书》之赵逸，思群其字也；所称北地张渊，与《魏书·艺术传》之张渊——仅为赫连氏之太史令，专掌天官，不著史籍，且云不知何许人——殆非一人。浦起龙《通释》即以太史公张渊为北地张渊，疑误。"

西凉与西秦，其史或当代所书，或他邦所录。

昌案：《隋书·经籍志》："《敦煌实录》十卷，刘景撰。"（《唐书·经籍志》入杂传类。《新唐书·艺文志》并见伪史类及杂传类。）本书《杂述》篇论郡书，美"刘昞之该博"，即指《实录》而言。《杂说下》篇又曰："敦煌僻处西域……既而……刘昞裁书，则磊落英才，粲然盈瞩。"其书为子玄所重如此。《十六国旧史考》："《十六国春秋·西凉录》：'刘昞，字彦明，敦煌人也。武昭王暠征为儒林祭酒、从事中郎，著《敦煌实录》二十卷。'……五凉惟西凉李暠都敦煌，其后虽迁于酒泉，至其子恂又居敦煌。则《敦煌实录》即西凉史也。《隋书·经籍志》有《凉书》十卷，注云：‘记张轨事，伪凉大将军从事中郎刘景撰。’案：《西凉录》亦言刘昞撰《凉书》十卷，《敦煌实录》二十卷。《史通·正史》篇亦云昞为张氏撰《凉书》。盖《隋志》之刘景即《西凉录》及《史通》之刘昞。唐讳昞作景，故昞亦避嫌名作景也。且其官皆作从事中郎，为大将军属官，亦可为一证。惟《敦煌实录》十卷二十卷之别，则未知孰是。考《十六国春秋·北凉录》：‘沮渠茂虔永和四年，遣使如宋献《凉书》十卷、《敦煌实录》十卷。’《宋书·大且渠蒙逊传》：‘元嘉十四年，河西王茂虔奉表献方物，并献《敦煌实录》十卷、《凉书》十卷。’案：此二书皆刘昞撰。时昞已仕北凉，《敦煌实录》盖即成于此时。据此，则作十卷为是。”

又案：子玄此文系以西凉、西秦史分别言之，意谓西凉则当代所书，西秦则他邦所录也。朱氏考刘昞仕北时所撰《敦煌实录》即西凉史，与《史通》云当代所书，至为契合。至西秦史，则朱氏引《史通》之言，复考之曰：“据此，则西秦之史盖为他邦所录。岂其国无记注耶？抑亡于赫连氏耶？考《魏书·段承根传》：‘承根父晖为乞伏炽磐辅国大将军、凉州刺史、御史大夫、西海侯。炽磐子慕末袭位，国政衰乱。晖父子奔吐谷浑，旋归国。承根好学，机辩有文思。司徒崔浩见而奇之，以为才堪著述，言之世祖，请为著作郎，引与同事。’据此，则西秦史事，盖由承根在魏传述，崔鸿据之以为《西秦录》耳。”此说颇具妙悟。然承根为著作郎，所撰何史，传未明言，遽谓必纪乞伏，崔鸿因而据之，尚无坚证。

段龟龙记吕氏

昌案：《十六国旧史考》：“《隋书·经籍志》：‘《凉记》十卷，记吕光事，伪凉著作佐郎段龟龙撰。”案：《十六国春秋·后凉录》：‘吕光麟嘉三年，著作郎段业作《表志诗》、《九叹》、《七讽》十六篇。光览而悦之。’则段业、段龟龙同为光史官，业为著作郎，龟龙为著作佐郎可证。吕光龙飞二年，沮渠男成等推业为大都督、龙骧将军、凉州牧、建康公，叛吕光，故《隋书·经籍志》谓：‘梁有《段业传》一卷，亡。’盖即记其事也。”章宗源《〈隋书·经籍志〉考证》卷四:“《初学记》……引段龟龙《凉记》三事,(或作《西凉记》,或作《凉州记》。)《艺文类聚》诸书所引亦或作《凉州记》。”

宗钦记沮渠氏

昌案:《十六国旧史考》:“《隋书·经籍志》:‘《凉书》十卷,沮渠国史。’不著撰人。又:‘《凉书》十卷,高道让撰。’《史通·正史》篇:‘宗钦记秃发氏。’浦起龙《通释》改为‘宗钦记沮渠氏。’案:浦说是也。《魏书·宗钦传》:‘钦字景若,金城人也,少好学,有儒者之风,博综群言,声著河右;仕沮渠蒙逊,为中书郎、世子洗马,上《东宫侍臣箴》。世祖平凉州,入国,拜著作郎。钦在河西,撰《蒙逊记》十卷。’《魏书·高谦之传》:‘谦之字道让,专意经史,好文章,为国子博士,与袁翻、常景、郦道元、温子昇之徒,咸申款旧。以父舅氏沮渠蒙逊曾据凉土,国书漏阙,乃修《凉书》十卷,行于世。’……据此,《隋志》所称高道让乃谦之之字。所谓‘国书漏阙’者,姚振宗以为即指宗钦在河西时所撰之《蒙逊记》,疑非是。考《魏书·刘昞传》:‘蒙逊平酒泉,拜秘书郎,专管注记。’则昞亦尝为沮渠史官。《隋志》:‘《凉书》十卷,沮渠国史。’盖即为刘昞等所撰。考昞身仕西凉李氏、北凉沮渠氏,后终仕魏,则年已老矣。先为前凉张氏撰《凉书》十卷,为李氏撰《敦煌实录》十卷,复为沮渠氏撰沮渠国史十卷。国史非一人所撰,故不专书刘昞名耳。姚振宗又以沮渠国史即宗钦《蒙逊记》,亦非是。盖《隋志》所谓国史,即《高谦之传》所谓国书,皆指刘昞等所草国史言也。”(姚说见《〈隋书·经籍志〉考证》卷十四。)

失名记秃发氏

昌案:《十六国旧史考》:“《隋书·经籍志》:‘《托跋凉录》十卷。’不著撰人。案:《托跋凉录》即《南凉录》也。南凉秃发氏,盖托跋氏之音转。唐以前有重唇音,尢轻唇音,发,亦读如跋也。(昌案:此本钱大昕说,见《廿二史考异》卷三十四《隋书·经籍志》二条。)《十六国春秋·南凉录》称:‘秃发乌孤,河西鲜卑人。其先与后魏同出。(后魏托跋氏。)八世祖匹孤率其部自塞北迁于河西。匹孤卒,子寿阗立。初寿阗之在孕,母因寝而产于被中。鲜卑谓被为秃发,因而氏焉。'窃谓此盖后起附会之词。本为托跋氏,音译或为秃发氏耳。故此《托跋凉录》即秃发凉录。史官盖犹能知其得姓之源,故直称秃发为托跋也。(《北魏书·序纪》称:"魏为黄帝后,黄帝以土德王。北俗谓土为托,谓后为跋。"案:此说亦为附会。盖鲜卑语被为秃发,实即托跋。产于被中,或即为其始祖之事,非寿阗也。)《史通·史官》篇:'南凉主乌孤初定霸基,欲造国纪,以其参军郭韶为国纪祭酒,使撰录时事。'又《正史》篇:'段龟龙记吕氏,宗钦记秃发氏,韩显宗记吕(吕字衍。)冯氏,唯此三者可知,自余不详谁作。'浦起龙《史通通释》改'宗钦记秃发氏'一句为'宗钦记沮渠氏,失名记秃发氏',注云:'本有四种,其一失名,故云三者。'案:浦氏改宗钦记沮渠,其说是也,其他则非。《魏书·宗钦传》:'钦在河西,撰《蒙逊记》十卷。'则宗钦记沮渠,确有明证矣。惟浦氏谓失名记秃发,此为不辞,且亦未尝深考耳。《史通·史官》篇明言郭韶为《南凉国纪》,则此句当云郭韶记秃发,'唯此三者',原文当作'唯此四者'。因旧本宗钦下脱记沮渠三字,(昌案:当云脱记沮渠氏四字。)秃发上脱郭韶二字,仅存三者,故后人遂改四者为三者耳。至下文云:'自余不详谁作。'谓此四者外,如西秦及夏不知谁作耳;非谓此四者之中,段龟龙、宗钦、韩显宗三者可知,其余不知谁作也。然则《托跋凉录》十卷为郭韶所撰,无疑义矣。《南凉录》秃发乌孤太初三年条云:'梁昶、韩疋、张昶、郭韶,中州之才令。'然则郭韶在乌孤时为国纪祭酒,亦有征矣。"

韩显宗记冯氏

昌案:《十六国旧史考》:"《隋书·经籍志》:'《燕志》十卷。'注云:'记冯跋事,魏侍中高闾撰。'《史通·正史》篇则云:'韩显宗记冯氏。'考《魏书·韩麒麟传》:'麒麟,昌黎棘城人。子显宗撰冯氏《燕志》、《孝友传》各十卷。'而《高闾传》则不书撰《燕志》。浦起龙《史通》注谓显宗与闾合撰,亦无确证。案:北燕都龙城,昌黎尹即在龙城,其属县有棘城。然则韩氏家在北燕京畿。其撰《燕志》,亦具有故国之思。《隋志》不称韩氏《燕志》而称高氏《燕志》者,姚振宗《〈隋书·经籍志〉考证》谓:'《魏书·韩麒麟传》高祖谓显宗曰:"见卿所撰《燕志》,大胜比来之文。然著述之功,我所不见，当访之监令。”是显宗撰是书，高闾监其事。本志以监令者为主，故归之高闾。《史通》纪实，故称显宗。’其说亦可通。”

魏世黄门侍郎崔鸿乃考覈众家，辨其同异，除烦补阙，错综纲纪……都谓之《十六国春秋》……勒为一百二卷。

昌案：《隋书·经籍志》：“《十六国春秋》一百卷，魏崔鸿撰。”又：“《纂录》一十卷。”姚振宗《〈隋书·经籍志〉考证》卷十四云：“按：此系《十六国春秋》之后，明是纂录其书，特不知出于何人耳。”《四库提要》卷六十六：“《十六国春秋》一百卷，旧本题魏崔鸿撰，实则明嘉兴屠乔孙、项琳之伪本也。鸿作《十六国春秋》一百二卷，见《魏书》本传，《隋志》、《唐志》皆著录。宋初李昉等作《太平御览》犹引之，《崇文总目》始佚其名，晁、陈诸家书目亦皆不载，是亡于北宋也。万历以后，此本忽出，莫知其所自来。证以《艺文类聚》诸书所引，一一相同，遂行于世。论者或疑鸿身仕北朝，而仍用晋、宋年号。今考刘知幾《史通·探赜》篇曰：‘鸿书之纪纲，皆以晋为主。亦犹班《书》之载吴、项，必系汉年；陈《志》之述孙、刘，皆宗魏世。’乔孙等正巧附斯义，以售其欺。所摘未中其疾。惟《魏书》载鸿子子元奏称：‘刊著赵、燕、秦、夏、凉、蜀遗载，为之赞序。’而此本无赞序。《史通·表历》篇称：‘晋氏播迁，南据扬、越；魏宗勃起，北雄燕、代。其间诸伪，十有六家，不附正朔，自相君长。崔鸿著表，颇有甄明。’而此本无表。是则检阅偶疏，失于弥缝耳。然其文皆联缀古书，非由杜撰。考十六国之事者，固宜以是编为总汇焉。”又：“别本《十六国春秋》十六卷，旧本亦题崔鸿撰，载何镗《汉魏丛书》中。其出在屠乔孙本之前，而亦莫详所自。十六国各为一录，惟列僭伪之主五十八人；其诸臣皆不为立传，全为载记之体。其非一百二卷之旧，已不待言。证以《晋书》载记，大致互相出入，而不以晋、宋纪年，与《史通》所说迥异。岂好事者摭类书之语，以《晋书》载记排比之，成此伪本耶？然考《崇文总目》有《十六国春秋略》二卷，不著撰人名氏。司马光《通鉴考异》所引诸书，亦有《十六国春秋钞》之名，则或属后人节录鸿书，亦未可定也。”（全祖望《鲒埼亭集》外编卷四十三《答史雪汀问十六国春秋书》、钱大昕《十驾斋养新录》卷十三、王鸣盛《十七史商榷》卷五十二皆尝辨今传崔书之伪，而持论不如《提要》之平恕。）余嘉锡《四库提要辨证》卷七“《十六国春秋》”条云：“案：尤袤《遂初堂书目》伪史类有此书，则不得谓之诸家书目不载。尤即南宋初人，亦不得谓之亡于北宋也。……全氏所考证，与《提要》多先后暗合，至其……均以今本无年表，断为作伪之据，则似有未尽然者。《北史》鸿本传云：‘刘元海等并因世故，跨僭一方，各有国书，未有统一。鸿乃撰为《十六国春秋》，勒成百卷，因其旧记，时有增损褒贬。稽以长历，考诸旧志，又别作《序例》一卷、《年表》一卷，凡一百二卷。’《魏书》本传载鸿表亦云：‘臣又别作《序例》一卷，《年表》一卷。’《隋书·经籍志》：‘《十六国春秋》一百卷，魏崔鸿撰。’新、旧《唐志》作一百二十卷。十字盖误衍。（周中孚说。昌案：《郑堂读书记》卷二十六。）然则鸿书本百卷，《序例》、《年表》别行，《隋志》著录者是也。合之则为一百二卷，新、旧《唐志》著录者是也。今本作一百卷，盖辑者自附于《隋志》著录之本。其书本无《年表》，恶得以此为作伪之据？若必求一百二卷之本，则今本尚缺《序例》，又岂仅《年表》云尔耶？”又曰：“刘知幾谓鸿书之纪纲以晋为主者，谓如《刘渊传》云：‘遂以晋永兴元年建元元熙，国号曰汉。’《刘曜传》云：‘遂以晋太兴元年僭即皇帝位。’之类是也。盖犹以晋为天下之共主。故知幾比之班《书》之系汉年，陈《志》之宗魏室。辑书者能顾虑及此，故《提要》以为巧附斯义，以售其欺。至于纪各国之事，自当用其本国之纪年，名从主人，更无疑义。”又曰：“考吴寿旸《拜经楼题跋记》卷二载其父吴骞语云：‘按：屠乔孙等《十六国春秋序》自谓辑录陈编，原未尝作伪欺人，如於陵子、天禄阁外史之比也。’（昌案：观此，则章宗源《〈隋书·经籍志〉考证》卷四直称此书为‘明人辑本’，可谓有识也。）屠序今未见，不知其说云何。果如吴氏之言，则于此书尚何讥焉。”金毓黻《中国史学史》第四章曰：“世所传《十六国春秋》一百卷，经清代考定，为明人屠乔孙、项琳、姚士粦辈之伪作。今细检之，乃取《晋书》张轨、李暠（原作李玄盛。）两传及载记三十卷之专详十六国事者，并《艺文类聚》、《太平御览》读书所引《十六国春秋》佚文，一一砻录，联缀而成一编，摭拾略备，用心颇苦。惟《魏书》所叙十六国事，其文不必悉同崔书，而作伪者亦为采入，则缪妄之尤者也。”又曰：“唐修《晋书》，兼引十六国史而撰三十载记，《史通》已言之矣。(《正史》篇。)其所采者,固以崔书为多,然亦兼采各国史之原作。汤球辑本以《汉魏丛书》之简本《十六国春秋》为主,而以《晋书》张、李两传及载记全文补足之。其中有与诸书所引不同者,再据以改正之。球谓《晋书》载记所叙十六国事实采崔书而成,尚无大误。然遽谓载记之文即同于崔书,一一录出,以为不异原作,虽异乎屠氏之作伪,亦不免失于武断矣。《隋志》于《十六国春秋》下附载《纂录》一十卷,未注为何氏之作。汤球谓即《汉魏丛书》著录之简本,(凡十六卷。)由后人摘录崔书而成。校以《通鉴考异》所引,悉与此同,则所称《十六国春秋钞》者,即此本也。又据北齐《修文殿御览·偏霸部》所载,亦悉与简本相同,遂名是书曰《十六国春秋纂录》,并改订十六卷为十卷,以蕲合《隋志》之数,是亦可谓史学界之一发见矣。”

浩坐此夷三族

昌案:崔浩被祸之由,前史盖有异说。《宋书·柳元景传》:“元景从祖弟光世。……光世姊夫伪司徒崔浩,虏之相也。元嘉二十七年,虏主拓跋焘南寇汝颍,浩密有异图。光世要河北义士为浩应。浩谋泄被诛,河东大姓坐连谋夷灭者甚众。”《魏书·卢玄传》:“浩大欲齐整人伦,分明族姓。玄劝之曰:‘夫创制之事,各有其时。乐为此者,讵几人也?宜其三思。’浩当时虽无异言,竟不纳。浩败颇亦由此。”后说盖得其实。修史获罪,特其表征。故《通鉴》卷一百二十五记此事本《魏书》,并载高允奏对云:“浩之所坐,若更有余衅,非臣所知;若直以触犯,(胡三省注:“触犯,谓直书国恶,不为尊者讳也。”)罪不至死”也。

其所变易甚多

昌案:赵翼《陔馀丛考》卷七“《魏书》”条:“收在魏末即因高澄奏修国史,迄齐文宣时始成。众口沸腾,号为秽史,文宣敕《魏书》且勿施行。此收初成之本也。孝昭帝又诏收更加研审,收奉诏,颇有改正,于是《魏书》遂行。此收初改之本也。武成帝又敕收更审。收更有回换,遂为卢同立传;先特为崔绰立传,至是,绰反附出;而《杨愔传》又增‘有魏以来,一家而已’八字。(昌案:《北齐书·魏收传》:“杨愔家传本无‘有魏以来,一门而已’，至是，加此八字。”《北史·魏收传》本无作本云，宋本《北齐书》亦作本云，今《魏书·杨愔传》亦无此八字，知通行殿本《北齐》之文，乃后之校史者至此不得解，而妄改云为无也。钱大昕于此尝加考释，见《廿二史考异》卷四十“《北史·魏收传》”条。赵氏于此，亦仍误本以为说耳。）此收再改之本也。后主纬天统五年，以魏收为尚书右仆射。武平四年，又诏史馆更撰《魏书》。按《魏书》，李纬改作李系，盖以后主讳故避之，则知后主时又经修改。此又收三改之本也。（昌案：李正奋《魏书源流考》云：‘《陔馀丛考》谓此次易稿，亦出收手。考《北齐书》收本传，收卒于武平三年，谥文贞。史文昭昭，安有易稿于四年之理？赵氏亦懵矣哉！’李文所考甚详，繁不能录，然学者所宜参阅也。）然则《魏书》在收已四易稿，而其书尚芜杂若此，信乎，作史之难也！”

由是世薄其书，号为秽史

昌案：魏收《书》颇为子玄所薄，亦见《书志》、《称谓》、《叙事》等篇。赵翼《廿二史札记》卷十二“魏《书》多曲笔”条云：“魏收仕于北齐，修史正在齐文宣时，（高洋。）故凡涉齐神武（高欢。）在魏朝时事，必曲为回护。如《孝庄纪》建义元年书齐武献王（高欢先谥。）与于晖等大破羊侃于瑕邱。（《北史》不书。）二年书齐武献王与上党王天穆大破邢杲于济南，杲降送京，斩于都市。（《北史》不书。）《前废帝纪》普泰元年书齐武献王以尔朱荣逆乱，兴义于信都。（《北史》不书。）又《尔朱荣传》内书河阴之役，荣欲篡立，齐武献王及司马子如劝止之，乃仍奉庄帝。（《北史》谓刘灵助劝止之，而不及高欢等。）此皆深著齐神武之功也。孝武西迁为西魏，神武立孝静帝为东魏，则于西魏之君臣率多贬词。孝武之殂，则书宇文黑獭（即宇文泰。）既害出帝，（即孝武帝。）乃以南阳王宝炬僭尊号。（即文帝。）斛斯椿随入关，《北史》载其死后家无余资，而魏收《书》则谓其狡狯多事，好乱乐祸，朝野莫不疾之。贺拔胜自魏奔梁，又自梁归西魏，感梁武之德，见鸟之南飞者，亦不忍射。玉壁之战，追逐齐神武，几获之。《北史》谓其‘垂翅江左，忧魏室之危亡；奋翼关西，感梁朝之顾遇’，是固君子人也。魏收《书》则谓其好行小数，志大胆薄，周章南北，终无所成，致殁于贼中。此皆以其仕于西魏，故肆为诋訾。当时已谓其党齐毁魏，褒贬肆情，则其曲笔可知也。至《孝静帝纪》历叙高澄无礼于帝，及帝逊位于齐文宣时，与宫嫔泣别，乘一犊车而去，后文宣行幸，常以帝自随，竟遇酖而崩等语。按：魏收修书，正在文宣时，方谄齐之不服，岂敢直书其事？此必非收原本，乃后人取《北史》之文以足之。惟《后妃传》内孝静帝后高氏，本神武之女，文宣妹也，而书帝崩后下嫁杨遵彦，亦似略无忌讳。故《丛考》前编谓非收原本。（昌案：见《陔馀丛考》卷七'魏收书有后人所补者'条。）今细按之，正见收之谄附遵彦，欲以见其联姻帝室之荣。则此卷实系收《书》，非钞《北史》之文也。遵彦，杨愔字也。史家书名不书字，今独书其字，尤见其谄愔而不敢书名也。然则收之《书》趋附避讳，是非不公，真所谓秽史也。"考秽史之称，具于本传，颇征事例，以致讥弹。《四库提要》卷四十五"《魏书》"条欲为平反，即据收传所载诸事，加之辩解，而所说未能持之有故，言之成理，复为余嘉锡《辨证》所驳斥，故兹但引赵说以证子玄之言。

至隋开皇，敕著作郎魏澹与颜之推、辛德源更撰《魏书》，矫正收失。

昌案：《隋书·魏澹传》载其作史义例略云："其一曰讳皇帝，称太子字；其二曰：昭明、道武、献明三世称谥；其三曰：太武、献明并皆非命，分明直书，不敢回避；其四曰：诸国凡处华夏之地者，皆书曰卒；五曰：纪传之体，出自《尚书》，不学《春秋》。澹又以为丘明发扬圣旨，言君子曰者，无非甚泰，其间寻常，直书而已。今所撰史，窃有慕焉。可为劝戒者，论其得失；其无损益者，所不论也。"（据章宗源《〈隋书·经籍志〉考证》卷一节引。）

又案：本书《杂说下》篇："夫以暴易暴，古人以为嗤。如彦渊之改魏收也，以非易非，弥见其失矣。而撰《隋史》者，称澹大矫收失者，何哉?"由此可以推见本篇下文所云："今世称魏史者，犹以收本为主。"及澹本终就亡佚之故。

澹以西魏为真，东魏为伪。

昌案：姚振宗《〈隋书·经籍志〉考证》卷十一云："魏收仕东魏，入北齐，北齐承东魏之后，故据其统系以东魏为主。魏澹仕周，入隋，隋承周，周承西魏，故亦据其递嬗以西魏为主。斯皆因其时世而各为其是焉。”周一良《魏收之史学》于此事论之尤详，其说曰：“《魏书》体例最为后世所讥者，以东魏为正统也。……六朝南北对峙，各以本朝为正统。……惟魏分东西，于是北朝之中又自有正统之争。隋得天下，受之于周，周又受之于西魏。故隋文帝始谓收《书》不当，命人改撰，以正统属诸西魏，欲以明隋所受之正而已。唐高祖受禅于隋，而唐之先世仕于西魏及周，又为八柱国之一，故唐初史臣大抵偏袒北朝，尤右西魏及周。李延寿修南、北《史》，《南史》本纪于魏、周、隋改元皆书，齐之改年则否。魏、周诸帝书崩，而齐帝书殂。高欢、宇文泰之薨皆书于《南史》，而泰独不名。《北史》纪中书法亦右周而左齐，盖当时风习使然也。魏收身仕齐朝，奉敕修史，固非闭门著书，不求问世之比。试思处收之时，居收之位，欲斥北齐所承之东魏，而尊宇文泰所拥之西魏，虽直笔如董狐、南史，亦知势有所不行矣。后人朝代既隔，不为时势所拘，尊东尊西，固可以公意为准。然王应麟尝云：‘宇文泰弑君之罪甚于高欢之逐君，乃以周公自拟，亦一莽也。’（《困学纪闻》一三。）钱大昕谓：‘此是公论。善见欢所立，宝炬泰所立，强名为君，政之不由元氏久矣。后儒必左袒关西，非持平之论。’（《潜研堂文集》一二，《答问》九。）如《太平御览》以北魏、后周入《皇王部》，宋、齐、梁、陈、北齐入《偏霸部》，钱氏谓：‘宋初距唐已远，而犹徇唐人偏党之私，益为无谓。’徇唐人之私而尊周，已为无谓，因尊周而必尊西魏，不尤可哂乎？刘知幾于《魏书》讥评备至，然其《史通·称谓》篇止论其‘僭晋’、‘岛夷’诸称之任情，不及尊东魏为正统事，能自拔于时人偏私之见，洵有识已。自后之人，能原收之心，设身处地为之计，而谅其所为者，惟清章学诚、吴兰修三数人而已。（见刘氏嘉业堂刊《章氏遗书》外编一《信摭》及《学海堂集》七吴兰修《魏收〈魏书〉跋》。）古人所谓知人而论世者，信史家之权衡也。”

初，太宗以梁、陈及齐、周、隋氏并未有书，乃命学士分修……始以贞观三年创造，至十八年方就，（昌案：十字乃衍文，说见前。）合为五代纪传，并目录凡二百五十二卷。书成，下于史阁。唯有十志，断为三十卷……太宗崩后，刊勒始成。其篇第虽编入《隋书》，其实别行，俗呼为五代史志。

昌案：赵翼《陔馀丛考》卷六“梁陈齐周隋五史凡三次修成”条：“《旧唐书》：令狐德棻谓高祖曰：近代以来，多无正史。梁、陈、齐犹有文籍。周、隋遭大业离乱，多有遗缺；宜及今耳目犹接，及早修之。高祖乃诏萧瑀、王敬业、殷闻礼修魏史，陈叔达、令狐德棻、庾俭修周史，封德彝、颜师古修隋史，崔善为、孔绍安、萧德言修梁史，裴矩、祖孝孙、魏徵修齐史，窦琎、欧阳询、姚思廉修陈史。此第一次修史也。瑀等受诏，历数年，不就而罢。贞观三年，太宗又诏令狐德棻、岑文本修周史，李百药修齐史，姚思廉修梁、陈史，魏徵修隋史，与房元龄总监诸史。众议以《魏书》有魏收、魏澹二家，遂不复修。德棻又奏引崔仁师佐修周史，而徵与德棻又总知梁、陈各史。《隋史》序论皆徵所作。《梁》、《陈》、《齐书》，徵又各有总论。此第二次修史也。李延寿《自序》云：贞观十七年，褚遂良以《隋书》十志未就，奏延寿佐修。其时梁、陈、周、齐、隋正史虽已成书，以十志未就，尚未颁行。而延寿《南北史》已讫事，遂先表上。则《隋志》之成，又在延寿进呈《南北史》之后。按《旧唐书》：高宗显庆元年五月，长孙无忌等进史官所撰梁、陈、周、齐、隋五代史志三十卷。此第三次修史也。”赵氏述唐初修史事，视子玄为悉。高祖时诏修六代史事，《史通》不之及，岂以其无功遂略之欤？（《旧唐书·赵弘智传》称其武德初预修六代史，即并魏史计之。后去魏史不修，故但称五代史。）

又案：《四库提要》卷四十五“《隋书》”条：“其十志最为后人所推，而或疑其失于限断。考《史通·古今正史》篇……云云，是当时梁、陈、齐、周、隋五代史本连为一书，十志即为五史而作，故亦通括五代。其编入《隋书》，特以隋于五史居末，非专属隋也。后来五史各行，十志遂专称《隋志》，实非其旧。乃议其兼载前代，是全不核始末矣。”《陔馀丛考》卷九“《隋志》应移南、北《史》之后”条亦云：“陈寿《三国志》、习凿齿《汉晋春秋》皆无志，（昌案：习氏《春秋》乃编年史，何能有志？此语失检甚矣。）故沈约《宋书》志并前代所阙者补之。《南北史》亦但有纪、传，无表、志。《隋书》诸志则兼载梁、陈、周、齐各朝制度。盖唐初修梁、陈、周、齐、隋五代史时，若每史各系以志，未免繁琐。且各朝制度，多属相同，合修一书，益可见沿革之迹。故梁、陈、周、齐但作纪、传，而志则总列之于《隋书》也。”（以下论《隋志》应移《南北史》之后，其说迂缪，周中孚《郑堂札记》卷二尝加弹射，今不录。又《札记》卷一云：“近人援引《隋志》，辄曰五代志某志，以骇人观听，盖不知反袭唐之俗称耳。”）

疑古第三

陈汉章曰：“此篇所谓古，实皆言今也。唐初君臣、父子、兄弟间多见惭德，刘氏身为臣子，不敢昌言，乃假古以切今，实惩前而毖后。……不善读者，徒执所疑，封其所见，又从而扬其波，拾其唾。卮言日出，变本加厉，又为刘氏之罪人，误人而实自误。今一一以唐事证之，可见刘氏之疑，非古事矣。”

昌案：浦起龙已谓疑古之作，乃子玄讥切新莽以迄李唐嬗代之事，“所伤在二姓改玉之交，所影皆九锡升坛之套。其意盖曰：古圣且蒙疑谤，此事谁容受欺？”钱大昕则谓《史通》全书，皆不满当时史局而作，“但以祖宗敕撰之本，辄加弹射，又恐谗谤取祸，遂于迁、固已降，肆意诋娸，甚至疑古惑经，诽讥上圣，阳为狂易侮圣之辞，以掩诋毁先朝之迹，耻巽辞以谀今，假大言以蔑古，寘诸外篇，窃取庄生《盗跖》之义。”（《十驾斋养新录》卷十三“《史通》”条。又黄本骥《痴学》卷七《信古录》亦袭竹汀之说而张皇之，于本篇诸条，逐一驳难，自诩为“子元诤友，《史通》功臣”。然拘执儒言，不通史学，由今观之，殆无足取。因附识于此，不更录焉。）其说皆陈氏之先河。然稽之本书，浦氏之言，既无显证；而子玄不满当时史局，既见《自叙》，复著《忤时》专篇，且其于唐初敕撰六史，亦复绳愆纠缪，称心而谈，绝无避忌。如《杂说中》篇于新《晋书》之多采妄说，则斥曰：“以此书事，奚其厚颜？”于五代史之择焉不精，则断言：“以实为虚，以非为是。”诸如此类，实繁有徒。则钱氏之说，亦不攻自破矣。浦、钱之意，不过欲为子玄疑古惑经之论曲为开脱耳。不思群经、诸子于上古史事，原多异说，儒家虽尝加以整齐弥缝，而矛盾之迹，犹有难以遽掩者。王充作《论衡》，于《书虚》、《语增》、《儒增》、《艺增》诸篇，亦已有所穿穴揭发。子玄生世，适在汲冢群书出土之后，思想又深受仲任之启示，则其著为此论也固宜；而为之开脱者，乃转属俗儒之见，未足以语夫子玄之史识也。至陈氏之言，用意又与浦、钱小异。浦、钱但欲为子玄开脱，陈氏则尤重在陈古以刺今，其所谓不善读者，刘氏之罪人，盖阴指《古史辨》派而言。（《史通补释》成于丁卯（1927年），正大禹为虫之说甚嚣尘上之日也。）故其"所谓古实皆言今"之语，适可谓夫子自道也。

仲虺、周任之言，史佚、臧文之说。

昌案：伪古文《尚书》有《仲虺之诰》。孔疏："汤归自伐夏，至于大坰之地。其臣仲虺作诰以诰汤。史录其言，作仲虺之诰。"又云："诰，谓于会同（同字据校勘记增。）之所，设言以诰众。"《左传》隐六年及《论语·季氏》篇均引周任之言。《左传》杜注："周任，周大夫。"《论语集解》引马融云："周任，古之良史。"《史记·晋世家》引史佚之言，盖周成王史。胡应麟《少室山房笔丛》卷十三及严可均《全上古三代文》卷二均以为即尹逸。《汉书·艺文志》墨家有《尹逸》二篇，班氏自注云："周臣，在成、康时也。"《国语·鲁语》："鲁先大夫臧文仲，其身没矣，其言立于后世。此之谓死而不朽。"《左传》襄二十四年略同。《左传》庄公迄文公屡引臧文仲之言。

及左氏之为传也，虽义释本经，而语杂它事，遂使两汉儒者，嫉之若雠。

昌案：两汉今文诸博士之摈抑《左氏》，实缘门户有别，利禄相妨。其所持论不过谓其书不传《春秋》，且无师授而已。子玄以为嫉之若雠，乃缘语杂它事，未详所本。考《后汉书·范升传》称：升尝"奏《左氏》之失凡十四事。时难者以《太史公》多引《左氏》，升又上《太史公》违戾五经，缪孔子言，及《左氏春秋》不可录三十一事"。或子玄所据，乃汉儒争立博士时今文家排抵《左氏》之言，如升所上奏之类也。

《家语》兼陈事业

昌案：子玄不知《孔子家语》乃王肃伪作，故有是言。《家语》之伪，清范家相《孔子家语辨伪》及孙志祖《孔子家语疏证》考之详矣。

然则上起唐尧，下终秦穆，其书所录，唯有百篇，而《书》之所载，以言为主，至于废兴行事，万不记一。……故令后人有言，唐、虞以下，帝王之事，未易明也。

昌案：《汉书·司马迁传赞》："自古书契之作，而有史官，其载籍博矣。至孔氏籑之，上继唐尧，下讫秦缪。唐、虞以前，虽有遗文，其语不经。故言黄帝、颛顼之事，未可明也。"子玄盖用此文而更变其意。盖孟坚本谓唐、虞以前无书，故其事未可明，非谓《书》不记事，故其时事未易明也。

案《论语》曰："君子成人之美，不成人之恶。"

昌案：《颜渊》篇文。

又曰："成事不说，遂事不谏，既往不咎。"

昌案：《八佾》篇文。

又曰："民可使由之，不可使知之。"

昌案：《泰伯》篇文。

虽口不能言

昌案：《文选》贾谊《鹏鸟赋》："口不能言，请对以臆。"

且《论语》有云："舜举咎繇，不仁者远。"

昌案：《论语·颜渊》篇载子夏曰："舜有天下，选于众，举皋陶，不仁者远矣。"

案《汲冢琐语》云："舜放尧于平阳。"而《书》云某地有城，以囚尧为号。

而下，卢文弨曰："疑有脱字。"某，何焯改其。

昌案：罗泌《路史·发挥》卷五引此文亦作《琐语》。《史记·五帝本纪》《正义》引《括地志》云："故尧城在濮州鄄城县东北十五里。"《竹书》云："昔尧德衰，为舜所囚也。"又有偃朱故城在县西北十五里。《竹书》云："舜囚尧，复偃塞丹朱，使不与父相见也。"道宣《广弘明集》卷十一释法琳对傅奕废佛僧事亦引《汲冢竹书》云："舜囚尧于平阳，取之帝位，今见有囚尧城。"据此，而《书》云当作而《竹书》云，盖脱一竹字也。某地，当从何校作其地，谓平阳。

人风婐划

浦起龙曰："谓文身。"

昌案：胡玉缙《四库全书总目提要补正》卷二十六"《史通》"条引李详《愧生丛录》云："《魏都赋》：'风俗以韰果为婳。'李善注：'《方言》曰："惈，勇也。"果与婐古字通。《说文》曰："婳，静也。"'案：子玄所云，本于《魏都》，传写数经，字画小异。浦氏指婐划为文身，误矣。"（审言此条首云："刘知幾熟精《文选》，或用其成句，或檃括其语，浦氏《通释》有不能尽知出处者，予略为证之。"所疏证凡二十事，然笺校诸家亦具言之，今不更取。惟此条所论，视他为详，因录之云尔。）

虽使百金之子，犹惮经履其途。

昌案：《史记·越王勾践世家》："千金之子，不死于市。"《文选》鲍照《咏史》诗："百金不市死。"

若夏桀放于南巢。

昌案：《史记·夏本纪》《正义》："《括地志》云：'庐州巢县有巢湖，即《尚书》成汤伐桀，放于南巢者也。'《淮南子》云：'汤败桀于历山，与妹喜同舟浮江，奔南巢之山而死。'"

周王流彘

昌案：《国语·周语上》篇："厉王虐，国人谤王。……王怒，得卫巫，使监谤者。以告，则杀之。国人莫敢言，道路以目。……三年，乃流王于壴。”韦昭注：“壴，晋地，汉为县，属河东，今曰永安。”

孔父截翦浮词，裁成雅诰。

昌案：《文心雕龙·镕裁》篇：“翦截浮词谓之裁。”

称周之盛也，则云：三分有二，商纣为独夫。

昌案：《论语·泰伯》篇：“三分天下有其二，以服事殷，周之德，可谓至德也已矣。”《尚书·泰誓下》篇：“独夫受洪惟作威。”伪孔《传》：“言独夫，失君道也。”《荀子·议兵》篇亦引《大誓》“独夫纣”之文。

语殷之败也，又云：纣有臣亿万人，其亡流血漂杵。

昌案：《尚书·泰誓上》篇：“受有臣亿万，惟亿万心；予有臣三千，惟一心。”又《武成》：“甲子昧爽，受率其旅若林，会于牧野，罔有敌于我师。前徒倒戈，攻于后，以北，血流漂杵。”《孟子·尽心下》篇：“孟子曰：‘尽信《书》，则不如无《书》。吾于《武成》，取二三策而已矣。仁人无敌于天下，以至仁伐至不仁，而何其血之流杵也？’”

故子贡曰：桀、纣之恶不至是，君子恶居下流。

昌案：《论语·子张》篇：“子贡曰：‘纣之不善，不如是之甚也。是以君子恶居下流，天下之恶皆归焉。’”

既而合谋二叔，徇节三监。

昌案：《尚书·蔡仲之命》：“惟周公位冢宰，正百工，群叔流言，乃致辟管叔于商；囚蔡叔于郭邻，以车七乘；降霍叔于庶人，三年不齿。”《史记·周本纪》：“成王少，周初定天下，周公恐诸侯畔，周公乃摄行政当国。管叔、蔡叔群弟疑周公，与武庚作乱畔周。周公奉成王命，伐诛武庚、管叔，放蔡叔。”郑玄《诗邶鄘卫谱》：“庶殷顽民被纣化日久，未可以建诸侯，乃分其地置三监，使管叔、蔡叔、霍叔尹而教之。”知三叔即三监之尹也。诸书多云二叔者，《蔡仲之命》伪孔《传》谓霍叔“罪轻”，故略其名。

季氏之伐颛臾也

昌案:《论语·季氏》篇:"季氏将伐颛臾。冉有、季路见于孔子曰:'季氏将有事于颛臾。'孔子曰:'求,无乃尔是过与?夫颛臾,昔者,先王以为东蒙主,且在邦域之中矣,是社稷之臣也,何以伐为?'"邢疏:"此章论鲁卿季氏专恣征伐之事也。"

夫天无二日,地惟一人。

昌案:《孟子·万章上》篇引孔子曰:"天无二日,民无二王。"《礼记·曾子问》、《坊记》引均作"土无二王",即子玄次句所从出。

孔氏述其传疑

昌案:《穀梁传》桓五年:"《春秋》之义,信以传信,疑以传疑。"范注:"明实录也。"

惑经第四

生人已来,未之有也。

昌案:《孟子·公孙丑上》篇:"自生民以来,未有孔子也。"子玄避唐太宗讳,改民为人。

钻仰不及

昌案:《论语·子罕》篇:"仰之弥高,钻之弥坚。"《集解》:"言不可穷尽。"

然则尺有所短,寸有所长。

昌案:《楚辞·卜居》:"夫尺有所短,寸有所长。"

睹仲由之不悦,则矢天厌以自明。

昌案:《论语·雍也》篇:"子见南子,子路不悦,夫子矢之曰:'予所否者，天厌之！天厌之！'”

答言偃之弦歌，则称戏言以释难。

昌案：《论语·阳货》篇：“子之武城，闻弦歌之声。夫子莞尔而笑曰：‘割鸡焉用牛刀？’子游对曰：‘昔者，偃也闻诸夫子曰：“君子学道则爱人，小人学道则易使也。”’子曰：‘二三子，偃之言是也。前言戏之耳。’”

恨不得亲膺洒扫，陪五尺之童。

昌案：《汉书·董仲舒传》：“是以仲尼之门，五尺之童，羞称五伯。”

抚四科之友

昌案：《论语·先进》篇：“德行：颜渊、闵子骞、冉伯牛、仲弓；言语：宰我、子贡；政事：冉有、季路；文学：子游、子夏。”邢疏：“夫子门徒三千，达者七十有二；而此四科惟举十人者，但言其翘楚者耳。”

傥梁木斯坏

昌案：《礼记·檀弓上》篇：“孔子蚤作，负手曳杖，消摇于门，歌曰：‘泰山其颓乎！梁木其坏乎！哲人其萎乎！’既歌而入，当户而坐。子贡闻之，曰：‘泰山其颓，则吾将安仰？梁木其坏，哲人其萎，则吾将安放？夫子殆将病也。’……盖寝疾七日而没。”

敢效接舆之歌

昌案：《论语·微子》篇：“楚狂接舆歌而过孔子曰：‘凤兮，凤兮，何德之衰？往者不可谏，来者犹可追。已而，已而，今之从政者殆而！’孔子下，欲与之言；趋而辟之，不得与之言。”

辄同林放之问

昌案：《论语·八佾》篇：“林放问礼之本。子曰：‘大哉问！礼，与其奢也，宁俭；与其易也，宁戚。’”

直道而行

昌案:《论语·卫灵公》篇:“斯民也,三代之所以直道而行也。”

躬为枭獍

昌案:《汉书·郊祀志》:“祠黄帝,用一枭、破镜。”注引孟康曰:“枭,鸟名,食母。破镜,兽名,食父。黄帝欲绝其类,使百吏祠皆用之。破镜如貙而虎眼。”獍即破镜也。

不以毛嫱之面或有疵瑕

昌案:《庄子·齐物论》:“毛嫱丽姬,人之所美也。”《释文》:“毛嫱,古美人。一曰:越王美姬也。”

不以绵驹之歌时有误曲

昌案:《孟子·告子下》篇:“绵驹处于高唐而齐右善歌。”赵注:“绵驹,善歌者也。高唐,齐西邑,绵驹处之,故曰齐右善歌。”《三国志·吴志·周瑜传》:“瑜少精意音乐,虽三爵之后,其有缺误,瑜必知之,知之必顾。故时人谣曰:‘曲有误,周郎顾。’”

苟爱而知其丑,憎而知其善。

昌案:《礼记·曲礼上》篇:“爱而知其恶,憎而知其善。”

且案《汲冢竹书》,《晋春秋》及《纪年》之载事也……

《竹书》下,旧有与字,宋本作其字。浦起龙以与字为衍文,删去。卢文弨云:“其字似亦误,当作即,下及当作其。”顾广圻云:“其字最是,或作与者非。”

昌案:顾说是也。盖《竹书》者,尔时汲冢出土古籍之通称,以皆著之竹简,故曰《竹书》,而《琐语》及《纪年》则其中之二种也。《晋春秋》又《琐语》之一部分,故或称《琐语·晋春秋》,本篇其十一、十四两条即是如此。《六家》篇云:“《琐语》又有《晋春秋》,记献公十七年事。”尤明。《晋书·束晳传》所载《竹书》七十五篇之目，有《琐语》十一篇而无《晋春秋》，亦其证也。(《琐语》中尚有《夏殷春秋》，见本书《六家》篇。)

而《琐语·春秋》载鲁国闵公时事

昌案：《琐语》下，当据张鼎思本补晋字。

君弑而不以弑称

昌案：据上下文，句首夺一或字，当补。

静言思之

昌案：《诗·邶风·柏舟》又《卫风·氓》文。

岂夫子之墙数仞，不得其门者欤？

昌案：《论语·子张》篇载子贡曰："夫子之墙数仞，不得其门而入，不见宗庙之美，百官之富。得其门者或寡矣。"《集解》引包咸曰："七尺曰仞。"

而审形者少，随声者多。

昌案：应劭《风俗通义·正失》篇载刘向曰："世之毁誉，莫能得实。审形者少，随声者多。"王符《潜夫论·贤难》篇引谚曰："一犬吠形，百犬吠声。"

执我行人，郑弃其师，陨石于宋五。原注：其事并出《竹书纪年》，惟郑弃其(昌案：其字据别本增。)师出《琐语·晋春秋》也。

浦起龙曰："《纪年》二字恐误，今其书无此文也。"

昌案：今本《竹书纪年》乃宋以后人伪托，非晋时出土之本。清儒以迄近世学人考之详矣。陆淳《春秋啖赵集传纂例》卷一《赵氏损益义》篇引子玄长子贶所著书云："《纪年》序诸侯列会，皆举其谥。知是后人追修，非当世正史也。至如齐人歼于遂，郑弃其师，皆夫子褒贬之意，而《竹书》之文亦然。其书郑杀其君某，因释曰：是子亹。楚囊瓦奔郑，因曰：是子常。率多此类。别有《春秋》(昌案:当作《师春》。)一卷,全录《左氏传》卜筮事,无一字之异。故知此书按《春秋》经传而为之也。"《新唐书·子玄传附贶传》所载略同。郝懿行《晒书堂文集》卷三《竹书纪年通考》云:"今案:二书(昌案:谓《新唐书·贶传》及《史通》本篇。)所引《纪年》恐非也。杜预虽称其著书文意大似《春秋》经,(昌案:见《春秋经传集解后序》。)然无直用经文者,今略举三事证明之。一则襄王二十年书'周襄王会诸侯于河阳',《春秋》经书'天王狩于河阳';一则匡王六年书'晋灵公为赵穿所杀',《春秋》经书'晋赵盾弑其君夷皋';一则简王十三年书'晋厉公卒',《春秋》经书'晋弑其君州蒲',此其书法不同之尤者。若如前书所引,并直录今文,不更一字,与本书之体亦不合,疑皆经后人所羼也。"此不然子玄父子汲冢史书与《春秋》书法符同之说者。姑录于此,以俟更考。

而左丘明论《春秋》之义云:"或求名而不得,或欲盖而名彰。""善人劝焉,淫人惧焉。"

昌案:《左传》昭三十年,君子曰:"是故君子动则思礼,行则思义;不为利回,不为义疚。或求名而不得,或欲盖而名彰,惩不义也。"又曰:"《春秋》之称,微而显,婉而辨,上之人能使昭明,善人劝焉,淫人惧焉。"

故太史公曰:"孔氏著《春秋》,隐、桓之间则彰,至定、哀之际则微。为其切当世之文而罔褒讳之辞也。"

昌案:徐复《校勘学中之二重及多重误例》曰:"语见《史记·匈奴列传》。《索隐》云:'罔者,无也。谓其无实而褒之是也,忌讳当代故也。'此解实非。浦云:一本而罔二字倒。正是原本。罔字上属文字为句。《游侠列传》云'虽时扞当时之文罔。'亦以文罔连文,可证。又:褒通作裒,多也,谓多忌讳之辞也。此文夺忌字,当补。"考宋本、何焯校本罔字均在而字上,与徐校同。

语曰:"众善之,必察焉。"

昌案:《论语·卫灵公》篇:"子曰:'众恶之,必察焉;众好之,必察焉。'"

〔附录一〕

皮锡瑞《史通惑经篇书后》《师伏堂骈文》后编卷二

尼山一老，师表万世，论德在庶，施功无所，惟以述作之功，独冠帝王而上。《易》、《书》肇前古，不过编次其文；《诗》、《礼》创元公，亦非专精之业。繄维赤乌受命，获麟绝笔，褒讥一字，并非沿袭；斟酌四代，讵同钞胥。所见所闻，微言传于齐学；知我罪我，大义发于邹贤。盖《春秋》为万世作经，非为列邦作史，文成数万，其指数千。元圣缀学，不必皆为赤制；素王垂法，自当保以墨守。而学海既亡，陋同蠡测；经天之义，付之管窥。子元本是史才，未通经术，欲以据事直书之例，妄绳受命制作之书，何异北撤南辕，方枘圆凿。执萧何所造之律，疑皋苏之法乖；据洛下所推之义，诋羲和之算失。世无愚智，皆知不然。乃自《左氏》晚出，杜侯谬悠。治经者专诵鲁史之篇，习闻当阳之解，莫不以《左》义为经旨，以杜解为传意。譬之秦王不尊，但知穰侯之贵；汉帝充位，惟服魏操之威。卖饼大官，谬分轩轾；箴膏起废，不守师传。渡江以来，颛门业丧。宁道孔误，讳言服非。信传疑经，为日久矣。其说非子元所独，亦非瞀儒能解。说者或加曲护，或恣诋讥，皆未考其致惑之由，何能答其献疑之旨。今推本经义，详为辨释。褒贬之例，二传最明；臧否之文，《左氏》间具。行以直道，讵有曲笔？若郑、齐、楚三君皆以疾赴，遂没弑文，则以君臣大伦，非可忽视，弑逆重恶，不宜轻加。夫子身非史官，事未亲睹，岂得执此疑狱，断为铁案。至于反不讨贼，药不亲尝，乃以明臣子之重防，创非常之异义。赵盾书弑，本由董狐；许止之事，盖亦彰灼。凝脂漏网，比喻非伦。舠荼弑原属陈乞，灵缢实由楚比；阳生、观从，并非首恶。以此为惑，无乃大愚。善恶直书，史官之实录；贤者为讳，《春秋》之微辞。灭卫不书，河阳言狩，皆褒桓、文之霸绩，岂有向背之私情？若夫或书或不书，非所讳而讳，求之《公》、《穀》，庶得折衷。《左》既偏而不全，杜尤诞而难信。虎叛不记，子卒不名，晋葬，吴盟，邾止，齐败，斯皆谊重尊亲，内讳国恶。讵可执后世之史法，议至诚之大经？《春秋》属商，乃启西河之教；大义口授，必传东鲁之书。汲郡《纪年》，魏人所撰，当由师传有自，是以书法略同。杜氏《后序》昧于斯旨，以为当时旧史率同此法，夫子并不能自创义例，专袭此等旧文。因其所见殊偵，乃至非圣无法。子玄习于杜解，沿其谬说。则是马迁《史记》，豫袭班掾之辞；陈寿《国志》，先偷蔚宗之作。大可嗢噱，奚云厚诬？若夫公子阳生，《公羊》自有义例；许男围蔡，列国不乏重封。即有阙文，无伤大旨。《春秋》重义不重事，何必吹毛而索瘢？夫子撰不刊之书，为后王之则，非因周礼旧法，鲁策成文。故或大事而不书，或小事而必纪。其文有略有详，其例有正有变。杜作《集解》，执其僻说，谓经承旧史，史承赴告。圣人作经，乃事剿说，断烂朝报，故非诬辞。夫以万世之师，并无一书垂世，所定凡例，皆出周公。则四海儒林，应称西京之衮绣；八方俎豆，可祧东鲁之章缝。讵宜扬彼馀波，沿其哤缪？子元诋斥古义，分条虚美，其义仍不过以汲坟为信史，杜解为圣书。遂至追议龙蹲，大有傲睨之语；轻视凤德，遽加掎摭之词；驳孟子之名言，毁史公之精义。推崇孔子，率以为非；隆重《春秋》，更疑其失。意图翻案，弊在昧经。虽曰犷悍之言，端由沉溺之久。大惑不解，亟宜浴以兰汤；遗经独抱，愿与参夫笔削。子元往矣，何从释疑；后有达者，庶使无惑。

〔附录二〕

但焘《法通解惑》篇

唐刘子玄覃精名理，三为史官，拘牵时议，志不获展，退撰《史通》，探究本源，铨综得失。后有作者，望洋而已。独其《惑经》一篇，狃于一尊之见，不晓列国之情。夏虫语冰，贤者不免。余息肩沪渎，粗理旧业，闵夫前修未宏，肤受多谬，爰首著《解惑》一篇，以正刘氏因习之误。复有所得，不敢自秘。博雅君子，或不我罪也。

殷有天下，猜防列侯，销其兵器。其后周师迫坶野，藩服削弱，股肱失助。一战而独夫授首，崇朝而三州敉平。周惩其失，广封亲贤。大国占地五百里，小国占地百里。大国三军，小国一军。地丑力敌，日寻干戈。列国之势既成，一统之局遂破。仲尼取百二十国宝书作《春秋》，以纪述国政为主，犹今之国际公法成例及黄皮书也。《周官》小行人以万民之利害为一书，则国际私法成例之所昉也。刘氏守一尊之见，眯列国之情，怀疑莫展，君子无讥。刘氏曰："《春秋》之义，其所未谕者十有二。何者？赵孟以无辞伐国，贬号为人；杞伯以夷礼来朝，降爵称子。虞班晋上，恶贪贿而先书，楚长晋盟，讥无信而后列。此则人伦臧否，在我笔端；直道而行，夫何所让。奚为齐、郑及楚，国有弑君，各以疾赴，遂皆书卒？夫臣弑其君，子弑其父，凡在含识，皆知耻惧。苟欺而可免，则谁不谓然。且官为正卿，反不讨贼；地居冢嗣，药不亲尝，遂皆被以恶名，播诸来叶。以彼三逆，方兹二弑，躬为枭獍，则漏网遗名，迹涉瓜李，乃凝脂显录。嫉恶之情，岂其若是？其所未谕一也。"解之曰：王者之师，有征无战。孙子有言："善用兵者，屈人之兵而非战，拔人之城而非攻，毁人之国而不久。"征之近事，佳兵不祥，德意志以之丧师；兴绝继亡，美利坚因而称霸。《春秋》内诸夏而外夷狄。近世国际法学者谓：国际法者，仅可施于皙族耶教之邦，然其后于中华、日本、土耳其，亦许其预樽俎之列。时势既有推移，不容胶执也。若虞班晋上，恶贪贿而先书；楚长晋盟，讥无信而后列。斯乃葆国际之和平，重联盟之信义，非徒臧否人伦，同处士之横议。国际公法，不设惩戒之条；干涉内政，尤为举世所忌。国有篡弑，讨伐之责，臣子施之，何与外人？征之清事，载湉幽囚，康、梁泣血，衣带之诏，指天誓日。虽亦持之有辞，而列国不为之动。伍子胥有言："诸侯不为匹夫兴师。"洵国际之通例，非老生之常谭。刘氏见之，将谓凡在含识，率丧良知乎？吾知其不然也。赵盾之事，其本国史官宣之朝端，以近事言之，无异列在公报。职非辩护，岂容代其呼冤？许止果无逆迹，何不束身司败，以待公判；乃父骨未寒，亡命异国。国人皆曰可杀，匪徒迹涉瓜李。之二人者，被以恶名，何所逃罪？此足以解刘氏之惑者，一也。刘氏曰："明镜之照物也，妍蚩必露，不以毛嫱之面或有疵瑕，而寝其鉴也。虚空之传响也，清浊必闻，不以绵驹之歌时有误曲，而辍其应也。夫史官执简，宜类于斯。苟爱而知其丑，憎而知其善，善恶必书，斯为实录。观夫子之修《春秋》也，多为贤者讳。狄实灭卫，因桓耻而不书；河阳召王，成文美而称狩。斯则情兼向背，志怀彼我。苟书法其如是也，岂不使为人君者，靡惮宪章，虽玷白圭，无惭良史也乎？其所未谕三也。”解之曰：周室东迁，共主悉臣之义，不足以维系人心。尔时视王室，亦如今之视罗马教皇而已。齐桓名则方伯，不翅共主，鲁附同盟，义当相隐。况狄之灭卫，鲁不能共恤简书，尤恐来与国之责言，负国际之责任。一言不智，或致丧邦。国际道德，不若私人之褊隘。从井救人，信匹夫之美德；度德量力，乃有国之常经。史官执简，万目睽睽，非同报纸之讥评。国际文书，事涉隐秘，又非可一一悬之国门，供人评议。法律畸重事实，不贵诛心。晋文年已迟暮，急于功名，虽有召王之嫌，不掩尊周之绩，况事属茫昧，若必自诩直道，以揭发阴私为快，既伤王室之尊严，复致列国之离畔，功败垂成，谁尸其咎？故隐约其辞，寓贬于褒。盖犹不废告朔饩羊之存心。非爱而知其丑，憎而知其善者，孰能语于斯？此足以解刘氏之惑者，二也。刘氏曰：“诸国臣子，非卿不书；必以地来奔，虽贱亦志。斯岂非国之大事，不可限以常流者耶？如阳虎盗入于讙，拥阳关而外叛，传具其事，经独无闻，何哉？且弓玉中亡，犹获显记；城邑失守，反不沾书。略大存小，理乖惩劝。其所未谕五也。”解之曰：大夫无私交，国之通义。其有官职较崇，外托微行，内膺使命，通彼我之情，修两国之好，职同专使，人非游客，邦交所系，非徒震其官阶。若乃窃邑叛君，罪在不赦；而兼弱攻昧，于我犹荣。慕义归化，人情之常，有兼并之实，无侵略之形，书之宜也。章太炎先生谓：春秋之世，灭国少而兼国多。斯其一例。阳虎入讙，犹未外叛，逾年奔邓，葱灵见执。齐无容纳逋逃之事，虎无专享大利之权。较之三叛，其事悬绝。斯乃不足轻重者矣。宝玉大弓，受之周室，国之神器，存亡与共。国未火而神器已迁，有国之大耻，臣子之奇辱也。幸而光复旧物，兹事缘起，不得从略。日本王室有剑玺镜三种神器，世世守之，以为传国之宝。各国国旗国徽，为国威所托，无敢对之越礼，反此为大不敬。军旗亦然。义例如斯，夫何足怪。又案：近代公法，国家之抚有疆土，容有由时效者。谨于齐鲁，地同瓯脱。阳虎陪臣，既兴内乱，复构外患。据事直书，责言立至。仲尼周游列国，熟谙外情，夹谷之会，雍容坛坫，弭患俄顷。及门尤富专对之才。虽其博学多能，雅不以外交自树系统，然观其书法，已建公法之典型。刘氏既知国之大事不可限以常流，复致疑于略大存小。斯诚知二五不知一十之流亚。此足以解刘氏之惑者，三也。刘氏曰："夫臣子所书，君父是党。虽事乖正直，而理合名教。如鲁之隐、桓戕弑，昭、哀放逐，姜氏淫奔，子般夭酷，斯则邦之孔丑，讳之可也。如公送晋葬，公与吴盟，为齐所止，为邾所败，盟而不至，会而后期，并讳而不书，岂非烦碎之甚？且按《汲冢竹书·晋春秋》及《纪年》之载事也，如重耳出奔，惠公见获，书其本国，皆无所隐。唯鲁《春秋》之记其国也则不然。何者？国家事无大小，苟涉嫌疑，动称耻讳，厚诬来世，奚独多乎？其所未谕八也。"解之曰：国际常例，本国内乱，率多耻讳。公报所记载，有司所表襮，自非狂愚，未有与信史等视者。《春秋》于隐之弑，书薨不地，为国耻不可昭告列国也；不书葬，为有贼不讨，责臣子也。对外则务隐讳，对内则主谨严，后圣有作，夫何间然。桓公以国之元首，偕其匹偶旅行邻邦，而阃教不修，国之小君与邻邦君主有中冓之丑。桓公失言，死于非命。此而摘发，立召兵戎，宁止彰扬国耻已哉？元首受辱，彼方为强邻，且适在列国会盟之时，仗义无人，公断难恃，忍辱负重，无得而讥。至于丧师讳败，战史咸然。盟而不与，会而后期，显违讲信修睦之义。凡在同盟，例得诘问。方患无解免之口实，岂可不鞫自承？此足以解刘氏之惑者，四也。刘氏曰："书事之法，其理宜明，使读者求一家之废兴，则前后相会；讨一人之出入，则始末可寻。如定六年书郑灭许，以许男斯归，而哀元年书许男与楚围蔡。夫许既灭矣，君执家亡，能重列诸侯，举兵围国者，何哉？盖其间成事，必当有说。经既不书，传又缺载，缺略如此，寻绎难知。其所未谕十也。"解之曰：列国并立，朝起暮仆，兴亡之数，其将问诸水滨。况强国包藏祸心，苟图兼并，何患无辞。或以诛暴锄逆为名，或以兴灭继绝相召。亡君逃人，视为奇货。如建州之放逐李闯，为明怀帝而发丧；俄罗斯之平定叛徒，为匈牙利而用武。(西历一千八百四十九年事。)柱下之纪,未可偻指数也。意者,楚欲图蔡,而又难尸恶名,因利用亡人,资之兵甲。胜则利归于己,败则嫁祸于人。亡命之人,本无所择。仲尼博闻强记,宜烛国际之阴谋,而事关邻国,利害不切,则亦存而不论。此足以解刘氏之惑者,五也。刘氏曰:"案:晋自鲁闵公以前,未通于上国;至僖二年灭下阳已降,渐见于《春秋》,盖始命行人自达于鲁也。而《琐语·春秋》载鲁国闵公时事,言之甚详。斯则闻事必书,无假相赴者也。盖当时国史,它皆仿此。至如夫子所修也,则不然。凡书异国,皆取来告。苟有所告,虽小必书;如无其告,虽大亦阙。故宋飞六鹢,小事也,以有告而书之;晋灭三邦,大事也,以无告而阙之。用使巨细不均,繁省失中。比夫诸国史记,奚事独为疏阔?寻兹例之作也,盖因周礼旧法,鲁策成文。夫子既撰不刊之书,为后王之则,岂可仍其过失,而不中规矩者乎?其所未谕十一也。"解之曰:近世政府公报所披露之外交文书,皆据与国通牒叙录,无所窜易。读之干燥无味,逾于断烂朝报。若夫抉发隐秘,钩考兴亡,评论得失,褒贬诛伐,在我笔端,则当求之于外交史。斯乃私人之纪述,而未可与《春秋》同日语也。仲尼述而不作,多闻阙疑,诚如子玄所言,因周礼旧法,鲁策成文,用能传至于今,成一代之外交宝典,垂国际公法之典型。故书宋飞六鹢,事类邻狸生子,而非烦碎;阙晋灭三邦,(昌案:衡之文理,此处当脱一六言句。然余所见此文两本皆如此作,未由增补。)而非旷官。盖交邻之道,以质直为先。彼既来告,我即据为典实,书之官守,布之国民。其功其罪,当事之国任之,我何与焉?征之近事,日并高丽,欧、美缄口而无辞;我逐建州,列国联袂而修好。《春秋》之例,何以异此?此足以解刘氏之惑者,六也。刘氏曰:"君子以博闻多识为工,良史以实录直书为贵。而《春秋》记它国之事,必凭来者之辞,而来者所言,多非其实。或兵败而不以败告,君弑而不以弑称;或宜名而不以名,或应氏而不以氏;或春崩而以夏闻,或秋葬而以冬赴。皆承其所说而书,遂使真伪莫分,是非相乱。其所未谕十二也。"解之曰:《春秋》非列国之刑书,仲尼匪国际之司直。地非法庭,事无证佐。此兴彼仆,何异太虚浮云之起灭。彼灭不告败，胜不告克，或以国交之疏昵，或以利害之重轻，而有轩轾。中立之邦，无所偏倚，不当以私意有所论列，启破坏中立之嫌。他国内乱，力不能相救，袖手而已。易君犯上，在国内法罪不容诛，在国际法事非鲜冗。兴师动众，舍己芸人，就令在道德无可訾议，而在国际法则武力干涉，悬为厉禁，正不独以暴易暴见讥义士也。同盟之国，礼数优隆；故其国君之卒，例得书名，外此不妨从阙。陈女叔特来修好，待以国客而不名。齐崔氏出奔，因其以世卿专国政，彼国恶其以身反，又不欲立其宗，以族来告，遂书其族而不名，谓之讥世卿。则言外之意，非国际书法之准式也。鱼山被杀，名而不氏。山既背其族，又不容于宗国，行人来告，必多贬辞，故亦贬之。若春崩夏闻，秋葬冬赴，事涉交际微节，无关宏旨。此足以解刘氏之惑者，七也。（昌案：以上十一字原脱，以意补。）日者，与章太炎先生论辨子玄《惑经》之作，囿于时代，不克旁通，刺取数事，以匡其谬。太炎先生为之首肯。读至春崩夏闻，秋葬冬赴，先生莞尔曰：“匪徒国际也，私人亦然。友朋讣告，生卒殡葬，纵有牴牾，无取推究。何刘氏之不广也？”余退而草是篇，以质世之读刘氏书者，且以请益于太炎先生。

（章太炎先生曰：“宝玉大弓，国之重器，得失必书，固矣。书盗而不名者，《春秋》于陪臣行事，不著其名，盖较之三叛，尤为微末也。唯卿即今之国务员，事涉政府，不容从略。孔于诛少正卯及自身出奔，皆不见经。或以少正卯职位素卑，小司寇之职，尚属事务官而非政务官，故不得破例书之耳。入讙叛不书者，据邑叛，不得书盗，而陪臣又不得书名。且事隔无几，齐人即来归讙。阙之，非阔略也。”）

申左第五

然则儒者之学，苟以专精为主，止于治章句，通训释，斯则可矣；至于论大体，举宏纲，则言罕兼统，理无要害，故使古今疑滞莫得而申者焉。

昌案：子玄此以治章句通训释与论大体举宏纲相对而言，盖汉儒治

经，自来有此二派也。故《汉书・夏侯胜传》尝称“章句小儒，破坏大体”，《后汉书・杨终传》亦有“章句之徒，破坏大体”之言。又《郑玄传论》曰：“秦焚六经，圣文埃灭。汉兴，诸儒颇修艺文。及东京，学者亦各名家。而守文之徒，滞固所禀，异端纷纭，互相诡激，遂令经有数家，家有数说。章句多者，或乃百余万言。学徒劳而少功，后生疑而莫正。郑玄括囊大典，网罗众家，删截繁芜，刊改漏失。自是学者略知所归。”

又案：桓谭《新论》曰：“《左氏传》于经，犹衣之表里。”

昌案：《新论・正经》篇：“《左氏传》于经，犹衣之表里，相待而成。经而无传，使圣人闭门思之十年，不能通也。”严可均《全后汉文》卷十四辑《新论》，于此条下注云：“案：君山推崇《左氏》如此。《史通》十四又引《东观汉记》陈元奏云：‘光武兴立《左氏》，而桓谭、卫宏并共诋訾，故中道而废。’事与《新论》违异，所未审也。”

班固《艺文志》云：丘明与孔子观鲁史记而作《春秋》……而于固集复有难《左氏》九条三评等科。夫以一家之言，一人之说，而参差相背，前后不同，斯又不足观也。

昌案：姚范《援鹑堂笔记》卷二十二解之曰：“余谓此《志》诸论本取之刘子骏，非班氏之文。”考《汉书・司马相如传赞》云：“相如虽多虚辞滥说，然其要归，引之于节俭，此亦《诗》之风谏何异？”而《艺文志》乃云：“汉兴，枚乘、司马相如，下及扬子云，竞为侈丽闳衍之词，没其风喻之义。”一据《史记》，一据《七略》，而自相矛盾，亦与此同。盖一人之见，早晚容有异同；一书之中，先后不无差别。此或缘学问日进，则舍其旧以从新；或缘卷帙既伙，则整齐之功有所谢短。子玄本书，亦颇有类此者。其诋娸孟坚，毋乃同浴而讥裸裎乎？若孟坚不以子骏之言为然，何至取其说以充《汉书》之篇幅。则姜坞于此强生分别，亦为多事也。

又案：《隋书・经籍志》著录后汉大将军护军司马《班固集》十七卷，即子玄此之所指，盖亦出诸后人裒集，以东京之初，尚无别集之体也。又《颜氏家训・勉学》篇云：“俗间儒士，不涉群书，经纬之外，义疏而已。吾初入邺，与博陵崔文彦交游，尝说《王粲集》中难郑玄尚书事。崔转为诸儒道之，始将发口，悬见排蹙，云：'文集只有诗、赋、铭、诔，岂当论经书事乎？且先儒之中，未闻有王粲也。'崔笑而退，竟不以《粲集》示之。"准此二例，知文集自始即兼收说经论学之文，本不以沈思翰藻之作为限，其后乃转而"只有诗、赋、铭、诔"之类耳。然则清儒多以考辨群经、子、史、金石、小学之文入集，亦犹行古之道也。

譬犹近世，汉之太史，晋之著作，撰成国典，时号正书。既而《先贤》、《耆旧》、《语林》、《世说》，竞造异端，强书他事。夫以传自委巷，而将册府抗衡；访诸古老，而与同时并列，斯则难矣。

册府，原作班马，浦起龙改，校云："恐当用此二字，旧作班马，无涉。"同时，原作子孙，浦改，校云："此二字旧作子孙，更谬。此皆版本模糊，后人妄填之过。"纪昀曰："子孙二字亦不错，盖指家传言之耳。"杨守敬曰："刘氏明云撰成国典正书，则非指家传，子孙二字终有误。"

昌案：李慈铭《越缦堂读书记》卷三"《史通通释》"条："浦氏妄改班马为册府，子孙为同时，以为班马语无涉，子孙更谬。不知班马字承上汉之太史句，子孙当作干孙，谓晋之干宝撰《晋纪》，孙盛撰《晋阳秋》也，承上晋之著作句。马、班、干、孙，皆以当代人居史职，而撰当代史，故为可信。干与子字，形近而误。浦氏不学而专辄恣改，比比皆是。此蹈明人之恶习也。"诸说惟李氏得之。

岂是子长藁削，孟坚雌黄所构者哉？

昌案：《颜氏家训·勉学》篇："观天下书未遍，不得妄下雌黄。"沈括《梦溪笔谈》卷一："改字之法，刮洗则伤纸，纸贴之又易脱，粉涂则字不没，涂数遍方能漫灭。惟雌黄一漫则灭，仍久而不脱。"

寻《左传》所录

寻下，浦起龙曰："原本此下有'《春秋》所书实乖此义而'九字，肆笔拂经，且自害志，削之乃无语病。"杨守敬曰："寻上下文义，子玄并无拂经之意……当是乖字有误，或是兼字，盖兼劝戒之义。”

昌案：杨校甚是。云“寻《春秋》所书，实兼此义”，乃与下“而《左传》所录，无愧斯言”之言桴鼓相应。浦氏卫道之心虽切，考文之术亦疏矣。

然设使世人习《春秋》而唯取两传也，则当其时二百四十年行事，茫然阙如，俾后来学者，兀成聋瞽者矣。

昌案：章太炎先生《国故论衡》卷中《原经》：“《春秋》所以独贵者，自仲尼以上，《尚书》则阔略无年次，百国《春秋》之志，复散乱不循凡例；又亦藏之故府，不下庶人，国亡则人与事偕绝。太史公云：‘史记独藏周室，以故灭。’（昌案：见《史记·六国表序》。）此其效也。是故本之吉甫、史籀，纪岁时月日，以更《尚书》，传之其人，令与《诗》、《书》、《礼》、《乐》等治，以异百国《春秋》，然后东周之事，粲然著明。令仲尼不次《春秋》，今虽欲观定、哀之世，求五伯之迹，尚荒忽如草昧。夫发金匮之藏，被之萌庶，令人人不忘前王，自仲尼、左丘明始。……耳孙小子，耿耿不能忘先代，然后民无携志，国有与立，实仲尼、左丘明之赐。”此论推重《春秋》、《左氏》，虽同子玄，而所见者大，又不可同年而语也。

且当秦、汉之世，《左氏》未行，遂使五经、杂史，百家、诸子，其言河汉，无所遵凭。……及《左传》既行，而其失自显。

昌案：崔述《考信录提要》卷上《释例》：“近世浅学之士，动谓秦、汉之书近古，其言皆有所据。见有驳其失者，必攘臂而争之。此无他，但徇其名而实未尝多观秦、汉之书，故妄为是言也。刘知幾《史通》云：‘……’（昌案：引本篇自‘秦、汉之世，《左氏》未行，’至‘及《左氏》既行，而其失自显’止。）由是论之，秦、汉之书，其不可据以为实事者，多矣。特前此未有如知幾者，肯详考而精辨之耳。顾吾犹有异者，知幾于秦、汉之书记春秋之事，考之详而辨之精如是，至于虞、夏、商、周之事，乃又采摭百家、杂史之文而疑经者，何哉？夫自春秋之世下去西汉，仅数百年，而其舛误乖剌已累累若此，况文、武之代，去西汉千有余年；唐，虞之际，去西汉二千有余年，即去战国亦二千年，则其舛误乖剌必更加于春秋之世数倍可知也。但古史不存于世，无《左传》一书证其是非耳，岂得遂信以为实乎？故今为《考信录》，于殷、周以前事，但以《诗》、《书》为据，而不敢以秦、汉之书遂为实录，亦推广《史通》之意也。”崔氏《考信》，以经为准，故其说若兹。然《诗》、《书》不皆史实，传说亦具焉；百家、杂史匪尽传说，史实亦存焉。战国、秦、汉之际，造伪者固多，辨伪者亦不为少。考信史者固皆当据以互勘而求其是。疑占惑经之术，岂遂不可操哉？东壁之言，似尚未得子玄之意也。

〔附录〕

皮锡瑞《史通申左篇书后》《师伏堂骈文》后编卷二

自端门受命，斯操制作之权；西河传经，乃判高、赤之旨。独有《左氏》，不传《春秋》，或经阙而传存，或经详而传略。盖其书本别行，体殊传注，足以自成一史，不必依傍圣经。又以晚出，不无窜乱。创通大义，非复素王之心；颠倒六经，皆由红休之意。贾、服作注，参用《公》、《穀》，门户之见未甚，源流之合可寻。杜预始拨弃旧解，排斥二传。释例不免偏驳，是非谬于圣人。子元一孔之儒，偏智所得，能通《左氏》，不解《尚书》；是以学不纯经，才惟任史，《惑经》之后，继以《申左》。盖谓丘明之圣，逾于仲尼；杜预之才，优于游、夏。今就所扬榷，更为折衷。《春秋》一经，孔子所作，列国、秦、汉，人无异辞。惟左氏以为鲁《春秋》本于周公，子元遂谓始自姬旦。案旦作《春秋》，羌无前典。岂得执一家之偏说，背万世之通议；夺尼山之简策，上献先君；分泗水之笔削，远加冢宰？说经之家，古称聚讼，必须两造具备，乃可互证而明。今无他书可凭，惟是以《左》证《左》。《周礼》所在，御书之出，持此自欺，何能信后？左与圣人同时，不在弟子之列，良以身为国史，未及从游；虽有采摭之勤，莫窥科旨之奥。二传授由子夏，谊属再传，义例皆出亲承，刺讥本难书见。故《左氏》先著竹帛，适传其粗迹；二传始由口授，乃得其精微。非可泥时代之后先，定传文之优劣。《左氏》所引名卿之论，行人之词，秩然有章，世称富艳。然《穀梁》清婉，《公羊》辨裁，各成一家，并著三传。子元党同伐异，不思殚见洽闻，扬《左氏》则置之青云，抑二传则等之自郐。轩轾太过，比拟非伦。又谓实录付之丘明，至疑孔经不可独用；善劝淫惧，惟《左氏》不愧斯言。夷考《左氏》一书，每轻忠义而奖篡弑。孔父正色，以艳妻行路为讥；仇牧死君，与弑逆之督并列。荀息言玷，不免微词；泄冶立辟，反受贬责。而弑君赵盾，盛称宣孟之忠；贼主栾书，上比召公之德。略为偻指，岂所谓善劝淫惧者乎？且夫王乔凫履，左慈羊鸣，杜魄为鹃，荆尸变鳖，子元极加挥诋，屡见简编。《左氏》书如伯有相惊，申生显见，宝珪化而为石，绛市杀而仍苏，此何异于凫履羊鸣，化鹃变鳖？而经外别事，曲为偏护，岂灵异谲诡，难载于后世之书；怪力乱神，应存于三代之简？一弃一取，讵得为平？楚围弑麇，二传不载；庆封行戮，已见其端。蒯聩得罪先君，势难返国。围戚伯讨者义之正，夫子不为者仁之至。二说本不相悖，非可泥于一端。《公羊》并无贤辄之文，安有奖进之失？至如三国贼弑，四君篡逐，《左氏》虽稍见详，二传亦非尽略。此当统观全传，未可轻呵古人。古书兼采众家，意在网罗散失，或数说并记，或二说俱存，未尝专主墨守，保咫闻而屏群议；远师秦法，别黑白而定一尊。子元所疑杵臼、程婴，马惊败绩之类，或由见闻之异，或属传写之讹，著书牴牾，皆所不免。必谓《左传》无误，君氏卒言声子，殊近不词；暨齐平不称燕，无此书法。他若卫宣烝姜，伯玉出关，以年考之，皆不能合。岂得《左氏》独是而马、刘尽非乎？守一先生之言，断千载上之事，有同豕虱，何异井蛙？《春秋》属商，圣言昭著，何可屏去卜氏，增入丘明？史公别鲁君子于七十子之外，正《左氏》不传《春秋》之征。子元不识反违，而妄引为将伯，疏失之误，固无讥焉。

点烦第六

昌案：此篇历祀传写，既失其点，右旁之细书侧注亦或阑入正文，不可辨别。自宋本已然。吕思勉《史通评》尝以意点定其文，洪业又撰《史通点烦篇臆补》。两家所为，出入颇大。子玄不作，无以定其孰为近真。然玩索其所增删，于史文尚简之理，亦有所得，则不为无益也。

皆以笔点其烦上，凡字经点者，尽宜去之。

昌案：洪颐煊《读书丛录》卷八"《尔雅》灭谓之点"条："'灭谓之点。'郭注：'以笔灭字为点。'颐煊案：《礼记·曲礼上》：'毋不敬。'《释文》：'毋字与父母字不同，俗本多乱。读者皆朱点毋字以作无音。'《史记·梁孝王世家》：'李太后亦私与食宫长及郎中尹霸等士通乱。'《正义》：'张先生旧本有士字，先生疑是衍文，又不敢除，故以朱大点其字中心。'"据此，子玄以《点烦》名篇及此所云云，皆本雅诂，法与张先生同也。

《宋世家》初云襄公嗣立，后（昌案：后字据浦校增。）仍谓为宋襄公，不去宋襄二字。《吴世家》云阖闾，《越世家》云勾践，每于其号上加吴王越王字，句句未尝舍之。

昌案：王若虚《滹南遗老集》卷十四《史记辨惑》六引此云："其论甚当，然此乃迁全体之病也。凡称某王，类加国号；凡举人名，每连姓氏，冗复芜秽，最是不满人意处。班、范而下，乃始净尽焉。"《辨惑》此卷即专辨姓名冗复之惑，亦子玄点烦之嗣音矣。

杂说上第七

岂由以索续组

昌案：徐幹《中论·亡国》篇："以纶组为绳索，以印佩为钳铁。"以索续祖之语，疑变其意而用之，犹云"貂不足，狗尾续"，盖组贵而索贱也。由与犹通。李肇《国史补》卷上"命马继祖名"条："马司徒之孙始生，德宗命之曰继祖，退而笑曰：'此有二义。'谓以索系祖也。"（祖当作组。）是唐时有此恒言，故德宗以为戏。

非唯不可为鲁、卫之政。

昌案：《论语·子路》篇："鲁、卫之政，兄弟也。"

连踪丁、郭

昌案：章宗源《〈隋书·经籍志〉考证》卷十三“《孝子图》”条：“《法苑珠林·忠孝》篇：‘郭巨，河内温人。父殁，供养母。妻生子，虑妨供养，乃抱儿掘地欲埋之；于土中得一釜黄金，有券云：赐孝子郭巨。’又：‘丁兰刻木作母，供养如生。邻人所假借，母颜和即与，不和则不与。’并称刘向《孝子传》。《太平御览·人事部》引郭巨事作刘向《孝子图》。”《风俗通义·愆礼》篇：“世间共传丁兰尅木而事之。”是其事皆见汉人著作。陈汉章纠浦起龙之失，谓征郭巨事不当据氏族笺释，是也。而其征丁兰事，乃举晋孙盛《逸人传》，亦非其朔。

故上客食肉，中客食鱼。

浦起龙注据明陈耀文《罍圃萱苏》转引刘向《列士传》：“孟尝君食客三千，厨有三列，上客食肉，中客食鱼，下客食菜。”

昌案：《史记·孟尝君传》：“初，冯驩闻孟尝君好客，蹑屩而见之。……孟尝君置之传舍，十日，孟尝君问传舍长曰：‘客何所为？’答曰：‘冯先生……弹其剑而歌曰：长铗归来乎，食无鱼。’孟尝君迁之幸舍，食有鱼矣。五日，又问传舍长。答曰：‘客复弹剑而歌曰：长铗归来乎，出无舆。’孟尝君迁之代舍，出入乘舆车矣。”《索隐》：“案：传舍、幸舍及代舍，并当上中下三等之客所舍之名耳。”据此，则中客食鱼，史有明证，上肉下菜，盖由此而推衍之。

然食鲂鲙鲤，诗人所贵。

昌案：《诗·陈风·衡门》：“岂其食鱼，必河之鲂？岂其取妻，必宋之姜？岂其食鱼，必河之鲤？岂其取妻，必宋之子？”《太平御览》卷九百三十六引《河洛记》：“伊洛鲂、鲤，天下最美。”沈括《补笔谈》卷三：“鲫鱼生流水中，则背鳞白而味美；生止水中，则背鳞黑而味恶。《诗》所谓‘岂其食鱼，必河之鲂？’盖流水之鱼，品流自异。”

原注：刘遗民、曹缵皆于檀氏《春秋》有传，至于今《晋书》，则了无其名。

昌案：孙志祖《读书脞录》卷三“刘遗民”条：“案：《宋书·周续之传》云：续之入庐山，时彭城刘遗民遁迹庐山，陶渊明亦不应征召，谓之浔阳三隐。《史通》所称刘遗民，殆即其人。白乐天《宿西林寺》诗：‘木落天晴山翠开，爱山骑马入山来。心知不及柴桑令，一宿西林便却回。’注云：‘柴桑令，刘遗民是也。’曹缵无考。”余嘉锡《四库提要辨证》卷三考索群书，得刘遗民事甚多。又辩宋陈舜俞《庐山记》卷三载《十八贤传》称刘程之，字仲思，后易名遗民，乃出后人附会；《世说新语·任诞》篇注与《太平御览》卷五百四引《晋中兴书》所载刘驎之，字子骥，一字道民，与刘遗民亦非一人。文繁不录。

而太史公述《儒林》则不取游、夏之文学，著《循吏》则不言冉、季之政事，至于《货殖》为传，独以子贡居先。掩恶扬善，既忘此义，成人之美，不其阙如？

昌案：王鸣盛《十七史商榷》卷六“《史通》驳《史记》”条：“愚谓游、夏、冉、季、子贡已载《仲尼弟子列传》，《史通》妄也。《困学纪闻》有《史记正误》篇，愚谓子长与经传牴牾处诚多，至于《史通》此条，《纪闻》亦取之，则无识。”《论语·颜渊》篇：“君子成人之美，不成人之恶。”又《子路》篇：“君子于其所不知，盖阙如也。”

思刊一字，购以千金。

昌案：《史记·吕不韦传》：“吕不韦乃使其客人人著所闻，集论以为八览、六论、十二纪，二十余万言，以为备天地万物古今之事，号曰《吕氏春秋》，布咸阳市门，悬千金其上，延诸侯游士宾客，有能增损一字者，予千金。”

但夙沙出《左氏传》，汉代其书不行，故子长不之见也。

昌案：黄廷鉴《第六弦溪文钞》卷三《书史通后》云：“余少读《史记·夏本纪》，如羿篡夏，太康中兴，一代兴亡，缺而不载，而伍员之谏，见于《吴太伯世家》。夫魏绛之对晋悼，与子胥之谏吴王，俱见《左氏传》中，而一载一不载，岂史公当日有见有不见耶？夫‘左丘失明，厥有《国语》’，史公明言之，故周穆王语诸篇，并载《周本纪》。桓、鳌以下，宜及内传文而甚略，故有谓史公第见《国语》而未见《左传》者。及读《史通》外篇《杂说》，论史公称弥子瑕而不及夙沙卫事，以为汉初《左传》未行，史公故未之见，知此语刘氏实倡之。然余未敢信为然也。盖尝统观《史记》列国世家，如吴季札观乐、鲁败狄于咸、齐管仲平戎于王、桓公召陵之师、卫孔悝之乱、楚商臣弑君、灵王次干溪诸事，皆全本《左传》文而加点窜，非取之《国语》；自余记载各国时事，文异而事合，无大乖缪于内传者。则谓史公未见《左传》也，岂笃论哉？然则《史记》于《左传》，有载有不载，何也？考汉兴，三传并出，第以世尚《公》、《穀》，习《左氏》者少，故藏其书者罕，加以简册繁多，或如壁中之经，残阙断烂。史公所见，未获其全，所云羿、奡，夙沙卫事，适当其阙，本末未具，故在所略欤？子元论其一节，而未究全书，亦见其疏也。或曰：《左传》一书，本采春秋诸国记载之史，笔削成之。周、秦之际，岂无儒生别有纪述，杂取诸国之文为书者？如《晋世家》所载屠岸贾、公孙杵臼事，亦出《春秋》内外传之外，《史通》所谓多取旧记，时采杂说是也。故史公无见《左传》，而其书有同于《左氏》之文者，职是故也。是说也，倘可为刘氏进一解欤？”

终能坐登大宝

昌案：《易·系辞下》篇：“圣人之大宝曰位。”

譬夫行不由径

昌案：《论语·雍也》篇：“有澹台灭明者，行不由径。”

出不由户

昌案：《论语·雍也》篇：“子曰：‘谁能出不由户，何莫由斯道也。’”

又韩王名信都，而辄去都留信，用使称其名姓，全与淮阴不别。班氏一准太史，曾无弛张。

昌案：王若虚《滹南遗老集》卷二十《诸史辨惑》云：“韩王，韩国之后，其姓为姬，袭封于韩，而非姓也。又加王字，有何不别？然迁于《绛侯传》，（昌案：当云世家。）固作淮阴等赞，亦称两韩信。而《高祖纪》八年又云：'上东击韩王信馀反寇于东垣。'何耶？"又泷川龟太郎《史记会注考证·韩信卢绾列传》引齐召南云："刘知幾谓韩王本名信都，史削去一字，遂与淮阴无别。此臆说也。史无削人名字之理，（昌案：此说亦不尽然，参《采撰》篇笺记。）两人姓名偶同，故称韩王信以别之。之幾因表有信都二字，妄为此解，不知因司徒讹为申徒，因申徒又讹为信都，官名本一，而音转字别，遂致不同，非韩王本名信都也。"

如固之为《迁传》也，其初宜云迁字子长，冯翊阳夏人，其序曰云云，至于事终，则言其自叙如此。

昌案：钱大昕《廿二史考异》卷八"《汉书·司马迁传》"条论子玄此说云："其说固然。然此例人所共知，孟坚命世大才，讵犹未了？盖叔皮父子踵史迁而作书，故《自叙》一篇，悉因旧史，附以后事，取述而不作之义，意主㧑谦，非失于检点也。"

未见文园之集

昌案：《隋书·经籍志》："汉文园令《司马相如集》一卷。"子玄所称文园之集，盖谓是也。然章学诚《文史通义》内篇卷六《文集》篇曰："周、秦诸子之学……专门传家之业，未尝欲以文名。苟足显其业而可以传授于其徒，则其说亦遂止于是，而未尝有参差庞杂之文也。两汉文章渐富，为著作之始衰。然贾生奏议，编入《新书》；相如词赋，但记篇目；皆成一家之言，与诸子未甚相远。初未尝有汇次诸体，裒焉而为文集者也。"是故别集肇端，实始后汉。《隋志》别集类序所云"别集者，汉东京之所创"者，是也。《隋志》所载周、汉人别集，自荀卿、宋玉以下，皆出后来补辑追题。孟坚之代，尚无文园之集，又安得责其未见乎？（若责其未见马卿自叙，则无不可。）子玄盖于古今书籍流别嬗递之情，犹有所未明也。

杂说中第八

所谓欲益反损

昌案：《文选》司马迁《报任少卿书》："动而见尤，欲益反损。"

求妍更媸者矣

昌案：此疑暗用《庄子·天运》篇丑人效颦事，引在《模拟》篇笺记。

案后石之时。原注：田融《赵史》谓勒为前石，虎为后石也。

昌案：章宗源《〈隋书·经籍志〉考证》卷四："《开元占经》载：'前石时，有星陨魏郡鄴县。'又：'前石时，临泾县马生角。'又：'前石时，安定太守上言，蛇与鼠斗于郡门。'《北堂书钞·礼仪部》：'前石时，有佛图澄，号曰大和尚，道法大行。'《太平御览·人事部》：'前石数游猎，每亟驰骋。主簿程琅谏，前石驰逐自若。草间有瓦木，驰马遂之，马即死，前石亦危殆。'又云：'石肇，前石之昆弟也。前石既贵，肇在军中，人送诣前石，前石哀之，拜建威将军。'《刑法部》：'后石率精骑五千袭赵续，一战擒续。'又《车部》：'后石远（昌案：当作造。）猎车千乘，辕长三尺。'……并引《赵书》，皆称前石、后石。（其称石勒、石虎者，当是征引所改。）"

又刘敬叔《异苑》称：晋武库失火，汉高祖斩蛇剑穿屋而飞。其言不经，致（误故）梁武帝令殷芸编诸《小说》。

昌案：余嘉锡《论学杂著·殷芸小说辑证序言》云："姚振宗曰：'案：此殆是梁武帝作《通史》时，凡不经之说为《通史》所不取者，皆令殷芸别集为《小说》，是《小说》因《通史》而作，犹《通史》之外乘。'（见《〈隋书·经籍志〉考证》卷三十二。）其说是矣。《北户录》注（卷三。）引介子推事，题为《梁武小说》，正因其为奉敕所撰，犹唐之修《晋书》，号称太宗御撰云尔。"

近者，宋临川王义庆著《世说新语》。

昌案：《四库提要》卷一百四十“《世说新语》”条云：“黄伯思《东观馀论》谓《世说》之名，肇于刘向。其书已亡，故义庆所集名《世说新书》。段成式《酉阳杂俎》引王敦澡豆事尚作《世说新书》，可证。不知何人改为《新语》，盖近世所传，然相沿已久，不能复正矣。”余嘉锡《四库提要辨证》卷十七云：“黄氏说见《东观馀论》卷下《跋世说新语后》，云：‘《世说》名肇刘向，六十七篇已有此目。（昌案：《汉书・艺文志》诸子略儒家：“刘向所序六十七篇，《新序》、《说苑》、《世说》、《列女传颂图》也。”）其书今亡。宋临川孝王因录汉末至江左名士佳语，亦谓之《世说》。’所考甚确。然《通典》卷一百五十六引曹公军行失道三军皆渴事，亦作《世说新书》，不止于《酉阳杂俎》。且《世说》之《规箴》篇有东方朔、京房各一事，《贤媛》篇有陈婴母、王明君各一事，则其书托始前汉之初，黄氏谓起于汉末，非也。沈涛《铜熨斗斋随笔》卷七云：‘涛案：《太平广记》引王导、桓温、谢鲲诸条，皆云出《世说新书》，则宋初本尚作《新书》，不作《新语》。然刘义庆书本但作《世说》，见《隋书・经籍志》。《艺文类聚》、《北堂书钞》诸类书所引，亦但作《世说》。《新书》、《新语》皆后起之名。’余案：沈氏引《太平广记》，可为黄氏说添一佐证；至其谓义庆本名《世说》，其《新书》之名亦后起，则非也。刘向校书之时，凡古书经向别加编次者，皆名新书，以别于旧本。故有《荀卿新书》、（见《荀子》后刘向叙。）《晁氏新书》、（见《隋志》。）《贾谊新书》（见《新唐志》。）之名。《汉书・艺文志》有左丘明《国语》二十一篇，又有《新国语》五十四篇，注云：‘刘向分《国语》。’又《说苑》叙录云：‘臣向所校中书《说苑》，更以造新事十万言，号曰《新苑》。’（见宋本《说苑》后。）皆其证也。刘向《世说》虽亡，疑其体例亦如《新序》、《说苑》，上述春秋，下纪秦、汉。义庆即用其体，托始汉初，以与向书相续，故即用向之例，名曰《世说新书》，以别于向之《世说》。其《隋志》以下，但题《世说》者，省文耳。犹之《孙卿新书》，《汉志》但题《孙卿子》；《贾谊新书》，《汉志》但题《贾谊》，《隋志》但题《贾子》也。”余氏所考《世说》一书名义，至为精确。《史通》宋本，此文正作《新书》，不作《新语》。其诸本作《新语》者，乃后人习于新起之名而妄加改易者也。此亦足证沈氏所云此书宋初本尚作《新书》之说为不误。一九五六年文学古籍刊行社影印日本金泽文库藏宋本《世说新语》，后附唐写本残卷，即题作《世说新书》。

遂采康王之妄言

昌案：《宋书·宗室传》："临川王道规无子，以长沙景王第二子义庆为嗣。……永初元年，袭封临川王……（元嘉）二十一年薨于京邑，时年四十二，谥曰康王。"

遂疑《外戚》裁篇，辄叙娥姁之事。

辄，顾广圻改辍。向承周曰："辄乃不字之误。谓读者见高后列于本纪，遂疑《外戚》无高后事，而不知《外戚》篇中固有娥姁事也。正此一字之误，则全段了然矣。辄字盖涉上文而误。"（上文，指"安得辄引吕氏以为例乎"句。）

昌案：向说足解浦起龙本条按语所云"文内似多脱讹"之惑，然所改之字则当从顾。辄辍形近，辄之与不，则形声皆绝远也。《暗惑》篇"新《晋书·阮籍传》"条："悲荒遽辍。"张鼎思本讹辄，何焯校改为辍。此二字形近易淆，又证之本书而可知者也。

及李氏撰《齐书》，其庙号有犯时讳者。原注：谓有世字，犯太宗文皇帝讳也。即称谥焉。至如变世宗为文襄，改世祖为武成，苟除兹世字，而不悟襄成有别。

昌案：余嘉锡《四库提要辨证》卷三"《北齐书》"条自注云："按：文襄庙号世宗，非世祖。""武成庙号世祖，非世宗。""《史通》原文如此，盖谓百药但见世字，即便涂改，而仓猝之间，失不详审，至误改世祖为文襄，世宗为武成，不悟文襄武成既非一人，随意乱改，则时代全非，致成巨谬也。浦起龙作《通释》，乃妄改世祖为世宗，世宗为世祖，又谓'襄成有别'句意未足，恐有脱字。不知百药果若变世宗为文襄，改世祖为武成，则不过易庙号而称谥法，事实并无谬误，知幾何须饶舌也？不通文义，而窜乱古书，深为可恶。"

又案：黄本骥《避讳录》卷三云："刘知幾《史通》不避世字，其论李百药

《齐书》曰：'变世祖为文襄，改世宗为武成。'是讥百药不应避时讳也。其他征引书目，则《世本》、《世说》，屡见于篇。其第五篇以《世家》标目。书中泛言世字，如'春秋之世'、'高、惠之世'，不下二十余处。又曰：'民者，冥也。'两言'民无得而称焉'、'民到于今称之'，皆一以人代民，一则直言民字。是太宗二名皆不讳也。其引古人，则石虎、刘昞、邓渊、张渊、石显、萧子显、韩显宗、高堂隆、卫隆景，皆直言其名；崔伯渊、魏彦渊，皆直书其字。其泛言虎、渊等字，则曰：'画虎不成'，'虎踞龙盘'，'临朝渊默'，'治国字人'，'旦行不臣之礼'，'基业未彰'，而用显微、显晦、隐显、幽显等字，亦不下十余处，皆不用同义字代。是于祖宗庙讳、明皇御名，皆所不避，又不独太宗偏讳也。然《史通》称鲁庄公曰严公，称楚庄王曰严王，远避汉明之名，而于本朝不讳，殊属怪谬。且知幾以明皇嫌讳，改以字行，嫌且改避，隆基正名绝不顾忌，是谨于问安小礼，而不顾父母之养，恶得为孝子！"陈垣《史讳举例》卷六《已避讳而以为未避例》则驳之云："唐以前避讳，多用改字法。唐以后避讳，缺笔改字，二者兼用。既有缺笔之法，则临文较前方便。然古书展转传写雕板，则元文缺笔与否，无由得知。《避讳录》讥《史通》不避唐讳，安知非后人校改，而必断定今所传本为知幾元文耶?"据《史通》今本于唐讳或避或不避，其有后人所回改无疑，至缺笔则更无由稽考。陈说是也。又据余、陈两家之说，盖亦不得谓《史通》论《北齐书》之语为"讥百药不应避时讳"。至于以庄为严，乃是沿袭汉世旧文。古人引书，类此者众，抑又不足责也。

玉石同烬

昌案：《尚书·胤征》："火炎昆冈，玉石俱焚。"

原注：蔡允恭《后梁春秋》

昌案：朱希祖《萧梁旧史考》："《唐书·经籍志》：'《后梁春秋》十卷，蔡允恭撰。'《新唐志》同。《唐书·文苑传》：'蔡允恭，荆州江陵人也。祖点，梁尚书仪曹郎。父大业，后梁左民尚书。允恭有风采，善缀文，仕隋，历著作佐郎，起居舍人。……江都之难，允恭从宇文化及西上，没于窦建德。

及平东夏，太宗引为秦府参军，兼文学馆学士；贞观初，除太子洗马。寻致仕，卒于家。有集十卷，又撰《后梁春秋》十卷。'案：允恭父大业，伯父大宝，均官后梁，尊显用事。史称大宝有智谋，达故事，文词赡速。国之章表、书记、教令、诏册，并大宝专掌之。宣帝推心委任，以为谋主。……大业有五子，允恭最知名。允恭虽仕隋及唐，然其眷念故国，缅怀家世，不无有黍离乔木之感，故其述《后梁春秋》特详。惜其书至宋已亡。明姚士粦重作《后梁春秋》二卷，不过存蔡书十之一二耳。"

原注：萧韶《太清记》

昌案：《隋志》："《梁太清纪》十卷，梁长沙藩王萧韶撰。"《南史·梁宗室传》："韶，字德茂……太清初为舍人，城陷，奉诏西奔，及至江陵，人士多往寻觅，令韶说城内事。韶不能人人为说，乃疏为一卷，客问者，便示之。湘东王闻而取看，谓曰：'昔王韶之为《隆安记》十卷，说晋末之乱离。今之萧韶，亦可为《太清纪》十卷矣。'韶乃更为《太清纪》。其诸议论，多谢吴为之。韶既承旨撰著，多非实录。湘东王德之，改超继宣武王，封长沙王，遂至郢州刺史。"记，当据《隋志》及本传作纪。

原注：裴政《太清实录》

昌案：《隋志》："《梁太清录》八卷。"两《唐志》作《太清实录》，皆不著撰人。《史通》本篇及《杂说下》篇原注均称裴政《太清实录》，则此书出自裴手无疑也。姚振宗《〈隋书·经籍志〉考证》卷十三云："《隋书》列传：裴政，字德表，河东闻喜人，仕梁元帝，历周入隋，至襄州总管，卒官，年八十九，著《承圣降录》十卷。《北史》作《承圣实录》，亦十卷。不言有《太清实录》。按：梁元帝承圣改元之前三年，犹称太清年号。此《太清录》其即裴政之《承圣实录》欤？"

杂说下第九

庶寻文究理，颇相附会。

昌案：附会一词，始见《史记》，《袁盎传赞》云："虽不好学，亦善傅会。"《汉书·爰传》沿用其文。颜注引张晏说释之曰："因宜附著合会之。"是也。后乃引申为缀文谋篇之称。《后汉书·张衡传》谓其作《二京赋》，"精思傅会，十年乃成"。《晋书·文苑·左思传》载刘逵《三都赋序》："傅会辞义，抑多精致。"皆是也。《文心雕龙·附会》篇："何谓附会？谓总文理，统首尾，定与夺，合涯际，弥纶一篇，使杂而不越也。"博与附通。故《史记》、《汉书》作博会，而小司马《索隐》述赞则云："袁丝公直，亦多附会。"而张晏亦以"附著合会"为释。

夫以记宇文之言，而动遵经典。原注：《周史》述太祖论梁元帝曰："萧绎可谓天之所废，谁能兴之者乎？"又宇文测为汾州，或谮之。太祖怒曰："何为间我骨肉，生此贝锦。"此并六经之言也。

昌案：《左传》僖二十四年："天将兴之，谁能废之？"《周史》反用其语。《诗·小雅·巷伯》："萋兮斐兮，成是贝锦。"传："萋斐，文章相错也。贝锦，锦文也。"笺："喻谗人集作己过以成于罪，犹女工之集采色以成锦文。"

夫以博采古文

昌案：《文选》扬雄《剧秦美新》："古文毕发。"李注："古文，先王之典籍也。"司马贞《史记索隐·后序》："博采古文及传记、诸子。"子玄此之所谓古文，盖与扬子云、小司马所云同义。

自梁室云季，雕虫道长，平头、上尾，尤忌于时。原注：姚最《梁后略》称高祖曰："得既在我，失亦在予，不及子孙，知复何恨。"夫变我称予，互文成句，求诸人语，理必不然。此由避平头、上尾故也。

昌案：《南史·陆厥传》文，浦注已引之，传又载沈约答厥书云："十字之文，颠倒相配，字不过十，巧历已不能尽，何况复过于此者乎？”所谓十字之文，亦指五言诗两句而言，其所谓“颠倒相配”，即传文“五字之中，音韵悉异；两句之内，角徵不同”之意也。日本僧遍照金刚《文镜秘府论》天卷引沈约《答魏甄琛书》云：“作五言诗者，善用四声，则讽咏而流靡；能达八体，则陆离而华洁。”八体即平头、上尾等八病也。又其书西卷释平头云：“平头诗者，五言诗第一字不得与第六字同声，第二字不得与第七字同声。同声者，不得同平、上、去、入四声。犯者名为犯平头。”释上尾云：“上尾诗者，五言诗中第五字不得与第十字同声，名为上尾。”据此，知平头、上尾之病，皆局就五言诗两句而言。子玄移以说梁武帝语之易我为予，非也。寻梁武易字，自以调声，然当以《宋书·谢灵运传论》所云：“若前有浮声，则后须切响。一简之内，音韵尽殊；两字之中，轻重悉异。妙达此旨，始可言文。”诸语释之乃合。盖次句变我作予，易仄为平，则四句仄起平落，平起仄落，诵之方觉浮切调谐也。

又案：章太炎先生《检论》卷五《订文》附《正名杂义》亦尝引此注，而改“此由避平头、上尾故也”之语为“由俪辞盛行，语须耦对故也”。盖亦以子玄援平头上尾之说为误。先生于此复申之曰：“此于俪辞，固伤繁郑，抑观庄周《山木》已云：‘吾无粮，我无食矣。’（近世多读我为饿，从《释文》所举一本也。然使辞避繁复，则但云‘吾无粮’足矣。《齐物论》云：‘今者吾丧我。’吾我互举，则此亦未必非互文。）使只有我字而无同训之吾，则斯语不得就也。臧洪《与陈琳书》：‘足下徼利于竟外，吾子托身于盟主。’许靖《与曹公书》：‘国家安危，在于足下；百姓之命，悬于执事。’寻其辞例，是亦同揆。使称人徒曰足下，莫曰吾子、执事者，则斯语亦不得就也。……虽然，俪体为用，故由意有殊条，辞须翕阙，势不可已，所以晋、宋作者，皆取对待为工，不以同训为尚；亦见骈枝同物，义无机要者也。”

原注：怨痛之响，上彻天阍；酸苦之极，下伤人理。

天阍，邓本作青天。

昌案：天阍人理，属对较工。然任渊《后山诗注》卷一《妾薄命》注曰：“刘子玄《史通》载温子昇《永安故事》曰：‘怨痛之响，上彻青天。’”与邓本合。疑青天为子昇原文，天阍则后之诵《史通》者嫌其与人理不对所改也。

夫以暴易暴，古人以为嗤。

昌案：《史记·伯夷列传》载歌："以暴易暴兮，不知其非矣。"

刘向《列女传》云：夏姬再为夫人，三为王后。夫为夫人则难以验也，为王后则断可知矣。

昌案：卢文弨《钟山札记》卷四"夏姬三为王后"条："余今考《列女传》云：'盖老而夏壮者三。'当句绝。（郭璞《山海经图赞》云：'夏姬是艳，厥媚三还。'谚亦云：'夏姬得道，鸡皮三少。'昌案：姚宽《西溪丛语》卷下引宇文士及《妆台记序》：'春秋之初，有晋、楚之谚曰："夏姬得道，鸡皮三少。"'）其下云：'为王后，句。七为夫人。'余谓为王后上当有一字。《左氏》虽未言曾入楚宫，而《列女传》则言庄王纳巫臣之谏，使坏后垣而出之，则固曾入楚宫矣，是非一为王后乎？至云七为夫人，若以国君言，诚无可考。或刘向因后世卿大夫妻通称夫人，而以之例前代，并淫乱者数之，固有七矣。若《史通》云：'再为夫人。'则前御叔，后巫臣，更为灼然，似作再字为是。"（此条已见《群书拾补》，兹则其改稿也。视《拾补》多《山海经图赞》一证，因仍录之。）据此所校定，则《列女传》之文当作"盖老而复壮者三，一为王后，再为夫人"，而子玄之疑亦自释。

聚麀之诮

昌案：《礼记·典礼上》篇："夫唯禽兽无礼，故父子聚麀。"郑注："聚，犹共也。鹿牝曰麀。"

观刘向对成帝称武、宣行事，世传失实。（事具《风俗通》。昌案：此五字据顾校，改作注文。）其言可谓明鉴者矣。及自造《洪范五行》及《新序》、《说苑》、《列女》、《神仙》诸传，而皆广陈虚事，多构伪辞。非其识不周而才不足，盖以世人多可欺故也。

昌案：《四库提要》卷九十一"《新序》"条云：其书"大抵采百家传记，以类相从，故颇与《春秋》内外传、《战国策》、《太史公书》互相出入。叶大庆《考古质疑》摘其昭奚恤对秦使者一条所称司马子反在奚恤前二百二十年，叶公子高、令尹子西在奚恤前一百三十年，均非同时之人；又摘其误以孟子好勇好色为对梁惠王，皆切中其失”。余嘉锡《四库提要辨证》卷十则举子玄此文，以为“昔人攻击刘向之说，莫先于此”，然以皆不明古人述作体例，终未能洞悉其著《新序》、《说苑》诸书之旨归，因详加考论，其言曰：“《新序》、《说苑》事迹讹误处固多，但此二书乃向采传记为之，所叙之事，一仍古书原文，不得以此訾向也。《汉书》向本传云：‘向以为王教由内及外，自近者始，故采取《诗》、《书》所载贤妃贞妇，兴国显家可法则，及孽嬖乱亡者，序次为《列女传》，凡八篇，以戒天子；及采传记行事，著《新序》、《说苑》，凡五十篇，奏之。’宋本《说苑》有向奏上《叙录》，云：‘所校中书《说苑》杂事，及臣向书、民间书，诬。校雠，其事类众多，章句相溷，或上下谬乱，难分别次序。除去与《新序》复重者，别集以为百家，后（昌案：当作复。）令以类相从，一一条别篇目，更以造新事十万言，以上，号曰《新苑》。’夫谓之‘采传记行事’，则非其所自作；谓为‘校中书《说苑》杂事’，则当时本有《说苑》之书。向但除其与《新序》复重者，为之条别篇目，令以类相从耳。《新序》叙录虽亡，度其体例，当亦与《说苑》相同。《论衡·超奇》篇云：‘若司马子长、刘子政之徒，累积篇第，文以万数，其过子云、子高远矣，然而因成纪前，无胸中之造。’此言其因古书成说以纪前人之事，非其胸中所自造也。由此言之，则子政之书非所自作，王仲任尝言之矣。故沈钦韩《汉书疏证》卷二十七云：‘此二书旧本有之，向重为订正，非创自其手也。’”至于向所校理之书，如《百家》、《国策》、《晏子》等，《汉志》皆不题其名，而于《新序》、《说苑》独称“刘向所序”者，则以二者“虽本有其书，其文亦悉采之传记，然向既除其两书之复重者，与他书之但除本书之复重者不同，又删去其浅薄不中义理者，与《晏子》等书但聚而编之，虽明知其不合经训亦不敢失者不同，盖已自以义法别择之，使之合于六经之义。况本传云：‘采传记行事。’《说苑》叙云：‘更以造新事。’则向又已有所增益于其间。既奏上之，以戒天子，亦以成儒者一家之言，故虽采自古书，仍不能不谓为刘向所叙。犹孔子因鲁史修《春秋》，述而不作，要不能谓《春秋》非成于孔子也。夫一书有一书之宗旨，向固儒者，其书亦儒家者流，但求其合乎儒术，无悖于义理足矣。至于其中事迹，皆采自古书，苟可发明其意，虽有违失，固所不废。譬之赋《诗》，断章取义，要在读者不以文害辞，不以辞害志耳。严可均《铁桥漫稿》卷八《书说苑后》云：'向所类事，与《左传》及诸子间或时代牴牾，或一事而两说三说兼存，《韩非子》亦如此。良由所见异词，所闻异词，所传闻异词；不必同李斯之法，别黑白而定一尊。浅学之徒，少见多怪，谓某事与某书违异，某人与某人不相值，生二千年后，而欲画一二千载以前之事，甚非多闻缺疑之意。'朱一新《无邪堂答问》卷四曰：'诸子书发摅己意，往往借古事以申其说。刘子政作《新序》、《说苑》，冀以感悟时君，取足达意而止，亦不复计事实之舛误。盖文章体制不同，议论之文，源出于子，自成一家，不妨有此。若纪事之文出于史，考证之文出于经，则固不得如此也。'谭献《复堂日记》卷六亦云：'《新序》以著述当谏书，皆与封事相发，董生所谓陈古以刺今。'此真能知古人著作之例矣。不然，向之为学，虽非后世之考证家，然博极群书，尤熟于《左传》。《论衡·按书》篇云：'刘子政玩弄《左氏》，童仆妇女皆呻吟之。'其精熟如此，岂不知司马子反、叶公子高、令尹子西与昭奚恤非同时人，然所以采之者，取其'惟善以为宝'之意耳。昔九方堙求千里之马而得之，以为牡而黄，及使人往取之，牝而骊。九方堙虽毛物牝牡之不知，然不可不谓之善相马也。（事见《淮南子·道应训》。）叙昭奚恤事者，虽时代名氏之不合，然不可不谓之善言理也。向所作《邓析书录》，引《春秋左氏传》，辨邓析非子产所杀甚详，（《意林》卷一引刘向云：非子产杀邓析，推《春秋》验之。即檃括叙录语。）而《说苑·指武》篇乃云子产诛邓析，知其误而不改。盖其著书之体固如是也。其他皆可以此推之。凡古书事有讹误，读者固宜考证之。叶大庆之说，自不可废。然遂谓为中向之失，则所谓固已夫高叟之为诗也。"子玄核论史事，必求其真，固属无可非议，然以其于古昔著述之体例、文章之情态，犹有所未明，故于陈古刺今、借人喻己之作，亦每绳之以实录，（即如本篇，自《新序》、《说苑》而外，于《列女传》、《列仙传》、嵇康《高士传》亦悉加驳诘，皆此类也。）则其蔽也。余氏之说，足以匡正其失，故文虽繁穰，亦删其要以著于篇。

岂顾丘明之有传，孟坚之有史哉？

昌案：孟坚在子政后，岂顾云云，殊有语病。其意若曰“岂顾人间之有信史哉”耳。

观其《蜀王本纪》

昌案：姚振宗《〈隋书·经籍志〉考证》卷二十一云：“按：蜀在周时，称王称帝，故纪其事，相承称为本纪。诸书言扬雄载诸怪异事，多以为讥。今考常璩(《华阳国志》)《序志》，则自司马相如以下八人，皆无是说。……集矢于子云，非其的矣。”朱希祖作《蜀王本纪》考，亦据常书《序志》篇“司马相如、严君平、扬子云、阳城子玄、郑伯邑、尹彭城、谯常侍、任给事等，各集传记以作本纪”之文，以为《蜀王本纪》之作，凡有多家，今《太平御览》所引鳖令、子鹃之事，文辞鄙陋，决非扬雄所作，且不必出余七人之手，盖浅人所妄托云。其说自姚氏启之，而所考特详。徐中舒《论蜀王本纪成书年代及其作者》又定此书乃蜀汉谯周作，其说亦与朱氏有同异。然以为非出子云之手，则三家所同。

称杜魄化而为鹃

昌案：《太平御览》卷九百二十三引《蜀王本纪》，但云：“望帝去时子鹃鸣，故蜀人悲子鹃鸣而思望帝。望帝，杜宇也，后(昌案：当作从。)天堕。”未尝言望帝之化为子鹃。《文选》左思《蜀都赋》刘渊林注引《蜀记》乃云：“昔有人姓杜名宇，王蜀，号曰望帝。宇死，俗说云，宇化为子规。子规，鸟名也。蜀人闻子规鸣，皆曰：望帝也。”然不作《蜀王本纪》。又《说文》四篇上巂字下云：“蜀王望帝淫其相妻，惭亡去，为子巂鸟。故蜀人闻子巂鸣，皆起曰：是望帝也。”(子鹃或作子规，亦即杜鹃。巂借为规字，详段注。)岂《蜀王本纪》所载化鹃事今适亡逸，而《说文》、《蜀记》之说，即本之欤？

荆尸变而为鳖

昌案：《太平御览》卷八百八十八引《蜀王本纪》云：“望帝积百余岁。荆有一人名鳖灵，其尸亡去。荆人求之不得。鳖灵尸随江水上至郫，遂活，与望帝相见。望帝以鳖灵为相。时玉山出水，若尧之洪水。望帝不能治，使鳖灵决玉山，民得安处。鳖灵治水去后，望帝与其妻通，惭愧，自以德薄，不如鳖灵，乃委国授之而去。"《文选》张衡《思玄赋》李善注亦节引之。又《水经注》卷三十三引来敏《本蜀论》略同，惟鳖灵作鳖令。（李注亦作令。）故章宗源《〈隋书·经籍志〉考证》卷六云："所记诚涉怪异，然雄言荆地有一死人名鳖令，非变而为鳖也。"子玄盖误读其文，遂有此句。

交阯远居南裔，越裳之俗也。

昌案：《后汉书·南蛮传》："《礼记》称：'南方曰蛮，雕题交阯。'（昌案：《王制》篇文。）其俗男女同川而浴，故曰交阯。……交阯之南有越裳国。"

昆戎之乡也

昌案：《孟子·梁惠王下》篇："文王事昆夷。"此称昆戎者，伪孙疏云："昆夷，西戎之国也。"

至于屈原《离骚》辞，称遇渔父于江渚。

昌案：以《离骚》为楚辞共名，盖始晋人。《山海经·中山经》郭璞注引《离骚》曰："靡萍九衢。"《天问》之文也。又《大荒东经》注引《离骚》曰："降望大壑。"《远游》之文也。其后《文心雕龙》有《辨骚》篇，《文选》立骚类，并兼赅楚辞他篇。子玄此引楚辞《渔父》而曰《离骚》辞，亦犹先唐之旧也。

夫识理如此，何为而薄周、孔哉？

昌案：叔夜之传高士，正同庄生之撰寓言，所谓有托而逃，用心与非汤、武而薄周、孔何异？子玄乃绳以史法，责以实录，亦其惑也。说已见前。

君子哉！若人也。长者哉！若人也。

昌案：《论语·宪问》篇："君子哉！若人。尚德哉！若人。"此仿其语。

《李陵集》有《与苏武书》，词采壮丽，音句流靡。观其文体，不类西汉人，殆后来所为，假称陵作也。

昌案《隋志》："汉骑都尉《李陵集》二卷。"即子玄所称李集也。此书之赝，《文选》笺注诸家考之详矣。黄廷鉴《第六弦溪文钞》卷三《书史通后》云："李陵《答苏武书》，《汉书》不载，《文选》有之。《东坡志林》言刘子元辨其非西汉文，而断为出六朝人拟作……有谓其风格近东京人笔者，有谓其词旨非他人所得伪者。然皆以文体别之，而未究其情事断之也。案：子卿自匈奴使归后，既与李陵一再通问已，乃其书中自初降至今日一段，宛似陵败降后，与汉廷之臣未一相见，而今始致书者然；而谓以答同在匈奴十九年之子卿，有是理乎？又自先帝授步卒五千一段，自叙战功，词旨固悲壮，亦属赘言。夫陵以力战无救败降，史公推其功已暴于天下，以是获罪。此在汉廷诸臣，人人能道之，曾谓陵与子卿素相知者，而复为是聒聒不已乎？究之不过脱胎史公报任安一书，然视史公文纵极怨愤而骨干自厚者不侔。子元之论是也。"章学诚《文史通义》内篇卷四《言公下》自注云："李陵《答苏武书》，自刘知幾以后，众口一辞，以为伪作。以理推之，伪者何所取乎？当是南北朝时，有南人羁北，而事类李陵，不忍明言者，拟此书以见志耳。"二氏之说，皆能洞烛隐微，亦诵此文者所不可不知也。

而夫子有云：虽多亦安用为？

昌案：《论语·子路》篇："子曰：'诵《诗》三百，授之以政，不达；使于四方，不能专对，虽多亦奚以为？'"

而孔子系辞，辄盛述颜子，称其殆庶。

昌案：《易·系辞下》篇："子曰：'颜氏之子，其殆庶几乎！有不善未尝不知，知之未尝复行也。'"

虽内举不避

昌案：《礼记·儒行》篇："儒有内称不辟亲，外举不辟怨。"辟避古今字。

子曰:“女为君子儒,无为小人儒。”

昌案:《论语·雍也》篇载孔子谓子夏之言。

礼云礼云,玉帛云乎哉?

昌案:《论语·阳货》篇文。

其有雕虫末伎,短才小说,或为集不过数卷,或著书才至一篇,莫不一一列名,编诸传末。事同《七略》,巨细必书,斯亦烦之甚者。

昌案:二十四史中,有《经籍》或《艺文志》者,仅《汉书》、《隋书》、两《唐书》、《宋史》、《明史》而已,诸佚史中,以今所知,独袁山松《后汉书》有《艺文志》。历代著作,以靡所著录,而不可考见者多矣。幸列传之末,往往附载其所撰述之目,文运升降,学术兴衰,犹得窥豹一斑。吾人今日但恨所载之未详耳。子玄以文之轻重、卷之多寡为笔削之准绳,奚其隘欤?

子曰:“齐景公有马千驷,死之日,人无德而称焉。伯夷、叔齐饿死(昌案:死字原脱,据宋本增。)于首阳之下,民到于今称之。”

昌案:《论语·季氏》篇文。

汉书五行志错误第十

其述庶征之恒寒也,先云:僖公十年冬大雨雹,随载刘向之占。次云:《公羊》经曰大雨雹,续书董生之解。案《公羊》所说,与上奚殊,而再列其辞,俱云大雨雹而已。……夫同是一类,而限成二条;首尾纷拏,而章句错糅。此所谓科条不整,寻绎难知者也。

昌案:钱大昕《潜研堂文集》卷十二《答问》九:“问《汉史·五行志》兼采董仲舒、二刘之说,刘知幾举其错误多矣。昨接高论,谓刘氏所讥,亦有未尽然者,愿闻其审。曰:姑即一条言之,恒寒篇先云僖公十年冬大雨雹,次引《公羊》经曰大雨雹,此刘所讥为首尾纷拏,章句错糅者也。今考班史叙恒寒以雪为首,而霜次之,雹又次之。僖公十年冬大雨雪,此《左氏》、

《穀梁》经文也。故引刘向说。次引《公羊》经作大雨雹，兼采董生说。盖以经有异文，特附出之。其余书大雨雹者，别见于后。班史义例之严如此。知幾偶见误本，不寻其上下文义，辄生驳难，不知其见笑于大方甚矣。今南北监本皆作雪，与《左氏》、《穀梁》经文正合。乃叹今本固有胜于古本者；而古人读书粗率，转或不如后人之精审也。”

斯岂非乌有成说，扣寂为辞者哉？

昌案：《文选》陆机《文赋》：“课虚无以责有，叩寂莫而求音。”此用其语，然非赋文本意。

盖今谚所谓季与厥昆，争知嫂讳者也。原注：今谚曰：“弟与兄争嫂字。”以其名鄙，故稍文饰之。

昌案：《易·屯》：“女子贞不字。”虞注：“字，妊娠也。”弟与兄争嫂字，即争嫂妊子之谁属，明其盗嫂而不自以为耻也。《广雅·释诂》：“讳，避也。”《楚辞·七谏·缪谏》注：“所隐为讳。”女子妊娠，羞不明言，而弟与兄争知其事，亦可知是盗嫂。故子玄得以二语相易而资文饰也。

今班《志》所引，上自周之幽、厉，下终鲁之定、哀，而不云《国语》，惟称《史记》，岂非忘本徇末，逐近弃远者乎？

昌案：《汉书·五行志中之上》：“《史记》：成公十六年，公会诸侯于周。”颜注：“此《志》凡称《史记》者，皆谓司马迁所撰也。”钱大昕《廿二史考异》卷七：“按：此条引单襄公见晋厉公视远步高，事见《国语》，而《太史公书》无之。此外，所引《史记》如单襄公见晋三郤齐国佐一条、晋惠公时童谣一条、穀洛水斗将毁王宫一条、周三川震伯阳甫言周将亡一条、夏后氏之衰二龙止于夏廷一条、季桓子穿井得土缶一条、隼集陈廷楛矢贯之石砮一条，皆《国语》之文。惟夏后二龙、伯阳甫事见《周本纪》，土缶、楛矢事见《孔子世家》，余皆无之。又战国及秦事，《志》称《史记》者，间与《太史公书》合。而秦昭王三十四年渭水赤，始皇二十六年有大人长五丈见于临洮，二世元年天无云而雷，今《史记》亦无之。则班《志》所云《史记》，非专指《太史公书》矣。古者，列国之史俱称史记。《周本纪》云：‘太史伯阳读史记。’《陈杞世家》云：‘孔子读史记。’而《汉书·艺文志》称：‘仲尼以鲁周公之国，史官有法，故与左丘明观其史记，据行事，仍人道，因兴以立功，就败以成罚，有所褒讳贬损，不可书见，口授弟子。丘明恐弟子各安其意，以失其真，故论本事而作传，明夫子不以空言说经也。’然则丘明所论次者，谓之《春秋传》。《国语》乃左氏所录国史旧文，故亦可称史记。刘知幾以班《志》所引，不云《国语》，惟称《史记》，訾其忘本徇末，逐近弃远，盖未识此旨也。史迁著书，未尝以史记名之。即班孟坚亦未尝以史记目《太史公书》。小颜考之未详尔。”(《潜研堂文集》卷十二《答问》九亦论此事而较略。)

所定多目

多，顾广圻校改名。

昌案：顾校是也。《杂说中》篇有“名目各异”之语，亦以名目连文。

汉书五行志杂驳第十一

君若缀旒

昌案：《公羊传》襄十六年：“君若赘旒然。”《释文》：“赘，本文作缀。”何休注：“旒，旂旒。赘，系属之辞，若今俗名就婿为赘婿矣。以旂旒喻者，为下所执持。”

渐至陵夷

昌案：《汉书·成帝纪》：“帝王之道，日以陵夷。”颜注：“陵，丘陵也。夷，平也。言其颓替若丘陵之渐平也。又曰凌迟，亦言如丘陵之逶迟稍卑下也。”

郑小国，摄乎晋、楚之间。

昌案：《论语·先进》篇：“千乘之国，摄乎大国之间。”《集解》引包咸曰:“摄,迫也。”

暗惑第十二

与夫方内之士有何异哉?

昌案:《庄子·大宗师》篇:“孔子曰:‘彼游方之外者也,而丘游方之内者也。外内不相及。’”

故窊隆异等

昌案:《文选》左思《吴都赋》:“原隰殊品,窊隆异等。”李注:“窊,汙邪下也。”又马融《长笛赋》:“窊隆诡戾。”李注:“窊隆,高下貌。”

庄王置酒,优孟为寿。王大惊,以为孙叔敖复生,欲以为相。

昌案:杨慎《丹铅总录》卷十三“优孟”条:“此传以滑稽名,乃优孟自为寓言。云欲复以为相,亦优孟自言。如今人下净发科打诨之类,岂可真以为王欲复相之事乎。”此说足解子玄之惑。考《三国志·蜀志·许慈传》云:“慈、(胡)潜并为博士……更相克伐……先主愍其若斯,群僚大会,使倡家假为二子之容,效其讼阋之状,酒酣乐作,以为嬉戏,初以辞义相难,终以刀杖相屈,用感切之。”亦犹优孟之所为也。以此相证,较然可知。下逮唐、宋人弄参军,作杂剧之类,则事例益伙矣。

夫人既从物故,然后加以易名。田常见存,而遽呼以谥。此之不实,明然可知。

昌案:此子玄不知古人著书,多有以后称前之习,不独叙人生前事而以谥称也。杨树达《古书疑义举例续补》有以后称前例,于兹事举证綦详。如云:“《史记·吕后本纪》云:‘齐内史士说王曰:“太后独有孝惠与鲁元公主。”’崔适云:‘孝惠、鲁元,皆谥也。此追称。若当时语,止当曰:“太后独有帝与公主”尔。’(《史记探原》卷三。)又《张耳陈馀列传》记赵相贯高、赵午等说张敖语云:‘今王事高祖甚恭,而高祖无礼,请为王杀之。’时高祖尚在，而文称高祖，亦史公之追称也。孟坚撰《汉书》，改高祖为皇帝，则适合贯高等当时之语气矣。……《汉书·高祖纪》云：‘汉王怨羽之背约，欲攻之，丞相萧何谏，乃止。’服虔云：‘称丞相者，录事追言之。’……又《匈奴传》云：‘臣知父呼韩邪单于蒙无量之恩。’树达按：单于本名囊知牙斯，后以王莽奏令中国不得有二名，因使使风单于，故囊知牙斯改名为知。事在此事之后。而此文即称臣知者，顾炎武以为作史者从其后更名录之，是也。”

《史记》：家令说太上皇曰：“高祖虽子，人主也。”

昌案：王若虚《滹南遗老集》卷十九《史记辨惑》十一云：“是时未有高祖号，刘子玄辨之，诚中其病。《汉书》改为皇帝，是矣。”黄本骥《痴学》卷四《读史笔得》亦本子玄此节所举，谓《左传》载石碏言“陈桓公方有宠于王”，《田敬仲世家》载齐人歌“归乎田成子”之称桓公、成子为非，而《汉书》改《史记·高纪》高祖字为皇帝为是，皆当以上举杨说解之。

此乃童儿相戏，非复长老所为。观孟轲著书，首陈此说；马迁裁史，仍习其言；得自委巷，曾无先觉，悲夫！

昌案：洪迈《容斋随笔》卷十五“有若”条：“予谓此两事殆近于星历卜祝之学，（昌案：两事即《史通》所摘孔子知雨及知商瞿生子事。）何足以为圣人，而谓孔子言之乎？有若不能知，何所加损，而弟子遽以是斥退之乎？孟子称子夏、子游、子张以有若似圣人，欲以所事孔子事之，曾子不可，但言江汉秋阳不可尚而已，（昌案：见《滕文公上》篇。）未尝深诋也。……《檀弓》载有子闻曾子‘丧欲速贫，死欲速朽’两语，以为非君子之言，又以为夫子有为言之。子游曰：‘甚哉！有子之言似夫子也。’则其为门弟子所敬久矣。太史公之书于是为失矣。且门人所传者，道也；岂以状貌之似而师之耶？世所图七十二贤像，其画有若，遂与孔子略等，此又可笑也。”此论朗畅，足以张子玄之军。窃谓先秦诸子聚徒讲学，如孔子则周游列国，弟子三千；孟子则后车数十乘，从者数百人，以传食于诸侯。人众事烦，自不能无团体及领袖。墨家钜子，人愿为尸，亦其明证。儒墨同属先秦显学，儒家之夫子，盖亦略同墨家之钜子。孔子既亡，门人推奉有若为夫子，以领袖其团体，容有其事，未可知也。及其枝分叶布，各尊所闻，乃分为八儒、三墨耳。《论语》于孔门惟有子，曾子称子而不名，是其位置原较崇高。或者，孔子在时，二子已被公认为可以传道承统之首座弟子，如佛门之法嗣；而曾子不以子夏诸贤欲以所事孔子事有子为可者，亦犹缁流传法传衣之争也。《论语》载曾子之殁，则孔子卒后，惟有子独尊。史公所载立师之事，当由于此，或以既立而不孚众望，旋即绌之，特阑入之野言为不足信耳。《宋书·谢灵运传论》："张、蔡、曹、王，曾无先觉。"

万国具瞻

昌案：《诗·小雅·节南山》："赫赫师尹，民具尔瞻。"传："具，俱。瞻，视。"

况嗣宗当圣善将殁

昌案：《诗·邶风·凯风》："母氏圣善。"此以圣善为母之代词，亦以聿修为祖，诒厥为孙，友于为兄弟之比。

闵凶所钟

昌案：《佐传》宣十二年："寡君少遭闵凶。"杜注："闵，忧也。"

在邻伍者，尚申匍匐之救。

昌案：《诗·邶风·谷风》："凡民有丧，匍匐救之。"笺："匍匐，言尽力也。凡于民有凶祸之事，邻里尚尽力往救之。"

又新《晋书·王祥传》曰

昌案：《晋书》此传，系年多误；子玄所惑，亦有是非。钱大昕《廿二史考异》卷二十一尝为辨订，今具录如次。

祥汉末遭乱，扶母携弟览避地庐江，隐居三十余年。

昌案：钱大昕曰："案：祥以泰始五年薨，年八十五。上溯汉建安九年，祥始二十岁。即使避地更在其前，距为徐州别驾之日，只二十余年耳。此三十当为二十之误也。”

徐州刺史吕虔檄为别驾。年垂耳顺，览劝之，乃应召。

昌案：钱大昕曰：“案《魏志》，吕虔为徐州刺史，在文帝时，计文帝黄初四年，祥才三十有六耳。即被征在黄初之末，亦止四十余，何得云耳顺也？王隐《晋书》云：‘祥始出仕，年过五十。’盖据举秀才，除温令而言，非指为别驾之日也。”《论语·为政》篇：“六十而耳顺。”

于时寇贼充斥，祥率励兵士，频讨破之。

昌案：钱大昕曰：“案《魏志》，吕虔请祥为别驾，民事一以委之，讨利城叛贼，斩获有功。此传云寇盗充斥，即谓利城叛贼也。刘知幾以为汉建安中徐州未靖时事，盖未考《魏志》耳。”

太始五年薨

昌案：钱大昕曰：“纪在四年四月。”劳格《读书杂识》卷四《晋书校勘记》中云：“王隐《晋书》云：‘泰始四年薨。’（国志□□传注。昌案：见《魏志·吕虔传》注。）与本纪合。案：下云：‘时文明皇太后崩始逾月。’考后崩亦在四年，则云五年者误矣。”（姚范《援鹑堂笔记》卷三十三所考王祥传事略同，不更录。）

盖语曰：君子可欺不可罔。

昌案：《论语·雍也》篇：“君子可逝也，不可陷也；可欺也，不可罔也。”

忤时第十三

孝和皇帝时，韦、武弄权，母媪预政，士有附丽之者，起家而绾朱紫。

昌案：《汉书·扬雄传》：“哀帝时，丁、傅、董贤用事，诸附离之者，或起家至二千石。”此仿其文。

杜门却扫

昌案:《文选》江淹《恨赋》李注引司马彪《续汉书》曰:“赵壹闭关却扫,非德不交。”《北史·李谧传》:“遂绝迹下帷,杜门却埽。”

遂与监修国史萧至忠等诸官书求退

浦起龙曰:“本篇之作,只欲录存此牍编入部尾耳。”

昌案:《史通》之作,盖取式子书,为一家言,《自叙》一篇,论之详矣。考姬、汉以来子书体制,盖有编入书疏者矣。如《韩非子》之《初见秦》、《难言》两篇,皆其上秦王书也。贾谊《新书》之《益壤》篇,即《汉书》本传之请封建子弟疏也;其《淮难》篇,即本传之谏封淮南诸子疏也。此其尤大彰明较著者,皆子玄之所本也。浦氏于此,殆不甚了了,故有是言。

古之国史,皆出自一家……未闻借以众功,方云绝笔。

昌案:《遗书》本《文史通义》外篇卷三《家书二》云:“刘言史法,吾言史意;刘议馆局纂修,吾议一家著述,截然两途。”然反复《史通》全书,未见其偏重馆局纂修者;及观此数语,乃知子玄亦深病馆局纂修之非计,而有自成一家之美志。章说殆不然矣。

縻我以好爵

昌案:《易·中孚》:“我有好爵,吾与尔靡之。”《释文》:“靡,本又作縻。”王注:“不施权利,唯德是与,诚之至也。故曰:我有好爵,与物散之。”

抑明公足下独不闻刘炫蜀王之说乎

昌案:赵璘《因话录》卷五:“古者三公开阁。郡守比古之侯伯,亦有阁。所以世之书题有阁下之称。前辈呼刺史、太守,亦曰节下。与宰相大僚书,往往呼执事,言阁下之执事人耳。刘子玄为史官,与监修宰相书,呼足下。韩文公与使主张仆射书,呼执事。即其例也。”此书收入《史通》,已略去书题,然书中“明公足下”之语犹再见,足以证璘之说;亦见此书在唐时流布甚广,故璘得援以为例也。

蓬山之下

昌案:《后汉书·窦融传》附玄孙章传:“是时,(昌案:谓安帝永初中。)学者称东观为老氏臧室、道家蓬莱山。(太仆邓)康遂荐章入东观,为校书郎。”李贤注:“老子为守臧史,后为柱下史。四方所记文书,皆归柱下。事见《史记》。言东观经籍多也。蓬莱,海中神山,为仙府。幽经秘录,并皆在焉。”《太平御览》卷二百三十三引华峤《书》曰:“学者称东观为老氏藏室、道家蓬莱山。”又范《书》所本也。本书《史官建置》篇:“自章、和以后,图籍盛于东观。凡撰《汉记》,相继在乎其中。”故子玄以比唐之史局。

主要引用书目

周易　阮刻十三经注疏本

尚书　阮刻十三经注疏本

尚书大传　陈寿祺辑注　四部丛刊本

诗经　阮刻十三经注疏本

韩诗薛君章句　薛汉　马国翰辑　玉函山房辑佚书本

韩诗外传　韩婴　四部丛刊本

周礼　阮刻十三经注疏本

礼记　阮刻十三经注疏本

春秋左传　阮刻十三经注疏本

春秋啖赵集传纂例　陆淳　古经解汇函本

春秋公羊传　阮刻十三经注疏本

春秋繁露　董仲舒　四部丛刊本

春秋穀梁传　阮刻十三经注疏本

孝经　阮刻十三经注疏本

论语　阮刻十三经注疏本

孟子　阮刻十三经注疏本

尔雅　阮刻十三经注疏本

白虎通义　四部丛刊本

经典释文　陆德明　四部丛刊本

经义考　朱彝尊　四部备要本

经义述闻　王引之　四部备要本
考信录提要　崔适　畿辅丛书本
补上古考信录　崔适　畿辅丛书本
说文解字　许慎　段玉裁注　四部备要本
说文通训定声　朱骏声　世界书局影印本
广韵　陈彭年等　四部丛刊本
集韵　丁度等　四部备要本
方言　扬雄　郭璞注　抱经堂丛书本
释名　刘熙　四部丛刊本
广雅　张楫　小学汇函本
一切经音义　玄应　海山仙馆丛书本
积微居小学金石论丛　杨树达　余嘉锡序　商务印书馆排印本

史记　同文书局本
史记志疑　梁玉绳　史学丛书本
史记札记　李慈铭　北京图书馆排印本
史记会注考证　(日)泷川龟太郎　文学古籍刊行社排印本
史记解诂　吴国泰　成都排印本
太史公解　朱希祖　制言第十五期
太史公书称史记考　杨明照　燕京学报第二十六期
太史公书体裁探原　王利器　申报1948年1月31日文史第8期
汉书　同文书局本
历代史表　万斯同　清乾隆刻本
汉书疏证　沈钦韩　浙江书局本
后汉书　同文书局本
后汉书补注　惠栋　史学丛书本
补后汉书艺文志　侯康　二十五史补编本
谢承后汉书　姚之骃辑并序　后汉书补逸本
补订谢承后汉书补逸　孙志祖辑　孙峻补订　寿松堂本

三国志　同文书局本

三国艺文志　姚振宗　二十五史补编本

晋书　同文书局本

晋书斠注　吴士鉴　嘉业堂本

王隐晋书　汤球辑　史学丛书本

宋书　同文书局本

南齐书　同文书局本

梁书　同文书局本

萧梁旧史考　朱希祖　北京大学国学季刊第一卷第一、二号

陈书　同文书局本

魏书　同文书局本

魏书官氏志疏证　陈毅　二十五史补编本

魏书源流考　李正奋　北京大学国学季刊第二卷第二号

魏收之史学　周一良　燕京学报第十八期

周书　同文书局本

隋书　同文书局本

隋书经籍志考证　章宗源　二十五史补编本

隋书经籍志考证　姚振宗　二十五史补编本

南史　同文书局本

北史　同文书局本

旧唐书　同文书局本

新唐书　同文书局本

清史稿　中华书局排印本

诸史然疑　杭世骏　知不足斋丛书本

十七史商榷　王鸣盛　史学丛书本

廿二史考异　钱大昕　潜研堂全书本

廿二史札记　赵翼　史学丛书本

后汉纪　袁宏　四部丛刊本

资治通鉴　司马光　胡三省注　四部备要本

通鉴释例　司马光　传钞陈仁锡通鉴目录本
汇刻纪事本末　闵萃祥序　广雅书局本
逸周书　四部备要本
国语　四部备要本
春秋后国语　孔衍　上虞罗氏影印敦煌卷子本
战国策　四部备要本
古本竹书纪年辑校　王国维　广仓学窘丛书本
今本竹书纪年疏证　王国维　广仓学窘丛书本
汲冢书考　朱希祖　中华书局排印本
世本　茆泮林辑　十种古逸书本
古史考　谯周　平津馆丛书本
路史　罗泌　四部备要本
建康实录　许嵩　张海鹏刊本
华阳国志　常璩　商务印书馆排印本
十六国春秋辑补　崔鸿　汤球辑　商务印书馆排印本
十六国旧史考　朱希祖　制言第十三期
山海经　四部丛刊本
三辅决录　赵岐　挚虞注　张澍辑并序　二酉堂丛书本
西河记　喻归　张澍辑并序　二酉堂丛书本
水经注　郦道元　王先谦合校　宝善书局石印本
洛阳伽蓝记集证　杨衒之　吴若准集证　原刊本
洛阳伽蓝记钩沈　唐晏　龙溪精舍丛书本
洛阳伽蓝记校释　周祖谟　中华书局排印本
读洛阳伽蓝记书后　陈寅恪　历史语言研究所集刊第八本第二分
洛阳伽蓝记子注释例　孙次舟　中国学报第一卷第四期
通典　杜佑　商务印书馆影印本
通志二十略　郑樵　四部备要本
通志总序笺　张须　商务印书馆排印本
蜀王本纪考　朱希祖　说文月刊第三卷第七期

论蜀王本纪成书年代及其作者　徐中舒　社会科学研究创刊号
英雄记钞　王粲　王世贞辑　汉魏丛书本
高士传　皇甫谧　汉魏丛书本
范蔚宗年谱　张述祖　燕京大学史学年报第三卷第二期
崔浩与寇谦之　陈寅恪　岭南学报第十一卷第一期
陶渊明之思想与清谈之关系　陈寅恪　燕京大学排印本
李唐氏族之推测　陈寅恪　历史语言研究所集刊第三本第四分
避讳录　黄本骥　三长物斋丛书本
史讳举例　陈垣　科学出版社排印本
史通　刘知幾　四部丛刊影印张鼎思本，附孙毓修校勘记
史通削繁底本　纪昀　传钞本
史通通释　浦起龙　志古堂本
史通补释　陈汉章　史学杂志第一、二卷
史通通释补　杨明照　燕京大学文学年报第六期
史通增释　彭仲铎　据罗常培序所引，未见其书。罗序载图书季刊新第五卷第四期
批校史通　杨守敬　传钞本
批校史通　向承周　传钞本
史通评　吕思勉　商务印书馆排印本
法通解惑篇　但焘　华国月刊第一卷第四期、又国史馆馆刊第一卷第二号
史通点烦篇臆补　洪业　燕京大学史学年报第二卷第二期
明蜀刻本史通初校记　张蕴华　四川省立图书馆图书集刊创刊号
文史通义　章学诚　志古堂本、又嘉业堂刊章氏遗书本
中国史学史　金毓黻　商务印书馆排印本
七略别录　刘向　姚振宗辑并序　师石山房丛书本
七略　刘歆　姚振宗辑并序　师石山房丛书本
直斋书录解题　陈振孙　武英殿聚珍版丛书本
四库全书总目提要　永瑢等　商务印书馆排印本

四库提要辨正　余嘉锡　科学出版社排印本
四库全书总目提要补正　胡玉缙　中华书局排印本
南江书录　邵晋涵　聚学轩丛书本
郑堂读书记　周中孚　万有文库本
史略　高似孙　古逸丛书本
史目表　洪颐煊　京华官书局石印本
目录学发微　余嘉锡　中华书局排印本
校勘学中之二重及多重误例　徐复　新中华复刊第三卷第十一期

家语证伪　范家相　铸学斋本
家语疏证　孙志祖　式训堂丛书本
荀子　四部备要本
新书　贾谊　四部丛刊本
法言　扬雄　四部备要本
潜夫论　王符　四部备要本
中论　徐幹　四部丛刊本
典语　陆景　马国翰辑并序　玉函山房辑佚书本
老子　四部备要本
列子　四部备要本
庄子　四部备要本
管子　四部备要本
韩非子　四部备要本
尹文子　四部备要本
人物志　刘劭　四部备要本
墨子　四部备要本
吕氏春秋　四部备要本
淮南子　四部备要本
风俗通义　应劭　四部丛刊本
论衡校释　王充　黄晖校释　商务印书馆排印本

抱朴子　葛洪　四部备要本
金楼子　萧绎　知不足斋丛书本
颜氏家训　颜之推　抱经堂丛书本
兼明书　邱光庭　石印宝颜堂秘笈本
侯鲭录　赵德麟　知不足斋丛书本
新校正梦溪笔谈　沈括　胡道静校注　中华书局排印本
容斋随笔　洪迈　商务印书馆排印本
西溪丛语　姚宽　学津讨原本
能改斋漫录　吴曾　中华书局排印本
纬略　高似孙　守山阁丛书本
宾退录　赵与时　学海类编本
困学纪闻　王应麟　翁元圻注　四部备要本
丹铅总录　杨慎　九思堂本
笔乘　焦竑　粤雅堂丛书本
少室山房笔丛　胡应麟　扫叶山房石印本
识小录　徐树丕　涵芬楼秘笈本
日知录集释　顾炎武　黄汝成集释　四部备要本
援鹑堂笔记　姚范　道光刊五十卷本
钟山札记　卢文弨　抱经堂丛书本
信摭　章学诚　章氏遗书本
丙辰札记　章学诚　章氏遗书本
陔馀丛考　赵翼　文瑞楼石印本
十驾斋养新录　钱大昕　潜研堂全书本
晓读书斋杂录　洪亮吉　洪北江全集本
札朴　桂馥　心矩斋本
读书脞录　孙志祖　文学山房排印本
铜熨斗斋随笔　沈涛　式训堂丛书本
读书丛录　洪颐煊　传经堂本
郑堂札记　周中孚　仰视千七百二十九鹤斋丛书本

癸巳类稿　俞正燮　商务印书馆排印本
癸巳存稿　俞正燮　连筠簃丛书本
归田琐记　梁章钜　清代笔记丛刊本
浪迹丛谈　梁章钜　亦东园本
痴学　黄本骥　三长物斋丛书本
读书杂识　劳格　月河精舍丛钞本
湖楼笔谈　俞樾　春在堂全书本
嫻艺轩杂著　黄家岱　原刊本
复堂日记　谭献　原刊本
舒艺室随笔　张文虎　覆瓿集本
霞外攟屑　平步青　中华书局排印本
纯常子枝语　文廷式　原刊本
越缦堂读书记　李慈铭　由云龙辑　商务印书馆排印本
云自在龛随笔　缪荃孙　商务印书馆排印本
检论　章炳麟　章氏丛书本
国故论衡　章炳麟　章氏丛书本
读书小记　马叙伦　商务印书馆排印本
读书续记　马叙伦　商务印书馆排印本
余嘉锡论学杂著　中华书局排印本
驳说儒　郭沫若　青铜时代　人民出版社排印本
古书疑义举例　俞樾　古书字义用法丛刊本
古书疑义举例续补　杨树达　古书字义用法丛刊本
群书拾补　卢文弨　抱经堂丛书本
西京杂记　葛洪　卢文弨序　抱经堂丛书本
世说新语　刘义庆　刘孝标注　文学古籍刊行社影印本
裴子语林　裴启　马国翰辑并序　玉函山房辑佚书本
朝野佥载　张鷟　石印宝颜堂秘笈本
国史补　李肇　古典文学出版社排印本
清异录　陶穀　惜阴轩丛书本

因话录 赵璘 古典文学出版社排印本
太平广记 李昉 中华书局排印本
合维摩诘经序 支愍度 僧祐出三藏集记卷八 频伽藏本
支愍度学说考 陈寅恪 历史语言研究所集刊外编第一种庆祝蔡元培先生六十五岁论文集上册
广弘明集 道宣 四部丛刊本
四分律删繁补阙行事钞 道宣 据一粟谈唐代的三国故事所引,未见其书
四分律行事钞批 大觉 据一粟谈唐代的三国故事所引,未见其书
四分律行事钞简正记 景霄 据一粟谈唐代的三国故事所引,未见其书
天师道与滨海地域之关系 陈寅恪 历史语言研究所集刊第三本第四分册
艺文类聚 欧阳询 成都刊本
初学记 徐坚 古香斋本
敦煌写本杂钞考 周一良 燕京学报第三十五期
太平御览 李昉等 四部丛刊本
册府元龟 王钦若等 明刊本
玉海 王应麟 浙江书局本
五色线 佚名 津逮秘书本
楚辞补注 洪兴祖 四部备要本
文选 李善注 胡克家刊本、又六臣注 四部丛刊本
文选古字通疏证 薛传均 小玲珑山馆丛书本
全上古三代秦汉三国六朝文 严可均辑 广雅书局本
陶靖节集 陶潜 陶澍注 商务印书馆排印本
庾子山集 庾信 倪璠注 湖北先正遗书本
王无功集 王绩 岱南阁丛书本
昌黎先生集 韩愈 四部备要本
持正文集 皇甫湜 四部丛刊本
天地阴阳交欢大乐赋 白行简 双梅景暗丛书本

后山诗注　陈师道　任渊注　四部备要本
滹南遗老集　王若虚　畿辅丛书本
魏伯子文集　魏际瑞　绂园书塾本
曝书亭集　朱彝尊　四部丛刊本
鲒埼亭集　全祖望　四部丛刊本
潜研堂文集　钱大昕　潜研堂全书本
思适斋集　顾广圻　春晖堂丛书本
鲁岩所学集　张宗泰　模宪堂本
晒书堂文集　郝懿行　东路厅署刊本
铁桥漫稿　严可均　四录堂本
第六弦溪文钞　黄廷鉴　后知不足斋丛书本
青学斋集　汪之昌　新阳汪氏刊本
师伏堂骈文　皮锡瑞　师伏堂丛书本
谭嗣同全集　三联书店排印本
太炎文录　章炳麟　章氏丛书本
文心雕龙注　刘勰　范文澜注　开明书店排印本
文心雕龙札记　黄侃　文化学社排印本
诗品注　钟嵘　陈延杰注　开明书店排印本
文镜秘府论　遍照金刚　日本影印本
文则　陈骙　石印宝颜堂秘笈本
诗话总龟　阮阅　四部丛刊本
文学说例　章炳麟　新民丛报第五、九、十五号
谈唐代的三国故事　一粟　文学遗产增刊十辑

文论十笺

程千帆 撰

上　辑

文学总略

（论文学之界义）

章炳麟

文学者，以有文字著于竹帛，故谓之文；论其法式，谓之文学[1]。凡文理、文字、义辞皆言文；言其采色发扬，谓之彣[2]。以作乐有阕[3]，施之笔札[4]，谓之章[5]。《说文》云："文，错画也，象交文。"[6]"章，乐竟为一章。""彣，䥹也。""彰，文彰也。"[7]或谓文章当作彣彰，则异议自此起[8]。《传》曰："博学于文。"[9]不可作彣。《雅》曰："出言有章。"[10]不可作彰。古之言文章者，不专在竹帛讽诵之间。孔子称尧舜"焕乎其有文章"[11]。盖君臣、朝廷、尊卑、贵贱之序，车舆、衣服、宫室、饮食、嫁娶、丧祭之分，谓之文[12]。八风从律，百度得数，谓之章[13]。文章者，礼乐之殊称矣。其后转移，施于篇什[14]。太史公记博士平等议曰："谨案：诏书、律令下者，文章尔雅，训辞深厚。"[15]此宁可书作彣彰邪[16]？独以五采彰施五色，有言黻，言黼，言文，言章者[17]，宜作彣彰。然古者或无其字，本以文章引伸[18]。今欲改文章为彣彰者，恶乎冲澹之辞[19]，而好华叶之语[20]，违书契记事之本矣[21]。孔子曰："言之无文，行而不远。"[22]盖谓不能举典礼，非欲苟润色也[23]。《易》所以有《文言》者，梁武帝以为文王作易，孔子遵而修之，故曰文言[24]，非矜其采饰也[25]。夫命其形质曰文，状其华美曰彣，指其起止曰章，道其素绚曰彰[26]，凡彣者必皆成文，凡成文者不皆彣[27]。是故榷论文学[28]，以文字为准，不以彣彰为准[29]。今举诸家之法，商订如左方[30]：

〔1〕 文学一词，先秦已有。《论语·先进篇》："文学子游、子夏。"《墨子·非命篇》："凡出言谈，由文学之为道也。"荀、韩诸子书亦有之，而其范围至广，盖一切学术或文化皆属焉。今此所指，则为文字著于竹帛之法式，其封域弇于先秦，而侈于近世抒情美文乃为文学之说。数语盖开宗明义也。

〔2〕 《说文》："彣，䵲也。"段《注》："有部：'䵲，有彣彰也。'是则有彣彰谓之彣，彣与文义别，凡言文章，皆当作彣彰，作文章者，省也。文训逪画，与彣义别。"又："彡，毛饰画文也。"徐铉曰："毛发绘饰之事。"彣从彡以表绘饰，故云采色发扬。

〔3〕 《说文》："阕，事也闭门也。"《礼记·文王世子》："有司告以乐阕。"郑《注》："阕，终也。"

〔4〕 《说文》："札，牒也。"《中庸》郑《注》："简、札、牒、毕，同物而异名。札，木简之薄小者也。"

〔5〕 《说文》："章，乐竟为一章，从音、十。十，数之终也。"

〔6〕 段《注》："错，当作逪。逪画者，这逪之画也。《考工记》曰：'青与赤谓之文。'逪画之一端也。逪画者，文之本义，彣彰者，彣之本义，义不同也。"

〔7〕 此释四名为义各别，彣彰义主绘饰，故非文学之本柢也。

〔8〕 段玉裁《说文解字注》之说，引见上。

〔9〕 《礼记·曲礼》孔《疏》："传谓传述为义，或亲承圣旨，或师儒相传。"《论语》即此类书，故谓之传也。引句见《雍也篇》。刘宝楠《论语正义》曰："博文者，《诗》、《书》、《礼》、《乐》，与凡古圣所传之遗籍是也。"吾友张涤华先生曰："案《论衡·正说篇》云：'《论语》者……宣帝下太常博士时，尚称书难晓，名之曰《传》。'又《汉书·平帝纪》云：'《传》不云乎："君子笃于亲，则民兴于仁。"'师古《注》：'以《论语》传圣贤之言，故为之《传》。'（案：为谓通用字。）此皆释《论语》所以名《传》之故，然犹未尽。考《论语》与《孝经》、《孟子》、《尔雅》皆汉代学

校诵习之书，文帝时尝立传记博士，（见赵岐《孟子题辞》。）故当时通谓之《传》。《孝经》等三书姑不论，兹就称《论语》为传者，更举数例如次：《汉书·宣帝纪》：'《传》曰：孝弟也者，其为仁之本与！'又《元帝纪》：'《传》不云乎：百姓有过，在予一人。'又《刘歆传》：'《传》曰：文、武之道，未坠于地。'又《东方朔传》：'《传》曰：时然后言，人不厌其言。'此并引《论语》而皆谓之《传》。（汉人征引《论语》直称书名者，为数反极少。）知章君此处，盖用汉人旧称。"

〔10〕 语见《诗·小雅·都人士篇》。《笺》曰："吐口言语，又有法度文章。"

〔11〕 见《论语·泰伯篇》。刘宝楠《正义》云："上世人质，历圣治之，渐知礼义，至尧、舜而后文治以盛。故《尚书》独载尧以来，自授时外，复作大章之乐。又《大戴礼·五帝德》言尧事云：'黄黼黻衣，丹车白马，伯夷主礼，夔教舞。'皆是立文垂制之略，可考见也。"

〔12〕 《史记·礼书》："是以君臣、朝廷、尊卑、贵贱之序，下及黎庶车舆、衣服、宫室、饮食、嫁娶、丧祭之分，事有宜适，物有节文。"宜适节文，盖即礼也。

〔13〕 《礼记·乐记》："八风从律而不奸，百度得数而有常。"《疏》："八风，八方之风也。律，谓十二月之律也。乐音象八风，其乐得其度，故八风十二月律应八节而至，不为奸慝也。八风者，《白虎通》云：'距冬至四十五日，条风至。条者，生也。四十五日明庶风至。明庶者，迎众也。四十五日清明风至。清明者，清芒也。四十五日景风至。景者，大也，言阳气长养也。四十五日凉风至。凉，寒也，阴气行也。四十五日阊阖风至。阊阖者，咸收藏也。四十五日不周风至。不周者，不交也，言阴阳未合化矣。四十五日广莫风至。广莫者，大莫也，开阳气也。'八节者，立春、春分、立夏、夏至、立秋、秋分、立冬、冬至。百度谓昼夜百刻。昏明昼夜不失其正，故度数有常也。"从律得数，所谓乐也。

〔14〕 陆德明《毛诗释文》："王者施教，统有四海，歌诗之作，非止一人。篇数既多，故以十篇编为一卷，名之为什。"此篇什之义。

〔15〕 原注："《儒林列传》。"语亦见《汉书》。颜《注》曰："尔雅，近正也。

言诏辞雅正而深厚也。”

〔16〕 意谓博士之议，文章以指诏书、律令，即由礼乐转移施于篇什者也。此故非主采饰，而亦称文章，则不得书作彣彰字也。邪，今通作耶。

〔17〕 《尚书·皋陶谟》：“以五采彰施于五色，作服。”《疏》引郑玄曰：“性曰采，施曰色，未用谓之采，已用谓之色。”《考工记》：“青与赤谓之文，赤与白谓之章，白与黑谓之黼，黑与青谓之黻。”

〔18〕 彣彰之于文章，乃后起字也。

〔19〕 《荀子·非十二子篇》：“神禫其辞。”杨倞《注》：“当为冲澹。”澹，今通作淡。

〔20〕 《论衡·超奇篇》：“且浅意于华叶之言，无根核之深。”

〔21〕 《易·系辞》：“上古结绳而治，后世圣人易之以书契。”故书契者，始于记事，非本以采饰也。

〔22〕 《春秋》襄二十五年《左传》记郑入陈，子产献捷于晋，晋不能难，引仲尼曰：“志有之：‘言以足志，文以足言。’不言，谁知其志？言之无文，行而不远。晋为伯，郑入陈，非文辞不为功，慎辞也。”

〔23〕 《传》载：“郑子产献捷于晋，戎服将事，晋人问陈之罪，对曰：‘昔虞阏父为周陶正，以服事我先王。我先王赖其利器用也，与其神明之后也，庸以元女大姬配胡公，而封诸陈，以备三恪，则我周之自出，至于今是赖，桓公之乱，蔡人欲立其出，我先君庄公奉五父而立之，蔡人杀之。我又与蔡人奉戴厉公，至于庄宣，皆我之自立。夏氏之乱，成公播荡，又我之自入。君所知也。今陈忘周之大德，蔑我大惠，弃我姻亲，介恃楚众，以凭陵我敝邑，不可亿逞。我是以有往年之告，未获成命，则有我东门之役。当陈隧者，井堙木刊。敝邑大惧不竞，而耻大姬。天诱其衷，启敝邑之心。陈其知罪，授手于我，用敢献功。’晋人曰：‘何故侵小？’对曰：‘先王之命，惟罪所在，各致其辟。且昔天子之地一圻，列国一同，（杜《注》：“一圻方千里，一同方百里。”）自是以衰。今大国多数圻矣。若无侵小，何以至焉？’晋人曰：‘何故戎服？’对曰：‘我先君武庄为平、桓卿士，城濮之役，文公布命曰：各复旧职。命我文公戎服辅王，以授楚捷，不敢废王命

故也。’士庄伯不能诘。”盖其对问之辞，悉征故实，据旧章，所谓举典礼也。《论语·宪问篇》：“东里子产润色之。”《广雅·释诂》：“润，饰也。”

〔24〕 陆德明《周易释文》：“《文言》，梁武帝云：‘是文王所制。’”庞石帚先生曰：“案：此非谓文王作此《文言》也。谓此名为《文言》者，以《易》是文王所制。孔子赞《易》，因名《文言》也。宋以前无疑十翼者，陆氏语简，故此引而释之云尔。”

〔25〕 《周易》孔《疏》：“《文言》者，是夫子第七翼也。以乾坤其《易》之门户耶？其余诸卦及爻，皆从乾坤而出，义理深奥，故特作《文言》以开释之。庄氏云：‘文谓文饰，以乾坤德大，故特文饰以为《文言》。’今谓夫子但赞明《易》道，申说《易》理，非是文饰华采，当谓释二卦之经文，故称《文言》。”

〔26〕 《论语·八佾篇》：“素以为绚兮。”刘氏《正义》曰：“素以为绚，当是白采用为膏沐之饰，如后世所用素粉矣。绚有众饰，而素则后加，故曰‘素以为绚’。”

〔27〕 此谓文彣义别，而文者大名，彣者小名，举大则可以该小，举小故无以包大也。

〔28〕 《庄子·徐无鬼篇》：“可不谓有大扬搉乎？”《注》：“发挥商量也。”张涤华先生曰：“案搉与较同，故搉辜或作较辜，扬搉或作扬较。（亦作扬校。）搉较皆即约略之意。《文选·蜀都赋》：‘请为左右扬搉而陈之。’善《注》引许慎《淮南子注》云：‘扬搉，粗略也。’又《养生论》：‘较而论之。’王念孙谓犹言约略论之。据此知《庄子·徐无鬼篇》之大扬搉，谓大略也。旧《注》释为发挥商量，殊误。此可参《读书杂志》。”

〔29〕 以上驳段氏说。

〔30〕 《说文》：“订，平议也。”本节正名，以下辨义。

《论衡·超奇》云〔1〕：“能说一经者为儒生，博览古今者为通人，采掇传书以上书奏记者为文人〔2〕，能精思著文连结篇章者为鸿儒。”又曰：“州郡有忧，有如唐子高、谷子云之吏〔3〕，出身尽思，竭笔牍之力，烦忧适有不解者哉[4]？”又曰：“长生死后[5]，州郡遭忧，无举奏之吏；以故事结不解，征诣相属[6]。文轨不尊[7]，笔疏不续也。岂无忧上之吏哉？乃其中文笔不足类也[8]。”又曰：“若司马子长、刘子政之徒，累积篇第，文以万数，其过子云、子高远矣，然而因成前纪，无胸中之造[9]。若夫陆贾、董仲舒[10]，论说世事，由意而出，不假取于外[11]，然而浅露易见[12]，观读之者犹曰传记[13]。阳城子长作《乐经》[14]，扬子云作《太玄经》[15]，造于助思[16]，极窅冥之深[17]，非庶几之才[18]，不能成也[19]。桓君山作《新论》[20]，论世间事，辩照然否；虚妄之言，伪饰之辞，莫不证定。彼子长、子云论说之徒，君山为甲[21]。自君山以来，皆为鸿眇之才[22]，故有嘉令之文[23]。”准此，文与笔非异途[24]。所谓文者，皆以善作奏记为主。自是以上，乃有鸿儒。鸿儒之文，有经传、解故、诸子[25]。彼方目以上第[26]，非若后人摈此于文学外[27]，沾沾焉惟华辞之守[28]，或以论说、记序、碑志、传状为文也[29]。独能说一经者，不在此列。谅由学官弟子，曹偶讲习，须以发策决科[30]。其所撰著，犹今经义而已[31]。是故遮列使不得与也[32]。

〔1〕《隋书·经籍志》杂家：“《论衡》二十九卷，后汉征士王充撰。”今存。《超奇》，其篇名也。

〔2〕《文心雕龙·书记篇》：“战国以前，君臣同书。秦汉立仪，始有表奏。王公国内，亦称奏书，迄至后汉，稍有名品，公府奏记，而郡将奏笺。”

〔3〕《汉书·鲍宣传》：“自成帝至王莽时，清名之士，沛郡则唐林子高，以明经饬行，显名于世，仕王莽，封侯，贵重，历公卿位，数上疏谏正，有忠直节。”又《谷永传》：“谷永，字子云，长安人也。少为长安小吏，后博学经书。建昭中，御史大夫繁延寿闻其有茂材，除补属，举为太常丞，数上疏言得失。”张涤华先生曰：“案唐林《汉书》无传。其事迹仅附见鲍宣、夏侯胜、王莽诸传，而皆未言其善奏记。谷永本传亦无善奏记之文。（唯《游侠·楼护传》有‘谷子云笔札为人信用’之语。）考

《论衡·效力篇》云：‘谷子云、唐子高章奏百上，笔有余力，极言不讳，文不折乏，非夫才知之人不能为也。’又《别通篇》云：‘若董仲舒、唐子高、谷子云、丁伯玉，策既中实，文说美善，博览膏腴之所生也。’此则唐、谷善奏记之征也。”

〔4〕 王引之《经传释词》：“适，犹是也。《吕氏春秋·胥时篇》曰：‘王子光见伍子胥而恶其貌，不听其说，而辞之曰，其貌适吾所甚恶也。’言是吾所甚恶也。刘歆《与扬雄书》曰：‘今圣朝留心典诰，发精于殊语，欲以验考四方之事，适子云攘意之秋也。’言是子云攘意之秋也。”

〔5〕 会稽周长生，在州为刺史任安举奏，在郡为太守孟观上书，事解忧除，州郡无事。亦见《超奇篇》。钱大昕《十驾斋养新录》、孙诒让《札迻》并云，长生名树，见《北堂书钞》引三国吴谢承《后汉书》。范晔《书》无传。

〔6〕 《说文》：“征，召也。”《玉篇》：“诣，至也。”举奏无吏，故朝廷屡召至而面诘之。

〔7〕 《汉书·贾山传》：“轨，事之大者也。”师古曰：“轨谓法度也。”文轨即文之法度矣。

〔8〕 不足与长生比类也。

〔9〕 《汉书·艺文志》六艺略春秋家：“《太史公》百三十篇。”即今《史记》。又诸子略儒家：“刘向所序六十七篇。”原注：“《新序》、《说苑》、《世说》、《列女传颂图》也。”诸书并自群籍采掇而成，非由意出而不假取于外也。

〔10〕 《汉志》儒家：“《陆贾》二十三篇。”又“《董仲舒》百二十三篇。”《隋志》春秋家：“《春秋繁露》十七卷，汉胶西相董仲舒撰。”又儒家：“《新语》二卷，陆贾撰。”

〔11〕 此所谓“胸中之造”也。

〔12〕 《四库总目·陆贾新语提要》曰：“今据其书论之，则大旨皆崇王道，黜霸术，归本于修身用人。其称引《老子》者，惟《思务篇》引‘上德不德’一语，余皆以孔子为宗，所援据多《春秋》、《论语》之文。汉儒自董仲舒外，未有如是之醇正也。”黄震《黄氏日钞》曰：“自孟子没

后，学圣人之学者，惟仲舒。其天资粹美，用意纯笃，汉唐诸儒，鲜其比者。使幸而及门于孔氏，亲承圣训，庶几四科之流亚欤！”是二子虽精于持论，而其旨仍衍儒言。王氏学不纯儒，意在订讹贬俗，一空常谈，故讥其浅露易见也。参见《南北文学不同论》笺引《史通·自叙篇》评《论衡》语。

〔13〕此云传记，犹言短书，古制书体卑则策短。传者，专之假借字，专训六寸簿，并详后。

〔14〕《隋志》经部乐类：“《乐经》四卷。”不著撰人。王谟、马国翰辑本均以为即子长作。应劭《风俗通义·姓氏篇》：“汉有谏议大夫阳成公衡。”桓谭《新论》：“阳城子张名衡，蜀郡人，为讲乐祭酒。（又别一引云：‘为典乐大夫。’）”

〔15〕《汉书·扬雄传》：“雄好古乐道，其意欲求文章成名于后世，以为经莫大于《易》，故作《太玄》，用心于内，不求于外，于时人皆忽之，唯刘歆及范逡敬焉，而桓谭以为绝伦。”《汉志》儒家：“扬雄所序三十八篇。”原注：“《太玄》十九，《法言》十三，《乐》四，《箴》二。”《隋志》儒家：“《扬子太玄经》九卷。”又别本或作十卷。

〔16〕孙诒让《札迻》：“助当为眇，形近而误。上文云：‘眇思自出于胸中’也。”眇妙古通用。

〔17〕《淮南子·道应篇》：“西穷窅冥之党。”诸书或作窈冥、杳冥，并深邃之貌。

〔18〕《易·系辞》：“颜氏之子，其殆庶几乎。”《疏》：“言圣人知几，颜氏亚圣，未能知几，但殆近庶几而已。”

〔19〕《论衡·对作篇》：“阳城子张作《乐》，扬子云作《太玄》，是二经者，卓绝惊耳。”

〔20〕《后汉书·桓谭传》：“桓谭，字君山，沛国相人也。博学多通，遍习五经，皆诂训大义，不为章句，能文章，尤好古学，数从刘歆、扬雄辨析疑异。性嗜倡乐，简易不修威仪，而喜非毁俗儒，由是多见排抵。著书言当世行事二十九篇，号曰《新论》。”《隋志》儒家：“《桓子新论》十七卷，后汉六安丞桓谭撰。”原书今佚。清严可均《全汉文》有

辑本三卷，孙冯翼《问经堂丛书》有辑本一卷。

〔21〕 甲者，十干之始为甲，犹言居首矣。《论衡·定贤篇》："世间为文者众矣，是非不分，然否不定，桓君山之论，可谓得实矣。论文以察实，则君山汉之贤人也。如君山得执汉平，用心与为论不殊旨矣。孔子不王，素王之业在于《春秋》。然则桓君山素丞相之迹存于《新论》者也。"又《案书篇》："仲舒之言道德政治，可嘉美也。质定世事，论说世疑，桓君山莫上也。故仲舒之文可及，而君山之论难追也。"意皆同。

〔22〕 《吕氏春秋·爱类篇》："名曰鸿水。"注："鸿，大也。"

〔23〕 《尔雅·释诂》："嘉，美也。"《诗·凯风》："我无令人。"《笺》："令，善也。"

〔24〕 辨义首文笔之论，此举《论衡》以明汉时文笔无别也。

〔25〕 解故者，《汉志》尚书家有《鲁故》二十五卷。师古曰："故者，通其指义也。"又有《大小夏侯解故》二十九篇，解故连文本之。黄以周《读〈汉书·艺文志〉》曰："汉儒注经，各守义例，故训传说，体裁不同。故训者，疏通其文义也；传说者，征引其事实也。故训之体，取法《尔雅》，传说之体，取法《春秋传》。"此云解故，则通指故训、传说。司马子长迄桓君山之作，汉、隋两《志》分隶诸科，具见前。

〔26〕 《唐书·选举志》："每问经十条，对策三道，皆通，为上第。"

〔27〕 《后汉书·赵壹传》："为乡党所摈。"李贤《注》："摈，斥也。"

〔28〕 《汉书·窦婴传》："魏其沾沾自喜耳。"王先谦《补注》："沾沾自喜，犹言诩诩自得。"《庄子·列御寇篇》："仲尼方且饰羽而画，从事华辞。"惟华辞之守者，若阮元之徒是也。其《书昭明太子文选序后》曰："昭明所选，名之曰文，盖必文而后选也，非文则不选也。经也，子也，史也，皆不可专名之为文也。故昭明《文选序》后三段，特明其不选之故，必沉思翰藻，始名之为文，始以入选也。"又曰："凡说经讲学，皆经派也；传志记事，皆史派也；立意为宗，皆子派也；惟沉思翰藻，乃可名之为文也。"所云翰藻，即是华辞。阮氏持狭义之文学观，详下。

〔29〕 此谓姚鼐之徒。姚氏《古文辞类纂》有论辨、书说、序跋、赠序、碑志、传状诸类，而所甄录，亦不及群经子史，与萧《选》同科。曾国藩《经史百家杂钞序》曰："近世一二知文之士，纂录古文，不复上及六经，以云尊经也。然溯古文所以立名之始，乃由屏六朝骈俪之文，而返之于三代两汉。今舍经而降以相求，是犹言孝者，敬其父祖，而忘其高曾；言忠者曰，我家臣耳，焉敢知国，将可乎哉？姚姬传氏撰次古文，不载史传，其说以为史多不可胜录也。然吾观其奏议类中，录《汉书》至三十八首，诏令类中，录《汉书》三十四首。果能屏诸史而不录乎？"盖又病姚氏之狭，而思所以广之者也。

〔30〕 《诗·何人斯》："谅不我知。"《笺》："谅，信也。"《汉书·黥布传》："乃率其曹偶亡之江中。"师古曰："曹，辈也。"《法言·学行篇》："或曰：'书与经同，而世不尚，治之可乎？'曰：'可。'或人哑然笑曰：'须以发策决科。'"《汉书·儒林传》："太常择民年十八以上，仪状端正者，补博士弟子。郡国县官有好文学，敬长上，肃政教，顺乡里，出入不悖，诣太常，得受业如弟子。一岁皆辄课，能通一艺以上，补文学掌故缺，其高弟可以为郎中。"盖汉时学优则仕，仕优则学之制如此。

〔31〕 顾炎武《日知录》："经义之文，流俗谓之八股，盖始于成化以后。股者，对偶名也。天顺以前，经义之文，敷衍传注，或对或散，初无定格。成化二十三年会试，乃以反正、虚实、浅深扇扇立格。八股之制，实始于此。"

〔32〕 《说文》："迾，遮也。"《礼记·玉藻》郑《注》作列。本节论魏晋以前，文与笔非异途。

自晋以降，初有文笔之分[1]。范晔自述其《后汉书》曰："文患其事尽于形，情急于藻，义牵其旨[2]，韵移其意，政可类工巧图绘，竟无得也[3]。手笔差易，文不拘韵故也[4]。"《文心雕龙》云："今之常言，有文有笔。有韵者，文也；无韵者，笔也[5]。"然《雕龙》所论列者，艺文之部，一切并包[6]。是则科分文笔，以存时论，故非以此为经界也[7]。昭明太子之序《文选》也，其于史籍，则云不同篇翰；其于诸子，则云不以能文为贵[8]。此为裒次总集，自成一家，体例适然，非不易之定论也[9]。《抱朴子·百家篇》曰[10]："陕见之徒[11]，区区执一，惑诗赋琐碎之文，而忽子论深美之言[12]。真伪颠倒，玉石混淆，同广乐于桑间[13]，均龙章于素质[14]。"斯可以箴矣[15]。且沉思孰若庄周、荀卿，翰藻孰若吕氏、淮南[16]？总集不摭九流之篇[17]，格于科律，固不应为之辞[18]。诚以文笔区分，《文选》所集，无韵者猥众[19]，宁独诸子？若云文贵其彣邪，未知贾生《过秦》、魏文《典论》，同在诸子，何以独堪入录[20]？有韵文中，既录汉祖《大风》之曲[21]，即《古诗十九首》亦皆入选[22]，而汉、晋乐府反有憖遗[23]。是其于韵文也，亦不以节奏低昂为主，独取文采斐然，足耀观览，又失韵文之本矣[24]。是故昭明之说，本无以自立者也[25]。

〔1〕《晋书·蔡谟传》："文笔议论，有集行于世。"史传言文笔始此。

〔2〕《文心雕龙·事类篇》："事类者，据事以类义，援古以证今者也。"又《体性篇》："事义浅深，未闻乖其学。"此义字即作事义解，谓用事不当，则反牵动其本旨，使郁而不明也。

〔3〕下云："常谓情志所托，故当以意为主，以文传意。以意为主，则其旨必见；以文传意，则其辞不流。然后抽其芬芳，振其金石耳。"即释上语，原略去。

〔4〕先师蕲春黄先生云："二句当作'手笔差易于文，不拘韵故也。'文字句绝，上脱于字。"范语见《宋书》本传中《狱中与诸甥侄书》。此论文笔别异并及其难易也。

〔5〕见《总术篇》。

〔6〕刘氏书前二十五篇，自《原道》、《征圣》而外，皆以文体标目，除论文笔而外，又有《宗经》、《正纬》、《史传》、《诸子》，是艺文之部，一切并包也。

〔7〕《孟子·滕文公篇》："夫仁政必自经界始。"赵岐《注》："经亦界也。"

黄先生《〈文心雕龙·总术篇〉札记》曰："案彦和云，文笔'别目两名自近代'。而其区叙众体，亦从俗而分文笔，自故《明诗》以至《谐隐》，皆文之属；自《史传》以至《书记》，皆笔之属。然彦和虽分文笔，而二者并重，未尝以笔非文而遂屏弃之。故兼赅众制，明其体裁，上下洽通，古今兼照，斯所以为笼圈条贯之书。"

〔8〕《文选序》历举不选群经、子、史之意，其言曰："姬公之籍，孔父之书，与日月俱悬，鬼神争奥，孝敬之准式，人伦之师表，岂可重以芟夷，加之剪截？老、庄之作，管、孟之流，盖以立意为宗，不以能文为本，今之所撰，又以略诸。若贤人之美辞，忠臣之抗直，谋夫之话，辩士之端，冰释泉涌，金相玉振，所谓坐狙丘，议稷下，仲连之却秦军，食其之下齐国，留侯之发八难，曲逆之吐六奇，盖乃事美一时，语流千载，概见坟籍，旁出子史，若斯之流，又亦繁博。虽传之简牍，而事异篇章，今之所集，亦所不取。至于记事之史，系年之书，所以褒贬是非，纪别同异，方之篇翰，亦已不同。若其赞论之综缉辞采，序述之错比文华，事出于沉思，义归乎翰藻，故与夫篇什，杂而集之。"

〔9〕《隋志》集部总集类叙曰："总集者，以建安之后，辞赋转繁，众家之集，日以滋广。晋代挚虞，苦览者之劳倦，于是采摘孔翠，芟剪繁芜，自诗赋各为条贯，合而编之，谓之《流别》。是后文集总钞，作者继轨，属辞之士，以为覃奥而取则焉。"此总集之作，所以囊括别集，采厥精英，其体例由来如此也。

〔10〕《隋志》杂家："《抱朴子·外篇》三十卷，葛洪撰。"别有内篇二十一卷，言神仙事，在道家。今均存。

〔11〕陕，今通作狭。

〔12〕《文心雕龙·诸子篇》："博明万事为子，适辨一理为论。"

〔13〕《史记·赵世家》："与百神游于钧天广乐，九奏万舞。"《礼记·乐记》："桑间、濮上之音，亡国之音也。"

〔14〕《文选》赵景真《与嵇茂齐书》："表龙章于裸壤。"李善《注》："龙，衮龙之服也。章，章甫之冠也。"

〔15〕原注："《世说·文学篇注》引《惠帝起居注》曰：'裴頠著二论以规虚

诞之弊，文辞精富。’此即《崇有》二论也。《世说》又言：‘王长史宿构精理，并撰其才藻，往与支(道林)语，叙致作数百语，自谓是名理奇藻。’又云，支道林通《庄子·渔父篇》：‘作七百许语，叙致精丽，才藻奇拔。’是皆名理之言，诸子之鼓吹也。而以精富才藻为目，足知晋时所谓翰藻，正在此类。”案此引《世说》以驳昭明但以文采为翰藻之说也。王、支事亦均见《文学篇》。

〔16〕 诸子书名理精湛，无过庄、荀；文辞美富，无过吕、刘。昭明若但以沉思翰藻为选文准绳，则此类正当入录，而乃屏之，可见总集之不及群经子史，固难以此为言也。

〔17〕 《汉志》诸子略：“儒家者流，盖出于司徒之官；道家者流，盖出于史官；阴阳家者流，盖出于羲和之官；法家者流，盖出于理官；名家者流，盖出于礼官；墨家者流，盖出于清庙之守；纵横家者流，盖出于行人之官；杂家者流，盖出于议官；农家者流，盖出于农稷之官。”所谓九流，即诸子也。

〔18〕 总集既据别集以成书，如《隋志》所说，则群经、子、史，本非在别集中，宜总集之不及；此其科律也。昭明不达此义，乃反以沉思翰藻为说，则是从而为之辞也。《孟子·公孙丑篇》：“岂徒顺之，又从为之辞。”赵《注》：“顺过饰非，就为之辞。”

〔19〕 《文选·魏都赋》李《注》引《广雅》曰：“猥，众也。”

〔20〕 文笔之分，或以有韵无韵为言，如刘说；或以文贵藻绘宫商，如范说。持衡萧《选》，则篇章既多无韵之作，诸子无彣者，间亦入录，是固未可云以文笔区分矣。《过秦》、《典论》在诸子者，《汉志》儒家：“《贾谊》五十八篇。”《文选》李《注》引应劭曰：“《过秦论》，贾谊书第一篇名也，言秦之过。”《隋志》儒家：“《典论》五卷，魏文帝撰。”其书今佚，《文选》载《典论·论文》，乃其诸篇之一。

〔21〕 《文选》《汉高祖歌》并《序》云：“高祖还过沛，留，置酒沛宫，悉召故人父老子弟佐酒，发沛中儿，得百二十人，教之歌。酒酣，上击筑自歌：‘大风起兮云飞扬，威加海内兮归故乡，安得猛士兮守四方。’”

〔22〕 《文选》载《古诗十九首》，李《注》：“并云《古诗》，盖不知作者。或云

枚乘，疑不能明也。”

〔23〕 以郭茂倩《乐府诗集》与《文选》相较，知所遗者多矣。《经传释词》：“憖，且也。哀十六《左传》：‘昊天不吊，不憖遗一老，俾屏余一人在位。’杜《注》曰：‘憖，且也。’（王肃《家语·终记篇》同。）”反有憖遗，犹言且反有遗。

〔24〕 有韵之文，基本在节奏，故以乐府为主，其次徒歌，其次吟诵之作。《文选》录及但资吟诵之《十九首》，而乐府反有憖遗，故曰失本。

〔25〕 原注：“《晋书·乐广传》：‘请潘岳为表，便成名笔。’《成公绥传》：‘所著诗、赋、杂笔十余卷。’《张翰传》：‘文笔数十篇行于世。’《曹毗传》：‘所著文笔十五卷。’《王珣传》：‘梦人以大笔如椽与之，既觉，语人曰：此当有大手笔事。俄而帝崩，哀策、谥议皆珣所草。’《南史·任昉传》：‘既以文才见知，时人云，任笔沈诗。’《徐陵传》：‘国家有大手笔，必命陵草之。’详此诸证，则文即诗赋，笔即公文，乃当时恒语。阮元之徒，猥谓俪语为文，单语为笔。任昉、徐陵所作，可云非俪语邪？”考文笔之名称，虽自晋已有，而其别异则迄清始明。阮元主学海堂，尝以此题课士，诸生梁国珍、刘天惠、侯康等，各为《文笔考》，其子阮福又拟《文笔对》，近世仪征刘先生申叔复作《文笔、诗笔、词笔考》，当代王利器、逯钦立诸君亦各有发挥，文畦笔畛，乃判然无余蕴矣。辜较文体，不外三耑：一者，文为诗赋，笔是公文，如上注举证是。二者，文有情采，笔无情采，如范晔说是。三者，文有韵，笔无韵，如刘勰说是。梁元帝《金楼子·立言篇》云：“屈原、宋玉、枚乘、长卿之徒，止于辞赋，则谓之文。至如不便为诗如阎纂，善为章奏如伯松，若此之流，泛谓之笔。吟咏风谣，流连哀思者，谓之文。笔退则非谓成章，进则不云取义，神其巧惠，笔端而已。至如文者，惟须绮縠纷披，宫徵靡曼，唇吻遒会，情灵摇荡。”刘君《中古文学史》云：“今以宋、齐、梁、陈各史传证之，知当时所谓笔者，非徒全任质素，亦非偶语为文，单语为笔也。盖当时世俗之文，有质直叙事，悉无浮藻者，如今本《文选》任昉弹刘整文所引刘寅妻范氏诣台诉词是也。亦有以语为文，无复偶词者，如齐世祖敕晋安

王子懋诸文是也。然史传诸云文笔、词笔，以及所云长于载笔，工于为笔者，笔之为体，统该符檄、笺奏、表启、书札，其弹事、议对之属，亦属于笔，史策亦然。凡文之偶而弗韵者，皆晋宋以来所谓笔类也。”凡此皆羽翼范书，同符章说，而不合于昭明《选序》之所论也。本节论自晋以降，虽有文笔之分，然昭明选集，非可据以为说。

近世阮元，以为孔子赞《易》，始著《文言》，故文以偶俪为主；又牵引文笔之说以成之〔1〕。夫有韵为文，无韵为笔，是则骈散诸体，一切是笔非文。借此证成，适足自陷〔2〕。既以《文言》为文，《序卦》、《说卦》又何说焉〔3〕？且文辞之用，各有体要〔4〕。《彖》、《象》为占繇，占繇故为韵语〔5〕；《文言》、《系辞》为述赞，述赞故为俪辞〔6〕；《序卦》、《说卦》为目录笺疏，目录笺疏故为散录〔7〕。必以俪辞为文，何缘十翼不能一致？岂波澜既尽，有所谢短乎〔8〕？盖人有陪贰，物有匹偶〔9〕。爱恶相攻，刚柔相易，人情不能无然，故辞语应以为俪〔10〕。诸事有综会待条牒然后明者，《周官》所陈，其数一二三四是也〔11〕。反是或引端竟末，若《礼经》、《春秋经》、《九章算术》者，虽欲为俪无由〔12〕。犹耳目不可只，而胸腹不可双。舍是二者，单复固恣意矣〔13〕。未有一用单者，亦未有一用复者〔14〕，顾张弛有殊耳〔15〕。文之名实未在是也；所以为古今者，亦未在是也〔16〕。

〔1〕 阮氏《文言说》曰：“许氏《说文》：‘直言曰言，论难曰语。’《左传》曰：‘言之无文，行而不远。’此何也？古人以简策传事者少，以口舌传事者多；以目治事者少，以口耳治事者多。故同为一言，转相告语，必有愆误，是必寡其词，协其音，以文其言，使人易于记诵，无能增改，且无方言俗语杂于其间，始能达意，始能行远，此孔子于《易》所以著《文言》之篇也。古人歌诗、箴铭、谚语，凡有韵之文，皆此道也。孔子于乾坤之言，自名曰文，此千古文章之祖也。为文章者，不务协音以成韵，修词以达远，使人易诵易记，而惟以单行之语，纵横恣肆，动

辄千言万字，不知此乃古人所谓直言之言，论难之语，非言之有文者也，非孔子之所谓文也。《文言》数百字，几于句句用韵，孔子于此发明乾坤之蕴，诠释四德之名，几费修词之意，冀达意外之言，不但多用韵，抑且多用偶，凡偶皆文也。于物，两色相偶而交错之，乃得名曰文，文即象其形也。然则千古之文，莫大于孔子之言《易》。孔子以用韵比偶之法，错综其言，而自名曰文。何后人之必欲反孔子之道，而自命曰文，且尊之曰古也？”按骈散之于文笔，非即一事，余杭、仪征二君论之已详。阮氏意在为声偶之文争正统，故援附《文言》为其论据之资，又于《文韵说》诸篇推而及于文笔之辨，一若丽辞即文，散录即笔者，故此谓为牵引也。文言非矜采饰，见前。

〔2〕 阮氏《文韵说》曰：“福问曰：‘《文心雕龙》云，今之常言，有文有笔。以为无韵者，笔也；有韵者，文也。据此则梁时恒言，有韵者乃可谓之文。而昭明《文选》所选之文，不押脚韵者甚多，何也。’曰：‘梁时恒言所谓韵者，固指押脚韵，亦兼谓章句中之音韵，即古人所言之宫羽，今人所言之平仄也。八代不押韵之文，其中奇偶相生，顿挫抑扬，咏叹声情，皆有合乎音韵宫羽者，《诗》、《骚》而后，莫不皆然。是以声韵流变而成四六，亦只论章句中之平仄，不复有押脚韵也。四六乃有韵文之极致，不得谓之为无韵之文也。昭明所选不押脚韵之文，本皆奇偶相生，有声音者，所谓韵也。综而论之。凡文者，在声为宫商，在色为翰藻；韵者，即声音也；声音者，即文也。然则今人所便单行之文，极其奥折奔放者，乃古之笔，非古之文也。’”案元此言，可谓善辨。然韵之恒义，本指韵脚，句中声律，别得和称。故《文心雕龙·声律篇》云：“异音相从谓之和，同声相应谓之韵。韵气一定，故余声易遣；和体抑扬，故遗响难契，属笔易巧，选和至难，缀文难精，而作韵甚易。”韵和对举，则彦和所指，专为韵脚可知。至若沈约《宋书·谢灵运传论》有“一简之内，音韵尽殊”之言。《答陆厥书》有“韵与不韵，复有精粗”之论。所指虽兼句中声律，而与刘说终殊，不得举以证成。是以驳阮不及此义。

〔3〕 《周易》孔《疏》：“《序卦》者，文王既由六十四卦分为上下两篇，其先

后之次，其理不见。故孔子就上下二经，各序其相次之义。”又：“《说卦》者，陈说八卦之德业变化，及法象所为也。孔子以伏牺画八卦，后重为六十四卦，八卦为六十四卦之本。前《系辞》中略明‘八卦小成，引而伸之，触类而长之，天下之能事毕矣。’又曰：‘八卦成列，象在其中矣。因而重之，爻在其中矣。’又云：‘古者包牺氏之王天下也，仰则观象于天，俯则观法于地，观鸟兽之文，与地之宜，近取诸身，远取诸物，于是始作八卦，以通神明之德，以类万物之情。’然引而伸之，重三成六之意，犹自未明；仰观俯察，近身远物之象，亦为未见。故孔子于此，更备说重卦之由，乃八卦所为之象。”今考《文言》、《序卦》、《说卦》均在十翼中，乃独指《文言》为文，余无序、说之号，则阮氏之说，信属假圣经以自重也。

〔4〕《周书·毕命》：“辞尚体要。”伪孔《传》：“辞以理（阮元《校勘记》云：“按《正义》，当作‘以体’。”）实为要。”按此言体要云云，即后世文各有体之义。十翼各有体也。

〔5〕《周易》孔《疏》：“夫子所作《彖辞》，统论一卦之义，或说其卦之德，或说其卦之义，或说其卦之名。故略例云：‘《彖》者何也，统论一卦之体，明其所由之主。’”又：“十翼之中，第三翼总象一卦，故谓之大象。但万物之体，自然各有形象，圣人设卦以写万物之象，今夫子释此卦之所象，故言《象》曰。”闵二年《左传注》云：“繇，卦兆之占辞。”彖象占繇之体，旨隐微词，且期便于记诵，故多韵语。例详顾炎武《易音》、毛奇龄《易韵》。

〔6〕《周易》孔《疏》：“谓之《系辞》者，凡有二义：论字取系属之义，圣人系属此辞于爻卦之下，则上下二篇是也。文取系属之义，故字体从毄。（本作繫。阮元《校勘记》据钱本、宋本改。）又音为系者，取刚系之义，卦之与爻，各有其辞以释其义，则卦之与爻，各有刚系，所以音谓之系也。夫子本作十翼，申明上下二篇经文，《系辞》条贯义理，别自为卷。”系，繁体作繫，故《疏》云尔。述赞者，述其德业以形容之。《文选》录《汉书》纪、传诸赞，以“史述赞”标目，此用字所本，其体主阐扬涵蕴，故重比喻而多俪辞，文言用偶。阮氏《文言说》举列綦详，

《系辞》亦相仿佛也。

〔7〕 目录以统端绪，笺疏以详义旨，其事非韵语俪辞可胜，故《序卦》、《说卦》皆以散文为之。张涤华先生曰："案元李冶《敬斋古今黈》卷一云：'欧阳公不信《周易·系辞》，而于《序卦》则未尝置论。此盖孔子见古之《易》书，其诸卦前后相连，悉已如是，因而次第之以为目录云耳。'又清卢文弨《钟山札记》卷四云：'吾以为《易》之《序卦传》非即六十四卦之目录欤？《史》、《汉》诸序殆昉于此。'李、卢并谓《序卦》为目录，说与此同。或即章君所本。"

〔8〕 十翼者，上彖一，下彖二，上象三，下象四，上系五，下系六，文言七，说卦八，序卦九，杂卦十也。此驳阮氏《文言说》"千古之文，莫大于孔子之言《易》，孔子以用韵比偶之法，错综其言而自名曰文"之论。以为十翼之作，同出一人，何以或韵或骈或散，岂其才竭尽，不能画一乎？波澜，以文喻水也。陆机《文赋》："或沿波而讨源。"又："犹开流以纳泉。"皆与此类。谢亦短也。《论衡》有《谢短篇》。此用其字。

〔9〕 《诗·大雅·荡》："以无陪无卿。"毛《传》："无陪贰也。"《疏》："陪贰谓副贰。"《方言注》："耦，亦匹也。"通作偶。

〔10〕 《文心雕龙·丽辞篇》："造化赋形，支体必双，神理为用，事不孤立。夫心生文辞，运裁百虑，高下相须，自然成对。"黄先生《书后汉书论赞》曰："尚考文章之多偶语，固由便于讽诵，亦缘心灵感物，每有联想之能；庶事浩穰，常得齐同之致。或比方而愈憭，或反复以相明。兼以诸夏语文，单觭成义，斯所以句能成匹，语可同韵。是则联类之思，人类所同有；排比之文，吾族所独擅。论文体者，宜于此察也。"以此释刘、章说最明。

〔11〕 此言排比之辞有必然者。《周官》之书，条理密察，所陈多以名数排比。如《天官》"大宰之职，掌建邦之六典：一曰治典，二曰教典，三曰礼典，四曰政典，五曰刑典，六曰事典"之类是也。《庄子·天下篇》："以法为分，以名为表，以参为验，以稽为决，其数一二三四是也。百官以此相齿。"

〔12〕 此言单行之辞亦有必然者。《礼经》，今《仪礼》是。《九章算术》，

《四库提要》云："盖《周礼》保氏之遗法，汉张苍删补校正，而后人又有所附益也。"兹三书者，《礼经》所以明节文之委曲，《春秋》所以原一事之始终，《算术》则演推名数，皆引端而竟末，义属单行，故其文亦应以为散。

〔13〕《列子·周穆王篇》："游燕宫观，恣意所欲。"

〔14〕原注："案宋代以来，言文章者，皆谓俪语为俳。阮氏之论，亦发愤而作也。不悟宋人俪语亦自不少，苏轼《上皇帝书》，其著者也。曾巩《战国策序》、《移沧州疏》，其间俪语，与齐、梁人不殊，下者直如当时四六矣。其他类此者众，盖非简策之书而纯为单语者，世所鲜有。"

〔15〕《礼记·杂记》："一张一弛，文武之道也。"此承上文言不能一于单，亦不能一于复，大抵因人因时而各有所偏也。盖骈散之文，各有体要，汉、魏、六朝，由单趋复，唐宋以降，运复成单，大势如此，易地皆然。然自唐韩氏盛持古文之论，清阮氏起，复力反之，虽陷纷拿，亦判畦畛。近世阳湖李氏、湘乡曾氏，则又发为调和之说，以申阴阳之互相为用，奇偶之不可一齐，尤为通识。李兆洛《骈体文钞序》曰："天地之道，阴阳而已。奇偶也，方圆也，皆是也。阴阳相并俱生，故奇偶不能相离，方圆必相为用，道奇而物偶，气奇而形偶，神奇而识偶。孔子曰：'道有变动，故曰爻；爻有等，故曰物；物相杂，故曰文。'又曰：'分阴分阳，迭用刚柔。'故《易》六位而成章，相杂而迭用，文章之用，其尽于此乎？六经之文，班班具存。自秦迄隋，其体递变，而文无异名。自唐以来，始有古文之目，而目六朝之文为骈俪，而为其学者，亦自以为与古人殊路，既歧奇与偶为二，而于偶之中，又歧六朝与唐与宋为三。夫苟第较其字句，猎其影响而已。则岂徒二焉三焉而已，以为万有不同可也。"曾国藩《送周荇农南归序》曰："天地之数，以奇而生，以偶而成，一则生两，两则还归于一。一奇一偶，互为其用，是以无息焉。物无独，必有对。太极生两仪，倍之为四象，重之为八卦，此一生两之说也。两之所该，分而为三，爻而为万，万则几于息矣。物不可以终息，故还归于一。文字之

道，何独不然？六籍尚已。自汉以来，为文者莫善于司马迁。迁之文，其积句也皆奇，而义必相辅，气不孤申，彼有偶焉者存焉。其他善者，班固则毗于用偶，韩愈则毗于用奇，蔡邕、范蔚宗以下，如潘、陆、沈、任等比者，皆师班氏者也。茅坤所称八家，皆师韩氏者也。转相祖述，源远而流益分，判然若白黑之不类。于是刺议互兴，尊丹者非素，而六朝、隋、唐以来骈偶之文，亦以久王而将厌，宋代诸子，乃承其敝，而倡为韩氏之文，而苏轼遂称曰'文起八代之衰'，非真其才之足以相胜。物穷则变，理固然也。"详览二人之言，推原大《易》，致憾偏畸，若合符节，而迹其所至，则李卒毗偶，曾卒毗奇，此亦张弛有殊之义也。自余相类之论，有包世臣《文谱》，朱一新《无邪堂答问》，王闿运《王志》，孙德谦《六朝丽指》等，学者可览观焉。

〔16〕 阮氏争文之名实，谓古文不得名文，又争文之古今，谓尤不当曰古，具见前引。本节专驳阮氏以声偶为文之说。

或举《论语》言辞达者，以为文之与辞，较然异职[1]。然则《文言》称文，《系辞》称辞，体格未殊，而题号有异，此又何也[2]？董仲舒云："《春秋》文成数万。"兼彼经传，总称为文[3]。犹曰今文家曲说耳[4]。太史公亦云："论次其文。"[5]又曰："汉兴，萧何次律令，韩信申军法，张苍为章程，叔孙通定礼仪，则文学彬彬稍进。"[6]《艺文志》言："秦燔灭文章，以愚黔首。"[7]文章者，谓经、传、诸子[8]。迁、固所称，半非偶俪之文也[9]。屈、宋、唐、景所作，既是韵文，亦多俪语[10]。而《汉书·王褒传》已有《楚辞》之目[11]。王逸仍其旧题，不曰楚文[12]。斯则韵语偶语，亦既谓之辞矣。《汉书·贾谊传》云："以属文称于郡中。"其文云何？以为赋邪？《惜誓》载于《楚辞》，文辞不别[13]；以为奏记条议，适彼之所谓辞也[14]。《司马相如传》云："景帝不好辞赋。"《法言·吾子》云："诗人之赋丽以则。辞人之赋丽以淫。"[15]"或谓：'君子尚辞乎？'曰：'君子事之为尚[16]。事胜辞则伉；辞胜事则赋；事辞称则经。'"[17]以是见韵文偶语，并得称辞，无文辞之别也[18]。且文辞之称,若从其本以为部署[19],则辞为口说[20],文为文字。古者简帛重烦,多取记臆。故或用韵文,或用偶语。为其音节谐适,易于口记,不烦记载也[21]。战国纵横之士,抵掌摇唇,亦多积句,是则偶丽之体,适可称职[22]。乃如史官方策[23],有《春秋》、《史记》、《汉书》之属,适当称为文耳[24]。由是言之,文辞之分,反覆自陷[25],可谓大惑不解者矣[26]。

〔1〕 此节,原书与上节不分,盖推驳阮以及或说,今以所论别是一事,故为析之。或说,谓仪征刘君《文章原始》之论也,以同时相友善,故不斥言。《文章原始》曰:“春秋之时,言词恶质,一语一词,必加修饰。《左传》曰:‘言之无文,行而不远。’又曰:‘非文辞不为功。’文辞,犹言文言也。”自注云:“《说文》曰:‘词,意内言外也。’是词与言同,文言即文饰之词也。孔子言词达而已,即不文饰之词也。言词达而已,不言文达而已,足证词与文不同,词非文也。”案《论语·卫灵公篇》:“子曰:‘辞,达而已矣。’”刘君盖本此立说。考苏轼《答谢民师书》云:“孔子曰:‘言之不文,行之不远。’又曰:‘词,达而已矣。’夫言止于达,疑若不文。是大不然,求物之妙,如系风捕影,能使了然于心者,盖千万人而不一遇也,而能使了然于口乎?是之谓‘词达’。词至于能达,则文不可胜用矣。”此论交举文词,亦可证二者初无大别。则此论宜来章公之驳也。《经传释词》:“则犹而也。《荀子·荣辱篇》曰:‘夫贵为天子,富有天下,是人情之所同欲也。然则从人之欲,则势不能容,物不能赡也。’《史记·封禅书》曰:‘然则怪迂、阿谀、苟合之徒自此兴。’然则皆谓然而也。”

〔2〕 刘君文辞有别之论,仍出其乡先正阮氏父子。阮福《文笔对》曰:“《孟子》曰:‘说诗者,不以文害辞。’赵岐《注》曰:‘文,诗之文章,所引以兴事也。辞,诗人所歌咏之辞。’是文者,音韵铿锵,藻采振发之称。辞特其句之近于文,而异乎直言者耳。”是其义也。阮氏之说,本用《文言》为依据,刘既更加推阐,故仍就十翼体格驳之。

〔3〕 《史记·太史公自序》:“余闻董生曰:‘《春秋》文成数万,其指数

千。'"裴氏《集解》:"张晏曰:'《春秋》万八千字,当言减,而云成数,字误也。'骃谓太史公此辞是述董生之言。董仲舒自治《公羊春秋》,《公羊》经传凡有四万四千余字,不得如张议,但论经万八千字,便谓之误。"

〔4〕 经书自秦火后,有古今文之分。今文者,汉初诸师口授,写以隶书。古文出自孔壁,书体皆先秦之旧。其始惟篇目、文字有异,寖假而说制度,释义理,俱各不同。其争迄有清犹未已。钱大昕《跋春秋繁露》云:"董生治《公羊春秋》,故许叔重《五经异义》以《公羊》、《穀梁》为今文说,《左氏》为古文说。"章公主古文,治《左传》,故谓其言为曲说也。

〔5〕 见《太史公自序》。司马迁治古文《尚书》,故引其语以为证也。章公尝著《太史公古文尚书说》。

〔6〕 数语亦见《自序》。文学而赅律令、军法、章程、礼仪诸科,是汉初之义,犹先秦之旧也。

〔7〕 见《汉志序》。师古曰:"燔,烧也。秦谓人为黔首,言其头黑也。"

〔8〕 《史记·秦始皇本纪》载李斯《议》曰:"臣请史官非秦纪皆烧之,非博士所官职,天下有敢藏《诗》、《书》、百家语者,悉诣守尉杂烧之。制曰:'可。'"《诗》、《书》者经,史记者传,百家语者诸子,是皆《汉志》所谓文章也。

〔9〕 班固《两都赋序》云:"大汉初定,日不暇给。至于武、宣之世,乃崇礼官,考文章,故言语侍从之臣,朝夕论思,日月献纳,而公卿大臣,时时间作。或以抒下情而通讽喻,或以宣上德而尽忠孝,抑亦《雅》、《颂》之亚也。故孝成之世,论而录之,盖奏御者千有余篇,而后大汉之文章炳焉与三代同风。"阮氏据此,谓班生之称文章,同于萧嗣,盖以偶俪为宗。故其《书文选序后》又曰:"自唐宋韩、苏诸大家以奇偶相生之文为八代之衰而矫之,于是昭明所不选者,反皆为诸家所取。其所著非经即子,非子即史,求其合于昭明《序》所谓文者,鲜矣。合于班孟坚《两都赋序》所谓文章者,更鲜矣。"斯乃胶执《赋序》,而罔顾《汉志》之言,故特称引以驳之也。

〔10〕《史记·屈原列传》:原"忧愁幽思,而作《离骚》。既死之后,楚有宋玉、唐勒、景差之徒者,皆好辞而以赋见称。"《汉志》诗赋略:"《屈原赋》二十五篇,《唐勒赋》四篇,《宋玉赋》十六篇。"无景差作,惟今传王逸《楚辞章句·大招序》云:"《大招》者,屈原之所作也,或曰景差,疑不能明也。"《唐勒赋》今银雀山出土汉简中有其残文,此就《史记》统举之。

〔11〕《王褒传》:"褒,字子渊,蜀人也,能为《楚辞》。"考《史记·酷吏列传》云:"买臣以《楚辞》与助俱幸。"则汉初已有此名。

〔12〕《楚辞章句序》云:"屈原之辞,诚博远矣。"亦其一证。

〔13〕《汉志》诗赋略:"《贾谊赋》七篇。"王逸《惜誓章句序》云:"《惜誓》者,不知谁作也。或曰贾谊,疑不能明也。"洪兴祖《楚辞补注》引《汉书》本传《吊屈原赋》,谓"与此语意颇同"。故此定为谊作。

〔14〕彼,谓或说也。贾生他作如《陈政事疏》之类,皆奏记条议,信如或说,又不当得文称矣。

〔15〕李轨《法言注》:"则,谓陈威仪,布法则。淫,谓奢侈相胜,靡丽相越,不归于正也。"

〔16〕李《注》:"贵事实,贱虚辞。"

〔17〕李《注》:"夫事功多而辞美少,则听声者伉其动也。事功省而辞美多,则赋颂者虚过也。事辞相称,乃合经典。"

〔18〕以上历举或说之所谓辞,古人有称文者;或说之所谓文,古人有称辞者,以破其论。

〔19〕张涤华先生曰:"案《汉书·项籍传》云:'部署豪杰。'师古《注》:'分部而署置之也。'(《高帝纪》"部署诸将"句下注略同。)"

〔20〕仪征刘君《论文杂记》曰:"《说文》辛部云:'辞,讼也。从𤔔。𤔔,犹理辜也。𤔔,理也。'又有𤔲字,下云:'籀文辞,从司。'是辞专指狱讼言,故与辜等字并列。此辞字之本义也。又《说文》司部下云:'词,意内而言外也,从司从言。'是词章、词藻诸字,皆作词而不作辞。而词字又训为语助,凡古籍言辞、文辞诸字,古者莫不作词,特秦、汉以降,误词为辞耳。《易·系辞释文》云:'辞,说也,辞本作词。'

《礼记·曲礼篇释文》并同。《周礼》大行人职云:'协辞命。'郑《注》云:'故书作叶词命。'《诗·大雅》云:'辞之辑矣。'《说文》引作'词之辑矣。'是词为古文,而辞字则系传写之误。其所以误词为辞者,则由辞字籀文作嗣,与词字之形相近,故因形近而相讹,实则字各一义,非古代通用之字也。"又自注云:"《汉书·叙传音义》云:'词,古辞字。'是辞字古文当作词字之证。"

〔21〕 详阮氏《文言说》,前已引之。而章学诚《文史通义·诗教下》亦有类似之言,尤早于阮。见本书下卷。

〔22〕 《诗教上》曰:"纵横之学,本于古者行人之官,观春秋之辞命,列国大夫,聘问诸侯,出使专对,盖欲文其言以达旨而已。至战国而抵掌揣摩,腾说以取富贵,其辞敷张而扬厉,变其本而加恢奇焉。"夫其扬厉敷张,恢廓声势,必以比譬之方,偶俪之体出之,乃能动听。今传《国策》,则其佳例。是古人口说之辞,反多偶俪,非必如或说之以文始若此也。

〔23〕 《仪礼·聘礼》:"百名以上书于策,不及百名书于方。"郑《注》:"策,简也。方,板也。"

〔24〕 《春秋》、《史》、《汉》,散行为多,而当其始有,即布方策,是古人笔述之文,反多单行,必非如或说之以辞始若此也。

〔25〕 《韩非子·难势篇》:"人有鬻矛与盾者,誉其盾之坚,物莫能陷也;俄而又誉其矛曰,吾矛之利,物无不陷也。人应之曰,以子之矛,陷子之盾,何如?其人弗能应也。以为不可陷之盾,与无不陷之矛为名,不可两立也。"反复自陷,语意本此。

〔26〕 《庄子·天地篇》:"大惑者,终身不解。"本节驳或人文辞异职之论,而于阮氏之说为或人所据者,亦连类及之。

或言学说文辞所由异者,学说以启人思,文辞以增人感〔1〕。此亦一往之见也。何以定之?凡云文者,包络一切著于竹帛而为言〔2〕。故有成句读文,有不成句读文〔3〕。兼此二事,通谓之文。局就有句读者〔4〕,谓之文辞。诸不成句读者,表谱之体,旁行邪上〔5〕,

条件相分。会计则有簿录[6]，算术则有演草，地图则有名字[7]。不足以启人思，亦又无以增感。不得言文辞，非不得言文也[8]。诸成句读者，有韵无韵则分。诸在无韵，史志之伦，记大傀异事则有感[9]，记经常典宪则无感[10]。既不可齐一矣[11]。持论本乎名家，辨章然否，言称其志，未足动人[12]。《过秦》之伦，辞有枝叶[13]，其感人顾深挚[14]，则本之纵横家[15]。然其为论一也[16]。不可以感人者为文辞，不感者为学说。且文曲交化，其度无穷[17]。陆云论文，先辞后情，尚絜而不取悦泽[18]。此宁可以一概齐哉[19]？就言有韵，其不感人者亦多矣。《风》、《雅》、《颂》者，盖未有离于性情[20]；独赋有异[21]。夫宛转傧隐[22]，赋之职也。儒家之赋，意存谏诫。若荀子《成相》一篇[23]，其足以感人安在[24]？乃若原本山川，极命草木[25]，或写都会、城郭、游射、郊祀之状，若相如有《子虚》，扬雄有《甘泉》、《羽猎》、《长杨》、《河东》，左思有《三都》，郭璞、木华有《江》、《海》[26]，奥博翔实，极赋家之能事矣[27]。其专赋一物者，若孙卿有《蚕赋》、《箴赋》[28]，王延寿有《王孙赋》[29]，祢衡有《鹦鹉赋》[30]，侔色揣称[31]，曲成形相。嫠妇孽子读之不为泣[32]，介胄戎士咏之不为奋[33]。当其始造，非自感则无以为也；比文成而感亦替。斯不可以一端论[34]。又学说者，非一往不可感人。凡感于文言者[35]，在其得我心。是故饮食移味，居处缊愉者[36]，闻劳人之歌，心犹怕然[37]。大愚不灵，无所愤悱者[38]，睹眇论则以为恒言也[39]。身有疾痛，闻幼眇之音，则感慨随之矣[40]。心有疑滞，睹辨析之论，则悦怿随之矣[41]。故曰："发愤忘食，乐以忘忧。"[42]凡好学者皆然，非独仲尼也[43]。以文辞学说为分者，得其大齐[44]。审察之则不当[45]。

〔1〕 谢无量《中国大文学史》引西人戴昆西之言曰："文学之别有二：一属于知，一属于情。属于知者，其职在教；属于情者，其职在感。"斯盖远西之说云尔，而近人又多本之也。

〔2〕 包络犹包罗也。以有文字著于竹帛为文。此章君画疆之论，见

篇首。

〔3〕 句读者，黄先生《〈文心雕龙·章句篇〉札记》云："《说文》，'亅，有所绝止，亅而识之也。'假借为读，所谓句读之读也。凡一言之停顿者，用之，或作句投，或作句豆，或变作句度。其始皆但作亅耳。句之语原于𠄌。《说文》：'𠄌，钩识也，从反亅。'是𠄌亦所以为识别，与亅同义。章先生说。又转为句。《说文》曰：'句，曲也。'句之名，秦、汉以来，众儒为训诂者乃有之。此由讽诵经文，于此小顿，正用钩识之义。或谓句读二者之分，凡语意已完为句，语意未完，语气可停者，为读。此说无征于古。"今案，成句读文者，文字著于竹帛，而有文法上之组织者也。不成句读文者，但具单词只义者也。

〔4〕 《尔雅·释言》："局，分也。"

〔5〕 《梁书·刘杳传》："王僧孺被敕撰谱，访杳血脉所因，杳云：'桓谭《新论》云：太史三代世表，旁行邪上，并效周谱。以此而推，当起周代。'"梁玉绳《史记志疑》："今表有旁行而无邪上，久失其旧。"

〔6〕 《孟子·万章篇》："孔子尝为委吏矣。曰，会计当而已矣。"

〔7〕 本篇初稿《文学论略》云："此皆有名身而无句身。"

〔8〕 文者大名，文辞者小名。簿录以次，虽无句读，要皆文之属。

〔9〕 《周礼·春官·大司乐》："凡日月食，五岳崩，大傀异灾，令去乐。"郑《注》："傀犹怪也。"

〔10〕 《周礼·秋官·大司寇》："掌建邦之三典。"《注》："典，法也。"《书·益稷》："慎乃宪。"《传》："宪，法也。"

〔11〕 史志记事，有常有变。若名物制度是其常，则无由感人；若兴亡成败是其变，则足以感人也。

〔12〕 《国故论衡·论式篇》引《与人书》曰："文生于名，名生于形，形之所限者分，名之所稽者理。分理明察，谓之知文。"论以辨析为务，故必本名家，然辞达而已，未必足以动人也。

〔13〕 《礼记·表记》："天下无道，则辞有枝叶。"郑《注》："言有枝叶，是众虚华也。"

〔14〕 《国策·秦策》："顾争于戎狄。"《注》："顾，反也。"《诗·关雎》郑

《笺》:“挚之言至也。”

〔15〕 章学诚《诗教上》曰:“九流之学,出而用世,必兼纵横,所以文其质也。”又曰:“《过秦》、《王命》、《六代》、《辨亡》诸论,抑扬往复,诗人讽谕之旨。”章君《论式篇》曰:“晚周之论,内发膏肓,外见文采,其语不可增损。自贾谊已繁穰,其次渐与辞赋同流。”盖晚周纵横,出于《诗》教;汉世辞赋,又出纵横。《过秦》之属,颇事敷张,实上嗣纵横,而下开辞赋,故有足动人心目者。

〔16〕 此明有名家不感人之论,有纵横家感人之论,亦不可一齐。

〔17〕 《荀子·正论篇》:“聚人徒,立师学,成文曲。”章君《文始》曰:“文曲即文句。”黄先生《〈文心雕龙·章句篇〉札记》曰:“凡书言文曲(《荀子》),言曲折(《汉书·艺文志》),言曲度(傅毅《舞赋》),皆言声音于此稽止也。”

〔18〕 原注:“《与兄平原书》。”案今见本集。后情而不取悦泽,盖以形文为主,而以情文为次。

〔19〕 以上历举无韵之文,大分记叙、论说两类,而皆有可感人者,有不可感人者,以见文术变化之无穷也。

〔20〕 《诗大序》:“诗有六义焉:一曰风,二曰赋,三曰比,四曰兴,五曰雅,六曰颂。上以风化下,下以风刺上,主文而谲谏,言之者无罪,闻之者足戒。故曰风。以一国之事,系一人之本,谓之风。言天下之事,形四方之风,谓之雅。颂者,美盛德之形容,以其成功告于神明者也。”据此,风、雅、颂义皆主美刺,不离性情。

〔21〕 《文心雕龙·诠赋篇》:“赋者,铺也。铺采摛文,体物写志也。”其体盖亦参今人所谓客观描写,不专以性情为主。

〔22〕 《礼记·间传》:“大功之哭,三曲而偯。”郑《注》:“偯,声余,从容也。”《楚辞·悲回风》:“孰能思而不隐兮。”王《注》:“隐忧也。”

〔23〕 《汉书·艺文志》:“《孙卿赋》十篇。”今《荀子》书有《赋篇》、《成相篇》,不审即《汉志》所著录者否?杨倞《成相篇注》云:“《汉书·艺文志》谓之《成相杂辞》,盖亦赋之类也。”《荀子》,《汉志》在儒家,故曰儒家之赋。俞樾《诸子平议》云:“《礼记·曲礼篇》:‘邻有丧,舂

不相。’郑《注》曰：‘相谓送杵声。’盖古人于劳役之事，必为讴歌以相劝勉，亦举大木呼邪许之比，其乐曲即谓之相。‘请成相’者，即请成此曲也。《汉志》有《成相杂辞》，足征古有此体也。”

〔24〕《成相》之辞，皆极论治乱，以儆时王，了无篇什之美。

〔25〕枚乘《七发》：“于是使博辩之士，原本山川，极命草木。”《文选注》引赵岐《孟子注》曰：“命，名也。”

〔26〕《河东赋》载《汉书·扬雄传》，余并见《文选》。

〔27〕赋主铺陈，故奥博详实，即极其能事也。

〔28〕见《荀子·赋篇》。

〔29〕见《古文苑》。柳子厚有《憎王孙文》。旧《注》：“汉王延寿尝为《王孙赋》，有云：‘颜状类乎老翁，躯体似乎小儿。’盖猴类而小者也。”

〔30〕见《文选》。

〔31〕谢惠连《雪赋》：“抽子秘思，骋子妍辞，侔色揣称，为寡人赋之。”

〔32〕谓无哀情。

〔33〕谓无壮美。

〔34〕文学之事，于己所以自抒所怀，于人所以引起同感。然己有文成而感随替者，则以所怀既宣，心情亦变也。人有览文而无所感者，则以处境各异，无动于中也。章学诚《文史通义·文理篇》云：“比如怀人见月而思，月岂必主远怀？久客听雨而悲，雨岂必有愁况？然而月下之怀，雨中之感，岂非天地至文，而欲以此感此怀，藏为秘密；或欲嘉惠后学，以谓凡对明月与听霖雨，必须用此悲感，方可领略，则适当良友乍逢，及新婚宴尔之人，必不信矣。”此论境遇心情，互为影响，感受之际，难可强同，可谓精矣。以上举有韵之文，虽为情性之风标，然其感人与否，乃无从胶执也。

〔35〕此云文言，犹文辞也。

〔36〕《大戴礼·曾子立孝篇》：“饮食移味，居处温愉。”卢《注》移味曰：“随所欲也。”《广雅·释诂》：“缊，饶也。”《说文》：“愉，乐也。”温愉即缊愉。

〔37〕《春秋》宣十五年《公羊传解诂》：“男女有所怨恨，相从而歌，饥者歌

其食，劳者歌其事。”《说文》：“怕，无为也。”此言境遇不同，则哀乐不能相感以通。龚自珍《与江居士笺》云：“陈饿夫之晨呻于九宾鼎食之前，则叱矣；愬寡女之夜哭于房中琴好之家，则谇矣。”亦犹夫此义也。

〔38〕《庄子·天地篇》：“大愚者，终身不灵。”《论语·述而篇》：“不愤不启，不悱不发。”朱《注》：“愤者，心求通而未得之意；悱者，口欲言而未能之貌。”

〔39〕《史记·货殖传》：“虽户说以眇论，终不能化。”《孟子·离娄篇》：“人有恒言。”此言贤愚各别，则知识不能相悦以解。

〔40〕《汉书·中山靖王胜传》：“来朝，天子置酒，胜闻乐声而泣。问其故，胜对曰：‘臣闻悲者不可为累欷，思者不可为叹息，故高渐离击筑易水之上，荆轲为之低而不食。雍门子一微吟，孟尝君为之于邑。今臣心结日久，每闻幼眇之声，不知涕泣之横集也。’”颜《注》：“幼眇，精微也。”

〔41〕《礼记·文王世子》：“是故其成也怿。”郑《注》：“怿，悦怿。”枚乘《七发》称楚太子有疾，吴客往问之，因说以音乐、滋味、游宴、校猎、观涛诸事，皆谢不能。客乃曰：“将为太子奏方术之士，有资略者，若庄周、魏牟、杨朱、墨翟、便蜎、詹何之伦，使之论天下之精微，理万物之是非，孔、老览观，孟子持筹而算之，万不失一，此亦天下要言妙道也。太子岂欲闻之乎？”于是太子据几而起曰：“涣乎，若一听圣人辩士之言，涊然汗出，霍然病已。”此虽说辞，要可证成章君之说矣。

〔42〕《论语·述而篇》：“叶公问孔子于子路，子路不对。子曰：‘女奚不曰：其为人也，发愤忘食，乐以忘忧，不知老之将至云尔？’”

〔43〕以上申论学说之事，明其理则可相悦以解，与文辞之事，同其境则能相感以通者，无殊。

〔44〕《列子·杨朱篇》：“百年者，寿之大齐。”齐，犹限也。

〔45〕本节论学说文辞异职之说，虽得其大齐，终不免一往之见。

如上诸说,前之昭明,后之阮氏,持论偏颇[1],诚不足辩。最后一说,以学说文辞对立。其规模虽少广,然其失也,只以彣彰为文,遂忘文字。故学说不彣者,乃悍然摈诸文辞以外。惟《论衡》所说,略成条贯[2]。《文心雕龙》张之,其容至博;顾犹不知无句读文。此亦未明文学之本柢也。余以书籍得名,实冯傅竹木而起[3]。以此见言语文字,功不能齐。世人以经为常,以传为转,以论为伦[4]。此皆后儒训说,未必睹其本真。案经者,编丝缀属之称[5],异于百名以下用版者[6],亦犹浮屠书称修多罗[7]。修多罗者,直译为线,译义为经。盖彼以贝叶成书[8]。故用线联贯也;此以竹简成书,亦编丝缀属也[9]。传者,专之假借[10]。《论语》:"传不习乎。"[11]鲁作"专不习乎。"[12]《说文》训专为六寸簿。簿即手版,古谓之忽[13]。书思对命,以备或忘[14],故引伸为书籍记事之称。书籍名簿,亦名为专[15]。专之得名,以其体短,有异于经。郑康成《论语序》云:"《春秋》二尺四寸,《孝经》一尺二寸,《论语》八寸。"[16]此则专之简策,当复短于《论语》,所谓六寸者也[17]。论者,古但作仑。比竹成册,各就次第,是之谓仑[18]。箫亦比竹为之[19],故龠字从仑[20]。引伸则乐音有秩亦曰仑,"于论鼓钟"是也[21];言说有序亦曰仑,"坐而论道"是也[22]。《论语》为师弟问答,乃亦略记旧闻,散为各条,编次成帙[23],斯曰仑语[24]。是故绳线联贯谓之经,簿书记事谓之专,比竹成册谓之仑,各从其质以为之名,亦犹古言方策,汉言尺牍[25],今言札记矣[26]。诸书不见题署者,亦往往从质名。太公之书而称《六弢》[27],黄帝之书而称《九卷》[28],直谓书囊有六[29],抟帛有九也[30]。虽古之言肄业者,亦谓肄版而已[31]。《释器》云:"大版谓之业。"书有篇第[32],而习者移书其文于版[33],故云肄业。《管子·宙合》云:"退身不舍端。修业不息版。"[34]以是征之,则肄业为肄版明矣。凡此皆从其质以为名,所以别文字于语言也。其必为之别,何也?文字初兴,本以代声气[35],乃其功用有胜于言者。言语仅成线耳,喻若空中鸟迹,甫见而形已逝[36]。故一事一义得相联贯者,言语司之。及夫万类坌集[37],棼不可理[38];言语之用,有所不周,于是委之文字。文字之用,足以成面,故表谱、图画之术兴焉[39]。凡排比铺张[40],不可口说者,文字司之。及夫立体建形,向背同现,文字之用,又有不周,于是委之仪象。仪象之用,足以成体,故铸铜、雕木之术兴焉[41]。凡望高测深,不可图表者,仪象司之[42]。然则文字本以代言,其用则有独至。凡无句读文,皆文字之所专属也。以是为主。故论文学者,不得以兴会神旨为上[43]。昔者,文气之论,发诸魏文帝《典论》[44],而韩愈、苏辙窃焉[45]。文德之论,发诸王充《论衡》[46],杨遵彦依用之[47],而章学诚窃焉[48]。气非窜突如鹿豕,德非委蛇如羔羊[49],知文辞始于表谱、簿录[50],则修辞立诚其首也[51]。气乎、德乎,亦末务而已矣[52]。

〔1〕《书·洪范》:"无偏无陂。"《传》:"陂,旧本作颇。"

〔2〕《论略》原稿云:"《论衡》所说,略成条理,先举奏记为质,则不遗公牍矣。次举叙事、经说、诸子为言,则不遗历史与学说矣。有韵为文,人所共晓,故略而不论。杂文汉时未备,故亦不著。不言小说,或其意存鄙夷。不列典章,由其文有缺略。此则不能无失者也。"按原稿附表,有句读文中大分有韵无韵二类;无韵之文,更分学说、历史、公牍、典章、杂文、小说六科。详本书下卷《文赋》按语。

〔3〕冯,凭本字。以有文字著于竹帛,故谓之文;以有竹帛传此文字,则为书籍。

〔4〕《释名·释典艺》:"经,径也,常典也,如径路无所不通,可常用也。传,传也,以传示后人也。论,伦也,有伦理也。"又《释书契》:"传,转也。"《孔丛子·执节篇》:"经者,取其常也,可常则为经矣。"《文心雕龙·史传篇》:"传者,转也,转受经旨,以授于后。"盖汉以来义训皆如此。

〔5〕《说文》:"经,织从丝也。""从丝"二字,段《注》据《太平御览》校补。从,即纵。从丝,今云经线。

〔6〕 古人作书不及百名，则就方版为之。其逾百名，非一版可尽，则以简策连书，编丝缀焉。见前引《聘礼》。《史记·孔子世家》："读《易》，韦编三绝。""韦"盖即"纬"字。今出土古简册甚多，皆以丝编，无以韦者也。故下文但云"编丝缀属"。

〔7〕 《魏书·释老志》："浮屠正号曰佛陀。"诸书或曰浮图、浮头，皆异译也。法云《翻译名义集》："修多罗，或修单兰，或修妒路，《西域记》名素怛览，旧曰修多罗，讹也。有五译：一翻经，二翻论，三翻法本，四翻线，五翻善语。"

〔8〕 段成式《酉阳杂俎》："贝多，汉翻为叶，贝多婆力义者，汉言叶树也。"彼教用以写经。故《宋史·天竺国传》载："僧道圆自西域还，得贝叶梵经四十夹。"

〔9〕 以上释经之本义。

〔10〕 《说文序》："假借者，本无其字，依声托事。"

〔11〕 见《学而篇》。

〔12〕 《经典释文叙录》："《论语》，汉兴，传者有三家：《鲁论语》者，鲁人所传，即今所行篇次是也。《齐论语》者，齐人所传，别有《问王》、《知道》二篇，凡二十二篇。《古论语》者，出自孔氏壁中，凡二十一篇，有两《子张》，安昌侯张禹受《鲁论》、《齐论》，择善而从，号曰《张侯论》，最后而行于汉世。后汉包咸、周氏，并为章句，列于学官。郑玄就《鲁论》张、包、周之篇章，考之齐、古，为之注焉。"《论语释文》"传不习乎"句下引郑《注》云："鲁读传为专。今从古。"

〔13〕 原注："今作笏。"《说文》："专，六寸簿也。"段《注》："《说文》无'簿'有'薄'。盖后人易'艸'为'竹'，以分别其字耳。六寸簿，盖笏也。曰部云：'曶，佩也。'无笏字。《释名》曰："笏，忽也。君有命则书其上，备忽忘也。'徐广《车服仪制》曰：'古者贵贱皆执笏，即今手版也。'"

〔14〕 《礼记·玉藻》："史进象笏，书思对命。"郑《注》："思，所念思将以告君者也。对，所以对君者也。命，所受君命者也。书之于笏，为失忘也。"

〔15〕《尔雅·释器》："大版谓之业。"《广雅·释诂》："专，业也。"则专、版、业三文互训，皆书籍记事之称矣。

〔16〕《仪礼·聘礼疏》引郑玄《论语序》云："《易》、《诗》、《书》、《礼》、《乐》、《春秋》，策皆一尺二寸，《孝经》谦半之。《论语》八寸策者，三分居一，又谦焉。"阮氏《校勘记》曰："按《春秋序疏》云：'郑玄注《论语》，以《钩命决》云："《春秋》二尺四寸书之，《孝经》一尺二寸书之。"'故云：'六经之策，皆称长二尺四寸。'然则此云一尺二寸，乃传写之误，当作二尺四寸。下云：'孝经谦半之。'乃一尺二寸也。又云：'《论语》八寸策者，三分居一，又谦焉。'谓《论语》八寸，居六经三分之一，比《孝经》又少四寸，故云又谦焉。《论衡·正说篇》：'夫《论语》者，弟子共记孔子之言行，敕己之时甚多，数十百篇，以八寸为尺纪之，约省怀持之便也。以其遗非经传文，纪识恐忘，故但以八寸，不二尺四寸也。'"

〔17〕原注："《汉艺文志》言刘向校中古文《尚书》，有一简二十五字者，而服虔注《左氏传》则云，古文篆书一简八字。盖二十五字者，二尺四寸之经也。八字者，六寸之传也。古官书皆长二尺四寸，故云二尺四寸之律。举成数言，则曰三尺法。经亦官书，故长如之；其非经律，则称短书。皆见《论衡》。"案《左传》服《注》引见《聘礼疏》，诸书载律亦二尺四寸者，如《盐铁论·诏圣篇》"二尺四寸之律，古今一也"。是。举成数言三尺者，如《汉书·杜周传》"君为天下决平，不循三尺法。"是。称短书者，如《论衡·谢短篇》"汉事未载于经，名为尺籍短书。"是。以上释传之本义。

〔18〕《说文》："仑，思也。从亼、册。"段《注》："龠下曰：'仑，理也。'《大雅》毛《传》曰：'论，思也。'论者，仑之假借，思犹鰓也。凡人之思，必依其理，伦、论字皆以仑会意，从亼、册者。聚集简册，必依其次第，求其义理。"仑，本作侖，故诸家之说如此。

〔19〕《庄子·齐物论》："人籁则比竹是已。"《说文》："箫，参差管乐。"段《注》："《周礼·小师注》：'箫，编小竹管，如今卖饴饧所吹者。'《周颂笺》同。"案古之箫，所谓排箫也，制与今异。

〔20〕《说文》:“龠,乐之竹管,三孔以和众声也。从品、侖。侖,理也。”

〔21〕句见《诗·大雅·灵台篇》。郑《笺》:“论之言伦也,声音之道与政通,故合乐以详之,于得其伦理乎鼓与钟也。”

〔22〕句见《周礼·考工记》。

〔23〕《说文》:“帙,书衣也。”

〔24〕以上释论之本义。

〔25〕《说文》:“牍,书版也。”《汉书·陈遵传》:“性善书,与人尺牍,主皆藏去以为荣。”案:去,即弆,古字通也。

〔26〕《说文》:“札,牒也。”《释名·释书契》:“札,栉也。编之如栉齿相比也。”案今人著述以札记称者至夥。

〔27〕《汉志》:“《周史六弢》六篇。”师古曰:“即今之《六韬》也。弢字与韬同也。”《隋志》:“《太公六韬》五卷,周文王师姜望撰。”

〔28〕原注:“今《灵枢经》,晋时称《鍼经》,汉末《伤寒论序》直称《九卷》。”鍼,古针字。

〔29〕《说文》:“弢,弓衣也。”意谓此所谓弢者,乃假弓衣之名以指书衣。

〔30〕《康熙字典》引《增韵》云:“可舒卷者曰卷,编次者曰帙。”《考工记》:“卷而抟之,欲其无迤也。”古籍有卷轴之制,《九卷》盖由此得名。

〔31〕《春秋》昭四年《左传》:“臣以为肄业及之也。”《广韵》:“肄,习也。”

〔32〕古人编书,率定篇第,以便稽检,防散佚,免错乱。《汉志》称刘向校书,“每一书已,辄条其篇目”,是也。

〔33〕原注:“学童习字用觚,觚亦版也。”书多非一时可尽,故逐日移写于版以习之。

〔34〕《管子》房玄龄《注》:“版,牍也。贤者虽复退身,终不舍其端操,不息修业,亦不息其版籍。”

〔35〕《易·乾文言》:“同声相应,同气相求。”孔《疏》:“同声相应者,若弹宫而宫应,弹角而角动是也。同气相求者,若天欲雨而础柱润是也。”案声气原谓语言,此用本义。

〔36〕言语甫闻而声已逝,与此同也。

〔37〕《汉书·司马相如传》:“坌入曾宫之嵯峨。”《注》:“坌,并也。”

〔38〕 棼，通作纷。

〔39〕 吾国文字，始于象形，其与图画，同源异流，要之皆所以表象也。言语以声音为用，故仅限于时间；文字以符号为用，故可及于空间。此其所以为胜也。

〔40〕 元稹《杜甫墓志铭》："铺陈终始，排比声韵，大或千言，次犹数百。"张涤华先生曰："案元好问《论诗绝句》云：'排比铺张特一途。'语意与元稹文同，而字面与本篇合。章君盖用此。"

〔41〕 仪象者，科学所用机器也，其功用不独如文字之纪述，图画之摹绘而已，盖尤能以实体示人。文字虽及空间，然犹限于平面之抽象观念；若仗象所司，则扩至立体之具象事物，此其所以为尤胜也。

〔42〕 以上论言语、文字、仪象三者，各有其用，以人类文化之进步，而渐次发达焉。线、面、体云者，以几何学术语明之。

〔43〕《论略》原稿云："既知文有无句读有句读之分，而后文学之归趣可得言之。无句读者，纯得文称，文字之不共性也。有句读者，文而兼得辞称，文字语言之共性也。论文学者虽多就共性言，而必以不共性为其素质。"

〔44〕《典论·论文》："文以气为主，气之清浊有体，不可力强而致。"又："徐幹时有齐气。""孔融体气高妙，有过人者。"此所谓气，盖指人才性之所系也。

〔45〕 韩愈《答李翊书》："气，水也；言，浮物也。水大而物之浮者大小毕浮，气之与言犹是也，气盛则言之长短与声之高下皆宜。"苏辙《上枢密韩太尉书》曰："文者，气之所形，然文不可以学而能，气可以养而致。"详上所举，韩之所云，乃文章本身之气势，苏之所云，则为文可能之修养。虽三贤相承，亦略有殊异，要之皆本孟子"我知言，我善养吾浩然之气"之义而变化之也。

〔46〕 原注："《论衡·佚文篇》：'文德之操为文。'又云：'上书陈便宜，奏记荐吏士，一则为身，二则为人。繁文丽辞，无文德之操，治身完行，徇利为私，无为主者。'"案此所谓德，盖谓凡为文者，当以"文质彬彬"为主。

〔47〕 原注:"《魏书·文苑传》:'杨遵彦作《文德论》,以为古今辞人,皆负才遗行,浇薄险忌,惟邢子才、王元景、温子升,彬彬有德素。'"案杨《论》今佚,惟其意颇与《颜氏家训·文章篇》同。颜之言略曰:"自古文人,多陷轻薄,每尝思之,原其所积。文章之体,标举兴会,发引性灵,使人矜伐,故忽于持操,果于进取。今世文士,此患弥切。一事惬当,一句清巧,神厉九霄,志凌千载,自吟自赏,不觉更有旁人。加以砂砾所伤,惨于矛戟,讽刺之祸,速乎风尘,深宜防虑,以保元吉。"此之所论,盖主文士当蓄道德,意与王亦异。

〔48〕 章氏《文史通义》有《文德篇》,已选在本书,详后。

〔49〕 《诗·召南·羔羊序》云:"召南之国,化文王之政,在位者皆节俭正直,德如羔羊也。"又《诗》云:"退食自公,委蛇委蛇。"毛《传》:"委蛇,行可从迹也。"此用其语。二句云云。盖文士言气,多局就霆聋波涌之观;言德,多局就委随纡徐之致,要未能揣其本也。

〔50〕 张涤华先生曰:"案文辞之兴,始于韵语,此中外所同。表谱、簿录之体,虽旁行邪上,三代已有,然未必早于邃古歌谣。章君此论,实有未安。注家之例,虽不破本文,然本书亦不甚拘此例。(如《文德篇注》即尝驳正实斋。)此等处似当附记数言。"

〔51〕 《易·乾文言》:"修辞立其诚。"《文史通义·言公篇》释之曰:"诚不必于圣人之极致,始足当于修辞之立也。学者有事于文辞,毋论辞之如何,其持之必有其故,而初非徒为文具者,皆诚也。有其故而修辞以副焉。是其求工于是者,所以求达其诚也。"

〔52〕 原注:"案《文选序》云:'谋夫之话,辩士之端,虽传之简牍,而事异篇章。'此即语言文字之分也。然《选》例亦不一致,依史所载,荆卿《易水》,汉祖《大风》,皆临时触兴而作。岂尝先属草稿,亦与出话何异?而《文选》固录之矣。至于辞命,则有草创润色之功。(案《论语·宪问篇》:"子曰:为命,裨谌草创之,世叔讨论之,行人子羽修饰之,东里子产润色之。")苏、张陈说,度亦先有篇章,《文选》录《易水》、《大风》二歌,而独汰去辩说,亦自相钼吾矣。(案:钼吾,今通作龃龉。)士衡《文赋》云:'说炜晔而谲诳。'是亦列为文之一种,要于

修辞立诚有不至耳。”本节论文学之本柢在竹木，故当据作范畴。

《文选》之兴，盖依乎挚虞《文章流别》，谓之总集[1]。《隋书·经籍志》曰：“总集者，以建安之后，辞赋转繁，众家之集，日以孳广。晋代挚虞，苦览者之劳倦，于是芟剪繁芜，自诗赋下，各为条贯，合而编之，谓之《流别》。”[2]然则李充之《翰林论》、刘义庆之《集林》、沈约、丘迟之《集钞》，放于此乎[3]。《七略》惟有诗赋。及东汉，铭、诔，论辩始繁。荀勖以四部变古，李充、谢灵运继之[4]，则集部自此著[5]。总集者，本括囊别集为书[6]，故不取六艺、史传、诸子；非曰别集为文，其他非文也。《文选》上承其流，而稍入《诗序》[7]、史赞[8]、《新书》、《典论》诸篇，故不名曰《集林》、《集钞》，然已痟矣[9]。其序简别三部[10]，盖总集之成法；顾已迷误其本，以文辞之封域相格，虑非挚虞、李充意也[11]。《经籍志》别有《文章英华》三十卷，《古今诗苑英华》十九卷[12]，皆昭明太子撰，又以诗与杂文为异[13]。即明昭明义例不纯，《文选序》率尔之言[14]，不为恒则[15]。且总别集与他书经略不定[16]，更相阑入者多矣[17]。今以《隋志》所录总集相稽，自《魏朝杂诏》而下，讫《皇朝陈事诏》，凡十八家，百四十六卷[18]。自《上法书表》而下，讫《后周与齐军国书》，凡七家，四十一卷[19]。而《汉高祖手诏》，匡衡、王凤、刘隗、孔群诸家《奏事》，书既亡佚，复传其录[20]。然《七略》高祖、孝文诏策，悉在诸子儒家[21]；《奏事》二十卷，隶《春秋》[22]。此则总集有六艺、诸子之流矣。陈寿定诸葛亮故事，命曰《诸葛氏集》[23]。然其目录，有《权制》、《计算》、《训厉》、《综覈》、《杂言》、《贵和》、《兵要》、《传运》、《法检》、《科令》、《军令》诸篇。《魏氏春秋》言：“亮作《八务》、《七戒》、《六恐》、《五惧》，皆有条章，以训厉臣子。”[24]若在往古，则《商君书》之流[25]。而《隋志》亦在别集[26]，故知集品不纯[27]，选者亦无以自理[28]。阮元之伦，不悟《文选》所序，随情涉笔，视为经常，而例复前后错迕。曾国藩又杂钞经史百家。经典成文，布在方策[29]，不虞溃散，钞将何为[30]？若知文辞之体，钞选之业，广狭异途，庶几张之弛之，并明而不相害[31]。凡无句读文，既各以专门为业，今不亟论。有句读者，略道其源流利病，分为五篇[32]。非曰能尽，盖以备常文之品而已。其赠序、寿颂诸品，既不应法，故弃捐弗道尔[33]。

〔1〕 张涤华先生曰："案魏文帝撰徐、陈、应、刘诸人遗文为一集。（见《文选·与吴质书》）杜预亦有《善文》五十卷。（见《隋志》。两《唐志》作四十九卷。）并在挚氏之先，则总集非始于《文章流别》也。章君偶未照耳。"

〔2〕 《隋志》："《文章流别集》四十一卷，梁六十卷，《志》二卷，《论》二卷。"称梁若干卷者，《史通·古今正史篇》："初，太宗以梁、陈、齐、周、隋氏并未有书，乃命学士分修。书成，下于史阁，惟有十志，断为三十卷。太宗崩后，刊勒始成。其篇第虽编入《隋书》，其实别行，俗呼为《五代史志》。"《志》既托始于梁，故经籍著录，每以梁阮孝绪所撰《七录》校其见存，而称梁有若干卷，盖以示存佚之概也。

〔3〕 《隋志》："《翰林论》三卷，李充撰。梁五十四卷。《集林》一百八十一卷，宋临川王刘义庆撰。梁二百卷。《集钞》十卷，沈约撰。梁有《集钞》四十卷，丘迟撰，亡。"

〔4〕 《隋志》："（刘）歆总括群书，撮其旨要，著为《七略》：一曰集（案《汉志》作辑，字通。）略，二曰六艺略，三曰诸子略，四曰诗赋略，五曰兵书略，六曰术数略，七曰方技略。王莽之末，又被焚烧。光武中兴，明、章继轨，石室兰台，弥以充积。又于东观及仁寿阁集新书，校书郎班固、傅毅等典掌焉，并依《七略》而为书部，固又编之以为《汉书·艺文志》。两京大乱，扫地皆尽。魏氏代汉，秘书郎郑默始制《中经》。荀勖又因《中经》更著《新簿》，分为四部：一曰甲部，纪六艺及小学书；二曰乙部，有古诸子家、近世子家、兵书、兵家、术数；三曰丙部，有史记、旧事、《皇览簿》、杂事；四曰丁部，有诗赋、图赞、汲冢书。惠怀之乱，京华荡覆，渠阁文籍，靡有孑遗。东晋之初，渐更鸠聚，著作郎李充遂总没众篇之名，但以甲乙为次。自尔因循，无所变革。其后

中朝遗书，稍流江左。宋元嘉八年，秘书监谢灵运造《四部目录》。”

〔5〕《文史通义·文集篇》：“范、陈二史所次文士诸传，识其文章，皆云所著诗、赋、碑、箴、颂、诔若干篇，而不云文集若干卷，则文集之实已具，而文集之名犹未立也。自挚虞创为《文章流别》，学者便之。于是别聚古人之作，标为别集，则文集之名，实昉于晋代。荀勖《中经》有四部，诗赋、图赞与汲冢书归丁部，王俭《七志》以诗赋为文翰志，而介于诸子兵书之间，则集部之渐日开，而尚未居然列专目也。至阮孝绪撰《七录》，惟技术、佛、道分三类，而经典、纪传、子兵、文集之四录，已全为唐人经史子集之权舆，是集部著录，实昉于萧梁。”按四部之制，唐以前但云甲乙丙丁，唐以来乃名经史子集。集部之实，源于建安，成于《流别》，而类例则定于《七录》，故二章之言，初无乖牾也。可并参本书下卷所选《诗教下篇》。

〔6〕《易·坤》：“括囊，无咎，无誉。”孔《疏》：“括，结也。囊，所以贮物。”

〔7〕《文选》有《毛诗大序》一篇，经义之流也。

〔8〕《选》又有史论、史述赞二类，收班孟坚、干令升、范蔚宗、沈休文诸家之文，皆史之论赞也。

〔9〕《史记·太史公自序》：“申吕肖矣。”《集解》引徐广曰：“肖音痟。痟，犹衰微。”此谓萧《选》所及，略遍四部，以视刘、丘，划疆固已不严。

〔10〕谓经、子、史。

〔11〕《汉书·贾谊传》：“虑非顾行也。”颜《注》：“虑，大计也。”刘淇《助字辨略》：“大计犹大率。”总集源于别集，经、子、史者，别集所无，故总集不得有。昭明不审此意，乃以文辞之封域为言，故曰“迷误其本”。

〔12〕均见总集类。

〔13〕《文心雕龙》有《杂文篇》，论对问、七、连珠三体。又总述界义云：“详夫汉来杂文，名号多品，或典诰誓问，或览略篇章，或曲操弄引，或吟讽谣咏，总括其名，并归杂文之区。甄别其义，各入讨论之域。”是杂文有广狭二义，狭则惟兹三体，广则诗赋之外，皆入杂文，此用其广义。

〔14〕《论语·先进篇》：“子路率尔而对。”

〔15〕《尔雅·释诂》:“则,法也。”

〔16〕《说文》:“略,经略土地也。”《文选·吴都赋注》:“略,分界也。”

〔17〕《汉书·汲黯传》:“文吏绳以为阑出财物如边关。”应劭曰:“阑,妄也。”臣瓒曰:“无符传出入为阑也。”张涤华先生曰:“《汉书·成帝纪》云:‘虒上小女陈持弓闻大水至,走入横城门,阑入尚方掖门。’应劭云:‘无符籍妄入宫曰阑。’章君用阑入字,似可征引此纪以明之。若注所引《汲黯传》则曰阑出,不曰阑入也。”

〔18〕《隋志》:“《魏朝杂诏》二卷,《录魏、吴二志诏》二卷,《晋咸康诏》四卷,《晋朝杂诏》九卷,《录晋诏》十四卷,《晋义熙诏》十卷,《宋永初杂诏》十三卷,《宋孝建诏》一卷,《宋元嘉副诏》十五卷,《齐杂诏》十卷,《齐中兴二年诏》三卷,《后魏诏集》十六卷,《后周杂诏》八卷,《杂诏》八卷,《杂赦书》六卷,《陈天嘉诏草》三卷,《皇朝诏集》九卷,《皇朝陈事诏》十三卷。”今并佚。

〔19〕《隋志》:“《上法书表》一卷,《梁中表》十一卷,《杂露布》十二卷,《山公启事》三卷,《范宁启事》三卷,《梁、魏、周、齐、陈皇朝聘使杂启》九卷,《后周与齐军国书》二卷。”今并佚。

〔20〕《隋志》“《魏朝杂诏》”条下云:“梁有《汉高祖手诏》一卷,亡。”又“《梁中表》”条下云:“梁有《汉丞相匡衡、大司马王凤奏》五卷,《刘隗奏》五卷,《孔群奏》二十二卷,亡。”

〔21〕《汉志》诸子略儒家:“《高祖传》十三篇。”原注:“高祖与大臣述古语及诏策也。”又:“《孝文传》十一篇。”原注:“文帝所称及诏策。”今佚。

〔22〕《汉志》六艺略春秋家:“《奏事》二十篇。”原注:“秦时大臣奏事及刻石名山文也。”今佚。世传秦刻石诸文或在其中。

〔23〕《蜀志·诸葛亮传》附载《诸葛氏集目录》。其《序》称“臣寿等言,臣前在著作郎,侍中领中书监济北侯荀勖、中书令关内侯臣和峤,奏使臣定故蜀丞相诸葛亮故事。”云云,盖以集名出自寿定。

〔24〕见《亮传》裴《注》引。《隋志》:“《魏氏春秋》二十卷,孙盛撰。”今佚。

〔25〕《汉志》诸子略法家:“《商君》二十九篇。”原注:“名鞅,姬姓,卫后

也，相秦孝公。”其书今存。

〔26〕《隋志·别集类》：“《蜀丞相诸葛亮集》二十五卷。”今佚。

〔27〕考古人著书，重在学术流别，究其面目，多属一家之言，故纯而不驳。逮后学术日进，则成家者不多；文明日启，则操觚者日众。于是编缀之际，每就一人之所著述，荟萃为书，凡此之类，文翰最多。故《七略》诗赋，一变而为集部，惟以其中经涉既广，多与他书更相阑入，故校雠之法，于此亦最难施焉。《颜氏家训·勉学篇》云：“俗间儒士，不涉群书，经纬之外，义疏而已。吾初入邺，与博陵崔文彦交游，尝说《王粲集》中难郑玄《尚书》事，崔转为诸儒道之。始将发口，悬见排蹙，云：‘文集只有诗、赋、铭、诔，岂当论经书事乎？且先儒之中，未闻有王粲也。’崔笑而退，竟不以《粲集》示之。”此见早在六朝，集部之名实亦不能纯全也。

〔28〕理，分理也。总集出于别集，别集之品既不纯，则选总集者，又焉得分理之？

〔29〕《礼记·中庸》：“文武之道，布在方策。”

〔30〕此言总集之作，或缘芟剪繁芜，或恐别集溃散。经典既无溃散之惧，若但为广文辞封域计，则此两者广狭殊途，良无钞之必要也，曾《钞》本思所以广姚《纂》。详见原书序例。

〔31〕《礼记·杂记》：“一张一弛，文武之道也。”《中庸》：“万物并育而不相害，道并明而不相悖。”

〔32〕五篇者，《原经》、《明解故》、《论式》、《辨诗》、《正赍送》。

〔33〕曾国藩《书归震川文集后》曰：“盖古之知道者，不妄加毁誉于人，非特好直也。内之无以立诚，外之不足以信后世，君子耻焉。自周《诗》有《崧高》、《烝民》诸篇，汉有河梁之咏，沿及六朝，饯别之诗，动累卷帙，于是有为之序者。昌黎韩氏为此体特繁，至或无诗而徒有序，骈拇枝指，于义为已侈矣。熙甫则未必饯别，而赠人以序，有所谓贺序者，谢序者，寿序者，此何说也？”此于诸品之不应法，可谓详哉其言之。本节论文辞之体，钞选之业，广狭异途，且集品不纯，故论文学界义，不得据选家之言为说。

谨案:章先生讳炳麟,浙江余杭人。初名绛,字枚叔,号太炎,同治七年(1868)生。少师德清俞君,精研国故。值清政不纲,慨然有光复之志。光绪间,先后任《时务》、《昌言》诸报撰述,以言论激烈,见忌清廷,避祸台湾,寻游日本。光绪二十八年(1902),发起中夏亡国二百四十二年纪念会于东京,以纪念亡明。旋返上海,创爱国学社,鼓吹革命排满,坐是系狱三年。民国既造,军阀纷争,先生不得行其志;旋复以反对袁世凯称帝被幽禁,袁死乃得释。自是不复问政。晚年讲学苏州,以民国二十五年(1936)逝世。先生之学,实集有清三百年朴学之大成。五经、四部,靡不综贯;六书、九流、尤所专精;段、王以下,未足相喻。所著《章氏丛书》三编,都数十种,有《自订年谱》及《自述学术次第》各一卷。欲知其德业之详者,可览观焉。

本篇初名《文学论略》,后更损益,易为今名,收入《国故论衡》。《论衡》三卷:上卷论小学,中卷论文学,下卷论诸子学,此中卷之首篇也。近綦江庞石帚先生(俊)尝为此书作《疏证》,甚精核,已刊行者,仅中下卷。本篇即用庞注,略有沾益,不更别白。后仿此。

章君《检论·征七略》曰:"略者,封域之正名。"此作总论古今人所持文学界义,而订正之,故以《总略》为名也。夫文生于名,名生于形,欲审定其名之是非,当先识其形之弇侈。古昔文明初启,凡百典制,有司所存,胥得文称,所谓"博学于文"者也。自是以降,乃及竹帛,黄先生《〈文心雕龙·原道篇〉札记》云:"文辞封略,本可弛张,推而广之,则凡书以文字,著之竹帛者,皆谓之文,非独不论有文饰与无文饰,抑且不论有句读与无句读,此至大之范围也。再缩小之,则凡有句读者皆为文,而不论其文饰与否。纯任文饰,固谓之文矣;即朴质简拙,亦不得不谓之文。此类所包,稍小于前,而经、传、诸子,皆在其笼罩。若夫文章之初,实先韵语,传久行远,实贵偶词;修饰润色,实为文章;敷文摛采,实异质言;则阮氏之言,良有不可废者。然则拓其疆宇,则文无所不包,揆其本原,则文实有专美。"据此,则自《论语》所称,迄阮氏所指,由广及狭,可得四科,今表之如次:

甲、文

（最广义）

乙、文章（施之竹帛）　　礼乐（施之政事）

（较广义）

丙、有句读文　　无句读文

（广　义）

内容　　外形

叙事之文　抒情之文　说理之文

字（文字之学）

句（文法之学）

篇章（修辞之学）

丁、彣彰（今人所谓纯文学）

（狭义）

依上表可知文学一名，由混而析。章君所持，则较广之义。以文学得名，本由文字也。然征之载籍，则此四义，固尝各具其用，览者弗审其旨，则必扞格难通，此循诵前文，当加注意者一也。又设自行撰述，于此四义，固得任情择用，然亦必标举宗趣，庶来者无迷其途，此点检己作，当加注意者二也。不尔则道其所道，非吾所谓道，其不陷于樛葛者几希矣。

诗教上

（论文学与时代）

章学诚

周衰文弊，六艺道息[1]，而诸子争鸣[2]。盖至战国而文章之变尽[3]，至战国而著述之事专，至战国而后世之文体备。故论文于战国，而升降盛衰之故可知也。后世之文，奇衺错出而裂于道[4]，人知之；其源皆出于六艺，人不知也[5]。后世之文，其体皆备于战国，人不知[6]；其源多出于《诗》教[7]，人愈不知也[8]。知文体备于战国，而始可与论后世之文[9]；知诸家本于六艺，而后可与论战国之文[10]；知战国多出于《诗》教，而后可与论六艺之文；可与论六艺之文，而后可与离文而见道；可与离文而见道，而后可与奉道而折诸家之文也[11]。

〔1〕 贾谊《新书·六术篇》："《诗》、《书》、《易》、《春秋》、《礼》、《乐》六者之术，谓之六艺。"

〔2〕 《隋志》："自孔子没而微言绝，七十子丧而大义乖，学者离群索居，各为异说，至于战国，典文遗弃。"此所谓文弊道息也。韩愈《送孟东野序》曰："周之衰，孔子之徒鸣之，其声大而远。《传》曰：'天将以夫子为木铎。'其弗信矣乎！其末也，庄周以其荒唐之辞鸣；臧孙辰、孟轲、荀卿，以道鸣者也；杨朱、墨翟、管夷吾、晏婴、老聃、申不害、韩非、慎到、田骈、邹衍、尸佼、孙武、张仪、苏秦之属，皆以其术鸣。"此所谓诸子争鸣也。

〔3〕 史家以三家分晋迄秦一土宇为战国时代，刘向编其时游士之策谋，

题为《战国策》。其《序》云:“万乘之国七,千乘之国五,敌侔争权,盖为战国。”名疑昉此。

〔4〕《周礼·天官·宫正》:“去其淫怠与其奇衺之民。”《注》:“奇衺,谲觚非常。”《庄子·天下篇》:“后世之学者,不幸不见天地之纯、古人之大体,道术将为天下裂。”《文史通义·原道篇》:“道者,万事万物之所以然,而非万事万物之当然也。”此章氏之所谓道。

〔5〕《汉志》:“诸子十家,其可观者,九家而已。皆起于王道既微,诸侯力政。时君世主,好恶殊方。是以九家之术,蜂出并作,各引一端,崇其所善,以此驰说,取合诸侯。其言虽殊,譬犹水火相灭亦相生也。《易》曰:‘天下同归而殊途,一致而百虑。’今异家者,各推所长,穷知究虑,以明其指,虽有蔽短,合其要归,亦六经之支与流裔。”按诸子之学,皆出六经,《汉志》可谓详哉其言之,其实即申私学出于官学之意。实斋则更进论其文亦本于经也。

〔6〕案自来论文者,率云后世文体源于经典,如《文心雕龙·宗经篇》云:“故论、说、辞、序,则《易》统其首;诏、策、章、奏,则《书》发其源;赋、颂、歌、赞,则《诗》立其本;铭、诔,箴、祝,则《礼》总其端;记、传、盟、檄,(记盟二字从唐写本。)则《春秋》为根。并穷高以树表,极远以启疆,所以百家腾跃,终入环内者也。”《颜氏家训·文章篇》云:“夫文章者,原出五经:诏、命、策、檄,生于《书》者也;序、述、论、议,生于《易》者也;歌咏、赋诵,生于《诗》者也;祭祀、哀诔、生于《礼》者也;书、奏、箴、铭,生于《春秋》者也。”是其尤著者。近世姚《纂》曾《钞》序例,犹同此说。综而言之,盖其原则起乎五经,其体则备乎战代耳。

〔7〕《礼记·经解篇》:“入其国,其教可知也。其为人也,温柔敦厚,《诗》教也。”此《诗》教一词所本,然其义与章氏此之所指不同。

〔8〕《汉志》:“纵横家者流,盖出于行人之官。孔子曰:‘诵《诗》三百,使于四方,不能专对,虽多亦奚以为?’又曰:‘使乎使乎?’言其当权事制宜,受命而不受辞,此其所长也。”战国者,纵横之世,《诗》教者,纵横家之所本。详下。

〔9〕《论语·八佾篇》:“商也始可与言《诗》已矣。”何晏《集解》引包氏曰:“孔子言子夏能发明我意,可与共言《诗》。”

〔10〕诸家,谓战代诸子也。《文选序》云:“《老》、《庄》之作,《管》、《孟》之流,盖以立意为宗,不以能文为本。”然诸家虽无意为文,而文自高,故《文心雕龙·诸子篇》称:“研夫孟、荀所述,理懿而辞雅;管、晏属篇,事核而言练;列御寇之书,气伟而采奇;邹子之说,心奢而辞壮;墨翟、随巢,意显而语质;尸佼、尉缭,术通而文钝。鹖冠绵绵,亟发深言;鬼谷渺渺,每环奥义;情辨以泽,文子擅其能;辞约而精,尹文得其要。慎到析密理之巧,韩非著博喻之富,吕氏鉴远而体周,淮南汎采而文丽。”(案惟淮南为汉人所集。)观其褒多贬少,则知诸子之衣被辞流者远矣。

〔11〕折谓折中于道也。《史记·孔子世家》:“言六艺者,折中于夫子。”《索隐》引宋均云:“折,断也。中,当也。”《文心雕龙·原道篇》:“道沿圣以垂文,圣因文而明道。”章氏之意,盖谓前圣至道,载在六艺,逮乎战国,变为诸子。后世之文,又自出焉,此升降之大凡也。本节总论战国为古今文章升降之枢纽。

战国之文,其源皆出于六艺,何谓也〔1〕?曰:道体无所不该〔2〕,六艺足以尽之〔3〕。诸子之为书,其持之有故,而言之成理者〔4〕,必有得于道体之一端,而后乃能恣肆其说〔5〕,以成一家之言也〔6〕。所谓一端者,无非六艺之所该,故推之而皆得其本。非谓诸子果能服六艺之教,而出辞必衷于是也〔7〕。老子说本阴阳〔8〕,庄、列寓言假象〔9〕,《易》教也〔10〕。邹衍侈言天地〔11〕,关尹推衍五行〔12〕,《书》教也〔13〕。管、商法制,义存政典〔14〕,《礼》教也〔15〕。申、韩刑名,旨归赏罚〔16〕,《春秋》教也〔17〕。其他杨、墨、尹文之言〔18〕,苏、张、孙、吴之术〔19〕,辨其源委〔20〕,挹其旨趣,九流之所分部,《七录》之所叙论〔21〕,皆于物曲、人官得其一致〔22〕,而不自知为六典之遗也〔23〕。

〔1〕《经传释词》:“也,犹邪也。《颜氏家训》曰:‘北人呼邪为也。’盖二字

声本相近，故《大戴礼·五帝德篇》：‘请问黄帝者，人邪，抑非人邪？’《乐记正义》引此，邪作也。”案：邪，今通作耶。

〔2〕《春秋》哀元年《穀梁传》：“此该之变而道之也。”《注》：“该，备也。”

〔3〕《史记·滑稽列传》引孔子曰：“六艺于治一也：《礼》以节人，《乐》以发和，《书》以道事，《诗》以达意，《易》以神化，《春秋》以道义。”《庄子·天下篇》曰：“《诗》以道志，《书》以道事，《礼》以道行，《乐》以道和，《易》以道阴阳，《春秋》以道名分。”《文心雕龙·宗经篇》曰：“三极彝训，其书曰经。经也者，恒久之至道，不刊之鸿教也。故象天地，效鬼神，参物序，制人纪，洞性灵之奥区，极文章之骨髓者也。”此六艺尽该道体之义也。

〔4〕《荀子·非十二子篇》：“其持之有故，其言之成理。”

〔5〕《说文》：“恣，纵也。”《玉篇》：“肆，放也。恣也。”

〔6〕司马迁《报任安书》：“亦欲以究天人之际，通古今之变，成一家之言。”《典论·论文》：“惟徐幹著论，成一家言。”

〔7〕《春秋》昭十六年《左传》：“发命之不衷。”《注》：“衷，当也。”《汉志》谓诸子者，六经之支与流裔，又以九流十家皆出王官，盖六经固王官之所掌耳。余杭章君《国故论衡·原学篇》云：“九流皆出王官，及其发舒，王官所不能与，官人守要，而九流宣究其义，是以滋长。”此经子之所以违异类。

〔8〕《老子》：“故常无，欲以观其妙；常有，欲以观其徼。此两者，同出而异名，同谓之玄。玄之又玄，众妙之门。”仪征刘君《国学发微》云：“欲字作思字所字解，常无常有为对待之词，犹言常无所以观其妙，常有所以观其徼也。两者同出而异名，两即有无也。玄者，指有无未分之前言也。《易》言阴阳，即《老子》之有无，乃对待之词也。又言阴阳生于太极。太极者，即绝点之词也。《老子》以有无二字代阴阳，以玄字代太极，所谓真宰真空，即玄之义也。”他若“道生一，一生二，二生三，三生万物”之说，与《易》之太极、两仪亦同。故魏、晋人以《易》、《老》、《庄》为三玄，而王辅嗣以次，且并注数书，以会通其义矣。

〔9〕 《史记·老庄申韩列传》:"庄子著书十余万言,大率寓言也。"《索隐》:"其书十余万言,率皆立主客,使之相对语,故云偶言。又音寓,寓,寄也。故《别录》云:'又作人姓名,使相与语。'是寄辞于其人,故《庄子》有《寓言篇》。"《汉志》有《列子》八篇,原注云:"名圄寇,先庄子,庄子称之。"高似孙《子略》曰:"太史公不传列子,如庄周所载许由、务光,迁犹疑之,所谓列御寇之说,独见于寓言耳。迁于此讵得不致疑邪?是书与《庄子》合者十七章,其间犹有浅近迂僻者,出于后人会粹而成之耳。"今传《列子》书,实魏晋间人伪作,今人马夷初《列子伪书考》以次,为之考辨者数家。吾友杨伯峻先生《列子集释》详著焉。《文史通义·易教篇》曰:"《易》之象也,《诗》之兴也,变化而不可方物矣。有天地自然之象,有人心营构之象。天地自然之象,《说卦》为天为圜诸条,约略足以尽之。人心营构之象,睽车之载鬼,翰音之登天,意之所至,无不可也。《易》象虽包六艺,与《诗》之比兴尤为表里。战国之文,深于比兴,即其深于取象者也。《庄》、《列》之寓言也,则触、蛮可以立国,蕉鹿可以听讼,此《易》教之所以范天下也。"

〔10〕 以上证战国诸子之文有出《易》教者。

〔11〕 《史记·孟荀列传》:"驺衍深观阴阳消息,而作怪迂之变,《终始》、《大圣》之篇,十余万言,其语闳大不经,必先验小物,推而大之,至于无垠。先序今以上至黄帝,学者所共述。大并世盛衰,因载其禨祥度制,推而远之,至天地未生,窈冥不可考而原也。先列中国名山大川,通谷禽兽,水土所殖,物类所珍,因而推之,及海外,人之所不能睹。称引天地剖判以来,五德转移,治各有宜,而符应若兹,以为儒者所谓中国者,于天下乃八十一分居其一分耳。中国名曰赤县神州。赤具神州内自有九州,禹之序九州是也,不得为州数。中国外如赤县神州者九,乃所谓九州也。于是有裨海环之,人民、禽兽莫能相通者,如一区中者,乃为一州,如此者九。乃有大瀛海环其外,天地之际焉。其术皆此类也。"按《尚书·禹贡》始别中国为九州,《序》所谓"禹别九州,随山刊木,任土作贡"是也。《洪范》始

称五行,《经》所谓"一曰水,二曰火,三曰木,四曰金,五曰土。水曰润下,火曰炎上,木曰曲直,金曰从革,土爰稼穑"是也。驺子推而衍之,乃称大小九州,五德终始。《汉志》诸子略阴阳家有《邹子》四十九篇,《邹子终始》五十六篇。今佚。

〔12〕《史记·老庄申韩列传》:"老子居周,久之,见周之衰,乃遂去。至关,关令尹喜曰:'子将隐矣,强为我著书。'于是老子乃著书上下篇而去。"《汉志》道家有《关尹子》九篇,原《注》云:"名喜,为关吏。老子过关,喜去吏而从之。"其书《隋志》已不载,今本则宋人孙定传之。胡应麟《四部正讹》云:"篇中字句体法,全仿释典成文,无论《庄》、《列》,即《鹖冠》至《亢仓》无有也,故吾尝疑五代间方外士掇拾柱下之余文,傅合竺乾之章旨,以成此书。"其《二柱篇》中有言五行者,皆二氏之说也。

〔13〕以上证诸子之文有出《书》教者。

〔14〕《史记·管晏列传》称管子之言曰:"仓廪实而知礼节,衣食足而知荣辱,上服度则六亲固,四维不张,国乃灭亡。"又《商君列传》述其立法理民之政甚详。考《礼记·礼运篇》云:"礼者,君之大柄也。所以别嫌明微,傧鬼神,考制度,别仁义,所以治政安君也。故政不正则君位危;君位危则大臣倍,小臣窃;刑肃而俗敝,则法无常;法无常而礼无列,礼无列,则士不事也。刑肃而俗敝,则民弗归也。是谓疵国。"是法家立制,通于儒家隆礼,皆所以纳民轨物,其源实出于《礼》教也。《史记正义》引《七略》,《管子》书在法家,《汉志》列道家,《隋志》仍还隶法家,《商君书》诸录皆在法家。

〔15〕以上证诸子之文有出《礼》教者。

〔16〕《史记·老庄申韩列传》:"申不害之学本于黄、老,而主刑名。著书二篇,号曰《申子》。韩非喜刑名法术之学,而归其本于黄、老。"其《赞》曰:"申子卑卑,施之于名实。韩子引绳墨,切事情,明是非,其极惨礉少恩,皆原于道德之意。"《汉书·元帝纪注》引《别录》云:"申子学号刑名。刑名者,循名责实,尊君卑臣,崇上抑下,合于六经也。"《史记·孔子世家》谓夫子之作《春秋》:"约其文辞而指博,

故吴，楚之君自称王，而《春秋》贬之曰子；践土之会，实召周天子，而《春秋》讳之曰‘天王狩于河阳’。推此类以绳当世贬损之义，后有王者，举而开之，《春秋》之义行，则天下乱臣贼子惧焉。”此《春秋》正名之义，赏罚之旨，战代刑名家言所从出也。

〔17〕 以上证诸子之文有出《春秋》教者。

〔18〕 诸子多称杨朱，而无其书，今《列子》有《杨朱篇》，或其遗说也。《汉志》墨家：“《墨子》七十一篇。”名家：“《尹文子》一篇。”《墨子》今存。今传《尹文子》则疑出依托。

〔19〕 《汉志》纵横家：“《苏子》三十篇。”又：“《张子》十篇。”今佚。兵书略兵权谋家：“吴《孙子兵法》八十二篇，图九卷。”师古曰：“孙武也。”今《孙子》盖即其书，然编次已非其旧。又：“齐《孙子》八十九篇，图四卷。”师古曰：“孙膑。”近年山东临沂汉墓中发现战国简书，有其遗文。吾友张震泽先生尝为之理董，行于世。又：“《吴起》四十八篇。”今佚。案苏秦、张仪、孙武、吴起，《史记》皆有传。

〔20〕 《礼记·学记》：“三王之祭川也，皆先河而后海，或源也，或委也。”郑《注》：“源，泉所出也；委，流所聚也。”

〔21〕 《隋志》：“普通中，有处士阮孝绪，博采宋、齐以来王公之家。凡有书记、参校官簿，更为《七录》：一曰经典录，二曰记传录，三曰子兵录，四曰文集录，五曰技术录，六曰佛录，七曰道录。”其书今佚，惟《序》存《广弘明集》中。

〔22〕 《礼记·礼器》：“人官有能也，物曲有利也。”孔《疏》：“人官有能也者，人居其官，各有所能：若司徒奉牛，司马奉羊，及庖人治庖，祝治樽俎是也。物曲有利也者，谓万物委曲，各有所利：若曲蘖利为酒醴，丝竹利为琴笙，皆自然有，其性各异也。”

〔23〕 《周礼·天官》：“太宰之职，掌建邦之六典：一曰治典，二曰教典，三曰礼典，四曰政典，五曰刑典，六曰事典。”此总论诸子之学各有所当，而其本根皆在王官也。本节论战国之文，皆源六艺。

战国之文，既源于六艺，又谓多出于《诗》教，何谓也？曰：战国者，纵横之世也。纵横之学，本于古者行人之官[1]。观春秋之辞命[2]，列国大夫聘问诸侯，出使专对，盖欲文其言以达旨而已[3]。至战国而抵掌揣摩[4]，腾说以取富贵[5]，其辞敷张而扬厉[6]，变其本而加恢奇焉[7]。不可谓非行人辞命之极也[8]。孔子曰："诵《诗》三百，授之以政，不达；使于四方，不能专对，虽多奚为？"[9]是则比兴之旨，讽喻之义[10]，固行人之所肄也。纵横者流，推而衍之，是以能委折而入情[11]，微婉而善讽也[12]。九流之学，承官曲于六典，虽或原于《书》、《易》、《春秋》，其质多本于《礼》教，为其体之有所该也[13]。及其出而用世，必兼纵横，所以文其质也[14]。古之文质合于一；至战国而各具之。质，当其用也，必兼纵横之辞以文之，周衰文弊之效也[15]。故曰：战国者，纵横之世也[16]。

〔1〕《周礼·秋官》："大行人掌大宾之礼，及大客之仪，以亲诸侯。小行人掌邦国宾客之礼籍，以待四方之使者。"

〔2〕《周礼》大行人："谕言语，协辞命。"郑《注》："六辞之命也。"贾《疏》："以辞命连言，明是太祝六辞之教命也。"《孟子·公孙丑篇》："我于辞命，则不能也。"赵《注》："辞言教命。"伪孙《疏》："以辞命人者，故谓之辞命。"案太祝六辞以事鬼神，则此二字，当据《孟子》之义为释。

〔3〕"言以足志，文以足言。""言之无文，行而不远。"语出《春秋》襄二十五年《左传》。详上《文学总略篇》注。

〔4〕《战国策·秦策》："苏秦说赵王于华屋之下，抵掌而谈。"《史记·苏秦列传》："秦得《周书阴符》，伏而读之，期年以出揣摩。"《集解》曰："《鬼谷子》有《揣摩篇》。"《索隐》引王劭曰："《揣情》、《摩意》，是《鬼谷》之二章句。"

〔5〕张涤华先生曰："《史记·司马相如传》：'腾茂实。'《索隐》：'腾驰茂盛之实也。'《汉书·叙传》：'诸子相腾。'师古《注》：'腾，驰也。'"

〔6〕敷与铺同，布也。扬厉者，《史记·乐书》："发扬蹈厉。"《集解》引王肃曰："厉，疾也。"

〔7〕《文选序》:“变其本而加厉。”《说文》:“恢,大也。”

〔8〕荀悦《汉纪》:“游说之本,生于使于四方,不辱君命。出境有可以安社稷,利国家,则专对解结。辞之绎矣,民之慕矣,以正行者,谓之辩智。其失之甚者,主于为诈,绐徒众矣。”

〔9〕语见《论语·子路篇》。按末句原书作“虽多亦奚以为”。

〔10〕《汉书·礼乐志》:“欲以风谕众庶,其道无由。”颜《注》:“风,化也。”风,讽本字。

〔11〕《史记·李将军传》:“欲上书报天子军曲折。”颜《注》:“委曲而行回折。”

〔12〕《春秋》成十四年《左传》:“《春秋》之称,微而显,志而晦,婉而成章。”又昭三十一年《传》亦云:“《春秋》之称,微而显,婉而辨。”此用其字也。

〔13〕《春秋》昭二年《左传》:“韩宣子来聘,观书于太史氏,见《易象》与《鲁春秋》,曰:‘周礼尽在鲁矣。’”古之经典成文,悉在官守,析之则为六艺,统言则皆典礼,故宣子之言云尔,诸子之学,又出六艺,故云其质多本于《礼》教也。

〔14〕诸子之学,起于救时之弊,《淮南·要略》言之详矣。其论纵横家云:“晚世之时,六国诸侯,溪异谷别,水绝山隔,各自治其境内,守其分地,握其权柄,擅改政令,下无方伯,上无天子,力征争权,胜者为右,恃连与国,约重致,剖信符,结远援,以守其国家,持其社稷,故从横修短生焉。”诸子皆兼纵横,盖所以期其言之必可行也。

〔15〕文弊,谓六艺道息而诸子争鸣,文质遂分。

〔16〕本节论战国者,纵横之世,故其文尤多出于《诗》教。

后世之文,其体皆备于战国,何谓也?曰:子、史衰而文集之体盛,著作衰而辞章之学兴。文集者,辞章不专家,而萃聚文墨以为蛇龙之菹也[1]。后贤承而不废者,江河导而其势不容复遏也。经学不专家,而文集有经义[2];史学不专家,而文集有传记;立言不专家[3],而文集有论辨。后世之文集,舍经义与传记、论辨之三体[4],

其余莫非辞章之属也。而辞章实备于战国，承其流而代变其体制焉[5]。学者不知，而溯挚虞所裒之《流别》[6]，甚且以萧梁《文选》举为辞章之祖也，其亦不知古今流别之义矣[7]。

〔1〕 原注："详见《文集篇》。"案其言曰："集之兴也，其当文章升降之交乎？古者，朝有典、谟，官存法令，风诗采之闾里，敷奏登之庙堂，未有人自为书，家存一说者也。自治学分途，百家风起，周、秦诸子之学，不胜纷纷，识者已病道术之裂矣。然专门传家之业，未尝欲以文名，苟足显其业，而可传授于其徒，则其说亦遂止于是，而未尝有参差庞杂之文也。两汉文章渐富，为著作之始衰；然贾生奏议，编入《新书》，相如辞赋，但记篇目，皆成一家之言，与诸子未甚相远；初未尝有汇次诸体，裒焉而为文集者也。自挚虞创为《文章流别》，学者便之，于是别聚古人之作，标为别集；而后世应酬牵率之作，决科俳优之文，亦泛滥横裂而争附别集之名。是诚刘《略》所不能收，班《志》所无可附，而所为之文，亦矜情饰貌，矛盾参差，非复专门名家之语无旁出也。"《孟子·滕文公篇》："驱龙蛇而放之菹。"赵《注》："菹，泽中生草者也。"

〔2〕 此指说经之文，非谓八股也。

〔3〕 原注："即诸子书也。"《春秋》襄二十四年《左传》："大上有立德，其次有立言，其次有立功。"孔《疏》："立言谓言得其要，理足可传，其身既没，其言尚存。老、庄、管、晏、杨、墨、孙、吴之徒，制作子书；屈原、宋玉、贾逵、扬雄、马迁、班固以后，撰集史传，及制作文章，使后世学习，皆是立言者也。"

〔4〕 《诗·蓼莪》："欲报之德。"《笺》："之，犹是也。"

〔5〕 《南齐书·文学传论》："若无新变，不能代雄。"此代变之义。

〔6〕 原注："挚虞有《文章流别传》。"案《隋志》，传当为集之误字。

〔7〕 本节论后世之文，其体皆备于战国。

今即《文选》诸体，以征战国之赅备[1]：京都诸赋[2]，苏、张纵横六国，侈陈形势之遗也[3]。《上林》、《羽猎》[4]，安陵之从田[5]，龙阳之同钓也[6]。《客难》、《解嘲》[7]，屈原之《渔父》、《卜居》[8]，庄周之惠施问难也[9]。韩非《储说》，比事征偶，连珠之所肇也[10]；而或以为始于傅毅之徒[11]，非其质矣。孟子问齐王之大欲，历举轻暖、肥甘、声音、采色[12]，七林之所启也[13]；而或以为创之枚乘[14]，忘其祖矣[15]。邹阳辨谤于梁王[16]，江淹陈辞于建平[17]，苏秦之自解忠信而获罪也[18]。《过秦》、《王命》、《六代》、《辨亡》诸论[19]，抑扬往复，《诗》人讽喻之旨，孟、荀所以称述先王，儆时君也[20]。淮南宾客[21]，梁苑辞人[22]，原、尝、申、陵之盛举也[23]。东方、司马，侍从于西京[24]；徐、陈、应、刘，征逐于邺下[25]，谈天、雕龙之奇观也[26]。遇有升沉，时有得失，畸才汇于末世[27]，利禄萃其性灵，廊庙山林[28]，江湖魏阙[29]，旷世而相感，不知悲喜之何从[30]。文人情深于《诗》、《骚》，古今一也[31]。

〔1〕 原注："挚虞《流别》，孔逭《文苑》，今俱不传，故据《文选》。"案《隋志》总集类："《文苑》一百卷，孔逭撰。"赅同该。

〔2〕 《文选》有班固《两都赋》，张衡《两京赋》、《南都赋》，左思《三都赋》。

〔3〕 苏、张之辞，具详《国策》。刘向《别录》曰："苏秦、张仪之属，生从横短长之说，左右倾侧。苏秦为从，张仪为横，横则秦帝，从则楚王，所在国重，所去国轻。"其大略也。

〔4〕 《文选》有司马相如《上林赋》，扬雄《羽猎赋》，皆赋畋游之作。

〔5〕 《战国策·楚策》："江乙说于安陵君曰：'君无咫尺之地，骨肉之亲，处尊位，受厚禄，一国之众，见君莫不敛衽而拜，抚委而服，何以也？'曰：'王过举而已。不然，无以至此。'江乙曰：'以财交者，财尽而交绝；以色交者，华落而爱渝。是以嬖女不敝席，宠臣不避轩。今君擅楚国之势，而无以深自结于王，窃为君危之。'安陵君曰：'然则奈何？'江乙曰：'愿君必请从死，以身为殉，如是必长得重于楚国。'曰：'谨受令。'三年而弗言。江乙复见曰：'臣所为君道，至今未效，君不

用臣之计,臣请不敢复见矣。'安陵君曰:'不敢忘先生之言,未得间也。'于是楚王游于云梦,结驷千乘,旌旗蔽日,野火之起也若云蜺,兕虎之嗥声若雷霆。有狂兕䍧(原作牂,从《校注》改)车依轮而至,王亲引弓而射,壹发而殪。王抽旃旄而抑兕首,仰天而笑曰:'乐矣,今日之游也,寡人万岁千秋之后,谁与乐此矣。'安陵君泣数行而进曰:'臣入则编席,出则陪乘,大王万岁千秋之后,愿得以身试黄泉,蓐蝼蚁,又何如得此乐而乐之。'王大悦,乃封坛为安陵君。"

〔6〕《魏策》:"魏王与龙阳君共船而钓,龙阳君得十余鱼而涕下。王曰:'有所不安乎? 如是,何不相告也?'对曰:'臣无敢不安也。'王曰:'然则何为出涕?'曰:'臣为王之所得鱼也。'王曰:'何谓也?'对曰:'臣之始得鱼也,臣甚喜,后得又益大,今臣直欲弃臣前之所得矣。今臣以凶恶而得为王拂枕席,今臣爵至人君,走人于庭,辟人于途,四海之内,美人亦甚多矣,闻臣之得幸于王也,必褰裳而趋王,臣亦犹曩臣之前所得鱼也,臣亦将弃矣,臣安能无涕出乎?'魏王曰:"嘻!有是心也,何不相告也?'于是布令于四境之内曰:'有敢言美人者,族。'"

〔7〕《文选》东方朔《答客难》、扬雄《解嘲》,属设论类;宋玉《对楚王问》属对问类,《文心雕龙》总称对问。杂文篇曰:"宋玉含才,颇亦负俗,始造《对问》,以申其志;放怀寥阔,气实使之。东方朔效而广之,名为《客难》,托古慰志,疏而有辨。扬雄《解嘲》,杂以谐谑,回环自释,颇亦为工。"盖此类之作,皆设为问答之辞,以舒愤懑之意,亦赋之支与流裔也。

〔8〕《渔父》设为与渔者问答之辞,《卜居》设为与太卜问答之辞,并见《楚辞》、《文选》。

〔9〕《庄子·秋水篇》:"庄子与惠子游于濠梁之上,庄子曰:'儵鱼出游,从容,是鱼乐也。'惠子曰:'子非鱼,安知鱼之乐?'庄子曰:'子非我,安知我不知鱼之乐?'惠子曰:'我非子,固不知子矣,子固非鱼矣,子之不知鱼之乐全矣。'庄子曰:'请循其本:子曰,女安知鱼乐云者,既已知吾知之,而问我,我知之濠上也。'"

〔10〕 原注:“前人已有言及之者。”案陈懋仁《文章缘起注》曰:“《北史·李先传》:‘魏帝召先读《韩子·连珠论》(“论”字据《北史》补)二十二篇。’《韩子》即《韩非子》,书中有连语,先列其目,而后著其解,谓之连珠。据此则连珠已兆《韩非》。”今韩子书无连珠,而《内、外储说》体质相类,疑即《李先传》之所称也。

〔11〕 原注:“傅元之言。”案:元本作玄,避清圣祖玄烨讳改。《艺文类聚》载傅玄《连珠序》曰:“所谓连珠者,兴于汉章帝之世,班固、贾逵、傅毅三子受诏作之,而蔡邕、张华之徒又广焉。其文体辞丽而言约,不指说事情,必假喻以达其旨,而览者微悟,合于古诗讽兴之义。欲使历历如贯珠,易睹而可悦,故谓之连珠也。”《文选》载陆机《演连珠》五十首。

〔12〕 《孟子·梁惠王篇》:“曰:‘王之所大欲可得闻与?’王笑而不言。曰:‘为肥甘不足于口与?轻暖不足于体与?抑为采色不足视于目与?声音不足听于耳与?便嬖不足使令于前与?王之诸臣皆足以供之,而王岂为是哉!’曰:‘否,吾不为是也。’曰:‘然则王之所大欲可知已。欲辟土地,朝秦楚,莅中国,而扶四夷也。以若所为,求若所欲,犹缘木而求鱼也。’”

〔13〕 洪迈《容斋随笔》:“枚乘作《七发》,创意造端,丽词腴旨,上薄《骚》、些,故为可喜。其后继之者,如傅毅《七激》,张衡《七辩》,崔骃《七依》,马融《七广》,曹植《七启》,王粲《七释》,张协《七命》之类,规仿太切,了无新意。傅玄又集之以为《七林》,使人读未终篇,往往弃之几格。”《隋志》:“《七林》十卷,梁十二卷,录二卷,卞景撰。梁又有《七林》三十卷,音一卷,亡。”案,引《御览》文部载傅玄《七谟序》云:“傅子集古今七篇品之,署曰《七林》。”即容斋此之所指,《隋志》不著录。

〔14〕 《文心雕龙·杂文篇》:“枚乘摛艳,首制《七发》,腴辞云构,夸丽风骇,盖七窍所发,发乎嗜欲,始邪末正,所以戒膏粱之子也。”《文选》所录,枚乘《七发》外,有曹植《七启》、张协《七命》二篇。

〔15〕 《春秋》昭十五年《左传》:“数典而忘其祖。”

〔16〕《文选》有邹阳《狱中上书自明》一首。《汉书·邹阳传》曰:“阳以吴王不可说,去之梁,从孝王游。羊胜、公孙诡等疾阳,恶之于孝王。孝王怒,下阳吏,将杀之,阳乃从狱中上书奏孝王,立出之,卒为上客。”

〔17〕《文选》有江淹《诣建平王上书》一首。《梁书·江淹传》曰:“宋建平王景素好士。淹随景素在南兖州,广陵令郭彦文得罪,辞连淹,系州狱中,上书。景素览书,即日出之。”

〔18〕《国策·燕策》:“人有恶苏秦于燕王者曰:‘武安君,天下不信人也,王以万乘下之,尊之于廷,示天下与小人群也。’武安君从齐来,而燕王不馆也,谓燕王曰:‘臣,东周之鄙人也,见足下,身无咫尺之功,而足下迎臣于郊,显臣于廷。今臣为足下使,利得十城,功存危燕,足下不听臣者,人必有言臣不信,伤臣于王者。且臣之不信,是足下之福也,使臣信如尾生,廉如伯夷,孝如曾参,三者,天下之高行也,而以事足下,可乎?’燕王曰:‘可。’曰:‘有此,臣亦不事足下矣。且夫孝如曾参,义不离亲一夕宿于外,足下安得使之之齐。廉如伯夷,不取素飡,汙武王之义而不臣,辞孤竹之君,饿而死于首阳之山,廉如此者,何肯步行数千里,而事弱燕之危主乎?信如尾生,期而不来,抱梁柱而死,信至如此,何肯扬燕(燕下原有秦字,从《校注》删)之威于齐,而取大功乎哉?且夫信行者,所以自为也,非所以为人也;皆自覆之术,非进取之道也。三王代兴,五霸迭盛,皆不自覆也。君以自覆为可乎?则齐不益于营丘,足下不逾境,不窥于边城之外。且臣有老母于周,离老母而事足下,去自覆之术,而谋进取之道,臣之趣固不与足下合者,足下皆自覆之君也,仆者进取之臣也,所谓以忠信得罪于君者也。’燕王曰:‘夫忠信又何罪之有也?’对曰:‘足下不知也。臣邻家有远为吏者,其妻私人。其夫且归,其私者忧之。其妻曰:公勿忧也,吾已为药酒以待之矣。后二日,夫至,妻使妾奉卮酒进之,妾知其药酒也,进之则杀主父,言之则逐主母,乃阳僵弃酒。主父大怒而笞之。故妾一僵而弃酒,上以活主父,下以存主母也。忠至如此,然不免于笞,此以忠信得罪者

也。臣之事，实不幸而有类妾之弃酒也。'"

〔19〕 贾谊《过秦》以论秦过，班彪《王命》以讽隗嚣，曹冏《六代》以讽曹爽，陆机《辨亡》以论吴亡；皆力陈前代得失而资世鉴之名论也。并载《文选》。

〔20〕 原注："屈原上称帝喾，中述汤武，下道齐桓，亦是。"案此《史记》引淮南王安《离骚传》语也。《孟荀列传》曰："天下方务于合从连衡，以攻伐为贤，而孟轲乃述唐、虞、三代之德，是以所如不合。退而序《诗》、《书》，述仲尼之意，作《孟子》七篇。荀卿嫉浊世之政，亡国乱君相属，不遂大道，于是推儒、墨、道德之行事兴坏，序列著数万言而卒。"其详并具本书。项安世《家说》："贾谊之《过秦》，陆机之《辨亡》，皆赋体也。"此亦可与实斋之意相发。

〔21〕 《汉书·淮南列传》："淮南王安为人好书，招致宾客方术之士数千人，作为内书二十一篇，外书甚众。"《楚辞》有淮南小山《招隐士》一篇，王逸《章句序》曰："《招隐士》者，淮南小山之所作也。昔淮南王安博雅好古，招怀天下俊伟之士，自八公之徒，咸慕其德，而归其仁；各竭才智，著作篇章，分造辞赋，以类相从，故或称小山，或称大山，其义犹诗有小雅、大雅也。"《汉志》有《淮南王群臣赋》四十四篇，盖即小山、大山之属。《文选》录《招隐士》，直题淮南王安，误。

〔22〕 《史记·梁孝王世家》："孝王，窦太后少子也，爱之，赏赐不可胜道。于是孝王筑东苑，招延四方豪杰，自山以东游说之士，莫不毕至，齐人羊胜、公孙诡、邹阳之属。"《文选》录邹阳文，见前。

〔23〕 《史记·平原君列传》："平原君赵胜者，赵之诸公子也。诸子中胜最贤，喜宾客。宾客至者盖数千人。"又《孟尝君列传》："孟尝君名文，姓田氏，在薛招致诸侯宾客，及亡人有罪者，舍业厚遇之。以故倾天下之士。食客数千人，无贵贱一与文等。"又《春申君列传》："春申君者，楚人也，名歇，姓黄氏。是时齐有孟尝君，赵有平原君，魏有信陵君，方争下士，招致宾客，以相倾夺。春申君客三千余人，其上客皆蹑珠履。"又《信陵君列传》："魏公子无忌者，魏昭王少子，而魏安釐王异母弟也。昭王薨，安釐王即位，封公子为信陵君。公

子为人，仁而下士，士无贤不肖，皆谦而礼交之，不敢以其富贵骄士，士以此方数千里争往归之，致食客三千人。”贾谊《过秦论》曰：“齐有孟尝，赵有平原，楚有春申，魏有信陵，此四君者，皆明知而忠信，宽厚而爱人，尊贤重士，约从离衡。”

〔24〕 班固《两都赋序》：“言语侍从之臣，若司马相如、虞邱寿王、东方朔、枚皋、王褒、刘向之属，朝夕论思，日月献纳。”《史记·滑稽列传》：“褚先生曰：‘武帝时，齐人有东方生名朔，初入长安，诏拜以为郎，常在侧，侍中，数召至前谈语，人主未尝不说也。’”又《司马相如传》：“司马相如，蜀郡成都人也。客游梁，梁孝王令与诸生同舍。相如乃著子虚之赋。久之，蜀人杨得意为狗监，侍上，上读《子虚赋》而善之，曰：‘朕独不得与此人同时哉！’得意曰：‘臣邑人司马相如自言为此赋。’上惊，乃召问相如，相如曰：‘有是。然此乃诸侯之事，未足观也，请为天子游猎赋。’赋成，奏之，天子以为郎。尝从上至长杨猎。是时，天子方好自击熊、彘，驰逐野兽，相如上疏谏之，上善之。天子既美《子虚》之事，相如见上好仙道，因曰：‘上林之事，未足美也，尚有靡者。臣尝为《大人赋》未就，请具而奏之。’相如既奏大人之颂，天子大说，飘飘然有凌云之气，似游天地之间意。”《文选》录朔《答客难》、《非有先生论》，《汉书》本传亦有之，并云：“朔之文辞，此二篇最善。”相如文载《文选》者，《子虚》《上林》《长门》三赋、《谏猎书》、《喻巴蜀檄》、《难蜀父老》、《封禅文》。惟《长门赋》，《史》、《汉》本传无有，盖赝品也。辨详《日知录》及何焯《义门读书记》。

〔25〕 《魏志·王粲传》：“始文帝为五官中郎将，及平原侯植，皆好文学。粲与北海徐幹，字伟长，广陵陈琳，字孔璋，陈留阮瑀，字元瑜，汝南应玚，字德琏，东平刘桢，字公幹，并见友善。瑀以（建安）十七年卒，幹、琳、桢、玚，以二十二年卒。文帝与元城令吴质书曰：‘昔年疾疫，亲故多离其灾，徐、陈、应、刘，一时俱逝，痛可言邪！’”（末句据《文选》补）《续汉书·郡国志》，魏郡有邺城，魏所都也。邺下诸子之作，《文选》第录颇多，今不更详其篇目。

〔26〕 《史记·田敬仲完世家》:“宣王喜文学游说之士,自如驺衍、淳于髡、田骈、接子、慎到、环渊之徒,七十六人,皆赐列第,为上大夫,不治而议论,是以齐稷下学士复盛,且数百千人。”又《孟荀列传》:齐有三驺子,其前驺忌,先孟子;其次驺衍,后孟子;驺奭者,亦颇采驺衍之术以纪文。故齐人颂曰:“谈天衍,雕龙奭。”《集解》引刘向《别录》曰:“驺衍之所言,五德终始,天地广大,书言天事,故曰谈天。驺奭修衍之文饰,若雕缕龙文,故曰雕龙。”

〔27〕 《庄子·大宗师篇》:“畸人者,畸于人而侔于天。”《释文》引李《注》曰:“畸,奇异也。”《易·系辞》:“易之兴也,其当殷之末世,周之盛德邪!”

〔28〕 《中说·礼乐篇》:“在山泽而有廊庙之志。”

〔29〕 《吕氏春秋·开春论》:“中山公子牟谓詹子曰:‘身在江湖之上,心居魏阙之下,奈何?’”《注》:“魏阙,心下巨阙也。心下巨阙,言神内守也。一说:魏阙,象魏也。悬教象之法,浃日而收之,魏魏高大,故曰魏阙。”按语亦见《庄子·让王篇》,惟江河作江海。

〔30〕 韩愈《祭田横墓文》:“事有旷百世而相感者,余不自知其何心。”

〔31〕 《文心雕龙·辨骚篇》:“自《风》、《雅》寝声,莫或抽绪,奇文郁起,其《离骚》哉!”故论上世文学,必以《诗》、《骚》交举。战国之文,多出《诗》教;后世之文,复出战国,则其温柔敦厚之教,郁伊怆怏之怀,为后来所景慕者,非偶然矣。本节即《文选》诸体,详证后世之文,战国多兆其端。

至战国而文章之变尽,至战国而后世之文体备,其言信而有征矣[1]。至战国而著述之事专,何谓也?曰:古未尝有著述之事也。官师守其典章[2],史臣录其职载。文字之道,百官以之治,而万民以之察[3],而其用已备矣。是故圣王书同文以平天下[4],未有不用之于政教典章,而以文字为一人之著述者也[5]。道不行而师儒立其教[6],我夫子所以功贤尧、舜也[7]。然而“予欲无言”[8],“无行不与”[9],六艺存周公之旧典[10],夫子未尝著述也[11]。《论语》记夫子之微言[12],而曾子、子思俱有述作以垂训[13],至孟子而其文然后闳肆焉[14]。著述至战国而始专之明验也[15]。春秋之时,管子尝有书矣[16],然载一时之典章政教,则犹周公之有官礼也[17],记管子之言行,则习管氏法者所缀集,而非管仲所著述也[18]。兵家之有《太公阴符》[19],医家之有《黄帝素问》[20],农家之有《神农》、《野老》[21],先儒以为后人伪撰,而依托乎古人。其言似是,而推究其旨,则亦有所未尽也。盖末数小技,造端皆始于圣人[22]。苟无微言要旨之授受,则不能以利用千古也。三代盛时,各守人官物曲之世氏[23],是以相传以口耳,而孔、孟以前,未尝得见其书也。至战国而官守师传之道废[24],通其学者,述旧闻而著于竹帛焉。中或不能无得失,要其所自不容遽昧也[25]。以战国之文而述黄、农之说,是以先儒辨之文辞,而断其伪托也。不知古初无著述,而战国始以竹帛代口耳[26],实非有所伪托也[27]。然则著述始专于战国,盖亦出于势之不得不然矣。著述不能不衍为文辞[28],而文辞不能不生其好尚。后人无前人之不得已[29],而惟以好尚逐于文辞焉,然犹自命为著述。是以战国为文章之盛,而衰端亦已兆于战国也[30]。

〔1〕 张衡《东京赋》:“信而有征。”薛综《注》:“征,验也。”

〔2〕 《说文》:“官,吏事君也。从宀,从𠂤,𠂤犹众也。此与师同意。”《广雅·释诂》:“师,官也。”盖古者政教不分,官师合一,故二者异名而同训。《礼记·曲礼》所谓“宦学事师”者也。余下详。

〔3〕 《易·系辞》:“上古结绳而治,后世圣人易之以书契,百官以治,万民以察。”

〔4〕 《礼记·中庸》:“车同轨,书同文。”又《大学》:“国治而后天下平。”

〔5〕 原注:“详见外篇《校雠略·著述先明大道论》。”案今本《文史通义》外篇无此,盖即《校雠通义·原道篇》也。其言曰:“古无文字,结绳之治,《易》之书契,圣人明其用曰:‘百官以治,万民以察。’夫为治为察,所以宣幽隐而达形名,盖不得已而为之,其用足以若是焉。斯已

矣。理大物博，不可殚也，圣人为之立官分守，而文字亦从而纪焉。有官斯有法，故法具于官；有法斯有书，故官守其书；有书斯有学，故师传其学；有学斯有业，故弟子习其业。官守学业皆出于一，而天下以同文为治，故私门无著述文字。后世文字，必溯源于六艺；六艺非孔氏之书，乃周官之旧典也。《易》掌太卜，《书》掌外史，《礼》在宗伯，《乐》隶司乐，《诗》领于太师，《春秋》存乎国史。夫子自谓述而不作，明乎官司失守，而师弟子之传业于是判焉。”

〔6〕《周礼·天官》：“师以贤得民，儒以道得民。”《注》：“师，诸侯师氏，有德行以教民者。儒，诸侯保氏，有六艺以教民者。”此非用其本义。

〔7〕《孟子·公孙丑篇》：“宰我曰：‘以予观于夫子，贤于尧、舜远矣。’”

〔8〕《论语·阳货篇》：“子曰：‘予欲无言。’”

〔9〕《论语·述而篇》：“吾无行而不与二三子者，是丘也。”《集解》引包氏曰：“我所为无不与尔共之者，是丘之心。”

〔10〕《文史通义·易教篇》曰：“六经皆史也。古人不著书，古人未尝离事而言理，六经皆先王之政典也。”亦即此义。

〔11〕《论语·述而篇》：“子曰：‘述而不作，信而好古，窃比于我老彭。’”故虽删定六经，而自无著述。

〔12〕《汉志》：“《论语》者，孔子应答弟子时人，及弟子相与言而接闻于夫子之语也。当时弟子各有所记，夫子既卒，门人相与辑而论纂，故谓之《论语》。”又曰：“昔仲尼没而微言绝。”李奇曰：“精微不显之言也。”师古曰：“精微要妙之言也。”张涤华先生曰：“案《文选》刘歆《让太常博士书》善《注》引《论语谶》云‘子夏六十四人共撰仲尼微言。’则《论语》即仲尼之微言。以释实斋此句，语意尤显。”

〔13〕《汉志》儒家：“《子思》二十三篇。”又：“《曾子》十八篇。”《礼记·中庸注》云：“孔子之孙子思作之。”或《子思》遗篇之一。《四库总目·大戴礼提要》云：“《艺文志》《曾子》十八篇久佚，是书犹存其十篇，自《立事》至《天圆》，篇题上悉冠以曾子者是也。”

〔14〕《庄子·天下篇》：“深闳而肆。”韩愈《进学解》：“先生之于文，可谓闳其中而肆其外矣。”

〔15〕 原注："《论语》记曾子之没，吴起尝师曾子，则曾子没于战国初年，而《论语》成于战国之时明矣。"案：事见《论语·泰伯篇》及《史记·吴起传》。

〔16〕 原注："《鬻子》、《晏子》，后人伪托。"案《汉志》儒家："《晏子》八篇。"又道家："《鬻子》二十二篇。"原注："名熊，为周师，自文王以下问焉。"《鬻子》今佚，《晏子》今存。

〔17〕 今《管子》书多载当时立法理民之政。《汉书·食货志》曰："太公为周立九府，太公退，又行之于齐。至管仲相桓公，通轻重之权。桓公遂用区区之齐，合诸侯，显伯名。"又《刑法志》曰："齐桓公任用管仲，问行伯用师之道，管仲于是乃作内政而寓军令焉。其教已成，外攘夷狄，内尊天子，以安诸夏。"此其推本周室旧典以匡齐桓伯业之明征也。伯，今霸字。

〔18〕 原注："或谓管仲之书不当称桓公之谥，阎氏若璩又谓后人所加，非《管子》之本文，皆不知古人并无私自著书之事，皆是后人缀辑。详《诸子篇》。"案阎说不见于《尚书古文疏证》及《潜邱札记》，未详所出。今传章氏书无《诸子篇》，《校雠通义·汉志诸子篇》亦未讨究及此，而其意颇见于《言公》及《述学驳文》。《言公篇》曰："诸子思以其学易天下，语言文字，未尝私其所出也。先民旧章，存录而不为识别者，幼官弟子之篇，月令土方之训是也。（原注："管子《地圆》，淮南《地形》，皆土训之遗。"）辑其言行，不必尽其身所论述者，管仲之述其身死后事，韩非之载其李斯驳议是也。《庄子》、《让王》、《渔父》之篇，苏氏谓之伪托，非伪托也，为庄氏之学者所附益尔。诸子之持之有故，言之成理者，固将推衍其学术而传之其徒焉。苟足显其术而立其宗，援述于前，与附衍于后者，未尝分居立言之功也。"《述学驳文》曰："孔子未修《春秋》以前，并无诸子著书之事，如其有之，则夫子必从而讨论，不容绝不置于口也。其人有生孔子前者，如管子上溯太公之类，皆是后人撰辑，非其本人之所自为。"严可均《书管子后》："近人编书目者，谓此书多言管子后事，盖后人附益者多。余不谓然，先秦诸子，皆门弟子或宾客或子孙撰

定，不必手定。”此与实斋之说正同。

〔19〕《战国策·秦策》：“苏秦得《太公阴符》之谋，伏而诵之，简练以为揣摩。”《汉志》不载。《隋志》有《太公阴谋》、《太公阴符钤录》、《太公金匮》、《太公兵法》、《太公伏符阴阳谋》、《太公三宫兵法》、《太公书禁忌立成集》、《太公枕中记》、《周书阴符》等，均在子部兵家。今并亡佚。

〔20〕皇甫谧《甲乙经序》：“《七略》、《艺文志》：《黄帝内经》十八卷。今有《鍼经》九卷，《素问》九卷，二九十八卷，即《内经》也。”

〔21〕《汉志》诸子略农家：“《神农》二十卷。”原注：“六国时诸子疾时怠于农业，道耕农事，托之神农。”师古曰：“刘向《别录》云：‘疑李悝及商君所说。’”又：“《野老》十七篇。”原注：“六国时，在齐楚间。”应劭曰：“年老居田野，相民耕种，故号野老。”

〔22〕《礼记·中庸》：“君子之道，造端乎夫妇。”孔《疏》释造端云：“初始造立端绪。”

〔23〕《孟子·告子篇》：“士无世官，官事无摄。”古皆世官，或以官为氏，故曰世氏也。

〔24〕《史记·历书》：“幽、厉之后，周室微，陪臣执政，史不记时，君不告朔，故畴人子弟分散。(《集解》引如淳曰：“家业世世相传为畴。《律》：年二十三传之畴官，各从其父学。”)或在诸夏，或在夷狄。”此所谓官守师传之道废也。《论语·微子篇》云：“太师挚适齐，亚饭干适楚，三饭缭适蔡，四饭缺适秦，鼓方叔入于河，播鼗武入于汉，少师阳、击磬襄入于海。”邢《疏》谓此章记“鲁哀公时礼坏乐崩，乐人皆去”。虽列国之事，固亦可推见王朝之大略焉。

〔25〕《太玄经》：“狂作昧。”《注》：“昧，迷也。”

〔26〕原注：“外史掌三皇五帝之书，及四方之志，与孔子所述六艺旧典，皆非著述一类，其说已见于前。”案《周礼·春官》：“外史掌四方之志，掌三皇五帝之书。”郑《注》谓前者“若晋之《乘》、楚之《梼杌》、鲁之《春秋》”。后者则“楚灵王所谓《三坟》、《五典》”是。

〔27〕此论但以释战国人著书，非所语于后世之伪书也。

〔28〕《校雠通义·汉志诗赋篇》曰:“古之赋家者流,原本《诗》、《骚》,出入战国诸子,虽其文逐声韵,旨存比兴,而深探本原,实能自成一子之学,与夫专门之书初无差别。”又《遗书·杂说》曰:“诸子仅工文辞,即后世文集之滥觞。”盖章氏为学,最重专门,故极推子书而薄文集;且谓古之辞赋,实有子风;后来子书,大类文集。篇什日富,则宗旨日衰。其针砭时俗,用意深远矣。俞樾《宾萌集自序》曰:“文集始于诸子,古之君子既没,而其徒撰次其行事与其文词,以传于后。后世人各有集,而不知其原出于诸子,于是集日以多,而文日以卑矣。”此亦足为章说佐证。

〔29〕《孟子·滕文公篇》:“予岂好辩哉,予不得已也。”古之作者,或如《孟子》所云:以“正人心,息邪说,距诐行,放淫辞”;或如《史记》所云,以“明天人之际,通古今之变,成一家之言”;或如《诗序》所云:“上以风化下,下以风刺上”,“哀窈窕,思贤才”,皆所谓不得已也。

〔30〕著述始专,诸子争鸣,故文盛。后来景慕,妄事效颦,故文衰也。本节论至战国而著述之事乃专,总束上篇之论。

谨案:章学诚,字实斋,浙江会稽人,清乾隆三年(1738)生,嘉庆六年(1801)卒。性耽坟籍,不甘为章句之学,故独能于朴学风靡一世之日,自树一帜。其倡言立论,多发前人之所未发。大抵推原官礼,而有得于向、歆父子之传,故于古今学术,辄能条别而得其宗旨,虽其缜密繁博,或不逮休宁、高邮诸师远甚,然识足以甄疑似,明正变,提要挈纲,卓然有以见夫经、史、百家之支与流裔,而得其大原,则有非诸师所能谛言者。盖诸师精于覈,而实斋善于推;诸师审于析,而实斋密于综。当举世溺于“博学多识”之时,以“一以贯之”为天下倡,信乎其为豪杰之士也。所著书有《文史通义》、《校雠通义》、《史籍考》、《文集》、《方志》等十数种,《史籍考》今佚,余由近人刘承干汇刊为《章氏遗书》。而两《通义》其先已盛传于世。今人叶长青尝为之注,余此书抗战时期成于蜀中时,未见叶注,故与之颇有异同。幸览者察之。

《诗教》共上下两篇,盖《文史通义》中之名论也。上以论时会之升降,下以论体制之分合。余杭《总略》，横推之而极其广；会稽《诗教》，纵讨之而尽其深。厥义虽若不侔，而实互为表里者也。其下篇详在本书下卷。上篇主旨，则在甄明吾国道术公私，文章述作之迁变，以战代为其枢机。盖春秋以前，民智蔽塞，高文典册，巫史世传，述而不作，实其常理。故《荀子·荣辱篇》曰："循法则、度量、刑辟、图籍，不知其义，谨守其数，慎不敢损益也。父子相传，以持王公，是官人百吏之所以取禄秩也。"及夫王纲陵迟，诸侯力政，世卿之制，既遭弹射，秀杰之士，渐起民间。孔子历干七十二君，终无所遇，退而讲业洙泗。乃删《诗》、《书》，订《礼》、《乐》，赞《大易》，修《春秋》，取周室之旧典，授从游之徒众。一再传后，诸子之学遂极盛焉；后世之文，遂益繁焉。是知孔子以前，学在官守，孔子以后，学在私门，所谓功贤尧、舜者，殆谓此也。吾国文学与时代之关系，扬搉根极，惟此事为最著最要，学者不可不究心也。

若夫时运推移，质文递变，历祀之作，不恒厥体。自来论列，不外两端。或寻源而弃流，或崇今而蔑古，文学退化与文学进化之争以生焉。《国故论衡·辨诗篇》云："论辨之辞，综持名理，久而逾出，不专以文情贵，后生或有陵轹古人者矣。韵语代益凌迟，今遂涂地，由其发扬意气，故感慨之士擅焉。聪明思慧，去之则弥远。"考今不如古之论，为吾国文家之常谈，惟余杭先生此说，推本情性，视余为实。然亦有不尽然者，则以文学虽主性灵，而非此一端可尽，如陆云论文，"先辞后情，尚絜而不取悦泽"，则不可以一概齐。先生亦既举以破文辞异职之说矣，古人虽情性挚至，而文辞美富，未必即胜后人，此其一。又喜怒哀乐，古今所同，而其所以为喜怒哀乐者，则视环境而异，如悯农之情，诗人共具，而古或以荒年无食，今或以富岁谷贱，则其情志所托，各有攸殊，难言厚薄矣，此其二。他若《文心雕龙·才略篇》云："观夫后汉才林，可参西京；晋世文苑，足俪邺都。然而魏时话言，必以元封为称首；宋来美谈，亦以建安为口实。"此则以景慕前修，因发不如之叹，又非不易之论也。准此，知文学退化之说，未可尽信；至若进化之论，则近世文家尤多奉为科律。考《抱朴子·钧世篇》曰："《尚书》者，政事之集也。然未若近代之优文诏策、军书奏议之清富赡丽也。《毛诗》者，华彩之辞也，然不及《上林》、《羽猎》、《二京》、《三都》之汪濊博富也。若夫具论宫室，而奚斯路寝之颂，何如王生之赋灵光乎？同说游猎，而《叔畋》、《卢铃》之诗，何如相如之言上林乎？并美祭祀，而《清庙》、《云汉》之辞，何如郭氏《南郊》之艳乎？等称征伐，而《出车》、《六月》之作，何如陈琳《武军》之壮乎？古者事事醇素，今则莫不雕饰，时移世改，理自然也。若舟车之代步涉，文墨之改结绳，诸后作而善于前事，其功业相次千万者，不可缕举也，何以独文章不及古邪?”此主后世之文迈于前古，又早于今人矣。然自《诗》、《骚》以还，艾历千载，轶群绝伦之作，惊心动魄之篇，所谓江山如画，光景常新者，何代无之，必谓后来之作，既造极峰，则前修之辞，渐沦土芥，要亦未见天地之纯者也。

《易·系下》曰："穷则变，变则通，通则久。"文章之事，亦若是焉。知进化退化之说皆仅得其一端，然后可语于通变矣。所谓文章之通变者，内则系乎情志，外则系乎体裁。老庄告退，山川方兹，此通变之系乎情志者也。六义附庸，蔚为大国，此通变之系乎体裁者也。盖社会结构，与时进化；思想感情，随而变迁。人情每厌故而喜新，文章亦历久而生敝。当一意初用，一体初兴，作者莫不骋力高衢，自致英杰。及其要害既据，奇花已开，则来者争锋，自难齐量，势必别出机杼，乃可媲美前人，则《南齐书·文学传论》所谓"若无新变，不能代雄"也。情志之殊，基于生活之异，千变万化，通变之数，未可缕言。若体裁之变，则以顾宁人、焦里堂二君之言为最明切。顾氏《日知录》曰："《三百篇》之不能不降而《楚辞》，《楚辞》之不能不降而汉、魏，汉、魏之不能不降而六朝，六朝之不能不降而唐，势也。"此就声诗一体言之也。焦氏《易余籥录》曰："一代有一代之所胜，舍其所胜，以就其所不胜，皆寄人篱下者耳。余尝欲自楚骚以下，至明八股，撰为一集，汉则专取其赋，魏、晋、六朝至隋则专录其五言诗，唐则专录其律诗，宋专录其词，元专录其曲，明专录其八股，一代还其一代之所胜。然而未暇也。"（案焦氏谓"一代有一代之所胜"，欲"一代还其一代之所胜"，非八代后无古诗，唐后无律诗，宋、元后无词、曲之谓也，顾就其造极者举之耳。又八股功令之文，明人虽创其体，亦不得在文学之列。凡此皆当分别观之。）此就文词各体言之也。至情志之于体裁，其间参伍错综，尤极密切，故有体裁同而情志自异者，若词有婉约豪放之别是也；有情志同而体裁各殊者，若屈子赋《离骚》，文公歌《正气》是也。凡此之类，譬如器以贮水，此器既满，则必注而之他，惟其具通变之功，故能玉水方流，璇源圆折。亦犹琴笙悦耳，而丝竹不同；盘飧适口，而甘脆易味。故文章之道，与时递变，惟有异同可指，难以优劣为言，此文学与时代关系之通例，虽百世可知也。

南北文学不同论

（论文学与地域）

刘师培

夫声律之始，本乎声音[1]。发喉引声，和言中宫，危言中商，疾言中角，微言中徵、羽[2]。商、角响高，宫、羽声下[3]。高下既区，清浊旋别。善乎！《吕览》之溯声音也[4]，谓涂山歌于候人，始为南音；有娀谣乎飞燕，始为北声[5]。则南声之始，起于淮、汉之间；北声之始，起于河、渭之间[6]。故神州语言[7]，虽随境而区，而考厥指归[8]，则析分南北为二种[9]。陆法言有言："吴、楚之音时伤清浅，燕、赵之音多伤重浊。"[10]此则言分南北之确证也[11]。

〔1〕《尚书·舜典》："诗言志，歌永言，声依永，律和声。"伪孔《传》："声谓五声：宫、商、角、徵、羽；律谓六律、六吕，十二月之音气，言当依声律以和乐。"孔《疏》："《周礼》太师云：'文之以五声：宫、商、角、徵、羽。'言五声之清浊有五品，分之为五声也。又：'太师掌六律、六吕，以合阴阳之声。阳声：黄钟、大簇、姑洗、蕤宾、夷则、无射。阴声：大吕、应钟、南吕、林钟、仲吕、夹钟。'是六律、六吕之名也。"《文心雕龙·声律篇》："夫音律所始，本于人声者也。声含宫、商，肇自血气，先王因之以制乐歌。"按有句读文，皆可讽诵，抑扬抗坠，悉出自然。其后精研，乃益臻于细密，世人或以声律为有韵文所专属，非也。

〔2〕《韩非子·外储说右上》："教歌者，先揆以法，疾呼中宫，徐呼中徵。疾不中宫，徐不中徵，不可谓教。"

〔3〕《文心雕龙·声律篇》："商、徵响高，宫、羽声下。"黄先生《札记》曰：

“此二句有讹字，当云：‘宫、商响高，徵、羽声下。’《周语》曰：‘大不逾宫，细不逾羽。’《礼记·月令》郑《注》云：‘凡声尊卑，取象五行，数多者浊，数少者清。’案宫数八十一，商数七十二，角数六十四，徵数五十四，羽数四十八。（详见《律历志》）是宫、商为浊，徵、羽为清，角清浊中。彦和此文为误无疑。”刘弘度丈《校释》云：“黄引经典及郑《注》证原文有误，是也，其所改之句非也，当作‘徵、羽响高，宫、商声下’。”案揆之音理，发声大而浊者必低下，细而清者必高亢，则诸说当以刘丈为最谛。本文虽欲矫《文心》之失，然其所改仍未当也。

〔4〕 章学诚《文史通义·繁称篇》：“书名本全而为人偏举者，《吕氏春秋》有十二纪、八览、六论，而后人或称《吕览》。”

〔5〕 涂山以下四句，用《文心雕龙·乐府篇》语。《吕氏春秋·音初篇》：“涂山氏之女乃令其妾候禹于涂山之阳，女乃作歌。歌曰：‘候人兮猗！’实始作为南音。周公及召公取风焉，以为《周南》、《召南》。有娀氏有二佚女，为之九成之台，饮食必以鼓，帝令燕往视之，鸣若谥谥，二女爱而争搏之，覆以玉筐，少选发而视之，燕遗二卵，北飞，遂不反。二女作歌，一终曰：‘燕燕往飞。’实始作为北音。”高《注》谓南音者，“南方国风之音”。北音者，“北国之音。”

〔6〕 俞樾《九九消夏录》：“凡事皆言南北，不言东西，何也？盖自郑君说《禹贡》导山，有阳列阴列之名，而后世遂分为南北二条：南条之水江为大，北条之水河为大。西北之地皆河所环抱，东南之地皆江所环抱。南北之分，实江河大势使然，风尚因之异也。”

〔7〕 神州，东胜神州之简称，驺衍所以称中国也。详《诗教上》注引《史记》。

〔8〕 《文心雕龙·时序篇》：“诗必柱下之旨归。”《隋志》有严遵《老子指归》十一卷。指归，盖谓旨要归趣也。

〔9〕 原注：“大抵北方语言，河西为一种，则陕、甘是也；河北为一种，则山西、直隶（今河北）以及山东、河南之北境是也；河南为一种，则山东、河南及江苏、安徽北境是也。界乎南北之间者，则淮南为一种，则江苏、安徽之中部及湖北东境是也；汉南为一种，则湖北中部、西部及

四川东部是也。南方语言则分五种：金陵以东为一种，则江苏南境、浙江东北境是也；金陵以西为一种，则安徽南部及江西北部是也；湘、赣之间为一种，则湖南全省及江西南境是也；推之闽、广各为一种；广西、云、贵各为一种。然论大旨，则南音北音二种其大纲也。”

〔10〕 此陆氏《切韵序》之说也。原文作“吴、楚则时伤轻浅，燕、赵则多伤重浊”。

〔11〕 原注：“大抵时愈古则音愈浊，时愈后则音愈清；地愈北则音愈重，地愈南则音愈轻。”考《颜氏家训·音辞篇》云：“南方水土和柔，其音清举而切诣；北方山川深厚，其音沉浊而铫钝。”亦与陆说相似。夫文章之事，由情性生声音，由声音生文字，故论南北文学之不同，先陈其语言之有别也。本节论神州语言，自来有南北之异。

声能成章者谓之言，言之成章者谓之文[1]。古代音分南北[2]，河、济之间，古称中夏，故北音谓之“夏声”[3]，又谓之“雅言”[4]。江、汉之间，古称荆楚[5]，故南音谓之“楚声”[6]，或斥为“南蛮鴃舌”[7]。荀子有言：“君子居楚而楚，居夏而夏。”[8]夏为北音，楚为南音。音分南北，此为明征[9]。声音既殊，故南方之文亦与北方迥别[10]。大抵北方之地，土厚水深[11]，民生其间，多尚实际。南方之地，水势浩洋[12]，民生其际，多尚虚无。民崇实际，故所著之文，不外记事、析理二端。民尚虚无，故所作之文，或为言志、抒情之体。中国古籍，以六艺为最先，而《尚书》、《春秋》，记动记言，谨严简直[13]；《礼》、《乐》二经，例严辞约，平易不诬[14]。记事之文，此其嚆矢[15]。《大易》一书，索远钩深[16]，精义曲隐[17]，析理之作，此其权舆[18]。若夫兵、农标目，医、历垂书，炎、黄以降，著述浩繁[19]。然绳以著书之律，则记事、析理，实兼二长。此皆古代北方之文也[20]。惟《诗》篇三百[21]，则区判北南。《雅》、《颂》之诗，起于岐、丰[22]；而《国风》十五，太师所采，亦得之河、济之间[23]。故讽咏遗篇，大抵治世之诗，从容揄扬[24]；衰世之诗，悲哀刚劲[25]；记事之什，雅近《典》、

《谟》[26]。北方之文，莫之或先矣[27]。惟周、召之地，在南阳、南郡之间[28]。故二《南》之诗，感物兴怀，引辞表旨，譬物连类[29]。比兴二体，厥制益繁，构造虚词，不标实迹，与二《雅》迥殊。至于哀窈窕而思贤才[30]，咏《汉广》而思游女[31]，屈、宋之作，于此起源[32]。《鼓钟篇》曰："以雅以南。"非诗分南北之证欤[33]！

〔1〕《诗大序》："情发于声，声成文谓之音。"此推本其义也。

〔2〕原注："如《说苑·修文篇》言，舜以南风，纣以北鄙之音，互相不同。又《家语》言子路鼓瑟，有北鄙杀伐之声；而《左传》又言，楚钟仪鼓琴操南音，亦古代音分南北之证。"

〔3〕原注："《左传》襄二十九年。"案《传》略云："吴公子札来聘，请观于周乐，使工为之歌秦。曰：'此之谓夏声。夫能夏则大，大之至也，其周之旧乎？'"杜《注》："秦本在西戎汧陇之西，秦仲始有车马、礼乐，去戎夷之音，而有诸夏之声，故谓之夏声。及襄公佐周平王东迁，而受其地，故曰周之旧。"

〔4〕原注："《论语》言：'子所雅言。'雅即夏也。"案句见《述而篇》，云雅即夏者，以音近证之也。

〔5〕《说文》："荆，楚木也。"又："楚，丛木，一名荆。"《春秋》庄十年《左传注》："荆，楚本号。"《疏》："荆楚一木二名，故以为国号，亦得二名。"

〔6〕《汉书·礼乐志》："房中祠乐，高祖唐山夫人所作也。凡乐，乐其所生，礼不忘本，高祖乐楚声，故房中乐楚声也。"又《史记·项羽本纪》："夜闻汉军四面皆楚歌。"《正义》引师古云："楚人之歌也。"《隋志·楚辞类序》云："隋时有释道骞善读之，能为楚声，音韵清切，至今传《楚辞》者，皆祖骞公之音。"皆古者南北异音之证矣。

〔7〕原注："《孟子》。"案《孟子·滕文公篇》："今也，南蛮鴃舌之人，非先王之道。"

〔8〕《荀子·儒效篇》："君子居楚而楚，居越而越，居夏而夏，是非天性也，积靡使然也。"杨《注》："夏，中夏。靡，顺也。顺其积习，故能然。"荀悦《申鉴·时事篇》亦云："言有楚夏。"

〔9〕 原注:“余杭章氏谓夏音即楚音,不知夏音乃华夏之音。汉族由西方入中国,以黄河附近为根据,故称北方曰华夏,而南方之地则古为荒服,安得被以华夏之称?不得以楚有夏水,而夏楚音近,遂以夏音即楚音也。章说非是。”案章君之论,见《检论·方言篇》。以声音训诂证史者,发自清儒,而近贤尤优为之。此虽佐证之一端,而欲考据精详,则非持此可尽。即如二君之说,以夏通雅,则为北音,以夏通楚,则为南音,其据音近为训一也,而违异若此,则学者当慎择焉。要之,史迹茫昧,书阙有间,信以传信,疑以传疑,于所不知,案而不断,亦寡过之一道也。《尚书·胤征》:“明征定保。”伪孔《传》:“征,证也。”

〔10〕 《尔雅·释诂》:“迥,远也。”

〔11〕 《春秋》成六年《左传》:“晋人谋去故绛,献子曰:‘新田土厚水深,居之不疾,十世之利也。’”

〔12〕 《淮南子·览冥篇》:“往古之时,水浩洋而不息。”浩洋,大水貌也。

〔13〕 郑玄《六艺论》:“左史所记为《春秋》,右史所记为《尚书》,是以《玉藻》云:‘动则左史书之,言则右史书之。’”《初学记》文部引《七略》曰:“《尚书》,直言也。”韩愈《进学解》曰:“《春秋》谨严。”

〔14〕 六艺并举,惟乐经无闻。《汉书·艺文志》云:“孔子曰:‘安上治民,莫善于《礼》;移风易俗,莫善于《乐》。’二者相与并行,周衰俱坏,乐尤微眇,以音律为节,又为郑、卫所乱,故无遗法。”此二经同称者,盖据《周官》、《仪礼》以推之也。

〔15〕 《庄子·在宥篇》:“焉知曾、史之不为桀、跖嚆矢也。”《注》:“嚆矢,矢之鸣者。”后世假作先声之义。

〔16〕 《易·系辞》:“探赜索隐,钩深致远,以定天下之吉凶,成天下之亹亹者,莫大乎蓍、龟。”

〔17〕 《文心雕龙·征圣篇》:“四象精义以曲隐。”又曰:“虽精义曲隐,无伤其正言。”

〔18〕 《尔雅·释诂》:“权舆,始也。”《文心雕龙·宗经篇》:“《易》惟谈天,入神致用。故《系》称旨远辞文,言中事隐。韦编三绝,固哲人之骊渊也。”

〔19〕 原注:"如兵家始于黄帝、鬼容区,农家始于神农,医家始于神农、黄帝及岐伯诸人,历学亦始于容成,皆见于《汉志》,实为上古之书。"按《汉志·兵书略》:"《黄帝》十六篇,图三卷。《鬼容区》三篇,图一卷。黄帝臣,依托。"《诸子略》:"《神农》二十篇,六国时诸子疾时怠于农业,道耕农事,托之神农。"《方技略》:"《泰始黄帝扁鹊俞拊方》二十三卷,《神农黄帝食禁》七卷,《黄帝三王养阳方》二十卷,《黄帝杂子步引》十二卷,《黄帝岐伯按摩》十卷,《黄帝杂子芝菌》十八卷,《黄帝杂子十九家方》二十一卷,《神农杂子技道》二十三卷。"《世本·作篇》:"容成造历。"《汉志·诸子略》有《容成子》十四篇,不言其造历事。

〔20〕 原注:"因古帝皆都北方,而南方则为苗族之地。"

〔21〕 《诗》有三百五篇,云三百篇者,举其成数以言之也。《论语·为政篇》:"《诗》三百,一言以蔽之,曰:'思无邪。'"

〔22〕 郑玄《大、小雅谱》:"《小雅》、《大雅》者,周室居西都丰、镐时之诗也。"孔《疏》:"郑必须言周室居丰、镐者,以《国风》皆题诸国之名,知其国土所在,《雅》亦须显其号,并知天子所居之处也。《采薇》、《出车》以天子之命命将率,则文王时未称王也。则二《雅》各有未称王时作者,未称王时,则在岐周矣。而系之丰者,以其为《雅》诗者,即述天子之政,文王居丰乃称王,纵使在岐周时作,亦系之于丰也。厉王流于彘,王爵仍存,镐京尚在,故亦总云丰、镐焉。"《颂》诗据《谱》又在《雅》后,故总云起于岐、丰也。

〔23〕 《礼记·王制》:"岁二月,东巡守,至于岱宗,命大师陈诗以观民风。"郑《注》:"陈诗,谓采其诗而视之。"《汉志》:"古有采诗之官,王者所以观风俗,知得失,自考正也。"《春秋》宣十五年《公羊传解诂》:"男年六十,女年五十,无子者,官衣食之,使之民间求诗,乡移于邑,邑移于国,国以闻于天子。故王者不出牖户,尽知天下所苦,不下堂而知四方。"此古代采诗之大略。云得之河济者,《国风》之地望然也。

〔24〕 原注:"如《周颂》及《大雅》、《小雅》前半,《鲁颂》、《商颂》是。"班固

《两都赋序》:“或以抒下情而通讽谕,或以宣上德而尽忠孝,雍容揄扬,著于后嗣。”

〔25〕 原注:“如《小雅》中《出车》、《采芑》、《六月》,以及《秦风》诸篇,皆刚劲之诗也。而《小雅》、《大雅》之后半,则为悲哀之诗。”

〔26〕 原注:“如《七月篇》历叙风土人情,而《笃公刘》诸篇皆不愧诗史。”《史记·高帝纪》:“雅不欲属沛公。”《集解》引服虔曰:“雅,故也。”《典》、《谟》谓《尚书》,举偏以概全也。

〔27〕 《孟子·滕文公篇》:“北方之学者,未能或之先也。”此仿其词。

〔28〕 原注:“此《韩诗》说。予案《周南》言《汉广》,言《汝坟》,则周南之地,当在南阳、南郡之东。《召南》言汝沱,(帆案:此谓其《江有汜》篇中有‘江有沱’之句也。疑汝沱乃江沱之误。)则召南之地,当在南阳、南郡之西。盖文王兼牧荆、梁二州,故《国风》始于周、召。”案:《韩诗》者,汉初韩婴所传,《汉志》有《韩故》三十六卷,《韩内传》四卷,《韩外传》六卷,《韩说》四十一卷,今惟《外传》存。郑玄《周南、召南谱》谓:“周、召者,《禹贡》雍州岐山之阳地名。”则《毛诗》说。征之本诗,于义为短,故不用也。云文王兼牧荆、梁者。《谱》又云:“纣又命文王典治南国江、汉、汝旁之诸侯。”孔《疏》:“江、汉之城,即梁、荆二州,故《尚书注》云:‘南兼梁、荆。’”

〔29〕 《史记·邹阳传赞》:“邹阳辞虽不逊,然其比物连类,有足悲者。”张惠言《七十家赋钞序》:“引辞表旨,譬物连类。”

〔30〕 《诗大序》:“是以《关雎》乐得淑女以配君子,忧在进贤,不淫其色,哀窈窕,思贤才,而无伤善之心焉。是《关雎》之义也。”

〔31〕 《诗·周南·汉广》:“南有乔木,不可休息,汉有游女,不可求思。”《序》曰:“《汉广》,德广所及也。文王之道被于南国,美化行乎江、汉之域,无思犯礼,求而不可得也。”

〔32〕 刘君《文说·宗骚篇》曰:“感物兴怀,援情记兴,袅袅女萝,寄离忧于公子;森森佳树,望归来于王孙。比兴不乖乎六义,情思远绍乎二《南》。此《诗》教之正传也。”

〔33〕 原注:“《毛传》云:‘言为《雅》为《南》也,舞四夷之乐,大德广所及。’

又言：'南夷之乐曰任。'盖以雅为中国之乐，以南为四夷之乐也。不知北方之诗谓之《雅》，雅者，北方之音也；南方之诗谓之《南》，南者，南方之音也。此音分南北之证。非以南夷之乐该四夷之乐也。"本节论上古南北文学之不同。

春秋以降，诸子并兴。然荀卿、吕不韦之书[1]，最为平实。刚志决理，輐断以为纪，其原出于古《礼经》[2]，则秦、赵之文也[3]。故河北、关西，无复纵横之士。韩、魏、陈、宋，地界南北之间，故苏、张之横放[4]，韩非之宕跌[5]，起于其间。惟荆楚之地，僻处南方。故老子之书，其说杳冥而深远[6]。及庄、列之徒承之[7]，其旨远，其义隐[8]，其为文也，纵而后反[9]，寓实于虚，肆以荒唐谲怪之词[10]，渊乎其有思，茫乎其不可测矣[11]。屈平之文[12]，音涉哀思，矢耿介，慕灵修[13]，芳草美人，托词喻物，志洁行芳，符于二《南》之比兴[14]。而叙事纪游，遗尘超物，荒唐谲怪，复与庄、列相同[15]。南方之文，此其选矣。又纵横之文，亦起于南[16]。故士生其间，喜腾口说。甚至操两可之说，设无穷之词，以诡辩相高[17]，故南方墨者，以坚白、同异之论相訾[18]。虽其学失传[19]，然浅察以衒词，纤巧以弄思[20]，习为背实击虚之法[21]，与庄、列、屈、宋之荒唐谲怪者，殆亦殊途同归乎[22]！观班固之志艺文也，分析诗赋，《屈原赋》以下二十家为一种[23]，《陆贾赋》以下二十一家为一种，《荀卿赋》以下二十五家为一种[24]。盖屈原、陆贾，籍隶荆南[25]。所作之赋，一主抒情，一主骋辞，皆为南人之作。荀卿生长赵土，所作之赋，偏于析理，则为北方之文[26]。兰台史册[27]，固可按也[28]。

〔1〕 荀、吕，《史记》各有传。《汉志》儒家："《孙卿子》三十三篇。"即《荀子》。又杂家："《吕氏春秋》二十六篇。"今皆存。

〔2〕 原注："孔、孟之言亦最平易近人。"《庄子·天下篇》："椎拍輐断，与物宛转。"郭庆藩《集释》引郭嵩焘曰："輐断即下文魭断。郭象云：

‘鲩断，无圭角也。’言鲩断之而已，不用锋棱，所以处事制物而与为宛转也。”《七十家赋钞序》：“刚志决理，輐断以为纪，内而不汙，表而不著，则荀卿之为也，其原出于《礼经》。”

〔3〕 荀子赵人，《吕氏春秋》则不韦为秦相时集宾客为之，故云秦、赵之文也。

〔4〕 原注：“苏秦为东周人，张仪为魏人。”案《史记》各有传。

〔5〕 原注：“非为韩人。”案《史记》有传。《汉志》法家：“《韩子》五十五篇。”今存。宕跌，或倒文作跌宕，宕与荡通。《后汉书·孔融传》：“跌荡放言。”李贤《注》：“跌荡，放纵也。”诸书或作涤荡、佚荡、骀荡，义并相近。

〔6〕 原注：“老子为楚国苦县人。”案《史记》有传。《汉志》道家有《老子》书四家，今本作二卷。

〔7〕 原注：“庄为宋人，列为郑人，皆地近荆楚者也。”案《史记》庄子有传，列子行事略见《别录》。《汉志》道家：“《庄子》五十二篇，《列子》八篇。”今传《列子》，则晋人依托，非先秦之旧也。

〔8〕 《易·系辞》：“其旨远，其辞文，其言曲而中，其事肆而隐。”

〔9〕 《七十家赋钞序》：“其质也华，然其文也，纵而后反。”

〔10〕 《庄子·天下篇》：“谬悠之说，荒唐之言。”又《齐物论》：“恢恑憰怪，道通为一。”

〔11〕 韩愈《答李翊书》：“俨乎其若思，茫乎其若迷。”刘君《论文杂记》云：“中国文学至周末而臻极盛，庄、列之深远，苏、张之纵横，韩非之排奥，荀、吕之平易，皆为后世文章之祖。”亦与此之所言互相发明。

〔12〕 《史记·屈原列传》：“屈原名平。”《汉志》：“《屈原赋》二十五篇。”今本惟王逸《楚辞章句》为最古。

〔13〕 《离骚》：“彼尧舜之耿介兮，既遵道而得路。”王《注》：“耿，光也，介，大也。”又：“指九天以为正兮，夫惟灵修之故也。”王《注》：“灵，神也。修，远也。能神明远见者，君德也，故以喻君。”

〔14〕 原注：“观《离骚经》、《九章》诸篇，皆以虚词喻实义，与二《雅》殊。”《史记·屈原列传》：“《国风》好色而不淫，《小雅》怨诽而不乱，若

《离骚》者,可谓兼之矣。其文约,其辞微,其志洁,其行廉。其志洁,故其称物芳;其行廉,故死而不容自疏。”(案据班固《离骚序》,此淮南王安《离骚传》文,而史公引之。)王逸《离骚经序》:“屈原既执履忠贞而被谗衺,忧心烦乱,不知所诉,乃作《离骚经》,依《诗》取兴,引类譬喻。故善鸟、香草,以配忠贞;恶禽、臭物,以比谗佞;灵修、美人,以媲于君;宓妃、佚女,以譬贤臣;虬、龙、鸾、凤,以托君子;飘风、云霓,以为小人。其辞温而雅,其义皎而朗。”

〔15〕 原注:故《史记》之论《楚辞》也,谓“蝉蜕秽浊之中,浮游尘埃之外,皭然泥而不滓。推此志也,虽与日月争光可也”。案此亦淮南王安《离骚传》文,所谓遗尘超物者也。《文心雕龙·辨骚篇》云:“至于托云龙,说迂怪,丰隆求宓妃,鸩鸟媒娀女,诡异之辞也。康回倾地,夷羿彃日,木夫九首,土伯三目,谲怪之谈也。”则其所谓荒唐谲怪者也。刘君《文说·宗骚篇》亦云:“瑰意奇行,超然高举。继马阆风,骖螭西极。溘埃风而上征,过江皋而延伫;顾下土而愁予,与佺期而为友,厌世之思,符于庄、列。”

〔16〕 原注:“如陈轸、黄歇之流是也。”案歇楚人,轸仕楚,不详何地人,皆无书传世,其行事、词令略见《国策》、《史记》。

〔17〕 刘向《别录》:“邓析者,郑人也,好刑名,操两可之说,设无穷之辞,当子产之世,数难子产为政。”《汉志》名家:“《邓析》二篇。”今传世者,疑为后人掇拾之本。

〔18〕 原注:“见《庄子》。”《公孙龙子·坚白论》:“坚与白为二,坚白与石不可为三。”此坚白之论。《庄子·天下篇》:“大同而与小同异,此之谓小同异;万物毕同毕异,此之谓大同异。”此同异之论,二者盖其时哲人常用为论题,故诸子书多及之。《荀子·修身篇》:“夫坚白、同异、有厚、无厚之察,非不察也。”《天下篇》亦云:“南方之墨者,苦获、已齿、邓陵子之属,俱诵《墨经》,而倍谲不同,相谓别墨。以坚白、同异之辩相訾,以觭偶不仵之辞相应。以巨子为圣人,皆愿为之尸。”足证此非仅形名一家之言。《吕氏春秋·审应篇注》:“訾,毁也。”

〔19〕 谓后世无习之者。

〔20〕 《文心雕龙・谐隐篇》:“纤巧以弄思,浅察以衒辞。”刘君盖以诡辩有类谐隐矣。

〔21〕 《孙子・虚实篇》:“兵之形背实而击虚。”

〔22〕 江瑔《读子卮言》云:“道家之言,半涉玄虚。老、庄、列、文之书,皆寄想于无何有之乡,神游于窅冥寥廓之地,眇然而莫得其朕,名家宗之。名家坚白异同之辩,以及鸡三足、卵有毛之说,多涉虚想。故惠施为名家之巨子,尝问道于庄周。尹文子亦名家之学。刘向谓其学本于黄、老。此名家出于道家之证也。”此所谓殊途而同归也。以上论战国诸子之文,以下辞赋。

〔23〕 原作二十五家。据《汉志》,《屈原赋》以下仅二十家,“五”字今删。

〔24〕 《校雠通义・汉志诗赋篇》:“《汉志》分艺文为六略,每略又各别为数种,每种始叙列为诸家,论辨流别,义至详也。惟诗赋一略区为五种,而每种之后,更无叙论,不知刘、班之所遗耶,抑流传之脱简邪?今观《屈原赋》二十五篇以下,共二十家,为一种。《陆贾赋》三篇以下,共二十一家,为一种。《孙卿赋》十篇以下,共二十五家,为一种。名类相同,而区种有别,当日必有其义例。今诸家之赋,十逸八九,而叙论之说,阙焉无闻,非著录之遗憾欤!”

〔25〕 原注:“贾亦楚人。”案《史》、《汉》俱有传。

〔26〕 刘君《论文杂记》曰:“写怀之赋,屈原以下二十家是也。骋词之赋,陆贾以下二十一家是也。阐理之赋,荀卿以下二十五家是也。写怀之赋,其源出于《诗经》;骋词之赋,其源出于纵横家;阐理之赋,其源出于儒、道两家。”余杭章君《国故论衡・辩诗篇》曰:“屈原言情。荀卿效物。陆贾赋不可见,其属有朱建、严助、朱买臣诸家,盖纵横之变也。”二君之说大类,然亦有所未尽,往余尝为《汉志诗赋略首三种分类遗意考》,究具义例,兹不更详。

〔27〕 《汉书・百官公卿表》:“御史大夫秦官,有两丞,秩千石,一曰中丞,在殿中兰台,掌图籍秘书。”《史通・古今正史篇》:“汉氏中兴,明帝以班固为兰台令史,诏撰《光武本纪》及诸列传、载记。又杨子山为

郡上计吏，献所作《哀牢传》，为帝所异，征诣兰台。斯则兰台之职，盖当时著述之所也。”

〔28〕 本节论战国南北文学之不同。

西汉之时，文人辈出。贾谊之文，刚健笃实，出于韩非〔1〕。晁错之文，辨析疏通，出于《吕览》〔2〕。而董仲舒、刘向之文，咸平敞通洞，章约句制，出于荀卿〔3〕。盖西汉北方之文，实分三体：或镕式经诰，褒德显容，其源出于《雅》、《颂》，颂赞之体本之〔4〕；或探事献说，重言申明，其源出于《尚书》，书疏之体本之〔5〕；或文朴语饰，不断而节，其源出于《礼经》，古赋之体本之〔6〕。又淮南之旨，虽近庄、列，然衡其文体，仍在荀、吕之间，亦非南方之文也〔7〕。若夫史迁之作，排奡雄奇〔8〕，书为记事，文则骋词〔9〕。而枚乘、司马相如，咸以词赋垂名〔10〕。然恢廓声势，开拓宧突〔11〕，殆纵横之流欤〔12〕。至于写物附意，触兴致情〔13〕，则导源楚《骚》，语多虚设。子云继作，亦兼二长〔14〕，例以文体，远北近南〔15〕。东京文士，彪炳史篇〔16〕，然章奏、书牍之文，咸通畅明达；虽属辞枝繁，然铨贯有序〔17〕。论辨之文亦然〔18〕。若词赋一体，则孟坚之作，虽近扬、马，然征材聚事，取精用弘〔19〕，《吕览》类辑之义也〔20〕。蔡邕之作似之〔21〕。平子之作，杰格拮撥，俶诡可观，荀卿《成相》之遗也〔22〕。王延寿之作似之〔23〕。即有自成一家言者，亦辞直义畅，雅懿深醇〔24〕。盖东汉文人，咸生北土；且当此之时，士崇儒术〔25〕，纵横之学，屏绝不观；《骚经》之文〔26〕，治者亦鲜。故所作之文，偏于记事、析理〔27〕，而骋辞、抒情之作，嗣响无人。惟王逸之文，取法《骚经》〔28〕。而应劭、王充，南方之彦〔29〕。故《风俗通》、《论衡》二书，近于诡辩〔30〕。殆南方墨者之支派欤。于两汉之文，别为一体。盖三代之时，文与语分。排偶为文，直言为语〔31〕。东汉北方之文，词多骈俪，语严句重〔32〕，乃古代之文也；南方之文，多属单行，语词浅显，乃古代之语也〔33〕。

〔1〕 谊，洛阳人，《史》、《汉》有传。《汉志》儒家：“《贾谊》五十八篇。”《隋志》：“梁有《贾谊集》四卷，亡。”案今略见于张天如辑《汉魏六朝百三名家集》，及严铁桥辑《全上古三代秦汉三国六朝文》。凡以下汉、魏、六朝诸家集无单刻行世者，视此。《易・大畜彖》曰：“刚健笃实辉光，日新其德。”

〔2〕 错，颍川人，《史》、《汉》有传。《汉志》法家：“《晁错》三十一篇。”《隋志》：“梁有《晁错集》三卷，亡。”刘君《论文杂记》：“西汉之时，论辩书疏，不杂骈骊之词。或出语雄奇，如史迁、贾生之文出韩非；或行文平实，如晁错、刘向之文出《吕览》。”《文心雕龙・奏启篇》：“固以明允笃诚为本，辨析疏通为首。”

〔3〕 仲舒，广川人，《史》、《汉》有传。向，汉宗室，附见《汉书・楚元王传》。《汉志》儒家：“《董仲舒》百二十三篇，《刘向所序》六十七篇。”《隋志》：“《董仲舒集》一卷，梁二卷，《刘向集》六卷。”《七十家赋钞序》：“平敞通洞，博厚而中。”又：“章约句制，奡不可理。”

〔4〕 《文心雕龙・体性篇》：“典雅者，熔式经诰，方轨儒门者也。”又《颂赞篇》：“四始之至，颂居其极。颂者，容也，所以美盛德而述形容也。”

〔5〕 《文心雕龙・书记篇》：“圣贤言辞，总为《尚（原作一，从一本。）书》，《书》之为体，主言者也。”

〔6〕 原注：“如孔臧、司马迁、韩安国之赋是。”《文选・两都赋》李《注》引《孔臧集》曰：“臧，仲尼之后。”迁，龙门人。安国，梁城安人。《史》、《汉》有传。《汉志》：“《孔臧赋》二十篇，《司马迁赋》八篇。”《安国赋》未著录。《七十家赋钞序》：“刚志决理，輐断以为纪，内而不污，表而不著，则荀卿之为也，其原出于《礼经》，朴而饰，不断而节。及孔臧、司马迁为之，章约句制，奡不可理，其辞深而旨文，确乎其不颇者也。”

〔7〕 原注：“惟小山《招隐士篇》出于屈、宋。”案此篇王逸编入《楚辞》，是其体近屈、宋之证。

〔8〕 韩愈《荐士诗》：“横空盘硬语，妥贴力排奡。”

〔9〕 谓《史记》也。

〔10〕《汉志》:"《枚乘赋》九篇,《司马相如赋》二十九篇。"《隋志》:"《司马相如集》一卷,梁有《枚乘集》二卷,亡。"乘,淮阴人,《汉书》有传。相如,蜀郡成都人,《史》、《汉》并有传。

〔11〕《尔雅·释宫》:"东北隅谓之宦,东南隅谓之窔。"郝《疏》:"窔,别作突。"《汉书·叙传》云:"守突奥之荧烛。"应劭《注》引《尔雅》:"东南隅谓之突。"又或作窔。《御览》引舍人曰:"东方万物生,蛰虫必出,(必毕同。)无不由户突。"《七十家赋钞序》:"循有枢,执有庐,颉滑而不可居,开决宦突,而与万物都。其终也芴莫,而神明为之橐,则司马相如之为也。其源出于宋玉。"

〔12〕原注:"如枚乘《七发》,相如《子虚赋》、《上林赋》,是也。"

〔13〕原注:"如相如《长门赋》、《思大人》,枚乘《菟园赋》,是也。"案《思大人》当作《大人赋》,《长门赋》则后人伪作也。

〔14〕原注:"如《羽猎赋》、《河东赋》,出于纵横者也。若《反离骚》诸作,则出于楚《骚》者也。"子云,扬雄字。雄,成都人,《汉书》有传。《隋志》:"《扬雄集》五卷。"

〔15〕以上西汉,以下东汉。

〔16〕《易·革》:"大人虎变,其文炳也。"《太玄经》:"彪如在天,文炳也。"

〔17〕刘君《论文杂记》曰:"东汉文人,既与儒林分别,故文词古奥,远逊西京。"通明铨贯,此其由矣。

〔18〕原注:"如班彪《王命论》、朱穆《崇厚论》是。"班彪,固之父,扶风安陵人,见《汉书·叙传》、《后汉书》本传。朱穆,南阳宛人,附《后汉书·朱晖传》。

〔19〕《春秋》昭七年《左传》:"其用物也弘矣,其取精也多矣。"

〔20〕《史记·吕不韦列传》:"不韦使其客人人著所闻,集论以为八览、六论、十二纪,二十余万言,以为备天地万物古今之事,号曰《吕氏春秋》。"以其成非一手,依类相从,故云类辑也。

〔21〕邕,字伯喈,陈留圉人,《后汉书》有传。《隋志》:"《班固集》十七卷。《蔡邕集》十二卷。"

〔22〕《成相》,见《文学总略篇》注。

〔23〕 平子，张衡也，南阳西鄂人，《后汉书》有传。王延寿，字文考，一字子山，南阳宜城人，见《后汉书·文苑传》。《隋志》："《张衡集》十一卷。梁有《王延寿集》三卷，亡。"《七十家赋钞序》曰："张衡盱盱，块若有余，上与造物为友，而下不遗埃壒。虽然，其神也充，其精也茶。及王延寿、张融为之，杰格拮檄，钩孑菣牾，而俶诡可睹，其于宗也，无蜕也。"案刘君此篇，颇用张《序》词句，此则并其意而用之者。杰格拮檄，谓其文句之诘屈聱牙也。钩孑，即钩棘；钩牾，即龃龉；俶诡，奇异也。

〔24〕 原注："如荀悦《申鉴》、王符《潜夫论》是。"案此云一家言，谓子书也。悦，字仲豫，颍川颍阴人，附《后汉书·荀淑传》。符，字节信，安定临泾人，《后汉书》有传。二书《隋志》皆在儒家。

〔25〕 《后汉书·儒林传论》曰："自光武中年以后，干戈稍戢，专事经学，自是其风世笃焉。其服儒衣，称先王，游庠序，聚黉塾者，盖布之于邦域矣。"此其时士崇儒术之证。

〔26〕 《离骚》称经，未详所始。王逸《章句序》已云："《离骚经》者，屈原之所作也。离，别也。骚，愁也。经，径也。言已放逐离别，中心愁思，犹依道径，以风谏君也。"洪兴祖《楚辞补注》曰："余按古人引《离骚》未有言经者，盖后世之士，祖述其词，尊之为经耳。非屈原意也，逸说非是。"洪氏谓经名非本有，其说甚当，然逸既据以作解，则在逸前已通行可知。

〔27〕 原注："如《幽通》、《思玄》各赋，以及《申鉴》、《潜夫论》之文，皆析理之文也；若夫《两都》、《鲁灵光》各赋，则记事之文。"《幽通赋》，班固作；《思玄赋》，张衡作；《鲁灵光殿赋》，王延寿作。

〔28〕 原注："王为南郡人。"案逸字叔师，《后汉书·文苑》有传。《隋志》："梁有《王逸集》二卷，亡。"今《楚辞》有逸作《九思》一篇。

〔29〕 原注："劭为汝南人，充为会稽人。"案劭字仲远，见《后汉书·应奉传》。充字仲任，《后汉书》有传。

〔30〕 《隋志》杂家："《论衡》二十九卷，王充撰。《风俗通义》三十一卷，应劭撰。"《史通·自叙篇》曰："儒者之书，博而寡要，得其糟粕，失其

菁华，而流俗鄙夫，贵远贱近，转滋（原作传兹，从《通释》改）牴牾，自相欺惑，故王充《论衡》生焉。民者，冥也，冥然罔知，率彼愚蒙，墙面而视，或讹音鄙句，莫究本源，或守株胶柱，动多拘忌，故应劭《风俗通》生焉。”《四库总目・风俗通义提要》曰：“《后汉书》本传称：‘撰《风俗通》以辨物类名号，识时俗嫌疑。’不知何以删去义字，或流俗省文，如《白虎通义》之称《白虎通》，史家因之欤？其书因事立论，文辞清辨，可资博洽，大致如王充《论衡》，而叙述简明，则胜充书之冗漫。”刘熙载《艺概》曰：“王充《论衡》，独抒己见，思力绝人，虽时有激而近僻者，然不掩其卓诣。”

〔31〕 已详《文学总略篇》。

〔32〕 李商隐《韩碑》诗：“语奇句重字难晓。”

〔33〕 刘君《论文杂记》曰：“西汉之时，箴、铭、赋、颂，源出于文，论、辨、书、疏，源出于语。”其说亦与此相发明。本节论两汉南北文学不同。

建安之初〔1〕，诗尚五言。七子之作〔2〕，虽多酬酢之章〔3〕，然慷慨任气，磊落使才，造怀指事，不求纤密〔4〕，隐义蓄含，余味曲包〔5〕，而悲哀刚劲，洵乎北土之音〔6〕。魏、晋之际，文体变迁，而北方之士，侈效南文。曹植词赋，涂泽律切，忧远思深，其旨开于宋玉；及其弊也，则采择艳辞，纤冶伤雅〔7〕。嵇、阮诗歌，飘忽峻佚，言无端涯，其旨开于庄周；及其弊也，则宅心虚阔，失所指归〔8〕。左思诗赋，广博沉雄，慷慨卓越，其旨开于苏、张；及其弊也，则浮嚣粗犷，昧厥修辞〔9〕。北方文体，至此始淆〔10〕。又建安以还，文崇偶体；西晋以降，由简趋繁〔11〕。然晋初之文，虆元尚存〔12〕，雕几未极〔13〕。如杜预、荀勖、傅玄，咸吐辞简直〔14〕。若张华、潘岳、挚虞，始渐尚铺张〔15〕。三张、二陆，文虽遒劲，亦稍入轻绮矣。诗歌亦然。故力柔于建安，句工于正始〔16〕。此亦文体由北趋南之渐也〔17〕。江左诗文，溺于玄风，辞谢雕采，旨寄玄虚，以平淡之词，寓精微之理。故孙〔18〕、许〔19〕、二王[20]，语咸平典，由嵇、阮而上溯庄周[21]。此南文之别一派也。惟刘琨之作，善为凄戾之音，而出以清刚[22]；郭璞之作，佐以彪炳之词，而出以挺拔[23]。北方之文，赖以不坠[24]。

〔1〕 建安，东汉献帝年号。

〔2〕 七子者，鲁孔融文举，山阳王粲仲宣，东平刘桢公幹，广陵陈琳孔璋，北海徐幹伟长，汝南应玚德琏，陈留阮瑀元瑜。孔融《后汉书》有传，余六人并见《魏志·王粲传》。《隋志》："《孔融集》九卷，《阮瑀集》五卷，《徐幹集》五卷，《应玚集》一卷，《陈琳集》三卷，《刘桢集》四卷，《王粲集》十一卷。"

〔3〕 《易·系辞》："是故可与酬酢，可与祐神矣。"孔《疏》："酬酢，谓应对报答。"

〔4〕 《文心雕龙·明诗篇》："建安之初，五言腾踊。文帝、陈思，纵辔以骋节；王、徐、应、刘，望路而争驱。并怜风月，狎池苑，述恩荣，叙酣宴；慷慨以任气，磊落以使才；造怀指事，不求纤密之巧；驱辞逐貌，唯取昭晰之能。此其所同也。"

〔5〕 《文心雕龙·隐秀篇赞》："深文隐蔚，余味曲包。"案今本《隐秀篇》后半是伪作，《赞》则原本旧有。

〔6〕 原注："气度渊雅逊东汉，而魄力则过之。孔融、曹操之诗，尤为悲壮。"案曹氏沛国谯人。《诗品》云："曹公古直，甚有悲凉之句。"七子著籍亦有南人，而吐音皆同北土者，则以上有好者，下必有甚焉。且时际叔世，戎马生郊，自多慷慨磊砢之作耳。

〔7〕 植，字子建，《魏志》有传。《隋志》："《曹植集》三十卷。"《七十家赋钞序》："涂泽律节，莽薮纷悦，则曹植之为也，其端自宋玉。浮华之学者相与尸之，率以变古。曹植则可谓才士矣。揩乎改绳墨，易规矩，则伎之徒也。"

〔8〕 嵇康，字叔夜，谯郡人，见《魏志·王粲传》。阮籍，字嗣宗，陈留尉氏人，并见《魏志·王粲传》、《晋书》本传。《隋志》："《阮籍集》十卷。《嵇康集》十三卷。"《文心雕龙·明诗篇》曰："正始明道，诗杂仙心。

何晏之徒，率多浮浅，唯嵇志清峻，阮旨遥深，故能标焉。”《七十家赋钞序》曰：“言无端崖，傲倪以为质，以天下为郛郭，入其中者，眩震而谬悠之，则阮籍之为也。其原出于庄周。”嵇、阮笃好老、庄之学，《晋书》、《世说》所载綦详。

〔9〕 左思，字太冲，齐国临淄人，《晋书·文苑》有传。《隋志》：“《左思集》二卷。”《诗教》上：“京都诸赋，苏、张纵横列国，侈陈形势之遗也。”今案太冲诸制，广博沉雄者，《三都赋》是矣；慷慨卓越者，《咏史》诗是矣。故此以诗赋交举也。

〔10〕 谓陈思以下，皆北人而效南文也。

〔11〕 原注：“凡晋人奏议之文，论述之文，皆日趋于偶，日趋于繁，与东汉殊。”《史通·叙事篇》论六代史家之作，谓其“大抵编字不只，捶句皆双，修短取均，奇偶相配。故应以一言蔽之者，辄足为二言；应以三句成文者，必分为四句。弥漫重沓，不知所裁。”盖骈俪之文，此病最多，熔裁之道，所当亟论也。

〔12〕 《礼记·乐记》：“大飨之礼，尚玄酒而俎腥鱼，大羹不和，有遗味者矣。”《史记·礼书》：“大羹元酒，所以防其淫侈，救其雕敝。”《集解》引郑玄曰：“大羹，肉湆不调以盐菜也。元酒，水也。”元，本作玄，避清讳改。

〔13〕 《礼记·郊特牲》：“凡漆雕几之美。”孔《疏》：“雕谓刻镂，几谓沂鄂，言以丹漆雕饰之以为沂鄂也。”

〔14〕 预，字元凯，京兆杜陵人。勖，字公曾，颍川颍阴人。玄，字休奕，北地泥阳人。《晋书》并有传。《隋志》：“《杜预集》十八卷，《荀勖集》三卷，亡。《傅玄集》十五卷。”

〔15〕 华，字茂先，范阳方城人。岳，字安仁，荥阳中军人。虞，字仲治，京兆长安人。《晋书》并有传。《隋志》：“《张华集》十卷。《潘岳集》十卷。《挚虞集》九卷。”

〔16〕 《晋书·张载传》：“载字孟阳，安平人。弟协字景阳，亢字季阳，同称三张。”又《陆机传》：“机字士衡，吴郡人。弟云字士龙，与机齐名，号二陆。”《隋志》：“《张载集》七卷。《张协集》三卷。《张杭集》

二卷，亡。（姚振宗《考证》云：“杭当为亢。”）《陆机集》十四卷。《陆云集》十二卷。”《文心雕龙·明诗篇》曰：“晋世群才，稍入轻绮，张、潘、左、陆，比肩诗衢。采缛于正始，力柔于建安；或析文以为妙，或流靡以自妍，此其大略也。”正始，魏齐王芳年号。

〔17〕 以上建安迄西晋，以下东晋。

〔18〕 原注：“孙绰。”案绰字兴公，太原中都人，附《晋书·孙楚传》。《隋志》：“《孙绰集》十五卷。”

〔19〕 原注：“许询。”案询，字玄度，高阳新城人，附见《陈书·文学传·许亨传》。《隋志》：“《许询集》三卷。”

〔20〕 原注：“王羲之，王献之。”案羲之，字逸少，琅琊临沂人，《晋书》有传。献之，字子敬，羲之子。《隋志》：“《王羲之集》九卷。《王献之集》十卷，亡。”

〔21〕 《世说新语·文学篇》注引《续晋阳秋》曰：“正始中，王弼、何晏好庄、老玄胜之谈，而世遂贵焉。故郭璞五言始会合道家之言而韵之。至过江，佛理尤盛，（按：‘至过江，佛理尤盛’七字原误在‘故郭璞五言始会合道家之言而韵之’十五字之前，今据文义乙正。）（许）询及太原孙绰，转相祖尚，又加以二世之辞，而《诗》、《骚》之体尽矣。询、绰并为一时文宗，自此作者悉化之。”《文心雕龙·明诗篇》曰：“江左篇制，溺乎玄风，嗤笑徇务之志，崇盛亡机之谈。”又《时序篇》曰：“自中朝贵玄，江左称盛，因谈余气，流成文体。是以世极迍邅，而辞意夷泰，诗必柱下之旨归，赋乃漆园之义疏。”《诗品序》曰：“永嘉时贵黄老，稍尚虚谈，于时篇什，理过其辞，淡乎寡味，爰及江表，微波尚传。孙绰、许询、桓（温）、庾（亮）诸公，诗皆平典，似《道德论》，建安风力尽矣。”《宋书·谢灵运传论》曰：“在晋中兴，玄风独扇，为学穷于柱下，博物止乎七篇，驰骋文辞，义殚乎此。自建武暨于义熙，虽比响联辞，波属云委，莫不寄言上德，托意玄珠，遒丽之辞，无闻焉尔。”以上并刘君所本。

〔22〕 原注：“孙楚、卢询之作亦然。”案琨，字越石，中山魏昌人。孙楚，字子荆，太原中都人。《晋书》并有传。询，谌之误。谌，字子谅，范阳

涿人,《晋书》附《卢钦》传。《隋志》:"《刘琨集》九卷。《孙楚集》六卷。《卢谌集》十卷。"《文心雕龙·才略篇》曰:"刘琨雅壮而多气,卢谌情发而理昭。"《诗品》曰:"晋太尉刘琨、中郎卢谌诗,其源出于王粲,善为凄戾之辞,自有清拔之气。"又序曰:"刘越石仗清刚之气。"

〔23〕 璞,字景纯,河东闻喜人,《晋书》有传。《隋志》:"《郭璞集》十七卷。"《文心雕龙·明诗篇》曰:"景纯仙篇,挺拔而为俊。"《诗品》曰:"郭璞诗彪炳可玩,始变永嘉平淡之体,故称中兴第一。"

〔24〕 本节论魏晋南北文学之不同。

晋、宋以降,文体复更。渊明之诗,仍沿晋派[1]。至若慧业文人[2],咸崇文藻,镂雕云风,模范山水[3]。自颜、谢诗文,舍奇用偶[4],鬼斧默运[5],奇情毕呈。句争一字之奇,文采片言之贵。情必极貌以写物,辞必穷力以追新[6]。齐、梁以降,益尚艳辞,以情为里,以物为表,赋始于谢庄[7],诗昉于梁武[8]。阴、何、吴、柳[9],厥制益工,研炼则隐师颜、谢,妍丽则近则齐、梁。子山继作,掩抑沉怨,出以哀艳之词[10],由曹植而上师宋玉。此又南文之一派也[11]。鲍照诗、文,义尚光大,工于骋势;然语乏清刚,哀而不壮[12]。大抵由左思而上效苏、张。此亦南文之一派也。梁、陈以降,文体日靡[13]。惟北朝文人,舍文尚质[14]。崔浩、高允之文,咸硗确自雄[15]。温子升长于碑版[16],叙事简直,得张、蔡之遗规[17]。卢思道长于歌词,发音刚劲,嗣建安之佚响[18]。子才、伯起,亦工记事之文[19]。岂非北方文体,固与南方文体不同哉?自子山、总持身旅北方[20],而南方轻绮之文,渐为北人所崇尚。又初明[21]、子渊[22],身居北土,耻操南音,诗歌劲直,习为北鄙之声[23]。而六朝文体,亦自是而稍更矣[24]。

〔1〕 陶渊明,字元亮,入宋更名潜,浔阳柴桑人,见《宋书·隐逸传》。《隋志》:"《陶潜集》九卷。"案陶诗兼平淡挺拔之长,故云然也。

〔2〕《南史·谢灵运传》:“得道应须慧业。”

〔3〕《文心雕龙·物色篇》:“诡势瓌声,模山范水。”

〔4〕颜延之,字延年,琅琊临沂人。谢灵运,陈郡阳夏人。《宋书》俱有传。《颜传》云:“延之与谢灵运齐名,江左称颜谢。”《隋志》:“《颜延之集》二十五卷。《谢灵运集》十九卷。”

〔5〕陆时雍《诗镜总论》:“诗至于宋,古之终而律之始也。体制一变,便觉声色俱开。谢康乐鬼斧默运,其梓庆之鐻乎。颜延年,代大匠斲而伤其手者也。”

〔6〕原注:“谢元晖亦然。”元晖,朓字,亦阳夏人,《南齐书》有传。(元,本作玄,避清讳改。)《隋志》:“《谢朓集》十二卷,《逸集》一卷。”陆机《文赋》:“立片言而居要,乃一篇之警策。”《文心雕龙·明诗篇》:“俪采百字之偶,争价一句之奇;情必极貌以写物,辞必穷力以追新。此近世之所竞也。”

〔7〕庄,字希逸,亦阳夏人,《宋书》有传。《隋志》:“《谢庄集》十五卷。”

〔8〕原注:“简文及元帝之诗亦然。”《隋志》:“《梁武帝集》二十六卷,《梁武帝诗赋集》二十卷,《梁武帝杂文集》九卷,《梁武帝别集目录》二卷,《梁武帝净业赋》三卷。《梁简文帝集》八十五卷。《梁元帝集》五十二卷。”又集部后叙曰:“梁简文之在东宫,亦好篇什。清辞巧制,止乎衽席之间;雕琢蔓藻,思极闺闱之内。后生好事,递相放习,朝野纷纷,号为宫体,流宕不已,迄于丧亡。陈氏因之,未能全变。”章公《国故论衡·辨诗篇》曰:“世言江左遗彦,好语玄虚,孙、许诸篇,传者已寡。陶潜皇皇,欲变其奏,其风力终不逮。玄言之杀,语及田舍;田舍之隆,旁及山川云物,则谢灵运为之主。然则《风》、《雅》道变,而诗又几为赋。颜延之与谢灵运,深浅有异,其归一也。自是至于沈约、丘迟,景物复穷。自梁简文帝初为新体,床笫之言,扬于大庭,讫陈、隋为俗。”

〔9〕原注:“阴铿、何逊、吴均、柳恽。”案铿,字子坚,武威姑臧人,《南史》附其父《子春传》。逊,字仲言,东海郯人。均,字叔庠,吴兴故鄣人,见《梁书·文学传》。恽,字文畅,河东解人,《梁书》有传。《隋志》:

"《柳恽集》十二卷,亡。《吴均集》二十卷。《何逊集》七卷。《阴铿集》一卷。"阴、何诸家,研炼妍丽,遂开新变之体,初盛唐人颇学之。

〔10〕 子山,庾信字也。信,南阳新野人,《周书》有传。《隋志》:"《庾信集》二十一卷。"《隋书·文学传序》曰:"徐陵、庾信,分路扬镳。其意浅而繁,其文匿而采,词尚轻险,情多哀思。格以延陵之听,盖亦亡国之音乎。"

〔11〕 原注:"惟范云、任昉,文诗渊懿;江总、沈约,亦无轻靡之辞,乃齐、梁文士之杰出者。"案云,字彦龙,南乡舞阴人。昉,字彦升,乐安博昌人。约,字休文,吴兴武康人。《梁书》并有传。总,字总持,济阳考城人,《陈书》有传。《隋志》:"《范云集》十一卷。《任昉集》三十四卷。《沈约集》一百一卷。《江总集》三十卷,《后集》二卷。"

〔12〕 鲍照,字明远,东海人,附《宋书·临川王道规传》。《隋志》:"《鲍照集》十卷。"《南齐书·文学传论》曰:"发唱惊挺,操调险急,雕藻淫艳,倾炫心魄,亦犹五色之有红紫,八音之有郑卫,斯鲍照之遗烈也。"《诗品》曰:"宋参军鲍照诗,贵状巧似,不避危仄,颇伤清雅之调,故言险俗者多以附照。"

〔13〕 原注:"至陈后主而极矣,即刘孝标、刘彦和、陆佐公之文,亦多清新之句。"案刘峻,字孝标,平原人。刘勰,字彦和,东莞莒人,见《梁书·文学传》。陆倕,字佐公,吴郡吴人,《梁书》附父《慧晓传》。《隋志》:"《陈后主集》三十九卷。《刘孝标集》六卷。《陆倕集》十四卷。刘勰《文心雕龙》十卷。"

〔14〕 《隋书·文学传序》曰:"江左宫商发越,贵于清绮;河朔词义贞刚,重乎气质。气质则理胜其词,清绮则文过其意。理深者,便于时用;文华者,宜于咏歌。此其南北词人得失之大较也。"

〔15〕 浩,字伯渊,清河人。允,字伯恭,渤海人。《魏书》并有传。《隋志》:"《高允集》二十一卷。"《崔浩集》未著录。《韩诗外传》:"丰膏不独乐,硗确不独苦。"硗确,土地瘠薄也,诸书或作垳埆,通。张涤华先生曰:"案'硗确自雄',张溥《百三家集·温侍读集题词》中语,刘君盖用此。"

〔16〕 杜甫《八哀诗》:“干谒满其门,碑版照四裔。”称金石之文为碑版,盖自唐已然矣。

〔17〕 张、蔡,谓衡、邕也。温子升,字鹏举,太原人,《魏书·文苑》有传。《隋志》:“《温子升集》三十九卷。”张鷟《朝野佥载》曰:“温子升作《韩陵山寺碑》,庾信读而写其本。南人问信曰:‘北方文字何如?’信曰:‘惟有韩陵一片石堪共语。’”张涤华先生曰:“案《魏书》、《北史》子升本传载:子升作《侯山祠堂碑文》,时称大才士。亦其长于碑版之证。”

〔18〕 原注:“如《蓟北歌词》诸作是也。”卢思道,字子行,涿州人,《隋书》有传。《隋志》:“《卢思道集》三十卷。”张涤华先生曰:“案《隋书》、《北史》思道本传:‘齐文宣帝崩,当时文士各作挽歌十首,择其善者而用之。魏收、阳休之、祖孝征等不过得一二首,惟思道独有八篇,故时人称为八米卢郎。(帆案:《困学纪闻·杂识篇》云:“或谓米当为采。”何《注》云:“见《猗觉寮杂记》。”)后以事免归。尝于蓟北怅然感慨,为五言诗见意,世以为工。周武帝平齐,追赴长安,与同辈阳休之等数人作《听蝉鸣篇》。思道所为,词意清切,为时人所重。新野庾信遍览诸同作者,而深叹美之。’又张溥《百三家集·卢武阳集题词》:‘子行诗兼工七言。唐玄宗自蜀回,登勤政楼歌曰:庭前琪树已堪攀,塞北征人去未还。即卢《蓟北歌词》也。唐风近隋,卢、薛诸体,世尤宗尚。’此并思道长于歌词之证。”

〔19〕 原注:“邢邵、魏收。”案子才,河间鄚人。伯起,巨鹿下曲阳人。《北齐书》并有传。《隋志》:“《邢子才集》三十一卷。《魏收集》六十八卷。”《颜氏家训·文章篇》:“邢子才、魏收俱有重名,时俗准的,以为师匠。”张涤华先生曰:“案《史通·叙事篇》自注引王劭《齐志》:‘时议恨邢子才不得掌兴魏之书怅快。’是子才工记事文之证。伯起有《后魏书》。李延寿论之曰:‘勒成魏籍,婉而有章,繁而不芜,志存实录。’是伯起工记事文之证。”

〔20〕 庾信仕梁,聘于西魏,被留不遣,后入周。江总陈亡入隋,并见本传。

〔21〕 原注:“沈炯。”案《陈书》本传:炯,字礼明,吴兴武康人。荆州陷后,为西魏所虏,入北。礼明,《南史》作初明,疑是。《隋志》:“《沈炯前集》七卷,《后集》十三卷。”

〔22〕 原注:“王褒。”案褒琅琊临沂人,《周书》有传。始仕梁,魏陷江陵,入北,继仕周。《隋志》:“《王褒集》二十一卷。”

〔23〕 《春秋》庄十九年《左传注》:“鄙,边邑也。”又同年《公羊传注》:“鄙者,边垂之辞。”张涤华先生曰:“案张溥《百三家集·沈侍中集题词》:‘《劝进》三表,长声慷慨,绝类刘越石。《为陈太傅让表》义正辞壮,即阮嗣宗《上晋王笺》曷加焉。江南文体,入陈更衰。非徐仆射、沈侍中,代无作者。’又《周书》、《北史》王褒传:‘褒曾作《燕歌行》,妙尽关塞寒苦之状。元帝及诸文士并和之。’又《百三家集·王司空集题词》:‘今观子渊诗文,多《燕歌》类。建章楼阁,长安陵树,伤心久矣。’此并可证刘君之言。”

〔24〕 本节论南北朝南北文学之不同。

隋炀诗、文,远宗潘、陆,一洗浮荡之言,惟隶事研词,尚近南方之体[1]。杨、薛之作,间符隋炀,吐音近北,摛藻师南[2]。故隋、唐文体,力刚于颜、谢,采缛于潘、张,折衷南体北体之间,而别成一派[3]。唐初诗文,与隋代同,制句切响,言务纤密[4]。虽雅法六朝,然卑靡之音,于焉尽革。四杰既兴[5],文体益恢,诗音益谐[6]。自是以降,虽文有工拙,然俳四俪六[7],益趋浅弱。惟李、杜古赋,词句质素[8];张、陆奏章,析理通明[9]。唐代文人,瞠乎后矣[10]。昌黎崛起北陲,易偶为奇[11],语重句奇,闳中肆外。其魄力之雄,直追秦、汉,虽模拟之习未除,然起衰之功不可没也[12]。习之、持正、可之[13],皆奉韩文为圭臬[14],古质浑雄,唐代罕伦。子厚与昌黎齐名,然栖身湘、粤,偶有所作,咸则《庄》、《骚》,谓非土地使然欤[15]?若贞观以后[16],诗律日严。然宋、沈之诗,以严凝之骨,饰流丽之词[17],颂扬休明,渊乎盛世之音[18]。中唐以降,诗分南北[19]。少陵、昌黎,体峻词雄，有黄钟、大吕之音〔20〕。若夫高〔21〕、常〔22〕、崔〔23〕、李〔24〕，诗带边音，粗厉猛起〔25〕；张〔26〕、孟〔27〕、贾〔28〕、卢〔29〕，思苦语奇，缒幽凿险，皆北方之诗也。太白之诗，才思横溢，旨近苏、张〔30〕；温、李之诗，缘情托兴，谊符楚《骚》〔31〕；储、孟之诗，清言霏屑，源出道家〔32〕，皆南方之诗也。晚唐以还，诗趋纤巧，拾六代之唾余〔33〕，自郐以下，无足观矣〔34〕。

〔1〕《隋志》："《炀帝集》五十五卷。"《隋书·文学传序》："炀帝初习艺文，有非轻侧之论，及乎即位，一变其风。其《与越公书》、《建东都诏》、《冬至受朝诗》及《拟饮马长城窟》，并存雅体，归于典制；虽意在骄淫，而词无浮荡。故当时缀文之士，遂得依而取正焉。"

〔2〕杨素，字处道，弘农华阴人。薛道衡，字玄卿，河东汾阴人。《隋书》并有传。《隋志》："《杨素集》十卷。《薛道衡集》三十卷。"

〔3〕自三国分争，四海辐裂，典午驭宇，不旋踵又有八王、五胡之乱，遂成南北朝之局。其风尚学术，俱各不同，而文章之美，则南朝远胜，故北方之彦，颇效南文，然以气质各殊，终有淄渑之异。隋以北统混一寰宇，时会所趋，隋、唐作者，遂掩有南北之长矣。

〔4〕《唐书·文艺传》曰："高祖太宗，大难始夷，沿江左余风，絺句绘章，揣合低昂。"

〔5〕王勃，字子安，绛州龙门人；杨炯，华阴人；卢照邻，字升之，范阳人；骆宾王，义乌人；以文章齐名，称为四杰，见《唐书·文艺传》。《唐书·艺文志》："《骆宾王集》十卷。《卢照邻集》二十卷，又《幽忧子》三卷。杨炯《盈川集》三十卷。《王勃集》三十卷。"案：自唐以次诸家集，世多传本，今亦依史志略著其目以便稽检。

〔6〕六代文人，精研声病，至唐而骈俪进为四六，古诗变作律诗矣。

〔7〕柳宗元《乞巧文》："骈四俪六，锦心绣口。"孙德谦《六朝丽指》曰："骈体与四六异。四六之名，当自唐始，李义山《樊南甲集序》云：'作二十卷，唤曰《樊南四六》。'知文以四六为称，乃起于唐，而唐以前则未之有也。且《序》又申言之曰：'四六之名，六博格五四数六甲之取

也。'使古人早名骈文为四六，义山亦不必为之解矣。《文心雕龙·章句篇》虽言：'四字密而不促，六字格而非缓。'此不必即谓骈文。不然，彼有《丽辞》一篇，专论骈体，何以无此说乎？吾观六朝文中以四句作对者，往往只用四言，或以四字五字相间而出，至徐、庾两家，固多四六语，已开唐人之先，但非如后世骈文，全取排偶，遂成四六格调也。"此亦学者所不可不知。

〔8〕 李白，字太白，生于碎叶，迁居绵州。杜甫，字子美，襄阳人。《唐志》："《李白草堂集》二十卷。《杜甫集》六十卷，《小集》六卷。"二公古赋今传者各数篇。《国故论衡·辨诗篇》云："赋盖先亡于诗，继隋而后，李白赋明堂，杜甫赋三大礼，诚欲为扬雄台隶，犹几弗及。世无作者，二家亦足以殿。"

〔9〕 张说，字道济，又字说之。其先自范阳徙河南，更为洛阳人。陆贽，字敬舆，苏州嘉兴人。《唐书》并有传。《唐志》："《张说集》三十卷。《陆贽议论表疏集》十二卷，又《翰苑集》十卷。"

〔10〕 《庄子·田子方篇》："夫子奔轶绝尘，而回瞠若乎后矣。"瞠，直视也。

〔11〕 昌黎，韩愈，退之也，《唐书》有传。愈本南阳人，然以昌黎韩氏族盛，故每随称之。《唐志》："《韩愈集》四十卷。"

〔12〕 苏轼《潮州韩文公庙碑》谓公"文起八代之衰"。盖自汉、魏以迄陈、隋之文，至公而一变，故云然也。

〔13〕 李翱，字习之，陇西成纪人，《唐书》有传。皇甫湜，字持正，睦州新安人，《唐书》附《韩愈传》。孙樵，字可之，又字隐之，自称关东人，不知其籍何县也。《唐志》："《李翱集》十卷。《皇甫湜集》三卷。《孙樵经纬集》三卷。"

〔14〕 孙樵《与王霖秀才书》曰："某尝得为文真诀于来无择，来无择得之于皇甫持正，皇甫持正得之于韩吏部退之。"翱则韩公侄婿，故其学悉以为归。陆倕《石阙铭》："陈圭置臬，瞻星揆地。"圭所以测日影，臬所以正四方也。详后《诗教下篇》注引《周礼》地官及《考工记》。

〔15〕 此谓韩、柳之文有南北之异也。《唐书·柳宗元传》："宗元字子厚，其先盖河东人，后徙于吴。少精敏绝伦，为文章卓伟精致。既窜

斥，地又荒疠，因自放山泽间，其堙厄感郁，一寓诸文，仿《离骚》数十篇，读者咸悲恻。”《唐志》：“《柳宗元集》三十卷。”

〔16〕 贞观，唐太宗年号。

〔17〕《唐书·文艺传》：“宋之问，字延清，汾州人。沈佺期，字云卿，相州内黄人。魏建安后迄江左，诗律屡变，至沈约、庾信，以音韵相婉附，属对精密，及之问、佺期，又加靡丽，回忌声病，约句准篇，如锦绣成文，学者宗之，号为沈宋。”《唐志》：“《沈佺期集》十卷。《宋之问集》十卷。”

〔18〕 此谓二人之诗，严凝流丽，犹上承隋氏，兼有南北之长，其后乃分南北也。《春秋》宣三年《左传》：“德之休明，虽小重也。”

〔19〕 唐诗分期，始于宋严羽《沧浪诗话》，大约以大历以前为盛唐，以还为中唐，次则晚唐。元杨士弘《唐音》，明高棅《唐诗品汇》，更于盛唐之上别增初唐。如刘君此下所举，则上至李杜，下至温李，皆属中唐，说亦颇与前人有异也。

〔20〕 黄钟、大吕，乐律之洪者也。张戒《岁寒堂诗话》引苏子由曰：“韩诗豪，杜诗雄。杜诗之雄，可以兼韩诗之豪。”韩盖从杜出也。

〔21〕 原注：“適。”案適，字达夫，沧州勃海人，《唐书》有传。《唐志》：“《高適集》二十卷。”

〔22〕 原注：“建。”案建，不知其字，里贯亦无可考。《唐志》：“《常建诗》一卷。”

〔23〕 原注：“灏。”案灏，汴州人，见《旧唐书·文苑传》。《唐志》：“《崔灏诗》一卷。”

〔24〕 原注：“颀。”案颀，不知其字，东川人。《唐志》：“《李颀诗》一卷。”

〔25〕《礼记·乐记》：“粗厉猛起，奋末广贲之音作，而民刚毅。”

〔26〕 原注：“籍。”案籍，字文昌，和州乌江人，《唐书》附《韩愈传》。《唐志》：“《张籍诗集》七卷。”

〔27〕 原注：“郊。”案郊，字东野，湖州武康人，《唐书》附《韩愈传》。《唐志》：“《孟郊诗》十卷。”

〔28〕 原注：“岛。”案岛，字浪仙，范阳人。初为僧，名无本，后反初服，《唐

书》附《韩愈传》。《唐志》:“贾岛《长江集》十卷,又《小集》三卷。”

〔29〕 原注:“仝。”案仝,亦范阳人,号玉川子。《唐志》:“《玉川子诗》一卷。”

〔30〕 原注:“乐府则出《楚辞》。”又刘君《论文杂记》曰:“太白之诗,超然飞腾,不愧仙才,是为纵横家之诗。”亦即所谓旨近苏、张也。

〔31〕 温庭筠,本名岐,字飞卿,太原人。李商隐,字义山,怀州河内人,《唐书·文艺》并有传。《唐志》:“温庭筠《握兰集》三卷,又《金筌集》十卷,《诗集》五卷,《汉南真稿》十卷。李商隐《樊南甲集》二十卷,《乙集》二十卷,《玉溪生诗》三卷,又《赋》一卷,《文》一卷。”

〔32〕 储光羲,兖州人。孟浩然,襄州襄阳人,见《唐书·文艺传》。《唐志》:“《储光羲集》七十卷。《孟浩然诗集》三卷。”

〔33〕 《庄子·秋水篇》:“子不见夫唾者乎:喷,则大者如珠,小者如雾。”江淹诗:“咳唾成珠玉。”李白诗:“咳唾落九天,随风生珠玉。”元好问诗:“北人不拾江西唾。”唾余,犹言残膏剩馥矣。

〔34〕 《春秋》襄二十九年《左传》:“自郐以下无讥焉。”案《传》所载乃季札观乐事。无讥者,杜《注》云:“不复讥论之,以其微也。”本节论隋、唐南北文学之不同。

宋代文人,惟老苏之作,间近昌黎〔1〕。欧、曾之文,虽沉详整静,茂美渊懿,训辞深厚〔2〕,然平弱之讥,曷云克免〔3〕?岂非昌黎之文,固非南人所能效哉〔4〕?若东坡之文,出入苏、张、庄、老间,亦为南体〔5〕。苏门四子,更无论矣〔6〕。北宋诗体,初重西昆,派沿温、李〔7〕。苏诗精言名理,有东晋之风〔8〕。西江一体〔9〕,逋峭坚凝〔10〕,一洗凡艳,然雄厚之气,远逊杜、韩。岂非杜、韩之诗,亦非南人所克效与〔11〕?南宋诗、文,多沿古制。惟同甫、水心,文体纵横〔12〕,放翁、石湖,诗词淡雅〔13〕,然咸属南人。若真、魏之文,缜密端悫〔14〕,诚哉中流之砥柱矣〔15〕。

〔1〕 老苏,谓苏洵明允也,眉州眉山人,《宋史·文苑》有传。《宋史·艺

文志》:"《苏洵集》十五卷,又《别集》五卷。"

〔2〕 训辞句,太史公记《博士议》语也。见《文学总略篇注》。

〔3〕 欧阳修,字永叔,庐陵人。曾巩,字子固,建昌南丰人。《宋史》并有传。《宋志》:"《欧阳修集》五十卷,又《别集》二十卷,《六一集》七卷,《奏议》十八卷,《内外制集》十一卷,《从谏集》八卷。曾巩《元丰类稿》五十卷,又《别集》六卷,《续稿》四十卷。"二公之文,有得于阴柔之美,故与昌黎殊。

〔4〕 原注:"小苏之文,愈伤平弱;介甫文虽挺拔,然浑厚之气,亦逊昌黎。"案苏辙,字子由,洵次子。王安石,字介甫,抚州临川人。《宋史》并有传。《宋志》:"苏辙《栾城集》八十四卷,《应诏集》十卷,《策论》十卷,《均阳杂著》一卷。《王安石集》一百卷。"

〔5〕 苏轼,字子瞻,号东坡居士,洵长子,《宋史》有传。《宋志》:"《苏轼前、后集》七十卷,《奏议》十五卷,《补遗》三卷,《南征集》一卷,《词》一卷,《南省说书》一卷,《应诏集》十卷,《内外制》十三卷,《别集》四十六卷,《黄州集》二卷,《续集》二卷,《和陶诗》四卷,《北归集》六卷,《儋耳手泽》一卷。"刘熙载《艺概》曰:"东坡读《庄子》,叹曰:'吾昔有见,口未能言。今见是书,得吾心矣。'后人读东坡文,亦当有是语。盖其过人处在说得出,不但见得到已也。"又刘君《论文杂记》曰:"子瞻之文,以粲花之舌,运捭阖之词,往复卷舒,一如意中所欲出;而属词比事,翻空易奇,纵横家之文也。"

〔6〕 《宋史·文苑传》:"黄庭坚与张耒、晁补之、秦观,俱游苏轼门,天下称为四学士。"案庭坚,字鲁直,洪州分宁人。耒,字文潜,楚州淮阴人。补之,字无咎,济州巨野人。观,字少游,一字太虚,扬州高邮人。并见《文苑传》。《宋志》:"《黄庭坚集》三十卷,《乐府》二卷,《外集》十四卷,《书尺》十五卷。《张耒集》七十卷,又《进卷》十二卷。《晁补之集》七十卷。《秦观集》四十卷。"

〔7〕 《蔡宽夫诗话》曰:"祥符、天禧之间,杨文公、刘中山、钱思公,专喜李义山,故昆体之作,翕然一变。"今传世者,有《西昆酬唱集》,皆一时唱和之作,专以藻丽为宗。所谓西昆者,杨亿《酬唱集序》云"取玉山

策府之名”也。

〔8〕 原注:“此出于道家,若欧、王之诗,于北宋亦为特出。”案刘熙载《艺概》曰:“东坡诗善于空诸所有,又善于无中生有,机括实自禅悟中得来。”东晋玄风,无间三教。二刘之言,盖有符节之合矣。

〔9〕 宋吕居仁作《江西诗派图》,自黄庭坚以下,列陈师道等二十五人,天水一朝,诗林风靡,至南宋之末,方回撰《瀛奎律髓》,乃定一祖三宗之说。一祖者,杜甫;三宗者,黄庭坚、陈师道、陈与义也。

〔10〕 《北史·文苑传》:“(温)子升不修容止,谓人曰:‘诗章易作,逋峭难为。’”《广韵》:“峬峭,好形貌。”

〔11〕 以上北宋,以下南宋。

〔12〕 陈亮,字同甫,婺州永康人。叶适,字正则,号水心,温州永嘉人。《宋史·儒林》有传。《宋志》:“《陈亮集》四十卷,又《外集》四卷。《叶适文集》二十八卷。”

〔13〕 陆游,字务观,晚岁人讥其颓放,因自号放翁,越州山阴人。范成大,字致能,号石湖,吴郡人。《宋史》并有传。《宋志》:“陆游《剑南续稿》二十一卷,又《渭南集》五十卷。范成大《石湖居士集》(卷亡),又《石湖别集》二十九卷,《石湖大全集》一百三十六卷。”原注:“一近张、苏,一近庄、列。”案近张、苏者,陈、叶之文;近庄、列者,陆、范之诗也。

〔14〕 真德秀,字景元,后更为景希,浦城人。魏了翁,字华父,邛州蒲江人,《宋史·儒林》并有传。倪燦《宋史·艺文志补》:“真德秀《西山文集》五十五卷。魏了翁《鹤山全集》一百十卷,《渠阳集》二十二卷。”

〔15〕 原注:“若夫东莱之文,稼轩之词,亦近纵横。朱子之文,雅近真、魏。”案吕祖谦,字伯恭,号东莱,寿州人,见《宋史·儒林传》。辛弃疾,字稼轩,历城人,《宋史》有传。朱熹,字元晦,一字仲晦,婺源人,见《宋史·道学传》。《宋志》:“《吕祖谦集》十五卷,又《别集》十六卷,《外集》五卷。《辛弃疾长短句》十二卷。《朱熹前集》四十卷,《后集》九十一卷,《续集》十卷,《别集》二十四卷。”《书·禹贡》:“导

河东至于砥柱。”《汉书·地理志注》曰:“砥柱在陕县东北。山在河中,形若柱也。”本节论宋代南北文学之不同。

金、元宅夏,文藻黯然。惟遗山之诗,则法少陵,存中州之正声〔1〕。子昂卑卑,非其匹也〔2〕。自元以降,惟别曲一端,区分南北〔3〕。若诗文诸体,咸依草坿木,未能自辟途辙,故无派别之可言。大抵北人之文,猥琐铺叙,以为平通,故朴而不文;南人之文,诘屈雕琢〔4〕,以为奇丽,故华而不实〔5〕。当明代中叶,七子之诗,雄而不沉〔6〕;归、茅之文,密而不茂〔7〕。至如明季几社、复社之英〔8〕,发为文章,咸感愤淋漓,悲壮苍凉,伤时念乱。音哀于子山,气刚于同甫。虽间失豪放,然南人之文,兼擅苏、张、屈、宋之长者,自此始也。明社既墟〔9〕,遗民佚士,睠怀故都〔10〕,或发绵渺之文〔11〕,或效轶荡之体〔12〕,咸有可观〔13〕。

〔1〕 元好问,字裕之,号遗山,太原秀容人,《金史》附其父德明传。钱大昕《补元史·艺文志》:“元好问《遗山集》四十卷,《诗集》二十卷。”遗山我国五七言体诗之巨匠。曾涤生选《十八家诗钞》,止于遗山,诚特识也。

〔2〕 赵孟頫,字子昂,宋宗室,宋亡仕元,《元史》有传。钱《补元志》:“赵孟頫《松雪斋集》十卷,《别集》一卷,《续集》一卷。”《史记·老庄申韩列传》:“申子卑卑。”《春秋》僖二十三年《左传注》:“匹,敌也。”

〔3〕 刘君《论文杂记》曰:“诗与乐分,然后诗中有乐府;乐府将沦,乃生词曲。曲分南北,自昔然矣。然南剧之调,多本于词,而北剧之调,鲜本于词,其故何哉?昔唐人祖孝孙有言:‘梁、陈旧乐,用吴、楚之音,周、齐旧乐,涉胡、戎之技。’乐分南北,分析昭然。而所谓音杂胡戎者,皆北方之乐也。自是以后,胡角之音,渐输中国。(《通志》曰:“古有胡角十曲。”即胡乐。)而隋炀之世,复有凉州、伊州、甘州、渭州四曲,由西域输华,而四夷之乐,析为九部,(如西凉、龟兹、天竺、康居之乐是。)播为声歌。夷乐之兴,自此始矣。隋、唐以降,北方之

乐，胡、汉杂淆，惟南方之地，古乐稍存。唐、宋之词虽失古音，然源出乐府，鲜杂夷乐之音。（大抵东晋以降，北方北乐之音多流入江南，与南方之乐歌相杂，故与秦、汉之音不同。）宋元以降，南剧起于南方，南方为古音仅存之地，以调之出于古乐府也，故其调亦多出于词。北剧起于北方，北方为胡乐盛行之地，故音杂胡乐，而其调鲜出于词。"此就历史言南北曲之异者也。魏际瑞《伯子论文》曰："南曲如抽丝，北曲如轮枪；南曲如南风，北曲如北风；南曲如酒，北曲如水；南曲如六朝，北曲如汉、魏；南曲自然者，如美人淡妆素服，文士羽扇纶巾；北曲自然者，如老僧世情物价，老农晴雨桑麻；南曲情连，北曲情断；南曲圆滑，北曲劲涩；南曲柳颤花摇，北曲水落石出；南曲如珠落玉盘，北曲如金戈铁马；北曲步步桥高，南曲层层转落；北曲枯折见媚，南曲宛转归正；北曲似粗而深厚，南曲似柔而筋节；北白似生似呆，南白贵温贵雅。"此就风格言南北曲之异者也。

〔4〕 韩愈《进学解》："诘屈聱牙。"《荀子·富国篇》："《诗》曰：'雕琢其章。'"

〔5〕 此谓其文虽不足道，而南北之别固存。

〔6〕 明弘治间，庆阳李梦阳献吉、武功康海德涵、鄠县王九思敬夫、信阳何景明仲默、吴县徐祯卿昌穀、历城边贡廷实、仪封王廷相子衡，最称作手，世称七才子。及嘉靖间，又有历城李攀龙于鳞、太仓王世贞元美、兴化宗臣子相、长兴徐中行子舆、兴国吴国伦明卿、临清谢榛茂秦、顺德梁有誉公实，共持文柄，世称后七子以别之。诸人中惟王廷相于《明史》自有传，余并见《文苑传》。《明史·艺文志》："李梦阳《空同全集》六十六卷。康海《对山集》十九卷，《乐府》二卷。王九思《美陂集》十九卷，《乐府》四卷。何景明《大复集》六十四卷。徐祯卿《迪功集》十一卷。边贡《华泉集》四卷，《诗》八卷。王廷相《奏议》十卷，《家藏集》五十四卷。李攀龙《沧溟集》三十二卷，《白雪楼诗集》十卷。王世贞《弇州四部稿》一百七十四卷，（四部者，一赋，二诗，三文，四说。）《续稿》二百八十卷。梁有誉《比部集》八卷。徐中行《天目山人集》二十一卷，《诗》六卷。《宗臣诗集》十五卷。吴国伦《甔甀

洞稿》五十四卷，《雪楼集》二十七卷，《诗》十五卷。谢榛《四溟山人集》二十卷，《诗》四卷。”

〔7〕 归有光，字熙甫，昆山人。茅坤，字顺甫，归安人。《明史·文苑》并有传。《明志》：“《茅坤文集》三十六卷。归有光《震川集》三十卷，《外集》十卷。”

〔8〕 《明史·陈子龙传》：“陈子龙，字卧子，松江华亭人，与同邑夏允彝相负重名。允彝，字彝仲。是时东林讲席盛，苏州高才生张溥、杨廷枢等慕之，结文会，名复社。允彝与同邑陈子龙、徐孚远、王光承等，亦结几社相应和。”

〔9〕 《荀子·解蔽篇》：“此其所以丧九牧之地，而虚宗庙之因也。”《注》：“虚读为墟。”《汉书·贾谊传》：“凡十三岁而社稷为虚。”《注》：“虚谓丘虚。”案国亡则祭祀之所沦为丘墟也。

〔10〕 《离骚》：“国无人莫我知兮，又何怀乎故都。”刘向《九叹》：“思念郢路兮，还顾睠睠。”

〔11〕 原注：“如吴梅村之诗，毛西河之文是。”案吴伟业，字骏公，号梅村，太仓人。毛奇龄，字大可，学者称西河先生，萧山人。《清史稿·艺文志》：“《梅村集》四十卷，吴伟业撰。《西河集》一百八十九卷，毛奇龄撰。”自是以下诸人，其行迹略见《国朝先正事略》、《清史稿·列传》诸书。

〔12〕 原注：“如侯、魏之文，阎、万之诗是。”案侯方域，字朝宗，商邱人。魏禧，字冰叔，宁都人，与兄祥字善伯(后更名际瑞)、弟礼字和公齐名，而禧尤著。阎尔梅，字调鼎，沛县人。万斯大，字充宗，弟斯同，字季野，鄞县人。《清志稿》：“《魏叔子文集》二十二卷，《诗集》八卷，魏禧撰。《白耷山人诗集》十卷，文集二卷，阎尔梅撰。”侯方域《壮悔堂集》，《清志稿》未著录。万氏兄弟著述，今惟有关史学者盛传于世，集无闻焉。

〔13〕 原注：“大抵梨洲之文冗长，惟亭林诗文为最佳。船山之文，则又明文之杰出者矣。”案黄宗羲，字太冲，号梨洲，余姚人。顾炎武，初名绛，字宁人，号亭林，昆山人。王夫之，字而农，学者称船山先生，衡

阳人。《清志稿》:"《亭林文集》六卷,《诗集》五卷,《余集》一卷,顾炎武撰。《南雷文定前集》十一卷,《后集》四卷,《三集》三卷,《诗历》四卷,黄宗羲撰。《姜斋文集》十卷,《诗集》十八卷,王夫之撰。"本节论金、元、明南北文学之不同。

清代中叶,北方之士,咸朴僿蹇冗〔1〕,质略无文;南方文人,则区骈散为二体:治散文者,工于离合激射之法〔2〕,以神韵为主,则便于空疏,以子居、皋闻为差胜〔3〕;治骈文者,一以摘句寻章为主,以蔓衍炫俗〔4〕,或流为诙谐〔5〕,以稚威、容甫为最精〔6〕。若夫诗歌一体,或崇声律〔7〕,或尚修辞〔8〕,或矜风调〔9〕,派别迥殊。然雄健之作,概乎其未闻也〔10〕。故观乎人文,亦可以察时变矣〔11〕。

〔1〕《集韵》:"僿,细碎也。"

〔2〕包世臣《文谱》:"余尝以隐显、回互、激射说古文,然行文之法,又有奇偶、疾徐、垫拽、繁复、顺逆、集散。不明此六者,则于古人之文,无以测其意之所至,而第其诣之所极。垫拽、繁复者,回互之事;顺逆、集散者,激射之事;奇偶、疾徐,则行于垫拽、繁复、顺逆、集散之中,而所以为回互、激射者也。回互、激射之法备,而后隐显之义见矣。"

〔3〕原注:"此所谓桐城派也,余咸薄弱。"案恽敬,字子居。张惠言,字皋闻。并武进人。《清志稿》:"《大云山房文稿》四卷,《二集》四卷,《言事》二卷,恽敬撰。《茗柯文集》五卷,张惠言撰。"自清初桐城方氏望溪以古文为天下倡,继起者,有刘大櫆、姚鼐诸人,皆同里贯,学者因称桐城派。其后阳湖诸子恽、张之徒,复衍桐城之学,而有阳湖派之名。其于桐城,盖有类于别子为祖。刘君此仍以桐城派称之,盖溯其所从出耳。

〔4〕《后汉书·党锢传》:"诸所蔓衍,皆天下善士。"蔓衍犹绵延,此谓其徒逞危言而不饬也。

〔5〕《汉书·东方朔传》:"颇复诙谐。"师古《注》:"诙,嘲戏也。"《文心雕龙·谐隐篇》:"谐之言皆也,辞浅会俗,皆悦笑也。"

〔6〕 原注:“稚威之文以力胜,容甫之文以韵胜,非若王、袁之矜小慧也。”案胡天游,字稚威,山阴人。汪中,字容甫,江都人。《清志稿》:“《石笥山房诗集》十一卷,《补遗》四卷,《文集》六卷,《补遗》一卷,胡天游撰。《述学内外篇》六卷,《诗集》六卷,汪中撰。”

〔7〕 原注:“如赵执信及后世扬州诗派是。”案赵字申符,号秋谷,益都人,尝著《声调谱》以究诗之平侧。《清志稿》:“《因园集》十三卷,赵执信撰。”

〔8〕 原注:“如宋琬之流是。”案宋字玉叔,号荔裳,莱阳人。《清志稿》:“《安雅堂诗》不分卷,《文集》四卷,《未刻稿》四卷,宋琬撰。”

〔9〕 原注:“前有施、王,后有袁枚,皆宗此派。”案施闰章,字尚白,号愚山,宣城人。王士祯,字贻上,号阮亭,新城人。袁枚,字子才,号简斋,钱塘人。《清志稿》:“《学余堂文集》二十八卷,《诗集》五十卷,《外集》二卷,施闰章撰。《带经堂全集》九十二卷,王士祯撰。《小仓山房文集》三十卷,《诗集》三十一卷,《外集》七卷,袁枚撰。”

〔10〕 《庄子·天下篇》:“概乎皆尝有闻者也。”

〔11〕 《易·贲彖》:“观乎天文,以察时变,观乎人文,以化成天下。”本节论清代南北文学之不同。

谨案:刘先生名师培,后易名光汉,字申叔,江苏仪征人。曾祖文淇,祖毓崧,伯父寿曾,父贵曾,当有清道、咸、同、光之时,俱以经术名东南,尤精《左氏传》,成一家之学。先生以清德宗光绪十年(1884)生,幼而英特,既承家学,益自发舒,而立著书,已凌轹乾、嘉诸老。始与先师蕲春黄君同充北京大学教授,旋君以经术弗逮,即北面执弟子礼终身,其为名辈推服如此。著述宏富,单篇持论,多载《国粹学报》中;又有《左庵集》八卷,然皆早岁之作;其于《周官》、《礼经》、《左传》均有专研之书,生前未尝流布。民国八年(1919)以疾卒。后十余年,南桂馨氏始裒集诠次为《刘申叔遗书》,汪旭初先生序之,其术业乃大显于世焉。

本文为先生所著《南北学派不同论》之一篇,原载光绪三十一年(1905)《国粹学报》,今人许文雨《文论讲疏》曾载之。今亦为增补。《南北学派不同总论》曰:“中国群山,发源葱岭,蜿蜒而东趋。黄河以北为北干,江河之间为中干,大江以南为南干。盖两山之间必有川,则两川之间亦必有山。中国古代舟车之利甫兴,而交通未广,故人民轻去其乡,狉狉榛榛,或老死不相往来。《礼记·王制篇》有云:‘广谷大川,民生其间者易俗。’盖五方地气,有寒暑燥湿之不齐,故民群之习尚,悉随其风土为转移。(观《史记·货殖传》、《汉书·地理志》及王船山《黄书·宰制篇》,可见。)俗字从人,由于在下者之嗜欲也。风字训教,由于在上者之教化也。汉族初兴,肇基西土,沿黄河以达北方,故古帝宅居,悉在黄河南北。三代之时,学术兴于北方,而大江以南无学。魏、晋以后,南方之地,学术日昌,致北方学者,反瞠乎其后,其故何哉?盖并、青、雍、豫,古称中原,文物声名,洋溢蛮貊,而江、淮以南,则为苗蛮之窟宅。及五胡构乱,元魏凭陵,虏马南来,胡氛暗天,河北、关中,沦为左衽,积时既久,民习于夷。而中原甲姓,避乱南迁,冠带之民,萃居江表,流风所被,文化日滋,其故一也。又古代之时,北方之地,水利普兴,殷富之区,多沿河水,故交通日启,文学易输。后世以降,北方水道淤为民田;(如河南、山东古代各水道,今皆不存,惟有故道耳。)而荆、吴、楚、蜀之间,得长江之灌输,人文蔚起,迄于南海不衰,其故二也。故就近代之学术观之,则北逊于南;而就古代之学术观之,则南逊于北。盖北方之地,乃学术发源之区也。”案如上所说,敷理举统,探原于山川之位置,推本乎民族之融合,于以见南北风俗之有异,古今趋向之不同,可谓善矣。顾犹有二端,为论文学与地域之关系所当知者,谨更为推衍之。

其一,则吾华文学之方舆色彩,虽分南北为二种,然此仅就其大较言之,若细加区分,则南北二种之中,又各有其殊异。如《国风》十五,太师所采,得之河济之间,所谓北方之文也。而《左传》载季札观乐于鲁,听声知政,各有不同。班书《地理志》证以山川之险夷,始有符节之合,其略曰:“秦地于禹贡时夸雍梁二州,《诗·风》兼秦、豳两国,其民有先王遗风,好稼穑,务本业,故豳诗言农桑衣食之本甚备。(师古曰:“谓《七月》之诗。”)天水陇西,山多林木,民以板为室屋,及安定、北地、上郡、西河,皆迫近戎狄,修习战备,高上气力,以射猎为先,故秦诗曰:‘在其板屋。’(《小戎》)又曰：'王于兴师，修我甲兵，与子偕行。'(《无衣》)及《车辚》、《四载》、《小戎》之篇，皆言车马田狩之事。吴札观乐，为之歌秦，曰：'此之谓夏声。夫夏则能大，大之至也，其周旧乎？'河内本殷之旧都，周既灭殷，分其畿内为三国，《诗·风》邶、鄘、卫国是也。邶以封纣子武庚。鄘，管叔尹之。卫，蔡叔尹之。以监殷民，谓之三监。三监畔，周公诛之，尽以其地封弟康叔，故邶、鄘、卫之诗相与同风。邶诗曰：'在浚之下。'(《凯风》)《鄘》曰：'在浚之郊。'(《干旄》)《邶》又曰：'亦流于淇。'(《泉水》)'河水洋洋。'(师古曰："今邶诗无此句。"案盖涉下引卫诗而衍。)《鄘》曰：'送我淇上。'(《桑中》)'在彼中河。'(《柏舟》)《卫》曰：'瞻彼淇奥。'(《淇奥》)'河水洋洋。'(《硕人》)故吴公子札聘鲁，观周乐，闻邶、鄘、卫之歌，曰：'美哉，渊乎！吾闻康叔之德如是，是其卫风乎？'河东土地平易，有盐铁之饶，本唐尧所居，《诗·风》唐、魏之国也。其民有先王遗教，君子深思，小人俭陋，故唐诗《蟋蟀》、《山枢》、《葛生》之篇曰：'今我不乐，日月其迈。'(《蟋蟀》)'宛其死矣，它人是愉。'(《山有枢》)'百岁之后，归于其居。'(《葛生》)皆思奢俭之中，念死生之虑。吴札闻唐之歌，曰：'思深哉，其有陶唐氏之遗民乎？'魏国，亦姬姓也，在晋之南河曲，故其诗曰：'彼汾一曲。'(《汾沮洳》)'寘诸河之侧。'(《伐檀》)吴札闻魏之歌，曰：'美哉，沨沨乎！以德辅此，则明主也。'郑国，今河南之新郑，土狭而险，山居谷汲，男女亟聚会，故其俗淫。郑诗曰：'出其东门，有女如云。'(《出其东门》)又曰：'溱与洧，方涣涣兮，士与女，方秉蕑兮，恂訏且乐，惟士与女，伊其相谑。'(《溱洧》)此其风也。吴札闻郑之歌，曰：'美哉，其细已甚，民弗堪也，是其先亡乎！'陈国，今淮阳之地，周武王封舜后妫满于陈，是为胡公，妻以元女大姬，妇人尊贵，好祭祀，用史巫，故其俗巫鬼。陈诗曰：'坎其击鼓，宛丘之下，亡冬亡夏，值其鹭羽。'(《宛丘》)又曰：'东门之枌，宛丘之栩，彼仲之子，婆娑其下。'(《东门之枌》)此其风也。吴札闻陈之歌曰：'国无主，其能久乎？'齐地，《诗·风》齐国是也。临菑名营丘，故齐诗曰：'子之营兮，遭我乎峱之间兮。'(师古曰："齐国风《营》诗之辞也，《毛诗》作还，《齐诗》作营。"案：今《毛诗》题及文二营字均作还。《传》曰："还，便捷之貌。")又曰：'俟我于著乎而。'(《著》)此亦其舒缓之体也。吴札闻齐之歌，曰：'泱泱乎大风也哉，其太公乎，国未可量也。'"凡此所论,虽与刘君有巨细之异,而实为其先驱,不可不加之意矣。

其二,刘君之诂风俗二字,以上之教化,下之嗜欲为言,亦取义于《地理志》。今按班氏之言曰:"凡民函五常之性,而其刚柔缓急,音声不同,系水土之风气,故谓之风;好恶取舍,动静无常,随君上之情俗,故谓之俗。"应劭《风俗通义自序》则曰:"风者,天气有寒暖,地形有阴阳,泉水有美恶,草木有刚柔;俗者含血之类,象而生之。千里不同风,百里不同俗。"斯又推本《汉志》而加详者也。准此二者,证以《国风》之各别,则知文学中方舆色彩,细析之,犹有先天后天之异。所谓先天者,即班氏之所谓风,而原乎自然地理者也。所谓后天者,即班氏之所谓俗,而原乎人文地理者也。前者为其根本,后者尤多蕃变,盖虽山川风气为其大齐,而政教习俗时有熏染;山川终古若是,而政教与日俱新也。凡刘君所论文学南北之异,执此以绳,无不可解。若夫近世以来,科学转精,交通日便,禹域之内,秦、越一家,瀛海之中,夷、夏相望,截长补短,尤便曩时,是必爱而知其恶,憎而知其善。乃能汲彼醴泉,挹吾悬圃。如不辨玉石,但知稗贩,徒以"异国情调"夸世骇俗,则必有类寿陵余子之学步邯郸,未得国能,又失故步;殆难有助于我国文学之发展矣。

抑犹有进者,吾国学术文艺,虽以山川形势、民情风俗,自古有南北之分,然文明日启,交通日繁,则其区别亦渐泯。东晋以来,南服已非荒徼;五代以后,中华更无割据。故学术文艺虽或有南北之分,然其细已甚,与先唐大殊。刘君此论,重在阐明南北之始即有异,而未暇陈说其终则渐同,古则异多同少,异中见同;今则同多异少,同中见异。此其今古之殊,亦论吾华文学发展之地理因素所不可忽者也。且地理区分,于文学之发展,固不失为重要之因素,然实非决定性之条件。刘君此论,于我国文学南北之殊,强调过甚,遂若舍此一端,即无以解释周、秦以次文运之变迁,此亦一往之见。今诵此篇,于斯种种,固不可不分别观之也。

文　德

（论文学与道德）

章学诚

凡言义理，有前人疏而后人加密者，不可不致其思也。古人论文，惟论文辞而已矣[1]。刘勰氏出，本陆机氏说而昌论文心[2]；苏辙氏出，本韩愈氏说而昌论文气[3]，可谓愈推而愈精矣。未见有论文德者[4]，学者所宜深省也。夫子尝言“有德必有言”[5]，又言“修辞立其诚”[6]。孟子尝论知言养气，本乎集义[7]。韩子亦言“仁义之途”，“诗、书之源”[8]。皆言德也。今云未见论文德者，以古人所言，皆兼本末，包内外，犹合道德文章而一之[9]；未尝就文辞之中，言其有才，有学，有识，又有文之德也[10]。凡为古文辞者，必敬以恕。临文必敬[11]，非修德之谓也[12]。论古必恕，非宽容之谓也[13]。敬非修德之谓者，气摄而不纵，纵必不能中节也[14]。恕非宽容之谓者，能为古人设身而处地也[15]。嗟乎！知德者鲜[16]，知临文之不可无敬恕，则知文德矣[17]。

〔1〕《春秋》襄二十七年《左传》：“宋人享赵文子，叔向为介，司马置折俎，礼也。仲尼使举是礼也，以为多文辞。”又二十五年《左传》引孔子“非文辞不为功”语，已见《文学总略篇》注。是自孔子以来，即论文辞，故《史记·孔子世家》亦称《春秋》“约其文辞而指博”也。

〔2〕陆机《文赋序》：“余每观才士之所作，窃有以得其用心。”《文心雕龙·序志篇》：“夫文心者，言为文之用心也。昔涓子《琴心》，王孙

《巧心》,心哉美矣,故用之焉。”

〔3〕 详《文学总略篇》注。

〔4〕 按文德一词,起源甚古。《易·大畜象》曰:“君子以懿文德。”襄二十七年《左传》曰:“兵之设久矣,所以威不轨而昭文德也。”《论语·季氏篇》:“故远人不服,则修文德以来之。”凡此皆指文教德化而言,无与文学。王充《论衡》、杨遵彦《文德论》,始稍稍及之,然命意亦与本篇有别。又《文心雕龙·原道篇》云:“文之为德也大矣,与天地并生者何哉!”则指文之表象,亦与诸家不同。余杭章君斥实斋为攘窃,则以其皆小同异之伦也。俱详后案语。

〔5〕 《论语·宪问篇》:“子曰:‘有德者必有言,有言者不必有德。’”邢《疏》:“有德者必有言者,德不可以无言亿中,故必有言也。有言者不必有德者,辩佞口给,不必有德也。”

〔6〕 《易·乾文言》文,详《文学总略篇》注。夫子,孔子也。云夫子所言者,孔颖达《周易正义》论夫子十翼云:“十翼之辞,以为孔子所作,先儒更无异论。”《文言》在十翼中也。

〔7〕 《孟子·公孙丑篇》:“我知言,我善养吾浩然之气。其为气也,至大至刚,以直养而无害,则塞于天地之间。其为气也,配义与道,无是馁也,是集义所生者,非义袭而取之也。”

〔8〕 韩愈《答李翊书》:“行之乎仁义之途,游之乎《诗》、《书》之源,无迷其途,无绝其源,终吾身而已矣。”

〔9〕 《日知录》曰:“典、谟、爻、象,此二帝、三王之言也,《论语》、《孝经》,此夫子之言也,性与天道亦不外乎是。故曰:‘有德者必有言。’善夫,游定夫之言曰:‘不能文章,而欲闻性与天道,譬犹筑数仞之墙,而浮埃聚沫以为基,无是理矣。’后之君子于下学之初,即谈性道,乃以文章为小技,而不必用力,然则夫子不曰‘其旨远,其辞文’乎?不曰‘言之不文,行而不远’乎。”案顾氏此语,乃为明代讲学家而发,故侧重蓄道德者当先能文章。若在今日,心画心声,每失其真,能文章者似尤当先蓄道德,然其终极,必合道德文章而一之。实斋此言,固不易之论也。

〔10〕《唐书·刘知幾传》:“礼部尚书郑惟忠尝问:‘自古文士多,史才少,何邪?’对曰:‘史有三长:才、学、识,世罕兼之,故史才少。夫有学无才,犹愚贾操金,不能殖货;有才无学,犹巧匠无楩柟,弗能成室;(《旧唐书》此下有“犹须好是正直”一句。)善恶必书,使骄君贼臣知惧,此为无可加者。’时以为笃论。”案就狭义言,则文与史分,就广义言,则史亦文之一体,三长之要,固无间文史也。

〔11〕《礼记·曲礼》:“临文不讳。”孔《疏》:“临文,谓礼执文行事时也。”案此犹云行文。

〔12〕《论语·宪问篇》:“修己以敬。”《孟子·离娄篇》:“陈善闭邪谓之敬。”是敬之古义在修德也。

〔13〕《论语·里仁篇》:“夫子之道,忠恕而已矣。”邢《疏》:“恕谓忖己度物也。”又《卫灵公篇》:“子贡问曰:‘有一言而可以终身行之者乎?’子曰:‘其恕乎? 己所不欲,勿施于人。’”《字典》于此文下引朱《注》云:“恕非宽假之谓。”疑实斋所本也。然核检朱氏《四书集注》无此说,存之以俟更考。

〔14〕《礼记·中庸》:“喜怒哀乐之未发谓之中,发而皆中节谓之和。”《乐记》:“大乐与天地同和,大礼与天地同节。”所谓和与节者,随其时,如其分也。为文者,检束心气,审慎情理,庶几随物赋形,当机树义,而无过不及之病。

〔15〕宽容者,必以人有误失,从而宽容之;若推己及人,则其是非有不可卒定者,亦无所用其宽容也。论古之士,惟不能设身处地,故成见孔多,争议日出,此孙卿所以著《解蔽》之篇也欤。

〔16〕《论语·卫灵公篇》:“子曰:‘由,知德者鲜矣。’”此用其语。

〔17〕本节论敬恕为文德之要。

昔者,陈寿《三国志》纪魏而传吴、蜀[1],习凿齿为《汉晋春秋》,正其统矣[2]。司马《通鉴》仍陈氏之说[3],朱子《纲目》又起而正之[4]。“是非之心,人皆有之”[5]。不应陈氏误于先,而司马再误于其后,而习氏与朱子之识力偏居于优也。而古今之讥《国志》与《通鉴》者，殆于肆口而骂詈，则不知起古人于九原[6]，肯吾心服否邪！陈氏生于西晋，司马生于北宋，苟黜曹魏之禅让[7]，将置君父于何地？而习与朱子，则固江东南渡之人也，惟恐中原之争天统也[8]。诸贤易地则皆然[9]，未必识逊今之学究也[10]。是则不知古人之世，不可妄论古人文辞也。知其世矣，不知古人之身处，亦不可以遽论其文也[11]。身之所处，固有荣辱、隐显、屈伸、忧乐之不齐，而言之有所为而言者，虽有子不知夫子之所谓[12]，况生千古以后乎，圣门之论恕也，"己所不欲，勿施于人"。其道大矣。今则第为文人论古，必先设身，以是为文德之恕而已尔[13]。

〔1〕 殿本《三国志・目录考证》："史家之例，帝曰本纪，臣曰列传，始自马迁，述于班固，《晋书》则以十六国为载纪，历代未之有改也。惟《三国志》既无本纪之称，并无列传之目，不别异吴、蜀以他称，统名之曰《三国志》，然则陈寿之意亦可见矣。今《考证》悉遵寿原书例，不书纪传等字。"按陈寿以正统与魏，盖缘晋乃承魏而来，寿仕于晋，则不得不尊晋以及魏。《廿二史札记・论三国志书法》及下引《提要》皆详之矣。若就目录而论，则曹氏称"帝"，刘氏称"主"，吴惟权称"主"，余皆名之，其用心固不难求索。然并无"纪""传"之文，《考证》已明言之，实斋此语微误。

〔2〕 《隋志》："《汉晋阳秋》四十七卷，习凿齿撰。"《晋书・习传》："凿齿著《汉晋春秋》，起汉光武，终于晋愍帝。于三国之时，蜀以宗室为正统，魏武虽受汉禅晋，尚为篡逆，至文帝平蜀，乃为汉亡，而晋始兴焉。"《史通・探赜篇》云："凿齿以魏为伪国者，盖定邪正之途，明顺逆之理耳。"又《直书篇》亦称为"近古之遗直"，其书今佚。春秋或作阳秋者，晋简文太后讳阿春，时人避之而改也。见朱彝尊《经义考・拟经篇》引周密说。

〔3〕 《通鉴》于《汉献帝纪》后即续以《魏文帝纪》。黄初二年附论曰："三代以前，海内诸侯何啻万国，有民人社稷者，通谓之君。合万国而君之，立法度，班号令，而天下莫敢违者，乃谓之王。王德既衰，强大之

国，能帅诸侯以尊天子者，则谓之霸。故自古天下无道，诸侯力争，或旷世无王者，固亦多矣。秦焚书坑儒。汉兴，学者始推五德生胜，以秦为闰位，在木火之间，霸而不王，于是正闰之论兴矣。臣今所述，止于叙国家之兴衰，著生民之休戚，便观者自择其善恶得失，以为劝戒，非若《春秋》立褒贬之法，拨乱世反诸正也。正闰之际，非所敢知，然天下离析之际，不可无岁时日月以识事之先后。据汉传于魏，而晋受之；晋传于宋，以至于陈，而隋取之；唐传于梁，以至于周，而大宋承之，故不得不取魏、宋、齐、梁、陈、后梁、后唐、后晋、后汉、后周年号，以纪诸国之事，非尊此而卑彼，有正闰之辨也。昭烈之于汉，虽云中山靖王之后，而族属疏远，不能纪其世数名位，是非难辨，故不敢以光武及晋元帝为比，使得绍汉氏之遗统也。”

〔4〕　朱熹《感兴》诗曰：“晋史自帝魏，后贤盍更张。”故其依《资治通签》以为《纲目》，即退曹氏为魏主，改以昭烈帝备嗣献帝，而书“昭烈皇帝章武元年”。刘友益《纲目书法》云：“大书章武何？绍昭烈于高、光也。魏篡立，吴割据，昭烈亲中山靖王之裔，名正言顺，舍此安归？《纲目》揭章武之元，而大书之，然后正闰顺逆各得其所，故曰：统正于下，而人道定矣。”（原注：“本习凿齿《汉旹春秋》。”）

〔5〕　《孟子·告子篇》：“是非之心，人皆有之，是非之心，智也。”又《公孙丑篇》：“无是非之心，非人也，是非之心，智之端也。”

〔6〕　《礼记·檀弓》：“赵文子与叔誉观乎九原，文子曰：‘死者如可作也，吾谁与归！’”郑《注》：“作，起也。”

〔7〕　《说文》：“黜，贬下也。”

〔8〕　原注：“此说前人已言。”案朱彝尊《陈寿论》云：“《纲目》纪年，以章武接建安，而后得统之正。然百世之下可尔，其在当时，蜀入于魏，魏禅于晋，寿既仕晋，安能显尊蜀以干大戮乎？”《四库总目·三国志提要》：“其书以魏为正统，至习凿齿作《汉晋春秋》，始立异议。自朱子以来，无不是凿齿而非寿。然以理而论，寿之谬万万无辞；以势而论，则凿齿帝汉顺而易，寿欲帝汉逆而难。盖凿齿时晋已南渡，其事有类乎蜀，为偏安者争正统，此孚于当代之论者也。寿则身为晋武

之臣，而晋武承魏之统，伪魏是伪晋矣，其能行于当代哉？此犹宋太祖篡立近于魏，而北汉、南唐迹近于蜀，故北宋诸儒，皆有所避，而不伪魏。高宗以后，偏安江左，近于蜀，而中原魏地，全入于金，故南宋诸儒乃纷纷起而帝蜀。此皆当论其世，未可以一格绳也。”王应麟《困学纪闻》：“三国鼎峙，司马公《通鉴》以魏为正统，（原注：“本陈寿。”）朱子《纲目》以蜀汉为正统。（原注：“本习凿齿。”）”翁元圻《注》引王榖塍云：“宋艺祖以受禅开基，《通鉴》自不得以魏为篡；高宗以宗枝再造，《纲目》自不得以蜀为伪，读二书者当论其世。”四库馆臣及王氏皆与实斋同时，原注云前人已言，疑指朱氏说。

〔9〕《孟子·离娄篇》：“禹、稷、颜子，易地则皆然。”

〔10〕《唐书·选举志》：“明经之别，有五经，有三经，有二经，有学究一经。”学究之名本此，世通以指鄙儒。

〔11〕《孟子·万章篇》：“以友天下之善士为未足，又尚论古之人。诵其诗，读其书，不知其人，可乎？是以论其世也，是尚友也。”设身处地之说，盖即本孟子此义而推之也。

〔12〕《礼记·檀弓》：“有子问于曾子曰：‘问丧于夫子乎？’曰：‘闻之矣。丧欲速贫，死欲速朽。’有子曰：‘是非君子之言也。’曾子曰：‘参也闻诸夫子也。’有子又曰：‘是非君子之言也。’曾子曰：‘参也与子游闻之。’有子曰：‘然，然则夫子有为言之也。’曾子以斯言告于子游，子游曰：‘甚哉！有子之言似夫子也。昔者，夫子居于宋，见桓司马自为石椁，三年而不成。夫子曰：若是其靡也，死不如速朽之愈也。死之欲速朽，为桓司马言之也。南宫敬叔反，必载宝而朝。夫子曰：若是其货也，丧不如速贫之愈也。丧之欲速贫，为敬叔言之也。’曾子以子游之言告于有子，有子曰：‘然，吾固曰：非夫子之言也。’曾子曰：‘子何以知之？’有子曰：‘夫子制于中都，四寸之棺，五寸之椁，以斯知不欲速朽也。昔者夫子失鲁司寇，将之荆，盖先之以子夏，又申之以冉有，以斯知不欲速贫也。’”

〔13〕本节论文德之恕。

韩氏论文，迎而拒之，平心察之[1]。喻气于水，言为浮物[2]。柳氏之论文也，不敢轻心掉之，怠心易之，矜气作之，昏气出之[3]。夫诸贤论心论气，未即孔、孟之旨，及乎天人性命之微也[4]。然文繁而不可杀[5]，语变而各有当。要其大旨，则"临文主敬"一言以蔽之矣[6]。主敬则心平而气有所摄，自能变化从容以合度也。夫史有三长，才、学、识也。古文辞而不由史出，是饮食不本于稼穑也[7]，夫识，生于心也；才，出于气也；学也者，凝心以养气，炼识而成其才者也。心虚难恃，气浮易弛，主敬者，随时检摄于心气之间，而谨防其一往不收之流弊也。夫缉熙敬止，圣人所以成始而成终也[8]。其为义也广矣。今为临文检其心气，以是为文德之敬而已尔[9]。

〔1〕 韩愈《答李翊书》："迎而拒之，平心而察之，其皆醇也，然后肆焉。"

〔2〕 亦见《答李翊书》，详《文学总略篇》注。

〔3〕 柳宗元《答韦中立论师道书》："吾每为文章，未尝敢以轻心掉之，惧其剽而不留也；未尝敢以怠心易之，惧其弛而不严也；未尝敢以昏气出之，惧其昧没而杂也；未尝敢以矜气作之，惧其偃蹇而骄也。"

〔4〕 《易·说卦》："昔者圣人之作《易》也，将以顺性命之理。是以立天之道，曰阴与阳；立地之道，曰柔与刚；立人之道，曰仁与义。"《汉书·董仲舒传》："《春秋》之中，视前世已行之事，以观天人相与之际，甚可畏也。"儒者之旨，在乎以人法天，故自来皆以天人性命为道之所存。故《中庸》云："天命之谓性，率性之谓道。"

〔5〕 《春秋》僖二十二年《公羊传》："《春秋》词繁而不杀者，正也。"何休《解诂》："杀，省也。"

〔6〕 《论语·为政篇》："子曰：'《诗》三百，一言以蔽之，曰：思无邪。'"

〔7〕 前人论文，皆言本经，而《文史通义·易教篇》云："六经皆史也。古人不著书，古人未尝离事而言理，六经皆先王之政典也。"是此云文辞出史，史已包经，与古亦不悖也。

〔8〕 《诗·大雅·文王》："穆穆文王，于缉熙敬止。"毛《传》："穆穆，美也。缉熙，光明也。"

〔9〕《文史通义》别有《史德篇》，立说相类。其略曰："史所贵者义也，而所具者事也，所凭者文也。孟子曰：'其事则齐桓、晋文，其文则史。'义则夫子自谓窃取之矣。非识无以断其义，非才无以善其文，非学无以练其事。犹未足以尽其理也。能具史识者，必知史德。德者何？谓著书者之心术也。盖欲为良史者，当慎辨于天人之际，尽其天而不益以人也。尽其天而不益以人，虽未能至，苟允知之，亦足以称著述者之心术矣。"此皆至精之论，学者不可不致其思也。本节论文德之敬。

谨案：自王充发文德之论，一再传后，而有章氏此篇，后出转精，可谓无余蕴矣。今细绎之，则诸家之说，各有所重：若《论衡》所言，盖以文之外形内情，要当符会。世风日漓，则言多过实；夸诞日甚，而文转无功。其义似取之《论语》及《法言》。《论语·雍也篇》云："质胜文则野，文胜质则史。文质彬彬，然后君子。"《法言·吾子篇》云："或问：'君子尚辞乎？'曰：'君子事之为尚。事胜辞则伉，辞胜事则赋，事辞称则经。足言足容，德之藻矣。'"文质之说，盖以三代异尚，而玄圣折中，其义非专论文学，若事辞之说，则扬子本孔氏而推衍之，当汉赋大行，劝百风一之际，以箴砭时尚者也。其云"称则经"，即"彬彬"之谓也；其言"足言足容"，即《左传》引孔子"言以足志，文以足言"之谓也。夫惟如是，乃能文义密附，内外一致，得其本然，而无诬妄。实斋所谓"尽其天而不益以人"之说，亦从此而生，其义深矣。然《论语》主文质彬彬；《法言》虽主事辞相称，复谓事之为尚；逮《论衡》乃专斥繁文丽辞为无文德之操，而不复有病质之言者，则以自战代以还，文胜已久，反于淳朴，实为要图，故二贤皆以此为说耳。至杨遵彦、颜之推之所论，则以古今才士，虽有高文，罕见至德，故缀翰之徒，当以道德文章并重。《论语·学而篇》云："弟子入则孝，出则悌，谨而信，泛爱众，而亲仁，行有余力，则以学文。"此道德为先文章为末之说。顾炎武《与友人书》云："《宋史》言，刘忠肃每戒子弟曰：'士当以器识为先，一命为文人，无足观矣。'仆自读此一言，便绝应酬文字，所以养其器识，而不堕于文人也。"（案刘挚，字莘老，谥忠肃。）又《日知录》云："《诗》云：'巧言如簧，颜之厚矣。'而孔子亦曰:'巧言令色,鲜矣仁。'又曰:'巧言乱德。'夫巧言不但言语,凡今人所作诗、赋、碑、状,足以悦人之文,皆巧言之类也。不能不足以为通人。夫惟能之而不为,乃天下之大勇也,故夫子以刚、毅、木、讷为近仁。学者所用力之途,在此不在彼矣。"此为文章必折衷于道德之说,又可补杨、颜之所未及者也。

前乎章氏之论,略如上述,持较本篇,则其异同可得言焉。盖王充之所谓文德,则形文情文之宜称也;杨遵彦之所谓文德,则作者道德文章之当并重也;实斋之所谓文德,则临文态度之必敬以恕也。而其要归,则"修辞立其诚"一语足以括之。《中庸》曰:"诚者,天之道也;诚之者,人之道也。诚者不勉而中,不思而得,从容中道,圣人也。诚之者,择善而固执之者也。"又曰:"唯天下至诚为能尽其性;能尽其性,则能尽人之性;能尽人之性,则能尽物之性。"又曰:"诚者,物之终始,不诚无物,是故君子诚之为贵。诚者,非自成己而已也,所以成物也。"凡此皆言哲理,而其道通乎艺事。夫从容中道,则文质彬彬,而无过与不及之病矣。诚而有物,则言行如一,而无巧言乱德之失矣。尽人成物,则临文必恕矣;择善固执,则临文必敬矣。此余杭章君论文,所以标斯语为宗也。魏文帝尝叹文人类多不护细行,鲜能以名节自立。扬子《法言》以言为心声,书为心画,盖盎面现背,有不可掩者。其影响小者及乎个人,大者及乎国族。有志斯文者,恶可不立诚慎始,以聿修厥德哉!

质　性

（论文学与性情）

章学诚

前人尚论情文相生〔1〕，由是论家喜论文情，不知文性实为元宰〔2〕。离性言情，珠亡椟在〔3〕，撰质性篇〔4〕。

〔1〕《世说新语·文学篇》："孙子荆除妇服，作诗以示王武子。王曰：'未知文生于情，情生于文，览之凄然，增伉俪之重。'"

〔2〕《庄子·养生主篇》："古者谓是帝之县解。"《释文》："县，音玄。"《老子》："有真宰足以制万物。"《庄子·齐物论》："若有真宰而特不得其朕。"《文心雕龙·神思篇》："使玄解之宰，寻声律而定墨。"盖用《老》、《庄》。此云元宰，又用《文心》，犹云心之主也。元作玄者，避清讳故。昔贤论文，情性不别，如《文心·情采篇》云："三曰情文，五性是也。"又云："文质附乎性情。"又云："文采所以饰言，而辩丽本于情性。"皆其证也。此以情性分言，盖以为情者，性之所形；性者，情之质也，故曰质性。

〔3〕《韩非子·外储说左上》："楚人有卖其珠于郑者，为木兰之柜，缀以珠玉，饰以玫瑰，辑以翡翠。郑人买其椟而还其珠。此可谓善卖椟，不可谓善鬻珠也。"

〔4〕《韩非子·难言篇》："捷敏便给，繁于文采，则见以为史；殊释文学，以质性言，则见以为鄙。"质性字本此。《楚辞·远游》："质菲薄而无因兮。"王逸《注》："质性鄙陋，无所因也。"又《七谏·初放》："言语讷謘兮，又无强辅。"王逸《注》："言己质性忠信，不能巧利辞令，言语讷

钝，复无强友党辅。”亦皆以质性字连文。本节序。

《洪范》三德，正直协中，刚柔互克[1]，以剂其过与不及[2]。是约天下之心知血气，聪明、才力，无出于三者之外矣。孔子之教弟子，不得中行，则思狂狷，是亦三德之取材也[3]。然而乡愿者流，貌似中行，而讥狂狷，则非三德所能约也。孔、孟恶之为德之贼，盖与中行、狂、狷，乱而为四也[4]。乃人心不古，而流风下趋，不特伪中行者，乱三为四；抑且伪狂、伪狷者流，亦且乱四而为六；不特中行不可希冀，即求狂、狷之诚然，何可得邪[5]？孟子之论知言，以为生心发政，害于其事[6]。吾盖于撰述诸家，深求其故矣。其曼衍为书[7]，本无立言之旨，可弗论矣。乃有自命成家，按其宗旨，不尽无谓；而按以三德之实，则失其本性，而无当于古人之要道，所谓似之而非也[8]。学者将求大义于古人，而不于此致辨焉，则始于乱三而六者，究且因三伪而亡三德矣。呜呼！质性之论，岂得已哉[9]？

〔1〕《尚书·洪范》：“三德：一曰正直，二口刚克，三曰柔克。平康正直。强弗友刚克，燮友柔克；沉潜刚克，高明柔克。”《疏》：“此三德者，人君之德张弛有三也：一曰正直，言能正人之曲使直；二曰刚克，言刚强而能立事；三曰柔克，言和柔而能治。既言人主有三德，又说随时而用之：平安之世，用正直治之；强御不顺之世，用刚能治之；和顺之世，用柔能治之。既言三德张弛随时而用，又举天地之德，以喻君臣之交：地之德，沉深而柔弱矣，而有刚，能出金石之物也；天之德，高明刚强矣，而有柔，能顺阴阳之气也，以喻臣道虽柔，当执刚以正君；君道虽刚，当执柔以纳臣也。”案章氏此篇，重在质性之辨，以为正直即中行，（故云协中。）刚即狂，柔即狷，故不用《疏》义也。

〔2〕《说文》：“剂，齐也。”《论语·先进篇》：“师也过，商也不及。过犹不及。”

〔3〕《论语·子路篇》：“子曰：‘不得中行而与之，必也狂狷乎？狂者进

取，狷者有所不为也。'”邢《疏》：“中行，行能得其中者也。狂者进取，于善道知进而不知退；狷者守节无为，应进而退也。二者俱不得中，而性恒一。欲得此二人者，以时多进退，取其恒一也。”《汉书·杨王孙传》：“昔仲尼称不得中行，则思狂狷。”

〔4〕《论语·阳货篇》：“子曰：'乡原，德之贼也。'”原，愿本字。《孟子·尽心篇》：“万章问曰：'孔子在陈，曰，盍归乎来，吾党之小子，狂简，进取不忘其初。孔子在陈，何思鲁之狂士？'孟子曰：'孔子不得中道而与之，必也狂狷乎？狂者进取，狷者有所不为也。孔子岂不欲中道哉，不可必得，故思其次也。''敢问何如斯可谓狂矣？'曰：'如琴张、曾晳、牧皮者，孔子之所谓狂矣。''何以谓之狂也？'曰：'其志嘐嘐然。曰：古之人，古之人，夷考其行，而不掩焉者也。狂者又不可得，欲得不屑不絜之士而与之，是獧也。(案：獧同狷。)是又其次也。孔子曰：过我门而不入我室，我不憾焉者，其惟乡原乎？乡原，德之贼也。'曰：'何如斯可谓之乡原矣？'曰：'何以是嘐嘐也，言不顾行，行不顾言，则曰：古之人，古之人。行何为踽踽凉凉，生斯世也，为斯世也，善斯可矣。阉然媚于世者，是乡原也。'万子曰：'一乡皆称原人焉，无所往而不为原人，孔子以为德之贼，何哉？'曰：'非之无举也，刺之无刺也，同乎流俗，合乎汙世，居之似忠信，行之似廉絜，众皆悦之，自以为是，而不可与入尧、舜之道，故曰，德之贼也。孔子曰：恶似而非者。恶莠恐其乱苗也，恶佞恐其乱义也，恶利口恐其乱信也，恶郑声恐其乱乐也，恶紫恐其乱朱也，恶乡原恐其乱德也。君子反经而已矣，经正则庶民兴，庶民兴，斯无邪慝矣。'”(此章旧有错简。俞樾《古书疑义举例·简策错乱例》云：“《孟子·乡原章》：'曰何以是嘐嘐也，言不顾行，行不顾言，则曰：古之人，古之人，行何为踽踽凉凉。'按此三十字当在'其志嘐嘐然'之下，'夷考其行'之上。'曰何以是嘐嘐也'，万章问也。'言不顾行'以下，孟子答也。狂者言行不相顾，每以古人之行为隘小而非笑之。'则曰古之人古之人行何为踽踽凉凉'，此狂者讥古人之词。及考其所为，实未能大过古人，故曰'夷考其行而不掩者也'。此三十字误移在后，而前文止存

‘曰古之人古之人’七字，乃烂脱之未尽也，可借以考见其旧也。”今当据以订正。）

〔5〕 此谓不特乡愿可乱中行，且狂狷亦分真伪，故缀文之士，尤当立诚。《论语·阳货篇》：“子曰：‘古者民有三疾，今也或是之亡也。古之狂也肆，今之狂也荡；古之矜也廉，今之矜也忿戾；古之愚也直，今之愚也诈而已矣。’”狂肆，狂也；狂荡，则伪狂也；矜廉，狷也；忿戾，则伪狷也。《论语·子路篇》：“子曰：‘刚、毅、木、讷，近仁。’”《礼记·经解篇》引孔子曰：“温柔敦厚，《诗》教也。”又曰：“《诗》失之愚。”则愚而直者，其于中行亦庶几近之；若愚而诈者，则乡愿之流也。此盖本孔子之意而推衍之。

〔6〕 《孟子·公孙丑篇》：“公孙丑问曰：‘敢问夫子恶乎长？’曰：‘我知言，我善养吾浩然之气。’‘何谓知言？’曰：‘诐辞知其所蔽，淫辞知其所陷，邪辞知其所离，遁辞知其所穷。生于其心，害于其政；发于其政，害于其事。圣人复起，必从吾言矣。’”

〔7〕 《庄子·天下篇》：“以卮言为曼衍。”司马彪《注》：“曼衍，无极也。”

〔8〕 《文史通义·辨似篇》曰：“人藏其心，不可测度也；言者心之声，善观人者，观其所言而已矣。人不必皆善，而所言未有不托于善也；善观人者，察其言善之故而已矣。夫子曰：‘始吾于人也，听其言而信其行，今吾于人也，听其言而观其行。’恐其所言不出于意之所谓诚然也。夫言不由中，如无情之讼，辞穷而情易见，非君子之所患也。学术之患，莫患乎同一君子之言，同一有为之言也。求其所以为言者，咫尺之间，而有霄壤之判焉，似之而非也。”案《辨似》论其迹，《质性》原其心，二者互为表里，其义一也。

〔9〕 本节论辨三伪，存三德，为立言之首要。

《易》曰：“言有物而行有恒。”〔1〕《书》曰：“诗言志。”〔2〕吾观立言之君子，歌咏之诗人，何其纷纷邪〔3〕？求其物而不得也，探其志而茫然也，然而皆曰：吾以立言也，吾以赋诗也。无言而有言，无诗而有诗，即其所谓物与志也。然而自此纷纷矣〔4〕。

〔1〕 《易·家人象》："君子以言有物而行有恒。"王弼《注》："君子以言必有物，而口无择言；行必有恒，而身无择行。"

〔2〕 见今本《尚书·舜典》。孔《疏》："作诗者自言己志，则《诗》是言志之书。"

〔3〕 《广雅·释训》："纷纷，众也。"

〔4〕 白居易《与元九书》："自登朝来，年齿渐长，阅事渐多。每与人言，多询时务；每读书史，多求理道。始知文章合为时而著，歌诗合为事而作。"《日知录》："文之不可绝于天地间者，曰明道也，纪政事也，察民隐也，乐道人之善也。"案二家之说，所重未必尽同，要以为文当具此物此志，而不作无病之呻为主，与章氏意合。本节论言中无物之弊。

有志之士，矜其心，作其意，以谓吾不漫然有言也。学必本于性天[1]，趣必要于仁义，称必归于《诗》、《书》[2]，功必及于民物[3]，是尧、舜而非桀、纣[4]，尊孔、孟而拒杨、墨[5]。其所言者，圣人复起，不能易也[6]。求其所以为言者，宗旨茫然也。譬如《彤弓》、《湛露》奏于宾筵，闻者以谓肄业及之也[7]。或曰：宜若无罪焉[8]！然而子莫于焉执中[9]，乡愿于焉无刺也。惠子曰："走者东走，逐者亦东走。东走虽同，其东走之情则异。"[10]观斯人之所言，其为走之东欤？逐之东欤？是未可知也。然而自此又纷纷矣[1]。

〔1〕 性天谓性与天道。《论语·公冶长篇》："夫子之言性与天道，不可得而闻也。"

〔2〕 《礼记·乐记》："要其节奏。"《注》："要，犹会也。"仁、义、《诗》、《书》并举，见《文德篇》注引韩愈《答李翊书》。

〔3〕 张载《西铭》："民吾同胞，物吾与也。"

〔4〕 《庄子·大宗师》："与其誉尧而非桀也，不如两忘而化其道。"

〔5〕 《孟子·滕文公篇》："能言拒杨、墨者，圣人之徒也。"

〔6〕 《孟子·滕文公篇》："杨、墨之道不息，孔子之道不著。是邪说诬民，充塞仁义也。吾为此惧。闲先圣之道，距杨、墨，放淫辞，邪说者不

得作。作于其心，害于其事，作于其事，害于其政，圣人复起，不易吾言矣。”

〔7〕《春秋》文四年《左传》：“卫灵武子来聘，公与之宴，为赋《湛露》及《彤弓》，不辞，又不答赋，使行人私焉。对曰：‘臣以为肄业及之也。昔诸侯朝正于王，王宴乐之。于是赋《湛露》，则天子当阳，诸侯用命也。诸侯敌王所忾而献其功，王于是乎赐之彤弓一，彤矢百，玈弓矢千，以觉报宴。今陪臣来继旧好，君辱贶之，其敢干大礼以自取戾。’”

〔8〕《孟子·离娄篇》：“公明仪曰：‘宜若无罪焉。’”此用其语。

〔9〕《孟子·尽心篇》：“孟子曰：‘杨子取为我，拔一毛而利天下，不为也。墨子兼爱，摩顶放踵，利天下为之。子莫执中，执中为近之。执中无权，犹执一也，所恶执一者，为其贼道也，举一而废百也。’”伪孙奭《疏》：“杨、墨放荡，子莫执一。圣人量时，不取此术，孔子行止，唯义所在者也。”

〔10〕《韩非子·说林篇》：“慧子曰：(卢文弨校曰：“慧惠同。”)‘狂者东走，(王先慎校曰：“赵本狂作往。”)逐者亦东走，其东走虽同，其所以东走之为则异。’故曰：同事之人，不可不审察也。”

〔11〕本节论貌似中行，实则乡愿之弊。

豪杰者出，以谓吾不漫然有言也，吾实有志焉〔1〕。物不得其平则鸣也〔2〕。观其称名指类〔3〕，或如《诗》人之比兴〔4〕，或如说客之谐隐〔5〕，即小而喻大〔6〕，吊古而伤时，嬉笑甚于裂眦〔7〕，悲歌可以当泣〔8〕，诚有不得已于所言者。以谓贤者不得志于时，发愤著书，以自表见也〔9〕。盖其旨趣不出于《骚》也〔10〕。吾读《骚》人之言矣：“纷吾有此内美，又重之以修能。”〔11〕太史迁曰：“余读《离骚》，悲其志。”又曰：“明道德之广崇，治乱之条贯。其志洁，其行廉，皭然泥而不滓，虽与日月争光，可也。”〔12〕此贾之所以吊屈，而迁之所以传贾也〔1〕。斯皆三代之英也〔14〕。若夫托于《骚》以自命者，求其所以牢骚之故〔15〕，而茫然也。嗟穷叹老，人富贵而已贫贱也，人高第而已摈落也，投权要而遭按剑也[16]，争势利而被倾轧也。为是不得志，而思托文章于《骚》、《雅》，以谓古人之志也；不知中人而下[17]，所谓“齐心同所愿，含意犹未伸”者也[18]。夫科举擢百十高第[19]，必有数千贾谊痛哭以吊湘江，江不闻矣；吏部叙千百有位，必有盈万屈原搔首以赋《天问》[20]，天厌之矣[21]。孟子曰：“有伊尹之志则可，无伊尹之志则篡也。”[22]吾谓牢骚者，有屈、贾之志则可，无屈、贾之志则鄙也。然而自命为《骚》者，且纷纷矣[23]。

〔1〕《诗大序》：“诗者，志之所之也，在心为志，发言为诗。情动于中，而形于言，言之不足，故嗟叹之；嗟叹之不足，故永歌之；永歌之不足，不知手之舞之，足之蹈之也。”是此物即此志。以志为诗，则言有物矣。

〔2〕韩愈《送孟东野序》：“凡物不得其平则鸣。”

〔3〕《易·系辞》：“其称名也小，其取类也大。”《史记·屈原列传》亦云：“其称文小而其指极大，举类迩而见义远。”

〔4〕《文心雕龙·比兴篇》：“比者，附也；兴者，起也；附理者，切类以指事；起情者，依微以拟议。起情故兴体以立，附理故比例以生；比则畜愤以斥言，兴则环譬以托讽。盖随时之义不一，故《诗》人之志有二也。”

〔5〕《文心雕龙·谐隐篇》：“谐之言皆也，辞浅会俗，皆悦笑也。昔齐威酣乐，而淳于说甘酒；楚襄宴集，而宋玉赋好色；意在微讽，有足观者。及优旃之讽漆城，优孟之谏葬马，并谲辞饰说，抑止昏暴。是以子长编史，列传《滑稽》，以其辞虽倾回，意归义正也。隐者，谜也，遁辞以隐意，谲譬以指事也。昔还社求拯于楚师，喻眢井而称麦曲；叔仪乞粮于鲁人，歌佩玉而呼庚癸；伍举刺荆王以大鸟，齐客讥薛公以海鱼；庄姬托辞于龙尾，臧文谬书于羊裘。隐语之用，被于纪传。大者兴治济身，其次弼违晓惑，盖意生于权谲，而事出于机急，与夫谐辞，可相表里者也。”

〔6〕《汉书·李广传赞》：“谚曰：‘桃李不言，下自成蹊。’此言虽小，可以喻大。”

〔7〕《史记·项羽本纪》:"头发上指,目眦尽裂。"

〔8〕乐府古辞《悲歌行》:"悲歌可以当泣,远望可以当归。"宋祁《笔记》:"柳子厚云:'嘻笑之怒,甚于裂眦,长歌之哀,过于恸哭。'信文之险语。"案柳语见《对贺者》。

〔9〕司马迁《报任安书》:"盖西伯拘而演《周易》;仲尼厄而作《春秋》;屈原放逐,乃赋《离骚》;左丘失明,厥有《国语》;孙子膑脚,《兵法》修列;不韦迁蜀,世传《吕览》;韩非囚秦,《说难》、《孤愤》。《诗》三百篇,大底圣贤发愤之所为作也。此人皆意有所郁结,不得通其道,故述往事,思来者。"见,现本字。

〔10〕《史记·屈原列传》:"屈原,名平,楚之同姓也。为楚怀王左徒,博闻强志,明于治乱,娴于辞令,王甚任之。上官大夫与之同列,争宠,而心害其能,因谗之,王怒而疏屈平。屈平疾王听之不聪也,谗谄之蔽明也,邪曲之害公也,方正之不容也,故忧愁幽思而作《离骚》。《离骚》者,犹离忧也。夫天者,人之始也;父母者,人之本也。人穷则反本,故劳苦倦极,未尝不呼天也;疾痛惨怛,未尝不呼父母也。屈平正道直行,竭忠尽智,以事其君,谗人间之,可谓穷矣;信而见疑,忠而被谤,能无怨乎?屈平之作《离骚》,盖自怨生也。"屈子发愤,卒以自沉,斯狷之至矣。故举以概其余,而曰旨趣不出于《骚》。

〔11〕《离骚》句。朱骏声《离骚补注》:"能,态之假借字。"案能、态古字通。《九章·怀沙》:"非俊疑杰,固庸态也。"《论衡·累害篇》引作"能"。又《招魂》:"姱容修态。"即此"修能"也。

〔12〕均见《史记》本传。

〔13〕《史记》屈原、贾谊同传,盖史公以二人之心迹相类也。《贾传》云:"天子议以为贾生任公卿之位,绛、灌、东阳侯、冯敬之属尽害之,乃短贾生,于是天子后亦疏之,不用其议,乃以贾生为长沙王太傅。贾生既辞往行,闻长沙卑湿,自以寿不得长,又以谪去,意不自得。及度湘水,为赋以吊屈原。"赋文载传。

〔14〕《礼记·礼运》:"孔子曰:'大道之行也,与三代之英。'"此三代盖泛

指往古，非必夏、商、周。

〔15〕《汉书·扬雄传》："又旁《惜诵》以下至《怀沙》一卷，名曰《畔牢愁》。"宋祁曰："萧该按牢字旁著水，晋直作牢。韦昭曰：'浶，骚也。'"是二字音近义同，今通以指不平之鸣矣。

〔16〕《史记·苏秦列传》："韩王勃然作色，攘臂瞋目，按剑仰天太息。"

〔17〕《论语·雍也篇》："中人以上，可以语上也；中人以下，不可以语上也。"

〔18〕二句《古诗十九首》之文，见《文选》。原诗"犹"作"俱"，当据正。

〔19〕唐时取士，科目甚多，故曰科举。宋用括帖，明、清用八股考试，亦仍其名。其得中者谓之及第。名列前茅者，则称高第。

〔20〕王逸《天问章句序》："《天问》者，屈原之所作也。何不言问天，天尊不可问，故曰《天问》也。屈原放逐，忧心愁悴，彷徨山泽，经历陵陆，嗟号旻旻，仰天叹息。见楚有先王之庙，及公卿祠堂，图画天地山川神灵，琦玮僪佹，及古贤圣怪物行事，周流罢倦，休息其下，仰见图画，因书其壁，呵而问之，以渫愤懑，舒泻愁思。"

〔21〕《论语·雍也篇》："夫子矢之曰：'予所否者，天厌之，天厌之。'"

〔22〕《孟子·尽心篇》："公孙丑曰：'伊尹曰：予不狎于不顺，放太甲于桐，民大悦。太甲贤，又反之，民大悦。贤者之为人臣也，其君不贤，则固可放与。'孟子曰：'有伊尹之志则可，无伊尹之志则篡也。'"

〔23〕本节论似狷实伪之弊。

有旷观者从而解曰：是何足以介也[1]。吾有所言，吾以适吾意也。人以吾为然，吾不喜也；人不以吾为然，吾不愠也[2]。古今之是非，不欲其太明也；人我之意见，不欲其过执也，必欲信今垂后，又何为也？有言而启人争，不如无言之为愈也[3]。是其宗旨，盖欲托于庄周之齐物也[4]。吾闻庄周之言曰"内圣外王之学，暗而不明"也；"百家往而不反，道术将裂"也[5]。"寓言十九，卮言日出"[5]。然而稠适上遂，充实而不可以已[7]，则非无所持，而漫为达观以略世事也[8]。今附庄而称达者，其旨果以言为无用欤？虽其无用之说可不存也，即其无用之说，将以垂教欤？则贩夫皂隶[9]，亦未闻其必蕲有用也[10]。豕腹饕饕[11]，羊角戢戢[12]，何尝欲明古今之是非，而执人我之意见也哉？怯之所以胜勇者，力有余而不用也；讷之所以胜辩者，智有余而不竞也[13]。蛟龙战于渊，而蚓蚁不知其胜负；虎豹角于山，而狌狸不知其强弱，乃不能也，非不欲也。以不能而托于不欲，则夫妇之愚可齐上智也[14]。然而遁其中者又纷纷矣[15]。

〔1〕《后汉书·马援传》："介介独恶是耳。"《注》："介介，犹耿耿也。"

〔2〕《论语·学而篇》："人不知而不愠，不亦君子乎？"《说文》："愠，怒也。"

〔3〕《广雅·释言》："愈，贤也。"《匡谬正俗》："愈，胜也。"《淮南子·说山篇》："人无言而神，有言者则伤。"实斋语似本之。

〔4〕《庄子·齐物论》郭《注》曰："夫自是而非彼，美己而恶人，物莫不皆然，故是非虽异，而彼我均也。"夫物我两忘，则不齐为齐；法执既破，则自适其适。庄生消摇，曳尾自喻，斯狂之至矣。故亦举以概其余，而谓托旨于齐物也。

〔5〕《庄子·天下篇》："内圣外王之道，暗而不明，郁而不发，天下之人，各为其所欲焉以自为方。悲夫！百家往而不反，必不合矣。后世之学者，不幸不见天地之纯，古人之大体，道术将为天下裂。"

〔6〕二语见《寓言篇》。郭《注》云："寄之他人，则十言而九见信。"又云："夫卮满则倾，空则仰，非持故也。况之于言，因物随变，惟彼之从，故曰日出。日出，谓日新也。"

〔7〕《天下篇》："芴漠无形，变化无常，死与生与，天地并与，神明往与，芒乎何之，忽乎何适，万物毕罗，莫足以归。古之道术有在于是者。庄周闻其风而悦之，以谬悠之说，荒唐之言，无端崖之辞，时恣纵而不傥，不以觭见之也。以天下为沈浊，不可与庄语，以卮言为曼衍，以重言为真，以寓言为广。独与天地精神往来，而不敖倪于万物，不谴是非，以与世俗处。其书虽瑰玮，而连犿无伤也，其辞虽参差，而諔

诡可观。彼其充实,不可以已,上与造物者游,而下与外死生无终始者为友。其于本也,弘大而辟,深闳而肆。其于宗也,可谓稠适而上遂矣。虽然,其应于化而解于物也,其理不竭,其来不蜕,芒乎昧乎,未之尽者。”

〔8〕 道家之学,无为而无不为,或但见其消极,盖一往之见也,即如上引《天下篇》文,乃庄子自道其道。王夫之《庄子解》谓其:“以不离于宗之天人自命,而谓内圣外王之道皆自此出。”是也。余杭章君之教人也,亦谓当“玩老、庄之大体,识经、史之宏规”。然则道之与儒,其理相成,其非中无所持,漫为达观之流,益信矣。

〔9〕 《春秋》昭七年《左传》:“人有十等,下所以事上,上所以共神也。故王臣公,公臣大夫,大夫臣士,士臣皂,皂臣舆,舆臣隶,隶臣僚,僚臣仆,仆臣台。”

〔10〕 《庄子·齐物论》:“予恶乎知夫死者不悔其始之蕲生乎?”蕲,今通作祈,求也。

〔11〕 《春秋》文十八年《左传》:“缙云氏有不才子,贪于饮食,冒于货贿,天下之民,谓之饕餮。”《杜注》:“贪财为饕,贪食为餮。”财食分言,盖非二字初义,故此仍以饕餮为贪食也。

〔12〕 《诗·小雅·无羊》:“尔羊来思,其角濈濈。”《传》:“聚其角而息,戢戢然。”《释文》:“濈,亦作戢。”

〔13〕 《老子》:“大勇若怯。”又云:“大辩若讷。”《庄子·齐物论》:“大勇不忮。”又云:“大辩不言。”胥此所本也。

〔14〕 《礼记·中庸》:“夫妇之愚,可以与知焉。及其至也,虽圣人亦有所不知焉。”

〔15〕 本节论似狂实伪之弊。

《易》曰:“一阴一阳之谓道。”〔1〕阳变阴合,循环而不穷者〔2〕,天地之气化也。人秉中和之气以生,则为聪明睿智;毗阴毗阳〔3〕,是宜刚克柔克,所以贵学问也〔4〕。骄阳沴阴〔5〕,中于气质,学者不能自克,而以似是之非为学问,则不如其不学也。孔子曰:“不得中行而与之，必也狂狷乎。狂者进取，狷者有所不为。”庄周、屈原，其著述之狂、狷乎。屈原不能以身之察察，受物之汶汶[6]，不屑不洁之狷也。庄周独与天地精神相往来，而不傲睨于万物，进取之狂也。昔人谓庄、屈之书，哀乐过人。盖言性不可见，而情之奇至如庄、屈，狂狷之所以不朽也。乡愿者流，托中行而言性天，剽伪易见[7]，不足道也。于学见其人，而以情著于文，庶几狂狷可与乎[8]。然而命《骚》者鄙，命庄者妄。狂狷不可见，而鄙且妄者，纷纷自命也。夫情本于性也，才率于气也，累于阴阳之间者，不能无盈虚消息之机[9]。才情不离乎血气，无学以持之，不能不受阴阳之移也。陶、舞、愠、戚[10]，一身之内，环转无端而不自知。苟尽其理，虽夫子愤乐相寻[11]，不过是也。其下焉者，各有所至，亦各有所通。大约乐至沈酣而惜光景，必转生悲[12]；而忧患既深，知其无可如何，则反为旷达。屈原忧极，故有轻举、远游、餐霞、饮瀣之赋[13]；庄周乐至[14]，故有后人不见天地之纯、古人大体之悲，此亦倚伏之至理也[15]。若夫毗于阴者，妄自期许，感慨横生，贼夫《骚》者也。毗于阳者，猖狂无主，动称自然，贼夫庄者也[16]。然而亦且循环未有已矣[17]。

〔1〕《系辞》语。

〔2〕《史记·高祖本纪》：“三王之道若循环，终而复始。”

〔3〕《庄子·在宥篇》：“人大喜耶？毗于阳；大怒耶？毗于阴。阴阳并毗，四时不至，寒暑之和不成，其反伤人之形乎？”

〔4〕学问变化气质，有补偏救弊之功也。

〔5〕《庄子·大宗师》：“阴阳之气，有沴其心。”《汉书·五行志注》：“沴，害也。”

〔6〕《楚辞·渔父》：“屈原曰：‘吾闻之：新沐者，必弹冠；新浴者，必振衣。安能以身之察察，受物之汶汶者乎？宁赴湘流，葬于江鱼之腹中，安能以皓皓之白，而蒙世俗之尘埃乎？’”

〔7〕《史记·货殖列传》：“攻剽椎埋。”剽谓劫取也。

〔8〕 此言中行本于性，狂狷根乎情。文性既不易得，则文情之真者，亦有取焉耳。

〔9〕《易·丰象》："日中则昃，月盈则食。天地盈虚，与时消息，而况于人乎？"

〔10〕《礼记·檀弓》："人喜则斯陶，陶斯咏，咏斯犹，犹斯舞，舞斯愠，愠斯戚，戚斯叹，叹斯辟，辟斯诵矣。"

〔11〕 见《文学总略篇》注引《论语》。

〔12〕《史记·滑稽列传》："乐极生悲。"

〔13〕《楚辞·远游》："悲时俗之迫阨兮，愿轻举而远游。"又："餐六气而饮沆瀣兮，漱正阳而含朝霞。"案《渔父》、《远游》诸篇，世多以为非屈子之作，然实斋于此，初不措意。《文史通义·说林篇》曰："庄周《让王》、《渔父》诸篇，辨其为真为赝，屈原《招魂》、《大招》之赋，争其为玉为差。固矣夫！文士之见也。"盖其平日持言公之义，故立论基此。今之君子，或斥其考证之疏，则非知章氏者矣。

〔14〕《庄子》外篇有《至乐》。郭《注》："忘欢而后乐足，乐足而后身存。将以为有乐耶？而至乐无欢，将以为无乐也，而身以存而无忧。"此其大旨也。

〔15〕《老子》："祸兮福所倚，福兮祸所伏。"

〔16〕《论语·先进篇》："贼夫人之子。"邢《疏》："贼，害也。"

〔17〕 本节剖判性情，而侧重于伪狂、伪狷之辨。

谨案：此篇庐江何氏钞本题《庄骚》，萧山王氏编目题《性情》，通行本则作《质性》。王宗炎复章氏书云："《质性》篇题欲改《文性》，亦似未安，不如竟题《性情》乃得。（原注："质性二字，亦近生撰。"）忧至乐至者，情也，毗阴毗阳者，性也。能性其情则利贞，即狂、狷之进于中行，似与尊著命意较合。"据此，知当日命篇，颇费斟酌。盖其论既发人之所未发，则求题署之醒豁，亦较难耳。今细绎大旨，虽在性以驭情，中行以驭狂、狷，欲学者之去三伪，存三德，而尤侧重伪狂、伪狷之辨，盖此二者为人之所易忽，而厥害尤烈耳。标举质性，所谓反身而诚，二字出韩非书，《楚辞注》复遵用之，亦非如王氏复书中所谓“近生撰”者，后之览者，勿事更张可矣。

前篇论文德，已甚精微，若此篇则尤为揣本之谈。盖德者表象，性者本根，判其文以敬恕，尤不若判其心以诚伪也，然诚伪之判，昔人即以为难，元好问《论诗绝句》云：“心画心声总失真，文章宁复见为人。高情千古《闲居赋》，争信安仁拜路尘。”盖其一例。至昆山顾氏则申孟子知言之旨，《日知录》曰：“末世人情弥巧，文而不惭，固有朝赋《采薇》之篇，而夕有捧檄之喜者。苟以其言取之，则车载鲁连，斗量王蠋矣。曰：是不然。世有知言者出焉，则其人之真伪，即以其言辨之，而卒莫能逃也。《黍离》之大夫，始而摇摇，中而如噎，既而如醉，无可奈何而付之苍天者，真也。汨罗之宗臣，言之重，辞之复，心烦意乱，而其词不能以次者，真也。栗里之征士，淡然若忘于世，而感愤之怀，有时不能自止，而微见其情者，真也。其汲汲于自表暴而为言者，伪也。《易》曰：‘将叛者其辞惭，中心疑者其辞枝，失其守者其辞屈。’《诗》曰：‘盗言孔甘，乱是用锬。’夫镜情伪，屏盗言，君子之道，兴王之事，莫先乎此。”案知言之说，孟子原与养气连言，其论浩然之气，谓：“至大至刚，以直养而无害，则塞于天地之间。”又谓：“配义与道，无是馁也，是集义所生者，非义袭而取之。”是养气乃能知言，集义乃能养气。又谓：“行有不慊于心则馁。”是存诚乃能集义，此其究竟义也。故《中庸》曰：“至诚之道，可以前知。”盖惟诚乃明，庶几即微而知著也。由斯而言，则知言之与修辞，文性之与文德，虽或有人我之分，内外之别，一是皆以立诚为本矣。

《文史通义》又有《辨似》、《针名》、《砭异》三篇，立论亦均与本篇相发。《辨似篇》前已略引，《针名篇》曰：“好名之人，务揣人情之所向，不必出于中之所谓诚然也，风尚循环，如春兰秋菊之互相变易，而不相袭也。人生其间，才质所优，不必与之适合也。好名者，则必屈曲以徇之，故于心术多不可问也。学问之道，与人无忮忌，而名之所关，忮忌有所必至也；学问之道，与世无矫揉，而名之所在，矫揉有所必然也。故好名，德之贼也。”《砭异篇》曰：“古人于学求其是，未尝求异于人也。夫子曰：‘俭，吾从众。泰也，虽违众，吾从下。’圣人方且求同于人也，有时而异于众，圣人之不得已也。天下有公是，成于众人之不知其然而然也，圣人莫能异也。贤智之士，深求其故，而信其然；庸愚未尝有知，而亦安于然。而负其才者，耻与庸愚同其然也，则故矫其说，以谓不然。凡求异于人者，由于内不足也，自知不足，而又不胜其好名之心，斯欲求异以加人，而人亦卒莫为所加也。内不足不得不矜于外，实不至不得不骛于名，又人情之大抵类然也。以人情之大抵类然，而求异者，固亦不免出此，则求异者，何尝异人哉？特异于坦荡之君子尔。”如上所论，前者姝姝为同，则好名以趣时，乡愿之流也；后者察察为异，则好名以矫说，伪狂、伪狷之流也。其不衷于立诚之旨一也。故实斋俱贬之。

下　辑

文　赋

（论制作与体式）

陆　机

余每观才士之所作，窃有以得其用心[1]。夫放言遣辞，良多变矣[2]，妍蚩好恶[3]，可得而言。每自属文[4]，尤见其情[5]，恒患意不称物，文不逮意[6]。盖非知之难，能之难也[7]。故作《文赋》，以述先士之盛藻[8]，因论作文之利害所由，他日殆可谓曲尽其妙[9]。至如操斧伐柯，虽取则不远[10]；若夫随手之变，良难以辞逮。盖所能言者，具于此云[11]。

〔1〕《论语·述而篇》："窃比我于老彭。"邢《疏》："不敢显言，故云窃。"《文心雕龙·原道篇》："心生而言立，言立而文明，自然之道也。"故论作文之道，必首及用心。

〔2〕《汉书·吴王濞传》："诛罚良重。"颜《注》："良，实也，信也。"

〔3〕《说文》："妍，慧也。"《释名》："蚩，痴也。"《后汉书·赵壹传》："孰知辨其蚩妍。"

〔4〕《汉书·兒宽传》："善属文。"《注》："属，缀也。"（兒，今作倪。）

〔5〕黄先生云："此言观他文既知其用意，自作文则知之愈切。"

〔6〕《文心雕龙·神思篇》："方其搦翰，气倍辞前；暨乎篇成，半折心始。何则？意翻空而易奇，言征实而难巧也。"《文选》五臣《注》李周翰曰："体属于物，患意不似物；文出于意，患词不及意也。"

〔7〕《尚书·说命》："非知之艰，行之维艰。"文学之事，能重于知，不知而

能者有之矣,不能而知,盖难言也。曹植《与杨德祖书》曰:"有南威之容,乃可以论于淑媛;有龙泉(泉,本作渊;唐人避唐高祖讳改。)之利,乃可以议于断割。"即知寓于能之义。士衡此赋所以独绝者,亦以其能文也。

〔8〕《文选》李善《注》:"孔安国《尚书传》曰:'藻,水草之有文者。'故以喻文焉。"黄先生云:"先士盛藻,即前云才士所作。"

〔9〕五臣《注》吕向曰:"谓赋成之后,异日观之,乃委曲尽其妙道矣。"俞正燮《文选注书后》曰:"其说难通,盖本文系'谓他日殆可曲尽其妙'谓字传写者倒之耳。本文言赋之所陈,知之非难,而己之才力难副,存此妙旨,冀他日曲而验之,如沈休文言'如曰不然,以俟来哲'也。"黄先生云:"'谓'字是羡文,此言今以能为难,他日庶几能之耳。"案吕说牵强,诚如俞氏所谓难通,学者从俞说或本师说可耳。

〔10〕《诗·豳风·伐柯》:"伐柯伐柯,其则不远。"《传》:"柯,斧柄也。"《疏》:"执柯以伐柯,比而视之,旧柯短则如其短,旧柯长则如其长,其法不在远也。"

〔11〕《文心雕龙·序志篇》:"按辔文雅之场,环络藻绘之府,亦几乎备矣。但言不尽意,圣人所难,识在瓶管,何能矩矱。"与此同意。盖文章之事,神思为贵,大匠能与人以规矩,不能使人巧也。本节赋序。

伫中区以玄览〔1〕,颐情志于《典》、《坟》〔2〕;遵四时以叹逝〔3〕,瞻万物而思纷〔4〕;悲落叶于劲秋,嘉柔条于芳春〔5〕;心懔懔以怀霜,志眇眇而临云〔6〕;咏世德之骏烈,诵先人之清芬〔7〕;游文章之林府〔8〕,嘉丽藻之彬彬〔9〕;慨投篇而援笔,聊宣之乎斯文〔10〕。

〔1〕《说文》:"伫,久立也。"《老子》:"涤除玄览。"河上公《注》:"心居玄冥之处,览知万物,故谓之玄览。"中区,谓宇宙之中也。

〔2〕《易·颐》:"颐,贞吉。"《疏》:"颐,养也。"《春秋》昭十二年《左传》:"是能读《三坟》、《五典》。"《疏》引孔安国《尚书序》云:"伏羲、神农、黄帝之书,谓之《三坟》,言大道也;少昊、颛顼、高辛、唐、虞之书,谓

之《五典》，言常道也。”此以通指古籍。

〔3〕 士衡别有《感时》、《叹逝》二赋。

〔4〕 李善曰：“遵，循也。循四时而叹其逝往之事，揽视万物盛衰，而思虑纷纭也。”

〔5〕 《文心雕龙·物色篇》曰：“春秋代序，阴阳惨舒，物色之动，心亦摇焉。是以献岁发春，悦豫之情畅；滔滔孟夏，郁陶之心凝；天高气清，阴沈之志远；霰雪无垠，矜肃之虑深。岁有其物，物有其容，情以物迁，辞以情发。”《诗品序》曰：“若乃春风春鸟，秋月秋蝉，夏云暑雨，冬月祁寒，斯四候之感诸诗者也。”所言与陆《赋》若合符节矣。

〔6〕 李善曰：“怀霜、临云，言高洁也。《舞赋》：‘气若浮云，志如秋霜。’”

〔7〕 士衡祖逊，父抗，并吴名臣。唐太宗《晋书·陆机传论》所谓“祖考重光，羽楫吴运，文武奕叶，将相连华。”是也。其集中《祖德》、《述先》二赋，即式怀先德之作。故庾信《哀江南赋序》曰：“陆机之辞赋，先陈世德。”

〔8〕 李周翰曰：“林府，谓多如林木，富如府库也。”

〔9〕 李善曰：“包咸《论语注》曰：‘彬彬，文质相半之貌。’”

〔10〕 先士盛藻，诵习既久，作文利害，渐有征知，因投置往篇，援笔而自抒所见也。本节造赋之由。

其始也，皆收视反听，耽思旁讯〔1〕，精骛八极，心游万仞〔2〕。其致也，情曈昽而弥鲜，物昭晰而互进〔3〕；倾群言之沥液，漱六艺之芳润〔4〕；浮天渊以安流，濯下泉而潜浸〔5〕。于是沉辞怫悦，若游鱼衔钩而出重渊之深〔6〕；浮藻连翩，若翰鸟缨缴而坠曾云之峻〔7〕。收百世之阙文，采千载之遗韵〔8〕；谢朝华于已披，启夕秀于未振〔9〕；观古今于须臾，抚四海于一瞬〔10〕。

〔1〕 李善曰：“收视反听，言不视听也。耽思旁讯，静思而求之也。毛苌《诗传》曰：‘耽，乐之久。’《广雅》曰：‘讯，问也。’”《史记·商鞅列传》：“反听之谓聪，内视之谓明。”《文心雕龙·神思篇》：“陶钧文思，

贵在虚静，疏瀹五脏，澡雪精神。”亦谓求静为运思之初步，盖惟不扰于物，乃能体物也。张涤华先生曰：案耽与湛通。《小雅·常棣》：“和乐且湛。”《释文》：“湛又作耽。”《中庸》湛亦作耽。《汉书·成帝纪赞》：“湛于酒色。”师古《注》：“湛读曰耽。”《文选·答宾戏》：“湛道德。”善《注》：“湛读如耽。”并其证。湛沈古今字。（段玉裁谓耽湛皆假借字，本字当作媅。）《汉书·司马相如传》：“湛思庞洪。”师古《注》：“湛读如沈。沈，深也。”故耽又与沈通。《文选·西京赋》：“大厦耽耽。”薛综《注》：“耽耽，深邃之貌也。”《史记·陈涉世家》：“涉之为王沈沈者。”《集解》引应劭曰：“沈沈，宫室深邃之貌也。”是其证。据此，知耽思即沈思，犹言深思也。李《注》引毛《传》释耽字未明切。

〔2〕 李善曰：“精，神爽也。八极、万仞，言高远也。《淮南子》曰：‘八纮之外，乃有八极。’包咸《论语注》曰：‘七尺曰仞。’”《淮南子·原道篇》：“骛怳忽。”《注》：“骛，驰也。”《文心雕龙·神思篇》：“寂然凝虑，思接千载；悄焉动容，视通万里。”心神虚静，则思无不通，理无不浃，无复时空之限制也。

〔3〕 李善曰：“《尔雅》曰：‘致，至也。’《埤苍》曰：‘曈昽，欲明也。’《说文》曰：‘昭晰，明也。’”此谓宇宙物象，以虚静之心神驭之，则视焉而明，择焉而精，无复平庸杂乱之患。

〔4〕 群言，谓诸子百家。六艺，谓六经也。袁守定《占毕丛谈》：“陈同甫在太学论作文之法曰：‘不用古人句，只用古人意。’此即昌黎所谓‘师其意不师其词’也。为文直录书籍，则人讥之为稗贩，言其如负贩子也；亦曰胥钞，言其如钞写吏也。《文赋》云：‘倾群言之沥液，漱六艺之芳润。’必如此乃为食古而化。”姚鼐《古文辞类纂序》：“神、理、气、味者，文之精也；格、律、声、色者，文之粗也。然苟舍其粗，则精者亦胡以寓焉。学者之于古人，必始而遇其粗，中而遇其精，终则御其精者，而遗其粗者。”案姚氏所论为文八法，虽与本篇有殊，然倾沥液，漱芳润，仍是遗粗御精之旨，可参证也。

〔5〕 李善曰：“《剧秦美新》曰：‘盈塞天渊之间。’《楚辞》曰：‘使江水兮安流。’《毛诗》曰：‘冽彼下泉，浸彼苞稂。’”黄先生曰：“二句须联沈辞

以下解之，喻隐者能显之，扬者能抑之。”

〔6〕 李善曰：“怫悦，难出之貌。”此谓文思自隐以之显也。

〔7〕 李善曰：“联翩，将坠貌。王弼《周易注》曰：‘翰，高飞也。’《说文》曰：‘缴，生丝缕也。’谓缕系矰矢而以弋射。”曾，层本字。此谓文思由扬而之抑也。或隐或显，或扬或抑，文术多门，初无定致，运用之妙，存乎一心。此以鱼、鸟喻辞藻，而以钓、弋喻思虑之为用也。

〔8〕 《论语・卫灵公篇》：“子曰：‘吾犹及史之阙文也。’”遗韵，犹云流风余韵。张云璈《选学胶言》以声韵之韵释之，非也。《周书・王褒庾信传赞》：“王褒庾信，奇才秀出，牢笼于一代，由是朝廷之人，闾阎之士，莫不忘味于遗韵，眩精于末光。”句式正同，可以为证。此云，阙文遗韵，即下文所云未启之夕秀耳。

〔9〕 《文选・琴赋注》：“披，开也。”《左传》文十六年《注》：“振，发也。”五臣《注》张铣曰：“朝华已披，谓古人已用之意，谢而去之；夕秀未振，谓古人未述之旨，开而用之。”黄先生曰：“收百世之阙文四句，言通变也。”

〔10〕 《文选・北征赋》：“聊须臾以婆娑。”《注》：“须臾，少时也。”胡绍瑛《文选笺证》曰：“一瞬与上须臾对，瞬犹息也。”此谓文章构思之时，博采古今四海，及其御精遗粗，则须臾一瞬，玄珠已复在握，不劳多及也。本节论构思之况。

然后选义按部，考辞就班[1]；抱景者咸叩，怀响者毕弹[2]。或因枝以振叶，或沿波而讨源[3]；或本隐以之显，或求易而得难[4]；或虎变而兽扰，或龙见而鸟澜[5]；或妥帖而易施，或岨峿而不安[6]。罄澄心以凝思，眇众虑而为言[7]，笼天地于形内，挫万物于笔端[8]，始踯躅于燥吻，终流离于濡翰[9]。理扶质以立干，文垂条而结繁[10]，信情貌之不差，故每变而在颜[11]，思涉乐其必笑，言方哀而已叹[12]，或操觚以率尔，或含毫而邈然[13]。

〔1〕 袁守定《占毕丛谈》：“凡构思之始，众妙纷呈，茫无统纪，必择其意贯

气属，应节而不杂者，属而为文，陆平原所谓‘选义按部，考辞就班’也。”

〔2〕 五臣《注》吕延济曰：“谓物有抱光景者，必以思叩触之而求文理，物有怀音响者，必以思弹击之以发文意。”吾友殷石臞先生曰：“黄先生云：‘二句言应有之谊，皆无所遗。’愚意盖谓天地间一切有色有声者，皆可供资取也。”按二说皆通。

〔3〕 《文心雕龙·附会篇》：“凡大体文章，类多枝派，整派者依源，理枝者循干。是以附辞会义，务总纲领，驱万途于同归，贞百虑于一致；使众理虽繁，而无倒置之乖，群言虽多，而无棼丝之乱；扶阳而出条，顺阴而藏迹；首尾周密，表里一体。此附会之术也。”案上句由本及末，下句由末及本。此及下共八句，义皆一正一反。

〔4〕 隐则难，显则易，隐显、难易，文思之通塞系焉，文术之高下形焉。

〔5〕 李善曰：“《周易》曰：‘大人虎变，其文炳也。’扰，驯也。《庄子》曰：‘君子尸居而龙见。’大波曰澜。”胡绍煐《文选笺证》曰：“按澜之言涣散也。本书《洞箫赋注》：‘澜漫，分散也。’连言为澜漫，单言曰澜。此言龙见而鸟散也。”案二语喻文章之辞义，或本根既立，而枝叶悉归循附，或本根虽具，而枝叶仍属支离。旧解似皆未谛。张涤华先生引其先师衡阳刘君（豢龙）说云：“善《注》：‘大波曰澜，如鸟在波澜之中。’按上变、扰、见三字皆动词，则澜不应为名词。《释名·释水》：‘风行水波成文曰澜。澜，连也。波体转流，相及连也。’此言如鸟之相连，方与上三字例解相合。”又申之曰：“按澜或作涟。《说文》：‘涟，澜或从连。’《诗·魏风·伐檀》：‘河水清且涟猗。’《尔雅·释水注》引作澜。毛《传》云：‘风行水成文曰涟。’段玉裁云：‘古阑连同音，故澜涟同字。’据此则鸟澜即鸟涟，风行水成文曰涟。亦即谓其文相连也。诸旧解皆未谛。”案：予本胡绍煐说释澜为散，盖亦以为动词。

〔6〕 李善曰：“妥帖，易施貌。王逸《楚辞序》曰：‘义多乖异，事不妥帖。’岨峿，不安貌。《楚辞》曰：‘圜凿而方枘兮，吾固知其钼铻而难入。’”二句上以喻发抒之易，下以喻部勒之难，启后竭情多悔，率意寡尤之

论，方成珪《文选集成》曰：“以上十句皆选义考辞之事，即发明序中放言遣词良多变意。”

〔7〕 李善曰：“《周易》曰：‘神也者，妙万物而为言者也。’”殷石臞先生曰：“二句即昭明《选序》所谓事出沈思也。”

〔8〕《说文》：“挫，折也。”万象森列，惟心澄言妙者得以役之。

〔9〕 李周翰曰：“踯躅，不进貌。”李善曰：“流离，津液流貌。毛苌《诗传》曰：‘濡，渍也。’《汉书音义》韦昭曰：‘翰，笔也。’”《文心雕龙·原道篇》：“雕琢情性，组织辞令。”情性有赖于雕琢，辞令有待于组织，此其所以始而踯躅，终乃流离也。

〔10〕 李善曰：“言文之体，必须以理为本。垂条，以树喻也。”吕延济曰：“质犹本根也。为文之理，必先扶持本根，乃立其干，谓先树理，次择词也，故如垂条而结叶繁茂也。”范晔《狱中与诸甥侄书》：“常谓情志所托，故当以意为主，以文传意。以意为主，则其旨必见；以文传意，则其辞不流；然后抽其芬芳，振其金石耳。”《文心雕龙·情采篇》：“故情者，文之经；辞者，理之纬；经正而后纬成，理定而后辞畅。此立文之本源也。”又《附会篇》：“夫才量学文，宜正体制，必以情志为神明，事义为骨髓，辞采为肌肤，宫商为声气，然后品藻玄黄，摛振金玉，献替可否，以裁厥中。斯缀思之恒数也。”

〔11〕 殷石臞先生曰：“此谓诚中形外，表里如一也。”案亦即《诗序》所谓“情动于中而形之言”。

〔12〕《文心雕龙·夸饰篇》：“谈欢则字与笑并，论蹙则声共泪偕。”

〔13〕 李善曰：“觚，木之方者，古人用之以书，犹今之简也。《急就章》曰：‘急就奇觚。’《论语》曰：‘子路率尔而对。’毫，谓笔毫也。王逸《楚辞注》曰：‘锐毛为毫也。’《毛诗》曰：‘听者藐藐。’毛苌曰：‘藐藐然不入。’”此谓为文构思，虽有常轨，而成文迟速，则无定程。《文心雕龙·神思篇》：“若夫骏发之士，心总要术，敏在虑前，应机立断。覃思之人，情饶歧路，鉴在疑后，研虑方定。”是其大较也。本节论谋篇之始，部署意辞之事。

伊兹事之可乐[1]，固圣贤之所钦[2]，课虚无以责有，叩寂寞而求音[3]，函绵邈于尺素，吐滂沛乎寸心[4]。言恢之而弥广，思按之而逾深[5]；播芳蕤之馥馥[6]，发青条之森森；粲，风飞而猋竖；郁，云起乎翰林[7]。

〔1〕 李周翰曰："伊，维也。兹事，谓文章也。"

〔2〕《典论·论文》："盖文章经国之大业，不朽之盛事。年寿有时而尽，荣乐止乎其身，二者必至之常期，未若文章之无穷。是以古之作者，寄身于翰墨，见意于篇籍，不假良史之辞，不托飞驰之势，而声名自传于后。故西伯幽而演《易》，周旦显而制《礼》，不以隐约而弗务，不以康乐而加思。"圣贤所钦，殆此谓也。

〔3〕《说文》："课，试也。"李善曰："《春秋说题辞》曰：'虚生有形。'《淮南子》曰：'寂寞，音之主也。'"袁守定《占毕丛谈》："凡拈题之始，心与理冥，略无所睹，思之则出，深思则愈出，陆平原所谓'课虚无以责有，叩寂寞而求音'也。"黄先生曰："二句极状用意之精微。"

〔4〕 李善曰："毛苌《诗传》曰：'函，含也。'"五臣《注》刘良曰："绵邈，远也。滂沛，大也。"《古诗》："呼童烹鲤鱼，中有尺素书。"

〔5〕 李善曰："杜预《左氏传注》曰：'恢，大也。'"《文心雕龙·才略篇》："陆机才欲窥深，辞务索广，故思能入巧，而不制繁。"即为此语发。殷石臞先生曰："四句谓尺素虽短，而含义则多；寸心虽小，而吐辞则巨。故能广言以传久行远，深思以穷理尽性也。"

〔6〕《说文》："蕤，草木华垂貌。"

〔7〕 吕向曰："粲然如风飞飙立，郁然如云起翰林。飙，疾风。竖，立也。翰，笔也。言林者，华盛貌。"猋同飙。案郭璞《游仙诗》："灵妃顾我笑，粲然启玉齿。"《文心雕龙·原道篇》："夫以无识之物，郁然有彩。"盖粲有明丽之意，郁有美盛之意也。二句皆以一字领下全句，读时当作一顿。下云："俯，寂寞而无友；仰，寥廓而莫承。"又云："思，风发于胸臆；言，泉流于唇齿。"皆同。《离骚》云："来，吾道夫先路。"是士衡所本也。本节总赞文德。

体有万殊，物无一量[1]，纷纭挥霍，形难为状[2]。辞程才以效伎，意司契而为匠[3]。在有无而僶俛，当浅深而不让[4]。虽离方而遁圆，期穷形而尽相[5]。故夫夸目者尚奢，惬心者贵当[6]，言穷者无隘[7]，论达者唯旷[8]。诗缘情而绮靡[9]，赋体物而浏亮[10]，碑披文以相质[11]，诔缠绵而凄怆[12]，铭博约而温润[13]，箴顿挫而清壮[14]，颂优游以彬蔚[15]，论精微而朗畅[16]，奏平彻以闲雅[17]，说炜晔而谲诳[18]。虽区分之在兹，亦禁邪而制放[19]；要辞达而理举，故无取乎冗长[20]。

〔1〕 李善曰："文章之体，有万变之殊，中众物之形，无一定之量也。"案此言文体之殊途，由于物象之有别；风格之屡迁，由于情志之无方。李《注》明而未融。

〔2〕 李善曰："纷纭，乱貌。挥霍，疾貌。"

〔3〕 《广雅·释诂》："程，量也。"李善曰："众辞俱凑，若程才效伎，取舍由意，类司契为匠。《老子》曰：'有德司契。'"黄先生曰："二句与理扶质二言相发明裨补。"

〔4〕 李善曰："《毛诗》曰：'何有何无，僶俛求之。'《论语》：'子曰：当仁不让于师。'"案《诗·谷风》原作黾勉，犹强勉也。又《谷风》上言："就其深矣，方之舟之；就其浅矣，泳之游之。"即此文浅深字所由出。辞之有无，意之深浅，所当黾勉而不让也。

〔5〕 李善曰："方圆谓规矩也，言文章在有方圆规矩也。"何焯《义门读书记》曰："二句盖亦张融所谓文无定体，以有体为常也。"按《南齐书·张融传》载其《门律自序》曰："夫文岂有常体，但以有体为常。"何盖指此。张涤华先生曰："案士衡言离方遁圆，实谓游于方圆之外，不拘泥乎规矩，以期文之穷形尽相。善《注》未合。"

〔6〕 李善曰："其事既殊，为义亦异。故欲夸目者，为文尚奢；欲快心者，为文贵当。惬，犹快也。"此意《文心雕龙》屡见。《章表篇》曰："然恳恻者辞为心使，浮侈者情为文使。繁约得正，华实相胜，唇吻不滞，则中律矣。"《哀吊篇》曰："隐心而结文则事惬，观文而属心则体奢。"

《定势篇》曰："桓谭称：'文家各有所慕，或好浮华而不知实核，或美众多而不见要约。'陈思亦云：'世之作者，或好烦文博采，深沈其旨者；或好离言辨白，（白，当作句。）分毫析厘者。所习不同，所务各异。'"《知音篇》曰："夫篇章杂沓，质文交加。知多偏好，人莫圆该。慷慨者逆声而击节，酝藉者见密而高蹈，浮慧者观绮而跃心，爱奇者闻诡而惊听。"

〔7〕 黄先生曰："'无'当作'唯'"。

〔8〕 李善曰："言其（案疑二字当乙转。）穷贱者，立说无非湫隘；其论通达者，发言唯存放旷。"于光华《文选集评》曰："以上十二句承物无一量。"

〔9〕 李善曰："诗以言志，故曰缘情。绮靡，精妙之言。"王闿运《王志》曰："诗，承也，持也。承人心理而持之，以风上化下，使感于无形，动于自然。故贵以词掩意，托物寄兴，使吾志曲隐而自达，闻者激昂而欲赴。其所不及设施而可见施行，幽窈旷朗，抗心远俗之致，亦于是达焉。非可快意骋辞，自仗其偏颇，以供世人之喜乐也。自周以降，分为五七言，皆贤人君子不得志之所作。晋人浮靡，用为谈资，故入以玄理；宋、齐游宴，藻绘山川，梁、陈巧思，寓言闺闼；皆知情不可放，言不可肆，婉而多思，寓情于文，虽理不充周，犹可讽诵。唐人好变，以《骚》为《雅》，直指时事，多在歌行，览之无余，文犹足艳。韩、白不达，放弛其词，下逮宋人，遂成俳曲。近代儒生，深讳绮靡，乃区分奇偶，轻诋六朝，不解缘情之言，疑为淫哇之语。其原出于毛、郑，其后成于里巷，故《风》、《雅》之道息焉。"案辨章众体，始于《典论》，迄《文心》而极详赡，本篇十体之说，则其中权也。《文心》原书具在，翩理至明，不更征引。惟《王志》答陈复心问，则纯释士衡之说，故以附李《注》焉。

〔10〕 李善曰："赋以陈事，故曰体物。浏亮，清明之称也。"《王志》："赋者诗之一体，即今谜也，亦隐语而使人喻谏。夫圣人非不能切戒臣民，君子非不敢直忤君相。刑伤相继，政俗无裨，故不为也。庄论不如隐言，故荀卿、宋玉赋因作矣。汉代大盛，则有相如、平子之

流，以讽其君；太冲、安仁，发摅学识，用兼《诗》、《书》，其文烂焉。要本隐以之显，故托体于物，而贵清明也。”

〔11〕 李善曰：“碑以叙德，故文质相半。”《王志》：“碑始于庙碑，文则始墓道，以文述事，而不可以事为主。相质者，饰质也。”黄先生曰：“碑是颂体，而当叙事，故文其表而质存于里。”

〔12〕 李善曰：“诔以陈哀，故缠绵凄怆。”

〔13〕 李善曰：“博约，谓事博文约。铭以题勒示后，故博约温润。”《王志》：“铭记一类也，言欲博，典欲约。”案二家说博约异旨，以李为长。

〔14〕 李善曰：“箴以讥刺得失，故顿挫清壮。”《王志》：“箴当从耳听，故尚顿挫。”《国故论衡·辨诗篇》：“箴之为体，备于扬雄诸家，其语长短不齐，陆机所谓顿挫清壮者，有常则矣。”

〔15〕 李善曰：“颂以褒述功美，以辞为主，故优游彬蔚。”吕向曰：“彬蔚，华盛貌。”《王志》：“后世之颂，皆应制赞人之文，故贵优游，不可妄誉。”以上有韵之文，诗之支流，专主华饰。

〔16〕 李善曰：“论以评议臧否，以当为宗，故精微朗畅。”《王志》：“是非不决，论以明之，故必探其精微，使朗然而晓。”刘熙载《艺概》：“《文赋》云：‘论精微而朗畅。’精微以意言，朗畅以辞言。精微者，不惟其难，惟其是；朗畅者，不惟其易，惟其达。”

〔17〕 李善曰：“奏以陈情叙事，故平彻闲雅。”《王志》：“奏施君上，故必气平理彻。”

〔18〕 《文心雕龙·论说篇》：“凡说之枢要，必使时利而义贞；进有契于成务，退无阻于荣身。自非谲敌，则唯忠与信。披肝胆以献主，飞文敏以济辞，此说之本也。而陆氏直称‘说炜晔以谲诳’，何哉？”李善曰：“说以感物为先，故炜晔谲诳。”《王志》：“说当回人之意，改已成之事，谲诳之使反于正，非尚诈也。”案士衡所论，惟谲诳一语，见讥刘勰，余则世无间言。王氏谓非尚诈，陈义甚精，信陆氏功臣也。以上皆无韵之文，单行直叙。《文心雕龙·定势篇》：“是以括囊杂体，功在铨别，宫商朱紫，随势各配。章表奏议，则准的乎典雅；赋

颂歌诗，则羽仪乎清丽；符檄书移，则楷式于明断；史论序注，则师范于核要；箴铭碑诔，则体制于宏深；连珠七辞，则从事于巧艳。此循体而成势，随变而立功者也。”说亦与此相类，可为参证。

〔19〕 黄先生曰：“邪指意言，放指辞言。禁邪制放，诸体所同。”《隋书·文学传序》曰：“梁自大同之后，雅道沦缺，渐乖典则，争驰新巧。其意浅而繁，其文匿而彩，词尚轻险，情多哀思。格以延陵之听，盖亦亡国之音乎！”六代末流之弊，数语足以尽之。禁邪制放之论，殆亦洞烛机先者也。

〔20〕 李善曰：“文颖《汉书注》曰：‘冗，散也。’”《文心雕龙·熔裁篇》：“若术不素定，而委心逐辞，异端丛至，骈赘必多。”此无取冗长之理也。于光华《集评》引方氏云：“以上十四句承体有万殊。”按陆云《与兄书》云：“兄文章之高远绝异，不可复称言，然犹皆欲微多。”《世说新语·文学篇》注引《文章传》，张华谓机曰：“人之作文，患于不才；至子为文，乃患太多也。”《文心·熔裁篇》亦称：“至如士衡才优，而缀辞尤繁。”是士衡虽知辞达之理，终遗繁冗之讥。盖亦“非知之难，能之难也”。本节论文辞体式。

其为物也多姿，其为体也屡迁〔1〕，其会意也尚巧，其遣言也贵妍〔2〕。暨音声之迭代，若五色之相宣〔3〕，虽逝止之无常，固崎锜而难便〔4〕。苟达变而识次，犹开流以纳泉〔5〕；如失机而后会，恒操末以续颠〔6〕。谬玄黄之秩叙〔7〕，故淟涊而不鲜〔8〕。

〔1〕 李善曰：“万物万形，故曰多姿。文非一则，故曰屡迁。”

〔2〕 《周书·王褒庾信传赞》：“原夫文章之作，本乎情性。覃思则变化无方，形言则条流遂广。虽诗赋与奏议异轸，铭诔与书论殊途，而撮其指要，举其大柢，莫若以气为主，以文传意。考其殿最，定其区域。摭六经、百氏之英华，探屈、宋、卿、云之秘奥。其调也尚远，其旨也在深，其理也贵当，其辞也欲巧。然后莹金璧，播芝兰，文质因其宜，繁约适其变。权衡轻重，斟酌古今，和而能壮，丽而能典，焕乎若五

色之成章，纷乎犹八音之繁会。夫然，则魏文所谓通才，足以备体矣；士衡所谓难能，足以逮意矣。”案赋序云：“非知之难，能之难也。”故赞云尔。

〔3〕 李善曰：“言音声迭代而成文章，若五色相宣而为绣也。《尔雅》曰：‘暨，及也。’又曰：‘迭，更也。’《论衡》曰：‘学士文章，其犹丝帛之有五色之功。’杜预《左氏传注》曰：‘宣，明也。’”黄先生云：“后来范、沈声律之论，皆滥觞于此，实已尽其要妙也。”《文心雕龙·声律篇》：“左碍而寻右，末滞而讨前，则声转于吻，玲玲如振玉；辞靡于耳，累累如贯珠矣。”黄先生《札记》云：“此与士衡音声迭代五色相宣之说同指。究其治之之术，亦用口耳而已，无他缪巧也。记室云：‘清浊通流，口吻调利。’盖亦有寻讨之功焉，非得之自然也。”

〔4〕 李善曰：“言虽逝止无常，唯情所适，以其体多变，固崎锜难便也。逝止，犹去留也。崎锜，不安貌。《楚辞》曰：‘嵚岑崎锜。’”黄先生曰：“二句必联下文义乃见。言音声无常，惟达变者能调之也。”

〔5〕 李善曰：“言其易也。”沈约《宋书·谢灵运传论》：“夫五色相宣，八音协畅，由乎玄黄、律吕，各适物宜。欲使宫羽相变，低昂舛节，若前有浮声，则后须切响。一简之内，音韵尽殊；两字之中，轻重悉异。妙达此旨，始可言文。”此衍达变识次之论者。

〔6〕 李善曰：“言失次也。”《文心雕龙·声律篇》：“凡声有飞沉，响有双叠，双声隔字而每舛，叠韵杂句而必睽。（杂，当作离。）沉则响发而断，飞则声飏不还。并辘轳交往，逆鳞相比；迂其际会，则往蹇来连。其为疾病，亦文家之吃也。”此衍失机后会之说者。

〔7〕 “袟”，六臣本作“秩”。黄先生曰：“未释袟，当本作秩耳。”

〔8〕 李善曰：“言音韵失宜，类绣之玄黄谬叙，故淟涊浊垢，而不鲜明也。《礼记》曰：‘朱绿之，玄黄之，以为黼黻文章。’《楚辞》曰：‘切淟涊之流俗。’王逸曰：‘淟涊，浊垢也。’”案：自《文赋》而后，声律之说日盛，及永明中而有四声八病之条。为文章者，几乎动辄得咎矣。钟嵘《诗品序》尝评之曰：“王元长创其首，谢朓、沈约扬其波。三贤咸贵公子孙，幼有文辨。于是士流景慕，务为精密，襞积细微，转相凌架。

故使文多拘忌，伤其真美。”黄先生《〈文心雕龙·声律篇〉札记》亦云：“为文须论声律，其说始于魏、晋之际，而遗文粲然可见者，惟士衡《文赋》数言。细审其旨，盖谓文章音节，须令谐调，本之《诗序》情发于声成文为音之说，稽之《左氏》琴瑟专一谁能听之之言，故非士衡所创获也。其后范蔚宗自谓识宫商，别清浊，能适艰难，济轻重，遂乃讥诃古今文人，谓其多不全了此处。（案见范晔《狱中与诸甥侄书》。）沈约作《宋书》，于《谢灵运传》后为《论》云：‘灵均以来，此秘未睹，或暗与理合，匪由思至。’其说勇于自崇，而皆忘士衡导其先路，所以来韩卿之讥也。（案指陆厥《与沈约书》。）详文章原于言语，疾徐高下，本自天倪。宣之于口而顺，听之于耳而调，斯已矣。典乐教胄子以诗歌，成均教国子以乐语，斯并文贵声音之明验。观夫虞、夏之籍，姬、孔之书，诸子之文，辞人之作，虽高下洪细，判然有殊，至于便籀诵，利称说者，总归一揆。亦何必拘拘于浮切，龂龂于宫徵，然后为贵乎？自声律之论兴，拘者则留情于四声八病，矫之者则务欲隳废之，至于佶屈蹇吃而后已，斯皆未为中道。善乎钟记室之言曰：‘文制本须讽读，不可蹇碍，但令清浊通流，口吻调利，斯为足矣。’斯可谓晓音节之理，药声律之拘。”本节论文贵意巧辞妍，而音声尤当谐适。

或仰逼于先条，或俯侵于后章[1]；或辞害而理比，或言顺而义妨[2]；离之则双美，合之则两伤[3]。考殿最于锱铢，定去留于毫芒[4]，苟铨衡之所裁，固应绳其必当[5]。

〔1〕 李善曰：“条，科条也。凡为文之体，先后皆须意别，不能者，则有此累。”《文心雕龙·章句篇》：“章句在篇，如茧之抽绪，原始要终，体必鳞次。启行之辞，逆萌中篇之意；绝笔之言，追媵前句之旨。故能外文绮交，内义脉注，跗萼相衔，首尾一体。若辞失其朋，则羁旅而无友；事乖其次，则飘寓而不安。是以搜句忌于颠倒，裁章贵于顺序。斯固情趣之指归，文笔之同致也。”

〔2〕 李善曰:"《周易》曰:'比,辅也。'"上二句专论章句之排比,此二句则兼指辞义之权衡。《文心雕龙·总术篇》:"或义华而声悴,或理拙而文泽。"与此义同。盖辞义俱莹,内外匀称,斯为佳文也。张涤华先生曰:"案《汉书·刘歆传》:'比意合力。'师古《注》:'比,合也。'此谓有理合而辞有疵病音。善《注》释比为辅,亦未合。"

〔3〕 此谓文章之道,割爱为难。仰逼俯侵,辞害义妨,非此章句辞义之不佳也,直以首尾未能一贯,内外未能交融,故不妥帖。斯则必当割析,方得全美耳。

〔4〕 李善曰:"《汉书音义》曰:'下功曰殿,上功曰最。'郑玄《礼记注》曰:'八两为锱。'《汉书》曰:'黄钟之一籥容千二百黍,重十二铢。'然百黍重一铢也。《答宾戏》曰:'锐思毫芒之内。'《音义》曰:'芒,稻芒。毫,兔毫。'"案此极言去取之精。

〔5〕 李善曰:"《声类》曰:'铨所以称物也。'《汉书》曰:'衡,平也。平,轻重也。'《尚书》曰:'惟木从绳则正。'"按此二语总束上文,谓文章苟在铨衡,则以至当为主,不可自护其短也。本节论定去留。文术一。

或文繁理富,而意不指适〔1〕,极无两致,尽不可益〔2〕。立片言而居要,乃一篇之警策〔3〕。虽众辞之有条,必待兹而效绩〔4〕,亮功多而累寡,故取足而不易〔5〕。

〔1〕 黄先生曰:"适,当也。读为适莫之适。"音狄。《文心雕龙·情采篇》:"采滥辞诡,则心理愈翳。"文以意为主,说已见前。

〔2〕 李善曰:"言其理既极而无两致,其言又尽而不可益。"

〔3〕 李善曰:"以文喻马也。言马因警策而弥骏,以喻文资片言而益明也。《论语》:'子曰:片言可以折狱。'曹子建《应诏诗》曰:'仆夫警策。'郑玄《周礼注》曰:'警,敕戒也。'"刘良曰:"犹以策击马,得其警动。"俞正燮《文赋注书后》曰:"说亦难通,策即文句,警策即指片言,今文意揣摩家所谓提挈警句也。谓之警者,居要能立;谓之策者,篇本编册也。《文选》傅毅《舞赋》:'仆夫正策。'曹植《应诏诗》:'仆夫

警策。'潘岳《西征赋》:'发阌乡而警策。'合此四策,注《文选》者同之,不知彼三策道途仆御之马鞭,此云一篇之策文。策,警句,各不相涉。此赋此段无取喻意,忽出一马鞭,于文为不辞矣。"《文心雕龙》有《隐秀篇》,纪昀《评》曰:"陆平原云:'一篇之警策。'其秀之谓乎?"吕氏童蒙训:"杜诗云:'语不惊人死不休。'所谓惊人语,即警策也。文章无警策,则不足以传世,盖不能竦动世人。但晋、宋间人专致力于此,故失于绮靡,而无高古气味。"

〔4〕 李善曰:"必待警策之言以效其功也。"

〔5〕 《尔雅·释诂》:"亮,信也。"黄先生曰:"不易,不可改易也。"篇中有警策语,则功多累寡,功多则言可以足志,文可以足言;累寡则不必更易也。本节论立警策。文术二。

或藻思绮合,清丽千眠〔1〕,炳若缛绣,凄若繁弦〔2〕,必所拟之不殊,乃闇合乎曩篇〔3〕。虽杼轴于余怀,怵他人之我先〔4〕;苟伤廉而愆义,亦虽爱而必捐〔5〕。

〔1〕 李善曰:"千眠,光色盛貌。"

〔2〕 李善曰:"《说文》曰:'缛,繁彩色也。'又:'绣,五色彩备也。'蔡邕《琴赋》曰:'繁弦既抑,雅音复扬。'"

〔3〕 闇,同暗。曩篇,谓先士之盛藻也。人同此心,心同此理,江山物色,千古常新,暗合曩篇,盖有之矣。

〔4〕 李善曰:"杼轴,以织喻也。虽出自己情,惧他人先已也。《毛诗》:'杼柚其空。'"《释文》:"《说文》云:'杼,盛纬器。'柚,本又作轴。"袁守定《占毕丛谈》:"凡得好句,当下转自疑,恐其经人道过,陆平原所谓'虽杼轴于余怀,怵他人之我先'也。"

〔5〕 《说文》:"捐,弃也。"《文心雕龙·指瑕篇》:"又制同他文,理宜删革,若排人美辞,(排,当作掠。)以为己力,宝玉大弓,终非其有,全写则揭箧,傍采则探囊。"按陈言务去,亦非容易,因革之数,惟去甚泰耳。参后《模拟篇》案语。本节论戒雷同。文术三。

或苕发颖竖，离众绝致[1]，形不可逐，响难为系[2]。块孤立而特峙，非常音之所纬[3]；心牢落而无偶，意徘徊而不能揥[4]。石韫玉而山辉，水怀珠而川媚[5]，彼榛楛之勿翦，亦蒙荣于集翠[6]。缀《下里》于《白雪》，吾亦济夫所伟[7]。

〔1〕 李善曰："苕，草之苕也。言作文利害，理难俱美。或有一句同乎苕发颖竖，离于众辞，绝于致思也。《孙卿子》曰：'蒙鸠为巢，系之苇苕。'《小雅》曰：'禾穗谓之颖。'"黄先生《补文心雕龙·隐秀篇》曰："意有所重，明以单辞，超越常音，独标苕颖，则秀生焉。"

〔2〕 李善曰："《鹖冠子》曰：'影之随形，响之应声。'言方之于影，而形不可逐；譬之于声，而响难系也。"

〔3〕 李善曰："文之绮丽，若经纬相成，言斯句既佳，块然立而特峙，非常音之所能纬也。"

〔4〕 李善曰："牢落，犹辽落也。言思之，心牢落而无偶；揥之，意徘徊而未能也。《说文》曰：'揥，取也。'或为禘。禘犹去也。"（胡克家《文选考异》云："两禘字并当作褫，五臣本可据。"）洪颐煊《读书丛录》："揥本摘字，依注当作擿，说文：'擿，摘取也。'与所引《说文》义合。"并通。二语盖指通篇不称之苦。一二秀句，独拔篇中，反视余文，悉成词费也。故下即论蒙荣集翠之理。

〔5〕 李善曰："虽无佳偶，因而留之，譬若水石之藏珠玉，山川为之辉媚也。《孙卿子》曰：'玉在山而草木润，渊生珠而崖不枯。'"

〔6〕 《广雅·释木》："木丛生曰榛。"《荀子·劝学篇》："问楛者，勿告也。"《注》："楛，滥恶也。"《诗·召南·甘棠》："勿翦勿伐。"《传》："翦，去也。"《说文》："翠，青羽雀也。"榛楛恶木，若佳禽来集，则人亦不翦伐之；喻篇有秀句，则余文亦连类而佳也。以上四句同意。《文心雕龙·熔裁篇》曰："夫美锦制衣，修短有度，虽玩其采，不倍领袖。巧犹难繁，况在乎拙。而《文赋》以为'榛楛勿翦'，'庸音足曲'，其识非不鉴，乃情苦芟繁也。"黄先生《札记》云："此段极论文之不宜繁，自是正论。然士衡所云：'榛楛勿翦，蒙荣集翠。'亦有此一理。古人文

伤繁者，不仅士衡一人，阅之而不以繁为病者，必由有新意清气以弥缝之也。”

〔7〕 李善曰：“言以此庸音而偶彼佳句，譬以《下里》鄙曲，缀于《白雪》之高唱，吾虽知美恶不伦，然且以益夫所伟也。宋玉《笛赋》曰：‘师旷为《白雪》之曲。’《说文》曰：‘伟，犹奇也。’”宋玉《对楚王问》：“客有歌于郢中者，其始曰《下里》、《巴人》，国中属而和者数千人；其为《阳阿》、《薤露》，国中属而和者数百人；其为《阳春》、《白雪》，国中属而和者不过数十人。是以其曲弥高，其和弥寡。”本节论济庸音。文术四。

或托言于短韵，对穷迹而孤兴[1]，俯，寂寞而无友；仰，寥廓而莫承[2]。譬偏弦之独张，含清唱而靡应[3]。

〔1〕 李善曰：“短韵，小文也。言文小而事寡，故曰穷迹。迹穷而无偶，故曰孤兴。”

〔2〕 李善曰：“言事寡而无偶，俯求之，则寂寞而无友；仰应之，则寥廓而无所承。”

〔3〕 李善曰：“言累句以成文，犹众弦之成曲。今短韵孤起，譬偏弦之独张，弦之独张，含清唱而无应，韵之孤起，蕴丽则而莫承也。毛苌《诗传》曰：‘靡，无也。’”案自此以下五节，皆论行文之病，而以音乐为喻。本节论文小事寡，则前后失应。文病一。

或寄辞于瘁音，言徒靡而弗华[1]，混妍蚩而成体，累良质而为瑕[2]。象下管之偏疾，故虽应而不和[3]。

〔1〕 李善曰：“瘁音，谓恶辞也。靡，美也，言空美而不光华也。班固《汉书赞》曰：‘纤微、憔悴之音作而民思忧。’薛君《韩诗章句》曰：‘靡，好也。’”案此当以《文心雕龙·风骨篇》释之。彼文云：“故辞之待骨，如体之树骸；情之含风，犹形之包气。结言端直，则文骨成焉；意气

骏爽，则文风清焉。若丰藻克赡，风骨不飞，则振采失鲜，负声无力。是以缀虑裁篇，务盈守气，刚健既实，辉光乃新。”此云瘁音，即“风骨不飞”、“负声无力”之谓也。靡言，即“丰藻克赡”之谓也，弗华，即“振采失鲜”之谓也。救之之道，惟在守气。韩公所谓“气盛则言之长短与声之高下皆宜”也。

〔2〕 李善曰：“妍谓言靡，蚩谓瘁音，既混妍蚩以成体，翻累良质而为瑕也。《礼记》曰：‘玉，瑕不掩瑜。’郑玄曰：‘瑕，玉之病也。’”《风骨篇》又云：“夫翚翟备色，而翾翥百步，肌丰而力沈也。鹰隼乏采，而翰飞戾天，骨劲而气猛也。文章才力，有似于此，若风骨乏采，则鸷集翰林；采乏风骨，则雉窜文囿。唯藻耀而高翔，固文笔之鸣凤也。”案士衡但论瘁音靡言之病，而彦和更申徒具气骨，亦非至文之理，其说尤精。又前云榛楛勿翦蒙荣集翠者，盖瑜足掩瑕，故相济无害；此云妍蚩相混良质为瑕者，则瑕足累瑜，故必改始佳。此其分别甚微而至要，学者宜于此察也。

〔3〕 李善曰：“其音既瘁，其言徒靡，类乎下管，其声偏疾。升歌与之间奏，虽复相应，而不和谐。杜预《左氏传注》曰：‘象，类也。’《礼记》曰：‘升歌清庙，下管象。’王肃《家语注》曰：‘下管，堂下吹管。象，武舞也。’”本节论言靡无骨，则辞义不谐。文病二。

或遗理以存异，徒寻虚以逐微〔1〕，言寡情而鲜爱，辞漂浮而不归〔2〕。犹弦幺而徽急，故虽和而不悲〔3〕。

〔1〕 李谔《上隋高祖革文华书》：“自魏三祖更尚文辞，江左齐梁，其弊弥甚。遂复遗理存异，寻虚逐微，竞一韵之奇，争一字之巧。连篇累牍，不出月露之形，积案盈箱，惟是风云之状。”案如谔之说，则士衡此之所指，乃魏、晋以来新奇浮靡之文。《文心雕龙·议对篇》云：“若不达政体，而舞笔弄文，支离构辞，穿凿会巧，空骋其华，固为事实所摈；设得其理，亦为浮辞所埋矣。”《风骨篇》云：“跨略旧规，驰骛新作，虽获巧意，危败亦多。”《定势篇》云：“自近代辞人，率好诡巧。

原其为体，讹势所变，厌黩旧式，故穿凿取新。然密会者以意新得巧，苟异者以失体成怪。旧练之才，则执正以驭奇；新学之锐，则逐奇而失正。”《序志篇》云：“去圣久远，文体解散；辞人爱奇，言贵浮诡。饰羽尚画，文绣鞶帨，离本弥甚，将遂讹滥。”说皆与此相发。

〔2〕 寡情鲜爱，缘多浮滥之辞；漂浮不归，缘无循附之术。李善曰：“不归，谓不归于实也。”

〔3〕 李善曰：“《说文》曰：‘幺，小也。’许慎《淮南子注》曰：‘鼓琴循弦谓之徽。’”李周翰曰：“托思于物，必有至情爱好之者，然后形之于言也。若遗其理要，存于小异，务为虚饰，以逐微细，言而寡情，情复少爱，（帆案：寡情即是少爱，此说迂曲。）则浮辞漂荡，不归于事实矣。亦由弦小而调急，虽声和谐，则躁烈而不悲也。”古人论乐，以悲为美，故云尔也。本节论文偏浮诡，则无挚至之情。文病三。

或悲放以谐合，务嘈嗩而妖冶，徒悦目而偶俗，固声高而曲下[1]。寤《防露》与桑间，又虽悲而不雅[2]。

〔1〕 吕延济曰：“嘈嗩，浮艳声。或有奔驰放纵其思，以求和合；务成嘈嗩之声，以为美丽，悦目偶俗而已。（案李善曰：“《广雅》曰：‘耦，谐也。’耦偶古字通。”）此声之虽高而曲下者。”案声高指其调言，曲下指其品言也。

〔2〕 吕延济曰：“寤，觉也。”李善曰：“谢灵运《山居赋》曰：‘楚客放而《防露》作。’《礼记》曰：‘桑间、濮上之音，亡国之音也。’”盖《防露》逐臣之曲，桑间亡国之音，皆哀而且伤，不合中道，故云悲而不雅。雅，正也。梁元帝《金楼子·立言篇》云：“吟咏风谣，流连哀思者，谓之文。”《北齐书·文苑传论》云：“江左梁末，弥尚轻险，始自储宫，刑乎流俗，杂惉懘以成音，故虽悲而不雅。”此皆足证士衡之说也。张涤华先生曰：案杨慎《丹铅杂录》卷十云：“《文赋》：‘寤《防露》与桑间，又虽悲而不雅。’《注》引东方朔《七谏》谓‘楚客放而《防露》作’，（帆案：李《注》引谢灵运《山居赋》此句，用修以为《七谏》，盖误记耳。）此

说谬矣。若指楚客即为屈原,屈原忠谏放逐,其辞何得云不雅?《防露》与桑间为对,则为淫曲可知。谢庄《月赋》:'徘徊《房露》,惆怅《阳阿》。'《注》:'《房露》,古曲名。'房与防通。以《房露》对《阳阿》,又可证其非雅曲也。《拾翠集》引王彪之《竹赋》云:'上承霄而防露,下漏月而来风。庇清谈于幕下,影嬥歌于帷中。'盖楚人男女相悦之曲,有《防露》,有《鸡鸣》,如今之《竹枝》。《东坡志林》亦云然。则《竹枝》之来亦古矣。《诗》云:'野有蔓草,零露漙兮。有美一人,清扬婉兮。邂逅相遇,适我愿兮。'以此推之,《防露》之意可知。"善《注》实甚牵强。用修此说足以纠之。本节论文伤淫侈,则无雅正之德。文病四。

或清虚以婉约,每除烦而去滥[1],阙大羹之遗味,同朱弦之清汜。虽一唱而三叹,固既雅而不艳[2]。

〔1〕 陆云《与兄书》曰:"兄《丞相箴》小多,不如《女史》清约耳。"知当时评文,自有此语。除烦去滥者,谓翦截浮词,而无芜秽也。

〔2〕 李善曰:"作文之体,必须文质相半,雅艳相资。今文少而质多,故既雅而不艳,比之大羹而阙其遗味,方之古乐而同清汜,言质之甚也。余味谓乐羹皆古,不能备其五声五味,故曰有余也。《礼记》曰:'清庙之瑟,朱弦而疏越,一唱而三叹,有遗音者矣。大飨之礼,大羹不和,有遗味者矣。'郑玄曰:'朱弦,练朱弦也,练则声浊。越,瑟底孔。画疏之,使声迟也。唱,发歌句也。三叹,三人从而叹之。大羹,肉湆不调以盐菜也。遗,犹余也。'然大羹之有余味,以为古矣,而又阙之,甚之辞也。"本节论文过质实,而无富当艳之美。文病五。

若夫丰约之裁,俯仰之形,因宜适变,曲有微情[1]。或言拙而喻巧,或理朴而辞轻[2],或袭故而弥新,或沿浊而更清[3],或览之而必察,或研之而后精[4],譬犹舞音赴节以投袂,歌者应弦而遣声[5]。是盖轮扁所不得言[6],亦非华说之所能精[7]。

〔1〕 丰约指文辞之简繁，俯仰指文辞之位置，凡此皆属随手之变，运用存乎一心，故曲折而有微妙之情也。

〔2〕 此当加修改之功者。《文心雕龙·神思篇》："若情数诡杂，体变迁贸，拙辞或孕于巧义，庸事或萌于新意，视布于麻，虽云未费，（费，当作贵。）杼轴献功，焕然乃珍。"是其义也。

〔3〕 此已得通变之道者。《庄子·知北游》："万物一也，其所美者为神奇，其所恶者为臭腐。臭腐复化为神奇，神奇复化为臭腐，故曰：通天下一气耳。"因故而更新，因浊而更清，盖以此理也。

〔4〕 此总束上文，谓其曲变微情，有一览即知者，有精研乃得者。

〔5〕 李善曰："王粲《七释》曰：'邪睨鼓下，亢音赴节。'《左氏传》曰：'投袂而起。'杜预曰：'投，振也。'"张铣曰："文入妙理，譬如善舞者趁节举袖，善歌者与弦相应，遣合其声如一也。"

〔6〕 《庄子·天道篇》："轮扁曰：'斫轮，徐则甘而不固，疾则苦而不入。不徐不疾，得之于手，而应于心。口不能言，有数存焉于其间。臣不能以喻臣之子，臣之子亦不能受之于臣。'"

〔7〕 李善曰："王充《论衡》曰：'徒能华说之效。'"华说犹美言耳。前既略陈文术文病诸端，本节复申随手之变良难辞逮之旨，盖示学者以不可拘牵也。

普辞条与文律，良余膺之所服[1]，练世情之常尤，识前修之所淑[2]，虽濬发于巧心，或受欰于拙目[3]。彼琼敷与玉藻[4]，若中原之有菽[5]，同橐籥之罔穷，与天地乎并育[6]，虽纷蔼于此世，嗟不盈于余掬[7]。患挈瓶之屡空，病昌言之难属[8]，故踸踔于短垣，放庸音以足曲[9]；恒遗恨以终篇，岂盈怀而自足？惧蒙尘于叩缶，顾取笑乎鸣玉[10]。

〔1〕 辞条即文律，谓为文之法式也。六臣皆以音律说文律，非也。《说文》："膺，胸也。"李善曰："《礼记》曰：'子曰：回得一善则拳拳服膺，不失之矣。'"

〔2〕 李善曰:“《缠子》:董无心曰:‘罕得事君子,不识世情。’尤,非也。《楚辞》曰:‘蹇吾法乎前修兮,非时俗之所服。’淑,善也。”李周翰曰:“简练时人之常过,乃识前贤之所美也。”案《文心雕龙·通变篇》引桓谭云:“予见新进丽文,美而无采,及见刘、扬言辞,常辄有得。”与此同意。

〔3〕 李善曰:“言文之难,不能无累,虽复巧心濬发,或于拙目受蚩。岏,笑也,岏与蚩同。”黄先生曰:“濬发二句,言有文实巧而不为世俗所重者。李《注》未谛。”薛传均《文选古字通疏证》:“按阮嗣宗《咏怀》诗:‘嗷嗷今自蚩。’《说文》云:‘嗤,笑也。嗤与蚩同。’盖嗤从蚩字得声,故通用也。《说文》无岏字,当是欰之误。《说文》欰字下云:‘欰,戏笑也。’欰蚩皆从虫得声,故通。今岏字从山者,山字即虫字之讹。”此谓赏会之难,虽先士茂制亦或不免于见嗤也。

〔4〕 敷借为萼,与华同。华,古音敷也。详许巽行《文选笔记》。李善曰:“琼敷玉藻,以喻文也。”

〔5〕 李善曰:“《毛诗》曰:‘中原有菽,庶人采之。’毛苌曰:‘菽,藿也。’”黄先生曰:“中原有菽,喻易采。”张涤华先生曰:“案《晋书·凉·武昭王传》云:‘经史道德,若采菽中原,勤者多获。’知采菽之语,六朝人习用。此二句言琼敷玉藻之文,勤学者本不难致;亦犹中原有菽,庶人皆易采得之也。详朱珔《文选集释》。”

〔6〕 李善曰:“《老子》曰:‘天地之间,其犹橐籥乎?’河上公曰:‘橐籥中空虚,故能育声气也。’王弼曰:‘橐,排橐。籥,乐器。’”案此谓前修所淑,随手可采,终古无绝。

〔7〕 李善曰:“《毛诗》曰:‘终朝采绿,不盈一掬。’毛苌曰:‘绿,王刍。两手曰掬。’”李周翰曰:“纷葳,谓繁多也。”黄先生曰:“以上六句,言世间自有佳文,而佳者实鲜也。”

〔8〕 李善曰:“《左氏传》曰:‘虽有挈瓶之智,守不假器。’《论语》曰:‘回也屡空。’《尚书》:‘帝曰:禹亦昌言。’王逸《楚辞注》曰:‘属,续也。’”黄先生曰:“挈瓶自喻,昌言谓古之佳文。”(案《左传》杜《注》:“挈瓶,汲者,喻小智。”)

〔9〕 李善曰:“《庄子》曰:‘夔谓蚿曰:吾以一足趻踔而行,尔无如矣。’《尔雅》曰:‘庸,常也。’”黄先生曰:“趻踔于短垣,言为才分所限。”

〔10〕 李善曰:“缶,瓦器而不鸣,更蒙之以尘,故取笑乎鸣玉之声也。《文子》曰:‘蒙尘而欲无眯,不可得也。’李斯《上书》曰:‘击瓮叩缶。’”案鸣玉犹鸣球。《尚书·益稷谟》:“戛击鸣球。”《传》:“球,玉磬也。”叩缶,秦人之俗乐,以自喻。鸣球,先王之雅奏,以喻前修。黄先生云:“以上八句,言古人之文既鲜佳者,己之文亦复然,即此见士衡之谦虚。前云:‘恒患意不称物,文不逮意,非知之难,能之难。’此节与彼文相应。”本节论文事之匪易。

若夫应感之会,通塞之纪〔1〕,来不可遏,去不可止〔2〕。藏若景灭〔3〕,行犹响起〔4〕。方天机之骏利,夫何纷而不理〔5〕。思,风发于胸臆;言,泉流于唇齿〔6〕。纷葳蕤以馺遝,唯毫素之所拟〔7〕,文徽徽以溢目,音泠泠而盈耳〔8〕。及其六情底滞,志往神留〔9〕,兀若枯木,豁若涸流〔10〕,览营魂以探赜,顿精爽而自求〔11〕,理翳翳而愈伏,思乙乙其若抽〔12〕。是以或竭情而多悔,或率意而寡尤〔13〕,虽兹物之在我,非余力之所戮〔14〕。故时抚空怀而自惋,吾未识夫开塞之所由〔15〕。

〔1〕 李善曰:“《周易》曰:‘不出户庭,知通塞也。’”《礼记·月令注》:“纪,会也。”

〔2〕 李善曰:“《庄子》曰:‘其来不可却,其去不可止。’”

〔3〕 景影古今字。

〔4〕 《论语·述而篇》:“用之则行,舍之则藏。”《集解》引孔曰:“言可行则行,可止则止。”《尚书·大禹谟》:“惠迪吉,从逆凶,惟影响。”《传》:“吉凶之报,若影之随行,响之应声,言不虚。”

〔5〕 李善曰:“《庄子》:蚿曰:‘今予动吾天机。’司马彪曰:‘天机,自然也。’”

〔6〕 《论衡·超奇篇》:“实诚在胸臆,文墨著竹帛。”即此意。

〔7〕 李善曰:“葳蕤,盛貌。馺遝,多貌。毫,笔也。缣曰素。”

〔8〕 吕向曰："徽徽溢目，文章盛也。泠泠盈耳，音韵清也。"案此上所谓率意而寡尤。

〔9〕 李善曰："仲长子《昌言》曰：'喜、怒、哀、乐、好、恶，谓之六情。'《国语》曰：'夫人气纵则底，底则滞。'韦昭曰：'底，著也。滞，废也。'"留亦有滞义。《吕氏春秋·圜道篇》："一不欲留。"《注》："留，滞。"《史记·自序》："太史公留滞周南。"亦其证。

〔10〕 吕延济曰："兀若枯木，思不动也。豁若涸流，思之竭也。谓豁然空虚，涸而无水。"张涤华先生曰："《文选·游天台山赋》：'兀同体于自然。'《注》：'兀，无知之貌也。'"

〔11〕 李善曰："《楚辞》曰：'营魂而升遐。'（案营亦魂也。见《老子注》。）《周易》曰：'探赜索隐，钩深致远。'《左氏传》：乐祁曰：'心之精爽，是谓魂魄。'"

〔12〕 李善曰："《方言》曰：'翳，奄也。'乙，难出之貌。《说文》曰：'阴气尚强，其出乙乙然。'"胡绍煐《文选笺证》曰："《史记·律书》：'乙者，言万物生轧轧也。'《礼记·月令注》：'乙之言轧轧也。'并读乙同轧。盖古音转借。或作札，《古诗》：'札札鸣机杼。'（鸣，今本作弄。）是也。此作乙乙，犹存古音古义。"案此上所谓竭情而多悔。

〔13〕 李善曰："《左氏传》：赵武曰：'范会言于晋国，竭情无私。'《淮南子》曰：'人轻小害，至于多悔。'《论语》：子曰：'言寡尤。行寡悔。'包曰：'尤，过也。'"二句总束上文。

〔14〕 李善曰："言文之不来，非予力之所并。《国语》曰：'戮力一心。'贾逵曰：'戮力，并力也。'"兹物谓文，文思开塞，时系天机，故或非力之所能及。

〔15〕 《集韵》："惋，惊叹也。"李善曰："开谓天机骏利，塞谓六情底滞。"案《文心雕龙·神思篇》云："故思理为妙，神与物游。神居胸臆，而志气统其关键；物沿耳目，而辞令管其枢机。枢机方通，则物无隐貌；关键将塞，则神有遁心。"亦极论开塞之理，嗣更申言守静致虚，即所以调节文心，已见前引，而《养气篇》言之尤备。其略云："且夫思有利钝，时有通塞。沐则心覆，且或反常；神之方昏，再三愈黩。是

以吐纳文艺，务在节宣，清和其心，调畅其气，烦而即舍，勿使壅滞。意得则舒怀以命笔，理伏则投笔以卷怀，逍遥以针劳，谈笑以药倦，常弄闲于才锋，贾余于文勇，使刃发如新，凑理无滞。虽非胎息之迈术，斯亦卫气之一方也。”是开塞之由，虽莫识于一时，而虚静之境，当养之于平日，庶几临文效绩，可以寡愆矣。本节论文思之通塞。

伊兹文之为用，固众理之所因〔1〕，恢万里而无阂，通亿载而为津〔2〕；俯贻则于来叶，仰观象乎古人〔3〕；济文、武于将坠，宣风声于不泯〔4〕；涂无远而不弥，理无微而不纶〔5〕；配沾润于云雨，象变化乎鬼神〔6〕；被金石而德广，流管弦而日新〔7〕。

〔1〕《文心雕龙·体性篇》：“夫情动而言形，理发而文见，盖沿隐以至显，因内而符外者也。”

〔2〕《小尔雅·广言》：“阂，限也。”《说文》：“津，渡也。”黄先生曰：“恢万里句，言所传者广；通亿载句，言所行者久。”

〔3〕贻则来叶，谓垂范后世。观象古人，谓取法前修。李善曰：“叶，世也。《幽通赋》曰：‘终保己而贻则。’《尚书》曰：‘予欲观古人之象。’”

〔4〕李善曰：“《论语》：子贡曰：‘文、武之道，未坠于地。’《尚书·毕命》曰：‘章善瘅恶，树之风声。’《毛诗》曰：‘靡国不泯。’毛苌曰：‘泯，灭也。’”

〔5〕李善曰：“《法言》曰：‘弥纶天地之事，记久明远者，莫如书。’《周易》曰：‘《易》与天地准，故能弥纶天地之道。’王肃曰：‘弥纶，缠裹也。’”

〔6〕李周翰曰：“文德可以养人，故配沾润于云雨；出幽入微，故象变化乎鬼神。”

〔7〕李善曰：“金，钟鼎也。石，碑碣也。言文之善者，可被之金石，施之乐章。《吴越春秋》：乐师谓越王曰：‘君王德可刻之于金石，声可托之于管弦。’《毛诗序》曰：‘《汉广》，德广所及也。’《周易》曰：‘日新之谓盛德也。’”《文心雕龙·原道篇》：“爰自风姓，暨于孔氏，玄圣创

典，素王述训，莫不原道心以敷章，研神理而设教；取象乎《河》、《洛》，问数乎蓍、龟；观天文以极变，察人文以成化。然后能经纬区宇，弥纶彝宪，发辉事业，彪炳辞义。故知道原圣以垂文，圣因文而明道，旁通而无滞，日用而不匮。”与此略同。本节总赞文用。

谨案：《晋书·陆机传》：“机字士衡，吴郡人也。祖逊，吴丞相。父抗，吴大司马。机少有异才，文章冠世，伏膺儒术，非礼不动。抗卒，领父兵为牙门将。年二十四而吴灭，退居旧里，闭门勤学，积有十年。至太康末，与弟云俱入洛，太傅杨骏辟为祭酒。惠帝即位，迁太子洗马著作郎，历吴王晏郎中令，迁尚书兵部郎，转殿中郎，寻为赵王伦相国参军，封关中侯，进中书郎。伦诛，坐徙边。遇赦，成都王颖表为平原内史。太安初，颖与河间王颙起兵讨长沙王乂，假机后将军河北大都督，败于河桥。孟玖谮于成都王颖，机与弟云及从弟耽并诛。（魏主曹奂景元二年，即公元 261 年生，晋惠帝太安二年，即公元 303 年卒。）机天才秀逸，辞藻宏丽。张华尝谓之曰：‘人之为文，常患才少，而子更患其多。’弟云尝与书曰：‘君苗见兄文，辄欲烧其笔砚。’后葛洪著书，称机文‘犹玄圃之积玉，无非夜光焉。五河之吐流，泉源如一焉。其弘丽妍赡，英锐漂逸，亦一代之绝乎？’其为人所推服如此。”

《隋志》载机集十四卷，今通行者，有《汉魏六朝百三名家集》本，《小万卷楼丛书》本，《四部丛刊》本。萧《选》颇录机文，《文赋》亦在焉。今笺以李善《注》为主，参以五臣及诸家之说。刘氏《文心》，与之笙磬同音，故录其足资参证者尤备云。

臧荣绪《晋书》曰：“机天才绮练，当时独绝，妙解情理，心识文体，故为《文赋》。”盖单篇持论，综核文术，简要精确，伊古以来，未有及此篇者也，观其辞锋所及，凡命意、遣辞、体式、声律、文术、文病、文德、文用，莫不包罗，可谓纳须弥于芥子者已。诸端随文发义，略可了然；神而明之，是在学者。惟体式之异，今古攸殊，而临文必先定体，则为不易之理。本卷既以制作标目，是宜略加阐发，庶进论文辞之道，更无惑焉。

考体式之辨，乃学文始基。故吴讷《文章辨体》云：“文章以体制为先，精工次之。失其体制，虽浮声切响，抽黄对白，不可谓之文矣。”征之载籍，文体之论，莫先魏文《典论》。其《论文篇》云：“奏、议宜雅，书、论宜理，铭、诔尚实，诗、赋欲丽。”事属草创，辨析尚简。及士衡此作，已较恢廓。晋挚虞《文章流别》及梁任昉《文章缘起》出，始有专论文体之书。而挚书今残，就佚文考见者，惟颂、诗、七、赋、箴、铭、诔、碑、哀辞、哀策、图谶、设论诸体。任书今传者，或谓唐张读所补，或疑明陈懋仁所伪，要非原文。八十五题之别，盖未为先梁之旧也。乃刘彦和作《文心雕龙》，前二十五篇自《原道》、《征圣》而外，则有《宗经》、《正纬》、《辨骚》、《明诗》、《乐府》、《诠赋》、《颂赞》、《祝盟》、《铭箴》、《诔碑》、《哀吊》、《杂文》、《谐隐》、《史传》、《诸子》、《论说》、《诏策》、《檄移》、《封禅》、《章表》、《奏启》、《议对》、《书记》诸目，皆关文体。昭明《文选》，界义较严，群经、子、史，悉不入录，而分有赋、诗、骚、七、诏、册、令、教、策问、表、上书、启、弹事、笺、奏记、书、移书、檄、对问、设论、辞、序、颂、赞、符命、史论、史述赞、论、连珠、箴、铭、诔、哀文、碑文、墓志、行状、吊文、祭文，共三十八类，又详于刘。其制名杂碎重叠，世之讥弹者，不乏其人。然以甄录既佳，流布尤广，故后来师厥成规者，亦代有之。若宋李昉《文苑英华》、姚铉《唐文粹》、吕祖谦《宋文鉴》，元苏天爵《元文类》，明程敏政《明文衡》，皆号为善本者也。至明吴讷为《文章辨体》，徐师曾为《文体明辨》，则纲目苛细，尤胜齐、梁，竟达百余体，分析之繁，至是遂极。穷则变，变则通，而有清姚、曾之法兴焉。姚氏《古文辞类纂》分类凡十有三：曰论辨，曰序跋，曰奏议，曰书说，曰赠序，曰诏令，曰传状，曰碑志，曰杂记，曰箴铭，曰赞颂，曰辞赋，曰哀祭。曾氏《经史百家杂钞》分门三：曰著述，曰告语，曰记载。门各有类：著述三类，则论著、辞赋、序跋是也；告语四类，则诏令、奏议、书牍、哀祭是也；记载四类，则传志、叙记、典志、杂记是也。近世言文者，率以二家类例为宗，亦以其执简驭繁，较易考论耳。余杭章君往为《文学论略》，病近世言文学者，陈义过弇，乃本修辞立诚之训，推广封域，及于无句读文，尝列为一表，以言包络，则广于《文心》；以言条秩，则胜于吴、徐。今之衡文体者，设能折衷其说，亦庶几近之矣。（原表今附于次。）

原夫文体之辨析，盖有三难：一者，体式之孳乳，与日俱新，如词、曲、戏剧之属，先梁所无，则依挚、任、刘、萧之分类，势难归纳；二者，观念之锢蔽，贤者不免，如小说、青词之类，或近鄙俚，或近迷妄，前者姚、曾不取，后者《提要》不收；三者，体义之混淆，自来即尔，如《西清诗话》载介甫讥东坡《醉白堂记》为韩白优劣论，东坡斥介甫《虔州学记》为学校策，虽相诋诃，要亦实情。即此之故，不惟综览前文之不易，抑亦厘定已作而为难。近人乃多有主依西人之法，以用代体为标准，而区文为说理、记事、抒情之三类者。此在吾国，宋真德秀著《文章正宗》，分辞令、议论、记事、诗歌四类。宋祁《笔记》论汉代作家，谓“贾谊善言治，晁错善言兵，董仲舒善推天人，司马迁叙事，相如、扬雄文章，刘向父子博洽”。杨慎《丹铅录》释之云：“迁者纪事之文，董者说理之文，马、扬者游说讽谏之文。”钱大昕《与友人书》亦谓文有四用：曰明道、经世、阐幽、正俗。皆大略相近。此虽划分周浃，无所不包，而其病则过嫌阔疏，使人无从取法。昔张融《门律序》有文无常体有体为常之说，引已见前。而金王若虚《滹南遗老集》亦云：“或问：文章有体乎？曰：无。又问：无体乎？曰：有。然则果何如？曰：定体则无，大体须有。”二君之论，可谓通方之谈。学者苟能多诵名篇，知文章虽无定体，而以有体为常，则制作之顷，虽神明变化，终合规矩准绳。斯为善矣。

诗教下

（论内容与外形）

章学诚

或曰：若是乎，三代以后，六艺惟《诗》教为至广也。敢问文章之用，莫盛于《诗》乎[1]？曰：岂特三代以后为然哉？三代以前，《诗》教未尝不广也。夫子曰："不学《诗》，无以言。"[2]古无私门之著述，未尝无达衷之言语也[3]。惟托于声音，而不著于文字[4]，故秦人禁《诗》、《书》[5]，《书》阙有间[6]，而《诗》篇无有散失也[7]。后世竹帛之功，胜于口耳；而古人声音之传，胜于文字。则古今时异，而理势亦殊也[8]。自古圣王以礼、乐治天下，三代文质，出于一也[9]。世之盛也，典章存于官守，礼之质也；情志和于声诗，乐之文也[10]。迨其衰也，典章散，而诸子以术鸣。故专门治术，皆为官礼之变也；情志荡，而处士以横议[11]，故百家驰说，皆为声诗之变也[12]。战国之文章，先王礼、乐之变也[13]。然而独谓《诗》教广于战国者，专门之业少，而纵横腾说之言多；后世专门子术之书绝[14]，而文集繁，虽有醇驳高下之不同[15]，其究不过自抒其情志。故曰：后世之文体皆备于战国，而《诗》教于斯可谓极广也。学者诚能博览后世之文集，而想见先王礼、乐之初焉，庶几有立而能言[16]，可以与闻学《诗》、学《礼》之训矣[17]。

〔1〕 此承上篇所论，设为问答之辞，以更推阐之也。

〔2〕 《论语·季氏篇》："陈亢问于伯鱼曰：'子亦有异闻乎？'对曰：'未也。

尝独立，鲤趋而过庭，曰：“学《诗》乎？”对曰：“未也。”“不学《诗》，无以言。”鲤退而学《诗》。他日又独立，鲤趋而过庭，曰：“学《礼》乎？”对曰：“未也。”“不学《礼》，无以立。”鲤退而学《礼》。闻斯二者。’”

〔3〕《说文》：“衷，亵衣也。”假借为中。达衷，犹言达胸中之意。

〔4〕文字以代声气，故于语言为后起。已详《文学总略篇》。

〔5〕《史记·秦始皇本纪》：“三十四年，始皇置酒咸阳宫，博士齐人淳于越进曰：‘臣闻殷、周之王千余岁，封弟子功臣，自为枝辅。今陛下有海内，而子弟为匹夫。卒有田常六卿之臣，无辅拂，何以相救哉？事不师古而能长久者，非所闻也。’始皇下其议，丞相李斯曰：‘五帝不相复，三代不相袭，各以治。非其相反，时变易也。今陛下创大业，建万世之功，固非愚儒所知。且越言乃三代事，何足法也。异时诸侯并争，厚招游学；今天下已定，法令出一，百姓当家则力农工，士则学习法令辟禁。今诸生不师今而学古，以非当世，惑乱黔首，禁之便。臣请史官非秦纪皆烧之，非博士官所职，天下有敢藏《诗》、《书》、百家语者，悉诣守尉杂烧之；有敢偶语《诗》、《书》，弃市；以古非今者，族。令下三十日不烧，黥为城旦，所不去者，医药、卜筮、种树之书，若欲有学法令，以吏为师。’制曰：‘可。’”

〔6〕《史记·五帝本纪赞》：“《书》缺有间矣。”《正义》：“言古文《尚书》缺失，其间多矣。”《汉志·六艺略》：“《书》之所起远矣。至孔子纂焉。上断于尧，下迄于秦，凡百篇，而为之序，言其作意。秦燔书禁学，济南伏生独壁藏之。汉兴，亡失，求得二十九篇。武帝末，鲁共王坏孔子宅，欲以广其宫，而得古文《尚书》及《礼记》、《论语》、《孝经》，凡数十篇，皆古文也。孔安国者，孔子后也，悉得其书，以考二十九篇，得多十六篇。”此《书》阙有间之大略也。

〔7〕《汉志·六艺略》：“孔子纯取周诗，上采殷，下取鲁，凡三百五篇。遭秦而全者，以其讽诵，不独在竹帛故也。”

〔8〕此阮元《文言说》所本。阮《说》见《文学总略篇》。

〔9〕案出于一者，谓其时政教文质重轻，皆如其分，非谓三代无等差也。虞、夏、商、周各有所胜，则《礼记·表记》详之矣。

〔10〕《礼记·乐记》:“屈伸俯仰,缀兆舒疾,乐之文也。”又:“中正无邪,礼之质也。”此用其语。

〔11〕《孟子·滕文公篇》:“圣王不作,诸侯放恣,处士横议,杨朱、墨翟之言盈天下。”

〔12〕原注:“名、法、兵、农、阴阳之类,主实用者,谓之专门治术。其初各有职掌,故归于官,而为礼之变也。谈天、雕龙、坚白、同异之类,主虚理者,谓之百家驰说,其言不过达其情志,故归于诗,而为乐之变也。”

〔13〕原注:“六艺为官礼之遗,其说亦详外篇《校雠略》中《著录先明大道论》。”案其说已略引于《诗教上篇》注。

〔14〕原注:“伪体子书,不足言也。”江瑔《读子卮言·论子部之沿革兴废》曰:“古之著书,必持之有故,言之成理,卓然一家言,而后可以名曰子书。唐、宋以后,诸子道衰,类书繁起,钞胥是务,剿袭相因,亦褎然列名于子部之中。子书之体不明,先民之绪遂湮。无惑乎诸子百家之学,响沉景绝于后世,而缀学汲古之士,所以怵然而惧也。古之学术,曰道,曰器。道者,形而上;器者,形而下。形而下者,有形;形而上者,无形。诸子百家之学,寄想于无朕,役志于无涯。显之家国天下之大,隐之身心性命之微,皆纯然为无形之学。故其为道,诚为百学之冠,下视彼纷纷者,均无足以攀其肩。惟昔在古代,天地秘藏,钥之未启,至周、秦之际,诸子乃逐浪奔澓,岩石鬅沙,扶舆旁薄,坌然兴起,开古今未有之奇观。然吾国学术之盛,莫过于周、秦,而吾国学术之衰,亦自周、秦始。盖盛极难继,理则然也。”

〔15〕《说文》:“醇,不浇酒也。”《玉篇》:“驳,马色不纯也。”以喻纯粹与否。

〔16〕原注:“学问有主即是立,不尽如朱子所谓肌肤筋骸之束而已。”案《论语·泰伯篇》:“立于礼。”朱《注》:“礼以恭敬辞逊为本,而有节文度数之详,可以固人肌肤之会,筋骸之束。故学者之中,所以能卓然自立,而不为事物之所摇夺者,必于此而得之。”章氏所指

即此。

〔17〕 本节论《诗》教之广，异世所同，而战国尤盛之理。

学者惟拘声韵之为诗；而不知言情达志，敷陈讽喻，抑扬涵泳之文，皆本于《诗》教。是以后世文集繁，而纷纭承用之文，相与沿其体，而莫由知其统要也〔1〕。至于声韵之文，古人不尽通于《诗》，而后世承用诗赋之属，亦不尽出六义之教也〔2〕。其故亦备于战国。是故明于战国升降之体势，而后礼、乐之分可以明；六艺之教可以别；七略九流、诸子百家之言，可以导源而浚流；两汉、六朝、唐、宋、元、明之文，可以畦分而塍别〔3〕；官曲术业〔4〕、声诗辞说、口耳竹帛之迁变，可坐而定矣〔5〕。

〔1〕 文学之事，因物喻志，随类赋形，辞意参伍，变化至繁。若仅执一而论其流别，则不免拘虚之见。如诗者，其意主于抒情，其辞必须有韵，然亦有抒情而无韵者，有用韵而不抒情者，是当分别观之，乃尽其道。自来论文，拘执外形者多，故章氏力矫其失，而昌言《诗》教之广焉。

〔2〕 六义之教，谓《诗》教也。《诗大序》："诗有六义焉：一曰风，二曰赋，三曰比，四曰兴，五曰雅，六曰颂。"亦见《周礼》太师。

〔3〕《说文》："田五十亩曰畦。"又："塍，稻中畦也。"

〔4〕《礼记·儒行》："营道同术。"《注》："术，业也。"

〔5〕 坐定，言其易也。《晋书·石季龙载记》："不烦一旅之师，而坐定梁、益。"本节总论论文不拘形貌，乃能明其统要。

演畴皇极，训、诰之韵者也〔1〕，所以便讽诵，志不忘也。六象赞言，爻、系之韵者也〔2〕，所以通卜、筮，阐幽元也〔3〕。六艺非可皆通于诗也。而韵言不废，则谐音协律，不得专为《诗》教也。传记如《左》、《国》〔4〕，著说如《老》、《庄》〔5〕，文逐声而遂谐，语应节而遽协[6]，岂必合《诗》教之比兴哉？焦贡之《易林》[7]，史游之《急就》[8]，经部韵言之不涉于诗也[9]。《黄庭经》之七言，《参同契》之断字[10]，子术韵言之不涉于诗也[11]。后世杂艺百家，诵拾名数[12]，率用五言七字，演为歌诀，咸以取便记诵，皆无当于诗人之义也[13]。而文指存乎咏叹，取义近于比兴，多或滔滔万言，少或寥寥片语，不必谐韵和声，而识者雅赏其为《风》、《骚》遗范也[14]。故善论文者，贵求作者之意指，而不可拘于形貌也[15]。

〔1〕《尚书·洪范》："天乃锡禹洪范九畴。"伪孔《传》："洪，大。范，法也。言天地之大法。"《正义》："乃赐禹大法九类。"又："五曰建用皇极。"伪孔《传》："皇，大。极，中也。凡立事当用大中之道。"《正义》："凡所立事，王者所行，皆是无得过与不及，当用大中之道也。"演畴者，《正义》云："此经开源于首，覆更演说，非复一问一答之势，必是箕子自为之也。"训、诰者，《书》体之名，若《伊训》、《大诰》之类。《洪范》是箕子举天锡大法告之武王，亦其属也。吾国经籍韵读之研讨，自明陈第发其端，厥后顾炎武、毛奇龄、段玉裁诸君著书，皆有增益修饰，及江有诰氏著《诗经韵读》、《群经韵读》、《楚辞韵读》、《先秦韵读》四书，然后四部古书，悉了然矣。今就章氏举例，于江书中各录一例，其详具在原书。《洪范》："而康而色，曰予攸好德，汝则锡之福，时人斯其为皇之极。"色、德、福、极，同在之部。

〔2〕六象，谓卦之六爻。《系辞》云："八卦成列，象在其中矣，因而重之，爻在其中矣。"盖八卦始作，每卦三爻，虽有万物之象，其变通之理，犹自未备，故因此八卦而更重之，卦有六爻，遂重为六十四。于是发挥旁通，无微不纶矣。彖、象、系辞之属，则以演赞卦义，明其吉凶者也。屯卦："六二，屯如邅如，乘马班如。"邅、班，同在元部。其彖曰："屯：刚柔始交而难生，动乎险中大亨贞，雷雨之动满盈，天造草昧，宜建侯而不宁。"生、贞、盈、宁，同在耕部。其象有曰："六二之难，乘刚也，十年乃字，反常也。"刚、常，同在阳部。《系辞》："君子之道，或出或处，或默或语。"处、语，同在鱼部。

〔3〕《礼记·曲礼》:“龟为卜,筴为筮。卜、筮者,先圣王之所以使民信时日,敬鬼神,畏法令也;所以使民决嫌疑,定犹与也。”《易·说卦》:“昔者,圣人之作《易》也,幽赞于神明而生蓍。”此所谓阐幽玄也。元本作玄,已见前。

〔4〕《左传》用韵者,如隐十一年:“山有木,工则度之;宾有礼,主则择之。”度、择,同在鱼部。《国语》用韵者,如《越语》:“不乱民功,不逆天时,五谷稑熟,民乃蕃滋,君臣上下,交得其志。”时、滋、志,同在之部。

〔5〕《老子》用韵者,如二章:“故有无相生,难易相成,长短相形,高下相倾。”生、成、形、倾,同在耕部。《庄子》用韵者,如《人间世》:“天下有道,圣人成焉,天下无道,圣人生焉。方今之时,仅免刑焉。”成、生、刑,同在耕部。

〔6〕《史通·称谓篇》:“意好奇而辄为,文逐韵而便作。”此仿其语。

〔7〕《隋志》:“《易林》十六卷,焦赣撰。”贡赣古通。晁公武《郡斋读书志》:“其书每卦变六十四,综四千九十六首,皆为韵语,与《左氏传》载‘凤凰于飞,和鸣锵锵’、《汉书》所载‘大横庚庚,予为天王’之语绝相类。岂古之卜者各有此等书邪?”

〔8〕《汉志》:“《急就》一篇,元帝时黄门令史游作。”《郡斋读书志》:“书凡三十二章,杂记姓名、诸物、五官等字,以教童蒙。《急就》者,谓字之难知者,缓急可就而求焉。”陈振孙《直斋书录解题》:“其文多古语、古字、古韵,有足观者。”按全书皆韵语。

〔9〕《易林》,诸书目或入经部易类,或入子部五行术数类,《急就》则均入经部小学类。

〔10〕《旧唐书·经籍志》道家类:“《老子黄庭经》一卷。”五行类:“《周易参同契》二卷,魏伯阳撰。”二书传世者异本颇多,而皆用韵。

〔11〕王世贞《艺苑卮言》:“延寿(案焦贡字)《易林》、伯阳《参同》,虽以数术为书,要之,皆四言之懿,《三百》遗法耳。”案此特就体制言,故所论不及章氏之精到。

〔12〕颜师古《匡谬正俗》:“拾者,犹言一一拾取。”

〔13〕 此论韵文有不出《诗》教者。

〔14〕 此论无韵之文有出《诗》教者。

〔15〕 本节承上，详证声韵之文，古不尽通于诗。

《传》曰："不歌而诵谓之赋。"〔1〕班氏固曰："赋者，古《诗》之流。"〔2〕刘氏勰曰："六艺附庸，蔚为大国。"〔3〕盖长言咏叹之一变〔4〕，而无韵之文可通于诗者，亦于是而益广也。屈氏二十五篇，刘、班著录，以为《屈原赋》也〔5〕。《渔父》之辞，未尝谐韵，而入于赋，则文体承用之流别，不可不知其渐也〔6〕。文之敷张而扬厉者，皆赋之变体；不特附庸之为大国，抑亦陈完之后，离去宛邱故都，而大启疆宇于东海之滨也〔7〕。后世百家杂艺，亦用赋体为拾诵〔8〕，盖与歌诀同出六艺之外矣。然而赋家者流，犹有诸子遗意，居然自命一家之言者，其中又各有其宗旨焉；殊非后世诗赋之流，拘于文而无其质，茫然不可辨其流别也。是以刘、班诗赋一略，区分为五类；而屈原、陆贾、荀卿，定为三家之学也〔9〕。马、班二史于相如、扬雄诸家之著赋，俱详载于列传，自刘知幾以还，从而抵排非笑者〔10〕，盖不胜其纷纷矣〔11〕。要皆不为知言也。盖为后世文苑之权舆，而文苑必致文采之实迹。以视范史而下，标文苑而止叙文人行略者，为远胜也〔12〕。然而汉廷之赋，实非苟作，长篇录入于全传，足见其人之极思，殆与贾疏、董策为用不同，而同主以文传人也〔13〕。是则赋家者流，纵横之派别，而兼诸子之余风，此其所以异于后世辞章之士也〔14〕。故论文于战国而下，贵求作者之意指，而不可拘于形貌也〔15〕。

〔1〕 《汉志·诗赋略》："《传》曰：'不歌而诵谓之赋，登高能赋，可以为大夫。'"按《毛诗·鄘风·定之方中传》云："故建邦能命龟，田能施命，作器能铭，使能造命，升高能赋，师旅能誓，山川能说，丧纪能诔，祭祀能语。君子能此九者，可谓有德音，可以为大夫。"无"不歌而诵谓之赋"一句，颇疑《汉志》"《传》曰"二字，当在此句之下，志首此语，继

乃引毛《传》以明之耳。《文心雕龙·诠赋篇》:“刘向明不歌而颂。”(明上原有云字,盖衍文,颂诵通。)则《志》文此句盖《七略》引向说也。

〔2〕 班固《两都赋序》:“或曰:赋者,古《诗》之流也。”

〔3〕 《文心雕龙·诠赋篇》:“赋也者,受命于诗人,拓宇于《楚辞》也。于是荀况《礼》、《智》,宋玉《风》、《钓》,爰锡名号,与诗画境,六义附庸,蔚成大国。”六义,章氏引作六艺,涉笔之误也。

〔4〕 《礼记·乐记》:“故歌之为言也,长言之也。说之,故言之;言之不足,故长言之;长言之不足,故嗟叹之;嗟叹之不足,不知手之舞之,足之蹈之也。”

〔5〕 《汉志·诗赋略》:“《屈原赋》二十五篇。”云刘、班者,班固《汉志》本于刘歆《七略》也。

〔6〕 《渔父》之辞,非无韵者,特不通篇皆然耳。如“举世皆浊我独清,众人皆醉我独醒。”清、醒,同在耕部。“圣人不凝滞于物,而能与世推移。世人皆浊,何不淈其泥而扬其波?众人皆醉,何不餔其糟而歠其醨?何故深思高举,自令放为?”移、波、醨、为,同在歌部。是其例也。章氏此说,其意甚是,举证则非,盖疏于小学耳。

〔7〕 《史记·田敬仲完世家》:“陈完者,陈厉公佗之子也。完生,周太史过陈,陈厉公使卜完,卦得观之否,是谓观国之光,利用宾于王,此其代陈有国乎?不在此而在异国乎?非此其身也,在其子孙。若在异国,必姜姓。宣公十一年,杀其太子御寇,御寇与完相爱。恐祸及己,完故奔齐,桓公使为工正。完卒,谥为敬仲。敬仲之如齐,以陈字为田氏,(其后)行阴德于民,由此田氏得齐众心,宗族益强,民思田氏。(及田)太公乃迁(齐)康公于海上,食一城以奉其先祀。与魏文侯会于浊泽,求为诸侯。魏文侯乃使使言周天子及诸侯,请立齐相田和为诸侯,周天子许之。康公之十九年,田和立为齐侯,列于周室。”

〔8〕 原注:“窦氏《述书赋》,吴氏《事类赋》,医家药性赋,星卜命相术业赋之类。”《四库提要》子部艺术类:“《述书赋》二卷,唐窦臮撰。案张彦远《法书要录》称:‘臮作《述书赋》,精穷旨要,详辨秘义。’今观其赋,

品题叙述，皆极精核。”又类书类：“《事类赋》三十卷，宋吴淑撰并自注。类书始于《皇览》，其联而为赋者，则自淑始。淑本徐铉之婿，学有渊源，又预修《太平御览》、《文苑英华》两大书，见闻尤博，故赋既工雅，又注与赋出自一手，事无舛误，故传诵至今。”

〔9〕 原注：“说详外篇《校雠略》中《汉志诗赋论》。”案即今《校雠通义·汉志诗赋篇》。《汉志》诗赋分屈赋、陆赋、荀赋、杂赋、歌诗五种。《校雠通义》尝论当日必有其区别，已引于《南北文学不同论》注。《汉志诗赋篇》又曰：“古之赋家者流，原本《诗》、《骚》，出入战国诸子，假设问对，庄、列寓言之遗也；恢廓声势，苏、张纵横之体也；排比谐隐，韩非《储说》之属也；征材聚事，《吕览》类辑之义也。虽其文逐声韵，旨存比兴，而深探本原，实能自成一子之学，与夫专门之书，初无差别。故其叙列诸家之所撰述，多或数十，少仅一篇，列于文林，义不多让，为此志也。然则三种之赋，亦如诸子之各别为家，而当时不能尽归一例者耳。岂若后世诗赋之家，裒然成集，使人无从辨别者哉？”又《遗书·立言有本篇》亦曰：“史学本于《春秋》。专家著述，本于《官礼》，辞章泛应，本于《风诗》，天下之文，尽于是矣。子有杂家，杂于众，不杂于己，杂而犹成其家者也。文有别集，集亦杂也，杂于体，不杂于指，集亦不异于诸子也。故诸子杂家，与文集中之具本旨者，皆著述之事，立言之选也。”

〔10〕 韩愈《进学解》：“抵排异端。”又《答李翊书》：“其观于人，不知其非笑之为非笑也。”

〔11〕 《史通·载文篇》：“夫观夫人文，以化成天下；观乎国风，以察兴亡。是知文之为用，远矣，大矣。是以虞帝思理，夏后失御，《尚书》载其元首、禽荒之歌。郑庄至孝，晋献不明，《春秋》录其大隧、狐裘之什。其理说而切，其文简而要，足以惩恶劝善，观风察俗者矣。若马卿之《子虚》、《上林》，扬雄之《甘泉》、《羽猎》，班固《两都》，马融《广成》，喻过其体，词没其义，繁华而失实，流宕而忘返，无裨劝奖，有长奸诈，而前后《史》、《汉》，皆书诸列传，不其谬乎？”此章氏所指。

〔12〕 据今存史籍言之，范晔《后汉书》始著《文苑列传》之目，入传者，间载其文辞。嗣后诸史，则不载文者多，亦以多不胜载耳。

〔13〕 《汉书·贾谊传》载《陈政事疏》、《请封建子弟疏》、《谏封淮南四子疏》。《董仲舒传》载《对贤良策》三首。

〔14〕 刘熙载《艺概》曰："古人一生之志，往往于赋寓之。《史记》、《汉书》之例，赋可载入列传，所以使读其赋者，即知其人也。"又曰："《鹏赋》为赋之变体，(按《鹏赋》，贾谊作，载《史》、《汉》本传。)即其体而通之，凡能为子书者，于赋皆足自成一家。"此赞成章说者。

〔15〕 本节举赋为例，明其演变之繁，以申论文自战国而下，尤贵求作者意指之理。

盖文拘形貌之弊，至后世文集而极矣。盖编次者之无识，亦缘不知古人之流别、作者之意指，不得不拘貌而论文也〔1〕。集文虽始于建安〔2〕，而实盛于齐、梁之际。古学之不可复，盖至齐、梁而后荡然矣〔3〕。范、陈、晋、宋诸史，所载文人列传，总其撰著，必云诗、赋、碑、箴、颂、诔若干篇，而未尝云文集若干卷〔4〕。则古人文字散著篇籍，而不强以类分，可知也。孙武之书，盖有八十二篇矣〔5〕，而阖闾以谓子之十三篇吾既得而见，是《始计》以下十三篇〔6〕，当日别出独行，而后世始合之明征也。韩非之书，今存五十五篇矣，而秦王见其《五蠹》、《孤愤》，恨不得与同时〔7〕，是《五蠹》、《孤愤》，当日别出独行，而后世始合之明征也。《吕氏春秋》自序，以为良人问十二纪〔8〕，是八览、六论未尝入序次也〔9〕。董氏《清明》、《玉杯》、《竹林》之篇，班固与《繁露》并记其篇名〔10〕，是当日诸篇未入《繁露》之书也〔11〕。夫诸子专家之书，指无旁及，而篇次犹不可强绳以类例，况文集所裒，体制非一，命意各殊，不深求其意指之所出，而欲强以篇题形貌相拘哉〔12〕？

〔1〕 后世文集，悉用体分，故云然也。

〔2〕 原注："魏文撰徐、陈、应、刘文为一集，此文集之始。挚虞《流别》，犹其后也。"魏文帝《与吴质书》："徐、陈、应、刘，一时俱逝，痛何言邪？顷撰其遗文，都为一集。"

〔3〕 原注："挚虞《流别集》，乃是后人辑前人。人自为集，自齐之《王文宪集》始，而昭明《文选》，又为总集之盛矣。"案：《三国志·诸葛亮传》载陈寿所定《诸葛氏集目录》，其名虽集，而实是子书。《艺文类聚》载曹植《文章序》云："余少而好赋，所著繁多，删定别撰为前录七十八篇。"自定其文，又不以集名，盖体式初兴，尚无定称耳。任昉撰《王文宪（俭）集序》云："是用缀辑遗文，永贻世范，所撰《古今集记》、《今书七志》，为一家言，不列于集。"《南史·张融传》云："融文集数十卷，行于世，自名其集为《玉海》。"王、张同时，盖其时集部乃大著耳。若夫魏文所撰，初不以名其书，而《隋志》所载汉集，又皆后人编次，则其事实显于魏、晋以来。《隋志》云："别集之名，盖汉东京之所创也"。此在当日或有所据，今苦不能详矣。

〔4〕 如《后汉书·张衡传》云："所著诗、赋、铭、七言、《灵宪》、《应间》、《七辩》、《巡诰》、《悬图》，凡三十二篇。"

〔5〕 原注："说详外篇《校雠略》中《汉志兵书论》。"今本《校雠通义·汉志兵书篇》曰："《孙武兵法》八十二篇。《注》：'图九卷。'此兵书权谋之首条也。按《史记·孙武列传》：'阖闾谓孙武曰：子之十三篇，吾尽观之矣。'阮孝绪《七录》：'孙子兵法三卷，十三篇为上卷，又有中下二卷。'然则杜牧谓魏武削其数十万言为十三篇者，非也。盖十三篇为经语，故进之于阖闾，其余当是法度名数，有如形势、阴阳、技巧之类，不尽通于议论文词。十三篇之自为一书，在阖闾时已然，而《汉志》仅记八十二篇之总数，此亦所以益滋后人之惑矣。"案章氏此说，实本王应麟《困学纪闻》，其语略同，不更录。阮孝绪语，《史记·孙武传正义》引。杜牧语，见所撰《孙子序》。

〔6〕 《始计》，今十三篇之首篇。

〔7〕 《史记·韩非列传》："作《孤愤》、《五蠹》、《内、外储说》、《说林》、《说难》，十余万言。人或传其书至秦，秦王见《孤愤》、《五蠹》之书，曰：

‘寡人得见此人,与之游,死不恨矣。’”

〔8〕《吕氏春秋·序意》:“维秦八年,岁在涒滩,秋,甲子朔。朔之日,良人问十二纪。”十二纪者,《孟春纪》、《仲春纪》、《季春纪》、《孟夏纪》、《仲夏纪》、《季夏纪》、《孟秋纪》、《仲秋纪》、《季秋纪》、《孟冬纪》、《仲冬纪》、《季冬纪》。

〔9〕八览者,《有始览》、《孝行览》、《慎大览》、《先识览》、《审分览》、《审应览》、《离俗览》、《恃君览》。六论者,《开春论》、《慎行论》、《贵直论》、《不苟论》、《似顺论》、《士容论》。

〔10〕《汉书·董仲舒传》:“《玉杯》、《繁露》、《清明》、《竹林》之属,复数十篇,十余万言,皆传于后世。”师古《注》:“皆其所著书名。”

〔11〕《玉海》引《中兴馆阁书目》:“今《繁露》中有《玉杯》、《竹林》二篇。”又云:“《繁露》之名,先儒未有释者。案《逸周书·王会解》:‘天子南面立,絻(原作绝,据本书校改。)无繁露。’《注》云:‘冕之所垂也,有联贯之象。’《春秋》属辞比事。仲舒立名,或取诸此。”

〔12〕古人著书,始以竹木,继用缣帛,物既质重,故皆可单篇别行。观汉、隋两《志》之所著录,略可知矣。后世楮墨之便,远迈前古,非合多篇为一书,虑不能传久行远。文集炽盛,此亦一因矣。本节论文拘貌之弊,至后世文集而极。

赋先于诗〔1〕,骚别于赋〔2〕,赋有问答发端,误为赋序〔3〕,前人之议《文选》,犹其显然者也。若夫《封禅》、《美新》、《典引》,皆颂也。称符命以颂功德、而别类其体为符命〔4〕,则王子渊以圣主得贤臣而颂嘉会,亦当别类其体为主臣矣〔5〕。班固次韵,乃《汉书》之自序也〔6〕,其云“述《高祖纪》第一”、“述《陈项传》第一”者,所以自序撰书之本意。史迁有作于先,故已退居于述尔〔7〕。今于史论之外〔8〕,别出一体为史述赞;则迁书自序,所谓“作《五帝纪》第一”、“作《伯夷传》第一”者,又当别出一体为史作赞矣〔9〕。汉武诏策贤良,即策问也,今以出于帝制,遂于策问之外,别名曰诏〔10〕。然则制策之对,当离诸策而别名为表矣〔11〕。贾谊《过秦》,盖《贾子》之篇目也〔12〕,因陆机《辨亡》之论规仿《过秦》[13]，遂援左思"著论准《过秦》"之说，而标为论体矣[14]。魏文《典论》，盖犹桓子《新论》、王充《论衡》之以论名书耳，《论文》，其篇目也。今与《六代》、《辨亡》诸篇同次于论，然则昭明自序所谓："老、庄之作，管、孟之流，立意为宗，不以能文为本。"其例不收诸子者，岂以有取斯文，即可裁篇题论，而改子为集乎[15]？七林之文，皆设问也，今以枚生发问有七，而遂标为"七"[16]，则《九歌》、《九章》、《九辩》，亦可标为"九"乎[17]？《难蜀父老》，亦设问也，今以篇题为难，而别为"难"体，则《客难》当与同编，而《解嘲》当别为"嘲"体，《宾戏》当别为"戏"体矣[18]。《文选》者，辞章之圭臬[19]，集部之准绳[20]，而淆乱芜秽[21]，不可殚诘[22]；则古人流别，作者意指，流览诸集，孰是深窥而有得者乎[23]？集人之文，尚未得其意指，而自裒所著为文集者，何纷纷邪？若夫总集别集之类例，编辑撰次之得失，今古详略之攸宜[24]，录选评钞之当否，别有专篇讨论，不尽述也[25]。

〔1〕 章氏《永清县志·文征序例》曰："赋乃六义之一，其体诵而不歌，而刘《略》所收，篇第倍蓰于诗，于是赋冠前，诗歌杂体反附于后，以致萧《选》以下，奉为一定章程，可谓失所轻重矣。"

〔2〕 吴子良《林子偶谈》曰："太史公曰：《离骚》者，遭忧也。离训遭，骚训忧。屈原以此命名，其文则赋也。故班固《艺文志》有《屈原赋》二十五篇。梁昭明集《文选》，不并归赋门，而别名之曰骚。后人沿袭皆以骚称，可谓无义。"按屈、宋诸作，初无总称，《九歌》、《九辩》、《九章》之歌、辩、章诸字，说者以为乐章之名，是矣。而宋玉《风赋》、《高唐赋》、《神女赋》、《登徒子好色赋》，则皆曰赋。又文中自名其作者：《九辩》曰："自压桉而学诵。"《九章·悲回风》曰："窃赋诗之所明。"曰诵（颂）曰诗，则与《三百篇》同名矣。若《楚辞》之称，则始见《史记·酷吏传》，非先秦固有，故《汉志》直以为赋。要之，局言则《楚辞》与赋有别；通言则赋亦可赅《楚辞》；至骚非文体之名，则无可疑者耳。

〔3〕 苏轼《志林》:"宋玉《高唐》、《神女赋》,自'王曰唯唯'以前,皆赋也,而统谓之序,大可笑也。相如赋首有子虚、乌有、亡是三人论难,岂亦序邪?"又《答刘沔书》辞意略同。王观国《学林》:"傅武仲《舞赋》,宋玉《高唐赋》、《神女赋》、《登徒子好色赋》,本皆无序,昭明编《文选》,各析其赋首一段为序。此四赋皆记楚襄王答问之语,盖借意也,故皆有'唯唯'之文。昭明误认'唯唯'之文为赋序,遂析其词。观国按,司马长卿《子虚赋》,托乌有先生,亡是公为言,扬子云《长杨赋》,托翰林主人、子墨客卿为言,二赋皆有'唯唯'之文,是以知之。傅武仲、宋玉四赋本皆无序,昭明因其赋皆有'唯唯'之文,遂误析为序也。"

〔4〕 《文选》符命类载司马相如《封禅文》、扬雄《剧秦美新》、班固《典引》三篇,于光华《评注》引董景真云:"帝王之兴,必有符命,盖以祥瑞之征,符于天命也。"三篇之文,《文心雕龙》归之封禅一类。故其《封禅篇》云:"相如《封禅》,蔚为唱首。及扬雄《剧秦》,班固《典引》,事非镌石,而体因纪禅。"

〔5〕 《文选》颂类有王褒《圣主得贤臣颂》。《易·乾文言》:"亨者,嘉之会。"又曰:"嘉会足以合礼。"

〔6〕 《史记·自序》及《汉书·叙传》中,皆以数言述其每篇作意及先后次序。《文选》载《汉书》述《高纪》、《成纪》、《韩、彭、英、卢、吴传》者三篇,而标目为史述赞。次韵者,谓《史记·自序》亦间用韵,后以次前也。《梁书·周兴嗣传》:"次韵王羲之千字。"次韵二字出此。

〔7〕 《论语·述而篇》:"子曰:'述而不作。'"邢《疏》:"此记仲尼著述之谦也。作者之谓圣,述者之谓明。"

〔8〕 《文选》有史论类。

〔9〕 《汉书·叙传》师古《注》曰:"自'皇矣汉祖'以下诸叙,皆班固自论撰《汉书》意,此亦依放《史记》之叙目耳。史迁则云:为某事作某本纪、某列传。班固谦不言然,而改言述,盖避作者之谓圣,而取述者之谓明也。但后之学者,不晓此为《汉书》叙目,见有述字,因谓此文追述《汉书》之事,乃呼为'《汉书》述',失之远矣。挚虞尚有此惑,其余曷

足怪乎?”案:据颜说,知《文选》盖沿《文章流别》之误。

〔10〕《文选》有诏类及策问类,《贤良诏》入诏类。

〔11〕蔡邕《独断》:“汉天子正号曰皇帝,其言曰制诏,其命令一曰策书,二曰制书,三曰诏书,四曰戒书。”又云:“凡群臣上书于天子者,有四名:一曰章,二曰奏,三曰表,四曰驳议。”此汉时公文书制之大略。《文心雕龙·议对篇》云:“对策者,应诏而陈政,即议之别体也。”以此推之,则策问者,或策之别体。盖策问之与对策,其时非岁以为常,故不列于公文之中,而萧《选》归类,遂亦不能得当也。

〔12〕原注:“今传贾氏《新书》,首列《过秦》上下二篇,此为后人辑定,不足为据。《汉志》:‘《贾谊》五十八篇。’又:‘赋七篇。’此外别无论著,则《过秦》乃《贾子》篇目明矣。”

〔13〕陆《论》亦载《文选》。

〔14〕原注:“左思著论之说,须活看,不可泥。”案左思语见所撰《咏史》诗。《吴志·阚泽传》云:“孙权问书传篇赋何者为美,泽欲讽喻以明治乱,因对贾谊《过秦论》最善。”是以论名《过秦》,不始晋人。或者此篇初亦尝别出独行,人辄为加题论字,以便称说耳。张涤华先生曰:“案魏文帝《典论》云:‘余观贾谊《过秦论》,发周、秦之得失,通古今之滞义,洽以三代之风,润以圣人之化,斯可谓作者矣。’此与《吴志·阚泽传》所云‘《过秦论》最善’,并在左思之前。则知论字绝非萧《选》所加,亦非援《咏史》诗而标为论体矣。《汉书·贾谊传赞》及《文选》班固《典引》亦称《过秦》为论。实斋盖未之深考也。”

〔15〕四部之书,经与史为近,子与集为近,盖官学私学之分耳。说详拙著《言公通义》。章氏《杂说篇》曰:“诸子仅工文辞,即后世文集之滥觞。”《过秦》、《典论》之入《文选》,此或亦消息之一端也。

〔16〕见《诗教上篇》注。

〔17〕《文选》此三篇入骚类。

〔18〕设问,当作设论。《文选》东方朔《答客难》、扬雄《解嘲》、班固《答宾戏》,皆入设论类。司马相如《难蜀父老》,旧本在檄类,流俗本有析

出此篇，别题难类者，非昭明之旧。章氏误据俗本为说，斯其疏也。

〔19〕《周礼·地官》大司徒：“以土圭之法，测土深，正日景，以求地中。”《注》：“土圭所以致四时日月之景也。”《疏》：“案土人职云：‘土圭尺有五寸。’”又《考工记》匠人：“置槷以县，眡以景，为规识日出之景与日入之景。”《注》：“槷，古文臬假借字，于所平之地中央树八尺之臬，以悬正之，眡之以为景，将以正四方也。《尔雅》曰：‘在墙谓之杙，在地谓之臬。’”

〔20〕《汉书·律历志》：“权与物钧而生衡，衡运生规，规圆生矩，矩方生绳，绳直生准，准正则平衡而钧权矣，是为五则。规者，所以规圆器械令得其类也；矩者，所以矩方器械令不失其形也；规矩相须，阴阳位序，圆方乃成。准者，所以揆平取正也；绳者，上下端直，经纬四通也；准绳连体，衡权合德，百工由焉，以定法式。”

〔21〕《离骚》：“哀众芳之芜秽。”洪兴祖《补注》曰：“芜，荒也。秽，恶也。”

〔22〕《广雅·释诂》：“殚，尽也。”

〔23〕以上当与《文学总略篇》论《文选》者参看。

〔24〕《尔雅·释言》：“攸，所也。”

〔25〕本节论《文选》义例之失，兼致慨后世文集之多。

谨案：文学之事，作者授之，读者受之，而所资以授受者，则作品也。析论作品，则外形内容两端可以括之。散文、骈文、韵文，文学之外形也；抒情、叙事、说理，文学之内容也。取最适合之内容，表之以最恰当之外形，使作者读者之授受皆无遗憾，斯尽文学之能事。然其间有未易言者：一则作者之才性，时有偏长；一则意辞之繁变，难拘成格。如王粲、徐幹长于辞赋，陈琳、阮瑀长于书疏，此体式之偏长也，应玚和而不壮，刘桢壮而不密，此风格之偏长也。凡此利弊，初难自知；援牍之时，何能尽合？则其未易言明矣。又如史以叙事，而马迁以抒悲愤之情；诗以抒情，而宋贤每多议论之作；则《典论》、《文赋》、《流别》、《雕龙》以次，相意以定体者，固不足以尽之。墨守成规，徒形扞格，其未易言益明矣。

夫才性之异同，情辞之变化，既如此其不居，故作者读者之授受，亦非一往无碍，而文意无定向，文体有定形，论文之家，遂不得不执简驭繁，以形貌为准。末流之弊，极于不顾古人之流别，作者之意旨，而立言之道，亦因以不尊，此所以来章氏之讥也。若余杭章君《答人书》云："来书疑仆所论，只问形式，不论精神。夫文辞之体甚多，而形式各异，非求之形式，则彼此无以为辨；形式已定，乃问其精神耳。非能脱然于形式也。"则又以近世论家，偏主精神，尽废形式，驯至文章流别，无可遵循。救僿以忠，因有兹说。二章之言，相反相成，学者所尤当致意。盖文章之用，因内符外，心生而言立，言立而文明，故必缘情树体，即体成用。以形貌论文虽不可废，而亦当参稽作者意旨，深窥历祀流别，以求折中，庶尽其道，非谓形貌可弗论也。论人之文，且当如此，则自作可知。学者诚知此理，则应酬牵率之作，决科俳优之文，故饰情貌，徒为尘点者，可以屏而不为，亦庶几实斋所谓有立而能言耳。

- 无句读文
  - 图书
  - 表谱
  - 簿录　簿录与表谱殊者，以不皆旁行缀系故。
  - 算草
- 有句读文
  - 有韵文
    - 赋颂　无韵之颂即入符命类、述序类中。
    - 哀诔　祭文附此。
    - 箴铭　无韵之铭即入款识类中。
    - 占繇　如《周易》、《易林》、《太玄》、《灵棋》之属。
    - 古今体诗
    - 词曲
  - 无韵文
    - 学说
      - 诸子　九流及近世科学诸说并附于此。
      - 疏证　凡随文解义及著书考古者皆属此。
      - 平议　如《史通》、《文心雕龙》及一切文评史评之属。
    - 历史
      - 纪簿　《尚书》帝典之类皆属此。
      - 编年
      - 纪事本末
      - 国别史　如《国语》之属。
      - 地志
      - 姓氏书
      - 行状
      - 别传
      - 杂事　报章中纪事亦属此。
      - 款识　如鼎、彝、碑、志之属。
      - 目录　书目之无说者，别入簿录科。
      - 学案
    - 公牍
      - 诏诰　《尚书》、《康诰》、《酒诰》之类亦属此。
      - 奏议　《尚书》谟训之类亦属此。
      - 文移
      - 判批
      - 告示　一切教令皆属此。
      - 诉状
      - 录供
      - 履历
      - 契约　如条约、地契、引帖之属。其私立者即入书札类中。
    - 典章
      - 书志　如正史各志及《通典》、《通考》之属。
      - 官礼　如《周礼》、《六典》、《会典》之属。
      - 律例
      - 公法
      - 仪注　如《仪礼》、《江都集礼》、《书仪》之属。其经学家专门说礼者，即入疏证类中。
    - 杂文
      - 符命　如封禅、告天、《剧秦》、《典引》之属，不皆有韵。
      - 论说　连珠之类亦属此。
      - 对策
      - 杂记
      - 述序
      - 书札　私订契约不关公牍者亦属此。
    - 小说　文言俗语诸体均属之。

模拟

（论模拟与创造）

刘知幾

夫述者相效，自古而然。故列御寇之言理也，则凭李叟[1]；扬子云之草《玄》也，全师孔公[2]。符朗则比迹于庄周[3]，范晔则参踪于贾谊[4]。况史臣注记[5]，其言浩博，若不仰范前哲，何以贻厥后来[6]？盖模拟之体，厥途有二：一曰貌同而心异，二曰貌异而心同[7]。

〔1〕 刘向《别录》："列子者，郑人，盖有道者也。其学本于黄帝、老子。"《史记·老子传》："老子姓李名耳，盖百有六十余岁，或言二百余岁，以其修道而养寿也。"《孟子·梁惠王篇》赵《注》："叟，长老之称。"《文选》赵至《与嵇茂齐书》："昔李叟入秦，及关而叹。"

〔2〕 《汉书·扬雄传》："时雄方草《太玄》，有以自守，泊如也。"《太玄》拟孔子之赞《易》，见《文学总略篇》注。

〔3〕 《晋书·苻坚载记》："苻朗，字元达，坚之从兄子也。性宏达，神气爽迈，幼怀远操，不屑时荣。著《苻子》数十篇，行于世，亦老、庄之流也。"《隋志》："《苻子》二十卷。"浦起龙《史通通释·古今正史篇附记》："前秦之姓，《晋书·载记》曰：'蒲洪以其孙坚初生，背有草付臣又土之文，改姓苻。'而《世说·识鉴篇注》引车频《秦书》曰：'蒲洪诈称谶文，改姓符，言己当王，应符命也。坚生，背赤色隐起若篆文。'其说与《晋书》异。愚案：车频言征符命背篆，不言何文，而频即前秦时人，则姓当为符，宜可信。《晋书》后出，草付五字，自别有本，亦安

知非竹付之讹邪？世徒以国史为正，然频书幸留片羽，孝标亦在唐前，讵不足当互证之资邪？附记之，亦足广异家也。”

〔4〕 范晔《狱中与诸甥侄书》：“既造《后汉》，转得统绪，详观古今著述及评论，殆少可意者。吾杂传论，皆有精意深旨，既有裁味，故约其词句。至于《循吏》以下，及六夷诸序论，笔势纵放，实天下之奇作，其中合者，往往不减《过秦篇》。尝共比方班氏所作，非但不愧之而已。”

〔5〕 《广雅·释诂》：“注，注识也。”字一作註。《一切经音义》引《通俗文》：“记物曰註。”杜预《春秋序》：“诸所记注，多违旧章。”

〔6〕 《诗·大雅·文王有声》：“诒厥孙谋。”《传》：“诒犹传也。”今通作贻。

〔7〕 《通释》：“貌犹文也，心犹实也。”本节论为文不废模拟之理，及其二途。

何以言之？盖古者列国命官，卿与大夫为别，必于国史所记〔1〕，则卿亦呼为大夫，此《春秋》之例也〔2〕。当秦有天下，地广殷、周，变诸侯为帝王，目宰辅为丞相〔3〕。而谯周撰《古史考》，思欲摈抑马《记》，师放孔《经》〔4〕。其书李斯之弃市也〔5〕，乃云：“秦杀其大夫李斯。”〔6〕夫以诸侯之大夫，名天下之丞相，以此而拟《春秋》，所谓貌同而心异也〔7〕。

〔1〕 杜预《春秋序》：“《春秋》者，鲁史记之名也。《周礼》有史官，掌邦国四方之事，达四方之志。诸侯亦各有国史。《孟子》曰：‘楚谓之《梼杌》，晋谓之《乘》，而鲁谓之《春秋》，其实一也。’”

〔2〕 《春秋》隐二年：“无骇帅师入极。”杜《注》：“无骇，鲁卿。”孔《疏》：“《春秋》之例，卿乃见《经》。今名书于《经》，《传》称司空，故知无骇是鲁卿。诸名书于《经》，皆是卿也，故于此一注，以下不复言之。又《王制》云：‘上大夫卿。’则卿亦大夫也，故注多以大夫言卿。下注云：‘裂繻，纪大夫。’如此之类，皆是卿也，其名见于《传》，而注云大夫者，则其爵真大夫也。”

〔3〕 目犹称也。《春秋》隐元年《穀梁传》:“以其目君。”范《注》:“目君,谓称郑伯。”《汉书·百官公卿表》:“丞相秦官,金印紫绶,掌承天子,助理万机。”

〔4〕 《隋志》:“《古史考》二十五卷,晋义阳亭侯谯周撰。”今佚,有章宗源辑本。《蜀志》本传:“周字允南,耽古笃学,诵读典籍,精研六经,凡所著述撰定:《法训》、《五经论》、《古史考》之属百余篇。”《晋书·司马彪传》:“谯周以司马迁《史记》书周、秦以上,或采俗语百家之书,不专据正经,周于是作《古史考》二十五篇,皆凭旧典,以纠迁之谬误。”放,今通作仿。

〔5〕 《释名·释丧制》:“市死曰弃市。市,众所聚,与众人共弃之也。”

〔6〕 《史记·秦本纪》:“二世皇帝三年冬,赵高为丞相,竟按李斯杀之。”其详在《李斯列传》。

〔7〕 本节貌同心异之例一。

当春秋之世,列国甚多,每书他邦,皆显其号,至于鲁国,直云我而已〔1〕。如金行握纪〔2〕,海内大同,君靡客主之殊〔3〕,臣无彼此之异,而干宝撰《晋纪》〔4〕,至天子之葬,必云:“葬我某皇帝。”〔5〕且无二君〔6〕,何我之有?以此而拟《春秋》,又所谓貌同而心异也〔7〕。

〔1〕 如《春秋》隐八年:“我入祊。”桓十八年:“葬我君桓公。”庄九年:“我师败绩。”皆其例也。

〔2〕 金行指晋,盖五行之德,始终相次之说也。《晋书·五行志》:“白者金行。”《文选》陆机《皇太子宴玄圃宣猷堂有令赋诗》:“素灵承祐。”李善《注》:“晋金行曰素。程猗《说石图》曰:‘金者,晋之行也。’”《七略》云:“邹子有五德终始,言土德从所不胜,木德继之,金德次之,火德次之,水德次之。”《史记·秦始皇本纪》云:“始皇推终始五德之传,以为周得火德,秦代周德,从所不胜,方今水德之始。”以此推之,汉当为土德,魏当为木德,晋当为金德。然史家所记,则汉火德,魏土德,初不尽据五行之次,盖亦随宜依托,以示天命攸归耳。握纪,

谓为帝也。《隋志序》曰:“先圣据龙图,握凤纪,南面以君天下。”李百药《封建论》曰:“陛下握纪御天,膺期启圣。”

〔3〕《尔雅·释言》:“靡,无也。”

〔4〕《隋志》:“《晋纪》二十三卷,干宝撰。”今佚,有汤球、黄奭辑本。《晋书》本传:“宝字令升。中兴草创,未置史官,王导上疏,宜建立国史,撰集帝纪。元帝纳焉。宝于是始领国史,著《晋纪》,自宣帝迄于愍帝,五十三年,凡二十卷。奏之。其书简略而能婉,咸称良史。”《史通·载言篇》:“昔干宝议撰晋史,以为宜准丘明。”又《二体篇》:“干宝著书,盛誉丘明。”又《序例篇》:“令升先觉,远述丘明。”其书益效法《春秋左传》而失之拘者也。

〔5〕按《文选·晋纪总论注》引《晋纪》云:“镇东大将军诸葛诞贰于我。”又《世说新语·贤媛篇注》引云:“(王)经正直,不忠于我。”亦皆干氏仿《春秋》称我之证。

〔6〕且,一作但。通释云:“疑当作旹。”旹,古时字。

〔7〕本节貌同心异之例二。

狄灭二国,君死城屠。齐桓行霸,兴亡继绝[1]。《左传》云:“邢迁如归,卫国忘亡。”[2]言上下安堵[3],不失旧物也[4]。如孙皓暴虐[5],人不聊生[6],晋师是讨,后予相怨[7]。而干宝《晋纪》云:“吴国既灭,江外忘亡。”[8]岂江外安典午之善政[9],同归命之未灭乎[10]?以此而拟《左氏》,又所谓貌同而心异也[11]。

〔1〕《论语·尧曰篇》:“兴灭国,继绝世,举逸民,天下之民归心焉。”《尚书大传》:“古者诸侯始受封,必有采地。其后子孙虽有罪黜,其采地不黜,使子孙贤者守之,世世以祠其始受封之人,此之谓‘兴灭国,继绝世’。”

〔2〕《春秋》闵元年《左传》:“狄人伐邢,管敬仲言于齐侯曰:‘戎狄豺狼,不可厌也。诸夏亲昵,不可弃也。宴安酖毒,不可怀也。《诗》云:“岂不怀归?畏此简书。”简书,同恶相恤之谓也。请救邢以从简

书。’齐人救邢。”又二年《传》：“狄人伐卫，卫懿公及狄人战于荧泽，卫师败绩，遂灭卫。卫之遗民男女七百有三十人，益之以共滕之民为五千人，立戴公以庐于曹。齐侯使公子无亏帅车三百乘，甲士三千人，以戍曹。”“僖之元年，齐桓公迁邢于夷仪。二年，封卫于楚丘。邢迁如归，卫国忘亡。”

〔3〕《史记·田单列传》：“愿无虏掠吾族家妻妾，令案堵。”张涤华先生曰：“案《汉书·高帝纪》云：‘吏民皆按堵如故。’应劭曰：‘按，次第。堵，墙堵。’师古曰：‘言不迁动也。’按堵，《汉纪》作安堵，《史记》作案堵，并通。盖即安居之义。”

〔4〕《春秋》哀元年《左传》：“祀夏配天，不失旧物。”《注》：“物，事也。”

〔5〕《吴志·孙皓传》：“皓字元宗，权孙，和子也。孙休薨，遂迎立皓。既得志，粗暴骄盈，多忌讳，好酒色，大小失望。”

〔6〕《战国策·秦策》：“百姓不聊生。”《注》：“聊，赖也。”

〔7〕《尚书·仲虺之诰》：“东征西夷怨，南征北狄怨。曰：‘奚独后予？’”

〔8〕江外，犹言江表，谓吴境也。

〔9〕《蜀志·谯周传》：“周书板示(文)立曰：‘典午忽兮，月酉没兮。’典午者，谓司马也，月酉者，谓八月也。”

〔10〕《吴志·孙皓传》：“太康元年诏曰：‘孙皓穷迫归降，前诏待之以不死，今皓垂至，意犹愍之，其赐号为归命侯。’”

〔11〕本节貌同心异之例三。

春秋诸国皆用夏正，鲁以行天子礼乐，故独用周家正朔〔1〕。至于书“元年春王正月”者，年则鲁君之年，月则周王之月〔2〕。如曹、马受命〔3〕，躬为帝王，非是以诸侯守藩〔4〕，行天子班历〔5〕。而孙盛魏、晋二《阳秋》〔6〕，每书年首，必云：“某年春帝正月。”夫年既编帝纪，而月又列帝名，以此而拟《春秋》，又所谓貌同而心异也〔7〕。

〔1〕《尚书大传》：“夏以孟春月为正，殷以季冬月为正，周以仲冬月为正。”《史记·历书》：“夏正以正月，殷正以十二月，周正以十一月。”

《尚书·甘誓》:“怠弃三正。”《释文》引马融云:“建子、建丑、建寅,三正也。”《日知录》云:“三正之名,见于《甘誓》,其来尚矣。《微子之命》曰:‘统承先王,修其礼物。’则知杞用夏正,宋用殷正,若朝觐会同,则用周之正朔。其于本国,自用其先王之正朔也。”案春秋诸国,其用三正,参差不一,先儒多有考订。然古之王者,易姓受命,则必改正朔,以示维新,故三王不相袭耳。《礼记·明堂位》:“成王以周公为有勋劳于天下,命鲁公世世祀周公以天子之礼乐,是以鲁君孟春乘大路,载弧韣旂,十有二旒,日月之章,祀帝于郊,配以后稷。天子之礼也。”

〔2〕 原注:“考《竹书纪年》始达此义,而自古说《春秋》者,皆妄为解释也。”案《竹书纪年》今本经后人窜乱,不足据信。朱右曾、王国维所辑古本,亦丛碎之余。惟杜预《春秋左氏经传集解后序》云:“其纪年篇起自夏、殷、周,皆三代王事,无诸国别也。唯特纪晋国,起自殇叔,次文侯、昭侯,以至曲沃庄伯,皆用夏正建寅之月为岁首,编年相次。”(《隋志·古史类序》略同。)今本有称“元年春正月”者,而无王字,盖以非用周正,则王字无所附丽,或子玄见本亦是如此。其说盖以明周时诸国,所奉正朔不一其制:若鲁者,年则鲁君之年,月则周王之月;若晋者,年则晋君之年,月则夏王之月。时在周世,则鲁可称王正月,晋不得称王正月,以此相证成耳。云自古说春秋皆妄释者,《春秋》隐元年:“元年,春,王正月。”《左传》:“元年,春,王周正月。”杜《注》:“言周以别夏、殷。”《通释》云:“误解始此,愚尝论之,《春秋》系正于王者,别鲁于天子,非别周于夏令也,是侯国之史法也。”

〔3〕 魏,曹氏。晋,司马氏。《尚书·咸有一德》:“克享天心,受天明命。”

〔4〕 《周书·职方》:“方千里曰王圻。其外方五百里为侯服,又其外方五百里为甸服,又其外方五百里为男服,又其外方五百里为采服,又其外方五百里为卫服,又其外方五百里为蛮服,又其外方五百里为夷服,又其外方五百里为镇服,又其外方五百里为藩服。”《注》:“藩服,屏四境也。”《周礼》职方氏同。

〔5〕《春秋》襄二十六年《左传》:“班荆相与食。”《注》:“班,布也。”今通作颁。

〔6〕《隋志》:“《魏氏春秋》二十卷,孙盛撰。”又:“《晋阳秋》三十二卷,迄哀帝,孙盛撰。”今佚,亦有汤、黄二家辑本。《晋书》本传:“盛字安国,笃学不倦,自少至老,手不释卷。著《魏氏春秋》、《晋阳秋》。”《三国志·魏志·武帝纪》裴《注》云:“凡孙盛制书,多用《左氏》以易旧文。嗟乎!后之学者将何取信哉?”亦同子玄之论。

〔7〕本节貌同心异之例四。

五始所作,是曰《春秋》〔1〕;三《传》并兴,各释经义〔2〕。如《公羊传》屡云:“何以书,记某事也。”〔3〕此则先引经语,而继之以释辞,势使之然,非史体也。如吴均《齐春秋》〔4〕,每书灾变,亦曰:“何以书,记异也。”夫事无他议,言从已出,辄自问而自答者,岂是叙事之理者邪?以此而拟《公羊》,又所谓貌同而心异也〔5〕。

〔1〕《春秋》隐元年《公羊传》:“元年,春,王正月。元年者何?君之始年也。春者何?岁之始也。王者孰谓?谓文王也。曷为先言王而后言正月?王正月也。何言乎王正月?大一统也。公何以不言即位?成公意也。”《穀梁》隐元年《疏》:“何休注《公羊》,取《春秋纬·黄帝受图》,立五始:以元者,气之始;春者,四时之始;王者,受命之始;正月者,政教之始;公即位者,一国之始。五者同日并见,相须而成。”

〔2〕《汉志·春秋家序》:“周室既微,载籍残缺。仲尼思存前圣之业,以鲁周公之国,礼文备物,史官有法,故与左丘明观其史记,据行事,仍人道,因兴以立功,败以成罚,假日月以定历数,借朝聘以正礼乐。有所褒讳贬损,不可书见,口授弟子。弟子退而异言。丘明恐弟子各安其说,以失其真,故论本事而作《传》,明夫子不以空言说《经》也。及末世口说流行,故有公羊、穀梁、邹、夹之《传》。四家之中,公羊、穀梁立于学官,邹氏无师,夹氏未有书。”范宁《穀梁传序》:“凡传以通经为主,经以必当为理。夫至当无二,而三传殊说,安得不弃其

所滞，择善而从乎？《左氏》艳而富，其失也巫；《穀梁》清而婉，其失也短；《公羊》辩而裁，其失也俗。若能富而不巫，清而不短，裁而不俗，则深于其道者也。”

〔3〕 如隐三年：“‘日有食之。’何以书？记异也。”又六年：“‘秋七月。’此无事，何以书？《春秋》虽无事，首时过则书。首时过则何以书？《春秋》编年，四时具，然后为年。”某，本作其，从何义门及浦氏《通释》校改。

〔4〕 《隋志》：“《齐春秋》三十卷，梁奉朝请吴均撰。”今佚。《南史·文学传》：“吴均，字叔庠，好学有俊才，梁武帝诏为待诏著作，累迁奉朝请。先是，均将著史以自名，欲撰齐书，求借齐起居注及群臣行状，武帝不许，遂私撰《齐春秋》奏之。”

〔5〕 本节貌同心异之例五。《通释》：“作议论之文可一用之，史法则非体。”

且《史》、《汉》每于列传首书人名字，至传内有呼字处，则于传首不详[1]。如《汉书·李陵传》称：“陇西任立政至匈奴招陵[2]，陵字立政曰：‘少公，归易耳。’”[3]夫卜不言立政之字，而辄言字立政曰少公者，此省文从可知也。至令狐德棻《周书》[4]，于《伊娄穆传》首云：“伊娄穆，字奴干。”既而续云：“太祖字之曰：‘奴干，作仪同，面向我也。’”[5]夫上书其字，而下复曰字，岂是事从简易，文去重复者耶？以此而拟《汉书》，又所谓貌同而心异也[6]。

〔1〕 不，本作已，据浦校改。

〔2〕 以上五字，浦据《汉书》补。

〔3〕 《汉书·李广传》附《陵传》：“昭帝立，大将军霍光、左将军上官桀辅政，素与陵善，遣陵故人陇西任立政等三人俱至匈奴招陵。立政曰：‘咄，少卿良苦，霍子孟、上官少叔谢女。’陵曰：‘霍与上官无恙乎？’立政曰：‘请少卿来归故乡，毋忧富贵。’陵字立政曰：‘少公，归易耳，恐再辱，奈何？’”

〔4〕《旧唐书·经籍志》:“《后周书》五十卷,令狐德棻撰。”今存。

〔5〕《周书·伊娄穆传》:“伊娄穆,字奴干,弱冠为太祖内亲信,以机辩见知,常侍左右。尝入白事,太祖望见,悦之,字之曰:‘奴干,作仪同,面见我矣。’于是拜车骑大将军、仪同三司。”《后汉书·邓骘传》:“延平元年,拜骘车骑将军,仪同三司。仪同三司,(复四字,据《东观汉记》。)始自骘也。”案三司者,谓太尉、司徒、司空。太尉,古之司马也。

〔6〕本节貌同心异例六。《通释》云:“此曰‘字之’,即史家所称不名之义也,不得云复。”

昔《家语》有云:“苍梧人娶妻而美,以让其兄。虽为让,非让道也。”[1]又扬子《法言》曰:“士有姓孔字仲尼。其文是也,其质非也。”[2]如向之诸子所拟古作,其殆苍梧之让,姓孔字仲尼者欤?盖语曰:“世异则事异,事异则备异。”[3]必以先王之道,持今世之人,此韩子所以著《五蠹》之篇,称宋人有守株之说也[4]。世之述者,锐志于奇[5],喜编次古文,撰叙今事;而巍然自谓五经再生,三史重出[6],多见其无识者矣[7]。

〔1〕《孔子家语·六本篇》:“苍梧娆娶妻而美,让与其兄。让则让矣,然非礼之让矣。”

〔2〕《法言·吾子篇》:“或曰:‘有人焉,曰(曰字疑涉上而衍)云姓孔而字仲尼,入其门,升其堂,伏其几,袭其裳,则可谓仲尼乎?’曰:‘其文是也,其质非也。’”

〔3〕二语见《韩非子·五蠹篇》。“备异”原文作“备变”。

〔4〕《五蠹篇》又云:“宋人有耕者,田中有株,兔走触株,折颈而死,因释其耒而守株,冀复得兔。兔不可复得,而身为宋国笑。今欲以先王之政,治当世之民,皆守株之类也。”

〔5〕《汉书·礼乐志》:“锐志武功。”师古曰:“锐,利也。言一意进求,若兵刃之锐利。”

〔6〕《广韵》:"巍,高大貌。"《十驾斋养新录》:"《续汉书·郡国志》:'今录中兴以来郡县改异,及《春秋》、三史会同征伐地名。'三史,谓《史记》、《汉书》、《东观记》也。《吴志·吕蒙传注》引《江表传》:'权谓蒙曰:孤统军以来,省三史诸家兵法,大有益。'又《孙峻传注》引《吴书》:'留赞好读兵书及三史。'《晋书·傅休奕传》:'撰论三史故事,评断得失。'《隋书·经籍志》有'《三史略》二十九卷,吴太子太傅张温撰。'皆指此。自唐以来,《东观记》失传,乃以范蔚宗书当三史之一。"案陈汉章《史通补释》于《书事》篇"异于三史之所书"句下释云:"此三史即上所引《国语》、《左传》、《史记》,观下列《后汉书》之迂诞诡越,可知三史非《史记》及两《汉书》,与他处不同。"门人程君章灿曰:"陈氏以为《史通》两称三史至少有《史记》及两《汉书》,《左传》、《国语》及《史记》二说。此处之三史不可能包括《后汉书》,颇疑其为后说也。刘氏于兹篇上文列举模例十三例,其中从晋已降效《春秋》者三例(孙盛、干宝、吴均模拟《公羊传》);晋以前模拟《春秋》者仅一例。(谯周。周亦入晋,亦可视为从晋已降者。)从晋已降效《左传》者八例(干宝二例,裴子野三例,王劭二例,萧方等一例);效《汉书》者一例(令狐德棻)。是则自魏已前亦有效五经者,而从晋已降则效三史者甚多,刘氏魏已前多效三史,晋已降喜学五经之说,盖亦大略之区分,不可拘执。"

〔7〕以上总论貌同心异之模拟为不足取。

惟夫明识之士则不然。何则?其所拟者,非如图画之写真,熔铸之象物,以此而似也。其所以为似者,取其道术相会,义理玄同〔1〕,若斯而已。亦犹孔父贱为匹夫〔2〕,栖皇放逐〔3〕,而能祖述尧、舜,宪章文、武〔4〕,亦何必居九五之位〔5〕,处南面之尊〔6〕,然后谓之连类者哉〔7〕?

〔1〕《老子》:"知者不言,言者不知。塞其兑,闭其门,挫其锐,解其纷,和其光,同其尘,是谓玄同。"左思《魏都赋》:"世笃玄同,奚遽不能与之

踵武而齐其风。”吕延济《注》:“玄同,犹大同也。”

〔2〕《春秋》桓十年《左传》:“匹夫无罪。”《注》:“庶人夫妻相匹,其名既定,虽单亦匹,故通谓匹夫匹妇。”

〔3〕《汉书·叙传》:“是以圣哲之治,棲棲皇皇。”师古曰:“不安之意也。”栖棲同。《说文》:“放,逐也。”

〔4〕《礼记·中庸》:“仲尼祖述尧、舜,宪章文、武。”

〔5〕《易·乾》:“九五,飞龙在天,利见大人。”王《注》:“龙德在天,则大人之路亨也。夫位以德兴,德以位叙,以至德而处盛位,万物之睹,不亦宜乎?”孔《疏》:“夫位以德兴者,位谓王位,以圣德之人能兴王位也。德以位叙者,谓有圣德之人得居王位,乃能叙其盛德。若孔子虽有圣德,而无其位,是德不能以位叙也。”

〔6〕《论语·雍也篇》:“雍也可使南面。”何晏《集解》引包氏曰:“可使南面者,言任诸侯可使治国政也。”(据皇本。)

〔7〕本节论模拟不必貌似。

盖《左氏》为书,叙事之最。自晋已降,景慕者多,有类效颦,弥益其丑〔1〕。然求诸偶中,亦可言焉〔2〕。盖君父见害,臣子所耻〔3〕,义当略说,不忍斥言〔4〕。故《左传》叙桓公在齐遇害,而云:“彭生乘公,公薨于车。”〔5〕如干宝《晋纪》叙愍帝殁于平阳,而云:“晋人见者多哭。贼惧,帝崩。”〔6〕以此而拟《左氏》,所谓貌异而心同也〔7〕。

〔1〕《庄子·天运篇》:“西施病心而矉,其里之丑人见而美之,归亦捧心而矉。其里之富人见之,坚闭门而不出。贫人见之,挈妻子而去之走。彼知矉美,而不知矉之所以美。”矉,颦之借字。

〔2〕以下貌异心同之例凡七,皆效法《左传》者也。

〔3〕《汉书·苏武传》:“臣事君,犹子事父也。”故古者皆以君父、臣子连言。

〔4〕《春秋》僖五年《穀梁传》:“目晋侯斥杀。”《注》:“斥,指斥也。”

〔5〕原脱一公字,浦据《传》文增。《春秋》桓十八年:“夏四月丙子,公薨

于齐。”杜《注》：“不言戕，讳之也。”《传》：“公会齐侯于泺，遂及文姜如齐，齐侯通焉。公谪之，以告。夏四月丙子，享公，使公子彭生乘公，公薨于车。”杜《注》：“彭生多力，拉公干而杀之。”

〔6〕《晋书·愍帝纪》：“（建兴）四年八月。刘曜逼京师，内外断绝。十一月，帝出降。五年冬十月，刘聪出猎，令帝行车骑将军，戎服执戟为前导。百姓聚而观之，故老或欷歔流涕，聪闻而恶之。聪后因大会，使帝行酒洗爵；反而更衣，又使帝执盖，晋臣在座者多失声而泣。尚书郎辛宾抱帝恸哭，为聪所害。十二月戊戌，帝遇弑，崩于平阳。”按《史通》引书有已佚者，则取今存诸籍比证之，其或今之所无，则阙焉。下仿此。

〔7〕本节貌异心同之例一。

夫当时所记或未尽，则先举其始，后详其末，前后相会，隔越取同[1]。若《左氏》成七年，郑获楚钟仪以献晋；至九年，晋归钟仪于楚以求平。其类是也[2]。至裴子野《宋略》[3]，叙索虏临江[4]，太子劭使力士排徐湛[5]、江湛僵仆，于是始与劭有隙。其后三年，有徐、江[6]为元凶所杀事[7]。以此而拟《左氏》，亦所谓貌异而心同也[8]。

〔1〕案一事或分在数年，或互见数传，此编年、纪传二体之短，后来之纪事本末体，即所以济其穷也。

〔2〕《左传》成七年：“秋，楚子重伐郑，师于汜，诸侯救郑。郑共仲、侯羽军楚师，囚郧公钟仪献诸晋。晋人以钟仪归，囚诸军府。”《注》：“为九年晋侯见钟仪张本。”又九年：“晋侯观于军府，见钟仪，问之曰：‘南冠而絷者谁也？’有司对曰：‘郑人所献楚囚也。’使税之，召而吊之，再拜稽首。范文子曰：‘君盍归之，使合晋楚之成？’公从之，重为之礼，使归求成。”《注》：“为下十二月晋楚结成张本。”

〔3〕《隋志》：“《宋略》二十卷，梁通直郎裴子野撰。”今佚。《梁书·本传》：“子野，字几原。初，子野曾祖松之，宋元嘉中受诏续修何承天《宋史》，未及成而卒。子野尝欲继成先业，及齐永明末，沈约所撰

《宋书》既行，子野更删撰为《宋略》二十卷，其叙事评论多善。约见而叹曰：'吾弗逮也。'"许嵩《建康实录》尝引其文，犹可窥豹一斑。

〔4〕 《北史·叙传》："南北分隔，南书谓北为索虏，北书指南为岛夷。"案今《宋书》有《索虏传》，《魏书》有《岛夷传》。

〔5〕 徐湛，何义门及浦二田俱改江湛，非是。

〔6〕 徐江，万历本作徐湛，何、浦二家改江湛，亦非。

〔7〕 《宋书·江湛传》："江湛，字徽渊。（《南史》渊作深，避唐高祖讳改。）上大举北伐，举朝为不可，唯湛赞成之。索虏（《南史》作魏太武）至瓜步，遣使求昏，上召太子劭以下集议，众并谓宜许，湛曰：'戎狄无信，许之无益。'劭怒谓湛曰：'今三王在阨，讵宜苟执异议。'声色甚厉。坐散，俱出。劭使班剑及左右推之，殆将侧倒。上将废劭，使湛具诏草。劭之入弑也，湛直上省，闻叫噪之声，乃匿旁小屋中。劭遣收之。舍吏绐云：'不在此。'兵士即杀舍吏，乃得湛之。湛之（《南史》无上二之字。）据窗受害，意色不挠。"《通释》："本传及《徐湛之传》俱无同受排仆之文。虽《裴略》不得见，而历考时事，知是《史通》衍文也。"案《宋书·元凶劭传》载劭语曰："不斩江湛、徐湛之，无以谢天下。"又载劭弑文帝事略云："张超之等数十人拔刀径上合殿，上其夜与尚书仆射徐湛之语，至旦，烛犹未灭。超之手行弑逆，并杀湛之。劭进至合殿，太祖已崩，遣人于崇礼闱杀吏部尚书江湛。"盖二人同为劭所恶，又同时见害，其名复同，颇易混淆。（上引湛传两"湛之"字可证。）此文徐湛下或夺之字。浦氏云："历考时事，知是衍文。"然二人事既相类，时亦相同，《宋书》二传虽无同受排仆之文，然不得据谓《宋略》亦无此说，故不宜辄改易《史通》之文也。

〔8〕 本节貌异文同之例二。

凡列姓名，罕兼其字，苟前后互举，则观者自知。如《左传》上言羊斟，则下曰叔牂[1]；前称子产，则次见国侨[2]。其类是也。至裴子野《宋略》亦然。何者？上书桓玄，则下有敬道[3]；后叙殷铁，则先著景仁[4]。以此而拟《左氏》，又所谓貌异而心同也[5]。

〔1〕 一作子臧，何、浦二氏据《传》文校正。《左传》宣二年："郑公子归生受命于楚，伐宋，宋华元御之。将战，华元杀羊食士，其御羊斟不与。及战，曰：'畴昔之事，子为政，今日之事，我为政。'与入郑师，故败，华元逃归，见叔牂，（《注》："叔牂，羊斟也。"）曰：'子之马然也。'对曰：'非马也，其人也。'"

〔2〕 《左传》襄八年："郑子国、子耳侵蔡，获蔡司马公子燮。郑人皆喜，唯子产不顺。"此子产见《传》之始。又二十二年："晋人征朝于郑，郑使少正公孙侨对。"《注》："公孙侨，子产。"此侨见《传》之始。其在一篇之中而名字互见者，如昭六年，"楚公子弃疾如晋，过郑，郑罕虎、公孙侨、游吉，从郑伯以劳诸柤，见子皮如上卿，以马六匹；见子产以马四匹；见子大叔以马二匹"。《传》文中类此者尚多，惟但称"公孙侨"，或自名曰'侨'，无称"国侨"者。《困学纪闻》云："古者孙以王父字为氏。（成十五年《公羊传》文。）子产，子国之子，（襄八年及十年《左传》注。）《国语》谓公孙成子，《左传》谓公孙侨。（原注："子产之子始为国氏。"案名国参。）致堂作《子产传》曰国侨，非也。"《通释》据此："疑国字当作曰字，以配'下曰叔牂'之句。"案《左氏》昭四年："子产作丘赋。浑罕曰：'国氏其先亡乎？'"《后汉书·王充等传论》："国子流遗爱之体。"《文心雕龙·才略篇》："国侨以修辞捍郑。"皆以子产为国氏，此盖传家追言，后人沿用，子玄亦从众为称耳。（参《纪闻》翁《注》。）浦说非也。

〔3〕 桓玄，字敬道，温之孽子，《晋书》有传，惟此事于今无征。

〔4〕 《宋书·刘湛传》："湛与殷景仁素款，及俱被时遇，猜隙渐生。湛党刘敬文父成未悟其机，诣景仁求郡，敬文遽往谢湛曰：'老父悖耄，遂就殷铁干禄。'"《南史·范泰传》："泰卒，议赠开府，殷景仁曰：'泰素望未重，不可。'王弘抚棺哭曰：'君生平重殷铁，今以此为报。'"案殷景仁《宋书》、《南史》并有传，惟无殷铁之名。

〔5〕 本节貌异心同之例三。《通释》云："《左氏》叙一人，名封字谥，传中错出，读者苦之，必斟、牂、产、侨之为拟，窃谓非是。"《文史通义·繁称篇》亦云："尝读《左氏春秋》，而苦其书人名字不为成法也。夫幼

名，冠字，五十以伯仲，死谥，周道也。（案此见《礼记·檀弓》。）此则称于礼文之言，非史文述事之例也。《左氏》则随意杂举而无义例，且名、字、谥、行以外，更及官、爵、封邑焉。一篇之中，错出互见，苟非注释相传有授受，至今不识为何如人也。是以后世文史莫不钻仰《左氏》，而独于此不复相师也。"说与浦同。

《左氏》与《论语》有叙人酬对，苟非烦词积句，但是往复唯诺而已[1]，则连续而说，去其"对曰"、"问曰"等字[2]。如裴子野《宋略》云："李孝伯问张畅曰[3]：'卿何姓？'曰：'姓张。''张长史乎？'"[4]以此而拟《左氏》、《论语》，又所谓貌异而心同也[5]。

〔1〕《礼记·曲礼》："必慎唯诺。"《释文》："应辞也。"

〔2〕俞樾《古书疑义举例·两人之辞而省曰字例》："一人之辞自为问答，则用曰字；乃有两人问答因语气相承，诵之易晓，而曰字从省不书者，如《论语·阳货篇》：'子曰："由也，女闻六言六蔽矣乎？"对曰："未也。""居，吾语女。"''居'吾语女'，乃夫子之言，而即承'对曰未也'之下，无'子曰'字。'子曰："食夫稻，衣夫锦，于女安乎？"曰："安。""女安则为之。"''女安则为之'，乃夫子之言，而即承'曰安'之下，无'子曰'字。"案此例古书恒有。俞君所举，尚有《孟子》、《檀弓》，而不及《左传》。今补一事如次：宣十二年，"还无社与司马卯言，号申叔展。叔展曰：'有麦麹乎？'曰：'无。''有山麹穷乎？'曰：'无。''河鱼腹疾奈何？'曰：'目于眢井而拯之。''若为茅绖，哭井则已。'"

〔3〕曰字据何义门、卢抱经校补。

〔4〕《南史·张邵传》附《畅传》："畅于城上与魏尚书李孝伯语，孝伯问：'君何姓？'答曰：'姓张。'孝伯曰：'张长史。'畅曰：'君何得见识？'孝伯曰：'君声名远闻，足使我知。'因言说久之。"《宋书·畅传》则无问姓之语，均与裴《略》小异。

〔5〕本节貌异心同之例四。

善人君子，功业不书，见于应对，附彰其美。如《左传》称楚武王欲伐随[1]。熊率且比曰："季梁在，何益？"[2]至萧方等《三十国春秋》[3]，说朝廷闻慕容儁死，曰："中原可图矣。"桓温曰："慕容恪在，其忧方大。"[4]以此而拟《左氏》，又所谓貌异而心同也[5]。

〔1〕 旧作隋，浦据《传》校改。

〔2〕 《左传》桓六年："楚武王侵随，使薳章求成焉。随人使少师董成。斗伯比言于楚子曰：'少师侈，请羸师以张之。'熊率且比曰：'季梁在，何益？'斗伯比曰：'以为后图，少师得其君。'"

〔3〕 《隋志》："《三十国春秋》三十一卷，梁湘东世子萧万等撰。"姚振宗《隋书经籍志考证》云："万当为方，因俗书萬为万而误。"今佚。《梁书·本传》："方等，字实相，世祖长子也。少聪敏，有俊才，注范晔《后汉书》未就，所撰《三十国春秋》及《静住子》行于世。"方等，诸书或无等字，误。释氏有《方等经》，名盖取诸此。

〔4〕 《晋书·慕容暐载记》："慕容恪，字玄恭，幼而谨厚，深沉有大度。初，建邺闻（慕容）儁死，曰：'中原可图矣。'桓温曰：'慕容恪尚存，所忧方为大耳。'"

〔5〕 本节貌异心同之例五。

夫将叙其事，必预张其本，弥缝混说[1]，无取睠言[2]。如《左传》称叔辄闻日食而哭。昭子曰："子叔其将死乎！"秋八月，叔辄卒[3]。至王劭《齐志》[4]，称张伯德梦山上挂丝，占者曰："其为幽州乎？"秋七月，拜为幽州刺史[5]。以此而拟《左氏》，又所谓貌异而心同也[6]。

〔1〕 《春秋》僖二十六年《左传》："弥缝其阙。"《老子》："故混而为一。"《注》："混，合也。"

〔2〕 《诗·大东》："睠言顾之。"《传》："睠，反顾也。"睠，今通作眷。

〔3〕 《左传》昭二十一年："秋七月，壬午，朔，日有食之。公问于梓慎曰：'是何物也？祸福何为？'对曰：'二至、二分，日有食之，不为灾。日月之行

也，分，同道也；至，相过也。其他月则为灾，阳不克也，故常为水。'于是叔辄哭日食，昭子曰：'子叔将死，非所哭也。'八月，叔辄卒。"

〔4〕《隋志》："《齐志》十卷，王劭撰。"今佚。《隋书》本传："劭，字君懋。高祖受禅，授著作佐郎，母忧去职，在家著《齐书》。时制禁私撰史，为内史侍郎李元操所奏。上怒，遣使收其书，览而悦之，于是拜著作郎。初，撰《齐志》为编年体二十卷，复为《齐书》纪传一百卷及《平贼记》三卷，或文词鄙野，或不轨不物，骇人视听，大为有识所嗤鄙。"案君懋之书，见非时流，子玄为之不平，略见后《叙事篇》。

〔5〕《北齐书·张亮传》："亮，字伯德，武定初，拜太中大夫。薛琡曾梦亮于山上持丝，以告亮，且占之曰：'山上丝，幽字也，君其为幽州乎？'数月，亮出为幽州刺史。"与《劭志》亮自梦小异，所谓传闻异辞也。

〔6〕本节貌异心同之例六。

盖文虽缺略，理甚昭著，此丘明之体也。至如叙晋败于邲，先济者赏，而云："中[1]军下军争舟，舟中之指可掬。"[2]夫不言攀舟乱[3]，以刃断指，而但曰舟指可掬，则读者自睹其事矣。至王劭《齐志》，述高季式破敌于韩陵，追奔逐北[4]，而云："夜半方归，槊血满袖。"[5]夫不言奋槊深入，击刺甚多，而但称槊血满袖，则闻者亦知其义矣。以此而拟《左氏》，又所谓貌异而心同也[6]。

〔1〕中，原作上，据《传》文校改。

〔2〕《左传》宣十二年叙晋楚邲之战，晋人之败状，略云："楚人出陈，遂疾进师，车驰卒奔，乘晋车。桓子不知所为，鼓于军中曰：'先济者有赏。'中军下军争舟，舟中之指可掬也。"

〔3〕乱上，浦云："恐脱扰字。"

〔4〕《荀子·议兵篇》："遇敌处战则必北。"《注》："北，败走也。北者，乖背之名，故以败走为北也。"

〔5〕《北齐书·神武纪》记帝破尔朱兆事云："乃于韩陵为圆阵，连牛驴以塞归道，于是将士皆有死志。合战，大破之，高季式以七骑追奔，度

野马冈，与兆遇。高昂望之，不见，哭曰：‘丧吾弟矣。’夜久，季式还，血满袖。”省槊字。《说文》：“槊，矛也。”《一切经音义》引《埤苍》：“矛长一丈八尺曰槊。”

〔6〕 本节貌异心同之例七。案此即所谓用晦之术也，详后《叙事篇》。

大抵作者自魏以前，多效三史；从晋已降，喜学五经。夫史才文浅而易模，经文意深而难拟，既难易有别，故得失亦殊。盖貌异而心同者，模拟之上也；貌同而心异者，模拟之下也[1]。然人皆好貌同而心异，不尚貌异而心同者，何哉？盖鉴识不明，嗜爱多僻，悦夫似史，而憎夫真史。此子张所以致讥于鲁侯，有叶公好龙之喻也[2]。袁山松云[3]：“书之为难也有五[4]：烦而不整，一难也；俗而不典，二难也；书不实录，三难也；赏罚不中，四难也；文不胜质，五难也。”夫拟古而不类，此乃难之极者，何为独阙其目乎？呜呼！自子长以还，似皆未睹斯义。后来明达，其鉴之哉[5]！

〔1〕 韩愈《答刘正夫书》：“或问，为文宜何师？必谨对曰：宜师古圣贤人。曰：古圣贤人所为书具存，辞皆不同，宜何师？必谨对曰：师其意，不师其辞。”可与此参证。

〔2〕 《文选·天监三年策秀才文注》引《庄子》佚文：“子张见鲁哀公，哀公不礼。去曰：‘君之好士，有似叶公子高之好龙也。叶公好龙，室屋雕文，尽以写龙。于是天龙闻而下之，窥头于牖，施尾于堂。叶公退走，失其魂魄，五色（别引或作五情，或作五神）无主。是叶公非好真龙也，好夫似龙而非龙也。今君之好士也，好夫似士而非士者也。’”

〔3〕 《晋书·袁瑰传》附《山松传》：“山松少有才名，博学有文章，著《后汉书》百篇。”《隋志》：“《后汉书》九十五卷，本一百卷，晋秘书监袁山松撰。”今佚，有姚之骃辑本。山松，或误合并为崧字，非也。

〔4〕 书谓史籍。孔颖达《尚书正义序》：“夫书者，人君辞诰之典，右史记言之策。”后世之史，自班氏以次，多以书名，盖取法《尚书》也。

〔5〕 以上总论学古当取心遗貌，而恨昔人于此未详。

谨案:《唐书》本传:“刘子玄,名知幾,以玄宗讳嫌,(按谓玄宗名隆基,基幾音近也。)故以字行。年十二,父藏器为授古文《尚书》,业不进。父怒,楚督之。及闻为诸兄讲《春秋左氏》,冒往听,退辄辨析所疑,叹曰:‘书如是,儿何怠。’父奇其意,许授《左氏》。逾年遂通览群史,擢进士,累迁凤阁舍人,兼修国史。中宗时,擢太子率更令。会天子西迁,子玄自乞留东都三年。或言子玄身史臣而私著述,驿召至京,领史事,迁秘书监。时宰相韦巨源、纪处讷、杨再思、宗楚客、萧至忠,皆领监修。子玄病长官多,意尚不一,而至忠数责论次无功,又仕偃蹇,乃奏记求罢去。因为至忠言五不可。(案见《史通·忤时篇》。)至忠得书怅惜,不许。楚客等恶其言诋切,谓诸史官曰:‘是子作书,欲置吾何地。’始子玄修《武后实录》,有所改正,而武三思等不听。自以为见用于时,而志不遂,乃著《史通》四十九篇,讥评今古。徐坚读之,叹曰:‘为史氏者,宜置此座右也。’”以唐高宗龙朔元年(661)生,玄宗开元九年(721)卒。

《四库提要》云:“此书成于景龙四年,凡内篇十卷,三十九篇,外篇十卷,十三篇。其内篇《体统》、《纰缪》、《弛张》三篇,有录无书。考本传已称‘著《史通》四十九篇’。则三篇之亡,在修《唐书》以前矣。内篇皆论史家体例,辨别是非,外篇则述史籍源流,及杂评古人得失。子玄于史学最深,又领史职凡三十年,更历书局亦最久,其贯穿今古,洞悉利病,实非后人之所及。”案是书自明李维桢、郭孔延以次,为之评注者数家,惟浦起龙二田《史通通释》后出转精,盛行于世,然其疏解颇蹈时文家习气,是一巨累,而所笺注间亦舛误,故近世为之补正者,自象山陈伯弢先生以次,又数家,今并缀其要以著于篇。

文之将史,源合流分,而史必待文,乃效其绩。故子玄此书虽言史法,而榷论文术,时有善言。本书择尤录其二篇,亦所以令学者通文史之邮,破拘虚之见也。即如文事模拟,作者或讳言,子玄独能于数百载之上,分别形神,判剖同异,斯岂非卓绝之识者哉!窃谓欲明模拟与创造之关系,必就三事言之,一者学习之程度,二者事理之异同,三者模拟与创造之界说。

所谓学习之程度者,凡人为文,时有后先,术有深浅,机有利钝,心有智愚。其在初学，始入文囿，回翔歧路，靡所适从，势非取法前修，无以正其涂辙。故炼字安章之道，命意取材之方，莫不绳武往制，以期肤功克奏，是即所谓模拟也。及学习既久，成效渐生，不特篇章字句，可以操纵自如；即情思体势，亦堪积储自立，而一己之精神面目出焉，是即所谓创造也。故初学而不事模拟，则不得其门而入。《玉海》引朱晦庵云："古人作文，多模仿前人，学之既久，自然纯熟。"王壬秋《王志》云："夫神寄于貌，遗貌何由得神。优孟去其衣冠，直一优孟耳。不学古何能入古乎？古之名篇乃自相袭，由近而远，正有阶梯，譬之临书，当须池水尽墨。至其浑化，在自运耳。"即其义也。至若学之既久，而犹不名一家，则又无以自立。宋子京《笔记》云："文章必自吾家，然后可传不朽。若体规画圆，准矩作方，终为人之臣仆。"顾亭林《日知录》云："近代文章之病，全在模仿。（案此指明王、李之徒，主文必秦、汉，诗必盛唐者。）即使逼肖古人，已非极诣，况遗其神理而得其皮毛乎！效《楚辞》者必不如《楚辞》，效《七发》者必不如《七发》，盖其意中先有一人在前，既恐失之，而其笔力复不能自遂，此寿陵余子学步邯郸之说也。"即其义也。准斯而谈，则非模拟不能得为文之术，非创造不能成一家之言。模拟者，初学之始基；创造者，成学之盛业，姚姬传《刘海峰先生八十寿序》云："为文章者，有所法而后能，有所变而后大。"曾涤生《鸣原堂论文》云："以脱胎之法教初学，以不蹈袭教成人。"可谓通方之谈矣。然而文之功候，系于才性学力，得失迟速，难可一齐，何时尚是初学，何时已自名家，则虽在作者，亦难臆断。如士衡有谢华启秀、怵人我先之论，退之有辞必己出、陈言务去之说，而二公拟古诸作，有持较前文，悉同矩矱者，（如陆氏《辨亡论》之学《过秦论》，《拟古诗》之学《十九首》，韩氏《进学解》之学《答客难》，《送穷文》之学《逐贫赋》，其例孔多。）岂其皆少作欤？抑古人言行之不符耶？此学者所当深思也。

所谓事理之异同者，古今文化，代有递嬗；后先事物，叠为损益。其间或古具而今同，或古无而今有；或古之所异，而今则为常；或古别有义，而今失其旨。凡此之类，其变甚繁，故为文之时，道亦不一。黄先生《文心雕龙·通变篇札记》云："古人之文，有能变者，有不能变者；有须因袭者，有不可因袭者，在人斟酌用之。大抵初学作文，于摹拟昔文，有二事当知：第一，当取古今相同之情事而试序之；第二，当知古今情事有相殊者，须斟酌而为之。必于古今同异之理，名实分合之源，旁及训故文律，悉能谙练，然后拟古无优孟之讥，自作无刻楮之诮。此制文之要术也。”其昧然泥古者，刘子玄、顾亭林、章实斋皆尝讥之。详在下二篇。其犷然谋新者，则如《丹铅总录》所言：“刘勰云：‘灼灼状桃花之鲜，依依尽杨柳之貌，虽复思经千载，将何易夺？’（案此《文心雕龙·物色篇》语。）信哉其言。试以灼灼舍桃而移之他花，依依去柳而著之别树，则不通矣。近日诗流，试举其一二，不曰莺啼，而曰莺呼；不曰猿啸，而曰猿泪；蛇未尝吟，而曰蛇吟；蛩未尝嘶，而曰蛩嘶；厌桃叶蓁蓁，而改曰桃叶抑抑，桃叶可云抑抑乎？厌鸿雁嗷嗷，而强云鸿雁嘈嘈，鸿雁可云嘈嘈乎？”此谓语文之客观规律，文辞之传统形象不可妄改也。又裴度《与李习之书》云：“昔人有见小人之违道者，耻与之同形貌、共衣服，遂思倒置眉目，反易冠带以异之；不知其倒之反之非也，虽失于小人，亦异于君子矣。”晋公此书，乃为唐世争骈散者而发，而其说圆融，固亦足以针砭世之因噎废食者，幸无忽焉。

所谓模拟与创造之界说者，今欲平兹争议，则当先执主其说者而讯之，究竟何谓模拟，何谓创造？所谓模拟，果步趋古昔，一成不变乎？所谓创造，果毫无因袭，皆由中出乎？若然，则模拟之至，盖字句意义、格律神气，一切同乎前人，读者固无需此类作品，即作者亦不贵乎有之也；创造之至，盖格律神色，一切异乎他人，读者固无从了解，抑且一人之作，当篇篇有殊，时时有异也。凡此揆以恒理，知其不然。是则常人所指，但以今作与古作，或己作与他作相较，而第其心貌之离合，合多离少，则曰模拟；合少离多，则曰创造，故非绝对之论也。仪征刘君《文史通义·言公篇书后》云：“章学诚《文史通义·言公篇》谓：古人之言所以为公，未尝矜于文词，私为己有，立说至精。夫《论语》立言，恒本古语；大戴集礼，半出贾、荀，前人论之已详。又古器铭文，语多相似，起止之词，述而不作，则又同体之文，沿袭承用，略加窜点，便成新裁。即诗歌之体，亦复旨别语同。观《柏舟》互见于《邶》、《鄘》，《扬水》叠赓于《周》、《郑》。盖发端之词，递沿成语，故不期其符而自符。厥后孟德作歌，或采《郑风》之语，或断《小雅》之章，盖言以明志，义各有当，不必词尽己出也。”盖文化有持续，思想有连类，任何文学作品，不能不受前人之影响，自亦不免与后人以影响。云模拟者，每就承受之迹，显而易见言。云创造者，每就因袭之况，隐而难知言。此又以界说不明，遂使争议繁兴之一因也。

夫为文之道，不外心貌二端，子玄论模拟，据此为说，是矣。然细析之，则形貌复可分为二事：一者字句，二者篇章。心神复可分为三事：一者情志，二者神思，三者风格。文家学古，率兼数途，而终皆陶冶鼓铸，自成面目。其运用之妙，存乎一心，又有难以质言者。前引士衡怵人我先之语，退之辞必己出之言，世人以为难，然设学者由此悟入，则思过半矣。

叙　事

（修辞示例）

刘知幾

夫史之称美者，以叙事为先〔1〕。至若书功过，记善恶，文而不丽〔2〕，质而非野〔3〕，使人味其滋旨〔4〕，怀其德音〔5〕，三复忘疲〔6〕，百遍无斁〔7〕，自非作者曰圣〔8〕，其孰能与于此乎〔9〕？

〔1〕《说文》:“史，记事者也。从又持中。中，正也。”吴大澂《说文古籀补》:“史，记事者也，象执简形。古文中作，无作中者。推其意，盖以中当作，即之省形。册为简策本字。持中，即持册之象也。”王国维《释史》考证尤详。

〔2〕《法言·君子篇》:“文丽用寡，长卿也。”

〔3〕《论语·雍也篇》:“质胜文则野。”

〔4〕《史记·殷本纪》:“（伊尹）以滋味说汤，致于王道。”《礼记·学记》:“虽有佳肴，弗食不知其旨也。”《注》:“旨，美也。”

〔5〕《诗·大雅·皇矣》:“帝度其心，貊其德音。”

〔6〕《论语·先进篇》:“南容三复白圭。”《集解》引孔云:“南容读《诗》至此，三反复之。”

〔7〕《诗·葛覃》:“为絺为绤，服之无斁。”毛《传》:“斁，厌也。”

〔8〕《礼记·乐记》:“故知礼、乐之情者能作，识礼、乐之文者能述。作者之谓圣，述者之谓明。明、圣者，述、作之谓也。”《文心雕龙·征圣篇》:“夫作者曰圣，述者曰明。”

〔9〕本节论叙事匪易。

昔圣人之述作也，上自《尧典》〔1〕，下终获麟〔2〕，是为“属词比事”之言，“疏通知远”之旨〔3〕。子复曰：“《书》之论事也，昭昭然若日月之代明。”〔4〕扬雄有云：“说事者莫辩乎《书》，说理者莫辩乎《春秋》。”〔5〕然则意复深奥〔6〕，诰训成义〔7〕；微显阐幽，婉而成章〔8〕；虽殊途异辙，亦各有美焉〔9〕。谅以师范亿载〔10〕，规模万古，为述者之冠冕，实后来之龟镜〔11〕。既而马迁《史记》、班固《汉书》，继圣而作，抑其次也。故世之学者，皆先曰五经，次云三史。经史之目，于此分焉〔12〕。

〔1〕《汉志·尚书家序》：“《书》之所起远矣，至孔子纂焉，上断于尧，下讫于秦。”伪孔安国《尚书序》：“古者伏羲氏之王天下也，始画八卦，造书契，以代结绳之政，由是文籍生焉。”《春秋左氏传》曰：“楚左史倚相能读《三坟》、《五典》、《八索》、《九丘》，即谓上世帝王遗书也。先君孔子生于周末，睹史籍之烦文，惧览者之不一，遂乃定礼、乐，明旧章，删诗为三百篇，约史记而修《春秋》，赞《易》道以黜《八索》，述职方以除《九丘》，讨论《坟》、《典》，断自唐、虞以下，讫于周，芟夷烦乱，翦截浮辞，举其宏纲，撮其机要，足以垂世立教，典、谟、训、诰、誓、命之文凡百篇。”今《尚书》首《虞书·尧典》。《疏》云：“《尧典》虽曰唐事，本以虞史所录，末言舜登庸由尧，故追尧作《典》，非唐史所录，故谓之《虞书》也。”

〔2〕《春秋》哀十四年：“春，西狩获麟。”《公羊传》：“麟者，仁兽也，有王者则至，无王者则不至。有以告者曰：‘有麕而角者。’孔子曰：‘孰为来哉！孰为来哉！’反袂拭面，涕沾袍。颜渊死，子曰：‘噫！天丧予。’子路死，子曰：‘噫！天祝予。’西狩获麟，孔子曰：‘吾道穷矣。’《春秋》何以始乎隐？祖之所逮闻也。何以终乎哀十四年？曰：备矣。”案《春秋经》，《公》、《穀》止哀十四年，《左氏》止哀十六年；《传》则《公》、《穀》亦止哀十四年，《左氏》止哀二十七年。《左氏》十四年《经》“西狩获麟”。杜《注》云：“麟者，仁兽，圣王之嘉瑞也。时无明王，出则遇获。仲尼伤周道之不兴，感嘉瑞之无应，故因鲁《春秋》而

修中兴之教，绝笔于获麟之一句，所感而作，固所以为终也。”又十六年《经》：“孔丘卒。”《注》云：“孔子作为《春秋》，终于获麟之一句。《公羊、穀梁经》是也。弟子欲记圣师之卒，故采鲁史记以续夫子之《经》，而终于此，丘明因随而作《传》，终于哀公。从此已下，无复《经》矣。”

〔3〕《礼记·经解》：“疏通知远，《书》教也，属辞比事，《春秋》教也。”《疏》：“疏通知远《书》教也者，《书》录帝王言诰，举其大纲，事非繁密，是疏通；上知帝皇之世，是知远也。属辞比事《春秋》教也者，属，合也；比，近也。《春秋》聚合会同之辞，是属辞；比次褒贬之事，是比事也。”

〔4〕《尚书·大传》：“子夏读《书》毕，见夫子，夫子问焉，曰：‘子何为于《书》?’对曰：‘《书》之论事也，昭昭若日月之明，离离若参辰之错行。上有尧舜之道，下有三王之义。商所受于夫子者，志之，弗敢忘也。’”

〔5〕《法言·寡见篇》：“或问：‘五经有辩乎?’曰：‘惟五经为辩。说天者莫辩乎《易》，说事者莫辩乎《书》，说体者莫辩乎《礼》，说志者莫辩乎《诗》，说理者莫辩乎《春秋》。舍斯，辩亦小矣。’”

〔6〕则犹而也。见《文学总略篇》注。

〔7〕此二句赞《尚书》。《孔丛子·居卫篇》载子思曰：“《书》之意兼复深奥，训诰成义，古人所以为典雅也。”此用其语。案《文心雕龙·宗经篇》：“《书》实记言，而训诂茫昧，通乎《尔雅》，则文意晓然，故子夏叹《书》，昭昭若日月之明，离离若星辰之行，言昭灼也。”此节亦参用《宗经》辞意，以下随文疏之。

〔8〕此二句赞《春秋》。《春秋》成十四年《左传》：“《春秋》之称，微而显，志而晦，婉而成章。”杜预《春秋序》：“其微显阐幽，裁成义类者，皆据旧例而发义指，行事以正褒贬。”又云：“为例之情有五：一曰微而显，二曰志而晦，三曰婉而成章，四曰尽而不汙，五曰惩恶而劝善。”《宗经篇》亦云：“《春秋》辨理，一字见义，其婉章志晦，谅以邃矣。”

〔9〕《宗经篇》：“《尚书》则览文如诡，而寻理即畅；《春秋》则观辞立晓，而

访义方隐。此圣人之殊致,表里之异体者也。”

〔10〕《法言·学行篇》:“务学不如务求师,师者,人之模范。”此师范连文之义。《后汉书·杨赐传》:“师范之功,昭于内外。”

〔11〕《北史·长孙绍远传》:“扬搉而言,足为龟镜。”

〔12〕本节论叙事之作经史分途。

尝试言之,曰:经犹日也,史犹星也。夫杲日流景〔1〕,则列星寝耀〔2〕;桑榆既夕〔3〕,而辰象粲然〔4〕。故《史记》之文,当乎《尚书》、《春秋》之世也,则其言浅俗,涉乎委巷〔5〕,垂翅不举〔6〕,懘籥无闻〔7〕。逮于战国已降,去圣弥远,然后能露其锋颖〔8〕,倜傥不羁〔9〕。故知人才有殊,相去若是,较其优劣,讵可同年〔10〕?自汉已降,几将千载。作者相继,非复一家。求其善者,盖亦无几矣。夫班、马执简〔11〕,既五经之罪人〔12〕;而晋、宋杀青〔13〕,又三史之不若,譬夫王、霸有别,粹、驳相悬〔14〕,才难,不其甚乎〔15〕?

〔1〕《说文》:“杲,明也,从日在木上。”《诗·卫风·伯兮》:“杲杲出日。”

〔2〕《广雅·释诂》:“寝,藏也。”《法言·学行篇》:“视日月而知众星之蔑也。”此与同意。

〔3〕《淮南子·天文篇》:“日西垂,景在树端,谓之桑榆。”《注》:“言其光在桑榆树上也。”

〔4〕古以日、月、星为三辰,辰又或专指北极。此则通言星宿也。

〔5〕《礼记·檀弓》:“是委巷之礼也。”《注》:“委,曲也。曲巷,犹言陋巷。”

〔6〕《后汉书·冯异传》:“始虽垂翅回谿,终能奋翼黾池。”《注》:“以鸟为喻。”

〔7〕《礼记·乐记》:“则无怗懘之音矣。”郑《注》:“怗懘,敝败不和貌。”《诗·邶风·简兮传》:“籥,六孔。”《后汉书·郎顗传注》、《边让传注》同。《尔雅·释乐释文》:“籥,三孔也。”《周礼·笙师注》、《礼记·少仪注》等同。是籥有六孔、三孔之别,要之是管乐也。

〔8〕《史记·平原君列传》:“平原君曰:‘夫贤士之处世也,譬若锥之处囊中,其末立见。’毛遂曰:‘臣乃今日请处囊中耳,使遂蚤得处囊中,乃颖脱而出,非特其末见而已。’”

〔9〕《说文》:“倜傥,不羁也。”

〔10〕《说文》:“讵,犹岂也。”贾谊《过秦论》:“试使山东之国,与陈涉度长,絜大,比权,量力,则不可同年而语矣。”

〔11〕《春秋》襄二十五年《左传》:“大史书曰:‘崔杼弑其君。’崔子杀之。其弟嗣书而死者二人。其弟又书,乃舍之。南史氏闻大史尽死,执简以往,闻既书矣,乃还。”此云执简,犹作史也。

〔12〕《孟子·告子篇》:“孟子曰:‘五霸者,三王之罪人也,今之诸侯,五霸之罪人也。’”

〔13〕《后汉书·吴祐传》:“父恢欲杀青简以写经书。”《注》:“杀青者,以火炙简令汗,取其青易书,不复蠹,谓之杀青,亦谓汗简。义见刘向《别录》也。”案今传《别录》诸篇多有“以杀青可缮写”之文。《御览》文部引《风俗通》云:“刘向《别录》曰‘杀青’者,直治竹作简书之耳。新竹有汗,善朽蠹,凡作简者,皆于火上炙干之。陈楚间谓之汗,汗者,去其汁也。吴越曰杀,杀亦治也。向为孝成皇帝校书籍二十余年,皆先书竹,为易刊定,可缮写者,以上素也。由是言之,杀青者竹,斯为明矣。今东观书,竹、素也。”

〔14〕《荀子·王霸篇》:“故曰,粹而王,驳而霸。”

〔15〕《论语·泰伯篇》:“孔子曰:‘才难,不其然乎?’”此用其语。本节明经史之递降。然子玄以尊经而崇古,谓《史记》、《汉书》不若《尚书》、《春秋》,殆未识随时之义,不可从也。

然则人之著述,虽同自一手,其间则有善恶不均,精粗非类[1]。若《史记》之《苏》、《张》[2]、《蔡泽》等传,是其美者;至于《三、五本纪》、《日者》、《太仓公》、《龟策传》,固无所取焉[3]。又《汉书》之帝纪、《陈》、《项》[4]诸篇,是其最也;至于《淮南王》、《司马相如》、《东方朔传》,又安足道哉[5]?盖绘事以丹素成妍[6],帝京以山水为助[7]。

故言媸者,其史亦拙;事美者,其书亦工。必时乏异闻,世无奇事,英雄不作,贤俊不生,区区碌碌[8],抑惟恒理。而责史臣显其良直之体[9],申其微婉之才,盖亦难矣[10]。

〔1〕 陆厥《与沈约书》云:“《长门》、《上林》殆非一家之赋,《洛神》、《池雁》,便成二体之作。孟坚精整,《咏史》无亏于东主;平子恢富,《羽猎》不累于凭虚;王粲《初征》,他文未能称是;杨修敏捷,《暑赋》弥日不献。率意寡尤,则事促乎一日,翳翳愈伏,而理赊于七步。一人之思,迟速天悬;一家之文,工拙壤隔。”子玄于此更申其理,而谓史文工拙,系于史事之美恶,其说尤进。盖与今之为文者重视主题、题材之理相近。

〔2〕 之字据浦校增。苏,指苏秦。张,指张仪。

〔3〕 《史记·自序》:“太史公曰:‘余述历黄帝以来,至大初而讫,百三十篇。’”《集解》:“骃案:《汉书音义》曰:‘十篇缺,有录无书。’(案《汉志》同。)张晏曰:‘迁没之后,亡《景纪》、《武纪》、《礼书》、《乐书》、《兵书》、《汉兴以来将相年表》、《日者列传》、《三王世家》、《龟策列传》、《傅、靳、蒯列传》。(案《史通·古今正史篇》:“十篇未成,有录而已。张晏《汉书注》云:十篇迁殁后亡失,此说非也。”)元、成之间,褚先生补缺,作《武帝纪》、《三王世家》、《龟策》、《日者列传》,言辞鄙陋,非迁本意也。’”《索隐》:“案《景纪》取班《书》补之,《武纪》专取《封禅书》,《礼书》取荀卿《礼论》,《乐书》取《礼·乐记》,《兵书》亡,不补,略述律而言兵,遂分历述以次之。《三王系家》(案系本作世,避唐太宗讳改。)空取其策文以续此篇,何率略且重,非当也。《日者》不能记诸国之同异,而论司马季主。《龟策》直太卜所得占龟兆杂说,而无笔削功,何芜鄙也?”又司马贞《补史记·三皇本纪》自注云:“太史公作《史记》,宜应上自开辟,下迄当代,以为一家之首尾。今阙三皇,而以《五帝本纪》为首,然君臣之始,教化之先,既论古史,不合全阙。今作《三皇本纪》,虽复浅近,聊补阙云。”据此,《三皇本纪》、《日者》、《龟策》二传,皆出补撰,而子玄一以系之《史记》而不别白者,亦

自有说。《史通·鉴识篇》云:“张晏云:迁殁后亡《龟策》、《日者》传,褚先生补其所缺,言辞鄙陋,非迁本意。案迁所撰《五帝本纪》、《七十列传》,(案《史记》称《仲尼弟子列传》。)称虞舜见阨,遂匿空而出;宣尼既殂,门人推奉有若。其言之鄙,又甚于兹。安得独罪褚生,而全宗马氏也!”是其杂举,惟以明《太史公书》之瑕瑜不掩,非不知诸篇之出补作也。

〔4〕 陈,指陈胜。项,指项羽。

〔5〕 《通释》云:“其中多靡文故。”案其说略见《诗教下篇》注引《史通·载文篇》。傅玄《书事篇》云:“观孟坚《汉书》,实命世奇作,及与陈宗、尹敏、杜抚、马严撰《中兴纪传》,其文曾不足观,岂拘于时乎?何不类之甚也。”此说亦与子玄之论相发。

〔6〕 盖,原作岂,从顾千里校改。《论语·八佾篇》:“绘事后素。”《集解》引郑曰:“绘,画文也,凡绘画先布众色,然后以素分布其间,以成其文。”

〔7〕 裴松之《上三国志注表》:“绘事以众色成文,蜜蜂以兼采为味。”此仿其语。

〔8〕 《汉书·楚元王传》:“岂谓区区之礼哉?”师古曰:“区区,谓小也。”《史记·酷吏传》:“九卿碌碌奉其官。”本字当作娽娽。《说文》:“随从也。”

〔9〕 《春秋》昭十二年《左传》:“左史倚相趋过。王曰:‘是良史也。’”《论语·卫灵公篇》:“子曰:‘直哉史鱼!’”又《史通·载文篇》亦云:“方驾南、董,俱称良直。”盖后来称美古之史官,必以良直为目,亦不限倚相、史鱼也。

〔10〕 本节论叙事之文,其美恶与所叙相关。

故扬子有云:“《虞、夏之书》浑浑尔〔1〕;《商书》灏灏尔〔2〕;《周书》噩噩尔〔3〕;下周者,其书憔悴乎!”〔4〕观丘明之记事也,当桓、文作霸〔5〕,晋、楚更盟〔6〕,则能饰彼词句,成其文雅;及王室大坏,事益纵横,则春秋美辞几乎翳矣〔7〕。观子长之叙事也,自周以往,言所不该，其文阔略[8]，无复体统；自秦、汉以下，条贯有伦，则焕炳可观[9]，有足称者[10]。至若荀悦《汉纪》[11]，其才尽于十帝[12]；陈寿《魏书》[13]，其美穷于三祖[14]。触类而长[15]，他皆若斯[16]。

〔1〕 李轨《注》："深大。"

〔2〕 李《注》："夷旷。"

〔3〕 李《注》："不阿借也。"

〔4〕 今《法言》作"其书谯乎？"李《注》："下周者秦，言酷烈也。"《音义》云："旧本皆作谯，《诗传》云：'谯，杀也。'故《注》云'酷烈'。"案谯杀、憔悴，音近义通。数语见《法言·问神篇》。

〔5〕 《白虎通·号篇》："霸者，伯也，行方伯之职，会诸侯，朝天子，不失人臣之义，故圣人与之。"又云："霸犹迫也，把也，迫胁诸侯，把持其政。"《论语·宪问篇》："管仲相（齐）桓公，霸诸侯，一匡天下。"《国语·周语》："襄王十六年，立晋文公，二十一年，以诸侯朝于衡雍，且献楚捷，遂为践土之盟，于是乎始霸也。"自来古籍论桓、文霸业者甚多，不可悉举。

〔6〕 《春秋》襄二十七年："秋七月，辛巳，豹及诸侯之大夫盟于宋。"《传》："晋、楚争先，（杜《注》："争先歃血。"）晋人曰：'晋固为诸侯盟主，未有先晋者也。'楚人曰：'子言晋、楚匹也，若晋常先，是楚弱也；且晋、楚狎主诸侯之盟也久矣，（《注》："狎，更也。"）岂专在晋？'叔向谓赵孟曰：'诸侯归晋之德只，非归其尸盟也。子务德，无争先。'乃先楚人。"

〔7〕 此谓《左传》。

〔8〕 《后汉书·钟离意传》："今宜先清府内，且阔略远具细微之愆。"《广雅·释诂》："阔，疏也。"阔略犹言疏略矣。

〔9〕 《论语·泰伯篇》："焕乎其有文章。"《集解》："焕，明也。"《说文》："炳，明也。"

〔10〕 此谓《史记》。

〔11〕 《隋志》："《汉纪》三十卷，荀悦撰。"今存。《后汉书·荀淑传》："子悦，字仲豫，累迁秘书监侍中。（献）帝好典籍，常以班固《汉书》文

繁难省,乃令悦依《左氏传》体以为《汉纪》三十篇,诏尚书给笔札,辞约事详,论辩多美。”

〔12〕 西汉凡十二世。子玄之意盖谓平帝以还,政归新莽,王室如毁,王室坏则美辞翳,故云才尽十帝。

〔13〕 即今《三国志·魏志》也。常璩《华阳国志·后贤志》:“吴平后,(陈)寿乃鸠合国史,著魏、蜀、吴三《书》,六十五篇,号曰《三国志》。”周中孚《郑堂札记》:“《三国志》,大名也。《魏书》、《蜀书》、《吴书》,小名也。《蜀书·杨戏传》云:‘戏以延熙四年著《季汉辅臣赞》,其所颂述,今多载于《蜀书》。’又《董允传注》论陈氏立《夏侯玄传》,亦曰《魏书》总名此卷云《诸夏侯、曹传》。此其证也。但自来引者,俱曰《魏志》、《蜀志》、《吴志》,岂因大名而改称欤?”案《唐书·经籍志》以《魏志》入正史,《蜀志》、《吴志》入伪史,是三者本可别行也。

〔14〕 三祖,武帝操,文帝丕,明帝叡也。《诗品》:“曹公古直,甚有悲凉之句。叡不如丕,亦称三祖。”《文心雕龙·乐府篇》:“魏之三祖,气爽才丽。”齐王芳以次,政归司马氏,故史家亦无以起其文。

〔15〕 《易·系辞》:“引而伸之,触类而长之,天下之能事毕矣。”

〔16〕 本节举证以申前说。

夫识宝者稀[1],知音盖寡[2]。近有裴子野《宋略》、王劭《齐志》。此二家者,并长于叙事,无愧古人;而世人议者,皆雷同誉裴[3],而共诋王氏。夫江左事雅,裴笔所以专工;中原迹秽,王文由其屡鄙[4]。且几原务饰虚辞[5],君懋志存实录[6]。此美恶所以为异也。设使丘明重出,子长再生,记言于贺六浑之朝[7],书事于侯尼于之代[8],将恐辍毫栖牍,无所施其德音。而作者安可以今方古,一概而论得失[9]?

〔1〕 《尹文子·大道篇》:“魏之田父得玉径尺,不知其玉也,以告邻人,邻人绐之曰:‘怪石也。’归而置之庑下,明照一室,怪而弃之于野。”《太

平御览》引《阙子》："宋之愚人得燕石于梧台之东，归而藏之，以为大宝。周客闻而观焉，掩口而笑曰：'此特燕石也，与瓦甓不殊。'"《文心雕龙·知音篇》："魏氏以夜光为怪石，宋客以燕砾为宝珠。形器易征，谬乃若是；文情难鉴，谁曰易分？"

〔2〕《吕氏春秋·本味篇》："伯牙鼓琴，钟子期听之。方鼓琴而志在太山，钟子期曰：'善哉乎鼓琴，巍巍乎若太山。'少选之间，而志在流水，钟子期又曰：'善哉乎鼓琴，汤汤乎若流水。'钟子期死，伯牙终身不复鼓琴。"《文选》曹丕《与吴质书》："昔伯牙绝弦于钟期，痛知音之难遇。"《文心雕龙·知音篇》："知音其难哉！音实难知，知实难逢。逢其知音，千载其一乎？"

〔3〕《礼记·曲礼》："毋雷同。"郑《注》："雷之发声，物无不同时应者。人之言当各由己，不当然也。"

〔4〕自五马南迁，衣冠文物皆萃于南，所以为雅。中原迹秽，则下文所谓"杂种称制，充牣神州"是也。

〔5〕《史记·司马相如传赞》："相如虽多虚辞滥说。"

〔6〕《汉书·司马迁传赞》："自刘向、扬雄，皆称迁有良史之材，服其善叙事理，辨而不华，质而不俚，其文质，其事核，不虚美，不隐恶，故谓之实录。"

〔7〕《北齐书·神武纪》："齐高祖神武皇帝姓高名欢，字贺六浑，渤海蓨人也。世仕慕容氏，慕容败，归魏。神武既累世北边，故习其俗，遂同鲜卑。"

〔8〕侯尼于，万历本作士尼，何校作俟尼干，黄本作士于尼，皆非是，盖侯误作俟，又误作士；于误作干，又颠倒耳。《北史·齐本纪》："显祖文宣皇帝讳洋，字子进。武明太后初孕帝，每夜有赤光照室，太后私怪之，及产，命之曰侯尼于，鲜卑言有相子也。"

〔9〕本节以近代史籍为例明史文史事之相关。若夫文章之道，尤贵能征材聚事，取精用弘，盖亦人所习知也。

夫叙事之体，其流甚多，非复片言所能觇缕[1]。今辄区分类聚[2],定为三篇,列之于下[3]。

〔1〕《玉篇》:"觇缕,委曲也。"覼字误作觇。一作罗缕。
〔2〕《易·系辞》:"方以类聚,物以群分。"
〔3〕本节论叙事之体,其大要盖有三端。以上序论。

夫国史之美者,以叙事为工;而叙事之工者,以简要[1]为主。简之时义大矣哉[2]!历观自古,作者权舆[3],《尚书》发踪[4],所载务于寡事[5];《春秋》变体[6],其言贵于省文[7]。斯盖淳浇殊致,前后异迹。然则文约而事丰,此述作之尤美者也[8]。

〔1〕一无要字。纪昀曰:"简而能要,乃非苟简,无要字则语意不完。"
〔2〕《易·豫彖》:"豫之时义大矣哉!"《疏》:"夫立卦之体,各象其时,时有屯夷,事非一揆,故爻来适时,有凶有吉。"
〔3〕《尔雅·释诂》:"权舆,始也。"《广韵》:"造衡自权始,造车自舆始。"
〔4〕《史记·萧相国世家》:"至如萧何,发踪指示。"
〔5〕《史通·六家篇》:"原夫《尚书》之所记也。若君臣相对,辞旨可称,则一时之言,累篇咸载。如言无足纪,语无可述,虽脱略而观者不以为非。"盖记言之体,偶有述事,皆以明其所言,故曰务于寡事。
〔6〕变记言为记事也。参《南北文学不同论》注引《玉藻》。
〔7〕《春秋说题辞》:"孔子作《春秋》,一万八千字。"以此字数述二百四十余年之行事,自非省文不为功矣。
〔8〕本节论文约事丰为述作之尤美。

始自两汉,迄乎三国,国史之文,日伤烦富。逮晋已降,流宕逾远[1]。寻其冗句,摘其烦词,一行之间,必谬增数字;尺纸之内,恒虚费数行。夫聚蚊成雷,群轻折轴[2],况于章句不节[3],言词莫限,载之兼两[4],曷足道哉[5]?

〔1〕 宕同荡。

〔2〕 《汉书·中山靖王胜传》:"夫众煦漂山,聚蚊成雷。"又:"众口铄金,积毁销骨,丛轻折轴。"案《国策》、《淮南》均有类似语。

〔3〕 《文心雕龙·章句篇》:"夫设情有宅,置言有位,宅情曰章,位言曰句。故章者,明也;句者,局也。"

〔4〕 《后汉书·吴祐传》:"此书若成,则载之兼两。"《尚书·牧誓序疏》:"《风俗通》说:'车有两轮,故称为两,犹履有两只,亦称为两。'"《文选·西京赋》:"鬻者兼赢。"薛综《注》:"兼,倍也。"

〔5〕 本节论古经近史繁简之利钝。

盖叙事之体,其别有四:有直纪其才行者,有唯书其事迹者,有因言语而可知者,有假赞论而自见者。至如古文《尚书》〔1〕,称帝尧之德,标以"允恭克让"〔2〕;《春秋左传》,言子太叔之状,目以"美秀而文"〔3〕。所称如此,更无他说,所谓直纪其才行者。又如《左氏》载申生为骊姬所谮,自缢而亡〔4〕;班史称纪信为项籍所围,代君而死〔5〕。此则不言其节操,而忠孝自彰,所谓唯书其事迹者。又如《尚书》称武王之罪纣也,其誓曰:"焚炙忠良,刳剔孕妇。"〔6〕《左传》记栾书之论楚也〔7〕,其词曰:"荜路蓝缕,以启山林。"〔8〕此则才行事迹,莫不阙如,而言有关涉,事便显露,所谓因言语而可知者。又如《史记·卫青传》后,太史公曰:苏建常责大将军不荐贤待士〔9〕。《汉书·孝文纪》末,其《赞》曰:"吴王诈病不朝,赐以几杖。"〔10〕此则纪之与传〔11〕,并所不书,而史臣发言,别出其事,所谓假赞论而自见者〔12〕。然则才行、事迹、言语、赞论,凡此四者,皆不相须〔13〕,若兼而毕书,则其费尤广〔14〕。但自古经史,通多此颣〔15〕,能获免者,盖十无一二〔16〕。

〔1〕 《隋志·书家序》:"初,汉武帝时,鲁恭王坏孔子旧宅,得其末孙惠所藏之书,字皆古文。孔安国以今文校之,并依古文开具篇第,合成五十八篇,又为作《传》,谓之《尚书》古文之学,而未得立。后汉扶风杜

林传古文《尚书》，同郡贾逵为之作《训》，马融作《传》，郑玄亦为之《注》。然其所传唯二十九篇，又杂以今文，非孔旧本，自余绝无师说。至东晋，豫章内史梅赜始得安国之《传》奏之。”《四库总目·阎若璩古文尚书疏证提要》：“古文《尚书》较今文多十六篇，魏、晋以来绝无师说。东晋之初，其书始出，乃增二十五篇。初犹与今文并立，自陆德明据以作《释文》，孔颖达据以作《正义》，遂与伏生二十九篇混合为一。唐以来虽疑经惑古如刘知幾之流，亦以《尚书》一家列之《史通》，未言古文之伪。自吴棫始有异议，朱子亦稍疑之。吴澄诸人，相继抉摘，其伪益彰。明梅鷟始参考诸书，证其剽剟，而见闻较狭，搜采未周。至若璩乃引经据古，一一陈其矛盾之故，古文之伪乃大明。”

〔2〕《尚书·尧典》：“曰若稽古帝尧，曰放勋，钦明文思安安，允恭克让，光被四表，格于上下。”

〔3〕《春秋》襄三十一年《左传》：“北宫文子相卫襄公以如楚。过郑，文子入聘。子羽为行人，冯简子与子太叔逆客，事毕而出，言于卫侯曰：‘子产之从政也，择能而使之，冯简子能断大事，子太叔美秀而文，公孙挥能知四国之为。’”案此则乃传述北宫文子之语，当入下因言语而可知一类。子玄盖偶失照也。

〔4〕《春秋》僖四年《左传》：“初，晋献公欲以骊姬为夫人，卜之，不吉；筮之，吉。公曰：‘从筮。’立之。生奚齐，其娣生卓子。及将立，奚齐既与中大夫成谋。姬谓太子(申生)曰：‘君梦齐姜，必速祭之！’太子祭于曲沃，归胙于公。公田，姬置诸宫六日。公至，毒而献之。公祭之地，地坟；与犬，犬毙；与小臣，小臣亦毙。姬泣曰：‘贼由太子。’太子奔新城，公杀其傅杜原款。或谓太子：‘子辞，君必辩焉。’太子曰：‘君非姬氏，居不安，食不饱。我辞，姬必有罪。君老矣，吾又不乐。’曰：‘子其行乎？’太子曰：‘君实不察其罪，被此名也以出，人谁纳我？’十二月戊申，缢于新城。”

〔5〕《汉书·高帝纪》：“三年夏四月，项羽围汉荥阳。五月，将军纪信曰：‘事急矣，臣请诳楚，可以间出。’于是陈平夜出女子东门二千余人，

楚因四面击之。纪信乃乘王车，黄屋左纛，曰：‘食尽，汉王降楚。’楚皆呼万岁，之城东观，以故汉王得以数十骑出西门遁。羽见纪信，问汉王安在？曰：‘已出，去矣。’羽烧杀信。”

〔6〕见《周书·泰誓》。《疏》：“《殷本纪》云：‘纣为长夜之饮，时诸侯或叛，妲己以为罚轻，纣欲重刑，乃为熨斗，以火烧之然，使人举，辄烂其手，不能胜。纣怒，乃更为铜柱，以膏涂之，亦加于炭火之上，使有罪者缘之，足滑，跌坠火中。纣与妲己以为大乐，名曰炮烙（按烙当作格。见俞樾《诸子平议》。）之刑。’是纣焚炙之事也。皇甫谧《帝王世纪》云：‘纣剖比干妻以视其胎。’即引此为刳剔孕妇也。”

〔7〕栾书各本皆作隋会，据《传》改。《通释》云：“二人皆称武子，所以误也。”此自是子玄之疏。《史通》类此者尚众也。

〔8〕《春秋》宣十二年《左传》：“栾武子曰：‘楚自克庸以来，其君无日不讨国人而训之，于民生之不易，祸至之无日，戒惧之不可以怠；任军，无日不讨军实而申儆之，于胜之不可保，纣之百克而卒无后；训之以若敖、蚡冒，荜路蓝缕，以启山林。’”杜注：“若敖，蚡冒，皆楚之先君。荜路，柴车。蓝缕，敝衣。言此二君勤俭以启土。”

〔9〕《史记·卫将军骠骑传赞》：“太史公曰：苏建语余曰：‘吾尝责大将军至尊重，而天下之贤大夫毋称焉，愿将军观古名将所招选择贤者，勉之哉！’大将军谢曰：‘自魏其、武安之厚宾客，天子常切齿。彼亲附士大夫，招贤，绌不肖者，人主之柄也。人臣奉法遵职而已，何与招士？’骠骑亦放此意，其为将如此。”《通释》：“按其文全出苏建口语，史公运之为赞，事举而传文省矣。”

〔10〕《通释》：“此本《史记》纪中正文，班氏取以为《赞》，又一运化省笔之法。”

〔11〕浦本作传之与纪，校云：“传纪二字旧倒。”案子玄此先纪后传，乃据史体为序，非以前举《卫传》、《文纪》为序也。不必改。

〔12〕案《春秋》三《传》间载史氏之论，若《左氏》称“君子曰”者，即其事也。自《太史公书》以次，莫不继轨。其始论赞无别，后则以散录为论，韵语为赞，时或论赞兼施，要皆系于每篇之后。《史通·论赞

篇》云:"史之有论,善欲事无重出,文省可知,及后来赞语之作,多录纪、传之言,其有所异,唯加文饰而已。"此则前后异迹,失其初意者矣。盖马、班之论,大率以一二琐事点缀全篇,即微知著,而其人之善恶是非可以概见。后史识此者少,故或复述前文,或空加褒贬,皆无当也。惟唐、宋古文家所为碑志、传状,尚有用《史》、《汉》之法者,可参证焉。

〔13〕《诗·皇矣笺》:"须,待也。"

〔14〕原注:"近史纪、传欲言人居哀毁损,则先云至性纯孝;欲言人昼夜观书,则先云笃志好学;欲言人赴敌不顾,则先云武艺绝伦;欲言人下笔成篇,则先云文章敏速。此则既述才行,又彰事迹也。如《穀梁传》云:'骊姬以酖为酒,药脯以毒,献公田来,("公田来"各本作"公曰奚来。"诸家据《传》文校改。)骊姬曰:世子已祀,故致福于君。君将食,("君将食",各本作"将食之",诸家据《传》文校改。)骊姬跪曰:食自外来者,不可不试也。覆酒于地而地坟,以脯与犬,犬毙。骊姬下堂而啼,呼("呼"字据《传》增)曰:天乎!天乎!国,(国上各本或有"吾君之"三字,诸家据《传》文删。)子之国也,子何迟乎为君。'又《礼记》云:'阳门之介夫死,司城子罕哭之,哀。晋人之觇宋者,反报于晋侯曰:阳门之介夫死,而子罕哭之哀,而民说,殆不可伐也。'此则既书事迹,又载言语也。又近代诸史,人有行事美恶,皆已具其纪、传中,续以赞论,重述前事,此则才行事迹,纪、传已书,赞论又载也。"

〔15〕《通释》:"此九字一本混入注中。"案万历本亦然,今从浦氏校本。原注:"《公羊》、《穀("羊穀"二字,据何、顾、卢三家校增)梁传》、《新序》、《说苑》、《战国策》、《楚汉春秋》、《史记》,迄于皇家所撰《五代史》皆有之。"《老子》:"夷道若纇。"《释文》引简文《注》:"纇,疵也。"

〔16〕原注:"唯左丘明、裴子野、王劭无此也。"本节论叙事四体。

又叙事之省,其流有二焉:一曰省句,二曰省字。如《左传》宋华耦来盟,称其先人得罪于宋。鲁人以为敏[1]。夫以钝者称敏[2],

则明贤达所嗤,此为省句也。《春秋经》曰:“陨石于宋五。”[3]夫闻之陨,视之石,数之五[4]。加以一字太详,减其一字太略,求诸折中,简要合理,此为省字也[5]。其有反于是者:若《穀梁》[6]称:郄克眇,季孙行父秃,孙良夫跛。齐使跛者逆跛者,秃者逆秃者,眇者逆眇者[7]。盖宜除跛者以下字,但云各以其类逆[8]。必事加再述,则于文殊费,此为烦句也。《汉书·张苍传》云:“年老口中无齿。”盖于此一句之内去“年”及“口中”可矣[9]。夫此六文成句,而三字妄加,此为烦字也[10]。然则省句为易,省字为难,洞识此心[11],始可言于史矣。苟句尽余剩,字皆重复,史之烦芜,职由于此[12]。

〔1〕《春秋》文十五年《左传》:“宋华耦来盟,公与之宴,辞曰:‘君之先臣督得罪于宋殇公,名在诸侯之策。臣承其祀,其敢辱君?’鲁人以为敏。”

〔2〕原注:“鲁人,谓钝人也。《礼记》中已有注解。”《礼记·檀弓》:“容居,鲁人也。”注:“鲁,鲁钝也。”子玄盖指此。《左氏》此文《疏》亦云:“鲁人,鲁钝之人。”

〔3〕此僖十六年《经》。

〔4〕《公羊传》:“曷为先言霣而后言石。霣石记闻,闻其磒然,视之则石,察之则五。”霣同陨。

〔5〕陈骙《文则》:“文简而理周,斯得其简也。读之有疑阙焉,非简也,疏也。《春秋》书曰:‘陨石于宋五。’《公羊传》曰:‘闻其磒然,视之则石,察之则五。’《公羊》之义,《经》以三字尽之,是简之难也。”即本子玄之意而敷衍之。

〔6〕各本俱作《公羊》,据引《传》文,知是《穀梁》之误,今据浦校改。

〔7〕《春秋》成元年《穀梁传》:“季孙行父秃,晋郤克眇,卫孙良夫跛,曹公子手偻,同时而聘于齐。齐使秃者御秃者,使眇者御眇者,使跛者御跛者,使偻者御偻者。萧同侄子处台上而笑之。闻于客,客不说而去,相与立胥闾而语,终日不解。齐人有知之者,曰:‘齐之患必自此始矣。’”又成二年《公羊传》:“前此,晋郤克与臧孙许同时而聘于齐。萧同侄子者,齐君之母也,踊于棓而窥客,则客或跛或眇,于是使跛

者迓跛者，使眇者迓眇者。二大夫出，相与踦闾而语，移日，然后相去。齐人皆曰：'患之起必自此始。'"参较二传，《公》略《穀》详，知子玄所引是《穀梁》，非《公羊》也。

〔8〕 "逆"下原有"者"字，据顾、浦校删。

〔9〕 案《汉书》云："苍免相后，口中无齿，食乳。"无"年老"字。《史记·苍传》则云："苍之免相后，老，口中无齿，食乳。"无"年"字。此或子玄所见《汉书》不同今本，或偶误以《史记》为《汉书》，而《史记》古本有"年"字，皆不可考。

〔10〕 魏际瑞《与子弟论文》："昔人论《史记·（当作《汉书》）张苍传》有'年老口中无齿'句，宜删曰：'老无齿。'《公羊传》（当作《穀梁传》）'齐使跛者逆跛者，秃者逆秃者，眇者逆眇者'宜删云：'各以其类逆。'简则简矣，而非《公羊》、史迁（当作《穀梁》、孟坚）之文，又于神情特不生动。"案文章无论叙事、记言、说理、抒情，皆有必须重叠乃尽者，子玄此论，乃以六代史籍之繁复杂沓，有激而言，固不得视为恒规也。

〔11〕 《汉书·司马相如传》注："洞，彻也。"

〔12〕 《尔雅·释诂》："职，常也。"本节论叙事烦省二途之别。

盖饵巨鱼者，垂其千钧，而得之在于一筌[1]；捕高鸟者，张其万罝，而获之由于一目[2]。夫叙事者，或虚益散辞，广加闲说，必取其所要，不过一言一句耳。苟能同夫猎者、渔者，鸟、鱼[3]既执，而罝、钓必收，其所留者，唯一筌、一目而已；则庶几骈枝尽去[4]，而尘垢都捐[5]；华逝而实存[6]，滓去而渖在矣[7]。嗟呼！能损之又损，而玄之又玄[8]。轮扁所不能语斤，伊挚所不能言鼎也[9]。

〔1〕 《庄子·外物篇》："任公子为大钩巨缁，（缁，当作纶。）五十犗以为饵，蹲乎会稽，投竿东海，旦旦而钓，期年不得鱼。已而大鱼食之，牵巨钩、錎没而下，骛扬而奋鬐，白波若山，海水震荡，声侔鬼神，惮赫千里。"又曰："筌者所以在鱼，得鱼而忘筌。"《文选·江赋注》："筌，

捕鱼之器，以竹为之。”此与钓不同，特互文以见义耳。

〔2〕《淮南子·说山篇》：“有鸟将来，张罗而待之，得鸟者，罗之一目也。今为一目之罗，则无时得鸟矣。”此反用之。《尔雅·释器》：“兔罟谓之罝。”此借用为网毕之义。

〔3〕鸟鱼二字据纪昀评增。

〔4〕骈枝，诸本作胼胝，据王惟俭校改。《庄子·骈拇篇》：“骈拇枝指，出乎性哉，而侈于德。”

〔5〕《庄子·逍遥游》：“是其尘垢秕糠，将犹陶铸尧、舜者也。”《释文》：“尘垢，犹染汙。”

〔6〕《魏志·邢颙传》：“采庶子之春华，忘家丞之秋实。”

〔7〕《说文》：“滓，淀也。渖，汁也。”

〔8〕《老子》：“玄之又玄，众妙之门。”又：“损之又损，以至于无为，无为而无不为。”

〔9〕《文心雕龙·神思篇》：“伊挚不能言鼎，轮扁不能语斤，其微矣乎？”轮扁见《文赋》注。云语斤者，兼用郢人事。《庄子·徐无鬼篇》：“郢人垩漫其鼻端若蝇翼，使匠石斫之，匠石运斤成风，听而斫之，尽垩而鼻不伤。”《吕氏春秋·本味篇》：“汤得伊尹，祓之于庙；明日，设朝而见之。说汤以至味曰：‘鼎中之变，精妙微纤，口弗能言，志弗能喻。’”《史记·殷本纪》：“伊尹名阿衡，阿衡欲干汤而无由，乃为有莘氏媵臣，负鼎俎以滋味说汤，致于王道。或曰：伊尹处士，汤使人聘之，五反，然后肯往。”《索隐》：“《孙子兵书》：‘伊尹名挚。’孔安国亦曰：‘伊挚。’然解者以阿衡为官名。《书》曰：‘惟嗣王弗惠于阿衡。’一曰保衡，皆伊尹之官号，非名也。”本节论史文尚简之必要与不易。以上第一篇，论叙事尚简。

夫饰言者为文，编文者为句；句积而章立，章积而篇成〔1〕。篇目既分，而一家之言备矣。古者，行人出境，以词令为宗；大夫应对，以言文为主〔2〕。况乎列以章句，刊之竹帛，安可不励精雕饰〔3〕，传诸讽诵者哉〔4〕？自圣贤述作，是曰经典，句皆《韶》、《夏》〔5〕，言尽琳、琅[6]，秩秩德音[7]，洋洋盈耳[8]。譬夫游沧海者，徒惊其浩旷；登泰山者，但嗟其峻极[9]。必摘以尤最[10]，不知何者为先。然章句之言，有显有晦。显也者，繁辞缛说，理尽于篇中；晦也者，省字约文，事溢于句外[11]。然则晦之将显[12]，优劣不同，较可知矣[13]。

〔1〕《论衡·正说篇》："文字有意以立句，句有数以连章，章有体以成篇。"《文心雕龙·情采篇》："文采所以饰言，而辩丽本于情性。"又《章句篇》："夫人之立言，因字而生句，积句而成章，积章而成篇。"

〔2〕《春秋》襄三十一年《左传》："郑国将有诸侯之事，子产乃问四国之为于子羽，且使多为辞令，与裨谌乘以适野，使谋可否，而告冯简子，使断之，事成，乃授子太叔使行之，以应对宾客，是以鲜有败事。"行人、言文均见前。

〔3〕《汉书·宣帝纪》："厉精更始。"厉励同。《文心雕龙·情采篇》："庄周云：'辩雕万物。'谓藻饰也。"

〔4〕《周礼·春官》："以乐语教国子：兴，道，讽，诵，言，语。"郑《注》："倍文曰讽，以声节之曰诵。"

〔5〕《周礼·春官》："以乐舞教国子：舞《云门》，《大卷》，《大咸》，《大磬》，《大夏》，《大濩》，《大武》。"郑《注》："《大磬》，舜乐也，言其德能绍尧之道也。《大夏》，禹乐也，禹治水傅土，言其德能大中国也。"磬，《论语》、《乐记》并作韶。

〔6〕《尚书·禹贡》："厥贡惟球、琳、琅玕。"伪孔《传》："球、琳皆玉名。琅玕，石而似玉。"《尔雅·释地》："西北之美者，有昆仑之球、琳、琅玕焉。"

〔7〕《诗·秦风·小戎》："厌厌良人，秩秩德音。"《传》："厌厌，安静也。秩秩，有知也。"

〔8〕《论语·泰伯篇》："子曰：'师挚之始，《关雎》之乱，洋洋乎盈耳哉。'"

〔9〕《孟子·尽心篇》："孟子曰：'孔子登东山而小鲁，登泰山而小天下。故观于海者难为水，游于圣人之门者难为言。'"此用其意。

〔10〕襄二十六年《左传注》："尤，甚也。"《汉书·宣帝纪》："课殿最以

闻。"《注》:"最,凡要之首也。"

〔11〕《春秋》五例,有志晦之说,见前。

〔12〕张涤华先生曰:"孙经世《补经传释词》云:'将犹与也。《说苑·辨物篇》:赐欲知死人有知将无知也。言有知与无知也。《汉书·施雠传》:乃遣子临分将门人张禹等从雠问。言遣子临分与门人张禹等也。'"

〔13〕本节论史贵用晦。

夫能略小存大,举重明轻,一言而巨细咸该,片语而洪纤靡漏。此皆用晦之道也。古昔文义[1],务却浮词。《虞书》云:"帝乃殂落,百姓如丧考妣。"[2]《夏书》云:"启呱呱而泣,予不子。"[3]《周书》称:"前徒倒戈,血流漂杵。"[4]《虞书》云:"四罪而天下咸服。"[5]此皆文如阔略,而语实周赡。故览之者初疑其易,而为之者方觉其难。固非雕虫小技[6]所能斥非其说也[7]。

〔1〕古昔,本作昔古,从顾校乙。

〔2〕《虞书·舜典》:"二十有八载,帝乃殂落,百姓如丧考妣。三载,四海遏密八音。"伪孔《传》:"殂落,死也。考妣,父母。言百官感德思慕。"

〔3〕《虞书·益稷》:"启呱呱而泣,予弗子,惟荒度土功。"伪孔《传》:"启,禹子也。禹治水,过门不入,闻启泣声,不暇子名之,以大治度水土之功故。"子玄引此,以《虞书》为《夏书》,当由叙禹事而误记也。

〔4〕《周书·武成》:"受率其旅若林,会于牧野,罔有敌于我师,前徒倒戈,攻于后以北,血流漂杵。"伪孔《传》:"纣众服周仁政,无有战心,前徒倒戈,自攻于后以北者。血流漂舂杵,甚之言。"《孟子·尽心篇》:孟子曰:"尽信书,则不如无书。吾于《武成》,取二三策而已矣。仁人无敌于天下,以至仁伐至不仁,而何其血之流杵也?"

〔5〕《舜典》:"流共工于幽州,放驩兜于崇山,窜三苗于三危,殛鲧于羽山,四罪而天下咸服。"伪孔《传》:"皆服舜用刑当其罪。"

〔6〕《法言·吾子篇》:"或问:'吾子少而好赋?'曰:'然,童子雕虫篆

刻。'"《北史·李浑传》:"尝谓魏收曰:'雕虫小技,我不如卿。国典朝章,卿不如我。'"

〔7〕 斥非,浦氏引《庄子·逸篇》:"绋讴所生,必于斥苦。"以为当作斥苦,纪评乙作非斥。案《后汉书·孔融传》:"拟斥乘舆。"注:"斥,指也。"斥非犹云指责,谓后世史家不得指摘《尚书》之阔略耳。《史通·探赜篇》:"终不能别有异同,忤非其议。"斥非其说,忤非其议,句法意义正同,可证。本节证《尚书》之用晦。

既而丘明受《经》〔1〕,师范尼父〔2〕。夫《经》以数字包义,而《传》以一句成言〔3〕,虽繁约有殊,而隐晦无异。故其纲纪而言邦俗也〔4〕,则有士会为政。"晋国之盗奔秦。"〔5〕"邢迁如归,卫国忘亡。"〔6〕其款曲而言人事也〔7〕,则有"使妇人饮之酒,以犀革裹之,比及宋,手足皆见。宋人醢之"〔8〕。"萧溃〔9〕,师人多寒,王抚而勉之〔10〕。三军之士,皆如挟纩。"〔11〕斯皆言近而旨远,辞浅而义深〔12〕,虽发语已殚〔13〕,而含意未尽。使夫读者望表而知里,扪毛而辨骨,睹一事于句中,反三隅于字外〔14〕,晦之时义不亦大哉〔15〕!

〔1〕 受本作授,据浦校改。

〔2〕 《礼记·檀弓》:"鲁哀公诔孔子曰:'天不遗耆老,莫相余位焉。呜呼哀哉!尼父。'"郑《注》:"尼父,因其字以为之谥。"

〔3〕 杜预《春秋序》:"《春秋》虽以一字为褒贬,然皆须数句以成言,非如八卦之爻,可错综为六十四也。固当依《传》以为断。"此摹其语,申其义,以明《经》、《传》之繁约有别也。

〔4〕 《诗·大雅·棫朴》:"勉勉我王,纲纪四方。"《笺》:"以网罟喻为政,张之为纲,理之为纪。"

〔5〕 《春秋》宣十六年《左传》:"晋侯请于王,以黻冕命士会将中军,且为太傅,于是晋国之盗逃奔于秦。羊舌职曰:'吾闻之,禹称善人,不善人远,此之谓也。'"

〔6〕 详上《模拟篇》注。

〔7〕《后汉书·光武纪》:“文叔少时谨信,与人不款曲。”款曲或作“款洽”,犹言周至也。

〔8〕此《左传》庄十二年记宋万弑其君闵公,而奔陈,陈人诱执归宋之文。

〔9〕《传》此下有“申公巫臣曰”句。

〔10〕《传》王下有“巡三军”三字。抚,《传》作拊,通用字也。

〔11〕此《左传》宣十二年记楚子伐萧之文。杜《注》“皆如挟纩”云:“言悦以忘寒。”《小尔雅·广服》:“纩,绵也,絮之细者曰纩也。”挟纩犹云衣绵。

〔12〕杜预《春秋序》:“若夫制作之文,所以章往考来,情见乎辞。言高则旨远,辞约则义微,此理之常,非隐之也。”案杜以理言,刘以文言,略有出入。

〔13〕《广雅·释诂》:“殚,尽也。”

〔14〕《论语·述而篇》:“举一隅,不以三隅反,则不复也。”邢《疏》:“凡物有四隅,举一则三隅从可知。学者当以三隅反类一隅以思之。”

〔15〕本节证《左氏》之用晦。

洎马、班二史[1],虽多谢五经,必求其所长,亦时值斯语。至若高祖亡萧何,“如失左右手”。[2]汉兵败绩,“睢水为之不流”。[3]董生“乘马三年,不知牝牡”。[4]翟公之门,“可张雀罗”。[5]则其例也[6]。

〔1〕《文选·东京赋》薛《注》:“洎,及也。”

〔2〕《史记·淮阴侯传》:“信数与萧何语,何奇之。信度何等已数言上,上不我用,即亡,何闻信亡,不及以闻,自追之。有人白上曰:‘丞相何亡。’上大怒,如失左右手。”

〔3〕《史记·项羽纪》:“项王乃西从萧,晨击汉军而东,至彭城,日中,大破汉军。汉军皆走,相随入穀、泗水。杀汉卒十余万人。汉卒皆南走山,楚又追击,至灵壁东睢水上。汉军却,为楚所挤,多杀汉卒十余万人,皆入睢水,睢水为之不流。”《春秋》庄十一年《左传》:“凡师大崩曰败绩。”杜《注》:“师徒挠败,若沮岸崩山,丧其功绩,故曰败绩。”

〔4〕 董生，董先生也。赵翼《廿二史札记》："古时先生二字，或称先，或称生。《史记·晁错传》：'错初学于张恢先所。'《汉书》则云：'初学于张恢生所。'一称先，一称生。颜《注》云：'皆先生也。'是古时先生或称先，或称生，不必二字并称。"《太平御览》刑法部引《汉书》，称董子"十年不窥园圃；乘马三年，不知牝牡"与《史通》合。今本《史记·儒林传》但云："盖三年董仲舒不观于舍园。"《汉书·本传》则云："盖三年不窥园。"皆无乘马事。或唐、宋人所见《汉书》有乘马事而今本佚之也。

〔5〕 《汉书·汲、郑列传赞》："下邽翟公为廷尉，宾客填门；及废，门外可张爵罗。后复为廷尉，客欲往，翟公大署其门曰：'一生一死，乃知交情；一贫一富，乃知交态；一贵一贱，交情乃见。'"爵，古雀字。

〔6〕 本节证《史》、《汉》之用晦。

自兹已降，史道凌夷〔1〕。作者芜音累句〔2〕，云蒸泉涌〔3〕。其为文也，大抵编字不只，捶句皆双，修短取均，奇偶相配。故应以一言蔽之者〔4〕，辄足为二言；应以三句成文者，必分为四句；弥漫重沓，不知所裁〔5〕。是以处道受责于少期〔6〕，子升取讥于君懋〔7〕，非不幸也〔8〕。

〔1〕 《汉书·成帝纪》："帝王之道，日以凌夷。"师古曰："陵，丘陵也。夷，平也。言其颓替若丘陵之渐平也。又曰凌迟，亦言如丘陵之逶迟稍卑下也。"

〔2〕 《宋书·谢灵运传论》："虽清辞丽句，时发乎篇，而芜音累气，固亦多矣。"

〔3〕 《文选》刘峻《广绝交论》："烟煴相感，雾涌云蒸。"《文选序》："冰释泉涌，金相玉振。"

〔4〕 "之"字据浦校增。《论语·为政篇》："子曰：'诗三百，一言以蔽之，曰：思无邪。'"

〔5〕 《论语·公冶长篇》："子在陈曰：'归与！吾党之小子，狂简，斐然成

章，不知所以裁之。’”

〔6〕 处道旧作承祚，浅人妄改。又或误祚为作。今并据浦校改正。原注：“《魏书·邓哀王传》曰：‘容貌姿美。’裴松之曰：‘一类之言，而分以为三，亦叙属之一病也。’”卢文弨曰：“元注：容貌姿美，裴松之以为一类之言分为三句，谓容也、姿也、貌也。”案此文今见《三国志·魏志·邓哀王传》裴《注》。《隋志》：“《魏书》四十八卷，晋司空王沈撰。”今佚。《晋书》本传：“王沈字处道，典著作，与荀觊、阮籍共撰《魏书》，多为时讳，未若陈寿之实录也。”《宋书·裴松之传》：“松之，字少期，上使注陈寿《三国志》，松之鸠集传记，增广异闻，既成，奏上，上善之曰：‘此为不朽矣。’”上，谓宋文帝。张涤华先生曰：“案裴松之本字世期，此唐人避太宗讳改。”

〔7〕 原注：“王劭《齐志》曰：‘时议恨邢子才不得掌兴魏之书怅怏，温子升亦若此，而撰《永安记》，率是支（支，本作六，据浦校改）言。’”子升见《南北文学不同论》注，君懋见《模拟篇》注。《隋志》史部地理类：“魏《永安记》三卷，温子升撰。”《唐书·艺文志》作“永安故事”。其书盖记魏孝庄帝永安纪元三年中尔朱氏之乱，亦史书之流，故王劭得据以弹射。姚氏《隋志·考证》云：“此三年中洛下大乱，子升皆亲历其事，此殆所记事迹，当入杂史，不知本志何以列之于此。”其说是也。

〔8〕 本节证近史之不能用晦。

盖作者言虽简略，理皆要害[1]，故能疏而不遗，俭而无阙。譬如用奇兵者[2]，持一当百[3]，能全克敌之功也。若才乏隽颖，思多昏滞，费词既甚[4]，叙事才周。亦犹售铁钱者[5]，以两当一[6]，方成贸迁之价也[7]。然则《史》、《汉》以前，省要如彼；《国》、《晋》已降[8]，烦碎如此。必定其妍媸，甄其善恶。夫读古史者，明其章句，皆可咏歌[9]；观近史者，悦其绪言[10]，直求事意而已。是则一贵一贱，不言可知。无假推扬，而其理自见矣[11]。

〔1〕 《汉书·西南夷传》：“大司农豫调谷，积要害处。”师古曰：“要害者，

在我为要，于敌为害也。”

〔2〕 《史记·田单列传》：“太史公曰：‘兵以正合，以奇胜。善之者，出奇无穷，奇正还相生，如环之无端。’”《集解》引魏武帝曰：“先出合战为正，后出为奇也。正者当敌，奇兵击不备。”

〔3〕 《史记·苏秦列传》：“以韩卒之勇，一人当百，不足言也。”此秦说韩王之词，亦见《国策》。

〔4〕 《礼记·曲礼》：“礼不妄说人，不辞费。”

〔5〕 《后汉书·公孙述传》：“述废铜钱，置铁官钱。”注：“置铁官以铸钱。”史传言铁钱始此。

〔6〕 《南史·到溉传》：“溉为建安太守，(任)昉以诗赠之，求二衫段，云：‘铁钱两当一，百代易名实，(案代易二字原误倒，据《御览》乙正。)为惠当及时，无待秋凉日。’”盖当时有此语。

〔7〕 《尚书·益稷谟》：“懋迁有无化居。”《汉书·食货志》：“楙迁有无。”师古曰：“楙与茂同，勉也。言劝勉天下，迁易有无，使之交足。”贸、懋、楙、茂，并通。

〔8〕 原注：“《国》谓《三国志》，《晋》谓《晋书》也。”

〔9〕 此云咏歌，犹前言讽诵，变文避复耳。

〔10〕 刘峻《重答刘秣陵沼书》：“绪言余论，蕴而莫传。”绪亦余也。

〔11〕 本节论用晦之高下，系于作者之才思。以上第二篇论叙事用晦。

昔文章既作，比兴由生。鸟兽以媲贤愚，草木以方男女。诗人骚客，言之备矣〔1〕。洎乎中代〔2〕，其体稍殊。或拟人必以其伦〔3〕，或述事多比于古〔4〕。当汉氏之临天下也〔5〕，君实称帝，理异殷、周；子乃封王，名非鲁、卫〔6〕。而作者犹谓帝家为王室〔7〕，公辅为王臣〔8〕；盘石加建侯之言〔9〕，带河申俾侯之誓〔10〕。而史臣撰录，亦同彼文章，假托古词，翻易今语。润色之滥，萌于此乎〔11〕？

〔1〕 详《南北文学不同论》注。

〔2〕 谓汉以来。

〔3〕《礼记·曲礼》："拟人必于其伦。"

〔4〕此谓叙事失真，由于妄饰。上世比兴仅及动植自然之属，而止于抒情之文。中代已降，则比拟及于古人古事，而并达乎叙事之史，遂开妄饰之渐焉。

〔5〕《春秋》哀七年《穀梁传》："《春秋》有临天下之言焉。"《集解》："临者，抚有之也。"

〔6〕殷、周共主皆称王，其子姓以公、侯、伯、子、男五等爵封之。及汉承秦制，称共主为帝，其子姓乃有封王者。此其与汉异制之大略也。《白虎通·号篇》："德合天地者称帝，仁义合者称王，别优劣也。《礼记·谥法》曰：'德象天地称帝，仁义所生称王。'"《公羊》成八年何休《解诂》略同。然此皆汉儒训说，非其本真也。

〔7〕《周书·微子之命》："率由典常，以蕃王室。"字亦见《左传》，皆指周室。汉史用王室者，如《汉书·叙传》："克伐七国，王室以定。"《后汉书·邓禹传》："委远时柄，忠劳王室。"是其例也。亦有用帝室者，如《后汉书·袁安传》"袁公、窦氏之间，乃情帝室"是。

〔8〕《易·蹇》："王臣蹇蹇，匪躬之故。"字亦见《诗经》，皆指周臣。汉史用王臣者，如《后汉书·袁安传》："引义雅正，可谓王臣之烈。"亦有用帝臣者，如《汉书·叙传》："蹇蹇帝臣，匪躬之故。"则直用《易》语而改王为帝也。公辅者，谓大官。《汉书·孔光传》云："光凡为御史大夫、丞相各再，壹为大司徒、太傅、太师，历三世居公辅位。"

〔9〕《易·屯》："初九，磐桓，利居贞，利建侯。"孔《疏》释"利建侯"云："宜建立诸侯。"《史记·文帝纪》："高帝封王子弟地，犬牙相制，此所谓盘石之宗也。"《索隐》："言其国如盘石。"《荀子·富国篇》："安于盘石。"注："盘石，盘薄大石也。"磐盘字通用。

〔10〕誓，旧作称，据浦校改。《诗·鲁颂·閟宫》："乃命鲁公，俾侯于东。"《笺》："乃策命伯禽，使为君于东。"《史记·高祖功臣年表》载封爵之誓曰："使河如带，泰山若厉，国以永宁，爰及苗裔。"应劭曰："国家欲使功臣传祚无穷。带，衣带也。厉，砥石也。河当何时如衣带？山当何时如砥石？言如带、砥，国乃绝也。"

〔11〕 本节论妄饰始于汉人。

降及近古，弥见其甚。至于诸子短书[1]，杂家小说[2]，论逆臣则呼为问鼎[3]；称臣寇则目以长鲸[4]；邦国初基，皆云草昧[5]；帝王兆迹，必号龙飞[6]。斯并理兼讽喻，言非指斥，异乎游、夏措词[7]，南、董显书之义也[8]。如魏收《代史》[9]，吴均《齐录》[10]，或牢笼一世，或苞举一家，自可申不刊之格言[11]，弘至公之正说[12]。而收称刘氏纳贡，则曰：来献百牢[13]；均叙元日临轩[14]，必云：朝会万国[15]。夫以吴征鲁赋，禹计涂山，持彼往事，用为今说，置于文章则可，施于简册则否矣[16]。

〔1〕 《论衡·谢短篇》："汉事未载于经，名为尺籍短书。"古者简策有长短之异，其详具《文学总略篇》。

〔2〕 《汉志·杂家序》曰："杂家者流，盖出于议官，兼儒、墨，合名、法，知国体之有此，见王治之无不贯，此其所长也。及荡者为之，则漫羡而无所归心。"又《小说家序》曰："小说家者流，盖出于稗官，街谈巷语，道听涂说者之所造也。孔子曰：'虽小道，必有可观者焉，致远恐泥，是以君子弗为也。'然亦弗灭也。闾里小知者之所及，亦使缀而不忘。如或一言可采，此亦刍荛狂夫之议也。"

〔3〕 《春秋》宣三年《左传》："楚子伐陆浑之戎，遂至于雒，观兵于周疆。定王使王孙满劳楚子，楚子问鼎之大小轻重焉。"杜《注》："示欲逼周取天下。"

〔4〕 《春秋》宣十二年《左传》："古者明王伐不敬，取其鲸鲵而封之，以为大戮。"《注》："鲸鲵大鱼，以喻不义之人。"《疏》引裴渊《广州记》云："鲸鲵长百尺，雄曰鲸，雌曰鲵。"《吴都赋》："长鲸吞航。"

〔5〕 《易·屯象》："天造草昧，宜建侯而不宁。"王《注》："屯者，天地造始之时也。造物之始，始于冥昧，故曰草昧也。处造始之时，所宜之善，莫善建侯也。"

〔6〕 见《模拟篇》注。

〔7〕《困学纪闻》:"《史记·孔子世家》:'文辞有可与人共者,至于为《春秋》,笔则笔,削则削,子夏之徒不能赞一辞。'《曹子建与杨德祖书》:'昔尼父之文辞与人通流,至于制《春秋》,游、夏之徒乃不能措一辞。'《李善注》引《史记》曰:'子游、子夏之徒不能赞一辞。'今本无子游二字。"案此云游、夏措辞者,即《史记》所云"可与人共",子建所云"与人通流"也。《论语·先进篇》:"文学:子游、子夏。"是二人长于文辞。

〔8〕《春秋》襄二十五年:"夏五月,乙亥,齐崔杼弑其君光。"《传》:"大史书曰:'崔杼弑其君。'崔子杀之。其弟嗣书而死者二人,其弟又书,乃舍之。南史氏闻大史尽死,执简以往,闻既书矣,乃还。"《注》:"《传》言齐有直史,崔杼之罪所以闻。"又宣二年:"秋九月乙丑,赵盾弑其君夷皋。"《传》:"赵穿攻灵公于桃园,宣子未出山而复。大史书曰:'赵盾弑其君。'以示于朝。宣子曰:'不然。'对曰:'子为正卿,亡不越境,反不讨贼,非子而谁?'宣子曰:'乌乎!"我之怀矣,自诒伊戚。"其我之谓矣。'孔子曰:'董狐,古之良史也,书法不隐。赵宣子,古之良大夫也,为法受恶;惜也,越境乃免。'"

〔9〕即今《魏书》也。《隋志》:"《后魏书》一百三十卷,后齐仆射魏收撰。"梁章钜《浪迹丛谈》:"《魏书·道武纪》:'天兴元年,群臣言,国家万世相承,启基云代,应以代为号。帝下诏,宜仍先以号为魏。'似当时改号称代,帝实不从。而《崔浩传》又云:'昔太祖道武皇帝,应天受命,开拓洪业,诸所制置,无不循古,以始封代土,后为魏,故代魏兼用,犹彼殷商。'则与《本纪》之言不应。今考太武二年《始平公造象记》云:'暨于大代。'又太和七年《孙秋生造象记》首亦题'大代',而修中岳庙碑于'大代'又凡两见。又延昌三年《司马景和妻墓志铭》首题'魏代',皆与《崔浩传》合,则恐《本纪》疏矣。"据此,知子玄此称代史,盖仍北朝之旧耳。《北齐书·魏收传》:"收字伯起,与温子升、邢子才齐誉,世称三才,仕魏入齐。"

〔10〕即《齐春秋》,已见《模拟篇》。

〔11〕扬雄《答刘歆求方言书》:"是悬诸日月不刊之书也。"《魏志·崔琰

传》："盖闻盘于游田，《书》之所戒，鲁隐观鱼，《春秋》讥之，此周、孔之格言，二经之明义。"

〔12〕 仲长统《昌言》："人主临之以至公。"

〔13〕 《春秋》哀七年《左传》："夏，公会吴于鄫，吴来征百牢，子服景伯对曰：'先王未之有也。'吴人曰：'宋百牢我，鲁不可以后宋。'景伯曰：'周之王也，制礼，上物不过十二。今弃周礼，而曰必百牢，亦唯执事。'吴人弗听，乃与之。"《魏书·世祖纪》："太平真君十一年，十二月，甲申，义隆（宋文帝）使献百牢，贡其方物。"又《岛夷传》："义隆遣黄延年朝于行宫，献百牢。"

〔14〕 《晋书·礼志》："《咸宁注》：先正一日，有司各宿设，夜漏未尽十刻，群臣集到，庭燎起火，上贺，起谒报。又贺皇后。还从云龙东华门入，诣东阁下便坐。漏未尽七刻，百官及受贽郎官以下至计吏皆入，立其次，其陛卫者，如临轩仪。漏未尽五刻，谒者、仆射、大鸿胪各奏群臣就位定。漏尽，侍中奏外办。皇帝出，钟鼓作，百官皆拜伏。太常导皇帝升御座，钟鼓止，百官起，大鸿胪跪奏请朝贺。"历代礼制，颇有因革，齐制未必与晋同，举此以见其概云尔。

〔15〕 《春秋》哀七年《左传》："禹合诸侯于涂山，执玉帛者万国。"《注》："诸侯执玉，附庸执帛。"吴均语今无考。

〔16〕 本节论事之妄饰。

亦有方以类聚〔1〕，譬诸昔人。如王隐称〔2〕：诸葛亮挑战，冀获曹咎之利〔3〕；崔鸿称〔4〕：慕容冲见幸，为有龙阳之姿〔5〕。其事相符，言之谠矣〔6〕。而卢思道称〔7〕：邢邵丧子不恸，自东门吴以来，未之有也〔8〕；李百药称〔9〕：王琳雅得人心，虽李将军恂恂善诱，无以加也〔10〕。斯则虚引古事，妄足庸音〔11〕，苟矜其学，必辨而非当者矣〔12〕。

〔1〕 《易·系辞》："方以类聚，物以群分。"

〔2〕 《隋志》："《晋书》八十六卷，本九十三卷，今残缺，晋著作郎王隐撰。"

今佚。《晋书》本传："隐字处叔，太兴初，令撰晋史，后以著作郎虞预谤，免归于家，贫无资用，书遂不就，乃依征西将军庾亮于武昌。亮供其纸笔，书乃得成，诣阙上之。"

〔3〕《史记·项羽纪》："项王谓大司马曹咎曰：'谨守成皋，汉欲挑战，慎勿与战。'汉果数挑战，楚军不出，使人辱之。大司马怒，渡兵汜水，半渡，汉击之，大破楚军，皆自刭。"案王隐书今无考，而《魏志注》及《世说新语·方正篇注》并引孙盛《晋阳秋》云："诸葛亮寇于郿，据渭水南，亮挑战，遗高祖巾帼，欲以激怒，冀获曹咎之利。"隐、盛并时，或同据故记也。

〔4〕《隋志》："《十六国春秋》一百卷，魏崔鸿撰。"今佚，有汤球《辑补》。《魏书·崔光传》："子鸿，字彦鸾，弱冠便有著述之志，以刘渊、石勒、慕容儁、苻健、慕容垂、姚苌、慕容德、赫连屈孑、张轨、李雄、吕光、乞伏国仁、秃发乌孤、李暠、沮渠蒙逊、冯跋等，并因世故，跨僭一方，各有国书，未有统一，乃撰《十六国春秋》，因其旧记，时有增损褒贬焉。"

〔5〕龙阳见《诗教上》注。汤球《十六国春秋辑补·前秦录》云："初，坚之灭燕，二十五年，(原注："当作'太和五年。'称晋年也。'二十'乃'太和'之误。")冲姊为清河公主，年十四，有殊色，坚纳之，宠冠后庭。冲年十二，亦有龙阳之姿，坚又幸之。姊弟专宠，宫人莫进。长安中歌之曰：'一雌复一雄，双飞入紫宫。'咸惧为乱。王猛切谏，坚乃出冲。"《晋书》载记亦云："苻坚灭燕，慕容冲姊为清河公主，年十四，有殊色，坚纳之，宠冠后宫。冲年十二，亦有龙阳之姿，坚又幸之。姊弟专宠。长安歌之曰：'一雌复一雄，双飞入紫宫。'"盖即据崔书也。

〔6〕《文选·典引注》："说，直言也。"又《东都赋注》引《字林》："说，美言也。"

〔7〕卢思道，字子行，《隋书》有传，不言其撰史，惟《隋志》载其"《知己传》一卷"。今佚。《史通·杂述篇》曰："普天率土，人物弘多，求其行事，罕能周悉，则有独举所知，编为短部，若戴逵《竹林名士》，王粲《汉末英雄》，萧世诚(案诚当作诚)《怀旧志》，卢子行《知己传》。此

之谓小录者也。”据此，则下文或在《知己传》中也。

〔8〕《战国策·秦策》：“梁人有东门吴者，其子死而不忧，其相室曰：‘公之爱子也，死而不忧，何也？’东门吴曰：‘吾尝无子，无子之时不忧，今与无子时同也，奚忧焉。’”《北齐书·邢邵传》亦云：“邢邵，字子才，养孤子恕，慈爱特深。在兖州，有都信云恕疾，便忧之，颜色贬损。及卒，痛悼虽甚，不再哭。其高情达识，开遣滞累，东门吴以还，所未有也。”当是本思道《知己传》。张涤华先生曰：“案章宗源《隋书经籍志考证》引胡应麟《甲乙剩言》云：‘余从都下得隋卢思道《知己传》二卷，上自伊尹，下至六代。由君相、父子、妻子、友朋，以及神鬼、禽畜，涉及知己者，皆录。’据此，知《知己传》所包甚广，不限于友朋。尤可证邵事当即在《传》内。”

〔9〕《唐志》：“《北齐书》五十卷，李百药撰。”《旧唐书》本传：“百药，字重规，为儿童时多疾病，故以百药为名。贞观元年，受诏修定五礼及律令，撰《齐书》。”

〔10〕《论语·子罕篇》：“颜渊喟然叹曰：‘夫子循循然善诱人。’”《汉书·李广传赞》：“李将军恂恂如鄙人，口不能出辞；及死之日，天下知与不知，皆为流涕。彼其中诚信于士大夫也。谚曰：‘桃李不言，下自成蹊。’此言虽小，可以喻大。”又《传》载程不识语曰：“李将军极简易，其士亦佚乐，甘为之死。”《北齐书·王琳传》：“琳，字子珩，刑罚不滥，轻财爱士，得将卒之心。少任将帅，屡经丧乱，雅有忠义之节。及败，为陈军所执，吴明彻欲全之，而其下将领多琳故吏，争来致请，并相资给。明彻由是忌之，故及于难。当时田夫野老，知与不知，莫不为之歔欷流泣，观其诚信感物，虽李将军之恂恂善诱，殆无以加焉。”

〔11〕陆机《文赋》：“放庸音以足曲。”

〔12〕刘孔延评云：“子才丧孤不恸，何异于吴，王琳会葬千人，（案亦见本传。）李广不啻，岂为虚引故事？”此不然子玄之说者，本节论人之妄饰。

昔《礼记·檀弓》，工言物始[1]。夫自我作故[2]，首创新仪[3]；前史所刊，后来取证。是以汉初立辖[4]，孟坚所书[5]；鲁始为髽，丘明是记[6]；河桥可作，元凯取验于《毛诗》[7]；男子有笄，伯支远征于《内则》[8]。即其事也。案裴景仁《秦记》称[9]：苻坚方食，抚盘而诟[10]。王劭《齐志》述：洛干[11]感恩，脱帽而谢。及彦鸾撰以新史，重规删其旧录，乃易抚盘以推案[12]，变脱帽为免冠[13]。夫近世通无案食，胡俗不施冠冕，直以事不类古，改从雅言[14]，欲令学者何以考时俗之不同，察古今之有异[15]？

〔1〕 友人杨明照先生云：“《梁书·处士何胤传》：‘胤曰：《檀弓》两卷，皆言物始。’”《困学纪闻》：“《礼记》于礼之变皆曰始。‘孔氏之不丧出母，自子思始也。’‘士之有诔，自此始也。’‘邾娄复之以矢，盖自战于井陉始也。’‘鲁妇人之髽而吊也，自败于台鲐始也。’‘帷殡非古也，自敬姜之哭穆伯始也。’（案以上见《檀弓》。）‘庙有二主，自桓公始也。’‘丧慈母，自鲁昭公始也。’‘下殇用棺衣，自史佚始也。’（以上见《曾子问》。）‘庭燎之百，由齐桓公始也。’‘大夫之奏肆夏，由赵文子始也。’‘大大强而君杀之，义也，由三桓始也。’‘公庙之设于私家，非礼也，由三桓始也。’（以上见《郊特牲》。）‘元冠紫緌，自鲁桓公始也。’‘朝服之以缟也，自季康子始也。’（以上见《玉藻》。）‘夫人之不命于天子，自鲁昭公始也。’‘宦于大夫者之为之服也，自管仲始也。’（以上见《杂记》。）《左氏传》：‘始用六佾。’（见隐五年。）‘晋于是始墨。’（见僖三十三年。）‘始厚葬。’‘始用殉。’（以上见成二年。）‘鲁于是乎始髽。’（见襄四年。）‘魏绛于是乎始有金石之乐。’（见襄十一年。）‘始用人于亳社。’（见昭十年。）‘鲁于是始尚羔。’（见定八年。）亦记礼之变也。孔子恶始作俑者，始之不谨，末流不胜其弊。刘懋撰器物造作之始为《物祖》，刘孝孙、房德懋集经史为《事始》，（原注：“冯鉴《续事始》，朱绘撰《事原》，高承增益为《事物纪原》。）然所载乃事物之始，不足以垂训戒。”案据此，则工言物始不止《檀弓》矣。礼以制表，制以物显，故记物之始，即示礼之变也。

〔2〕《国语·鲁语》:“哀姜至,公使大夫宗妇觌用币,宗人夏父展曰:‘非故也。’公曰:‘君作故。’”韦昭《注》:“言君所作则为故事。”

〔3〕《广雅·释诂》:“创,始也。”《国语·周语注》:“创,造也。”

〔4〕《广雅·释器》:“槥,棺也。”又:“辖,轹也。”《方言注》:“辖,车轴头也。”二字本义各别。《文选·颜延年阳给事诔》:“路无归辖。”李《注》:“《汉书·王恢传》曰:‘辖车相望。’又高祖令曰:‘士卒从军死者。为辖归其具。’应劭曰:‘辖,小棺也。’服虔曰:‘辖与槥古字通。’”浦校改辖为槥,盖但据本义,未审通假也。

〔5〕孟坚,本作子长,据浦校改。《汉书·高帝纪》:“八年十一月,令士卒从军死者为辖,归县,县给衣衾棺葬具。”《史记》无此文,故浦改子长为孟坚。

〔6〕《春秋》襄四年《左传》:“邾、莒伐鄫,臧纥救鄫,败于狐骀,(狐,《檀弓》作台,音胡。)国人从丧者皆髽,鲁于是乎始髽。”《注》:“髽,麻发合结也,丧多不能备凶服。”《左传》男女合言,《檀弓》但言妇人髽,小异。

〔7〕《晋书·杜预传》:“预,字元凯,以孟津渡险,请建河桥于富平津。议者以为殷、周所都,历圣贤而不作者,必不可立故也。预曰:‘造舟为梁,则河桥之谓也。’及桥成,帝从百僚临贺,举觞属预。”《诗·大雅·大明》:“造舟为梁,不显其光。”《传》:“天子造舟,诸侯维舟,大夫方舟,士特舟。”《疏》:“天子造舟至特舟,皆《释水》文。李巡曰:‘比其舟而渡曰造舟,中央左右相维持曰维舟,并两船曰方舟,一舟曰特舟。’孙炎曰:‘造舟,比舟为梁也。维舟,连四舟也。’然则造舟者,比船于水,加板于上,即今之浮桥。故杜预云:‘造舟为梁,则河桥之谓也。’维舟以下,则水上浮而行之,但船有多少为等差耳。”

〔8〕《魏书·刘芳传》:“芳字伯文,(文,《北史》作支。)北徙,通直常侍。王肃之来奔也,宴于华林,肃语次曰:‘古者妇人有笄,男子则无。丧服,男子冠而妇人笄。’芳曰:‘冠尊,故夺其笄称也,非男子无笄。《礼·内则》称:“子事父母,鸡初鸣,栉纚,笄总。”男子有笄明矣。’肃以为然,时人号为刘石经。”《内则》郑《注》:“笄,今簪也。”

〔9〕《隋志》:“《秦记》十一卷,宋殿中将军裴景仁撰。”今佚。《宋书·沈昙庆传》:“昙庆为徐州刺史,景仁助戍彭城,本伧人,多悉戎荒事。昙庆使撰《秦记》十卷,叙苻氏僭伪本末。”

〔10〕《广雅·释诂》:“询,骂也。”询与诟同。

〔11〕万历本洛干上有父纥二字,一本父作受,兹据浦校删。

〔12〕《说文》:“案,几属。”《方言》:“案,陈、楚、宋、魏之间谓之槁,自关东西谓之案。”《礼记·礼器注》:“禁,如今方案,隋长局足,高三寸。”《说文》:“槃,承槃也。”(今作盘,俗作柈。)《广雅·释器》:“盂谓之槃。”颜师古《急就篇注》曰:“有足曰案,无足曰槃。”此二者之别也。案食盛行于两汉。《汉书·外戚传》:“许后亲奉案上食。”《后汉书·逸民·梁鸿传》:“妻为具食,举案齐眉。”《盐铁论·取下篇》:“垂拱持案而食。”皆其证。盘则行于魏晋以来。《晋书·乐志》:“杯柈舞,按太康中,天下为晋世宁舞,矜手以按杯柈,反覆之。”周处《阳羡风土记》:“元日造五辛盘。”《齐书·崔祖思传》:“祖思启陈政事曰:‘宋武节俭过人,张妃五盏盘,桃花米饭。”皆其证。汤球《十六国春秋辑补·前秦录》云:“坚率步骑二万,讨姚苌于北地。苌众危惧,人有渴死者。俄而雨降于苌营,营中水三尺,周营百步之外,寸余而已。于是苌军大振。坚方食,去案怒曰:‘天其无心,何故降泽贼营?’”《晋书·苻坚载记》亦云:“坚讨姚苌,苌军渴,有死者,俄而降苌雨营三尺,营外寸余而已,苌军大振。坚方食,去案怒曰:‘天何故降泽贼营?’”盖即据崔书也。

〔13〕《说文》:“冠,絭也,所以絭发,弁冕之总名也。”《春秋》昭元年《左传》:“弁冕,冠也。”《疏》:“冠者,首服之总名。”《说文》:“冃,小儿、蛮夷头衣也。”《汉书·隽不疑传注》:“冒,所以覆冒其首。”(今作帽。)此二者之别也。华族以冠为常服。《战国策·秦策》:“布衣之怒,亦免冠徒跣以头抢地耳。”《汉书·张释之传》:“文帝免冠谢。”又《贡禹传》:“为河南令,以职事为府官责,免冠谢。”皆其证。殊族则以帽为常服。《后汉书·耿秉传》:“秉出白山击车师。车师有后王、前王。后王安得惶恐,走出门,脱帽抱马足降。”《魏志·裴潜

传》:“潜为代郡太守,时乌丸王及其大人凡三人各自称单于,专制郡事。潜单车入郡,抚之以静。单于以下,脱帽稽颡。”皆其证。今则华族亦戴帽,而冠制废矣。王氏《齐志》语今无考,惟《北齐书·万俟普传》亦云:“子洛,字受洛干,有战功,高祖亲扶上马,洛干免冠谢曰:‘愿出死力。’”或本君懋也。

〔14〕《论语·述而篇》:“子所雅言,《诗》、《书》执礼,皆雅言也。”《集解》引孔曰:“雅言,正言也。”又引郑曰:“读先王典法,必正言其音。”是雅言本指音读,子玄此则推而及于事制耳。

〔15〕余杭章君《文学说例》云:“夫惟官号、地望,著于标题,施于传志、谱录者,必用今名,而废弃、外来、新造之语皆不得代。故崔鸿易抚盘以推案,百药变脱帽为免冠,物非所有,饰从雅言,见讥于子玄矣。今之言者,非拥旄、剖符之率,而亟言击节;处髡首、辫发之俗,而自述抽簪,此之宜绝,亦文辞之恒例也。若乃雅俗称名,新故杂用,是宁有厉禁邪?”案此说视子玄为胜矣。本节论物之妄饰。

又自杂种称制〔1〕,充牣神州〔2〕,事异诸华〔3〕,言多丑俗。至如翼犍魏昭成原讳〔4〕,黑獭周文本名,而伯起革以他语,德棻阙而不载〔5〕。盖龙降〔6〕、蒯聩〔7〕,字之蚩也〔8〕;重耳、黑臀〔9〕,名之鄙也〔10〕。旧皆列以三史,传诸五经,未闻后进谈讲〔11〕,别加刊定。况齐丘之犊〔12〕,彰于载谶〔13〕;河边之狗,著于谣咏〔15〕。明如日月,难为盖藏。此而不书,何以示后?亦有氏姓本复,减省从单〔15〕。或去“万纽”而留“于”〔16〕,或止存“狄”而除“厍”〔17〕,求诸自古,罕闻兹例〔18〕。

〔1〕《后汉书·度尚传》:“杂种诸蛮。”又《马融传》:“杂种诸羌。”丘迟《与陈伯之书》:“姬汉旧邦,无取杂种。”《汉书·王陵传》:“今太后称制。”又《淮南厉王传》:“出入警跸,称制,自作法令。”《独断》:“制者,王者之言,必为法制也。”

〔2〕《文选》颜延年《赭白马赋》:“知函夏之充牣。”李《注》引苏林曰:“充牣,喻多也。”如淳曰:“牣,满也。”

〔3〕诸华犹言诸夏。《周书·武成》:"华夏、蛮貊。"伪孔《传》:"冕服采章曰华,大国曰夏。"《疏》:"冕服采章,对披发左衽则为有光华也。《释诂》云:'夏,大也。'故大国曰夏,华夏,谓中国也。"《左传》襄四年:"诸华必叛。"闵元年:"诸夏亲昵。"

〔4〕昭成,本作道武,据《魏书》改。原,本作所,据浦校改。《一切经音义》引《通俗文》:"以刀去阴曰犍。"是命名之至丑者矣。案今湖南犹有此语,转读若线,如阉鸡曰线鸡是也。

〔5〕案《魏书·序纪》:"帝讳什翼犍。"道武帝则讳珪,子玄偶误记耳。《周书·文帝纪》:"帝宇文氏,讳泰,字黑獭。"是二史皆无所讳,子玄谓革以他语,阙而不载者,余嘉锡《四库提要辨证》云:"详其语意,盖谓常称名之处,则阙而不载,如所谓'贺拔公虽死,宇文讳尚存'者,本当作宇文黑獭耳。"

〔6〕龙本作庞,据《左传》校改。案《说文》:"庞,石大也。""龙,犬之多毛者。"义别,此以同声通用。

〔7〕龙降,高阳氏才子八恺之一,见《左传》文十八年。蒯聩,卫灵公太子名,见《公羊传》及《史记·卫世家》。(浦氏以为卫庄公名,误。)又古剑士名,见《史记·刺客传》。案龙降、蒯聩,皆叠韵字。古人制名,多有双声叠韵者。

〔8〕《埤苍》:"胮肛,腹胀也。"《广韵》:"胀大也。"韩愈《赠张籍诗》:"形躯顿膀肛。"龙降盖其异文。《说文》:"颏,头蔽颏。"段《注》:"蔽颏,叠韵字,盖古语也。《集韵》曰:'头痴。'钱氏大昕曰:'春秋战国人名有蒯聩,疑即此蔽颏。'"是龙降训腹大,蒯聩训头痴,故云蚩也。

〔9〕重耳,晋文公名,屡见《左传》及《史记·晋世家》。黑臀,晋成公名,见《左传》宣三年及《史记·晋世家》。《国语·周语》:"单襄公曰:'吾闻成公之生也,其母梦神规其臀以墨,曰:使有晋国。'"

〔10〕《春秋》桓六年《左传》:"九月,丁卯,子同生。公问名于申繻,对曰:'名有五:有信,有义,有象,有假,有类。以名生为信,以德命为义,以类命为象,取于物为假,取于父为类。不以国,不以官,不以山川,不以隐疾,不以畜牲,不以器币。周人以讳事神,名终将讳之。

故以国则废名，以官则废职，以山川则废主，以畜牲则废祀，以器币则废礼。晋以僖侯废司徒，宋以武公废司空，先君献、武废二山，是以大物不可以命。’”《疏》引郑玄云：“隐疾，衣中之疾也，谓若黑臀、黑肱矣。疾在外者，虽不得言，尚可指摘，此则无时可辟。俗语云：‘隐疾难为医。’”孔则举《诗》：“如有隐忧。”以隐为痛，谓“以疾痛为名，则不详之甚，故以为辟不详”。今不从。辟避，古今字也。前引《国语》注云：“臀，尻也。”黑臀，今人亦有之，盖皮肤色素过多之所致，疑成公生而黑臀，其母讳之，故托诸梦以解之也。古称目有二瞳子曰重明（《淮南子》），曰重瞳（《史记》），颐丰下垂曰重颐（韩诗薛君章句），则重耳或耳边生有疣赘之属，以此制名，故云鄙也。

〔11〕《论语·先进篇》：“子曰：‘先进于礼乐，野人也。后进于礼乐，君子也。’”

〔12〕齐丘二字，旧讹愁山，之字或讹定，浦据下原注改。

〔13〕原注：“杜台卿《齐记》载谶云‘首牛西入谷，逆犊上齐丘’也。”余嘉锡云：“按此谓翼犍。”胡应麟《四部正讹》：“世率以谶、纬并论，二书虽相表里，而实不同。纬之名所以配经；谶则皆托古圣贤以名其书，与纬体制迥别。盖其说尤妄诞，故隋禁之后永绝。”《隋书·杜台卿传》：“台卿，字少山，撰《齐记》二十卷，行于世。”《隋志》缺载，今佚。

〔14〕原注：“王劭《齐志》载谣云‘獾獾头团圞，河中狗子破尔莞’也。”余嘉锡云：“按此谓黑獭。”案亦见《言语篇》原注。谣辞亦类寓言，诸史五行志多载之。

〔15〕郑樵《通志·氏族略序》云：“三代之前，姓氏分而为二：男子称氏，妇人称姓。氏所以别贵贱，贵者有氏，贱者有名无氏。古之诸侯诅辞，多曰：坠命亡氏，踣其国家。以明亡氏则与夺爵失国同，可知其为贱也。故姓可呼为氏，氏不可呼为姓。姓所以别婚姻，故有同姓、异姓、庶姓之别。氏同姓不同者，婚姻可通，姓同氏不同者，婚姻不可通。三代以后，姓氏合而为一，皆所以别婚姻，而以地望明贵贱。”《魏书·官氏志》：“自古天子立德，因生以赐姓，胙之土而命

之氏。诸侯则以家与谥。官有世功，则有宦族，邑亦如是。姓则表其所由生，氏单记族所自出。其大略然也。至于或自所居，或以国号，或用官爵，或用事物，虽缘时不同，俱其义矣。（案以上胥本王符《潜夫论·志氏姓篇》。）魏氏本居朔壤，地远俗殊，赐姓命氏，其事不一。初，安帝统国诸部，有九十九姓，至献帝时，七分国人，使诸兄弟各摄领之，乃分其氏，自后兼并他国，各有本部，部中别族为内姓焉。年世稍久，互以改易，兴衰存灭，盖有之矣。"此氏姓源流及北朝制度之大概也。《通鉴释例》："魏之群臣出代北者，皆复姓，孝文迁洛，改为单姓，史患其烦，皆从后姓。"案北朝氏姓有改有不改，其改者俱详《魏书·官氏志》。

〔16〕 此句旧讹作"去万纫而留千"，或"去万而留千"，浦据史校改。《魏书·官氏志》："勿忸于氏，后改为于氏。"陈毅《疏证》曰："《唐书·宰相世系表》有萬纽于氏。按萬勿古声本通，纽与忸亦声通，是《唐表》万纽于即《志》之勿忸于矣。萬，本或作万。《广韵》十虞引《志》作万忸于。二十五愿称虏姓有万纽于，万纽于之为万忸于，犹《孝庄纪》万俟丑奴，《嚈哒国传》作萬俟丑奴也。万当依《广韵》读如墨，与《正韵》勿读为没之声相近。"

〔17〕 浦云："如作存扶而除乞，亦可。旧作存扶而除厚，非。"《官氏志》："乞扶氏后改为扶氏。"《疏证》曰："《尔朱荣传》有乞扶莫于。按扶当为伏，音之轻重也。《晋书，乞伏国仁载记》云：'有一小儿，乞伏部老父养为子，年十岁，号曰乞伏可汗。'国仁本书亦有传。又《高宗纪》有乞佛成龙，乞佛亦乞伏声之变。《陆真传》正作乞伏成龙。"《志》又云："库狄氏后改为狄氏。"《疏证》曰："《姓解》三：库作厍。《广韵》四十祃亦有厍字，音昌舍切。《能改斋漫录·纪事篇》辨库厍二字，谓北朝复姓厍狄之厍，音赦，引厍狄峙、厍狄伏连，及《广韵》厍，始夜切，因谓本无厍字，后人除一点以为厍别。其说是也。"吾友周一良先生云："厍狄之姓，自来皆谓当读为赦，无上边一点。然近年所出北齐库狄回洛墓志盖及斛律夫人志盖皆作库，未省去一点，则作厍及读赦之说，或竟是后人强为区别耶？"

〔18〕 本节论名氏、谣谶之妄饰。

昔夫子有云："文胜质则史。"〔1〕故知史之为务，必籍于文。自五经以降，三史而往，以文叙事，可得言焉。而今之所作，有异于是。其立言也，或虚加练饰，轻事雕采〔2〕；或体兼赋颂，辞类俳优〔3〕。文非文，史非史，譬夫龟兹〔4〕造室，杂以汉仪〔5〕；而刻鹄不成，反类于鹜者也〔6〕。

〔1〕 见《论语·雍也篇》。《集解》引包云："史者，文多而质少。"邢《疏》："言文多胜于质，则如史官也。"

〔2〕 《文心雕龙·情采篇》："庄周云：'辩雕万物。'谓藻饰也。韩非云：'艳采辩说。'谓绮丽也。绮丽以艳说，藻饰以辩雕，文辞之变，于斯极矣。"此用其意。

〔3〕 《汉书，枚皋传》："皋不通经术，诙笑类俳倡，为赋颂，好嫚戏。自言为赋不如相如。又言为赋乃俳，见视如倡。自悔类倡也。"又《东方朔传赞》："朔口谐倡辩，不能持论，诙达多端，不名一行，应谐似优，不穷似智，正谏似直，秽德似隐，依隐玩世，诡时不逢，其滑稽之雄乎？"

〔4〕 龟兹，各本均作乌孙，陈汉章《史通补释》据《汉书·西域传》校改。

〔5〕 《汉书·西域传》："龟兹王治宫室，作徼道周卫，如汉家仪，外国胡人皆曰：'驴非驴，马非马，若龟兹王所谓羸也。'"此作乌孙者，盖涉与上言乌孙公主女事而误。羸，今骡字。

〔6〕 《后汉书·马援传》载其《诫子侄书》曰："龙伯高敦厚周慎，口无择言，谦约节俭，廉公有威，吾爱之重之，愿汝曹效之。杜季良豪侠好义，忧人之忧，乐人之乐，清浊无所失，父丧致客，数郡毕至，吾爱之重之，不愿汝曹效也。效伯高不得，犹为谨敕之士，所谓刻鹄不成尚类鹜者也。效季良不得，陷为天下轻薄子，所谓画虎不成反类狗者也。"本节总论叙事失真之弊。以上第二篇，论叙事贵真。

谨案：诵习此篇，先有二事当知：一者，子玄虽以叙事题篇，而所举三条，实修辞之要道，即说理、抒情之作，亦当以是为衡，初不限于叙事一体也；二者，书为心画，心总要术，约句准章，其法孔多，非此三者即足尽之，兹则但举成文，以资隅反也。（下举《古文十弊篇》以概行文之病，义亦同此。）若夫文中持论，或有漏略；昔贤之说，可相发明者，并举而辩之如次，亦郑君笺《诗》，“如有不同，即下己意”之义也。

甲、尚简。六代史籍，云蒸泉涌，殽乱芜秽，不可殚诘，故子玄于此，首标简要之谈，其砭俗之义深矣。《文赋》论十体而总云：“要辞达而理举，故无取乎冗长。”是前修行文贵简，又不特史籍为然。顾加之权度，尚有可商论者二端：其一则文有繁简，其理非一。《表记》曰：“虞、夏之文，不胜其质；商、周之质，不胜其文。”质文之变，涉及文字，故上世多简，而后世多繁。陈骙《文则》云：“刘向载泄冶之言曰：‘夫上之化下，犹风靡草。东风，则草靡而西；西风，则草靡而东。在风所由，而草为之靡。’此用三十二言而意方显。及观《论语》曰：‘君子之德，风；小人之德，草。草上之风必偃。’此减泄冶之言半，而意亦显。又观《书》曰：‘尔维风，下民维草。’此复减《论语》九言，而意愈显。”此繁简之系乎时世者也。至于文章取裁，有小有大，为繁为简，亦或于此区分。方苞《答孙以宁书》云：“古之晰于文律者，所载之事，必与其人之规模相称。太史公传陆贾，其分奴婢装资，琐琐者皆载焉。若《萧、曹世家》，而条举其治绩，则文字虽增十倍，不可得而备矣。故尝见义于《留侯世家》曰：‘留侯所从容与上言天下事甚众，非天下所以存亡，故不著。’此明示后世缀文之士从详略虚实之权度也。”此繁简之系乎题材者也。又若人之性分，禀受不齐，或强弱殊形，或刚柔异气，则其为文也，亦各有差焉。《文心雕龙·熔裁篇》云：“精论要语，极略之体，游心窜句，极繁之体，谓繁与略，随分所好。士衡才优，而缀辞尤繁；士龙思劣，而雅好清省。”此繁简之系乎性分者也。是故不可以多寡而第高下。其二则一意求简，不能无失。《日知录》云：“齐人有一妻一妾而处室者，其良人出，则必餍酒肉而后反。其妻问所与饮食者，则尽富贵也。其妻告其妾曰：‘良人出，则必餍酒肉而后反，问其与饮食者，尽富贵也，而未尝有显者来，吾将瞯良人之所之也。’‘有馈生鱼于郑子产，子产使校人畜之池，校人烹之，反命曰：始舍之，圉圉焉，少则洋洋焉，悠然而逝。子产曰：得其所哉！得其所哉！’此必须重叠而情事乃尽。此《孟子》文章之妙，使入《新唐书》，于齐人，则必曰：‘其妻疑而瞯之。’于子产，则必曰：‘校人出而笑之。’两言而已矣。”此太简则有欠生动之失也。（参前注引魏际瑞《论文》评子玄讥《公羊》、《汉书》一节。）《容斋随笔》云：“《史记，卫青传》：‘校尉李朔，校尉赵不虞，校尉公孙戎奴，各三从大将军获王，以千三百户封朔为涉轵侯，以千三百户封不虞为随成侯，以千三百户封戎奴为从平侯。’《汉书》但云：‘校尉李朔、赵不虞、公孙戎奴，各三从大将军，封朔为涉轵侯，不虞为随成侯，戎奴为从平侯。’比于《史记》，五十八字中省二十三字，然不若《史记》朴赡可喜。”洪氏所论是矣。而以省文略得侯所由，及封侯户数，致乖情实，尤其失处，则太简则有遗事实之失也。李耆卿《文章精义》云：“唐代宗时，有晋州男子郇谟者，上三十字条陈利害，一字是一件事，如团字是团练使之类。谟自知，他人不知也。”此太简则有难清晰之失也。黄震《黄氏日钞》云：“苏子由《古史》改《史记》多有不当，如《樗里子传》，《史记》曰：‘母，韩女也，樗里子滑稽多智。’《古史》曰：‘母，韩女也，滑稽多智。’似以母为滑稽矣。然则樗里子三字其可省乎？《甘茂传》，《史记》曰：‘甘茂者，下蔡人也，事下蔡史举，学百家之说。’《古史》曰：‘下蔡史举，学百家之说。’似史举自学百家矣。然则事之一字，其可省乎？以是知文不可以省字为工。字而可省，太史公省之久矣。”此太简则有不通顺之失也。明此二者，庶知文伤烦芜，固属一病；刻意求简，亦非必佳。缀文之徒，折中至当，要须斟酌题材，审定性分，秉《左传》“言以足志，文以足言”之说，《论语》“辞达而已”之言，为之准的，则自能左右逢源，丰约适度，而不至如《日知录》所讥“繁简之论兴而文亡”矣。

乙、用晦。详本篇所论用晦之义，乃承尚简而来，故其斥前史之不能用晦，仍以有伤烦芜为说，审所弹射，略可了然。盖自子玄视之，用晦不啻为致简之一术。顾就文辞之全而论，则用晦之道，犹有胜义，非特有裨于简要已也。夫心智感通，厥端有二：在作者曰表见，在读者曰赏会。表见而无微弗至，赏会而无远弗弥，斯尽其能事矣。然无微弗至，非繁而不杀之谓也；无远弗弥，非凿而无当之谓也。盖《诗》之六义，其用有三：直陈曰赋，曲喻曰比曰兴。虽并行不悖，而法式不同。故文或以详尽为贵，或以婉约为能，读者亦必随分领会，乃尽其道。孟氏所谓“以意逆志”也。既知文有曲直之异，则可明晦之为用，舍致文于简括之途外，尤在达意以含蓄之语焉。刘彦和之言曰：“情在词外曰隐。”（张戒《岁寒堂诗话》引《文心雕龙·隐秀篇》。今本此篇残阙，复经后人窜补，无此语。）以文心灵妙，变化无方，其限于书语，有不得尽言者，则必借表象以出之，《易传》所谓“曲中肆隐”者是也。其揆之事理，有不欲尽言者，则必赖曲指以明之，庄生所谓“谬悠荒唐”者是也。故比兴之体，昔人以为最尊，以其尤足达至深之情，传不尽之意也。杨慎《谭苑醍醐》云：“‘辞，达而已矣。’恐人溺于辞而忘躬行也。浅陋者借之。《易传》、《春秋》，孔子之特笔。其言玩之若近，寻之益远；陈之若肆，研之益深，天下之至文也，岂止达而已哉！夫意有浅言之而不达，深言之乃达者；详言之而不达，略言之乃达者；正言之而不达，旁言之乃达者；俚言之而不达，雅言之乃达者。故东周、西汉之文最古，而其能道人意中事最彻。今以浅陋为达，是乌知达哉？”斯言于文家用晦之理，可谓明其真谛。或者不知其理，于用事稍多，造语较约者，则群起而非之，不知此或正其善于表见之处也。且作者读者，各有职责。作者之职责，在求表见之充分与完整，其方术时直时曲，或显或隐，固非读者所能干预。读者之职责，在求赏会之正确与精密，其程度有深有浅，见智见仁，亦非作者所能指点。必欲锲舟胶柱，以齐不齐，斯曲士之见矣。若夫胸无真宰，意本平庸，徒文浅陋以艰深，施虎皮于羊质，格以用晦之例，则必在绳之外。子曰：“索隐行怪，后世有述焉，吾弗为之矣。”

丙、贵真。论文贵真，当先辨情理之真与事理之真，亦犹用晦必明致曲存诚，不侔于索隐行怪也。何谓情理之真？由心生想，由想生象，故实感有所不至，则缘幻梦出之；常情有所不然，则以假设表之。此虽于事或阂，而于情则通。文辞有此，斯可以达不达之心，传不传之意，锡以嘉名，是为夸饰。如《世说》之“枕流漱石”，《别赋》之“心折骨惊”，此用字之诡异也。《诗》言“曾不容刀”，《书》称“怀山襄陵”，此表象之甚泰也。《长恨》之传，则太真登仙，《还魂》之记，则丽娘复活，此述事之恢奇也。然世之善读书者，未闻以其不实为病也。昔《孟子》之论《诗》也，谓“说《诗》者不以文害辞，不以辞害志，以意逆志，是为得之”。（见《万章篇》。）王弼之论《易》

也，亦称“言者所以明象，得象而忘言；象者所以存意，得意而忘象。是故存言者，非得象者也；存象者，非得意者也”。（见《易略例·明象章》。）懿此两贤之言，所施虽不同哉，其揆则一。至若汤若士之序《还魂》曰：“自非通人，恒以理相格耳。第云理之所必无，安知情之所必有邪?”则抉发文心，直抒妙义，尤为深切明白矣。若事理之真，则以人事比拟，必于其伦，词语引申，必衷其义。又凡名物制度，古今有异，中外不同，施于文辞，自非人所共喻，必以此时此地，从宜从俗为主。其悖于此者，是曰妄饰，以格之文律，亦违于立诚也。盖情理属于形上，能知其旨意，自可恢万里而无碍，通亿载而为津；事理属于形下，不加以铨别，奚以考形名之不同，审制度之有异？是二者之所由分矣。间尝循览前修之论妄饰，尚有可补《史通》所未及者数事，兹分述之：六代已降，代语猥多，呼仲尼以龙蹲，斥高祖以隆准，虽近诡异，亦避熟俗，偶然用之，尚无不可。至如魏际瑞《论文》有云：“人以文字就质于人，称曰正之；忽念政者正也，改称曰政；又念正者必须删削，乃曰削政；又念斧斤所以削也，转曰斧正；又念善斧斤者莫如郢人，易曰郢正，且或卑称曰郢；而最奇者，以为孔子笔削《春秋》，而《春秋》绝笔于获麟，遂曰麟郢。愈文而愈不通，令人绝倒。”此则匪夷所思矣。是代语之不可妄饰一也。又官名地名，代有因革，或实同而名异，或实异而名同，令典昭彰，未可妄易。文士以求雅避熟，偶于吟咏，施以古名，理固非宜，而累尚小；至碑志、史传，所以征信后世者，必从今制，不尔则于理甚乖。何孟春《余冬序录》云：“今人称人姓，必易以世望；称官，必用前代职名；称府州县，必用前代郡邑名；欲以为异，不知文字间著此，何益于工拙。李姓者称陇西公，杜曰京兆，王曰琅琊，郑曰荥阳，以一姓之望而概众人，可乎？官职、郡邑之建置，代有沿革，今必用前代名号而称之，后将何所考焉？此所谓于理无取，而事复有碍者也。”《日知录》亦云：“以今日之地为不古，而借古地名；以今日之官为不古，而借古官名，皆文人所以自盖其浅陋也。”此专名之不可妄饰二也。再如文章体制，与时递变，官府文书之属，尤多今古之殊，笔札所施，最忌模古。昔东坡为《表忠观碑》，取赵抃请修表忠观原奏施以点窜，《文史通义·古文公式篇》评之曰：“史家记事记言，因袭成文，原有点窜涂改之法。苏氏此碑，虽似钞缮成文，实费经营裁制也。第文辞可以点窜，而制度则必从时，此碑首‘臣抃言’三字，篇末‘制曰可’三字，恐非宋时奏议上陈，诏旨下达之体，而苏氏意中揣摩秦本纪‘丞相臣斯昧死言’及‘制曰可’等语太熟，则不免如刘知幾之所讥‘貌同而心异’矣。夫不察文辞义例，而惟以古雅为徇，则‘臣抃言’三字，何如‘岳曰于’三字之更古；‘制曰可’三字，何如‘帝曰俞’三字之更古。舍唐、虞而法秦、汉，未见其能好古也。”是体式之不可妄饰三也。总上所论，文辞贵真，固为不易之理，然必知有情事二者之异。情理之中，虽有若无稽者，而实不害其为真；事理之中，虽或似有据者，而亦可定其为妄。明乎此，则其去取亦断可知矣。

古文十弊

（文病示例）

章学诚

余论古文辞义例〔1〕，自与知好诸君书凡数十通，笔为论著，又有《文德》、《文理》、《质性》、《黠陋》、《俗嫌》、《俗忌》诸篇〔2〕，亦详哉其言之矣。然多论古人，鲜及近世。兹见近日作者所有言论与其撰著，颇有不安于心〔3〕。因取最浅近者，条为十通。思与同志诸君相为讲明〔4〕。若他篇所已及者，不复述，览者可互见焉。此不足以尽文之隐〔5〕；然一隅三反〔6〕，亦庶几其近之矣〔7〕。

〔1〕 古文及古文辞之称，所以别于六代以还骈俪之文，即散文也。言义例者，杜预《春秋序》云："左丘明受经于仲尼，以为经者，不刊之书也。故《传》或先《经》以始事，或后《经》以终义，或依《经》以辩理，或错《经》以合异，随义而发。其发以言例，皆经国之常制，周公之垂法，史书之旧章。仲尼从而修之，以成一经之通体。其微显阐幽，裁成义类者，皆据旧例而发义，指行事以正褒贬，诸称'书'、'不书'、'先书'、'故书'、'不言'、'不称'、'书曰'之类，皆所以启新旧，发大义，谓之变例。然亦有史所不书，即以为义者，此盖《春秋》新意，故《传》不言凡，曲而畅之也。其《经》无义例，因行事而言，则《传》直言其归趣而已，非例也。"盖所谓义者，制法以垂世；所谓例者，依义以发凡。亦或变文言义法。《史记·十二诸侯年表序》云："孔子明王道，干七十余君，莫能用。故西观周室，论史记旧闻，兴于鲁而次《春秋》，上记隐，下讫哀公之获麟，约其文辞，治其繁重，以制义法。"是

也。后世古文家以为文章本于经术，故喜言之。方苞《书史记货殖列传后》云："《春秋》之制义法，自太史公发之，而后之深于文者亦具焉。义，即《易》之所谓言有物也；法，即《易》之所谓言有序也。义以为经，而法律之，然后为成体之文。"则论之最著者也。

〔2〕 论文书具详《遗书·文集》，篇多，不悉举。《文德》以下五篇，见《文史通义》，惟《俗忌》今不传，或即《砭俗》之原名。

〔3〕 案实斋于同时作者少所许可，以下所条十事，必皆确有其人，今苦不能悉也。

〔4〕 《后汉书·班超传》："平陵人徐幹素与超同志。"又《刘陶传》："所与交友，必也同志。"据此，知同志盖汉时恒语，至今沿用之。

〔5〕 《尔雅·释诂》："隐，微也。"《汉书·杜周传赞注》："微，谓微妙。"

〔6〕 隅反，见《叙事篇》注引《论语》。

〔7〕 本节序。

一曰：凡为古文辞者，必先识古人大体，而文辞工拙又其次焉。不知大体，则胸中是非不可以凭；其所论次〔1〕，未必俱当事理；而事理本无病者，彼反见为不然，而补救之，则率天下之人而祸仁义矣〔2〕。有名士投其母氏行述〔3〕，请大兴朱先生作志〔4〕，叙其母之节孝，则谓：乃祖衰年病废卧床〔5〕，溲便无时〔6〕。家无次丁〔7〕。乃母不避秽亵，躬亲薰濯〔8〕。其事既已美矣。又述乃祖于时蹙然不安〔9〕。乃母肃然对曰："妇年五十，今事八十老翁〔10〕，何嫌何疑？"〔11〕呜呼！母行可嘉，而子文不肖甚矣〔12〕。本无芥蒂〔13〕，何有嫌疑？节母既明大义，定知无是言也。此公无故自生嫌疑，特添注以斡旋其事〔14〕，方自以为得体；而不知适如冰雪肌肤〔15〕，剜成疮痏〔16〕，不免愈濯愈痕瘢矣〔17〕。人苟不解文辞，如遇此等，但须据事直书，不可无故妄加雕饰。妄加雕饰，谓之剜肉为疮〔18〕。此文人之通弊也〔19〕。

〔1〕 《史记·五帝本纪赞》："余并论次，择其言尤雅者。"《楚辞·九叹·

苦思篇》王《注》:"次,第也。"《文选·东京赋》薛《注》:"次,比也。"

〔2〕《淮南子·时则篇》:"天子亲率三公、九卿、大夫。"《注》:"率,使也。"

〔3〕行述或称行状。《古文辞类纂序》云:"传状虽原于史氏,而义不同。刘先生(海峰)云:古之为达官名人传者,史官职之,其人既稍显,即不当为之传,为之行状,上史氏而已。"古之妇德,载在彤史,故女子亦得有行述也。

〔4〕实斋《朱先生墓志铭》:"先生讳筠,字竹君,一字美叔,学者称为笥河先生,乾隆癸酉举人,甲戌进士,历官翰林编修,侍读学士,安徽、福建学政。"《古文辞类纂序》:"志者,识也。或立石墓上,或埋之圹中,古人皆曰志。为之铭者,所以识之之辞也;然恐人观之不详,故又为序。世或以石立墓上曰碑,曰表,埋乃曰志,及分志铭二之,独呼前序曰志者,皆失其义。"

〔5〕《经传释词》:"乃犹其也。《书·多士》曰:'尔乃尚有尔土,尔乃尚宁干止。'尔乃,尔其也。"《周礼·小司徒·注》:"废疾,谓癃病也。"

〔6〕《素问·奇病论》:"有癃者,一日数十溲。"《注》:"溲,小便也。"

〔7〕《史记·历书》:"丁者,言万物之丁壮也。"《文选》旧题李陵《答苏武书》李《注》:"丁年,谓丁壮之年也。"故男子成年亦云成丁。家无次丁,谓其家男子惟乃祖一人。

〔8〕《尔雅·释诂》:"躬,身也。"《仪礼·士昏礼注》:"躬,犹亲也。"《汉书·刘向传》:"躬亲节俭。"

〔9〕蹙通作戚,忧也。《孟子·梁惠王篇》:"疾首蹙頞。"《注》:"蹙頞,愁貌。"

〔10〕《广雅·释亲》:"翁,父也。"

〔11〕古者男女授受不亲,八岁则异席而坐,异坐而食。命士之礼,父子异宫。故此引乃母语以自解。《礼记·曲礼》:"夫礼者,所以定亲疏,决嫌疑,别同异,明是非也。"汉光武帝《报冯异诏》曰:"将军之于国家,恩犹父子,何嫌何疑,而有惧意。"

〔12〕不肖故训有二:《论衡·自然篇》:"至德纯渥之人,禀天气多,故能则天,自然无为。禀气薄少,不遵道德,不似天地,故曰不肖。不肖

者,不似也。”此一说也。《说文》:“肖,骨肉相似也。不似其先,故曰不肖。”《意林》引《风俗通》:“生子鄙陋,不似父母,故曰不肖。”此又一说也。

〔13〕《汉书·贾谊传》:“细故蒂芥,何足以疑。”师古曰:“蒂芥,小鲠也。”叠韵连绵字,故又倒文作芥蒂。《风俗通》:“何不芥蒂于其胸腹,而割裂之哉?”

〔14〕《楚辞·天问》:“斡维焉系?”戴震《注》:“斡,以制旋转也。”《广雅·释诂》:“斡,转也。”《淮南子·天文篇》:“帝张四维,运之以斗。”《汉书·天文志》:“北斗七星,所谓‘旋玑玉衡,以齐七政’。(案见《书·尧典》。)斗为帝车,运于中央,临制四海,分阴阳,建四时,均五行,移节度,定诸纪,皆系于斗。”盖北斗七星,柄随四时以斡旋,其象最著,故借以喻人事周旋也。

〔15〕《庄子·逍遥游》:“藐姑射之山,有神人居焉。肌肤若冰雪,绰约若处子。”

〔16〕张衡《西京赋》:“所好生毛羽,所恶成疮痏。”《汉书·薛宣传注》引《三苍》:“痏,疮也。”

〔17〕瘢,今通作疤。

〔18〕聂夷中《悯农诗》:“医得眼前疮,剜却心头肉。”此借用之。

〔19〕本节论剜肉为疮之弊。

二曰:《春秋》书内,不讳小恶〔1〕。岁寒知松柏之后彫〔2〕;然则欲表松柏之贞,必明霜雪之厉,理势之必然也。自世多嫌忌,将表松柏,而又恐霜雪怀惭,则触手皆荆棘矣〔3〕。但大恶讳,小恶不讳,《春秋》之书内事,自有其权衡也〔4〕。江南旧家,辑有宗谱〔5〕。有群从先世〔6〕,为子聘某氏女〔7〕。后以道远家贫,力不能婚,恐失婚时〔8〕,伪报子殇〔9〕,俾女别聘;其女遂不食死,不知其子故在。是则守贞殉烈,两无所处〔10〕;而女之行事,实不愧于贞烈,不忍泯也〔11〕。据事直书,于翁诚不能无歉然矣。第《周官》媒氏禁嫁殇〔12〕,是女本无死法也。《曾子问》:娶女有日,而其父母死,使人致命女氏。《注》谓:恐失人嘉会之时[13]。是古有辞婚之礼也。今制：婿远游三年无闻，听妇告官别嫁[14]。是律有远绝离婚之条也。是则某翁诡托子殇，比例原情，尚不足为大恶，而必须讳也。而其族人动色相戒，必不容于直书。则匿其辞曰：“书报幼子之殇，而女家误闻以为婿也。”夫千万里外无故报幼子殇，而又不道及男女婚期，明者知其无是理也，则文章病矣。人非圣人，安能无失。古人叙一人之行事，尚不嫌于得失互见也[15]。今叙一人之事，而欲顾其上下左右前后之人皆无小疵，难矣！是之谓八面求圆，又文人之通弊也[16]。

〔1〕《春秋》隐十年《公羊传》：“《春秋》录内而略外。于外，大恶书，小恶不书；于内，大恶讳，小恶书。”何休《解诂》：“于内大恶讳，于外大恶书者，明王者起，当先自正，内无大恶，然后乃可治诸夏大恶，因见臣子之义，当先为君父讳大恶也。内小恶书，外小恶不书者，内有小恶，适可治诸夏大恶，未可治诸夏小恶，明当先自正然后正人。小恶不讳者，罪薄耻轻。”

〔2〕《论语·子罕篇》：“子曰：‘岁寒，然后知松柏之后彫也。’”彫，同凋。

〔3〕《方言》：“草木刺人，江湘之间谓之棘。”《后汉书·冯异传注》：“荆棘，榛梗之谓。”

〔4〕权衡，详《诗教下篇》注引《汉书·律历志》。

〔5〕黄汝成《日知录集释》引赵氏（翼）曰：“《南史》，王僧孺被命撰谱，而不知谱所自起，以问刘杳。杳曰：‘《桓谭新论》云：太史公《三代世表》，旁行斜上，并效《周谱》，以此而推，当起于周代也。’按《周礼》：‘小史奠世系，辨昭穆。’是谱学之起于周无疑。汉高祖起布衣，故不重氏族，然汉邓氏已有《官谱》，应劭有《氏族》一篇，王符《潜夫论》亦有《氏姓》一篇。至魏九品中正法行，于是权归右姓，有司选举，必稽谱牒，故官有世胄，谱有世官，于是谱学兴焉。”

〔6〕《尔雅·释亲》：“父之世父、叔父为从祖祖父，父之世母、叔母为从祖祖母。”《注》：“从祖而别，世统异故。”《疏》：“解所以称从之理也。从祖而别，继世分宗，其统各异。”案《左传》昭五年《注》：“从，顺也。”又

二十八年《注》:“从,随也。”祖之兄弟配偶顺随祖父母以得名,故曰从祖祖父、从祖祖母,下及父辈、平辈、子辈皆然。《礼记·丧服小记》云:“别子为祖,继别为宗。”五世而迁,亲疏递降,故云“从”耳。此言群从,当是指从兄弟辈。

〔7〕《礼记·内则》:“聘则为妻。”《注》:“聘,问也。”《荀子·富国篇注》:“聘,问名也。”犹今言订婚矣。《春秋》宣六年《公羊传》:“使勇士某者。”《解诂》:“某者,本有姓氏,记传者失之。”

〔8〕《毛诗·召南·摽有梅序疏》:“《礼记》云:‘二十曰弱冠。’又曰:‘冠,成人之道。成人,乃可为人父矣。’《丧服传》曰:‘十九至十六为长殇。’礼,子不殇父,明男二十为初娶之端。又《礼记》曰:‘女年十五许嫁而笄。’以十五为成人,许嫁不为殇,明女十五为初昏之始矣。王肃述毛曰:‘前贤有言,丈夫二十不敢不有室,女子十五不敢不事人。’谯周亦云。是故男自二十以至三十,女自十五以至二十,皆得以嫁娶,先是则速,后是则晚矣。”

〔9〕《仪礼·丧服注》:“殇,男女未冠笄而死,可哀伤者。”(伤,本作殇,据《校勘记》改。)

〔10〕守贞,谓夫死不嫁;殉烈,谓夫死自尽。今皆非其情,故曰“两无所处”。

〔11〕《广雅·释诂》:“泯,灭也。”

〔12〕《周礼·地官·媒氏》:“禁嫁殇者。”郑《注》:“殇,十九以下未嫁而死者,生不以礼相接,死而合之,是亦乱人伦者也。郑司农云:嫁殇者,谓嫁死人也。今时娶会是也。”贾《疏》:“不言殇娶者,举女,男可知也。”案殇嫁之俗,或称冥婚;殇娶则抱主成婚,守望门寡者是。此皆陋俗,故礼禁之。

〔13〕《礼记·曾子问》:“曾子问曰:‘昏礼,既纳币,有吉日,女之父母死,则如之何?’孔子曰:‘婿使人吊,如婿之父母死,则女之家亦使人吊。父丧称父,母丧称母,父母不在,则称伯父世母。婿已葬,婿之伯父致命女氏曰:某之子有父母之丧,不得嗣为兄弟,(案《尔雅·释亲》:“妇之党为婚兄弟,婿之党为姻兄弟。”郭《注》:“古者皆谓婚

姻为兄弟。”邢《疏》即引此文为证。)使某致命,女氏许诺而弗敢嫁,礼也。婿免丧,女之父母使人请婿,弗取,而后嫁之,礼也。女之父母死,婿亦如之。’”注:“必致命者,不敢以累年之丧,使人失嘉会之时。”《仪礼·士昏礼疏》引郑玄《三礼目录》云:“昏礼于五礼属嘉礼。”故此云嘉会也。嘉会字出《周易》,见《诗教下》注。

〔14〕《大清律例》:“期约已过五年,无过不娶,及夫逃亡,三年不还者,并听经官告给执照,别行改嫁。”

〔15〕如《汉书·司马迁传赞》曰:“迁据《左氏》、《国语》,采《世本》、《战国策》,述《楚汉春秋》,接其后事,讫于大汉,其言秦、汉详矣。至于采经摭传,分散数家之事,甚多疏略,或有牴牾。亦其涉猎者广博,贯穿经传,驰骋古今,上下数千年间,斯已勤矣。又其是非颇缪于圣人,论大道,则先黄、老而后六经;序游侠,则退处士而进奸雄;述货殖,则崇势利而羞贫贱,此其所蔽也。然自刘向、扬雄皆称迁有良史之材,服其善序事理,辨而不华,质而不俚,其文质,其事核,不虚美,不隐善,故谓之实录。呜呼!以迁之博物洽闻,不能以知自全,既陷极刑,幽而发愤,书亦信矣。(师古曰:“言其《报任安书》自陈己志信不谬。”)迹其所以自伤悼,《小雅·巷伯》之伦。夫唯大雅,既明且哲,以保其身,难矣哉!”此据迁之行事著书以论其人,其得失不稍讳者也。自余史传类此者众。盖古之君子,其论人也,爱而知其恶,恶而知其善。故《荀子·正名篇》所谓“以仁心说,以学心听,以公心辨”者,往往于故书雅记遇之。

〔16〕本节论八面求圆之弊。

三曰:文欲如其事,未闻事欲如其文也。尝见名士为人撰志,其人盖有朋友气谊,志文乃仿韩昌黎之志柳州也〔1〕。一步一趋〔2〕,惟恐其或失也。中间感叹世情反复,已觉无病费呻吟矣〔3〕。末叙丧费出于贵人,及内亲竭劳其事〔4〕。询之其家,则贵人赠赙稍厚〔5〕,非能任丧费也。而内亲则仅一临穴而已〔6〕,亦并未任其事也。且其子均长成,非若柳州之幼子孤露〔7〕,必待人为经理者也〔8〕。诘其何为失实至此？则曰："仿韩志柳墓终篇有云：'归葬费出观察使裴君行立。'又：'舅弟卢遵，既葬子厚，又将经纪其家。'附记二人，文情深厚，今志欲似之耳。"余尝举以语人，人多笑之。不知临文模古，迁就重轻，又往往似之矣。是之谓削趾适屦〔9〕，又文人之通弊也〔10〕。

〔1〕 韩愈《柳子厚墓志铭》载本集。子厚尝为柳州刺史，故称柳柳州。

〔2〕 《庄子·田子方篇》："颜渊问于仲尼曰：'夫子步，亦步；夫子趋，亦趋；夫子驰，亦驰；夫子奔逸绝尘，而回瞠若乎后矣。'"

〔3〕 《诗·大雅·板》："民之方殿屎。"《传》："殿屎，呻吟也。"《尔雅·释训疏》引孙炎云："人愁苦呻吟之声也。"云无病费呻吟者。《柳子厚墓志》有云："呜呼！士穷乃见节义。今夫平居里巷相慕悦，酒食游戏相征逐，诩诩强笑语以相取下，握手出肺腑相示，指天日涕泣，誓生死不相背负，真若可信，一旦临小利害，仅如毛发比，反眼若不相识；落陷阱，不一引手救，反挤之，又下石焉者，皆是也。"此退之以子厚笃于友道，力为刘梦得流播州一事道地，梦得遂得改刺连州，故临文感矣。若无其情事，而妄作感叹之言，则所谓"皮之不存，毛将焉附"者矣。

〔4〕 古者男子主外，女子主内，故诸侯称夫人曰内主，（《春秋》昭三年《左传》。）卿大夫称嫡妻曰内子，（《春秋》僖二十四年《左传注》。）或兼妻妾皆曰内人，（《礼记·檀弓注》。）妻子戚属因亦称内亲，即《尔雅·释亲》之妻党也。

〔5〕 《仪礼·既夕礼》："知死者赠，知生者赙。"又"既赙"《注》："赙之言补也，助也。货财曰赙。"

〔6〕 《诗·秦风·黄鸟》："临其穴。"《笺》："穴，谓冢圹中也。亲临其圹。"

〔7〕 嵇康《与山巨源绝交书》："少加孤露，母兄见骄。"《孟子·梁惠王篇》："幼而无父曰孤。"《楚辞·涉江注》："露，暴也。"幼而丧父，无所庇荫，故曰孤露。

〔8〕 《荀子·正名篇》："道也者，治之经理也。"后世假作纪纲处分之义。云柳州幼子孤露必待经理者，《志》云："子厚有子男二人，长曰周六，

始四岁；季曰周七，子厚卒乃生；女子二人，皆幼。”

〔9〕 《魏志·明帝纪注》引《魏略》载帝《露布》曰：“刖趾适屦，刻骨伤肌。”《广雅·释器》：“屦，履也。”

〔10〕 本节论削趾适屦之弊。

四曰：仁智为圣，夫子不敢自居〔1〕；瑚琏名器，子贡安能自定〔2〕？称人之善，尚恐不得其实；自作品题〔3〕，岂宜夸耀成风耶？尝见名士为人作传，自言：“吾乡学者，鲜知根本。惟余与某甲〔4〕，为功于经术耳〔5〕。”所谓某甲，固有时名，亦未见必长经术也。作者乃欲援附为名，高自标榜〔6〕，恧矣〔7〕！又有江湖游士〔8〕，以诗著名，实亦未足相副也〔9〕。然有名实远出其人下者，为人作诗集序，述人请序之言曰：“君与某甲齐名。某甲既已弁言〔10〕，君乌得无题品？”夫齐名本无其说，则请者必无是言。而自诩齐名〔11〕，借人炫己，颜颊不复知忸怩矣〔12〕。且经援服、郑〔13〕，诗攀李、杜〔14〕，犹曰高山景仰〔15〕。若某甲之经，某甲之诗，本非可恃；而犹借为名，是之谓私署头衔〔16〕，又文人之通弊也〔17〕。

〔1〕 《论语·述而篇》：“子曰：‘若圣与仁，则吾岂敢，抑为之不厌，诲人不倦，则可谓云尔已矣。’”《孟子·公孙丑篇》：“昔者，子贡问于孔子曰：‘夫子圣矣乎？’孔子曰：‘圣则吾不能，我学不厌而教不倦也。’子贡曰：‘学不厌，智也；教不倦，仁也。仁且智，夫子既圣矣。’夫圣，孔子不居。”

〔2〕 《论语·公冶长篇》：“子贡问曰：‘赐也何如？’子曰：‘女，器也。’曰：‘何器也？’曰：‘瑚、琏也。’”《集解》引包氏曰：“瑚、琏，黍稷之器，夏曰瑚，殷曰琏，周曰簠簋。宗庙之器贵者。”

〔3〕 李白《上韩荆州书》：“一经品题，便作佳士。”品题犹《世说》云题目，今云评论矣。

〔4〕 《日知录》：“《史记·万石君传》：‘长子建，次子甲，次子乙，次子庆。’

甲乙非名也，失其名而假以名之也。《韩安国传》：‘蒙狱吏田甲。’《张汤传》：‘汤之客田甲。’《汉书·高五王传》：‘齐宦者徐甲。’《严助传》：‘闽越王弟甲。’疑亦同此。《任安传》：‘某子甲何不来乎？’《三国志注》：许攸呼魏太祖小字曰：‘某甲，卿不得我，不得冀州也。’《左传》文十四年：‘齐公子元不顺，懿公之为政也，终不曰公，曰夫己氏。’《注》：‘犹言某甲。’”原注：“《文选·为齐明帝让宣城郡公表》：‘谨附某官某甲奉表以闻。’《宣德皇后令》：‘今遣某位某甲等。’”

〔5〕《汉书·东平思王传》：“今闻王改行自新，尊修经术。”经术犹言经学耳。

〔6〕《后汉书·党锢列传》：“海内希风之流，遂共相摽搒。”《注》：“摽搒，犹相称扬也。搒与榜，古字通。”案摽亦通标。惠氏《补注》引胡三省曰：“立表以示人曰摽，揭书以示人曰榜。标榜，犹言表揭也。”

〔7〕《说文》：“恧，惭也。”

〔8〕江湖一词，本指隐逸而言，后来则以斥叔世下流，貌为高雅，而奔走权门，以谋衣食者。亦犹风流本谓言止之高华，而后来乃以目浪子之淫媟也。

〔9〕《汉书·礼乐志注》：“副，称也。”

〔10〕弁，冠冕之属。弁戴人首，亦犹序置书前也。

〔11〕《说文》：“诩，大言也。”

〔12〕《国语·晋语》：“晋平公欲杀竖襄。叔向曰：‘君其必速杀之，勿令远闻君忸怩颜。’乃趣赦之。”《注》：“忸怩，惭貌。”实斋《黜陋篇》云：“观后世文集，应人请而为传志，则多叙其请之之人，且详述其请之之语。偶然为之，固无伤也。黠于好名而陋于知意者，序人请乞之辞，故为敷张扬厉以谀己也，一则曰：‘吾子道德高深，言为世楷，不得吾子为文，死者目不瞑焉。’再则曰：‘吾子文章学问，当代宗师，苟得吾子一言，后世所征信焉。’己则多方辞让，人又搏颡固求。凡斯等类，皆入文辞，于事毫无补益，而借人炫己，何其厚颜之甚耶！”可与此条参证。

〔13〕《后汉书·儒林传》：“服虔，字子慎，河南荥阳人也。少以清苦建

志，入太学受业，有雅才，善著文论，作《春秋左氏传解》，又以《左传》驳何休之所驳汉事六十条。”又《郑玄传》：“玄，字康成，北海高密人也。造太学受业，师事京兆第五元，先始通《京氏易》、《公羊春秋》、《三统历》、《九章算术》，又从同郡张恭祖受《周官》、《礼记》、《左氏春秋》、《韩诗》、《古文尚书》。以山东无足问者，乃西入关，事扶风马融。在门下三年不得见，日夜寻诵，未尝怠倦。会融集诸生考论图纬，闻玄善算，乃召见。玄因从质诸疑义，问毕，辞归。融喟然谓门人曰：‘郑生今去，吾道东矣。’及党事起，被禁锢，遂隐修经业，闭门不出。时任城何休好《公羊》学，遂著《公羊墨守》、《左氏膏肓》、《穀梁废疾》。玄乃发《墨守》，针《膏肓》，起《废疾》。休见而叹曰：‘康成入吾室，操吾矛以伐我乎？’”

〔14〕 元稹《杜子美墓志铭》：“予读诗至杜子美，而知大小之有所总萃焉。盖所谓上薄《风》、《雅》，下该沈、宋，言夺苏、李，气吞曹、刘，掩颜、谢之孤高，杂徐、庾之流丽，尽得古今之体势，而兼人人之所独专。诗人已来，未有如子美者。是时，山东人李白亦以文奇取胜，时人谓之李、杜。予观其壮浪纵恣，摆去拘束，模写物象，及乐府歌词，诚亦差肩于子美矣。至若铺陈终始，排比声韵，大或千言，次犹数百。词气豪迈，而风调清深；属对律切，而脱弃凡近，则李尚不能历其藩翰，况堂奥乎？”《旧唐书·文苑传》云：“自后属文者，以稹论为是。”案自唐以来，李、杜并称，韩退之诗云：“李杜文章在，光焰万丈长。”又云：“勃兴得李杜，万类困凌暮。”初无轩轾也。盖李极高明，而杜道中庸；极高明，故难摹，道中庸，则易学。后人之抑李扬杜，理或在斯。然二公之诗，甄微立极一也。稹之所论，岂其然欤？

〔15〕 《诗·小雅·车辖》：“高山仰止，景行行止。”《笺》：“古人有高德者，则慕仰之，有明行者，则而行之。”

〔16〕 封演《封氏闻见记》：“官衔之名，盖兴近代。当是选曹补受，顺存资历，闻奏之时，先具旧官名品于前，次书拟官于后，使新旧相衔不断，故曰官衔，亦曰头衔。所以名为衔者，如人口衔物取其连续之意，又如马之有衔以制其首，前马已进，后马续来，相次不绝者，古

人谓之衔尾相属，即其义也。”

〔17〕 本节论私署头衔之弊。

五曰：物以少为贵，人亦宜然也。天下皆圣贤，孔、孟亦弗尊尚矣。清言自可破俗，然在典午，则滔滔皆是也[1]。前人讥《晋书》列传同于小说[2]，正以采掇清言[3]，多而少择也。立朝风节[4]，强项敢言[5]，前史侈为美谈[6]。明中叶后[7]，门户朋党[8]，声气相激，谁非敢言之士[9]？观人于此，君子必有辨矣。不得因其强项申威[10]，便标风烈[11]。理固然也。我宪皇帝[12]澄清吏治[13]，裁革陋规，整饬官方[14]，惩治贪墨[15]，实为千载一时[16]。彼时居官，大法小廉[17]，殆成风俗。贪冒之徒[18]，莫不望风革面[19]。时势然也[20]。今观传、志、碑、状之文，叙雍正年府、州、县官[21]，盛称杜绝馈遗[22]，搜除积弊，清苦自守，革除例外供支。其文洵不愧于循吏传矣[23]。不知彼时逼于功令[24]，不得不然。千万人之所同，不足以为盛节。岂可见奄寺而颂其不好色哉[25]？山居而贵薪木，涉水而宝鱼虾，人知无是理也。而称人者乃独不然。是之谓不达时势，又文人之通弊也[26]。

〔1〕 《后汉书·郑太传》载太语曰：“孔公绪清谈高论，嘘枯吹生。”《魏志·钟繇传注》引《魏略》载曹丕报繇书曰：“至于荀公之清谈，孙权之妩媚，执书嗢噱，不能离手。”是则清谈实起建安，及正始中，何晏、王弼之徒主持风会，弃经术而尚玄言，蔑礼法而崇放达，自是以后，士林以此相高，故及晋而大盛焉。其详具在《世说新语》及《国志》、《晋书》，亦称清言。《晋书·乐广传》：“广善清言。”是其例也。典午见《模拟篇》注。《论语·微子篇》：“滔滔者，天下皆是也。”《集解》引孔曰：“滔滔，周流之貌。”

〔2〕 《史通·采撰篇》：“晋世杂书，谅非一族。若《语林》、《世说》、《幽明录》、《搜神记》之徒，其所载或诙谐小辩，或神鬼怪物。其事非圣，扬

雄所不观；其言乱神，宣尼所不语。皇朝新撰《晋史》，多采以为书。夫以干（宝）、邓（粲）之所粪除，王（沈）、虞（预）之所糠秕，持为逸史，用补前传，此何异魏朝之撰《皇览》，梁世之修《遍略》，务多为美，聚博为功，虽取悦于小人，终见嗤于君子矣。”案四家所著《晋史》今皆不传。

〔3〕《诗·周南·芣苢》：“薄言采之。”《传》：“采，取也。”又：“薄言掇之。”《传》：“掇，拾也。”

〔4〕《论语·公冶长篇》：“赤也束带立于朝，可使与宾客言也。”《魏志·王凌传评》：“王凌风节格尚。”《魏书·高允传》：“高生所乏者，矫矫风节耳。”

〔5〕《后汉书·酷吏传》：“董宣为洛阳令。湖阳公主苍头白日杀人，宣格杀之。主诉帝，帝使宣叩头谢主，宣不从，强使顿之，宣两手据地，终不肯俯。主曰：‘文叔为白衣时，藏亡匿死，吏不敢至门，今为天子，威不能行一令乎？’帝笑曰：‘天子不与白衣同。’因敕强项令出，赐钱三十万。”

〔6〕《南齐书·王俭传》：“子房之遇汉后，公达之逢魏君，史籍以为美谈，君子称其高义。”

〔7〕《诗·长发》：“昔在中叶。”《传》：“叶，世也。”

〔8〕《管子·明法篇》：“治国无法，则民朋党。”《离骚》王《注》：“朋，犹党也。”又：“党，朋也。”《御览》引《六韬》：“友之友谓之朋，朋之朋谓之党。”盖通言则同，对言则异也。

〔9〕《四库总目·钦定明臣奏议提要》：“有明一代，惟太祖以大略雄才，混一海内，一再传后，风气渐移。朝廷所趋，大致乃与南宋等。故二百余年之中，士大夫所敷陈者，君子置国政而论君心，一札动至千万余言，有如策论之体；小人舍公事而争朋党，一事或至数十疏，全为讦讼之词。迨其末流，弥增诡薄。非惟小人牟利，即君子亦不过争名。台谏哄于朝，道学哗于野。人知其兵防吏治之日坏，不知其所以坏者，由阁臣、奄竖为之奥援；人知阁臣、奄竖之日讧，不知其所以讧者，由门户朋党为之煽构。盖宋人之弊，犹不过议论多而成功少，

明人之弊，则直以议论亡国而已矣。”此当时“门户朋党声气相激”之概略也。

〔10〕《史通·辨职篇》：“强项申威，所不能及。”

〔11〕《汉书·元帝纪赞》：“号令温雅，有古之风烈。”

〔12〕即清世宗爱新觉罗·胤禛。

〔13〕《世说新语·德行篇》：“陈仲举登车揽辔，有澄清天下之志。”

〔14〕《春秋》成十八年《左传》：“官不易方。”《国语·晋语》：“官方定物。”《注》：“方，常也。”官方即为官之典常矣。

〔15〕《春秋》昭十四年《左传》：“贪以败官为墨。”《注》：“墨，不絜之称。”絜与洁通。

〔16〕袁宏《三国名臣序赞》：“夫万载一期，有生之通途，千载一遇，贤智之嘉会。”

〔17〕《礼记·礼运》：“大臣法，小臣廉，官职相序，君臣相正，国之肥也。”

〔18〕《左传》襄四年及文十八年《注》并云：“冒，贪也。”按贪冒即贪墨。冒墨一声之转，故昧冒一作昧墨。

〔19〕阮籍《为郑冲劝晋王笺》：“望风震服。”《易·革》：“小人革面。”王《注》：“小人变面以顺上。”

〔20〕《孟子·公孙丑篇》：“虽有知慧，不如乘势，虽有镃基，不如待时。”时势连文本此。考清世宗御宇之初，即迭颁严旨，整饬吏治，杜绝货贿。其先六部皆有陋规，名曰部费，凡各省题奏，部费不入，不能结案。至世宗亦下诏严禁，官方为之一整。其他惩治贪墨诸诏谕，《东华录》亦多载之。《四库全书》收《世宗宪皇帝圣训》三十六卷，《上谕内阁》一百五十九卷，《朱批谕旨》三百六十卷。其《圣训提要》云：“世宗宪皇帝励精图治，日昃不遑，为万世永赖之计，故理繁治剧，而不避其烦；廑一夫不获之心，故虑远防微，而不遗于细。且癸卯践祚以前，侍圣祖仁皇帝之日长，上则政教之条制，刑赏之权衡，闻之最悉；下则百度之利弊，万物之情伪，知之最深。”盖胤禛固有清一英主也。

〔21〕雍正，世宗年号。

〔22〕 《小尔雅·广诂》:“杜,塞也。”《广雅·释诂》:“馈,遗也。遗,送也。”《周礼·玉府注》:“古者致物于人,尊之则曰献,通行曰馈。”案馈遗叠韵字。遗,音未。

〔23〕 《诗·静女笺》:“洵,信也。”《史记》始有《循吏传》,后史多沿之。《索隐》云:“谓奉法循理之吏也。”

〔24〕 《史记·儒林传序》:“太史公曰:‘余读《功令》,至于广厉学官之路,未尝不废书而叹也。’”《索隐》:“学者课功,著之于令,即今之《学令》是也。”今以通指政教号令矣。

〔25〕 《诗·巷伯序笺》:“寺人,内小臣也。”《疏》:“寺人亦奄人。”《匡谬正俗》:“寺人者,内小臣在壶闱庭寺之中,谓阉人耳。”《广韵》:“阉,男无势精闭者。”古有宫刑,犯者即以为内臣,所以防淫佚也。嵇康《与山巨源绝交书》:“岂可见黄门而称贞哉?”黄门,亦奄寺也,此袭其语意。

〔26〕 本节论不达时势之弊。

六曰:史既成家,文存互见〔1〕。有如《管晏列传》〔2〕,则勋详于《齐世家》〔3〕;张耳分题,而事总于《陈馀传》〔4〕。非惟命意有殊,抑亦详略之体所宜然也〔5〕。若夫文集之中,单行传记〔6〕,凡遇牵联所及,更无互著之篇〔7〕。势必加详,亦其理也。但必权其事理〔8〕,足以副乎其人,乃不病其繁重耳。如唐平淮西,韩《碑》归功裴度,可谓当矣〔9〕。后中谗毁,改命于段文昌〔10〕。千古为之叹惜〔11〕。但文昌徇于李愬〔12〕,愬功本不可没,其失犹未甚也。假令当日无名偏裨〔13〕,不关得失之人,身后表阡〔14〕,侈陈淮西功绩,则无是理矣。朱先生尝为编修蒋君撰《志》,中叙国家前后平定准回要略,则以蒋君总修《方略》,独力勤劳。书成身死,而不得叙功故也〔15〕。然《志》文雅健,学者慕之,后见某中书舍人死,有为作家传者〔16〕,全袭《蒋志》原文〔17〕。盖其人尝任分纂数月,于例得列衔名者耳,其实于书未寓目也〔18〕。是与无名偏裨居淮西功,又何以异?而文人喜于摭事〔19〕,几等军吏攘功[20]，何可训也！是之谓同里铭旌[21]。昔有夸夫，终身未膺一命[22]，好袭头衔；将死，遍召所知，筹计铭旌题字。或徇其意，假借例封、待赠、修职、登仕诸阶[23]。彼皆掉头不悦。最后有善谐者，取其乡之贵显，大书勋阶，师保、殿阁、部院、某国、某封、某公同里某人之柩[24]，人传为笑。故凡无端而影附者，谓之同里铭旌，不谓文人亦效之也。是又文人之通弊也[25]。

〔1〕 成家，谓立言有本，非徒以剽窃为功。互见，谓详略相殊，期能尽事理之实。

〔2〕 《史记·伯夷列传索隐》："列传者，谓叙列人臣事迹，令可传于后世，故曰列传。"

〔3〕 《史记·管晏列传赞》："太史公曰：'吾读管氏《牧民》、《山高》、《轻重》、《九府》，及《晏子春秋》，详哉其言之也。既见其著书，欲观其行事，故次其传。至其书世多有之，是以不论，论其轶事。'"然管相桓公，晏相景公，春秋时齐国之政，以此二君为最懿。故《齐太公世家》仍详著管、晏之勋烈焉。

〔4〕 《史记》张耳、陈馀同传，耳传在前，仅叙其娶外黄富人女事，百余言而已，以下即入馀传，凡耳、馀起兵、叛秦、降汉、背汉诸端，皆在焉。此缘二人始末牵涉极多，不易分叙耳。而其后陈馀既为汉斩，耳降汉，立为赵王。耳薨，子敖嗣，尚鲁元公主，被诬谋反，其客贯高为之辩雪诸端，亦叙之馀传中，则以牵连所及，不暇更张。故云事总于《陈馀传》也。《史通·列传篇》："传之为体，大抵相同，而述者多方，有时而异，如二人行事，首尾相随，则有一传兼书，包括令尽，若陈馀、张耳，合体成篇是也。"此实斋所本。

〔5〕 命意，谓视其事理之重轻，与夫于其人关系之深浅，以为铨配也。《论语·先问篇》："其然，岂其然乎？"皇《疏》："然，如此也。"《史通·二体篇》论《史》、《汉》纪传之体云："若乃同为一事，分在数篇，断续相离，前后屡出，于《高纪》则云语在《项传》，于《项传》则云事具《高纪》。此其所以为短也。"实斋《史学别录例议》则曰："纪传之书，类

例易求，而大势难贯，而知幾谓一事分出，或著事详某传，或标互见某篇，不胜繁琐，以为弊也。不知马、班创例，已不能周，后史相沿，皆其显而易见者耳。倘使通核全书，悉用其例，则不至于纪传互殊，前后矛盾，如校勘诸家所纠击者矣。”揽二说足以明互见之用矣。

〔6〕《文史通义・传记篇》:“传记之书，其流已久，盖与六艺先后杂出。古人文无定体，经史亦无分科。《春秋》三家之《传》，各记所闻，依《经》起义，虽谓之记可也。《礼经》二戴之《记》，各传其说，附《经》而行，虽谓之传可也。其后支分派别，到于近代，始以录人物者，区之为传，叙事迹者，区之为记。然如虞预《妒记》、《襄阳耆旧记》之类，叙人何尝不称记?《龟策》、《西域》诸传，述事何尝不称传?”故此以传记连言。案《隋志》载《襄阳耆旧记》，《唐志》作《襄阳耆旧传》，是亦二字同义之证。

〔7〕《校雠通义・互著篇》:“班、马列传家法，人事有两关者，则详略互载之，如子贡在《仲尼弟子》为正传，其入《货殖》，则互见也。《儒林传》之董仲舒、王吉、韦贤，既次于经师之篇，而别有专传。盖以事义标篇，人名离合其间，取其发明而已。”此传记互著之义也。

〔8〕《礼记・月令注》:“称锤曰权。”《墨子・大取篇》:“于所体之中而权轻重之谓权。”

〔9〕唐淮西蔡州地，自吴少诚割据，历少阳及其子元济，三十余年，至宪宗元和十年，丞相裴度始讨平之。事详《唐书・宪宗纪》、裴度、吴少诚等《传》。韩愈《平淮西碑》叙诸人勋劳，以度为主帅，故尤致意。姚范评其文曰:“自元和九年用兵淮蔡，至十年而始平。其间命将出师，攻城降卒，俱非一时事，亦非尽命裴度后事也。而序皆类之若一时事者，盖序所以耸唐宪奋武耆功，申命伐叛之威，裴度以宰相宣慰，君臣协谋，亦应特书著度之威，而主威益隆。此《江汉》、《常武》之义也。于以见保大定功，绥驭震垒之谋。若详著入蔡禽一叛臣，其于唐宗威德替矣。此公表所云‘《诗》、《书》之文，各有品章条贯’者也。”此可与实斋之意相发明。

〔10〕《唐书・韩愈传》:“元和十二年八月，宰臣裴度为淮西宣慰处置使

兼彰义军节度使,请愈为行军司马。淮蔡平,十二月还朝,以功授刑部侍郎,仍诏愈撰《平淮西碑》。其辞多叙裴度事。时先入蔡州擒吴元济。李愬功第一,愬不平之。愬妻出入禁中,因诉碑辞不实,诏令磨愈文,命翰林学士段文昌重撰文勒石。"案段《碑》今载《唐文粹》。韩《碑》亦本不没愬功,特以体制所关,叙属略与诸将等,未特著之耳,以其时情事论之,自以愬功居首。其实具见《通鉴·宪宗纪》,文繁不录。

〔11〕 如李商隐《韩碑诗》云:"公之斯文若元气,先时已入人肝脾。汤盘孔鼎有述作,今无其器存其辞。"江端友《韩碑诗》云:"淮西功业冠吾唐,吏部文章日月光。千载断碑人脍炙,不知世有段文昌。"皆足略见后人之论者也。

〔12〕 《春秋》文十一年《左传》:"国人弗徇。"《注》:"徇,顺也。"

〔13〕 《汉书·冯奉世传》:"典属国任立、护军都尉韩昌为偏裨。"《春秋》襄三十年《左传》:"令尹之偏。"《注》:"偏,佐也。"《汉书·项籍传》:"籍为裨将。"《注》:"裨,相辅助也。"

〔14〕 《说文》新附:"路东西为陌,南北为阡。"《汉书·成帝纪注》:"阡陌,田间道也。"后人立石墓道,亦曰表阡。欧阳修《泷冈阡表》:"惟我皇考崇公卜吉于泷冈之六十年,其子修始克表于其阡。"

〔15〕 《四库总目·御定平定准噶尔方略提要》:"乾隆三十七年大学士傅恒等恭撰奏进,凡分三编。考准噶尔部落,系出元阿鲁台,译语转音,故称厄鲁特。太祖高皇帝时,尝遣使入贡。世祖章皇帝时,锡以封爵,迨噶尔丹肆其豕心,侵扰喀尔喀诸部,圣祖仁皇帝亲讨平之。其侄策妄阿拉布坦先与噶尔丹构衅,跳出西遁,跧伏伊犁,后生息渐蕃,稍为边患。由我圣祖仁皇帝、世宗宪皇帝,屡申挞伐,泽旺阿拉布坦之子噶尔丹策凌,震我天声,始戢锋受命。后达瓦齐戕噶尔丹策凌之子喇嘛达尔札属,拥众自立,部曲不附,准噶尔遂大乱。是书前编五十四卷,所记自康熙三十九年七月乙未,至乾隆十七年九月壬申,即详述其源起也。嗣杜尔伯特台吉策凌、策凌乌巴什、辉特台吉、阿睦尔撒纳等,先后来归,吁请天讨。特命六师,分

行两道，五月而定伊犁，俘达瓦齐于图尔满。既而阿睦尔撒纳豺狼反噬，旋见函颅，波罗尼都、霍集占枭獍齐鸣，亦随献馘。天山南北，桴鼓不鸣。是书正编八十五卷，所纪自乾隆十八年十一月甲戌，至二十五年三月戊申，即备录其始末也。至续编三十三卷，则乾隆二十五年三月庚戌以后，至三十年八月乙亥，凡一切列戍开屯，设居定赋，规画久远之制，与讨定乌什，及绝域诸蕃占风纳赆者，咸载焉。”朱筠《编修蒋君墓志铭》：“君讳雍植，字秦树，辛巳以二甲第一人赐进士，改庶吉士，充《平定准噶尔方略》馆纂修官，总裁诸公皆倚重之，令总办《方略》一书。君早起坐书室，夕烧膏以继，书成，而君之精殆销亡于此矣。书既上，同修者皆得优叙，而君名以卒不与。馆中诸公欲如故侍读杨公述曾赠衔例为之请，已而未果。”

〔16〕《隋志》史部载汉、魏、六朝家传二十九部。谢灵运《山居赋》：“国史以载前纪，家传以申世模。”今宗谱中传记亦称家传。

〔17〕《广雅·释诂》：“袭，因也。”

〔18〕《春秋》僖二十八年《左传》：“得臣与寓目焉。”《注》：“寓，寄也。”

〔19〕《小尔雅·广诂》：“摭，拾也。”

〔20〕《周礼·夏官·大司马》：“军吏载旗。”《注》：“军吏，诸军帅也。”《春秋·穀梁》成五年《传注》：“攘，盗也。”

〔21〕《吾学录》：“《周礼·春官·司常》：‘大丧共铭旌。’近代用绛帛粉书，借衔题写，曰某官某公之柩，另纸书题者姓名，粘于旌下，大敛后，悬以竹杠，依灵右，葬时去杠及题姓名，以旌加于柩上。”

〔22〕《楚辞·天问》：“鹿何膺之。”《注》：“膺，受也。”《论语·先进篇》：“赐不受命。”皇《疏》引王弼云：“命，爵命也。”

〔23〕《大清会典》：“凡覃恩予封者，辨其官之任与其级，列其应封者之名氏存故而题焉。本身为授，曾祖父母、祖父母、父母及妻，存者为封，殁者为赠。若貤封，各以其情请焉。得旨，则停其妻与身之封而予之。”此例封之义。又：“凡官事死者，皆赠以衔。凡赠衔之等十有八，皆视其官之职以为差。”此待赠之义，又《则例》：“顺治初

年，定覃恩及三年考满，例统封赠，一品至五品皆授以诰命，六品至七品皆授以敕命，正八品修职郎，从八品修职佐郎，正九品登仕郎，从九品登仕佐郎。”此修职、登仕之义。阶，官阶也。

〔24〕 师保者，若太师、少师、太保、少保是也。殿阁者，若武英殿、文渊阁之大学士是也。部院者，若吏部、户部之尚书、侍郎，翰林院之侍读，都察院之御史是也。某国某封者，若某国公、某国侯是也。皆高官也。吴乔《围炉诗话》云：“今人作诗，动称盛唐，曾在苏州见一家举殡，其铭旌曰：‘皇明少师文渊阁大学士申公间壁豆腐店王阿奶之灵柩。’可以移赠诸公。”盖当时有此笑谈也。

〔25〕 本节论同里铭旌之弊。

七曰：陈平佐汉，志见社肉〔1〕；李斯亡秦，兆端厕鼠〔2〕。推微知著〔3〕，固相士之元机〔4〕；搜闲传神〔5〕，亦文家之妙用也。但必得其神志所在，则如图画名家，颊上妙于增毫〔6〕。苟徒慕前人文辞之佳，强寻猥琐以求其似〔7〕，则如见桃花而有悟〔8〕，遂取桃花作饭〔9〕，其中岂复有神妙哉〔10〕？又近来学者，喜求征实，每见残碑、断石、余文、剩字，不关于正义者，往往借以考古制度，补史阙遗。斯固善矣。因是行文贪多务得〔11〕，明知赘余非要，却为有益后世，推求不惮辞费〔12〕。是不特文无体要〔13〕，抑思居今日而欲备后世考征，正如董泽矢材，可胜既乎〔14〕？夫传人者，文如其人；述事者，文如其事，足矣。其或有关考征，要必本质所具；既或闲情逸出，正为阿堵传神〔15〕。不此之务，但知买菜求增〔16〕，是之谓画蛇添足〔17〕，又文人之通弊也〔18〕。

〔1〕 《史记·陈丞相世家》：“陈丞相平者，阳武户牖乡人也。里中社，平为宰，分肉食甚均。父老曰：‘善，陈孺子之为宰。’平曰：‘嗟乎！使平得宰天下，亦如是肉矣。’”

〔2〕 《史记·李斯列传》：“李斯者，楚上蔡人也。年少时，为郡小吏，见吏

舍厕中鼠食不洁，近人、犬，数惊恐之。斯入仓，观仓中鼠食积粟，居大庑之下，不见人、犬之忧。于是李斯乃叹曰：‘人之贤不肖，譬如鼠矣，在所自处耳。’乃从荀卿学帝王之术。学已成，欲西入秦，辞于荀卿曰：‘斯闻得时无怠，今万乘方争时，游者主事。今秦王欲吞天下，称帝而治，此布衣驰骛之秋也。处卑贱之位，而计不为者，此禽鹿视肉，人面而能强行者耳。故垢莫大于卑贱，而悲莫甚于穷困。久处卑贱之位、困苦之地，非世而恶利，自托于无为，此非士之情也。故斯将西说秦王矣。’”

〔3〕《魏志·臧洪传》：“又不能原始见终，睹微知著。”

〔4〕《荀子·非相篇》：“相人，古之人无有也，学者不道也。”《汉志》有《相人》二十四卷，是其事盖起于战国。《文选·东京赋》薛《注》：“玄，神也。”《管子·七法篇》注：“机者，发内而动外，为近而成远，不疾而速，不行而至，见其为之，不知其所以为。”元机即玄机，避清讳改。

〔5〕《尔雅·释诂》：“闲，隙也。”

〔6〕《世说新语·巧艺篇》：“顾长康画裴叔则，颊上益三毛。人问其故，顾曰：‘裴楷俊朗有识具，正此是其识具。看画者寻之，定觉益三毛如有神明，殊胜未安时。’”

〔7〕《史记·司马相如列传》：“委琐龌龊。”《索隐》引孔文祥云：“委琐，细碎。”猥委同。

〔8〕《五灯会元》：“志勤禅师初在沩山，因见桃花悟道。有偈曰：‘三十年来寻剑客，几回落叶又抽枝。自从一见桃花后，直到如今更不疑。’”其后王安石诗云：“若见桃花生圣解，不疑还自有疑心。”近世李慈铭别署桃花圣解庵，皆用此事。

〔9〕苏轼《东坡志林》：“世人见古德见桃花悟道者，争颂桃花，便将桃花作饭五十年，转没交涉。”此实斋用意所本。

〔10〕本节分两层：以上论搜闲传神，非可滥用，以下论考古摭逸，与文殊途。

〔11〕韩愈《进学解》：“贪多务得，细大不捐。”

〔12〕《汉书·贾谊传》：“谁惮而久不为此。”《注》：“惮，畏难也。”辞费见

《叙事篇》注。案自乾嘉考据之风盛而文章亦受其影响。一者，如实斋此之所举，以考据所得阑入文章，而文章弊其体格；二者，以为精考据即能文章，而文章遂若附庸。彼时为然，于今尤烈。不知考据重知，则能寓于知，故涉览愈博者，其断制愈精，文章重能，则知寓于能，故才力愈高者，其识见愈远，此二事固非一途也。

〔13〕 体要见《文学总略篇》注。

〔14〕 《春秋》宣十二年《左传》："楚熊负羁囚知罃，知庄子以其族反之。厨武子御，下军之士多从之。每射，抽矢菆纳诸厨子之房。(《注》："菆，好箭，房，箭舍。")厨子怒曰：'非子之求，而蒲之爱，(《注》："蒲，杨柳，可以为箭。")董泽之蒲，可胜既乎？(《注》："董泽，泽名。既，尽也。"《疏》："言用之不尽也。")'知季曰：'不以人子，吾子其可得乎？吾不可以苟射故也。'射连尹襄老，获之，遂载其尸，射公子穀臣，囚之，以还。"

〔15〕 《世说新语·巧艺篇》："顾长康画人，或数年不点目睛。人问其故，顾曰：'四体妍蚩，本无关于妙处，传神写照，正在阿堵中。'"焦竑《焦氏笔乘》续集："史言：王衍口不言钱，家人欲试之，以钱绕床，不能行，但云：'举却阿堵物。'世遂以阿堵为钱矣。然顾恺之云：'传神写照，正在阿堵中。'殷浩见佛经云：'理亦应在阿堵上。'桓温止新亭，大陈兵卫，呼谢安、王坦之，欲于坐害之。谢目卫士曰：'安闻诸侯有道，守在四邻，明公何须壁间置阿堵辈？'一以为眼，一以为经，一以为兵士，岂可指定言之？自是当时谚语，如今所谓此物云耳。"

〔16〕 皇甫谧《高士传》："司徒侯霸遣严子道奉书严光，子道求报书，光口授之，嫌少，光曰：'买菜乎？求益也？'"也耶通。

〔17〕 《战国策·齐策》："人有遗其舍人一卮酒者，舍人相谓曰：'数人饮此，不足以遍，请画地为蛇，蛇先成者独饮之。'一人曰：'吾蛇先成。'举酒而起曰：'吾能为之足。'及其为之足，而后成人夺之酒而饮之，曰：'蛇固无足，今为之足，是非蛇也。'"

〔18〕 本节论画蛇添足之弊。

八曰：文人固能文矣，文人所书之人，不必尽能文也。叙事之文，作者之言也。为文为质，惟其所欲，期如其事而已矣。记言之文，则非作者之言也，为文为质，期于适如其人之言，非作者所能自主也。贞烈妇女，明《诗》习《礼》[1]，固有之矣。其有未尝学问[2]，或出乡曲、委巷[3]；甚至佣妪、鬻婢，贞节孝义，皆出天性之优。是其质虽不愧古人，文则难期于儒雅也[4]。每见此等传记，述其言辞，原本《论语》、《孝经》，出入《毛诗》、《内则》[5]。刘向之《传》[6]，曹昭之《诫》[7]，不啻自其口出[8]，可谓文矣。抑思善相夫者[9]，何必尽识鹿车、鸿案[10]？善教子者，岂皆熟记画荻、丸熊[11]？自文人胸有成竹[12]，遂致闺修皆如板印[13]。与其文而失实，何如质以传真也？由是推之，名将起于卒伍[14]，义侠或奋阎闾[15]，言辞不必经生，记述贵于宛肖[16]。而世有作者，于斯多不致思，是之谓优伶演剧[17]。盖优伶歌曲，虽耕氓、役隶[18]，矢口皆叶宫商[19]，是以谓之戏也。而记传之笔，从而效之，又文人之通弊也[20]。

〔1〕 宋玉《登徒子好色赋》："扬《诗》守《礼》，终不过差。"

〔2〕 《孟子·滕文公篇》："吾他日未尝学问，好驰马试剑。"

〔3〕 《庄子·胠箧篇》："所以立宗庙、社稷，治邑屋、州闾、乡曲者。"又《秋水篇》："曲士不可以语于道。"《释文》引司马《注》："曲士，乡曲之士也。"乡曲，犹言乡里。唐长安有韦曲、杜曲，宋人称巷陌或曰坊曲，皆以为分别界域之名也。委巷见《叙事篇》注。

〔4〕 孔安国《尚书序》："汉室龙兴，旁求儒雅。"《荀子·荣辱篇》："君子安雅。"《注》："雅，正也。正而有美德者谓之雅。"

〔5〕 《汉志·诗类》序云："又有毛公之学，自谓子夏所传。"《汉书·儒林传》："毛公，赵人，治《诗》，为河间献王博士。"今本《诗经》，即毛公之传也。《内则》，小戴《礼记》之一篇，《疏》引郑玄《三礼目录》云："《内则》者，以其记男女居室，事父母、舅姑之法，闺门之内，轨仪可则，故曰《内则》。"

〔6〕《汉志》儒家著录《刘向所序》六十七篇，内有《列女传》。《隋志》："《列女传》十五卷，刘向撰，曹大家注。"《汉书·楚元王传》："向以为王教由内及外，自近者始，故采取《诗》、《书》所载贤妃、贞妇，兴国显家，可法则；及孽嬖乱亡者，序次为《列女传》八篇，以戒天子。"其书今存。

〔7〕《隋志》："《曹大家女诫》一卷。"《后汉书·列女传》："扶风曹世叔妻者，同郡班彪之女也，名昭，字惠班，一名姬，博学高才。世叔早卒，有节行法度，和帝数召入宫，令皇后诸贵人师事焉。号曰大家。作《女诫》七篇，有助内训。"今存。

〔8〕《尚书·秦誓》："人之彦圣，其心好之，不啻若自其口出，是能容之。"《一切经音义》引《苍颉篇》云："不啻，多也。"

〔9〕《汉书·百官公卿表注》引应劭曰："相者，助也。"

〔10〕《后汉书·列女传》："渤海鲍宣妻者，桓氏之女也，字少君，宣尝就少君父学。父奇其清苦，故以女妻之，装送资贿甚盛。宣不悦，谓妻曰：'少君生富骄，习美饰，而吾实贫贱，不敢当礼。'妻曰：'大人以先生修德守约，故使贱妾侍执巾栉，既奉承君子，唯命是从。'宣笑曰：'能如是，是吾志也。'妻乃悉归侍御服饰，更着短布裳，与宣共挽鹿车归乡里；拜姑礼毕，提瓮出汲。修行妇道，乡邦称之。"又《逸民传》："梁鸿，字伯鸾，扶风平陵人也。同县孟氏有女，状肥丑而黑，力举石臼，择对不嫁，至年三十。父母问其故，女曰：'欲得贤如梁伯鸾者。'鸿闻而聘之。女求作布衣、麻屦，织作筐缉绩之具。及嫁，始以装饰入门。七日而鸿不答。妻乃跪床下请曰：'窃闻夫子高义，简斥数妇，妾亦偃蹇数夫矣。今而见择，敢不请罪。'鸿曰：'吾欲裘褐之人，可与隐深山者耳。今乃衣绮缟，傅粉墨，岂鸿所愿哉？'妻曰：'以观夫子之志耳。妾自有隐居之服。'乃更为椎髻，著布衣，操作而前。鸿大喜曰：'此真梁鸿妻也。能奉我矣。'字之曰德曜，名孟光。居有顷，至吴依大家皋伯通，居庑下，为人赁舂。每归，妻为具食，不敢于鸿前仰视，举案齐眉。伯通察而异之，曰：'彼佣能使其妻敬之如此，非凡人也。'乃方舍之于家。"

〔11〕《宋史·欧阳修传》:“修四岁而孤,母郑,守节自誓,亲诲之学。家贫,至以荻画地学书。”《新唐书·柳仲郢传》:“仲郢,字谕蒙,母韩,善训子,仲郢幼嗜学,尝丸熊胆,使夜咀咽以助勤。”

〔12〕苏轼《画竹记》述文同与可之言曰:“画竹必先得成竹于胸中,执笔熟视,乃见其所欲画者,急起从之,振笔直遂,以追其所见,如兔起鹘落,少纵则逝矣。”晁冲之《赠杨克一学文与可画竹求诗》:“与可画竹时,胸中有成竹。”

〔13〕《尔雅·释宫》:“宫中之门,小者谓之闺。”《文选·思玄赋》旧《注》:“修,善也。”闺修,犹言妇德矣。

〔14〕《周礼·地官·小司徒》:“五人为伍,五伍为两,四两为卒,五卒为旅,五旅为师,五师为军。”《礼记·燕义》:“合其卒伍。”

〔15〕《史记·游侠列传》:“闾巷之侠,修行砥名,声施于天下,莫不称贤。”张衡《西京赋》:“便旋闾阎。”薛《注》:“闾,里门也。阎,里中门也。”

〔16〕吴昌莹《经词衍释》:“宛,犹若也,宛与若义相同。或言宛然,或言若然,或言宛若,其义一也。《诗》:‘宛其死矣,他人是愉。’言若其死也。”

〔17〕《国语·齐语注》:“优笑,俳倡也。”《春秋》襄六年《左传注》:“优,调戏也。”《国语·周语注》:“伶,司乐官。”《说文》:“戏,三军之偏也。”《国语·晋语注》:“戏,角力也。”《尔雅·释诂》:“戏,谑也。”《荀子·非十二子篇注》:“剧,繁多也。”又《解蔽篇注》:“剧,嚣烦也。”《汉书·扬雄传注》:“剧,亦疾也。”古者优伶之为,以调笑歌舞为主,其事纷纭挥霍。后世戏剧之义,盖由此引申。

〔18〕《史记·秦始皇本纪》引贾谊《过秦论》:“甿隶之人。”《集解》引如淳曰:“甿,古氓字,民也。”

〔19〕《法言·五百篇》:“圣人矢口而成言。”《注》:“矢,正也。”《广雅·释诂》:“矢,直也。”叶,同协。《尚书·尧典》伪孔《传》:“协,合也。”

〔20〕曾国藩《茗柯文编叙》曰:“叙述朋旧,状其事迹,动称卓绝,若合古来名德、至行,备于一身,譬之画师写真,众美毕具,而于其所图之

人，固不肖也。"其论足与此相发。本节论优伶演剧之弊。

九曰：古人文成法立；未尝有定格也。传人适如其人，述事适如其事，无定之中，有一定焉。知其意者，旦暮遇之[1]；不知其意，袭其形貌，神弗肖也[2]。往余撰《和州故给事成性志传》[3]，性以建言著称，故采录其奏议[4]。然性少遭乱离[5]，全家被害[6]，追悼先世，每见文辞；而《猛省》之篇，尤沉痛可以教孝，故于终篇全录其文。其乡有知名士赏余文，曰："前载如许奏章，若无《猛省》之篇，譬如行船，鹢首重而舵楼轻矣[7]。今此婪尾[8]，可谓善谋篇也。"余戏诘云[9]："设成君本无此篇，此船终不行耶?"盖塾师讲授《四书》文义[10]，谓之时文[11]，必有法度以合程式[12]。而法度难以空言，则往往取譬以示蒙学[13]。拟于房室，则有所谓间架、结构；拟于身体，则有所谓眉目、筋节[14]；拟于绘画，则有所谓点睛、添毫；拟于形家，则有所谓来龙、结穴[15]。随时取譬，习陋成风。然为初学示法，亦自不得不然，无庸责也。惟时文结习深锢肠腑，进窥一切古书、古文，皆此时文见解，动操塾师启蒙议论，则如用象棋枰布围棋子，必不合矣。是之谓井底天文[16]，又文人之通弊也[17]。

〔1〕《庄子・齐物论》："万世之后，而一遇大圣，知其解者，是旦暮遇之也。"《史记・五帝本纪赞》："非好学深思，心知其意，固难为浅见寡闻道也。"

〔2〕陆深《金台记闻》载元人郝经《与友论文法书》曰："古之为文，法在文成之后，辞由理出，文自辞生，法以文著，相因而成者也。非先求法而作之也。后世之为文也则不然，先求法度，然后措辞以求理，若握杼轴，求人之丝枲而织之。经营比次，络绎接续，以求端绪，未措一辞，钤制夭阏，惟恐其不工而无法。故法在文成之前，以理从辞，以辞从文，以文从法，资于人而无我，是以愈工而愈不工，愈有法而愈无法。"其说尤明。

〔3〕 今载《遗书》本《和州志》中。

〔4〕《传》之所载有《陈海寇郑成功形势疏》等八篇，并云："章疏大者凡数十上，皆切实有当利病。"

〔5〕《诗·小雅·四月》："乱离瘼矣。"《传》："离，忧也。"

〔6〕 明崇祯乙亥，农民起义军占领和州，性全家死焉，亦见《和州志》本传。

〔7〕《淮南子·本经篇》："龙舟鹢首，浮吹以娱，此遁于水也。"《注》："鹢，大鸟也。画其像于船头也。"《方言》："船首谓之阁闾，或谓之艗艏。"《注》："鹢，鸟名也，今江东贵人船前作青雀。是其像也。"

〔8〕 苏轼《仇池笔记》："苏鹗云：以酒巡匝为婪尾，一作蓝尾。侯白《酒律》谓酒巡匝，末座者连饮三杯，为婪尾酒。"胡仔《苕溪渔隐丛话》前集引《缃素杂记》云："苏鹗《演义》云：'今人以酒巡匝为啉尾，即再命其爵也。云：南朝有异国，进贡蓝牛，其尾长三丈。一云：蓝颖水牛，其尾三丈。时人放之，以为酒令，今两盏，从其简也。此皆非正。行酒巡匝，即重其盏，盖慰劳其得酒在后也。又啉云者，贪也。谓处于座末，得酒最晚，腹痒于酒，既得酒巡匝，更贪婪之，故曰啉尾，啉字从口，是明贪婪之意，此说近之。'余观宋景文公《守岁》诗云：'迎新送故只如此，且尽灯前婪尾杯。'又云：'稍倦持螯手，犹残婪尾觞。'又东坡《寒食》诗云：'蓝尾忽惊新火后，遨头要及浣花前。'乐天《寒食》诗云：'三杯蓝尾酒，一碟胶牙饧。'乃用蓝字，盖婪蓝一也。"洪迈《容斋四笔》略同，不具引。《方言》："尾，梢也。尽也。"《广雅·释诂》："尾，后也。"此犹今云结尾耳。

〔9〕《说文》："诘，问也。"

〔10〕《尔雅·释诂》："门侧之堂谓之塾。"《礼记·学记》："古之教者，家有塾。"《疏》："此明学之所在。《周礼》：百里之内，二十五家为闾，同共一巷。巷首有门，门边有塾，谓民在家之时，朝夕出入，恒受教于塾。"

〔11〕《四库提要·四书类序》曰："《论语》、《孟子》，旧各为帙，《大学》、《中庸》，旧《礼记》之二篇，其编为《四书》，自宋淳熙始。其悬为令

甲，则自元延祐复科举始。古来无是名也。”又《后案》云：“案《四书》至元延祐中用以取士，而阐明理道之书，遂渐为弋取功名之路。至明永乐中，《大全》出而捷径开，（案指明成祖命翰林学士纂修之《四书大全》，有明一代用以取士者。）八比盛而俗学炽。科举之文，名为发挥经义，实则发挥注意，不问经义何如也。且所谓注意，又不甚究其理，而惟揣测其虚字语气，以备临文之摹拟，并不问注意何如也。”顾炎武《生员论》曰：“国家之所以取生员，而考之以经义、论策、表判者，欲其明六经之旨，通当世之务也。今以书坊所刻之义，谓之时文。五尺童子，能诵数十篇，而小变其文，即可以取功名，而钝者至白首而不得遇。老成之士，既以有用之岁月销磨于场屋之中；而少年捷得之者，又易视天下国家之事，以为人生之所以为功名者，惟此而已。故败坏天下之人才，夫然后寇贼奸宄得而乘之，敌国外侮得而胜之。苟以时文之功用之于经史乃当世之务，则必有聪明俊杰、通达治体之士，起于其间矣。”览此可知前代以时文取士之大略及弊害。

〔12〕《尚书·大禹谟》：“罔失法度。”《管子·明法篇》：“法者，天下之程式也。”此谓时文作法，国有定制，学者必遵而行之。

〔13〕《论语·雍也篇》：“能近取譬，可谓仁之方也已。”《易·序卦》：“蒙者，蒙也，物之稚也。”郑《注》：“蒙，幼小之貌。”

〔14〕《素问·至真要大论注》：“大关节，膝也。”

〔15〕操相宅相墓之术者，世称形家。《汉志·数术略·形法序》云：“形法者，大举九州之势，以立城郭、室舍形，人及六畜骨法之度数、器物之形容，以求其声气贵贱吉凶。”是其所本也。山脉为龙，墓址为穴，盖形家之语如此。钱谦益《再答杜苍略书》：“读班、马之书，辩论其同异，当知其大关键，来龙何处，结局何处，手中有手，眼中有眼，一字一句，龙脉历然。”此前人以形家术语论文之可见者也。

〔16〕《群书治要》引《尸子·明堂篇》：“日之能烛远，势高也。使日在井中，则不能烛十步矣。”又《广篇》：“自井中视星，所见（见字本作视，孙星衍据《类聚》、《御览》引改，下望字同）不过数星；自丘上以望，

则见其始出也。(也字孙据《类聚》、《御览》增。)又见其入,非明益也,势使然也。"并此所本。

〔17〕 案此弊亦始明人,包世臣《再与杨季子论文书》云:"自前明诸君子泥子瞻'文起八代之衰'之言,遂斥《选》学为别裁伪体,良以应德、顺甫、熙甫诸君,心力悴于八股,一切诵读,皆为举业之资,遂取八家下乘,横空起议,照应钩勒之篇,以为准的。小儒眯目,前邪后许,而精深闳茂,反在屏弃。"可见八股之流毒矣。应德,唐顺之字。顺甫,茅坤字。熙甫,归有光字。三人皆古文家。本节论井底天文之弊。

十曰:时文可以评选,古文经世之业[1],不可以评选也[2]。前人业评选之,则亦就文论文可耳。但评选之人,多非深知古文之人。夫古人之书,今不尽传。其文见于史传[3]。评选之家,多从史传采录。而史传之例,往往删节原文,以就隐括[4],故于文体所具,不尽全也[5]。评选之家,不察其故,误谓原文如是,又从而为之辞焉[6]。于引端不具[7],而截中径起者,诩谓发轫之离奇[8];于刊削余文,而遽入正传者,诧为篇终之崭峭[9]。于是好奇而寡识者,转相叹赏,刻意追摹。殆如《左氏》所云:"非子之求,而蒲之觅"矣[10]。有明中叶以来,一种不情不理,自命为古文者,起不知所自来,收不知所自往,专以此等出人思议,夸为奇特[11],于是坦荡之途生荆棘矣[12]。夫文章变化,侔于鬼神,斗然而来[13],戛然而止[14],何尝无此景象?何尝不为奇特?但如山之岩峭,水之波澜,气积势盛,发于自然。必欲作而致之,无是理矣[15]。文人好奇,易于受惑,是之谓误学邯郸[16],又文人之通弊也[17]。

〔1〕 《庄子·齐物论》:"春秋经世,先王之志,圣人议而不辩。"此谓古文为经世之业,盖指其推本六经,足以明道致用而言。

〔2〕 挚虞撰《文章流别》,有《集》,有《志》,有《论》,是评议兼施之祖;其评

而不选者，如《诗品》是；选而不评者，如《文选》是；此征之见存，其体例较然可知者也。时文可评选者，其用在弋功名，选之可示人以风会。古文不可评选者，其志在成家言，选之恐失厥面目，是以有别也。

〔3〕 如《文选》所录，载正史者有百二十余首，盖古之史书，有文以传人之例，而集部未兴，单篇别出，亦易于括囊也。参看《诗教下篇》。

〔4〕 《荀子·大略篇》："示诸檃括。"注："檃括，矫揉木之器也。"亦作隐括。何休《公羊序》："故遂隐括使就绳墨焉。"《史记·司马相如列传》云："无是公言上林及子虚言云梦所有甚众，故删取其要。"此史家自道其删节载文也。

〔5〕 此就选家取材史传而言。若其所据与史传不同，则参稽之际，亦复详略互见，且选家亦自有增删，皆读者所不可忽者也。俞正燮《文选自校本跋》曰："《文选》见于史策者，极多，选家例有甄别增删。其本有视他增多者，《西都赋》视《汉书》多'众流之隈，汧流其西'。《东都赋》诗视《汉书》多'嘉祥阜兮集皇都'。司马子长《报任少卿书》视《汉书》多'太史公牛马走司马迁再拜言'十二字。东方朔《答客难》视《汉书》多'传曰天下无害灾'二十七字。盖昭明得他本增入者。《景福殿赋注》引薛综《东京赋注》曰：'高昌、建成，二观名也。'有注而赋文无此二观，今所得后汉宫殿图亦无此二观，则赋文昭明删之。《九章·涉江》删去'乱曰'以下五十九字。钟士季《檄蜀文》，《魏志》'亦无及也，其详择利害，自求多福'，今《文选》'亦无及也'下删'其详择……'九字。任彦昇《为褚蓁让代兄袭封表》，《注》云：'此表与集详略不同，疑是稿本，词多冗长。'《奏弹刘整》，《注》云：'昭明删此文太略，故详引之，令与弹相应也。'是亦昭明删之，而李崇贤复补。唐僧《辨正论·九箴篇》引《古诗》曰：'服食求神仙，多为药所误，不如饮美酒，被服纨与素。寄与世上人，道士慎莫作。'《文选》《古诗十九首》无'寄语'十字，亦昭明删之。（案此十字，乃二氏相攻，僧徒妄加，以诽道流者，绝非古诗之文，理初信之，疏矣。）其以意存者，王子渊《圣主得贤臣颂》，刘孝标《重答刘秣陵书》，颂与书正文皆不见，盖

古人仅传其序引。其增改字者，据《注》则颜延年《宋文皇后哀册文》依用宋文帝加八字，陆佐公《石阙铭》依用梁武帝改十四字。《刻漏铭》依用梁武帝改一字，沈约改二字。然则《文选》不当以拘牵原稿评说是非也。其中本为昭明所改移者，曹子建《与吴质书》，《注》引别题言：'昭明移墨翟不好伎，置和氏无贵矣下，与季重之书相应也。'朱浮《与彭宠书》，《注》云：'《后汉书》载此事，《东观汉记》亦载此书，大义虽同，辞旨全别，盖录事者取舍有详略矣。'录有取舍，选亦必有取舍，校者详其异同，以见古人之趣，非有彼此是非之见。凡书皆然，况其为文辞选集本邪？"

〔6〕《孟子·公孙丑篇》："古之君子，其过也，如日月之食，民皆见之，及其更也，民皆仰之。今之君子，岂徒顺之，又从为之辞。"

〔7〕《荀子·非相篇注》："端，首也。"

〔8〕《离骚》："朝发轫于苍梧兮。"洪氏《补注》："《战国策》：'陛下尝轫车于赵矣。'轫，止车之木，将行则发之。"《汉书·邹阳传》："轮囷离奇。"《注》："离奇，委曲盘戾貌。"

〔9〕嶃同巉，峭同陗。《广韵·释诂》："高也。"

〔10〕"觅"，据《传》当作"爱"，引见前。

〔11〕往阅某短书，载明季一士人上时相书，其起四句云："尚何言哉！天下能文者莫如我，知文者莫如足下，尚何言哉！"评选家末流之弊，盖至如此，惜忘其书名。

〔12〕《论语·述而篇》："子曰：'君子坦荡荡。'"《集解》引郑氏曰："坦荡荡，宽广貌。"

〔13〕《后汉书·窦融传注》："斗，峻绝也。"

〔14〕《尚书·益稷谟》："戛击鸣球。"马、郑《注》并云："栎也。"《后汉书·马融传注》："戛，敔也，形如伏兽，背上有二十七刻，以木，长尺，栎之所以止乐。"

〔15〕陈师道《后山诗话》："扬子云之文，好奇而卒不能奇也，故思苦而词艰。善为文者，因事以出奇，江河之行，顺下而已，至其触山赴谷，风搏物激，然后尽天下之变。子云惟好奇，故不能奇也。"可与此相

参证。

〔16〕《庄子·秋水篇》:“子独不闻夫寿陵余子之学行于邯郸欤?未得国能,又失其故行矣,直匍匐而归耳。”

〔17〕本节论误学邯郸之弊。

谨案:《荀子·劝学篇》曰:“《诗》、《书》故而不切,《春秋》约而不速,《礼》、《乐》法而不说。”此论五经之利钝也。范宁《穀梁传序》曰:“《左氏》艳而富,其失也巫;《穀梁》清而婉,其失也短;《公羊》辩而裁,其失也俗。”此论三传之得失也。经传之书,不以能文为本,而后来是则是效,尚有长短进退于其间,况乎缀翰裁篇,以情信词巧为事者哉?故自《典论》、《文赋》以下,诠品作者,标举篇章,优劣既分,瑕瑜不掩。逮及六朝,彦和立《指瑕》之篇,休文著八病之说,则为文之道,以免疵累为要,理亦大昭于世矣。唐、宋以降,短书繁兴,小则一字之微,大则立言之体,蚩点所及,无间贤愚。若《滹南辨惑》,遍弹四部,《汪文纠谬》,专摘一家,是其尤著者也。

夫为文章者,欲求免于用字、造句之失,则当习文字、文法之学;求免于谋篇、安章之失,则当习修辞之学。此世人所共喻,无俟覼缕。至若意义之舛误,则如此篇所论,或缘才短而学疏,或缘识陋而德薄;其为负累,视篇章句字之失,又不可同日而言,实斋所举,多属此种。如削趾适屦,误学邯郸,则才之短也;八面求圆,井底天文,则学之疏也;剜肉为疮,识之陋也;私署头衔,德之薄也。四者于文,乃属至要。《文德》一篇,言之已精,兹加析论,则学者才之主,德为识所归。何则?性发智愚,本乎自然;学问浅深,存于人力。或优游而自得,或黾勉以程功。其难易既殊,斯高下有别。故才学俱全者,固为双美,若不能兼,宁使乏才,不可废学。盖无才而劬于学者,刻鹄不成尚类乎鹜,无学而徒恃才者,画虎不成反类乎犬。高明多为鬼瞰,而大器可以晚成。故曰:学者才之主也。识生于心,所以甄疑似,别同异,事义昭晰,泾渭分明,斯于文也,和理在中,孚尹旁达,足以去瑕颣矣。然识之为务,断制居先,苟其不慎,必流偏颇。实斋谓不知古人大体,则胸中是非不可以凭;若申言之,则虽识大体,明是非,而无德以辅之,则转足陷于“言伪而坚”之境,如古之神奸巨憝,智足以拒谏,辩足以饰非者，其智虑、识度每非恒人所及，斯其明证。《荀子·正名篇》云："以仁心说，以公心辩。"岂非示人以虽具卓识，必有明德以济之哉？故曰：德为识所归也。学以御才，德以董识，意义之失，或者可免。是以合外内言之，欲求免于文病，小而检点字句，大而淬厉身心，必先豫之以学以德。子曰："德之不修，学之不讲，是吾忧也。"举重明轻，斯言不我欺矣。

复次，士衡论天机利钝，谓"或竭情而多悔，或率意而寡尤。"率意寡尤，则不烦绳削而自合；竭情多悔，势必待刊改而后工。文章天成，妙手偶得，自非上智，孰能语斯？是则常人之为，必待雕琢，亦理之固然也。《文心雕龙·神思篇》曰："枢机方通，则物无隐貌，关键将塞，则神有遁心。是以陶钧文思，贵在虚静。疏瀹五脏，澡雪精神，积学以储宝，酌理以富才，研阅以穷照，驯致以绎辞，此盖驭文之首术，谋篇之大端。"又继论修饰曰："拙辞或孕于巧义，庸事或萌于新意，视布于麻，虽云未贵，（贵，原作费，此从张松孙本。）杼轴献功，焕然乃珍。"斯明示学者为文，事前当有修养，事后尤贵点窜也。故有一字之易，化臭腐为神奇；一事之讹，变康庄为荆棘。书记所载，难更仆数。其间又或由一己之寻究，或出友朋之切磋。杜公《偶题》曰："文章千古事，得失寸心知。"准此而言，则增损改删，似当以己所权量，为最适当。然亦有情之方昏，再三愈騃者，亦有敝帚自珍，不知其恶者，则借镜他人，不可废焉。曹子建《与杨德祖书》云："世人之著述，不能无病，仆尝好人讥弹其文，有不善者，应时改定。昔丁敬礼常作小文，使仆润饰之。仆自以才不过若人，辞不为也。敬礼谓仆：'卿何所疑难，文之佳恶，吾自得之。后世谁相知定吾文者耶？'吾尝叹此达言，以为美谈。"曹、丁之言，可谓有兼听之聪，兼覆之怀者。益以少陵之说，则知改文之事，由人由己，之二途者，殆互为胜劣，未可偏执。故介甫之"春风又绿"，永叔之"环滁皆山"，齐己拜一字之师，无本定推敲之句，皆艺府之美谈，后人所景慕矣。

唐代进士行卷与文学

程千帆 撰

一　问题的提出

关于唐代的进士科举，两《唐书》、《通典》、《册府元龟》、《文献通考》、《唐会要》诸书已经记载得相当详备。但这些著述大都详于这种制度的叙述和评价，而对基于这种制度而形成的一些风尚，则较少涉及。例如我们在这里所准备加以研究的行卷问题，除《文献通考》曾一引项安世说之外，其余的书里就几乎没有正面地提到过。徐松《登科记考》是研究唐代科举的专门名著，但限于体例，对行卷这种风尚也没有系统地加以探讨。

其次，关于唐代进士科举和文学的关系，前人虽曾经发表过一些零星的见解，而从事较为深入的研究，则实始于当代的学者们。陈寅恪、冯沅君等人，对于这个问题，都有所论列。① 但在他们已经发表的专书或论文中，也还没有全面地论及行卷这种风尚与文学发展的关系问题。

个人年来涉猎文史，鸠集了一些有关这些问题的资料，因而大致明白

---

①　请看下列文献。陈寅恪：《唐代政治史述论稿》中篇，《政治革命及党派分野》（1944 年）；《韩愈与唐代小说》（《哈佛亚细亚学报》Harvard Journal of Asiatic Studies 第一卷第一期，1936 年；译文载《国文月刊》第五十七期，1947 年）；《元白诗笺证稿》第一章，《长恨歌》（1955 年）；《读〈莺莺传〉》（《历史语言研究所集刊》第十本，1948 年；又见《元白诗笺证稿》第四章《艳诗及悼亡诗》附录）；施子愉：《唐代科举制度与五言诗之关系》（《东方杂志》第四十卷第八号，1944 年）；李嘉言：《词之起源与唐代政治》（《文艺复兴》中国文学研究号上，1948 年；又见《古诗初探》，1957 年）；冯沅君：《唐传奇作者身分的估计》（《文讯》第九卷第四期，1948 年）；刘开荣：《唐代小说研究》第一章《传奇小说勃兴三大因素——古文运动、科举制度及佛教影响》（1947 年）；张长弓：《唐宋传奇作者暨其时代》（1951 年）。此外，日本铃木虎雄曾撰《唐之考试制度与诗赋》一文，由张我军译载 1929 年 3 月 30 日天津《益世报》附刊，未见。

了唐代进士行卷是怎么一回事，并且进一步认识到，对于唐代文学发展起着积极的促进作用的，并非进士科举制度本身，而是在这种制度下所形成的行卷这一特殊风尚。今试将管见述论如次，以求教于对进士科举与文学的关系这个问题已经进行过专门研究的诸位先生和文学史工作者。由于试图将曾在 7 至 9 世纪的我国选举史以及文学史上不但存在过而且十分盛行的这种特殊风尚重现在读者面前，举证不免繁琐；同时，由于现存文献及个人水平的限制，立论也不免粗疏。这就希望大家严加指正，继续讨论，以期这个对于唐代文学研究说来并非无关重要的问题，获得较为圆满的解决。

二　行卷之风的由来

所谓行卷，就是应试的举子将自己的文学创作加以编辑，写成卷轴，在考试之前送呈当时在社会上、政治上和文坛上有地位的人，请求他们向主司即主持考试的礼部侍郎推荐，①从而增加自己及第的希望的一种手段。这也就是一种凭借作品进行自我介绍的手段；而这种手段之所以能够存在和盛行，则是和当时的选举制度分不开的。

原来，唐代科举考试的试卷是不糊名的。② 因为不糊名，所以某年某科有谁参加考试、哪本试卷属于谁，都是公开的。这就使得主试官除了评阅试卷之外，还有参考甚至于完全依据举子们平日的作品和誉望来决定

① 唐初的科举考试，本由考功员外郎主持，从开元二十四年(736)以后，才改由礼部侍郎主持，并成为定制。偶尔由其他官员主持，则称为“权知贡举”，表示是一种特殊情况。关于由考功员外郎改归礼部侍郎主持的缘由，据《唐摭言》卷一《进士归礼部》门的记载，是因为“庭议以省郎位轻，不足以临多士，乃诏礼部侍郎专之矣”。刘肃《大唐新语》卷十《厘革篇》所记同，盖即《唐摭言》所本，惟礼部误作吏部。

② 关于唐、宋时代科举考试由不糊名而糊名的情况，详见顾炎武《日知录》卷十七“糊名”条及黄汝成《集释》。唐制，举子在礼部通过考试后，称为选人，他们还要在吏部通过一场释褐试，才能担任官职。武后时，曾“敕吏部糊名考选人判，以求才彦”(《旧唐书·刘宪传》)。“策贤良方正，诏吏部尚书李景谌糊名校复”(《新唐书·张说传》)。随后又“以为非委任之方，罢之”(《新唐书·选举志》)。这都是属于吏部考试选人，而非属于礼部考试举子的事。所以顾炎武特地指出：“糊名已用之选人，而未尝用之贡举。”有些著作，如吕思勉《隋唐五代史》第二十章第五节《选举》上及陈登原《国史旧闻》卷二十七第三百二十七条“科举关防”都将礼部试终唐之世未尝糊名与吏部试在武后时一度糊名混为一谈，是不对的。

去取的可能；也使得应试者有呈献平日的作品以表现自己和托人推荐的可能；也使得主试官的亲友有代他搜罗人才，加以甄别录取的可能。洪迈《容斋四笔》卷五"韩文公荐士"条云：

> 唐世科举之柄，专付之主司，仍不糊名。又有交朋之厚者为之助，谓之通榜。故其取人也，畏于讥议，多公而审。亦有胁于权势，或挠于亲故，或累于子弟，皆常情所不能免者。若贤者监之则不然，未引试之前，其去取高下，固已定于胸中矣。

这段话比较扼要地指出了在试卷不糊名这种制度之下出现的种种情况。我们知道，唐代的科举制度是由魏、晋的九品中正制嬗变而来的，而九品中正制的举人，虽然往往是极不公正的，却同时也是公开的而非秘密的。唐代的科举考试采取了试卷不糊名的方式，使主试官得以审查应试者平素在学业上的表现，可能是九品中正制遗留下来的影响。另外，将自己的作品送请有地位、有学问的人看，希望得到他们的揄扬或教益，这也原是古已有之的。[①] 不过到了唐代，文士们更利用了这种办法来为争取进士登第服务。这就使之形成一种风尚，有别于通常的投送卷轴，而且出现了行卷这个专称。

助长行卷之风的，主要是那些在社会上、政治上、文坛上有地位的人，还有那些与主试官关系特别密切，因而可与之通榜，即共同决定录取举子的名单的人。王定保《唐摭言》卷八《通榜》门载有四个例子，其中最突出的一个是宣宗大中十年(856)郑颢知贡举，竟托崔雍为榜。崔雍提出名单以后，这位主司又一无更改，即行公布。在一般情况下是通榜的人可以参

---

① 试举一个有名的例子。《世说新语·文学篇》："钟会撰《四本论》始毕，甚欲使嵇公一见，置怀中既定，畏其难，怀不敢出，于户外遥掷，便面急走。"(末句，有些本子作"便回急走"，《太平御览》卷三百六十五及卷三百九十四引作"面便走"，我初以为，别本均较可通。后日本村上哲见教授赐告："这四字还是以通行本为妥。《汉书·张敞传》有'以便面拊马'句，颜师古注云：'便面，所以障面、盖扇之类也。不欲见人，以此自障面，则得其便，亦曰屏面。'"村上教授的意见是正确的。谨著于此，并表谢意。)

与机密，决定及第人的名单和名次，如钱易《南部新书》癸卷所云：

> 贞元末，许孟容为给事中，权文公任春官，时称权、许。进士可不，二公未尝不相闻。

凡是接受了举子呈献行卷的人，他们既可直接推荐于主试官，也可间接推荐于通榜者；而有力的推荐者，在某种程度上也就成了通榜者了。举子们将行卷投给他们，以求赏识，是很自然的。

但试卷不糊名和主试官及其通榜者可以依据举子们平日的成就与声望决定其去取这些事实，只能解释行卷的风尚何以能够存在，而不能充分地解释它何以十分盛行。因此，有必要继续指出：第一，行卷的风尚是和当时贡举诸科目中出路最好因而最受重视的进士科紧密地联系着的；而第二，它又是和进士科的去取以文词优劣为标准紧密地联系着的。

唐代贡举分为制科和常科，而常科之中，主要的又只有进士、明经两科。制科，据说是以待非常之才的，名目既极为繁多，每年或设或否，情况又极不一致。所以一般人所趋赴的，仍然集中在常科方面。常科之中，进士、明经两科虽然并列，而两者地位的高下和及第的难易，却大不相同。《唐摭言》卷一《散序进士》门云：

> 进士科始于隋大业中，盛于贞观、永徽之际。① 缙绅虽位极人臣，不由进士者，终不为美，以致岁贡常不减八九百人。其推重谓之“白衣公卿”，又曰“一品白衫”；其艰难谓之“三十老明经，五十少进士”。

进士科的举子还在穿着白麻衣去行卷或应试的时候，已被人推重，认为将来可以位至公卿，官居一品；而明经科的举子则无人对他们寄以这种厚

---

① 《元白诗笺证稿》第一章《长恨歌》云：“唐代科举之盛，肇于高宗之时，成于玄宗之代，而极于德宗之世。”主要的也是指进士科而言，较《唐摭言》所说为精确、全面。

望。三十岁明经及第,就算是老明经了;而五十岁进士及第,却还要算少进士。这些谚语正非常形象地指出了这两种科目在唐人心目中的价值相差是多么远。

行卷的风尚只是和进士科而不是和明经科联系着,一方面当然是因为明经科很容易考取,无需乎费事去进行这种紧张的闱外活动;另一方面,也因为明经科的考试内容是以帖经为主,及第的关键在于熟悉经书,而经书之熟悉与否,是无从用行卷这种方式来表现的,因此,应明经举的人自然也就没有必要行卷了。《学津讨原》本康骈《剧谈录》卷下"元相国谒李贺"条云:

> 元和中,进士李贺善为歌篇,韩文公深所知重,于缙绅之间,每加延誉,由此声华藉甚。时元相国稹年老[①],以明经擢第,亦攻篇什,常愿结交贺。一日,执贽造门。贺揽刺不容,遽令仆者谓曰:"明经擢第,何事来看李贺?"相国无复致情,惭愤而退。

考元稹以十五岁明经及第,事在德宗贞元九年(793),[②]那时李贺才四岁。"事之不实,无庸详辨。"[③]但这个虚构的故事不仅反映了当时社会重进士轻明经的情况,同时也反映了应明经举或从明经科出身的人,一般是不以诗文为贽去进谒他人,即不从事于行卷的[④];如果这样做了,就可能因为违反常情而被奚落一场,如这个故事中所描绘。事实上,我们也还没有在文献中看到应明经举的人从事行卷的事例。

---

① 按:"老",当作"少",观下文自明。

② 本书所举列的曾经应明经、进士等科举的人及其登第年份,均据《登科记考》,以下不再一一注明。

③ 朱自清《李贺年谱》(《清华学报》第10卷第4期,1935年)语。参岑仲勉《唐史余沈》卷三"李贺与元稹"条。

④ 唐人所谓"执贽"、"投贽"或"贽谒",也就是行卷。如范摅《云溪友议》卷中"中山诲"条:"襄阳牛相公……尝投贽于刘补阙禹锡,对客展卷,飞笔涂窜其文。"曾慥《类说》卷十一载《芝田录》:"卢君出牧衢州,有一士投贽。公开卷,阅其文十篇。"《唐摭言》卷六,《公荐》门:"吴翰林融为侍御史,出官峡中,(卢)延让时薄游荆渚,贫无卷轴,未遑贽谒。"皆可为证。

赵彦卫《云麓漫钞》卷八云：

唐之举人，先借当世显人以姓名达之主司，然后以所业投献。逾数日又投，谓之温卷。如《幽怪录》、《传奇》等皆是也。盖此等文备众体，可以见史才、诗笔、议论。至进士则多以诗为贽，今有唐诗数百种行于世者，是也。

这是一条为诸家所共同引用过的资料。它告诉了我们唐人用传奇小说行卷这个重要事实。但其所叙述的某些方面则殊嫌含混，有待订正，因为它既没有将举子们纳省卷与投行卷这两种不同的事实区别开来，也没有将无论是纳省卷或投行卷都主要是应进士科的举子的特有风尚而与明经科并无关系这一事实指陈出来。如文献所昭示，当时进士到礼部应试（即所谓省试，礼部属尚书省）之前，除了上面所谈到的要向有地位的人投行卷之外，还要向主试官纳省卷。（称为省卷，因为是向尚书省所属官府——礼部交纳的。它又称公卷，则对行卷系献给私人的而言。）两者的内容可能一样，对象却有区别。孙望校本元结《元次山集》卷十《〈文编〉序》：

天宝十二年，漫叟以进士获荐，名在礼部。会有司考校旧文，作《文编》纳于有司。……侍郎杨公见《文编》，叹曰："以上第污元子耳，有司得元子是赖。"……明年，有司于部堂策问群士，叟竟在上第。

《唐摭言》卷十二《自负》门：

刘允章侍郎主文年，榜南院曰："进士纳卷，不得过三轴。"刘子振闻之，故纳四十轴。

《南部新书》甲卷：

李景让典贡年，有李复言者，纳省卷，有《纂异》一部十卷。榜出曰："事非经济，动涉虚妄，其所纳仰贡院驱使官却还。"复言因此罢举。

这都是纳省卷的事例。所以胡震亨《唐音癸签》卷十八"进士科故实"条说：

举子麻衣通刺，称乡贡，由户部关礼部，各投公卷；亦投行卷于诸公卿间，旧尝投今复投者，曰温卷。礼部例得采名望收录。

又考《旧唐书·韦陟传》云：

曩者，有司取与，皆以一场之善登其科目，不尽其才。陟先责旧文，仍令举人自通所工诗笔，先试一月，知其所长，然后依常式考核。片善无遗，美声盈路。

韦陟以礼部侍郎知贡举，事在天宝元年（742）。[①] 纳省卷的风尚可能即由此而形成。这种风尚的消失，则在宋初，见范镇《东斋纪事》卷三所载：

初举人居乡，必以文卷投贽先进。自糊名后，其礼浸衰。贾许公为御史中丞，[②]又奏罢公卷，而士子之礼都亡矣。

这些资料将省卷、行卷之别表示得很分明，但《云麓漫钞》所云，"先借当世显人以姓名达之主司"，似指投行卷而言，"然后以所业投献（于主司）"，又似指纳省卷而言，就不够清楚了。又如前所说，无论是纳省卷或投行卷，都只是进士科举子的事。（进士及第以后，再举制科的人，也有继续向当世显人行卷的，那可以说是进士行卷之风的延长。）而据《云麓漫钞》语意，似乎无论什么科的举子，都曾以传奇小说来行卷，惟独进士才多以诗行卷，这也和现存其它文献所提供的事实不合。赵彦卫这段文字曾经引起

① 据《登科记考》卷九。

② 贾昌朝尝以右谏议大夫权御史中丞，嘉祐元年（1056），进封许国公，见《宋史》本传。

过某些研究者的误解，[1]因而我们在接触到这个问题的时候，不能不附带加以辨明。至于行卷与省卷虽然并行不悖，但由于省卷成千累百地集中于主司一人，其势不能尽阅，结果反而成了具文。举子所重，仍在向显人投献行卷这一方面，这也是可以从传世文献中涉及省卷者极少，而涉及行卷者甚多这个现象推断出来的。

既然行卷的风尚是和进士科举紧密地联系着，而这种联系又基于进士登第与否的关键在于文词的优劣，那么，考察一下进士科考试项目的情况，对于行卷之风的了解，就很有必要了。关于这个问题，史籍记载得相当详细，而赵翼《陔余丛考》卷二十八“进士”条所述则较为扼要，今录如下：

唐初制，试时务策五道，帖一大经，经、策全通为甲第。策通四，帖过四以上为乙第。永隆二年，以刘思立言进士惟诵旧策，皆无实材，乃诏进士试杂文二篇，通文律者然后试策。此进士试诗、赋之始。开元二十五年诏：“进士以声韵为学，多昧古今，自今加试大经十帖。”建中二年，中书舍人赵赞权知贡举，又以箴、论、表、赞代诗、赋。大和八年，仍复诗、赋。此唐一代进士试艺之大略也。

惟赵氏所言，也颇有疏误，首先是误以为试杂文即系试诗、赋[2]；其次是误

① 参前举冯沅君先生文。

② 和赵翼同样误以为试杂文即试诗、赋的，还有叶梦得，其《避暑录话》卷下云：“永隆后进士始先试杂文二篇，初无定名。《唐书》自不记诗、赋所起，意其自永隆始也。”《唐音癸签》卷十八“进士科故实”条及今人岑仲勉《隋唐史》卷下《唐史》第十八节《进士科抬头之原因及其流弊》所说亦同此误。《太平广记》卷一百七十八载卢言《卢氏杂说》则说进士试诗、赋，始于文宗开成三年(838)高锴知贡举，内出《霓裳羽衣曲赋》、《太学创置石经》诗作试题。错误更其明显。又杭世骏《道古堂文集》卷八，《〈唐律类笺〉序》云：“稽唐科举之制……凡试必有诗，凡诗必用排律，然犹兼以他文也。至元和八年，始专以诗、赋取士，于是排律与律赋遂为举场必擅之技。”如上所述，进士本来只试策论和帖经，后来才加上杂文，试杂文部分，又逐渐变为专试诗、赋，所以并非“凡试必有诗”，而“兼以他文”。杭氏不仅把这一事实弄颠倒了，而且又误记《新唐书·选举志》“大和八年，礼部复罢进士议论，而试诗、赋”之文，以大和为元和，以复试诗、赋为始专试诗、赋。《选举志》所载，原来就不正确，杭氏不加订正，又复错上加错，未免失之粗疏。

以为自德宗建中二年(781)赵赞奏罢诗、赋以后,直至文宗大和八年(834)才恢复。徐松《登科记考》卷二"永隆二年"条按语云:

杂文两首,谓箴、铭、论、表之类。开元间始以赋居其一,或以诗居其一,亦有全用诗、赋者,非定制也。杂文之专用诗、赋,当在天宝之季。

据王应麟《玉海》卷二百三及二百四,《辞学指南》所载高宗显庆四年(659)进士试《关内父老迎驾表》、《贡士箴》,玄宗开元十一年(723)试《黄龙颂》,开元十四年(726)试《考功箴》,开元二十六年(738)试《拟孔融〈荐祢衡表〉》等例,及《旧唐书·玄宗纪》"天宝十三载"条所载:

上御勤政楼,试四科制举人,策外加试诗、赋各一首。制举加诗、赋,自此始也。

可知进士科举加试文词,早在永隆二年(681)以前即偶有之,而刘思立的奏请,则使它进一步地制度化了。又经过几十年的演变,才由任试包括诗、赋在内的各体杂文,逐渐转为只试诗、赋,①而且还影响到制科也加进了这一新的考试项目。这都证明上引徐松的话是正确的。《登科记考》卷十一"建中二年"条按语又云:

次年进士试《学官箴》,是罢诗、赋自三年始。第不知复于何年用诗、赋。考《文苑英华》载贞元四年试《曲江亭望慈恩寺杏园花发》诗,大约贞元之初,即复旧制。故大和间礼部奏言"国初以来试诗、赋,中间或暂改更,旋即仍旧"是也。

---

① 前举吕思勉书认为早期所谓杂文不包括诗、赋在内,不合事实,观《登科记考》所载历年试题自明。

这也比赵翼据《新唐书·选举志》所说曾罢诗、赋五十余年为合于事实。弄清楚这些细节对研究行卷问题是很重要的。因为最初杂文所包者广，这才使行卷之文也可相应地具备众体，逐渐发展到古诗、律诗、词赋、骈文、散文、小说等无所不有。在不成文地规定杂文只试诗、赋后，由于行卷之文可备众体已经形成一个传统，也就没有因考试内容的更动而有改变。同时，因为从7世纪80年代开始，在进士科举的考试项目中增加了杂文（在8世纪中叶以来则专指诗、赋）后，进士考试就始终以文词为中心内容，几乎没有中断过，因而举子们用以表现自己文学才能的行卷之风也没有中断过，直到宋初为止。这都显示了行卷这种风尚和考试内容的关系十分密切。

文词在进士科考试中是后来增加的项目，可是它很迅速地就压倒了试策和帖经，而成了最重要的即决定去取的部分。杜佑《通典》卷十七载赵匡《举选议》云：

进士者，时共羡之。主司褒贬，实在诗、赋，务求巧丽，以此为贤。

就是指的这种情形。正由于此，所以进士科后来也称为词科。事实上，考试既以文词为主，以测验记诵之学为目的的帖经已经变成可有可无，于是在天宝初年，就出现了"作诗赎帖"的通融办法。赵贞信校注本封演《封氏闻见记》卷三《贡举》门：

举司帖经，多有聱牙、孤绝、倒拔、筑注之目，文士多于经不精，至有白首举场者，故进士以帖经为大厄。天宝初，达奚珣、李岩相次知贡举，进士文名高而帖落者，时或试诗放过，谓之赎帖。

《太平广记》卷一百七十九"阎济美"条载温庭筠《乾𦠆子》云：

（阎济美）具前白主司曰："某早留心章句，不工帖书，必恐不及格。"主司曰："可不知礼闱故事，亦许诗赎。"……某又遽前白主司曰：

“侍郎开奖劝之路，许作诗赎帖，未见题出。”主司曰：“赋《天津桥望洛城残雪》诗。”

前者记叙赎帖所由起，后者则是晚唐的一个实例。这说明了，早在玄宗时代，进士取舍就以文词为主，更不用说其后变本加厉的种种情况了。

总之，由于进士科出路比其他科目都好，所以竞争就特别激烈；由于进士科考试重在文词，其录取又要采平日誉望作为重要参考，所以举子们用来表现自己的创作水平乃至于见识和抱负的行卷，就特别重要。在一般情况下，举子们没有不努力提高自己的文学修养，以期写出较好的作品，并用它们来行卷，从而打动当世显人的心的。这样，行卷的风尚在客观上就不能不对唐代的文学发展起着较广泛和较长远的推动作用。

今传行卷故事见于唐人小说、杂记的，绝大多数出于中、晚唐。但这种风尚的兴起则必然在永隆二年(681)进士加试杂文成为制度以后，安、史之乱以前。薛用弱《集异记》所叙王维借岐王的力量行卷于公主事，显然不足据信，①但这种依托，却不失为唐人认为行卷之风出现较早的旁证。

行卷这一风尚的由来，大概如此。

① 如赵殿成《右丞年谱》及陈贻焮《王维生平事迹初探》(《文学遗产》增刊六辑)，对此都存而不论，汪辟疆先生校录《唐人小说》下卷所载《集异记》，“王维”条按语论此事也说：“薛氏此文，或即摭拾传闻，不定根于事实。”

三　行卷之风的具体内容

社会风尚总是在较长时期中形成，并且逐渐使其自身具备丰富而具体的内容的，在唐代进士科举制度之下所形成的种种风尚也不在例外。由于这种种风尚内容所具有的丰富性与具体性，甚至在当时就使人感到有必要写一部专书来加以介绍，为初次赴举的人提供一些方便。《新唐书·艺文志》卷三及《宋史·艺文志》卷七都在子部小说家类著录了卢光启所撰《初举子》，就是这样一部书。孙光宪《北梦琐言》卷四记其写作缘起云：

> 卢相光启，先人服刑。尔后弟兄修饰赴举，因谓亲知曰："此乃开荒也。"然其立性周谨，进取多途，著《初举子》一卷，即进取诸事。皆此类也。

《容斋续笔》卷十三"贻子录"条则据五代时佚名所著《贻子录》中的《修进》一章，对这部早已亡佚的书的内容有简略的介绍：

> 咸通年中，卢子期著《初举子》一卷，细大无遗。就试三场，避国讳、宰相讳、主文讳。士人家小子弟忌用熨斗时把帛，虑有拽白之嫌。烛下写试无误笔，即题其后云："并无揩、改、涂、乙、注。"如有，即言字数，其下小书名。同年小录，是双只先辈各一人分写。宴上，长少分双只相向而坐。元以东为上，倸以西为首。给、舍、员外、遗、补，多来

> 突宴，东先辈不迁，而西先辈避位。及吏部给春关牒，便称前乡贡进士。

可能是由于南宋时代行卷之风久已不存，洪迈据《修进》章摘录《初举子》的内容时，独没有涉及这一部分。这是很可惜的。但关于行卷的具体情况，散见各书的还有一些，今略加整比，叙述如次。

唐代进士一般是在正月考试，二月放榜。[①] 因此投献行卷多数是在头一年秋天就开始进行。初次到长安（或洛阳）应试的外地举子们，往往事先就做好一些卷轴，随身携带，进京备用。（国学生徒准备应进士科举的，自然一般就在国学西监所在地长安及东监所在地洛阳准备。）如韩愈《昌黎先生集》卷四，《赠崔立之评事》有云：

> 崔侯文章苦敏捷，高浪驾天输不尽。曾从关外来上都，随身卷轴车连轸。朝为百赋犹郁怒，暮作千诗转遒紧。

崔立之是德宗贞元三年（787）进士登第的。此诗所写，可能是他第一次赴试的情况。但由于进士科录取名额很少，每年不过三十人左右，登第非常艰难，一举成名的几乎是绝无仅有，落第的人每年都非常之多。这些人为了争取时间，准备下一次应考，便往往在京城里留下来，（其必须回家乡去的，也往往在春季落第还乡之后，又在当年秋天赶回京城来。）从事一些活动，其中很主要的一项，就是准备新的行卷。[②]《南部新书》乙卷云：

> 长安举子，自六月以后，落第者不出京，谓之过夏。多借静坊、庙院及闲宅居住，作新文章，谓之夏课。……七月后，投献新课。……人为语曰："槐花黄，举子忙。"

---

① 据《〈登科记考〉叙例》。

② 关于唐代进士科之贵重、举子及第之不易、落第后之艰难及每年忙于准备新的行卷等各种情况，请参看拙稿《王摩诘〈送綦毋潜落第还乡〉诗跋》，载《古典诗歌论丛》。

李肇《国史补》卷下"叙进士科举"条云：

> 退而肄业，谓之过夏；执业而出，谓之夏课。

《唐摭言》卷一《述进士下篇》引《国史补》此文，于"夏课"下注云："亦谓之秋卷。"夏是指其撰卷之时，秋则指其行卷之时。（至于不留京而回乡里的人，其从事于夏课即秋卷之撰作，自然也大略相似。）

投卷的地点，主要是在京城长安，其次则是在偶然也设置考场的东都洛阳。因为它们既是考场所在，也是显宦、名人集中的所在。但也有因为特殊原因而在外地投献行卷的。如张固《幽闲鼓吹》云：

> 丞相牛公应举，知于頔相之奇俊也，特诣襄阳求知。

阮阅《诗话总龟》前集卷二十五引李颀《古今诗话》云：

> 邵安石，连州人。高湘侍郎南迁归朝，途经连江，安石以所业投之，遂见知，同至辇下。湘知贡举，安石擢第。

从以上所引《南部新书》及《国史补》中可以知道，行卷以每年更新为正常。（这自然也并不排斥在新卷中编入部分旧作。）这种更新，对于举子们创作水平的提高，显然起着促进作用。王谠《唐语林》卷二，《文学》门引刘禹锡所云，就是一个例证：

> 牛丞相奇章公初为诗，务奇特之语，至有"地瘦草丛短"之句。明年，秋卷成，呈之，乃有"求人气色沮，凭酒意乃伸"。益加能矣。明年乃上第。

这种更新还有利于在创作中吸收新的题材，表示自己对于某些新事物的看法。《国史补》卷中"晋公祭王义"条云：

裴晋公为盗所伤刺，隶人王义扞刃死之。公乃自为文以祭，厚给其妻子。是岁，进士撰《王义传》者，十有二三。

此事亦见《南部新书》戊卷，称“是岁，进士撰《王义传》者三之二”，则为数更多。又《全唐诗》卷五百十一张祜《〈孟才人叹〉序》，述才人殉情事后，续云：

进士高璩登第年宴，传于禁伶。明年秋，贡士文多以为之目。大中三年，遇高于由拳，哀话于余，聊为兴叹。

这两个事例正好说明了许多举子在撰文行卷时，是重视那些激动人心的新鲜题材的，以这种作品行卷，当然也就比较易于收到引人注目的效果。至如《南部新书》庚卷云：

裴说应举，只行五言诗一卷。至来年秋，复行旧卷。人有讥者。裴曰：“只此十九首苦吟，尚未有人见知，何暇别行卷哉？”咸谓知言。

则可见全行旧卷乃是一种不寻常的举动，容易引起非难，非有待于解释不可了。

行卷所用的纸张、写卷的书法与行款也都有需要注意的地方。李商隐《樊南文集》卷八《与陶进士书》云：

昨又垂示《东岗记》等数篇，不惟其词彩奥，大不宜为冗慢无势者所窥见，且又厚纸谨字，如贡大诸侯、卿士及前达有文章积学者，何其礼甚厚而所与之甚下耶？

据此可知，进士行卷所用纸张应当厚实，字迹必须端正。又《昌黎先生集》卷十七《与陈给事书》有云：

并献近所为《复志赋》已下十首为一卷，卷有标轴。《送孟郊序》一首，生纸写，不加装饰，皆有揩字、注字处。急于自解而谢，不能俟更写，阁下取其意而略其礼可也。

廖莹中注引邵博《邵氏闻见录》："唐人有生纸，有熟纸，所谓妍妙辉光者，其法不一。生纸非有丧故不用。退之云，《送孟郊序》用生纸，急于自解不暇择耳。"韩愈以贞元八年（792）登进士第，这封信写于贞元十九年（803），①所以并非进士求知之作，但文中所叙及的一些风尚，如卷子应有标轴，应加装饰，不应用生纸，不应揩、注，我们可以想像得到，也正是进士行卷时所应当遵守的。《学津讨原》本宋程大昌《演繁露》卷七"唐人行卷"条云：

唐人举进士必行卷者，为缄轴录其所著文以献主司也。② 其式见李义山集《〈新书〉序》（卷七），曰：治纸工率一幅以墨为边准（今俗呼解行也），用十六行式（言一幅解为墨边十六行也），率一行不过十一字（此式至本朝不用）。

这是九世纪中叶的记载，可见行卷的行款，到后来也有一定的规格了。

关于对每一个人每一次应当投献多少卷轴，每卷应当包括多少内容，是没有一定的。陈鹄《西塘集耆旧续闻》卷八云：

后唐明宗公卿大僚皆唐室旧儒，其时进士贽见前辈，各以所业，只投一卷至两卷，但于诗、赋、歌篇、古调之中，取其最精者投之。行

---

① 陈给事，指陈京。据《四部丛刊》本韩集，《与陈给事书》题下樊汝霖注云："（贞元）十九年，京迁给事中。"考韩愈在本年冬即贬阳山，是此书只能作于贞元十九年陈迁给事中以后，韩贬阳山以前。

② 唐代进士行卷，有向礼部衙门投纳省卷（公卷）及向当世显人投献行卷两种，已详前。行卷之称，自然也可包括投纳省卷在内。但《演繁露》此处解释行卷，只提及献给主司的省卷，而没有提到更重要的献给显人的行卷，是不够确切的。

> 两卷者号曰两行，谓之多矣。故桑魏公只行五首赋，李相愚只行五首诗，便取大名，以至大位，岂必以多为贵哉？

这里所述的虽是五代故事，其风尚则是唐代的延长。（前举《南部新书》载裴说只行五言诗十九首一卷，可证。）而《唐摭言》卷十二《自负》门则有当时有人行卷以多为贵因而受到嘲弄的记载：

> 薛保逊好行巨编，自号金刚杵。大和中，贡士不下千余人。公卿之门，卷轴填委，率为阍媪脂烛之费。因之平易者曰："若薛保逊卷，即所得倍于常也。"

这些记录都说明了行卷的轴数及文字的篇数多少虽可任意，但却贵精而不贵多。如皮日休以《皮子文薮》十卷二百篇作为行卷，杜牧曾行诗一卷，有一百五十篇，①在当时恐怕也要算得多的了。

这种闱外活动的目的既在于引起别人对自己文才的重视，而竞争的对手有时又多至千人，"公卿之门，卷轴填委"，要使作品受到赏识，是不大容易的。针对着这种情况，举子们便在编辑行卷时，特别注意第一篇的安排，把自己（或者别人）认为最好的、最容易引人注目的作品放在最前面，使人展开卷轴立即可以看到，称为卷首。如《北梦琐言》卷七载陈咏逸事：

> 其诗卷首有一对语云："隔岸水牛浮鼻渡，傍溪沙鸟点头行。"京兆杜光庭先生谓曰："先辈佳句甚多，何必以此为卷首？"颖川曰："曾为朝贵见赏，所以刻于首章。"②都是假誉求售使然也。

---

① 今传《皮子文薮》为行卷之文，是萧涤非先生首先注意到的，见其校本《文薮》的《前言》。杜牧献诗数字，见《樊川文集》卷十六《献诗启》。

② "刻"，当是"列"之误字。虽然雕版印刷技术在 8 世纪中叶之前已经发明（见美国富路特《关于一件新发现的最早印刷品的初步报告》及胡道静注文，载《书林》，1980 年第 3 期），但在整个唐代尚未普遍使用，而且行卷必须写得规矩（所谓"谨字"），无论就物质条件或贽谒礼仪来说，都没有用刻本的卷子去向显人投献的可能。中华书局重排《云自在龛丛书》本失校。

就是行卷者有意识地安排卷首的一个例子。卷首的安排是否妥当，对行卷的效果是有影响的。《幽闲鼓吹》云：

> 白尚书应举，初至京，以诗谒顾著作。顾睹姓名，熟视白公曰："米价方贵，'居'亦弗'易'。"乃披卷。首篇曰："咸阳原上草，一岁一枯荣。野火烧不尽，春风吹又生。"即嗟赏曰："道得个语，'居'即'易'矣。"因为之延誉，声名大振。

《国史补》卷上"崔颢见李邕"条云：

> 崔颢有美名，李邕欲一见，开馆待之。及颢至，献文，首章曰："十五嫁王昌。"邕叱起曰："小子无礼！"乃不接之。

白居易这首题为《赋得古原草送别》的诗，头四句恰如其分地表现了自己生气蓬勃、不畏困难、坚持进取的心情，因而顾况一看就改变了他最初对于这个青年人多少有些轻视和嘲弄的态度。至于崔颢，他尽管有些可作行卷首篇的较好作品，可惜错选了那首卖弄风情、出词轻薄的《王家少妇》①，就引起了李邕的不满。这些逸事，正说明了举子行卷非特别注重卷首的安排不可。

前引《初举子》曾载举子试卷中一律要避国讳、宰相讳、主文讳，而对于每个人来说，还得要避自己的家讳。《南部新书》丙卷云：

> 凡进士入试，遇题目有家讳（谓之文字不便），即托疾，下将息状来出，云："牒某忽患心痛，请出试院将息，谨牒如的。"

可以推想，在行卷中，国讳、宰相讳、主文讳和家讳也都是要避的，而且，还

① 《王家少妇》全文如下："十五嫁王昌，盈盈入画堂。自矜年最少，复倚婿为郎。舞爱《前溪》绿，歌怜《子夜》长。闲来斗百草，度日不成妆。"见《全唐诗》卷一百三十。

得再加上一条，即避投献行卷的对象，也就是某一位显人的家讳。辛文房《唐才子传》卷十“褚载”条：

> 文德中，刘子长出镇浙西，行次江西。时陆威侍郎犹为郎吏，亦寓于此。载缄二轴投谒，误以子长之卷面贽于威。威览之，连见数字触家讳。威瞿然，载愕错，白以大误，寻谢以长笺，略曰：“曹兴之图画虽精，终惭误笔；殷浩之矜持太过，翻达空涵。”①威激赏而终不能引拔，竟流落而卒。

可见这一从六朝以来就形成了的与人交际应避其家讳的风尚，在行卷时也是必须恪守的。如其不慎而触犯了它，便要产生严重的后果。

《太平广记》卷一百五十五“李固言”条载《蒲录记传》云：

> 元和七年，许孟容以兵部侍郎知举。固言访中表间人在场屋之近事者，问以求知游谒之所。（未详姓氏）斯人且以固言文章甚有声称，必取甲科，因绐之曰：“吾子须首谒主文，仍要求见。”固言不知其误之，则以所业径谒孟容。孟容见其著述甚丽，乃密令从者延之，谓曰：“举人不合相见，必有嫉才者。”使诘之。固言遂以实对。孟容许第固言于榜首，而落其教者姓名，乃遣秘焉。②

这条资料说明，举子是不可以私下向主试官直接行卷的（向礼部衙门公开投纳省卷当然不在此限），而是必须通过显人的推荐，才能使主司注意他以至于录取他。向显人们行卷虽无限制，可是政治局势和文章风会却是有变迁的，这就使得举子们必须注意选择对象，行卷于那些在社会上、政治上、文坛上有地位、有权势、的确可以帮助自己及第成名的人。刘崇远《金华子杂编》卷上云：

---

① 以上亦见《唐摭言》卷十一《恶分疏》门。

② 《旧唐书·许孟容传》：“（元和）四年，拜京兆尹……改兵部侍郎，俄以本官权知贡举，颇抑浮华，选择才艺。”可与此条所载故事互证。

崔起居雍，甲族之子，少高令闻，举进士，擢第之后，蔼然清名闻于时，与郑颢同为流品所重。举子公车得游历其门馆者，则登第必然矣。时人相语为崔、郑世界。虽古之龙门，莫之加也。

又佚名《玉泉子》云：

李德裕以己非由科第，恒嫉进士举者。及居相位，权要束手。德裕尝为藩府从事日，同院李评事以词科进，适与德裕官同。时有举子投文轴，误与德裕。举子既误，复请之曰："其文轴当与及第李评事，非与公也。"由是，德裕志在排斥。

这两件事，都可以看出行卷必须郑重选择对象。崔雍既尝与郑颢通榜，则行卷于崔，及第的机会自然较多。李德裕既非进士词科集团中的人物，和知贡举的人也因缘较少，就比较难以向主司推荐，那位举子因而也就不愿意向他投卷了。《北梦琐言》卷三云：

唐李固言，生于凤翔庄墅，雅性长厚，未习参谒。始应进士举，舍于亲表柳氏京第。诸柳昆仲率多戏谑，以相国不谙人事，俾习趋揖之仪。俟其磬折，密于乌巾上帖文字云："此处有屋僦赁。"相国不觉。及出，朝士见而笑之。许孟容守常侍，朝中鄙此官，号曰貂却[①]，固不能为人延誉也。相国始以所业求知，谋于诸柳。诸柳与导行卷去处。先令投谒许常侍。相国果诣骑省。高阳公惭谢曰："某官绪极闲冷，不足发君子声采。虽然，已藏之于心。"又睹乌巾上文字，知其朴质。无何，来年许公知礼闱，李相国居状头及第。是知诸柳之戏谑，足致陇西之速遇也。

---

① 按：貂郤二字无义，却当是脚之坏字。《粤雅堂丛书》本《南部新书》辛卷云："开元以后鄙常侍，拜此官者，朝中谓之貂脚也。"（《学津讨原》本《南部新书》亦误作貂却）可证。《容斋四笔》卷十五"官称别名"条云："唐人好以它名标榜官称……侍中为大貂，散骑常侍为小貂。"或者当时侍中亦称貂头，故常侍亦称貂脚。

这个故事很可能是前引《蒲录记传》所载故事的传文异辞。它从反面说明了投卷是应当赶热门的。《太平广记》卷一百八十“牛锡庶”条载《逸史》记牛行卷于萧昕事，所述略同，可以参看。再则行卷对象，不止一人，其投献先后，也有关系。诸柳要李固言首先到冷官许孟容处，也正是一种开玩笑的做法。而计有功《唐诗纪事》卷五十六“雍陶”条云：

> 唐诗人最重行卷，陶首篇上裴度，或云耿沣行卷首篇上第五琦，遂指二子为邪正。虽然，方琦未有衅时，上诗亦何足多怪？

则向谁行卷，不只是要考虑那些对象的地位、身份，而且其政治面貌也应当在考虑之列了。《唐摭言》卷十五“旧话”条载“卷头有眼”之语，原注：“投谒必其地也。”也就是说，行卷必须注意选择对象。

行卷的情态，略见于马端临《文献通考》卷二十九《选举考》二“举士”条引江陵项氏之说：

> 王公大人，巍然于上，以先达自居，不复求士。天下之士，什什伍伍，戴破帽，骑蹇驴，未到门百步，辄下马，奉币刺，再拜以谒于典客者，投其所为文，名之曰求知己。如是而不问，则再如前所为者，名之曰温卷。如是而又不问，则有执贽于马前，自赞曰“某人上谒”者。

举子们求知（求知己）亦即行卷、温卷的过程，大致即如项安世所说。他所描绘的举子们那种卑躬屈节的情态，以及王公大人们高高在上的情形，自然比比皆是，但也并非没有凭仗真才实学行卷的举子和怜才爱士的显人，否则，我们也就难以解释唐代进士科举制度何以曾经产生过许多有气节、有学问、有贡献的人物这一历史事实了。[①] 对于这一记载可以加以补充的是：第一，行卷以求知己这种手段，对于唐人来说，既用之于登第之前，

---

① 对唐代这个封建大帝国有重要贡献的人物，有不少是进士科出身的，略见《樊川文集》卷十二《上宣州高大夫书》。

也用之于登第之后。之前是为了争第，（进士登第后复应制科举，或不应进士举而专应制科举者，其行卷求知，也可归入此类。）之后是为了求官，故后者可以说是前者的沿用和发展。今传唐人文献，两者并存。当我们研究行卷问题的时候，既要加以区别，也要注意到两者目的虽异，手段则同，从而可以利用关于登第后行卷的若干材料，来印证和补充登第前行卷的某些情况，如前举韩愈集中所载行卷忌用生纸书写等事，即其一例。第二，在求知己的时候，由于不一定会被接见，即使被接见了，也未见得能够畅所欲言，所以往往另外准备一封书信，连同行卷一并投献。这封信除了表达自己希望被赏识、提拔的愿望之外，往往还将所献文字，加以扼要的介绍，以唤起对方的注意。如杜牧《樊川文集》卷十六《上知己文章启》云：

> 某少小好为文章，伏以侍郎，文师也，是敢谨贡七篇，以为视听之污。伏以元和功德，凡人尽当歌咏记叙之，故作《燕将录》；往年吊伐之道，未甚得所，故作《罪言》；自艰难来始，卒伍佣役辈多据兵为天子、诸侯，故作《原十六卫》；诸侯或恃功不识古道，以至于反侧叛乱，故作《与刘司徒书》；处士之名，即古之巢、由、伊、吕辈，近者往往自名之，故作《送薛处士序》；宝历大起宫室，广声色，故作《阿房宫赋》；有庐终南山下，尝有耕田著书志，故作《望故园赋》。虽未能深窥古人，得与揖让笑言，亦或的的分其状貌矣。

这封信写于大和元年（827）杜牧进士登第以后[①]，所以它也并非用来求举的，但书题仍称某侍郎为知己，其写法与一般应进士科伴随着行卷的上书没有什么不同，仍可推知。（这种介绍也有以行卷的序文的形式出现的，如下文所引皮日休的《〈文薮〉序》。）第三，首次求知，一定要投行卷，这在唐人记载中似乎没有例外，至于其后的温卷，却并非如赵彦卫、项安世之

---

① 据缪钺《杜牧之年谱》（《浙江大学文学院集刊》第一、二集，1941年），《罪言》作于大和八年（834）。这封信里介绍了这篇文章，那么它最早也只能作于同年，上距杜牧进士及第，已经有七年了。

说，非得隔几天再送一次文轴不可。王辟之《渑水燕谈录》卷九云：

> 国初袭唐末士风，举子见先达，先通笺刺，谓之请见；既与之见，他日再投启事，谓之谢见；又数日再投启事，谓之温卷。或先达以书谢，或有称誉，即别裁启事，委曲叙谢，更求一见。

这是沿袭唐末的宋初风尚，礼仪似更繁复。但其言温卷只投启事，则证以柳宗元《河东先生集》卷三十六所载《上权补阙温卷决进退启》，中唐时代就可以如此。此启题为温卷，其中虽然非常详尽宛转地表达了自己求知的愿望，但丝毫没有涉及同时又向权再投一次行卷的事情。《北梦琐言》逸文卷二载："唐光化中，苏拯……与考功郎中苏璞初叙宗党。……拯既执贽，寻以启事温卷。"所叙情况亦同。由此可知，温卷的作用主要是再度提醒一下受卷的显人，请他对自己加以关心和注意，请其不要忽略了前次的行卷，所以既可以随信再投一次卷，也可以只再上一封信，[①]总之，温卷是行卷的延长，同样是求知己活动的不可缺少的部分，但并非全然是行卷的重复。

最后，谈一下行卷时穿着的服装问题。在我国封建社会里，服装也是用来标志人们社会、政治地位的一种手段。唐人很重视服章[②]，统治阶级的衣服及身上的佩饰的物质、颜色、式样，都依据地位的高下，做出了明文规定。关于这些，史籍所载很详，无须复述。在这种制度之下，还在应举而没有进入仕途的乡贡进士或两监生徒，一般穿的都是白色的粗麻布衣。所以前引《唐摭言》说当时社会上称他们为"一品白衫"、"白衣公卿"，一品、公卿，指将来可能达到的地位，白衣（衫）则是未及第之前穿来行卷和应考的衣服。在礼部主持的进士考试及第之后，再通过吏部的关试，就可以做官了，所以关试也称为释褐试。也就是说，通过了这场考试，才可以释褐，即把白粗麻布衣脱下来。《北梦琐言》卷三云：

---

① 萧涤非先生在《文薮》的《前言》中说："假如落第，那么第二年就再献，叫做'温卷'。"其说与今传唐、宋文献所载都不相同，未详所本。

② 参《容斋随笔》卷一"唐人重服章"条。

唐相国刘公瞻，其先人讳景，本连州人，少为汉南郑司徒掌笺札，因题商山驿侧泉石。荥阳奇之，勉以进修，俾前驿换麻衣，执贽之后，致解荐，擢进士第。

薛能尚书镇郓州，见举进士者必加礼异。李勋尚书先德为衙前将校，八座方为客司小子弟，亦负文藻，潜慕进修，因舍归田里，未逾岁，服麻衣，执所业于元戎。

唐郑愚尚书，广州人，雄才奥学，擢进士第，扬历清显，声称烜然，而性本好华，以锦为半臂。崔魏公铉镇荆南，荥阳除广南节制，经过，魏公以常礼延遇。荥阳举进士时，未尝以文章及魏公门。此日，于客次换麻衣，先贽所业。魏公览其卷首，寻已，赏叹至三四，不觉曰："真销得锦半臂也。"

又《唐摭言》卷十二"设奇沽誉"条云：

咸通中，郑愚自礼部侍郎镇南海，时崔魏公在荆南，愚著锦袄子半臂袖卷谒之，公大奇之。会夜饮更衣，宾从间窃谓公曰："此应是有，惭不称耳。"既而复易之红锦，尤加焕丽，众莫测矣。

刘景和李勋的例子证明，举子行卷，必须着麻衣；而郑愚的例子，虽然两书所载各异，(《北梦琐言》是说他虽然爱着锦半臂，但向崔铉行卷时，仍然换了麻衣，而《唐摭言》则说他就穿着锦半臂对崔投卷。)但认为按照当时风尚，即使及第多年、官位很高的人，如果要向先达行卷，也仍然应当像没有及第的举子一样穿白麻衣，才合乎礼仪，则是一致的。至于应试时也要穿白麻衣，则《全唐诗》卷五百四十四刘得仁《陈情上知己》诗："刻骨搜新句，无人悯白衣。"及《唐摭言》卷四《与恩地旧交》所载刘虚白试杂文日，在帘前献给主考的诗："二十年前此夜中，一般灯烛一般风。不知岁月能多少，犹着麻衣待至公。"可以为证。

凡是举子们行卷及应试时穿过的白麻衣，在他们及第以后，就被还没有考取的举子要去，作为一种吉利的兆头。《唐音癸签》卷十八《诂笺》三

"进士科故实"条云:

> 《摭言》云:"进士及第后知闻,或遇未及第时题名处,则为添前字。"故唐人登第诗有"曾题名处添前字,送出城人乞旧衣"之句。乞衣,亦见张籍诗。① 当时下第举子丐利市,猥习可悯笑者。

乞衣这种迷信的举动诚然是"可悯笑"的,但它里面却隐藏着唐代进士科出路特好,竞争激烈这个历史事实。

以上,就是我们今天所能考见的行卷这一风尚的具体内容。

① 此处所引《唐摭言》,见卷三《慈恩寺游赏赋咏杂纪》。"乞旧衣"的"衣"字,《雅雨堂丛书》本及《学津讨原》本《唐摭言》均误作"诗",系后人不了解唐代风俗而妄改。惟《癸签》及《全唐诗》卷七百九十六所引《唐摭言》为不误。张籍诗,指其《送李馀及第后归蜀》一篇,中有"十年人咏好诗章,今日成名出举场。归去惟将新诰牒,后来争取旧衣裳"诸句,见《全唐诗》卷三百八十五。

四　举子及显人对待行卷的态度及其与文学发展的关系

举子们用怎样的态度去行卷，所谓当世显人又用怎样的态度对待那些投来的作品，对于行卷能否促进文学的发展是有关系的，因而也是我们所应当加以考察的。

就坏的方面说，从唐代进士行卷的逸事中，的确可以发现一些笑话奇谈。如曾慥《类说》卷十一载《芝田录》云：

> 卢君出牧衢州，有一士投贽。公开卷，阅其文十篇，皆公所制也，密语曰："非秀才之文。"①对曰："某苦心夏课，知己不一，非假手也。"公曰："此某所为文，兼能暗诵否？"客词穷，吐实曰："得此文，无名姓，不知是员外撰述。"惶惧求去。公曰："此虽某所制，亦不示人，秀才但有之。"留连厚恤。比去，问其所之，曰："汴州梁尚书也，是某亲丈人，须住旬日。"公曰："大梁尚书乃亲表，与君若是内戚，即某与君合是至

① 秀才在唐代有两种意义：一是常科的一种。《通典》卷十五云："大唐贡士之法……其常贡之科有秀才，有明经，有进士。……初，秀才科等第最高。贞观中，有举而不第者，坐其州长，由是废绝。"《封氏闻见记》卷三《贡举》门云："初，明经取通两经，先帖文，乃按章疏试墨策十道；秀才试方略策三道；进士试时务策五道。……其后举人惮于方略之科，为秀才者殆绝，而多趋明经、进士。"二是进士的通称。《国史补》卷下"叙进士科举"条云："进士为时所尚久矣……通称谓之秀才。"中唐以来，秀才科久不存在，故一般文献中所称秀才均系指应进士科举的人。赵翼《陔余丛考》卷二十八"秀才"条谓："唐时凡举子皆称秀才。"然应明经等常科举及专应制科举的人，都无秀才之称，其说实误。这里是作第二义用，后同。

亲。此说想又妄耳。"其人战灼若无所容。公曰:"不必如此。前时恶文及大梁亲表,一时奉献。"

又《唐诗纪事》卷四十七"李播"条云①:

播以郎中典蕲州,有李生携诗谒之。播曰:"此吾未第时行卷也。"李曰:"顷于京师书肆百钱得此,游江淮间,二十余年矣。欲幸见惠。"播遂与之,因问何往。曰:"江陵谒卢尚书。"播曰:"公又错也,卢是某亲表。"李惭悚失次,进曰:"诚若郎中之言,与荆南表丈,一时乞取。"再拜而出。

这两个记载也可能是一事而传闻异辞,不过如后者所述,则那个文偷公脸皮显得更厚一些而已。这些文献还告诉了我们另外一个事实,即行卷以求知己,虽然主要是为了成名,但其末流也有借此打抽丰(打秋风)即敛财的。举进士而及第,自然有比较好的前途;但累试不第,乃是常事,因而多数人在经济上不免要发生困难。赵匡在《举选议》中就曾经谈到"羁旅往来,縻费实甚,非唯妨阙正业,盖亦隳其旧产,未及数举,索然已空"的情况,认为是进士科举十弊之一。由于这种情况具有相当的普遍性,所以举子们行卷的时候,一方面固然希望对方在功名上予以提拔,另一方面也希望对方在经济上予以资助;而显人们在这两方面都加以考虑和酬应,就往往成为不可避免的了。《幽闲鼓吹》云:

丞相牛公应举,知于頔相之奇俊也,特诣襄阳求知。住数月,两见,以海客遇之,牛公怒而去。去后,忽召客将问曰:"累日前有牛秀才,发未?"曰:"已去。""何以赠之?"曰:"与之五百。""受之乎?"曰:"掷之于庭而去。"于公大恨,谓宾佐曰:"某盖事繁有阙违者。"立命小

① 《太平广记》卷二百六十一"李秀才"条记此事特详,当即《纪事》所本。云出《大唐新语》,但今本刘肃《大唐新语》无其文。

将赍绢五百、书一函，追之，曰："未出界，即领来；如已出界，即送书信。"小将于界外追及。牛公不启封，揖回。

牛僧孺这种傲兀不屑的态度，在当时大概是很突出的，因而被人当做美谈；反过来，正证明一般被视为海客的举子们，只要打发五百钱，便也够了。但是，不论窃他人之文行卷，或以自己之文行卷，如其用意在于获得举粮，即经济上的施舍，那么，和行卷这种风尚最初形成时所具有的意义和作用，距离就已相当辽远。《唐音癸签》卷二十六《谈丛》二云：

唐士子应举，多遍谒藩镇、州郡丐脂润，至受厌薄不辞。……至所干投行卷，半属谫词，概出赝剿，若小说所称"百钱买自书铺"，"并荆南表丈一时乞取"者，真堪令人捧腹。

唐代应进士科举的士子们当中，是夹杂着一些文偷、文丐的。对于那样一些人来说，胡震亨的谴责不算过分。

其次，在行卷中标新立异，引人注意，大概是当时举子们所共同努力、希望达到的目标。但是，文学作品，无论就主题、题材、语言、风格哪一方面来说，标新立异都是，而且也只能是一种手段，一种为作者的思想、感情服务的手段。新与异，是不能脱离作者对客观事物的理解、感受和反映而产生的。如果不能站在正确或比较正确的立场上去关心和注意社会生活、自然现象，而一味地为新与异而去追求新与异，结果就必然要丧失掉好作品所必须具备的思想性，同时也必然会丧失掉好作品所同样不可或缺的艺术性了。因为，如我们所熟知，思想性乃是真正的艺术性这一概念中的必要因素。唐代某些举子正由于对这个根本问题的认识和实践都具有很大的片面性，所以其行卷便也为后人提供了一些悲剧性的笑柄。《北梦琐言》卷七云：

唐卢延让业诗，二十五举，方登一第。卷中有句云："狐冲官道过，狗触店门开。"租庸张濬亲见此事，每称赏之。又有"饿猫临鼠穴，

> 馋犬舐鱼砧"之句，为成中令汭见赏。又有"栗爆烧毡破，猫跳触鼎翻"句，为王先主建所赏。尝谓人曰："平生投谒公卿，不意得力于猫儿、狗子也。"人闻而笑之。

又同书卷十云：

> 唐咸通中，前进士李昌符有诗名，久不登第。常岁卷轴，怠于装修，因出一奇，乃作《婢仆诗》五十首，于公卿间行之。有诗云："春娘爱上酒家楼，不怕归迟总不留。推道那家娘子卧，且留教住待梳头。"又云："不论秋菊与春花，个个能噇空肚茶。无事莫教频入库，一名闲物要些些。"诸篇皆中婢仆之讳。浃旬，京城盛传其诗篇，为妳妪辈怪骂腾沸，尽要掴其面。是年登第。

这样一些作品，显然是作者"失体成怪"、"逐奇失正"①的结果。它们既有人写作，也有人欣赏，又正说明了那些人思想感情的空虚和庸俗。范文澜《中国通史简编》第三编第二章第七节《晚唐的政治》曾将这类作品作为当时科举"风气极坏"的证据，是正确的。

像以上所揭示的进士们行卷时的种种态度，当然不可能对文学的发展有任何积极的推动作用。所幸的是，在那个历史时代里，多数的举子并不是像卢、李二人那种依靠描写猫狗、嘲弄婢仆来标新立异、哗众取宠的"诗"人，其中也尽有以严肃的态度从事写作，企图在作品中表达自己进步的政治、社会观点，体现较高的艺术水平，并且就用这样一些作品去行卷求知的。前面提到过的皮日休所著《文薮》，就是一个很典型的例子。在《〈文薮〉序》中，这位曾经参加过黄巢起义军的作家，对这部集子作了如下的自我介绍：

> 咸通丙戌中，日休射策不上第，退归州东别墅，编次其文，复将贡

① 借用《文心雕龙·定势篇》语。

于有司。发箧丛萃，繁如薮泽，因名其书曰《文薮》焉。比见元次山纳《文编》于有司，侍郎杨公浚见《文编》，叹曰："上第，污元子耳。"斯文也，不敢希杨公之叹，希当时作者一知耳。赋者，古诗之流也。伤前王太佚，作《忧赋》；虑民道难济，作《河桥赋》；念下情不达，作《霍山赋》；悯寒士道壅，作《桃花赋》。《离骚》者，文之菁英者，伤于宏奥，今也不显《离骚》，作《九讽》。文贵穷理，理贵原情，作《十原》。太乐既亡，至音不嗣，作《补〈周礼·九夏歌〉》。两汉庸儒，贱我《左氏》，作《〈春秋〉决疑》。其余碑、铭、赞、颂、论、议、书、序，皆上剥远非，下补近失，非空言也。……古风诗，编之文末，俾视之，粗俊于口也。亦由食鱼遇鲭，持肉偶膘。《皮子世录》著之于后，亦《太史公自序》之意也。凡二百篇，为十卷，览者无诮焉。

关于《文薮》的思想价值和艺术价值，当代学者们所写专文及文学史已经有所论列，近在耳目，因此这里无须重复。我们应当注意的是，如序文中所明白表示的，皮日休并没有为了迎合当时的黑暗政治而写一些风花雪月和离奇古怪的诗文，用来行卷，以求及第；反之，他却是利用行卷这一方式来宣传自己所持有的进步观点，抨击其所不满和反对的种种不合理的社会现实的。另一个同样具备典型性的例子是罗隐的《谗书》，其自序云：

《谗书》者何？江东罗生所著之书也。生少时，自道有言语，及来京师七年，寒饥相接，殆不似寻常人。丁亥年春正月，取其所为书，诋之曰："他人用是以为荣，而予用是以为辱；他人用是以富贵，而予用是以困穷。苟如是，予之书乃自谗耳。"目曰《谗书》。卷轴无多少，编次无前后，有可以谗者，则谗之，亦多言之一派也。而今而后，有诮予以哗自矜者，则对曰："不能学扬子云寂寞以诳人。"

陈鸿墀《全唐文纪事》卷一百十八载此文，加按语云：

隐集内所上书启，尝以《谗书》上郑尚书，上蕲州裴员外，上太常

> 房博士，上秘监韦尚书，可谓汲汲于遇合矣。唐世士子，温卷求知，即贤者不免如是。

陈氏只注意到了罗隐也和其他举子一样地向许多显人行卷，却没有注意到他是用怎样的一种作品去行卷，更没有注意到序文中所说的，由于用《谗书》这样的作品去行卷，已经招致了“辱”和“困穷”的后果，可是这位作家仍然坚持“有可以谗者，则谗之”的不屈不挠的斗争精神。因此，陈氏当然也就不能对这一事实作出公平的评价，而有“贤者不免”之叹了。应当知道，罗隐十年不第，正是他以《谗书》这种使当时统治阶级，特别是当权者感到头痛的文章行卷所造成的。在他已活到七十六岁高龄的时候，另一位诗人罗衮曾写诗送他说：“平日时风好涕流，《谗书》虽盛一名休。”① 倒是一语破的地说出了事情的真相。鲁迅在《小品文的危机》②一文中曾经指出：

> 唐末诗风衰落，而小品放了光辉。但罗隐的《谗书》，几乎全部是抗争和愤激之谈；皮日休和陆龟蒙自以为隐士，别人也称之为隐士，而看他们在《皮子文薮》和《笠泽丛书》中的小品文，并没有忘记天下，正是一塌胡涂的泥塘里的光彩和锋铓。

被鲁迅先生誉为“泥塘里的光彩和锋铓”的三部著作，就有两部可以确定是曾经用来行卷的。这就证明了一个事实：在唐代某些作家的手中，行卷不只是猎取功名富贵的敲门砖，同时也是一种公然宣传自己的进步思想、发抒自己健康感情的手段，同时也就是向反动势力、黑暗社会进行合法斗争的武器。当然，这样一来，这个猎取功名富贵的工具有时就不免反而成为自己所设置的通向功名富贵的道路上的障碍物了。

除了像这样一些在思想水平方面显得很突出的少数例子之外，唐代

---

① 据汪德振《罗隐年谱》。

② 载《南腔北调集》。

进士以具有较高的艺术水平的作品从事行卷的,为数就更多。这些作品,往往也采取了标新立异以引人注意的手段,但因为其手段是遵循着而不是违反着艺术的法则而使用的,其所表现的新和异便也成为一种使读者感到喜悦的收获了。这里不妨举一个例子。张籍《送海客归旧岛》云:

海上去应远,蛮家云岛孤。竹船来桂府,山市卖鱼须。入国自献宝,逢人多赠珠。却归春洞口,斩象祭天吴。

方回《瀛奎律髓》卷四"风土类"选了这首诗,并加评语云:

唐以诗、赋试进士,先以诗为行卷。如此等语,或本无其人,姑为是题,以写殊异之景,故皆新怪可观,如送流人、寄边将之类,皆是也。

我们就《张司业集》加以考究,的确如方回所说,这类以异地风光及流人、边将为主题的诗篇,在集中占了一定的数量,而且有的还写得很诚挚动人。这种现象,不仅是出现在张集里,也出现在与之同时齐名的王建的诗集里。宋代所保存的有关唐朝进士科举的文物与史料,远较今日为丰富;宋人对于其时行卷这种风尚,自然也远较我们所知为多(这一点,下文还要谈到),因而方回认为这类诗篇,乃是故为新异、用以行卷求知之作,应当是可信的。至于它们之所以"可观",则是由于在那个时代的现实生活里,中国与南海的交通相当发达,人们对那些异域风土虽非完全陌生,却又并不那么熟悉,所以这些即使并非依据诗人们直接生活体验而写出来的作品,其中具有的浪漫情调、地方色彩,也还是很有吸引力的,大家也对之采取了欢迎的态度。而统治阶级内部斗争(它有时也反映了人民与统治阶级的斗争)及边疆地区民族冲突的频繁,又必然会经常有人获罪流放和带兵出征,这也就是以送流人、寄边将为题的作品的社会基础。因此,这一类作品,虽然也是用来行卷的,而且往往是"新怪"的,可是它们并非完全脱离现实,以致陷于空洞无物,荒诞无稽。就艺术角度看,其中有些也不失为好诗。如李怀民《重订中晚唐诗主客图》卷上曾选录张籍的《送蛮客》、《送南迁客》、《送南客》、《岭外逢故人》[1]、《送海客归旧岛》、《送新罗使》、《赠海东僧》、《送流人》、《没蕃故人》、《征西将》、《送防秋将》、《老将》、《渔阳将》、《送边使》、《出塞》、《送安西将》等，王建的《南中》、《送流人》、《送人游塞上》、《塞上逢故人》、《塞上》等；又王士禛《唐人万首绝句选》卷五曾选录张籍的《送蜀客》、《蛮中》、《蛮州》等，都是这类作品比较出色、受到后代选家一定程度的重视的证据。这些作品的思想性显然不特别强，但由于诗人们写作的态度是严肃的，并且达到一定的“可观”的艺术水平，因而它们虽然未必能像《文薮》和《谗书》那样能够使祖国文学史增加耀眼的光辉，可也不是对于构成唐代诗歌的丰富多彩毫无补益。

因此，我们可以说，行卷对于文学发展有无促进作用，就举子们这方面说，要取决于他们的写作态度是否严肃，作品是否能够在客观上达到一定的思想水平和艺术水平。这也就是说，要针对具体的人和作品，加以具体分析，不能一概而论。

再就当世显人这方面说，他们如何对待举子们行卷也很重要，如果能够认真地提携后进，选拔真才，那么，就会给文学的发展带来好处；反之，自然也无从产生有益的后果。

唐代那些在社会上、政治上、文坛上有地位的人，对待举子们行卷的态度，同样是形形色色的。《唐摭言》卷十二《轻佻》门云：

> （郑）光业弟兄共有一巨皮箱，凡同人投献，辞有可嗤者，即投其中，号曰“苦海”。昆季或从容用资谐戏，即命二仆舁“苦海”于前，人阅一编，靡不极欢而罢。

这个苦海里当然会有些写猫儿、狗子之类的可笑作品，但多数恐怕还是一些仅仅是幼稚朴拙、质量低劣的诗文，将它们不加区别地一概作为笑料，甚至对投献来的行卷连看也不看，就任凭看门的女仆拿去当废纸卖掉赚

---

① 据卞孝萱《张籍简谱》（《安徽史学通讯》1959年第四、五期合刊），诗人平生不曾到过岭外，也足证此类诗篇之出于拟作。

钱,如前引同书所载,都显然不是在高位的人所应有的谨重严肃的态度。一方面,有这种取笑举子的显人;另一方面,自然也就有鄙视显人的举子。李商隐《与陶进士书》云:

已而被乡曲所荐,入求京师,又亦思前辈达者固已有是人矣,有则吾将依之。系鞋出门,寂寞往返其间,数年,卒无所得,私怪之。而比有相亲者曰:"子之书,宜贡于某氏,某氏可以为子之依归矣。"即走往贡之,出其书,乃复有置之而不暇读者,又有默而视之不暇朗读者,又有始朗读而中有失字坏句不见本义者。进不敢问,退不能解,默默已已,不复咨叹。故自大和七年后,虽尚应举,除吉凶书及人凭倩作笺、启、铭、表之外,不复作文。文尚不复作,况复能学人行卷耶?

冯浩《〈樊南文集〉详注》曾说作家那一段形容受卷者的话"讥消太毒"。但如果真正遇上了这种人,无论行卷文字作得多么好,也不会受到欣赏,是肯定的。像这样一些以嘲笑举子行卷为乐的人以及对文学并无所知的人,虽然由于其本身社会地位较高,而招致了某些进士向之投卷,他们却不可能对于呈献来的作品加以正确的评论与推荐,从而使得真正有才能的作者获得在当时应有的声名和前途,并鼓励其继此以后创作出更多更好的作品来。

但是,也有许多居高位的人,特别是文坛上的前辈,是爱才的,愿意提拔新生力量的。他们一旦发现了优秀的行卷,便不遗余力地加以推荐。这种事例也不少。《金华子杂编》卷下云:

中朝盛时,名重之贤,指顾即能置人羽翼。朱庆馀之赴举也,张水部一为其发卷于司文,遂登第也。

《唐诗纪事》卷四十六"朱庆馀"条对此事记载更详:

庆馀遇水部郎中张籍知音,索庆馀新旧篇什,留二十六章,置之怀袖而推赞之。时人以籍重名，皆缮录讽咏，遂登科。庆馀作《闺意》一篇以献曰："洞房昨夜停红烛，待晓堂前拜舅姑。妆罢低声问夫婿，画眉深浅入时无？"籍酬之曰："越女新妆出镜心，自知明艳更沉吟。齐纨未足人间贵，一曲菱歌敌万金。"由是朱之诗名流于海内矣。

又《南部新书》甲卷云：

项斯始未为闻人，因以卷谒江西杨敬之。杨甚爱之，赠诗云："几度见诗诗总好，及观标格过于诗。平生不解藏人善，到处逢人说项斯。"未几，诗达长安，斯明年登上第。

据席启寓《百家唐诗》本《项斯诗集》所载张洎写的序文，这位后起之秀也和朱庆馀一样为张籍所赏识，所以郑薰赋诗，有"项斯逢水部，谁道不关情"之句。此外，在唐代一些著名作家的文集中，还保存得有答复行卷举子的信件，这些信件一般是用鼓励、勖勉的语气来写的。如《河东先生集》卷三十三《答贡士沈起书》云：

得所来问，志气盈牍，博我以风、赋、比、兴之旨；仆之朴呆专鲁，而当惠施、钟期之位，深自恧也。又览所著文，宏博中正，富我以琳琅珪璧之宝甚厚；仆之狭陋蚩鄙，而膺东阿、昭明之任，又自惧也。乌可取识者欢笑，以为知己羞？进越高视，仆所不敢，然特枉将命，猥承厚贶，岂得固拒雅志，默默而已哉？谨以所示，布露于闻人，罗列乎坐隅，使识者动目，闻者倾耳，几于万一，用以为报也。嗟乎！仆尝病兴寄之作，堙郁于世，辞有枝叶，荡而成风，益用慨然。间岁兴化里萧氏之庐，睹足下《咏怀》五篇，仆乃拊掌惬心，吟玩为娱。告之能者，诚亦响应。今乃有五十篇之赠，其数相什，其功相百，览者叹息，谓予知文。此又足下之赐也。幸甚！幸甚！

这位沈起，不过是唐德宗贞元时代千百个应进士科举的文士之一，从他后来没没无闻看来，也不见得有特别出众的才能。可是，在当时已负盛名的散文家和诗人柳宗元对待这个普通的行卷者，却非常热情，既肯定了他的成绩，又表示愿意对之尽力加以帮助。这自然不能不使许多人闻风兴起。至于像吴武陵之推荐杜牧，那种爱才之心就更其突出。《唐摭言》卷六《公荐》门记其事云：

崔郾侍郎既拜命于东都试举人，三署公卿皆祖于长乐传舍。冠盖之盛，罕有加也。时吴武陵任太学博士，策蹇而至。郾闻其来，微讶之，乃离席与言。武陵曰："侍郎以峻德伟望，为明天子选才俊，武陵敢不薄施尘露。向者，偶见太学生十数辈，扬眉抵掌，读一卷文书，就而观之，乃进士杜牧《阿房宫赋》。若其人，真王佐才也。侍郎官重，必恐未暇披览。"于是搢笏朗宣一遍。郾大奇之。武陵曰："请侍郎与状头。"郾曰："已有人。"曰："不得已，即第五人。"郾未遑对。武陵曰："不尔，即请此赋。"郾应声曰："敬依所教。"既即席，白诸公曰："适吴太学以第五人见惠。"或曰："为谁？"曰："杜牧。"众中有以牧不拘细行间之者。郾曰："已许吴君矣。牧虽屠沽，不能易也。"

《樊川文集》卷十三《投知己书》曾说："大和二年，小生应进士举。① 当其时，先进之士，以小生行可与进、业可益修，喧而誉之、争为知己者，不啻二十人。"吴武陵肯定就是其中的一个。后进之士向先达行卷以求知己，那是常情；至于先达之士争为后进的知己，那就只能算是异数了。

除了揄扬和推荐之外，也还有文坛前辈对呈献来的行卷指出缺点，加以修改的事例。《北梦琐言》卷六云：

---

① 《杜牧之年谱》"大和元年"条："本集卷九《唐故平卢军节度巡官陇西李府君墓志铭》，牧之自叙云：'大和元年举进士及第。乡贡上都，有司试于东都。'按《旧唐书》卷十七上《文宗纪》：'大和元年七月，敕今年权于东都置举。'盖大和二年进士科提前于元年秋在东都考试，此于唐制为变例。考试虽在元年，而科名则仍当属二年，故本集卷十三《投知己书》云：'大和二年，小生应进士举。'而《郡斋读书志》亦谓牧之大和二年进士及第也。"

> 薛许州能，以诗道为己任，还刘得仁卷有诗云："百首如一首，卷初如卷终。"讥刘不能变态。

薛能是一位成就并不太高，却又很狂妄的诗人。① 但就刘得仁流传下来的缺乏变化、比较单调的作品来看，则我们不得不承认他所提的意见是相当正确的，因而对作者是有帮助的。范摅《云溪友议》卷中"中山诲"条云：

> 襄阳牛相公赴举之秋……尝投贽于刘补阙禹锡。对客展卷，飞笔涂窜其文，且曰："必先辈未期至矣。"然拜谢砻励，终为怏怏乎。历廿余载，刘转汝州，陇西公镇汉南，枉道驻旌旄。信宿，酒酣，直笔以诗喻之。刘公承诗意，方悟往年改张牛公文卷，因戒子弟咸元、承雍等曰："吾立成人之志，岂料为非。……汝辈修进守忠为上也。"《席上赠汝州刘中丞》，襄州节度牛僧孺诗曰："粉署为郎四十春，今来名辈更无人。休论世上升沉事，且斗尊前见在身。珠玉会应成咳唾，山川犹觉露精神。莫嫌恃酒轻言语，曾把文章谒后尘。"《奉和牛尚书》，汝州刺史刘禹锡："昔年曾忝汉朝臣，晚岁空余老病身。初见相如成赋日，后为丞相扫门人。追思往事咨嗟久，幸喜清光语笑频。犹有当时旧冠剑，待公三日拂埃尘。"牛公吟和诗，前意稍解，曰："三日之事，何敢当焉？"（宰相三朝后主印，所以升降百司也。）于是移宴竟夕，方整前驱也。

这个故事的主要部分，即后段两人相遇赋诗赠答部分，颇有舛误，所以有人目之为"瞎说"。② 但刘禹锡进士及第在贞元九年（793），而牛僧孺则在贞元二十一年，亦即顺宗永贞元年（805）。刘本是牛的前辈，仅就牛行卷于刘，而刘"飞笔涂窜其文"这一点来说，完全是可能的。如果不是过分自负的人（如《云溪友议》中所描写的牛僧孺），大概只会对这一能给自己的

---

① 参《容斋随笔》卷七"薛能诗"条，及《唐才子传》卷七"薛能"条。

② 见《唐史余沈》卷三"牛僧孺枉道过汝"条。参敬堂《关于刘禹锡生平的一些问题》（《山西师范学院学报》1960 年第 4 期）及卞孝萱《刘禹锡年谱》"大和八年"条。

创作水平的提高带来好处的、虽然不很客气的举动，感激地加以接受。

正因为行卷于人，有时可以得到指点，收到提高自己创作水平的功效，所以偶尔也有举子向举子行卷的事例。一个举子，自己还没有登第，当然也就没有援引别人的可能。可是，如果这个人的创作成就是人们所公认的，那么，行卷于他，就可以在写作方面得到一些帮助，因而也是人所乐为的。《唐摭言》卷五《切磋》门云：

> 吴融，广明、中和之际，久负屈声，虽未擢科第，同人多贽谒之如先达。有王图，工词赋，投卷凡旬月，融既见之，殊不言图之臧否，但问图曰："更曾得卢休信否？何坚卧不起，惜哉！融所得，不如也。"休，图之中表，长于八韵，向与子华同砚席，晚年抛废，归镜中别墅。

这个故事表明，晚唐著名的诗人吴融便曾经以自己创作上的成就，在还没有进士及第的时候，获得了有人把他当成先达、向他行卷的荣誉。而他却很谦虚，认为自己不如王图的表兄弟卢休，以卢休放弃了应试和王图没够得到卢休的指点为可惜。吴融的态度自然也给予了王图以鼓励。

举子向举子行卷，以及前面叙述过的已经及第为官的人有时也向人行卷，乃是举子向显人行卷这一风尚的延伸，而其目的也大致相同或相似。

从以上的历史事实中可以知道，当时还没有成名的举子（也就是作家），通过行卷这种方式，结识了某些爱才而又能文的前辈，经过他们的诱导、鼓励、培养和提拔，有的人既取得了功名，也提高了写作能力，有的人尽管在考场中失败了，可是并不妨碍他们在文学创作方面有所收获。虽然毫无疑问地对于举子们说来，前者才是目的，而后者则不过是为前者服务的手段，但后者在文学发展上所产生的客观效果，是我们研究文学史时所不应当忽视的。

因此，我们同样可以说，行卷对于文学的发展有无促进作用，就当世显人这方面说，要取决于他们如何对待投来的行卷，是热情地通过种种方式帮助那些后进呢，还是对他们采取种种傲慢的鄙视和轻薄的嘲弄的态度。这也同样要作具体分析，不能一概而论。

以严肃认真的态度来行卷的举子和以同样的态度对待投来的行卷的显人，在唐代历朝都有。对于当时文学的发展起了促进作用的，也正是他们。

五　前人论唐代文学与进士科举的关系诸说的得失

前人论到唐代文学与进士科举之间的关系这个问题时，主要是就以诗取士对于诗的成就有无影响这个角度来谈的。严羽《沧浪诗话·诗评》云：

> 或问："唐诗何以胜我朝？"唐以诗取士，故多专门之学，我朝之诗所以不及也。

王嗣奭《管天笔记》外编《文学》门亦云：

> 唐人以诗取士，故无不工诗。竭一生精力，千奇万怪，何所不有？

王说全同严羽。郭绍虞先生不以严说为然，所著《〈沧浪诗话〉校释》争辩说：

> 案此说亦时人习见之论。李之仪《德循诗律甚佳》诗云："唐人好诗乃风俗，语出工夫各一家。"（《姑溪居士文集》卷七）蔡绦《西清诗话》云："唐人以诗为专门之学。"沧浪此语当本此。但李、蔡二人之说，尚无语病，正可看出唐、宋学术风气之不同。沧浪本此而谓由于以诗取士之故，即不免稍偏。故后人多不主其说。如王世贞《艺苑卮言》云："人谓唐人以诗取士，故诗独工，非也。凡省试诗类鲜佳者，如

> 钱起《湘灵》之诗，亿不得一；李肱《霓裳》之制，万不得一。”杨慎《升庵诗话》云：“诗之盛衰，系于人之才与学，不因上之所取也。唐人所取，五言八韵之律。今所传省题诗，多不工。今传世者，非省题诗也。”①钱振锽《摘星说诗》云：“天生一种诗人，决不为朝廷取士不取士所累。”斯言得之。

正如王世贞等人对于严羽的看法有些不同的意见一样，我们对于王世贞等人所持有的论点，也觉得颇有可以商榷的地方。

恩格斯曾经指出：“政治、法权、哲学、宗教、文学、艺术等的发展是以经济发展为基础的。但是，它们又都互相影响并影响到经济基础。实际上并不是只有经济状况才是积极的原因，而其余一切都不过是消极的结果。不，这里始终是由在经济必然性基础上发生的交互作用归根到底为自己开拓道路。”②进士等科举既然是李唐皇朝为了重新配备统治阶级的内部力量，抵制和排斥魏、晋、南北朝的门阀制度，提拔自己所需要的官员而采取的一种政治措施，而特别贵重的进士科用诗、赋来考试和用各种各样的文章来行卷又是基于这种措施而产生的制度和风尚，那么，它们之间不互相影响是不可能的。既然是以诗取士，诗成了取士的必要手段，则这种手段归根到底也不能不既为应进士举的人开拓道路，也同时为应进士举所必要作的诗本身开拓道路，无论这道路是好的还是坏的。

恩格斯还曾经说过：“凡表面上是由偶然性起作用的地方，这种偶然性本身始终是服从于内部的、隐密的法则的。全部问题仅在于要发现这些法则。”③一个伟大作家的诞生，一种文学样式的隆盛，有时似乎是偶然的；然而这些现象却都不能不是在我们所已知或未知的客观历史法则之下的必然产物。因此，钱振锽的“天生一种诗人……”那种充满唯心主义和形而上学色彩的说法，显然为我们今天所无法接受。杨慎引胡唐说，认

① 按此处所引杨说，见《升庵诗话》卷四“胡唐论诗”条载胡语。杨云：“余深服其言。”故郭先生不复加以分别。

② 《致亨·施塔尔肯堡》，《马克思恩格斯文选》第二卷，第505页。

③ 《费尔巴哈与德国古典哲学的终结》，《马克思恩格斯文选》第二卷，第389页。

为“诗之盛衰，系于人之才与学”。这见解比钱氏高明一些，但他却把个人的才学与整个社会环境割裂开来，好像唐代统治阶级的政治措施，特别是进士科举这种直接影响到每个诗人政治生命的措施，对于他们并无若何关系，而个人的才学竟可以在真空中发展一样，这也是既不符合事实，也不符合历史法则的。王世贞指出了省试诗没有出色的作品，这倒是千真万确的。但这种现象只能证明省试诗给整个唐诗积存了许多糟粕，而完全不能证明以诗取士与唐人工诗没有关系。在这个问题上，王世贞和一切反对严羽论点的人一样，恰恰忽略了一件明摆在眼前的历史事实，即唐人以诗取士的诗，是由两个部分组成的，一篇应考时当场作的省试诗和一卷或多卷绝大多数是经过举子们自己精心创作和编辑的省卷和行卷之作。如果讨论唐人工诗是否与以诗取士有关这个问题，而离开了这一基本事实，那是很难得出正确的结论的。因为这样一来，历史事实既被忽视，历史法则也就随着被掩盖了起来。

文学史实告诉我们，省试诗确实是唐诗中的糟粕，是进士科举制度给唐代文学带来的消极影响。就今存省试诗以及举子们拟作的同类作品看来，其题材和主题主要是颂圣、咏史、写景、赋物之类；而且无论做的是什么题目，都还有一条必须遵守的不成文规则，那就是不许骂题，不许做反面文章。而在形式上，虽然它还没有发展到像明、清时代的八股文那样公式化，却也已经产生了一些清规戒律，如一定要用五言排律，一般只能用六韵，有时还要限韵之类。阮阅《诗话总龟》后集卷三十一载《丹阳集》云：

> 省题诗自成一家，非他诗比也。首韵拘于见题，则易于牵合；中联缚于法律，则易于骈对；非若游戏于烟、云、月、露之形，可以纵横在我者也。王昌龄、钱起、孟浩然、李商隐辈，皆有诗名，至于作省题诗，则疏矣。王昌龄《四时调玉烛》诗云：“祥光长赫矣，佳号得温其。”钱起《巨鱼纵大壑》诗云：“方快吞舟意，尤殊在藻嬉。”孟浩然《骐骥长鸣》诗云：“逐逐怀良驭，萧萧顾乐鸣。”李商隐《桃李无言》诗云：“夭桃花正发，秾李蕊方繁。”此等句，儿童无异。以此知省题诗自成一家也。

所谓“自成一家”的标志,即内容上的为文造情和外形上的拘牵程式。这样就基本上排除了省试诗中出现好作品的可能性。就以被王世贞誉为“亿中无一”的钱起《湘灵鼓瑟》而论,在唐诗中,并不是什么杰作,甚至在这位诗人的作品中,也算不上杰作;但由于它是在考场中产生的,在同类作品中便显得很突出,甚至于有人不惜妄造神怪之说,来加以宣扬了。①《唐诗纪事》卷二十“祖咏”条云:

> 有司试《终南山望余雪》诗,咏赋云:“终南阴岭秀,积雪浮云端。林表明霁色,城中增暮寒。”四句,即纳于有司。或诘之。咏曰:“意尽。”

此事又见《南部新书》乙卷。其所以出名,不只是因为祖咏不肯为文造情,将只适宜于用两韵的五绝来表现的内容硬拉长用五排去表现,也因为这首小诗中出现了一种对省试诗说来是十分生疏的讽喻,虽然这种讽喻也还是非常委婉的。钱起和祖咏的例子,并不足以证明省试诗中可以出现思想性、艺术性较高的作品,而且恰恰相反,证明了连这种并不十分好的诗都会被人认为是难得的佳作,那么,省试诗的水平之低下,也就可想而知了。

文廷式《纯常子枝语》卷三十九云:

---

① 《旧唐书·钱徽传》:“父起,天宝十年登进士第。起能五言诗。初从乡荐,寄家江湖。常于客舍月夜独吟,遽闻人吟于庭曰:‘曲终人不见,江上数峰青。’起愕然,摄衣视之,无所见矣。以为鬼怪,而志其一十字。起就试之年,李玮所试《湘灵鼓瑟》诗题中有青字。起即以鬼谣十字为落句。玮深嘉之,称为绝唱,是岁登第。”(《登科记考》卷九云:“李玮当作李麟。”)诗的全文是:“善鼓云和瑟,常闻帝子灵。冯夷空自舞,楚客不堪听。苦调凄金石,清音入杳冥。苍梧来怨慕,白芷动芳馨。流水传湘浦,悲风过洞庭。曲终人不见,江上数峰青。”见《全唐诗》卷二百三十八。鲁迅先生在其《且介亭杂文》二集《题未定草》(七)中,对此诗曾有扼要的分析和恰如其分的评价。

> 今之律赋，唐时盖谓之甲赋。[①] 权德舆《答柳冕书》云：“近者，祖习绮靡，过于雕虫。俗谓之甲赋、律诗，俪偶对属。”又舒元舆《论贡举书》云：“今之甲赋、律诗，皆是偷折经诰，侮圣人之言。”

这条笔记用意虽在于说明甲赋之即律赋，但所举两证却恰好证明了：即使是进士词科集团中人，也并不认为省试诗、赋有什么价值。特别值得注意的是权德舆的意见。他是贞元时代最著名的主司，曾知贡举数次。[②] 其言如此，正可见得在他的心目中，那些只讲究“俪偶对属”的甲赋、律诗，是并不能如实地反映举子们的创作水平的，更不用说他们的思想、气度了。李观是当时的古文名家之一，他于贞元八年(792)进士及第。《李元宾文集》卷六载其《帖经日上侍郎书》云：

> 昨者，奉试《明水赋》、《新柳》诗。平生也，实非甚尚；是日也，颇亦极思。侍郎果不以嫿夺妍，不以瑕废瑜，获邀福于一时，小子不虚也。而以帖经为本，求以过差去留，观去冬十首之文，不谋于侍郎矣，岂一赋一诗足云乎哉！十首之文，去冬之所献也，有《安边书》、《汉祖斩白蛇剑赞》、《报弟书》、《邠、宁、庆三州飨军记》、《谒文宣王庙文》、《大夫种碑》、《项籍碑》、《请修太学书》、《吊韩弇没胡中文》等作，上不罔古，下不附今，直以意到为辞，辞讫成章。中最逐情者，有《报弟书》一篇。不知侍郎尝览之耶？未尝览之耶？

如果从权德舆与舒元舆的言论中还只能看出他们对于省试诗、赋的轻视，那么李观这封信就正好补充了他们所没有说出而事实上却是大家所共有

---

① 周中孚《郑堂札记》卷一：“唐人称应试之赋为甲赋，盖因令甲所颁，故有此称，以别于居恒所作古赋。皇甫持正所谓‘即为甲赋，不得不作声病文也”(见《答李生第二书》)。按：末句引文据本集及《唐摭言》卷五《切磋》门所载此书，当作“既为甲赋矣，不得称不作声病文也。”

② 参两《唐书》权传、《全唐文》卷六百十一杨嗣复《〈权文公集〉序》及《昌黎先生集》卷三十《唐故相权公墓碑》。

的意见，即行卷之作对于了解举子们的文学才能以及其他各方面来说，都远比省试闱中临时凑合的一赋一诗为重要。可见省试诗即使在德宗时代，也就是进士科举极盛的时代，就已经被人认为是“告朔之饩羊”，对于进士及第与否，可能都不发生多大作用了。（前引《唐摭言》记载崔郾当主考，还没有进行考试，就已经内定了状头，在吴武陵的极力推荐下，又事先决定杜牧为第五人，更可见正式考试时的一诗一赋真不过是走过场而已。）[①]这也正是它本身固有的特质，即为文造情与拘牵程式所决定的。因此，我们说，省试诗、赋虽然也是文学在进士科举的影响之下给自己开拓的一条道路，但更应当着重地说，这可是一条走不通的绝路。

至于行卷之作，则是文学在进士科举的影响之下给自己开拓的另一条道路。这条道路，与前者比较起来，基本上是广阔的、有前途的。虽然我们今天已经无法完全考出现存唐人诗、文、小说等中有哪一些作品曾经用来行卷，但就所已知的材料来说，除去其中拟作的省试诗、赋以及少数描写猫、狗，嘲弄婢、仆的无聊文字之外，以之和我们所能见到的省试之作相比较，都要好得多。它们好就好在可以较自由地选择题材和主题，可以较自由地发挥自己的社会、政治思想和文艺思想，可以有较富裕的时间来从事艺术构思，可以用较多的篇章、较大的篇幅以及各种各样的文体来充分显示自己的思想、感情、才能和风格。通过行卷这样一种特殊的风尚，来自四面八方的举子们就有可能向某些人直接地显示自己在创作上的成绩，并通过这样一种活动，在一定范围内和某种程度上，同时表达自己所理解的人民对于生活的要求和愿望，以及他们对于统治阶级的不满和批判。而这一些，都是在省试闱中必须严格按照统治阶级的政治观点和美学观点，还必须按照一定的程式去写作，必须在一个晚上的短短的几个时辰之内完卷，又只准依据一定的题目做一赋一诗等重重限制之下，所绝对

① 当然，个别进士以在考场中的试卷为主司所赏识，因而及第，也是有的。如《唐摭言》卷五《以其人不称才，试而后惊》门云：“黎逢气貌山野，及第年，初场后至，便于帘前设席。主司异之，诮其生疏，必谓文词称是；专令人伺之，句句来报。初闻云：‘何人徘徊？’曰：‘亦是常言。’既而将及数联，莫不惊叹，遂擢为状元。”便是一个罕见的例子。

做不到的。就这些情况来说，行卷之作与省试诗、赋，乃是暂时统一在进士科举这个母体中的对立物。它们之会一分为二，也属势所必至，理有固然。在以上几章中，曾从不同的角度举出过一些行卷文字的篇目，虽然没有对那些作品细加分析和评论，然而其中有些是唐代文学中优秀的和进步的作品则是很清楚的。这也就是行卷之风对于当时文学发展起了推动作用的证据。因此，我们认为：严羽和王嗣奭的说法，其病在于笼统，在于没有明确地指出唐人以诗取士，虽然其中也包括省试之诗，但实际上更重在行卷之诗，尽管从表面上看，省试是国家正式规定的制度，而行卷则不过是一种社会流行的风尚；所以唐人虽因以诗取士而工诗，但其工是由于行卷，而不由于省试。《唐音癸签》卷二十七《谈丛》三云：

唐试士初重策，兼重经，后来觭重诗、赋。中叶后，人主至亲为披阅，翘足吟咏所撰，叹惜移时。或复微行，咨访名誉，袖纳行卷，予阶缘。士益竞趋名场，殚工韵律。诗之日盛，尤其一大关键。

胡震亨以省试之作与行卷之作相提并论，虽然还不能区分其轻重，但已较严羽所说为密，更不同于王世贞、胡唐、钱振锽等之悍然断定唐诗之盛与以诗取士无关，完全违反了上层建筑之间必然会发生交互作用，并且归根结底要为自己开拓道路这一客观法则。在诸旧说中，恐怕这要算最接近于事实的了。

作为衡量进士应否及第的手段，行卷之作重于省试之作，是它们本身的优劣所决定的，已如上所分析。还有一个必须加以补充的重要事实，则是行卷可以显示每个举子在文学领域内的专长，这也是省试所无法做到的。我国文学具有非常丰富多彩的样式。唐代文体虽然还没有后来那么多，但甲赋、律诗（五排）并不足为其代表，则是无可争辩的事实。正因为这样，以举子而兼作家的唐代知识分子就不能不一方面从事于甲赋、律诗（五排）的练习以应付省试；另一方面，又各自按照自己所擅长的文体从事创作。行卷既在于炫耀文才以求知己，每个人的专长也就很自然地会通过这一渠道表现出来。《太平广记》卷一百八十“宋济”条载卢言《卢氏杂说》云：

> 唐德宗微行[①]，一日夏中至西明寺。时宋济在僧院过夏，上忽入济院……问曰："作何事业？"兼问姓、行。济云："姓宋，第五，应进士举。"又曰："所业何？"曰："作诗。"

如前引《南部新书》及《国史补》等所记当时习俗，宋济正是落第以后，为了准备新的行卷，才借西明寺的房屋过夏的。唐宪宗在已经知道他是应进士举之后，还问他"所业何"，宋济则回答是"作诗"，可见当时举子都各有所业。但省试的甲赋、律诗既然是每一个人都要考的，因而也就没有另作选择的可能，则宪宗所问，自是属于省试诗、赋以外的文学体制，也就是每个人对之具有专长、准备用来行卷的文字了。《唐摭言》卷十二《自负》门：

> 卢延让业癖涩诗。吴翰林虽以赋卷擢第，然八面受敌，深知延让之能。延让始投贽，卷中有《说诗》一篇，断句云："因知文赋易，为下者之乎。"子华笑曰："上门恶骂来！"

又《剧谈录》卷下"元相国谒李贺"条：

> 自大中、咸通之后，每岁试春官者千余人。其间章句有闻，亹亹不绝。如何植、李玫、皇甫松、李孺犀、梁望、毛涛、贝庥、来鹄、贾随以文章著美；温庭筠、郑渎、何涓、周铃、宋耘、沈驾、周繁以词赋标名；贾岛、平曾、李陶、刘得仁、喻坦之、张乔、剧燕、许琳、陈觉以律诗流传；张维、皇甫川、郭郡、刘延辉以古风擅价。皆苦心文华，厄于一第。

将这两条资料和唐宪宗与宋济的对话合看，则唐时进士对于文学样式各有专攻，而这往往又通过行卷显示出来的情态，就更为明显。（当然这也

① 《登科记考》卷十八云："误宪宗为德宗。"

并不排斥由于举子们在文学创作上是多面手，因而行卷中的作品也兼备各种样式这种情况，如上举杜牧得第是由于以《阿房宫赋》行卷，而他又曾以诗行卷，皮日休以《文薮》行卷，其中不仅有骚、赋、诗、文各体，而且有经学、史学方面的著作。）同时，进士科举对于文学发展的积极影响主要是由于行卷之风，也就同样地更为明显了。

从以上的讨论看来，我们可以这样说：唐代进士科举对于文学肯定是发生过影响的。就省试诗、赋这方面说，它带来的影响是坏的，是起着促退作用的；就行卷之作这方面说，它也带来过一部分坏影响，但主流是好的，是起着促进作用的。以下试就唐代三种最有代表性的文学样式——诗歌、古文、传奇小说，通过各种不同的角度，进一步地对此加以更具体的疏通证明。

六 行卷对唐代诗歌发展的影响

现在，让我们仍从诗歌谈起。在现存唐人诗作中，可以考知其曾被作者用来行卷的还有一些。但最集中地反映了唐人行卷诗的面貌的，则是一部在编辑过程和去取宗旨都发生过异说、引起过争论的唐诗总集——《唐百家诗选》。基于这一情况，通过对这部书的探究来说明唐代诗人行卷之作的价值以及行卷这种风尚对唐代诗歌发展的影响，是比较合适的。

王安石《〈唐百家诗选〉序》云：

> 余与宋次道同为三司判官时，次道出其家藏唐诗百余编，委余择其精者。次道因名曰《百家诗选》。废日力于此，良可悔也。虽然，欲知唐诗者，观此足矣。

这篇短文是说明这部总集来历的第一手资料，它又载于《临川文集》卷八十四，措词也没有任何含混的地方。然而由于如《四库全书总目提要》卷一百八十六所说："是书去取，绝不可解"，所以"自宋以来，疑之者不一，曲为解者亦不一"。即以宋人诸异说之涉及编辑过程者而论，则王先谦刊本晁公武《郡斋读书志》卷十九说此书乃宋敏求原编，王安石"观之，因再有所去取"，于是大家便认为是王安石所编的了。宋弁《风月堂诗话》卷下则说，王安石借阅宋氏所藏唐诗，"过眼有会于心者，必手录之"，有人便将这个手抄本刻了出来，并不是王的本意。邵博《邵氏闻见后录》卷十九引晁说之之说及周煇《清波杂志》卷八的记载则更为离奇。他们说，王安石选唐诗时，是就宋敏求家藏的唐人诗集“择善者签帖其上”，再令当时任职的群牧司中的小吏抄录的。小吏懒得多写，就将长诗上的签条移在原来未选的短诗上（晁说），或者是将长篇干脆删去（周说），王安石也不复查，就刻了出来。所以这部题为王安石选的诗集，实际上是“群牧司吏人”选的。这些说法，余嘉锡《〈四库提要〉辩证》卷二十四均已加以考证、批判，从而完全确定了此书的编辑者是王安石。这对我们是有帮助的。他又指出“后人之于是书所以议论纷纷者，其故有二”：一是“因其于李、杜、韩及诸名家之诗，皆不入选，读者求其故而不得”；二是因为“就此百家之中，其脍炙人口者多不入选，而所选者或不厌人意，读者以其去取不可解，疑不尽出于安石之手”。其所概括也基本上符合事实。但余嘉锡解释这两点时，认为前者是由于此书所选，只以从宋敏求家中借来的罕见本为范围，本来不准备包括当时所有的唐代诗集；后者是由于王安石“读书别有冥契，往往性之所独嗜，非众人所能解”。则其说有得有失，不够完满具足。因为他只着重地考证了此书资料出自宋敏求所藏，编选出自王安石之手；而忽略了宋敏求所藏的是一些什么样的资料，在那样一些资料的制约之下，这部诗选又必然会呈现一种什么样的面貌这个重要问题。

《沧浪诗话·考证》云：

> 王荆公《百家诗选》，盖本于唐人《英灵间气集》。其初明皇、德宗、薛稷、刘希夷、韦述之诗[①]，无少增损，次序亦同。孟浩然只增其数。储光羲后，方是荆公自去取。前卷读之尽佳，非其选择之精，盖盛唐人诗无不可观者。至于大历以后，其去取深不满人意。况唐人如沈、宋、王、杨、卢、骆、陈拾遗、张燕公、张曲江、贾至、王维、独孤及、韦应物、孙逖、祖咏、刘昚虚、綦毋潜、刘长卿、李长吉诸公[②]，皆大名家——李、杜、韩、柳[③]以家有其集，故不载——而此集无之。荆公当时所选，当据宋次道之所有耳，其序乃言“观唐诗者，观此足矣”，岂不

① 《〈沧浪诗话〉校释》云：“《（诗人）玉屑》于‘刘希夷’下有‘王适’二字。”

② 《校释》云：“《玉屑》无‘张燕公’三字。”

③ 《校释》云：“《玉屑》‘韩、柳’下有‘元、白’二字。”

诬哉！

这段话中的评论部分，牵涉到严羽论诗独尊盛唐的问题，不属本题范围，这里无须加以讨论；其叙述部分，则告诉了后人一件事实，即这部诗选的前一部分，系全无更动地录自某一唐诗总集。郭绍虞《校释》云：

殷璠有《河岳英灵集》，高仲武有《中兴间气集》，皆唐人选唐诗。沧浪所谓《英灵》《间气集》，当指此。惟《英灵集》所选无明皇、德宗、薛稷、刘希夷诸人之诗，《间气集》所录，更不及初、盛，不知沧浪所谓“无少增损，次序亦同”者何指？

郭先生此之所释，按而不断，自是前辈学人审慎的态度。但今存唐人选唐诗既无一与《唐百家诗选》卷一所载明皇诸人之作在家数、篇目及次序上相合，而严羽的话又说得十分明确，绝不含糊，那么，剩下的就只有一个可能，即他将今天我们所看不到的另外一部唐诗总集误记为《英灵间气集》了。（《河岳英灵集》及《中兴间气集》这两部书的名字，在严羽的误记中变成了《英灵间气集》，并将它当作了那一部今天我们所看不到的唐诗总集的名字。）此外，此书卷六还收入了元结选编的《箧中集》全书，即沈千运等七人的作品二十四首①，也是家数、篇目及其先后次序都无更动，足为严羽所说《唐百家诗选》采录其他总集时，“无少增损，次序亦同”的佐证。由此可见，此书的第一卷至第四卷储光羲止，是出自严羽误记为《英灵间气集》的某一唐人选唐诗总集，而第六卷自沈千运起至元季川止，则出自《箧中集》。

至于从第四卷的崔国辅起（除去第六卷中的《箧中集》二十四首），即严羽所称为“是荆公自去取”的其余大部分，则另外有一个主要来源。前引《云麓漫钞》卷八谈到唐代举子行卷，曾云：“进士则多以诗为贽，今有唐诗数百种行于世者也。”接着，赵彦卫就指出了这些诗卷也正是《唐百家诗选》的原材料：

① 此点王士禛早已指出，出张宗楠编《带经堂诗话》卷四。

王荆公取而删为《唐百家诗》。或云："荆公当删取时，用纸帖出付笔吏，而吏惮于巨篇，易以四韵或二韵诗，公不复再看。"余尝取诸家诗观之，不惟大篇多不佳，余皆一时草课以为贽，皆非其得意所为，故虽富而猥弱。今人不曾考究，而妄讥刺前辈，可不谨哉！

赵彦卫虽然没有宣布他肯定《唐百家诗选》出于进士行卷的直接根据（例如说某人之诗，出于某年应举时献给某位显人的行卷，等等），但今天却存在着一些有利于这种说法的证据，间接的和直接的都有。第一，唐人的举业，不论是闱中之作或行卷之文，在宋代还保存得不少。如《郡斋读书志》卷二十著录《唐赋》二十卷，解题云："右唐科举之文也，萧颖士、裴度、白居易、薛逢、陆龟蒙之作皆在焉。"这还是经过后人编辑的，并非闱中之作或行卷的原物。其完全是原物的，则如叶梦得《石林燕语》卷十所载："王禹玉作庞颍公神道碑，其家送润笔、金帛外，参以古书、名画三十种，杜荀鹤公及第时试卷亦是一种。"唐代名人的试卷，在宋代已被视为文物，与古书、名画同列，其行卷当然也会同样受到重视，加以保存。今传宋代官、私目录中所著录的卷帙不多的唐人诗文集，其中尽有本系行卷之作，而没有标明的。如《皮子文薮》虽著录于《郡斋读书志》卷十八及陈振孙《直斋书录解题》卷十六，然二书均不言其用以行卷，即是一证。其指明系行卷之文的，则晁《志》、陈《录》同卷所载秦韬玉《投知小录》三卷及陈《录》同卷所载顾云《风策联华》三卷，皆是。第二，宋敏求收藏的唐人诗集中包含为数很多的行卷之作也完全是可能的。这不仅因为他是北宋时代著名的藏书家，《宋史》本传曾称其所藏达三万卷之多，朱弁《曲洧旧闻》卷四也说："其家藏书皆校三五遍，世之蓄书者，以宋为善本。居春明坊，昭陵时，士大夫喜读书者，多居其侧，以便于借置。"而且从宋敏求编撰的一些书籍如《唐大诏令集》、《长安志》等看来，他的收藏还是有重点的，以今天的术语来说，便是有一些专藏，否则便很不容易编撰出那一类需要非常丰富的资料的书籍来。以此推之，宋敏求的专藏中也许包括有唐代进士的诗歌行卷。赵彦卫或者得之于先辈旧闻，或者在他那个时代，行卷和一般诗集还比较容易辨别，他也见过一些唐人行卷，因而在阅读《唐百家诗选》时，便发现了它的来源。总之,他说唐代进士的诗歌行卷是这部唐诗总集的主要来源,应当是有征可信的。第三,从《唐百家诗选》所载诗人的出身加以分析,也足以证明《云麓漫钞》的话不为无据。此书共收了一百零四位诗人的作品,除了卷一至卷四中明皇迄储光羲计十一人之作出于严羽误记为《英灵间气集》的某一唐人选唐诗总集,卷六中沈千运迄元季川计七人之作出于《箧中集》而外,还有八十六位诗人的作品。在这八十六人中,进士及第者六十二人①,曾应进士举而不第者十五人②,共七十七人,占百分之八十九强。其余九人③,即另外的百分之十一弱,除少数人是确知其不曾应进士举的之外④,多数则只知其不曾进士及第,不能确定其是否曾经应举,也许其中还有应过举而失于记载的人。由此可见,这八十六位诗人,绝大多数是与进士词科有关的人物。他们的诗,必然有一些是专门为了行卷而写的,还有许多则是通过行卷这种特殊风尚才流传开来的。这些行卷,当时曾在社会上流传,诗人身后,又被当作文物而加以保存,这也就为宋敏求能够较多地搜集他们这类作品成为一种专藏提供了可能性。第四,除了上述这些旁证之外,还有一条本证,就是用《唐百家诗选》卷十八所选皮日休诗与《皮子文薮》卷十所收诗歌核对,前者所选即后者《杂古诗》十六首中的最后六首,其中个别文字虽不相同,但篇题和次序却完全一样,可见《唐百家诗选》所选皮日休的作品,即系取之于《文薮》,而此书如前所论,正是作者手编的行卷之文。那么,赵彦卫所说,王安石选这部总集时,曾取资于唐人行卷,并非无稽之谈,也就很清楚了。

---

① 他们是:崔国辅、崔颢、陶翰、常建、王昌龄、李颀、戎昱、李嘉祐、姚系、蒋涣、陈羽、杨衡、戴叔伦(《唐史余沈》卷二“戴叔伦贞元进士”条疑叔伦非进士科出身,似不足信)、郎士元、钱起、司空曙、耿沣、李端、熊孺登、张继、包佶、包何、鲍防、皇甫冉、刘商、羊士谔、窦常、窦牟、窦庠、窦巩、杨巨源、王建、武元衡、令狐楚、朱庆馀、赵嘏、许浑、项斯、李频、李远、雍陶、章碣、施肩吾、章孝标、马戴、高蟾、崔涂、李郢、薛逢、郑畋、薛能、秦韬玉、皮日休、刘沧、曹邺、曹松、刘驾、张嫔、王驾、杜荀鹤、吴融、韩偓。

② 他们是:雍裕之、卢纶、于武陵、长孙佐辅、张碧、于鹄、贾岛、陈陶、李群玉、刘得仁、罗邺、曹唐、张乔、崔鲁、方干。

③ 他们是:殷遥、张登、李约、窦群、刘言史、李涉、卢仝、张祜、刘威。

④ 如《唐才子传》卷四“刘言史”条称其“不举进士”。

当然，证明了这部诗选曾经使用了许多唐代进士行卷作为原材料，丝毫也不包含它除了上面提到过的采录了那两部总集——所谓《英灵间气集》及《箧中集》——之外，其余入选诗人的作品全是行卷之文的意思。如卷二十收韩偓诗五十九首，几乎全是这位诗人贵仕及南迁以后之作，卷十四收刘言史诗十七首，而这位诗人则是不曾应过进士举的。凡此之类，都与行卷无关。其中也有某些诗人的作品，就入选的多数篇章看来，可能是曾经用来行卷的，但又显然有写在及第服官以后的诗夹杂其间，如卷五中王昌龄诗即收有其左迁龙标尉时经过泸溪所作的《箜篌引》。这种现象的存在，大概与入选诗人的集子有复本有关。我们设想，宋敏求将家藏唐人诗集交给王安石选择时，其中大多数是行卷，而少数则不是（如上举刘言史、韩偓的诗集）；在这少数非行卷的诗集中，又有一部分是和行卷诗集同出某人之手，而且其中篇目也存在互为出入的情况。王安石曾据以参校，补充收录，因而《唐百家诗选》中那七十多位进士的作品，除少数例外，其主要来源虽然是行卷，其中却往往也杂以登第及做官以后之作了。书中偶尔校录了一些异文（如王昌龄的《和振上人秋夜怀士会》的“高兴发云端”句，末二字下校云：“一作岩峦。”），正是这个选本所依据的某些诗人的集子不止一个底本的证据。尽管有上述这些情况存在，但《唐百家诗选》主要取材于唐人行卷这个结论，还是并不远于事实的。

正因为这部诗选不但如余嘉锡所指出的，只以宋敏求的藏本为取材的范围，而且还如赵彦卫所指出的，这批藏本多数是唐人的行卷，而非每一位诗人的全集，所以王安石在选择的时候，除了如余嘉锡所说的，要在主观上受他自己的美学观点及艺术趣味的制约之外，在客观上还必须受这批原材料的制约。对于王安石来说，这原是偶一为之的事情。这位有抱负的政治家因为“废日力于此”，还感到“可悔”，可是后来的论者却将他当作一般的选家那样来要求，责怪他（或者为他开脱）为什么在全部唐诗中放弃了某些重要作家，在每个作家中又遗漏了某些优秀作品，而通不理会《唐百家诗选》何以会形成现有的独特面貌，因之意见虽多，就都不免近于无的放矢，隔靴搔痒了。当然，王安石自序最后那句不够实事求是的话，以及序文过于简略，都容易引起人们的猜度和误会，这些情况也是应当加以估计的。

如果明白了《唐百家诗选》取材的主要来源是什么，并且依据这一前提，不再以反映唐代整个诗歌风貌及每位诗人全部的、最高的成就来要求这部选本，那我们就还得感谢宋敏求和王安石，感谢他们为今天研究唐代进士行卷这种风尚对于诗歌的发展有无促进作用，提供了可贵的史料，并且对于这个问题作了肯定的答复。

我们考察一下这部诗选中与进士科举有关的七十多位诗人的作品，除去其中确知其非行卷之作的那一部分，还可以看到许多思想性较强、艺术性较高、脍炙人口、传诵至今的篇章，如崔颢《黄鹤楼》，王昌龄《长信怨》、《出塞》，李颀《古从军》、《古行路难》，戴叔伦《女耕田行》，卢纶《和张仆射塞下曲》，张继《枫桥夜泊》以及王建的一部分新乐府等等，都在其中。其余在当时的水平线以上的诗，则更不在少数。大历以后，由于整个诗风的逐渐衰落，因此收在本书中的若干作品，也显得“猥弱”一点，但它们大体上还是和那个时代的那些作家的整体水平相适应的。

至于在《唐百家诗选》以外的事例，则如《幽闲鼓吹》载李贺曾以《雁门太守行》向韩愈行卷，《云溪友议》卷上“江都事”条及《唐诗纪事》卷三十九“李绅”条载李绅曾以《古风》向吕温行卷，具中包括有著名的《悯农》诗。又《北梦琐言》卷二云：

> 咸通中，礼部侍郎高湜知举。榜内孤贫者公乘亿，赋诗三百首，人多书于屋壁。许棠有《洞庭》诗，尤工，诗人谓之许洞庭。最奇者有聂夷中，河南中都人，少贫苦，精于古体，有《公子家》诗云：“种花于西园，花发青楼道。花下一禾生，去之为恶草。”又《咏田家》诗云：“父耕原上田，子劚山下荒。六月禾未秀，官家已修仓。”又云：“锄禾日当午，汗滴禾下土。谁念盘中餐，粒粒皆辛苦。”[①]又云：“二月卖新丝，五月粜新谷，医得眼前疮，剜却心头肉。我愿君王心，化为光明烛，不

---

① 此篇亦作李绅诗，见上引《云溪友议》、《唐诗纪事》及《全唐诗》卷四百八十三李集。

照绮罗筵，只照逃亡屋。"所谓言近意远，合《三百篇》之旨也。盛得三人，见湜之公道也。

我们揣度孙光宪的语意，其所标举的聂夷中等三人的诗，也是作者曾经用来行卷、因而得名及第的。诸如此类，自然也同样地足以证实：行卷之诗，确有佳作；行卷之风，确有助于诗歌的发展。

七　行卷对推动唐代古文运动所起的作用

当代学者研究中唐时代的古文运动，大都注意到了这是一次有组织、有领导、有理论的文学运动。陈寅恪《论韩愈》[①]曾从评价韩愈的角度谈到这些问题。在论及韩愈“奖掖后进，期望学说之流传”这一点时，陈先生指出：

> 据《旧唐书》壹陆拾《韩愈传》略云：“大历、贞元之间文字多尚古学，效扬雄、董仲舒之述作，而独孤及、梁肃最称渊奥，儒林推重。愈从其徒游，锐意钻仰，欲自振于一代。”及《新唐书》壹柒陆《韩愈传》略云：“愈成就后进士，往往知名，经愈指授，皆称‘韩门弟子’。”则知退之在当时古文运动诸健者中，特具承先启后作一大运动领袖之气魄与人格，为其他文士所不能及。退之同辈胜流如元微之、白乐天，其著作传播之广，在当日尚过于退之。退之官又低于元，寿复短于白，而身殁之后，继续其文其学者不绝于世。元、白之遗风虽或尚流传，不至断绝，若与退之相较，诚不可同年而语矣。退之所以得致此者，盖亦由其平生奖掖后进，开启来学，为其他诸古文运动家所不为，或偶为之而不甚专意者，故“韩门”遂因此而建立，“韩学”亦更缘此而流传也。

① 载《历史研究》1954 年第 2 期。

黄云眉先生对陈先生此文中许多论点都不以为然，曾经有所驳诘，[①]然而对上引之说，则无异议。在《柳宗元文学的评价》[②]中，黄先生论及柳宗元在古文运动中“所发挥的领导作用，没有像韩愈那么巨大”，认为其主要原因，一是“在指示文学改革的方向上韩愈较柳宗元为明确”，二是“在达成文学改革的愿望上韩愈较柳宗元为坚决”；并且很强调韩愈建立师弟子关系对于古文运动所起的作用。郭绍虞《中国古典文学理论批评史》第五章《隋唐五代》第四节《文人的斗争》论及古文运动时，也认为以“道统自任”和以“师道自任”乃是韩愈“成功的关键”，这两者“确实起过号召和推广的作用”。对于三位前辈通过韩愈及其古文运动的不很相同或很不相同的论证和理解而获致的这个一致的结论，我们是同意的。在这里，还想就进士科举与其行卷之风和古文运动的关系，略加考述，从而证明这个运动，不仅是有组织、有领导、有理论的，而且还是有策略的，这种策略对于这个运动的成功是不可少的（当然，这一切都是中世纪式的而非近代、现代式的）；同时，也从而证明进士行卷之风同样有助于古文的发展，作为上述三家的正确意见的补充。

韩愈是世所公认的中唐古文运动最杰出的领袖，他在这方面的活动具有很大的代表性。我们探索这个文学运动与进士科举的关系，当然也就要首先注意到他有关这方面的言行，同时也要涉及那些作为韩愈的羽翼的人物的有关这方面的言行。

我们都知道，在韩愈以前，已经出现过一些古文家，如萧颖士、李华、贾至、元结、独孤及、梁肃等。[③] 他们之间，也有过某种一脉相承的关系，如李华为萧颖士的文集作序，独孤及为李华的文集作序，梁肃为独孤及的文集作序，都大力地肯定了其前辈在不同程度上以复古来革新所付出的努力。[④] 但这些先驱者，与韩愈等比较起来，不仅是本身的创作实绩有待

① 《读陈寅恪先生〈论韩愈〉》（《文史哲》1955 年第 8 期）。后引黄先生说，均见此文。

② 载《文史哲》1954 年第 10 期。

③ 参钱基博《韩愈志》，《古文渊源篇》第一。

④ 这些文章载在姚铉编《唐文粹》卷九十二及九十三，可参看。

提高，其活动也还缺乏具体的组织、领导和完整的理论、有效的策略，显示着任何社会运动初期所具有的那样一种自发性。

再就这些人与进士科举的关系而论，也不及后来的古文家那么密切。萧、李、元三人是进士及第的。除了元结曾以《文编》纳省卷，受知杨浚，看《文编》自序的语意，其中所收应当是古文这件事实之外，今天在他们身上便难以再发现进士科举与古文运动之间的联系。贾至出身明经，独孤及出身道举，梁肃出身制科，其文学活动就更与进士科举无关。但韩愈本人及其同辈或后辈的古文家却与其前辈们不一样，他们几乎全是进士词科集团中人。韩愈、柳宗元、李观、欧阳詹、张籍、李翱、李汉、皇甫湜、沈亚之、孙樵都曾应进士举及第。（惟一例外是樊宗师，他是军谋宏远堪任将帅科出身的。）这乃是中唐古文运动之所以能够而且必然和进士科举发生密切关系的基础。

这种关系，具体地说，又可分为两层。第一是古文作家应举时，虽然遵照功令，必须以时文——甲赋、律诗应试，却往往以古文行卷。他们希望通过这种双管齐下的办法，达到既取得了功名，又推行了古文的目的。第二是当他们登第为官以后，逐渐上升为当世显人时，便又凭借其社会地位来鼓励后进之士也走他们的道路，并且利用回答后进之士向他们行卷以请求提拔和教益的机会，大力宣传自己的那一套文学主张。这乃是韩愈等人当时进行文学斗争所运用的基本策略。这种策略显然是有成效的。

韩愈等人从事进士科举活动，自始即与其从事古文运动有关联。《郡斋读书志》卷十七云：

> （独孤及）为文，以立宪诫世、褒贤遏恶为用，长于论议。《唐实录》称韩愈师其为文云。

《唐摭言》卷七《知己》门云：

> 贞元中，李元宾、韩愈、李绛、崔群同年进士。先是，四君子定

交久矣，共游梁补阙之门；居三岁，肃未之面，而四贤造肃多矣，靡不偕行。肃异之，一日延接，观等俱以文学为肃所称，复奖以交游之道。

这都证明了韩愈、李观等人和当时的前辈古文家实有师友渊源，与《旧唐书·韩愈传》的记载正相符合。而取《昌黎先生集》卷十七《与祠部陆员外书》所自述其登第是由于梁肃推荐的情况相参照，更可见韩等之游于梁门，不仅是为了学文，也是为了觅举，求知己；同时，梁肃之揄扬和推荐他们，也可能不仅为了他们是一群有才华的青年人，而且是在文学见解和创作实践方面都和自己比较接近的、可以作自己接班人的后辈。

《旧唐书》韩传还曾经记载他"举进士，投文于公卿间。故相郑馀庆颇为之延誉，由是知名于时"。《昌黎先生集》中也保存有好几篇行卷时写的书信。其中除《外集》卷二《上贾滑州书》外，都是进士及第以后再应博学宏词试时所写的，而且这些书信都只载有献文的篇数，而没有写明其题目，以致今天我们无法确知传世韩文中哪几篇曾经由作家在举进士时用来行卷。但这些书信既是用古文写的，以理推之，所投之卷也必然是古文而不是《明水赋》、《御沟新柳》诗这类时文。李观的《帖经日上侍郎书》，已见前引。书中历举其所献省卷文九篇的题目。这些文章，具存本集，都是古文，也足以证明当时古文作家是以他们所擅长并且有意识地在加以提倡的这种文体来行卷的。这些文章既然通过行卷的方式而得以比较广泛地在文坛上流行，自然也就显示了古文的实绩，为它的继续发展创造了有利条件。

但是，古文运动与进士科举及行卷风尚关系的密切，主要还不是表现在韩愈等人在文坛上初露头角、以古文行卷从而获得进士登第的时候，而是表现在后来他们在社会上、文坛上已经成为当世显人、其力量已经足以左右文风、并能够接受后进行卷、将其向主司或其通榜者加以揄扬和推荐的时候。正因为韩愈等人入仕以后，已经在文坛上树立起了古文的旗帜，而又能荐举后进，并且乐于荐举后进，许多后进才踊跃地接受其文学主张，并且积极地写出符合于这种主张的作品，献给他们，以求知己；而韩愈等人则又利用这种与后进接近的机会来大力宣传和推行古文。这就形成了一种更有利于促进这一当时新兴的文学运动的连锁反应。

今存唐人杂记及韩愈文集中关于韩愈热心于援引和教导进士们的记载相当的多。如《幽闲鼓吹》云：

> 李贺以歌诗谒韩吏部，吏部时为国子博士分司，送客归，极困；门人呈卷，解带旋读之。首篇《雁门太守行》曰："黑云压城城欲摧，甲光向日金鳞开。"却援带命邀之。

《唐摭言》卷六《公荐》门云：

> 韩文公、皇甫湜，贞元中名价籍甚，亦一代之龙门也。奇章公始来自江、黄间，置书囊于国东门，携所业，先诣二公卜进退。偶属二公从容，皆谒之，各袖一轴面贽。其首篇《说乐》。韩始见题而掩卷问之曰："且以拍板为什么?"僧孺曰："乐句。"二人因大称赏之。问所止。僧孺曰："某始出山随计，进退唯公命，故未敢入国门。"答曰："吾子之文，不止一第，当垂名耳。"因命于客户坊僦一屋而居。俟其他适，二公访之，因大署其门曰："韩愈、皇甫湜同访几官先辈，不遇。"翌日，自遗、阙以下，观者如堵，咸投刺先谒之。由是，僧孺之名大振天下。

赵璘《因话录》卷三云：

> 广平程子齐昔范未举进士日，著《程子中谟》三卷。韩文公一见，大称叹。及赴举，言于主司曰："程昔范不合在诸生之下。"当时下第，大振屈声。

这些故事，都足以和《昌黎先生集》中不下十余篇的答复进士们的书、赠送进士们的序参证，而集中最值得我们注意的，是卷十八《答刘正夫书》开头的那一段话。他说：

> 凡举进士者，于先进之门，何所不往？先进之于后辈，苟见其至，宁可以不答其意耶？来者则接之，举城士大夫莫不皆然。而愈不幸，独有接后辈名。名之所存，谤之所归也。

这一段话，写在信中的主要部分即和刘正夫讲论古文的那一部分之前，乍看起来，似乎不甚相关。并且，既然是“先进之于后辈”，“来者则接之”，大家一样，那么韩愈又为什么独独受到诽谤呢？这也未免有些古怪。但如果我们想到，在这个问题上，韩愈和其他非古文家的显人的主要不同之点是在于他一心一意地要将推行古文与提拔后进这两件事情结合起来，便不难理解了。用新兴的古文来排斥占有传统势力并且部分地由政府功令规定作为考试科目的时文，当然免不了要遭到习惯势力的反对。而这一新生事物之终于成长壮大起来，形成了“文起八代之衰”①的局面，则除了其根本原因应当归之于文学发展本身推陈出新的客观规律之外，与韩愈等采取了这种策略，也是分不开的。韩愈正是由于不顾别人的诽谤，坚持了自己正确的主张和有效的策略，才取得了胜利的。李汉《〈昌黎先生集〉序》谈到韩愈提倡古文在当时所得到的不同反应说：

> 时人始而惊，中而笑且排，先生益坚，终而翕然随以定。呜呼！先生于文，摧陷廓清之功，比于武事，可谓雄伟不常者矣。

便很精确地描绘了韩愈对他的反对派进行斗争的精神。《因话录》卷三云：

> 元和中，后进师匠韩公，文体大变。又柳柳州宗元、李尚书翱、皇

① 苏轼赞韩愈语，见《东坡后集》卷十五，《潮州韩文公庙碑》。

甫郎中湜、冯詹事定、祭酒杨公、余座主李公①，皆以高文为诸生所宗；而韩、柳、皇甫、李公皆以引接后学为务。杨公尤深于奖善，遇得一句，终日在口，人以为癖，终不易初心。

则又很明白地指出了“文体大变”与“接引后学”之间的密切关系。

韩愈“抗颜而为师”有助于古文运动的发展，是没有疑问的。柳宗元《河东先生集》卷三十四《答韦中立论师道书》谈到这个问题时，表示了与韩愈不同的态度。但他在同卷《报袁君陈秀才避师名书》中却说：

往在京都，后学之士到仆门，日或数十人。仆不敢虚其来意。有长，必出之；有不至，必惎之。

又《答贡士廖有方论文书》中也说：

吾在京都时，好以文宠后辈。后辈由吾知名者，亦为不少焉。

则可见他虽然表面上避师名而不居，实际上其对后进的热心援引和教导却与韩愈没有两样。

前举陈寅恪先生文中所引《新唐书·韩愈传》中的一段话，是宋祁从《国史补》卷下“韩愈引后进”条采来的。其原文如下：

韩愈引致后进，为求科第，多有投书请益者，时人谓之韩门弟子。

而《昌黎先生集》卷三十二《柳子厚墓志铭》则说：

---

① 祭酒杨公，指杨敬之。《新唐书·杨敬之传》：“文宗尚儒术，以宰相郑覃兼国子祭酒，俄以敬之代。”《登科记考》系此条于开成二年(837)。然传下文又云：“未几，兼太常少师……转大理卿，检校工部尚书，兼祭酒，卒。”可见杨敬之任国子祭酒，先后两次，不止一年。座主李公，当指李景让。据《登科记考》卷二十一，赵璘于大和八年登进士第，开成三年举拔萃科，而大和八年知贡举的即为李汉。又《因话录》同卷别条云：“余座主陇西公……淹泏在外多年，除宗正少卿归朝。”亦与《新唐书·宗室传》李汉传合。

衡、湘以南为进士者，皆以子厚为师。其经承子厚口讲指画为文词者，悉有法度可观。

由此可见，师与弟子、显人与举子，对于韩、柳两位大师及当时其他从事古文运动的人来说，乃是一而二，二而一的关系。韩愈"抗颜而为师"，竟然会得到"群怪聚骂，指目牵引"[①]的后果，恐怕也和他利用师弟关系宣传古文，传授古文，以致引起反对派的不满有关。

至于宣传古文和传授古文，则是直接与行卷这种风尚联系着的。中唐古文家留下了不少发表自己文学见解的书信。这些文学史和文学批评史上极可珍视的材料，在当时却往往是为了回答向他们行卷的举子而写的，如韩愈：《答李翊书》（《昌黎先生集》卷十六）、《答刘正夫书》（卷十八）；柳宗元：《答韦中立论师道书》（《河东先生集》卷三十四）、《报崔黯秀才论文书》（同上）；李翱：《答朱载言书》（《李文公集》卷六）、《寄从弟正辞书》（卷八）；皇甫湜：《答李生第一书》（《皇甫持正集》卷四）、《答李生第二书》（同上）、《答李生第三书》（同上）；孙樵：《与王霖秀才书》（《孙可之集》卷二）等都是。在这些基本上一致的理论指导之下，必然地就会出现较多和较好的古文。这也就无可争辩地证明了行卷对于古文的发展具有其推动作用，虽然其推动作用是以显人对于行卷作出反应的形式而体现的。

古文是时文的对立物，将这两者加以区别，不使混淆，对于理解和评价古文运动，很有必要。郭绍虞在其《试论古文运动——兼谈文笔之分到诗文之分的关键》[②]一文中说：

在唐代，古文斗争的目标有两种：最主要的是骈文。李汉所谓"摧陷廓清之功"，苏轼所谓"文起八代之衰"，都是肯定韩愈在这方面的成就。李兆洛《〈骈体文钞〉序》说："自唐以来始有古文之目，而目六朝之文为骈体。"可见古文和骈文是敌对性的。另一方面是对时

① 柳宗元《答韦中立论师道书》中语。

② 载《跃进文学丛刊》1958年第2辑。

> 文，即当时流行的应举之文。唐以诗、赋取士，律赋就是当时从骈体更进一步的应举文体。韩愈《与冯宿论文书》云："辱示《初筮赋》，实有意思，但力为之，古人不难到；但不知直似古人，亦何得于今人也。仆为文久，每自测，意中以为好，则人必以为恶矣。……时时应事作俗下文字，下笔令人惭，及示人，则人以为好矣。"此所谓俗下文字，很可能指一般的骈文，但是也可能指律赋一类的应举文。从此以后，古文经常与骈文相对立，也经常与时文相对立。

黄云眉先生在和陈寅恪先生辩论唐德宗"崇奖文词"是否与古文运动有关这个问题的时候，也强调指出：

> 唐代的科举文字，和其他骈文一样，正是唐代古文运动的斗争对象，这只要读韩愈答尉迟生、崔立之、陈生等书，及与冯宿、陈商等书，就可以看出这些科举文字和韩愈所提倡的古文之间，有着一条很清楚的界线。混淆了这条界线，古文运动就会失去它的意义。

这些意见，对于古文与时文或"俗下文字"是在文学史代表着两种不同的并且在一定历史时期内相互斗争着的倾向来说，无疑是正确的。但从整个文学史实及其社会背景来加以考察，则中唐古文家如何对待进士科举及应举之文乃至其他"俗下文字"，其情况又似乎还要复杂一些。

前已引用的《国史补》"韩愈引后进"条及《柳子厚墓志铭》，都记载着一件非常值得玩味的事实，即：后进为了应进士举，才去从韩、柳学古文；或者反过来说，韩、柳教后进以古文，也同时是为了他们去应进士举。可是，我们都知道，进士及第必须通过以时文——甲赋、律诗为内容的正式考试，而古文则是他们用来行卷的，而且也只能够用来行卷。韩愈及其他古文家正是以时文应试、古文行卷这种双管齐下的方式来获得进士及第的，而他们的后辈，在其鼓励和指导之下，也是这么做的。那么，在这些人看来，古文有与时文对立、斗争的一面，如郭、黄两先生所指出的；是否两者也有其一致的一面，为两先生所未尝指出的呢？回答是：有的。

上文已经指出，中唐古文运动的领袖及多数中坚人物都是进士科举出身的。这个事实证明他们绝不排斥进士科举。他们在进士登第之前，经常用古文来行卷；及第从政并成为显人之后，又广泛地借着后进向他们行卷的机会来宣传和推行古文。这个事实又进一步证明了，古文家不但不排斥进士科举，而且还使其所发动或参加的这个新兴文学运动在某些方面策略地利用了这种考试制度及其派生的行卷这种风尚。这是因为，从文学创作的角度来说，古文诚然是以与时文及其他“俗下文字”相对立的身份出现的，提倡和创作古文，就很有必要去贬抑和排斥时文及“俗下文字”；而从文学运动的角度来说，为了更其顺利地推行这一文学运动，又必须尽可能地利用为当时有文学才能的知识分子所趋赴的进士科举制度，把这些人吸引到这个运动中来。所以，古文和时文是应当对立的，事实上也是对立的；可是，古文运动却不能和进士词科对立，事实上也不曾对立。在当时的具体历史条件之下，如果韩愈等人不策略地把后两者对立起来，那么，他们自己首先就不可能进士及第并成为当世显人，后进自然也就不会向他们行卷学文，而古文运动的开展也就绝不会有当时那样顺利了。正因为韩愈等人策略地造成了对于他们本身及其追随者说来，学文与觅举是统一的而不是矛盾的这样一种局势，古文运动才如历史所昭示，在中唐那个以时文为正式考试内容的进士科举极盛的时代，反而减少了反对派的阻力，获得了极大的成功，写下了中国文学史上很辉煌的篇章。

古文家可以反对而且当然会反对时文，但古文运动可不能反对时文所依存的进士科举制度；不仅如此，为了达到推行古文的目的，他们还必须也学会做时文来通过进士科举这一关。[1] 对于向他们行卷的后进来说，基于同样的理由，也不能要求其完全放弃时文，专做古文。这样，就使

---

① 唐代进士及第，虽然要通过甲赋、律诗即时文的考试，但最重要的还是要以行卷的方式争取显人的推荐，已如上述。但如果时文做得太差，也还是不能通过考试的。著名的诗人贾岛，本已出家当了和尚，后来经过韩愈的说服，还俗应进士举，可是始终未能及第，这很可能与他不会做律赋有关。《唐摭言》卷十二《轻佻》门云：“贾岛不善程式，每自叠一幅，巡铺告人曰：‘原夫之辈，乞一联，乞一联！’”可为旁证。“原夫”，指律赋中句首所用虚词。

得当时的古文家对于时文所采取的对立态度，不能是绝对的，而只能是相对的。皇甫湜《答李生第一书》云：

> 来书所谓浮艳声病之文耻不为者，虽诚可耻，但虑足下方今不尔，且不能自信其言也。何者？足下举进士，举进士者，有司高张科格，每岁聚者试之，其所取乃足下所不为者也。“工欲善其事，必先利其器。”①足下方伐柯而舍其斧，可乎哉？耻之，不当求也；求而耻之，惑也。今吾子求之矣，是徒涉而耻濡足也，宁能自信其言哉？

在这里，皇甫湜比当时其他从事古文运动的人都更其坦率地道破了古文家虽然反对时文，却不能完全摒弃时文的理由和真相。

古文运动是一个中世纪方式的文学运动，古文家们都不是近代或现代的职业作家，而只是一群争取“以官为业”的地主阶级知识分子。对于他们来说，在文学方面，从事古文运动，成为古文家，是重要的；而在政治方面，争取进士登第，入仕，成为显人，也是重要的，甚至还重要得多。仅就这一点而言，以古文行卷或以时文应试，无非都是为了取得功名，那两者就没有什么本质上的差别了。古文与时文一致的一面，就在这里。韩愈等人正是掌握了这个契机，在自己成为当世显人以后，又利用了后进之士希望觅举、学文一举两得的心理，借行卷的风尚，来开展古文运动，获得了成功的。而这又与古文和时文这两种对立物，对于作为进士们猎取功名的手段来说有其一致性相关。因此，在讨论行卷之风与唐代古文发展的关系时，弄清楚上述这些较为复杂的情况，是有必要的。

---

① 《论语·卫灵公篇》语。

八　行卷风尚的盛行与唐代传奇小说的勃兴

冯沅君《唐传奇作者身分的估计》曾据习见的唐人传奇单篇、专集及具有传奇风格的杂俎——为《太平广记》、《四库全书总目提要》、鲁迅《中国小说史略》所采用、著录、论及者——六十种，统计其姓名可考的作者四十八人的出身，得出如下的结果：

> 在这四十八人中，确知其举进士的凡十五人①，举明经的一人，擢制科的一人，应进士试而落第的一人，因其为翰林学士或校书郎遂推想他们可能是进士或制科出身的三人。其余二十七人里，二十四人因行事难详，不知他们是否曾应科举。行事可考而无科名的只有三人。此外，还有一点值得我们注意的，就是唐传奇的杰作与杂俎中的知名者多出进士之手。

冯先生这个统计，对于唐代传奇小说与进士词科具有密切关系，是一个很好的证明。行事难详的二十四人中间，很可能还有一些是曾经应进士举的（不论其及第与否）。我们有理由推想，传奇作家与进士科举有关的，在冯先生所据以统计的三部著作中的四十八人范围以内，并不止三分之一左右，而是还要多一些。

---

①　按：这里所说“举进士”，当作应进士举登第，观下文有“应进士举而落第”一项可知。唐人文献称“举进士”，只是应进士举的同义语，不包括登第的意思在内。下文“举明经”，亦为应明经举登第之误。

进士用传奇小说来行卷，始于何时、何人，已经无可考证。但传奇到了中唐贞元、元和时代，才名篇迭出，而这个时代，又正是进士词科日益为士人所贵重、争以引人注目的行卷来求知己的时代，则传奇的发达，与进士们用它来行卷有关可知。当代学者所写专文、专书及有些文学史中都提到了这个事实，但对唐代进士为什么要采用传奇这种新兴文学样式来行卷这个问题，则意见还不一致，可以略加讨论。

《云麓漫钞》首先提出了这个问题，它认为进士们以传奇行卷，是因为这种样式“文备众体，可以见史才、诗笔、议论”。陈寅恪在《元白诗笺证稿》第一章《长恨歌》及第四章附录《读莺莺传》中，曾经根据这个意见，解释了唐代传奇的某些著名作品中所呈现出的一些情况，如认为元稹的《莺莺传》和李绅的《莺莺歌》，陈鸿的《长恨传》和白居易的《长恨歌》，虽然传和歌并非出自一人之手，但应当看成一个整体；《莺莺传》中张生所发的“忍情”之说，是由于传奇小说中“不得不具备”一些议论的缘故，等等。黄云眉先生不以赵、陈两家之说为然，认为：赵彦卫只是“偶然替此类作品下了一个为什么可以投献的注脚，而陈先生竟把这个注脚，当作贞元、元和以来的小说的固定公式的主要根据，是不够的，而且是穿凿的”。他还认为：“投献此类作品的原因也不过像鲁迅先生所说，‘希图一新耳目’，而不是像赵彦卫所说，为了‘可以见史才、诗笔、议论’。”

对于这一争论，我有如下一些不成熟的看法。首先，叙事或史才、抒情或诗笔、说理或议论，本是广义的文学创作内容的三个主要方面。唐代进士科举考试的主要项目，甲赋、律诗可以表现其抒情能力，策可以表现其说理能力，可是叙事能力在这两个考试项目中是难以表现的。传奇小说以叙述故事、描写人物为主，正好可以使得作者在这方面的能力得到发挥。《国史补》卷下“韩、沈良史才”条云：

> 沈既济撰《枕中记》，庄生寓言之类；韩愈撰《毛颖传》，其文尤高，不下史迁。二篇真良史才也。

赞美传奇小说，而从史才着眼，很足以说明其中消息。同时，进士试诗、赋，试策，虽然可以表现抒情、说理的能力，但由于考题的限制和文字的程式化，也就对这种能力的表现具有很大的局限性。这都是举子们希望在其行卷中加以弥补的。因此，有些人在编辑行卷的时候，就注意到了其篇目要能够体现自己在叙事、抒情、说理各方面的才能。前举李观《帖经日上侍郎书》、杜牧《上知己文章启》、皮日休《〈文薮〉序》中所载行卷文字的篇目，都足以证实这一点。这就说明，"文备众体"是某些举子已经敏感到了的对于行卷的客观要求，而传奇小说，则又恰恰具有不是备众体于多篇之中而是备众体于一篇之中的特点和优点，使人读其一篇，就可以大致了解作者的史才、诗笔，议论，即叙事、抒情、说理的全部能力；而且这三者（至少是叙事和抒情两者）还不是各自孤立起来表现的，而是互相联系着，作为一个有机的整体来表现的，因而很自然地成为行卷的进士们所乐于采用的一种样式了。鲁迅在回答文学社提出的"六朝小说和唐代传奇文有怎样的区别"这个问题时，曾经指出：

> 至于他们之所以著作，那是无论六朝或唐人，都是有所为的。……唐以诗文取士，但也看社会上的名声，所以士子入京应试，也许预先干谒名公，呈献诗文，冀其称誉，这诗文叫作"行卷"。诗文既滥，人不欲观，有的就用传奇文，来希图一新耳目，获得特效了，于是那时的传奇文，也就和"敲门砖"很有关系。但自然，只被风气所推，无所为而作者，却也并非没有的。①

鲁迅先生是小说史专家，在回答这个问题的时候，又已精通辩证唯物主义和历史唯物主义，所论自然远较赵彦卫为全面而深刻。但他所说的举子们行卷用传奇小说，是为了"希图一新耳目，获得特效"，却与赵彦卫所说的"盖此等文备众体，可以见史才、诗笔、议论"，并不是矛盾的，而是互相补充的，因为在一篇文章中而能兼备叙事、抒情、说理三个方面，也就足以使人一新耳目。虽然传奇小说还有其他许多吸引人的地方，但将这一点

① 载《且介亭杂文》二集。

包括在内，对于增加其艺术魅力来说，却是有益无损的。陈寅恪先生依据赵说，加以发挥，指出传奇小说某些结构和内容上的特点，对我们也还是有益的，但他却将这些本来并不具有绝对性和普遍性的情况绝对化和普遍化了，陷入以偏概全，因而就不得不得出与事实不完全符合的、同时也使人不能完全信服的结论来。如果我们只说，在唐代传奇小说的某些作品中，出现过一篇之中兼备叙事、抒情、说理之体的情况，而这种情况的形成，则与进士们用它们来行卷，以便集中表现自己的多方面的文学才能有关，那就符合事实，因而也就没有什么可被訾议的了。

前引《南部新书》甲卷载李复言曾以《纂异》十卷纳省卷，又《国史补》卷中"晋公祭王义"条及《南部新书》戊卷记载元和十年(815)，王承宗、李师道遣刺客谋害裴度，裴度的仆人王义为了保护裴度，以身殉职，这一年，多数进士都撰作《王义传》。这是当时应进士科举的人写作传奇小说来纳省卷与投行卷的两个实例。① 可惜《纂异》是否即今传《续玄怪录》，还不能肯定；而那些为数众多的《王义传》又都已亡佚了。现存唐人传奇，单篇和专集虽然都还不少，但哪些曾由作者用来行卷，却绝少直接的史料可供稽考。除了《云麓漫钞》提出的《幽怪录》及《传奇》之外②，李复言的《续玄怪录》也很可能是行卷之文。今将这三种专集略加考核，以见传奇小说在行卷这种风尚推动之下所产生的实绩。

《幽怪录》，本名《玄怪录》，宋人以避讳而改"玄"为"幽"。③ 此书出于

---

① 吴庚舜《关于唐代传奇繁荣的原因》(《文学研究集刊》第1册，1964年)认为："从唐五代典籍来看，(投献)'所业'仅限于诗文，并不包括传奇。"可能是没有注意这两条材料。此外，张祜《〈孟才人叹〉序》记载了当孟才人殉情的悲剧传开以后，"贡士文多以为之目"，其中诗、赋之外，也可能有古文和传奇。

② 黄云眉先生文中有云"可能当时有过某些人以幽怪录传奇作为所业而投献主司者"，又云"如果把它套在唐代所有幽怪录传奇上"，玩味语意，似乎不认为《幽怪录》和《传奇》是两部传奇专集的名称，恐非是。

③ 称《玄怪录》为《幽怪录》，《续玄怪录》为《续幽怪录》，都是宋人为了避赵匡胤的始祖玄朗的讳而改动的，朱国桢《涌幢小品》卷十八"志录集"条云："牛僧孺撰《玄怪录》，杨用修改为《幽怪录》，因世庙时重玄字，用修不敢不避。其实只一书，且非刻之误也。"《四库全书总目提要》卷一百四十四也误信此说，胡珽在《〈读幽怪录〉校勘记》中已予订正。

中唐时代牛党领袖人物牛僧孺之手，原为十卷，今已散佚，但《太平广记》中还存有三十三篇。它是一部行卷之作，除见于赵彦卫的记载之外，还有两点可资推证：第一，汪辟疆先生校录《唐人小说》下卷[1]，《〈玄怪录〉叙录》云："僧孺少负才名，而颇嗜志怪。此《玄怪录》十卷，大抵未通籍以前所作。"按李德裕的门人韦瓘作《周秦行纪》，嫁名僧孺，借以诬陷牛氏，其事已为世所公认习知。[2] 而此文起笔即云："余贞元中举进士落第，归宛、叶间。"这正暗示了当时人们都知道《玄怪录》是作者举进士时写的，因而韦瓘那篇伪文才将其所虚构的情节也定在牛举进士时，以求与《玄怪录》相吻合，从而取信于人。第二，牛僧孺是当时进士科场中非常活跃的人物，流传的逸事不少，上文就征引过《唐语林》、《幽闲鼓吹》、《云溪友议》、《唐摭言》等书中有关他应进士举的资料。《玄怪录》既写于作者应举时，而作者又非常热心于科第，贞元则是传奇小说勃兴的时代，就此三个方面参合推断，牛僧孺以《玄怪录》来行卷，并且带动了后进以传奇小说行卷的风气，是全然可能的。上举冯沅君先生文已经较详细地论及牛僧孺与传奇小说的关系，在这里，只就《玄怪录》多半是行卷之文这一点略作补充。

《续玄怪录》，李复言撰，今存南宋临安书棚本，分四卷，共二十三篇，另外还有十二篇只见于《太平广记》，已由胡珽辑出，编为拾遗二卷，一并刊入《琳琅秘室丛书》。汪先生所撰本书《叙录》说："复言生平，无可考见。《太平广记》一百二十八引《续玄怪录》，《尼妙寂》一条云：'大和庚戌岁，陇西李复言游巴南，与进士沈田会于蓬州。田因话奇事……录怪之日，遂纂于此。'据此，则知复言固大和、开成间人矣。时牛僧孺方在朝列，势倾中外。牛相早年有《玄怪录》之作，通行既久。复言乃续其书，举所闻于大和间之异闻轶事，悉入纂录。"这一叙述是谨严而符合事实的。卞孝萱《〈续玄怪录〉作者及写作年代探索》[3]则据《唐诗纪事》卷四十三"李谅"条"谅字复言"的记载，以为写《续玄怪录》的李复言，就是与白居易同于贞元十六年(800)登进士第的李谅，并据《续玄怪录》中有写于元和(806—820)、

---

① 下引汪先生说均见此书。

② 参《唐人小说》上卷《周秦行纪》按语。

③ 载《江海学刊》1961年10月号。

大和(827—835)年间,亦即写于贞元十六年(800)以后的作品,来否定陈寅恪在《〈顺宗实录〉与〈续玄怪录〉》①中认为《续玄怪录》是“江湖举子投献之文卷”的论点,但卞先生对前引《南部新书》甲卷所载“李景让典贡年,有李复言者,纳省卷,有《纂异》一部十卷”这条资料,似乎失之眉睫。考李景让知贡举,是在开成五年(840)。上距贞元十六年,已四十年,即使要假定字复言的李谅于四十年前进士及第,这个时候再来举制科,也是不可能的,因为时间相距实在太远了。然则与其认为《续玄怪录》的作者就是李谅,还不如假定写《续玄怪录》的李复言就是以《纂异》纳省卷的李复言,而《纂异》就是《续玄怪录》的别名,更合情理。这样,就解决了卞先生的《续玄怪录》既为行卷之文,何以有写于作者登进士第之后的篇章这个疑问,同时也就增强了陈先生以此书为“江湖举子投献之文卷”这一论断的可靠性。因为,就当时的情况来说,纳省卷比投行卷一般地应当更其郑重、严肃一些,如果李复言敢以《纂异》去纳省卷于礼部(虽然这种不寻常的行动毕竟遭到批判,作者也因此罢举),那么他用相同或者相类的作品去投行卷于显人,就更有可能了。汪先生又考证此书版本云:“传至宋初,遂有两本:其一,为五卷本。《唐艺文志》及宋陈振孙《书录解题》所著录者是已。其一,为十卷本。晁公武《读书志》所著录者是已。(《宋志》小说类既收李复言《续玄怪录》五卷,同类又收李复言《搜古异录》十卷。《搜古异录》十卷,不载《唐志》,或即《续玄怪录》五卷本之误。《宋志》一书异称,多两载。)至南宋临安书棚本《续玄怪录》四卷,凡二十三事。当为书贾掇拾,已非完帙。故《广记》所引,多为此本所不载。”可见《续玄怪录》原有与《纂异》卷数相符之十卷本,又有与《纂异》相近的《搜古异录》的名称。我们设想,这位李复言,作为一个江湖举子,从元和时代以来,就写作传奇,各处行卷,乞食求举,随着篇幅的增多,也就随时改变书名,以希一新耳目。其书最初只有五卷,为了借当时已经风行的《玄怪录》作广告,便以《续玄怪录》为名,②后来增至十卷,于是改称《搜古异录》。开成五年(840),他用

① 载《国立北京大学四十周年纪念论文集》乙编上,1940 年。

② 汪先生《〈玄怪录〉叙录》论此书对唐人传奇的影响说:“牛氏书既盛行一时,继起而拟之者,薛渔思有《河东记》三卷,亦记谲怪事,自序云:‘续牛僧孺(注转下页)

这部书去纳省卷，才又改名《纂异》。因此，虽然书名不同，卷数有异，都还是他一人的作品。当然，这里所提供的，只是一种合乎情理的推测。总之，从《续玄怪录》这个书名来看，李复言确是牛僧孺在这方面的效法者。如果《玄怪录》曾由牛僧孺用来行卷，如《云麓漫钞》所载，则《续玄怪录》也是行卷之文，就更为可能了。

《传奇》，裴铏撰，原书三卷，现在也散佚了。郑振铎先生曾从《太平广记》中辑出二十四篇，印入《世界文库》第一册。后来柳文英先生又从《类说》及《岁时广记》中补辑了六篇。① 裴铏的事迹，今日所知很少，而且今传史料中也没有他是及第进士或曾应进士科举的记载。据《新唐书·艺文志》卷三、《唐诗纪事》卷六十七及《全唐文》卷八百五所载，他在咸通(860—874)中为静海军节度使高骈掌书记，乾符元年(878)以御史大夫为成都节度副使。陈寅恪在《唐代政治史述论稿》，上篇《统治阶级之氏族及其升降》中曾举董召南、李益等人的事例为证，认为："在长安文化统治下之士人，若举进士不中，而欲致身功名之会者，舍北走河朔之外，则不易觅其他之途径也。"陈先生这个结论可能下得过分肯定了一些，但中、晚唐有些士子在中央政权之下不能获得进士及第，就往往跑到地方政权——藩镇那儿去找政治出路，也是事实。裴铏为高骈掌书记，或许就是这样一种情况所导致的结果，而《传奇》也可能就是他在这以前应进士科举时的行卷之作。文献不足，对于赵彦卫的记载所能提出的旁证，也就止于此了。

既然唐代进士曾用传奇小说行卷是个事实，现存唐代传奇小说的作者和进士科举有关的，又占有一定的数量，为古今学者所认为是曾被用来行卷的三部专集又是比较优秀的作品，宋以来"传奇"一词甚至于因为它的盛行于世而由专名变成了通名，则唐代进士以传奇小说行卷，确曾对这种新兴文学样式的发展，起过相当大的促进作用，是无可怀疑的。

(续上页注)之书。'(见《郡斋读书志》十三)张读有《宣室志》十卷，亦纪仙鬼灵异事迹。读字圣朋，则张鷟之裔，而牛僧孺之外孙也。(见《唐书》一百六十一《张荐传》)至李复言之书，则直云《续玄怪录》，皆沿其流波而益加诙诡者也。"

① 参柳文英：《谈裴铏的〈传奇〉》(《文学遗产》第187期，《光明日报》1957年12月15日)。

九　结论及余论

科举是隋、唐以来我国封建社会中的统治阶级为了巩固其政权而采取的一种官员选拔制度。这种制度的实施，逐步打破并且终于消灭了在这以前长期存在的旧贵族单凭门第垄断政权的局势①，而使得一般寒族和中小地主阶级分子也获得了较前远为广泛的参与国家政治活动的机会。这是一个在统治阶级内部重新调整和配备力量，以强化其政权的重大措施。它不可避免地要在社会生活各方面产生各种各样的影响和后果，不论其是积极的还是消极的，好的还是坏的。

进士科举，则又是唐代科举制度中最重要的组成部分。它主要是以文词优劣来决定举子的去取。这样，就不能不直接对文学发生作用。这种作用，应当一分为二，如果就它以甲赋、律诗为正式的考试内容来考察，那基本上只能算是促退的；而如果就进士科举以文词为主要考试内容因而派生的行卷这种特殊风尚来考察，就无可否认，无论是从整个唐代文学发展的契机来说，或者是从诗歌、古文、传奇任何一种文学样式来说，都起过一定程度的促进作用。这就是本书的一个极其简单的结论。

根据文献，五代时的进士行卷之风，还是和唐代相同。赵宋帝国建立以后，为了适应新政权的需要，才将科举制度作了一番修改。盛如梓《庶斋老学丛谈》卷下云：

---

① 关于东晋以来贵族高门垄断政权及其他活动的情况，王伊同《五朝门第》及《北朝门第》两书有详尽的史料辑述，可参看。

前辈谓：科举之法虽备于唐，然是时考真卷；有才学者，士大夫犹得以姓名荐之有司，有司犹得以公论取之。如吴武陵以《阿房宫赋》荐杜牧，必欲置之首选是也。宋自淳化中立糊名之法，祥符中建誊录之制，进士得失，始一切付之幸不幸。

便是其改革的一部分情况，可与前引《东斋纪事》参照。试卷上的姓名既被糊没，笔迹又因重行誊录而无从辨识，因而采取誉望、事先加以推荐的方式，就不再有存在可能性，而行卷的风尚也就自然随之消失。[①] 行卷之风的消失，就使得宋以来应举的人，除了习作历代朝廷规定了程式的文章外，无须再从事其他文学创作以谋取科第。这样，科举制度就只能桎梏人的思想并败坏人的文笔，而不能再对文学的发展发生任何好的作用。

事情很清楚，文学的发展是作家们以其先进的世界观体验生活、以其优秀的艺术手段反映生活的结果。同时，影响文学发展的历史社会条件也是多种多样的、非常复杂错综的。我们在解释唐代文学发展这一历史现象的时候，决不应当把当时的封建统治阶级提倡文学的手段之一——行卷的作用，强调到不符合事实，也就是不恰当的地步。但任何作家，作为一个阶级社会中在一定的阶级地位中生活的人，是不能不受那个历史时代的各种社会条件所制约的。这些条件，对于一代文风的形成和作家的成长，都随时随地要产生无可避免的影响。在唐代以来一千多年的我国封建社会文学史上，科举制度对文学的发展当然起不了什么决定性的作用，可是唐代进士行卷之风的存在和宋以来这种风尚的不复存在，所给

---

① 由宋迄清，文士们将自己的作品送请比自己的地位或水平高的人看，希望得到提拔或教益，也还沿用了行卷这个名称，如宋费衮《梁溪漫志》卷三，“行卷”条载：“前辈行卷之礼，皆与刺俱入，盖使主人先阅其文，而后见之。宣和间苍梧胡德辉见刘元城，尚仍此礼。近年以来，率俟相见之时，以书启面投，大抵皆求差遣、匄私书、干请乞怜之言。主人例避谢而入袖，退阅一二，见其多此等语，往往不复终卷。彼方厌其干请，安得为之延誉？士之自处既轻，而先达待士之风，至此亦扫地矣。”又如晚清的易顺鼎，就有一部名为《丁戊之间行卷》的诗集，顾印愚《成都顾先生诗集》补遗中《青春》一首末二句云：“琴影差池诗格退，浪持行卷损年华。”但这都与应科举考试没有关系，也就是名存实亡了。

予文学历史以及作家们的影响,还是有区别的。列宁指出:“在分析任何一个社会问题时,马克思主义理论的绝对要求,就是要把问题提到一定的历史范围之内。”①“要真正地认识事物,就必须把握、研究它的一切方面,一切联系和‘中介’。我们决不可能完全地做到这一点,但是,全面性的要求可以使我们防止错误和防止僵化。”②正因为如此,我们觉得,在探讨唐代文学发展的原因时,如果不适当地估计进士行卷之风对它所起过的作用,恐怕是不妥当的;而如果对这一历史现象略而不谈,那就更不能不算是一种疏忽了。

---

① 《论民族自决权》,《列宁全集》第 20 卷,第 401 页。

② 《再论工会、目前局势及托洛茨基和布哈林的错误》,《列宁全集》第 32 卷,第 83—84 页。

后　记

本书初稿成于 1942 年秋，时余方承乏金陵大学讲席，尝以《文学发凡》之名刊布。1948 年，叶圣陶先生为易称《文论要诠》，由上海开明书店正式出版。1983 年，黑龙江人民出版社复为改成简体横排之式，题曰《文论十笺》，迄今又十五载矣，仍有久求之而不得者，故更收入选集。诸本皆略有增改，盖行世已五十余年，余亦由壮及耄，所见不能无异同也。独香港太平书店及台北广文书局 60 年代所刊，乃盗用开明版，故与之全同耳。1998 年 5 月，闲堂老人程千帆记于南京大学，时年八十有五。